ISLAND
eykjavik

NORWEGEN

FINNLAND

FÄRÖER

SHETLAND

SCHWEDEN

Helsinki

ORKNEY

Oslo   Stockholm

Reval
ESTLAND

Nordsee

DÄNEMARK

Riga   LETTLAND

Moskau

GROSS-
BRITANNIEN

Kopenhagen

LITAUEN
Danzig   Wilna

NIEDER-
LANDE

Dublin
IRLAND

Amster-
dam

Berlin

Warschau
POLEN

SOWJETUNION

London

BELG.

DEUTSCHES
REICH

Prag

Brüssel
L.

SLOWAKEI

Paris

UNGARN

SCHWEIZ
Bern

Budapest

RUMÄNIEN
Bukarest

Schwarzes
Meer

FRANKREICH   ITALIEN   JUGO-
SLAWIEN

BULGARIEN
Sofia

Rom

Tirana
ALBANIEN

Ankara

PORTUGAL   Madrid   BALEAREN

GRIECHEN-
LAND   Athen

TÜRKEI

Lissabon   SPANIEN

Gibraltar
SPAN.-   Tanger
MAROKKO   Rabat

Algier   Tunis

MALTA   KRETA

Mittelmeer

ZYPERN

SYRIEN

Beirut

ARISCHE
SELN

FRANZ.-
MAROKKO

TUNESIEN
Tripolis

PALÄST.   Amman

Kairo   JORD.

FRANZ.-
MAROKKO

ALGERIEN

LIBYEN

ÄGYPTEN

SAUDI-
ARABIEN

SPAN.-
WEST-
SAHARA

FRANZ. -WESTAFRIKA

GAMBIA

Khartum

T.
EA

FRANZ.-
ÄQUATORIAL-
AFRIKA

ANGLO-ÄGYPT.
SUDAN

ÄTHIO-
PIEN

SIERRA LEONE
eetown

NIGERIA

Addis
Abeba

Monrovia   LIBERIA

GOLD-
KÜSTE   Lagos

Accra

Eine Welt in Waffen

Gerhard L. Weinberg

Eine Welt in Waffen

Die globale Geschichte des
Zweiten Weltkriegs

Aus dem Amerikanischen
übertragen von
Helmut Dierlamm, Karlheinz Dürr
und Klaus Fritz

Deutsche Verlags-Anstalt
Stuttgart

Die Herausgabe dieses Buches wurde vom Militärgeschichtlichen
Forschungsamt (MGFA), Potsdam, unterstützt.

Die Originalausgabe erschien unter dem Titel
»A World at Arms. A Global History of World War II«
bei Press Syndicate of the University of Cambridge.
© 1994 Cambridge University Press, New York

Die Deutsche Bibliothek – CIP-Einheitsaufnahme

Weinberg, Gerhard L.:
Eine Welt in Waffen : die globale Geschichte des
Zweiten Weltkriegs / Gerhard L. Weinberg.
Aus dem Amerikan. übertr. von Helmut Dierlamm ... –
Stuttgart : Deutsche Verlags-Anstalt, 1995
Einheitssacht.: A world at arms <dt.>
ISBN 3-421-05000-7

© 1995 der deutschen Ausgabe
Deutsche Verlags-Anstalt GmbH, Stuttgart.
Alle Rechte vorbehalten.
Karten: Ditta Ahmadi, Berlin
Satz: Dr. Ulrich Mihr GmbH, Tübingen
Druck und Bindearbeit: Druckerei Parzeller, Fulda
Printed in Germany
ISBN 3-421-05000-7

Inhalt

Zur deutschen Ausgabe

Es freut mich sehr, daß die Deutsche Verlags-Anstalt sich bereit gefunden hat, dieses Buch vollständig in deutscher Sprache zu veröffentlichen. Den Übersetzern bin ich für ihre Bemühungen sehr dankbar. Dem deutschen Leser kann ich versichern, daß ich die Übersetzung selbst nachgeprüft habe. Herrn Ulrich Volz und Frau Margot Adrion von der DVA bin ich für ihre Betreuung der Veröffentlichung unter recht komplizierten Verhältnissen zu Dank verpflichtet.

Das Militärgeschichtliche Forschungsamt der Bundesrepublik Deutschland hat diese Veröffentlichung finanziell unterstützt; auch hierfür möchte ich – insbesondere Herrn Dr. Wolfgang Michalka – meinen herzlichen Dank aussprechen, aber auch betonen, daß das Amt in keiner Weise für die hier vertretenen Ansichten verantwortlich ist oder irgendeinen Einfluß auf den Text auch nur versucht hat.

Es war nicht möglich, die vielen Anmerkungen zu Werken, die auf Englisch erschienen sind, daraufhin zu prüfen, ob es deutsche Ausgaben gibt, und dann die neuen Titel und Seitenzahlen anzugeben. Dafür sind aber die Angaben bibliographisch kompletter als gewöhnlich wiedergegeben worden. Es war auch möglich, eine Reihe von Fehlern in der englischen Ausgabe, auf die ich von freundlichen Lesern aufmerksam gemacht wurde, in dieser Ausgabe zu korrigieren. Selbstverständlich fallen alle noch bleibenden Fehler mir zur Last.

Chapel Hill, North Carolina, USA
Im Januar 1995   G. L. W.

Für Janet

Vorwort

When you go home	Wenn ihr zurückkehrt,
Tell them of us, and say:	Sprecht von uns und sagt:
For your tomorrow	Daß wir für eure Zukunft
We gave our today.	unsere Gegenwart gaben.

Diese Inschrift steht auf einem Denkmal britischer Soldaten, die in einer der härtesten, aber wenig bekannten Schlachten des Zweiten Weltkriegs gefallen sind, nämlich in den Kämpfen bei der Stadt Kohima in Ostindien. Sie liegt unweit der Grenze zu Birma, von wo aus eine japanische Armee 1944 Richtung Delhi aufgebrochen war. Der japanischen Streitmacht, die bei Kohima von indischen und englischen Soldaten geschlagen wurde, hatten sich auch einige Inder angeschlossen. Sie meinten, die Japaner würden die Einwohner ihres Kolonialreichs, beispielsweise die Koreaner, viel besser behandeln als die Briten die ihren. Ihr Führer hieß Subhas Chandra Bose und hielt einen deutsch-japanischen Sieg über Großbritannien, die Vereinigten Staaten und die Sowjetunion entschieden für wünschenswert. Er war in der Zeit des deutsch-sowjetischen Nichtangriffspakts von Indien über die Sowjetunion nach Deutschland geflohen und hatte sich in Europa selbst davon überzeugen können, wie fürsorglich die Deutschen die von ihnen unterworfenen Völker behandelten. Im Jahr 1943 hatte ihn ein deutsches Unterseeboot in den Indischen Ozean gebracht. Dort war er auf ein japanisches Unterseeboot umgestiegen, mit dem er den restlichen Weg nach Ostasien zurücklegte.

Diese Serie zusammenhängender Ereignisse soll als Beispiel deutlich machen, warum es mir sinnvoll erschien, mein Buch über den Zweiten Weltkrieg aus einer *globalen* Perspektive zu schreiben. Was die Ursachen des gewaltigen Konflikts betrifft, hielt ich es für angemessen und möglich, ein Thema in den Mittelpunkt zu stellen, das für die gesamte komplizierte Geschichte als roter Faden dienen konnte, und die Außenpolitik Hitler-Deutschlands erschien mir zu diesem Zweck gut geeignet. Im Vorwort zum ersten Band meiner zweibändigen Geschichte der nationalsozialistischen Außenpolitik habe ich zur Frage der Kriegsursachen folgendes geschrieben:

»Unabhängig von den Zielen, Rivalitäten und Ideologien, die das Verhältnis zwischen den Großmächten in den zwanziger und dreißiger Jahren prägten, läßt sich mit Bestimmtheit sagen, daß außer Deutschland kein europäischer Staat einen weiteren Weltkrieg als eine mögliche Lösung für seine Probleme in Betracht zog. Lokale

Kriege und Konflikte, spezifische aggressive Handlungen oder Subversionsversuche, Fehleinschätzungen, die zum Ausbruch von Feindseligkeiten führen konnten – all dies lag im Rahmen des Möglichen, und meist passierte es auch. Ohne die deutsche Initiative wäre jedoch ein weiteres weltweites Blutbad für die Zeitgenossen in allen Ländern und im Rückblick auch für den Historiker undenkbar gewesen. Aus diesem Grund ist es naheliegend, bei jedem Bericht über die Ursachen des Zweiten Weltkriegs von der Entwicklung der deutschen Außenpolitik auszugehen.«

Nachdem jedoch die Deutschen im September 1939 die Feindseligkeiten eröffnet hatten, entwickelte der Konflikt seine eigene Dynamik. Die ersten Etappen waren zwar von deutschen Initiativen bestimmt, aber sie hatten schon zu diesem Zeitpunkt nicht immer die Wirkung, die ihre Planer erhofft hatten. Schon im Sommer 1940 nahm der Krieg in Europa Formen an, die von den optimistischen Einschätzungen Berlins erheblich abwichen. Auch der Kriegseintritt Japans, den sich die Deutschen sehnlichst gewünscht und auf den sie lange gedrängt hatten, veränderte den Verlauf und die Dimensionen des Krieges radikal. Die Japaner hätten den Krieg, den sie seit 1937 in China führten, bestimmt nicht zu einem Teilkonflikt des Weltkriegs eskalieren lassen, wenn sie nicht von den großen Siegen beeindruckt gewesen wären, die die Deutschen 1940 im Westen errungen hatten. Die Kämpfe in Ostasien waren zwar schrecklich für alle Beteiligten, insbesondere für die Chinesen, die entsetzliche Verluste erlitten, aber sie wären ohne die deutschen Siege trotzdem ein isolierter Krieg geblieben, wie ihn Japan und China bereits 1894/95 geführt hatten. Japan beschloß nun jedoch, die Gelegenheit zur Eroberung eines riesigen Reichs in Südostasien zu nutzen, und nach dieser Entscheidung konnte im Weltkrieg keiner der Beteiligten mehr operieren, wie er es gern getan hätte. Jeder war nun gezwungen, auf die Notwendigkeiten – und die Schrecken – des Augenblicks zu reagieren.

Aufgrund der so entstandenen Komplexität des Konflikts halte ich es für unmöglich, auch für den Kriegsverlauf ein einziges übergreifendes Thema zu finden. Trotzdem behandeln zu viele der existierenden Darstellungen den Krieg aus einer sehr begrenzten Perspektive, oder sie gehen mit den verschiedenen geographischen Regionen um, als sei die eine nur ein Anhängsel der anderen. Es ist das besondere Charakteristikum des Krieges, der von 1939 bis 1945 die Welt erschütterte, daß dramatische Ereignisse *gleichzeitig* in verschiedenen Regionen der Erde stattfanden; die Verantwortlichen mußten eine enorme Vielfalt von Entscheidungen gleichzeitig treffen und dabei ständig die möglichen Auswirkungen in Gebieten mit einkalkulieren, die sehr weit entfernt von der Krisen- oder Problemregion lagen, mit der sie sich gerade befaßten.

Aus dieser globalen Perspektive habe ich versucht, den gesamten Krieg Revue passieren zu lassen, wobei ich besonderen Wert darauf legte, die Wechselwirkung zwischen den verschiedenen Kriegsschauplätzen und die Wahlmöglichkeiten der einzelnen Entscheidungsträger darzustellen. Dies hat zur Folge, daß die blutigen Details der Kämpfe – der scheinbar endlose Kampf um die Kontrolle der Meere und die unendliche Langeweile des Krieges, die von Momenten schieren Grauens unterbrochen wurde – eher in den Hintergrund gerückt sein mögen. Ein solcher Effekt war keineswegs beabsichtigt. Es gibt jedoch weit mehr Bücher, die ein überzeugendes Bild von der unmittelbaren Realität der Kämpfe bieten, als solche, die ein umfassenderes Bild zu liefern suchen.

Ein weiteres spezielles Problem scheint mir einen Großteil der Literatur über den Zweiten Weltkrieg zu betreffen. Es wird allzu häufig vergessen, daß die während des Krieges erwogenen Optionen und die Entscheidungen, die schließlich getroffen wurden, von der Erinnerung an den *vorangegangenen* Krieg von 1914 bis 1918 beeinflußt waren, und nicht vom Kalten Krieg, vom Vietnamkrieg oder von anderen Ereignissen, die unsere heutige Sicht des Zweiten Weltkriegs beeinflussen. Die Zeitgenossen wußten nicht, wie der Krieg ausgehen würde. Sie hatten ihre Hoffnungen – und Befürchtungen –, aber sie hatten nicht die Sicherheit der retrospektiven Analyse, in der eine bestimmte Möglichkeit des Handelns oft als die einzig richtige erscheint, obwohl in der damaligen Situation mehrere Alternativen bestanden, deren Risiken schwer abzuschätzen waren.

Die Aufgabe, den Krieg aus einer globalen Perspektive darzustellen und sich dabei wenigstens zum Teil auf ausführliche Nachforschungen in den Archiven zu stützen, war eine große Herausforderung. Sie hätte ohne die großzügige Unterstützung von Institutionen und Personen unmöglich bewältigt werden können. Das National Endowment for the Humanities bewilligte mir ein Forschungsstipendium, das mir erlaubte, mit der Forschungsarbeit für dieses Buch zu beginnen, und das Rockefeller Foundation Conference and Study Center in Bellagio machte es möglich, das bei diesem ersten Vorstoß in die Archive erbeutete Material zu überdenken. Dieser Vorstoß war durch frühere Stipendien der Guggenheim Foundation und des American Council of Learned Societies substantiell unterstützt worden. In den National Archives in Washington, im National Records Center in Suitland, in der Franklin D. Roosevelt Presidential Library in Hyde Park bei Washington, im Center for Military History der US-Armee, im Public Record Office in Kew am Stadtrand von London, in der Bibliothek des Imperial War Museum und im Liddell Hart Centre for Military Archives am King's College in London sowie im Archiv des Auswärtigen Amtes in Bonn, im Bundesarchiv in Koblenz und in dessen Militärarchiv in Freiburg, im Institut für Zeitgeschichte in München und in der Forschungsstelle für die Erforschung des Nationalsozialismus in Hamburg waren die Archivare allesamt freundlich und hilfsbereit, obwohl sie es mit einem Kunden zu tun hatten, der ihnen extrem anspruchsvoll, hartnäckig und manchmal auch schwierig erscheinen mußte. Der William R. Kenan, Jr. Charitable Trust hat einen Großteil der erforderlichen Forschungsreisen finanziert und sich auch in zahllosen anderen Angelegenheiten als hilfreich erwiesen.

Die Houghton Library in Harvard gewährte Zugang zu den William-Phillips-

Papieren; die Dokumente von Jay Pierrepont Moffat wurden mir von seiner Witwe, Mrs. Albert Lévitt, zur Verfügung gestellt. Zahlreiche Wissenschaftler haben mir durch Gespräche und spezifische Informationen weitergeholfen. Besonderen Dank schulde ich Josef Anderle, Richard Breitman, Michael Gannon, dem verstorbenen Louis Morton, Richard Soloway, Stephen Schuker und Robert Wolfe. Die Arbeit am War Documentation Project der Columbia University und später am Projekt der American Historical Association zur Erfassung der beschlagnahmten deutschen Dokumente auf Mikrofilm bot mir unschätzbare Gelegenheiten, mich mit umfangreichem deutschem Archivmaterial vertraut zu machen.

Aus den Sammlungen des Public Record Office, dessen Copyright bei der britischen Krone liegt, wird mit freundlicher Erlaubnis von Her Majesty's Stationery Office zitiert. Das Kuratorium des Liddell Hart Centre for Military Archives erteilte die Genehmigung, aus den Papieren von Lord Ismay und Lord Alanbrooke zu zitieren, die sich in der Obhut des Zentrums befinden.

Als ich 1978 mit der Arbeit an diesem Buch begann, kämpfte meine Frau Wilma bereits mit der Krebserkrankung, der sie schließlich erlag. Sie bestand nicht nur darauf, daß ich mit dem Projekt begann, sondern verbrachte auch viele Stunden damit, in Freiburg Dokumente für mich zu kopieren. In einer sehr schwierigen Zeit fiel neues Licht in mein Leben. Als ich die Arbeit an diesem Buch wiederaufnahm, hat sich die reizende Dame, der dieses Buch gewidmet ist, an den Arbeiten zu seiner Vollendung beteiligt. Und ihre Mutter, Lois Kabler, gab Hunderte von Seiten meiner Hieroglyphen in den Textverarbeitungscomputer ein, eine Geschichte über eine Schwiegermutter, die wahrlich herzerwärmend ist. Margaret Sharman, die außerordentlich fähige Redakteurin meines Manuskripts, hat zahlreiche Fehler beseitigt. Ich hoffe, meine Leser machen sich die Mühe und weisen mich auf die noch vorhandenen Irrtümer hin, damit sie in eventuellen künftigen Auflagen korrigiert werden können; bis dahin liegt die Verantwortung für sämtliche Fehler selbstverständlich allein bei mir.

Einleitung

Obwohl das Buch ein Kapitel über die Hintergründe des Zweiten Weltkriegs enthält, wird davon ausgegangen, daß der Krieg 1939 in Europa begann. Manche Historiker vertreten die Auffassung, der Zweite Weltkrieg sei nach der zeitweiligen Unterbrechung durch den Waffenstillstand von 1918 lediglich eine Fortsetzung des Ersten Weltkriegs gewesen, und die ganze Periode von 1914 bis 1945 sei als Zeitalter eines neuen europäischen Bürgerkriegs zu betrachten – als Einunddreißigjähriger Krieg sozusagen. Diese Sichtweise ignoriert jedoch die völlig anderen Ursachen und den anderen Charakter des Ersten Weltkriegs, und sie vermag den besonderen Charakter des zweiten Krieges keineswegs zu erhellen. Gewiß hatten beide Kriege die wichtige Nebenwirkung, Europa und seine weltweite Machtposition zu schwächen; dieser Effekt war jedoch von den kriegführenden Staaten keineswegs *beabsichtigt*. Es trifft zu, daß sich ihre Absichten im Lauf der beiden langen Kriege in gewisser Weise veränderten, aber trotzdem besteht zwischen den beiden Kriegen ein grundlegender Unterschied.

Im Ersten Weltkrieg ging es beiden Parteien um ihre Rolle in der Weltpolitik. Diese Rollen waren durch angestrebte Grenzverschiebungen und durch Veränderungen im kolonialen Besitzstand und in militärischer Macht zu Lande und zu Wasser gekennzeichnet. Gewiß verfolgte Österreich-Ungarn das Ziel, Serbien als unabhängigen Staat zu eliminieren, und Deutschland kam sehr schnell zu dem Schluß, daß Belgien seine Unabhängigkeit nie wiedererlangen sollte. Abgesehen von diesen zwei kleineren Staaten, die im Lauf des 19. Jahrhunderts aus größeren hervorgegangen waren, wurde jedoch allgemein vom Überleben der anderen Mächte – insbesondere der größeren Nationen – ausgegangen, auch wenn sie von den Siegern vielleicht zurechtgestutzt werden würden. In diesem Sinne war der Krieg, so kostspielig und zerstörerisch er sich in seinen *Methoden* auch erwies, seinen Zielen nach noch immer weitgehend traditionell.

Es trifft ebenfalls zu, daß die Vorkriegswelt nach einer Auseinandersetzung, die nie dagewesene Verluste und unglaubliche Kosten verursacht hatte, in der neue

Waffen wie Giftgas, Flugzeuge, Panzer und Unterseeboote zum Einsatz gekommen waren und die gewaltige Verschiebungen im Weltwirtschaftssystem ausgelöst hatte, völlig verändert war, und zwar auf eine Weise, wie sie keine der kriegführenden Parteien erwartet hatte. Die Auswirkungen auf Verlierer und Gewinner waren enorm, und die Vorkriegswelt konnte nie wiederhergestellt werden, auch wenn gewagte und manchmal kontraproduktive Anstrengungen in dieser Richtung gemacht wurden. Die massiven Veränderungen jedoch, die aus der Fähigkeit der modernen Staaten resultierten, ihren Gesellschaften mit Hilfe der sozialen und technischen Errungenschaften der beiden vorangegangenen Jahrhunderte gewaltige Ressourcen an Menschen und Material zu entziehen und sie in den Hexenkessel des Krieges zu werfen, wo sie buchstäblich verheizt wurden, waren von keiner Seite angestrebt oder begrüßt worden.

Im Gegensatz dazu bot sich im Zweiten Weltkrieg ein völlig anderes Bild. Die *Absichten* waren ganz andere. Es ging von Anfang an um eine radikale Neuordnung der Welt, und die führenden Köpfe beider Seiten hatten dies klar erkannt. Der deutsche Diktator Adolf Hitler hatte am 23. Mai 1939 ausdrücklich erklärt, er gedenke den beabsichtigten Krieg nicht um die Freie Stadt Danzig zu führen, sondern zur Eroberung von Lebensraum im Osten; und sein Außenminister hatte dem Außenminister Italiens erklärt, Deutschland wolle den Krieg und nicht Danzig. Als Deutschland nach der Eroberung Polens Großbritannien und Frankreich einen zeitweiligen Frieden anbot, erklärte Premierminister Neville Chamberlain im Namen beider Länder, mit einer von Hitler geführten deutschen Regierung könne es kein Abkommen über einen Frieden geben, da Hitler seine Versprechen regelmäßig gebrochen habe. Wenn selbst Chamberlain, der häufig verhöhnt wurde, weil er angeblich die wahre Natur der nationalsozialistischen Herausforderung nicht begriffen hatte, die Lage so klar sah, sollten auch die Historiker späterer Zeiten ihre Augen nicht vor der Realität dieses völlig andersgearteten Krieges verschließen. Der Zweite Weltkrieg war nicht mehr nur ein Kampf um Territorium und Ressourcen, sondern darum, wer auf dieser Welt leben und über ihre Ressourcen verfügen sollte. Zugleich sollte entschieden werden, welche Völker völlig ausgelöscht werden würden, weil die Sieger sie als minderwertig oder störend ansahen.

Aus diesen Gründen bestehen prinzipielle Unterschiede zwischen den beiden in Europa ausgebrochenen Kriegen, auch wenn sie nur durch zwei Jahrzehnte voneinander getrennt sind. Die gleichen Gründe sind es auch, die den europäischen Krieg von den Kriegen unterscheiden, die 1931 und 1937 von Japan in China begonnen wurden, und von dem Krieg, den Italien 1935/36 gegen Äthiopien führte. Wie schlimm diese Kriege für die Betroffenen, insbesondere für Chinesen und Äthiopier, auch gewesen sein mögen, sie gehören in einen früheren Zusammenhang. Die japanische Aggression gegen China folgte sowohl in der ersten als auch in der zweiten Phase einem Muster der imperialen Expansion, das Japan im letzten Jahrzehnt des 19. Jahrhunderts entwickelt hatte. Japan wollte seine Ressourcen und seine Macht auf Kosten Chinas erweitern, aber es wollte China nicht von der Landkarte tilgen – und die Chinesen noch viel weniger.

Die italienische Invasion und nachfolgende Besetzung Äthiopiens war der letzte in einer Serie von Kriegen, die die Europäer um die Kontrolle von Teilen des afrikanischen Kontinents führten. Die Italiener führten einen Kolonialkrieg in der Tradition früherer europäischer Eroberungen durch Spanier, Portugiesen, Briten, Franzosen, Holländer, Deutsche, und er war auch nicht der erste Krieg dieses Typs in ihrer eigenen Geschichte. Aufgrund dieser Tatsachen beginnt der Bericht über den Zweiten Weltkrieg in diesem Buch mit dem deutschen Angriff auf Polen und nicht mit den vorausgegangenen Kämpfen in Ostasien oder Afrika. Diese anderen Konflikte sollten später ein Teil des Krieges werden, der am 1. September 1939 begann. Sie hatten jedoch ziemlich unabhängig von diesem Krieg begonnen, und sie wären sowohl ihrem Verlauf als auch ihrem Charakter nach klar von ihm getrennt geblieben, wenn nicht Deutschland eine neue Art von Krieg, der sie schließlich absorbierte, begonnen hätte.

Der Schwerpunkt dieses Buches liegt also auf dem Krieg, den Deutschland im September 1939 inszenierte. Es verfolgt seinen Verlauf bis zur Niederlage Deutschlands und der Staaten, die seine Verbündeten wurden, also bis zur Kapitulation Japans im September 1945. Die Kämpfe dieses Krieges tobten auf allen Weltmeeren, selbst auf dem nördlichen Polarmeer, und sie berührten alle Kontinente. Die meisten Schlachten fanden in Europa, Asien und Afrika statt, es wurden jedoch auch australische Städte wie Darwin wiederholt bombardiert, und die westliche Hemisphäre erlebte nicht nur im Norden eine japanische Invasion, sondern wurde auch von dem geräuschlosen Angriff Tausender von Ballons heimgesucht, die Brandbomben und Sprengsätze in den westlichen Teil Kanadas und der Vereinigten Staaten trugen. Es handelt sich also um einen Krieg, der die Erde in ihrer Gesamtheit stärker erfaßte als je ein Krieg zuvor.

Außerdem übertraf das Ausmaß der Zerstörungen alles bisher Dagewesene und erfaßte sehr viel größere Gebiete, und die Verluste an Menschenleben waren mindestens doppelt so hoch wie im Krieg von 1914 bis 1918. Zeitgenossen dieses früheren Konflikts waren von dem Ausmaß, in dem er Leben und Eigentum zerstört und von den gewaltigen Territorien und Völkerschaften, die er erfaßt hatte, so beeindruckt gewesen, daß sie ihn schon sehr früh den »Großen Krieg« genannt hatten, ein Name, bei dem die Überlebenden blieben, wenn sie ihn nicht den »Weltkrieg« nannten. Sowohl im Vergleich zu diesem ersten schrecklichen Ereignis als auch im Vergleich zu allen anderen Kriegen der Geschichte wird der zweite Weltbrand dieses Jahrhunderts gewiß zu Recht als der »Größte Krieg« bezeichnet. Nur ein voll eskalierter Atomkrieg könnte noch schlimmer sein, aber danach wäre vermutlich niemand mehr am Leben, der die Geschichte dieses Krieges zu schreiben vermöchte, und es gäbe ganz bestimmt keine Dokumente mehr, mit denen man seinen Verlauf rekonstruieren könnte.

Die Darstellung in diesem Buch soll den Zweiten Weltkrieg in all seinen wesentlichen Aspekten und Schauplätzen beleuchten, wobei den zentralen Entscheidungen und Wahlmöglichkeiten der Kriegsteilnehmer besondere Aufmerksamkeit gewidmet wird. Es blieb deshalb wenig Raum, die Gefechte zu Lande und die Kämpfe um die Luft- und Seeherrschaft detailliert zu schildern. Der Schwerpunkt liegt auf dem *Warum* und nicht so sehr auf dem *Wie* des Krieges. Wenn einige Ereignisse wie der Kampf um Madagaskar oder die Kampfhandlungen in Birma unerwartet ausführlich beschrieben werden, so deshalb, weil sie in den meisten anderen breiter angelegten Forschungsarbeiten über den Krieg vernachlässigt wurden. Es wurde gezielt versucht, den schrecklichen Kämpfen an der Ostfront die Aufmerksamkeit zu widmen, die sie im Gesamtzusammenhang des Krieges verdienen. Wenn der Bericht trotzdem nicht so ausführlich und detailliert geraten ist, wie es die Bedeutung dieser Front in der Gesamtschau des Krieges verlangt, so ist er doch sehr viel ausführlicher als in anderen westlichen Untersuchungen.

Ähnlich großer Wert wurde darauf gelegt, die Rolle der Geheimdienste in dem Bericht über die politischen und militärischen Operationen der Beteiligten zu berücksichtigen und die Zusammenhänge zwischen Ereignissen herauszuarbeiten, die in weit auseinanderliegenden Erdteilen stattfanden. Dies hat in manchen Kapiteln einen schnellen Wechsel der geographischen Perspektive zur Folge, da es dem Autor nicht immer möglich war, die Prozesse eines globalen Konflikts in leicht verdauliche und abgeschlossene Abschnitte zu gliedern. Trotzdem schien es nützlich, die Diskussion der neuen Waffen und Verfahren, die während des Krieges entwickelt wurden, und die Untersuchung über den inneren Zustand der am Krieg beteiligten Länder auf zwei spezielle Kapitel zu konzentrieren. Gewisse Überschneidungen zwischen diesen Sonderkapiteln und dem chronologischen Bericht waren unvermeidlich. Es kann jedoch durchaus hilfreich sein, daß manches Material sowohl im chronologischen Hauptteil als auch in den Sonderkapiteln über die Heimatfront der beteiligten Länder und über ihre Waffen auftaucht.

Gewisse Besonderheiten des Textes sind erklärungsbedürftig. Ich habe mich entschlossen, die alte und nicht die neue Transkription chinesischer Namen und geographischer Begriffe zu verwenden. Sie wurde auf allen Karten der damaligen Zeit gebraucht, und eine Verwendung der in den 1970er Jahren eingeführten neuen Schreibweise würde nur zu mühsamen Identifikationsversuchen in einem Großteil der existierenden Literatur führen. Bei japanischen Namen habe ich mich durchgehend an den japanischen Brauch gehalten, den Familiennamen zuerst zu nennen, es sei denn, im Titel eines Buches oder eines Artikels wurden die Namen in umgekehrter Reihenfolge genannt. Alle Übersetzungen stammen von mir, wenn nicht ausdrücklich eine andere Quelle genannt wird. Es herrscht eine gewisse Willkür in der Verwendung von Ortsnamen, die im Zuge territorialer oder anderer Veränderungen im Lauf des Krieges gewechselt haben. Generell werden die Namen verwendet, die zum jeweiligen Zeitpunkt des Krieges gebräuchlich waren, was jedoch keinesfalls als

Stellungnahme zur Legitimität später gezogener Grenzen zu verstehen ist. Das Wort
»England« kann in manchen Fällen für ganz Großbritannien stehen.

Es werden zwei Arten von Anmerkungen verwendet. Anmerkungen, die sich direkt
auf den Text beziehen und im unmittelbaren Zusammenhang gelesen werden sollten,
sind im Text mit einem Sternchen markiert und unten auf der Seite als Fußnoten
abgedruckt. Anmerkungen eher technischer Natur sind durch Nummern markiert
und finden sich am Ende des Buches. Sie enthalten die Belege über das verwendete
Archivmaterial, Kommentare und Belege zur verwendeten Sekundärliteratur und gelegentlich auch Äußerungen zu kontroversen Themen und den damit verbundenen
Fragen. Die Liste mit Abkürzungen und Spezialausdrücken (S. 984) gilt sowohl für
die Fußnoten als auch für die Anmerkungen am Ende des Buches.

Es erschien weder sinnvoll noch nützlich, eine detaillierte Bibliographie anzufügen,
die buchstäblich Tausende von Titeln hätte enthalten müssen. Wer jemals über den
Zweiten Weltkrieg gearbeitet hat, wird die Ansicht teilen, daß der Prophet Koheleth
an dieses Ereignis gedacht haben muß, als er sagte: »Dem Machen vieler Bücher sind
keine Grenzen gesetzt.« (Prediger Salomo 12, 12). Alle Werke, die in den Anmerkungen genannt sind, werden beim ersten Auftauchen mit den genauen bibliographischen Angaben zitiert. Der bibliographische Essay soll dem interessierten Leser
einen Überblick über einige der wichtigsten Werke verschaffen, bisweilen ergänzt
durch einen kurzen Kommentar von mir. Eine solche Auflistung kann keinesfalls
vollständig sein; sie kann jedoch sowohl auf relevante Literatur hinweisen als auch
zusätzliche Hinweise geben, da die meisten der erwähnten Bücher wiederum Bibliographien enthalten.

Ähnlich sinnlos wie eine detaillierte Bibliographie erschien es mir, dem Buch eine
Liste mit den Tausenden von Akten und Mikrofilmen anzufügen, die bei seiner Vorbereitung zu Rate gezogen wurden. Spezifische Belege und Verweise auf die Standorte
in den Archiven finden sich in den Anmerkungen, wann immer dies angemessen ist,
und ein sehr kurzgefaßter Kommentar zu den Archiven ist im bibliographischen
Essay enthalten.

Nur wer sich selbst einmal mit den unzähligen und häufig verwirrenden Dokumenten des Krieges herumgeschlagen hat, kann ermessen, in welchem Umfang der
Wissenschaftler auf die Hilfsbereitschaft von Fremden angewiesen ist. Allen Lesern,
die vielleicht durch dieses Buch motiviert werden, sich selbst in die Akten zu vertiefen,
darf ich versichern, daß aus diesen »Fremden« sehr schnell hochgeschätzte Freunde
werden.

Von einem Krieg zum andern

Als das deutsche Schulschiff »Schleswig-Holstein« das Feuer auf die polnische Garnison auf der Westerplatte eröffnete, die in der Freien Stadt Danzig für die polnischen Truppen reserviert war, und deutsche Truppen und Flugzeuge Polen angriffen, begann ein schrecklicher Konflikt, der bald der »Zweite Weltkrieg« genannt werden sollte. Der Name stellt eine Beziehung zu dem großen früheren Konflikt von 1914 bis 1918 her.

Als der neue Krieg im September 1939 durch die deutschen Aktionen ausgelöst wurde, fanden bereits in zwei anderen Erdteilen Kämpfe statt. Seit die Japaner im Juli 1937 in Nordchina die Feindseligkeiten eröffnet hatten, tobte ein Krieg zwischen den beiden ostasiatischen Völkern. Im Herbst 1939 war eine gewisse Pattsituation eingetreten, ein Ende nicht in Sicht. Außerdem lieferten sich seit Mai 1939 japanische und russische Truppen an der Grenze ihrer jeweiligen Satellitenstaaten in Mandschukuo erbitterte Gefechte. Japan und die Sowjetunion hatten ihre diplomatischen Beziehungen trotz der Kämpfe nicht abgebrochen und schlossen nach einer militärischen Niederlage Japans am 16. September 1939 einen Waffenstillstand. Der japanisch-chinesische Konflikt dauerte dagegen an, wäre jedoch wie der Krieg, den die beiden Völker 1894/95 geführt hatten, isoliert geblieben, hätten nicht die Ereignisse in Europa Japan veranlaßt, in den dort ausgebrochenen Krieg einzutreten. Es ist deshalb völlig zutreffend, den Zweiten Weltkrieg als einen Krieg zu betrachten, der von Deutschland begonnen wurde und schließlich die ganze Welt erfaßte. Wie konnte es dazu kommen? War ein Weltkrieg etwa nicht genug gewesen?

Der Krieg, der mit dem Waffenstillstand vom 11. November 1918 zu Ende gegangen war, hatte für seine Teilnehmer entsetzliche Folgen gehabt. Mehr als vier Jahre des Blutvergießens und der Zerstörung hatten große Teile Europas ruiniert und die inneren Strukturen in vielen Staaten des Kontinents verändert. Die Fähigkeit des modernen Staats zur Massenmobilisierung hatte es allen Kriegsteilnehmern ermöglicht, Menschen und Material in nie gekanntem Ausmaß einzusetzen und im Feuer des Krieges zu verheizen. Auch außereuropäische Weltregionen waren in den Krieg verwickelt worden, weil sie sich entweder einer der Kriegsparteien angeschlossen hatten oder durch ihren Kolonialstatus mit in den Krieg hineingezogen worden waren. Selbst die wenigen neutralen Länder waren von dem Konflikt, der überall um sie herum tobte, in ihrem Handel und in ihrer gesamten Struktur schwer getroffen worden.

Dieser Kampf, der allgemein der »Weltkrieg« genannt wurde, um ihn von den lokalen oder kleineren Konflikten früherer Jahrzehnte zu unterscheiden, wurde die prägende Erfahrung aller Überlebenden. Ihre Weltsicht war fortan von den Lektionen geprägt, die sie im großen Krieg gelernt zu haben glaubten. Dies galt für Sieger und Besiegte gleichermaßen. Die Gestaltung des Friedens im Jahr 1919, die Politik der beiden folgenden Jahrzehnte und die Führung des neuen Krieges waren allesamt das Werk von Personen, die ihre neuen Entscheidungen bezogen auf frühere Entscheidungen trafen, die in dem eben erst vergangenen großen Krieg getroffen oder nicht getroffen worden waren.

Die Friedensregelung von 1919 wurde durch eine Serie von Kompromissen kompliziert, die in erster Linie zwischen den Siegern und nur in zweiter Linie zwischen Siegern und Besiegten geschlossen wurden. Die Kompromisse waren in der gegebenen Situation von vier zentralen Faktoren geprägt. Erstens bedeutete die unerwartet frühe Niederlage der Deutschen – sie kam ein Jahr früher als erwartet *nach* deutschen Siegen über die Alliierten in Ost-, in Südost- und Südeuropa und *bevor* die Alliierten in Deutschland selbst einmarschiert waren –, daß der Entscheidungsspielraum der Sieger relativ eng war und daß es in Deutschland keine klare Anerkennung der totalen militärischen Niederlage gab.

Gesamteuropa oder wenigstens der größte Teil des Kontinents waren nicht, wie die Alliierten erwartet hatten, von den Truppen der Sieger eingenommen, und diese Grenze, die der Macht der Sieger gesetzt war, gewann an Bedeutung, als nach Jahren der Opfer und des Leidens die Forderung nach einer Demobilisierung bei allen Siegermächten immer lauter wurde. Angesichts dieser Lage konnten in vielen Teilen Europas, besonders jedoch in Ost- und Südosteuropa, lokale Gruppierungen die Initiative ergreifen. Daß Rußland von den Mittelmächten besiegt worden war, die wiederum den Westalliierten unterlegen waren, hatte in Osteuropa eine einzigartige Situation heraufbeschworen. Die großen Reiche, die in früheren Jahrhunderten miteinander rivalisiert hatten, waren diesmal *alle* geschlagen. Deshalb hatten die kleineren Mächte und Völker der Region die Gelegenheit, ihren eigenen Willen durchzusetzen, manchmal sogar gegen den Willen der Sieger, die in den fernen Vorstädten von Paris die Friedensverträge formulierten.

Derselbe Umstand – die frühe und unerwartete Niederlage Deutschlands – rief in der deutschen Bevölkerung große Verwirrung hervor. Eine Serie großer Erfolge hatte zunächst die Hoffnung auf einen vollständigen Sieg geweckt. Im zweiten Teil des Krieges hatten viele Deutsche angesichts der erbitterten Kämpfe und der Entbehrungen an der Heimatfront einen wie immer gearteten Kompromiß erhofft oder befürchtet, aber kaum jemand hatte mit der totalen Niederlage gerechnet. Die deutsche militärische Führung hatte im September 1918 um einen Waffenstillstand nachgesucht, weil sie keinen völligen Zusammenbruch der deutschen Front riskieren wollte. Die Geschütze hörten auf zu feuern, als auf den Kriegskarten deutsche Truppen noch immer tief im Feindesland standen. Der Schock über die Niederlage hatte fast sofort zum Zusammenbruch der deutschen Heimatfront geführt und die alten Dynastien und politischen Institutionen des Landes zum Verschwinden gebracht, wodurch das Land praktisch völlig wehrlos geworden war.

Daß ausgerechnet das Land, das während des Krieges die stabilste Heimatfront aller europäischen Kriegsteilnehmer gehabt hatte, einige Wochen lang in Anarchie versank, sollte später teils bewußt böswillig und teils subjektiv ehrlich als die Ursache der Niederlage an der Front interpretiert werden, obwohl die Niederlage den Wirren in Wirklichkeit vorausgegangen war und sie verursacht hatte.* Die daraus entstandene Dolchstoßlegende – die falsche Behauptung, daß Aktionen in der Heimat die Niederlage an der Front verursacht hätten – sollte später viele böse Folgen haben. Das unmittelbare Ergebnis des militärischen Zusammenbruchs der Deutschen bestand jedoch darin, daß sich die Sieger eher darüber sorgten, es könnte gar keine deutsche Regierung vorhanden sein, um den Friedensvertrag zu unterzeichnen, als darüber, daß die Deutschen die Unterzeichnung verweigern könnten. Die Siegermächte waren zwar darauf vorbereitet, einzumarschieren und Deutschland zu besetzen, falls es den Friedensvertrag nicht annehmen würde, hielten jedoch eine solche Möglichkeit zu Recht für unwahrscheinlich.

Der zweite zentrale Faktor, der sich auf die Friedensregelung auswirkte, war die panische Furcht vor der deutschen Macht. Die schiere Tatsache, daß es fast der ganzen Welt bedurft hatte, um Deutschland und seine Verbündeten zu besiegen, und daß auch dieser Sieg nur in einem langen, erbitterten und kostspieligen Kampf hatte errungen werden können, wobei die Alliierten einer Niederlage nur denkbar knapp entronnen waren, allein diese Tatsache ließ den deutschen Staat im Zentrum des Kontinents, der erst vor einem knappen halben Jahrhundert neu gebildet worden war, als eine außerordentliche Bedrohung für das Wohlergehen, ja für die Existenz anderer Staaten erscheinen. Der Umstand, daß die Sieger in der französischen Hauptstadt zusammentraten, die ein Jahr zuvor beinahe von den Deutschen eingenommen worden wäre und noch immer von den Treffern deutschen Granatfeuers gezeichnet war, garantierte, daß niemand vergaß, wie knapp der Sieg errungen worden war.

---

* Eine solche zeitliche Vertauschung von Ereignissen aus der unmittelbaren Vergangenheit ist selbst bei Personen, die sie persönlich miterlebt haben, gar nicht so selten. Ein Beispiel ist die in Amerika häufig aufgestellte Behauptung, auf der Konferenz von Jalta im Februar 1945 seien der Sowjetunion Gebiete übergeben worden, obwohl diese Gebiete in Wirklichkeit schon Monate zuvor von der Roten Armee befreit bzw. besetzt worden waren.

Außerdem hatten die Deutschen erstmals Mittel angewandt, die damals vielen als die schrecklichsten unter den neuen Waffen und Methoden der Kriegführung erschienen, was die Angst vor einer künftigen Bedrohung durch dieses Volk noch verstärkte. Die Bombardierung von Städten aus der Luft, der uneingeschränkte U-Boot-Krieg und die Verwendung von Giftgas waren in den Augen der Sieger Errungenschaften des deutschen Genies, auf die die Welt gut hätte verzichten können.

Schließlich hatte der deutsche Einmarsch im neutralen Belgien, das schimpfliche Verhalten der deutschen Besatzer in diesem Land und die böswillige Zerstörung französischen Territoriums durch abziehende deutsche Truppen den Abscheu der Siegermächte erregt. In dieser Mischung aus Haß, Furcht und Verachtung erschien es ihnen nicht nur weise, sondern absolut notwendig, die deutsche Macht zu begrenzen, wenn andere Nationen das Experiment eines deutschen Nationalstaats künftig überleben sollten.

Maßnahmen, die dieses Experiment völlig beendet hätten, waren jedoch aufgrund des dritten prägenden Faktors der Friedensverhandlungen ausgeschlossen. Alle Beteiligten vertraten nämlich die Überzeugung, daß Europa nach dem Nationalstaatsprinzip strukturiert werden solle und Verstöße gegen dieses Prinzip wesentlich zum Ausbruch des Krieges beigetragen hätten. Diese Überzeugung – oder vielleicht besser Grundannahme – hatte für jede mögliche Friedensregelung unvermeidliche Folgen. Die erste und bei weitem wichtigste war die, daß es auch weiterhin einen deutschen Nationalstaat geben würde.

Jede Analyse auch der härtesten Vertragsbedingungen, die vor oder während des Jahres 1919 von irgendeiner Seite vorgeschlagen wurden, zeigt, daß zwar erwogen wurde, den deutschen Staat zu verkleinern und ihn Restriktionen zu unterwerfen, daß aber keiner der Beteiligten seinen Fortbestand in Frage stellte.[1] Nach den Erfahrungen des Zweiten Weltkriegs bestand diese Grundannahme nicht mehr, und ein wichtiger Punkt der Diskussion, die die Alliierten während des Krieges über ihre Kriegsziele führten, war genau der Fortbestand eines deutschen Staates.

Im Jahr 1919 war dies jedoch noch nicht der Fall. Obwohl im Prozeß der deutschen Einigung unter preußischer Führung mehrere Staaten von der Landkarte verschwunden waren, die Jahrhunderte existiert hatten, und obwohl es in dem gerade beendeten Konflikt immer zu den deutschen Kriegszielen gehört hatte, daß zumindest Belgien als ein wirklich unabhängiger Staat nicht fortbestehen sollte[2], war nicht einer der in Paris versammelten siegreichen Staatschefs dafür, Deutschland ein solches Schicksal zu bereiten. Alle Diskussionen drehten sich lediglich darum, in welchem Ausmaß und mit welchen Methoden Deutschland geschwächt oder im Zaum gehalten werden sollte. Daß nicht darüber verhandelt wurde, ob, sondern nur, wie der deutsche Staat fortbestehen sollte, machte die Deutschen später blind für die Alternativen, die zu dem Friedensvertrag bestanden hätten, den sie hatten unterzeichnen müssen. Und es machte die Kritiker der Friedensregelung mindestens ebenso blind für diesen wichtigsten Einzelaspekt, die bleibende Einheit Deutschlands.

Die allgemeine Anerkennung des Nationalstaatsprinzips bei den Friedensverhandlungen hatte weiter zur Folge, daß der Gedanke von vornherein verworfen wurde, die kleineren Nationen in Mittel- und Osteuropa in ein übergreifendes multinationales Gebilde einzubinden, sei es in eine modifizierte Form des alten österreichisch-ungarischen Reiches oder in eine zu diesem Zweck geschaffene Föderation. Eine solche aufgezwungene Einheit hätte von den Siegern nur mit Gewalt durchgesetzt werden können, wie auch eine Teilung Deutschlands ohne Gewalt nicht erreichbar gewesen wäre, aber in beiden Fällen stimmten die Prinzipien der Sieger mit dem überein, was sie für praktikabel hielten. In den voluminösen Protokollen der Pariser Verhandlungen findet sich keine Debatte über eine erzwungene neue multinationale Struktur für Mittel- und Osteuropa und keine Parallele zu der Diskussion über eine Teilung Deutschlands, wie sie während des Zweiten Weltkriegs stattfand. Die neuen Staaten, die nach dem Ersten Weltkrieg aus den Trümmern des Deutschen, des Osmanischen, des Österreichischen und des Russischen Reichs entstanden, mußten ihre eigenen unabhängigen Strukturen oder föderativen Systeme entwickeln, ein Prozeß, der durch nationale Rivalitäten und die Einmischung von Großmächten behindert und durch einen weiteren Krieg beendet wurde, aus dem in ihrem Teil der Welt im Gegensatz zum Ersten Weltkrieg nur ein Sieger hervorging, der das Gebiet immerhin für Jahrzehnte dominierte.

Der vierte prägende Faktor bei der Friedensregelung war, daß alle Beteiligten mehr oder weniger stark das Gefühl hatten, der Krieg habe die Welt verändert, und daß die Siegermächte der Ansicht waren, diese Veränderungen müßten ihren nationalen Interessen – wie sie die führenden Siegermächte wahrnahmen – zugute kommen und mit irgendeinem Mechanismus kombiniert werden, der eine Wiederkehr der Katastrophe verhindern sollte. In Paris stach jedoch am stärksten ins Auge, wer bei den Friedensverhandlungen überhaupt vertreten war. Frankreich und Großbritannien, die an der zentralen Front die Hauptlast des Krieges getragen hatten, waren in Paris natürlich stark vertreten, und dasselbe galt auch für die anderen europäischen Siegermächte wie etwa Italien und Belgien. Das Gewicht der Vereinigten Staaten war jedoch neu. Vor 1914 hatten sie zwar in den Überlegungen der europäischen Mächte gelegentlich eine Rolle gespielt, ihre Rolle bei der Friedenskonferenz und im Krieg selbst unterschied sich jedoch so grundlegend von derjenigen, die sie etwa 1906 bei der Konferenz von Algeciras über Marokko – um nur ein Beispiel aus der unmittelbaren Vorkriegszeit zu nennen – gespielt hatten, daß die Veränderung als ein qualitativer Sprung betrachtet werden muß.

Die Vereinigten Staaten waren durch ihre militärische und wirtschaftliche Rolle im Ersten Weltkrieg zur Weltmacht geworden. Hätte der Krieg wie erwartet ein Jahr später geendet, wäre ihr Übergewicht noch gewaltiger gewesen, aber auch so war mit ihnen ein völlig neuer Faktor in die Weltpolitik eingetreten. Die ohnehin große Macht der Vereinigten Staaten wurde durch drei Elemente zusätzlich verstärkt. Erstens waren sie aus dem Krieg gestärkt und nicht geschwächt hervorgegangen.

Zweitens war zu erwarten, daß ihre industrielle und ihre tatsächliche oder potentielle militärische Macht auf absehbare Zeit noch wachsen würden. Und drittens wurden Präsident Woodrow Wilson und seine Ansichten dank der Eloquenz, mit der er die amerikanischen Ideale vertrat und sie auf die ganze Welt projizierte, von vielen als Vorboten einer neuen Weltordnung gesehen.

Eine weitere neue Macht in Paris war Japan. Es hatte im Krieg zwar eine weit weniger wichtige Rolle gespielt als die Vereinigten Staaten und würde in der europäischen Politik wahrscheinlich nie ein vergleichbares Gewicht erlangen. Doch war Japan wie die USA aus dem Krieg eher gestärkt als geschwächt hervorgegangen. Außerdem hatten die Vertreter der außereuropäischen Länder USA, Kanada, Australien, Südafrika und Neuseeland, die an der Regelung europäischer Fragen beteiligt waren, wenigstens alle europäische Vorfahren gehabt. Mit dem Aufstieg Japans war dagegen ein Land in den Kreis der Großmächte getreten, das zwar materielle und soziale Technologien Europas mit seinen kulturellen und politischen Traditionen in Einklang gebracht hatte, aber dennoch weder aus eigener noch aus fremder Sicht als westliches Land gelten konnte.

Als im Rahmen der Friedensregelung ein Teil der deutschen Ostgebiete unter litauische Kontrolle gestellt wurde, um dem wiedererstandenen litauischen Staat mit Memel (Klaipeda) einen guten Ostseehafen zu verschaffen, wurden der litauischen Regierung gewisse Beschränkungen auferlegt, um die Rechte der deutschen Bevölkerung im Memelland zu schützen. Japan gehörte zu den Mächten, die diese Regelung überwachen sollten.[3] Es läßt sich kaum eine gravierendere Umkehrung der Verhältnisse vorstellen, als daß deutsche Bewohner des Memellands, die in Japan als deutsche Bürger einst exterritoriale Rechte genossen hätten, sich nun neben anderen Staaten an Japan wenden mußten, wenn es um den Schutz ihrer Rechte unter litauischer Herrschaft ging.

Mindestens ebensosehr wie die Anwesenheit der Vereinigten Staaten und Japans stach ins Auge, daß Sowjetrußland nicht an den Friedensverhandlungen teilnahm. Es hatte zunächst ebenfalls am Krieg gegen Deutschland teilgenommen, aber einen Separatfrieden geschlossen. Das Zarenregime war Anfang 1917 durch eine Revolution gestürzt worden. Die erste Revolutionsregierung hatte den Krieg gegen Deutschland fortgesetzt, war jedoch im November desselben Jahres von den Bolschewiki abgelöst worden.[*] Die Bolschewiki hatten den Krieg für den Sowjetstaat beendet und im März 1918 einen von Deutschland diktierten Friedensvertrag unterzeichnet. Die damit verbundenen Gebietsverluste nahmen sie in Kauf, um ihre Herrschaft über das verbliebene Territorium besser konsolidieren zu können – eine Entscheidung, die ihnen durch den

---

[*] Die Russen führten erst nach den Revolutionen von 1917 anstelle des Julianischen den Gregorianischen Kalender ein. Nach dem alten Kalender fand die erste russische Revolution im Februar und die zweite im Oktober statt, nach dem neuen Kalender lag die erste im März und die zweite im November.

Glauben an eine unmittelbar bevorstehende Weltrevolution und durch die Hilfe erleichtert wurde, die sie zuvor von der deutschen Regierung bekommen hatten.

Der dramatische Bruch im Bündnis gegen die Mittelmächte hatte eine Reihe von
Konsequenzen. In der Sowjetunion selbst führte er zum Bruch zwischen den Bolschewiki und ihren einzigen politischen Verbündeten; von nun an war die Sowjetunion
– und alle Länder, die je unter ihre Kontrolle gerieten – ein Einparteistaat.

Außenpolitisch bedeutete der Separatfrieden, daß deutsche Truppen für den Einsatz an anderen Fronten verfügbar wurden und die Deutschen im Westen ihren letzten
Versuch starten konnten, einen totalen Sieg zu erringen. Für die Westmächte stellte
das Revolutionsregime eine Herausforderung ihrer sozialen und politischen Systeme
dar, zunächst jedoch drohte ihnen nun eine vollständige Niederlage gegen die Deutschen. Um wieder deutsche Kräfte an einer russischen Front zu binden, unterstützten
sie die inneren Feinde der Bolschewiki, die bereit waren, den Krieg gegen Deutschland
wiederaufzunehmen, aber das Unternehmen mißlang. Die Westalliierten hielten nach
dem russischen Separatfrieden zunächst nur mit Mühe stand, aber schließlich schlugen sie Deutschland und die anderen Mittelmächte aus eigener Kraft.

Der alliierte Sieg rettete zwar die Bolschewiki vor dem Schicksal, das ihnen die
deutsche Regierung zugedacht hatte, aber sie wurden nicht an den Friedensverhandlungen beteiligt. Wie auch immer die inneren Auseinandersetzungen in Sowjetrußland
enden würden, die während der Pariser Verhandlungen noch andauerten, das Land
war zwar in den Hoffnungen und Ängsten der Konferenzteilnehmer präsent, aber es
nahm an der Konferenz nicht teil.

Zwei weitere historische Novitäten auf der Pariser Konferenz müssen hier diskutiert werden. Die erste wurde schon erwähnt: Repräsentanten aus Kanada,
Australien, Südafrika und Neuseeland nahmen an der Konferenz teil; außerdem
war auch Indien vertreten, wenn auch nicht mit demselben Status. Mit ihrer Anwesenheit hatte sich eines der wichtigsten internationalen Ergebnisse des Ersten
Weltkriegs erstmals manifestiert: der Zerfall der europäischen Kolonialreiche in unabhängige politische Einheiten. Die »British Dominions«, wie sie damals genannt
wurden, hatten sich ihre Unabhängigkeit und das Recht, eigene Vertreter zu den
Friedensverhandlungen zu entsenden, durch ihre Teilnahme an den Kämpfen verdient. Ihr Kriegsbeitrag stand in direktem Zusammenhang mit der schwindenden
Kapazität des Mutterlands, die für einen Sieg erforderlichen militärischen Kräfte
selbst zu mobilisieren.

Für die Zukunft bedeutete dies, daß die europäische Friedensregelung von 1919
nur mit der zuverlässigen Unterstützung dieser unabhängig gewordenen außereuropäischen Ex-Kolonien würde aufrechterhalten und verteidigt werden können – ein
Umstand, der 1938 und 1939 entscheidende Bedeutung bekam. Auch wenn das
häufig übersehen wird: Es war kein historischer Zufall, daß die Mehrheit der »britischen« Truppen nicht aus dem Vereinigten Königreich kam, als sich 1942 das Blatt
in Nordafrika zugunsten der Alliierten wendete, sondern von den mit Großbritannien

verbündeten Ländern des damaligen »British Commonwealth« Australien, Neuseeland, Indien und Südafrika.

Die zweite Novität war die allgemein herrschende Überzeugung, daß die Katastrophe eines weiteren Weltkriegs nur durch die Gründung neuer internationaler Institutionen verhindert werden könnte. Die Tatsache, daß alle mit den Besiegten geschlossenen Friedensverträge mit der Satzung des Völkerbunds begannen und daß alle Friedensverträge Bestimmungen zur Gründung der Internationalen Arbeitsorganisation und des Internationalen Gerichtshofs enthielten, verdeutlicht die Überzeugung der Beteiligten, daß die Sicherung des Friedens nach einem so schrecklichen Konflikt mehr erforderte, als nur neue Grenzen zu ziehen und den Besiegten Reparationen und andere Beschränkungen aufzuerlegen. Zusätzlich sollte ein umfassender Versuch gemacht werden, die internationalen Angelegenheiten so zu ordnen, daß eine Wiederholung der gerade durchlebten Katastrophe ausgeschlossen war.

Diese idealistischen Bestrebungen – mit gewisser Berechtigung könnte man sie auch die einzig realistischen Schlüsse nennen, die aus dem Krieg gezogen wurden – standen im Widerspruch zu anderen Bestimmungen der Friedensverträge und trugen von Anfang an die Möglichkeit des Scheiterns in sich. Im Weltkrieg waren die menschlichen und materiellen Opfer ins Unermeßliche gestiegen. In dieser Situation hatte viele Beteiligte nur die Hoffnung auf eine bessere Nachkriegswelt zum Durchhalten motiviert. Gerade die immer höheren Opfer, die in der Hoffnung auf eine neue und bessere Welt gebracht wurden, führten jedoch dazu, daß eine Desillusionierung fast zwangsläufig eintreten mußte. Wie hätte man die Nachkriegswelt so stark verbessern können, daß sie diese Hoffnungen erfüllt hätte? Eine Nachkriegswelt, in der über dreißig Millionen Menschen ihr Leben oder ihre Gesundheit im Kampf verloren hatten und weitere Millionen entwurzelt waren, nachdem die modernen Industriegesellschaften ihr gesamtes Potential jahrelang für die maximale Zerstörung der materiellen Ressourcen der Menschheit eingesetzt hatten.

Je größer die Hoffnungen, desto schneller und sicherer kam Enttäuschung auf. Nichts konnte so wertvoll erscheinen, daß es all die Leiden und all die verlorenen Leben hätte aufwiegen können. Auch daß der Sieg vielleicht ein noch schlimmeres Schicksal abgewendet hatte, war nur ein geringer Trost, besonders da die Erinnerung an die einst so drückende Angst vor der Niederlage allmählich immer schwächer wurde, während die Lücken, die der Krieg in die Familien gerissen hatte, nicht verschwanden. Daß unter diesen Umständen der Großteil der Enttäuschung, Desillusionierung und Abscheu nicht dem Krieg, sondern der Friedensregelung galt, sollte nicht weiter überraschen.

Die Friedensbedingungen, die den Besiegten auferlegt wurden, waren mit Ausnahme der Bestimmungen über die neuen internationalen Organisationen hauptsächlich territorialer, militärischer und finanzieller Natur. Die territorialen Regelungen brachten den Siegern beträchtliche Gewinne ein. Serbien wuchs gewaltig auf Kosten Österreich-Ungarns und wurde unter dem neuen Namen Jugoslawien selbst ein unabhängiger Vielvölkerstaat. Rumänien gewann auf Kosten Ungarns und Bulgariens und erhielt Gebiete zurück, die es 1878 an das Zarenreich verloren hatte. Der neue Staat Tschechoslowakei wurde aus Teilen von Österreich-Ungarn gebildet, auch Italien erhielt Gebiete auf Kosten dieses Landes, und Griechenland bekam, was einst die bulgarische Küste am Ägäischen Meer gewesen war. Deutschland hatte nach einer Volksabstimmung einen Teil von Nordschleswig an Dänemark abzutreten, verlor kleinere Gebiete an Belgien und mußte Elsaß-Lothringen an Frankreich zurückgeben.

Für die Deutschen war es aus Gründen, die im Folgenden untersucht werden sollen, eine besonders traumatische Erfahrung, daß sie auch im Osten Gebiete verloren. Beträchtliche Teile des Territoriums, das sich Preußen im Zuge der Polnischen Teilungen von 1772 und 1793 angeeignet, und ein Teil der schlesischen Gebiete, die es schon in der Mitte des 18. Jahrhunderts Österreich abgenommen hatte, fielen an das wiedererstandene Polen. Danzig, der wichtigste Ostseehafen Polens, den Preußen ebenfalls 1793 annektiert hatte, wurde jedoch nicht an die Polen zurückgegeben, obwohl Präsident Wilson dem Land in seinen berühmten 14 Punkten »freien und sicheren Zugang zum Meer« versprochen hatte und Deutschland die 14 Punkte nach anfänglicher Ablehnung zur Grundlage des Friedens hatte machen wollen. Da die überwältigende Mehrheit der Einwohner Danzigs Deutsche waren, hatten sich die Sieger auf einen Kompromiß geeinigt und Danzig zur Freien Stadt erklärt. Die inneren Angelegenheiten wurden unter internationaler Überwachung demokratisch geregelt – also von Deutschen bestimmt –, während Danzig außenpolitisch von Polen vertreten und polnisches Zollgebiet wurde.

Ein kleiner Teil Ostdeutschlands fiel wie erwähnt an Litauen. Das Saarland mit seinen Kohlegruben wurde für 15 Jahre unter französische Kontrolle gestellt, und Deutschland verlor sämtliche Kolonien. Für letztere und für Teile des zusammengebrochenen Osmanischen Reichs wurde die neue Kategorie des »Mandats« entwickelt. Der Begriff bezeichnete Gebiete, die der Kontrolle verschiedener Siegermächte unterstellt wurden, jedoch nicht zu deren Territorien oder zu ihren Kolonien gehörten, sondern im Lauf einer unbestimmten Zeitspanne auf die Unabhängigkeit vorbereitet werden sollten.*

Die militärischen Bestimmungen der Friedensverträge unterwarfen die Besiegten erheblichen Beschränkungen. Sie verboten bestimmte Waffen und Kriegshandlungen ganz, verfügten die Entmilitarisierung des deutschen Territoriums westlich des Rheins sowie eines Streifens östlich davon, und sie sahen eine zeitlich befristete militärische

---

* Es ist dem früheren Status von Deutsch-Südwestafrika als C-Mandat der Südafrikanischen Union zu verdanken, daß die alte deutsche Kolonie, die heute Namibia heißt, ein internationales Problem geworden ist. (Die USA spielen dabei eine Rolle, weil Deutschland die Souveränität über seine Kolonien an die Siegermächte abtrat und diese die Kolonien unter die Kontrolle von Mandatarmächten stellten.)

Besetzung des Rheinlands vor, die die Einhaltung des Friedensvertrags gewährleisten sollte.

Die wirtschaftlichen Bestimmungen der Verträge bürdeten den Besiegten sämtliche Kriegskosten Belgiens auf, und sie sollten die noch ausstehenden Kriegskosten der anderen Alliierten bezahlen, die hauptsächlich durch die Behebung von Kriegsschäden und Zahlungen an die Hinterbliebenen der Kriegsopfer entstanden. Diese finanziellen Ansprüche wurden »Reparationen« genannt, um sie von der »Kriegsentschädigung« zu unterscheiden, die nach früheren Kriegen den Besiegten abgepreßt worden war, so etwa den Franzosen nach dem Deutsch-Französischen Krieg von 1870/71 oder den Chinesen nach dem Japanisch-Chinesischen Krieg von 1894/95. Da die europäischen Feinde Deutschlands durch den Krieg wirtschaftlich viel schlimmer geschädigt worden waren als Deutschland selbst, hätten diese Bestimmungen, wenn sie wirklich durchgesetzt worden wären, wenigstens in gewissem Umfang die *relative* Stärkung kompensieren können, die die deutsche Wirtschaft durch den Krieg erfahren hatte. Sie wurden jedoch nicht durchgesetzt.

Die Bestimmungen der Friedensregelung wurden von den Deutschen sofort und später scharf angegriffen, und diese Angriffe fielen mit der allgemeinen Enttäuschung der früheren Alliierten über die neue Welt zusammen, die aus dem Krieg und durch die Friedensregelung entstanden war. Es war ein damals schon weitverbreiteter Irrglaube, daß Deutschland durch die Friedensbedingungen entsetzlich hart getroffen worden sei, alle Arten schrecklichen Unrechts erlitten habe und durch eine Unzahl drückender Bürden und Restriktionen für alle Zukunft geschwächt worden sei. Dieser Irrglaube wurde durch die deutsche Propaganda in den zwanziger und dreißiger Jahren eifrig gepflegt, setzte sich in jener Zeit allgemein durch und geistert bis heute durch die historischen Lehrbücher. Aufgrund dieser falschen Auffassung wurde an dem Friedensvertrag eine ganze Serie von Modifikationen vorgenommen, die ausnahmslos Deutschland zugute kamen. Die Besetzung wurde früher beendet als im Friedensvertrag vorgesehen, die Kommissionen, die die Abrüstung hätten überwachen sollen, wurden zurückgezogen, die Reparationszahlungen wurden reduziert und schließlich völlig gestrichen und die Kriegsverbrecherprozesse wurden – mit voraussehbarem Ergebnis – deutschen Gerichten anvertraut, um nur einige der wichtigsten Veränderungen zu nennen. Da Deutschland am Ende dieses Modifikationsprozesses – ein knappes Vierteljahrhundert nach dem Waffenstillstand von 1918 – den größten Teil Europas beherrschte und um Haaresbreite den gesamten Planeten unterworfen hätte, kann an dem Bild, das damals und heute allgemein akzeptiert wurde, einiges nicht stimmen.

Das Nationalstaatsprinzip als Grundlage der Friedensregelung hatte zur Folge, daß Deutschland, die historisch jüngste europäische Großmacht, den Krieg als intakter Nationalstaat überlebte. Seine Bevölkerung wurde nur von der russischen an Größe übertroffen, und sein Wirtschafts- und Industriepotential war durch den Krieg weniger in Mitleidenschaft gezogen worden als das seiner europäischen Feinde, deren Volkswirtschaften die Hauptlast des Krieges getragen hatten. Da Deutschland durch den Krieg weniger stark geschwächt worden war als seine europäischen Feinde, war es 1919 *potentiell* relativ stärker, als es 1913 gewesen war.

Dasselbe Nationalstaatsprinzip, das neben der Kriegsmüdigkeit die Sieger davon abgehalten hatte, mit Hilfe ihrer Armeen das neue Deutschland zu teilen, hatte sie auch daran gehindert, das alte Mittel- und Südosteuropa mit Hilfe ihrer Armeen zu restaurieren oder dort ein neues, größeres Staatengebilde zu schaffen. Ausgerechnet die Wiederherstellung Polens, der Teil der Friedensregelung, der den Deutschen am übelsten aufstieß, schützte sie vor der Sowjetunion, ihrem potentiell mächtigsten und gefährlichsten Gegner. Die zahlreichen Auseinandersetzungen über den genauen Verlauf der neuen Grenzen zwischen Ungarn und Rumänien, Polen und der Tschechoslowakei, Bulgarien und Griechenland, Österreich und Jugoslawien unterstrichen nur zwei Tatsachen von enormer Bedeutung: Deutschland war nun tatsächlich oder potentiell unendlich viel mächtiger als jeder seiner östlichen und südöstlichen Nachbarn, und es war praktisch ausgeschlossen, daß sich diese Nachbarn jemals gegen Deutschland verbünden würden.

Durch die Modifikationen der Friedensregelung wurde die vergleichsweise stärkere Position Deutschlands noch gestärkt. Das wichtigste Beispiel für diesen Prozeß ist das Problem der Reparationen. Die Deutschen befreiten sich mit dreierlei Methoden von ihren Reparationsverpflichtungen: Zunächst verweigerten sie einfach die Zahlung. Dann ruinierten sie – mit dem Teilmotiv, Zahlungsunfähigkeit zu demonstrieren – ihre eigene Währung. Schließlich glichen sie die letztlich doch bezahlten Reparationen durch Anleihen im Ausland mehr als aus und zahlten den Großteil dieser Anleihen nicht zurück, als sie in den dreißiger Jahren fällig wurden.*

Im Verlauf der internationalen öffentlichen Diskussion über die Reparationen entstand eine Illusion von schicksalhafter Bedeutung. Da Deutschland letztendlich vergleichsweise geringe Reparationen bezahlte, wurde allgemein angenommen, daß insgesamt so gut wie keine Reparationen bezahlt wurden. Dies ist natürlich Unsinn. Alle Reparationen wurden bezahlt: Die zerstörten Städte wurden wiederaufgebaut, die Obstgärten neu bepflanzt, die absichtlich überfluteten Bergwerke leergepumpt, und alle Hinterbliebenen erhielten (und erhalten teilweise heute noch) ihre Pension. Die Rechnung wurde einfach nur von anderen Staaten bezahlt, vor allem von denen, die unter dem Krieg wirtschaftlich am meisten gelitten hatten. Durch diese Verlagerung der Reparaturkosten von der weniger geschädigten deutschen Volkswirtschaft auf die stärker geschädigten Volkswirtschaften anderer Länder wurden die Auswirkungen des Krieges verschlimmert anstatt reduziert. Nur wenn man bei der Beurteilung der Friedensregelung, ihres Charakters, ihrer Auswirkungen und ihrer Modifikationen wieder eine realistische Perspektive einnimmt, kann man verstehen, warum

---

* Neuere wissenschaftliche Arbeiten von Sally Marks, Stephen Schuker und Mark Trachtenberg haben inzwischen begonnen, das traditionelle Bild zu erschüttern.

eine Periode, in der Deutschland angeblich geschwächt wurde, nach weniger als zwei Jahrzehnten darin kulminierte, daß Europa und sogar die Welt wieder vor der deutschen Macht erzitterten.

Die Regierungen und Völker der Nachkriegs-Ära waren nicht nur fixiert auf die realen und eingebildeten Mängel der Friedensregelung, sondern auch auf das, was sie aus dem Krieg gelernt zu haben glaubten. Es wurde viel über die Ursachen des großen Krieges diskutiert. Er wurde als eine ungeheuerliche Katastrophe gesehen, und man meinte eine Wiederholung vermeiden zu können, wenn man seine Ursachen und Gründe genau untersuchte. Während militärische Führer oft dafür gegeißelt wurden, daß sie den letzten Krieg vorbereitet hätten, kann man Zivilisten oft mit gleichem Recht vorwerfen, daß sie ihn zu vermeiden suchen. In beiden Fällen liegt ein gewisser Wert in sorgfältig gezogenen Lehren begrenzter Anwendbarkeit, aber der Versuch, sie zu einem geschlossenen Konzept zusammenzufügen, ist von vornherein zum Scheitern verurteilt, auch wenn das Anliegen verständlich ist. Man kann keinen Krieg vermeiden, den man bereits erlebt hat, und keinen Konflikt noch einmal ausfechten, wenn er erst einmal vorüber ist. Wie die ständige Diskussion über die Vermeidung eines zweiten Vietnamkriegs in den USA jedoch beweist, hindern diese offensichtlichen Wahrheiten kaum jemanden daran, es trotzdem zu versuchen.

Die amerikanische Politik in der Zeit nach 1919 wurde jedenfalls immer mehr von dem Gedanken beherrscht, wie die Vereinigten Staaten in den Krieg verwickelt worden waren und wie man die Wiederholung vermeiden könnte. Amerikaner tendieren dazu, ihre Ansichten in ihren Gesetzen zum Ausdruck zu bringen. Die diversen Neutralitätsgesetze waren bewußt darauf angelegt, einen abermaligen Kriegseintritt strikt zu vermeiden. Die Teilnahme am Ersten Weltkrieg war nach Ansicht vieler Amerikaner genauso unnötig gewesen wie dieser Krieg selbst.

Die Gesetze hätten vielleicht ihren Zweck erfüllt, wenn sie im ersten und nicht im vierten Jahrzehnt dieses Jahrhunderts verabschiedet worden wären. In den dreißiger Jahren jedoch war der Kriegseintritt von 1917 nicht rückgängig zu machen. Ja, man könnte sogar die Ansicht vertreten, daß gerade die Maßnahmen, die die Vereinigten Staaten aus einem weiteren Krieg heraushalten sollten, sowie die freiwillige Verkleinerung der amerikanischen Armee auf etwa dieselbe Größe, wie sie der Friedensvertrag für Deutschland vorgeschrieben hatte, Adolf Hitler ermutigt und so zum Ausbruch eines weiteren Krieges beigetragen haben. Die amerikanische Haltung schloß natürlich auch jedes Engagement zur Stabilisierung der aus dem Krieg hervorgegangenen Nachkriegsordnung aus.

Die neuen bolschewistischen Führer Sowjetrußlands hatten mit der Entscheidung, die Kampfhandlungen einzustellen, nicht bis zum Waffenstillstand im November 1918 gewartet, sondern schon im März ihren Frieden mit Deutschland gemacht. Obwohl sie von den schlimmsten Bestimmungen des Friedensvertrags von Brest-Litowsk nur durch den Sieg der Westmächte befreit wurden, hielten sie daran fest, daß es weise gewesen sei, sich zu erreichbaren Bedingungen aus dem Krieg zurückzuziehen. Der ganze Krieg war für sie eine zur kapitalistischen Welt gehörende Begleiterscheinung gewesen, mit der sie nichts zu tun hatten oder haben wollten. Ihrer Ansicht nach würden solche Schrecken eine notwendige Begleiterscheinung der kapitalistischen Welt bleiben, solange es diese gab – eine Sichtweise, die es erstrebenswert erscheinen ließ, bei jeder möglichen Wiederholung neutral zu bleiben, wann und wo sie auch stattfinden mochte. Angesichts seiner Schwäche hielt es das neue Regime für angebracht, auf der Hut zu sein, falls die kapitalistischen Mächte eines Tages auf die Idee kommen sollten, gemeinsam über die Sowjetunion herzufallen, anstatt sich gegenseitig zu bekriegen.

Die in ihrem Kern defensive Haltung der Sowjetunion wurde zwar durch die weltweiten Kapriolen der Komintern verschleiert, in der die kommunistischen Parteien organisiert waren, die sich der Moskauer Politik bedingungslos unterworfen hatten. Die im wesentlichen selbsterzeugte russische Kriegshysterie der Jahre 1926/27 ließ jedoch bereits ahnen, daß die Sowjetunion auf die wirklichen Bedrohungen, die ihr in Ostasien ab 1931 und in Europa ab 1933 erwuchsen, ausgesprochen vorsichtig reagieren würde. Sie machte nämlich einerseits Konzessionen an die potentiellen Angreifer und ermutigte gleichzeitig andere Staaten, die Aggressoren zu bekämpfen.

Die Großmächte an der Peripherie Europas nahmen also aufgrund ihrer Sicht des Krieges isolationistische oder neutrale Positionen ein.

Wie jedoch verhielten sich die europäischen Mächte selbst? Nur die Italiener waren sich darüber uneinig gewesen, ob ihnen der Eintritt in den Ersten Weltkrieg etwas Gutes bringen würde; und er hatte ihr wirtschaftliches, soziales und politisches System ruiniert. Das neue Regime, das Benito Mussolini auf den Ruinen des alten errichtete, glorifizierte den Krieg als Ausdruck von Vitalität und lehnte den Pazifismus als eine Form der Dekadenz ab. Es hatte jedoch aus den furchtbaren Schlachten, die die Italiener – mit größerer Tapferkeit, als viele wahrhaben wollen – am Isonzo gegen Österreich geschlagen hatten, den Schluß gezogen, daß die ungeheuren materiellen und technischen Vorbereitungen, die notwendig waren, um einen modernen Krieg zu führen, die augenblickliche Leistungsfähigkeit des Landes schlicht überforderten.* Diese Einschätzung war ziemlich realistisch, führte jedoch angesichts der Ideologie des Faschismus mit ihrer Betonung der Vorzüge des Krieges leider nicht zu der Einsicht, daß ein Italien ohne leistungsfähiges Militär besser leise und vorsichtig aufgetreten wäre. Das neue Regime zog genau den entgegengesetzten Schluß.[4] Prahlerische Reden und ein wildgewordener Journalismus können vielleicht wirklich als Ersatz für ernsthafte Kriegsvorbereitungen dienen, und das Verfahren ist reichlich harmlos,

---

* Diese Verallgemeinerung bedeutet nicht, daß die Italiener keine Fortschritte in der Konstruktion und Technik moderner Waffen oder in der abstrakten Planung motorisierter Kriegführung gemacht hätten. Was ihnen fehlte, war die Fähigkeit, beides in dem massiven Streitkräftepotential zu konkretisieren, das im modernen Krieg gebraucht wird.

solange es niemand ernst nimmt. Es führte jedoch geradewegs in die Katastrophe, als Mussolini selbst zu glauben begann, daß die »acht Millionen Bajonette« aus seiner Phantasie wirklich existierten, und auch im Ausland manche Beobachter dieser Wunschvorstellung aufsaßen.

Frankreich hatte im Krieg die schwerste Last getragen und den höchsten Anteil an Verlusten und Zerstörungen hinnehmen müssen. Das Land hatte nur im Bündnis mit mächtigen Alliierten triumphiert, war über seine Schwäche als isolierter Staat entsetzt und stand deshalb der Nachkriegswelt eher ängstlich als zuversichtlich gegenüber. Für seine Führer hatte der Krieg nur die beiden Schlüsse bestätigt, die sie bereits aus dem Krieg von 1870/71 gezogen hatten: Frankreich brauchte Verbündete, und ein Krieg mit Deutschland würde wahrscheinlich auf französischem Boden stattfinden. Das aus diesen Schlüssen resultierende Verhalten war jedoch widersprüchlich. Wenn Frankreich wirklich Verbündete brauchte und wenn diese Verbündeten gegen Deutschland tatsächlich von Nutzen sein sollten, dann mußten auch die Franzosen aktiv intervenieren, falls ihre Verbündeten bedroht werden sollten. Wenn andererseits ein weiterer Krieg auf französischem Boden vermieden werden sollte, dann war ein noch besseres System von Grenzbefestigungen notwendig als vor 1914. Und man mußte wieder auf einen Sieg setzen, bei dem man wie von 1914 bis 1918 alle deutschen Angriffe abwehrte, diesmal allerdings direkt an der Grenze und nicht mitten in den reichsten Provinzen des Landes.

Daß diese Strategie für alle kontinentalen Verbündeten Frankreichs katastrophale Auswirkungen garantierte, war so offensichtlich, daß sie sowohl außerhalb Frankreichs als auch in Paris selbst jahrelang überhaupt nicht zur Kenntnis genommen wurde. Selbst Politiker wie der sozialistische Parteiführer Léon Blum, der sich gegen militärische Bündnisse aussprach, weil er glaubte, daß ihre Existenz zum Ausbruch des vergangenen Krieges beigetragen hatte, schlug niemals eine Alternative zu dieser nationalen Strategie vor. Das Bild eines Frankreich, das eigentlich keine kohärente Politik mehr verfolgte, wird leichter verständlich, wenn man die Schwäche dieser einstmals führenden Macht Europas in Betracht zieht und die Inkompetenz ihrer militärischen Führung, die den Fehler, daß sie die Stärke der deutschen Frontlinie 1914 um 30 Prozent unterschätzt hatte, offensichtlich dadurch auszugleichen suchte, daß sie diese in den dreißiger Jahren um 300 Prozent überschätzte.[5]

Die französische Diplomatie versuchte in den ersten Nachkriegsjahren zu retten, was noch zu retten war, nachdem die Vereinigten Staaten und Großbritannien die Friedensregelung ausgehöhlt hatten. Sie hatten Frankreich mit dem Versprechen, ein gemeinsames Verteidigungsbündnis zu schließen, dazu bewegt, auf die endgültige Abtrennung des Rheinlands von Deutschland zu verzichten, dann jedoch ihre Zusage nicht eingehalten. Auch in dieser Frage verhinderten innenpolitische Entwicklungen steuerlicher und sozialer Natur[6], daß Frankreich eine kohärente und konsequente Außenpolitik verfolgte, so daß Paris seine harte Linie gegenüber Deutschland nur Nachteile, aber keine Vorteile einbrachte. Geprägt oder besser gesagt gelähmt durch die Erinnerung an den Großen Krieg, ließ sich Frankreich resigniert und verzweifelt durch die Nachkriegsära treiben.

In Großbritannien wurden ebenfalls zwei Lehren aus dem Krieg gezogen, die eine aus seinen Ursachen und die andere aus der Art, wie er geführt worden war. Die Lehre aus den Ursachen lautete für die Briten, daß ein Streit in irgendeiner obskuren Ecke Europas – die natürlich nur von London aus gesehen obskur war – zu einer Katastrophe führen konnte. Sie zogen daraus den Schluß, daß jedes Problem, das irgendwo in Europa, und sei es unter beträchtlichen Opfern der Beteiligten, nicht friedlich gelöst wurde, zu einem Krieg führen konnte, der höchstwahrscheinlich wieder zu einem großen Krieg eskalieren und sowohl Großbritannien als auch die meisten anderen Länder einbeziehen könnte. Wenn die Lehre von 1914 lautete, daß lokale Kriege in Europa nicht lokal gehalten werden konnten, dann galt es natürlich schon den Ausbruch lokaler Kriege zu verhindern. Auf dieser Sichtweise basierte das Konzept von der friedlichen Veränderung, das lokale Probleme lösen sollte, weil diese zu lokalen Kriegen führen konnten, die wiederum zwingend zu einem allgemeinen Krieg eskalieren würden.

Aus der modernen Kriegführung zog Großbritannien die Lehre, daß die Aufstellung einer riesigen britischen Kontinentalarmee, obwohl sie im Ersten Weltkrieg notwendig gewesen war, unter keinen Umständen als Präzedenzfall für die Zukunft dienen könnte. Selbst wer glaubte, daß Feldmarschall Haig für seinen großen Feldzug von 1917 ein strategisches Konzept gehabt hatte – was nicht wenige bis heute bezweifeln –, teilte im allgemeinen die Ansicht, daß die Briten niemals wieder nach Passchendaele, jenem flandrischen Ort bei Ypern, der für sie die Schrecken des Grabenkriegs symbolisierte, ziehen dürften, könnten und würden. Wie die Vereinigten Staaten löste auch Großbritannien einen Großteil seiner Streitkräfte auf und reduzierte insbesondere seine Landstreitkräfte in etwa auf die für Deutschland durch den Friedensvertrag vorgeschriebene Größe. Die Abscheu vor der Vergangenheit behinderte die Entwicklung aller realistischen Konzepte für die Zukunft. Falls es doch wieder zu einem Krieg kommen sollte, plante Großbritannien, zu seinem früheren System zurückzukehren. Es wollte seine kontinentalen Verbündeten unterstützen und beträchtliche, aber zahlenmäßig begrenzte Landstreitkräfte stellen, ansonsten aber auf eine Blockade und die strategischen Möglichkeiten seiner Seeherrschaft vertrauen, um seinen kontinentalen Feind zu erdrosseln.

Österreich-Ungarn war als Folge des Krieges und der Niederlage aufgelöst worden. Deutschland blieb jedoch dank patriotischer Gefühle und dank der Anstrengungen politischer Parteien und Führer, die vor dem Krieg noch als Staatsfeinde gegolten hatten, intakt. Innerhalb des Landes konzentrierte sich die Diskussion über den Krieg vor allem auf die mangelhafte Umsetzung des »Schlieffen-Plans«, die man für die deutsche Niederlage in der ersten Marneschlacht von 1914, und auf die Dolchstoßlegende, die das Versagen der Heimat für die Niederlage von 1918 verantwortlich machte. Es spricht zwar vieles dafür, daß man Graf Alfred von Schlieffen für seinen

Plan, nicht existente Truppen einzusetzen, deren Rekrutierung er ablehnte, in eine Irrenanstalt hätte einweisen sollen, statt ihn als militärisches Genie zu feiern; und es spricht sogar noch mehr dafür, daß Deutschland im Ersten Weltkrieg unter allen europäischen Großmächten die stabilste und am wenigsten zersetzte Heimatfront besessen hatte. Trotzdem waren alle deutschen Spekulationen gegenteiliger Natur außenpolitisch zunächst von rein theoretischer Bedeutung, denn sie brachten in den zwanziger Jahren nur eine Flut harmloser, wenn auch völlig irreführender Bücher und Artikel hervor.

Die deutsche Außenpolitik wurde in jener Zeit von Männern gemacht, die erkannt hatten, daß Deutschland keinen zweiten großen Krieg riskieren durfte und höchstens einen lokalen Krieg, der mit absoluter Sicherheit begrenzt bleiben würde, ins Auge fassen konnte. Dies jedoch bedeutete in der Praxis, daß Deutschland unter den damals voraussehbaren Umständen überhaupt keinen Krieg beginnen konnte.

All dies änderte sich erst, als Adolf Hitler 1933 an die Macht kam. Denn die Schlüsse, die er aus dem Krieg gezogen hatte, unterschieden sich wesentlich von denen anderer Politiker. Krieg war von Anfang an ein bewußtes und bevorzugtes Mittel der nationalsozialistischen Politik gewesen, nicht so sehr, weil sie den Kampf als solchen verherrlichte, sondern aufgrund der völlig realistischen Einschätzung, daß ihr Ziel einer deutschen Expansion nur durch Krieg erreicht werden konnte. Deutschland sollte sich nach Ansicht der Nationalsozialisten das Land nehmen, das es zur Ernährung seiner Bevölkerung brauchte, was natürlich erneutes Wachstum und erneuten Landbedarf zur Folge haben mußte und zu einem Wachstumsprozeß führen würde, dem keine Grenzen gesetzt waren. Dieser primitive Sozialdarwinismus, nach dem Rassen um Land kämpften, das sie zum Überleben brauchten, indem sie andere Gruppen vertrieben oder auslöschten, nie jedoch assimilierten, basierte auf einem Geschichtsbild, das ähnlich deterministisch war wie das marxistische, wobei allerdings die »Rasse« und nicht die »Klasse« der Schlüsselbegriff war.[7] In seiner Anwendung hatte das System innen- wie außenpolitisch weitreichende Konsequenzen.

Die Juden wurden als die unmittelbarste Bedrohung der Rassereinheit in Deutschland selbst und als der zentrale Widerstandsfaktor im Ausland betrachtet. Dementsprechend war die Politik der nationalsozialistischen Regierung zunächst im Frieden und später im Krieg extrem antisemitisch. Außerdem wurde es zu einem zentralen innenpolitischen Bedürfnis, die Geburtenrate des vermeintlich rassisch höherwertigen Teils der deutschen Bevölkerung zu erhöhen und den vermeintlich minderwertigen Teil zu reduzieren. Entsprechende Maßnahmen konnten nur von einem diktatorischen Regime durchgesetzt werden, und außerdem konnte nur eine Diktatur die Kriege vorbereiten und erfolgreich zu führen hoffen, die eine solche rassistische Politik außenpolitisch notwendig erscheinen ließ. Nach dem Kriterium, die wachsende deutsche Bevölkerung mit den Produkten des eigenen Ackerlands ernähren zu können, waren die deutschen Grenzen von 1914 fast so unzureichend wie die von 1920. Eine Revision der Grenzen des Versailler Vertrags von 1919 konnte daher nur eine propagandistische Forderung, nie jedoch das reale Ziel der nationalsozialistischen Politik sein. Die gewaltigen zusätzlichen Ländereien, die man zu brauchen glaubte, würden niemals friedlich abgetreten werden, und deshalb wurde Krieg sowohl für notwendig als auch für unvermeidlich gehalten.

Der Großteil des zu erobernden Landes lag in Rußland, und Hitler betrachtete es als einen seltenen Glücksfall, daß just in diesem Land ein Regime herrschte, das für ihn aus einer Gruppe jüdisch-bolschewistischer Elemente bestand, die er als unfähig ansah, einen effektiven Widerstand der – aus seiner Sicht ohnehin minderwertigen – überwiegend slawischen Bevölkerung zu organisieren. Die wirklichen Hindernisse für eine deutsche Expansion lagen anderswo. Deutschland mußte in der Mitte Europas eine gesicherte Position errungen haben, bevor es im Osten angreifen konnte. Frankreich war der unmittelbare Hauptfeind, und die Tschechoslowakei stand an zweiter Stelle. Zuerst wollte Hitler die Tschechoslowakei angreifen, anschließend Frankreich, sodann den Ostfeldzug führen, und danach würde es weitergehen. In dem Jahrzehnt von 1924 bis 1934 hatte Hitler geglaubt, ein Krieg gegen England werde sich bis nach dem Krieg mit Rußland verschieben lassen, aber Ereignisse in der ersten Phase seiner Herrschaft hatten ihm diese Illusion genommen. Seit 1935 war er vom Gegenteil überzeugt und bereitete sich entsprechend vor.

Die Planung dieser Serie neuer Kriege war stark von den Schlüssen geprägt, die Hitler aus dem vorhergegangenen Krieg gezogen hatte. Der Erste Weltkrieg war wegen eines Zwischenfalls auf dem Balkan ausgebrochen, und zwar in einem Jahr, das Hitler für das falsche hielt. Seine Kriege sollten beginnen, wann er es für richtig hielt, und die notwendigen Zwischenfälle wollte er selbst arrangieren.* Der letzte Krieg hatte in einer Ecke Europas begonnen, sich auf den ganzen Erdball ausgedehnt und Deutschland in einer Flut von Feinden ertränkt, Hitler-Deutschland aber würde einzelne Kriege gegen Feinde seiner Wahl führen, wobei jeder Sieg den Sieg im nächsten Krieg erleichtern würde. Deutschland war im letzten Krieg unter dem Einfluß der Blockade auf seine Heimatfront und durch den festgefahrenen Abnutzungskrieg in den Gräben langsam schwächer geworden, bis, wie Hitler meinte, der Zusammenbruch der Heimatfront zum Zusammenbruch der Front geführt hatte. Hitler hingegen wollte im Hinterland eine straffe Diktatur etablieren und die Entbehrungen der Zivilbevölkerung auf ein Minimum beschränken. Außerdem würde er seine Kriege auf eine Weise führen, bei der kein Patt eintreten konnte und eine Blockade wir-

---

* Wie stark Hitlers Zukunftspläne von der Erinnerung an den Ersten Weltkrieg beeinflußt waren, zeigt sich an dem später wieder verworfenen Plan zur Rechtfertigung der Annexion Österreichs, entweder den deutschen Botschafter oder den Militärattaché in diesem Land umbringen zu lassen. Ähnlich wurde eine Zeitlang erwogen, den deutschen Gesandten in der Tschechoslowakei zu ermorden, um den Mord als Vorwand für den Angriff auf die Tschechoslowakei zu nehmen. Beide Pläne waren offensichtlich von der Ermordung des österreichischen Erzherzogs Franz Ferdinand inspiriert, die den Ersten Weltkrieg ausgelöst hatte. In beiden Fällen wurden diese Pläne jedoch verworfen.

kungslos bleiben müßte. Mit diesem Vorgehen sollte es Deutschland gelingen, Europa und schließlich die Welt wie eine Artischocke von innen heraus Blatt für Blatt zu verschlingen. Jede Mahlzeit würde es für die nächste stärker machen, bis schließlich der Weltfrieden hergestellt wäre. Dieser Weltfrieden sollte, wie Rudolf Heß 1927 die Absichten seines Chefs zum Ausdruck brachte, dann kommen, »wenn eine Macht auf der Welt, und zwar die rassisch beste, die unbedingte und unbestrittene Vormacht errungen hat«[8].

In den Frühstadien wurden Hitlers Kriegsvorbereitungen durch die gewaltige Diskrepanz zwischen den durch die Friedensregelung geschaffenen realen Machtverhältnissen und den oben bereits geschilderten weitverbreiteten Illusionen sehr erleichtert. Viele fanden es richtig, auf die deutschen Klagen mit Konzessionen zu reagieren, auf jeden Fall jedoch wurde die Gefahr lange Zeit kaum erkannt. Schon der Gedanke, daß ein Land nach der Erfahrung von 1914 bis 1918 tatsächlich einen neuen europäischen Krieg beginnen könnte, erschien den meisten Politikern völlig abwegig. Hitler aber nutzte es geschickt aus, daß das Ausland zögerte, seinen Maßnahmen entschiedenen Widerstand entgegenzusetzen. Er unternahm seine ersten Schritte unter dem Vorwand, das Deutschland widerfahrene Unrecht wiedergutzumachen, und stärkte damit sowohl seine innen- als auch seine außenpolitische Position.

Die innenpolitische Konsolidierung der Diktatur, die wie die Regime in der Sowjetunion und Italien – die Hitler vor 1933 als Modelle für Deutschland bezeichnet hatte[9] – eine Einparteiherrschaft war, vollzog sich zwischen 1933 und 1934 mit großer Geschwindigkeit.[10] Die Etablierung der politischen und kulturellen Herrschaftsinstrumente war nach diesen ersten zwei Jahren im wesentlichen abgeschlossen, auch wenn ihre Wirksamkeit im Lauf der Zeit noch zunahm. Die Kontrolle über die Wirtschaft wurde dagegen langsamer und vor allem in den Jahren 1934 bis 1936 errungen. Beide Prozesse wurden durch die politischen, wirtschaftlichen und sozialen Auswirkungen massiver Investitionen durch die Regierung unterstützt. Sie bewirkten, daß sich die Erholung der deutschen Volkswirtschaft stark beschleunigte, die schon vor der Machtergreifung der Nationalsozialisten eingesetzt hatte. Ein Großteil der Staatsausgaben floß in den gewaltigen Ausbau der Streitkräfte, was die Arbeitslosigkeit stark verminderte. Viele Arbeitslose wurden von der Straße geholt und direkt in Uniformen gesteckt, andere landeten in den Rüstungsfabriken oder wurden beim Bau von Hauptquartieren, Militärbasen, Militärflugplätzen und Schiffswerften eingesetzt. Ein gewaltiges Wiederaufrüstungsprogramm war schon immer ein wichtiges Ziel der Nationalsozialisten gewesen, und es kam ihnen gut zupaß, daß es sich zunächst wirtschaftlich und damit auch innenpolitisch positiv auswirkte. Da die deutsche Wiederaufrüstung zu einer Zeit anlief, in der andere Völker unter dem Druck der Depression und pazifistischer Stimmungen ihre Militärausgaben eher reduzierten, veränderte sie die militärischen Kräfteverhältnisse relativ schnell.

Die Restriktionen des Versailler Vertrags wurden von Deutschland zunächst heimlich und dann offen mißachtet. Vor 1933 hatte es vergleichsweise geringe Vertragsverletzungen gegeben, von denen einige besonders wichtige unter Mithilfe der Sowjetunion stattgefunden hatten. Deutsche Offiziere hielten sich dort über die Entwicklung im Luft- und Panzerkrieg und in der chemischen Kriegführung auf dem laufenden und schulten als Gegenleistung Offiziere der Roten Armee. Die große Wiederaufrüstungskampagne der Nationalsozialisten sprengte dagegen mit dem Aufbau einer großen Luftwaffe, der Wiedereinführung der Wehrpflicht und dem Beginn eines riesigen Schiffbauprogramms alle früheren Dimensionen und Beschränkungen. Die Aufrüstung war nach allen Zeitzeugnissen in Deutschland ungeheuer populär; ob sie angesichts der unvermeidlichen Reaktionen des Auslands tatsächlich der »Erfolg« war, als der sie auch heute noch häufig bezeichnet wird, ist jedoch sehr zu bezweifeln.

Jedenfalls bekam die Welt schnell zu spüren, daß das neue Deutschland eine neue Politik trieb. Nazideutschland verließ den Völkerbund, verweigerte jegliche Kontrollen seiner Land- und Luftstreitkräfte und plante von Anfang an, sich nicht an die Begrenzung seiner Kriegsmarine zu halten, der es 1935 im Flottenabkommen mit Großbritannien offiziell zugestimmt hatte. Als Italien, eine der Garantiemächte des Locarnopakts, 1936 in Äthiopien einmarschierte, nutzte Hitler den Bruch zwischen Italien und den Westmächten. Er brach sowohl den Versailler Vertrag, der die Entmilitarisierung des Rheinlands vorgeschrieben hatte, als auch den Vertrag von Locarno von 1925, der die Entmilitarisierung im Austausch für internationale Garantien gegen eine erneute Besetzung des Ruhrgebiets durch Frankreich vorgesehen hatte. Auch letzteres war international garantiert worden. Ein erster Versuch, die österreichische Regierung zu stürzen, war 1934 gescheitert.[11] Die deutsche Annäherung an Italien, die durch die gemeinsame Intervention zugunsten der national-spanischen Kräfte im Spanischen Bürgerkrieg noch verstärkt worden war, eröffnete jedoch erneut die Möglichkeit einer Machtübernahme in Österreich, indem man Druck von innen mit militärischen Drohungen von außen kombinierte.

In der Welt der dreißiger Jahre war es keinesfalls leicht zu entscheiden, wie der deutschen Gefahr zu begegnen war. Der Völkerbund war durch die Friedensregelung entstanden, doch blieb er durch das Fehlen der Vereinigten Staaten und den Ausschluß Rußlands und der besiegten Staaten nur ein Torso. Als die internationale Institution 1931 durch die japanische Besetzung der Mandschurei ihre erste ernsthafte Herausforderung erlebte, scheiterte sie an einem Problem, das dem Konzept der kollektiven Sicherheit inhärent ist. Es trat in den dreißiger Jahren mit monotoner Regelmäßigkeit auf und verursacht auch heute noch Schwierigkeiten. In einer Welt, die aus einzelnen Staaten besteht, kann ein drohender Krieg nur durch die Androhung einer universalen oder zumindest großangelegten kollektiven Militäraktion verhindert werden. Staaten müßten also bereit sein, bei Konflikten in den Krieg zu ziehen, die für sie nur marginale Bedeutung haben. Eine solche Strategie erfordert nicht nur, daß alle Beteiligten jederzeit beträchtliche Streitkräfte bereithalten, sondern birgt auch die Gefahr, daß aus jedem kleinen Krieg ein sehr großer Krieg wird. Im Jahr

1931 war keine Macht bereit, für die Mandschurei in den Krieg zu ziehen.[12] Und Hitlers Plan, eine Serie von isolierten Kriegen zu führen, sollte die Gegner Deutschlands in das gleiche Dilemma stürzen. Die Verantwortung dafür, daß Hitlers sorgfältig abgegrenzte Konflikte zu einem Weltkrieg eskalierten, würden andere Länder tragen müssen – Länder mit einer friedlichen Einstellung, die später und nur in Reaktion auf die deutsche Rüstung selbst wieder aufgerüstet hatten.

Angesichts dieses Dilemmas hielten die Vereinigten Staaten und die Sowjetunion an ihrer isolationistischen Politik fest, und in Bereichen, wo sie ihre Position doch revidierten, tendierten sie in entgegengesetzte Richtungen. Der amerikanische Präsident Franklin D. Roosevelt neigte immer mehr zu der Ansicht, daß er die Vereinigten Staaten nur dann aus einem Krieg heraushalten könnte, wenn er die Westmächte gegen Deutschland stärkte. Der greifbarste Ausdruck dieser Politik war die Hilfe, die Amerika den Franzosen beim Aufbau ihrer Luftwaffe leistete, also in einem Bereich, wo die Westmächte offensichtlich besonders schwach waren und der Einsatz der amerikanischen Industriekapazität die Verteidigungsfähigkeit auf beiden Seiten des Atlantiks erhöhte.[13] Im Jahr 1939 versuchte Roosevelt sogar, eine Änderung der amerikanischen Neutralitätsgesetze zu erreichen, damit die Vereinigten Staaten den Ländern, die Hitler Widerstand leisteten, wenigstens Waffen verkaufen könnten, scheiterte aber am Kongreß. Außerdem machte er den Versuch, die Sowjetunion für ein Bündnis mit den Westmächten zu gewinnen, damit Deutschland nach einem Triumph in Westeuropa nicht nach der Weltherrschaft greifen könnte.[14] Der Appell stieß bei Stalin jedoch auf taube Ohren, da dieser sich bereits für einen ganz anderen Weg entschieden hatte, um die Sowjetunion aus einem Krieg herauszuhalten. Er wollte weder neutral bleiben noch sich der Anti-Hitler-Koalition anschließen, sondern er zog es vor, Hitler zu einem Krieg mit den anderen Mächten zu verleiten, indem er ihm Hilfe versprach.

Da die sowjetischen Archive über jene Zeit erst jetzt allmählich geöffnet werden, ist eine Diskussion über die sowjetische Politik notwendigerweise ein wenig spekulativ. Bestimmte Schlüsse lassen sich jedoch auch aus den Materialien, die die Sowjetunion selbst publiziert hat, aus dem Archivmaterial anderer Staaten und aus den allgemein bekannten sowjetischen Aktionen ziehen. Durch sowjetische und andere Publikationen ist bekannt, daß Moskau durch Spione und aus anderen geheimdienstlichen Quellen von der deutschen Weigerung wußte, mit Japan ein Bündnis gegen die Sowjetunion zu schließen. Stalin war auch bekannt, daß Tokio im Gegenzug abgelehnt hatte, sich mit Deutschland gegen die Westmächte zu verbünden. Und er war über den deutschen Plan informiert, Polen entweder zu unterwerfen oder zu vernichten.[15] Außerdem hatten die Sowjets einen Spion in der Chiffrierabteilung des britischen Außenministeriums, der erst im September 1939 verhaftet wurde. Sie hatten vermutlich direkten Zugang zu britischen Dokumenten oder konnten chiffrierte Botschaften der Briten lesen; deshalb waren sie über die britische Politik bestens informiert.[16]

Stalin wußte, daß Deutschland einen Angriff auf Polen – und danach auf die Westmächte – plante und sich für diese Unternehmungen nach Verbündeten umsah, während Großbritannien und Frankreich entweder mit Polen zusammen oder nach einer Niederlage Polens gegen Deutschland kämpfen würden. Er sah darin eine günstige Gelegenheit, ein Abkommen mit Hitler zu schließen, das er schon in früheren Jahren wiederholt, aber stets erfolglos angestrebt hatte.[17] Inzwischen war Hitler vielleicht an einem Abkommen interessiert, und Stalin setzte die Deutschen zusätzlich dadurch unter Druck, daß er parallel zu den Geheimgesprächen mit Deutschland offizielle Verhandlungen mit Großbritannien und Frankreich führte. Stalin selbst erläuterte seine Beweggründe im Juli 1940: »Die UdSSR wollte das alte Gleichgewicht verändern ... aber England und Frankreich wollten es erhalten. Deutschland wollte das Gleichgewicht ebenfalls ändern, und dieses gemeinsame Interesse, das alte Gleichgewicht zu ändern, war die Basis für die Annäherung an Deutschland.«[18]

Bei den Verhandlungen mit den Westmächten hielten die Sowjets ihre Verhandlungspartner hin, indem sie für jede erfüllte Forderung eine neue nachschoben. Gleichzeitig setzten sie die Verhandlungen mit den Westmächten ein, um den Deutschen einen möglichst hohen Preis für die Unterstützung von seiten der Sowjetunion abzufordern. Das Ergebnis ihrer Bemühungen schlug sich in dem Geheimprotokoll vom 23. August 1939 nieder, in dem Deutschland und die Sowjetunion Osteuropa zwischen sich aufteilten.[19] Ob es weise von Stalin war, Deutschland zunächst zu ermutigen und ihm dann zu helfen, oder ob Briten, Franzosen und Amerikaner mit ihrer Ansicht recht hatten, daß Deutschland nur durch eine große Koalition von einem Krieg abgehalten oder in einem Krieg geschlagen werden könnte, sollten künftige Ereignisse zeigen.*

Die italienische Regierung beobachtete mit einer Mischung aus Bewunderung und Furcht, wie sich Deutschland auf einen Krieg zubewegte. Mussolini war entschlossen, die Geltung Italiens in der Welt zu vergrößern. Er strebte nach der Kontrolle über das Mittelmeer und über einen möglichst großen Teil von Südosteuropa, Nordafrika und dem Nahen Osten. Aus diesem Grund war er durchaus erfreut, als Deutschland Großbritannien und Frankreich bedrohte, denn diese Nationen hätten sich seinen

---

* Manchmal werden die geheimen britisch-deutschen Kontakte von 1939 mit den deutsch-sowjetischen Verhandlungen gleichgesetzt. Bei genauerem Vergleich zeigt sich jedoch eine entscheidende und charakteristische Differenz. Die Briten machten deutlich, daß es irgendein britisch-deutsches Abkommen nur geben würde, wenn Deutschland seinen guten Willen demonstrierte. Die Deutschen sollten erstens für den Bruch des Münchner Abkommens Wiedergutmachung leisten und sich aus der Tschechoslowakei wieder zurückziehen sowie zweitens den Angriff auf Polen unterlassen. Dagegen machten die Sowjets deutlich, daß sie zu einem Abkommen bereit seien, wenn Deutschland ihnen einen großen Teil Polens, ganz Lettland, Estland und Finnland sowie einen großen Teil Rumäniens überließe. Die Sowjetunion war außer den Achsenmächten die einzige Macht, die die Annexion der Tschechoslowakei akzeptierte und die Auflösung anderer Staaten anstrebte; die Briten hofften den Prozeß umzukehren, in dessen Verlauf unabhängige Staaten von der Landkarte verschwanden.

Großmachtplänen mit Sicherheit widersetzt. Auch war er sehr beeindruckt von den Anzeichen militärischer und industrieller Macht und der großen Eintracht des deutschen Volkes, die ihm bei seiner Deutschlandreise im September 1937 vorgeführt worden waren.

Andererseits sorgte er sich, daß Deutschland losschlagen würde, bevor Italien kriegsbereit war. Deshalb wurde Mussolini sowohl 1938 als auch 1939 in letzter Minute aktiv, um einen Krieg zu verhindern. Italien war nicht in der Lage, einer ernsthaften französischen oder britischen Offensive standzuhalten. Seine führenden Politiker wollten unbedingt vermeiden, daß es ihrem Land ähnlich ergehen würde, wie es Österreich im Ersten Weltkrieg ergangen war. Österreich hatte 1914 als Verbündeter der Deutschen an seiner Ostfront eine Katastrophe erlebt, weil es auf sich allein gestellt war, da Deutschland seine Truppen an der deutschen Westfront brauchte.

Eine zweite italienische Sorge war, daß sich Deutschland im Vergleich zu Italien ein viel zu großes Stück vom Kuchen sichern würde. Daß Italien im April 1939 der albanischen Unabhängigkeit ein Ende setzte, hing zweifellos mit dem Umstand zusammen, daß Deutschland im März den größten Teil der restlichen Tschechoslowakei besetzt hatte. Dieses Aktionsschema sollte sich noch mehrmals wiederholen. Als Mussolini 1939 erkannte, daß sich aus dem deutschen Angriff auf Polen bestimmt ein langwieriger und großer Krieg entwickeln würde, hörte er auf diejenigen unter seinen Beratern, die wie sein Schwiegersohn und Außenminister Graf Galeazzo Ciano die Ansicht vertraten, Italien sei nicht bereit für einen Krieg und nicht verpflichtet, sich Deutschland anzuschließen. Spätere Ereignisse führten jedoch dazu, daß Mussolini sein Urteil revidierte.

Mussolinis Stolz ließ es nicht zu, daß er seine öffentlichen und privaten Sympathiekundgebungen für Deutschland auf ein Maß beschränkte, das der mangelnden Kriegsbereitschaft Italiens entsprochen hätte. Außerdem wollte er vermeiden, daß die Deutschen Italien erneut als unzuverlässigen Bündnispartner schmähen konnten, wie sie es getan hatten, als Rom im Ersten Weltkrieg sein Vorkriegsbündnis mit Deutschland und Österreich-Ungarn aufgegeben und sich auf die Seite der Alliierten geschlagen hatte. Da Mussolini Berlin jedoch nicht zu verstehen gegeben hatte, daß sein verbaler Beifall keineswegs bedeutete, daß er darauf brannte, an Deutschlands Seite in den Krieg zu ziehen, war Hitler überrascht, als er die Trompete zum Angriff blies und erfahren mußte, daß Italien sich auf ein mehrjähriges Konzert in Friedenszeiten eingerichtet hatte.

Seine erste Überraschung hatte Hitler 1938 erlebt, als Mussolini in letzter Minute auf eine friedliche Lösung gedrängt hatte. Seine Intervention hatte wesentlich dazu beigetragen, daß Hitler im letzten Augenblick doch noch gegen den Krieg entschieden hatte.[20] Das italienische Verhalten, das Hitler als plötzlichen Meinungsumschwung empfand, veranlaßte ihn jedoch, anders vorzugehen, als er den nächsten Krieg inszenierte. Deshalb reagierte er anders, als Italien erneut in letzter Minute Bedenken äußerte. Die überraschende Wende von 1938 war durch die britische Politik vorbereitet worden, und auch die italienischen Bedenken von 1939 waren stark davon geprägt, daß man in Rom die britische Entschlossenheit genau kannte.

Die Briten waren wie Rußland sowohl in Ostasien als auch in Europa bedroht, und sie konzentrierten ihre Aufmerksamkeit wie die Russen und später auch die Amerikaner auf Europa, weil sie die dortige Bedrohung für gefährlicher hielten. Sie hatten zwar mit der Wiederaufrüstung begonnen, versuchten jedoch immer noch eine Verständigung mit Deutschland zu erreichen. In der Überzeugung, daß jeder lokale Krieg unvermeidlich eskalieren und auch Großbritannien erreichen würde, schlugen die Briten friedliche Lösungen für spezifische lokale Probleme vor. Gleichzeitig versuchten sie jedoch auch ein generelles Abkommen mit Deutschland zu erreichen. Zu diesem Zweck erklärten sie sich bereit, Deutschland wirtschaftliche und koloniale Zugeständnisse zu machen, wenn es den Status quo in Mittel- und Osteuropa anerkannte. Alle britischen Vorschläge, die auf ein allgemeines Abkommen zielten, wurden von Hitler rigoros abgeblockt. Er verhinderte, daß sie zum Gegenstand ernsthafter Verhandlungen wurden, weil er ja gerade diesen Status quo zerstören wollte.[21] Die andere britische Hoffnung, für spezifische Probleme eine friedliche Lösung zu finden, hatte sich nur einmal erfüllt, und zwar zu Hitlers Ärger und ewigem Bedauern.

Im Jahr 1938 hatte Hitler geglaubt, mit großer Sorgfalt die Voraussetzungen für seinen ersten Krieg geschaffen zu haben. Die Tschechoslowakei sollte durch einen Krieg zerstört werden, der durch einen von Berlin aus arrangierten Zwischenfall ausgelöst werden würde. Das Land war durch geschicktes propagandistisches Aufbauschen der Probleme ihrer sudetendeutschen Minderheit politisch isoliert, durch das starke Befestigungssystem an der deutschen Westgrenze von Frankreich militärisch isoliert, und das Land war diplomatisch isoliert, da Deutschland von Ungarn und Polen aktiv und von Italien und Japan passiv unterstützt werden würde. Hitler wurde vom britischen Premier Neville Chamberlain mit Verhandlungen gebremst und suchte zunächst verzweifelt nach einem Ausweg. Als er mit den Zweifeln seiner eigenen Bevölkerung und seiner Berater, mit der Warnung vor einem Krieg gegen Frankreich und Großbritannien, mit Mussolinis Widerstreben und mit der zögernden Haltung Ungarns konfrontiert wurde, schreckte er schließlich doch vor einem Krieg zurück, gab sich widerwillig mit der Erfüllung seiner offiziellen Forderungen zufrieden und schob seine tatsächlichen Pläne auf. Er besetzte nur den an Deutschland angrenzenden, hauptsächlich von Deutschen besiedelten Teil der Tschechoslowakei und verzichtete auf seine ursprüngliche Absicht, das ganze Land in einem Krieg zu zerstören und es größtenteils zu besetzen.

Während das Münchner Abkommen von 1938 andernorts als deutscher Triumph und als schwächliches Zurückweichen vor der deutschen Aggression betrachtet wurde, stellte es für Hitler eine schwere Enttäuschung dar und wurde von ihm später als der größte Fehler seiner Karriere bezeichnet.[22] Er war dieses eine Mal um den angestrebten Krieg gebracht worden, und nachdem er trotzdem zerstört hatte, was von der Tschechoslowakei übriggeblieben war, bereitete er den nächsten Krieg auf eine Weise vor, die ein ähnlich enttäuschendes Ergebnis wie das Münchner Abkommen garantiert ausschließen sollte.

Der Krieg, den Hitler im Winter 1938/39 vorbereitete und für den er vorteilhafte Beziehungen mit anderen Mächten zu knüpfen suchte, war ein Krieg gegen Großbritannien und Frankreich. Sie hatten ihm 1938 gedroht, und sie würden in jedem Fall besiegt werden müssen, bevor Deutschland sich durch die Eroberung der Sowjetunion den angestrebten Lebensraum im Osten verschaffen konnte. Die Kriegsvorbereitungen wurden sowohl innen- als auch außenpolitisch getroffen.[23] Im Innern machte das Regime große Anstrengungen, um die Stimmung der Bevölkerung zu ändern, die 1938 alles andere als kriegslustig war. Hitler führte die friedliche Einstellung der Deutschen teilweise auf die Propaganda seiner eigenen Regierung zurück. Die Nationalsozialisten hatten immer betont, daß sie ihre Ziele mit friedlichen Mitteln erreichen wollten, um in den ersten Jahren ihrer Herrschaft das eigene Volk und das Ausland in Sicherheit zu wiegen. Diese Strategie mußte nun revidiert werden, da sie die Moral der deutschen Bevölkerung in einem Krieg zu untergraben drohte. Deshalb wurden die wichtigsten Organe der Massenkommunikation dazu benützt, Kriegsbegeisterung zu erzeugen.[24]

Außerdem machte der angestrebte Krieg mit den Westmächten eine wesentliche Beschleunigung des deutschen Rüstungsprogamms erforderlich. Es wurde immer deutlicher, daß Frankreich kaum bereit war, überhaupt zu kämpfen, und daß Großbritannien das Rückgrat des westlichen Widerstands bilden würde. Deshalb mußten die Teile der deutschen Militärmaschine, die gegen Großbritannien zum Einsatz kommen sollten, bei der Aufrüstung besondere Priorität erhalten. Angesichts dieser Prioritäten ist es leichter zu verstehen, warum just zu diesem Zeitpunkt der Befehl gegeben wurde, die deutsche Luftwaffe stark auszubauen, wobei besonderer Wert auf die Produktion des neuen zweimotorigen Sturzkampfbombers Junkers 88 gelegt wurde, der eigens für den Krieg gegen Großbritannien entwickelt worden war.[25] Aus dem gleichen Grund erhielt das Schiffbauprogramm am 1. Januar 1939 bei der Zuteilung knapper Rohstoffe höchste Priorität.

Unabhängig davon, wie schnell die internen und die externen Kriegsvorbereitungen, von denen noch die Rede sein wird, zum Abschluß kamen, fühlte sich Hitler bereits unter großem Zeitdruck. Aus materiellen wie persönlichen Erwägungen hielt er einen Krieg nicht nur wegen der beabsichtigten Eroberungen prinzipiell für notwendig, sondern meinte auch, daß er möglichst früh stattfinden müsse. Die materiellen Überlegungen waren einfach. Da Deutschland durch seine schnelle Wiederaufrüstung einen Vorsprung gegenüber seinen Nachbarn errungen hatte, waren seine Erfolgschancen in einem Krieg um so größer, je früher es ihn begann. Je länger der Krieg hinausgezögert würde, desto größer wurde die Wahrscheinlichkeit, daß die anderen Länder mit den Wiederaufrüstungsprogrammen, die sie in Reaktion auf die deutsche Bedrohung aufgelegt hatten, aufholen und das Dritte Reich schließlich sogar überflügeln könnten. Deutschland verfügte innerhalb seiner Grenzen nicht über die wirtschaftliche Kapazität, eine Generation von Waffen wiederholt durch eine neue zu ersetzen, mußte also zuschlagen, solange die erste Generation seiner neuen Waffen noch überlegen war. Andernfalls würde sich das Kräfteverhältnis zugunsten seiner Gegner verschieben. Sogar der frühe Start des deutschen Rüstungsprogramms konnte zu einem Nachteil werden, sobald andere Mächte, die über eine breitere wirtschaftliche Basis verfügten, später entwickelte Waffen in größerer Zahl produzieren konnten. Hitler hatte seiner Umgebung wiederholt erklärt, Deutschland müsse zuschlagen, bevor eine solche Entwicklung eintreten könne. Und tatsächlich beurteilte er die Lage insofern richtig, daß er nicht den Hauch einer Chance gehabt hätte, auch nur einen Teil seiner hochfliegenden Eroberungspläne zu verwirklichen, wenn er den Krieg zu lange hinausgeschoben hätte.

Ein persönlicher Aspekt war Hitlers Furcht, er könnte entweder zu früh sterben oder nicht mehr jung und vital genug sein, um Deutschland in den Krieg zu führen. Da er Deutschlands Schicksal und Zukunft mit seinem persönlichen Leben und seiner historischen Rolle identifizierte, wollte er Deutschland persönlich in den Krieg führen, und er hatte Angst, seine Nachfolger könnten vielleicht nicht den Willen dazu haben. Sein Alter gab ihm zu denken. 1938 äußerte er, er wolle lieber mit neunundvierzig den Krieg beginnen, und 1939 sagte er wiederholt, er wolle sein Volk lieber mit fünfzig in den Krieg führen als mit fünfundfünfzig oder sechzig.[26] Es fehlt noch an sorgfältigen und verläßlichen Untersuchungen zu diesem psycho-historischen Thema. Trotzdem darf nicht übersehen werden, daß sich Hitler in der Krise, die 1939 zum Krieg führte, über seine persönliche Rolle und sein Alter äußerte, und es verdient ebenfalls Beachtung, daß er, wenige Tage bevor er sich Anfang Mai 1938 zum Krieg gegen die Tschechoslowakei entschloß, aus Angst vor einer Krebserkrankung sein Testament gemacht hatte.[27]

Auch in diesem Fall entsprach Hitlers Sicht der Dinge wahrscheinlich auf tragische Weise der Realität. Ob irgendein anderer deutscher Führer den Sprung in den Abgrund gewagt hätte, ist durchaus zweifelhaft, und gerade die Warnungen verschiedener Berater mögen Hitler in dem Glauben bestärkt haben, daß er als einziger dazu befähigt und willens war, ja darauf brannte, Deutschland und die Welt in einen Krieg zu stürzen. Angesichts der geschilderten Umstände kam es Hitler 1939 nur darauf an, daß die Propagandakampagne und das neue Programm zur Verdoppelung der Rüstungsanstrengungen angelaufen waren, nicht jedoch, wie weit sie in Wirklichkeit hinter den gesetzten Zielen zurückblieben. Daß sie vielleicht viel später abgeschlossen sein würden, als Hitlers persönliche Uhr es erlaubte, nahm er nicht zur Kenntnis.

Außenpolitisch basierten die deutschen Kriegsvorbereitungen, was Frankreich und Großbritannien betraf, auf zwei parallelen Strategien. Gewisse größere Mächte sollten als Verbündete gewonnen werden, während die kleineren Mächte an der Ostgrenze Deutschlands dazu bewegt werden sollten, sich Deutschland so weit zu unterwerfen, daß es keine Störungen an der Ostfront geben würde, wenn der Angriff im Westen begann. Beide Strategien wurden gleichzeitig verfolgt, und beide brachten Deutschland zunächst sowohl einen Erfolg als auch einen Mißerfolg ein.

Die größeren Mächte, die Deutschland als Verbündete gewinnen wollte, waren Italien und Japan. Die deutsche Kriegsmarine würde den feindlichen Seestreitkräften in einem Krieg gegen Großbritannien und Frankreich nicht gewachsen sein, also sollten Japan und Italien mit ihren Flotten dazu beitragen, das Defizit auszugleichen. Außerdem waren diese Mächte dank ihrer strategischen Position eine potentielle Bedrohung für die britischen und französischen Kolonien und Verbindungswege im Mittelmeer, im Nahen Osten, in Afrika und in Ostasien. In dem von Deutschland anvisierten Dreimächtepakt hätten sie sich entweder direkt am Krieg gegen die Westmächte beteiligen können, oder sie hätten als potentielle Angreifer zumindest starke Kräfte der Westmächte binden können. In langwierigen Verhandlungen gelang es den Deutschen, Italien für ein Angriffs- und Verteidigungsbündnis – den Stahlpakt – zu gewinnen, das im Mai 1939 unterzeichnet wurde; dagegen waren die noch langwierigeren Verhandlungen mit Japan nicht von Erfolg gekrönt.

Die Regierung in Tokio war sich uneins über den einzuschlagenden Kurs, aber selbst jener Teil ihrer Mitglieder, der einen Pakt mit Deutschland grundsätzlich befürwortete, strebte ein Bündnis gegen die Sowjetunion an und nicht gegen die Westmächte. Schon im Jahr zuvor hatte es Kämpfe mit den Sowjets gegeben, und 1939 hatten weitere Gefechte stattgefunden. Die Mitglieder der japanischen Regierung, die für einen aggressiven Kurs gegenüber der Sowjetunion plädierten, hielten eine gegen Rußland gerichtete engere Koalition mit Deutschland und Italien im Falle eines japanischen Krieges mit der Sowjetunion für vorteilhaft. Dagegen erhofften sich die gemäßigteren Mitglieder der Regierung von einem solchen Bündnis, daß es die Sowjetunion bei Verhandlungen über die Differenzen mit Japan gefügiger machen würde. Kaum jemand in der japanischen Regierung wollte jedoch einen Krieg mit Großbritannien und Frankreich riskieren, zumal die reale Möglichkeit bestand, daß dieser zu einem Krieg mit den Vereinigten Staaten führen könnte. Trotz des energischen Drängens der Deutschen, die in dieser Sache von den japanischen Botschaftern in Berlin und Rom rückhaltlos unterstützt wurden, lehnte die japanische Regierung ein gegen Großbritannien und Frankreich gerichtetes Bündnis rundweg ab.

Aus der Sicht Berlins war es völlig abwegig, daß Japan nur an einem antisowjetischen, nicht jedoch an einem gegen Großbritannien und Frankreich gerichteten Pakt Interesse hatte. Zu einem späteren Zeitpunkt würde Deutschland sich von der Sowjetunion ohnehin holen, was es brauchte, eine Operation, die Hitler für einfach hielt, sobald er an der Westfront Frankreich und Großbritannien zerschlagen haben würde. Es machte für ihn nicht den geringsten Sinn, die Russen Deutschlands Hauptfeinden in die Arme zu treiben, indem man mit Japan einen Pakt gegen die Sowjetunion schloß. Wenn sich die Japaner einem Bündnis gegen den Westen nicht anschließen wollten, dann waren sie eben kurzsichtig und in der gegebenen Situation kein geeigneter Verbündeter. Ein möglicher Ersatz für Japan war in Hitlers Augen die Sowjetunion selbst. Er hatte auf die wiederholten sowjetischen Annäherungswünsche bisher zwar immer ablehnend reagiert, doch jetzt konnte ihm die Sowjetunion von Nutzen sein. Wenn nicht Japan, dann könnte die Sowjetunion Großbritannien bedrohen und Hitler außerdem bei dem Teil seiner diplomatischen Kriegsvorbereitungen helfen, der bisher nicht ganz wunschgemäß verlaufen war.

Um bei einem Angriff auf den Westen den Rücken frei zu haben, wollte Hitler seine Ostgrenzen sichern. Dazu wollte er Deutschlands östliche Nachbarn zur Unterwerfung zwingen. Bei der Tschechoslowakei hatte er bereits Erfolg gehabt; nun ging es noch um Polen, Litauen und Ungarn.

Da Litauen offensichtlich so eingeschüchtert war, daß es zum gewünschten Zeitpunkt alles tun würde, was Deutschland von ihm verlangte, war der deutsche Umgang mit diesem Land völlig von taktischen Überlegungen bezüglich Polens bestimmt.[28] Deutschland annektierte zunächst den Teil Litauens, den es 1919 verloren hatte, und zwar auf eine Weise, die größtmöglichen Druck auf Polen ausüben sollte. Später beabsichtigten die Deutschen, mit sowjetischem Einverständnis ganz Litauen zu annektieren – nur um es größtenteils gegen andere Territorien einzutauschen und den Rest während des Krieges an Moskau zu verschachern.

Die Ungarn hatten Hitler verärgert, weil sie sich 1938 nicht an einem Angriff auf die Tschechoslowakei hatten beteiligen wollen. Das hätte nach Überzeugung der Ungarn zu einem allgemeinen Krieg geführt, in dem die Angreifer unterlegen gewesen wären. Das Interesse, von einer Teilung der Tschechoslowakei zu profitieren, und die Furcht vor den Folgen einer rumänisch-deutschen Annäherung hatten jedoch im Winter 1938/39 zu einer Neuorientierung der ungarischen Politik geführt. Sie war von wichtigen Veränderungen in der Zusammensetzung der ungarischen Regierung begleitet und machte diese völlig von Deutschland abhängig. Aus dem widerspenstigen Partner war zumindest auf Zeit ein verläßlicher Gefolgsmann geworden.[29]

Die symbolische Unterwerfungsgeste, die von Ungarn gemacht, aber von Polen verweigert wurde, war der Beitritt zum Antikomintern-Pakt. Der Pakt war ursprünglich durch Joachim von Ribbentrop und den japanischen Militärattaché in Berlin, General Oshima Hiroshi, entwickelt worden, um Japan an Deutschland zu binden. Er war mit einer ganzen Reihe widersprüchlicher Geheimabkommen verbunden[30] und wurde von der deutschen Regierung inzwischen als eine Art Lackmustest für die Distanz zu den Westmächten und die Unterordnung unter die deutschen Interessen eingesetzt. Es war in Berlin natürlich bekannt, daß sowohl die ungarische als auch die polnische Regierung einem fanatischen Antikommunismus huldigten, der durch den Beitritt zum Antikomintern-Pakt nicht mehr gesteigert werden konnte. Der Beitritt signalisierte jedoch die Bereitschaft, Anweisungen aus Berlin entgegenzunehmen, und er wurde auch so aufgefaßt.

Die Führer Polens betrachteten es als ihre vornehmste Aufgabe, über die wiedererlangte Unabhängigkeit ihres Staates zu wachen. Sie hatten in den zwanziger und dreißiger Jahren wiederholt und mit manchmal ungewöhnlichen oder beunruhigenden Gesten deutlich gemacht, daß Polen, was seine Unabhängigkeit betraf, keine Kompromisse eingehen würde und es bei Vorgängen, die diese Unabhängigkeit in polnischen Augen direkt betrafen, unbedingt konsultiert zu werden wünschte.[31] Als die Deutschen im Winter 1938/39 von Polen territoriale und die Transportwege betreffende Zugeständnisse verlangten – auf die sie früher ausdrücklich verzichtet hatten – und als sie außerdem auf einem polnischen Beitritt zum Antikomintern-Pakt bestanden, war die polnische Regierung zwar bereit, beim ersten Punkt Kompromisse in Erwägung zu ziehen, lehnte jedoch das Unterwerfungsritual des Beitritts entschieden ab.

Fünf Monate lang, von Ende Oktober 1938 bis Ende März 1939, versuchte Berlin vergeblich, die Polen durch eine Mischung aus Drohungen und Angeboten, Versprechungen und Druck zur Unterwerfung zu bewegen. Die polnische Regierung war aus naheliegenden Gründen an einer Verhandlungslösung der deutsch-polnischen Probleme interessiert. Sie war jedoch nicht bereit, den unabhängigen und souveränen Status ihres Landes freiwillig aufzugeben. Genau dies war jedoch für die deutsche Regierung der entscheidende Punkt, und so informierte Hitler seine Spießgesellen, daß die Reihenfolge der von Deutschland geplanten Schritte geändert werden müsse. Er wollte nun zunächst Polen durch einen Krieg vernichten, um anschließend ungefährdet im Westen angreifen zu können. Wenn die Westmächte Polen sofort zu Hilfe eilten, würde der große Krieg eben schon etwas früher ausbrechen. Da jedoch ohnehin ein Krieg im Westen geplant war und bei einem Angriff im Westen ohne vorherige Vernichtung Polens starke deutsche Kräfte an der deutschen Ostgrenze gebunden sein würden, lohnte es sich, dieses Risiko einzugehen.

Nach dem neuen Plan für das Jahr 1939 hatte der Angriff auf Polen in der militärischen Planung Priorität. Er sollte im Herbst 1939 durchgeführt werden, frühzeitig genug, um das Land zu schlagen, bevor die meist ungepflasterten Straßen und Rollbahnen durch die Regenfälle aufgeweicht sein würden. Litauen und der neu geschaffene Marionettenstaat Slowakei sollten eingeladen werden, sich am Krieg zu beteiligen. Sie sollten Polen von Norden und Süden angreifen, und wenn sie sich gefügig zeigten, sollten sie mit angemessenen Teilen des eroberten Staates belohnt werden. Auch Italien sollte zum Mitmachen aufgefordert werden, und wenn Japan die Teilnahme aus Vorsicht oder Dummheit verweigerte, dann war die Sowjetunion ein naheliegender neuer Partner.

Da der deutsche Angriff auf Polen für Berlin der notwendige Auftakt zum Angriff auf Großbritannien und Frankreich war – während man sich mit dem Angriff auf die Sowjetunion noch Zeit lassen konnte –, würde ein Bündnis mit Moskau den Westen entweder davon abhalten, den offensichtlich zum Untergang verurteilten Polen überhaupt zu helfen, oder es würde jede mögliche Blockade Deutschlands schon brechen, bevor sie überhaupt verhängt werden konnte. Unter diesen Umständen begrüßte und erwiderte Berlin positive Signale, die aus Moskau kamen, während gleichzeitig der Krieg gegen Polen vorbereitet wurde.

Hitler würde nun endlich den kleinen Krieg bekommen, um den er sich 1938 betrogen gefühlt hatte. Er plante das Schicksal der armen, verfolgten deutschen Minderheit in Polen propagandistisch auszuschlachten, um die deutsche Bevölkerung auf einen Krieg einzustimmen und Polen von Großbritannien und Frankreich zu isolieren, ähnlich wie er es – zum Teil mit identischen Propagandalügen – schon 1938 bei der Tschechoslowakei gemacht hatte. Deutschlands Verbündeten und Anhängern im Ausland war die Aufgabe zugedacht, die Westmächte entweder von einer Intervention zugunsten Polens abzuhalten oder Deutschland in dem Konflikt zu unterstützen.

Während Hitler in diesen Aspekten dem Muster von 1938 folgte, wich er in anderer Hinsicht bewußt davon ab. 1938 war Deutschland fast das ganze Jahr in Verhandlungen verwickelt gewesen und hatte es schließlich nicht geschafft, sie abzubrechen und die Feindseligkeiten zu eröffnen. Diesmal sollte es keine Verhandlungen mit Polen mehr geben, nachdem Polen am 26. März 1939 abgelehnt hatte, sich Deutschland zu unterwerfen.[32] Die deutsche Regierung begann mit ihrer Propagandakampagne und plante gleichzeitig mit großer Sorgfalt die Zwischenfälle, die den Angriff auf Polen rechtfertigen sollten. Im Gegensatz zu 1938, als diese Aufgabe zunächst dem deutschen Heer und dann Mitgliedern der deutschen Minderheit in der Tschechoslowakei übertragen worden war, arrangierte jetzt der deutsche Geheimdienst den Zwischenfall, und er würde auf deutschem Boden stattfinden, nicht auf dem Territorium des Landes, das man angreifen wollte. Zur Vermeidung des Risikos, in letzter Minute in diplomatische Verhandlungen verwickelt zu werden, wurden die deutschen Botschafter in London und Warschau nach Berlin beordert und durften in den kritischen Wochen nicht auf ihre Posten zurückkehren. Forderungen an Polen wurden formuliert, die dazu dienen sollten, die deutsche öffentliche Meinung für einen Krieg und die ausländische gegen einen Krieg zu stimmen. Hitler ging jedoch nicht das Risiko ein, daß seine Forderungen angenommen oder zur Grundlage neuer Verhandlungen gemacht werden konnten. Er instruierte persönlich seinen Außenminister, den Forderungskatalog nicht aus der Hand zu geben. Erst wenn der Krieg bereits begonnen hatte, sollte er veröffentlicht werden, um der deutschen Öffentlichkeit und einfältigen Seelen im Ausland als Rechtfertigung für den deutschen Angriff zu dienen. Wie Hitler seinen Generälen am 22. August erklärte, hegte er nur die eine Befürchtung, daß in letzter Minute irgendein Schweinehund daherkommen und versuchen würde, ihn durch einen Kompromiß um den Krieg zu betrügen.[33]

Als Hitler den Führern der deutschen Streitkräfte diesen Einblick in seine Bewertung der Ereignisse von 1938 und die daraus abgeleiteten Pläne für 1939 gewährte, wußte er bereits, daß ein Abkommen mit der Sowjetunion zustande kommen würde. Mit diesem Abkommen sollte Osteuropa zwischen dem Dritten Reich und Rußland aufgeteilt werden. Es sollte die Westmächte entweder von einer Intervention zugunsten des isolierten Polen abhalten oder ihre Hoffnung weitgehend zunichte machen, Deutschland könnte einer wirksamen Blockade unterworfen und gezwungen werden, seine Truppen auf mehrere Fronten zu verteilen. Hitler konnte darauf bauen, daß diese Nachrichten sich auf das Selbstvertrauen seiner Generäle positiv auswirken und daß sie wegen ihrer starken antipolnischen Ressentiments nicht ohne Begeisterung gegen Polen in den Krieg ziehen würden. *

Wie wir heute wissen, gab es beim Abwehrdienst der deutschen Streitkräfte einige Skeptiker, aber sie konnten nicht mehr tun, als den Briten einen Bericht über Hitlers Äußerungen zuzuspielen. [34] Die große Mehrheit der militärischen Führer Deutschlands war entweder begeistert oder machte zumindest mit. In den ersten Tagen des Ersten Weltkriegs hatte es in Deutschland ein Gefühl der Einheit gegeben, das alle Klassen-, Partei- und Religionsunterschiede zu überwinden schien und in Deutschland als Burgfrieden bezeichnet wurde. In den letzten Tagen vor Ausbruch des Zweiten Weltkriegs war das Regime jedoch nur noch auf einen Burgfrieden mit seinen militärischen Führern angewiesen; nur sie hätten der NS-Regierung und ihrer Politik noch gefährlich werden können. Da der Krieg gegen Polen geführt werden sollte und es so aussah, als könnte der gefürchtete Zweifrontenkrieg erfolgreich vermieden werden, waren die meisten Militärs bereit, Hitler in den Abgrund zu folgen. Für Hitler sah all dies sehr viel besser aus als 1938, und für die meisten seiner Generäle sah es auch besser aus als 1914.

Die Gespräche zwischen dem deutschen Außenminister und Stalin begannen am 23. August, und Hitler wußte schon sehr bald, daß die beiden handelseinig werden würden. Deutschland und die Sowjetunion hatten keine Schwierigkeiten, Polen unter sich aufzuteilen, und was die baltischen Staaten betraf, war Ribbentrop instruiert worden, die Düna als neue Grenze zwischen den beiden Vertragspartnern vorzuschlagen, ein Arrangement, das Estland der Sowjetunion und Litauen Deutschland zugeschlagen hätte, während Lettland geteilt worden wäre. Stalin wollte jedoch ganz Lettland; Ribbentrop war von Hitler autorisiert, große Zugeständnisse zu machen. Er schickte ein Telegramm nach Berlin, in dem er Hitler bat, diesen Punkt abzusegnen. Das zeigte Hitler, daß einem Vertrag mit der Sowjetunion nichts mehr im Wege stand. Er stimmte sofort zu und befahl schon am 23. August, also ohne die Unterzeichnung des deutsch-sowjetischen Vertrags und ohne Ribbentrops persönlichen Bericht abzuwarten, den Krieg am 26. August mit dem Angriff auf Polen zu beginnen.

Während die deutsche Militärmaschinerie für die Invasion in Polen in Stellung gebracht wurde und die zivilen Behörden der deutschen Regierung letzte Vorbereitungen für die Schritte trafen, die den Ausbruch der Feindseligkeiten begleiten sollten,

---

* Hitlers zeitweilige Annäherung an Polen war in deutschen Regierungskreisen alles andere als populär gewesen, wo eine antipolnische Politik traditionell auf große Zustimmung stieß.

plante Hitler seine letzten diplomatischen Züge. Er traf sich mit Ribbentrop, als
dieser am 24. August aus Moskau zurückkehrte, und die beiden scheinen den Ablauf
der beiden folgenden Tage, also die letzten Stunden vor dem Krieg, im Detail geplant
zu haben.[35] Mussolini wurde in der Nacht vom 24. auf den 25. August mittelbar
durch ein Telefongespräch mit Ciano und unmittelbar durch einen ausführlichen
Brief, den er am 25. August erhielt, über den bevorstehenden Krieg informiert. Der
Brief schilderte die durch den deutsch-sowjetischen Pakt entstandene günstige Situation, kündigte einen Feldzug zur Vernichtung Polens an, enthielt jedoch keinen Hinweis auf die Tatsache, daß der Krieg bereits befohlen war und am nächsten Tag
beginnen sollte. Hitler forderte Italien auf, seine Verpflichtungen aus dem Stahlpakt
zu erfüllen, den es im Mai 1939 unterzeichnet hatte, und nahm offensichtlich an,
Mussolini werde, da die Lage für die Achse sehr günstig zu sein schien, sofort in den
Krieg eintreten.*

Von Japan durfte man keinesfalls erwarten, daß es sich Deutschland anschließen
würde; im Gegenteil, die japanische Regierung – die geglaubt hatte, mit Deutschland
über einen Vertrag *gegen* die Sowjetunion zu verhandeln –, konnte gerade noch einen
geharnischten Protest gegen die flagrante Verletzung des japanisch-deutschen Anti-
komintern-Pakts nach Berlin schicken, bevor sie durch das politische Erdbeben, das
der nationalsozialistisch-sowjetische Pakt in Japan auslöste, gestürzt wurde.

Während die Regierung in Berlin von Japan, das noch immer in eine bewaffnete
Auseinandersetzung mit der Sowjetunion verwickelt war, nicht erwartete, daß es bei
einer Lösung der deutsch-polnischen Streitigkeiten zugunsten Deutschlands behilflich
sein würde, setzte sie große Hoffnungen auf die Sowjetunion. Am 25. August ersuchte
Berlin dringend um die Ernennung eines neuen russischen Botschafters und um die
sofortige Entsendung eines militärischen Vertreters, der bei der Koordination der
bevorstehenden Feldzüge in Polen mitwirken sollte. Das neue, laut verkündete Bündnis mit der Sowjetunion wurde von Deutschland für ein geeignetes Mittel gehalten,
den Westen von einer Intervention zugunsten Polens abzuhalten, und Berlin war
deshalb stark an Signalen interessiert, die die neue Bündniskonstellation in der Weltöffentlichkeit bekanntmachen konnten.

Während die deutschen Diplomaten Italien informierten und Moskau zur Kriegs-
vorbereitung einluden, gingen gleichzeitig spezielle Botschaften an die kleineren
Staaten Westeuropas. Holland, Belgien, Luxemburg und die Schweiz erhielten die
Zusicherung, daß Deutschland ihre Neutralität respektieren werde, und sie wurden

---

* Ein wichtiger Faktor, der 1938 das italienische Zögern mitverursacht hatte, war weggefallen.
Im Jahr 1938 war der Spanische Bürgerkrieg noch in Gang gewesen, und es hätte die Gefahr
bestanden, daß Großbritannien und Frankreich im Zuge eines allgemeinen europäischen Krieges
in Spanien interveniert hätten – mit üblen Folgen für das große Kontingent italienischer Soldaten, das für die nationalspanische Seite kämpfte. Mit dem Sieg Francos im Frühjahr 1939
war der Auftrag des italienischen Expeditionskorps erfüllt, und dieses war nicht mehr Geisel
der Lage in Spanien.

mit Krieg und Zerstörung bedroht, falls sie Deutschland in den Rücken fallen und ihre Neutralität zugunsten der Westmächte aufgeben würden. Die deutsche Regierung hatte zwar – wie noch gezeigt wird – die Absicht, alle diese Staaten zu annektieren, und sie war gerade im Begriff, den ersten von vielen Staaten anzugreifen, denen sie den Frieden versprochen hatte; trotzdem scheute sie nicht davor zurück, weitere wohlfeile Versprechungen zu machen, die sich für sie auszahlen konnten.

Am selben Tag wurden besondere Anstrengungen unternommen, Großbritannien und Frankreich von einer Intervention zugunsten Polens abzuhalten. Hitler hoffte noch immer, den Krieg mit den Westmächten zu einem Zeitpunkt seiner Wahl, also nachdem Polen vernichtet war, beginnen zu können. Wenn er in der Zeit, die er für den Polenfeldzug brauchte, London und Paris mit der Hoffnung auf neue Abkommen beschäftigen und hinhalten konnte, dann würde Deutschland an seiner Westfront vielleicht nicht in Gefahr geraten, bis es selbst zum Schlag bereit war. Deshalb sandte Hitler einen Tag, ehe der Krieg beginnen sollte, neue Schreiben nach London und Paris. Er erwartete, daß diese am folgenden Morgen eintreffen und von den dortigen Regierungen diskutiert werden würden – während sie gleichzeitig von der deutschen Invasion in Polen erfuhren, die wenige Stunden zuvor begonnen hatte.

Aufgrund der völlig richtigen Annahme, daß Paris ohne die Garantie britischer Unterstützung keinen Schritt tun würde, wurde das längere Schreiben nach London geschickt. Deutschland wies darauf hin, daß es nach Abschluß des deutsch-russischen Vertrags weder eine wirkliche Ostfront geben werde, da es den »unverrückbaren Entschluß, nie mehr mit Rußland in einen Konflikt einzutreten«, gefaßt hätte, und daß eine wirksame Blockade gegen Deutschland nun nicht mehr möglich sei, da es Rohstoffe aus der Sowjetunion beziehen könne. Außerdem versprach Hitler, er werde London, sobald die Streitigkeiten mit Polen geregelt seien, ein Bündnisangebot unterbreiten. Hitler warnte davor, unter Umständen, die für die Westmächte weit weniger günstig seien als 1914, einen Krieg gegen Deutschland zu führen, bot an, das Britische Empire gegen jeden möglichen Feind zu verteidigen, und versprach, im Westen keine territorialen Forderungen zu erheben, seine kolonialen Forderungen zu mäßigen und sich auf ein Rüstungsbegrenzungsabkommen einzulassen.

Auch im März 1936 war der Bruch des Vertrags von Locarno von 1925 von einer Flut deutscher Versprechungen und Angebote begleitet gewesen, die die Gesprächsstoff bieten sollten, während die deutschen Truppen bereits nach Westen marschierten, um das Rheinland zu remilitarisieren und erneut zu befestigen. All diese Angebote und Versprechungen waren gebrochen oder zurückgenommen worden, als sie ihren Zweck erfüllt hatten, und auch jetzt hatte Deutschland wieder eine Reihe verlockender Köder London gegenüber ausgeworfen, während seine Truppen gegen Polen vorrückten. Zwischen der Versendung des Schreibens an Großbritannien und der Vorbereitung des Schreibens an Frankreich gab Hitler endgültig grünes Licht für den Angriff auf Polen. Er sollte am 26. August um 4.30 Uhr morgens beginnen.

In der Hoffnung, die Franzosen doch noch von der Erfüllung ihres Beistandspakts mit Polen abhalten zu können, traf sich Hitler danach mit dem französischen Botschafter in Deutschland und bat ihn, den französischen Ministerpräsidenten Edouard Daladier zu informieren, daß Deutschland keinen Krieg mit Frankreich wolle und gegen Frankreich keine Ansprüche habe, daß die Lage jedoch unerträglich geworden sei, was die deutsch-polnischen Beziehungen betreffe. Wenn Frankreich einen Krieg mit Deutschland wolle, werde er das bedauern, aber es sei Frankreichs Entscheidung.

Hitler hatte die Sowjetunion gewonnen, und Großbritannien würde durch sein Schreiben vielleicht abgelenkt werden; deshalb hoffte er, daß die Botschaft an Frankreich ebenfalls ihre Wirkung tun würde, wenn das französische Kabinett sie am nächsten Morgen debattierte. Die starke pazifistische Stimmung in Frankreich könnte das Land durchaus davon abhalten, in den Krieg zu ziehen, während Deutschland seine Ostfront stabilisierte, um sich anschließend nach Westen zu wenden. Alles war vorbereitet, als sich die deutschen Truppen auf die Grenze zubewegten. Lebensmittelmarken für die Zivilbevölkerung waren gedruckt, und die KZ-Häftlinge, die in polnischen Uniformen ermordet werden sollten, wurden bereits für jene fingierten Zwischenfälle vorbereitet, die den Deutschen und der Welt beweisen sollten, daß die Polen die Feindseligkeiten eröffnet hatten.

Zwei Entwicklungen, die erst in den Nachmittagsstunden des 25. August in Berlin bekannt wurden, veranlaßten Hitler jedoch, im Zeitplan seiner Inszenierung eine Kleinigkeit zu ändern. Beide Entwicklungen werfen ein scharfes Licht auf die Politik der anderen Mächte, während Hitlers Reaktion zeigt, wie entschieden er den Krieg einer friedlichen Lösung vorzog. Die deutsche Regierung erfuhr, daß Italien nicht in den Krieg eintreten würde und daß Großbritannien und Polen gerade einen Beistandsvertrag geschlossen hatten. Die erste Nachricht charakterisiert die italienische, die zweite die britische Politik.

In Rom hatte man den bevorstehenden nationalsozialistisch-sowjetischen Pakt kurzfristig so interpretiert, daß er Deutschland die Möglichkeit eröffnete, einen isolierten Krieg gegen Polen zu führen. Wäre dieser glückliche Fall eingetreten, hätte Italien der eigenen Neigung und den deutschen Ratschlägen folgen und Jugoslawien angreifen können. Dieses Land auf der anderen Seite der Adria hatte Italien schon lange zerstören wollen, und die jugoslawische Flanke war bedroht, seit Italien Albanien besetzt hatte. Ciano und kurz darauf auch Mussolini gelangten jedoch bald wieder zu der festen Überzeugung, daß Großbritannien und Frankreich unabhängig von den sowjetischen Aktivitäten an der Seite Polens kämpfen würden. Sie hatten versucht, ihre deutschen Verbündeten von dieser Sicht der Dinge zu überzeugen, wurden jedoch mit der Forderung nach einer unzweideutigen Antwort konfrontiert.

Die italienische Regierung hatte die Möglichkeit, Deutschland volle Unterstützung zu versprechen in einem Konflikt, der sich nach ihrer Überzeugung zu einem allgemeinen Krieg ausweiten könnte und in dem die ersten Schläge der Westmächte mit großer Wahrscheinlichkeit Italien treffen würden. Außerdem würden die Italiener in diesem Fall zum Handeln gezwungen werden unter Umständen, die sie nicht vorhergesehen hatten. Deutschland hatte seine Absichten bis zum letzten Moment vor der italienischen Regierung verborgen und sie selbst jetzt noch nicht über alle Details informiert. Die andere Möglichkeit war zu erklären, daß Italien noch nicht kriegsbereit sei und erst dann in den Krieg eintreten werde, wenn die Vorbereitungen abgeschlossen wären. Mussolini hörte auf die Mehrheit seiner Berater und informierte Hitler widerstrebend, daß Italien sich noch nicht zum Kriegseintritt verpflichten könne. Hitler hatte mit der rückhaltlosen Unterstützung Italiens gerechnet und war überrascht, als er nach dem Treffen mit dem französischen Botschafter – etwa um dieselbe Zeit, als er auch die Nachricht von der Unterzeichnung des britisch-polnischen Beistandspakts erhielt – von der italienischen Absage erfuhr.

Der Kurs der britischen Regierung stand bereits seit den ersten Wochen des Jahres 1939 im wesentlichen fest. Damals war das Gerücht umgegangen, daß ein deutscher Angriff auf Holland geplant sei, und Großbritannien hatte beschlossen, jedem Staat Hilfe zu leisten, der sich gegen einen deutschen Angriff zur Wehr setzen würde. Später hatte sich herausgestellt, daß die Information über einen deutschen Angriff im Westen falsch gewesen war, und Deutschland hatte statt dessen die Unabhängigkeit des tschechoslowakischen Staates zerstört. Die Tschechoslowakei war durch die territorialen Zugeständnisse, die sie Deutschland 1938 gemacht hatte, zu einer wirksamen militärischen Verteidigung des Landes nicht mehr in der Lage, und sie war demoralisiert, weil sie von den Westmächten im Stich gelassen worden war. Sie hatte daher dem deutschen Coup keinen Widerstand entgegengesetzt. Trotzdem hatte der Bruch des Münchner Abkommens durch Deutschland gezeigt, daß die Sorge um die deutschen Minderheiten im Ausland nur ein Vorwand war, um *Nicht*-Deutsche unterdrücken zu können.

In der Folge war die britische Politik angesichts möglicher deutscher Aggressionen gegen Polen oder Rumänien von drei charakteristischen Grundüberzeugungen geprägt. Die erste basierte auf der alten Annahme, daß jeder Krieg, der irgendwo in Europa begann, sich abermals auf den ganzen Kontinent ausweiten würde. Deshalb sei es letztlich gleichgültig, ob Deutschland zuerst im Osten oder im Westen angreifen würde, da Großbritannien in jedem Fall in den Konflikt hineingezogen werden würde. Aufgrund dieser Erwägungen gab Großbritannien die politische Strategie auf, der es noch 1938 gefolgt war. Damals war auf eine deutliche Warnung an Deutschland verzichtet worden, um einerseits die Tschechoslowakei zu einem Höchstmaß an Konzessionen zu zwingen und andererseits Deutschland durch die trotzdem bestehende Möglichkeit einer britischen Intervention dazu zu bewegen, die tschechoslowakischen Konzessionen zu akzeptieren und keinen allgemeinen Krieg zu riskieren. Die neue Strategie der britischen Regierung bestand darin, ihre Position eher früher als später publik zu machen. Indem sie jetzt frühzeitig Entschlossenheit demonstrierte, hoffte sie, Deutschland abschrecken, potentielle Opfer ermutigen und andere Staaten auf ihre Seite ziehen zu können. Der neue Ansatz hatte viel mit der zweiten Grundüberzeugung zu tun, die sich 1939 aus der britischen Einschätzung der Lage ergab.

Im Jahr 1938 hatte eine deutsche Propagandakampagne über das reale oder angebliche Unrecht, das den über drei Millionen Bürgern deutscher Abstammung in der Tschechoslowakei zugefügt wurde, ihre Wirkung auf die britische Regierung, auf die britische Öffentlichkeit und auf die Staaten des Britischen Commonwealth nicht verfehlt. Es war in Londoner Regierungskreisen allgemein bekannt, daß die Deutschen in Polen tatsächlich Grund zur Klage hatten – sie wurden härter behandelt als die deutsche Minderheit in der Tschechoslowakei, und es war durchaus vertretbar, von der polnischen Regierung eine Unterbindung der antideutschen Übergriffe zu fordern. Der gesamte Problemkomplex war inzwischen jedoch als reines Propagandainstrument einer deutschen Politik durchschaut worden, die in Wirklichkeit die Beherrschung Europas zum Ziel hatte. Nur durch einen Schritt hätte Deutschland Großbritannien vom Gegenteil überzeugen können – wenn es die Unabhängigkeit der Tschechoslowakei wiederhergestellt hätte. Dieser Schritt war die ständig und mit aller Deutlichkeit wiederholte Vorbedingung für jedes neue Abkommen mit Deutschland gewesen. Gleichzeitig war es jedoch genau der Schritt, den die deutsche Regierung unter keinen Umständen zu tun bereit war.*

Die dritte britische Grundüberzeugung lautete, daß die öffentlich demonstrierte britische Entschlossenheit – die sich Ende März in der Ankündigung niedergeschlagen hatte, Großbritannien werde zugunsten Polens in den Krieg ziehen, falls Polen von Deutschland angegriffen würde und sich verteidigte – von Maßnahmen begleitet sein mußte, die geeignet wären, weitere Verbündete für die britische Seite zu gewinnen. Der naheliegendste Verbündete war Frankreich, das durch die wachsende deutsche Macht selbst bedroht und durch ein langjähriges Bündnis mit Polen verbunden war. Die absolute Panik, mit der Paris am 12. und 13. September 1938 auf die britische Kriegsdrohung für den Fall eines deutschen Einmarschs in die Tschechoslowakei reagiert hatte, war durch die Tatsache ausgelöst worden, daß sich die Franzosen nun nicht mehr hinter der angeblich fehlenden Kriegsbereitschaft Großbritanniens verstecken konnten. Sie war der Grund gewesen, daß Chamberlain das erste Mal nach Deutschland gereist war [36], und sie hatte London zu der Einsicht gebracht, daß es in künftigen Krisen gut beraten sein würde, große Rücksicht auf die französischen Sorgen zu nehmen. In diesem Kontext ist zu verstehen, warum die britische Regierung aufhörte, ihre Bodenstreitkräfte zu vernachlässigen, und insbesondere, daß sie im Frühjahr 1939 zum erstenmal in der Geschichte Groß-

---

* Die Wiederherstellung der Tschechoslowakei, falls es 1938 zu einem Krieg gekommen wäre, und die geplante Wiederherstellung Polens nach dem 1939 ausgebrochenen Konflikt wurden in der britischen Diskussion immer mit dem Schicksal verglichen, das Serbien im Ersten Weltkrieg erlitten hatte. Serbien war von Österreich – mit deutscher Hilfe – zunächst überrannt worden, hatte jedoch aufgrund militärischer Siege, die die Alliierten an anderen Fronten errungen hatten, wiederhergestellt werden können.

britanniens zu Friedenszeiten ein Wehrpflichtgesetz erließ.[37] Von Frankreich konnte nicht erwartet werden, daß es an britischer Seite kämpfen würde, es sei denn, es durfte damit rechnen, daß eine britische Armee auf dem Kontinent an seiner Seite kämpfen würde.

Die neue Haltung, auf jede potentielle Aggression Deutschlands schon frühzeitig und öffentlich mit aller Härte zu reagieren, konnte Großbritannien weitere Verbündete bringen. Es wurde immer deutlicher, daß nicht nur Neuseeland, sondern auch Australien und Kanada ihre neutralistischen Positionen von 1938 allmählich aufgaben. In diesem Zusammenhang ist es ein interessanter Zufall, daß der kanadische Premierminister Mackenzie King, der Hitler 1937 persönlich getroffen hatte, diesen am 25. August 1939 warnte, daß Kanada im Falle eines Krieges Großbritannien zur Seite stehen würde.[38] Selbst die Südafrikanische Union stand einer Kriegsbeteiligung an der Seite Großbritanniens inzwischen etwas positiver gegenüber, auch wenn das tiefgespaltene Land schließlich erst nach einem Regierungswechsel und mit knapper Mehrheit den Kriegseintritt beschloß. Den irischen Freistaat dagegen hatte selbst die Rückgabe von Hafenanlagen, die für den Schutz des britischen Handels von zentraler Bedeutung waren, nicht von seiner neutralen Haltung abbringen können, und während des Krieges tauchten neue Probleme im Verhältnis zu Irland auf. London hoffte jedoch anderswo Unterstützung für eine feste Front gegen weitere deutsche Aktionen zu gewinnen.

Die Bedingungen des offiziellen Vertrags zwischen Großbritannien und Polen waren schon im Frühjahr 1939 ausgehandelt worden. Seine Unterzeichnung war jedoch aufgeschoben worden, weil Großbritannien auf ein Abkommen zwischen den Westmächten und der Sowjetunion gehofft hatte, dem ein britisch-polnischer Vertrag untergeordnet werden sollte. Niemand in der britischen Regierung und beim britischen Militär hatte Vertrauen in die Fähigkeit der Sowjetunion, offensive Operationen in Mitteleuropa zu starten, eine Einschätzung, die im Rückblick viel Spott auf sich zieht, aber vielleicht nicht ganz so falsch war, wie sie heute erscheint. Daß die Rote Armee 1944/45 in der Lage war, mit gewaltigen Panzereinheiten und einer riesigen Menge amerikanischer Lastwagen nach Mitteleuropa vorzustoßen, beweist keineswegs, daß sie dazu auch schon 1939 in der Lage gewesen wäre. Die sowjetische Führung selbst hielt eine solche Offensive 1939 offensichtlich nicht für möglich. Stalins wiederholte Versuche, eine Annäherung an Deutschland zu erreichen, lassen vermuten, daß er die Lage nicht viel anders beurteilte als London, wo man der Sowjetunion zwar zutraute, sich selbst verteidigen zu können und Polen Nachschub und Hilfe zu leisten, aber nicht glaubte, daß sie offensive Operationen jenseits der Zone schlechter Verkehrswege in Ostpolen würde durchführen können. Es war gerade die erwähnte Unterstützung Polens, die sich Großbritannien und Frankreich von der Sowjetunion erhofften, und als die Sowjetunion ihre Forderungen ständig höherschraubte, versuchten sie, Moskau wenigstens von einem Bündnis mit Deutschland abzuhalten. Wie bereits erwähnt, zerschlug sich diese Hoffnung. Das deutsch-russische Bündnis änderte jedoch nichts an der Grundsatzentscheidung Londons, Deutschland entgegenzutreten – wenn möglich mit Verbündeten, die deutsche Kräfte binden könnten, zur Not jedoch auch allein.

Der amerikanischen Regierung waren genaue Informationen über die national-sozialistisch-sowjetischen Verhandlungen zugespielt worden, die hauptsächlich von einem Mitarbeiter der deutschen Botschaft in Moskau stammten. Aus naheliegenden Gründen wurden diese Informationen in Washington sorgfältig geheimgehalten. Als jedoch die Unterzeichnung eines deutsch-sowjetischen Abkommens zunehmend wahrscheinlich schien – und eben nicht das Abkommen mit den Westmächten, das Roosevelt Stalin empfohlen hatte –, gab Washington der britischen Regierung einen Tip. In London wurde das Telegramm mit der Information jedoch aus Inkompetenz oder weil die Kommunikationsabteilung des Außenministeriums sowjetisch infiltriert war, tagelang nicht dechiffriert. Deshalb war die britische Regierung von der Ankündigung völlig überrascht, daß Ribbentrop zur Unterzeichnung eines deutsch-russischen Nichtangriffspakts nach Moskau reisen würde. [39]

Die britische Regierung sah in dieser Entwicklung jedoch keine grundlegende Veränderung der Lage. Deutschland würde, weil es einen neuen Freund gefunden hatte, noch gefährlicher sein als zuvor. Um sicherzustellen, daß weder die deutsche noch die italienische Regierung aus der neuen Situation falsche Schlüsse ziehen könnten, wurde beiden Regierungen in Depeschen unmißverständlich klargemacht, daß sich an der britischen Verpflichtung nichts geändert hatte, im Falle eines deutschen Angriffs auf Polen auf polnischer Seite zu kämpfen. Es waren diese Noten, die in Rom zu der Erkenntnis beitrugen, daß ein allgemeiner und kein lokaler osteuropäischer Krieg entstehen würde, wenn Deutschland nach Osten marschierte. Dieser Erkenntnis war es zu verdanken, daß Italien eine Beteiligung am Krieg ablehnte. In Berlin hatten die englischen Warnungen die Wirkung, daß Hitler einen letzten Versuch machte, Großbritannien durch ein Bündnisangebot von Polen zu trennen.

Chamberlain hatte Hitler in seinem Brief vom 22. August versichert, an der britischen Kriegsbereitschaft bestünden keinerlei Zweifel. Um diesen Punkt zu unterstreichen, entschloß sich Großbritannien nun zu einer schnellen Unterzeichnung des britisch-polnischen Beistandspakts. Da inzwischen klar war, daß es kein britisches Bündnis mit der Sowjetunion geben würde, gab es keinen Grund mehr, den einen Vertragsabschluß zugunsten des anderen aufzuschieben. Letzte Änderungen an dem Vertragsentwurf wurden so schnell wie möglich vorgenommen, am 25. August war der Text unterschriftsreif, und die Unterzeichnung wurde noch am selben Tag um 17.35 Uhr bekanntgegeben. Hitler erhielt die Nachricht also, *nachdem* er den britischen Botschafter mit neuen Versprechungen nach London geschickt und *nachdem* er den endgültigen Angriffsbefehl für den folgenden Morgen gegeben hatte.

Der deutsche Diktator war von der mangelnden Teilnahmebereitschaft Italiens und von der Vertragsunterzeichnung überrascht, mit der die Briten erneut ihre Entschlossenheit demonstrierten. In der Hoffnung, die Westmächte vielleicht doch noch von

Polen trennen zu können, fragte Hitler seine führenden Militärs, ob es möglich sei, die bereits in Bewegung gesetzte deutsche Kriegsmaschinerie noch zu stoppen.

Hitler wäre durchaus bereit gewesen, den Krieg am folgenden Tag zu beginnen, wenn seine Berater dies verneint hätten. Sie teilten ihm jedoch mit, die Gegenbefehle könnten bei allen Truppeneinheiten noch rechtzeitig eintreffen, und daraufhin wurden sie ausgestellt. Einige Zwischenfälle mit deutschen Grenzüberschreitungen fanden zwar statt, und für sorgfältige Beobachter war klar zu erkennen, daß der Kriegsbeginn für den 26. August geplant gewesen war. Die fingierten Zusammenstöße mit der Ermordung von KZ-Häftlingen in polnischen Uniformen und die Invasion durch massierte Truppenverbände wurden jedoch rechtzeitig gestoppt.[40]

Hitler hatte seinen militärischen Beratern ursprünglich den 1. September als Termin für den Angriff auf Polen gesetzt und ihn dann auf den 26. August vorverlegt, weil er den Krieg so früh wie möglich beginnen wollte. Nun jedoch erklärte er seinem etwas verwirrten Oberbefehlshaber des Heeres, daß der Angriff doch am 1. September stattfinden würde. Er wolle vielleicht noch einen Tag zuwarten, aber der 2. September sei in jedem Fall das letzte mögliche Datum.[41] Später hätten die Wetterverhältnisse nach Hitlers Meinung einen kurzen, reibungslosen Feldzug gegen Polen verhindert. Die verbleibenden Tage standen nun für erneute diplomatische Manöver zur Verfügung, nach wie vor mit dem Ziel, das Bündnis zwischen Großbritannien, Frankreich und Polen zu sprengen. Hitler nutzte jedoch nicht alle Tage, die er seiner eigenen Einschätzung nach zur Verfügung gehabt hätte. Sobald für ihn feststand, daß die Westmächte doch zugunsten Polens intervenieren würden, gab er für den 1. September den Angriffsbefehl. Er wollte den Krieg so früh wie möglich beginnen und sah keinen Sinn darin, wenigstens den einen Tag noch zu warten, den ihm sein eigener Zeitplan erlaubt hätte – ein kleiner, aber entlarvender Hinweis auf seine Prioritäten.

Die aufgeregten Diskussionen der letzten Friedenstage müssen hier nicht wiedergegeben werden. Sie bestätigten nur das Bild, das sich spätestens am 25. August geboten hatte. Italien war nicht bereit, mit Deutschland in den Krieg zu ziehen, und daß Hitler verkündete, er werde auch gegen England und Frankreich kämpfen, wenn diese Länder Polen unterstützten, war keineswegs geeignet, Mussolinis Kriegslust zu erhöhen. Denn es war ja gerade ein Krieg gegen die Westmächte, der Mussolini Sorgen machte. Auch die Bereitschaft der polnischen Regierung, auf ihre Unabhängigkeit zu verzichten, war nicht gewachsen, und in London sah man keinen Grund, sie dazu zu drängen. Sowohl Warschau als auch London strebten eine faire Verhandlungslösung der offenen Probleme an, aber als die Deutschen ultimativ das Erscheinen eines polnischen Verhandlungsbevollmächtigten in Berlin forderten, leitete die britische Regierung die deutsche Forderung erst weiter, *nachdem* der von Deutschland gesetzte Termin verstrichen war – eine Tatsache, die beweist, daß auch die britische Regierung nicht das Bedürfnis hatte zu kapitulieren.

Die französische Regierung war verständlicherweise entsetzt und enttäuscht über das sowjetische Bündnis mit Deutschland, aber die Regierung Daladier hatte sich resigniert mit dem drohenden Krieg abgefunden. Der französische Außenminister hoffte zwar immer noch auf einen Kompromiß in letzter Minute, war jedoch in seinem Kabinett diesmal ziemlich isoliert.

Die Appelle neutraler Staaten verfehlten bei Hitler ihre Wirkung. Er verzichtete nicht nur darauf, den Krieg um einen Tag zu verschieben, sondern hatte es so eilig, daß er die Befehle zur Eröffnung der Feindseligkeiten Stunden früher gab, als es der militärische Zeitplan der Deutschen erfordert hätte.[42] Um den Krieg vor der deutschen Öffentlichkeit zu rechtfertigen, beteiligte er sich persönlich an der Formulierung von Forderungen, die seinem Volk vernünftig erscheinen konnten – und deren Verbreitung er so lange verbot, bis sie nicht mehr relevant waren. Er wollte nicht noch einmal »Gefahr« laufen, daß seine offiziellen Forderungen erfüllt, zur Basis für ernstgemeinte Verhandlungen gemacht oder mit Gegenforderungen beantwortet würden. Nun, da er keine Chance mehr sah, das Bündnis der Westmächte mit Polen zu sprengen, konzentrierte er seine Aufmerksamkeit auf die deutsche Heimatfront im kommenden Krieg; er tat dies, weil er überzeugt war, es sei im Ersten Weltkrieg der Zusammenbruch der Heimatfront gewesen, der die deutsche Niederlage verursacht hatte. Als von Ribbentrop sich in der Nacht vom 30. auf den 31. August um Mitternacht weigerte, eine Kopie der deutschen Forderungen an den britischen Botschafter zu übergeben, wäre es beinahe zu einer handgreiflichen Auseinandersetzung gekommen. Botschafter Henderson hatte lange Zeit Konzessionen an Deutschland befürwortet, erkannte jedoch, daß es sich bei dem Forderungskatalog um ein bewußt vorbereitetes Alibi für einen Krieg handelte, den zu führen die deutsche Regierung fest entschlossen war. Kein Wunder, daß Henderson vor Wut kochte; Ribbentrop hingegen fand die Aussicht auf einen Krieg erfreulich und ging strahlend nach Hause.[43]

Am Morgen des 1. September begann die deutsche Offensive gegen Polen. Als Hitler an jenem Tag in dem zum Einparteiparlament degenerierten Reichstag sprach, machte er für das Scheitern der Verhandlungen – an denen teilzunehmen er sich geweigert hatte – Polen verantwortlich; er zählte die Zwischenfälle an der Grenze auf – die er selbst in der Nacht zuvor hatte inszenieren lassen –, und er kontrastierte diese angeblichen Untaten anderer mit der enormen Großzügigkeit seiner eigenen Forderungen – deren Verbreitung er sorgfältig verhindert hatte, bis sie keine Bedeutung mehr hatten. Unter dem donnernden Applaus der Vertreter des deutschen Volkes verkündete er, daß Deutschland sich erneut im Kriegszustand befinde.[44]

Fast alle Völker nahmen schließlich an dem neuen Krieg teil. Einige wurden angegriffen, andere taten sich als Angreifer besonders hervor, und wieder andere traten erst im letzten Moment in den Krieg ein, um Mitglieder der internationalen Nachkriegsorganisation zu werden. Die Welt wurde in eine Katastrophe ungekannten Ausmaßes gestürzt, und es sollten Ströme von Blut fließen. Auch wenn sich die militärischen Operationen im Detail von denen des Ersten Weltkriegs stark unter-

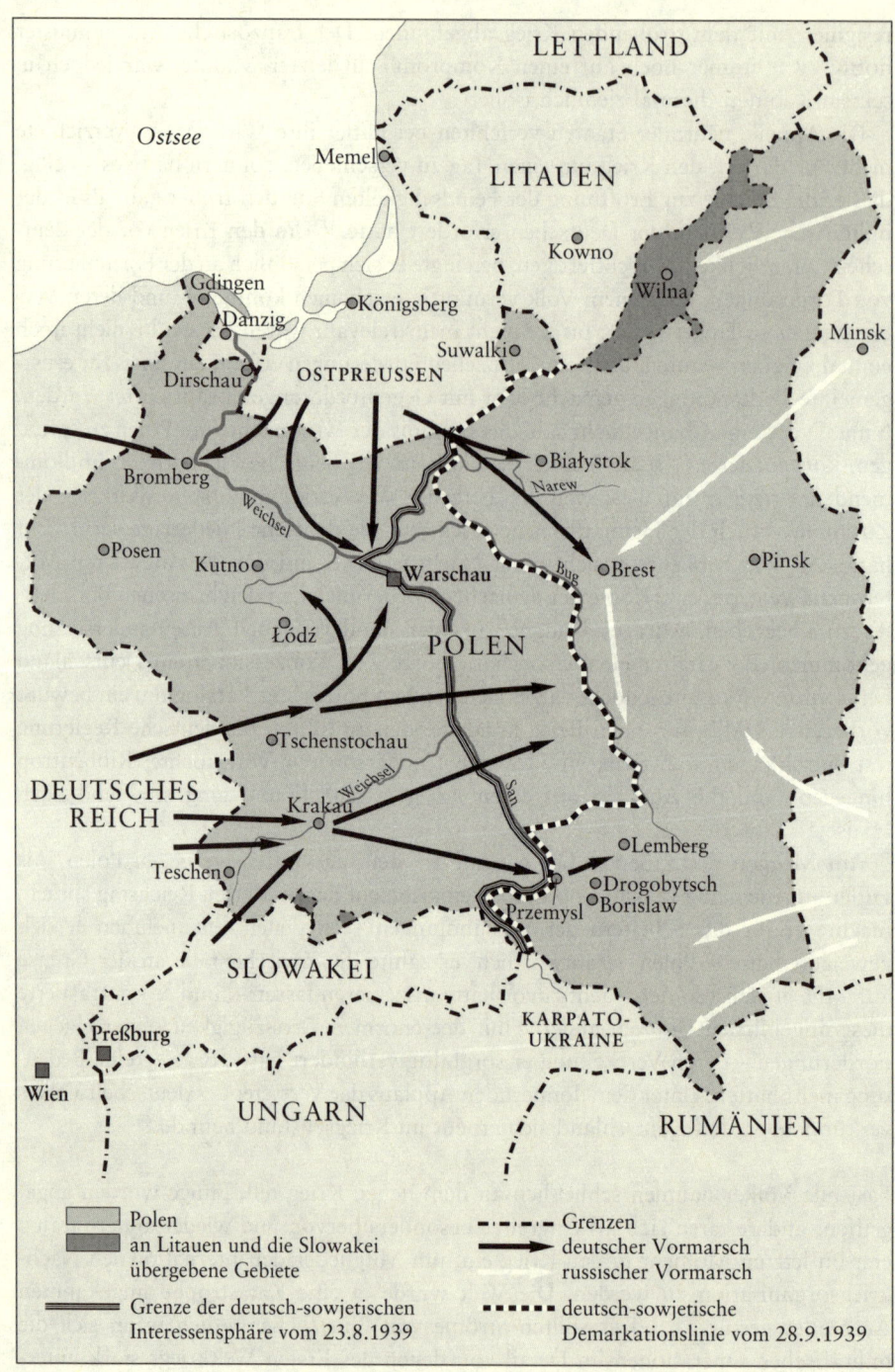

1. Der Angriff auf Polen und die Teilung 1939

schieden und die Schlachten oft an ganz anderen Orten stattfanden, sollte die ängstliche Erwartung nicht trügen, daß der nächste Krieg genauso schrecklich, ja wahrscheinlich sogar noch schrecklicher sein würde als der letzte. Diesmal allerdings würde es nicht wie nach dem Konflikt von 1914 eine aufgeregte Diskussion darüber geben, wer für den Ausbruch des Krieges verantwortlich gewesen war. Es war allzu deutlich, daß Deutschland die Initiative ergriffen hatte und daß andere vielleicht zu sehr, auf jeden Fall jedoch sehr ernsthaft versucht hatten, einen weiteren großen Krieg zu verhindern. Nach dem Zweiten Weltkrieg würde es keine Debatte mehr über die »Kriegsschuldfrage« geben.

Einige der Entwicklungen in der großen Umwälzung, die die Welt verändern sollte, wurden von Hitler-Deutschland selbst initiiert und bestimmt, viele aber beruhten auf den Initiativen und Reaktionen anderer Länder. Hitlers Plan, eine Serie von Kriegen gegen Opfer seiner Wahl zu führen, die alle voneinander isoliert bleiben und deren Niederlage Deutschland jedesmal für den nächsten Krieg stärken sollten, war schon in dem Augenblick nicht mehr durchführbar, als Großbritannien und Frankreich zur Unterstützung Polens den Krieg erklärten. Daß die Franzosen im September 1939 im Westen keine Offensive zustande brachten, hat es Hitler fast ermöglicht, zu seinem ursprünglichen Plan zurückzukehren. Der deutsche Angriff im Westen lief 1940 fast genauso ab, wie Hitler ihn für den Fall geplant hatte, daß er vorher Polen in einem isolierten Krieg vernichtet hatte. Außerdem ermöglichte ihm das Bündnis mit der Sowjetunion ein letztes Mal, für den Feldzug im Westen alle Truppen an eine Front zu werfen. Danach jedoch wurde der deutsche Elan von England gebremst, und kurz darauf nahm der Konflikt Dimensionen an, die sich Hitlers Kontrolle zunehmend entzogen. Schon als er seine Armeen in die Sowjetunion führte, wo sie schließlich von der Roten Armee vernichtet werden sollten, stand Amerika bereits drohend am Horizont. Japans Vormarsch in Ostasien, auf den Deutschland immer stärker gedrängt hatte, um Großbritannien leichter schlagen zu können und um die Vereinigten Staaten von einer Intervention in Europa abzuhalten, trug letztlich nur dazu bei, daß am Ende amerikanische Truppen auf deutschem Boden standen.

Ein kritisches Element in Hitlers Unfähigkeit, auf die Veränderung seiner Umwelt zu reagieren, lag darin, daß er selbst angetreten war, die Welt dramatisch zu verändern, und daß er eher die Vernichtung seines Staates und seines Volkes in Kauf nahm, als von seinen Plänen abzurücken. Hitler wurde oft für verrückt gehalten, weil er versuchte, die Doktrin des Lebensraums in die Tat umzusetzen; sie war jedoch tatsächlich immer die Essenz seiner Politik. Selbst daß innerhalb Deutschlands eine Wanderungsbewegung nach *Westen* stattfand, hielt Hitler nicht von dem Versuch ab, die Grundlagen für eine Migration nach *Osten* zu legen. Am 1. Februar 1939 hatte er sogar versucht, den Trend der Binnenwanderung nach Westen durch einen Ost-Erlaß umzukehren, da die Westmigration die östlichen Provinzen Deutschlands ihrer »germanischen« Bevölkerung beraube.[45] Selbst dieser Kampf gegen ein widerwillig akzeptiertes Faktum hatte jedoch auf seine langfristigen politischen Ziele keinen Einfluß. Wie er seinen hohen Militärs am 23. Mai 1939 erklärte, war das Ziel des geplanten Krieges eben nicht Danzig, sondern die Erweiterung des deutschen Lebensraums.[46]

Das Konzept, die Friedensregelung von 1919 zugunsten Deutschlands zu revidieren, das Hitler schon in seinen Schriften lächerlich gemacht hatte, blieb für ihn immer eine idiotische und verhaßte Alternative, auch wenn er sich des Konzepts zu propagandistischen Zwecken bediente. Mitte Oktober 1939, als Deutschland und die Sowjetunion die Westmächte drängten, die von Deutschen und Sowjets vollzogene Besetzung Polens zu akzeptieren und Frieden zu schließen, erhielt Hitler Besuch von dem schwedischen Forschungsreisenden Sven Hedin, einem großen Bewunderer Deutschlands. Der Führer erklärte seinem Gast, daß es nur dann Frieden geben würde, »vorausgesetzt, daß England von seiner törichten Idee einer Wiederherstellung der Tschechoslowakei Abstand nimmt«[47]. Der zentrale Streitpunkt zwischen Hitler und den Westmächten bestand nicht darin, daß die deutsche Regierung Gebiete übernahm, die von einer Bevölkerung deutscher Abstammung bewohnt waren, sondern daß sie Gebiete besetzte, in denen *andere* Völker lebten, die sie versklaven oder vernichten wollte, um an ihrer Stelle Deutsche anzusiedeln. Unter den diplomatischen und geographischen Bedingungen der Zeit waren die Tschechen das erste und die Polen das zweite dieser Völker. Sie würden jedoch nicht die letzten sein, denn die Gewinnung von Lebensraum war der Kernpunkt von Hitlers Programm und das Motiv, warum er mit dem Angriff auf Polen einen größeren Krieg auslöste, als er zum damaligen Zeitpunkt eigentlich hatte führen wollen.

Hitler hatte den Krieg begonnen, weil er genau wußte, daß er seine Ziele nur durch einen Krieg erreichen konnte. In der Angst vor einem frühen Tod und der Erkenntnis, daß die begrenzten materiellen Ressourcen des Gebiets, das er im Frieden kontrollierte, ihm nur für ein paar Jahre einen militärischen Vorsprung sichern konnten, bis andere Staaten aufholen würden, hatte er den ersten seiner Kriege zu dem Zeitpunkt begonnen, den er aufgrund seiner Einschätzung der diplomatischen und militärischen Lage für den frühestmöglichen hielt. Angesichts der Fortschritte, die die Wiederaufrüstungsprogramme machten, mit denen die britische und die französische Regierung auf die neue Bedrohung durch Deutschland reagiert hatten, entbehrte Hitlers Auffassung, daß die Zeit gegen ihn und seine kostbaren Ziele arbeite, nicht einer gewissen perversen Logik.

Da er bewußt einen Krieg anstrebte, war Hitlers Politik 1939 vom persönlichen Trauma des Münchner Abkommens bestimmt. Er war damals vor einem Krieg zurückgeschreckt – und hatte sein Zögern danach auf seine gesamte Umgebung übertragen –, nun jedoch wollte er sich nicht noch einmal um den Krieg betrügen lassen, der schon immer sein Ziel gewesen war. Der Ärger über den Aufschub von 1938 machte ihn um so entschlossener, seinen Krieg wenigstens 1939 zu bekommen. Und daß er den für den 25. August geplanten Angriff auf Polen auf einen späteren Termin verschoben hatte, führte dazu, daß er fast hysterisch auf den Angriff fixiert war, der ein paar Tage später stattfinden sollte. Er wollte keinesfalls einen zweiten Rückzieher machen. Die Tirade, mit der er den schwedischen Möchtegern-Vermittler Birger Dahlerus am 1. September empfing und in der er sich bereit erklärte, wenn nötig zehn Jahre lang Krieg gegen England zu führen[48], war typisch für den Geisteszustand eines Diktators, der einmal vor einem großen Risiko zurückgeschreckt war und unter keinen Umständen ein zweites Mal klein beigeben wollte. Ohne Krieg erschien ihm sein gesamtes Programm und sein ganzes Leben sinnlos. Der Krieg, den er vom Zaun brach, sollte beides zerstören.

Es liegt eine bittere Ironie in der Tatsache, daß die Vorsichtsmaßnahmen, mit denen Hitler sicherstellen wollte, daß es keine diplomatische Lösung der Krise von 1939 – kein zweites Münchner Abkommen – geben würde, ziemlich unnötig waren. Da er selbst dem Münchner Abkommen nicht ohne Hintergedanken zugestimmt hatte, konnte er nicht begreifen, daß andere dies getan hatten. Er erkannte zwar, daß die Westmächte auf den Bruch des Abkommens tief betroffen reagierten, begriff jedoch nicht, daß ihre Politik anschließend auf neuen Grundsätzen aufgebaut wurde. Als der französische Ministerpräsident Daladier die von Mussolini vorgeschlagene Konferenz ablehnte, sagte Daladier, er wolle lieber zurücktreten, als an einem zweiten »München« teilzunehmen.[49] Chamberlain war ähnlich entschlossen, ein zweites München zu verhindern; und selbst, wenn er eines gewollt hätte, wäre das britische Parlament nach der Besetzung der Tschechoslowakei am 15. März 1939 dafür nicht mehr zu gewinnen gewesen. Natürlich war in London niemand daran interessiert, in einem weiteren Krabbelsack mit wohlfeilen Versprechungen eines Diktators zu wühlen, der einen Großteil seiner früheren Versprechen gebrochen hatte – eines Diktators, der jetzt anbot, das Britische Empire vor seinem italienischen Verbündeten, seinem japanischen Antikomintern-Partner und seinem neuen sowjetischen Freund zu schützen, während er gerade im Begriff war, ein paar weitere Versprechen zu brechen.

Die Polen würden gewiß für ihre Unabhängigkeit kämpfen. Und wenn selbst der relativ versöhnliche Außenminister Józef Beck, der auf polnischer Seite der Architekt der früheren deutsch-polnischen Annäherung gewesen war, eine Unterwerfung unter Berlin nicht akzeptieren wollte, dann war es noch viel unwahrscheinlicher, daß andere führende polnische Politiker die Unterwerfung als eine ernsthafte Alternative betrachten würden. Die mitternächtliche Tragikomödie in der Nacht vom 30. auf den 31. August war völlig unnötig gewesen, auch wenn sie für Beteiligte und Historiker gleichermaßen aufschlußreich war. Die Möglichkeit, daß Hitlers offizielle Forderungen wie 1938 erfüllt werden könnten, bestand 1939 ganz einfach nicht mehr. Hitler hätte seinen Krieg auch dann bekommen, wenn von Ribbentrop den deutschen Forderungskatalog offiziell an Henderson übergeben hätte.

Ähnlich verhielt es sich auch bei den großangelegten Propaganda-Aktionen der Deutschen; sie waren nicht notwendig, auch nicht effektiver als die diplomatischen

Manöver in den letzten Vorkriegsstunden. Es war nicht erforderlich, die deutsche Öffentlichkeit von der Notwendigkeit eines Krieges gegen Polen zu überzeugen, und es war praktisch unmöglich, sie von der Notwendigkeit eines Krieges gegen Großbritannien und Frankreich zu überzeugen. Was das Ausland betraf, so wirkten all die Berichte über Grausamkeiten und Zwischenfälle, die der sprühenden Phantasie des deutschen Propagandaministers oder des deutschen Geheimdienstchefs entsprungen waren, kaum überzeugend auf Politiker, die erlebt hatten, wie sich Deutschland ein Jahr zuvor einer ähnlichen Taktik bedient hatte. Vielleicht war all der Lärm notwendig, um die falsche Empörung zu nähren, in die sich Hitler angesichts der Situation an Deutschlands Ostgrenze hineingesteigert hatte. Sie feiten ihn gegen Zweifel, die ihm, der Taktik und Vorgehen gelegentlich von einem Tag auf den anderen wechselte, vielleicht hätten kommen können. Außer Hitler war von den fingierten Nachrichten kaum jemand beeindruckt; es war jedoch gerade die große Tragödie von 1939, daß niemand sonst beeindruckt zu sein brauchte. Hitler allein traf die letzte Entscheidung, obwohl all jene, die mit dazu beigetragen hatten, daß eine solche Situation in einem so wichtigen und mächtigen Staat wie Deutschland eintreten konnte, und auch alle diejenigen, die Hitlers Befehle ohne Zögern ausführten, ihren Teil der Verantwortung für Hitlers Entscheidung und ihre schrecklichen Folgen für die Welt tragen.

2

Von den deutsch-sowjetischen Invasionen in Polen bis zum deutschen Angriff im Westen

1. September 1939 bis 10. Mai 1940

DER KRIEG GEGEN POLEN

Die deutsche Planung für die Invasion in Polen hatte im Frühjahr 1939 begonnen. Sie wurde durch die geographisch günstige Position sehr erleichtert, die Deutschland von jeher gehabt hatte und die durch die territorialen Veränderungen Anfang 1939 noch besser geworden war. Die Deutschen hatten die Absicht, Stoßtruppunternehmen zur Eroberung spezieller Objekte mit einem massiven Überraschungsangriff auf zwei Fronten zu kombinieren. Er sollte vom Großteil des deutschen Heeres vorgetragen und von fast der gesamten Luftwaffe unterstützt werden, während die Stoßtruppunternehmen noch im Gang oder gerade abgeschlossen waren.[1] Wie Hitler am 22. August vor führenden Militärs betont hatte, war es das polnische Volk, das vernichtet werden sollte. Dies wurde von Anfang an so verstanden, daß der Feldzug zur Zerstörung des neuerstandenen polnischen Staates von Massenmorden an der polnischen Bevölkerung begleitet und gefolgt sein würde, wobei man sich besonders auf die Ausrottung der politischen und kulturellen Elite Polens konzentrieren würde. Die Möglichkeit, in einem Teil des besetzten Polen eine abhängige Marionettenregierung einzurichten, war eine Zeitlang offengehalten worden, aber alle derartigen Pläne wurden schon sehr bald verworfen. Angesichts der deutschen Politik war es für Polen mit Selbstachtung unmöglich, mit den Besatzern zusammenzuarbeiten, aber die Deutschen wiesen auch Personen zurück, die trotzdem mit ihnen zusammenarbeiten wollten.

Die geplanten Überraschungsangriffe scheiterten größtenteils. Selbst ein Landungstrupp – noch im Frieden auf einem Kriegsschiff nach Danzig entsandt – hatte keinen Erfolg und führte nicht zu einer schnellen Kapitulation der winzigen polnischen Garnison in Danzig. Auch der Versuch, die strategisch wichtige Eisenbahnbrücke zu nehmen, die bei Tczew (Dirschau) über die Weichsel führte, wurde vereitelt, da polnische Pioniere die Brücke bereits gesprengt hatten.[2] Ein Teil der polnischen Marine entkam der geplanten Vernichtung, die großen Landoffensiven waren jedoch ein durchschlagender Erfolg.

Die polnische Regierung war bei den Vorbereitungen auf mögliche deutsche Angriffe mit vier Problemen konfrontiert gewesen, die unter den gegebenen Umständen

wahrscheinlich alle unlösbar waren. Zunächst einmal war sie bis 1939 davon ausgegangen, daß sie ihre militärische Planung wegen des Nichtangriffspakts, den sie
1934 mit Deutschland geschlossen hatte, darauf konzentrieren könnte, das Wieder-
aufflackern eines früheren Konflikts mit der Sowjetunion zu verhindern. Der damalige Konflikt war 1921 durch den Friedensvertrag von Riga beendet worden, in dem
Polen beträchtliche sowjetische Gebiete zugesprochen worden waren. Diese Gebiete
hatten vor den Teilungen des 18. Jahrhunderts zu Polen gehört. Es war jedoch durchaus wahrscheinlich, daß die sowjetische Regierung versuchen würde, sie zurückzugewinnen. Als im Winter 1938/39 wegen der deutschen Forderungen an Polen immer
deutlicher wurde, daß die unmittelbare Gefahr im Westen drohte, hatte sich die
militärische Planung auf die neue Bedrohung einstellen müssen, war dabei jedoch
auf vier weitere Schwierigkeiten gestoßen.

Erstens verfügte Polen über kein modernes Kriegsgerät, und es bestand keine Aussicht, daß Polen moderne Waffen entweder selbst würde produzieren oder irgendwo
kaufen können. Aufgrund des deutschen Vorsprungs bei der Wiederaufrüstung hätte
Polen – selbst wenn es über die notwendigen Finanzmittel oder Kredite verfügt hätte –
in keinem anderen Land wirklich moderne Waffen kaufen können, und seine eigene
Industrie war noch nicht in der Lage, die Flugzeuge, Panzer und Geschütze zu produzieren, mit denen ein deutscher Angriff hätte aufgehalten werden können. Eine
zweite große Schwierigkeit lag in dem Problem, *was* man eigentlich gegen einen
deutschen Angriff verteidigen sollte. Eine starke Konzentration der polnischen Kräfte
hätte den größten Teil des Landes einer schnellen Okkupation ausgeliefert, während
jeder Versuch, die wichtigsten Industrie- und Bevölkerungszentren zu verteidigen,
praktisch an jedem Punkt, den die Deutschen angegriffen hätten, die sichere Niederlage bedeutet hätte, da die Deutschen an allen Orten weit überlegene Kräfte hätten
konzentrieren können. Der polnische Generalstab entschied sich im großen und ganzen für die letztgenannte Verteidigungsstrategie, und sie führte genau zum befürchteten Ergebnis.

Das vierte große Problem Polens betraf den Zeitplan. Wenn Polen seine Truppen
mobilisiert hätte, als die Lage 1939 immer bedrohlicher wurde, hätte es sowohl seiner
zerbrechlichen Volkswirtschaft geschadet und seiner Industrie gut ausgebildete Arbeitskräfte entzogen, als auch der deutschen Propaganda die Gelegenheit geboten,
Polen für die wachsenden Spannungen und für den Ausbruch eines Krieges verantwortlich zu machen. Die Alternative der Warschauer Regierung bestand darin, die
Mobilmachung bis zum letzten Moment aufzuschieben. Ihre Volkswirtschaft hätte
in diesem Fall weiterhin normal funktioniert, und niemand hätte Polen für einen
Krieg verantwortlich machen können. Das barg jedoch das Risiko, von einem deutschen Angriff überrascht zu werden, solange das Land nicht voll mobilisiert und
vorbereitet war.

Auch hier entschied sich die polnische Regierung für die zweite Alternative, und
auch diese Entscheidung hatte die absehbaren Konsequenzen. Sie bedeutete militä-

risch, daß die polnischen Streitkräfte in der Mobilisierungsphase von dem Angriff getroffen wurden und um so schneller geschlagen werden konnten. Die getroffene Entscheidung muß jedoch auch in ihrem politischen und historischen Kontext gesehen werden. In den Jahren seit 1914 hatte es in der Öffentlichkeit und in der politischen Literatur eine gewaltige kontroverse Debatte über die Ursachen des Großen Krieges und die Verantwortung für seinen Ausbruch gegeben. Wie wir gesehen haben, zog Hitler aus der Debatte den Schluß, daß er den Zeitpunkt des Angriffs selbst bestimmen, im rechten Moment einen Zwischenfall inszenieren, einen Katalog vernünftig klingender Forderungen aufstellen und nach der Invasion veröffentlichen wollte mit dem Ziel, die deutsche Heimatfront zu konsolidieren und die Verantwortung für den Krieg anderen in die Schuhe zu schieben. Die polnische Regierung, in der manche Teile noch immer hofften, einen Krieg überhaupt vermeiden zu können, ging den umgekehrten Weg. Sie versuchte, nicht zuletzt auf Betreiben der Alliierten, Zwischenfälle zu vermeiden, und schob die Mobilisierung ihrer Streitkräfte hinaus, da die Abfolge der Mobilmachungen in der Debatte über die Kriegsursachen des Ersten Weltkriegs eine wichtige Rolle spielte.[3]

Wie erwähnt, wurde die Tendenz, die Mobilmachung zu verschieben, durch entsprechende Ratschläge aus London und Paris noch verstärkt. Warum sie in Polen – letztlich zum großen Schaden des Landes – berücksichtigt wurden, wird aus dem politischen Kontext ersichtlich. Nur ein enges Bündnis mit Großbritannien und Frankreich bot die leiseste Hoffnung, Deutschland von einem Angriff abzuschrecken oder es schlagen zu können, falls es dennoch angreifen sollte. Wie Serbien oder Belgien im Ersten Weltkrieg konnte auch ein geschlagenes und sogar größtenteils besetztes Polen im Bündnis mit siegreichen Alliierten seine Unabhängigkeit wiedergewinnen und sein Gebiet vielleicht sogar vergrößern. Dies war jedoch nur möglich, wenn überhaupt ein Bündnis bestand, wenn klar war, daß Polen den Angriff nicht provoziert hatte, und wenn Polen mit seinen begrenzten Mitteln diese Allianz so gut wie möglich unterstützte, indem es sich tapfer verteidigte.

Es war daher lebenswichtig für Polen, daß es von den Regierungen und der Öffentlichkeit in Großbritannien und Frankreich als Opfer einer unprovozierten Aggression betrachtet würde, und sowohl die diplomatischen Anstrengungen des polnischen Außenministers Józef Beck als auch das militärische Verhalten Polens waren darauf angelegt, eine solche Situation herbeizuführen. Polen hielt sich angesichts deutscher Provokationen stark zurück. Es rief damit in Paris und London tatsächlich den gewünschten Eindruck hervor und machte, wie wir heute wissen, außerdem der deutschen Führung schwer zu schaffen, da diese verzweifelt nach einem Vorwand suchte, um die Feindseligkeiten zu eröffnen.[4]

Gleichzeitig tat die polnische Regierung, was sie konnte, um sich auf einen Angriff vorzubereiten und ihren Beitrag zu einem alliierten Sieg über Deutschland zu leisten. Im Juli 1939 übergaben die polnischen Dechiffrier-Experten mit Genehmigung ihrer Regierung Duplikate polnischer Reproduktionen der Enigma-Maschine, mit der die

Deutschen ihre Funksprüche verschlüsselten, an Frankreich und Großbritannien.
Durch diesen und ähnliche Schritte leistete Polen einen wesentlichen Beitrag zu den
alliierten Kriegsanstrengungen, der etwas in Vergessenheit geraten ist, weil Briten
und Franzosen in ihren Berichten über »Ultra« (britischer Codename für die aus
entschlüsselten deutschen Funksprüchen gewonnenen Informationen) die eigenen
Verdienste allzusehr betonten.[5] Natürlich verteidigten sich die polnischen Streitkräfte
so hartnäckig wie möglich, selbst in scheinbar aussichtslosen Situationen.

In Warschau bestand eine gewisse Hoffnung, daß die polnische Armee den Winter
über wenigstens Teile ihres östlichen Territoriums würde halten können, wenn die
Franzosen die im Mai 1939 zugesagte Offensive im Westen starten und die Deutschen
zwingen würden, beträchtliche Kräfte an ihre Westgrenze zu verlegen. Diese Hoffnung war damals vielleicht gar nicht so unrealistisch, wie sie heute erscheint. Sie
zerschlug sich jedoch, da der französische Angriff im Westen ausblieb und statt dessen
die Sowjetunion unter Bruch des polnisch-sowjetischen Nichtangriffspakts in Ostpolen einmarschierte. Unter diesen Umständen wurden die polnischen Truppen in
ihrer Heimat zwangsläufig geschlagen. Viele polnische Soldaten entkamen jedoch
über die Grenzen Ungarns und Rumäniens und bildeten mit anderen, die bereits im
Westen standen, neue Einheiten. Sie wurden später durch die Insassen sowjetischer
Lager verstärkt und kämpften bis zum Sieg 1945 auf seiten der Alliierten.

All dies lag jedoch in einer fernen und nebelhaften Zukunft, als der deutsche
Angriff am 1. September 1939 begann.[6] In den ersten Tagen des Feldzugs holte die
deutsche Luftwaffe die wenigen modernen Maschinen der polnischen Luftwaffe vom
Himmel und widmete sich anschließend mit ganzer Kraft der Unterstützung der deutschen Landstreitkräfte. Im Norden stießen Einheiten der deutschen 4. Armee schnell
durch das 80 Kilometer breite Gebiet zwischen Pommern und Ostpreußen vor. Die
3. Armee stürmte von Ostpreußen aus nach Südosten, überschritt die Flüsse Narew
und Bug und stieß in den Rücken Warschaus und der polnischen Kräfte vor, die
wichtige Stellungen in Zentralpolen verteidigten. Starke Verbände der deutschen 8.,
10. und 14. Armee marschierten aus Schlesien und der Nordslowakei nach Nordosten
und bahnten sich ihren Weg durch die polnischen Verteidigungskräfte ins Herz des
Landes.

Schon nach der ersten Kampfwoche hatte die deutsche Invasionsstreitmacht die
wichtigsten Verteidigungslinien der Polen durchbrochen. In der zweiten Woche wurden die wichtigsten polnischen Kräfte eingeschlossen oder zurückgedrängt, bis deutsche Truppen in den Vorstädten Warschaus kämpften. Polnische Gegenangriffe und
Ausbruchsversuche eingeschlossener oder fast eingeschlossener polnischer Einheiten
verursachten wiederholt lokale Niederlagen oder Verzögerungen auf deutscher Seite,
und so manche isolierte polnische Garnison kämpfte heldenhaft in verzweifelter Lage.
Die polnischen Verbände in und um Warschau leisteten hartnäckigen, wirksamen
Widerstand. Trotzdem zeichnete sich die Niederlage nur allzudeutlich ab. Die polnische Regierung mußte die Hauptstadt verlassen und ging schließlich über die

Grenze nach Rumänien. Schon vor diesem letzten Schritt hatte sie jedoch die Kontrolle über ihre Streitkräfte praktisch verloren. Dies war nicht nur wegen der Schnelligkeit des deutschen Vormarsches und der Räumung der Hauptstadt der Fall, sondern auch, weil das polnische Transportsystem mit seinen wenigen, oft eingleisigen Bahnlinien stark bombardiert worden war. Als Polen schließlich die Entlastung durch eine französische Offensive im Westen erwartete, die spätestens fünfzehn Tage nach der französischen Mobilmachung hätte stattfinden sollen, wurde statt dessen die eigene Ostgrenze von einer sowjetischen Invasionsstreitmacht überschritten.

Die politischen Beweggründe, die hinter dem französischen und dem sowjetischen Verhalten steckten, verdienen es, eigens erörtert zu werden. Zunächst aber geht es um die Frage, welche Rolle dieses Verhalten beim Zusammenbruch des polnischen Widerstands gespielt hat. Aus deutscher Sicht war ein möglichst rascher Sieg über Polen von enormer Bedeutung. Gewiß spielte dabei die Sorge eine wichtige Rolle, daß sich im Spätherbst die Wetterverhältnisse verschlechtern würden, dies war jedoch keineswegs der einzige Faktor. Militärisch gesehen konnte Polen desto schlechter unterstützt oder mit Nachschub versorgt werden, je schneller seine Niederlage eintrat. Außerdem wuchs im Falle eines schnellen deutschen Sieges die Wahrscheinlichkeit, daß Deutschland sein ursprüngliches Konzept doch verwirklichen und den Angriff auf Polen von den Angriffen im Westen, für die es eine ruhige Ostfront haben wollte, trennen könnte. Selbst wenn ein schneller Sieg diesen Zweck nicht erfüllte, würde er die deutsche Regierung zumindest in die Lage versetzten, starke Kräfte an die Westfront zu verlegen, falls es dort zu gefährlichen Entwicklungen kommen sollte. Das Erfordernis der Schnelligkeit beeinflußte nicht nur den Charakter der deutschen Militäroperationen, sondern spielte auch bei den diplomatischen Aktivitäten in den ersten Kriegstagen eine zentrale Rolle. Berlin machte große Anstrengungen, für den Angriff auf Polen so viele Verbündete wie möglich zu gewinnen. Es hoffte, den Sieg dadurch beschleunigen und den Feldzug im Osten durch eine erneute zeitweilige Friedensregelung von dem geplanten Krieg im Westen trennen zu können, was ihm Zeit für weitere Vorbereitungen verschafft hätte.

Die Deutschen nutzten nicht nur das Territorium des Marionettenstaats Slowakei[7] als Basis, um Polen von Süden her anzugreifen, sondern drängten auch das Regime, das sie dort installiert hatten, sich offiziell am Krieg zu beteiligen. Die Regierung Jozef Tiso beschloß tatsächlich, ihre eigenen, von Deutschen ausgebildeten Truppen in den Krieg zu schicken, und wurde dafür mit etwa 800 Quadratkilometern polnischen Bodens belohnt, der größtenteils einst zur Tschechoslowakei gehört hatte. Es waren Teile Polens, die im deutsch-sowjetischen Pakt Deutschland zugesprochen worden waren – ein geschickter deutscher Schachzug, der sowohl darauf abzielte, den Feldzug zu beschleunigen, als auch dafür sorgte, daß die Slowakei an allen Maßnahmen, die Deutschland im geschlagenen Polen treffen wollte, starkes Interesse haben würde.[8]

Die Zerschlagung der Tschechoslowakei im März 1939 hatte Deutschland nicht nur die Oberherrschaft über die Slowakei gebracht, sondern auch Ungarn eine gemeinsame Grenze mit Polen beschert, da Budapest auf deutschen Befehl mit Ruthenien oder der Karpato-Ukraine den östlichsten Zipfel der Tschechoslowakei besetzt hatte.[9] Auch Ungarn wurde von der deutschen Regierung im September 1939 bedrängt, sich mit Deutschland im Krieg gegen Polen zu verbünden. Die ungarische Regierung wurde ersucht, deutsche Truppen und Versorgungseinheiten durch ungarisches Territorium marschieren zu lassen; Berlin versuchte auch, Ungarn mit polnischen Gebietsteilen zu ködern.[10] Die Regierung in Budapest hatte territoriale Ansprüche gegen Rumänien, nicht jedoch gegen Polen. Sie hatte in Polen lange einen künftigen Verbündeten gesehen, da Magyaren und Polen sich in der Vergangenheit als befreundete Völker betrachtet hatten. Außerdem war man in Ungarn damals sehr in Sorge, ein Bündnis mit Deutschland könne zum Krieg nicht nur mit Polen, sondern auch mit Großbritannien und Frankreich führen. Zum Ärger der deutschen Regierung blieb Ungarn neutral und machte sich, indem es Tausenden von Polen die Flucht über sein Territorium gestattete, in Berlin nicht gerade beliebt. Die deutsche Regierung hatte zu diesem Zeitpunkt jedoch keine Möglichkeit für Sanktionen und konnte nur zornig murren.

Ein anderer potentieller, aber ähnlich widerspenstiger Verbündeter hatte weniger Glück. In der Hoffnung, die polnische Sache völlig aussichtslos erscheinen zu lassen, versuchten die Deutschen mit aller Macht, Litauen zum Kriegseintritt zu bewegen, und sie glaubten in diesem Fall eine besonders gute Verhandlungsposition zu haben. Obwohl Litauen und Polen einst durch Personalunion in einem Staatsgebilde vereint gewesen waren, hatten sie in den Jahren ihrer neuen Unabhängigkeit seit 1918 alles andere als freundschaftliche Beziehungen gepflegt. Beide Länder erhoben Anspruch auf die Stadt Wilna (Vilnius) und deren Umland; beides gehörte nun zu Polen. Da Wilna in früheren Jahrhunderten lange Litauens Hauptstadt gewesen war und das größere Polen insbesondere 1938 versucht hatte, den kleinen Nachbarn einzuschüchtern, rechnete sich Deutschland gute Chancen aus, Litauen als Verbündeten gegen Polen zu gewinnen. Außerdem war Litauen in den deutsch-sowjetischen Geheimverhandlungen nicht nur dem deutschen Einflußbereich zugeschlagen worden – Deutschland hatte auch die Zusage erhalten, daß Wilna und Umgebung zu Litauen gehören würden, obwohl die Stadt eigentlich in dem Teil Polens lag, der an die Sowjetunion fallen sollte.

Die Regierung von Litauen weigerte sich jedoch, ihren Nachbarn anzugreifen. Sie hoffte, neutral bleiben zu können, und wollte sich nicht an der Seite Nazi-Deutschlands in einen Krieg gegen Frankreich und Großbritannien hineinziehen lassen. Die deutsche Regierung war über die Weigerung außerordentlich verärgert; und sie sollte anders als bei Ungarn schon bald ein Mittel finden, die Litauer dafür zu bestrafen, daß sie sich nicht gerührt hatten, als Deutschland zum Angriff blies. Schon Ende September war Litauen für ein zusätzliches Stück Polen an die Sowjetunion verschachert.[11]

Der wichtigste Partner beim Angriff auf Polen war natürlich die Sowjetunion. Schon für Preußen und später für das neugegründete Deutsche Reich von 1871 war Rußland der ideale Partner bei der Verkleinerung, bei der Eliminierung und schließlich bei der Verhinderung eines neuen polnischen Staates gewesen. Daß Polen nach dem Ersten Weltkrieg doch wiedererstanden war, hatte die deutsche und die russische Politik zwar verändert, was aktuelle Details betraf, in der Grundhaltung war sie jedoch unverändert geblieben. Weder in der einen noch in der anderen Regierung gab es wesentliche Elemente, die erkannt hätten, daß ein souveränes Polen, wie unangenehm seine erneute Existenz auch sein mochte, sowohl für Deutschland als auch für die Sowjetunion einen gewissen Schutz darstellte. Polen selbst war dagegen nicht mehr in der Lage, Deutschland oder die Sowjetunion zu bedrohen, sobald diese sich von den Umwälzungen der Revolutionsjahre von 1918 bis 1923 erholt hatten. Der Haß auf Polen war schon ein zentrales Motiv für die Annäherung zwischen Weimar und der Sowjetunion gewesen.[12] Er sollte auch das Verhalten Nazi-Deutschlands und der Sowjetunion beeinflussen, nachdem sie Polen ein weiteres Mal aufgeteilt hatten.

In den ersten Jahren der nationalsozialistischen Herrschaft hatte die deutsche Regierung, auf persönliches Betreiben Hitlers und entgegen der Neigung seiner diplomatischen und militärischen Berater, die antipolnischen Ressentiments hintangestellt und andere Ziele verfolgt. Gerade weil Hitlers langfristige Ziele viel zu groß waren, als daß sie auf Kosten Polens hätten erreicht werden können, war er bereit, auf dem Gebiet der deutsch-polnischen Beziehungen kurzfristig taktische Zugeständnisse zu machen. Damals hatte Deutschland keine gemeinsame Grenze mit der Sowjetunion und hatte zeitweilig auf eine antipolnische Politik verzichtet; es war deshalb Deutschland leichtgefallen, Stalins periodische Annäherungsversuche abzulehnen.[13] Als sich Polen jedoch weigerte, sich den Nazis zu unterwerfen, damit Deutschland für einen Angriff im Westen den Rücken frei hätte, war eine neue Lage entstanden. Die Sowjetunion war nun wieder ein natürlicher Verbündeter gegen Polen, und die diskreten Bündnisangebote Moskaus stießen 1939 in Berlin auf offene Ohren.

Der Einfluß, den der Hitler-Stalin-Pakt vom 23. August 1939 mit seinen geheimen Bestimmungen über die Aufteilung Polens und anderer Teile Osteuropas auf die Führung des Krieges hatte, soll hier genauer untersucht werden. Da die Deutschen so großen Wert auf einen schnellen Feldzug gegen Polen legten, konnte die sowjetische Intervention für sie gar nicht früh genug kommen. Nach der ursprünglichen Demarkationslinie, auf die man sich am 23. August geeinigt hatte, sollte die Rote Armee bis in die Warschauer Vorstädte auf dem Westufer der Weichsel vorrücken, und da die *Entfernung*, die die russischen Truppen zu diesem Zweck zurücklegen mußten, viel größer war als der Weg, den die Deutschen vor sich hatten, hätte Berlin einen frühen Beginn der sowjetischen Operationen sehr begrüßt. Zwar stellte sich der größte Teil der polnischen Truppen den Deutschen, aber das Straßen- und Eisenbahnnetz in dem Gebiet, das die Sowjets besetzen sollten, war sehr schlecht, und das Transportproblem wurde noch dadurch verschärft, daß die polnischen Gleise eine andere Spurweite hatten als die russischen.

Angesichts dieser Umstände drängte die deutsche Regierung die Sowjetunion bereits in den ersten Tagen des Krieges, in Polen einzumarschieren, und wiederholte diese Forderung mit immer größerem Nachdruck. Berlin berief sich dabei sowohl auf die Geschwindigkeit des deutschen Vormarschs und den schnellen Zusammenbruch des polnischen Widerstands als auch auf die Probleme, die dadurch entstanden, daß sich polnische Verbände nach Osten zurückzogen. Die Deutschen wiesen darauf hin, daß sie entweder die polnischen Kräfte immer weiter in das der Sowjetunion zugesprochene Gebiet hinein würden verfolgen müssen oder daß sich dort eine neue Regierung bilden könnte. Außerdem brachten sie ihre Verwunderung darüber zum Ausdruck, daß die Sowjetunion ihren Teil des polnischen Territoriums nicht schneller besetzte.[14]

Aus Moskauer Sicht stellte sich die Lage nicht ganz so einfach dar. Die verfügbaren Quellen lassen vermuten, daß die sowjetische Regierung weder mit dem anfangs sehr schnellen Vormarsch der Deutschen gerechnet hatte noch damit, daß sich polnische Kräfte später in Warschau und Umgebung längere Zeit würden halten können. Die erste Fehleinschätzung hatte die Sowjets glauben lassen, daß sie mehr Zeit für ihre Vorbereitungen hätte, als tatsächlich der Fall war, während sich später Stalins Furcht zu verstärken schien, es könnte möglicherweise doch ein polnischer Rumpfstaat überleben.

Stalin hatte für seine ursprüngliche Absicht, eine Invasion in Polen möglichst lang hinauszuschieben, mehrere Gründe gehabt. Erstens mußten für den Angriff sowjetische Truppen mobilisiert werden, ein Prozeß, der einige Zeit in Anspruch nehmen würde, insbesondere da ein Teil der eingesetzten Truppen aus den Zentralgebieten der Sowjetunion[15] und andere aus dem fernen Osten[16] an die Front geführt werden sollten. Zweitens scheint Stalin beträchtlichen Wert darauf gelegt zu haben, den Zeitpunkt des Angriffs so zu wählen, daß er sowohl innen- als auch außenpolitisch als Maßnahme zur Wiedergewinnung von Gebieten gerechtfertigt werden konnte, die größtenteils früher einmal zur Sowjetunion gehört hatten. Auch sollte der sowjetische Angriff erst erfolgen, wenn der polnische Staat praktisch aufgehört hätte zu existieren, denn Stalin wollte den Eindruck vermeiden, daß die Sowjetunion die deutsche Aggression lediglich nachahmte und damit unterstützte. Drittens waren die Kämpfe, die zwischen Japan und der Sowjetunion an der Grenze ihrer jeweiligen Marionettenstaaten tobten, noch immer nicht abgeschlossen, obwohl die Sowjetunion durch eine Offensive am 20. August einen entscheidenden Sieg errungen hatte. Die sowjetische Regierung hatte Tokio am 22. August signalisiert, daß sie den Konflikt zu beenden wünschte – einen Tag bevor Ribbentrop in Moskau eintraf.[17]

Da Stalin genau wie Hitler einen Zweifrontenkrieg vermeiden wollte – und dabei viel vorsichtiger und erfolgreicher vorging als Hitler –, wollte er die Situation in Ostasien unter Kontrolle haben, bevor er militärische Operationen in Europa begann.

Daß er dieses Ziel erreichte, verdankte er nicht nur dem sowjetischen Sieg von Ende August, sondern auch dem glücklichen Zusammentreffen zweier weiterer Ereignisse. Zuerst hatte die Unterzeichnung des Hitler-Stalin-Pakts – der der Sowjetunion überhaupt erst die Möglichkeit eröffnet hatte, Polen gemeinsam mit Deutschland zu besetzen – die japanische Regierung buchstäblich gestürzt. Die Regierung in Tokio hatte, wie erwähnt, geglaubt, mit Deutschland über ein Bündnis *gegen* die Sowjetunion zu verhandeln und sich von dem neuen europäischen Verbündeten Unterstützung in einer militärischen Auseinandersetzung versprochen, in der Japan zu unterliegen drohte. Nun jedoch hatte ausgerechnet dieser potentielle Verbündete einen Nichtangriffspakt mit der Sowjetunion geschlossen. Die japanische Regierung trat zurück. Der neue Ministerpräsident hatte zunächst Schwierigkeiten, einen geeigneten Außenminister zu finden, und bekleidete dessen Amt einen Monat lang selbst. Daß der japanische Botschafter in Moskau angesichts dieser Lage instruiert wurde, einen Waffenstillstand mit der Sowjetunion auszuhandeln, in dem Japan die sowjetischen Ansprüche in dem Grenzstreit *de facto* akzeptierte, sollte nicht überraschen. Und auch, daß Deutschland, um ein schnelles Eingreifen der Sowjetunion in Europa zu ermöglichen, alles tat, um eine Einigung zwischen seinem Vorkriegsfreund und seinem aktuellen Verbündeten zu erreichen, ist leicht zu verstehen.

Ein zweiter Umstand, der die sowjetisch-japanische Einigung erleichterte, bestand darin, daß nicht nur Japan die katastrophalen Kämpfe von Nomonhan (Chalchin-Gol) beenden wollte. Auch Stalin, der über die europäische Situation zunehmend beunruhigt war, als die Geschwindigkeit des deutschen Vormarschs deutlich wurde, war bereit, auf weitere offensive Operationen in dem Grenzkonflikt zu verzichten, und stimmte einem Abkommen zu, das für die Japaner keine allzu große Demütigung bedeutete.[18] Das sowjetisch-japanische Waffenstillstandsabkommen wurde am 15. September geschlossen. Am folgenden Tag wurde das Feuer eingestellt. Die Moskauer Regierung hatte jedoch spätestens seit dem 9. September gewußt, daß der Konflikt in Ostasien bald beigelegt sein würde und sie ihre gesamte Aufmerksamkeit auf ihre Westgrenze konzentrieren konnte.[19]

In dieser Situation berief die sowjetische Regierung ihren Botschafter in Polen und den größten Teil ihres Botschaftspersonals am 11. September ab, und die russische Presse verkündete am selben Tag, daß der polnische Widerstand zusammengebrochen sei.[20] Obwohl es in Wirklichkeit noch drei Wochen lang einen gewissen polnischen Widerstand gab, muß Stalin zu der Einschätzung gelangt sein, daß weiteres Zögern mit größeren Risiken verbunden war als Handeln. Es konnte zu einem deutsch-polnischen Waffenstillstand kommen, nach dessen Abschluß die Sowjetunion in einen Krieg würde eingreifen müssen, der bereits beendet war, oder aber die Deutschen würden nicht nur in die Randgebiete, sondern tief in das Gebiet vorstoßen, das verabredungsgemäß der Sowjetunion zugesprochen war – eine Entwicklung, die sie vielleicht dazu veranlassen würde, eine Verlegung der Demarkationslinie zu ihren Gunsten zu verlangen.[21]

Stalin beschleunigte die sowjetischen Kriegsvorbereitungen nun so stark wie möglich und informierte die Deutschen, die Rote Armee werde am 17. September angreifen. Die Verletzung des polnisch-sowjetischen Nichtangriffspakts entschuldigte er mit dem Argument, daß der polnische Staat aufgehört habe zu existieren. Am 16. September, dem Tag vor dem sowjetischen Angriff, erkannte die sowjetische Regierung den Marionettenstaat Slowakei an und brachte damit zum Ausdruck, daß auch die Tschechoslowakei aufgehört hatte, legal zu existieren, eine Ansicht, die international nur von den Achsenmächten geteilt wurde.[22]

Die politischen Verflechtungen des sowjetischen Verhaltens und paralleler Ereignisse auf dem Balkan und im baltischen Raum werden später untersucht. Hier kommt es zunächst darauf an, die unmittelbaren Auswirkungen der sowjetischen Invasion auf Polen zu schildern. Der Vorstoß der Roten Armee machte alle polnischen Hoffnungen zunichte. Die polnischen Streitkräfte konnten aus dem Umstand, daß sie den deutschen Angriff vor Warschau zeitweilig aufgehalten hatten, nun nicht mehr den geplanten kleinen Nutzen ziehen und in den unwegsamen Wäldern und Sümpfen Ostpolens eine Fortsetzung des Widerstands organisieren. Auch zwang der russische Einmarsch die polnische Regierung und ihre restlichen Truppen, schnell nach Rumänien oder Litauen (und in geringerem Ausmaß nach Ungarn) zu fliehen, bevor russische Truppen ihnen die letzten Fluchtwege versperrten. Mehrere hunderttausend polnische Soldaten gerieten in sowjetische Kriegsgefangenschaft – ein Thema, auf das wir später aus traurigem Anlaß zurückkommen werden. Sie wurden ins Innere der UdSSR deportiert, und ihnen folgten bald Hunderttausende anderer Polen, die verschleppt wurden, nachdem die besetzten Gebiete von der Sowjetunion annektiert worden waren.[23]

Die sowjetische Invasion hatte also die von den Deutschen erhoffte militärische Wirkung. Diese konnten die letzten Stadien des Feldzugs mit der Roten Armee koordinieren, wobei es einige technische Probleme gab, die sich jedoch nicht als unüberwindlich erwiesen.[24] Daß die vorrückenden deutschen Truppen über den genauen Verlauf der deutsch-sowjetischen Demarkationslinie nicht informiert worden waren, stiftete eine gewisse Verwirrung, aber in der kurzen Zeit vom 20. bis zum 26. September hatten sich die deutschen Truppen auf die am 23. August vereinbarte Linie zurückgezogen. Sie überließen alle polnischen Truppen östlich dieser Linie auf Gedeih und Verderb der bekannten Großmut der Roten Armee und konzentrierten sich darauf, die letzten polnischen Widerstandszentren auf ihrem Gebiet zu vernichten. Dieser Prozeß war Ende des Monats im wesentlichen abgeschlossen. Die Deutschen zwangen die Warschauer Garnison zur bedingungslosen Kapitulation. Andere isolierte polnische Widerstandszentren wurden ebenfalls in den letzten September- oder in den ersten Oktobertagen überrannt.[25] Die Kämpfe in Polen waren zu Ende. Eine Million polnische Soldaten waren in deutsche oder russische Kriegsgefangenschaft geraten, über 100 000 waren gefallen, etwa 200 000 waren ins Ausland geflohen. Das ganze Land war wieder einmal von fremden Truppen besetzt. Und jede

Besatzungsmacht installierte ihr eigenes Terrorsystem, wobei das deutsche auf der Rassen- und das sowjetische auf der Klassenideologie basierte.

Die Verluste der Sieger waren weit geringer als die polnischen.[26] Deutschland hatte etwa 45 000 Mann verloren, was für die Vorbereitung und Durchführung der kommenden Feldzüge nur eine minimale Beeinträchtigung darstellte[27], und die sowjetischen Verluste von 2600 Mann reichten kaum aus, um Stalins stolze Bemerkung vom Dezember 1939 zu rechtfertigen, die sowjetisch-deutsche Freundschaft sei nun »mit Blut besiegelt«[28]. Wichtiger war die Frage, ob beide Mächte aus ihrem Sieg über Polen in Osteuropa oder in der Welt größere und bleibende Gewinne würden ziehen können.

Die deutsche Regierung hatte anfangs erwogen, ein winziges Rumpfpolen bestehen zu lassen, ließ diesen Gedanken jedoch fallen, als die Sowjetunion zu verstehen gab, daß sie auf eine solche Konstruktion keinen Wert legte.* Da das polnische Territorium in Hitlers weitgespannten Plänen relativ bedeutungslos war, ist es leicht zu verstehen, warum die deutsche militärische Planung vor dem Angriff auf Polen nicht durch die extensive und detaillierte Planung wirtschaftlicher und administrativer Maßnahmen ergänzt wurde, wie sie für die Vorbereitung der Invasion in der Sowjetunion 1940/41 kennzeichnend war.[29] Große polnische Gebiete wurden von Deutschland annektiert, und da Hitler jeden Versuch, den Versailler Vertrag zu revidieren, für schwachsinnig hielt, hatten die neuen Grenzen nichts mit den Grenzen des Deutschen Reichs vor 1914 zu tun.[30] Die Polen, die in den annektierten Gebieten lebten, wurden vertrieben. Im Umgang mit Grenzen und Menschen brachte Deutschland dabei ein neues Verfahren zur Anwendung, das sich vom Verhalten der Alliierten nach dem Ersten Weltkrieg grundsätzlich unterschied. Nach dem Ersten Weltkrieg war der Grenzverlauf auf die betroffenen Menschen bezogen worden. Man hatte im Zweifelsfall meistens Volksabstimmungen veranstaltet und auch als letzte Möglichkeit eingeräumt, daß Menschen mit ihrem Besitz in einen anderen Staat ziehen konnten, wenn sie in dem Staat nicht leben wollten, in den sie durch die neue Grenzziehung geraten waren. Das deutsche Regime ging genau umgekehrt vor. Nach seinem System zog der Sieger die Grenzen, wo und wann immer er es für richtig hielt. Bevölkerungsgruppen, die er auf der einen Seite der Grenze nicht haben wollte, wurden über die Grenze gejagt, wobei sie ihren Besitz möglichst zurücklassen sollten. Anstatt die Grenzen den Menschen anzupassen, paßte der Sieger nun die Menschen den Grenzen an – ein Verfah-

---

* Es wird manchmal behauptet, Deutschland habe den Gedanken, ein Rumpfpolen zu schaffen, aufgegeben, weil die Alliierten sich geweigert hätten, nach dem deutschen Sieg über Polen Frieden zu schließen. Diese Behauptung wird vom zeitlichen Ablauf der Ereignisse widerlegt. Die Sowjetunion hatte am 19. September erklärt, sie lege auf den Fortbestand eines polnischen Staates keinen Wert, und Hitler hatte noch am selben Tag in seiner Danziger Rede positiv auf den Vorschlag reagiert. Die deutschen Äußerungen vom 19. und 20. September lassen sich kaum als Reaktion auf Chamberlains Rede vom 12. Oktober deuten (die weiter unten diskutiert wird).

ren, das sich in den deutsch-italienischen Vereinbarungen zur Umsiedlung der deutschen Bevölkerung Südtirols bereits abgezeichnet hatte[31], jedoch erstmals in den von
Deutschland annektierten polnischen Gebieten radikal zur Anwendung kam. Wie so
viele deutsche Neuerungen traf auch diese schließlich Deutsche; ihre ersten verzweifelten Opfer waren jedoch jene Polen, die im Winter 1939/40 aus ihren Häusern
vertrieben wurden und sich eine neue Heimat suchen mußten.

Wo aber hätten sie hingehen sollen? Große Gebiete Polens waren von Deutschland
annektiert worden. Die Deutschen vertrieben die polnische Bevölkerung und siedelten
Deutsche an, und zwar nach Möglichkeit ohne Einrichtungen der katholischen Kirche, weil diese in jenem Gebiet sehr mächtig gewesen war.[32] Ein großer Teil Zentralpolens wurde als polnisches Generalgouvernement dem Nationalsozialisten Hans
Frank unterstellt und besonders rücksichtslos ausgebeutet. Als die am 23. August
vereinbarte deutsch-sowjetische Demarkationslinie neu gezogen wurde – ein Vorgang, auf den im Zusammenhang mit den deutsch-sowjetischen Beziehungen weiter
unten näher eingegangen wird –, erhielt das Generalgouvernement am 29. September
1939 einen zusätzlichen Teil Zentralpolens, der nach dem ursprünglichen Teilungsplan zum sowjetischen Bereich gehört hatte. Nach dem 17. Juli 1941 kam zu diesem
Gebiet ein weiterer Teil Südostpolens hinzu. Er befand sich von 1939 bis 1941 unter
sowjetischer Kontrolle und wurde in der ersten Phase des Rußlandfeldzugs von der
deutschen Armee besetzt.[33] Das gesamte Generalgouvernement wurde ab September
1939 zum Experimentierfeld für die extremsten Varianten deutscher Besatzungspolitik. Sie waren gekennzeichnet durch Zwangsablieferungen von Lebensmitteln,
Massenerschießungen der politischen, kulturellen und religiösen Elite, willkürliche
Massaker an der Zivilbevölkerung, massive Rekrutierung von Zwangsarbeitern, neue
Siedlungs- und Umsiedlungsprojekte, die den Hirnen diverser Besatzungspolitiker
entsprangen, und ab Winter 1941/42 durch die systematische Ermordung der gesamten jüdischen Bevölkerung in Polen, West- und Mitteleuropa. Bevor Hitler dieses
Programm in die Tat umsetzte, hatte er es mit großer Offenheit seinen Militär-
kommandeuren vorgetragen und Zweifler mit dem Hinweis zu beruhigen versucht,
daß auch der Aufschrei über den Völkermord, der zu Anfang des Jahrhunderts an
den Armeniern verübt worden war, im Lauf der Zeit verstummt sei.[34]

Was geschehen wäre, wenn Deutschland den Krieg gewonnen hätte, ist unvorstell-
bar schrecklich. Mit der deutschen Niederlage wurde dem Einsatz solcher Methoden
ein Ende gemacht. Und sie setzte der Rolle, die die Deutschen in früheren Jahrhunderten in Osteuropa gespielt hatten, ein abruptes Ende. Damals hatte die deutsche
Siedlung und Expansion im Osten zwar Konflikte verursacht, aber auch eine gewisse
ökonomische und kulturelle Entwicklung gebracht. Jetzt verursachte sie zwar immer
noch Konflikte, aber sie führte nur noch zu wirtschaftlicher Ausbeutung und zur
Vernichtung des kulturellen Lebens, und sie brachte Tod und Vernichtung in nie
gekanntem Ausmaß. Hans Frank, Hitlers Generalgouverneur, hatte nicht den geringsten Sinn für die Ironie, die in seinem Plan lag, das Land mit Deutschen zu besiedeln

und anschließend »Gau der Vandalen« zu nennen. Frank glaubte, das germanische Volk der Vandalen verdanke seinen sprichwörtlichen Ruf nur antideutscher Propaganda. In seiner Phantasie jedoch hatten die Vandalen als erste die Segnungen der germanischen Kultur auf diesen Teil des Erdballs gebracht.[35]

In den Kapiteln 9 und 13 wird vom Schicksal Polens noch einmal die Rede sein, hier jedoch soll geschildert werden, was sich im September 1939 ereignete, als deutsche und sowjetische Truppen das Land besetzten. Der ursprüngliche Teilungsplan hatte das wichtigste polnische Siedlungsgebiet entlang der Weichsel in zwei Teile zerschnitten und die Frage eines polnischen Rumpfstaats offengelassen. Für das deutsche Regime, das einen Angriff im Westen als die notwendige Voraussetzung für eine spätere Invasion in Rußland betrachtete, hatte die polnische Frage nur untergeordnete taktische Bedeutung. Für die Sowjetunion sah die Sache anders aus. Der Haß der sowjetischen Führer auf die Polen war zwar fast genauso stark wie der deutsche, aber als treue Anhänger dessen, was sie unter Marxismus-Leninismus verstanden, betrachteten sie den sogenannten Zweiten Imperialistischen Krieg als einen Kampf um Märkte und Investitionsmöglichkeiten, der zwischen den Staaten des Monopolkapitalismus tobte. In ihrem Denken war weder damals noch später Raum für den Gedanken, daß Hitlers agrar-expansionistische Konzepte, die auf seinem radikalen Sozialdarwinismus beruhten, tatsächlich der Urquell der deutschen Politik sein könnten und nicht ein bloßer Propagandatrick, der die deutschen Massen hinters Licht führen sollte. Deshalb gingen sie davon aus, daß eine neue Regelung in Osteuropa nach einer Einigung mit Deutschland dauerhaft und nicht nur kurzfristig sein würde und für die sowjetische Stellung gegenüber der kapitalistischen Welt auf Jahrzehnte hinaus den Rahmen bilden könnte.

Aus dieser Perspektive kam Stalin zu dem Schluß, daß einige Veränderungen im Handel mit Deutschland angebracht sein könnten. Die Westmächte hatten Deutschland nicht nur den Krieg erklärt, es sah auch ganz so aus, als ob sie wirklich kämpfen würden. Falls sie aber wider Erwarten doch mit Deutschland Frieden schließen sollten, hielt Stalin es für das beste, möglichst schnell alle Territorien zu besetzen, die der Sowjetunion im Geheimvertrag mit Deutschland zugesprochen worden waren. Stalin wollte keinesfalls leer ausgehen, falls doch noch ein Frieden zustande kommen sollte. Wenn der Krieg jedoch weitergeführt wurde, mußte die polnische Frage die Hauptursache des Konflikts sein, und dann war es für die Sowjetunion am günstigsten, dieses Problem Deutschland zu überlassen. Außerdem wurde Stalin durch den Umstand, daß die polnischen Streitkräfte in Zentralpolen trotz der anfänglichen deutschen Siege hartnäckigen Widerstand leisteten und die Deutschen zwangen, noch eine Weile auf dem der Sowjetunion zugesprochenen Territorium weiterzukämpfen, eindrücklich vor Augen geführt, wie stark das polnische Nationalgefühl war. Beide Erwägungen hatten für die Sowjetunion die gleiche Bedeutung: kein polnischer Rumpfstaat und möglichst wenige Polen auf der sowjetischen Seite der neuen Grenze. Stalin teilte der deutschen Regierung, wie erwähnt, mit, er halte es für unklug, den polnischen Staat in irgendeiner Form fortbestehen zu lassen[36] – ein Vorschlag, den die Deutschen sofort akzeptierten –, und er schlug am 25. September eine höchst bedeutsame Änderung der am 23. August beschlossenen Demarkationslinie vor.[37]

Die Deutschen strebten ebenfalls kleine Korrekturen der neuen Grenze an, insbesondere an deren südlichem Ende, wo sie gerne die polnischen Ölfelder bei Borislaw und Drogobytsch in die Hand bekommen hätten. Die Sowjets bestanden jedoch auf der am 23. August vereinbarten Grenzlinie entlang des Flusses San, nach der die Ölfelder im russischen Herrschaftsbereich lagen. Sie machten allerdings weitere Konzessionen, was die Öllieferungen an Deutschland betraf, und sie traten das Gebiet um Suwalki an Deutschland ab, wo der enttäuschte deutsche Außenminister in reizvollen Wäldern jagen konnte.[38] Andererseits schlugen sie in Zentralpolen eine bedeutende Abänderung der vereinbarten Grenze vor. Sie wollten Deutschland einen zwischen Weichsel und Bug gelegenen beträchtlichen Teil Zentralpolens überlassen, und das nach einer früheren Vereinbarung um Wilna erweiterte Litauen sollte dafür in ihren Herrschaftsbereich fallen.

Aus sowjetischer Sicht wurde die Grenze des deutschen Gebiets aufgrund dieser Veränderungen in Zentralpolen weit nach Osten verschoben, während sie im Norden weiter westlich liegen würde. Die Sowjetunion behielt zwar beträchtliche Gebiete Ostpolens, aber diese waren mehrheitlich von Weißrussen und Ukrainern bewohnt. Außerdem würden alle drei baltischen Staaten in den sowjetischen Herrschaftsbereich fallen, eine Lösung, die Stalin vielleicht von Anfang an angestrebt hatte. In den Verhandlungen vom August hatten die Deutschen ja, wie bereits kurz dargestellt, zunächst vorgeschlagen, die baltischen Staaten so zu teilen, daß beide Verhandlungspartner je einen ganzen Staat erhielten und Lettland entlang der Düna in zwei Hälften geteilt wurde, dann jedoch hatten sie sich bereit erklärt, der Sowjetunion ganz Lettland zu überlassen. Wenn Stalin damals schon alle drei Staaten hatte haben wollen, dann hatte er es offensichtlich für klüger gehalten, mit dem Vorschlag noch zu warten. Jetzt offerierte er Deutschland für Litauen einen großen Teil Polens.

Aus deutscher Sicht waren die Vorteile eines solchen Tauschs nicht unbedingt einsichtig. Die deutsche Regierung hatte vermutlich geplant, aus dem vergrößerten Litauen einen ähnlichen Marionettenstaat wie aus der Slowakei zu machen.[39] Ob es diplomatisch richtig gewesen wäre, dies wie die Sowjetunion in Estland und Lettland sofort zu tun, war unklar. Die Aussicht, in unmittelbarer Nähe Ostpreußens zusätzliche Territorien für Siedler zu gewinnen, wäre eigentlich attraktiver gewesen, als den geographisch weiter entfernten Teil Polens zu besiedeln, den die Sowjetunion anbot. Das polnische Gebiet galt jedoch als das bei weitem bessere Ackerland. Der Gefahr, daß es mit der Sowjetunion wegen Polen zu Spannungen kommen konnte, wenn das zentrale Siedlungsgebiet der polnischen Bevölkerung geteilt blieb, stand der Nachteil gegenüber, daß das Ausland die deutsche Regierung als den Haupttäter bei der Unterwerfung Polens betrachten würde, wenn sie dem sowjetischen Vorschlag zustimmte. Trotzdem autorisierte Hitler Ribbentrop, auf den Tauschhandel einzugehen, wobei vielleicht eine Rolle spielte, daß sich Litauen trotz deutscher Pressionen nicht am Angriff auf Polen beteiligt hatte.[40]

In den Verhandlungen auf seiner zweiten Moskaureise sicherte Ribbentrop der deutschen Seite ein kleines Stück Polen auf dem rechten Ufer des Bug zur Begradigung der entlang der Flüsse gezogenen Grenze und ein Stück von Litauen, mit dem er das Gebiet um Suwalki abrundete. Stalin verzichtete gern auf diese Gebiete, weil er ja mit Litauen Wilna und Umgebung bekam, das nach der ursprünglichen Vereinbarung an Deutschland gefallen wäre. Bevor auf weitere Teile der neuen deutsch-sowjetischen Vereinbarungen eingegangen wird, sollte darauf hingewiesen werden, daß nach der neuen deutsch-sowjetischen Grenze nicht nur die drei baltischen Staaten zum sowjetischen Gebiet gehörten, sondern daß diese Grenzziehung auch wichtige Folgen für das künftige Schicksal Polens, für seine Beziehungen zur Sowjetunion und auf die Beziehungen der Sowjetunion zum Rest der Welt haben sollte.

Die anderen Vereinbarungen, die Ende September zwischen Deutschland und der Sowjetunion getroffen wurden, basierten auf dem gemeinsamen Interesse, Osteuropa nach den Wünschen Berlins und Moskaus umzugestalten. Sie sollten die Freundschaft zwischen den beiden Vertragspartnern festigen, wobei weder die Interessen der kleineren Länder der Region noch die der Westmächte Beachtung fanden. Berlin und Moskau vereinbarten, jegliche Unabhängigkeitsbestrebungen der Polen zu unterdrücken und die guten Beziehungen zwischen Deutschland und der Sowjetunion durch einen Bevölkerungsaustausch entlang der neuen Grenze zu festigen. Die deutschstämmige Bevölkerung der baltischen Staaten, die jetzt alle im sowjetischen Einflußbereich lagen, sollte das Recht bekommen, in den deutschen Einflußbereich überzusiedeln, wo sie auf dem Land ermordeter und enteigneter Polen angesiedelt werden konnte.[41] Neue wirtschaftliche Regelungen wurden getroffen, die Deutschland im Krieg gegen die Westmächte unterstützen sollten. Die neuen Herren Osteuropas riefen jedoch den Westen auf, den Krieg zu beenden und sich mit dem Ende der Unabhängigkeit Polens, der Tschechoslowakei und der baltischen Staaten abzufinden, wie es Deutschland und die Sowjetunion gerade beschlossen und herbeigeführt hatten.[42]

Beide Mächte machten sich sofort daran, Osteuropa zu ihrem Vorteil neu zu ordnen, und sie starteten eine gemeinsame Propagandakampagne, um Großbritannien und Frankreich zum Frieden zu bewegen. Deutschland definierte den Status seiner polnischen Gebiete neu, und die Sowjetunion festigte ihre Herrschaft über Ostpolen, zwang die baltischen Staaten unter ihre militärische und diplomatische Kontrolle und übte diplomatischen Druck auf Rumänien, Bulgarien und Finnland aus, um ihr Gebiet in Übereinstimmung mit den deutsch-sowjetischen Abkommen auf Kosten dieser Länder zu erweitern.[43]

Während die beiden Mächte die Angelegenheiten Osteuropas neu regelten und auf den Erfolg ihrer Friedenspropaganda warteten, verbesserten sie auf mehreren Ebenen ihre Beziehungen. In weiteren detaillierten Verhandlungen arbeiteten sie eine

Serie neuer Wirtschaftsabkommen aus, die nicht nur der Umsetzung des Wirtschafts-
vertrags vom 19. August und der speziellen Öllieferungs- und Bahntransportabkom-
men dienten, die aus dem Konflikt um die Ölfelder von Borislaw und Drogobytsch
erwachsen waren[44], sondern auch einen massiven Austausch von sowjetischen
Rohstoffen gegen deutsche Fabrikprodukte, Konstruktionspläne, Maschinen und andere Spezialprodukte vorsahen. Offiziell wurde der neue Wirtschaftsvertrag erst am
11. Februar 1940 unterzeichnet. Die Verhandlungen waren langwierig und manchmal
ziemlich schwierig; sie fanden größtenteils in Moskau statt, wobei sich Stalin immer
wieder persönlich einschaltete. Als der Vertrag unterzeichnet war, verfügte die deutsche Regierung über die wirtschaftliche Basis, um den Angriff im Westen zu riskieren.
Sie hatte sich genug Öl für ihre Panzer, genug Mangan für ihre Stahlindustrie und
genug Getreide für ihre Soldaten und Arbeiter gesichert.[45] Außerdem wurde vereinbart, daß die Sowjetunion Produkte, die sie selbst nicht liefern konnte, entweder für
Deutschland auf dem Weltmarkt kaufen oder durch ihr Territorium transportieren
würde, falls Deutschland sie selbst kaufte.[46]

Noch bei laufenden Verhandlungen über die Wirtschaftsbeziehungen zwischen
den beiden Mächten unterstützte die Sowjetunion nicht nur die Friedenspropaganda
der deutschen Regierung durch die Mobilisierung der Komintern, sondern half den
Deutschen auch ganz direkt im Seekrieg gegen die Westmächte. Sie stellte der deutschen Kriegsmarine eine spezielle Marinebasis in der westlichen Liza-Bucht nahe
bei dem wichtigen sowjetischen Hafen Murmansk zur Verfügung, gestattete ihr,
andere sowjetische Häfen zu nutzen und ermöglichte schließlich einem deutschen
Hilfskreuzer die Umrundung Sibiriens zum Nordpazifik, damit er auf alliierte Schiffe
Jagd machen konnte.[47] Gleichzeitig vermied die Sowjetunion jede Geste, die auf
eine Verbesserung ihrer Beziehungen zu den Westmächten hätte hindeuten können,
etwa indem sie Sir Stafford Cripps, der sich seit Jahren für bessere britisch-sowjetische Beziehungen eingesetzt hatte, kein Visum erteilte, als er die Sowjetunion besuchen wollte.[48]

Als Gegenleistung verlangte sie deutsche Hilfe beim Ausbau der sowjetischen
Seestreitkräfte, was Stalin besonders am Herzen lag. Die Deutschen erklärten sich
auch in begrenztem Umfang dazu bereit. Vor dem Krieg hatte Stalin vor allem bei
den Vereinigten Staaten technische Hilfe für den Aufbau einer hochseetüchtigen
sowjetischen Flotte gesucht. Er hatte auch beim Deutschen Reich einige Lieferungen
für seine Marine bestellt und erhalten, vor allem für seine Unterseeboote[49], war
jedoch mit dem Versuch gescheitert, in den Vereinigten Staaten ein Schlachtschiff
bauen zu lassen. Trotzdem hatte er sich weiter um amerikanische Hilfe bei der
Vergrößerung und Modernisierung der sowjetischen Flotte bemüht.[50] Nun wandte
er sich an Deutschland, das ihm als Teilzahlung für sowjetische Rohstoffe gerne
Marinegerät, Konstruktionspläne für Schiffe und sogar einen Kreuzer lieferte, der
gerade im Bau war.

Auch auf diesem Gebiet sind die unterschiedlichen Perspektiven Stalins und Hitlers klar zu erkennen. Der Sowjetführer war bereit, Deutschland im Krieg mit den Westmächten zu unterstützen und konzentrierte sich selbst auf den langfristigen Ausbau der Sowjetmacht, in diesem Fall ihrer Marine, während in der Welt ein Krieg tobte, der nur von den kapitalistischen Mächten geführt wurde. Hitler war jede erdenkliche Hilfe im Krieg gegen den Westen willkommen, den er schon immer als die unvermeidliche Voraussetzung für eine ungehinderte Expansion im Osten betrachtet hatte. Er war zuversichtlich, daß sämtliche Fortschritte, die die Russen inzwischen bei ihrer Flottenrüstung erzielen konnten, keinen Einfluß auf das Ergebnis des großen Krieges haben würden, den er im Osten beginnen wollte.[51] Wenn die Sowjetunion Öl im Austausch gegen die Konstruktionspläne des deutschen Schlachtschiffs *Bismarck* zu liefern bereit war, dann hatte er gegen den Handel nichts einzuwenden, denn er war fest davon überzeugt, daß er seine Ziele erreicht haben würde, lange bevor die Sowjets den Bau des Kreuzers *Lützow* abschließen oder gar ihre Version der *Bismarck* bauen könnten.[52] Für Hitler zählte einzig und allein die aktuelle Situation im Westen.

DER KRIEG IM WESTEN UND AUF SEE

Wie war die Lage im Westen? Offiziell befand sich Deutschland im Kriegszustand mit Großbritannien und Frankreich. Seine Gegner hatten sich verpflichtet, Polen gegen einen rechtswidrigen Angriff zu verteidigen, Frankreich durch einen schon lange bestehenden Bündnisvertrag und Großbritannien durch ein öffentliches Versprechen Ende März und durch einen Bündnisvertrag, der Ende August unterzeichnet worden war. Als die Nachricht von der deutschen Invasion am frühen Morgen des 1. September in London und Paris eintraf, mußten in beiden Hauptstädten schnelle Entscheidungen getroffen werden. Da diese Entscheidungen auf gegensätzlichen Ratschlägen der britischen und der französischen Militärberater basierten, fiel es beiden Regierungen schwer, ihre unmittelbaren diplomatischen Schritte miteinander abzustimmen.[53]

Die Londoner Regierung war von Anfang an nur dann bereit, auf einen Kriegseintritt zu verzichten, wenn sich die deutschen Streitkräfte aus Polen zurückgezogen hätten. Die französische Regierung verhielt sich dagegen weniger klar, weil sie sich intern noch nicht hatte einigen können. Da Italien in letzter Minute Anstrengungen machte, den Frieden wiederherzustellen, und da Deutschland hoffte, die Nachricht von schnellen und gewichtigen militärischen Siegen in Polen werde Großbritannien und Frankreich vielleicht davon abhalten, ihre Verpflichtungen gegenüber Polen zu erfüllen, verstrich ein weiterer Tag, bis die Entscheidung zum Krieg in die Tat umgesetzt wurde. Die britischen Militärberater rieten ihrer Regierung, schnell von einem Ultimatum zur offiziellen Kriegserklärung zu schreiten, da sie in der Zeit zwischen Ultimatum und Kriegserklärung einen überraschenden deutschen Luftangriff fürchteten. Die Gefahr eines vernichtenden Luftangriffs, der von mehreren Wellen deutscher

Bomber gegen London hätte geführt werden können – ein Angriff auf Englands wichtigste Stadt, vergleichbar dem der Japaner auf Pearl Harbor im Dezember 1941 –, hatte den britischen Militärexperten schon seit einigen Jahren Sorge bereitet.

Die französische Regierung bekam von ihren Militärberatern das Gegenteil zu hören. Sie waren besorgt, daß Angriffe der deutschen Luft- oder Landstreitkräfte die französische Mobilmachung stören könnten. Sie wollten möglichst viel Zeit gewinnen, damit der Mobilmachungsprozeß vor einer Kriegserklärung möglichst weit fortgeschritten wäre. Die unterschiedliche Haltung der beiden künftigen Verbündeten wurde zum Problem, besonders weil Chamberlain mit einem Parlament konfrontiert war, das in seiner überwältigenden Mehrheit für schnelles Handeln eintrat, jedoch kaum über die unterschiedlichen Empfehlungen der Militärexperten in London und Paris aufgeklärt werden konnte. Unter diesen Umständen handelten die Briten vor den Franzosen, aber nicht so früh, daß allzu deutlich wurde, daß sie eine französische Regierung hinter sich herzogen, in der einige Mitglieder noch immer zögerten. Die Laufzeit des französischen Ultimatums an Deutschland wurde in letzter Minute um zwölf Stunden verkürzt, so daß die französische und die britische Kriegserklärung, wenn auch mit einigen Stunden Abstand, zusammen am selben Tag, dem 3. September 1939, erfolgten.

Für den Verlauf des Krieges war es von entscheidender Bedeutung, daß die Erfahrungen, die andere Länder in den vergangenen Jahren mit Deutschland gemacht hatten, Großbritannien und Frankreich wichtige Verbündete einbrachten, die einen beträchtlichen Teil der Kriegslast tragen sollten. Australien, Neuseeland und einige Tage später auch Kanada erklärten Deutschland den Krieg. In der Südafrikanischen Union, wie die Republik Südafrika damals genannt wurde, wollte die Regierung nicht in den Krieg eintreten. Es kam zu einem erbitterten parlamentarischen Ringen, und schließlich wurde die Regierung James B. M. Herzog durch die Regierung Jan C. Smuts ersetzt, die Deutschland am 6. September ebenfalls den Krieg erklärte.*

Die britisch kontrollierte Regierung Indiens erklärte Deutschland den Krieg, ohne die Vertreter der größten politischen Parteien Indiens zu konsultieren, ein Schritt, der später wichtige Folgen haben sollte. Dagegen weigerte sich der irische Freistaat entschieden, sich den anderen britischen Dominions anzuschließen, und erklärte sich für neutral. In einigen relativ unwichtigen militärischen Bereichen unterstützte Irland, vorzugsweise heimlich, die Briten[54], in wichtigen Fragen widerstand der irische Premier Eamon de Valera jedoch allen britischen Überredungskünsten.[55] So erlaubte er

---

* Einige Politiker, die gegen den Kriegseintritt auf seiten Großbritanniens waren, sympathisierten mit dem Nationalsozialismus. Die Führer dieser Fraktion gelangten 1948 in Pretoria an die Regierung und dominierten von da an die Politik des Staates, der unter ihrer Herrschaft in Republik Südafrika umbenannt wurde. Zur Rolle des neuen Premierministers, der Südafrika in der Krise vom September 1939 in den Krieg führte, siehe Kenneth Ingham, Jan Christiaan Smuts: The Conscience of a South African, St. Martin's, New York 1986, S. 205 ff.

den Briten nicht, die irischen Vertragshäfen, die ursprünglich für die Royal Navy reserviert gewesen und erst kürzlich wieder der alleinigen Kontrolle Dublins unterstellt worden waren, im Anti-U-Boot-Einsatz zu benutzen. Das Problem kam während des gesamten Krieges immer wieder zur Sprache, aber de Valera blieb bei seiner ablehnenden Haltung, ein Verhalten, das nicht nur während des Krieges, sondern für den ganzen Rest des Jahrhunderts seine Folgen haben sollte.

Wie war ein Krieg gegen Deutschland zu führen? Frankreich und Großbritannien hatten lange nach Deutschland mit der Wiederaufrüstung begonnen und hielten sich, insbesondere was die Rüstung ihrer Luft- und Landstreitkräfte betraf, für unterlegen. Daher verfolgten sie im Grundsatz die Strategie, in den ersten Stadien des Krieges defensiv zu agieren. Sie planten, Deutschland in Schach zu halten, um Zeit für den Ausbau ihrer Luftstreitkräfte zu gewinnen. Frankreich hoffte, die Defizite in seiner Luftwaffe durch Flugzeugkäufe in den Vereinigten Staaten ausgleichen zu können, und die Briten wollten nun ernsthaft mit dem Aufbau schlagkräftiger Landstreitkräfte beginnen, für den sie mit der Einführung der Wehrpflicht schon früher im Jahr 1939 die Voraussetzung geschaffen hatten. Während diese Programme umgesetzt wurden, sollten die Seestreitkräfte der Alliierten deutsche Schiffe vernichten und alliierte schützen. Die Einschätzung, daß die Blockade wesentlich zum Sieg von 1918 beigetragen hatte, verführte die Alliierten außerdem zu dem Schluß, daß eine Blockade auch diesmal wieder wirksam sein könnte. Die Lage hatte sich jedoch im Vergleich zum Ersten Weltkrieg wesentlich verändert, weil durch den Hitler-Stalin-Pakt in einem alliierten Blockadering ein riesiges Loch klaffen würde.

Diese Fehleinschätzung, die wir heute als solche erkennen, wurde durch eine weitere noch realitätsfernere Annahme verstärkt. Bis weit in den Krieg hinein war die Ansicht verbreitet, daß die deutsche Volkswirtschaft unter großem Druck stünde und ihre Kapazität fast völlig ausgeschöpft sei, so daß sich jede nachhaltige Störung der deutschen Wirtschaft negativ auf die Kampfkraft der deutschen Truppen auswirken müßte. Die Alliierten glaubten, Deutschland hätte bereits den Höhepunkt seiner militärischen und wirtschaftlichen Leistungsfähigkeit erreicht. Sie gingen davon aus, daß sie beim Aufbau ihrer eigenen Streitkräfte den deutschen Vorsprung aufholen und nach einer Periode der Abwehrkämpfe offensive Operationen starten könnten.

Eine Analyse der Gefahren, die im Frühjahr 1939 bei gemeinsamen Gesprächen des französischen und britischen Generalstabs vorgenommen worden war, hatte zu dem Ergebnis geführt, daß ein Krieg wahrscheinlich von Deutschland und Italien begonnen werden würde, wobei die Zeit zugunsten der Alliierten arbeiten würde. Es wurde angenommen, daß die Achsenmächte gezwungen sein würden, durch frühe Offensiven einen frühen Sieg zu erringen, weil sich sonst das militärische Kräfteverhältnis im Lauf der Zeit zugunsten der Alliierten verschieben würde. Die Schlüsse, die Briten und Franzosen aus dieser Analyse zogen, wurden in der offiziellen britischen Geschichte des Krieges korrekt zusammengefaßt:

»Zunächst wurde der Krieg hauptsächlich defensiv geführt, wobei die Integrität der beiden Reiche so weit wie möglich gewahrt werden sollte. Bei vertretbaren Verlusten sollten alle Chancen genutzt werden, Erfolge gegen Italien zu erzielen und seinen Kampfeswillen zu schwächen. In der zweiten Phase des Krieges sollte Deutschland in Schach gehalten und ein entscheidender Sieg über Italien errungen werden. Das Endziel war die Niederlage Deutschlands.«[56]

Wie lange würde ein solcher Krieg dauern? Am 6. September äußerte der Kriegsminister im Londoner Kriegskabinett, es sei zu erwarten, daß der Krieg »mindestens fünf Jahre« dauern werde.[57]

Ein Problem, das bei all diesen Annahmen und Schlüssen keine direkte Rolle spielte, war das Schicksal Polens, des Landes, das zu schützen sich Großbritannien und Frankreich verpflichtet hatten.* Beide Mächte gingen von Anfang an davon aus, daß Polen wie Serbien im Ersten Weltkrieg zunächst überrannt, aber nach dem Sieg der Alliierten wiederhergestellt werden würde. Sie hatten nicht erwartet, daß die Sowjetunion, selbst wenn sie gewollt hätte, in der Lage gewesen wäre, Polen gegen einen deutschen Angriff zu schützen. Sie hatten ihr nur zugetraut, daß sie Polen bestimmte Güter liefern und sich weitgehend selbst verteidigen könnte. Es gibt keinen Hinweis darauf, daß für den Fall eines deutschen Angriffs auf Polen eine sofortige Offensive gegen Deutschland auch nur erwogen worden wäre. Theoretisch wäre ein solcher Schritt sehr gefährlich für Deutschland und sehr vorteilhaft für die Alliierten gewesen. Die deutschen Kräfte wären im Osten gebunden und die Verteidigung im Westen schwach gewesen. Es stand jedoch kein schlagkräftiges britisches Landheer zur Verfügung, das an einer solchen Operation hätte teilnehmen können, und die französischen Politiker und Militärs waren sich absolut einig darüber, daß sie ohne britische Mitwirkung keine offensiven Operationen an der deutschen Westfront starten würden.

Solange Belgien nicht bereit war, einen Angriff zu unterstützen, hätte jede Offensive ausgerechnet an dem Teil der deutschen Grenze stattfinden müssen, der durch den Westwall, den die Alliierten Siegfried-Linie nannten, am besten geschützt war. Der Westwall war in Wirklichkeit wesentlich schwächer, als die Franzosen glaubten oder glauben wollten, wurde jedoch von der militärischen Führung Frankreichs als ein unüberwindliches Hindernis empfunden oder zumindest als ein Hindernis, das man nur unter Verlusten hätte überwinden können, die für Frankreich untragbar gewesen wären. Schon 1936, lange bevor die Befestigungen im Rheinland errichtet wurden, hatte der französische Oberbefehlshaber General Maurice Gamelin die Ansicht vertreten, die französische Armee könne im Rheinland keinen Durchbruch erzielen.[58] Es war klar, daß er inzwischen nicht optimistischer geworden war. Jeder

---

* Die Briten hatten immerhin dafür gesorgt, daß die polnischen Goldreserven den Deutschen nicht in die Hände fielen, was sie beim Einmarsch der Deutschen in die Tschechoslowakei versäumt hatten.

Zweifel am militärischen Wert des Westwalls hätte automatisch bedeutet, auch den militärischen Wert des großen französischen Befestigungssystems der Maginot-Linie in Frage zu stellen. Niemand war bereit, darüber nachzudenken und sich den militärischen und politischen Konsequenzen derart gefährlicher Gedanken zu stellen.[59]

Angesichts der französischen Militärdoktrin, nach der die gepanzerten Einheiten zur Unterstützung der Infanterie auf die ganze Armee verteilt waren, war die Befürchtung vielleicht gar nicht so abwegig, daß die französische Armee, wenn sie sich nach Abschluß der Mobilmachung in Bewegung gesetzt hätte, so langsam vorangekommen wäre, daß die Masse der deutschen Truppen nach einem Sieg über Polen bereits wieder an der Westgrenze gewesen wäre, bevor der französische Angriff Wirkung hätte zeigen können. Unabhängig von solchen Spekulationen glaubte die französische Militärführung den Sieg ohnehin nicht durch eine frühe Offensive, sondern nur durch erfolgreiche Verteidigung erringen zu können, der erst nach langen Vorbereitungen eine Offensive der eigenen Streitkräfte folgen sollte. Auf diese Weise hatten die Alliierten 1918 gewonnen, und sie fanden auch für einen künftigen Sieg kein anderes Rezept.

Real bedeutete diese defensive Militärpolitik, daß alle kleineren französischen Verbündeten in Osteuropa abgeschrieben wurden. Deutschland würde sie überrollen, bevor eine französische Offensive stattfinden konnte. Trotzdem hatten die Franzosen im Mai 1939 im Zuge der Verhandlungen mit dem polnischen Kriegsminister versichert, sofort nach Kriegsausbruch mit Bombenangriffen auf Deutschland zu beginnen, am dritten Tag nach Verkündung der Mobilmachung lokale Offensiven einzuleiten und spätestens am fünfzehnten Tag der Mobilmachung eine große Offensive zu starten.[60] Ursachen und Ziele dieser Täuschung sind bis heute ungeklärt, aber alle vorhandenen Quellen deuten darauf hin, daß nie die Absicht bestanden hat, den zentralen Teil der Zusagen zu erfüllen. Die große Offensive am fünfzehnten Tag der Mobilmachung fand nie statt, und General Alphonse Georges, der Mann, der sie hätte durchführen sollen, hatte sogar angekündigt, er werde sein Kommando niederlegen, falls ihm der Angriff befohlen werden sollte.[61]

Die französischen Militärs wollten den Aufbau schlagkräftiger britischer Landstreitkräfte abwarten, ein Prozeß, der ein bis zwei Jahre in Anspruch nehmen würde. Außerdem hegten sie die unwahrscheinliche Hoffnung, die wachsende Stärke der Westalliierten werde Belgien schließlich zum Bündnis mit den Westmächten veranlassen, so daß die Offensive gegen Deutschland von ihrem Territorium aus gestartet werden könnte. Diese Politik hatte, wie auch immer sie später begründet werden mochte, die praktische Konsequenz, daß Frankreich nur symbolische Aktionen durchführte, während Polen überrannt wurde. Die französischen Überlegungen waren fast ausschließlich auf die Abwehr einer deutschen Offensive konzentriert, wann immer sie auch kommen sollte.

Es blieb die Möglichkeit, Deutschland durch die britische und französische Luftwaffe zu bombardieren. Auch in diesem Punkt hatten jedoch beide Regierungen

Zweifel, die sich gegenseitig verstärkten. Wie Nicholas Bell es formulierte: »Jede Seite war erleichtert, daß die andere Seite zögerte.«[62] Obwohl allgemein bekannt war, daß Deutschland in Polen zivile Ziele bombardierte, befahlen Briten wie Franzosen ihrer Luftwaffe, ausschließlich militärische Ziele anzugreifen.* Außerdem war die Besorgnis groß, eine Offensive aus der Luft könne zu deutschen Vergeltungsangriffen führen, für die sich weder die Briten noch die Franzosen ausreichend gerüstet glaubten.[63] Die britischen Pläne für die Bombardierung von Industrieanlagen im Ruhrgebiet scheiterten nicht nur daran, daß es dabei unvermeidlich zivile Opfer gegeben hätte, sondern auch daran, daß sich die Franzosen um ihre eigene Industrie sorgten, die noch immer nicht über eine ausreichende Luftverteidigung verfügte. Außerdem war die französische Luftwaffe weder vorbereitet noch geneigt, irgendwelche offensiven Operationen durchzuführen. Sie war lediglich zur Unterstützung von französischen Bodenoperationen bereit, und die fanden, wie wir gesehen haben, nicht statt.[64]

Abgesehen von einigen erfolglosen Versuchen, deutsche Kriegsschiffe aus der Luft anzugreifen[65] – rein militärisch *das* Ziel par excellence für einen Bombenangriff –, konnte man aus den Aktivitäten der alliierten Luftstreitkräfte über Deutschland während der ersten Monate des Krieges eher auf die politischen Sichtweisen der Alliierten als auf ihre militärischen Ziele schließen. Britische Flugzeuge warfen Millionen von Flugblättern ab, die die Ursachen des Krieges erklärten und das deutsche Volk zu seiner Beendigung aufriefen. Die Alliierten waren nicht willens oder nicht fähig zu begreifen, daß eine kulturbeflissene und zivilisierte Bevölkerung wie die deutsche den schrecklichen Kurs unterstützen könnte, den ihre Regierung eingeschlagen hatte, und sie hofften noch immer, daß ein interner Aufstand den Konflikt beenden könnte. Diese Hoffnung trug lange Zeit zur Verwirrung der Alliierten bei, und nur die unerschütterliche und aufopferungsvolle Unterstützung, die Hitler von seinem Volk erfuhr, zerstörte schließlich eine Illusion, die zwar von edler Gesinnung, aber von geringem Verstand zeugte.[66]

Außer in Polen hatte der Krieg im September 1939 nur zur See ernsthaft begonnen. Zwei deutsche Panzerschiffe und sechzehn Unterseeboote waren vor Eröffnung der Feindseligkeiten in den Atlantik geschickt worden, damit sie sofort nach Kriegsbeginn Jagd auf alliierte Schiffe machen könnten. Nach Kriegsbeginn mußte die deutsche Flottenrüstung vorerst eingeschränkt werden; die großen Schlachtschiffe *Tirpitz*, *Bismarck*, der schwere Kreuzer *Prinz Eugen* und einer der zwei geplanten Flugzeugträger sollten fertiggebaut werden. Der Bau der Superschlachtschiffe, mit denen Deutschland eine starke Hochseeflotte hatte aufbauen wollen, wurde jedoch bis auf weiteres ver-

---

* Das Protokoll der ausführlichen Debatte über diese Frage in der britischen Kabinettsitzung vom 14. Oktober 1939 ist sehr erhellend. Es galten noch immer Beschränkungen der Bombardements aus Angst vor zivilen Opfern. Die Deutschen sollten die zweifelhafte Ehre haben, als erste Luftangriffe auf Städte zu fliegen (was sie jedoch in Polen nachweislich bereits getan hatten), Großbritannien würde jedoch auf dieselbe Weise antworten, falls Deutschland mit einem allgemeinen Bombardement beginnen oder im neutralen Belgien einmarschieren sollte.

schoben.* Die verfügbaren Ressourcen wurden, soweit sie überhaupt der Marine zugute kamen, für den Bau von Unterseebooten, Zerstörern und kleineren Kriegsschiffen eingesetzt.

Nach einer kurzen Periode der Zurückhaltung, in der Deutschland abwartete, ob die Westmächte und besonders Frankreich tatsächlich ernsthafte militärische Schritte unternehmen würden, begann die deutsche Kriegsmarine ihre Angriffe auf alliierte Schiffe.[67] Noch in den von einer vorsichtigen Haltung geprägten ersten Kriegstagen wurde jedoch das Passagierschiff *Athenia* unter hohen Verlusten an Menschenleben versenkt. Die deutsche Regierung wollte jedoch einen Krieg gegen die Vereinigten Staaten noch vermeiden und tat so, als habe es sich bei der Versenkung um eine britische Provokation gehandelt. Auch Admiral Raeder, der Oberbefehlshaber der deutschen Kriegsmarine, tat alles, um diese Propagandalüge aufrechtzuerhalten, nachdem er mit dem Kapitän des deutschen Unterseeboots gesprochen hatte, das den Torpedo abgefeuert hatte.[68] Die Deutschen machten große Anstrengungen, den alliierten Schiffsverkehr zu stören. Sie legten Minen vor der britischen Küste, ließen Unterseeboote in den Gewässern um Großbritannien kreuzen, schickten ihre beiden Panzerschiffe in den Atlantik und in den Indischen Ozean und setzten später als Handelsschiffe getarnte Hilfskreuzer ein. Außerdem versuchten sie, diese Aktionen zu unterstützen, indem sie mit ihren beiden einzigen Schlachtschiffen in heimatnahen Gewässern Ablenkungsmanöver durchführten. Daß ein deutsches Unterseeboot (U-47) am 14. Oktober 1939 in die große britische Marinebasis bei Scapa Flow eindrang und das Schlachtschiff *Royal Oak* versenkte, war ein schwerer Schlag für die Briten, änderte jedoch fast nichts an der britischen Überlegenheit bei schweren Schiffen.

Die Deutschen erzielten tatsächlich beträchtliche Wirkung, indem sie alliierte Schiffe mit mehreren hunderttausend Bruttoregistertonnen versenkten. Es muß jedoch darauf hingewiesen werden, daß die alliierte Überlegenheit zur See einen Vorteil darstellte, den Deutschland noch nicht ausgleichen konnte. Das Konvoi-System zum Schutz alliierter Schiffstransporte auf den gefährlichsten Routen wurde im Gegensatz zum Ersten Weltkrieg nicht erst nach langer Verzögerung, sondern fast sofort eingeführt und verminderte die alliierten Verluste. Die *Graf Spee,* eines der beiden deut-

---

* Admiral Raeder meinte damals, England sei 1939 in den Krieg eingetreten, weil es befürchtet habe, das Kräftegleichgewicht zur See werde sich zu seinen Ungunsten verschieben, wenn die deutsche Marine ihr Rüstungsprogramm abgeschlossen haben würde. (»Gedanken des Oberbefehlshabers der Kriegsmarine zum Kriegsausbruch 3. 9. 1939«, 3. September 1939, BA-MA, RM 6/71.) Wie die meisten deutschen Marineoffiziere, aber im Gegensatz zu den meisten ihrer japanischen Kollegen, zog Raeder nur die deutschen Rüstungspläne und ihre Verwirklichung in Betracht, während er die Flottenrüstung anderer Mächte ignorierte. Diese seltsame Form der Blindheit – Raeder läßt völlig unerwähnt, daß auch Großbritannien und die Vereinigten Staaten große Schiffsbauprogramme gestartet hatten, die eines Tages zum Abschluß gebracht worden wären – bedarf noch der Untersuchung.

schen Panzerschiffe, wurde vor der argentinisch-uruguayischen Küste in ein Gefecht verwickelt und danach von den Deutschen selbst versenkt. Obwohl ein Großteil der Besatzung mit sowjetischer Hilfe schließlich nach Deutschland zurückkehrte[69], hatte die spektakuläre »Schlacht in der La-Plata-Mündung« auf die Moral der Alliierten eine deutlich positivere Wirkung als auf die der Deutschen.[70] Für die Öffentlichkeit nicht so deutlich erkennbar war die Uneinigkeit über Strategie und Organisation der deutschen Kriegsmarine, die dazu führte, daß Raeder einen seiner Flottenkommandeure und dann auch dessen Nachfolger entließ.[71]

Drei zentrale Aspekte des Seekriegs, die insgesamt charakteristisch bleiben sollten, wurden bereits in den ersten drei Monaten des Krieges deutlich. Erstens hatte die britische Kriegsmarine nicht damit gerechnet, wie wirksam die deutschen Unterseeboote im Kampf gegen alliierte Schiffe trotz der im Ersten Weltkrieg entwickelten Techniken zur U-Boot-Bekämpfung operieren konnten. Dabei kam den Deutschen der Umstand zu Hilfe, daß sie ein Unterseeboot entwickelt hatten, das effizient im Atlantik eingesetzt werden konnte, auch wenn es relativ langsam war und so lange wie möglich aufgetaucht bleiben mußte, und obwohl es noch beträchtliche Zeit nach Kriegsausbruch mit einem Torpedotyp ausgerüstet war, der ebensooft versagte, wie er explodierte.[72] Bis Mitte 1943 wurden die Angriffe der deutschen Kriegsmarine außerdem dadurch erleichtert, daß die Deutschen britische Codes geknackt hatten. Anfangs hatten sie nur weniger wichtige Codes entschlüsselt, aber zwischen 1940 und 1943 kannten sie den Royal Navy Code 3, der für die Geleitzüge benutzt wurde.[73]

Auch die Briten begannen – jedoch ohne Wissen der Deutschen –, mit Hilfe der grundlegenden Informationen durch polnische Experten an der Entschlüsselung der deutschen Marinecodes zu arbeiten. Und sie verbesserten ihre Funkpeiler. Großadmiral Raeder drängte am 23. Januar 1940 den Befehlshaber der deutschen U-Boot-Flotte, Admiral Dönitz, den Funkverkehr der Unterseeboote einzuschränken, damit sie nicht so leicht durch Funkpeiler lokalisiert werden könnten. Dönitz nahm jedoch die Warnung nicht ernst – er ignorierte das Problem bis zur deutschen Niederlage beharrlich.[74]

Ein zweiter Aspekt, der den Seekrieg prägte und die Deutschen behinderte, bestand darin, daß die deutsche Kriegsmarine über keine eigenen Luftstreitkräfte verfügte. Dieses Versäumnis hat eine lange und komplizierte Geschichte. Die Ursachen sind bis heute nicht völlig aufgeklärt. Jedenfalls spielte es eine große Rolle, daß die deutsche Kriegsmarine nie ein eigenes Luftaufklärungssystem besaß und von der eher sporadischen und am Schluß nicht mehr existenten Unterstützung der deutschen Luftwaffe abhängig war. In der Praxis bedeutete dies, daß die deutschen Unterseeboote die alliierten Geleitzüge selbst aufspüren mußten, eine Aufgabe, die keineswegs einfach war und sie später in große Schwierigkeiten brachte.

Der dritte wichtige Faktor, der schon in den ersten Monaten des Seekriegs deutlich wurde, war die außerordentliche Risikobereitschaft der britischen Kriegsschiffe. Sie suchten den Kampf, wann immer es geboten erschien, ohne Rücksicht auf Verluste in einzelnen Gefechten zu nehmen. Ihnen blieb eine Katastrophe erspart, weil sich

Winston Churchill als Erster Lord der Admiralität im Herbst 1939 mit seinem Lieblingsprojekt nicht durchsetzen konnte. Churchill war sich der Gefahr noch nicht bewußt, Überwasser-Kriegsschiffe in Gewässern operieren zu lassen, die von der feindlichen Luftwaffe kontrolliert wurden, und drang darauf, britische Marineeinheiten in die Ostsee zu schicken, obwohl dort deutsche Flugzeuge den Luftraum beherrschten.[75] In Gefechten, die nicht nur geplant, sondern real waren, zeigte die Royal Navy jedoch Wagemut und Geschick. Die Zerstörung der *Graf Spee* durch britische Kreuzer, die weit unterlegen schienen, war ein erstes spektakuläres Beispiel. Ein weiteres Exempel, das in enger Beziehung zum ersten stand, sollte bald folgen.

Die *Graf Spee* war, während sie eifrig Schiffe versenkte, von dem Troßschiff *Altmark* versorgt worden, das zu diesem Zweck schon am 5. August 1939 losgeschickt worden war.[76] Die *Altmark* hatte die Besatzungen der von der *Graf Spee* versenkten Schiffe aufgenommen und sollte sie als Kriegsgefangene nach Deutschland bringen. Als das Schiff völkerrechtswidrig norwegische Gewässer durchquerte, wurde es am 17. Februar 1940 von einem britischen Zerstörer geentert. Die 300 Kriegsgefangenen wurden befreit, die *Altmark* durfte jedoch ihre Fahrt fortsetzen.[77] Die Royal Navy hatte ihren Elan keineswegs verloren; viele weitere Ereignisse sollten dies bestätigen.[78]

Der Schutz der alliierten Schiffe vor deutschen Unterseebooten war die wichtigste defensive Aufgabe der alliierten Kriegsmarine, ihre offensive Aufgabe war ihre Rolle bei der Blockade Deutschlands. Zu den aus dem Ersten Weltkrieg stammenden Mythen gehörte der Glaube, die Blockade sei beim Sieg der Alliierten über die Mittelmächte eine entscheidende Waffe gewesen. Untersuchungen, die diese Ansicht in Frage stellten, erschienen erst lange nach dem Zweiten Weltkrieg. In den Jahren vor dem Zweiten Weltkrieg hatte die britische Regierung angenommen, die Blockade werde in einem neuen Krieg gegen Deutschland wieder ein entscheidendes Element im Waffenarsenal der Alliierten sein. Zwar hatten die Maßnahmen, die 1939 ergriffen und in den folgenden Jahren verstärkt wurden, tatsächlich eine gewisse Wirkung auf Deutschland. Ihre Wirksamkeit wurde jedoch, wie gesagt, dadurch stark reduziert, daß Deutschland bis Juni 1941 über die Sowjetunion Güter beziehen konnte, daß es ab Frühjahr 1940 Westeuropa eroberte, daß es schon vor dem Krieg Vorräte mit knappen Rohstoffen angelegt hatte und daß es neue industrielle Produktionsverfahren entwickelte, die seine Abhängigkeit von importierten Rohstoffen verminderten. Auch daß zunächst die Briten und dann die Amerikaner in neutralen Ländern wie Spanien, Portugal und der Türkei knappe Rohstoffe aufkauften, hatte eine gewisse Wirkung, die besonders im letzten Jahr des Zweiten Weltkriegs zu spüren war. Es gibt jedoch keinen Beweis dafür, daß die sogenannte »ökonomische Kriegführung« beim Sieg der Alliierten tatsächlich eine wichtige Rolle gespielt hätte.[79]

Im Zusammmenhang mit dem Versuch, die deutsche Kriegswirtschaft lahmzulegen, zogen die britische und die französische Regierung während des Finnisch-Sowjetischen Kriegs von 1939/40 ernsthaft eine Okkupation in Schweden und eine Bombardierung der Ölfelder im Kaukasus in Erwägung. Einige Aspekte dieser Überlegungen werden im Zusammenhang mit dem Bericht über diesen Krieg diskutiert. Im gegebenen Kontext ist jedoch interessant, daß diesen Plänen das Bestreben zugrunde lag, Deutschland die Zufuhr von schwedischem Eisenerz und sowjetischem Öl abzuschneiden. Die massiven Lieferungen von hochwertigem schwedischem Erz wurden damals und auch später als lebenswichtig für die deutsche Rüstungsindustrie betrachtet. Neuere Forschungsergebnisse haben gezeigt, daß diese Abhängigkeit überschätzt wurde – Deutschland hatte Alternativen. Damals jedoch war die Ansicht weit verbreitet, daß eine alliierte Besetzung der wichtigsten Minen in Nordschweden, gekoppelt mit der Unterstützung Finnlands in seinem Abwehrkampf gegen die sowjetische Invasion, auf die Rüstungsproduktion im Dritten Reich verheerende Auswirkungen haben würde.[80]

Ähnlich wurde eine Bombardierung der sowjetischen Ölfelder, besonders derjenigen bei Baku, als eine Möglichkeit gesehen, die Öllieferungen der Sowjetunion zu unterbinden, die für die deutschen Kriegsanstrengungen große Bedeutung hatten. Die Bombardierung der Ölfelder wurde von der französischen Regierung stark befürwortet, während sie von der britischen Regierung verzögert und schließlich abgelehnt wurde. Die Briten waren der Ansicht, ein solcher Angriff werde unweigerlich zu einem Krieg mit der Sowjetunion führen, während er kaum geeignet wäre, den bestehenden Krieg mit Deutschland oder den dadurch entfesselten neuen Krieg gegen die Sowjetunion zu beenden. Sowohl diese Pläne als auch das Projekt, Schweden zu besetzen, werfen ein grelles Licht auf das Verhalten der französischen Regierung. Sie versuchte verzweifelt, die Feindseligkeiten an so ziemlich jeden anderen Ort der Welt zu verlagern, um sie von Westeuropa fernzuhalten. Außerdem machen sie die realistischere Position der damaligen britischen Regierung deutlich, die insbesondere von ihrem Premierminister Neville Chamberlain und ihrem Außenminister Lord Halifax verteten wurde. Über die realen Chancen, Deutschland durch wirtschaftliche Maßnahmen in die Knie zu zwingen, sagen sie dagegen kaum etwas aus.[81]

DIE NEUTRALEN

Dies waren die ersten Aktionen der wichtigsten kriegführenden Staaten. Wie jedoch standen andere Mächte zu dem neuen Krieg?

Italien hatte im Mai 1939 einen formellen Bündnisvertrag mit Deutschland geschlossen.[82] Es war jedoch davon ausgegangen, daß noch mehrere Jahre verstreichen würden, bis der gemeinsame Krieg gegen Frankreich und Großbritannien begänne, für den der Stahlpakt bestimmt war. Hitler schlug jedoch ein anderes Tempo als Italien an und stürzte sich trotz der italienischen Warnungen in den Krieg. Die Italiener hielten sich nicht nur heraus, sondern teilten ihre Absicht sogar den Westmächten mit. Sie waren verärgert, weil Deutschland auf die zusätzliche Vorbereitungszeit, die sie zu benötigen glaubten, keine Rücksicht genommen hatte, und fürchteten, durch gemeinsame Angriffe der Franzosen und Briten Niederlagen zu erleiden, während Deutschland seine Truppen in Polen konzentrierte. Dabei hatten sie das Schicksal Österreich-Ungarns vor Augen, dessen Elitetruppen 1914 in Galizien von russischen Armeen vernichtet worden waren, während Deutschland versucht hatte, den geplanten schnellen Sieg über Frankreich zu erringen. Italiens Außenminister, Graf Galeazzo Ciano, war besonders verstimmt über das deutsche Verhalten und tat alles, um Mussolinis Abneigung gegen einen italienischen Kriegseintritt zu verstärken. Die italienische Furcht vor einem alliierten Angriff war keineswegs unberechtigt. Die Verwundbarkeit Italiens war London und Paris nicht weniger bewußt als Rom – alle drei überschätzten die italienische Kampfkraft ungefähr gleich stark. Es stand jedoch fest, daß die Westmächte ihre Überlegenheit nicht nutzen würden, um ein neutrales Italien anzugreifen.[83]

Ende September bestand in Italien kurzfristig die Hoffnung, daß Deutschland vielleicht einen Großteil Polens räumen, mit einer polnischen Regierung Frieden schließen und einen ähnlichen Zustand wie vor dem Krieg wiederherstellen könnte. Dies hätte Italien das weitere Friedensjahr verschafft, das es brauchte, um sich auf den Krieg mit den Westmächten vorzubereiten. Als Graf Ciano am 1. Oktober Deutschland besuchte, wurde ihm jedoch sehr schnell klar, daß die Deutschen unter keinen Umständen bereit waren, auf irgend etwas zu verzichten. Hitler reagierte hysterisch, als Ciano vorschlug, ein unabhängiges Polen wiederherzustellen, und wies ähnliche Vorschläge bezüglich der Tschechoslowakei ebenso entschieden zurück. Er erklärte, daß er im Westen keinen Frieden erwarte – ein Thema, auf das wir zurückkommen werden – und daß er bereit sei, bis zum Sieg zu kämpfen. Er frohlockte über seinen Sieg in Polen und seine guten Beziehungen zur Sowjetunion und dachte gar nicht daran, einen Rückzieher zu machen.[84]

Mussolini spielte kurz mit der Idee, einen Balkan-Block zu bilden, der einen Frieden vermitteln sollte, gab das Vorhaben jedoch sofort auf, als ihm klarwurde, daß es ihn endgültig von Deutschland trennen könnte. Seine politische Grundlinie war und blieb, das Bündnis mit Hitler zu erhalten und so bald wie möglich in den Krieg einzutreten. Er sah keine andere Möglichkeit für Italien, seine Großmachtgelüste zu befriedigen. Falls die Alliierten gewinnen sollten – wie Mussolini manchmal fürchtete und Ciano erwartete –, würden sie Italien für immer in die Schranken weisen. Falls Deutschland jedoch ohne italienische Hilfe siegte, dann würde Italien nicht nur nichts bekommen, sondern unter deutsche Vorherrschaft geraten, und das fürchtete Mussolini. Welche Bedenken Ciano oder das italienische Militär, der Vatikan oder die königliche Familie, ganz zu schweigen von der italienischen Bevölkerung, auch immer haben mochten, Mussolini steuerte das Land in den Krieg. Nur der Zeitpunkt war noch offen, und gewisse aktuelle Regierungsprobleme waren noch zu lösen.[85]

Solange Italien »nichtkriegführend« war, ein Begriff, den die italienische Regierung dem pazifistischer klingenden »neutral« vorzog, kooperierte es auf wirtschaftlichem Gebiet nur minimal mit Deutschland. Es befand sich in einer Zwickmühle. Just die Vorbereitungen, die es für einen Krieg mit dem Westen treffen mußte, machten Importe erforderlich, die vielleicht von der Blockade betroffen sein würden. Außerdem konnte und wollte allein Deutschland Italien mit Kohle versorgen, eine Abhängigkeit, die sich noch verschärfte, als Deutschland die polnischen Kohleminen besetzte, die Italien beliefert hatten, seit der britische Generalstreik von 1926 die britischen Lieferungen unterbrochen hatte. Trotz aller Probleme und Diskussionen, was Lieferungen, Käufe und Blockademaßnahmen betraf, änderte Mussolini seine Grundposition nicht.[86]

Auch die langwierigen Probleme mit der versprochenen Evakuierung der Deutschen aus Südtirol hatten darauf keinen Einfluß. Die Italiener wiesen wiederholt und scharf darauf hin, wie schnell und anscheinend reibungslos sich die Evakuierung der Deutschen aus den baltischen Staaten und anderen Gebieten unter sowjetischer Kontrolle vollzog, während die Evakuierung in Südtirol immer wieder verschoben wurde.[87] Trotz aller Beschwerden und Klagen dachten sie jedoch nicht daran, wegen dieser Frage einen Bruch mit Deutschland zu riskieren, zumal Deutschland sie mit dem raffinierten Argument zu beschwichtigen suchte, die Bevölkerungsverschiebungen in Polen seien ja gerade notwendig, um für die Südtiroler Siedlungsraum zu schaffen. Außerdem waren die Italiener selbst – zumindest, wenn sie vor Ort waren – keineswegs davon überzeugt, daß eine massive Emigration, wie sie die deutsche Regierung im Rahmen ihres Umsiedlungsprogramms plante, wirklich so gut für Italien sein würde. Wer sollte die Bauernhöfe in den Alpen bewirtschaften, wenn die Deutschen gingen?

Es gab häufig genug Anlaß für Reibereien, da sich Italiener und Deutsche eigentlich nicht ausstehen konnten, und so kam es zu einer Reihe von Zwischenfällen, einschließlich einer von Deutschland entschlüsselten italienischen Warnung an Belgien und Holland, daß sie mit einer Invasion rechnen müßten.[88] Trotz alledem wollte Mussolini nicht mit Hitler brechen, Hitler ebensowenig mit Mussolini, und in beiden Ländern gab es keine Person oder Gruppe, die eine wesentliche Änderung dieser Politik hätte erzwingen können.[89]

Mussolini war besonders besorgt über die Möglichkeit, daß Italien als wichtigster Verbündeter Deutschlands durch die Sowjetunion ersetzt werden könnte. Er tat, was er konnte, um dieser Entwicklung entgegenzuwirken, durch die er Italiens Position in einem Europa bedroht sah, in dem seiner Ansicht nach Deutschland immer der mächtigste Staat bleiben würde. Aus diesem Grund war er bereit, zu dulden und sogar zu unterstützen, daß Ciano den Finnisch-Sowjetischen Krieg nutzte, um die italienisch-sowjetischen Beziehungen zu verschlechtern, die seit den frühen zwanziger Jahren fast immer hervorragend gewesen waren.[90] Die Deutschen taten ihr möglichstes, um den Streit zwischen ihrem neuen und ihrem alten Freund zu schlichten.[91] Mussolini hätte sich jedoch keine Sorgen zu machen brauchen, daß Hitler aus Befriedigung über die sowjetische Unterstützung in seinem aktuellen Krieg mit den Westmächten sein langfristiges Ziel einer Expansion im Osten aufgeben könnte. Am selben Tag, an dem der Finnisch-Sowjetische Krieg zu Ende war, verpflichtete sich Mussolini, an Deutschlands Seite in den Krieg gegen Großbritannien und Frankreich einzutreten.

Spanien, die andere europäische Macht, die eng mit Deutschland verbündet war, machte kein Geheimnis daraus, daß es sich, wenigstens zum gegebenen Zeitpunkt, aus dem Krieg herauszuhalten wünschte. Der Spanische Bürgerkrieg hatte erst ein paar Monate zuvor mit dem Triumph von Francisco Francos Nationalisten geendet, und das Land war nicht für große Abenteuer gerüstet. Es bedurfte nach drei Kriegsjahren nicht nur einer Periode des Wiederaufbaus, sondern war darauf angewiesen, Nahrungsmittel und Ölprodukte zu importieren, deren Zufuhr durch eine alliierte Blockade leicht hätte abgeschnitten werden können.

Tatsächlich führten die wirtschaftlichen Bedürfnisse Spaniens dazu, daß es im Januar 1940 mit Frankreich und im März mit Großbritannien wichtige Handelsabkommen schloß. Die Deutschen waren offensichtlich unfähig, Spanien mit den benötigten Gütern zu versorgen. Und sie hatten sich in spanischen Regierungskreisen dadurch unbeliebt gemacht, daß sie in den Monaten vor Beginn des Zweiten Weltkriegs auf einer Bezahlung der deutschen Hilfe im Spanischen Bürgerkrieg bestanden hatten.[92] Außerdem war der spanische Diktator, den Berlin gerade noch stark unter Druck gesetzt hatte, dem Antikominternpakt beizutreten[93], vom deutschen Bündnis mit der Sowjetunion alles andere als begeistert.[94] Trotzdem betrachtete sich die spanische Regierung als Freund der deutschen Sache und war, wie wir noch sehen werden, bereit, die deutschen Kriegsanstrengungen zu unterstützen. Außerdem nährte sie die Hoffnung, daß Gibraltar nach einem deutschen Sieg wieder unter spanische Kontrolle kommen könnte.[95]

Die deutsche Regierung war 1939 nicht überrascht, daß Spanien neutral bleiben wollte. Sie war 1938 über die frühe Neutralitätserklärung Francos verärgert gewesen, aber diesmal hatte sie nichts anderes erwartet. Hitler hatte schon im Januar 1939 seinem Propagandaminister Joseph Goebbels erklärt, daß Spanien nicht anders könne, als neutral zu bleiben.[96] Die Deutschen hatten jedoch seit langem geplant, das Territorium Spaniens und anderer neutraler Länder für den Seekrieg gegen die Westmächte zu nutzen. Die deutsche Kriegsmarine hatte bereits 1938 vorbereitende Schritte in dieser Richtung unternommen, und im Januar 1939 zog sie Lehren für die Zukunft.[97] Eine Untersuchung über dieses Thema steht noch aus. Verständlicherweise haben die Deutschen – und vermutlich auch die Spanier – keine ausführlichen Aktenbestände über ihre heimlichen Aktivitäten hinterlassen. Es ist jedoch inzwischen genug Material ans Licht gekommen, das eine Ahnung vermittelt, was damals vor sich ging.[98] Von den ersten bis zu den letzten Kriegstagen führten die Deutschen, oft mit spanischer Hilfe, massive Geheimdienstoperationen in Spanien durch. Sie dienten vor allem dazu, den Schiffsverkehr in der Straße von Gibraltar zu überwachen; außerdem nutzten die Deutschen spanische Häfen, um ihre Unterseeboote zu reparieren und mit Treibstoff zu versorgen. Dies war ein zentraler Teil der Vorkriegspläne zur »Nutzung« der spanischen Neutralität gewesen und sollte lange ein wichtiges Charakteristikum des deutschen U-Boot-Kriegs bleiben. Die spanische Unterstützung wurde zwar üblicherweise nicht so öffentlich demonstriert, wie in dem Film *Das*

Boot dargestellt, aber sie war für Spanien ein hochwirksamer Weg, um zu zeigen, wem seine Sympathien wirklich gehörten.[99]

Auch eine Anzahl weiterer neutraler Länder war für Deutschland von besonderer Bedeutung. Schweden versorgte die deutsche Wirtschaft mit einem beträchtlichen Teil des benötigten hochwertigen Eisenerzes. Trotz deutscher Anstrengungen, die eigenen Erzvorkommen, besonders durch die neuen Werke des Vierjahresplans, besser auszubeuten, importierte Deutschland gewaltige Mengen Eisenerz aus Schweden, die 1939/40 vierzig Prozent des deutschen Gesamtbedarfs an Eisen deckten.[100] Obwohl dieser Anteil nach den deutschen Eroberungen in West- und Osteuropa auf etwa fünfundzwanzig Prozent fiel, leistete Schweden mit seinem Eisenerz unbestreitbar einen wichtigen Beitrag zu einem zentralen Teil der deutschen Kriegswirtschaft. In jüngerer Zeit hat es in der wissenschaftlichen Literatur eine Kontroverse darüber gegeben, in welchem Ausmaß Deutschland ohne die Importe aus Schweden hätte auskommen können. Die provokative Frage: »Hätte Schweden den Zweiten Weltkrieg aufhalten können?«, um die es in der Kontroverse ging, wurde schließlich mit einem qualifizierten Nein beantwortet, da die deutsche Volkswirtschaft über Reserven und Alternativen hätte verfügen können.[101]

Wie auch immer die Antwort auf diese Frage letztlich lauten wird, damals gab es keine Zweifel. Die Deutschen hielten die schwedischen Lieferungen für unentbehrlich; die Schweden waren absolut bereit, den Deutschen zu verkaufen, was sie wollten[102]; Deutschland konnte jedoch nicht ausschließen, daß die Schweden ihre Minen sprengen würden, falls es versucht hätte, sie zu besetzen[103]; und die Alliierten betrachteten die schwedischen Erzlieferungen immer als ein unverzichtbares Element der deutschen Kriegsanstrengungen. Der gewaltige Beitrag, den Schweden zur deutschen Industrieproduktion leistete, war mit zwei besonderen Vorteilen verknüpft. Erstens hatte das schwedische Erz einen sehr hohen Eisengehalt und war deshalb viel leichter und mit weniger Materialaufwand zu verarbeiten als jedes andere Erz, und zweitens wurde das Erz von der schwedischen Handelsmarine in deutsche Häfen geliefert.[104]

Die deutsche Regierung war deshalb seit Kriegsbeginn darauf aus, die schwedische Wirtschaft so stark wie möglich für die eigenen Bedürfnisse in Anspruch zu nehmen. Die Deutschen gingen jedoch das Risiko nicht ein, daß die Schweden ihre Minen zerstörten, und verschoben ihre Pläne, der schwedischen Unabhängigkeit ein Ende zu setzen, um sie nach dem erwarteten Endsieg desto problemloser verwirklichen zu können.[105] In der Zwischenzeit verdienten die Schweden eine Menge Geld, und die deutsche Regierung nahm, wenn nötig, Rücksicht auf schwedische Empfindlichkeiten.[106] Nach der Eroberung Norwegens und Dänemarks meinte die deutsche Regierung, größere Konzessionen von Schweden erpressen zu können. Es ging ihr jedoch am Anfang des Krieges immer primär um das Eisen, das sie für ihre Kriegsanstrengungen brauchte.[107]

Während Schweden einen Großteil des deutschen Eisenbedarfs deckte, war die Türkei wegen ihrer Chromvorkommen interessant. Die komplizierten und langwierigen Verhandlungen der Türkei mit Deutschland, der Sowjetunion, Großbritannien und Frankreich im Sommer und Herbst 1939 hatten schließlich am 19. Oktober 1939 zu einem Bündnis mit den Westmächten geführt. Der gemeinsame Druck Deutschlands und der Sowjetunion hatte diesen Schritt nicht verhindern können. Das Zusammenwirken dieser Mächte war der Türkei sogar eher verdächtig gewesen, da sie zuvor auf sowjetische Unterstützung gegen deutsche Expansionsgelüste auf dem Balkan gerechnet hatte. Solange die Türkei an die Stärke der Westmächte glaubte, konnte sie sich einen wirtschaftlichen Zustand erlauben, in dem sie Deutschland aufgrund fehlender Übereinstimmung kein Chrom und Deutschland der Türkei keine Waffen lieferte. Eine Zeitlang konnte Großbritannien seine alte wirtschaftliche Position in der Türkei wiedergewinnen, und auch das türkisch-französische Verhältnis besserte sich, nachdem Frankreich der Türkei einen Teil seines syrischen Mandatsgebiets abgetreten hatte.[108] Der Sieg, den Deutschland im Frühjahr 1940 im Westen errang, führte zu einer neuen Haltung der Türkei dem Krieg gegenüber. Sie blieb neutral, aber der Preis hatte sich geändert.[109]

Wirtschaftliche Bedeutung für die deutschen Kriegsanstrengungen hatten auch die Balkanländer Jugoslawien und insbesondere Rumänien. Jugoslawien war potentiell ein wichtiger Kupferlieferant, und Rumänien hatte Öl. Beide Länder wollten gerne neutral bleiben und suchten dem deutschen Druck zu widerstehen; beide machten gewisse Zugeständnisse. Jugoslawien konnte, solange Frankreich als stark galt und Italien neutral blieb, einen gewissen Grad an Unabhängigkeit wahren. Es versprach Deutschland im Austausch gegen Waffenlieferungen, die das Reich schon früher zugesagt hatte und nun absichtlich zurückhielt, eine gewisse Menge Kupfer zu liefern. Von beiden Seiten unter Druck gesetzt, hätte die von Prinzregent Paul geführte jugoslawische Regierung einen Sieg Frankreichs und Großbritanniens gewiß vorgezogen, wollte jedoch Deutschland nicht brüskieren. Sie versuchte durch die Aufnahme diplomatischer und wirtschaftlicher Beziehungen mit der Sowjetunion eine Art Balancepolitik und machte einige Konzessionen, was den Handel betraf. Dennoch gab sie klar zu verstehen, daß Jugoslawien im Fall eines Angriffs kämpfen würde, und ermutigte sogar Frankreich und Großbritannien, eine Balkanfront gegen die Deutschen zu eröffnen und wie im Ersten Weltkrieg Truppen in Saloniki zu landen. Aus diesen Plänen wurde nichts, und die Hauptsorge Belgrads blieb die akute Bedrohung durch einen italienischen Angriff.[110]

Für alle kriegführenden Staaten war Rumänien von überragender Bedeutung, da es nach der Sowjetunion der größte Öllieferant in Europa war. Deutschland hatte schon seit einiger Zeit große Anstrengungen gemacht, sich einen möglichst hohen Anteil der rumänischen Ölexporte zu sichern, und Großbritannien und Frankreich, deren Ölgesellschaften einen Großteil der rumänischen Ölindustrie besaßen, hatten schließlich Gegenmaßnahmen ergriffen. Im Herbst 1939 und im folgenden Winter spielte sich dieser stille Kampf um das rumänische Öl ab, der durch Ansprüche, die die Sowjetunion, Ungarn und Bulgarien auf rumänisches Territorium erhoben, und durch (erfolglose) britische Sabotageversuche gegen die Ölfelder und das Transport-system, mit dem das Öl nach Deutschland gebracht wurde, kompliziert wurde.

Solange die Lage in Europa im wesentlichen unverändert blieb, konnten sich die Rumänen durchlavieren, indem sie im Handel minimale Zugeständnisse an Deutsch-land machten. Die deutsche Regierung war aufgebracht, weil viele Polen über rumä-nisches Territorium geflohen waren, und der Handel war ein Mittel, die Deutschen zu besänftigen.[111] Rumänien verkaufte ein wenig Öl gegen Waffen, ließ jedoch zu, daß die Westmächte ihre Befugnisse als Eigner der Ölfelder nutzten, um die nach Deutschland gelieferten Ölmengen zu beschränken. Auch konnte Rumänien sein Ter-ritorium vorerst halten, da die Sowjetunion mit ihrem Angriff auf Finnland beschäf-tigt war, während Ungarn und Bulgarien sich zurückhielten, weil sie nicht in den Krieg verwickelt werden wollten. Nachdem jedoch Frankreich geschlagen war, sollte sich all das rasch ändern.[112]

Außerhalb Europas waren die wichtigsten Mächte 1939 zweifellos Japan und die Vereinigten Staaten. Japan war damals bereits tief in Feindseligkeiten mit China ver-wickelt. Nachdem es 1931 die nördlichen Provinzen dieses Landes besetzt und dort den Marionettenstaat Mandschukuo errichtet hatte, wollte es seine reiche Beute sichern und seinen Einfluß durch eine Serie von Interventionen, insbesondere im restlichen Nordchina, ausdehnen. Das japanische Verhalten hatte in China natürlich eine antijapanische Stimmung verursacht, was die Japaner wiederum reizte. Als deren Tendenz, in China zu intervenieren, mit einer Unsicherheit der japanischen Regierung zusammenfiel, die die chinesischen Kriegsherrn eine Zeitlang geradezu wohlorgani-siert erscheinen ließ, waren neue Zusammenstöße unvermeidlich.

Nach einem Zwischenfall an der Marco-Polo-Brücke bei Peking im Juli 1937 kam es zu bewaffneten Auseinandersetzungen zwischen den ständig wachsenden japani-schen Streitkräften und dem Regime der Nationalpartei unter Tschiang Kai-schek. Obwohl die Japaner ihre Truppenpräsenz in China nur langsam erhöhten und die Nationalisten, die teilweise von deutschen Offizieren ausgebildet waren, tapfer kämpften, konnten die Chinesen die Japaner nicht aufhalten. Die japanische Armee rückte vor, wobei sie nicht immer die Zustimmung der gesamten japanischen Regie-rung besaß. Diverse Vermittlungsversuche scheiterten. Der vielversprechendste wurde von Deutschland unternommen, das es lieber gesehen hätte, wenn seine ostasiatischen Freunde sich gemeinsam gegen den Westen gewandt hätten, anstatt sich gegenseitig zu bekämpfen. Der Vermittlungsversuch scheiterte, weil die Japaner ihre Forderungen ständig höherschraubten und die japanische Zivilregierung unter Ministerpräsident Konoe Fumimaro auf ihrer Erfüllung bestand, obwohl das japanische Militär aus-nahmsweise eher kompromißbereit war.[113]

Der Krieg zwischen Japan und China schleppte sich weiter dahin. Die Japaner setzten immer größere Truppenverbände ein und versuchten gleichzeitig, jeden west-lichen Einfluß in China und jede westliche Unterstützung für das Land zu unter-binden. Der langwierige Krieg, in dem ein Großteil Chinas besetzt wurde, schwächte die Regierung Tschiang Kai-schek und ermöglichte es den chinesischen Kommunisten, ihren Einfluß zu vergrößern.[114] Die Regierung in Tokio konzentrierte ihre Aufmerksamkeit jedoch auf die Nationalpartei. Sie versuchte den Krieg mit den Nationalisten durch eine Reihe widersprüchlicher Handlungen zu beenden. So startete sie in regelmäßigen Abständen neue militärische Offensiven, versuchte zeitweise über verschiedene Vermittler mit Tschiang zu verhandeln, übte Druck auf andere Länder aus, damit sie ihren Nachschub für die Nationalisten einstellten, und versuchte, die Nationalisten zu spalten, indem sie eine Gegenregierung unter Wang Tsching-wei installierte, einem abtrünnigen Nationalisten, der in der Nationalpartei hohe Ämter bekleidet hatte.

Der Vormarsch des japanischen Militärs war viel zu begrenzt, um seinen Zweck zu erfüllen. Erst 1944 starteten die Japaner Offensiven, die geeignet waren, Tschiangs Truppen zu vernichten. Sie nützten zu diesem Zeitpunkt jedoch nur noch den Kommunisten, da Japan kurz vor der Niederlage gegen die Vereinigten Staaten stand. Die im November 1939 erstmals eingeleiteten Versuche, mit Tschiang einen Kompromiß zu schließen, wurden nie mit der notwendigen Konsequenz verfolgt.[115] Eine umfassende Untersuchung dieser Versuche steht noch aus[116], ihr einzig realer Effekt bestand jedoch darin, daß Tschiang den Vereinigten Staaten nun drohen konnte, sich mit den Japanern zu einigen, wenn die USA ihre Unterstützung nicht aufstockten.

Japan wollte Tschiang zum Aufgeben zwingen, indem es ihn von seinen ausländischen Nachschubquellen abschnitt. Zu diesem Zweck besetzten die Japaner zunächst die meisten chinesischen Häfen. Danach übten sie Druck auf Frankreich aus; sie wollten die Benutzung der sogenannten Yünnan-Eisenbahn, die durch den Norden Französisch-Indochinas nach China führte, einschränken. Später wurde das Territorium, durch das die Bahnlinie führte, von den Japanern selbst besetzt. Sie übten nun Druck auf Großbritannien aus, die Straße zu schließen, die vom Ende der Bahnlinie im birmesischen Lashio (und von dem Fluß Irrawaddy bei Bhamo) in die nationalchinesische Hauptstadt Tschungking führte. Die andere Route, über die die Nationalisten Nachschub erhielten, war sehr lang. Sie führte über eine Entfernung von 5000 Kilometern ab der sowjetischen Turksib-Eisenbahn bei Alma-Ata in Zentralasien über Sinkiang und die Innere Mongolei nach Tschungking. Die Route war von enormer symbolischer Bedeutung, der ihr praktischer Nutzen nicht ganz entsprach.[117] Die japanische Regierung hielt diese Nachschublinie jedoch faktisch wie psychologisch für sehr wichtig und versuchte auch, ihre Sperrung zu erreichen, wann immer sie mit der Sowjetunion über bessere Beziehungen verhandelte.[118]

Schließlich versuchten die Japaner, Tschiang zu ersetzen oder zu einer Einigung zu zwingen, indem sie, wie erwähnt, eine neue chinesische Regierung unter Wang Tsching-wei einsetzten. Sie sabotierten jedoch ihr eigenes Projekt, indem sie Wang unter Bedingungen arbeiten ließen, die so schlecht waren, daß er immer als eine japanische Marionette betrachtet wurde und nie eine glaubwürdige Alternative zu Tschiang Kai-schek sein konnte.[119]

Als Deutschland in Europa den Krieg begann, standen die Japaner nach harten und blutigen Kämpfen mit der Sowjetunion kurz vor der Niederlage. Sie fanden an der Grenze zwischen der Mandschurei und der Äußeren Mongolei statt und gingen als der Konflikt von Nomonhan (oder Chalchin-Gol) in die Geschichte ein.[120] Von den Kämpfen und ihrer Beendigung durch einen Waffenstillstand am 15. September war im Zusammenhang mit der sowjetischen Politik schon die Rede; hier geht es jedoch um die Auswirkungen, die die verheerende Niederlage damals und in den folgenden Jahren auf die japanische Politik hatte. Sie führte zu einem gewissen Rachebedürfnis bei einem Teil des japanischen Militärs, brachte jedoch viele Japaner dazu, ihre Zukunftspläne neu zu überdenken.[121] Die Sowjetunion war offensichtlich eine gewaltige Macht, und nun, da sie durch das Bündnis mit Deutschland von jeder unmittelbaren Bedrohung in Europa befreit war, konnte sie ihr Militärpotential in Ostasien desto besser ausbauen. Dies führte viele Japaner zu der Einsicht, daß eine Neuorientierung der japanischen Politik angebracht wäre. Die japanische Marine hatte schon lange eine Expansion nach Süden und nicht nach Norden angestrebt; und das Heer begann sich jetzt ebenfalls nach Süden zu orientieren.

Die Japaner erhoben förmlichen – und ziemlich einfältigen – Protest, als Deutschland das geheime Zusatzprotokoll des Antikominternpakts durch die Unterzeichnung des Hitler-Stalin-Pakts verletzte[122], aber für die neue Politik, die in Tokio entwickelt wurde, erwies sich die überraschende Wendung der Ereignisse als nützlich. Da Deutschland nun gute Beziehungen zur Sowjetunion hatte, konnte es Japan helfen, seine Beziehungen zur UdSSR ebenfalls zu verbessern.[123] Eine sowjetisch-japanische Annäherung eröffnete die Möglichkeit, die chinesischen Nationalisten unter Druck zu setzen; auf jeden Fall würde eine Verständigung die japanische Expansion nach Süden erleichtern.* Sie bedeutete potentiell einen Zusammenstoß mit den Westmächten. Da jedoch Deutschland die Japaner schon seit längerer Zeit gerade zu diesem Kurs drängte, durfte Japan mit deutscher Unterstützung rechnen. Hitler verkündete zwar in überheblichen Momenten, daß Deutschland ganz allein mit Großbritannien fertig werden würde, drängte Japan aber trotzdem damals und bis zum Dezember 1941, im Süden anzugreifen und besonders gegen Großbritannien vorzugehen, das er als seinen gefährlichsten und entschlossensten Feind betrachtete.[124]

Ein solcher Kurs hätte jedoch für Japan bedeutet, daß ein Konflikt mit den Vereinigten Staaten in greifbare Nähe rückte, und dafür glaubte es sich noch nicht genügend vorbereitet. Die japanische Kriegsmarine hatte die Möglichkeit eines Krieges mit den USA schon lange ins Auge gefaßt und entsprechende Pläne entwickelt.[125] Das Schiffsbauprogramm der japanischen Marine war auf einen Krieg mit den Ver-

---

* Die japanische Regierung beschloß am 28. Dezember 1939 offiziell eine Politik, die auf eine friedliche Regelung der noch offenen Streitfragen mit der Sowjetunion abzielte und möglicherweise zu einem Nichtangriffspakt führen sollte. Siehe Hosoya in: James W. Morley, Fateful Choice, Columbia University Press, New York 1980, S. 27f. und 36f.

einigten Staaten ausgelegt; die riesigen Super-Schlachtschiffe, deren Bau seit dem
Herbst 1934 geplant wurde, waren so konstruiert, daß sie den amerikanischen
Schlachtschiffen überlegen sein würden. Wenn sie aktionsfähig waren, stünden die
USA vor dem Dilemma, entweder gleichwertige Schiffe zu bauen, die den Panama-
kanal aber nicht passieren und nur auf einem Ozean operieren könnten, oder sich
weiterhin auf unterlegene Schiffe zu beschränken.[126] Noch waren die Befürworter
eines aggressiven Vorgehens in Japan nicht an der Macht.[127] Die neue Regierung Abe
Noboyuki beharrte darauf, neutral zu bleiben, was den europäischen Krieg betraf,
und hielt diese Linie bis zu ihrem Sturz im Januar 1940 durch. Eine sorgfältige
Untersuchung aus jüngerer Zeit zeigt jedoch, daß die Japaner keinen wirklich pro-
westlichen Kurs steuern konnten.[128] Gewisse Kontakte zu den Vereinigten Staaten
wurden zwar aufgenommen, besonders nachdem Amerika im Juli 1939 die vertrag-
lich vorgeschriebene Ankündigung gemacht hatte, daß das japanischamerikanische
Handelsabkommen Ende Januar 1940 auslaufen würde. Washington erhoffte sich
von diesem Schritt, daß er auf Japan mäßigend wirken würde.[129]

Auch die begrenzte Hilfe hauptsächlich finanzieller Art, die die USA China leisteten, diente deutlich diesem Zweck. Sie sollte verhindern, daß Japan China völlig
unter seine Kontrolle brachte und seine Aufmerksamkeit danach in andere Richtungen lenkte.[130] Minimale Gesten, die Japan im Herbst 1939 gegenüber den Vereinigten
Staaten machte, lassen vermuten, daß die amerikanische Politik eine gewisse Wirkung
zeigte. Da jedoch die Fortsetzung des Vormarschs in China ein grundlegendes Ziel
der japanischen Politik blieb – und die Vereinigten Staaten gerade auf diesem Gebiet
zumindest gewisse Konzessionen erwarteten –, bewirkten diese Gesten nichts.[131]

Die Japaner hatten ein ziemlich zutreffendes Bild von der sowjetischen Stärke und
gingen zu Recht davon aus, daß der Krieg in Europa mehrere Jahre dauern würde.[132]
Auch waren sie nicht bereit, ihre Verbindung zu Polen abzubrechen, und hielten die
diplomatischen Beziehungen mit diesem Land aufrecht.[133] Eine Zeitlang verhielten
sie sich vorsichtig, was ihre ökonomischen Beziehungen zu Deutschland betraf. Und
sie scheuten nicht davor zurück, aus dem Umstand, daß Deutschland dringend Sojabohnen aus der Mandschurei brauchte, ordentlich Kapital zu schlagen.[134] Solches
Verhalten belastete während des ganzen Krieges immer wieder die deutsch-japanischen Beziehungen. In den ersten Kriegsjahren gab es besondere Probleme, als Japan
sich weigerte, den Schiffstransport von Gummi und anderen wichtigen Gütern an
die Kopfbahnhöfe der Transsibirischen Eisenbahn zu übernehmen, von wo sie nach
Deutschland transportiert werden sollten. Die japanische Weigerung reduzierte das
Ausmaß, in dem Deutschland mit Zustimmung und Hilfe der Sowjetunion die alliierte
Blockade brechen konnte.[135]

Es gab jedoch Kräfte in Japan, die auf eine sehr viel abenteuerlichere Politik drängten. Geführt von Persönlichkeiten wie Shiratori Toshio, der bis zum Herbst 1939
japanischer Botschafter in Rom gewesen war, strebten sie ein vollwertiges Bündnis
mit Deutschland an, hofften, den Krieg mit China zu beenden, indem sie es mit der

Sowjetunion teilten (wobei sie übrigens der Sowjetunion die kommunistisch kontrollierten chinesischen Provinzen abtreten wollten), und steuerten auf einen Krieg mit Großbritannien, Frankreich und den Vereinigten Staaten zu.[136] Noch wurden diese Kräfte von anderen im Zaum gehalten, zunächst unter der Regierung Abe und dann unter Abes Nachfolger Yonai Mitsumasa. Sobald jedoch im europäischen Krieg eine Wende zugunsten Deutschlands einträte, würden sie den Sieg davontragen.[137]

Die Vereinigten Staaten hatten zum Ergebnis des Ersten Weltkriegs einen wesentlichen Beitrag geleistet. Ihre Munition und ihr Material hatten den Alliierten geholfen, den Krieg zu führen; ihre Soldaten und Kredite hatten entscheidend dazu beigetragen, die letzte deutsche Offensive im Sommer 1918 aufzuhalten und die verzweifelte Lage, in der sich Großbritannien und Frankreich noch im Frühling und Sommer dieses Jahres befunden hatten, bis zum Herbst in einen Sieg zu verwandeln.[138] In den Nachkriegsjahren schenkten jedoch immer mehr Deutsche der Dolchstoßlegende Glauben und hielten statt dessen die kriegsentscheidende Rolle Amerikas für eine Legende, während im selben Zeitraum immer mehr Amerikaner zu dem Schluß kamen, der amerikanische Kriegseintritt sei ein schrecklicher Fehler gewesen. Der deutsche Glaube an die Dolchstoßlegende – und seine Konsequenz, die kriegsentscheidende Rolle Amerikas zu leugnen – führte zu einer grotesken Unterschätzung des amerikanischen Militärpotentials, von der noch wiederholt die Rede sein wird.[139] Die Amerikaner dagegen meinten, sich durch Neutralitätsgesetze vor einem neuen Krieg schützen zu müssen.

Als der Zweite Weltkrieg im September 1939 begann, behielten diejenigen Amerikaner recht, die darauf gedrängt hatten, die Friedensregelung von 1919 zu unterstützen und unbedingt in den Völkerbund einzutreten. Sie konnten nun darauf hinweisen, daß sich ihre Prophezeiungen erfüllt hatten und nur ein starker amerikanischer Beitrag zur Erhaltung der Weltordnung einen neuen Krieg hätte verhindern können. Ihr Rat war nicht berücksichtigt worden, und so war innerhalb einer Generation ein zweiter Krieg ausgebrochen. Das Argument, der amerikanische Verzicht auf eine aktive Rolle bei der Aufrechterhaltung der Friedensregelung von 1919 habe zum Ausbruch eines weiteren Krieges beigetragen, sollte schließlich von einem Großteil der amerikanischen Wählerschaft akzeptiert werden. Nach dem Zweiten Weltkrieg führte dies dazu, daß sich sowohl die amerikanischen Wähler als auch die Mehrheit in beiden politischen Parteien der USA für eine völlig andere Politik entschieden als nach dem Ersten Weltkrieg. Die »Lehre« aus der Vergangenheit wurde jedoch nur sehr langsam gezogen, und es dauerte einige Zeit, bis sie das amerikanische Denken dominierte.[140]

Zunächst reagierten Führung und Öffentlichkeit der Vereinigten Staaten auf den Ausbruch eines weiteren Krieges in Europa relativ einmütig. Die überwältigende Mehrheit machte Deutschland für den Ausbruch des Krieges verantwortlich und hoffte, daß Großbritannien und Frankreich gewinnen würden und daß sich die USA aus dem Krieg heraushalten könnten.[141] Die weitgehende Übereinstimmung in diesen drei Punkten erstreckte sich jedoch nicht auf zwei nachgeordnete, aber praktische Probleme, nämlich auf die Einschätzung der realen Siegchancen der Alliierten und auf den politischen Kurs, den die Vereinigten Staaten ihnen gegenüber einschlagen sollten.

In den USA hielten es einige Gruppierungen für gleichgültig, wer den Krieg gewinnen würde, aber viele hätten einen Sieg der Alliierten nicht nur vorgezogen, sondern hielten ihn auch für wahrscheinlich. Als auf den deutschen Sieg über Polen ein ruhiger Winter folgte, kamen einem wachsenden Teil der amerikanischen Öffentlichkeit Zweifel, ob Großbritannien und Frankreich wirklich in der Lage sein würden, Deutschland zu schlagen, und ihre Zweifel wurden im Frühjahr 1940 durch die deutschen Siege in Skandinavien und im Westen natürlich bestätigt. Präsident Roosevelt hegte vermutlich andere Ansichten über das Thema als viele seiner Landsleute und war im Rückblick gesehen sehr viel weitsichtiger. Er hoffte natürlich immer auf einen Sieg der Westmächte, war jedoch skeptisch, was ihre Stärke betraf. In den Jahren vor dem Krieg hatte er die Schwäche der französischen Luftwaffe klar erkannt und versucht, ihre Wiederaufrüstung zu unterstützen.[142] Die Kampfkraft der französischen Luftwaffe wurde damals allgemein für gering gehalten, viele Beobachter hatten jedoch die Schwäche der französischen Landstreitkräfte nicht erkannt. Dieses Heer hatte im Ersten Weltkrieg die Hauptlast der Alliierten Kriegsanstrengungen getragen, und einer seiner Marschälle hatte die Alliierten zum Sieg geführt. Deshalb galt es immer noch als das stärkste Landheer der Welt – oder zumindest als stark genug, jeden Angriff auf Frankreich abzuwehren.

Es gibt überzeugende Beweise, daß Roosevelt diese optimistische Einschätzung der militärischen Stärke Frankreichs nicht teilte. Er hatte in den dreißiger Jahren die Berichte seiner beiden Botschafter in Frankreich, Jesse I. Strauss und William C. Bullitt, sorgfältig studiert. Beide hatten exzellente Kontakte in Frankreich, beide waren scharfe Beobachter, und beide hatten größte Zweifel an der französischen Stärke.[143] Das Bild, das sie von einem gespaltenen und entmutigten Volk zeichneten, das vor einem Krieg zitterte und, als er immer näherrückte, nicht wußte, welchen Kurs es einschlagen sollte, war im Detail nicht immer ganz zutreffend, aber insgesamt entsprach es der Wirklichkeit. Franklin Roosevelt sprach Deutsch und Französisch und war mit den zwei wichtigsten Völkern des Kontinents wohlvertraut. Trotzdem gibt es in der Vielzahl von Publikationen über ihn bis heute keine systematische Untersuchung dazu, was er über beide Nationen dachte. Eines scheint jedoch klar zu sein: er ließ sich, vielleicht weil er eine persönliche Leidenschaft für die Kriegsmarine hatte, nie von jener Aura der Stärke beeindrucken, die die französischen Landstreitkräfte in der Zeit zwischen den Kriegen umgab. Seine Warnung an die Sowjetunion, sie wäre gut beraten, sich mit den Westmächten zu verbünden und nicht mit Hitler, da ein deutscher Sieg in Westeuropa alle anderen Völker bedrohen werde, entsprang sicherlich einem Bewußtsein von der militärischen Stärke Deutschlands und der militärischen Schwäche Frankreichs, das vor dem Zweiten

Weltkrieg die Ausnahme war. Andererseits wurde in der schrecklichen Krise vom
Sommer 1940 deutlich, daß Präsident Roosevelt an die Widerstandskraft Großbritanniens und später auch an die der Sowjetunion glaubte, während allgemein
befürchtet wurde, daß sie unterliegen würden.

Diese Ansichten des Präsidenten muß man berücksichtigen, wenn man die praktischen Schritte untersuchen und verstehen will, die er dem Kongreß und dem amerikanischen Volk empfahl. Roosevelt war der Ansicht, daß Nazi-Deutschland und
seine Verbündeten die ganze Welt inklusive der westlichen Hemisphäre bedrohten,
und er hoffte sehr, die Vereinigten Staaten aus dem Krieg heraushalten zu können.
Im Gegensatz zu Stalin, der den Krieg von der Sowjetunion fernhalten wollte, indem
er Deutschland im Kampf gegen die Westmächte half, beschritt Roosevelt den Weg,
Großbritannien und Frankreich zu unterstützen. Da er – wie wir heute wissen: zu
Recht – glaubte, daß es den Westmächten an Kriegswaffen fehle, betrachtete er das
Verbot des Kriegswaffenexports in den amerikanischen Neutralitätsgesetzen als Vorteil für die Aggressoren, die schon früh mit der Wiederaufrüstung begonnen hatten,
und als schweren Nachteil für die Alliierten. Deshalb versuchte er erneut, die Neutralitätsgesetze zu ändern.

Roosevelt hoffte, dies auf einer überparteilichen Basis oder mit Zustimmung beider
Parteien erreichen zu können, und versuchte in den ersten Stadien des Projekts, den
republikanischen Präsidentschaftskandidaten von 1936 Alfred Landon und den
Vizepräsidentschaftskandidaten Frank Knox mit einzubeziehen.[144] Im Kongreß kam
es jedoch zu einer erbitterten Debatte, wobei die Front im wesentlichen quer durch
die Parteien verlief. Das Problem spaltete das Land. Es entwickelte sich ein Muster,
das für die folgenden zwei Jahre bestimmend sein sollte. Die Vertreter der einen Seite
meinten, daß die Revision der Neutralitätsgesetze im amerikanischen Interesse liegen
würde, da sie Großbritannien und Frankreich nutzen und das Land aus dem Krieg
heraushalten würde. Einige wenige vertraten diese Ansicht, weil sie erwarteten oder
wünschten, daß die Vereinigten Staaten letztlich auf seiten der Alliierten in den Krieg
eintreten würden. Die Vertreter der anderen Seite, die im allgemeinen Isolationisten
genannt wurden und sich später stark mit dem America First Committee identifizierten, wollten die Vereinigten Staaten aus dem Krieg heraushalten und deshalb
Großbritannien und Frankreich weder unterstützen noch ihnen Hilfe zur Selbsthilfe
leisten; auf dieser Seite gab es einige, denen ein deutscher Sieg entweder persönlich
erwünscht gewesen wäre oder die meinten, er würde Amerika nicht schaden.[145]

In den Wochen vor Kriegsausbruch war Roosevelt den Isolationisten bei dem Versuch unterlegen, Waffenkäufe durch das Ausland in den Vereinigten Staaten zu
legalisieren, um Deutschland zu warnen, daß derjenige, der die Meere beherrschte,
Zugang zu den Waffenarsenalen der USA haben würde. Nun jedoch, da die Deutschen
den Krieg begonnen hatten, verloren die Isolationisten an Boden. Nach einem langen
und erbitterten Kampf, in dem Roosevelt, wie er selbst sagte, »auf Eiern ging«[146],
stimmte der Kongreß Anfang November einer Praxis zu, die »cash and carry«

(bezahlen und mitnehmen) genannt wurde, und am 4. November 1939 unterzeichnete Roosevelt das diesbezügliche Gesetz.[147]

Die Deutschen, die den Kampf mit großem Interesse verfolgten[148], waren sich genauso uneinig wie die Amerikaner, aber in Deutschland entschied ein Diktator über den politischen Kurs. Die deutsche Kriegsmarine konnte es kaum erwarten, einen Kriegseintritt der Vereinigten Staaten zu provozieren. Sie bediente sich zu diesem Zweck jener Methoden, die sie schon im Ersten Weltkrieg angewandt hatte. Auf einer Konferenz am 10. Oktober empfahl Admiral Raeder Hitler nicht nur, Stützpunkte in Norwegen zu erobern, sondern auch einen völlig skrupellosen U-Boot-Krieg gegen England zu führen, um die britische Wirtschaft lahmzulegen, wobei er das Risiko eines amerikanischen Kriegseintritts bewußt in Kauf nehmen wollte.[149] Der Oberbefehlshaber der deutschen Kriegsmarine glaubte, England könne nur niedergerungen werden, wenn man seinen Seehandel unterbinde, und er war bereit, für dieses Ziel jedes Risiko einzugehen. Er befürwortete damit eine Strategie, die die Führung der deutschen Kriegsmarine schon 1916 vertreten hatte. Offensichtlich hatte Raeder aus den Erfahrungen von 1917/18 nichts gelernt.[150] Obwohl Hitler zunächst zustimmend reagierte, setzte er dem Projekt seines höchsten Marineoffiziers enge Grenzen.

Hitlers Sicht der Vereinigten Staaten basierte auf dem Vorurteil, es handle sich um ein schwaches Land, das aufgrund seiner gemischtrassigen Bevölkerung und seines schwachen demokratischen Systems nicht in der Lage sei, starke Streitkräfte aufzubauen und zu unterhalten.[151] Daß es in der amerikanischen Regierung und in der amerikanischen Öffentlichkeit Gegner der deutschen Politik gab, war für ihn kein Grund zur Sorge. Er glaubte so fest, daß die deutsche Niederlage im Ersten Weltkrieg von einem Dolchstoß in den Rücken der kämpfenden Truppe verursacht worden sei, daß er sich für die amerikanischen Kriegsanstrengungen im Ersten Weltkrieg und deren mögliche Wiederholung nie interessierte. Er rechnete seit langem damit, daß Deutschland gegen die Vereinigten Staaten würde kämpfen müssen, nachdem es Eurasien erobert hätte, und er hatte entsprechende Vorbereitungen im Flugzeug- und Schiffsbau eingeleitet.[152] Der Kriegsausbruch in Europa hatte ihn jedoch gezwungen, den Aufbau einer großen Kriegsmarine, die über riesige Schlachtschiffe und zahlreiche andere Überwasserschiffe verfügen sollte, zeitweilig zu verschieben. Auch das Projekt, Flugzeuge zu bauen, die die amerikanische Ostküste hätten erreichen können, war ins Stocken geraten. Es ist allerdings bis heute unklar, wann Hitler vom Scheitern dieser Pläne erfahren hat.

Unter diesen Umständen wollte Hitler einen Krieg mit den Vereinigten Staaten lieber noch hinausschieben – nicht etwa weil ihm ein solcher Krieg große Sorgen bereitet hätte, sondern weil er schlicht keinen Grund sah, sich auf Feindseligkeiten einzulassen, bevor der Aufbau seiner Hochseeflotte abgeschlossen war und außerdem genug Unterseeboote zur Verfügung standen, um die britischen Inseln tatsächlich wirksam blockieren zu können. Nichts, was 1939 geschah, hatte seine Sicht der

Vereinigten Staaten wesentlich verändert. Als er im Februar 1939 den deutschen Militärattaché in Washington empfing, quetschte er diesen lediglich über das Gerücht aus, daß Präsident Roosevelt jüdische Vorfahren habe.[153] Er hatte Roosevelts Friedensappell vom April 1939 verächtlich zurückgewiesen und empfand die bloße Tatsache, daß die Vereinigten Staaten sich im September für neutral erklärt hatten, als Bestätigung der amerikanischen Unfähigkeit. Starke und entschlossene Völker nahmen seiner Ansicht nach in Kriegszeiten Partei und griffen aktiv in das Geschehen ein.[154] Natürlich war Hitler die Politik der Sowjetunion, die ebenfalls neutral blieb, aber Deutschland unterstützte, lieber als die Politik der Vereinigten Staaten, die tendenziell Großbritannien und Frankreich halfen. Auch bedarf es kaum der Erwähnung, daß Deutschland die Unterstützung neutraler Staaten wie der Sowjetunion oder Spaniens durchaus willkommen war, während es alle Handlungen neutraler Staaten, die seinen Gegnern nutzen konnten, als Verstöße gegen das internationale Recht anprangerte. Diese Mätzchen werfen jedoch kein wirkliches Licht auf die deutsche Politik, die von ganz anderen Überlegungen bestimmt war.

Ein keineswegs abwegiger Grund, warum Hitler die Kampfkraft der Vereinigten Staaten so niedrig einschätzte, war, daß diese nur über ein schwaches Heer und praktisch über keine Luftwaffe verfügten. Bei Kriegsausbruch hatten die USA nur 190000 Mann unter Waffen, und diese waren noch nicht in echten Divisionen, Korps oder Armeen organisiert; ihr Kriegsgerät stammte größtenteils aus dem Ersten Weltkrieg und war veraltet[155]; ihre Luftwaffe war so klein, daß sie den Deutschen nicht einmal für Zielübungen hätte dienen können.

Roosevelt sah die Rolle des amerikanischen Militärpotentials bei der deutschen Niederlage im Ersten Weltkrieg völlig anders als Hitler.[156] 1930 hatte er mit dem Wiederaufbau der Kriegsmarine angefangen. 1934 hatte der Kongreß den Bau des Schlachtschiffs *North Carolina* genehmigt, mit dem 1937 begonnen wurde; weitere Kriegsschiffe und Wasserfahrzeuge sollten folgen.[157] Obwohl mit Recht festgestellt worden ist, daß Roosevelt, der unter Präsident Wilson der zweite Mann im Marineministerium gewesen und ein leidenschaftlicher Segler und Sammler von Schiffsmodellen war, die Marine immer besonders am Herzen gelegen hat, profitierte von seiner Kampagne zur Aufrüstung des Landes die Luftwaffe am meisten.[158] Er hatte, als die deutsche Unzufriedenheit mit dem Münchner Abkommen unübersehbar wurde, gehofft, die deutsche Regierung durch eine frühe Version der sogenannten »Abschreckungspolitik« beeindrucken zu können; deshalb hatte er ein massives Rüstungsprogramm für die Luftwaffe eingeleitet. Die Furcht vor einer – wirklichen oder eingebildeten – deutschen Luftüberlegenheit hatte nämlich eine gewisse Rolle gespielt, als sich Briten und Franzosen in der Krise von 1938 einschüchtern ließen. Da die Vereinigten Staaten so gut wie keine Industrie zur Produktion von Militärflugzeugen besaßen, sollten diese vom Ausland angekauft werden, um dieses Kernstück jedes künftigen amerikanischen Rüstungsprogramms rascher zu verwirklichen. Außerdem konnte man von Frankreich und Großbritannien nicht erwarten, daß sie auch weiterhin in die amerikanische Luftfahrtindustrie investierten, wenn sie deren dringend benötigte Produkte nicht kaufen durften. Aus innenpolitischen Gründen wurde dieser Aspekt der Revision der Neutralitätsgesetze von Roosevelt in der Öffentlichkeit zwar nie betont, es bestehen jedoch kaum Zweifel, daß ihn das Problem sehr beschäftigte. Der Ausbau der amerikanischen Rüstungsindustrie war eine gigantische Aufgabe, und man würde jede erdenkliche Hilfe brauchen, um den Prozeß zu beschleunigen.[159]

Das andere unmittelbare Problem Washingtons war die Lage in Mittel- und Südamerika. Die Regierung war besorgt über den großen deutschen Bevölkerungsanteil in mehreren lateinamerikanischen Ländern, über die deutschen Schiffe – und deren Mannschaften –, die seit Ausbruch des Krieges in lateinamerikanischen Häfen festlagen, und über die Haltung, die mehrere Regierungen der Region gegenüber Deutschland und den Westalliierten einnahmen.

Auch in Mittel- und Südamerika war man beunruhigt. Alle lateinamerikanischen Regierungen wollten sich aus dem Krieg heraushalten; einige befürchteten deutsche Aktivitäten in ihren Ländern, und andere hatten gute Beziehungen zu Deutschland oder hofften auf bessere, insbesondere was den Handel betraf. Auf einer Konferenz, die am 23. September 1939 in Panama begann[160], wurde die Neutralität des Kontinents bestätigt. Das spektakulärste Ergebnis der Konferenz war ein einstimmiges Votum für die Schaffung einer neutralen Zone, die weit in den Atlantik hinausreichte, wesentlicher aber war vielleicht die Tatsache, in welchem Umfang die Länder der Region bereit waren, unter Führung der Vereinigten Staaten zusammenzuarbeiten. Diese neue Entwicklung war in gewissem Umfang der Politik der »Guten Nachbarschaft« zu verdanken, die Roosevelt gegenüber Lateinamerika eingeleitet hatte und die von Außenminister Cordell Hull und Staatssekretär Sumner Welles energisch umgesetzt worden war.[161] Es spielte jedoch auch die Furcht vor Deutschland eine Rolle, die besonders in Ländern mit einer größeren Minderheit an deutschen Siedlern grassierte.[162] Für mehrere lateinamerikanische Länder, in deren Volkswirtschaft Deutschland eine bedeutende Stellung errungen hatte, war mit dem Kriegsausbruch eine neue Situation entstanden. Sie konnten ihre Produkte nun nicht mehr in Deutschland vermarkten und keine deutschen Waren mehr importieren. Für sie hing viel von der Dauer und dem Ergebnis des Krieges ab; zunächst einmal aber mußten sie sich anderswo nach Märkten und Produkten umsehen.[163]

Eine wichtige Frage, zu der Roosevelt im Lauf der ersten Kriegsmonate seine Taktik änderte, war die Möglichkeit, nach der polnischen Niederlage eine Friedensregelung zwischen den Westmächten und Deutschland zu erreichen. Roosevelt war überzeugt, daß jede Regelung, die unmittelbar auf den militärischen Triumph Deutschlands gefolgt wäre, nur größere Gefahren für später bedeutet hätte, und er hütete sich, im Herbst 1939 für eine solche Lösung einzutreten.[164] Er trat Amerikanern, die private Anstrengungen in dieser Richtung unternahmen, nicht direkt entgegen, machte sich jedoch – wie er es schon in der Vergangenheit getan hatte – die Kontakte von Privat-

personen zunutze, um sich über die Lage in Deutschland zu informieren.[165] Der
britischen Regierung erteilte er allerdings den Rat, die übereifrigen Friedensapostel
nicht weiter zu beachten.[166] Roosevelts größte Sorge war, daß die defätistische Haltung seines Londoner Botschafters Joseph P. Kennedy in der Periode der Friedensbemühungen mit seiner eigenen verwechselt werden könnte, obwohl ihm der Botschafter in Wirklichkeit »auf die Nerven ging«[167].

Anfang 1940 weckte die immer engere Zusammenarbeit zwischen Deutschland
und der Sowjetunion in Roosevelt die Furcht, daß Deutschland im Westen eine
Offensive starten könnte, bevor Frankreich und Großbritannien angemessen vorbereitet wären, und daß Italien dann dem Bündnis zwischen Deutschland und der
Sowjetunion beiträte.

Aufgrund dieser Befürchtung ermächtigte er den Staatssekretär im Außenministerium Sumner Welles, seine berühmte Reise durch die Hauptstädte Europas anzutreten. Bei dieser Mission stellte sich heraus, daß die Positionen der Kriegsbeteiligten
unversöhnlich waren. Welles' Sondierungen hatten jedoch keinerlei Einfluß auf den
Zeitpunkt der deutschen Offensive, die inzwischen aus völlig anderen Gründen verschoben worden war, von denen noch die Rede sein wird. Die neue Taktik, die
Roosevelt einschlug, als er der Reise zustimmte, bedeutete keineswegs, daß er einem
verfrühten Friedensschluß nun positiv gegenübergestanden hätte, aber wie der folgende kurze Überblick über die Friedensbemühungen im Winter 1939/40 zeigen wird,
bestanden damals ohnehin keine realen Aussichten auf einen Frieden.[168]

FRIEDENSSONDIERUNGEN

Hitler wollte seine Ostgrenze sichern, bevor die große deutsche Offensive im Westen
begann. Sie betrachtete er als notwendige Voraussetzung für die Eroberung gewaltigen, aber leicht zu erringenden Lebensraums im Osten. Daher wäre er sehr zufrieden
gewesen, wenn Großbritannien und Frankreich sich mit der Eroberung Polens abgefunden und friedlich gewartet hätten, bis sie selbst an die Reihe kämen. Hermann
Göring, der Oberbefehlshaber der deutschen Luftwaffe, war außerdem für große
Bereiche der deutschen Wirtschaft verantwortlich. Er brauchte mehr Zeit für wirtschaftliche Vorbereitungen, die er für wichtig hielt, und war deshalb ebenfalls an
einer Unterbrechung der offenen Feindseligkeiten interessiert. Aufgrund dieser Einschätzungen und Ziele streckten Hitler und Göring Friedensfühler aus, wobei Hitler
öffentlich und Göring privat agierte. Hitler wies in verschiedenen Reden warnend
auf das Schicksal Polens hin und erklärte, daß es für die Westmächte keinen Grund
gäbe zu kämpfen.[169] Göring streckte seine Fühler über den schwedischen Mittelsmann
Birger Dahlerus aus, den er schon früher eingesetzt hatte, und nutzte auch andere
Kanäle.[170]

Hitler hatte größte Zweifel, daß es zu einem Friedensschluß kommen würde, da
er unter keinen Umständen auch nur die geringsten Konzessionen machen wollte.

Gleichzeitig befahl er, eine große Offensive im Westen vorzubereiten, die einige Wochen nach dem Ende der Kämpfe in Polen, vermutlich Anfang oder Mitte November, beginnen sollte.[171] Viele verantwortliche deutsche Militärs hielten dies für ein höchst riskantes Unternehmen, das wahrscheinlich in einer Niederlage oder in einer bitteren Pattsituation enden würde, wie sie aus dem Ersten Weltkrieg nur allzugut bekannt war; einige schreckten vor dem Plan zurück, in die neutralen Staaten Belgien, Holland und Luxemburg einzumarschieren, und einige wenige hegten auch Zweifel, was das nationalsozialistische Regime als solches betraf. Letztere standen mit einigen gleichgesinnten Beamten des deutschen Auswärtigen Amtes in Kontakt und leiteten mit ihrer Unterstützung eigene Friedensbemühungen ein. Außerdem wurden einige Beamte auch auf eigene Faust aktiv. Obwohl diese Anstrengungen in denselben Monaten stattfanden wie die Aktivitäten Hitlers und Görings, waren sie vom Führer natürlich nicht genehmigt; vielfach wurde sogar der Sturz Hitlers als Voraussetzung für den Frieden angesehen. Die Bemühungen dieser Personen werden deshalb am Ende dieses Abschnitts gesondert diskutiert.[172]

Andere Länder waren ebenfalls daran interessiert, den offiziellen Kriegszustand zu beenden. Bei Ribbentrops zweitem Moskau-Besuch hatten sich Deutschland und die Sowjetunion geeinigt, daß ein Friede, nun, da Polen von der Landkarte getilgt war, durchaus angezeigt wäre. Um die deutsche Politik zu unterstützen und in Übereinstimmung mit den sowjetischen Interessen, wie Stalin sie sah, starteten die Sowjetunion und die kommunistischen Parteien rund um den Erdball eine großangelegte Friedenskampagne.[173] Stalin hatte klargemacht, daß er das Verschwinden Polens und der Tschechoslowakei für völlig angemessen hielt, und ein Friede, der die Situation in Osteuropa festschrieb, hätte nicht nur die Anerkennung der deutschen, sondern auch der sowjetischen Gewinne bedeutet. Wenn der Krieg jedoch fortgesetzt wurde, würden nach Stalins Ansicht sich nur die kapitalistischen Mächte zum Vorteil der Sowjetunion zerfleischen.

Auch die Italiener hatten eine Zeitlang gemeint, Nutzen aus einem Friedensschluß ziehen zu können. Sie brauchten mehr Zeit, um sich auf einen Krieg mit Frankreich und Großbritannien vorzubereiten, und ein Friedensschluß hätte ihnen diese Zeit verschafft. Außerdem hätte er die Verlegenheit gemindert, die Mussolini darüber empfand, daß er nicht in der Lage gewesen war, Hitler sofort in den Krieg zu folgen. Die Italiener wußten jedoch von Anfang an, daß nur bei großen und echten Zugeständnissen der Deutschen eine kleine Hoffnung bestand, daß die Westmächte die deutschen Vorschläge ernst nehmen würden. Sie merkten rasch, daß keine Aussicht auf solche Zugeständnisse bestand, und gaben ihre Friedensbemühungen wieder auf.[174] Ungarn hatte ebenfalls kurze Zeit versucht, Kontakte für Friedensverhandlungen herzustellen.[175] Die belgische und die niederländische Regierung mahnten zum Frieden, als eine deutsche Invasion wahrscheinlich wurde[176], und Einzelpersonen aus anderen neutralen Ländern, wie der norwegische Bischof Eivind Berggrav, unternahmen eigene diplomatische Anstrengungen[177]. Da die deutsche Regierung keine

Anstalten machte, irgend etwas preiszugeben, das sie bis jetzt gewonnen hatte – und das die Basis für weitere Gewinne bilden sollte –, scheiterten alle diese Bemühungen.

Ob es zu einem Frieden kommen würde, hing unter den damaligen Umständen wesentlich von der Politik Frankreichs und Großbritanniens ab. Es gibt Hinweise, daß der französische Außenminister George Bonnet Verhandlungen in Erwägung zog. Er wurde jedoch schon bald von Ministerpräsident Edouard Daladier entlassen. Daladier übernahm das Außenministerium am 13. September selbst. Er unternahm zwar verschiedene Versuche, die Feindseligkeiten in andere Regionen Europas – also möglichst weit weg von Frankreich – zu verlagern, aber er war ein entschlossener Mann und nicht bereit, mit Deutschland einen Friedensvertrag auszuhandeln, in dem er die deutschen Eroberungen anerkannt hätte. Das Quellenmaterial über die damalige Politik ist noch nicht ganz vollständig, aber soweit es vorliegt, beweist es, daß in Frankreich keinerlei Bereitschaft bestand, mit Deutschland zu verhandeln, bevor es Polen geräumt, die Tschechoslowakei wiederhergestellt und sich aus Österreich zurückgezogen hatte. Auch wenn die britische Vermutung, daß Frankreich diesmal eine Zerstückelung Deutschlands anstrebte, nicht zutraf, ist sicher, daß die französische Regierung nur unter Bedingungen zu verhandeln bereit war, die Deutschland mit Sicherheit abgelehnt hätte.[178]

Das britische Kabinett machte sich schon ab dem 9. September Gedanken über die Wirkung, die eine deutsche Friedensoffensive auf die öffentliche Meinung in Großbritannien und anderswo haben würde. Großbritannien wollte deutlich machen, daß es fest entschlossen war zu kämpfen. Premierminister Neville Chamberlain wollte unbedingt den Anschein vermeiden, Großbritannien sei bereit, mit dem gegenwärtigen deutschen Regime zu verhandeln, und erklärte: »Die zentrale Voraussetzung für jede Lösung der europäischen Probleme ist der Sturz der Hitler-Diktatur.«[179] Daß die Briten nach dem Bruch des Münchner Abkommens jedes Vertrauen in das Hitler-Regime verloren hatten, war schon im Sommer 1939 deutlich geworden. Damals hatten sie die Wiederherstellung der Tschechoslowakei zur unabdingbaren Voraussetzung jedes neuen britisch-deutschen Abkommens erklärt.[180] Nach dem deutschen Angriff auf Polen bestand Großbritannien nicht mehr nur auf der Räumung Polens und der Wiederherstellung der Tschechoslowakei, sondern auch auf einer völlig neuen deutschen Regierung. Die Erfahrung hatte die Briten gelehrt, daß Verträge mit Hitler das Papier nicht wert waren, auf dem sie standen. Der Sturz des Hitler-Regimes war inzwischen zu einem zentralen Ziel der britischen Regierung geworden, und jedes Abkommen mit Hitler wäre für sie kontraproduktiv gewesen, da es ihn gestärkt hätte, statt zu seinem Sturz beizutragen.

Die Diskussion in London und die Konsultationen zwischen London und Paris spiegeln diese Positionen wider. Es ging darum, die Ablehnung des Hitler-Regimes deutlich zu machen und doch den Deutschen zu vermitteln, daß sie, wenn sie die NS-Diktatur stürzten und die Unabhängigkeit Polens und der Tschechoslowakei wiederherstellten, mit einer akzeptablen Existenz in einem friedlichen Europa rechnen könnten. In einer Reihe von Debatten innerhalb der britischen Regierung wurden diese Punkte klar herausgearbeitet.[181] Deutschland mußte Polen räumen. Die Frage, was mit den sowjetisch besetzten Teilen Polens zu geschehen hätte, wurde offengelassen. Allerdings erkannten die Briten an, daß sich nach der beim zweiten Treffen zwischen Ribbentrop und Stalin gezogenen neuen Grenze die meisten Personen polnischer Volkszugehörigkeit auf deutschem Gebiet befanden.[182] Die britische Regierung war nicht bereit, sich auf die künftigen Grenzen oder die künftige innere Struktur der Tschechoslowakei festzulegen, aber über einen Punkt gab es keine Diskussionen. Deutschland mußte die volle Unabhängigkeit dieses Landes wiederherstellen. Im Gegensatz zur Sowjetunion hatten Großbritannien und Frankreich die Auslöschung der Tschechoslowakei nie als rechtmäßig anerkannt und die Botschafter der Prager Regierung weiterhin als legitime Vertreter ihres Landes betrachtet.[183]

In all diesen Punkten gab es zwischen London und Paris keine Meinungsverschiedenheiten.[184] Die österreichische Frage war dagegen nicht so leicht zu lösen. Aus den verfügbaren Quellen geht hervor, daß die französische Regierung unter allen Umständen auf einem völlig unabhängigen Österreich bestand, während die britische für eine echte Volksabstimmung eintrat und jede Entscheidung der österreichischen Wähler vorbehaltlos akzeptieren wollte.[185] Das Problem war damals jedoch nicht dringlich. Es sollte später, lange nach der Niederlage Frankreichs, von einer anders zusammengesetzten antideutschen Koalition gelöst werden.[186]

Bei den Gesprächen in London war man sich einig, daß diese politischen Ziele Großbritannien zu Hitlers Hauptfeind machen würden. Die deutsche Regierung würde Großbritannien aus der Luft und mit allen anderen verfügbaren Mitteln angreifen, und sie würde mit allen Kräften versuchen, von den durch Deutschland besetzten Ländern Holland, Belgien und Luxemburg aus England zu vernichten, bevor sie sich nach Osten wandte.[187] Es schien jedoch kaum Alternativen zu geben. Als sich erstmals Personen meldeten, die behaupteten, dem deutschen Widerstand anzugehören, nahm die britische Regierung über ihre Agenten in den Niederlanden Kontakt zu ihnen auf. Die Folgen waren katastrophal. Die britischen Geheimdienstbeamten wurden von der SS, die das ganze Unternehmen organisiert hatte, gekidnappt, und ein holländischer Offizier wurde ermordet. Das Ereignis fand am 9. November 1939 statt und wird nach der niederländischen Stadt, in der die Entführung stattfand, allgemein als der Venlo-Zwischenfall bezeichnet. Alle späteren Kontakte zwischen den Briten und Deutschen, die behaupteten, dem Widerstand anzugehören, waren durch den Vorfall belastet. Trotzdem versuchte die britische Regierung für den größten Teil des Winters weiterhin auf diesem Weg etwas zu erreichen.[188]

Das Grundproblem blieb jedoch von Anfang bis Ende gleich. »Ich kann mir unter den gegebenen Umständen nicht vorstellen, daß die deutsche Regierung ein Friedensangebot macht, das für die Regierung Seiner Majestät oder für die französische Regierung akzeptabel wäre«[189], sagte der britische Außenminister Lord Halifax am 19. September nach ersten Kontakten mit Dahlerus. Als das Kabinett am 7. und

9. Oktober über ein mögliches deutsches Angebot debattierte, bestand Einigkeit über die wichtigsten Kriegsziele. Hitler sollte gestürzt, Polen und die Tschechoslowakei sollten wiederhergestellt und Deutschland sollte entwaffnet werden. Außerdem war man sich einig, daß man dem Wort der bestehenden deutschen Regierung keinen Glauben schenken durfte.[190] Die Position, die Chamberlain in seiner Rede vom 12. Oktober der Öffentlichkeit präsentierte, war mit großer Sorgfalt ausgearbeitet. Großbritannien hatte die Dominions und Frankreich konsultiert und auch Churchill als Ersten Lord der Admiralität an der Formulierung beteiligt. Dieser war mit dem Ergebnis zufrieden und übernahm es als Nachfolger Chamberlains für seine eigene Regierung.[191] Chamberlain erklärte in aller Öffentlichkeit, Hitlers Vorschlag, Großbritannien und Frankreich sollten sich mit den von Deutschland begangenen Taten abfinden, sei für Großbritannien absolut inakzeptabel. Das Land habe keine Wahl, als weiterzukämpfen, bis die Unabhängigkeit der unterjochten europäischen Länder wiederhergestellt, das Hitler-Regime gestürzt und Deutschland solchen Restriktionen unterworfen sei, daß es nicht ein drittes Mal versuchen könne, Europa zu erobern und die Welt zu beherrschen.[192]

Die deutsche Reaktion auf die britischen und französischen Friedensbedingungen fiel wie erwartet negativ aus. Deutschland war nicht bereit, Polen zu räumen, von einer Wiederherstellung der Tschechoslowakei ganz zu schweigen. Hitler hatte Polen ja gerade erobert, um sich bei einem Angriff im Westen eine ruhige Ostfront zu sichern; er würde niemals zulassen, daß dort wieder ein unabhängiger Staat entstand. Immer wieder betonte er, die polnische Frage gehe nur Deutschland und die Sowjetunion etwas an, und diese Staaten würden sie nach ihrem Gutdünken regeln. Er war keineswegs bereit, irgendwelche britischen Interessen in diesem Konflikt zu berücksichtigen.*

Der Vorschlag, daß die Tschechoslowakei ihre Unabhängigkeit wiedererlangen sollte, machte ihn wütend. Er hatte das Schicksal der über drei Millionen tschechischen Bürger deutscher Abstammung nie wirklich ernst genommen und sie nur instrumentalisiert, um die Tschechoslowakei zu zerstören. Also konnte er nicht verstehen, daß ihr Schicksal anderen wichtig gewesen war. Daß Großbritannien darauf bestand, er müsse den Bruch des Münchner Abkommens rückgängig machen, um seine internationale Glaubwürdigkeit wiederherzustellen, war ihm völlig unbegreiflich. Wenn seine eigenen und Görings Friedensbemühungen im Lager des Feindes Zweifel säten und Verwirrung stifteten, war ihm das recht. Konzessionen würde er keine machen.[193] Am 14. Oktober meinte er Goebbels gegenüber, er sei erfreut, daß

---

* Viele Historiker haben die Ansicht vertreten, Hitler hätte auf ein Abkommen mit England wirklich Wert gelegt. Sie verglichen nie die Rücksicht, die er auf die Interessen Italiens, Japans, der Türkei, der Sowjetunion und anderer Länder nahm, mit denen er handelseinig werden wollte, mit der absoluten Rücksichtslosigkeit, die er gegenüber den Interessen Großbritanniens an den Tag legte. Siehe dazu Gerhard L. Weinberg, »Hitler and England, 1933–1945: Pretense and Reality«, in: *German Studies Review* 8 (1988), S. 299–309.

das Gerede vom Frieden nun endlich vorüber sei und man sich voll auf den Krieg gegen England konzentrieren könne.[194]

Hitlers Begeisterung für die Fortsetzung des Krieges wurde in Deutschland nicht von jedermann geteilt, und wie erwähnt nahmen deutsche Militärs über diplomatische und andere Kanäle Kontakt mit der britischen Regierung auf. Sie hofften, die Kommandeure, die mit Hitlers Offensive im Westen nicht einverstanden waren, für einen Militärputsch gewinnen zu können, wenn ihnen die Westmächte zusicherten, daß der Westen einen Regierungswechsel in Deutschland nicht ausnutzen würde. Hitler sollte zunächst vielleicht durch Göring und dann durch einen Nicht-Nazi ersetzt werden.[195] Der vielversprechendste dieser Kontaktversuche fand in Rom statt und wurde vom Geheimdienst des deutschen Oberkommandos der Wehrmacht (der Abwehr) unternommen. Papst Pius XII. sollte als Vermittler dienen. Er erörterte die Angelegenheit mit dem britischen Gesandten im Vatikan.[196] Einen anderen Kontakt stellte der frühere deutsche Botschafter in Italien, Ulrich von Hassell, über einen Mann her, der sich, ohne daß Hassell dies gewußt hätte, als ziemlich zweifelhafter Charakter entpuppen sollte.[197]

Da die Briten den Sturz des Hitler-Regimes als wichtiges Kriegsziel betrachteten, waren sie natürlich an solchen Kontakten höchst interessiert, auch wenn mehrere Faktoren sie mißtrauisch machten. Die Kontaktleute wollten nur allzuoft alles oder fast alles behalten, was Hitler erobert hatte, und ihre Auftraggeber wirkten deshalb von außen betrachtet gar nicht soviel besser als die Regierung, die sie zu stürzen hofften. Auch schwebte über allem der Schatten von Venlo, ein Verdacht, der sofort wieder wach wurde, als von Hassell seinen Mittelsmann einsetzte. Vor allem jedoch deutete nichts darauf hin, daß die Regimegegner in der deutschen Armee je den Mut aufbringen würden zu handeln. Wie wir heute wissen, handelten sie tatsächlich erst Jahre später. Aufgrund dieser Unsicherheiten gaben die Briten den Kontaktleuten zwar zu verstehen, daß London großes Interesse an einer neuen Regierung in Deutschland habe und mit einer solchen Regierung einen Frieden schließen würde, der Deutschland eine angemessene Stellung in einem friedlichen Europa sichern würde. Weitergehende Verpflichtungen wollten sie jedoch nicht eingehen. Aus dieser Haltung ließ sich ablesen, daß Deutschland seine Unabhängigkeit behalten würde, wenn es seine Beute wieder freigeben würde. Genauer wollte sich Großbritannien erst dann festlegen, wenn diejenigen Kräfte in Deutschland, die nur darauf warteten, gegen das NS-Regime loszuschlagen, auch wirklich losschlagen würden.

Im November 1939 verübte der Schreiner Johann Georg Elser auf sich allein gestellt einen mutigen und gut durchdachten Anschlag auf Hitler. Er wollte ihn in die Luft sprengen, wenn er zum Jahrestag des gescheiterten Putschs von 1923 in München vor seinen Anhängern sprach. Die Bombe explodierte, aber Hitler überlebte, weil er die Versammlung früher als geplant verlassen hatte, um an einer Militärkonferenz in Berlin teilzunehmen. Elser wurde am 9. April 1945 im KZ Dachau ermordet.[198] Im Gegensatz zu Elser waren die deutschen Militärführer nicht mehr willens, etwas

gegen Hitler zu unternehmen. Statt dessen beteiligten sie sich an Planung und Durchführung einer ganzen Serie von Angriffen auf neutrale Länder und verspielten damit
jede Glaubwürdigkeit, die sie oder ihre zivilen Verbündeten bei den Alliierten besessen
hatten – ein Verhalten, das alle späteren Kontakte zwischen den Alliierten und oppositionellen Kräften in Deutschland belasten sollte. Der Krieg ging weiter.

FRÜHE ENTWICKLUNGEN AN DER HEIMATFRONT

Die ersten Erschütterungen des Krieges verursachten in allen kriegsbeteiligten Ländern lokale Probleme und Mißhelligkeiten. Weil im Westen keine ernsthaften Kämpfe
stattfanden und die erwarteten massiven deutschen Bombenangriffe ausblieben, breitete sich in Großbritannien und Frankreich eine unwirkliche Atmosphäre aus. Daß
der Konflikt als »Scheinkrieg« bezeichnet wurde, war für dieses Gefühl der Verwirrung symptomatisch. Es löste in Ermangelung einer klaren und entschlossenen Führung eher eine innere Spaltung aus, als daß nachhaltige Anstrengungen gemacht
worden wären. Auch in Deutschland herrschte beträchtliche Unzufriedenheit, die
jedoch mit Stolz über den triumphalen Sieg über die verhaßten Polen gepaart war.
Gleichzeitig begann das nationalsozialistische Regime seine Ziele verstärkt in die Tat
umzusetzen.

Der rassistische Kern der nationalsozialistischen Ideologie war von Anfang an
unübersehbar gewesen, und die ersten Maßnahmen zu ihrer Umsetzung hatten schon
1933, in den ersten Monaten der NS-Herrschaft, begonnen. Ein Aspekt dieser Politik
war die Judenverfolgung. Sie begann mit einem ungemein populären Programm zur
Diskriminierung der jüdischen Bürger Deutschlands, die weniger als ein Prozent der
deutschen Bevölkerung stellten. In den Jahren von 1933 bis 1939 wurden diese Maßnahmen immer schärfer, brutaler und gewaltsamer. Sie sollten die Juden nach und
nach aus dem Land treiben, nachdem man ihren Besitz konfisziert hatte. Die Vertreibung war im September 1939 zur Hälfte und die Enteignung fast völlig abgeschlossen. Dies war jedoch nur der Anfang. In seiner Rede am 30. Januar 1939 hatte
Hitler dem Reichstag und der Welt verkündet, daß ein weiterer Weltkrieg die Vernichtung der europäischen Juden bedeuten würde.[199] Als er den Krieg im September
begann, wurden zahlreiche polnische Juden von deutschen Soldaten, Polizisten und
speziellen Todeskommandos der SS ermordet. Die systematische Vernichtung hatte
aber noch nicht begonnen. Hitler probierte sie zunächst an Teilen der eigenen »ari-
schen« Bevölkerung aus.

Erste rassistische Maßnahmen, die den über 99 Prozent der deutschen Bevölkerung
galten, die keine Juden waren, hatten ebenfalls schon 1933 eingesetzt. Das Regime
hatte seine Bürger einerseits aufgefordert, früh zu heiraten und zahlreiche Nachkom-
men zu zeugen, während es andererseits Menschen mit angeblichen Erbkrankheiten
hatte zwangssterilisieren lassen. Auch diese Politik wurde in den Jahren nach 1933
verschärft, aber die entscheidende Radikalisierung fand kurz nach Kriegsausbruch

statt. Das Regime hatte seit Jahren die Idee propagiert, unheilbar Kranke zu töten, statt sie zu pflegen. Im Juli 1939, als der Krieg bereits beschlossene Sache war, faßte es die staatliche Umsetzung dieser Idee für die nahe Zukunft ins Auge, und als der Krieg begonnen hatte, wurde der systematische Massenmord in die Tat umgesetzt. Im Oktober 1939 befahl Hitler in einem geheimen schriftlichen Erlaß, der auf den 1. September, den Tag des Kriegsausbruchs, rückdatiert war, den Start der euphemistisch als »Euthanasieprogramm« bezeichneten Aktion. Im Rahmen dieser Aktion wurde erstmals systematisch eine Gruppe von Menschen erfaßt, zu eigens vorbereiteten Institutionen transportiert, die erfaßten und eingelieferten Menschen wurden getötet und ihre Leichen beseitigt.

Unter Beteiligung wichtiger Teile der SS und der deutschen Ärzteschaft wurden Tausende von Deutschen aus Krankenhäusern, psychiatrischen Einrichtungen und Altersheimen geholt, in eine kleine Anzahl von Todesfabriken gekarrt, ermordet und verbrannt. Im August 1941 fand in der Todesfabrik von Hadamar ein besonderes Fest für die Mitarbeiter statt, mit dem die Einäscherung der zehntausendsten Leiche begangen wurde.[200]

Mehrere Aspekte dieses entsetzlichen Prozesses verdienen besondere Beachtung. Im Gegensatz zu anderen Grausamkeiten vor und nach 1939 war die Gewaltanwendung bei diesen Maßnahmen nicht willkürlich. Es handelte sich nicht um einzelne Morde, sondern vielmehr um die systematische, bürokratisch organisierte Selektion einer bestimmten Kategorie von Menschen, die routinemäßig vernichtet wurden. Im Rahmen des Euthanasieprogramms konnten sowohl praktische Erfahrungen gesammelt als auch eine Gruppe von Menschen herangezogen werden, für die eine zivilisierte Gesellschaft keine Verwendung hat, die jedoch für die Verwirklichung der deutschen Rassenpolitik unentbehrlich waren – Personen, die andere Menschen nicht aus einer bestimmten Situation heraus, sondern tagtäglich ermorden, zwischen Frühstück und Mittagessen und vom frühen Nachmittag bis zum Abendessen. Die meisten Techniken der Erfassung, des Transports, der Ermordung und Leichenbeseitigung, die zum menschenverachtenden Kennzeichen der sogenannten »Neuen Ordnung« im von den Nazis beherrschten Europa werden sollten, wurden im Rahmen dieses Vernichtungsprogramms erstmals ausprobiert und perfektioniert. Andere hatten den Grundsatz vertreten, daß die Nächstenliebe zu Hause beginnt; für Hitler begann dort der Massenmord.

Ein weiterer Aspekt des Programms verdient Beachtung. Es löste in Deutschland Kritik und Widerstand aus. Einige Institutionen weigerten sich, ihre Patienten zur Ermordung freizugeben; in einigen Fällen kam es sogar zu offenem Widerstand, als die Busse kamen, um die Patienten in den, wie jedermann wußte, sicheren Tod zu fahren. Es herrschte ein allgemeines Unbehagen, zu dem nicht nur die Familien der Opfer beitrugen – die schnell Verdacht schöpften –, sondern auch Geistliche wie der Bischof von Münster, Clemens August Graf von Galen, der das Mordprogramm im August 1941 öffentlich anprangerte.[201] Angesichts dieser Proteste und wohlbegründeter Gerüchte, daß ein ähnliches Schicksal auch den eigenen Schwerstverwundeten zugedacht sei, stellte die Regierung das Programm teilweise ein. In geringerem Umfang wurde es jedoch während des ganzen Krieges fortgesetzt. Insbesondere wurden Säuglinge getötet, die angeblich schwere Behinderungen aufwiesen, und man ließ ältere Behinderte absichtlich verhungern. Wenigstens ein Teil der potentiellen Opfer war jedoch vorläufig sicher. Ihren Tod hatte das NS-Regime auf die Zeit nach dem Endsieg verschoben. Bis August 1941 waren über 100 000 Menschen getötet worden, und die Nationalsozialisten verfügten über eine solide Kerntruppe von Experten im bürokratisch organisierten Massenmord, für die sich sehr rasch neue Arbeit fand.

Während die Regierung in Deutschland den monströsen Krieg gegen die Kranken und Alten inszenierte, traf sie im besetzten Polen die notwendigen organisatorischen Maßnahmen, um ein Regime des Terrors, der Deportationen und des Massenmords zu errichten. Der allgemeine Charakter dieses Systems ist bereits skizziert worden; in diesem Kontext soll lediglich erwähnt werden, daß der Wehrmacht im Oktober 1939 die Verwaltung des besetzten Polen entzogen wurde.[202] Wie Hitler zu Goebbels sagte, war ihm das deutsche Militär zu weich.[203] Andere würden die von ihm geplanten Verbrechen widerspruchsloser und mit größerer Begeisterung ausführen.[204]

Das zweite Land, das Deutschland von der Landkarte getilgt hatte und um keinen Preis wiedererstehen lassen wollte, war die Tschechoslowakei. Die großen Gebiete dieses Landes, die Deutschland nach dem Münchner Abkommen annektiert hatte, wurden Deutschland angeschlossen, ähnlich den Gebieten, die Ungarn 1938 und 1939 annektiert und einem Prozeß der Magyarisierung unterworfen hatte. Dagegen waren die westlichen und zentralen Gebiete der Tschechoslowakei nach der Besetzung im März 1939 zum deutschen Protektorat erklärt worden, während der östliche Teil unter dem Namen Slowakei ein nominell unabhängiger Staat geworden war.

Im Protektorat verfolgten die Deutschen das Fernziel, diejenigen Tschechen zu entfernen, die nicht germanisiert werden konnten oder die das nicht wollten. Bis die Zeit dafür reif wäre, durften sie mit ihnen kollaborieren und hart für die deutsche Kriegswirtschaft arbeiten – unter einer eigenen Verwaltung, die von einem gewaltigen deutschen Verwaltungs- und Polizeiapparat überwacht wurde.[205] Die tschechische Verwaltung stand insgeheim sowohl mit den tschechischen Führern im Exil als auch mit einer sehr kleinen Untergrundbewegung in Kontakt. Sie erleichterte den deutschen Verwaltungsaufwand, und solange die Deutschen mit den Anforderungen des Kriegsgeschehens beschäftigt waren, entging die Mehrheit der tschechischen Bevölkerung vorläufig dem Schicksal, das ihr letztlich zugedacht war. Daß die Nazis ihre Vorliebe für Umsiedlung und Massenmord in Polen austobten, milderte vorläufig den Druck auf die viel kleinere tschechische Bevölkerung. Ein komplizierter rassischer Zensus, wie er ähnlich auch im besetzten Polen durchgeführt wurde, ließ jedoch für eine Zukunft Böses ahnen, in der sich die deutschen Prioritäten ändern würden. Mit Beginn des Zweiten Weltkriegs war die deutsche Polizei unter Karl H. Frank vom nominellen Chef des Protektorats Konstantin Freiherr von Neurath so unabhängig geworden, daß dieser nicht mehr mäßigend wirken konnte, wenn Schwierigkeiten auftraten. Als die Tschechen am 28. Oktober 1939 den Jahrestag ihrer Staatsgründung feiern wollten, kam es schnell zu Studentendemonstrationen. Die deutschen Behörden reagierten mit massiven Unterdrückungsmaßnahmen. Sie schlossen die Universitäten, erschossen einige Studenten, brachten über 2000 von ihnen ins KZ und drohten mit weiteren Terrormaßnahmen. Danach war die Lage relativ ruhig, und die Tschechen durften wieder für die deutsche Kriegswirtschaft arbeiten.[206] Diejenigen Deutschen, die zur Besiedlung slawischer Gebiete zur Verfügung standen, wurden vorläufig in Polen gebraucht.

Die slowakische Marionettenregierung hatte bereits Wohlverhalten gezeigt, indem sie sich am Krieg gegen Polen beteiligt hatte, und war von ihren neuen Verbündeten belohnt worden. Deutschland hatte der Slowakei polnische Gebiete zugesprochen, und die Sowjetunion hatte den Staat offiziell anerkannt. Das Land konnte, zumindest bis Deutschland 1940 im Westen gesiegt hatte, als eine Art Modell für andere Länder Osteuropas dienen, als Beweis, wie gut Deutschland Länder behandelte, die taten, was ihnen befohlen wurde.[207] Deutschland machte sich sogar die Mühe, über seine periodischen Forderungen mit der slowakischen Regierung zu verhandeln; ihre Führer wurden respektvoll behandelt; und ihr Präsident, Pater Tiso, durfte sogar seine Geburtstagsglückwünsche an Stalin in der *Prawda* veröffentlichen. Was hätte ein Staat in Osteuropa Besseres verlangen können?

Wie bereits erwähnt, wurde die Sowjetunion aktiv, um sich die Beute zu sichern, die ihr in dem geheimen Handel mit Deutschland zugesichert worden war. Estland und Lettland waren durch das deutsch-sowjetische Geheimprotokoll vom 23. August dem sowjetischen Interessengebiet zugeteilt worden. Und sobald die Sowjetunion mit dem Angriff auf Polen begonnen hatte, drängte sie darauf, daß sie mit ihr einen Beistandspakt abschlossen, der ihr erlaubte, auf ihrem Gebiet Truppen zu stationieren. Beide Staaten hielten dem sowjetischen Druck nicht stand, so daß Estland den Pakt am 29. September unterzeichnete und Lettland am 5. Oktober folgte.[208]

Bei ihrem Einmarsch in Polen hatte die Sowjetunion auch die Region um Wilna besetzt, die sie zuvor zur Abrundung des litauischen Gebiets den Deutschen versprochen hatte. Bei den Verhandlungen, die am 28. September in Ribbentrops zweiter Moskaureise kulminiert hatten, war beschlossen worden, Deutschland im Austausch gegen Litauen Zentralpolen zuzuteilen. Danach konnte Stalin auch die litauische Regierung zu einem Beistandspakt drängen. Er benutzte Wilna, auf das Litauen als einstige Hauptstadt des Landes seit langem Anspruch erhob, als Köder, und der Pakt wurde am 10. Oktober unterzeichnet. Die Sowjetunion versäumte nicht, die litauische Regierung darüber aufzuklären, daß sie einen Gebietsstreifen im Südwesten ihres Gebiets an Deutschland verlieren sollte[209], und nahm ihr damit jede Neigung, sich mit Deutschland zu verbünden. Außerdem versprach sie den Deutschen im Fall einer vollständigen Besetzung Litauens, mit der sowohl die Sowjetunion als auch Deutschland rechneten, auf dem Gebietsstreifen in Südwestlitauen keine Truppen zu stationieren. Es gibt schlicht keinen Hinweis darauf, warum die beiden Mächte nicht bereits im Herbst 1939 zu einer »permanenten« Teilung und Okkupation Litauens schritten, wie sie es mit Polen getan hatten[210], ein Problem, das Berlin und Moskau 1940 noch Kopfzerbrechen verursachen sollte.

DER FINNISCH-SOWJETISCHE KRIEG

Während die Sowjetunion in Polen und den drei baltischen Staaten einrückte, übte sie in Südosteuropa gleichzeitig Druck auf Rumänien, Bulgarien und die Türkei aus. Sie wollte ihren Einfluß in dieser Region unter dem Schutz des Abkommens mit Deutschland ausdehnen. In bezug auf Rumänien hatte Stalin territoriale Pläne. Im Jahr 1878 war Rumänien von Rußland gezwungen worden, Bessarabien abzutreten, obwohl vor der neuen Regelung Rumänien im Krieg gegen das Osmanische Reich tapfer an russischer Seite gekämpft hatte. Am Ende des Ersten Weltkriegs hatten die Rumänen die verlorene Provinz wieder zurückbekommen. Die Sowjetunion hatte sich jedoch geweigert, die neue Grenze anzuerkennen, und sie war die einzige 1917/18 entstandene sowjetische Grenze geblieben, die die Sowjetunion auch später nicht anerkannt hatte.[211]

Da die Mehrheit der Bevölkerung in dem Gebiet zwischen Pruth und Dnjestr ohne Zweifel nicht-slawisch war, liegt die Vermutung nahe, daß die russische Politik vor und während der Stalin-Zeit hauptsächlich strategisch motiviert war. Eine Annexion Bessarabiens hätte die Sowjetunion nicht nur an die Donaumündung gebracht. Sie wäre auch so nahe an Bulgarien herangerückt, daß Rumänien durch ein sowjetisch-bulgarisches Bündnis – besonders wenn Bulgarien Gebiete zurückerhalten hätte, die es einst an Rumänien verloren hatte – praktisch vom Schwarzen Meer abgeschnitten gewesen wäre und sich die Sowjetunion einen direkten Landweg bis dicht an den Bosporus eröffnet hätte. Ob Stalin schon 1939 territoriale Pläne hatte, die über Bessarabien hinausreichten, und auch auf andere Teile Rumäniens spekulierte, wie er es 1940 tat, ist bis heute ungewiß, könnte jedoch geklärt werden, wenn die Archive der ehemaligen Sowjetunion geöffnet werden.

Jedenfalls begann die Sowjetunion Ende 1939 territoriale Zugeständnisse von Rumänien zu verlangen, die sich zu diesem Zeitpunkt jedoch offiziell nur auf Bessarabien bezogen.[212] Gleichzeitig bemühte sich die sowjetische Regierung, in Bulgarien Einfluß zu gewinnen. Sie drängte auch dieses Land zu einem gegenseitigen Beistandspakt. Die Bestimmungen des ursprünglichen Vertragsentwurfs sahen allerdings keine Truppenstationierung vor, wahrscheinlich weil Bulgarien im Gegensatz zu den baltischen Staaten keine gemeinsame Grenze mit der Sowjetunion hatte.* Aus bulgarischer Sicht

---

* Litauen hatte *vor* dem Krieg zwar ebenfalls keine gemeinsame Grenze mit der Sowjetunion gehabt, aber dies hatte sich geändert, als russische Truppen Ostpolen besetzten.

bestand immer die Möglichkeit, im Zusammenhang mit den territorialen Forderungen der Sowjetunion an Rumänien ebenfalls rumänische Gebiete zu gewinnen. Außerdem bestand eine alte freundschaftliche Beziehung aus der Zeit, als Rußland Bulgarien geholfen hatte, vom Osmanischen Reich unabhängig zu werden. Trotzdem widerstrebte es der Regierung in Sofia, einen Beistandspakt zu schließen, denn es bestand immer die Möglichkeit, daß die Truppen des Verbündeten nach dem »Beistandsfall« das Land nicht mehr verlassen würden. Also schlug die bulgarische Regierung statt dessen einen Nichtangriffs- und Freundschaftsvertrag vor.[213]

Auch die Türkei wurde damals von der Sowjetunion zu einem Beistandspakt gedrängt. Sie erwies sich jedoch ebenfalls als widerspenstig und verbündete sich, wie bereits erwähnt, schließlich mit Großbritannien und Frankreich. Daß die Sowjetunion auf Rumänien, Bulgarien und die Türkei in den letzten Monaten des Jahres 1939 nicht mehr Druck ausübte, lag keineswegs daran, daß sie von Deutschland gebremst worden wäre. In den Geheimverhandlungen mit Moskau hatte Berlin dem sowjetischen Anspruch auf Bessarabien zugestimmt und zugesichert, sich in der gesamten Region politisch uninteressiert zu verhalten. Ribbentrop war autorisiert gewesen, der Sowjetunion das gesamte Gebiet bis zum Bosporus zu überlassen, aber Stalin war damals nicht auf die Idee gekommen, so viel zu verlangen.[214] Was Rumänien und Bulgarien zunächst rettete, war das Ergebnis des Drucks, den die Sowjetunion zur gleichen Zeit auf Finnland ausübte.

Die Sowjetunion hatte mit der finnischen Regierung 1938 und 1939 wiederholt über Grenzkorrekturen zu ihren Gunsten gesprochen, die angeblich die Verteidigung Leningrads erleichtern sollten. In diesen Gesprächen war es zu keiner Einigung gekommen.[215] Inzwischen hatte die Sowjetunion sich der deutschen Zustimmung versichert, daß neben Ostpolen und den drei baltischen Staaten auch Finnland zum sowjetischen Einflußbereich gehörte, und sie wurde, während sie die baltischen Staaten unterwarf, auch gegen Finnland aktiv.[216] In allen Fällen wurden Diplomaten nach Moskau bestellt, denen die sowjetischen Forderungen präsentiert wurden. Auch Finnland wurde ein gegenseitiger Beistandspakt vorgeschlagen, ansonsten gab es jedoch beträchtliche Unterschiede zum Umgang mit den baltischen Staaten. Finnland sollte der Sowjetunion nur einen und nicht mehrere Militärstützpunkte zur Verfügung stellen. Außerdem sollte es zwar beträchtliche Gebiete in Karelien, nördlich von Leningrad, und an seiner Nordküste den westlichen Teil der Fischerhalbinsel abtreten, dafür aber beträchtliche Gebiete in Ostkarelien erhalten.

In den Verhandlungen von Ende Oktober bis Anfang November 1939 ließ sich Finnland auf eine geringfügige Erweiterung der ursprünglich angebotenen territorialen Konzessionen ein, während die Sowjetunion sich bereit erklärte, auf einen Beistandspakt zu verzichten und ihre territorialen Forderungen ein wenig zu mäßigen.[217] Die Sowjetführer erwarteten offensichtlich, daß es zu einer Einigung kommen würde, und auch die Vertreter der finnischen Regierung hielten dies für möglich. Trotzdem wurden die Gespräche am 9. November ergebnislos abgebrochen,

wobei die Finnen vermutlich mit erneuten Verhandlungen rechneten. Die Sowjetunion bewegte sich jedoch sehr schnell in eine ganz andere Richtung. Sie traf schon
ab dem 13. November Vorkehrungen, um eine Marionettenregierung aus finnischen
Kommunisten im russischen Exil zu bilden. Auch die militärischen Vorbereitungen
scheinen zu diesem Zeitpunkt begonnen zu haben, obwohl die Sowjetregierung
schon seit Sommer 1939 einen Krieg gegen Finnland erwogen hatte.[218] Molotow
hatte am 31. Oktober, als die Verhandlungen noch im Gange waren, eine Rede
gehalten, in der er das deutsch-sowjetische Abkommen gelobt, die territorialen Gewinne in Polen begrüßt, Großbritannien und Frankreich zur Beendigung des Kriegs
mit Deutschland aufgefordert und die sowjetischen Forderungen an Finnland aufgelistet hatte.[219] Damit hatte sich die sowjetische Regierung öffentlich festgelegt und
erwartete prompte Zustimmung. Sie war fest entschlossen, die Gelegenheit nicht
ungenutzt verstreichen zu lassen.

Die Sowjetunion ging nach einem sorgfältig vorbereiteten Plan vor. Sie arrangierte
am 26. November einen Zwischenfall und machte Finnland dafür verantwortlich.
Am 29. November brach sie die diplomatischen Beziehungen ab. Am 1. Dezember
wurde eine Marionettenregierung unter Führung des finnischen Exilkommunisten
Otto W. Kuusinen gebildet, die nominell in der soeben von den Sowjets besetzten
kleinen Stadt Terijoki ihren Sitz hatte. Am 2. Dezember unterzeichnete die sowjetische
Regierung einen Beistands- und Freundschaftspakt mit der neuen Regierung und
einigte sich mit ihr auf die Grenze, die Stalin schon in den Moskauer Verhandlungen
vorgeschlagen hatte.* Als die Regierung in Helsinki um Friedensverhandlungen nach-
suchte, lehnte die Sowjetunion mit der Begründung ab, daß sich die wirkliche
Regierung Finnlands nicht im Kriegszustand mit der Sowjetunion befinde; für die
Sowjets zählte nur noch die Regierung Kuusinen, und mit ihr waren die Beziehungen
exzellent.

Welche Hoffnungen und Absichten Stalin damals hatte, entzieht sich unserer
Kenntnis. Waren seine ursprünglichen Forderungen nur der erste Schritt zu einer
Annexion Finnlands? Wurde der Angriff, der parallel zur Installierung der Regierung
Kuusinen stattfand, mit diesem Ziel geplant? Oder ging es dem Sowjetführer tatsächlich nur um die Sicherheit seines Landes, und wenn ja, meinte er wirklich, sie
mit den angewandten Methoden gewährleisten zu können? Diese Fragen sind nicht
endgültig zu klären. Die spätere Annexion der baltischen Staaten, die Beschaffenheit
der Regierung Kuusinen und die Grundtendenz des Hitler-Stalin-Pakts sprechen

---

* Die Regierung Kuusinen stellte auch eigene Streitkräfte auf. Das ganze Projekt wirkt im
nachhinein wie ein Probelauf für die Maßnahmen, die die Sowjetunion später in Polen ergriff,
als sie in Lublin ein neues Regime installierte, das ebenfalls über eigene Streitkräfte unter
General Berling verfügte. Es bestehen jedoch zwei gravierende Unterschiede. Finnland wurde
im Gegensatz zu Polen nicht von der Roten Armee besetzt, und die Regierung Kuusinen wäre
für die abgetretenen Gebiete mit sowjetischem Territorium entschädigt worden, während Polen
deutsche Gebiete erhielt.

durchweg für die Absicht, Finnland letztlich zu annektieren. Es ist jedoch möglich, daß Stalin zunächst selbst nicht genau wußte, was er wollte. Ganz gewiß hegte er die Erwartung, daß Finnland seine Forderungen erfüllen würde. Als es sich weigerte, setzte er sich vielleicht neue Ziele und strebte statt einer beschränkten Grenzkorrektur nun eine sofortige Annexion Finnlands an.

Stalin und Molotow haben wiederholt behauptet, sie hätten Großbritannien daran hindern wollen, Finnland als Basis zu nutzen. Dieses Argument läßt sich jedoch schlecht mit der Tatsache vereinbaren, daß die Sowjetunion nach Beendigung des Finnisch-Sowjetischen Krieges Petsamo an Finnland zurückgab – den Hafen, über den Großbritannien mit Finnland Verbindung halten konnte. Noch absurder ist die Behauptung, das sowjetische Vorgehen sei gegen Deutschland gerichtet gewesen. Denn die Sowjetunion hatte die deutsche Grenze gerade selbst näher an Moskau herangebracht, indem sie Zentralpolen an Deutschland abgetreten hatte. Was immer die Ziele der Sowjetunion bei Eröffnung der Feindseligkeiten gewesen sein mögen, sie rechnete zweifellos damit, einen schnellen, entscheidenden und leichten Sieg erringen zu können.

Stalin wurde offenbar durch seine eigene Ideologie und durch die überholten und irreführenden Lagebeurteilungen finnischer Exilkommunisten zu dem Glauben verführt, ein paar Luftangriffe auf die finnische Hauptstadt und ein paar Posaunensignale aus Moskau würden ausreichen, um die Mauern des finnischen Widerstands zum Einsturz zu bringen und die Regierung Kuusinen nach Helsinki zu befördern.[220] Diese Erwartungen wurden jedoch bitter enttäuscht.

Die sowjetischen Truppen, die bei den großen Offensiven auf der karelischen Landenge, im Norden des Ladoga-Sees, in Zentralfinnland und im Norden gegen Petsamo eingesetzt wurden, waren auf einen Krieg bei größtenteils arktischem Wetter und Terrain schlecht vorbereitet und für schwere Gefechte nicht ausgebildet. Außerdem wurden sie von den eingeschüchterten und unfähigen Nachfolgern jener Offiziere geführt, die während der Säuberungen deportiert oder getötet worden waren.[221] Nur den bei Petsamo gelandeten Truppen gelang es, die Stadt und ihre Nickelminen einzunehmen und ein Stück nach Süden vorzudringen – in ein Gebiet, das zuvor im Rahmen des finnisch-sowjetischen Abkommens entmilitarisiert worden war. Auf der karelischen Landenge brachten die Finnen die sowjetische Hauptoffensive vor einer Kette von Feldbefestigungen zum Stehen, die nach dem finnischen Oberbefehlshaber Mannerheim-Linie hieß. Auch die sowjetischen Einheiten, die zwischen dem Ladoga-See und Petsamo nach Finnland vorstießen, wurden zum Stehen gebracht oder vernichtet, wobei sie enorme Verluste erlitten. Die erbitterten Kämpfe, die eindeutig schlecht für die Russen verliefen, führten zu einer internationalen Lage, mit der niemand gerechnet hatte, und lösten eine ganze Serie folgenschwerer politischer Reaktionen aus.

Die legitime finnische Regierung hoffte auf eine Wiederaufnahme der Verhandlungen, während sie gleichzeitig ihre Kräfte mobilisierte. Es ist jedoch zweifelhaft, ob die Regierung in Helsinki, wenn die Sowjetunion sich im Dezember oder Januar zu Verhandlungen bereit erklärt hätte, mögliche Friedensbedingungen hätte akzeptieren können. Denn die finnische Position wäre von einer Öffentlichkeit geprägt gewesen, die über die schnellen Siege begeistert war und von künftigen Gefahren nichts ahnte. Einige Schweden kamen ihrem Nachbarland zu Hilfe, aber die schwedische Regierung wollte sich unter keinen Umständen in einen Krieg verwickeln lassen. Die finnische Regierung versuchte wiederholt, diplomatische Unterstützung von Deutschland zu bekommen. Berlin rechnete Finnland jedoch der sowjetischen Einflußsphäre zu und rührte keine Hand für die Finnen. Deutschland war sogar bereit, der Sowjetunion als Dank für ihre Unterstützung im Krieg gegen Großbritannien und Frankreich zu helfen und ihren Sieg zu beschleunigen. Die Kämpfe konnten Deutschland nichts nützen. Sie drohten, die Verfügbarkeit sowjetischer Ressourcen für die deutschen Kriegsanstrengungen zu vermindern, und sie gaben den Alliierten die Möglichkeit, in Skandinavien zu intervenieren, was die deutschen Erzimporte aus Schweden gefährdet hätte. Deutschland weigerte sich, Waffen an Finnland zu verkaufen, und versuchte zu verhindern, daß die wenigen Waffen, die Finnland in Italien kaufen konnte, ihren Bestimmungsort erreichten. Gleichzeitig gab es Schweden zu verstehen, daß es mit einer deutschen Invasion zu rechnen hätte, falls es seinem Nachbarn zu Hilfe kommen sollte.[222]

Finnland hatte sich auf die finnisch-sowjetischen Verträge verlassen. Jetzt appellierte es an den Völkerbund, wo es große Sympathie, aber wenig praktische Hilfe fand. Daß die Sowjetunion aus dem Völkerbund ausgeschlossen wurde, nützte Finnland überhaupt nichts. Es verstärkte jedoch das Mißtrauen, das die Sowjetunion gegen solche internationalen Institutionen schon gehegt hatte, als sie dem Völkerbund 1934 eher widerstrebend beigetreten war.[223]

Ein Faktor, der die Politik der Sowjetunion wahrscheinlich mehr beeinflußte als die Haltung des Völkerbunds, war die Frage, ob Großbritannien und Frankreich Finnland unterstützen würden. Wie bereits erwähnt, gab es innerhalb und zwischen den Regierungen der Westmächte heftige Diskussionen über die Möglichkeit, durch eine Intervention zugunsten Finnlands indirekt Deutschland zu treffen. Jede Hilfe für Finnland hätte, auch wenn es sich nur um Material gehandelt hätte, den Finnisch-Sowjetischen Krieg verlängert und die Hilfe verringert, die Stalin Hitler leisten konnte. Eine westliche Intervention mit Truppen hätte praktisch nur über Norwegen und Schweden führen können und Deutschland von den schwedischen Erzgruben abgeschnitten. Außerdem hätte die Entsendung alliierter Truppen an die finnische Front zwangsläufig Krieg mit der Sowjetunion bedeutet, und die Alliierten hätten durch eine Bombardierung der sowjetischen Ölfelder im Kaukasus sowohl die Sowjetunion treffen als auch die sowjetischen Öllieferungen an Deutschland unterbinden können.

Über diese Pläne wurde endlos debattiert, ohne daß man sich zum Handeln entschlossen hätte. Die Debatten werfen jedoch ein Licht auf die französische und die britische Sicht des Krieges, und sie beeinflußten wahrscheinlich die Politik der Sowjetunion, der sie zwar nicht den Details, wohl aber dem Gegenstand nach bekannt wurden. Die Franzosen standen den Interventionsplänen sehr viel positiver gegenüber als die Briten, da sie den Krieg, wie gesagt, so weit wie möglich von ihrem Land fernhalten wollten, weil es im Ersten Weltkrieg so schrecklich verwüstet worden war. Auch entstand durch die Aktivitäten der großen französischen Kommunistischen Partei, die in treuer Befolgung der neuesten sowjetischen Direktiven eine sofortige Beendigung des Krieges mit Deutschland forderte[224], bei der französischen Regierung der Eindruck, die Sowjetunion sei enger mit Deutschland verbündet, als sie es tatsächlich war.

Die britische Regierung war dagegen äußerst skeptisch.[225] Sie scheint die Risiken einer Intervention etwas realistischer eingeschätzt zu haben*, und die Kommunisten in Großbritannien waren zahlenmäßig so unbedeutend, daß sie von der Regierung nicht ernst genommen werden mußten, auch wenn sie natürlich die Moskauer Friedensparolen ebenso nachplapperten wie ihre französischen Genossen. Außerdem hatte die Regierung Großbritanniens aufgrund ihrer eigenen Prinzipien und aus Rücksicht auf die öffentliche Meinung in den Vereinigten Staaten viel größere Skrupel, die Neutralität Norwegens und Schwedens zu verletzen. Und dieser Schritt schien zunehmend die notwendige Begleiterscheinung jeder wirksamen Hilfe für Finnland zu sein.

Wie stark das Mitgefühl auch sein mochte, das die schwedische und die norwegische Regierung angesichts der gefährlichen Lage ihres skandinavischen Nachbarn empfanden, sie waren um keinen Preis bereit, einen Krieg mit der Sowjetunion oder mit Deutschland zu riskieren. Schweden tat sehr viel, um Deutschland zufriedenzustellen. Es gestattete Hunderttausenden von deutschen Soldaten, sein Territorium auf dem Hinweg nach und dem Rückweg von verschiedenen Gebieten Norwegens zu durchqueren und ließ beim deutschen Angriff auf die Sowjetunion erneut Zehntausende passieren. Dies geschah, weil Schweden angesichts der damaligen Lage kaum Vergeltungsmaßnahmen von Großbritannien oder der Sowjetunion fürchten mußte. Hätte es im Jahr 1940 jedoch britische oder französische Truppen durch sein Land nach Finnland marschieren lassen, wäre eine militärische Reaktion Deutschlands sicher und eine sowjetische wahrscheinlich gewesen. Die Westmächte konnten daher nur handeln, wenn sie bereit waren, gegen Norwegen und Schweden zu kämpfen, und das wollten sie unter keinen Umständen. Bevor sie jedoch überhaupt zu einem endgültigen Entschluß kamen, hatte sich die Lage durch einen neuen politischen Kurs der Sowjetunion grundlegend verändert.

---

* Chamberlain verhielt sich äußerst vorsichtig, als er am 19. Dezember mit Daladier zusammentraf. Er lehnte die Aufstellung eines Expeditionskorps ab und befürchtete vor allem, ganz Skandinavien könnte unter sowjetisch-deutsche Kontrolle geraten, was für die Lage im Atlantik schlimme Folgen gehabt hätte.

Als auch die zweite Welle der russischen Offensiven scheiterte, ging Stalin militärisch und politisch neue Wege. Er führte aus der ganzen Sowjetunion massive Verstärkung an die finnische Front, insbesondere an die karelische Landenge, wo er eine gewaltige Offensive startete. Sie sollte den finnischen Widerstand niederringen, die Mannerheim-Linie durchbrechen und Finnland zur Kapitulation zwingen. Sobald die Vorbereitungen für die große Offensive weit genug gediehen waren, ließ Stalin die Regierung Kuusinen praktisch fallen und erklärte sich bereit, wieder mit der Regierung in Helsinki zu verhandeln, die sich zu seiner großen Überraschung als die wirkliche Regierung der Finnen entpuppt hatte. [226] Als die Rote Armee nun die finnischen Verteidigungslinien aufzurollen begann, erkannten die Finnen, daß weiterer Widerstand sinnlos war, und traten mit schwedischer Vermittlung in Friedensverhandlungen ein.

Die Sowjets stellten nun erheblich härtere Forderungen als zuvor und erweiterten sie im Lauf der Verhandlungen noch, vielleicht, weil sich die militärische Lage der Sowjetunion weiterhin kontinuierlich besserte. [227] Im Vergleich zu den Verhandlungen im Oktober forderte Stalin wesentlich größere Territorien im Süden, ein beträchtliches Gebiet in Zentralfinnland und ein wesentlich größeres Gelände für den sowjetischen Stützpunkt bei Hangö. Im Norden Finnlands stellte die Sowjetunion keine weiteren Forderungen, sondern gab sich mit dem erwähnten Westteil der Fischerhalbinsel zufrieden. Petsamo wurde geräumt und ging an Finnland zurück. Es fand jedoch kein territorialer Ausgleich für die abgetretenen Gebiete statt. Die finnische Regierung empfand diesen Frieden als sehr hart, sah sich jedoch gezwungen, ihn anzunehmen. Die Finnen hatten tapfer gekämpft, aber trotzdem verloren, und es bestand keine Aussicht auf wirksame Hilfe von außen. Finnland hatte seine Unabhängigkeit erfolgreich verteidigt, aber seine Verteidigungsposition in künftigen Kriegen war geographisch schlechter geworden.

Man kann nur vermuten, warum Stalin Anfang 1940 einen anderen Kurs einschlug und was er damit bezweckte. Die folgende Erklärung ist jedoch angesichts der bekannten Fakten und der späteren sowjetischen Politik die wahrscheinlichste. Der Krieg mit Finnland war für die Sowjetunion zu einer Prestigefrage geworden, und Stalin war fest entschlossen, ihn unter Aufbietung aller erforderlichen Kräfte zu gewinnen. Er verhielt sich jedoch ähnlich vorsichtig wie beim Nomonhan-Konflikt mit Japan und wollte eine unnötige Verlängerung der Kämpfe vermeiden; der Sieg auf dem Schlachtfeld sollte den Weg zu einer schnellen Friedensregelung bahnen, die für beide Seiten akzeptabel sein würde. [228] Eine Fortsetzung der Kämpfe in Finnland hätte die Expansionsbestrebungen der Sowjetunion auf dem Balkan behindert und wäre mit einer Reihe zusätzlicher Risiken behaftet gewesen. So hätte es zu einem Krieg mit Großbritannien und Frankreich oder zu Komplikationen mit den Vereinigten Staaten kommen können, die wiederholt gegen die sowjetische Invasion protestiert hatten. [229] Eine schnelle Friedensregelung war nur erreichbar, wenn Stalin die Regierung Kuusinen fallenließ und mit der Regierung in Helsinki verhandelte. Durch den Friedensvertrag gewann die Sowjetunion einerseits wesentlich mehr, als sie ursprünglich hatte haben wollen, aber andererseits hatte Finnland seine Unabhängigkeit fürs erste bewahrt.*

Es scheint, daß auch die Rückgabe der besetzten Region Petsamo letztlich von sowjetischem Sicherheitsdenken geprägt war. Das Gebiet verfügte nicht nur über wertvolle Nickel-Vorkommen und war der einzige finnische Zugang zum Nordpolarmeer, es trennte auch die Sowjetunion geographisch von Norwegen.[230] Alle Informationen, die der Sowjetunion damals zugänglich waren, deuteten darauf hin, daß es in Skandinavien zu Kampfhandlungen zwischen den Westmächten und Deutschland kommen würde. Die Rückgabe Petsamos war der einfachste Weg, die Sowjetunion von einem solchen Konflikt abzuschotten; sie hatte keine gemeinsame Grenze mit Schweden und dank Petsamo auch nicht mit Norwegen. Die soeben geschlagenen Finnen sollten zunächst einmal den drohenden Konflikt in Skandinavien von der Sowjetunion fernhalten. Über Finnlands künftiges Schicksal konnte man später entscheiden.

Stalin hatte sich zwar verrechnet, und etwa 200000 sowjetische Soldaten – und 25000 Finnen – hatten dafür mit dem Leben bezahlt, die Erfahrung hatte ihm jedoch neue Erkenntnisse gebracht. Allerdings hatte er sich die Finnen zu unversöhnlichen Feinden gemacht. Leningrad, der eisfreie Hafen Murmansk und die Murmansker Bahnlinie schwebten jetzt in größerer Gefahr als zuvor. Daß auch dies ein folgenschwerer Fehler war, sollte Stalin jedoch erst später erkennen.

Der Friedensvertrag zwischen der Sowjetunion und Finnland wurde in der Nacht vom 12. auf den 13. März 1940 unterzeichnet und am 15. März von einem entsetzten finnischen Parlament ratifiziert. In den folgenden Tagen besetzte die Rote Armee die abgetretenen Gebiete und zog sich im Norden an die vereinbarte neue Grenze zurück.

In jenen Tagen traf Stalin noch eine weitere folgenschwere – und entsetzliche – Entscheidung. Er ließ fast alle polnischen Offiziere, Reserveoffiziere und anderen Fachleute erschießen, die die Rote Armee 1939 gefangengenommen hatte. Auch in diesem Fall wird über seine Beweggründe noch viele Jahre keine endgültige Klarheit geschaffen werden können; wahrscheinlich hingen sie jedoch mit seinem Bestreben zusammen, möglichst tiefe Pufferzonen zwischen der Sowjetunion und dem fortdauernden Krieg zwischen den Westmächten und Deutschland zu schaffen. Die Erschießung der polnischen Offiziere wird allgemein als das Massaker von Katyn bezeichnet. Im Frühjahr 1943 wurde ein beträchtlicher Teil der Leichen in einem Wald bei dem in der Nähe von Smolensk gelegenen Katyn gefunden. Auch in der historischen Literatur wird das Massaker meist im Zusammenhang mit diesem grausigen Fund diskutiert. Welche Folgen die Entdeckung des Massengrabs hatte, wird im Zusammenhang mit anderen

---

* Es ist bemerkenswert, daß die Sowjetunion der finnischen Bevölkerung in den abgetretenen Territorien ähnlich wie der deutschen in den baltischen Staaten die Aussiedlung gestattete – ein Angebot, das fast alle Finnen sofort annahmen. Außerdem wurden sämtliche Kriegsgefangenen ausgetauscht.

Entwicklungen des Jahres 1943 untersucht. Hier gilt es festzuhalten, daß die Lager mit den Opfern des Massakers im März 1940 aufgelöst und ihre Insassen Anfang April 1940 ermordet wurden (wobei offensichtlich niemand damit rechnete, daß ihre Leichen je gefunden würden).[231] Die Entscheidung, die Lager aufzulösen und ihre Insassen an verschiedenen Orten in der Sowjetunion gleichzeitig zu ermorden, wurde von Stalin getroffen und am 5. März 1940 vom Politbüro bestätigt.[232]

Es wurde die Vermutung geäußert, das Verbrechen habe die Deutschen von der Ernsthaftigkeit der antipolnischen Politik der Sowjetunion überzeugen sollen. Diese Erklärung ist jedoch völlig unhaltbar angesichts der Tatsache, daß die Sowjetunion keineswegs versuchte, die deutsche Regierung mit dem Massaker zu beeindrucken, sondern es sorgfältig geheimhielt. Außerdem hätte nichts, was die Sowjetunion in Ostpolen tat, die Deutschen zu der Annahme verleiten können, daß Stalin plötzlich ein großer Freund der Polen geworden war.

Plausibler ist, daß die Massenerschießungen genau wie das schnelle und in sowjetischen (nicht jedoch in finnischen) Augen moderate Friedensabkommen mit Finnland dazu dienen sollten, das militärische Risiko der Sowjetunion langfristig zu mindern. Stalin rechnete damit, daß es irgendwann möglicherweise wieder einen polnischen Staat an der sowjetischen Westgrenze geben könnte. Weil er Ostpolen auf jeden Fall behalten wollte, mußte er davon ausgehen, daß dieser Staat der Sowjetunion in jedem Fall unfreundlich gegenüberstehen würde. Deshalb wollte er ihn schwächen, indem er ihn eines beträchtlichen Teils seiner militärischen und technischen Elite beraubte.

Bevor das Wetter in West- und Mitteleuropa einen Frühlingsfeldzug erlaubte, traf die Sowjetunion diese Maßnahmen gegenüber Finnland, Polen und den Westmächten, um sich vor unberechenbaren Wenden des »Zweiten Imperialistischen Krieges« zu schützen. So erklärte der Sekretär der sowjetischen Botschaft in Rom Anfang März, der Friedensvertrag zwischen der Sowjetunion und Finnland werde den Italienern klarmachen, daß ihr wirklicher Feind Großbritannien sei, was auch für die Deutschen und die Sowjets gelte. »Es ist sehr zu hoffen«, fügte er hinzu, »daß der Weltkrieg so bald wie möglich ernsthaft beginnt.«[233]

DEUTSCHE PLÄNE FÜR DIE OFFENSIVE IM WESTEN

Die Deutschen hofften schon lange, den Krieg »ernsthaft« beginnen zu können. Hitler hatte seit Jahren auf einen Krieg mit den Westmächten hingearbeitet, und sobald dieser Krieg für ihn nicht mehr in ferner, sondern in unmittelbarer Zukunft lag, hatte er einige sehr genaue Vorstellungen entwickelt, wie er ihn führen wollte. Zwei zusammenhängende Aspekte spielten dabei in seinen Äußerungen schon relativ früh eine Rolle. Deutschland sollte nicht wie im Ersten Weltkrieg nur in Belgien, sondern auch in Holland und Luxemburg einmarschieren. Eng damit verknüpft war der Gedanke, der entscheidende Feind im Westen sei nicht Frankreich – wie die meisten Militärberater Hitlers meinten –, sondern England. Deshalb war es besonders wichtig für Deutschland, daß es Belgien, Holland und Luxemburg besetzte, um nicht nur in Nordfrankreich, sondern auch in diesen Ländern Basen für den Angriff auf England zu gewinnen. Hitler trug diese Ansichten am 28. Mai 1938[234] und erneut am 23. Mai 1939[235] seinen Militärführern vor. Die deutschen Landstreitkräfte sollten ein Gebiet besetzen, von dem aus die deutsche Luftwaffe England den »Todesstoß« versetzen könnte. Die Waffe für diesen Todesstoß war die Ju-88, der zweimotorige »Wunderbomber«.[236] Am 31. August 1939 befahl Hitler, die Produktion der Ju-88 drastisch zu steigern, und am 6. September, bevor er aus Berlin an die polnische Front aufbrach, befahl er erneut, dem Ju-88-Programm besondere Priorität zu geben.[237] Gleichzeitig ordnete er an, die Vorbereitungen für den Gaskrieg zu beschleunigen.[238] Sowohl bei der Produktion der Ju-88 als auch bei den Vorbereitungen auf den Gaskrieg traten zahlreiche Schwierigkeiten auf, aber Deutschland setzte seine Ressourcen so ein, daß sie der Vorbereitung eines Angriffs auf Großbritannien dienten. Die notwendigen Stützpunkte sollten in Belgien, Holland und Luxemburg (sowie in Nordfrankreich) unter Verletzung der Neutralität dieser Länder erobert werden – ein Plan, den Hitler von der Vorkriegszeit bis in die ersten Tage der Invasion in Polen konsequent verfolgte. Die neuen Basen am Atlantik und am Kanal würden natürlich auch für den Krieg der deutschen Marine gegen britische Geleitzüge zur Verfügung stehen.

In den ersten Kriegstagen, als die Wehrmacht in Polen einmarschierte, verhielten sich die deutschen Truppen im Westen notgedrungen defensiv. Denn dies war der einzige Weg, das deutsche Territorium im Westen gegen eine französische Offensive zu schützen. Es bestand aber immer die Absicht, so rasch wie möglich Kräfte aus dem Osten in den Westen zu verlegen, und schon am 8. September sprach Hitler von der bevorstehenden Offensive im Westen.[239] Am 27. September erläuterte er seine Pläne den Oberbefehlshabern des Heeres, der Kriegsmarine und der Luftwaffe und befahl, mit der Planung der West-Offensive zu beginnen.[240] Er dachte an einen Angriff Ende Oktober oder Anfang November. Mit anderen Worten, er wollte angreifen, sobald er Truppen nach Westen verlegen konnte. Die neue Operation sollte auf jeden Fall stattfinden, bevor die Offensive, die von starker Luftunterstützung abhängig war, wegen des Winterwetters undurchführbar werden würde.

Zwei Elemente der von Hitler initiierten und von seinen militärischen Beratern ausgearbeiteten Angriffspläne gilt es besonders hervorzuheben. Die Vorgaben dieser frühen Pläne zielten genau auf die Ziele ab, von denen Hitler mindestens seit Mai 1938 gesprochen hatte. Die Offensive sollte sich auf Belgien, Holland, Luxemburg und Nordfrankreich konzentrieren, die feindlichen Streitkräfte zerschlagen und Stützpunkte für spätere Operationen vor allem gegen England bilden. Dieses Vorgehen wird manchmal als eine Wiederholung des Schlieffen-Plans aus dem Ersten Weltkrieg bezeichnet, hatte jedoch in Wirklichkeit nichts mit ihm zu tun, außer daß auch diesmal die Neutralität Belgiens verletzt wurde. Der neue Plan war nicht das gewaltige Einkesselungsmanöver in *Frankreich,* das der geistig gestörte Chef des deutschen Generalstabs einst geplant hatte, weil er es für das beste Mittel hielt, Österreich-

Ungarn vor einem russischen Angriff zu schützen, wobei er das Risiko eines englischen Kriegseintritts in Kauf nahm. Er war vielmehr ein gezielter Vorstoß nach Westen, dessen Hauptzweck darin bestand, *Großbritannien* zu schlagen, indem man in Belgien, Holland, Luxemburg und Nordfrankreich Luftwaffen- und Marinestützpunkte für den Krieg gegen Großbritannien eroberte. Die Niederlage Frankreichs sollte ein wichtiges Nebenprodukt, nicht jedoch das Hauptziel des Feldzugs sein.[241] Die ursprünglichen Planungen für die Offensive im Westen müssen vor diesem Hintergrund gesehen werden.

Bei einigen deutschen Militärführern bestand erheblicher Widerwille gegen den von Hitler geplanten Angriff. Einige waren dagegen, daß Deutschland wieder ein neutrales Land, ja sogar mehrere neutrale Länder angreifen sollte. Viele fanden es sinnvoller, auf eine französische Offensive zu warten, wenn sie denn kommen sollte. Andere hofften, das bestehende Patt im Westen, bei dem keine ernsthaften Kämpfe stattfanden, werde zu Friedensgesprächen führen. Die meisten waren sich nicht so sicher wie Hitler, daß die deutschen Streitkräfte Frankreich würden schlagen können, und rechneten mit einem verlustreichen Stellungskrieg, wie er im Ersten Weltkrieg stattgefunden hatte.[242] Schließlich gab es auch eine geringe Anzahl, die das nationalsozialistische Regime lieber stürzen wollten, als Hitler in den Abgrund des totalen Krieges zu folgen.[243]

Wir haben bereits gesehen, wie sich diese Kombination von Ansichten auf einige Kontaktversuche mit den Alliierten auswirkte. Diese fanden in der Hoffnung statt, durch alliierte Zusicherungen eine größere Zahl der schwankenden Generäle dazu zu bewegen, sich den wenigen mutigen Persönlichkeiten anzuschließen, die gewillt waren, einen Putsch zu riskieren. Diese Männer hatten vor allem deshalb keinen Erfolg, weil die Schlüsselfiguren in der deutschen Militärhierarchie nicht handeln wollten. Die entscheidende Frage war immer, ob sich der Oberbefehlshaber des Heeres, der damalige General und spätere Feldmarschall Walther von Brauchitsch, an einer Aktion gegen Hitler beteiligen würde.

Brauchitsch hatte sich 1938 buchstäblich von Hitler kaufen lassen.[244] Er war ein Mann ohne moralisches Rückgrat, und es gab keine Möglichkeit, ihm Rückgrat zu implantieren. Offiziere, die über die deutschen Grausamkeiten in Polen entsetzt waren, hatten den alten Feldmarschall August von Mackensen um Hilfe gebeten, der es im Ersten Weltkrieg zu Ruhm gebracht hatte. Mackensen war damals der ranghöchste deutsche Soldat. Er appellierte an Brauchitsch, dem Schrecken ein Ende zu setzen. Aber Brauchitsch versprach nur, er werde die Sache mit Himmler besprechen![245] Auf das gleiche Rezept verfiel er auch, als Himmler die Männer der SS ermunterte, möglichst viele eheliche und außereheliche Kinder zu zeugen, nachdem die Veröffentlichung dieses Aufrufs im Heer eine Vertrauenskrise hervorgerufen hatte.[246] Es sollte niemanden überraschen, daß der zaghafte Protest, den von Brauchitsch am 5. November 1939 bei Hitler gegen die Westoffensive vorbrachte, von einem wütenden und selbstbewußten Führer rasch vom Tisch gefegt wurde.[247] Wenn es irgendeine Grausamkeit oder Verletzung eines neutralen Landes gegeben hat, die von Brauchitsch vor seiner Entlassung im Dezember 1941 verhinderte oder wenigstens zu verhindern suchte, dann ist davon nichts bekanntgeworden.

Der Generalstabschef des Heeres, General Franz Halder, erwog mehrmals, gegen Hitler vorzugehen, setzte seine Pläne jedoch nie in die Tat um. Auch Wilhelm Ritter von Leeb, einer der drei Heeresgruppenführer, war damals bereit zu handeln, aber seine Kollegen von Bock und von Rundstedt lehnten einen Putsch ab, obwohl sie Hitlers Plänen skeptisch gegenüberstanden. Schließlich wurden sie alle eingeschüchtert oder durch Bestechung auf Linie gebracht.

Admiral Raeder, der Oberbefehlshaber der Kriegsmarine, stimmte damals wie immer in allen wichtigen Fragen mit Hitler überein. Da er wie Hitler Großbritannien, und nicht Frankreich, als Hauptfeind betrachtete, begrüßte er den Plan vor allem, weil in Nordfrankreich Stützpunkte für die Marine erobert werden sollten. Wie unten geschildert, drängte er Hitler sogar Anfang Oktober, die offensiven Operationen auf Norwegen auszudehnen, weil er auch an dieser Flanke Großbritanniens Marinestützpunkte gewinnen wollte. Göring, der Oberbefehlshaber der Luftwaffe, hatte gewisse Zweifel, was die Offensive im Westen betraf, dachte aber niemals im Traum daran, sich seinem geliebten Führer zu widersetzen.

Die Tatsache, daß beim Militär beträchtliche Zweifel an der geplanten Offensive bestanden, war Hitler bekannt, und er investierte einige Zeit und Energie, um diese Zweifel zu zerstreuen. In einem Memorandum, das auf den 9. Oktober datiert, aber schon früher geschrieben war, und in einer Rede vor etwa 200 hochrangigen Offizieren am 23. November legte er seine Überlegungen ausführlich dar[248] und erläuterte die Grundannahmen, auf denen sie basierten. Er habe schon immer einen Krieg angestrebt, also komme es nur darauf an, den richtigen Zeitpunkt zu wählen. Dieser Zeitpunkt sei jetzt gekommen. Wenn Deutschland den benötigten Lebensraum erobern und nicht von seinen Feinden vernichtet werden wolle, was diese zweifellos beabsichtigten, dann müsse es jetzt handeln. Die Zeit arbeite nicht für Deutschland, da Großbritannien und Frankreich ihre Streitkräfte verstärkten, die Sowjetunion vielleicht nicht immer ein Freund, Italien nicht immer hilfreich und die Vereinigten Staaten nicht immer neutral bleiben würden. Eine defensive Einstellung sei viel zu gefährlich. Da Deutschland jetzt die Initiative ergreifen könne, und zwar an einer Front, müsse es so rasch wie möglich handeln. Es dürfe sich auf keinen Kompromiß einlassen, sondern müsse sofort gegen Holland, Belgien und Luxemburg losschlagen, um eine Basis für die Fortsetzung des Krieges gegen den Hauptfeind im Westen – Großbritannien* – zu gewinnen. Deutschland werde siegen, da war sich Hitler ganz sicher. Wenn nicht, sei alles verloren.

Hitler hatte sich durch seine Argumentation selbst ermutigt, auch wenn er seine

---

* »Ich will England schlagen, koste es, was es wolle«, sagte Hitler am 12. Dezember 1939 zu Goebbels. Goebbels, Tagebücher, Bd. 3, S. 663.

Zuhörer nicht hatte überzeugen können. Erste Pläne und Befehle wurden mit dem Ziel einer Offensive Anfang November ausgegeben. Um diese Befehle durchzusprechen, hatte Hitler die Feier am Jahrestag des gescheiterten Putschs von 1923 schon früh am Abend des 9. November verlassen und war dadurch Elsers Attentat knapp entgangen. Wegen schlechten Wetters mußte der Angriff jedoch immer wieder verschoben werden; die Wehrmacht brauchte klares Wetter, um ihre Luftwaffe voll zum Einsatz bringen zu können.

Aufgrund der wiederholten Verzögerungen begann die Offensive schließlich im Mai 1940 statt im November 1939, also sechs Monate später als ursprünglich geplant. Diese Verzögerung hatte eine ganze Reihe von Auswirkungen. Erstens verschaffte sie den Deutschen natürlich zusätzlich Zeit, um bei der Ausbildung ihrer Truppen die Lehren aus dem Polenfeldzug zu berücksichtigen und um das in Polen verlorene oder beschädigte Kriegsgerät zu ersetzen oder zu reparieren. Wie das folgende Kapitel zeigt, nutzten ihre Feinde den halbjährigen Aufschub weniger gut. Zweitens sickerten die deutschen Angriffstermine wiederholt zu den Alliierten durch. Manchmal wurden sie durch alliierte Geheimdienste in Erfahrung gebracht; mindestens einer wurde von Italien an Holland und Belgien weitergegeben [249]; einmal wurde bei der Notlandung eines deutschen Flugzeugs, das wichtige operative Befehle an Bord hatte, nicht alles Material vernichtet; und schließlich gab ein Offizier der deutschen Abwehr, Oberst Hans Oster, ein wichtiger Gegner des NS-Regimes, viele Angriffstermine absichtlich an die Alliierten weiter. [250] Die wiederholten Warnungen, auf die immer neue Warnungen folgten, hatten schließlich den Effekt, daß die letzten Warnungen im Mai 1940 nicht mehr richtig ernst genommen wurden. Es war schwer zu glauben, daß sämtliche Warnungen korrekt gewesen waren, da auf jede Warnung – mit Ausnahme der letzten – wieder eine Entwarnung gefolgt war.

Eine dritte Folge der Verzögerung war, daß bei der militärischen Planung der deutschen Offensive eine doppelte Neuorientierung stattfand. Erstens wurde der Invasionsplan für Holland im Detail abgeändert. Das Land sollte nun nicht mehr teilweise, sondern ganz besetzt werden, und es sollte mehr Gewicht auf den Einsatz von Luftlandetruppen gelegt werden. Auch bei der Einnahme von Flußübergängen in Belgien war jetzt den Luftlandetruppen eine größere Rolle zugedacht. [251] Wichtiger war eine Veränderung im gesamten Operationsplan der Offensive. Der entscheidende Vorstoß verlagerte sich im Zuge der Planungen immer mehr von der nördlichen der beiden bei der Offensive auf Belgien, Holland und Luxemburg eingesetzten Heeresgruppen auf die südliche Heeresgruppe, während die dritte Heeresgruppe die Front an der alten Grenze zwischen Deutschland und Frankreich halten sollte.

Diese Änderungen der ursprünglichen Pläne bedeuteten nicht nur, daß die eine oder andere Division einem anderen Oberbefehlshaber unterstellt wurde. Sie bedeuteten vielmehr einen langsamen, aber grundlegenden Wandel im Ziel der Offensive und in den Mitteln, mit denen es erreicht werden sollte. Anstatt durch einen Vorstoß nach Nordfrankreich, Belgien, Holland und Luxemburg eine Basis für den Angriff auf Großbritannien und das restliche Frankreich zu schaffen, zielte der neue Plan darauf ab, einen so großen Teil der britischen und französischen Streitkräfte auf dem Kontinent zu vernichten, daß der Krieg im Westen auf einen Schlag beendet werden könnte. Der Angriff der Heeresgruppe auf dem nördlichen Frontabschnitt sollte nun sämtliche britischen und französischen Kräfte, die zur Verteidigung Belgiens und Hollands eingesetzt würden, binden. Gleichzeitig sollte ein sorgfältig geplanter und in den Anfangsstadien hoffentlich unentdeckter Vorstoß von Panzerkräften im Süden durch die Ardennen geführt werden. Diese Panzerkräfte sollten wie ein Sichelschnitt zur Küste vordringen und die britischen und französischen Truppen abschneiden, die gegen die deutsche Invasion nach Norden geworfen worden waren. Die Vernichtung dieser alliierten Verbände sollte ganz Frankreich der Eroberung durch deutsche Truppen ausliefern. Und sie würde Deutschland natürlich auch die notwendigen Basen an der Atlantik- und der Kanalküste verschaffen, um gegen Großbritannien einen Luft- und Seekrieg führen zu können – falls Großbritannien den Krieg noch fortsetzen würde.

Die neuen Ziele und Operationspläne waren von Hitler und Generalleutnant Erich von Manstein in Zusammenarbeit mit Gerd von Rundstedt, dem ehrgeizigen Oberbefehlshaber der Heeresgruppe, die jetzt die Schlüsselrolle haben würde, entwickelt worden. Auch die Kommandeure der Panzerkräfte, die bei dem Angriff die Vorhut bilden sollten, hatten an der Planung teilgenommen. Ausgerechnet der Umstand, daß sowohl Belgien und Holland als auch die Alliierten einige Details des *früheren* deutschen Angriffsplans kannten, machte sie jetzt noch verwundbarer für den *späteren*. Ihre Informationen legten nämlich die Überlegung nahe, daß ein massiver alliierter Vorstoß den deutschen Hauptangriff zum Stehen bringen könnte, tatsächlich aber tappten sie dadurch nur noch tiefer in die Falle.

Außerdem reduzierten die realen Erfolgschancen des neuen Plans die Neigung der deutschen Militärführer beträchtlich, sich Hitler und seinen Angriffsplänen zu widersetzen. Die wenigen, die noch immer ihre Zweifel hatten, äußerten sich nicht oder wurden auf unbedeutende Posten versetzt.*

---

* Noch am 19. Februar 1940 verfaßte Heinz Assmann, einer der höheren Offiziere im Kommandostab der deutschen Kriegsmarine, ein Memorandum, in dem er die Ansicht vertrat, daß Deutschland nicht verlieren könne, solange es die Vereinigten Staaten neutral hielte und auf einen Angriff gegen Belgien, Holland und Luxemburg verzichte, daß jedoch ein Angriff auf diese Länder wahrscheinlich zum Kriegseintritt der Vereinigten Staaten führen würde. Assmann hatte im Gegensatz zu den meisten seiner Landsleute erkannt, daß Deutschland nach dem Versailler Vertrag ein geeintes und relativ starkes Land geblieben war, und warnte, daß es bei einer erneuten Niederlage keinen zweiten Versailler Vertrag zu erwarten hätte. »Entwurf: Beurteilung der Kriegslage (19. Februar 1940)« BA-MA, III M 502/4.
Helmuth Groscurth, die Schlüsselfigur bei der Putschplanung im Oberkommando des Heeres, wurde am 1. Februar 1940 von General Halder versetzt (Helmut Krausnick und Harold C. Deutsch, Hrsg., Helmuth Groscurth: Tagebücher eines Abwehroffiziers 1938–1940, Deutsche Verlags-Anstalt, Stuttgart 1970, S. 84, 246ff., 323).

DEUTSCHLAND EROBERT NORWEGEN UND DÄNEMARK

Eng verknüpft mit der beabsichtigten Offensive im Westen war der deutsche Plan, Norwegen und als Begleiterscheinung auch Dänemark zu besetzen. Er ergab sich aus dem ursprünglichen Plan einer auf Belgien, Holland, Luxemburg und auf Teile Nordfrankreichs begrenzten Operation.

Über die Eroberung Norwegens und Dänemarks sind besonders dreiste Lügen erzählt worden. Admiral Raeder, der die treibende Kraft hinter der Operation gewesen war, wurde deshalb nach dem Krieg vor dem Nürnberger Militärgerichtshof angeklagt. Er und seine Verteidiger machten sich die Tatsache zunutze, daß auf seiten der Alliierten eine Operation in Skandinavien diskutiert worden war.[252] Um die Ursachen und Ziele des deutschen Angriffs im Norden zu verstehen, kommt es jedoch nicht auf die Märchen an, die im nachhinein erzählt wurden, sondern darauf, wie die Operation damals gesehen wurde.

Das Konzept, der deutschen Kriegsmarine für einen Angriff auf Großbritannien Stützpunkte in Norwegen zu verschaffen, damit sie außerhalb der Nordsee operieren könnte, war schon Jahrzehnte vor dem Zweiten Weltkrieg entstanden.[253] Die Führung der deutschen Marine war im Zweiten Weltkrieg absolut vertraut mit dem Gedanken und begann seine Verwirklichung unmittelbar nach Kriegsausbruch zu diskutieren.[254] Anfang Oktober 1939 gab es in Marinekreisen ausführliche Gespräche und Briefwechsel, die sich um die Notwendigkeit drehten, Stützpunkte für den Seekrieg gegen England zu gewinnen. Dabei ging es um Basen in der Nähe von Murmansk, um Basen an der norwegischen Küste – wobei Drontheim als besonders günstig galt – und um Basen an der französischen Atlantikküste. Die Befürchtung von General Halder, dem Generalstabschef des Heeres, daß die Wehrmacht die französische Atlantikküste nicht würde erreichen können, und der ursprüngliche Plan für die Westoffensive, der eine sofortige Okkupation der Bretagne und der französischen Küste südlich von der Halbinsel *nicht* vorsah, trugen Anfang Oktober dazu bei, daß die Kriegsmarine ihre Aufmerksamkeit auf Norwegen konzentrierte.[255] Dies war der Grund, warum Raeder am 10. Oktober 1939 gegenüber Hitler die Frage aufwarf, ob man nicht Stützpunkte in Norwegen besetzen könne.

Raeder vertrat die Ansicht, je brutaler Deutschland im Seekrieg vorgehe, desto schneller werde es den ganzen Krieg beenden können. Das Risiko eines Kriegs mit den Vereinigten Staaten dürfe keinen Einfluß auf die Führung des Seekriegs haben, da ohnehin mit einem amerikanischen Kriegseintritt zu rechnen sei, falls sich der Krieg zu lange hinziehe. Das sowjetische Angebot einer Basis bei Murmansk werde geprüft, aber eine Basis in Norwegen sei besonders erstrebenswert, vor allem, wenn man Drontheim bekommen könne.[256] Während der Schutz der deutschen Stahlimporte aus Schweden später ein zusätzliches Argument für die Besetzung Norwegens lieferte – im Winter, wenn der Bottnische Meerbusen zugefroren war, wurde das Erz per Bahn zu dem norwegischen Hafen Narvik und dann per Schiff die Küste hinunter transportiert –, war das ursprüngliche Konzept offensiv und galt Großbritannien. Nachdem die Führung der deutschen Kriegsmarine Hitlers Aufmerksamkeit auf Norwegen gelenkt und ihn veranlaßt hatte, die notwendigen Befehle für die Besetzung des Landes zu geben, konnte sie hinterher behaupten, sie hätte nur auf Befehl von oben gehandelt.[257]

Als die Okkupation Norwegens in den folgenden Monaten geplant wurde, gewannen mehrere Aspekte wachsende Bedeutung. Sobald das Unternehmen beschlossen war, verlor es den ursprünglichen Charakter einer befristeten, rein militärisch motivierten Aktion und zielte auf eine endgültige Integration Norwegens in ein Großdeutsches Reich ab; das Land sollte seine Unabhängigkeit nun für immer verlieren.[258] Bei ihren Vorbereitungen kam den Deutschen zugute, daß sie innerhalb Norwegens Anhänger besaßen. Sie wurden von Vidkun Quisling geführt, dessen Name zum Symbol für eine Politik werden sollte, die das eigene Land auf Gnade und Ungnade an ein anderes Land verkauft. Dieser Führer der norwegischen Sympathisanten des Nationalsozialismus hatte schon lange mit Alfred Rosenberg, dem Leiter des Außenpolitischen Amtes der NSDAP, in Verbindung gestanden und war teilweise von ihm finanziert worden. Nun wurde er auch mit Admiral Raeder, dem Hauptbefürworter einer deutschen Invasion in Norwegen, bekannt gemacht. Quisling drängte die Deutschen, schnell zu handeln, und tat als ehemaliger Kriegsminister seines Landes, was er konnte, um sie mit den militärtaktischen Informationen zu versorgen, die sie brauchten, um die Invasion möglichst reibungslos zu gestalten. Dieser Mann war gekennzeichnet von ungeheurer Eitelkeit, gepaart mit Gier und Dummheit. Er tat alles, damit sich die Investitionen der Deutschen bezahlt machten, und ging zu Recht als der Prototyp des Vaterlandsverräters in die Geschichte ein.[259]

Quislings Verrat brachte jedoch nicht nur Vorteile für seine deutschen Zahlmeister. Er war so unpopulär in Norwegen, daß seine Förderung durch Deutschland zweifellos den Widerstandswillen der meisten Norweger stärkte. An einem Ort aber war er Deutschland wirklich von Nutzen – in Narvik. Der Hafen war ein Schlüsselpunkt der gesamten deutschen Operation; er lag am weitesten von Deutschland entfernt und war am schwersten für deutsche Schiffe zu erreichen. Der Kommandant der dortigen Garnison war jedoch ein Anhänger Quislings und ergab sich tatsächlich sofort den deutschen Invasionstruppen.[260]

Der größte Teil dieser Truppen sollte auf zehn schnellen Zerstörern an seinen Bestimmungsort gebracht werden. Die Zerstörer konnten in einer solchen Entfernung nicht operieren, ohne daß sie damit rechnen konnten, gewartet und aufgetankt zu werden. Daß dies klappte, war Stalin zu verdanken, der wie Quisling dazu beitrug, daß der gewagte deutsche Vorstoß in arktische Gewässer gelang. Der Tanker *Jan Wellem*, ein spezielles Wartungs- und Versorgungsschiff, war rechtzeitig in die »Basis Nord«, die deutsche Marinebasis in der Liza-Bucht bei Murmansk, geschickt worden. Er wurde, nachdem der Invasionstermin auf den 9. April festgesetzt worden war, unverzüglich nach Narvik in Marsch gesetzt, wo er die deutschen Zerstörer wie geplant traf und auftankte. Als die Royal Navy die deutschen Kriegsschiffe später vor Narvik vernichtete, wurde die *Jan Wellem* von ihrer Mannschaft selbst versenkt. Sie hatte ihre Aufgabe bei der Eroberung Norwegens jedoch bereits erfüllt.[261]

Die dramatischen Ereignisse um Narvik, von denen hier nur einige skizziert wurden, zeigen, wie sehr der deutsche Plan auf einer kombinierten Operation beruhte. Die gesamte Kriegsmarine mußte das Heer in einem Feldzug unterstützen, der auf Druck eben dieser Kriegsmarine zustande gekommen war. Da Norwegen für die deutsche Militärmacht schlecht erreichbar war, beschloß der Planungsstab in Berlin, daß gleichzeitig auch Dänemark besetzt werden müßte, was bei allen Planungen berücksichtigt wurde. Die Zusagen, Dänemarks Neutralität zu respektieren, sollten genau wie im Falle Norwegens gebrochen werden. Man hoffte, daß Dänemark vor Überraschung wie gelähmt sein und keinen ernsthaften Widerstand leisten würde. Im geeigneten Moment wollte die deutsche Regierung »Beweise« veröffentlichen, die zeigen sollten, daß andere Länder die Verantwortung für die Invasion trugen.[262] Die Mannschaft, die 1939 bereits eine ähnliche »Dokumentation« produziert hatte, um Polen und Großbritannien die Schuld für den Ausbruch des Krieges zu geben, hatte genügend Zeit für dieses Projekt, bevor sie sich der Aufgabe zuwenden mußte, Gründe für den Einmarsch in Holland, Belgien und Luxemburg zu finden. Sie sollte noch häufig zum Einsatz kommen, auch wenn ihr außerhalb Deutschlands kaum jemand glaubte.

Als der Finnisch-Sowjetische Krieg zu Ende ging und sich abzeichnete, daß die Alliierten in Skandinavien nicht intervenieren würden, begannen einige Offiziere am Sinn der geplanten Invasion in Norwegen und Dänemark zu zweifeln. Selbst in der Kriegsmarine waren in letzter Minute Bedenken aufgetaucht – vielleicht aufgrund der Tatsache, daß die neuen Pläne für die Offensive im Westen inzwischen bessere Basen an der französischen Küste versprachen als im Herbst. Die Zweifel wurden vom deutschen Gesandten in Norwegen bestärkt, der ganz sicher war, daß Norwegen neutral bleiben würde und die Alliierten seine Neutralität nicht verletzen würden. Raeder hielt die Operation jedoch nach wie vor für sinnvoll und teilte dies am 26. März Hitler mit. Hitler hatte seinen Entschluß gefaßt. Für ihn gab es kein Zurück. Am 1. April erklärte er auf der letzten Konferenz mit den Kommandeuren der Operation, daß gerade die Waghalsigkeit des Unternehmens seinen Erfolg garantiere. Der Krieg mit England sei entscheidend, damit Deutschland Zugang zu den Weltmeeren gewinne. Außerdem dürfe man sich die Gelegenheit, an nur einer Front zu kämpfen, nicht entgehen lassen. Frankreich sei schwach; die deutsche Luftwaffe sei auch den gemeinsamen Luftstreitkräften Großbritanniens und Frankreichs überlegen; Italien mache sich bereit, an Deutschlands Seite zu treten, und die Beziehungen mit der Sowjetunion könnten nicht besser sein. Jetzt sei es an der Zeit zu handeln.[263]

Die offizielle Weisung für die Invasion war am 1. März 1940 ergangen.[264] In den ersten Apriltagen wurden die deutschen Schiffe mit Truppen und Material beladen, und auch die Luftwaffe bereitete sich auf ihre Rolle bei dem Angriff vor. Winston

Churchill, der Erste Lord der Admiralität in London, hatte schon lange auf eine britische Aktion in Skandinavien gedrängt und klagte am 14. März gegenüber Außenminister Lord Halifax, daß Deutschland mit dem Ende des Finnisch-Sowjetischen Krieges einen indirekten Sieg errungen habe, während die Westalliierten untätig der Dinge harrten, die da kommen sollten.[265] Großbritannien wollte versuchen, die deutschen Erztransporte aus Narvik durch Minen auf die offene See zu zwingen, eine Invasion planten die Alliierten jedoch nicht. Als der britische Marineattaché in Kopenhagen berichtete, daß deutsche Kriegsschiffe nach Norwegen unterwegs seien, beachtete Churchill die Warnung nicht, und Großbritannien wurde genau wie Norwegen und Dänemark von dem Angriff überrascht.[266] Deutsche Offiziere wurden in Zivil nach Kopenhagen und Oslo vorausgeschickt, wo sie die Landungstruppen in Empfang nahmen.[267]

Deutsche Truppen marschierten auf dem Landweg in Dänemark ein oder wurden an wichtigen Punkten per Schiff abgesetzt. Sie wurden mit lokalem Widerstand schnell fertig und schüchterten die dänische Regierung so ein, daß sie noch am selben Tag kapitulierte. Deutschland kontrollierte nun die Ausgänge der Ostsee, die landwirtschaftlichen Ressourcen Dänemarks und hatte einen wichtigen Abschnitt des Land- und Seeweges nach Norwegen erobert.

Die Operation in Norwegen verlief dagegen nicht so reibungslos. Angesichts der deutschen Unterlegenheit zur See lag die einzige Erfolgschance im Überraschungseffekt. Eine Serie von räumlich getrennten, aber zeitgleichen Landungen sollte in wichtigen norwegischen Zentren und Häfen stattfinden, die aufgrund der geographischen Beschaffenheit des Landes sehr weit voneinander entfernt lagen.[268] Die Entfernungen zwischen den Landungspunkten waren so groß, und sie lagen, besonders was Drontheim und Narvik betraf, so weit von Deutschland entfernt, daß nur schnelle Kriegsschiffe zum Transport der Landungstruppen eingesetzt werden konnten. Deshalb waren die bei der ersten Angriffswelle eingesetzten Truppenkontingente ziemlich klein, und die Deutschen wären sehr froh gewesen, wenn die überraschten Norweger kapituliert hätten, anstatt zu kämpfen.

Verwirrung bei den deutschen Truppen und relativ heftiger Widerstand einiger Forts, die die norwegische Hauptstadt Oslo verteidigten, führten jedoch zum Verlust der *Blücher*, des modernsten schweren Kreuzers der Deutschen. Sie fiel einem alten Geschütz der Firma Krupp und einigen österreichischen Torpedos zum Opfer, die aus der Zeit vor dem Ersten Weltkrieg stammten.[269] Die norwegische Regierung gewann genug Zeit, die Hauptstadt zu verlassen, und Quisling bekam Gelegenheit, sich öffentlich zu seiner Rolle zu bekennen. Diese beiden Faktoren erwiesen sich als entscheidend. Die norwegische Regierung kapitulierte nicht, und das norwegische Volk war nicht bereit, sich dem Exzentriker aus den Randbereichen der norwegischen Politik zu beugen, der sein Vaterland verkauft hatte. Auch daß die Deutschen Quisling fallenließen und statt dessen den deutschen Gauleiter Josef Terboven zum Reichskommissar für Norwegen ernannten, konnte den Schaden nicht wiedergutmachen.

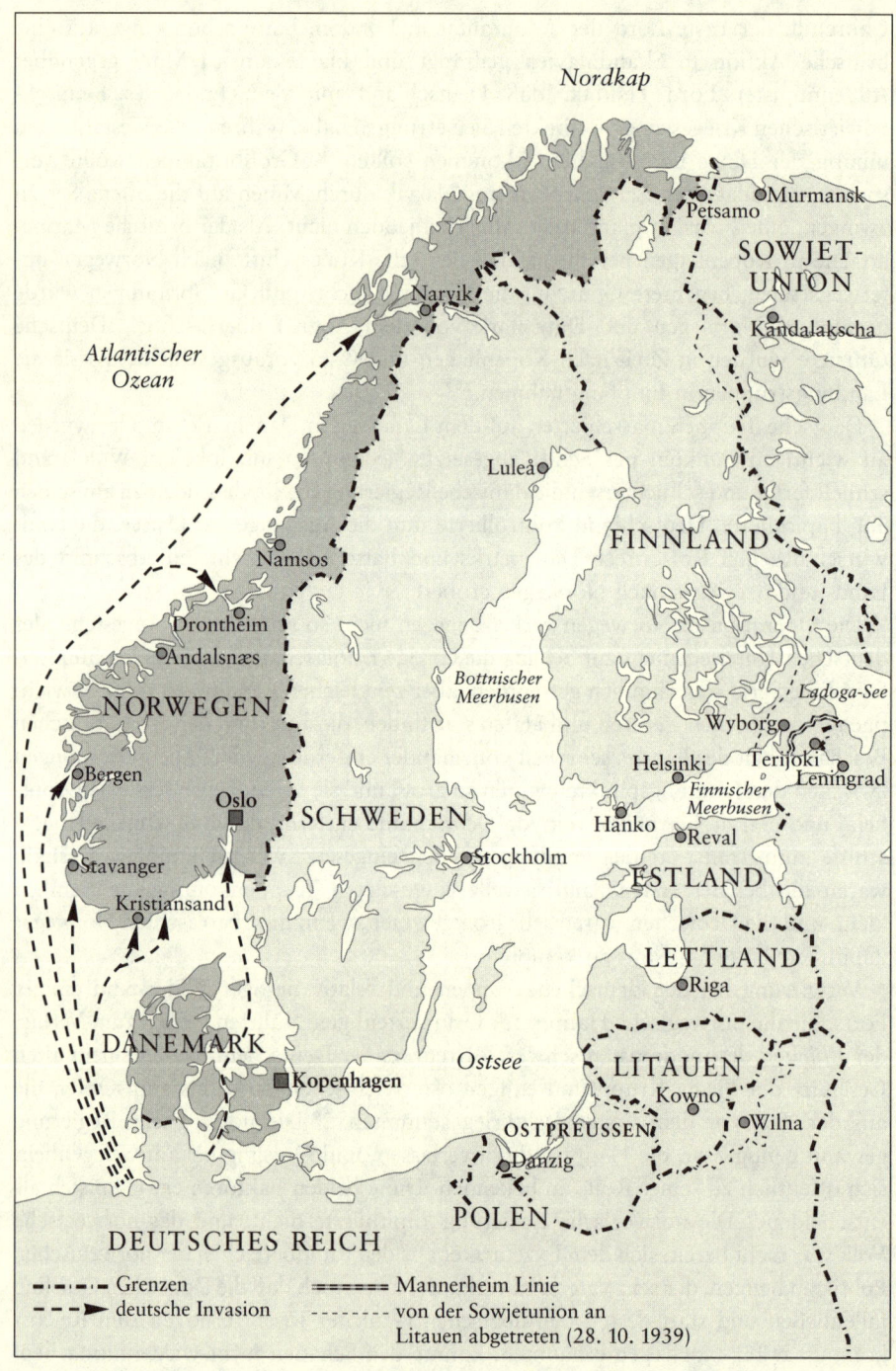

Ganz im Gegenteil zeigte es den Norwegern nur, was sie bei einem deutschen Sieg zu erwarten hatten.

Außer in Oslo, wo der militärische Sieg der Deutschen durch den Verlust eines Schlachtkreuzers und durch eine politische Niederlage beeinträchtigt wurde, lief der Feldzug überall nach dem gleichen Muster ab. Die deutschen Kräfte hatten den Vorteil der Überraschung und der Initiative auf ihrer Seite und triumphierten durchweg über die unvorbereiteten, zahlenmäßig unterlegenen und schlecht bewaffneten norwegischen Truppen. Die Deutschen hatten die wichtigsten Häfen und Flugplätze schnell besetzt und waren nun in einer exzellenten Position, um die französischen, britischen und polnischen Streitkräfte abzuwehren, die in Namsos und Andalsnæs, nördlich und südlich von Drontheim, gelandet waren, um den Norwegern zu helfen. Wenn man bei den deutschen Kommandostrukturen von Verwirrung sprechen kann, dann waren die der Alliierten chaotisch, und sie waren zusätzlich durch die unglaubliche Unfähigkeit britischer Offiziere behindert, die der britischen Armee mindestens bis Sommer 1942 zu schaffen machte.* Die Deutschen hatten, wie gesagt, in den ersten Tagen der Operation die Kontrolle über die norwegischen Flughäfen errungen. Und so zeigte sich bereits in diesem frühen Stadium des Krieges, daß landgestützte Luftstreitkräfte im Kampf gegen Seestreitkräfte und Landungstruppen, die über keine eigene landgestützte Luftwaffe verfügten, sehr im Vorteil waren. Die deutschen Verbände, die sich von Oslo und Drontheim aus aufeinander zubewegten, konnten sich verbinden, während die britischen, französischen und polnischen Truppen in Zentralnorwegen evakuiert werden mußten.

In diesem Teil des Feldzugs waren die Deutschen zwar in der Luft und an Land siegreich geblieben, hatten jedoch beträchtliche Verluste zur See erlitten. Im hohen Norden wurden alle zehn Zerstörer – die Hälfte der modernen Schiffe dieses Typs der deutschen Kriegsmarine – bei zwei Vorstößen der britischen Flotte in die Fjorde bei Narvik vernichtet. Die überlebenden Mannschaften der versenkten Schiffe schlossen sich den Truppen an, die versuchten, Narvik gegen die alliierte Landungstruppe zu halten, die Schiffe jedoch waren verloren. Narvik wurde Ende Mai nach ausgesprochen langwierigen Kämpfen von den Alliierten genommen, jedoch bald darauf wieder geräumt, weil die deutsche Offensive im Westen es geraten erscheinen ließ, sämtliche alliierten Streitkräfte aus Norwegen abzuziehen. Die deutschen Truppen,

---

* Nur ein Beispiel dafür war die Behauptung des britischen Kommandeurs bei Namsos, daß der Weg nach Norden unpassierbar sei. Die deutschen Truppen legten auf diesem Weg in vier Tagen fast 150 Kilometer zurück (Earl F. Ziemke, The Northern Theater of Operations, 1940 – 1944, Washington; GPO, 1960, S. 90, 96f.). Daß die Briten den Flugzeugträger *Glorious* bei einem überraschenden Überwasserangriff verloren, weil das Schiff keine Aufklärungsflugzeuge in der Luft und keinen Ausguck im Mast hatte, läßt vermuten, daß es auch bei der britischen Marine mitunter unfähige Offiziere gab. (Die jüngste Schilderung des Ereignisses findet sich in: David Kahn, Seizing the Enigma: The Race to Break the German U-Boat Codes, 1939 – 1943, Houghton Mifflin, Boston 1991, S. 122f.)

deren schwierige Lage Hitler zu einem bestimmten Zeitpunkt in Panik versetzt hatte, wurden durch den Sieg im Westen aus ihrer Zwickmühle befreit; die Verluste an Schiffen hingegen waren nicht so leicht zu ersetzen.

Ja, sie erhöhten sich noch durch die seltsame Art, wie das deutsche Flottenkommando auf die Siege im Westen und in Norwegen reagierte. Aus allen verfügbaren Quellen geht hervor, daß Raeder, als er wie so viele Deutsche glaubte, der Krieg sei praktisch schon gewonnen, völlig den Kopf verlor. Er selbst und die anderen Befehlshaber der Kriegsmarine vergaßen ihre eigene Maxime, daß die *französischen* Häfen an der Atlantikküste die beste Basis für Operationen im Atlantik seien. Aus Furcht, der Krieg könnte zu Ende sein, bevor Hitler den großen Wert einer Flotte von Schlachtschiffen erkannt hätte, ließ Raeder die beiden verfügbaren Schlachtschiffe der Kriegsmarine Ende Mai und im Juni vor der norwegischen Küste operieren. Sowohl die *Scharnhorst* (frisch repariert, nachdem sie schon in einem früheren Stadium der Norwegen-Operation beschädigt worden war) als auch die *Gneisenau* wurden bei diesen Prestigemanövern prompt von britischen Unterseebooten torpediert und so schwer beschädigt, daß sie erst Ende Dezember wieder für Operationen im Atlantik zur Verfügung standen. Obendrein hatte Raeder im Lauf des Unternehmens einen seiner Admirale entlassen und dessen Nachfolger mit Vorwürfen überschüttet.[270]

Am Ende des Norwegenfeldzugs, bei dem Deutschland praktisch seine ganze Flotte eingesetzt hatte, war der Großteil seiner kampfstarken Überwasserschiffe vernichtet oder zumindest so schwer beschädigt worden, daß sie für einige Zeit nicht einsatzfähig waren. Am 1. Juli konnte die deutsche Kriegsmarine nur noch mit einem schweren und zwei leichten Kreuzern und mit nur vier Zerstörern operieren! Sämtliche anderen Zerstörer und größeren Schiffe waren versenkt oder beschädigt.[271] Als Deutschland im Herbst und Winter 1940, einer kritischen Phase des Krieges, eine Invasion in England ins Auge faßte, hätte es sie praktisch ohne Überwasserschiffe unternehmen müssen. Neville Chamberlain ist oft dafür verspottet worden, daß er am 4. April 1940 bemerkte, Hitler habe »den Bus verpaßt«, weil er nicht schon früher eine große Offensive gestartet habe.[272] Da Deutschland wenige Tage später in Norwegen einmarschierte, wurde häufig die Ansicht vertreten, in Wirklichkeit seien es die Alliierten gewesen, die den Bus verpaßt hätten. Das strategische Dilemma, in dem Deutschland im Sommer 1940 steckte, deutet darauf hin, daß die Antwort keineswegs so eindeutig war. Darauf wird im nächsten Kapitel eingegangen.

Kein Zweifel bestand dagegen, daß die Alliierten eine deutliche Niederlage erlitten hatten, obwohl es so aussah, als ob sie die besten Voraussetzungen für einen Sieg gehabt hätten. Daß der Finnisch-Sowjetische Krieg ohne alliierte Intervention mit einem sowjetischen Sieg geendet hatte, führte im März zum Sturz der Regierung Daladier. Der Feldzug in Norwegen sollte nun zum Sturz Chamberlains führen. Anfang Mai fand im britischen Unterhaus eine erbitterte Debatte statt, und die Regierung wurde mit Unzufriedenheit, Enttäuschung, persönlichen Animositäten und Parteilichkeit konfrontiert, obwohl sie von Chamberlain und Churchill verteidigt wurde. Viele Konservative stimmten gegen die Regierung, noch mehr enthielten sich der Stimme, und die Regierungsmehrheit schmolz beträchtlich zusammen. Da Chamberlain wußte, daß die anderen Parteien sich unter seiner Führung nicht an der Regierung beteiligen würden – er hatte sie bei Kriegsausbruch gefragt und war auf sture Ablehnung gestoßen –, entschloß er sich sofort zum Rücktritt. Die neue Offensive, die Deutschland gerade im Westen begonnen hatte, ließ eine Regierung der nationalen Einheit unvermeidlich erscheinen. Chamberlain erwartete wie die meisten anderen, daß Lord Halifax sein Nachfolger würde. Halifax wollte jedoch nicht Premierminister werden. Unter diesen Umständen war Churchill die naheliegendste Wahl, und sowohl die anderen Parteien als auch Chamberlain und Halifax erklärten sich bereit, unter ihm zu dienen.* Von der neuen Führung Großbritanniens wird im Zusammenhang mit ihrem Regierungsantritt im Mai 1940 noch die Rede sein. Daß sie an die Macht kam, war eine Folge des alliierten Debakels in Norwegen.

Es sollte noch mehrmals vorkommen, daß die Briten in letzter Minute um Hilfe gebeten wurden, wenn ein Land überraschend von den Achsenmächten überfallen wurde, nachdem es in der falschen Hoffnung, seine Neutralität wahren zu können, die Hilfe der Alliierten zu lange verschmäht hatte. In all diesen Fällen wurde in London nicht das mangelnde Realitätsbewußtsein des Opfers kritisiert, sondern die britische Regierung. Aber keine der späteren Katastrophen führte nochmals zum Sturz der britischen Regierung.

Die Norweger hatten ihre Unabhängigkeit, die Briten ihre Regierung und die Deutschen – zumindest vorläufig – einen Großteil ihrer Überwasserschiffe verloren. Was aber hatten die Invasoren gewonnen? Der habhafteste unmittelbare Erfolg war die Sicherung der Erzimporte aus Schweden. Die Herrschaft über Norwegen bedeutete nicht nur, daß das Eisenerz im Winter ungestört per Bahn nach Narvik und per Schiff die norwegische Küste hinunter transportiert werden konnte. Nach der Okkupation Norwegens und Dänemarks war das Dritte Reich auch in einer Lage, in der es von Schweden fast alles verlangen konnte. Schon während der Kämpfe in Norwegen hatte die schwedische Regierung Deutschland gestattet, Experten und Material durch ihr Territorium nach Norwegen zu bringen. Nun sah es sich gezwungen, eine ganze Reihe weiterer Zugeständnisse an Deutschland zu machen. Nicht nur hatte Schweden

---

* Um zu verstehen, warum viele Briten damals lieber Lord Halifax als Churchill zum Premierminister gehabt hätten, muß man sich erinnern, daß Churchill weder zu den Konservativen noch zur Labour Party ein gutes Verhältnis hatte. Er hatte sich mit den Konservativen wegen einer der wenigen Streitfragen überworfen, bei denen die Labour Party die konservative Position teilte – mehr Unabhängigkeit für die Regierung in Indien. Dieser Konflikt war 1940 durch Schlüsselfiguren der britischen Politik aufgebrochen. Clement Attlee, der Führer der Labour Party, war als Mitglied der Royal Statutory Commission an dem ursprünglichen Gesetzentwurf zur indischen Regierung beteiligt gewesen, den Churchill kritisiert hatte, und Lord Halifax hatte Churchill als Vizekönig von Indien zur Weißglut gebracht, weil er gegenüber Gandhi eine versöhnliche Haltung einnahm.

Eisenerz in gewaltigen Mengen zu liefern, es tat auch alles, um die Versorgung der deutschen Kriegswirtschaft zu sichern, so daß sogar schwedische Minenarbeiter vorläufig vom Wehrdienst befreit wurden. Die schwedische »Neutralität« wurde so modifiziert, daß sie mit den deutschen Forderungen vereinbar war. Bis zum Ende des Krieges waren Hunderttausende von deutschen Soldaten mit schwedischen Zügen gereist. Die deutsche Kriegsmarine konnte auf schwedischen Werften Schiffe bauen lassen, und die schwedische Wirtschaft mußte mit Rohstoffkontingenten arbeiten, die in Berlin festgelegt wurden.[273] Es war und blieb für Deutschland einfacher, Schweden auf diese Weise für die eigenen Kriegsanstrengungen auszubeuten, als das Risiko und die Kosten einer Okkupation zu tragen. Nach dem von Deutschland erwarteten Endsieg sollte allerdings auch die schwedische Unabhängigkeit wie die dänische und die norwegische auf dem Müllhaufen der Geschichte landen. Im Fall einer deutschen Niederlage konnte sich Schweden jedoch politisch neuorientieren, was es auch tat, sobald dies 1943/44 ohne große Risiken möglich war.

Die Deutschen hatten nun die Möglichkeit, Norwegen und Dänemark in ihr neues Reich zu integrieren. Die ersten Schritte in diese Richtung wurden schon während des Krieges unternommen; weitere waren für die Zeit nach dem Endsieg geplant. In den besetzten Ländern lebte ein recht eigentlich »germanischer« Menschenschlag, der gut zu den edlen nordischen Ariern paßte, die ihn in den Schoß ihres Großreichs heimgeholt hatten. Dem Tausendjährigen Reich würde es an Zeit und Gelegenheit nicht fehlen, diese Völker und nicht nur ihre herrlichen Landschaften zu integrieren. Inzwischen konnte sich, wer Lust hatte, schon jetzt für eine der speziellen germanischen SS-Einheiten rekrutieren lassen, die Himmler aufstellte. Die »nordischen« Männer wurden zunächst für ein spezielles Regiment, das SS-Regiment »Nordland«, und schließlich für eine ganze Division rekrutiert.

Handfesteren militärischen Nutzen versprach sich die deutsche Regierung von den Stützpunkten an der norwegischen Küste, die sich die deutsche Kriegsmarine so lange gewünscht hatte. Kurzfristig konnten sie von deutschen Überwasserschiffen und Unterseebooten im Krieg gegen britische Geleitzüge genutzt werden. Mittelfristig – in den späteren Stadien des Krieges – sollten sich die Marine- und Luftwaffenstützpunkte in Norwegen bei der Behinderung alliierter Anstrengungen, der Sowjetunion über das Nordpolarmeer Nachschub zu liefern, als sehr nützlich erweisen – ein Thema, von dem später die Rede sein wird. Langfristig wollte das NS-Regime Drontheim zu einer deutschen Stadt machen, die durch eine vierspurige Autobahn mit dem Mutterland verbunden sein und der deutschen Hochseeflotte, die dann die Weltmeere beherrschen würde, als permanente Basis dienen sollte.[274] Die Deutschen hielten noch 1943 an diesem Projekt fest, als bereits ein anderer Aspekt der norwegischen Okkupation in den Vordergrund trat. Das besetzte Land band eine ständig wachsende Menge an Truppen und Kriegsgerät, die größtenteils bis zur Kapitulation 1945 nicht mehr abgezogen werden konnten.

Die Sowjetunion hatte sich vom Krieg in Norwegen isoliert, indem sie nach Beendigung des Finnisch-Sowjetischen Krieges Petsamo an Finnland zurückgegeben hatte. Sie freute sich mit den Deutschen über ihren Sieg, zu dem sie selbst dadurch beigetragen hatte, daß sie dem Versorgungsschiff, das bei der Operation in Narvik eine entscheidende Rolle spielte, einen Stützpunkt zur Verfügung gestellt hatte. Ob es von Stalin wirklich so klug war, daß er den Deutschen half, die Alliierten aus Nordeuropa zu vertreiben, und ihnen bald auch half, sie aus Westeuropa zu vertreiben, steht auf einem anderen Blatt.

In den Vereinigten Staaten waren Regierung und Öffentlichkeit schockiert über die Invasion in Dänemark und Norwegen. Das dramatische Ende des »Sitzkriegs« beherrschte sofort die Schlagzeilen und Nachrichtensendungen. Wieder einmal hatte Deutschland angegriffen, und diesmal hatten beide Opfer offensichtlich nichts getan, um einen Angriff zu provozieren. Der rasche Ablauf der Ereignisse und die Unfähigkeit der Alliierten, Deutschland aufzuhalten, verhießen nichts Gutes. Der Schrecken und die Empörung über diesen Schritt riefen bei der amerikanischen Regierung eine Reaktion hervor, mit der die Deutschen, wie die Quellenlage zeigt, nicht gerechnet hatten. Grönland stand unter dänischer Souveränität, und wenn dies Berlin nicht aufgefallen war, so war es Washington sehr bewußt. Schritte wurden ergriffen, direkte Beziehungen mit dieser großen Insel herzustellen und sie später in die amerikanische Sicherheitszone in der westlichen Hemisphäre aufzunehmen. In Washington wie in London war man auch über das Schicksal Islands beunruhigt, das mit Dänemark durch Personalunion verbunden war und in strategisch günstiger Lage im Nordatlantik lag.[275]

Daß die Alliierten unfähig gewesen waren, die Besetzung Norwegens zu verhindern, bestärkte Roosevelt in seiner ohnehin schon pessimistischen Einschätzung ihrer militärischen Stärke, während der amerikanischen Öffentlichkeit immer deutlicher wurde, welchen Wert die NS-Regierung der Neutralität anderer Staaten beimaß. Noch bevor der Feldzug in Norwegen beendet war, sollte es weitere dramatische Beweise für beide Einschätzungen geben – für die militärische Schwäche der Alliierten und für die deutsche Haltung gegenüber neutralen Ländern.

3

Eine verkehrte Welt

DER DEUTSCHE SIEG IM WESTEN

Am frühen Morgen des 10. Mai 1940 fielen deutsche Truppen in Holland und Belgien ein. In der Nacht zuvor waren sie in Luxemburg eingedrungen. Diese neutralen Staaten hatten Deutschland nach Westen hin geschützt; sie wurden dafür mit der schnellen Zerschlagung ihrer Unabhängigkeit »belohnt«. Dies war allerdings nur ein beiläufiges Ergebnis einer viel weiter reichenden Zielsetzung. Hauptzweck des deutschen Einmarsches war es, die französischen und britischen Truppen auf dem Festland zu zermalmen, so daß Deutschland Ruhe im Westen hatte, während es im Osten auf Kosten der Sowjetunion Lebensraum eroberte. Die drei neutralen Staaten im Westen sollten den Weg zum Sieg über Frankreich ebnen und einen Küstenstützpunkt für die Niederwerfung Englands bieten. Der große neutrale Staat im Osten, die Sowjetunion, sollte es Deutschland zugleich ermöglichen, seine Kräfte auf eine Hauptfront zu konzentrieren und die deutsche Streitmacht mit den Materialien zu versorgen, die sie bei diesem ersten vorbereitenden Schritt für den späteren Ostfeldzug benötigte.

Der deutsche Plan war, wie erwähnt, verändert worden: Statt der ursprünglichen Absicht einer beschränkten Offensive im Norden stießen die Deutschen nun durch Luxemburg, Belgien und Nordfrankreich zur Küste des Ärmelkanals vor.[1] Uneinigkeit über die Strategie und Wetterprobleme hatten dazu geführt, daß das Vorhaben neunundzwanzigmal aufgeschoben werden mußte. Diese Verzögerungen brachten den Deutschen jedoch große Vorteile: Sie nutzten die siebenmonatige Gefechtspause dazu, die Verluste in ihren Einheiten auszugleichen und Lehren aus dem Polenfeldzug zu ziehen. Als ein deutsches Flugzeug zur Landung in Belgien gezwungen wurde, gelangten Details der ursprünglichen deutschen Angriffspläne in die Hände der westlichen Alliierten, weil ein Offizier, der diese Dokumente bei sich hatte, sie nicht rechtzeitig vernichten konnte. Durch diesen Zwischenfall ließen sich die Alliierten täuschen und schenkten jenen Anzeichen keine Beachtung mehr, die auf eine Änderung der Hauptrichtung des deutschen Vorstoßes hindeuteten. Deshalb tappten sie in die Falle, die ihnen mit dem zweiten, tatsächlich durchgeführten Feldzugsplan gestellt wurde.

Nach einer ganzen Serie von Hinweisen über deutsche Invasionsabsichten zweifelten die Staaten, die unmittelbar Opfer des Angriffs wurden, am Wahrheitsgehalt der letzten Warnung.[2] Mehrere dieser Hinweise waren von Hans Oster, einer Schlüsselfigur der internen Opposition gegen Hitler, gezielt weitergegeben worden.

Die Alliierten hatten beobachten können, unter welch schweren Schlägen die polnische Armee so schnell zerbrochen war; sie hatten jedoch aus diesem Vorgang recht wenig gelernt. Chamberlain erkannte zwar die Wirkung der neuen Kriegführung, doch hatte die britische Armee erst vor so kurzer Zeit die für ihren Aufbau nötigen Ressourcen erhalten, daß kaum eine Chance bestand, aus dem Desaster in Polen nützliche Lehren zu ziehen.[3] Auch die Franzosen konnten sich durchaus vorstellen, daß ihre bedächtigen und methodischen Feldzugspläne gegen die schnellen Schläge und den raschen Einsatz der deutschen Panzerdivisionen, die von der Luftwaffe unterstützt wurden, wenig wirksam sein würden. Doch auch sie unternahmen wenig, um ihre überall verstreuten gepanzerten Einheiten zu konzentrieren oder die Abhängigkeit von überholten Taktiken zu verringern.[4]

Die Franzosen und Briten erkannten, daß die Deutschen im Westen erneut durch neutrales Territorium hindurch angreifen würden, um die französischen Befestigungen an der deutsch-französischen Grenze, die berühmte Maginot-Linie, zu umgehen. Sie standen vor einer Entscheidung: Sie konnten die Neutralität Belgiens und der Niederlande mißachten und in diese Länder einmarschieren, bevor Deutschland zuschlagen konnte. Sie konnten die beiden Länder ihrem Schicksal überlassen und versuchen, die Deutschen an einer längeren und gefährlicheren Front an der französisch-belgischen Grenze zu binden. Sie konnten aber auch den deutschen Angriff abwarten, dann nach Belgien und in die Niederlande vorstoßen und die Truppen der Verteidiger unterstützen. Aus politischen Gründen verwarfen die Alliierten die erste Alternative. Sie wollten den Achsenmächten nicht zuvorkommen. Die Briten wichen später von dieser Politik ab, als es um die französische Flotte und um die wichtige Insel Madagaskar im Indischen Ozean ging.

Die zweite Möglichkeit – Belgien und die Niederlande ihrem Schicksal zu überlassen – hatte allerdings zwei erhebliche Nachteile: Bei einer solchen Strategie würde man auf die Truppen verzichten müssen, die in Belgien und Holland hätten mobilisiert werden können, vor allem auf die belgische Armee, die zu Recht als wichtige Kraft angesehen wurde und die in der Tat größer war als die Armee, die Großbritannien in der ersten Phase des Krieges auf das Festland hatte entsenden können. Die Verteidigung der französisch-belgischen Grenze bedeutete ferner, daß die Kämpfe näher an den wichtigen französischen Bevölkerungs- und Industriezentren stattfinden würden. Hinzu kam, daß die zu verteidigende Grenzlinie länger war als die Front, die entstanden wäre, wenn die französischen und britischen Truppen wenigstens nach Belgien vorgestoßen wären.

Unter diesen Umständen entschieden sich die Alliierten für den Plan, nach Belgien und in die Niederlande vorzustoßen, sobald diese angegriffen wurden. Man hoffte, die Deutschen an einer Front zum Stillstand bringen zu können, die einen großen Teil Belgiens und möglicherweise einen kleinen Teil Hollands durchschnitt.[5] Das Projekt verfolgte das Ziel, die neutralen Staaten zu unterstützen, wenn sie Opfer der deutschen Aggression wurden; gleichzeitig sollte ihre Verteidigungskraft in die allgemeine Militärmacht der Alliierten eingefügt werden.

Der Plan enthielt zwei wichtige Nachteile, wobei der erste von Anfang an erkennbar war, während der zweite erst nach Beginn der Kämpfe offensichtlich wurde: Belgier und Holländer hatten sich geweigert, ihre Verteidigungspläne in vollem Umfang mit Frankreich und Großbritannien zu koordinieren. Dieser Sachverhalt, gegen den nur wenig unternommen wurde, trug in großem Maße zur Niederlage der Alliierten bei. Die beiden neutralen Länder fürchteten den Zorn der Deutschen. Sie duldeten einige geheime Kontakte und einen gewissen Informationsaustausch mit den Westmächten; der Entwicklung voll koordinierter Pläne für eine angemessene Vorbereitung auf den deutschen Angriff stimmten sie jedoch nicht zu. Im Gegenteil: In beiden Ländern wurden die höchsten Militärs durch Offiziere ersetzt, die weniger bereit waren, mit Frankreich und Großbritannien zu kooperieren. Die Holländer beschlossen einen Rückzugsplan, durch den sie von jeder Unterstützung auf dem Landweg abgeschnitten wurden. Auch die Belgier, die über viel größere Streitkräfte verfügten, weigerten sich, mit ihren einzigen möglichen Schutzmächten eine kohärente Verteidigungsstrategie auszuarbeiten. Angesichts dieser Haltung stellt sich für den Beobachter Frankreichs und Großbritanniens die ausgesprochen schwierige Frage, ob es überhaupt sinnvoll war, die bestausgerüsteten Einheiten ihrer Armeen für einen solchen Vormarsch einzusetzen. Denn offenbar waren Holland und Belgien gar nicht bereit, ihre eigenen Anstrengungen mit den Kräften abzustimmen, die sie um Hilfe zu bitten gedachten. Diese Frage hatte sich auch im Falle Norwegens gestellt. Sie zeigt, daß skrupellose Angreifer gegenüber vorsichtigen Ländern im Vorteil sind, wenn diese einen Krieg dadurch zu vermeiden suchen, daß sie keine Maßnahmen ergreifen, die den Angreifer angeblich provozieren könnten. Denselben Vorteil hatte Deutschland bei der verzögerten Mobilmachung in Polen ausgenutzt.

Der zweite Fehler des Plans der Alliierten, der erst im Verlauf der Kämpfe zutage trat, hängt eng mit dem ersten Fehler zusammen. Wenn die französischen und britischen Truppen mit ihrem Einmarsch in den Niederlanden und Belgien die Streitkräfte der Verteidiger gegen den deutschen Ansturm effektiv unterstützen wollten, so mußten sie relativ mobil und gut ausgerüstet sein. Mit anderen Worten: Die besten und mobilsten Einheiten der französischen Armee und praktisch das gesamte britische Expeditionskorps würden gegen einen deutschen Angriff eingesetzt, der nun jedoch in eine andere Richtung zielte, als die Alliierten erwartet hatten. Sie arbeiteten ahnungslos den Deutschen in die Hände, indem sie dafür sorgten, daß die Deutschen bei ihrem Vorstoß über die Ardennen zur Küste die mobilsten und effektivsten Einheiten der Alliierten abschneiden konnten. Unter diesen Umständen kam eine Niederlage in der Eröffnungsschlacht einer Katastrophe gleich und *nicht* etwa nur einer Rückverlegung der Verteidigungslinie hinter die von den Alliierten erhoffte Front. Der französische Oberbefehlshaber, General Gamelin, sorgte durch seine verfehlte Strategie dafür, daß genau dies eintraf. Zum einen bestand er gegen den Rat seiner Generäle darauf, daß die 7. Armee, die Hauptreserve der Franzosen, beim Vorstoß nach Holland an der äußersten linken Flanke marschieren sollte. Zum anderen schickte er die Hälfte der einsatzbereiten französischen Streitkräfte an die Maginot-Linie, so daß keine Reserven mehr zur Verfügung standen.

Die deutsche Offensive vom 10. Mai läßt sich am einfachsten im Überblick von Norden nach Süden beschreiben. Im Norden erfolgte der Angriff auf Holland unter Einsatz von deutschen Truppen in holländischen Uniformen und einer beträchtlichen Zahl von Fallschirmjägern. Diese erreichten jedoch ihr Ziel nicht, die Bevölkerungs- und Regierungszentren am ersten Tag einzunehmen. Gleichzeitig überschritten größere deutsche Truppenverbände die Grenze, ohne auf nennenswerten Widerstand zu stoßen. Wie bereits erwähnt, zog sich die niederländische Armee nicht in Richtung der anmarschierenden alliierten Truppen zurück, sondern entfernte sich eher von ihnen – mit dem Ergebnis, daß die Deutschen sie sogleich abschneiden konnten. Bevor sich die niederländische Armee am 15. Mai ergab, traten zwei Ereignisse ein, die den weiteren Verlauf des Krieges beeinflußten.

Erstens verließen Königin Wilhelmina und ihre Regierung die Niederlande und reisten nach England. Von diesem Zeitpunkt an stand eine niederländische Exilregierung auf der Seite der Alliierten – eine Tatsache, die angesichts der strategischen Lage des niederländischen Kolonialreiches in Südamerika und Südostasien sowie im Hinblick auf die Größe der holländischen Handelsflotte von beträchtlicher Bedeutung war. Zweitens stellte sich durch die Invasion der Niederlande (sowie Belgiens und Luxemburgs) die Frage nach der Begrenzung der Kriegführung in der modernen Welt. Die Holländer hatten am Ersten Weltkrieg nicht teilgenommen und hatten den deutschen Bürgern in den schweren Zeiten nach der Niederlage von 1918 in großem Umfang geholfen. Zum Dank bombardierten die Deutschen am 14. Mai 1940 rücksichtslos Rotterdam, zerstörten dabei den Altstadtkern und töteten Hunderte von Zivilpersonen. Der Angriff sollte die Holländer zur Kapitulation bewegen.

Die deutsche Luftwaffe hatte im April 1937 während des Spanischen Bürgerkriegs die Stadt Guernica zerstört; der Angriff wurde durch Pablo Picassos berühmtes Gemälde im Bewußtsein der Welt verewigt. Bei den Bombenangriffen auf Warschau und andere polnische Städte hatte die Luftwaffe diese Vorgehensweise erneut angewandt; diese Ereignisse und Orte waren aber vom Bewußtsein der alliierten Führung im Westen relativ weit entfernt. Die Alliierten hatten ihren eigenen Bomberverbänden größte Zurückhaltung verordnet, zogen jedoch gleichzeitig auch die Möglichkeit in Betracht, diese Selbstbeschränkung aufzugeben, falls die Deutschen die Neutralität Belgiens und der Niederlande verletzen sollten.[6] Nun hatten die Deutschen das in schamloser Weise getan und ihre Luftwaffe für einen gezielten Angriff auf zivile

Objekte eingesetzt. Die Alliierten gaben daraufhin ihre Zurückhaltung hinsichtlich der Bombenangriffe auf; deutsche Städte sollten die Früchte ernten, die die deutsche Luftwaffe gesät hatte. Ironischerweise wurde der erste Luftangriff auf eine deutsche Stadt von deutschen Flugzeugen durchgeführt: Am 10. Mai 1940 warfen deutsche Piloten irrtümlich Bomben auf Freiburg im Breisgau. Die deutsche Regierung behauptete, dies sei der Beweis, daß die Franzosen (später beschuldigte sie die Engländer) mit der Bombardierung ziviler Ziele begonnen hätten![7]

In Rotterdam erinnert ein Denkmal an die Menschen, die bei dem Luftangriff ums Leben kamen. Der Angriff sollte die Zivilbevölkerung gefügig machen; doch jene, die die Welt in Brand steckten, mußten bald die eigenen Dächer in Flammen sehen.

Während dieser Stunden und Tage, in denen der Sturm über den Niederlanden losbrach, überfielen die Deutschen zum zweitenmal in diesem Jahrhundert Belgien, dessen Neutralität sie zu achten versprochen hatten. Truppen, die mit Lastenseglern landeten, und Fallschirmjäger besetzten die wichtigsten Brückenköpfe und Flußübergänge und kontrollierten die entscheidenden Verbindungswege ins Landesinnere. Im Ersten Weltkrieg hatten die Deutschen bei einem besonders berüchtigten Zwischenfall die Bibliothek der Universität von Löwen niedergebrannt. Die Bibliothek war in der Zeit zwischen den Kriegen wieder aufgebaut worden; jetzt wurde sie erneut in Brand gesteckt, dieses Mal durch die deutsche Artillerie.[8] Belgische Einheiten kämpften mutig gegen die Invasoren, aber die Koordination mit den anrückenden französischen und britischen Truppen war katastrophal. Die belgische Regierung, die noch immer glaubte, sie könne sich bei den Deutschen Sympathien erwerben, beschwerte sich darüber, daß britische Truppen durch die »offene« Stadt Brüssel marschierten. Diese Beschwerde war 1944 nicht mehr zu hören, als britische Soldaten wieder nach Brüssel zurückkehrten.[9]

Während die Deutschen weiter in Belgien vorstießen und südlich die französische Front durchbrachen, begannen die belgische Militärführung und König Leopold die Lage zu überdenken. Der König war nicht gewillt, dem Beispiel des belgischen Königs Albert im Jahre 1914 oder der niederländischen Königin Wilhelmina im Jahre 1940 zu folgen. Gegen den Rat seiner Regierung verließ er das Land nicht, als die belgische Armee am 28. Mai bedingungslos kapitulierte, sondern zog es vor, von den Deutschen gefangengenommen und interniert zu werden.[10] Dieser Vorgang war zwar teilweise die Folge der verhängnisvollen Niederlage der Franzosen im Süden, trug aber auch zu der wachsenden Katastrophe bei, in die die Alliierten hineinsteuerten. Das Verhalten des Königs erschwerte auch die Lage der belgischen Regierung, die nunmehr ins Exil ging. Wie wir noch zeigen werden, schien im Sommer für kurze Zeit die Fortsetzung des Krieges durch diese Regierung ungewiß; sie blieb dann jedoch weiterhin mit dem Krieg befaßt, da sie den belgischen Kongo mit seinen großen Erzvorkommen, vor allem Kupfer und Uran, kontrollierte. König Leopold blieb Kriegsgefangener der Deutschen und dankte 1951 trotz einer für ihn günstigen Volksabstimmung ab.

Im Norden wurden die vorrückenden deutschen Truppen schon bald in Kämpfe mit französischen und britischen Einheiten verwickelt, die sich schnell in Marsch gesetzt hatten, um sich dort mit den Belgiern und Holländern zu vereinen. Doch der entscheidende Vorstoß der Deutschen erfolgte nicht im Norden, sondern durch Luxemburg, das südliche Belgien und Nordfrankreich auf den Straßen durch die Ardennen. Der dünne französische Schutzschild in diesem Gebiet war schnell überwunden, und schon am 13. Mai überquerten die ersten deutschen Angriffsspitzen die Maas. Die deutschen Panzerdivisionen, die von diesen Flußübergängen aus rasch vorstießen, drohten die gesamte Nordflanke der Alliierten abzuschneiden. Obwohl sich einige der französischen Einheiten bei diesem Zusammenstoß tapfer schlugen, konnte dieser erste deutsche Durchbruch zu keinem Zeitpunkt ernsthaft gebremst oder gar zum Stillstand gebracht werden. Die Deutschen erreichten in der Nacht vom 20. auf den 21. Mai die Küste des Ärmelkanals – zehn Tage nach Beginn der Offensive und eine Woche nach der 150 Kilometer südöstlich erfolgten Überquerung der Maas. Wie konnte ein solcher Sieg so schnell errungen werden?

Mehrere Faktoren wirkten zusammen. Dadurch war es den Deutschen möglich, nicht nur schnell, sondern auch verhältnismäßig leicht zu siegen. Der wichtigste Grund dieses Sieges war der kluge und wagemutige Einsatz der konzentrierten Panzerformationen der Deutschen, die in den entscheidenden Augenblicken durch die deutsche Luftwaffe taktisch wirkungsvoll unterstützt wurden. Darüber hinaus trugen jedoch zwei ernsthafte Fehler der französischen Militärführung in starkem Maße zur Unfähigkeit der Alliierten bei, den Durchbruch aufzuhalten – nachdem man endlich begriffen hatte, was sich tatsächlich abspielte.

Erstens hatte der französische Generalstabschef, General Maurice Gamelin, sehr starke Verbände in und hinter der Maginot-Linie belassen. Er hatte ferner starke Einheiten an der äußersten linken Flanke zu einem völlig überflüssigen Vorstoß nach Holland in Bewegung gesetzt. Aus diesen Gründen standen jetzt keine Reserven zur Verfügung, die stark genug gewesen wären, um entweder in die Lücke oder gegen die Flanke der deutschen Angriffsspitze vorzustoßen. Im Ersten Weltkrieg hatte man erste Durchbrüche aufhalten können, indem Reservetruppen an eine neue Frontlinie geworfen worden waren. Jetzt jedoch standen solche Reserven nicht bereit. Daher blieb nur eine Möglichkeit, mit der auch schon im Ersten Weltkrieg der Einsatz der Reservetruppen ausgeglichen wurde: die Verlegung von Einheiten, die in einem anderen Frontabschnitt stationiert waren. Doch diese Möglichkeit wurde durch Gamelins zweiten großen Fehler zunichte gemacht. Es ist anzumerken, daß die Verbündeten Frankreichs zu diesem Fehler beitrugen.

In den Jahren 1939/40 verfügten die Alliierten über keine effektive und funktionsfähige Befehlsstruktur – trotz der furchtbaren Erfahrungen von 1918, als die westlichen Alliierten wegen des Mangels eines einheitlichen Befehls beinahe eine Niederlage erlitten hätten. In der Tat hatten die Franzosen nicht einmal ihr eigenes Befehlssystem organisiert, so daß es nur minimale Wirksamkeit entfalten konnte.

Man braucht keineswegs die Rivalitäten und Verwirrungen anzuführen, die die französische Militärführung kennzeichneten, vor allem die ungeklärte Beziehung zwischen Gamelin und dem wichtigsten Befehlshaber, General Alphonse Georges, oder die wirren Befehlsstrukturen unter Georges. Am wichtigsten ist die Tatsache, daß keine Zeit blieb, die unfähigen Offiziere nach und nach auszutauschen, neue Ideen vorzutragen und eine klare Vorstellung von den erforderlichen Maßnahmen zu entwickeln. Der nötige rücksichtslose Wille war nicht vorhanden, dem Chaos im demoralisierten Hauptquartier Ordnung aufzuzwingen. Daß einige der französischen Einheiten unter diesen Umständen im Kampf auseinanderbrachen, ist weniger erstaunlich als die Tatsache, daß so viele Einheiten so gut kämpften. Im Ersten Weltkrieg wurde mit einer gewissen Berechtigung die Meinung vertreten, die britischen Soldaten hätten zwar wie Löwen gekämpft, wären aber von Eseln geführt worden. Im ersten Stadium des Zweiten Weltkrieges traf diese Meinung eher auf die Franzosen zu.[11]

Daraus sollte jedoch nicht gefolgert werden, daß die britische Militärführung mit besonderer Inspiration agierte. Schon während des Winters war eine Art Verschwörung zwischen Generälen, Kriegsministerium, Beamten des Außenministeriums und Kreisen des königlichen Hofes zustande gekommen. Sie hatte zur Entlassung des Kriegsministers Leslie Hore-Belisha geführt. Hore-Belisha war einer der wenigen treibenden Kräfte im Kabinett. Seine Entlassung erfolgte als Vergeltung für seinen Versuch, das britische militärische Establishment neu zu organisieren, das mindestens ebenso träge war wie das französische.[12] Der Befehlshaber des britischen Expeditionskorps, Lord Gort, war ein ungewöhnlich mutiger Mann, wirkte aber schon nach den ersten Anzeichen der alliierten Niederlage beinahe wie gelähmt. Viele der ihm untergeordneten Offiziere stiegen im weiteren Kriegsverlauf zu wichtigen Befehlspositionen auf; Lord Gort selbst wurde Gouverneur in Gibraltar, später in Malta – Funktionen, die eine starke Hand erforderten, aber keine größere Verantwortung enthielten.

Die französische und britische Luftwaffe waren nicht in der Lage, die für die Deutschen wichtigen Brücken zu zerstören. In dieser Unfähigkeit spiegelte sich ein Mangel an Interesse und konkreter Ausbildung für Luftoperationen zur Unterstützung der Bodentruppen – ein Problem, mit dem die alliierten Luftstreitkräfte in diesem Krieg jahrelang zu kämpfen hatten. Die beiden alliierten Luftstreitkräfte kämpften gut, aber mit verringerter Stärke und von unzureichenden oder zu weit entfernten Stützpunkten aus, während die Bodenkämpfe wüteten.* Damals wurde

---

* Die Franzosen hatten in den USA eine große Zahl von Flugzeugen bestellt, jedoch die Montage von Brest in der Bretagne nach Casablanca verlagert, woraus sich Produktionsverzögerungen ergaben. Hauptnutznießer der französischen Bestellung waren die Briten, die den französischen Auftrag in den USA übernahmen. Vierzig amerikanische Kampfflugzeuge wurden auf dem französischen Flugzeugträger *Béarn* stationiert, der während des gesamten Krieges vor Martinique in Westindien lag. Vgl. hierzu John M. Haight Jr., American Aid to France,

immer wieder auf die Weigerung Großbritanniens hingewiesen, in diesem Feldzug seine letzten Reserven an Kampfflugzeugen einzusetzen; auch in manchen Nachkriegsveröffentlichungen finden sich entsprechende Behauptungen. Es ist jedoch nicht anzunehmen, daß ein besseres Ergebnis erzielt worden wäre, wenn die Briten weitere Reserven zur Unterstützung ihrer von unzureichenden Landeplätzen aus operierenden Luftstreitkräfte eingesetzt hätten. Dadurch hätten sie im Gegenteil wohl nur weitere Flugzeuge verloren, die sie später so dringend benötigten, um die Evakuierung ihrer Truppen aus Dünkirchen zu decken. Die Flugzeuge hätten den Briten dann auch bei der Verteidigung ihrer Insel gegen den folgenden Angriff der Nazis gefehlt. Beide Operationen führten die Briten von ihren Stützpunkten in England durch.

Der Versuch der Franzosen und Briten schlug fehl, die Angriffsspitze der deutschen Panzereinheiten von den Hauptstreitkräften abzuschneiden. Die Alliierten hatten aus nördlicher und südlicher Richtung angegriffen, bevor die deutsche Infanterie zu ihren vorrückenden Panzerdivisionen aufschließen konnte. Keiner der beiden alliierten Angriffe war stark genug, und beide Stöße waren nicht genügend koordiniert, um einen wirklichen Erfolg zu erzielen. Der Koordinierungsprozeß wurde nicht nur durch die unzusammenhängende Befehlsstruktur im Norden, sondern auch durch einen Wechsel im Zentrum der französischen Militärführung erschwert. Bereits am 20. März war die französische Regierung unter Edouard Daladier zurückgetreten. Der Sturz der Regierung war teilweise der Tatsache zuzuschreiben, daß alle auf Finnland gesetzten französischen Hoffnungen zusammengebrochen waren, nachdem Finnland am 13. März mit der Sowjetunion Frieden geschlossen hatte. Der britische Botschafter in Paris, Sir Eric Phipps, kommentierte bekümmert in einem Brief an Lord Halifax, daß mit Daladier ein politischer Führer abgetreten sei, der sich nur auf den Sieg konzentriert habe. Nach Phipps' Meinung war Daladier der einzige vollkommen integre Politiker Frankreichs.[13]

Der neue Premierminister, Paul Reynaud, galt als schillernde, aber auch als tatkräftige Persönlichkeit und zugleich als eingefleischter Nazi-Gegner. Er schloß ein Abkommen mit Großbritannien, nach dem keines der beiden Länder einen Separatfrieden mit Deutschland schließen durfte. Reynaud vertrat seine Absichten deutlich, war aber bei ihrer Umsetzung unbeständig. Es gibt überzeugende Hinweise darauf, daß seine Entschlußkraft im Juni unter dem Einfluß seiner Geliebten, Madame de Portes, schwächer wurde.[14] Er stand damals im Begriff, General Gamelin zu entlassen, als die Nachricht von der deutschen Invasion in den Niederlanden eintraf. Aufgrund

1938–1940, Atheneum, New York 1970, Kap. 9. Eine gute Darstellung der Luftkämpfe im Westen auf der Grundlage der kürzlich freigegebenen französischen Archivmaterialien findet sich in Lee Kennet, »German Air Superiority in the Westfeldzug, 1940«, in: F. X. J. Homer und Larry Wilcox, Hg., Germany and Europe in the Era of the Two World Wars: Essays in Honor of Oron James Hale, Univ. Press of Virginia, Charlottesville 1986, S. 141–155. Wichtige Dokumente des britischen Lufteinsatzes finden sich in PRO, AIR 8/287.

der veränderten Umstände ließ Reynaud diese Absicht zunächst fallen. Ein paar Tage später jedoch, als die Dimensionen der Katastrophe deutlicher sichtbar wurden, ersetzte er Gamelin durch General Louis Maxime Weygand, der erst aus Syrien zurückkehren mußte. Reynaud selbst übernahm gleichzeitig von Daladier das Verteidigungs- und das Kriegsministerium. Weygand mußte versuchen, den deutschen Ansturm aufzuhalten, konnte aber in dieser Situation weder den nötigen Gegenstoß schnell genug koordinieren noch den ins Wanken geratenen französischen Truppen neuen Kampfgeist einflößen.[15]

Damals wurde behauptet, eine »fünfte Kolonne« subversiver Kräfte habe bei dem schnellen deutschen Erfolg und dem Zusammenbruch der Alliierten eine wesentliche Rolle gespielt. Vielen galt diese Behauptung nur als willkommene Ausrede. Zwar gibt es keinen Zweifel daran, daß einerseits die Deutschen in holländischen Uniformen Verwirrung stifteten und daß andererseits die Anti-Kriegs-Propaganda der französischen Kommunisten den Widerstand gegen die deutsche Militärmacht schwächte. Die Hauptursache war jedoch, daß die schlecht geführten und unzureichend koordinierten Kräfte der Alliierten zu einem entscheidenden Zeitpunkt von den konzentriert vorrückenden deutschen Panzerdivisionen besiegt wurden. Sie konnten ihr Gleichgewicht nicht wiederherstellen, von der Fähigkeit zu neuen Initiativen ganz zu schweigen.

Die Alliierten standen unmittelbar vor der Frage, was im Norden und Süden zu tun sei, da ihre Armeen durch den deutschen Vorstoß zur Küste des Ärmelkanals voneinander getrennt worden waren. Die Deutschen wiederum mußten entscheiden, was sie mit den zwei feindlichen Armeen tun sollten, die noch auf dem Kampffeld verblieben waren. Beide Seiten fanden eigene Antworten auf diese Fragen; die Beziehung zwischen diesen Antworten war jedoch für den Ausgang des ganzen Feldzugs von entscheidender Bedeutung. Im Norden gelangten die Briten zu der Einsicht, daß, da der größtmögliche Teil der abgeschnittenen britischen Armee evakuiert werden mußte, die Alliierten nicht in der Lage waren, die deutschen Linien zu durchbrechen, die die britischen Einheiten vom Süden trennten. Gleichzeitig wollte man sich darauf vorbereiten, die britischen Truppen neben den Franzosen im Süden neu zu formieren. Das Kriegskabinett in London erfuhr am 14. Mai vom Durchbruch der Deutschen über die Maas[16]; in den folgenden Tagen beobachtete das Kabinett die Entwicklungen mit wachsender Sorge. Als feststand, daß die Verbindung zu den Truppen im Süden nicht wiederhergestellt werden konnte, unternahm man verzweifelte Anstrengungen, das britische Expeditionskorps zur Kanalküste zurückzuziehen und über den Ärmelkanal zu evakuieren.

Diese Möglichkeit war schon am 19. Mai in Betracht gezogen, dann aber wieder zurückgestellt worden. Man wollte noch einmal versuchen, zum Süden durchzubrechen. Doch der Evakuierungsplan, der bereits am 18. Mai als vernünftigste Lösung erschienen war, wurde letztlich unvermeidlich, nachdem Belgien am 28. Mai kapituliert hatte. Die eigentliche Frage lautete jedoch, ob es möglich sein würde, sich kämpfend zur Küste zurückzuziehen und die Truppen – vermutlich ohne ihre Ausrüstung – zusammen mit den an ihrer Seite kämpfenden Franzosen einzuschiffen.

Zunächst sah es allerdings so aus, als würde Großbritannien praktisch seine gesamte Armee verlieren, einschließlich der Berufsoffiziere, die für den Aufbau einer schlagkräftigen neuen Landarmee benötigt würden. Infolge des hartnäckigen Widerstands der französischen und britischen Truppen verlangsamte sich jedoch der deutsche Vormarsch. Schiffe der britischen Marine, der Handelsflotte und Schiffe privater Eigner konnten die Soldaten von den Piers und Stränden in der Nähe von Dünkirchen aufnehmen. Die Evakuierung der Mehrheit der britischen Soldaten – etwa 220000 Mann – und einer großen Anzahl von Franzosen – ungefähr 120000 Mann – wurde unwissentlich durch die Entscheidung der Deutschen unterstützt, wie sie mit den geteilten Kampftruppen der Alliierten verfahren wollten.[17]

Am 24. Mai beschlossen Hitler und General Gerd von Rundstedt, der Oberbefehlshaber der Heeresgruppe, die den großen Durchbruch geschafft hatte, den Vormarsch der Panzerdivisionen zu stoppen, damit die Panzer für den späteren Vorstoß nach Süden gegen die von Weygand aufgebaute neue Front repariert und ausgerüstet werden konnten.[18] Außerdem erschien den Deutschen das sumpfige, von Kanälen durchzogene Flandern als ungeeignet für die Panzer, von denen viele durch den vorangegangenen Vorstoß und die Kämpfe Verschleißerscheinungen zeigten. Die abgeschnittenen alliierten Truppen würden leichter von der deutschen Luftwaffe vernichtet werden können, die sich sogleich mit großem Eifer dieser Aufgabe widmete.[19] Allerdings wurde der Einsatz der Luftwaffe zunächst durch ungünstige Wetterbedingungen verzögert; danach gelang es der Royal Air Force, die hier von ihren heimischen Stützpunkten aus operieren konnte, sich wirkungsvoll in die Kämpfe einzuschalten. Die deutsche Luftwaffe glaubte zunächst, ihr Einsatz sei ein Erfolg gewesen[20], aber diese Einschätzung erwies sich als Irrtum. Ein erneuter Vorstoß der Deutschen nach Norden, der am 26. Mai angeordnet wurde, bedeutete eine erneute Richtungsänderung für die Panzerdivisionen und konnte deshalb nicht sofort verwirklicht werden. Hitler war zuversichtlich, daß nur wenige Briten entkommen würden[21], aber diese Zuversicht war fehl am Platze. Die später geäußerte Vermutung trifft nicht zu, daß Hitler gehofft habe, die Briten würden sich leichter zu einem Friedensschluß bewegen lassen, wenn er ihrer Armee die Flucht ermöglichte. Die deutsche Luftwaffe bekam Widerstand zu spüren und erlitt bei den Kämpfen über der Küste schwere Verluste.[22] Die politische Wirkung der Evakuierung bei Dünkirchen wird im folgenden erläutert.

Die Franzosen, die einen großen Teil ihrer besten Einheiten im Norden praktisch verloren hatten, versuchten nun, eine neue Verteidigungslinie quer durch Frankreich aufzubauen und zu halten. Weygands einzige Hoffnung war, daß seine geschwächten Truppen die Deutschen lange genug aufhalten könnten, bis Verstärkung für seine Frontlinie zur Verfügung stehen würde. Diese Verstärkung konnte nur von den evakuierten Einheiten im Norden gestellt werden, sobald sie in England wieder neu ausgerüstet worden waren. Anfang Juni erschien dies mehrere Tage lang als wahrscheinlichste Entwicklung. Die erneute deutsche Offensive vom 5. Juni konnte für kurze Zeit aufgehalten werden. In dieser Zeit erhielt General Brooke, der evakuierte frühere Befehlshaber des British II Corps, den Befehl, über Cherbourg nach Frankreich zurückzukehren und ein neues britisches Expeditionskorps zusammenzustellen und zu befehligen. In dem neuen Korps sollten die britischen und kanadischen Truppen, die bislang südlich des deutschen Durchbruchs stationiert gewesen waren, mit Einheiten zusammengefaßt werden, die aus dem Vereinigten Königreich auf das Festland zurückgeschickt wurden.[23]

All dies glich jedoch einem Schattenboxen. Nach schweren Kämpfen durchbrachen die Deutschen die französische Front und überwanden die letzten Widerstände, die die französischen Einheiten noch zu leisten vermochten. Am 14. Juni erreichten die deutschen Truppen Paris; am selben Tag brachen sie in die Maginot-Linie ein. Die französische Armee befand sich in einem beschleunigten Auflösungsprozeß. General Brooke, der ein neues Expeditionskorps hätte befehligen sollen, mußte statt dessen eine zweite Evakuierung der britischen Truppen organisieren. Der Stoß der Deutschen durch Frankreich verlief nicht schleppend, sondern sehr schnell. Es stellte sich nunmehr die eigentliche Frage, ob die französische Regierung vom französischen Kolonialreich aus den Kampf fortführen würde und ob die Briten den Krieg, wenn möglich, von ihren Inseln, und wenn nötig, von ihrem Kolonialreich aus fortsetzen würden.

Zu diesem Zeitpunkt war es denkbar, daß der Krieg mit einem Sieg der Deutschen enden könnte. In dieser Situation sahen sich auch andere Länder zum Eingreifen veranlaßt oder begannen zu handeln, noch ehe diese Fragen endgültig hatten beantwortet werden können. Italien hatte sich im Herbst 1939 herausgehalten, und nach der Niederlage Polens hatte die italienische Regierung einen Augenblick lang mit dem Gedanken gespielt, bei der Vermittlung eines Kompromißfriedens zu helfen. Doch dann war Mussolini trotz der Verstimmung über den deutsch-sowjetischen Vertrag und der daraus folgenden deutschen Billigung des sowjetischen Einfalls in Finnland wieder zu seiner im Grunde pro-deutschen Politik zurückgekehrt.

Am 18. März trafen Hitler und Mussolini auf dem Brenner-Paß in der Nähe der Grenze zu einer Besprechung zusammen, bei der sie ihre Freundschaft bekräftigten und sich gegenseitig ihre Politik erläuterten. Hitler wies darauf hin, daß er im Herbst 1939 angegriffen habe, weil jedes Zuwarten den Briten und Franzosen nur Zeit zur Aufrüstung verschafft hätte. Mussolini erläuterte die Situation in Italien. Sein Land könne unter den gegebenen Umständen keinen längeren Krieg durchstehen. Er wäre bereit, in drei oder vier Monaten in den Krieg einzutreten, aber nur, wenn die deutsche Offensive im Westen erfolgreich verlaufen sei.[24] Hitler war von Mussolini begeistert.[25] Er antizipierte einen großen Sieg für die geplante deutsche Offensive und nahm nunmehr an, daß Italien sich am Angriff auf Frankreich beteiligen würde. In der Zwischenzeit hielt er Mussolini über die Invasion Dänemarks und Norwegens auf dem laufenden und beauftragte (mit sowjetischer Billigung) seine Botschafter in Rom und Moskau, die Unstimmigkeiten in den italienisch-sowjetischen Beziehungen zu beseitigen.[26] Gleichzeitig stellte er sicher, daß die Italiener auf dem Balkan keine riskanten Schritte unternahmen, damit dort keine Schwierigkeiten entstanden, während Deutschland seine Armeen auf die Offensive im Westen konzentrierte.[27]

Hitler informierte den zunehmend begeisterten Mussolini über die Fortschritte der Operationen während der Westoffensive. Bei einem Gespräch, das in der Zeit zwischen den deutschen Offensiven in Skandinavien und dem Feldzug im Westen stattfand, hatte Mussolini die Vorstellung als absurd bezeichnet, daß Italien nach einem deutschen Sieg in Europa der deutschen Hegemonie unterworfen werden könnte.[28] Jetzt wies er alle Annäherungen und Appelle aus Frankreich, England und den Vereinigten Staaten zurück, sich aus dem Krieg herauszuhalten.[29] Der italienische Führer, der die Demokratien verachtete, konnte sich nicht vorstellen, daß die Feindseligkeiten fortgesetzt würden, nachdem die wichtigsten französischen Truppen von Deutschland besiegt worden waren. Dementsprechend plante er, formell in den Krieg einzutreten, sobald diese Frage entschieden war. Er kümmerte sich jedoch *nicht* darum, ob seine Militärführer irgendwelche Pläne entwickelt und Vorbereitungen für einen Kampf getroffen hatten.[30] Am 10. Juni trat Italien in den Krieg ein, unternahm aber keine ernsthaften Anstrengungen, irgendwo französische oder britische Stellungen anzugreifen. Dieses Versäumnis sollte Italien und seinen Verbündeten Deutschland sehr teuer zu stehen kommen.[31] Bis im Spätsommer 1940 die Reihe der italienischen Niederlagen begann, beschränkte sich der Eindruck, den Italien seit seinem Kriegseintritt hinterlassen hatte, auf die berühmte Bemerkung Roosevelts: »Die Hand, die den Dolch hielt, hat ihn in den Rücken des Nachbarn gestoßen.«[32]

Mussolini war nicht der einzige, der im Frühjahr 1940 mit einem Dolch herumlief. Wie Mussolini hatte sich auch der Führer Spaniens, Francisco Franco, im Herbst 1939 aus den Ereignissen herausgehalten. Francos Vorsicht war verständlich, war doch der furchtbare Bürgerkrieg in Spanien nur einige Monate vor dem Ausbruch des Zweiten Weltkriegs beendet worden. Auch war Spanien von Nahrungsmittel- und Ölimporten abhängig. Doch die Vorsicht beeinträchtigte Francos Appetit in keiner Weise. Seit der Annexion Gibraltars durch die Briten im Jahre 1704 hatte Spanien den Felsen zurückgewinnen wollen. Das Franco-Regime, das seine militärischen Wurzeln in Spaniens nordafrikanischem Kolonialreich hatte, freute sich bereits auf eine enorme Expansion dieses Kolonialreiches auf Kosten Frankreichs. Der Appetit des spanischen Diktators erstreckte sich sogar auf Gebiete im französischen Afrika, die vor dem Ersten Weltkrieg in deutschem Besitz gewesen waren! All diese Träume konnten jedoch offensichtlich nur mit deutscher Unterstützung und nach einer totalen französisch-britischen Niederlage verwirklicht werden.[33]

In diesen Zielsetzungen zeigte sich ein nahezu maßloser Ehrgeiz, während die Ressourcen und die Fähigkeit zur Erreichung dieser Ziele außerordentlich begrenzt waren. Vor diesem Hintergrund verfolgte der spanische Führer eine Politik, in der sich Vorsicht mit Waghalsigkeit verbanden. Durch relativ risikoarme Maßnahmen unterstützte Franco die Deutschen, bis diese den Krieg gewonnen hatten[34]; dann bot er wagemutig an, sich ihnen anzuschließen, unter der Voraussetzung, daß sie ihm nicht nur die erforderliche Unterstützung gewährten, sondern ihm auch die Beute zusicherten, die er haben wollte. Francos Vorsicht überwog seinen Wagemut, bis die Deutschen wirklich die französisch-spanische Grenze erreicht hatten, und nicht einmal der Kriegseintritt Italiens am 10. Juni konnte Franco dazu verleiten, dem italienischen Beispiel zu folgen. Anders als Mussolini zog es Franco vor, klare Zusicherungen von den Deutschen zu erhalten, *bevor* er sich in den Krieg stürzte.

Die spanische Regierung wehrte britische und französische Annäherungsversuche ab – registrierte jedoch aufmerksam alle Anzeichen für eine mögliche Kapitulation der Franzosen, die prompt nach Berlin weitergeleitet wurden. Spanien hatte seine Ansprüche ganz allgemein durch eine Pressekampagne angemeldet, in der es Gibraltar, ganz Marokko und eine Ausweitung der spanischen Kolonie an der Küste von Guinea (Spanisch-Guinea oder Río Muni, heute Äquatorialguinea) für sich forderte.[35] Spanische Truppen besetzten am 14. Juni lediglich die internationale Zone von Tanger, eine Operation, bei der unter den gegebenen Umständen mit größter Wahrscheinlichkeit keine gefährlichen Verwicklungen zu erwarten waren.[36] Aber als sich Franco allmählich einem Kriegseintritt näherte, genügten auch die beiden festen Zusagen nicht mehr, die er von Hitler erhielt. Am 10. Juni hatte Hitler zugesichert, den spanischen Anspruch auf Gibraltar zu unterstützen, und er hatte bekräftigt, daß Deutschland in Marokko lediglich wirtschaftliche Interessen verfolgte.[37] Die erste Zusage setzte voraus, daß Spanien gegen England in den Krieg eintrat. Diesen Schritt wollte Franco nur unternehmen, wenn er eine noch größere Beute erhalten konnte.[38] Die zweite Zusicherung wurde von den Deutschen in einer Weise gebrochen, die den spanischen Diktator zutiefst verärgerte. Einige Wochen lang blieb die Frage des spanischen Kriegseintritts ungeklärt, während Spanien am Rande des Abgrunds zögerte.[39]

Die Sowjetunion hatte die Entwicklung des Krieges sorgfältig beobachtet. Sie hatte sich am Angriff auf Polen beteiligt und das Recht erworben, Truppen in den baltischen Staaten zu stationieren. Dann jedoch hatte sie Finnland angegriffen und war dabei in weit ernsthaftere und längerdauernde Feindseligkeiten verwickelt worden, als erwartet worden war. Diese Erfahrung hatte auf Stalin ernüchternd gewirkt, so daß er nun außerordentlich vorsichtig wurde. Der Vorstoß in das Baltikum wurde vorerst aufgeschoben. Deutschland wurde mit ständigen Lieferungen versorgt[40], und der Krieg mit Finnland wurde schnell und siegreich beendet. Die Stadt Leningrad und der wichtige Hafen von Murmansk jedoch befanden sich nach diesem Krieg in größerer Gefahr als zuvor, denn an Stelle des neutralen Finnland, das vor dem Krieg deutsche Angebote für ein Abkommen zurückgewiesen hatte, gab es nun ein Finnland, das sich wahrscheinlich mit Deutschland oder England verbünden würde, um das Territorium zurückzugewinnen, das es im März bei dem Friedensschluß verloren hatte.[41]

Stalin hatte unter diesen Umständen sorgfältig darauf geachtet, Deutschland und England aus den sowjetischen Beziehungen zu Finnland herauszuhalten, und dabei Schweden eine Vermittlerrolle zugewiesen. Moskau begrüßte die deutsche Invasion in Norwegen; es hatte die wichtigste Operation der Deutschen in Narvik unterstützt.[42] Jetzt gab es keine Möglichkeit mehr, daß die Sowjetunion durch die skandinavischen Verwicklungen in einen Krieg mit den Westmächten hineingezogen wurde, und der deutsche Triumph in Norwegen verringerte auch das Gefahrenpotential, das von den britischen Konzessionen für den Nickel-Abbau im Gebiet von Petsamo ausging. Wir wissen bis heute nicht viel über die Vorkenntnis, die die Sowjetunion über die deutschen Pläne für die Westoffensive besaß; der fast vollständige Abzug der deutschen Einheiten aus den deutschen und deutsch besetzten Ostgebieten konnte jedoch kaum unbemerkt geblieben sein. Letzte Befürchtungen wurden durch den deutschen Angriff am 10. Mai beseitigt. Hatte die Invasion Norwegens in Moskau einen Seufzer der Erleichterung hervorgerufen, so begrüßte man nun dort überschwenglich den deutschen Vorstoß nach Westen.[43]

Nachdem Deutschland und die Westmächte in Westeuropa vollständig in größere Kämpfe verwickelt waren, konnte die Sowjetunion ihren Vorstoß im Baltikum und auf dem Balkan fortsetzen, ohne sich sorgen zu müssen, daß sich eine der kriegführenden Seiten einmischen könnte. Um sicherzustellen, daß sich in Ostasien keine Probleme ergaben, während in Europa diese Schritte unternommen wurden, wurde ein Grenzabkommen mit Japan ausgehandelt und am 9. Juni unterzeichnet. Dieses Abkommen diente zum einen dazu, die »positiven Aktionen an unserer Westgrenze« vorzubereiten, wie der Vorgang in einem sowjetischen Dokument bezeichnet wurde. Zum anderen sollten die Japaner durch das Abkommen dazu ermutigt werden, sich nach Süden zu orientieren und den Widerstand des Westens, vor allem Amerikas, herauszufordern. Moskau hoffte sehr auf diesen Widerstand Amerikas, solange die Beziehungen zwischen den USA und der Sowjetunion durch eine allzu enge sowjetisch-japanische Übereinkunft nicht beeinträchtigt wurden. Diese Bedingung konnte dadurch erfüllt werden, daß man letztlich bei dem Abkommen mit Japan einen Neutralitätspakt und weniger einen Nichtangriffspakt anstrebte; die »positive Aktion« an der Westgrenze der Sowjetunion war bereits angelaufen.[44]

Ende Mai 1940 ging die sowjetische Regierung daran, eine neue Politik zu verwirklichen, die anscheinend beschlossen wurde, sobald das Ausmaß des deutschen Sieges im Westen offenkundig geworden war. Am 21. Mai wurde über erste größere Truppenbewegungen in Richtung der rumänischen Grenze berichtet, und am 25. Mai wurden die ersten Schritte zur Annexion der baltischen Staaten unternommen, wobei Litauen, das zwischen Deutschland und den beiden anderen baltischen Staaten lag, zuerst an die Reihe kam. Kurz darauf wurde erneut Druck auf Finnland ausgeübt, und die Sowjetunion begann zu testen, inwieweit die erst jüngst verbesserten Beziehungen zu Italien für eine weitere Expansion auf dem Balkan genutzt werden konnten.[45]

Mitte Juni 1940 besetzte die Sowjetunion nach einer Reihe von Ultimaten alle drei Staaten des Baltikums. Sie beendete damit die Unabhängigkeit dieser Völker und traf Vorkehrungen, die drei Staaten formell als Sozialistische Sowjetrepubliken der Sowjetunion einzuverleiben. Der allgemeine politische Rahmen für diese Maßnahmen war durch Geheimabkommen mit Deutschland geschaffen worden. Die Rote Armee hatte allerdings das gesamte Litauen besetzt, einschließlich eines kleinen Anteils, das von den Deutschen hätte besetzt werden sollen. Damit war ein heikles Problem entstanden, das später geregelt werden mußte. Den beträchtlichen Wirtschaftsinteressen Deutschlands im Baltikum konnte Moskau leicht entsprechen, und die verbleibenden Bevölkerungsteile deutscher Herkunft durften das Baltikum verlassen. Ein wenig komplizierter erwiesen sich die Bewegungen am rumänischen und am finnischen Abschnitt der sowjetischen Westgrenze.

Während Moskau mit dem Krieg gegen Finnland beschäftigt war, hatte sich der sowjetische Druck auf Rumänien verringert. In den Wintermonaten kam es zu einem Tauziehen zwischen den Deutschen und den Westmächten um die rumänischen Erdöllieferungen nach Deutschland und Italien[46], aber die Deutschen blieben siegreich. Sie konnten den Rumänen Waffen anbieten, entweder aus deutscher Produktion oder aus den Beständen, die den Polen abgenommen worden waren. Auch konnte Deutschland möglicherweise einen gewissen Schutz gegen sowjetische Ansprüche bieten. Die Deutschen hatten ein naheliegendes Interesse daran, daß Rumänien unabhängig blieb und weiterhin in der Lage war, Erdöl zu fördern und an Deutschland zu verkaufen.[47] Die Briten und Franzosen hingegen hatten keine Waffen zu verkaufen. Sie ließen keinen Zweifel daran, daß ihre 1939 abgegebenen Garantien gegen die Sowjetunion nicht galten[48], und waren stärker an der Zerstörung als an der Erhaltung der rumänischen Erdölfelder interessiert. Die deutschen Siege in Westeuropa im Mai 1940 zerstreuten die letzten Zweifel, die in Bukarest noch bestehen mochten: Deutschland war das einzige Land, auf das man sich stützen konnte. Die einzige Frage war, ob sich die rumänische Politik schnell genug auf Berlin umorientieren konnte.

Die Deutschen hatten zugesichert, die sowjetischen Ansprüche auf Bessarabien zu unterstützen, und sie hatten immer wieder betont, daß sie in der gesamten Region lediglich ökonomische Interessen verfolgten. Nun drängten sie die Rumänen, den sowjetischen Forderungen zu entsprechen. Die Rumänen jedoch zögerten, die Initiative zu ergreifen – nicht nur, weil sie hofften, wenigstens Teile Bessarabiens behalten zu können, sondern weil sie auch befürchteten, daß territoriale Zugeständnisse an die Sowjetunion sofort territoriale Ansprüche ihrer Nachbarn Bulgarien und Ungarn auslösen würden. Die Sowjetunion ergriff die Initiative; man hatte verstanden, daß Deutschland vom rumänischen Öl abhängig war, und setzte Berlin

über die bevorstehenden sowjetischen Forderungen in Kenntnis. Die Ansprüche sollten in zweifacher Hinsicht als Schock wirken: Stalin forderte nicht nur das gesamte
Bessarabien, sondern zusätzlich auch die Bukowina, ein reiches Gebiet, das sich nie
zuvor unter sowjetischer Herrschaft befunden hatte.* Außerdem wurden die Ansprüche in der Form eines Ultimatums vorgetragen. Für die Antwort blieben
Rumänien weniger als zwei Tage; erfüllten die Rumänen die sowjetischen Forderungen nicht, wurde ihnen eine Invasion angedroht. Stalin wollte die Grenzen der
Sowjetunion so weit wie möglich erweitern, für den Fall daß in Westeuropa ein
Frieden zustande kam.

Die Deutschen überredeten Moskau, die sowjetischen Forderungen auf die nördlichen Teile der Bukowina zu beschränken. Zusammen mit Italien drängten sie die
rumänische Regierung, sich dem sowjetischen Ultimatum zu beugen. Die Deutschen
schoben die Schuld an der rumänischen Lage den Rumänen selbst zu. Die politische
Situation Rumäniens war nach deutscher Auffassung eher für Italien wichtig.[49]
Deutschland befürchtete, daß es zu einem Konflikt kommen könnte, mit Auswirkungen auf die Erdölproduktion. Die Rumänen wurden von allen Seiten bedrängt, hatten
aber keine Aussicht auf Unterstützung. Sie schienen eine Zeitlang gewillt, dem finnischen Beispiel von 1939 zu folgen und zu kämpfen, falls die Sowjets mehr als die
Grenzen von 1856 forderten. Nun jedoch entschlossen sie sich, nachzugeben und
die geforderten Gebiete an die Sowjetunion abzutreten. In sehr schnellen Vorstößen
besetzte die Rote Armee die abgetretenen Gebiete und später auch noch einige Inseln
in der Donau. Die eigentliche Analogie zu Finnland war, daß Rumänien auf diese
Weise regelrecht in die Arme der Deutschen getrieben wurde.[50]

Auch Bulgarien hatte sich die Sowjetunion im Herbst 1939 genähert, doch hatte
der sowjetische Druck aufgrund des sowjetisch-finnischen Krieges nachgelassen. Die
Deutschen hatten ihre Politik gegenüber Bulgarien offengehalten, falls die Sowjets
dort Stützpunkte einrichten wollten. Im Winter 1939/40 sahen sie diese Frage nicht
als vordringlich an.[51] Die Bulgaren hofften, die offensichtliche Veränderung der
europäischen Lage im Frühsommer 1940 ausnutzen zu können, verhielten sich aber
recht vorsichtig.[52] Sie wollten vor allem einen Zugang zum Ägäischen Meer wiedergewinnen, den sie im Ersten Weltkrieg verloren hatten. Ihre zweite Forderung
richtete sich auf die Rückgabe der südlichen Dobrudscha durch die Rumänen. Ferner hofften sie, Teile des südlichen Jugoslawiens zu erhalten. Die Bulgaren wünschten eine friedliche Lösung dieser Ansprüche – eine ziemlich abwegige Hoffnung.
Auf jeden Fall erklärten die Deutschen, Bulgarien solle diese Forderungen mit Italien
klären.[53]

---

* Viele sahen in der sowjetischen Politik der Jahre 1939/40 den Versuch, die Grenzen des
Zarenreichs von 1914 wiederherzustellen, Stalin beachtete diese Grenzlinie jedoch weder in
Polen noch in Rumänien. Die Vertreter dieses Erklärungsversuchs offenbaren damit lediglich
ihre Unkenntnis der europäischen historischen Geographie.

Aus der sowjetischen Perspektive jedoch nahmen sich diese Dinge ganz anders aus. Molotow sprach im Zusammenhang mit der sowjetischen Zustimmung zu den bulgarischen Gebietsforderungen immer von der Dobrudscha und nicht nur, wie andere Politiker, vom *südlichen Teil*. Wenn Rumänien die *gesamte* Dobrudscha an Bulgarien abtreten müßte, hätten die Sowjetunion und Bulgarien nach der sowjetischen Annexion Bessarabiens eine gemeinsame Grenze. Befürwortete die Sowjetunion die Forderung Bulgariens nach einem Zugang zur Ägäis, so würde sich ihr die Möglichkeit eröffnen, Stützpunkte sowohl am Schwarzen Meer als auch an der bulgarischen Küste der Ägäis einzurichten, also auf beiden Seiten des europäischen Teiles der Türkei.[54]

Eine Änderung der deutschen Politik im Sommer 1940 blockierte diese Hoffnungen. Von dieser Entwicklung waren auch andere sowjetische territoriale Ansprüche an der türkisch-sowjetischen Grenze betroffen, die ungefähr zur gleichen Zeit vorgebracht wurden, wie auch der Ruf nach Änderungen der Konventionen zur Durchfahrt der Dardanellen, die die Zufahrten in das Schwarze Meer regelten.[55] Die Änderung der deutschen Politik, die später in diesem Kapitel zu behandeln sein wird, betraf auch die Rolle Rumäniens in den Plänen der Deutschen; gleichzeitig und in ähnlicher Weise änderte sich auch die Rolle Finnlands.

Finnland hatte wie Rumänien den Versuch unternommen, die Beziehungen zu Deutschland zu verbessern – in der Hoffnung auf Unterstützung für den Fall, daß die Sowjetunion ähnliche Schritte wie in den baltischen Staaten unternahm. Auch hier beschränkten sich die deutschen Reaktionen zunächst auf die ökonomische Sphäre. Das Interesse richtete sich darauf, die britische Beteiligung an der Verfügung über den Nickelbergbau im Gebiet von Petsamo zu beseitigen. Als der sowjetische Druck auf Finnland im Juni 1940 wieder zunahm, wichen die Finnen zunächst aus. Gleichzeitig versuchten sie, die Deutschen durch den Austritt aus dem Völkerbund zu besänftigen; ferner anerkannten sie den Marionettenstaat Slowakei und sicherten den Deutschen Nickellieferungen zu.[56]

Erst wenn wichtige Archive der ehemaligen Sowjetunion zugänglich gemacht werden, läßt sich die Frage beantworten, ob die sowjetische Politik im Juni, Juli und August 1940 im Hinblick auf diplomatische und innenpolitische Probleme Finnlands Schritte unternahm, die darauf gerichtet waren, Finnland der Sowjetunion einzuverleiben, wie Molotow die sowjetischen Absichten in seiner Unterredung mit Hitler am 13. November 1940 beschrieb.[57] Wie im Falle Rumäniens konzentrierten sich die Deutschen, wie gesagt, zunächst ausschließlich auf ökonomische Fragen – in Finnland ging es um Nickel, in Rumänien um Erdöl.[58] Sehr bald jedoch ergab sich durch die angesprochene grundlegende Umorientierung der deutschen Politik eine völlig andersartige Situation, die sich eher auf wichtige politische als auf ökonomische Fragen auswirkte. Diese große Veränderung betraf die Entscheidung Deutschlands, die Sowjetunion anzugreifen – eine Entscheidung, die eine dramatische Umkehr der deutschen Politik gegenüber Finnland und Rumänien bewirkte, die nun zu potentiellen Verbündeten im Rahmen der deutschen Offensivpläne wurden. Diese Veränderung hatte auch direkte Auswirkungen auf die Beziehungen der Deutschen zu den anderen betroffenen Mächten im Herbst 1940: die Sowjetunion und Italien. Bevor wir uns jedoch mit diesem gesamten Fragenkomplex befassen, müssen wir uns erneut der Situation im Westen zuwenden. Dort standen die Regierungen Frankreichs, Großbritanniens und der USA vor neuen Entscheidungen.

NEUE ENTSCHEIDUNGEN IN FRANKREICH, GROSSBRITANNIEN UND DEN VEREINIGTEN STAATEN

Die Deutschen durchbrachen die von General Weygand aufgebaute neue Verteidigungslinie und besetzten Paris. Die französische Regierung geriet in eine Krise und flüchtete, wie schon 1914, nach Bordeaux. Doch anders als 1914 breitete sich unter vielen ihrer Mitglieder nicht Entschlossenheit, sondern Defätismus aus. Aus der längerfristigen Perspektive, aus der wir heute diese beiden entscheidenden Jahre vergleichen können, lassen sich zwei wichtige Unterschiede feststellen. Der erste ist rein militärischer Natur. Eine Woche nach dem deutschen Vorstoß von 1914, durch den die französische Regierung zur Flucht nach Bordeaux gezwungen worden war, errangen die Alliierten in der ersten Marne-Schlacht einen Sieg. Die Franzosen gewannen dadurch neues Vertrauen, daß sie sich von den anfänglichen großen Niederlagen wieder erholen könnten. Im Jahre 1940 hingegen erlebten die Franzosen nach der Flucht der Regierung nicht nur die Besetzung ihrer Hauptstadt durch deutsche Truppen, sie mußten auch erkennen, daß die Deutschen das gesamte europäische Territorium Frankreichs okkupieren konnten. Der Krieg konnte daher nur von Nordafrika aus sowie von den anderen französischen Territorien überall auf der Welt weitergeführt werden. Dafür standen lediglich die dort stationierten, die neu auszuhebenden oder noch zu evakuierenden Einheiten und die französische Flotte zur Verfügung. Frankreich konnte nur an der Seite der britischen Verbündeten weiterkämpfen.

Angesichts dieser Perspektive war ein zweiter Faktor von Bedeutung, durch den sich die Situation wesentlich von der Lage im Jahre 1914 unterschied: die grimmige Entschlossenheit weiterzukämpfen – und gerade daran mangelte es 1940.[59] Manche Mitglieder der Regierung sowie einige Personen, die bald darauf Regierungsämter übernahmen, waren überzeugt, daß die Fortführung des Kampfes unmöglich und nicht einmal wünschenswert sei. Sie glaubten, daß auch ein besiegtes Frankreich seinen Platz in einem von den Deutschen beherrschten Europa finden könne. Sie wollten unter keinen Umständen gegen die Deutschen und Italiener weiterkämpfen. Als britische Flugzeuge von französischen Luftstützpunkten aus Bombenangriffe gegen Italien zu fliegen begannen, ließen die Franzosen die Startbahnen mit Lastkraftwagen blockieren.[60] Diese Männer konnten sich auch in den folgenden Kriegsjahren vorstellen, daß französische Truppen gegen die Briten, Amerikaner und gegen andere

Franzosen kämpften, aber nicht gegen die Deutschen, Italiener und Japaner. Obwohl die Deutschen ihre Annäherungsversuche stets ablehnten, setzten diese Männer auf einen deutschen Sieg und hofften auf die Krümel von Hitlers Tisch. Dabei waren ihre Motive sehr unterschiedlich: Einige wenige ließen sich von dem Gefühl der Unabwendbarkeit der Niederlage leiten, viele von ihrer Gegnerschaft zu den Werten der Dritten Republik, die meisten von Verachtung, wenn nicht gar von Haß gegen die Briten und alle von dem Gefühl, daß die Fortsetzung des Kampfes gegen Hitler nutzlos sei – wenn die große französische Armee die Deutschen nicht hatte aufhalten können, dann konnte es niemand.[61]

Diese Gruppe wurde von zwei Männern angeführt, die zwischen 1940 und 1945 das Vichy-Regime verkörperten – benannt nach dem Sitz der neuen Regierung im Heilbad Vichy in der Auvergne.[62] Marschall Philippe Pétain, der berühmte Feldherr des Ersten Weltkrieges, und Pierre Laval, ein Politiker der Dritten Republik, bildeten ein neues Kabinett und brachten die französische Nationalversammlung dazu, diese Regierung mit allen Vollmachten auszustatten. Ihr Ziel war es, Frankreich aus dem Krieg herauszuziehen. Gegner dieser Politik war eine ganz kleine Gruppe von Franzosen, die in General de Gaulle ein Symbol und schließlich ihren Führer sahen. Am Tag nach dem französischen Ersuchen um einen Waffenstillstand hatte de Gaulle aus dem Exil in England die Fortsetzung des Kampfes gegen Deutschland gefordert. Die neue Regierung in Vichy ließ sich durch die vertragliche Verpflichtung gegenüber England nicht daran hindern, einen Separatfrieden mit Deutschland zu schließen. Sie war vielmehr davon überzeugt, daß auch England ein solches Abkommen schließen würde.

Die Verhandlungen der Franzosen mit England über den erwähnten Vertrag hatten dazu beigetragen, daß ein radikaler und völlig neuartiger Gedanke entstehen konnte: die Bildung eines ständigen Zusammenschlusses der beiden Länder in einer Art von Union. Die ursprüngliche Überlegung war, daß sich diese Union aus der Kooperation der beiden Länder während des Krieges entwickeln würde.[63] Während der großen militärischen Krise im Mai und Juni 1940 wurde vorgeschlagen, diesen Schritt sofort zu unternehmen. Vor allem de Gaulle drängte die britische Regierung dazu, mit einer solchen Maßnahme Reynaud in seinem Bemühen zu unterstützen, Frankreich im Krieg zu halten. Das britische Kabinett stimmte dem Unionsvorschlag zu, aber die französische Regierung befaßte sich nicht ernsthaft mit dem Gedanken, obwohl er teilweise aufgrund ihrer eigenen Initiative entstanden war.[64] Ein Abkommen mit dem Sieger Hitler schien größeren Erfolg zu versprechen als eine Union mit dem Verlierer England. Am 16. Juni hatte die britische Regierung dem Plan einer Union mit Frankreich zugestimmt; am selben Tag wurde Reynaud als Premierminister durch Pétain abgelöst, der sofort um einen Waffenstillstand ersuchte.

Die Franzosen wurden im Juni 1940 durch Deutschland ermutigt, diesen Weg einzuschlagen. Die Deutschen erkannten viel klarer als viele der neuen Machthaber in Frankreich, welche Gefahr für ihre Herrschaft vom fortgesetzten französischen

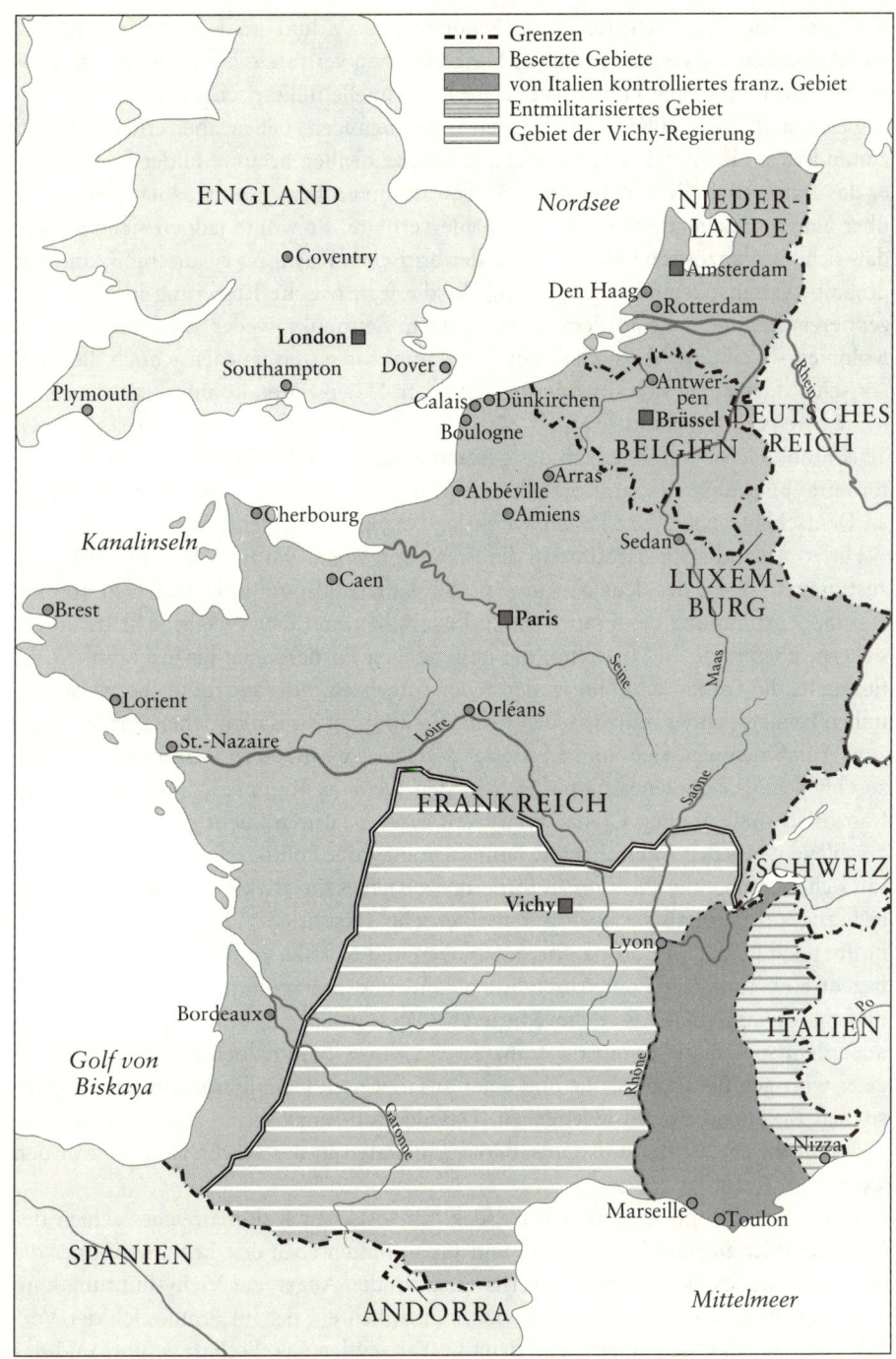

Grenzen
Besetzte Gebiete
von Italien kontrolliertes franz. Gebiet
Entmilitarisiertes Gebiet
Gebiet der Vichy-Regierung

ENGLAND   *Nordsee*   NIEDER-
LANDE

Coventry

Amsterdam

Den Haag

Rotterdam

London

Southampton   Dover

Plymouth   Calais   Dünkirchen   Antwer-
pen   **DEUTSCHES**
Boulogne   **Brüssel**   **REICH**
BELGIEN
Abbéville   Arras
Amiens
Cherbourg

Kanalinseln   Sedan

LUXEM-
Caen   BURG

Brest

Paris

Lorient

St.-Nazaire   Orléans

FRANKREICH   SCHWEIZ

Vichy

Lyon

Bordeaux   ITALIEN

Golf von
Biskaya

Nizza

SPANIEN   Marseille   Toulon

ANDORRA   *Mittelmeer*

3. Westeuropa unter deutscher Vorherrschaft 1940

Widerstand ausging.[65] Die Regierung Pétain bat am 17. Juni um den Waffenstillstand, wobei Spanien als Vermittler diente. Die Deutschen vertraten gegenüber der französischen Regierung eine Politik, die weiterhin schnelle militärische Vorstöße vorsah; zugleich stellten sie außerordentlich harte Bedingungen, ließen aber erkennen, daß zumindest ein kleiner Teil Frankreichs unbesetzt bleiben könnte. Hitler wußte, daß er das französische Kolonialreich nicht gewaltsam erobern konnte, solange er nicht über eine hinreichend starke Kriegsmarine verfügte. Er wollte jedoch sicherstellen, daß sich die französische Marine nicht der britischen Royal Navy anschloß, und bot deshalb Waffenstillstandsbedingungen, die die französische Regierung in Vichy akzeptieren konnte.[66] Er forderte zum jetzigen Zeitpunkt weder die französischen Kolonien – weil diese sonst vielleicht den Kampf fortsetzen würden – noch die französische Marine, die sich sonst in die britischen Häfen retten könnte, sofern sie sich nicht bereits dort befand.[67] Hitler bestand jedoch auf der Besetzung des größeren Teils Frankreichs, einschließlich der gesamten Kanal- und Atlantikküste. Außerdem forderte er gewaltige Reparationszahlungen, gegen die die französischen Forderungen an Deutschland nach dem Ersten Weltkrieg belanglos erschienen.

Hitler bestand auch darauf, daß die Franzosen einem Waffenstillstand mit Italien zustimmten, bevor der deutsch-französische Waffenstillstand in Kraft treten konnte. Um die Zustimmung der Franzosen zu bekommen und das Verfahren selbst abzusichern, überredete er Mussolini, die italienischen Forderungen einzuschränken. Er fürchtete, die Franzosen könnten den Krieg fortsetzen, oder die möglicherweise von Italien beanspruchten französischen Kolonien könnten die italienischen Forderungen zum Anlaß nehmen, sich vom Mutterland abzusetzen und sich Großbritannien anzuschließen. Die Italiener hatten sich in den wenigen Kämpfen, in die sie an der französisch-italienischen Grenze verwickelt gewesen waren, nicht gerade ruhmreich geschlagen, was den Deutschen die Durchsetzung ihrer Politik erleichterte. Mussolini sah sich nicht in einer Position zu fordern, wonach es ihn wirklich verlangte – weder in bezug auf europäische noch auf afrikanische Territorien.[68] Er hatte gehofft und hoffte noch immer, in Europa Nizza, Savoyen und Korsika zu bekommen. In Afrika begehrte er Tunesien, Französisch-Somaliland und Stützpunkte an der algerischen und marokkanischen Küste. Im Mittleren Osten wollte er Syrien bekommen, und außerdem spekulierte er auf die französische Flotte. Nun jedoch mußte er sich mit einer winzigen Besatzungszone und einer ansatzweisen Demilitarisierung im französischen Kolonialreich zufriedengeben. Das deutsch-französische sowie das französisch-italienische Waffenstillstandsabkommen traten in der Nacht vom 24. auf den 25. Juni in Kraft.[69]

In Frankreich und im größten Teil des französischen Kolonialreiches schien der Krieg beendet zu sein. Deutschland und Japan hatten eben erst begonnen, über die Waffenstillstandsbedingungen zu verhandeln. In den Augen der Vichy-Führung kam es vor allem darauf an, den Trend wieder umzukehren, der im Frankreich der Vorkriegszeit zu einer sich zunehmend demokratisierenden Gesellschaft geführt und das

Land nach ihrer Auffassung geschwächt hatte. Das neue System ließ sich am besten mit der Situation auf der französischen Insel Martinique in den Westindischen Inseln darstellen: Die uneingeschränkte Regierungsgewalt wurde von einem Offizier verkörpert – auf Martinique durch einen Admiral. Die Schuld an allen Problemen schob man der Dritten Republik zu, und die Amtsinhaber haßten Großbritannien, die Vereinigten Staaten und de Gaulle ungefähr mit gleicher Intensität. Vor allem jedoch schien endlich der Zeitpunkt gekommen zu sein, das Verdikt der französischen Gesellschaft in der Affäre Dreyfus am Anfang des 20. Jahrhunderts aufzuheben, bei dem sich die Gleichheit für alle Bürger der Republik durchgesetzt hatte. Der Fall Dreyfus stellte einen Wendepunkt in der jüngeren Geschichte des Landes dar.[70]

Eine Zeitlang sah es so aus, als würden sich auch andere dem französischen Beispiel anschließen. Der König von Belgien war im Land geblieben und hatte versucht, auch die Regierung zum Bleiben zu bewegen. Die Regierung hatte ursprünglich das Land verlassen, um die Alliierten zu unterstützen; gegen Ende Juni jedoch unternahm sie mehrere Versuche, Kontakt mit den Deutschen herzustellen, nach Belgien zurückzukehren und sich mit dem Dritten Reich zu verständigen. Die Regierungsstellen in Berlin nahmen die Annäherungsversuche des belgischen Kabinetts unter Premierminister Hubert Pierlot zunächst reserviert zur Kenntnis. Ende Juni jedoch entschied Hitler, daß diese Kontaktversuche zurückgewiesen werden sollten. Er hatte andere Pläne für die Zukunft Belgiens; die Existenz einer belgischen Regierung würde sich dabei eher als hinderlich erweisen.[71]

Es gibt Hinweise darauf, daß auch die Großherzogin von Luxemburg an eine Rückkehr in ihr Land und an eine Übereinkunft mit den Deutschen dachte. Doch auch in diesem Falle wollte sich die deutsche Regierung nicht in ihren Annexionsplänen behindern lassen.[72]

Auch private und gänzlich inoffizielle Annäherungsversuche einzelner Polen wurden abschlägig beschieden. Ein ausgesprochen deutschfreundlicher Publizist namens Wladislaw Studnicki war schon Ende 1939 abgewiesen worden. Als er Anfang 1940 einen erneuten Versuch unternahm, wurde er von den Deutschen in ein Sanatorium eingewiesen.[73] Eine ernsthaftere Annäherung versuchten der frühere Staatssekretär im polnischen Außenministerium, Graf Jan Szembek, und der frühere polnische Militärattaché in Rumänien, Oberst Jan Kowalewski, die beide eindeutig ohne die Billigung der polnischen Exilregierung handelten. Die Deutschen wiesen all diese Versuche zurück.[74] Berlin wollte auf jeden Fall vermeiden, bei den mörderischen Aktivitäten im besetzten Polen behindert zu werden.

Die deutsche Regierung wollte im Westen einen vorübergehenden Waffenstillstand erreichen, um sich der Eroberung von Lebensraum im Osten widmen zu können. Das bedeutete nicht, daß man mit den Belgiern und Polen verhandelte, sondern daß England dazu gebracht werden mußte, dem französischen Beispiel zu folgen und den vollständigen Sieg der Deutschen und die Niederlage der Alliierten anzuerkennen. Genau dies jedoch verweigerte die britische Regierung. Bestimmte Teile der amtlichen britischen Dokumente für diese kritische Periode vom Mai bis zum Juli 1940 sind noch immer nicht freigegeben. Möglicherweise werden sich neue Erkenntnisse über die britische Politik ergeben, wenn diese Akten zugänglich gemacht werden. Es scheint jedoch, daß sich ein großer Teil der unter Verschluß gehaltenen Materialien mit den Eskapaden des Herzogs von Windsor befassen und daß die gegenwärtig verfügbaren Informationen zum Verständnis der grundlegenden Entwicklungen der Politik Londons vollauf genügen.[75]

In London wurde man sich bewußt, daß Frankreich vor dem Zusammenbruch stand. Aus dem Nebel der Verwirrung und der Katastrophen auf dem Kontinent stieg nur eine klare Vorstellung empor: die Möglichkeit, daß Großbritannien allein weiterkämpfen mußte. Das britische Kabinett, das seit dem 17. Mai die Möglichkeit eines französischen Zusammenbruchs erkannt hatte, empfing am 25. Mai einen umfassenden Bericht des Generalstabskomitees über »Die britische Strategie in einem bestimmten Fall« – eine höfliche Umschreibung dafür, daß die Franzosen abtrünnig werden konnten.[76] Der britische Generalstab bekräftigte, daß Großbritannien nur mit Unterstützung der Vereinigten Staaten weiterkämpfen könne. Seinem Argument zufolge führte der Weg zum Sieg über koordinierte Bombenangriffe auf Deutschland und das von den Deutschen beherrschte Europa. Gleichzeitig sollte England die dichteste Blockade errichten, die möglich war. In den besetzten Gebieten sollten Aufstände gegen die Deutschen ausgelöst werden, sobald deren Herrschaft durch die Bombenangriffe und die Blockade geschwächt war. In diesen Plänen zeigen sich bereits die Umrisse der britischen Siegesstrategie – eine Strategie, die Winston Churchill mit seiner besonderen Verbindung von Enthusiasmus, Entschlossenheit und Einfallsreichtum übernahm.

Einige Tage lang, vor allem am 26. und 27. Mai 1940, besprach das britische Kabinett die Frage, ob vernünftige Bedingungen vorstellbar waren, die Hitler offerieren könnte und die die Unabhängigkeit des Vereinigten Königreiches gewährleisteten. Man rechnete allerdings nicht mit einem solchen Angebot, und selbst die Vorstellung, irgendeinen deutschen Vorschlag überhaupt ernsthaft in Betracht zu ziehen, wurde in den folgenden Tagen fallengelassen. Am 28. und 29. Mai wurde klar, daß ein erheblicher Teil des britischen Expeditionskorps nach der Katastrophe auf dem Festland gerettet werden könnte. Die Hinweise in den Dokumenten interpretiere ich so, daß die Bereitschaft, auch nur über die Möglichkeit eines Friedensschlusses nachzudenken, nur so lange bestand, bis sich diese Entwicklung abzeichnete. Als dann aber die Evakuierung anlief und es möglich schien, eine Verteidigung der Britischen Inseln aufzubauen, verschwand jeder Gedanke an einen Kompromiß.[77] Diese Entschlossenheit der Regierung wurde von der überwältigenden Mehrheit der Bevölkerung rückhaltlos unterstützt.

Das Zentrum der Aufmerksamkeit verlagerte sich rapide. Die Bemühungen richteten sich darauf, gegenüber den Franzosen Bedingungen durchzusetzen, unter denen Frankreich aus der vertraglichen Verpflichtung entlassen werden könnte, keinen

Separatfrieden abzuschließen. Den meisten dieser Forderungen wurden nicht entsprochen. Sie hatten praktische Maßnahmen zur Unterstützung Großbritanniens bei der Fortsetzung des Krieges zum Ziel. Zumindest jedoch sollte eine Behinderung Englands vermieden werden.[78] Bei diesen Plänen für eine Rettung in letzter Minute widmete man sich besonders intensiv dem Verbleib der Goldreserven. Für die Briten war dies ein hochsensibles Thema, da ihnen bekannt war, daß sich Deutschland in den Besitz eines großen Teils des tschechoslowakischen Goldes gesetzt hatte.[79]

Die britischen Bemühungen, die Goldreserven der Verbündeten zu schützen, waren nur teilweise erfolgreich. Die Vichy-Regierung ließ die belgischen Goldreserven von Dakar in Französisch-Westafrika nach Europa zurückschaffen, um sie dort den Nazis auszuliefern. Bei den eigenen Besitzständen jedoch traf die britische Regierung schnelle und entschlossene Vorkehrungen. Bereits am 21. Mai beschloß sie, sich auf den Eventualfall einer deutschen Besetzung der Britischen Inseln vorzubereiten. Ende Juni und Anfang Juli wurden die britischen Goldreserven, Reserven an Auslandswährungen und Bestände an ausländischen Wertpapieren nach Kanada verfrachtet. Innerhalb weniger Wochen überquerten Goldbarren, Devisenbestände und Wertpapiere im Wert von über fünf Milliarden Dollar in einem Schlachtschiff, zwei Kreuzern und drei Passagierschiffen den Atlantik. Die Bestände wurden in Sicherheitsgewölben in Toronto und Montreal eingelagert. Wenn nötig, konnten die britischen Kriegskosten nunmehr von Nordamerika aus finanziert werden.[80]

Die Regierung konzentrierte sich zu diesem Zeitpunkt bereits vollkommen auf ihre neue Strategie zur Fortsetzung des Kampfes. Die Führer der Konservativen, der Labour Party und der Nationalliberalen waren Mitglieder des Kabinetts. Lediglich der Führer der Liberalen, David Lloyd George, der während des Ersten Weltkrieges Premierminister gewesen war, blieb dem Kabinett fern. Es wurden große Anstrengungen unternommen, ihn einzubeziehen, obwohl viele lieber nicht mit ihm zusammenarbeiten wollten. Lloyd George jedoch lehnte ab. Großbritannien befand sich in der furchtbarsten Krise seiner Geschichte, doch der Ex-Premier reagierte nicht auf Churchills Bitten. Chamberlain vermutete, daß sich Lloyd George möglicherweise in der Rolle eines britischen Pétain sah; auch Churchill hielt dies für wahrscheinlich.[81] Es scheint jedoch plausibler, daß sich Lloyd George in der Rolle eines britischen Laval sah. Die Rolle eines Pétain sollte von einer anderen Person gespielt werden, die einen sofortigen Friedensschluß mit Deutschland befürwortete: vom Herzog von Windsor.

Der Herzog hatte seit seiner Abdankung im Jahre 1936 hauptsächlich in Frankreich gelebt. Er hatte ausgesprochen pro-deutsche Überzeugungen zum Ausdruck gebracht, die von seiner Frau in noch stärkerem Maße vertreten wurden. Hitler erwiderte diese Signale begeistert. Obwohl es keine klaren Beweise gibt, scheint sich doch ein deutscher Agent in der unmittelbaren Gefolgschaft des Herzogs befunden zu haben – mit oder ohne dessen Wissen. Während der ersten Kriegsmonate plauderte der Herzog wichtige Informationen aus, die über diesen Agenten zu den Deutschen gelangten.[82]

Ende Juni reiste das Paar nach Madrid. Dort hatte der britische Botschafter, Sir Samuel Hoare, alle Hände voll zu tun, um Franco von einem Kriegseintritt abzuhalten. Der Botschafter versuchte, den Herzog zu bewegen, das Festland so schnell wie möglich zu verlassen.[83] Die Deutschen jedoch wollten, daß der Herzog in Spanien blieb.[84]

Aus der Perspektive Berlins stellte der Herzog eine potentielle und geradezu perfekte Marionette dar.[85] Es wäre vorteilhaft, wenn er in Madrid bliebe und als möglicher Ersatz für den König von England zur Verfügung stünde. Er könnte jemanden an seine Seite rufen, der bereit wäre, Frieden nach den Bedingungen der Deutschen zu schließen – beispielsweise Lloyd George – und der Churchill als Premierminister ablösen könnte.[86] Die britische Regierung jedoch setzte den Herzog unter Druck, zunächst nach Portugal weiterzureisen und dann die Ernennung zum Gouverneur der Bahamas zu akzeptieren. Diese Aufgabe brachte den Herzog an einen sehr abgelegenen Ort, wo er zumindest für die Deutschen nicht erreichbar war.[87] Der Herzog und die Herzogin veranstalteten zunächst ein ungeheuerliches Hin und Her, während der deutsche Geheimdienst melodramatische Pläne entwickelte, um das Herzogspaar wenigstens in Portugal zu halten und es sogar zur Rückkehr nach Spanien zu bewegen. Einen Monat, nachdem der Herzog seiner Ernennung zugestimmt hatte, reiste das Paar auf die Bahamas. Zu diesem Zeitpunkt hatten die heftigen Luftangriffe auf Großbritannien bereits begonnen. König George VI. bewies durch seine Präsenz im zerbombten Buckingham-Palast und seine Besuche in den verwüsteten Stadtbezirken Londons, daß es für einen König Wichtigeres zu tun gab, als sich über die Möbel in einem Appartement in Paris zu sorgen, was den Herzog von Windsor voll in Anspruch nahm.

Drei Aspekte gilt es zu beachten, wenn man die Frage nach der Bedeutung dieser Tragikomödie stellt. Der unwichtigste Aspekt betrifft den Herzog selbst. Die Beweise sind eindeutig, daß er ernsthaft in Erwägung zog, mit den Deutschen zusammenzuarbeiten. Tatsächlich blieb er noch eine Zeitlang in Kontakt mit ihnen, *nachdem* er bereits auf den Bahamas lebte. Schließlich nahm er aber doch den Ruf auf den neuen Posten entgegen und folgte dem Rat seines alten Freundes, Sir Walter Monckton, den Churchill nach Lissabon gesandt hatte, um den Herzog von offenkundigen Torheiten abzuhalten. Ein wichtigerer Aspekt ist jedoch, daß diese Episode ein Licht auf die Politik in Großbritannien und in Deutschland im Sommer 1940 wirft. Die britische Regierung zeigte sich entschlossen, keinerlei Unsicherheit darüber aufkommen zu lassen, daß man den Krieg fortführen wollte. Churchill, der Edward VIII. in der Krise um dessen Abdankung unterstützt und sich damit in der britischen Politik isoliert hatte, setzte sich nun an die Spitze derer, die den Herzog unter Druck setzten, in eine Art Exil zu gehen.[88] Die deutschen Winkelzüge zeigen nicht nur eine vollständig unrealistische Einschätzung der Situation in England, sondern belegen auch, wie intensiv Berlin nach einem Ansatzpunkt suchte, um die Kampfhandlungen im Westen zu beenden.[89]

Die Deutschen bildeten sich ein, den Krieg gewonnen zu haben, der am 1. September 1939 begonnen hatte. Sie trafen Vorbereitungen für künftige Kriege sowohl im Osten als auch im Westen, mit denen wir uns noch befassen werden. Die Briten jedoch beabsichtigten keineswegs aufzugeben, sondern begannen, die von ihnen für einen Sieg als notwendig erachtete Strategie zu verwirklichen: sich selbst zu verteidigen, Deutschland und die unter deutscher Kontrolle befindlichen Gebiete zu bombardieren und zu blockieren und Aufstände gegen die Deutschen anzuzetteln, wo immer dies möglich schien.[90] Vordringlich war natürlich die Verteidigung der Britischen Inseln, wenn dies überhaupt zu leisten war. Deshalb mußte die Marine in der Lage sein, das Vereinigte Königreich zu verteidigen und die für seine Versorgung wichtigen Schiffahrtsstraßen zu schützen.

Da es den Deutschen im Sommer 1940 fast vollständig an einer schlagkräftigen Flotte fehlte, konnte die britische Marine bei diesem Auftrag einen Erfolg erwarten, sofern sie gegen die deutsche Luftwaffe geschützt und mit den feindlichen U-Booten fertig wurde. Die erste Bedingung wurde von der Royal Air Force erfüllt; bei der zweiten Bedingung waren die Briten zunehmend von der Unterstützung durch die Vereinigten Staaten abhängig. Die Royal Air Force hatte sich bei den früheren Luftkämpfen trotz großer Verluste gut geschlagen. Jetzt stand sie vor einer neuen Bewährungsprobe. Der Hinweis ist wichtig, daß sie in den Kampf jene Flugzeuge und den entscheidenden Radarschirm mitbrachte, die in Auftrag gegeben worden waren, nachdem Chamberlain die Leitung der britischen Aufrüstung übernommen hatte. Und letztlich mußte auch das Heer nach der Katastrophe auf dem Festland neu aufgebaut werden, damit es eine deutsche Invasion verhindern konnte.

Die Führung in London hielt mehrere unmittelbar drohende Komplikationen in diesen beiden Bereichen für besonders wichtig. Die Situation der britischen Marine könnte katastrophal geschwächt werden, wenn die Deutschen die Kontrolle über die französische Marine erlangten. Spätestens vom 11. Juni an hatte diese Besorgnis die britische Regierung beschäftigt. Die französischen Kriegsschiffe mußten in die britischen Häfen gebracht werden. Großbritannien hatte dies als absolute Bedingung angesehen, wenn Frankreich aus seiner Zusage entlassen werden wollte, keinen Separatfrieden zu schließen. Die Franzosen hingegen hatten den Bedingungen für einen Waffenstillstand zugestimmt, nach denen ihre Flotte in die Häfen im Mutterland beordert wurde, um dort unter der Kontrolle der Achsenmächte entmilitarisiert zu werden. Dadurch zeichnete sich die Möglichkeit ab, daß die Kriegsschiffe nicht nur in die Hände der Deutschen gerieten und ihre eigenen Tonnageverluste mehr als wettmachen würden, sondern ihnen zusammen mit der italienischen Flotte auch die Überlegenheit über die britische Flotte verschaffen könnten. Die britische Regierung sah darin ein nicht tolerierbares Risiko. Die Alternative bestand darin, sich auf das Versprechen des französischen Admirals Darlan zu verlassen, daß man die Schiffe niemals in deutsche Hände fallen lassen wolle. Viele in der britischen Marineführung und unter den Politikern waren bereit, diese Alternative zu akzeptieren. Churchill hingegen erschien sie nicht weniger gefährlich, vor allem, als das französische Schlachtschiff *Richelieu* Dakar in Richtung Frankreich verließ und von den Briten zurückgejagt werden mußte. Wenn große Teile der britischen Marine für die Beobachtung der Schiffe des früheren Verbündeten gebunden würden, während die Deutschen die Invasion Englands vorbereiteten, wäre dies ein perfektes Szenario für eine Katastrophe gewesen.

Am 3. Juli 1940 griffen britische Kriegsschiffe die Franzosen bei Mers-el-Kebir an der algerischen Küste an, nachdem sich diese geweigert hatten, britische Häfen anzulaufen, zu demobilisieren oder mit Ziel auf die französischen Westindischen Inseln auszulaufen. Auch anderswo wurden viele französische Schiffe gekapert oder bewegungsunfähig gemacht. Dieser Angriff auf einen früheren Verbündeten mag abstoßend erscheinen; doch wer es vorzog, eher das neue Abkommen mit Deutschland als die früheren vertraglichen Verpflichtungen gegenüber Großbritannien einzuhalten, konnte von den Briten kaum größere Rücksichtnahme erwarten.[91]

Churchill kommentierte diese traurige Episode in seiner Rede am 14. Juli 1940. Er fügte seinem allgemeinen Bericht über den Krieg und die Zukunft Frankreichs nach der Befreiung die Bemerkung hinzu, daß die Briten bereit seien, im fortgesetzten Krieg gegen Deutschland »bis zum Äußersten zu gehen, das Äußerste zu ertragen und durchzusetzen«[92]. Damit bezog sich Churchill nicht nur auf die Aktionen gegen die französische Kriegsflotte, die natürlich vor aller Öffentlichkeit erfolgt waren, sondern auch auf die erwartete Schlacht gegen eine deutsche Invasionsarmee. Am 15. Juni hatte sich der Chef des Empire-Generalstabs, Sir John Dill, für den Einsatz von Giftgas gegen alle deutschen Truppen ausgesprochen, denen eine Landung in England gelingen sollte und die nicht sofort vertrieben werden könnten. Mehrere Mitglieder der Regierung brachten dagegen Einwände vor, doch am 30. Juni erhielt Churchill die Zustimmung des Kabinetts für den Einsatz von Gas.[93] Ironischerweise war diese Entscheidung für »das Äußerste«, zu dem die Briten bereit waren, von den Deutschen bei ihren Invasionsplänen bereits berücksichtigt worden.[94] In den Berichten, die nach dem Krieg erstellt wurden, ist davon kaum die Rede, da es die damals mit dem Vorgang befaßten Personen vorzogen, sich bei dieser Frage in diskretes Schweigen zu hüllen. Die Deutschen jedenfalls hatten zwar in ihren Invasionsplänen Gasmasken für ihre Soldaten vorgesehen, nicht jedoch für die Tausende von Pferden, die in den ersten Angriffswellen mitgeführt werden sollten.[95]

Die Briten waren bereit, Gas nicht nur gegen deutsche Truppen einzusetzen, die in England landeten, sondern auch für den Fall, daß sie in Irland Fuß faßten.[96] Der Zusammenbruch Frankreichs hatte Deutschland Zugang zum offenen Atlantik verschafft. Die Neutralität des Freistaats Irland erschwerte die Aufgabe der britischen Kriegsmarine in der Atlantikschlacht, weil einige nahegelegene Häfen geschlossen blieben, um die Schiffe nicht zu gefährden. Gleichzeitig stellte die irische Neutralität für die Deutschen eine Einladung zur Invasion dar – zumal sie dort, wie bei ihren Invasionen in anderen neutralen Staaten, nur geringen Widerstand zu erwarten hatten.

Außerdem gab es in Irland Gruppen, vor allem die Irisch-Republikanische Armee (IRA), die eine Kontrolle ganz Irlands durch die Deutschen der Abspaltung der Nordprovinz Ulster, die noch ein Teil des Vereinigten Königreichs war, vorgezogen hätten.[97] Sie standen in Opposition sowohl zur Regierung in Dublin als auch in London und waren davon überzeugt, wie so manche nationalistische Gruppierung in anderen Teilen der Welt, daß es günstig für ihre Ziele sei, wenn die Achsenmächte über die Alliierten triumphierten. Diese Bewegungen begriffen nie, daß sie selbst die Unabhängigkeit ihrer Völker nicht würden schützen können, wenn Deutschland und Italien, die sich bald darauf mit Japan zusammenschlossen, Großbritannien erobern würden, wie auch später Englands Verbündete, die Sowjetunion und die Vereinigten Staaten.

Eamon de Valera, der Führer des Irischen Freistaats, hatte genau diesen Sachverhalt begriffen. Er wollte sein Land aus dem Krieg heraushalten, wobei Großbritannien und nicht Deutschland Sieger werden sollte. De Valera stand in eigenen Land vor einer schwierigen Situation. Die radikale Opposition wollte mit den Deutschen zusammenarbeiten, um de Valeras Regierung wie auch die britische Verwaltung der Provinz Ulster zu stürzen. Die Kontakte dieser Radikalen reichten bis in de Valeras Regierung hinein und schlossen sogar den General einer der beiden irischen Divisionen ein. Dennoch widerstand de Valera allen Annäherungsversuchen der Regierung in London.[98] Im Juni 1940 wurde im Rahmen dieser Annäherungsversuche auch ein Angebot unterbreitet, über eine Beendigung der irischen Teilung zu verhandeln. Ein solches Ende der irischen Teilung hätte jedoch die Kriegsbeteiligung Irlands an der Seite der Briten bedeutet, weshalb de Valera das Angebot ablehnte. Er bekräftigte, daß sich Irland gegen jede Invasion wehren würde, ob gegen eine deutsche oder gegen eine britische, und daß Irland das jeweils andere Land um Unterstützung ersuchen würde. Die Vorbereitungen für eine solche Unterstützung vereinbarte er jedoch nur mit den Briten.[99] Sowohl im Sommer 1940 als auch im Dezember 1941 vergab de Valera zwei Chancen, die Einheit Irlands zu verwirklichen. Aus seiner Sicht schien formale Neutralität die beste Politik für sein Volk. Aufgrund der Niederlage der Deutschen und der Zurückhaltung der Alliierten blieb Irland zwar die Neutralität, aber auch die Teilung erhalten.[100] Die Bombardierung von Belfast im April 1941 durch die Deutschen und Dublins im darauffolgenden Monat beeinflußte die öffentliche Meinung im Freistaat Irland. De Valera fiel es dadurch wahrscheinlich leichter, zuerst den Briten und später den Amerikanern gewisse praktische Zugeständnisse in bezug auf die Kriegführung einzuräumen. Aus seiner Sicht jedoch blieb dieser Krieg immer der Krieg der anderen Nationen.[101]

Die Briten ihrerseits waren entschlossen weiterzukämpfen – lange bevor Hitler ihre Absicht begriff. Und noch bevor Hitler die Notwendigkeit einer Invasion erkannt hatte, begannen sie, sich darauf vorzubereiten. Die kritische Frage betraf nicht mehr den Mangel an Truppen, sondern an Ausrüstung. Mitte Juni 1940 gab es zwar genügend Gewehre für die eineinhalb Millionen Soldaten, aber noch nicht für die neu organisierte, freiwillige Heimwehr, die später *Home Guard* genannt wurde. Diese

Gewehre wurden in den Vereinigten Staaten gerade nach England verschifft.[102] Der größte Mangel herrschte bei schweren Waffen und Panzerfahrzeugen, denn das britische Expeditionskorps hatte den größten Teil seiner Ausrüstung in Frankreich zurücklassen müssen. Aber ein kleiner Nachschub kam aus den Fabriken und weitere, wenn auch sehr geringfügige Lieferungen kamen aus den Vereinigten Staaten. Der Premierminister, der auch das neue Amt des Verteidigungsministers innehatte, verfolgte die Entwicklung aufmerksam und drängte zur Eile.[103] Alle wollten wenigstens zu kämpfen versuchen, und Churchills Spruch: »Jeder kann einen Feind mitnehmen« kennzeichnete die Haltung vieler Briten.* Sollte es zum Schlimmsten kommen, wollte man, wie gesagt, an den befestigten Küstenstellungen Gas einsetzen. Und während die Armee so gut wie möglich kämpfte, baute man im geheimen eine Guerilla-Organisation auf, die in den Gebieten des Vereinigten Königreichs kämpfen sollte, falls sie von den Deutschen überrannt worden sein sollten.[104] Die Strände wurden vermint und die Brücken für die Sprengung vorbereitet. Eine Reihe von mehr oder weniger fremdartigen Vorrichtungen wurde ausprobiert. Tausende von Bürgern, die man als potentiell gefährlich einschätzte, wurden interniert.[105] Man kann die Wirksamkeit dieser Vorbereitungen anzweifeln. Sie kennzeichnen jedoch die grimmige Entschlossenheit einer großen Zahl von Briten, und die Maßnahmen lenkten die Aufmerksamkeit von den kürzlich erlittenen Katastrophen ab.

Wenn das Land nicht erfolgreich verteidigt werden konnte, bot sich die Möglichkeit, das zu tun, was die Regierungen Polens, Norwegens, Belgiens und der Niederlande getan und was die Briten den Franzosen so dringend empfohlen hatten: eine Evakuierung nach Übersee und die Fortsetzung des Krieges von Kanada aus. Diese Möglichkeit wurde damals nicht oft erörtert; sie hinterließ deshalb in den verfügbaren Archivmaterialien nur wenige Spuren. Das kann kaum überraschen, wenn man bedenkt, welche negativen Wirkungen auf die Moral solche Diskussionen mit Sicherheit gehabt hätten. Auf jeden Fall aber wurden die finanziellen Vorbereitungen für eine solche Notlage unter Geheimhaltung getroffen. Verständlicherweise wurde die Möglichkeit, den Krieg fortzusetzen, auch wenn die britischen Inseln von den Deutschen besetzt würden, Spanien gegenüber erwähnt. Zu Recht hielt man Spanien für das Land, das am wenigsten geneigt schien, sich den Feinden Englands anzuschließen, wenn sich der Krieg über Jahre hinzog.[106]

Welche Vorbereitungen gegen einen Invasionsversuch auch eingeleitet wurden, als die entscheidende Frage wurde immer deutlicher, ob Großbritannien die Fähigkeit besaß, sich gegen die deutsche Luftwaffe zu verteidigen. Hitler hatte längst erkannt – wie jeder nachvollziehen konnte, der einen Blick auf die Europakarte warf –, daß ein Angriff der deutschen Luftwaffe auf Großbritannien viel leichter durchzuführen

---

* Ich lebte damals als Junge in England und erinnere mich, daß unsere Lehrer diese Bemerkung wiederholten und dabei auf die Jagdgewehre deuteten, die ihnen der Schulleiter für ihren Dienst in der Bürgerwehr geliehen hatte.

war als ein britischer Luftangriff auf die deutschen Städte. Den Deutschen standen dabei Stützpunkte in den Niederlanden, in Belgien und in Nordfrankreich zur Verfügung, von denen aus sie gleichzeitig auch die Angriffe britischer Flugzeuge behindern konnten. Außerdem waren die britischen Stützpunkte weit von den deutschen Städten entfernt.* Würde Deutschland seine numerischen Vorteile und die Tatsache nutzen können, daß von seinen Stützpunkten aus ein großer Teil der Britischen Inseln erreichbar war, um die britische Air Force zu zerstören und das Land so sehr einzuschüchtern, zu bombardieren oder zu okkupieren, daß es sich aus dem Krieg zurückzog? Würden die Briten mit ihren Kampfflugzeugen und ihrem Radar in der Lage sein, den deutschen Angriff so abzublocken, daß die Deutschen eine Invasion entweder gar nicht mehr wagen oder aber unter Bedingungen durchführen würden, die für sie nicht mehr günstig waren?

Die Luftkämpfe über Dünkirchen hatten einen Vorgeschmack von dem vermittelt, was bevorstand. Obwohl die Royal Air Force die Luftwaffe in Schach hatte halten können, hatte sie dabei – wie auch bei den vorangegangenen und den späteren Luftkämpfen über dem Festland – schwere Verluste erlitten. Jetzt kam es in beträchtlichem Umfang zu Vorgefechten. Die deutsche Regierung folgerte, daß die Feindseligkeiten zumindest in gewissem Maße fortgesetzt würden, und begann, die Luftwaffe für Einsätze hauptsächlich gegen England und weniger gegen Frankreich zu organisieren und zu orientieren. Gleichzeitig versuchte man, die britischen Verteidigungslinien zu testen.[107] Hermann Göring, der Oberbefehlshaber der Luftwaffe, glaubte zuversichtlich, daß seine Flugzeuge die Royal Air Force innerhalb von etwa fünf Wochen zerstören könnten. Die meisten Mitglieder des Generalstabs der Luftwaffe teilten diese optimistischen Erwartungen. Die Luftgeschwader, das logistische System und die Flugzeugindustrie Großbritanniens würden allesamt angegriffen.[108]

Tatsächlich wurde die britische Verteidigung auf eine harte Probe gestellt, erwies sich aber als standhaft. In den ersten Gefechten im Juni, Juli und in den ersten Augustwochen erlitten beide Seiten schwere Verluste. Als die Deutschen Mitte August ihre Angriffe intensivierten, nahmen die Verluste auf beiden Seiten weiter zu. Den Briten gelang es jedoch besser, ihre Verluste auszugleichen, teilweise deshalb, weil die britische Industrie zu dieser Zeit mehr Kampfflugzeuge herstellte als die deutsche. Auf jeden Fall zeigte sich, daß die Briten dagegenhalten und daß die Deutschen das eigentliche Ziel ihrer Angriffe nicht erreichen konnten. Die Konzentration der Angriffe der Luftwaffe auf die Landeplätze und Radareinrichtungen verursachte zwar große Schäden und beanspruchte die Ressourcen der Flugstaffeln sehr stark. In dem sich entwickelnden Abnutzungskrieg konnten sich die Briten jedoch behaupten.

---

* Die Deutschen konnten England zwar auch von Luftstützpunkten in Norwegen angreifen, aber aufgrund der Entfernung sowie der Wetter- und Nachschubprobleme war die Bedrohung von dieser Seite geringer.

Ende August änderten die Deutschen ihre Luftstrategie. Sie hatten ursprünglich beabsichtigt, mit einem massiven Bombenterror auf London zu warten, bis die Invasion Großbritanniens bevorstand. Den wenigen Hinweisen zufolge, über die wir verfügen, scheint Hitler ursprünglich an einen Terrorangriff wie auf Rotterdam gedacht zu haben, bei der die Londoner aus der Stadt fliehen und die Straßen blockieren würden, während die Deutschen an der Küste landeten.[109] Als London am 24. August von einer großen Zahl deutscher Flugzeuge bombardiert wurde, antworteten die Briten mit Luftangriffen auf Berlin.[110] Der britische Luftangriff war zwar nur eine Art Auftakt, doch folgten weitere Angriffe, sobald es das Wetter zuließ. Diese Attacken veranlaßten Hitler, den Befehl für große Luftangriffe auf London zu geben. Der Führer, der die Dolchstoßlegende für Realität hielt, achtete stets sorgfältig auf die Stimmung im Lande und verkündete jetzt, London würde zerstört werden.[111] Anfang September wandte sich die Luftwaffe von den Angriffen auf die *sector stations* (die unterirdischen Flugleitstellen) der Royal Air Force der Bombardierung Londons zu.[112]

Die Angriffe auf die britische Hauptstadt und auf andere Städte verursachten große Schäden und forderten zahlreiche Todesopfer. Die Luftwaffe hatte jedoch auch hohe Verluste, und die Royal Air Force konnte ihr Nachschubsystem wieder aufbauen. Als die Deutschen infolge ihrer Verluste von Angriffen bei Tag zu Nachtoperationen übergingen, verringerten sich zwar die Verluste, aber auch die Effektivität der Attacken.[113] Die britische Luftabwehr hatte den Angriffen bei Tag standgehalten; obwohl sie bei Nacht weitgehend wirkungslos war, konnten dies die Deutschen bei der Invasion nicht ausnützen, da diese nur bei Tageslicht durchgeführt werden konnte. Nur wenn das britische öffentliche Leben zusammenbrach, konnten die Luftangriffe ihr Hauptziel erreichen. Die Panik, die Hitler erwartet hatte, brach jedoch nicht aus. Angesichts der entschlossenen Haltung der britischen Bevölkerung – die durch die offensichtliche Unfähigkeit der Deutschen weiter gefestigt wurde, eine Invasion durchzuführen – erwies sich der sogenannte »Blitz« als Fehlschlag.* Die Bevölkerung, von einer einmütigen Regierung gestärkt, litt darunter, blieb aber fest. Einige Mitglieder der Regierung, jedoch sicherlich nicht die Öffentlichkeit, wußten, daß die Schlagkraft der britischen Luftstreitkräfte durch die ersten Erfolge bei der Decodierung wichtiger, verschlüsselter Mitteilungen der deutschen Luftwaffe wesentlich erhöht wurde. Die Entschlüsselungen ermöglichten es den Briten auch, das neue System der Radiostrahler zu erkennen, das den deutschen Bombern half, die Zielstädte zu finden, und etwas dagegen zu unternehmen.[114]

Die britische Regierung hatte damit begonnen, Offensivpläne auszuarbeiten, um den Krieg zu gewinnen, lange bevor sich im Herbst 1940 abzeichnete, daß die Verteidigung gegen den deutschen Ansturm erfolgreich sein würde. Wie bereits er-

---

* Der Sieger der Schlacht um Großbritannien, der Air Chief Marshal Sir Hugh Dowding, wurde unverzüglich entlassen. Dieser Umstand wurde noch nicht wissenschaftlich untersucht.

wähnt, sahen diese Pläne eine Blockade sowie die massive Bombardierung der von den Deutschen besetzten Teile Europas vor. Gleichzeitig wollte man Unruhen gegen die Nazi-Herrschaft verursachen, bis das gesamte System zusammenbrechen würde. Es handelte sich praktisch um die Analyse einer britischen Version der deutschen Dolchstoßlegende, wonach Deutschland im Ersten Weltkrieg nicht besiegt, sondern erdrosselt worden sei. Dem Widerstand wurde nun die Rolle zugedacht, die ursprünglich die französische Armee hätte spielen sollen: die Deutschen aufzuhalten und zu ermüden, bis sie unter der Blockade, den Bombenangriffen und den Unruhen zusammenbrachen – ohne Einsatz massierter Streitkräfte, über die die Briten ohnehin nicht verfügten. Ob eine solche Strategie tatsächlich erfolgreich gewesen wäre, werden wir niemals erfahren. Die Entscheidungen jedoch, die in London getroffen wurden, um diese Strategie umzusetzen, wirkten sich auf den Verlauf und die Art der Kriegführung aus.

Die Briten hatten erkannt, daß Großbritannien allein keine Armee aufstellen konnte, die groß genug war, um die deutsche Wehrmacht zu besiegen. Diese Erkenntnis lag der Entwicklung der Strategie und der Mittelzuweisung zu ihrer Umsetzung zugrunde. Im Sommer 1940 wurde das Special Operations Executive (SOE) eingerichtet, um, wie Churchill es ausdrückte, »Europa in Brand zu setzen«. In den folgenden Jahren schickte das SOE Agenten in die besetzten Gebiete des Festlandes, versuchte, Waffenlieferungen für die Widerstandsbewegungen zu organisieren, und suchte auf verschiedene Weise den deutschen Besatzern das Leben so schwer wie möglich zu machen.[115] Man erwartete, daß die lokalen Aufstände im Laufe der Zeit zunehmen würden. Bomben, Unruhen und die Wirkungen der Blockade sollten dann zu solchen Störungen führen, daß es kleinen britischen Einheiten möglich werden würde, die unterworfenen Völker Europas beim Wiedergewinn ihrer Unabhängigkeit zu unterstützen. Im Rückblick erscheint der britische Glaube an die Möglichkeiten, die den europäischen Widerstandsbewegungen offenstanden, allzu optimistisch. Damals jedoch erkannten nur wenige, wie fest die Deutschen ihre Herrschaft etablieren würden.

Selbst von Deutschen erwartete man, daß sie sich an den Unruhen gegen das NS-Regime beteiligten. Bis zum Sommer 1940 hatte die britische Regierung die Hoffnung auf die Gegner Hitlers in dessen Herrschaftsbereich aufgegeben, die vor dem Krieg und im Winter 1939/40 so oft ihre Opposition zum Ausdruck gebracht hatten. Sie hatten anscheinend nur von Widerstand *gesprochen* und dann Hitlers Politik der Invasion neutraler Staaten engagiert und effizient ausgeführt. Man muß sich folgenden Vorgang in Erinnerung rufen: Churchill gehörte jener Regierung an, die Nachricht erhielt, daß hohe deutsche Offiziere Hitler stürzen wollten, wenn England zusicherte, daß Deutschland Hitlers Beute – oder wenigstens den größten Teil – behalten durfte. Auf diese Erfahrungen kam Churchill in späteren Jahren immer zu sprechen, wenn Annäherungsversuche deutscher Hitler-Gegner in London eintrafen.

In diesem Zusammenhang wandten sich die Briten eine Zeitlang der eher unwahrscheinlichen Idee zu, den Nazi-Dissidenten Otto Straßer zu einem Putsch gegen Hitler und die alten Eliten zu bewegen, die mit ihm kooperierten. Daraus wurde nichts, aber der Vorgang kennzeichnet die Denkweise einer englischen Regierung, die hoffte, eines Tages das Nachfolgeregime für alle von den Nationalsozialisten kontrollierten europäischen Gebiete zu finden.[116]

Man glaubte, daß es nach der Errichtung der Nazi-Herrschaft in den besetzten Gebieten zu antideutschen Unruhen kommen würde. Diese Situation würde sich nicht nur durch die Sabotageakte weiter verschärfen, die das SOE zu organisieren hoffte, sondern auch durch die Bombenangriffe und die Blockade. Es wurde erwartet, daß Maßnahmen der ökonomischen Kriegführung die deutsche Kriegswirtschaft und die Lage im besetzten Europa beeinträchtigen würden. Diese Beeinträchtigung erwies sich jedoch als sehr viel schwächer als vermutet, weil die deutsche Wirtschaft grundsätzlich falsch eingeschätzt worden war. Auch die Wirkung der Bombenangriffe wurde völlig falsch eingeschätzt. Erst 1942 kam es zu einer realistischeren Betrachtung der möglichen Wirkung der Bomberoperationen gegen Deutschland.

Für das Verständnis der weiteren Kriegsentwicklungen in Europa ist jedoch festzuhalten, daß die Bombardierungsoffensive im Sommer 1940 und für eine beträchtliche Zeitspanne danach die einzige Möglichkeit der Briten darstellte, die Deutschen zu treffen. Die Invasionsvorbereitungen der Deutschen konnten und wurden durch Angriffe auf die Hafenanlagen gestört, von denen die Invasion möglicherweise ausgehen sollte, aber auch auf die Schiffe, die dort zu diesem Zweck zusammengezogen wurden. Über dieses im wesentlichen der Verteidigung dienende Verfahren hinaus wollten die Briten auch offensiv gegen die deutschen und von den Deutschen kontrollierten Industrien und Städte vorgehen. Dies bedeutete den umfassenden Einsatz von materiellen und menschlichen Ressourcen für den Aufbau des Bomberkommandos, der strategischen Luftwaffe der Briten. Der Anstoß, den Churchill diesem Programm im Sommer 1940 gab, wirkte sich auf die britischen Anstrengungen bis zum Ende des Krieges aus.

Die Briten trafen also ihre Vorbereitungen zur Selbstverteidigung gegen die Invasion, suchten die deutsche Herrschaft in Europa durch Blockade, Bombardierung und Subversion zu zerstören und planten die Rückkehr kleiner Truppenkontingente nach dem europäischen Festland. Vor diesem Hintergrund war die britische Regierung nicht daran interessiert, die vagen Friedensvorschläge zu überprüfen, die aus Deutschland kamen. Mit der rein theoretischen Argumentation, daß eine andere britische Regierung die britische Flotte den Deutschen preisgeben könnte, wollte Churchill die Vereinigten Staaten drängen, mehr Unterstützung zu leisten, um einen deutschen Sieg zu verhindern.[117] Auch aus dem britischen diplomatischen Dienst kamen Vorschläge für eine ähnliche Drohtaktik. Durch einen möglichen britisch-deutschen Friedensschluß sollten der Sowjetunion die Gefahren klargemacht werden, denen sie sich aussetzte, wenn sie Deutschland weiterhin unterstützte.[118] Die Akten zeigen jedoch, daß die Regierung nicht daran interessiert war, Möglichkeiten für

Friedensverhandlungen zu erkunden. Denn man erwartete nicht, daß Deutschland annehmbare Bedingungen stellen würde – oder daß man annehmbaren Bedingungen hätte vertrauen dürfen.[119]

Hitler schlug in einer öffentlichen Rede am 19. Juli 1940 vor, daß England den Krieg beenden sollte. Zu diesem Zeitpunkt war die Regierung in London bereits weit davon entfernt, eine solche Möglichkeit auch nur in Betracht zu ziehen; Lord Halifax antwortete mit einer öffentlichen Ablehnung.[120] Hitler behauptete in seiner Rede, daß die Alliierten im Begriff gestanden hätten, in Holland und Belgien einzufallen, daß die Briten Freiburg bombardiert hätten und daß sie jetzt einfach seine Eroberungen akzeptieren sollten. Die britische Regierung wußte, daß Hitler log; seine Rede hatte keinen Vertrauensgewinn zur Folge.[121] Hitler machte sich über die Absicht der britischen Regierung lustig, den Krieg wenn nötig von Kanada aus fortzuführen. Er bemerkte, daß dann die britische Bevölkerung dableiben und mit der harten Kriegswirklichkeit fertig werden müßte. Er erwähnte die Absicht seiner Regierung nicht, die männliche Bevölkerung im Alter von 17 bis 45 Jahren auf das Festland zu deportieren. Dem britischen Volk und seiner Regierung brauchte nicht erst erklärt zu werden, wie Hitlers »Großzügigkeit« zu verstehen war.[122]

Die Briten suchten in ihrem Durchhaltewillen in den Vereinigten Staaten nach Unterstützung. Sie würden in den USA hergestellte Waffen benötigen und standen vor dem Problem, daß ihre finanziellen Ressourcen frühzeitig erschöpft waren; nun jedoch brauchten sie Geld, um die Waffen zu bezahlen.[123] Dieses Problem wurde zwangsläufig immer dringlicher, weil London die Verträge der Franzosen in Amerika übernahm und die Amerikaner immer mehr Waffen lieferten. Die Vereinigten Staaten waren neutral, doch die meisten Amerikaner standen auf der Seite der Alliierten. Man sprach zwar Anfang 1940 über die Verbesserung der deutsch-amerikanischen Beziehungen, aber der Gedanke, die im November 1938 zurückgerufenen Botschafter wieder zu entsenden, wurde nicht verwirklicht. Mit der Rückberufung ihres Botschafters hatten die Vereinigten Staaten im November 1938 auf die antijüdischen Ausschreitungen in Deutschland reagiert.[124] Die ideologischen Unterschiede waren zu groß.

Hitler hielt auch weiterhin die Vereinigten Staaten nicht für wichtig. In dieser Fehleinschätzung wurde er durch General Friedrich von Bötticher bestätigt, der deutscher Militärattaché in den Vereinigten Staaten war.[125] Hitler und viele andere waren davon überzeugt, daß Deutschlands Niederlage im Ersten Weltkrieg, wie erwähnt, dem »Dolchstoß von hinten« durch Teile der eigenen deutschen Bevölkerung zuzuschreiben war. Für eine Legende hielten sie statt dessen, daß der Sieg der Alliierten der militärischen Rolle der Vereinigten Staaten zu verdanken war. Um nur ein Beispiel aus dem Jahre 1940 anzuführen: Hitler war absolut sicher, daß die Vereinigten Staaten niemals die Vorgaben des Präsidenten für die Flugzeugproduktion erfüllen könnten. Zwei Jahre später wurden diese Vorgaben übertroffen.[126]

Die Amerikaner standen im Jahre 1940 vor einer schwierigen Frage, die sich durch die Präsidentenwahl stellte, die in diesem Jahr stattfinden sollte. Roosevelt neigte dazu, nicht mehr zu kandidieren. Er zog es vor, sich nach Hyde Park zurückzuziehen. Eine dritte Amtsperiode widersprach außerdem sehr stark den Traditionen des Landes. Sein Nachbar und enger Vertrauter, Finanzminister Henry Morgenthau, war sicher, daß der Präsident nicht mehr antreten würde. Von dieser Auffassung wich er erst im Mai oder Juni unter dem Eindruck der deutschen Eroberungen in Nord- und Westeuropa ab.[127] Roosevelt schwankte buchstäblich bis zum letzten Augenblick.[128] Seine Meinung schien sich zögernd, aber kontinuierlich einer erneuten Kandidatur zuzuneigen. Er modifizierte seine ausgeprägte Parteibindung und versuchte, eine Art Koalitionsregierung zu bilden.

Roosevelt brach nicht nur mit der Tradition, daß ein Präsident nicht mehr als zwei Amtsperioden regieren sollte, sondern auch mit dem etablierten Parteienkonsens bei der Besetzung der höchsten Ämter. So versuchte er, Alf Landon, der bei den vorangegangenen Wahlen als Kandidat der Republikaner gegen ihn angetreten war, in die Regierung zu holen. Als dieser Versuch fehlschlug, nahm er Frank Knox als Marineminister in das Kabinett auf. Knox war 1936 Vizepräsidentschaftskandidat der Republikaner gewesen. Gleichzeitig gewann Roosevelt den letzten republikanischen Außenminister, Henry Stimson, als Kriegsminister (und dieser wiederum ernannte einen weiteren Republikaner, Robert Patterson, zu seinem Stellvertreter). Bald danach betraute Roosevelt einen weiteren prominenten Republikaner, William Donovan, mit besonderen Aufgaben und ernannte ihn später zum Leiter des Office of Strategic Services.[129] Es handelte sich zwar kaum um eine wirkliche Koalitionsregierung, die etwa mit der zu vergleichen gewesen wäre, die die Briten sechs Wochen zuvor gebildet hatten, aber sie entsprach diesem Modell mehr als jede andere Regierung in der Geschichte der Vereinigten Staaten, zuvor oder danach.

Durch diese beispiellosen Entwicklungen wurde natürlich der politische Kampf in den Vereinigten Staaten im Wahljahr nicht beendet. Die deutsche Regierung mischte sich in diesen Kampf in einer wahrscheinlich ebenso beispiellosen Weise ein. Sie sandte so viele Sabotageagenten, daß die deutsch-amerikanischen Beziehungen gestört wurden, doch konnten diese Agenten weder genügend Informationen sammeln noch wesentliche Sabotageakte ausführen. Außerdem versuchte die deutsche Regierung sehr intensiv, den Wahlausgang zu beeinflussen.[130] Viele Details dieser starken Intervention einer ausländischen Macht in den amerikanischen Wahlprozeß bleiben ungeklärt – die Empfänger des deutschen Geldes wie auch ihre deutschen Zahlmeister waren verständlicherweise verschwiegen –, aber es gibt genügend Hinweise, daß diese Bemühungen in sehr großem Umfange stattgefunden haben.[131]

Dahinter stand die Hoffnung, daß es nach einer Niederlage Roosevelts leichter sein würde, das amerikanische Volk in Sicherheit zu wiegen, so daß die Deutschen ihre Herrschaft über einen beträchtlichen Teil der restlichen Welt konsolidieren und gleichzeitig den Krieg gegen die Vereinigten Staaten vorbereiten konnten. Die Invasion in einer Reihe neutraler Staaten trug jedoch dazu bei, daß die Arbeit der deut-

schen Propagandisten wie auch der amerikanischen Isolationisten im Frühjahr und
Sommer bei der amerikanischen Bevölkerung wirkungslos blieben. Ähnlich neutra-
lisierende Effekte erzielten die dramatischen Berichte im Herbst und Winter über die
Bombardierung britischer Städte. Die Aktionen der Deutschen hatten Roosevelt ver-
anlaßt, erneut zu kandidieren. Jetzt trugen sie zur Entscheidung der Mehrheit der
Amerikaner bei, ihn noch einmal zu wählen.

Der Präsident erkannte nicht nur die auswärtigen Gefahren, sondern auch die
Gefahr schierer Apathie im Inland.[132] Roosevelt hatte in seiner Jugend jahrelang in
Deutschland gelebt und erinnerte sich nun an diese Zeit, während er die Ereignisse
im Jahre 1940 verfolgte.[133] Die Überfälle auf ein neutrales Land nach dem anderen
ließen vermuten, daß der deutsche Ehrgeiz keine Grenzen kannte. Die Niederlage
Frankreichs und die drohende Niederlage Englands eröffneten die schwärzesten Aussichten. Vom französischen Kolonialreich in Afrika – das jetzt den Achsenmächten
offenstand – schien eine große Bedrohung für Lateinamerika auszugehen, vor allem
für Länder mit einer großen Zahl deutscher Siedler.[134] Wenn nun Deutschland Inseln
im Atlantik besetzte, wie es Norwegen besetzt hatte? Erforderlich war ein neuer
Rahmen für die Verteidigung der westlichen Hemisphäre.[135] Aber womit konnte man
sich verteidigen?

Die bewaffneten Streitkräfte der Vereinigten Staaten waren in den zwanziger Jahren
vernachlässigt und in den dreißiger Jahren weiter verringert worden. Zwar waren
gegen die Einwände der Isolationisten einige Schiffsbauaufträge vergeben worden,
aber ansonsten bot sich ein trauriges Bild. Alle Anstrengungen, die die Administration
unternahm, um die militärische Macht besser vorzubereiten, trafen im Kongreß auf
Skepsis. Am 3. April 1940 kürzte das House Appropriations Committee das Budget
der bewaffneten Streitkräfte um fast 10 Prozent und strich dabei auch die Aufträge
für zwei Drittel der 166 Flugzeuge![136] Als Deutschland im Westen zuschlug, konnten
die Vereinigten Staaten weniger als ein Drittel der Divisionen aufbieten, die Belgien
ins Feld schickte. Die Army Air Force verfügte nur über 150 Kampfflugzeuge und
50 schwere Bomber.[137]

Die Wirkung der deutschen Schläge rüttelte das Land allmählich auf. Der Stabschef
der Armee, George C. Marshall, gewann Morgenthaus Unterstützung für den Aufbau
einer größeren Armee und für eine Steigerung der Flugzeugproduktion – obwohl der
Präsident gern seine alte Liebe, die Marine, bevorzugt hätte.[138] Der Kongreß bewilligte
eilig riesige Geldsummen, sobald er nur darum ersucht wurde. Das Heer und die
Luftverbände des Heeres sollten nun aufgebaut werden. Solange man noch annehmen
konnte, daß das Land stets nur einem Feind gegenüberstehen würde, genügte eine
Marine, die sich auf einem Meer bewegte und die bei Bedarf durch den Panama-Kanal
vom Atlantik zum Pazifik verlegt werden konnte. Da man aber den Zusammenbruch
Großbritanniens als möglich ansah und da mehrere Gefahren gleichzeitig auftreten
konnten, würde Amerika eine »Zwei-Meeres-Marine« benötigen. Im Juli wurde die
Gesetzesvorlage zur Schaffung einer solchen Marine vom Kongreß ohne Schwierig-

keiten verabschiedet.[139] Das Gesetz wurde am 19. Juli vom Präsidenten unterzeichnet. Es sah den Bau von Kriegsschiffen in einer Größenordnung von insgesamt 1 325 000 Bruttoregistertonnen vor. Dies war der bei weitem größte Zuwachs an Schiffstonnage in der Geschichte des Landes. Die Flotte der Vereinigten Staaten wurde ungefähr verdoppelt und außerdem mit moderneren Schiffen ausgerüstet.

Japan wurde durch diesen Flottenaufbau in ein Dilemma gestürzt, das es durch die Entscheidung zu lösen versuchte, gegen die Vereinigten Staaten einen Krieg anzufangen. In den zwanziger Jahren hatten sich extremistische Gruppierungen in Japan über das Washingtoner Flottenabkommen von 1922 erregt. Nach diesem Vertrag durfte die Stärke der japanischen Flotte nicht mehr als drei Fünftel der amerikanischen Flottenstärke ausmachen. Erst nachdem die Japaner den Vertrag gekündigt hatten, wurde ihnen klar, daß durch diese Regelung der Bau *amerikanischer* Kriegsschiffe viel stärker behindert worden war als der Bau japanischer Schiffe. Denn Amerika konnte jetzt, wenn es wollte, die japanische Schiffsproduktion nicht nur im Verhältnis von 5 : 3, sondern – wenn es der Präsident und der Kongreß für notwendig erachteten – im Verhältnis von 10 : 3, 20 : 3 oder 30 : 3 hinter sich lassen. Die Japaner mußten also vom Sommer 1940 an damit rechnen, daß die im Bau befindliche Flotte der Vereinigten Staaten eines Tages einsatzbereit sein würde, daß Japan aufgrund seiner eigenen beschränkten und stark beanspruchten Ressourcen keine Aussicht hatte, selbst ein Schiffsbauprogramm in vergleichbarem Umfang zu verwirklichen, und daß es daher hoffnungslos zurückfallen würde. Entschloß sich Japan also nicht bald zu einer Offensive gegen die Vereinigten Staaten, würde es dazu später keine Gelegenheit mehr bekommen.

Den langfristigen Auswirkungen der Flottenrüstung der Amerikaner für Japan werden wir später nachgehen. Hier befassen wir uns noch mit den frühen Monaten des Jahres 1940. Es ist festzuhalten, daß den Vereinigten Staaten die eigene Verwundbarkeit zu diesem Zeitpunkt sehr bewußt war und daß sie intensiv versuchten, die Japaner von möglichen Abenteuern abzuhalten. Präsident Roosevelt wies wiederholt Mitglieder der Administration zurecht, die gegenüber Japan eine schärfere Gangart einschlagen wollten. Im Dezember 1939, als das Ende der Laufzeit des japanisch-amerikanischen Handelsabkommens näherrückte, machte der Präsident Cordell Hull gegenüber klar, daß Japan nicht zu hart angefaßt werden dürfe.[140] Er hoffte, den Japanern einen Anreiz zu geben, sich zu mäßigen. Der Handelsvertrag sollte im Januar auslaufen, und nach dem Ende der sechsmonatigen Kündigungsfrist im Juli plante der Präsident nur noch sehr begrenzte – und praktisch unerhebliche – Einschränkungen für den Aufkauf wichtiger Materialien in den Vereinigten Staaten durch die Japaner.[141] Man ließ Japan wissen: Die Vereinigten Staaten würden 1946 ihr wichtigstes Engagement in Ostasien, die Herrschaft über die Philippinen, aufgeben, wie es dem vor Jahren verabschiedeten und unterzeichneten Gesetz entsprach.[142] In der Zwischenzeit sei es für Japan jedoch ratsam, sich vorsichtig zu verhalten; später hätte es ohnehin keine Wahl mehr. All das sah aus der Sicht Tokios ganz anders aus, vor allem für jene, die die Augen geschlossen hielten und ihren Verstand nicht benutzten.

Die schnellen Entwicklungen in Westeuropa bereiteten Roosevelt größere Sorgen. Er hatte auf einem vorsichtigen Kurs gegenüber Japan bestanden, damit sich die Vereinigten Staaten stärker auf diese Probleme konzentrieren konnten. Seit Oktober hatte der Präsident ab und zu Kommentare und Berichte von Winston Churchill erhalten, der damals noch Erster Lord der Admiralität war. Dieser Kontakt, der dem Kabinett in London bekannt war und den es gebilligt hatte[143], wurde weiter ausgebaut, nachdem Churchill im Mai Premierminister geworden war. Damit bestand zwischen den beiden Staatsmännern ein direkter Kommunikationsweg, der bis zu Roosevelts Tod im Jahre 1945 aufrechterhalten wurde und der in der Entwicklung der anglo-amerikanischen Beziehungen eine wesentliche Rolle spielte. In jenen kritischen Tagen des Jahres 1940 bestand der Kontakt in täglichen und gelegentlich sogar zweimal täglichen geheimen Berichten, die Churchill dem Präsidenten seit dem 19. Mai durch Lord Lothian, den britischen Botschafter in Washington, übergeben ließ.

Am 25. Mai ließ der Botschafter versehentlich außer der für den Präsidenten bestimmten Kopie auch das Original des britischen Botschaftsdokuments im Weißen Haus zurück. Das Dokument befindet sich jetzt unter den Papieren der Franklin D. Roosevelt Library in Hyde Park, ein stummer Zeuge jener angespannten Tage, in denen die ganze Welt dem Zusammenbruch nahe schien. Fünf Tage später fügte Lord Lothian dem Tagesbericht einen handgeschriebenen Nachtrag bei. Dieser Notiz zufolge hatte er eben erfahren, daß bis 5.30 Uhr an diesem Morgen 180000 Soldaten aus Dünkirchen evakuiert worden seien. Am 4. Juli fügte der Botschafter die handgeschriebene Bemerkung hinzu, »daß Winston Churchill in bezug auf die französische Flotte so gehandelt hat, wie es mit Ihnen besprochen und von Ihnen gebilligt worden war«[144].

Mitten in der durch die deutschen Siege verursachten Krise waren die Vereinigten Staaten zeitweise von ihrem eigenen diplomatischen Dienst abgeschnitten. In der amerikanischen Botschaft in London war eine undichte Stelle aufgetreten, so daß der diplomatische Code nicht mehr benutzt werden konnte. Tyler Kent, der in der Botschaft als Codierungsangestellter arbeitete, hatte einem Spionagering über 1500 codierte Telegramme sowie Zweitschlüssel zu den Codierungs- und Indizierungsräumen zugespielt. Der Ring wurde von den Italienern unterhalten, war jedoch von der Sowjetunion unterwandert worden, und auch die Deutschen hatten Zugang zu den Informationen. Kent behauptete, er habe sich von dem Wunsch leiten lassen, die Vereinigten Staaten aus dem Krieg herauszuhalten.

Die Details und Implikationen dieses katastrophalen Geheimnisverrats sind noch immer nicht völlig geklärt. Es steht jedoch fest, daß amerikanische Codes verraten worden waren, mit Sicherheit an die Italiener und Sowjets und wahrscheinlich auch an die Deutschen. Auch war ein britisches Parlamentsmitglied, Captain Ramsay, in die Affäre verwickelt. Zahlreiche Mitglieder des Spionagerings wurden inhaftiert.

Präsident Roosevelt ließ Kents diplomatische Immunität aufheben, ordnete eine aufmerksamere Überwachung der Isolationisten in den Vereinigten Staaten durch das FBI an und verringerte seine eigene Abhängigkeit von den Informationen des Außenministeriums.[145] Das Leck im System der amerikanischen Sicherheit wurde nur teilweise gestopft; hochrangige Offiziere in Washington, die die Politik des Präsidenten ablehnten, lieferten geheime Informationen an einen seiner wichtigsten isolationistischen Widersacher, Senator Burton K. Wheeler, um zu beweisen, daß im Juni 1940 für die Vereinigten Staaten keine Gefahr bestand. Im Dezember 1941 übergaben sie sogar das amerikanische Siegesprogramm für den Fall, daß das Land in den Krieg gezogen würde. Britische Offiziere hatten Churchill Insider-Informationen über die britische und die deutsche Luftwaffe beschafft, auf die sich Churchill im Parlament stützen konnte, um seine Forderung nach Aufrüstungsmaßnahmen zu vertreten. Entsprechende Schritte, die in den Vereinigten Staaten unternommen wurden, verfolgten genau entgegengesetzte Ziele.

Das dringlichste und schwierigste Problem, vor dem Roosevelt stand, war die Frage, ob und in welchem Maße Großbritannien in diesen entscheidenden Sommermonaten unterstützt werden konnte. Den Vereinigten Staaten mangelte es selbst an Waffen und Kriegsschiffen; war es sinnvoll, Waffen zu verkaufen, die genauso schnell verlorengehen konnten wie die Flugzeuge, die nach Frankreich geschickt worden waren? War es sinnvoll, Kriegsschiffe zu entsenden, damit sie im Kampf für eine verlorene Sache versenkt wurden – oder, noch schlimmer, in die Hände der Deutschen fallen und dann möglicherweise mit den Besatzungen der im Norwegen-Feldzug verlorenen deutschen Zerstörer neu bemannt werden konnten? Bestand die wichtigste Maßnahme nicht darin, die eigenen amerikanischen Streitkräfte und – angesichts der dort drohenden Gefahren – die Verteidigung Lateinamerikas aufzubauen? Hier stellte sich eine ganze Reihe von sehr schwerwiegenden Problemen, die nur mit größter Mühe zu lösen waren. Und ihre Lösung wurde durch die politischen Perspektiven zusätzlich erschwert. Was würde das amerikanische Volk – als Wähler – von einem Präsidenten halten, der die Empfehlungen seiner militärischen Berater in den Wind schlug und Waffen für eine verlorene Sache einsetzte, weshalb die amerikanischen Truppen bald waffenlos einer feindlichen Welt gegenübertreten mußten? War es überdies legal, einer kriegführenden Macht Kriegsschiffe zu liefern? Diese Frage stellte sich nicht nur angesichts der Bedürfnisse der eigenen Marine und einer starken isolationistischen Opposition im Kongreß, sondern auch angesichts einer Öffentlichkeit, die seit Jahren an Angriffe auf den Präsidenten gewöhnt war, in denen ihm diktatorische Neigungen vorgeworfen wurden.

Roosevelt fand seinen Weg durch diese Komplikationen mit einer Mischung aus Vorsicht, Wagemut und politischer Klugheit.[146] Er beschloß, einige Waffen aus dem Ersten Weltkrieg nach England zu schicken; die erste größere Lieferung wurde am 24. Juni verschifft.[147] Schon zuvor waren Waffen geliefert worden; weitere Lieferungen sollten folgen. Sicherlich konnten diese Waffen für die Ausrüstung der Bürgerwehr verwendet werden und zumindest einen Teil der Artillerie ersetzen, die das britische Heer auf dem Festland verloren hatte.[148] Die Waffenlieferungen würden die Briten zum Ausharren ermutigen – in dieser Hinsicht herrschte in Washington allerdings noch keine große Zuversicht –, doch verursachten sie keine übermäßigen Kosten für die amerikanische Verteidigung. Die Lieferung von Zerstörern für die britische Marine war jedoch eine weit schwierigere Angelegenheit. Die Briten benötigten diese Schiffe dringend, um die eigenen Schiffe zu schützen und um die Kriegsschiffe freizustellen, die für die Abwehr eines Invasionsversuchs benötigt wurden. Churchill bat wiederholt darum, veraltete U. S.-Zerstörer aus dem Ersten Weltkrieg zur Verfügung zu stellen, und Lord Lothian verstärkte den Druck auf die Amerikaner.[149]

Doch konnte man die Zerstörer entbehren, konnten sie den Briten legal geliefert werden, und würden sie nicht am Ende doch in deutsche Hände fallen? Der britische Angriff auf die französische Flotte erfolgte sicherlich teilweise auch aus dem Kalkül, den Amerikanern zu beweisen, daß England weiterkämpfen wollte. Der Präsident bestand auch auf Zusicherungen Londons hinsichtlich des größten amerikanischen Alptraums: daß die britische Flotte den Deutschen übergeben werden könnte. Der Präsident nahm die rechtlichen Hindernisse, die dem Transfer von Zerstörern im Wege standen, sehr ernst[150] und bewältigte sie auf zwei Wegen. Zum einen schien es, zumindest nach Auffassung einiger Berater, ein legales Verfahren zu geben; wichtiger war jedoch, daß die Zerstörer gegen Stützpunkte gehandelt werden konnten. Lord Lothian erkannte früh die Notwendigkeit, daß Großbritannien den Vereinigten Staaten in den britischen Gebieten auf der westlichen Hemisphäre Stützpunkte auf 99 Jahre verpachten müsse. Churchill zögerte zunächst, mußte dies jedoch zuletzt ebenfalls einsehen. Er überwand die britische Empfindlichkeit dadurch, daß er den Amerikanern zusätzlich zu den fünf Stützpunkten, die gegen 50 Zerstörer eingetauscht worden waren, zwei weitere Stützpunkte schenkte.[151] Der gesamte Transfer hing eng mit einem gegenseitigen Verteidigungsabkommen zwischen Kanada und den Vereinigten Staaten zusammen – ein Thema, für das die öffentliche Meinung in den Vereinigten Staaten empfänglicher war.[152] Roosevelt erkannte, daß die Lösung dieser Fragen im Inland große politische Risiken mit sich brachte, aber zu einer Zeit, als es klar wurde, daß Großbritannien eine Chance hatte, seine Stellung zu halten. Das Abkommen wurde geschlossen und die Zerstörer für den Transfer reaktiviert.[153]

Dieser Austausch hatte sowohl symbolische als auch praktische Bedeutung. Da sich die Zerstörer (und einige kleinere Schiffe) der britischen Marine anschlossen und da sich die amerikanischen Streitkräfte in den neuen Stützpunkten einrichteten, wurde offenkundig, daß sich die beiden Mächte zu einer gemeinsamen Verteidigung zusammengeschlossen hatten. Die amerikanische Regierung setzte jetzt eindeutig darauf, daß Großbritannien überlebte, hatte jeden Gedanken an einen Kompromißfrieden aufgegeben[154] und baute nunmehr die eigene Verteidigung parallel mit einem Unterstützungsprogramm für Großbritannien auf.

Es ist kein Zufall, daß der öffentlichen Kontroverse in den Vereinigten Staaten über das Abkommen »Zerstörer gegen Stützpunkte« sofort eine noch hitzigere Debatte über die Pläne zur Einführung der Wehrpflicht folgte, die zum erstenmal verwirklicht werden sollten, während sich das Land noch im Friedenszustand befand. Im Herbst 1940 unternahmen die Vereinigten Staaten den ersten ernsthaften Versuch, ihre Streitkräfte aufzubauen – ein Projekt, dessen Verwirklichung Jahre dauern würde. Die großen deutschen Siege jedoch waren der Anstoß, mit dem Projekt anzufangen. Durch das amerikanisch-kanadische Abkommen wurde deutlich, daß Großbritannien zumindest dann auf die Unterstützung der Vereinigten Staaten gegen die Achsenmächte rechnen konnte, falls die britische Regierung nach Kanada ins Exil gehen müßte.

Schon im Juli 1940 hatte Präsident Roosevelt den Bau einer Kette von Flugplätzen angeregt, die es ermöglichen sollten, daß Flugzeuge von den Vereinigten Staaten nach Lateinamerika fliegen konnten. Später sollten sie auch über den Südatlantik fliegen können und die Verbindung zum Takoradi-Luftweg von der britischen Goldküste (dem heutigen Ghana) nach Ägypten und den Kriegsschauplätzen im östlichen Mittelmeer herstellen.[155] Der Präsident hatte sodann im Herbst 1939 eine Untersuchung über die Möglichkeit angeordnet, Atomwaffen zu entwickeln. Erst im September 1942 war das belgische Uran für dieses Programm verfügbar (in der Zwischenzeit wurden Erze aus Kanada verwendet), aber das Uran selbst war bereits in den Vereinigten Staaten.[156] Eine Menge neuer Initiativen wurde eingeleitet; es dauerte Jahre, bis sie wirksam werden konnten, aber die wesentlichen Entscheidungen wurden im Sommer 1940 getroffen.

Die amerikanischen Lieferungen, die in allmählich zunehmendem Umfang über den Atlantik transportiert wurden, mußten mit den schwindenden finanziellen Mitteln der Briten bezahlt werden. Sie mußten über Schiffahrtswege transportiert werden, die von den deutschen Unterseebooten bedroht wurden. Hier zeigten sich die zukünftigen Probleme. Für Großbritannien hatte sich die Lage ein wenig verbessert. Die Vereinigten Staaten hatten erkannt, daß die Klippen von Dover für die Verteidigung Englands wichtig waren. In den großen Kriegen gegen die früheren Gegner auf dem Festland – das Spanien Philipps II., das Frankreich Ludwigs XIV. und Napoleons – hatten die Briten gekämpft, indem sie eine starke Kriegsflotte mit einem kleinen Heer und umfassender finanzieller Unterstützung für Verbündete auf dem Festland kombiniert hatten. Im Ersten Weltkrieg schickte England eine große Landarmee ins Feld, bot eine große Kriegsmarine und eine starke Luftwaffe auf und stellte den Verbündeten umfassende finanzielle Unterstützung zur Verfügung. Jetzt jedoch gab es weder Verbündete auf dem Festland noch eine große Armee, und die finanziellen Ressourcen reichten nicht einmal für die eigenen Kriegsanstrengungen aus. Es blieb abzuwarten, ob die Vereinigten Staaten finanziell für Großbritannien das gleiche tun würden, was England selbst in den Konflikten der Vergangenheit so oft für seine Verbündeten getan hatte.

Die Unterstützung durch die Vereinigten Staaten war jetzt zwar gesichert, doch sie würde erst in ferner Zukunft wirksam werden. Wie stand es unter diesen Voraussetzungen mit einem wiederbelebten Frankreich – oder mit dem französischen Kolonialreich – und der Sowjetunion?

General de Gaulle versuchte, die Franzosen um sich zu sammeln, vor allem im französischen Kolonialreich, um den Krieg fortzusetzen. Bei diesen Bemühungen wurde er jedoch durch drei Faktoren stark behindert, die außerhalb seiner Kontrolle lagen. Der erste Faktor war sein Status in den Augen der Franzosen. Anders als Marschall Pétain, der als verehrter Führer ein hohes Ansehen genoß, war de Gaulle noch immer ein nahezu unbekannter Offizier, der bislang weder eine Oberbefehlsfunktion noch ein hohes Zivilamt innegehabt hatte. Später wurde sein Name zum Gemeingut, aber als er am 18. Juni 1940 im Namen eines Französischen Nationalkomitees eine Rundfunkansprache hielt, war dies keineswegs der Fall. Er selbst war sich wie nur wenige andere seiner Bestimmung sicher, zumindest erweckte er diesen Anschein.

Der zweite Faktor war die defätistische Haltung der meisten Franzosen. Diese Haltung wurde durch die Entscheidung noch verstärkt, die die britische Regierung zehn Tage später traf, um zu verhindern, daß die französische Flotte an die Deutschen übergeben oder von diesen beschlagnahmt würde. Dieselbe Aktion, die den Amerikanern klarmachte, daß die Briten entschlossen waren, den Krieg fortzusetzen, ermutigte die Franzosen keineswegs, sich ihnen anzuschließen.

Der dritte Faktor war, daß die Behörden in den französischen Kolonialgebieten traditionell antibritisch orientiert waren. Sie hatten außerdem die *idée fixe* entwickelt, daß sich die Briten Teile des französischen Kolonialreiches aneignen wollten. Diese Furcht – die übrigens von den Beamten in den Kolonialreichen der Niederländer und der Belgier nicht geteilt wurde – hielt die meisten von ihnen davon ab, sich auf die Seite eines Landes zu stellen, das sie als Hauptfeind Frankreichs in Übersee wahrnahmen. Diese Haltung wurde durch die Zurückhaltung noch verstärkt, die die Deutschen den Italienern bei den Waffenstillstandsverhandlungen von 1940 auferlegten. Nicht zufällig war der Teil des französischen Kolonialreiches, in dem sich 1940 eine ernsthafte Bewegung für einen Bruch mit Vichy und eine Rückkehr in den Krieg entwickelte, derselbe Teil, in dem die örtlichen Beamten guten Grund für die Annahme hatten, daß die Deutschen ihr Land beanspruchen würden.

Kamerun in Westafrika war vor dem Ersten Weltkrieg eine wichtige deutsche Kolonie gewesen. Nach dem Krieg war ein Teil Kameruns als Mandat der benachbarten britischen Kolonie Nigeria zugeschlagen worden, während der größere Teil als Mandatsgebiet Frankreich unterstellt worden war. Die Franzosen hatten jene Teile der Mandatsgebiete, die als Bestandteil des Abkommens bei der zweiten Marokko-Krise 1911 an Deutschland abgetreten worden waren, ihren eigenen Kolonien in Französisch-Äquatorialafrika zugeordnet. In all diesen Territorien fürchtete man nun, daß die deutsche Oberhoheit wiederhergestellt werden könnte – eine durchaus berechtigte Sorge, wie wir noch zeigen werden. Nicht zuletzt aus diesem Grund

4. Ost- und Nordafrika 1940/41

kam es Ende August zu einer Revolte gegen das Vichy-Regime. Innerhalb weniger Tage übernahmen Beamte, die auf seiten de Gaulles standen, nicht nur den Tschad, dessen Gouverneur de Gaulle zuneigte, sondern auch Kamerun und den französischen Kongo.[157]

Ein gemeinsames Expeditionskommando der Briten und der Freien Franzosen unternahm im September den Versuch, den wichtigen Hafen von Dakar in Französisch-Westafrika zu erobern. Man wollte erreichen, daß sich die gesamte oder wenigstens der größte Teil dieser Region vom Vichy-Regime lossagte. Dieser Versuch scheiterte kläglich. Die Briten wiesen die Schuld für den Fehlschlag zwar dem Freien Frankreich zu, doch das Maß an Verwirrung und Inkompetenz war so groß gewesen, daß alle Beteiligten beträchtlichen Anteil daran gehabt haben müssen. Das Fiasko machte deutlich, daß die Briten höchstens Grundkenntnisse besaßen, wie auch nur kleinste Offensivoperationen auszuführen waren. Ferner wurde offenkundig, daß das Freie Frankreich bei den französischen Streitkräften in Westafrika nur geringe Unterstützung genoß. Die meisten Offiziere leisteten Pétain Gefolgschaft und waren bereit, ihre Soldaten gegen die Briten und andere Franzosen, aber *nicht* gegen die Deutschen in den Kampf zu führen. Die britischen Hoffnungen erlitten damit einen schweren Schlag, der aber wenigstens teilweise durch einen weiteren Erfolg des Freien Frankreich ausgeglichen wurde. Dieser Erfolg war trotz des ganz ungewöhnlichen Zögerns der Briten zustande gekommen: Im Oktober und November 1940 hatten die Franzosen von ihren neu erworbenen Stützpunkten in Französisch-Äquatorialafrika aus Gabun besetzt und so ihre Herrschaft über das Gebiet vervollständigt.[158]

Die Herrschaft des Freien Frankreich über Französisch-Äquatorialafrika hatte symbolische und praktische Wirkung auf den weiteren Verlauf des Zweiten Weltkriegs. Die symbolische Wirkung bestand darin, daß de Gaulle nunmehr über einen substantiellen territorialen Rückhalt verfügte, denn dies war zugleich ein wichtiges Statussymbol. Zwar erhielt das Französische Nationalkomitee dadurch nicht den Status einer Exilregierung, wie dies bei der polnischen, der norwegischen, der belgischen und der holländischen Regierung der Fall war, zu denen sich am 21. Juli 1940 auch die tschechoslowakische Regierung gesellte, doch wurde der Gedanke insgesamt plausibler, irgendeine Form von Kampf an der Seite Englands, aber doch recht unabhängig, fortzuführen.

Fort Lamy – das heutige N'Djamena –, die Hauptstadt des Tschad, war nicht nur das symbolische Zentrum einer sich allmählich belebenden französischen Alternative zum Vichy-Regime, sondern auch ein sehr wichtiger Ort in Afrika. Die Bedeutung des bereits erwähnten Takoradi-Luftwegs, über den Verstärkung in den Nahen Osten transportiert werden konnte, nahm 1941 und 1942 weiter zu. Dieser Luftweg führte über den Tschad; auf dem Flug von Nigeria zum großen Nachschubzentrum Khartum im Sudan legten die Flugzeuge in Fort Lamy eine Zwischenlandung ein. In der Folgezeit sprachen die Deutschen und Vertreter des Vichy-Regimes über Möglichkeiten, die Gebiete zurückzubekommen, die an de Gaulle verlorengegangen waren, aber diese Gespräche kamen zu keinen konkreten Ergebnissen. Hitler wie auch das Vichy-Regime wollten die Kolonien zurückgewinnen, die sich de Gaulle angeschlossen hatten. Den Vichy-Behörden fehlte es jedoch an Kompetenz, und Hitler fehlte es an Vertrauen in die Vichy-Behörden, um ihnen die Aufstellung der nötigen französischen Truppen für solche Operationen zu bewilligen.[159]

Die Möglichkeit, daß auch andere Teile Französisch-Afrikas dem Beispiel der Äquatorial-Kolonien folgen und sich de Gaulle anschließen könnten, zwang Deutschland zur Vorsicht im Umgang mit Spanien und Italien. Versprechungen diesen Ländern gegenüber könnten durchsickern und bewirken, daß weitere Gebiete abfielen, ohne daß Deutschland dies hätte verhindern können. Das gesamte Französisch-Nordafrika sowie -Westafrika waren gefährdet. Hitler beobachtete diese Entwicklungen den ganzen Herbst 1940 sowie den folgenden Winter hindurch mit einer gewissen Sorge. Die Tatsache der Präsenz eines französischen Regimes unter de Gaulle, das afrikanische Territorien kontrollierte, hatte gewichtige Auswirkungen auf den Krieg. Der Weg von Fort Lamy, Douala, Brazzaville, Libreville bis nach Paris war weit, aber irgendwo mußte ein Anfang gemacht werden.

NEUE ENTSCHEIDUNGEN IN MOSKAU

Die Situation im Jahre 1940 wurde durch die Streitkräfte des Freien Frankreich kaum beeinflußt, wie auch immer ihre Rolle sich später entwickeln mochte. Für ihre Bewaffnung waren sie von den zukünftigen amerikanischen Lieferungen abhängig, denn die afrikanischen Territorien, die unter de Gaulles Kontrolle kamen, besaßen weder Waffenlager noch Munitionsfabriken. Ganz anders stellte sich die Lage der Sowjetunion dar. Sie verfügte über eine große Armee, von der erwartet werden konnte, daß sie die Lektionen aus dem Krieg gegen Finnland gelernt hatte. In London hielten es viele für unwahrscheinlich, daß die sowjetische Armee über den schnellen deutschen Sieg im Westen besonders glücklich war.

Unter diesen Umständen versuchte die britische Regierung, die sowjetische Führung zu bewegen, ihre deutschfreundliche Haltung in diesem Konflikt aufzugeben und sich stärker an die Briten anzunähern. Es wurde die Überlegung angestellt, die sowjetischen Gebietsgewinne in Osteuropa anzuerkennen und sie als Barriere gegen das deutsche Expansionsstreben zu betrachten. Churchill hatte diese Ansicht bereits im Herbst 1939 zum Ausdruck gebracht.[160] Die britische Regierung entsandte Sir Stafford Cripps nach Moskau, um diese Angelegenheit zu erkunden. Sir Stafford, der seit langem ausgeprägt prosowjetische Ansichten vertreten hatte, war schon Anfang 1940 in die Sowjetunion gereist und dort mit Molotow und anderen sowjetischen Politikern zusammengetroffen. Ursprünglich sollte er über ein Handelsabkommen verhandeln. Da die Sowjetunion jedoch darauf bestand, daß Gespräche nur auf Botschafterebene geführt werden sollten, wurde er zum Botschafter ernannt.

Cripps, anfangs noch optimistisch, war schon bald von Moskau enttäuscht. Nur durch einen persönlichen Brief Churchills an Stalin erhielt er die Möglichkeit, sein Anliegen – die Verbesserung der sowjetisch-britischen Beziehungen – dem sowjetischen Führer vorzutragen. Stalin erklärte ihm jedoch, er habe sich mit Hitler zusammengetan, um das europäische Kräftegleichgewicht zu zerstören. Die Sowjetunion habe kein Interesse daran, die Vorkriegssituation wiederherzustellen. Stalin behauptete, er könne nicht erkennen, daß der Sowjetunion von Deutschland Gefahr drohe.[161] Der Moskauer Diktator könnte dennoch überrascht gewesen sein, mit welcher Geschwindigkeit die Deutschen ihren Sieg im Westen errangen, nachdem er es ihnen ermöglicht hatte, ihre gesamten Streitkräfte an einer Front zu konzentrieren. Es gibt auch Hinweise darauf, daß er es für ratsam hielt, aus den militärischen Erfahrungen zu lernen, die die Deutschen bei ihrem Feldzug in Frankreich gesammelt hatten. Die zuvor angeordnete Auflösung größerer sowjetischer gepanzerter Verbände wurde wieder rückgängig gemacht.[162]

Stalin gab den Deutschen nicht nur einen vollständigen und genauen Bericht über seine Gespräche mit Sir Stafford Cripps[163], sondern bot ihnen noch weiterreichende Unterstützung an. Im Sommer 1940 setzte er sowjetische Eisbrecher ein, die es einem deutschen Hilfskreuzer ermöglichten, durch die arktischen Gewässer vor Nordsibirien zu fahren und anschließend im Pazifik britische Schiffe zu versenken.[164] Schon lange, ehe das Schiff so weit gefahren war, hatte sich die sowjetische Regierung nach Kräften bemüht, die Lieferung wichtiger Nachschubgüter nach Deutschland aus eigenen Lagerbeständen wie auch den Transport aus Ostasien über die Transsibirische Eisenbahn zu beschleunigen.[165]

Die sowjetische Regierung glaubte Anspruch darauf zu haben, von Deutschland bei ihrem Vorgehen in den baltischen Staaten und in Rumänien unterstützt zu werden, solange sie dabei die Interessen Deutschlands am rumänischen Öl respektierte. Sie hatte zugesichert, daß ein Teil Litauens an Deutschland fallen sollte, wenn die Unabhängigkeit des Landes zerschlagen wurde. Moskau bekannte sich zwar zu dieser Verpflichtung, bat aber die Deutschen, eine Entschädigung zu akzeptieren, statt die Grenzfrage neu aufzuwerfen.[166] Stalin war im Geheimprotokoll vom 23. August 1939 Finnland versprochen worden; er nahm anscheinend zunächst an, er könne dieses Land zu weiteren Zugeständnissen zwingen. In ähnlicher Weise forderte die Sowjetunion von der Türkei territoriale Zugeständnisse; gegen den Iran erhob sie zwar weniger extreme, doch relativ weitgehende Forderungen.[167]

Die sowjetische Politik im Sommer 1940 gegenüber zwei weiteren Mächten muß kurz dargestellt werden, bevor wir uns damit befassen, Stalins Sicht der neuen Weltordnung nach dem großen deutschen Sieg zu interpretieren. Nachdem durch den Austausch von Botschaftern die vollen diplomatischen Beziehungen zwischen der Sowjetunion und Italien wiederhergestellt worden waren, versuchten die Sowjets, mit Italien ihre jeweiligen Interessen auf dem Balkan abzustimmen.[168] Moskau war mit dem Geheimabkommen vom 23. August 1939 versichert worden, daß Deutschland in Südosteuropa keine politischen Interessen verfolgte. Stalin versuchte nun natürlich von Italien Zustimmung zu seinen eigenen Ansprüchen in dieser Region zu bekommen. Die Italiener hatten zusehen müssen, wie Deutschland in Nord- und Westeuropa triumphierte; gleichzeitig hatten ihnen die Deutschen dringend nahegelegt, ihre Hoffnungen auf Zugewinne in Nordafrika auf Kosten Frankreichs zurückzustellen. Deshalb wandte sich Italien jetzt Südosteuropa zu – der einzigen Alternative für den italienischen Expansionsdrang. Eine Zeitlang schien es, als führten die sowjetisch-italienischen Annäherungen zu einer Übereinkunft. Die Gespräche wurden aber abgebrochen, als die Deutschen Einspruch erhoben. Das deutsche Veto war Folge neuer Entscheidungen in Deutschland und nur deshalb so wirkungsvoll, weil Mussolini angesichts der Schwäche Italiens ohne deutsche Zustimmung nichts unternehmen konnte.

Während die Sowjetunion mit Italien eine Übereinkunft anstrebte, suchte sie ihre Interessen auf ähnliche Weise auch mit Japan abzustimmen.[169] Wie wir noch zeigen werden, zogen die Japaner aus dem deutschen Sieg im Westen den Schluß, daß für sie der Zeitpunkt gekommen war, sich nach Süden zu orientieren und Kontrolle über einen möglichst großen Teil Südostasiens zu erlangen. Aus diesem Grunde strebte Tokio eine ähnliche Übereinkunft mit der Sowjetunion an. In einem späteren Kapitel werden wir uns mit der Entwicklung dieser Verhandlungen und ihrem erfolgreichen Abschluß im Neutralitätspakt vom April 1941 befassen. An dieser Stelle ist lediglich festzuhalten, daß es der Sowjetunion im Sommer 1940 sinnvoll erschien zu prüfen, wie sich ihre Beziehungen zu Italien verbessern ließen, und zu versuchen, ihre Ziele mit den italienischen abzustimmen. Gleichzeitig wollten die Sowjets die Japaner von der Sorge um ihren Hinterhof befreien, so daß sich Japan in Südostasien in eine kriegerische Auseinandersetzung mit Großbritannien und seinen Verbündeten – vor allem den Vereinigten Staaten – stürzen konnte.[170] Im Rückblick wird deutlich, daß in dieser Situation eine Übereinkunft mit London in Stalins Denken keine Rolle spielen konnte, auch wenn Sir Stafford Cripps damals lange brauchte, um dies zu begreifen.[171]

Was bedeutete dies alles für die sowjetischen Beziehungen zu Deutschland? Die Konsolidierung der sowjetischen Herrschaft über die baltischen Staaten, das Drängen nach einer ähnlichen oder vergleichbaren Kontrolle über Finnland und der Vorstoß in den Balkan zeigen die Entschlossenheit Moskaus, alle Vorteile einzuheimsen, die aus der sowjetischen Unterstützung für Deutschland relativ leicht gezogen werden konnten. Aus der Perspektive Mokaus hatte Deutschland aus dem deutsch-sowjetischen Abkommen sicherlich großen Gewinn gezogen. Gleichartige Vereinbarungen mit Italien und Japan konnten sich für beide Partner ebenfalls als fruchtbar erweisen. Stalin mochte annehmen, daß sowohl Rom als auch Tokio erkannten, wie effektiv Berlin seine Kooperation mit Hitler bei der Zerstörung des europäischen Kräftegleichgewichts ausgenutzt hatte. Es gibt verläßliche Hinweise darauf, daß Rom und Tokio, ob sie sich nun auf das Beispiel vom August 1939 bezogen oder nicht, echtes Interesse zeigten.

Die Deutschen jedoch hatten in sowjetischen Augen nicht nur ihre militärische Schlagkraft bewiesen, sondern sich auch selbst – mit sowjetischer Unterstützung – enorme Möglichkeiten für eine künftige Expansion eröffnet. In den Analysen des Nationalsozialismus, die damals in der Sowjetunion und bei vielen Marxisten verbreitet waren, wurde die Ansicht vertreten, der Faschismus sei der Knecht des Monopolkapitalismus beim Kampf um Märkte, Investitionen und Kontrolle der Rohmaterialien im Ausland, während zu Hause die Arbeiterklasse unterdrückt werde. Die Deutschen hatten jetzt einen großen Anreiz, sich mit den Kolonialreichen und den Handels- und Investitionsbeziehungen ihrer besiegten Feinde im Westen zu befassen. Sie konnten nun die Niederlande, Belgien und Frankreich und sogar die Briten beerben. Damals erwartete die Sowjetunion, daß Großbritannien von Deutschland innerhalb kurzer Zeit besiegt werden würde, wenn sich die Regierung in London nicht kurzfristig mit dem Gedanken an einen schnellen Friedensschluß abfand, den Moskau und die kommunistischen Parteien überall auf der Welt sogar noch lauter als Berlin befürworteten. Wie der sowjetische Botschafter in London, Ivan Maisky, während der Schlacht um England erklärte, stellten die Briten die deutschen Verluste an Flugzeugen den eigenen Verlusten gegenüber, während er, Maisky, die Verluste beider Länder auflistete und addierte.[172]

Aus der Perspektive Moskaus hatte Deutschland unter diesen Umständen genügend Anlaß, seine guten Beziehungen zur Sowjetunion aufrechtzuerhalten. Diese Beziehungen hatten für die Deutschen wunderbare Möglichkeiten eröffnet; sie könnten sogar an noch weiterreichenden neuen Arrangements bei der Aufteilung von noch größeren Beutestücken interessiert sein. Es war wohl am besten, sich mit dem Dritten Reich gutzustellen, bis die Verhandlungen über diese erfreulichen Zukunftsperspektiven zwischen Deutschland und der Sowjetunion eingeleitet werden konnten. Zumindest aus der Sicht Moskaus schien die Zeit dafür im Herbst 1940 gekommen. Die zuvorkommende Haltung der Sowjetunion im Sommer 1940 gegenüber den wirtschaftlichen Bedürfnissen der Deutschen und hinsichtlich der Durchfahrt deutscher Kriegsschiffe muß wohl vor diesem Hintergrund gesehen werden. Die deutsch-sowjetischen Beziehungen waren gut und sollten auch gut bleiben; ähnliche Vorteile wie aus dem deutsch-sowjetischen Arrangement würde man auch aus entsprechenden Abkommen mit Italien und Japan erwarten können. Zum gleichen oder zu einem späteren Zeitpunkt würde man eine weitere Übereinkunft mit Deutschland anstreben, dessen gegenwärtigen Wünschen und Bedürfnissen man soweit wie möglich entsprechen wollte. Moskau gefiel die neue Situation in Europa – die Tschechoslowakei war verschwunden, Polen, Norwegen, Dänemark, die Niederlande und Frankreich waren erobert. Die kommunistischen Mitgliedsparteien der Komintern auf der ganzen Welt forderten Frieden; vor allem Großbritannien sollte nun die neue Situation akzeptieren und die Feindseligkeiten einstellen.[173]

Am 17. Juli 1940 faßte Sir Orme Sargent, damals stellvertretender Unterstaatssekretär im britischen Außenministerium, seine und die Sicht des Außenministeriums zusammen. Sargent meinte, daß die Deutschen und die Sowjets wahrscheinlich auch weiterhin zusammenarbeiten würden, wenn auch in einem gewissen Wettbewerb miteinander. Wie Deutschland sehe auch die Sowjetunion in Großbritannien den eigentlichen Feind; die Sowjets würden sich in einer außergewöhnlich riskanten Situation nicht auf die Seite der Briten schlagen. Die sowjetische Verhandlungsposition indes würde weiter gestärkt, wenn man Deutschland mit engeren britisch-sowjetischen Beziehungen drohen würde.[174]

Dies schien eine durchaus vernünftige Argumentation zu sein. Sargent hatte jedoch denselben entscheidenden Faktor übersehen, der auch in den sowjetischen Überlegungen fehlte. In der Perspektive sowohl der traditionellen Diplomatie als auch der marxistisch-leninistischen Analyse wurde nicht berücksichtigt, daß die nationalsozialistische Ideologie eine eigene, grundlegende Realität geschaffen hatte: das Beharren auf der Eroberung von Lebensraum in Osteuropa, der von deutschen Bauern besiedelt werden sollte. Darunter verstand man vor allem die fruchtbaren Landschaften der südwestlichen UdSSR. Die Analytiker erkannten nicht, daß der rassisch fundierte, agrarische Expansionismus der Nationalsozialisten ein entscheidendes Motiv darstellte und eben *nicht* nur ein Propagandagag war. Es ist unerheblich, ob dies aus der Perspektive der traditionellen Diplomatie Sinn machte, die von der Annahme ausging, daß Hitler ähnliche, wenn auch übertriebene Perspektiven hatte. Ebenso unerheblich ist, ob dieser Aspekt der stereotypen marxistischen Perzeption entsprach, wonach Hitler ein Instrument des Monopolkapitalismus war. Jedenfalls entstand die deutsche Politik aus diesem ideologisch bedingten Motiv, eine Tatsache, die damals weder London noch Moskau begreifen konnten und deren Bedeutung die Sowjetunion auch zu keinem späteren Zeitpunkt begriff. Beide Mächte trafen deshalb in den folgenden Monaten ihre politischen und militärischen Entscheidungen auf der Grundlage einer fundamentalen Fehleinschätzung der deutschen Absichten.

Wie noch darzustellen sein wird, trafen die Briten ihre Entscheidungen Ende 1940 und Anfang 1941 aufgrund der Vermutung, daß ihnen noch immer eine Invasion drohe; die Sowjets hingegen trafen ihre Beschlüsse aufgrund der Annahme, daß ihnen keine Invasion drohe. Bevor wir uns den Entscheidungen der Deutschen im Sommer 1940 zuwenden, ist es erforderlich, die Reaktion der Japaner auf den deutschen Sieg in Westeuropa genauer zu betrachten, auf die wir im Zusammenhang mit den sowjetisch-japanischen Beziehungen bereits kurz eingegangen sind.

NEUE ENTSCHEIDUNGEN IN JAPAN

Für die Japaner hatte die Fortsetzung ihres Krieges gegen China Priorität. Im November 1939 begannen die chinesischen Nationalisten eine Winteroffensive, um die Japaner zurückzutreiben. Sie setzten dabei Truppen ein, die sie nach den früheren Niederlagen neu formiert hatten. Diese Operationen kamen Tschiang Kai-scheks Einheiten sehr teuer zu stehen, da sie weder stark genug noch gut ausgerüstet waren.

Nach schweren Verlusten mußten sich die Nationalisten erneut darauf beschränken, ihre Feinde in Schach zu halten. Die Japaner hatten die Küste und wichtige Städte im Binnenland unter Kontrolle, während sich die chinesischen Kommunisten auf den Aufbau von Guerillaeinheiten konzentrierten.[175] Die Japaner behielten ihre Position auf dem Festland bei. Sie versuchten, ein Marionettenregime unter Wang Tsching-wei zu etablieren, und spielten ab und zu mit Plänen für Verhandlungen mit Tschiang Kai-schek.[176] Sie begannen jedoch auch, sich mit den neueren Entwicklungen zu befassen, teilweise aufgrund der Pattsituation in China, teilweise aufgrund der dramatischen deutschen Siege in Westeuropa.

Die Regierung Yonai hatte die Kriegssituation in Europa sorgfältig beobachtet, sich aber nicht sonderlich bemüht, die Deutschen zu unterstützen. Im Gegenteil: Berlin mußte feststellen, daß die Japaner zögerten, Deutschland bei der Einfuhr wichtiger Rohstoffe aus Ostasien zu helfen. Mitunter verglichen die Deutschen die japanische Zurückhaltung mit der größeren Kooperationsbereitschaft der Sowjetunion.[177] Die deutsche Offensive im Mai 1940 änderte die Situation auf dreifache Weise: Erstens wurde dadurch die Frage nach der Zukunft Niederländisch-Indiens gestellt, nachdem Holland überrannt und besetzt worden war. Zweitens war zu vermuten, daß Japan auf irgendeine Weise die Kontrolle über Französisch-Indochina erlangen könnte, nachdem das Mutterland Frankreich von den Deutschen besiegt worden war. Drittens schien sich durch die Kriegsentwicklung die Tür zu den britischen Besitzungen in Süd- und Südostasien zu öffnen, denn ein Großbritannien, das in Europa um sein Überleben kämpfte, würde kaum seine Stellung in Asien verteidigen können.

Ferner konnte nach japanischer Auffassung ein Vorstoß in Südostasien dazu beitragen, den Krieg in China zu beenden. Dann nämlich wäre es möglich, die Nachschublieferungen für Tschiang Kai-schek zu unterbrechen, die über die Eisenbahn durch das nördliche Französisch-Indochina und über die Straße von Birma herangeschafft wurden. Im Juni 1940 schätzten die Japaner, daß 41 Prozent der von außen kommenden Lieferungen für Tschiang über den Hafen von Haiphong in Französisch-Indochina angeliefert wurden, 31 Prozent über die Straße von Birma, 19 Prozent durch Küstenschiffahrt und 2 Prozent über die Landstrecke aus der Sowjetunion.[178] Diese Zahlen, ob sie richtig waren oder nicht, können dazu beitragen, den Zusammenhang zu erklären, den Tokio zwischen einem Vorstoß nach Süden und dem Krieg in China sah.

Schon während des Winters hatten die Heeres- und Marinebehörden in Tokio mit ihren Vorbereitungen für den Stoß nach Süden begonnen. Mitte November wurde die neue 4. Flotte für die Südsee aufgebaut und direkt dem Kaiserlichen Hauptquartier unterstellt.[179] Die Priorität, die dem Vorstoß nach Süden verliehen wurde, wird darin deutlich, daß die japanische Kriegsmarine bei den Verhandlungen mit dem Marionettenregime Wang im November und Dezember darauf bestand, die Insel Hainan in einen japanischen Marinestützpunkt zu verwandeln.[180] Im April, noch vor der

Invasion Hollands durch die Deutschen, forderte die japanische Kriegsmarine, Niederländisch-Indien zu besetzen, und brachte das Außenministerium dazu, in einer öffentlichen Erklärung seine Besorgnis über das Schicksal der Insel angesichts des Krieges in Europa auszudrücken.[181] Die deutsche Invasion in Holland am 10. Mai rief in Tokio sofort die Befürchtung hervor, daß die Briten oder die Franzosen als Präventivmaßnahme die Inseln besetzen könnten – wie sie es in Niederländisch-Westindien getan hatten – oder daß Berlin selbst sich dazu entschließen könnte. Die 4. Flotte wurde nach Süden beordert, um Niederländisch-Indien auf den entsprechenden Befehl hin besetzen zu können. Inzwischen wurden große Anstrengungen unternommen, um die Deutschen zu überzeugen, daß sie Japan bei diesen Operationen freie Hand lassen sollten. Berlin war zwar wenig begeistert über die schnelle, aber verspätete Wendung Japans zu einer freundlicheren Haltung gegenüber Deutschland, stimmte aber der Bitte am 20. Mai zu.[182] In Tokio wurde zu diesem Zeitpunkt bereits alles in neue Kanäle geleitet.

Am Tag nach dem deutschen Angriff im Westen wurde in Tokio ein Neutralitätsabkommen zwischen Japan und der Sowjetunion vorbereitet; nachdem die japanische Regierung darüber beraten hatte, wurde es am 2. Juli der sowjetischen Regierung übermittelt. Wenn Japan nach Süden vorstoßen wollte, brauchte es Frieden an seiner Hintertür.[183] Im Zeitraum vom 15. bis 21. Mai 1940, während in Regierungskreisen noch über den Entwurf für das Abkommen beraten wurde, führte die japanische Kriegsmarine ein Kriegsspiel durch – das einzige größere Kriegsspiel vor dem 7. Dezember 1941. Auf dem Programm standen Krieg mit den Vereinigten Staaten, mit Großbritannien und den Niederlanden, die Besetzung Niederländisch-Indiens und eine Invasion Malayas. Das Öl aus Niederländisch-Indien würde für den Krieg benötigt werden, aber auch nach der Eroberung würde es noch Transportprobleme geben; auch würde das Öl nur für ein Jahr Krieg reichen.[184] Das Bild zeichnete sich klar genug ab, doch nur wenige wollten es erkennen.

Zu diesem Zeitpunkt hatte Admiral Yamamoto bereits über einen Überraschungsangriff auf die Flotte der Vereinigten Staaten in Pearl Harbor nachzudenken begonnen; er sah darin eine Möglichkeit, den Krieg auszulösen und den Vorstoß nach Süden gegen eine amerikanische Einmischung zu schützen.[185] Immer noch beherrschte eine andere Strategie für die Kriegführung gegen die Vereinigten Staaten die Planung der japanischen Marine, doch der Anstoß für den Beginn des Krieges wurde in jenem Sommer in Tokio gegeben.

Der deutsche Triumph im Westen verursachte auch dramatische Veränderungen in japanischen Regierungskreisen. Es herrschte eine enorme Begeisterung.[186] Jetzt war die Gelegenheit gekommen, die Franzosen unter Druck zu setzen. Sie sollten die Eisenbahnlinie stillegen, über die der Nachschub aus Haiphong an die chinesischen Nationalisten transportiert wurde. Bald danach würde man die nördlichen Teile der französischen Besitzungen einnehmen, um die Blockade abzusichern und eine Grundlage für die weitere Expansion zu schaffen. Außerdem bestand jetzt die Möglichkeit, den Briten mit furchtbaren Konsequenzen zu drohen, wenn sie ihre Schiffstransporte von Hongkong nicht einstellten und die Straße von Birma nicht schlössen.[187]

Die Franzosen gaben schnell nach. Sie legten zuerst die Eisenbahnlinie still und akzeptierten dann auch die Besetzung des nördlichen Indochina durch die Japaner. Vichy-Frankreich war gewillt, mit den Briten und dem Freien Frankreich um Dakar und Französisch-Westafrika zu kämpfen, nicht jedoch mit den Japanern um Hanoi und das nördliche Französisch-Indochina. Auch in London setzte sich die Regierung angesichts der japanischen Forderungen und Drohungen mit den gefährlichen Alternativen auseinander, die sich anboten: Konnte man es wagen, sich Japan zum Gegner zu machen, wenn England selbst tödlich bedroht war? Konnte man Japan binden, indem man Tschiang Kai-schek unterstützte, und so die Japaner daran hindern, sich direkt auf die britischen Territorien in Asien und im Südpazifik zu stürzen? Konnte man auf amerikanische Unterstützung hoffen, falls Japan drastische Schritte unternehmen sollte? Die politische Linie, die sich herauskristallisierte, bestand in einer dreimonatigen Schließung der Straße von Birma, die am 18. Juli 1940 erfolgte. Auf diese Weise mochte Japan eine Zeitlang ruhiggestellt werden; die Briten hofften, bis zum Ablauf dieser Frist den bevorstehenden Ansturm der Deutschen abgewehrt sowie von den Vereinigten Staaten massivere und entschlossenere Unterstützung bekommen zu haben. Nachdem sich beide Hoffnungen erfüllt hatten, wurde eine Verlängerung der Schließung verweigert.[188]

Während in London über diese Politik diskutiert wurde, fand in Tokio eine noch wichtigere, schicksalhafte Debatte statt. Von Teilen der Armee, der Marine und dem diplomatischen Dienst wurde starker Druck ausgeübt, eine Allianz mit Deutschland zu bilden. Außerdem sollte ein Angriff nach Süden gegen die Briten, Niederländer und Amerikaner erfolgen und – wie erwähnt – ein Abkommen mit der Sowjetunion geschlossen werden, um den Vorstoß nach außen abzuschirmen. Innenpolitisch sollte eine neue Konsolidierung eingeleitet werden, um im Land die Grundlage für diese Politik zu schaffen.[189] Hier schien sich für Japan die große Gelegenheit zu bieten, seine kühnsten und maßlosen imperialen Hoffnungen zu verwirklichen. Deutschland war im Begriff, Großbritannien zu besiegen, nachdem es Frankreich und die Niederlande überrannt hatte; Japan würde besetzen können, was immer es wollte, auch wenn dafür ein Krieg mit den Vereinigten Staaten in Kauf genommen werden mußte. Der Abschluß des Aufbaus der neuen amerikanischen Marine war absehbar und würde die japanischen Aussichten für eine solche Expansion zunichte machen; die Zeit zum Handeln war also gekommen.[190]

Die Regierung Yonai konnte im letzten Moment eine diplomatische Initiative gegen einen militärischen Vorstoß in der Frage Niederländisch-Indiens durchsetzen[191], doch dann wurde diese Regierung gestürzt. Kaiser Hirohito war über die Möglichkeit eines Krieges besorgt und erinnerte seine Ratgeber daran, daß sich ihre zuversichtliche Vorhersage einer schnellen Beilegung des Konflikts in China als falsch erwiesen hatte.[192] Der Kaiser stand nun jedoch einer neuen Regierung gegenüber, die einmütig zu einer neuen Außen- sowie Innenpolitik entschlossen war. In dieser Situation blieb ihm nichts anderes übrig, als nachzugeben.

Der neue Premierminister Konoe Fumimaro wußte, daß seine Politik dem Kaiser nicht gefiel. Als er sein Amt am 14. Juli 1940 antrat, nahm er an, daß ihn Hirohito auffordern würde, die Verfassung zu achten, Unruhe in der Wirtschaft zu vermeiden und mit Großbritannien und den Vereinigten Staaten zu kooperieren. In all diesen Fragen zog er es vor, neue Wege einzuschlagen.[193] Konoe war bereits zu Beginn des Krieges gegen China vier Jahre zuvor Premierminister gewesen und hatte im Januar 1938 die Entscheidung durchgesetzt, nicht mit Tschiang Kai-schek zu verhandeln.[194] Er hatte zum Sturz der Regierung Yonai beigetragen, um eine ganze Reihe von Zielen verfolgen zu können: Er wollte eine Allianz mit den Achsenmächten eingehen, hoffte noch immer, China niederzuwerfen und beabsichtigte einen Vorstoß nach Süden. Außerdem wollte er eine »neue politische Struktur« etablieren, die das politische System Japans so verändern sollte, daß die gesamte Bevölkerung in ein übergreifendes Ganzes unter der Kontrolle der Regierung integriert werden sollte.[195]

Konoe führte eine Konferenz in seinem Hause durch, um sicherzustellen, daß alle Regierungsmitglieder ausnahmsweise einmal in den zu unternehmenden Schritten übereinstimmten. Die neue Außenpolitik umfaßte eine Allianz mit Deutschland, einen Vorstoß nach Süden und ein Abkommen mit der Sowjetunion. Der Plan für diese neue Außenpolitik und für eine neue innenpolitische Struktur wurde von Heer und Marine wie auch von der zivilen politischen Führung gebilligt, die von Konoe und seinem neuen Außenminister Matsuoka Yosuke repräsentiert wurde. Der neue Kurs implizierte einen Krieg mit Großbritannien und den Niederlanden, um deren Kolonien (und die Kolonien Portugals) zu erobern. Konoe hoffte noch immer, einen Krieg mit den Vereinigten Staaten vermeiden zu können, war aber eher zu einem solchen Krieg bereit, als den großen Vorstoß nach Süden aufzugeben. Er forderte Verhandlungen mit Deutschland über eine Allianz und mit der Sowjetunion über ein Neutralitätsabkommen und regte die Gründung der Imperial Rule Assistance Association in Japan an, die die Massen für diese Politik mobilisieren sollte. Nach zehntägiger Debatte wurden all diese Punkte bei der Verbindungskonferenz vom 27. Juli 1940 offiziell gebilligt.[196]

Bei diesen internen Diskussionen ging man davon aus, daß der japanische Vorstoß nach Indochina und vor allem in das südliche Indochina die Vereinigten Staaten wahrscheinlich zu ökonomischen Sanktionen provozieren würde. Denn der Angriff auf das südliche Indochina würde als ein Zeichen gewertet werden, daß Japan anstelle der Fortsetzung der alten Konflikte mit China neue Kriegsabenteuer mit Großbritannien und den Niederlanden suchte. Die ökonomischen Sanktionen wiederum würden Japan einen Krieg gegen die Vereinigten Staaten aufzwingen.[197] Japan benötigte amerikanisches Öl, um gegen die Vereinigten Staaten kämpfen zu können. Die japanische Führung wollte nicht nur die Öllieferungen erhalten, sondern nahm gleichzeitig auch an, daß ihre auf einen Krieg gegen die Vereinigten Staaten gerichteten

Aktionen zu einem Lieferstopp führen würden. Zur Lösung dieses selbstverursachten Dilemmas hatte sie nur wirre Ideen. Sie meinte irrigerweise, sie könnte sich auf den Rückhalt stützen, den Deutschland und Italien in Südamerika angeblich besaßen, um »die zukünftige Politik gegenüber den Vereinigten Staaten durchzuführen«[198].

Die gleichzeitigen Drohungen einer Invasion Großbritanniens durch die Deutschen und eines Vorstoßes der Japaner nach Süden lösten eine Krise aus. Die Regierungen in London und Washington kamen zu dem Schluß, Vorsicht sei besser als Nachsicht. Sie konnten gewisse Beschränkungen für Exporte nach Japan verhängen, aber die außerordentlich wirre Diskussion, die in den beiden Regierungszentren stattfand, führte nicht zu einer entschlosseneren Politik – vielleicht war dies auch gar nicht möglich.[199] Japan konnte also auch weiterhin Öl in den Vereinigten Staaten kaufen und seine Lagertanks für den Krieg gegen die USA füllen. Die geringfügigen Sanktionen konnten die Japaner weder ent- noch ermutigen. Sie drangen nach Nord-Indochina vor und begannen mit Deutschland und Italien über einen Dreimächtepakt zu verhandeln.

Bei diesen Schritten zur Verwirklichung der Politik, die in den vorangegangenen Wochen vereinbart worden war, spielte der neue Außenminister eine zentrale Rolle – ein labiler und großmäuliger Mann, der in seiner Jugend in den Vereinigten Staaten gelebt hatte und sich deshalb einbildete, das Land zu kennen. Zumindest eine Zeitlang schien er genau die richtige Person zu sein, die die außenpolitischen Grundlinien verwirklichen konnte, die Konoe entworfen hatte: eine Allianz mit Deutschland und Italien, eine Übereinkunft mit der Sowjetunion, und nun den Vorstoß nach Süden, der dem Angriff auf die Mandschurei entsprach, wo Matsuoka seinen Ruhm erworben hatte.[200] Wie bereits erwähnt, erschienen ihm die Franzosen entgegenkommend und die Briten von Zweifeln geplagt. Die Deutschen jedoch reagierten begeistert, nachdem sie ihr anfängliches Zögern überwunden hatten, das eine Folge früheren Grolls war. Die neue expansionistische Politik Japans schien vollkommen zu den neuen Möglichkeiten zu passen, die sich Berlin boten.

NEUE ENTSCHEIDUNGEN IN DEUTSCHLAND

Die neuen Entscheidungen, die in Deutschland im Sommer 1940 fielen, wurden möglicherweise sehr viel direkter und umfassender von Hitler selbst getroffen als zu jedem anderen Zeitpunkt in seiner zwölfjährigen Kanzlerschaft. Der Triumph im Westen war schnell, scheinbar leicht und vollständig errungen worden und stand deshalb in scharfem Kontrast zu den sich jahrelang hinziehenden blutigen Anstrengungen im Ersten Weltkrieg. Wie viele in den Kreisen um die deutsche Führung wußten, war der Erfolg vor allem der Tatsache zu verdanken, daß Hitler trotz der zweifelnden und zögernden Haltung vieler Ratgeber auf einer Offensive bestanden hatte. Weder die Öffentlichkeit noch die Elite in Deutschland konnten sich vorstellen, daß das Dritte Reich bereits 1940 durch die Wirkung seiner Erfolge auf die Vereinigten Staaten zur völligen Niederlage verurteilt war. Durch den großen Sieg über die Armeen der Feinde Deutschlands wurde Hitler auf einen unangreifbaren Sockel der Popularität und der Macht gestellt.[201]

In dieser Situation war Hitlers Auffassung entscheidend, wie der Sieg zu nutzen sei. Gegenüber Frankreich sollte hinsichtlich der Kolonien und der Kriegsmarine eine Zeitlang taktische Zurückhaltung geübt werden. Auf diese Weise sollte ein schneller Waffenstillstand mit der Regierung Restfrankreichs ermöglicht werden. Andernfalls bestand, wie gesagt, das Risiko, daß die französischen Kolonien unter den drohenden kolonialen Ansprüchen der Deutschen, Italiener und Spanier zum Feind überliefen oder mit der französischen Marine und den Truppenverbänden in Nordafrika den Kampf an der Seite Englands fortführten. Beide Möglichkeiten würden die Engländer ermutigen, den Krieg fortzusetzen.[202] Andererseits hatte Hitler niemals Vertrauen in die Franzosen; er lehnte jeden Versuch ab, eine langfristige Übereinkunft mit einer neuen französischen Regierung zu schließen.[203] Die Ansätze zu einer Kollaboration wurden auf der französischen Seite von jenen Gruppen eingeleitet, die sich einen Platz für ihre Vorstellung von Frankreich in der neuen Weltordnung unter den Nazis vorstellen konnten. Hitler lehnte all diese Annäherungsversuche ab – ein Aspekt, der in dem Maße offenkundiger wurde, in dem sich in den folgenden Jahren die Beziehungen zwischen Besatzern und Besetzten entwickelten.[204]

Hitler nahm an, daß England nicht nur die Niederlage anerkennen, sondern auch akzeptieren würde, daß es jedes Mitspracherecht in kontinentaleuropäischen Angelegenheiten verloren hatte. Wenn es sich jedoch weigerte, und es sah zunehmend danach aus, würden schwere Bombenangriffe und falls nötig eine Invasion wenn schon nicht die Regierung, so doch das britische Volk zur Vernunft bringen. Man hoffte sogar, daß eine alternative Regierung in London die Rolle des Juniorpartners übernehmen würde. Diese Rolle hatte Hitler Großbritannien zugedacht, während er selbst die begonnenen Eroberungszüge vollenden und weitere vorbereiten wollte, die eine riesige Kriegsmarine erforderten. Das alternative Regime, das sich die Deutschen erträumten, sollte ein wiedereingesetzter Edward VIII. als König und Lloyd George als Premierminister bilden – beide hatten Hitler besucht und bewunderten ihn.

Die Vorbereitungen für einen direkten Angriff auf das Vereinigte Königreich wurden getroffen. Als notwendige Voraussetzung für die Invasion galt ein Kampf um die Kontrolle des Luftraums. Zu den vorbereitenden Maßnahmen gehörte die Erstellung einer Liste der zu verhaftenden Personen, die Ernennung eines Geheimdienstchefs – der später den Befehl über einen der Mördertrupps an der Ostfront übernahm – und die Einrichtung von Internierungslagern auf dem Festland, in die alle Männer zwischen 17 und 45 Jahren deportiert werden sollten. In diesen Absichten zeigt sich, daß Hitler gegenüber England eine absolut feindliche Grundhaltung einnahm und kaum die gnädige Nachsicht empfand, die ihm manche Historiker zuschreiben.[205]

Während diese direkten Maßnahmen gegen England eingeleitet wurden, setzte sich

Hitler bei Mussolini nach Kräften dafür ein, daß Italien Schlüsselstellungen der Briten im Nahen Osten angriff. Im Juni und Juli 1940 drängte er die Italiener, Ägypten und andere von den Briten kontrollierte Gebiete am Mittelmeer zu besetzen. Er bot deutsche Langstreckenflugzeuge an, die von den italienischen Stützpunkten auf der Insel Rhodos aus den Suez-Kanal verminen sollten, um die für das Empire lebenswichtige Verbindung zu unterbrechen.[206] In der italienischen Militärführung verband sich extremste Zurückhaltung mit Inkompetenz; sie traf monatelang keine Entscheidung, so daß die deutschen Flugzeuge mit der Verminung des Suez-Kanals erst 1941 beginnen konnten. Das erste italienisch-britische Seegefecht am 9. Juli ging zu Ungunsten der Italiener aus, obwohl sie nach der Zahl der Schiffe überlegen waren und über den decodierten Einsatzbefehl der Briten verfügten. Dieses Ereignis wirkte langfristig nach und verstärkte den Minderwertigkeitskomplex im Oberkommando der italienischen Marine.[207] Der Plan, die Basis der britischen Macht durch einen Angriff auf die britische Stellung im östlichen Mittelmeer zu erschüttern, muß jedoch als grundsätzlich realistisch angesehen werden – auch wenn es den Italienern nicht gelang, diesen Plan zu dem für die Achsenmächte günstigsten Zeitpunkt durchzuführen.[208] Hitler bewunderte Mussolini sehr und ließ sich dadurch im Sommer 1940 eine Zeitlang täuschen; die wirklichen Fähigkeiten der Italiener im Krieg wurden ihm jedoch bald deutlich.

Wenn Italien das nordöstliche Afrika besetzte, würde sich Deutschland selbst ein riesiges Kolonialreich in Zentralafrika verschaffen.[209] Dieses Kolonialreich sollte folgende Gebiete umfassen: die ehemaligen deutschen Kolonien Togo und Kamerun in Westafrika, Deutsch-Ostafrika, das in ein riesiges zentralafrikanisches Gebiet eingegliedert werden sollte – ein Gebiet, das vom Südatlantik bis zum Indischen Ozean reichen und die britische Kolonie Nigeria einschließen sollte, ferner die französischen Kolonien Dahomey und Französisch-Äquatorialafrika, den belgischen Kongo, Uganda, die südliche Hälfte von Kenia und vielleicht auch die nördlichen Teile der portugiesischen Kolonien Angola und Moçambique.[210] Das frühere Deutsch-Südwestafrika (heute Namibia) sollte entweder von der Südafrikanischen Union zurückgefordert werden, wobei man zur Entschädigung die britischen Protektorate von Betschuanaland (Botswana), Swasiland und Basutoland (Lesotho) anbieten wollte[211], oder es sollte im Zusammenhang mit der Aufteilung des portugiesischen Kolonialreichs in Afrika bei der Union bleiben. Auf jeden Fall aber erwartete Deutschland gute Beziehungen zu einem südafrikanischen Staat, der nach deutscher Sicht von jenen extrem nationalistischen Elementen unter der Buren-Bevölkerung regiert sein würde, die den Kriegseintritt der Union 1939 abgelehnt hatten und die glühende Verehrer der nationalsozialistischen Ideologie und jener Deutschen waren, die dieses Theoriemodell verwirklichen wollten. Bei den Wahlen von 1948 übernahmen die Anhänger nazistischen Gedankenguts die Macht in Südafrika und gaben sie danach jahrzehntelang nicht mehr ab. Von den übrigen Kolonialträumen der Deutschen blieb nur eine gewaltige Zahl von Aktenordnern übrig, in denen alle Vorbereitungen registriert sind

– von strikten Gesetzen gegen Sexualbeziehungen zwischen Angehörigen verschiedener Rassen bis hin zu Münzprägungen für eine neue Währung.[212]

Eine weitere größere Änderung der von den Nationalsozialisten geplanten Kolonialgrenzen in Afrika hing mit ihren Vorstellungen zur Neugestaltung Europas zusammen. Diese Neugestaltung sollte nicht auf Grenzen und Volkswirtschaften beschränkt bleiben, sondern auch die Bevölkerung des Kontinents betreffen. Die Deportation der Juden zur Insel Madagaskar im Indischen Ozean hatte erste Priorität bei der demographischen Neustrukturierung Europas.[213] Diese Insel, damals Teil des französischen Kolonialreichs, sollte von Frankreich an Deutschland abgetreten, die französischen Siedler evakuiert werden. Von den Millionen Eingeborenen erwartete man anscheinend, daß sie einfach verschwanden.* Die drei oder vier Millionen Juden, die in den von Deutschland kontrollierten Gebieten Europas lebten, sollten per Schiff nach Madagaskar transportiert und dort unter der Herrschaft eines Polizeigouverneurs, der Heinrich Himmler direkt unterstellt war, angesiedelt werden. Die Vorbereitungen für diesen Plan liefen mit Billigung Hitlers im Sommer 1940 im Reichssicherheitshauptamt und im Außenministerium an. Durch die Weigerung Großbritanniens, den Krieg zu beenden, wurde die Verwirklichung nicht nur dieses Projekts, sondern auch der Pläne für ein deutsches Kolonialreich in Zentralafrika unmöglich.[214]

Die Deportation und mögliche Vernichtung der Juden wie auch die Tötung der Geisteskranken, der Alten und anderer Menschen, deren Existenz er und viele andere Deutsche als lebensunwert betrachteten, gehörten nach Hitlers Auffassung zum Krieg. Während der Anfangszeit des Krieges in Polen hatte er versucht, die Ermordung zahlreicher Juden zu veranlassen, war jedoch bei den Militärs auf Widerstände gestoßen. Daraufhin hatte er den Militärs die Kontrolle über das besetzte Polen entzogen, aber weitere Aktionen aufgeschoben.[215] Im Sommer 1940 wurde deutlich, daß bis auf weiteres keine Aussicht bestehen würde, Madagaskar als eine Art Superkonzentrationslager für die Juden zu erobern. Das Projekt, dem sich Hitler im Sommer 1940 zuwandte, nämlich die Invasion der Sowjetunion, würde eine neue Möglichkeit mit sich bringen, die Juden in Europa auszurotten. Damit hatte Hitler gedroht, noch bevor er den Krieg begonnen hatte.[216]

Die Juden sollten physisch verschwinden, und ebenso mußten zahlreiche europäische Länder als unabhängige Einheiten von der Landkarte ausradiert werden. Norwegen, Holland, Belgien und Luxemburg sollten von Deutschland geschluckt werden[217]; Dänemark sollte folgen, sobald Deutschland den Krieg gewonnen haben würde, Frankreich als winziger und machtloser Satellit überleben.[218] Aber das war noch nicht alles. Der Sieg im Westen schien Deutschland die Gelegenheit zu bieten,

---

* Dem offiziellen Statistischen Jahrbuch für das Deutsche Reich 1941/42 zufolge umfaßte die Bevölkerung nahezu 3,8 Millionen Menschen; man schätzte, daß davon etwa 25 000 französische Siedler waren.

auch die Unabhängigkeit einiger weiterer Staaten zu beenden. Die Vergeltung für die Friedensbedingungen des Ersten Weltkriegs hatte der nationalsozialistischen Politik immer nur als Vorwand gedient und war niemals ein politisches Ziel gewesen. Nun schien es an der Zeit, ein weiteres Land zu annektieren, das in dem Konflikt bislang neutral geblieben war: die Schweiz.

In den Beziehungen zwischen dem Dritten Reich und dem kleinen neutralen Staat hatte es immer wieder Reibungen gegeben. Das grundlegende Problem war jedoch die schiere Existenz dieses demokratischen Staates in einem Kontinent, den Deutschland umgestalten wollte. Am 25. Juni 1940 um 1 Uhr 35 trat der Waffenstillstand zwischen Deutschland und Frankreich in Kraft. Ein paar Stunden später erging der Befehl vom Oberkommando des deutschen Heeres, eine Invasion der Schweiz vorzubereiten. In den folgenden Wochen wurden hierfür bemerkenswert detaillierte Pläne ausgearbeitet. Wilhelm Ritter von Leeb, der als Befehlshaber der Invasionstruppen vorgesehen war, erforschte persönlich das Terrain.[219] (Von Leeb gehörte auch zu der Gruppe hoher Offiziere, die Hitler am 19. Juli zu Feldmarschällen beförderte.) Der Invasionsplan sah vor, den Widerstand der Schweizer schnell zu brechen und dann das Land aufzuteilen. Deutschland sollte die nördlichen vier Fünftel und Italien den Landesteil südlich einer Linie, die sich vom Genfer See nach Osten erstreckte, erhalten.[220] Das Projekt erhielt ursprünglich den Codenamen »Grün«, wurde jedoch in »Tannenbaum« umbenannt, als die Farbe Grün für die geplante Invasion Irlands benötigt wurde. Die Invasion der Schweiz wurde nie verwirklicht, weil sich in der deutschen Planung wichtigere Projekte in den Vordergrund schoben.[221] Die Schweiz war ein Pickel auf dem Gesicht Europas, wie Hitler im August 1942 sagte[222]; ihre Besetzung konnte warten, bis Deutschland seine europäischen Feinde geschlagen hatte.[223]

Schweden war ein weiteres neutrales Land, das von den deutschen Siegen im Frühjahr 1940 unmittelbar betroffen war. Die deutsche Invasion Norwegens und die schnelle Besetzung Dänemarks hatten die Lage Schwedens grundlegend verändert. Die Schweden verfügten über Eisenerzvorkommen, die für die deutschen Kriegsanstrengungen wichtig waren. Das Land war praktisch von deutschen Einheiten umzingelt. In den frühen Stadien der Operationen in Norwegen behandelten die Deutschen die Schweden mit einer gewissen Vorsicht. Sie wollten nicht, daß die Schweden dem belagerten Norwegen zu Hilfe kamen; vielmehr wollten sie das schwedische Eisenbahnsystem benutzen, um der isolierten deutschen Garnison in Narvik Verstärkungen schicken und die Matrosen evakuieren zu können, die dort nach der Versenkung ihrer Schiffe gestrandet waren.[224] Die Schweden schlugen vor, Narvik selbst zu besetzen, aber die Deutschen lehnten ab; Deutschland wollte keinesfalls, daß Schweden einen eigenen freien Zugang zum Atlantik bekam.[225] Wenn die Deutschen erst einmal ganz Norwegen unter ihre Kontrolle gebracht hatten, würden sie die schwedische Regierung drängen können, jene Art von Neutralität zu wahren, die Berlin angenehm war.

Dann würden deutsche Truppen und Nachschublieferungen schwedisches Territorium praktisch nach eigenem Gutdünken durchqueren können. Die schwedische Wirtschaft würde sich nach Deutschland orientieren, und schwedische Werften würden Handels- und Kriegsschiffe für das Dritte Reich bauen.[226] Hatte sich Schweden im Winter 1939/40 noch geweigert, mit Finnland oder den Westmächten zu kooperieren, so stimmte es nun der Zusammenarbeit mit dem Dritten Reich zu. Diesen unterschiedlichen Entscheidungen lag die Annahme Stockholms zugrunde, daß es nur böse Worte geben würde, wenn man sich den Demokratien verweigerte, hingegen sehr viel größere Gefahren drohten, wenn man dem Drängen der Deutschen nicht nachgab. Unter dem Druck Berlins gab Stockholm in praktisch allen Fragen nach. Die Deutschen konnten nunmehr die Rohstoffe und das Transportsystem Schwedens für die eigenen Kriegsanstrengungen nutzen, solange sie den Krieg zu gewinnen schienen. Siegten die Deutschen, würde die nominale Unabhängigkeit Schwedens das Schicksal des norwegischen Nachbarn erleiden; zeichnete sich jedoch eine Niederlage Deutschlands ab, dann würden die Schweden ihre Rechte wieder einfordern.[227] Die Deutschen hatten öffentlich ihre Absicht angekündigt, die europäische Wirtschaft zu beherrschen und sie restlos für ihre eigenen Zwecke auszubeuten, wie beispielsweise der deutsche Wirtschaftsminister Walter Funk am 25. Juni 1940 erklärte. Solche Verlautbarungen riefen zwar in der schwedischen Presse Kritik hervor, doch von der Regierung kam kein nennenswerter Widerstand, bis offenkundig wurde, daß sich das Kriegsglück durch die Anstrengungen anderer Länder zu wenden begann.[228]

Im Sommer 1940 wurde in Berlin über die deutschen Pläne für eine Neuordnung Europas diskutiert, begleitet von dem Gezänk zwischen Regierung und den verschiedenen Parteiabteilungen auf der einen Seite und der Raffgier der deutschen Wirtschafts- und Industriekonzerne auf der anderen Seite. Beides kennzeichnete die interne Situation des Dritten Reiches. Jede Parteiabteilung hatte ihre eigenen Pläne, und jedes Unternehmen hegte eigene Hoffnungen. Deutschland würde alles kontrollieren, wie auch immer die Details aussehen mochten. Es würde mit Sicherheit keine allgemeine Friedenskonferenz geben; Deutschland wollte seinen Willen in bilateralen Verhandlungen durchsetzen.[229] Die internationalen Organisationen, die noch verblieben waren, würden durch neue, von den Deutschen gestaltete Organisationen ersetzt werden – so zum Beispiel die International Labor Organization durch ein Internationales Zentralbüro mit Sitz in Berlin.[230] Italien wurde noch immer eine Sonderrolle zugebilligt, vor allem in Nordafrika und im Nahen Osten[231], aber die deutsche Hauptstadt sollte das Zentrum abgeben, um das sich alles andere zu drehen hatte. Und so kleine Satelliten wie der Operettenstaat Slowakei würden nunmehr im Gleichschritt mit Berlin marschieren müssen. Denn es war jetzt nicht mehr nötig, sie nachsichtig zu behandeln, um zu zeigen, wie manierlich sich Deutschland benehmen konnte.[232]

Das große Zukunftsproblem Deutschlands war die Tatsache, daß bei Ausbruch des Krieges 1939 der Aufbau der Kriegsmarine hatte aufgeschoben werden müssen. Hitler benötigte die Marine jedoch für den Krieg, den er gegen die Vereinigten Staaten zu führen gedachte. Die ersten Schlachtschiffe – die *Bismarck* und die *Tirpitz* –, die mit Blick auf die britische Marine gebaut wurden, waren fast fertig, aber die Arbeit an den Super-Schlachtschiffen, die alles in den Schatten stellen sollten, was die Vereinigten Staaten jemals bauen könnten, war im September 1939 eingestellt worden. Hitler wußte, daß die Fertigstellung dieser gewaltigen Schiffe Jahre dauern würde; er wünschte deshalb, daß die Arbeiten so bald wie möglich fortgesetzt werden sollten. Am 11. Juli 1940 verständigte er sich mit dem Oberbefehlshaber der Marine, die entsprechende Weisung zu erlassen.

Zu diesem Zeitpunkt hoffte Hitler noch immer, Großbritannien werde sich aus dem Krieg zurückziehen. Er freute sich auf einen neuen Konflikt, bei dem er in der Lage sein würde, mit einer großen Seestreitmacht die Vereinigten Staaten zu besiegen – England wäre dann entweder bereits besiegt oder mit *einer* der beiden kämpfenden Mächte verbündet. Nichts illustriert die globalen Ambitionen des Dritten Reiches besser als die Entscheidung, ein riesiges Programm zur Produktion von Schlachtschiffen, Flugzeugträgern und anderen Kriegsschiffen voranzutreiben. Zu diesem Zeitpunkt glaubten die Deutschen, der Krieg, der im September 1939 begonnen hatte, sei beendet. Manche deutschen Apologeten der Nachkriegszeit und viele nichtdeutsche Historiker erkannten diesen Sachverhalt nicht: Hitler war sich im klaren darüber – und er richtete sein Handeln entsprechend aus –, daß ein erfolgreicher Krieg gegen die Vereinigten Staaten nicht die Auswahl von Küstenabschnitten für die Truppenlandung voraussetzte, sondern den Aufbau einer Marine, mit der die deutschen Streitkräfte über den Atlantik geworfen werden konnten.[233]

Im unmittelbar anstehenden U-Boot-Krieg gegen britische Schiffe stellte es einen großen und direkt wirksamen Vorteil dar, daß die Deutschen Stützpunkte an der französischen Atlantikküste nutzen konnten, so vor allem Lorient. Das Angebot der Italiener, die deutschen Anstrengungen durch die Stationierung einer beträchtlichen U-Boot-Flotte in Bordeaux zu ergänzen, wurde dankbar angenommen.[234] Aber für die Flottenstützpunkte, die für künftige transatlantische Operationen benötigt wurden, hatte Deutschland noch viel größere Pläne. Ein riesiger Stützpunkt sollte in Drontheim im besetzten Norwegen gebaut werden. Dort waren nicht nur die Reparatur und der Neubau von Schiffen vorgesehen, sondern man plante eine ganze deutsche Stadt mit mindestens einer Viertelmillion Einwohnern. Mit Deutschland sollte diese Stadt durch eine vierspurige Autobahn und riesige Brücken verbunden werden. Dieses enorme Projekt, an dem deutsche Arbeiter bis März 1943 intensiv arbeiteten, war jedoch nur einer – wenn auch der größte – der geplanten Stützpunkte für die Weltklasse-Flotte der Deutschen.[235]

Die Deutschen wollten nicht nur die Stützpunkte an der französischen Küste bei St.-Nazaire und Lorient ausbauen, sondern auch die Lage der britischen Kanalinseln nutzen, die im Sommer 1940 besetzt wurden.[236] Dieser Teil des Vereinigten Königreichs konnte innenpolitisch als Modell dafür dienen, wie die NS-Führung die Rolle Großbritanniens in der Welt sah: die Juden deportiert und ermordet, die Inseln selbst erhielten die Errungenschaft des nationalsozialistischen Staates, ein großes Konzentrationslager, voll ausgestattet mit wiederverwendbaren Särgen und allem anderen. Auch dort sollte ein größerer Flottenstützpunkt errichtet werden. Weiterhin sollte außerhalb Europas eine Reihe von Stützpunkten geschaffen werden. Sie sollten es der deutschen Flotte ermöglichen, die Schiffahrtsstraßen zum wiedergegründeten und vergrößerten deutschen Kolonialreich zu sichern, und sie auch unterstützen, wenn sie mit allen verfügbaren Kräften über den Atlantik setzte.

Die Kriegsmarine schlug die Errichtung einer Reihe von Stützpunkten an und vor der Küste Nordwest-Afrikas vor; auch Hitler selbst hatte solche Pläne.[237] Dazu gehörten Stützpunkte, die Deutschland in den früheren französischen Kolonialbesitzungen bauen wollte, vor allem im französischen Protektorat Marokko, aber auch Projekte in portugiesischen und spanischen Territorien, vor allem auf den spanischen Kanarischen Inseln.[238] Mit diesem Projekt befaßte sich die deutsche Regierung im Sommer und Herbst 1940 recht hartnäckig. Es zeigt uns besonders deutlich, welche Prioritäten Berlin setzte, denn die Deutschen opferten diesem Plan die Option einer spanischen Kriegsteilnahme.*

Mussolini hatte sich – wie er glaubte – in letzter Minute in den Krieg gestürzt, ohne von Berlin Zusicherungen erhalten zu haben, daß die italienischen Ansprüche in künftigen Friedensverhandlungen berücksichtigt würden. Der spanische Führer Francisco Franco hingegen verhandelte genau umgekehrt: Er war bereit, sich an der Seite Deutschlands am Krieg zu beteiligen, bestand aber auf vorherigen Zusicherungen hinsichtlich der Kriegführung und der Befriedigung spanischer Kriegsziele. Franco hatte die Deutschen über seinen Wunsch unterrichtet, in den Krieg einzutreten, hatte aber auch klargestellt, welche Lieferungen er benötigte und welche koloniale Expansion er sich wünschte.[239]

Die Reaktion der Deutschen auf Francos Angebot zur Beteiligung am Krieg war viel zurückhaltender, als angesichts der späteren Versuche Berlins, Spanien in den Krieg zu locken, vermutet werden könnte. Die ursprüngliche Liste der spanischen Forderungen wurde Berlin am 19. Juni übermittelt; die Antwort, die eine Woche später erfolgte, war eindeutig ausweichend.[240] Wie von manchen Historikern richtig erkannt wurde, ging die Zurückhaltung von den Deutschen und nicht von den Spaniern aus.[241] In Berlin mag hierzu die damalige Überzeugung beigetragen haben, daß der Krieg mit England so gut wie beendet war und daß man die Hilfe Spaniens nicht mehr benötigte. Außerdem mochten die Deutschen auch über die extravaganten expansionistischen

---

* Festzuhalten ist, daß die britische Regierung Pläne für die eventuelle Besetzung der Kapverdischen Inseln und der Azoren für den Fall ausarbeitete, daß die Deutschen in Spanien und Portugal einmarschieren sollten. Siehe hierzu Smyth, British Policy and Franco's Spain, S. 139–154; C 8361/75/41, PRO, FO 371/24511; C 7429/13/41, FO 371/24515.

Ziele Francos erstaunt gewesen sein. Mit seiner Vorstellung, Spanisch-Guinea (heute Äquatorial-Guinea) auf Kosten der früheren deutschen Kolonie Kamerun (die man in Kürze zurückfordern würde) zu vergrößern, hatte er in Berlin sicherlich keine Freunde gewonnen. Wenn die Deutschen später Kolonialfragen als Köder vor dem spanischen Diktator baumeln ließen, vermieden sie es sorgfältig, auf diese Forderung Francos einzugehen.

Es gab jedoch noch einen dritten Faktor, der zur Zurückhaltung Deutschlands beigetragen haben mochte und der bei allen späteren Annäherungsversuchen an Franco eine entscheidende Rolle spielte. Ende August begannen auf Einladung der Deutschen formale Verhandlungen über den Kriegseintritt Spaniens. Die Deutschen sicherten zwar zu, daß Spanien Gibraltar erhalten würde und Spanisch-Sahara (Río de Oro) nach Süden ausweiten dürfe. Das französische Marokko sollte jedoch nur unter der Bedingung an Spanien fallen, daß dort deutsche Flottenstützpunkte errichtet werden könnten und daß die Deutschen zusätzlich einen Stützpunkt auf den Kanarischen Inseln erhalten würden. Franco lehnte diese Forderungen ebenso kategorisch ab wie sein Unterhändler Serrano Suñer bei dessen Besuch in Berlin im September. Franco mochte Hoffnungen und Wünsche äußern, sah sich jedoch in erster Linie als spanischer Nationalist. Territorien in Marokko würde er nicht akzeptieren, wenn sie deutscher Einmischung unterworfen waren, und unter gar keinen Umständen war er bereit, auf dem spanischen Territorium der Kanarischen Inseln einen Stützpunkt Deutschlands oder irgendeines anderen Landes zu dulden. Daß die Deutschen eher bereit waren, auf eine spanische Beteiligung am Krieg zu verzichten, als ihre Pläne für Marinestützpunkte an und vor der Küste Nordwestafrikas aufzugeben, zeigt, welche Bedeutung Hitler der Stützpunktfrage in seinen Planungen für den Seekrieg gegen die Vereinigten Staaten beimaß.[242]

Jahrelang hatte Hitler gefordert, ein Flugzeug solle gebaut werden, das in der Lage wäre, die Vereinigten Staaten zu bombardieren. Seit 1937 wurde an einem solchen Flugzeug gearbeitet.[243] Im Jahre 1940 war die Verwirklichung dieses Projekts noch immer nicht absehbar; die Deutschen konnten es nur in der Hoffnung vorantreiben, daß die dann einsatzbereiten Bomber auf den portugiesischen Azoren aufgetankt werden könnten und daß so auch die Bombenlast der Flugzeuge zu erhöhen wäre. Man arbeitete an den Vorbedingungen für den Krieg gegen die Vereinigten Staaten, aber es war offensichtlich, daß dafür noch eine relativ lange Zeitspanne benötigt werden würde.

Während die Vorbereitungen liefen, sollte die siegreiche Armee Deutschlands ein anderes Projekt verwirklichen, das man für viel einfacher hielt. Man hoffte, es längst abgeschlossen zu haben, bis die riesige Kriegsmarine und die Geschwader von viermotorigen Bombern zur Verfügung stünden. Dieses neue Projekt betraf die Invasion der Sowjetunion und ihre Niederwerfung. Große Teile des Landes sollten annektiert und mit Deutschen neu besiedelt werden. Die Metall- und Ölressourcen dieser Gebiete sollten dann für den Feldzug gegen die USA verwendet werden.

In Hitlers Augen war das ganze Projekt der Zerschlagung Frankreichs und Großbritanniens nur eine notwendige Bedingung für den Angriff im Osten, der es Deutschland ermöglichen würde, den *Lebensraum* zu erobern, den es seiner Auffassung nach
benötigte. Im Rückblick wird auch allzu oft übersehen, daß in seiner Sicht der Feldzug
im Westen der schwierigere gewesen war. Deutschland hatte im Ersten Weltkrieg im
Westen erfolglos agiert, war aber im Osten siegreich geblieben. Die glückliche Fügung,
daß jetzt die Sowjetunion gewillt war, Deutschland im Westen zu unterstützen, könnte
es aus Hitlers Sicht erleichtern, im Osten gegen die minderwertigen Slawen, die von
inkompetenten Juden regiert wurden, zu siegen.

Hitler drängte darauf, schon im Herbst 1939 mit der großen Offensive im Westen
zu beginnen, damit er sich so schnell wie möglich der Offensive im Osten zuwenden
konnte – ursprünglich sollte das im Frühjahr oder Sommer 1940 geschehen[244]. Der
Angriff im Westen mußte jedoch aufgrund der bereits erwähnten Umstände bis zum
Frühjahr 1940 verschoben werden. Diese Verschiebung dämpfte Hitlers Verlangen
nicht, sich so schnell wie möglich mit der nächsten Offensive zu befassen, sondern
verstärkte diesen Wunsch. Der Einmarsch der Roten Armee in Ostpolen im September
und Oktober 1939 sowie die anfänglichen Rückschläge, die die Sowjetunion im
Russisch-Finnischen Krieg hinnehmen mußte, bestärkten Hitlers Überzeugung, daß
die Sowjetunion gar nicht in der Lage war, sich zu verteidigen.[245]

Vor diesem Hintergrund dürfte es kaum überraschen, daß sich Hitlers Gedanken
schon Mitte und Ende Mai 1940 dem Angriff auf die Sowjetunion zuwandten. Denn
zu diesem Zeitpunkt wurde deutlich, daß die deutsche Westoffensive so schnell und
erfolgreich voranschritt, wie Hitler es sich nur wünschen konnte. Ende Mai begann
er, über die Ostoffensive mit seinen militärischen Beratern zu sprechen, und im Juni
ließ er mit den ersten Vorbereitungen für die Operationspläne beginnen.[246] Ursprünglich sollte die Offensive im Herbst 1940 beginnen und nur wenige Wochen dauern.
Wenn die mächtige französische Armee, die im letzten Krieg die Deutschen zum
Stillstand gebracht hatte, in sechs Wochen geschlagen und die Briten schmachvoll
vom Festland vertrieben werden konnten, dann würde auch der Sieg im Osten kaum
viel Zeit beanspruchen. Das Konzept des »Ein-Fronten-Kriegs« bedeutete für Hitler
stets eine *Landfront,* so daß für ihn die Frage, ob die Briten nach der französischen
Niederlage noch am Krieg beteiligt waren, für die ursprüngliche Zeitplanung des
Angriffs im Osten unerheblich war.[247]

Die Diskussion über die neue Offensive im Verlauf der zweiten Juli-Hälfte fiel mit
der Erkenntnis zusammen, daß sich die Briten nicht aus dem Krieg zurückziehen
würden. Dieser Umstand entmutigte Hitler keineswegs, sondern bestärkte ihn sogar
in seiner Entschlossenheit, die Sowjetunion anzugreifen. In seiner Sicht blieben die
Briten im Krieg, weil sie erwarteten, daß die Sowjetunion und die Vereinigten Staaten
an die Stelle Frankreichs als Verbündete treten würden – denn er vermutete, daß
England stets einen Verbündeten auf dem Festland benötigte. Die schnelle Zerschlagung der Sowjetunion würde nicht nur eine dieser beiden Hoffnungen zunichte ma-

chen, sondern indirekt auch die andere Hoffnung auslöschen. Durch den deutschen Angriff auf die Sowjetunion würde sich Japan sicherer fühlen, weil dann eine Bedrohung der japanischen Inseln von den pazifischen Territorien der Sowjetunion nicht mehr zu erwarten war. Japan könnte dann den Vorstoß nach Süden in Gebiete wagen, die es seit langem begehrte, und eine solche Operation müßte zwangsläufig die Aufmerksamkeit und die Ressourcen Amerikas in den Pazifik lenken. Die Zerschlagung der Sowjetunion würde also indirekt ein Mittel sein, die Briten zur Aufgabe zu zwingen; gleichzeitig würden dadurch deutsche Siedler Zugang zu landwirtschaftlichen Nutzflächen erhalten und die Deutschen die Rohstoffe der Sowjetunion ausbeuten können.[248]

Etwa zu der Zeit, als die Deutschen feststellen mußten, daß sie sich sowohl mit dem indirekten Kampf gegen England als auch mit dem ursprünglichen Ziel der Invasion Rußlands zu befassen hatten, kam Hitler zu dem Schluß, daß der Angriff im Osten besser im Frühsommer 1941 als im Herbst 1940 beginnen sollte. Anscheinend wurde Hitler dabei von den Argumenten der Militärberater in seiner nächsten Umgebung beeinflußt. Im Transfer der deutschen Streitkräfte von West nach Ost, in ihrer Neuausstattung für die bevorstehenden Operationen und in den erforderlichen logistischen Vorbereitungen in einem Gebiet mit unterentwickelten Transportmöglichkeiten lag nach ihrer Auffassung das Risiko, daß der kurze Feldzug vor dem Wintereinbruch nicht siegreich beendet werden könnte. Ende Juli hatte Hitler seine Entscheidung bereits getroffen, daß es sinnvoller war, bis zum nächsten Jahr zu warten, um dann die ganze Operation auf einen Schlag durchführen zu können.[249]

Drei Aspekte dieser Entscheidung verdienen zusätzliche Aufmerksamkeit. Erstens hätte Hitler natürlich den Entschluß zu einer Invasion der Sowjetunion, den er seinen wichtigsten Beratern am 31. Juli mitteilte, widerrufen können. Da einige Mitglieder der nationalsozialistischen Führung Zweifel an der Entscheidung für einen Angriff auf die Sowjetunion hegten, hätte ein Widerruf die Billigung mancher Militär- und Regierungskreise in Deutschland gefunden. Aber abgesehen von der Tatsache, daß es nicht die geringsten Hinweise gibt, daß Hitler in dieser Sache wankelmütig geworden wäre, muß festgestellt werden, daß die Entscheidung eine ganze Serie unmittelbarer Wirkungen auf die deutsche Politik hatte. In den folgenden Teilen dieses Kapitels wird deutlich, daß die militärische und diplomatische Politik von der Entscheidung zum Angriff auf Rußland unmittelbar und in mancherlei Hinsicht dramatisch betroffen wurde. Tatsächlich werden manche Veränderungen der deutschen Aktionen im Sommer und Herbst 1940 nur verständlich, wenn sie im Kontext dieses großen neuen Planes gesehen werden.

Zweitens wurden die Vorbereitungen für die Invasion Englands vorangetrieben. Hitler und seine Mitarbeiter[250] glaubten, wie gesagt, daß die Sowjetunion zu einer Selbstverteidigung nicht in der Lage sein würde. Bei der geplanten Operation im Osten würde die auf spektakuläre Weise erfolgreiche deutsche Armee, die gerade Frankreich überrannt hatte, eine Rote Armee mühelos zu Paaren treiben, der es

bereits schwergefallen war, Finnland zu besiegen. Vor diesem Hintergrund sah die
Ostoffensive viel *leichter* aus als die riskanten Angriffe über den Ärmelkanal. Denn
bei der Invasion Englands mußte mit der noch immer einsatzfähigen Royal Air
Force ebenso gerechnet werden wie mit einer britischen Kriegsmarine, die alles
daransetzen würde, ihre Heimatgewässer zu verteidigen. Außerdem würde die sich
langsam erholende britische Armee die Invasionstruppen in England erwarten.

Als Hitler im August 1944 gefragt wurde, warum er 1940 nicht in England
einmarschiert sei, erklärte er, daß er das gewollt, aber nicht die Mittel dafür gehabt
habe. Er wies dabei auf die Tatsache hin, daß die Briten und Amerikaner zwei Jahre
gebraucht hätten, um eine Invasion über den Ärmelkanal vorzubereiten. Er habe
jedoch nur über genügend Schiffe verfügt, um den ersten Schub an Truppen über
den Kanal zu transportieren; Nachschublieferungen wären jedoch wegen der britischen Marine nicht möglich gewesen. Außerdem habe ihm die Luftwaffe nichts
zusichern können.[251] Im Vergleich zu den Risiken einer Invasion über den Ärmelkanal erschien die Operation auf dem Land viel sicherer. Hitler wollte die Siegesserie
nicht gefährden, die sein Prestige so sehr erhöht und soviel Furcht vor Deutschland
ausgelöst hatte.

Hervorzuheben ist drittens die sich gegenseitig verstärkende Wirkung der beiden
oben genannten Aspekte. Die diplomatischen Schritte, die Deutschland zur Vorbereitung des Krieges gegen die Sowjetunion unternahm, würde Moskau früher oder
später alarmieren und verärgern. Infolgedessen würde es schwieriger werden, gute
Beziehungen zur Sowjetunion aufrechtzuerhalten. Je mehr Zeit verstrich, desto ris-
kanter würde auch eine Invasion Englands: Einige Schiffe, die bei der Operation
gegen Norwegen beschädigt worden waren, würden bis Ende 1940 repariert sein,
aber dann würde eine Kanalüberquerung noch im Jahre 1940 aufgrund der Wetterbedingungen nicht mehr möglich sein. Warteten die Deutschen bis 1941, würden die
Briten noch mehr Zeit gewinnen, ihre Verteidigungslinien aufzubauen. Zu diesem
Zeitpunkt war die Fixierung auf Beute und Blut im Osten so stark, daß eine Umorientierung praktisch nicht mehr denkbar war.[252]

Die Folgerungen, die aus der neuen Orientierung der deutschen Politik im militärischen Bereich gezogen wurden, waren auf eigenartige Weise ambivalent. Zum einen
begann die Verlagerung einer großen Zahl von Einheiten vom Westen in den Osten
Ende Juli mit dem Transfer der 18. Armee.[253] Im Juli und September wurden weitere
Truppenverlegungen in großem Ausmaß befohlen. Am 9. August erfolgte die Weisung
für ein neues Programm, das den Decknamen »Aufbau Ost« trug.[254] Dadurch sollten
die Kommunikations- und Nachschubprobleme gelöst werden, die bei der Verschiebung des Angriffs vom Herbst 1940 auf das Frühjahr 1941 eine Schlüsselrolle gespielt
hatten. Es wurde viel über Alternativpläne für den beabsichtigten Angriff auf die
Sowjetunion diskutiert; in der Tat wurden Sicherheitserwägungen geradezu keck mißachtet, da zahlreiche Offiziere gleichzeitig mit der Ausarbeitung von alternativen
Operationsplänen befaßt waren. Auch die allgemeine Mobilmachung und die Aus-

rüstungspläne für das neue Stadium dieses Krieges waren von einer gewissen Lustlosigkeit gekennzeichnet.

Schon am 9. Februar hatte Göring die Entwicklung neuer Waffen gestoppt, die nicht bis Ende 1940 fertiggestellt oder 1941 zu erfolgversprechenden Ergebnissen führen würden.[255] Am 1. Juni 1940 wurde eine massive Produktionssteigerung von Giftgas befohlen.[256] Für die Soldaten der Divisionen, die im Sommer 1940 demobilisiert werden sollten, wurde eine Urlaubsregelung eingeführt, die es erlaubte, diese Einheiten in kurzer Zeit wieder zu reaktivieren. Mit der damals befohlenen Vergrößerung der deutschen Armee ging jedoch keine massive Steigerung der Waffenproduktion einher.[257] Die Zahl der gepanzerten Einheiten sollte vergrößert werden; es wurde trotzdem keine substantielle Beschleunigung der Panzerproduktion eingeleitet. Auch gab es kein großes Aufbauprogramm für die Luftwaffe, die ohnehin voll mit dem Krieg gegen England beschäftigt war. Und bei diesem Kampf mußte auch der Kriegsmarine und der Luftwaffe eine gewisse Priorität eingeräumt werden.[258] Als der Kampf im Osten näherrückte, kam es zu hektischen Aufbaumaßnahmen in letzter Minute; die grundlegende Überzeugung war jedoch, daß die Sowjetunion schwach sei und durch ein paar gut gezielte Schläge der Deutschen niedergeworfen werden könne. Diese Auffassung beherrschte die Vorbereitungen, wie sie auch schon die Entscheidung für den Angriff auf Polen beeinflußt hatte.[259]

Deutschland war aufgrund seiner beschränkten Produktionsressourcen und deren relativ niedrigem Mobilisierungsgrad jedoch nicht in der Lage, gleichzeitig die Vorbereitungen für einen neuen Landfeldzug im Osten und den Bau der großen Flotte von Kriegsschiffen zu bewältigen. Wie schon im September 1939 mußte dieses Projekt auch jetzt wieder aufgeschoben werden. Der Sieg über die Sowjetunion sollte die Ressourcen freisetzen, die die Deutschen benötigten, um die Produktion der großen Schiffe wiederaufzunehmen. Inzwischen wollte sich Deutschland zur See auf die Blockade Großbritanniens durch U-Boote und Flugzeuge konzentrieren.

Der Aufschub des Flottenbauprogramms hatte seinerseits unmittelbare Auswirkungen auf die direkten und indirekten Beziehungen Deutschlands zu den Vereinigten Staaten. Im direkten Sinne bedeutete dies, daß die deutschen U-Boote angewiesen wurden, Schiffe der Vereinigten Staaten unbehelligt zu lassen. Die Marine wollte sich keine Gelegenheit entgehen lassen, amerikanische Schiffe anzugreifen. Hitler befahl ihr nun, sich zurückzuhalten. Auf indirekte Weise wuchs in deutschen Augen die Bedeutung und Rolle Japans mit seiner großen Kriegsmarine. Hitler hoffte, daß ein Angriff auf die Sowjetunion dazu beitragen würde, Japan in Asien zu einer schärferen Gangart zu bewegen. Auf diese Weise könnten die Vereinigten Staaten im Pazifik während der Jahre gebunden werden, die Deutschland für den Aufbau seiner Marine benötigte. Von dem Entschluß, die Sowjetunion anzugreifen, bis zur Verwirklichung dieser Entscheidung würden noch mehrere Monate vergehen, die ebenfalls in den Planungen berücksichtigt werden mußten.

In diesem Kontext wurde der Einbeziehung Japans in den Bund der Achsenmächte zunehmende Bedeutung verliehen. Diese Entwicklung entsprach auch den Interessen der neuen japanischen Führung, die in Tokio zur selben Zeit an die Macht gekommen war, in der in Berlin diese Entscheidungen getroffen wurden. Der Dreimächtepakt zwischen Deutschland, Italien und Japan wurde erst am 27. September 1940 unterzeichnet; der neue Anstoß, der trotz der früheren deutschen Verstimmungen über Japan von Berlin ausging, muß im Zusammenhang mit den im Juli getroffenen Entscheidungen gesehen werden. Außerdem dämmerte auch der deutschen Führung allmählich, daß England nicht aufgeben würde. Diese Erkenntnis bestätigte nach ihrer Auffassung die bereits getroffenen politischen Entscheidungen. Ein japanischer Angriff auf die britischen Besitzungen in Südostasien, vor allem auf Singapur, würde sich zweifellos als hilfreich für den Kampf Deutschlands gegen das Vereinigte Königreich erweisen.

Die Entscheidung, die Sowjetunion anzugreifen, hatte auch Wirkungen auf die deutsche Politik in Gebieten, die viel näher lagen als Südostasien. Über beide Aspekte wurde bei einer Konferenz am 31. Juli 1940 gesprochen, bei der Hitler seinen Beschluß erläuterte, 1941 mit der Invasion Rußlands zu beginnen. Hitler war der Meinung, daß Finnland einen nützlichen Bündnispartner am nördlichen Ende der voraussichtlichen Ostfront darstellen würde und daß Rumänien als südlicher Anker dienen könnte. Unmittelbar nach der Entscheidung für einen Krieg im Osten änderte sich die deutsche Politik gegenüber diesen beiden Ländern. Aufgrund der sehr unterschiedlichen Bedingungen, die in den beiden Ländern herrschten, waren auch die politischen Ansätze der Deutschen im Detail und in ihren Auswirkungen unterschiedlich. Obwohl die Änderung der Politik und ihre Wirkungen in den beiden Ländern gleichzeitig sichtbar wurden, sollen sie hier der Einfachheit halber getrennt dargestellt werden. Wir wenden uns zunächst Finnland zu und befassen uns anschließend mit Rumänien.

Finnland war im deutsch-sowjetischen Abkommen vom August 1939 der Moskauer Interessensphäre zugesprochen worden, und die deutsche Regierung hatte während des sowjetisch-finnischen Krieges dieses Abkommen respektiert. Deutschland hätte es wahrscheinlich auch hingenommen, wenn die Sowjetunion in diesem Krieg oder bei der Annexion der baltischen Staaten im Juni 1940 ganz Finnland besetzt hätte. Jedenfalls verfolgte die deutsche Regierung noch am 20. Mai 1940 die bisherige Politik; Hitler verweigerte Waffenlieferungen an Finnland, obwohl diese eine wichtige Möglichkeit geboten hätten, die Finnen für die Kupfer- und Nickellieferungen zu entschädigen, die Deutschland von ihnen beziehen wollte.[260] In den folgenden Wochen jedoch veränderte sich die deutsche Politik, und bei der Konferenz am 31. Juli ging Hitler davon aus, daß Finnland an der Seite Deutschlands gegen die Sowjetunion kämpfen würde.[261] Deutschland begann, Waffen an Finnland zu liefern. Diese Lieferungen erfolgten zunächst geheim über einen halboffiziellen Waffenhändler, der eine ähnliche Rolle auch schon bei den Lieferungen an Franco während des Spanischen Bürgerkriegs gespielt hatte. Später jedoch wurden die Transaktionen zunehmend offener durchgeführt. Außerdem bekundeten die Deutschen immer freimütiger ihr Interesse an den Nickelbergwerken in der Nähe Petsamos in Nordfinnland, an denen Engländer die Majorität der Aktien besaßen. Im September wurde ein deutsch-finnisches Abkommen über den Transit von deutschem Luftwaffenpersonal und von Truppen durch Finnland nach Nordnorwegen unterzeichnet.[262]

Anfang Juli erfuhren die Finnen über ihre Kontakte in Deutschland von der Diskussion über einen Krieg gegen die Sowjetunion. Sie waren sehr stark an deutscher Unterstützung interessiert, da sie von Moskau wegen weiterer Zugeständnisse unter Druck gesetzt wurden. Sie betraten damit einen schlüpfrigen Abhang, auf dem sie schließlich wieder in einen Krieg rutschten. Moskau reagierte natürlich auf diesen massiven Eingriff Deutschlands in eine Interessensphäre, die den Sowjets zugestanden worden war, mit einer Mischung aus Verärgerung und Mißtrauen. Mit sowjetischer Unterstützung hatten die Deutschen Polen, Norwegen, Dänemark, Frankreich, Belgien und die Niederlande erobert; was wollten sie denn noch? Und wozu brauchten sie finnisches Nickel, nachdem sie doch gerade ohne dieses Metall einen großen Sieg über ihre Feinde im Westen errungen hatten? Die finnische Frage diente den Sowjets bei den nächsten größeren deutsch-sowjetischen Verhandlungen als Prüfstein der deutschen Absichten.

Rumänien, das Land am anderen Ende einer künftigen Angriffsfront gegen die Sowjetunion, konnte nach deutscher Auffassung den Krieg ebenfalls als positive Entwicklung einschätzen, und zwar aus ähnlichen Gründen wie Finnland. Beide Länder hatten vor kurzem Teile ihrer Territorien an die Sowjetunion abtreten müssen, und beide konnten nur hoffen, diese Territorien zurückzubekommen, wenn sie sich mit dem Dritten Reich verbündeten. Zwar hatte Deutschland der Sowjetunion überhaupt erst ermöglicht, den beiden Ländern jene Territorien wegzunehmen, aber das war jetzt irrelevant – wenngleich es eine Ironie der Geschichte sein mochte. In drei wichtigen Aspekten unterschied sich jedoch die Situation Rumäniens von der Finnlands. Erstens verfügte Rumänien über wichtige Ölvorkommen, die für Deutschland sehr viel wichtiger waren als die finnischen Nickelvorkommen. 1940 behauptete Hitler zwar einmal, daß Deutschland auch ohne dieses Öl auskommen könne[263], in Wirklichkeit jedoch wurde es benötigt, und Hitler berücksichtigte diese Tatsache auch in seiner Militärpolitik.

Zweitens: Im Gegensatz zu der stabilen demokratischen Ordnung in Finnland wurde Rumänien von periodisch auftretenden inneren Rivalitäten zerrissen; wiederholt drohte der Staat unter den gewaltsamen Auseinandersetzungen zu zerbrechen. Aus deutscher Sicht war Stabilität die Schlüsselbedingung für Effektivität im Krieg. Berlin duldete deshalb, daß die Finnen einstweilen an ihrer Demokratie festhielten. In Rumänien unterstützten die Deutschen das Regime gegen die internen Dissidenten, selbst wenn sich dies gegen die Eiserne Garde richtete, die dem Nationalsozialismus viel näher stand als die Regierung. Die Eiserne Garde unterhielt Untergrund-Verbindungen zu verschiedenen deutschen Gruppierungen, vor allem in Himmlers SS-Reich.

Der dritte Aspekt war möglicherweise der wichtigste: Rumänien wurde von seinen Nachbarn Ungarn und Bulgarien stark unter Druck gesetzt, Territorien zurückzugeben, die es am Ende des Ersten Weltkriegs erhalten hatte. Die Ungarn wurden darin von Moskau unterstützt[264]; sie waren besonders erpicht darauf, soviel wie möglich zu erhalten, und waren auch zu einem Krieg bereit, wenn Rumänien keiner friedlichen Regelung zustimmte. Hitler hatte nicht nur die Sowjetunion ermutigt, Territorialforderungen gegen Rumänien geltend zu machen, sondern hatte auch Rumänien gedrängt, diesen Ansprüchen nachzugeben. In seinen Augen waren die Gebietszugeständnisse eine gerechte Strafe für Rumänien, das sich selbst kompromittiert hatte.[265] Hitler war der Auffassung, die auf den Bosporus zielenden sowjetischen Aktionen stellten vor allem für Italien ein Problem dar.[266] Rumänien müsse deshalb Territorien nicht nur an die Sowjetunion, sondern auch an Ungarn und Bulgarien abtreten.

Als die Verhandlungen zwischen Rumänien und Ungarn immer deutlicher auf einen Krieg zuliefen, war Hitler stark beunruhigt. Auf Ungarn wurde sehr großer Druck ausgeübt; es sollte von einem Krieg absehen.[267] Wenn die Feindseligkeiten erst einmal begonnen hatten, ließ sich das Ergebnis nicht mehr abschätzen. Bei einer solchen Entwicklung konnten die rumänischen Ölfelder zerstört werden oder der Sowjetunion in die Hände fallen. Keine dieser beiden Vorstellungen paßte in Hitlers Pläne. Bei der Konferenz vom 31. Juli, bei der Hitler seine Militärberater über seine Absicht informierte, mit Rumänien und Finnland als Verbündeten die Sowjetunion anzugreifen, erklärte er auch, daß er selbst den Disput zwischen Ungarn und Rumänien beilegen und danach Rumänien Garantien geben wolle.

Nach dieser Entscheidung sollte sich dann ein zwar verkleinertes, aber mit deutschen Garantien ausgestattetes Rumänien an der geplanten Operation gegen die Sowjetunion beteiligen. Die Umsetzung des Beschlusses zog mehrere wichtige Wirkungen nach sich. Die Rumänen und Bulgaren einigten sich in direkten Verhandlungen in Krajowa; diese Übereinkunft wurde nach dem Zweiten Weltkrieg bestätigt und bestimmt auch den heutigen Grenzverlauf zwischen den beiden Ländern. Die Verhandlungen zwischen Ungarn und Rumänien jedoch blieben ohne Ergebnis. Die Regierungen Deutschlands und Italiens legten den neuen Grenzverlauf bei den Schlichtungsverhandlungen in Wien am 30. August 1940 fest. Ungarn erhielt dabei einen beträchtlichen Teil Siebenbürgens – nicht genug, um Ungarn zufriedenzustellen, aber mehr, als die Rumänen hinnehmen wollten.* Die Achsenmächte statteten Rumänien mit einer Garantie für die neuen Grenzen aus, ein Schritt, der die Sowjetunion irritieren mußte, da sie diese Garantie als gegen die sowjetischen Interessen gerichtet bewerten mußte.[268]

Die deutsche Zusicherung zur Verteidigung Rumäniens war nicht als besonderer

---

* Nach dem Zweiten Weltkrieg erhielt Rumänien das abgetretene Territorium zurück, aber die Nationalitätskonflikte in dem Gebiet beeinträchtigen auch heute noch die Beziehungen zwischen beiden Staaten.

Schutz Rumäniens gedacht, sondern in der Tat gegen die Sowjetunion gerichtet und muß als Bestandteil der geplanten Invasion Rußlands angesehen werden. Die Deutschen hatten die Absicht, Rumänien zu besetzen; im August trafen sie Vorkehrungen, um erste Truppeneinheiten dorthin zu entsenden, was dann im September 1940 auch geschah. Die Einheiten sollten sich auf den Angriff gegen die Sowjetunion vorbereiten, der im folgenden Jahr stattfinden sollte.[269] Als die Sowjets jedoch im Oktober einige rumänische Inseln in der Kilia, einem Hauptmündungsarm der Donau, besetzten, zeigte sich Berlin an diesem Vorgang nicht interessiert.[270] Diese Teile des mit Sicherheitsgarantien versehenen Rumänien wurden offenbar für die zukünftigen Operationen der Deutschen nicht benötigt.

Die Sowjets hatten den deutschen Anspruch auf Vorherrschaft im Balkanraum mürrisch zur Kenntnis genommen; die Reaktion Italiens jedoch fiel heftiger aus. Im Sommer 1940 hatte Mussolini gehofft, die Invasionen in Jugoslawien und Griechenland schnell durchziehen zu können. Als die Italiener jedoch Anfang August die Deutschen über ihre Pläne informierten, legten diese unverzüglich ein striktes Veto ein. Die Deutschen hatten gerade beschlossen, den ungarisch-rumänischen Disput zu schlichten. Der Balkan sollte ruhiggestellt werden, damit er als Ausgangspunkt für den Angriff auf die Sowjetunion dienen konnte. Auf keinen Fall durften jetzt die Italiener in diesem Teil Europas Unruhe stiften.[271] Die deutsche Aufforderung an Rom, Zurückhaltung zu üben, war jedoch nicht aufrichtig. Statt Mussolini ins Vertrauen zu ziehen – was wahrscheinlich aus Furcht vor sofortigem Geheimnisverrat unterblieb –, betonten sie nur immer wieder, wie wichtig es sei, daß der Balkan ruhig blieb. Als die Italiener ein paar Wochen später aus den Zeitungen erfuhren, daß deutsche Einheiten nach Rumänien entsandt worden waren, reagierten sie sehr verärgert. Mussolini und Ciano mußten annehmen, Deutschland habe Italien nur deshalb zurückgehalten, damit es selbst, ohne auf die Interessen Italiens in Südosteuropa zu achten, vorrücken konnte. Sie beschlossen deshalb, die Deutschen erst nachträglich zu informieren, wenn Italien dort aktiv würde. Das italienische Abenteuer in Griechenland muß in diesem Kontext als ein weiteres Ergebnis der deutschen Entscheidung gesehen werden, sich nach Osten zu orientieren.

Die Entscheidung, die Sowjetunion im Frühjahr 1941 anzugreifen, bedeutete ferner, daß ein paar Monate verfügbar waren, in denen Deutschland neue Konstellationen in Westeuropa ausarbeiten mußte, falls sich Großbritannien nicht aus dem Krieg zurückzog. Die deutsche Regierung unternahm im Herbst 1940 einige Anstrengungen, die wir im nächsten Kapitel darstellen werden. Man sollte sich jedoch stets daran erinnern, daß sich all diese Projekte im Westen an einem von der deutschen Führung selbst festgelegten Termin orientieren mußten. Dies galt auch für die Projekte im Mittelmeerraum, die sich aus den durch die Italiener verursachten Katastrophen in Griechenland und Nordafrika ergaben. Der Countdown für den nächsten größeren Landkrieg hatte begonnen – im Osten.[272]

Die spektakulären Ereignisse im Zeitraum vom April bis September 1940 verschafften Deutschland nicht nur eine zeitweilige Kontrolle über Mittel-, Nord- und Westeuropa, sondern bildeten auch den Rahmen für die Gewichtsverteilungen in den folgenden Jahren in diesem Krieg. Die Briten beschlossen weiterzukämpfen und sahen in Bombardierungen ihren Hauptbeitrag zur Niederwerfung Deutschlands. Die Vereinigten Staaten begannen, sich mit der vor ihnen liegenden Gefahr auseinanderzusetzen. Sie bauten die Armee- und Seestreitmächte auf, die sie in einer Welt benötigten, die viel gefährlicher war, als sich ihre Bewohner jemals hatten vorstellen können, und möglicherweise unter einem Präsidenten, dem dafür zum erstenmal in der amerikanischen Geschichte eine dritte Amtsperiode zugestanden werden würde. Die Japaner hielten ihre Zeit für gekommen, Südostasien zu erobern. Sie wollten sich eher in einen Krieg mit den Vereinigten Staaten einlassen, als dieses Projekt aufzugeben. Die Sowjets hofften auf einen Frieden, während sie gleichzeitig die Ernte einbrachten, die auf der Grundlage der Übereinkunft mit Berlin noch immer zu holen war. Die deutsche Regierung erwartete, in fernerer Zeit als die größte Seemacht der Welt eine wichtige Rolle zu spielen. Für die unmittelbare Zukunft jedoch beschloß sie, zunächst ihr Ziel einer großen Landnahme auf Kosten der Sowjetunion zu verwirklichen. Während der folgenden fünf Jahre des Weltkriegs wurden jene Entscheidungen umgesetzt, die in den letzten Monaten des ersten Kriegsjahres getroffen worden waren.

4

Der Konflikt weitet sich aus

1940–1941

Die Monate, die unmittelbar auf die großen Entscheidungen vom Sommer 1940 folgten, scheinen von einer Serie unzusammenhängender Ereignisse beherrscht gewesen zu sein – auf der einen Seite der Welt entwickelte Hitler eine Reisediplomatie, die ihn bis an die spanische Grenze führte; auf der anderen Seite der Welt entstand ein Konflikt zwischen Thailand und Französisch-Indochina. Dazwischen lagen die Konflikte auf dem Balkan und im Nahen Osten, besorgte diplomatische Aktivitäten der Sowjetunion, neue Initiativen der Vereinigten Staaten und Kämpfe auf und unter den Meeren. Die Zeit vom Sommer 1940 bis zum Sommer 1941 in Europa und vom Sommer 1940 bis Ende 1941 im Pazifik läßt sich am besten begreifen, wenn in diesen Zeitabschnitten die ersten Wirkungen der Entscheidungen vom Juli und August 1940 gesehen werden, da deren Umsetzungen Bezüge zueinander aufweisen und von den unabhängigen Initiativen Dritter, vor allem Italiens, beeinflußt wurden.

DEUTSCHLAND STREBT NACH OSTEN

Die Entscheidung zum Angriff auf die Sowjetunion war eine der schicksalsträchtigsten des Sommers 1940 und zog weitere Entscheidungen nach sich. Dieses Projekt erforderte nicht nur eine Reihe von vorbereitenden Maßnahmen Deutschlands, sondern setzte auch anderen deutschen Initiativen zeitliche Grenzen. Wie wir noch sehen werden, wurden die deutschen Aktivitäten mit Blick auf Spanien, Südosteuropa und das Mittelmeer sehr stark von der Erkenntnis Berlins beeinflußt, daß im Frühjahr 1941 Truppen für den Angriff auf die Sowjetunion benötigt würden. Die Bindung größerer Einheiten an anderen Schauplätzen mußte bis zu diesem Zeitpunkt zum Abschluß gebracht werden.[1] Immer wieder betonte Hitler, daß es notwendig sei, die Streitmächte des Landes für einen Schlag von entscheidender Bedeutung zu konzentrieren. Die Zersplitterung der deutschen Militärmacht über mehrere Kriegsschauplätze im späteren Abschnitt des Krieges zeigt, daß die Deutschen die Initiative verloren hatten.

Die eigentlichen Operationsplanungen liefen im Sommer 1940 an. Ende Juli fiel, wie erwähnt, die Entscheidung, mit dem Angriff erst im Frühjahr 1941 und nicht schon im Herbst 1940 zu beginnen. Dieser neue Zeitplan ermöglichte es den Deutschen, die konkreten logistischen Maßnahmen für Landoperationen in den abgelegensten östlichen Bereichen des besetzten Europa vorzubereiten. Gleichzeitig erfolgte die mehrere Monate dauernde theoretische Vorbereitung der Führungsstäbe des Heeres, der Luftwaffe und des Oberkommandos der Wehrmacht, schließlich auch der Kriegsmarine. Im August wurde befohlen, die Eisenbahnlinien und das Kommunikationssystem in einem Gebiet, das nur über ein dünnes Bahn- und Straßennetz verfügte, zu verbessern und Nachschublager für die bevorstehende Operation zu bauen.* Da man annahm, daß der gesamte Feldzug im Sommer oder Frühherbst 1941 beendet sein würde, wurden keine Vorbereitungen für einen Winterkrieg getroffen – ein Versäumnis, das die Deutschen teuer zu stehen kommen sollte, da der Krieg anders verlief, als sie erwartet hatten.

Die Stabsplanungen bestanden aus einer Anzahl alternativer Vorschläge, die im Sommer und Herbst 1940 bis zu einem gewissen Grad unabhängig voneinander in verschiedenen Hauptquartieren entwickelt würden. Unter beträchtlicher Einflußnahme durch Hitler persönlich wurden die Vorschläge vor allem im Generalstab des Heeres in die endgültige Form gebracht und von Hitler mit der Weisung vom 18. Dezember 1940 erlassen. Detailliertere militärische Ausführungsbefehle folgten im Januar 1941.[2] In diesen Plänen wurde die Frage nach den Hauptrichtungen der Offensiven zwischen dem Eröffnungsangriff und den angenommenen Endstellungen nicht völlig geklärt; zwei Vorgehensweisen standen jedoch unstrittig fest. Erstens sollten gleich zu Beginn durch schwere Schläge große Teile der sowjetischen Streitmacht noch im grenznahen Gebiet abgeschnitten und vernichtet werden. Dadurch sollte verhindert werden, daß sich diese Truppen auf neue Linien zurückziehen und systematisch Raum gegen Zeit ausspielen konnten. Zweitens bestand Einigkeit über das Ziel der Operation, eine Linie ungefähr von Archangelsk am Weißen Meer im Norden bis nach Astrachan am Kaspischen Meer im Süden.

Die Deutschen nahmen an, ihre Erfahrung, Mobilität, Aggressivität und ihre hervorragenden Führungsstäbe und Waffen würden der Roten Armee und der sowjetischen Luftwaffe soweit überlegen sein, daß die Operation in zwei oder drei Monaten beendet werden könnte. Da Deutschland im Ersten Weltkrieg – trotz der Beanspruchung durch die Kämpfe im Westen – im Osten gesiegt hatte, hielt man jetzt einen schnellen und problemlosen Sieg über die angeblichen »Untermenschen« für selbstverständlich. Man ging davon aus, daß das sowjetische System unter den deutschen Hammerschlägen zusammenbrechen würde; die Deutschen waren sich ihres Sieges

---

* Aufgrund dieser massiven Vorbereitungsmaßnahmen waren die Deutschen im Frühjahr 1941 eifrig bemüht, Reisen sowjetischer Grenzinspektoren oder sonstiger Kommissionen im Gebiet westlich der sowjetischen Grenze zu verhindern.

bei diesem – im Vergleich zu dem früheren Feldzug im Westen – einfacheren Offensivplan so sicher, daß sich die Stäbe in den Wochen unmittelbar vor dem Angriff
bereits sehr aufmerksam mit den Operationen befaßten, die nach dem erfolgreichen
Abschluß des Angriffs durchzuführen sein würden.

Im Jahre 1940 hatten die Deutschen einen schnellen Sieg über Frankreich errungen.
Danach hatten sie Wochen gebraucht, um ihre Stäbe auf die Invasion Englands aus-
zurichten. Jetzt wollten sie nicht noch einmal in eine solche Lage geraten. Im Rückblick erschien es ihnen außerordentlich problematisch, daß sie auf diese Weise den
Schwung verloren hatten; sie waren deshalb entschlossen, auch die nachfolgenden
Operationen rechtzeitig vorzubereiten. Dem Beobachter der Nachkriegszeit mag diese
Besessenheit von Planungsschritten, die auf den schnellen Sieg über die Sowjetunion
zu folgen hatten, lächerlich erscheinen. Sie ist jedoch als eine der Lehren anzusehen,
die die Deutschen aus ihren Schwierigkeiten, nach dem Sieg über Frankreich weitere
Schritte einzuleiten, zogen.

Die Auffassung, daß die Sowjetunion schwach sei, konnte auch durch zutreffende
Informationen nicht widerlegt werden. Die Deutschen verfügten nur über sehr geringe
Kenntnisse und ließen sich auch durch Personen, deren Sicht auf die Sowjetunion
klarer war, nicht von ihrer Einschätzung der sowjetischen Stärke abbringen. Ein
Hauptgrund lag darin, daß die Vorurteile gegen slawische Völker durch die Sieges-
euphorie im Westen noch verstärkt wurden. Da Deutschland praktisch über keine
Agenten in der Sowjetunion verfügte – ausgenommen jene, die in Wirklichkeit für
die Sowjetunion arbeiteten und den Deutschen falsche Informationen zuspielten[3] –,
konnten sie nur durch zwei andere Methoden neues Wissen erwerben: durch die
Entzifferung von Funksignalen und durch Luftaufklärung.

Doch der Nachrichtendienst konnte die Codes der höheren sowjetischen Führungsebenen nicht entschlüsseln und ermöglichte deshalb zu keinem Zeitpunkt wichtige
Erkenntnisse, obwohl mit Blick auf taktische Details ein gewisser Nutzen entstand.
Dies änderte sich auch nicht nach 1941. Im Oktober 1940 leiteten die Deutschen
ein umfassendes Luftaufklärungsprogramm über der Sowjetunion ein, aber auch dieses war primär von taktischer Bedeutung.[4] Generell wurden also die Spekulationen
der Deutschen durch keinerlei gesichertes Wissen korrigiert, obwohl gleichzeitig
offenkundig wurde, daß die deutschen Spekulationen hinsichtlich des Zusammenbruchs der Briten unter den Bombenangriffen sich als falsch erwiesen. Die Deutschen
vergaßen rasch, daß die Rote Armee aus ihren frühen Niederlagen gegen die Finnen
schnell gelernt hatte.[5] Jetzt bauten sie darauf, daß die Russen aus den Niederlagen
nicht lernen wollten oder konnten, die ihnen die Deutschen zufügen würden.

Ein zweiter Bereich der Kriegsvorbereitung betraf die Wirtschaft. Die Invasion
hatte ja zum Ziel, riesige landwirtschaftliche Nutzflächen zu erobern, auf denen
deutsche Bauern angesiedelt werden sollten. Das erforderte letztlich die Vertreibung
der gegenwärtig in diesen Gebieten lebenden Bevölkerung. Doch bis zur Vertreibung
bot sich die Aussicht auf eine gewaltige Kriegsbeute und rücksichtslose Ausbeutung

der Arbeitskräfte in diesen Gebieten. Beim Reichsparteitag am 12. September 1936 hatte Hitler verkündet, die Erze des Urals, die Wälder Sibiriens und die Weizenfelder der Ukraine könnten allen Deutschen ein Leben im Überfluß sichern.[6] Jetzt bot sich die Gelegenheit, diese Träume in die Realität umzusetzen. Die Konfiszierung der Nahrungsmittel würde zwar in der restlichen Sowjetunion eine Hungersnot auslösen, aber der Hungertod von Millionen Russen wurde als wünschenswerter Nebeneffekt und nicht als Katastrophe angesehen.* Die Bergwerke am Don und im Donez-Kohlenbecken und die Wälder im nördlichen Rußland könnten als guter Ersatz für die Reichtümer des Urals und Sibiriens dienen, von denen Hitler damals gesprochen hatte.

Die umfassenden Vorbereitungen für organisierte Plünderungen und die Ausbeutung der zu besetzenden Gebiete kennzeichnen den besonderen Charakter des Ostfeldzugs. Es ist richtig, daß die Deutschen als Nebenprodukt ihrer Eroberungen Holland, Belgien und Frankreich ausraubten, die Volkswirtschaften dieser Länder für ihre eigene Kriegsproduktion einspannten und gleichzeitig enorme Summen als angebliche Besatzungskosten erpreßten. Im Vergleich zu den Größenordnungen dieser Beträge waren die Deutschland nach dem Ersten Weltkrieg auferlegten Reparationszahlungen nur Kleingeld. Wenn sich eine endgültige Aufrechnung je durchführen läßt, könnte sich zeigen, daß die deutsche Führung im Falle der Sowjetunion andere Absichten verfolgte. Der wirtschaftliche Nutzen, den die Deutschen aus den schnell überrannten und grundsätzlich wohlhabenden westlichen Ökonomien zogen, war in Wirklichkeit beträchtlich größer als der Nutzen, der sich aus den vom Krieg schwer beschädigten und teilweise weniger wohlhabenden besetzten Gebieten der UdSSR ergab, aber das war *nicht* so geplant. Die wirtschaftliche Ausbeutung des im Osten zu erobernden Territoriums stellte von Anfang an einen entscheidenden Faktor in der gesamten deutschen Einschätzung des Feldzugs gegen die UdSSR dar. Ihr galt ein wesentlicher Teil der Vorbereitungen, wobei die permanente Kontrolle des größten Teils des europäischen Rußland vorausgesetzt wurde. Die ökonomische Zielsetzung bietet einen wichtigen Schlüssel zum Verständnis der andersartigen Kriegführung, die die Deutschen von Anfang an im Osten anstrebten.

In gewisser Weise war der Angriff auf Polen eine Generalprobe für die Invasion der Sowjetunion gewesen. Vor dem Angriff auf Polen hatte Hitler seinen Militärführern ebenfalls klargemacht, daß es nicht das Ziel der deutschen Politik sei, die polnische Armee zu vernichten, sondern die Polen als Volk. Zu diesem Zeitpunkt gab es unter den Militärführern noch Widerstände gegen die Mitwirkung an einem Mas-

---

* Bezeichnenderweise ging Hitler auch davon aus, daß die Höhe der deutschen Verluste geringer sein würde als die Zahl der in der chemischen Industrie beschäftigten Arbeiter; daß die eine Gruppe lebendig, die andere dagegen tot oder verwundet war, machte für ihn offensichtlich keinen Unterschied (Weinberg, Germany and the Soviet Union, S. 165, Anm. 31). Bei dieser Haltung gegenüber den angeblich überlegenen Deutschen wird seine Ansicht über die sogenannten Untermenschen leichter verständlich.

senmord. Doch nach dem Polenfeldzug wandte sich die Aufmerksamkeit schnell der bevorstehenden großen Aufgabe im Westen zu. Jetzt hatte sich alles wieder verändert. Der Krieg im Westen war oder schien zumindest beendet, und fast jede Zurückhaltung wurde aufgegeben. Hitler erklärte den Militärführern in Einzelheiten, vor allem in einer Rede am 30. März 1941, daß sich die neue Kampagne von den früheren unterscheiden werde, daß ein Vernichtungsfeldzug bevorstehe und daß in Osteuropa eine umfassende demographische Revolution beginne. Seine Ansichten wurden mit Verständnis, Zustimmung und der Zusicherung von Unterstützung aufgenommen. Eine winzige Minderheit äußerte Bedenken, und ein Mann aus dieser Gruppe, Admiral Canaris, der Chef der Abwehr, hatte auch den Mut, seine Bedenken zu artikulieren. Die meisten anderen jedoch waren Mitläufer oder bewiesen ihre Unterstützung für diese Ziele, indem sie beträchtliche Energien für die Entwicklung sorgfältig ausgearbeiteter Pläne und zu deren Verwirklichung einsetzten.[7]

Die zahlreichen Memoiren von Militärs, die in der Nachkriegszeit in Deutschland erschienen, sowie die Meineide vor den Gerichten trugen dazu bei, daß diese traurige Wahrheit eine Zeitlang verborgen blieb. Neuere Veröffentlichungen, die auf Archivforschungen statt auf Geschichtsklitterungen der Nachkriegszeit beruhen, bieten eher ein wahrheitsgetreues Bild – es überrascht nicht, daß ihnen die verbale Feindschaft mancher Personen entgegenschlägt.[8] Heute steht zweifelsfrei fest, daß die Befehle und Verfahrensweisen, die vor der Invasion im Detail ausgearbeitet worden waren, in großem Umfang ausgeführt wurden. Diese Befehle sahen die Ermordung mehrerer Kategorien von Kriegsgefangenen vor, einschließlich jüdischer Soldaten und aller gefangenen politischen Kommissare. Dabei war vorausgesetzt worden, daß man die große Masse der russischen Gefangenen, mit denen die deutsche Wehrmacht rechnete, an Hunger und Krankheiten sterben lassen wollte. Wie diese furchtbaren Pläne realisiert wurden und welche Auswirkungen sie auf die Opfer und auf die Sowjetunion hatten, wird uns später noch beschäftigen; hier ist nur festzuhalten, daß diese Pläne Bestandteile der Invasionsplanung waren.[9]

Die Deutschen planten ferner, den Massenmord an den Insassen der psychiatrischen Kliniken und den Menschen in den Altersheimen (der zu diesem Zeitpunkt in Deutschland bereits intensiv betrieben wurde) auf die neubesetzten Gebiete auszudehnen. Hier zeigte sich ein »Nutzen«, der mit Hilfe der militärischen Eroberung verbreitet werden konnte. Anfang 1941 wurde Opposition gegen diese Untaten in deutschen Institutionen hör- und spürbar. Wer im Sommer 1941 aus einer aktiven Rolle in diesem grauenvollen Unternehmen ausschied, hatte gute Chancen, seine jetzt hochentwickelten Talente bald in Osteuropa einsetzen zu können.

Auch heute noch sind nicht alle Details restlos aufgeklärt – teilweise deshalb, weil vieles nicht schriftlich niedergelegt wurde. Außerdem waren am Ende des Krieges zahlreiche Beteiligte nicht mehr am Leben, und viele andere hielten es für angebracht, über ihr Verhalten Unwahrheiten zu verbreiten. Es ist jedoch als bewiesen anzusehen, daß die deutsche Regierung vor der Invasion der UdSSR neue Entscheidungen in

bezug auf die Behandlung der Juden traf und diese Beschlüsse als integralen Bestandteil ihrer Planungen ansah.[10]

Durch die vorhergegangenen Eroberungen großer Teile Polens und Westeuropas
hatte sich die Zahl der Juden, die unter deutscher Herrschaft lebten, außerordentlich
stark erhöht. In der Tat war ihre Zahl über zehnmal größer als die Zahl derer, die
es geschafft hatten, in der Vorkriegszeit aus Deutschland auszuwandern. Das Projekt,
ungefähr vier Millionen Juden aus den von den Deutschen beherrschten europäischen
Gebieten einem zweifelhaften Schicksal auf der Insel Madagaskar zuzuführen, war
durch den hartnäckigen Widerstand der Briten unmöglich gemacht geworden. Die
Emigration von Juden über das neutrale Spanien oder über die Sowjetunion glich
nur noch einem Rinnsal. Die Zahl der Juden unter deutscher Herrschaft würde noch
einmal beträchtlich ansteigen, sobald das deutsche Heer ostwärts durch die Gebiete
stürmte, die vor dem Krieg polnisch gewesen waren, durch die baltischen Staaten
und die westliche Sowjetunion – Gebiete mit sehr hohen jüdischen Bevölkerungsan-
teilen.

Dem Heer sollte es überlassen bleiben, bestimmte Kategorien der von den Deutschen erwarteten Kriegsgefangenen zu erschießen. Das Heer sollte auch rücksichtslos
gegen jeden realen oder vermeintlichen Widerstand seitens der Zivilbevölkerung einschreiten – wobei den deutschen Soldaten im voraus Straffreiheit für die Erschießung
von Zivilisten zugesichert wurde. Die Auslese der Kategorien friedlicher Zivilisten,
die getötet werden sollten, sollte besonderen Mordkommandos überlassen bleiben,
den sogenannten *Einsatzgruppen*. Diese Trupps waren im Zusammenhang mit der
Besetzung Österreichs, des Sudetenlands und der Tschechoslowakei aufgestellt worden und hatten bei der Invasion Polens umfassende Erfahrungen im Massenmord
erworben.[11] Neue und vergrößerte Einheiten dieser Art sollten die deutschen Armeen
bei der Invasion der Sowjetunion begleiten und dabei auf ihre Erfahrungen und auch
auf einzelne Mitglieder des SS-Apparats zurückgreifen können. Sie hatten den Auftrag, Juden, Kommunisten und andere Kategorien von Zivilisten zu töten, sobald
die Invasion angelaufen war. Dem regulären Heer sollten sie folgen, und das Heer
sollte sie unterstützen. Ferner konnten diese Gruppen auch die Kriegsgefangenen
erschießen, die zu den genannten Kategorien zählten, aber nicht unmittelbar nach
ihrer Gefangennahme ermordet worden waren.[12]

Bis heute ist nicht geklärt, ob Hitler im März 1941 bereits entschieden hatte, daß
dieser Prozeß nach dem Mord an den Juden in den neubesetzten Gebieten auf die
anderen Gebiete unter deutscher Kontrolle ausgeweitet werden sollte. Im März 1941
hatte er Himmler den Befehl gegeben, die Einsatzgruppen aufzubauen. Da Hitler den
Krieg zu gewinnen hoffte, bestand zu diesem Zeitpunkt keine dringende Notwendigkeit, über einen Zeitplan zu entscheiden. Der Sieg würde es ermöglichen, alle
Juden zu töten – zu einem Zeitpunkt, der den Deutschen paßte, und dieser Zeitpunkt
würde durch die Reaktionen innerhalb und außerhalb des Dritten Reichs auf die
ersten entsetzlichen Massaker beeinflußt werden. Zwei Aspekte von Bedeutung für

das Verständnis der folgenden Ereignisse stehen zweifelsfrei fest: Zum erstenmal in der Geschichte wurde die Entscheidung getroffen, mit geplanten und anschließend verwirklichten Maßnahmen Juden systematisch zu töten, statt sie zu vertreiben, zwangsweise zu bekehren oder willkürlich grausam zu behandeln. Und: Das Programm des Massenmords war von Anfang an ein Hauptbestandteil des ideologischen Krieges, der im Osten geplant war, und es gehörte zur demographischen Umwälzung, auf die dieser Krieg zielte.[13]

Bis zum Juni 1941 blieben die Pläne und Vorbereitungen für den Angriff auf die Sowjetunion, die wir bislang beschrieben haben, im wesentlichen auf einer theoretischen Ebene. Eine kleine, aber ständig wachsende Zahl von Menschen erfuhr davon und reagierte darauf. Einige reagierten ablehnend und warnten davor, einen neuen Krieg vom Zaun zu brechen und damit an einer weiteren Front kämpfen zu müssen, während der Kampf gegen England noch andauerte. Mitunter wurde sogar der gesamte Plan eines Krieges gegen die Sowjetunion in Frage gestellt. Die meisten engeren militärischen Berater Hitlers beruhigten sich wieder, als die Invasion vom Herbst 1940 auf das Frühjahr 1941 verschoben wurde. Großadmiral Raeder, der Oberkommandierende der Kriegsmarine, war überzeugt, daß der Krieg gegen Großbritannien Priorität haben sollte. Er argumentierte, aufgrund der Erfahrungen der Kriegsmarine mit der Sowjetunion wäre es für Deutschland besser, mit den Russen zusammenzuarbeiten.[14] Es gibt Hinweise darauf, daß Göring ebenfalls Zweifel zum Ausdruck brachte[15], und in einem detaillierten Brief sprach sich auch der Reichsfinanzminister, Lutz Graf Schwerin von Krosigk, gegen einen Krieg mit der Sowjetunion aus.[16] Mitarbeiter der deutschen Botschaft in Moskau reagierten entsetzt, als sie von dem Vorhaben erfuhren, und stellten ihre Einwände in einem Memorandum für den Generalstabschef des Heeres zusammen.[17] Bei einer Unterredung mit Hitler sprach sich auch der Botschafter selbst gegen den Angriff aus.[18] Der zweite Mann im Auswärtigen Amt, Ernst von Weizsäcker, legte seine Einwände schriftlich nieder[19], und anfänglich äußerte selbst Außenminister von Ribbentrop gewisse Zweifel.

Vermutlich machte keines dieser Argumente auf Hitler Eindruck, weil sie den entscheidenden Punkt des gesamten Projekts nicht berührten: Die Entscheidung war nicht einem möglicherweise behebbaren momentanen Umstand oder einem Gefühl der Bedrohung entsprungen, sondern auf ein bestimmtes Ziel gerichtet. Denn dies war ganz allgemein schon immer seine Absicht gewesen: Die Eroberung von Lebensraum im Osten war ein zentrales Projekt des gesamten Systems, ohne das das nationalsozialistische Experiment keinen Sinn hatte.

Andere reagierten auf die Mitteilung des beabsichtigten Angriffs eher erfreut als besorgt. Alfred Rosenberg war glücklich, als er von Hitler beauftragt wurde, die Besetzung zu planen. Er sollte die Führung der Besetzung übernehmen – wenigstens offiziell. Als der SS-Offizier Hans Prützmann erfuhr, daß er Polizeichef der Ukraine werden sollte, feierte er seine Ernennung vorzeitig bei einem Abschiedsessen im Kreis seiner Hamburger Kollegen.[20]

Die Verantwortlichen in der deutschen Heeresführung mußten ihre Planungen leicht korrigieren. Die erwartete Reduzierung der Mannstärke der Streitkräfte wurde widerrufen; statt einer Verringerung von ungefähr 140 auf 120 Divisionen sollte das Heer nun zuerst auf 180 und bis zum 21. August 1940 auf die wahrscheinlich erforderlichen 200 Divisionen vergrößert werden.[21] Viele der neuen Einheiten waren jedoch mit erbeuteten Waffen ausgerüstet. Obwohl gewisse Modernisierungsmaßnahmen durchgeführt wurden (vor allem der Austausch alter, kleiner Panzer gegen neuere Panzer von mittlerer Größe), war die Armee, die 1941 die Sowjetunion angreifen sollte, nicht wesentlich größer als die Armee, die 1940 im Westen angetreten war. Zwei Faktoren trugen zu dieser Situation bei. Erstens: Die Deutschen unterschätzten, wie gesagt, die sowjetische Verteidigungsmacht und zögerten zugleich, der deutschen Wirtschaft eine Totalmobilmachung zuzumuten. Dadurch blieben jedoch sowohl die Produktion als auch die Rekrutierung von neuen Truppen gering. Zweitens: Mindestens ein Viertel der deutschen Armee mußte im Westen, in Südosteuropa und am Mittelmeer stationiert bleiben. Deshalb würde jeder Zuwachs in dem Jahr zwischen den beiden Feldzügen anderswo gebunden bleiben. Zumindest in kleinem Umfang begann die Armee, statt eines Ein-Fronten-Krieges einen Viel-Fronten-Krieg zu führen.

Deutschland griff also die Sowjetunion mit einem Heer an, das ungefähr seiner Stärke beim Feldzug vom Mai 1940 entsprach. Die Luftwaffe, die bei der neuen Offensive zum Einsatz kommen sollte, war sogar noch kleiner geworden.[22] In der Schlacht um England und bei der Bombardierung Englands im Winter 1940/41 hatte die Luftwaffe schwere Verluste erlitten. Als Folge der Katastrophen des italienischen Militärs waren Luftwaffeneinheiten in den Mittelmeerraum verlegt worden. Außerdem war es notwendig, eine beträchtliche Anzahl von Kampfflugzeugen zur Verteidigung der von den Deutschen kontrollierten europäischen Gebiete gegen die britischen Luftangriffe einzusetzen. Aus all diesen Gründen konnte die Luftwaffe für den Angriff auf die Sowjetunion nur zwei Drittel ihrer Kampfstärke aufbieten – eine Kampfkraft, die im Vergleich zum Angriff auf den Westen ein Jahr zuvor ohnehin bereits reduziert war. Niemand konnte realistischerweise annehmen, daß die Luftstreitkräfte von Verbündeten wie Finnland, Rumänien oder Ungarn – von den 70 italienischen Flugzeugen ganz zu schweigen – eine wesentliche Verstärkung für die neue Offensive sein könnten. Dennoch ging das Oberkommando der deutschen Luftwaffe davon aus, daß der Ostfeldzug im Herbst 1941 beendet sein würde und daß danach der Hauptstoß der Luftoffensive wieder gegen England gerichtet werden könnte.[23]

Die Erwartung eines Angriffs auf die Sowjetunion hatte auch Auswirkungen auf die Binnenwirtschaft. Einerseits würde der Schwerpunkt der deutschen Rüstungsproduktion auf die Landstreitkräfte verlagert werden müssen; die Prioritäten, die der Marine und der Luftwaffe eingeräumt worden waren, mußten vorläufig aufgehoben werden. Die temporären Nachteile einer solchen Politik sollten jedoch nach Ansicht der deutschen Wirtschaftsführer durch die wirtschaftlichen Gewinne und Profite aufgewogen werden, die durch die schnelle Eroberung sowjetischer Industrien und Ressourcen erwartet wurden.[24] Andererseits war zu vermuten, daß durch die Invasion zumindest eine Zeitlang die ständigen Lieferungen kriegswichtiger Güter aus und durch die Sowjetunion unterbrochen würden. Es war natürlich klar, daß es keine freiwilligen Lieferungen aus der Sowjetunion mehr geben würde; auch würden Güter, die in Süd-, Südost- und Ostasien gekauft wurden, nicht mehr über das sowjetische Eisenbahnnetz transportiert werden können.[25] Da die Deutschen den Zeitpunkt des beabsichtigten Angriffs kannten, waren sie in der Lage, die Zahlungen für Lieferungen zu verzögern, bis die Invasion erfolgte.

Wie wir noch sehen werden, war das Sowjetregime eifrig bemüht, die Deutschen zu besänftigen. Noch in den Monaten vor dem Angriff erfolgten große Lieferungen sowjetischer Produkte und außerplanmäßige Transporte so wichtiger Rohstoffe wie Naturkautschuk aus Ostasien. Der Transport von Kautschuk war besonders wichtig, weil bei der Herstellung von »Buna«, dem deutschen synthetischen Kautschuk, ein kleiner Anteil Naturkautschuk benötigt wurde.

Auswärtige Beobachter konnten den meisten der hier dargestellten Vorbereitungen keine oder nur wenige eindeutige Hinweise auf die neue deutsche Politik entnehmen. Gewisse Aktionen jedoch ließen sich nicht leicht vertuschen; man konnte Gründe vorschieben – und einige dieser Begründungen werden heute noch von Gelehrten als richtig akzeptiert –, aber die konkreten Schritte waren auch für zeitgenössische Beobachter nicht zu übersehen. Die Deutschen begannen, die nördliche Küste Norwegens im Eiltempo zu befestigen, und durch Finnland hindurch transportierten sie Truppen und Ausrüstung dorthin.[26] Im vorhergehenden Kapitel wurde die grundsätzliche Veränderung der deutschen Politik gegenüber Finnland bereits dargestellt, und im Verlauf des Herbsts 1940 wurde zunehmend deutlich, daß Deutschland Waffen nach Finnland lieferte, neue Verbindungen zu den Finnen herstellte und das Land allgemein in seine militärische, diplomatische und ökonomische Einflußsphäre einbezog.[27] Ein auswärtiger Beobachter mußte daraus nicht notwendig folgern, daß eine detaillierte militärische Planung für gemeinsame deutsch-finnische Operationen gegen die Sowjetunion mindestens seit Dezember 1940 entwickelt wurde[28]; es waren jedoch keine Insider-Informationen über die Kontakte zwischen den beiden Generalstäben nötig, um zu erkennen, daß Deutschland Finnland nicht mehr – wie noch vor einem Jahr – als Teil der sowjetischen Interessensphäre betrachtete.[29]

Die Deutschen planten eine wichtige Rolle für Finnland im Rahmen der Offensiven, die von Zentralfinnland gegen die Murmansk-Bahn und von Südfinnland gegen Leningrad vorgetrieben werden sollten. Für diese Rolle sollten die Finnen auf Kosten der Sowjetunion größere Gebiete erhalten. Bei der Offensive gegen Murmansk hoch im Norden jedoch wollten die Deutschen selbst die Angriffsspitze bilden.[30] Um die Truppen für diese Operation in die richtige Position zu bringen, mußte die Kooperationsbereitschaft der Schweden gewonnen werden. In den letzten Stadien des Aufmarsches in Finnland erlaubte die schwedische Regierung, daß eine ganze deutsche Division Schweden auf dem Weg zur Front durchquerte.[31]

Am anderen Ende der geplanten Front befand sich Rumänien in einer Schlüsselposition. Wie Finnland hatte auch Rumänien mit deutscher Billigung Land an die Sowjetunion verloren, und wie Finnland sollte es nun im Bund mit dem Dritten Reich dieses Land und weitere Gebiete zurückgewinnen. Mit der Veränderung der deutschen Politik zu diesen neuen Entwicklungen haben wir uns bereits befaßt; Ende 1940 und Anfang 1941 liefen auch hier die Vorbereitungen an. Deutsche Streitkräfte wurden zusammengezogen, und in beschränktem Umfang wurde Hilfestellung bei der Modernisierung der rumänischen Armee geleistet.[32] Dieser Prozeß wurde durch die Ereignisse in Griechenland zeitweilig beeinträchtigt, die wiederum ein Ergebnis der Tatsache waren, daß Deutschland Truppen nach Rumänien entsandt hatte. Unbeschadet solcher Einzelfragen wurde die Planung für einen Angriff auf die Sowjetunion von Süden aus vorangetrieben, während Deutschland gleichzeitig die Kontrolle und Ausweitung der rumänischen Ölförderung anstrebte.[33] Die Rumänen wurden schließlich über diesen Planungsprozeß informiert und direkt einbezogen. Die Planungen wurden von zwei anderen Faktoren in den deutsch-rumänischen Beziehungen beeinflußt, die beide neu waren und die die weitere Entwicklung dieser Beziehungen entscheidend prägten.

Hitler traf mit Marschall Ion Antonescu, dem neuen rumänischen Führer, zusammen, der ihn sehr stark beeindruckte; keinem anderen Führer mit Ausnahme Mussolinis bewies der deutsche Diktator ein solches Wohlwollen.[34] Hitler brachte sogar die Geduld auf, den langatmigen Vorträgen Antonescus über die glorreiche Geschichte Rumäniens und die Perfidität der Ungarn zuzuhören – eine seltsame Kehrtwendung für einen Mann, der gewohnt war, seine Besucher mit seinen Tiraden zu unterhalten.[35]

Mit den sich entwickelnden persönlichen Beziehungen zwischen Hitler und Antonescu hing auch zusammen, daß die Deutschen die Unterstützung für die Hitzköpfe der Eisernen Garde in Rumänien aussetzten. Diese Entscheidung war jedoch sicherlich auch von dem Wunsch der Deutschen beeinflußt, in diesem wichtigen Satellitenstaat eine funktionierende und effektive Allianz mit einer kompetenten Führung zu haben. Verschiedene Verbindungen der deutschen Abwehr und Parteiabteilungen zur Eisernen Garde blieben bestehen. Als jedoch die Eiserne Garde im Januar 1941 einen Putschversuch unternahm, standen die Deutschen fest zu Antonescu. Nach dem Scheitern des Putsches versuchten die Deutschen, Antonescu davon abzuhalten, allzu viele ihrer Gesinnungsgenossen erschießen zu lassen. Sie unterstützten ihn jedoch weiterhin, weil sie in ihm den starken Mann der rumänischen Politik sahen.[36] Wie die finnische Staatsführung erhoffte auch er sich territoriale Gewinne zu Lasten der Sowjetunion.[37]

Die Türkei war das andere wichtige Land an der südlichen Flanke der geplanten Angriffslinie gegen die Sowjetunion. Die Türken kontrollierten die Meerengen zwischen dem Schwarzen und dem Mittelmeer, und die türkisch-sowjetische Grenze verlief recht nahe bei den kaukasischen Ölfeldern der Sowjetunion. Die Türkei war nominell mit Großbritannien und Frankreich verbündet, hoffte jedoch, ihre bisherigen guten Wirtschaftsbeziehungen zu Deutschland und ihre generell guten Beziehungen zur Sowjetunion aufrechterhalten und gleichzeitig den Eintritt in den Krieg vermeiden zu können – obwohl man durchaus gerne ein paar territoriale Bruchstücke aufgesammelt hätte. In den Jahren vor dem Ausbruch des Krieges hatten es die Türken durch ihre vorsichtigen Balanceakte verstanden, einen Teil des französischen Mandatsgebiets Syrien zu gewinnen; jetzt hofften sie auf einen größeren Landzuwachs. Außerdem schien es denkbar, daß man Griechenland ein wenig Territorium und/oder ein paar Inseln in der Ägäis abnehmen könnte. Für solche Zielsetzungen konnte die Türkei ihre strategische Lage, ihre tapfere Armee und ihre Chromvorkommen in die Waagschale werfen. Chrom wurde als wichtige Beimengung bei der Herstellung von Spezialstahl benötigt, und Deutschland konnte dieses Metall nur unter Schwierigkeiten anderswo erwerben.[38]

Die Deutschen waren ursprünglich bereit gewesen, den Sowjets die Kontrolle über die Meerengen zu überlassen. Noch 1939 hätten sie Stalin diese Kontrolle zugesichert. Als jetzt jedoch ihre Planungen für den Krieg gegen die Sowjetunion anliefen, rückten sie von dieser Politik ab. Jetzt hofften sie statt dessen, die Türkei zeitweilig neutralisieren zu können, bis sie entweder gezwungen werden konnte, sich ihnen im Krieg anzuschließen, oder bis sie selbst durch die Türkei in den Nahen Osten einzufallen vermochten, sobald die Sowjetunion besiegt war. In den Monaten vor dem Angriff setzten die Deutschen alles daran, die sowjetischen Ambitionen auf die Meerengen zu dämpfen und ihre eigenen Beziehungen zu Ankara stabil zu halten oder sogar zu verbessern. Dabei waren sie im großen und ganzen erfolgreich. Bis Juni 1941 hatten sie erreicht, daß die Türkei eine wohlwollende Neutralität im bevorstehenden Feldzug beibehielt. Allerdings zeigten sich die Türken nicht immer so kooperativ, wie es sich die Deutschen bei ihrem Vorhaben gewünscht hätten, Großbritannien in der Zwischenzeit aus dem Nahen Osten zu vertreiben.*

Verständlicherweise hatten die Deutschen kein Interesse daran, daß ihr italienischer Verbündeter mit den Russen ein Abkommen über die jeweiligen Einflußsphären traf, während Deutschland den Angriff auf die Sowjetunion vorbereitete. Ein solches Abkommen würde Rußland ermutigen, auf dem Balkan vorzurücken. Wie bereits im vorigen Kapitel erwähnt, wandten sich die Deutschen jetzt wieder von ihrer Politik ab, die italienisch-sowjetischen Beziehungen zu verbessern. Es bestand die Gefahr, daß ein mögliches Einvernehmen über die erneute Entsendung von Botschaftern hinausgehen und zu ernsthaften Verhandlungen über einen Ausgleich der italienischen und sowjetischen Interessen in Südosteuropa führen würde. Die Deutschen wollten Italien erst im letzten Augenblick über ihre Absicht informieren, in Rußland einzu-

---

* Mit der Weigerung der Türkei, Deutschland im Mai und Juni 1941 im Nahen Osten so intensiv zu unterstützen, wie Berlin es wünschte, werden wir uns weiter unten befassen.

fallen; sie mußten deshalb im ganzen Winter 1940/41 Mussolinis Hoffnungen auf ein Abkommen mit Moskau dämpfen. Die Russen verfolgten eindeutig die Absicht, eventuelle neue Schwierigkeiten mit Deutschland durch Verhandlungen mit Italien zu umgehen – eine Wiederholung der britischen Diplomatie von 1937 bis 1939 –, aber die Deutschen legten ihr Veto gegen solche Vorhaben ein und setzten sich durch.[39]

Wie Italien wurden auch zwei weitere mögliche Verbündete Deutschlands gegen die Sowjetunion erst in den letzten Tagen vor dem Angriff informiert. Ungarn war zu unterrichten, weil Truppen und Nachschublieferungen durch ungarisches Gebiet nach Rumänien geschafft werden mußten. Außerdem hatte Ungarn eine gemeinsame Grenze mit der Sowjetunion.[40] Der Marionettenstaat Slowakei grenzte zwar nicht an die Sowjetunion, war aber für Transport und Kommunikation wichtig; die slowakische Führung wurde im letzten Augenblick informiert. Auch Italien erhielt keine Vorabinformationen.[41] Alle diese Vorgänge waren jedoch weder offensichtlich, noch erschienen sie sonderlich wichtig, weil der Kurswechsel der deutschen Politik gegenüber Finnland und Rumänien den Sowjets ohnehin bewies, daß Deutschland neue Ziele ins Visier nahm.

Die Sowjets waren über die neue deutsche Politik gegenüber Finnland und Rumänien ganz offenkundig verstimmt. Finnland lag eigentlich im sowjetischen Einflußbereich, und Waffenlieferungen in dieses Land – von der Anwesenheit deutscher Truppen ganz zu schweigen – verstießen offen gegen das deutsch-sowjetische Abkommen.[42] Moskau glaubte den Unschuldsbeteuerungen der Deutschen nicht, denn diese Maßnahmen ließen eine neue deutsche Politik ganz deutlich erkennen. Auch die Garantie für Rumänien, der bald darauf eine Militärdelegation und die Entsendung deutscher Truppen folgte, wurde von Moskau als besonders unfreundlicher Akt gewertet, weil diese Aktivitäten darauf gerichtet schienen, sowjetische Hoffnungen auf Stützpunkte in Bulgarien und in der Türkei zunichte zu machen.[43] Diese Abweichungen vom früheren Kurs der deutsch-sowjetischen Beziehungen verlangten nach einer Erklärung.

Obwohl diese Entwicklungen auf künftige Konflikte hindeuteten, wollten die Sowjets Schwierigkeiten vermeiden und zeigten sich kooperativ. Sie ermöglichten es – wie bereits erwähnt – einem deutschen Hilfskreuzer, auf der Nordmeerroute Sibirien zu umfahren, so daß er in den Pazifik gelangen und dort Schiffe der Alliierten versenken konnte.[44] Einige Nachschublieferungen für diesen Hilfskreuzer wurden per Eisenbahn durch Sibirien transportiert. Als aber das Schiff nach Deutschland zurückkehren sollte, mußte es durch den Indischen Ozean und den Atlantik fahren, weil die Deutschen zu diesem Zeitpunkt bereits im Begriff standen, die Sowjetunion anzugreifen.[45] Auch auf wirtschaftlichem Gebiet setzten die Russen ihre Kooperation fort; sie lieferten große Mengen wichtiger Rohstoffe. Schwierigkeiten machten nur die Deutschen bei den versprochenen Lieferungen zur Bezahlung der Rohstoffe.[46]

Die Sowjets waren verärgert darüber, daß die Deutschen die Lieferung genau jener Waffen verweigerten, mit denen sie Finnland belieferten. Sie brachten ihren Ärger zum Ausdruck, fuhren jedoch fort, die deutsche Kriegswirtschaft zu unterstützen.[47] Im Rahmen dieser Hilfsmaßnahmen stellten sie auch Transporteinrichtungen zum Iran und nach Ostasien zur Verfügung.[48] Und die Sowjets waren stets nur allzu gerne bereit, den Deutschen zu helfen, um den Briten in Asien Schwierigkeiten zu bereiten. So ermöglichten sie es, wie eingangs gesagt, dem Führer der extremen indischen Nationalisten, Subhas Chandra Bose, der auf einen Sieg der Achsenmächte spekulierte, nach seiner Flucht aus Indien von Afghanistan nach Deutschland zu gelangen.[49]

Da die Sowjets selbst mit der Besetzung ganz Litauens die Beschränkungen des deutsch-sowjetischen Abkommens vom 28. September 1939 mißachtet hatten, legte Moskau großen Wert darauf, diesen Konflikt zu Berlins Zufriedenheit beizulegen. In einem Geheimabkommen war Deutschland die südwestliche Ecke Litauens versprochen worden, aber die Rote Armee hatte dieses Gebiet im Juli 1940 im Rahmen der sowjetischen Okkupation ganz Litauens besetzt. Die Sowjets boten nun an, Deutschland dieses Gebiet abzukaufen. Obwohl sie den deutschen Anspruch auf dieses Territorium anerkannten, zögerten sie jetzt, die Grenzen nach der Neufestlegung noch einmal zu verändern. Sie boten Deutschland die Hälfte des Betrags, den Rußland von Amerika für Alaska im Jahre 1867 erhalten hatte.[50] Die Deutschen stimmten dem Verkauf grundsätzlich zu, zögerten aber die Verhandlungen hinaus und forderten einen sehr viel höheren Preis. Da sie erwarteten, dieses Gebiet innerhalb weniger Stunden nach Beginn der Offensive zu erobern – was dann auch tatsächlich der Fall war –, wollten sie diese Angelegenheit bis dahin für die Sowjets so peinlich und so teuer wie möglich machen. Im Januar 1941 einigte man sich schließlich auf den vollen Preis, der 1867 für Alaska gezahlt worden war (7,5 Millionen Gold-Dollars).[51]

Die sowjetischen Konzessionen gegenüber Deutschland in den letzten Stadien dieser Verhandlungen müssen im Kontext anderer Konzessionen gesehen werden, die Moskau gleichzeitig bei den neuen deutsch-sowjetischen Wirtschaftsverhandlungen machte. Moskau wollte mit diesen Zugeständnissen die übergreifenden politischen Fragen, über die seit September 1940 zwischen den beiden Ländern verhandelt wurde, der Klärung näher bringen. Die Deutschen hatten die Russen über den Dreimächtepakt erst im letzten Augenblick informiert und darauf hingewiesen, daß auch die Sowjetunion diesem Pakt beitreten könne. Molotow wurde daraufhin nach Berlin eingeladen, um über dieses Projekt zu sprechen; ein Besuch Außenminister Ribbentrops in Moskau sollte folgen. Mit Molotow sollten die gegenwärtigen Probleme in den deutsch-sowjetischen Beziehungen erörtert werden, aber auch die Möglichkeit, dem Pakt der Achsenmächte beizutreten.[52]

Die beiden Seiten bereiteten sich sehr unterschiedlich auf Molotows Reise vor. Die Deutschen stellten zwar das Material für die Gespräche zusammen, darunter einen Vertragsentwurf für den Beitritt der Sowjetunion zum Dreimächtepakt[53], trieben aber gleichzeitig ihre Vorbereitungen für den Angriff auf die Sowjetunion voran. In Hitlers diesbezüglicher Weisung heißt es:

»Politische Besprechungen mit dem Ziel, die Haltung Rußlands für die nächste
Zeit zu klären, sind eingeleitet. Gleichgültig, welches Ergebnis diese Besprechungen
haben werden, sind alle schon mündlich befohlenen Vorbereitungen für den Osten
fortzuführen. [Schriftliche] Weisungen darüber werden folgen, sobald die Grundzüge
des Operationsplanes des Heeres mir vorgetragen und von mir gebilligt sind.«[54]

Mit anderen Worten: Die Deutschen erwarteten nicht, mit den Russen ein neues
langfristiges Abkommen zu treffen. Sie planten den Krieg, und bei den Gesprächen
sollten nur die Details der deutsch-russischen Beziehungen in den dazwischenliegenden Monaten erkundet werden.

Die Sowjets bereiteten sich auf diese Gespräche ganz anders vor. Offensichtlich
erwarteten sie ein neues Generalabkommen mit Deutschland – ein Abkommen, das
die früheren Verträge vom August und September 1939 erneuern und eine weiterhin
fruchtbare Zusammenarbeit zwischen beiden Ländern gegen Großbritannien gewährleisten sollte. Die Moskauer Führung versuchte, ihre Taktik von 1939 erneut
anzuwenden: Sie gab vor, mit Großbritannien zu verhandeln, um den Deutschen
größere Zugeständnisse abzupressen. Im Frühjahr 1940 hatte Moskau die Briten
um Verhandlungen über ein Wirtschaftsabkommen gebeten und im Sommer darauf
bestanden, daß Sir Stafford Cripps von den Briten offiziell zum Botschafter ernannt
werden müsse, bevor er zu solchen Verhandlungen empfangen werden könnte.[55]
Ganz anders als die Franzosen, die beinahe übereifrig versucht hatten, den Kriegsschauplatz von Westeuropa wegzuverlagern und die Westmächte in Konflikte mit
Rußland zu verwickeln, hatten die Briten sich zurückgehalten.[56] Wiederholt hatten
sich Chamberlain und Halifax dem Druck widersetzt, Aktionen gegen die Sowjetunion einzuleiten, hatten die französischen Projekte aufgehalten und darauf bestanden, die diplomatischen Beziehungen zu Moskau aufrechtzuerhalten.[57] Der Fehlschlag von Cripps' Bemühungen, die Sowjets für die Gefahr zu sensibilisieren, die
von der deutschen Vorherrschaft in West- und Mitteleuropa ausging, wurde bereits
dargestellt.[58] Wie Cripps in London erklärte, wurde die sowjetische Politik von der
Furcht vor Deutschland beherrscht. Moskau habe jedoch die Schlußfolgerung gezogen, daß die guten Beziehungen zu den Deutschen bestehen bleiben müßten und
daß Berlin unter keinen Umständen durch eine Übereinkunft mit London provoziert
werden dürfe.[59]

Zwar kam es zu Verhandlungen mit Blick auf ein Handelsabkommen und sogar
einem möglichen politischen Abkommen. Die sowjetische Regierung vermied eine
regelrechte Übereinkunft jedoch sorgfältig. Die Briten erhielten keine Antwort auf
ihren Vorstoß. Darüber hinaus ließen die Sowjets Informationen durchsickern, daß
solche Verhandlungen stattfanden. Offenbar hofften sie, leichter zu einer Übereinkunft mit Deutschland zu gelangen, wenn sie die Möglichkeit eines Abkommens mit
dem Westen publik machten. Moskau würde aber später merken, daß es sich furchtbar getäuscht hatte.[60] Anders als 1939 gingen die Deutschen dieses Mal – genau wie
vor 1939 – nicht darauf ein, da sie bereits ganz andere Entscheidungen hinsichtlich

ihrer Beziehungen zur Sowjetunion getroffen hatten. Angesichts der sowjetischen
Bemühungen, ein neues Abkommen mit den Deutschen zu schließen, konnten die
Briten – da der sowjetische Außenminister nicht einmal die Zeit fand, den britischen
Botschafter zu empfangen – nichts anderes tun, als die deutsche Hauptstadt zu bom-
bardieren, um Molotow den Aufenthalt zu verleiden.[61]

Die Gespräche zwischen Molotow und Hitler sowie anderen Mitgliedern der deutschen Führung erstreckten sich auf zahlreiche Themen, auch wenn sie teilweise in
Luftschutzbunkern stattfinden mußten.[62] Die Deutschen faßten den Verlauf des Krieges zusammen und drückten ihren Wunsch aus, daß sich die Sowjetunion an einem
allgemeinen Vorstoß nach Süden beteiligen solle. Deutschland und Italien wollten
Afrika unter sich aufteilen, die Sowjetunion sollte sich auf den Indischen Ozean und
den Persischen Golf ausrichten[63], und Japan wollte Süd- und Südostasien übernehmen. Molotow war grundsätzlich bereit, dem Dreimächtepakt beizutreten, bat aber
um Klärung der Einzelheiten. Vor allem machte er deutlich, daß die Sowjetunion
Finnland zu annektieren gedachte und von den Deutschen erwartete, daß sie sich an
ihre ursprüngliche Zustimmung zu einem solchen Schritt hielten. Außerdem setzte
er sich für konkrete und sofortige Vorstöße der Sowjets durch die Dardanellen ins
Mittelmeer ein, statt über Operationen im Indischen Ozean zu spekulieren. Wie die
folgenden Ereignisse zeigen, waren die Sowjets überzeugt, daß die Differenzen zwischen den deutschen und den sowjetischen Zielen beigelegt werden könnten. Bei der
Weigerung der Deutschen, sich an ihre frühere Politik gegenüber Finnland zu halten,
hätten in Moskau allerdings die Alarmglocken läuten müssen.

Die finnische Frage nahm in der Tat mehr Zeit in Anspruch als jedes andere Problem. Man muß sich fragen, ob Molotow sich nie darüber gewundert hat, daß die
Deutschen jetzt plötzlich die Petsamo-Nickelbergwerke benötigten, obwohl sie diese
Ressourcen 1939, als sie den Krieg gegen Großbritannien und Frankreich begannen,
nicht gebraucht hatten. Noch ungewöhnlicher war Hitlers Behauptung, daß der Krieg
gegen Großbritannien bereits gewonnen sei, daß aber die Briten oder die Amerikaner
im Falle neuer Konflikte zwischen der Sowjetunion und Finnland Luftstreitkräfte in
Finnland stationieren könnten! Auf jeden Fall machten die Deutschen klar, daß sie
eine Annexion Finnlands durch die Sowjetunion nicht hinnehmen und daß sie sich
jedem sowjetischen Vorstoß in Südosteuropa widersetzen würden. Heute wissen wir,
daß diese Position der Deutschen dazu dienen sollte, die Flanken ihrer Angriffe auf
Rußland im folgenden Frühjahr zu schützen. Offensichtlich begriff Molotow nicht,
was sich hinter diesen deutschen Positionen verbarg, so verärgert er über die Ansichten der Deutschen auch gewesen sein mochte.

Kurz nach Molotows Rückkehr nach Moskau unternahm die sowjetische Regierung Schritte in Richtung auf das erwartete neue Abkommen mit Deutschland. Moskau wurde an drei Fronten zugleich aktiv. Am 25. November 1940 wurde ein über-
arbeitetes Protokoll für den Beitritt der Sowjetunion zum Dreimächtepakt nach Berlin
geschickt. Das Angebot war offensichtlich ernst gemeint; noch einmal wurden die

schon früher dargelegten Erwartungen der Sowjets aufgezählt. Das Protokoll enthielt keine Forderungen, die die Deutschen ein Jahr zuvor abgelehnt hätten: ein Abkommen zur gegenseitigen Unterstützung zwischen der Sowjetunion und Bulgarien, Stützpunkte an den Dardanellen und die Überlassung Finnlands, wobei das deutsche Interesse an der Nickelförderung und an der Holzproduktion gewahrt werden sollte, sowie der Verzicht Japans auf die speziellen Konzessionen im Nordteil der Insel Sachalin – Konzessionen, die die Japaner ohnehin nicht mehr bräuchten, nachdem sie die reichen Ressourcen Südostasiens bekommen haben würden.[64] Am selben Tag schlug die Sowjetunion Bulgarien einen gegenseitigen Unterstützungspakt vor, wobei beide Staaten dem Dreimächtepakt beitreten sollten.[65] Schließlich unterbreiteten die Sowjets den Deutschen umfassende ökonomische Angebote. Sie zeigten sich bereit, in den deutsch-sowjetischen Wirtschaftsbeziehungen große Opfer zu bringen, um Berlin den Wert guter Beziehungen zu Moskau zu beweisen.[66]

Da die sowjetische Regierung dieses Programm sorgfältig ausgearbeitet und die Deutschen wiederholt gedrängt hatte, auf ihre Vorschläge zu reagieren, kann angenommen werden, daß die Sowjets dies als eine vernünftige Grundlage für ein neues Abkommen ansahen. Sie rechneten offensichtlich damit, daß der Krieg zwischen Deutschland und Großbritannien noch eine Weile dauern würde. Sie wollten erreichen, daß sich die Deutschen auf ihren Krieg konzentrierten, während die Sowjetunion selbst ihre Position in Osteuropa ausbaute. Wenn Moskau anbot, dem Dreimächtepakt beizutreten, so umfaßte dies eine Verpflichtung, an der Seite Deutschlands, Italiens und Japans zu kämpfen, wenn eines dieser Länder in einen Krieg mit den Vereinigten Staaten verwickelt werden sollte. Die Sowjetunion konnte dadurch leicht in einen Krieg gegen die beiden Westmächte geraten. Stalin hielt dies offenbar für ein angemessenes Risiko, da er sich in mächtiger Gesellschaft befinden würde – die noch dazu sowohl an der europäischen wie an der asiatischen Hauptfront zwischen der Sowjetunion und den Westmächten lag. Wenn die Franzosen – und in viel geringerem Maße die Briten – so unbesonnen gewesen wären, mit der Sowjetunion im Winter 1939/40 einen Krieg zu riskieren, so waren die Sowjets darauf vorbereitet, es ihnen im Winter 1940/41 mit Zinsen heimzuzahlen, indem sie bereit waren, gegen die Vereinigten Staaten und Großbritannien zu kämpfen.

Die Deutschen jedoch waren überhaupt nicht an einer Mitgliedschaft der Sowjetunion im Dreimächtepakt interessiert. Sie antworteten deshalb nicht auf das sowjetische Angebot, obwohl sie mehrfach dazu aufgefordert wurden. Sie ermutigten die Bulgaren, die Annäherungsversuche Moskaus zurückzuweisen, und schickten statt dessen deutsche Truppen nach Bulgarien, die für eine Invasion Griechenlands vorgesehen waren. Mit dieser Entwicklung werden wir uns später befassen. Es gab nur einen Aspekt im sowjetischen Angebot, auf den die Deutschen sogleich positiv reagierten: das Angebot eines neuen Wirtschaftsabkommens zu Bedingungen, die für die Deutschen sehr günstig waren. Die Verhandlungen waren jedoch schwierig und dauerten aus mehreren Gründen lange: Zum einen weigerten sich die Deutschen, bestimmte Materialien an die Sowjetunion zu liefern, zum zweiten waren die Deutschen mit großen Summen im Zahlungsrückstand, und zum dritten mußte eine Lösung im Streit um die Kompensation für das umstrittene litauische Gebiet gefunden werden.

Das neue Abkommen wurde am 10. Januar 1941 unterzeichnet.[67] Molotow hoffte offenbar, daß ökonomische Zugeständnisse der Sowjets wie im Jahre 1939 den Weg zu einem politischen Abkommen mit Deutschland ebnen würden. Er fragte am 17. Januar in Berlin an, ob eine solche Übereinkunft nunmehr geschlossen werden könne. Gleichzeitig drückte er sein Erstaunen über die fehlende Antwort auf das sowjetische Angebot aus, dem Dreimächtepakt beizutreten.[68] Er bekam niemals eine Antwort.

Es ist klar, warum die Deutschen angesichts ihrer Entscheidung, die Sowjetunion anzugreifen, auf die politischen Vorschläge nicht reagierten, aber nur allzu gerne ein neues Wirtschaftsabkommen unterzeichneten. Wenn die Sowjetunion die deutsche Kriegswirtschaft bis zum Tage der Invasion unterstützen wollte, so konnte ihnen das nur recht sein. Bei detaillierten politischen Verhandlungen würden jedoch empfindliche Themen berührt, die die strategischen Interessen Deutschlands betrafen und mit der beabsichtigten Invasion zusammenhingen. Wenn die Deutschen aufgrund dieser Interessen den Sowjets Wünsche abschlagen mußten, so könnte dies zur Folge haben, daß die Russen die versprochenen Lieferungen und Überlandtransporte aus Ostasien zurückhielten, die in Deutschland so dringend gebraucht wurden. Aus der Perspektive Berlins bestand deshalb die beste Politik darin, die ökonomischen Beziehungen nach Kräften zu pflegen und sich bei den diplomatischen Beziehungen in Schweigen zu hüllen.

Dieses Muster setzte sich über die gesamte Zeit bis zum 22. Juni 1941 fort. Die Sowjets waren verärgert über die Stationierung deutscher Truppen in Bulgarien und die ständige Ausweitung des deutschen Einflusses auf dem Balkan. In gleicher Weise waren sie unzufrieden damit, daß Finnland immer stärker in das deutsche Kraftfeld geriet. Weil aber in den Augen der Sowjets die meisten dieser Prozesse so aussahen, als seien sie primär gegen Großbritannien gerichtet – und dies war vor allem bei der Zerschlagung der englandfreundlichen Regime von Jugoslawien und Griechenland im April 1941 der Fall –, konnten sie sich weiterhin einbilden, ihr Pakt mit Deutschland diene den eigenen Interessen. Weil sie diese Schachzüge nicht als Vorbereitung der Flanken für den bevorstehenden Angriff auf sich selbst erkannten, hielten sie zum drittenmal innerhalb eines Jahres still, als die Deutschen alliierte Truppen vom europäischen Festland vertrieben.[69]

Nachdem die Sowjets den Deutschen geholfen hatten, Nord-, West- und Südeuropa zu erobern, stellten sie plötzlich fest, daß die Sowjetunion und Deutschland als einzige wichtige Mächte auf dem Kontinent verblieben waren. Diese gefährliche Situation begriff die Sowjetunion im Frühjahr 1941.[70] Die Sowjets mochten den Berichten ihrer Agenten in Europa, den Warnungen seitens der Briten, der Amerikaner und ihrer Agenten in Japan glauben oder nicht – unbestreitbar war, daß Deutschland in Osteuropa eine sehr große Streitmacht zusammenzog. Diese Truppenkonzentration deutete auf Kriegsgefahr hin, ganz gleich, ob es sich dabei nur um eine Drohgebärde oder um die Vorbereitungen für einen Angriff handelte. Die sowjetische Regierung war über diese Aussichten entsetzt und versuchte verzweifelt, die Deutschen durch entsprechende Gesten zu besänftigen.

Durch eine ganze Reihe von Schritten hoffte Moskau, die Deutschen friedlich zu stimmen. Die Sowjets gaben ihren Druck auf Finnland auf und sicherten dem Land sogar zusätzliche Weizenlieferungen zu.[71] Sie gaben den deutschen Forderungen hinsichtlich bestimmter Fragen des Grenzverlaufs nach.[72] Sie machten die diplomatische Anerkennung der Exilregierungen Belgiens, Norwegens, Jugoslawiens und Griechenlands rückgängig und anerkannten die antibritische Regierung des Raschid Ali al-Gaylani im Irak.[73] Von größerer Bedeutung als diese politischen Gesten war jedoch, daß sie die Lieferungen von Gütern stark erhöhten. Es wurden so viele Sondergüterzüge eingesetzt, daß es den Deutschen Schwierigkeiten bereitete, die riesigen Gütermengen von den Grenzbahnhöfen auf Waggons ihrer eigenen Spurbreite zu verladen und abzutransportieren. Berlin war zwar über die zusätzlichen Lieferungen begeistert – vor allem über die Sondertransporte von Kautschuk aus Ostasien –, antwortete jedoch damit, daß die deutschen Lieferungen in die Sowjetunion bewußt verzögert wurden. Die Deutschen sahen es gerne, daß die Sowjets ihre Züge bis zur letzten Minute vor dem Angriff zur Grenze schickten, doch hatte dies keinerlei Einfluß auf ihre Politik.[74]

Auch die anderen Schritte Moskaus konnten die deutsche Politik nicht beeinflussen. Die Russen erlaubten einer deutschen Kommission, die sowjetische Luftfahrtindustrie genau zu untersuchen; Berlin jedoch glaubte dem Bericht der stark beeindruckten Kommission nicht.[75] Stalin versuchte durch mehrere demonstrative Gesten, sein großes persönliches Interesse an guten Beziehungen zu Deutschland zu beweisen.[76] Am 5. Mai 1941, einen Tag, bevor Stalin formell die Führung der Regierung übernahm (Stalin wurde Vorsitzender des Rates der Volkskommissare), hielt er vor Absolventen der sowjetischen Militärakademien eine Rede. Dabei ging er offenbar recht detailliert und freimütig auf die relativen Stärken und Schwächen der sowjetischen und der deutschen Militärmacht ein und machte deutlich, daß die Sowjetunion von der Überlegenheit Deutschlands ausgehen, gleichzeitig aber die eigene Verteidigung aufbauen müsse.[77] Stalin rechnete offenbar mit deutschen Forderungen. Er wollte die sowjetische Öffentlichkeit und die Führung auf seine Zugeständnisse vorbereiten, die nötig würden, um ein neues Abkommen zu erreichen.[78] Offenbar hatte er noch nicht erkannt, daß Hitler es gewöhnlich vorzog, zu einem von ihm selbst bestimmten Zeitpunkt und ohne vorherige Verhandlungen anzugreifen. Stalin hingegen schien längere Gespräche und Verhandlungen zu erwarten. Bestimmten Hinweisen zufolge war er darauf vorbereitet, nicht nur weitere wirtschaftliche Kooperationen anzubieten, sondern auch einen Teil Litauens oder sogar das ganze Land abzutreten – eine realistische Einschätzung der möglichen deutschen Forderungen, wenn solche beabsichtigt gewesen wären.[79]

Mit Sicherheit gab es keine Pläne für einen sowjetischen Präventivangriff in der Phase des deutschen Truppenaufmarschs. Auch die Deutschen hielten eine solche Vorgehensweise der Sowjets nicht für wahrscheinlich und entdeckten auch nach der Invasion keinen Hinweis darauf. Die deutschen militärischen Beobachter in der Sowjetunion versicherten Berlin vor dem 22. Juni, daß es keine Anzeichen für aggressive Absichten gebe.[80]

Stalin schien der grundlegenden marxistischen Auffassung zu folgen. Er hielt wohl den Nationalsozialismus für ein Instrument des deutschen Monopolkapitalismus, der angeblich hauptsächlich mit anderen kapitalistischen Staaten in einem Wettbewerb um Märkte, Rohstoffe und Investitionsmöglichkeiten stand. Ein Angriff auf die Sowjetunion machte dieser Auffassung zufolge keinen Sinn, solange Deutschland alle Güter erhielt, die es brauchte. Gerade weil die Warnungen fremder wie auch eigener Agenten sowie seitens der Angehörigen der deutschen Botschaft in Moskau so präzise waren, kam Stalin anscheinend zu der Überzeugung, daß all diese Aktivitäten entweder nur Provokationen oder Unterstellungen seien – Provokationen seitens der Deutschen oder Unterstellungen seitens der Alliierten –, um ihn im Krieg gegen Deutschland auf ihre Seite zu ziehen. All dies bestärkte ihn in seinem Entschluß, sich zurückzuhalten; deshalb war der deutsche Angriff für ihn eine vollkommene und niederschmetternde Überraschung.[81]

In den letzten Tagen vor dem Angriff befaßte sich Hitler aufmerksamer mit den Briten als mit der sowjetischen Reaktion auf seine geplante Operation. Mitunter glaubte er, die Briten würden den Kampf aufgeben.[82] Dann wieder dachte er, sie könnten die Gunst der Stunde nutzen und die Kanalinseln zurückerobern. Er wollte die Inseln für immer behalten und befahl, sie gegen einen möglichen britischen Landungsversuch stärker zu befestigen.[83] In einer aufmunternden Rede am 14. Juni vor den Führungen von Heer und Marine erklärte er, es gebe jetzt keine Alternative mehr zu einem Angriff auf die Sowjetunion. Die Daten über die sowjetische Militärstärke hätten keinerlei Bedeutung. Deutschland müsse sich auch darauf vorbereiten, sich danach mit den Vereinigten Staaten zu befassen.[84] Wie jüngere Forschungsarbeiten belegen, traf Hitler seine Entscheidung für den 22. Juni als Datum des Angriffs aufgrund von klimatischen und logistischen Aspekten und nicht wegen des Balkanfeldzugs im Frühjahr 1941.[85] In den Tagen vor der Invasion galt seine große Sorge – wie bereits im August 1939 – der Möglichkeit, daß der potentielle Feind Sowjetunion den Deutschen in letzter Minute ein großes Angebot machen und damit propagandistische Probleme in Deutschland verursachen könnte. Weder Hitler noch Ribbentrop durften deshalb für den sowjetischen Botschafter in Berlin zu sprechen sein. Die Deutschen waren sehr erleichtert, daß der Botschafter nur Routinefragen vorzutragen hatte, während der deutsche Botschafter in Moskau Molotows Versuch, die Gespräche wiederaufzunehmen, ohne Probleme ausweichen konnte.[86]

In den Wochen vor dem Angriff bestand im deutschen Hauptquartier große Besorgnis wegen der Vorbereitungen der Operationen, die nach dem erwarteten schnellen Sieg über die Sowjetunion anlaufen sollten. Die Ressourcen der deutschen Industrie sollten dann für den Krieg gegen Großbritannien und auch gegen die Vereinigten Staaten vom Heer auf die Luftwaffe und die Kriegsmarine verlagert werden. Für Herbst 1941 war das Anlaufen eines großen Programms für den Bau von Landungsschiffen für eine 1942 durchzuführende Invasion Englands geplant.[87] In der Zwischenzeit sollten die deutschen Truppen durch die Türkei, Ägypten und den Kaukasus in den Nahen Osten vorstoßen. Dort sollten sie die Kontrolle der Ölquellen übernehmen und einen Zugang zum Indischen Ozean schaffen.[88] Dann könnte auch die Flotte großer Schlachtschiffe für den Krieg gegen die Vereinigten Staaten gebaut werden, während die Luftwaffe gegen England losschlagen sollte. Hitler war von diesen Aussichten so begeistert und verfolgte sie mit solchem Eifer, daß er zum Entsetzen der Heeresführung bereits am 20. Juni 1941 den ersten Schritt der Produktionsverlagerung vom Heer auf die Luftwaffe anordnete.[89] Wie der Sowjetunion stand auch Deutschland eine große Überraschung bevor.

Am frühen Morgen des 22. Juni 1941 überschritten deutsche Truppen die Grenze zur Sowjetunion, während die deutsche Luftwaffe die sowjetischen Kampfflugzeuge auf dem Boden angriff. Überall erreichten die Deutschen eine taktische Überraschung. Moskau schenkte zunächst den Berichten von der Grenze keinen Glauben und war überzeugt, daß es sich um Provokationen handle. Innerhalb weniger Stunden wurde jedoch selbst den hartnäckigsten Träumern in der sowjetischen Hauptstadt klar, daß die Berichte zutrafen, daß sie vergeblich auf die Forderungen der Deutschen gewartet hatten und daß sie nun um ihr Leben kämpfen mußten. Die Rote Armee hatte dies bereits zu spüren bekommen.

DER MITTELMEERRAUM

Bevor wir uns den großen und blutigen Schlachten an der Ostfront zuwenden, müssen wir uns mit Entwicklungen befassen, die seit dem Sommer 1940 eintraten: mit den Projekten der Deutschen während ihrer Vorbereitungen für den Angriff auf die Sowjetunion, mit den Katastrophen der Italiener im Herbst und Winter 1940 und den deutschen Rettungsversuchen, mit dem Fortgang des Krieges im Atlantik und der zunehmenden Verwicklung der Vereinigten Staaten in diesen Krieg und schließlich mit der Entscheidung Japans, den ostasiatischen Krieg auszuweiten.

Die deutsche Regierung trieb die Planungen und Vorbereitungen für die Invasion der Sowjetunion im Frühsommer 1941 voran. In dem Zeitabschnitt bis zu diesem Ereignis versuchte sie, ein Bündnis gegen Großbritannien zustande zu bringen, das es ermöglichen würde, dieses Land anzugreifen, während die deutschen Bomber britischen Städten schwere Schläge versetzten und deutsche U-Boote sowie die Kriegsmarine britische Schiffe versenkte.

Im Herbst 1940 spielte die deutsche Regierung mit dem Gedanken, Vichy-Frankreich und das Spanien General Francos in eine antibritische Allianz einzubinden. Eine Zeitlang dachten die Deutschen – und debattierten lange darüber –, daß es möglich wäre, Frankreich für den Krieg gegen England zu gewinnen, wenn man minimale Zugeständnisse im besetzten Frankreich machte und auf Kosten Englands territoriale Entschädigung für die kolonialen Zugeständnisse anbot, die Frankreich den Deutschen, Italienern und Spaniern würde machen müssen. Im Rahmen dieser Planungen sprach die deutsche Führung wiederholt über die Projekte mit der Vichy-Regierung, und bei einer Gelegenheit traf Hitler auch mit Staatschef Pétain zusammen.

Aus diesen Plänen wurde aus mehreren Gründen nichts. Obwohl gewisse Kreise in der deutschen Marine, im diplomatischen Dienst und im Heer eine Übereinkunft mit Frankreich vorgezogen hätten, blieb Hitler selbst immer skeptisch. Er zögerte, irgendwelche Zugeständnisse zu machen, war den Franzosen gegenüber stets mißtrauisch, auch gegenüber jenen, die einem Bündnis mit Deutschland zuneigten, und suchte ständig nach Beweisen, daß die Franzosen wirklich so schlecht waren, wie er schon immer gewußt hatte.

Die Entlassung Ministerpräsident Lavals durch Marschall Pétain am 13. Dezember 1940 bestätigte Hitlers Vorurteile. Wenn bis zu diesem Zeitpunkt noch eine Möglichkeit für eine Allianz bestanden hatte, so war dies jetzt ausgeschlossen. Außerdem zögerte man auch auf französischer Seite. Im und nach dem Herbst 1940 wurde immer deutlicher, daß ein schneller Sieg der Deutschen über Großbritannien – ein Sieg, von dem die Vichy-Führung möglicherweise noch stärker überzeugt gewesen war als die Deutschen – nicht in Sicht war. Obwohl die amerikanische Hilfe für Großbritannien noch immer sehr spärlich floß, gab es gute Gründe zu vermuten, daß sie bald zunehmen würde. Und was auch die Mitglieder der Vichy-Regierung über England denken mochten, so wollten sie doch nicht in einen offenen Krieg gegen die Vereinigten Staaten verwickelt werden.

Die Deutschen ihrerseits machten keinerlei Zugeständnisse, die die Position der französischen Befürworter einer solchen Übereinkunft hätten stärken können. Sie bemühten sich vielmehr nach Kräften, die französische Öffentlichkeit vor den Kopf zu stoßen, und brachten dadurch die potentiellen Kollaborateure in eine schlimme Zwickmühle. Der deutschen Annexion von Elsaß-Lothringen folgte die Massenvertreibung von Einwohnern, die loyal zu Frankreich standen. Dies trug dazu bei, daß die Atmosphäre immer angespannter wurde. Kaum war die Empörung darüber abgeflaut, da begannen die Deutschen, deutsche Juden nach Frankreich zu deportieren. Hinzu kamen die Schikanen der Besatzungsmacht und gewaltige finanzielle Forderungen. Fast alle französischen Kriegsgefangenen blieben weiterhin in Gefangenschaft. Je länger diese Behandlung andauerte, desto unwahrscheinlicher wurde ein Neubeginn in den Beziehungen.[90]

Die Spanier hatten ursprünglich eine gewisse Begeisterung für den Gedanken gezeigt, sich an der Seite Deutschlands am Krieg zu beteiligen, waren jedoch zunächst auf Desinteresse gestoßen.[91] Die Briten übten sehr starken Druck auf die Spanier aus, um sie vom Kriegseintritt abzuhalten[92]; dennoch hielt Madrid eine Zeitlang an dem Plan fest, sich am Krieg zu beteiligen.[93] Als sich die Deutschen endlich daran interessiert zeigten, daß sich Spanien an gemeinsamen Schlägen gegen England beteiligte, kamen den Spaniern allmählich Zweifel. Diese Zweifel wuchsen, als die Deutschen die Forderung nach Stützpunkten nicht nur in dem Gebiet von Französisch-Marokko, das die Spanier gerne übernehmen wollten, sondern auch auf den spanischen Kanarischen Inseln erhoben. Franco mochte gewillt gewesen sein, für die Hoffnung auf ehemals französische Kolonien manche Zugeständnisse zu machen. Er zog jedoch keinen Augenblick lang in Erwägung, eine der Kanarischen Inseln herzugeben, wie es die Deutschen forderten, oder gar Spanisch-Guinea oder die Insel Fernando Po an die Deutschen abzutreten.[94]

Unter Francos Beratern neigte Serrano Suñer am stärksten den Achsenmächten zu. Suñer kehrte im September 1940 ausgesprochen desillusioniert von Gesprächen mit deutschen Führern zurück.[95] Gleichzeitig trug auch die verzweifelte ökonomische Situation Spaniens wenig dazu bei, militärische Experimente zu wagen. Mitte Oktober entließ Franco seinen Außenminister, den gemäßigt englandfreundlichen Juan Beigbeder Atienza, und ernannte Suñer zu dessen Nachfolger. Den historischen Quellen zufolge tat er dies zum Teil gerade, um Beigbeders Politik fortzusetzen und Spanien aus dem Krieg herauszuhalten, solange die Deutschen ihre Vorgehensweise nicht völlig veränderten.[96] Nach der Begegnung mit Hitler in Hendaye an der Grenze zwischen Spanien und dem besetzten Frankreich wurde Franco klar, daß die Deutschen noch immer auf ihrer Forderung beharrten, Stützpunkte auf spanischem Gebiet zu bekommen, daß sie nicht gewillt waren, den kolonialen Forderungen Spaniens zu entsprechen, und – von zunehmender Bedeutung angesichts der britischen Blockade, die Rationierungen in Spanien erzwang – daß sie nicht in der Lage waren, Spanien in einem längeren Krieg mit Lieferungen zu versorgen.[97]

All die detaillierten und komplizierten Pläne der Deutschen für einen Angriff auf Gibraltar und danach für einen Einsatz in Nordwestafrika wurden damit hinfällig.[98] Auf die wiederholte Forderung der Deutschen, Spanien solle sich an ihrer Seite am Krieg beteiligen, antworteten die Spanier mit Ausflüchten und Verzögerungstaktik. Die spanische Weigerung wurde den Briten zur Kenntnis gebracht.[99] Die neue Politik der Spanier wurde auch von den Bitten Mussolinis nicht beeinflußt; wahrscheinlich haben die italienischen Niederlagen im Winter 1940/41 Francos Abneigung gegen einen Kriegseintritt verstärkt. Er mußte verhindern, die Deutschen so zu verärgern, daß sie in Spanien einfielen. Franco weitete deshalb die bereits gewährte Unterstützung für den deutschen U-Boot-Krieg auf das Betanken von deutschen Überwasserschiffen aus[100]. Aber keine Ermunterung aus Berlin konnte ihn dazu bewegen, auf der Seite der Achsenmächte in den Krieg einzutreten, ohne zuvor Zusicherungen erhalten zu haben. Diese Zusicherungen betrafen die kolonialen Beutestücke und die Materiallieferungen; außerdem sollten die Deutschen ihre Forderung nach Stützpunkten in spanischen Gebieten fallenlassen.[101]

Franco war noch immer stark vom großen Sieg Deutschlands im Westen beeindruckt. Er sah keine realistische Chance für einen Sieg der Briten[102], glaubte aber auch nicht, daß Deutschland so schnell gewinnen würde, wie Hitler und von Ribbentrop ihm immer wieder versicherten. Spanien war nicht in der Lage, einen langen Krieg zu führen, würde aber gegen jedes Land kämpfen, von dem es angegriffen werden sollte.[103]

Die Deutschen gaben ihre Bemühungen um Spanien fürs erste auf. Sie hatten große Bedenken, daß die Versprechungen, die sie Spanien hinsichtlich der französischen Kolonialbesitzungen gemacht hatten, durchsickern und einen Seitenwechsel der Kolonien von Vichy zu de Gaulle auslösen könnten. Tatsächlich setzte sich Berlin dafür ein, daß Vichy die bereits zum Freien Frankreich übergelaufenen Gebiete wieder zurückeroberte. Vichy konnte sich davon kaum großen Nutzen versprechen, wenn die Gebiete nach ihrer Rückeroberung anderen Mächten übertragen werden sollten.[104] In Erwartung des Angriffs auf die Sowjetunion hielten die Deutschen ferner einen Landungsversuch der Briten auf der iberischen Halbinsel für möglich – wie sie sich auch über eine mögliche britische Operation gegen die Kanalinseln und Norwegen sorgten –, und deshalb faßten sie ins Auge, selbst in Spanien einzumarschieren, sobald es erste Anzeichen für eine solche Ablenkungsoperation der Briten geben sollte.[105] Für Francos Spanien hatte Hitler nicht viel übrig; er erging sich mitunter in despektierlichen Bemerkungen, während er seine Aufmerksamkeit dem Ostfeldzug widmete. Die Deutschen hatten Forderungen nach spanischem Territorium erhoben, das sie gegen die Vereinigten Staaten und für ihr eigenes Kolonialreich benötigten. Hitler kam nicht auf den Gedanken, daß solche Forderungen die Haltung eines stolzen Nationalisten beeinflussen mußten.

Das deutsche Vorhaben, im Westen ein Bündnis mit Frankreich, Spanien und Italien gegen Großbritannien herzustellen, war zeitlich durch die Notwendigkeit begrenzt, Truppen für den Angriff auf die Sowjetunion nach Osten zu verlegen. Das Projekt wurde ferner durch einen neuen Schritt Italiens zuerst behindert und mußte dann teilweise aufgegeben werden. Das Vorgehen der Italiener erfolgte, wie erwähnt, als Reaktion auf einen Teil der Vorbereitungen, die Deutschland mit Blick auf die Invasion der Sowjetunion traf. Die Deutschen hatten Mussolini im August 1940 mit Nachdruck erklärt, daß sie Ruhe auf dem Balkan wünschten und daß Italien nicht gegen Jugoslawien und Griechenland vorgehen dürfe.[106] Die Italiener hatten diese Ermahnung gerade zur Kenntnis genommen, als sie erfahren mußten, daß deutsche Truppen nach Rumänien entsandt wurden. Da die Deutschen die Italiener nicht darüber informiert hatten, daß dies – wie die Waffenlieferungen an Finnland – ein Ergebnis ihrer Entscheidung zum Krieg gegen die Sowjetunion darstellte, ist es verständlich, daß Rom diese Vorgehensweise als Teil einer neuen deutschen

Offensivstrategie auf dem Balkan interpretierte. Italien sollte stillhalten, während Deutschland Südosteuropa unter seine Kontrolle brachte.

Italien war nicht als Verbündeter Deutschlands in den Krieg eingetreten, um seine Forderungen gegen Frankreich so sehr einschränken zu müssen, daß Frankreich aus dem Krieg ausscheiden konnte. Und Italien hatte sich auch nicht beteiligt, um auf dem Balkan tatenlos zusehen zu müssen, wie Deutschland das Gebiet in seine Gewalt brachte. Mussolini war sehr verärgert, als er wenige Tage nach seinem Treffen mit Hitler am 4. Oktober von der deutschen Operation in Rumänien erfuhr.[107] Am 12. Oktober erklärte er Außenminister Ciano: »Hitler stellt mich immer vor ein *fait accompli*. Dieses Mal zahle ich es ihm mit eigener Münze heim. Aus den Zeitungen wird er erfahren, daß ich Griechenland besetzt habe. Auf diese Weise wird das Gleichgewicht wiederhergestellt.«[108]

Die Italiener hatten bereits ein deutsches Angebot abgelehnt, ihnen mit gepanzerten Einheiten bei ihren Operationen in Ägypten zu helfen.[109] Sie wollten selbständig in Ägypten vorstoßen – sofern der Befehlshaber der italienischen Verbände dazu veranlaßt werden konnte, Mussolinis Weisungen zu gehorchen. Jetzt war Italien im Begriff, eine Invasion Griechenlands ohne richtige Vorbereitungen und genügend Truppen einzuleiten – tatsächlich sogar unmittelbar nach einer teilweisen Demobilisierung der Armee. Für kurze Zeit sahen die Italiener in beiden Operationen eine Möglichkeit, eigene spektakuläre Siege zu erringen, während es die Deutschen nicht schafften, entweder Frieden mit England zu schließen oder auf der Insel zu landen bzw. sie durch Luftangriffe zu zermürben.[110]

In einer Reihe unglaublich wirrer Besprechungen erklärte Mussolini den Militärführern seine Entscheidung, Griechenland am oder um den 26. Oktober 1940 anzugreifen. Die Offiziere diskutierten über einige unplausible Pläne zur Durchführung dieser Operation. Zur gleichen Zeit wurde deutlich, daß die italienische Armee in Nordafrika wie üblich auf einen Vorstoß noch nicht vorbereitet war. Die Deutschen wurden über die Invasion Griechenlands erst im letzten Moment informiert; die widersprüchlichen Hinweise, die sie schon zuvor empfangen hatten, boten keine Grundlage für ein entschlossenes Eingreifen, das den italienischen Verbündeten möglicherweise ernsthaft beleidigt hätte. Zu diesem Zeitpunkt hoffte Hitler noch immer, Italien in ein Abkommen mit Frankreich und Spanien einzubinden. Ob er nun Mussolini bei dem Treffen am 4. Oktober grünes Licht gegeben hatte oder nicht, sei dahingestellt. Jedenfalls blieb ihm bei der erneuten Begegnung mit Mussolini am 28. Oktober nichts anderes übrig, als die Situation zur Kenntnis zu nehmen, die durch den italienischen Angriff am Morgen dieses Tages geschaffen worden war. Hitlers Wutausbruch erfolgte erst später.[111]

Die Italiener konzentrierten ihren Angriff auf drei Richtungen: den albanisch-griechischen Küstenbereich, den Versuch, die einzige wichtige Ost-West-Straße durch Nordgriechenland am zentralen Frontabschnitt zu unterbrechen, und einen kleineren Angriff an der Grenze in Mazedonien. Die Griechen waren durch vorangegangene polemische Kampagnen in der italienischen Presse und durch diplomatischen Druck gewarnt worden und hatten bereits begonnen, Streitkräfte zusammenzuziehen, um sich der erwarteten Invasion zu widersetzen.[112] Die Weigerung Bulgariens, sich an dem Angriff auf Griechenland zu beteiligen – die vielleicht aus Angst vor einem Eingreifen der Türkei erfolgte –, ermöglichte es den Griechen, Truppen von Thrazien nach Mazedonien zu verlegen, um den Widerstand gegen die Italiener zu stärken.[113]

Nach anfänglichen Vorstößen wurden die italienischen Truppen im Küstenbereich zum Stillstand gebracht. Die für die Offensive im mittleren Frontabschnitt eingesetzten Einheiten wurden abgeschnitten und aufgerieben, und die Truppen am nordwestlichen Ende der Front wurden schnell zurückgeworfen. Innerhalb einer Woche wurde beiden Seiten klar, daß die italienischen Streitkräfte eine empfindliche Niederlage erlitten hatten, obwohl sie den Luftraum kontrollierten und im Gegensatz zu den Griechen über gepanzerte Fahrzeuge verfügten. Die Gegenoffensive der Griechen begann am 14. November, in deren Verlauf die italienischen Truppen nach Albanien zurückgetrieben wurden. Danach stabilisierte sich die Front ungefähr 48 Kilometer von der Grenze entfernt im Inneren Albaniens. Italienische Gegenoffensiven wurden von den Griechen aufgehalten, aber auch weitere griechische Angriffe im Januar und Februar 1941 brachten nur kleine Fortschritte. Beide Seiten waren erschöpft.

Die griechischen Streitkräfte verfügten über eine bessere Artillerie und wurden einige Tage nach dem Angriff von kleinen Einheiten der britischen Luftwaffe unterstützt; mit dem Eingreifen der Briten werden wir uns später befassen. Doch diese beiden Faktoren waren für den Ausgang des Konflikts nicht entscheidend. Auch genügt es nicht, auf das miserable Wetter und das schwierige Gelände hinzuweisen, denn darunter litten beide Seiten gleich. Allerdings wurden die Griechen durch die Gelände- und Wetterbedingungen davon abgehalten, ihren Sieg auszunutzen und die Italiener vollständig aus Albanien zu vertreiben. Deswegen hätten auch die Italiener einen Sieg in den Eröffnungsgefechten kaum nutzen können, wenn sie ihn denn errungen hätten. Vielmehr wurde der Ausgang der Ereignisse einerseits durch den entschlossenen und mutigen Widerstand der Griechen entschieden, andererseits durch die nahezu unglaubliche Inkompetenz der italienischen Militärführung im allgemeinen und insbesondere bei der Planung und Vorbereitung dieses Feldzuges. Wer das Gelände um den Isonzo kennt, in dem die italienischen Truppen im Ersten Weltkrieg kämpften, wird nicht bezweifeln, daß sie durchaus auch unter schwierigsten Umständen tapfer kämpfen können. Von einer Armee jedoch, in der die Intelligenz mit steigendem militärischen Rang abnahm, konnte man nichts anderes erwarten als eine Katastrophe. Zweimal wurde der oberste Befehlshaber der italienischen Truppen ausgetauscht, aber es half alles nichts. Nach zwei Jahrzehnten faschistischer Herrschaft hatte Italien eine Armee, die noch schlechter geführt, trainiert und ausgerüstet war als die Armee von 1915.

Weitere Rückschläge folgten. In der Nacht vom 12. auf den 13. November führte die britische Kriegsmarine einen seit längerem geplanten Angriff auf die italienische

Flotte vor Tarent durch. Sie setzte dafür Flugzeuge ein, die mit Torpedos bestückt waren und von einem Flugzeugträger starteten. Drei italienische Schlachtschiffe wurden getroffen, eines davon so schwer, daß es aufgegeben werden mußte. [114] Außerdem hatten die Briten damit begonnen, ihre Streitkräfte in Ägypten für eine Gegenoffensive zusammenzuziehen.

Die Italiener hatten ihren Vormarsch nach Sidi Barrani gestoppt und sich dann monatelang über den nächsten Schritt in Richtung Alexandria gestritten. Geplant war ein Angriff zur Eroberung eines Verladebahnhofs, der rund 130 Kilometer östlich bei Marsa-Matruh lag. [115] In den vergangenen Wochen hatte der italienische Kommandant, Marschall Rodolfo Graziani, mehrmals entweder versprochen vorzurücken oder tatenlos Weisungen für einen Vormarsch empfangen. Er war noch immer damit beschäftigt, seinen Nabel oder die Sanddünen zu betrachten, als die Briten losschlugen.

Die Briten hatten trotz der Invasionsgefahr, die England drohte, beträchtliche Verstärkungen nach Ägypten geschickt. [116] Diese Truppen waren zwar nicht mit dem Einsatz im späteren Nordafrika-Feldzug zu vergleichen; die zusätzlichen Panzer, Flugzeuge und Einheiten (letztere vor allem aus Indien und Australien) verstärkten jedoch die für die Verteidigung Ägyptens bereits eingesetzten Truppen und ermöglichten es dem britischen Befehlshaber, General Sir Archibald Wavell, am 9. Dezember 1940 eine Offensive einzuleiten. Die angreifenden Briten überraschten und überwältigten die Italiener und vernichteten die gepanzerten Einheiten und die Infanterie im Gebiet von Sidi Barrani. Innerhalb weniger Tage rieben die Briten drei italienische Divisionen auf und stießen fast 90 Kilometer zur ägyptisch-libyschen Küste vor. Dort versuchten die Italiener, die britischen Einheiten aufzuhalten.

Nach einer zweiwöchigen Pause, die für den Nachschub gebraucht wurde, griffen die Briten am 3. Januar 1941 erneut an. Sie führten eine Reihe von Vorstößen durch, wobei sich Infanterieangriffe mit wagemutigen Attacken der gepanzerten Sturmspitzen abwechselten. In den folgenden vier Wochen vernichteten die Briten die Reste der italienischen 10. Armee, die die Kämpfe bei Sidi Barrani überlebt hatten. Die Truppen der italienischen Garnisonen in Bardia, Tobruk und Derna wurden in die Flucht geschlagen oder gefangengenommen. Innerhalb von zwei Monaten verloren die Italiener nicht nur die Herrschaft über ihr kleines Gebiet in Ägypten, sondern auch die gesamte Cyrenaica. Die Briten nahmen 115 000 Italiener gefangen; für den Augenblick war Ägypten nicht mehr bedroht, und Mussolinis Ansehen hatten sie einen zweiten Schlag versetzt – dem Rest seines Ansehens nach den vorhergegangenen Niederlagen der Italiener gegen die Griechen. [117]

Mit weiteren internationalen und internen italienischen Auswirkungen dieser Katastrophen werden wir uns später befassen. Ein militärisches Resultat von großer strategischer Bedeutung für den ganzen Krieg begann sich jedoch sofort auszuwirken. Italienische Truppen in Ostafrika hatten Britisch-Somaliland sowie einen Grenzposten im Sudan besetzt. Als Großbritannien am schwächsten war, hatten sie dann unklugerweise in der Defensive verharrt. Das italienische Ostafrika geriet in fast vollständige Isolation, und selbst die noch bestehenden schwachen Verbindungen mit der weit entfernten Garnison wurden unterbrochen, als die italienischen Bemühungen, den Nachschub über eine Luftbrücke herbeizuschaffen, auf die zusammenbrechenden Truppen in Albanien konzentriert werden mußten. Im Februar 1941 begannen die Briten mit Gegenangriffen von Kenia aus, landeten dann an den Küsten von Britisch-Somaliland und Eritrea, während sich vom Sudan aus eine Expeditionstruppe unter Orde Wingate nach Addis Abeba in Marsch setzte. Kurz nacheinander wurden die italienischen Kerntruppen besiegt; die restlichen Einheiten wurden im Landesinnern eingekesselt, und der äthiopische Herrscher Haile Selassie kehrte auf seinen Thron zurück. [118]

Über 100 000 weitere italienische Soldaten gerieten in Kriegsgefangenschaft. Mussolinis wichtigster Erfolg, die Eroberung Äthiopiens, war rückgängig gemacht worden, und zum erstenmal war ein Land befreit worden, das die Achsenmächte besetzt hatten. Aus dieser Entwicklung ergaben sich zwei wichtige Konsequenzen für den Fortgang des Krieges. Die Vereinigten Staaten konnten nunmehr behaupten, das Rote Meer sei kein Kriegsgebiet mehr und stehe deshalb den amerikanischen Schiffen wieder offen. Präsident Roosevelt verkündete dies am 11. April 1941. US-Schiffe konnten nunmehr nach Suez fahren, den dortigen britischen Streitkräften Nachschub liefern und den Druck auf die britischen Schiffstransporte verringern. Ferner war die Westküste des Indischen Ozeans nach dem Hinauswurf der Italiener aus Nordostafrika wieder frei – diese Tatsache gewann große Bedeutung, nachdem Japan in den Krieg eingetreten war und die Achsenmächte die Versorgungswege der Alliierten durch diese wichtigen Gewässer abschneiden wollten.

Die Erniedrigung, die die italienischen Streitkräfte an der griechischen Front im November 1940 erlitten, der britische Überraschungsangriff auf ihre Kriegsflotte in Tarent und der wenig später erfolgte Zusammenbruch der Italiener in Nordafrika erschütterten das faschistische Regime in Italien. Einerseits wurden unmißverständliche Anzeichen der Inkompetenz sichtbar, andererseits würde der Krieg offenbar noch sehr lange andauern. Wer in Italien daran noch Zweifel hegte, wurde durch die weiteren Ereignisse eines Besseren belehrt: Ein Wiedereinsatz entlassener Soldaten wurde angeordnet, die Rationierung der wichtigsten Nahrungsmittel wurde am 1. Dezember dramatisch verschärft, und am 8. Februar 1941 bombardierten die Briten Genua. [119]

Mussolini entließ Marschall Pietro Badoglio, den Generalstabschef, statt seinen Schwiegersohn Ciano hinauszuwerfen, dem viele Italiener die Verantwortung für das griechische Abenteuer zuschoben. [120] Doch auch mit der Entlassung seines Generalstabschefs konnte Mussolini nicht verhindern, daß sich ihm das Volk mehr und mehr entfremdete. Im Januar wurde propagandistisch verkündet, alle Kabinettsmitglieder unter 45 Jahren würden an die albanische Front geschickt; das wurde vom Volk jedoch als Witz empfunden und trug keineswegs zur Beruhigung bei. Außerdem verlor Mussolini die Loyalität einiger Gefolgsleute, die ihre weichen Betten in Rom mit sehr unkomfortablen Zelten in den eisigen Bergen Albaniens vertauschen mußten.[121] Weder der König noch die Kirche oder die Militärführung wollten oder konnten sich gegen das Regime stellen. Der Polizei und den Aktivisten in der faschistischen Partei gelang es deshalb, das unzufriedene Volk unter Kontrolle zu halten, wobei sie ihre bewährten Instrumente – Indoktrination, Schlagstöcke oder Rizinusöl – recht großzügig einsetzten. Churchill wies in seinem großen Aufruf vom 23. Dezember[122] darauf hin, daß »ein einziger Mann« die Italiener in diese katastrophale Lage gebracht habe, und deutete damit einen Ausweg an, doch war fast niemand bereit, auf diese Anregung einzugehen.[123] Mussolinis Traum von der italienischen Großmacht hatte sich im Granatfeuer der Front als Illusion erwiesen.[124] Das Regime hätte ohne die Hilfe der Deutschen sein törichtes Abenteuer auf dem Balkan und seine bittere Niederlage in Nordafrika nicht überstanden. Die deutsche Rettungsaktion mußte Italien jedoch mit dem Verlust seiner nationalen Autonomie bezahlen. Die Unabhängigkeit hatte Italien erst im 19. Jahrhundert erlangt; jetzt konnte sie nur durch die Alliierten wiederhergestellt werden.*

Die Deutschen hätten keine ernsthaften Einwände gegen die Invasion Griechenlands gehabt, wenn sie so schnell und erfolgreich durchgeführt worden wäre wie die deutsche Invasion Norwegens. Sie hatten außerdem die Italiener wiederholt aufgefordert, auf dem nordafrikanischen Kriegsschauplatz vorzurücken. Militärisch hätte der Erfolg dieser beiden Aktionen zum damaligen Zeitpunkt den deutschen Kriegsplänen nur nutzen können. Eine italienische Besetzung Griechenlands hätte die Südseite des Balkans während der Invasion der Sowjetunion für feindliche Operationen blockieren können. Und eine Eroberung Ägyptens durch die Italiener, für deren Unterstützung die Deutschen eine gepanzerte Division angeboten hatten, hätte Großbritannien sehr hart getroffen. Dann hätten die Truppen der Achse das von Vichy-Frankreich kontrollierte Nordwestafrika bedrohen und de Gaulle die französischen Kolonien in Äquatorialafrika wieder abnehmen können. Auch aus Hitlers politischer und ideologischer Perspektive wären beide Operationen vorteilhaft gewesen. Er sah im Mittelmeerraum den für Italien vorbestimmten Lebensraum und versicherte dies Mussolini wiederholt – womit ihm nach den verfügbaren Quellen durchaus ernst war. Die deutsche Kriegsmarine, die die Probleme im Mittelmeer und in Nordafrika ganz anders sah – als einen wichtigen Schauplatz für die Niederlage Großbritanniens –, war zu keinem Zeitpunkt in der Lage, Hitler von ihrer Sichtweise zu überzeugen.[125] Außerdem sollte die Ölförderung im Nahen Osten zur Versorgung der italienischen Flotte und Luftwaffe dienen, während der Ölbedarf Deutschlands aus

---

* Sicherlich liegt eine gewisse symbolische Bedeutung darin, daß der umfangreichste Aktenordner der deutschen Botschaft in Rom (Quirinal) dem »Kauf« von Kunstobjekten für Hitler und Göring gewidmet ist. Siehe Bonn, Pol. Archiv, Botschaft Rom (Quir.) Geheim 527/40 in 44/4. Die britischen Überlegungen im Dezember 1940 über die möglichen Bedingungen für Italien im Falle eines Waffenstillstands, wenn darum ersucht werden sollte, enthalten schon Hinweise auf eine schnelle deutsche Besetzung des Landes (siehe PRO, FO 371, R 9066/6849/22).

den rumänischen Lieferungen, ergänzt um die Vorkommen im Kaukasus, gedeckt werden sollte. Damit wäre Deutschland noch besser versorgt worden als durch Handelsbeziehungen zur Sowjetunion.

Aus der Sicht Berlins brachte die Wirklichkeit der Niederlagen für die Italiener eine ganze Reihe von Gefahren mit sich, die ganz anders aussahen als die Träume über italienische Siege. Die Niederlage in Griechenland konnte dazu führen, daß auf dem Balkan eine neue Front entstand – für Deutschland eine unerträgliche Situation, weil es seine Land- und Luftstreitkräfte für den Angriff auf die Sowjetunion konzentrieren wollte. Eine möglicherweise noch gefährlichere Folge wäre die Stationierung britischer Flugzeuge auf griechischen Luftstützpunkten gewesen, die von dort aus die rumänischen Ölfelder hätten angreifen können.[126] Man muß sich in Erinnerung rufen, daß die enormen Schwierigkeiten, weit entfernt liegende Ölfelder anzugreifen, damals auf beiden Seiten noch nicht richtig begriffen worden waren. Außerdem nahmen beide Seiten an, daß auch kleine Luftangriffe riesige Feuersbrünste und Zerstörungen verursachen würden.

Eine Niederlage der Italiener in Nordafrika und eine anschließende Besetzung ganz Libyens durch die Briten würde das Mittelmeer wieder für die britische Schiffahrt öffnen. Die Briten könnten dann Italien von Süden her angreifen, und möglicherweise würden die vom Vichy-Regime beherrschten französischen Kolonien in Nord- und Westafrika zum Feind überlaufen. Schlimmer noch: Diese Katastrophen mußten dem Prestige des faschistischen Regimes schwersten Schaden zufügen, und darüber hinaus mußte Italien den Verlust aller seiner Besitzungen in Ostafrika hinnehmen. Diese Entwicklungen konnten leicht zum vollständigen Zusammenbruch des gesamten Systems führen, das Mussolini aufgebaut hatte – eine Gefahr, die schon damals und nicht erst im Rückblick aus dem Jahr 1943 erkannt wurde.[127]

Angesichts dieser Tatsachen eilten die Deutschen ihrem Verbündeten unverzüglich zu Hilfe. Hitler war – ungeachtet der Zweifel und sarkastischen Kommentare gewisser Beamter und Offiziere – fest entschlossen, seinen Freund zu retten. Zwar belehrte er Mussolini mitunter über Militärstrategien und Prioritäten, behandelte ihn jedoch immer sehr behutsam, um ihn nicht zu beleidigen. Hitler hatte schon früher erkannt und wiederholt betont, daß nur Mussolini Italiens Loyalität zur Achse Berlin-Rom garantierte.*

---

* Es ist anzumerken, daß Hitler *nicht* bereit war, die schwierige Lage Italiens auszunutzen und eine Übereinkunft mit Vichy-Frankreich herbeizuführen. Jetzt benötigte Mussolini eine solche Übereinkunft dringend, und Hitler konnte nicht mehr behaupten, daß die Forderungen und Interessen Italiens einem deutsch-französischen Abkommen im Wege stünden. Damit wurde deutlich, daß ein solches Abkommen ungeachtet der konkreten Bedingungen durch Hitlers persönliche, grundlegende Abneigung gegen die Franzosen verhindert wurde. Siehe hierzu Admiral Weichold, »Schicksalskampf der Achse im Mittelmeer 1940–1943«, Teil I, S. 228–229, BA-MA, Nachlaß Weichold, N 316/1. Zu Hitlers unverändert hoher Meinung von Mussolini siehe Jochmann, Hitler, Monologe, 21./22. Juli 1941, S. 43.

Angesichts der Lage in Albanien entsandten die Deutschen im Dezember Transportflugzeuge zur Unterstützung der italienischen Luftwaffe beim Transport von Truppen und Nachschub; das Land war in bezug auf Lade- und Entladestationen und Transporteinrichtungen sehr schlecht ausgestattet.[128] Die Deutschen hatten ursprünglich geplant, Sturzkampfflugzeuge nach Italien und Sizilien zu entsenden, die sich an den Angriffen auf britische Schiffe im Mittelmeer beteiligen sollten. Nach den ersten Siegen der Briten in Ägypten und an der ägyptisch-libyschen Grenze beschleunigte die deutsche Luftwaffe die Verlegung des X. Fliegerkorps von Norwegen aus, um die italienischen Streitkräfte zu unterstützen und britische Kriegs- und Handelsschiffe anzugreifen. Mitte Januar flog die deutsche Luftwaffe bereits zahlreiche Einsätze von Stützpunkten in Sizilien aus.[129] Dadurch veränderte sich unmittelbar die Situation im Zentral-Mittelmeer: Von diesem Zeitpunkt an wurde Malta schwer bombardiert.* Ferner begannen die Deutschen Mitte Januar mit dem Bombardement und der Verminung des Suez-Kanals – was Hitler seit einem halben Jahr angestrebt hatte. Diese Maßnahmen hatten auf alle britischen Operationen im Kriegsschauplatz Mittelmeer einen starken Einfluß.[130]

Als sich die Lage der Italiener in Albanien und Nordafrika weiter verschlechterte, mußten die Deutschen abwägen, ob sie außer Flugzeugen auch Bodentruppen entsenden sollten. Der Gedanke, ein Korps mit zwei Gebirgsjäger-Divisionen nach Albanien zu schicken, wurde aus zwei Gründen fallengelassen: Zum einen bestand keine akute Gefahr mehr, daß die Italiener von den Griechen ins Meer getrieben würden. Zum anderen reichte die logistische Struktur Albaniens nicht aus, um zwei deutschen Divisionen den Nachschub zu ermöglichen. Da Hitler nicht gewillt war, weniger Truppen zu entsenden, als für einen wirkungsvollen Vorstoß benötigt wurden, setzte sich auch der von Mussolini bevorzugte Alternativplan nicht durch: die Entsendung einer einzigen deutschen Division zur Verstärkung der italienischen Verteidigungslinien.[131] Die italienischen Truppen in Albanien schafften es nicht, wieder in die Offensive zu gehen. Sie mußten das Ergebnis eines deutschen Angriffs auf Griechenland abwarten, der aus einer ganz anderen Richtung vorgetragen wurde. Der britische Gegenangriff auf diese Operation der Deutschen brach jedoch nicht nur in sich zusammen, sondern sollte auch entscheidend zum Erfolg der deutschen Rettungsaktion in Nordafrika beitragen.

Die Italiener hatten zu einem früheren Zeitpunkt das deutsche Angebot einer gepanzerten Division zur Unterstützung ihres Eroberungszuges in Ägypten stolz abgelehnt. Angesichts der Niederlagen, die sie im Dezember und Januar erlitten hatten, waren sie jetzt gezwungen, die Deutschen um Hilfe zu bitten. Ursprünglich dachte man an eine kleine Einheit, die kaum Divisionsstärke erreichte, zum Aufhalten der

---

* Am 11. Januar 1941 und noch einmal zu einem späteren Zeitpunkt wurde der britische Flugzeugträger *Illustrious*, der den Überfall bei Tarent eingeleitet hatte, durch deutsche Angriffe sehr stark beschädigt. Das Schiff mußte aus dem Mittelmeer abgezogen werden.

Briten; sie sollte in Nordafrika etwa das bewirken, was Mussolini von der deutschen Gebirgsjägerdivision in Albanien erhoffte.*

Noch bevor die Vorbereitungen für dieses Projekt eingeleitet werden konnten, hatte sich die Lage der italienischen Streitkräfte in Nordafrika dramatisch verschlechtert. Der Sieg der Briten bei Beda Fromm Anfang Februar, der zur Vernichtung des Restes der 10. Armee führte, schien Großbritannien sowohl in den Augen der Deutschen als auch der Italiener den Weg zu einer vollständigen Besetzung Libyens zu eröffnen. Man war überzeugt, daß nur eine größere deutsche Streitmacht die Briten daran hindern könnte, in Nordafrika den Italienern das Schicksal zu bereiten, das ihnen die allzu erschöpften griechischen Truppen in Albanien offensichtlich nicht bereiten konnten. Wir wissen jetzt, daß die Briten schon vor Beda Fromm sich entschieden hatten, ihre Offensive in Nordafrika zu stoppen, aber die Deutschen wollten kein Risiko eingehen.[132] Die Italiener erbaten eine größere deutsche Streitmacht; die Bedingungen für deren Einsatz legten weitgehend die Deutschen fest. Am 12. Februar kam der neue Befehlshaber dieser Einheiten in Tripolis an: General Erwin Rommel, dessen Operationen und Truppen – die bald als Deutsches Afrika-Korps bezeichnet wurden – den Krieg im Mittelmeerraum verändern sollten.

SÜDOSTEUROPA

Der wichtigste Teil des deutschen Entsatzes für italienische Truppen war ein Angriff auf Griechenland, der von Rumänien aus durch Bulgarien vorgetragen wurde. Das Wetter in den Bergen an der griechisch-bulgarischen Grenze ermöglichte eine solche Offensive nicht vor dem Frühjahr 1941. Deshalb mußten die Italiener in Albanien durchhalten, so gut sie es vermochten. Die Aufstellung einer ausreichend großen Truppe und der Transport der Ausrüstung würde die dazwischenliegenden Monate in Anspruch nehmen. Die Truppen mußten durch Ungarn hindurch transportiert werden, in Rumänien aufgestellt und dann durch Bulgarien nach Griechenland in Marsch gesetzt werden. In Ungarn, Rumänien und Bulgarien standen den Deutschen die für den Landtransport erforderlichen Einrichtungen direkt zur Verfügung, während die albanische Front nur über das Adriatische Meer von Italien aus und anschließend über ungepflasterte Bergpfade im albanischen Landesinnern zu erreichen war.

Die Brücken über die Donau zwischen Rumänien und Bulgarien wurden von deutschen Pionieren erst im letzten Augenblick gebaut. Dies bedeutete, daß der Truppenaufmarsch in Rumänien gegen jede Einmischung aus südlicher Richtung geschützt

---

* Hitler war ursprünglich gewillt gewesen, eine solche kleine Einheit in Form eines sogenannten *Sperrverbandes* nach Nordafrika zu entsenden, weil er zum damaligen Zeitpunkt dort keine Offensive wie gegen Griechenland plante. Die Okkupation Griechenlands und die Verteidigung eines Stützpunktes in Nordafrika schien Hitler der geeignete Weg, Mussolini zu helfen, während er den Angriff auf die Sowjetunion vorbereitete.

war – für den unwahrscheinlichen Fall, daß sich Bulgarien und die Türkei den Briten und Griechen anschließen sollten. Dies mag auf den ersten Blick umständlich erscheinen, war jedoch aus der Sicht Berlins die beste Lösung. Außerdem konnten dabei die deutsche Präsenz in Rumänien ausgebaut und die bulgarische Kooperationsbereitschaft gesichert werden. Bulgarien sollte mit griechischem Territorium belohnt werden. Jugoslawien sollte auf diese Weise völlig isoliert und eine Einmischung der Türkei ausgeschlossen werden.

Die Deutschen waren entschlossen, sich diese Gelegenheit nicht entgehen zu lassen. Kaum war die am 28. Oktober eingeleitete italienische Offensive gegen Griechenland steckengeblieben, als auch schon die Deutschen am 1. November über einen Vorstoß durch Bulgarien zur Ägäis nachzudenken begannen. In den folgenden Monaten wurden die Pläne stetig erweitert, bis sie die vollständige Okkupation Griechenlands umfaßten. Bis zum 4. November hatte die Regierung des Königreichs Jugoslawien den Deutschen zu verstehen gegeben, daß sie gewillt sei, sich an dem Angriff auf Griechenland zu beteiligen, wenn ihr dafür der Hafen Saloniki an der Ägäis zugesprochen würde. Jugoslawien wäre dann nicht mehr von dem unter italienischer Kontrolle befindlichen Adriatischen Meer abhängig gewesen.[133] Gleichzeitig begann eine Serie geheimer Sondierungen, mit denen die Griechen eine deutsche Vermittlung für einen Waffenstillstand und einen Friedensschluß anstrebten, der ihnen die Leiden einer Invasion ersparen sollte.

Die jugoslawischen Sondierungen wurden von Berlin begrüßt; sie führten zu längeren Verhandlungen, die darin gipfelten, daß Jugoslawien schließlich am 25. März 1941 dem Dreimächtepakt beitrat. Als die Regierung des Königs Peter II. unter der Regentschaft des Prinzen Paul, die diesen Schritt unternommen hatte, bei einem Putsch zwei Tage später gestürzt wurde, beschloß Hitler sofort, auch noch in Jugoslawien einzufallen und das Land zu erobern.[134] An den griechischen Sondierungen für einen Frieden war Berlin nicht interessiert. Keine der zahlreichen Versicherungen Athens erschien den Deutschen ausreichend, und kein Anzeichen, daß Griechenland nicht Stützpunkt britischer Truppen oder Langstreckenbomber war, brachte Hitler von seinem Entschluß ab, ganz Griechenland zu besetzen.[135] An den Flanken des bevorstehenden Angriffs auf den Osten sollte nicht die geringste Unsicherheit entstehen.

Die Briten hatten zu einem früheren Zeitpunkt des Krieges verschiedene Pläne erwogen, auf dem Balkan eine Front zu errichten, um die italienischen und nach Möglichkeit auch die deutschen Streitkräfte von der Westfront abzulenken.[136] Doch dieses Vorhaben konnte ebensowenig verwirklicht werden wie der Plan, die rumänischen Ölfelder durch Sabotage zu zerstören, da Deutschland nach dem Sieg im Westen Rumänien an sich band und seinen Schatten über Ungarn, Jugoslawien und Bulgarien warf. Der offensichtlich gescheiterte Angriff Italiens auf Griechenland bot den Briten nicht nur eine Chance, sondern bedeutete auch eine Verpflichtung. Sie waren jetzt gezwungen, die britische Garantie für Griechenland, die bei der Besetzung Albaniens durch Italien ausgesprochen worden war, einzulösen. Doch sie hatten auch

Grenzen 1941
Vorrücken der Italiener
in Griechenland
Vorrücken der Griechen
nach Albanien
Aliakmon-Linie

Berlin

DEUTSCHES
REICH

Warschau
GENERAL-
GOUVERNEMENT

SOWJETUNION

Prag

BÖHMEN u. MÄHREN

SLOWAKEI

Wien

UNGARN

ÖSTERREICH

Budapest

Fiume

Zagreb

RUMÄNIEN

Donau

Belgrad

Bukarest

JUGOSLAWIEN

Sarajewo

Niš

Schwarzes
Meer

Sofia

BULGARIEN

Adriatisches
Meer

Rom

ITALIEN

Tirana

ALBANIEN

Saloniki

TÜRKEI

Neapel

Tarent

Ägäisches
Meer

GRIECHENLAND

Korinth

Athen

Kap
Matapan

Suda-Bucht

Mittelmeer

KRETA

5. Der Balkan 1940/41

die Chance, eine Balkanfront zu errichten, deren Basis Griechenland war und die
aus Nordafrika beliefert werden konnte. Die Front könnte möglicherweise auch von
jenen anderen südosteuropäischen Ländern unterstützt werden, die von den Achsenmächten bedroht wurden: Jugoslawien, die Türkei und eventuell auch Bulgarien.
Von dieser Basis aus mochte sich auch die Möglichkeit ergeben, Angriffe gegen die
rumänischen Ölfelder durchzuführen.

So verlockend diese Visionen auch waren, es gab doch eine Reihe von Entwicklungen, die nicht außer acht gelassen werden durften. Zugleich erwiesen sich andere
Entwicklungen als fatal für die britischen Pläne, weil sie ignoriert wurden. So schickten die Briten nur einige Flugstaffeln nach Griechenland, um die griechischen Streitkräfte an der albanischen Front zu unterstützen. Angesichts der anfänglichen Domi-
nanz der Italiener im Luftraum stellte diese Maßnahme eine wichtige Hilfe dar, auch
wenn die britischen Einheiten zahlenmäßig nicht sehr stark waren. Der britische
Befehlshaber im Nahen Osten, General Sir Archibald Wavell, ging im November
1940 mit seinen Ressourcen sehr sparsam um und zog Verstärkungen für seine im
folgenden Monat geplante Offensive gegen die Italiener zusammen. Er konnte also
nur in geringem Umfang auf Ausrüstung verzichten, um den dringlichsten Bedarf
der griechischen Armee zu decken. Auch verfügte er nicht über Bodentruppen, die
er an die albanische Front hätte schicken können, und Anfang November stellte er
klar, daß er solche Truppen nicht abordnen würde.[137]

In den folgenden Wochen begann sich die britische Armee ganz allmählich an den
Unternehmungen in Griechenland zu beteiligen, während die Italiener in Nordafrika
von den britischen Truppen durch die Wüste gejagt wurden. Im Dezember jedoch
wurden einige Einheiten britischer Fallschirmjäger als Ersatz für eine an die albanische Front beorderte griechische Armeedivision nach Kreta geschickt. Dies war das
erste Mal, daß die Briten von ihrem nordafrikanischen Feldzug Truppen abkomman-
dierten. Die Maßnahme half den Griechen eine Zeitlang, nützte aber ansonsten nicht
viel, weil die Briten fast nichts unternahmen, um die Insel auf den Verteidigungsfall
vorzubereiten.[138] Es ist erstaunlich, daß die Briten hier ebenso kurzsichtig handelten
wie die Italiener, denn auch ein halbes Jahr später hatten sie die Verteidigungsstellungen auf der Insel Kreta nur wenig verbessert, als die Landung der Deutschen
begann.

Die Griechen wünschten keine britischen Truppen auf dem Festland, weil sie fürchteten, daß ihre Anwesenheit die Deutschen zu einem Angriff herausfordern würde.
Es war ihnen nicht bewußt, daß es für Berlin keine Rolle spielte, ob es sich um eine
reale oder nur um eine potentielle britische Präsenz handelte. Durch den Tod des
griechischen Diktators Ioannis Metaxas am 29. Januar 1941 wurde das vermutlich
letzte Hindernis beseitigt, das einer politischen Kehrtwendung der Briten im Wege
gestanden hatte. Metaxas war Realist und Patriot gewesen; er hätte möglicherweise
die Briten von einer überflüssigen Geste abhalten können, die den Griechen wenig
nützte und die Alliierten teuer zu stehen kam.[139]

Als klar wurde, daß die Deutschen durch Bulgarien hindurch Griechenland angreifen würden, gewann die Hilfe der Briten in den Augen der Griechen eine andere Bedeutung; und auch die Briten legten ihre Prioritäten neu fest. Griechenland hatte den größten Teil seiner Truppen und fast die gesamte Ausrüstung an die albanische Front geworfen. Jetzt wünschten sie britische Bodentruppen, um sich mit ihrer Hilfe gegen eine deutsche Invasion zu verteidigen. Die Behörden in London erhielten ausgesprochen optimistische Berichte sowohl von General Wavell als auch vom neuen britischen Außenminister Anthony Eden und vom Chef des Empire-Generalstabs, Feldmarschall Sir John Dill, die sich Ende Februar in Griechenland aufgehalten hatten. Aufgrund dieser Berichte befahl London, den Vormarsch in Zentrallibyen zu stoppen und Truppen und Ausrüstung nach Griechenland zu verlegen.[140]

Durch diese Hilfsmaßnahme für Griechenland konnte die Eroberung Libyens nicht zum Abschluß gebracht werden. Die Italiener konnten nahezu das gesamte Tripolitanien halten, ein Gebiet, das später den Deutschen zum Aufmarsch in Nordafrika diente; von hier aus konnten sie Ägypten in den folgenden zwei Jahren mehrfach bedrohen. Die Aktion der Briten erfolgte teilweise, um die den Griechen gegebenen politischen Versprechungen einzulösen, teilweise aber auch, weil man die militärischen und politischen Realitäten in Südosteuropa völlig mißachtete. Militärische Realität war, daß die Deutschen über Landversorgungswege starken Druck auf die dortigen Operationen ausüben konnten, während die Briten vollkommen unfähig waren, auch nur halbwegs ausreichende Truppen für diesen Kriegsschauplatz aufzubieten. Der Tapferkeit der britischen Marine ist es zu verdanken, daß die britischen Truppen nach Griechenland gelangten und wenn nötig auch evakuiert werden konnten (allerdings ohne ihre Ausrüstung).

Die Royal Navy konnte die britischen Truppen auch gegen die italienische Kriegsmarine schützen. Dies zeigte sich auf dramatische Weise bei der Seeschlacht vor Kap Matapan am 28. März. Die Überlegenheit der Royal Navy war teils dem Radar und teils der Entschlüsselung deutscher Funksprüche durch die Briten zu verdanken.* Als

---

* Ironischerweise konnten die entscheidenden Codes der italienischen Admiralität von den Briten nicht geknackt werden. Die Kenntnis der Briten über die Funksignale stammten aus den entschlüsselten Botschaften der Codierungsmaschine Enigma der deutschen Luftwaffe und der Enigma-Maschinen, die die Deutschen aus Sicherheitsgründen ihrem Verbündeten entweder überlassen oder verkauft hatten. Die Briten entzifferten wichtige *diplomatische* Codes der Italiener. Aber die Deutschen, die diese Codes ebenfalls entziffert hatten, setzten Rom davon nicht in Kenntnis – vermutlich weil sie meinten, daß niemand in der Lage sei, etwas zu tun, das ihnen selbst nur unter großen Schwierigkeiten gelungen war. Ein unfreiwillig komischer Bericht über diese Zusammenhänge findet sich in den Akten über Italien des Staatssekretärs im deutschen Außenministerium; Woermann für Ribbentrop, »U. St. S. Pol. Nr. 256gRs«, 1. April 1941, und »Nr. 261gRs«, 3. April 1941 (AA, St. S., »Italien«, Bd. 4, MF B001669–70, B001673); Memorandum von Weizsäcker, »St. S. Nr. 293«, 2. Mai 1941, und Woermann für Ribbentrop, »U. St. S. Pol. Nr. 422gRs«, 15. Mai 1941 (St. S., »Italien«, Bd. 5, MF B000847, B000894–95.)

die Italiener versuchten, ohne effektive Luftunterstützung durch die Deutschen die britischen Konvois nach Griechenland anzugreifen, gelang es der britischen Marine, drei schwere italienische Kreuzer und zwei Zerstörer zu versenken.[141] Diese Operation hatten die Italiener auf starken Druck der Deutschen hin begonnen. Ihr Scheitern trug dazu bei, daß danach die italienischen Marinebefehlshaber zögerten, ihre Schiffe zu riskieren. Außerdem wurde dadurch ihre Bereitschaft, deutschen Wünschen zu entsprechen, nicht gerade verstärkt.

Ungeachtet des Erfolgs der Marine verfügten die Briten im Mittelmeerraum weder über genügend Bodentruppen noch Kampfflugzeuge, um die deutsche Offensive gegen Griechenland aufzuhalten. Die erfolgreiche Durchführung der Truppentransporte erhöhte deshalb lediglich die Verluste an Ausrüstung und Soldaten. Außerdem wurde das Vertrauen der australischen Regierung in die Urteilsfähigkeit der britischen Militärführung beschädigt, da viele australische Einheiten an der Operation beteiligt waren.

Mit der militärischen Fehleinschätzung stand eine gleichermaßen ernste, aber eher verständliche politische Fehlkalkulation in direktem Zusammenhang. Die Briten hofften, in Südosteuropa eine allgemeine, gegen Deutschland gerichtete gemeinsame Front zustande zu bringen. Daran sollten vor allem die Türkei, aber auch Jugoslawien und nach Möglichkeit Bulgarien beteiligt sein. Die Bulgaren hatten Ende 1940 beschlossen, sich an die Seite Deutschlands zu stellen. König Boris glaubte an Deutschland und hoffte auf territoriale Zugewinne zu Lasten Griechenlands. Er war unfähig zu erkennen, daß Bulgariens Interessen in dem bevorstehenden langen Krieg nicht darin bestehen konnten, mit dem Dritten Reich zusammenzuarbeiten, sondern gegen es zu kämpfen. Der König führte sein Land in die Katastrophe.[142] Sein begrenzter Horizont zeigt sich darin, daß er die amerikanischen Bemühungen für töricht hielt, durch die Mission von Oberst William J. Donovan den britischen Versuch zu unterstützen, ein Abkommen gegen Deutschland zustande zu bringen.[143] Der Herrscher, der ein paar Monate später auf einer Kriegserklärung gegen die Vereinigten Staaten bestand, war möglicherweise doch nicht so klug, wie viele glaubten.

Die Türken fürchteten sowohl die Deutschen als auch die Sowjets, aber sie hofften zugleich auf territoriale Gewinne auf Kosten Griechenlands. Trotz endloser Versuche, Projekte, Pläne und Hoffnungen seitens der Briten waren sie nicht bereit, sich an einer gemeinsamen Front gegen Deutschland zu beteiligen, solange die Deutschen nicht in der Türkei einmarschierten. Die Deutschen versicherten selbstverständlich, dies niemals zu tun, und ebenso selbstverständlich beschlossen sie, die Vorbereitungen für eine solche Invasion in dem Augenblick anlaufen zu lassen, in dem sie sich sicher genug fühlen konnten – also nach der Eroberung des ganzen Balkans und nach der Niederwerfung der Sowjetunion. In der Zwischenzeit wollten die Deutschen beschränkte Mengen von Rüstungsgütern gegen dringend benötigte Lieferungen von Chrom tauschen und die Türken viel glaubwürdiger umwerben, als dies die Briten taten.[144] Als die Deutschen den Bulgaren und Jugoslawen Teile von Griechenland anboten, vermieden sie sorgsam, über den Teil Griechenlands zu sprechen, der an die Türkei grenzte. Hier hatten sie einen Köder in der Hand, den sie vor den Augen Ankaras baumeln lassen konnten. Wenn sie erst gesiegt hätten, sollten die Türken einen winzigen Teil Griechenlands und damit die Kontrolle über eine wichtige Eisenbahnstrecke bekommen.[145]

In Jugoslawien herrschte ein schwaches Regime über ein Land, das durch die Fehden der verschiedenen Volksgruppen gespalten war. Auch hier gab es keine realistische Aussicht, gegen Deutschland und Italien vorzugehen. Jugoslawien hätte sich ebenfalls gerne ein Stück von Griechenland einverleibt. Es trifft zu, daß die diplomatischen Anstrengungen der Briten von den Amerikanern unterstützt wurden[146], daß aber von Jugoslawien realistischerweise nicht erwartet werden konnte, den einzigen wirklich sinnvollen Schritt zu unternehmen: eine schnelle Invasion Albaniens aus nördlicher Richtung durchzuführen, um die Italiener vollständig aus ihrer Kolonie zu vertreiben, und dann zu den griechischen Streitkräften zu stoßen. Unrealistisch war diese Erwartung deshalb, weil offensichtlich weder Jugoslawien selbst genug Waffen hatte noch Großbritannien oder die Vereinigten Staaten in der Lage waren, Waffen in größerem Umfang zu liefern. Der Putsch in Belgrad am 27. März schien die früheren Bemühungen der Briten rückwirkend zu rechtfertigen, aber zu diesem Zeitpunkt war es bereits zu spät. In dieser schweren Zeit wirkten die anhaltenden Kriegsaktionen der Briten – sowohl diplomatischer als auch militärischer Art – unzweifelhaft ermutigend auf den Kampfgeist der Gegner der Achsenmächte. Anders als die Sowjetunion, die noch immer darum bettelte, sich mit Hitler verbünden zu dürfen[147], versuchten die Briten zumindest, den Opfern des Diktators zu helfen. Die Briten – ebenso wie die Opfer – mußten dafür teuer bezahlen.

Am Tag des Putsches in Jugoslawien beschloß Hitler sofort, nicht nur Griechenland, sondern auch Jugoslawien anzugreifen. Er wußte, daß Jugoslawien nicht die Absicht hatte, Griechenland zu helfen; dies wurde ihm auch von deutschen Diplomaten bestätigt. In Belgrad war jedoch eine starke Gruppierung dagegen, sich den Achsenmächten bei einem Angriff auf den eigenen südlichen Nachbarn anzuschließen, weil dadurch auch Jugoslawien selbst der Macht Deutschlands vollständig unterworfen würde. Der »Führer« jedoch war erleichtert, weil er jetzt nicht einmal mehr für kurze Zeit die Konzessionen machen mußte, die er bereits zugesagt hatte.[148] Ihn begeisterte es, daß sich hier die Gelegenheit bot, Jugoslawien zu einem Zeitpunkt zu zermalmen, da deutsche Truppen ohnehin für eine Operation in Südosteuropa zusammengezogen worden waren.[149]

Die Deutschen arbeiteten Pläne für eine Invasion Jugoslawiens aus, die mit dem für Sonntag, 6. April 1941, vorgesehenen Angriff auf Griechenland abgestimmt wurden. Hitler wollte diese Operation ausgesprochen spektakulär gestalten: Als Eröffnung war ein Überraschungsangriff in Form einer schweren Bombardierung Belgrads vorgesehen. Man hoffte, wie in Rotterdam (im Gegensatz zum Effekt der Bombennächte von Glasgow, Coventry, Birmingham und Bristol) dadurch die jugoslawische

Bevölkerung einzuschüchtern und die Regierung zu lähmen.* Diese Absicht wurde nur der Regierung gegenüber erreicht; eine Panikreaktion der Bevölkerung trat jedoch nicht ein, wie die späteren Entwicklungen zeigten. Obwohl die Ustascha, die Organisation der extremistischen kroatischen Nationalisten, aus dem Untergrund in ganz Europa herangeeilt kam, ihr oder den Deutschen unliebsame Personen ermordete, konnte das Land nicht »befriedet« werden und blieb bis 1945 ein Zentrum des Widerstands gegen die Achsenmächte.[150] Der Widerstand der regulären jugoslawischen Armee allerdings wurde in wenigen Tagen gebrochen. Die deutschen Kolonnen stießen schnell durch deren Linien hindurch und kesselten sie ein. Die jugoslawische Armee war auf einer so breiten Front aufmarschiert, daß sie sich – anders als im Herbst 1915 – nicht nach Süden zurückziehen konnte.[151]

Hitler rief die Geier, damit sein Opfer schneller zerfleischt werden konnte – wie schon bei den Angriffen auf Polen 1939 und auf Frankreich 1940. Die Italiener hatten den südslawischen Staat schon lange und mit gierigem Blick betrachtet und waren im vorangegangenen Jahr nur durch ein rechtzeitiges Veto der Deutschen von einem Angriff abgehalten worden. Jetzt beeilten sie sich, in Jugoslawien das zu erreichen, was sie ohne Erfolg gegenüber Frankreich versucht hatten.[152] Wenn Jugoslawien auseinanderbrach, konnte Italien einen großen Anteil der Beute erwarten, obwohl es sich bei der Verteilung des Territoriums den Anordnungen der Deutschen würde fügen müssen.

Ungarn hatte 1939 die Vorschläge der Deutschen abgelehnt, sich am Krieg gegen Polen zu beteiligen; einen solchen Fehler wollte das Land nicht noch einmal begehen. Jahrelang hatte Berlin die ungarische Führung gedrängt, ihre Ansprüche auf Jugoslawien aufzugeben, Frieden zu schließen und ihre territorialen Ansprüche anderswo zu verwirklichen. Die ungarische Regierung hatte schließlich zögernd diesen Kurs akzeptiert und am 10. Dezember 1940 ein Abkommen über »dauerhaften Frieden und ewige Freundschaft« mit Jugoslawien geschlossen. Jetzt sollte Ungarn nicht nur den Ausgangspunkt für den Angriff der deutschen Truppen auf Jugoslawien bilden, sondern sich auch diesem Angriff anschließen.[153] Die Regierung in Budapest beschloß, an der Seite Deutschlands in den Krieg einzutreten, und leitete die ersten Schritte sofort ein, obwohl der Premierminister, Pál Teleki, aus Protest gegen diese Entscheidung Selbstmord beging.[154] Ungarn erhielt einen Teil der Territorien, die es erhofft hatte; doch nachdem das Land erst einmal mit der deutschen Kriegsmaschinerie zusammengearbeitet hatte, mußte es feststellen, daß es sehr schwierig war, sich wieder abzukoppeln. Auch Bulgarien wurde eingeladen, sich ein paar Teile Jugoslawiens einzuverleiben, und folgte nur zur gerne dieser Einladung.[155]

---

* Bemerkenswert ist der Umstand, daß der deutsche Gesandte in Jugoslawien, der zu dieser Zeit nach Berlin abberufen war, vor diesem Schritt warnte (German Documents, D, XII, Nr. 259). Ribbentrop bestand darauf, daß Gert Feine weiterhin geschäftsführend in Belgrad verblieb, wo die deutsche Gesandtschaft bei dem Angriff zerstört worden war; Feine hatte jedoch überlebt.

Die erfreuten Sieger teilten das geplagte Land unter sich auf. Deutschland annektierte ein großes Gebiet im Norden und stellte das alte serbische Kernland unter Militärverwaltung. Die Italiener erhielten ein großes Gebiet im Nordwesten, einen großen Teil der Küste und durften auch ihre Kolonie Albanien vergrößern. Hitler schuf einen Marionettenstaat Kroatien, den er zunächst unter ungarischen Einfluß stellen wollte; dann stimmte er der Herrschaft der Italiener über das Gebiet zu, und schließlich versuchte er, das Gebiet durch Deutschland selbst zu kontrollieren. Ungarn erhielt ein Gebiet im Nordosten, und Bulgarien erhielt ein Territorium im Süden.[156] In diesem Chaos widerstreitender Ansprüche wurden sofort umfassende Verschiebungen der Bevölkerung eingeleitet.[157] Schon im Mai 1941 war die Lage in Kroatien durch die neue Rivalität zwischen Deutschland und Italien so verworren, daß keinerlei klare Linie hinsichtlich der Bewaffnung, Unterstützung oder Gegnerschaft zu verschiedenen Gruppierungen mehr möglich war.[158] Das Blutbad in Jugoslawien war mit den wenigen Kampftagen vor der bedingungslosen Kapitulation am 17. April nicht beendet, sondern hatte in diesem Land und in diesem Krieg eben erst begonnen.

An dem Tag, an dem die deutschen Flugzeuge mit der Bombardierung Belgrads den Angriff auf Jugoslawien eröffneten, fielen deutsche Truppen in Griechenland ein. Für kurze Zeit konnten sie an der griechisch-bulgarischen Grenze aufgehalten werden; dann jedoch stießen sie hinter den Griechen zur südöstlichen Ecke Jugoslawiens vor und eroberten Saloniki, schnitten die griechischen Truppen im Osten ab und zwangen sie damit zur Kapitulation. Die Deutschen zogen schnell durch den südwestlichen Teil Jugoslawiens, trennten die griechischen Truppen in Zentral-Mazedonien von den britischen Einheiten, die den Griechen zu Hilfe eilen wollten, und fielen den griechischen Hauptstreitkräften in den Rücken, die in Albanien den Italienern gegenüberstanden. Die griechische Armee in Mazedonien mußte ebenso kapitulieren wie die Einheiten im Osten; bald danach folgte auch die an der albanischen Front stehende Armee. Der König von Griechenland mußte, wie der König von Jugoslawien, das Land verlassen. Wie der unglückliche Nachbar im Norden mußte auch das griechische Volk jahrelange Hungersnot, Unterdrückung, Widerstand und Bürgerkrieg erdulden.

Die drei britischen Divisionen – zwei australische und eine aus Neuseeland (ergänzt durch eine gepanzerte Einheit der Briten) – konnten sich an die Küste Attikas zurückziehen; von dort konnten die meisten Soldaten bis zum 29. April evakuiert werden, fünf Tage nach der endgültigen Kapitulation Griechenlands. 218 000 Griechen und 12 000 Briten folgten den 344 000 Jugoslawen in die deutschen Kriegsgefangenenlager. Erneut mußte die Ausrüstung eines britischen Expeditionskorps zerstört oder den Deutschen überlassen werden. Ungefähr 250 deutsche Soldaten verloren bei diesem Feldzug ihr Leben. Wieder einmal war durch schnelle und rücksichtslose Aktionen der einen Seite und Streit und Entschlußlosigkeit auf der anderen Seite ein dramatischer Sieg der Deutschen zu sehr niedrigen unmittelbaren Kosten errungen worden.

Bei diesen Kämpfen hatte die deutsche Luftüberlegenheit eine ebenso bedeutsame Rolle gespielt wie in den Blitzkriegen gegen Norwegen und Westeuropa. Die Niederlage der Alliierten war teilweise auch die Folge der Unfähigkeit der Briten, so starke Truppen und solche Mengen an Kriegsmaterial nach Griechenland zu schaffen, wie man ursprünglich geplant hatte. Einer der beiden Faktoren, die dazu beitrugen, wurde bereits erwähnt. Immer wieder war die Schiffahrt durch den Suez-Kanal unterbrochen worden, weil die Deutschen den Kanal bombardierten und verminten. Dieser entscheidende Sachverhalt wird in vielen Darstellungen nicht beachtet.[159] Der andere Faktor war die Offensive, die Rommel sofort einleitete, nachdem er auch nur eine kleine Armee in Nordafrika zusammengezogen hatte.

Die Briten stoppten ihren Vormarsch bewußt, um Truppenverbände nach Griechenland entsenden zu können, und die Deutschen begannen zu intervenieren. Diese beiden Entwicklungen wirkten zusammen und führten dazu, daß sich in der Nähe von El Agheila so etwas wie ein Frontverlauf zu stabilisieren begann. Sobald Rommel seine Vorhut positioniert hatte, wollte er mit dem Angriff beginnen, bevor die Briten Verstärkung herbeiführen konnten und solange sie noch in Südosteuropa beschäftigt waren. In Besprechungen mit Hitler und anderen deutschen Generälen am 20. und 21. März sowie mit Mussolini und italienischen Militärs in den folgenden Tagen versuchte Rommel vergeblich, den Befehl oder die Erlaubnis für einen Angriff zu erhalten. Doch dies konnte ihn nicht hindern. Er beschloß, mit den bereits eingetroffenen Teilen der 5. Leichten Division anzugreifen, statt auf die gepanzerte Division zu warten, die im Mai in Nordafrika ankommen sollte. Rommels Offensive begann am 31. März; er trieb seine Truppen vorwärts, wobei er sich sehr stark auf die italienischen Einheiten stützte, die eigentlich gar nicht unter seinem Befehl standen. Nach weniger als zwei Wochen hatte er die Briten aus der Cyrenaica vertrieben.

Dieses dramatische Ereignis eröffnete die Möglichkeit eines neuen Angriffs auf Ägypten. Dieses Mal jedoch würden deutsche Truppen neben den Italienern kämpfen. König Faruk von Ägypten nahm geheimen Kontakt mit den Deutschen auf und brachte seine Hoffnung zum Ausdruck, daß die Deutschen sein Land besetzen würden.[160] Die gefährliche Situation zwang die Briten, die Stärke ihres für Griechenland bestimmten Expeditionskorps zu verringern. Wavell mußte eine der australischen Divisionen, die nach Griechenland eingeschifft werden sollten, in Ägypten zurückhalten, andere Ressourcen in die Wüste umdirigieren und darauf drängen, daß der Feldzug in Ostafrika schnell abgeschlossen würde, damit die dort eingesetzten Einheiten für den Nordafrika-Feldzug zur Verfügung standen, von wo manche von ihnen ohnehin zuvor abkommandiert worden waren. Rommel wurde durch den spektakulären Vormarsch ins Rampenlicht der Öffentlichkeit gestellt und gewann Hitlers Gunst. Gewisse Gruppen in Ägypten suchten die Unterstützung durch Deutschland; sowohl König Faruk als auch einige nationalistische Offiziere glaubten, daß ein Sieg der Deutschen ihnen nützlich sein würde.

Der schnelle Vorstoß mit beschränkter Ausrüstung erlaubte es Rommel nicht, größere Ziele anzustreben. Während seine Truppen vorrückten, warfen die Briten Verstärkungen in den Hafen von Tobruk und konnten ihn gegen die Deutschen verteidigen. Rommel war nicht in der Lage, nach Ägypten vorzurücken, ohne zuvor Tobruk einzunehmen, weil ihm nur dann die Küstenstraße und der Hafen für die Nachschublieferungen offenstanden. Er bestand deshalb auf einer Reihe schlecht geplanter und ausgeführter Angriffe auf die äußeren Stadtbezirke Tobruks. Nach blutigen Kämpfen vom 11. bis 18. April mußte er diese Versuche aufgeben. Danach konnte ein beschränkter Angriff der Briten auf die an der libysch-ägyptischen Grenze stehenden deutschen Truppen zurückgeschlagen werden, aber ein weiterer deutsch-italienischer Angriff auf Tobruk im April scheiterte ebenfalls. Größere Verstärkungen konnten Rommel nicht zugeteilt werden, weil die deutsche Planung davon ausging, daß die Hauptanstrengung 1941 gegen die Sowjetunion gerichtet werden müsse. Der Vorstoß in den Nahen Osten sollte dem – von Berlin zuversichtlich für den Herbst 1941 erwarteten – Sieg über die Sowjetunion nicht vorausgehen, sondern folgen.

In der zweiten Maiwoche unternahmen die Briten den heroischen Versuch, ihre Armee in Ägypten durch Panzer und Flugzeuge zu verstärken, die sie unter großem Risiko direkt über das Mittelmeer transportierten (statt über den sichereren, aber viel längeren Weg um das Kap der Guten Hoffnung). Dennoch ließ sich Rommel durch die neue britische Offensive »Battleaxe« weder aus dem Küstengebiet vertreiben noch von der Belagerung Tobruks abbringen. Über die Gründe der britischen Niederlage bei dieser Schlacht wird weiterhin diskutiert werden – eine Niederlage, die zur Ablösung von General Wavell führte –, doch einige wichtige Faktoren, die dazu beitrugen, stehen zweifelsfrei fest. Die britischen Streitkräfte hatten keine Zeit, sich von der Katastrophe in Griechenland und der darauffolgenden, noch blutigeren Niederlage auf Kreta richtig zu erholen. Dennoch mußte die britische Militärführung im Nahen Osten diese Truppen in weiteren Feldzügen – zuerst im Irak und dann in Syrien – einsetzen. Dadurch verringerte sich die Kampfkraft der Einheiten bei den Operationen in der westlichen Wüste beträchtlich.

Um den zweiten Faktor kümmerten sich die Briten lange Zeit überhaupt nicht: fehlerhafte Taktiken in der Einsatzplanung der gepanzerten Einheiten, bei denen die Stärke der deutschen Panzerabwehr nicht berücksichtigt wurde – vor allem die berühmte 8,8-cm-Flugabwehrkanone (Flak), die auch für den Bodenkampf geeignet war und eingesetzt wurde. Ein dritter Faktor war die eigenartige Umkehrung in der deutschen Befehlssituation. Während Rommel zu Angriffen neigte, obwohl er von oben zurückgehalten wurde und vor Ort nur über spärlichen Nachschub verfügte, wurden die britischen Befehlshaber im Feld von einem ständig aggressiven Churchill zu überstürzten Offensiven gedrängt. Churchill schenkte wie Rommel logistischen Problemen wenig Beachtung. Und wie der spätere Chef des britischen Generalstabes, General Brooke, so oft und so wortgewandt in seinem Tagebuch beklagte, fehlte es dem höheren Offizierskorps der Briten in einzigartiger Weise an Talenten. Brookes Erklärung war, die Männer, die sich hier hätten bewähren können, seien im Ersten Weltkrieg gefallen.[161]

Wie dem auch sei, die schnelle Rückeroberung der Cyrenaica, die gleichzeitig mit der Invasion Jugoslawiens und Griechenlands durch die Deutschen stattfand, veränderte nicht nur die militärische Situation im Mittelmeerraum auf dramatische Weise, sondern rettete für den Augenblick auch das faschistische Regime in Italien. Mussolini bestand zwar auf einer zweiten Kapitulationszeremonie in Griechenland, bei der die Italiener neben ihren deutschen Rettern gegenüber den Griechen die großen Herren spielen durften, aber dadurch ließ sich niemand täuschen. Für eine gewisse Zeit indes ließ sich die Öffentlichkeit in Italien mit diesen Erfolgen beschwichtigen. Die Deutschen machten sich nun daran, in Griechenland alles zu konfiszieren, was nicht niet- und nagelfest war. Danach stellten sie den größten Teil des hungernden Landes unter die Herrschaft der Italiener, die es besetzen durften und sich um Ernährung und Verwaltung kümmern mußten. Schließlich bekamen die Italiener Mitleid mit dem griechischen Volk, das sie in den Krieg gestürzt hatten.

Der möglicherweise wichtigste Aspekt dieser Entwicklungen war, daß der endgültige Sieg der Alliierten in Nordafrika aufgeschoben wurde. Bei einem alliierten Sieg wäre Italien sofort Bombenangriffen und einer Invasion ausgesetzt gewesen. In dem kurzen Siegestaumel im Winter 1940/41 hatten die Briten in der Tat schon Planungen für eine solche Operation eingeleitet. Diese Pläne mußten nun für ein Jahr in den Schubladen verschwinden. Die Royal Air Force flog ein paar Luftangriffe auf italienische Städte, aber die endlose Diskussion über eine Bombardierung Roms wurde ohne konkreten Anlaß geführt.[162] Mussolini war noch einmal verschont geblieben.[163] Hitler war überzeugt, daß Mussolini soviel wie möglich aus dem italienischen Volk herausgeholt habe.[164] Wenn Deutschland jedoch die Sowjetunion geschlagen haben würde, stünden so riesige deutsche Streitkräfte für den Einsatz an anderen Orten zur Verfügung, daß man sich über die weiteren Entwicklungen im Mittelmeerraum nicht zu sorgen brauchte.

DER NAHE OSTEN

In welchem Maße die Deutschen dem Angriff auf die Sowjetunion Priorität einräumten, wurde in den Wochen nach dem Feldzug auf dem griechischen Festland und nach der Eroberung der Cyrenaica durch Rommel deutlich. Beide Operationen wurden Mitte April beendet und erweckten damals den Eindruck, daß sie Deutschland die Gelegenheit boten, in den Nahen Osten vorzustoßen. Tatsächlich jedoch handelte es sich dabei um den Versuch, die Operationen in diesem Raum zum Abschluß zu bringen, damit Deutschland seine Aufmerksamkeit und seine Ressourcen anderen Aufgaben widmen konnte.

Am 2. April 1941, kurz vor dem Einfall der Deutschen in Jugoslawien und Griechenland, putschten im Irak den Achsenmächten nahestehende Gruppierungen, wodurch Raschid Ali al-Gaylani an die Macht gelangte. Raschid Ali haßte die Briten und hoffte wie die IRA in Irland und Bose in Indien, daß mit einem deutschen Sieg über Großbritannien die Probleme dieser Welt und insbesondere seines Landes gelöst werden könnten. Seit Monaten hatten Raschid Alis Anhänger in der irakischen Regierung und außerhalb des Landes mit den Achsenmächten in Kontakt gestanden und auf deren Sieg gewartet; jetzt schien die Zeit für eigene Aktionen gekommen.

Die Briten, die sich Rommels erster Offensive in Libyen gegenübersahen und gleichzeitig versuchten, Truppen nach Griechenland zu schicken, konnten im Nahen Osten keine Truppen entbehren; sie begannen, Einheiten aus Indien in Bewegung zu setzen für den Fall, daß sich die neue irakische Regierung offen den Achsenmächten anschließen sollte. Die Truppen aus Indien landeten in Basra, einem für die Nachschublieferungen des gesamten Nahen Ostens entscheidenden Stützpunkt. Weitere Soldaten wurden zur Verstärkung des Flugplatzes bei Habaniya eingesetzt, der ungefähr 90 Kilometer westlich von Bagdad lag. Die Regierung Raschid Ali erhob Protest, ersuchte Deutschland und Italien um Unterstützung und umzingelte den Flugplatz. Am 2. Mai begannen die Kampfhandlungen.[165]

Die Briten machte ihre verzweifelte Lage erfinderisch, und sie reagierten schnell. Innerhalb weniger Tage säuberten sie die gesamte Umgebung des Flugplatzes Habaniya, erhielten durch Lastwagen wie auch durch Flugzeuge Verstärkung aus Palästina und setzten sich in Richtung Bagdad in Bewegung. Unterwegs schlugen sie die auseinanderfallende irakische Armee und erreichten am 30. Mai die Außenbezirke Bagdads. Die wichtigsten irakischen Führer flohen daraufhin in den Iran; die zurückgebliebenen ergaben sich. Raschid Ali ging später nach Deutschland und lebte dort bis zum Kriegsende in der Hoffnung, mit deutscher Hilfe in den Irak zurückkehren zu können.

Die Unterstützung der Deutschen war zu dem Zeitpunkt, zu dem sie am effektivsten gewesen wäre, sehr mager ausgefallen. Angesichts des internen Streits im irakischen Militär und seiner inkompetenten Führung hätte möglicherweise auch eine sehr viel umfangreichere Hilfe keinen Unterschied gemacht; in Wirklichkeit konnten jedoch die Deutschen in der kurzen Zeit nicht viel tun. Ihr Handlungsspielraum wurde durch denselben Faktor eingeschränkt, der es auch den Briten erschwerte, stärkere Truppeneinheiten in den Irak zu werfen – und dieser Faktor hatte auch die irakischen Putschisten zu ihrem Schlag ermutigt. Beim Beginn der deutschen Offensiven in Jugoslawien und in Griechenland lag den Deutschen viel daran, sich auf die unmittelbar bevorstehenden Aufgaben zu konzentrieren. Aus der Perspektive Berlins hatte Raschid Ali einen Monat zu früh losgeschlagen, und während des gesamten April mahnten die Deutschen zur Vorsicht, während sie zu entscheiden versuchten, auf welche Weise sie helfen könnten. Aber es gab noch weitere Probleme, die erst sichtbar wurden, als die Deutschen nach ihren Siegen im Balkan-Feldzug erste Schritte für eine Unterstützung ihres neuen Verbündeten einleiten konnten.

Die Türkei zögerte, Truppentransporte und Nachschublieferungen zu unterstützen.[166] Die Deutschen mußten deshalb nicht nur die für ein Eingreifen bestimmten Kampfflugzeuge, sondern auch die Nachschubtransporte, die aus dem französischen Syrien kamen, auf dem Luftweg über die damals italienische Insel Rhodos herbeiführen. Französische Kriegsgüter, die sich bereits in Syrien befanden, konnten zwar in gewissem Umfang auch auf dem Landweg in den Irak geschafft werden[167], aber dies, wie auch die Benutzung der Luftstützpunkte im französischen Mandatsgebiet, setzte Verhandlungen mit der Vichy-Regierung voraus, die dann möglicherweise gewisse Zugeständnisse einfordern würde. Die Vichy-Führung und ihre Beamten vor Ort waren durchaus willig zu helfen – auch sie waren bereit, gegen Briten und andere Franzosen, nicht jedoch gegen die Deutschen zu kämpfen –, aber solche Verhandlungen kosteten Zeit. Die darauffolgenden deutsch-französischen Verhandlungen führten zu keinem Ergebnis. Darlan war bereit, Unterstützung zu leisten, aber Hitler zögerte wie immer mit Zugeständnissen an die Franzosen.[168]

Die Deutschen taten, was sie unter diesen Umständen tun konnten; ab Mitte Mai beteiligten sich die ersten Flugzeuge an den Kämpfen über dem Irak. Da nur wenige Truppen und geringe Mengen an Kriegsmaterial in den Irak geschickt wurden, änderte dies, wie gesagt, am Ergebnis nichts. In der strategischen Planung der Deutschen kam der Irak (wie Ägypten) *nach* dem Ostfeldzug. Man ging davon aus, daß eine den Achsenmächten freundlich gesinnte Regierung unter Raschid Ali im Spätherbst 1941 hinter den deutschen Panzern wieder nach Bagdad zurückkehren würde.

Alle Bemühungen der Deutschen wurden durch die Lage und die ehrgeizigen Ziele der Italiener weiter kompliziert. Deutschland hatte zumindest nominell die politische Hegemonie Italiens in der arabischen Welt anerkannt.[169] Der größte Teil der Nachrichten, die zwischen dem Regime Raschid Alis und Berlin ausgetauscht wurden, mußte zuerst über die italienische Botschaft in Bagdad geleitet werden, weil Italien im Gegensatz zu Deutschland volle diplomatische Beziehungen zum Irak unterhielt.[170] Da die Briten den diplomatischen Code der Italiener entschlüsseln konnten, hatten sie vom ersten Tag der Machtübernahme durch Raschid Ali an Kenntnis davon, daß er Deutschland und Italien um Unterstützung ersuchte. In der italienischen Präsenz im Irak spiegelte sich auch der imperiale Ehrgeiz Italiens im Nahen Osten – dem sich Deutschland zumindest theoretisch fügte, den jedoch viele Iraker mißtrauisch beobachteten. Diese Menschen mochten vielleicht das Wesen des deutschen Nationalsozialismus und die Haltung Deutschlands gegenüber den sogenannten »minderwertigen« Ländern nicht verstanden haben. Sie hatten jedoch sehr wohl begriffen, daß sich Mussolini als Architekt eines Imperiums verstand, welches das Mittelmeergebiet und den Nahen Osten umfassen sollte. Wie sich all dies damit vereinbaren ließ, daß sich die Achsenmächte auch auf die Vichy-Regierung stützen mußten, deren Kolonialherrschaft in Syrien bei den arabischen Nationalisten nicht gerade populär war, konnte wohl niemand erklären. Angesichts dieser realen Komplikationen war es für Raschid Ali vermutlich doch viel leichter, in der Hauptstadt des Dritten Reiches großartige Pläne für ein deutsches Protektorat im Irak zu ersinnen.[171]

Der Zusammenbruch des den Achsenmächten nahestehenden Regimes in Bagdad bewirkte, daß sich gewisse Gruppierungen in Afghanistan und unter den afghanischen Exilanten in Europa nun wieder zurückhalten mußten, die ebenfalls davon überzeugt gewesen waren, daß ihre Sache durch den Sieg Hitlers befördert würde. Die Umstände des Sturzes der irakischen Regierung zeigten, daß Deutschland im Augenblick nicht in der Lage war, einen Putsch nach irakischem Vorbild und eine antibritische Politik in Afghanistan zu unterstützen. Wie Raschid Ali wollten die Afghanen den Zeitpunkt abwarten, zu dem deutsche Truppen im Nahen Osten effektiv einzugreifen begannen.[172]

Zur selben Zeit, in der die Kämpfe im Irak ihren Höhepunkt erreichten, errangen die Deutschen auf der Insel Kreta einen spektakulären, aber teuer erkauften Sieg. Die Briten hatten zwar im vergangenen November Truppen nach Kreta verlegt, aber die meisten dieser Einheiten, die die Insel verteidigen sollten, waren Ende April von Griechenland evakuiert worden. Die Briten waren zunächst nicht sicher, ob Kreta angesichts der deutschen Luftüberlegenheit überhaupt verteidigt werden sollte und könnte, entschlossen sich dann jedoch zu einem Versuch. Den Befehl führte der neuseeländische General Bernard C. Freyberg, ein Held des Ersten Weltkrieges, der sich der Gunst Churchills und der neuseeländischen Regierung erfreute. Aufgrund dieser Unterstützung konnte er durchsetzen, daß ihm Truppenverstärkung zugewiesen wurde (und daß gewisse nicht-kämpfende Personen entfernt wurden). Die dringend benötigte Luftunterstützung bekam er jedoch nicht, weil die Briten sie schlicht nicht hatten. Die Briten konnten die Funksprüche der deutschen Luftwaffe entschlüsseln und hatten deshalb ein klares Bild davon, was sich zusammenbraute. Freyberg und seine Männer sollten die Sache ausfechten – eine Entscheidung, an der es kaum etwas auszusetzen gibt, da es die Neuseeländer beinahe geschafft hätten.[173]

Die Deutschen hatten schon geraume Zeit über eine mögliche Besetzung Kretas nachgedacht. Hitler hatte, wie erwähnt, am 28. Oktober 1940 angeboten, die italienische Invasion Griechenlands, die von Albanien aus erfolgen sollte, durch Luftlandetruppen zu unterstützen, die auf Kreta landen sollten. Mussolini, der noch immer glaubte, er könne einen unabhängigen Parallelkrieg führen, lehnte dieses Angebot und ebenso eine Panzerdivision für Nordafrika ab. Italien erwies sich auf beiden Kriegsschauplätzen gleichermaßen als inkompetent. Die Deutschen waren über die Möglichkeit besorgt, daß die Briten die Landeplätze auf Kreta für Bombenangriffe auf die rumänischen Ölfelder nutzten; ebenso könnten sie von einem Marinestützpunkt in der Suda-Bucht an der Nordküste der Insel die Tankerroute von Rumänien nach Italien unterbrechen, über die Italien einen großen Teil seiner Ölversorgung bezog. Seit den frühen Planungsstadien für den deutschen Feldzug auf dem Balkan hatte deshalb die mögliche Besetzung Kretas eine Rolle gespielt.

Wenn eine Entscheidung für die Eroberung Kretas erst spät im Frühjahr 1941 getroffen wurde, so war dies teilweise die Folge eines Zielkonflikts zwischen diesem Vorhaben und einer anderen deutschen Luftlandeoperation: Malta. Die unter britischer Kontrolle befindliche Insel im zentralen Mittelmeer war von den Italienern in den ersten Tagen des Krieges nicht erobert worden; vielmehr hatten die Briten den Schutz Maltas wiederholt durch Schiffsverbände und durch Flugzeuge verstärkt, die von in Reichweite kreuzenden Flugzeugträgern starteten. Die Insel diente als Marine- und Luftstützpunkt der Briten und lag strategisch günstig nahe den italienischen und deutschen Nachschublinien nach Nordafrika. Wenn die Briten die Achsenmächte aus Nordafrika vertrieben hätten, wäre Malta eine hervorragende Ausgangsbasis für Angriffe auf Sizilien und das italienische Festland. Befand sich Malta jedoch unter der Kontrolle der Achsenmächte, so könnten von dort aus die Nachschublinien nach Nordafrika und Sizilien gesichert und gleichzeitig der britischen Marine der Zugang ins östliche Mittelmeer versperrt werden.

Für eine Eroberung Maltas lag jene Art von Luftlandeoperation nahe, die die Deutschen im Mai 1940 in Holland und Belgien erprobt hatten. Auf der Insel war allerdings der Einsatz von Lastenseglern wegen des Terrains sowie wegen der Mauern, die die Felder umschlossen, nicht sinnvoll; statt dessen würden nur Fallschirmspringer landen können. Das Oberkommando der Wehrmacht (OKW) sprach sich sehr stark dafür aus, der Eroberung Maltas Priorität gegenüber der Besetzung Kretas einzuräumen. Die Marine war gegenteiliger Meinung: Zunächst wollte man Kreta erobern, das dann die Ausgangsbasis für weitere Offensivoperationen im östlichen Mittelmeer bieten sollte.[174]

Hitler tendierte anscheinend zur Eroberung Kretas, und General Kurt Student, der Befehlshaber der deutschen Fallschirmjäger, bestärkte ihn Ende April 1941 in dieser Haltung. Bei der Entscheidung spielten offenbar mehrere Faktoren eine Rolle. Der Oberbefehlshaber der deutschen Luftwaffe, Göring, favorisierte das Projekt. Die Fallschirmjäger hatten in Hitlers Augen ihren Wert nicht nur in Westeuropa unter Beweis gestellt, sondern auch bei dem Versuch, im Griechenland-Feldzug am 25. April die Brücke über den Kanal von Korinth einzunehmen.[175] Hitlers Argumente für diese Entscheidung mögen falsch gewesen sein, doch wog die Möglichkeit schwer, daß die Briten von Kreta aus Luftangriffe auf die rumänischen Ölfelder durchführen könnten. Von der Türkei war zu erwarten, daß sie die Vorgänge zur Kenntnis nahm und die Deutschen entweder unterstützte oder sich ruhig verhielt. Schließlich muß das Projekt als eine Ausweitung, aber auch als letzter Schritt im Rahmen der deutschen Bemühungen gesehen werden, die südliche Flanke Osteuropas noch vor dem Angriff auf die Sowjetunion lückenlos und endgültig zu sichern. Der Zeitplan und andere Einzelheiten der Detailplanung für die Landung auf Kreta, die unter dem Decknamen »Merkur« lief, wurden von der Notwendigkeit beherrscht, schnell vorzustoßen und dann die beteiligten Streitkräfte für ihre Aufgaben im Ostfeldzug zu verlegen.[176]

Bei diesem Luftlandeunternehmen gingen die Deutschen davon aus, den Luftraum zu beherrschen, was die Royal Air Force über England verhindert hatte. Über 1200 deutsche Flugzeuge sollten sich an der Operation beteiligen. Zu Beginn sollten Fallschirmjäger und Truppen mit Lastenseglern zwei Flughäfen und andere Stützpunkte einnehmen; danach sollten Transportflugzeuge und ein Sammelsurium von kleinen Schiffen Verstärkung heranschaffen. Die Briten verfügten über außerordentlich genaue Informationen hinsichtlich der deutschen Absichten, da sie die Funksprüche der Deutschen entschlüsseln konnten; diese hingegen unterschätzten vollkommen, wie stark die Verteidigung der Insel durch die Briten war.

Am 20. Mai 1941 setzten die ersten deutschen Flugzeugstaffeln Fallschirmjäger und Lastensegler über dem nordwestlichen Teil Kretas ab. In blutigen Kämpfen fügten die neuseeländischen, britischen und griechischen Truppen den Invasoren schwere Verluste zu. Während der Nacht zog der neuseeländische Brigadekommandant seine Truppen vom Flughafen Maleme zurück. Die Deutschen konnten in dieser Nacht einen Teil des Flughafens einnehmen; den übrigen Teil besetzten die mit der zweiten Angriffswelle herbeigeschafften Truppen. Der Ausgang des Konflikts wurde durch die Tatsache entschieden, daß sich der Flughafen in der Hand der Deutschen befand – trotz der mehrtägigen schweren Kämpfe und trotz der Zerstörung eines deutschen Schiffskonvois sowie der Abwehr eines zweiten durch die britische Flotte. Der Versuch der Neuseeländer, den Flughafen Maleme am 22. Mai zurückzuerobern, schlug fehl; damit konnten deutsche Transportflugzeuge einen ständigen Strom von Truppen und Nachschublieferungen heranschaffen, während die deutsche Luftwaffe den britischen Schiffen so sehr zusetzte, daß sie nur noch bei Nacht operieren konnten. Am 26. Mai bat Freyberg seine Vorgesetzten um Erlaubnis zum Rückzug. Dies wurde bewilligt, und die restlichen Kampftage dienten dazu, die Evakuierung zu decken, die am 1. Juni beendet war.

Die Briten hatten 16000 Mann evakuieren können und ebensoviele verloren; drei Viertel der Verluste wurden in den letzten Tagen der Schlacht von den Deutschen gefangengenommen. Mehrere tausend griechische Soldaten fielen oder wurden gefangengenommen. Sofort nach dem Ende der Kämpfe ordnete General Student die völlige Zerstörung kretischer Dörfer an und ließ – angeblich als Vergeltungsakt – unzählige Zivilisten ermorden.[177] Schwere Massaker an der Zivilbevölkerung wurden zum herausragenden Zeichen der deutschen Besetzung Südosteuropas im Zweiten Weltkrieg. Eines fand zuerst auf der Insel statt, deren Eroberung Hitler als abschließende Episode des Feldzuges vorgemerkt hatte.

Die schwersten Verluste der Briten bei diesem Feldzug hatte ihre Marine zu beklagen. Die Einsätze der Royal Navy beim Nachschub, bei der Unterstützung der Truppen auf Kreta und schließlich bei der Evakuierung forderten einen hohen Preis. Zwei britische Schlachtschiffe, ein Flugzeugträger und weitere Kriegsschiffe wurden beschädigt, drei Kreuzer und sechs Zerstörer versenkt. Einmal mehr wurde deutlich, daß Kriegsschiffe nicht in Gewässern operieren konnten, die von landgestützten Flugzeugen des Feindes beherrscht wurden. Die britischen Pläne für künftige Operationen im Mittelmeerraum mußten dieser harten Realität angepaßt werden.

Die Verluste der Deutschen waren außerordentlich hoch. Mehrere hundert Flugzeuge waren zerstört oder beschädigt worden. Mit 4000 Gefallenen und 2500 Verwundeten waren die Verluste der Truppen sehr viel höher als in den Feldzügen in Jugoslawien und Griechenland. Auf lange Sicht wichtiger als die rein zahlenmäßigen Verluste war die Tatsache, daß die deutschen Luftlandetruppen deshalb vorläufig keine weiteren großen Operationen durchführen konnten. Hitler war künftig nicht mehr bereit, Luftlandetruppen einzusetzen, obwohl sie im weiteren Verlauf des Krieges neu formiert und verstärkt wurden. Die Deutschen führten im ganzen Zweiten Weltkrieg keine großen Luftlandeunternehmen mehr durch – im Gegensatz zu den Alliierten.

Die erfolglose Verteidigung Kretas stellte zugleich die erfolgreiche Verteidigung Maltas dar. Die Deutschen hatten den Willen und die Ressourcen besessen, ein Luftlandeunternehmen dieser Größenordnung durchzuführen; nach ihren Erfahrungen mit den Truppen Freybergs auf Kreta versuchten sie es niemals wieder. Auch die Möglichkeiten, die sich den Deutschen durch die Eroberung Kretas im östlichen Mittelmeerraum eröffneten, blieben aus zwei Gründen eher theoretischer Natur. Im praktisch-strategischen Sinne war Kreta für die Achsenmächte eine Sackgasse. In praktischer Hinsicht hätte Zypern der nächste Schritt sein müssen, aber ein weiterer großer Luftlandeangriff kam nicht mehr in Frage. Die deutschen Luftlandetruppen waren so stark dezimiert, daß sie für den Augenblick nicht mehr einsatzbereit waren. Außerdem befand sich Zypern außerhalb der Reichweite der damaligen Kampfflugzeuge; der nächste Stützpunkt der Achsenmächte befand sich auf Rhodos. In strategischer Hinsicht hatte der sowjetische Kampfplatz unmittelbare Priorität; danach sollten deutsche Truppen in den Nahen Osten vorrücken. Die auf Kreta gesammelten Erfahrungen verstärkten die Überzeugung Hitlers und der meisten Deutschen, daß Marschieren und Fahren viel besser wären als Schwimmen oder Springen.

Das Zögern der Deutschen, nach Kreta weitere Vorstöße in den Nahen Osten zu unternehmen, wurde durch die Entwicklungen in Syrien verstärkt. In Syrien hatte es ein paar Anhänger des Freien Frankreich gegeben; die Gruppierungen jedoch, die zur Vichy-Regierung hielten, beherrschten das Land mit dem Hochkommissar Henri Dentz an der Spitze. Die enorme Gefahr, die sich aus dieser Situation für Großbritannien ergab, wurde auf dramatische Weise deutlich durch die Unterstützung, die Vichy den der Achse nahestehenden Elementen im Irak gewährte. Dieselben Franzosen, die gegen die Deutschen nicht hatten kämpfen können, verfügten nun plötzlich über Waffen, die sie Raschid Ali auslieferten. Zusätzlich erteilte die Vichy-Regierung den deutschen Kriegsflugzeugen auf syrischen Flugplätzen Landeerlaubnis. Nach dem Sturz Lavals beherrschte eine neue Figur die französische Politik unter Pétain: Admiral François Darlan. Er hoffte, sich Deutschland als Bündnispartner im Krieg gegen Großbritannien anschließen zu dürfen, und wollte die Deutschen in Nordafrika und im Nahen Osten unterstützen, wenn Berlin dafür gewisse Zugeständnisse machte. Wie bereits erwähnt, wurde Darlan von den Deutschen zurückgewiesen; davon hatten die Briten damals jedoch keine Kenntnis. Sie wußten aber, daß dieser neue Vichy-Führer sie mehr haßte als jeder andere Politiker, daß er Rommel von Tunesien aus unterstützen wollte und daß er bereit war, den Deutschen im Nahen Osten eine starke Basis zu bieten, von der aus sie die wichtigen Ölraffinerien bei Abadan bombardieren oder vom Norden her durch Palästina hindurch den Suez-Kanal angreifen konnten.[178]

Vor diesem Hintergrund hielten es die Briten für erforderlich, dem Vichy-Regime die Kontrolle über Syrien zu entreißen und dem Freien Frankreich zu übertragen. Die verfügbaren Truppen reichten nicht aus; dennoch stieß eine hastig zusammengewürfelte Streitmacht aus Australiern, Briten, Freien Franzosen und Indern – letztere hatten kurz zuvor den Sieg in Italienisch-Ostafrika errungen – am 8. Juni von Süden her in die syrischen und libanesischen Mandatsgebiete vor. Die Freien Franzosen und die Briten kündigten öffentlich ihre Unterstützung für den Unabhängigkeitsstatus ihrer Mandatsgebiete an. Der britische Befehlshaber zog Truppen heran, die durch die Kapitulation Raschid Alis verfügbar geworden waren, und setzte sie für den Vorstoß nach Syrien ein, der aus südöstlicher wie auch aus östlicher Richtung ausgeführt wurde.[179]

Die Truppen des Vichy-Regimes kämpften erbittert, aber ihr Widerstand war vergeblich. Die Deutschen waren zu diesem Zeitpunkt so sehr mit der bevorstehenden Invasion der Sowjetunion beschäftigt, daß ihre Hilfeleistung fast nur darin bestand, den Franzosen die Verlegung von Truppen und Kriegsgütern aus Nordafrika nach Syrien zu erlauben. Sie erlaubten ferner Truppentransporte von Frankreich nach Saloniki, die dort jedoch wegen der britischen Blockade liegenblieben. Eine Pattsituation vor Damaskus konnte vermieden werden, als nach dem 17. Juni durch den Fehlschlag der Operation Battleaxe (Wavells Offensive in der westlichen Wüste) weitere britische Truppen verfügbar wurden.

Am 21. Juni fiel die syrische Hauptstadt. Dentz konzentrierte seine restlichen Einheiten auf die Verteidigung Beiruts. Nach blutigen Kämpfen rückten die Briten auf die Stadt vor und nahmen sie am 10. Juli ein. Am folgenden Tag ersuchte Dentz um einen Waffenstillstand. Der verlustreiche Feldzug war zu Ende. Die Türken verweigerten den Transport von Truppen und Kriegsgütern per Eisenbahn durch ihr Gebiet, und die Briten kontrollierten das Meer und verhinderten, daß Dentz Verstärkung bekam. Zu diesem Zeitpunkt waren die Deutschen nicht mehr gewillt, nach den Verlusten auf Kreta und kurz vor dem Angriff auf die Sowjetunion den Verlust einer größeren Zahl von Flugzeugen zu riskieren.

Der Waffenstillstand wurde am 14. Juli unterzeichnet – ein passendes Datum. De Gaulle übernahm die Kontrolle Syriens. In der Folgezeit stritt er sich endlos mit Großbritannien und mit den syrischen Nationalisten über die im Mandatsgebiet zu betreibende Politik; die Achsenmächte durften sich jedoch keine Hoffnungen mehr machen. Als die Kämpfe in Syrien eingestellt wurden, hatten die Schlachten in der Sowjetunion bereits begonnen. Wenn Deutschland die UdSSR nicht besiegte, würde es im Zentrum des Nahen Ostens keine Basis mehr errichten können.

Die Übergabe Syriens an das Freie Frankreich befreite die Deutschen von der Sorge

über die Reaktion der Vichy-Franzosen, falls Deutschland der Türkei Stücke von
Syrien versprechen wollte, wenn dies opportun erschien, oder wenn sie die Forderungen der arabischen Nationalisten unterstützen wollten.[180] Über diese Frage hatten
sie sich schon zuvor den Kopf zerbrochen und diskutierten noch lange Zeit intern
und mit den Italienern darüber.

Zeitweise hofften sie, daß sie mit Hilfe von Amin al-Husayni, dem früheren Mufti
von Jerusalem, Aufstände gegen die Briten schüren könnten. Al-Husayni war zwar
dafür, Großbritannien eine Niederlage zuzufügen, und er war von der Verfolgung
und späteren Ermordung der Juden durch die Deutschen begeistert, doch er konnte
praktisch nichts unternehmen, um die Achsenmächte im Nahen Osten zu etablieren.
Und vor dem erwarteten Sieg über die Sowjetunion konnten auch die Deutschen
nichts tun, um al-Husayni in Jerusalem wieder einzusetzen. Jahre später rekrutierte
er im besetzten Jugoslawien eine Gruppe von Muslimen, die sich am Krieg gegen die
Partisanen und an den Massakern an der Zivilbevölkerung beteiligten. Wie er jedoch
durch diese Aktivitäten die Ziele des arabischen Nationalismus befördern wollte,
wurde nie richtig deutlich. Mit Hitler konnte er nicht viel mehr als Höflichkeiten
austauschen.[181]

Der Nahe Osten lag zu weit entfernt; Indien lag noch viel weiter weg. Wie
alHusayni und Raschid Ali hoffte auch Bose, daß ein deutscher Sieg in diesem Krieg
seinem Land die Unabhängigkeit bringen werde. Diese Spekulation spricht nicht
gerade für seine Intelligenz. Bose hatte längere Zeit in Deutschland gelebt und genügend Gelegenheit gehabt zu beobachten, wie die Deutschen mit den Völkern umgingen, die unter ihre Herrschaft geraten waren. Wie die beiden Flüchtlinge aus
Jerusalem und Bagdad verbrachte er viel Zeit in Berlin und Rom, sammelte finanzielle
Mittel und versuchte die Deutschen zu bewegen, sich öffentlich für seine Sache einzusetzen. Es ist kaum zu glauben, daß es noch immer Personen gab, die davon überzeugt waren, daß Hitlers Versprechen – öffentlich und schriftlich gegeben – mehr
wert waren als ein Stück Papier. Die Deutschen selbst diskutierten über dieses Thema
während des gesamten Krieges. Wie später noch darzustellen sein wird, wurde Bose
schließlich nach Japan abgeschoben[182], während al-Husayni und Raschid Ali in
Europa blieben, sich gegenseitig befehdeten und sich gemeinsam an den Diskussionen
zwischen und in den Regierungen in Rom und Berlin beteiligten.

Der britische Feldzug in Syrien, der den Achsenmächten den Weg in den Nahen
Osten verbaute, wurde durch den Transfer von Truppen unterstützt, die nach der
Operation Battleaxe und den Kämpfen in Ostafrika verfügbar geworden waren. Nach
dem Ende der Kämpfe in Syrien wurden die dort eingesetzten Truppen wiederum
frei und konnten nach Ägypten verlegt werden, wo sie für eine neue Offensive gegen
Rommel zusammengezogen wurden. Der neue britische Befehlshaber, General Claude
Auchinleck, stand unter ständigem Druck Londons. Er baute seine Armee für eine
Offensive auf, die unter dem Decknamen »Crusader« bekanntgeworden ist. Die Bri-
ten, die jetzt endlich in der Lage waren, ihre im Nahen Osten stationierten Kräfte

an *einer* Front zu konzentrieren, wollten in der westlichen Wüste zuschlagen, wo Rommel keine größeren Verstärkungen bekommen konnte, weil sich Deutschland auf die Ostfront konzentrierte. Da die Briten noch immer Tobruk hielten, mußte Rommel dort zuerst angreifen, bevor er wieder in östlicher Richtung nach Ägypten vorstoßen konnte. Doch bevor Rommel mit seiner Offensive beginnen konnte, leitete Auchinleck am 18. November 1941 seine eigene Operation ein.[183]

An der britischen Offensive beteiligten sich eigene sowie neuseeländische, südafrikanische und indische Einheiten. Zum erstenmal stellten nun die 300 amerikanischen Panzer ungefähr 40 Prozent der gesamten Verbände.[184] In dem schnellen Bewegungskrieg konnten sich die deutschen und italienischen Panzerverbände zunächst halten. Die zahlenmäßige Überlegenheit der Briten zeichnete sich langsam ab; die neuseeländische Division griff an und stieß in Küstennähe bis zu den Außenbezirken Tobruks vor. Bei den darauffolgenden deutschen Gegenangriffen wurden die Neuseeländer zusammen mit der Garnison in Tobruk für kurze Zeit abgeschnitten. Weitere Angriffe der Briten und ein unverständlicher Vorstoß Rommels zur ägyptischen Grenze führten zu einer solchen Schwächung der Achsenmächte, daß ein Rückzug unvermeidlich schien. Auchinleck ersetzte den bisherigen Oberbefehlshaber auf der Stelle, doch auch dieser konnte die britischen Panzerverbände nicht für einen entscheidenden Schlag zusammenziehen. Die deutschen und italienischen Streitkräfte in der Nähe der ägyptischen Grenze wurden weder evakuiert, noch wurde ihnen ein Ausbruch befohlen; sie kapitulierten im Januar. Rommel jedoch konnte den größten Teil seiner Truppen von der Cyrenaica nach El Agheila zurückführen. Dieses Mal gab es keinen Sieg wie bei Beda Fromm im vergangenen Jahr, als die sich zurückziehenden Truppen der Achsenmächte abgeschnitten worden waren. Die deutschen Panzerverbände und Panzerabwehrkanonen waren sowohl qualitativ als auch in bezug auf ihre Einsatzfähigkeit überlegen.[185] Rommel war wieder da, wo er zehn Monate zuvor begonnen hatte. Wie war das alles zu bewerten?

Die Deutschen und Italiener verloren fast 40 000 Mann, ungefähr doppelt so viele Soldaten wie die Briten. Die Italiener kämpften viel entschlossener als zuvor. Zum erstenmal hatten die Briten in diesem Krieg einen Sieg über das deutsche Heer errungen. Sie würden noch viel dazulernen müssen, wie der folgende Feldzug auf dramatische Weise zeigte, aber dies war immerhin ein Anfang.[186] Auch die Deutschen hatten einen neuen Anfang gemacht, indem sie eigene Truppen, die von dem Vorstoß der Alliierten abgeschnitten worden waren, aufgaben, ohne sie zu evakuieren oder ihnen einen Ausbruchsversuch zu befehlen. Dies trug dazu bei, daß Tausende deutscher Soldaten in Gefangenschaft gerieten.

Wichtiger jedoch war der Zusammenhang zwischen dieser ersten größeren Offensive der Alliierten gegen die Deutschen im Zweiten Weltkrieg und den anderen Fronten dieses weltweiten Konflikts. Im Sommer 1940, als Großbritannien um sein Überleben kämpfte, lieferte die Sowjetunion Öl an Deutschland. Im Winter 1941/42, als die Sowjetunion die eigene Hauptstadt verteidigen mußte, wurden die Deutschen durch die Nordafrika-Offensive der Briten gezwungen, ihre Luftflotte 2 von der Ostfront in den Mittelmeerraum zu verlegen. Der Grund hierfür war, daß das X. Fliegerkorps, das ein Jahr zuvor dorthin geschickt worden und das selbst durch Transfers zur Ostfront geschwächt war, den dringlichsten Erfordernissen des Kriegsschauplatzes am Mittelmeer nicht mehr gewachsen schien.[187]

Nicht minder dramatisch wirkte sich die Lage in Nordafrika auf den Seekrieg aus. Die Achsenmächte bekamen keinen Nachschub mehr, weil die Briten immer mehr Schiffe versenkten – teilweise deshalb, weil die Italiener auf Drängen der Deutschen die Codierungsmaschine Enigma verwendeten, deren Signale die Briten seit Sommer 1941 entschlüsseln konnten.* Hitler mußte sich erneut sorgen, und wahrscheinlich mit gutem Grund, daß eine vollständige Niederlage in Nordafrika zum Zusammenbruch des Mussolini-Regimes führen würde. Um hier auszuhelfen, wurden nicht nur die Luftflotte 2, sondern auch zahlreiche deutsche U-Boote in das Mittelmeer beordert – dieses Ereignis wird in dem berühmten Film »Das Boot« behandelt –, was schwerwiegende Folgen für die Atlantikschlacht hatte.[188] Die Führung der deutschen Kriegsmarine hatte seit langem die Bedeutung des Mittelmeers für den Krieg gegen Großbritannien betont. Nun mußte sie ihre Kriegsschiffe genau zum falschen Zeitpunkt ins Mittelmeer schicken – als sie endlich den Krieg gegen die Vereinigten Staaten bekommen sollte, den sie zwei Jahre geradezu herbeigesehnt hatte.

KRIEG IM WESTEN

Als klar wurde, daß die Deutschen im Herbst 1940 keine Invasion Englands wagen würden[189], rückte in der Weltpresse und in der Wochenschau die Bombardierung englischer Städte in den Vordergrund. Nacht für Nacht warfen deutsche Flugzeuge, manchmal unterstützt von italienischen Maschinen, Bomben, Luftminen und Brandbomben über den wichtigsten Städten des Landes ab. Bilder von Bränden, die um die St.-Pauls-Kathedrale wüteten, und von Londonern, die in den Eingangstunneln der U-Bahn-Stationen schliefen, gingen um die Welt.

Gelegentlich flogen britische Flugzeuge auch deutsche Städte an. Am 12. Dezember 1940 griffen die Briten zum erstenmal als Vergeltung für die Bombardierung Coventrys durch die Deutschen eine deutsche Stadt – Mannheim – flächendeckend an.[190] Diese Form der Bombardierung wurde später immer wichtiger. Nach Churchills Meinung war dies noch eine Möglichkeit, nachdem die Deutschen aufgehört hatten vor-

---

* In den Unterlagen der deutschen Botschaft in Rom (Quir.), Geheim 89 (1941), befindet sich eine Akte mit dem Titel »Vorführung der Chiffriermaschine ›Enigma‹«. Es geht darin um das Gesuch der Technischen und Wirtschaftlichen Schule in Rom, eine Enigma-Maschine, die in Italien regulär zu kaufen war, leihweise für eine Ausstellung zu bekommen. Beigefügt war eine hübsch illustrierte Werbebroschüre in italienischer Sprache, die man in Berlin gedruckt hatte. Die Botschaft weigerte sich, der Schule ein Musterexemplar zu überlassen mit dem Hinweis, es sei weder zum Verleih noch zum Verkauf bestimmt!

zugeben, sie würden nur militärische Einrichtungen bombardieren[191], aber das Gegenteil taten. Die Bombardierung ziviler Ziele spielte in der britischen Luftstrategie keine beherrschende Rolle, bis Anfang 1941 ein Versuch fehlschlug, Angriffe auf Ziele zu fliegen, die für die Ölversorgung wichtig waren. Zu Recht war man überzeugt, daß die bombardierten Anlagen für die deutschen Kriegsanstrengungen entscheidend waren. Das Problem bestand jedoch darin, daß die Ziele mit der damaligen Technologie nicht präzise lokalisiert werden konnten, und wenn sie lokalisiert wurden, konnte man sie nicht angreifen.[192] Im Verlauf des Sommers 1941 wurde immer deutlicher, daß die Royal Air Force (RAF) aufgrund der deutschen Flugabwehr nur nachts Bombenangriffe fliegen konnte – eine Erfahrung, die die Deutschen bereits gemacht hatten. Außerdem war die RAF technologisch unzureichend ausgerüstet, um definierte Ziele in der Dunkelheit zu treffen. Man mußte also entweder Offensivaktionen gegen deutsche Städte völlig einstellen oder dazu übergehen, die Industriestädte flächendeckend zu bombardieren.

Die britische Regierung war schon früher durch die deutschen Initiativen dazu gezwungen worden, ihre seit dem Beginn des Krieges restriktive Bombardierungspolitik aufzugeben. Sie optierte nun für die zweite Variante.[193] In dieser Entscheidung wurden die Briten durch verschiedene Faktoren bestärkt: durch die späteren Entwicklungen in der neuen britischen Allianz mit der Sowjetunion, durch den Einsatz von Ressourcen, der sich wie von selbst weiterentwickelte, und durch die konkreten Erfordernisse des Krieges. Viele Deutsche erhielten jetzt Gelegenheit, die Frage neu zu überdenken, ob der Wiederaufbau einer Luftwaffe trotz aller gegenteiligen Vertragsverpflichtungen in Wirklichkeit vielleicht keine so großartige Sache gewesen war, wie sie geglaubt hatten. Da selbst heute fast niemand diese Gelegenheit wahrnimmt, war dies wohl auch damals nicht der Fall.

Der Versuch der Deutschen, die Lebensader Großbritanniens durch Angriffe auf die Schiffe der Alliierten abzudrücken, war sehr viel wirksamer und gefährlicher, obwohl dies in den Berichten nicht so spektakulär dargestellt wurde wie die Bombenangriffe. Wichtige Faktoren im Krieg der Deutschen gegen die für den Nachschub wichtigen britischen Schiffahrtswege waren Kriegsschiffe, sowohl reguläre Marine- als auch Hilfskreuzer, die Handelstransporte überfielen; Langstreckenflugzeuge, vor allem die berühmte Condor (Focke-Wulf 200); Minen, die von deutschen Schiffen und Flugzeugen gelegt wurden; und Luftangriffe auf britische Schiffe in den Häfen. Der bei weitem wichtigste Faktor jedoch war der U-Boot-Krieg. In der längsten Schlacht des Krieges, der Atlantikschlacht, kämpften die U-Boote gegen die Schiffe der Alliierten.[194]

Das Programm der deutschen Kriegsmarine zur Produktion von mehr U-Booten befand sich noch im Anfangsstadium. Außerdem fanden die Deutschen 1941 ebensowenig eine Lösung für die endlose Kontroverse zwischen Marine und Luftwaffe wie früher oder später im Krieg. Bei dieser Kontroverse ging es darum, daß eine größere Zahl von Flugzeugen für die Luftaufklärung auf See zur Verfügung gestellt werden sollte.[195] Das Lieblingsthema der Marine war die Frage, ob sie jedes beliebige Schiff versenken durfte, auch wenn dadurch ein Kriegseintritt Amerikas provoziert werden könnte. 1941 zögerte Hitler in dieser Frage noch genauso wie 1940. Solange er die Sowjetunion nicht besiegt hatte und sich wieder dem Aufbau einer gewaltigen Seestreitmacht zuwenden konnte, wollte er den Krieg gegen die Vereinigten Staaten lieber aufschieben. Die Frage der möglichen Zwischenfälle unter Beteiligung deutscher und amerikanischer Schiffe im Atlantik werden wir weiter unten behandeln. Den Deutschen stellte sich bei diesem Seekrieg ein weiteres Problem, bei dem Hitler und Admiral Raeder, der Oberbefehlshaber der Marine, nicht übereinstimmten: der Kampf der Kriegsschiffe und Kreuzer auf dem Meer.

Raeder wollte erreichen, daß die großen Schlachtschiffe im Krieg mit Großbritannien eingesetzt wurden, um ihren Nutzen für Deutschland unter Beweis zu stellen. Außerdem wollte er von vornherein verhindern, daß Untätigkeit zu einem Verfall der Moral und der Disziplin führte, wie es bei der Flotte im Ersten Weltkrieg eingetreten war. Er bekam jedoch aus zwei Gründen Schwierigkeiten mit Hitler. Wiederholt war die Skepsis des Führers gegenüber großen Schiffen durch den mißlichen Verlauf von Seegefechten bestätigt worden. Die Maschinen in den deutschen Schiffen waren ungeeignet; die Schiffe erlitten häufig Maschinenschäden und fielen für lange Reparaturzeiten aus. In der Schlacht waren sie außerdem erwartungsgemäß stark gefährdet. Am 6. April 1941 wurde das Schlachtschiff *Gneisenau* bei einem Luftangriff von einem britischen Torpedo getroffen. Ein paar Tage später wurde das Schiff im Hafen von Brest durch britische Bomber noch stärker beschädigt. Im darauffolgenden Monat lief das neue Schlachtschiff *Bismarck* mit dem schweren Kreuzer *Prinz Eugen* im Geleit in den Atlantik aus. Es wurde entdeckt, konnte den britischen Schlachtkreuzer *Hood* versenken und beschädigte das Schlachtschiff *Prince of Wales,* wurde dann aber am 27. Mai selbst versenkt.[196] Das nächste wichtige Kriegsschiff, das sich auf den Atlantik hinauswagte, war das kleine Schlachtschiff *Lützow*. Es wurde am 13. Juni von einem Torpedo getroffen. Bei diesen Ereignissen spielte die Fähigkeit der Briten, den Code der Deutschen zu entschlüsseln, eine entscheidende Rolle[197] – ein Aspekt, mit dem wir uns noch befassen werden.

Nach diesen und anderen Rückschlägen für die Deutschen vertrat Hitler wieder einen Standpunkt, den er schon früher vorgetragen hatte und den er im folgenden Herbst durchsetzte: Am 22. Juni hatte Hitler den Krieg gegen die Sowjetunion begonnen. Er befürchtete nun, die Briten könnten eine Landung in Norwegen unternehmen, um den deutschen Druck auf die Sowjetunion zu verringern. Deshalb sollten die noch einsatzfähigen großen Kriegsschiffe vor der norwegischen Küste zusammengezogen werden, um die Verteidigung Norwegens zu unterstützen. Hitler beorderte sogar die großen Kriegsschiffe, die in Brest lagen, nach Norwegen. Daß die Schiffe im Februar 1942 den Ärmelkanal ungehindert passieren konnten, rief in Großbritannien einen Aufschrei der Empörung hervor. Und deutsche Regierungskreise gerieten in Aufregung, als die beiden Schlachtschiffe *Scharnhorst* und *Gneisenau* auf britische Minen liefen. Für Deutschland war damit der Kampf im Atlantik mit Überwasserschiffen praktisch beendet.[198]

Die U-Boote jedoch versenkten mehr Schiffe, als die Briten ersetzen konnten, vor allem in der ersten Jahreshälfte 1941.[199] In der zweiten Jahreshälfte kehrte sich die Situation zeitweilig zugunsten der Briten um, und zwar nicht nur deshalb, weil Churchill die Lage aufmerksam beobachtete und Druck ausübte.[200] Vielmehr spielte auch im weiteren Jahresverlauf die Verlegung von U-Booten nach Norwegen und in das Mittelmeer eine entscheidende Rolle. Ein sehr wichtiger Faktor war die Fähigkeit der Briten, ihre Konvois um die U-Boot-Aufstellungen herumzuleiten, weil sie die wichtigsten Marinecodes der Deutschen entziffern konnten; manchmal gelang dies sogar täglich.[201]

Die tödliche Bedrohung der britischen Schiffe durch die U-Boote war zwar stets vorhanden, hielt aber die Briten nicht davon ab, die Kriegsanstrengungen fortzusetzen, die sie gegen das Dritte Reich entwickelt hatten. Die Bomberoffensive wurde bereits erwähnt. Die Blockade Deutschlands war nach britischer Ansicht noch immer wichtig, und durch die Vorherrschaft auf den Meeren konnte Großbritannien nicht nur deutschen Schiffen die freie Durchfahrt verwehren, sondern auch die eigenen Schiffe schützen. In London war man jedoch sehr besorgt über die Lücke in der Blockade, die Gütertransporte auf dem Landweg durch die Sowjetunion in das von den Deutschen beherrschte Europa ermöglichte.[202]

Die Briten setzten ihre Hoffnung auch weiterhin auf die Special Operations Executive (SOE), die versuchen sollte, die Macht der Deutschen in Europa durch Aufstände zu unterminieren. Nach dem deutschen Angriff auf die Sowjetunion waren die Briten der Ansicht, daß die Bewaffnung der Widerstandsgruppen in Osteuropa durch die Sowjetunion organisiert werden sollte. Diese Erwartung schuf jedoch in Polen zahlreiche Probleme.[203] Ferner hofften die Briten, daß sich weitere französische Kolonialländer hinter de Gaulle stellen würden. In London wurde über das Projekt intensiv diskutiert, de Gaulle bei einer Besetzung der Inseln Réunion und Madagaskar im Indischen Ozean zu unterstützen – was Churchill favorisierte. Außerdem erörterte man ein ähnliches Vorgehen in Französisch-Somaliland (Djibouti)[204], nachdem die Truppen Großbritanniens und des Freien Frankreich bereits im Juni 1941 einen erfolgreichen Feldzug durchgeführt hatten, bei dem sie der Vichy-Regierung, wie erwähnt, Syrien und den Libanon wegnehmen konnten.

Vor diesem Hintergrund wird verständlich, warum das Interesse der britischen Regierung, um Frieden zu ersuchen, 1941 keinesfalls stärker war als 1940. Die Briten glaubten gelegentlich, vorsichtige Friedenssondierungen zu empfangen, und lehnten sie sofort ab.[205] Churchill erteilte am 20. Januar 1941 die Weisung, auf jeglichen Kontakt mit »absolutem Stillschweigen«[206] zu reagieren. Es ist anzumerken, daß auch die deutsche Regierung ähnliche Weisungen für den Umgang mit möglichen Kontaktversuchen Churchills erließ.[207] Die britische Haltung blieb nach dem deutschen Angriff auf die Sowjetunion völlig unverändert. Viele waren überzeugt, daß

Berlin eine neue »Friedensoffensive« einleiten würde, entweder während der Kämpfe an der Ostfront oder unmittelbar nach einem Sieg über die Sowjetunion. Aus diesem Grunde unterstrich Außenminister Anthony Eden in einer öffentlichen Rede in Leeds am 5. Juli, daß die Briten mit Hitler zu keiner Zeit und über kein Thema verhandeln würden.[208]

Im August 1941 empfing das Foreign Office einen Friedensvorschlag von Personen, die behaupteten, in Deutschland die Opposition gegen Hitler zu repräsentieren. Als Bedingung für den Frieden forderten sie die Kolonien zurück, die Deutschland vor dem Ersten Weltkrieg besessen hatte, ferner wollte man Elsaß-Lothringen, Österreich und das Sudetenland behalten und verlangte die Anerkennung der Ostgrenzen von 1914. Über diesen Vorschlag schüttelten die Beamten im Foreign Office nur die Köpfe.[209] Churchill setzte diesen Torheiten am 20. September 1940 ein Ende, indem er wiederholte, daß die Reaktion in »absolutem Stillschweigen« zu bestehen habe. Jede andere Politik würde sowohl die Vereinigten Staaten als auch die Sowjetunion beunruhigen. »Ich bin absolut gegen jeden auch noch so geringen Kontakt.«[210]

Zu diesem Zeitpunkt befand sich eine Person, die einen Kontaktversuch zu den Briten unternommen hatte, bereits seit vier Monaten hinter Gittern – die ersten vier Monate einer lebenslangen Gefangenschaft. Rudolf Heß, Stellvertreter Hitlers in der Parteiführung der NSDAP, war am 10. Mai über Schottland mit dem Fallschirm abgesprungen. Heß bildete sich ein, die Briten bewegen zu können, Frieden nach deutschen Bedingungen zu schließen. Die Briten vergewisserten sich zunächst, ob dieser unerwartete Besucher wirklich der Stellvertreter des Führers war. Dann sperrten sie ihn für den Rest des Krieges ein und erklärten, daß sie ihn nach dem Krieg als Kriegsverbrecher vor Gericht stellen würden. Die deutsche Regierung war verärgert; die öffentliche Erklärung, der zweite Mann im Staate sei geistig unausgeglichen, wirkte nicht gerade beruhigend. Hitler war wütend, doch er konnte angesichts der seltsamen Handlungsweise seines Freundes wenig tun (er entließ lediglich einige Gleichgesinnte aus der Umgebung von Heß). Trotz verschiedener Spekulationen und des Mißtrauens der Sowjets führte dieses erstaunliche Abenteuer zu keinen weiteren Ergebnissen.[211] Der Verlauf des Krieges wurde dadurch nicht beeinflußt.

DIE VEREINIGTEN STAATEN UND DER KRIEG

Die Vereinigten Staaten wurden zunehmend aktiv in den Krieg verwickelt. Das Tauschgeschäft »Zerstörer gegen Stützpunkte« und die zunehmenden Güterlieferungen nach England im Herbst 1940 zeigten, in welche Richtung sich die Dinge entwickelten. Die Wiederwahl Roosevelts bedeutete zwar Kontinuität, aber der Kandidat der Republikaner, Wendell Willkie, hatte erkennen lassen, daß auch er die Lieferungen nach Großbritannien guthieß.[212]

In Deutschland gingen die Meinungen weit auseinander, welche Haltung man gegenüber der amerikanischen Unterstützung für die Briten einnehmen sollte. Die

Kriegsmarine favorisierte drastische Maßnahmen, weil sie entschieden auf einen uneingeschränkten U-Boot-Krieg setzte. Sie nahm dabei in Kauf, daß es zum Krieg mit den Vereinigten Staaten kommen könnte.[213] Göring, der Oberbefehlshaber der Luftwaffe, vertrat eine ähnliche Position. Als man ihn vor dem Potential der Amerikaner warnte, sagte er: »Was sind schon die USA?«[214] Der deutsche Botschafter in den Vereinigten Staaten, Hans-Heinrich Dieckhoff, der sich seit November 1938 in Deutschland aufhielt, versuchte dagegen zu erläutern, daß es einen großen Unterschied mache, ob die Vereinigten Staaten am Krieg teilnähmen oder nicht. Wer in Deutschland die Meinung vertrete, die Vereinigten Staaten täten bereits alles, was sie tun könnten, und daß es daher keine Rolle spiele, ob sie formal in den Krieg eintreten würden, unterliege einem schweren Irrtum.[215]

Hitler hatte in dieser Frage eine völlig andere Meinung als seine Ratgeber. Da er zu diesem Zeitpunkt bereits beschlossen hatte, die Sowjetunion anzugreifen, nahm er an und versicherte dies seiner Umgebung auch immer wieder, daß dieser Schritt es Japan ermöglichen würde, nach Süden vorzurücken und so die Macht der Amerikaner im Pazifik zu binden. Diesem Aspekt der deutschen Politik werden wir uns im Zusammenhang mit der Analyse der Politik Japans befassen, die zum Pazifikkrieg führte. Diese Zusammenhänge müssen auch beachtet werden, wenn es um die Einschätzung der Weisungen Hitlers an die Marine in der zweiten Hälfte des Jahres 1940 und in der ersten Hälfte 1941 geht. Da Hitler damals den Angriff auf die Sowjetunion bereits plante und entschlossen war, den Feldzug schnell zu Ende zu führen, wollte er die Vereinigten Staaten zunächst durch die Vorgänge im Pazifik ablenken. Anschließend hoffte er, die Ressourcen auf den Bau von Kriegsschiffen verlagern und sich dann mit den Vereinigten Staaten direkt befassen zu können. In der Zwischenzeit erschien es ihm nicht sinnvoll, die Vereinigten Staaten durch Zwischenfälle zu offenen Feindseligkeiten herauszufordern; er nahm an, daß durch diese Zwischenfälle die Zahl der Versenkungen durch U-Boote und Kampfschiffe nur geringfügig gesteigert werden könnte.[216] Aus einer Studie, die Hitler von der Marine angefordert hatte, erfuhr er, daß ein Überraschungsangriff von U-Booten auf die amerikanische Flotte in ihren Heimathäfen praktisch nicht durchführbar war.[217] Wenn ein solcher Schlag nicht möglich war, schien Abwarten sinnvoller. Wenn ein Unterwasser-Angriff im »Pearl Harbor«-Stil nicht erfolgen konnte, wäre es besser, Kampfhandlungen mit den Vereinigten Staaten so lange aufzuschieben, bis Deutschland entweder einen Verbündeten mit einer großen Kriegsflotte gefunden oder Zeit genug Zeit hatte, selbst eine große Marine aufzubauen.

Die andere Seite dieser Politik der Zurückhaltung, die der deutschen Kriegsmarine auferlegt wurde, hatte zwei wichtige Aspekte: Die deutsche Diplomatie mußte, wie wir noch erläutern werden, Japan drängen, im Pazifik vorzurücken – wenn nötig auch mit dem Versprechen, an der Seite Japans in den Krieg gegen die Vereinigten Staaten einzutreten, falls die Japaner dies für nötig hielten. Im militärischen Bereich bedeutete die Zurückhaltung der Marine, daß der Schwerpunkt der Rüstung vom

Heer auf den Bau von Kriegsschiffen und Kampfflugzeugen verlagert werden mußte, sobald erkennbar werden würde, daß der Krieg im Osten sich im Einklang mit Hitlers Hoffnungen entwickelte. Erst in diesem Zusammenhang wird verständlich, warum Hitler in dem Augenblick, in dem er (vollkommen zu Unrecht) glaubte, daß der Rußlandfeldzug wunschgemäß lief, die Wiederaufnahme des großen Programms für den Bau von Schlachtschiffen, Flugzeugträgern und Kreuzern anordnete.[218] Dieses Programm hatte schon im Herbst 1940 und dann erneut im Herbst 1941 unterbrochen werden müssen, weil die Kämpfe erheblich anders verliefen, als Hitler erwartet hatte. Da die deutsche Kriegsmarine einen der Schiffsbauverträge irrtümlich nicht stornierte, wurden noch im *Juni 1944* vier neue Maschinen für Schlachtschiffe ausgeliefert[219] und sofort wieder verschrottet. Diese Überbleibsel früherer Träume zeigen, wie ernsthaft die Deutschen eine Zeitlang ihre Pläne verfolgt hatten, gegen die amerikanische Marine anzutreten.

Roosevelt hoffte, einen offenen Krieg gegen Deutschland ganz vermeiden zu können. Er drängte sein Volk, Großbritannien zu unterstützen, und entwickelte, wie wir sehen werden, eine Reihe von Möglichkeiten für solche Hilfsmaßnahmen. Auch sorgte er dafür, daß die Lieferungen ihre Bestimmungsorte erreichten. Er hoffte jedoch buchstäblich bis zur letzten Minute, daß sich die Vereinigten Staaten an diesem Krieg nicht beteiligen müßten. Unter Historikern hat es über Roosevelts Außenpolitik in den Jahren 1940/41 fast so viele Auseinandersetzungen gegeben wie unter den Zeitgenossen des Präsidenten. Inzwischen sind auch Quellen unterschiedlicher Art verfügbar, die auf dramatische Weise bestätigen, wie verläßlich viele der seit langem bekannten Äußerungen Roosevelts waren, obwohl man damals nicht immer glaubte, daß sie seine wirklichen Ansichten widerspiegelten.

Am 22. August 1940 versuchte Roosevelt, vom Vorsitzenden der Senatskommission für Marineangelegenheiten (Senate Naval Affairs Committee) die Zustimmung zu dem Abkommen »Zerstörer gegen Stützpunkte« zu bekommen. Dabei wurde er mit dem Argument konfrontiert, daß ein solcher Schritt zum Krieg mit Deutschland führen könne, weil die Deutschen dann einen Anlaß für Vergeltungsmaßnahmen hätten. Roosevelt hielt dagegen, wenn die Deutschen einen Krieg gegen die Vereinigten Staaten führen wollten, könnten sie jede beliebige Begründung wählen. Die Vereinigten Staaten jedenfalls würden erst kämpfen, wenn sie angegriffen würden.[220]

Am Jahresende erläuterte Roosevelt dem amerikanischen Hochkommissar auf den Philippinen ausführlich seine Politik. Er hob dabei die globalen Aspekte der Unterstützung für die Briten hervor, betonte aber erneut, daß sich sein Land aus dem Krieg sowohl in Europa als auch im Fernen Osten so lange heraushalten solle und könne, bis es selbst angegriffen würde.[221] Vor kurzem wurden Aufzeichnungen einer Pressekonferenz im Weißen Haus im Herbst 1940 verfügbar, bei der ein Tonbandgerät versehentlich nicht abgeschaltet worden war. Die Aufzeichnungen belegen, daß Roosevelt im privaten Gespräch erstaunlich ähnliche Gedanken äußerte. Am 4. und am 8. Oktober erläuterte er vor Gefolgsleuten aus Politik und Verwaltung, daß die

Vereinigten Staaten nicht in den Krieg eintreten würden, solange sie nicht von Deutschland oder Japan angegriffen würden. Auch wenn sich diese Länder als im Krieg mit den Vereinigten Staaten befindlich ansähen, reiche dies nicht aus.[222] Wir wissen, daß Roosevelt noch im Dezember 1941 diese Haltung auch gegenüber Ungarn, Rumänien und Bulgarien vertrat. Diese Länder versuchte er ein halbes Jahr lang davon zu überzeugen, daß es klüger sei, ihre Kriegserklärungen an die Vereinigten Staaten zurückzuziehen.[223]

Das Bild Roosevelts als eines Präsidenten, der hoffte und auch konkret versuchte, einen Krieg zu vermeiden, wird weiter bestätigt durch das, was wir über die Entschlüsselung von deutschen Codes wissen. Die Amerikaner hatten die Briten schon im September 1940 darüber informiert, daß sie den wichtigen diplomatischen Code der Japaner geknackt hatten[224], und ihnen im Januar 1941 ein Gerät übergeben, mit dessen Hilfe sie die Funksprüche selbst entziffern konnten.[225] Die Briten jedoch erwiderten diese Geste erst im April 1941 mit Informationen über die Entschlüsselung der deutschen Enigma-Maschinencodes.[226] In der Folgezeit allerdings wurde die Kooperation immer intensiver. Bis Ende 1941 benutzten die Amerikaner die Erkenntnisse über die Dispositionen der deutschen Kriegsmarine, die sie aus den entschlüsselten Funksprüchen der Marine gewannen, zur *Vermeidung* von Zwischenfällen, obwohl man sie ebensogut zur *Provokation* von Zwischenfällen hätte verwenden können.[227] Die berühmte Anweisung des Präsidenten, auf deutsche U-Boote zu schießen, sobald sie gesichtet wurden, sollte sie eher abschrecken als provozieren. Dem Präsidenten war bewußt, daß die Deutschen den U-Booten befohlen hatten, Zwischenfälle zu vermeiden. Er konnte deshalb sein Hilfsprogramm für Großbritannien in dem Wissen vorantreiben, daß allenfalls vereinzelte Zwischenfälle im Atlantik zu erwarten waren.[228]

Roosevelt teilte die gängige Vorstellung nicht, daß zwischen zwei Ländern entweder Krieg oder Frieden herrsche. Er wußte, daß die Marine der Vereinigten Staaten in dem Quasi-Krieg gegen Frankreich an der Wende vom 18. zum 19. Jahrhundert ihren Ursprung hatte. Er wußte auch, daß 1938 und 1939 Japan und die Sowjetunion in Ostasien in blutige Zusammenstöße verwickelt gewesen waren, ohne ihre diplomatischen Beziehungen zu unterbrechen oder umfassende Kampfhandlungen gegeneinander zu beginnen. Einige Berater des Präsidenten waren überzeugt, daß sich die Vereinigten Staaten am Krieg beteiligen sollten oder müßten, um Hitlers Niederlage herbeizuführen. Es gibt jedoch keinen Hinweis darauf, daß der Präsident selbst seine Hoffnung aufgegeben hätte, die Vereinigten Staaten aus dem Krieg heraushalten zu können. Schon 1940 hatte sich seine Überzeugung bestätigt, daß Großbritannien durchhalten würde – gegen die Meinung vieler anderer.[229] 1941 erwies sich seine Erwartung als richtig, daß auch die Sowjetunion durchhalten würde – wiederum gegen die Meinung vieler anderer. Auf gewisse Weise behielt Roosevelt auch in der Frage des formalen Kriegseintritts der Vereinigten Staaten recht. Wir verfügen jetzt über seine Bemerkungen vom 8. Oktober 1940: »Es könnte die Zeit kommen, da die Deutschen und die Japs [sic] irgendeine Dummheit machen und wir dadurch [in den Krieg] eintreten müssen. Das ist die einzige wirkliche Gefahr, daß wir hineingeraten ...«[230]

Lord Lothian, der britische Botschafter in den Vereinigten Staaten, war einer der wenigen, die Roosevelts Wunsch verstanden, England im Rahmen der politischen und legalen Möglichkeiten zu helfen, Amerika aber möglichst aus dem Krieg herauszuhalten. Als sich Großbritannien den Grenzen seiner finanziellen Möglichkeiten bei der Bezahlung für die gelieferten Kriegsgüter näherte, überredete Lord Lothian den zögernden Churchill, dem amerikanischen Präsidenten die finanziellen Fakten offen darzulegen. Lothian selbst erklärte öffentlich, daß England das Geld ausgehe.[231] Vor diesem Hintergrund entstand die Forderung Roosevelts nach einem »Lend-Lease-Programm«. Dieses Programm umfaßte zahlreiche Geldbewilligungen des Kongresses, die darauf gerichtet waren, Großbritannien in Kriegszeiten Unterstützung zu gewähren. Das Programm wurde später auf andere Länder ausgeweitet.[232]

Präsident Roosevelt, Außenminister Hull und Finanzminister Morgenthau – der als Schlüsselfigur der Administration in dieser Frage galt – übten starken Druck auf Großbritannien aus, durch die Veräußerung von Kapitalanlagen soviel Gold und Dollars wie möglich bereitzustellen.[233] In der Öffentlichkeit und im Kongreß fanden erbitterte Diskussionen statt. Am 11. März 1941 trat das Gesetz in Kraft. Noch vor dem Monatsende wurde die erste Zuweisung von sieben Milliarden Dollar gebilligt.

Die Verabschiedung dieses Gesetzes, die von einer intensiven und in der Öffentlichkeit stark beachteten Debatte begleitet war, bewies, daß die amerikanische Öffentlichkeit die deutsche Bedrohung für groß genug hielt, um drastische Hilfsmaßnahmen Amerikas für die Feinde Deutschlands zu rechtfertigen. Die meisten Amerikaner hofften jedoch nach wie vor, sich aus dem Kampf heraushalten zu können. Im Unterschied zu ähnlichen sowjetischen Hoffnungen schien den Amerikanern jedoch der bessere Weg, die Feinde Hitlers durch umfassende Lieferungen zu unterstützen, und nicht, wie die Sowjets, Hitler selbst diese Lieferungen zukommen zu lassen. Durch diese Lieferungen wurde zugleich auch das amerikanische Rüstungsprogramm effizient und wirksam vorangetrieben.

Die Regierung in Washington unternahm angesichts der gefährlichen Weltlage jedoch weitere Schritte. Die Beziehungen zu Großbritannien verbesserten sich, nachdem Botschafter Joseph P. Kennedy, der weder das Vertrauen der Regierung Churchill noch das des Präsidenten Roosevelt besessen hatte, durch John Winant ersetzt wurde, der das Vertrauen beider genoß.[234] Schon zuvor war Lord Lothian unerwartet verstorben und Lord Halifax nach Washington entsandt worden, der sich auf seine Weise so erfolgreich wie sein Vorgänger betätigte.[235] Von möglicherweise noch größerer Bedeutung war die Entwicklung persönlicher Bindungen zwischen Roosevelt und Churchill, zunächst durch Harry Hopkins, den Roosevelt im Januar 1941 nach London entsandte[236], und später nach ihrer persönlichen Begegnung in Placentia Bay im

August.[237] Die Vereinigten Staaten hatten noch immer schwere Bedenken wegen der Sicherheit ihrer Codes und unternahmen weitere Schritte, um ihre Geheimhaltung sicherzustellen.[238] Die interne Sicherheit wurde ferner verbessert durch die Schließung der deutschen und italienischen Konsulate in den Vereinigten Staaten und durch die Konfiskation deutscher und italienischer Schiffe, die in amerikanischen Häfen lagen.[239]

Die Regierung Roosevelt übte zusätzlich Druck auf Vichy aus, um die dortige Regierung von zu weitgehender Kollaboration mit Deutschland abzuhalten, indem sie einen herausragenden Botschafter, Admiral Leahy, entsandte, nachdem General Pershing hatte ablehnen müssen.[240] Der bereits erwähnte Takoradi-Luftweg über Afrika wurde unter direkter amerikanischer Beteiligung weiter ausgebaut.[241] Im April 1941 unterzeichneten Vertreter der Vereinigten Staaten und der dänische Gesandte in Washington ein Abkommen über die gemeinsame Verteidigung Grönlands. Das Abkommen ermöglichte die Errichtung von amerikanischen Stützpunkten auf Grönland, während die dänische Souveränität in diesem Gebiet erhalten blieb. In Berlin rief es Hysterie hervor.[242]

In langfristiger Sicht war möglicherweise die Ausarbeitung neuer oder revidierter Pläne für den Fall des Kriegseintritts von größter Bedeutung. Sie wurde sowohl innerhalb der amerikanischen Regierung als auch in Zusammenarbeit mit den Briten, den Kanadiern und schließlich auch den Niederländern und Australiern durchgeführt. Hochrangige amerikanische und britische Offiziere trafen sich wiederholt zu langen Diskussionen und erarbeiteten die strategischen Dispositionen, an denen sie sich orientieren wollten, falls die Vereinigten Staaten durch deutsche und später durch japanische Initiativen in den Krieg hineingezogen werden sollten.[243] Diese Pläne wurden mit den amerikanischen Plänen abgestimmt. Der Niederwerfung Deutschlands wurde erste Priorität verliehen. Japan sollte so gut wie möglich unter Kontrolle gehalten werden, vorzugsweise jedoch ohne Krieg. Erklärte Japan doch den Krieg, so sollten die Großoffensiven gegen Japan erst nach der Niederwerfung Deutschlands erfolgen.

Präsident Roosevelt billigte diese Pläne zwar nicht offiziell, hatte aber Kenntnis von ihnen, erlaubte seinen Offizieren, daran zu arbeiten, und wies die amerikanische Planung an, sich an dem Rahmen der Eventualpläne zu orientieren. Dem britischen Vorschlag, amerikanische Kriegsschiffe nach Singapur zu entsenden, stimmte er nicht zu, war aber zu vielen anderen Formen der Kooperation bereit.[244]

Unter anderem wurde die amerikanische Marine zunehmend zum Schutz des Schiffsverkehrs auf dem Atlantik eingesetzt. Im Februar 1941 erhielten die Verbände amerikanischer Schiffe im Atlantik den Status einer Flotte; ihr Kommandant, Ernest J. King, wurde zum Vize-Admiral ernannt. Angesichts der Rolle, die King später spielte, ist der Hinweis wichtig, daß sein erster Auftrag in diesem Krieg in Kooperation mit den Briten durchzuführen war. Die Kooperation umfaßte ferner die Reparatur britischer Kriegsschiffe in amerikanischen Häfen, eine 1941 besonders dringliche Auf-

gabe.[245] Der amerikanische Flugzeugträger *Yorktown* und mehrere Zerstörer, gefolgt
von drei Schlachtschiffen, wurden vom Pazifik in den Atlantik beordert. Es hat den
Anschein, als habe der Befehlshaber der pazifischen Flotte, Admiral Kimmel, Präsident
Roosevelt nur mit Mühe von der Verlegung weiterer Schiffe abbringen können.[246]

Die katastrophalen Niederlagen der Briten im Mittelmeerraum im Frühjahr 1941
führten in Washington zu heftigen Auseinandersetzungen über die Frage, was zu tun
sei.[247] Der wichtigste Schritt in der neuen Politik zur Unterstützung Großbritanniens,
den die Vereinigten Staaten unternahmen, war die Folge einer veränderten Haltung
Roosevelts. Hatte der Präsident zunächst trotz entsprechender Bitten der isländischen
Regierung davon abgesehen, amerikanische Truppen als Ersatz für die dort stationierte britische Garnison nach Island zu entsenden, so stimmte er jetzt diesem Plan
zu.[248] Außerdem zogen die Amerikaner intern die Folgerung, daß die militärischen
Probleme der Briten teilweise durch deren uneinheitliche Befehlsstruktur verursacht
worden seien. Sie legten deshalb größten Wert auf umfassende Kompetenzen und
Befugnisse der Befehlshaber an den jeweiligen Kriegsschauplätzen.[249] Angesichts der
aktuellen Lage galt ihre Sorge der Frage, was zu tun sei, wenn die Deutschen jetzt
die spanischen und portugiesischen Inseln im Atlantik besetzten, wie sie es mit Kreta
getan hatten, um auf diese Weise die Atlantikschlacht zu ihrem Vorteil zu beeinflussen.[250] Die Deutschen jedoch stießen nicht nach Westen, sondern nach Osten vor.
Washington stand damit vor einem neuen Rätsel: Sollten die Vereinigten Staaten die
Hilfeleistungen an die Sowjetunion ausweiten? Und wie sollten die ohnehin knappen
Nachschublieferungen zwischen den Briten und den Sowjets aufgeteilt werden, während gleichzeitig der Aufbau der eigenen Militärmacht vorangetrieben werden mußte?

Die amerikanischen Militärs hielten in den letzten Tagen vor dem deutschen Einmarsch in die Sowjetunion einen solchen Angriff in der Tat für möglich, glaubten
aber auch, daß sich die Sowjets behaupten könnten, wenn sie sich kämpfend zurück-
zögen. Im Gegensatz zu den Deutschen, die die wichtigen Hinweise nicht verstanden
hatten, schätzten die Amerikaner die Qualität der sowjetischen Panzer sehr hoch
ein.[251] In wirtschaftlicher Hinsicht gingen die amerikanischen Geheimdienste zu
Recht davon aus, daß die Deutschen nicht nur den Zugang zu Ostasien über die
transsibirischen Verbindungswege verlieren würden, sondern auch aus den besetzten
Gebieten weniger gewinnen würden als aus dem Handel mit der Sowjetunion. Der
Ostfeldzug könnte eine Erholungspause für England bedeuten, aber gleichzeitig Japan
dazu ermuntern, nach Süden vorzustoßen.

Roosevelt beschloß sofort, der Sowjetunion jede mögliche Hilfe zu gewähren. Die
Tatsache, daß er seinen engsten Vertrauten, Harry Hopkins, mit diesem Unternehmen
beauftragte, ist bezeichnend für die Bedeutung, die er dem Vorgang beimaß. Hopkins
wurde nach Moskau entsandt, um das Projekt anzukurbeln. Er wurde von Oberst
Philip Faymonville begleitet, der fest davon überzeugt war, daß die Rote Armee durchhalten würde. Faymonville sollte die Hilfslieferungen auf der sowjetischen Seite
koordinieren.[252] Dem Präsidenten war bewußt, daß die Unterstützung für die

Sowjetunion in der amerikanischen Öffentlichkeit auf Opposition stoßen würde; er bemühte sich deshalb darum, den Bürgern klarzumachen, daß die sowjetische Diktatur weniger bedrohlich war als die unmittelbare Gefahr, die von der deutschen ausging. Vor allem wollte er die verbreiteten Bedenken angesichts der Unterdrückung der Religionsfreiheit in der Sowjetunion beschwichtigen.[253] Große Sorgen und Probleme gingen mit dieser Politik einher, teilweise als Ergebnis der Tatsache, daß sich zwischen den USA und der UdSSR in den vorangegangenen Jahren so große Unterschiede in der von ihnen verfolgten Politik entwickelt hatten.[254]

Das Ergebnis der Moskauer Konferenzen Anfang August 1941 war eine Übereinkunft über größere Lieferungen von Militärgütern an die Sowjetunion – entgegen den Wünschen amerikanischer und britischer Militärs, die alle Waffen direkt von den Förderbändern für ihre eigenen Truppen haben wollten.[255] Verlief der deutsche Vorstoß im Osten siegreich, würden die deutschen Truppen für einen neuen Vorstoß im Atlantik frei werden. Aus diesem Grunde drängte Roosevelt, das Material so schnell wie möglich zu liefern.[256] In gewisser Weise hatte er besser als viele seiner Zeitgenossen und die meisten späteren Betrachter begriffen, daß den Planungen Hitlers eine antiamerikanische Komponente zugrunde lag. Er hoffte, diese Planungen dadurch zunichte zu machen, daß er den Deutschen ihre Anstrengungen für einen Sieg im Osten möglichst erschwerte.[257] Produktionsschwierigkeiten und das Problem, amerikanische und britische Erfordernisse mit dem Bedarf der Sowjetunion abzustimmen, trugen dazu bei, daß die tatsächlichen Lieferungen 1941 geringer als geplant ausfielen; ab Herbst 1941 jedoch setzte ein starker Materialstrom ein.[258]

Alle Maßnahmen, die die Regierung in Washington ergriff, wurden von bitteren Kontroversen begleitet. Die Verlängerung der Wehrpflicht wurde im Repräsentantenhaus mit nur einer Stimme Mehrheit verabschiedet.[259] Auf die Frage, ob die Armee nun groß genug für den Verteidigungsfall sei, mußte Kriegsminister Stimson erklären, daß sie beinahe so groß sei wie die Armeen Belgiens und der Niederlande zusammen im Mai 1940.[260] Von schicksalhafter Bedeutung war eine Entscheidung Roosevelts, die er am 9. Oktober 1941 im Beisein von Vizepräsident Henry Wallace und auf Rat von Vannevar Bush traf und die der Öffentlichkeit damals zunächst verborgen blieb: die Bemühungen zum Bau einer Atombombe stark voranzutreiben und dieses große neue wissenschaftliche Projekt unter die Kontrolle der Armee zu stellen.[261]

Die größte Sorge der amerikanischen Regierung war, daß ein Vorstoß der Japaner in Asien die Vereinigten Staaten wie auch Großbritannien bedrohen, Deutschland helfen und möglicherweise die USA in den Krieg hineinziehen könnte. Im Herbst 1940 und im Winter 1940/41 gewährte deshalb die amerikanische Regierung China auf Drängen von Tschiang Kai-schek neue Kredite; in Amerika hatte sich vor allem Henry Morgenthau für solche Hilfsmaßnahmen ausgesprochen. Man hoffte, durch diese Unterstützung Tschiang von einer Übereinkunft mit den Japanern abhalten zu können, weil dadurch japanische Truppen für neue Abenteuer an anderen Schauplätzen frei würden. Nicht zufällig verkündete Roosevelt am 30. November 1940 – dem Tag, an dem die Japaner das Marionettenregime des Wang Tsching-wei anerkannten – Pläne für einen Kredit in Höhe von 100 Millionen Dollar an Tschiang, und Hull erklärte, daß die Vereinigten Staaten nur Tschiangs Regierung anerkannten.[262]

Im Februar und März 1941 befand sich Laughlin Currie in einer besonderen Mission im Auftrag des Präsidenten in China. Seine Empfehlungen lauteten, daß die Vereinigten Staaten Tschiang unterstützen, ihn zu Reformen drängen und damit den Versuch machen sollten, einen Bürgerkrieg in China zu verhindern. Seiner Auffassung nach sollte Amerika China in diesem Krieg wie auch in Zukunft in der Rolle einer Großmacht sehen. Curries Ansichten paßten entweder zu Roosevelts eigenen Überzeugungen oder beeinflußten ihn; jedenfalls bildeten sie für die Folgezeit die Grundsätze der China-Politik des Präsidenten und damit der Vereinigten Staaten.[263] Man hoffte, daß ein gestärktes China die Japaner aufhalten und blockieren könnte[264]; ob dies jedoch möglich war, hing noch von anderen Faktoren ab.

Im gesamten Verlauf der Jahre 1940 und 1941 suchte die Regierung Roosevelt nach Möglichkeiten, die Japaner zurückzuhalten, während die Vereinigten Staaten aufrüsteten und zugleich die Briten und nach dem deutschen Überfall auch die Sowjetunion unterstützten. Washington konzentrierte sich auf den Atlantik und die dort drohenden Gefahren. Man hoffte, die Japaner zu zügeln und sie nach Möglichkeit aus dem Dreimächtepakt zu lösen. Gleichzeitig wollte man Japan daran hindern, den Krieg in China auszuweiten, den es bereits vom Zaun gebrochen hatte.

Ein Element dieser Politik war die Unterstützung der chinesischen Nationalisten. Ein weiteres Element war die Beendigung des japanisch-amerikanischen Handelsabkommens. Die Japaner wurden dabei über den nächsten Schritt der Amerikaner im unklaren gelassen.[265] Roosevelt wollte nichts unternehmen, wodurch Japan zu radikalen Aktionen getrieben werden konnte.[266] Die öffentliche Meinung in den USA lehnte jedoch den Verkauf von Material an Japan ab, das für den Krieg gegen China bestimmt war, wodurch Roosevelt unter Druck geriet. In dieser Frage waren dieselben Personen, die sich aus Furcht vor einem Krieg gegen die Unterstützung für Großbritannien gewandt hatten, die eifrigsten Befürworter einer harten Politik gegenüber Japan in Ostasien.[267]

JAPAN GREIFT AN

Die amerikanische Regierung hegte noch immer die Hoffnung, daß Japan durch eine Kombination von geduldigen Verhandlungen, fortgesetzter Rüstung in den Vereinigten Staaten und einer passiven amerikanischen Haltung im Pazifik beschwichtigt werden könnte. Monatelang schien es zumindest Aussichten für einen Erfolg zu geben; dann jedoch wurde diese Hoffnung dadurch zerstört, daß die Japaner auf einer breit angelegten Offensive in Südostasien beharrten. Die vermeintlichen Aussichten bestanden in einer von einigen Privatpersonen absichtlich hervorgerufenen

Illusion. Die Japaner behaupteten gegenüber den Amerikanern, für ein von ihnen ausgehecktes Projekt die Billigung bestimmter Elemente in Japan erreicht zu haben. Gleichzeitig behaupteten sie den Japanern gegenüber, mit amerikanischer Billigung zu handeln. Beide Behauptungen waren frei erfunden.[268] Daß dieser Schwindel so lange nicht aufflog und über Monate Gegenstand eifriger diplomatischer Gespräche war, läßt sich nur durch zwei Faktoren erklären, die die Situation von 1941 in einem klareren Licht zeigen als jede detaillierte Darstellung der Verhandlungen selbst. Auf japanischer Seite war der Botschafter Japans in den Vereinigten Staaten, Nomura Kichisaburo, aufrichtig um Frieden mit den USA bemüht. Die Amerikaner hatten dies durchaus erkannt; da mehrere wichtige Persönlichkeiten in Washington einschließlich Präsident Roosevelt und Außenminister Hull Nomura kannten und schätzten, taten sie ihr Bestes, ihm entgegenzukommen. Nomura war jedoch kein erfahrener und geschickter Diplomat, sondern versäumte häufig, seine Regierung genau zu unterrichten. Er fand nicht heraus, daß das ganze Verhandlungsprojekt ein Schwindel war, das zwar auf edlen Motiven, aber auch auf dem jämmerlichen Urteilsvermögen von Privatleuten beruhte. Die hoffnungslose Verwirrung innerhalb der japanischen Regierung, in der manche Gruppierungen in der Tat noch immer einen Frieden mit den Vereinigten Staaten anstrebten, verstärkte nur die falschen Eindrücke, die Nomura gewonnen hatte.[269]

Aus der amerikanischen Perspektive zeichnete sich hier eine Hoffnung ab, daß der Krieg mit Japan noch immer vermieden werden könnte. Der Präsident und der Außenminister fühlten sich deshalb zu immer neuen Gesprächen mit dem japanischen Botschafter und später auch mit dem Sonderbeauftragten veranlaßt, der zur Unterstützung des Botschafters entsandt worden war. Sie tolerierten sogar inoffizielle Kanäle und die Einmischung von Privatpersonen. Außerdem hofften sie, durch diese Verhandlungen die Zeit für eine so gewaltige Aufrüstung Amerikas zu gewinnen, daß die Japaner schließlich alle Projekte für neue Eroberungen aufgeben würden. In dieser Hinsicht war das Flottenbauprogramm für die beiden Ozeane auf die ferne Zukunft gerichtet. Für die unmittelbar bevorstehende Zeit hielt man die erwartete Auslieferung der neuen viermotorigen Bomber B-17 (die »Fliegenden Festungen«) für einen potentiellen Abschreckungsfaktor. An diese 1941 und 1942 nur in kleinen Stückzahlen verfügbaren Flugzeuge wurden völlig überzogene Erwartungen geknüpft. Man glaubte allen Ernstes, durch ihre Stationierung auf den Philippinen würden die Japaner von einem Vorstoß nach Süden abgehalten – denn mit diesen Flugzeugen konnten die Amerikaner gegebenenfalls Brandbombenangriffe auf japanische Städte fliegen oder, wenn es zum Äußersten kommen sollte, die Philippinen wirksam verteidigen. Da alle früheren Planungen der Amerikaner von der Annahme ausgingen, daß die Inseln im Westpazifik in diesen letzten Jahren vor ihrer Unabhängigkeit ohnehin nicht verteidigt werden könnten, zeigt dieses neue Konzept, wie illusionär in Washington 1941 der Glaube an die Möglichkeiten der kleinen Zahl dieser Flugzeuge war.[270]

Roosevelt ließ den japanischen Außenminister Matsuoka wissen, wie erstaunt er gewesen sei, daß dieser nach seiner Europareise 1941 nicht auch Washington besucht habe. Obwohl Roosevelt Matsuoka für geistesgestört hielt, zeigt der Vorgang, wie sehr dem Präsidenten im Frühjahr 1941 daran gelegen war, die Gespräche nicht abreißen zu lassen.[271] Auf den Entwurf eines Abkommens vom 9. April 1941 folgten lange Gespräche, die bis zum Jahresende andauerten. Wie Robert Butow zeigen konnte, war dieser Entwurf von Iwakuro Hideo von der japanischen Botschaft in Washington und dem Geistlichen James M. Drought ohne jede Ermächtigung seitens der Regierungen in Tokio und Washington zusammengezimmert worden.[272]

Das Verständnis der darauffolgenden, sehr komplizierten Verhandlungen wird durch zwei Faktoren erschwert: Japaner wie Matsuoka, die die Verhandlungen torpedieren wollten, mischten sich in die Aktionen jener Japaner ein, die sich hatten überzeugen lassen, daß das Projekt tatsächlich auf einem Vorschlag der amerikanischen Regierung beruhe.[273] Außerdem wußten die Behörden in Washington aus den entzifferten Botschaften durch das Magic-System, wann Nomura seine Anweisungen aus Tokio nicht genau befolgte oder über seine Gespräche nicht hinreichend genau berichtete.

Es ist jedoch festzuhalten, daß die japanische Regierung sehr wahrscheinlich die Gespräche viel früher abgebrochen hätte, wenn ihr klargewesen wäre, daß das fragliche Projekt *nicht* die offizielle Position der amerikanischen Regierung darstellte. Denn zur Verhandlung standen angeblich weitreichende Zugeständnisse zur Lage der japanischen Truppen in China, zur Einstellung der amerikanischen Unterstützung für Tschiang Kai-schek, zu Friedensverhandlungen zwischen Tschiang und Japan und zu Japans Mitgliedschaft im Dreimächtepakt. Die Japaner hätten sich dann alle Auseinandersetzungen mit den Deutschen ersparen können, über die wir im folgenden berichten werden. In Tokio hätte man sich schon Anfang 1941 darüber klarwerden können, daß der Kampf unvermeidlich war, wenn Japan nicht bereit war, irgendeines seiner Hauptziele aufzugeben. Aus japanischer Sicht hätte dies bedeutet, daß der Kampf, je eher, desto besser, beginnen sollte.

Aus diesem Grunde drängten die Japaner in Ostasien voran, obwohl sie den Briten und Amerikanern gleichzeitig versprachen, sich zurückzuhalten. Die grundlegende Entscheidung wurde in Tokio im Sommer 1940 getroffen; danach ging es in den meisten Auseinandersetzungen nur noch um Details. Man erkannte zwar, daß im Hinblick auf die Wirtschaftskraft gewisse Defizite bestanden, doch ließen sich die japanischen Regierungsbehörden davon nicht abschrecken.[274] Obwohl sich die japanischen Marineattachés in der westlichen Hemisphäre einstimmig gegen ein solches Vorgehen aussprachen, setzte die Marine eine Politik fort, die auf einen Krieg gegen die Vereinigten Staaten hinauslief.[275] Und obwohl sich die Japaner beschwerten, unternahmen sie selbst Schritte, ihre gegenüber Großbritannien gegebenen Versprechen zu brechen. England erhielt dadurch eine perfekte Rechtfertigung für die Wiedereröffnung der Birmastraße nach Ablauf der befristeten Schließung.[276] Die japanischen

Regierungsstellen ermutigten Thailand, Teile von Französisch-Indochina zurückzufordern. Daraus entwickelten sich Kämpfe zwischen den Thais und den Vichy-Franzosen. Die Folge war, daß beide Seiten in noch stärkere Abhängigkeit von Japan gerieten, da die Deutschen die Verstärkungen für Frankreich verhinderten.[277] In Japan selbst versuchte die Regierung Konoe, ein neues Programm zur Etablierung einer neuen politischen Ordnung einzuführen. Vorgesehen war die Schaffung der Imperial Rule Assistance Association, der zukünftigen japanischen Einheitspartei.[278] Gleichzeitig trieb man die neue Linie in der Außenpolitik energisch voran.

Im September 1940 beschloß die japanische Regierung, sich mit Deutschland zu verbünden. Die Zeit war gekommen, in Abstimmung mit den Deutschen zu agieren und ganz Südostasien, möglicherweise auch Birma und Indien und die Inseln im Südpazifik zu besetzen. Wenn das Krieg mit den Vereinigten Staaten bedeutete, dann war dieser Krieg unvermeidlich. Selbst die Marine, die bislang gezögert hatte, war nun bereit mitzumachen. Mit Blick auf das Flottenbauprogramm der Amerikaner war jetzt »der vorteilhafteste Zeitpunkt für Japan, einen Krieg zu beginnen«[279]. Die Japaner verhandelten hart mit Berlin. Die deutschen Unterhändler mußten zusichern, daß Japan selbst entscheiden könne, ob es sich an einem Krieg gegen die Vereinigten Staaten beteiligte oder nicht. Außerdem wollten die Japaner ihrem eigenen Kolonialbesitz auch die früheren deutschen Kolonien im Pazifik, die sich jetzt unter britischer, australischer oder neuseeländischer Kontrolle befanden, einverleiben – ein Zugeständnis, das die deutschen Diplomaten ihrer eigenen Regierung verschwiegen![280] Aber die Fürsprecher des Krieges gegen die Vereinigten Staaten schoben nun alle anderen vor sich her. Bei der Kaiserlichen Konferenz am 19. September wurde behauptet, Japan besitze alle Materialien einschließlich Öl, die es für den Krieg mit China brauche. Und Ministerpräsident Konoe erklärte, auch wenn ein langer Krieg gegen die Vereinigten Staaten geführt werden müsse, stünde alles zum Besten. Japan würde das China-Problem lösen und mit Hilfe Deutschlands seine Beziehungen zur Sowjetunion verbessern.[281] Während der Sitzung des japanischen Privy Council am 26. September erklärte der Marineminister, die Kriegsmarine bereite sich auf einen langen Krieg gegen die Vereinigten Staaten vor.[282] Alles schien bereit für den großen Vorstoß nach Süden.

Verhandlungen über die Übernahme von Niederländisch-Indien hatten bereits Ende August begonnen und wurden nun vorangetrieben. Obwohl die Japaner eine große Menge Öl bestellen konnten, gelang es ihnen nicht, einen politischen Vertrag durchzusetzen, der Niederländisch-Indien an Japan gebunden hätte. Die Niederländer standen natürlich dem Anschluß Japans an ihren deutschen Feind im Dreimächtepakt ablehnend gegenüber. Sie zogen die Verhandlungen einfach in die Länge und dinierten unablässig mit der japanischen Delegation, bis die niederländischen Behörden vor Ort einen akuten »Mangel an eßbaren Vogelnestern«[283] beklagten.

Die Franzosen verhielten sich ganz anders als die Holländer. Zur selben Zeit, da die Vichy-Truppen bei Dakar gegen die Briten und Freien Franzosen kämpften, stimmten sie den japanischen Forderungen nach einer Besetzung des nördlichen In-dochina zu.[284] In den folgenden Wochen unternahmen die Japaner einen weiteren Versuch, mit Tschiang Kai-schek zu einer Übereinkunft zu gelangen, indem sie sowohl den direkten Kontakt suchten als auch über die Deutschen Druck ausübten. Der Versuch führte jedoch zu keinem Ergebnis. Die Japaner selbst waren untereinander völlig uneins, wie sie diese Kontakte zu Tschiang damit in Einklang bringen sollten, daß sie das Marionettenregime von Wang Tsching-wei anerkennen wollten. Für Tschiang Kai-schek waren jedoch die japanischen Forderungen nach einer langfristi-gen Kontrolle großer Teile Chinas (einschließlich Hainan) nicht akzeptabel. Wenn es je eine Chance für eine Übereinkunft gab, jetzt wie auch zuvor oder später, so konnte man sich darauf verlassen, daß sie durch das Chaos widerstreitender Ziele und Interessen in Tokio zunichte gemacht wurde.[285]

Die Japaner registrierten nicht, daß die Deutschen im Krieg gegen England einen ernsthaften Rückschlag erlitten hatten[286], und sie erkannten auch nicht, daß Hitler den Angriff auf die Sowjetunion bereits beschlossen hatte. Tokio wollte die Bezie-hungen mit der Sowjetunion verbessern, entweder direkt durch einen japanisch-sowjetischen Pakt oder durch den Versuch, die Sowjetunion als Mitglied für den Dreimächtepakt zu gewinnen. Beide Vorgehensweisen würden sicherstellen, daß Japans Rücken beim Vorstoß nach Süden gegen die Briten, Niederländer und Ame-rikaner frei bliebe. Tokio arbeitete lange und intensiv an diesem Projekt. Weil die Verhandlungen über einen sowjetischen Beitritt zum Dreimächtepakt von den Deut-schen verschleppt wurden, bemühten sich die Japaner um so eifriger um einen sepa-raten Pakt mit der Sowjetunion; im April 1941 konnten sie einen Neutralitätspakt mit der Sowjetunion abschließen.[287]

In diesem Vertrag wurden die weiterreichenden Forderungen ausgeklammert, die beide Seiten noch bei den Verhandlungen im Jahre 1940 erhoben hatten; die beiden Länder sicherten sich jedoch gegenseitige Neutralität zu, falls eines von ihnen in einen Krieg mit anderen Staaten verwickelt würde. Die Sowjetunion hätte es vorgezogen, dem Dreimächtepakt beizutreten. Da dies nicht möglich war, sicherte ihr dieser Ver-trag zumindest eine ruhige Grenze in Ostasien, falls sich die deutsch-sowjetischen Beziehungen verschlechterten. Das Abkommen könnte aber auch zu besseren Bezie-hungen führen. Wenn die Sowjetunion den Vorstoß Japans nach Süden erleichterte, würden die Japaner 1941 mit anderen Mächten in Konflikt geraten – was schließlich auch geschehen war, nachdem die Sowjets die deutsche Aggressionspolitik im Jahr 1939 gefördert hatten. Aus japanischer Perspektive würde ein Vertrag mit der owjetunion mehrere positive Wirkungen haben: Der Vertrag könnte Druck auf die Vereinigten Staaten ausüben und würde den chinesischen Nationalisten einen Schlag versetzen, da durch dieses Abkommen der chinesisch-sowjetische Vertrag von 1937 verletzt wurde. Zugleich würde durch den Vertrag Japans Nordflanke gesichert und der Weg für den Angriff im Süden freigemacht. Und schließlich würde ein solcher Vertrag auch Matsuokas Position in Japan stärken.[288] Auf jeden Fall fühlten sich nun die Sowjetunion und Japan für Kämpfe im Sommer 1941 voreinander sicher. Beide Regierungen folgten dem Rat des japanischen Botschafters in Moskau, der seiner Regierung empfohlen hatte: »Carpe diem [Nutze den Tag] sollte nun unsere Devise sein.«[289]

Aus der Sicht Berlins bestand der größte Vorteil des japanisch-sowjetischen Pakts darin, daß dadurch die Nordflanke Japans entlastet und die bislang zögernden Japaner zum Vorstoß nach Süden ermutigt wurden.[290] Monatelang hatten die Deutschen die Vorteile abgewogen, die in einem japanischen Angriff auf die Briten in Südostasien lagen, auch wenn dies Krieg mit den Vereinigten Staaten bedeutete. Je häufiger sie diese Frage erörterten, desto verlockender erschienen ihnen nun diese Aussichten. Wiederholt hatten die Japaner sehr vorsichtig und auf Kosten der Deutschen agiert. Es gab unzählige Beschwerden der Deutschen über die Unfähigkeit der Japaner, Deutschland beim Transport von dringend benötigten Rohmaterialien aus Ost- und Südostasien zu unterstützen.[291] Man stellte Vergleiche an zwischen den Hilfeleistungen der Vereinigten Staaten für Großbritannien mit der japanischen Unterstützung für den deutschen Verbündeten, bei denen die Japaner schlecht abschnitten. Immer wieder drängten die Deutschen die Japaner, Singapur anzugreifen: Das britische Weltreich konnte zerstört werden, wenn es in verwundbarem Zustand angegriffen wurde, und jetzt war es verwundbar.[292] Um die Japaner von den geringen Risiken dieses Vorgehens zu überzeugen, setzten die Deutschen Tokio über einen ihrer größten Geheimdiensterfolge des Krieges in Kenntnis: Im November 1940 hatten sie einen Bericht des britischen Kabinetts einem gekaperten Schiff abgenommen, in dem festgestellt wurde, daß Großbritannien bei einem japanischen Angriff keine größere Flotte nach Ostasien entsenden könne und wolle.[293]

Ab und zu wiesen die Japaner Berlin darauf hin, daß Japan 1946 zu einer Aktion bereit sein werde, sobald die letzten amerikanischen Truppen die Philippinen verlassen hätten. Die Deutschen antworteten darauf, daß bis 1946 der Krieg in Europa längst beendet sein und sich die Stärke der amerikanischen Flotte verdoppelt haben würde.[294] Vielleicht noch wichtiger war die Zusicherung Deutschlands, den Japanern zur Seite zu stehen, falls sie durch einen Angriff auf Singapur zum Krieg mit den Vereinigten Staaten gezwungen würden.

Diesen Aspekt hatte von Ribbentrop bereits 1939 angesprochen.[295] Eine detaillierte Untersuchung der Frage durch den deutschen Marineattaché in Tokio schien zu belegen, daß dies für Deutschland ein gutes Geschäft werden könnte. Als offener Verbündeter würde Japan die Nachteile mehr als wettmachen, die dadurch entstünden, daß sich die Vereinigten Staaten von einem stillschweigenden zu einem offenen Feind Deutschlands entwickelten.[296] Hier haben wir es mit einem zentralen Aspekt zu tun, den die meisten Analytiker dieser Situation übersahen und der dazu beitrug, daß sie endlos und unnütz über die deutsche Kriegserklärung an die Vereinigten Staaten im Dezember 1941 rätselten. Hitler hatte schon seit langem geplant, gegen die Vereinigten Staaten zu kämpfen. Bereits Ende der dreißiger Jahre hatte er hierfür in

Luftwaffe und Marine Vorbereitungen getroffen. Bei Kriegsausbruch 1939 wurden diese Maßnahmen, wie schon erwähnt, gestoppt. Bei jeder Gelegenheit jedoch, wenn ein aktueller Feldzug kurz vor seinem Abschluß zu stehen schien, hatte sich Hitler wieder seinem großen Flottenbauprogramm zugewandt. Er war immer überzeugt gewesen, Deutschland brauche eine große Kriegsmarine, um die Vereinigten Staaten angreifen zu können, und hatte deshalb versucht, den Krieg mit den USA aufzuschieben und Zwischenfälle im Seekrieg zu vermeiden. Er war zuversichtlich, daß er eine gute Rechtfertigung finden würde, wenn die Zeit reif war. Bei allen anderen Ländern war ihm dies schließlich auch gelungen.

Wenn aber die Japaner nach langem Zögern endlich zum Sprung ansetzten, würde die deutsche Unterlegenheit auf See automatisch verschwinden. Hitler hatte, wie gesagt, mit dem Gedanken gespielt, diese Unterlegenheit durch einen Überfall mit U-Booten auf die amerikanische Navy in ihren Heimathäfen auszugleichen. Nachdem ihm die Marine mitgeteilt hatte, daß dies unmöglich sei, bot sich nun die erfreuliche Alternative, daß Japan seine Seestreitkräfte an die Seite der deutschen Flotte stellte. Daß die Japaner über Wasser versuchen würden, was er von einem Unterwasser-Angriff erhofft hatte, ahnte er allerdings nicht. Entscheidend war, daß durch den Anschluß Japans an die Achse sofort und nicht erst nach vielen Baujahren eine große Kriegsmarine einsatzbereit werden würde, und damit entfiele auch der Haupteinwand gegen einen sofortigen Krieg mit den Vereinigten Staaten. Aus dieser Sichtweise konnte Hitler Matsuoka am 4. April zusichern, wenn Japan überzeugt sei, es biete sich nur der eine Weg, den auch die Deutschen für nötig hielten – nämlich die Briten anzugreifen und gleichzeitig den Vereinigten Staaten den Krieg zu erklären –, dann könne Japan den Angriff in der Gewißheit wagen, daß sich die Deutschen ihm sofort anschließen würden.[297] Im deutschen Hauptquartier begriff man diese Politik vollkommen und brachte sie danach mehrfach zum Ausdruck.[298]

Aufgrund dieser Sichtweise waren die Deutschen sehr besorgt, als sie von einem möglichen Abkommen zwischen Japan und den Vereinigten Staaten erfuhren, das sich aus den Verhandlungen zwischen den beiden Ländern zu entwickeln schien. Ein solches Abkommen hätte eine gefährliche Umkehrung der Lage gebracht. Ein Krieg im Pazifik hätte die amerikanische Flotte dort gebunden; durch ein amerikanisch-japanisches Abkommen jedoch würde die amerikanische Flotte für einen noch intensiveren Einsatz im Atlantik frei. Die Deutschen begriffen ebensowenig wie die unmittelbar beteiligten Verhandlungsführer in Washington und Tokio, daß hier nur eine Spiegelfechterei zu einem inoffiziellen Vorschlag stattfand, der von keiner der beiden Seiten autorisiert war. Die deutsche Regierung tat deshalb alles, um das angeblich geplante Abkommen zu verhindern. (Hätten die Deutschen einen Krieg mit den Vereinigten Staaten tatsächlich vermeiden wollen, so hätte Berlin natürlich eine gegenteilige Politik verfolgt.) Vor allem im Mai 1941, als sich abzuzeichnen schien, daß die Verhandlungen eventuell zu einem Ergebnis führen könnten, war Berlin ernsthaft besorgt.[299]

Was konnten die Deutschen unternehmen, um ein Abkommen zu verhindern, das sie als schädlich für ihre eigenen Absichten ansahen? Sie konnten versuchen, den Japanern Treue gegenüber Deutschland und Italien so attraktiv wie möglich darzustellen. Anfang 1941 erfolgten deshalb zahlreiche Aktionen und Weisungen, die zum Ziel hatten, Japan mit geheimdienstlichen Erkenntnissen, Details über die deutschen Waffen und anderen Aspekten der praktischen Kriegführung zu versorgen.[300] Da die Deutschen die Japaner nicht über ihre Absicht informierten, die Sowjetunion anzugreifen, sondern nur andeuteten, daß in den deutsch-sowjetischen Beziehungen nicht alles zum Besten stehe – wobei diese Andeutungen von einigen Japanern durchaus verstanden wurden –, konnte die nächste größere Aktion der Deutschen erst erfolgen, wenn der Angriff begonnen hatte.[301]

Hitler hatte ursprünglich *nicht* geplant, daß sich Japan am Krieg gegen die Sowjetunion beteiligte. Seiner Ansicht nach konnte Japan, das bereits in einen Konflikt mit China verwickelt war, der Achse am besten dadurch helfen, daß es endlich nach Süden vorstieß. In der Tat machte er mehrfach deutlich, daß einer der größten Vorteile des deutschen Angriffs auf die Sowjetunion darin bestehe, den Japanern den Vorstoß nach Süden überhaupt erst zu ermöglichen.[302] Nur wenn sich die Japaner zu einem Angriff nach Süden *nicht* entschließen konnten, wären die Deutschen daran interessiert, daß sie sich dann an dem Angriff auf die Sowjetunion beteiligten. Mit einer solchen Aktion würde Japan durch die Hintertür in den Krieg eintreten, weil es dann in offene Feindseligkeiten gegen eines der Länder verwickelt würde, mit denen Deutschland kämpfte. Die deutsche Führung war zuversichtlich, daß sie die Sowjetunion im Alleingang besiegen könnte. Genau zum Zeitpunkt ihrer größten Zuversicht drängte Hitler Japan, sich an dem Feldzug zu beteiligen. Denn wenn Japan auf diese Weise eingebunden würde, könnten die Deutschen die Wirkungen eines japanisch-amerikanischen Abkommens umgehen, da Japan mit einem solchen Vertrag auf den Vorstoß nach Süden verzichten müßte.[303] Diese Bemühungen, Japan durch die Hintertür in den Krieg zu ziehen, erwiesen sich als vergeblich und unnötig zugleich. Die Reaktion Tokios auf den deutschen Angriff auf die Sowjetunion fiel ganz anders aus, als die Deutschen erwartet hatten. Schon vor der deutschen Invasion hatten die Japaner beschlossen, durch die Vordertür in den Krieg einzutreten. Das Vorgehen und der Alternativvorschlag der Deutschen führten lediglich dazu, daß sie jetzt noch entschlossener an ihrer Entscheidung festhielten, gegen Großbritannien, die Niederlande und die Vereinigten Staaten Krieg zu führen.

Die endgültige Entscheidung Japans, das Schwergewicht vom Krieg gegen China auf einen Krieg gegen die Westmächte zu verlagern, erfolgte Anfang Juni 1941. Zentraler Punkt in diesem Beschluß war, daß die Japaner die Besetzung des *nördlichen* Teils Französisch-Indochinas als Teil des Krieges gegen China ansahen, weil sich damit die Blockade Chinas wirksamer durchsetzen ließ. Die Neuorientierung hin zu einer Okkupation des *südlichen* Teils von Französisch-Indochina jedoch wies in die entgegengesetzte Richtung, nämlich auf einen Krieg mit den Briten und Holländern

im Süden und mit den Amerikanern auf den Philippinen und an der pazifischen
Flanke des Vorstoßes nach Süden. Seit Monaten hatte der Druck innerhalb der
japanischen Regierung und der Militärkreise zugenommen, diesen Schritt zu unternehmen.[304] Die Verbindungskonferenz (das aus Vertretern der Militärs und des
Kabinetts zusammengesetzte Führungsgremium Japans) debattierte am 12. Dezember
1940 über eine solche Aktion, doch wurde dabei über die damit verbundenen Gefahren und Auswirkungen nicht gesprochen.[305]

Am 22. Mai 1941 wurde erneut über diese Frage diskutiert. Außenminister Matsuoka brachte seine Meinung so überschwenglich zum Ausdruck, daß dem Sitzungs-
protokoll zufolge Marineminister Oikawa Koshiro fragte, ob er noch bei Verstand
sei.[306] Anfang Juni 1941 stand man schließlich vor der Entscheidung. Bei den Sitzungen der Verbindungskonferenz vom 12. und vom 16. Juni entschied man sich
zugunsten eines Vorstoßes nach Süd-Indochina. Zuerst sollte diplomatischer Druck
ausgeübt, dann sollten die Streitkräfte in Bewegung gesetzt werden. Man war sich
darüber im klaren, daß diese Südexpansion nicht nur zum Krieg gegen die Briten
und Niederländer, sondern auch gegen die Amerikaner führen würde.[307]

Die Japaner hatten diese Entscheidung kaum getroffen, als die Frage durch den
deutschen Überfall auf die Sowjetunion erneut auf die Tagesordnung kam – zumindest
für einen der wichtigsten Politiker, Matsuoka. In den vorangegangenen Diskussionen
war der Außenminister als Befürworter der Südexpansion aufgetreten, da ein solches
Vorgehen durch den Neutralitätspakt mit der Sowjetunion geschützt war, den er
selbst vor zwei Monaten triumphierend nach Hause gebracht hatte. Jetzt änderte er
plötzlich seine Meinung und forderte, die zeitliche Abfolge der militärischen Operationen zu ändern. Japan solle sich jetzt zuerst gegen die Sowjetunion wenden und
dann nach Süden vorstoßen. In Tokio folgten einige angespannte Tage, während in
einer Serie von Sitzungen über diese Fragen diskutiert wurde. Mit der schließlich
getroffenen Entscheidung wurde die ursprüngliche Vorgehensweise bestätigt: Krieg
mit Großbritannien, den Niederlanden und den Vereinigten Staaten. Es stand nicht
genügend Zeit zur Verfügung, um die Truppen in der Mandschurei aufzustellen, die
für einen Angriff auf die sowjetischen Provinzen in Fernost benötigt worden wären,
denn die in China stationierten Truppen mußten dort bleiben. Ein Angriff auf die
Sowjetunion konnte deshalb nur erfolgen, wenn ihr vollständiger Zusammenbruch
absehbar war.

Die Führungen von Heer und Marine stimmten mit dem Ministerpräsidenten Konoe Fumimaro überein, daß der Krieg gegen Großbritannien und die USA Priorität
haben sollte. Um diese Politik zu bestätigen, sollte das Kabinett zurücktreten und
ohne Matsuoka neu berufen werden. Ein Angriff auf die Sowjetunion sollte nicht
erfolgen. Japan wollte Süd-Indochina besetzen und stellte sich auf einen Krieg gegen
Großbritannien, die Niederlande und die Vereinigten Staaten ein.[308]

Der japanischen Regierung gehörten auch Personen an, die sich dieser selbstmörderischen Politik widersetzten, an Deutschlands Seite in den Krieg einzutreten.

Der japanische Botschafter in Deutschland, Kurusu, hatte seine Regierung am 14. Februar 1941 gewarnt, wie der Krieg wirklich verlief[309], und war deshalb durch General Oshima ersetzt worden, der den Kriegseintritt Japans kaum erwarten konnte. Der Botschafter in den Vereinigten Staaten, Nomura Kichisaburo, warnte Matsuokas Nachfolger Toyoda Teijiro am 19. Juli davor, ein Bündnis mit einem Land einzugehen, »das von einem Möchtegern-Revolutionär in ein großes Abenteuer gestürzt wird«[310]. In der Verbindungskonferenz wies nur der Minister für Handel und Industrie, Kobayashi Ichizo, auf die Wahrscheinlichkeit einer japanischen Niederlage hin, weil dem Land die Ressourcen für einen großen Krieg fehlten (offenbar hatte er in Niederländisch-Indien nicht nur Vogelnester verspeist, sondern auch etwas dazugelernt).[311]

Der Lordsiegelbewahrer, Marquis Kido Koshi, erläuterte Ministerpräsident Konoe diesen Aspekt am 7. August in allen Einzelheiten und hob dabei einen Punkt hervor, der trotz seiner Selbstverständlichkeit zu Japans großem Nachteil bislang übersehen worden war: Auch wenn Japan Niederländisch-Indien besetzte und in einen Krieg mit den Vereinigten Staaten verwickelt würde, müßte das Öl nach der Reparatur der Ölförderanlagen doch auch weiterhin von den ostindischen Inseln nach Japan transportiert werden. Japans Ölversorgung könnte dann durch U-Boote und Flugzeuge blockiert werden.[312] Die offensichtliche Tatsache, daß die Ölquellen (und die Kautschukplantagen oder Zinnbergwerke) auch durch eine Eroberung nicht einfach von Borneo oder Sumatra auf die japanischen Inseln verlegt werden konnten, war in Tokio anscheinend keinem anderen aufgefallen. Jetzt allerdings ließ sich dadurch niemand mehr zurückhalten. Die japanische Marine, die bislang skeptisch eingestellt war, drängte zum Krieg gegen die USA, und zwar so bald wie möglich. Zu dieser Haltung fand die Marine geraume Zeit *vor* dem amerikanischen Ölembargo. Der gut informierte japanische Marineattaché in Washington, der vor einer solchen Politik gewarnt hatte, wurde wie alle anderen warnenden Stimmen ignoriert.

Die Japaner beschlossen, die Gespräche mit den Vereinigten Staaten fortzusetzen, aber noch während dieser Verhandlungen begann die Besetzung Süd-Indochinas.[313] Die Gespräche mit den Franzosen begannen am 12. Juli und wurden am 22. Juli abgeschlossen. Hatte die Vichy-Regierung im Falle Syriens gerade noch lang und erbittert gerungen, so akzeptierte sie jetzt die japanische Okkupation ihrer Kolonie, ohne einen einzigen Schuß abzufeuern. Jetzt konnten die japanischen Militärs die nächsten Schritte vorbereiten: ernsthaft und gewaltsam gegen Großbritannien, Niederländisch-Indien und die Vereinigten Staaten vorzugehen.[314] Während die Vorbereitungen dazu anliefen, mit denen wir uns noch näher befassen werden, wollte man die Gespräche mit Washington fortsetzen für den Fall, daß die Vereinigten Staaten doch noch bereit sein sollten, in allen Punkten nachzugeben. Der Chef des Büros für Militärische Angelegenheiten faßte diese Politik zusammen: »Japan muß die Garantie erhalten, völlige Freiheit bei der Kontrolle des gesamten fernöstlichen Raumes zu haben, sowohl in bezug auf seine Sicherheit und Verteidigung als auch in bezug auf weitere Expansion.«[315] Wenn die Amerikaner bereit wären, alle bisherigen japanischen Eroberungen zu akzeptieren und Japan bei seiner weiteren Expansion zu unterstützen, würde man ihnen gestatten, in Frieden zu leben.

Die amerikanische Regierung verfolgte diese Entwicklungen mit großer Sorge. Der Seekrieg auf dem Atlantik forderte immer größere Aufmerksamkeit, und außerdem wurde es jetzt nötig, nicht nur Großbritannien, sondern auch die Sowjetunion zu unterstützen. Washington erfuhr spätestens am 3. Juli, daß die Japaner beschlossen hatten, die Sowjetunion nicht anzugreifen.[316] Die zentrale Frage lautete nun, ob Japan, wie man in Washington befürchtete, die Südexpansion einleiten würde. Manche japanischen Diplomaten bestritten dies, während andere bestätigten, daß die Japaner im Begriff standen, nach Süd-Indochina vorzustoßen. Die amerikanische Regierung unternahm einen letzten Versuch, die Japaner davon abzubringen, sowohl mit der Peitsche als auch mit dem Zuckerbrot: Die Japaner wurden vor den gefährlichen Auswirkungen einer solchen Aktion gewarnt, und Roosevelt persönlich machte Zusagen für ein wirtschaftliches Engagement der USA, wenn die Japaner versprachen, das Gebiet zu neutralisieren, also nicht militärisch zu besetzen.[317] Die japanische Regierung jedoch zeigte weder damals noch später Interesse an Öllieferungen der Amerikaner oder anderer potentieller Opfer, wenn sie dafür den Stützpunkt Süd-Indochina hätte aufgeben müssen, den sie für den Angriff auf diese brauchte.

Lange Zeit hielten es die Japaner für möglich, daß ein vollständiges Ölembargo verhängt werden würde.[318] Diese Möglichkeit stand jetzt auch in Washington zur Debatte. Präsident Roosevelt wollte darauf verzichten, da er glaubte, daß Japan durch solche Maßnahmen noch stärker herausgefordert würde. Er vertraute eher darauf, die Japaner durch das Einfrieren ihrer Guthaben und die fortlaufende Kontrolle ihrer Ölkäufe für ihre Reserven bändigen zu können. Das Foreign Funds Control Committee erteilte im Juli 1941 die Anweisung, die japanischen Guthaben einzufrieren, was faktisch einem Embargo gleichkam, da die Japaner auf diese Weise daran gehindert wurden, Öl für den Angriff auf die USA zu kaufen und ihre Lager zu füllen.[319] Roosevelt hoffte noch immer, mit den neuen Vorschlägen, die er Nomura übermittelt hatte, die Japaner zurückhalten zu können, aber er irrte sich.[320]

Obwohl die amerikanische Regierung davon ausgehen mußte, daß Japan noch immer entschlossen war, den Vorstoß zu unternehmen, unternahm sie einen weiteren Versuch, die Japaner zum nochmaligen Abwägen ihrer Pläne zu veranlassen. Die amerikanische Eventualplanung für einen Krieg im Pazifik, der sogenannte »Orange Plan«, war stets davon ausgegangen, daß es unmöglich sein würde, die Philippinen zu verteidigen. Der Tydings-McDuffy Act von 1936 bestärkte diese Annahme. Nach diesem Gesetz sollte die Inselgruppe 1944 unabhängig werden und der Rückzug der amerikanischen Truppen 1946 abgeschlossen sein. Nur nach einer Niederlage Japans in einem Krieg, den die amerikanische Navy über den Pazifik hinweg führen müßte, würden die Inseln von der japanischen Besatzungsmacht befreit werden können. Der frühere Stabschef der amerikanischen Armee, General Douglas MacArthur, war auf die Philippinen gereist, um die dortige Regierung beim Aufbau einer eigenen Verteidigung für den Zeitpunkt der Unabhängigkeit zu unterstützen. Jetzt, am 26. Juli 1941, wurde MacArthur wieder in den aktiven Militärdienst berufen. Das Kriegsministerium der Vereinigten Staaten begann mit der Aufrüstung seiner eigenen Streitkräfte, wozu vor allem der angeblich sehr wirkungsvolle B-17-Bomber gehörte, der die Japaner vom Angriff abschrecken sollte. Vielleicht könnte die durch die Verhandlungen zwischen Washington und Tokio gewonnene Zeit dafür genutzt werden, die Verteidigung der Inseln so stark auszubauen, daß den japanischen Entscheidungsträgern nicht nur ein Angriff auf die Philippinen zu riskant, sondern auch ein daran vorbeizielender Südvorstoß zu gefährlich erscheinen würde.[321]

All diese Vorhaben einschließlich der fortdauernden Verhandlungen in Washington spielten jedoch im Grunde keine Rolle mehr, da Tokio den Krieg bereits beschlossen hatte. Es gab alle möglichen Gespräche, darunter auch Pläne für ein Treffen Konoes mit Roosevelt[322], aber bezüglich der zentralen Frage hatten die Japaner ihre Entscheidung getroffen. Sie hatten nicht die Absicht, die Sowjetunion anzugreifen, und die fortdauernden Kämpfe an der Ostfront bestärkten sie in diesem Entschluß. Möglicherweise in Anbetracht der eigenen blutigen Niederlagen gegen die Rote Armee, vielleicht aber auch aufgrund eines spektakulären Sabotageaktes der Sowjets am 2. August 1941 in der Mandschurei[323] erkannten die Japaner sehr frühzeitig, daß die Sowjetunion nicht zusammenbrechen würde.[324] Sie zogen daraus zwei Schlußfolgerungen: Zum einen sollte Japan nach Süden vorstoßen, solange die Sowjetunion damit beschäftigt war, gegen die Deutschen zu kämpfen, und zum anderen hielten es die Japaner für ratsam, daß Deutschland ernsthaft über einen Frieden mit der Sowjetunion nachzudenken begann, damit Deutschland und Japan die Kräfte auf ihre wichtigsten und gefährlichsten Feinde, Großbritannien und die Vereinigten Staaten, konzentrieren konnten.[325] Die Deutschen hörten jedoch weder zu diesem Zeitpunkt noch in späteren Jahren auf den Rat der Japaner, der trotzdem eines klarmacht: Der Krieg gegen die Westmächte hatte in Tokio absolute Priorität. Von Moskau erwarteten und erhielten die Japaner die Zusicherung, daß ihre Feinde, vor allem die Vereinigten Staaten, keine Stützpunkte in den fernöstlichen Territorien der Sowjetunion erhalten würden.[326]

In einer Reihe von Sitzungen zwischen dem 16. August und dem 6. September 1941 analysierten die Japaner die Situation und beschlossen, die Kampfhandlungen zu eröffnen. Sie wollten Südostasien erobern, die Gespräche mit den Vereinigten Staaten fortsetzen, ihnen aber den Krieg erklären, wenn sie nicht allen japanischen Forderungen nachgeben würden. Sobald das japanische Volk und die Marine bereit waren, sollte der Krieg beginnen, je eher, desto besser. Deutschland und Italien würden sich wahrscheinlich auf die Seite Japans stellen, während die Sowjetunion nichts gegen die Japaner unternehmen konnte, solange sie mit den Deutschen in einen erbitterten Kampf verwickelt war. Die Japaner erwarteten, in den Anfangsstadien des Krieges große Siege zu erringen; dann erwarteten sie eine Pattsituation, der ein neuer

Friedensschluß folgen würde, bei dem die japanischen Eroberungen anerkannt würden. Die Ansichten sämtlicher wichtigen Politiker, des Ministerpräsidenten, der Armee und der Marine stimmten überein. Nur Kaiser Hirohito hegte Zweifel, aber angesichts der einmütigen Ratschläge konnte er nur noch zustimmen.[327]

Die Regierung der Vereinigten Staaten beharrte auf der Fortsetzung der Verhandlungen. Dies entsprach auch den Wünschen des japanischen Botschafters in Washington, der über die Absichten seiner eigenen Regierung nicht informiert worden war. Vor diesem Hintergrund mußten die Regierungsbehörden in Tokio die Pläne im Oktober und November mehrfach überprüfen, doch kamen sie dabei immer wieder zu derselben Schlußfolgerung: Die Zeit für den Kampf war gekommen.

Im Verlauf dieses Prozesses wurde Ministerpräsident Konoe, der Diskussion über eine von ihm selbst eingeleitete Politik überdrüssig, durch Kriegsminister Tojo Hideki abgelöst, doch ergab sich dadurch in der Regierung keine Änderung des auf Krieg gerichteten Kurses.[328] Der neue Außenminister Togo Shigenori und Finanzminister Kaya Okinori brachten Zweifel zum Ausdruck, wurden aber von den übrigen Kabinettsmitgliedern überstimmt. Die Japaner wollten die Kontrolle über Südostasien fordern und die Beendigung der amerikanischen Unterstützung für Tschiang Kai-schek erreichen. Ferner wollten sie eine Garantie für amerikanische Öllieferungen. Sobald diese Forderungen akzeptiert würden, sollten weitere Ansprüche erhoben werden. Der Krieg sollte Anfang Dezember beginnen, und wenn die Westmächte besiegt waren, wollte Japan die Sowjetunion angreifen. Deutschland und Italien wollte man einladen, sich zu beteiligen. Am Ende der Diskussionen herrschte erneut völlige Übereinstimmung. Die skeptischen Fragen des Kaisers (die wahrscheinlich von Kido inspiriert waren), wie die japanische Invasion Thailands zu rechtfertigen sei und was Japan gegen die Luft- und U-Boot-Angriffe auf die Öltransporte unternehmen wolle, wurden beiseite gewischt. Alle Zeichen standen auf Krieg.[329]

Mitte November legten die Japaner die letzten Details ihrer politischen Planungen fest. Deutschland und Italien würden kurz vor dem Kriegsbeginn informiert und zur Teilnahme eingeladen werden – mit der Einschränkung, daß Japan ablehnen würde, falls die Deutschen das Land zur Beteiligung am Krieg gegen die Sowjetunion aufforderten. Japan würde Thailand sowie alle fremden Besitzungen in China okkupieren. Die Japaner wollten sich im Indischen Ozean mit den Streitkräften der europäischen Achse vereinen, Großbritannien niederwerfen und einen Separatfrieden zwischen Deutschland und der Sowjetunion arrangieren. Nach dem Sieg über die Vereinigten Staaten würde Japan den Amerikanern den Verkauf von Kautschuk und Zinn als Anreiz bieten, die japanische Vorherrschaft in Ost- und Südostasien sowie im Pazifik zu akzeptieren.[330] Es befand sich jedoch ein einziges Haar in der Suppe. Die Vereinigten Staaten könnten in letzter Minute ein Angebot unterbreiten, das von manchen Mitgliedern der Regierung als akzeptabel angesehen werden könnte. Wie die Deutschen wollten sich jedoch auch die Japaner auf keinen Fall um den Krieg betrügen lassen.

Daraus wird auch erklärlich, wie die auf Krieg fixierte japanische Regierung auf den letzten Vorschlag reagierte, den die japanischen Diplomaten in Washington mit der amerikanischen Regierung ausgehandelt hatten, wobei *beide* Verhandlungsparteien den Frieden wollten. Grundgedanke war, zu der Situation zurückzukehren, die vor dem japanischen Vorstoß nach Süd-Indochina im Juli 1941 bestanden hatte. Die Japaner sollten ihre Truppen zurückziehen, und die Amerikaner würden ihnen wieder Öl liefern. Mit anderen Worten: Die Japaner sollten auf ihre Südexpansion verzichten und dafür die Rohstoffe einkaufen können, die sie benötigten. Für die Regierung in Tokio war dies völlig inakzeptabel. Sie wollte nur die Öllager für den Krieg gegen die Westmächte füllen, einen Krieg, den sie zum Teil von Süd-Indochina aus beginnen wollte. Den Verhandlungsführern in Washington – Kurusu war Nomura zur Seite gestellt worden – wurde sofort mitgeteilt, daß diese Vorstellungen absolut indiskutabel seien.[331] Wenn es etwas gab, worauf die japanische Regierung zu diesem Zeitpunkt keinen Wert legte, so war es eine Übereinkunft, die den Durchbruch zum Krieg verzögerte oder auf irgendeine Weise behinderte.

Der japanischen Öffentlichkeit sollten die Vorgänge dadurch verständlich gemacht werden, daß die japanische Regierung den Vereinigten Staaten Forderungen stellte in der Erwartung, daß diese abgelehnt würden. Akzeptierten die Amerikaner jedoch, so wollte man weitere Forderungen nachreichen. Als Nachtrag zu früheren Forderungen ließen deshalb die Japaner den Amerikanern ein längeres Memorandum überreichen. In der Zwischenzeit erhielten (und ignorierten) sie eine Note Washingtons, in der die amerikanische Position noch einmal erläutert wurde. (Aus propagandistischen Gründen bezeichneten sie dieses Papier später als Ultimatum.) Dieser Austausch glich einem Schattenboxen: Die japanische Regierung hatte sich bereits endgültig für den Krieg entschieden. Diese Tatsache hatte die Regierung jedoch ihren eigenen Diplomaten in Washington verschwiegen, damit diese bei den Verhandlungen weiterhin nach bestem Wissen agieren konnten. Außerdem wurden die Diplomaten angewiesen, eine längere Note rechtzeitig zum Beginn der von den Japanern ausgelösten Kampfhandlungen vorzulegen.[332] Wie der gesamte Krieg lief jedoch auch diese kleine diplomatische Aktivität schief.

Die Frage der genauen zeitlichen Abstimmung war für die Japaner von Bedeutung, weil sie im Oktober 1941 in ihrer Planung für die Pazifikoffensive eine größere Veränderung vorgenommen hatten. Jahrzehntelang waren sie bei ihrer Kriegskonzeption von zwei miteinander zusammenhängenden Zielsetzungen ausgegangen. Im Süden wollten sie in einer Angriffsserie einen möglichst großen Teil Südostasiens so schnell wie möglich besetzen. Die Japaner hatten stets angenommen, daß die amerikanische Marine an der pazifischen Flanke dieses Vorstoßes entweder den Philippinen zu Hilfe eilen, Japan direkt angreifen oder aber die Verkehrsverbindungen Japans zu seinem neueroberten südlichen Imperium durchtrennen würden. Die Japaner wollten deshalb der amerikanischen Flotte auf ihrem Weg durch den Pazifik mit U-Booten und möglicherweise auch mit Zerstörern so sehr zusetzen und sie so

sehr schwächen, daß der Sieg Japans bei einer nachfolgenden großen Seeschlacht
wahrscheinlich war. Aus diesem Grunde bauten die Japaner eine große U-Boot-Flotte,
die eigens für den Einsatz gegen Kriegsschiffe entworfen wurde und mit der sie entsprechende Übungen durchführten. Außerdem bauten die Japaner eine Flotte von
Schlachtschiffen einschließlich mehrerer Super-Schlachtschiffe für eine große entscheidende Seeschlacht.

Nachdem die Japaner im Juli 1940 beschlossen hatten, daß die Zeit für den Südvorstoß gekommen war, betrieben sie auch die Vorbereitungen für den Krieg mit den
Vereinigten Staaten nicht mehr als fernliegende Spekulation, sondern als unmittelbar
bevorstehende Realität. Im September und Oktober 1940 unternahm die Marine die
ersten großen Schritte in dieser Richtung, und am 15. November 1940 wurde die
allgemeine Mobilmachung der Marine angeordnet.[333] Der Code der Offiziere im
Admiralsrang (Flaggoffiziere) wurde am 1. Dezember geändert und konnte erst nach
Pearl Harbor von den Amerikanern entschlüsselt werden.[334] Zehn Tage später billigte
die japanische Regierung ein neues Ressourcenprogramm, in dem der Marine zum
erstenmal Priorität vor der Armee eingeräumt wurde.[335] Bei allen Besprechungen
über die Kriegsplanung der Armee und der Marine Anfang Mai ging man davon
aus, daß sich der Krieg gegen Großbritannien, die Vereinigten Staaten und die Niederlande richten würde[336], und diese Einschätzung des bevorstehenden Krieges wurde
von der ganzen Regierung geteilt. So genehmigte beispielsweise der Finanzminister
Ende Januar 1941 den Druck von Besatzungsgeld für die Philippinen, Britisch-
Malaysia und Niederländisch-Indien.[337]

All diese Planungen beruhten auf der Annahme, daß die kriegerische Verwicklung
mit den Vereinigten Staaten nach der seit langem für angemessen erachteten Strategie
der japanischen Marine erfolgen würde. Admiral Yamamoto Isoroku, der Oberbefehlshaber der Vereinigten Flotte, brachte nun jedoch einen alternativen Ansatz in
die Diskussion ein. Er faßte die Entscheidung der Regierung für einen Südstoß als
Entscheidung für einen Kampf gegen die Vereinigten Staaten auf.[338] Schon im März
oder April 1940 hatte er über einen Angriff auf die amerikanische Flotte in Pearl
Harbor zu sprechen begonnen und dies als Alternative zu der etablierten Strategie
bezeichnet, die amerikanische Flotte auf ihrem Weg über den Pazifik zu schwächen
und sich ihr dann zu stellen.[339] Im Dezember 1940 scheint er die Folgerung gezogen
zu haben, daß sein Ansatz weit besser war[340], möglicherweise unter dem Eindruck
des britischen Erfolgs im Vormonat gegen die italienische Flotte im Hafen von Tarent.
Am 7. Januar 1941 erklärte er dem Marineminister Admiral Oikawa, daß die amerikanische Flotte im Hafen mit Flugzeugen von Flugzeugträgern aus durch einen
Überraschungsangriff vernichtet werden könne – und mit ihr der amerikanische
Kampfgeist. Ähnliche Überraschungsangriffe sollten die Landemanöver auf den Philippinen und in Singapur einleiten. Würde jedoch diese Operation gegen Pearl Harbor
nicht durchgeführt, dann könnten die Vereinigten Staaten durch Luftangriffe japanische Städte niederbrennen.[341]

In den folgenden Monaten entwickelten Yamamoto und sein Stab die Details des Projekts und führten Kriegsübungen durch, bei denen diese Strategie und nicht der traditionelle Ansatz im Vordergrund stand. In scharfen Auseinandersetzungen suchten sie die Marineführung von diesem Konzept zu überzeugen, das eine auf die Sekunde genaue zeitliche Abstimmung mit allen anderen Operationen voraussetzte, die mit dem auf einen Sonntag zu legenden Überraschungsangriff auf Pearl Harbor zusammenhingen und die vorher präzise geplant werden mußten. In den entscheidenden Momenten im Oktober 1941 konnte Yamamoto seinen Willen nur unter Rücktrittsdrohungen durchsetzen. Zu diesem Zeitpunkt war der Krieg längst beschlossene Sache, und die Admiralität wollte so kurz vor dem Ausbruch der Kampfhandlungen nicht den wichtigsten Flottenkommandanten verlieren. Am 20. Oktober gab der Chef der Admiralität schließlich seine Einwilligung. Jetzt war alles bereit für Yamamotos Angriffsplan, der am 7./8. Dezember anlaufen sollte.[342]

Bei diesem Projekt gab es mehrere konzeptionelle Probleme. Grundsätzlich stand es im Gegensatz zur übergreifenden Kriegsstrategie Japans. Denn durch einen gelungenen Überraschungsangriff würde weder der amerikanische Kampfgeist vernichtet, noch würde Japan die amerikanische Billigung der neuen Situation in Ostasien erreichen. Vielmehr würden die Vereinigten Staaten eher zu einem langen Krieg provoziert. Bei einer der entscheidenden Planungsbesprechungen wies Konteradmiral Onishi Takijiro darauf hin, daß ein Krieg, der mit einem Südangriff begann, mit einem Kompromiß beendet werden könne. Ein Angriff auf Pearl Harbor jedoch würde jede Hoffnung auf einen Kompromiß zunichte machen.[343]

Das Projekt enthielt noch einen weiteren grundsätzlichen Fehler: Der Plan ging davon aus, daß die Flanke des japanischen Südvorstoßes bedroht sei; sowohl die alte als auch die neue Strategie zielten darauf, diese Bedrohung zu beseitigen. In Wirklichkeit bestand jedoch eine solche Bedrohung nicht, und die Japaner hätten dies auf einfache Weise herausfinden können. Die Flotte in Pearl Harbor verfügte weder über die Tank- noch über andere Nachschubschiffe, die sie bei einem über den Pazifik vorgetragenen Angriff benötigt hätte. Diese Tatsache war dem hervorragenden Spionagenetz der Japaner, das vom Konsulat in Honolulu aus operierte, durchaus bekannt. Die Amerikaner wiederum wußten, daß dies den Japanern bekannt war, was dazu beitrug, daß sie gar nicht mit der Möglichkeit eines japanischen Angriffs rechneten.[344] Außerdem war ein großer Teil der amerikanischen Flotte von Pearl Harbor in den Atlantik verlegt worden. Obwohl die Japaner Kenntnis von diesen unübersehbaren Transfers besaßen, beharrte Yamamoto auf seinem Plan mit einer geradezu manischen Zielstrebigkeit. Bei den Kriegsspielen der japanischen Marine im September 1941 wurde beispielsweise der Flugzeugträger *Yorktown*, der bereits im April in Richtung Atlantik in See gestochen war, in Pearl Harbor »versenkt«![345]

Yamamotos Plan war für einen Angriff bestimmt, der in einem seichten Hafen an einem Sonntag stattfinden sollte. Daraus ergaben sich zwei weitere, leicht vorhersehbare Implikationen, die eng mit dem Wiederaufbau der amerikanischen Marine in einem längeren Krieg zusammenhingen. In einem seichten Hafen würden die Schiffe nicht versenkt, sondern nur auf Grund gesetzt; sie würden später wahrscheinlich gehoben, repariert und wieder in Dienst gestellt werden können. Die Japaner wußten, daß der Hafen seicht war; sie stellten deshalb ihre Lufttorpedos auf geringe Tiefen um. Die letzte Lieferung der neu eingestellten Torpedos erfolgte am 17. November, kurz bevor die Flotte in See stach.[346] Hinzu kam, daß die meisten amerikanischen Besatzungen den Angriff voraussichtlich überleben würden, da sie sich zum Zeitpunkt des Angriffs entweder auf Landurlaub befänden oder von den im Hafen auf Grund gesetzten Schiffen gerettet werden könnten. In bezug auf diese beiden Gesichtspunkte wären durch eine Operation auf offener See, wie sie im früheren Plan vorgesehen gewesen war, völlig andere Ergebnisse erzielt worden. Yamamoto dachte jedoch nur an den taktischen Erfolg und stellte keinerlei strategische oder praktische Überlegungen an.[347] Bei der Planung des Angriffs auf Pearl Harbor wurde auch erwogen, auf den Inseln zu landen und sie zu besetzen. Diese Überlegung wurde aber wieder fallengelassen, da die Landungstruppen für den Südvorstoß benötigt wurden.[348]

Am Tag vor dem Angriff auf Pearl Harbor notierte der Stabschef der Vereinigten Flotte, Konteradmiral Ugaki Matome, in sein Tagebuch: »Als wir das Dreimächteabkommen schlossen und nach Indochina vordrangen, hatten wir auf unserem Marsch in den erwarteten Krieg mit den Vereinigten Staaten und Großbritannien bereits die Brücken hinter uns verbrannt.«[349] Die japanische Marine hatte die Notwendigkeit einer großen Flotte immer damit begründet, daß sie auf die Vereinigten Staaten als den zu bekämpfenden Feind verwies; jetzt konnte sie nicht erklären, daß sie zu diesem Kampf nicht in der Lage sei. Sie selbst hatte zum Krieg gedrängt und den Rahmen für den Kriegsbeginn festgelegt.[350]

Am frühen Morgen des 7. Dezember griffen sechs japanische Flugzeugträger die amerikanische Pazifikflotte an, die in Pearl Harbor vor Anker lag, wie es der Gewohnheit ihres Kommandanten, Admiral Kimmel, entsprach. Die japanischen Flugzeuge griffen in zwei Wellen an. Ihr Anflug wurde nicht entdeckt, und sie konnten ihre Bomben und Torpedos präzise plazieren. Das Schlachtschiff *Arizona* wurde in die Luft gesprengt, sieben weitere Schlachtschiffe wurden auf Grund gesetzt, zehn andere Schiffe versenkt oder beschädigt, und die meisten amerikanischen Flugzeuge wurden am Boden beschädigt oder zerstört. Die Japaner verloren mehrere kleine U-Boote und ein paar Flugzeuge. Über 2400 Amerikaner wurden getötet und weitere 1100 verwundet. Die beiden amerikanischen Flugzeugträger, die noch zur Pazifikflotte gehörten, befanden sich auf hoher See und entgingen so dem Angriff. Die japanischen Flugzeugträger kehrten unbeschädigt nach Japan zurück.

Bald darauf marschierten japanische Truppen in Thailand ein und begannen damit die »Befreiung« Asiens von der Herrschaft der Europäer, wie die Japaner diesen Vorgang nannten. Ausgerechnet Thailand war jedoch das einzige unabhängige Land Südostasiens gewesen. Landemanöver an der malaiischen Küste sollten die Besetzung Singapurs vorbereiten. Am Tag nach dem Angriff auf Pearl Harbor bereiteten sie

MacArthur auf den Philippinen eine ebenso effektvolle Überraschung wie Kimmel und seinem Kollegen vom Heer, General Short, auf Hawaii. Auf diese Operationen folgten bald danach weitere Landungen an der Küste der Insel Luzon. Durch die Zerstörung der amerikanischen Pazifikflotte war die Flanke der Japaner nicht mehr gefährdet; der japanische Vorstoß nach Süden hatte begonnen.

Washington hatte die sich abzeichnenden Vorbereitungen dieses Vorstoßes fasziniert beobachtet. Ein Luftwaffenoffizier spielte der *Chicago Tribune* das amerikanische Programm für den Aufbau und Einsatz der Streitkräfte im Kriegsfall zu. Der Vorgang, der sich Anfang Dezember ereignete, rief in Washington große Aufregung hervor, führte jedoch in Deutschland und in Japan zu außerordentlich geringen Reaktionen.[351] Eine zentrale Frage beherrschte die Regierung in Washington: Wie sollten sich die Vereinigten Staaten verhalten, wenn die Japaner die amerikanischen Besitzungen in Fernost umgingen und die Briten und Holländer direkt angriffen?[352]

Als immer mehr Details in Washington zusammenströmten, die auf einen bevorstehenden Südvorstoß der Japaner hindeuteten, hielt es die Regierung für sinnlos, die Verhandlungen mit Japan fortzusetzen. Für den Nachmittag des 7. Dezember wurde eine Besprechung im Weißen Haus angesetzt, bei der dieses Problem erörtert werden sollte.[353] Als die Runde zusammenkam, hatten Präsident Roosevelt, die Militärs und die führenden Politiker bereits Kenntnis vom Angriff auf Pearl Harbor erhalten. Hull hatte den japanischen Diplomaten, die von dieser Nachricht genauso überrascht wurden wie die Amerikaner, deutlich seine Meinung gesagt. Am folgenden Morgen beantragte der Präsident die Kriegserklärung, und der Kongreß stimmte dem Antrag zu. Hull informierte den Präsidenten ein halbes Jahr später über einen Plan, eine Zusammenstellung amerikanischer Dokumente über die amerikanisch-japanischen Beziehungen zwischen 1931 und 1941 zu veröffentlichen, darunter viele Statements und Besprechungsprotokolle Roosevelts. Er fragte Roosevelt, ob alles im vollen Wortlaut veröffentlicht werden solle. Der Präsident wies ihn an, »alles zu veröffentlichen«[354].

Unmittelbar nach dem Angriff auf Pearl Harbor wurden alle möglichen Spekulationen über die Gründe angestellt, warum der Überraschungsschlag erfolgreich durchgeführt werden konnte. Schon damals wurden – wie auch heute noch – verschiedene Erklärungen angeführt, die darauf hinausliefen, die Regierung habe bereits zuvor von dem Angriff gewußt und ihn sogar provoziert. Welche Verwirrung in der Regierung auch geherrscht haben mochte, so war doch ein anderer Aspekt entscheidend: Weder die Befehlshaber der Armee noch der Marine in Hawaii wollten den Japanern das Geschick und den Wagemut zutrauen, genau das erfolgreich durchzuführen, was in Stabsschulungen und Feldübungen seit Jahren als wahrscheinlichste Vorgehensweise der Japaner bei der Eröffnung der Kampfhandlungen dargestellt worden war. Damals, und gelegentlich auch zu späteren Zeitpunkten, nahmen die Amerikaner an, daß die Japaner von anderen manipuliert und bevorzugt sein müßten und daß sie weder ein Geheimnis für sich behalten noch Funkstille wahren könnten.[355] Es ist wohl kein Trost, daß auch die Briten von gleichartigen Begleiterscheinungen rassistischen Denkens befallen waren. Eden notierte am 23. April 1941, der Stabschef der britischen Luftstreitkräfte, Sir Charles Portal, habe ihm gegenüber kürzlich erwähnt, er schätze die japanische Luftwaffe noch geringer ein als die italienische.[356] Die Briten wie auch die Amerikaner mußten noch einige bittere Lektionen lernen.

Der Angriff auf Pearl Harbor erwies sich für Japan in Wirklichkeit als strategische und taktische Katastrophe, obwohl dies den Japanern damals nicht bewußt wurde. Die Schiffe konnten zum größten Teil gehoben werden; Ende Dezember befanden sich zwei der Schlachtschiffe, die Yamamoto versenkt zu haben glaubte, auf dem Weg zur Westküste, um dort repariert zu werden. Alle Schiffe mit Ausnahme der *Arizona* und der *Oklahoma* wurden wieder in Dienst gestellt, und mehrere dieser Schiffe spielten, wie wir noch darstellen werden, bei dem großen Sieg der amerikanischen Marine im Oktober 1944 eine Schlüsselrolle.[357] Die meisten Seeleute überlebten und bildeten den Grundstock der Besatzungen der wiederaufgebauten amerikanischen Flotte. Diese taktischen Faktoren waren Folgen der grundlegenden strategischen Fehlkalkulation. Wer die amerikanische Reaktion auf die Explosion auf der *Maine* oder auf die Versenkung der *Lusitania* kannte, hätte vorhersagen können, daß sich die Amerikaner nach einem nicht provozierten Angriff in Friedenszeiten sofort einmütig für einen Krieg bis zur Kapitulation Japans entscheiden würden. Auf diese Weise wurde die grundlegende japanische Strategie in den ersten Minuten des Krieges hinfällig. Die Japaner hatten gehofft, daß das amerikanische Volk nicht Blut und Geld opfern würde, um ihnen obskure Inseln wieder abzunehmen, deren Namen es zum größten Teil nicht einmal kannte, nur um sie dann anderen Staaten zurückzugeben oder in die Unabhängigkeit zu entlassen. Diese Hoffnung wurde durch den Angriff auf Pearl Harbor vollkommen zunichte gemacht. Für Japan bedeutete der erfolgreiche Überraschungsangriff letztlich nicht den Sieg, sondern garantierte die Niederlage.

Auch andere Staaten waren begierig, sich dem japanischen Krieg gegen die Vereinigten Staaten anzuschließen. Japan hatte Deutschland und Italien aufgefordert, sich zu beteiligen, und beide Länder hatten ohne Zögern zugestimmt.[358] Mussolini hatte bereits am 3. Dezember versprochen, sich zu beteiligen, und trat nun offiziell in den Krieg ein[359] – eine ungewöhnliche Situation, wenn man sich die Serie der italienischen Niederlagen vor Augen führt.[360] Hitler hatte die Japaner wiederholt gedrängt, gegen Großbritannien vorzugehen, und nahm geradezu enthusiastisch zur Kenntnis, daß sie jetzt endlich zu handeln begannen.[361] Die Idee, in Friedenszeiten an einem Sonntagmorgen einen Luftangriff durchzuführen, erschien ihm besonders prickelnd. Er hatte seinen Feldzug gegen Jugoslawien ein paar Monate zuvor auf dieselbe Weise eingeleitet; hier hatte er einen Verbündeten gefunden, der so recht nach seinem Geschmack handelte. Jetzt würde endlich eine Flotte von Schlachtschiffen und Flugzeugträgern zur Verfügung stehen, mit der den Amerikanern der Garaus gemacht werden konnte.* Seine eigene Flotte zerrte schon seit Jahren an der Leine und konnte nun endlich im Nordatlantik Schiffe versenken, wie es ihr gefiel.

Die Japaner hatten Hitler nicht genau darüber informiert, wann sie losschlagen wollten. Als die Nachricht von Pearl Harbor Hitler erreichte, war er gerade nach Ostpreußen zurückgekehrt, nachdem er sich am Südende der Ostfront um eine Krise hatte kümmern müssen, die durch eine sowjetische Gegenoffensive verursacht worden war. Es würde ein paar Tage dauern, bis in Berlin eine ordentliche Zeremonie für die formelle Kriegserklärung an die USA am 11. Dezember organisiert werden konnte, aber das sollte ihn nicht davon abhalten, sogleich mit dem begierig erwarteten Kampf zu beginnen. In der Nacht vom 8. auf den 9. Dezember, also zum frühestmöglichen Zeitpunkt, erging die Weisung, jedes Schiff der Vereinigten Staaten und einer Reihe anderer westlicher Länder unverzüglich zu versenken.[362] Zwei Tage später überbrachte Hitler einem applaudierenden Reichstag die freudige Botschaft vom Krieg mit den Vereinigten Staaten.[363] Wer wirklich daran glaubte, daß Deutschland den Ersten Weltkrieg nicht durch eine Niederlage an der Front verloren hatte, sondern durch einen Dolchstoß in den Rücken, glaubte ebenso fest daran, daß die amerikanische Militärmacht eine Legende war. Dieses Mal spiegelte sich in der Einmütigkeit des Reichstags die nahezu vollständige Übereinstimmung innerhalb der Regierung des Dritten Reiches wider. Die einzige Sorge der deutschen Regierung war, daß die Amerikaner die formelle Kriegserklärung abgeben könnten, bevor sie ihre eigene übergeben hatte. Ihr Wunsch sollte sich erfüllen.[364]

Präsident Roosevelt beantragte im Kongreß Kriegserklärungen gegen Deutschland und Italien als Antwort auf die entsprechenden Erklärungen der Deutschen und der Italiener; beide wurden gebilligt. Deutschland und Italien schlossen nach der Kriegserklärung ein Abkommen mit Japan, in dem sich die Vertragspartner verpflichteten, niemals einen Separatfrieden abzuschließen.[365] Als auch Rumänien, Ungarn und Bulgarien den Vereinigten Staaten den Krieg erklärten, versuchte der Präsident, diese Länder, wie schon erwähnt, zur Rücknahme ihrer Erklärungen zu bewegen. Vielleicht könnten diese Völker ohne einen Krieg mit den Amerikanern ganz glücklich leben. Sein Versuch scheiterte jedoch, sie von dieser Erkenntnis zu überzeugen. Im Juni stimmte der Kongreß auch den amerikanischen Kriegserklärungen an diese Länder zu.[366] Nun stand die ganze Welt in Flammen.

---

* Hitler glaubte, daß die japanische Flotte der amerikanischen überlegen sei. Siehe Goebbels' Tagebücher, 1. Februar 1941, Bd. 4, S. 486.

5

Die Ostfront und der Wandel des Krieges

Juni bis Dezember 1941

DER ANGRIFF AUF DIE SOWJETUNION

Als Deutschland und seine Verbündeten am 22. Juni 1941 in der Sowjetunion einmarschierten, änderte sich der Krieg in mehrfacher Hinsicht. Eine Veränderung wurde zunächst von vielen nicht erkannt, ist jedoch im Rückblick unbestreitbar. Vom 22. Juni 1941 bis zum Ende des Kriegs in Europa im Mai 1945 fanden nun die meisten Kämpfe an der Ostfront statt. Dort kämpften und starben mehr Menschen als an allen anderen Fronten des Weltkriegs zusammen. Dies hatte folgende drei Ursachen, die uns für den Rest des Buches stark beschäftigen werden: erstens die gewaltige Zahl von Soldaten, die an den Kämpfen beteiligt war; zweitens den Charakter der Kämpfe, der es unwahrscheinlich erscheinen ließ, daß beide Seiten je wieder friedliche Beziehungen aufnehmen würden; und drittens den Zusammenhalt der Feinde Deutschlands, der schließlich zur deutschen Niederlage führte.

Der Angriff auf die Sowjetunion begann in den frühen Morgenstunden des 22. Juni und kam für die Sowjetunion völlig überraschend. An einigen Frontabschnitten waren in letzter Minute sowjetische Einheiten in Alarmbereitschaft versetzt worden, allgemein galt jedoch der Befehl, das Feuer nicht zu erwidern, falls es sich nur um eine deutsche Provokation handeln sollte. Die deutsche Luftwaffe griff mit etwa 60 Prozent ihrer Kräfte an und setzte über 2700 Kampfflugzeuge ein. Durch sorgfältig geplante Schläge zerstörte sie an jenem Morgen einen Großteil der sowjetischen Luftwaffe am Boden, beschädigte deren frontnahe Flugplätze und schoß die meisten sowjetischen Flugzeuge ab, denen es trotzdem gelungen war, aufzusteigen.[1] Dank des Überraschungseffekts und der Erfahrung aus früheren Kämpfen gelang es den deutschen Luftstreitkräften, in der ersten Woche des Feldzugs über 4000 sowjetische Flugzeuge zu zerstören. Die nahezu totale deutsche Luftüberlegenheit, die dadurch entstand, war zwar nur von kurzer Dauer, aber sie bestand in den ersten Monaten der Kämpfe und erleichterte den Vormarsch der deutschen Bodentruppen gewaltig.

Der deutsche Angriff fand mit über drei Millionen eigenen und einer halben Million verbündeter Soldaten (sowie mit mehr als 600 000 Pferden) nach Plänen statt, die in

den Monaten zuvor sorgfältig ausgearbeitet worden waren.* Im hohen Norden überquerten deutsche Gebirgsjägerdivisionen die finnisch-sowjetische Grenze in der Hoffnung, Murmansk und die Halbinsel Kola nehmen zu können. Auf dem Rest der
finnischen Front griff einige Tage später die finnische Armee an. Sie war durch deutsche Einheiten verstärkt, sollte die Bahnlinie abschneiden, die von der wichtigen
sowjetischen Hafenstadt Murmansk nach Süden führte, und auf beiden Seiten des
Ladoga-Sees gegen Leningrad vorrücken, um die Verbindungen dieser Stadt mit dem
sowjetischen Hinterland zu kappen. Kurz danach stieß die deutsche 11. Armee zusammen mit den rumänischen Armeen 3 und 4 am südlichsten Ende der Front über
den Pruth nach Bessarabien vor.

Die Hauptangriffe wurden am 22. Juni von den deutschen Heeresgruppen Nord,
Mitte und Süd begonnen. Die Verbände, die von Rumänien aus angriffen, gehörten
zur Heeresgruppe Süd, werden aber separat behandelt, um ein besseres Verständnis
des Feldzugs zu ermöglichen. Die Heeresgruppe Nord stieß in den ersten Kriegstagen
mit drei Armeen in die baltischen Staaten vor, überrannte in wenigen Tagen Litauen,
überquerte an mehreren Stellen die Düna und hatte am Ende der ersten Juliwoche
den größten Teil Lettlands unter ihre Kontrolle gebracht. Im Zentrum der Front, die
von Südlitauen aus entlang der sowjetischen Grenze bis zum Pripjat verlief, durchbrach die Heeresgruppe Mitte mit vier Armeen die sowjetischen Linien und eroberte
in den ersten zwei Kriegswochen die ostpolnischen Gebiete, die die Sowjetunion 1939
annektiert hatte. Die Heeresgruppe Süd, die neben der 11. Armee aus drei weiteren
Armeen bestand, stieß durch den südlichen Teil der ehemals polnischen Gebiete in
die Ukrainische SSR vor.

Das Verblüffende an diesen schnellen Vorstößen war nicht so sehr, daß große
Gebiete überrannt wurden, sondern daß durch schnelle Vorstöße von Panzerarmeen,
denen eine kampferprobte und sehr erfolgreich kämpfende Infanterie folgte, riesige
sowjetische Truppenverbände eingeschlossen und vernichtet wurden. Die Deutschen
wollten unbedingt einen möglichst großen Teil der Roten Armee so grenznah wie
möglich vernichten in der Hoffnung, daß durch derart fürchterliche Schläge gleich
zu Anfang des Krieges das gesamte sowjetische Regierungssystem zusammenbrechen
würde. Was sie um jeden Preis vermeiden wollten, war ein langer Krieg, in dem sie
die sowjetischen Truppen langsam und auf breiter Front über Hunderte, ja Tausende
von Kilometern hätten zurücktreiben müssen. In gewissem Umfang ging diese Rechnung im mittleren Frontabschnitt auf, wo in zwei großen Kesselschlachten über
300000 sowjetische Soldaten in Gefangenschaft gerieten. Im Norden und Süden
wurden die sowjetischen Truppen jedoch eher zurückgetrieben als abgeschnitten.

* Es wird meist übersehen, daß das deutsche Heer im Zweiten Weltkrieg beim Transport
hauptsächlich Pferde einsetzte und *nicht* Motorfahrzeuge. Eine erste Untersuchung dazu:
R. L. Di Nardo und Austin Bay, »Horse-Drawn Transport in the German Army«, in: JCH 23
(1988), 129–142.

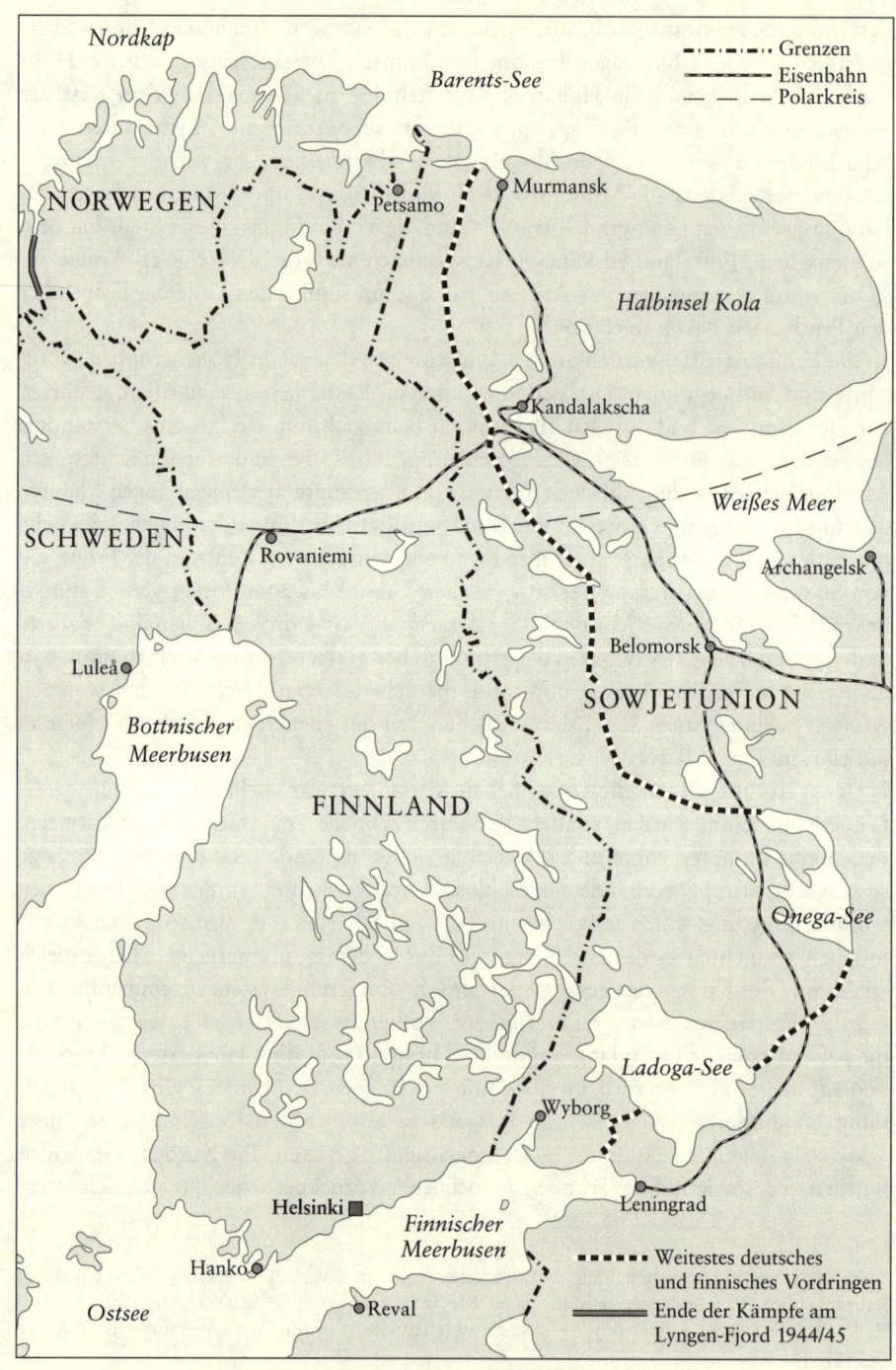

6. Der finnische Abschnitt der Ostfront 1941–1945

Trotzdem waren die sowjetischen Verluste an Toten und Verwundeten, Kriegsgerät und Transportmitteln immens.

Die gewaltigen Siege vermittelten der obersten deutschen Führung den Eindruck, sie hätte ihr Ziel erreicht und die sowjetische Militärmacht mit einem einzigen harten Schlag zerstört. Sie erkannte zwar, daß die meisten Soldaten der Roten Armee, selbst wenn sie eingeschlossen oder zum Rückzug gezwungen waren, erbitterten Widerstand leisteten, aber sie zog daraus nicht die richtigen Schlüsse. Die Meinung war allgemein verbreitet, daß die entscheidende Schlacht schon gewonnen sei. »Im ganzen kann man also schon jetzt sagen«, schrieb der deutsche Generalstabschef des Heeres, General Franz Halder, am 3. Juli in sein Tagebuch, »daß der Auftrag, die Masse des russischen Heeres vorwärts der Düna und Dnjepr zu schlagen, erfüllt ist ... Es ist also wohl nicht zu viel gesagt, wenn ich behaupte, daß der Feldzug gegen Rußland innerhalb [von] 14 Tagen gewonnen wurde.«[2] Am gleichen Tag beantwortete Halder Glückwünsche zu seinem Geburtstag (am 30. Juni) mit der Behauptung, daß Rußland diesen Krieg in den ersten acht Tagen verloren habe.[3]

Das Gefühl, schon gesiegt zu haben, wurde durch die Ereignisse in den ersten zwei Juliwochen weiter verstärkt. In einer Serie weiterer großer Kesselschlachten stürmte die inzwischen auf fünf Armeen verstärkte Heeresgruppe Mitte nach Zentralrußland hinein, eroberte die Städte Orscha und Smolensk an der Straße nach Moskau, machte weitere 300 000 Kriegsgefangene und stieß beiderseits der Straße über Smolensk hinaus weiter vor. Gleichzeitig drang die Heeresgruppe Nord nach Estland und bis zu den äußeren Verteidigungslinien von Leningrad vor, während die Heeresgruppe Süd sich auf Kiew und die reichen Agrar- und Industriegebiete des Dnjepr-Bogens zubewegte. Für die deutsche Führung sah es tatsächlich so aus, als ob man nur noch ein bißchen aufräumen müsse. Die deutschen Truppen im Feld, die ununterbrochen im Gefecht standen, den erbitterten Widerstand der Roten Armee zu spüren bekamen und ständig mit neuen sowjetischen Einheiten konfrontiert wurden, während sie ihre eigenen Fahrzeuge und ihr Kriegsgerät ständig weiter verschlissen, sahen die Lage allerdings nicht ganz so positiv. Ihre Führung aber glaubte noch immer, daß alles in bester Ordnung sei.

Die gesamte deutsche Offensive hatte auf der Annahme basiert, daß es sich um einen kurzen Feldzug handeln würde. Für die Zeit nach den ersten Kriegswochen war kein Ersatz an Truppen oder Kriegsgerät geplant oder verfügbar, aber niemand war darüber beunruhigt.[4] Die detaillierten Lagekarten, die von den Deutschen geführt wurden, zeichnen sich durch die erstaunliche Eigenschaft aus, daß in ihnen keine substantiellen Verbände als Reserven eingezeichnet sind, und das sollte von den ersten bis zu den letzten Tagen des Feldzugs im Osten so bleiben. Die Luftwaffe erwartete, daß sie nach zweimonatigem Osteinsatz wieder im Westen gegen die Briten kämpfen würde, und die meisten Luftabwehrgeschütze befanden sich ohnehin in Deutschland oder im Westen.[5] Im Juli glaubten Hitler und viele Militärführer, dieses Vabanquespiel habe sich ausgezahlt.[6]

Kurze Zeit sah es so aus, als ob der Krieg im Osten gewonnen wäre und die Deutschen in der besetzten Sowjetunion und im Rest Europas tun und lassen könnten, was sie wollten, während sie gleichzeitig frühere Pläne für den Krieg gegen England in die Tat umsetzten. Hitler erklärte seinen Mitarbeitern, die neue Grenze Deutschlands werde sich am Ural befinden, und wann immer jenseits dieser Linie erneut Gefahr drohe, würden deutsche Truppen weiter nach Osten vorstoßen. Die Masse der Stadtbevölkerung in der europäischen Sowjetunion wollte er verhungern lassen, genau wie die sowjetischen Kriegsgefangenen, ein Thema, über das zwischen ihm, seinen Wirtschaftsfachleuten und dem Militär völlige Einigkeit herrschte.[7] Auf einer Konferenz mit dem neuen Reichsminister für die besetzten Ostgebiete Alfred Rosenberg, dem Chef der Reichskanzlei Hans Lammers, dem Chef des OKW Feldmarschall Keitel, mit Göring und mit Martin Bormann, dem früheren Sekretär von Rudolf Heß, der nach Heß' Flucht Chef der NS-Parteikanzlei geworden war, erklärte Hitler am 16. Juli, wie er das neugewonnene Reich zum Wohle Deutschlands auszubeuten gedachte. Die verbleibende einheimische Bevölkerung würde keinerlei Rechte haben, am allerwenigsten das Recht, Waffen zu tragen. Kleine Teile der besetzten Territorien könnten an Deutschlands Verbündete abgetreten werden, falls diese nicht wie beispielsweise Finnland ohnehin von Deutschland annektiert werden würden. Deutschland würde seine Eroberungen nie wieder herausgeben, und alle Einheimischen, die verdächtig wirkten, würden erschossen. Es gab eine ausführliche Diskussion über Personalfragen – wer zum Chef welcher Teile der besetzten Gebiete ernannt werden würde –, aber es bestand Einigkeit darüber, daß die gesamte Politik und die gesamte Verwaltung in den besetzten Gebieten einzig und allein dem Ziel dienen sollten, sie zum Wohle Deutschlands auszubeuten und in den eroberten Ländereien Deutsche anzusiedeln[8].

All dies bedeutete natürlich keineswegs, daß den Völkern, die unter die Herrschaft der Deutschen geraten waren, die Freiheit geschenkt worden wäre. Einzelpersonen aus den baltischen Staaten und aus der Ukraine, die glaubten, die Deutschen würden ihnen helfen, ihre Unabhängigkeit zu gewinnen oder wiederzugewinnen, waren schon in den Tagen zuvor abgewiesen worden.[9] Die Deutschen hatten nicht die Absicht, irgend jemanden zu »befreien«. Im Gegenteil sollten in den baltischen Staaten, in der Ukraine und in anderen besetzten Gebieten Deutsche angesiedelt werden, und es ist kein Zufall, daß mit einem Großteil der konkreten Besiedlungspläne, die manchmal als »Generalplan Ost« bezeichnet wurden, im Juli 1941 begonnen wurde.[10] Auch daß Hitler Ende Juli beschloß, Deutsche aus Südosteuropa und anderen, noch weiter entfernten Regionen umzusiedeln, wobei er vor allem an den Osten als Siedlungsgebiet dachte, stand in unmittelbarem Zusammenhang mit diesen Plänen.[11]

Ebenfalls Ende Juli, als Hitler den Sieg bereits in der Tasche zu haben glaubte, gab er wahrscheinlich auch den mündlichen Befehl, das Programm zur Ermordung der Juden in den besetzten russischen Gebieten und unter den Kriegsgefangenen auf alle

Juden im europäischen Herrschaftsbereich Deutschlands auszudehnen. Das ganze Programm wird später in diesem Kapitel behandelt. Die Entscheidung, das zweite Stadium des Massenvernichtungsprogramms im Juli 1941 einzuleiten, muß jedoch im Kontext mit anderen Entscheidungen dieses Zeitraums gesehen werden. Der Massenmord an den Juden in den neubesetzten Territorien hatte in den ersten Tagen des Einmarschs begonnen und forderte Ende Juli bereits jeden Tag Tausende von Menschenleben. Kaum jemand hatte Widerspruch erhoben, und nun war es an der Zeit, das Unternehmen zu erweitern. Am 22. Juli sprach Hitler davon, aus allen europäischen Ländern sämtliche Juden zu vertreiben, und sagte voraus, daß Ungarn als letztes Land seine Juden preisgeben würde.[12] Am 31. Juli wurde Reinhard Heydrich, der Chef des Reichssicherheitshauptamts (RSHA), von Göring beauftragt, die »Endlösung der Judenfrage« im von Deutschland beherrschten Europa zu planen und auszuführen. Der Auftrag war so formuliert, daß Heydrich damit deutsche Stellen und Ämter zur Unterstützung heranziehen konnte, die im Gegensatz zu den Einsatzgruppen, die bereits eifrig Zivilisten und Gefangene erschossen, noch nicht unter seiner Kontrolle standen[13]. Weitere Schritte im Mordprogramm sollten bald folgen. Der erste war die Einführung von Vergasungs-Lastwagen im August.[14]

Dies waren die Pläne für die neubesetzten Länder und diejenigen, die man bald zu besetzen hoffte. Wie aber stand es mit dem Krieg gegen England? Auch hier wurden im Siegesrausch neue Entscheidungen getroffen. Am 14. Juli befahl Hitler, das Rüstungsprogramm wieder auf den Ausbau der Luftwaffe und der Kriegsmarine zu konzentrieren, die sowohl beim direkten Angriff auf Großbritannien und seine Schiffe im Atlantik als auch beim Angriff auf den britischen Herrschaftsbereich im nahen Osten zum Einsatz kommen sollten.[15] Die Pläne hatten schon vor dem Angriff auf die Sowjetunion bestanden, und nun schien die Zeit reif, die Projekte in Angriff zu nehmen, die für die Zeit nach dem Sieg im Osten geplant waren. Wie schon 1940, als das NS-Regime geglaubt hatte, den Krieg im Westen gewonnen zu haben, wurde auch jetzt der Plan wiederaufgegriffen, eine Flotte aus großen Schlachtschiffen und Flugzeugträgern aufzubauen. Die gewaltige Überwasserflotte, für deren Schiffe die Produktionsaufträge nun reaktiviert wurden, sollte mit Treibstoff aus den eroberten russischen Ölquellen versorgt werden. Endlich würde man über die Mittel verfügen, die Werkzeuge für den erwarteten Krieg gegen die Vereinigten Staaten nicht nur zu schmieden, sondern auch einzusetzen. Das Dritte Reich schien eine glänzende Zukunft vor sich zu haben.

Während die neuen Projekte Ende Juli gestartet oder zumindest in Erwägung gezogen wurden, dämmerte einigen Mitgliedern der militärischen und politischen Hierarchie allmählich die reale Lage an der Front. Obwohl die Sowjetunion enorme Verluste an Menschen und Material erlitten hatte, verfügte sie unbestreitbar noch immer über eine geschlossene Front und konnte ständig, wenn auch noch nicht massiv, neue Einheiten und Reserven heranführen. Außerdem kämpften die Soldaten der Roten Armee ausgesprochen tapfer. Es gab lokale Gegenangriffe und Anzeichen

für ein Wiedererstarken der sowjetischen Luftwaffe, deren Frontstärke und deren
Fähigkeit, Verluste zu ersetzen, die Deutschen falsch eingeschätzt hatten.[16]

Das Sowjetsystem war offensichtlich stabil geblieben. Es sprach sich herum, daß
alle gefangenen politischen Offiziere der Roten Armee sowie zahlreiche andere
Kriegsgefangene getötet wurden und der Rest entsetzlich mißhandelt wurde. Außerdem wurden Zehntausende von Zivilisten ermordet – Juden, Parteifunktionäre,
Patienten aus psychiatrischen Kliniken und jeder, der für verdächtig gehalten wurde.
Unter diesen Bedingungen erkannten die Sowjetbürger beiderseits der Front immer
deutlicher, was sie von den Deutschen zu erwarten hatten. Aus dem Ersten Weltkrieg
hatten sie in Erinnerung behalten, daß die deutsche Armee hart gekämpft, aber
Kriegsgefangene und Zivilisten im allgemeinen anständig behandelt hatte. Nun war
nicht mehr zu übersehen, daß sie sich in dieser Beziehung auf ungeheuerliche Weise
verändert hatte.

In der zweiten Julihälfte gibt es in den Quellen die ersten Anzeichen für ein böses
Erwachen.[17] In der ersten Augustwoche wurde erkennbar, daß der Kaukasus und
Murmansk 1941 wahrscheinlich nicht mehr erreicht werden konnten und der Feldzug vermutlich im folgenden Jahr fortgesetzt werden mußte.[18] Die deutschen Einheiten mußten aufgefrischt werden, und in der dadurch entstehenden Pause von
Ende Juli und August galt es zu entscheiden, welche Richtung die nächsten Offensiven nehmen sollten. Allein die Tatsache, daß es notwendig wurde, bei den künftigen großen Offensiven Prioritäten zu setzen, bedeutete, daß der ursprüngliche Plan
gescheitert war, durch gewaltige Schläge gleich zu Anfang des Feldzugs den Zusammenbruch der Sowjetunion herbeizuführen. Wer daran noch Zweifel hatte, wurde
durch heftige sowjetische Gegenangriffe im Zentrum der Front eines Besseren belehrt. Am 20. Juli 1941 hatten deutsche Truppen die 40 Kilometer südöstlich von
Smolensk gelegene Stadt Jelnja erobert; am 5. September wurden sie aus der Stadt
wieder vertrieben. Die Rote Armee hatte einen ersten lokalen Sieg des Krieges errungen.[19]

Die Deutschen mußten nun entscheiden, ob sie die Offensive im Norden, im Zentrum der Front oder im Süden wiederaufnehmen sollten. Allein die Tatsache, daß sie
nicht mehr wie zu Anfang mit allen drei Heeresgruppen offensiv vorgehen konnten,
zeigt, daß sie entweder an Angriffskraft verloren hatten oder ihnen die nach Osten
hin immer breiter werdende Front und der offensichtlich ungebrochene sowjetische
Widerstand schwer zu schaffen machten. Der Umstand, daß sich die Rote Armee im
Süden vergleichsweise besser verteidigt hatte, bzw. die deutsche Offensive dort vergleichsweise weniger spektakuläre Erfolge erzielt hatte, erschwerte den Deutschen
die Entscheidung über den nächsten Schritt. Wenn sie im Zentrum auf Moskau vorstießen, war ihre Südflanke einer gefährlichen Bedrohung ausgesetzt, der zu begegnen
ihnen die Reserven fehlten. Wenn sie sich dagegen zunutze machten, daß sie im
Zentrum weiter vorgestoßen waren, und die sowjetischen Kräfte im Süden abzuschneiden versuchten, dann verloren sie Zeit im Zentrum der Front.

Diese Fragen wurden damals genauso heftig diskutiert, wie dies die Historiker auch heute noch tun. Bei der Diskussion wurde und wird jedoch die Tatsache ignoriert, daß der deutsche Angriff auf die Sowjetunion sein Ziel damals bereits verfehlt hatte. Die Deutschen konnten zu diesem Zeitpunkt zwar noch am einen oder anderen Frontabschnitt taktische Erfolge erzielen, hatten aber jede theoretische Chance, die Sowjetunion zu besiegen, unwiderruflich verspielt.* Außerdem hat eine sorgfältige Analyse der deutschen Transport- und Nachschubprobleme überzeugend bewiesen, daß die Deutschen ganz einfach nicht in der Lage waren, die Offensive im mittleren Frontabschnitt sofort wiederaufzunehmen, da das auf Lastwagen basierende Nachschubsystem, von dem der erste Vorstoß abhängig gewesen war, an seine geographisch bedingten Grenzen gestoßen war. Was immer die Deutschen als nächsten Schritt planten, sie mußten zunächst die Bahnlinien reparieren, damit der Nachschub für Operationen weiter im Osten über die Bahn laufen konnte.[20] Nach einigem Zögern entschied Hitler, einen Teil der Verbände der Heeresgruppe Mitte für den Angriff auf Leningrad nach Norden zu verlegen, während ein anderer Teil in den Rücken der sowjetischen Truppen vorstoßen sollte, die im Süden Kiew verteidigten.[21]

Kurz darauf, am 11. September, sah Hitler sich gezwungen, die Prioritäten der Rüstungsproduktion erneut zu ändern. Das Heer und die Luftabwehr standen nun wieder im Vordergrund, damit der Angriff im Osten fortgesetzt und die Heimatfront gegen britische Luftangriffe verteidigt werden konnten. Die Bedürfnisse der Kriegsmarine und der Luftwaffe, die bei einem Angriff auf Großbritannien die Hauptlast getragen hätten, mußten jetzt wieder warten.

Der zweite Vorstoß auf Leningrad erzielte beträchtliche Geländegewinne einschließlich eines schmalen Brückenkopfes zum Süden des Ladoga-Sees. Damit waren die Landverbindungen Leningrads abgeschnitten, und es begann eine lange und bittere Belagerung. Hitler hatte angeordnet, nicht in die Stadt selbst vorzudringen, da er seine Truppen 1941 im Gegensatz zu 1942 noch nicht bei langwierigen Häuserkämpfen in Großstädten einsetzen wollte. Außerdem hatte er bereits früher den Entschluß gefaßt, sowohl Leningrad als auch Moskau dem Erdboden gleichzumachen und die Bevölkerung dieser Städte zu töten oder in das unwirtliche Land im Osten zu jagen.[23] Diese blutrünstigen Pläne, die in der Sowjetunion damals zwar nicht im Detail, aber doch in Umrissen bekannt waren, wirkten sich nun für die Deutschen nachteilig aus, weil sich die Russen mit dem Mut der Verzweiflung verteidigten.[24]

---

* Hier besteht eine interessante Parallele zur Lage an der deutschen Westfront im Frühjahr 1918. Nachdem Deutschland durch die damals eingeleitete erste Offensive den Krieg nicht entschieden hatte, konnte es zwar noch zusätzliche Schläge führen – was es auch tat –, aber es hatte keine Chance mehr, den Krieg zu gewinnen.

DIE KÄMPFE IM HERBST UND IM WINTER

Es war ein wichtiges Ziel der deutschen Offensive im Norden gewesen, zu Lande den Kontakt mit den finnischen Kräften herzustellen, die sich beiderseits des Ladoga-Sees nach Süden bewegten. Auch in diesem Punkt entwickelte sich die Lage wesentlich anders, als die Deutschen – und die Finnen – erwartet hatten. Die sowjetischen Truppen wurden zunächst rasch zurückgedrängt, und Finnland hatte das Territorium schnell zurückerobert, das es im Friedensvertrag vom März 1940 an Rußland hatte abtreten müssen. Danach kamen die finnischen Offensiven jedoch zum Stehen und wurden während des ganzen Krieges nicht mehr wirksam wiederaufgenommen. Diese entscheidende und langfristig nachhaltige Entwicklung auf dem nördlichen Flügel der Ostfront hatte mehrere Gründe. Durch entschlossenen Widerstand und die Heranführung von Reserven war es der Roten Armee schließlich gelungen, die Front zu stabilisieren. Im hohen Norden kam der deutsche Vormarsch auf Murmansk ironischerweise an der Litsa zum Stehen, also just an dem Punkt, wo die Sowjets, als sie noch mit Deutschland verbündet waren, der deutschen Kriegsmarine einen geheimen Stützpunkt für den Kampf gegen die Westmächte zur Verfügung gestellt hatten. Im mittleren Sektor des nördlichen Flügels wurden die vereinten deutsch-finnischen Streitkräfte kurz vor Kandalaktscha und der von Murmansk nach Süden führenden Bahnlinie gestoppt. Von da an konnten die Angreifer an keinem Abschnitt der nördlichen Front mehr einen entscheidenden Geländegewinn gegen die sowjetischen Truppen erzielen, die ihre Lektion aus dem Finnisch-Russischen Krieg offensichtlich gut gelernt hatten.

Im Süden dieser Front wurden die Finnen schließlich durch ein Zusammenwirken militärischer und politischer Umstände aufgehalten. Der wichtigste militärische Faktor bestand darin, daß der fortdauernde Widerstand der Roten Armee die Reserven des bevölkerungsarmen Finnland, das sich vom letzten Krieg noch nicht erholt hatte, schwer strapazierte. Ende August hatte das Land gravierende Probleme, die Stärke seiner Fronttruppen zu halten.[25] Der Vorstoß, den die Deutschen im September 1941 südöstlich von Leningrad unternahmen, ermutigte Finnland zu einer neuen Offensive, bei der es bis an den Svir vorstieß und ihn an einigen Stellen sogar überquerte. Dort kam die Offensive jedoch zum Stehen und wurde nie wieder aufgenommen. Der Vorstoß hatte zwar die von Murmansk nach Süden führende Bahnlinie abgeschnitten, aber Murmansk war nach wie vor durch eine Bahnlinie mit dem Landesinneren verbunden, die bei Belomorsk von der Hauptlinie abzweigte.

Auch politisch wurde Finnland gebremst. Als sich seine Truppen der alten finnischen Grenze näherten, die bis zum sowjetischen Angriff im Jahr 1939 bestanden hatte, wurde es von Großbritannien und den Vereinigten Staaten zunehmend unter Druck gesetzt, diese Grenze nicht zu überschreiten. Es gab Kräfte in Finnland, die ein solches Innehalten befürworteten; und als die Sowjets im Oktober/November 1941 in große Gefahr gerieten, boten sie über die Vereinigten Staaten an, die alte

Grenze im Rahmen eines Friedensvertrags mit Finnland wieder anzuerkennen. Begeisterung angesichts der deutschen Siege, die der Grund für das sowjetische Einlenken waren, verführte die Finnen jedoch dazu, das Angebot auszuschlagen und den Krieg mit expansionistischen Zielen in Ostkarelien und im hohen Norden fortzusetzen. Großbritannien erklärte daraufhin Finnland den Krieg, und Finnland verzichtete aus Furcht, die Vereinigten Staaten könnten dasselbe tun, schließlich doch auf weitere Offensiven.[26] Damit hatte es die schlechteste aller denkbaren Möglichkeiten gewählt: Es befand sich im Kriegszustand mit der Sowjetunion und mit Großbritannien; es hatte die Murmansk-Bahn nicht unterbrechen können, und es hatte seine einzige Chance verspielt, mit maßvollen Verlusten aus dem Krieg auszusteigen, bevor die deutsche Katastrophe vor Moskau die Lage radikal veränderte.[27]

Während sich im Süden wichtigere Ereignisse abspielten, auf die wir noch kommen werden, gab es noch eine letzte deutsche Offensive auf dem nördlichen Flügel der Front. Im Oktober und November machte die Heeresgruppe Nord, die Leningrad und eine Enklave der Roten Armee westlich von Leningrad eingeschlossen hatte, einen letzten Versuch, in östlicher Richtung bis Tichwin und darüber hinaus vorzustoßen, um sich mit den finnischen Kräften östlich des Ladoga-Sees zu verbinden. Diese letzte offensive Operation der Heeresgruppe Nord versank in den Schneemassen des Dezembers, und die Rote Armee hielt nach anfänglichen Rückzügen stand. Der deutsche Vorstoß kam über Tichwin nicht hinaus und hatte obendrein eine Frontausbuchtung geschaffen, die einen sowjetischen Gegenangriff geradezu herausforderte.

Die wichtigste deutsche Operation fand im Süden statt. Starke Panzerkräfte, die von der Heeresgruppe Mitte für den Angriff abgestellt waren, stießen nach Süden vor, um sich mit anderen Panzerverbänden zu verbinden, die bei Krementschug den Dnjepr überschritten hatten und nach Norden vorstießen. Die Operation, bei der sich die Panzerverbände etwa 250 Kilometer östlich von Kiew trafen, führte zu riesigen sowjetischen Verlusten. Die Deutschen machten etwa 600 000 Gefangene und eroberten Tausende von Geschützen, doch die Sowjetführung war abermals in der Lage, eine neue Front aufzubauen.*

Wie die Heeresgruppe Nord konnte auch die Heeresgruppe Süd weitere lokale Siege erringen. Sie nahm den größten Teil der Krim, besetzte einen Großteil der Mittel- und Ostukraine einschließlich der großen Stadt Charkow und stieß außerdem entlang der Nordküste des Asowschen Meeres vor. Der Angriff kulminierte am 21. November in der Einnahme von Rostow an der Mündung des Don, aber damit war auch die Angriffskraft der Heeresgruppe Süd erschöpft. In den folgenden Tagen wurden die Angreifer nicht nur durch sowjetische Gegenangriffe gestoppt, sondern sogar wieder aus Rostow vertrieben. Damit waren alle deutschen Hoffnungen zu-

---

* Insbesondere über diesen Feldzug sind durch das offenere Verhältnis der ehemaligen UdSSR zu ihrer Geschichte wohl neue Informationen zu erwarten.

nichte geworden, die Versorgung der Truppen und Fabriken der Sowjetunion mit Öl aus dem Kaukasus zu unterbinden – ganz zu schweigen davon, die kaukasischen Ölfelder zu erobern und für die eigenen Bedürfnisse zu nutzen. Noch bevor der Angriff auf Moskau zum Stillstand kam und zerschlagen wurde, waren also die deutschen Verbände an der Süd- und Nordflanke blockiert und befanden sich im Süden sogar schon auf dem Rückzug.

Die Verbände, die zur Unterstützung der September-Offensiven der Heeresgruppen Nord und Süd abgestellt worden waren, kehrten nun zur Heeresgruppe Mitte zurück, wo im Oktober ein erneuter Angriff stattfand. Der Nachschub, der für einen weiteren Angriff im Zentrum gebraucht wurde, war inzwischen herangeführt worden. In zwei großen gepanzerten Durchbruchs- und Umfassungsoperationen rissen die deutschen Verbände die sowjetische Front in diesem Gebiet auf, machten nochmals 600 000 Gefangene und drangen bis 70 Kilometer vor Moskau vor. Als die Deutschen den Endsieg verkündeten[28] und die sowjetische Regierung die meisten Behörden von Moskau nach Kujbyschew verlegte, kam es in Moskau zeitweise zu einer Panik.[29] Wieder einmal gelang es jedoch der Roten Armee, mit Reserven, neu formierten und ad hoc zusammengestellten Einheiten eine neue Front zu bilden, die sie erbittert verteidigte. Gleichzeitig schwand die Angriffskraft der deutschen Truppen dahin. Sie hatten viel Kriegsgerät im Gefecht und durch Verschleiß verloren, hohe Verluste erlitten, und die noch kämpfenden Soldaten befanden sich in einem Erschöpfungszustand, der auf den höchsten Kommandoebenen in seinem Ausmaß von vielen nicht erkannt wurde. Die deutsche Führung mußte nun entscheiden, ob sie noch einen Angriff auf Moskau wagen konnte oder ihn auf das nächste Jahr verschieben mußte.

Auch hier zeigt schon allein die Tatsache, daß die Deutschen vor dieser Wahl standen, in welchem Ausmaß das Vorhaben, die Sowjetunion in einem einzigen großen Feldzug zu zermalmen, gescheitert war. Alle Kämpfe in den letzten Monaten des Jahres basierten auf der Annahme, daß der Krieg im Osten ein weiteres Jahr dauern würde. Es ging jetzt nur noch darum, optimale Ausgangspositionen für den Feldzug im Jahr 1942 zu erringen, und erst *nach* diesem Feldzug glaubte man, Ressourcen für die Luftwaffe und die Kriegsmarine freimachen zu können, damit Großbritannien geschlagen werden könnte.[30]

Ein Teil der deutschen Militärführung neigte dazu, die Ende Oktober und Anfang November eingenommenen Stellungen zu halten, die Front geringfügig zu begradigen und eine defensive Haltung einzunehmen. Auf diese Weise hätte man die angespannte Nachschublage verbessern und den erschöpften Truppen ein wenig Ruhe gönnen können. Hitler selbst, der Oberbefehlshaber des Heeres Feldmarschall von Brauchitsch, Generalstabschef Halder und andere meinten jedoch, durch eine letzte Offensive Moskau einnehmen und damit bessere Winterquartiere für die deutschen Soldaten sichern zu können. Ein solcher lokaler Sieg hätte außerdem das sowjetische Eisenbahn- und Kommandosystem angeschlagen und wäre für die Sowjetunion ein

Europäisches Nordmeer

NORWEGEN
Kirkenes
Petsamo
Murmansk

SCHWE-
DEN
Kandalakscha

Louchi

Archangelsk

——·——·—— Grenzen
═══════ Frontverlauf
vom 6. Dezember 1941
▪▪▪▪▪▪▪ Frontverlauf
vom September 1942
────── A–A Linie
──────── Eisenbahn
——·——·—— deutsch-sowjetische
Grenze am 22. Juni 1941

FINNLAND
Petrosawodsk
Onega-See   SOWJETUNION

Ladoga-See
Helsinki
Leningrad   Tichwin
Narwa   Tschudowo
Stockholm   Reval   Nowgorod
Ostsee   Demjansk
Pleskau   Kalinin
Cholm   Gorki
Riga   Welikije Luki   Moskau
Libau   Rschew
Dünaburg   Wjasma   Tula   Kujbyschew
Memel   Witebsk   Smolensk
Königsberg   Orscha
Kowno   Saratow
Danzig   Minsk   Mogilew Brjansk   Orel
Bobruisk
DEUTSCHES   Bialystok   Rogatschew   Kursk   Woronesch
REICH
Warschau   Brest-Litowsk   Gomel   Belgorod   Kalatsch
Charkow   Rossosch   Stalingrad
Kiew   Poltawa   Tschirskaja
Schitomir *Dnjepr*   Woroschilowgrad   Wassiljewka
Lemberg   Winniza   Krementschug   Astrachan
SLOWAKEI   Kam. Podolsk   Uman   Kriwoj   Dnjepro-   Rostow   Kotelnikowo
Rog   petrowsk   Bataisk
Tschernowitz   Nikopol   Taganrog   Ellista
Budapest   Nikolajew   Melitopol   Krasnodar   Mosdok
UNGARN   Odessa   Perekop   Maikop
Kertsch   Grosny
RUMÄNIEN   Simferopol   Tuapse
Sewastopol   Jalta   Suchumi   Tiflis
Belgrad   Bukarest   *Schwarzes Meer*   Batumi
JUGO-
SLAWIEN   Sofia BULGARIEN

Wolga
Don

Donau

7. *Der Krieg gegen die Sowjetunion 1941/42*

schwerer psychologischer Schlag gewesen. Aus den heute vorliegenden Quellen geht hervor, daß General Halder der einflußreichste und entschiedenste Befürworter einer neuen Offensive war.[31]

Einige weitere Faktoren spielten bei der Entscheidung eine Rolle. Die bestehende Front war für eine Verteidigung nicht günstig, und viele führende Entscheidungsträger hatten kein klares Bild vom wirklichen Zustand der deutschen Kampftruppen. Vielleicht am wichtigsten war jedoch, daß die Deutschen die nach wie vor bestehende Kampfkraft der Roten Armee und den langsamen Erholungsprozeß der sowjetischen Luftwaffe grob unterschätzten. Die deutsche Aufklärung hatte die sowjetische Stärke schon vor dem Krieg generell falsch bewertet, und dies sollte sich während des ganzen Krieges nicht mehr ändern.[32] Die deutsche Führung hatte nicht wirklich begriffen, mit welcher Geschwindigkeit die Sowjetunion neue Truppen für die Schlacht mobilisiert hatte, und ihre Einschätzung der sowjetischen Kampfkraft war so unrealistisch, daß sie Anfang Dezember behauptete, die Rote Armee habe weder die Fähigkeit noch die Absicht, eine wirkungsvolle Gegenoffensive zu starten.[33]

Die sowjetische Westfront (der sowjetische Begriff für eine Heeresgruppe) brachte die deutschen Truppen in erbitterten Kämpfen nördlich, westlich und südlich von Moskau zum Stehen. In den folgenden Monaten machte Hitler in Gesprächen mit den Vertretern anderer Länder nicht zuletzt das Wetter für die deutsche Niederlage verantwortlich, ein Argument, das von den deutschen Generälen in ihren apologetischen Schriften nach dem Krieg wiederaufgegriffen wurde. Schon im Jahr zuvor hatten sie ihre Niederlagen in der Luftschlacht um England oft dem schlechten Wetter über Großbritannien zugeschrieben. Nun machten sie für die Niederlagen im Osten zunächst den Schlamm und dann den Schnee und die niedrigen Temperaturen verantwortlich. Bei genauerer Überlegung erweist sich dieses Argument jedoch als fadenscheinig. Es ist wahrhaftig kein Geheimnis, daß es in Großbritannien häufig regnet – und britische Flieger werden vom Regen genauso beeinträchtigt wie deutsche. Auch daß es in Rußland alljährlich einen Winter gibt, ist kein unbekanntes Phänomen. Dieser Winter wird von den Russen keineswegs nur im Falle einer Invasion herbeigeführt, um die Invasoren zu schikanieren, und die russischen Truppen haben genauso wie die des Feindes mit Kälte, Schlamm und Schnee zu kämpfen. In gewissen speziellen Situationen kann das Wetter tatsächlich die eine oder andere Seite begünstigen. So ist schlechtes Wetter normalerweise für den Verteidiger von Vorteil. Die Rote Armee befand sich jedoch nur im November in der Defensive, nach der ersten Dezemberwoche aber waren die Deutschen in die Defensive geraten. Entscheidend war vielmehr, daß die Deutschen ihre Offensivkraft erschöpft hatten, daß sie ihre Bevölkerung nicht so gründlich für den Krieg mobilisiert hatten wie die Sowjetunion und daß die sowjetische Führung nicht nur die ihr verbliebenen Gebiete auch weiterhin effektiv kontrollierte, sondern auch die menschlichen und materiellen Ressourcen mobilisieren konnte, um einen vernichtenden Schlag gegen die Invasoren zu führen. Bevor wir uns mit den Hintergründen dieses Gegenschlages befassen, ist jedoch einiges über die Länder zu sagen, die außer Finnland in den ersten Monaten des Feldzugs auf deutscher Seite kämpften.

Die ersten Pläne deutscher Militärs für den Angriff auf die Sowjetunion sahen die Teilnahme der Truppen anderer Länder nicht vor. Sie gingen davon aus, daß die deutschen Truppen, die gerade im Westen gesiegt hatten, mit der Sowjetunion ohne fremde Hilfe kurzen Prozeß machen könnten. Hitler war sich eines schnellen Sieges ebenso sicher, hatte jedoch von vornherein auf die Teilnahme finnischer und rumänischer Truppen auf der Nord- und Südflanke der Ostfront gezählt.[34] Er ging davon aus, daß Finnen und Rumänen die Gebiete würden zurückerobern wollen, die sie – damals mit deutscher Zustimmung – an die Sowjetunion verloren hatten, und er war bereit, sie mit zusätzlichen Gebieten jenseits der alten Grenzen zu belohnen, falls sich ihr militärischer Beitrag dem Umfang und der Kampfbegeisterung nach als ausreichend erweisen sollte. Die Zusammenarbeit mit Finnland ist bereits diskutiert worden, und auch die Rumänen wurden im Zusammenhang mit den Kämpfen am südlichen Ende der Front erwähnt. Diese Operationen waren im Winter 1940/41 gemeinsam geplant worden, wobei der rumänische Führer, Marschall Ion Antonescu, sehr darauf brannte, den Feldzug mitzumachen.[35]

Zunächst waren zwei rumänische Armeen an dem Angriff beteiligt. Sie hatten die Sowjets mit deutscher Hilfe rasch aus dem Raum vertrieben, den sie im Vorjahr an die Sowjetunion hatten abtreten müssen. Als sie jedoch versuchten, die große Hafenstadt Odessa einzunehmen, mußten sie erfahren, daß sie nicht an einem reinen Siegesmarsch teilnahmen. Die Rote Armee brachte die Rumänen zum Stehen und warf sie durch Gegenangriffe zurück. Dann führte sie unverzüglich einen Beschluß durch, der schon am 1. Oktober gefaßt worden war, und räumte am 16. Oktober die inzwischen isolierte Stadt, was die Rumänen erst merkten, als die Evakuierung abgeschlossen war.[36] Als Lohn für ihren Beitrag gestanden die Deutschen den Rumänen nicht nur die 1940 verlorenen Gebiete zu, sondern stellten auch ein erkleckliches Gebiet zwischen Dnjestr und Bug unter ihre Verwaltung. Es hieß offiziell »Transnistrien« und sollte später vielleicht rumänisches Territorium werden.[37] Der in den Kämpfen bezahlte Preis war jedoch viel höher gewesen, als man sich in Bukarest hatte träumen lassen[38], und als der Krieg im Süden nach der deutschen Niederlage bei Rostow im November fortgesetzt wurde, erhöhte er sich ständig weiter.

Ein spezielles Problem der Rumänen war ihr Haß auf die Ungarn, die im Vorjahr einen Teil Transsylvaniens erhalten hatten; Rumänien wollte dieses Gebiet zurückgewinnen, während Ungarn hoffte, eines Tages auch noch den Rest Transsylvaniens zu bekommen. Aufgrund dieser Spannungen, die ständig in offene Feindseligkeiten zu explodieren drohten, forderte Antonescu, die rumänischen und ungarischen Truppen an der Front immer getrennt einzusetzen.[39] Wie war es gekommen, daß aus erbitterten Feinden plötzlich höchst widernatürliche und widerstrebende Verbündete geworden waren?

Den Deutschen hatte es gut gepaßt, daß ihre Truppen beim Angriff auf Griechenland und auf die Sowjetunion durch ungarisches Gebiet hatten marschieren dürfen. Ungarns mangelnde Bereitschaft, bei den internationalen Krisen von 1938 und 1939 auf deutscher Seite in den Krieg einzutreten, hatte Hitler jedoch zweifeln lassen, ob Ungarn sich am Rußlandfeldzug aktiv beteiligen würde. Doch der ungarische Reichsverweser Miklós Horthy war nicht abgeneigt, einen Krieg mit der Sowjetunion zu führen, und sein Generalstabschef Henryk Werth trat heftig für einen Kriegseintritt auf deutscher Seite ein.[40] Werth hatten die Deutschen auch am 19. Juli über den bevorstehenden Angriff informiert.[41] Der ungarische Kriegseintritt kam jedoch erst später. Wie der ungarische Angriff auf Jugoslawien, der drei Monate zuvor Anlaß des Selbstmords des ungarischen Ministerpräsidenten Teleki gewesen war, fand auch er unter spektakulären Umständen statt.

Während die sowjetische Regierung versuchte, friedliche Beziehungen mit Ungarn aufrechtzuerhalten, drängte ein Teil der ungarischen Führung zum Krieg. Diese Politiker waren entweder der Ansicht, es sei auf jeden Fall günstig, an der deutschen Seite in den Krieg einzutreten, oder sie fürchteten, wenn Ungarn neutral bliebe, könnte es im Falle des erwarteten deutschen Sieges in eine bedrohliche Lage geraten, da seine Rivalen Rumänien und die Slowakei an dem Feldzug teilnahmen. Die Gegner eines Kriegseintritts wollten dagegen einen Bruch mit den Westmächten vermeiden, fürchteten die Deutschen und sahen keinen Vorteil darin, gegen ein Land Krieg zu führen, mit dem Ungarn keinen Streit hatte. Der innerungarische Konflikt entschied sich am 27. Juli: Die Kriegsbefürworter nutzten einen bis heute nicht geklärten Bombenangriff am 26. Juni, um das Land in den Krieg zu führen.

Zwei oder drei Flugzeuge warfen Bomben auf Kassa (Kositsche), die Zerstörungen und Verluste von Menschen verursachten. Es kann sich um russische Maschinen gehandelt haben, die sich verflogen hatten, aber auch um deutsche Flugzeuge, die den Kriegseintritt provozieren sollten, oder um deutsche Flugzeuge mit slowakischen Piloten, die ihren ungarischen »Freunden« auf dem Hin- oder Rückflug von der Front einen Schlag versetzen wollten. Ohne die Hintergründe des Angriffs zu klären – was damals vielleicht noch möglich gewesen wäre –, stürzte die ungarische Regierung das Land in den Krieg.[42]

Die ungarische »Karpatengruppe« und das sogenannte »Schnelle Korps« nahmen bis Mitte November an dem Feldzug teil. Ihre Verluste waren jedoch so schwer, ihre Ausrüstung war so hoffnungslos veraltet, und in Ungarn war die Begeisterung über den Krieg gegen die Sowjetunion allgemein so gering, daß danach fast alle ungarischen Einheiten mit deutscher Zustimmung von der Front abgezogen wurden.[43] Einige ungarische Militärführer hatten erkannt, daß der Krieg sehr viel ernster war als angenommen. Deshalb hatten sie bereits im August auf eine umfassende Mobilmachung und den Einsatz viel größerer Truppeneinheiten gedrängt.[44] Dieser Position wegen war Werth im September seines Postens enthoben worden.[45] Die ungarische Regierung hatte das Problem jedoch damit nicht aus der Welt geschafft, sondern wurde später wieder damit konfrontiert. Hitler, der bei der Verteilung der Gebiete

anderer Länder, die er nicht sofort für Deutschland beanspruchte, schon immer großzügig gewesen war, hatte inzwischen Horthy ein paar polnische Gebietsschnipsel
versprochen, ein Angebot, das jedoch im Gegensatz zum rumänischen Experiment
mit »Transnistrien« nicht einmal zeitweilig realisiert wurde.[46]

Wie schon erwähnt, fürchteten einige ungarische Politiker, daß Ungarn nach dem
erwarteten deutschen Sieg wegen der slowakischen Kriegsbeteiligung zurückstehen
müßte. Das slowakische Marionettenregime hatte schon beim Angriff auf Polen seine
Ergebenheit demonstriert und durfte dies nun auch beim Angriff auf die Sowjetunion
tun, die die Slowakei als einziger Staat außerhalb der Achse völkerrechtlich anerkannt
hatte. Es schickte ein kleines Expeditionsstreitkorps an den südlichen Frontabschnitt.
Die Beteiligung beim Angriff auf Polen hatte der Slowakei 1939 polnische Gebiete
eingebracht, und nun hoffte sie als Gegenleistung für ihre Teilnahme am Rußlandfeldzug mit deutscher Unterstützung Gebiete wiederzugewinnen, die sie 1938 an
Ungarn hatte abtreten müssen.[47]

Wesentlich wichtiger als die Beteiligung der Slowakei war die Italiens. Die Deutschen hatten ihre Absichten lange vor den Italienern geheimgehalten, weil sie fürchteten, daß sie nicht dichthalten würden. Als Mussolini endlich von dem Angriff erfuhr,
brannte er jedoch darauf mitzumachen. Die Niederlagen gegen die Griechen und die
Briten hatten ihm offensichtlich nicht gereicht.[48] Er schickte auf eigene Initiative ein
Armeekorps an die russische Front, ohne daß die Deutschen es angefordert hätten.
Wie er am 5. Juli seinem Ministerrat erklärte, bestand seine einzige Furcht darin, daß
die Truppen nicht rechtzeitig eintreffen würden, um sich an den Kämpfen zu beteiligen.[49] Drei Divisionen, also ungefähr 60 000 Mann, wurden als Italienisches Expeditionskorps (CSIR) an den südlichen Abschnitt der Ostfront geschickt. Und sie bekamen mehr als genug Gelegenheit zum Kämpfen.[50]

Mussolini besuchte Ende August sein Hauptquartier und inspizierte mit Hitler
einen Teil der italienischen Truppen. Er hatte erkannt, daß der Feldzug gegen die
Sowjetunion für Hitler das wichtigste Unternehmen des ganzen Krieges war, und
hoffte, daß Italien dank seiner Teilnahme eine wichtige Rolle bei einer von den Deutschen dominierten Friedensregelung würde spielen können. Da er bald erkannte, daß
der Feldzug viel länger dauern würde, als die Deutschen – und er zunächst selbst –
angenommen hatten, bot er für das kommende Jahr zusätzliche Truppen an, und
das Angebot wurde angenommen. Während er, was den Feldzug betraf, ein gewisses
Realitätsbewußtsein zeigte, hatte er keinen Sinn für die Wirklichkeit seines Landes
und die Lage seiner Soldaten. Sie kämpften hart, unter schwierigen Bedingungen,
mit miserablem Kriegsgerät und absurden Nachschublinien, die bis nach Italien zu-
rückreichten; weil sie jedoch keinerlei Ziel vor Augen hatten, schwand ihre anfängliche Begeisterung schnell. Der Eifer, mit dem Mussolini seine Soldaten opferte, führte
nur dazu, daß das faschistische Regime in Italien weiter geschwächt wurde.

Auch die Regierung des Marionettenstaats Kroatien, der auf den Ruinen des alten
Jugoslawien errichtet worden war, erbot sich, Truppen an die Ostfront zu schicken.

Ironischerweise geschah dies wenigstens teilweise, um italienische Herrschaftsgelüste bezüglich Kroatiens abzuwehren. Ein kroatisches Truppenkontingent würde vielleicht das deutsche Interesse an dem Schlachthaus steigern, das die extrem nationalistische Bewegung Ustascha aus Kroatien gemacht hatte.[51] Durch diese Truppen konnte Kroatien deutsches Kriegsgerät bekommen, und sie konnten außerdem als Schutz vor Italien dienen. Die Deutschen nahmen das unaufgefordert angebotene Kanonenfutter gerne an und warfen es an eine Front, wo die Mitglieder des kroatischen Regiments kämpften und starben, ohne daß dieser Tropfen in einem Meer von Blut besonders aufgefallen wäre.[52]

Kleinere Gruppen von Freiwilligen wurden auch in anderen Ländern, insbesondere in Frankreich, rekrutiert.[53] Franco schickte sogar eine ganze Division. Die sogenannte »Blaue Division« wurde als 250. Division in das deutsche Heer eingegliedert. Sie wurde von der spanischen Regierung als Ausdruck des spanischen Antibolschewismus, als eine Art Gegenleistung für die deutsche Hilfe im Spanischen Bürgerkrieg und als Schutz gegen das deutsche Drängen auf einen spanischen Kriegseintritt betrachtet; ungefähr 45 000 spanische Freiwillige dienten in ihr. Niemand weiß, ob diese Soldaten entsetzt oder amüsiert waren, als sie von einer Kapelle der deutschen Luftwaffe mit der falschen Nationalhymne begrüßt wurden – die Deutschen spielten die Hymne der republikanischen Truppen aus dem Bürgerkrieg. Die verzweifelten Kämpfe im Nordabschnitt der Ostfront, wo die Blaue Division eingesetzt wurde, waren jedoch alles andere als amüsant.[54] In den folgenden Jahren stand die Blaue Division im Zentrum von Kontroversen, die sowohl innerhalb Spaniens als auch zwischen Spanien einerseits und Großbritannien und den Vereinigten Staaten andererseits stattfanden, aber bis 1944 kämpften spanische Soldaten tapfer Seite an Seite mit deutschen Soldaten vor Leningrad.[55]

Deutschland hatte die Teilnahme Finnlands und Rumäniens bewußt angestrebt. Auch Schweden und die Türkei wären willkommene Verbündete gewesen, aber beide Staaten lehnten entsprechende Ansinnen ab.[56] Die anderen Kampfgenossen wurden zunächst ohne große Begeisterung empfangen. Nach der Katastrophe, die im Winter 1941/42 über das deutsche Heer hereingebrochen war, legte Berlin jedoch größeren Wert darauf, daß sich seine Verbündeten und Satelliten an den für 1942 erwarteten schweren Kämpfen stärker beteiligten, und übte entsprechenden Druck auf sie aus.

DIE ERSTE SOWJETISCHE OFFENSIVE

Die große sowjetische Gegenoffensive vom Dezember 1941 fand nach einer Serie von Niederlagen der Russen statt, die in der Militärgeschichte beispiellos sind. Das NS-Regime hatte seinen Gegner unterschätzt und den angeblich rassisch minderwertigen Slawen unter ihrem jüdisch-bolschewistischen Regime nicht zugetraut, daß sie kampfstarke Streitkräfte aufbauen und führen könnten. Doch die sowjetische Führung war ebenfalls durch ideologische Scheuklappen geblendet. Wenn man wie Stalin die Eroberung von Märkten als Ziel des Monopolkapitalismus betrachtete, dann gab es für die Deutschen, insbesondere nach ihrem raschen Sieg im Westen, zweifellos lohnendere Objekte für ihre Eroberungsgelüste als die Sowjetunion. Hitler mochte der Sowjetunion auf dem Gipfel seiner Macht vielleicht härtere Bedingungen stellen. Da Deutschland aber auf das sowjetische Angebot, Mitglied des Dreimächtepakts zu werden, nicht reagiert hatte, wollte es offensichtlich mehr, als ihm die Sowjetunion in dem neuen Wirtschaftsabkommen vom Januar 1941 zugesagt und in den Frühlingsmonaten desselben Jahres zusätzlich angeboten hatte. Deutschland hatte jedoch aus sowjetischer Sicht keinen Anlaß, einen Zweifrontenkrieg zu riskieren.

Nur aufgrund dieser falschen Annahmen, und weil Stalin bewußt geworden war, daß er die Sowjetunion durch eine Politik, die Deutschland geholfen hatte, alle anderen Mächte vom europäischen Kontinent zu vertreiben, völlig isoliert und in entsetzliche Gefahr gebracht hatte, ist es zu verstehen, daß Stalin alle Warnungen vor einem deutschen Überfall konsequent ignorierte und der Roten Armee in den ersten Stunden der Invasion sogar verbot, das Feuer zu erwidern, weil er immer noch hoffte, der Angriff sei lediglich eine Provokation. Die Regierung der Vereinigten Staaten hatte aus deutschen Quellen schon früh von den Plänen Hitlers erfahren und versucht, die Sowjetunion dadurch zu warnen, daß sie ziemlich detaillierte Informationen an sie weitergab. Auch der Geheimdienst und diplomatische Quellen der Sowjetunion hatten seit Monaten ähnliche Warnungen ausgesprochen. Im Frühjahr hatte Churchill versucht, die Sowjetunion zu warnen, und obwohl der britische Botschafter Sir Stafford Cripps es versäumte, die entscheidende Botschaft sofort weiterzuleiten, waren die Londoner Warnungen deutlich genug gewesen. In den letzten Stunden vor dem Angriff hatte die Sowjetunion von mehreren deutschen Deserteuren erfahren, daß die Invasion unmittelbar bevorstand. All dies konnte den Sowjetführer jedoch nicht erschüttern. Obwohl Deutschland in jüngerer Zeit eine ganze Reihe neutraler Länder ohne Kriegserklärung oder Vorwarnung angegriffen hatte, glaubte Stalin fest daran, daß sich die Deutschen ihm gegenüber anders verhalten würden.[57]

Die Katastrophe, die die Rote Armee und ihre Luftwaffe am 22. Juni ereilte, wurde durch drei andere Faktoren noch verschlimmert. Erstens war durch die Säuberungen das Offizierskorps von Heer, Marine und Luftwaffe dezimiert. Im Frühjahr und Sommer 1940, als die Sowjetunion zunächst ihren eigenen Krieg gegen Finnland und dann die großen deutschen Siege im Westen analysierte, wurden etwa 4000 Offiziere, die die Säuberungen im Arbeitslager oder degradiert überlebt hatten, wieder in den Dienst genommen, und viele andere wurden rasch befördert. Es war jedoch kaum Zeit für die Ausbildung der neuen Offiziere geblieben, die als Ersatz für die Getöteten ernannt worden waren, und der gesamte Säuberungsprozeß hatte das Selbstvertrauen des Offizierskorps nicht gerade gehoben. Außerdem liefen die neuen Panzer, insbesondere der T-34 und der KV-1, und die neuen Flugzeugtypen gerade erst vom Fließband. Bis zu diesem Zeitpunkt war es kaum möglich gewesen, diese neuen Waffentypen in die Armee zu integrieren.

Der zweite Faktor war eine falsche Planung der Verteidigungsmaßnahmen, die den Deutschen ideal in die Hände spielte. Nicht nur waren die Verteidigung im Hinterland und die Vorbereitung von Partisanen-Aktivitäten sträflich vernachlässigt worden, weil sie als defätistisch galten, es waren auch die wichtigsten Befestigungen entlang der sowjetischen Grenze nach 1939 entblößt worden, um sowjetische Truppen in den neubesetzten Territorien zu konzentrieren. Die Rote Armee hatte unzureichende Kommunikationssysteme, schlechte Versorgung mit Nachschub und keine neuen Feldbefestigungen in diesen Gebieten. Außerdem war sie auf eine Weise und an Standorten positioniert, die dem Plan der Deutschen sehr entgegenkam, die feindlichen Linien zu durchbrechen, die Truppen einzukesseln und zu vernichten. Die Annexionen hatten damit ironischerweise die Verteidigungsfähigkeit der Sowjetunion nicht verbessert, sondern waren eine wichtige Ursache für ihre anfänglichen Niederlagen.[58]

Der dritte Faktor erwuchs aus der Kombination der gerade erwähnten Umstände mit der Unfähigkeit Stalins, in den ersten Stunden des 22. Juni 1941 rasch und verantwortungsvoll auf den deutschen Angriff zu reagieren. Unfähig oder nicht willens, der Realität ins Auge zu sehen, gab er seinen verzweifelt kämpfenden Truppen an diesem wichtigen Tag keine nützlichen Befehle. Die Regierung brauchte bis 12 Uhr, um ihrem Volk den Kriegszustand bekanntzugeben, und die an jenem Tag gegebenen Befehle kulminierten am Abend in der völlig unrealistischen Direktive, die deutschen Truppen mit einer Serie großer Gegenoffensiven sofort wieder zurückzuschlagen. Dieser Befehl hatte zur Folge, daß sowjetische Panzerkräfte hastig und schlecht vorbereitet in Schlachten geworfen wurden, bei denen (mit einer kleinen Ausnahme im Süden) trotz schwerer Verluste kaum etwas erreicht und die Rote Armee an der Entwicklung einer kohärenten Verteidigungsstrategie gehindert wurde.[59]

Der sowjetische Widerstand dauerte trotz entsetzlicher Verluste in den ersten sechs Kriegswochen an. Die Kommandostruktur der Roten Armee, nach dem ersten Wort der vollständigen russischen Bezeichnung allgemein Stawka genannt, wurde wiederholt umstrukturiert. Stalin versuchte, die Widerstandskraft mit einer Kombination von Ermahnungen, die an die Öffentlichkeit und die Armee gerichtet waren, und von Skrupellosigkeit und Improvisation, was die Kommandostruktur betraf, zu stärken. Die Sowjets waren im Gegensatz zu den Franzosen nach den ersten deutschen Siegen nicht völlig demoralisiert. Langsam machte die Verwirrung der geordneten, wenn auch oft überhasteten Heranführung neuer Truppen und widerwillig befohlenen Rückzugsoperationen Platz. Trotz großer Verluste durch Tod und Gefangenschaft bildeten die sowjetischen Streitkräfte, oft durch Zehntausende von Zivilisten unterstützt, immer neue Verteidigungslinien und regruppierten sich sogar dann noch, wenn diese wiederum durchbrochen wurden. In diesem Prozeß brachten sie den Deutschen ständig Verluste bei, die sich die Angreifer kaum leisten konnten, und sie lehrten sie mancherorts mit ihren schweren Panzern das Fürchten. Die Deutschen hatten noch keine vergleichbaren, und die meisten deutschen Abwehrwaffen waren gegen diese neuen sowjetischen Panzer nahezu wirkungslos. Der größere Abwehrerfolg der sowjetischen Südfront bewirkte zusammen mit dem Einsatz massiver Verstärkung eine Stabilisierung des Zentrums der Front im Juli und Anfang August.

Stalin schenkte Marschall Georgij Schukows Warnung vor einer deutschen Offensive zur Einkesselung der Roten Armee in der Ukraine kein Gehör, ersetzte ihn am 29. Juni als Chef des Generalstabs durch den kränkelnden Boris Schaposchnikow und ernannte General Wassilewski zu Schaposchnikows Stellvertreter. Die katastrophale Niederlage im Raum Kiew folgte dieser Maßnahme auf dem Fuße. Im Norden gelang es jedoch dank sowjetischer Feldherrnkunst und Kühnheit sowie dank des zögerlichen Verhaltens, das Hitlers Befehl, Leningrad völlig zu zerstören, bei den Deutschen bewirkt hatte, die deutsche Offensive im September zum Stehen zu bringen. Im Zentrum der Front durchbrachen die Deutschen mit ihrer erneuten Offensive Anfang Oktober die in aller Eile errichteten sowjetischen Verteidigungsstellungen. Jetzt schien der Weg nach Moskau frei. Bis Mitte Oktober war ein Großteil der sowjetischen Regierungsstellen aus Moskau evakuiert worden, und die Rote Armee war mit 2,3 Millionen Mann auf die geringste Stärke während des ganzen Krieges zusammengeschrumpft.[60] Auch Waffen, besonders die neuen Panzer und der exzellente Raketenwerfer »Katjuscha«, waren knapp geworden. Erfahrene Offiziere gab es inzwischen so wenige, daß immer mehr aus den Arbeitslagern entlassen wurden. Außerdem wurden die zahlenmäßig sehr starken Armeen zunehmend so organisiert, daß kleinere Anzahlen von Divisionen direkt durch die Armeen befehligt wurden, wobei auf Korpsstäbe völlig verzichtet wurde.

Ein Großteil der industriellen und landwirtschaftlichen Produktionskapazität des Landes war an die deutschen Besatzer gefallen. Auch die Zahl der zur Verfügung stehenden Arbeiter und potentiellen Soldaten war aufgrund der Gebietsverluste drastisch gesunken. Trotzdem leisteten die Sowjets nicht nur zähen Widerstand vor Moskau, nachdem sie die Deutschen aus Tichwin und Rostow vertrieben hatten, sondern sie bereiteten sogar eine große Gegenoffensive vor. Diese traf eine deutsche Armee, die ihre Angriffskraft fast erschöpft hatte und sich nur noch langsam vorwärtsquälte, die über keinerlei nennenswerte Reserven verfügte und deren Führung glaubte, daß auch der Feind keine weiteren Reserven mehr in die Schlacht werfen könne. Die Deutschen hatten auch angenommen, ihre unbesiegbare Luftwaffe könne England im Spätsommer 1940 schnell niederwerfen. Vor Moskau schätzten sie jetzt ein zweites Mal die Lage völlig falsch ein.

Die Sowjetunion war aus mehreren Gründen durchaus imstande, eine große Gegenoffensive zu starten. Daß sie um jeden Preis eine geschlossene Front gehalten hatte, war offensichtlich der wichtigste Grund. Der zweite Grund bestand darin, daß das sowjetische Herrschaftssystem in dem Teil, den Deutschland nicht besetzt hatte, zwar nicht gerade glänzend, aber doch einigermaßen effektiv funktionierte. Dieser Punkt war besonders wichtig, weil er sich radikal von den Erfahrungen unterschied, die sowohl das Zarenregime als auch die Provisorische Regierung im Ersten Weltkrieg hatten machen müssen, und weil die Deutschen fest damit gerechnet hatten, daß eine ähnliche Destabilisierung auch im Zweiten Weltkrieg eintreten würde. Drittens hatte die Sowjetunion in den dreißiger Jahren im Ural und in Teilen von Mittelasien und Sibirien einen massiven Industrialisierungsprozeß eingeleitet. Die dortige Industrie konnte zwar die Materialverluste an der Front und die im Westen verlorene Industriekapazität keineswegs ausgleichen, war jedoch eine ausreichende Basis, um die Industrieproduktion aufrechtzuerhalten. Außerdem gab es auch in der europäischen UdSSR noch immer Industrieregionen, z. B. die Gebiete um Gorki und Stalingrad, wo noch immer ungestört produziert werden konnte, und andere Industrieanlagen in Moskau und selbst in Leningrad arbeiteten trotz Bombenangriffen und Granatbeschuß weiter. Außerdem war ein beträchtlicher Teil der sowjetischen Industriekapazität durch die massive Evakuierung von Industrieanlagen und Technikern vor Zerstörung oder Übernahme bewahrt worden, und die demontierten Werke wurden jetzt in sicheren Gebieten, oft in der Nachbarschaft anderer Fabriken, wieder aufgebaut.[61] Die Sowjetunion konnte also die benötigten Waffen und andere Produkte in viel größerem Umfang herstellen, als die Deutschen je vermutet hätten, auch wenn es noch gravierende Engpässe gab, die nur langsam behoben werden konnten.

Noch zwei weitere Faktoren trugen in den letzten kritischen Monaten des Jahres 1941 zum Überleben und Wiederaufleben der sowjetischen Streitkräfte bei. Moskau erfuhr von dem im letzten Kapitel behandelten Entschluß Japans, sich nach Süden gegen Großbritannien, die Niederlande und die Vereinigten Staaten und nicht nach Norden gegen die Sowjetunion zu wenden. Das Verdienst, diese Information geliefert zu haben, ist oft Richard Sorge zugeschrieben worden, einem deutschen Geheimagenten, der für die Sowjets arbeitete und von seinen Informanten auf die japanische Entscheidung aufmerksam gemacht worden war, lange bevor die japanische Polizei am 18. Oktober 1941 seiner Karriere ein Ende setzte.[62] Angesichts von Stalins Weigerung, den Geheimdienstberichten über eine bevorstehende deutsche Invasion zu glauben, ist es jedoch fraglich, welche Rolle die Informationen aus Tokio bei den Entscheidungen in Moskau spielten. Auch wenn sich Sorges Informationen über die deutschen Angriffspläne nachträglich als korrekt entpuppt hatten, muß das nicht unbedingt heißen, daß man nun der Nachricht, daß Japan keinen Angriff auf die Sowjetunion plane, mehr Glauben geschenkt hätte.

Nur gesprengte Spionageringe machen Schlagzeilen, und die Sowjetunion kann sehr wohl über andere Quellen verfügt haben, aus denen sie zwischen Juli und September 1941 erfahren hat, daß Japan sich auf einen Angriff im Süden vorbereitete. Außerdem war es der sowjetischen Aufklärung ganz gewiß nicht entgangen, daß Japan in der Mandschurei nicht die Menge an Truppen und Kriegsgerät für einen Angriff konzentrierte, die es nach den früheren Niederlagen gegen die Sowjetunion sicher für unentbehrlich gehalten hätte.

Was immer letztlich die Gründe waren, Moskau beschloß Anfang Oktober, die sowjetischen Einheiten im Fernen Osten in großem Umfang durch neu aufgestellte, schlechter ausgerüstete und ausgebildete Divisionen zu ersetzen. In den letzten Stadien der Verteidigung Moskaus kamen bereits die ersten sibirischen Divisionen zum Einsatz; weitere waren unterwegs und würden an den geplanten sowjetischen Gegenoffensiven teilnehmen können. Auf diese Weise konnte die Sowjetunion gegen die erschöpfte deutsche Armee Truppen zum Einsatz bringen, die vielfach aus früheren Gefechten mit den Japanern Kampferfahrung besaßen. Gleichzeitig hielt sie die Rote Armee im Fernen Osten zumindest auf dem Papier durch die neu ausgehobenen Truppen so stark, daß die Japaner sich hüteten, ihre Pläne zu ändern.

Japans Entscheidung, eine Offensive gegen die Westmächte einzuleiten, hatte es der Sowjetunion nicht nur ermöglicht, viele sowjetische Divisionen aus Ostasien abzuziehen. Gleichzeitig hatten gerade die Länder, gegen die sich der japanische Angriff richtete – in erster Linie Großbritannien und die Vereinigten Staaten –, begonnen, der Sowjetunion zu helfen. Sie hatten die sowjetische Regierung erfolglos vor dem deutschen Überfall gewarnt, denn ihre Warnungen waren bis zum letzten Augenblick als Versuch gewertet worden, Zwietracht zwischen der Sowjetunion und Deutschland zu säen. Auch in diesem Zusammenhang werden wir nie erfahren, ob die Tatsache, daß sich die Warnungen nachträglich als korrekt erwiesen, Stalin bewogen hat, den Informationen, die er danach aus dem Westen erhielt, mehr Glauben zu schenken. Sicher ist nur, daß er sich sehr rasch und sehr energisch um westliche Hilfe bemühte.

Die Politik der Sowjetunion war lange von der Furcht beherrscht gewesen, daß alle kapitalistischen Mächte, und besonders die im Westen, nur auf eine günstige Gelegenheit warteten, sich gegen die Sowjetunion zu verbünden. Deshalb mag die sowjetische Regierung in den ersten Tagen des deutschen Angriffs sehr wohl befürchtet haben, Großbritannien werde nun mit Deutschland Frieden schließen, während die Vereinigten Staaten den Invasoren zujubeln würden.* Daß Rudolf Heß sich in britischem Gewahrsam befand, scheint das sowjetische Mißtrauen noch geschürt oder zumindest eine plausible öffentliche Erklärung dafür geliefert zu haben, daß die sowjetische Regierung trotz aller gegenteiligen Beweise mißtrauisch blieb. Auf jeden Fall gab es keine Stimme in der britischen Regierung, die einen politischen Kurswechsel befürwortet hätte. Die einzigen offenen Befürworter eines Friedens mit Deutschland waren ironischerweise immer jene kommunistischen Sympathisanten gewesen, die nun am eifrigsten forderten, die Sowjetunion in ihrem Kampf gegen Deutschland zu unterstützen.

Churchill erklärte sich sofort in aller Öffentlichkeit solidarisch mit dem neuesten Opfer der deutschen Aggression.[63] Nachdem der britischen Regierung durch Geheimdienstberichte immer klarer geworden war, daß ein deutscher Angriff auf die

---

* Der britische Botschafter in der Sowjetunion, Sir Stafford Cripps, mag den sowjetischen Verdacht unfreiwillig genährt haben, indem er die Sowjetregierung wiederholt – und unter eklatanter Verletzung seiner Instruktionen – davor warnte, daß ihre Haltung die britischen Reaktionen auf die deutschen Friedensangebote beeinflussen könnte. Graham Ross, Hg., The Foreign Office and the Kremlin: British Documents on Anglo-Soviet Relations, 1941–1945, Cambridge Univ. Press, Cambridge 1984, S. 10f. und Dok. 2.

Sowjetunion unmittelbar bevorstand, hatte sie in den letzten zwei Wochen vor der Invasion darüber beraten, welchen Kurs sie in einem solchen Fall einschlagen sollte und wie sie ihn am besten realisieren könnte. Botschafter Cripps hatte Moskau in der Gewißheit verlassen, die Sowjetunion werde Deutschland jedes erdenkliche Zugeständnis machen, und er hatte zunächst nicht damit gerechnet, je wieder nach Moskau zurückzukehren.[64] Die britische Regierung hatte es dagegen für wahrscheinlich gehalten, daß die Sowjetunion kämpfen würde. Sie wollte für diesen Fall über eine einsatzbereite und reisefertige Militärmission verfügen, die die Hilfe für die Sowjetunion koordinieren könnte, und die Royal Air Force hatte Einsätze vorbereitet, die Deutschland daran hindern sollten, Einheiten der Luftwaffe nach Osten zu verlegen.[65]

Auch wenn beim britischen Militär und in der britischen Regierung eine gewisse Skepsis bezüglich der militärischen Fähigkeiten der Sowjetunion herrschte, lag es doch unbestreitbar im britischen Interesse, daß die Sowjetunion solange wie möglich eine zweite Front im Osten aufrechterhielt[66], und sie war fest entschlossen, ihr dabei auf jede erdenkliche Weise zu helfen.

Die zu diesem Zweck geschaffene Militärmission unter General Mason-Mac-Farlane, dem früheren britischen Militärattaché in Berlin, wurde am 24. Juni nach Moskau entsandt.[67] Zu Beginn seines Auftrags war der General nicht nur optimistisch, was die Aussichten auf eine gute Zusammenarbeit betraf – eine Haltung, die sich durch seine Erfahrungen in der Sowjetunion schnell ändern sollte –, sondern er glaubte auch fest daran, daß die Russen trotz großer Schwierigkeiten durchhalten würden. Er brachte diese Ansicht nach seiner Ankunft in Moskau und einem Empfang bei Stalin in einem Brief an General Brooke am 14. Juli 1941 erstmals zum Ausdruck und gab sie nie auf.[68] Die unangenehmen Zwischenfälle, die später auch die amerikanischen Militärvertreter in der Sowjetunion verwirren sollten, durften die fundamentale Notwendigkeit zur Kooperation nie beeinträchtigen. Oder wie Brooke es formulierte: »Man darf die Russen in ihrer Agonie nicht allzusehr unter Druck setzen.«[69]

In einer Zeit, da Großbritannien selbst stark unter Druck stand, waren größere Landungsoperationen im von Deutschland beherrschten Europa völlig ausgeschlossen. Deshalb gab es nur drei realisierbare Wege, wie Großbritannien der Sowjetunion in der zweiten Hälfte des Jahres 1941 helfen konnte.

Es verstärkte seine Bombenangriffe auf Ziele in Westeuropa und Deutschland und hinderte damit den Feind, einen beträchtlichen Teil seiner Jagdflugzeuge und den größten Teil seiner Flugabwehrgeschütze an die Ostfront zu verlegen.[70]

Es lieferte der Sowjetunion Waffen und andere Güter, ein Programm, das ab Mitte Juli ernsthaft begann[71] und trotz ständiger Spannungen und endloser Beschwerden der Empfänger konsequent durchgeführt wurde[72]. Ein Geleitzug von Versorgungsschiffen trat am 21. August als erster von insgesamt vierzig Geleitzügen die gefährliche Reise von Island nach Murmansk an. Er durchquerte tödliche Gewässer, in denen durch deutsche U-Boote, Flugzeuge und Minen während des Krieges fast hundert der achthundert Schiffe versenkt wurden, die auf dieser Route den Sowjets Nachschub zu bringen versuchten.[73] Ein alternativer Nachschubweg konnte durch den Iran führen. Großbritannien und die Sowjetunion beschlossen folgerichtig, dieses Land für die Dauer des Krieges zu besetzen. Seit dem 25. August stellten britische und sowjetische Truppen sicher, daß es im Iran nicht zu den prodeutschen Aktivitäten kommen würde, die es im benachbarten Irak gegeben hatte. Über die Häfen, Bahnlinien und Straßen des Iran floß zunächst ein kleiner Teil der britischen Hilfsgüter und schließlich fast ein Viertel der Güter, mit denen die Vereinigten Staaten die sowjetischen Kriegsanstrengungen unterstützten.[74]

Die dritte und am unmittelbarsten wirksame Form der Hilfe war die erneute britische Offensive im Mittelmeerraum. Nach dem Fehlschlag von Battleaxe im Sommer schlugen die Briten am 18. November 1941 erneut zu. In der Operation Crusader zwangen die britischen Truppen Rommel zum Rückzug, befreiten Tobruk und stießen weiter vor. Churchill hatte gehofft, die Offensive schon früher starten zu können, und war über die Verzögerung genauso enttäuscht gewesen wie Stalin, aber der Kommandeur vor Ort hatte sich nicht in der Lage gesehen, früher zu handeln. Nun jedoch führte die britische Armee einen harten Schlag.[75] Die Wirkung dieser Operation auf die Ostfront bestand darin, daß die Deutschen, die dort keine Bodentruppen entbehren konnten, in den kritischen Tagen Anfang Dezember 1941 eine ganze Luftflotte unter Feldmarschall Kesselring (und zahlreiche U-Boote) von der Ostfront in den Mittelmeerraum verlegten. Die britische Luftverteidigung hatte der deutschen Luftwaffe schon zuvor schwere Verluste beigebracht; diese hatte zu Beginn des Feldzugs im Osten über 200 Bomber *weniger* zur Verfügung, als sie am 10. Mai 1940 besessen hatte.[76] Auf diese Weise entschädigten die Briten die Sowjetunion dafür, daß sie im Sommer und Winter 1941 an der Ostfront deutsche Bomber gebunden hatte – ganz anders als die Sowjets, die den Deutschen im Sommer 1940 noch Nachschub geliefert hatten, als die Briten ums Überleben kämpfen mußten.

An der politischen Front hatten Großbritannien und die Sowjetunion am 12. Juli 1941 in Moskau ein Abkommen unterzeichnet.[77] Es war von Stalin als Beweis für die britische Kooperationsbereitschaft gefordert worden. Die beiden Mächte verpflichteten sich darin zu gegenseitiger Hilfe. Außerdem sollten sie nur in beiderseitigem Einverständnis Verhandlungen aufnehmen oder einen Waffenstillstand oder Friedensvertrag schließen dürfen. Daß die Sowjetunion auf einem solchen Abkommen bestand, rührte wahrscheinlich daher, daß ihre Führung Großbritannien nach wie vor mißtraute. Allerdings hegten auch die Briten während des ganzen Krieges Zweifel, ob die Sowjetunion loyal bleiben würde, falls sich ihr eine vielversprechende Alternative bieten sollte. Wie dem auch sei, die Sowjetunion stellte jedenfalls bald nach der Unterzeichnung des Abkommens die Forderung, die Ostfront durch Landungen an der französischen und norwegischen Küste entscheidend zu entlasten. Die Briten hatten keinerlei Chance, in Frankreich zu landen, und auch eine Landung in Norwegen war kaum realisierbar. Es ist nicht bekannt, ob und wann Stalin die britischen Möglichkeiten richtig einschätzen konnte. Möglicherweise waren seine Forderungen in Wirklichkeit nur als Druckmittel gedacht, um Nachschub und politische Konzessionen von einer Macht zu erhalten, die ihm anders nicht helfen konnte. Der Strom sowjetischer Forderungen begann im Juli zu fließen. Er sollte jahrelang nicht versiegen und beeinflußte zunächst die britischen und amerikanischen Pläne zur Versorgung der Sowjetunion und später die politische Haltung Großbritanniens in den letzten Monaten des Jahres 1941.

Bevor wir uns näher mit diesem Thema auseinandersetzen, müssen wir uns mit einem Land befassen, das in den Überlegungen und Nachkriegshoffnungen aller wichtigen kriegführenden Staaten eine zentrale Rolle spielte – mit Polen.

Angesichts der Krise, in der sich die Sowjetunion im Sommer 1941 befand, scheint Stalin kurze Zeit bereit gewesen zu sein, der polnischen Exilregierung in London – der Regierung eines Landes, das er zuvor als nicht existent bezeichnet hatte – gewisse Zugeständnisse zu machen. Ein Abkommen zwischen der Sowjetunion und der Exilregierung, das am 30. Juli 1941 unterzeichnet wurde, implizierte die volle sowjetische Anerkennung der Exilregierung. Es erklärte die 1939 geschlossenen deutschsowjetischen Verträge zur Aufteilung Polens für nichtig und sah die Freilassung der polnischen Kriegsgefangenen der Sowjetunion vor, damit diese sich einer neuen polnischen Armee anschließen könnten.[78] Beide Seiten gingen diese Mußheirat nur widerwillig ein; die Sowjetunion hätte es offensichtlich vorgezogen, eine eigene willfährige polnische Regierung zu bilden[79], während viele Mitglieder der polnischen Exilregierung auf eine ausdrückliche Anerkennung der polnischen Grenzen von 1939 nicht hätten verzichten wollen. Beide Seiten wurden von Großbritannien und in geringerem Umfang auch von den Vereinigten Staaten zu dem Abkommen gedrängt, ausschlaggebend war jedoch der Druck, dem sie durch Deutschland ausgesetzt waren. Bei Stalin mag auch die Überlegung eine Rolle gespielt haben, daß er im Falle einer deutschen Niederlage ohnehin ganz Osteuropa unter seine Kontrolle würde bringen können, während das Abkommen bei einem deutschen Sieg völlig gegenstandslos sein würde. Außerdem wußte er nur allzugut, daß eine neu aufgebaute polnische Armee über keine erfahrenen und ausgebildeten Offiziere verfügen würde. Dagegen ließ sich der Chef der polnischen Exilregierung, General Wladyslaw Sikorski, anscheinend vor allem von der Hoffnung leiten, die er auf die neue polnische Armee setzte, die aus den in der Sowjetunion gefangengesetzten und exilierten Polen gebildet werden sollte. Ihre Gründung würde nicht nur das Schicksal der Polen in der Sowjetunion verbessern, sondern auch die Möglichkeit eröffnen, daß eine polnische Armee im Bündnis mit der Sowjetunion, aber unter ihrer eigenen Regierung an der *Ostfront* kämpfen würde, wenn die Deutschen schließlich zurückgeworfen werden würden. Es kam jedoch alles ganz anders, und der erste Schritt zu einem neuen polnisch-sowjetischen Verhältnis sollte sich auch als der letzte erweisen. Trotzdem hatte ein äußerst schwieriges Problem, das drohte, die Sowjetunion mit ihrem wich-

tigsten derzeitigen und künftigen Verbündeten zu entzweien, kurze Zeit einiges an
Schärfe verloren. Die Entlassung der polnischen Gefangenen wurde eingeleitet, und
sogar Jan Ciechanowski, der extrem antisowjetische polnische Botschafter in
Washington, gab damals zu, daß »die sowjetische Regierung all ihre Verpflichtungen
wie vorgesehen erfüllt«[80].

In den Vereinigten Staaten war die Erteilung von Hilfe an die Sowjetunion zunächst
sehr umstritten. Die amerikanische Öffentlichkeit war noch immer empört darüber,
daß die Sowjetunion 1939 in Polen einmarschiert war und Finnland angegriffen
hatte, und die Vereinigten Staaten weigerten sich nach wie vor, die Annexion der
baltischen Staaten von 1940 anzuerkennen. Obwohl die amerikanische Regierung
geheime Informationen über die bevorstehende deutsche Invasion an Moskau lieferte,
war die amerikanische Öffentlichkeit noch immer von einer vehement antikommu-
nistischen Einstellung geprägt. Der deutsche Angriff auf die Sowjetunion hatte offensichtlich Großbritannien entlastet, dem eine große Mehrheit der Amerikaner inzwischen zu helfen bereit war. Sie hätten es zwar gerne gesehen, daß die Sowjetunion
die Invasoren geschlagen hätte, waren aber noch nicht mit einer direkten amerikanischen Unterstützung der Sowjetunion einverstanden. Diese Widerstände beruhten
nicht nur auf Skepsis gegenüber dem sowjetischen Regierungssystem und darauf,
daß amerikanische Hilfsleistungen an die Sowjetunion nicht mehr für Großbritannien
zur Verfügung gestanden hätten, sondern auch auf der von vielen Beratern Roosevelts
geteilten Ansicht, daß die Sowjetunion dem deutschen Angriff ohnehin nicht lange
standhalten würde. Außerdem sahen sich die isolationistischen Gegner der Regierung
Roosevelt durch die neue Entwicklung in ihrer Position bestätigt.

Präsident Roosevelt sah die Dinge anders. Im Gegensatz zu vielen seiner Berater
erwartete er *keinen* schnellen Zusammenbruch der Sowjetunion, und er wurde von
Churchill gedrängt, entsprechend dieser Einschätzung zu handeln und der Sowjetunion zu helfen. Er wurde in diesem Glauben an die Widerstandskraft der Sowjetunion von Joseph E. Davies gewaltig bestärkt, einem alten Freund aus der Zeit der
Regierung Wilson. Davies war von Anfang 1937 bis Sommer 1938 Botschafter in
Moskau. Außerdem sah Roosevelt sich schon bald durch die Berichte seines persönlichen Vertrauten und Abgesandten Harry Hopkins bestätigt, den er Ende Juli zu
Gesprächen mit Stalin entsandt hatte.

Roosevelt war ein besonnener Politiker und wußte, daß er bei diesem schwierigen
Problem vorsichtig agieren mußte. Er arbeitete öffentlich und privat auf ein Hilfsprogramm für Hitlers neuestes Opfer hin und versuchte den Widerstand der Öffentlichkeit gegenüber einer solchen Politik abzubauen, indem er den empfindlichsten
Punkt besonders betonte – die Religionsfreiheit in der Sowjetunion. Er mußte mehrere
Monate äußerst vorsichtig lavieren, bis er ausreichend öffentliche Unterstützung für
seine Politik gewonnen hatte. Entscheidend ist jedoch, daß er sein Land seit dem
deutschen Überfall auf die Sowjetunion am 22. Juli 1941 konsequent in diese Richtung lenkte.[81] Nachdem jedoch die Vereinigten Staaten durch den japanischen Angriff

auf Pearl Harbor und die Kriegserklärungen Deutschlands und Italiens zum Kriegs-eintritt gezwungen worden waren, stieß Roosevelts Politik in der amerikanischen Öffentlichkeit auf mehr Verständnis. Vor diesem Zeitpunkt brachte er seine persön-liche Präferenz in einer Notiz zu einem Memorandum von Hopkins zum Ausdruck. Sie lautete: »Okay, aber richte ihnen von mir aus, sie sollen sich um Himmels willen beeilen! F. D. R.«[82]

Schon bevor das kleine Rinnsal der amerikanischen Sowjethilfe zu einem steten Strom von Gütern angeschwollen war, die der sowjetischen Armee und Wirtschaft zugute kamen, waren Deutsche und Japaner darüber beunruhigt, daß diese Hilfe über den Pazifik nach Wladiwostok und in andere sowjetische Häfen und Stützpunkte gelangte.[83] Die Transporte waren ein Thema, über das sich beide Länder nie einig wurden. Japan mußte nach seiner Entscheidung, sich gegen Großbritannien, die Nie-derlande und die Vereinigten Staaten nach Süden zu wenden, den Neutralitätsvertrag mit der Sowjetunion unbedingt einhalten, damit die Sowjetunion den USA nicht gestattete, sowjetische Basen für Luftangriffe auf die Inseln des japanischen Mutter-lands zu nutzen. Es führte zu ständigen Reibereien unter den Mitgliedern des Drei-mächtepakts, daß etwa die Hälfte der amerikanischen Sowjethilfe buchstäblich unter den Nasen der Japaner in die Sowjetunion verschifft wurde, während die Wehrmacht an der Ostfront ausblutete. Roosevelt mit seinem Gespür für weltweite Zusammen-hänge war im Frühjahr 1942 ernsthaft besorgt, daß Japan im Pazifik zu einer de-fensiven Kriegführung übergehen würde, um sich gegen die Sowjetunion zu wenden. Die Vereinigten Staaten wären in diesem Fall gezwungen gewesen, die Japaner durch Angriffe zu binden und gleichzeitig neue Routen für die Unterstützung der Sowj-union zu erschließen. Wie sich im folgenden Kapitel zeigen wird, nahm der Krieg im Pazifik 1942 jedoch einen Verlauf, der diese Gefahr, falls sie überhaupt jemals be-standen hatte, bannen sollte. Hier muß erwähnt werden, daß auch die Sowjetunion den Vertrag mit Japan bis 1945 konsequent einhielt und es den Vereinigten Staaten nicht erlaubte, eine »zweite Front« aufzubauen und von sowjetischen Basen aus Luftangriffe gegen Japan zu fliegen. Auch wurde die Sowjetunion durch den Krieg mit Deutschland gezwungen, im Umgang mit dem nationalistischen China vorsichtig zu sein; es spricht einiges dafür, daß Tschiang Kai-schek nur aufgrund des deutsch-sowjetischen Konflikts seine Herrschaft über Sinkiang wieder festigen und die Provinz für China erhalten konnte.[84]

Lange bevor Japan die Vereinigten Staaten in den Krieg hineingezogen hatte, war die Frage, wie die Westmächte der Sowjetunion am besten helfen könnten, zum Ge-genstand komplizierter Verhandlungen der neuen Verbündeten geworden. Anfang Juli 1941 reiste Hopkins, der sich im Auftrag Roosevelts zu Verhandlungen über Hilfslieferungen für das britische Mutterland und den Nahen Osten in London auf-hielt, nach Moskau weiter, wo er mehrere Gespräche mit Stalin führte. Er erkundigte sich auf Anweisung Roosevelts nach den Bedürfnissen der Sowjetunion und gewann gleichzeitig den Eindruck, daß das Sowjetsystem effektiv arbeitete und dies wahr-

scheinlich den ganzen Krieg über so bleiben würde. Daß die Sowjets laut Hopkins
entschlossen und in der Lage waren, den Kampf fortzusetzen, bestärkte Roosevelt
in seiner Haltung, und das Gespräch über die sowjetischen Bedürfnisse führte dazu,
daß Ende September eine gemeinsame britisch-amerikanische Mission nach Moskau
geschickt wurde. [85]

Das Ergebnis der Mission, die von dem Briten Lord Beaverbrook und dem Amerikaner Averell Harriman geführt wurde, war bis zum Ende des Krieges tonangebend
bei den Hilfslieferungen der Westmächte an die Sowjetunion. Bei Verhandlungen,
die damals zunächst unter britischer Federführung stattfanden, wurden beträchtliche
Lieferungen von Waffen und Material an die Sowjetunion vereinbart. Da keine Aussicht auf eine frühe alliierte Invasion im Westen bestand, war es von entscheidender
Bedeutung, der Sowjetunion im Osten alles irgend verfügbare Material zu liefern,
obwohl dies für Großbritannien bedeutete, daß es den Nachschub für andere Kriegsschauplätze, insbesondere für die von Japan bedrohten Gebiete in Südostasien,
reduzieren mußte. Beaverbrook selbst wußte genau, daß die Hilfe nur dann einen
Sinn haben würde, wenn sie nicht an Bedingungen geknüpft und in größtmöglichem
Umfang geleistet werden würde, und die Amerikaner schwenkten bald auf seinen
Kurs ein.

Es wurde damals von wenigen und später von vielen die Ansicht vertreten, man
hätte die Hilfe an Bedingungen knüpfen sollen. Diese Forderung wurde jedoch besonders von Beaverbrook zurückgewiesen. Zunächst lehnte er Bedingungen ab, weil
sich anfangs die Sowjetunion in großer Gefahr befand, und später lehnte er sie ab,
weil sie die Hauptlast der Kämpfe trug. Außerdem vertrat er die Ansicht, es bestehe
keine Alternative zu bedingungsloser Hilfe. Selbst als sich die Sowjetunion in der
denkbar schlimmsten Lage befand, war sie nicht bereit, auch nur die geringsten
politischen Zugeständnisse zu machen. Stalin ließ sich nie dazu herbei, mit den Westmächten politische Tauschgeschäfte abzuschließen, wie er es mit Deutschland und
Finnland getan hatte. Briten und Amerikaner konnten seine Forderungen akzeptieren
und liefern, was und wozu sie in der Lage waren, oder sie konnten es bleibenlassen.
Stalin aber bot ihnen dafür nichts anderes an, als daß die Sowjetunion gegen Deutschland kämpfen würde. Hätten die Westmächte beschlossen, der Sowjetunion weniger
zu helfen, hätte das nur bedeutet, daß sie selbst intensiver gegen Deutschland hätten
kämpfen müssen. Ihre Verluste und Kosten wären entsprechend gestiegen, und sie
hätten einen deutsch-sowjetischen Separatfrieden riskiert – eine Möglichkeit, die sie
nie ganz ausschließen konnten. [86] Die Gefahr eines sowjetischen Zusammenbruchs
und danach die eines Separatfriedens hing von Ende Juni 1941 bis Ende 1944 wie
ein Damoklesschwert über den drei Großmächten: USA, Großbritannien und der
UdSSR.

Nicht nur die Erinnerung an den Ersten Weltkrieg, in dem die Westmächte nach
dem sowjetischen Separatfrieden die deutsche Offensive im Westen alleine hatten
abwehren müssen, sondern auch die Erinnerung an den Hitler-Stalin-Pakt vor Beginn

des Zweiten Weltkriegs war in den Köpfen der führenden britischen und amerikanischen Politiker immer präsent geblieben, hatten sie doch beide sowjetischen Schachzüge und ihre Folgen noch persönlich erlebt. Es lag durchaus im Bereich des Möglichen, daß die Deutschen, wenn ihre Offensive zum Stehen gebracht wurde, einen neuen Handel mit der Sowjetunion anstreben würden, und die Westmächte hatten Funksprüche aufgefangen und entschlüsselt, aus denen hervorging, daß Japan versuchte, Deutschland und die Sowjetunion wieder zusammenzubringen. Die Fähigkeit der Amerikaner und mit ihrer Hilfe auch der Briten, Funksprüche japanischer Diplomaten zu entschlüsseln, hatte zur Folge, daß sie über die Anstrengungen Tokios ziemlich genau informiert waren, einen Frieden zwischen Deutschland und der Sowjetunion zu vermitteln. Japan wäre es sehr gelegen gekommen, wenn Deutschland sich voll auf den Kampf gegen Großbritannien und ab Dezember 1941 auch auf den Kampf gegen die Vereinigten Staaten hätte konzentrieren können.

Wir werden immer wieder auf das japanische Interesse an dieser Möglichkeit zurückkommen. Zwei Aspekte dieser Politik sind jedoch im Zusammenhang mit ihrer ersten Phase im Winter 1941/42 erwähnenswert. Erstens hegten die Japaner, die ein solches deutsch-sowjetisches Abkommen unbedingt herbeiführen wollten, einen Optimismus bezüglich der Realisierbarkeit ihres Plans, der den Tatsachen wahrscheinlich nicht entsprach.[87] Zweitens wußten die Westmächte, daß Tokio Deutschland ständig zu einem Friedensschluß im Osten drängte, und sie wußten auch, daß für einen solchen Frieden immer ein Vermittler zur Verfügung stehen würde, falls Deutschland und die Sowjetunion je gleichzeitig das Bedürfnis nach einer Verständigung haben sollten.[88]

Die Frage, ob eine der beiden Mächte ernsthaft an einem Friedensschluß interessiert war, sollte im Verlauf des Krieges wiederholt auftauchen. Die Literatur zu diesem Thema ist notwendigerweise spekulativ, und die jüngste ernsthafte Untersuchung leidet, obwohl sie ansonsten sehr wertvoll ist, unter dem Mangel, daß sie das sowjetische Interesse an einer friedlichen Lösung unterschätzt, während sie das Verständigungsinteresse bestimmter Elemente in Deutschland überbewertet.[89] Aus den Quellen geht m. E. hervor, daß die Sowjetunion an einem Separatfrieden erstmals Interesse entwickelte, nachdem ihre große Gegenoffensive Anfang 1942 zum Stehen gekommen war und der Weg zum Sieg für sie sehr beschwerlich wirkte, während sie gleichzeitig davon ausgehen konnte, daß auch die deutsche Siegesgewißheit stark gelitten hatte. Auf deutscher Seite hoffte ein Teil der Gegner Hitlers auf einen Kompromißfrieden. Sie hatten jedoch keinen Einfluß auf das NS-Regime, das auch weiterhin fest entschlossen war, den Sieg auf dem Schlachtfeld zu erringen. Wie unwahrscheinlich ein sowjetischer Separatfrieden real auch war, Briten und Amerikaner rechneten immer mit dieser Möglichkeit. Dies verstärkte die britische Tendenz, der Sowjetunion politische und territoriale Zugeständnisse zu machen, damit sie sich nicht aus dem Krieg zurückzog.

Die Furcht der Briten vor einem sowjetischen Separatfrieden wurde im Herbst 1941 noch dadurch verschärft, daß es sehr schwierig war, die ohnehin knappen

Hilfsgüter in die Sowjetunion zu bringen, und daß es unmöglich war, Stalins Forderung nach einer Invasion im Westen oder der Entsendung von 25 bis 30 Divisionen der Westmächte an die Ostfront zu erfüllen. Da Stalin wahrscheinlich wußte, daß die geforderten Divisionen nicht existierten – und daß sie, wenn sie existiert hätten, nicht an die Ostfront hätten gebracht werden können –, muß man seine Forderung einerseits als Ausdruck seiner Verzweiflung über den Vormarsch der Deutschen verstehen und andererseits als Versuch, die Briten unter Druck zu setzen, damit sie überhaupt etwas taten.[90] Eine Zeitlang zog Churchill ernsthaft in Erwägung, zwei britische Divisionen an den südlichen Abschnitt der Ostfront zu entsenden. Als jedoch die Offensive in Libyen Ende November für die Alliierten recht schwierig wurde, erschien es ihm sinnvoller, sie in der oben erwähnten Operation einzusetzen, die Deutschland zwang, die 2. Luftflotte von der Ostfront ans Mittelmeer zu verlegen. Zusätzlich versorgte Großbritannien die Sowjetunion mit Informationen über geplante deutsche Operationen im Osten, die aus dechiffrierten deutschen Meldungen stammten.[91] Es ist nicht bekannt, ob die Sowjetregierung diese äußerst wertvollen Informationen wirklich nutzte. Da sie jedoch mit Kim Philby einen Agenten in der zuständigen Abteilung des britischen Geheimdiensts hatte, müßte ihr die eigentliche Quelle und daher die Verläßlichkeit der Informationen bekannt gewesen sein.[92]

Stalins ständige Beschwerden und die großen Spannungen in den alltäglichen britisch-sowjetischen Beziehungen führten dazu, daß Großbritannien zusätzlich zu seinen Anstrengungen im Nachschub-, Militär- und Geheimdienstbereich Außenminister Eden nach Moskau entsandte.[93] Er war autorisiert, ein Bündnis für die Dauer des Krieges zu schließen und Großbritannien für die Nachkriegszeit zur Zusammenarbeit zu verpflichten, sah sich jedoch mit einer Vielzahl weitergehender Forderungen konfrontiert.

Er sollte die sowjetischen Annexionen der baltischen Staaten und von nicht klar definierten polnischen Gebieten, die sowjetisch-rumänische Grenze von 1941 sowie die sowjetisch-finnische Grenze von 1941 anerkennen; außerdem sollte er der Annexion Petsamos, der Teilung Ostpreußens zwischen der Sowjetunion und Polen und einer Vielzahl anderer territorialer Forderungen zustimmen. Im Gegenzug wollte die Sowjetunion der Errichtung britischer Militärstützpunkte in Frankreich, Belgien und den Niederlanden zustimmen. Als das Gespräch zwischen Stalin und Eden am 16. Dezember stattfand, hatte sich die Weltlage im Vergleich zu der Zeit, als Edens Reise geplant worden war, gewaltig verändert. Die Sowjets hatten den Vormarsch der Deutschen gestoppt und waren im Begriff, sie zurückzuwerfen. Die Japaner hatten die Westmächte angegriffen, und Großbritannien hatte auf sowjetisches Drängen Finnland, Ungarn und Rumänien den Krieg erklärt. Stalin hatte wenigstens zeitweise erkannt, daß Großbritannien der Sowjetunion genausowenig durch eine zweite Front in Europa helfen konnte, wie die Sowjetunion den Briten durch die Eröffnung einer zweiten Front gegen Japan in Ostasien hätte helfen können. Er bestand jedoch mit großer Zähigkeit auf einem Vertrag, in dem Großbritannien die sowjetischen Grenzen anerkennen sollte, wie sie vor dem deutschen Überfall im Juni 1941 bestanden hatten.

Großbritannien hatte sich jedoch in der Atlantikcharta öffentlich und in diplomatischen Verhandlungen mit den Vereinigten Staaten nichtöffentlich verpflichtet, *keine* Abkommen über die Nachkriegsgrenzen zu schließen. Diese Haltung stimmte mit der offiziellen Stellungnahme der Sowjetunion vom 6. November[94] genau überein, stand jedoch in eklatantem Widerspruch zu Stalins neuen Forderungen. Eden konnte daher nur anbieten, seine Regierung über die sowjetischen Forderungen zu informieren. In den folgenden Verhandlungen wurde London durch den vehementen Widerstand der Vereinigten Staaten gehindert, den sowjetischen Forderungen zuzustimmen, obwohl diese der Sowjetunion offensichtlich sehr wichtig waren und sie ihre Vorstellungen von den Grenzen in Osteuropa – im Falle eines alliierten Sieges – ohnehin würde durchsetzen können.[95]

Trotzdem machte Roosevelt in diesem Punkt keinerlei Zugeständnisse. Er teilte die damals weitverbreitete Ansicht, daß die Geheimverträge im Ersten Weltkrieg zum Scheitern der Friedensregelung von 1919 beigetragen hätten, und er rechnete im Fall seiner Zustimmung mit beträchtlichem Widerstand der amerikanischen Öffentlichkeit. Als die Briten angesichts ihrer Unfähigkeit, in Westeuropa substantielle Militäroperationen durchzuführen, schließlich trotzdem weich zu werden drohten, mußten sie entdecken, daß dies schnell zu immer neuen sowjetischen Forderungen führte. Aus diesem Grund enthielt der auf zwanzig Jahre abgeschlossene britisch-sowjetische Bündnisvertrag, der schließlich am 26. Mai 1942 unterzeichnet wurde, keine territorialen Regelungen. Wegen des amerikanischen Widerstands und weil die Sowjetunion, als Großbritannien sich anschickte, Zugeständnisse zu machen, noch extremere Forderungen gestellt hatte, verschob man die Klärung der territorialen Fragen auf spätere und schwierigere Verhandlungen. Dies war kein glücklicher Beginn für das Bündnis. Außerdem wurde das Verhältnis der Bündnispartner noch zusätzlich dadurch belastet, daß das einzige gemeinsame militärische Unternehmen, das ihnen realisierbar erschienen war – ein Angriff auf die finnische Hafenstadt Petsamo –, schließlich doch nicht durchgeführt werden konnte.[96]

Was spezifische Probleme wie etwa die Gefahr deutscher Giftgaseinsätze betraf, verhielt sich die Sowjetunion ziemlich kooperativ, weil sie von den Westalliierten Hilfe erwartete.[97] Insgesamt jedoch gestalteten sich die Beziehungen von Anfang an ausgesprochen schwierig. Nachdem die sowjetische Regierung Deutschland zunächst im Krieg gegen die Westmächte unterstützt hatte, neigte sie nun zu der Annahme, daß die Briten und später die Amerikaner sich ähnlich verhielten. Die Tatsache, daß die Sowjetunion einen so großen Teil der Kriegslast trug, verstärkte diese Befürchtung noch.[98] Dagegen provozierte sie die Westmächte zu dem Hinweis, daß sich die Sowjetunion ihre prekäre Lage selbst zuzuschreiben habe.[99] Der Kontrast zwischen den Siegen, die die Sowjetunion im Winter 1941/42 errang, und den britischen und amerikanischen Niederlagen im Pazifik und in Südostasien verstärkte die Verachtung

noch, die die sowjetische Regierung für ihre Verbündeten empfand. Da die Sowjetunion im Pazifischen Krieg unbedingt neutral bleiben wollte, lehnte Stalin ein Gipfel-
treffen aller wichtigen Mitgliedstaaten der Anti-Hitler-Koalition in Moskau ab, das
Roosevelt im Dezember 1941 angeregt hatte.[100] Großbritannien, die Vereinigten Staaten und die Sowjetunion waren zum Bündnis gezwungen, weil sie alle von Deutschland oder Japan angegriffen worden waren. Sie mußten ihre Zusammenarbeit fortsetzen, um einen Sieg erringen zu können, aber die Schwierigkeiten waren gewaltig.
Trotz aller Probleme konnte die Sowjetunion jedoch darauf bauen, daß sie beträchtliche Hilfe bekommen würde, während ihre Todfeinde keine erhielten – eine Lage,
die ungleich besser war als die, in der sich Großbritannien in der Stunde der Gefahr
befunden hatte.

In dieser Lage startete die Sowjetunion am 5. Dezember im Zentrum der Ostfront
eine Offensive, die sowohl ihre Verbündeten als auch die Deutschen überraschte.[101]
Die begrenzten, aber erfolgreichen sowjetischen Angriffe, die zuvor und gleichzeitig
am nördlichen und südlichen Ende der Front bei Tichwin und Rostow erfolgt waren,
bewirkten, daß die erschöpften deutschen Kräfte im Zentrum der Front nach ihrer
erfolglosen Offensive auf Moskau nicht mehr mit substantieller Verstärkung von
anderen Frontabschnitten rechnen durften. Im Norden wie im Süden Moskaus griffen
sowjetische Reservearmeen die Zange von beiden Seiten an, mit der die Deutschen
Moskau bedrohten. Unmittelbar darauf stieß die Rote Armee auch in die Öffnung
der Zange nach Westen vor. Die sowjetische Offensive wurde von Marschall Schukow
geleitet, der auch an ihrer Planung maßgeblich beteiligt gewesen war. Sie war sorgfältig vorbereitet und zeitlich raffiniert abgestimmt, und sie traf die Deutschen völlig
überraschend. Die sowjetischen Truppen waren zahlenmäßig nur leicht überlegen.
Trotzdem waren sie stark im Vorteil. Ihr Kriegsgerät war für den russischen Winter
besser geeignet, und viele der angreifenden Einheiten waren ausgeruht. Sie trafen auf
deutsche Truppen, die erschöpft waren und von der Offensive überrascht wurden.
Von Stalin vorwärtsgetrieben und von einer Art Hochstimmung getragen, die diese
bis dahin größte sowjetische Offensive hervorrief, zerschlugen die sowjetischen Verbände die deutschen Vorauseinheiten, gelangten an manchen Orten in deren Rücken
und waren insbesondere in dem Gebiet nordwestlich von Moskau rasch im Begriff,
große Teile der deutschen Kräfte, die der Stadt am nächsten gekommen waren, abzuschneiden und zu vernichten.[102]

Aus den erbitterten Kämpfen in den letzten Tagen des Jahres 1941 lassen sich
mehrere wichtige Lehren ziehen. Erstens war die Rote Armee trotz lokaler Rückschläge in der Lage, tief in die deutschen Linien einzubrechen und die Angreifer
zurückzutreiben, wobei sie den Deutschen im gesamten Zentrum der Front schwere
Verluste beibrachte. Zweitens erlitten die Deutschen nicht nur schwere Verluste durch
Gefecht und Kälte, sondern sie verloren auch große Mengen an Material, und zwar
nicht nur durch sowjetischen Artilleriebeschuß, sondern auch, weil sie einfach nicht
über die Mittel verfügten, ihr Material nach hinten zu transportieren; in manchen

Fällen mußten sie es sogar selbst zerstören.* Drittens gab es in vielen deutschen Einheiten deutliche Anzeichen von Panik, als die schlecht gekleideten Soldaten bei denkbar schlechten Wetterbedingungen mit einem Feind konfrontiert wurden, der sie möglicherweise überwältigen konnte. (Die Deutschen waren gegen die Kälte nicht gerüstet, weil man angenommen hatte, daß die Kämpfe lange vor dem Winter beendet sein würden.) Viertens gelang es der Roten Armee trotz all dieser Anzeichen eines gewaltigen sowjetischen Sieges letztlich nicht, große deutsche Einheiten einzukesseln. Manchmal in Übereinstimmung mit den Befehlen Hitlers und manchmal unter Mißachtung dieser Befehle taten die deutschen Generäle vor Ort alles, um ihre Truppen zu retten, während ihre Soldaten verzweifelt darum kämpften, wenigstens halbwegs ihre Einheiten zusammenzuhalten.

Der Sieg, den die Rote Armee in den ersten zehn Tagen nach dem 5. Dezember errang, und die Katastrophe, die er für die Deutschen bedeutete, führten auf beiden Seiten der Front zu Entscheidungen von großer Tragweite, die miteinander in eine Wechselwirkung traten, die weder Hitler noch Stalin voraussehen konnten. Auf deutscher Seite fürchtete Hitler, das Ostheer könnte auf breiter Front zerschlagen und zu einem demoralisierenden allgemeinen Rückzug getrieben werden. Er fürchtete eine Katastrophe von napoleonischem Ausmaß, bei der das Heer einen Großteil seines Kriegsgeräts verlieren würde. Daher befahl er der Heeresgruppe Mitte, die Front unter allen Umständen zu halten, obwohl er damit den Verlust aller Einheiten im Zentrum riskierte. Gleichzeitig wurden alle verfügbaren Verstärkungen auf Zügen nach Osten geschickt, die nicht dafür gebraucht wurden, Juden zur Ermordung in die besetzten Gebiete zu karren – eine Aufgabe, die nach wie vor höhere Priorität besaß. Da die deutschen Truppen an der Front nicht über vorbereitete Auffangstellungen verfügten und keine Möglichkeit hatten, ihr schweres Gerät zu retten, mußten sie kämpfen, wo sie standen, selbst wenn ihre Linien durchbrochen wurden.

Während große Anstrengungen gemacht wurden, Verstärkung heranzuschaffen, kam es gleichzeitig zu einer ganzen Reihe personeller Veränderungen an der Spitze der Wehrmacht. Einer der Generäle, die Anfang Januar abgelöst wurden, war der Oberbefehlshaber der 3. Panzerarmee, Generaloberst Erich Hoepner. Er hatte zwei eingeschlossene Korps vor der Vernichtung gerettet und wurde nicht nur seines Postens enthoben, sondern er sollte auch noch aus dem Heer ausgestoßen und seine Pension sollte eingezogen werden.[103] Die Gesetze, nach denen solche Strafen nur von einem Kriegsgericht verhängt werden durften, brachten Hitler so in Rage, daß er nach der Stabilisierung der Front im April eigens den Reichstag einberief und alle Gesetze und Vorschriften aufheben ließ, die die Rechte deutscher Bürger schützten.[104]

---

* Dabei erwies sich als nachteilig, daß die Deutschen ihr Material hauptsächlich mit Pferden transportierten. Die Pferde, die noch lebten, waren oft schon zu schwach, um schwere Geschütze durch den tiefen Schnee zu ziehen. Siehe Tagebuch von Bock, 16. Dezember 1941; BA-MA, N 22/9, Bl. 176ff.

Der Nationalsozialismus hatte damit zumindest auf diesem Gebiet sein Ziel erreicht, sämtliche Beschränkungen der Regierungsgewalt aufzuheben und das Regime mit schrankenloser Macht auszustatten.

Als Hoepner abgelöst wurde, hatte bereits eine Reihe anderer wichtiger Veränderungen stattgefunden. Am 19. Dezember hatte Hitler den Rücktritt des Oberbefehlshabers des Heeres, Walther von Brauchitsch, angenommen; gleichzeitig oder kurz danach wurden auch viele andere Offiziere ihrer Posten enthoben. Alle drei Heeresgruppenkommandeure und zahlreiche Armeekommandeure wurden abgelöst. Offensichtlich hatte Hitler zunächst die Absicht, auch den Generalstabchef des Heeres, Generaloberst Halder, zu entlassen, änderte jedoch seine Meinung.[105] Den Posten von Brauchitschs übernahm Hitler selbst; die anderen Stellen wurden mit Offizieren aus höheren Rängen des Heeres besetzt. Die Ablösung so vieler ranghoher Militärs, die in Deutschland aufgrund ihrer Rolle bei den früheren Siegen sehr bekannt waren, dürfte kaum dazu beigetragen haben, die Moral der deutschen Bevölkerung zu heben. Auf die Nachrichten vom Angriff der Japaner auf die Vereinigten Staaten und von der deutschen Kriegserklärung an die USA waren rasch Meldungen über glänzende Siege in Ostasien gefolgt. Sie wurden nun durch die Hiobsbotschaften von der Ostfront verdrängt, und bald folgten die Aufrufe an die Bevölkerung, warme Winterkleidung, besonders Pelze, für die Soldaten zu spenden. Aus diesen Nachrichten war für die deutsche Bevölkerung erstmals deutlich ablesbar, daß etwas schrecklich schiefgegangen war.[106]

Für die deutschen Truppen bedeuteten die neuen Befehle und Kommandeure, daß sie eine verzweifelte Abwehrschlacht schlagen mußten. Es spricht einiges dafür, daß das Vertrauen der Soldaten in Hitler noch ungebrochen war und ein Zusammenbruch ihrer Moral verhindert wurde, als er den Oberbefehl über das Heer übernahm.[107] Günther von Kluge, der neue Oberbefehlshaber der Heeresgruppe Mitte, konnte jedoch den Vormarsch der Roten Armee ebensowenig aufhalten wie sein Vorgänger. In erbitterten Kämpfen wurden die Deutschen stetig zurückgetrieben, wobei sie schwere Verluste an Menschen und Material erlitten. Ein gewisses Ausmaß an Verstärkung erreichte die Front, aber es traf nie soviel ein, wie versprochen worden war. Die Rückzüge verkürzten die Front nicht stark genug, um die Verteidigung der neuen Linien wesentlich zu erleichtern. Auch daß isolierte deutsche Einheiten zeitweilig ihre Stellungen hielten, konnte den Vormarsch der Sowjets nicht stoppen. Für die Tatsache, daß Ende Januar trotzdem noch eine schwer angeschlagene Heeresgruppe Mitte existierte und eine höchst komplizierte Front hielt, obwohl es mehrmals nach einer totalen Katastrophe ausgesehen hatte, gab es eine Reihe von Gründen.

Ein wichtiger Faktor waren zweifellos die Fähigkeiten der erfahrenen hohen Offiziere des deutschen Heeres. Ein zweiter war der verzweifelte Zusammenhalt kleiner Einheiten, die zwar geschlagen wurden, aber nicht auseinanderliefen, weil sie überleben wollten. Ein dritter bestand darin, daß die zahlenmäßige Überlegenheit der Roten Armee nicht sehr groß war. Die Deutschen meldeten zwar immer weit überlegene sowjetische Verbände, aber die Realität sah anders aus. Auch daß die sowjetischen Offiziere unerfahren und wenig flexibel waren, trug dazu bei, daß die Deutschen sich halten konnten. Der wichtigste sowjetische Beitrag zu ihrem Überleben war jedoch höchstwahrscheinlich Stalins Entscheidung, eine ausgesprochen ehrgeizige, großangelegte Gegenoffensive zu befehlen. Er wollte die gesamte deutsche Front zerschlagen und konnte deshalb nicht alle verfügbaren militärischen Mittel auf das Zentrum der Front konzentrieren, obwohl dort die Chancen für einen wirklich durchschlagenden sowjetischen Erfolg wahrscheinlich am größten gewesen wären.

DIE ZWEITE SOWJETISCHE OFFENSIVE

Noch während die deutsche Niederlage vor Moskau Mitte Dezember in öffentlichen Verlautbarungen der Sowjetregierung zu Recht als großer Sieg gefeiert wurde, rief Stalin zu großen offensiven Operationen an *anderen* Frontabschnitten auf.[108] Nachdem die Rote Armee am 9. Dezember Tichwin zurückerobert hatte, wurde nun eine breitangelegte Anstrengung gemacht, Leningrad zu entsetzen und einen Großteil der Heeresgruppe Nord einzukesseln. Außerdem wurden auch in der Ukraine und auf der Krim großangelegte Offensiven befohlen, während Stöße in die Flanken der Heeresgruppe Mitte diese in einer großen Umfassungsbewegung abschneiden sollten, ähnlich den Kesselschlachten, die die Deutschen im Sommer und Herbst so erfolgreich geschlagen hatten. Ein Erfolg dieser Operationen hätte dem deutschen Heer das Herz herausgerissen und zur schnellen Befreiung aller Territorien geführt, die es seit dem 22. Juni besetzt hatte. Die frisch mobilisierten und neu formierten Verbände, die nun der Stawka zur Verfügung standen, kamen bei diesen Vorstößen zum Einsatz. Stalin glaubte, die überforderte und erschöpfte deutsche Armee durch harte, nahezu simultan geführte Schläge in allen wichtigen Sektoren der Front ins Wanken bringen zu können. Die Moral der sowjetischen Heimatfront wurde zweifellos durch die Befreiung von Städten gehoben, die vorher von den Nazis erobert worden waren.[109]

Gegen den Rat mehrerer Kommandeure der Roten Armee befahl Stalin, diese Serie von Offensiven in den ersten zehn Tagen des Jahres 1942 zu starten. Im Norden entstand durch den Angriff der 2. Stoß-Armee ein schmaler Korridor in den deutschen Linien am Wolchow. Der Korridor wurde abgeschnitten und wieder mit der sowjetischen Hauptfront verbunden. Dann wurde er abermals abgeschnitten, und die 2. Stoß-Armee konnte nicht mehr wirksam versorgt werden. Auch daß General Andrej Wlassow, einer von Stalins fähigsten Kommandeuren, der sich bei der Verteidigung Moskaus ausgezeichnet hatte, den Befehl übernahm, konnte die Stoß-Armee nicht mehr vor der Vernichtung retten. Wlassow geriet in Gefangenschaft und versuchte, eine Armee aus sowjetischen Kriegsgefangenen aufzustellen, die auf seiten der Deutschen für ein unabhängiges, nichtstalinistisches Rußland kämpfen sollte.[110]

An der Südküste des Finnischen Meerbusens gelang es den Sowjets, eine Landbrücke zwischen Leningrad und der unabhängigen Küstengruppe einzunehmen, die schon seit dem Herbst bei Oranienbaum eingeschlossen war. Weiter südlich zerriß die Rote Armee die Verbindung zwischen den Heeresgruppen Nord und Mitte, stieß tief in den Rücken der Heeresgruppe Mitte und isolierte außerdem eine kleinere deutsche Streitmacht in Cholm und eine größere mit fast 100 000 Soldaten um Demjansk. Die Deutschen schafften es jedoch, beide »Inseln« in erbitterten Kämpfen zu halten. Sie wurden von der Luftwaffe versorgt und im Frühjahr durch Offensiven anderer deutscher Verbände entsetzt. Dieser begrenzte Erfolg trug vielleicht dazu bei, daß Hitler die Möglichkeiten überschätzte, eingeschlossene Truppen aus der Luft zu versorgen, und verführte ihn dazu, später im Jahr 1942 den Kessel von Stalingrad zu halten. Dort war jedoch eine viel größere Anzahl von Einheiten eingeschlossen, und der Kessel lag viel weiter von deutschen Luftwaffenbasen entfernt.[111] Im Frühjahr 1942 schien es die bei der Winterschlacht verfolgte Taktik zu bestätigen, daß diese Gebiete gehalten werden konnten und damit wenigstens eine theoretische Chance erhalten blieb, die Lücke zur Heeresgruppe Mitte, die damals immer noch Rschew hielt, wieder zu schließen.[112]

Auch hier war es den Deutschen gelungen, eine Schlüsselstellung zu halten und die bedrohte Verbindung zum Süden nach Wjasma an der Haupteisenbahnlinie und Straße nach Smolensk freizukämpfen. Schukows Truppen waren von den Strapazen der Gegenoffensive im Dezember erschöpft. Aufgrund der strategischen Operationen im Norden und Süden bekamen sie außerdem nicht die notwendige Verstärkung. Sie konnten zwar die Front der Heeresgruppe Mitte eindrücken und zurückdrängen, aber weder umfassen noch zerschlagen.[113] Auch ein von General Pawel Below erzielter massiver Durchbruch im südlichen Frontabschnitt der Heeresgruppe Mitte, der durch mehrere große Luftlandeoperationen unterstützt wurde – den größten sowjetischen Fallschirmjägereinsätzen während des Krieges –, verfehlte letztlich sein Ziel, die 9. und die 4. Armee der Deutschen abzuschneiden. Bald waren Belows Truppen und die sie unterstützenden Partisanen selbst abgeschnitten und wurden, ähnlich wie die 2. Stoß-Armee im Norden, durch eine deutsche Operation Ende Mai 1942 größtenteils vernichtet.[114]

Weiter südlich gelang es den Sowjets, die wichtige Stadt Kirow einzunehmen und zu halten. Damit hatten sie auch die Bahnlinie abgeschnitten, die von Wjasma nach Brjansk führte, und die Deutschen von den südlichen Zufahrtswegen Moskaus vertrieben. Die viel weiter gesteckten Ziele der Stawka hatten sie jedoch nicht erreicht. Ein Vorstoß über den Donez bei Isjum mit dem Ziel, die deutschen Truppen abzuschneiden, die nördlich davon Charkow hielten, die deutsche 17. Armee und die 1. Panzerarmee im Süden zu vernichten und mindestens bis zum Dnjepr vorzudringen, wurde von den Deutschen aufgehalten und hatte einen gefährlichen Frontvorsprung zur Folge. Die bei einer sowjetischen Frühjahrsoffensive weiter nördlich eingesetzten Truppen und die Kräfte in dem Frontvorsprung wurden von den Deutschen in einer großen Operation Ende Mai 1942 vernichtet.[115] Die deutschen Truppen, die

Rostow hatten räumen müssen, konnten eine Front entlang des Mius halten; die Kämpfe waren hart und führten zur Ablösung des Befehlshabers der Heeresgruppe Süd und zum Tod seines Nachfolgers, aber beide Seiten waren gleich erschöpft. Auf der Krim wurden die deutschen Anstrengungen, die Eroberung der Halbinsel durch die Einnahme der wichtigen Marinebasis Sewastopol abzuschließen, durch einen amphibischen Angriff über die Straße von Kertsch gekontert, der zur Rückeroberung des östlichen Teils der Krim führte. Auch hier gelang es den Deutschen jedoch, sich schließlich trotz weiterer sowjetischer Landungen und offensiver Operationen zu halten.[116]

Eine gezackte Front markierte den Fehlschlag der deutschen Anstrengungen, die Sowjetunion durch einen schnellen Feldzug im Jahr 1941 niederzuwerfen, und das Scheitern der sowjetischen Hoffnungen, die Angreifer mit einer großen strategischen Offensive in den ersten Wochen des Jahres 1942 zu zermalmen. Stalin hatte die Kampfkraft der deutschen Einheiten unterschätzt, er hatte sich zuviel auf einmal vorgenommen und die Rote Armee zwar zu einem großen Sieg geführt, aber die deutsche Invasionsstreitmacht nicht vernichtet.

DIE DRITTE SOWJETISCHE OFFENSIVE

Beide Seiten bereiteten sich jetzt auf den Sommerfeldzug von 1942 vor. Die meisten ranghohen Berater Stalins drängten darauf, eine defensive Haltung einzunehmen, damit die Sowjetunion ihre Militärmacht neu aufbauen könne. Sie hielten es für sinnvoll, die Waffen, die jetzt in größerer Anzahl von den Fließbändern der alten und der verlegten Fabriken kamen, in die Armee zu integrieren, die durch die schweren Winterkämpfe angeschlagenen Einheiten neu auszubilden und zu reorganisieren und der sowjetischen Luftwaffe Zeit zu geben, ihre Geschwader wieder aufzubauen. Offensiven konnten, wenn man davon ausging, daß eine neue deutsche Sommeroffensive stattfinden würde, ihrer Ansicht nach erst im Herbst mit guten Erfolgsaussichten gestartet werden.

Stalin und seine Militärführer waren sich einig, daß die deutsche Sommeroffensive 1942 im Zentrum der Front stattfinden und gegen Moskau gerichtet sein würde. Dafür sprach, daß die Deutschen nur noch etwa 130 Kilometer vor Moskau standen und daß sie in erbitterten Kämpfen Rschew gehalten hatten, eine Stadt, die für sie nur im Zusammenhang mit einem erneuten Vorstoß auf Moskau Bedeutung haben konnte. Außerdem wurde der Eindruck, daß die Offensive in diesem Frontabschnitt erfolgen würde, soweit die Quellen erschlossen sind, durch ein sorgfältig geplantes Täuschungsmanöver[117] so verstärkt, daß alle Hinweise auf einen anderen Plan, die vom sowjetischen Geheimdienst und den Westmächten kamen, auf taube Ohren stießen.[118]

Im Gegensatz zu seinen Militärführern hielt es Stalin nicht für klug, den deutschen Schlag abzuwarten, und befahl in der Hoffnung, die deutschen Pläne zu stören, schon für das Frühjahr eine Reihe offensiver Operationen. Von diesen geplanten Angriffen fanden nur ein kleiner im hohen Norden und ein großer im Raum Charkow statt, bevor die deutsche Sommeroffensive begann. An der Zapadnaja Lica vor Murmansk erzielte ein sowjetischer Angriff bei sehr schweren Verlusten nur minimale Geländegewinne.[119] In der Ukraine startete Timoschenko am 12. Mai eine Offensive auf Charkow. Sie wurde von den Deutschen zum Stehen gebracht, und ein paar Tage später gelang es ihnen außerdem, die sowjetischen Kräfte im Frontvorsprung bei Isjum zu vernichten, der während der sowjetischen Winteroffensive entstanden war. Die Rote Armee verlor in dieser doppelten Katastrophe eine halbe Million Soldaten durch Tod, Verwundung oder Gefangenschaft – ein wenig verheißungsvoller Beginn des Kriegsjahrs.[120]

Die meisten Deutschen sahen der Zukunft noch immer zuversichtlich entgegen.[121] Es gab jedoch Ausnahmen. Der berühmte Flieger Ernst Udet, der als Generalluftzeugmeister für die technische Entwicklung von Militärflugzeugen verantwortlich war, beging am 17. November 1941 Selbstmord.[122] Im gleichen Monat wurde Hitler vom Oberbefehlshaber des Ersatzheeres, General Fritz Fromm, und dem Reichsminister für Bewaffnung und Munition, Fritz Todt, dringend gebeten, Frieden zu schließen[123], während der Chef der Abwehr, Admiral Canaris, am 20. März 1942 zu Fromm sagte, daß der Krieg nicht gewonnen werden könne.[124] Hitler war jedoch anderer Meinung. Er hatte früher als die meisten erkannt, daß der Feldzug im Osten auch 1942 fortgesetzt werden müßte.[125] Große Anstrengungen wurden unternommen, die Verluste der Wehrmacht wieder auszugleichen, aber sie sollte ihre Stärke vom Sommer 1941 nie wieder erreichen. Hunderttausende von Industriearbeitern wurden zum Heer eingezogen. Statt die Zahl der Divisionen wie angestrebt zu verringern, um mit dem freigesetzten Arbeitskräftepotential Luftwaffe und Kriegsmarine für den Angriff auf England auszubauen, rechnete man nun damit, daß sie eher noch erhöht werden mußte.[126] Die eingezogenen Arbeiter hätten ursprünglich durch sowjetische Kriegsgefangene ersetzt werden sollen, aber wie wir noch sehen werden, hatte man die meisten von ihnen ermordet oder verhungern lassen. Hitler waren diese Verbrechen wohlbekannt; neben der Befürchtung, die deutschen Soldaten könnten weniger Hemmungen haben, sich zu ergeben, widersetzte er sich dieser Verbrechen wegen allen Bemühungen, die deutschen und russischen Kriegsgefangenen vom Internationalen Roten Kreuz betreuen zu lassen.[127] Schließlich wurden statt der Kriegsgefangenen in gewaltigem Umfang zivile Zwangsarbeiter aus den eroberten Gebieten im Osten eingesetzt. Die entspannte Lage an der deutschen Heimatfront konnte nun nicht mehr aufrechterhalten werden, da die Rüstungsanstrengungen stark intensiviert werden mußten. Die neue Weisung zum Rüstungsprogramm, die am 10. Januar 1942 erging, markiert die deutsche Erkenntnis, daß das gesamte Konzept eines Blitzkriegs gescheitert war.[128]

Hitler tat alles, um die Mobilisierung von Industriekapazität und Arbeitskräften zu beschleunigen, und er war hocherfreut, daß an der Ostfront endlich der Frühling nahte.[129] Das Heer konnte den Krieg jedoch nicht alleine führen. Die Niederlagen im Dezember und Januar 1941/42 verstärkten nur die deutsche Neigung, die Luftwaffe hauptsächlich zur Unterstützung der Bodentruppen einzusetzen. Sie konnte dadurch noch weniger als zuvor eine strategische Rolle spielen und war auf die taktische Unterstützung des Heeres beschränkt.[130] Die Unterstützung durch die Luftwaffe reichte jedoch nicht aus, um im Osten eine weitere große Offensive durchzuführen. Deutschland brauchte die Unterstützung seiner Verbündeten. Rumänien wurde gedrängt, seine schon jetzt beträchtlichen Kräfte im Feld zu halten und weiter zu verstärken, während von Italien und Ungarn erwartet wurde, ihre Kontingente auf Korps- und schließlich auf Armeestärke zu vergrößern. Auch in diesem Punkt zeigte Mussolini wie üblich mehr Begeisterung als Urteilskraft, während Ungarn den deutschen Forderungen so schleppend wie möglich nachkam. Entscheidend ist jedoch, daß die Deutschen selbst darauf bestanden, starke Truppenkontingente, die schlecht ausgerüstet, schlecht ausgebildet und oft schlecht geführt waren, zu mobilisieren und an Punkten in die Schlacht zu werfen, wo sie in von Deutschen geplanten Operationen eine zentrale Rolle spielten. Dieses Verfahren war kaum geeignet, die Begeisterung der betroffenen Soldaten zu wecken. Es brachte den meisten Tod und Verderben, und später wurden sie obendrein auch noch für die deutschen Niederlagen verantwortlich gemacht.[131]

Die deutschen Armeen an der Ostfront hatten zu diesem Zeitpunkt begonnen, sowjetische Kriegsgefangene in großer Zahl als sogenannte »Hilfswillige« oder »Hiwis« in Dienst zu nehmen. Ihre Versuche, bewaffnete Freiwilligeneinheiten aus sowjetischen Bürgern zu rekrutieren, gleichgültig ob diese vorher Gefangene gewesen waren oder nicht, wurden jedoch auf persönlichen Befehl Hitlers eingestellt. Es gab zwar einige lokal rekrutierte Formationen, aber Hitler wußte höchstwahrscheinlich nichts von ihrer Existenz, da er den Aufbau solcher Einheiten aus prinzipiellen Gründen abgelehnt hätte. Die Nazis waren in den Osten gekommen, um einen Teil der Bevölkerung abzuschlachten und den Rest zu versklaven. Sie zu bewaffnen und auf deutscher Seite kämpfen zu lassen, wäre kaum der geeignete Weg gewesen, diese Politik zu verwirklichen.[132] Von dieser deutschen Besatzungspolitik wird gleich die Rede sein, zuvor aber sollen die Ziele kurz skizziert werden, die sich das NS-Regime 1942 gesetzt hatte.

Die deutsche Hoffnung, die Ölquellen im Kaukasus zu erreichen oder zumindest ihre Nutzung durch die Sowjetunion zu verhindern, indem man die Verbindungen zum Rest des Landes abschnitt, war 1941 durch den erfolgreichen Widerstand der Roten Armee vereitelt worden.* Dieses Ziel hatte nun höchste Priorität. Die Er-

---

* Alles deutet darauf hin, daß den Deutschen zunächst nicht bekannt war, daß die Sowjets eine Bahnlinie zwischen Baku und Astrachan fertiggestellt hatten. Sie glaubten deshalb, die Bahnverbindungen in den Kaukasus könnten durch die Eroberung Stalingrads abgeschnitten werden.

oberung des Don-Beckens und des Kaukasus sollte die industriellen Ressourcen und das Öl dieser Regionen in deutsche Hand bringen und die Aussicht eröffnen, über den Kaukasus in den Nahen Osten vorzustoßen, wo man sich eventuell nach weiteren deutschen Vorstößen durch die Türkei und Nordafrika mit den Japanern treffen wollte, die von der anderen Seite her über den Indischen Ozean vorstoßen sollten.

Dieses Zusammentreffen der Achsenmächte würde, wie die führenden Politiker Deutschlands und Japans einander versicherten, den Zusammenhalt und die Nachschubwege des Feindes zerstören – eine Perspektive, die für Deutschland und Japan äußerst rosig war, während sie nicht nur für die Sowjetunion, sondern auch für Großbritannien und die Vereinigten Staaten eine große Gefahr darstellte.[133] Die gewaltige Bedrohung wurde nur von den Westmächten frühzeitig erkannt, während die Sowjets noch immer mit einer erneuten Offensive auf Moskau rechneten. Noch aber lag die Initiative bei Deutschland und Japan, und diese Mächte sollten auch den Rahmen für die großen Schlachten des Jahres 1942 bestimmen.[134]

HINTER DER FRONT. DEUTSCHE PLÄNE UND AKTIONEN

Das Ringen an der gewaltigen Front im Osten, die durch den deutschen Angriff im Juni 1941 entstanden war, unterschied sich in vieler Hinsicht von den früheren Kämpfen des Krieges. Für das NS-Regime war es nicht nur ein Kampf auf Leben und Tod zwischen riesigen Armeen, sondern Teil eines in Umrissen gefaßten, aber noch nicht detailliert ausgearbeiteten Plans zur völligen Neuordnung der Völkerwelt in den direkt betroffenen Gebieten und in ganz Europa. Der Plan, bestimmte Kategorien von Kriegsgefangenen zu töten, wurde seit den ersten Tagen des Feldzugs in die Tat umgesetzt, und schon nach unglaublich kurzer Zeit waren diese Morde nur noch ein kleiner Teil eines viel größeren Verbrechens: Die Deutschen ließen Hunderttausende von sowjetischen Kriegsgefangenen absichtlich verhungern oder an Kälte und Krankheiten zugrunde gehen.

Bis Februar 1942 waren von den 3,9 Millionen sowjetischen Soldaten, die bis dahin in deutsche Gefangenschaft geraten waren, etwa 2,8 Millionen nicht mehr am Leben. Mindestens eine Viertelmillion war erschossen worden; die anderen waren an den entsetzlichen Bedingungen gestorben, die in den deutschen Kriegsgefangenenlagern herrschten.[135] Im Gegensatz zu den Märchen, die von den an diesen Verbrechen Beteiligten und ihren Apologeten erzählt werden, ergibt eine sorgfältige Untersuchung der heute vorliegenden Beweise, daß dieses gigantische Kriegsverbrechen unter freiwilliger und in manchen Fällen sogar begeisterter Mitwirkung der Wehrmacht, der Polizei und der Zivilbehörden begangen wurde. Es gab tatsächlich einzelne Mutige, die Einspruch erhoben und manchmal versuchten, die Lage der Gefangenen zu verbessern. Daß ihre Zahl verschwindend gering war, unterstreicht jedoch nur, wie weit tatsächlich ein Konsens zwischen der zivilen und der militärischen Führung bestand.*

Auf deutscher Seite bedeutete das Einverständnis mit der raschen physischen Vernichtung eines großen Teils der feindlichen Bevölkerung – ein Schritt, den es in der Geschichte noch nie gegeben hatte –, daß der extreme Sozialdarwinismus, der ein Kernbestandteil des Nationalsozialismus war und noch weitere Konsequenzen für die Völker Europas haben sollte, wenigstens zeitweise auf breite Zustimmung stieß. Auf sowjetischer Seite hatte dies zwei wichtige Auswirkungen. Daß bestimmte Kategorien von Gefangenen erschossen wurden – was zum Teil auf deutschen Flugblättern verkündet wurde – und daß sich die Nachricht vom Schicksal der anderen Gefangenen relativ rasch herumsprach, führte dazu, daß der Widerstand der Offiziere und Soldaten der Roten Armee noch entschlossener wurde. Dieser Zusammenhang war so deutlich, daß eine Reihe von Generälen darauf drang, gefangene Kommissare nicht mehr zu erschießen, eine Forderung, die Hitler im Mai 1942 schließlich erfüllte. Die zweite Auswirkung der unmenschlichen Behandlung sowjetischer Kriegsgefangener betraf die Bevölkerung der besetzten Gebiete. Sie hatte das Schicksal der Gefangenen ständig vor Augen. Wer die Lager und Märsche nicht persönlich kannte, wo Gefangene starben oder erschossen wurden, der hörte von ihrem Tod oder sah die Verwundeten und Krüppel, die die Deutschen einfach unter freiem Himmel liegen ließen, bis sie starben. Die sowjetische Bevölkerung war mit einem Feind konfrontiert, der ihr sogar die Lager Stalins noch human erscheinen ließ – was keineswegs leicht zu erreichen war und langfristige Folgen haben sollte.

In engem Zusammenhang mit der Entscheidung, Millionen von Kriegsgefangenen zu töten oder sterben zu lassen, stand die schon erwähnte Serie von Beschlüssen zur Ermordung der Juden.[136] Jüdische Kriegsgefangene wurden häufig erschossen. Den deutschen Armeen waren bei ihrem Vormarsch spezielle Einsatzgruppen zugeordnet, die den Beschluß durchführten, alle Juden in den eroberten Gebieten zu töten. Als klar wurde, daß diese Massaker beim Militär offenbar kaum auf Widerstand stießen, ja sogar von Militärs gefordert und unterstützt wurden, beschloß das NS-Regime in der Euphorie der Juli-Siege, den Vernichtungsprozeß auf alle Gebiete, die von der Wehrmacht noch erobert werden würden, und auf das ganze von Deutschland besetzte oder kontrollierte Europa auszudehnen. Endlich hatte man die Möglichkeit, alle Juden im deutschen Machtbereich zu töten.

Die SS übernahm die Führung in diesem ungeheuerlichen Unternehmen. Sie wurde durch einen Auftrag von Göring legitimiert und begann seine Durchführung zu planen.[137] Der ungeheure Umfang des Unternehmens zwang zu neuen Methoden der

---

* Daß die Deutschen den meisten sowjetischen Kriegsgefangenen ein solches Schicksal zugedacht hatten, ist einer der Gründe, warum sie sowjetische Forderungen zurückwiesen, Kriegsgefangene entsprechend der international geltenden Konventionen zu behandeln (Streit, Keine Kameraden, S. 224–237).

Vernichtung, die entweder anderswo schon erprobt worden waren oder eigens entwickelt wurden. Massenerschießungen blieben zwar immer ein wesentliches Element der Vernichtung, sie gingen jedoch nicht so schnell und effektiv vonstatten, wie es die Verantwortlichen gerne gesehen hätten. Auch die Vergasungswagen, die im Rahmen des sogenannten Euthanasieprogramms erstmals eingesetzt worden waren, spielten eine Rolle, wobei man auf Personal zurückgreifen konnte, das mit ihrem Einsatz bereits vertraut war. Außerdem wurden in den riesigen Todesfabriken, mit deren Bau im Herbst 1941 begonnen wurde, große Gaskammern errichtet. Die Vergasung war zunächst an einer Anzahl sowjetischer Kriegsgefangener erprobt worden; sie sollte sich schließlich zur dominierenden, wenn auch keineswegs ausschließlichen Tötungsmethode entwickeln.

Aus praktischen Gründen gestalteten die Deutschen den im Sommer 1941 begonnenen Vernichtungsprozeß dahingehend um, daß nicht mehr die Mörder zu den Opfern kamen, sondern die Opfer zu den Mördern transportiert wurden. Das neue Verfahren wurde am 15. Oktober 1941 mit großen Transporten deutscher Juden erstmals angewandt; es ist vermutlich kein Zufall, daß Hitler am 21. Oktober 1941 in Gegenwart von Himmler und Heydrich von der Ausrottung der Juden sprach und daß der Bürgermeister von Hamburg am selben Tag in seinem Tagebuch auf die Übernahme der jüdischen Wohnungen anspielte.[138]

Verwaltungstechnisch gesehen wurde der SS schnell klar, daß das Vernichtungsprogramm ohne die Kooperation und kontinuierliche Mitarbeit zahlreicher Regierungsstellen undurchführbar war. Spitzenvertreter dieser Stellen wurden zu einer Konferenz eingeladen, die ursprünglich für den 9. Dezember 1941 geplant war und schließlich am 20. Januar stattfand. Auf dieser Versammlung, die nach dem Tagungsort als Wannsee-Konferenz in die Geschichte eingegangen ist, wurden Charakter und Durchführung des Programms zur Vernichtung der europäischen Juden ausführlich dargestellt, um die Zusammenarbeit mit den betroffenen Dienststellen zu erleichtern. Dabei wurde deutlich, daß nicht nur Juden in allen von Deutschland kontrollierten oder beeinflußten Gebieten ermordet werden sollten, sondern auch die Juden in Ländern wie Großbritannien, Spanien, Schweden und Portugal, von denen man annahm, daß sie bald unter deutsche Herrschaft geraten würden.[139]

Die Anwesenden wußten genau, worum es ging[140]; sie hatten die regelmäßigen Berichte der Todeskommandos gelesen, darunter auch den über das bis dahin größte einzelne Massaker – die Ermordung von 33 000 Juden bei Babi Jar in der Nähe von Kiew.[141] Eine Reihe von Stellen, die an der Massenmordaktion vorher nicht teilnahmen, wurden nach der Wannsee-Konferenz an dem Programm beteiligt. So übernahm etwa das deutsche Außenministerium die zentrale Aufgabe, dafür zu sorgen, daß die Juden aus Gebieten, die unter deutschem Einfluß, nicht jedoch unter deutscher Herrschaft standen, der Vernichtung ausgeliefert wurden. Von Frankreich aus startete am 27. März 1942 der erste Transport in die große Todesfabrik Auschwitz.[142] Madagaskar (als Insel für die Internierung des Weltjudentums) brauchte man nun nicht mehr, aber ansonsten wurde von allen Ländern im deutschen Einflußbereich erwartet, daß sie ihre Juden früher oder später ausliefern würden, selbst von Dänemark, das damals noch als das Modell eines kooperativen und unabhängigen Satellitenstaats gehandelt wurde.[143] Die deutschen Waffen sollten, wie Hitler hoffte, dieses Programm auch auf Regionen außerhalb Europas ausdehnen. Als Hitler am 28. November 1941 mit dem Mufti von Jerusalem über die geplante Offensive sprach, die über den Kaukasus in den Nahen Osten vorgetragen werden sollte, erklärte er, Deutschland habe in dieser Region nur das Ziel, die dort ansässigen Juden zu vernichten.[144]

Innerhalb der deutschen Armee stieß das Programm überwiegend auf Zustimmung. Manche Militärführer wollten es sogar noch beschleunigen, aber es gab auch Widerstände. Die Befürworter der Beschleunigung der Massenvernichtung dominierten besonders in Serbien, dem Teil Jugoslawiens, der unter direkter militärischer Kontrolle Deutschlands stand. Die deutschen Kommandeure setzten dort das Programm sogar lokal auf eigene Initiative in die Tat um.[145] Außer dem Widerstand einiger deutscher Offiziere gab es offensichtlich auch Widerwillen bei den einfachen Soldaten der Wehrmacht. Diese ablehnende Stimmung bei der Truppe ist wohl eine Erklärung für das außerordentliche Phänomen, daß Generäle befahlen, Erklärungen und Rechtfertigungen für die »harte, aber gerechte Sühne am jüdischen Untermenschentum« vor den Truppen zu verlesen, obwohl deutsche Feldmarschälle und Generäle normalerweise wenig Neigung zeigten, ihr Verhalten vor einfachen Soldaten zu rechtfertigen. Ein erster Befehl, der am 10. Oktober durch Feldmarschall von Reichenau erlassen worden war, wurde auf Anordnung Feldmarschall von Rundstedts an alle Armeen in seiner Heeresgruppe Süd weitergegeben und danach auf Befehl von Brauchitschs an alle Einheiten im Osten. Die meisten derartigen Befehle enthielten das Verbot, Fotos von Massenexekutionen nach Hause zu schicken – was bei deutschen Soldaten offensichtlich eine verbreitete Neigung war –, und sie wurden in den Kriegsverbrecherprozessen nach dem Krieg zitiert, um ihre Verfasser zu belasten.[146]

Diese Befehle sind historische Dokumente von großer Bedeutung, weil sie beweisen, daß man sich bei der Wehrmacht allgemein bewußt war, worauf man sich eingelassen hatte, obwohl dieses Unternehmen den Traditionen und Gesetzen früherer Kriege radikal widersprach. Sie beweisen darüber hinaus, daß nicht nur Teile der Wehrmacht an diesem Unternehmen beteiligt waren und daß es einige Soldaten gab, die mit dem neuen Kurs nicht einverstanden waren. Sie zeigen jedoch auch, daß diese Oppositionellen nicht mit der Unterstützung der Armeeführer rechnen durften, da diese sich aus ideologischen Gründen mit dem Mordprogramm identifizierten. Der deutsche Soldat hatte, wie es in einem der Befehle hieß, »Träger einer unerbittlichen völkischen Idee« zu sein, und die Restriktionen, denen er in seinem Verhalten noch unterworfen wurde, sollten nicht etwa das Blutbad eindämmen, sondern nur dafür sorgen, daß es diszipliniert vonstatten ging. Es gibt keine schriftliche Äußerung darüber, daß den militärischen Mittätern die Tragweite ihres Tuns bewußt war, aber allein die Tatsache, daß einige mutige Offiziere Einspruch erhoben, muß den anderen gezeigt haben, daß es kein Zurück mehr gab.

In den besetzten Gebieten Osteuropas hatte das Programm eine Reihe besonderer Auswirkungen. Teile der örtlichen Bevölkerung beteiligten sich insbesondere in Litauen und in bestimmten Regionen der Ukraine aus Furcht vor den Deutschen, aus Judenhaß, Gewinnstreben, Hunger oder aufgrund einer Mischung dieser Motive an dem Vernichtungsprozeß. Als sie damit begonnen hatten, merkten sie schnell, daß sie alle Brücken hinter sich abgebrochen und ihr Schicksal auf Gedeih und Verderb mit dem deutschen Schicksal verknüpft hatten. Nach der deutschen Niederlage versuchten viele der überlebenden Kollaborateure, sich als antikommunistische Flüchtlinge in den Westen abzusetzen. Einige mutige Menschen versuchten auch, ihren Nachbarn zu helfen; die große Mehrheit aber beobachtete die Entwicklung mit Unbehagen und Furcht – ein System, das auf diese Weise gegen eine bestimmte Gruppe vorging, konnte sich jederzeit auch gegen eine andere Gruppe wenden. Die Art, wie sich die Neue Ordnung einführte, die die kulturelle Mission der germanischen Völker im Osten erfüllen sollte, verhieß nichts Gutes.

Im Rest der Welt wurde die Nachricht von der systematischen Ermordung aller europäischen Juden nicht so schnell bekannt. Heute besteht allgemeine Einigkeit darüber, daß die Umrisse des Programms und die ersten Stadien seiner Verwirklichung erst im Sommer 1942 im Westen bekannt wurden.[147] Detaillierte Informationen über die schrecklichen Ereignisse hatten Alliierte und Neutrale jedoch schon früher erreicht. Obwohl die relevanten Akten bis heute nicht zugänglich sind, weiß man, daß die Briten den Polizeicode gebrochen hatten, mit dem die ab Juli 1941 übermittelten Berichte der Mordkommandos und die täglichen Berichte aus den Lagern, die ab Frühjahr 1942 nach Berlin gingen, verschlüsselt waren.[148] Zumindest eine gewisse Zeitlang wurde dieses Wissen praktisch nicht verwertet. Allerdings ist es auch heute noch keineswegs klar, wie es hätte verwertet werden können.[149] Die Alliierten standen vor einem Problem, das sie weder begreifen noch lösen konnten. Zu einem Zeitpunkt, als die Westalliierten gegen die Achsenmächte im Seekrieg, in Nordafrika und im Pazifik Niederlagen erlitten, war es für sie am wichtigsten, überhaupt durchzuhalten, trotz harter Zeiten für den Zusammenhalt ihrer Heimatfront zu sorgen und auf einen noch fernen Sieg hinzuarbeiten, der allein die Vernichtung aller Juden auf dem Erdball verhindern konnte. Öffentliche Erklärungen und Drohungen hätte man erst aussprechen können, wenn sie auch ein gewisses Maß an Glaubwürdigkeit besessen hätten.

Wie aber sah die Zukunft aus, die die Deutschen außer der Dezimierung der sowjetischen Kriegsgefangenen und der Vernichtung der Juden für ihr neues Reich im Osten vorgesehen hatten? Der politische Kurs, den Deutschland im besetzten Europa verfolgte, wird in Kapitel 9 behandelt. Einige Bemerkungen sind jedoch bereits hier am Platz, um die bereits erwähnten Einzelheiten in den Kontext weiterreichender Ziele zu stellen. Außer den Juden wurden ab 1941 auch die Sinti und Roma vernichtet.[150] Die überwältigende Mehrheit der Bevölkerung in den eroberten Gebieten war natürlich slawisch. Wie schon in Deutschland erprobt, sollten auch in den besetzten Gebieten die geistig Behinderten, Kranken und Alten getötet werden. Die besetzten Teile der Sowjetunion bekamen diese »Segnung« der deutschen Kultur bereits in großem Umfang zu spüren, und hier gab es die Widerstände nicht, die die Durchführung des Mordprogramms in Deutschland erschwert hatten.[151] Die Bevölkerung sollte durch Hunger dramatisch reduziert werden. Deutschen Schätzungen zufolge würde es Millionen Tote geben, wenn man wie geplant die Städte in der Ukraine und das auf Lebensmittellieferungen angewiesene Gebiet im Norden der UdSSR von der Nahrungsmittelversorgung abschneiden und die Nahrungsmittel entweder für die Wehrmacht beschlagnahmen oder sie nach Mitteleuropa transportieren würde.[152] Die überlebenden Bauern sollten unter Beibehaltung der Kollektivwirtschaft für Deutschland Nahrungsmittel produzieren. Doch auch ihre Zukunft sah finster aus.

Im Zusammenhang mit diesen Bauern sind die 1941 begonnenen Experimente zur massenhaften Sterilisierung von Einzelpersonen ohne den traditionellen chirurgischen Eingriff zu sehen, die von deutschen Medizinern seit Beginn der NS-Herrschaft in großem Umfang durchgeführt wurden.[153] Die grausamen Versuche zur Entwicklung schneller und billiger Techniken der Massensterilisation wurden in den Konzentrationslagern an jüdischen und nichtjüdischen Häftlingen durchgeführt. Es ist jedoch offensichtlich, daß die Opfer der auf diese Weise perfektionierten Methoden keine Juden sein sollten, da man annahm, daß die Juden zum Zeitpunkt ihrer Anwendung bereits ausgerottet wären.[154] Auch daß Methoden entwickelt wurden, um die Zwangsarbeiter und Kriegsgefangenen zu sterilisieren, die während des Krieges nach Deutschland gebracht wurden, ist keine ausreichende Erklärung. Denn der Import ausländischer Zwangsarbeiter wurde nur als befristete Notmaßnahme betrachtet. Da gegenteilige Beweise fehlen und da die Experimente unter der Ägide von Himmlers SS zentralisiert wurden, bin ich der Ansicht, daß die Sterilisierungsverfahren für Teile der slawischen Bevölkerung in den besetzten Gebieten Osteuropas bestimmt waren, deren Arbeitskraft man noch ausbeuten wollte, bevor sie aussterben würden.

Wer aber sollte in den neu eroberten Gebieten leben und arbeiten? Die Antwort liegt in den Besiedlungsplänen, die motiviert von der Lebensraum-Ideologie gemacht wurden. Zehntausende deutscher Siedler sollten sich in den Dörfern niederlassen und sich schließlich über das gesamte Gebiet ausbreiten. Auf diese Weise sollten die eroberten Landstriche germanisiert werden. Ein steter Strom von deutschen Siedlern sollte, verstärkt durch Holländer, Dänen, Norweger und Schweden, die in der Rassenhierarchie der Nationalsozialisten ebenfalls hohe Plätze einnahmen, in die besetzten Ostgebiete gelenkt werden.[155] Die höchsten Ränge sollten jenen hohen deutschen Offizieren (und hohen Beamten, die sich in Hitlers Augen große Verdienste erworben hatten) vorbehalten bleiben. Das war ein Teil jenes großen Programms, mit dem Hitler seine Generäle für sich einnehmen wollte. Sie sollten Güter im Osten erhalten, manche hatten sie bereits bekommen. Diese Vorgänge sind noch nicht systematisch untersucht worden – zweifellos handelt es sich um ein sehr heikles Thema. Es sind jedoch ausreichend Informationen über die Sonderzuwendungen vorhanden, die zusammen mit der Zuteilung gewaltiger gestohlener Landgüter heimlich an alle Feldmarschälle, hohen Generäle und Marineoffiziere ausgezahlt wurden, um daraus zu schließen, welche Zukunft Deutschlands militärische Führer – und die Völker Osteuropas – im Fall eines deutschen Sieges erwartet hätte.[156]

PLÄNE DER ALLIIERTEN UND DER ACHSENMÄCHTE

Wie sah für Stalin und seine Umgebung die Zukunft Europas aus? Er hoffte natürlich, die Deutschen und ihre Verbündeten so schnell wie möglich aus Rußland vertreiben zu können. In den befreiten Gebieten sollte das Sowjetsystem wieder aufgebaut werden, soweit es nicht ohnehin von Partisanen und dem Untergrund aufrechterhalten worden war. Wie Stalin im Dezember 1941 in einem Gespräch mit Anthony Eden erklärte, würde die Sowjetunion vielleicht minimale Korrekturen an der sowjetisch-polnischen Grenze vom Juni 1941 vornehmen. Ansonsten erwartete Stalin jedoch, die Gebiete behalten zu können, die die Sowjetunion erst 1939 durch den Vertrag mit Hitler gewonnen hatte. Zusätzlich wollte er außerdem den nördlichen Teil Ostpreußens und den finnischen Hafen Petsamo am Nordpolarmeer annektieren. Weitere territoriale Ansprüche der Sowjetunion wurden in dem Gespräch noch nicht erwähnt, und über die Frage, was nach dem Krieg mit den anderen Staaten Osteuropas geschehen würde, war sich Stalin damals wahrscheinlich selbst noch nicht im klaren. Er wußte nur, daß er sowjetische Basen in Finnland und Rumänien haben wollte, und er hatte sicherlich vor, die osteuropäischen Staaten so zu organisieren oder zu kontrollieren, daß sie nie wieder als Sprungbrett oder Verbündete für eine Invasion aus dem Westen würden dienen können.

Als sich die Alliierten und die Achsenmächte Ende 1941 auf eine Fortsetzung des Krieges vorbereiteten, waren ihre Wahrnehmungen unterschiedlich, und sie setzten unterschiedliche Prioritäten. Allerdings spielte der gigantische Kampf an der Ostfront in den Überlegungen beider Seiten eine dominierende Rolle. Die britisch-sowjetischen Gespräche und ihr Ergebnis sind bereits geschildert worden. Da Stalin es ablehnte, sich mit Roosevelt und Churchill zu treffen, kamen die beiden westlichen Regierungschefs ohne den Sowjetführer zusammen. Es war Churchill ein besonderes Anliegen gewesen, daß ein solcher Gipfel unmittelbar nach dem erzwungenen Kriegseintritt der USA stattfinden würde. Er und seine militärischen Berater waren sehr besorgt, daß die Amerikaner ihr ursprüngliches Konzept, zunächst Deutschland zu schlagen, aufgeben und sich, da die Aufmerksamkeit der amerikanischen Öffentlichkeit primär auf die dramatischen Ereignisse im Pazifik gerichtet war, hauptsächlich auf den Krieg gegen Japan konzentrieren würden. Da sich die Sowjetunion verzweifelt um Nachschub aus dem Westen bemühte und die Eröffnung einer zweiten Front in Westeuropa forderte, wäre eine amerikanische Konzentration auf den Pazifik besonders gefährlich gewesen. Sowohl Großbritannien als auch die Sowjetunion hatten keine andere Wahl, als sich zunächst auf Deutschland zu konzentrieren. Die Westalliierten mußten sich stark im Kampf gegen Deutschland engagieren, wenn sie nicht Gefahr laufen wollten, daß die Sowjetunion unter einem erneuten deutschen Ansturm entweder zusammenbrechen oder aber einen Separatfrieden schließen würde. Um diese Probleme ging es, als sich die führenden Politiker der Vereinigten Staaten und Großbritanniens vom 22. Dezember bis zum 14. Januar zur sogenannten Arcadia-Konferenz in Washington trafen.[157]

Briten und Amerikaner konnten sich auf vier zentrale Beschlüsse einigen.* Mit dem ersten und wichtigsten Beschluß wurde festgelegt, daß man auch weiterhin versuchen würde, zuerst Deutschland zu schlagen. Amerikanische Truppen sollten nach Island und Nordirland entsandt werden, um dort stationierte Briten zu entlasten. Für Nordafrika wurde eine Landung geplant, um einer deutschen Besetzung der Region zuvorzukommen. Diese Einheiten sollten sich mit den britischen aus Ägypten vereinigen und eine Basis für weitere Aktionen gegen Deutschland schaffen. Die Rohstoffe und der Schiffsraum der Westalliierten sollten in einem Pool zusammengefaßt und in gegenseitiger Übereinstimmung eingesetzt werden. Es wurde nicht nur ein vereinigtes Kommando der Westalliierten unter Feldmarschall Sir Archibald Wavell für den Kampf gegen die vorrückenden Japaner in Südostasien gebildet, sondern auch ein gemeinsamer Generalstab für Planung und Führung des gesamten Krieges. Er tagte unter dem Namen »Combined Chiefs of Staff« in Washington, wobei die britischen Generalstabschefs durch Delegierte vertreten wurden, wenn sie nicht persönlich anwesend sein konnten. Eine positive Nebenwirkung dieser Struktur war, daß sie die Amerikaner praktisch zwang, mit den Joint Chiefs of Staff ähnlich dem britischen Chiefs of Staff Committee ein festes Gremium für die Koordination ihrer Einzelstreitkräfte zu bilden.

Die Verwirklichung des strategischen Grundkonzepts, schwere Schläge gegen die Deutschen vorzubereiten, während man gleichzeitig versuchte, die Japaner aufzuhalten, sollte in den folgenden Monaten durch eine Serie schwerer Niederlagen der britischen und amerikanischen Kräfte in Nordafrika, im Atlantik und in Südostasien massiv behindert werden. Die Entscheidung, Sir John Dill zum geschäftsführenden Leiter der britischen Militärmission zu ernennen, die auf der Washingtoner Konferenz wie nebenbei getroffen worden war, sollte jedoch für den Kitt sorgen, der die Verbündeten zusammenhielt, obwohl immer wieder große Konflikte auftraten. Natürlich waren die persönliche Zusammenarbeit zwischen Roosevelt und Churchill, das gemeinsame Ziel, die Achsenmächte zu schlagen, und die beiderseitige Entschlossenheit, trotz aller Rückschläge und Niederlagen weiterzukämpfen, unverzichtbare Vorbedingungen für den Erfolg der britisch-amerikanischen Allianz. Angesichts vergange-

---

* Auf dieser Konferenz wurde auch die Erklärung vorbereitet und unterzeichnet, in der die Vereinten Nationen ihre Kriegsziele verkündeten.

ner – und gegenwärtiger – Verdächtigungen, unterschiedlicher Strategien und Anschauungen, angesichts ständiger Veränderungen des relativen Beitrags zur gemeinsamen Sache und angesichts unterschiedlicher Zukunftsperspektiven gab es jedoch trotzdem genügend Reibungspunkte, die eine effektive Zusammenarbeit der beiden Mächte stark hätten beeinträchtigen können. Daß es dazu nicht kam, war nicht zuletzt Sir John Dills Verdienst, der auf diese Weise eine zentrale Rolle im Kriegsgeschehen spielte.

Churchill hatte Dill als Chef des Königlichen Generalstabs durch General Alan Brooke ersetzt, da er das Vertrauen zu Dill verloren hatte. Zum Trost hatte der Premierminister dafür gesorgt, daß Dill zum Feldmarschall befördert wurde. Er hatte geplant, ihn als Provinzgouverneur nach Bombay abzuschieben, was praktisch das Ende seiner militärischen Laufbahn bedeutet hätte. Zuvor aber hatte er ihn noch mit nach Washington genommen, während Brooke als der neue Generalstabschef in London blieb. In Washington wurde rasch deutlich, daß Dill über persönliche Qualitäten verfügte, die ihn für die Amerikaner nicht nur annehmbarer machten als die meisten anderen englischen Generäle, sondern ihm auch die persönliche Freundschaft von Marshall, Hopkins und Roosevelt selbst eintrugen. Er wurde zunächst zum amtierenden und ab Oktober 1942 zum ständigen Chef der britischen Militärmission in Washington ernannt und spielte auf diesem Posten eine Schlüsselrolle in der britisch-amerikanischen Kooperation, bis er im November 1944 starb.[158] Die Reiterstatue an seinem Grab auf dem Nationalfriedhof in Arlington ist das einzige solche Denkmal auf einer Ruhestätte amerikanischer Soldaten. Sie beweist, welche Hochachtung er genossen hat und wie stark sein Tod als Verlust empfunden worden ist.[159]

Während Briten und Amerikaner einen Apparat aufbauten und die Grundlagen einer Strategie entwickelten, um den Krieg zu gewinnen, diskutierten auch die Achsenmächte über strategische Fragen und Probleme der militärischen Koordination. Sie waren jedoch in beiden Bereichen wesentlich weniger erfolgreich. Wie bereits erwähnt, waren sich die Achsenmächte einig, daß bei einem Zusammentreffen der deutschen und japanischen Kräfte im Nahen Osten und im Indischen Ozean der Sieg in greifbare Nähe rücken würde. Die Führung beider Länder, besonders aber die Führung der beiden Kriegsmarinen, hatte klar erkannt, daß der Weg zum Sieg über die Beherrschung des Indischen Ozeans führte. Er wäre der ideale Transportweg für den Austausch von Gütern und Informationen zwischen den Achsenmächten gewesen. Weit günstiger als der Einsatz diplomatischer Kuriere via Sowjetunion[160], als der nördliche Seeweg, der um Sibirien herum durch das Nordpolarmeer führte[161], oder als der Versuch, mit Blockadebrechern auf von den Alliierten beherrschten Meeren zwischen Deutschland und Japan zu verkehren[162], ein Versuch, der die alliierten Geleitzüge nach Murmansk vergleichsweise einfach erscheinen ließ.

Noch wichtiger als der bequeme Schiffsverkehr über einen von den Achsenmächten beherrschten Indischen Ozean war die Möglichkeit, den Alliierten die Ölvorräte im Nahen Osten zu entreißen und sie selbst auszubeuten. Zusammen mit den Kautschuk-, Zinn- und Ölvorräten Südostasiens, das die Japaner gerade zu erobern im Begriff standen, hätte dies eine fundamentale Veränderung der Weltlage bedeutet; die Achsenmächte hätten dann über die Masse der wichtigen Rohstoffe verfügt, während diese bei den Alliierten sehr knapp geworden wären. Obendrein wären China und die Sowjetunion noch wirksamer von der Außenwelt abgeschnitten gewesen als bisher. Sämtliche Versorgungslinien, über die Briten und Amerikaner China unterstützten, wären unterbrochen worden, und die Sowjetunion hätte nicht mehr über den Iran versorgt werden können. Eine Verwirklichung dieser Pläne hätte also für die Achsenmächte eine denkbar rosige Zukunft bedeutet.[163]

Deutschland und Japan wurden jedoch nicht nur durch den Widerstand der Alliierten an der Verwirklichung dieser Pläne gehindert, sondern hatten auch mit anderen Komplikationen zu kämpfen, die sie größtenteils selbst zu verantworten hatten. Ihr Plan, Großbritannien zuerst zu schlagen, war im Gegensatz zum Plan der Alliierten, Deutschland zuerst zu schlagen, allein dadurch zum Scheitern verurteilt, daß sich Deutschland und Japan nicht auf den besten Weg einigen konnten, wie ihr Ziel zu erreichen sei. Der japanische Botschafter in Deutschland begrüßte zwar die Reorganisation des deutschen Oberkommandos im Dezember 1941, da er richtig erkannt hatte, daß Hitler projapanischer eingestellt war als die meisten anderen führenden deutschen Militärs und Politiker.[164] Trotzdem waren die Konflikte zwischen den Mitgliedern des Dreimächtepakts so groß, daß die Unstimmigkeiten zwischen Großbritannien und den Vereinigten Staaten und sogar zwischen diesen beiden Mächten und der Sowjetunion vergleichsweise gering erschienen. Außerdem war man sich, wie wir im nächsten Kapitel sehen werden, auch in Japan nicht einig, ob man die Anfangserfolge nutzen sollte, um westwärts nach Indien, südwärts nach Australien oder ostwärts nach Hawaii und Alaska vorzustoßen.

Nur einer Sache waren sich beide Seiten, nun, da der Krieg wirklich global geworden war, relativ sicher. Die Vereinigten Staaten und Großbritannien hatten zusammen mit anderen Staaten in der Erklärung der Vereinten Nationen vom 1. Januar 1942 verkündet, daß sie bis zum Sieg kämpfen und keinen separaten Waffenstillstand oder Frieden schließen würden, und sie hatten dies auf der Arcadia-Konferenz bestätigt. Einige Wochen zuvor hatten Deutschland, Japan und Italien ein ähnliches Abkommen in Form eines Vertrags unterzeichnet. Japan dachte nicht an Frieden in einer Zeit, in der es von einem Sieg zum anderen eilte. Italien hatte aufgrund der Fehler Mussolinis seine Autonomie praktisch eingebüßt. Die Deutschen sahen trotz ihrer Probleme an der Ostfront und der Niederlage in der Schlacht um England keinen Grund, im Westen einen Frieden anzustreben, und bemühten sich auch im Osten nicht um einen Frieden, weil sie immer noch hofften, die Sowjetunion 1942 besiegen zu können. Im September 1941 erklärte Hitler seinen Kameraden, daß er lieber noch zehn weitere Jahre kämpfen werde, als Frieden zu schließen[165], und Außenminister Ribbentrop, der wie immer in den Fußstapfen des Führers wandelte, versicherte, Deutschland wäre auch zu einem dreißigjährigen Krieg bereit.[166]

6

Die Wende im Pazifik und in Nordafrika

Dezember 1941 bis November 1942

DIE JAPANISCHE OFFENSIVE

Mit dem Kriegsbeginn in Ostasien zielten die Japaner darauf ab, sich so schnell wie möglich die Kontrolle über die Rohstoffe in Südostasien zu sichern. Der Angriff auf die amerikanische Flotte in Pearl Harbor diente dazu, diese Operation an der Flanke vor amerikanischer Einmischung zu schützen. Gleichzeitig sollten der Neutralitätsvertrag mit der Sowjetunion und der Verbleib starker Streitkräfte in der Mandschurei ihnen den Rücken gegen eine sowjetische Intervention frei halten. Dies waren jedoch untergeordnete Maßnahmen. Das Hauptziel war die schnelle Besetzung der Philippinen und Malayas als ein vorbereitender Schritt zur Eroberung Niederländisch-Indiens. Zusammen mit der Besetzung Birmas, zusätzlicher Teile Neuguineas, des Bismarck-Archipels und der Marshall- und Gilbert-Inseln sicherte dieser neue Machtbereich Japan nicht nur die Kontrolle über das Öl, den Kautschuk und das begehrte Zinnvorkommen in diesen Ländern, sondern auch einen Verteidigungsgürtel, von dem aus das Kaiserreich gegen jeden, der den Japanern wieder etwas zu entreißen versuchen sollte, vorgehen konnte.

Die genauen militärischen Pläne zur Durchführung dieser Eroberungen waren im Herbst 1941 sorgfältig ausgearbeitet worden. Sie enthielten zwar einen genauen Zeitplan für die Angriffsoperationen, waren aber in zweifacher, entscheidender Hinsicht völlig ungenügend. Es gab keinen abgestimmten Plan für einen weiteren Vormarsch, wenn die Eroberung erfolgreich verlaufen sollte, und es gab keinen Rückzugsplan für den Fall des Scheiterns. Wie die Deutschen früher im Jahr 1941 angenommen hatten, der Krieg an der Ostfront sei beendet, sobald ihre Armeen die Archangelsk-Astrachan-Linie erreicht hätten, so glaubten auch die Japaner, ihr Krieg sei beendet, wenn die Grenzen ihres neueroberten Herrschaftsbereiches erreicht wären. Die Aussicht, daß dies tatsächlich so hätte sein können, bestand jedoch nie; und selbst wenn sie jemals bestanden hätte, dann hatten die Japaner sich diese Möglichkeit mit dem Angriff auf Pearl Harbor selbst zerstört. Ihre Annahme, daß die Amerikaner für die Rückeroberung einer Menge von Inseln und anderer fremder Gebiete, von denen sie noch nie gehört hatten und die ihnen auch sonst gleichgültig waren, kein Blut vergießen und keine Opfer bringen wollten, erwies sich als falsch, weil die Japaner den Krieg gegen die Vereinigten Staaten mit dem Überfall auf Pearl Harbor begonnen hatten. Bis 1945 verharrten sie in dem Irrtum, sogar als sich das Kriegsglück von ihnen abgewandt hatte, und blieben bei derselben grundlegend falschen Strategie, den Preis für den Krieg immer höher zu treiben, um die Amerikaner zum Aufgeben zu bringen. Bevor derlei Überlegungen jedoch überhaupt ins Blickfeld kamen, verbuchten die Japaner eine lange und dramatische Serie von Siegen.

Ihre Entscheidung, bei dem Vorstoß nach Süden auch gegen die Vereinigten Staaten Krieg zu führen, hing mit der Überzeugung zusammen, daß es schlicht gefährlich sei, die Philippinen zu umgehen. Und da die Japaner glaubten, nicht warten zu können, bis die Amerikaner die Inseln 1946, wie schon festgesetzt, selbst verlassen haben würden, entschieden sie sich für die Invasion. Wären die Inseln erst einmal erobert, würden sie einen hervorragenden Stützpunkt für den Angriff auf Niederländisch-Indien bieten und eine gute Zwischenstation auf dem Weg in den Südteil des Imperiums.

Die Japaner wollten die auf den Philippinen stationierten amerikanischen Luft- und Seestreitkräfte ausschalten und gingen zu Recht davon aus, daß sie auf der großen nördlich gelegenen Insel Luzon konzentriert seien. Sie planten die Landung zweier Divisionen auf der Insel, um dort Luftstützpunkte zu errichten, und wollten dann die verbleibenden amerikanisch-philippinischen Armee-Einheiten in einem kurzen Feldzug auf Luzon, auf Mindanao, der großen südlichen Insel, und auf einigen der kleineren Inseln vernichten. Die Flotten- und Luftstützpunkte konnten dann für die Invasion von Niederländisch-Indien verwendet werden, bei der auch, wie vorausberechnet wurde, viele japanische Einheiten, die bei der Operation auf den Philippinen im Einsatz waren, selbst teilnehmen würden.[1]

Der ursprüngliche amerikanische Verteidigungsplan hatte es erfordert, sich bei der Verteidigung auf die Bucht von Manila zu konzentrieren und die Mehrheit der US-Landstreitkräfte auf der Halbinsel Bataan zusammenzuziehen in der Hoffnung, daß sie dort ein halbes Jahr durchhalten könnten, bis Entsatz von Hawaii die Inseln erreichen würde. Der letzte Teil des Plans war allerdings eher ein sehnsüchtiger Wunsch denn eine ernsthafte Möglichkeit. Die Amerikaner teilten die Auffassung, Deutschland stelle die größere Gefahr dar und müsse zuerst im gemeinsamen Kampf mit Großbritannien und der Sowjetunion geschlagen werden. Bei der Planung ihrer Truppenkontingente verhielten sie sich folglich in Ostasien defensiv, nahmen den frühen Verlust von Guam und den Philippinen in Kauf und verließen sich darauf, daß sie nach der Niederlage Deutschlands in weiterer Zukunft auch Japan besiegen würden.

Diese Sichtweise – und der vorhersehbare völlige Rückzug der Amerikaner von den Inseln 1946 – hatte eine Zeitlang bedeutet, daß es wenig sinnvoll war, in dem aufgegebenen Gebiet wertvolle Ausrüstung und Soldaten zu stationieren, aber dies alles änderte sich durch zwei miteinander verknüpfte Entwicklungen im Herbst 1941. Der energische und optimistische ehemalige Stabschef der US-Armee, General Douglas MacArthur, nun Oberbefehlshaber auf den Philippinen, bildete eine philippinische Armee für den Tag der Unabhängigkeit aus und hielt den bestehenden Verteidigungsplan, der den Verlust der Inseln implizierte und nur eine Festung als kleinen Hoffnungsschimmer vorsah, für ein jämmerliches Vorhaben. Er zog es vor, die ganze Insel Luzon von der Küste aus zu verteidigen, und glaubte, der Aufbau einer philippinischen Armee könne sich mit einer zweiten Neuentwicklung verbinden lassen: der Schaffung einer effektiven Luftwaffe, einschließlich der neuen Bomber vom Typ B-17 »Flying Fortress«. Die Bomber konnten angeblich ohne Jagdschutz verheerende Schläge gegen feindliche Anlagen und Landungstruppen führen, weshalb nicht nur die amerikanische Luftwaffe, sondern auch die amerikanische Regierung und Militärführung allgemein großes Vertrauen in diesen Waffentyp setzten. Im Rückblick ist dieses Vertrauen schwer zu verstehen. Lediglich 35 solche Flugzeuge waren auf den Philippinen stationiert, als MacArthurs neuer Verteidigungsplan für die Inseln auf sein Drängen hin in Washington gebilligt wurde.

Tatsächlich hoffte man in Washington, der Aufbau der Armee und der Luftwaffe auf den Philippinen würde, zusammen mit der Stationierung einer kleinen, hauptsächlich aus U-Booten bestehenden Flotte, die Japaner vielleicht überhaupt von einem Angriff abschrecken – eine Hoffnung, die man in Verbindung mit dem gleichzeitigen britischen Transfer von Kriegsschiffen nach Singapur betrachten muß. Im Zusammenhang mit den Katastrophen dort wird dies noch diskutiert werden. Selbstverständlich ist es theoretisch denkbar, daß eine längere Phase der Aufrüstung eine abschreckende Wirkung gehabt hätte, aber die Japaner hatten nicht vor zu warten, unter anderem gerade weil sie beobachten konnten, daß die Vereinigten Staaten sich jetzt rüsteten.

Weil die Japaner am unbedingten Vorrang des Überraschungsangriffs auf Pearl Harbor festhielten und wegen der Zeitverschiebung zwischen den Philippinen und Hawaii war MacArthur zu dem Zeitpunkt, als die Japaner ihren Angriff auf die Philippinen starteten, bereits seit mehreren Stunden gewarnt. Aber an diesem verhängnisvollen Morgen – der 8. Dezember auf dem ostasiatischen Schauplatz – herrschte nur Verwirrung in seinem Hauptquartier. Das Durcheinander wurde noch von MacArthurs Stabschef General Sutherland verstärkt, der andere, in diesem Fall den Chef der Luftwaffe General Brereton, davon abhielt, den Oberbefehlshaber zu sprechen. Das Ergebnis war, daß etwa zehn Stunden nach dem Angriff auf Pearl Harbor die Flugzeuge der U. S. Air Force in Fernost von den japanischen Angriffen zum größten Teil auf dem Boden erwischt und mehr als die Hälfte der Maschinen zusammen mit den Flugplätzen zerstört wurden.* Dieses Fiasko traf sowohl Jagd-

---

* Man sollte hinzufügen, daß die B-17-Bomber sicherlich auch eine Niederlage erlitten hätten, wenn sie in einem uneskortierten Angriff auf Formosa eingesetzt worden wären, wie dies Brereton vorhatte. Aber es hätten statt dessen vielleicht alle – und nicht nur eine Handvoll – von Stützpunkten auf Mindanao aus benutzt werden können, um bei der Invasion einzugreifen. Clayton, The Years of MacArthur, Kap. 1, kommt zu ganz ähnlichen Schlußfolgerungen, vgl. S. 240–244.

8. Der Angriff Japans 1941/42

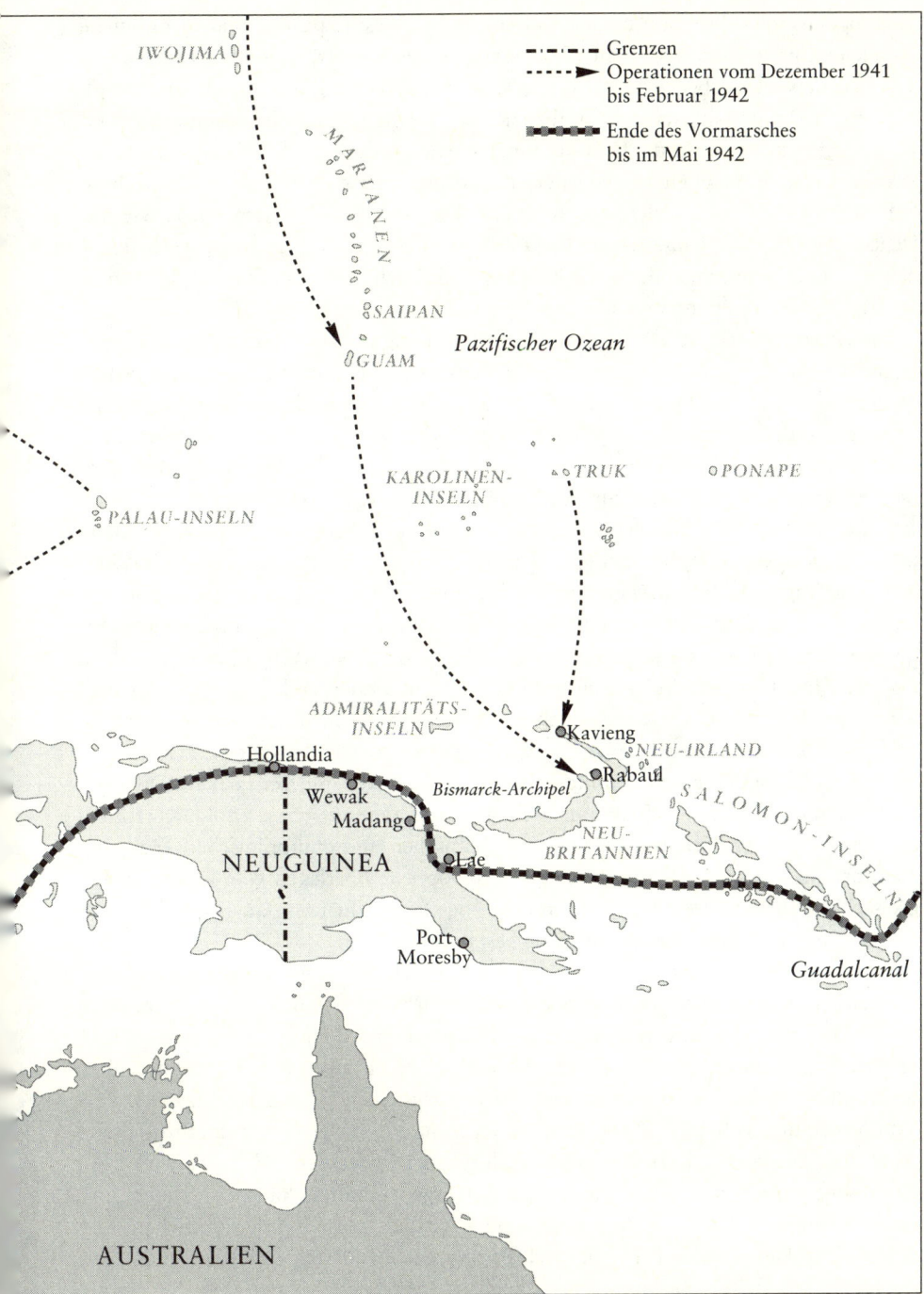

IWOJIMA

MARIANEN

SAIPAN

GUAM

Pazifischer Ozean

Grenzen
Operationen vom Dezember 1941
bis Februar 1942
Ende des Vormarsches
bis im Mai 1942

KAROLINEN-
INSELN

TRUK

PONAPE

PALAU-INSELN

ADMIRALITÄTS-
INSELN

Kavieng

NEU-IRLAND

Hollandia

Wewak

Madang

Bismarck-Archipel

Rabaul

SALOMON-INSELN

NEUGUINEA

Lae

NEU-
BRITANNIEN

Port
Moresby

Guadalcanal

AUSTRALIEN

Der Angriff Japans 1941/42

flugzeuge als auch Bomber; danach waren die Marinestützpunkte und technischen Anlagen schutzlos den japanischen Luftangriffen ausgeliefert. Dies wiederum zwang den Marinebefehlshaber, Admiral Hart, seine verbliebenen Einheiten für die Verteidigung von Niederländisch-Indien abzuziehen.[2] Sie hatten auf den Philippinen nur wenig helfen können, da die U-Boote nutzlos waren gegen die Schiffe, die die japanischen Invasionstruppen transportierten und eskortierten, teils wegen schlechter Führung und teils wegen defekter Torpedos. Die Amerikaner traten 1941, wie die Deutschen 1939, mit Unterwasser-Torpedos in den Krieg ein, die oft entweder überhaupt nicht explodierten oder wenn kein Schiff in Reichweite war. Eine vergleichende Studie über dieses Phänomen steht noch aus.

Der japanische Angriffsplan erforderte zur Deckung der Hauptlandungsstreitkräfte, die die Bucht von Manila einnehmen sollten, zunächst schmale Landungsstreifen an der Nordküste und an der südöstlichen Spitze von Luzon, damit Luftstützpunkte befestigt werden konnten. Zusätzlich brauchten sie sogar noch kleinere Landeplätze, um Davao auf der Insel Mindanao sowie die Insel Jolo zwischen Mindanao und Borneo einzunehmen. Die Philippinen sollten damit von jeder Verstärkung abgeschnitten und der Weg für einen weiteren Vorstoß nach Süden freigemacht werden. Diese Landungsoperationen fanden alle am 10. Dezember statt. Während der folgenden zehn Tage rückten die japanischen Spezialeinheiten ins Landesinnere vor, die japanische Luftwaffe zerstörte das meiste, was von der U.S. Air Force in Fernost übriggeblieben war, und jagte die Kriegsschiffe der Vereinigten Staaten aus dem Archipel. Die Hauptlandungsstreitkräfte gingen am 22. Dezember an der östlichen Küste des Golfs von Lingayen nördlich und in der Lamon-Bucht südlich von Manila an Land. Die 14. japanische Armee unter General Homma Masaharu hatte die verstärkte 48. Division für die Landung am Golf von Lingayen und Teile der 16. Division für die Lamon-Bucht zur Verfügung. Mit diesen annähernd 50000 Soldaten trafen die Japaner auf eine Streitmacht von amerikanischen und philippinischen Truppen, die ihnen an nomineller Stärke zwar um das Doppelte überlegen war, jedoch in der großen Mehrheit aus erst vor kurzem eingezogenen, nicht fertig ausgebildeten und oft nicht einmal ausgerüsteten Filipinos bestand.

Schon in den ersten Kampftagen war offensichtlich, daß die Verteidiger den japanischen Angriffen nicht standhalten konnten. Es ist denkbar, daß MacArthurs Plan zur Verteidigung der Strände ein halbes Jahr später funktioniert hätte, aber im Dezember 1941 führte er unweigerlich ins Fiasko. Nach zwei Tagen entschied sich MacArthur, die Taktik zu ändern und auf den früheren Plan zurückzugreifen: Die Truppen sollten sich nach Bataan zurückziehen und dort versuchen durchzuhalten. Aber der Plan konnte jetzt nur teilweise durchgeführt werden. Während viele philippinische Einheiten geflohen waren oder sich ergeben hatten, kämpften andere unerschrocken weiter und schafften, zusammen mit den meisten amerikanischen Soldaten, einen kämpfenden Rückzug nach Bataan. Sie formierten eine Linie quer über die Halbinsel, hielten die Japaner in Schach und versperrten ihnen den Zugang zu dem großen Hafen in der Bucht von Manila, wie der originale amerikanische Plan vorgesehen hatte. Aber der andere Teil des ursprünglichen Plans, die Nachschublieferungen auf die Halbinsel zur Unterstützung der belagerten Festung, konnte nicht so rasch verwirklicht werden. Viele Vorräte waren noch zu den Strandabschnitten gebracht worden, während andere in der verworrenen Situation nicht mehr transportiert werden konnten. MacArthur hatte in den zwei Wochen vor seinem Befehl am 23. Dezember, auf die Bataan-Verteidigung umzustellen, die Erlaubnis für den Beginn solcher Bewegungen verweigert. Nun war es zu spät, und die Truppen, die in Bataan ankamen, hatten kaum Lebensmittel und Munition und nur mangelhafte medizinische Versorgung.

In den zwei Wochen vom 24. Dezember bis zum 8. Januar konnten die amerikanisch-philippinischen Truppen die Verteidigungslinien jedoch halten, eine Einkreisung vermeiden und es den südlichen Luzon-Streitkräften, die die Landung in der Lamon-Bucht bekämpften, ermöglichen, sich durch Zentralluzon nach Bataan zurückzuziehen. Viele der ausgebildeten Filipinos kämpften nun ganz entschlossen gegen die Japaner, und die Amerikaner lernten schnell. Homma rückte mit seinen Truppen nicht so schnell vor, wie er es gekonnt hätte, und die japanische Luftwaffe ruhte sich auf ihren Lorbeeren aus, statt die amerikanischen Truppen, die sich auf den Straßen nach Bataan drängten, anzugreifen. Wegen der Tapferkeit der Amerikaner und Filipinos und der Zögerlichkeiten der Japaner dauerte der Feldzug weitaus länger, als Tokio angenommen hatte.

Der erste, größere Angriff der Japaner auf die amerikanisch-philippinischen Streitkräfte in Bataan Mitte Januar zwang diese zum Rückzug auf die Hauptverteidigungslinie, nach Städten an der West- bzw. Ostküste der Halbinsel Bagoc-Orion-Linie genannt. Beim Angriff auf diese Linie Ende Januar wurden den Japanern von den Verteidigern schwere Verluste zugefügt; auch japanische Versuche, an Punkten der Südwestküste von Bataan zu landen, wurden abgewehrt. Zwei Monate Waffenruhe folgten, in denen die Japaner ihre Truppen auffüllten. Die Amerikaner und Filipinos wurden von Hunger und Krankheiten dezimiert, denn die verzweifelten Anstrengungen Washingtons, der belagerten Garnison Nachschub zu liefern, waren angesichts der Entfernung, des Mangels und der japanischen Präsenz nur ein Tropfen auf dem heißen Stein.

Während dieser Kampfpause im Februar und März ließen sich die ersten Anzeichen der später weitverbreiteten Kollaboration mit den Japanern erkennen. Gleichzeitig schlossen sich andere Filipinos zu einer Guerilla-Bewegung zusammen, und der philippinische Präsident Manuel Quezon spielte mit der Idee, sich aus dem Krieg zurückzuziehen. Präsident Roosevelt wies solche Ansinnen zurück, befahl fortgesetzten Widerstand und wies MacArthur an, seinen Kommandoposten auf der Insel Corregidor, die den Eingang zur Bucht von Manila beherrschte, zu verlassen, in Australien eine neue Front aufzubauen und das Kommando über neue Streitkräfte zu übernehmen. Der philippinische Präsident wurde evakuiert, General MacArthur, der Hochkommissar der Vereinigten Staaten und eine Gruppe amerikanischer Offiziere verließen die Philippinen am 11. März. Bevor sie gingen, erhielten MacArthur, Sutherland und zwei andere Offiziere mit dem Wissen von Roosevelt und Marshall[3] noch große Geldsummen von Quezon. Was hätten die Soldaten, die auf Bataan und den restlichen philippinischen Inseln zurückblieben, wohl dazu gesagt? Sie zweifelten bereits an ihrem Befehlshaber, aber durch seine prahlerische Selbstdarstellung in der Presse und den hartnäckigen Widerstand zu einer Zeit, als es sonst allenthalben noch schneller schiefging, wurde er in den Augen der amerikanischen Öffentlichkeit zu einem großen Helden.

Mit der erneuten Offensive der Japaner Anfang April war der Widerstand der ausgehungerten und kranken Soldaten auf amerikanisch-philippinischer Seite schnell gebrochen. Sie mußten sich am 9. April ergeben. Die Bombardierung der Inselfestung Corregidor und die darauffolgende Landung führte dort am 6. Mai zur Kapitulation. Die restlichen Truppen auf den anderen Inseln mußten sich am 9. Juni ergeben. Zehntausende amerikanischer und philippinischer Gefangener hatten einen schrecklichen Todesmarsch vor sich, auf dem sehr viele an Entkräftung und Hunger starben oder abgeschlachtet wurden.[4] Jahre der Not in den schlimmsten Kriegsgefangenenlagern folgten. Aber zum Zeitpunkt der letzten Kapitulation auf den Philippinen hatte sich im Pazifikkrieg das Blatt bereits gewendet, und die große Welle von japanischen Siegen, die auch auf die Philippinen übergeschwappt war, wurde bald aufgehalten.

Die anderen amerikanischen Stützpunkte in japanischer Reichweite waren auch gefallen. Guam, die größte Insel der Marianen, war praktisch ohne Verteidigung gewesen und wurde schnell besetzt. Auf der Insel Wake, einer Schlüsselposition im zentralpazifischen Raum, waren die ersten japanischen Landungsversuche unter schweren Verlusten erfolgreich abgewehrt worden, aber ein Entlastungsversuch von Hawaii aus wurde verpfuscht, und der zweite japanische Angriff am 22. Dezember endete mit der Überwältigung und Einnahme der Insel. Die britische Garnison in Hongkong war zu dieser Zeit auch auf dem Weg in die japanischen Kriegsgefangenenlager.[5] Sie führte ein fünftägiges Rückzugsgefecht vom Festland auf die Insel Victoria, wo die Japaner in der Nacht des 18. auf den 19. Dezember landeten. Nach einer Woche erbitterten, blutigen Kampfes mußten sich die überlebenden britischen, kanadischen und indischen Truppen ergeben. Wie auf Wake und Bataan hatte hier eine Garnison ohne große Hoffnung auf Entlastung hart und effektiv gegen einen erfahrenen, aber nicht sehr kompetent geführten Gegner gekämpft. In Malaya war die Situation in zweierlei Hinsicht anders.

Im Gegensatz zu den Amerikanern, die schon vor langem beschlossen hatten, die Philippinen zu verlassen, beabsichtigten die Briten, bis in unbestimmte Zukunft in Malaya zu bleiben. Sie hatten die Kontrolle über verschiedene Landesteile, einschließlich der Insel Singapur als Kronkolonie, und dafür ein kompliziertes System ausgearbeitet, mit dessen Hilfe sie die Angelegenheiten der restlichen föderierten und nichtföderierten malayischen Staaten in der Region verwalteten. Die Vorbereitungen der Verteidigung lagen völlig in britischer Hand, wurden jedoch durch eine Reihe von Widersprüchlichkeiten und Komplikationen belastet, die man selbst in einer albernen Operette als weit übertrieben angesehen hätte.

Der Hauptverteidigungspunkt war die Marinebasis in Singapur, die eine Basis für die Seeverteidigung der Region darstellen sollte. Aber dort lagen keine Kriegsschiffe, und bis zuletzt wurden auch keine erwartet. Da diese in den europäischen Gewässern mit den Deutschen beschäftigt waren, wurde eine Reihe größerer Flugplätze errichtet, damit die Region und ihr wichtiger Marinestützpunkt von Einheiten der Royal Air Force verteidigt werden konnten. Aber unter dem Druck des Krieges in Europa und Nordafrika und angesichts der Notwendigkeit, der Sowjetunion Flugzeuge zu schikken, hatte die RAF die Flugzeuge, die sie zur Verteidigung und für Operationen von den Flughäfen aus brauchte, nicht erhalten. Deshalb stand nun das Heer der absurden Aufgabe gegenüber, ohne Panzer und Panzerabwehrwaffen gleichzeitig die Flugplätze und den Marinestützpunkt am anderen Ende der fast 500 Kilometer langen Halbinsel gegen die Japaner zu verteidigen. Dazu kam noch die weitverbreitete Ansicht, die Japaner seien unterlegen und unfähig.

Die Hauptoperation der Einheiten, die unter diesen Umständen geplant wurde, war die Truppenbewegung »Matador« in den angrenzenden Teil Thailands, wo die Japaner, wie richtig vermutet wurde, landen und ihren Hauptvorstoß auf Malaya organisieren würden.* Der Einheit, die auf diese Operation vorbereitet wurde – eine der beiden indischen Divisionen, die zusammen mit einer australischen Division und einigen kleineren britischen Einheiten die Verteidigungsarmee bildeten –, wurde jedoch nie der Ausführungsbefehl erteilt, zum Teil aus Sorge, die thailändische Neutralität zu verletzen und die Japaner zu provozieren, und zum Teil, weil in den Hauptquartieren Singapurs bei Kriegsbeginn Zögern und Verwirrung in einem Maß herrschten, daß das Vorgehen in Manila vergleichsweise gut organisiert erscheint.

Die Japaner wollten Malaya aus mehreren Gründen erobern. Dort gab es Kautschuk und Zinn, über das sie lieber selbst wachen wollten, als es von anderen zu kaufen. Malaya bot einen hervorragenden Marinestützpunkt auf Singapur, und es eröffnete eine Route nach Niederländisch-Indien und zum Indischen Ozean. Mit der Besetzung des südlichen Französisch-Indochina im Sommer 1941 hatten sie sowohl für die operativen See- und Luftstützpunkte als auch für den Bereitstellungsraum der Invasionstruppen gesorgt. Tatsächlich war dies einer der Hauptgründe der Japaner für die Besetzung Süd-Indochinas und für die anschließende Weigerung, die Evakuierung in Betracht zu ziehen, gewesen. Für eine Reihe von Landungsmanövern in

---

* Dies war die vollständige Umkehrung aller früheren britischen Pläne, in denen die Vorstellung, daß die Japaner im Norden landen und über Land auf Singapur vorrücken könnten, als absurd abgelehnt worden war. Man war davon ausgegangen, Singapur gegen eine Landung vom Meer verteidigen zu müssen. Siehe Rohwer/Jäckel, Funkaufklärung, S. 266–268.

Südthailand und Nordmalaya wurden detaillierte Pläne ausgearbeitet. Die drei Divisionen der 25. Armee unter General Yamashita Tomoyuki sollten die Operationen ausführen. Da sich die Luftstreitkräfte der japanischen Marine auf den Angriff auf Hawaii konzentrierten, sollten die Heeresflieger in Französisch-Indochina die Hauptlast bei der Zerschlagung der britischen Luft- und Seestreitkräfte tragen und von den britischen Flughäfen in Nordmalaya aus operieren, nachdem diese von den gelandeten Bodentruppen eingenommen worden waren.

Am frühen Morgen des 8. Dezember (Ortszeit und -datum) begann die Landung der Japaner.[6] Während die Luftwaffe die meisten britischen Flugzeuge in Reichweite zerstörte, stieß die Landungstruppe schnell ins Landesinnere vor, überwältigte die 11. indische Division im Westen und drängte die 10. indische Division an der Ostküste zurück. Schon nach den ersten Kampfstunden war klar, daß die schlecht geführten und ausgebildeten indischen Divisionen, denen viele ihrer besten Offiziere und Unteroffiziere wegen des Aufbaus neuer Formationen in Indien fehlten, die zahlenmäßig unterlegenen, aber gut geführten und ausgerüsteten japanischen Truppen nicht aufhalten konnten. Als die Japaner die Briten auch aus Nordmalaya vertrieben, nahmen sie der Royal Navy jede Aussicht auf Verteidigung.

Teilweise in der Hoffnung, die Japaner vor einem Vorrücken nach Süden abzuschrecken, hatte die britische Admiralität, von Premierminister Churchill beharrlich dazu gedrängt, das Schlachtschiff *Prince of Wales* und den Schlachtkreuzer *Repulse* nach Singapur geschickt, wo sie Anfang Dezember ankamen.[7] Ohne einen angegliederten Flugzeugträger war dieser Verband abhängig von der Luftunterstützung der ohnehin hoffnungslos unterlegenen Royal Air Force in Malaya. Der britische Befehlshaber, Admiral Phillips, hoffte zunächst, die Japaner bei der wirklichen Landung in Khota Baru in Nordmalaya zu überraschen, und ging, nachdem er von der japanischen Aufklärung entdeckt war, zum Angriff auf eine imaginäre Landung weiter unten an der malayischen Küste über. Mit den beiden Schiffen und Hunderten von Seeleuten verlor er am 10. Dezember unter japanischem Bomben- und Torpedobeschuß sein Leben. Die Japaner waren damit auf dem Höhepunkt ihrer erfolgreichen Landungen und Luftangriffe. Die Moral des britischen Militärs und der Zivilbevölkerung litt schwer unter diesem Desaster, während die Japaner sich in Hochstimmung weiter angespornt fühlten.

In den folgenden Wochen rückten die japanischen Streitkräfte energisch vorwärts, umgingen die britischen Straßensperren und umzingelten und zerstörten regelmäßig starke Stellungen, an die sich die Verteidiger klammerten.[8] Die indischen und australischen Einheiten und die Verbände des Vereinigten Königreichs wurden ständig geschlagen und verloren allmählich den Mut. Auch die Verstärkung, die ihnen zu Hilfe kam, konnte die Situation nicht verbessern. Im falschen Glauben, Teile von Malaya und Singapur könnten noch gehalten werden, wurde Luftverstärkung geschickt, die im Kampf gegen einen überlegenen Gegner sinnlos geopfert wurde. Außerdem strömte eine große Zahl von Bodentruppen – Briten, Inder und Australier – mit oft kaum ausgebildeten Soldaten durch den Hafen von Singapur in die Schlacht. Diese Entsatztruppen dienten am Ende hauptsächlich dazu, die japanische Ausbeute an Kriegsgefangenen zu erhöhen. Ihr Schicksal demonstrierte auf dramatische und traurige Weise, was geschehen wäre, wenn MacArthur die von ihm geforderte Verstärkung erhalten hätte.[9] Wenn sie jedoch nach Birma und Australien geschickt worden wären, hätten sie dort die neu errichteten Fronten verstärken können.

Mit einer Serie kurzer, aber blutiger Schlachten in der zweiten und dritten Januarwoche brachen die Japaner die britische Hauptverteidigungslinie in der nördlichen Provinz Johore, der letzten wichtigen Front zum Schutz der Festung.[10] Die verbleibenden britischen Streitkräfte zogen sich daraufhin auf die Insel zurück, sprengten den Verbindungsdamm zum Festland und erwarteten den letzten japanischen Schlag. Auf der Insel Singapur waren in den zwei Monaten seit Beginn der Kämpfe ebensowenig ernsthafte Vorbereitungen für eine Belagerung getroffen worden wie in den vorangegangenen Jahrzehnten des Friedens. Als die japanische Infanterie über die Meerenge hinweg angriff, in der Nacht des 8. auf den 9. Februar, gewann sie rasch sicheren Halt und baute ihre Position auch ebensoschnell aus.[11] Manche Verteidiger kämpften hart, aber andere waren eindeutig demoralisiert.[12] Am 15. Februar führte der britische General Percival ungefähr 70000 Soldaten in die Gefangenschaft, von denen viele erst mit den letzten Verstärkungskonvois eingetroffen waren.

Zwei Tage nach der Kapitulation schrieb General Sir Archibald Wavell, der in das Amt des alliierten Oberbefehlshabers in Südostasien eingesetzt worden war, an den Chef des Empire-Generalstabs Brooke, er hätte einen weiteren Kampfmonat auf dem Festland von Malaya benötigt, um eine angemessene Verteidigung für Niederländisch-Indien aufzubauen.[13] Nach der Analyse, die das British War Office 1942 über dieses größte Debakel in der britischen Militärgeschichte ausarbeitete, haben die Unterschätzung der Japaner, das Fehlen einer aggressiven Führung der Truppen, unzulängliche Bewaffnung, ständiges Aufteilen der Divisionen und noch kleinerer Einheiten in der Schlacht und das stückweise Hineinwerfen von Verstärkungstruppen in die Schlacht als zusammenwirkende Ursachen zu der Niederlage beigetragen.[14] Der Autor* der offiziellen Geschichte fügte dieser Liste als weiteren Punkt noch die geteilte Kommandostruktur hinzu. Selbstverständlich konnte man vielem die Schuld zuschreiben, aber der vielleicht wichtigste Faktor war die Tatsache, daß die kraftvolle japanische Offensive die wenn auch größeren, so doch teilweise entmutigten, mangelhaft geführten und schlecht ausgebildeten Streitkräfte zu einem Zeitpunkt angegriffen hat, als das Hauptinteresse der Besiegten notgedrungen auf einen anderen Kriegsschauplatz und gegen einen bedrohlicheren und mächtigeren Feind gerichtet war. Trotz der Siege gegen diesen Gegner durch die Royal Air Force im Westen, die Rote Armee im Osten und die britische Wüstenarmee in Nordafrika stand nicht

* S. Woodburn Kirby, The War against Japan, Bd. 1, The Loss of Singapore, HMSO, London 1957, S. 456ff.

genügend Entsatz für eine angemessene Konzentration von Kräften gegen die angreifenden Japaner zur Verfügung.

Weil die alliierten Streitkräfte während der japanischen Siege auf den Philippinen und in Malaya auch noch an anderen Orten geschlagen wurden, war diese Schwäche sogar auf noch dramatischere Weise offenbar geworden. Schon vor dem Fall Singapurs richtete sich der Hauptvorstoß der Japaner nach Süden auf Birma und Ostindien. Auf den Feldzug in Birma wird weiter unten eingegangen. Die Besetzung Ostindiens wurde praktisch zur selben Zeit begonnen, aber früher abgeschlossen. Am 15. Dezember begannen die Japaner mit der Landung auf der Insel Borneo, die wegen ihrer strategischen Lage und der reichen Ölvorkommen wichtig war. Die Insel war zwischen Briten und Holländern geteilt, und keiner der beiden konnte sie ernsthaft verteidigen, da die verfügbaren Truppen sich auf andere Aufgaben konzentrieren mußten: die Briten auf die Verteidigung Singapurs, die Holländer auf den Schutz der Insel Java. Nach zwei Wochen hatten die Japaner die Macht über den nordwestlichen, britischen Teil der Insel mit seinen Bodenschätzen übernommen. Viele Ölförderanlagen waren von den Briten selbst zerstört worden, aber nicht so gründlich, daß die Japaner sie auf lange Sicht nicht doch nutzen konnten. Im Januar besetzten sie eine Schlüsselstellung im holländischen Teil Borneos, und Mitte Februar war die Eroberung der Insel abgeschlossen. Auch hier waren die Schäden an den Ölförderanlagen reparabel. [15]

Die Angriffe auf Holländisch-Borneo überschnitten sich mit den japanischen Landungsoperationen auf den größeren Inseln Niederländisch-Indiens: Sumatra, Celebes und Amboina. Um die alliierten Truppen auf Java zu isolieren und sich ein Sprungbrett in Richtung Australien zu schaffen, landeten die Japaner Ende Februar 1942 auch auf der Insel Timor, die teilweise unter portugiesischer Verwaltung stand. Die deutsche Regierung befürchtete deshalb, Portugal könne den Alliierten Stützpunkte auf den portugiesischen Azoren anbieten, was den deutschen U-Booten im Atlantik gefährlich geworden wäre. Diese Angelegenheit führte zwar zu endlosem diplomatischem Austausch, hatte aber letztlich keine wesentliche Auswirkung auf die Ereignisse (ebensowenig wie das lange Ausharren einer kleinen australischen Truppe auf der Insel). [16]

Weitaus wichtiger als die diplomatischen Gespräche über Portugiesisch-Timor war folgende Kernfrage: Können die Alliierten die Schlüsselposition auf Java gegen die Japaner verteidigen? [17] Da die Japaner ohnehin die Luftüberlegenheit hatten, war dies vor allem eine Frage der Seestärke. Die Alliierten konnten eine Flotte von holländischen, amerikanischen und britischen Kreuzern und Zerstörern aufbieten, die nun dem Generalkommando des holländischen Admirals Conrad Emil Helfrich unterstanden. Er löste Admiral Hart ab, da es eine Reihe von komplizierten Manövern gegeben hatte, die eher die Differenzen zwischen den Alliierten als deren Kooperationswillen offenbart hatten. Obwohl die alliierte Seestreitkraft unglaubliches Stehvermögen und großen Mut bewies, konnte sie die größeren, zahlenmäßig überlegenen und teilweise moderneren Schiffe der Japaner, die die Truppentransporter für die Invasion auf Java eskortierten, nicht wirkungsvoll angreifen. Während der Schlacht in der Javasee, der größten offenen Seeschlacht seit der Schlacht im Skagerrak 1916, zerstörten die Japaner die alliierte Flotte buchstäblich in einer Serie von Gefechten am 27. und 28. Februar. Vier amerikanische Zerstörer waren nach Australien geschickt worden, um neu ausgerüstet zu werden; alle anderen Schiffe, darunter fünf Kreuzer, wurden in diesen und den folgenden Kämpfen versenkt.[18] Die ganze Aktion verzögerte die Landung der Japaner nur um einen Tag. Am 1. März fand die Hauptlandung statt, und am 8. März mußten sich die restlichen holländischen, britischen, australischen und amerikanischen Soldaten ergeben.[19]

Bis zu diesem Zeitpunkt hatten die Japaner auch eine Reihe anderer Angriffsziele ihres ursprünglichen Plans erreicht. Sie waren an der Nord- und Ostküste von Neuguinea gelandet (die Städte Lae und Salamaua wurden am 8. März eingenommen) und hatten mit einem Vorstoß nach Süden von den Marianen und Karolinen aus die Admiralitätsinseln und die nördlichen Salomon-Inseln erreicht und, was vielleicht am wichtigsten war, den Bismarck-Archipel, zu dem der beste Hafen und wichtigste Stützpunkt der Region am östlichen Ende der Insel Neu-Britannien gehörte: Rabaul. Mit dieser Serie leichter Siege erhielten die Japaner, da auch die Gilbert-Inseln problemlos besetzt wurden, die südlichen und südöstlichen Anker für ihren geplanten Verteidigungsring. Damit befanden sie sich in einer hervorragenden Position, um Australien zu bedrohen, was ihnen nun nicht mehr schwierig schien.*

Der 8. März war jedoch nicht nur der Tag der Kapitulation Javas, sondern auch der Tag, an dem Rangun der vorrückenden 15. japanischen Armee unter General Ida Shogin zufiel.[20] General Wavell hatte, als er britischer Oberkommandierender in Indien und noch nicht alliierter Oberbefehlshaber in Südostasien war, Tschiang Kai-scheks Angebot von Hilfstruppen zur Verteidigung Birmas abgelehnt. Jetzt waren die Truppen seiner Untergebenen viel zu schwach, um das Gebiet gegen die vorrückenden Japaner zu verteidigen. Die meisten alliierten Verstärkungen wurden nach Malaya und Java gebracht in der Hoffnung, dort den japanischen Ansturm abzuwehren, und die australische Division aus dem Nahen Osten, die zur Unterstützung der Verteidigung Birmas vorgesehen war, wurde auf den dezidierten Wunsch der australischen Regierung hin nach Australien umgeleitet. Die Australier glaubten nicht ohne Grund, die Verteidigung der Heimat müsse erste Priorität haben. Schließlich wurden sie angesichts der japanischen Bedrohung im Norden davon überzeugt, daß sie in der gefährlichsten Stunde – die japanische Luftwaffe bombardierte Port Darwin im Norden, Kleinst-U-Boote griffen im Hafen von Sidney im Süden an[21], und die japanische Armee kontrollierte Teile des australischen Mandatsgebiets im südöstlichen Neuguinea – ihre anderen zwei Divisionen *nur dann* bei der 8. britischen Armee in Nordafrika lassen konnten, wenn ihnen die Vereinigten Staaten garantierten, Trup-

---

* Der Schlußbefehl am 29. Januar 1942 für diese Operationen bezog auch die Möglichkeit einer Einnahme von Port Moresby ein (Morton, Strategy, S. 214 f.), was aber ursprünglich *nicht* als notwendig erachtet worden war.

pen zu schicken. Teils weil Churchill darauf drängte, teils weil es in dieser Situation ohnehin das Nächstliegende war, stimmten die Vereinigten Staaten zu. Man muß jedoch festhalten, daß das Abweichen von der »Deutschland zuerst«-Strategie, wie es diese Entscheidung implizierte, und die daraus folgenden Auswirkungen auf die Rolle MacArthurs und auf die langfristigen Beziehungen zwischen Australien und Großbritannien einerseits und den USA andererseits bei Aufgaben der Verteidigung aus der verzweifelten militärischen Situation erwuchsen, die das Vorrücken der Japaner geschaffen hatte.

Die wenigen Verteidigungskräfte in Birma konnten ohne angemessene Verstärkung und unter schlechter militärischer Führung den Vormarsch der Japaner nicht aufhalten. Die Angreifer rückten nach Südbirma vor, besetzten am 8. März Rangun und schnitten damit die britischen Einheiten in Birma von ihrer Hauptversorgungsroute über das Meer ab. Was an britischer Verstärkung und an verspäteten chinesischen Einheiten noch nach Birma kommen konnte, war unfähig, den japanischen Vorstoß nach Norden aufzuhalten. General Sir Harold Alexander, der sich bei den Kämpfen in Belgien 1940 ausgezeichnet hatte und später im Mittelmeerfeldzug eine wichtige Rolle spielen sollte, wurde als neuer Befehlshaber von Churchill dorthin berufen. Viel mehr als seine Besonnenheit und seinen Verstand konnte er in dieser Situation allerdings kaum einsetzen.

Die Amerikaner sollten auf Drängen Roosevelts eine Möglichkeit ausfindig machen, die Versorgungsroute nach China offen zu halten. Nach seiner Überzeugung würde China nach der Auflösung der europäischen Kolonialreiche (derer er sich ebenso sicher war) eine Großmacht werden und sollte dementsprechend behandelt werden. Auch die Vereinigten Staaten sandten einen neuen Befehlshaber in das Gebiet. Generalmajor Joseph W. Stilwell, der gerade dazu bestimmt worden war, der Operation »Gymnast« vorzustehen, einer Invasion der Alliierten in Nordwestafrika im Frühjahr 1942, wurde für diesen schwierigen Posten ausgesucht.[22] Stilwell hatte jahrelang in China gelebt und beherrschte die Sprache, er war ein zupackender und effizienter Befehlshaber und hatte das volle Vertrauen des Generalstabschefs Marshall. Und er war bekannt als ein ungeduldiger und oft undiplomatischer Mann. All diese Eigenschaften zeigten sich, sogar noch verstärkt, während seiner Jahre in China-Birma-Indien, wo er bis zu seiner Verabschiedung 1944 verschiedene Titel und Positionen innehatte.

Bei ihren neuen Aufgaben fanden Alexander und Stilwell katastrophale Zustände vor. Alexander befehligte die britischen Truppen, die stetig nach Norden zurückweichen mußten. Die Japaner zogen zuerst nach Lashio, wo die Bahnlinie endete und die Birmastraße nach China begann, und dann zum großen Zentrum von Mandalay weiter südlich und dem anderen wichtigen Eisenbahnkopf Myitkyina nördlich. Chinesische Truppen halfen bei der Verteidigung, aber nirgends konnte eine feste Front gehalten werden. Bis Mitte Mai hatten Alexander und sein fähiger Befehlshaber der Bodentruppen, General Slim, die verbliebenen 12 000 Soldaten aus Birma zur Verteidigung Indiens abgezogen, während Stilwell nach einer, wie er es selbst ausdrückte, »verdammten Schlappe« mit einer kleinen Schar abmarschierte.

In weniger als sechs Monaten hatten die Japaner sich nun ein neues Großreich erobert. Mit derselben Geschwindigkeit machten sie der Bevölkerung dort auch klar, daß sie zur Eroberung und nicht zur Befreiung gekommen waren.[23] Nicht nur die Brutalität gegenüber den Kriegsgefangenen – besonders gegenüber den Filipinos – und den zusammengetriebenen Europäern und Amerikanern, sondern auch mutwillige Vergewaltigungen und Massaker unter den Einheimischen ließen rückblickend die ehemaligen Kolonialherrscher angesichts der neuen Herren wie die personifizierte Güte erscheinen. Von den vorausgegangenen Greueltaten in Nanking, wo marodierende japanische Soldaten über 200 000 Zivilisten ermordeten, wußten die einfachen Leute von den Philippinen, Malaya, Niederländisch-Indien und Birma wahrscheinlich nichts. Dafür mußten sie die japanische Brutalität nun am eigenen Leibe erfahren. Der Gebrauch von Bajonetten gegen die militärischen und zivilen Gefangenen lehrte die Menschen in Südostasien die neue Bedeutung des Bushido, der Ethik des japanischen Kriegers.

Die Führer politischer Bewegungen in den verschiedenen ehemaligen Kolonialländern kannten Japans schreckliche Vorgeschichte als repressive Kolonialmacht in Korea, der Mandschurei und den anderen Teilen Chinas, die sie seit 1937 besetzt hielten, natürlich besser. Die Tatsache, daß die Japaner letztlich die Unabhängigkeit Thailands beendeten, des einzigen südostasiatischen Landes, das seine Souveränität gewahrt hatte, gibt einen Hinweis auf die Absichten Tokios.[24] Dennoch hofften einige, Pu Yi, der in der Mandschurei als Marionette Japans eingesetzt wurde, nacheifern zu können: Der prominenteste unter ihnen war der Premierminister von Birma, der ihn als Vorbild pries und selbst Japans wichtigster Kollaborateur in Birma werden wollte. Zu seinem Pech wurden den Amerikanern seine Kontakte zu den Japanern bekannt. Sie informierten die Briten, und er wurde verhaftet.[25] Andere setzten ihre Hoffnung darauf, von den Japanern dauerhafte Unabhängigkeit zu erhalten, sobald diese, in der Allianz mit Deutschland und Italien, über Großbritannien, die Vereinigten Staaten und die Sowjetunion gesiegt haben würden. Solche Bewegungen erhielten jedoch in keinem der besetzten Gebiete größeren Zulauf, da die Anhänger dieser Theorie wohl kaum mit allzuviel Verstand begabt sein konnten. Die große Mehrheit der einheimischen Bevölkerung versuchte einfach durchzuhalten.

Die raschen Eroberungen Japans brachten aber auch zwei weitere, weniger greifbare Ergebnisse mit sich. Unter den Briten und Amerikanern verbreitete sich nun die Ansicht, die Japaner seien nahezu unbesiegbar. Damit schlugen die früheren rassistischen Ansichten von der Überlegenheit der Weißen über die kleinen Asiaten, die nur nachahmen, wegen ihrer Schlitzaugen angeblich nicht gut fliegen können und zu einer schlagkräftigen militärischen Organisation nicht fähig seien, ins Gegenteil um. Plötzlich wurden sie in der Vorstellung mit übermenschlichen Kräften und Fähigkeiten ausgestattet. Die amerikanischen und australischen Soldaten überwanden diese neuen Vorurteile wieder, als sie in der zweiten Jahreshälfte 1942 auf Guadalcanal und Neuguinea gegen die japanische Armee kämpften, aber die britischen und indischen Armeen gewannen erst mit den erbitterten Schlachten in Indien und Birma 1944 wieder neues Selbstvertrauen.

Das andere Ergebnis war die Kehrseite des gerade Beschriebenen: die sogenannte japanische Siegeskrankheit. Die Japaner wollten nicht wahrhaben, daß ihre Eroberungen nur durch die vorhergehenden Siege Deutschlands und den andauernden Konflikt in Europa, die Kriege auf dem Atlantik und im Mittelmeer möglich geworden waren. Sie feierten nicht nur ihren Triumph über die Briten, Amerikaner und Holländer, sondern glaubten auch, er verdanke sich ihrer eigenen Überlegenheit über alle anderen Völker, besonders über die schwachen und dekadenten Europäer. Den Japanern stand nach ihrer Ansicht alles offen, sie konnten erobern, was immer sie wollten, konnten Vorstöße in alle Richtungen unternehmen. Sie waren überzeugt, niemals den zu erwartenden Frieden mit Kompromissen schließen zu müssen, der den geplanten Anfangssiegen, die unvorhergesehen schnell und mit insgesamt wenig Opfern errungen worden waren, eines Tages folgen sollte.

Wenn dies die Illusionen der Siegeskrankheit waren, so wurde die Aussicht auf Heilung – als statt weiterer Triumphe auch Rückschläge hingenommen werden mußten – durch einen fundamentalen Fehler in der obersten Führung des japanischen Militärs behindert.[26] Die Militärs hatten sich ihren Weg an die Macht buchstäblich freigeschossen und die innenpolitischen Feinde entweder umgebracht oder ihnen den Tod angedroht, aber sie hatten selbst nie eine zentrale, einheitlich agierende Führungsstruktur geschaffen. Weil direkter Zugang zum Kaiser und Handeln in seinem Namen der institutionelle Schlüssel zur Ausübung von Macht waren, konnten das Heer und die Marine eine bestimmte Politik nur durchsetzen, wenn sie sich untereinander einig waren. Der gemeinsame Plan konnte dann, in einem eher rein formellen Akt, dem Kaiser zur Zustimmung vorgelegt werden. Aber wenn sie sich nicht einigten, so gab es keinen Oberbefehlshaber – wie Hitler, Stalin, Churchill, Roosevelt oder Mussolini –, der einen Kurs festlegen und an ihm festhalten konnte und der alle Untergebenen zuverlässig hinter sich wußte.

Ein weiteres strukturelles Manko erschwerte zusätzlich die japanischen Planungen. Nicht nur zwischen dem Heer und der Marine, sondern auch innerhalb der Marine herrschte Uneinigkeit. Das Scheitern der Entwicklung von Plänen für die Zukunft und das Fehlen von klaren und anerkannten Richtlinien führten zu einer Situation, in der konkurrierende Persönlichkeiten jeweils abweichende Strategien befürworteten und dadurch eine kohärente und klar umrissene strategische Planung völlig unmöglich wurde. Es gab drei grundlegende, miteinander konkurrierende Offensivstrategien: Die Japaner probierten in einem Zeitraum von weniger als drei Monaten alle drei Strategien nacheinander aus, jede nur halbherzig, und erlebten, vielleicht als Folge daraus, der Reihe nach bei jeder Strategie ein Fiasko oder zumindest empfindliche Rückschläge. Einige traten dafür ein, ihre Kräfte auf den Indischen Ozean zu konzentrieren, um den Briten dort die Vorherrschaft zu entreißen und sich mit Deutschland im Nahen Osten zusammenzuschließen. Andere befürworteten weitere Vorstöße nach Süden, wobei manche an eine Invasion Nordaustraliens oder sogar ganz Australiens dachten, aber die meisten waren in ihren Plänen etwas weniger kühn und drängten zur Ausdehnung des japanischen Machtbereichs auf die Südküste Neuguineas, einschließlich von Port Moresby, der dann Eroberungen im Südpazifik, z. B. die Fidschi-Inseln[27] oder Neukaledonien, folgen sollten. Diese Offensiven sollten die Verbindungen zwischen den USA und Australien durchtrennen und es den Amerikanern unmöglich machen, Australien als Angriffsbasis gegen den südlichen Rand des neueroberten japanischen Machtbereichs zu benutzen. Schließlich gab es auch Befürworter eines Angriffs im Zentralpazifik und der Eroberung der Midway-Inseln. Die Befürworter dieser Strategie hofften, auch die Inselgruppe von Hawaii zu erobern, dadurch den Rest der US-Pazifikflotte zum Kampf zu zwingen und auf diese Weise die Japaner zum Sieg zu führen.[28]

Die erste Strategie, der Angriff im Indischen Ozean, war für die Alliierten potentiell am bedrohlichsten. Eine Großoffensive in Indien selbst hätte die britische Herrschaft dort zu einer Zeit stürzen können, als dem Bild britischer Größe durch eine Reihe von Desastern bereits aller Glanz genommen war und die Macht in Wirklichkeit nur noch am seidenen Faden hing. Nicht wenige Inder waren der Ansicht, die Zeit sei gekommen, die britische Herrschaft abzuschütteln. Nationalistische Unruhen erreichten im Frühling und Frühsommer 1942 einen neuen Höhepunkt.[29] Aber ein Zusammenspiel unvorhersehbarer Entwicklungen verhinderte, daß eine der folgenden Möglichkeiten verwirklicht wurde: eine japanische Invasion, die breite Unterstützung der Alliierten durch das indische Volk, die Bildung einer starken Bewegung zur Unterstützung der Achsenmächte oder ein Massenaufstand im Land.

Eine japanische Invasion fand 1942 nicht statt, weil die Heeresführung die Hauptstreitkräfte lieber in China und in der Mandschurei halten wollte. Die Japaner erwogen immer noch einen Angriff auf die Sowjetunion, falls die Sommeroffensive der Deutschen 1942 zu einem Kollaps des sowjetischen Widerstands führen sollte. Diese Fixierung auf die chinesischen und vielleicht sowjetischen Kriegsschauplätze schloß ein anderweitiges größeres Engagement von Landstreitkräften aus und setzte dem Kontingent an Bodentruppen, das für die Südoperationen bereitgestellt werden konnte, enge Grenzen. Nicht nur die Invasion Indiens, sondern auch Australiens war damit ausgeschlossen. Des weiteren wollte der japanische Generalstab des Heeres, entgegen seines theoretischen Eintretens für eine enge Ausrichtung auf Deutschland, nicht einmal der Zuteilung von zwei Divisionen für die Invasion auf Ceylon zustimmen, weil er vermeiden wollte, mit seinen Landstreitkräften im Indischen Ozean größere Verpflichtungen einzugehen. Als das japanische Heer 1944 bereit war, Truppen nach Indien zu entsenden, hatte sich die Kriegssituation für eine solche Operation zu sehr geändert, als daß dies, unabhängig vom Ergebnis, noch etwas bewirkt hätte.

Ein Zusammenschluß des indischen Volkes auf alliierter Seite war dadurch ausgeschlossen, daß die britische Politik es vermied oder hinauszögerte, der indischen Nationalbewegung größere Konzessionen einzuräumen, besonders auf dem Gebiet der Landesverteidigung.[30] Trotz der Anstrengungen Sir Stafford Cripps', des Sondergesandten der britischen Regierung, und des amerikanischen Colonel Louis Johnson, den Roosevelt nach Indien gesandt hatte, um die Besorgnis der Vereinigten Staaten über die Situation dort zum Ausdruck zu bringen, wurde letztlich keine Einigung erzielt. Auch ohne die Details der verwickelten Verhandlungen wiederzugeben, läßt sich doch sicher behaupten, daß der britische Premierminister dabei das Haupthindernis darstellte. Churchill hatte sich in derselben Frage mit der Konservativen Partei überworfen, als diese den Indern mehr Selbstverwaltung zugestehen wollte. Nachdem er in das Amt des Premierministers zurückgekehrt war, widersetzte er sich allen weiteren Veränderungen in dieser Angelegenheit. Und er hatte nicht vor, den reaktionären Marquess of Linlithgow, Vizekönig seit 1936, durch seinen alten Widersacher Sir Samuel Hoare zu ersetzen, den Mann, der über Churchills Kopf hinweg den Government of India Act 1935 im Unterhaus durchgebracht hatte und der die Zukunft Indiens ganz anders sah als Churchill mit seiner um die Jahrhundertwende geprägten Sichtweise. Es blieb Churchills stellvertretendem Premierminister und Nachfolger im Amt Clement Attlee überlassen, 1945 unter völlig veränderten Umständen eine andere Politik gegenüber der Unabhängigkeit Indiens einzuleiten.*

Ein möglicher Zusammenschluß der artikulierten öffentlichen Meinung in Indien auf seiten der Achsenmächte wurde durch die Spaltung der indischen Nationalbewegung und die Ambivalenz der Politik der Achsenmächte verhindert. Weder die meisten Führer des Indischen Nationalkongresses noch die Muslimliga, die einen unabhängigen Muslimstaat anstrebte, waren darauf erpicht, Japan oder Deutschland an die Stelle Großbritanniens zu sehen, wie stark auch immer ihre Opposition gegen die britische Regierung sein mochte. Einigen war der Ausgang des Krieges vielleicht gleichgültig, aber die meisten hatten große Zweifel an den Absichten der Deutschen und Japaner, die sich in der Behandlung unterworfener Völker keinen besonders guten Ruf erworben hatten. Außerdem hatte die Tatsache, daß die agitierende Fraktion in der Kongreßpartei unter Führung von Subhas Chandra Bose sich mit den Achsenmächten identifiziert hatte, Boses Sponsoren bei seinen innenpolitischen Konkurrenten nicht gerade beliebter gemacht. Aber die Förderer selbst waren unsicher und unschlüssig, was mit ihm und mit Indien geschehen sollte.

Die Deutschen, Italiener und Japaner verhandelten Anfang 1942 einige Monate

---

* Es wird oft vergessen, daß Churchill in der Frage weitgehender Selbstregierung in Indien nicht nur seine konservativen Parteikollegen, sondern auch die Labour Party gegen sich hatte, deren Repräsentant in der Indischen Verfassungskommission Clement Attlee gewesen war. Dies ist zum Teil der Hintergrund dafür, daß die Labour Party sich im Mai 1940 ursprünglich für Lord Halifax als Premierminister eingesetzt hatte. Halifax war von 1925 bis 1931 Vizekönig von Indien gewesen und wegen seiner Treffen mit Gandhi von Churchill kritisiert worden.

lang endlos miteinander und innerhalb ihrer Regierungen, welche Politik sie verfolgen sollten, welche Politik – wenn überhaupt – sie öffentlich vertreten sollten, und ob sie sich offen auf Boses Seite stellen oder eher versuchen sollten, mit Mahatma Gandhi und Pandit Nehru, den anerkannten Führern des Indischen Nationalkongresses, Kontakte aufzubauen. Die Deutschen und die Japaner waren zudem besorgt über die möglichen größeren Vorteile, die dem anderen der beiden durch die Entwicklung der Situation in Indien erwachsen könnten. Es gibt Hinweise, daß Hitler, der mit einem Sieg über die Sowjetunion noch 1942 rechnete, möglicherweise davon ausging, den Briten könne dann ein Kompromißfrieden auferlegt werden. Auf jeden Fall hatten weder die Japaner, die bloß hofften, einen antibritischen Aufstand in Indien anzetteln zu können, noch die Deutschen, die allgemein von den Indern eine geringe Meinung hatten, jemals die Absicht, die Unabhängigkeitsbewegung in Indien zu unterstützen. Sie wollten sie lediglich für ihre Zwecke nutzen.[31]

Die Deutschen machten Werbung für Bose, und nach langwierigen Überlegungen, ihn entweder von Rhodos aus oder über die nördliche Sowjetunion nach Ostasien zu fliegen, nahmen sie ihn schließlich 1943 an Bord eines U-Boots (U-180), das ihn zu einem japanischen U-Boot im Indischen Ozean brachte – ein Thema, auf das wir in Kapitel 11 zurückkommen werden. Die Chance, in Indien damit eine wirkliche Resonanz zu erzielen, war zu diesem Zeitpunkt aber längst verspielt.[32]

Zuletzt war in Indien in der ersten Jahreshälfte 1942 auch ein massiver Aufstand gegen das schwer geschwächte Britannien vorstellbar, der unter den Verbündeten der Briten wohl auf die Sympathien Chinas und der Vereinigten Staaten hätte zählen können. Deutschland setzte im Mai/Juni 1942 seine Offensiven in Nordafrika und der Sowjetunion erfolgreich fort. Damals sah es so aus, als ob die Achsenmächte demnächst von Westen und von Osten her die Grenzen Indiens erreichen würden. Gandhi war nur durch die Argumente Nehrus und anderer im Kongreß davon abgehalten worden, den Abzug aller fremden Truppen aus Indien zu fordern; Anfang August entschied der Kongreß, die Briten zum Verlassen Indiens aufzufordern. Kurz darauf begann ein heftiger Volksaufstand. Die Sicherheitskräfte der Regierung behielten aber mit Unterstützung der über den Subkontinent verteilten Militäreinheiten die Kontrolle und schlugen die zahlreichen Demonstrationen nieder. Da die überwältigende Mehrheit der indischen Armee-Einheiten sich loyal gegenüber der britischen Krone verhielt, blieb die Autorität der Regierung unangetastet.[33] Der Krieg ging weiter, er erreichte Indien Jahre später und auf ganz andere Art und Weise.

Wenn Indien die Seite gewechselt hätte, wäre nicht nur ein erheblicher Verlust alliierter Macht die Folge gewesen – ganz zu schweigen von dem Schicksal der indischen Armee[34] –, sondern es wäre auch Chinas letzte Verbindung zu möglicher amerikanischer Hilfe gekappt worden. Der Erschließung neuer Versorgungswege zur Unterstützung Tschiang Kai-scheks wird später nachgegangen, an dieser Stelle ist jedoch festzuhalten, daß jede dieser Routen die Verfügbarkeit von Land- und Luftstützpunkten in Assam, der Nordostecke Indiens, voraussetzte.

AUFHALTEN DES JAPANISCHEN VORMARSCHES

Auch wenn die Japaner keine Invasion Indiens oder eine Landung auf Ceylon wagen konnten, weil das Heer sich weigerte, Truppen bereitzustellen, so konnte doch die japanische Marine eine beachtliche Offensive im Indischen Ozean starten. Dies war eindeutig die japanische Marschrichtung zu einem Zeitpunkt, als die britische Stellung dort geschwächt, aber im Wiederaufbau begriffen war. Hier verlief ein zentraler Versorgungsweg der Alliierten, über den die Kriegsschauplätze im Mittleren Osten und einer der Versorgungswege in die Sowjetunion beliefert wurden. Schließlich war der Indische Ozean gewissermaßen auch die Hintertür zu den wichtigsten Ölvorkommen des Mittleren Ostens, von denen viele Kriegsanstrengungen der Briten abhängig waren.

Die japanischen Flotteneinsätze konnten jedoch – obwohl die große Flugzeugträgerflotte, die Pearl Harbor angegriffen hatte, beteiligt war – nur einige Luftangriffe auf die Hauptstadt Colombo und auf Trincomalee, den Hauptflottenstützpunkt auf Ceylon, durchführen, einige Punkte an der indischen Küste beschießen, zwei britische Kreuzer und einige Handelsschiffe versenken. Die Japaner hatten zwar selbst keine großen Verluste zu verzeichnen, aber diese taktischen Siege der ersten zehn Apriltage waren aus verschiedenen Gründen eine schwere strategische Niederlage der Japaner.[35]

Erstens entging die neu zusammengezogene britische Flotte zum größten Teil der Vernichtung und war deshalb weiterhin in der Lage, die alliierten Versorgungsschiffe im Indischen Ozean zu schützen. Zweitens konnte nicht lange verborgen bleiben, daß das japanische Eindringen nur vorübergehenden Charakter hatte. Eine Zeitlang konnte die Radiopropaganda behaupten, die aufgehende Sonne scheine nun bald auf Indien und den gesamten Indischen Ozean, aber spätestens am Ende des Sommers war offensichtlich, daß dies wohl kaum eintreten würde. Drittens hatten die Japaner mit der einleuchtenden Idee gespielt, eine Basis auf Madagaskar einzunehmen. Die Zustimmung des französischen Vichy-Regimes hätten sie, wenn nötig, mit Hilfe deutschen Drucks auf Vichy erreicht. Laval wollte die Japaner jedoch selbst dazu einladen, die Insel zu besetzen.[36] Wenn solch eine Basis errichtet und auch gehalten worden wäre, hätten die Japaner durchaus die Möglichkeit gehabt, den Alliierten die Versorgungswege nach Ägypten, über den Iran in die Sowjetunion und nach Indien vollständig abzuschneiden. Aber das erste Mal im Zweiten Weltkrieg kamen die Alliierten den Achsenmächten fast zuvor.

Welch enorme Gefahr von einer japanischen Eroberung Madagaskars für die Alliierten ausgehen würde, war bereits seit einiger Zeit offensichtlich – man brauchte nur die Landkarte zu betrachten. De Gaulle hatte wiederholt auf die Notwendigkeit, die Insel einzunehmen, aufmerksam gemacht und die zweifellos falsche Ansicht vertreten, die Garnison sei bereit, auf die Seite des Freien Frankreich zu wechseln.[37] Die Briten, besonders Churchill selbst, sahen die Gefahr deutlich genug, hatten für einen

Feldzug aber nicht genügend Truppen, da alle verfügbaren Verstärkungen zuerst nach Malaya geschickt wurden, wo ihr Einsatz das Ausmaß der Katastrophe nur vergrößerte. Anschließend wurden die verfügbaren Truppen nach Birma geschickt, um dort die Katastrophe nach Möglichkeit abzuwenden. Die Londoner Regierung hatte außerdem kein Vertrauen in die Sicherheit von de Gaulles Hauptquartier und den Willen der Vichy-Garnison, auf die Seite der Alliierten zu wechseln.[38] Andererseits war sich nicht nur Churchill der Bedrohung bewußt*, auch Jan Smuts, Premierminister der Südafrikanischen Union, drängte die Londoner Regierung zur Intervention. Angesichts der Gefahr von außen durch die japanische Präsenz im Indischen Ozean und der Agitation der extremen südafrikanischen Nationalisten für einen Separatfrieden mit den Achsenmächten im Innern hielt Smuts, um den Japanern zuvorzukommen, sofortiges Handeln für absolut unerläßlich.[39]

Eine Expedition verließ am 23. März Britannien und landete, mit der Billigung der Vereinigten Staaten, die als Ersatz für die aus dem Atlantik abgezogenen britischen Kriegsschiffe eine Sondereinheit bereitgestellt hatten, am 4. Mai 1942 an der Nordspitze Madagaskars. Der ursprüngliche Plan sah nur vor, den Flottenstützpunkt bei Diego Suarez einzunehmen. Für die Eroberung der restlichen Insel standen nicht genügend Truppen zu Verfügung, und die größeren Einheiten, die nach Diego Suarez geschickt worden waren, mußten sogar nach Indien weiter, sobald der erste Teil der Operationen abgeschlossen war.[40] Aber schließlich erschien es sowohl möglich als auch notwendig, den Rest Madagaskars zu nehmen, auch wenn dies bis zum 6. November dauerte. Die Vichy-Truppen kämpften, entsprechend ihrer Vorgeschichte, so entschlossen gegen die Briten, wie sie es gegen die Japaner oder Deutschen nie getan hatten.[41] Die Japaner hatten ihre Gelegenheit verpaßt, ein Fehler, der auch dadurch nicht behoben wurde, daß eines ihrer Kleinst-U-Boote im Hafen von Diego Suarez erfolgreich das alte Schlachtschiff *Ramillies* torpedierte.[42] Für die Briten war dies nach den anderen Flottenverlusten von Anfang 1942 zwar ein schwerer Schlag, konnte aber nicht über die Tatsache hinwegtäuschen, daß weiterhin die Briten und nicht die Japaner den westlichen und zentralen Indischen Ozean beherrschten.

Der vierte und letzte Grund, daß der japanische Vorstoß in den Indischen Ozean zu einer verheerenden Niederlage führte, war die lange Dauer der Operation und der Verschleiß, dem die wichtigsten Kriegsschiffe der Kaiserlichen Marine, die großen Flugzeugträger, ausgesetzt waren. Seit diese am 26. November 1941 die japanischen Heimatstützpunkte zum Angriff auf Pearl Harbor verlassen hatten, waren sie in dauerndem Einsatz gewesen. Nach Ende der Operationen um Ceylon am 10. April 1942 mußten die großen Trägerschiffe wegen Reparaturen und Instandsetzungsarbeiten

---

* Dieses eine Mal überstimmte Churchill Brooke, der die Operation für unnötig hielt. Siehe David Fraser, Alanbrooke, Atheneum, New York 1982, S. 253. Die britische offizielle Geschichte ist auf seiten Brookes. Grand Strategy, Bd. 3, Teil 2, S. 489–492.

heimische Gewässer anlaufen, aber auch um die erlittenen Verluste zu ersetzen. Deshalb wurde der gesamte japanische Zeitplan in einer Phase des Krieges sehr viel enger, als die Ziele des Kaiserlichen Hauptquartiers eigentlich mehr und nicht weniger Zeit erfordert hätten. Bei der Erörterung des Südvorstoßes, der mit der Schlacht im Korallenmeer endete, und des Ostvorstoßes nach Midway wird deutlich werden, daß sogar extrem von der »Siegeskrankheit« befallene Japaner keine Möglichkeit finden konnten, dieselben Flugzeugträger in zwei verschiedenen, Tausende von Kilometern voneinander entfernten Operationen gleichzeitig einzusetzen. Deshalb begnügten sie sich damit, die Operationen nacheinander auszuführen, wobei sich dann allerdings herausstellte, daß die Trägerverbände der einen nicht auch für die andere Operation verfügbar waren. Es kam noch dazu, daß die Japaner in ihrer Lagebeurteilung verwirrt waren und die Vereinigten Staaten ihren Nachrichtendienst verbesserten, als Resultat eines Ereignisses, das zwei Tage vor dem 20. April, als die ersten japanischen Flugzeugträger heimkehrten, stattfand: Am 18. April hatten die Amerikaner Tokio bombardiert.

Die Ursprünge der großen Zusammenstöße, mit der die japanische Expansion im Pazifik an ihre Grenze stieß und die zur ersten amerikanischen Gegenoffensive auf den Salomon-Inseln führten, gehen auf Nachwirkungen Pearl Harbors zurück. Sofort nach dieser Angriffsoperation hatte Yamamoto die Aufstellung eines Invasionsplans für Hawaii und zwei nachfolgende Invasionsziele, Ceylon und Australien, gefordert. Er nahm an, daß schnelles Handeln nach der Eroberung Südostasiens die restliche amerikanische Flotte in eine Schlacht zwingen könnte, die mit einem Sieg der Japaner enden würde. Auf dieser Grundlage sollte dann Frieden geschlossen werden.[43] Daß die Alliierten sich soeben im Washingtoner Pakt als Vereinte Nationen zusammengeschlossen und zu einem gemeinsamen Kampf bis zum Sieg aufgerufen hatten, machte auf Tokio keinen Eindruck. Dort legte das Kriegsministerium die Organisation von Japans neuer Machtsphäre fest, während das Hauptquartier der Vereinigten Flotte die Pläne für die Durchsetzung von Yamamotos Vorhaben erarbeitete. Zusätzlich zu allen Territorien, deren Eroberung nahe bevorstand – die Philippinen, Hongkong, Guam, Wake, die Gilbert-Inseln, Australisch-Neuguinea, der Bismarck-Archipel, die Salomon-Inseln und die Admiralitätsinseln –, glaubten die Neuverteiler der Welt noch eine weitere, lange Liste von Ländern, Länderteilen und Gebieten in ihr Reich eingliedern zu können. Ganz Australien, Neuseeland, Ceylon, große Teile Indiens, ganz Alaska, Westkanada und den Staat Washington, ganz Zentralamerika mitsamt Kolumbien und Ecuador, Kuba, Haiti, Jamaika und diverse andere karibische Inseln sollten Japan zugeordnet werden, während Macao, Hainan und Portugiesisch-Timor gekauft werden sollten. In Ostindien (den holländischen und britischen Gebieten), Birma (das auf Kosten Indiens vergrößert werden sollte), Malaya, Thailand, Kambodscha und Annam sollten unabhängige Königreiche unter japanischer Oberhoheit entstehen.[44]

Die Pläne der japanischen Marine, Hawaii zu besetzen, danach Ceylon, Fidschi,

Samoa und Neukaledonien zu erobern und weiter nach Süden vorzustoßen, nehmen sich im Vergleich mit diesen abenteuerlichen Plänen geradezu bescheiden aus.[45] Am 23. Februar beschoß ein japanisches U-Boot die kalifornische Küste[46], aber die umfassenderen Pläne der Marine mußten aufgrund der mangelnden Bereitschaft der Armee, für die Eroberungspläne Truppen bereitzustellen, beschränkt werden. Dies hatte einen Einsatz im Indischen Ozean statt der Invasion Ceylons bedeutet, und es bedeutete, daß an eine Invasion der Hauptinseln Hawaiis überhaupt nicht zu denken war.

Die Marineführung selbst war in sich gespalten. In Yamamotos Vereinigter Flotte waren die Befürworter eines Angriffs im Zentralpazifik, die sich auf die Besetzung Midways als Vorbedingung für die Landung auf Hawaii einstellten. Die Amerikaner, besonders deren Trägerschiffe, sollten in eine Entscheidungsschlacht gezwungen werden. Der Admiralstab unter Nagumo Osami hielt einen Vorstoß nach Osten für viel zu riskant und trat dafür ein, sich auf die Sicherung der südlichen Flanke des japanischen Reiches zu konzentrieren. Angesichts Yamamotos Rücktrittsdrohungen* gab der Admiralstab nach und stimmte schließlich der Midway-Operation zu, allerdings sollte als Konzession an das Heer und den Admiralstab zuvor noch eine kleinere Operation im Süden unternommen werden.[47] Dieser erzielte Konsens wurde durch Entscheidungen und Operationen der Amerikaner in beiden Gebieten bestätigt.

Auf die Verluste bei Pearl Harbor reagierten die Amerikaner sofort mit dem Abzug des Trägers *Yorktown*. Außerdem beorderten sie drei Schlachtschiffe, einen Zerstörer und zwölf U-Boote aus dem Atlantik, wo sie Geleitschutz gaben, zurück in den Pazifik.[48] Aber das war nicht alles. Die schnellen Niederlagen auf den Philippinen und in Malaya führten zu einer generellen Neubewertung der Lage. Roosevelt und Marshall war es klar, daß Schritte unternommen werden mußten, um einen Seeweg nach Australien offen zu halten. Wenn es noch eine Chance geben sollte, den Widerstand auf den Philippinen zu halten und die Inseln im Falle eines japanischen Sieges zu befreien, mußte in Australien ein Stützpunkt zur Verstärkung geschaffen werden. Dwight D. Eisenhower, damals Brigadegeneral und bald darauf Chef der Planungsabteilung, forderte in seiner Lageanalyse den Aufbau einer Verteidigung Nordaustraliens und gab diesen Plänen eine klare Richtung.[49] Im Januar 1942 wurde entschieden, zur Sicherung des Zugangs nach Australien eine Garnison auf Neukaledonien einzurichten.[50] Damit waren sie der Forderung Deutschlands und des französischen Vichy-Regimes an Japan, die Insel zu besetzen, welche im Herbst 1940 zu de Gaulle übergetreten war, weit voraus.[51]

---

* Auf dieselbe Weise hatte Yamamoto die Zustimmung zum Angriff auf Pearl Harbor erhalten. Die Ähnlichkeit mit General Erich Ludendorffs Verhalten im Ersten Weltkrieg ist erstaunlich. Dieser hatte die deutsche Regierung wiederholt genötigt, seine Projekte anzunehmen (die ebenso desaströs verliefen), indem er mit seinem und dem Rücktritt Generalfeldmarschall von Hindenburgs drohte.

Als sich die Lage auf den Philippinen verschlechterte, wurde erkennbar, daß die Hilfe, die dorthin geschickt werden konnte, nicht ausreichen würde. Deshalb entschieden sich die Vereinigten Staaten am 14. Februar, eine Heeresdivision (die 41.) nach Australien zu verlegen, und eine Woche später wurde auch MacArthur dorthin beordert, um das Kommando über die aufzubauenden Truppen zu übernehmen.[52] Die Verteidigung Nordaustraliens gegen die von Februar 1942 bis 1944 andauernden japanischen Luftangriffe, vor allem auf Port Darwin, wurde hauptsächlich von amerikanischen Flugzeugen übernommen.[53] Darüber hinaus war Anfang 1942 die amerikanische Regierung durch die Umstände gezwungen, die Generalpläne in zweifacher Hinsicht zu modifizieren. Erstens zeichnete sich ab, daß ein weit umfangreicheres Schiffsbauprogramm benötigt wurde. Denn es war sinnlos, ein großes Heer aufzustellen, wenn es nicht transportiert und versorgt werden konnte. Von da an bestimmte die Frage der maritimen Transportkapazität die Größe der amerikanischen Streitkräfte.[54] Zweitens schickten die Vereinigten Staaten, durch Churchills Beharrlichkeit in ihrem Vorgehen bestärkt, sogar noch mehr Armee-Einheiten nach Australien, auch wenn damit die Operation »Gymnast«, die geplante Landung in Französisch-Nordwestafrika, verschoben werden mußte.[55]

Diese Umstellung, einschließlich der Entsendung einer zweiten Division, hatte notwendigerweise Auswirkungen auf die geplante Truppenaufstellung in Großbritannien. Die »Europa zuerst«-Strategie wurde also zeitweilig aufgehoben. Dieser Schritt wurde teilweise auf Drängen der Briten unternommen, auch wenn diese sich später gerne darüber beklagten, aber in Australien wurde die Entscheidung begeistert begrüßt, und sie ermöglichte der Londoner Regierung, Canberra zu überzeugen, eine australische Division im Nahen Osten zu belassen.* Die Umstellung machte außerdem Roosevelt insgesamt nur noch entschlossener, in Europa 1942 *irgend etwas* zu unternehmen.

Der wirkliche Aufbau amerikanischer Boden- und Luftstreitkräfte im Südpazifik unter Leitung eines berühmten Generals mit großem Einfluß in Washington und eine Reihe amerikanischer Marineoperationen erinnerten Tokio daran, daß der Pazifikkrieg noch nicht vorüber war. Mehrere Angriffe amerikanischer Flugzeugträgerverbände auf japanische und von Japanern eroberte Inseln im Südpazifik sowie auf die Landungsstreitkräfte bei Neuguinea im Februar und Anfang März 1942 zeigten dem Gegner, daß die amerikanische Seemacht noch nicht gebrochen war. Über die Verluste hinaus, die den Japanern mit diesen Operationen zugefügt wurden, verhalfen sie den amerikanischen Besatzungen zu wertvoller Praxis im Einsatz der Flugzeugträger und

---

* Die australischen Divisionen 6 und 7 waren vom Nahen Osten nach Australien zurückgekehrt und sollten im Südwestpazifik eine Schlüsselrolle spielen. Die 8. Division wurde nach Malaya geschickt, die 9. Division blieb bis Ende 1942 im Mittleren Osten. Wichtige Dokumente dazu sind publiziert in D. M. Horner, Crisis of Command. Australian Generalship and the Japanese Threat 1941–43, Australian National University Press, Canberra 1978, S. 41–50.

Flugzeuge.[56] Aus Sicht der Japaner schien es deshalb selbstverständlich, im Süden weitere Aktionen vorzunehmen und die amerikanische Marine in eine Schlacht zu verwickeln.

Durch den Luftangriff auf Tokio wurden diese Überlegungen auf dramatische Weise bestätigt. Roosevelt hatte bereits direkt nach Pearl Harbor einen Luftangriff gefordert, wobei sowohl moralische Erwägungen als auch der Glaube an die Wichtigkeit von Luftangriffen auf Japan eine Rolle gespielt hatten.[57] Das technische Problem war jedoch, daß die Träger, von denen aus die Flugzeuge starteten, außer Reichweite der japanischen, landgestützten Flugzeuge liegen mußten und daß die Flugzeuge aufgrund ihrer begrenzten Reichweite nicht mehr zum Träger zurückkehren konnten. Deshalb benutzte man landgestützte Heeresbomber vom Typ B-25, die vom Träger *Hornet* starteten und in China landeten. Obwohl die amerikanischen Kampfverbände von japanischen Vorposten ausgemacht wurden und die sechzehn Flugzeuge deshalb aus größerer Distanz als geplant starten mußten, gelang das Unternehmen. Die Japaner wurden vollkommen überrascht und schossen kein einziges Flugzeug ab. Die amerikanischen Maschinen landeten unbehelligt in China oder stürzten wegen Treibstoffmangels ab. Ein Flugzeug landete in der Sowjetunion, wo die Besatzung interniert wurde.[58] Der Angriff unter Führung des Obersten James H. Doolittle verursachte den Japanern zwar wenig Schaden, entscheidend war jedoch die neugewonnene Kampfmoral der Alliierten. Die Kampfmoral der Japaner hingegen hatte einen schweren Schlag erlitten. Der ihnen heilige Bereich des Mutterlands war angetastet worden, und es war nicht zu leugnen, daß auch in Zukunft Grenzverletzungen dieser Art vorkommen konnten. Die Ermordung mehrerer gefangengenommener amerikanischer Flieger und chinesischer Zivilisten, die anderen bei der Flucht halfen, konnte dieses Grundproblem allerdings nicht lösen. Eine neue Offensive zur Errichtung eines Schutzschildes für Japans heimische Gewässer war notwendig geworden, und dies bedeutete einen Angriff auf Midway.[59]

Der Zeitdruck, dem die Japaner nun unterlagen, weil sie der Verstärkung der amerikanischen Pazifiktruppen zuvorkommen mußten, brachte innerhalb der Führung die Einigung auf einen festen Zeitplan für eine Reihe von Operationen zustande. Zunächst sollte im Mai ein Angriff zur Besetzung von Port Moresby und der Seeflugzeugbasis auf der Salomon-Insel Tulagi stattfinden. Da vor kurzem amerikanische Flugzeugträger im Südpazifik gesichtet worden waren, sollte diese Operation von einem Kampfverband, bestehend aus zwei Flugzeugträgern, unterstützt werden. Anfang Juni sollte dann die Invasion Midways beginnen und die amerikanische Marine in eine Schlacht gezwungen werden; gleichzeitig war ein Ablenkungsangriff auf die Aleuten-Inseln weit im Norden bei Alaska vorgesehen. Im Juli, nach der Vernichtung der amerikanischen Flotte, sollte der Angriff auf Fidschi, Samoa und Neukaledonien folgen. Angriffe auf Australien und eventuell eine Invasion Hawaiis waren die nächsten Ziele.

Trotz dieser japanischen Bedrohungen hatten die Amerikaner einen unschätzbaren

Vorteil. Als Ergebnis ihrer Dechiffrierarbeit in Pearl Harbor, Washington, Singapur (nach Ceylon verlegt) und auf den Philippinen (nach Australien verlegt) waren sie zunehmend in der Lage, den japanischen Marinecode zu knacken. Anders als der diplomatische maschinenverschlüsselte Code, der schon früher geknackt worden war, konnte der Hauptmarinecode erst jetzt allmählich entschlüsselt werden.[60] Der zunehmende japanische Funkverkehr zwischen den Flotteneinheiten, die im April 1942 versuchten, den für den Luftangriff auf Tokio verantwortlichen amerikanischen Trägerverband zu fangen, versorgte den amerikanischen und britischen Nachrichtendienst mit viel neuem Material – ein wichtiges Nebenergebnis dieses Angriffs.[61] Das Wissen über die japanischen Ziele und Aufmarschpläne, das die Amerikaner aus diesen nachrichtendienstlichen Aktivitäten gewannen, war für die eigene Positionierung ihrer Marine sowohl im Korallenmeer als auch bei Midway von entscheidender Bedeutung. Erst aus dieser Erfahrung lernten die amerikanischen Marineführer, wie wertvoll dieser Teil des Nachrichtendienstes sein konnte, stellten mehr Personal und Geldmittel zu Verfügung und schenkten ihren Nachrichtenoffizieren die größte Aufmerksamkeit.[62]

Ein zweiter Vorteil, auf den die Amerikaner ebenfalls hofften, ließ sich nicht verwirklichen. Ihre Bemühungen um eine Verstärkung des Trägerverbandes, die sie zwischen den Schlachten im Korallenmeer und bei Midway unternahmen, waren nicht erfolgreich. Da die im Pazifik bereitstehenden Waffensysteme bis an die Grenze beansprucht waren und zwei amerikanische Träger den Briten im Atlantik und Mittelmeer zur Verfügung standen, bat der Oberbefehlshaber Admiral Ernest J. King am 18. Mai die Briten, einen ihrer drei Träger, die an der afrikanischen Küste operierten, in den Pazifik zu verlegen. Die Bitte wurde prompt zurückgewiesen.[63] Trotz der Befürchtungen wegen der Schiffahrtslinien im Indischen Ozean, die für die Weigerung verantwortlich waren, war dies ein schwerer Fehler. King hatte in dem vorangegangenen Jahr, zu einer Zeit, als die Vereinigten Staaten sich noch neutral verhielten, amerikanische Kriegsschiffe zu den Operationen im Atlantik geführt und hatte den Briten in der Stunde der Gefahr beigestanden. Er verzieh den Briten nie, daß sie ihm in der umgekehrten Situation die Hilfe verweigerten, und akzeptierte die Anwesenheit britischer Flotteneinheiten im Pazifik 1944/45 nur auf den Befehl Präsident Roosevelts. Abgesehen von wenigen Einheiten der australischen Marine standen die Amerikaner bei der großen Wende im Pazifikkrieg der Kaiserlichen Japanischen Flotte allein gegenüber.

Die Japaner waren entschlossen, Port Moresby zu besetzen, ihren südlichen Verteidigungsgürtel zu schützen und die Seeverbindung zwischen Neuguinea und Australien zu kontrollieren. Sie wollten Australien bedrohen und, für den Fall, daß das Heer seine Meinung ändern sollte, einen Stützpunkt für die Invasion des Kontinents errichten. Die Amerikaner hingegen waren gleichermaßen entschlossen, den Australiern dabei zu helfen, Port Moresby als wichtigen Außenposten für die Verteidigung Australiens und zugleich als wichtiges Sprungbrett für jeden Gegenangriff Richtung

Norden zu halten.* Die Japaner planten deshalb, Port Moresby durch eine von der See her abgesicherte Landung zu besetzen, mit einem leichten und zwei schweren Trägern zur Luftunterstützung. Die Vorstellung, daß dieser kleine Verband die Luftkontrolle über Port Moresby erreichen und die Landung auf der Salomon-Insel Tulagi und bei Port Moresby decken könne, war lächerlich – Pearl Harbor war mit sechs Trägern angegriffen, die Besetzung von Rabaul mit vier und der Angriff auf Ceylon mit fünf Trägern gedeckt worden. Aber Yamamotos Insistieren auf der Midway-Operation verhinderte die Aufstellung ausreichender Streitkräfte für den Angriff auf Port Moresby.

Zwischen diesen Trägern mit ihren Geleitschiffen und den beiden amerikanischen Trägern *Yorktown* und *Lexington* mit deren Geleitschiffen wurde vom 3. bis 8. Mai 1942 die Schlacht im Korallenmeer ausgefochten. Die Japaner besetzten am 3. Mai Tulagi, um sich einen Stützpunkt zu schaffen, doch die für den 10. Mai geplante Landung in Port Moresby fand nicht mehr statt. Die Amerikaner attackierten zunächst die japanischen Schiffe, die die Tulagi-Landung sicherten, und zerstörten dort die Aufklärungsflugzeuge. Am 7. und 8. Mai bekämpften die Amerikaner mit einer Serie von Luftangriffen die japanischen Träger. Die Seeluftschlacht im Korallenmeer wurde auf weite Distanz ausgetragen und war deshalb mit keinem früheren Marinegefecht vergleichbar. Die Flugzeuge machten die gegnerischen Schiffe ausfindig, ohne daß sich die Schiffe selbst je direkt beschossen hätten, wie dies bei allen Seeschlachten bislang die Regel gewesen war. Die amerikanischen Flugzeuge versenkten den leichten Träger *Shoho* (12000 Tonnen) und verloren selbst den Flottenträger *Lexington*. Die *Yorktown* und der japanische Flottenträger *Shokaku* wurden beschädigt, die *Zuikaku* verlor Flugzeuge, blieb aber unbeschädigt. Die Japaner gaben angesichts dieser Verluste den Plan zur Landung in Port Moresby auf und beschlossen, es durch einen Vormarsch auf dem Landweg zu nehmen. Darauf wird noch genauer eingegangen, doch betrachten wir zuerst die Wechselwirkung zwischen dieser Schlacht im Korallenmeer und der Schlacht bei Midway.[64]

Der taktische Vorteil lag in dieser ersten großen Trägerschlacht deutlich bei den Japanern, die im Endeffekt einen leichten Träger gegen einen der wenigen amerikanischen schweren Träger getauscht hatten. Aber der strategische Vorteil lag bei den Amerikanern: Der japanische Vormarsch war zum erstenmal aufgehalten worden. Die Landungsoperationen zur Besetzung Port Moresbys waren abgeblasen worden, und auch die danach vorgesehene Besetzung von Nauru und den Ocean Islands (zwischen den Salomon-Inseln und den Gilbert-Inseln) mußte für Monate verschoben werden. Gegenüber ihren deutschen Verbündeten und der Öffentlichkeit gaben die

---

* Die sehr negativen Bemerkungen über die Australier im Tagebuch des Chefs des Empire-Generalstabes erscheinen kaum gerechtfertigt. Es waren diesmal die Australier, nicht die Briten, die sich der realen Möglichkeit einer Invasion gegenübersahen. Brooke Diary, 12. Mai 1942, Liddell Hart Centre, Alanbrooke Papers.

Japaner vor, einen großen Sieg errungen zu haben.[65] Anfangs mögen sie vielleicht selbst an einige Märchen über versenkte amerikanische Schlachtschiffe und Flugzeugträger geglaubt haben. Die Realität sah jedoch anders aus. Wie der geplante Angriff auf Midway eine angemessene Zuteilung von Streitkräften für die Port-Moresby-Operation verhindert hatte, so verringerte umgekehrt die Port-Moresby-Operation die verfügbare Flottenstärke für den Angriff auf Midway.

Die beschädigte *Shokaku*, auf der Flugzeuge weder starten noch landen konnten, mußte zur Reparatur in die Heimatbasis zurückkehren und konnte erst im Juli wieder in Dienst genommen werden.[66] Die *Zuikaku* hatte, obwohl sie unbeschädigt blieb, einen Großteil der Flugzeuge verloren, mußte nach ihren vorigen Einsätzen neu ausgerüstet werden und stand ebenfalls nicht sofort für das Vorhaben im Zentralpazifik zur Verfügung. Die japanische Marine hatte einfach nicht genügend Ersatzflugzeuge und Piloten. Die Amerikaner hingegen riefen ihre beschädigte *Yorktown* nach Pearl Harbor zurück und reparierten in drei Tagen provisorisch das Allernotwendigste, so daß der Träger wieder einsatzfähig war. Ergebnis war, daß die US-Marine in der Lage war, den vier japanischen Trägern drei eigene entgegenzusetzen. Zeitdruck, Selbstüberschätzung und, wie deutlich werden wird, ein lächerlicher Plan behinderten Yamamoto, während gleichzeitig verzweifelte Maßnahmen, ein hervorragender Nachrichtendienst und gutes Urteilsvermögen den Amerikanern halfen.

Die detailliert ausgearbeiteten Pläne des Hauptquartiers der Vereinigten Flotte, auf denen Yamamoto zur Durchführung seines Vorhabens beharrt hatte, führten zu außergewöhnlich starker Zersplitterung der Kampfkraft. Obwohl die Japaner anfangs auf die zwei Flottenträger, die die Port-Moresby-Operation unterstützen sollten, gezählt hatten, machten sie sich weder daran, ihre verbleibenden acht Träger auf den Midway-Angriff zu konzentrieren, noch warteten sie die Einsatzfähigkeit der unbeschädigten *Zuikaku* ab. Statt dessen hielten sie am ursprünglichen Zeitplan fest und leiteten vier Träger zu anderen Missionen um. Zwei Träger sollten bei einem zeitgleichen Angriff auf Alaska für Luftunterstützung sorgen, sich auf den Luftstützpunkt in Dutch Harbor konzentrieren und zwei westliche Aleuteninseln besetzen.

Mit diesem seltsamen Plan wurden mehrere Ziele verfolgt. Die Ablenkungsmanöver sollten die Amerikaner verwirren, der Angriff auf amerikanisches Territorium würde die US-Marine vielleicht in eine Schlacht locken und drittens sollten vorbeugend gegen amerikanische Angriffe auf die Kurilen und Inseln des japanischen Mutterlandes in Alaska Stützpunkte errichtet werden. Letzten Endes wurde keines dieser Ziele verwirklicht, zum Teil, weil die Amerikaner durch die Entzifferung des japanischen Codes von diesen Vorhaben unterrichtet waren und sowieso keinen nördlichen Angriff auf Japan planten. Admiral Robert A. Theobald wollte allerdings kaum glauben, daß die Japaner etwas so Verrücktes tun könnten. Für die Entscheidungsschlacht bedeutete dies, daß die Japaner nicht nur die Träger- und Luftüberlegenheit, die sie hätten haben können, verspielten, sondern daß auch zwei Träger zu weit entfernt waren, um rechtzeitig zur japanischen Hauptstreitmacht zurückzukehren.

Zudem wurden auch die beiden leichten Träger *Hosho* und *Zuiho* vom Hauptangriff abgezogen und in Reserve gehalten, im Verband der Begleitschiffe von Schlachtschiffen und Kreuzern, die theoretisch an einer eventuell stattfindenden Hauptflottenaktion teilnehmen sollten (vermutlich gegen Schlachtschiffe, die Yamamoto in Pearl Harbor versenkt zu haben glaubte). Von den neun Trägern, die Yamamoto zur Verfügung gestanden hätten, waren nur vier am zentralen Teil seines Operationsplans beteiligt. Für die Unwägbarkeiten des Krieges war also kein Spielraum mehr. Es muß außerdem hinzugefügt werden, daß die verbleibenden vier Träger nicht auf volle Flugzeugstärke gebracht wurden, weil die bis dahin erlittenen Verluste nicht genügend ausgeglichen werden konnten und die Ersatzpiloten noch nicht voll ausgebildet waren.[67] Der große Vorteil, mit dem die Japaner am 7. Dezember 1941 den Krieg eröffnet hatten, schwand zusehends. Dennoch waren die Japaner zuversichtlich, die Midway-Inseln durch Trägerangriffe neutralisieren und nach Zerstörung der amerikanischen Flotte besetzen zu können. Alle im Flottenstab aufkommenden Fragen wurden beiseite geschoben; japanische Erfahrung und Überlegenheit würden genügen, um mit allen Unwägbarkeiten fertig zu werden.

Der Luftangriff auf Dutch Harbor am 3. Juni, der von den Trägern der Alaska-Operation ausging, zeigte den Amerikanern, daß ihr Nachrichtendienst erfolgreich arbeitete. Im nachfolgenden Kampf erlitten die Japaner geringe Schäden und verloren einige Flugzeuge. Als die Träger zurückgerufen wurden, natürlich zu spät, um den Hauptstreitkräften bei Midway zu helfen, hatten die Japaner den Weg für die kampflose Landung auf den unbewohnten Aleuten-Inseln Attu und Kiska freigemacht. Sie hatten in diesem Gebiet keinen Kontakt zu amerikanischen Kriegsschiffen, die Admiral Theobald gegen ausdrücklichen Befehl zu einer anderen Position geschickt hatte. Die Besetzung der beiden Inseln wurde von Tokio als großartige Leistung hinausposaunt, aber sie konnte weder die Zersplitterung der japanischen Streitkräfte rechtfertigen noch die Niederlage im Hauptgefecht ausgleichen.[68]

Die japanischen Träger hielten, gefolgt von einem Landungsverband, Kurs auf Midway. Beide wurden von abschirmenden Kriegsschiffen und in weiterer Entfernung von einem großen Marineverband begleitet, zu dem auch das neue Flaggschiff *Yamato* mit Yamamoto selbst an Bord gehörte. Er hatte sich entschlossen, weder das Kommando beim Trägerangriff zu übernehmen (dieser wurde von Admiral Nagumo Chuichi geleitet) noch an Land zu bleiben. Ergebnis war, daß Yamamoto während der Schlacht mit seinen verschiedenen Verbänden kaum Funkkontakt halten konnte. Die erste Aufgabe der Träger war, einen Angriff auf Midway einzuleiten und, wenn nötig, einen zweiten, um den Weg für die Landung und Besetzung der Insel freizumachen und den Japanern dort für die erwartete Seeschlacht die Benutzung der Flugplätze zu ermöglichen. Wie Nagumo mit der Midway-Basis und der amerikanischen Marine gleichzeitig zurechtkommen wollte, wurde nie geklärt, da ehrliche Antworten auf die kritischen Fragen der Offiziere die Aufgabe des gesamten Plans oder zumindest größere Modifikationen erforderlich gemacht hätten.

Doch genau der unvorhergesehene Fall trat ein. Nachdem die Amerikaner aufgrund der Funkaufklärung erst einmal die genauen japanischen Bewegungsabläufe im Süd- und Zentralpazifik herausgefunden hatten, sammelten sie ihre verbliebenen drei Träger im Pazifik und statteten sie mit allen verfügbaren Abschirmkräften aus. Da die zwei modernen Schlachtschiffe *North Carolina* und *Washington* im Atlantik waren, konnten nur Kreuzer und keine größeren Schiffe bereitgestellt werden. Die Japaner wußten nicht, daß die drei Träger ausgesandt wurden, um ihre Verbände zu stellen.

Am Morgen des 4. Juni führten die japanischen Träger ihre erste Angriffswelle gegen Midway, aber der amerikanische Midway-Kommandant war entschlossen, seine Flugzeuge nicht am Boden zerstören zu lassen. Die Bomben, die sie auf die Japaner abwarfen, verfehlten jedoch ihr Ziel. Der Schaden, den der Angriff auf der Insel verursacht hatte, war zwar beträchtlich, genügte den Japanern jedoch noch nicht für den Landungsangriff. Ein zweiter Luftangriff auf die Insel wurde befohlen, aber von da an lief die Sache für Nagumo schief. Er mußte dafür die Bewaffnung der auf den Trägerdecks bereitstehenden Flugzeuge ändern und die Flugzeuge der ersten Angriffswelle wieder landen lassen. Schließlich erhielt er Aufklärungsberichte über die Anwesenheit amerikanischer Kriegsschiffe im Gebiet, die bald als Träger identifiziert wurden, und mußte deshalb seinen Umrüstungsbefehl wieder ändern. Diese Reihe von Befehlen hatte zur Folge, daß die japanischen Träger gegen den Angriff amerikanischer Träger extrem verwundbar waren, weil Benzinschläuche, Munition und fertig bewaffnete Flugzeuge sich in einem unbeschreiblichen Durcheinander in den Hangars und auf den Flugdecks befanden.

Die erste amerikanische Angriffswelle von Torpedo- und Bombenflugzeugen wurde von japanischen Jägern und Flugabwehrkanonen unter großen Verlusten der Amerikaner und geringem japanischen Einsatz abgewehrt. Viele amerikanische Flugzeuge hatten zwar die gegnerischen Schiffe verfehlt, aber diejenigen, die trafen, attackierten, auch wenn sie keine unmittelbaren Erfolge erzielten, unerschrocken in *niedriger* Höhe weiter. Die Japaner hatten kein Radar, und ihre Sichtaufklärung konzentrierte sich nur auf die Abwehr im Tieffliegerbereich. Als wenig später in größerer Höhe amerikanische Marinesturzkampfbomber erschienen, wurden die Japaner ohne Vorwarnung angegriffen und konnten ihre eigenen Kampfflugzeuge nicht mehr auf die nötige Abfanghöhe bringen. Innerhalb weniger Minuten wurden drei der vier Träger von Bomben getroffen, Feuer entstand, die Decks wurden aufgerissen, und große Explosionen zerstörten die aufgetankten und ausgerüsteten Flugzeuge auf und unter den Flugdecks. Explosionen von Munition und Benzin taten ein übriges. Alle drei Träger – *Akagi, Kaga* und *Soryu* – waren bald ausgeschaltet, zwei sanken in derselben Nacht, der dritte wurde am folgenden Tag versenkt.

Die Flugzeuge der *Hiryu,* des vierten japanischen Trägers, griffen die *Yorktown* an und beschädigten sie. Aber beim zweiten Angriff der *Hiryu,* bei dem ein anderer Träger das Ziel sein sollte, trafen die Japaner, ohne es zu merken, noch einmal dasselbe Schiff.

Die anderen beiden amerikanischen Träger blieben also unbeschädigt und schlugen unter Verwendung ihrer restlichen Flugzeuge und einiger der *Yorktown* die *Hiryu* unter ganz ähnlichen Umständen wie bei der Zerstörung der anderen drei Träger. Nach kurzer Zeit war auch die *Hiryu* verloren. In den beiden Tagen danach versenkte ein japanisches U-Boot die schwer beschädigte *Yorktown,* und ein amerikanischer U-Boot-Angriff führte im japanischen Deckungsverband zur Kollision von zwei schweren Kreuzern. Ein Kreuzer wurde versenkt und der andere durch Luftangriffe schwer beschädigt. Das Hauptgefecht war jedoch schon nach einem langen Kampftag vorüber. Widerwillig mußte Yamamoto die Midway-Operation aufgeben – er konnte in der kurzen Zeit die Trägerverbände, die sein eigener Plan im Pazifik verteilt hatte, nicht zusammenholen. Die Amerikaner hatten ihrerseits allen Grund, vorsichtig zu sein und sich nicht auf eine Schlacht mit der großen Flotte von Schlachtschiffen und Kreuzern (und den anderen Trägern), die die Japaner ausgesandt hatten, einzulassen.[69]

Wie wichtig war diese Schlacht bei Midway, und welche Auswirkungen hatte sie? Die offensichtlichen Wirkungen waren die Verluste auf beiden Seiten. Der Verlust der *Yorktown* wurde von den Amerikanern bald durch die Rückkehr der reparierten *Saratoga* zur Pazifikflotte ausgeglichen, ungefähr zur selben Zeit, als die Japaner die *Zuikaku* mit einer neuen Gruppe von Flugzeugen ausgerüstet hatten. Grundlegende Tatsache war jedoch, daß die Japaner keine Möglichkeit hatten, in angemessener Zeit Ersatz für die vier verlorenen Träger zu bekommen. Wie töricht das Beharren der Japaner darauf war, daß das Washingtoner Flottenabkommen von 1922 sie in unbilliger Weise einschränke, wurde nie auf drastischere Weise deutlich: Während des ganzen Pazifikkriegs hatte Japan 14 Träger aller Typen in Betrieb genommen, die Vereinigten Staaten 104.[70] Ebenso entscheidend war, daß die Japaner große Schwierigkeiten hatten, die mehr als 300 Flugzeuge – die gesamte Stärke von vier Trägern – und Hunderte erfahrener Soldaten der Flugbesatzungen und Tausende Marinesoldaten, die nicht zurückkehrten, zu ersetzen.*

Die Japaner unternahmen alle Anstrengungen, die Öffentlichkeit in der Heimat über die Niederlage im dunkeln zu lassen, nur der Kaiser erfuhr die Wahrheit.[71] Auch die Deutschen wollten die Japaner wider besseres Wissen glauben machen, die eigenen Verluste seien geringer und die des amerikanischen Gegners groß. Aber die Deutschen fanden schließlich heraus, was tatsächlich geschehen war, weil die Japaner den im Bau befindlichen deutschen Flugzeugträger *Graf Zeppelin* kaufen und in den Pazifik transferieren wollten.[72] Der Angriffsplan für Neukaledonien wurde umgehend aufgegeben[73], Yamamoto wurde danach generell vorsichtiger.[74]

Zum Glück für die Amerikaner erstreckte sich diese Vorsicht nicht auf die verwendeten Codes. Weder eine sorgfältige Analyse der Midway-Schlacht selbst, die Zweifel an der Codesicherheit hätte wecken können, noch ein deutlicher Hinweis

---

* Über 2000 Soldaten starben auf den Trägern. Einige Flugzeugbesatzungen wurden zwar gerettet, aber die meisten wurden entweder abgeschossen oder gingen mit den Trägern unter.

der Deutschen[75], noch ein Artikel in der *Chicago Tribune* über die Nutzung des entzifferten japanischen Codes in Midway[76] wurden in Tokio registriert. Änderungen des Marinecodes verzögerten die Arbeit des amerikanischen Nachrichtendienstes zwar eine Weile und trugen damit zum japanischen Flottensieg bei Savo Island am 8. August bei, aber die grundlegenden Verfahren blieben bis zum Kriegsende in Gebrauch und waren damit verwundbar.

Die Amerikaner hätten aus der Schlacht lernen können, daß ihre landgestützten Bomber ineffektiv waren. Sie konnten oder wollten nicht erkennen, daß sie mit einer geringeren Zahl an Marinesturzkampfbombern vier Träger versenkt hatten, weil sie ihre Bomben gezielter plazieren konnten, und daß andere Bomber des Heeres und der Marine bloß das Wasser getroffen hatten.[77]

Noch wichtiger als all diese Einzelheiten war jedoch die breite Wirkung der Midway-Schlacht auf den Krieg. Dort fand, wie es ein Wissenschaftler ausdrückte, »der erste irreversible Sieg der Alliierten im Zweiten Weltkrieg«[78] statt. Wie die Schiffbauzahlen zeigen, hatten die Japaner keine Möglichkeit, die Vereinigten Staaten zu besiegen, aber der Krieg hätte dennoch einen ganz anderen Verlauf nehmen können. Die japanischen Verluste und der amerikanische Sieg verhinderten eine neue Großoffensive der Japaner, sei es im Süden oder im Indischen Ozean, und ermöglichte den Amerikanern die Gegenoffensive bei den Salomon-Inseln[79], die die Japaner den Rest des Jahres 1942 beschäftigte und von einer Rückkehr zur Offensive im Indischen Ozean abhielt, eine Operation, auf die sie gehofft und die sie den Deutschen versprochen hatten. Schließlich, was eng mit dem vorher Gesagten verknüpft und vielleicht am wichtigsten ist, hätte ein gegenteiliges Ergebnis die erneute Überprüfung der »Europa zuerst«-Strategie erfordert. Denn der amerikanische Sieg ermöglichte den Vereinigten Staaten – eine Ironie der Geschichte in den Augen Admiral Kings –, prinzipiell und schließlich auch faktisch an der »Deutschland zuerst«-Strategie festzuhalten.[80]

Die einzige mögliche Fortsetzung einer offensiven Strategie, der sich die Japaner nun zuwandten, war der schon erwähnte Angriff auf Port Moresby über den Landweg.[81] Die Japaner schafften es, zuerst zum nördlichen Ende der Landroute, dem Kokoda-Weg, zu gelangen.[82] Ein Heereskontingent landete am 21. Juli in Buna, drängte die Australier durch das zerklüftete Owen-Stanley-Gebirge zurück und deckte schließlich knapp 200 der 240 Kilometer in Richtung des zentralen Stützpunktes.[83] Dies war möglich, weil zum einen die australischen Einheiten zu schwach waren und MacArthurs Nachrichtendienst die Bedrohung vollständig übersehen hatte und zum anderen die Kommandostruktur der amerikanischen Luftwaffe nicht reibungslos funktionierte. Angesichts eines entschlossenen und energischen japanischen Vorstoßes waren selbstverständlich neue Maßnahmen notwendig. Die Unterredungen in und zwischen Washington und Melbourne, dem Sitz des Hauptquartiers von MacArthur, hatten die geplante amerikanisch-australische Landung in Buna verzögert, so daß die Japaner zuerst dort angekommen waren. Nun schien alles schiefzugehen. Ein neuer Air Commander, General George C. Kenney, wurde ausgeschickt und führte rasch einschneidende Verbesserungen ein. Die Luftangriffe unter seinem Befehl halfen den Australiern schließlich, am 17. September die Japaner aufzuhalten. In der Zwischenzeit waren die Japaner selbst durch die Verluste und das schwierige Terrain so sehr geschwächt, daß das Hauptquartier den Vormarsch stoppte. Die Japaner waren so mit den Kämpfen auf Guadalcanal beansprucht, daß die Bereitstellung von Verstärkungstruppen für Neuguinea verschoben wurde auf die Zeit nach dem Sieg auf den Salomon-Inseln – der nie errungen wurde.[84] Von Stellungen in Sichtweite von Port Moresby begannen die Japaner ihren Rückzug über den Kokoda-Weg; nur wenige sahen ihre Heimat wieder.

Die Japaner waren in Buna den Alliierten zuvorgekommen, aber am südöstlichen Ende Neuguineas ging es umgekehrt. Australische Truppen waren am 25. Juni mit einigen amerikanischen Ingenieuren und Luftabwehreinheiten in der Milne Bay gelandet und errichteten dort einen der größten Schiffs- und Luftstützpunkte im Südpazifik. Dort erwarteten die verschanzten alliierten Streitkräfte am 25. August die landenden japanischen Marinesoldaten. Nach zwei Wochen erbitterten Kampfes waren die Japaner besiegt, sie verloren über 2000 Soldaten, nur ein kläglicher Rest konnte am 7. September evakuiert werden.[85] Zum erstenmal in diesem Krieg war eine größere japanische Marinestreitkraft bei einer Küstenlandung geschlagen worden. Auf Neuguinea hatte sich das Blatt gegen die Japaner gewendet, noch bevor die ermüdeten Landstreitkräfte den Marsch zurück über den Kokoda-Weg angetreten hatten.

Der Nachstoß nach dem Sieg in der Milne Bay verlief nicht reibungslos. Mangelnde Vertrautheit mit dem schwierigen Terrain, ein weiteres Versagen des Nachrichtendienstes, der die japanische Truppenstärke in der Region Buna-Gona auf unter 2000 beziffert hatte, obwohl sie tatsächlich das Vierfache betrug, und die Unerfahrenheit des gesamten amerikanischen und von Teilen des australischen Stabes waren für den langen und erbitterten Kampf verantwortlich. Schwere Verluste auf alliierter Seite, verursacht sowohl durch japanische Waffen als auch durch Krankheiten, die Entlassung beider Generäle der Vereinigten Staaten und Australiens und die Proklamation des Sieges durch MacArthurs Hauptquartier, lange bevor der Feldzug vorüber war, charakterisierten die Schlacht, die erst am 22. Januar 1943 mit dem Sieg der Alliierten endete. Im Vergleich mit der großen Front in Osteuropa war die Zahl der beteiligten Streitkräfte und der Verluste an den Rändern des neueroberten japanischen Machtbereichs gering, der Kampf war dennoch nicht weniger hart und der Prozentanteil der Verluste war ebensohoch. Von den rund 15 000 Japanern, die in diese Schlacht geschickt wurden, überlebte fast keiner, und mit über 10 000 Toten, Verwundeten und Erkrankten auf alliierter Seite war etwa die Hälfte aller beteiligten Soldaten aus dem Kampf ausgeschieden. Aber die Alliierten lernten, wie die Japaner zu schlagen waren, und paßten sich dem Terrain von Neuguinea an. Sie zahlten einen hohen Preis, aber sie lernten und gewannen. Dasselbe läßt sich von der besser bekannten und gleichermaßen schwierigen Schlacht sagen, die vor derjenigen in Papua-Neuguinea begann und nach ihr endete: Guadalcanal.

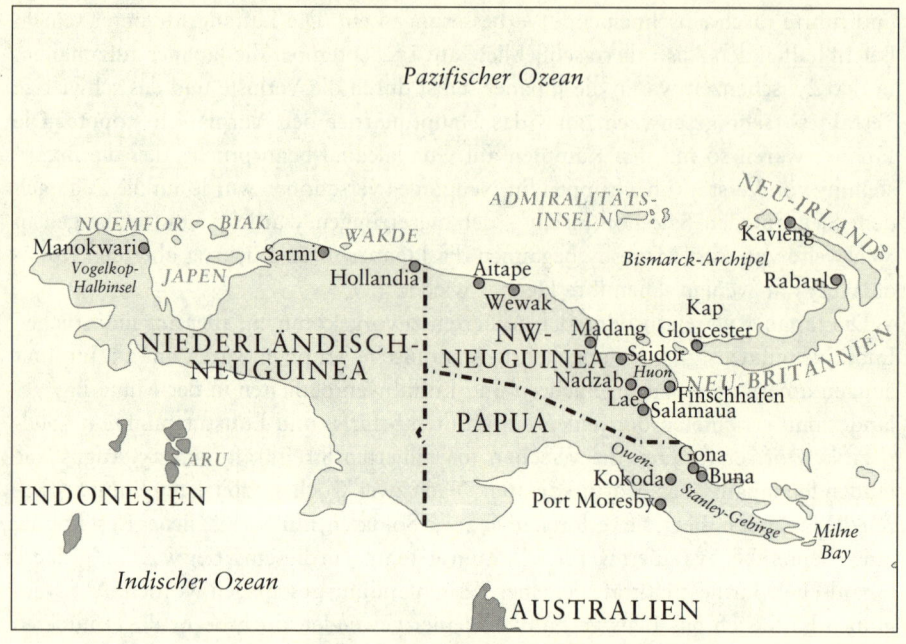

9. Neuguinea 1942–1945

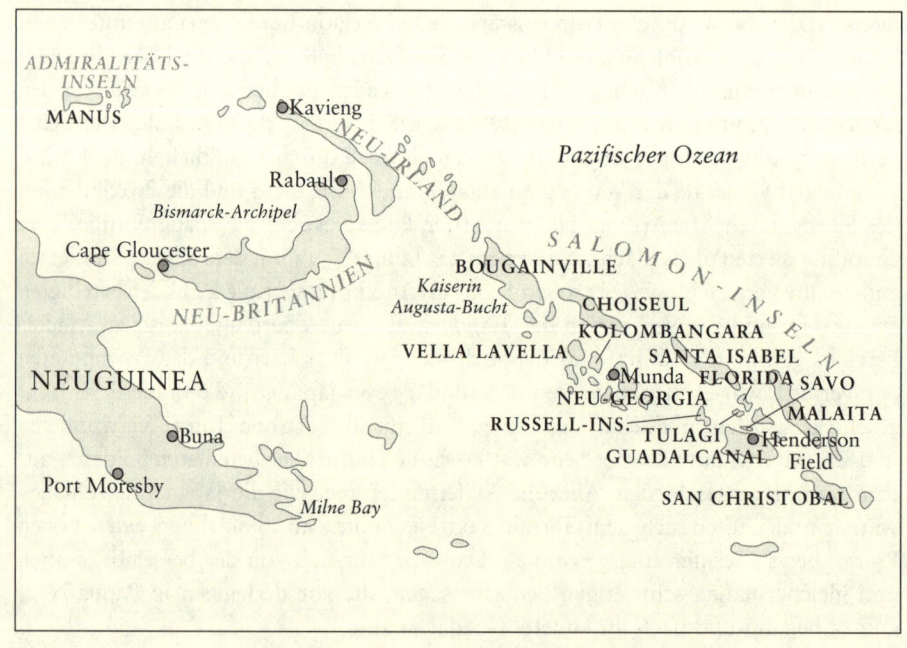

10. Die Salomon-Inseln 1942–1945

DIE ERSTE GEGENOFFENSIVE: GUADALCANAL

Anfang 1942, als der japanische Vormarsch noch unaufhaltbar erschienen war, hatten die Alliierten versucht, mit der Einrichtung eines Oberkommandos über die gesamten alliierten Streitkräfte der Region den Vormarsch aufzuhalten oder zumindest zu bremsen. Unter den Hammerschlägen der japanischen Siege war dieses Oberkommando für Südostasien (ABDA: American-British-Dutch-Australian Command) unter General Wavell jedoch bald gescheitert und wurde aufgelöst. Die Briten fielen auf Indien zurück, und die Amerikaner setzten sich selbst für die Verteidigung Australiens ein. Für diese Aufgabe hatten sie ein neues Kommando unter MacArthur eingerichtet, das bald offiziell als Südwestpazifikkommando bezeichnete Hauptquartier hatte zuerst die Verteidigung Australiens und dann, wie soeben beschrieben, den Feldzug in Papua-Neuguinea organisiert. Der gesamte pazifische Raum blieb damit jedoch offen, und die Rivalität zwischen Heer und Marine schloß eine einfache Lösung aus. Die Marine, besonders die Admiräle King und Nimitz, wollte keinem Heeresführer, und am wenigsten General MacArthur, die Kontrolle über die Aufstellung und den Einsatz der Hauptflotte überlassen, schon gar nicht in einem eindeutig maritim geprägten Gebiet wie dem Zentralpazifik. Andererseits war nicht daran zu denken, einen so bestimmt auftretenden General wie MacArthur einem Admiral zu unterstellen. Nur geteilte Befehlsbereiche mit eindringlicher Mahnung zur Kooperation kamen in Frage. Wie im wirklichen Leben, so erwies sich auch im Krieg die Logik nicht notwendig als der beste Ratgeber. Trotz aller Klagen funktionierte das Doppelkommandosystem, die Joint Chiefs of Staff aus Washington koordinierten die beiden Spitzen der Verteidigung und der späteren Offensive. Das amerikanische Kommando fand sich damit ab, daß MacArthur oft murrte und sich in Positur warf und Nimitz sich gelegentlich beschwerte, holte aber das Beste aus ihnen heraus, während die Japaner nicht in der Lage waren, ihre Mittel auf die Bewältigung eines der beiden zu konzentrieren und immer wieder mit dem anderen konfrontiert wurden. Das erste Beispiel dafür war der Kampf auf den Salomon-Inseln. Er fand genau in den Monaten statt, in denen die Japaner auch versuchten, nach Port Moresby vorzudringen.

Der minimale Konterangriff im Pazifik, der den Amerikanern nach Midway durchführbar schien, wurde nach dem Erhalt von Nachrichten in Washington, daß die Japaner nicht nur die Basis in Tulagi besetzt hatten, sondern einen großen Luftstützpunkt im Nordteil der benachbarten, großen Insel Guadalcanal planten, rasch vorgezogen. So wie die Vorstöße der Alliierten und der Japaner auf Neuguinea sich gegenseitig beeinflußt hatten, wurde nun die Salomon-Inseln-Operation vorangetrieben, damit sich die Japaner dort nicht verschanzen und nicht nur die Aktionen der Vereinigten Staaten auf den Inseln bedrohen, sondern auch durch weitere Vorstöße den Weg nach Australien abschneiden konnten.[86] Obwohl die verfügbaren Mittel an Soldaten, Schiffen und Flugzeugen eigentlich nicht ausreichten, schien es Präsident

Roosevelt und Admiral King geboten, schnell zu handeln, bevor die Japaner auf Guadalcanal so schlagkräftig würden, daß auch eine größere Streitmacht sie wahrscheinlich nicht mehr hätte besiegen können. Der Verlauf der folgenden Schlacht zeigte, wie genau die Gewichte ausbalanciert waren.

Am 7. August unternahm die 1. US-Marinedivision mit einigen zusätzlichen Einheiten, eskortiert von einem Großteil der Pazifikflotte, die Landung auf Tulagi, verschiedenen kleineren, anliegenden Inseln und an der Nordküste von Guadalcanal. Der Kampf auf und bei Tulagi endete bald mit der Vernichtung der dort stationierten japanischen Truppen, aber auf Guadalcanal lief alles ganz anders, als beide Seiten erwartet hatten. Die Japaner waren in beiden Fällen völlig überrascht und benötigten Wochen, bis sie die tatsächliche Stärke der amerikanischen Streitkräfte und deren Willen zum Durchhalten erkannten. Die Amerikaner waren ihrerseits schlecht informiert über die geographischen Gegebenheiten der Insel und sahen nicht voraus, bis zu welchem Ausmaß und mit welcher Kontinuität die Japaner auf die Rückeroberung ihrer Stellungen fixiert blieben.[87]

Anfangs ging bei der amerikanischen Landung alles schief. Als die Japaner auf den Angriff reagierten, zogen die amerikanischen Träger ab und ließen die Marines ohne Unterstützung durch Marineflugzeuge. Die US-Marine beging den ernsthaften Fehler, den Flugplatz, der nach dem in Midway gefallenen Major Loften R. Henderson benannt wurde, nicht sofort fertigzubauen[88]. Henderson Field wurde für die Amerikaner ein entscheidender Stützpunkt – was er eigentlich für die Japaner hätte werden sollen. Er diente den Fliegern des Marinekorps als zentraler Flugplatz, obwohl die Japaner mehrere Monate versuchten, ihn zurückzuerobern. Noch verhängnisvoller für die gelandeten Amerikaner war die Entscheidung, die Transporte mit noch nicht abgeladenem Versorgungsmaterial sowie einen Teil der Marinedivision abzuziehen. Das spektakulärste Ereignis war die Seeschlacht bei Savo Island in der Nacht vom 8. zum 9. August, in der die japanische Flotte mit fünf schweren und zwei leichten Kreuzern kurz nacheinander drei amerikanische und einen australischen Kreuzer versenkte. Sie erlitt bei dem Gefecht fast keine Verluste, und ihre Schiffe wurden nur minimal beschädigt. Diese bis dahin schwerste Niederlage der US-Marine hätte japanische Angriffe auf den Nachschub der Amerikaner ermöglicht, aber der Kommandeur, Admiral Mikawa Gunichi, zog es vor, sich zurückzuziehen, weil er keine genaue Kenntnis über weitere amerikanische Flotteneinheiten im Kampfgebiet hatte.*

Die Marines waren nun abgeschnitten, wurden aber von zunächst vereinzelten Schiffen und kleinen Flugzeugverbänden, die auf Henderson Field eintrafen, und später von Konvois verstärkt. Die Japaner initiierten dagegen ein größeres Unterneh-

---

* Der versenkte australische Kreuzer war die *Canberra*. Die Vereinigten Staaten nannten deshalb einen ihrer neuen Kreuzer nach der Hauptstadt Australiens. Roosevelt an Knox, 6. September 1942, Hyde Park, OF 18, Box 9, Dept. of Navy 1942 Sept.-Dec.

men, um ihre verbliebene kleine Landstreitmacht auf Guadalcanal zu verstärken.[89] Eine lange und erbitterte Serie von Gefechten folgte, da jede Seite zum Sieg entschlossen war und zusätzliche Kräfte in den Kampf schickte. Die Japaner sandten wiederholt Transporte und Kriegsschiffe mit Soldaten zu der Insel; wiederholt beschossen und bombardierten sie Henderson Field, und wiederholt griffen ihre Truppen die Stellungen der Marines an.[90] Die Kämpfe an Land, wo die Amerikaner auf schwierigstem Gelände und unter ungünstigsten Wetterbedingungen mit den Japanern fertig zu werden lernten, entwickelten sich langsam zum Vorteil der Marines, die von Heereseinheiten verstärkt und schließlich auch entlastet wurden.[*] Im Oktober war die Lage für die Amerikaner so kritisch, daß Flugzeuge und Nachschub eiligst auf die Insel gebracht werden mußten, um eine Katastrophe abzuwenden[91]; danach war der Ausgang nicht mehr fraglich.

Während des sechsmonatigen Kampfes auf der Insel fand im Gebiet eine Reihe von Seeschlachten statt. Japanische und amerikanische Marineverbände stießen bei der Deckung der Nachschubkonvois zusammen; die Amerikaner wurden allerdings wieder oft vor der Gefahr gewarnt, sowohl durch die Entzifferung der japanischen Codes als auch durch »Küstenbeobachter«, d. h. auf den Inseln lebende Zivilisten. Zusätzlich wurden die Kriegsschiffe, meist Zerstörer, die beide Seiten zur schnellen Sendung von Verstärkung für den Kampf auf der Insel benutzten, von der Luftwaffe, von U-Booten und gelegentlich auch von der feindlichen Marine angegriffen. In diesen Gefechten erlitten beide Seiten erhebliche Verluste. Zuerst verloren die Japaner und dann die Amerikaner einen Träger, danach wurden zwei japanische Träger beschädigt, während die Amerikaner einen zweiten Träger verloren[**]; schließlich büßten die Japaner in einem mehrere Tage dauernden Gefecht Mitte November zwei Schlachtschiffe ein. Bei den meisten Kämpfen verloren beide Seiten außerdem Kreuzer und Zerstörer, da die Japaner zunächst erfolgreich und später unter schweren Opfern Nachtgefechte führten. Die Abnutzungsseeschlacht wurde im Oktober/November von den Amerikanern gewonnen, zur selben Zeit, als die Japaner auch an Land ins Hintertreffen gerieten.[92]

Die wiederholten Landangriffe, manchmal verbunden mit Flottenbombardements, hatten die amerikanischen Landungstruppen nicht vernichtet. Die japanische Marine war zunehmend verunsichert angesichts der stetigen Schiffsverluste; auch die Verluste an Marine- und Heeresflugzeugen waren immer schwieriger zu ersetzen. Ende

[*] Die Entsendung der Marinedivision nach Australien ermöglichte umgekehrt der 9. australischen Division, in Nordafrika zu bleiben und an der Schlacht von El Alamein teilzunehmen, statt nach Australien zurückzukehren. Morton, Strategy, S. 340–345.
[**] Dies verursachte weitere Reibungen zwischen den Amerikanern und den Briten, da erstere um Entsendung eines britischen Trägers in den Pazifik baten. Im März 1943, als die Krise längst überwunden war, traf schließlich die Victorious ein. Siehe Roskill, War at Sea, Bd. 2, S. 229ff., 415.

Dezember 1942 entschied das japanische Oberkommando, den Rest der Armee von der Insel zu evakuieren. Dabei täuschten sie die Vorbereitung einer neuen Verstärkungsoffensive vor, wodurch es ihnen gelang, von den mehr als 40000 Mann, die auf Guadalcanal gekämpft hatten, knapp über 10000 herauszuholen.[93] Am 7. Februar 1942 war die Schlacht, die ein halbes Jahr gedauert hatte, vorüber. Welche Bedeutung hatten nun diese Kämpfe?

Der Kampf selbst blieb den Überlebenden als ein langer Alptraum in Erinnerung. Erst nach einem Jahr Rehabilitation konnte die 1. Marinedivision wieder in einer Schlacht eingesetzt werden. Auf das Kriegsgeschehen insgesamt hatte Guadalcanal weitreichende Auswirkungen. Die Amerikaner lernten wie in Papua-Neuguinea, daß die Japaner zwar harte, aber keineswegs unbesiegbare Kämpfer waren. Wenn die Kräfteverhältnisse ausgeglichen waren und die Führung kompetent, konnten die Alliierten die scheinbar unbesiegbare Kaiserliche Armee und Marine schlagen. Jedoch offensichtlich nur unter hohem Einsatz und in sehr langen und sehr harten Kämpfen. Die Japaner hatten zur Kenntnis nehmen müssen, daß ihre grundlegende Strategie zur Verteidigung der Grenzen ihres neuen Reiches offenbar nicht so funktionierte, wie sie geplant hatten. Sie hatten angenommen, die Amerikaner wollten den hohen Preis an Menschenopfern und finanziellem Einsatz nicht zahlen, nur um den Japanern Inseln, von denen sie noch nie gehört hatten, abzunehmen und sie Verbündeten, für deren Kolonialreiche sie nur Verachtung übrig hatten, zurückzugeben. Aber hier war der Gegenbeweis, und er offenbarte den Bankrott des strategischen Denkens der Führung in Tokio.

Die Amerikaner hatten sich prinzipiell darauf festgelegt, zu Hause und in England Streitkräfte für einen Angriff auf Deutschland aufzubauen. Die »Europa zuerst«-Strategie bedeutete, daß die Vereinigten Staaten wenig andere Möglichkeiten hatten, als eine geringe, wenn auch stete Verstärkung in den Südpazifik zu entsenden, in der Hoffnung, diese könne die Katastrophe abwenden, die Verluste ausgleichen und die Japaner allmählich zurückdrängen. Es ist wichtig, festzuhalten, daß die Krise im Oktober und der Sieg im November auf und bei Guadalcanal zeitgleich mit den letzten Vorbereitungen für eine frühzeitige Landung und Offensive in Nordwestafrika stattfanden. Die Führer in Tokio hatten jedoch die Wahl. Nachdem sich der grobe Verlauf der Schlacht Ende August/Anfang September 1942 abzeichnete, konnten die Japaner zwischen drei Möglichkeiten wählen. Sie hätten Guadalcanal abschreiben und ihre Kräfte woanders konzentrieren können, entweder auf Neuguinea oder, was wahrscheinlich vielversprechender war, im Indischen Ozean. Eine zweite Möglichkeit, die ihnen im Gegensatz zu den Vereinigten Staaten offenstand, war die Zuteilung massiver Verstärkung, die ihnen genügend Überlegenheit zur Niederschlagung der amerikanischen Streitkräfte auf den Salomon-Inseln verschafft hätte. Zu einem Zeitpunkt, als die Hauptmacht der japanischen Marine noch intakt war und das Heer zum größten Teil weder aktuell gebunden war noch dies in nächster Zeit an anderer Stelle sein würde, war dies eine naheliegende Möglichkeit. Der dritte Kurs – der dann auch eingeschlagen wurde – hatte zur Folge, daß die Japaner freiwillig taten, was die Amerikaner notgedrungen tun mußten: Sie brachten immer mehr Ressourcen in den Kampf ein, aber nie genug, um den Gegner zu überwältigen, so daß am Ende nur gerade die Rettung des Rettbaren gelang. Dieser Kurs kostete Japan nicht nur Zehntausende Männer, Hunderte Flugzeuge mit erfahrenen Besatzungen und zahllose Kriegsschiffe, sondern vor allem verloren sie in der zweiten Jahreshälfte 1942 die strategische Initiative. Die Chance zu einem Vorstoß in den Indischen Ozean und zum Zusammenschluß mit den europäischen Verbündeten wurde nicht genutzt. Tokio und Berlin hatten gleichzeitig diese Chance erkannt, aber sie kam nicht wieder.

Deutschen und Japanern fiel die Kooperation ohnehin schwer. Im Vergleich mit den Unstimmigkeiten zwischen ihnen waren die Probleme der westlichen Alliierten untereinander und mit den Sowjets geradezu die Verkörperung der Harmonie. Die Japaner wollten keine ökonomische oder sonstige Anwesenheit der Deutschen in ihrem neuen Machtbereich und widersetzten sich allen Anstrengungen, ob privater Firmen oder Regierungsstellen, deutsche Aktivitäten oder Interessen jeder Art in Südostasien wiederherzustellen oder auszubauen. Unstimmigkeiten, Verdächtigungen und Ärgernisse waren das Ergebnis. Auch Hitlers Anordnung, sich in die ökonomischen Angelegenheiten Südostasiens nicht einzumischen, konnte die Wogen niemals ganz glätten.[94] In Zusammenhang mit dem Mißtrauen gegen mögliche deutsche Wirtschaftsinteressen in Süd- und Südostasien standen die Probleme in den wirtschaftlichen Beziehungen zwischen den Partnern des Dreimächtepakts. Die praktischen Probleme bei der Durchführung jeden kooperativen Austausches werden im nächsten Kapitel genauer betrachtet werden, aber auch die Verhandlungen, die wegen eines Wirtschaftsabkommens geführt wurden, waren alles andere als freundlich.[95]

Auch die politische Kooperation erwies sich als äußerst schwierig. Es gab ein langes Hin und Her über die Frage, wie man den indischen Kollaborateur Subhas Chandra Bose benutzen könnte.[96] Das Vorhaben, ihn nach Ostasien zu schicken, wurde vermischt mit der endlosen Diskussion über die Organisation von Direktflügen zwischen den europäischen und fernöstlichen Achsenpartnern. Man dachte daran, Bose und andere nach Osten fliegen zu lassen, während eine Sonderdelegation hochrangiger Japaner, die vom Kaiser ernannt worden war und deshalb Tenno-Delegation genannt wurde, nach Westen fliegen sollte.[97] Trotz des erfolgreichen Fluges einer italienischen Maschine nach Japan und des Rückfluges im Juli 1942, oder vielleicht auch gerade wegen der unerwünschten Öffentlichkeitswirkung dieser fliegerischen Leistung, wurde das ganze Projekt nie verwirklicht.[98] Ein Thema dieser Gespräche beleuchtet jedoch einen zentralen Unterschied zwischen der deutschen und der japanischen Kriegsstrategie.

Die Deutschen lagen mit der Sowjetunion im Krieg und bereiteten eine neue, große Sommeroffensive vor, mit der sie die Sowjetmacht tödlich zu treffen hofften. Eine Flugroute über die nördlichen Bereiche der Sowjetunion nach Ostasien schien ihnen sehr sinnvoll. Nach Beginn der Sommeroffensive teilte nicht nur Ribbentrop, sondern auch Hitler Ende Juni 1942 Tokio mit, daß es für Japan nun an der Zeit sei, die Sowjetunion anzugreifen und mit den Deutschen in Zentralasien eine Verbindung zu erreichen. Die Japaner ihrerseits hofften, sich von den Rückschlägen im Korallenmeer und bei Midway zu erholen, sahen einer neuen Offensive gegen die Vereinigten Staaten entgegen und glaubten nicht, es mit einem weiteren Feind aufnehmen zu können. Nach dem Luftangriff auf Tokio im April waren sie sehr besorgt wegen weiterer Luftangriffe auf die heimatlichen Inseln. Außerdem fürchteten sie, das Überfliegen der Sowjetunion könne die Sowjets vielleicht dazu veranlassen, den Amerikanern ihre sibirischen Stützpunkte zu öffnen. Vor dem Angriff auf die Vereinigten Staaten, Großbritannien und die Niederlande hatten die Japaner sich der sowjetischen Neutralität versichert. Nun lag ihnen nichts daran, etwas zu unternehmen, woran ihre mächtigen Nachbarn Anstoß nehmen könnten, am allerwenigsten, nachdem sie unleugbar in einen erbitterten Krieg mit Amerika verwickelt worden waren.[99]

Alles deutete darauf hin, daß der Krieg sich in die Länge ziehen und nicht nur, wie die Japaner berechnet hatten, sechs Monate dauern würde, was Tokio davon abhielt, die deutsche Forderung nach einem Angriff auf die Sowjetunion ernsthaft zu überprüfen. Außerdem demonstrierte der heftige Kampf auf den Salomon-Inseln, der die Japaner ein halbes Jahr lang beansprucht hatte, die Möglichkeiten und Unmöglichkeiten ihrer Kriegführung.[100] Das Hauptinteresse der Deutschen an Japans Kriegführung äußerte sich jedoch nicht in dem flüchtigen Vorschlag vom Sommer, die Sowjetunion anzugreifen, sondern in dem während des ganzen Jahres 1942 auf Japan ausgeübten Druck, eine Großoffensive im Indischen Ozean zu starten.[101] Wie bereits erwähnt wurde, war ein Angriff in der ersten Jahreshälfte 1942 Japans große Chance und die große Sorge der Alliierten gewesen. Deutschland hatte seinen ostasiatischen Bündnispartner wiederholt auf die Dringlichkeit eines solchen Schrittes hingewiesen. Im Indischen Ozean bestand die Möglichkeit, die Versorgungsroute über den Iran in die Sowjetunion und in den ganzen britisch-nordafrikanischen Kriegsschauplatz abzuschneiden. In Berlin oder Tokio fand kaum ein Treffen zwischen den Repräsentanten der beiden Länder statt, ohne daß dieses Thema auf die Tagesordnung gesetzt worden wäre (und ohne daß der alliierte Nachrichtendienst die telegraphischen Berichte der Japaner gelesen hätte).[102] Im Sommer 1942 wurde das Thema aus zwei Gründen noch wichtiger: Erstens gibt es deutliche Hinweise, daß die Japaner sich selbst allmählich eingehender mit dieser Frage auseinandersetzten, teils weil die britischen Aktionen auf Madagaskar zeigten, wie ernst letztere die Bedrohung einschätzten, teils weil die Beharrlichkeit der Deutschen die im wesentlichen provinzielle Sichtweise vieler japanischer Militärs ins Wanken brachte.

Der zweite und vielleicht wichtigere Grund für das erneuerte Interesse der Japaner an dieser Frage war der große Triumph der Deutschen in Nordafrika im Juni 1942. Der Afrikafeldzug wird an späterer Stelle in diesem Kapitel untersucht, aber der spektakuläre Erfolg und die großen Aussichten, die er den Deutschen und Japanern eröffnete, müssen im Kontext des weltweiten Konflikts gesehen werden. Hier schien den Deutschen und Japanern die Gelegenheit zur Zusammenarbeit oder vielleicht gar zu einer direkten geographischen Verbindung gegeben. Unter diesen Umständen änderten die Japaner ihre Einstellung von Anfang des Jahres.[103] Sie entsandten eine beträchtliche Zahl an U-Booten in den westlichen Teil des Indischen Ozeans, um die lebenswichtige britische Versorgungslinie nach Ägypten (und Indien/Birma sowie über den Iran in die Sowjetunion) zu stören, und sie versprachen, im Herbst einen großen Vorstoß in diese Richtung zu unternehmen.[104] In diesem Zusammenhang erwies sich der Kampf auf den Salomon-Inseln als entscheidend: Da es den Japanern nicht gelang, die Amerikaner mit den Mitteln, die sie bereit waren einzusetzen, von Guadalcanal zu verdrängen, und sie entschlossen waren, sich nicht geschlagen zu geben, wurden sie in eine Abnutzungsschlacht verwickelt, die es ihnen unmöglich machte, das den Deutschen versprochene militärische Engagement im Indischen Ozean durchzuführen. Darüber hinaus konnten sie nicht einmal die im westlichen Indischen Ozean stationierten U-Boote halten, sondern mußten sie für den Einsatz im Südpazifik zurückrufen.[105]

Der lange und erbitterte Kampf um Guadalcanal, der damals vielen und manchen bis heute als Abweichung von der »Europa zuerst«-Strategie erschien, hatte tatsächlich erhebliche Auswirkungen auf den europäischen Kriegsschauplatz. In den entscheidenden Kriegsmonaten im Mittelmeerraum, als sich die Briten in hilfloser Lage befanden, konnten ihre Streitkräfte dort aufgefüllt und neu ausgerüstet und die deutsch-italienische Armee durch den Nachschub über den Indischen Ozean vom Heranrücken an den Suez-Kanal abgehalten werden. Zur gleichen Zeit, als die Sowjets gegen den Durchbruch der deutschen Armeen vom Norden über den Kaukasus in den Nahen Osten kämpften, wurde die Versorgungslinie über den Iran offen gehalten. Es ist kein Zufall, daß der Oktober 1942 einer der beiden Monate des Zweiten Weltkriegs war, in dem das meiste amerikanische Versorgungsmaterial für die Sowjetunion durch den Iran transportiert wurde.[106] Zu dem Zeitpunkt, als die Japaner Guadalcanal räumten, hatte sich in Nordafrika und der südlichen Ostfront das Blatt bereits gewendet. Japan hatte im Indischen Ozean nicht eingegriffen, sondern den Krieg auf den Salomon-Inseln fortgesetzt, und das war nicht mehr rückgängig zu machen. Diejenigen, die auf und bei dieser Insel mit dem seltsamen Namen kämpften und starben, konnten nicht wissen, welche Rolle sie im Gesamtverlauf des Zweiten Weltkriegs spielten. Sie wird jedoch deutlich, wenn man den Konflikt im Rahmen des globalen Krieges betrachtet. Wenn die Deutschen und Japaner in die Zukunft sahen, sprachen sie offen über ihre Pläne, die der Deutschen an der Ostfront und die der Japaner im Pazifik, aber ihre Hoffnung auf einen gemeinsamen Sieg über ihre Feinde richtete sich immer noch auf eine direkte Verbindung im Nahen Osten und im Indischen Ozean.[107] Ihr Vorhaben war durchkreuzt worden: den Japanern in Midway und auf den Salomon-Inseln, den Deutschen in Nordafrika und an der südlichen Ostfront.

DER DEUTSCHE VORSTOSS NACH ÄGYPTEN UND
DIE STRATEGIE DER ALLIIERTEN

Eine Verbindung des deutschen und japanischen Herrschaftsbereichs im Nahen Osten erschien 1942 durchaus wahrscheinlich, da die Japaner von Osten bedrohlich näher rückten und die Deutschen von Westen vorstießen. Die italienische Stellung am Horn von Afrika am Indischen Ozean hatten im Winter 1940/41 die Briten erobert. Auch der deutsche Versuch, im Nahen Osten eine Alternativstellung aufzubauen, war durch den Sturz der achsenfreundlichen Regierung al-Gaylani im Irak und den britischen Sieg über die Vichy-Truppen in Syrien im Mai/Juni 1941 vereitelt worden. Die Deutschen konnten diesen Teil der Welt nur wiedererobern, wenn sie entweder von Libyen aus, dem letzten Rest des italienischen Kolonialreichs, einen Vorstoß unternahmen, die Türkei durchquerten oder Rußland eroberten. Die beiden letzten Möglichkeiten hingen eng miteinander zusammen. Eine Weile sah es so aus, als sei die erste Option der richtige Zugang zum Nahen Osten.

Die Verlegung der deutschen 2. Luftflotte von der Ostfront in den Mittelmeerraum im Dezember 1941 und die Erschöpfung der britischen Armee, die Rommels Afrikakorps zurückgedrängt hatte, ermöglichten den Deutschen im Januar 1942, eine Linie zum Schutz des westlichen Libyen aufzubauen. Rommel kamen dabei mehrere Flottensiege der Achsenmächte zu Hilfe, bei denen deutsche U-Boote den britischen Flugzeugträger *Ark Royal* und das Schlachtschiff *Barham* versenkten. Zum selben Zeitpunkt beschädigten italienische Mini-U-Boote im Hafen von Alexandria zwei weitere Schlachtschiffe schwer, während andere britische Kriegsschiffe wegen des Kriegseintritts der Japaner nach Osten entsandt wurden. Auch die ständige Bombardierung der britischen Insel Malta durch die deutsche Luftwaffe sorgte dafür, daß die Neuversorgung ihrer Armee in Nordafrika fast ohne Zwischenfälle vonstatten ging. Wieder einmal überraschte Rommel die Briten (sowie das deutsche und italienische Oberkommando), schlug am 21. Januar 1942 los und überrannte die vorgeschobene britische Position. Am Ende des Monats war Bengasi in deutscher Hand, aber die Offensive kam eine Woche später zeitweilig ins Stocken, weil die Italiener die Teilnahme verweigerten. Beide Seiten fragten sich nun, was als nächstes geschehen sollte.

Die Briten planten in der Tat einen Gegenangriff und hofften, die Eroberung von Italienisch-Nordafrika abzuschließen. Eine solche Operation sollte die gefährliche Situation auf Malta entschärfen, das Mittelmeer zumindest für einige alliierte Schiffe öffnen und die Bedrohung Ägyptens von Libyen aus ein für allemal beenden. Darüber hinaus nahm diese Operation eine wichtige Stellung im gesamtstrategischen Konzept der Briten ein. Wie später in diesem Kapitel gezeigt wird, erwogen die zivilen und militärischen Führungen in London einige Zeit eine Landung in Nordwestafrika mit Unterstützung der Amerikaner. Eine Landung dort sollte die Wiedereröffnung des Mittelmeers ermöglichen und eine Basis für Angriffe aus dem Süden

Europas schaffen – nach der Strategie einer Niederschlagung Deutschlands durch schwächende Angriffe auf die Peripherie. Die verheerenden Niederlagen im Pazifik im Winter 1941/42 hatten zwar die Aufgabe solcher Vorhaben erzwungen, aber Churchill hoffte, sie wiederzubeleben. Ein Sieg über Rommel im Frühjahr 1942 würde vielleicht den Weg dafür ebnen. Aber die Wechselbeziehung zwischen dem Wüstenkrieg und einer möglichen Landung in Nordwestafrika sollte in Wirklichkeit ganz anders aussehen.

Die Deutschen und Italiener hatten sich zwischen dem Verbleib am Standort, einem erneuten Angriff in Richtung Suez-Kanal oder einer Invasion Maltas zu entscheiden, wenn sie den Alliierten den zentralen Mittelmeerraum versperren und selbst von dort aus eine größere und anhaltende Offensive in den Nahen Osten unternehmen wollten.[108] Die erste Alternative, mit minimaler Truppenstärke einfach die Stellung zu halten, wurde schon durch die Tatsache ausgeschlossen, daß die Briten mit der Zeit an diesem Kriegsschauplatz ihre Streitkräfte gewaltig verstärken würden. Solange die japanische und deutsche Marine die Versorgungslinien durch den Indischen Ozean nach Ägypten nicht unterbrachen, konnten die Alliierten ihre dort stationierten Truppen jederzeit ergänzen, auch wenn es lange dauern sollte. Die zweite und dritte mögliche Vorgehensweise – Malta und ein direkter Angriff auf Ägypten – hingen eng zusammen. Mit einem niemals versuchten Blitzangriff auf Malta 1940 hatten die Italiener ihre beste Chance vertan. Und die Deutschen hatten 1941 für einen Angriff mit Luftlandetruppen auf Kreta optiert. Es standen nur für einen Angriff genügend Mittel zur Verfügung, und Kreta schien das lohnendste Ziel. Aber wegen der schweren Verluste im Nordafrikafeldzug zweifelte das deutsche Oberkommando und besonders Hitler selbst sehr daran, ob ein Luftlandeunternehmen zur Eroberung einer verteidigten Insel sinnvoll sein konnte.[109] Die Italiener waren hingegen zu der Überzeugung gelangt, die Besetzung Maltas sei absolut notwendig für weitere Operationen in Nordafrika, und bereiteten sich auf einen Angriff vor. Später verliefen die Planungen gemeinsam, das deutsch-italienische Unternehmen »Herkules« sollte voraussichtlich im Juli abgeschlossen sein. Weil man nicht bis Juli auf jegliche Offensive verzichten wollte, schlugen die Deutschen einen Kompromiß vor, dem die Italiener zustimmten: Die Achse sollte Ende Mai angreifen und zur libysch-ägyptischen Grenze vorstoßen; dann sollte Herkules beginnen und schließlich der Ägyptenfeldzug. Nach der Eroberung Maltas wäre die Versorgung der Invasionstruppen kein Problem mehr gewesen, und deshalb war ein weiterer Vormarsch bis zum Suez-Kanal geplant.[110]

Die Briten waren Ende Mai 1942 zahlenmäßig überlegen, aber das Führungspersonal war abgekämpft und ineffektiv, die Ausrüstung der Truppen war dem deutschen Kriegsgerät unterlegen, die Kooperation zwischen den Land- und den Luftstreitkräften war schlecht und vor allem die Taktik der Aufstellung der Truppen, die unveränderlich darauf setzte, die Divisionen in kleine Einheiten aufzuteilen, war denkbar unsinnig. Was die Situation für die Alliierten noch verschlimmerte, war die

Tatsache, daß die Deutschen mit italienischer Hilfe den Code des amerikanischen Militärattachés in Kairo, Oberst Bonner F. Fellers', geknackt hatten und nun durch dessen detaillierte und genaue Berichte die britischen Ziele und Operationspläne erfuhren.[111] Der britische Nachrichtendienst konnte den betreffenden deutschen Funkverkehr zwar soweit entschlüsseln, daß Kairo gewarnt werden konnte, aber bis man dies wirklich ernst nahm, war es zu spät. Am 26. Mai griff Rommel mit einigen Tagen Vorsprung vor der 8. britischen Armee an.[112]

Die Schlacht um die Gazala-Stellung, wie sie gewöhnlich bezeichnet wird, war ein zäher Kampf, bei dem die deutsch-italienische Armee schließlich die 8. britische Armee besiegte. Innerhalb von zwei Wochen wurden die britischen Panzereinheiten in Stücke zerschlagen und die Hauptverteidigungsstellungen nach und nach eingenommen. Mitte Juni waren die deutschen Einheiten nahe daran, Tobruk ein zweites Mal abzuschneiden, so daß sich die Briten auf eine zweite Belagerung einstellten. Aber die Erfahrung von 1941 wiederholte sich nicht. Dieses Mal durchstießen die deutschen Panzertruppen die Verteidigung Tobruks schnell, nahmen die Kapitulation von 28 000 Soldaten entgegen und hatten damit die enormen Vorräte der Briten in ihrer Hand, die für einen Vorstoß bis zur ägyptischen Grenze und sogar noch weiter reichten. Dieser spektakuläre deutsche Sieg und die britische Niederlage wirkte sich entscheidend auf die Kriegsstrategie sowohl der Achsenmächte als auch der Alliierten aus.[113]

Die Achsenmächte konnten sich zunächst nicht über die weitere Vorgehensweise einigen. Die Italiener stimmten einem Vordringen zur ägyptischen Grenze zu, wollten jedoch zuerst Malta erobern. Rommel hingegen wollte direkt nach Ägypten weiterstürmen. Er hatte darin die Unterstützung Hitlers, der dem Angriff auf Malta schon immer skeptisch gegenübergestanden hatte und nun die Gelegenheit sah, die britische Stellung im Nahen Osten insgesamt zu zerschlagen. Seiner Ansicht nach bot sich mit der deutschen Sommeroffensive an der Ostfront die Möglichkeit, in einer gigantischen Zangenoperation vom Norden her über den Kaukasus eine Invasion durchzuführen. Da er Mussolini die Kontrolle über Ägypten als Lockmittel in Aussicht stellte, stimmten Berlin und Rom der Streichung der Herkules-Operation zu und setzten alle – einschließlich der für die Landung auf Malta vorgesehenen – Mittel für die Besetzung Ägyptens ein.[114] In der Öffentlichkeit wurde Ägypten die Unabhängigkeit garantiert, während die Geheimpläne festlegten, daß Italien die Kontrolle über das Land ausüben sollte.[115] Wie in anderen Nahostländern gab es auch dort Menschen, die den Versprechungen glaubten und den Imperialismus der Achsenmächte nicht wahrhaben wollten.*

Die Streitkräfte der Achsenmächte verließen sich darauf, daß mit Luftangriffen

---

* Der Mufti und al-Gaylani sahen dieses Mal natürlich ihre große Chance gekommen. Zur selben Zeit wurden Nasser, Sadat und andere ägyptische Armeeoffiziere, die mit den Deutschen Kontakt hatten, entweder festgenommen oder an entlegene Posten geschickt.

auf Malta die Versorgungstransporte ohne allzu viele Störungen laufen würden und mit der Kontrolle über Kreta ein alternativer Stützpunkt für die Seeversorgung und Verstärkung bereitstehen würde. So stürmten sie Ägypten und kamen bis Ende Juni, nur zehn Tage nach der Einnahme Tobruks, auf knapp hundert Kilometer an Alexandria heran. Alles schien nach Plan zu laufen, die geographische Verbindung mit Japans Machtbereich erschien als realistisches Ziel.[116]

Den Alliierten brachte der Kampf ein unmittelbar verheerendes Ergebnis, die langfristigen Auswirkungen waren aber vielleicht noch wichtiger. Der deutsche Vormarsch mußte auf alle Fälle gestoppt werden. In einem verzweifelten Kampf hielt die 8. britische Armee dem Ansturm der Achse auf die Stellung El Alamein stand, die ausgewählt wurde, weil es praktisch unmöglich war, sie vom Süden durch die Kattara-Senke an der Flanke anzugreifen. Feldmarschall Sir Claude Auchinleck übernahm das persönliche Oberkommando über die Schlacht. Die deutsch-italienischen Streitkräfte wurde aufgehalten, konnten jedoch nicht von ihren vorgerückten Stellungen vertrieben werden.[117] Die Kämpfe im Juli endeten mit einem Patt an der Alamein-Stellung. Beide Seiten hofften, wieder in die Offensive zu gehen: Die Deutschen wollten bis zum Suez-Kanal vorstoßen, die Briten die Koordinierung mit der Landung in Nordwestafrika vorbereiten. Sowohl Churchill als auch Brooke kamen selbst an Ort und Stelle und wechselten das britische Kommando aus. General Alexander, der eigentlich den britischen Teil des Landungsunternehmens befehligen sollte, löste Auchinleck ab, während General Montgomery, der ursprünglich Alexanders Posten in Nordwestafrika übernehmen sollte, den Oberbefehl über die 8. Armee erhielt. Der neuernannte Befehlshaber General William Henry E. (Strafer) Gott war noch vor der Übernahme des Kommandos gefallen.[118]

Die neue Führungsmannschaft machte der ausgiebigen Beschäftigung mit allen möglichen ausgefeilten Rückzugs- und Zerstörungsplänen ein Ende. Über Rückzüge den Nil aufwärts und nach Palästina und über die Räumung Palästinas – womit die Juden dort den Deutschen ausgeliefert worden wären – oder über die Zerstörung der Ölfelder in Saudi-Arabien und anderswo, falls sie der Achse in die Hände fielen, war endlos disputiert worden.[119] Aber Alexanders ruhige Art zusammen mit Montgomerys energischem Professionalismus gaben den britischen Truppen ihren Kampfgeist zurück.[120] Verstärkung und Versorgungsnachschub wurden von den Briten und Amerikanern schnellstens geliefert, besonders wichtige Dinge wurden sogar eingeflogen.[121] Die Deutschen und Italiener konnten Rommel hingegen nur in beschränktem Maß Verstärkung senden, da der Kampf an der Ostfront ihre Energien beanspruchte und die Briten ihre Luftstreitkraft auf Malta ein weiteres Mal aufbauten.

In der Schlacht von Alam Halfa, die Rommels letzte große Offensive werden sollte, schlug sich die neubelebte britische 8. Armee siegreich.[122] Vom 30. August bis zum 5. September griff die deutsch-italienische Panzerarmee die britischen Stellungen an, die nun viel besser vorbereitet und von ihrem ausgezeichneten Nachrichtendienst

vorgewarnt waren. Die Zahl der Panzer auf beiden Seiten war ausgeglichen, aber
mit taktischen Überraschungen auf dem Schlachtfeld und hervorragender Kooperation von Boden- und Luftkampf gelang es den Briten trotz der zahlenmäßigen Überlegenheit der gegnerischen Flugzeuge das Afrikakorps zu besiegen. Gleichzeitig mit
dieser Schlacht erreichten die ersten 200 neuen Sherman-Panzer aus den Vereinigten
Staaten Nordafrika für die spätere Gegenoffensive. Die Ankunft der Panzer muß im
Kontext der durch die Niederlage von Tobruk geänderten Strategie der Alliierten
gesehen werden: Die Entscheidung zur Entsendung fiel am 21. Juni in Washington,
dem Tag, als die Nachricht von der Kapitulation Tobruks die amerikanische Hauptstadt erreichte.

Die Reaktion der Alliierten auf Tobruk steht in Zusammenhang mit der vorangegangenen Diskussion von Kriegsplänen gegen Deutschland. Auf der Arcadia-Konferenz in Washington im Dezember 1941 und Januar 1942 hatten die Briten und Amerikaner nicht nur die verheerende Lage in Ostasien und die möglichen Maßnahmen
gegen Japan erörtert, sondern auch ihr Festhalten an der »Deutschland zuerst«-
Strategie bekräftigt und die Stabsstruktur der Combined Chiefs of Staffs entwickelt.
Ein Rüstungs- und Zuteilungssystem sollte die Durchführung der strategischen
Planung gewährleisten. Aber auf welche Art und Weise die Deutschen besiegt werden
sollten, war damit noch offen, und genau darüber gab es sehr verschiedene Meinungen bei den beiden Westalliierten.[123]

Man war sich darin einig, daß es erforderlich sei, den Sowjets zu helfen, weil diese
die Hauptlast im Kampf gegen Deutschland trugen. Zeitweilig verständigte man sich
auch über einen kleinen Feldzug zur Besetzung Französisch-Nordwestafrikas; dieses
Projekt verschwand aber schnell vom Plan, weil die alliierte Niederlage in Ostasien
und die enorm gestiegenen Verluste im Atlantik[124] solche offensiven Operationen im
Frühjahr 1942 unmöglich machten. Das beherrschende Thema war von da an die
grundlegende Frage, wie der Angriff auf Deutschland strategisch vorbereitet werden
solle. Die frühesten britischen Pläne, die in Kapitel 3 schon angesprochen wurden,
sahen vor, Deutschland unter der Wucht von Bombenangriffen, ermüdenden Blok-
kaden und Aufständen in den besetzten Gebieten zum Zusammenbruch zu bringen.
Außerdem war eine Landung in Nordwesteuropa geplant. Die Überlegungen gingen
davon aus, daß der große belgische Hafen Antwerpen den Hauptstützpunkt für einen
Angriff auf das Ruhrgebiet, den industriellen Kern Deutschlands, bilden könnte.[125]
Diese Pläne bezogen sich jedoch auf eine ferne Zukunft. Bevor eine Landung stattfinden konnte, mußte der deutsche Widerstand nahezu gebrochen sein. Der eigentlichen Landung mußte also eine lange Serie von Operationen an der Peripherie vorangehen. Nicht nur die Sowjets forderten deshalb entlastende Aktionen, die ihnen
unmittelbar und wirksamer den Druck an der Ostfront nahmen, auch die Amerikaner
stellten mit einem grundsätzlich anderen strategischen Ansatz diese Konzeption in
Frage.

Die Niederschlagung Deutschlands, so argumentierten die Amerikaner, könne nur erfolgreich verlaufen, wenn man die größtmögliche Streitmacht so früh wie möglich in England zusammenziehe und über den Kanal gegen die deutschen Hauptstreitkräfte vorgehe. Die Annahme dabei war, daß eine solche Invasion nicht auf das Erlahmen der deutschen Widerstandskräfte warten müsse, sondern sie selbst herbeiführen könne. Allein die Vorbereitung der Landung werde die deutschen Streitkräfte im Westen binden. Operationen an der Peripherie würden nicht, wie die Briten glaubten, die Deutschen schwächen, sondern vielmehr die alliierte Stärke zerstreuen und vor allem die wenigen Schiffe bei der Unterstützung von Einsätzen sinnlos opfern, die sehr weit von den hauptsächlichen Industrie- und Truppenstützpunkten in den Vereinigten Staaten entfernt lagen.[126] Der kürzeste Weg schien den Amerikanern der beste zu sein, während die Briten, die schon dreimal von den Deutschen vom Kontinent vertrieben worden waren, den Vorteil in der Flottenüberlegenheit der westlichen Alliierten suchten und die Deutschen dort zermürben wollten, wo diese ihre große Land- und Luftstreitmacht nicht zum Einsatz bringen konnten.

Darüber hinaus zweifelten die Briten stark an den militärischen Fähigkeiten der Amerikaner, aber auch diese hatten umgekehrt ihre Zweifel an den Briten. Nahezu keiner der amerikanischen Befehlshaber hatte Erfahrung in der Führung großangelegter militärischer Operationen, und ihre Armeen waren gerade erst dabei, sich zu organisieren. Die Vorstellung eines massiven Angriffs auf Nordwesteuropa von bis dahin noch nicht existierenden amerikanischen Einheiten ergab für die britischen militärischen und politischen Führer keinen Sinn. Denn in der Praxis würde dies bedeuten, daß britische Einheiten landen mußten, gegen die die Deutschen rechtzeitig eine überwältigende Streitmacht einsetzen konnten. Auch als die amerikanischen Streitkräfte allmählich aufgebaut wurden, schien die wahrscheinliche Kampfleistung und die Befähigung der amerikanischen Kommandeure den Verantwortlichen in London sehr zweifelhaft. Eine Katastrophe in Nordwesteuropa sei den Sowjets nicht nur keine Hilfe, sondern auch eine echte Gefahr, da dies den Deutschen, im sicheren Wissen, daß im Westen auf Monate oder gar Jahre hin keine neue Operation zu erwarten sei, ermöglichen würde, sich lange Zeit auf die Ostfront zu konzentrieren. Außerdem seien die überanstrengten Mittel der Britischen Inseln für einen erneuten Landungsversuch vielleicht nicht ausreichend. Ein zweites Dünkirchen wäre das Vorzeichen einer totalen Katastrophe, nicht eines Wiederauferstehens. Operationen im Mittelmeerraum hätten nach Ansicht der Briten hingegen einen wirklichen Effekt, trennten die Deutschen von ihren italienischen Verbündeten und zwängen sie, ihre Garnisonen in Südeuropa zu verstärken, während die Besatzungstruppen im Westen und in Norwegen wegen einer drohenden alliierten Invasion ohnehin in ihren Stellungen bleiben müßten. Zusätzlich werde durch die Öffnung des Mittelmeers das Ausweichen auf die längere Versorgungsroute um das Kap der Guten Hoffnung beendet und die Wirksamkeit der deutschen Angriffe gegen die alliierten Schiffe stark abnehmen.

Aber nicht nur die Briten zweifelten an den Amerikanern, auch letztere hatten große Vorbehalte gegen die britische Politik und Leistungsfähigkeit. Trotz der Bewunderung für ihren Mut und ihre Entschlossenheit waren sie nur von ihrer Leistung auf See und in der Luft beeindruckt. Die Serie von Niederlagen, die das Vereinigte Königreich in diesem Krieg hatte hinnehmen müssen, war nicht dazu angetan, die Amerikaner von den Fähigkeiten der britischen Führung zu überzeugen. Und man muß daran erinnern, selbst wenn man zu höflich war, um es zu erwähnen, daß die Kette von Katastrophen auch nach dem Kriegseintritt der Amerikaner nicht abriß. Der schnellen Kapitulation in Malaya folgten einige Monate später die verheerenden Niederlagen in Nordafrika und die Kapitulation in Tobruk.[127] Wenn, zwei Jahre nach der Zurückschlagung vom Kontinent durch die Deutschen, die Briten sich selbst eine »Armee von Amateuren im Kampf gegen Profis«[128] nannten, gab es vielleicht weniger Grund, ihnen zu vertrauen, als sowohl britische Führer zu jener Zeit und später auch Historiker vermuteten. Die Amerikaner glaubten, das Interesse der Briten im Mittelmeerraum sei eher von imperialen Belangen als von verläßlicher Militärstrategie bestimmt, und bezweifelten außerdem, ob die dortigen Operationen mit großer Kompetenz ausgeführt werden würden.[129] Es gab gute Gründe, den Briten Hilfe zukommen zu lassen. Denn ein vollständiger Sieg der Deutschen in Nordafrika würde die Südflanke der Sowjetunion bedrohen und die Möglichkeit zu einer deutsch-japanischen Verbindung im Indischen Ozean eröffnen. Andererseits war man sich in der amerikanischen politischen und militärischen Führung – besonders Präsident Roosevelt, Kriegsminister Stimson und General Marshall – generell einig, daß ein größeres Engagement der Vereinigten Staaten im Mittelmeer die Ressourcen vom Hauptkriegsschauplatz abziehe und eine endlose Zahl kleiner Operationen ohne große Hoffnung auf eine Zerschlagung Deutschlands die Folge sein würde.[130]

In den britisch-amerikanischen Gesprächen des Frühjahrs 1942 entwickelte sich, zumindest schien es so, ein Konsens, daß noch im selben Jahr in Westeuropa eine Aktion unternommen werden müsse. Es ist schon behauptet worden, die Zustimmung der Briten aufgrund des Drucks der Amerikaner sei nur ein taktisches Manöver gewesen, um deren Hinwendung zum pazifischen Kriegsschauplatz zu verhindern. Dabei muß jedoch beachtet werden, daß gerade in den Monaten, als die Briten die Vereinigten Staaten dringend darum baten, zur Verteidigung Australiens Truppen in den Pazifik zu entsenden, und beide Länder mit dem Truppenaufbau in England für die Invasion Europas (»Bolero«) beschäftigt waren, interne britische Dokumente wiederholt auf die Absicht einer Landung in Europa im Jahr 1942 hinwiesen. Auf dem Kontinent sollte ein Brückenkopf gebildet werden, der die deutschen Kräfte (zumindest die Luft-, wenn nicht die Bodeneinheiten) von Osteuropa abziehen und die Basis für ein weiteres Vordringen ins Landesinnere 1943 bilden sollte.[131]

Die amerikanische Militärführung kam im April 1942 zur entscheidenden Strategiekonferenz nach England und war fest entschlossen, die Zustimmung für die von ihnen favorisierte Landung 1942 zu erhalten. Deshalb einigte man sich vorläufig auf den Kräfteaufbau in England, der eine Landung später im selben Jahr ermöglichen sollte. Die Briten sollten dabei die Hauptinitiative unternehmen, während die im Ausbau begriffenen amerikanischen Kräfte sich zunehmend beteiligen würden.[132] Unter den britischen Teilnehmern an den Besprechungen gab es jedoch noch Reste von Zweifel an dem Unternehmen; außerdem ergaben sich fürs erste unüberwindbare praktische Schwierigkeiten. Aber bevor diese offensichtlich wurden und zu einer Änderung der alliierten Pläne hätten führen können, hatte der sowjetische Außenminister Wjatscheslaw Molotow London und Washington besucht, wo man sich auf einen Wortlaut einigte, der als ein Versprechen für eine Invasion 1942 gedeutet werden konnte. Der genaue Text besagte, daß »volles Einvernehmen über die dringende Aufgabe der Schaffung einer zweiten Front in Europa 1942 erzielt wurde«[133], ein Satz, der nur beim ersten Lesen eindeutig scheint, aber die Hoffnungen in Washington Ende Mai 1942 vor dem Desaster in Nordafrika widerspiegelt.[134] Noch bevor diese Niederlage die Situation umkehrte, waren die Westalliierten bereits wegen der Gefahren in Ostasien, die größer waren als angenommen, und auch wegen des katastrophalen Mangels an Schiffen, der durch die hohen Verluste bei deutschen U-Boot-Angriffen vor der nordamerikanischen Küste in der ersten Jahreshälfte 1942 noch verschlimmert wurde, zunehmend besorgt. Im nächsten Kapitel wird dieses Thema genauer untersucht; man kann jedoch bereits festhalten, daß diese Verluste dramatische Auswirkungen auf die Strategie der Alliierten hatten: Sie trugen dazu bei, jede Invasion in Westeuropa für 1942 auszuschließen, und limitierten überhaupt jegliche Operationen 1942 und 1943 in drastischer Weise (die Nordafrika-Invasion wurde deshalb nicht mit einer Stärke betrieben, die die rasche Eroberung Tunesiens gesichert hätte). Außerdem machten die Schiffsverluste es erforderlich, den gefährlichen Seeweg über Nordnorwegen zu den sowjetischen Arktishäfen Murmansk und Archangelsk 1942 zeitweilig zu meiden.

Die britische Niederlage Ende Mai, Anfang Juni 1942 wirkte in dieser bereits schwierigen Situation wie ein Schock. Churchill selbst war zufällig wegen Strategiegesprächen in Washington, als ihn die schreckliche Nachricht von der Kapitulation Tobruks erreichte.[135] Entschiedene Schritte waren erforderlich, um den Zusammenbruch im Nahen Osten aufzuhalten. Die Amerikaner waren einverstanden, die Sherman-Panzer von ihrer neuen Panzerdivision abzuziehen und nach Ägypten zu entsenden. Der erste Schub kam während der Schlacht von Alam Halfa in Ägypten an, die Ankunft der restlichen Panzer entschied über Montgomerys Zeitplan für die große Schlacht von El Alamein Ende Oktober 1942 und nicht zuletzt über den Sieg.

Aber nicht nur Panzer, die die verlorenen oder beschädigten Panzer der 8. Armee ersetzten, mußten herangeschafft werden. Besorgt über die große Gefahr eines vollkommenen Triumphs der Achsenmächte im Nahen Osten, der die Sperrung der Versorgungsrouten in die Sowjetunion und nach China bedeutet hätte, befahlen die Amerikaner, die neue Bomberstreitkraft, die General Lewis Brereton in Indien aufgebaut hatte, an die ägyptische Front zu verlegen.[136] Die Verlegung wirkte sich in zweifacher Hinsicht auf den Verlauf der Kampfhandlungen aus. Zum einen kämpften damit zum erstenmal Soldaten mit amerikanischem Kriegsgerät im Nahen Osten (die Panzer waren ohne Besatzungen verschifft worden). Von da an war auch die amerikanische Luftwaffe auf dem Kriegsschauplatz im östlichen Mittelmeer ständig anwesend, beteiligte sich zunächst an der Verteidigung Ägyptens und engagierte sich später bei anderen Operationen wie den Luftangriffen auf die Ölfelder in Rumänien. Zweitens veränderte die Luftwaffenverlegung natürlich die Situation im Raum China-Birma-Indien. Die Tschiang Kai-schek versprochene Luftverstärkung kämpfte nun auf einem anderen Kriegsschauplatz, und mit ihr war auch der amerikanische Einfluß auf Tschiangs militärische Angelegenheiten größtenteils dahin – eine Tatsache von großer Tragweite für die amerikanisch-chinesischen Beziehungen während des Krieges.[137] Die Amerikaner beschlossen, keine weiteren Einheiten in den Nahen Osten zu verlegen, aber ihr Vertrauen in die Briten war nach den früheren Niederlagen schwer erschüttert, und sie waren weit weniger geneigt, ihren Verbündeten während der folgenden Gespräche über die Strategie für das Jahr 1942 zu bedrängen.

Bevor wir uns diesen Gesprächen zuwenden, muß noch eine letzte Auswirkung der Sommerkrise in Ägypten erwähnt werden. Wie ein Jahr zuvor vereinbart wurde, ließen die Russen polnische Kriegsgefangene und Zivilisten, die nach Zentralasien deportiert worden waren, frei und ermöglichten den Aufbau einer polnischen Armee unter der Schirmherrschaft der polnischen Exilregierung. Sikorski hatte gehofft, diese Armee werde Seite an Seite mit der Roten Armee an der Ostfront kämpfen und schließlich vom Osten her wieder nach Polen gelangen (auf dieselbe Weise erwartete de Gaulle die Rückkehr seiner Truppen mit den Westalliierten nach Frankreich). Der Aufbau der polnischen Armee in der Sowjetunion wurde jedoch von unzähligen Schwierigkeiten begleitet, und die sowjetische Regierung, die natürlich weder Interesse an einer wirklich unabhängigen polnischen Armee im Osten noch an einem Vormarsch der Deutschen im Süden über den Nahen Osten in die Sowjetunion hatte, löste beide Probleme, indem sie die Polen im Sommer 1942 zur Verstärkung der Briten nach Ägypten sandte. Mit sehr gemischten Gefühlen akzeptierten sowohl die Polen als auch die Briten diesen Vorschlag. Begleitet von Tausenden Zivilisten machten sich neuformierte polnische Divisionen auf den Weg zur nordafrikanischen Front und gelangten statt von Osten schließlich von Süden her wieder nach Europa.[138] Bis sich diese Truppentransfers jedoch auf die Operationen auswirkten, wurden in Afrika die neuen Entscheidungen, die im Juli in London getroffen wurden, bereits durchgesetzt.

Zwischen den Westalliierten fanden in London im Juli Gespräche statt, einen Monat nach der britischen Niederlage in Nordafrika, noch während Auchinleck die Deutschen am Tor nach Alexandria festhielt, sie aber nicht verdrängen konnte. Vor diesem Treffen hatten beide ihre jeweiligen Positionen nochmals geprüft. Alle waren besorgt, ob die Sowjets der neuen deutschen Offensive standhalten konnten. Die Amerikaner waren mehr denn je von der Notwendigkeit einer Landung in Nordwesteuropa überzeugt. Sie hatten bereits entschieden, die Briten, die in Nordafrika nicht vorankamen, zu unterstützen, waren aber dennoch beunruhigt über jegliche Ablenkung von der Kräftekonzentration an der wichtigsten Front. Die Tatsache, daß sie auf die großen Siege Japans mit einer Truppenverstärkung im Pazifik hatten reagieren müssen, machte es in ihren Augen selbstverständlich, daß die Briten bei einem Angriff auf Nordwesteuropa im selben Jahr die Hauptlast zu tragen haben würden. Unter den Amerikanern wurde allerdings auch die Ansicht vertreten, besonders von Admiral King, der Pazifikkrieg solle auf jeden Fall oberste Priorität haben, besonders wenn in Europa 1942 überhaupt nichts unternommen werden sollte.[139]

Die Briten waren nach der Niederlage in der Wüste vorsichtiger geworden. Sie waren überzeugt, daß ein Angriff über den Ärmelkanal für dieses Jahr nicht mehr in Frage kam. Nur Mountbatten, der britische Chief of Combined Operations, und einige Leute seines Stabes glaubten, ein Angriff auf Cherbourg und einen Teil der normannischen Halbinsel könne vorbereitet und ein Brückenkopf gebildet werden.[140] Churchill und die drei Stabschefs waren überzeugt, daß dies unmöglich sei und eine Niederlage im Westen – vielleicht eine weitere erbärmliche Massenkapitulation wie in Singapur und Tobruk – nicht den Russen, sondern letztlich den Deutschen an der Ostfront helfen würde.[141] Die von Mountbatten angeregte Bildung eines Brückenkopfes wirkte immerhin als Gedanke in den Köpfen der Beteiligten, obwohl die Aussagen zur Durchführung nicht gerade konkret und überdies sehr schlecht durchdacht waren. Ein solches Unternehmen, auch wenn es durchführbar gewesen wäre, hätte doch Unmengen an Material verschlungen, ohne die deutsche Armee im Osten substantiell schwächen zu können. Die grundlegende Position der Führung in London war folglich, daß 1942 eine Offensive in Nordwesteuropa weder gestartet werden konnte noch sollte.[142]

Churchill trat hartnäckig dafür ein, in Nordnorwegen zu landen, wenn es an der französisch-belgischen Küste unmöglich sei, ein von ihm seit langem favorisiertes Unternehmen, das zeitweilig unter dem Decknamen »Jupiter« geprüft wurde. Eine solche Operation sollte die Deutschen zumindest treffen und ihre Herrschaft gerade dort brechen, wo sie mit der Eroberung begonnen hatten. Außerdem wäre die schwierige Seeverbindung zu den russischen Häfen Archangelsk und Murmansk verbessert worden. Der Chef des Empire-Generalstabes, Brooke, war stets gegen dieses Konzept, diskutierte immer wieder mit dem beharrlichen Churchill und konnte die Idee als zu risikoreich zurückweisen. Sie führe strategisch in eine Sackgasse, sei den hohen Einsatz nicht wert und werde in der Praxis wahrscheinlich nicht funktionieren, weil die Deutschen von ihren Luftstützpunkten in Südnorwegen immer kontern könnten.[143]

Rückblickend ist es keineswegs so offensichtlich, daß Brooke mit seiner Einschätzung recht hatte. Eine Invasion in Norwegen 1942 hätte keine solchen tiefgreifenden Auswirkungen auf alle Angriffe über den Ärmelkanal 1943 gehabt, wie es bei der Operation »Torch« der Fall gewesen war, und sie hätte dem Schiffsproblem der Alliierten zumindest etwas Erleichterung gebracht, wenn auch weniger als Torch. Den strategischen Nutzen einer solchen Operation, den Brooke bestritt, sah Churchill

in einem sicheren Weg in die Sowjetunion, einer wirklichen Ablenkung von der Ostfront, im Winter einer Unterbrechung der deutschen Versorgung mit Eisenerz aus
Schweden und weiterreichenden Auswirkungen auf die Haltung Schwedens und die
Stellung Finnlands im Krieg. Natürlich befürchteten die Deutschen eine solche Invasion der Alliierten. Hitler und das deutsche Oberkommando in Norwegen waren
sich dieser drohenden Möglichkeit besonders bewußt. Daß Hitler darauf bestand,
die deutschen Schlachtschiffe und Kreuzer bei Brest dem Schlachtschiff *Tirpitz* bei-
zugeben und nach Norwegen zu verlegen – am 12. Februar 1942 liefen die *Scharnhorst* und die *Gneisenau* zusammen mit dem schweren Kreuzer *Prinz Eugen* zu dem
berühmten Durchbruch durch den Kanal in Richtung Norden aus –, war auf seine
Sorgen in diesem Punkt zurückzuführen.[144] Für die Deutschen bedeutete dies eine
Umstellung von einer möglichen Überwasser-Marineoffensive im Atlantik zu einer
Defensivhaltung in Norwegen. Den Briten war dies allerdings noch nicht so deutlich
wie der deutschen Marine.

Zur Bestürzung der britischen Öffentlichkeit passierten die deutschen Schiffe sozusagen vor ihrer Nase den Kanal, ohne daß die Royal Navy einen Schuß abgefeuert
hätte, aber beide Schlachtschiffe liefen dabei auf Minen, die von der Royal Air Force
in den von den Deutschen geräumten Teilen des Kanals neu gelegt worden waren.
Die *Scharnhorst* war für Monate außer Gefecht, während die *Gneisenau* bombardiert
wurde und für einen weiteren Einsatz nicht mehr tauglich war. Weitere Vorbereitungen der Deutschen, wie die Einholung einer erneuten Rückversicherung der Neutralität Schwedens bei gleichzeitigen Invasionsplänen gegen das Land, zeigen deutlich,
wie besorgt die Deutschen über eine Landung der Alliierten in Norwegen waren, die
aus ihrer Sicht nahe bevorstand.[145] Aber in diesem Punkt, wie in vielen anderen,
folgte Churchill der festen und einmütigen Gegenansicht seiner militärischen Berater.

Auf der Londoner Konferenz vom 18. bis 22. Juli mußten die widerstreitenden
Ansichten der Briten und Amerikaner versöhnt werden.[146] Da die Briten absolut deutlich machten, daß sie nicht daran dachten, die Operation »Sledgehammer«, so der
Codename für die Invasion Nordwesteuropas 1942, weiterzuführen, hatten die Amerikaner keine Alternative, als Sledgehammer fallenzulassen. Sie konnten verständlicherweise nicht an einer Operation festhalten, welche die Briten zu organisieren hätten
und die nach deren Überzeugung zu einem Desaster führen würde. Nach ihren Niederlagen wollten die Briten an derlei Operationen nicht einmal denken. Bei der Situation
damals war dies höchstwahrscheinlich eine richtige Einschätzung. Es stellte sich
allerdings die Frage, was statt dessen geschehen sollte. Die Alternative Norwegen war
ebenfalls ausgeschlossen, da sie schon in internen britischen Diskussionen im Vorfeld
verworfen wurde und auch den amerikanischen Militärführern nicht zusagte. Einige
Amerikaner wollten Truppen und Kriegsmaterial in den Pazifik überführen, andere
hingegen wollten dies nicht. Die Entscheidung des amerikanischen Oberbefehlshabers,
Präsident Roosevelt, war in diesem Punkt unmißverständlich.[147]

Im Krieg gegen die Deutschen müsse bereits 1942 etwas unternommen werden, das war die entschiedene Meinung des Präsidenten. Wenn die psychischen und die materiellen Energien des amerikanischen Volkes sich auf den europäischen Krieg richten sollten – so wie die Japaner dafür gesorgt hatten, daß der Ferne Osten die Kräfte in Anspruch nahm –, dann war es unabdingbar, daß so früh wie möglich eine größere Operation gegen die europäischen Achsenmächte unternommen werden mußte. Es war inakzeptabel, damit bis 1943 zu warten. Was die Kräftekonzentration im Pazifik betraf, so war diese, langfristig gesehen, sinnlos.[148] Ein Sieg im Pazifik lag in ferner Zukunft und würde Deutschland kaum treffen, während ein Sieg in Europa unmittelbar und einschneidend auf den Ostasienkrieg rückwirken würde. Die nächstliegende Möglichkeit für eine Operation auf dem europäischen Kriegsschauplatz 1942 war die Wiederaufnahme von Invasionsplänen für Französisch-Nordwestafrika. Die Operation Gymnast war bereits zu Beginn des Jahres diskutiert worden und erschien nun um so attraktiver, weil damit der großen Gefahr in Nordostafrika begegnet und der unerträgliche Mangel an Schiffen vielleicht behoben werden konnte, wenn die Achsenmächte aus Nordafrika vertrieben werden konnten.[149] Das große Dilemma dabei war, daß in dem Jahr entweder nichts mehr unternommen werden konnte oder daß die Operation Torch (der neue Name für Gymnast) gestartet wurde. Damit bestand allerdings das Risiko, daß die Invasion Nordwesteuropas (neuer Name »Roundup«) auf das Jahr 1944 verschoben werden mußte.[150] Die Westalliierten einigten sich darauf, eine Landung in Nordwestafrika Ende 1942 mit einem kontinuierlichen Aufbau der amerikanischen Streitkräfte in England (Operation Bolero) zu verbinden. Im Jahr 1943 sollte schließlich, so hoffte man, die Landung in Nordwesteuropa (Roundup) gelingen. Die Operation Torch war zwar ein schwieriges Vorhaben, schien den Briten und Amerikanern jedoch im Bereich des Möglichen. Durch die Krisen auf Guadalcanal und in Papua ließ man sich nicht von der geplanten Operation abbringen.[151]

Churchill persönlich übernahm die schwierige Aufgabe, den Sowjets die neue Entwicklung mitzuteilen. Es war durchaus möglich, daß nach einer Verstärkung in Ägypten die Landung in Nordwestafrika mit einem Vorstoß von Osten her koordiniert und die Achsenmächte in die Enge getrieben werden konnten. Nach ihrer vollständigen Vertreibung aus Afrika wäre der Weg nach Italien offen für einen Angriff von Süden her.[152] Nun hing alles davon ab, ob Ägypten gehalten und von dort ein Gegenschlag geführt werden konnte und ob die Briten und Amerikaner bei ihrer ersten gemeinsamen Offensive im Kriege erfolgreich waren.

Die verschiedenen, aber zusammenhängenden Teile des alliierten Programms wurden gleichzeitig vorangetrieben. Churchill besuchte vom 12. bis 16. August Stalin und erläuterte ihm, daß eine Landung in Frankreich im laufenden Jahr unmöglich sei. Er stellte ihm statt dessen den britisch-amerikanischen Plan zur Landung in Nordwestafrika vor.[153] Der sowjetische Führer war zunächst sehr ungehalten, oder er bekundete zumindest, es zu sein, mußte die Entscheidung jedoch akzeptieren. Da er den Deutschen bei der Vertreibung der Alliierten vom Kontinent geholfen hatte, war

er nicht gerade in der geeigneten Position, sich über Schwierigkeiten bei einer Rückkehr zu beklagen. Außerdem war er beeindruckt von den seit kurzem vermehrten
britischen Bombenangriffen gegen Deutschland und zeigte sich zufrieden, daß weitere
verstärkte Offensiven geplant waren. Wie schwierig eine großangelegte Landung in
Westeuropa tatsächlich war, trat kurz nach Churchills Rückkehr aus Moskau offen
zutage, als eine kanadische Division mit angegliederten Einheiten in Dieppe landete.*
Dieser Angriff war bereits früher geplant und schon einmal abgeblasen worden; der
Landungsversuch am 19. August zeitigte verheerende Folgen. Die Landungstruppe
wurde unter hohen Verlusten zurückgeschlagen, ohne daß an anderer Stelle deutsche
Kräfte abgelenkt wurden. Die Deutschen jubelten, und die Führer des französischen
Vichy-Regimes waren über diesen Sieg so begeistert, daß Pétain anbot, sich bei der
Zurückschlagung künftiger Landungsversuche den Deutschen anzuschließen.[154] Aus
der mißglückten Operation konnten die Alliierten jedoch gleichzeitig einige Lehren
ziehen, die später nützlich waren, so vor allem, daß es statt eines Frontalangriffs auf
einen Hafen besser sei, eine Landung am Strand zu riskieren und den eigenen Hafen
mitzubringen.[155] Die Operation diente jedoch, wie schlimm auch die Folgen für
Kanada waren, in England und den Vereinigten Staaten dazu, wieder Mut zu gewinnen; endlich versuchte jemand, etwas zu tun.

In jenen Monaten war dies besonders wichtig, da die Vereinigten Staaten auf den
Salomon-Inseln in einen erbitterten Abnutzungskrieg verwickelt waren und die
Sowjets verzweifelt die deutsche Sommeroffensive abzuwehren versuchten. Die Vorbereitungen für die Operation Torch konnten natürlich nicht öffentlich hinausposaunt werden – obwohl es Anhaltspunkte gibt, daß der sowjetische Botschafter in
London die Information dummerweise an die Presse durchsickern ließ[156] –, und die
Armee in Ägypten war noch nicht zu einem schnellen Gegenschlag bereit. Churchill
wollte im September eine neue Offensive starten, aber Montgomery bestand nach
der Schlacht von Alam Halfa darauf, seine Armee gründlich neu vorzubereiten und
die im September eintreffenden Hunderte neuer Panzer und Kanonen zu integrieren,
um die Offensive richtig ausführen zu können. Widerstrebend stimmte Churchill
einem Oktobertermin, kurz vor der geplanten Landung in Nordwestafrika, zu.

Am 23. Oktober griff die 8. Armee einen überraschten Gegner an. Die Verschiebung des Angriffstermins hatte den Deutschen und Italienern Zeit gegeben, große
Minenfelder zu legen, die britischen Einheiten hatten also einen schwierigen Kampf.
Im einem Zeitraum von zwölf Tagen zerschlug die 8. Armee die Truppen der Achsenmächte, obwohl sie selbst schwere Verluste erlitt. Montgomery hatte eine effektive
und selbstbewußte Armee aufgebaut und war damit in der Lage, den Deutschen eine
Niederlage von solchen Dimensionen zu bereiten, daß Rommel, der mitten in der

---

* Der britische Angriff auf den französischen Atlantikhafen St.-Nazaire im März 1942 hing
mit der Sorge über das deutsche Schlachtschiff *Tirpitz* zusammen und wird deshalb in Kapitel
7 erörtert.

Schlacht vom Urlaub zurückkehrte, ungeachtet der Befehle Hitlers nur noch verzweifelt versuchte, den Rest seiner Armee zu retten. Ein kleiner Teil konnte sich bis zur libysch-ägyptischen Grenze zurückziehen, konnte dort jedoch die Stellung nicht halten und wurde schnell bis nach Tripolis zurückgedrängt.[157] Ein entschiedeneres Vorgehen hätte Rommels Truppen vielleicht vollständig vernichtet, aber auch so erreichte die 8. Armee am 23. Januar Tripolis, drei Monate nach dem Angriff auf El Alamein, über 3000 Kilometer weiter östlich. Die Italiener, die die Weigerung der Deutschen, den Angriff auf Malta dem Ägyptenfeldzug vorzuziehen, als Hauptursache für die Niederlage ausmachten[158], hatten nun den letzten Rest ihres afrikanischen Kolonialreiches verloren, und der Mufti konnte nicht länger davon ausgehen, in Rommels Gepäckwagen nach Jerusalem zurückzukehren[159]. In El Alamein, wie zuvor bei Moskau und Midway, hatten die Alliierten einen Sieg errungen, der die Achsenmächte ganz empfindlich getroffen hatte.

Der Wüstenkrieg hatte einen Volkshelden hervorgebracht: Erwin Rommel. Er war ein großer Taktiker gepanzerter Streitkräfte, ein führungsstarker Militärbefehlshaber und ursprünglich ein Bewunderer Hitlers, dem die Gelegenheit gegeben worden war, auf einem Kriegsschauplatz zu agieren, wo ein Einzelner sich hervortun konnte. Als Günstling des Führers war er rasch befördert worden, erst kürzlich zum Feldmarschall; dennoch mißachtete er oft Befehle und offizielle Stellen. Seine Gesundheit war angeschlagen, und er begann allmählich an Hitler zu zweifeln. Vielleicht brachte ihn diese vernichtende Niederlage – die noch schlimmer ausgefallen wäre, wenn er Hitlers Befehl befolgt hätte – auf den Weg, an dessen Ende ihm nur die Wahl zwischen Selbstmord oder öffentlicher Verurteilung mit Erhängen und Sippenhaft für die Familie gelassen wurde. Ein deutscher General gab ihm das Gift und arrangierte das Staatsbegräbnis, auf das Rommel nun Anspruch hatte.

Mit der Schlacht vom Oktober 1942 rückte ein anderer General ins Interesse der Öffentlichkeit. Montgomery war Brookes Wahl für die 8. Armee gewesen, in allen Höhen und Tiefen seiner Karriere würde Brooke ihn unterstützen und sich vor ihn stellen. Als energischer, selbstbewußter Profi erschien »Monty«, wie er genannt wurde, vielen hochrangigen Offizieren der britischen Armee (ganz zu schweigen von den amerikanischen) ein wenig verrückt, aber für die schwer angeschlagene Moral der Streitkräfte wirkte er Wunder. Seine Soldaten fühlten sich ihm stärker verbunden als die meisten anderen Armeen ihren Befehlshabern, und sie wußten, daß er sie vielleicht in den Tod führen, aber niemals sinnlos opfern würde. Er machte seine Fehler, von denen viele auf seine Unfähigkeit zur Zusammenarbeit mit Gleichgestellten zurückzuführen waren, aber er vermittelte harten Professionalismus, grimmige Entschlossenheit und Selbstvertrauen in sorgfältig ausgearbeitete Pläne, was die alliierten Armeen, ganz besonders die britische, dringend brauchten.

Tatsächlich nur wenige Tage nach dem Durchbruch bei El Alamein, noch lange bevor Montgomerys Truppen Tripolis erreichten, landeten die Alliierten erfolgreich in Nordwestafrika. Die ausgedehnten politischen Vorbereitungen zu einer friedlichen

Landung, entweder durch ein ausgewechseltes Vichy-Regime oder einen Umschwung der Kräfte in Nordafrika, waren alle gescheitert.[160] Die Hoffnungen in der letzten Minute und die Prognosen des American Office of Strategic Services (OSS) hatten sich als völlig falsch erwiesen.[161] Durch ein Zusammenspiel mehrerer Faktoren wurde jedoch das mögliche Desaster für die britischen und amerikanischen Truppen abgewendet. Die Entschlossenheit und Tapferkeit der Landungstruppen in Marokko und Algerien hatte dabei eine Schlüsselfunktion. Der Entschluß Hitlers, den noch freien Teil Frankreichs zu besetzen, überzeugte auch den letzten französischen Soldaten, daß die Politik des Kampfes gegen die Briten, Amerikaner und die anderen Franzosen wenig sinnvoll war.* Die unerwartete Anwesenheit Admiral Darlans öffnete den Weg zu politischen Verhandlungen und zur Absicherung einer schnellen Übernahme Marokkos und Algeriens durch die Alliierten.[162] Entscheidend für das Gelingen der hochriskanten Operation war aber vielleicht, daß die Landung eine vollkommene Überraschung war. Der Mangel an alliierten Schiffen aufgrund der U-Boot-Angriffe machte nach Ansicht der Deutschen eine Invasion unwahrscheinlich.[163] Die Alliierten hatten de Gaulle den Invasionsplan bewußt verschwiegen[164], und die Deutschen hatten, wie der britische Nachrichtendienst entschlüsselte, sogar als sich die großen Konvois der west- und nordafrikanischen Küste näherten, keine Ahnung, was bevorstand.[165] Sobald die Alliierten gelandet waren, gab es für die Achsenmächte praktisch keine Möglichkeit mehr, sie zurückzuschlagen.

Die Schwierigkeiten und Auswirkungen des Nordafrika-Feldzuges, der zu einem fünfmonatigen Kampf um Tunesien führte, werden in Kapitel 8 genauer untersucht. Wie auch immer das Ergebnis im einzelnen aussah, die Alliierten hatten klar die Initiative übernommen. So wie die Japaner in Ostasien aufgehalten worden waren und auf Neuguinea und den Salomon-Inseln allmählich zurückgedrängt wurden, waren die europäischen Achsenmächte im Mittelmeerraum nun in der Defensive. Die Hoffnungen der Länder des Dreimächtepakts auf ein gemeinsames Handeln waren zunichte. Jeder kämpfte nun für sich in der Defensive.

---

* Im Oktober 1942 wurde Pétain nur von den Deutschen daran gehindert, nach Nordafrika zu gehen und dort die Kampfbegeisterung gegen eine britisch-amerikanische Landung anzufachen (ADAP, E, Bd. 4, Nr. 127); zwei Tage vor der Landung der Alliierten am 8. November gab es in Vichy noch Diskussionen über eine Wiedereroberung der vom Freien Frankreich kontrollierten Gebiete in Afrika (ebenda, Nr. 143).

7

Der Seekrieg und die Blockade

1942 bis 1944

DIE NACHSCHUBROUTEN AUF DEN OZEANEN

Die frühesten Phasen der Kämpfe auf, über und unter den Meeren sind in die Darstellung der ersten Kriegsjahre eingeflossen, und in gleicher Weise gehen die letzten Anstrengungen der Deutschen im Winter 1944/45, die Initiative zurückzugewinnen, in die Erörterung dieses Kriegsabschnitts in Kapitel 14 ein. Die Überwasserkämpfe im Pazifikkrieg von 1942 wurden im vorigen Kapitel behandelt. Die Seeschlachten im Zuge des amerikanischen Vormarsches im Pazifik während der Jahre 1943 bis 1945 bilden einen integralen Bestandteil dieser Offensive. Besondere Aspekte des Kampfes um die Kontrolle der Weltmeere verlangen allerdings eine ihnen gemäße Darstellung, weil sie die Strategien beider Allianzen in einer Weise beherrschten, die zur damaligen Zeit nicht von jedem erkannt wurde und im Rückblick oft übersehen wird.

In Europa erlangte die Kontrolle der Meere für die Alliierten aufgrund der im Vergleich zum Ersten Weltkrieg veränderten Lage noch größeres Gewicht. Im Ersten Weltkrieg zogen sich die Sowjets im letzten Teil des Konflikts aus dem Krieg zurück, doch war Deutschland zu jener Zeit durch seine Kampfanstrengungen und Verluste schon so geschwächt, die Alliierten dagegen durch den Kriegseintritt der Vereinigten Staaten so gestärkt, daß es 1918 gelingen konnte, die deutsche Offensive im Westen zu stoppen. Daher konnten die westlichen Alliierten ihre Kampfkraft direkt gegen Deutschland zur Geltung bringen und es im Sommer und Herbst 1918 niederwerfen. Im Zweiten Weltkrieg dagegen hatte die Sowjetunion Deutschland in den ersten Kriegsjahren dabei unterstützt, die Westalliierten im Norden, Westen und Südosten vom europäischen Kontinent zu vertreiben, weshalb sich die Alliierten in der Folge mit dem grundsätzlichen Problem konfrontiert sahen, wie sie ihre Macht direkt gegen Deutschland zur Wirkung bringen konnten.

Eine neue Front mußte von See her aufgebaut werden. Wann konnten die Alliierten eine neue Front auf dem Kontinent errichten? Dieses Problem lastete auf ihrer Diplomatie, um so mehr, als sie Großbritannien noch verletzbarer machte. Wie konnte sie im Krieg überhaupt gehalten werden, wenn die Meere, über die ihr Nachschub bewegt wurde, nicht offengehalten werden konnten? Die Kontrolle der Seewege war daher entscheidend für das Überleben Großbritanniens, für die Aufrechterhaltung der Allianz zwischen Großbritannien, den Vereinigten Staaten und der Sowjetunion und für eine wirkungsvolle Landoffensive gegen Deutschland von Westen. Eine massive Bomberoffensive, die in Kapitel 10 erörtert wird, sollte und konnte tatsächlich eine solche Kampagne zu Lande teilweise ersetzen. Wollten die Alliierten jedoch Deutschland niederringen, dann würden sie eine oder mehrere neue Fronten auf dem Kontinent errichten, dort umfangreiche Kräfte an Land bringen und versorgen und nach Deutschland selbst vorstoßen müssen. Dafür war die Herrschaft über die Meere unabdingbare Voraussetzung.

In Deutschland wurde dies von manchen Beobachtern klar erkannt. Obwohl Hitler, im Wissen, daß große Kriegsschiffe nur gebaut werden konnten, wenn frühzeitig damit begonnen wurde, schon in den Anfängen seiner Kanzlerschaft ein massives Schiffsbauprogramm in die Wege geleitet hatte, steckte die große Hochseemarine noch in den Kinderschuhen, als er 1939 den Krieg anfing. Was vorhanden war, konnte und wurde so wirksam wie möglich eingesetzt, aber man verließ sich in hohem Maße auf die U-Boote. Während die Überwasserschiffe wichtig für die Eroberung Norwegens waren und für eine Invasion Großbritanniens entscheidend gewesen wären, konnten sie im Kampf um die Strangulierung des britischen Handels nur eine untergeordnete Rolle spielen. Die U-Boote nahmen hier die tragende Rolle ein und sollten es den Westalliierten zugleich verwehren, die gewaltigen Streitkräfte aufzubauen und zu versorgen, die sie in England benötigen würden, um einen großen Angriff auf den Kontinent zu unternehmen.

Je länger der Krieg dauerte, desto klarer stellte sich den Deutschen diese Einsicht. Und als ihnen Ende 1941 zunehmend deutlich wurde, daß der Krieg im Osten nicht so schnell mit einem deutschen Sieg enden würde, wie sie angenommen hatten, erlangte das Problem, wie Westeuropa unter deutscher Kontrolle gehalten und die Briten und Amerikaner daran gehindert werden konnten, den Kontinent anzugreifen, zunehmendes Gewicht als wichtige Aufgabe der deutsche Marine.[1] Hinzu kam, daß ein Erfolg der Marine beim Versenken von Schiffen der Alliierten es diesen nicht nur verwehren konnte, Großbritannien zu versorgen und auf dem Kontinent zu landen, sondern auch ihre Fähigkeit einschränken würde, die Sowjetunion mit Nachschub zu unterstützen. Der Schwerpunkt der deutschen Kriegsplanung für das Jahr 1942 und bis zu dem Zeitpunkt, an dem ein Sieg im Osten erreicht werden könnte, mußte daher der Seekrieg gegen den Schiffsverkehr der Alliierten sein. Da Hitler im Dezember 1941 den Oberbefehl über die Armee an sich zog und er sich vorwiegend mit den Kämpfen an der Ostfront beschäftigte, gewährte er dem Seekrieg nicht dieselbe unablässige Aufmerksamkeit wie den Operationen im Osten. Er verstand aber recht früh, daß der geeignete Weg, um die Feinde im Westen zu lähmen, die Zerstörung des Schiffsverkehrs war, auf dem das Leben Großbritanniens und alle britischen und amerikanischen Offensivplanungen notwendig beruhten.

Die Kontrolle der Seewege war offensichtlich ein entscheidender Aspekt der Kämpfe im Pazifik, aber diese unterschieden sich, wie wir sehen werden, in einem bedeutsamen Punkt vom europäischen Kriegsschauplatz. Die Japaner verstanden im Gegensatz zu den Deutschen nicht wirklich, wie wichtig die Handelsschiffahrt war, und daß sie die Eroberung Südostasiens keineswegs von fremder Abhängigkeit befreite, sie vielmehr der Gefahr einer Blockade durch die Versenkung von Frachtschiffen in gleichem Maße aussetzte wie Großbritannien. Die Amerikaner dagegen erkannten dies frühzeitig. Sie handelten bald gemäß ihrer Einsicht, daß die Erbeutung von Ölquellen, Zinnminen und Gummiplantagen durch die Japaner diese Quellen, Minen und Plantagen um keinen Zentimeter von ihrem Platz rückte; die Konsequenz war einzig und allein, daß die Produkte im Krieg und nicht im Frieden verschifft werden mußten.

Von den anderen wichtigen Kriegsteilnehmern erkannten die Italiener gewiß die enorme Bedeutung der Verbindungswege auf See. Nicht nur ihre lange Küstenlinie und ihr Gefühl, von den Briten an den östlichen und westlichen Zugängen zum Mittelmeer eingeschnürt zu sein, hielt diese Frage stets in ihrem Bewußtsein. Auch die Tatsache, daß alle ihre Vorstöße im ersten Kriegsjahr von den Seeverbindungen abhängig waren, verstärkte ihre Sorgen. Sie hatten sich bei ihrem verunglückten Angriff auf Griechenland auf den Seetransport nach Albanien verlassen; sie konnten ihrer Garnison in Nordostafrika nicht zu Hilfe kommen, als diese von den Briten im Winter 1940/41 aufgerieben wurde, weil sie keine Schiffe dorthin schicken konnten; und vor allem waren sie sich vollkommen im klaren darüber, daß Nachschub und Verstärkung für ihre eigenen und die deutschen Streitkräfte in Nordafrika fast ausschließlich von den Seeverbindungen abhängig waren. Die italienische Marine trug die Hauptlast der Kämpfe der Achsenmächte im Mittelmeer. Während sie dabei von den Deutschen mit U-Booten und Flugzeugen einige willkommene Unterstützung erhielten, mußten sie dafür viele ihrer eigenen U-Boote zur Unterstützung der deutschen Atlantikoffensive gegen den Schiffsverkehr der Alliierten zur Verfügung stellen.

Die Japaner hatten schon zu Beginn des chinesisch-japanischen Krieges die Seeverbindungen der Chinesen gekappt, weshalb diese nicht mehr direkt in den Krieg auf den Ozeanen verwickelt waren. Sobald die Birmastraße durch den japanischen Vormarsch im Frühjahr 1942 blockiert war, mußte der Nachschub eingeflogen werden, bis ein Feldzug in Nordbirma die Möglichkeit zum Bau einer neuen Straße eröffnen würde. Aber all das war Zukunftsmusik. In der Zwischenzeit hatte Tschiang Kai-schek andere Sorgen.

Die sowjetische Marine war an wichtigen Operationen vor allem im Schwarzen Meer beteiligt, aber es finden sich wenig Hinweise darauf, daß Stalin damals oder die sowjetischen Historiker später das Ausmaß erkannt haben, in dem die alliierte Strategie vom Problem des Schiffsverkehrs beherrscht war. Mag hier nun eine Rolle gespielt haben, daß Rußland eher die Züge eines Binnenlandes trägt, daß man sich auf die unmittelbare und furchtbare Gefahr an der Landfront konzentrierte oder daß es an der Bereitschaft mangelte, die Tatsache zu akzeptieren, daß die Bündnispartner unter sehr schwierigen Bedingungen ihr Bestes taten: Stalin scheint nie ein wirkliches Verständnis für den langen und bitteren Kampf um die Kontrolle der ozeanischen Versorgungslinien entwickelt zu haben. In den Vorkriegsjahren hatte er damit begonnen, auf den Bau einer sowjetischen Hochseemarine zu dringen und die Zeit des Arrangements mit Deutschland genutzt, um, im Tausch gegen die Unterstützung der Deutschen gegen den alliierten Schiffsverkehr, etwas Ausrüstung zu bekommen, die dafür benötigt wurde. Aber diese Maßnahmen stellten einen ersten Schritt der Marineplanung dar, kein wirkliches Verständnis für die Bedeutung der Seemacht in einem globalen Krieg.

Das fundamentale Problem, dem sich die Alliierten im Krieg mit Deutschland damals gegenübersahen, war, die Schiffe, die sie hatten, zu schützen und die Schiffe, die sie verloren, zu ersetzen, ja im besten Falle mehr als zu ersetzen. Auf der anderen Seite bestand die Herausforderung für die Deutschen darin, England zu besiegen, die Vereinigten Staaten zu paralysieren und beide von der Sowjetunion abzuschneiden, indem sie mehr alliierte Schiffe vernichteten als ersetzt werden konnten. Wichtiges, aber gleichwohl nur ergänzendes Element in diesem Kampf war der effizienteste Einsatz der vorhandenen Schiffe durch sorgfältiges Beladen, schnellen Umschlag und die Wahl der kürzestmöglichen Routen. Für die Deutschen dagegen ging es darum, die alliierten Schiffe auf den kurzen Routen anzugreifen und die Moral der Besatzungen der Handelsschiffe durch hohe Versenkungsraten zu zerstören. Obwohl der größte Teil des Kampfes aus Angriffen von U-Booten und der Verteidigung gegen sie bestand, setzten die Deutschen auch andere Waffen ein, die hier vorab dargestellt werden sollen.

DIE DEUTSCHEN GEGEN DIE ALLIIERTEN AUF SEE
1942/43

Die regulären Überwasserschiffe der deutschen Marine waren ab 1942 in norwegischen Gewässern und in der Ostsee konzentriert. In der Ostsee wurden sie vor allem eingesetzt, um deutsche Schiffsverbindungen nach und von Finnland, Schweden und Norwegen gegen sowjetische und britische Störmanöver zu schützen.[2] Nur die Kriegsschiffe in den norwegischen Häfen standen potentiell für den Krieg gegen die alliierte Schiffahrt zur Verfügung. Das größte dieser Schiffe, das Schlachtschiff *Tirpitz,* bereitete den Alliierten die meisten Sorgen. Um sicherzustellen, daß es nicht wie die *Bismarck* den Versuch machen würde, in den Atlantik durchzustoßen, unternahmen die Briten einen wagemutigen Kommandoangriff auf den französischen Hafen St. Nazaire, um das einzige Dock an der von den Deutschen kontrollierten Atlantikküste lahmzulegen, auf dem dieses 42 900-Tonnen-Schiff repariert werden konnte. Der Angriff vom 29. März 1942 erreichte sein Ziel, obwohl es äußerst unwahrscheinlich ist, daß Hitler der *Tirpitz* unter irgendwelchen Umständen erlaubt haben würde, eine

Operation im Atlantik zu wagen.[3] Wegen ihrer Größe und Bewaffnung blieb die *Tirpitz* im Brennpunkt der britischen Aufmerksamkeit. Zusammen mit den anderen deutschen Kriegsschiffen in Norwegen machte sie es nötig, eine große Überwasserflotte, darunter Schlachtschiffe und Flugzeugträger, in den britischen Heimatgewässern zu halten, um die Geleitzüge nach Rußland zu schützen. Die *Tirpitz* verhinderte so den Einsatz dieser knappen und wertvollen Schiffe im Mittelmeer, im Indischen Ozean oder im Pazifik.[4] Deshalb wurden wiederholt Versuche unternommen, die *Tirpitz* mit Bomben und Ein-Mann-Torpedos zu zerstören, die alle scheiterten. Am 21./22. September 1943 setzte die Beschädigung durch ein britisches Mini-U-Boot das Schiff bis März 1944 außer Gefecht.[5] Kaum repariert, wurde es am 3. April von neuem beschädigt, diesmal durch Bomben. Nachdem es drei Monate lang außer Dienst und Ziel einer langen Reihe weitgehend erfolgloser Angriffe war, wurde das Schiff durch einen Luftangriff am 12. November 1944 schließlich zerstört.[6] In der Zwischenzeit hatten die Schlachten, an denen die deutschen Überwasserschiffe in Norwegen beteiligt waren, den Seekrieg auf andere, dramatische Weise geprägt.

Es tat sich ein innerer Widerspruch auf zwischen dem Einsatz der deutschen Überwasserschiffe gegen die arktischen Geleitzüge und ihrem Einsatz gegen eine mögliche alliierte Invasion Norwegens, die die Deutschen sehr beunruhigte und der wichtigste Grund für die Stationierung dieser Schiffe in Norwegen war. Sie konnten nicht Nachschubkonvois stören – mit den Risiken, in Gefechte verwickelt zu werden und Verluste zu erleiden – und gleichzeitig ihren Teil dazu beitragen, einen alliierten Landungsversuch abzuwehren.

Diese zwiespältige Aufgabenstellung trug zu einer Reihe von Streitigkeiten und Komplikationen um die Schiffe bei, zu mehreren Operationen gegen Geleitzüge, bei denen die deutschen Verluste an Zerstörern der Zahl der versenkten alliierten Schiffe effektiv gleichkamen, und zu zwei wichtigen Siegen der Briten auf See. Beim ersten unternahmen die Deutschen Ende Dezember 1942 den Versuch, die Geleitzüge JW 51 A und B zu zerstören, der teils durch britische Geleitschiffe abgewehrt, teils durch Befehlsverwirrung auf deutscher Seite abgeblasen wurde.[7] In der Folge dieser von den Deutschen klar erkannten Niederlage wurde Admiral Raeder, Oberbefehlshaber der deutschen Marine seit 1928, entlassen und durch den Kommandeur der U-Boot-Flotte, Admiral Dönitz, ersetzt. Darüber hinaus beschloß Hitler gleichzeitig, alle verbleibenden großen Schiffe außer Dienst zu stellen, die Mannschaften auf den U-Booten und kleinen Schiffen einzusetzen und die Schiffskanonen zur Küstenverteidigung zu verwenden. Er wurde schließlich von Dönitz selbst dazu überredet, diesen Befehl zurückzunehmen.

Dönitz, lange Zeit Verfechter einer Konzentration auf U-Boote, hatte inzwischen den Nutzen der großen Schiffe für die Verteidigung gegen eine mögliche Invasion Norwegens ebenso erkannt wie für die Ausbildung der Mannschaften und neue Angriffe auf die Geleitzüge nach Rußland. Vielleicht am wichtigsten war jedoch die Überlegung, die Briten nicht mit einem überflüssigen Sieg auf See zu beschenken, sondern sie zu zwingen, umfangreichere Flotteneinheiten in den eigenen Gewässern zu halten. Ein solcher Sieg hätte Großbritannien in den Heimatgewässern entlastet und die Möglichkeit geboten, die Flotte in den Krieg gegen Japan zu schicken.[8] In der Praxis allerdings waren die deutschen Überwassereinheiten nicht in der Lage, mehr zu leisten, als die operativen Bewegungen der britischen Überwasserschiffe einzuschränken, bis in einer zweiten schweren Niederlage an Weihnachten 1943 das Schlachtschiff *Scharnhorst* versenkt wurde. Dönitz hatte das Schiff auf eine – wie es objektive Beobachter nennen müssen – sinnlose Selbstmordmission geschickt. Mit der *Scharnhorst* versanken 1900 Mann Besatzung.[9]

Der andere wichtige Typ von Überwasserschiffen, den die Deutschen im Krieg gegen die alliierte Schiffahrt einsetzten, war der Hilfskreuzer. Diese umgebauten schnellen Handelsschiffe sollten alliierte und neutrale Schiffe täuschen, indem sie allein fuhren, getarnt, unter falscher Flagge und mit verdeckten Kanonen – bis zum letzten Augenblick, da sie ihre wahre Nationalität und ihren Zweck enthüllten. In den ersten Kriegsjahren hatten sie im Südatlantik, im Indischen Ozean und im Pazifik einige Erfolge, aber in den Jahren 1942 und 1943 wurden sie der Reihe nach von den Alliierten aufgebracht. Admiral Raeder selbst war einer der wichtigsten Verfechter dieses Projekts gewesen, mit dem den Alliierten gewiß beträchtliche Verluste zugefügt wurden und das zur weiteren Zerstreuung ihrer Geleitschiffe führte; doch im Oktober 1943 wurde das letzte dieser Schiffe von einem amerikanischen U-Boot versenkt.[10] Die Deutschen verfügten ebenfalls über eine größere Zahl an sehr guten E-Booten, wie die Alliierten sie nannten, kleine, aber schnelle Torpedoboote, die zur Aufklärung eingesetzt wurden, für das Geleit der deutschen Küstenschiffahrt und für Angriffe auf alliierte Kriegs- und Handelsschiffe im Kanal, in der Nord- und Ostsee und im Mittelmeer. Im Laufe des Krieges versenkten sie Schiffe von über 225000 BRT. Ihr spektakulärster Erfolg war wohl die Versenkung zweier großer LSTs (Panzerlandungsschiffe) am 28. April 1944 während einer großen Landungsübung an der Südküste von England mit dem Codenamen »Tiger«; beim Untergang der Schiffe wurden über 700 amerikanische Soldaten getötet. Der Zwischenfall wurde von den Alliierten damals vertuscht.[11] Mit dem anderen Extrem, dem Bau sehr großer Kriegsschiffe, befaßten sich die Deutschen ebenfalls seit langem. Sie versuchten, ihren ersten Flugzeugträger für den Einsatz fertigzustellen, aber dieses Vorhaben wurde Anfang 1943 schließlich aufgegeben.[12]

Der Einsatz von Langstreckenflugzeugen auf deutscher Seite, besonders der FW 200, wurde schon erwähnt. Flugzeuge spielten bei Angriffen auf Schiffe von Stützpunkten in Frankreich aus weiterhin eine gewisse Rolle, aber die Hauptaufgabe der Luftwaffe bestand in der Bekämpfung der arktischen Geleitzüge nach Rußland, die von norwegischen Basen aus geführt wurde. Göring war hier im Unterschied zu anderen Bereichen willens, beträchtliche Ressourcen für den Kampf um die Seeverbindungen zur Verfügung zu stellen, die gelegentlich mit beträchtlicher Wirkung eingesetzt wurden. Als die anderweitigen Forderungen an die Luftwaffe zunahmen, erhielten die Einheiten in Norwegen allerdings keine angemessenen Verstärkungen mehr, so daß ab 1944 die Luftangriffe auf die Seeroute nach Murmansk an Bedeutung verloren. Die Luftwaffe hatte in den Jahren 1941/42 im Mittelmeer ihren wesentlichen Beitrag zum Seekrieg geleistet; danach bekamen der Druck auf die Ostfront, die Notwendigkeit, das unter deutscher Kontrolle befindliche Europa gegen Luftangriffe zu verteidigen, und die Anstrengungen, England direkt zu attackieren, den Vorrang.

Zwei weitere Aspekte des Seekriegs müssen erwähnt werden, bevor wir uns dem deutschen U-Boot-Krieg zuwenden. Die Deutschen, Italiener und Japaner legten mit Flugzeugen, kleinen Überwasserschiffen und U-Booten Minen, die den Verlusten, die sie ihren Gegnern anderweitig beibrachten, noch eine kleinere Zahl an Schiffen hinzufügten.[13] Eine zusätzliche Quelle hoher Verluste waren die »maritimen Ausfälle« von Schiffen, die sich abgenutzt hatten, die kollidierten, auf Grund liefen, auf See kenterten oder auf andere Weise verunglückten. Zum Teil wegen des dauernden Gebrauchs der verfügbaren Schiffe, der Notwendigkeit, bei jedem Wetter und auf gefährlichen Routen in See zu stechen, wenig erfahrener Dockarbeiter und Besatzungen und ähnlicher Faktoren waren solche Verluste ganz beträchtlich und überstiegen in der Summe normalerweise die durch Flugzeuge, Überwasserschiffe und Minen verursachten Schäden. Die ertrunkenen Seeleute und die verlorenen Schiffe waren gleichermaßen Kriegsverluste wie jene, die auf Kampfhandlungen zurückgingen – und auch sie fehlten in den Dienstlisten der Alliierten.

Die bei weitem größten Verluste, die die Achsenmächte den Alliierten beibrachten, wurden von U-Booten verursacht. Die U-Boote im Zweiten Weltkrieg waren keineswegs die Unterwasserschiffe gängiger Vorstellung. Abgetaucht waren sie so langsam – das am häufigsten eingesetzte deutsche U-Boot (Typ VII C) war 7,5 Knoten schnell, und dies nur für eine begrenzte Zeit –, daß die meisten Schiffe ihnen entkommen konnten. Nur, indem sie die meiste Zeit über Wasser blieben – wo sie 17,7 Knoten erreichten –, hatten sie überhaupt eine Chance, rechtzeitig in die zugewiesenen Gebiete zu kommen und in Angriffsposition zu gehen. Bis in die letzten Phasen des Krieges hinein war dies für die U-Boote aller Kriegsteilnehmer charakteristisch. Wurden sie daher gezwungen, längere Zeit unter Wasser zu bleiben, verloren sie die meisten Optionen zum Angriff.

Die Deutschen hatten vor dem Krieg ein Konzept erarbeitet, nach dem ihre U-Boote auf besonders wirkungsvolle Art eingesetzt werden sollten. Die U-Boote sollten in Gruppen ausgeschickt werden und versuchen, Schiffe der Alliierten zu orten, die sich, wie man annahm, wahrscheinlich in Geleitzügen bewegen würden. Das U-Boot, das als erstes einen Konvoi ausfindig machte, sollte die anderen Boote seiner Gruppe, von den Alliierten »Wolfsrudel« genannt, zusammenrufen. Der Angriff sollte dann nachts und über Wasser erfolgen. Die deutsche Kriegsmarine verfügte praktisch über keine eigenen Aufklärungsflugzeuge, da die Luftwaffe sich weigerte, größere Stückzahlen für den U-Boot-Krieg bereitzustellen, und die U-Boote führten im Unterschied zu einigen japanischen keine kleinen Wasserflugzeuge für die Suche nach möglichen Zielen mit sich, die im Innern verstaut, von Bord aus gestartet und wieder an Bord geholt werden konnten. Die Deutschen setzten gelegentlich Schleppdrachen ein, von denen ein Ausguck in etwa 100 Metern Höhe dem U-Boot gegnerische Schiffe auf Sicht melden konnte. Der einzig gangbare Weg, um das Problem der Ortung alliierter Schiffe zu lösen, schien daher eine Angriffslinie von U-Booten zu sein, die vom Hauptquartier an Land in Gebiete geschickt wurde, die am vielversprechendsten erschienen. Dort folgten dann ein Ruf des ersten U-Bootes mit Feindsicht und eine ununterbrochene Folge weiterer Ortungssignale.

Zwei Aspekte dieser Taktik sind bemerkenswert. Sie ermöglichte es Dönitz, die neuesten ihm zur Verfügung stehenden Informationen der Aufklärung zu verwenden, um seine U-Boote über Funk zu den lohnendsten Zielen im Atlantik zu beordern, die Direktiven, wenn nötig, zu ändern und sie zur nächsten geeigneten Position zu schicken. Aber dies erforderte auch einen Strom von Funksignalen, der Material für Codeknacker liefern konnte. Was auch immer die Deutschen sendeten, die anderen konnten mithören, selbst wenn spezielle Geräte eingesetzt wurden, um die Nachrichten mit extrem hoher Geschwindigkeit zu übertragen. Eine zweite Gefahr lag darin, daß das »Rudel« ständig Ortungssignale absetzte, damit alle Boote folgen und denselben Geleitzug angreifen konnten. Die Deutschen nahmen an, daß die alliierten Ortungsspezialisten an Land ungefähr den Aufenthaltsbereich der U-Boote lokalisieren konnten, den sie aber im Augenblick des ersten Angriffs auf einen Geleitzug ohnehin erfahren würden. Was die Deutschen *nicht* verstanden, war, daß die Alliierten Peilgeräte entwickelten und an Bord unterbrachten, die U-Boote mit Hilfe von Funksignalen der Geleitschiffe des attackierten Konvois orten konnten. Diese Geräte, »Huff-Duffs« genannt (von HF/DF für High-Frequency Direction Finders abgeleitet), mit denen Schiffe ab dem Sommer 1942 ausgerüstet wurden, sollten eine wichtige Rolle für den Sieg der Alliierten im U-Boot-Krieg spielen. Die Deutschen kamen diesem Peilgerät nie auf die Spur und schrieben die ganze Fähigkeit der Alliierten, U-Boote auf der Wasseroberfläche zu orten, dem Einsatz des Radars zu. Während das Radar (besonders an Bord von Flugzeugen) sicher eine wichtige Rolle im Kampf gegen die U-Boote spielte, lokalisierten die Geleitzugeskorten U-Boote auf der Wasseroberfläche häufiger mittels der Huff-Duffs.[14]

Wenn die U-Boote unter Wasser waren, konnten sie (außer in Periskoptiefe) keine Funksignale senden oder empfangen und daher auch nicht durch land- oder seegestützte Peilgeräte lokalisiert werden. Schon im Ersten Weltkrieg hatten die Alliierten ein Gerät entwickelt, das die Amerikaner »Sonar« und die Briten »Asdic« nannten. Das Sonargerät konnte U-Boot-Schrauben hören und Signale durch das Wasser schicken, die Echos zurückwarfen, wenn sie von einem Gegenstand abprallten. Mittels dieser Geräusche und Echos konnten ausgebildete Lauscher ein U-Boot zumindest annäherungsweise lokalisieren.[15] Einmal unter Wasser geortet, konnte das U-Boot mittels Wasserbomben und später anderer Sprengladungen beschädigt oder versenkt werden, die von den Geleitschiffen abgeworfen und abgefeuert wurden. Auf der Wasseroberfläche konnte ein U-Boot von den Geschützen der Kriegsschiffe und von den auf den meisten Handelsschiffen montierten Geschützen beschossen oder von den Schiffen gerammt werden. Von Flugzeugen aus wurden Spezialbomben, Maschinengewehre und Bordkanonen eingesetzt (wobei eine besondere Form von Suchscheinwerfern, nach ihrem Erfinder in der zweiten Kriegshälfte »Leigh Lights« genannt, verwendet wurden). Das U-Boot setzte Torpedos ein und griff kleinere Schiffe oft über Wasser mit seinen Geschützen an. Zu Beginn des Krieges waren die deutschen Torpedos oft defekt, was aber ab 1941 weitgehend behoben war. Auch die Amerikaner hatten bis weit ins Jahr 1942 und sogar 1943 hinein defekte Torpedos. Die Japaner hatten vom Beginn des Krieges an exzellente, und auch die Briten und Italiener waren mit ihren Torpedos im allgemeinen zufrieden.

Zwei politische Aspekte des U-Boot-Kriegs müssen ebenfalls diskutiert werden. Wie im Ersten Weltkrieg mußten die Deutschen auch im Zweiten Weltkrieg entscheiden, wessen Schiffe sie versenken und welche sie tunlichst verschonen sollten. Natürlich wollten sie es vermeiden, Schiffe ihrer Verbündeten oder ihre eigenen zu versenken, obwohl gelegentlich Fehler gemacht wurden. Hitler hoffte, den Krieg mit den Vereinigten Staaten aufschieben zu können, bis eine große Marine aufgebaut werden konnte. Er versuchte auch, den Enthusiasmus zu dämpfen, mit dem die deutsche Marine für die Versenkung amerikanischer Schiffe eintrat. Aber sobald Japan die Vereinigten Staaten angegriffen hatte, befahl er, alle Schiffe der Vereinigten Staaten, sieben zentralamerikanischer Länder und Uruguays zu versenken.[16] In der Hoffnung, Argentinien aus dem Krieg herauszuhalten, versuchten die Deutschen, die Versenkung argentinischer Schiffe zu vermeiden, und unternahmen auch einige Schritte, um die Wellen zu glätten, wenn dies dennoch geschehen war.[17] Diese Selbstbeschränkung galt allerdings nicht für andere. Nachdem mehrere mexikanische Schiffe versenkt worden waren, trat das Land im Mai 1942 in den Krieg ein. In der Annahme, daß die bestehende Verteidigungskooperation zwischen den Vereinigten Staaten und Brasilien effektiv auf eine brasilianische Teilnahme am Krieg hinauslief, befahl Hitler seinen U-Booten, systematische Angriffe auf brasilianische Schiffe durchzuführen, und zog dieses Land – das größte und bevölkerungsreichste in Lateinamerika – am 22. August 1942 in den Krieg.[18] Dieser Angriff auf Brasilien wirkte sich auf die dortigen Debatten in gleicher Weise aus wie Pearl Harbor auf die Auseinandersetzungen in den Vereinigten Staaten: Ein geeintes Land ging nun entschlossen in den Krieg.

Auch die militärische Nutzung von Territorien war ein Konfliktpunkt, der Länder in den Krieg verwickelte. Für die Deutschen war Spanien in dieser Frage von besonderer Bedeutung. Deutsche Spione in den spanischen Städten nahe Gibraltar beobachteten und fotografierten regelmäßig die alliierten Schiffe, die durch die Meerenge ins Mittelmeer hineinfuhren oder es verließen.[19] Äußerst nützlich waren von der Marine organisierte und vom Franco-Regime unterstützte Geheimoperationen, bei denen deutsche U-Boote repariert und aufgetankt wurden.[20] Diese Aktivitäten fanden vor allem 1941 statt, wurden aber bis mindestens Herbst 1942 fortgesetzt, bis sich Franco unter dem Druck der Alliierten zu größerer Zurückhaltung verpflichtete. Daraufhin beschränkten die Deutschen ihre Schiffsbewegungen auf die spanischen Küstengewässer.[21]

Während die Deutschen spanische Häfen nutzen konnten, scheiterte der Versuch der Alliierten, sich im neutralen Irland Militärstützpunkte zu verschaffen. Sie erlangten schließlich die Zustimmung Portugals zur Nutzung der Azoren. Nach dem Scheitern britischer Versuche im Jahr 1940, den Freistaat Irland dazu zu bewegen, die Nutzung von Militärbasen im Austausch für erste Schritte zur Wiedervereinigung zu genehmigen (in Kapitel 3 diskutiert), blieb das Problem einige Zeit liegen. Der japanische Angriff auf Pearl Harbor und die Kriegserklärungen Deutschlands und Italiens an die Vereinigten Staaten schienen die Möglichkeit zu bieten, diese Frage von neuem aufzuwerfen. Aus Rücksicht auf die Haltung der irischstämmigen Bevölkerung in den USA hatten die Briten einst ihre Ansprüche gezügelt. Inzwischen aber waren die Vereinigten Staaten im Krieg, und auch die Irisch-Amerikaner kämpften gegen die Achsenmächte. Von daher schien die Annahme vernünftig, die irische Regierung werde ihre Politik ändern. Churchill persönlich warf von neuem diese Frage auf, und die amerikanische Regierung drängte Dublin ebenfalls, die Vereinten Nationen zu unterstützen. Aber die Regierung de Valera weigerte sich, ihre grundsätzliche Politik zu ändern, obwohl sie sich danach bei der Freigabe alliierter Flugzeuge und Flugzeugbesatzungen, die im Freistaat gelandet waren, zuvorkommender verhielt.[22]

Die Hoffnung der Alliierten, die Erlaubnis zur Nutzung von Häfen auf den Azoren zu bekommen, war mit einem der schwierigsten Probleme der U-Boot-Bekämpfung verknüpft. Flugzeuge waren auch für Aufklärungsflüge wichtig, aber sie erwiesen sich als besonders nützlich, wenn sie den Geleitzügen helfen konnten, Angriffen auszuweichen, denn die bloße Nähe von Flugzeugen zwang die U-Boote, zu tauchen, auch wenn die Maschinen nicht angriffen. Es standen jedoch nicht genug Langstreckenflugzeuge für diese Aufgabe zur Verfügung, und selbst die vorhandenen konnten bestimmte Teile des mittleren Atlantiks nicht erreichen. Auf den Azoren stationierte Flugzeuge hätten dieses Problem gelöst, bevor kleine, zur U-Boot-Bekämpfung bestimmte Geleitflugzeugträger verfügbar wurden.[23]

Die Portugiesen waren allerdings deutschen Invasionsdrohungen gegenüber sehr hellhörig und zögerten daher, irgendwelche Schritte zu unternehmen, bevor es offensichtlich war, daß Deutschland keinesfalls imstande sein würde, mit wirksamen Vergeltungsmaßnahmen zu reagieren. Wie so häufig im Zweiten Weltkrieg wirkte sich die bekannte Zurückhaltung der Alliierten bei der Drohung mit Gewalt gegen Neutrale zugunsten Deutschlands aus, das diese Praxis eifrig verfolgte. Schließlich gelangte die portugiesische Regierung im August 1943 zu der Auffassung, daß es sicher sei, in Übereinstimmung mit dem 1373 geschlossenen Pakt mit England zu handeln und den Alliierten zu erlauben, die Azoren vom 8. Oktober 1943 an für Luft- und Seestreitkräfte zu nutzen. Zu dieser Zeit hatte sich das Blatt in der Atlantikschlacht wie im gesamten Krieg schon eindeutig zugunsten der Alliierten gewendet, die jedoch beträchtlichen, wenn auch verspäteten Nutzen aus ihren neuen Stützpunkten ziehen konnten.[24]

Ein anderes wichtiges halbneutrales Staatengebilde im Krieg um die Ozeane ist schon wiederholt erwähnt worden: Vichy-Frankreich. Die Flotte der Vichy-Regierung war potentiell immer noch von Bedeutung, doch die meisten Schiffe blieben in den Häfen von Toulon und Martinique liegen.[25] Pétain und Darlan erklärten am 12. Dezember 1941 öffentlich, daß diese Schiffe nicht gegen die Alliierten eingesetzt werden würden, um im Gegenzug eine amerikanische Erklärung zu erhalten, nach der Frankreich sein Territorium und seinen Platz in der Welt behalten werde.[26] In privaten Gesprächen mit den Deutschen zeigten sich Darlan und Laval allerdings vehement antibritisch und prodeutsch. Darlan warnte die Deutschen vor einer übermäßigen Funktätigkeit ihrer U-Boote und war im Dezember 1941 und im Januar 1942[27] geradezu erpicht darauf, sich mit den Deutschen zu verbünden. Da Hitler jedoch den Franzosen nicht die geringsten Konzessionen machen wollte, führten die Annäherungsversuche aus Vichy zu keinen grundsätzlichen Änderungen der Politik.[28] Laval glaubte weiterhin an einen deutschen Sieg und an eine französisch-deutsche Annäherung*, aber der einzige Beitrag, den er und Darlan dazu leisten konnten, war das Versprechen, auf Martinique einen französischen Kreuzer und einen Flugzeugträger zu zerstören, falls die Amerikaner versuchen sollten, diese Schiffe zu beschlagnahmen, um sie dem Freien Frankreich in der Atlantikschlacht zur Verfügung zu stellen.[29] Als die Alliierten im November 1942 in Französisch-Nordafrika landeten, erlaubten die Franzosen den Deutschen, ihre Kriegsschiffe in Tunesien zu übernehmen[30], doch der Versuch der Deutschen, die französischen Schiffe im Hafen von Toulon in ihren Besitz zu bringen, scheiterte, weil sie von ihren Besatzungen versenkt wurden.**

Während die Franzosen im November 1942 in Toulon die Überbleibsel ihrer Marine versenkten, erreichte die Schlacht im Atlantik ihren Höhepunkt. Tatsächlich mußten die Alliierten in jenem Monat die höchsten Tonnageverluste des Krieges hinnehmen: insgesamt über 860 000 BRT, davon über 720 000 durch U-Boote. Die

---

* Das OSS las die Korrespondenz zwischen Vichy und seiner Botschaft in Washington. Am 30. April 1942 lieferte der Nachrichtendienst Präsident Roosevelt Lavals Bericht an Botschafter Henry-Haye über sein Gespräch mit dem amerikanischen Botschafter Leahy vom 27. April 1942 (FRUS 1942, Bd. 2, S. 181f.). In diesem Text, der Roosevelt in Französisch ausgehändigt wurde, heißt es: »Meine Politik beruht auf einer Versöhnung mit Deutschland, ohne die ich keine Möglichkeit des Friedens erkennen kann, weder für Europa noch für Frankreich, noch für die Welt. Ich bin sicher, daß Deutschland siegen wird.« FDRL, PSF Box 166, OSS Donovan Reports, 10.
** Im Juli 1943 wurde der Oberbefehlshaber auf Martinique, Admiral Robert, von Vichy angewiesen, die dort verbliebenen Kriegs- und Handelsschiffe zu versenken, aber die Besatzungen meuterten und liefen zu de Gaulle über. Zum Mitlesen des deutschen Nachrichtendienstes von einschlägigen Befehlen und Berichten vgl. OKM, Chef MND III, xB, Bericht Nr. 29/43, 21. Juli 1943, S. 14f., NA, RG 457, SRS 548, Bd. 16.

wichtigste Einzelmaßnahme der Alliierten zum Schutz des Schiffsverkehrs war das System der Geleitzüge. Diese waren bereits im Ersten Weltkrieg zur Abwehr der Bedrohung durch deutsche U-Boote konzipiert worden. Sie boten den Schiffen einen gewissen Schutz, die zu Gruppen zusammengestellt wurden und gleichzeitig auf Fahrt gingen, wobei ihnen die Alliierten alle verfügbaren Geleitschiffe zuwiesen. Natürlich mußte die Geschwindigkeit eines Konvois den langsameren Schiffen entsprechen. Dies hatte zwar den Nachteil, daß alle Schiffe auf nur zwei gebräuchliche Geschwindigkeiten verlangsamt wurden, die langsamen Konvois auf sechs, die schnelleren auf neun Knoten, doch der Verlust an Schiffen ging stark zurück. Genauere Analysen zeigten, daß die größeren Geleitzüge verhältnismäßig weniger Schiffe verloren; während 1942 die langsamen Konvois aus vierundvierzig und die schnellen aus fünfundzwanzig Schiffen bestanden, waren es 1943 fünfzig bzw. zweiundfünfzig Schiffe. 1944 wurde eine mittlere Geschwindigkeit hinzugefügt, und die Geleitzüge bestanden oft aus achtzig bis hundert Schiffen.[31] Auf den weniger gefährdeten Routen fuhren einige Schiffe weiterhin allein, während die sehr schnellen Passagierdampfer wie die *Queen Mary* und die *Queen Elizabeth* Tausende von Soldaten mit einer Geschwindigkeit transportierten, bei der Geleitschutz unmöglich und ein U-Boot-Angriff unwahrscheinlich war.[32]

Innerhalb der Reichweite der alliierten Luftstützpunkte in Neufundland, Island, Nordirland, England, Gibraltar und Gambia konnten Flugzeuge den Geleitzügen zusätzlichen Schutz bieten. Allerdings gab es eine fast tausend Kilometer breite Lücke südlich von Grönland, über der Luftunterstützung zunächst unmöglich war.[33] In der britischen Regierung gab es besonders 1942 viele Auseinandersetzungen über die Abordnung von Flugzeugen zum Geleitschutz, da dieser bei den größeren Modellen mit dem Wunsch des Bomber Command kollidierte, alle diese Flugzeuge für die Bombardierungsoffensive gegen Deutschland einzusetzen.[34] Dieses Problem geriet gelegentlich in den Blick der Öffentlichkeit, war zur damaligen Zeit ein wichtiger Kritikpunkt an Churchills Kriegführung und bleibt unter den einschlägigen Forschern umstritten.[35] Es wurde von Ende 1942 an und im Laufe des folgenden Jahres schrittweise gelöst. Zum einen wurden immer mehr amerikanische Maschinen des Typs Liberator B-24 in Dienst gestellt, die sehr lange Strecken zurücklegen konnten und in zunehmendem Maße auch mit den in England entwickelten Leigh-Lights ausgerüstet waren, die es ermöglichten, U-Boote, die sich nachts an der Oberfläche bewegten, ins Scheinwerferlicht zu tauchen. Noch hilfreicher waren Bau und Einsatz von Geleitflugzeugträgern, die eine kleine, aber schlagkräftige Zahl von Maschinen aufnehmen konnten. Sie wurden erstmals 1942 gebaut und 1943 in der Atlantikschlacht eingesetzt.

Diese kleinen Flugzeugträger schlossen die Lücke in der Luftüberwachung des Zentralatlantik und spielten 1943 eine wesentliche Rolle beim Sieg über die deutschen U-Boote. Gelegentlich wurden Sperrballons eingesetzt, um die Deutschen an treffgenaueren Tieffliegerangriffen auf Schiffe zu hindern, und recht zweckmäßig waren auch die »Blimps«, kleine, heliumgefüllte Luftschiffe, die für Patrouillenflüge an der Küste Nordamerikas verwendet wurden. Aber die Hauptlast der Verteidigung der Geleitzüge mußten die Begleitschiffe und ihre Besatzungen im endlosen Dienst auf rauher und gefährlicher See tragen. Für die Seeleute wie für die Soldaten war der Krieg eine Mischung aus neunundneunzig Prozent Langeweile und Sorge und einem Prozent Todesangst und Euphorie. Aber auf dem Meer waren die Überlebenschancen geringer als auf dem Land, eine Wahrheit, die den Matrosen auf den Handelsschiffen wie den Besatzungen der Kriegsschiffe nichts Gutes verhieß.[36]

Die Kämpfe konzentrierten sich über weite Teile des Krieges auf den Nordatlantik. Zu Anfang wie gegen Ende des Krieges fanden in den Küstengewässern um Großbritannien umfangreichere Kampfhandlungen statt, und im ersten Halbjahr 1942 waren die Küste Nordamerikas und anschließend die Karibik die Zentren des Geschehens. Von Zeit zu Zeit operierten einige deutsche U-Boote im Südatlantik, vor dem Kap der Guten Hoffnung, im Indischen Ozean und im Mittelmeer; aber die meiste Zeit lag der Schwerpunkt der Kämpfe auf den Geleitzugstrecken des Nordatlantiks. Dafür gibt es mehrere Gründe. Großbritannien mußte mit Nachschub versorgt und dort Streitkräfte und Vorräte für eine Invasion des europäischen Kontinents aufgebaut werden. Es kam für die Alliierten nicht in Frage, diese Route aufzugeben, weil sie sonst den Krieg verloren hätten. Sie konnten die Geleitzüge so weit in nördlicher oder südlicher Richtung umleiten, wie das Wetter, die Aufklärungsberichte und andere Faktoren dies angebracht scheinen ließen, aber sie mußten diese Verbindung offenhalten. Für die deutschen U-Boote gab es in diesem Gebiet die meisten Ziele, und die Anfahrtsstrecke war beträchtlich kürzer als in alle anderen Zielgebiete. Dies war von entscheidender Bedeutung für den Treibstoffverbrauch der U-Boote und den Anteil, den Hin- und Rückfahrt an der gesamten Operationszeit ausmachten. Aufgrund der genannten Faktoren konzentrierten beide Seiten den Großteil ihrer Kräfte auf dieses Gebiet. In den ersten Kriegsjahren operierten beide mit einer kleineren Zahl von Schiffen; 1942 und 1943 nahm die Zahl der Geleitschiffe sowie der U-Boote zu, bis über hundert U-Boote buchstäblich Hunderten von britischen und amerikanischen Geleitschiffen gegenüberstanden, wobei Kanada eine stetig wachsende Rolle einnahm.[37]

Die wichtigsten Faktoren bei diesem Konflikt waren immer Befähigung und Ausdauer der betroffenen Schiffsbesatzungen. Jedoch spielte die militärische Aufklärung auf diesem Kriegsschauplatz vermutlich eine größere Rolle als anderswo. Wenn die alliierte Seeaufklärung die aktuelle Position und das Ziel der U-Boote feststellen konnte, war es möglich, die Geleitzüge um sie herum zu führen, und jeder Schiffskonvoi, der *nicht* angegriffen wurde, stellte einen kleinen, aber bedeutenden Sieg dar: Die Schiffe, ihre Besatzungen und die Fracht waren wohlbehalten durchgekommen, während die umfahrenen U-Boote mehrere Tage ihrer begrenzten Operationszeit auf See verloren hatten, ohne etwas erreicht zu haben.[38] Umgekehrt, wenn die deutsche Seeaufklärung einen Geleitzug und seine ihm zugewiesene Route lokalisieren konnte, war es möglich, die U-Boote auf einer Patrouillenlinie über diese Strecke zu legen und den Geleitzug anzugreifen, sobald die Schiffe gesichtet waren.

Die Photographie bei der Luftaufklärung war für die Deutschen zwar potentiell wertvoll, aber sie hatten zu wenige Geräte und Fachleute; bei den Alliierten jedoch spielte sie eine zunehmend größere Rolle, da man Bau und Fertigstellung neuer U-Boote sowie deren Testfahrten in der Ostsee durch Luftbilder bestätigen konnte.[39] Der Einsatz von Peilgeräten, besonders der »Huff-Duffs«, war bei den Alliierten von entscheidender Bedeutung. Manchmal lieferte die Analyse des Funkverkehrs, also die sorgfältige Untersuchung der Muster und Frequenzen von Funksignalen (selbst wenn sie nicht dechiffriert werden konnten), wichtige Hinweise über neu eingesetzte U-Boot-Einheiten oder eine geänderte Befehlslage. Neben dem Einsatz der Huff-Duffs in den Geleitzugschlachten lieferte die Entschlüsselung des Funkverkehrs der Gegenseite die wichtigsten Erkenntnisse für die Aufklärung. Diese Aufgabe wurde dadurch erleichtert, daß beide Seiten die Schlacht vorrangig vom Festland aus durch Funksprüche an die Geleitzüge und U-Boote befehligten. Naturgemäß hatte dieses Verfahren, die Schiffe vom Land aus zu dirigieren, den enormen Vorteil, daß die Befehlshaber ihre Entscheidungen gemäß den neuesten Informationen treffen und schnell mit neuen Ordern reagieren konnten, während gleichzeitig die Codebrecher der Gegenseite mit gewaltigen Mengen von Funksignalen beliefert wurden, die entschlüsselt werden mußten. Diese Fragen werden in Kapitel 10 eingehender diskutiert, aber ihre Bedeutung für den Seekrieg macht bereits hier einen Kommentar erforderlich. Die Tatsache, daß die Deutschen in der Lage waren, die britischen Geleitzugcodes zu knacken und die so gewonnenen Informationen bei der Zielbestimmung ihrer U-Boote zu nutzen, war in den Jahren 1941 und 1942 äußerst hilfreich und trug in großem Maße zum wirksamen Einsatz der U-Boote bei. Dadurch wurde auch der Nutzen geschmälert, den die Entschlüsselung der deutschen Codes den Alliierten eintrug, denn wiederholt wurden die neuen britischen Befehle zur Umleitung der Schiffskonvois wiederum von den Deutschen gelesen, die ihren U-Booten daraufhin neue Marschrichtungen anwiesen. Erst als die Briten schließlich im Dezember 1942 den neuen deutschen U-Boot-Code brachen, erkannten sie die Verwundbarkeit ihres eigenen Systems und führten im Juni 1943 einen neuen maschinellen Code ein, den die Deutschen bis Kriegsende nicht dechiffrieren konnten.[40]

Weil die Briten, deren Dechiffriersystem am Anfang auf Material beruhte, das die Polen geliefert hatten, zumindest einen kleineren Teil des deutschen Codesystems »Enigma« geknackt hatten, konnten sie 1941 viele Konvois so umdirigieren, daß die Verluste stark zurückgingen. Da auch die amerikanische Unterstützung im Nordatlantik verstärkt und deutsche U-Boote ins Mittelmeer beordert wurden, schienen die Alliierten, besonders im Herbst 1941, deutliche Vorteile zu gewinnen.[41] Die Kräfteverhältnisse kehrten sich jedoch Anfang 1942 zugunsten der Deutschen um. Dabei spielten zwei Faktoren eine Rolle: die Kriegserklärung an die Vereinigten Staaten, die den amerikanischen Schiffsverkehr und die amerikanischen und karibischen

Küsten den Angriffen der U-Boote aussetzte, und eine Neuentwicklung im deutschen Codesystem.

Die Aufhebung aller Beschränkungen des deutschen U-Boot-Kriegs in der westlichen Hemisphäre und gegen amerikanische Schiffe – die von der deutschen Kriegsmarine schon seit zwei Jahren verlangt worden war – stellte den Beginn einer mehrmonatigen Periode dar, in der deutsche U-Boote alliierte Schiffe vor der Küste der Vereinigten Staaten in Rekordzahlen versenkten. Auf der einen Seite standen erfahrene U-Boot-Besatzungen; auf der anderen stand eine Handelsmarine, die noch nicht im Geleitzug fuhr, die von der amerikanischen Navy kaum geschützt wurde und deren Schiffe nachts im Schein der noch nicht abgedunkelten amerikanischen Küstenlinie sichtbar waren. Die Alliierten hatten Glück, daß die Zahl der deutschen U-Boote bei dieser Operation »Paukenschlag« recht klein war; nur etwa ein Dutzend lag von Januar bis Mai 1942 vor der nordamerikanischen Küste auf Lauer, weil viele in andere Gewässer abgezogen worden waren, besonders ins Mittelmeer und vor die norwegische Küste.

In kurzer Zeit versenkten diese wenigen, unabhängig voneinander operierenden U-Boote Schiff um Schiff buchstäblich in Sichtweite der amerikanischen Küste, weil die amerikanische Marine unglaublich lange Zeit benötigte, die Gefahr zu erkennen und geeignete Schritte einzuleiten. Admiral King weigerte sich wochenlang, die wichtigsten Lektionen zu lernen, die sich den Briten unter hohen Kosten schon früher im Krieg eingeprägt hatten. Er mußte erst von Präsident Roosevelt, General Marshall, Winston Churchill und einer aufgebrachten amerikanischen Öffentlichkeit dazu gebracht werden. Im April wurde endlich ein unvollständiges Geleitzugsystem eingeführt, und während der folgenden Monate vertrieben der Ausbau dieses Systems, die zunehmenden Luft- und Seepatrouillen und die Verdunkelung der Küste die U-Boote zuerst in die Karibik – wo sie viele wertvolle Öltanker versenkten – und gegen Juli zurück in den Zentralatlantik.[42] Bis Ende August hatten die U-Boote vor den Küsten von Nord- und Mittelamerika 485 Schiffe mit zusammen fast 2600000 BRT versenkt. Dies muß als die katastrophalste Niederlage in der Geschichte der amerikanischen Seemacht bezeichnet werden.[43]

Der zweite entscheidende Faktor für den deutlich zunehmenden Erfolg der U-Boote im Verlauf des Jahres 1942 war die Einführung einer neuen Version der Enigma-Codiermaschine durch die Deutschen ab 1. Februar 1942, die mit einer vierten Walze arbeitete und von den Alliierten erst Mitte Dezember 1942 entschlüsselt werden konnte. Die Briten schlugen sich fast das ganze Jahr erfolglos mit dem neuen Code für die U-Boote herum, den sie »Shark« und die Deutschen »Triton« nannten. Daher war es den Briten nicht wie häufig zuvor möglich, die Befehle an und die Berichte von den U-Booten zu verfolgen; auch entging ihnen bis Ende 1942, daß es den Deutschen im selben Monat, in dem sie eine vierte Walze eingeführt hatten, auch gelungen war, den britischen »Naval Cypher 3« vollständig zu entschlüsseln, den Hauptcode der alliierten Geleitzüge im Atlantik. Dies hatte zur Folge, daß die Versenkungszahlen im Laufe des Jahres 1942 anhaltend sehr hoch lagen und die Verluste im November, dem schlimmsten Monat des Seekriegs, mit 721 700 BRT ihren Höhepunkt erreichten.[44]

Im Gegensatz zu den Polen, die 1939 ihr Wissen über die Enigma-Codiermaschine mit den Briten geteilt hatten, und auch zu den Amerikanern, die ihnen im Januar 1941 eine Maschine zur Entzifferung des »Purpur«-Codes der japanischen Botschaften zur Verfügung gestellt hatten[45], teilten die Briten äußerst unklugerweise die Früchte ihrer Arbeit an den deutschen Codes mit den Amerikanern erst Monate nach dem Kriegseintritt der Vereinigten Staaten.[46] Angesichts der technologischen Ressourcen der Vereinigten Staaten mag dieser Beitrag zur Seekriegskatastrophe von 1942 in seiner Bedeutung der Nachlässigkeit der amerikanischen Marine in der ersten Hälfte des Jahres durchaus gleichgekommen sein. Schließlich wurde am 30. Oktober 1942 wichtiges Chiffriermaterial aus einem im östlichen Mittelmeer gesunkenen U-Boot erbeutet, das ab dem 13. Dezember ermöglichte, die Arbeit an der Dechiffrierung des Codes aufzunehmen.[47]

Unterdessen hatte sich der Kampf auf den mittleren Nordatlantik zurückverlagert, wobei beide Seiten ihre Schiffe effizienter zum Einsatz brachten. Die Deutschen hatten 1941 mit dem Umbau von U-Booten zu Tankschiffen für andere Boote begonnen, und die ersten dieser sogenannten Milchkühe oder U-Tanker wurden im April 1942 einsatzfähig. Von da an spielten diese Schiffe eine wichtige Rolle in der Atlantikschlacht. Sie ermöglichten es den im Nordatlantik stationierten deutschen U-Booten, ihren Aufenthalt beträchtlich zu verlängern, indem sie von den Tankbooten auf See neuen Treibstoff und gelegentlich auch weitere Torpedos aufnahmen.[48] Auf der anderen Seite wurden den Geleitzügen im Juni 1942, nach monatelangen Diskussionen und Vorbereitungen, Tanker zugeordnet, um die Geleitschiffe auf See mit Treibstoff zu versorgen, wodurch der wirksame Einsatz dieser stets knappen Schiffe stark erleichtert wurde.[49]

Im Sommer 1942 wurde die Situation im mittleren Nordatlantik für die Alliierten schwieriger, weil die Zahl der auf See befindlichen deutschen U-Boote stetig zunahm: von 22 Booten im Januar und 16 im Mai auf 86 Anfang August und auf über 100 im Oktober.[50] Dönitz genoß die volle Unterstützung Hitlers, für den die Bedeutung des U-Boot-Kriegs nur der neuen Offensive nachstand, die Deutschland an der Ostfront vorbereitete.[51] Die Alliierten fuhren Geleitzüge zu den nordrussischen Häfen Murmansk und Archangelsk, um die Russen zu unterstützen, und auf der anderen Seite kämpfte die deutsche Marine und Luftwaffe hart, um zu verhindern, daß Waffen und Material über diese Route in die Sowjetunion gelangten. Die Sowjets bevorzugten diese Route, weil der Nachschub über sie rascher zur Front gebracht werden konnte.

Vor diesem Hintergrund war der Angriff auf den Geleitzug PQ 17, der am 27. Juni 1942 mit Ziel Sowjetunion aufbrach und im Laufe der darauffolgenden zehn Tage größtenteils versenkt wurde, nicht nur für die Deutschen ein großer Sieg und für die Alliierten eine Niederlage, sondern er löste auch starke Spannungen in der Allianz der westlichen Mächte mit der Sowjetunion aus. Sir Dudley Pound, der First Sea

Lord, befahl den Geleitschiffen, sich abzusetzen, und dem Konvoi, sich aufzulösen. Er handelte gegen den Rat seiner Geheimdienstexperten und in der irrtümlichen Annahme, die *Tirpitz* sei ausgelaufen, um den Geleitzug abzufangen. Deutsche Flugzeuge und U-Boote bohrten daraufhin 26 von 39 Schiffen in den Grund, und mit ihnen Tausende von Fahrzeugen und Hunderte von Panzern und Flugzeugen – ganz zu schweigen von einem Großteil der Besatzungen. In der Folge beschloß die britische Regierung, daß solche Geleitzüge bis zum Winter eingestellt werden sollten, weil die Anforderungen von Torch, der geplanten Invasion Nordafrikas, Vorrang haben mußten.[52] Dies führte zu einem tiefen Riß in der Allianz, da die sowjetische Regierung angesichts der gefährlichen deutschen Sommeroffensive lautstark Unterstützung anforderte, die Schiffe und Geleitstreitkräfte jedoch einfach nicht verfügbar waren. Andererseits zwang jedoch das Unternehmen Torch, einmal erfolgreich auf den Weg gebracht, die Deutschen dazu, Torpedobomber von Nordnorwegen ins Mittelmeer zu verlegen. Inzwischen waren im September die Geleitzüge nach Rußland wieder aufgenommen worden, nun zum erstenmal von einem Flugzeugträger begleitet.[53] Mit PQ 18 gelang es, die Verlustquote umzukehren: 27 von 40 Schiffen kamen durch. Nach der damit beendeten zweimonatigen Unterbrechung, die durch Torch erzwungen worden war, verbesserte sich die Lage stetig.[54] Dennoch blieb der Schock über das Schicksal von PQ 17 eine Mahnung daran, wie rasch Fehler unterlaufen und welche Folgen solche Rückschläge haben konnten.

Die Tatsache, daß die Vorbereitungen für Torch mit dem Monat der schwersten Verluste an Schiffen der Alliierten zusammenfiel, verdeutlicht, in welchem Maße das Problem des Schiffsverkehrs die alliierte Strategie beherrschte. Einer der Hauptgründe für diese Operation war vor allem die Hoffnung, das Mittelmeer für Schiffe öffnen zu können, so daß der lange und kostspielige Umweg über das Kap der Guten Hoffnung entfallen würde. Da wegen der Geleitzüge nach Rußland nicht genug Schiffe zur Verfügung standen, mußte der Umfang von Torch verringert werden, weshalb es, wie in Kapitel 8 dargelegt wird, den Alliierten nicht gelang, Tunesien in den ersten Phasen der Operation zu besetzen. Daher konnten sich die Deutschen bis Mai 1943 in Nordafrika halten, und eine Invasion Nordwesteuropas vor 1944 wurde unmöglich. Da die Verluste an Schiffen weiterhin die Nachlieferungen durch den Schiffsbau übertrafen, war es keine Überraschung, daß bei der Casablanca-Konferenz der Amerikaner und Briten im Januar 1943 der U-Boot-Bekämpfung Priorität verliehen wurde. Wenn diese Gefahr nicht eingedämmt werden konnte, würde die stetige Verringerung der Schiffstonnage die Westalliierten lähmen; selbst wenn es möglich sein sollte, den Nachschub für Großbritannien weiterhin zu sichern, konnte eine riesige amerikanische Armee, falls sie nicht nach Europa gebracht und dort mit Nachschub versorgt werden konnte, nichts zu einem Sieg über Deutschland beitragen.

Auf der Casablanca-Konferenz gab es eine Vielzahl von Debatten und strittigen Fragen, aber in einem Punkt herrschte zwischen und innerhalb der amerikanischen und britischen Delegationen sogleich allgemeines Einvernehmen.[55] Der Seekrieg mußte höchste Priorität bekommen. »Der Sieg über die U-Boote bleibt eine vorrangige Aufgabe, was den Einsatz der Ressourcen der United Nations anbelangt«, hieß es am Anfang des gemeinsamen Memorandums zu den in Casablanca getroffenen Vereinbarungen.[56] Zwei Entscheidungen wurden getroffen, um dieses Postulat in die Tat umzusetzen; eine bezog sich auf die Luftstreitkräfte, die andere betraf die Lage auf See.

Die Luftwaffen Großbritanniens und der Vereinigten Staaten sollten künftig die deutschen U-Boot-Werften zum vorrangigen Ziel der gemeinsamen Bomberoffensive machen, gefolgt von der Flugzeugindustrie, den Transportwegen, den Ölraffinerien und anderen Kriegsindustrien, und zwar in dieser Reihenfolge.[57] Das daraufhin folgende Bombardement der deutschen U-Boot-Bunker an der französischen Atlantikküste und der U-Boot-Werften in Deutschland stellte sich als teurer Mißerfolg heraus: teuer, weil von Januar bis Mai 1943 bei fast 7000 Einsätzen 266 Flugzeuge verlorengingen; erfolglos, weil keine Bombe jemals einen Bunker zerstörte und den Werften kein nennenswerter Schaden zugefügt werden konnte.[58] Erst 1944/45 konnte die alliierte Bomberoffensive dem deutschen U-Boot-Bau schwere Schläge zufügen. In den kritischsten Jahren des Krieges wurde das Problem den Flotten der alliierten Streitkräfte überlassen.

Der Beschluß zu den Operationen auf See betraf die Notwendigkeit des fortgesetzten und beschleunigten Baus von Geleitschiffen, freilich mit der Einschränkung, daß die »akzeptablen Mindestanforderungen an Geleitfahrzeugen nicht vor August oder September 1943 erfüllt sein werden. Wir sollten nicht darauf bauen, daß U-Boote noch vor Jahresende in einer Rate zerstört werden könnten, die deren Produktionsrate übersteigt.«[59] Da die Deutschen gleichzeitig Bau und Indienstnahme von U-Booten steigerten, war die Bühne für jene großen Schlachten bereitet, die die folgenden Monate prägten.[60]

Im Januar und Februar 1943 wurden die Geleitzüge oft erfolgreich um die Linien wartender U-Boote herumgeführt. Aber Verspätungen bei der Entzifferung des Tagesschlüssels der deutschen Kriegsschiffe, die Entschlüsselung des britischen Geleitzugcodes durch die Deutschen und die schiere Zahl an U-Booten, durch die ein sicher um eine Angriffslinie herumgeführter Geleitzug oft in den Suchbereich einer anderen geriet, führten im März zu einer ganzen Reihe erbitterter Schlachten. In diesen Gefechten wurden viele alliierte Schiffe versenkt, aber die Geleitzugeskorten wehrten sich verbissen und häufig erfolgreich. In den folgenden beiden Monaten wendete sich das Blatt in diesem Schlagabtausch langsam, aber sicher zugunsten der Alliierten. Auch wenn ein Geleitzug nicht rechtzeitig alarmiert werden konnte, waren die Alliierten durch das Wissen, welche Schiffskonvois in Gefahr waren und welche nicht, in der Lage, Geleitschiffe, inzwischen auch Flugzeugträger, zu besonderen »Support Groups« oder »Hunter-Killer Groups« zusammenzufassen und an den Gefahrenpunkten zu konzentrieren.

Durch die wachsende Zahl der Geleitschiffe, die alle mit Huff-Duff-Peilgeräten ausgestattet wurden, durch die gleichfalls wachsende Zahl der Langstreckenflugzeuge und durch die Einrichtung eines »Tracking Rooms« in Kanada, von dem aus die Operationen verfolgt und gesteuert wurden, konnten die heftig umkämpften Geleitzüge zunehmend gesichert werden. Immer wieder wurden die U-Boote verjagt, und die Verlustrate verkehrte sich nach und nach zuungunsten der Angreifer: Im Mai versenkten die Alliierten von den über 120 Booten im Atlantik eines pro Tag. Manche U-Boot-Asse, die Anfang 1942 große Erfolge erzielt hatten, gingen in diesen Monaten auf Grund, während die neu in Dienst gestellten U-Boote immer häufiger bei ihrem ersten Einsatz versenkt wurden.[61] Die Taktik einiger U-Boot-Kommandeure wurde nun erkennbar vorsichtiger, und alle Mahnungen und Beschwerden von Admiral Dönitz, der die Kämpfe persönlich im Abstand von einer Stunde vom Hauptquartier in Frankreich aus befehligte, konnten das Blatt nicht wenden. Die Kräfteverhältnisse veränderten sich nun dramatisch und mit einer Geschwindigkeit, auf die er wegen seiner früheren, übertriebenen Verlautbarungen nicht vorbereitet war. Am 24. Mai 1943 gestand Dönitz ein, daß die Schlacht vorerst verloren sei, gab seinen U-Booten den Befehl, in weniger gefährliche Gewässer weiter südlich auszuweichen und setzte seine Hoffnungen auf neue Waffen und Taktiken, mit denen man künftig zu den nördlichen Geleitzugrouten zurückkehren werde.

Die Alliierten wußten, daß die Kontrolle über die Meere entscheidend war und daß die Deutschen sicher erneut angreifen würden. Deshalb ließen sie in ihren Anstrengungen nicht nach[63], im Gegenteil: Beim Abhören des deutschen Funkverkehrs hatten sie entdeckt, daß ihr Geleitzugcode entschlüsselt worden war. Daraufhin führten sie ein anderes System ein, das von da an besseren Schutz bot.[64] Bei den Deutschen dagegen erbrachten wiederholte Untersuchungen zur Sicherheit *ihres* Codes keine negativen Ergebnisse. Sie blieben zuversichtlich, daß niemand ihre Maschinencodes würde knacken können, eine Ansicht, an der sie nicht nur während des Zweiten Weltkrieges, sondern noch Jahrzehnte später festhielten.[65] Die Deutschen glaubten, wie gesagt, daß vor allem die Radargeräte der Alliierten für ihre katastrophalen Verluste verantwortlich seien. Sie erkannten weder, daß ihre Codes dechiffriert worden waren, noch die Möglichkeit, daß die alliierten Geleitschiffe angreifende U-Boote über deren Funksignale an andere Schiffe des »Wolfsrudels« orten konnten.

Noch ein weiterer Faktor trug zur Umkehrung des Kräfteverhältnisses auf See bei. Der Bau neuer Schiffstonnage hatte im Februar 1943 zum erstenmal die Verluste durch U-Boote übertroffen. Im September oder Oktober wurden auch die Verluste, die auf andere Ursachen zurückgingen, mehr als ausgeglichen.[66] Danach stieg die Produktion an neuen Schiffen drastisch an, während gleichzeitig die Verluste nicht anstiegen. Die Vereinigten Staaten bauten nicht nur sehr viel mehr Schiffe in Standardausführung und dies auch noch schneller, als die Deutschen erwartet hatten; sie konnten sie auch bemannen und bewaffnen.[67] Bei Kriegsende waren 4900 Schiffe mit insgesamt 51,4 Millionen BRT für die Maritime Commission fertiggestellt[68] und zusätzliche Schiffe waren privat gebaut worden. Gleichzeitig ermöglichte es die fortdauernde Indienststellung von Geleitschiffen und Geleitflugzeugträgern, diese wachsenden Zahlen von Handelsschiffen zu schützen und U-Boote zu jagen. Die Öffnung des Mittelmeers 1943 gestattete es den Alliierten schließlich, ihre Schiffe effizienter einzusetzen. Nun sah es so aus, als ob die Fesselung der alliierten Strategie, die durch den Mangel an Schiffen bedingt war, ein Ende nehmen würde, aber die Deutschen und ihre Verbündeten gaben sich nicht so leicht geschlagen.

NEUE ANSTRENGUNGEN DER ACHSENMÄCHTE UND DER ALLIIERTEN

Aus Sicht der Deutschen blieb der Krieg gegen den Schiffsverkehr der Alliierten von zentraler Bedeutung. Sie hatten diese Auffassung den Italienern und Japanern gegenüber seit einiger Zeit betont.[69] Die Italiener hatten eine beträchtliche Anzahl von U-Booten in den Atlantik geschickt, die dort 1942 und in den ersten Monaten des Jahres 1943 über 350000 BRT an alliierten Schiffen versenkt hatten.[70] Der Zusammenbruch der italienischen Militärmacht mit der Kapitulation der Achsenmächte in Tunesien änderte allerdings den Charakter dieses Teils des Seekrieges vollständig. Danach spielten die italienischen U-Boote eine zunehmend wichtigere Rolle als Blockadebrecher für die Deutschen, ein Aspekt, der noch dargestellt wird. Die Deutschen und mehr noch die Japaner waren sehr erpicht darauf, daß die Überwasserschiffe der italienischen Marine bei der erwarteten Kapitulation Italiens, die im September 1943 dann auch erfolgte, nicht in die Hände der Alliierten fielen. Analog zu den britischen Befürchtungen von 1940, daß die französische Flotte in deutsche Hände fallen könnte, hofften die Japaner nun, daß die Deutschen in der Lage sein würden, die italienische Flotte zu übernehmen oder zu versenken. Die Hoffnungen und Pläne der Deutschen zur Übernahme der italienischen Flotte konnten allerdings nur teilweise verwirklicht werden. Sie versenkten das Schlachtschiff *Roma* und erbeuteten oder zerstörten mehr Schiffe, als Italien in den drei vorangegangenen Kriegsjahren an die Alliierten verloren hatte, aber viele Kriegsschiffe machten sich aus den italienischen Häfen davon. Ob sie nun wieder eingesetzt wurden oder nicht, diese Verluste der Achsenmächte verringerten den Druck auf die britische Marine.[71]

Die japanische U-Boot-Flotte war ursprünglich im strengsten Sinne als Hilfseinheit der Überwasserflotte entwickelt worden, also zur Unterstützung der Flotte im Kampf gegen die Kriegsmarinen ihrer Feinde, besonders der Vereinigten Staaten. Bevor Yamamoto die Führung der Kaiserlichen Marine im Herbst 1941 zwang, seinem Pearl-Harbor-Plan zuzustimmen, hatten die Japaner beabsichtigt, ihre U-Boote für Attacken auf die amerikanische Kriegsflotte einzusetzen. Sie sollte auf ihrem Weg über den Pazifik durch Torpedoangriffe so verkleinert und angeschlagen werden, daß die Kaiserliche Flotte schließlich fähig sein würde, sie zu besiegen. Dieser Operationsplan wurde zugunsten von Yamamotos offensivem Konzept fallengelassen, die Einsatzdoktrin der U-Boote blieb jedoch unverändert. Ein Neuentwurf, für den kaum

Zeit blieb, war ohnehin unwahrscheinlich, da man auch in den höchsten Positionen der U-Boot-Waffe ganz an der Strategie der Überwasserflotte orientiert war.[72] Die japanischen U-Boote wurden weiterhin vorrangig zur Unterstützung der Überwasserflotte eingesetzt, besonders während der langen Kämpfe um die Salomon-Inseln. Tatsächlich waren sie im April 1942 recht erfolgreich im Kampf gegen den Schiffsverkehr im Indischen Ozean, aber dies wurde als Abweichen von ihrer normalen Aufgabe betrachtet. Die Deutschen versuchten ihrem Verbündeten wiederholt zu erklären, die größte Hoffnung der Achsenmächte sei, ihre Feinde durch Angriffe auf den Schiffsverkehr zu lähmen. Dabei könne der mögliche Beitrag der Japaner von größter Bedeutung sein. Um sie bei ihrem Vorhaben zu unterstützen, boten die Deutschen den Japanern an, ihnen einige ihrer U-Boote als Modelle zu liefern. Anfang 1943 schickten sie ihnen zwei Boote, wovon eines nach Japan durchkam.[73] Doch obwohl manche deutschen Ideen in Japan kopiert wurden, auch wegen der aus Deutschland gesandten Ingenieure[74], waren die Japaner nie in der Lage, ihrem neuen Verständnis von der Bedeutung des Seekriegs gegen die alliierte Handelsschiffahrt gemäß zu handeln, weil im Pazifikkrieg neue Entwicklungen eintraten, die sie nicht vorhergesehen hatten.

Die vor allem von U-Booten geführten amerikanischen Angriffe auf die japanische Schiffahrt und zugleich die Strategie General MacArthurs, die japanischen Stützpunkte im Südwestpazifik zu umgehen, zwangen die japanische Marine in zunehmendem Maße, ihre U-Boote auf völlig neue Weise einzusetzen. Sollten die japanischen Stützpunkte wenigstens ein Mindestmaß an militärischer Effizienz bewahren, mußte ihnen lebenswichtiger Nachschub geliefert werden: Munition, Ersatzteile und Medikamente. Die Versorgung durch U-Boote wurde zur einzigen Möglichkeit, diesen Nachschub durchzubringen, und U-Boot-Kommandeure, die einst den Feldzug gegen die Handelsschiffahrt als unheroisch verachtet hatten, fanden sich nun mit der gleichermaßen gefährlichen, aber noch viel weniger heroischen Aufgabe betraut, Reissäcke und Munitionskisten zu den Überbleibseln der entlegenen japanischen Stützpunkte zu bringen. Gleichzeitig wurde der Schwerpunkt beim U-Boot-Bau, weitab vom Vorbild der deutschen Boote, zunehmend auf die Konstruktion größerer Versorgungsboote verlegt, die mehr Fracht zu den isolierten Einheiten im Südwestpazifik bringen konnten.[75]

Die Japaner waren gewiß sehr beunruhigt über die im Mai 1943 eingetretene Wende in der Atlantikschlacht, die sie sehr schnell an den von den Deutschen bekanntgegebenen, drastisch veränderten Zahlen über die durch U-Boote versenkte Tonnage ablesen konnten.[76] Die Deutschen bezeichneten das Flugzeugradar und die Geleitflugzeugträger als die Hauptursachen ihres Rückschlags und informierten die Japaner über ihre Pläne zum Einsatz neuer Technologien, die die Effizienz ihrer U-Boote wiederherstellen sollten. Damit setzten sie unwissentlich auch die Alliierten, die die japanischen Berichte lasen, von ihren Plänen in Kenntnis.[77] Eine andere Möglichkeit für die Deutschen, mit der Niederlage im Nordatlantik fertig zu werden, bestand allerdings darin, den U-Boot-Krieg in weniger gefährliche Operationsgebiete

zu verlagern, und hier war die Zusammenarbeit zwischen Deutschland und Japan
von besonderer Bedeutung.

Da die Japaner keine U-Boote für größere Operationen gegen den Schiffsverkehr
erübrigen konnten, stellten sie Stützpunkte für eine kleine Flotte deutscher U-Boote
zur Verfügung, die nach Malaya geschickt wurde. Sie sollte, besonders von dem
wichtigen Hafen Penang aus, die Nachschubrouten der Alliierten auf dem Indischen
Ozean angreifen. Es ist kein Zufall, daß das Unternehmen im Sommer 1943 mit der
Operation »Monsun« eingeleitet wurde: Elf U-Boote und ein Versorgungs-U-Boot
wurden nach Malaya geschickt. Fünf U-Boote kamen dort an, andere folgten. Von
den durch die Japaner zur Verfügung gestellten Basen aus hatten die deutschen
U-Boote einige Erfolge, woraufhin von neuem Boote geschickt wurden; aber ihre
Zahl war nicht groß genug, um im Kampf um Schiffstonnage größere Durchbrüche
zu erzielen.[78] Ihre letzten Erfolge Anfang 1944 waren begrenzt, weil die Alliierten
Informationen aus entschlüsselten Enigma-Codes einsetzen konnten, um die Versorgungsschiffe der U-Boote zu zerstören.[79] Im Mai 1945 wurden die verbliebenen vier
deutschen und zwei italienischen U-Boote von den Japanern übernommen. Der deutsche Marineattaché in Tokio hatte dem dortigen deutschen Kommandeur, der weiterkämpfen wollte, die Kapitulation befohlen.[80]

Die alliierte Landung in Frankreich im Juni 1944 führte zur Gefangennahme des
Kapitäns durch die französische Partisanenbewegung und zur Erbeutung des Log-
buchs von U 188, das vom Mai 1943 bis zum Juni 1944 datierte. Dies war eines der
U-Boote, die in Penang stationiert gewesen waren. Das den Alliierten übergebene
Material bot ihnen damals – wie später den Historikern – gute Einblicke in die
Situation auf diesem Stützpunkt und im Indischen Ozean.[81] Das zunächst wichtigere
Ergebnis der Invasion war, daß die Deutschen ihre U-Boot-Stützpunkte an der fran-
zösischen Atlantikküste verloren und jene Stützpunkte nicht mehr nutzen konnten,
die sie immer noch hielten, wenn auch in hoffnungslos isolierter Lage. Dies veranlaßte
die Japaner vom September 1944 an, die Deutschen zu drängen, weitere U-Boote
nach Ostasien zu schicken; einige Boote wurden abgeordnet, aber nicht annähernd
so viele, wie die Japaner wünschten. Selbst der Hinweis auf die Versenkung der
Tirpitz, durch die bislang gebundene britische Kriegsschiffe für die ostasiatischen
Meere frei wurden, überzeugte Dönitz nicht. Er zog es vor, den Großteil seiner
U-Boote in Norwegen und Deutschland stationiert zu halten.[82]

Im April und Mai 1945, als Deutschland zusammenbrach, während Dönitz immer
noch auf eine Wende durch seine neuen U-Boot-Typen hoffte, bemühten sich die
Japaner ein letztes Mal, die Deutschen zum Transfer einer größeren Anzahl von
U-Booten nach Ostasien zu bewegen. Damals waren über 350 im Dienst, und die
Japaner glaubten anscheinend, daß ihr Einsatz im Pazifikkrieg dort eine andere Lage
schaffen könne. Trotz wiederholter und offenbar hitzig verlaufender Treffen des Chefs
der japanischen Militärdelegation, Vizeadmiral Abe Katsuo, mit Dönitz, von Ribbentrop, Keitel und anderen, mit denen er sich bescheiden mußte, da er nicht zu

Hitler vorgelassen wurde, gelang es ihm nicht, die Deutschen umzustimmen. Sie erklärten ihrem besorgten Verbündeten, es sei nicht genug Treibstoff vorhanden, um so viele Boote auf die lange Fahrt zu schicken. Nur die zwei oder drei, die ohnehin schon eingeplant waren, würden in den Pazifik auslaufen; aber wenn man die Ölfelder in der Nähe von Wien wiedererobert habe, würde man die Frage noch einmal überprüfen![83]

Die Deutschen verließen sich in der Reaktion auf die Niederlage vom Mai 1943 kaum auf ihre Alliierten. Neben der Verlegung von U-Booten in weniger gefährliche, wenn auch weniger lohnende Operationsgebiete, setzten sie auf technische und taktische Innovationen. Schon seit einiger Zeit hatte die deutsche Führung neuartige U-Boot-Typen ins Auge gefaßt. Die wichtigsten Probleme aus ihrer Sicht waren die Geschwindigkeit unter Wasser, die Überwasserverteidigung gegen Flugzeuge und die Verteidigung gegen die Geleitschiffe. Bei einer größeren Konferenz in Hitlers Hauptquartier am 28. September 1942 hatten die Oberbefehlshaber der Marine, damals Raeder, Dönitz und Admiral Werner Fuchs, der Chef des Hauptamtes für Kriegsschiffbau, eine Bilanz des U-Boot-Kriegs gezogen. In der Diskussion wurden auch die immensen Vorteile eines neuartigen U-Bootes, nach seinem Erfinder »Walterboot« genannt, angesprochen, das sich unter Wasser mit einer Geschwindigkeit von 20 Knoten oder schneller fortbewegen sollte (fast dreimal so schnell wie die vorhandenen U-Boote und schneller als die meisten Geleitschiffe). Es wurde beschlossen, eine kleine Serie dieses neuen Typs zu bauen.[84] Dönitz war damals jedoch immer noch überzeugt, daß seine alten, verläßlichen Bootstypen ihre Aufgaben erfüllen könnten, vor allem, weil sie nun in Stückzahlen gebaut wurden, wie er sie seit langem gefordert hatte.* Die Niederlage im Mai 1943, über die Dönitz, inzwischen auch Oberbefehlshaber der Marine, am 5. Juni Hitler berichten mußte, führte zu neuen Entscheidungen.[85]

Dönitz schob einen großen Teil der Schuld an der Niederlage auf die mangelnde Luftunterstützung für die U-Boote, möglicherweise eine teilweise zutreffende Erklärung, aber ein Mangel, der zu einer Zeit, da die Erfordernisse der östlichen und mediterranen Fronten und der Landesverteidigung gegen die Luftangriffe ständig zunahmen, wohl kaum würde behoben werden können.[86] Die Erfolge der Alliierten wurden nach wie vor dem Radar zugeschrieben, mit dem ihre Flugzeuge ausgerüstet waren. Dies war sicher zum Teil zutreffend. Die sehr erfolgreichen britischen Luftangriffe gegen U-Boote auf ihrem Weg von und zur Biskaya im Juni und Juli 1943

---

* Vgl. das Memorandum von Admiral Walter Gladisch über eine Reise in das besetzte Frankreich im Oktober 1942, das seine Unterhaltung mit Dönitz am 15. Oktober wiedergibt. Es ist offensichtlich, daß Dönitz zu jener Zeit nicht im geringsten über die Gefahr beunruhigt war, daß die Alliierten die Lücke über dem Atlantik mit Langstreckenflugzeugen oder Geleitflugzeugträgern würden schließen können und daß er keinen Begriff davon hatte, welche Möglichkeiten die Vereinigten Staaten zur Verfügung hatten. (»Informationsreise Frankreich Oktober 1942«, BA/MA, PG 71838.)

verstärkten diesen Eindruck und lenkten die Aufmerksamkeit von den alliierten Erfolgen bei der Entschlüsselung der deutschen Codes und dem Einsatz der Huff-Duff-Ortungsgeräte ab.[87] Es dauerte viel zu lang, wenn der Weg durch die Biskaya unter Wasser zurückgelegt werden mußte. Die Alternative bestand darin, die U-Boote mit Fliegerabwehrkanonen auszurüsten, damit sie sich gegen die Flugzeuge wehren konnten. Dies wurde in die Tat umgesetzt, löste das Problem jedoch nicht. Offenbar waren neue Geräte nötig, um eine Ortung durch alliiertes Radar festzustellen und rechtzeitig Alarm zu geben, neue Torpedos, um mit den Geleitschiffen fertig zu werden, und vor allem neuartige U-Boote.

Die neuen Radardetektoren wurden nie entwickelt; in diesem Bereich blieben die Deutschen hinter den Alliierten zurück. Neue akustische Torpedos, die den Geräuschen eines angegriffenen Schiffes folgten und, wenn nötig, den Kurs änderten, waren schon in der Entwicklung und wurden im Herbst 1943 erstmals eingesetzt. Mit diesen, besonders mit dem effektiveren der beiden Bautypen, dem »Zaunkönig«, von den Briten »Gnat« genannt, erzielten die U-Boote einige Erfolge. Aber die Alliierten griffen recht schnell zu Gegenmaßnahmen, und die U-Boot-Besatzungen wurden häufig über die Wirksamkeit des akustischen Torpedos getäuscht.[88] Auf deutscher Seite wurden auch funkgesteuerte Gleitbomben eingeführt, die ironischerweise im September 1943 erstmals gegen die fliehende italienische Flotte eingesetzt wurden, sowie ein vom Flugzeug aus gesteuertes Raketengeschoß; diese neuen Waffen waren sehr effektiv, aber nur in begrenzter Menge verfügbar.[89] Der Schwerpunkt lag, wie Dönitz den höheren Befehlshabern des U-Boot-Krieges am 8. Juni 1943 erklärte, auf neuartigen U-Booten; bis zum Jahresende würde es noch schwer sein, aber 1944, 1945, 1946 und 1947 würde sich die Lage ständig verbessern.[90]

Die Deutschen kamen zu dem Schluß, daß es zu lange dauern würde, das neuartige Walterboot zu bauen und in Dienst zu stellen, und orderten statt dessen eine modifizierte Elektroboot-Version in zwei Größen, ein kleines für das Mittelmeer, das Schwarze Meer und die Ostsee (Typ XXIII) und ein großes für die Ozeane (Typ XXI). Das neue Bauprogramm, das von Hitler am 12. Juli gutgeheißen wurde, sah 140 kleine und 238 große U-Boote vor. In einem verzweifelten Wettlauf gegen die Zeit mühten sich die deutschen Werften ab Dezember 1943 um die Fertigstellung dieser Schiffe, auch als die alliierten Bomber die Werften und ihren Nachschub angriffen. Bei der Produktion wurden U-Boote in Sektionen unterteilt, die später zusammengeschweißt wurden. Dieser Rüstungswettlauf wird noch einmal in Kapitel 14 untersucht; hier genügt die Feststellung, daß die Alliierten ihn gewannen. Von Typ XXIII wurden 61 Exemplare gebaut, aber bis zum Ende des Krieges waren nur fünf fertig; vom Ozean-Typ XXI wurden 120 Boote gebaut, aber nur eines ging am 30. April 1945 auf operative Mission.[91]

Wie das gesamte U-Boot-Programm schnitt das Vorhaben, Hunderte von neuen U-Booten zu bauen, tief in die verfügbaren Mengen an hochwertigem Stahl ein, der dringend gebraucht wurde, um Panzer und andere Waffen zu fertigen. Die Wende im Atlantikkrieg hatte die Deutschen also zu einer riesigen Investition an Material und Arbeitskräften in ein Schiffsbauprogramm veranlaßt, das sich nie auszahlte, und die Auswirkungen auf die Landschlachten in Europa in den Jahren 1944 und 1945 waren gewaltig. Buchstäblich Tausende von Panzern konnten von den Deutschen aufgrund der massiven Zuteilung von Ressourcen für das Vorhaben, eine neue Form des U-Boot-Kriegs zu führen, nicht gebaut werden.[92]

Unterdessen mußten sich die Alliierten mit den alten U-Boot-Modellen herumschlagen, von denen im Juli 1943, als die Verlagerung auf die neuen Typen begann, 250 Stück im Bau waren, die auch fertiggestellt werden sollten.[93] Die Alliierten wußten von den deutschen Plänen für neuartige U-Boote, weil sie Zugriff auf detaillierte Berichte hatten, die der japanische Marineattaché von Berlin nach Tokio schickte. Sie hatten allen Grund zur Besorgnis, verließen sich aber darauf, daß die Japaner sie unbeabsichtigt sowohl über den Fortschritt als auch, für sie ermutigender, über die vor allem durch Bombenangriffe erzwungenen Verzögerungen beim deutschen U-Boot-Programm auf dem laufenden halten würden.[94] Ein Schwerpunkt des Kampfes gegen die im Einsatz befindlichen deutschen U-Boote bestand darin, sie auf der Fahrt durch die Biskaya anzugreifen. Dies wurde hauptsächlich von den Briten geleistet. Die Amerikaner konzentrierten sich auf die Auswertung des entschlüsselten deutschen U-Boot-Codes, um die U-Tanker auszuschalten, während sie an der Oberfläche waren, um andere Boote aufzutanken. Die Amerikaner setzten verschiedene Techniken ein, um zu verschleiern, daß die Überwachung des deutschen Funkverkehrs die tatsächliche Grundlage ihrer Operationen war, und sie unternahmen eine sehr erfolgreiche Serie von Angriffen noch in den Monaten Juni und Juli des Jahres 1943.[95]

Durch diese und andere Maßnahmen wurden die Deutschen in Schach gehalten; ihre neuen Torpedos und Flugabwehrkanonen konnten abgeschlagen werden, und der Tonnagekrieg wurde von den Alliierten gewonnen. Nur der von den Deutschen entwickelte Schnorchel, mit dem viele ältere U-Boot-Modelle ausgerüstet wurden, entlastete sie etwas und führte zu weiteren Verlusten und Besorgnissen der Alliierten[96], aber in der Zwischenzeit wurde ihr eigenes Bauprogramm für Handels- und Geleitschiffe mit aller Kraft fortgesetzt. Die neue deutsche Offensive vom September 1943 bis Mai 1944 war ein Fehlschlag: Die Versenkung von 411 000 BRT kostete sie 119 U-Boote.[97] Die U-Boot-Besatzungen waren enttäuscht über die offensichtliche Unzulänglichkeit ihrer neuen Waffen, kämpften aber fatalistisch entschlossen weiter.[98]

Allerdings wäre der Eindruck falsch, daß die Alliierten sich einfach auf die Techniken der U-Boot-Jagd verließen, die ihnen im Mai 1943 den Sieg beschert hatten. Unter dem Druck des extremen Mangels an Schiffen experimentierten auch sie mit neuen technischen Entwicklungen, von denen einige etwas kurios waren. Auf amerikanischer Seite hatte es schon früh Pläne gegeben, Barken aus Beton sowie in großer Stückzahl flachbödige »Seeottern« zu bauen, die durch aneinandergereihte Benzinmotoren gängiger Ausführung angetrieben werden sollten.[99] Von Dezember 1942 an arbeiteten die Briten an einer Vorrichtung namens »Habakkuk«, lange Zeit ein Lieblingsprojekt von Churchill. Es handelte sich um einen künstlichen Eisberg mit ebener Oberfläche, der durch Reihen von Außenbordmotoren angetrieben werden und als schwimmende Landebahn für Flugzeuge dienen sollte. Die Maschinen sollten die Lücke über dem Atlantik schließen und die Luftunterstützung der alliierten Invasionsstreitkräfte gewährleisten. Da die Briten die notwendigen Ressourcen nicht bereitstellen konnten und die amerikanische Marine Einwände erhob, kam dieses Projekt nicht allzuweit über das Zeichenbrett hinaus, und es wurde eingestellt, als die Geleitflugzeugträger verfügbar waren.[100] Wie attraktiv das Habakkuk-Konzept auch gewesen sein mag, die nun verfügbaren Träger zum Schutz der Geleitzüge, die als Flugzeugfähren und zur Luftunterstützung für die Invasionen dienten, waren anderen Konzepten eindeutig überlegen.[101]

Eines der faszinierendsten Projekte der Alliierten hat seine Spuren im Tourismusgeschäft Kaliforniens hinterlassen. Das einleuchtende Gegenstück zu einem U-Boot, das anhaltend hohes Tempo unter Wasser halten konnte, war ein Frachtflugzeug, das den Ozean nur im Hafen berührte und seine Ladung durch die Luft trug, außer Reichweite von konventionellen oder akustischen Torpedos. Dies war das Konzept des großen Flugboots, aus Leichtholz gebaut, von mehreren Propellern angetrieben und in der Lage, entweder eine sehr beachtliche Fracht oder eine große Zahl von Soldaten sicher über den Atlantik zu tragen. Der Vertrag für ein solches Flugzeug wurde an die Hughes Aircraft Company vergeben, und als das Vorhaben zunächst zusammengestrichen und dann gestoppt wurde, stellte Howard Hughes ein Exemplar fertig und flog damit. Die »Spruce Goose«, das größte jemals gebaute Flugzeug, wurde 1992/93 von Kalifornien nach Oregon gebracht, ein Denkmal für einen nie geführten Kampf zwischen U-Booten, die dazu bestimmt waren, immer unter der Wasseroberfläche zu bleiben, und den für die Überwasserfahrt entwickelten Frachtschiffen.[102]

Zwei weitere Aspekte, die den Seekrieg generell betreffen, müssen erwähnt werden. Die Teilnahme Kanadas ist wiederholt vermerkt worden. Die aktive kanadische Rolle war Ergebnis mehrerer Faktoren. Von zentraler Bedeutung war, daß Kanada um das Jahr 1942 bereits tief in den Krieg verwickelt war. Von deutschen U-Booten waren in der Mündung des Sankt-Lorenz-Stroms und vor der kanadischen Küste zahlreiche Schiffe versenkt worden. Das zeigte, daß offensichtlich auch Kanada gefährdet war. Aber auch andere Faktoren trugen dazu bei. Präsident Roosevelt, der den Seekrieg immer mit besonderer Aufmerksamkeit verfolgte, hatte größeres persönliches Interesse an Kanada als jeder amerikanische Präsident vor (oder nach) ihm.[103] Während Churchill im Gegensatz dazu außerordentlich unsensibel gegenüber kanadischen Präferenzen war, erkannte Roosevelts Regierung an, daß ein großer Teil der Atlantikschlacht notwendigerweise von den Kanadiern getragen werden mußte. Auf diesem Kriegsschauplatz kam Kanada wirklich erhebliche Bedeutung zu.

Anderen allerdings wurde die wirksame Teilnahme versagt. Während die amerikanische Handelsmarine unter dem Einfluß der National Maritime Union ohne Rücksicht auf die Hautfarbe arbeitete und eine sehr große Zahl von Schwarzen in die für die Kriegsanstrengungen wichtigen Schiffsbesatzungen aufnahm, blieb die Marine der Vereinigten Staaten hoffnungslos stur.[104] Selbst Präsident Roosevelt, der Oberbefehlshaber, mußte erfahren, daß er die Navy in ihrem Beharren darauf, Schwarze nur zum Messedienst zuzulassen, kaum umstimmen konnte.[105] In dieser Hinsicht behaupteten sich alte Vorurteile weiterhin uneingeschränkt.

DAS MITTELMEER

Der Krieg auf den Ozeanen bildete natürlich in vieler Hinsicht eine Einheit, aber einige Kriegsschauplätze und Aspekte müssen, neben dem zentralen Konflikt um die Kontrolle der Versorgungswege auf dem Ozean, zumindest kurz beleuchtet werden. Es wurde schon wiederholt auf die Bedeutung hingewiesen, die der Krieg im Mittelmeer für beide Seiten hatte. Die Achsenmächte mußten ihre Streitkräfte in Nordafrika versorgen, während die Alliierten hofften, das Mittelmeer kontrollieren zu können, um ihre Position im Nahen Osten zu schützen. Der Angelpunkt war, wie beide Seiten erkannten, die Insel Malta. Die lange deutsch-italienische Belagerung der Insel und das Vorhaben, sie einzunehmen, entstanden aus dieser Erkenntnis. Auf der britischen Seite hatte man die Notwendigkeit erkannt, die Insel stärker zu sichern, und während des ganzen Jahres 1942 tobte hierüber der Kampf im Mittelmeer und über der Insel. Geleitzüge schlugen sich von Gibraltar und Alexandria aus durch, wobei sie häufig von der italienischen Marine sowie deutschen Flugzeugen und U-Booten angegriffen wurden und viele Schiffe verloren. Flugzeuge zur Verteidigung der Insel mußten von Flugzeugträgern aus eingeflogen werden, die zu diesem Zweck nahe genug herankommen mußten. Wiederholt wurde dazu der alte britische Träger *Eagle* verwendet. Diese Aufgabe war so wichtig, daß der amerikanische Träger *Wasp* auf Churchills Ersuchen hin ebenfalls zweimal für solche Missionen eingesetzt wurde.[108] Der Wagemut der britischen Marine, die Entschlossenheit der Garnison und der Einwohner Maltas sowie die Fehlkalkulation der Deutschen, die darauf setzten, daß ihre Luftwaffe die Insel würde abriegeln können, ermöglichten es den Briten, sie über die schwersten Tage hinweg zu halten.[107] Danach wurde Malta ein für die Beherrschung des Mittelmeers wichtiger Offensivstützpunkt der Alliierten.

Ein Element dieser Seeherrschaft war natürlich der Kampf gegen die italienische Marine. Die Alliierten gewannen schließlich diesen Kampf, als ein Großteil der italienischen Flotte im September 1943 kapitulierte. Es wird jedoch häufig übersehen, daß die Italiener mit schweren Handicaps kämpfen mußten. Die Briten hatten einige ihrer Codes entschlüsselt; und die Deutschen hatten unklugerweise darauf beharrt, daß ihr Verbündeter einige seiner altmodischen Codesysteme – die die Briten nicht entschlüsseln konnten – durch elegantere Maschinencodes ersetzte, die die Briten mühelos lesen konnten![108] Das stärkste Hemmnis für die italienische Marine war allerdings, daß ihre Treibstoffvorräte extrem knapp waren. Da das Land fast vollständig von Ölimporten abhängig war, hatten die unzureichenden Lieferungen aus Rumänien und schließlich das Scheitern der deutschen Offensive zur Eroberung der sowjetischen Ölfelder im Jahr 1942 im Kaukasus zur Folge, daß nur sehr begrenzt Operationen durchgeführt werden konnten. Der Treibstoffmangel beherrschte die Strategie der italienischen Kriegsmarine in den Jahren 1942/43 und machte es den großen Schiffen letztlich unmöglich, auch nur einen Versuch zu unternehmen, die Invasion Siziliens im Juli 1943 zu verhindern.[109]

Das einzige Mal, daß die Deutschen für den mediterranen Kriegsschauplatz umfangreiche Mengen an Treibstoff bereitstellten, war im Winter 1942/43, als deutsche und italienische Truppen und Nachschub mit Schiffen und Flugzeugen schnell nach Tunesien befördert wurden. Dieses anfangs erfolgreiche Unternehmen hatte auf den Kriegsverlauf sicherlich größere Auswirkungen, die im nächsten Kapitel untersucht werden. Auf der einen Seite verlängerte es den Feldzug in Nordafrika um vier Monate und vereitelte daher 1943 vorläufig die Invasion Westeuropas; auf der anderen Seite bedeutete es den Verlust mehrerer Hunderttausend weiterer Soldaten. Die Achsenmächte gaben in Nordafrika im Mai 1943 auf – die Kapitulation der größten Kontingente bis zu diesem Zeitpunkt. Von den dorthin entsandten Truppen konnten nur ganz wenige Einheiten evakuiert werden, und eine beträchtliche Zahl von Schiffen der Achsenmächte wurde bei dem Versuch versenkt, den Nachschub der in Tunesien kämpfenden deutschen und italienischen Truppen aufrechtzuerhalten.

DER PAZIFIK

Der deutsche Versuch, Großbritannien niederzuringen und die Vereinigten Staaten durch die Versenkung von möglichst viel Tonnage zu lähmen, fand sein Gegenstück in der Anstrengung dieser beiden Länder, die Achsenmächte zu blockieren und Japan durch die Zerstörung *seiner* Handelsschiffe zu erdrosseln.

Die Japaner nahmen den Krieg gegen die U-Boote nie so ernst wie die Alliierten, eine Tatsache, die dazu beitrug, die japanische Verwundbarkeit zu erhöhen, die ohnehin schon enorm war, weil die Ressourcen des großen, neueroberten Reiches nur durch Seetransporte nutzbar gemacht werden konnten. Desgleichen konnten die Japaner ihre nun weit abgelegenen Stützpunkte nur über den Seeweg versorgen und verstärken, sie versuchten allerdings, ihre Verwundbarkeit mit drastischen Maßnahmen zu reduzieren. Der Bau der berüchtigten Bahnlinie von Thailand nach Birma – mit der »Brücke am Kwai« –, der das Leben von Zehntausenden von Zivilisten und Kriegsgefangenen kostete, war Teil der Bemühungen, alternative Transportmöglichkeiten zu schaffen. Auch der Chinafeldzug von 1944, der in Kapitel 11 diskutiert wird, hatte vorwiegend den Zweck, Überlandverbindungen per Eisenbahn durch das von Japanern kontrollierte China und nach Südostasien zu öffnen.[110] Außerdem wurden die Ölraffinerien in Niederländisch-Indien wieder in Betrieb genommen und ein Großteil der Flotte in Singapur, nahe der Ölquelle, stationiert[111], um die Abhängigkeit vom Schiffsverkehr zu verringern. Maßnahmen wie diese erhöhten allerdings nur in geringem Maße die Sicherheit der japanischen Schiffahrt. Eine Analyse aus der Nachkriegszeit bringt dies deutlich zum Ausdruck: »Keine Großmacht der Welt war abhängiger vom Schiffsverkehr über die Ozeane als Japan.«[112] Das Land brauchte nicht nur Schiffe, um Menschen und Güter in sein neuerobertes Reich und zurück zu transportieren; auch auf den einheimischen Inseln waren die Bahn- und Straßenverbindungen kaum entwickelt, so daß der Großteil der schweren Güter im Inland ebenfalls mit Schiffen von Hafen zu Hafen verbracht wurde. Das Bahnsystem und die Waggons waren vor allem dazu vorgesehen, Menschen, nicht Fracht, zu transportieren, und das Straßennetz war für den lokalen Verkehr bestimmt. Ausgebaute Verbindungen zwischen den Städten waren nicht vorhanden. Hinzu kam, daß die radikalen Nationalisten, die sich im Land an die Macht geschossen hatten, nicht die geringste Vorstellung von den logistischen Problemen einer modernen Industriegesellschaft hatten. Sie konnten mit Schwertern und Gewehren umgehen, aber abgesehen davon waren sie nicht nur ignorant, sondern sahen aus Tradition und Neigung auf jeden herab, der eine gewisse Ahnung von Dingen hatte, die aus ihrer Sicht unter der Würde des erhabenen Kriegers waren. Sie waren meisterlich im Kampf gegen feindliche Soldaten und bei der Plünderung von Städten, doch sie waren und blieben blutige Anfänger in Fragen des Nachschubs.

Als Japan sich anschickte, den Krieg mit China zu einem Teil des von Deutschland begonnenen Weltkriegs auszuweiten, fand es immer weniger ausländische Schiffe, die für den Frachttransport angemietet werden konnten, und dieser Verlust wurde durch die 823 000 BRT nicht ausgeglichen, die von den japanischen Streitkräften während des Vormarschs von Dezember 1941 bis März 1942 erbeutet wurden.[113] Deshalb blieb das Land vor allem von den sechs Millionen BRT der eigenen Schiffe abhängig, und selbst diese unzulängliche Tonnage wurde nie effektiv eingesetzt. Sie wurde in drei Schiffspools unterteilt – Armee, Marine und Zivilbereich –, wobei es häufig vorkam, daß Schiffe leer zurückfuhren, weil der Pool, dem sie zugeordnet waren, Ladung nur für den einen Teil der Fahrt zur Verfügung hatte. Als ob diese organisatorische Fehlleistung nicht genügt hätte, machten die Japaner einen weiteren schweren strategischen Fehler in der Frage der U-Boot-Bekämpfung, der sie nie genug Aufmerksamkeit widmeten. Jahrelang gab es kein Geleitzugsystem; die Handelsschiffe waren nicht bewaffnet worden, nur eine kleine Zahl von Schiffen wurde letztendlich mit Waffen ausgerüstet; schließlich waren nur wenige Geleitschiffe vorhanden, und sie blieben verstreut. Während die amerikanische Marine ein halbes Jahr brauchte, um sich die Realitäten im Nordatlantik klarzumachen, dämmerte die japanische Marine die meiste Zeit des Krieges vor sich hin. Obwohl es Bemühungen gab, die verfügbare Schiffstonnage zu erhöhen, fand der Neubau nie in den

Dimensionen des alliierten Programms statt, eine Tatsache, die man leicht hätte vorhersagen können. Insgesamt liefen in Japan während des Krieges Schiffe mit etwa 3 300 000 BRT vom Stapel[114] (in den Vereinigten Staaten dagegen über 50 Millionen BRT).

Von Beginn der allgemeinen Feindseligkeiten im Dezember 1941 an verloren die Japaner Schiffe durch die militärischen Aktivitäten der Alliierten, und bis April 1942 hatten diese Verluste die neu gebauten und erbeuteten Schiffe mehr als aufgewogen. Im Gegensatz zu den Alliierten, deren Verluste nur bis zum Herbst 1943 den Neubau übertrafen, danach jedoch durchgängig unter den neu hinzukommenden Schiffen blieben, waren die Japaner nie in der Lage, das Blatt zu wenden. Vom April 1942 bis zum Ende des Krieges verschlechterte sich für die Japaner die ohnehin schon beengte Situation im Schiffsverkehr ständig. In den ersten fünf Kriegsmonaten verloren sie über 375 000 BRT; bald danach führten die Kämpfe um die Salomon-Inseln und Neuguinea zu weiteren beträchtlichen Verlusten, vor allem durch Luftangriffe der Alliierten. In den folgenden Jahren führten auch Angriffe von Flugzeugträgern auf in den Häfen liegende Schiffe zu schweren Verlusten.

Den stärksten Einbruch für die japanische Schiffahrt verursachten die alliierten U-Boote, zumeist amerikanische. In den ersten Jahren des Pazifikkrieges wurden aufgrund der geringen Zahl der eingesetzten amerikanischen U-Boote und des großen Anteils defekter Torpedos wenige Schiffe zerstört. Im Oktober 1942 versenkten die U-Boote zum erstenmal über 100 000 BRT, 1943 lag der monatliche *Durchschnitt* weit über dieser Zahl, und 1944 stieg er auf über 200 000 BRT.* Bis Kriegsende gingen über 4,8 Millionen von fast 9 Millionen BRT versenkter Tonnage auf das Konto der U-Boote; die anderen Verluste gingen auf land- und seegestützte Flugzeuge und, besonders im letzten Kriegsjahr, auf Minen zurück, die vor allem durch die neuen amerikanischen Langstreckenbomber vom Typ B-29 um die japanischen Inseln herum abgeworfen wurden.[115]

Zwei Bemerkungen zu diesem erfolgreichen Schlag gegen die japanische Schiffahrt sind hier notwendig. Erstens wurde trotz der höchst effektiven Angriffe auf die Handelsschiffahrt die Bekämpfung der Kriegsschiffe keineswegs vernachlässigt. Im Gegenteil, die amerikanischen U-Boote versenkten doppelt soviel japanische Kriegsschifftonnage wie die amerikanische Überwasserflotte, und dies gilt, bei freilich kleineren Zahlen, auch für die britischen U-Boote.[116] Das größte je von einem U-Boot versenkte Schiff war der Superflugzeugträger *Shinano,* eines der drei Schiffe mit über 60 000 BRT, die von der japanischen Marine gebaut worden waren, um alle ameri-

---

* Es sollte darauf hingewiesen werden, daß der japanische Marineminister auf den Tokioter Vorkriegskonferenzen deutlich gemacht hatte, daß die Schätzungen der jährlichen Schiffsproduktion von 400 000 BRT im ersten Jahr, 600 000 BRT im zweiten und 800 000 BRT im dritten »zu optimistisch« seien. Tatsächlich wurde dann etwa halb soviel produziert. Nobutake Ike, Hg., Japan's Decision for War, Stanford University Press, Stanford 1967, S. 189.

kanischen Schiffe zu deklassieren; von den beiden größten japanischen Kriegsschiffen, jeweils schwere Kreuzer, die im Zweiten Weltkrieg von der britischen Marine versenkt wurden, war eines von einem U-Boot torpediert worden.[117] Dabei waren jedoch auch die Verluste bei den U-Booten immer sehr hoch.

Zweitens ist festzuhalten, daß die Japaner, im Unterschied zu den Briten und Amerikanern, hoffnungslos verspätet die Gefahr für ihre Nachschublinien erkannten. Sie brauchten sehr lange, um Geleitzüge einzuführen – und machten die Sache dann sehr schlecht –, und sie konnten ihren ersten Geleitflugzeugträger erst im Juli 1944 in Dienst stellen.[118] Von großer Bedeutung für die Alliierten, besonders die Amerikaner, die die Hauptlast des Pazifikkriegs trugen, war ein Unterschied bei der Informationsbeschaffung. Während zumindest bis zum Sommer 1943 die Deutschen durch ihre Fähigkeit, die von den Geleitzügen benutzten Codes zu entschlüsseln, ein wichtiges Handwerkszeug gegen die Alliierten zur Verfügung hatten, das die Ergebnisse im Tonnagekrieg etwas ausglich, waren die Japaner im allgemeinen erfolglos im Umgang mit den alliierten Marinecodes. Die Amerikaner dagegen knackten Ende Sommer 1942 wieder die Codes der Japaner und verbesserten daraufhin ständig ihre Fähigkeit, deren Funksprüche zu lesen. Mit dem so gewonnenen Wissen waren sie in der Lage, japanische Schiffe aufzuspüren.[119]

Während die Amerikaner sich über den Pazifik vorarbeiteten, konnten sie auch ihre Luftaufklärung einsetzen, entweder um die japanischen Schiffe zu orten oder um dem Gegner eine plausible Erklärung für Angriffe zu liefern, die in Wirklichkeit auf abgefangenen Funksprüchen beruhten. Umgekehrt reichten das japanische Radar, die Peilortung und die Flugzeugpatrouillen niemals auch nur annähernd an die Fähigkeiten und Ressourcen heran, die die Alliierten in ihrem Krieg gegen die U-Boote einsetzen konnten.

DIE BLOCKADE

Wenn der Angriff auf den Schiffsverkehr eine Möglichkeit war, die Wirtschaft der Achsenmächte zu treffen, dann war die von den Alliierten durchgesetzte Blockade eine andere. Da Japan gegen alle Nachbarn mit Ausnahme der Sowjetunion in den Krieg gezogen war, konnte es aus dem Handel mit neutralen Mächten keinen Nutzen mehr ziehen; die südamerikanischen Länder, die sich aus dem Krieg herausgehalten hatten, waren viel zu weit entfernt, um substantielle Handelsbeziehungen mit Japan zu unterhalten. Es fehlen Informationen über japanische Importe aus Lateinamerika nach dem Dezember 1941. Mehrere südamerikanische Länder unterhielten zwar weiter diplomatische Beziehungen zu Japan, aber offenbar hatten die Japaner nicht viel Erfolg bei der Beschaffung von Rohstoffen. Eine nähere Untersuchung des Handels zwischen Japan und der Sowjetunion in der Zeit von Dezember 1941 bis August 1945 steht noch aus. Deutschland dagegen trieb Handel mit mehreren neutralen Ländern in unmittelbarer Nachbarschaft, auch nach dem Angriff auf die Sowjetunion: mit Schweden, der Schweiz, Spanien, Portugal, Vichy-Frankreich und der

Türkei.* Bei den genannten Ländern hatte Deutschland die Möglichkeit, Ressourcen direkt zu nutzen und auch zu versuchen, auf dem Umweg über sie Güter von anderen Neutralen, besonders aus Südamerika, zu beziehen. Andererseits waren die Alliierten daran interessiert, zu verhindern, daß Güter über diese neutralen Länder nach Deutschland geschickt wurden, und diese selbst davon abzuhalten, Deutschland mit Nachschub zu versorgen. Gegen solche Praktiken richtete sich die alliierte Blockade während des Krieges.[120]

Um den Gütertransit zu verhindern, versuchten die Alliierten, zumeist von den Briten angeführt, Lieferungen an die Neutralen zu rationieren, so daß die Deutschen keine Güter einführen konnten, die nominell für neutrale Nachbarn bestimmt waren. Diesem Zweck diente ein kompliziertes System von Kontrollen, das vor allem von den Briten betrieben wurde und ganz ordentlich funktionierte. Über die Neutralen wurden ziemlich wenig Güter nach Deutschland geschleust. Einzelne Matrosen schmuggelten Waren auf neutralen Schiffen und erzielten beträchtliche Profite.[121] Einiges Material, das die Alliierten nach Spanien oder Vichy-Frankreich durchgelassen hatten, wurde schließlich in die von den Deutschen besetzten europäischen Gebiete umgeleitet, aber das geschah nie in größerem Umfang.[122] Die Hauptsorge war immer der direkte Gütertransport von den neutralen Ländern nach Deutschland, besonders, da in manchen Fällen diese Lieferungen von großer militärischer Bedeutung waren.

Wie schon in Kapitel 2 erwähnt, bereitete der Handel zwischen Deutschland und Schweden während des ganzen Krieges den Alliierten große Sorgen. Deutschland bezog von Schweden eine beträchtliche Menge an hochwertigem Eisenerz und einen großen Teil seiner Kugellager. Die Deutschen setzten die Schweden ständig unter Druck, mehr zu liefern, während die Alliierten versuchten, die Lieferungen zu begrenzen. Drei Faktoren beeinflußten den langen und zähen Konflikt um die schwedischen Exporte nach Deutschland. Der erste war die Fähigkeit und Bereitschaft der Deutschen, zu bezahlen, was sie kauften. Die Schweden wollten nicht, daß sich deutsche Schulden anhäuften, und lieferten deshalb nicht gegen Kredit. Im Jahr 1941, als Deutschland den Krieg noch zu gewinnen schien und seine Position stark genug war, um mit militärischen Aktionen zu drohen, gewährten die Schweden beträchtliche Kredite; doch als sich das Blatt wendete, wurde es für die Deutschen immer schwieriger, den Schweden Kredit abzupressen. 1943/44, als sie es sich am wenigsten leisten konnten, mußten sie sogar erhebliche Mengen an Kohle und Kriegsmaterial exportieren, um für einen Teil der Importe zu bezahlen.[123]

Das Problem der Bezahlung verweist schon auf den zweiten Faktor im Gesamtbild:

---

* Der Bruch der Blockade, den die sowjetische Hilfe für Deutschland darstellte, wurde in Kapitel 2 diskutiert. Im Februar 1943 berechnete das britische Ministry of Economic Warfare, daß mit Ausnahme von Flachs und Hanf die Deutschen mehr Getreide, Öl, Chrom, Zinn, Gummi usw. durch den Handel mit der Sowjetunion gewannen als durch ihre Eroberungen. PRO, N 1293/75/38, FO 371/36958.

die militärische Lage. Solange Deutschland effektiv drohen konnte, war Schweden eher geneigt, Berlin Zugeständnisse zu machen; als es immer offensichtlicher wurde, daß Deutschland es sich nicht leisten konnte, Feindseligkeiten gegen Schweden aufzunehmen, und daß die Alliierten den Krieg gewinnen würden – und dies in nicht allzu ferner Zeit –, gab Stockholm mehr dem Druck der Alliierten nach.[124]

Verfolgt man allerdings die schwierigen Verhandlungen beider Seiten mit Schweden, wird eine dritte Facette sichtbar, nämlich die generelle Neigung der schwedischen Regierung, Deutschland trotz des alliierten Drucks so gut wie möglich zu unterstützen. Trotz der Tatsache, daß ein Großteil der einschlägigen Nachkriegsliteratur versucht, die schwedische Politik ins beste Licht zu rücken, beweist das vorliegende Material – selbst das in den eloquentesten Apologien präsentierte – eine beharrliche und entschlossene Anstrengung, soviel Eisenerz und Kugellager wie möglich nach Deutschland zu schleusen.[125]

Obwohl die Abkommen zwischen Schweden und Deutschland mit jedem Jahr restriktiver wurden, taten die Schweden alles in ihrer Macht stehende, um Deutschland zu helfen, trotz des Anscheins größerer Beschränkungen im Jahr 1943.[126] Das letzte und restriktivste deutsch-schwedische Abkommen wurde am 10. Januar 1944 unterzeichnet, aber selbst in jenem Winter taten die Schweden alles, um ihre Versprechungen gegenüber den Alliierten zu umgehen, und lieferten Kugellager nach Deutschland[127]. Sie fürchteten von seiten der Alliierten – im Gegensatz zu den Deutschen – nicht, durch eine Invasion bestraft zu werden. Im April 1944 lehnten sie ein alliiertes Verlangen nach der Einstellung der Kugellagerexporte ab, zu einer Zeit, da die Alliierten wie die Deutschen glaubten, daß diese Lieferungen für die deutsche Kriegswirtschaft entscheidend wären.[128] Als die Alliierten die Bombardierung der deutschen Ostseehäfen und den politischen Druck auf Stockholm verstärkten, begannen die Schweden im August 1944 darauf zu beharren, daß die Deutschen eigene Schiffe zur Verfügung stellten, und weigerten sich, weiterhin schwedische Schiffe für den Kriegsnachschub einzusetzen.[129] Auch danach noch umgingen sie ihr Versprechen gegenüber den Alliierten, die Lieferung von Kugellagern einzustellen[130], und erst gegen Ende 1944 – als es offensichtlich keine kriegswichtige Bedeutung mehr hatte – konnten die Schweden dazu bewegt werden, diese Exporte zu stoppen.[131]

Die schwedische Regierung war daran interessiert, die Erlaubnis der Deutschen zu erhalten und nicht wieder zu verlieren, ein Mindestmaß an Seehandel mit der Außenwelt betreiben zu dürfen, doch dies lag ebensosehr im deutschen wie im schwedischen Interesse. Die plausibelste Erklärung für die Politik, Deutschland kriegswichtiges Material zu liefern, sind die Sympathien, die manche Kreise in Schweden Deutschland in der ersten Phase des Krieges entgegenbrachten, und die Sorge über den Vormarsch der Sowjetunion in den späteren Kriegsjahren. Von Schweden kam während des Krieges manch wichtige humanitäre Geste, es stellte jedoch sicher, daß es eines der sehr wenigen Länder war, die vom Krieg erheblich profitierten.[132]

Spanien war für Deutschland wichtig als Quelle für Wolfram, das zur Stahlhärtung benötigt wurde, ebenso für Eisenerz, Quecksilber und Zinkerz. Auch hier spielte die Frage der deutschen Zahlungen eine bedeutende Rolle. Spanien war einfach zu arm und seine Regierung zu nationalistisch, um Deutschland Kredit geben zu können und zu wollen. Immer wieder hielten die Spanier Exporte auf, um die Bezahlung durch Waffen und Maschinen und andere Formen der Kompensation zu sichern.[133] Auf der anderen Seite setzten die Alliierten mit wachsendem Erfolg ihre wirtschaftlichen Hebel gegen Spanien in Bewegung, um vor allem Wolframexporte nach Deutschland zu verhindern, und erwarben auch selbst im Rahmen eines vorbeugenden Aufkaufprogramms, soviel sie konnten.[134]

Die Spanier nutzten diese Situation zu ihrem Vorteil und preßten beiden Seiten Höchstpreise ab. Schließlich beugten sie sich 1944 dem alliierten Druck – nachdem sie rasch noch soviel wie möglich an die Deutschen verkauft hatten und anschließend noch einiges herausschmuggeln ließen, bis der alliierte Vormarsch die Grenze im August 1944 abriegelte.[135] Die Regierung in Madrid war noch stärker prodeutsch eingestellt als die Regierung in Stockholm. Gewiß, ohne den alliierten Druck wäre es den Deutschen gelungen, die spanische Wirtschaft noch stärker einzubinden; nach Lage der Dinge erlangten sie jedoch beträchtliche Mengen wichtiger Güter.[136]

Der wichtigste Rohstoff, den Deutschland aus Portugal importierte, war Wolfram, und auch in diesem Land spielten die Pressionen beider Seiten und konkurrierende Aufkaufstrategien eine wichtige Rolle. Wie in Spanien erhielten die Deutschen eine beachtliche Menge, aber nicht alles, was sie wollten. Es gab freilich mehrere Unterschiede. Die portugiesische Regierung unter António de Oliveira Salazar hegte größere Sympathien für die Alliierten als das Franco-Regime in Spanien. Außerdem war sie beeindruckt von der Entscheidung Brasiliens – mit dem Portugal besondere, in der Kolonialzeit wurzelnde Beziehungen pflegte –, sich den Vereinten Nationen im Krieg gegen Deutschland anzuschließen, nachdem die Deutschen brasilianische Schiffe versenkt hatten. Auf der anderen Seite war Salazar ein Mann, der sich nicht herumschubsen ließ, ein Problem, bei dem die Amerikaner im allgemeinen weniger Geduld zeigten als die Briten. Auch in diesem Fall fand der endgültige Bruch 1944 statt, ironischerweise einen Tag bevor die Invasion vom 6. Juni die ganze Frage de facto erledigte.[137]

Die Pressionen beider Seiten auf die Schweiz führten während des Krieges zu besonders komplizierten Verhandlungen. Wie in Kapitel 3 erläutert, beabsichtigten die Deutschen Ende des Sommers 1940, das Land zu besetzen und mit Italien zu teilen, zogen es dann aber vor, dieses aus ihrer Sicht unerwünschte Gebilde erst nach dem Sieg von der Landkarte verschwinden zu lassen. Später würde es leicht sein, die Schweiz loszuwerden, wenn ihre kriegswichtigsten Objekte, die Eisenbahntunnel durch den Gotthard und den Simplon, nicht mehr so wichtig für die militärischen Operationen der Achsenmächte sein würden. In der Zwischenzeit würde Deutschland etwas Kohle liefern, um die schweizerische Industrie am Laufen zu halten – vor allem für die Achse. Diese Struktur wurde gegen den Druck der Alliierten abgeschirmt durch das ökonomische Interesse eines Großteils der schweizerischen Industrie an deutschen Aufträgen sowie durch die allgemein prodeutschen Neigungen des mit den auswärtigen Angelegenheiten betrauten Bundesrates, Marcel Edouard Pilet-Golaz, dem Leiter des Politischen Departements. Trotz der Rationierung der Importe seitens der Alliierten und wiederholter Pressionsversuche arbeitete die schweizerische Industrie kräftig für Deutschland und steigerte ihre Exporte, darunter Waffen und Munition, im Laufe des Jahres 1943 beträchtlich, als die Bombardierung Deutschlands dort die Neigung verstärkte, sich Produkte aus den sicheren Fabriken der Schweiz zu beschaffen.

Die Besetzung von Vichy-Frankreich im November 1942 verhalf den Deutschen zu einem weiteren Druckmittel, da ihre Truppen die Schweiz nun von allen Seiten umringten. Zu jener Zeit hatten freilich die Alliierten genug von den Manövern der Eidgenossen. Sie drohten mit ihrer schärfsten Waffe und gebrauchten sie auch. Sie setzten schweizerische Firmen auf eine schwarze Liste oder drohten zumindest damit, womit sie größere Teile der Industrie – und deren Eigentümer und Direktoren – mit der Aussicht auf eine Nachkriegszeit vertraut machten, an der sie wohl nicht teilhaben würden. Durch diese Maßnahmen brachten die Alliierten die Kriegsprofiteure schließlich zur Räson. Zu dieser Zeit war den Schweizern klargeworden, daß die Alliierten den Krieg gewinnen würden und daß der Ausschluß der schweizerischen Firmen aus einer von den Vereinten Nationen dominierten Welt den Wohlstand des Landes auf Dauer beenden würde. Dies war eine Form des Drucks, der die Schweiz politisch unabhängig ließ, aber ihre wirtschaftliche Zukunft in Gefahr brachte. Die Regierung änderte nun ihre Politik, und das neue Handelsabkommen vom 19. Dezember 1943 entsprach den meisten der alliierten Forderungen. Am 1. Oktober 1944 verhängte die Schweiz ein Embargo über alle Exporte von Kriegsmaterial.[138]

Abschließend soll auf das letzte neutrale europäische Land eingegangen werden: die Türkei. Obwohl andere Produkte, besonders Kupfer, Angorawolle und Häute, eine bedeutende Rolle bei den Handelsgesprächen spielten, war der wichtigste Rohstoff immer Chrom. Nicht nur die deutsche Kriegsindustrie brauchte Chrom, auch in den Vereinigten Staaten war es knapp, so daß die Alliierten sowohl für ihren eigenen Bedarf kauften als auch, um den Deutschen zuvorzukommen. Die Türken hatten die Deutschen ursprünglich hingehalten und den Briten 1942 gestattet, Chrom zu kaufen, während sie tatsächlich den Großteil der Produktion der Jahre 1943/44 den Deutschen versprochen hatten. Obwohl formell mit Großbritannien verbündet, war die Türkei vor allem daran interessiert, wenn möglich territoriale Gewinne auf Kosten von Griechenland und/oder Syrien zu erzielen und ihre eigene Militärmacht im Tausch gegen alles, was sie an beide Seiten liefern konnte, aufzubauen.[139] Für Ankara stand immer die Befürchtung im Hintergrund, entweder Deutschland oder Rußland werde die gewaltige Schlacht an der Ostfront gewinnen, und der Sieger könnte dann versuchen, seine Herrschaft auf die Türkei auszudehnen.

Drei weitere Faktoren waren in dieser Situation wirksam. Erstens hatten die Deutschen große Schwierigkeiten, die Waffen zu liefern, auf denen die Türken als Bezahlung für das Chrom bestanden. Wenn die Deutschen schließlich doch größere Mengen an Chrom erhielten, allerdings nur ungefähr 70 000 Tonnen (verglichen mit über 100 000 Tonnen im Jahr 1939), dann lag dies eher an den mangelnden deutschen Lieferungen als an türkischer Zurückhaltung oder alliiertem Druck.[140]

Zweitens hofften die Alliierten immer, besonders in den Jahren 1942 und 1943, daß die Türkei an ihrer Seite in den Krieg eintreten werde, und zögerten daher, die türkische Regierung zu stark unter Druck zu setzen. Churchills Treffen mit dem Präsidenten, dem Premierminister und dem Außenminister der Türkei in Adana Ende Januar 1943 scheint ihn davon überzeugt zu haben, daß sie ernsthaft vorhatten, in den Krieg einzutreten. Ein Jahr lang ließ er sich von den Türken täuschen, die keineswegs diese Absicht hegten.[141] Eine Militärdelegation und beträchtliche Mengen an Kriegsgütern wurden auf den Weg geschickt, um die türkische Armee zu stärken.

Drittens lieferte sehr zum Schaden der Alliierten von Oktober oder November 1943 bis Februar 1944 der Kammerdiener des britischen Botschafters in Ankara den Deutschen regelmäßig Kopien geheimer Unterlagen aus dem Safe des Botschafters. Eine seriöse wissenschaftliche Untersuchung des Falls »Cicero« steht noch aus, und die Folgen für die Sicherheit der britischen Geheimcodes sind bisher noch nicht vollständig geklärt worden – zumindest nicht in öffentlich zugänglichem Material. Was immer auch sonst noch in Mitleidenschaft gezogen worden sein mag, dieser Spionagefall erleichterte sicher nicht die Aufgabe der alliierten Diplomatie in der Türkei.[142]

Anfang 1944 hatten die Alliierten genug von der türkischen Hinhaltetaktik und den fortgesetzten Chromlieferungen an die Deutschen. Im Januar zogen sie die Militärdelegation ab und belegten die Türkei mit wirtschaftlichen Sanktionen. Geduld und Leichtgläubigkeit waren in London wie in Washington verbraucht. Rasch zeigten sich dramatische Wirkungen. Am 20. April 1944 verkündeten die Türken die Einstellung sämtlicher Chromlieferungen an Deutschland – und das an Hitlers Geburtstag –, und am 1. August brachen sie die diplomatischen und wirtschaftlichen Beziehungen mit Berlin ab. Es war den Machthabern in Ankara klargeworden, daß die Alliierten den Krieg bald gewinnen würden, daß die Deutschen bis dahin nicht in der Lage sein würden, irgend etwas gegen die Türkei zu unternehmen und daß es ihnen gut bekommen würde, am Ende des Krieges in der Gunst Großbritanniens und der Vereinigten Staaten zu stehen.[143]

Abgesehen von geringen Unterschieden, je nach Umständen und Bedingungen, verfolgten die Neutralen angesichts des Drucks von beiden Seiten im wesentlichen die gleiche Politik. Sie erkannten, daß die beiden Kriegsparteien ihrer Natur gemäß unterschiedliche Wahlmöglichkeiten hatten, und sie taten ihr möglichstes, um aus dieser Situation Gewinn zu schlagen. Vor dem Hintergrund des Verhaltens der Achsenmächte in der Vergangenheit war es klar, daß sie die Neutralen eher vernichten als respektieren würden und daß es in einem von Deutschland beherrschten Europa keinen Platz für unabhängige Staaten geben würde. Auf der anderen Seite waren die Alliierten eindeutig dazu bereit, das Existenzrecht der Neutralen zu respektieren, mit Sicherheit, wenn sie den Krieg gewinnen würden, und vermutlich auch, solange die Kämpfe andauerten. Doch die Alliierten hatten einen Vorteil, selbst bevor ihr Sieg sicher schien. Sie kannten aus den Berichten der in den neutralen Ländern akkreditierten japanischen Diplomaten und Attachés die von diesen Ländern verfolgte Linie in ihren Verhandlungen mit den Achsenmächten. Aber dies half ihnen nicht besonders dabei, mit den grundsätzlichen Neigungen der neutralen Regierungen zurechtzukommen.

In der Hoffnung, aus der Situation möglichst viel Profit zu schlagen, verkauften die Neutralen soviel sie konnten zu Höchstpreisen an die Deutschen und wiesen den Wunsch der Alliierten, sich an der Blockade zu beteiligen, im Rahmen ihrer Möglichkeiten zurück. In den ersten Kriegsjahren wurde diese Tendenz durch die Angst vor Deutschland verstärkt, später durch die Hoffnung, ihren Völkern die Entbehrungen zu ersparen, die der große Kampf den anderen Völkern aufzwang. Aber sie ließen die Alliierten einen möglichst hohen Preis dafür zahlen, daß sie neben der Freiheit ihrer eigenen Völker auch die der Schweden, Türken, Schweizer und anderer verteidigten.

BLOCKADEBRECHER

Die Deutschen und in geringerem Maß die Japaner hatten damit gerechnet, daß die Alliierten versuchen würden, sie von der Zufuhr wichtiger Rohstoffe aus Übersee abzuschneiden. Sie setzten darauf, daß einige Schiffe durch die Blockade schlüpfen könnten. Deutschland brauchte Kautschuk und pflanzliche Fette aus Ostasien, die, solange es den Nichtangriffspakt einhielt, durch die Sowjetunion transportiert wurden, aber auf anderen Wegen eingeführt werden mußten, sobald der Angriff auf dieses Land begonnen hatte. Japan wiederum benötigte Quecksilber und Industrietechnik aus Europa. Da die Deutschen vorhersahen, daß ihr Angriff auf Rußland das Schlupfloch in der Blockade verstopfen würde, bereiteten sie einen Ausgleich mit anderen Mitteln vor. Die ersten Blockadebrecher hatten Japan am 28. Dezember 1940 verlassen und waren am 4. April 1941 in Frankreich angekommen.[141] Danach fanden solche Unternehmungen in weit größerem Umfang statt.

Anfang 1941 ging eine größere Anzahl von Blockadebrechern auf Fahrt, ebenso im Winter 1941/42, als die Bedingungen für solche Unternehmen am besten waren; von siebzehn Schiffen gingen nur vier verloren. Deutschland gewann damit 32000 Tonnen Kautschuk und über 25000 Reifen, beim damaligen Stand der synthetischen Gummiproduktion in Deutschland genug, um den Bedarf für zwei Jahre zu decken.[145] Die Alliierten, die von diesem Vorhaben wußten, aber die erste Gruppe von Schiffen in der Regel nicht aufhalten konnten, bereiteten sich ausgiebig darauf vor, die erwartete Wiederaufnahme der Blockadebrecherfahrten im Winter 1942/43 zu stören.[146] Trotz der entschlossenen deutschen Planung und Durchführung hatten die

Alliierten beim zweitenmal sehr viel größeren Erfolg. Sie versenkten die meisten Blokkadebrecher und zwangen die Deutschen, Transport-U-Boote zu bauen, die mit Unterwasserfahrten die Aufgabe übernehmen sollten, die von Überwasserschiffen, besonders in der Biskaya, bei einer tragbaren Verlustrate nicht mehr übernommen werden konnte.[147] Tatsache bleibt allerdings, daß vier der Blockadebrecher durchkamen, und ihre Ladungen von 7850 Tonnen Kautschuk konnten den deutschen Bedarf für ein ganzes Jahr decken, da die Fortschritte bei der synthetischen Produktion den Bedarf an natürlichem Kautschuk weiter verringert hatten.[148]

Beide Seiten hatten für den Winter 1943/44 sogar noch sorgfältigere Vorbereitungen getroffen. Und die Alliierten waren zunehmend erfolgreicher; diesmal versenkten sie vier der fünf Schiffe, die aus Ostasien kamen, woraufhin Hitler selbst die vier weiteren Schiffahrten, die Deutschland verlassen sollten, streichen ließ. Trotz dieses scheinbaren Erfolgs der Alliierten – zu dem ein britischer Seesieg am 28. Dezember 1943 zählte, bei dem ein deutscher Zerstörer und zwei Torpedoboote versenkt wurden, sowie eine amerikanische Operation, während der im Januar 1944 drei deutsche Blockadebrecher aus Ostasien verlorengingen – bleibt es unbestreitbare Tatsache, daß das *eine* Schiff, das durchgekommen war, den deutschen Bedarf an Kautschuk, Zinn und Wolfram für den Rest des Jahres 1944 deckte.[149] Für den Einsatz von Überwasser-Blockadebrechern, der nun aufgegeben werden mußte, hatten die Deutschen teuer bezahlt, aber er hatte seinen Zweck vorerst erfüllt.

Die hohen Verluste an Überwasserschiffen hatten die Deutschen dazu veranlaßt, bereits 1942/43 den Einsatz von Transport-U-Booten in Betracht zu ziehen. Im Januar 1943 wurden 36 weitere Transport-U-Boote in Auftrag gegeben; bis diese in Dienst gestellt waren, übernahmen die Deutschen italienische U-Boote, die entweder schon für Transportzwecke vorgesehen waren oder dafür umgebaut wurden.[150] Das Interimsprojekt mit den italienischen U-Booten hatte jedoch keinen richtigen Erfolg. Nur zwei U-Boote wurden schließlich bestimmungsgemäß eingesetzt. Allerdings wurden sowohl die deutschen U-Boote, die mit gewöhnlichem militärischem Auftrag in ostasiatische Gewässer ausliefen oder von dort zurückkehrten, als auch einige japanische U-Boote dazu verwendet, kleine, aber wichtige Frachten zu transportieren. Während aus den großen Plänen, verstärkt und bis 1947 in einem Umfang von 14 000 Tonnen Kautschuk, Zinn und andere Produkte zu transportieren[151], nichts wurde, übernahmen U-Boote im letzten Kriegsjahr einiges an Fracht. Dazu gehörten geringe, aber wichtige Mengen an Kautschuk und Wolfram sowie Patente und Entwürfe für neue Waffen.[152] Höhere Offiziere und Beamte fuhren auf die gleiche Weise. Die Reise des indischen Nationalistenführers Bose ist schon erwähnt worden; Vizeadmiral Nomura Naokuni, der japanische Marinerepräsentant in Deutschland, und Konteradmiral Yokoi Tadao, der Marineattaché, kehrten 1943 ebenfalls mit einem U-Boot nach Japan zurück.[153]

Im Winter 1944/45 beschloß Dönitz, eine weitere Reihe von U-Booten in japanische Gewässer zu entsenden, die am 10., 15. und 20. Januar und am 5. März 1945 auslaufen sollten.[154] Einige dieser U-Boote brachen im Februar und März 1945 tatsächlich auf.[155] Neben Plänen, Zeichnungen und den Technikern für neue Waffen wie Raketen, Düsentriebwerke und den Düsenjäger Me 262 – fortgeschrittene Technologien, die Deutschland entwickelt hatte, aber Japan fehlten – hoffte Dönitz auch, eine Gruppe von acht Stabs- und zwei technischen Offizieren entsenden zu können, die japanischen Schlachtschiffen, Flugzeugträgern, Kreuzern und Zerstörern zugewiesen werden sollten, um die dortigen Erfahrungen für eine in Zukunft wieder aufzubauende deutsche Marine auszuwerten, auf die Dönitz voller Zuversicht baute.[156] Groteskerweise stimmten die Japaner diesem phantastischen Projekt, deutsche Offiziere auf Schiffe abzukommandieren, die schon auf dem Grund des Pazifischen Ozeans lagen, im Prinzip zu. Ein Deutscher, der tatsächlich mit einem dieser U-Boote zu dieser Mission aufbrach, war General Ulrich Kessler, der neuer Luftwaffenattaché in Tokio anstelle eines viele Jahre dort stationierten Attachés werden sollte; das U-Boot kapitulierte auf dem Atlantik, als der Krieg in Europa zu Ende ging.[157] Diese Aktivitäten in letzter Minute können uns einiges über die japanischen Hoffnungen sagen, aus einem in den letzten Zuckungen liegenden Deutschland noch Nutzen zu ziehen, und über die deutschen Hoffnungen auf eine Hochseemarine in einem künftigen Vierten Reich. Sie waren auch ein Zeichen dafür, wie verzweifelt die beiden Mächte um die Verbindung untereinander bemüht waren. In den letzten beiden Kriegsjahren hatte es anhaltende und erregte Diskussionen über verschiedene Vorhaben gegeben, Luftverbindungen zwischen den beiden Achsenpartnern herzustellen. Sie scheiterten allesamt an der Unzulänglichkeit der verfügbaren Flugzeuge und an der japanischen Besorgnis über mögliche Einwände der Sowjetunion gegen Flüge über ihr Territorium hinweg.[158] Die endlose Diskussion auf den höchsten Ebenen über dieses gescheiterte Projekt zeigt allerdings die Bedeutung, die ihm die Deutschen, die Japaner und, bis zu ihrer Kapitulation 1943, die Italiener zuschrieben. Weil Japan und die Sowjetunion nicht miteinander im Krieg lagen, gab es eine Kurierverbindung zwischen Deutschland und Japan über die Türkei und die Sowjetunion, aber alles verfügbare Material läßt vermuten, daß auf diesem Weg insgesamt sehr wenig übermittelt wurde.[159] Im Grunde entsprach das, was durch die Blockadebrecher auf See und die U-Boote ausgetauscht wurde, genau dem, was jede Seite von der anderen haben wollte.

Doch wie sah die Bilanz aus?

Trotz intensivster Bemühungen der Alliierten, den Zugang der Deutschen zu Rohstoffen aus neutralen Staaten und mit Hilfe von Blockadebrechern zu beschränken, und trotz der beträchtlichen Hilfe, die den alliierten Seeoperationen gegen Blockadebrecher dank der Entschlüsselung einiger deutscher und der meisten japanischen Codes zuteil wurde, bekamen die Deutschen das, was sie am dringendsten benötigten.[160] Zu der Zeit, als die Neutralen gedrängt werden konnten, ihre Exporte nach Deutschland zu beschränken oder zu beenden, und die See- und Luftstreitkräfte der Alliierten die Deutschen von der Oberfläche der Meere vertrieben und zur Verwendung von Transport-U-Booten gezwungen hatten, waren schon genug Rohstoffe nach Deutschland gelangt, um den wichtigsten Bedarf zu decken. Sicher wäre es ohne die Blockade für die Deutschen einfacher gewesen, länger durchzuhalten, aber die Rüstungsindustrie brach unter den angreifenden Land- und Luftstreitkräften zusammen und nicht aufgrund der durch die Blockade erzwungenen Materialknappheit.

Auf der anderen Seite ist offensichtlich, daß die Unfähigkeit Japans, mit den Vorstößen der Amerikaner und, sehr spät im Krieg, der Briten zurechtzukommen, in beträchtlichem Maße auf die erfolgreiche Blockade gegen Japan zurückzuführen ist. Dessen Kriegsindustrie wurde, im Gegensatz zur deutschen, durch den Verlust von Schiffen auf dramatische Weise geschädigt, und viele der von der amerikanischen Luftwaffe 1945 bombardierten Fabriken hatten bereits die Produktion eingestellt, weil die benötigten Rohstoffe einfach nicht dorthin gebracht werden konnten. Als außerdem die Deutschen gegen Ende des Krieges noch beschlossen, die Japaner bei der Produktion von neuen Waffen zu unterstützen, auf die sie selbst große, aber unrealistische Hoffnungen gesetzt hatten, stellte es sich als praktisch unmöglich heraus, das notwendige Wissen und die Experten nach Japan zu bringen. Die Unterlagen, die die Japaner letztlich erhielten, erreichten eine Industrie, die durch den Verlust an Schiffen gelähmt war. Die Tatsache, daß Japan die zusätzlichen Monate über den Zusammenbruch des deutschen Widerstands im Frühjahr 1945 hinaus nicht nutzen konnte, um die neuen Waffen effektiv zum Einsatz zu bringen, war sicher ein wichtiger, wenn auch kaum beachteter Erfolg der Blockade.

DIE SOWJETISCHE MARINE

Die Kämpfe auf See und die Probleme der alliierten Konvois nach Murmansk wurden hier und in Kapitel 5 bereits erörtert. Doch die Rolle der sowjetischen Marine und russischen Schiffahrt wurde bisher nicht dargestellt. Die sowjetische Flotte wurde hauptsächlich zur Unterstützung der Operationen zu Lande eingesetzt. Im Norden halfen die dort stationierten Flotteneinheiten bei der Verteidigung von Murmansk und spielten eine kleinere Rolle beim Empfang der Geleitzüge aus dem Westen. Eben weil die Sowjetunion weder Frachtschiffe noch Kriegsschiffe für den Geleitschutz zur Verfügung hatte, wurden diese überwiegend von den Briten und Amerikanern gestellt. Russische Schiffe waren regelmäßig in die Geleitzüge eingebunden, und sowjetische Kriegsschiffe spielten eine Rolle als Eskorten und bei der Räumung der von Deutschen gelegten Minen. Um die Nordmeerflotte der Russen zu verstärken, übergaben ihnen die Westmächte zahlreiche kleinere Kriegsschiffe und 1944, anläßlich der Kapitulation der italienischen Marine, im Zuge eines Ausgleichsabkommens, ein Schlachtschiff, einen Kreuzer und einen Zerstörer. Alle russischen Schiffe sowie die Einheiten der sowjetischen Luftwaffe, die im hohen Norden stationiert waren, beteiligten sich am Schutz der Geleitzugroute.[161]

Weil die Westalliierten die größten Risiken auf dieser kürzesten, aber gefährlichsten

Route in die Sowjetunion tragen mußten, wurde sie zum Anlaß von Spannungen. Die Geleitzüge mußten im Sommer 1942 und noch einmal im Frühjahr 1943 eingestellt werden, weil sie im arktischen Sommer, in dem die Sonne wochenlang nicht untergeht, allzu gefährdet waren. Außerdem führten die schweren Verluste von Schiffen und Fracht, die konkurrierenden Anforderungen der Operation Torch im Jahr 1942 und die Krise im Krieg gegen die U-Boote im Jahr 1943 zu enormen Schwierigkeiten. Die Russen weigerten sich einfach zu glauben, daß es reale Schwierigkeiten gebe, oder sie taten zumindest so. Wiederholt machten sie den Seeleuten, Soldaten, Handelsschiffern und Piloten, die versuchten, ihnen unter den größten Risiken für sich selbst zu helfen, das Leben so schwer wie möglich, statt sie zu unterstützen.[162] Es dauerte bis zur Moskauer Konferenz im Oktober 1943, bis diese Probleme auf wirklich zufriedenstellende Weise ausgeräumt wurden.[163] Das war keineswegs überraschend, da die Russen zu dieser Zeit an der Ostfront die Oberhand gewannen und für die Westmächte sich das Blatt im Atlantik endlich gewendet hatte.

Während etwa ein Fünftel der Nachschublieferungen über die nördliche Route auf dem Grund des Ozeans endete, konnten die Verluste an Fracht, die für den Weitertransport in die Sowjetunion via Iran zum Persischen Golf geschickt wurde, bei acht Prozent gehalten werden.[164] Die Probleme auf dieser Route waren die riesige Entfernung, die Notwendigkeit, geeignete Einrichtungen im Iran zu bauen und die zusätzliche Belastung des innerrussischen Transportsystems. Auf dieser Strecke waren die Geleitschiffe alle britischer oder amerikanischer Herkunft, wie auch fast alle Frachtschiffe.

Auf der dritten Hauptstrecke, der nach Wladiwostok und anderen sowjetischen Pazifikhäfen, war die Situation umgekehrt. Die Russen hatten wenig Handelsschiffe im Pazifik; die Vereinigten Staaten begannen daher, Schiffe unter sowjetischer Flagge laufen zu lassen, so daß sie vom amerikanischen Nordwesten aus ohne Geleitschutz die Sowjetunion anlaufen konnten, da die Japaner sowjetische Schiffe bestimmte Routen ungestört fahren ließen. 1942 waren relativ wenige Schiffe verfügbar, und die amerikanischen Häfen waren überfüllt, aber 1943 wurden umfangreiche Mengen an Nahrungsmitteln und anderem Nachschub auf dieser Route verschifft.[165] Unter quantitativem Gesichtspunkt war dies mit etwa der Hälfte der Gesamtmenge die bei weitem wichtigste Strecke für Lieferungen der Westalliierten an die Sowjetunion; weniger als ein Viertel wurde jeweils über Murmansk und den Iran geleitet.

Es überrascht nicht, daß diese Entwicklung die Deutschen verärgerte. In eben jenen Jahren, da die Rote Armee die deutschen Invasionstruppen zerfleischte, floß ein riesiger Nachschubstrom unter den Augen ihres japanischen Verbündeten ungehindert in die Sowjetunion. Als der Umfang der Lieferungen 1943 zunahm, nahmen auch Lautstärke und Häufigkeit der deutschen Proteste bei den Japanern zu. Diese waren allerdings, unabhängig von ihren eventuellen Sympathien, der festen Überzeugung, daß sie die Schiffstransporte nicht angreifen oder sich weigern konnten, den Transfer amerikanischer Schiffe zur russischen Handelsflotte zu dulden, ohne ihre eigenen

Beziehungen zur Sowjetunion zu gefährden. Die Gegenleistung für die japanische Nichteinmischung in die amerikanischen Lieferungen an Rußland schien aus ihrer Sicht darin zu bestehen, daß keine sowjetischen Stützpunkte für amerikanische Flugzeuge im fernen Osten des Landes zur Verfügung gestellt wurden. Dementsprechend wiesen sie die deutschen Forderungen nach einem Einschreiten zurück und gaben gleichzeitig vor, der Umfang der Lieferungen sei nicht wirklich so groß, wie die Deutschen durchaus richtig vermuteten, und es werde ohnehin kein Kriegsmaterial transportiert.[166]

Die wenigen Gelegenheiten, bei denen die Japaner sowjetische Schiffe aufhielten, zogen sofortige Gegenreaktionen nach sich. Die Regierung der Sowjetunion, und wiederholt Molotow persönlich, bestanden auf der Herausgabe der Schiffe. Der Kreml gab deutlich zu verstehen, daß jede Weigerung als Verletzung des sowjetisch-japanischen Neutralitätsvertrages von 1941 betrachtet werden würde. Ein wütender Molotow erklärte dem japanischen Botschafter am 8. Juli 1943: »Wir führen einen Krieg und brauchen Material. Wir haben einige gute Industriegebiete und landwirtschaftliche Flächen verloren und brauchen Nahrungsmittel, Maschinen und Rohstoffe, und wir werden es nicht zulassen, daß ihr Japaner uns dabei den Weg verstellt.«[167] Botschafter Sato Naotake drängte seine Regierung folgerichtig und beharrlich, den sowjetischen Forderungen nachzukommen und keine Schiffe mehr aufzubringen. Japan konnte es sich in den Jahren 1943 und 1944 seiner Ansicht nach einfach nicht leisten, die Sowjetunion zu brüskieren, und war nicht in der geeigneten Position, um über den rechtlichen Status der amerikanischen Schiffe zu rechten. Tokio gab zögernd, aber auf ganzer Linie nach.[168]

In diesem Zusammenhang muß auch die wichtigste Alternative zum Schiffstransport erwähnt werden. Viele für Großbritannien bestimmte Flugzeuge wurden nicht per Schiff über den Atlantik verfrachtet, sondern eingeflogen; dies war eine der ersten höchst wichtigen militärischen Missionen, mit denen die Regierung der Vereinigten Staaten im Zweiten Weltkrieg weibliche Piloten beauftragte.[169] Warum nicht auch Flugzeuge über Alaska und Sibirien in die Sowjetunion fliegen lassen? Wenn die Japaner sich nicht um Schiffe kümmerten, die unter sowjetischer Flagge fuhren, war es noch unwahrscheinlicher, daß sie Flugzeuge angreifen würden, die russischen Mannschaften übergeben und von ihnen geflogen wurden. Den Japanern mangelte es nicht nur am politischen Anreiz, russische Flugzeuge anzugreifen, die von amerikanischen Flughäfen aus starteten, sondern auch weitgehend an den erforderlichen Mitteln. Es wäre auch fast eine Aufforderung an die Amerikaner gewesen, von russischen Flughäfen aus Angriffe auf Japan zu fliegen. Hier bot sich eine Gelegenheit, das Leih- und Pachtgesetz zur Geltung zu bringen, ohne Schiffe zu benötigen und ohne vom Feind gefährdet zu werden, wobei die Flugzeuge natürlich in gewissem Maße durch das Wetter gefährdet waren.[170]

Längere Zeit weigerte sich die sowjetische Regierung jedoch, auf diese Weise zu verfahren. Wir kennen den Grund dafür nicht, er könnte Mißtrauen gegen die Vereinigten Staaten, gepaart mit der Sorge über die japanische Reaktion, gewesen sein. Auf Beharren der Alliierten hin willigte Stalin im April 1942 schließlich ein, die Frage noch einmal zu überprüfen.[171] Im Sommer 1942 wurde das Verfahren eingeführt und gelangte, trotz einer langwierigen und komplizierten Anlaufphase, zu großer Bedeutung.[172]

Bis zum japanischen Angriff auf Pearl Harbor hatten die Kanadier den Bau eines Highways, der Alaska mit dem Rest der Vereinigten Staaten verbinden sollte, immer abgelehnt. Angesichts der Gefahr für beide Länder wurde dieses Hindernis beseitigt und auf amerikanische Kosten der Bau der Straße, die als Alaska Highway bekannt ist, begonnen. Ihre wichtigste Funktion im Zweiten Weltkrieg war die Versorgung der Zwischenbasen, auf denen die Tausende von Flugzeugen, die über die ALSIB, die Alaska-Sibirien-Route, geliefert wurden, zwischenlanden, auftanken und gewartet werden konnten. Dies war sicher eine unvorhergesehene Nebenfolge des Schiffsmangels im Zweiten Weltkrieg.[173]

Der Alaska Highway mag sehr abgelegen von der sowjetischen Marine und den sowjetischen Handelsschiffen erscheinen, aber die Verbindung entstand aufgrund der geringen Anzahl sowjetischer Schiffe, die es für die Alliierten notwendig machte, alle greifbaren Mittel einzusetzen, um Nachschub und Waffen in die Sowjetunion zu bringen. Die Rote Marine selbst spielte in der Ostsee und im Schwarzen Meer eine bedeutende Rolle. In der Ostsee hatten die in Kronstadt liegenden russischen Marineeinheiten zwei wichtige Funktionen. Die Möglichkeit, daß sowjetische Schiffe aus dem Finnischen Meerbusen in die Ostsee vorstoßen und die deutschen Nachschubverbindungen nach Finnland, den Handel mit Schweden oder die Ausbildung der U-Boot-Besatzungen stören könnten, beunruhigte die deutsche Marine unablässig. Sie war daher ständig bemüht, die Zufahrtswege zu verminen und einige Flotteneinheiten und kampfbereite U-Boote in der Ostsee zum Schutz gegen diese potentielle Gefährdung zu halten. Hier zahlten die Deutschen für das Scheitern ihrer ersten Offensive 1941 einen hohen Preis, der nicht immer richtig bewertet worden ist: Die Ostsee wurde nicht zu einem sicheren deutschen Binnensee, wie es Berlin zuversichtlich erhofft hatte.

Die russische Marine spielte jedoch noch eine weitere Rolle dabei, den ersten deutschen Ansturm zum Stehen zu bringen. Am nördlichen Ende der Front hatten die Deutschen Leningrad abgeschnitten, aber sie waren nicht in der Lage gewesen, die gesamte Südküste des finnischen Meerbusens in ihre Hände zu bringen. Die Rote Armee hielt einen Teil dieser Südküste: ein Segment, das die Deutschen Oranienbaumkessel nannten und die Sowjets Küstenoperationsgruppe. Es lag auf der Hand, daß sie nur überleben konnte, wenn sie wenigstens minimale Verstärkungen und Nachschub von der Hauptverteidigungslinie bei Leningrad erhalten würde, und dies erforderte den Schutz der sowjetischen Marine.

Bestand diese letztere Funktion der sowjetischen Ostseeflotte vorrangig in der Unterstützung der Armee, so galt dies auch für die meisten Operationen der sowjetischen

Schwarzmeerflotte. Die erfolgreiche Evakuierung der Odessa-Garnison, die in Kapitel 5 diskutiert wurde, war nur eine der vielen Operationen, die vom wahrscheinlich effektivsten und effizientesten Teil der sowjetischen Marinestreitkräfte im Zweiten Weltkrieg durchgeführt wurden. Die Rolle der Schwarzmeerflotte bei der sowjetischen Wintergegenoffensive auf der Krim wurde ebenfalls schon erwähnt. Dort hatte die Flotte nicht nur die Garnison verstärkt, sondern auch weitere Einheiten hereingebracht, Maschinen evakuiert und überhaupt unter dem Kommandeur der Schwarzmeerflotte, Admiral F. S. Oktjabrskij, eine Verteidigung organisiert, von der die britischen Verteidiger von Singapur einige sehr nützliche Lektionen hätten lernen können. Die Landungsunternehmen im Dezember 1941 und Januar 1942 über die Straße von Kertsch und bei Feodosija gelangen, während dasjenige bei Jewpatorija scheiterte. Die deutschen Einheiten auf der Krim kamen in Bedrängnis, wurden aber nicht zerstört, wie die Sowjets gehofft hatten. Der Schluß scheint jedoch vernünftig, daß dies eher der Unerfahrenheit und Konfusion der Kommandeure der Landungstruppen der Roten Armee zuzuschreiben war sowie dem wirksamen, wenn auch verspäteten Widerstand der Deutschen als irgendwelchen Fehlern der Schwarzmeerflotte.[178]

Die Geschichte der Operationen dieser Flotte in den folgenden Jahren des Zweiten Weltkriegs ist, wie die eben erwähnte, im wesentlichen ein Teil der Kämpfe an Land und wird deshalb in diesem Zusammenhang erörtert werden. Die sowjetischen Führer hatten keinen Grund, dem ihrer Marine zugewiesenen Teil der Kriegsmittel nachzutrauern. Obwohl klein und von den Historikern oft vergessen, spielte sie an genau jenem Abschnitt der Ostfront eine wichtige Rolle, an dem die Deutschen 1942 die größten Anstrengungen unternahmen und ihre schwerste Niederlage durch die Rote Armee erlitten. Der Seekampf auf dem Schwarzen Meer lag vom Charakter und von der Entfernung her weitab von den unzähligen Schlachten im Atlantik, der Blockade Japans durch die Alliierten im Pazifik und den Bemühungen, eine Blockade gegen Deutschland durchzuhalten. Aber dies waren alles nur zusammenhängende Elemente eines Kampfes um die Kontrolle der Ozeane, die einen Großteil der Erdkugel bedecken, eines Kampfes, bei dem so viele Menschen in den Fluten versanken.

8

Der Krieg in Europa und Nordafrika:
Stalingrad und Tunis

1942–1943

DIE DEUTSCHE SOMMEROFFENSIVE

Im Herbst 1941 wurde den Deutschen allmählich klar, daß sie den Feldzug im Osten vor Jahresende wohl nicht mehr würden beenden können, und sie begannen, die Operationen für das nächste Jahr zu planen. Im September, Oktober und November hatten sie sich immer noch Hoffnungen gemacht, sowohl das Industriegebiet um Moskau als auch die Ölfelder des Kaukasus bis zum Ende des Jahres besetzen zu können. Aber noch bevor die Rote Armee die Deutschen am südlichen Ende der Front schlug und aus Rostow vertrieben hatte, waren bereits alle deutschen Hoffnungen, den Kaukasus 1941 einnehmen zu können, zunichte geworden. Die Wirklichkeit der schweren Kämpfe hatte die Euphorie von Anfang Oktober sehr gedämpft, und die Deutschen erkannten jetzt, daß ein letzter Vorstoß sie maximal in die unmittelbare Umgebung Moskaus bringen konnte. Durch die dramatische Wende im Dezember, bei der die deutschen Sturmspitzen zunächst aufgehalten, dann geschlagen und schließlich zurückgeworfen wurden, wurde offensichtlich, daß jeder Feldzug im Jahr 1942 sehr viel weiter von der Linie entfernt würde beginnen müssen, welche die Deutschen noch Anfang November 1941 anvisiert hatten.

Außerdem belasteten weitere Schwierigkeiten die deutschen Offensivplanungen für 1942. Die Verluste an Soldaten und Pferden in den Armeen an der Ostfront konnten durch das Rinnsal von Verstärkungen nicht ersetzt werden; zwar wurden unter großen Anstrengungen neue Divisionen aufgebaut, weitere Soldaten und zusätzliche Pferde an die Front geschickt, doch das reichte einfach nicht aus, um noch einmal die Truppenstärke vom Juni 1941 zu erreichen. Der Mangel an Pferden war um so schwerwiegender, als die Infanteriedivisionen durch enorme Verluste bei den Fahrzeugen im Winter noch abhängiger von Pferdegespannen waren als zuvor; allein dieser Umstand machte den Bewegungskrieg an mehreren Frontabschnitten gleichzeitig völlig unmöglich.

Der Schwerpunkt der Industrieproduktion, der im Juli 1941 von der Armee zur Luftwaffe und Marine verschoben worden war, wurde im Januar 1942 wieder zurückverlagert, aber dieser Schritt konnte durch substantielle zusätzliche Produktion, die die Verluste des Feldzugs von 1941 ersetzen sollte, frühestens im Sommer 1942 wirksam werden. Der Tod des Reichsministers für Bewaffnung und Munition, Fritz Todt, im Januar 1942 war so »passend« und trat unter so ungewöhnlichen Umständen ein, daß Sabotage an seinem Flugzeug durch ein Mitglied von Hitlers Gefolgschaft wahrscheinlich ist. Wie dem auch sei, sein Nachfolger Albert Speer stellte sich rasch als effizient und skrupellos heraus. Es gelang ihm, die Rüstungsproduktion zu steigern, aber dennoch hatte im Juni 1942 die deutsche Armee weniger Panzer und die Luftwaffe nicht mehr Flugzeuge als im Juni 1941.[1] Hinzu kam, daß die fortdauernde Belastung durch den See- und Luftkrieg mit Großbritannien und den Vereinigten Staaten es den Deutschen unmöglich machte, ihre Produktion auf Waffen für die Ostfront zu konzentrieren, da gleichzeitig Kräfte in anderen Kampfgebieten eingesetzt werden mußten.

Aufgrund dieser Faktoren fanden sich Hitler und seine Berater in einer Zwickmühle wieder. Die Armee konnte im Osten in der Defensive bleiben oder eine Offensive an *einem* Frontabschnitt unternehmen; die Option von 1941, an mehreren Abschnitten loszuschlagen, war von den Schlägen der Roten Armee und der Notwendigkeit, für andere Kriegsgebiete Mittel bereitzustellen, vernichtet worden. Es gibt keine Belege dafür, daß eine im Kern defensive Stellung im Osten 1942 jemals ins Auge gefaßt wurde.

Die Strategie im Mittelmeer dagegen, zu der die deutsche Kriegsmarine wiederholt gedrängt hatte, war nicht attraktiv für Hitler, weil er diesen Raum als italienische Expansionssphäre betrachtete, den Osten dagegen als deutsche. Sollte Generalfeldmarschall von Brauchitsch vor seiner Verabschiedung als Oberbefehlshaber des Heeres im Dezember 1941 je ein strategisches Konzept besessen haben, so ist es spurlos verschwunden. General Halder, der Generalstabschef des Heeres, der nun immer enger mit Hitler zusammenarbeiten mußte, hat sicher nie eine eigenständige Strategie vertreten. Im Gegenteil: Sein Horizont war eher noch stärker durch den Landkrieg begrenzt als der Hitlers.

Die einzig mögliche Entscheidung war also, wo man im Osten losschlagen sollte, und in dieser Frage herrschte ungewohnte Einmütigkeit. Der Heeresgruppe Süd war es gelungen, während der Winterkämpfe die zusammenhängendste Verteidigungslinie zu halten, und das Wetter dort würde für deutsche Offensivbewegungen früher geeignet sein als weiter im Norden. Deshalb wurde angenommen – wie sich herausstellen sollte nur zum Teil korrekt –, daß man im Süden für notwendig gehaltene Vorbereitungsoperationen, die Räumung der Krim von sowjetischen Truppen und die Zerstörung des Isjum-Kessels, lange vor entsprechenden Vorbereitungen in der Mitte und im Norden würde abschließen können. Ein großer Angriff am Südabschnitt der Front würde daher den Deutschen mehr Zeit für eine Sommeroffensive geben.

Ein zweiter Faktor, der die Aufmerksamkeit der Deutschen auf den Südabschnitt der Front lenkte, war die Tatsache, daß dort sehr wichtige strategische und materielle Ziele in Reichweite lagen. Die Einnahme der kaukasischen Ölquellen würde eine dreifache Wirkung auf den Krieg haben. Sie würde den Mangel an petrochemischen Produkten beheben, der die gepanzerten Kräfte der Deutschen behinderte, die deutsche Marine einschnürte und die italienische Marine lahmlegte, während er Deutschland den Folgen von Luftangriffen auf die Anlagen zur Produktion synthetischen Öls und auf die rumänischen Erdölquellen in gefährlichem Maße aussetzte. Zweitens galt natürlich umgekehrt, daß man der Sowjetunion einen sehr großen Teil ihrer Ölressourcen entziehen würde. Selbst wenn ihre Alliierten hier einspringen würden, ginge dies notwendig auf Kosten von Waffen und anderem Nachschub, den sie statt dessen hätten liefern können. Schließlich wäre eine deutsche Streitmacht im Kaukasus in der geeigneten Stellung für eine Operation, mit der sie im folgenden Jahr von Norden her in den Irak und Iran vordringen könnte, was die Position der Alliierten im Nahen Osten untergraben und ihnen die Ölvorräte dieser Region entziehen würde. Auch bestünde dann eine realistische Möglichkeit, mit den Japanern zusammenzutreffen und auf jeden Fall die südliche Nachschublinie der Westalliierten in die Sowjetunion zu kappen. Daß sich nicht allein diese blendenden Aussichten eröffnen würden, sondern auch jene Teile der wichtigen Industrieregion im Donezbecken in deutsche Hände fallen würden, die noch unter sowjetischer Kontrolle waren, sowie die reichen Agrargebiete des nördlichen Kaukasus, ließ diese Option geradezu verlockend erscheinen.

Eine weitere Operation war aus deutscher Sicht für das Jahr 1942 von Bedeutung: die Einnahme Leningrads. Da die Russen die Stadt im Winter über den gefrorenen Ladoga-See erfolgreich versorgen konnten und die Finnen sich weigerten, sie von Norden her anzugreifen, wurde Hitler klar, daß nur ein Großangriff zur Einnahme der Stadt führen, eine sichere Linie an dieser Front schaffen und eine Landverbindung zum finnischen Verbündeten eröffnen könnte. Eine solche Operation wiederum würde die Grundlage des neuerlichen Versuchs werden, die Verbindung zwischen der Sowjetunion und den Westalliierten über Murmansk zu kappen. Das Problem bei diesem Vorhaben war jedoch, daß dafür keine Truppen und noch viel weniger eine angemessene Luft- und Artillerieunterstützung verfügbar waren.

Die Lösung, die Hitler und sein Stab ausarbeiteten, war, gelinde gesagt, bizarr. Sie kam, nicht überraschend, zu dem Schluß, daß die Einnahme Leningrads nicht gleichzeitig mit der Hauptoffensive im Süden in die Wege geleitet werden konnte. Doch da diese Offensive zwei Vorbereitungsoperationen erforderte, die Beherrschung der Krim und die Vernichtung des Isjum-Kessels, sollte die an der ersten Operation beteiligte Armee anschließend nach Norden geworfen werden, um Leningrad einzunehmen, während die an der zweiten Operation beteiligten Kräfte einfach weiter nach Osten vorstoßen sollten, als Teil der Hauptoffensive im Südabschnitt. In der Praxis bedeutete das, daß zu der Zeit, in der die wichtigste deutsche Ostfrontoffensive von 1942 in vollem Gange war, eine deutsche Armee im Zug saß und von der Südspitze der Hauptfront quer über die Nachschublinien der anderen deutschen Armeen zum nördlichen Ende der Front reiste.*

Zwei weitere Bemerkungen zum deutschen Plan für die Sommeroffensive 1942 sind wichtig. Die eine betrifft einen inneren Widerspruch, die andere das Hauptziel der Offensive. Obwohl angenommen wurde, daß die Kräfte der Heeresgruppe Süd auch ohne die 11. Armee, die Leningrad einnehmen sollte, zur Eroberung des Kaukasus und damit notwendig auch der gesamten russischen Schwarzmeerküste ausreichen würden, zog Hitler aus dieser Zuversicht nicht den naheliegenden Schluß, daß in diesem Falle der vorbereitende Feldzug zur Eroberung der Krim überflüssig sei. Befände sich die Schwarzmeerküste einmal in deutscher Hand, wären *alle* sowjetischen Kräfte, die noch auf der Krim verblieben waren, zum Untergang verurteilt. Statt das Risiko in Kauf zu nehmen, sowjetische Einheiten im Osten und Westen der Krim dahinvegetieren zu lassen, beschlossen die Deutschen, beide Seiten nacheinander anzugreifen und zunächst die Ostseite von feindlichen Truppen zu säubern, bevor die Belagerung von Sewastopol mit einem schweren Angriff auf die Stadt abgeschlossen werden sollte.

Zweitens ist bemerkenswert, daß der Stadt Stalingrad in der Planung und den ersten Phasen des Feldzugs kein größeres Gewicht beigemessen wurde – jenes Feldzugs, der in den Augen der Zeitgenossen und aller künftigen Beobachter mit dem Namen dieser Stadt verknüpft werden sollte. Die Tatsache, daß der Ort, dessen Name immer mit einer der großen Schlachten des Zweiten Weltkriegs verbunden sein wird, von den Deutschen vorher kaum beachtet und von der Sowjetunion danach in Wolgograd umbenannt wurde, birgt eine seltsame Ironie.

Die Lage der Sowjetunion war in mancher Hinsicht sehr schwierig, in anderer dagegen besser als die der Deutschen. Die Verluste in den großen Winteroffensiven waren schwer gewesen, und sie waren auch im Frühjahr außerordentlich hoch. Die Verstärkungen waren in vielen Fällen entweder ältere oder jüngere Männer; allzu viele Überlebende der Kämpfe von 1941 waren in den unkoordinierten Angriffen von Januar, Februar und März 1942 in den Tod geschickt worden. Die Gesamtstärke der Armee hatte im ersten Halbjahr 1942 offenbar dennoch auf etwa fünf Millionen Soldaten zugenommen, von denen die Mehrheit in den Einheiten an der Front waren. Sie standen einer deutschen Armee von etwa dreieinhalb Millionen Mann und etwa 700 000 Soldaten der mit Deutschland verbündeten Länder gegenüber.[2] Trotz der Verluste an Industrie- und Bergbaugebieten sowie an rekrutierungsfähiger Bevölkerung der besetzten Gebiete hatte die sowjetische Führung – zum einen, weil die eva-

---

* Am 5. August 1942 ließ Hitler dann verlauten, daß Deutschland den Krieg im Osten gewinnen werde, falls man die nördlichen und südlichen Verbindungen Rußlands zu seinen Alliierten kappen und die Ölquellen besetzen könne. Der Krieg im Westen hingegen könne anschließend gewonnen werden, wenn man fünfzig Prozent der Kräfte aus dem Osten dorthin schicken könnte. Jochmann, Hitler, Monologe, S. 328–29.

kuierten Fabriken inzwischen wieder produzierten, zum andern durch eine sich noch stärker auswirkende Umstellung der industriellen Kapazitäten auf Kriegsproduktion, als sie den Deutschen je gelang – die Produktion von Panzern und Gewehren steigern und den Ausstoß an Flugzeugen halten können. In allen drei Bereichen stellte die Sowjetunion nicht nur mehr, sondern in manchen Sparten auch Besseres her als die Deutschen. Letzteres galt besonders für die großen Panzer. Die Deutschen unterschätzten weiterhin die sowjetische Stärke und Industrieproduktion, während die Sowjets offenbar die der Deutschen überschätzten.[3]

Die Sowjetunion hat in den ersten Phasen des Sommers 1942 schwere Niederlagen erlitten, weil Stalin die deutschen Absichten falsch eingeschätzt hatte. Die sowjetischen Nachrichtendienste hatten richtig erkannt, daß die Hauptoffensive im Süden gegen den Kaukasus vorstoßen und die Deutschen anschließend wahrscheinlich den Versuch unternehmen würden, die Bahnlinie nach Murmansk zu kappen; Operationen gegen Moskau und Leningrad würden dem Hauptschlag vermutlich *folgen*, nicht vorausgehen.[4] Wie in Kapitel 5 erwähnt, waren auch die Westmächte davon überzeugt, daß Deutschland zuerst auf den Kaukasus vorstoßen werde. Stalin jedoch war sich sicher, daß der Hauptschlag in der Mitte erfolgen würde. Sein Beharren darauf, daß die Deutschen den Schwerpunkt auf eine Offensive gegen Moskau legen würden, mag von der deutschen Täuschungsoperation verstärkt worden sein, die diesen Eindruck vermitteln sollte: Jedenfalls konzentrierte die Rote Armee ihre wesentlichen Kräfte und Reserven vor Moskau.[5]

Desto schlimmer für die Rote Armee und desto besser für die Deutschen war, daß eine kraß inkompetente russische Militärführung im Mai zu schweren Desastern führte. Marschall Timoschenko leitete eine schlecht geplante Offensive zur Einnahme Charkows, die in gewisser Hinsicht den Deutschen in die Hände spielte, die sich schon mit der Absicht trugen, den Frontvorsprung des Isjum-Kessels weiter südlich zu beseitigen. Timoschenko war nicht in der Lage, die Offensive angemessen zu führen. Aber er brach sie auch nicht rasch genug ab, und die deutschen Sturmspitzen stießen in den Rücken seiner Truppen und des Isjum-Kessels vor. Das Ergebnis war einer der großen deutschen Siege und eine der verheerendsten russischen Niederlagen des Krieges; etwa 100 000 Soldaten der Roten Armee verloren bis Ende Mai ihr Leben und über 200 000 wurden gefangengenommen. Die Deutschen hatten die Ausgangsposition für ihre Hauptoffensive errungen, während die Sowjets starke Kräfte verloren hatten.[6]

Auf der Krim wollten die Deutschen zuerst die Ostseite der Halbinsel unter ihre Kontrolle bringen, bevor ein weiterer Großangriff auf Sewastopol unternommen werden sollte. Am östlichen Ende der Krim war die russische Armee an Truppen und Waffen beträchtlich überlegen, und das Terrain bot den Deutschen kaum Manövrierraum. Die Chancen wurden jedoch durch die Inkompetenz der sowjetischen Kommandeure Dmitrij T. Koslow und Lew Z. Mechlis ausgeglichen sowie durch die Luftunterstützung, die Hitler gegen die Einwände der Luftwaffe angeordnet hatte.

Mit einer Reihe harter Schläge griff Mansteins 11. Armee die Krim-Front (General-leutnant Koslow) an und rollte sie in der Zeit vom 8. bis 15. Mai auf. Die Frontlinie wurde durch einen Vorstoß um ihre Südflanke aufgebrochen, und der sowjetische Frontkommandeur gewann die Kontrolle über die Lage nicht mehr zurück. Die meisten Soldaten der 21 sowjetischen Divisionen wurden getötet oder gefangengenommen; nur ein Drittel der 300000 Soldaten der Roten Armee entkam über die Straße von Kertsch in den nördlichen Kaukasus und kämpfte dort weiter.[7]

Während die sehr riskante Operation gegen die Krim-Front für die Deutschen reibungslos verlaufen war, brauchten sie für den folgenden Angriff auf die starke Festung Sewastopol nicht elf, sondern dreißig Tage (ein eklatanter Gegensatz zum Fall von Tobruk in zwei Tagen). An den Belagerungsring wurde ein ganze Reihe verschiedener Artilleriegeschütze herangeführt. Über die schweren Standardgeschütze des deutschen Heeres hinaus wurden 35-cm-Haubitzen und gewaltige Mörser mit Kalibern von 43 cm und 53 cm eingesetzt. Nicht genug damit, es wurde auch ein riesiges Eisenbahngeschütz mit einem Kaliber von 80 cm zum Beschuß der Festung herbeigeschafft, das eine sieben Tonnen schwere Granate abfeuern konnte.[8] Die ganze Operation begann also mit einem Artilleriebombardement, das an den Ersten Weltkrieg erinnerte, und schloß ein Landeunternehmen über die Sewernaja-Bucht nördlich der Stadt ein. In einer erbittert und hartnäckig geführten Schlacht kämpften sich die Deutschen durch die Befestigungen, besetzten die Stadt und nahmen die Halbinsel ein, die südlich von Sewastopol nach Westen ausgreift. Am 5. Juli, nachdem die große Festung eingenommen und 90000 sowjetische Soldaten gefangengenommen worden waren, konnte Manstein eine Siegesparade veranstalten. Von den russischen Verteidigern konnte nur eine kleine Zahl, darunter ein Großteil des Fachpersonals, mit Flugzeugen und U-Booten evakuiert werden, die Deutschen kostete die gesamte Operation schwere Verluste – wahrscheinlich fast 100000 Soldaten – und viel kostbare Zeit.[9] Der sowjetische Kommandeur Oktjabrskij war unter den Evakuierten, aber seine Soldaten hatten den Deutschen einen hohen Preis abgerungen. Während die riesigen Belagerungsgeschütze für die lange Fahrt nach Leningrad verladen wurden und die überlebenden Soldaten der 11. Armee ein wenig ausruhten, bevor auch sie nach Norden aufbrachen, rollte die große Offensive an.

Der deutsche Plan für die Offensive im Süden war in mehrere Phasen gegliedert: Zunächst ein Angriff in Richtung Woronesch, dann eine Wendung nach Süden den Don entlang, um mit einem Vorstoß zusammenzutreffen, der von Belgorod aus nach Osten geführt wurde. Danach sollte ein weiterer Angriff nach Süden entlang des Don folgen. Diesem Konzept entsprechend sollten alle sowjetischen Kräfte westlich des Don vernichtet werden. Die Hauptstreitmacht würde dann nach Süden in den Kaukasus vordringen. Da nicht genug Truppen vorhanden waren, um die gut 700 Kilometer lange Front am Don entlang zu besetzen, die man beim Vormarsch nach Süden ungeschützt zurücklassen mußte, sollten die Verbündeten die benötigten Einheiten bereitstellen. Im Herbst 1942 standen 24 rumänische, 10 italienische und 10 unga-

Legend:
- ·—··—· Grenzen
- ▬▬▬ Frontverlauf Ende Dezember 1942
- ▪▪▪▪ Frontverlauf 12. Juli 1943
- ■ ■ ■ Frontverlauf Ende Dezember 1943

Ladoga-See

Leningrad
Schlüsselburg

EST-
LAND

Luga
Peipus-See
Pskow
Ilmen-See

Demjansk

Opotschka

LETT-
LAND

Welikije
Luki

Witebsk

Belji

Smolensk
Orscha

Minsk
Mogilew

Roslawl

Rogatschew
Schlobin

Mosyr

Korosten
Schitomir
Kiew
Fastow
Berditschew

Poltawa

Krementschug

Kirowograd
Perwomeisk
Dnjepropetrowsk

Kriwoj Rog

Odessa
Cherson

Krim

Sewastopol

Schwarzes Meer

Kalinin

Rschew

Moskau

Wjasma

Kaluga
Kirow
Tula

Brjansk
Orel

Tschernigow
Kursk

Sumy
Belgorod

Charkow

Isjum
Losowaja
Pawlo-
grad
Saporoschje
Stalino

Taganrog

Melitopol

*Asowsches
Meer*

Kertsch

Noworossisik
Tuapse

Jaroslawl

Gorki

SOWJETUNION

Saratow

Woronesch

Don

Millerowo

Krasnoarmeisk
Kamensk

Rostow

Salsk

Wolga

Stalingrad
*Kapitulation der
6. deutschen Armee
31. Januar 1943*

Ellista

Krasnodar
Armawir

Kuma

Budenowsk

Pjatigorsk
Mosdok
Nalchik

11. Die Ostfront mit Stalingrad 1942/43

rische Divisionen im Osten[10], die Mehrzahl davon in drei Armeen am Don, wobei
die italienische 8. Armee die ungarische 2. Armee im Norden und die rumänische
3. Armee im Süden voneinander trennte, um zu verhindern, daß sie gegeneinander
statt gegen die Russen kämpften.

Im letzten Moment vor dem Angriff stürzte das Flugzeug eines deutschen Offiziers
mit wichtigen Dokumenten über sowjetischem Territorium ab, doch Stalin hielt die
Karten und Papiere für ein Täuschungsmanöver. Am 28. Juni 1942 stießen die Deutschen in Richtung Woronesch vor, durchbrachen die russischen Verteidigungslinien,
errichteten einen Brückenkopf am anderen Ufer des Don, nahmen die Stadt und
wandten sich dann nach Süden. Der Angriff weiter südlich kam ebenfalls rasch voran.
Die Truppen vereinigten sich mit den Angriffsspitzen aus dem Norden, aber das
Ergebnis entsprach nicht dem, was die Deutschen sich versprochen hatten. Die Russen
hatten nicht so effektiv gekämpft wie in den vorhergehenden Monaten, und ein paar
sowjetische Einheiten waren eingeschlossen, aber dies war keine Wiederholung der
Einkesselungen von 1941. Dasselbe galt für den nächsten Schlag. Die deutschen
Panzer stießen von Norden her nach Millerowo vor, eine Stadt zwischen dem Don
und dem Donez, die auch Ziel eines Angriffs aus dem Westen war, aber wiederum
machten die zusammentreffenden Sturmspitzen nur eine kleine Anzahl von Gefangenen. Und als die deutschen Einheiten, mit Ausnahme der 6. Armee – die immer
noch nach Osten marschierte –, in einer dritten massiven Zangenbewegung bei
Rostow am unteren Don zusammentrafen, stellten sie fest, daß der Großteil der
sowjetischen Kräfte abgezogen war und die Brücken gesprengt waren. Die Deutschen
bauten schnell neue Brücken und errichteten am Südufer einen Brückenkopf. Im
Vergleich zum Jahr 1941 hatte sich 1942 einiges verändert. Die Führung der Roten
Armee hatte in der harten Schule der Schlachten einiges gelernt. Außerdem war es
den Deutschen mißlungen, ihre Verluste aus dem Vorjahr zu ersetzen. Wichtiger noch
waren die geänderten Führungsstile von Hitler und Stalin. Wie zuvor wechselten
beide die höheren Kommandeure aus, Stalin immer noch häufiger als Hitler, allerdings
mit einem wichtigen Unterschied. Hitler, der sich in der Winterkrise 1941/42 an
immer direktere Einmischung in die Einzelheiten der taktischen Operationen gewöhnt
hatte, blieb bei diesem Verfahren. Tatsächlich zog er, um direktere Kontrolle über
die Operationen zu bekommen, Mitte Juli von seinem Hauptquartier in Ostpreußen
in ein neues Hauptquartier nahe Winniza in der Ukraine, wo die Offiziere und
Sekretäre noch die oberflächlich verscharrten Leichen der Juden wittern konnten,
die ermordet worden waren, nachdem sie beim Bau des Hauptquartiers ausgedient
hatten.[11]

Stalin dagegen war mehr denn je bereit, den Rat seiner Militärexperten zu befolgen,
besonders in einer wesentlichen Frage. Schaposchnikow war am 26. Juni, zwei Tage
vor Beginn der deutschen Offensive, (aus sehr realen gesundheitlichen Gründen) als
Generalstabschef abgelöst und durch General (später Marschall) Wassilewski ersetzt
worden. Anscheinend wurde auf sein Drängen hin den Truppen am oder um den

6. Juli befohlen, sich kämpfend zurückzuziehen, anstatt in ihren Stellungen zu bleiben und dort umzingelt und vernichtet zu werden, wie es 1941 geschehen war.* Obwohl es einige Anzeichen für interne Probleme in der Roten Armee gab und man auf verzweifelte Maßnahmen zurückgriff, um Moral, Zusammenhalt und Disziplin aufrechtzuerhalten, steht fest, daß die Einheiten sich entweder in geordneter Form zurückzogen oder zumindest wieder zusammengeführt werden konnten. Bis Ende Juli eroberten die Deutschen ein großes und teilweise sehr reiches Gebiet, aber die Gefangennahme von 100 000 bis 200 000 Soldaten in drei Einkesselungsschlachten zeigte, daß der große Sieg, den Hitler seinen Offizieren in der Weisung Nr. 45 vom 23. Juli 1942 lauthals verkündete, zum Teil Illusion war. Der Sowjetunion war ein Schlag versetzt worden, aber die Versicherung, daß die Ziele der Sommeroffensive »zum größten Teil« erreicht worden seien, sollte in den folgenden Wochen bald immer fragwürdiger klingen.[12]

Diese euphorische Einschätzung der Entwicklung wurde allerdings im deutschen Hauptquartier geteilt, zumindest von Hitler selbst, und auf dieser Grundlage wurden neue Operationsbefehle ausgegeben.[13] Offensivbewegungen wurden geplant, die gleichzeitig und nicht nacheinander ausgeführt werden sollten. Divisionen der 11. Armee und die schwere Belagerungsartillerie, die nach der Eroberung von Sewastopol gerade für den Einsatz freigeworden waren, wurden nach Norden geschickt, um Leningrad zu belagern, und nicht nach Osten in den nördlichen Kaukasus, wie zu einem früheren Zeitpunkt erwogen worden war. Noch dramatischer war, daß der Großteil der Kräfte der Heeresgruppen A und B, die ursprünglich für den Vormarsch nach Osten bestimmt gewesen waren, um eine *darauffolgende* Offensive nach Süden in den Kaukasus hinein vorzubereiten und abzuschirmen, nun sofort nach Süden vorstießen, weshalb die deutsche 6. Armee allein nach Osten in Richtung Stalingrad vordrang. Kurz gesagt: Von den im Süden verfügbaren fünf deutschen Armeen wurde eine an die Leningrader Front geworfen, eine nach Stalingrad geschickt, und drei wurden (1. und 4. Panzerarmee und 17. Armee) gegen Ziele im Kaukasus in Marsch gesetzt. Letztere stießen weit in den Kaukasus vor, aber die 6. Armee war nun de facto nicht nur auf sich allein gestellt, sondern sie bekam eine Zeitlang nicht einmal das Minimum an Nachschub, um sich überhaupt bewegen zu können. Hitlers persönliche Rolle bei dieser exzentrischen Folge von Operationen wurde um so wichtiger, als er gleichzeitig auf Maßnahmen gegen seiner Meinung nach wahrscheinliche Schritte der Westalliierten zur Unterstützung ihres bedrängten russischen Alliierten

---

* Das historische Material zu diesem Thema wird gesichtet in Ziemke, Moscow to Stalingrad, S. 343. Es könnte sein – aber das ist reine Spekulation –, daß die erste Reaktion Stalins, der den Angriff auf Woronesch als Beginn dessen ansah, was er erwartet hatte, nämlich einer Offensive gegen Moskau, ihn empfänglicher für Ratschläge machte, als die deutschen Sturmspitzen sich nach Süden und nicht nach Norden wandten und es zunehmend deutlich wurde, daß die deutsche Offensive sich auf ein Gebiet konzentrierte, wo die Sowjets – wenn nötig – leichter Terrain opfern konnten als vor Moskau.

beharrte. Diese persönliche Rolle Hitlers hat wohl nicht nur den Boden bereitet für die seltsame Kräfteverteilung auf deutscher Seite, sondern auch für die eigenartigen Reaktionen des Diktators, als die Kämpfe sich eindeutig zuungunsten der Deutschen entwickelten.

Zunächst sah es ganz so aus, als ob für die Deutschen alles reibungslos und für die Sowjetunion und ihre Alliierten alles katastrophal laufen würde. Gegen Ende Juli waren die drei nach Süden und Südosten marschierenden Armeen über die unteren 250 Kilometer des Don vorgerückt und hatten an zwei Stellen die Bahnlinie, die den Nordkaukasus mit Stalingrad verband, durchschnitten. In den ersten beiden Augustwochen hatten die deutschen Truppen auf dem Weg durch eines der reichsten Agrargebiete der Sowjetunion die Stadt Krasnodar eingenommen und, nahe Maikop, das erste jener Erdölgebiete besetzt, die ein Hauptziel der gesamten Operationen von 1942 waren.[14] Die Anlagen waren von den Russen zerstört worden, aber die Deutschen hofften, sie reparieren zu können, während ihre Truppen gegen weitere Ölfelder vorstürmten, nach Grosny, gut 300 Kilometer weiter östlich, und nach Baku, noch einmal 450 Kilometer weiter entfernt. Aber sie sollten keines dieser Ziele je erreichen.[15]

Die Deutschen jagten über die Ebenen des Nordkaukasus und erreichten die ersten Hügelketten am Fuß des Gebirges. Sie konnten dramatische Landgewinne erzielen, weil die Rote Armee sich immer weiter zurückzog; doch im Laufe dieses Geschehens begann das Kräfteverhältnis sich zu verschieben. Auf der deutschen Seite gab es nicht nur Nachschubprobleme, da die Einheiten von ihren Stützpunkten in der Ukraine aus große Strecken zurücklegten, auch die Kampfspitzen schrumpften und wurden durch immer größere Distanzen voneinander getrennt. Gegen Ende August waren die deutschen Streitkräfte, die versuchten, sich den Weg zum sowjetischen Marinestützpunkt Noworossijsk freizukämpfen, 450 Kilometer von den Einheiten entfernt, die Mozdok an der Straße nach Grosny eingenommen hatten. Zwischen diesen Kampfspitzen versuchten andere, über die Kaukasuspässe nach Tuapse und Suchumi am Schwarzen Meer vorzudringen. An jedem dieser Punkte waren die immer kleineren und erschöpfteren deutschen Angriffsspitzen mit dem härter werdenden Widerstand einer Roten Armee konfrontiert, die von ihrer Regierung zu äußerstem Einsatz aufgerufen wurde.

Angesichts des deutschen Vormarschs versuchte die sowjetische Führung mit aller Kraft, eine Rote Armee zusammenzuhalten, die drauf und dran war, Hals über Kopf zu flüchten. Da so viele der Stawka zur Verfügung stehenden Reserven hinter der mittleren Front zur Verteidigung Moskaus konzentriert worden waren, wurde ein großer Teil davon zur Verteidigung Stalingrads eingesetzt, der dann eine wichtige Rolle dabei spielen sollte, den deutschen Vorstoß in diese Richtung zu verlangsamen. Es war schwierig und zeitraubend, den sowjetischen Kommandos Kräfte zuzuführen, die versuchten, den deutschen Ansturm weiter südlich aufzuhalten, der Schwarzmeergruppe im Westen und der Nordgruppe im Osten, beide unter dem Oberbefehl der

Transkaukasus-Front. Einige Verstärkungen gelangten dorthin, mit der Eisenbahn oder über das Meer, aber ein beträchtlicher Teil kam aus dem Süden, also von der Grenze zur Türkei.

Die türkische Regierung hatte die Entwicklungen im Norden eine Zeitlang mit einer Mischung aus Furcht und Habgier verfolgt. Es war möglich, oder es schien zumindest so, daß die Sowjetunion unter den deutschen Schlägen zerbrechen würde und daraufhin einige Gebiete mit türkischer Bevölkerung an die Türkei fallen könnten. Es gab jedoch auch die Möglichkeit, daß ein expandierendes und aggressives Deutschland an der nördlichen wie an der europäischen Grenze der Türkei aufmarschieren und das Durchmarschrecht nach Syrien und in den Irak fordern würde, die nun beide unter der Militärherrschaft der Briten standen. Im Juni 1942, angesichts der Kapitulation von Tobruk nach einer zweitägigen Belagerung und während die Deutschen sich nach Sewastopol hineinbombten, sah es für einen Augenblick so aus, als ob sie auch an der türkischen Südgrenze auftauchen würden! Diese Lage änderte sich jedoch im Juli und August, weil die Briten El Alamein halten konnten. Was immer die Türkei auch tun oder lassen würde, sie war gewiß nicht geneigt, sich den Achsenmächten anzuschließen. Unter diesen Umständen warf das sowjetische Oberkommando sieben Divisionen und vier Brigaden gegen die Deutschen nach Norden.[16]

DIE BRITISCHE LUFTOFFENSIVE

In dieser schlimmen Notlage wurde für kurze Zeit erwogen, zwei britische Divisionen in den Kaukasus zu schicken; doch das britische Desaster in Nordafrika vereitelte dieses Vorhaben. Statt dessen begann im Juni ein Unternehmen mit dem Decknamen »Velvet«. Eine gemeinsame britisch-amerikanische Luftstreitkraft sollte in den Kaukasus geschickt werden, um den Russen zu helfen. Obwohl Stalin dieses Vorhaben zunächst begrüßte, wurde es später von ihm verworfen. Sobald es danach aussah, als könne die Rote Armee die Deutschen aufhalten, wollte er keine britischen oder amerikanischen Truppen mehr von sowjetischen Stützpunkten aus operieren lassen.[17] Obwohl die Westalliierten 1942 nicht in Westeuropa landen und damit den Druck auf die sowjetische Front lindern konnten, wie Churchill Stalin im August erklärte, hielt die bloße Tatsache, daß diese Möglichkeit bestand, Deutschland davon ab, all seine Kräfte an der Ostfront zu konzentrieren. Hitler war der Auffassung, daß es viel zu riskant sei, den Westen ungeschützt zu lassen[18], und er befahl sogar die Verlegung einer Elitedivision aus dem Osten, um möglichen Angriffen im Westen oder in Norwegen vorzubeugen.[19]

Als Churchill im August in Moskau war, um Stalin zu erläutern, warum eine Landung in Westeuropa noch im selben Jahr, als die Lage am Südabschnitt der Ostfront besonders ernst war, unmöglich sei, wurde natürlich diskutiert, wie man den ungeheuren Druck auf die Sowjetunion auf andere Weise verringern könnte.[20] Eine Ironie der Geschichte war es, daß aufgrund der Katastrophe des Geleitzugs PQ 17

kurz zuvor und wegen der für das anstehende Unternehmen Torch benötigten Schiffskapazität die Geleitzugfahrten nach Murmansk gerade jetzt zeitweilig ausgesetzt waren. Die Operation Torch selbst allerdings würde der Sowjetunion Entlastung bringen, und nach anfänglichen Zweifeln erkannte Stalin dies an. Ein Punkt, in dem
Stalins Auffassungen mit denen Churchills und den Plänen, Absichten und Möglichkeiten der Briten übereinstimmten, war sein Beharren auf der Fortsetzung und, wenn
möglich, Ausdehnung der britischen Bomberoffensive gegen Deutschland.[21]

Die Royal Air Force hatte 1940 damit begonnen, Deutschland zu bombardieren,
und hatte diese Form des Krieges 1941 in allmählich zunehmendem Umfang fortgeführt. Die Bombardierung zeigte jedoch viel geringere Wirkung als erwartet. Zwei
Ursachen dafür waren oder wurden bald deutlich, die dritte wurde erst viel später
im Verlauf des Kriegs erkannt. Erstens waren einfach zu wenige Flugzeuge vorhanden.
1941 und weit hinein ins folgende Jahr waren nie mehr als 300 bis 400 Bomber
verfügbar, und viele davon waren kleinere, zweimotorige Maschinen. Nur durch
massiven Einsatz menschlicher und materieller Ressourcen konnten im Winter
1941/42 neue Voraussetzungen geschaffen werden, so daß im Frühjahr 1942 der
Anteil der größeren, viermotorigen Bomber zunahm und eine langsame Steigerung
der Gesamtzahl der Maschinen die Verluste mehr als aufwog, die vom Feind, vom
Wetter und durch Unfälle verursacht wurden. Zweitens waren die Bomber durch
Flakbeschuß gezwungen, hoch über dem Ziel anzufliegen. Da die Besatzung nicht
durch die Wolkendecke sehen konnte, war sie kaum in der Lage, eine Bombe treff-
genau auf ein Ziel abzuwerfen, und selbst bei freier Sicht gelang selten ein Volltreffer.
Die Tatsache, daß die Bomben im allgemeinen die Anlage oder Fabrik verfehlten,
für die sie bestimmt waren, wurde erst gegen Ende 1941 deutlich, als es offensichtlich
wurde, daß die Bombenoffensive kaum Wirkung auf die deutsche Kriegswirtschaft
hatte. Drittens können in einer gut funktionierenden Industriegesellschaft Schäden
an Fabriken und anderen Einrichtungen ziemlich schnell repariert werden, so daß
nur ein wiederholtes Bombardement desselben Zieles mehr als kurzfristige Wirkung
zeigen kann, was jedoch erst in den letzten Kriegsmonaten erkannt wurde.

Anfang 1942 war es in Großbritannien zu einer handfesten Krise bei der Einschätzung der Bombenoffensive gekommen, und die daraufhin gefaßten Beschlüsse bestimmten weitgehend die künftige Gewichtsverteilung im europäischen Krieg. Hier
lag die einzige Möglichkeit für die Briten, wirksame Schläge gegen Deutschland zu
führen, so daß der Druck der persönlichen Neigung des Premierministers[22] sich mit
dem Argument der Zweckmäßigkeit in einem Krieg, der damals katastrophal schlecht
für das Land lief, und dem beharrlichen Drängen des sowjetischen Verbündeten, der
die Hauptlast des Kampfes trug, vereinte. Als einzig erkennbare und realistische
Alternative zur Aufgabe aller offensiven Schritte gegen Deutschland in absehbarer
Zukunft wurde in der internen Debatte am 14. Februar 1942 eine neue Strategie im
Bombenkrieg beschlossen, die als Ziele Wohngebiete angab und nicht Werften und
Fabriken. Die deutschen Städte sollten in Schutt und Asche gelegt und die deutsche

Luftwaffe sollte gezwungen werden, die Heimat zu verteidigen. Auf diese Weise konnte auch die Industrie lahmgelegt werden. Ein neuer Kommandeur, Arthur Harris,
übernahm am 22. Februar 1942 das Bomber Command. Er ging völlig zu Recht
davon aus, daß er dieses Programm zu realisieren hatte.[23]

Harris genoß die Unterstützung der Regierung und setzte seine Mannschaften umgehend auf neue Operationen an.[24] Gegen Ende März zerstörte ein schwerer Bombenangriff große Teile Lübecks; einen Monat später war Rostock an der Reihe.[25] Die
Deutschen reagierten mit dem Versuch, durch Luftangriffe auf britische Städte Vergeltung zu üben, statt zur Verteidigung überzugehen – eine Haltung, die damals noch
der Neigung der deutschen Luftwaffe entsprach.[26] Auf höchster britischer
Regierungsebene gab es Auseinandersetzungen über die Frage, welche Vorteile und
Aussichten das weitere Festhalten der Luftwaffe am schwerpunktmäßigen Flächen-
bombardement deutscher Städte bot. Churchills wissenschaftlicher Berater, Lord
Cherwell, war vermutlich der einflußreichste Befürworter dieser Strategie.[27] Welche
Zweifel auch immer laut wurden, das Programm wurde fortgesetzt.

Die sorgfältige Zusammenführung aller verfügbaren Flugzeuge, darunter vieler aus
Trainingseinheiten, für den Ende Mai mit tausend Maschinen geflogenen Luftangriff
auf Köln markierte den Beginn einer neuen Phase des Krieges. Das Bombardement
hinterließ verheerende Zerstörungen, und das Luftkriegskonzept entflammte die
Phantasie der britischen Öffentlichkeit in einer Zeit ständiger Niederlagen.[28] Hitlers
Vertrauen zur Luftwaffe erlitt schweren Schaden, weil deren erste Erfolgsmeldungen
sich als lächerliche Verfälschungen der Tatsachen herausstellten.[29] Trotz dieser Folgen
des Aufbaus der deutschen Luftwaffe haben sich viele noch immer nicht die Frage
gestellt, ob der Ausdruck »Erfolg« für die unter Verletzung des Friedensvertrags von
1919 aufgestellte Fliegerstaffel wirklich angebracht ist.

Im Sommer und Herbst 1942 wurden auch Stimmen laut, daß die Bomben-
offensive nicht nur als vorläufige Hilfe für die Sowjetunion dienen könne, bis eine
Landung auf dem Kontinent möglich werden würde. Vielmehr wurde der Vorschlag
gemacht, Großbritannien solle seine Bomberstaffeln so stark ausbauen, daß die
Invasion durch eine große Landarmee überflüssig werden würde. Churchill hat diese
Möglichkeit offenbar eine Zeitlang ernsthaft erwogen, besonders im Juni 1942, als
durch die Kapitulation von Tobruk und eine ganze Reihe von Desastern bei den
Landoperationen in Nordafrika und Südostasien Zweifel an der Befähigung der
Briten aufkamen, Landstreitkräfte effizient zu führen. Der Vorschlag wurde jedoch
verworfen. Die starke Luftoffensive gegen Deutschland wurde nur zeitweise für
Torch in den Mittelmeerraum verlagert und danach fortgesetzt, doch sie galt als
Unterstützung einer umfassenden Strategie, in der Landstreitkräfte eine zentrale
Rolle spielen sollten.[30] Im August 1942 befanden sich 38 Prozent der deutschen
Kampfflugzeuge an der Westfront und 43 Prozent im Osten; im April 1943 standen
45 Prozent im Westen und 27 Prozent im Osten. Auf diesem Gebiet konnten die
Westalliierten ihrem arg bedrängten Verbündeten ein wenig unter die Arme greifen,

während sie selbst, wie im vorigen Kapitel beschrieben wurde, verzweifelt bemüht waren, die Seewege offenzuhalten.

Diese Seeverbindungen waren natürlich entscheidend für den Nachschub der Alliierten in die Sowjetunion, und im Laufe des Jahres 1942 verbesserte sich die Versorgungssituation schrittweise, wobei vor allem die Lieferungen über den persischen Golf und den Pazifik gesteigert werden konnten. Insbesondere Roosevelt versuchte, die Transporte zu beschleunigen, und da es zwischen dem amerikanischen Botschafter William Standley und den Russen Differenzen gab, ließ der Präsident im Oktober 1942 beim früheren Botschafter Joseph E. Davies um eine weitere Amtsperiode in Moskau anfragen. Als dieser ablehnte, ließ Roosevelt Standley auf seinem Posten, bestand jedoch darauf, daß er sich an die bedingungslose Hilfspolitik hielt, die seit 1941 verfolgt wurde, und sich deren Vertretern gegenüber loyal verhielt, was insbesondere für General Philip R. Faymonville galt, den Beauftragten für das »Leih-und-Pacht«-Verfahren in der Sowjetunion.[31]

DIE OSTFRONT:
STOPPEN DES DEUTSCHEN VORMARSCHES IM SÜDEN

Trotz aller Ablenkung von Kräften nach Westen und in den Mittelmeerraum und trotz aller direkten Hilfe hatte die Rote Armee die entscheidende Aufgabe, die Deutschen aufzuhalten. Im August und in den ersten Septemberwochen erschien das äußerst schwierig. Die deutschen Kräfte stießen immer noch in den Kaukasus vor, die sowjetischen Truppen waren noch immer auf dem Rückzug. Einige Völker dieser Gebiete, die mit der sowjetischen Herrschaft unzufrieden waren (wie es die meisten von ihnen bereits mit der Zarenherrschaft gewesen waren, die ihnen durch die Eroberungen im 19. Jahrhundert aufgezwungen worden war), arbeiteten mit den Deutschen zusammen, in der irrigen Hoffnung, von Berlin besser behandelt zu werden und größere Unabhängigkeit zu erhalten als von Moskau. Am 28. Juli gab Stalin den berühmten Befehl Nr. 227 aus, in dem er die Soldaten aufrief, keine Handbreit Boden preiszugeben, an ihren Patriotismus appellierte und jedem harte Bestrafung androhte, der zurückwich.[32] Die in den Kampf geschickten Verstärkungen stabilisierten im Laufe des Septembers den Widerstand. An der Schwarzmeerküste, auf den Gebirgspässen und vor Grosny erholten sich die russischen Kräfte. Da sie nun effizienter kämpften, verlangsamten sie den deutschen Vormarsch. In einigen Fällen konnten die deutschen Panzerspitzen noch beträchtliche Landgewinne machen, aber gegen Mitte September änderte sich die Lage eindeutig.

Die Deutschen reagierten auf die zunehmend schwierigen Kämpfe auf zweierlei Weise. Als erste Reaktion versuchten sie erwartungsgemäß, den Nachschub zu beschleunigen, flogen auch gelegentlich Material und Soldaten ein und hofften, weitere Truppen an die Front im Kaukasus werfen zu können, darunter italienische Gebirgsdivisionen.[33] Die zweite Reaktion war jedoch ganz anderer Art: Sie entwikkelten ein Chaos visionärer Pläne und nahmen einschneidende Personalwechsel vor. Am 12. September erklärte Hitler den Kommandeuren der Ostoffensive, daß sie nicht nur Stalingrad besetzen, sondern danach ans Kaspische Meer vorstoßen, Astrachan einnehmen und allerlei andere Unternehmungen durchführen sollten.[34] Während Hitler in der irrigen Vorstellung schwelgte, daß beim Vorstoß nach Osten alles wunderbar laufen würde, spürte er zu Recht, daß die Operation im Kaukasus ins Stocken geriet, und er reagierte mit einer Reihe drastischer Personalwechsel. Einige Zeit vorher hatte er den Oberkommandeur der Heeresgruppe B entlassen; nun ließ er Feldmarschall List fallen, den Oberkommandeur der Heeresgruppe A, und übernahm am 10. September für eine Zeitlang selbst die Führung der Heeresgruppe. Eine paar Tage später entließ er General Halder, der seit 1938 Generalstabschef gewesen war, und ernannte an dessen Stelle General Zeitzler, den bisherigen Generalstabschef der Heeresgruppe im Westen. Er brach so radikal mit seinen höchsten Militärs, daß er in der Folge stenographische Aufzeichnungen seiner militärischen Lagebesprechungen anordnete und einige Zeit kaum mit Keitel und mit Jodl sprach, den er durch General Paulus, den Kommandeur der 6. Armee, ersetzen wollte.[35]

Diese Veränderungen stellen meines Erachtens einen wirklichen Bruch in Hitlers Sicht des Feldzugs dar. Wenn alles so gut lief, wie er hoffte, wenn sein revidierter Offensivplan mit den beiden gleichzeitigen Vorstößen so brillant war, wie er fest glaubte, wenn die Sowjetunion so erschöpft war, wie er dachte, und wenn die Rote Armee auseinanderfallen und keine substantiellen Reserven mehr haben sollte, wie ihm die meisten höheren Kommandeure versicherten, dann war die einzig mögliche Erklärung für die Schwierigkeiten auf dem Weg nach Tuapse, Suchumi und Grosny entweder ein schlechter Plan – und er war sicher nicht bereit, sich dies einzugestehen – oder die Inkompetenz seiner Generäle. Sie mußten nach seiner Überzeugung ausgetauscht werden, und entsprechend handelte er. Aber die Wirklichkeit des hartnäckiger werdenden sowjetischen Widerstandes und der Erschöpfung der deutschen Angriffsspitzen wurde durch Hitlers Weigerung, seine Mahlzeiten mit Keitel und Jodl einzunehmen oder durch die anstehenden oder erwogenen Personalveränderungen nicht beeinflußt. Eine Verstärkung der deutschen Kaukasusoffensive mit zusätzlichen Divisionen war unmöglich, zum Teil, weil die verfügbaren Kräfte nach Norden geschickt worden waren, um Leningrad anzugreifen, zum Teil, weil im August und September der Vorstoß in Richtung Osten ebenfalls auf Schwierigkeiten gestoßen war und nun Vorrang im Anspruch auf Verstärkung und Nachschub hatte.

Im Juli hatte sich die Stawka auf Stalingrad konzentriert, bevor die Deutschen ihr Augenmerk auf die Stadt gerichtet hatten. Mitte Juli wurden umfangreiche Maßnahmen zur Mobilisierung zusätzlicher Ressourcen für die Verteidigung der Stadt eingeleitet, und eine Stalingrad-Front wurde errichtet, der neue Kräfte zugeführt wurden, einige davon aus Reserven, die man ursprünglich für die Verteidigung Moskaus gegen die erwarteten deutschen Angriffe aufgebaut hatte. Aus der sowjetischen Perspektive war Stalingrad nicht nur als großes Industriezentrum und als Ort wichtig, von dem

aus die Deutschen den ganzen Schiffsverkehr auf der Wolga zum Stillstand bringen
konnten, sondern auch als wichtiger Knotenpunkt für alle Operationen im Kaukasus.
Schließlich war die Stadt viel leichter aus der Mitte des Landes zu verstärken als der
weiter südlich gelegene Frontabschnitt. Der ursprüngliche Plan sah vor, den östlichen
Teil des großen Don-Bogens und den Fluß selbst ober- und unterhalb dieses Bogens
zu halten. Oberhalb des Bogens stationierten die Deutschen die Divisionen ihrer
Verbündeten, um die vorderen Linien zu halten; unterhalb stießen sie rasch in den
Nordkaukasus vor. Im Bogen selbst sollte die deutsche 6. Armee gegen die Stalin-
grad-Front vorrücken.[36]

Der Abzug von Kräften und Nachschub für den Vorstoß in den Kaukasus hatte
dazu geführt, daß sich die 6. Armee zehn Tage lang nicht hatte in Marsch setzen
können, weil sie keinen Treibstoff bekommen hatte. Als sie ihren Marsch in der zweiten
Julihälfte wiederaufnahm, wurde er nicht in erster Linie durch Nachschubmangel,
sondern durch den allmählich heftiger werdenden sowjetischen Widerstand verlangsamt.[37] Die Deutschen teilten daraufhin ihre 4. Panzerarmee auf, so daß deren Führung
und drei ihrer Korps von Südwesten her nach Stalingrad vorstießen, während ein
Korps der 1. Panzerarmee angegliedert wurde, die nach Süden vorrückte. Im Laufe
der ersten Augusthälfte konnte die 6. Armee die Einheiten der Roten Armee im Don-
Bogen weitgehend aufreiben, während die 4. Panzerarmee von Südwesten her über
80 Kilometer Boden gewann. In den letzten zehn Augusttagen stießen die deutschen
Angreifer von Norden her über den Don vor und erreichten die Wolga nördlich von
Stalingrad, während die Truppen der Zangenbewegung aus dem Süden den Stadtrand
erreichten und Verbindung mit der 6. Armee aufnahmen. Am 3. September war die
Stadt mit der breiten Wolga im Rücken von Nordwesten und Süden her belagert.[38]

Das russische Oberkommando wollte die Stadt nicht ohne erbitterten Widerstand
in deutsche Hände fallen lassen. General (später Marschall) A. I. Jeremenko, von
einer früheren Verwundung genesen, wurde zum Kommandeur der Stalingrad-Front
ernannt; Schukow wurde von einem Posten an der Mittelfront abberufen und sollte
Gegenangriffe gegen die 6. Armee an ihrer entblößten Nordflanke zwischen Don und
Wolga führen. In der Stadt selbst wurde ein weiterer sehr fähiger Kommandeur,
General W. I. Tschuikow, mit der Führung der 62. Armee, der Hauptstreitmacht für
die Verteidigung, beauftragt. Ein ununterbrochener Strom von Reservetruppen wurde
in den letzten August- und ersten Septembertagen in das Gebiet von Stalingrad geschickt, so daß die sowjetischen Kommandeure vor Ort nun beachtliche Kräfte zur
Verfügung hatten.[39]

Gegenangriffe aus dem Norden setzten den Deutschen am 5. und 6. September
zu. Sie konnten sie jedoch abwehren und in den folgenden Tagen in die Stadt
vorstoßen. Da weitere sowjetische Truppen in die Stadt geschickt wurden, entwik-
kelte sich ein Schlagabtausch um jeden Häuserblock, ein blutiger Kampf, der vor-
und zurückwogte. Schwere Verluste für beide Seiten bestimmten die Straßengefechte.
Am 18. und 19. September konnte auch ein weiterer sowjetischer Gegenangriff die

Deutschen nicht zurücktreiben; faktisch hatten sie jetzt die Kontrolle über den Großteil der Stadt. Aber die Deutschen hatten nicht die ganze Stadt, kamen nur unter enormen Schwierigkeiten voran und wollten sich nicht zurückziehen. Auch die Sowjets hatten Schwierigkeiten. Ihre in Teilen der Stadt ausharrenden Truppen waren in verzweifelter Lage, und die beiden ersten Wellen von Gegenangriffen hatten die Deutschen nicht aus ihren Stellungen werfen können. Beide Seiten mußten neue Entscheidungen treffen.[40]

Die Deutschen hätten sich theoretisch an den Don zurückziehen können, um mit einer neugruppierten Armee alle sowjetischen Brückenköpfe über den Don auszuheben und sich dort einfach zu halten. Diese Möglichkeit wurde offenbar nicht ernsthaft erwogen. Aber um die Stadt einzunehmen, waren zusätzliche Truppen nötig. In unmittelbarer Nähe waren nur die deutschen Einheiten, die immer noch westlich des Don standen und dort die sowjetischen Brückenköpfe abriegelten. Die Entscheidung fiel zugunsten eines solchen Vorgehens. Die deutschen Truppen wurden durch rumänische Divisionen ersetzt, die eigentlich für den Kaukasusfeldzug vorgesehen waren. Dies bedeutete, daß weitere Kilometer der Nordflanke der Heeresgruppe B den Verbündeten anvertraut wurden, während die Soldaten der 6. Armee sich in Stalingrad Block für Block und Haus für Haus vorankämpften. Bemerkenswert ist sicher, daß die von den Deutschen zuvor häufig eingesetzte Taktik, eine große Stadt durch gepanzerte Sturmspitzen einzukreisen und abzuschneiden, nicht in Frage kam: Die für eine solche Operation erforderlichen Kräfte waren einfach nicht mehr vorhanden.

Es gibt keine Hinweise darauf, daß Hitler zur damaligen Zeit bereit gewesen wäre, einen der großen Frontvorsprünge im Osten, etwa bei Demjansk oder Rschew, aufzugeben, um Reserven zur Verstärkung oder Abschirmung der Stalingrad-Offensive zu gewinnen, oder aber größere Einheiten vom Westen an die Ostfront zu verlegen, da voraussichtlich ab Mitte September das Wetter eine Invasion über den Kanal unmöglich machen würde.[41]

Hitler ließ auch bewußt die einzige andere Möglichkeit ungenutzt, die deutschen Heeresdivisionen, die langsam an der Ostfront verbluteten, wieder aufzufüllen. Die deutsche Luftwaffe hatte einen personellen Überhang von Zehntausenden von Männern, die nach einer entsprechenden Ausbildung als Infanteriereserven hätten eingesetzt werden können. Da Göring nicht willens war, sie dem aus seiner Sicht reaktionären Einfluß der Heeresoffiziere auszusetzen – eine Haltung, in der ihn Hitler bestärkte –, wurden diese überschüssigen Kräfte statt dessen zu »Luftwaffen-Felddivisionen« zusammengefaßt. Diese nicht ausgebildeten Mannschaften, die von völlig unerfahrenen Offizieren geführt wurden, waren in der kurzen Zeit ihrer Existenz der Fluch der deutschen Streitkräfte. Ergebnis dieser grotesken militärischen Neuerung waren fürchterliche und militärisch sinnlose Verluste.[42]

In den Wochen nach dem 20. September kämpften sich die deutschen Truppen langsam vorwärts, und dabei wurde die öffentliche Aufmerksamkeit in Deutschland zunehmend auf die Stadt gelenkt, die nach dem Führer der Sowjetunion benannt war. Hitler trug zu dieser Fixierung noch bei, indem er in seinen Reden vom 30. September und 8. November 1942 wiederholt auf Stalingrad Bezug nahm.[43] Dies sei die Stadt, versicherte er dem Publikum im In- und Ausland, die Deutschland schon eingenommen habe und nie aufgeben werde. Was die deutschen Soldaten, die in den Ruinen der Stadt kämpften, von diesen Verlautbarungen hielten, ist nicht überliefert.

Stalin hatte beschlossen, alles zu tun, um die Stadt oder die Teile davon, in denen sich die Rote Armee festkrallte, zu halten, doch auf den Rat von Wassilewski und Schukow hin betrachtete er dies nicht nur als eine Frage, bei der es um Verstärkungen für den Kampf um jedes Haus und jede Fabrik ging. Vom 12. September an wurden Pläne für eine Operation mit dem Decknamen »Uranus« entwickelt, mit denen eine ganz andere Art von Verteidigung für die Stadt ins Auge gefaßt wurde. Für eine riesige Zangenoperation sollten neue Armeen aufgestellt werden, die im Norden von den Brückenköpfen am Don aus und im Süden von der Steppe her die deutschen Kräfte in der Stadt einschließen sollten. Für die Stadt selbst war nur ein Mindestmaß an Verstärkungen notwendig, so daß, wie man hoffte, die sowjetischen Einheiten dort aushalten und die Kräfte der 6. Armee binden würden. Gleichzeitig sollten an den beiden geplanten Offensivachsen sorgfältig koordinierte Kräfte aufgebaut werden, wobei alle erdenklichen Vorsichtsmaßnahmen zu ergreifen waren, um den Deutschen dieses Vorhaben zu verheimlichen und sie über Stärke und Richtung der beabsichtigten Operation zu täuschen.[44]

Die erschöpften Soldaten beider Seiten kämpften in den Trümmern der Stadt, während die Rote Armee mit den ersten Schritten für Uranus begann. Mit äußerster Umsicht wurden Truppen und Gerät für die Offensive zusammengestellt. Im Unterschied zu den vorausgegangenen Gegenangriffen in die Nordflanke der 6. Armee, bei denen die ankommenden Einheiten praktisch aus dem Marsch heraus kompanieweise in die Schlacht geworfen worden waren, wurden nun massierte Truppen zusammengezogen und große Mengen Nachschub gelagert. Sämtliche so gewonnenen Verstärkungen wurden bis zum Tag der großen Gegenoffensive zurückgehalten. Falls das Zentrum gehalten werden konnte und die Deutschen nichts von dem Plan erfuhren, standen die Chancen bestens.[45]

Die Erfolgsaussichten wurden durch vier weitere Faktoren noch verbessert. Erstens glaubten die Deutschen in dieser Phase noch generell, daß die Sowjets gar nicht fähig wären, eine kohärente Offensive in großem Maßstab und mit aller Präzision zu entwickeln und durchzuführen. Zweitens wurden durch die deutschen Maßnahmen, den Druck auf Stalingrad zu verstärken, ohne zusätzliche deutsche Truppen heranzuführen, die Nordflanke der Offensive vollständig und die Südflanke weitgehend rumänischen Truppen überlassen, denen die Deutschen nicht die für die Abwehr eines sowjetischen Angriffs notwendige Ausrüstung bereitgestellt hatten. Drittens hatten die Deutschen Informationen über ein anderes sowjetisches Offensivunternehmen mit dem Decknamen nach »Mars« am Mittelabschnitt der Front, das durchaus als

Alternative zu Uranus hätte gedacht sein können. Diese Offensive war wohl die Alternative für den Fall, daß die Deutschen Stalingrad ganz eingenommen oder sich von dort zurückgezogen hätten, oder falls andere Entwicklungen Uranus vereitelt hätten.[46] Außerdem scheint es nach Stalins Dekret vom 28. Juli zu einer wirklichen Stärkung der Kampfmoral in der Sowjetunion und der Roten Armee gekommen zu sein, obwohl dies sehr schwer zu bestimmen oder zu belegen ist. Da die Fronten hielten, schien die Sowjetunion noch einmal Atem schöpfen zu können; im Land begann man zu spüren, daß die Katastrophe des Sommers abermals, wie schon 1941, überwunden werden und daß die Invasion noch einmal aufgehalten und zurückgeworfen werden konnte. Die Soldaten kämpften und starben in Stalingrad, während die Kräfte für Uranus zusammengestellt wurden. An den anderen Abschnitten der Ostfront jedoch, denen wir uns nun zuwenden müssen, war es den Sommer über und in den Herbst hinein keineswegs ruhig geblieben.

DIE OSTFRONT: NORD- UND MITTELABSCHNITT

Am nördlichsten Ende der Front (vor Murmansk) fanden, nachdem die sowjetische Frühjahrsoffensive zum Stillstand gebracht worden war, keine bedeutenden Landoperationen statt. Die deutschen Vorhaben für erneute Angriffe mußten aufgegeben werden, weil keine frischen Divisionen zur Verfügung standen. An der Hauptfront in Finnland entstanden erneut Pläne für einen deutschen Vorstoß nach Kandalaktscha und eine finnische Offensive nach Belomorsk, beide mit dem Ziel, die Bahnlinie von Murmansk zu kappen. Keine dieser Offensiven wurde auf den Weg gebracht, weil beide die Einnahme Leningrads durch die Deutschen zur Voraussetzung gehabt hätten, wodurch finnische Einheiten für Belomorsk und deutsche Verstärkungen für Kandalaktscha verfügbar geworden wären. Aus der Perspektive der Deutschen hingen daher alle Landoperationen im Norden von der Offensive im Raum Leningrad ab, die in der Weisung vom 5. April als Folgeoperation des Hauptangriffs im Südabschnitt der Ostfront befohlen wurde.[47]

Die deutsche Heeresgruppe Nord hatte nach der endgültigen Zerschlagung der sowjetischen 2. Stoß-Armee im Juli, die in Kapitel 5 dargestellt wird, mehrere ähnliche Vorhaben entwickelt, aber nur eines davon wurde schließlich ausgeführt. Der Landkorridor zum Frontvorsprung von Demjansk war so eng und stand so häufig unter Wasser, daß es angesichts eines zu erwartenden zweiten Winterfeldzuges offensichtlich nötig war, neue Schritte zu unternehmen. Hitler gestattete keinen Rückzug aus dem Kessel, den er wohl zu Recht als unabdingbar für die Androhung einer erneuten Offensive der Heeresgruppe Mitte gegen Moskau betrachtete. Die Alternative war eine begrenzte Operation zur Weitung des Korridors, und den Deutschen gelang dieses Vorhaben von den letzten Septembertagen bis Anfang Oktober 1942.[48]

Das Hauptunternehmen der Deutschen im Norden sollte allerdings die Operation »Nordlicht« gegen Leningrad sein. Während des Sommers wurden die großen Belagerungsgeschütze, die gegen Sewastopol eingesetzt worden waren, zum anderen Ende der Front transportiert, zusammen mit einigen weiteren schweren Geschützen. Kurz danach folgten der Artillerie fünf Divisionen aus dem Krimfeldzug in den Norden. Der Einwand des Kommandeurs der Heeresgruppe Nord, Feldmarschall Georg von Küchler, daß die Einnahme Leningrads und die Errichtung einer Landverbindung nach Finnland nicht so einfach sein würden, wie Hitler sich dies vorstellte, führten nicht zu weiterem Zwist, sondern zur Ernennung von Mansteins und des Luftwaffengenerals, der mit ihm zusammengearbeitet hatte, Wolfgang von Richthofen, zu Kommandeuren der Operation Nordlicht. Da sie Sewastopol genommen hatten, waren sie vermutlich auch imstande, Leningrad zu erobern. Manstein war im Jahr 1941, bei der ersten deutschen Offensive gegen Leningrad, Kommandeur eines Generalkommandos.

Bevor jedoch dieser Angriff beginnen konnte, brachte die Rote Armee ihre eigene Offensive auf den Weg. Die Truppen der Wolchow-Front unter General Merezkow hatten ebenfalls einen Angriff vorbereitet, mit dem Ziel, eine Landverbindung nach Leningrad freizukämpfen. Mit ihrem Angriff am 27. August, also bevor die Deutschen mit Nordlicht beginnen konnten, brachen die russischen Streitkräfte in den Flaschenhals ein, den die Deutschen östlich der Stadt hielten. Wegen der erbitterten Kämpfe und des unmittelbar bevorstehenden Durchbruchs der Wolchow-Truppen zu den Truppen vor Leningrad mußten nach und nach die für Nordlicht vorgesehenen deutschen Divisionen von der Krim in die Schlacht geworfen werden. Hitler war mit dem Verlauf der Kämpfe unzufrieden und beauftragte Manstein mit der Führung der Truppen. Ein deutscher Gegenangriff schnitt die sowjetischen Truppen ab, die in den Flaschenhals eingebrochen waren, während ein Ausbruchsversuch von Leningrad aus über die Newa ebenfalls zurückgeschlagen wurde.

Der sowjetische Versuch, die Belagerung aufzubrechen, wurde von den Deutschen im Laufe des Septembers zurückgeschlagen. Gegen Ende des Monats hatten die Truppen der Wolchow-Front 50 000 Soldaten verloren und waren wieder dort, wo sie begonnen hatten. Die Deutschen allerdings hatten ebenfalls schwere Verluste erlitten, doch dies war nicht alles. Divisionen, Ausrüstung und Nachschub für die Operation Nordlicht waren bei der Verteidigung des Flaschenhalses verbraucht worden. Im Jahr 1942 gab es keine deutsche Offensive gegen Leningrad mehr und daher auch keine Angriffe weiter nördlich, um die Bahnlinie nach Murmansk abzuschneiden. Den ganzen Sommer über hatten die Russen Nachschub über den Ladoga-See nach Leningrad geschickt und auf dem Rückweg Zivilisten evakuiert. Im folgenden Winter benutzten sie wiederum eine Eisstraße über den gefrorenen See. Manstein wurde eine neue Aufgabe andernorts zugewiesen.[49]

Am Mittelabschnitt der Ostfront hatten beide Seiten sehr starke Kräfte konzentriert, und Ende Juli begann Marschall Schukow mit Truppen der Westfront eine große Offensive, mit der die Linien der deutschen 9. Armee östlich und südlich von Rschew überrannt werden sollten. Ein Erfolg der Roten Armee hätte das Ende der

Drohung einer neuen Offensive gegen Moskau bedeutet; für die Deutschen war es entscheidend, Rschew zu halten, um die glaubwürdige Androhung eines erneuten Vorstoßes auf Moskau aufrechterhalten zu können. Den ganzen August und den größten Teil des Septembers über wurde erbittert gekämpft, wobei zunächst die Russen und später die Deutschen die Oberhand gewannen. Schukow selbst wurde von Stalin Ende August abberufen, um die Gegenangriffe auf die nach Stalingrad vorstoßenden Deutschen zu führen[50], doch lief die Offensive nach seinem Abschied weiter. Am Ende der Operation hatten die Russen ein Gebiet von etwa 25 mal 80 Kilometern zurückerobert, doch es war ihnen nicht gelungen, die Deutschen aus Rschew hinauszuwerfen oder die Bahnlinie in die Stadt zu kappen.

Bei diesen Kämpfen waren die Verluste auf beiden Seiten hoch gewesen, doch auch in diesem Fall erbrachte eine sowjetische Offensivoperation als wichtige Nebenfolge die Vereitelung einer geplanten deutschen Offensive. Die Deutschen hatten Hoffnungen auf eine eigene Offensive gesetzt, um die sowjetischen Kräfte in dem großen Bogen um Suchinitschi niederzuringen und die wichtige Nord-Süd-Eisenbahnstrecke bei Kirow in die Hand zu bekommen, wo die russische Winteroffensive sie gekappt hatte. Weil die sowjetische Offensive gegen Rschew den Großteil der verfügbaren deutschen Reserven band, wurde dieses Vorhaben auf eine kleinere Operation ohne strategische Bedeutung begrenzt. Auch wenn die Rote Armee im Sommer 1942 noch nicht in der Lage war, ihrerseits große Sommeroffensiven erfolgreich durchzuführen, so hatte sie doch einen Weg gefunden, um die Deutschen sogar von begrenzten Offensiven an zwei Dritteln der Ostfront abzuhalten.[51]

Im Sommer 1942 beschränkten sich die Kämpfe im Osten nicht mehr allein auf die Frontlinien, die Tag für Tag auf den Karten in den Hauptquartieren Stalins und Hitlers eingetragen und, wenn auch nicht so akkurat, von den Regierungen und den gewöhnlichen Menschen rund um den Erdball mit Sorge verfolgt wurden. Im Gebiet hinter den deutschen Frontlinien spielten Partisanen eine bedeutende Rolle bei der Organisierung des Widerstands gegen die Invasionsmacht.[52] Weil Stalin angenommen hatte, daß es Feindkräften nicht möglich sein würde, auf das Gebiet der UdSSR vorzudringen, waren für diesen Fall vor dem Juni 1941 keine größeren Vorbereitungen getroffen worden. Doch innerhalb weniger Tage nach der deutschen Invasion rief die sowjetische Regierung die überrannte Bevölkerung zum Widerstand auf. Im Spätsommer und Herbst 1941 wurden erstmals kleine Partisanengruppen organisiert, normalerweise im Umkreis von Partei- und Polizeiaktivisten (NKWD), örtlichen Verwaltungsbeamten, Maschinen-Traktoren-Stationen, staatlichen Kolchosen und Kollektiven sowie Armeeoffizieren, die der Gefangennahme in den Kesselschlachten entronnen waren. Diese Anführer sammelten versprengte Angehörige der Roten Armee, besonders aus den großen Schlachten am mittleren Frontabschnitt, und schlossen sie zu kleinen Banden zusammen, die sich in den ersten Monaten des Krieges meist in den Wäldern versteckten und mehr um ihr Überleben kämpften als gegen die Deutschen. Als zunehmend deutlich wurde, daß die Mehrheit der russischen Kriegsgefangenen erschossen wurde oder den Tod durch Hunger und Krankheit fand, unternahmen einige von ihnen erfolgreiche Ausbruchsversuche auf Transporten oder aus provisorischen Gefangenenlagern, und auch diese Entflohenen schlossen sich häufig den Partisanen an.

Solange die deutsche Armee 1941 noch zügig vorankam, waren die kleineren Widerstandsaktivitäten der Partisanen eher ein Ärgernis denn eine Bedrohung für die Invasoren. Die Wälder und Sümpfe, die den Partisanen Schutz boten, wurden immer weiter hinter der Front zurückgelassen, und obwohl die kleinen Partisanenverbände auf den weitläufigen Schlachtfeldern mühelos die liegengelassenen Infanteriewaffen einsammeln konnten, hätten sie nach einem Sieg der Deutschen über die Rote Armee keinen wirksamen Widerstand leisten können. Doch die Rote Armee hielt stand, und dies änderte die Lage in mancher Hinsicht. Erstens mußten die Deutschen aufgrund der Winterkrise an der Front viele Sicherheitsverbände aus dem Hinterland nach vorne schicken, deren Hauptfunktion darin bestanden hatte, die Nachschubwege der deutschen Armee zu schützen und in den rückwärtigen Gebieten die Ordnung aufrechtzuerhalten. Obwohl diese Sicherheitsdivisionen, wie sie genannt wurden, aus niederen Truppenkategorien bestanden, die von älteren, invaliden oder inkompetenten Offizieren befehligt wurden, benötigte die deutsche Armee in der verzweifelten Lage des Winters 1941/42 jeden Uniformierten, der ein Gewehr tragen konnte. Deshalb lockerte sich zusehends die Kontrolle der Deutschen über die riesigen Gebiete, die sie besetzt hatten.

Zweitens gelang es der Roten Armee im Zuge ihrer Frontdurchbrüche, Verbindungswege zu den Partisanen zu schaffen, über die Offiziere und Nachschub zu ihnen gelangten. Außerdem erholte sich die sowjetische Luftwaffe allmählich, während die Deutschen ihre Flugzeuge vorwiegend zur Luftunterstützung an kritischen Punkten der Front einsetzen mußten. Die kleinen Maschinen der Sowjetunion, die vereinzelt Offiziere oder wichtigen Nachschub für die Partisanen mit Fallschirmen absetzten oder gar landeten, wurden daher selten von der deutschen Luftwaffe abgefangen. Sowjetinspekteure und Organisatoren konnten ein- und ausgeflogen werden.

Wichtiger vielleicht als diese taktischen Faktoren war die entscheidende militärische und politische Tatsache, daß das Sowjetsystem offensichtlich nicht zusammenbrechen würde. Die Partisanen waren der verlängerte Arm eines fortdauernden Systems, nicht die Überbleibsel eines verschwindenden Regimes. Sie konnten Männer und Frauen in den Dörfern verpflichten, und sie taten dies auch, sie konnten mehr denn je mit Unterstützung rechnen, und vor allem konnten sie alle Versprengten Rotarmisten aus den Schlachten von 1941, die sich einen ruhigen Ort gesucht hatten, daran erinnern, daß sie ihre militärischen Pflichten weiterhin erfüllen mußten. Nur durch Dienst in der Partisanenbewegung konnten sie Fragen zu ihren Leistungen in der Schlacht aus dem Wege gehen.

Innerhalb weniger Monate des Winters 1941/42 wuchs die Partisanenbewegung von ein paar Tausend in kleinen Banden verstreuten Mitgliedern zu einer trotz ihres disparaten Charakters beachtlichen Kraft heran. Im Frühjahr 1942 zählte sie mindestens eine Viertelmillion Mitglieder, und auch danach wuchs sie noch dank des Zugewinns an Freiwilligen und Rekrutierten, wobei sich der Anteil dieser Gruppen gegenüber den versprengten Rotarmisten allmählich steigerte.

Es soll nicht der Eindruck erweckt werden, daß diese Bewegung in allen von den Deutschen besetzten Gebieten gleichmäßig wuchs. In den meisten von der Sowjetunion gemäß dem Abkommen mit Deutschland annektierten Ländern gab es fast keine Partisanen, mit der damals einzigen Ausnahme des nordöstlichen Polen. Im offenen Agrargelände der zentralen und südlichen Ukraine konnten sich die Partisanen einfach nicht verstecken. Während es in manchen Städten kleine Untergrundbewegungen gab und Partisanen in den Bergen und Höhlen der Krim operierten, wurden die kleinen Verbände in den offenen Gebieten, wie auch im Nordkaukasus, der im Sommer 1942 besetzt wurde, in der Regel rasch von den Deutschen aufgerieben.[53]

Die Partisanenbewegung blühte in den Wald- und Sumpfgebieten weiter nördlich, in der Nordukraine, in Belorußland und in den Gebieten der Russischen Sozialistischen Föderativen Sowjetrepubliken (RSFSR), die hinter den Fronten der deutschen Heeresgruppen Mitte und Nord lagen. Hier gelang es ihnen, weite Teile der ländlichen Gebiete unter ihre Kontrolle zu bringen, eigene Zeitungen zu veröffentlichen, der Kollaboration mit den Deutschen verdächtigte Personen zu bestrafen, Informationen für die Rote Armee und die Regierung zu sammeln oder den damit betrauten Personen Zuflucht zu bieten. Sie handelten meist als der verlängerte Arm der sowjetischen Regierung in den besetzten Gebieten. Sie erinnerten die Bevölkerung daran, daß die sowjetische Regierung zurückkommen werde, und das wahrscheinlich sehr bald. Auf einem Kontinent, wo die Bevölkerung der besetzten Gebiete, mit Ausnahme Polens und Jugoslawiens, zumeist stillschweigend mit dem Eroberer kooperierte, wurden die Bewohner der Union der Sozialistischen Sowjetrepubliken daran erinnert, daß der Große Bruder sie beobachtete, nicht von Moskau oder einer Exilregierung aus, sondern von einem Stützpunkt in kleiner Entfernung vom Dorf.

Die Zentren der besetzten Räume, die das beste Terrain für die Partisanen boten, waren auch die Stützpunkte, von denen aus Partisanenverbände in Gebiete ausschweifen konnten, die, wie die Erfahrung rasch zeigte, für den Guerillakrieg nicht geeignet waren. Dies war vor allem der mittlere Gürtel der ukrainischen SSR, ein Gebiet, das der sowjetischen Regierung wegen der dortigen nationalistischen Tendenzen ohnehin Sorgen bereitete.[54] Die Abordnung mehrerer Partisanenverbände aus dem Hauptwiderstandsgebiet zu Expeditionen in die Ukraine, die hauptsächlich dazu dienten, Flagge zu zeigen, muß als Mittel verstanden werden, die Bevölkerung daran zu erinnern, daß man die Sowjetmacht dort und in allen vorübergehend in deutsche Hand geratenen Gebieten wiederherstellen würde.[55] Und wie wir gleich sehen werden, konnte sich die sowjetische Regierung stets darauf verlassen, daß die Deutschen der Partisanenbewegung neue Rekruten in die Arme trieben.

Die militärischen Aktivitäten der Partisanen waren 1941 und 1942 ziemlich begrenzt. Sie griffen kleine deutsche Außenposten an, machten den Besatzern das Leben durch gelegentliche Überfälle auf Dörfer schwer und versuchten natürlich, eine effektive Verwaltung der besetzten Gebiete zu verhindern. Ihre wichtigsten militärischen Aktionen aus der Sicht der Roten Armee waren die Anschläge auf deutsche Nachschublinien, insbesondere auf die Eisenbahnstrecken. Sie versuchten selten, die wichtigen Brücken in die Luft zu sprengen, aber wiederholte Unterbrechungen der Schienenstränge waren für die Deutschen ein ernsthaftes Ärgernis. Sie waren durch den Mangel an geeigneten Sicherheitskräften immer mehr gezwungen, die ländlichen Gebiete zu verlassen und sich auf die Verteidigung und Bewachung der Bahnlinien zu konzentrieren. Erst 1943 und 1944 waren die Partisanen gut genug organisiert und ausgerüstet, um systematische Schläge gegen Bahnlinien zu führen, die mit den sowjetischen Offensivbewegungen an der Front abgestimmt waren, doch die ersten Anzeichen solcher Gefahren waren schon 1942 zu erkennen.

Die deutschen Operationen zur Partisanenbekämpfung waren insgesamt sowohl erfolglos als auch kontraproduktiv. Die einzige Ausnahme war die Operation »Hannover« im Bereich der Heeresgruppe Mitte. Hier kämpften die Partisanen zusammen mit regulären Kräften der Roten Armee und wurden mit ihnen zusammen geschlagen. Die sowjetischen Verluste bei diesen Kämpfen bestanden dann auch zu einem großen Teil wirklich aus Partisanen, und spätere sowjetische Bemühungen, die Bewegung wiederzubeleben, scheiterten.[56] Bei fast allen anderen Operationen zur Partisanenbekämpfung durchkämmten die deutsche Armee, SS- und Polizeieinheiten ausgewählte Gebiete, ermordeten Tausende von Zivilisten, brannten so viele Dörfer wie möglich nieder, und nur hin und wieder töteten sie auch einige Partisanen. Diese konnten normalerweise zum größten Teil entkommen oder sich verstecken und ihre Aktivitäten später wieder aufnehmen. Anschließend wurden sie meist stärker als zuvor von der Bevölkerung unterstützt, weil ihr gezeigt worden war, wie die deutschen Befriedungsmethoden aussahen.

Die wahllose Abschlachtung von Zivilisten war im Norden und im Zentrum ein wesentlicher Beweggrund, sich den Partisanen anzuschließen; eine andere deutsche Strategie hatte weiter südlich jedoch dieselbe Wirkung. Wie aus der Darstellung der deutschen Besatzungspolitik im nächsten Kapitel hervorgehen wird, führten die Deutschen 1942 in der Ukraine ein großangelegtes Programm zur Rekrutierung von Zwangsarbeitern durch. Hier ging es nicht darum, die örtliche Bevölkerung zur Arbeit in ihrer Heimat zu verpflichten, beispielsweise zum Schneeräumen, zur Reparatur der Straßen oder zur Ernte, die dann die Deutschen beschlagnahmen konnten. Statt dessen begannen die Deutschen, Menschen zu Zehntausenden aufzugreifen und zur Fabrikarbeit nach Deutschland zu deportieren. Dieses Programm und die Nachrichten, die über die miserable Behandlung dieser Arbeitskräfte zurücksickerten, trieben in jenen Gebieten der Ukraine, wo es die Partisanen einst schwergehabt hatten, Tausende in die Widerstandsbewegung. Der Kreislauf der Gewalt beschleunigte sich durch die Reaktionen der Deutschen auf die Zunahme der Partisanentätigkeit. In der blutigen Konfrontation zwischen der Grausamkeit der Besatzer und der Entschlossenheit der Partisanen schuf das sowjetische Regime allmählich die Grundlage für die Rückkehr der Roten Armee und der Sowjetmacht in die Territorien, die auf den Karten nominell noch unter deutscher Kontrolle standen.

DIE ALLIIERTE OFFENSIVE IN AFRIKA

Während die Deutschen gegen die Tore des Kaukasus stürmten und sich den Weg nach Stalingrad freischlugen, während das sowjetische Oberkommando die Kräfte für Uranus zusammenzog, um die deutschen und rumänischen Armeen in und um Stalingrad einzukesseln und zu vernichten, änderte sich der Charakter des Krieges in Afrika. Das hatte tiefgreifende Auswirkungen auf den Gesamtverlauf des Krieges und die Entwicklung an der Ostfront.[57] Die Offensive der britischen 8. Armee bei El Alamein begann in der Nacht vom 23. zum 24. Oktober. Die Briten durchbrachen die deutschen Linien am 4. November und trieben die fliehenden deutschen Truppen vor sich her. Vier Tage später landeten amerikanische und britische Truppen im Zuge der Operation Torch an der Atlantik- und an der Mittelmeerküste von Französisch-Nordafrika. Die letzten Phasen der Schlacht in Ägypten waren in der Tat von dem Wissen beeinflußt worden, daß Torch in die Wege geleitet war.[58]

Die Landung in Nordwestafrika kam für die Deutschen und Italiener völlig überraschend; sie hatten ihre Aufmerksamkeit auf die sich rapide verschlechternde Lage am anderen Ende des Mittelmeers konzentriert und glaubten, daß die großen Geleitzüge, von denen sie Kenntnis erhielten, entweder für Malta oder für eine Landung hinter Rommels zurückweichender Armee an der libyschen Küste bestimmt waren.

Die Landung in Nordafrika war ein gewaltiges Unternehmen, an dem riesige Geleitzüge aus Großbritannien und direkt aus den Vereinigten Staaten beteiligt waren. Angesichts der knappen Zahl von Flugzeugträgern – dies waren die Monate der erbittertsten Kämpfe auf und um Guadalcanal – wurden mehrere der ersten kleinen Geleitflugzeugträger der Invasionsstreitmacht zugeteilt, letztlich Abwandlungen von Handelsschiffen und soeben der Navy übergeben.[59] Während die Sowjetunion damals (und seither auch einige Historiker) sich über Verspätungen beim Aufbau einer zweiten Front beklagten, als ob amerikanische und britische Truppen, Schiffe und Flugzeuge irgendwo nutzlos herumgestanden hätten, war es traurige Realität, daß die Ausbildungszeit der Truppen verkürzt wurde, um die Zeitplanungen einzuhalten, die ohnehin schon optimistisch angesetzt waren in der Hoffnung, daß alles reibungslos laufen würde.

Die Hoffnungen, die die Alliierten mit Torch verbanden, erfüllten sich jedoch nur zum Teil.[60] Man hatte erwartet, daß die Franzosen in Nordafrika sich rasch von Vichy abwenden und sich dem Kampf gegen Deutschland und Italien anschließen würden, doch dies stellte sich als Fehleinschätzung heraus.[61] Die Gouverneure blieben

Pétain treu. Er erwartete von ihnen, daß sie die vorwiegend amerikanischen, von einigen britischen Einheiten unterstützten Landungstruppen bekämpften. Mit sehr wenigen Ausnahmen führten die Truppenkommandeure vor Ort ihre Männer in den Kampf gegen die Invasion, und jene französischen Offiziere, die mit der Sache der Alliierten sympathisierten und versuchten, die Kontrolle zu übernehmen, um ihnen das Land zu übergeben, wurden unverzüglich entwaffnet und inhaftiert.[62]

Die Franzosen kämpften zunächst an den Stränden und Landungspunkten, wobei sie ihren Gegnern beträchtliche Verluste beibrachten, wurden aber im Verlauf der folgenden Tage durch die überwältigende Übermacht, bessere Ausrüstung und durch die Entschlossenheit der Landungstruppen zurückgeworfen, von denen viele Soldaten zum erstenmal im Kampfeinsatz waren.[63] Da die sowjetische Front im Osten hielt und gleichzeitig die Briten bei El Alamein siegten, wurde es den Deutschen unmöglich, Spanien zum Kriegseintritt auf ihrer Seite zu bewegen und damit den Mittelmeerabschnitt der Landung abzuschnüren. Doch nachdem die amerikanischen und britischen Truppen sicher an Land waren, lauteten die großen Fragen: Was tun? Und: Wie schnell? Was zu tun sei, bezog sich auf den gescheiterten Versuch, die französischen Streitkräfte auf die alliierte Seite zu ziehen. Die Gefahr drohte, daß die amerikanischen Kräfte monatelang gebunden bleiben würden, weil sie das ganze riesige Gebiet erobern und dann eine neue Verwaltung hätten errichten müssen.[64] Durch ein außergewöhnliches Zusammentreffen wurde dieses Problem gelöst: Admiral Darlan hielt sich gerade in Algier auf, um seinen todkranken Sohn zu besuchen. Darlan entschloß sich, gemäß eines Abkommens mit dem Oberbefehlshaber der alliierten Invasionsstreitkräfte, General Dwight D. Eisenhower, den französischen Streitkräften die Kapitulation zu befehlen.[65] Darlan entschloß sich zu diesem Handel offenbar aufgrund der Erkenntnis, daß sich das Blatt im Krieg zugunsten der Alliierten wendete. Darlan war ein Opportunist mit gutem Gespür dafür, wer Sieger bleiben würde. Er wußte, daß die deutsche Sommeroffensive 1942 zum Stillstand gekommen war, eine Tatsache, die schon im November, vor Beginn der sowjetischen Gegenoffensive, offensichtlich war, und zusammen mit dem britischen Sieg bei El Alamein und der alliierten Landung in Nordwestafrika zeigte ihm diese Entwicklung, aus welcher Richtung der Wind wehte.[66] Die Tatsache, daß die Landungskonvois und die Landung selbst von den Deutschen und Italienern unbehelligt geblieben waren, muß den Marineoffizier beeindruckt haben. Ein weiterer Faktor scheint die Ankunft von General Henri Giraud gewesen zu sein, eines entflohenen Kriegsgefangenen, den die Alliierten mit der Führung der französischen Streitkräfte betrauen wollten. Sie mußten allerdings feststellen, daß er bei niemandem Einfluß hatte. Die Anerkennung Darlans als Führer der gesamten Region, Girauds als Oberkommandierendem aller Streitkräfte und General Juins als Armeechef schien die Lage für den Augenblick zu beruhigen.

Mehrere Punkte dieses Abkommens konnten allerdings nicht wirksam werden. Zunächst gelang es Darlan nicht, seine Autorität in Tunesien durchzusetzen, was von entscheidender Bedeutung war. Dort fand die Vichy-Regierung in Admiral Estéva,

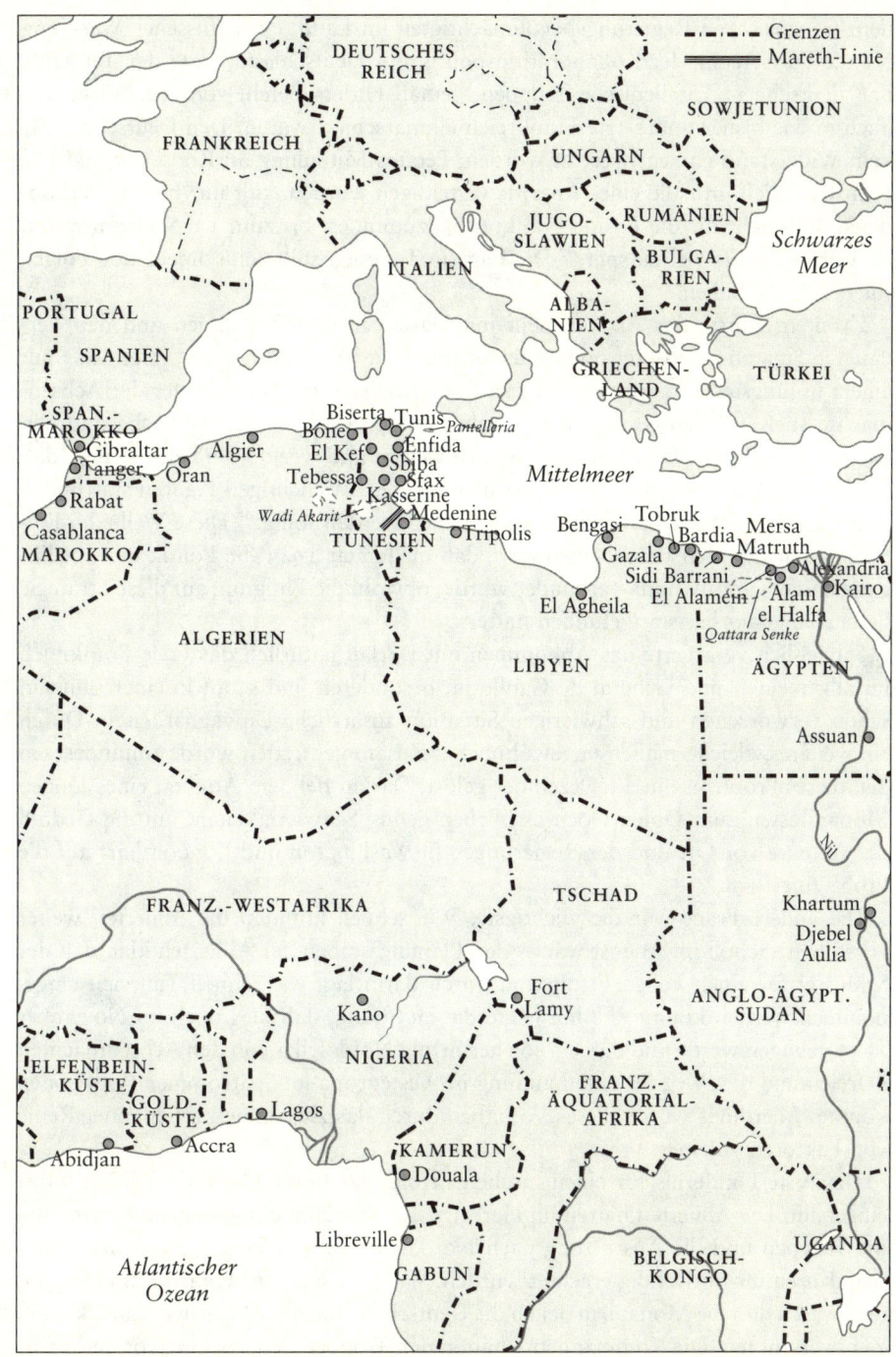

12. Der nordafrikanische Kriegsschauplatz 1942/43

dem französischen Regierungsbevollmächtigten im Land, ein beflissenes Werkzeug für die Fortsetzung der Kollaborationspolitik mit Deutschland, trotz der Tatsache, daß deutsche und italienische Truppen, gemäß Hitlers Befehl vom 10. November, auch in das bisher unbesetzte Frankreich einmarschiert waren. Den Deutschen war kein Widerstand entgegengesetzt worden; Pétains Mitteilung an Roosevelt, daß die Franzosen sich im Falle eines Angriffs verteidigen würden, galt nur für die Verbündeten und nicht für die Feinde Frankreichs, zumindest bis zum 19. November, und da war es bereits viel zu spät.[67] Die Lage in Tunesien sollte einschneidende Folgen für den Krieg haben.

Zweitens führte das Arrangement mit Darlan in Großbritannien und den Vereinigten Staaten zu größter politischer Unruhe. Die Vorstellung eines »Handels« mit einem in jüngster Vergangenheit derart kompromittierten Helfershelfer der Achsenmächte stieß auf heftige Ablehnung, schien einen Schatten auf die Sache und den Zusammenhalt der Vereinten Nationen zu werfen und weckte die Befürchtung, daß ähnliche »Geschäfte« mit allen möglichen anderen zwielichtigen Figuren stattfinden könnten, wenn dies als zweckmäßig angesehen werden sollte.[68] Diese Welle der Empörung hat offenbar dazu beigetragen, daß im Januar 1943 die Politik der »bedingungslosen Kapitulation« verkündet wurde, obwohl die Einigung auf diese Strategie bereits lange vorher stattgefunden hatte.

Schließlich verärgerte das Abkommen mit Darlan natürlich das Freie Frankreich im allgemeinen und General de Gaulle im besonderen und schuf in einer ohnehin schon verworrenen und schwierigen Situation zusätzliche Unwägbarkeiten. Durch ein weiteres, gleichermaßen ungewöhnliches Zusammentreffen wurde zumindest ein Teil dieses Problems am 24. Dezember gelöst: Darlan fiel dem Attentat eines jungen Monarchisten zum Opfer. Doch es blieben genug Schwierigkeiten, um die Geduld der Akteure vor Ort und der Regierungen in Washington und London hart auf die Probe zu stellen.

Die andere Frage war die wichtigste: Wie schnell konnten die Alliierten weiter vorstoßen? Schon im August war es den Planungsstäben der Alliierten klar, daß der Schlüssel für einen vollen Erfolg von Torch darin lag, wie schnell Tunesien eingenommen werden konnte.[69] Man hegte die Hoffnung, daß dies noch im November 1942 gelingen werde und daß ein solcher Erfolg Nordafrika von den Achsenmächten befreien und den Weg für eine Landung in Westeuropa im Spätsommer 1943 ebnen könnte. Allerdings wurde dieses Vorhaben durch das Zusammentreffen einer Reihe von Faktoren vereitelt.

Das erste Hindernis für einen raschen Erfolg war in die Operation Torch selbst eingebaut. Die Alliierten hatten im Herbst 1942 einfach nicht genügend Schiffe, um die Truppen und die Ausrüstung nach Nordafrika zu schicken, die von den Kommandeuren für notwendig erachtet wurden. Wie im vorangegangenen Kapitel erläutert, waren dies die Monate, in denen die Deutschen alliierte Schiffe in erschreckender Zahl versenkten. Die Kommandeure hatten den Truppen den Vorrang vor den Fahrzeugen gegeben; deshalb fehlten ihnen nach der Landung Transportmittel.[70] Der Mangel an Fahrzeugen verlangsamte natürlich die Truppenbewegung ostwärts von Algier nach Tunis – eine Entfernung von weit über 800 Kilometern.

Ein zweites Hindernis, das am Rande schon erwähnt wurde, war die Weigerung Admiral Estévas, sich mit den Alliierten zu verbünden. Er erlaubte den Deutschen, auf tunesischen Flugplätzen zu landen, und als er über die Möglichkeit nachzudenken begann, das französische Kolonialreich gegen die Deutschen und Italiener zu verteidigen, waren die Truppen der Achsenmächte schon viel zu zahlreich und zu gut verschanzt.[71]

Das dritte Hindernis für den Erfolg von Torch ist damit schon benannt: die Entscheidung der Deutschen, um Tunis zu kämpfen und auf diesem Kriegsschauplatz starke Kräfte zusammenzuziehen. Zwar ist richtig, daß sich Hitler vom 7. bis zum 23. November 1942 nicht in seinem regulären Hauptquartier im Osten aufhielt, sondern in München, um seine jährliche Rede an die Parteigenossen vorzubereiten und anschließend Urlaub in Berchtesgaden zu machen, doch er blieb mit der Lage an den Fronten in Berührung und traf eine ganze Reihe wesentlicher Entscheidungen.[72] In jener Zeit beschloß er, unter Verletzung des Waffenstillstandsabkommens von 1940, in das noch unbesetzte Frankreich einzumarschieren. Weiterhin befahl Hitler, möglichst rasch starke Achsenkräfte in Tunesien zusammenzuziehen und ihnen große Kontingente der Luftwaffe von der Ostfront zur Verfügung zu stellen, darunter die meisten Bomber, die bis dahin gegen die Geleitzüge nach Murmansk eingesetzt worden waren, sowie eine Staffel von 90 Bombern, die den deutschen Feldzug im Kaukasus unterstützt hatte.[73] Im November und Dezember 1942 wurden mehr als 50 000 deutsche und 18 000 italienische Soldaten nach Tunesien gebracht, denen in den nächsten Monaten dieses Feldzugs weitere 100 000 Deutsche und 10 000 Italiener folgten.[74] Riesige Mengen an Kriegsmaterial wurden per Flugzeug oder Schiff nach Tunesien befördert, und Hunderte von Kampfflugzeugen wurden für diese neue Front abgestellt.*

Hitler war wegen eines möglichen Zusammenbruchs Italiens und eines Angriffs auf Europa von Süden her besorgt. Deshalb hatte er sich entschlossen, für den Feldzug in Nordafrika Ressourcen in einem während des bisherigen Krieges nicht gekannten Umfang bereitzustellen. Zuvor hatte er entgegen dem Drängen seiner Ratgeber aus der Marine das deutsche Engagement auf diesem Kriegsschauplatz auf ein Mindestmaß begrenzt. Dies sollte der künftige Lebensraum Italiens sein, und je weniger deutsche Ressourcen dorthin flossen, desto besser. Doch nun sah er Deutschland selbst aus dieser Richtung gefährdet, und deshalb zog er in einer Zeit gewaltiger Anspan-

---

* Auf seiten der Achsenmächte wurde die Versendung von Truppen und Nachschub durch die Reibungen zwischen den Deutschen und den Italienern stark behindert, wie auch durch das außergewöhnliche – und im Mittelmeerraum besonders hohe – Maß an Konflikten zwischen dem deutschen Heer, der Marine und der Luftwaffe. Eine Darstellung, die diese Schwierigkeiten beleuchtet, findet sich in Salewski, Seekriegsleitung, Bd. 2, S. 251–68.

nung an der Ostfront Truppen und Ausrüstung ab, die dort dringend gebraucht wurden, um sie nach Tunesien zu schicken. Bemerkenswert ist darüber hinaus, daß der Feldzug in Tunesien für Hitler mehr als nur eine Halteoperation war. Die Lage des Afrikakorps war immer schwierig gewesen, solange der Nachschub nicht über die kurze Strecke von Sizilien zu den Häfen Tunis und Bizerta rollen konnte. Nun konnte das Korps mit der neuen Armee, die in Tunesien aufgebaut wurde, zusammenarbeiten. Und als Hitler am 10. März 1943 die dortige Gesamtlage mit Rommel besprach, dachte er ernsthaft an eine Operation gegen Casablanca[75], weil er annahm, die Achsenmächte könnten Tunesien weiterhin halten. In der Zwischenzeit gab er auf politischer Ebene immer noch Mussolinis Wünschen nach[76], während ein von der Ostfront geholtes neues Armeehauptquartier unter einem erfahrenen General – Hans-Jürgen von Arnim – die schnell aufgebaute Streitmacht der Achse befehligte, die das Gebiet halten sollte.[77]

Der ursprüngliche Plan der Alliierten war, die Straße nach Bizerta und Tunis mit Hilfe von Kommandounternehmen und Luftlandetruppen schnell einzunehmen. Diese Vorhaben mußten wegen Zweifeln an der Haltung der französischen Truppen in diesem Gebiet aufgegeben werden. Die vorwiegend britischen, von einigen amerikanischen Einheiten unterstützten Truppen, die über Land jagten, um den wichtigen Hafen Bône einzunehmen und weiter nach Tunesien vorzustoßen, überquerten die tunesische Grenze am 16. November, doch wurde rasch deutlich, daß sie das Rennen verloren hatten.[78] Die schwachen alliierten Sturmspitzen, die von Flugzeugen ohne vorgeschobene Landebasen nur unzureichend unterstützt wurden, stießen auf die deutschen Formationen, die von ihren kaum 30 bzw. 60 Kilometer vom Kampfplatz entfernten Brückenköpfen Tunis und Bizerta aus operierten, und wurden gestoppt. In den ersten Kämpfen vom 16. bis 23. November gelang es den Deutschen dank ihrer kurzen Nachschubwege und hervorragender Luftunterstützung, ihre Stellungen zu halten und die ersten alliierten Vorauskommandos zurückzuschlagen. In dem Wettlauf um den Aufbau und die Ausrüstung neuer Truppen konnten die Briten und Amerikaner sowie einige französische Einheiten nicht genügend Kräfte zusammenziehen, so daß sie auch vom 25. bis 30. November die deutschen und italienischen Linien nicht durchbrechen konnten. Ein deutscher Gegenangriff in den ersten Dezembertagen und weitere Gefechte im Verlauf des Dezembers ließen nur noch deutlicher werden, daß die Lage festgefahren war, und die Alliierten mußten sich zurückziehen, um ihre Position zu konsolidieren. Sie konnten nun Kräfte aufbauen und die Landebahnen für ihre Flugzeuge nach vorne schieben, aber angesichts rasch zusammengezogener und wachsender Kräfte der Achsenmächte war die Gunst des Augenblicks verschenkt. Erst nach einer zweimonatigen Pause konnte ein neuer Vorstoß unternommen werden.[79]

Einige französische Truppen, nominell von General Giraud, tatsächlich aber von General Juin geführt, nahmen auf alliierter Seite an den Kämpfen teil, aber die französischen Streitkräfte in Tunesien – die den Befehlen Pétains aus dem von Deutschen besetzten Vichy gehorchten – hatten ihre Chance verstreichen lassen. Damit hatte Pétain den Deutschen seinen letzten großen Dienst erwiesen: Die Alliierten mußten nun mit großem Aufwand versuchen, Tunesien zu erobern, und 1943 war an eine Landung in Westeuropa nicht mehr zu denken. Ganz Frankreich konnte sich nun auf ein weiteres Jahr deutscher Okkupation einstellen; Eisenhowers Handel mit Darlan hatte zwar einen hinreichend sicheren Stützpunkt in Nordafrika eingebracht, von dem aus eine neue Offensive nach Tunesien unternommen werden konnte, doch der deutsche Handel mit der Vichy-Regierung hatte sich mindestens ebensogut ausgezahlt: Sie hatten die Westalliierten für weitere Monate aus Westeuropa herausgehalten.

Das wird besonders deutlich, wenn man sich vor Augen hält, wie die Einsicht, daß Torch nicht die rasche Einnahme von Tunesien bringen würde, alle alliierten Planungen für das Jahr 1943 beeinflußte. Bis in die letzten Tage des Novembers 1942 hinein hegte man in Washington und London noch die Hoffnung, daß die Invasion Frankreichs im Sommer 1943 möglich sein würde.[80] Am 8. Dezember kam der britische Generalstab zu dem Schluß, daß dieser Plan aufgeschoben werden müsse und nur Operationen im Mittelmeer in Frage kämen.[81] Bis zum Ende des Monats hatte man auch Churchill von dieser Sicht der Dinge überzeugt: »… die Verzögerung bei der Einnahme der tunesischen Landspitze wirft jedenfalls alle früheren Planungen über den Haufen«[82], erklärte er am 27. Dezember. Die einzige Sorge der Amerikaner und besonders General Marshalls war, daß die notwendige Eroberung Tunesiens und die Folgeoperationen im Mittelmeerraum 1943 möglicherweise so starke Kräfte in Anspruch nehmen könnten, daß man den Angriff über den Kanal hinweg sogar noch über das Jahr 1944 hinaus würde aufschieben müssen.[83]

Der Kampf um Tunesien gewann von daher eine in mancher Hinsicht unerwartete Bedeutung. Bevor der Feldzug skizziert wird, müssen diese Aspekte zusammengefaßt werden. Erstens mußten massive Kräfte der Achsenmächte an einen anderen Kriegsschauplatz gebracht werden, wodurch die Sowjetunion in einer kritischen Phase an der Ostfront die dringend notwendige Entlastung bekam. Die Deutschen waren aufgrund dieses Kräfteabzugs nicht in der Lage, eine größere Entsatzarmee für Stalingrad aufzustellen – dieselben Divisionen konnten nicht gleichzeitig in Tunesien und Südrußland eingesetzt werden. Auch die deutschen Transportflugzeuge konnten nicht gleichzeitig Truppen und Nachschub nach Nordafrika und Nachschub in den Kessel von Stalingrad fliegen; die beiden Feldzüge der Alliierten ergänzten sich in dieser Hinsicht also hervorragend.[84]

Zweitens erhielt die amerikanische Armee ihre erste wirkliche Feuertaufe unter Umständen, bei denen Rückschläge zwar bedauerlich, aber nicht katastrophal waren. Was in Tunesien in Sachen Ausbildung, Ausrüstung und Taktik gelernt werden konnte, war in der Folge von großem Wert, während die Belastungsprobe, der die Oberkommandeure ausgesetzt waren, erkennen ließ, wer beim stetig wachsenden militärischen Engagement der Vereinigten Staaten vermutlich eine Schlüsselrolle übernehmen konnte.

Drittens erzwang die Tatsache, daß sich der Nordafrikafeldzug offensichtlich in die Länge zog, ein Überdenken der künftigen Strategie der Alliierten. Es war daher kein Zufall, daß das nächste Treffen der alliierten Führungsspitzen im nordafrikanischen Casablanca stattfand. Stalin wollte zur damaligen Zeit sein Hauptquartier nicht einmal für ein paar Tage verlassen, und so trafen sich Churchill und Roosevelt, gemeinsam mit ihren jeweiligen Militärführern, doch ohne sowjetische Beteiligung. Vermutlich waren beide zu dem Schluß gekommen, daß sie schon mehr als genug Ärger damit hatten, sich mit den endlosen Problemen der französischen Befehlshaber herumzuschlagen, die nicht allein die Briten und Amerikaner, sondern ebenso leidenschaftlich auch sich gegenseitig befehdeten.

Auf der Konferenz von Casablanca vom 14. bis 23. Januar 1943 wurde die Lage auf allen Kriegsschauplätzen erörtert, und sie führte zu einer Reihe von Übereinkünften bei strategischen Fragen und vorrangigen Aufgaben. Daß die Notwendigkeit gesehen wurde, der Bekämpfung der U-Boote höchste Priorität zu verleihen, ist im vorigen Kapitel diskutiert worden. In dieser Frage gab es keine Meinungsverschiedenheiten. Es war jedoch nicht so einfach, bei einigen anderen Themen Konsens zu erzielen, aber ausgedehnte Verhandlungen führten schließlich auch hier zum Ziel. Als Teil eines Plans, Italien aus dem Krieg herauszubrechen, sollte dem endgültigen Sieg in Nordafrika spätestens gegen Ende Juli, wenn möglich früher, eine Invasion Siziliens folgen. Eine Invasion über den Kanal wurde nun endgültig auf 1944 verschoben; es bestand keine Aussicht, daß man genügend amerikanische Divisionen in England sowie die Schiffe und Landungsfahrzeuge für ein großes Landungsunternehmen hätte zusammenziehen können. Die Vorbereitungen für eine solche Operation sollten allerdings weiterlaufen; und auf das heftige Beharren der Amerikaner, besonders General Marshalls, hin wurde kurz darauf ein Stab unter Generalleutnant Frederick E. Morgan gebildet, der mit konkreten Planungen beginnen sollte.[85] Eine große Bomberoffensive sollte in die Wege geleitet werden, wobei den Amerikanern freigestellt war, auch am Tag zu fliegen, was ihrer Ansicht nach möglich war, während die Briten vom Gegenteil überzeugt waren. Eine begrenzte amerikanische Offensive, die die Japaner an der Konsolidierung ihres Reiches hindern sollte, fand ebenso Zustimmung wie ein kleiner britischer Angriff in Birma (Deckname »Anakim«). Sobald klargestellt war, daß 1943 keine größere Landung in Nordwestfrankreich stattfinden würde, beharrten die Amerikaner auf Offensiven im Pazifik. Es sollten alle Anstrengungen unternommen werden, den Güternachschub für die Sowjetunion zu steigern und zu diesem Zweck die Geleitzugfahrten nach Murmansk wiederaufzunehmen sowie die Hilfe für Tschiang Kai-schek zu erweitern, wozu der weitere Ausbau der Luftbrücke nach Nationalchina dienen sollte.[86]

Obwohl die britischen und amerikanischen Militärführer nicht immer schmeichelhaft von den professionellen Qualitäten ihrer Kollegen dachten – besonders Brooke bildete sich durchweg negative Meinungen von Marshall, Eisenhower und Patton[87] –, waren die Beziehungen zwischen diesen starken und sehr unterschiedlichen Persönlichkeiten in der Praxis ungewöhnlich gut. Jeder, der sich längere Zeit mit dem Zweiten Weltkrieg beschäftigt, ist unweigerlich von den beharrlichen und aufrichtigen Bemühungen der obersten britischen und amerikanischen Militärführer beeindruckt, miteinander zu kooperieren, selbst angesichts schwerwiegender Meinungsverschiedenheiten in Fragen, die für alle Beteiligten von großer Bedeutung waren.[88]

Darüber hinaus konnte man sich noch in einem anderen wichtigen Punkt einigen. In der Zeit vor der Konferenz von Casablanca hatte sich in London wie in Washington die Auffassung herausgebildet, daß der Krieg mit der Kapitulation der Feindmächte enden müsse. In Großbritannien hatten die Ergebnisse der Friedenssondierungen vom Winter 1939/40 einen Rest starker Zweifel gegenüber allen Deutschen hinterlassen, die sich als gemäßigt darstellten und gewisse Garantien für die Zukunft Deutschlands als Vorbedingung für den Sturz des Naziregimes verlangten. Schließlich hatten sie zumindest einige Zusagen erhalten, was sie nicht davon abhielt, in eine ganze Reihe neutraler Länder einzumarschieren. Zur Zeit der Konferenz von Casablanca waren die Deutschen obendrein an den schrecklichsten Verfolgungen und Greueltaten beteiligt, und die Regierung in London wußte das nur allzu gut. Aus der Perspektive Londons war die bedingungslose Kapitulation Deutschlands eine entscheidende Voraussetzung für den Frieden.[89] Italien wollte Churchill jedoch von dieser Forderung ausnehmen, weil er hoffte, es von Deutschland abspalten zu können, aber das britische Kabinett lehnte diese politische Strategie rundweg ab.[90] Gegenüber Japan lag die Kapitulationsforderung angesichts der Art und Weise, wie das Land den Krieg begonnen und geführt hatte, auf der Hand, und die Briten hatten allen Grund, dies zu betonen, selbst wenn es nur darum ging, den Amerikanern zu versichern, daß sie mit aller Kraft an ihrer Seite kämpfen würden, wenn der Krieg in Europa einmal gewonnen war.

Die Amerikaner wiederum hatten noch vom Ersten Weltkrieg her besonders schlechte Erinnerungen an die Kapitulationsfrage. Damals hatten General Pershing, der Oberkommandierende der amerikanischen Truppen in Europa, sowie die republikanische Opposition im Innern heftig auf eine Kapitulationsforderung gegenüber Deutschland gedrängt. Es war die Regierung Wilson – in der damals schon die meisten Schlüsselfiguren der Regierung Roosevelt vertreten waren, darunter der Präsident selbst –, die mitgeholfen hatte, den Weg zu einem Waffenstillstand anstelle einer Kapitulation zu ebnen.[91] Innenpolitisch hatte diese »Schwäche« zur Niederlage der Regierung bei den Kongreß-Wahlen von 1918 beigetragen; ihre Wirkung nach außen hatte die Bildung der Dolchstoßlegende in Deutschland gefördert. Diesmal sollte es nach dem Krieg keinen Zweifel daran geben, daß die deutsche Armee geschlagen worden war.[92] Der Präsident hatte dem Ministerpräsidenten der polnischen Exilregierung, General Sikorski, am 2. Dezember 1942 mitgeteilt: »Wir haben nicht die Absicht, diesen Krieg mit irgendeiner Form von Waffenstillstand oder Vertrag zu beenden. Deutschland muß bedingungslos kapitulieren.«[93] Es gibt gute Gründe für die Auffassung, daß Roosevelt, der bis zum letzten Augenblick gehofft hatte, die Vereinigten Staaten aus dem »heißen« Krieg heraushalten zu können, ab Dezember

1941 persönlich keinerlei Zweifel an der Notwendigkeit hegte, die Deutschen und Japaner bis zu deren Kapitulation bekämpfen zu müssen. Nur die Satelliten der Achsenmächte waren in Roosevelts Sicht von dieser Forderung ausgenommen. Er versuchte bis zum Juni 1942, Ungarn, Rumänien und Bulgarien zum Widerruf ihrer Kriegserklärungen zu bewegen.

Da beide Westalliierten zur Kapitulationsforderung entschlossen waren, blieben nur noch Zeitpunkt und Methode einer öffentlichen Erklärung abzustimmen. Die Entscheidung über den Zeitpunkt wurde, so scheint es, von zwei Faktoren stark beeinflußt. Die Empörung in England und den Vereinigten Staaten über den Handel mit Darlan ließ es geboten erscheinen, der Öffentlichkeit in beiden Ländern zu versichern, daß es sich hier nicht um einen Präzedenzfall für ähnliche Abkommen mit einem bekannten Nazi handle, der im Tausch gegen das Zugeständnis, an der Macht bleiben zu dürfen, anbieten könnte, den Krieg abzukürzen, oder für ähnliche Arrangements mit Italien oder Japan. Es gab auch einen außen- oder koalitionspolitischen Grund. Da es Churchill und Roosevelt inzwischen klar war, daß 1943 keine große Invasion Frankreichs mehr stattfinden konnte, schien es angebracht, der Sowjetunion zu versichern, daß ihre Verbündeten den Krieg bis zum Ende führen wollten und nicht die Absicht hatten – was der Wahrheit entsprach –, irgendwelche Arrangements mit einem nicht besiegten Deutschland einzugehen. Während diese innen- und weltpolitischen Faktoren den Zeitpunkt der Bekanntgabe der Forderung erklären, muß über die Gründe für die Art und Weise – eine von Franklin D. Roosevelt zur Eröffnung einer Pressekonferenz vorgetragene Erklärung statt einer Verlautbarung im Rahmen der offiziellen Pressemitteilung – spekuliert werden. Churchill und Roosevelt waren bei ihrem Entschluß, mit ihrer Politik an die Öffentlichkeit zu gehen, vielleicht zu der Auffassung gelangt, daß sie auf diese Weise während ihrer Amtszeiten die größte öffentliche Wirkung erzielen könnten, und sie behielten damit auch recht.[94]

Während sich die Formel von Casablanca in dieser Frage für den weiteren Verlauf des Krieges als haltbar erwies, mußten die strategischen Pläne auf der Trident-Konferenz in Washington vom 12. bis 25. Mai 1943 überarbeitet werden. Während die Briten an weiteren Operationen im Mittelmeerraum interessiert waren, bestanden die Amerikaner darauf, daß diese begrenzt werden sollten, um der für 1944 angesetzten Invasion über den Kanal keine Kräfte zu entziehen.[95] In Washington herrschte die große Sorge, daß die Briten sich deshalb so sehr um Operationen im Mittelmeerraum bemühten, weil dahinter imperialistische Interessen sowie das Bemühen stecken könnten, die Verluste gering zu halten und im nachhinein das Gallipoli-Unternehmen des Ersten Weltkriegs zu rechtfertigen. Ein solches Vorgehen hielt man in Washington eher dazu geeignet, den Deutschen ein paar Nadelstiche zu versetzen, als ihnen handfeste Schwierigkeiten zu bereiten. Außerdem befürchteten sie, es könnte die Sowjetunion dazu veranlassen, einen Separatfrieden mit Deutschland zu schließen. Dann würden die Vereinigten Staaten mit einem Deutschland konfrontiert sein, das praktisch ganz Europa unter Kontrolle hatte, und nach Deutschland mußte auch noch

Japan niedergerungen werden. Aus der Sicht der Vereinigten Staaten sollten im östlichen Mittelmeerraum keine Operationen stattfinden. Wenn die Briten China nicht durch einen Angriff auf Birma unterstützen würden, sollte es den Vereinigten Staaten überlassen bleiben, dies durch Aktionen im Pazifik aufzuwiegen. Wenn sie sich nicht auf eine Invasion Westeuropas im Jahr 1944 einlassen wollten, dann waren alle vorhergegangenen Abmachungen nicht mehr bindend, und die Vereinigten Staaten würden sich auf Japan konzentrieren, um wenigstens eine große Achsenmacht zu schlagen, während die Briten im Mittelmeerraum scharmützelten.[96]

Auch die Briten hegten im Vorfeld der Trident-Konferenz große Zweifel.[97] Sie waren über die aus ihrer Sicht überzogene Kräftekonzentration der Amerikaner im Pazifik beunruhigt, sie waren erpicht darauf, die angekündigte Operation in Birma nicht durchführen zu müssen, und vor allem wollten sie ihren jüngsten Sieg in Tunesien ausnutzen, um nach der geplanten Sizilien-Invasion durch Landungen in Italien selbst und, wenn möglich, in anderen Teilen des westlichen und östlichen Mittelmeerraums das Land aus der Kriegsfront herauszubrechen. Da diese Pläne – wie man eben erst in Nordafrika erfahren hatte – die Gefahr heraufbeschworen, daß sich der Aufbau einer Streitmacht in England für die Invasion von 1944 durch einen Abzug von Kräften verzögern würde, mußten die Engländer mit entschlossenem Widerstand der Vereinigten Staaten rechnen. Nach einer ganzen Reihe sehr schwieriger Verhandlungen wurde schließlich ein Abkommen gezimmert, das diese Fragen klärte. Die Amerikaner erhielten die Zusicherung, daß eine Invasion Nordwestfrankreichs 1944 stattfinden und man die Operationen im Mittelmeerraum zu diesem Zweck begrenzen werde. Die Briten erhielten die amerikanische Zustimmung für eine Folgeoperation im Mittelmeer nach der Einnahme Siziliens, mit noch näher zu bestimmenden Einzelheiten. Hinter diesem Vorhaben stand die Annahme, daß auf diese Weise der Sieg in Tunesien für neue Operationen ausgenutzt werden könnte, mit denen man deutsche Kräfte binden und von der russischen Front abziehen könnte, da die Deutschen unter diesen Umständen Italien verteidigen (oder aufgeben) und die zahlreichen italienischen Divisionen auf dem Balkan ersetzen mußten. Übereinstimmend wurde festgestellt, daß man den Luftkrieg gegen Deutschland fortsetzen wollte. Weiterhin sollte der Schwerpunkt im Raum China-Birma-Indien auf die Erhöhung der Kapazität der Luftbrücke nach China verlagert werden. Hier stand die britische Führung auf seiten des amerikanischen Luftwaffenkommandeurs in China, General Claire Chennault. Die Eröffnung einer Nachschubstraße über Land zum Aufbau einer brauchbaren Landarmee durch die chinesischen Nationalisten wurde nun als zweitrangig betrachtet. Die Einschätzung des Kommandeurs der amerikanischen Landstreitkräfte, General Stilwell, daß es ohne eine schlagkräftige Armee zur Verteidigung der Luftlandebasen in China keinen Sinn mache, dort eine Bomberflotte aufzubauen, stellte sich als richtig heraus, aber die Alliierten mußten das erst durch bittere Erfahrung lernen.

Zweifellos wurde in all diesen Punkten auch deshalb Übereinstimmung erzielt, weil einige Entscheidungen vertagt oder offengelassen wurden und weil, noch während die Vertreter der Alliierten in Washington berieten, deutlich wurde, daß man im Nordatlantik die Oberhand gewonnen hatte. Nun sah es so aus, als ob die U-Boote in hohen Raten versenkt werden könnten und der amerikanische Schiffsbau endlich auf Hochtouren laufen würde. Doch sicher löste auch ein anderes Ereignis die Spannung: der jüngste alliierte Sieg in Nordafrika mit seiner gewaltigen Beute an Material und Gefangenen der Achsenmächte.[98]

Sobald der alliierte Ansturm auf Tunis und Bizerta zum Stillstand gekommen war, hatte man neue Pläne entwickeln müssen, nicht nur für den zeitlichen Ablauf der weiteren Operationen, sondern für den tunesischen Kriegsschauplatz generell. Das ursprüngliche Vorhaben, Tunesien einzunehmen und nach Libyen vorzustoßen, um Rommels Armee zu stellen, mußte nun revidiert werden. Die Alliierten mußten ihre Kräfte in Tunesien während der beiden Monate aufbauen, in denen der Regen die unbefestigten Straßen des Landes in Schlammpisten verwandelte und keine Offensive möglich war. In der Zwischenzeit sollte die britische 8. Armee weiter nach Tunesien vordringen, da die Alliierten nun hofften, sowohl die neu zusammengezogene deutsche Streitmacht als auch die Armee Rommels in Tunesien vernichten zu können. Drei mögliche Ereignisse hätten allerdings eine letzte Konfrontation zwischen den beiden alliierten und den beiden deutsch-italienischen Armeen in Tunesien noch verhindern können.

Montgomery hätte das Afrikakorps noch auf dem Rückzug, bevor es Tunesien erreichte, stellen können. Dies geschah nicht; die 8. Armee trieb die geschlagenen deutsch-italienischen Truppen zurück und verhinderte, daß sie eine feste Front bildeten, aber sie konnte ihren Gegner nicht fassen. Montgomery erwies sich damals und auch später als hervorragender Heerführer, der Schlachten in frontaler Anordnung führte und gewann. Er änderte, falls nötig, Plan und Vorgehensweise mitten im Gefecht – und gab hinterher vor, dies sei nicht der Fall gewesen –, aber er konnte seine Gegner auf ihrem Rückzug nicht fassen. Er trieb sie über riesige oder kurze Entfernungen zurück, in Nordafrika, Sizilien, Italien, Frankreich, Belgien und schließlich in Deutschland. Nun jagte er die deutsch-italienische Armee aus Libyen hinaus; Rommel selbst zog es auch tatsächlich vor, sich den anderen Achsentruppen in Tunesien anzuschließen, und vertrat wiederholt diesen Standpunkt, auch als Mussolini und das Führerhauptquartier noch den Befehl ausgaben, die Stellungen in Libyen zu halten.

Eine zweite Option der Alliierten in Tunesien war, am südlichen Ende ihrer neuen Front zum Mittelmeer vorzustoßen. Eine solche Offensive hätte die beiden deutschen Armeen voneinander getrennt und es den Alliierten ermöglicht, sie nacheinander zu schlagen. Insbesondere wäre damit die ohnehin schon angespannte Nachschublage der Achsenmächte weiter verschärft worden. Es gab einen Plan für eine solche Operation unter dem Decknamen »Satin«, der vom II. Korps der Amerikaner ausgeführt werden sollte, während die 1. Armee der Briten und französische Truppen die Deutschen im Norden blockieren sollten. Dieses Vorhaben mußte aufgegeben werden; es gab einfach nicht genügend Kräfte dafür, und die britische 8. Armee folgte Rommel so langsam, daß er sich ohne Probleme von ihr lösen und von Süden aus die amerikanische Sturmspitze am Meer vernichten konnte, während von Arnims Armee sie gleichzeitig von Norden her angriff.

Die dritte Möglichkeit war eine Offensive der Achsenkräfte mit den gepanzerten Einheiten *beider* Armeen, zuerst gegen eine der beiden alliierten Streitmächte, dann gegen die andere. Es lag auf der Hand, daß Deutsche und Italiener die Alliierten zuerst in Tunesien schlagen mußten und danach die 8. Armee, wenn sie durch Libyen nach Tunesien vorstieß. Die Deutschen entschlossen sich zu diesem Vorgehen und planten, den Schlag am südlichen Ende der alliierten Front in Tunesien zu führen. Dies bedeutete für Rommels Einheiten den kürzesten Marsch, traf die alliierten Kräfte an dem Punkt, wo sie zahlenmäßig am schwächsten waren, und würde die Möglichkeit eines Vorstoßes ins nördliche Tunesien eröffnen, in den Rücken der britischen 1. Armee, die durch Frontalangriffe aus dem Norden von einem Eingreifen abgehalten werden könnte. Ein deutscher Erfolg hing davon ab, ob genug Nachschub und Soldaten nach Nordafrika gebracht werden konnten, um eine wirkungsvolle Offensive durchzuhalten, ob man schnell genug vorgehen konnte, um die Zeit zwischen der Ankunft Rommels in Südtunesien und der Ankunft aller Truppenteile der britischen 8. Armee auszunutzen, und ob es gelang, die Truppen der Achsenmächte sorgfältig aufeinander abzustimmen.

Diese letztere Bedingung wurde nie erfüllt. Die deutsche Armee in Tunesien konnte die Alliierten in den ersten Wochen des Jahres 1943 auf ungünstigere Positionen zurückwerfen, weil sie den Alliierten am Mittel- und Südabschnitt der Front vorübergehend zahlenmäßig überlegen war, weil die französischen Truppen auf alliierter Seite sehr schlecht ausgerüstet waren und weil weder die amerikanischen noch die britischen Einheiten sich in diesen Kämpfen besonders bewährten.[99] Doch bei der Aufgabe, unter strategischen Gesichtspunkten von begrenzten Angriffen gegen bestimmte Ziele auf eine umfassende Offensive umzustellen, war die Koordination zwischen den Achsenmächten hoffnungslos schlecht. Die Befehle aus den deutschen und italienischen Hauptquartieren widersprachen sich, Deutsche und Italiener lagen wiederholt im Streit, und die beiden deutschen Oberbefehlshaber konnten sich nie auf ein gemeinsames Vorgehen einigen. Rommel vertrat überdies Pläne, die weder mit den Plänen von Arnims übereinstimmten noch mit denen des Feldmarschalls Albert Kesselring, dem deutschen Oberbefehlshaber in Nordafrika.*

Auf seiten der Deutschen und Italiener mühte man sich im Januar und Februar

---

* Es muß darauf hingewiesen werden, daß Kesselring und Rommel in fast jeder strategischen Frage unterschiedlicher Auffassung waren, nicht nur zu dieser Zeit, sondern während der ganzen Jahre 1942 und 1943. Offenbar lagen sie derart häufig im Streit miteinander, daß es schwierig ist, sich vorzustellen, wie sie sich je in einem Punkt hätten einigen können. Es gelang ihnen viel weniger als den britischen und amerikanischen Kommandeuren, Konflikte gemeinsam zu bereinigen.

mit allen Kräften, Nachschub und Verstärkungen mit Schiffen und Flugzeugen ins Land zu bringen. Trotz einer alliierten Kampagne gegen ihren Schiffsverkehr und trotz des Ölmangels, der die italienische Marine weitgehend lahmlegte, brachten sie unter schweren Verlusten einiges an Material und Truppen durch. Über eine Luftbrücke, an der etwa 200 deutsche Transportmaschinen des dreimotorigen Standardtyps Ju 52 sowie fünfzehn der riesigen sechsmotorigen Me 323 beteiligt waren, floß ein kleiner, aber ununterbrochener Strom an Nachschub und Verstärkungen, bis im April Flugzeuge der Alliierten der deutschen Luftwaffe untragbare Verluste zufügen konnten.[100]

Nun hing alles vom schnellen Vorgehen ab. Die Deutschen hofften, durch die Einnahme von El Kef rasch durch den Sbiba- oder den Kasserine-Paß in den Rücken der britischen 1. Armee brechen zu können. Der Angriff bei Sbiba am 19. Februar wurde überwiegend durch amerikanische Truppen aufgehalten, so daß sich Rommel am folgenden Tag auf den Kasserine-Paß konzentrierte, wo seine Streitkräfte beim ersten Angriff erfolgreicher waren. Sie schlugen die amerikanischen Verteidiger, nahmen den Paß am 20. Februar ein und stießen in den darauffolgenden Tagen weiter nach Norden und Westen vor. Sowohl auf der nördlichen Strecke nach Thala als auch auf der westlichen nach Tebessa brachten amerikanische und britische Kräfte die deutsche Offensive am 21. und 22. Februar zum Stillstand. Die Amerikaner hatten schwere Verluste erlitten, aber zu einem Durchbruch, wie ihn die Deutschen geplant hatten, kam es nicht. Anstatt die nun härteren Widerstand leistenden amerikanischen und britischen Linien weiterhin frontal anzugreifen, zog sich Rommel mit seiner Truppe zurück, um Kräfte für einen Schlag gegen die Sturmspitzen der britischen 8. Armee zu sammeln, bevor diese ihre ganze Stärke im Süden zur Geltung bringen konnte.[101]

Die taktische Niederlage der Amerikaner am Kasserine-Paß mit dem Verlust von zweitausend Soldaten hatte drei Auswirkungen – eine unmittelbare und zwei längerfristige. Zuerst wurden personelle Veränderungen vorgenommen: Der amerikanische Korpskommandeur wurde von seinen Aufgaben entbunden, wie auch der britische Offizier, der für die alliierte Aufklärung verantwortlich war. Die neuen amerikanischen Kommandeure, die daraufhin in den Vordergrund rückten, besonders General George Patton und General Omar Bradley, errangen im weiteren Verlauf des Krieges noch höhere Positionen und größeren Ruhm.* Der neue Chef der Aufklärung, General Kenneth Strong, einst britischer Militärattaché in Berlin, nahm später, bei der Invasion Frankreichs, die gleiche Position im Stab Eisenhowers ein. Längerfristige Wirkungen zeitigte die Niederlage am Kasserine-Paß bei den amerikanischen und

---

* Patton übernahm bis zum Abschluß der Operationen in Südtunesien das Kommando des II. Korps, mit Bradley als Stellvertreter. Danach wurde Bradley kommandierender General des II. Korps, während Patton sich auf die Führung der amerikanischen Armee vorbereitete, die an der Invasion Siziliens teilnehmen sollte.

britischen Streitkräften insgesamt. Die amerikanische Armee lernte sehr viele nützliche taktische Lektionen, von denen einige in den folgenden Kämpfen angewandt wurden und viele in die Ausbildung neuer Divisionen in den Vereinigten Staaten und in die Richtlinien für die Ausrüstung der Amerikaner eingingen. [102]

Die höheren Kommandeure der britischen Armee zogen aus der Niederlage ganz andere und vollkommen falsche Schlüsse. Sowohl General Montgomery als auch Feldmarschall Alexander, der im Februar zum Kommandeur aller Bodentruppen in Nordafrika, inzwischen als 18. Armeegruppe bezeichnet, ernannt worden war, kamen zu der Auffassung, daß die Amerikaner hoffnungslos schlecht ausgebildet und geführt wären. Sie hielten ihre Verbündeten für miserable Soldaten, die vermutlich weder hinsichtlich Leistung noch Führung rasch Fortschritte machen würden. [103] Es ist schwer zu begreifen, warum sie nicht verstehen konnten, daß es ein gutes, kein schlechtes Zeichen für die alliierte Sache war, daß die Amerikaner einige Monate benötigten, um die Lektionen zu lernen, für die ihre eigene Armee und deren Führer drei Jahre gebraucht hatten. Aufgrund dieser Einschätzung unterlief ihnen im sizilianischen Feldzug ein katastrophaler Irrtum. Alexander, der seine Meinung für sich behielt, bis er sie änderte, kam danach immer gut mit den Amerikanern zurecht, während Montgomery, der seine Auffassung wohl nie geändert hat und sie gelegentlich auch äußerte, keine harmonische Beziehung zu den amerikanischen – oder kanadischen – Kommandeuren mehr entwickeln konnte.

Der Rückzug der deutschen Truppen von der Kasserine-Front sollte es Rommel ermöglichen, rasch gegen die Sturmspitzen der britischen 8. Armee vorzugehen, die ihm langsam durch Libyen nachrückte, bevor die Kampfkraft dieser Armee vollständig aufgebaut sein würde. Der deutsche Kommandeur hatte eigentlich beabsichtigt, den ganzen Weg zurück zum engen Korridor am Wadi Akarit zu marschieren, ein schmaler Küstenstreifen zwischen dem Mittelmeer und einem großen Binnensee, der allein als Einfallstor für eine Invasion in Frage kam, doch er erhielt Befehl, eine Reihe alter französischer Verteidigungsstellungen, die Mareth-Linie, zu halten, die inzwischen von den Deutschen und Italienern wieder aufgebaut und verstärkt wurde. Um einen Schlag gegen die Sturmspitzen Montgomerys zu führen, zog Rommel seine gepanzerten Einheiten im Bereich Medenine zusammen. Die Briten wußten dank ihrer Funkaufklärung, daß dieser Angriff bevorstand, und schlugen ihn am 16. März mühelos zurück. [104] Neben Rommels Angriffen bei Kasserine und Medenine hatten die Deutschen unter von Arnim auch Schläge gegen die Briten im Norden geführt und dort zwar beträchtliche Landgewinne, aber auch für sie untragbare Verluste erlitten. Nun war die Bühne vorbereitet für die letzten Phasen des Kampfes.

Die Alliierten hatten Nachschubreserven aufgebaut und sich sogar an die Aufgabe gemacht, den Franzosen bei der Lösung ihrer internen Querelen zu helfen. Neue Flughäfen waren angelegt worden, um eine bessere Luftunterstützung zu ermöglichen. Jetzt sollten britische, französische und amerikanische Kräfte die Linien der Achsenmächte im Norden und im Zentrum Tunesiens angreifen, während die 8. Armee vom

Süden her vorstieß. Die 8. Armee konnte mit ihrem ersten Angriff die rechte Flanke der Achsenfront nicht durchbrechen und mußte sich zurückziehen, aber die Neuseeländer waren bis zum 22. März zügig und erfolgreich um die linke Flanke der Mareth-Linie herum vorgerückt. Montgomery verlagerte nun die Angriffsachse und verstärkte hinter den Neuseeländern den Druck ins Landesinnere. Das Ergebnis war, daß die Achsentruppen an der Mareth-Linie zurückweichen mußten, wenn sie nicht das Risiko eingehen wollten, abgeschnitten zu werden. Ihre Abwehrkräfte hielten lange genug, um der – wie sie nun genannt wurde – 1. Italienischen Armee unter General (später Feldmarschall) Giovanni Merse abermals den Rückzug zu ermöglichen.[105] Der britische Vorstoß war durch den amerikanischen Angriff im Norden unterstützt worden, der eine der deutschen Panzerdivisionen von ihrem Frontabschnitt abgezogen hatte, doch die Briten konnten der ihnen gegenüberstehenden Armee nur Verluste zufügen, sie jedoch nicht vernichten.[106]

Worin auch immer die Mängel der Operation an der Mareth-Linie bestanden haben mögen, sie hatte die Achsenkräfte so geschwächt, daß ihr Widerstand unter dem Angriff der 8. Armee am 6. April beim Wadi Akarit an einem Tag zusammenbrach. Am 13. April stand die 8. Armee vor Endifaville, und die Achsenmächte waren auf einen schmalen Verteidigungsgürtel um Tunis und Bizerta zusammengedrängt worden. An dem alliierten Plan für den letzten Angriff sind zwei Punkte bemerkenswert. Erstens schien es Eisenhower und Alexander wohl am sinnvollsten, die Hauptoffensive, die am 19. April beginnen sollte, von der britischen 1. Armee und nicht von der 8. Armee vortragen zu lassen. Letztere hatte viel Erfahrung in der Wüste, erstere dagegen im felsigen Terrain Tunesiens sammeln können. Diese Einschätzung stellte sich später als völlig richtig heraus, da Montgomery die Operationen der 8. Armee, die den ihr gegenüberliegenden Teil der Achsentruppen aufhalten sollte, mehrmals stoppte, was sich gelegentlich sehr ungünstig auf die Gesamtoperation auswirkte. Wegen der Notwendigkeit, eine starke Angriffsstreitmacht zusammenzuziehen, wurden jedoch für die Offensive mehrere der erfahrensten Divisionen der 8. Armee der 1. Armee überstellt.

Zweitens wurde nach dem ungewöhnlichen Plan der Alliierten das II. Korps der Amerikaner vom südlichen zum nördlichen Ende der Front verlegt, quer über sämtliche Nachschub- und Verbindungslinien der britischen 1. Armee hinweg. Eine amerikanische Division stand schon im Norden; die anderen drei und alle Korpstruppen wurden verlegt. Um sicherzustellen, daß die amerikanischen Offiziere und Mannschaften weitere wichtige Kampferfahrung sammelten, wurde dem amerikanischen Kontingent ein Abschnitt der Offensive zugewiesen, auf dem es bei schrumpfender Frontlinie nicht ins Abseits geraten konnte. Die gewaltige Truppenverschiebung gelang, doch der Schluß, daß ein solches Vorgehen durchaus möglich war, scheint, wie spätere Ereignisse zeigen werden, den Beteiligten nicht eingeleuchtet zu haben.

Zur Vorbereitung des letzten Angriffs operierten die Alliierten auch auf See und in der Luft, um eine Evakuierung der Achsentruppen zu verhindern, doch in diesem

Punkt schätzten sie die Absichten der Achsenmächte falsch ein. Fast bis zum letzten Moment brachten die Deutschen Truppen und Nachschub *nach* Tunesien, und es wurden keinerlei Vorbereitungen für eine Evakuierung getroffen. Man hoffte, den Brückenkopf halten zu können und die alliierten Kräfte monatelang zu binden; eine Evakuierung, so wurde angenommen, würde nur die Kampfmoral beeinträchtigen.

Beim Angriff der Alliierten im April konnten die britische 1. Armee und das amerikanische II. Korps Terrain erobern, während die 8. Armee ihren Vormarsch bald stoppte. Die 1. Armee stieß nach Tunis vor, spaltete den deutschen Brückenkopf in zwei Teile und gewährte den ihr zugeteilten französischen Einheiten höflich die Ehre, die Hauptstadt von den Achsentruppen räumen zu dürfen. Die Amerikaner hatten eine Menge gelernt; sie meisterten das schwierige Gelände, überwältigten die an ihrem Frontabschnitt verbissen Widerstand leistenden Deutschen und befreiten Bizerta, das sie ebenfalls rasch den französischen Einheiten überließen. Die Truppen der Achse, die unter Nachschubmangel litten und durch die alliierten Bodentruppen und die effizient geführte und überwältigend starke alliierte Luftwaffe angeschlagen waren[107], fielen in Auflösung, nachdem ihr starker Widerstand einmal gebrochen worden war. Anstatt sich im Gebiet von Cap Bon oder anderswo zu verschanzen, ergaben sich die deutschen und italienischen Truppen nach dem 3. Mai in wachsenden Zahlen. Die Zahl der Kriegsgefangenen stieg tatsächlich schneller, als die Alliierten erwartet hatten. Nur etwa 800 Soldaten der Achse gelang es zu entkommen, und im Verlauf von etwa zehn Tagen marschierten, fuhren oder ritten auf Eseln etwa 275 000 deutsche und italienische Soldaten in Kriegsgefangenenlager, die immer wieder vergrößert werden mußten. Niemals zuvor war eine so große Zahl von Soldaten der Achsenmächte in Kriegsgefangenschaft geraten.

Die Westalliierten hatten ihr Ziel in Nordafrika erreicht, freilich nicht so schnell, wie sie gehofft hatten. Im Verlauf des Feldzugs hatten sie manche bittere Lektion zu den Problemen beim gemeinsamen Kampf mit Verbündeten gelernt. Sie hatten nun durch Vorstöße wie durch Rückschläge, durch Desaster und Triumphe, durch wagemutige Schläge und verbissene Stellungskämpfe einige Erfahrung mit dieser Form der Kriegführung gewonnen. Diese Erfahrung war nicht nur für den kommenden Erfolg der Invasion Siziliens entscheidend, die schon in der letzten Planungsphase war, sondern wirkte sich auch in Zukunft aus. Die Amerikaner hatten gelernt, was es hieß, erfahrene und entschlossene Soldaten in einem modernen Krieg zu bekämpfen, ein Lernprozeß, der besser in einiger Entfernung vom Hauptwiderstandszentrum des Feindes stattfand als in dessen Nähe.

Im Sieg begannen sogar die Franzosen zusammenzuarbeiten. Giraud und de Gaulle bildeten das »Französische Komitee für die Nationale Befreiung«, das daraufhin von der britischen, der amerikanischen und der sowjetischen Regierung als De-facto-Regierung anerkannt wurde und die schon zuvor von de Gaulle kontrollierten Gebiete mit den nordwestafrikanischen zusammenzog. Das schwerwiegende Problem, das den Streitigkeiten zugrunde lag – ob die frühere Vichy-Treue der meisten Anhänger Girauds unter den Tisch gekehrt oder bestraft werden sollte –, spaltete die Franzosen auch weiterhin. Aber sie konnten nun mit der Zusammenarbeit beginnen.

Die Achse hatte die Kontrolle über Teile Nordafrikas, zwei Armeen und gewaltige Mengen an Nachschub, Schiffen und Flugzeugen verloren. Ihr Zusammenhalt war aufs äußerste gespannt, weil die Moral der Italiener durch den Verlust der letzten Teile ihres afrikanischen Reichs angeschlagen war. Mussolini und andere italienische Führer hatten Deutschland immer wieder gedrängt, an der Ostfront Frieden zu schließen, damit alle Achsenkräfte in den Kampf gegen Großbritannien und die Vereinigten Staaten geworfen werden könnten. Dieses Thema wird weiter unten detailliert erörtert. Die Deutschen hatten dieses Konzept immer zurückgewiesen und planten statt dessen eine neue Sommeroffensive im Osten zu eben jener Zeit, als die Achsentruppen in Nordafrika sich zu Zehntausenden ergaben.

Nur in einem Punkt lernten die Deutschen etwas aus diesem Desaster. Zwischen Oktober 1942 und Juni 1943 verloren sie 1419 Transportflugzeuge; nun richteten sie zum erstenmal im Krieg ein Lufttransportkommando (das XIV. Fliegerkorps) ein.[108] Die großen Verluste an wertvollen Transportflugzeugen waren durch zwei gleichzeitige starke Anforderungen an sie verursacht worden: die Notwendigkeit, den Feldzug in Tunesien zu unterstützen, und den Versuch, die in Stalingrad eingeschlossene Armee mit Nachschub zu versorgen.

URANUS: DIE SOWJETISCHE STALINGRAD-OFFENSIVE

Von Mitte September bis Mitte November, während die deutsche Armee sich innerhalb Stalingrad durchkämpfte, hatte das sowjetische Oberkommando sich darum bemüht, eigene Kräfte für die Operation Uranus aufzubauen, mit der die Deutschen in diesem Gebiet eingekesselt werden sollten. Die interne Führung der Roten Armee wurde durch eine dramatische Verringerung der Macht der Kommissare und einen stärkeren Rückgriff auf Berufsoffiziere gestrafft. Dies kam in einer Anweisung vom 9. Oktober 1942 zum Ausdruck, die zumindest nominell den Kommandeuren und Stabschefs die volle Verantwortung übertrug.[109] Durch eine umfassende Mobilisierung der Bevölkerung wurde die Rote Armee zu einer Frontstärke von sechseinhalb Millionen Soldaten aufgebaut. Zu dieser Zeit konnten Deutschland und seine Verbündeten etwa vier Millionen Mann ins Feld schicken. Trotz der Tatsache, daß die Deutschen weitere sowjetische Gebiete mit Fabriken und Bodenschätzen von großer wirtschaftlicher Bedeutung überrannt hatten, konnte die sowjetische Industrie die Produktion von Flugzeugen, Panzern und Gewehren steigern. Vielleicht noch wichtiger als die zahlenmäßige Steigerung war der Umstand, daß ein weit höherer Teil der Panzer und Flugzeuge modernerer Bauart war. In allen Bereichen war die Produktion der Sowjetunion für sich genommen höher als die Produktion Deutschlands.[110]

Die Sowjets nutzten in ihrer Planung für Uranus ihre geographischen und militärischen Vorteile und die Nachteile ihrer Feinde aus, wobei diese Nachteile von den Deutschen wohl in gewissem Grad hätten ausgeglichen werden können, wenn sie sich stärker um Einsicht und Urteilskraft bemüht hätten. Ließ die Heeresaufklärung nur Einsicht in die Gegebenheiten vermissen, so fehlte Hitler und seinen Militärberatern jegliche Urteilskraft. Der geographische Vorteil der Sowjets bestand darin, daß die Frontausbuchtung nach Stalingrad zu einem Zangenangriff regelrecht einlud. Noch offensichtlicher wurde dies durch den Umstand, daß die Rote Armee an der Nordflanke Brückenköpfe über den Don gehalten hatte, insbesondere bei Serafimowitsch, und diese während der Kämpfe in Stalingrad noch ausgebaut hatte. Im Norden konnte deshalb die neue Südwest-Front von General Watutin ihre Angriffsspitzen jenseits des Flusses zusammenziehen, noch während die Ingenieure der Roten Armee weitere Brücken für den Nachschub und die Reserveeinheiten bauten, die für einen Vorstoß in den Rücken der Achsentruppen unabdingbar waren.

Militärisch hatten die Sowjets zwei Vorteile. Die Zangenbewegung würde in Gebieten stattfinden, wo die Achsentruppen vor allem aus Rumänen bestanden. Diese waren von den Deutschen nie mit der für den Kampf an der Ostfront notwendigen Ausrüstung versehen worden, und sie wurden, wenn sie mit ihren veralteten und unzulänglichen Waffen in Gefechte verwickelt waren, nicht in angemessenem Umfang mit Nachschub versorgt.[111] Das deutsche Beharren darauf – und dies war Hitlers persönliche Entscheidung –, in den Kaukasus vorzustoßen, noch während eine Offensive in Richtung Stalingrad stattfand, machte es unmöglich, in nennenswertem Umfang deutsche Einheiten an den Flanken der 6. Armee und der 4. Panzerarmee zurückzuhalten. Im Gegenteil, die Kämpfe in der Stadt verschlangen immer mehr deutsche Divisionen, und diese konnten nur in die Stadt vorrücken, wenn man sie von den Flanken abzog und immer längere Abschnitte der Front den Verbündeten anvertraute. Der deutsche Entscheidungsprozeß in der Winterkrise wurde noch dadurch erschwert, daß Hitler vom 7. bis zum 23. November 1942 nicht in seinem Hauptquartier war, sondern zunächst in München anläßlich seiner jährlichen Rede an die Getreuen der NSDAP weilte und anschließend in Berchtesgaden Urlaub machte. Während also Rommel in Nordafrika geschlagen wurde, die Westalliierten in Nordwestafrika landeten und die sowjetische Uranus-Operation anlief, waren die deutschen Kommunikationswege außerordentlich belastet.

In den letzten Wochen vor Beginn der sowjetischen Offensive ließen zwei ineinandergreifende Irrtümer auf seiten der Deutschen die auf sie zukommenden Probleme deutlich werden. Daß in massivem Umfang Ressourcen nach Tunesien abflossen, ist schon erwähnt worden. Der November 1942 war nicht die beste Zeit für die Deutschen, um eine zweite Armee in Nordafrika mit den dafür benötigten Massen an Truppen, Material und Transportkapazität aufzubauen. Noch stärker wirkte sich aus, daß die sorgfältigen Vorbereitungen der Sowjets, die sie mit aller Umsicht geheimhielten, die deutsche Heeresaufklärung völlig in die Irre führten. Sie glänzte

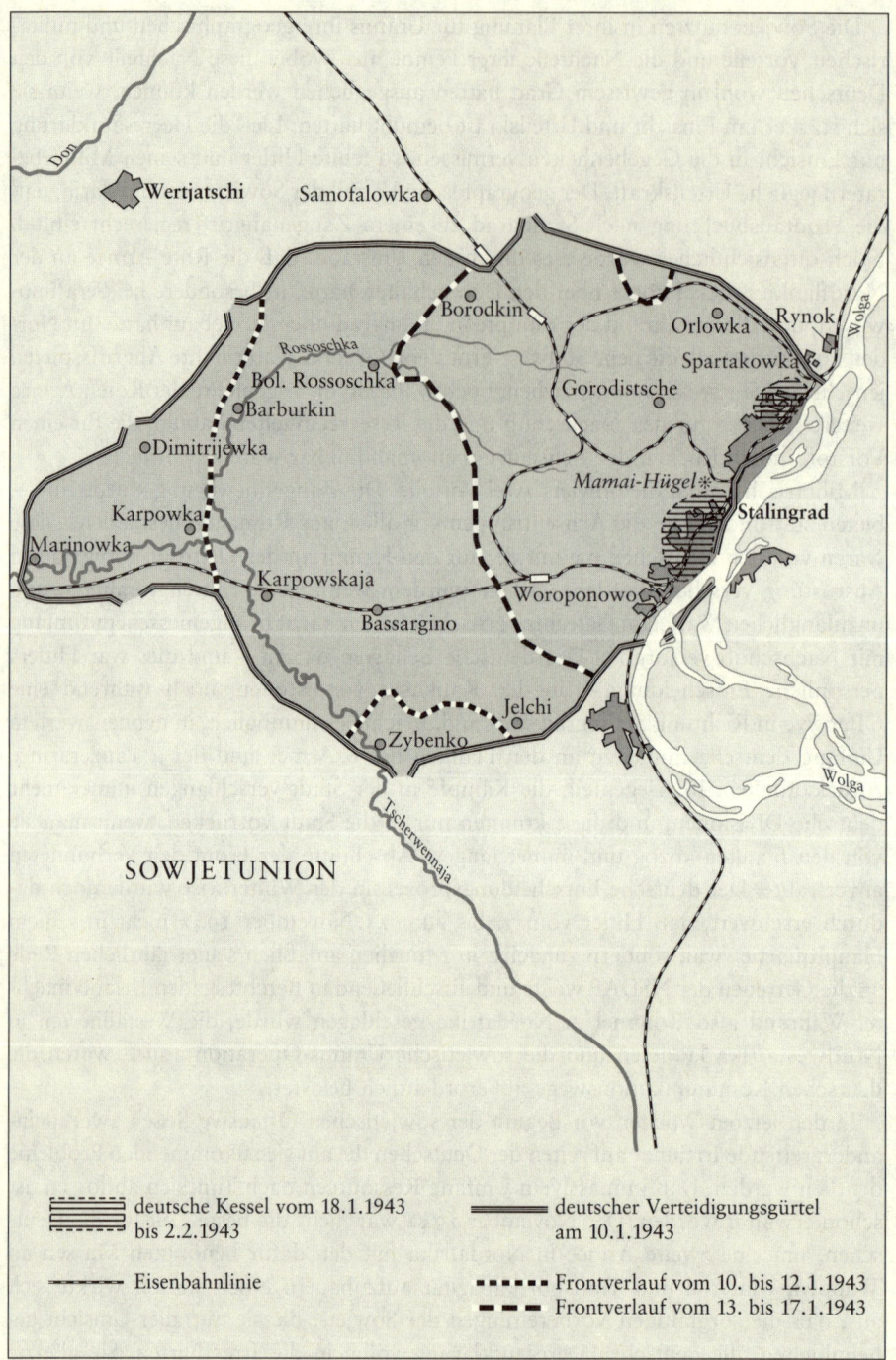

13. Stalingrad im Januar 1943

während des gesamten Ostfeldzugs zumeist damit, Details zusammenzutragen, doch mit ihren strategischen Einschätzungen lag sie stets hoffnungslos daneben. [112] Die Aufklärung war nun der Meinung, daß die sowjetische Hauptoffensive am Mittelabschnitt der Front zu erwarten sei, wo die Russen in der Tat die Operation Mars planten. Bis in die letzten Tage vor dem Angriff hatte sie nicht die geringste Anhnung, was geschehen könnte, und selbst dann veranlaßte sie ihre fortwährende Unterschätzung der Sowjetunion zu einer falschen Lagebeurteilung. Hitler selbst wies öfter auf eine mögliche sowjetische Offensive über den Don hin; aber die Tatsache, daß er nie auf einschneidenden Maßnahmen bestand, um dieser Gefahr vorzubeugen, zeigt, daß er weder ernsthaft noch unablässig daran dachte; seine Gedankenspiele haben nur im Rückblick überhaupt Bedeutung gewonnen. [113] Unter diesen Umständen gelang den Sowjets mit ihrer Offensive eine Überraschung dramatischen Ausmaßes, denn in den Wochen vor deren Beginn hatte für die Deutschen der Vorstoß in die verwüstete Stadt immer noch Priorität. [114]

Die große Offensive wurde gegenüber dem ursprünglich angesetzten Zeitpunkt um etwa zehn Tage verschoben. Am 19. November, nach einem schweren Artilleriebombardement, schlug die Infanterie der Südwest-Heeresgruppe eine Bresche für die 5. Panzerarmee, durch die sie die rumänische 3. Armee durchbrach. Letztere verfügte weder über schwere Panzer noch über adäquate Panzerabwehrwaffen, um sich den sowjetischen Panzern entgegenstellen zu können. Ihr Widerstand brach noch am selben Tag zusammen. Manche Einheiten kämpften verbissen, einige ergaben sich, viele versuchten, dem sowjetischen Ansturm zu entkommen – aber es gab für sie keine Möglichkeit, den Vorstoß der 5. Panzerarmee aufzuhalten, die bei Tagesende die Hälfte der gut 100 Kilometer bis Kalatsch am gegenüberliegenden Ende des Don-Bogens vorgerückt war. Die Don-Heeresgruppe von Marschall Konstantin K. Rokossowskij griff weiter östlich an und kam nicht so schnell vorwärts, aber sie hinderte die Deutschen daran, nach Westen zu rücken, um die Rumänen zu unterstützen. Am folgenden Tag, als die Stalingrad-Front unter General Andrej I. Jeremenko die Zangenbewegung von Süden her durch die Einheiten der rumänischen 4. Armee hindurch (die der deutschen 4. Panzerarmee angegliedert war) ausführte, näherten sich die Sturmspitzen der 5. Panzerarmee schon Kalatsch. Während Überreste deutscher und rumänischer Truppen und einzelne rückwärtige Gefechtsstände und Einrichtungen ihre Stellungen zu halten versuchten, überwiegend jedoch vor der anrollenden Roten Armee flohen, kamen sich die beiden Spitzen der Zange näher. Am Morgen des 22. November nahm die 5. Panzerarmee die Donbrücke bei Kalatsch ein [115], und am folgenden Tag trafen sich die beiden sowjetischen Kampfgruppen etwa 15 Kilometer südöstlich von Kalatsch. Die gesamte 6. Armee der Deutschen, die meisten deutschen Divisionen der 4. Panzerarmee und einige Überreste der 3. und 4. Armee der Rumänen waren eingekesselt. [116]

Die Deutschen mußten rasch einige Entschlüsse fassen, und bald darauf sah sich auch das sowjetische Oberkommando vor neue Entscheidungen gestellt. Die Deutschen reagierten sofort auf den Angriff an ihrer Nordseite, indem sie die Offensive im Innern Stalingrads einstellten und einige Truppen aus der Umgebung der Stadt nach Westen warfen, aber die großen Entscheidungen, die in den beiden folgenden Tagen getroffen werden mußten, drehten sich um die wichtigeren Fragen, ob die 6. Armee und jene Teile der 4. Panzerarmee, die nördlich des Durchbruchs von Jeremenkos Zangenbewegung aus dem Süden standen, sich in südwestlicher Richtung durch die einkreisenden russischen Armeen kämpfen oder ob sie versuchen sollten, eine kreisförmige Front aufzubauen, während eine Entsatzstreitmacht sich auf den Weg machte, den Kreis von außen aufzubrechen.*

Im Stalingrad-Kessel waren alle hohen deutschen Kommandeure der Auffassung, daß ein Ausbruch der richtige Schritt sei, und begannen am 22. und 23. November mit den Vorbereitungen für diese Operation, die am 25. und 26. November stattfinden sollte. Außerhalb des Einschließungsrings vertrat der Kommandeur der deutschen Heeresgruppe ebenfalls nachdrücklich diese Meinung gegenüber dem Hauptquartier, wo General Zeitzler, Generalstabschef des Heeres, ihn unterstützte. Auch von Richthofen, der örtliche Luftwaffenkommandeur, war überzeugt, daß eine angemessene Versorgung der abgeschnittenen Armee aus der Luft unmöglich sei. Hitler allerdings hoffte, die eingekreiste Armee dort entsetzen zu können, wo sie stand, wollte die offensichtliche Demütigung vermeiden, eine Stadt aufzugeben, die er öffentlich zu halten gelobt hatte, und er hat vermutlich geglaubt, daß die Erfahrung des vorangegangenen Winters, als die deutschen Truppen in Cholm und Demjansk bis zum Aufbruch des Belagerungsrings ausgeharrt hatten, wiederholt werden könnte. Hinzu kam, daß er immer noch hoffte und erwartete, den Krieg zu gewinnen, und da Deutschland für den Sieg die Ölquellen des Kaukasus in die Hände bekommen und diese Gebiete abschirmen mußte, war es nötig, die untere Wolga von Stalingrad bis Astrachan zu halten. Deshalb ergab es für ihn keinen Sinn, mehr als nötig von den Gebieten aufzugeben, die man unter großen Kosten erobert hatte. Göring und Manstein unterstützten ihn in dieser Haltung.[117]

Der Generalstabschef der Luftwaffe, Hans Jeschonnek, hatte die Frage der Versorgung Stalingrads aus der Luft mit Hitler schon erörtert, als sie gemeinsam im Zug von Hitlers Urlaubsort Berchtesgaden nach Ostpreußen zurückfuhren. Es gab inzwischen Pläne, Transportmaschinen für eine Luftbrücke nach Stalingrad zusammenzuziehen, und aller Wahrscheinlichkeit nach war Göring in dieser Angelegenheit ganz

---

* Einige deutsche Einheiten standen hinter der nördlichen Front und weitere im Süden, aber in keinem Fall machte dies einen wesentlichen Unterschied. Die endlose Debatte in Hitlers Hauptquartier über die Frage, wie man diese Einheiten in der sich entfaltenden Schlacht am besten einsetzen sollte, spiegelt nur das Ausmaß der Niederlage der Achsenmächte wider. Das drastischste Beispiel ist der Streit über das 48. Panzerkorps von General Heim, über das mehr Seiten geschrieben wurden, als es Panzer hatte. Vgl. Kehrig, Stalingrad, passim. Heim wurde auf Hitlers Befehl hin für einige Monate in Haft genommen und fand sich schließlich als Kommandeur von Boulogne wieder!

anderer Meinung als seine Fachleute. Die Luftwaffenoffiziere, sowohl die Transportoffiziere im Hauptquartier als auch die Kommandeure im Feld, waren der Ansicht, daß einige Tage lang in begrenztem Umfang Tonnage eingeflogen werden konnte, wobei sie entweder von einem raschen Ausbruchsversuch oder von einer Minimalversorgung bis zu einer baldigen Entsatzoffensive ausgingen.[118] Göring hingegen hoffte, seine Position und die der Luftwaffe in Hitlers Augen wieder stärken zu können, und versprach eine Nachschubdichte, die angesichts der deutschen Lufttransportkapazitäten völlig unmöglich war, zumal sie gleichzeitig für den Aufbau des Brückenkopfes in Tunesien beansprucht wurden. Die Wetterverhältnisse in Stalingrad, die für eine solche Luftbrücke – vor allem im Winter – unzureichende Infrastruktur, die enorme Zahl von Soldaten, die versorgt und ausgerüstet werden mußten, und natürlich die zu erwartenden Gegenmaßnahmen der sowjetischen Luftwaffe verurteilten das Unterfangen von vornherein zum Scheitern.[119] Göring versicherte Hitler, daß die 6. Armee durchschnittlich 500 Tonnen täglich erhalten werde; der 6. Armee selbst wurden 300 Tonnen versprochen, aber auch diese Menge wurde an keinem einzigen Tag erreicht.[120]

Feldmarschall Manstein hatte von Hitler den Befehl erhalten, eine neugebildete Heeresgruppe Don zu übernehmen, zu der auch die Kräfte innerhalb Stalingrads und der Rest der 4. Panzerarmee südwestlich der Stadt gehörten. Mansteins Heeresgruppe sollte, verstärkt durch eine Reihe neuer Divisionen, einen Entsatzangriff von Kotelnikowskij aus durchführen. Der Vorstoß sollte die eingekreiste Armee erreichen und danach die Ausgangsposition wiederherstellen. Hitler ernannte schließlich auch einen neuen Kommandeur für die Heeresgruppe A, die er seit der Entlassung von Feldmarschall List nominell selbst geführt hatte. Wenn Manstein schon Leningrad nicht einnehmen konnte, so würde er doch zumindest Stalingrad halten können. Kaum an der Südfront angekommen, brach Manstein mit allen anderen deutschen Armee- und Luftwaffengenerälen. Er glaubte nun, daß es möglich sei, Stalingrad zu halten und die belagerten Truppen durch eine von ihm geplante Offensive zu entsetzen; seiner Einschätzung nach sollte zumindest der Versuch dazu gemacht werden. Manstein war damals wie auch nach dem Krieg vor allem um seinen Ruf als wagemutiger und allzeit erfolgreicher Militärkommandeur besorgt. Er bestärkte Hitler in seinen Auffassungen damals und verfälschte nach dem Krieg die einschlägigen Teile seiner Erinnerungen.[121]

Die deutschen Truppen im Kessel wurden angewiesen, sich im Norden, Osten und Süden nicht weiter zurückzuziehen. An der Westseite bauten sie eine neue Front auf und versuchten, sich mit hoffnungslos geringen Mengen an Nachschub, Munition und Treibstoff gegen die Rote Armee zu halten. Außerhalb des Stalingrad-Kessels errichteten die Überreste der rumänischen 3. Armee und einige deutsche Einheiten eine neue Front westlich des Flusses Tschir, während Manstein die Reste der deutschen 4. Panzerarmee und der rumänischen 4. Armee im Süden zusammenzog. Er versuchte, alle Verstärkungen, deren er habhaft werden konnte, zu bündeln, um einen Gegenangriff in nordöstlicher Richtung hin zur eingeschlossenen Armee führen zu können. Manstein erhielt nie die versprochenen Kräfte – es gab allzu viele Anforderungen an die deutsche Armee an anderen Abschnitten der Ostfront und in Tunesien –, und als er zum Entsatzangriff bereit war, hatten neue sowjetische Operationen die Lage verändert. Gegen Ende November, noch bevor Manstein die Entsatzoperation eingeleitet hatte, begann er einzusehen, wie unrealistisch seine frühere Einschätzung der Lage gewesen war, besonders hinsichtlich des Lufttransports von Nachschub[122]; doch machte dies, nachdem der 6. Armee der Befehl zum Durchhalten gegeben worden war, kaum noch einen Unterschied. Die günstigste Zeit für einen Ausbruchsversuch war schon vorüber, und die Aussicht auf eine Entsatzoffensive, die in wenigen Tagen beginnen sollte, weckte nur unsinnige Erwartungen.

Die Entsatzoffensive mußte um mehrere Tage verschoben werden, während Manstein alle Einheiten, die er noch bekommen konnte, zusammenzog. Einzig die langsame Verfolgung durch die Sowjets nach ihrem Anfangserfolg ermöglichte es den Deutschen, am 12. Dezember ein solches Unternehmen wenigstens zu beginnen. An der Offensive waren ganze zwei, allerdings geschwächte, Panzerdivisionen beteiligt, die nach einigen Auseinandersetzungen um eine weitere verstärkt wurden. Innerhalb von zehn Tagen drangen sie etwa die Hälfte der 130 Kilometer langen Strecke von ihrem Ausgangspunkt zu den eingekreisten Truppen vor. Als es nach sieben Tagen offensichtlich wurde, daß die Rote Armee diesen Vorstoß stoppen würde, blieb als letzte Möglichkeit nur noch ein Ausbruchsversuch in Richtung der festliegenden Entsatztruppen. Manstein wollte eine solche Aktion gegen Hitlers Forderung, daß Stalingrad zu halten sei, nicht anordnen, und Paulus, der Kommandeur im Kessel, konnte kaum seinem unmittelbaren militärischen Vorgesetzten und Hitler zugleich den Gehorsam verweigern.[123] Weitere Gelegenheiten zum Ausbruch boten sich danach nicht mehr, weil die neue sowjetische Offensive, die am 25. November begann, diesmal die Front der Achsenmächte weiter nördlich durchbrach. Das Problem der Deutschen war nun nicht mehr, die verlorenen Truppen in Stalingrad zu retten, sondern die Heeresgruppe Don und die Heeresgruppe A im Kaukasus selbst vor der Einschließung durch die vorrückende Rote Armee zu bewahren.[124]

Die Rote Armee hatte die deutsch-rumänischen Streitkräfte im Kessel von Stalingrad eingeschlossen, ließ sich jedoch einige Zeit, um das Chaos, das daraufhin an der Front der Achse entstand, auszunutzen. Die Stawka erkannte zunächst nicht, wie zahlreich die eingeschlossenen Truppen waren, und leitete nicht sofort die angemessenen Folgeoperationen ein. Nach ursprünglicher sowjetischer Schätzung hatte man 85000 bis 90000 Soldaten der Achsenmächte eingekreist. Tatsächlich waren es dreimal so viele. Dies wirft ein Licht auf die sowjetische Militäraufklärung. Der Plan, den Kessel von Stalingrad zu vernichten, der den Decknamen »Kolco« (Ring) erhielt, sah einen Angriff in östliche Richtung zur Wolga hin gegen den deutschen Verteidigungsgürtel vor, der den Kessel in einen Nord- und einen Südteil spalten sollte, die dann nacheinander zerstört werden konnten. Die deutsche Entsatzoffensive vom

12. Dezember zwang die Russen, Einheiten, die das Herzstück von Kolco bilden sollten, zum Stoppen von Mansteins Vorstoß abzustellen. Dies gelang vollständig, aber Kolco wurde daraufhin verschoben, schließlich bis auf den 10. Januar. In den vier Wochen vom 12. Dezember bis zum 10. Januar wurde der Widerstand im Kessel immer schwächer, weil die deutschen Streitkräfte buchstäblich ausgehungert wurden.

Am 2. Dezember wurde eine weit größere Operation mit dem Decknamen »Saturn« beschlossen, die hinter die ganze neugebildete deutsche Front im Don-Bogen nach Rostow ausgreifen sollte, in den Rücken von Mansteins Heeresgruppe Don und der Heeresgruppe A im Kaukasus. Dieses gewaltige Unternehmen wurde aus zwei Gründen auf den »Kleinen Saturn« beschnitten: Mansteins Gegenoffensive würde vermutlich sowohl Saturn als auch Kolco in Schwierigkeiten bringen, und hinzu kam, daß die sowjetische Offensive Mars als gescheitert gelten konnte. Diese Operation, die am 25. November gegen die Heeresgruppe Mitte eingeleitet wurde, war ursprünglich mit der Stalingrad-Offensive abgestimmt worden. Sie wurde jedoch, ohne daß man einen größeren Durchbruch erreicht hätte, am 10. Dezember von den Deutschen zum Stillstand gebracht. Obwohl die schweren Kämpfe zwischen den angreifenden Fronten West und Kalinin und der Heeresgruppe Mitte anhielten, hatte die Stawka gute Gründe dafür, die allzu ehrgeizigen Offensiven des vorangegangenen Winters nicht zu wiederholen.[125]

Mit dem Kleinen Saturn sollte der Großteil der Heeresgruppe Don mit einem südwärts gerichteten Angriff über den Don eingekreist werden. Der Angriff sollte durch die italienische 8. und die rumänische 3. Armee hindurch geführt werden. Zusätzlich war eine nach Westen gerichtete Offensive gegen die deutsche Entsatzarmee geplant, die vom Südwesten her nach Stalingrad drängte. Diese Offensive der Roten Armee, die von der Südwest-Front am 16. Dezember begonnen wurde, durchbrach innerhalb weniger Tage die italienischen und rumänischen Armeen am Don, drängte die deutschen Einheiten in diesem Raum zurück und drohte, nicht nur die gesamte Achsenfront im Süden aufzubrechen, sondern in noch kürzerer Frist die Luftwaffenbasen einzunehmen, von denen aus der Kessel von Stalingrad hauptsächlich versorgt wurde. In den folgenden Tagen mußten die Deutschen eine neue Front westlich des sowjetischen Durchbruchs errichten und dazu die vernichtete 8. Armee der Italiener durch alle Reserven, die sie auftreiben konnten, ersetzen. Gleichzeitig brachte der sowjetische Angriff gegen Mansteins Entsatzarmee nicht nur deren Vorstoß zum Stillstand, sondern drohte auch, die Heeresgruppe A im Kaukasus abzuschneiden. Da die Rote Armee langsam, aber stetig vorrückte, mußten die Deutschen rasch einige Entscheidungen treffen: Sollte man einen Ausbruch aus Stalingrad versuchen oder die eingekesselte Armee aufgeben, und sollte man das Risiko eingehen, daß die Heeresgruppe A abgeschnitten würde, oder vielmehr diese Kräfte zurückziehen und sie für den Wiederaufbau der Südfront verwenden?

Es wurde entschieden, den Kessel von Stalingrad »abzuschreiben«. Der Ausbruch wurde weder befohlen noch versucht. Da die Entsatztruppen von den Armeen der

Stalingrad-Front zurückgeschlagen wurden und die deutschen Luftwaffenbasen bei Tazinskaja und Morozowsk von den Armeen der Südwest-Front zunächst bedroht und dann eingenommen wurden, blieb den eingeschlossenen Deutschen keine Hoffnung auf Entkommen. Als Kolco von der Don-Front unter Rokossowskij am 10. Januar 1943 eingeleitet wurde, wurde die geschwächte 6. Armee der Deutschen nach Osten gedrängt. Am 16. Januar verlor sie ihren wichtigsten Flugplatz bei Pitomnik.[126] In den folgenden Wochen schlug sich die Rote Armee nach Stalingrad durch, spaltete die 6. Armee, überrannte die Verteidigungslinien und beendete die Kämpfe schließlich am 2. Februar. Die Rote Armee erlitt hohe Verluste, aber die Deutschen mußten eine nicht zu kaschierende totale Niederlage hinnehmen. Etwa 250000 Deutsche und Zehntausende von rumänischen und russischen Hilfstruppen hatten sich in dem Kessel befunden. Etwa 30000 Verwundete wurden ausgeflogen, und die Russen machten 91000 Gefangene. Etwa 150000 deutsche Soldaten waren gefallen oder an Kälte, Hunger und Verwundungen gestorben. Von noch größerem Gewicht als diese Toten und Gefangenen – zu denen praktisch alle Offiziere zählten – waren jedoch die Auswirkungen des sowjetischen Siegs und der deutschen Niederlage auf die Öffentlichkeit und die Kampfmoral der Bevölkerungen.

Hitler selbst hatte Stalingrad zum Symbol der Offensive von 1942 erhoben und damit den Kampf um die Stadt ins Zentrum der öffentlichen Aufmerksamkeit gerückt. Sein Beharren darauf, daß die deutsche Armee die Stellung halten und nicht ausbrechen sollte, verstärkte nur noch den Symbolcharakter dieser Schlacht. Die vernichtende Niederlage, die die Rote Armee den Deutschen in Stalingrad beibrachte, war daher ein schwerer Schlag für Hitlers Ansehen und hob das Ansehen Stalins. Das Augenmerk der sowjetischen Bevölkerung wurde natürlich ebenfalls unablässig auf den verzweifelten Kampf um die Stadt an der Wolga gelenkt, doch auch rund um den Globus war die Öffentlichkeit auf diesen Kampf aufmerksam geworden. Abgesehen vom engsten Spezialistenkreis gab es nur wenige, die jemals von Cholm und Demjansk gehört hatten, und in den folgenden Jahren konnten sich noch weniger Menschen an diese Städte erinnern, deren Belagerung aufgebrochen worden war, doch Stalingrad hatte überall monatelang im Brennpunkt der öffentlichen Aufmerksamkeit gestanden, und der Sieg der Roten Armee symbolisierte für die meisten Menschen damals und auch später die große Wende des Krieges an der Ostfront.

Die dramatischen Ereignisse von Stalingrad beschleunigten den Wandlungsprozeß im Verhältnis sowohl des deutschen wie auch des sowjetischen Diktators zum Militär. Diese Zusammenhänge wurden auf beiden Seiten in der Nachkriegszeit verzerrt und vernebelt, und erst in jüngster Zeit wurde eine objektivere Analyse möglich. In der Sowjetunion hat die Rolle, die der »Große Vaterländische Krieg« in der Selbstdarstellung der Gesellschaft einnahm, verschiedene offizielle Deutungsmuster hervorgebracht, die von Zeit zu Zeit wechselten. In der Deutschen Demokratischen Republik blieb das Studium des Krieges unter dem Diktat ideologischer Positionen. In der Bundesrepublik Deutschland vernebelten die Versuche, zu »belegen«, daß allein Hitler alle Fehler und allein die SS alle Greueltaten begangen habe, die wahren Sachverhalte des Konflikts. Jedoch ist offensichtlich, daß der große Sieg Stalins Bereitschaft verstärkte, den inzwischen erfahrenen Berufsmilitärs, deren wachsendes Selbstvertrauen nun durch Erfolg gerechtfertigt schien, zuzuhören und sich auf sie zu verlassen. Er hatte sie in der Hand, war jedoch eher bereit, sich ihre Meinungen anzuhören.

Hitlers Neigung, der Militärführung zu mißtrauen, fand in der großen Niederlage weitere Nahrung. Er hatte seine Abhängigkeit von einem Korps hoher Berufsoffiziere immer verabscheut. Er brauchte sie zwar für die geplanten Kriege, doch hoffte er, sie bei erster Gelegenheit durch Männer ersetzen zu können, die ideologisch dem Nationalsozialismus näherstanden. Im Februar 1938 zog er das Amt des Kriegsministers an sich, und im Dezember 1941 übernahm er auch die Stelle des Oberbefehlshabers des Heeres. Die meisten höheren Offiziere dienten ihm zwar willfährig, aber ihr Enthusiasmus gegenüber dem Nationalsozialismus hielt sich in Grenzen. Außerdem neigte Hitler immer stärker dazu, sich in taktische Details einzumischen. Es ist keineswegs sicher, daß seine Weisungen im allgemeinen weniger unrealistisch waren als die der meisten Generäle. Doch nun enthob er diese immer häufiger ihrer Positionen und ersetzte sie durch Männer wie Guderian, Schörner und Model im Heer und Dönitz in der Marine, die eifrige Anhänger nationalsozialistischer Überzeugungen waren und sich daher seiner Denk- und Handlungsweise besser anpaßten. Die meisten anderen wurden bei der Stange gehalten durch die Identifikation mit den deutschen Kriegszielen, die Hoffnung auf Beförderung und Auszeichnung, die Sorge um ihre Soldaten sowie durch ein umfassendes geheimes System der Zuwendungen, in das fast alle Offiziere der höchsten Kommandoebenen verwickelt waren.[127]

SCHLAG UND GEGENSCHLAG AN DER OSTFRONT, JANUAR – MÄRZ 1943

Noch vor dem letzten Akt des grausamen Dramas von Stalingrad mit der Kapitulation der ausgezehrten Soldaten und ordenbehangenen Offiziere waren die Deutschen durch den Kleinen Saturn der Roten Armee zu neuen Entscheidungen über die Heeresgruppe A gezwungen worden, die im Kaukasus ihren Zielen immer noch nicht näher gekommen war. Die 17. und die 1. Panzerarmee der Deutschen, die weder die Ölfelder von Grosny (geschweige denn die von Baku) besetzt noch die sowjetischen Truppen von der Schwarzmeerküste vertrieben hatten, liefen Gefahr, abgeschnitten zu werden, falls die Rote Armee Rostow erreichen sollte. Manstein forderte wiederholt Einheiten der 1. Panzerarmee an, die sich unter seinem Kommando dem südlichen Vorstoß des Kleinen Saturn entgegenstemmen sollten, doch die wenigen Einheiten, die ihm überlassen wurden, kamen immer zu spät und blieben ohne größere Wirkung. Hitlers Grundsatzentscheidung lautete, daß Teile der 1. Panzerarmee in die südliche Ukraine zurückweichen sollten, um den Rückzug für den Nachschub und die rückwärtigen Truppen der Heeresgruppe A zu decken, während die 17. Armee ihre Front halten sollte. Diese Entscheidung gab der Roten Armee die Gelegenheit, einen breiten Streifen des von den Deutschen 1942 besetzten Gebiets zu befreien, hielt allerdings auf deutscher Seite die Möglichkeit neuer Entscheidungen und auch interner Auseinandersetzungen offen.

Zu diesen neuen Entscheidungen wurden die Deutschen durch eine weitere sowjetische Offensive gezwungen, was zeigt, in welchem Ausmaß die Initiative an der Ostfront sich zum sowjetischen Oberkommando hin verschoben hatte. Eine Großoffensive der Roten Armee, die vom nördlichen Abschnitt der Südwest-Front durchgeführt wurde, zerschlug die ungarische 2. Armee und die angrenzenden Teile der deutschen 2. Armee nördlich und der italienischen 8. Armee südlich und riß ein neues, klaffendes Loch in die Front der Achsentruppen.[128] Die politischen Auswirkungen dieses Desasters auf Ungarn, wie auch die Auswirkungen der vorangegangenen Vernichtung rumänischer und italienischer Einheiten auf diese Satelliten der Achse, werden gegen Ende dieses Kapitels erörtert; zunächst muß die unmittelbare militärische Wirkung betrachtet werden.

Die entschlossene und erfolgreiche sowjetische Offensive gegen die Heeresgruppe B drohte, zusammen mit dem Angriff der Stalingrad-Truppen auf die Heeresgruppe Don, beide deutsche Heeresgruppen zu zerstören und gleichzeitig die Teile der Heeresgruppe A abzuschnüren, die sich immer noch im Kaukasus aufhielten, wenn auch auf dem teils geplanten, teils erzwungenen Rückzug. Die Rote Armee befreite nicht nur riesige Gebiete und wichtige Städte wie Kursk und Charkow, ihre Speerspitzen näherten sich auch dem Dnjepr nahe Dnjepropetrowsk und Saporoschje. Die Deutschen mußten entscheiden, wie sie mit dem Verschwinden einer weiteren Satellitenarmee aus ihrer Schlachtordnung, mit enormen Verlusten an eigenen Leuten und Material und mit einer taktischen Situation umgehen sollten, die die Gefahr einer Katastrophe für den gesamten Südabschnitt der Front heraufbeschwor. Die Entscheidungen, die gefällt wurden, und die Auseinandersetzungen über sie geben einen guten Einblick in die Strategie und die Ziele der Deutschen in diesem Kriegsabschnitt. Ebenso wirft die Reaktion der Russen auf die Umsetzung dieser Entscheidungen durch die Deutschen ein wichtiges Licht auf die sowjetische Politik in der mittleren Phase des Krieges.

Hitler entschloß sich zu drei grundsätzlichen Schritten. Erstens gab er Befehl, weitere Einheiten der 1. Panzerarmee über den unteren Don zurückzuziehen, die Manstein für eine Reihe von Angriffen unterstellt werden sollten. Manstein hatte zu Gegenoffensiven gedrängt, um die Rückschläge wieder auszugleichen. Dies zwang die Deutschen jedoch, zuerst weite Gebiete kampflos zu evakuieren, um ihre Einheiten geordnet zurückziehen, reorganisieren und neu zusammenstellen zu können. Danach sollte eine Offensive in die Flanke des sowjetischen Vorstoßes systematisch vorbereitet werden. Zweitens sollte die Verstärkung der Ostfront aus dem Westen, die angesichts der Niederlage von Stalingrad bereits eingeleitet worden war, intensiviert und beschleunigt werden. Diese Entscheidung war nun leichter zu treffen, da die Wetterverhältnisse eine Invasion über den Kanal für einige Monate ausschlossen, und dies war daher eine gute Jahreszeit, die innerdeutschen Verbindungslinien zu nutzen. Drittens beschloß Hitler, daß die 17. Armee, die im Nordkaukasus gekämpft hatte, sich zurückziehen, aber nicht an der Wiedererrichtung der Front im Gebiet nördlich des Asowschen Meeres teilnehmen sollte. Statt dessen sollte sie einen Verteidigungsgürtel aufbauen, der den östlich der Krim gelegenen Teil des Nord-Kaukasus mit dem Rücken zum Asowschen Meer, zur Straße von Kertsch und zum Schwarzen Meer halten sollte. Dieser Frontabschnitt wurde Gotenkopfstellung oder Kuban-Brückenkopf genannt.

Alle drei Entscheidungen müssen erläutert werden. Die letzte, nämlich einen Brückenkopf im Nordkaukasus zu halten, ist besonders wichtig, weil sie die langfristigen Perspektiven der Deutschen an der Ostfront in den ersten Monaten des Jahres 1943 erhellt. Während die meisten militärischen Berater Hitlers zu jener Zeit offenbar nicht mehr als eine Art Erstarrung der Fronten erwarteten, dachte der »Führer« immer noch an künftige große Siege; nur aufgrund dieser Divergenzen machen die Auseinandersetzungen über den Kuban-Brückenkopf Sinn. Die Generäle wollten die 17. Armee abziehen, das Gebiet östlich der Straße von Kertsch evakuieren und die dadurch freigesetzten Einheiten zur Stabilisierung des Südabschnitts der Ostfront und zur Verteidigung der Krim einsetzen. Hitler hingegen wollte im Osten immer noch große Offensiven durchführen. Dazu hätten die kaukasischen Ölfelder besetzt werden müssen, und für eine solche Operation bot ein Brückenkopf über die Straße von Kertsch die beste Ausgangsposition.[129]

Der Brückenkopf hatte jedoch letztlich keine größere Bedeutung. Die Frage, ob die 17. Armee die deutsche Südfront in der Ukraine stärker stabilisiert hätte, als die Freisetzung von Einheiten der Roten Armee durch den Rückzug der 17. Armee die angreifenden sowjetischen Kräfte in der Ukraine verstärkt hätte, wird nie beantwortet werden. Die sowjetischen Vorstöße an der Nordküste des Asowschen Meeres drohten im August 1943 die deutsch-rumänischen Truppen auf der Krim abzuschnüren. Angesichts dieser Gefahr gab Hitler, nachdem er den rumänischen Führer Ion Antonescu konsultiert hatte, den Befehl, das von der deutschen 17. Armee immer noch gehaltene Gebiet zu räumen. Innerhalb von vier Wochen im September und Oktober 1943 wurde die gesamte Armee auf die Krim verlegt. Die Schwarzmeerflotte griff nur mit wenigen Störmanövern ein. Damit war auch die theoretische Möglichkeit einer deutschen Offensive gegen den Kaukasus nicht mehr vorhanden, doch war die reale Gefahr mit der vernichtenden Niederlage der deutschen Sommeroffensive von 1943 an der Ostfront und dem weiten sowjetischen Vorstoß durch die Ukraine schon längst gebannt.[130]

Die beiden anderen Entscheidungen Hitlers hatten sich in der Zeit zwischen der Entscheidung, den Kuban-Brückenkopf zu halten, und dem späteren Beschluß, ihn zu evakuieren, auf die Front ausgewirkt. Als die Rote Armee im Januar und Februar

1943 ins Donez-Becken zurückstürmte und die Deutschen wieder aus den wichtigen Industriegebieten, die sie im vorangegangenen Sommer besetzt hatten, vertrieb, war die entscheidende Frage, ob Hitler Manstein den notwendigen Freiraum gewähren würde, um seine verstreuten Einheiten zur alten Linie am Mius zurückzuziehen, die im Winter 1941/42 gehalten worden war, und die Kräfte für eine Gegenoffensive in Richtung der noch 250 Kilometer weiter westlich liegenden Städte Dnjepropetrowsk und Saporoschje am Dnjepr zu organisieren, gegen die inzwischen die Rote Armee vorrückte. Am 6. Februar stimmte Hitler dieser Rückzugsoperation zu. Vielleicht hat Hitler die Erfahrung, daß er beinahe in Gefangenschaft der Roten Armee gekommen wäre, als er sich am 17. und 18. Februar in Saporoschje mit Manstein traf, davon überzeugt, daß ein etwas anderer Führungsstil hilfreich sein könnte, und er gestattete Manstein, ein Vorhaben durchzuführen, das sich deutlich von denen des vorausgegangenen Feldzugs unterschied.[131] Für eine neue Operation sollten mehrere Divisionen aus Westeuropa nach Osten verlegt werden, um die schwerbewaffneten und personell starken Divisionen der Waffen-SS (die militärisch ausgerüsteten Formationen der SS) zu ergänzen. In diesen Einheiten herrschte ein fanatischer Geist, und sie waren gegenüber der regulären Armee bei den Waffenlieferungen bevorzugt worden. Die Waffen-SS war unter regulärem Kommando nicht immer sonderlich gehorsam; allmählich entwickelte sie sich zu einer Art Feuerwehr für kritische Punkte an der Front. Manstein sollte sie beim letzten großen taktischen Erfolg der Deutschen an der Ostfront im Zweiten Weltkrieg einsetzen.

Die Möglichkeit eines wirksamen Gegenangriffs war vor allem deshalb gegeben, weil die Rote Armee zu wenig Erfahrung hatte, um ihre Erfolge richtig zu nutzen. Wie im November 1942 die ersten Durchbrüche an der Front, nördlich und südlich von Stalingrad, in der Folge nicht rasch und entschlossen genug genutzt worden waren, so hatten auch die wiederholten Einrisse an der Achsenfront am oberen Don nicht zu überlegten und sorgfältig abgestimmten Offensiven geführt. Beim Vormarsch hatte die Rote Armee wichtige Industriezentren wie Charkow und Woroschilowgrad befreit, doch sie hatte die Front nicht weit genug aufgebrochen, um die deutsche Armee an den Dnjepr zurückwerfen zu können. Die Rote Armee war wiederholt entscheidenden Siegen am Mius, bei Slawjansk und auf der Strecke nach Dnjepropetrowsk nahe gewesen, aber im letzten Moment konnten sich die deutschen Verteidiger doch noch halten. Es muß auch daran erinnert werden, daß die Armeen der Woronesch- und der Südwest-Front im tiefsten Winter buchstäblich Hunderte von Kilometern marschiert waren und nun am Ende der Offensivkraft waren, mit der sie ihre Angriffe begonnen hatten. Die Mischung von Verzweiflung und Erfahrung wirkte sich noch immer zugunsten der deutschen Armee aus, aber es hätte deren Führern klar sein müssen, daß dies künftig nicht immer wieder der Fall sein würde.

Die deutsche Gegenoffensive dauerte vom 19. Februar bis zum 17. März 1943.[132] Mit einer Reihe schneller Panzervorstöße von Süden nach Norden östlich von Dnjepropetrowsk und im Donez-Raum schlugen die beiden Panzerarmeen der Heeres-

gruppe Süd die sowjetischen Sturmspitzen zurück. Die Angriffsspitzen der 4. Panzerarmee, vorwiegend SS-Einheiten, vernichteten die Vorauskommandos der sowjetischen 6. Armee und der 1. Gardearmee und drängten nach Norden vor, wo sie Charkow und Belgorod wiedereroberten, bevor sie, zum Teil erzwungenermaßen,
haltmachten. Weiter östlich konnte die deutsche 1. Panzerarmee große Teile der von
General Popow kommandierten gepanzerten Kräfte abschnüren und vernichten.
Popow hatte die Lage falsch eingeschätzt und konnte nur geringe Kräfte retten, mit
denen er die untere Donez-Linie halten konnte. Als die Front erstarrte, weil beide
Seiten Ende März vom Tauwetter lahmgelegt wurden, lag von den Gebieten, die die
Rote Armee in der Winteroffensive befreit hatte, nur noch der große, nach Westen
ausgreifende Bogen um Kursk im Norden *jenseits* der Ausgangslinie der deutschen
Sommeroffensive von 1942; ansonsten waren beide Seiten im wesentlichen wieder
dort, wo sie ein Jahr zuvor gestanden hatten.

Aber dies galt nur im taktischen Sinne; sehr vieles hatte sich verändert: erstens
aufgrund des großen und aufsehenerregenden Sieges von Stalingrad, zweitens wegen
der deutschen Gegenoffensive im Februar/März und schließlich, weil sich die militärischen Positionen beider Seiten an der langen Front grundlegend geändert hatten.
Das Wesen und die Folgen dieser drei Veränderungen werden uns bis zum Ende des
Kapitels vorwiegend beschäftigen, doch müssen zunächst die Winteroperationen am
Nord- und Mittelabschnitt zusammenfassend dargestellt werden; sie lassen jeweils
für sich deutlich werden, wie sich die Lage im Osten im Vergleich zum Vorjahr
verändert hatte. Wie schon erwähnt, war den deutschen Offensivplanungen im Norden für das Jahr 1942 der Boden entzogen worden, nachdem die sowjetischen Angriffe auf den Belagerungsring um Leningrad die Deutschen zu der Einsicht gezwungen hatten, daß sie die Stadt nicht einnehmen konnten. Allerdings war der Ring nicht
aufgebrochen worden. Die Rote Armee plante nun mit äußerster Umsicht und Präzision einen erneuten Versuch. In der Woche vom 12. bis 19. Januar schlugen sich
die Truppen der Leningrad- und der Wolchow-Front in harten Kämpfen durch das
nördliche Ende der deutschen Belagerungslinie und gewannen einen schmalen Landkorridor am Südstrand des Ladoga-Sees. Damit war der Belagerungsring durchbrochen. Obwohl die Landbrücke zu der großen Stadt eng war und noch unter deutschem Artilleriefeuer lag, hatte sie immense praktische und symbolische Bedeutung.
Praktisch, weil die Sowjetunion nun zu allen Jahreszeiten leichter Menschen und
Nachschub in die Stadt hinein- oder herausbringen konnte, statt nur im Winter über
den zugefrorenen Ladoga-See. Symbolisch wichtig war, daß der Sieg die sowjetische
Kampfmoral deutlich gestärkt und noch dazu den Finnen gezeigt hatte, daß die
deutsche Sache, mit der sie sich so unklug verbündet hatten, offensichtlich verloren
war, und zwar nicht nur in den sowjetischen Steppen Hunderte von Kilometern weiter
südlich, sondern vor ihrer eigenen Haustür.

Die Tatsache, daß die Heeresgruppe Nord nicht in der Lage war, die Belagerung
Leningrads aufrechtzuerhalten, nachdem sie die Entsatzversuche von 1941/42 abge-

wehrt hatte, trug sicher zu Hitlers Bereitschaft bei, den Frontvorsprung bei Demjansk
schließlich aufzugeben und die dort stationierten deutschen Divisionen zurückzuziehen. Auch dies war symbolisch wichtig. Als notwendige Vorbereitung für eine
erneute Offensive gegen Moskau hatte man eine Zangenoperation der Heeresgruppe
Nord in Richtung der Heeresgruppe Mitte im Auge gehabt. Die Aufgabe der nördlichen Ausgangsposition für eine solche Zangenoperation – womit ein solches Vorhaben letztlich abgeschrieben wurde – erleichterte es Zeitzler und dem Befehlshaber
der Heeresgruppe Mitte, Hitler von der Operation »Büffel« zu überzeugen. Hier ging
es um die Aufgabe des südlichen Ausgangspunkts für die Zangenbewegung, den
Frontvorsprung bei Rschew, der während des Vorjahres Schauplatz heftiger Kämpfe
gewesen war. Diese Operation im März 1943, noch während die letzten deutschen
Einheiten sich aus dem Raum Demjansk zurückzogen, konnte als Stärkung der nun
verkürzten deutschen Front aufgefaßt werden. Im Gesamtbild des Krieges stellten
die beiden Rückzüge, wiewohl sie als defensive Erfolge und Triumphe der militärischen Vernunft über den Größenwahn gefeiert wurden, ein deutliches Zeichen dafür
dar, daß sich das Blatt gegen Deutschland wandte und daß im deutschen Hauptquartier alle Hoffnungen auf eine erneute Offensive gegen die sowjetische Hauptstadt
aufgegeben worden waren.[133] In gewisser Weise brachte der Entsatz von Leningrad
auch den von Moskau mit sich.

Die ehrgeizigeren Ziele der sowjetischen Winteroffensiven waren Anfang 1943
ebenso wie 1942 nicht erreicht worden, doch ist ein wesentlicher Unterschied festzustellen. Der große Sieg von Stalingrad wirkte sich auf die Heimatfront der Deutschen
und auf deren Verbündete in viel stärkerem Maße aus als die Lage im vorangegangenen
Winter. In Deutschland selbst beschwor der Verlust der 6. Armee eine düstere Stimmung herauf, und Zeichen der Müdigkeit traten im Land zutage angesichts eines
Krieges, der nun schon dreieinhalb Jahre dauerte und der immer höhere Verluste
forderte. Die deutlichen Signale, daß die Dinge im Mittelmeer nicht gut liefen, und die
Bombenangriffe der Alliierten ließen ein viel erbarmungsloseres Gesicht des Krieges
zutage treten, als man es vorher gekannt hatte.[134] Das Gesamtbild der Entwicklungen
an der Heimatfront wird im folgenden Kapitel skizziert, doch gehört in den gegenwärtigen Zusammenhang die erneute umfassende Anstrengung zur Mobilisierung der
Heimatfront als einer unmittelbaren Folge der Niederlage von Stalingrad.

Der Ausschluß von Propagandaminister Joseph Goebbels von der direkten Verantwortung für die neuen Mobilisierungsmaßnahmen, die auf Hitlers Drängen hin
durchgeführt wurden, veranlaßte den ehrgeizigen und um die Sicherheit eines deutschen Sieges fürchtenden Minister dazu, die Initiative zu ergreifen und ein Spektakel
aufzuführen, das zum Symbol für das damalige Geschehen in Deutschland werden
sollte: seine Rede vom 18. Februar 1943, in der er im Berliner Sportpalast zum
»totalen Krieg« aufrief. Sorgfältig einstudiert, vor einem handverlesenen Publikum
geprobt und im Zuge einer strikt koordinierten Propagandakampagne gefilmt und
im Radio übertragen, sollte diese Aktion Goebbels von neuem eine tragende innen-

politische Rolle verschaffen und gleichzeitig der nachlassenden Kriegsmoral wieder auf die Beine helfen.[135] In Grenzen wurde beides erreicht. Zwar konnte Goebbels mit seiner Rede dem Krieg neue Kräfte zuführen, doch die katastrophale Niederlage an der Front konnte er nicht ungeschehen machen, und es gelang ihm nicht, Deutschlands Verbündete, die ganz andere Lehren aus den Ereignissen an der Ostfront zogen, in Sicherheit zu wiegen.

Die unmittelbar und am härtesten getroffenen Verbündeten der Deutschen waren jene Länder, deren Armeen durch die sowjetischen Offensiven vernichtet worden waren: Rumänien hatte zwei ganze Armeen verloren, Ungarn und Italien jeweils eine. Die Regierung von Marschall Antonescu, deren Hauptstütze im Innern die rumänische Armee war, geriet in arge Bedrängnis. Die Reihe gebrochener deutscher Versprechen, was Ausrüstung und Hilfsleistungen anging, die Mißachtung von Warnungen über sowjetische Offensivvorbereitungen, die unfreundliche Behandlung zurückweichender rumänischer Einheiten durch deutsche Offiziere und Soldaten und die allgemeine Neigung der Deutschen, die Schuld für ihre eigenen militärischen Fehlkalkulationen und Desaster den Alliierten zuzuschieben: all dies führte zu einer schweren Krise in den deutsch-rumänischen Beziehungen.[136] Die Deutschen versuchten ansatzweise, die Lage zu verbessern, während politische Vertreter Rumäniens, darunter Außenminister Mihai Antonescu, und der oppositionelle Juliu Mariu anfingen, den Westmächten Friedensbereitschaft zu signalisieren, und die italienische Regierung zum gleichen Schritt drängten. Die Westmächte weigerten sich, mehr zu tun, als zuzuhören und Rumänien aufzufordern, den Kampf gegen ihren sowjetischen Verbündeten einzustellen – acht rumänische Divisionen standen noch an der Front. Die Kontakte wurden daraufhin abgebrochen (doch detaillierte Informationen über sie gelangten in die Hände der Deutschen). Die Stabilisierung des Südabschnitts der Ostfront im März bot den Deutschen die Gelegenheit, die Rumänen zur Ordnung zu rufen, aber die Grundlage des gegenseitigen Vertrauens war zerstört.[137] Gegenüber Ungarn war die Situation im wesentlichen gleich, obwohl weniger ungarische Streitkräfte im Osten kämpften und folglich auch die Verluste geringer waren als in den rumänischen Einheiten. Auch hier erschütterte die Beunruhigung über die große Niederlage das Regime und seine Beziehungen zu Deutschland, ein Regime, das sich in Budapest wie in Bukarest weitgehend auf die Offiziere stützte, die angesichts der Ereignisse enttäuscht und in ihrer Ehre verletzt waren. Auch hier gab es gegenseitige Vorwürfe und Beschwerden, und auch hier gab es erste Sondierungen mit den Westmächten über einen Kriegsaustritt.[138] Und auch in diesem Falle blockierten die Ungarn durch ihr Beharren darauf, *keinen* Frieden mit der Sowjetunion zu schließen, einen Austritt aus dem Krieg, während die deutsche Gegenoffensive vom März die Grundlage für eine härtere deutsche Linie gegenüber dem widerspenstigen Satelliten bot.

In der rumänischen und ungarischen Politik machte sich die unterschwellige Furcht vor deutschen Strafmaßnahmen breit, und diese Furcht spielte auch bei der Reaktion der Italiener auf die Vernichtung ihrer 8. Armee eine Rolle. Die Wirkung der Katastrophe im Osten auf die italienische Regierung wurde zum Teil durch die Aufmerksamkeit absorbiert, mit der die Machthaber in Rom die Wende der Schlacht im Mittelmeerraum verfolgten, die das Schicksal Italiens noch unmittelbarer betraf. Der britische Durchbruch bei El Alamein und kurz danach die Landung der amerikanischen und britischen Streitkräfte in Französisch-Nordafrika deuteten womöglich auf den unmittelbar bevorstehenden Verlust der Reste des italienischen Kolonialreichs und in der Folge auf einen direkten Angriff der Alliierten in Italien hin. Aus der Sicht Roms war für die Achse der offensichtlich beste Weg, die wachsende Gefahr zu bannen, mit einer der Feindmächte Frieden zu schließen und alle Kräfte auf den unmittelbar gefährlichsten Gegner zu konzentrieren. Mussolini drängte seinen deutschen Verbündeten daher, das zu tun, was die Japaner seit langem forderten, nämlich einen Separatfrieden mit der Sowjetunion zu schließen und die freigesetzten Kräfte zur wirksamen Verteidigung gegen Großbritannien und die Vereinigten Staaten einzusetzen.

Mit einer langen Reihe von Vorgesprächen, Ersuchen und Beschwerden versuchten Mussolini, Ciano und andere politische, diplomatische und militärische Vertreter Italiens auf die Deutschen einzuwirken, mit Stalin einen Kompromißfrieden auszuarbeiten (obwohl einige von ihnen gleichzeitig an eine Kontaktaufnahme mit Großbritannien und den Vereinigten Staaten dachten). Auf der Konferenz der deutschen und italienischen Führungsspitzen vom 18. bis 20. Dezember 1942 in Hitlers Hauptquartier und bei einer Reihe anderer Gelegenheiten brachten die Italiener dieses Thema auf den Tisch, doch das Ansinnen wurde von Hitler beharrlich verworfen. Er machte seinen italienischen Verbündeten deutlich, daß er beabsichtige, zunächst die sowjetische Offensive aufzuhalten, um dann selbst im Sommer wieder in die Offensive zu gehen, und daß er kein Interesse an einem Kompromiß mit der Sowjetunion habe. Einerseits würde die UdSSR nicht bereit sein, riesige Gebiete, die er unter allen Umständen behalten wollte – vor allem die ganze Ukraine –, aufzugeben, und andererseits ergab es in seinen Augen keinen Sinn, eine starke und ungeschlagene Rote Armee an der deutschen Ostgrenze zurückzulassen und ihr Zeit zu geben, sich von den Kämpfen zu erholen und weiter aufzurüsten. Deutschland werde alle verfügbaren Kräfte zur Verteidigung Italiens aufbieten – massive Reserven wurden zur Errichtung einer neuen Front nach Tunesien gebracht –, doch der Krieg im Osten würde weitergehen, ob mit oder ohne italienische Beteiligung.[139]

Der andere wichtige Verbündete der Deutschen an der Ostfront war Finnland. Die Wirkung des für die Achsenmächte katastrophalen Verlaufs der Winterkämpfe 1942/43 auf die Finnen läßt sich unschwer vorstellen. Zunächst war es den Deutschen nicht gelungen, den geplanten Angriff auf Leningrad auszuführen; daraufhin folgte eine Reihe von Niederlagen am südlichen Ende der Front, für die Stalingrad als Symbol stand. Dann kam zu der Lawine schlechter Nachrichten noch die Kunde von der erfolgreichen sowjetischen Offensive südlich des Ladoga-Sees hinzu, mit der die Belagerung Leningrads aufgebrochen wurde. Es war weniger im Blick der Öffentlichkeit, doch der finnischen Militärführung sicher nicht verborgen geblieben, daß die meisten deutschen Flugzeuge, die bisher von norwegischen Flugplätzen aus an der Bekämpfung der Geleitzüge beteiligt gewesen waren, in den Mittelmeerraum verlegt worden waren, um der alliierten Landung in Nordwestafrika zu begegnen. Dies hatte offensichtlich zur Folge, daß die Schiffskonvois aus dem Westen nun einen höheren Anteil ihrer Gesamtfracht nach Murmansk und Archangelsk bringen würden. All diese Faktoren riefen bei der finnischen Regierung neues Interesse an einer möglichen Übereinkunft mit der Sowjetunion wach. Im Winter 1942/43 kam es zu einigen Kontakten, bei denen die sowjetische Regierung, etwas überraschend für ihren britischen Verbündeten, sich bereit erklärte, auf die Grenzen von 1941 zurückzugehen. Angesichts des deutschen Drucks konnte oder wollte die finnische Regierung jedoch nicht den Mut aufbringen, mit Berlin zu brechen, und vergab so die letzte Gelegenheit, ohne – über die im Abkommen vom März 1940 an die Sowjetunion abgetretenen Territorien hinausgehende – Gebietsverluste aus dem Krieg auszutreten.[140]

Der wichtigste Verbündete der Deutschen, Japan, hatte Berlin schon seit längerem gedrängt, ein neues Abkommen mit der Sowjetunion zu schließen und sich auf den Kampf gegen Großbritannien und die Vereinigten Staaten zu konzentrieren.[141] Die Niederlagen der Achsenmächte im Winter 1942/43 brachten die Japaner zu dem Schluß, daß dieser Rat schon immer richtig gewesen sei, und sie bemühten sich um so stärker, ihrem deutschen Verbündeten das nahezubringen, was sie für Vernunft hielten.[142] Als Antwort forderten die Deutschen die Japaner zu größeren Anstrengungen gegen die Westalliierten im Pazifik auf; aus der Sicht Berlins trug Deutschland die Hauptlast des Krieges gegen sämtliche Alliierten, und die deutsche Führung war der Überzeugung, Japan sei zu einem Angriff auf die Sowjetunion oder zu größeren Offensivschritten gegen die Briten und Amerikaner in der Lage. Man verstand nicht das ganze Ausmaß, in dem die japanische Kriegführung durch die Kämpfe im Südwestpazifik belastet war. Auch die lähmende Unfähigkeit der Armee und Marine Japans, eine untereinander abgestimmte Strategie zu entwickeln, wurde von den Deutschen nicht erkannt.[143]

Das beharrliche Drängen der Japaner zu einem angeblich möglichen deutsch-sowjetischen Frieden spiegelte die großen Zukunftssorgen Tokios und ein vollkommenes Unverständnis der deutschen Kriegsziele in der japanischen Militärführung wider. Wie den Italienern versicherten die Deutschen auch den Japanern, daß es keine Friedensaussichten gebe, daß man die sowjetische Winteroffensive zum Stillstand bringen werde und daß eine erneute Offensive im Sommer der ohnehin schon durch schwere Verluste in den Kämpfen von 1941 und 1942 geschwächten Sowjetunion noch heftigere Schläge versetzen werde. Deutschlands Forderungen – die Ukraine, der Kaukasus, Abtrennung von der Außenwelt und Demilitarisierung – würden Moskau vermutlich nicht gefallen, und Deutschland, so versicherte von Ribbentrop dem japanischen Botschafter Oshima am 11. Dezember, hatte kein Interesse an der Rettung eines wankenden sowjetischen Regimes.[144] Alle Prognosen Berlins stießen auf skeptische Kommentare der japanischen Diplomaten. Wie Botschafter Suma Yokichiro in Madrid erklärte, »wird es das alte Lied sein – Beginn von Feindseligkeiten im Frühjahr, ein großer Vorstoß im Sommer und ein Alptraum im Winter. Und diesmal sehe ich nicht, wie es [Deutschland] sich wieder erholen könnte.«[145] Er sah jedoch nicht vorher, daß der Alptraum für die Deutschen noch früher beginnen würde.

Die Konsolidierung der deutschen Südfront im Osten durch die erfolgreiche Gegenoffensive vom März im Raum Charkow bot Hitler die Gelegenheit, die Zweifel abzuschütteln, die das Desaster von Stalingrad geweckt hatte. Er und viele seiner militärischen Berater schoben die Schuld für die schwere Niederlage einfach auf die Fehler ihrer Verbündeten – womit sie die entscheidende deutsche Rolle beim Feldzug von 1942 leugneten. Nun, da die Dinge wieder gut zu laufen schienen, wurden die Führer der Satellitenstaaten einer nach dem anderen ins Hauptquartier oder an einen anderen Ort nach Hitlers Wahl beordert, wo sie über die Fehler ihrer Soldaten, die großartigen Zukunftsaussichten Deutschlands und die Notwendigkeit belehrt wurden, um des Endsiegs willen zusammenzuhalten. Nacheinander wurden Zar Boris von Bulgarien, Mussolini und die Führer Rumäniens und Ungarns, Marschall Ion Antonescu und Admiral Horthy, zu Gesprächen in Klausur bestellt, wobei die beiden letzteren angewiesen wurden, ihre Außenminister Mihai Antonescu und Miklós Kallay zu entlassen. Letzteres wurde als angemessene Strafe dafür angesehen, daß sie Kontakte mit den Alliierten autorisiert hatten.

Weder Marschall Antonescu noch Admiral Horthy entsprachen dieser Forderung Hitlers, und alle zögerten, dem deutschen Druck nachzugeben, die jüdische Bevölkerung ihrer Länder den heftig drängenden Deutschen zur Ermordung auszuliefern, während diese über die Widerstände gegen das Mordprogramm immer ungehaltener wurden. Allen wurde jedoch deutlich gemacht, daß man den Krieg gegen die Alliierten mit ganzer Kraft fortsetzen und Deutschland keine Abkehr von dem Weg gestatten werde, an dessen Ende der totale Sieg oder die totale Niederlage für jedes Mitglied der Achsenkoalition stehen würde.[146]

DEUTSCHE UND ALLIIERTE PLÄNE FÜR DIE JAHRE 1943/44

Wie stellten sich die Deutschen eine Fortsetzung des Krieges mit ihren immer zurückhaltender reagierenden Verbündeten vor? In der deutschen Strategie wurde dem U-Boot-Krieg, der sich im Frühjahr 1943 dem Höhepunkt näherte, zunehmend Gewicht verliehen. Hinzu kamen Überlegungen, zur Niederwerfung der Briten und Amerikaner neue Waffen einzusetzen. Am 30. Juni 1942 betonte Hitler in einem Gespräch mit Speer, es sei notwendig, die Überlegenheit im Bereich der Gaskriegführung anzustreben. Er glaubte, daß Deutschland aufgrund der amerikanischen Kriegsbeteiligung ein neuartiges Nervengas namens Tabun einsetzen müsse, um den Krieg zu gewinnen, da man mit der industriellen Kapazität der Vereinigten Staaten nicht mithalten konnte.[147] Das neue Gas wurde produziert und gelagert. Doch dann wurde Hitler am 15. Mai 1943 mitgeteilt – irrtümlicherweise, wie wir inzwischen wissen –, daß Deutschland kein Monopol auf das Nervengas besitze, das Hitler sehr gern gegen London eingesetzt hätte (zweifellos als weiteres Zeichen jener Liebe zu den Briten, die ihm von manchen Historikern angedichtet wird). Vor dem Einsatz der fürchterlichen Waffe würde Deutschland daher die Fähigkeit entwickeln müssen, seine eigene Bevölkerung gegen solche Giftgase zu schützen – und dies gelang nicht.[148] Vor dem Einsatz dieser neuen Waffe schreckten die Deutschen aus Angst vor Vergeltung zurück, doch andere Waffen erschienen ihnen vielversprechender.

Bis zum Jahr 1942 hatte man beträchtliche Fortschritte sowohl mit einem unbemannten Flugkörper, der V1, sowie mit einer Langstreckenrakete gemacht, die die Vorläuferin der ballistischen Interkontinentalrakete war. Sie wurde von den Deutschen A-4 genannt und ist schließlich als V2 bekanntgeworden. Diese und andere neue Waffen werden in Kapitel 10 beschrieben, doch gehören zwei Aspekte ihrer Entwicklung in den gegenwärtigen Zusammenhang. Erstens näherten sich diese Waffen einer Entwicklungsstufe, die ihren baldigen Kriegseinsatz realistisch erscheinen ließ.[149] Zweitens waren all diese Waffen mit dem Ziel entwickelt worden, London anzugreifen. Die Deutschen erwarteten, daß sie den Kriegsverlauf stark beeinflussen würden: nicht nur wegen ihrer angenommenen Zerstörungskraft, sondern auch aufgrund der moralischen Wirkung, die ihr Einsatz gegen die Bevölkerung der britischen Hauptstadt erzielen sollte. Schließlich beabsichtigte man, diese beiden Waffen durch eine dritte zu ergänzen, eine Kanone größter Reichweite, die eine Granate mittels mehrerer Treibladungen, die entlang des Rohres angebracht waren, bis nach London schießen sollte; hier wurde an eine Neuauflage des Artilleriebombardements von Paris im Ersten Weltkrieg gedacht.[150] Dieses als V3 bekannte Monstrum, das im Januar 1943 erstmals konzipiert und im Mai 1943 in Auftrag gegeben wurde, kam schließlich nur einmal, im Dezember 1944 gegen Luxemburg, zum Einsatz. Die Entwicklung dieser Kanone und die umfangreichen Ressourcen, die sie, wie auch die V1 und V2, in Anspruch nahm, muß als Teil des strategischen Konzepts für die künftige Kriegführung betrachtet werden, das die Deutschen Anfang 1943 entwickelten.

Es gehört zu den Ironien des Zweiten Weltkriegs, daß ein abgehörtes Gespräch zwischen zwei bei den Kämpfen in Tunesien gefangengenommenen deutschen Generälen am 22. März 1943 die Briten davon überzeugte, daß die Gerüchte über geheime Waffen auf Tatsachen beruhten.[151] Die Briten, die offenbar zu Opfern ausersehen waren, bemühten sich daraufhin verstärkt, Näheres über die Entwicklung und den Charakter dieser Waffen in Erfahrung zu bringen, was schließlich zur Bombardierung der Testanlagen von Peenemünde im Sommer 1943 führte.[152] Dieser Bombenangriff sowie technische Probleme, Materialmangel und interne Rivalitäten hatten zur Folge, daß sich die Einführung der neuen Waffen bis weit ins Jahr 1944 hinein verzögerte. Ihre Wirkung auf den Kriegsverlauf war nun viel schwächer, als die Deutschen Anfang

1943 erwartet hatten, zu einer Zeit, in der sie sich viel vom Einsatz dieser Waffen versprochen hatten.[153]

Bei den konventionelleren Formen der Kriegführung richteten die Deutschen 1943 ihre Aufmerksamkeit stärker auf die Verteidigung ihrer Industrieanlagen und Städte, wo die alliierte Bombenoffensive nun ihren Eindruck auf die Bevölkerung nicht verfehlte.[154] Obwohl für den Bau von Jagdflugzeugen erst 1944 schwerpunktmäßig Ressourcen bereitgestellt wurden, setzte man schon 1943 mehr Mittel für die Luftwaffe ein. Es wurden auch schon 1943 Luftwaffeneinheiten von der Ostfront abgezogen.[155] Besonders wichtig war in den Augen der Deutschen jedoch eine ganz andere Reaktion. Anfang März wurde eine neue, große Luftoffensive gegen Großbritannien angeordnet und geplant. Die Deutschen hofften, Großbritannien aus der Luft sehr heftige Schläge zu versetzen. Sie wollten die Alliierten dadurch zwingen, ihre eigene Bombenoffensive einzustellen oder einzuschränken. Außerdem sollte ein schweres Bombardement Londons einen Keil zwischen die hart getroffenen Briten und die noch sicheren Amerikaner treiben, und Deutschland sollte auf diese Weise die Initiative im Luftkrieg zurückgewinnen. Es kam schließlich ganz anders. Eine kleine Bombenoffensive gegen England begann Ende Januar und wurde bis Ende Mai 1944 durchgehalten; doch muß zum Verständnis der deutschen Strategie von 1943 beachtet werden, daß man in Berlin damals die Erwartung hegte, diese Luftoffensive werde ein entscheidendes Element des Krieges der Achsenmächte gegen die Alliierten darstellen.[156]

Gegen die Sowjetunion planten die Deutschen eine neue Großoffensive. Trotz einer gewissen Skepsis unter deutschen Offizieren[157] erwarteten Hitler und seine höchsten militärischen Berater, der Chef des Wehrmachtführungsstabes im OKW (Oberkommando der Wehrmacht) Jodl und Generalstabschef Zeitzler, einen großen deutschen Sieg, der es Deutschland ermöglichen würde, die wacklige Allianz ihrer Feinde zu überdauern. Aufgefrischte Divisionen mit Hunderten der neuen, schweren Panzer sollten gegen Ende der Winterkämpfe in der Operation »Zitadelle« gegen den von den Sowjets gehaltenen Frontvorsprung bei Kursk einen wichtigen Teil der Roten Armee vernichten. Taktische Rückzüge sollten andere Abschnitte der Ostfront stärken, und die große Offensive würde zeigen, daß die deutsche Macht auf dem Kontinent ungebrochen war und es bleiben würde, während gleichzeitig die U-Boote die Westalliierten an einer Rückkehr auf den Kontinent hindern würden.[158] Mit dieser Strategie waren allerdings schwerwiegende Probleme verknüpft. Tatsächlich brach die deutsche Armee nicht auseinander. Angst vor der Niederlage, ideologische Bindung und Korpsgeist glichen den Verlust an Zuversicht nach einem zweiten schrecklichen Winter aus. Ein gewaltiges Programm mit Sonderzuwendungen für die höchsten Generäle und Admiräle sollte, wie Hitler hoffte, die Loyalität der Führungsspitzen gewährleisten.[159] Bei den unteren Rängen herrschte neben allen Anreizen der Terror der deutschen Militärjustiz oder dessen, was als solche bezeichnet wurde. Dieses repressive Element des Naziregimes wird erst heute aufrichtig erforscht, aber die etwa 5000 Exekutionen im Jahr bei einer Gesamtzahl von über 30000 während des ganzen Krieges gehören zu jeder ernsthaften Untersuchung über den Zusammenhalt der deutschen Truppen bis in die letzten bitteren Tage von 1945 hinein.[160] Doch die so zusammengeschweißten deutschen Streitkräfte konnten dem Mut, dem Erfindungsgeist, der strategischen Planung und der stärkeren Bewaffnung ihrer Feinde nicht standhalten, die das Verhältnis für den Rest des Jahres 1943 aus einer ganz anderen Perspektive sahen.

Die sowjetische Führung sah die Zukunft im Licht der jüngsten dramatischen Ereignisse an der Ostfront. Einerseits hoben der große Sieg von Stalingrad und die weitgehende Befreiung des Kaukasus, des Don-Beckens und großer Teile der Industriegebiete am Donez zusammen mit der Eröffnung eines Landkorridors nach Leningrad die Kampfmoral und das Selbstvertrauen ihrer Soldaten enorm. Der deutsche Vorstoß war zum zweitenmal aufgehalten worden, und diesmal mit einem weithin beachteten und spektakulären sowjetischen Sieg. Andererseits hatten diese Errungenschaften nicht nur weitere enorme Verluste gefordert, sie hatten auch mit einem schweren Rückschlag an der Front geendet. Bis weitere Quellen aus der ehemaligen Sowjetunion verfügbar werden, muß davon ausgegangen werden, daß der Schock des Rückschlags vom März 1943, der in der Wiedereroberung Charkows, der zweitgrößten Stadt der Ukraine, durch die Deutschen gipfelte, auf Stalin und seine Vertrauten große Wirkung hatte. Wenn die Deutschen sich nach einem zweiten katastrophalen Winter noch einmal erholen und eine solch vernichtende Gegenoffensive durchführen konnten, dann stand sicher noch ein harter Kampf bevor.

Aus dieser Perspektive sollte man, wie ich glaube, die in Kapitel 11 erörterten tastenden Bemühungen um einen Separatfrieden mit Deutschland verstehen, die im Frühjahr und Sommer 1943 über Kontakte in Stockholm liefen. Auch die mit dem Nationalkomitee Freies Deutschland und dem Bund Deutscher Offiziere im Sommer 1943 unternommenen Versuche, eine andere Regierung für Deutschland vorzubereiten, gehören in diesen Zusammenhang. Vielleicht gab es weniger horrend kostspielige Möglichkeiten, den Krieg mit Deutschland zu beenden, als sich Zentimeter um Zentimeter des blutigen Wegs nach Berlin voranzukämpfen.

Da die Streitkräfte der Briten und der Vereinigten Staaten noch einige Zeit brauchen würden, um auf den Kontinent zurückzukehren, konnte Stalin andere Optionen abwägen. Und auch wenn sie sich als nicht gangbar herausstellen sollten, würden die Vertragssondierungen mit Deutschland die westlichen Alliierten der Sowjetunion vermutlich zu größerer Eile oder größeren Konzessionen oder zu beidem veranlassen.* So übte man Druck auf die Briten und Amerikaner aus, die einen größeren Anteil der Kriegslast übernehmen sollten, doch es gab für die Sowjetunion allen

---

* Die Feier eines bevorstehenden deutsch-sowjetischen Waffenstillstands durch Mitglieder der sowjetischen Botschaft in Tokio am 23. Oktober 1943 war sicher von Moskau angeordnet worden und sollte die Aufmerksamkeit der Vereinigten Staaten und Großbritanniens erregen (mit Erfolg). Tokyo Circular 1957 vom 26. Oktober 1942, U.S. intercept in NA, RG 457, SRDJ 27 500.

Grund, ihre militärischen Operationen fortzusetzen. Die entsprechenden Vorbereitungen nahmen im Frühjahr 1943 militärische und politische Gestalt an.

Auf der militärischen Seite stärkte die Sowjetunion systematisch die Front, besonders den gefährdeten Frontvorsprung um Kursk. Nach längeren internen Debatten wurde beschlossen, ein starkes Verteidigungssystem an den Frontabschnitten zu errichten, an denen Angriffe der Deutschen am ehesten zu erwarten waren, und dann eine eigene, breit angelegte Sommeroffensive einzuleiten, bei der die gestiegene Waffenproduktion des Uralgebietes zur Geltung kommen sollte.[161] Der Schwerpunkt der politischen Planung lag auf dem angrenzenden und wichtigsten Nachbarland auf der europäischen Seite der UdSSR: Polen. Dies war das Land, das sich die Sowjetunion 1939 mit Deutschland geteilt hatte, dessen nachwachsende Führungsgeneration die Sowjetunion durch die Ermordung der im Feldzug von 1939 gefangengenommenen Offiziere und Reserveoffiziere dezimiert hatte, dessen Exilregierung man jedoch nach dem deutschen Angriff von 1941 einige Zugeständnisse machen mußte. Nachdem sich nun das Blatt an der Ostfront gewendet hatte, konnten diese Zugeständnisse rückgängig gemacht werden. Anfang 1943 erklärte Stalin gegenüber polnischen Kommunisten, daß eine neue Armee und Regierung für Polen aufgebaut werden müsse und daß er die Beziehungen zur Exilregierung in London bald abbrechen werde.[162] Die Erklärung der Sowjetregierung vom 16. Januar 1943, daß alle Polen, die sich im November 1939 auf sowjetischem Territorium befunden hatten, sowjetische Bürger seien – mit der Folge, daß es nun keine Polen mehr in der Sowjetunion gab –, bedeutete den Bruch des 1941 gegebenen Versprechens Moskaus an die polnische Exilregierung, daß man internierten und deportierten Polen gestatten würde, in die polnische Armee einzutreten.[163] Unter sowjetischer Obhut begann im April der Aufbau einer neuen polnischen Armee, die von General Berling geführt wurde.[164] Die Reaktion der Exilregierung auf die Entdeckung der Massengräber im Wald von Katyn mit den Leichen polnischer Offiziere aus einem sowjetischen Gefangenenlager lieferte Stalin die Rechtfertigung des Abbruchs der Beziehungen mit der Sikorski-Regierung am 25. April 1943.[165] Da die Westmächte nicht in der Lage waren, die polnische Regierung wirksam zu unterstützen, bekam die Sowjetunion freie Hand, ein neues System in Polen oder in dem polnischen Restgebiet, das nach dem Krieg weiterbestand, zu errichten.[166] Erleichternd für die Sowjets kam hinzu, daß Sikorski bei einem Flugzeugunglück auf Gibraltar am 4. Juli zu Tode kam.[167] Nach dem Ende des führenden Vertreters der Exilregierung mißachtete die Sowjetunion alle Proteste, die ihre westlichen Alliierten zugunsten eines unabhängigen Polens einlegten. Wenn die Rote Armee jeden Kilometer nach Deutschland erkämpfen mußte, sollten die dazwischenliegenden Gebiete unter uneingeschränkter sowjetischer Kontrolle stehen.

Die Westalliierten hatten sich bereits verpflichtet, für die bedingungslose Kapitulation der Achsenmächte zu kämpfen. Sie hatten die wiederholt aufgetretenen Gerüchte um einen deutsch-sowjetischen Separatfrieden einige Zeit lang mit großer Sorge verfolgt und waren deswegen auch weiterhin sehr beunruhigt.[168] Hinzu kam, daß in den abgefangenen Funktelegrammen der japanischen Diplomaten auf eine solche Möglichkeit angespielt wurde; und auch die Tatsache, daß man nicht in der Lage war, mit massiven Kräften in Westeuropa zu landen, trug zur Beunruhigung der Alliierten bei. Besonders die britische Regierung zog aus dieser Lage den Schluß, daß der Sowjetunion gegenüber jedes mögliche Zugeständnis gemacht werden müsse, und man bemühte sich, wie in Kapitel 11 dargestellt, die Vereinigten Staaten von der Klugheit einer solchen Politik zu überzeugen.[169] Selbst wenn die Versuche, in der Zukunft mit der Sowjetunion zusammenzuarbeiten, sich als Fehlschlag erweisen würden, war es nach Edens Auffassung besser, zumindest den Versuch zu machen, miteinander auszukommen.[170] Die Briten stellten der Sowjetunion alle Informationen zur Verfügung, die sie dank ihrer Dechiffrierbemühungen und besonders ihres jüngsten Erfolgs mit der deutschen Codiermaschine, die nicht mit dem Morsecode arbeitete[171], über deutsche Pläne für eine neue Offensive gewinnen konnten. Die amerikanischen und britischen Nachschublieferungen im Leih- und Pachtverfahren wurden unablässig gesteigert, trotz eines durch den amerikanischen Botschafter Standley vom Zaun gebrochenen Streits anläßlich der Weigerung der Russen, ihren Verbündeten dafür Anerkennung zu zollen.[172] Die Verhandlungen zum dritten Nachschubprotokoll im Mai und Juni 1943 gestalteten sich besonders schwierig, weil die Sowjets sich weigerten, die Route über Murmansk aus der Luft zu schützen oder Informationen auszutauschen. Angespornt von der Angst vor einem sowjetisch-deutschen Separatfrieden und vor der Aufschiebung der Eröffnung einer zweiten Front konnte Roosevelt durchsetzen, daß die Politik bedingungsloser Hilfslieferungen beibehalten wurde.[173]

Die Westalliierten hatten ihr Augenmerk auf die Operationen gelegt, die dem Sieg in Tunesien folgen sollten. Sie wollten im Sommer 1943 auf Sizilien landen und setzten ihre Vorbereitungen für eine Landung in Westeuropa im Mai 1944 fort. Zum ersten Vorhaben gab es einen neuen Plan, der vorsah, daß die amerikanische Armee nicht im Nordwesten Siziliens, sondern neben den Briten im Südwesten landen sollte.* Gegenüber dem zweiten Unternehmen, der Landung in Westeuropa, hatte Churchill, wie in Kapitel 11 erläutert, immer noch einige Vorbehalte, aber er befürwortete eine Offensive gegen Deutschland so früh wie möglich im Jahr 1944 und brachte erneut eine Invasion Norwegens ins Spiel.[174] Für den unwahrscheinlichen Fall, daß Deutschland aus inneren Gründen zusammenbrechen sollte, begannen die Westalliierten im April 1943 Pläne für eine rasche Besetzung des Landes zu entwickeln. Die unter dem Decknamen »Rankin« laufenden Planungen gewannen später im Zusammenhang mit der Besetzung und Teilung Deutschlands an Bedeutung.[175] Vorgesehen war eine zügige Landung amerikanischer und britischer Truppen auf dem Kontinent. Falls

---

* Montgomery wollte auch die Amerikaner unter sein Kommando stellen, doch dies wurde abgelehnt. Montgomery to Brooke, 6. Mai 1943, Liddell Hart Centre, Alanbrooke Papers, 14/24/13.

Deutschland zusammenbrechen würde, wollten die Alliierten so schnell wie möglich mit starken Kräften in Mitteleuropa stehen.

Allerdings wurde in London und Washington kaum die Erwartung gehegt, daß der Krieg bald oder auf einfachem Wege zu Ende gehen würde. Zuerst mußten die U-Boote bezwungen werden, und daraufhin sollte eine Reihe von Landungen auf dem Kontinent folgen. In der Zwischenzeit wurden die massiven Bombenangriffe gegen Deutschland fortgesetzt, um das Land zu zermürben, und wenn auch ein Teil dieser Bombenoffensive zu scheitern drohte, mußten Zeitpunkt und andere Aspekte der Angriffe geändert werden – doch das Ziel blieb dasselbe.[176] Im März 1943 wurden neue Navigationsgeräte und Bombenleitvorrichtungen eingeführt, und eine wachsende Zahl von Flugzeugen stand für immer größere Angriffe auf das Ruhrgebiet bereit.[177] Die Bombardierung von Talsperren im Bereich der Ruhr am 16./17. Mai und die Planungen für eine umfangreiche Serie von Luftangriffen auf Hamburg im Juli 1943, die sich auf den Einsatz eines neuen Geräts zur Täuschung des deutschen Radars stützen konnten, gehören in den Zusammenhang eines eskalierenden Bombenkrieges.[178]

Es war schwierig, einen Großteil des von den Deutschen kontrollierten Europa von Luftwaffenbasen in Großbritannien und Nordafrika aus zu erreichen, da die effektive Reichweite der alliierten Bomber nur knapp 1000 Kilometer betrug. Deshalb erschien jetzt der strategische Vorteil einer Landung in Italien und die Einnahme der Flugplätze im Bereich Foggia immer wichtiger.[179] Doch dies gehört schon zu den strategischen Operationsplanungen für die Zeit nach der Invasion Siziliens. Jedenfalls wollten die Westalliierten im Sommer 1943 die Früchte des Sieges in Nordafrika ernten und ihren Erfolg mit der neuen »Pointblank«-Bombenoffensive verknüpfen.[180] Wenn die drei großen Alliierten zusammenhielten, lag zwar ein schweres Stück Weg vor ihnen, doch die Aussichten waren viel ermutigender als in den dunklen Tagen des Vorjahres.

9

Die Heimatfront

DEUTSCHLAND

Die erste Hälfte des Zweiten Weltkriegs hatte seltsam zwiespältige Auswirkungen auf die inneren Angelegenheiten des Dritten Reichs. Das Regime wollte um jeden Preis eine Wiederholung des inneren Zusammenbruchs vermeiden, der seiner Ansicht nach für die Niederlage von 1918 verantwortlich gewesen war, und scheute sich deshalb, der Bevölkerung allzu große Opfer abzuverlangen. Ende August 1939 führte es zwar die Rationierung von Lebensmitteln ein, machte jedoch große Anstrengungen, die Zuteilungen hoch zu halten. Tatsächlich waren die deutschen Rationen nicht zuletzt aufgrund der Ausplünderung der besetzten Gebiete bis wenige Monate vor Kriegsende höher als in allen anderen kriegführenden Staaten Europas.

Aus demselben Grund fand zunächst auch keine totale Mobilisierung der Bevölkerung oder der materiellen Ressourcen des Landes statt. Zwar dienten Millionen Männer in den Streitkräften, aber in Industrie und Verwaltung waren viele Arbeitskräfte vom Wehrdienst befreit. Diese Politik änderte sich erst Anfang 1942, als der Personalbedarf der Streitkräfte aufgrund der katastrophalen Niederlagen im Osten eine höhere Priorität erhielt als die politischen Präferenzen der Regierung. Auch das Niveau der Konsumgüterproduktion wurde bis weit in den Krieg hinein hoch gehalten, so daß bis 1942 weder Industrieanlagen noch Rohstoffe primär für die Kriegsproduktion eingesetzt wurden.[1]

In Deutschland wurden also nicht alle tauglichen Männer zum Militär eingezogen, und noch viel weniger war man geneigt, das Potential an weiblichen Arbeitskräften voll auszuschöpfen. Die relativ hohe Unterstützung, die die Angehörigen von aktiven Soldaten erhielten, hatte im ersten Kriegsjahr sogar den Effekt, daß viele Frauen ihre Arbeit in Fabriken, Büros und Geschäften aufgaben; sie waren besser gestellt, wenn sie daheim blieben und von der Unterstützung lebten. Von den Frauen, die außerhalb ihrer Familie, ihres Bauernhofs oder ihres Familienunternehmens erwerbstätig waren, arbeiteten Millionen bis weit in den Krieg hinein als Hausmädchen für Familien der Mittel- und Oberklasse. Ab 1943 änderte sich dieses Bild allmählich, aber bis zur Endphase des Krieges wurden die deutschen Frauen nie im gleichen Ausmaß belastet wie ihre Geschlechtsgenossinnen in Großbritannien und in der Sowjetunion. Erst in der zweiten Hälfte des Krieges litten sie – durch die Bombenangriffe – stärker unter dem Krieg.

In mancher Hinsicht hatte der sogenannte »Sitzkrieg« deshalb lange Zeit keine dramatischen Auswirkungen auf das Leben in Deutschland. Der Sieg über Polen war in einem Land mit außerordentlich starken antipolnischen Ressentiments sogar sehr populär. Trotzdem spricht einiges dafür, daß die britische und die französische Kriegs-erklärung bei vielen Deutschen einen Schock auslösten. Sie riefen schlimme Erinne-rungen an den Ersten Weltkrieg wach, und sie entsetzten diejenigen, die der natio-nalsozialistischen Friedenspropaganda in den ersten Jahren des Regimes geglaubt und nicht mit einem Krieg gegen die Westmächte gerechnet hatten. Auch die extreme Kälte des Winters 1939/40, in dem der Kohletransport ins Stocken geriet, weil die Kanäle zufroren und alle möglichen anderen Schwierigkeiten auftraten, trug dazu bei, daß in Deutschland im ersten Halbjahr des Krieges ein Gefühl des Unbehagens herrschte.[2]

Dieses Gefühl wäre noch sehr viel stärker gewesen, wenn die Öffentlichkeit von dem massiven Programm zur Ermordung alter, kranker, behinderter und anderer Menschen gewußt hätte, das in den ersten Wochen des Krieges gestartet wurde, jedoch nur allmählich Aufmerksamkeit erregte. Dieses sogenannte Euthanasie-programm, von dem schon die Rede war, betrachteten Hitler und seine Gefolgsleute als integralen Bestandteil der deutschen Kriegführung. Im gegebenen Kontext sind zwei Punkte wichtig: Erstens stellte das Regime rasch fest, daß es bei der Durch-führung eines Programms, das über hunderttausend, ja vielleicht sogar zweihundert-tausend Menschen das Leben kostete, auf die zustimmende, kritiklose oder allenfalls widerwillige Unterstützung von Tausenden von Ärzten, Krankenschwestern, Verwal-tungsbeamten und anderen Personen bauen konnte. Zweitens entwickelte es im Ver-lauf des Programms die Techniken, bestimmte Kategorien von Menschen einer Ge-sellschaft auszusondern, sie zu ermorden und ihre Leichen zu beseitigen.

Gleichzeitig entstand ein Korps von Personen, die das Ermorden von Menschen als einen »normalen Beruf« betrachteten, den sie tagtäglich ausübten und auch wei-terhin auszuüben bereit waren. In jeder Gesellschaft gibt es Individuen, die aus einer Vielzahl von Gründen einen anderen Menschen töten oder sogar zu Serienmördern werden. Personen, die andere Menschen hauptberuflich und massenhaft töten, müs-sen dagegen ausfindig gemacht und ausgebildet werden. Wer immer sich für einen solchen Beruf nicht geeignet fühlte, konnte, wie wir heute wissen, um seine Versetzung oder um eine andere Aufgabe ersuchen, ohne damit ein nennenswertes persönliches Risiko einzugehen. Einige wenige taten dies.[3] Doch es fehlte den Tötungsfabriken nie an Personal.

Im Jahr 1940 und in der ersten Hälfte des Jahres 1941 stieg das Unbehagen über das Euthanasieprogramm langsam, aber stetig an, bis das Mordprogramm im August 1941 von Clemens August Graf von Galen, dem Bischof von Münster, öffentlich angeprangert wurde.[4] Solche Appelle hatten innerhalb und außerhalb des Landes ihre Wirkung. In Deutschland veranlaßten sie Hitler, wenigstens einen Teil des Programms auf die Zeit nach dem Krieg zu verschieben, um dann auch den widersetzlichen Bischof problemlos beseitigen zu können. Das Gerücht, auch verwundete Soldaten des Zweiten Weltkriegs würden von ihrer eigenen Regierung als »nutzlose Esser« getötet – was bereits vielen verkrüppelten Veteranen des Ersten Weltkriegs widerfahren war –, bedrohte das Regime zu sehr, als daß es seine Ausbreitung just zu Beginn des Rußlandfeldzugs hätte riskieren können. Außerhalb Deutschlands war das Mordprogramm bekanntgeworden, und Präsident Roosevelt bezeichnete Galens Predigt als eine »großartige und mutige Tat«.[5]

Während das Euthanasieprogramm im Sommer 1941 etwas eingeschränkt wurde, wurde gleichzeitig die systematische Ermordung der Juden zunächst in den neueroberten Gebieten der Sowjetunion und dann auch im Rest des von Deutschland kontrollierten Europa eingeleitet. Die ersten großen Transporte mit deutschen Juden gingen im Oktober 1941 zur Ermordung in den Osten. In den folgenden Jahren wurde die große Mehrheit aller Juden, die es nicht geschafft hatten, Deutschland vor dem Krieg zu verlassen, abtransportiert und getötet; ihre leeren Wohnungen erhielten andere, während karitative Organisationen ihre Möbel und große Mengen konfiszierter Kleidungsstücke, die oft blutbefleckt waren, an die deutsche Bevölkerung verteilten. Die Nachricht von den Massenmorden im Osten erreichte bald auch Deutschland. Doch obwohl die Wehrmacht ihren Soldaten wiederholt verbot, Bilder von Massenerschießungen nach Hause zu schicken, nahm Goebbels den Brief eines Soldaten, der über Massenerschießungen berichtete, in eine Briefsammlung von Frontsoldaten mit auf, die er zu Propagandazwecken verteilen ließ.[6] Hitler prahlte wiederholt in aller Öffentlichkeit, daß sein Versprechen, bei einem neuen Krieg in Europa alle europäischen Juden auszurotten, nun in die Tat umgesetzt werde.[7] Es gab gewiß ein Unbehagen über diese Verbrechen, und einige wenige tapfere Menschen halfen einigen wenigen Juden, sich zu verstecken und zu überleben, die meisten aber wollten nichts sehen und nichts hören.

Ab Herbst 1941 versuchte die deutsche Regierung bei den verschiedenen Regierungen, die mit Deutschland verbündet oder von ihm abhängig waren, die Auslieferung ihrer jüdischen Staatsbürger zu erreichen, damit sie deportiert und getötet werden konnten. Die französische Vichy-Regierung[8], die Marionettenregime in der Slowakei und Kroatien und eine Zeitlang auch die rumänische Regierung erwiesen sich als sehr kooperationsbereit. Die Italiener weigerten sich am entschiedensten mitzumachen und schützten die Juden nicht nur in Italien selbst, sondern auch in den von der italienischen Armee besetzten Teilen Frankreichs, Jugoslawiens und Griechenlands.[9] Die Nazis sahen in diesem Verhalten ein weiteres Beispiel für die Minderwertigkeit ihres italienischen Bündnispartners. Sie kochten vor Wut, weil die meisten Juden dieser Gebiete zunächst überlebten. Erst als die italienischen Besatzungszonen durch die Kapitulation Italiens im September 1943 unter deutsche Kontrolle gerieten, kamen die inzwischen gut eingespielten Prozeduren des Sammelns, Abtransportierens und Ermordens zur Anwendung. Nur in der unmittelbaren Umgebung Roms wurde eine gewisse minimale Rücksicht auf eventuelle Proteste des Vatikans genommen.[10]

Als sich das Blatt zugunsten der Alliierten wendete, widersetzte sich auch Rumänien dem deutschen Druck, seine Juden auszuliefern. Bulgarien hatte von Anfang an nicht kooperiert, und die Dänen hatten ihren jüdischen Mitbürgern geholfen, ins neutrale Schweden zu entkommen, als die Deutschen sie aufspüren wollten. Bis 1944 hatte sich auch Ungarn der deutschen Forderung widersetzt, seine weit mehr als eine halbe Million jüdischer Bürger auszuliefern – selbst als sie von Hitler und Ribbentrop persönlich vorgebracht wurde. Auch in Ungarn begannen die Transporte in die Todesfabriken erst, nachdem die Wehrmacht das Land besetzt hatte. Der internationale Aufschrei, den diese Ereignisse im Sommer und Herbst 1944 auslösten, führte zu einer Verzögerung, die vielen das Leben rettete, ein Umstand, bei dem der schwedische Abgesandte Raoul Wallenberg eine wichtige Rolle spielte.[11]

Die Ermordung der Juden war während des Krieges praktisch und propagandistisch eines der zentralen Merkmale von Leben und Sterben in Deutschland und im deutsch kontrollierten Europa. »Über die Judenfrage hörten wir ganz eindeutige und lapidare Feststellungen«, schrieb ein deutscher Reporter, nachdem er 1943 drei Wochen lang durch die besetzte Ukraine gereist war. »Unter den 16 Mill. Einwohnern des Zivilverwaltungsbezirkes Ukraine gab es 1,1 Millionen Juden. Sie sind restlos liquidiert ... Ein höherer Beamter vom Reichskommissariat faßte die Exekutionen mit den Worten zusammen: ›Die Juden wurden wie Wanzen vertilgt.‹«[12]

Dieser Massenmord war nicht nur ein zentrales Ziel des Regimes, es war sogar ausgesprochen stolz auf seine Taten. Noch 1944, als sich Deutschland bereits in der Defensive befand, plante das NS-Regime einen großen internationalen antijüdischen Kongreß. Er sollte in Krakau im besetzten Polen stattfinden und dazu dienen, den Charakter des Mordprogramms zu erläutern und anzupreisen.[13] Der Kongreß wurde schließlich abgesagt, aber das Morden ging weiter. In den letzten Jahren des Krieges wurde es nicht mehr nur auf Druck der Regierenden fortgesetzt. Tausende hatten inzwischen, so schrecklich das klingen mag, ein persönliches Interesse an der Fortsetzung des Mordprogramms, denn es bescherte ihnen Beförderungen und Auszeichnungen. Außerdem war es in den Jahren 1944 und besonders 1945 immer noch angenehmer, wehrlose Zivilisten zu töten, als sich an der Front in Gefahr zu begeben, wo man einem Feind gegenüberstand, der ebenfalls bewaffnet war.

Die Tötung der angeblich »lebensunwerten« Deutschen und sämtlicher Juden, derer man habhaft werden konnte, war während des Krieges nicht das einzige Element der nationalsozialistischen Rassenpolitik. Es gab ein ähnliches Mordprogramm für sogenannte Zigeuner, dem Tausende von Roma und Sinti zum Opfer fielen; seine Erforschung hat erst in jüngster Zeit begonnen.[14] Auch war das NS-Regime sehr besorgt, daß Deutsche womöglich Polen, Ungarn oder andere Menschen heiraten könnten, die Hitler und seinen Rassenpolitikern als Ehepartner ungeeignet erschienen.[15] Als die Regierung immer mehr Kriegsgefangene und Zwangsarbeiter nach Deutschland holte, war das Regime von der »Gefahr« regelrecht besessen, daß deutsche Frauen mit Slawen oder anderen Männern schlafen könnten, die als rassisch minderwertig galten. Uneheliche Kinder wurden ohne weiteres toleriert, wenn beide Eltern den rassischen Kriterien des Regimes entsprachen, Geschlechtsverkehr zwischen verschiedenen »Rassen« wurde jedoch schwer bestraft.

Um dem Männermangel zu begegnen, der durch die immer höheren Verluste an Soldaten entstand, wurden während des Krieges zahlreiche Pläne diskutiert, die nach dem Krieg verwirklicht werden sollten. Sie reichten von Martin Bormanns Vorschlag, die Zahl der geborenen Kinder durch Vielweiberei zu erhöhen, den ein Historiker als das nationalsozialistische Prinzip des Fruchtwechsels bezeichnete[16], bis hin zu dem Plan eines hohen SS-Funktionärs, Deutsche in Nord- und Südamerika und in Australien für die SS zu rekrutieren.[17] Direktere Methoden zur »Bevölkerungsrekrutierung« waren ein Großprogramm zur Entführung von Kindern mit »germanischem Aussehen« aus den besetzten Gebieten und der Plan, Polen und Tschechen, die den Behörden geeignet erschienen, zu Deutschen zu erklären.

Außerdem wurde angenommen, durch die extensive deutsche Besiedlung der Agrargebiete in der Sowjetunion und in Polen würden kinderreiche Bauernfamilien entstehen, die die Männer, die bei der Eroberung der Gebiete gefallen waren, rasch ersetzen würden. Zur Einleitung des Programms wies das Regime seinen treuesten Dienern schon während des Krieges Landgüter zu. General Guderian reiste beispielsweise, nachdem er eine Armee im Osten kommandiert hatte und bevor er seinen Posten als Generalinspekteur der Panzerwaffe antrat, monatelang durch das besetzte Osteuropa und suchte nach einem Gut, das seine Regierung für ihn rauben konnte.[18] Die neue rassistische Ordnung in Europa sollte im ersten Jahrzehnt nach dem deutschen Endsieg aufgerichtet werden, beträchtliche Anfänge wurden jedoch schon während des Krieges gemacht.

Wie schon erwähnt, wurden im Zweiten Weltkrieg Kriegsgefangene und andere ausländische Arbeitskräfte nach Deutschland verschleppt. Dieses Programm wurde immer mehr ausgeweitet. Es begann im Herbst 1939 mit polnischen Kriegsgefangenen und umfaßte schließlich über eine Million französische und etwa eine Million sowjetische Kriegsgefangene. Letztere waren zusammen mit einer weiteren Million, die sich der Wehrmacht als Hilfspersonal zur Verfügung gestellt hatten, die einzigen Überlebenden von über fünf Millionen Soldaten der Roten Armee, die in deutsche Kriegsgefangenschaft geraten waren. Über drei Millionen wurden ermordet oder dem Hungertod ausgeliefert. Außer den Kriegsgefangenen gab es weitere vier bis fünf Millionen Zwangsarbeiter. Die meisten wurden in der Sowjetunion zwangsrekrutiert oder verschleppt; kleinere Kontingente stammten aus Polen, Frankreich und anderen Teilen des besetzten Europa. Außerdem kamen zu den mehreren hunderttausend Italienern, die freiwillig in Deutschland gearbeitet hatten, Hunderttausende italienische Soldaten hinzu, die nach der italienischen Kapitulation von 1943 in deutsche Kriegsgefangenschaft geraten waren und kurz darauf als Zwangsarbeiter eingesetzt wurden.

Diese sieben bis acht Millionen Arbeitssklaven spielten in der deutschen Kriegswirtschaft eine in mehrfacher Hinsicht zentrale Rolle.[19] In den ersten Kriegsjahren ermöglichten sie es dem Regime, auf die Mobilisierung der Frauen für die Fabrikarbeit zu verzichten und die Bauern zu ersetzen, die ihre Höfe verließen, um eine besser bezahlte Arbeit in der Industrie zu leisten. Ab 1942 konnte die deutsche Regierung dank des immer massiveren Einsatzes von überlebenden sowjetischen Kriegsgefangenen und versklavten russischen und polnischen Zivilisten große Mengen deutscher Männer zu den Streitkräften einziehen, hauptsächlich, um die Verluste an der Ostfront zu ersetzen.

Zwangsarbeiter wurden in Deutschland zu einer omnipräsenten Erscheinung. Sie wurden miserabel untergebracht und ernährt, permanent schikaniert und mißhandelt und für wirkliche oder angebliche Vergehen brutal bestraft. Jede Stadt hatte ihr Lager mit Zwangsarbeitern, die zwanzig bis achtzig Prozent der Arbeitskräfte stellten. Das Ausmaß der Unmenschlichkeiten war sorgfältig nach rassischen Kriterien dosiert, wobei die französischen und andere »westliche« Zwangsarbeiter noch am besten und die aus der Sowjetunion am schlimmsten behandelt wurden. Die größte Sorge des Regimes waren immer sexuelle Beziehungen zwischen ausländischen Arbeitern und deutschen Frauen. Sie wurden einerseits durch öffentliches Hängen und andererseits durch ein landesweites Bordellsystem bekämpft.[20]

Die Zwangsarbeiter litten unter den Bombenangriffen der Alliierten noch mehr als die deutsche Zivilbevölkerung, da die Angriffe häufig ihre Baracken zerstörten und ihre ohnehin schlechte Lebensmittelversorgung unterbrachen. Andere wurden als »unnütze Esser« getötet, wenn sie arbeitsunfähig geworden waren. In den Kriegsjahren starben deshalb viele durch die unmenschliche Behandlung. Außerdem wurden die Frauen, die über die Hälfte der Zwangsarbeiter aus dem Osten stellten, häufig zwangssterilisiert oder zur Abtreibung gezwungen. Schließlich wurden in den letzten Kriegstagen Tausende ohne jeden Grund erschossen.[21]

Solange sie in Deutschland lebten, hatten die Zwangsarbeiter eine Schlüsselrolle in der deutschen Kriegswirtschaft gespielt. Gleichzeitig sollte die schreckliche Behandlung, die ihnen je nach angeblicher Rassenzugehörigkeit zuteil wurde, die Deutschen an die rassistische neue Ordnung gewöhnen, unter der alle Europäer nach dem deutschen Endsieg leben und sterben sollten. In den Monaten vor der endgültigen Niederlage waren die meisten Deutschen hauptsächlich damit beschäftigt, für das eigene Überleben und das ihrer Familien zu sorgen. Im Rausch der großen Siege hatten sie jedoch erfahren, welche »Vorteile« es bringt, der »Herrenrasse« anzugehören. Sie hatten an der Spitze der Rassenhierarchie gestanden, hatten lange Kolonnen unterernährter und schlecht gekleideter Arbeiter durch die Straßen ihrer Städte ziehen sehen und hatten in den Fabriken und auf den Höfen neben ihnen gearbeitet.

Gleichzeitig hatten Industriemagnaten erhebliche Profite aus den unterbezahlten Zwangsarbeitern geschlagen, die durch immer neue Sklaven ersetzt wurden und deren Altersversorgung keinen Pfennig kostete, weil man sie tötete, wenn sie alt und schwach waren.

Es gab im Deutschland der Kriegszeit noch andere Vorzeichen dafür, wie eine von den Nationalsozialisten beherrschte Welt ausgesehen hätte. Das administrative Chaos, das sich im Deutschen Reich schon in den ersten Jahren des NS-Regimes entwickelt hatte, wurde durch den Krieg noch beträchtlich verschärft. Hin und wieder wurde zwar eine überflüssig gewordene Institution aufgelöst, so beispielsweise Ribbentrops privates Außenministerium zwei Jahre nach seinem Amtsantritt.[22] Für jede Dienststelle, die aufgelöst wurde, entstanden jedoch mindestens zehn neue, und sie alle kämpften miteinander um Macht und Kompetenzen. Eine Nachkriegsstudie, in der das System als »autoritäre Anarchie« bezeichnet wird[23], beschreibt eindrücklich das administrative Chaos, in dem der Machtkampf durch das Buhlen um die Gunst des Führers noch angeheizt wurde – und in dem Hitler selbst sich pudelwohl fühlte. In dem Wust von Rivalitäten hatte er immer das letzte Wort, und er war der Ansicht, daß in einem solchen System automatisch die skrupellosesten und härtesten Männer an die Spitze gelangten.

Das Chaos war nicht nur für die militärische und zivile Verwaltung charakteristisch, sondern erstreckte sich auch auf ein Projekt, das Hitler besonders am Herzen lag – die Umgestaltung der deutschen Städte. Eine ganze Reihe von Städten sollte völlig umgebaut werden, und nicht nur Berlin. Dort sollten gigantische Gebäude die Welthauptstadt symbolisieren, und kleinere Versionen dieser Monumente sollten andere Städte schmücken.[24] Die Arbeit an diesen Projekten begann schon im Krieg, und an einigen Aufträgen wurde jahrelang gearbeitet. Noch im Frühjahr 1945 waren Architekturbüros mit den Konstruktionsplänen beschäftigt.[25]

Zwei Aspekte dieser Bauprojekte sind der Erwähnung wert, da sie ein Licht auf die Präferenzen des Regimes und seine Zukunftshoffnungen werfen. Erstens genossen sie eine so hohe Priorität, daß alle, die an ihrer Planung beteiligt waren, mit der Zurückstellung vom Wehrdienst rechnen konnten. Genauso wie die Leute, die beruflich mit der Ermordung der Juden zu tun hatten, oder solche, die an dem endlosen Kompetenzgerangel beteiligt waren, das für das Dritte Reich charakteristisch war, hatten auch diejenigen, die die Zukunft der deutschen Städte planten, ein persönliches Interesse daran, ihre gegenwärtige Beschäftigung weiter ausüben zu können und nicht ihr Leben an der Front riskieren zu müssen. Zweitens hatten alle Pläne für die Erneuerung der deutschen Städte eines gemeinsam: Es würde nach dem Krieg in den Städten Deutschlands keine Kirchen mehr geben.[26] Hier sollte ein Ziel seinen architektonischen Ausdruck finden, das der Führung des nationalsozialistischen Deutschland sehr am Herzen lag. Während man im Krieg noch diverse Rücksichten auf die Proteste der Kirchen gegen das Euthanasieprogramm, gegen die Entfernung der Kruzifixe aus den Schulen und gegen die Abschaffung der Militärseelsorge nehmen mußte, würde man die christlichen Kirchen in Deutschland nach dem Endsieg problemlos abschaffen können. Wer immer dann Widerspruch wagte, den würde die Gestapo seiner Strafe zuführen.[27]

Auch zahlreiche andere Dinge würde es in einem von Deutschland beherrschten Europa nicht mehr geben, etwa die meisten unabhängigen Länder des Kontinents. Die wirtschaftlichen und politischen Vorbereitungen für diese Entwicklung waren ebenfalls schon während des Krieges im Gange und wirkten sich sowohl auf das Leben in Deutschland selbst als auch auf das in den besetzten Ländern aus. In gewissen Regierungskreisen wurde heftig über die »Neue Ordnung« diskutiert, die Deutschland schaffen würde. Durch die Atlantikcharta und durch den Aufruf der Vereinten Nationen, eine neue Welt zu errichten, wurden Hoffnungen geweckt, die manche aus propagandistischen Gründen konterkarieren wollten, indem sie die deutschen Nachkriegspläne stärker an die Öffentlichkeit brachten.[28] Italien appellierte bis zu seiner Kapitulation, und die meiste Zeit des Krieges appellierte auch Japan an Deutschland, Maßnahmen zu ergreifen, die den Völkern des besetzten Europa eine gewisse Zukunftsperspektive eröffnet hätten, aber all diese Appelle stießen auf taube Ohren.[29] Wenn Hitler etwas nicht wollte, dann waren es Versprechungen und Verpflichtungen, die seine künftige Entscheidungsfreiheit eingeengt hätten. Von Zeit zu Zeit gab er seinen engsten Mitarbeitern gewisse Hinweise, wie die Zukunft in einem von Deutschland beherrschten Europa aussehen würde.[30] Außer dem Versprechen, daß es keine Juden mehr geben würde, machte er jedoch keine seiner Absichten publik.

Alle Handelsbeziehungen sollten unter deutscher Kontrolle stehen, und die Reichsmark sollte Hauptwährung werden.[31] Der Staat würde die Wirtschaft kontrollieren, die Industrie strengen Kontrollen und Vorschriften unterwerfen – soweit sie nicht ohnehin in den Besitz des Staates übergehen oder dem wachsenden Imperium der SS zugeschlagen werden würde.[32]

Unter der ehrgeizigen Leitung Heinrich Himmlers dehnte die SS ihren Verantwortungsbereich immer weiter aus. Die SS und der Polizeiapparat übernahmen immer mehr Funktionen der Justiz, operierten unabhängig in den besetzten Gebieten und bauten ein Industrie-Imperium auf, das ursprünglich primär auf dem System der Konzentrationslager basierte[33]. Daß interne Rivalitäten für die SS genauso typisch waren wie für alle anderen Institutionen des Dritten Reichs, sollte nicht zu der Annahme verleiten, daß sie im Umgang mit anderen Teilen der Gesellschaft keinen starken Zusammenhalt gezeigt hätte. Ihre wirtschaftliche Rolle wuchs auf Kosten der Privatindustrie und der ökonomischen Struktur, die Albert Speer mit großer Rücksichtslosigkeit und persönlicher Unterstützung Hitlers aufbaute.[34] Der militärische Arm der SS, die Waffen-SS, wuchs trotz schwerer Verluste ständig.[35] Dieses Heer im Heere, das innerhalb der deutschen Landstreitkräfte wie ein Krebsgeschwür wucherte, rekrutierte nicht nur in Deutschland selbst Mitglieder, sondern nahm auch Männer realer oder imaginärer deutscher Abstammung aus ganz Europa in seine Reihen auf.[36] Von den hohen Offizieren der regulären Armee, die für die hohen Stabspositionen in den Korps- und Armeehauptquartieren ausgewählt wurden, um die ständig wachsende Zahl von SS-Divisionen zu kommandieren, wurde erwartet, daß sie aus der christlichen Kirche austraten; dann konnten sie mit sicherer und schneller Beförderung rechnen. Wie die deutschen Städte und das deutsche Volk sollte auch die SS keine religiösen Skrupel mehr kennen.

Die alten Rivalen der SS, die Braunhemden der SA und der Parteiorganisation, hatten im Deutschland der Kriegszeit zwei gegensätzliche Funktionen. Einerseits wurden sie für die Mobilisierung der Öffentlichkeit instrumentalisiert. In diesem Prozeß gewann die Parteiorganisation, wie auch die SS, im letzten Jahr des Krieges an Einfluß. Denn unter der energischen Führung Martin Bormanns erlebten auch die zentralen Dienststellen der Partei einen gewaltigen Machtzuwachs.[37]

Andererseits gibt es gute Beweise dafür, daß sich die Parteiorganisation zu einer Art Blitzableiter für alle Arten von Unzufriedenheit und Kritik entwickelte. Die meisten Deutschen verfielen leicht dem Irrglauben, den Führer von der Partei, die er führte, zu trennen. Sie glaubten, alles würde in Ordnung kommen, wenn der Führer nur erführe, was ihnen nicht gefiel, und entwickelten eine zunehmend negative Haltung zu den Parteifunktionären.[38]

Eine Organisation der Partei war von diesem Entfremdungsprozeß allerdings nicht betroffen. Die zunehmende Verwüstung durch die alliierten Luftangriffe machte die Bevölkerung immer abhängiger von den karitativen Organisationen der Regierung, und unter diesen war die NS Volkswohlfahrt e. V. (NSV) bei weitem die wichtigste.* Ausgebombte Familien suchten bei diesem Wohlfahrtsverband Hilfe. Und sie waren dankbar, auch wenn manche über die Blutflecken und Einschußlöcher in manchen der ihnen zugeteilten Kleider irritiert waren.

Die deutsche Öffentlichkeit zeigte bei der Unterstützung der deutschen Kriegsanstrengungen einen beachtlichen Zusammenhalt. Auf die bösen Vorahnungen im ersten Winter des Krieges folgte 1940 der Jubel, während ab 1941 aufgrund der langen Dauer des Krieges wieder zunehmende Ernüchterung eintrat. Die Propagandamaschinerie trug das ihre dazu bei, die öffentliche Moral trotz wachsender Schwierigkeiten und immer größeren Unbehagens hochzuhalten.[39] Die Entlassung einer Reihe berühmter Militärführer im Winter 1941 und die fast gleichzeitig einsetzende Spendenkampagne, in der Winterkleidung und Ausrüstungsgegenstände für die Soldaten gesammelt wurden, verursachte eine gewisse Unruhe, und der sowjetische Sieg bei Stalingrad und kurz darauf die Kapitulation in Nordafrika hatten auf die Stimmung im Land noch stärkeren Einfluß.

---

*Es gibt sehr wenig informative Literatur über die NSV. Dies liegt zum Teil daran, daß ein Großteil ihrer Unterlagen, zumindest was die nationale Ebene betrifft, anscheinend verlorengegangen ist. Siehe Herwart Vorländer, »NS-Volkswohlfahrt und Winterhilfswerk des deutschen Volkes«, in: *VfZ* 34, Nr. 3 (Juli 1986), S. 341–380, und das Buch desselben Autors, Die NSV: Darstellung und Dokumentation einer nationalsozialistischen Organisation, Boldt, Boppard, 1988.

Die Luftangriffe führten zunächst zu einem Sinken der Moral, scheinen nach einiger Zeit jedoch nur noch Apathie erzeugt zu haben. Man kümmerte sich lediglich ums eigene Überleben und die unmittelbarsten Bedürfnisse. Die Angst um die Verwandten an der Front und vor dem nächsten Luftangriff in der Heimat dominierte das Denken der Leute so sehr, daß sie die meisten anderen Themen verdrängte. Es gab Ressentiments, weil viele meinten, daß die wohlhabenderen Bevölkerungsschichten zuwenig an der Last des Krieges beteiligt würden, aber die allgegenwärtigen Zwangsarbeiter wurden als normaler Bestandteil des Alltags begriffen. Der Massenmord an Juden und anderen wurde von Hitler selbst und hohen Parteifunktionären wiederholt öffentlich erwähnt. Doch die meisten Deutschen zeigten keine Reaktion. Auf Offizierskonferenzen wurde applaudiert, wenn Hitler sich befriedigt über das Vernichtungsprogramm äußerte.[40] Die Mehrheit der Bevölkerung aber verschloß Augen und Ohren.

In den letzten zwei Jahren des Krieges bot die Hoffnung auf neue Waffen einen gewissen Trost, aber für viele Deutsche ersetzte »Kraft durch Angst« die Ferien- und Erholungsprogramme, die die Deutsche Arbeitsfront unter dem Motto »Kraft durch Freude« veranstaltet hatte. Die Angst vor einer Niederlage an der Ostfront und vor einer russischen Invasion, die Angst vor einem Frieden, der Deutschland diktiert werden könnte, die Angst, für alte Verbrechen bestraft zu werden, die Angst, bei der Polizei wegen Defätismus denunziert zu werden, der mit drastischen Strafen belegt war, die Angst vor einer Zukunft, die sich niemand vorstellen konnte, das sind nur einige der vielen Ängste, die das Denken vieler Deutschen beherrschten. »Genießt den Krieg, denn der Friede wird schrecklich.« So brachte ein bitteres Bonmot, das damals kursierte, diese Stimmung auf den Punkt.

Es gab jedoch auch Widerstand gegen das Regime. Schon vor dem Krieg hatte es Deutsche gegeben, die am nationalsozialistischen System ihre Zweifel hatten. Und obwohl sich die Bürger bei Kriegsausbruch erwartungsgemäß mit ihrem Land identifizierten, was den Zusammenhalt stärkte, gab es nach wie vor Menschen, die dem System sehr kritisch gegenüberstanden. In vielen Fällen wurde ihre kritische Haltung noch durch das verstärkt, was sie von den Greueltaten sahen oder erfuhren, die in den besetzten Gebieten und in Deutschland selbst begangen wurden.[41] Obwohl manche erst Gegner des Regimes wurden, als dessen Niederlage bereits absehbar war, wäre es doch sehr ungerecht, die Tatsache zu ignorieren, daß sich viele Deutsche schon in den Jahren von dem Regime abwandten, als dieses seine größten Triumphe feierte.

Die Oppositionellen wurden durch zwei Faktoren stark behindert. Sie mußten erkennen, daß die große Mehrheit ihrer Mitbürger das Regime – teilweise begeistert – unterstützte. Dies bedeutete, daß praktisch nur ein Putsch im Zentrum der Macht das Regime stürzen konnte.[42] Es gab zwar isolierte Akte des öffentlichen Widerstands, etwa gegen den Abtransport von Kranken in die Tötungsanstalten innerhalb Deutschlands oder gegen die Verschickung jüdischer Ehepartner in die Todesfabriken im besetzten Polen, und sie konnten den Abtransport in manchen Fällen auch verzögern oder sogar verhindern. Es gab jedoch gegen das NS-Regime keinen massiven öffentlichen Widerstand, wie er 1989 – sobald klar war, daß die Rote Armee die Ost-Berliner Marionettenregierung nicht retten würde – die kommunistischen Regierungen in Osteuropa einschließlich der DDR-Regierung zu Fall gebracht hat. Das völlige Scheitern der wenigen mutigen Versuche, die Öffentlichkeit zu mobilisieren, spricht sowohl für den großen persönlichen Mut der Akteure als auch für die Aussichtslosigkeit ihres Unterfangens. In den dreißiger Jahren wurden derartige Versuche von Arbeitern unternommen, die zumeist Kommunisten oder Sozialisten waren; der berühmteste Versuch während des Krieges war der Appell, mit dem die »Weiße Rose«, eine kleine Gruppe von Münchner Studenten, im Februar 1943 zum Widerstand aufrief.[43]

Die mangelnde Unterstützung durch die Massen machte einen Putsch sehr schwierig, und durch die Vorsichtsmaßnahmen des Regimes wurden die Probleme der Regimegegner zusätzlich verschärft. Sie mußten erkennen, daß sie nur, wenn sie Hitler töteten, das System erschüttern und die Macht ergreifen konnten. Erst danach hätten sie der Öffentlichkeit die Gründe erklären können, die sie mitten im Krieg zu einem solchen Vorgehen gegen die eigene Regierung veranlaßt hatten.

Es war jedoch keineswegs einfach, an Hitler heranzukommen, um ihn zu töten. Er wurde immer vorsichtiger, umgab sich mit loyalen zivilen und militärischen Leibwächtern und mit Mitarbeitern, die ihn bewunderten, war sehr sensibel bezüglich der persönlichen Loyalität von Personen, mit denen er persönlichen Umgang hatte – und er hatte ungeheures Glück. Im November 1939 war er dem geschilderten Attentat von Georg Elser nur knapp entgangen. Und als seine Gegner in den Streitkräften bei ihrem ersten Versuch, ihn zu töten, im März 1943 eine Bombe in seinem Flugzeug plazierten, versagte der Zündmechanismus.[44]

Mehrere andere Versuche scheiterten ebenfalls. Das Attentat des 20. Juli war der aussichtsreichste Versuch, weil er relativ sorgfältig vorbereitet war und man Pläne ausgearbeitet hatte, wie man in Deutschland und in den besetzten Gebieten, die sich damals noch unter deutscher Herrschaft befanden, die Macht übernehmen wollte. Diesmal explodierte die Bombe, aber Hitler entging dem Anschlag wieder um Haaresbreite. Es ist ein Indiz dafür, welch überwältigende Unterstützung Hitler noch immer genoß, daß die Militärkommandeure im unterworfenen Europa, als die Befehle der Verschwörer und die Befehle aus Hitlers Hauptquartier in Ostpreußen auf ihren Schreibtischen landeten, bei dieser letzten »Wahl« des Dritten Reichs sich mit Ausnahme einiger weniger mutiger Männer alle für Hitler entschieden. Die meisten Regimegegner, die Posten von einiger Bedeutung bekleideten, wurden im Zusammenhang mit dem Putschversuch enttarnt und getötet. Viele begingen Selbstmord, weil sie fürchteten, unter der Folter zuviel zu verraten, und nur sehr wenige überlebten.

Das Scheitern dieses Versuchs unterstreicht die Tatsache, daß der Großteil der deutschen Militärhierarchie auch weiterhin das NS-Regime unterstützte, obwohl sich dieses im Juli 1944 nicht gerade in einer rosigen Lage befand. Drei Gründe, die manchmal vorgebracht werden, um diesen Sachverhalt zu erklären, sind meiner Ansicht nach unhaltbar:

Die Behauptung, die meisten Militärs hätten sich an ihren Eid auf Hitler gebunden gefühlt, sollte im Kontext anderer Eide gesehen werden, die dieselben Personen, und besonders die ranghöchsten unter ihnen, zuvor und danach geschworen und gebrochen haben. Sie hatten geschworen, die Weimarer Verfassung zu schützen, und viele hatten geschworen, die Gesetze der Weimarer Republik zu verteidigen, zu denen auch der Versailler Vertrag gehörte. Es wurde als erstrebenswert und sogar als besonders ehrenhaft angesehen, diesen Eid so oft wie möglich zu brechen. Wer ihn dennoch halten wollte, fiel der Verachtung anheim.* Nach dem Zweiten Weltkrieg mußte eine Vielzahl derselben Militärführer unter Eid aussagen. Wer immer ihre Aussagen sorgfältig studiert, wird feststellen, daß viele diesen Eid sehr leicht genommen haben. Wenn von all den Eiden, die die Feldmarschälle und Generäle schworen, nur der Eid auf Hitler ständig erwähnt wird, dann sagt das wahrscheinlich mehr über ihr Verhältnis zu Hitler als über ihr Verhältnis zu Eiden.

Eine zweite Erklärung für das Verhalten der deutschen Militärs lautet, die alliierte Forderung nach der bedingungslosen Kapitulation habe den Widerstand behindert. Dies ist schwer mit der Tatsache zu vereinbaren, daß Hitlers Gegner in dem Jahrzehnt zwischen seinem Regierungsantritt und der Konferenz von Casablanca (wenn man von Elsers Bombe im November 1939 absieht) nie den Versuch machten, ihn zu stürzen. Alle ernsthaften Versuche, das Regime zu stürzen, wurden erst nach der Aufforderung zur bedingungslosen Kapitulation gemacht. Wenn die Alliierten die Pläne für Deutschlands Zukunft, auf die sie sich hatten einigen können, im Detail bekanntgegeben hätten, wäre dies allerdings für diejenigen, die einen Umsturz als notwendig ansahen, kaum ein zusätzlicher Anreiz gewesen.

Das dritte unhaltbare Argument lautet, die Alliierten hätten den Widerstand durch Garantien zu Deutschlands Zukunft unterstützen sollen. Für den größten Teil des Krieges hätte dies die Zusicherung bedeutet, Deutschland die Gebiete zu lassen, die es sich in den dreißiger Jahren und teilweise sogar erst während des Krieges einverleibt hatte. Eine solche Zusicherung hat nie im Bereich des Möglichen gelegen, und daß sie gefordert wurde, sagt mehr über den nationalistischen Provinzialismus mancher Oppositioneller aus als über die realen Optionen der Alliierten. Viele, die das Regime angeblich stürzen wollten, hatten sich, wie schon erwähnt, als in der ersten Phase des Krieges ein neutrales Land nach dem anderen besetzt wurde, an Planung und Ausführung beteiligt und waren auch durch die Verbrechen belastet, die in der zweiten Phase in den besetzten Ländern begangen wurden. Es ist nicht verwunderlich, daß Briten und Amerikaner diesen Leuten sehr skeptisch gegenüberstanden.[45] Poli-

---

* In der Nachkriegsdiskussion über den Eid sind diese Dinge noch kaum zur Sprache gekommen. Siehe Karl Dietrich Bracher, Wolfgang Sauer und Gerhard Schulz, Die nationalsozialistische Machtergreifung, Westdeutscher Verlag, Köln 1962, S. 766 f.; 778 f.

tische Zusicherungen an potentielle Verschwörer waren auch deshalb schwer zu realisieren, weil sie zu einem Bruch der Anti-Hitler-Koalition hätten führen können. Vor allem waren die Alliierten der Ansicht, es sei an den Regimegegnern, *zuerst* zu handeln, wenn sie es wirklich ernst meinten; *danach* würden dann die Alliierten sehen, was sie in der gegebenen Situation tun könnten. Da eines der wichtigsten Kriegsziele die Entwaffnung Deutschlands war, konnten die Alliierten den Emissären des deutschen Widerstands keine Garantien geben, die die deutschen Generäle zum Handeln motiviert hätten. Wer schließlich handelte, hatte genügend Einsicht und Mut, dies auch ohne alliierte Garantien zu tun. Die anderen konnten ohnehin nicht überzeugt werden. Vielleicht sollte man sich in diesem Zusammenhang daran erinnern, daß die meisten von ihnen, wie gesagt, heimlich hohe Zuwendungen von Hitler annahmen.

Das Scheitern des Putschversuchs vom 20. Juli führte dazu, daß die Nazis ihre Macht über das ihnen noch verbliebene Reich festigen konnten. Ihre Gegner hatten sich hervorgewagt und waren vernichtet worden. Die nationalsozialistische Revolution, die nicht nur Ereignis-, sondern auch Prozeßcharakter hatte, entwickelte sich nun schneller und brutaler als je zuvor. Die Macht der SS nahm gewaltig zu, als Himmler seinen Zugriff auf die verschiedenen deutschen Geheimdienste festigte und dem Militär den Befehl über das Ersatzheer entriß. Auch die NSDAP vergrößerte noch einmal ihre Macht, als sie bei der Organisation des Volkssturms, der letzten großen Mobilisierung von Kanonenfutter, eine wichtige Rolle spielte. Die Bevölkerung unterstützte, getragen von einer Mischung aus Furcht und Apathie, Hingabe und Hoffnung, auch weiterhin das Regime. Erst als die Alliierten auf deutschem Boden standen, kehrte eine beträchtliche Anzahl von Deutschen dem System den Rücken, dem sie so lange gedient hatten.

Als sich die letzten Illusionen zerschlugen, war die Erleichterung über das Ende der Kämpfe von der Sorge um Angehörige und Freunde sowie von der Angst vor den Russen und von Zukunftsangst allgemein getrübt. Vor allem aber trat der Kampf um Lebensmittel und das nackte Überleben in den Vordergrund. Die NSDAP jedoch hatte, noch bevor ihre Führer flohen, Selbstmord begingen oder verhaftet wurden, das Vertrauen der Millionen, die so lange an sie geglaubt hatten, verloren. Am 27. Januar 1942 hatte Hitler gesagt, wenn das deutsche Volk nicht bereit sei, sich für seine Selbsterhaltung einzusetzen, dann solle es verschwinden.[46] Es war jedoch nicht das deutsche Volk, das verschwand, sondern die NSDAP. Nach Hitlers Tod verschwand sie ebensorasch, wie die Faschistische Partei Italiens im Juli 1943 verschwunden war.

ITALIEN

Die italienische Bevölkerung war über den Kriegseintritt ihres Landes im allgemeinen so wenig begeistert wie die Bevölkerung anderer Länder, wenn diese durch die Achsenmächte besetzt wurden. Sie war gegen den Kriegseintritt gewesen und war etwas erleichtert, als sich nach dem Kriegseintritt 1940 rasche Erfolge einstellten und ein noch rascheres Ende des Krieges in Sicht schien. Im Grunde aber waren die Italiener in mancher Hinsicht schlimmer dran als alle anderen Völker. Polen und Norweger, Briten und Franzosen, Griechen und Jugoslawen, Russen und Amerikaner, ganz zu schweigen von den Chinesen, hätten es alle bei weitem vorgezogen, nicht in den Krieg verwickelt oder angegriffen zu werden. Als sie es trotzdem wurden, hatten sie jedoch in ihrer großen Mehrheit das Gefühl, auf der richtigen Seite zu stehen und mit den richtigen Verbündeten zu kämpfen. Für die meisten Italiener verhielt es sich genau umgekehrt: Sie mochten die Deutschen nicht – oder haßten sie sogar –, und sie hätten, wenn es schon sein mußte, in aller Regel lieber auf seiten ihrer »Feinde« gekämpft.

Mussolini und eine verschwindend geringe Zahl anderer waren begeistert über die Angriffe auf Frankreich, Griechenland und Jugoslawien. Es wäre jedoch eine schier unlösbare Aufgabe gewesen, in Italien jemanden zu finden, der ernsthaft geglaubt hätte, es sei gut für Italiens Zukunft, daß es Tausende von Soldaten im Südabschnitt der Ostfront gegen die Sowjetunion in den Kampf schickte oder daß es den Vereinigten Staaten den Krieg erklärte. Niemand, der die italienische Rolle im Zweiten Weltkrieg und die Verhältnisse an seiner Heimatfront untersucht, kommt an der Tatsache vorbei, daß der Kriegseintritt Italiens in den Augen der Mehrheit seiner Bevölkerung ein Fehler war und obendrein auch noch auf der falschen Seite erfolgt war. Es gab zwar gewisse alte Ressentiments gegen die Alliierten, weil viele Italiener meinten, ihr Land sei nach dem Ersten Weltkrieg ungerecht behandelt worden, und sie hatten neue Nahrung erhalten, weil Großbritannien nach Ansicht vieler Italiener die italienische Entfaltung im Mittelmeerraum blockierte; all das hätte jedoch bei weitem nicht ausgereicht, um einen Krieg herbeizuwünschen. Bizarre Episoden, wie der gescheiterte Versuch, die italienische Kriegsmarine im Winter 1940/41 an die Briten zu verkaufen, sind nur im Kontext einer Gesellschaft begreiflich, die das Gefühl hatte, in einem Krieg auf der falschen Seite zu stehen.[47]

Als im Krieg auf eine kurze Periode deutscher Erfolge eine Kette italienischer Niederlagen folgte, sank die Moral der italienischen Bevölkerung. Die deutsche Rettungsoperation Anfang 1941 mag nicht nur die Überreste des italienischen Reichs in Nordafrika und Albanien gerettet haben, sondern auch das italienische Regime, aber sie war alles andere als geeignet, das Ansehen des Regimes zu heben. Die Besatzungszonen in Frankreich, Jugoslawien und Griechenland, die Italien von den Deutschen zugeteilt wurden, verursachten eher Probleme, als daß sie Vorteile gebracht hätten, wobei die Probleme häufiger mit den Deutschen auftraten als mit der Bevölkerung der besetzten Länder. In allen drei Zonen gab es endlose Konflikte mit den Deutschen, weil die italienischen Besatzungsbehörden die Juden in ihren Gebieten nicht zur Ermordung ausliefern wollten. Die meisten italienischen Offiziere konnten einfach nicht verstehen, warum die Deutschen so darauf versessen waren, Juden zu töten. Sie sahen darin nur ein weiteres Indiz für die barbarischen Neigungen ihrer

Verbündeten. Als die italienische Zone im besetzten Frankreich zum Zufluchtsort für Juden wurde, die aus dem Gebiet der Vichy-Regierung flohen, nachdem es im November 1942 von Deutschland besetzt wurde, eskalierte der Konflikt.[48] Im besetzten Jugoslawien gab es zusätzliche Probleme mit den Deutschen, weil Italien die Tschetniks unterstützte, und in Griechenland kam es zu Auseinandersetzungen über die Zuständigkeit und die richtigen Mittel für die Bekämpfung der galoppierenden Inflation und des Elends in diesem Land. In allen drei italienischen Besatzungszonen brachte die deutsche Besetzung, die auf die italienische Kapitulation von 1943 folgte, den Juden den Tod und vergrößerte das Elend aller anderen Bevölkerungsgruppen. In den Jahren zuvor hatten die Besatzungszonen den italienischen Beuteanteil an den Siegen der Achsenmächte symbolisiert; sie waren jedoch nicht geeignet gewesen, die Unzufriedenheit zu verringern, die an der italienischen Heimatfront angesichts des Krieges herrschte.

Die Entbehrungen des Krieges wurden also einer Gesellschaft zugemutet, die den ihr aufgezwungenen Opfern wenig Sinn abgewinnen konnte; die alliierten Luftangriffe hatten, obwohl sie zunächst sehr begrenzt waren, einen deutlich negativen Einfluß auf die italienische Moral,* und die Verluste taten doppelt weh, weil sie als sinnlos betrachtet wurden. Als ob dies nicht genug gewesen wäre, höhlte Mussolini die Faschistische Partei ausgerechnet in jenen Jahren aus, als er sie dringend gebraucht hätte, um das Land im Krieg zusammenzuhalten. Er wandte nämlich den von ihm gewohnten genialen Schachzug an, seine inkompetenten Minister periodisch durch andere zu ersetzen, die in aller Regel noch unfähiger waren als ihre Vorgänger.[49]

Unter diesen Umständen ist es nicht erstaunlich, daß das italienische Volk dem martialischen Standard nicht gerecht wurde, den Mussolini von ihm forderte. Erstaunlich ist vielmehr, daß die italienische Heimatfront überhaupt so lange hielt und daß Teile der italienischen Streitkräfte tapfer und effektiv kämpften.[50] Drei im wesentlichen gleichzeitige Katastrophen versetzten dem Regime den Todesstoß: der Verlust der letzten Reste des italienischen Kolonialreichs in Nordafrika, das noch vom parlamentarisch regierten Italien der präfaschistischen Ära erworben worden war, die entsetzlichen Verluste, die die italienischen Streitkräfte 1943 an der Ostfront und in Tunesien erlitten und die immer intensiveren Bombenangriffe, die alliierte Flugzeuge von nordafrikanischen Basen aus gegen Italien flogen. Kurz nachdem die Alliierten auf Sizilien gelandet waren, taten sich Dissidenten in der Führung der Faschistischen Partei mit einer Gruppe von Hofbeamten und Militärs in der Umgebung des Königs zusammen, um Mussolini zu stürzen. Die Abstimmung im Faschistischen Großrat am 25. Juli 1943 hatte nicht nur den Rücktritt und die Verhaftung Mussolinis, sondern auch den schnellen Zusammenbruch der Faschistischen Partei

---

* Es gab größere Streiks in den norditalienischen Industriestädten Turin und Mailand im März 1943; in Deutschland ereignete sich nichts Vergleichbares.

und ihres Systems in Italien zur Folge. In wenigen Stunden zeigte sich, daß der Faschismus in den drei Kriegsjahren alle Sympathien restlos verspielt hatte, die er sich bei der Bevölkerung zuvor vielleicht erworben haben mochte.

Die außerordentliche Inkompetenz, mit der die Regierung Badoglio sich aus dem Krieg zurückzog, hinterließ ein Italien, das wie einst Caesars Gallien in drei Teile gespalten war. Der Süden befand sich in der Hand der Alliierten, die sich langsam die Halbinsel hinaufkämpften. Mittel- und Norditalien wurden von den Deutschen besetzt, die sich rasch auch Albaniens, der italienischen Inseln in der Ägäis und der italienischen Besatzungszonen in Frankreich, Jugoslawien und Griechenland bemächtigten. Dem dritten Teil erging es am schlimmsten. Er bestand aus Hunderttausenden italienischer Soldaten, die von den Deutschen als Zwangsarbeiter verschleppt wurden, ein Schicksal, das Tausende von ihnen nicht überlebten.[51]

In dem Teil Italiens, der unter deutscher Kontrolle blieb, herrschten die Deutschen wie eine Besatzungsmacht. Sie nutzten ihre neugewonnene Handlungsfreiheit sofort aus, um Juden zusammenzutreiben und sie in die Todesfabriken zu karren, eine Aktivität, der sie wie immer erste Priorität einräumten. Bei diesem Geschäft wurden sie von einigen alten italienischen Faschisten unterstützt, die den Deutschen in dieser Beziehung schon immer hatten nacheifern wollen, aber sie wurden von anderen Italienern behindert, die ihre Mitbürger versteckten oder sie auf andere Weise schützten.[52]

Die Ermordung der Juden, die Erschießung von Zivilisten und die Deportation gefangener italienischer Soldaten als Zwangsarbeiter waren nicht die einzigen Maßnahmen, mit denen die Deutschen die italienische Bevölkerung gegen sich aufbrachten. In den Kriegsjahren seit Ende 1940 war die geplante Umsiedlung deutschstämmiger Südtiroler in andere Teile des von Deutschland beherrschten Europa zum Stillstand gekommen.[53] Nun jedoch unternahmen die Deutschen ungehindert die ersten Schritte, riesige Gebiete Norditaliens zu annektieren. Nicht nur Südtirol, sondern auch der größte Teil Nordost-Italiens, einschließlich der Häfen Triest und Fiume, wurden zu Operationsgebieten erklärt und unter absolute Kontrolle der Deutschen gestellt.[54] Die neuen Herren leiteten in vielen Bereichen den Annexionsprozeß ein und heizten, da die überwältigende Mehrheit der betroffenen Bevölkerung italienisch war, nicht nur in diesen Gebieten, sondern im ganzen von Deutschland besetzten Italien den Widerstand immer weiter an.

Wenn Hitler seine persönliche Neigung, Teile Italiens offen zu annektieren, im Zaum hielt und auch auf Männer wie Joseph Goebbels mäßigend einwirkte, die Italien noch leidenschaftlicher haßten als er, dann geschah dies nur aus Rücksicht auf seinen alten Freund Mussolini. Der Duce wurde durch eine Luftlandeoperation aus seiner italienischen Gefangenschaft befreit und durfte sich in Norditalien niederlassen. Dort versuchte er zusammen mit einer Gruppe faschistischer Fanatiker ein neues faschistisches Regime unter deutscher Schirmherrschaft zu errichten. Sie unternahmen große Anstrengungen, eine neue italienische Armee aufzustellen, die auf seiten Deutschlands kämpfen sollte[55], und versuchten, durch eine Reihe pseudo-sozialistischer Maßnahmen die Unterstützung der Bevölkerung zu gewinnen.[56]

Dieses Schattensystem, das offiziell Italienische Soziale Republik hieß und oft als die Republik von Saló bezeichnet wird, mag einem alten Traum Mussolinis entsprochen haben. Es war jedoch allzu offensichtlich abhängig von den verhaßten Deutschen; und der Duce selbst war auch nicht mehr der mitreißende Redner von einst. Umgeben von streitsüchtigen faschistischen Möchtegern-Führern ließ Mussolini seinen eigenen Schwiegersohn Ciano und einige andere erschießen, die im Faschistischen Großrat gegen ihn gestimmt hatten. Ansonsten aber erwachte er nur noch aus seiner schlafwandlerischen Lethargie, wenn er seine Geliebte aufsuchte. Die wirkliche Macht in Norditalien lag bei den Deutschen, die Polizei und Militär befehligten. Sie verhandelten 1945 mit den Westmächten über die Kapitulation in Italien, ohne Mussolini zu informieren. Als die deutsche Herrschaft im Gebiet hinter der Front zusammenbrach, gelang es den Partisanen in der Region, ein immer größeres Gebiet unter ihre Kontrolle zu bringen. Sie ergriffen schließlich Mussolini und seine Geliebte und erschossen beide.

Die Partisanen waren Teil einer großen Widerstandsbewegung, die in dem Teil Italiens entstanden war, der unter deutscher Kontrolle blieb, nachdem sich die Front im Herbst 1943 zwischen Rom und Neapel stabilisiert hatte. Gestützt auf Teile der Landbevölkerung – manchmal im Schutz der Gebirge – und auf den städtischen Widerstand, der hauptsächlich von Industriearbeitern der norditalienischen Städte getragen wurde, entwickelte sich diese Bewegung zu einer schweren Bedrohung für die Deutschen und zu einer Kraft, die auch die Entwicklung in Nachkriegsitalien prägte. Im Widerstand gegen die deutschen Besatzer und ihre italienischen Helfershelfer bildete sich eine breite Koalition, die Kommunisten, katholische Politiker und konservative Nationalisten umfaßte. Sie alle lernten, wenigstens eine Zeitlang zu kooperieren und einander zu respektieren. Die Widerstandsgruppen arbeiteten effektiv mit Emissären der Alliierten zusammen und bahnten zunächst den Alliierten und später einer neuen und autonomen italienischen Regierung den Weg. Ihre Verdienste wurden in der heroisierenden Literatur der Nachkriegsjahre teilweise übertrieben. Trotzdem fand in der letzten katastrophalen Phase des Krieges im Widerstand tatsächlich eine zweite nationale Erweckung statt[57], und sie trug wesentlich dazu bei, daß die Italiener ihr Selbstvertrauen wiedergewannen und Italien nach 1945 neu erstand.

Ein Minimum an Zusammenarbeit zwischen den verschiedenen Elementen des Widerstands im Norden wurde nicht nur durch die gemeinsame Feindschaft gegenüber Deutschland und dem Faschismus ermöglicht, sondern auch durch die befristete Mäßigung, die der Kommunistischen Partei Italiens durch die Sowjetunion anscheinend auferlegt wurde.[58] Sie ermöglichte es auch, daß der Widerstand schlecht und recht mit der Regierung König Viktor Emmanuels und Badoglios im Süden zusammenarbeiten konnte. Dort war mit Unterstützung der Briten und Amerikaner die Regierung wieder etabliert worden, die so schimpflich aus Rom geflohen war. Diese

Regierung bemühte sich, unter dem Schutz der Alliierten eine gewisse italienische Souveränität und einen gewissen Selbstrespekt wiederzugewinnen; sie litt jedoch ganz offensichtlich sehr darunter, daß sie ständig genau die Teile des Landes wieder übernehmen mußte, die von den Kämpfen verwüstet worden waren, mit denen sich die Alliierten ihren Weg nach Norden bahnten. Die Zerstörung und das Leid, das in Italien durch das allmähliche Vorrücken der Front verursacht wurde, konnten durch die Hilfsmaßnahmen der alliierten Militärregierung ein wenig gemildert werden.[59] Das größere Problem lag jedoch in den inneren Verhältnissen Italiens. Die diskreditierten Männer um Badoglio und König Emmanuel standen unter Druck, die Regierung für Vertreter antifaschistischer Parteien zu öffnen. In den Auseinandersetzungen, die dadurch entstanden, ergriffen Briten und Amerikaner zunehmend für unterschiedliche Seiten Partei. Die Briten sahen sich, nicht zuletzt durch Churchills energischen Einsatz, dazu getrieben, Badoglio zu unterstützen, weil sie fürchteten, daß die neuen Elemente die italienische Monarchie zu Fall bringen könnten. Dagegen war den Amerikanern das Schicksal der Monarchie herzlich gleichgültig, und sie hätten gern liberalere Elemente in der Regierung gesehen.

Das Problem wurde teilweise durch das Versprechen gelöst, nach der vollständigen Befreiung Italiens ein Plebiszit über die Monarchie abzuhalten – in dem sich eine Mehrheit für die Abschaffung der Monarchie entscheiden sollte. Außerdem wurden tatsächlich zunehmend neue Elemente in die Regierung aufgenommen.[60] Selbst daß Churchill den obersten Vertreter der britischen Regierung in Italien, den früheren Gouverneur von Gibraltar, General Mason-MacFarlane, entließ, weil dieser sich zu stark für die »falschen« italienischen Parteiführer einsetzte, konnte nichts mehr daran ändern, daß sich nach der Befreiung Roms im Juni 1944 ein wirklich neues Regierungssystem etablierte.[61]

Die Befreiung eröffnete nicht nur der italienischen Regierung neue Chancen, sie veränderte auch die Lage des Vatikans, der bis dahin unter dem Druck der Achsenmächte hatte operieren müssen. Die Alliierten waren nicht gerade glücklich darüber gewesen, daß der Papst zu den deutschen Greueltaten geschwiegen und die Einrichtung einer japanischen Botschaft begrüßt hatte.[62] Pius XII. hatte sich über die Taten der deutschen Besatzungstruppen nicht allzu beunruhigt gezeigt, nun jedoch forderte er, daß sich unter den alliierten Besatzungstruppen in Rom keine Soldaten mit schwarzer Hautfarbe befinden sollten.[63] Die alliierten Befehlshaber hatten andere Sorgen. Als ihre Truppen 1944/45 nach Norden vorstießen, kamen die befreiten Gebiete unter die Kontrolle der umgebildeten italienischen Regierung. Die Einheiten des Widerstands wurden entwaffnet, und neue politische Parteien erschienen auf der Bildfläche. Die Kommunistische Partei erbte einen großen Teil der Arbeiterklasse und viele frühere Faschisten – kein anderer Europäer hat jemals so erfolgreich eine breite Massenbasis für den Kommunismus rekrutiert wie Mussolini. Auf der anderen Seite entwickelten sich die aus der Katholischen Volkspartei der präfaschistischen Ära hervorgegangenen Christdemokraten zur Massenpartei des Zentrums und der gemäßigten Rechten. Sie hatten eine wichtige Rolle im Widerstand gespielt, und die gemäßigt linke Regierung des Resistenza-Helden Ferruccio Parri, die im Juni 1945 zur Macht gelangt war, wurde im Dezember von der ersten einer langen Reihe christdemokratischer Regierungen abgelöst.* Als sich die Lage in dem vom Krieg zerrissenen Land stabilisierte, erwarb sich seine Regierung auf nationaler und internationaler Ebene langsam wieder den Status, der der Regierung eines unabhängigen Landes entsprach und den das faschistische Regime in der Hoffnung auf imperiale Expansion der deutschen Oberherrschaft geopfert hatte.

DAS VEREINIGTE KÖNIGREICH

Großbritannien war der Staat, der sich mit seinen Kolonien und den Dominions, die in den Krieg eintraten, länger als jeder andere – von Anfang September 1939 bis Ende August 1945 – im Kriegszustand befand. Unter diesen Umständen ist es nicht verwunderlich, daß besonders im Vereinigten Königreich die Heimatfront auf unzählige Arten vom Krieg betroffen war. Luftangriffe richteten 1940 und 1941 großen Schaden an; sie wurden in der Operation »Baby Blitz« Anfang 1944 noch einmal aufgenommen, und ab Juni bzw. September war England den Angriffen deutscher V-1- und V-2-Waffen ausgesetzt. Die Auswirkungen der Luftangriffe mit diesen Sonderwaffen auf die britische Moral standen in keinem Verhältnis zu dem Schaden, den sie tatsächlich anrichteten, vor allem angesichts der langen Dauer des Krieges und der Enttäuschung darüber, daß auf die erfolgreiche Abwehr der deutschen Luftoffensive von 1940 kein rascher Sieg gefolgt war.

Die Tatsache, daß Großbritannien allein einem Diktator gegenüberstand, der Europa überrannt hatte, nachdem alle Versuche, einen Krieg abzuwenden, gescheitert waren, führte dazu, daß sich alle politischen Parteien mit Ausnahme der Kommunisten zeitweilig zusammenschlossen und eine Koalitionsregierung unter Winston Churchill bildeten. In den folgenden Jahren erhielt Großbritannien neue Verbündete, erlebte jedoch auch, insbesondere im Frühjahr und Dezember 1941 und in der ersten Jahreshälfte von 1942, eine Serie schwerer Rückschläge und Niederlagen. Auf die Katastrophen in Griechenland und Kreta und den völligen Zusammenbruch der britischen Militärmacht in Ostasien waren schwere Niederlagen in Nordafrika gefolgt. Sie gingen mit hohen Verlusten im Seekrieg einher, wobei die Briten sich durch drei wichtige deutsche Kriegsschiffe besonders gedemütigt fühlten, die den Kanal in seiner ganzen Länge durchquert hatten. Die Regierung Churchill war in

---

* Diese erste christdemokratische Regierung wurde von Alcide De Gasperi geführt. Die Christdemokraten stellten bis 1981 alle italienischen Ministerpräsidenten. Eine nützliche Darstellung ihrer Frühgeschichte ist Pietro Scoppola, »Alcide De Gasperi. Sein Weg zur Macht«, in: Hans Woller, Hg., Italien und die Großmächte, 1943–1949, Oldenbourg, München 1988, S. 207–240.

dieser schwierigen Periode einem Sturz näher, als es damals – und heute – viele wahrhaben wollten.*

Als sich das Blatt mit dem Sieg bei El Alamein und der Landung in Nordwestafrika auf eine auch für den englischen Durchschnittsbürger erkennbare Weise wendete, entstand ein Gefühl der Erleichterung. Trotzdem führte der weite Weg zu einem Sieg, der erst nach langen Jahren der Opfer und Niederlagen zurückgelegt war, zu einer schwierigen Lage an der britischen Heimatfront. In diesem Kontext muß die gewaltige Besorgnis gesehen werden, die die neuen deutschen Waffen auslösten, die 1944/45 gegen britische Städte zum Einsatz kamen. Die negativen Auswirkungen auf die britische Moral waren so schwer, daß ernsthaft erwogen wurde, Vergeltungsschläge mit Giftgas zu führen.

Das gesamte britische Leben war vom hohen Grad der Mobilisierung geprägt. Von einer arbeitsfähigen Bevölkerung von 22 Millionen dienten 1944/45 fünf Millionen in den Streitkräften; fast ein Drittel der Männer zwischen vierzehn und vierundsechzig trug Uniform.[64] Die Verluste der Streitkräfte und der Handelsmarine betrugen etwa 800 000 Mann und waren damit viel niedriger als im Ersten Weltkrieg. Trotzdem waren die Auswirkungen sehr schlimm, nicht nur, weil die Verluste immer noch sehr hoch waren, sondern auch, weil das durch die Erinnerung an die riesigen Verluste im vorangegangenen Krieg traumatisierte Land nun auch noch 33 000 Zivilisten durch Luftangriffe verlor.[65] Da die meisten Arbeiter, die nicht bei den Streitkräften dienten, in irgendeiner Form in der Rüstungsproduktion tätig waren, jahrelang eine strenge Rationierung herrschte und sehr hohe Steuern zu entrichten waren, lebten die meisten Briten während des ganzen Krieges ein ziemlich trübseliges und schwieriges Leben. Der Regierung war schmerzlich bewußt, was die Bevölkerung nur undeutlich registrierte: Das Land konnte trotz der extrem hohen Mobilisierung von Arbeitskräften, Industriekapazität und Finanzen den Krieg nur aufgrund massiver Unterstützung durch die Vereinigten Staaten und großer Anleihen bei den Dominions und Indien weiterführen. Obwohl die britischen Fabriken gewaltige Mengen an Kriegsgerät und Munition produzierten, waren die Armeen, die Großbritannien ins Feld schickte, stark von den Nachschublieferungen anderer Länder abhängig. Beispielsweise kamen 1942 über die Hälfte und 1943 zwei Drittel der Panzer des britischen Heeres aus Übersee.[66] Großbritannien lieferte seinerseits beträchtliche Mengen an Nachschub in die Sowjetunion, half beim Aufbau von Streitkräften im Commonwealth und stellte den amerikanischen Streitkräften nach dem Prinzip des »reverse Lend-Lease« ohne Gegenleistung militärische Einrichtungen, Material und Verpflegung zur Verfügung, wenn sie in England, Australien,

---

* Es ist interessant, daß eine sorgfältige Untersuchung des Fiaskos von Dieppe im August 1942 die Durchführung der verlustreichen Operation hauptsächlich darauf zurückführt, daß sich Großbritannien 1942 in einer militärisch-politischen Krise befand (Villa, Unauthorized Action, Kap. 4).

Neuseeland oder Indien operierten. Trotzdem war die Bilanz für Großbritannien insgesamt negativ. Es konnte seinen Alliierten im Gegensatz zu früheren Kriegen nicht mehr finanziell unter die Arme greifen, sondern war selbst von der Hilfe seiner Verbündeten abhängig.

Als die Alliierten immer deutlicher die Oberhand gewannen, begann man sowohl in der Regierung als auch im Volk zunehmend die Gestaltung der Nachkriegswelt zu planen, und der offizielle innenpolitische Waffenstillstand schlug in sein Gegenteil um. Die letzten allgemeinen Wahlen hatten 1935 stattgefunden und gehörten einer immer ferneren Vergangenheit an. Nach Kriegsende würde es wieder Wahlen geben, und allein dieser Gedanke wies sowohl in die Zukunft als auch zurück auf die letzte Nachkriegsperiode. Nach dem Ersten Weltkrieg hatte die Hoffnung auf ein neues England bestanden, auf »eine Heimat für Helden«, wie der Slogan gelautet hatte.[67] Diese Hoffnung hatte sich jedoch nicht erfüllt; das England der Zwischenkriegszeit war ein Land der Langzeitarbeitslosigkeit, der Klassenkämpfe und der Verzweiflung gewesen. Statistiker konnten mit einigem Recht behaupten, daß sich das Land letztlich besser von der Depression der dreißiger Jahre erholt hatte, die auf die schwierigen zwanziger gefolgt war, als die meisten anderen Industrieländer. Die Durchschnittsbürger aber teilten diese Ansicht nicht. Die Führer ihres Volkes waren ihnen kalt und hart erschienen, und deshalb fürchteten sie um ihre Zukunft.

In Regierungskreisen entstand das Gefühl, daß man Pläne für die Zukunft machen müsse; auch Churchill selbst stand diesem Gedanken relativ aufgeschlossen gegenüber. Während des Krieges schenkte er innenpolitischen Angelegenheiten sehr wenig Beachtung, sofern sie nicht die Produktion militärischer Güter, den Schiffbau, das Reparaturwesen und andere kriegswichtige Dinge betrafen.* Dennoch setzte er sich für eine gewisse Nachkriegsplanung ein, die über Pläne zur Demobilisierung hinausging. Von all diesen Plänen war der Vorschlag von William Beveridge gewiß der berühmteste. Beveridge schlug vor, die einzelnen Sozialgesetze früherer Zeiten in einem umfassenden System von Sozialleistungen zu integrieren, ein soziales Netz, von dem der britische Staatsbürger »von der Wiege bis zum Grabe« profitieren sollte.[68] Beveridges Vorlage war ein Meilenstein in der britischen Geschichte und wurde in der Öffentlichkeit heftig diskutiert.

Churchill war in der Krise von 1940 ins Zentrum der öffentlichen Aufmerksamkeit gerückt und wurde zunehmend mit der britischen Rolle in einer siegreichen Allianz identifiziert. Es war jedoch allein diese Rolle, in der viele Leute ihn sahen. Daß er als der geeignete Führer für den Krieg, nicht jedoch für den Frieden gesehen wurde, hatte er sich teilweise selbst zuzuschreiben. Sein Hauptinteresse galt dem Krieg, und er konnte sich kaum beschweren, wenn andere ihn daran maßen. Beispielsweise hatte er im Juni 1943 angekündigt, daß er neben seiner Funktion als Verteidigungsminister

* Wenn man die Bände seiner »Geschichte des Zweiten Weltkriegs« durchblättert, erhält man interessante Hinweise für die Richtigkeit dieser These.

auch wichtige Angelegenheiten des Heeres und der Luftwaffe entscheiden würde, wenn der Kriegs- und der Luftwaffenminister außer Landes weilten.[69] Als sich die Koalitionsregierung gegen Ende des europäischen Krieges in erneutem Parteienstreit auflöste, trat eine geschäftsführende Regierung an ihre Stelle. In den darauffolgenden Wahlen errang die Labour Party einen überwältigenden Sieg. Großbritannien nahm mit einer neuen Regierung an der Endphase des Krieges teil und wurde auch in der Nachkriegszeit von ihr regiert.[70] Ihre Führer hatten in den fünf Jahren zuvor große Erfahrung in Staatsangelegenheiten gesammelt. Und sie leiteten die britische Politik, sowohl innenpolitisch als auch, was die Beziehungen zum britischen Kolonialreich betraf, in neue Bahnen.

DAS BRITISCHE COMMONWEALTH

Im Commonwealth und im britischen Kolonialreich löste der Krieg massive Veränderungen aus. Kanada, das größte Dominion, spielte im Land-, See- und Luftkrieg eine bedeutende Rolle. Im Landkrieg, besonders auf dem europäischen Kriegsschauplatz, kamen große kanadische Truppenkontingente zum Einsatz. Zur See spielte Kanada eine Schlüsselrolle in der Schlacht auf dem Atlantik, und für den Luftkrieg baute es eine beachtliche eigene Luftwaffe auf und bot außerdem Trainingsmöglichkeiten für Tausende von Flugzeugbesatzungen der Royal Air Force. Im Verlauf des Krieges änderten sich auch die inneren Verhältnisse des Landes. Die Wirtschaft wurde durch die massiven Investitionen in neue Fabriken, neue Transportmittel und eine Infrastruktur stark stimuliert. Es gab zwar eine gewisse Kritik an der Rolle, die Personal und Institutionen der USA bei Projekten wie etwa dem Bau des Alaska Highway spielten. Alle neugebauten Einrichtungen lagen jedoch auf kanadischem Boden und kamen nach dem Krieg unter kanadische Kontrolle. Trotz aller Reibereien in der Kriegszeit gab es in Washington niemanden, der Kanada nicht als Verbündeten betrachtet hätte, Roosevelt am wenigsten von allen, und Kanadas Position gegenüber den Vereinigten Staaten wurde durch den Krieg gestärkt, nicht geschwächt.

Die Umsiedlung von Kanadiern japanischer Herkunft wurde in Kanada noch brutaler durchgeführt als das analoge Verfahren in den Vereinigten Staaten. Dagegen wurde das schwierigste innere Problem des Landes, die Beziehung zwischen seinen Englisch und Französisch sprechenden Einwohnern, von Premierminister Mackenzie King mit extremer Vorsicht gehandhabt. Er konnte gewisse Schwierigkeiten in diesem Bereich ebensowenig vermeiden wie seine Vorgänger im Ersten Weltkrieg, war sich des Problems jedoch bei jedem politischen Schritt bewußt. Kanada war nach dem Krieg zwar nicht geeinter als Nation, aber es war auch kein zerrissenes Land. Die wichtigste Veränderung bestand vermutlich darin, daß das Gefühl der nationalen Unabhängigkeit stark zunahm und zu einer selbständigeren Außenpolitik und einem Ausbau des diplomatischen Diensts führte. Eine gewisse nostalgische Bindung an England – oder Frankreich – blieb zwar bestehen, war jedoch nur noch eines von vielen Elementen einer selbstbewußten und unabhängigen internationalen Politik.[71]

In Australien und Neuseeland hatte der Krieg ähnliche Folgen. Beide Länder fühlten sich in der Stunde höchster Gefahr vom Mutterland im Stich gelassen. Der Titel ist zwar überspitzt formuliert, jedoch keineswegs abwegig, unter dem kürzlich eine wichtige Untersuchung zur Verteidigung Australiens im Zweiten Weltkrieg erschien: »The Great Betrayal«[72] (Der große Verrat). Beide Dominions sollten nach dem Krieg für die Verteidigung gegen künftige Bedrohungen mehr auf die Vereinigten Staaten bauen. Während des Krieges waren sie schweren Belastungen ausgesetzt. Einerseits wurde die wirtschaftliche Entwicklung besonders in Australien durch die Mobilisierung von Soldaten gestört, aber andererseits förderte der Krieg den Aufbau eigener Industrien, da die früheren Handelsverbindungen mit England größtenteils unterbrochen waren. Wie Kanada profitierte auch Australien besonders stark von dem Chaos, das der Krieg in Europa anrichtete, denn nach dem Krieg ließen sich Tausende von Entwurzelten in beiden Ländern nieder.[73]

Auch die Südafrikanische Union, wie Südafrika damals hieß, unterstützte die Alliierten mit Truppen und wichtigen Rohstoffen. Der Streit, der zunächst über den Kriegsbeitritt ausgebrochen war, hatte jedoch weitreichende Spätfolgen für die Union. Die extremen burischen Nationalisten sympathisierten eher mit Nazi-Deutschland als mit seinen Gegnern und hofften auf einen Verständigungsfrieden, wenn nicht auf einen deutschen Sieg. Während südafrikanische Soldaten ihren Beitrag zur Niederlage des extremen Rassismus in Europa leisteten, gewannen gleichzeitig die Vertreter ähnlich rassistischer Ansichten in der weißen Bevölkerung der Südafrikanischen Union an Einfluß. Sie siegten bei den Wahlen von 1948 und brachten das Land auf einen neuen Kurs, der den Rassismus der 1945 geschlagenen europäischen Faschisten nachahmte.[74]

In allen Kolonialgebieten Großbritanniens löste der Krieg nationalistische Gefühle aus. Der Krieg für die Freiheit der kleinen Völker gegen die deutschen Aggressoren konnte in Großbritanniens afrikanischem Imperium nur diejenigen Kräfte stärken, die der Fremdherrschaft überdrüssig waren. Das Problem ist bereits im Zusammenhang mit Indien, der größten und wichtigsten britischen Kolonie, zur Sprache gekommen. Die Stabilisierung der dortigen Lage im Herbst 1942 und die Abwehr des japanischen Invasionsversuchs von 1944 brachten die Agitation für eine Veränderung des indischen Status keineswegs zum Schweigen. Die Wirkung dieser Agitation wurde durch eine schreckliche Hungersnot gewaltig verstärkt. Bedingt durch die Störung des Handels, den Mangel von Schiffsraum und die außerordentliche Unfähigkeit der britischen Verwaltung forderte 1943 die Hungersnot in Bengalen 1,5 Millionen Menschenleben. Dies führte dazu, daß die britische Herrschaft in den Augen der Überlebenden auch den letzten Anschein von Legitimität verlor.

In der Frage der Kolonien waren die Gegensätze zwischen Churchill und der Labour-Opposition am schärfsten. Lord Halifax, der durch seine Verhandlungsbereitschaft mit Gandhi schon einmal Churchills Zorn auf sich geladen hatte, schrieb im Juli 1940, das Widerstreben des Premierministers, Indien den Status eines Dominions zu verleihen, »ist nicht rational, sondern instinktiv begründet und beruht nicht zuletzt auf seiner [Churchills] eigenen Vergangenheit bezüglich des Problems ...«[75] Nach dem Krieg wurde Indien von Churchills Nachfolger Clement Attlee in die Unabhängigkeit entlassen. Attlee hatte als Mitglied der Simon Commission an den Plänen für die Erweiterung indischer Selbstregierung mitgearbeitet, die Churchill während der ganzen dreißiger Jahre bekämpft hatte. Der Konflikt zwischen Hindus und Moslems führte nach dem Krieg in vielen indischen Gemeinden zu überaus blutigen Unruhen und endete mit der Teilung des indischen Subkontinents in zwei unabhängige Staaten. Die Welt der Jahrhundertwende, in der Churchill in mancher Hinsicht noch immer lebte, war jedoch unwiederbringlich verloren.*

In Birma wandten sich die lokalen Kollaborateure im letzten Stadium der Kämpfe gegen die Japaner. Japan hatte in Birma, wie auch anderswo in seinem neueroberten Imperium, versucht, sich antiwestliche und antikoloniale Ressentiments zunutze zu machen; das Verhalten seiner Besatzungstruppen hatte der Bevölkerung jedoch gezeigt, daß sie unter japanischer Vorherrschaft keine echte Unabhängigkeit erwarten konnte. Nach der kolossalen Niederlage, die Großbritannien im Winter 1941/42 in Südostasien erlitten hatte, war eine einfache Wiederherstellung der Vorkriegssituation trotzdem nicht mehr möglich. Das Prestige der Europäer hatte einen verheerenden Schlag erhalten, von dem es sich, wie unten analysiert, nie wieder erholte.

DIE VEREINIGTEN STAATEN VON AMERIKA

Die Vereinigten Staaten wurden durch den Krieg in vieler Hinsicht verändert. Einige Veränderungen wurden schon damals erkannt, während andere erst Jahrzehnte später sorgfältig untersucht wurden. Auch wenn die militärische und wirtschaftliche Mobilisierung anfangs beträchtliches Chaos auslöste, führte sie doch zu einem raschen und nachhaltigen Wirtschaftswachstum, das die im Gefolge der Depression noch unbeschäftigten Arbeiter und stillgelegten Fabriken schnell erfaßte. Hohe Investitionen der Regierung erweiterten die Industriekapazität des Landes beträchtlich. Ein Teil der existierenden Anlagen wurde von Friedens- auf Kriegsproduktion umgestellt, der größte Teil des riesigen Industriesystems wurde jedoch neu gebaut. Einige Einrichtungen, wie etwa die Werften der Maritime Commission (für den Bau von Handelsschiffen), die Anlagen zur Produktion von synthetischem Gummi und

---

* Lord Louis Mountbatten, der als Vizekönig über den Unabhängigkeitsprozeß wachte, hätte diesen Posten wahrscheinlich nie erhalten, wenn er nicht zuvor Befehlshaber des Südostasien-Kommandos (SEAC) gewesen wäre. Air Chief Marshal Sir Sholto Douglas löste, da seine Ernennung zum SEAC von den USA blockiert war, Montgomery als Militärkommandeur im besetzten Deutschland ab. Ohne die amerikanische Intervention hätte die Rollenverteilung leicht umgekehrt sein können.

der Industriekomplex zur Produktion von spaltbarem Material und Atomwaffen, wurden direkt von der Regierung finanziert. Die große Mehrheit der Anlagen wurde jedoch von Privatunternehmen im Auftrag der Industrieunternehmen gebaut, die Rüstungsaufträge vom Flugzeug bis zum Soldatenstiefel erhalten hatten.

Viele der erweiterten und neuen Anlagen befanden sich in den alten industriellen Zentren des amerikanischen Ostens und Mittelwestens, eine beträchtliche Anzahl wurde jedoch auch an neuen Standorten in Kalifornien, im Nordwesten der USA und in Teilen des Südens errichtet. Ihr Bau zog Ströme von Arbeiterfamilien an und veränderte nicht nur die unmittelbar betroffenen Städte, sondern die ganze wirtschaftliche und demographische Struktur der Vereinigten Staaten.[76] Die Entstehung einer großen Flugzeugindustrie in Kalifornien und Washington, von Werften in Washington und an der Golfküste und von neuen Luftwaffenbasen in Arizona und Texas waren Teil dieser Veränderung. Ein wichtiger Grund, warum man Arizona und Texas wählte, um Flugzeugbesatzungen auszubilden, waren die klimatischen Bedingungen. Auch die Entscheidung des Kriegsministeriums, viele Ausbildungslager der Armee im Südosten zu errichten, war von meteorologischen Erwägungen beeinflußt, da in dieser Region die wichtigsten Übungen der Ausbildung das ganze Jahr über stattfinden konnten. Die Anstrengung, so schnell wie möglich riesige Streitkräfte aufzubauen und zu bewaffnen, veränderte das Land auf eine Weise, die nicht mehr rückgängig zu machen war, als die neuen Fabriken und Ausbildungsstätten ihren Zweck erfüllt hatten.

In mancher Hinsicht waren die Kriegsanstrengungen auch der Ausgangspunkt für soziale Veränderungen. Der politische Elan des New Deal war 1938 weitgehend verflogen; die Wahlen von 1938 hatten Siege der Konservativen gebracht; und der Kongreß wurde während des Krieges von einer Koalition konservativer Republikaner und konservativer Demokraten aus den Südstaaten beherrscht. Ohnehin war die öffentliche Aufmerksamkeit von inneren Angelegenheiten stark abgelenkt. Trotzdem begannen oder vollzogen sich in der amerikanischen Gesellschaft einige Entwicklungen, die das Land in späteren Jahren stark verändern sollten.

Eine negative Erscheinung war die Zwangsevakuierung der Japaner und Amerikaner japanischer Herkunft aus Kalifornien und aus den westlichen Gebieten Washingtons, Oregons und Arizonas, die der durch den Krieg verursachten Angst vor den Japanern entsprang. Die Opfer dieser Ängste, die auf den Aktionen der Japaner, auf Kriegshysterie und auf rassischen Vorurteilen beruhten, wurden ihrer Rechte und ihres Eigentums beraubt, in Lagern zusammengepfercht, die man »Umsiedlungszentren« nannte und aus denen sie erst spät im Krieg freigelassen wurden. Ein ungeplanter Nebeneffekt dieser Politik war eine viel gleichmäßigere Verteilung der Japano-Amerikaner in den Vereinigten Staaten; der berufliche und bildungsmäßige Aufstieg dieser Volksgruppe sollte eine der großen amerikanischen Erfolgsstorys der Nachkriegsjahre werden.

Die Auswirkungen des Krieges auf die Lage der schwarzen Bevölkerung des Landes entsprach in mancher Hinsicht den Erfahrungen aus dem Ersten Weltkrieg. Viele Schwarze zogen aus den ländlichen Gebieten und Kleinstädten des Südens in die großen Bevölkerungszentren des Nordens und Mittelwestens. Sie hatten verschiedene neue Arbeitsmöglichkeiten, mußten jedoch erst mit einem großen Protestmarsch nach Washington drohen, damit die Regierung wenigstens in denjenigen Betrieben, die an Regierungsaufträgen arbeiteten, die Diskriminierung von Schwarzen verbot. Gegen den Erlaß wurde öfter verstoßen, als er eingehalten wurde. Er änderte wenig an der Realität der Diskriminierung, doch er stand für eine neue Haltung der Regierung in Washington. Diese Haltung rückte in den letzten Jahren des Krieges ins Zentrum der politischen Debatte, und sie ist seither nicht mehr aus der öffentlichen Diskussion verschwunden.[77]

Das Land nahm in begrenztem Umfang und abgesondert schwarze Frauen und Männer in die Streitkräfte auf. Dieser Prozeß bot den schwarzen Amerikanern einerseits gewisse neue Möglichkeiten, war jedoch auch Quelle vieler neuer Frustrationen.[78] Die Einschränkungen, die das Leben der Schwarzen in den amerikanischen Streitkräften offiziell bestimmten, blieben bis zum Koreakrieg in Kraft. Trotzdem hatte die Tatsache, daß Hunderttausende von Schwarzen beim Heer, bei der Luftwaffe und bei der Kriegsmarine dienten, einen viel größeren Einfluß auf die amerikanische Gesellschaft, als dies im Ersten Weltkrieg der Fall gewesen war. Das politische Selbstbewußtsein der schwarzen Bevölkerung war nach dem Krieg beträchtlich gewachsen, und ihre Bürgerrechtsorganisationen waren sehr viel stärker als zuvor. Gleichzeitig gab es zumindest einige Leute in der Regierung, die dem Kampf der Schwarzen um Gleichberechtigung positiv gegenüberstanden und deren prominentestes Mitglied die Frau des Präsidenten, Eleanor Roosevelt, war. Weiße Amerikaner, die dieser Gruppe angehörten, wurden 1944 durch Gunnar Myrdals Buch »An American Dilemma«[79] stark beeinflußt, in dem die Rassenfrage als ein zentrales Problem der amerikanischen Gesellschaft einer scharfen Analyse unterzogen wurde. In einer Zeit, da die Vereinigten Staaten gegen eine rassistische Gesellschaft in Europa Krieg führten, wurde der Rassismus im eigenen Land zunehmend als Widerspruch empfunden.

Die Vorurteile der amerikanischen Öffentlichkeit verhinderten auch, daß die Frauen an den amerikanischen Kriegsanstrengungen voll beteiligt wurden. Millionen wurden zwar zu industriellen und anderen Arbeiten herangezogen, die mit dem Krieg in Zusammenhang standen. Sie ersetzten jedoch lediglich Männer, die bei der Armee Dienst taten, und ihre Aufstiegsmöglichkeiten waren sehr begrenzt. Manche Frauen trugen zwar im Arbeitsleben durchaus viel zur Rüstungsproduktion bei und übten wichtige »Männerberufe« aus, aber viele betrachteten ihre Rolle als zeitlich begrenzt.[80] Das amerikanische Militär nahm nur sehr widerwillig Frauen auf. Als es jedoch in vielen Bereichen unübersehbar an Männern fehlte und immer mehr patriotische Frauen dienen wollten, gaben die Streitkräfte langsam und widerwillig nach. Das Heer machte, gedrängt von Generalstabschef Marshall, den Anfang, und bis zum Ende der Feindseligkeiten hatten sich Hunderttausende von Frauen freiwillig gemeldet und kamen im Heer, in der Luftwaffe, in der Kriegsmarine und bei der Marineinfanterie zum Einsatz.[81] Ihre Erfahrungen waren eine der Grundlagen späterer Veränderungen der amerikanischen Gesellschaft.

Einer der Gründe, warum der Kriegsdienst nach dem Krieg die Lage von Schwarzen und Frauen verbesserte, bestand darin, daß sie als Veteranen in den Genuß von staatlichen Leistungen gelangten, die noch während des Krieges geplant worden waren. Die Leistungen, die schon in früheren Kriegen Bestandteil der amerikanischen Mobilisierung gewesen waren – Prämien, Pensionen und medizinische Versorgung –, wurden nun durch neue Leistungen ergänzt oder ersetzt. Eine »GI Bill of Rights« sah Ausbildungsbeihilfen vor, die es nach dem Krieg buchstäblich Millionen von Veteranen ermöglichten, eine höhere Schule zu besuchen. Auch konnten Millionen ein eigenes Haus kaufen, weil die Veteranen günstige Baukredite erhielten. Daß die amerikanische Bundesregierung so massiv in die Kriegsteilnehmer investierte, hatte also starke Auswirkungen auf die amerikanische Nachkriegsgesellschaft und eröffnete sowohl Schwarzen als auch Frauen neue Chancen.[82] Auch die Demobilisierung und die Umstellung der amerikanischen Kriegswirtschaft wurden sorgfältig geplant. Roosevelts wichtigstes Anliegen war es jedoch, die amerikanische Öffentlichkeit für die Mitgliedschaft der Vereinigten Staaten in einer Weltorganisation und eine Fortsetzung ihrer aktiven Rolle in der Weltpolitik zu gewinnen. Roosevelt hatte die katastrophalen Wahlniederlagen nicht vergessen, die die Regierung Wilson 1918 und 1920 erlitten hatte. Er teilte mit einer wachsenden Zahl von Amerikanern die Ansicht, daß das Land durch diese Niederlagen auf einen Kurs gebracht worden war, der zum Ausbruch eines weiteren Weltkriegs beigetragen hatte. Eine ähnliche Entwicklung wollte er diesmal unbedingt vermeiden. Daß sowohl die Vorbereitungs- als auch die Gründungskonferenz der Vereinten Nationen in den Vereinigten Staaten stattfanden, war ein Symbol dieser Politik, die von einem doppelten Erfolg gekrönt war. Die Weltorganisation wurde unter aktiver Beteiligung der Vereinigten Staaten gegründet, und das amerikanische Volk war auch nach dem Krieg damit einverstanden, daß die Vereinigten Staaten in der Weltpolitik eine wichtige Rolle spielten.[83]

JAPAN

Als Japan den Angriff auf Großbritannien, die Niederlande und die Vereinigten Staaten begann, war es selbst schon seit fast viereinhalb Jahren im Kriegszustand. Der Konflikt mit China, den Japan im Juli 1937 begonnen hatte, hatte bereits gewaltige Ressourcen verschlungen. Alle Reserven, die in Zeiten relativer Ruhe angehäuft worden waren, in denen statt heftiger Kämpfe eine Art Pattsituation gegeben war, hatte Japan 1938 und 1939 bei den Grenzkonflikten mit der Sowjetunion eingesetzt, und beide hatten mit einer Niederlage Japans geendet. Die japanische Bevölkerung und die japanische Volkswirtschaft standen also schon unter starkem Druck, als Japan im Dezember 1941 den Krieg ausweitete. Die innere Umgestaltung, die Konoe Fumimaro im Sommer 1940 eingeleitet hatte, war in der Praxis nur langsam vorangekommen; dieselbe Bürokratie, welche den Mehraufwand einer von politischen Parteien gebildeten Regierung abgelehnt hatte, behinderte nun den Versuch, das Land durch eine Diktatur zu mobilisieren.[84]

Die erste Phase des Kriegs im Pazifik verlief so erfolgreich, daß eine vollständige Mobilisierung nicht mehr nötig schien. Die gewaltigen und überaus raschen Siege begeisterten die japanische Bevölkerung, brachten Zweifler zum Schweigen und stiegen der japanischen Führung gewaltig zu Kopf. Nichts erschien mehr unmöglich. Japan war in ihren Augen allen anderen, insbesondere jedoch den Weißen überlegen, und es konnte anscheinend bekommen, was immer es wollte. Extravagante Pläne für ein gewaltiges Reich im Pazifik wurden geschmiedet. Es sollte nicht nur die bereits eroberten Gebiete in Südostasien und im Südpazifik umfassen, sondern auch Alaska, das westliche Kanada, den Nordwesten der Vereinigten Staaten und beträchtliche Teile Mittel- und Südamerikas.[85]

Die Rückschläge im Sommer 1942 wurden vor der japanischen Öffentlichkeit und sogar vor vielen Regierungsmitgliedern verborgen. Dank der andauernden Erfolge in Birma ließ sich verschleiern, daß der japanische Vormarsch in Neuguinea und auf den Salomon-Inseln in der zweiten Jahreshälfte von 1942 Rückschläge erlitten hatte.[86] Der Luftangriff auf Tokio im April 1942 war zwar ein Schock gewesen, aber erst als im Mai 1943 die Niederlage auf den Aleuten öffentlich eingestanden wurde, kam der japanischen Bevölkerung allmählich zum Bewußtsein, daß der Krieg nicht mehr optimal verlief. In Japan selbst regierte das Regime relativ milde.[87] Im neueroberten Reich verhielt es sich jedoch anders.

Die japanische Politik in den besetzten Gebieten hatte zunächst die Eliminierung aller europäischen Einflüsse zum Ziel. Auch Deutschland war davon nicht ausgenommen. Nur Japan sollte die Rohstoffe seines erweiterten Reichs ausbeuten und dessen Zukunft bestimmen.[88] Nach einer erbitterten Auseinandersetzung innerhalb der japanischen Regierung wurde ein spezielles Großostasien-Ministerium gegründet, um das erweiterte Reich in enger Kooperation mit dem Militär zu regieren. Durch seine Gründung wurde das japanische Außenministerium kaltgestellt, das für die anvisierte Politik zu traditionell orientiert war.[89] Allein dieser Schritt zeigte, daß es sich bei den periodischen Verlautbarungen Tokios, Japan werde die Völker Asiens befreien und ihnen zur Selbstbestimmung verhelfen, um reine Propaganda handelte. Wenn die nominell für unabhängig erklärten Gebiete wirklich unabhängig gewesen wären, hätten sie auch mit dem Außenministerium verhandeln können, das in der Regierung die Aufgabe hatte, die Beziehungen mit wirklich unabhängigen Staaten zu regeln.

Tatsächlich bekam das neue Großostasien-Ministerium nur wenig zu tun, denn das Militär regierte das neue Imperium, wie es ihm paßte – ein Thema, das gegen Ende des Kapitels behandelt wird. Außer beträchtlichen propagandistischen Aktivitäten bestand die Hauptaufgabe des Großostasien-Ministeriums darin, Anfang November

1943 eine große Konferenz in Tokio zu organisieren, auf der die Schlüsselfiguren der angeblich unabhängigen Gebiete des Imperiums versammelt wurden. Die Sprache, in der die nominellen Premiers der Marionettenstaaten ihre Lobreden auf die Japaner hielten und ihnen glänzende Triumphe voraussagten, war ironischerweise Englisch, da die versammelten Würdenträger über keine andere gemeinsame Sprache verfügten. Auch der extreme indische Nationalist Subhas Chandra Bose, der als Sondergast an der Konferenz teilnahm, versuchte sich als Prophet. »Wenn unsere Verbündeten untergehen«, verkündete er dem präsidierenden General Tojo und den anwesenden »Verbündeten« Japans, »dann wird es für Indien mindestens hundert Jahre lang keine Hoffnung auf Freiheit mehr geben.«[90] Kaum vier Jahre danach war Indien frei.

Kurz nach der Konferenz wurden die Hauptstadt und andere japanische Städte wiederholt zum Ziel amerikanischer Bombenangriffe, die zunächst von chinesischen Basen und später zunehmend von den Marianen aus geflogen wurden. Diese Operationen werden in den Kapiteln 10 und 16 diskutiert. Im gegebenen Zusammenhang ist jedoch ihre Auswirkung auf die japanische Bevölkerung interessant. Im Gegensatz zu den Völkern Polens, Chinas, Großbritanniens und Deutschlands, die schon in einem relativ frühen Stadium des Krieges schweren Luftangriffen ausgesetzt waren, waren die Japaner lange verschont geblieben. Die Luftangriffe von 1943 und 1944 waren nicht schwer und hatten nur minimale Auswirkungen auf die Gesamtbevölkerung. Weit größere Wirkung auf den Alltag der Japaner hatten die immer längeren Verlustlisten, die von den Fronten eintrafen, die immer schärferen Rationierungsmaßnahmen, die Versorgungsengpässe und die Sorge über einen Krieg, der 1944 schon sieben Jahre dauerte, ohne daß ein Ende in Sicht gewesen wäre. Im Gegensatz zu Deutschland, Italien und ihren Satelliten gab es in Japan jedoch kaum Widerstand gegen die offizielle Politik.[91]

Erst die schweren Bombenangriffe Anfang 1945 richteten große Zerstörung an. Die japanischen Städte waren verwundbarer als die europäischen Städte. Viele Häuser waren aus Holz gebaut und hatten Zwischenwände aus Reispapier. Als eine japanische Stadt nach der anderen zum Opfer großer Luftangriffe mit Brandbomben wurde, brannten deshalb ganze Stadtteile nieder. Nachdem die Amerikaner zunächst mit Iwojima und dann mit Okinawa Basen erobert hatten, die näher an Japan lagen, intensivierten sie ihre Luftangriffe. Im Frühjahr und Sommer 1945 kamen auch immer mehr trägergestützte amerikanische und britische Maschinen zum Einsatz. Ihre Luftangriffe wurden durch den Beschuß amerikanischer und britischer Kriegsschiffe ergänzt, die zum Entsetzen der Einwohner der japanischen Küstenstädte am hellichten Tag vor der japanischen Küste auftauchten.*

---

* Als ich mich nach dem Krieg als Soldat im besetzten Japan aufhielt, erzählten mir Ausländer, die während des Krieges in Japan gewesen waren, erst das Erscheinen alliierter Kriegsschiffe, die im Sommer 1945 in Sichtweite der japanischen Küste operierten, habe viele ihrer japanischen Nachbarn schließlich doch davon überzeugt, daß der Krieg verloren war.

In der letzten Phase des Krieges entstand durch die Luftangriffe auf Japan in sechs Monaten derselbe Schaden, den Deutschland in dreieinhalb Jahren erlitten hatte. Japan wurde zwar nicht wie Deutschland im letzten halben Jahr des Krieges durch einen Bodenkrieg zerstört, doch die Feuerschäden in seinen Städten waren immens. Über die japanische Bevölkerung brach besonders in den letzten Stadien des Krieges entsetzliches Unglück herein. Ihre Führung hatte Wind gesät und mußte nun Sturm ernten.[92] In gewisser Weise war es diese Zerstörung der alten materiellen Ordnung des Landes, die den Weg für die spätere Neuordnung seiner politischen, wissenschaftlichen und sozialen Verhältnisse freimachte. Zweieinhalb Millionen Japaner, von denen drei Fünftel der Armee angehört hatten, waren tot oder verschollen, und das Land mußte Platz für sieben Millionen Menschen finden, die aus dem verlorenen Großreich repatriiert wurden.[93] Es hatte einen harten Weg vor sich.

CHINA

Auch in China bestimmte seit 1937 der Krieg Leben und Sterben. Bis Dezember 1941 waren weite Gebiete des Landes unter japanische Herrschaft geraten, darunter die wichtigsten Industrieregionen, Häfen und Bevölkerungszentren. Im Hinterland, das nominell unter japanischer Kontrolle stand, erhielten die kommunistischen Guerillas wachsende Unterstützung von den Bauern. An der Front jedoch hatte die Partei bei der »Kampagne der Hundert Regimenter« von August 1940, die den Japanern zwar geschadet, bei den kommunistischen Kräften jedoch bedrohliche Verluste verursacht hatte, erfahren müssen, daß ein direkter Krieg mit Japan nicht in ihrem Interesse lag.[94] In Übereinstimmung mit der früheren Linie Mao Tse-tungs konzentrierten sich die Kommunisten in der Folge auf kleinere Guerillaaktionen gegen die japanischen Besatzer, während sie sich intensiv auf die Nachkriegszeit und den Showdown mit der nationalchinesischen Regierung vorbereiteten. Der Zwischenfall mit der Neuen 4. Armee vom Januar 1941 zeigte, daß zwischen kommunistischen und national-chinesischen Armeen jederzeit offene militärische Auseinandersetzungen ausbrechen konnten.[95]

Im unbesetzten China wurde das Elend des zerrissenen Landes durch eine Inflation noch zusätzlich verstärkt. Die Herrschaft der Zentralregierung über die Provinzen war sehr schwach; die lokalen Militärführer ließen ihre eigenen Truppen verhungern, vermieden im allgemeinen den Kampf mit den Japanern und beuteten die Bauern aus. Das Regime Tschiang Kai-schek war sowohl korrupt als auch ineffektiv. Es wartete ab, bis die anderen Feinde Japans, insbesondere die Vereinigten Staaten, den Gegner schlagen würden. Trotzdem trat nicht ein, was die Japaner hofften und die Amerikaner fürchteten; China zog sich nicht aus dem Krieg zurück. Tschiang hatte erkannt, wer wahrscheinlich gewinnen würde, und er hatte nur dann eine Chance, in China an der Macht zu bleiben, wenn er sich mit den Siegern verbündete. Selbst Bose erkannte, daß China nie die Seiten wechseln würde.[96] Tschiang vermied es konsequent, die Wahl zwischen Kampf und Seitenwechsel zu treffen, und tat weder das eine noch das andere.

Als Japan 1944 in China eine letzte Offensive startete, traf diese auf national-chinesische Streitkräfte, die schlicht nicht mehr kampfbereit waren.[97] Sie flohen oder ergaben sich, und die japanische Armee eroberte eine Reihe der neuerrichteten amerikanischen Flughäfen. Die nationalchinesische Herrschaft blieb bis zur allerletzten Phase des Krieges auf das chinesische Landesinnere beschränkt und war selbst dort nur schwach. Nur ein Teil des Gebiets, das 1944 verlorengegangen war, wurde im ersten Halbjahr von 1945 zurückerobert.[98] Aufgrund dieser Umstände befand sich Tschiang Kai-schek zum Zeitpunkt der Kapitulation Japans international in einer hervorragenden Position, seine Macht im Inneren stand jedoch auf tönernen Füßen.

In der internationalen Politik galt die nationalchinesische Regierung als Siegermacht. Ihre Repräsentanten sprachen für einen Staat, der zu den Großmächten gezählt wurde und als solcher ständiges Mitglied im Weltsicherheitsrat war. Seit Ende des Ersten Weltkriegs hatte sich ein grundlegender Wandel vollzogen; damals hatte Japan zu den führenden Siegermächten gehört, ohne allerdings durchsetzen zu können, daß ein Passus über die Gleichberechtigung der Rassen in den Völkerbundpakt aufgenommen wurde. Nun war der letzte der sogenannten »Ungleichen Verträge«, die Ausländern in China exterritoriale Rechte zugestanden, gefallen. Im Sommer 1945 wurde ein Vertrag zwischen der nationalchinesischen Regierung und der Sowjetunion formuliert, in dem Moskau der Regierung Tschiang Kai-schek volle und dauerhafte Anerkennung zusicherte.

Die innerchinesischen Verhältnisse entsprachen jedoch nicht der internationalen Stellung der chinesischen Regierung. Als die japanischen Streitkräfte auf dem chinesischen Festland kapitulierten, stießen die Nationalchinesen vor, und wo sie nicht schnell genug vorankamen, halfen ihnen die Amerikaner, manchmal sogar, indem sie die chinesischen Truppen per Luftbrücke transportierten. Trotzdem fielen besonders im Nordosten des Landes zahlreiche japanische Waffen Maos kommunistischen Armeen in die Hände, und selbst in den Städten, die nun von den Nationalchinesen besetzt wurden, herrschte wenig Begeisterung für ein Regime, das jahrelang nicht in Erscheinung getreten war. China bewegte sich auf den offenen Bürgerkrieg zu, und Tschiang Kai-schek saß keineswegs so fest im Sattel, wie es den Anschein hatte; seine gewaltigen Streitkräfte schmolzen in der Schlacht schnell zusammen.[99] Seine Taktik, die Kampfkraft der nationalchinesischen Armeen für die Nachkriegszeit und den Kampf gegen die Kommunisten zu schonen, hatte sich als verfehlt erwiesen.

DIE SOWJETUNION

China hatte unter dem Krieg schrecklich gelitten, das Schicksal der Sowjetunion aber war in vieler Hinsicht noch schlimmer. Die Deutschen handelten in den besetzten Gebieten in der Regel noch barbarischer als die Japaner, deren Greueltaten sich hauptsächlich auf die erste Phase der Kämpfe konzentriert hatten. Daß die Rote Armee die Deutschen in langen und erbitterten Kämpfen zurückdrängte, führte zu gewaltigen Schäden in den befreiten Gebieten, die noch dadurch erhöht wurden, daß die Deutschen auf dem Rückzug mitnahmen, was immer sie konnten, und alles zerstörten, was sie zurücklassen mußten. Im Gegensatz dazu gaben die Japaner die meisten Gebiete im besetzten China 1945 unversehrt zurück. Die Intensität der Kämpfe an der Ostfront machte eine totale Mobilisierung der sowjetischen Heimatfront erforderlich. Menschen und Ressourcen wurden in einem Umfang für den Konflikt eingesetzt, der von keinem anderen großen kriegführenden Staat erreicht wurde. Fast jeder Haushalt war von den gewaltigen Verlusten betroffen, und die Überlastung der sowjetischen Volkswirtschaft, die schon vor dem Krieg nicht sonderlich leistungsfähig gewesen war, führte zu schrecklichen Entbehrungen.

Drei Faktoren hielten die sowjetische Heimatfront unter den Hammerschlägen des Krieges zusammen. Erstens wurde einer ständig wachsenden Zahl von Sowjetbürgern, auch wenn sie der Politik der Sowjetregierung, der Führung und den Lebensbedingungen in ihrem Land durchaus kritisch gegenüberstanden, auf dramatische und unmittelbare Weise vor Augen geführt, daß Politik und Lebensbedingungen unter den Nazis ohne jeden Zweifel noch entsetzlicher sein würden – falls man überhaupt am Leben gelassen wurde.* Also ließen sie sich lieber von verhaßten Landsleuten regieren als von verhaßten Ausländern.

Der zweite Faktor war, daß die Apparate der Partei und der Geheimpolizei zwar effektiv funktionierten, während des Krieges jedoch gewisse Zugeständnisse machten. So wurden die Beschränkungen der Religionsausübung gelockert, und man kam den Wünschen des Volkes auch noch auf andere Weise entgegen – ein gewisser Ausgleich dafür, daß sämtliche Ressourcen für den Krieg mobilisiert werden mußten und der Bevölkerung schwerste materielle Opfer abverlangt wurden. Die relative politische Milde stand mit dem dritten stabilisierenden Faktor in Zusammenhang, mit dem Patriotismus, an den das Regime effektiv und erfolgreich appellierte. Der Krieg hieß inzwischen nicht mehr der Zweite Imperialistische Krieg, sondern der Große Vaterländische Krieg, und die Sowjetbürger wurden aufgefordert, ihre Heimat zu verteidigen.

Die Stabilisierung des Sowjetregimes und das Wiedererwachen von Stolz und Hoffnung bei den Bürgern der Sowjetunion muß teilweise als Reaktion auf den Verlauf der Kämpfe gesehen werden. Im Ersten Weltkrieg hatten die russischen Armeen nach anfänglichen Erfolgen gegen österreich-ungarische Truppen gegen die Deutschen eine Niederlage erlitten; im Jahr 1915 war ihre Front aufgerissen worden, und sie waren

---

* Das Verhalten der Soldaten der Roten Armee auf deutschem Boden ist ein schwieriges Thema. Gewichtige anekdotische Quellen deuten darauf hin, daß die Wut der sowjetischen Soldaten durch den Eindruck angeheizt wurde, daß die vergleichsweise wohlhabenden Deutschen in ihr Land eingefallen wären, um ihrem Volk auch noch seine wenigen Habseligkeiten zu rauben.

danach in einer Serie von Schlachten immer weiter zurückgetrieben worden. Im Zweiten Weltkrieg waren die schwersten Niederlagen dagegen gleich zu Anfang eingetreten, und danach hatte sich der Krieg, obwohl sich die sowjetischen Kräfte 1942 im Süden weit zurückziehen mußten und noch andere – teilweise ernste – Rückschläge eintraten, insgesamt immer positiver für die Sowjetunion entwickelt. Große Teile ihres Staatsgebiets mochten noch immer von den Deutschen und ihren Verbündeten besetzt sein, aber schon im Winter 1941 wurde sowjetisches Gebiet befreit, und es bestand die Hoffnung, daß die Rote Armee die anderen Gebiete ebenfalls befreien würde. Die deutsche Wehrmacht war offensichtlich nicht unbesiegbar, und die Lage war keineswegs aussichtslos, auch wenn der Weg zum Sieg vielleicht lang sein würde. Aufgrund dieser speziellen Situation und besonders aufgrund der gemeinsam ausgestandenen Gefahren und der unter gewaltigen Opfern gemeinsam errungenen Erfolge wurde der Zweite Weltkrieg die große konsolidierende Erfahrung, die die sowjetische Bevölkerung zwischen dem revolutionären Aufbruch der Jahre 1917 bis 1922 und den dramatischen Veränderungen der achtziger Jahre machte.

Wie im Zusammenhang mit den Kämpfen von 1941/42 bereits angesprochen, verlagerten die Sowjets zahlreiche Industrieanlagen aus den Gebieten, die von den Deutschen überrannt wurden. Außerdem erweiterten sie während des Krieges natürlich diejenigen Produktionsanlagen, die außerhalb der Reichweite der Invasionstruppen lagen, insbesondere die Industrieregionen im Ural und in Teilen Sowjetisch-Mittelasiens. In diesen erweiterten oder neuen Fabriken produzierte eine ausdauernde und sehr hart arbeitende Arbeiterschaft die Panzer, Geschütze und Flugzeuge, die Munition und die anderen kriegswichtigen Güter, die es der Roten Armee ermöglichten, die Deutschen zu besiegen.[100] Das sowjetische Industriesystem schuf, besonders was schwere Panzer, Artilleriegeschütze, Raketenwerfer und automatische Waffen betraf, Serien sehr guter standardisierter Waffen und konnte seine Truppen mit großen Mengen von Waffen ausstatten, die denen der Deutschen oft sogar qualitativ überlegen waren. Selbst im Luftkrieg, wo die sowjetische Unterlegenheit zu Beginn der Feindseligkeiten – teilweise aufgrund des deutschen Überraschungsangriffs – extrem gewesen war, änderte sich die Lage wesentlich, nachdem exzellente neue Flugzeugtypen in beträchtlicher Zahl in Dienst gestellt wurden.

In diesem Prozeß wurden einem Land, das sich von der Zwangskollektivierung der Landwirtschaft, der forcierten Industrialisierung und den großen Säuberungen der Vorkriegszeit noch kaum erholt hatte, schwerste zusätzliche Lasten aufgebürdet. Sie waren jedoch zunächst mit Hoffnung und dann auch mit Stolz gepaart. Kein anderes Land auf dem Kontinent hatte der deutschen Wehrmacht auf dem Höhepunkt ihrer Leistungsfähigkeit standhalten können. Gerade der hohe Preis des Sieges – über zwanzig Millionen Tote, schwerste Zerstörungen und extremes gesellschaftliches Chaos – begann im Rückblick wie ein besonderes Verdienst zu wirken. Die Brutalitäten des Sowjetregimes, einschließlich der Zwangsdeportierung ganzer Nationalitätengruppen, die der Kollaboration mit den Invasoren verdächtigt wurden, verblaßten im Vergleich zur Schreckensherrschaft der Deutschen. Das Volk hatte eine Alternative zum eigenen System kennengelernt und wußte nun, daß es diese nicht wollte. Es bestand die Hoffnung, daß ein siegreiches Regime sanfter und nachgiebiger mit dem eigenen Volk umgehen würde, das so sehr gelitten und so viel erreicht hatte. Obwohl diese Hoffnung grausam enttäuscht werden sollte, blieb der Krieg für die Menschen der Sowjetunion eine alles beherrschende Erinnerung.

AFRIKA

Der afrikanische Kontinent kann nicht als homogene Einheit behandelt werden, und das Schicksal, das er im Zweiten Weltkrieg erlitt, war nur in einer wichtigen Beziehung für den ganzen Kontinent das gleiche. Behandeln wir die Unterschiede zuerst: Der Teil des Kontinents, wo die ersten Kämpfe stattfanden, war auch derjenige, wo sie zuerst wieder endeten. Im Nordosten hatte Italien bereits 1935/36 Äthiopien erobert. Danach war das Land zum Schauplatz antiitalienischer Guerillaaktivitäten geworden, und später hatte Italien es als Basis für die Eroberung Britisch-Somalilands genutzt. Im Winter 1940/41 hatten britische Truppen alle italienischen Truppen geschlagen. Sie hatten Äthiopien und Britisch-Somaliland befreit und Eritrea und Italienisch-Somaliland besetzt. Die Kämpfe hatten an einigen wenigen Orten beträchtliche Zerstörung angerichtet, doch der Schaden war lokal begrenzt. Haile Selassie, der Kaiser von Äthiopien, kehrte in seine Hauptstadt zurück und sollte Mussolini und die meisten Zeugen der Eroberung seines Landes um viele Jahre überleben. Eritrea und Italienisch-Somaliland wurden bis Kriegsende unter britische Militärverwaltung gestellt.[101] Eritrea fiel nach dem Krieg trotz beträchtlicher lokaler Opposition an Äthiopien, während aus Italienisch-Somaliland und Britisch-Somaliland der unabhängige Staat Somalia gebildet wurde. Die Kriegsjahre waren für diese Gebiete sogar mit einer gewissen ökonomischen Entwicklung verbunden. Sie lagen an wichtigen Wasserstraßen, und so wurden ihre Hafenanlagen und ihr Transportsystem ausgebaut.

Der angloägyptische Sudan, der später zum größten Staat Afrikas werden sollte, wurde von den Kämpfen an seiner östlichen Grenze nur leicht in Mitleidenschaft gezogen. Eine wichtige Auswirkung des Krieges war dort der Ausbau des Verkehrssystems, der vor allem den Flughafen von Khartum betraf, das östliche Ende der Versorgungsroute, die von Takoradi aus quer durch Afrika in den Nahen Osten führte.

Die Schlachten, die zwischen Ägypten und Libyen hin und her wogten, fanden hauptsächlich in der Wüste und in felsigen Gebieten statt, die ökonomisch geringen Wert besaßen. In den Städten entlang der Ostküste Libyens waren die Zerstörungen allerdings gewaltig. Die Bevölkerung in beiden Territorien litt unter den Fluchtbewegungen, die der Krieg auslöste, profitierte jedoch langfristig davon, daß in großem Maßstab Flughäfen und andere Einrichtungen erbaut wurden.

In Ägypten löste der Krieg noch andere Entwicklungen aus. Den ägyptischen Nationalisten war die fortdauernde britische Vorherrschaft in ihrem Land verhaßt.

Sowohl König Faruk als auch manche extrem nationalistischen Offiziere der ägyptischen Armee wie Gamal Abd-el Nasser und Anwar as Sadat hofften auf einen deutschen Sieg und standen mit den Deutschen in Kontakt. Sie begriffen nie, daß das Schicksal Ägyptens unter der Herrschaft der Achsenmächte wahrscheinlich viel härter gewesen wäre als unter den Briten. Die nationalistischen Offiziere wurden verhaftet, und der König wurde gezwungen, eine Regierung zu ernennen, die bereit war, im Krieg mit den Briten zu kooperieren.[102] Diese Maßnahme verschärfte jedoch den ägyptischen Haß auf die Briten; sie sollte böse Folgen haben.

In Nordwestafrika war nur Tunesien schwer von den Kämpfen der Kriegsjahre 1942/43 betroffen. Die Region hatte vor den Kämpfen unter der Kontrolle der Vichy-Regierung gestanden und wurde danach von de Gaulle beherrscht. Die französische Herrschaft als solche wurde jedoch sowohl von der betroffenen Bevölkerung als auch von Roosevelt in Frage gestellt, der sich demonstrativ mit lokalen Würdenträgern traf.* In Tunesien ergriffen einige Nationalisten für die Achse Partei, weil sie hofften, von Rom und Berlin die ersehnte Unabhängigkeit zu erlangen, die ihnen Paris versagte. Wie auch in anderen Fällen war dies keine weise Entscheidung, denn sie basierte auf einer Verkennung der realen Verhältnisse.

Für das Band von französischen, britischen und belgischen Kolonien, das sich vom Atlantik bis zum Indischen Ozean quer durch Afrika zog, bedeutete der Krieg, daß in gewissem Umfang Truppen rekrutiert wurden. Er führte zu einer Weiterentwicklung lokaler Industrien und des Transportsystems und zu großen Schwierigkeiten beim Export der Produkte, aus denen die Volkswirtschaften der Kolonien in Friedenszeiten einen Großteil ihrer Einnahmen gezogen hatten.

Das einzige Phänomen, das wirklich den gesamten afrikanischen Kontinent betraf, war die verstärkte nationalistische Agitation. Die antikolonialistische Stimmung nahm von 1939 bis 1945 in allen Ländern zu. Die Träume der Deutschen von einem riesigen neuen Kolonialreich in Afrika gingen dank des alliierten Sieges nicht in Erfüllung. In allen Kolonialgebieten erlebte die gebildete Elite ihre Kolonialherren als schwach. Frankreich, Belgien und Italien waren geschlagen, Großbritannien konnte sich kaum halten, und Spanien und Portugal blieben neutral. Außerdem vertraten sowohl die Vereinigten Staaten als auch die Sowjetunion extrem antikolonialistische Weltanschauungen. Schon während des Krieges stand fest, daß Italiens Kolonialgebiete neue Herren bekommen würden, und wie auch immer die Nachkriegspläne in London, Paris, Brüssel, Madrid und Lissabon aussahen, es würde auch in ihren Kolonien massive Veränderungen geben.[103]

---

* Solange die Vichy-Regierung an der Macht war, waren die Juden in Französisch-Nordafrika diversen Restriktionen unterworfen. Es gab beträchtliche Schwierigkeiten, als diese aufgehoben werden sollten, denn die meisten Beamten des Vichy-Regimes behielten auch nach der Landung der Alliierten noch eine Zeitlang ihre Posten. Eine gute Darstellung zu diesem Thema ist: Michel Abitol, The Jews in North Africa during the Second World War, ins Englische übers. v. Catherine Thanyi Zentelis, Wayne State Univ. Press, Detroit 1989.

LATEINAMERIKA

In Lateinamerika löste der Zweite Weltkrieg eine Reihe von wichtigen Veränderungen aus. Mit Ausnahme Argentiniens hatten sich alle Länder der westlichen Hemisphäre den Alliierten angeschlossen. Ihre wirtschaftlichen Verbindungen mit Deutschland waren durch die alliierte Blockade größtenteils unterbrochen, und nur, als es im Sommer 1940 kurze Zeit nach einem deutschen Sieg aussah, erwogen sie ernsthaft, nach dem Krieg neue Verbindungen mit den Achsenmächten zu knüpfen. In diesem kurzen Zeitraum war man in Washington ernsthaft besorgt. So stand in einem Brief, den Unterstaatssekretär Sumner Welles am 3. Juni 1940 an Präsident Roosevelt schrieb, folgende Passage, die bei der Veröffentlichung weggelassen wurde: »Die Mehrheit der amerikanischen Republiken würde mit fliegenden Fahnen zu Hitler überlaufen, wie es viele kleine Staaten in Europa jetzt schon tun.«[104] Abgesehen davon, daß deutsche Unterseeboote einige Granaten auf Niederländisch-Westindien abfeuerten und lateinamerikanische Schiffe vor den heimatlichen Küsten versenkten, blieben die Länder Lateinamerikas jedoch von den schlimmsten Auswirkungen des Krieges verschont. Zwischen den Geheimdiensten der Alliierten und denen der Achse tobte ein ständiger Kampf, viele Details sind heute noch geheim, hatten aber auf jeden Fall keine großen Auswirkungen.[105]

Nur Brasilien schickte Truppen an die Front. Sie kamen in Italien zum Einsatz, und manche der damals Beteiligten sollten in der brasilianischen Nachkriegspolitik eine wichtige Rolle spielen.[106] In den Kriegsjahren selbst wurden die wirtschaftlichen Entwicklungsmöglichkeiten dank lokaler Inkompetenz und der Unfähigkeit von »Experten« aus den Vereinigten Staaten, die die Produktion steigern sollten, größtenteils verspielt.[107] Nur in ihrem Bestreben, die wirtschaftliche Kontrolle des Auslands etwas zu reduzieren, waren Brasilien und mehrere andere lateinamerikanische Länder relativ erfolgreich. Der Verkauf von Produkten, die für die Kriegsanstrengungen der Alliierten gebraucht wurden, bei gleichzeitiger Reduktion der – fast ausschließlich aus Europa – importierten Güter ermöglichte es, daß viele Unternehmen in Brasilien, Argentinien und anderen Ländern Lateinamerikas von fremden in einheimische Hände übergingen. Sowohl Deutschland als auch Großbritannien spielten in der Kriegszeit eine geringere Rolle als zuvor, während der Einfluß der Vereinigten Staaten nur zeitweilig wuchs.

Deutschland hatte zunächst gehofft, die lateinamerikanischen Länder neutral halten und seine Märkte nach dem Krieg auf Kosten des geschlagenen Großbritannien gewaltig expandieren zu können.[108] Auch bestand eine gewisse Hoffnung, lokale faschistoide Bewegungen wie die Integralisten in Brasilien und die Peronisten in Argentinien könnten im Zusammenwirken mit den zahlreichen deutschen Immigranten in mehreren Ländern der Region die westliche Hemisphäre nicht nur wirtschaftlich, sondern auch politisch unter deutschen Einfluß bringen.[109] Diese Hoffnungen erfüllten sich nicht.

Trotzdem hinterließ der Krieg ein wichtiges Erbe. Die Regierung Roosevelt hatte sich zur »Politik der guten Nachbarschaft« entschlossen und verhielt sich Lateinamerika gegenüber sehr viel weniger gebieterisch als frühere Regierungen. Dies trug bestimmt viel dazu bei, daß sich die Länder der westlichen Hemisphäre im Krieg gegen die Achsenmächte um die USA scharten. Und es hatte noch einen weiteren Effekt. Der Umstand, daß die Alliierten für ihren Krieg die Rohstoffe und Produkte der südamerikanischen Länder brauchten, führte nicht nur dazu, daß die Preise stiegen, sondern auch dazu, daß die lateinamerikanischen Länder nach dem Krieg meinten, die Sieger seien ihnen Dank schuldig. Obwohl sie nach wie vor mit ernsten inneren Problemen wie Armut und Krankheiten zu kämpfen hatten, traten sie nun wesentlich selbstbewußter auf.

DER NAHE OSTEN

Die innere Entwicklung des Nahen Ostens wurde schon in der Kriegszeit stark durch den Konflikt beeinflußt und war nach dem Krieg sogar noch stärker durch ihn geprägt. Durch den französischen Zusammenbruch von 1940 und die Kämpfe von 1941 bekam die syrische Unabhängigkeitsbewegung gewaltigen Auftrieb. Die Franzosen hatten zweifellos gehofft, dieses wichtige Gebiet, das sie nach Ende des Ersten Weltkriegs als Mandat dem Osmanischen Reich abgenommen hatten, auch nach dem Krieg weiterhin beherrschen zu können. Tatsächlich bestand jedoch nicht die geringste Chance, die französische Herrschaft in Syrien wiederaufzurichten. Die nationalistischen Ansprüche der Syrer ließen sich nicht mehr unterdrücken, selbst wenn man Damaskus beschoß. Die Unabhängigkeit Syriens und eines erweiterten Libanon war durch den Krieg unvermeidlich geworden. Das Problem verursachte einige Reibung zwischen Frankreich und Großbritannien, besonders da die Franzosen sehr zu Unrecht annahmen, die Briten wollten ihnen das Gebiet abnehmen, während die Zeit der französischen Kolonialherrschaft ganz einfach abgelaufen war. Die Franzosen hatten die Unabhängigkeit sogar versprochen, und nach einer doppelten Niederlage gab es auch für ein Frankreich, das von Charles de Gaulle geführt wurde, kein Zurück mehr.[110]

Die Türkei war während des Krieges nicht in der Lage, ihr Territorium auf Kosten ihrer Nachbarn zu erweitern, hielt jedoch an dem Territorialgewinn fest, den sie vor dem Krieg auf Kosten Syriens gemacht hatte. Die rückständige Wirtschaft des Landes wurde durch die Nachfrage nach ihren Produkten, insbesondere nach Chrom, ein wenig gestärkt. Die türkische Regierung hatte es geschafft, von beiden Kriegsparteien eine begrenzte Menge moderner Waffen zu bekommen, um das veraltete und unzulängliche Kriegsgerät der türkischen Armee zu ergänzen. Der kleine politische Führungszirkel des Landes trat in der Nachkriegswelt und besonders gegenüber den Forderungen der Sowjetunion mit einem Selbstbewußtsein auf, das aus dem Stolz auf eine seiner Ansicht nach erfolgreiche Neutralitätspolitik erwachsen war, die man erst aufgegeben hatte, als die Sieger bereits feststanden.

Der Iran hatte vor dem Krieg und in den ersten Kriegsjahren mit Deutschland sympathisiert. Handelsverbindungen und die Besorgnis über imperiale Expansionsgelüste Großbritanniens und der Sowjetunion hatten unter anderem zu dieser Orientierung beigetragen. Im Sommer 1941 wurde das Land von britischen und sowjetischen Truppen besetzt, aber auch die Amerikaner waren zunehmend präsent, als Einheiten ihres Transportkorps einen Nachschubweg aufbauten, der durch den Iran in die Sowjetunion führte. Diese Entwicklung hatte für die Iraner kurzfristig zwei Vorteile. Erstens erbte das Land die moderneren Hafen-, Eisenbahn- und Straßenanlagen, die von den Amerikanern gebaut worden waren, und zweitens konnte es die Amerikaner gegen die britische und die sowjetische Besatzungsmacht ausspielen. Letzteres wurde besonders wichtig, als die Sowjets gegen Ende des Krieges ihre Truppen im Land lassen wollten, anstatt sie wie versprochen abzuziehen.

Trotzdem war die amerikanische Präsenz im Iran wie auch in anderen Ländern des Nahen Ostens unpopulär, insbesondere da sie zunehmend dafür eingesetzt wurde, bei der Ausbeutung der Ölvorkommen der Region Einfluß zu bekommen.[III] Das Öl war ein Faktor, der sowohl Reichtum versprach als auch ausländische Interessen ins Spiel brachte. Es erhöhte im Krieg das Einkommen der Region, gefährdete jedoch gleichzeitig die Unabhängigkeit seiner Bevölkerung.

Dies galt ebenso für den Irak wie für den Iran. Nachdem britische Truppen den irakischen Aufstand von 1941 unterdrückt hatten, wurde das Land von einem Regime regiert, das mit den Alliierten kooperierte. Der Drang, sich von jedem ausländischen Einfluß, insbesondere vom britischen, zu befreien, blieb jedoch immer sehr stark und kam kurz nach dem Krieg wieder zum Ausbruch.

Auf der arabischen Halbinsel war die wichtigste Auswirkung des Krieges, daß der Zugriff Ibn Sauds und seiner Familie auf ein Land gefestigt wurde, das nun immer häufiger als Königreich Saudi-Arabien bezeichnet wurde. Während des Krieges diente das Land noch den britischen Interessen, aber nach dem Krieg änderte sich seine Politik grundlegend.

Die meisten Länder im Nahen Osten hatten vor, in und nach dem Krieg großes reales oder geheucheltes Interesse an der Entwicklung in Palästina. Die Briten hatten ihr Mandatsgebiet 1922 entlang des Jordans geteilt; und sie hatten das Ostufer aus dem offensichtlichen, wenn auch typisch kolonialistischen Grund »Transjordanien« genannt, weil es von London aus gesehen auf dem anderen Ufer des Jordans lag. Der Klientelstaat unter König Abd Allah verhielt sich während des Krieges loyal zu Großbritannien und stellte den britischen Truppen wichtige Einrichtungen und Transitrouten zur Verfügung. Es ergab sich jedoch nicht die Gelegenheit für den massiven Bau neuer Einrichtungen wie im Iran und in Ägypten. Der andere Teil des Mandatsgebiets lag zwischen dem Mittelmeer und dem Jordan. Er wurde inzwischen Palästina genannt, und obwohl er nur einen kleinen Teil des ursprünglichen Gebiets umfaßte, stand er schon bald im Zentrum der Aufmerksamkeit.

Großbritannien hatte Palästina ursprünglich als Pufferzone betrachtet, die die nördliche Flanke seiner Position am Suez-Kanal schützen sollte. Das Mandatsgebiet erfüllte im Zweiten Weltkrieg tatsächlich diese Funktion, jedoch nur, weil es den Briten gelang, die Achsenmächte vom Kanal fernzuhalten, indem sie sie andernorts in Gefechte verwickelten. Der deutsch-italienische Vorstoß, der 1941/42 von Westen her über Libyen vorgetragen wurde und den Kanal am unmittelbarsten bedrohte, wurde, wenn auch nur mit knapper Not, durch die britische 8. Armee gestoppt. Im Norden dagegen verloren die Deutschen ihren Einfluß, weil die Türkei vor einem Bündnis mit Deutschland zurückschreckte und es Briten, Australiern und freifranzösischen Einheiten im Sommer 1941 gelang, der Vichy-Regierung Syrien abzunehmen, wodurch Deutschland der Weg nach Süden versperrt war. Bei dieser Entwicklung war Palästina als britische Basis unverzichtbar, ansonsten aber war das Gebiet vor und nach 1942 militärisch ziemlich unbedeutend. Politisch aber stand es im Zentrum der Aufmerksamkeit, da immer mehr Juden vor der Verfolgung an anderen Orten nach Palästina flohen und sich denen anschlossen, die schon seit Jahrtausenden dort lebten.

Seit dem späten 19. Jahrhundert hatte es mehrere Einwanderungswellen osteuropäischer Juden gegeben, und die Zahl der jüdischen Bevölkerung hatte sich langsam vermehrt. Die Briten versprachen, weitere Ansiedlungen zu erlauben, bekamen jedoch bald Bedenken, da Teile der dort ansässigen arabischen Bevölkerung gegen die jüdische Besiedlung Protest erhoben. Die wirtschaftliche Entwicklung in dem Gebiet führte schnell dazu, daß aus anderen Gebieten des Nahen Ostens Araber einwanderten, deren Zahl die der jüdischen Einwanderer schon bald übertraf. Aufgrund der Judenverfolgung durch die Nazis und der geringeren Ausplünderung deutscher Juden, die nach Palästina auswanderten, im Vergleich mit jenen, die in andere Länder flohen, erhöhte sich die jüdische Bevölkerung in den dreißiger Jahren. Es kam zu Unruhen in Palästina, und die Briten reagierten, indem sie zunächst eine zweite Teilung des Landes in einen jüdischen und einen arabischen Staat planten, dies dann jedoch wieder verwarfen. Statt dessen beschloß die britische Regierung 1939 aus Furcht, sich die Araber im drohenden Krieg mit Deutschland zu Feinden zu machen, die jüdische Immigration weitgehend zu unterbinden. Tragischerweise fiel dieser Beschluß unmittelbar vor Ausbruch des Zweiten Weltkriegs, in dessen Verlauf, wie erwähnt, das NS-Regime zunächst ein Programm zur Ermordung von Deutschen inszenierte, die es aufgrund ihres körperlichen oder geistigen Zustands für lebensunwert hielt, und danach alle Juden ermordete, die ihm in die Hände fielen.

Angesichts dieser Entwicklung bemühten sich die Juden in Palästina äußerst intensiv darum, den europäischen Juden, die vor dem sicheren Tod flohen, Asyl zu gewähren, während bei manchen Arabern die Entschlossenheit wuchs, sie nicht ins Land zu lassen. Andere Araber, wie der Großmufti von Jerusalem, Mohammed Amin al-Husayni, kollaborierten dagegen mit den Deutschen, weil sie hofften, daß diese in Palästina einmarschieren und auch dort die Juden töten würden. Die Briten gaben sich alle Mühe, sowohl die legale als auch die illegale jüdische Immigration zu begrenzen, konnten aber nicht verhindern, daß nach dem Krieg diese Frage noch akuter wurde. [112] Langfristig hatte der Krieg zwei wichtige Auswirkungen auf Palästina. Für die palästinensischen Araber bedeutete die Tatsache, daß der Großmufti verschiedene Rivalen um die Führung seines Volkes ausgeschaltet und ein Bündnis mit Hitler geschlossen hatte, daß sie nach der deutschen Niederlage keine Führung mehr besaßen, die sich im Ausland hätte Respekt oder Aufmerksamkeit verschaffen können. Für die Juden bedeutete der ungeheure Völkermord des Holocaust, daß die osteuropäischen Juden als größtes Reservoir potentieller Einwanderer stark dezimiert worden waren. Dies hatte zur Folge, daß im künftigen Staat Israel der Bevölkerungsanteil der Juden aus Nordafrika und aus dem Nahen Osten zumindest bis 1989 kontinuierlich stieg. Während die europäischen Juden Erfahrungen mit deutschem, russischem und polnischem Antisemitismus hatten machen müssen, hatten die Juden aus Nordafrika und dem Nahen Osten arabische Unterdrückung erlebt, und als sie in Israel zu politischem Einfluß gelangten, war das Land immer weniger geneigt, den Arabern Konzessionen zu machen.

DAS DEUTSCH BESETZTE EUROPA IM NORDEN UND IM WESTEN

Im deutsch besetzten Europa begannen die Besatzer mit der Errichtung eines neuen Systems, das sich während des Krieges nur in Umrissen entwickeln konnte und zusammenbrach, als sich die deutschen Truppen zurückziehen mußten. [113] In Nordeuropa blieben Dänemark und Norwegen von April 1940 bis zur deutschen Kapitulation im Mai 1945 unter deutscher Kontrolle.* In Dänemark hatte sich die deutsche Invasion so schnell vollzogen, daß es keinen Widerstand gegeben hatte und König und Regierung keine Gelegenheit zur Flucht geblieben war. Da der Regierungsapparat sich in die Besatzung fügte, war es für die Deutschen am günstigsten, das unzerstörte Land nicht direkt zu beherrschen, sondern lediglich zu überwachen. Tatsächlich arrangierten sich Besatzer und Besetzte zeitweilig miteinander. Es war ein Bestandteil dieses stillschweigenden, aber effektiven Arrangements, daß die Deutschen zur Enttäuschung der deutschen Minderheit des betroffenen Gebiets nicht auf eine Revision der deutsch-dänischen Grenze drängten, die nach dem Ersten Weltkrieg gezogen worden war. Andererseits stellten die Dänen nicht nur wichtige militärische Stützpunkte für die deutsche Kriegführung zur Verfügung. Sie lieferten auch große Mengen an Nahrungsmitteln und deckten damit etwa ein

---

* Ein kleiner Teil Nordost-Norwegens wurde im Winter 1944/45 von den Deutschen verwüstet und danach geräumt, der größte Teil des Landes und fast die ganze Bevölkerung befand sich jedoch noch immer in deutscher Hand, als die Feindseligkeiten beendet wurden. (Die deutschen exekutierten sogar noch einige Zeit nach der Kapitulation Angehörige des eigenen Militärapparats.)

Zwölftel des gesamten deutschen Lebensmittelbedarfs einschließlich des Bedarfs aller annektierten Gebiete.[114]

Als sich der Krieg und die Okkupation in die Länge zogen, wurden einige Dänen unruhig; die größten Veränderungen wurden jedoch auf Initiative der Deutschen vorgenommen. Im Oktober 1942 verschärfte Hitler seinen Kurs. Er informierte seinen neuen militärischen Vertreter, daß Dänemark von Deutschland annektiert werden würde und weder seine Monarchie noch seine demokratischen Institutionen behalten könne.[115] Den Deutschen gelang es, ihre wahren Absichten noch eine Zeitlang zu verbergen, aber die Umtriebe der dänischen Nazis verhießen eine böse Zukunft. Im August 1943 erklärte Deutschland den militärischen Notstand, und die dänische Regierung wurde de facto abgesetzt. Ironischerweise heizte dies den Widerstand eher an, als daß es ihn behindert hätte. Dies zeigte sich erstmals, als die Dänen die Deportation der dänischen Juden verhinderten und vielen halfen, nach Schweden zu entkommen. Für den Rest des Krieges war das Leben in Dänemark von Unterdrückung und Widerstand geprägt. Bei den Besatzern war jede Hoffnung geschwunden, das »nordische« Volk der Dänen eines Tages in loyale Deutsche zu verwandeln, und die Dänen hatten jede Illusion bezüglich der Ziele ihres mächtigen Nachbarn verloren.

Die Lage im besetzten Norwegen war verwirrender, weil es dort größere Kampfhandlungen gab und Teile der Regierung zeitweise mit den Deutschen über eine Einigung verhandelten. Als die Verhandlungen scheiterten, verschärfte sich die Lage durch die Ernennung des deutschen Reichskommissars Josef Terboven. Terboven war ein altgedientes Parteimitglied und führte Norwegen, wie es ihm paßte, wobei er sich nur nach Hitlers wiederholt verkündeter Absicht richtete, daß Norwegen für immer ein Teil des Deutschen Reichs bleiben würde. In seiner Politik wurde Terboven generell vom Wehrmachtsbefehlshaber Norwegens, General Nikolaus von Falkenhorst, unterstützt, gelegentlich jedoch vom Vertreter der deutschen Kriegsmarine, Admiral Hermann Boehm, behindert[116]; außerdem hatte er ständig Schwierigkeiten mit Vidkun Quisling, dem Führer der norwegischen faschistischen Partei.

Quisling hatte den Deutschen bereitwillig geholfen, Norwegen zu erobern und danach Norweger für die SS zu rekrutieren[117], wollte jedoch das Land als Vasallenstaat Deutschlands führen. Die Unterdrückungsmaßnahmen, die in Norwegen unter dem Deckmantel militärischer Notwendigkeiten vorgenommen wurden, mußten ihn und seine Anhänger in den Augen der Norweger automatisch zu Verrätern stempeln.[118] Deshalb trat er für den Abschluß eines Friedensvertrags ein, ob inner- oder außerhalb des von den Deutschen in Norwegen etablierten Regierungssystems. Die Deutschen dachten jedoch nicht daran, seine Forderung zu erfüllen, denn Hitler wollte Norwegen auch nicht das geringste Maß an Unabhängigkeit gewähren. Bis April 1943 war sogar Quisling zu der Einsicht gelangt, daß er nur benutzt worden war, um den Deutschen die Annexion zu erleichtern, und er war über diese Erkenntnis erbittert.[119] Wenn selbst ein Mann wie Quisling, der die Deutschen ermuntert hatte, das Land zu besetzen, eine solche Haltung einnahm, läßt sich leicht ermessen, wie der normale patriotische Norweger dachte.

Der Widerstand gegen die Besatzer nahm langsam, aber sicher zu und wurde auch hier von den brutalen Unterdrückungsmethoden der Deutschen eher angeheizt als abgeschwächt. Norwegen war ein sehr armes Land und konnte nicht viel zur deutschen Kriegswirtschaft beitragen; sein wirtschaftlich wichtigster Besitz, die Handelsflotte, war bei der Besetzung aus den Häfen entkommen und setzte den Krieg gegen Deutschland fort. Die Deutschen nahmen, was sie kriegen konnten, und bürdeten den Norwegern große Opfer auf – ein denkbar schlechter Anreiz für diese, sich als nordische Rassegenossen der deutschen Schicksalsgemeinschaft anzuschließen.

Hitler hatte offensichtlich vor, Dänemark und Norwegen ebenso zu annektieren wie Österreich, aber dieser Plan hätte nur gelingen können, wenn Deutschland den Krieg gewonnen hätte. Weder die Bevölkerung Norwegens noch Dänemarks stand ihm positiv gegenüber, und alles, was sie von den Deutschen und ihren Lakaien sahen, bestärkte sie in ihrer ablehnenden Haltung. Beide Völker warteten auf die Befreiung, um zu dem unabhängigen, demokratischen politischen Leben zurückzukehren, das sie vor dem Krieg geführt hatten.

Wie Dänemark und Norwegen sollte auch Luxemburg dem Deutschen Reich einverleibt werden.[120] Das Großherzogtum war seit dem 10. Mai 1940 besetzt und wurde als deutsches Gebiet behandelt. Die italienischen Gastarbeiter und die Luxemburger, die man als Wallonen französischen Ursprungs nicht als Vertreter der germanischen Rasse betrachtete, wurden deportiert. Viele Bürger, die zwar als Deutsche qualifiziert wurden, jedoch darüber nicht genügend Begeisterung zeigten, wurden zusammen mit deutschen Siedlern in den Osten geschickt. Der Rest sollte, natürlich mit Ausnahme der kleinen Zahl von Juden, als Deutsche regiert und behandelt werden.

Die Großherzogin und die Minister hatten das Land verlassen, bevor die Deutschen sie hatten gefangensetzen können, und bildeten eine Exilregierung. Bis das Großherzogtum im Winter 1944/45 zunächst befreit und danach, während der deutschen Ardennenoffensive, zum Schauplatz schwerer Kämpfe wurde, wartete seine Bevölkerung sehnsüchtig auf die deutsche Niederlage, die nur von anderen herbeigeführt werden konnte. Es gab Widerstand und Unterdrückung, aber durch den Sieg der Alliierten gewann das Land seine Unabhängigkeit zurück. Die Luxemburger hatten aus dem Krieg gelernt, daß sie sich in der Nachkriegswelt enger mit ihren nördlichen Nachbarn zusammenschließen müßten. Sie sollten nie vergessen, wer für ihre Freiheit gekämpft hatte, und es ist durchaus passend, daß General George S. Patton auf dem amerikanischen Militärfriedhof in diesem Land begraben liegt.

Während die Luxemburger den amerikanischen Militärfriedhof bei Hamm besuchen, suchen Niederländer den britischen Militärfriedhof bei Arnhem auf. Die Niederlande wurden durch die deutsche Invasion von 1940 schnell überrollt, und abgesehen von dem schrecklichen Bombenangriff auf Rotterdam wurde der größte Teil des Landes durch die sich rasch verlagernden Kämpfe kaum zerstört. Eine Zeitlang sah es fast so aus, als ob sich die Niederländer trotz der Flucht ihrer Königin und ihrer Regierung mit der Besetzung abfinden würden und sich darüber freuten, daß der Krieg anscheinend mit geringen Folgen über sie hinweggebraust war. Die deutsche Politik bescherte ihnen jedoch bald schon ein böses Erwachen.[121]

Die Deutschen betrachteten die Niederländer als Brudervolk, das zeitweise in die Irre gegangen war, und erwarteten, sie wieder zu echten Brüdern machen zu können. Gleichzeitig wollten sie jedoch die Niederlande und selbstverständlich auch ihr Kolonialreich wirtschaftlich ausbeuten.[122] Hitler wollte die Militärverwaltung so rasch wie möglich durch eine Zivilverwaltung ersetzen und tat dies am 17. Mai mit der Ernennung Arthur Seyß-Inquarts zum Reichskommissar der besetzten Niederlande. Seyß-Inquart hatte bei der Annexion Österreichs zwei Jahre zuvor eine Schlüsselrolle gespielt und erst kürzlich den Auftrag erhalten, Hans Frank bei der Ausbeutung und Terrorisierung Polens zu helfen.[123] Der Reichskommissar versuchte, sich des niederländischen Verwaltungsapparats zu bedienen, das Land in die deutsche Wirtschaft zu integrieren und die Bevölkerung auf ihre Zukunft als Deutsche vorzubereiten.

Das Regierungsgeschäft war schwieriger, als Seyß-Inquart erwartet hatte. Alle Arten deutscher Dienststellen konkurrierten mit ihm und untereinander um Befugnisse, und die niederländischen Nazis erwiesen sich als unangenehme Zeitgenossen. Ihr prominentester Vertreter, Anton Adriaan Mussert, wollte ein vergrößertes Holland als deutschen Vasallenstaat führen. Meinoud M. Rost van Tonningen war dagegen ein holländischer Nazi, der einem deutsch-niederländischen Zusammenschluß nicht abgeneigt war. Außerdem half er der SS bei dem Projekt, niederländische Bauern auf ehemals sowjetischem Land anzusiedeln. Er verfügte jedoch über noch weniger Anhänger als der höchst unpopuläre und insgesamt sehr unfähige Mussert.[124]

Die Niederländer waren das Volk in Europa, das seine Juden seit langer Zeit sehr anständig behandelt hatte, und kein Mensch konnte seine Popularität in den Niederlanden steigern, indem er die jüdischen Bürger deportieren ließ, um sie in den Todeslagern im besetzten Polen zu ermorden. Der erste Versuch, das Programm auf die Niederlande auszudehnen, führte im Februar 1941 zum ersten großen Streik im deutsch besetzten Europa. Trotz des holländischen Widerstands und obwohl einzelne Juden versteckt wurden – darunter die später bekannte deutsche Jüdin Anne Frank –, wurden etwa 100 000 von insgesamt 120 000 niederländischen Juden ermordet.[125] Obwohl sich auch in den Niederlanden wie anderswo in Europa viele einzelne an dem Vernichtungsprozeß beteiligten und manche sogar davon profitierten, war der Widerstand in Holland größer als in allen anderen Ländern.

Zu den schlimmsten Folgen der deutschen Okkupation gehörten die Auswirkungen der ökonomischen Ausbeutung des Landes und die Art, wie sich im Herbst 1944 die Front stabilisierte. Die Deutschen hatten das Land, das zu den großen Nahrungsmittelexporteuren Europas gehört hatte, rücksichtslos seiner Reserven beraubt. Als der Westen der Niederlande durch den Kriegsverlauf vom Rest des von den Deutschen kontrollierten Europa teilweise abgeschnitten wurde, kam es zu einer katastrophalen Lebensmittelknappheit. Im Winter 1944/45 brach eine große Hungersnot aus, und viele Menschen starben noch, als die Befreiung schon zum Greifen nahe war. Ganz zum Schluß wurden von den Alliierten Lebensmittel ins Land gebracht, aber sie kamen für viele Niederländer zu spät. Nach dem Ersten Weltkrieg hatten viele holländische Familien deutsche Kinder und Jugendliche aufgenommen, damit sie sich von den Folgen der Unterernährung in den Kriegsjahren erholen konnten. Nach dem Zweiten Weltkrieg jedoch hegte das niederländische Volk noch jahrelang bittere Gefühle gegen die Deutschen, weil sie sich für diese Mildtätigkeit mit Hunger und Tod revanchiert hatten.

Wie die Niederlande sollte auch Belgien in Deutschland aufgehen, aber mit neuen Grenzen. Einerseits wurden die kleinen Gebiete Eupen und Malmedy, die nach dem Ersten Weltkrieg an Belgien gefallen waren, und das Gebiet von Moresnet, das Belgien vor diesem Krieg gemeinsam mit Preußen regiert hatte, den benachbarten deutschen Gebieten zugeschlagen.[126] Andererseits wurden zwei nordfranzösische Departements Belgien angeschlossen. In den Kriegsjahren vermied Hitler es, eine endgültige Entscheidung über das Schicksal Belgiens zu treffen. Er setzte einen gemäßigten General mit beträchtlicher internationaler Erfahrung vorläufig als Militärbefehlshaber ein und suchte nach einer langfristigen Lösung.

General Alexander von Falkenhausen führte die am wenigsten repressive aller deutschen Besatzungsregierungen. Als Gegner Hitlers und des Nationalsozialismus versuchte er, die Militärherrschaft gegen die wirtschaftlichen und polizeilichen Dienststellen zu behaupten, die Ausbeutung in Grenzen zu halten und den Belgiern weniger Leid zuzufügen als den anderen besetzten Völkern. Im Rahmen der gegebenen Bedingungen wehrte er Görings und Himmlers Einmischungsversuche einigermaßen erfolgreich ab, verhinderte trotz relativ niedriger Lebensmittelrationen, daß die Bevölkerung verhungerte, und setzte der Ermordung der Juden so enge Grenzen, daß von den etwa 90 000 belgischen Juden ungefähr 25 000 umkamen – immer noch eine schrecklich hohe Zahl, aber trotzdem ein Zeichen, daß Falkenhausen dem Vernichtungsprozeß deutlichen Widerstand entgegensetzte.[127] Kein Wunder, daß der General schließlich im Konzentrationslager landete, obwohl seine Kontakte zu der Gruppe, die versucht hatte, Hitler zu töten, damals nicht entdeckt wurden.

Hitler hatte wiederholt verschiedene Gauleiter in Betracht gezogen, um Falkenhausen abzulösen,[128] entschied sich jedoch erst im Juli 1944, unmittelbar bevor die Alliierten den größten Teil Belgiens befreiten, für Josef Grohé als Nachfolger. König Leopold, der im Land geblieben war, spielte politisch keine Rolle. Der Führer der belgischen Faschisten, Staf de Clerq, hatte nur wenige Anhänger, und Léon Degrelle, dem Führer der wallonischen Faschisten, erging es kaum besser. Trotz Hitlers Unterstützung und Himmlers Hilfe war mit diesem selbsternannten »französischsprachigen nordischen Menschen« nicht viel Staat zu machen.[129] Die belgische Wirtschaft arbeitete effektiv für Deutschland, da fast der gesamte Verwaltungsapparat intakt geblieben war.[130] Es gibt jedoch keinerlei Anzeichen dafür, daß ein substantieller Teil der Bevölkerung in den Deutschen etwas anderes gesehen hätte als barbarische Invasoren, die zum zweitenmal innerhalb von dreißig Jahren gekommen waren, um das Land zu verwüsten und auszuplündern. Sogar die Universitätsbibliothek von Löwen hatten sie nach dem Ersten Weltkrieg nun ein zweites Mal niedergebrannt.[131] Am 10. Oktober 1941 schrieb der Vertreter des deutschen Außenministeriums in Belgien, Werner von Bergen, an den Staatssekretär Ernst von Weizsäcker, Deutschland könne die Vereinigten Staaten vom Kriegseintritt abhalten und mit England Frieden schließen, wenn es sich in West- und Nordeuropa auf einen Frieden einließe, der den dortigen Staaten die Unabhängigkeit garantiere. Der Staatssekretär konnte nur antworten, daß mit einem solchen Plan in der nationalsozialistischen Führung niemand einverstanden sei.[132] Ein deutscher Sieg hätte das Ende der belgischen Unabhängigkeit bedeutet, die deutsche Niederlage brachte ihre Wiederherstellung.

Frankreich wurde 1940 unter Umständen geschlagen, die das Nazi-Regime veranlaßten, Italien und sich selbst im Zaum zu halten. Die Deutschen wollten verhindern, daß die französische Regierung den britischen Widerstandswillen stärkte, indem sie den Krieg von Nordafrika aus fortsetzte und mit der französischen Flotte und von den französischen Kolonien aus Großbritannien unterstützte. Ansonsten aber taten die Deutschen, was ihnen paßte. Der Waffenstillstand vom Juni 1940, nach dem die französische Regierung auch weiterhin die Verwaltung von ganz Frankreich hätte dirigieren sollen, wurde schon vor der Unterzeichnung dadurch gebrochen, daß Elsaß und Lothringen ihrer Zuständigkeit entzogen und faktisch von Deutschland annektiert wurden. Ab 1940 wurden aus beiden Departements Hunderttausende deportiert und die Gebiete der Verwaltung durch die angrenzenden Gaue Saarland und Baden unterstellt.[133]

Auch die beiden nordfranzösischen Departements, die vom belgischen Militärbefehlshaber verwaltet wurden, galten als künftiges deutsches Territorium und sollten offensichtlich annektiert werden.[134] Außerdem wurde eine Linie gezogen, die von der Mündung der Somme bis zur Schweizer Grenze reichte und Nordostfrankreich vom Rest des Landes abtrennte; auch dieser Teil des Landes war zusammen mit Teilen der Kanal- und der Atlantikküste zur Annexion vorgesehen. Hitler legte jedoch während des Krieges keine Grenze fest.[135] Der Großteil des restlichen Frankreich wurde von deutschen Truppen besetzt, während das südöstliche Viertel vorerst unbesetzt blieb. Die neue französische Regierung hatte sich in der kleinen Stadt Vichy in der unbesetzten Zone konstituiert. Weil die Deutschen ihr die Rückkehr nach Paris verwehrten, blieb sie dort, bis sie 1944 von den Deutschen entführt wurde; sie ging als Vichy-Regierung in die Geschichte ein. Die Deutschen tolerierten dieses Marionettenregime, um einer Gefahr vorzubeugen und ein Problem zu vermeiden. Die

Gefahr bestand, wie schon erwähnt, in einer Fortsetzung des Krieges von Nordafrika aus, und das Problem hätte darin bestanden, das Personal für den Verwaltungs-apparat eines Gebiets mit über vierzig Millionen Einwohnern aufzubieten. Statt des-sen beherrschten die Deutschen mit einem kleinen Kontrollstab direkt oder indirekt einen Verwaltungs- und Polizeiapparat, der aus Franzosen bestand und mit einer Sorgfalt und Gründlichkeit für sie arbeitete, die sie mit deutschem Personal in der Kriegszeit nie hätten erreichen können.

Die Fortsetzung des Krieges durch Großbritannien stärkte die Verhandlungsposi-tion der Vichy-Regierung gegenüber Deutschland auf eine Weise, wie sie weder Fran-zosen noch Deutsche noch Briten vorausgeahnt hatten.[136] Als sich auch der Feldzug im Osten ähnlich auswirkte, war die Vichy-Regierung immer weniger bereit, den Deutschen Konzessionen zu machen, ohne im Gegenzug Zugeständnisse zu fordern; Hitler war jedoch fest entschlossen, sich auf keinerlei Konzessionen einzulassen.[137] Während Pétain im Dezember 1940 auf eigene Verantwortung Laval entließ, erzwan-gen die Deutschen ein Jahr später die Entlassung von Maxime Weygand als Vertreter Nordafrikas, weil er ihnen zu antideutsch und zu proamerikanisch war.[138] Die Rück-kehr Lavals im April 1942 fiel kaum ins Gewicht, da ihm weder Deutsche noch Franzosen mehr trauten.[139]

Einige Akteure des Vichy-Regimes glaubten, sie könnten ihrem Volk durch ihre Handlungsweise ein schlimmeres Schicksal ersparen; einige hofften, die Niederlage für eine Umgestaltung der französischen Gesellschaft nutzen zu können; einige glaub-ten auch aufrichtig, daß eine Versöhnung mit den Deutschen möglich sei; und die meisten waren der Überzeugung, daß Großbritannien nach der französischen Niederlage ebenfalls unterliegen würde. Sie irrten sich alle.

In der deutschen Regierung saßen einige Personen, die ebenfalls einen wirklichen Frieden mit Frankreich wollten, und sie, nicht jedoch die französischen Kollabora-teure, erreichten eine gewisse Mäßigung der deutschen politischen Praxis. Hitler aber haßte und verachtete das Land, und die von ihm bestimmte politische Linie war von einer kompromißlosen Feindschaft gegenüber Frankreich geprägt. Pétain mag gehofft haben, Frankreich könnte nach der Niederlage vielleicht wieder aufsteigen wie Preußen nach der Niederlage gegen Napoleon, aber Hitler war fest entschlossen, eine solche Entwicklung zu verhindern.

Die Franzosen, die eine Umgestaltung der französischen Gesellschaft wollten, mein-ten, die Dritte Republik sei für ihre Niederlage selbst verantwortlich gewesen, und erhofften sich nach der Niederlage ein neues, stärker autoritäres und effizienteres Gesellschaftssystem, das nicht Freiheit, Gleichheit und Brüderlichkeit, sondern Arbeit, Familie und Vaterland in den Vordergrund stellte.[140] Diese Vision von einem neuen Frankreich hatte bei der schockierten und desorientierten Bevölkerung zu-nächst beträchtliche Resonanz gefunden, wurde jedoch schnell und hoffnungslos kompromittiert, als sich alle Hoffnungen auf eine Versöhnung mit Deutschland zer-schlugen. Die systematische Ausplünderung des Landes[141], die exorbitanten Forderungen, die unter Verletzung der Bestimmungen des Waffenstillstands erhoben wurden, die Vertreibungsaktionen im Elsaß und in Lothringen, die Rigidität, mit der die Demarkationslinien innerhalb Frankreichs kontrolliert wurden, die Zurückhaltung französischer Kriegsgefangener, die schließlich auch noch mit der Zwangsrekrutierung von Arbeitern für die deutsche Wirtschaft kombiniert wurde*, und die zunehmend terroristischen Maßnahmen der Deutschen desillusionierten auch den letzten Franzosen, der je an eine echte Versöhnung mit Deutschland geglaubt hatte. Schließlich wandte sich das Blatt zugunsten der Alliierten, und es zeigte sich, daß der deutsche Sieg, mit dem im Sommer 1940 alle Welt gerechnet hatte, nie kommen würde.

Pierre Laval, der archetypische Befürworter der Kollaboration, mochte die Deutschen zum Friedensschluß mit der Sowjetunion drängen, damit sie all ihre Kräfte im Westen konzentrieren, Großbritannien und Amerika schlagen und die Herrschaft über Frankreich behalten könnten, aber die meisten Franzosen freuten sich auf die Befreiung durch die Westmächte. Sie schlossen sich in immer größerer Zahl dem Widerstand an, und der schändliche Eifer, mit dem die Miliz der Vichy-Regierung die Gegner der Deutschen jagte und abschlachtete, diskreditierte das Regime, dem sie diente. Das Ausmaß, in dem die Vichy-Regierung antisemitische Maßnahmen einleitete, und die Begeisterung, mit der ihre Polizeiverbände sich an der Jagd auf Juden beteiligte, die deportiert und ermordet wurden, waren Schandflecke, die mit der Zeit nicht verblaßten, sondern immer häßlicher hervortraten.[142]

Im November 1942 besetzten die Deutschen auch die bis dahin freie Zone und traten einen Teil dieser Gebiete an Italien ab; die Vichy-Regierung aber blieb ihrer Politik treu, nur die Freunde, nicht aber die Feinde Frankreichs zu bekämpfen, und die Armee, die ihr nach dem Waffenstillstand zugestanden worden war, gab keinen einzigen Schuß auf die Soldaten der Achsenmächte ab.[143] Als Italien im September 1943 kapitulierte, besetzten die Deutschen auch die italienische Zone; dieses Ende der alten italienischen Forderungen an Frankreich bedeutete jedoch keineswegs, daß die Deutschen nun Konzessionen gemacht hätten.[144] Die vollständige Okkupation machte es Deutschland nur leichter, Frankreich noch stärker auszubeuten[145] und auch diejenigen Juden zu ermorden, die zunächst im unbesetzten Frankreich und später in der italienischen Zone gelebt hatten oder dorthin geflohen waren.

Innerhalb des deutsch besetzten Frankreich gab es einen gewissen aktiven Widerstand gegen die Deutschen. Er wurde jedoch durch die deutschen Überwachungsmaßnahmen und die überwältigende Popularität behindert, die Pétain anfangs bei den Franzosen genoß. Außerdem wollte man, solange die Befreiung offensichtlich noch in ferner Zukunft lag, Aktionen vermeiden, auf die eine brutale Besatzungsmacht mit massiven Vergeltungsmaßnahmen gegen die Zivilbevölkerung reagieren konnte. Nach dem deutschen Angriff auf die Sowjetunion schlossen sich die franzö-

---

* Eine Zeitlang wurde für je drei französische Arbeiter, die nach Deutschland kamen, ein Kriegsgefangener freigelassen. Die Deutschen gaben dieses Verfahren jedoch bald wieder auf.

sischen Kommunisten, die sich ursprünglich neutral verhalten oder sogar die Deutschen willkommen geheißen hatten, dem Widerstand an und wurden schließlich ein wichtiger Teil der Résistance. Auch Juden, die wenig oder nichts zu verlieren hatten, spielten eine wichtige Rolle, die in den Nachkriegsberichten über die französische Résistance im allgemeinen übersehen wurde. Eine gewisse Unterstützung erhielt die Bewegung außerdem vom British Special Operations Executive (SOE). Bis weit in das Jahr 1942 hinein wurde diese jedoch durch einen gigantischen Schwindel, das sogenannte Carte-Netz, beeinträchtigt.[146] Die Rivalität zwischen dem militärischen Geheimdienst der Briten und dem SOE führte zu einer schlimmen Katastrophe. Die Operationen endeten damit, daß ein britischer Geheimagent den Deutschen 1943 zahlreiche andere britische Agenten und zahlreiche Mitglieder der französischen Widerstandsbewegung verriet.[147] Trotz aller Rückschläge wuchs der Widerstand, stimuliert durch deutsche Terrormaßnahmen, durch die militärische Wende zugunsten der Alliierten und durch die wachsende Erfahrung der Franzosen und ihrer britischen und schließlich auch amerikanischen Helfer.

Mit Charles de Gaulle, dem Führer der freifranzösischen Truppen, die ab Juni 1940 auf seiten der Alliierten kämpften, hatten diese beträchtliche Schwierigkeiten. »Ein höchst unattraktives Exemplar«, schrieb Feldmarschall Brooke in sein Tagebuch. »Wir haben einen schrecklichen Fehler gemacht, als wir beschlossen, uns seiner zu bedienen!«[148] Die Formulierung ist verräterisch: Brooke glaubte offensichtlich, Charles de Gaulle würde sich benutzen lassen. Was immer man über den stolzen und unbeugsamen Franzosen sagen kann, er war mit Sicherheit kein Mann, der sich von anderen hätte benutzen lassen. Er machte den Alliierten das Leben so schwer wie möglich und forderte sowohl Churchill als auch Roosevelt heraus[149], doch er folgte immer seinem eigenen Stern. Im Lauf vieler Kriegsjahre gelang es ihm, mehr und mehr Franzosen im Ausland um sich zu scharen, und da er fähiger und entschlossener war als seine Rivalen, wurde er auch von einer stetig wachsenden Zahl seiner Landsleute in Frankreich als Führer akzeptiert. Ab Ende 1942 war er gleichzeitig unbestrittener Führer und Symbol des Widerstands. Gegen Ende des Krieges hatten verschiedene Gruppierungen französischer Kollaborateure auf den verschiedenen Stockwerken eines Schlosses in Deutschland konkurrierende »Exilregierungen« gebildet und hofften auf ein Wunder, während ihre deutschen Schirmherren und Entführer untergingen. De Gaulle aber führte die französische Regierung in Paris.

Überall im besetzten West- und Nordeuropa taten die Deutschen, was sie konnten, um die besetzten Länder wirtschaftlich auszubeuten. Zunächst plünderten sie die Länder einfach aus, indem sie Güter beschlagnahmten oder sie nominell mit den Geldern bezahlten, die sie als Besatzungskosten eingetrieben hatten. Als der Krieg sich unerwartet in die Länge zog, traten zwei neue Ausbeutungsverfahren zunehmend in den Vordergrund. Erstens wurden mehr und mehr Arbeitskräfte rekrutiert, was zunächst auf freiwilliger Basis und dann mit Gewalt geschah. Zweitens ging man vermehrt dazu über, kriegswichtige Güter vor Ort zu produzieren. Diese Politik, die von Albert Speer vorangetrieben wurde, spannte die Volkswirtschaften der besetzten Länder effektiver für die deutschen Kriegsanstrengungen ein. Außerdem ersparte sie es vielen Arbeitskräften, als Zwangsarbeiter nach Deutschland verschleppt zu werden. Sie konnten nun im eigenen Land ihren Beitrag zur Aufrechterhaltung der deutschen Herrschaft leisten. In allen besetzten Ländern machten deutsche Firmen große Anstrengungen, Fabriken und Unternehmen möglichst kostengünstig zu übernehmen oder sie durch Aktienkäufe unter ihre Kontrolle zu bringen. Das Ausbeutungssystem leistete einen gewaltigen Beitrag zu den deutschen Kriegsanstrengungen und hinterließ erschöpfte Arbeiter und heruntergewirtschaftete Betriebe.

SÜDOSTEUROPA

Aus Südosteuropa bezogen die Deutschen wichtige Nahrungsmittel, Minerale und andere Rohstoffe. Sie hofften, den Lebensstandard in der Region so niedrig zu halten, daß große Warenmengen nach Deutschland exportiert werden konnten, anstatt sie im produzierenden Land zu konsumieren, und obendrein sollte ein Reservoir an billigen Arbeitskräften bereitgestellt werden.[150] Südosteuropa war mit einem Netz von Diplomaten und Spezialagenten überzogen und wurde von Scharen deutscher Industrieller und Bankiers heimgesucht, die versuchten, Fabriken, Banken und Bergwerke zu übernehmen. Alle konkurrierten miteinander. Daß der deutsche Gesandte in Bulgarien sich beschwerte, Franz von Papen mische sich überall ein, obwohl er nur Botschafter in der Türkei und nicht auf dem ganzen Balkan war[151], mag als Beispiel für das allgemeine Gerangel um Einfluß dienen. In allen südosteuropäischen Ländern häufte Deutschland riesige Schulden für Waren auf, die es zwar bezogen, aber nicht bezahlt hatte. Im Falle eines deutschen Sieges hätten die südosteuropäischen Länder diese Guthaben entweder abschreiben können oder damit kaufen müssen, was immer ihnen Deutschland als Gegenwert angeboten hätte.[152]

Im alten Kernland der Tschechoslowakei, das nun »Protektorat Böhmen und Mähren« hieß, herrschten die Deutschen nur indirekt, planten jedoch für die Zukunft, die Tschechen teils zu germanisieren, teils auszuweisen oder auszurotten. In der Zwischenzeit durften sie für den deutschen Sieg arbeiten.[153] Nicht alle Tschechen teilten die Freude des Marionettenpräsidenten Emil Hácha, als Deutschland 1940 Frankreich besiegte[154]; manche begannen vielmehr, im Land den Widerstand zu organisieren. Dieser erreichte jedoch nur ein sehr bescheidenes Ausmaß. Die tschechischen Beamten glaubten, daß die Deutschen auf sie angewiesen wären, und solange der Krieg dauerte, traf dies auch zu. Ihre Unentbehrlichkeit hätte sie allerdings nicht gerettet, wenn Deutschland den Krieg gewonnen hätte, und sie rettete auch diejenigen Bürger und hohen Beamten nicht, die mit der tschechoslowakischen Exilregierung in London Kontakt hatten. Sie bewahrte jedoch die Bevölkerung vor einigen besonders brutalen Maßnahmen, die die Deutschen in anderen Ländern ergriffen. Daß Reinhard Heydrich, der als Stellvertretender Reichsprotektor die Geschäfte Konstantin von Neuraths übernommen hatte, von einem im Auftrag der tschechoslowakischen Exilregierung eingeflogenen Spezialkommando umgebracht wurde, führte zu brutalen Vergeltungsmaßnahmen, löste aber keinen allgemeinen Widerstand aus.[155] Obwohl es zu begrenzten Unruhen kam, blieben die Tschechen bis zum Ende des Krieges unter strikter deutscher Kontrolle.

Die tschechoslowakische Exilregierung hatte begrenzte Kontakte mit Personen im besetzten Gebiet. Sie versuchte erfolgreich, die Anerkennung der Alliierten zu erreichen, um letztlich nach Prag zurückkehren zu können. Und sie strebte die Aufhebung des Münchner Abkommens und die Wiederanerkennung der zuvor gültigen Grenzen an. Außerdem beschloß sie schließlich, obwohl sie einige Zeit mit Wenzel Jaksch, dem Führer der sudetendeutschen Sozialdemokraten, verhandelt hatte[156], die Deutschen nach dem Krieg aus dem Land zu vertreiben.[157] Bei Kriegsende waren die Alliierten mit diesem Vorhaben einverstanden. Da die Deutschen das Abkommen selbst mißachtet hatten, nach dem die 3,5 Millionen Deutschen zusammen mit dem Land, auf dem sie lebten, dem Deutschen Reich angeschlossen worden waren, sollten die Sudetendeutschen nun ohne das Land nach Deutschland abgeschoben werden. Ihre Forderung, »heim ins Reich« geholt zu werden, wurde damit auf eine Weise erfüllt, mit der keiner von ihnen gerechnet hatte.

Die Slowakei bekam eine gewisse Schonzeit als Marionettenstaat. Diese schonende Behandlung sollte andere Staaten in Südosteuropa zur Kooperation mit den Deutschen ermuntern. Die Privilegien der Deutschen, die dort lebten, waren jedoch ein deutlicher Hinweis darauf, daß der slawische Teil der Bevölkerung in Zukunft verschwinden sollte.[158] Auch daß Hitler im Sommer 1939 eine Zeitlang erwog, Arthur Seyß-Inquart in die Slowakei zu entsenden[159], legt die Vermutung nahe, daß der slowakische Marionettenstaat irgendwann an Deutschland angeschlossen werden sollte. Während des Krieges war die Slowakei den Deutschen durch ihre bescheidene Industrie- und Agrarproduktion und durch die Beteiligung von Slowaken an den Kämpfen im Osten von Nutzen. Außerdem konnte das Land gegen die zeitweise widerspenstigen Ungarn ausgespielt werden.[160] Sie wurden jedoch genau beobachtet, und der Aufstand, den die slowakische Armee 1944 wagte, wurde mit ungeheurer Brutalität niedergeschlagen. Die jüdische Bevölkerung der Slowakei wurde wie im Protektorat Böhmen und Mähren größtenteils deportiert und ermordet. Bis zum deutschen Endsieg war Hitler bereit, Monsignore Tiso als Herrscher seines Marionettenstaats in Amt und Würden zu lassen. Im Jahr 1945 verschwand das Gebilde, als die tschechoslowakische Exil-Regierung im Troß der Roten Armee zurückkehrte.

In Ungarn versuchten die verschiedenen Regierungen unter dem Regenten Admiral Miklós Horthy eine begrenzte Kriegsteilnahme mit der Unabhängigkeit von Deutschland zu kombinieren. Daß sie ihrem militärischen Engagement Grenzen setzten, war nicht nur dadurch motiviert, daß sie sich nicht so recht für den Kampf gegen Groß-britannien, die Sowjetunion oder die Vereinigten Staaten begeistern konnten.[161] Hit-ler und Mussolini hatten den Ungarn zwar 1940 einen Teil des Territoriums zurück-gegeben, das sie nach dem Ersten Weltkrieg an Rumänien verloren hatten, aber es war ihnen nicht genug. Sie fürchteten, daß ein größerer Beitrag Rumäniens zu den Kriegsanstrengungen der Achse die ungarische Position in Berlin verschlechtern könn-te, wenn sie endlich den Krieg gegen Rumänien würden führen können, auf den es ihnen eigentlich ankam. Angesichts dieser Prioritäten hielten die Ungarn einen mög-lichst großen Teil ihrer Streitkräfte im Land, schickten jedoch an die Ostfront, was ihnen notwendig erschien, um bei den Deutschen nicht in Ungnade zu fallen, und waren außerordentlich verstört, als ihre Truppen Anfang 1943 von der Roten Armee vernichtet wurden.[162]

Aufgrund der inneren Verhältnisse in Ungarn kam es zu Reibungen zwischen Budapest und Berlin. Die Deutschen versuchten die deutsche Minorität in Ungarn zu schützen und Soldaten aus dieser Bevölkerungsgruppe zu rekrutieren – ein poli-tischer Kurs, der den stolzen Ungarn nicht gefiel. Auch auf wirtschaftlicher Ebene kam es zu Spannungen, als die Deutschen versuchten, die kleine, aber wichtige Öl-industrie des Landes unter ihre Kontrolle zu bringen. Daß Ungarn 1943 Friedens-fühler ausstreckte, als der deutschfreundliche Ministerpräsident László Bárdossy durch den deutschfeindlichen Miklós Kallay ersetzt wurde, erbitterte wiederum die Deutschen. Sie versuchten erfolglos, Kallays Entlassung zu erreichen und auf die Ernennung seiner Minister Einfluß zu nehmen.[163]

Der größte Streitpunkt zwischen Deutschland und Ungarn war jedoch die Weige-rung der Budapester Regierung, die etwa 800 000 jüdischen Bürger des Landes aus-zuliefern. Die Regierung erließ zwar eine ganze Serie antisemitischer Gesetze, aber vor Mord schreckten Regent und Ministerpräsident zurück. Hitler selbst sagte im Juli 1941 voraus, die Ungarn würden als letzte ihre jüdischen Bürger ausliefern. Auch daß die ungarische Regierung immer wieder unter Druck gesetzt wurde und Hitler den Regenten persönlich einzuschüchtern versuchte, fruchtete nichts. Ja, es fanden sogar einige Juden aus anderen Ländern Europas Zuflucht in Ungarn. All dies änderte sich, als das Land im März 1944 von deutschen Truppen besetzt wurde. Eine neue Regierung unter dem früheren ungarischen Botschafter in Berlin, Döme Sztójay, er-wies sich als kooperativer. Seine Regierung war dabei behilflich, eine halbe Million Juden in die Todeslager zu deportieren. Der Rest wurde dadurch gerettet, daß inter-nationaler Druck und der Widerstand Miklós Horthys im Juli 1944 zu einer Einstel-lung der Deportationen führten.[164]

Die SS machte sich ihre Rolle bei der Ermordung der Juden zunutze, um sich eine starke Position in der ungarischen Wirtschaft zu sichern. Sie übernahm die Kontrolle über die Firma Manfred Weiss, Ungarns größtes Industrieunternehmen, im Tausch gegen das Leben einiger ihrer Eigner und deren Familien.[165] Durch diesen dramati-schen Eingriff in das ungarische Wirtschaftsleben machten sich die Deutschen bei den stolzen Ungarn jedoch auch nicht gerade beliebt. Die Erfolge der Roten Armee führten den Ungarn immer deutlicher vor Augen, daß die Westalliierten zu Recht ihren ungarischen Kontaktleuten geraten hatten, Ungarn solle gegenüber den Alliierten kapitulieren. Horthy versuchte dies im Oktober 1944, aber die Deutschen verhinderten die Kapitulation, indem sie einen zweiten Putsch in Budapest organisierten und diesmal ein Marionettenregime unter der faschistischen Pfeilkreuzlerpartei von Ferenc Szálasi an die Macht brachten.[166] Der Regierungswechsel führte zu weiteren Judenmorden*, brachte aber den Deutschen ansonsten keine Vorteile mehr. Administratives Chaos war Szálasis wichtigster Beitrag in der verbleibenden Zeit des deutsch-ungarischen Bündnisses. Im Winter 1944/45 wurden die Deutschen und die wenigen Ungarn, die noch an ihrer Seite kämpften, von der Roten Armee aus dem Land gejagt, und in Ungarn wurde ein neues System installiert, das über vierzig Jahre herrschen sollte.

Rumänien wurde von Deutschland besonders vorsichtig behandelt, weil es über wichtige Ölreserven verfügte. Da die Fördermenge ständig sank, war die rumänische Regierung weder willens noch in der Lage, die Öllieferungen an die Achsenmächte im gewünschten Umfang zu erhöhen – jede dramatische Steigerung der Fördermenge hätte die wertvollste Ressource des Landes nur um so schneller erschöpft. Die Regierung von Marschall Ion Antonescu legte deshalb großen Wert darauf, gutes Geld für die Lieferungen zu bekommen und die Fördermenge zu begrenzen. Letzteres gelang ihr besser als das erste, wobei sie ironischerweise durch den amerikanischen Versuch unterstützt wurde, die rumänische Ölindustrie 1943/44 durch Luftangriffe zu zerstören. Trotzdem war Rumänien ab Juni 1941 Deutschlands größter und Italiens einziger Lieferant von Erdöl.

Intern behielt die rumänische Regierung ihren Vorkriegskurs bei. Sie gewann die Gebiete, die sie an die Sowjetunion verloren hatte, zeitweilig zurück, und zusätzlich wurde ein Teil der Ukraine unter dem Namen Transnistrien unter rumänische Verwaltung gestellt. Die Deutschen hofften, eine solche Expansion nach Osten werde den rumänischen Ehrgeiz dämpfen, Teile Transsylvaniens, die das Land 1940 an Ungarn, und die nördliche Dobrudscha, die es ebenfalls 1940 an Bulgarien verloren hatte, wiederzugewinnen. Diese Hoffnung erfüllte sich nicht. Die Regierung Antonescu war nach wie vor an diesen Gebieten interessiert und strebte zum frühestmöglichen Zeitpunkt einen Krieg mit Ungarn an. Tatsächlich waren die rumänischen Kriegsanstrengungen an der Ostfront zu einem Gutteil dadurch motiviert, die Deutschen diesem Krieg gegenüber günstig zu stimmen.

Als sich das Blatt im Osten wendete, war die Katastrophe für Rumänien besonders groß, weil es starke Verbände an die Ostfront entsandt hatte. Die rumänische Regierung hatte sich bis dahin mit Begeisterung an der Ermordung der Juden in den

---

* Damals gelang es Raoul Wallenberg, viele Budapester Juden zu retten.

besetzten sowjetischen Gebieten beteiligt. Nun suchte sie nach einem Weg, sich aus dem Krieg zurückzuziehen, und schreckte plötzlich davor zurück, die Juden, die innerhalb der rumänischen Grenzen aus der Zeit vor dem Juni 1941 lebten, an Deutschland auszuliefern. Ein verzweifelter Putsch im August 1944 kam viel zu spät, um zu verhindern, daß das Land von der Roten Armee besetzt wurde. Die Exilregierung, die von den Deutschen unter dem Führer der Eisernen Garde, Horia Sima, gegründet wurde, hatte in Rumänien keinen Einfluß mehr. Daß die neue Regierung in Bukarest Deutschland den Krieg erklärte und sich auf seiten der Alliierten aktiv an den Kämpfen beteiligte, führte zwar dazu, daß Transsylvanien nach Kriegsende wieder an Rumänien fiel, konnte jedoch nicht verhindern, daß die im August 1944 an die Macht gekommene Regierung schon bald durch ein kommunistisches Regime ersetzt wurde. In dieser Beziehung teilten die Rumänen das Schicksal ihrer ungarischen und bulgarischen Rivalen. In allen drei Ländern wurden die Überreste der Regierungen der Vorkriegszeit beseitigt und die alten Eliten durch neue Herren ersetzt.[167]

Bulgarien hatte sich mit Deutschland in der Hoffnung verbündet, sein Territorium auf Kosten seiner rumänischen, jugoslawischen und griechischen Nachbarn zu erweitern, und war durch beträchtliche Gebiete aller drei Länder belohnt worden. Die von den Deutschen erwartete Gegenleistung hatte Sofia erbracht: Kooperation im Feldzug gegen Griechenland und Jugoslawien im Frühjahr 1941. Danach interessierte die Deutschen an Bulgarien hauptsächlich, daß es als Sprungbrett für einen Angriff auf die Türkei dienen sollte, daß es bei der Niederschlagung von Aufständen im besetzten Jugoslawien seinen Beitrag leistete und daß es seine Juden auslieferte. In den ersten beiden Punkten waren die Bulgaren kooperationsbereit, und wenn es zu dem geplanten deutschen Vorstoß via Bulgarien in die Türkei und in den Nahen Osten nie kam, dann lag das nicht an der bulgarischen Regierung. Im dritten Punkt kamen die Bulgaren dem NS-Regime nur teilweise entgegen. Sie ließen zu, daß der größte Teil der Juden in den besetzten Teilen Griechenlands und Jugoslawiens, die Bulgarien zugeschlagen worden waren, deportiert wurde, weigerten sich aber, die Juden auszuliefern, die schon vor dem Krieg in Bulgarien gelebt hatten. Diese Juden wurden tatsächlich vor dem sicheren Tod gerettet, was allerdings nicht nur an der bulgarischen Weigerung lag, sondern auch daran, daß die Deutschen Bulgarien nicht allzusehr unter Druck zu setzen wagten. Die relative Zurückhaltung der Deutschen – im Vergleich zum Umgang mit anderen Ländern – war vermutlich der Tatsache zu verdanken, daß der Zusammenbruch Bulgariens im Ersten Weltkrieg 1918 jene Kette von Niederlagen ausgelöst hatte, die Deutschland schließlich zur Kapitulation gezwungen hatte. Bulgarien, so die Ansicht der deutschen Regierung, dürfe nicht überfordert werden. Hitler hatte einen gewissen Respekt vor König Boris, den er als einzig regierenden Monarchen positiv bewertete, und er glaubte dem König, wenn dieser ihn seiner Treue und Zuneigung versicherte.[168] Aus diesen Gründen gaben sich die

Deutschen mit minimalen Lieferungen der bulgarischen Wirtschaft zufrieden und akzeptierten, daß Bulgarien sich am Krieg gegen die Sowjetunion nicht beteiligte.

Die bulgarische Regierung ergänzte jedoch die Annexion griechischen und jugoslawischen Territoriums durch den verhängnisvollen Schritt, im Dezember 1941 Großbritannien und den Vereinigten Staaten den Krieg zu erklären. Danach konnte und wollte sie die von ihr selbst zu verantwortenden Feindseligkeiten nicht durch eine frühe Kapitulation oder einen rechtzeitigen Seitenwechsel beenden. Dies hatte zur Folge, daß die Sowjetunion nach dem Zusammenbruch Rumäniens im August 1944 Bulgarien den Krieg erklärte und das Land besetzte. Bulgarien bekam eine kommunistische Regierung und trat auf seiten der Alliierten wieder in den Krieg ein. Starke bulgarische Kräfte kämpften Seite an Seite mit der Roten Armee in Südosteuropa, während die Gesellschaft Bulgariens bereits umgeformt wurde.[169]

In Europa waren nur Polen und die westlichen Gebiete der Sowjetunion schlimmer von Tod und Zerstörung betroffen als Jugoslawien. Nach der deutschen Invasion von 1941 wurden ausgedehnte Gebiete in Nordjugoslawien direkt von Deutschland annektiert. Die dort ansässige Bevölkerung erhielt, soweit sie als deutschstämmig galt, die deutsche Staatsbürgerschaft, der Rest wurde größtenteils vertrieben. Einige der ausgewiesenen Slowenen wurden in Kroatien oder anderen Teilen Jugoslawiens angesiedelt; viele kamen durch die Vertreibung um.[170]

Italien annektierte im Norden und an der Adriaküste große jugoslawische Gebiete, während Ungarn ebenfalls im Norden und Bulgarien im Süden beträchtliche Gebiete bekamen. Außerdem wurde der Staat Montenegro aus der Zeit vor dem Ersten Weltkrieg unter italienischer Kontrolle wiederhergestellt und das ebenfalls italienisch beherrschte Albanien beträchtlich erweitert. Der Rest des Landes wurde in einen nominell unabhängigen kroatischen Staat und einen serbischen Staat unter deutscher Militärverwaltung aufgeteilt, der jedoch über eine eigene Marionettenregierung verfügte.

In Kroatien, das offiziell unter italienischem Einfluß stand, tatsächlich jedoch in eine deutsche und eine italienische Besatzungszone aufgeteilt war, wurde die extrem nationalistische Ustascha unter Ante Pavelić an die Macht gebracht. Diese kleine, aber entschlossene Gruppe von Fanatikern wollte alle Serben, Muslime und Juden in dem von ihr kontrollierten Gebiet vertreiben oder ausrotten. Die neuen Machthaber verfügten über keinerlei erkennbare Regierungskompetenz. Sie stürzten das Land in ein blutiges Chaos, versuchten Deutsche und Italiener gegeneinander auszuspielen und heizten die bereits abflauenden blutigen Auseinandersetzungen zwischen allen Bevölkerungsgruppen gewaltig an.

Im deutsch besetzten Serbien erreichten die Deutschen, indem sie die Kupferminen von Bor ausbeuteten, ihr wichtigstes ökonomisches Ziel. Ansonsten jedoch versank das Land schnell in ein administratives Chaos, das von rivalisierenden zivilen, militärischen und geheimdienstlichen Dienststellen und Bevollmächtigten geprägt war und das dem Chaos in Kroatien in nichts nachstand. Geführt von einer ungewöhnlich fanatischen Gruppe von Militärs und ermutigt vom OKW, das sich darüber beschwerte, daß viel zuwenig gefangene und andere Jugoslawen erschossen würden[171], gaben sich die in Serbien stationierten Truppen alle Mühe, neue Rekorde an Brutalität aufzustellen. Die Erschossenen waren in der Regel unschuldig[172], oder sie waren Juden, die vom Militär systematisch ausgerottet wurden. In der Bevölkerung setzte sich schon bald die Erkenntnis durch, daß man bessere Überlebenschancen hatte, wenn man Widerstand leistete, als wenn man sich anpaßte.

Die Folge war, daß der Widerstand gegen die Besatzer sowohl in der italienischen als auch in der deutschen Zone ständig wuchs. Er wurde ab 1941 von einer Gruppe früherer Offiziere der jugoslawischen Armee organisiert, die der Gefangenschaft entronnen waren und von General Draža Mihailović geführt wurden. Diese sogenannten Tschetniks operierten zumindest nominell im Auftrag der jugoslawischen Exilregierung und rekrutierten eine wachsende Anzahl von Kämpfern.[173] Obwohl sie gelegentlich auch Sabotageakte verübten, waren die Tschetniks vor allem zu dem Zweck organisiert, die Kräfte der Widerstandsbewegung für einen Aufstand gegen die Deutschen zu sammeln, der in Verbindung mit einer alliierten Landung stattfinden und diese unterstützen sollte. Bis dahin wurden Zusammenstöße mit den Deutschen aufgrund der begrenzten Ressourcen des Widerstands und der Wahrscheinlichkeit blutiger Vergeltungsmaßnahmen gegen die Zivilbevölkerung eher vermieden als gesucht.

Die Briten unterstützten Mihailović ab September 1941 durch Nachschublieferungen und Verbindungsoffiziere.[174] Geheimdienstliche Erkenntnisse aus mitgelesenen Funksprüchen zeigten, daß die Deutschen die Tschetniks zerschlagen wollten, obwohl sie nur begrenzte Widerstandsaktionen durchführten. Aus derselben Quelle lagen Erkenntnisse vor, daß Mihailović Kontakte zu den Italienern aufgenommen und mit ihnen praktisch einen Waffenstillstand geschlossen und auch gelegentlich mit den Deutschen kooperiert hatte, da sich die Tschetniks mehr und mehr auf den Bürgerkrieg gegen die rivalisierende Widerstandsorganisation der Partisanen Titos konzentrierten und mit ihnen um die Herrschaft in Nachkriegsjugoslawien kämpften.[175] Nicht zuletzt weil kommunistische Agenten, die im Hauptquartier des britischen SOE in Kairo saßen, die Informationen aus dem besetzten Jugoslawien bewußt verfälschten, nahmen die Briten im Februar 1943 mit Tito Kontakt auf und begannen zwischen Mai und September desselben Jahres ihre Unterstützung von den Tschetniks auf die Partisanen zu verlagern, wobei sie allerdings den Kontakt zu Mihailović aufrechterhielten.[176] Als die Briten diesen Kurswechsel vollzogen, wußten sie nicht, daß Tito energisch versuchte, mit den Deutschen einen Waffenstillstand auszuhandeln.

Wie andere Führer des kommunistischen Widerstands in Europa hatte auch Josip Broz, genannt Tito, gewartet, bis Deutschland in der Sowjetunion einmarschierte, ehe er gegen die Besatzer aktiv wurde. Er war ein außerordentlich begabter Führer und hatte Angehörige aller jugoslawischen Nationalitäten um sich geschart, und nicht nur Serben, auf die sich Mihailović fast ausschließlich beschränkte. Seine Partisanen unternahmen Aktionen gegen die Besatzer, ohne auf eventuelle Vergeltungsschläge gegen die Zivilbevölkerung Rücksicht zu nehmen. Die Greueltaten der Ustascha in Kroatien, die manchmal sogar den Abscheu der SS erregten[177], machten es ihm leicht, neue Kämpfer zu rekrutieren. Die Zahl seiner Partisanen nahm stetig zu, und es kam zu Zusammenstößen mit den Tschetniks, als sich immer größere Teile der Bevölkerung den Partisanen anschlossen.

Das Land wurde also von einem brutalen Bürgerkrieg heimgesucht, während die Widerstandsbewegung gleichzeitig gegen die Besatzungsbehörden kämpfte und diese ein Massaker nach dem anderen anrichteten. Es gelang den Tschetniks, mit den Italienern einen relativ stabilen informellen Waffenstillstand zu schließen. Titos Bemühungen, dasselbe bei den Deutschen zu erreichen, war dagegen kein Erfolg beschieden. Er hätte großen Wert auf ein solches Arrangement gelegt, da er die Landung der Westalliierten fürchtete, auf die die Tschetniks hofften. Sein Angebot, sich zurückzuhalten, damit Deutschland eine Invasion abwehren könnte, wurde von der Sowjetunion nicht gebilligt und von Hitler abgelehnt.[178]

Die Deutschen erfuhren von den Kontakten, die ihre italienischen Verbündeten mit Mihailović unterhielten, und die Italiener wußten im Gegensatz zu den Briten, daß Tito Verhandlungen mit den Deutschen führte.[179] Dies war natürlich nicht geeignet, die Beziehungen zwischen den beiden Achsenmächten zu verbessern; bis zur italienischen Kapitulation im September 1943 waren sie jedoch gezwungen, trotzdem so gut wie möglich zusammenzuarbeiten. Sie sahen zu, wie Tschetniks und Partisanen einander bekämpften, versuchten erfolglos, beide Gruppen zu zerschlagen, und verwüsteten das Land, wobei in einer endlosen Orgie der Gewalt viele Menschen den Tod fanden.[180] Titos Gruppe wurde von den Westmächten immer besser versorgt, erhielt auch etwas Hilfe von der Sowjetunion und kontrollierte bald einen Großteil des Landes.[181] Als die Deutschen sich Ende 1944 zurückzogen, wurden die Partisanen die Erben Vorkriegsjugoslawiens. In den letzten Wochen des Krieges und unmittelbar danach zerschlugen sie sowohl die Kräfte Mihailovićs als auch die Überreste der kroatischen Armee. Das zerstörte und ausgeblutete Land bekam eine völlig neue Führung. Diese hatte sich vor und während der Ankunft der Roten Armee – und nicht erst in ihrem Gefolge – militärisch etabliert, und dieser Unterschied zu anderen Ländern wie Polen, Ungarn, Rumänien und Bulgarien sollte nach dem Krieg gravierende Folgen haben.

Albanien wurde seit Anfang 1939 von Italien verwaltet. Den Süden hatte die griechische Armee zeitweise besetzt, nachdem sie im Winter 1940/41 die italienische Invasion zurückgeschlagen hatte. Nach der Niederlage Jugoslawiens waren große Teile dieses Landes von dem vorherrschend muslimisch bevölkerten Albanien annektiert worden. Unter der italienischen Herrschaft hatte sich in Albanien nur wenig geändert. Der Zusammenbruch der italienischen Verwaltung nach der Kapitulation vom September 1943 bahnte jedoch einer neuen Entwicklung den Weg. Die Deutschen versuchten, vor allem um die Türkei positiv zu stimmen, einen unabhängigen Vasallenstaat zu schaffen, hatten jedoch nur geringen Erfolg.[182] Sowohl kommunistische als auch nationalistische Aufständische machten den deutschen Besatzungstruppen schwer zu schaffen, und als diese abzogen, wurde Albanien von den Kommunisten übernommen. Ihr Führer, Enver Hodschha, beherrschte das Land bis zu seinem Tod im Jahr 1986.

Griechenland wurde im April 1941 von Deutschland besiegt und besetzt. Nordöstliche Gebietsteile wurden von Albanien annektiert, und Griechenland mußte einen Teil seines Territoriums an Bulgarien abtreten, das in seinem neuen Gebiet sofort begann, Griechen zu vertreiben und Bulgaren anzusiedeln[183]. Der größte Teil Griechenlands kam unter italienische Kontrolle, der Nordosten einschließlich Salonikis, der größte Teil Kretas und ein kleiner Landzipfel im Süden von Athen wurden jedoch von deutschen Truppen besetzt. Nach der italienischen Kapitulation wurde auch die italienische Zone einschließlich Athens von Deutschland okkupiert.

Eine Reihe kollaborierender Regime führte das Land für Italiener und Deutsche, wobei im deutsch kontrollierten Gebiet das übliche Gerangel konkurrierender Dienststellen um Einfluß begann. Die griechische Bevölkerung war besonders von drei Aspekten der Besatzungszeit betroffen. Da die Achsenmächte das Land restlos ausplünderten und sein Außenhandel weitgehend zusammenbrach, entstand eine galoppierende Inflation. Die Landeswährung wurde wertlos, da die Deutschen hemmungslos Geld druckten, um die »Besatzungskosten« zu decken. Die Inflation war zugleich Ursache und Symptom einer Hungersnot, die das Land besonders im Winter 1941/42 heimsuchte und über 200000 Opfer forderte. Der Hunger wurde nur wenig durch Lebensmittelimporte gelindert, die von den Vereinigten Staaten bezahlt und von der alliierten Blockade ausgenommen wurden.[184]

Der zweite zentrale Aspekt der Besatzungsperiode war die Ermordung nahezu aller griechischen Juden durch die Deutschen. Der größte Teil der jüdischen Bevölkerung Griechenlands lebte in Saloniki, und aus dieser Stadt wurden in der ersten Hälfte des Jahres 1943 rund 45000 Juden nach Auschwitz deportiert. Die Juden im restlichen Teil des Landes wurden zunächst von den Italienern und nach der italienischen Kapitulation von griechischen Mitbürgern geschützt, so daß von den 12000 in Griechenland verbliebenen Juden etwa die Hälfte überlebte.

Der dritte zentrale Aspekt der Kriegsjahre war ein erbitterter Konflikt über die Frage des Widerstandes gegen die Besatzer. Er hatte noch Jahrzehnte nach dem Krieg wichtige Auswirkungen auf die griechische Politik. König Georg II. und viele seiner Minister verließen im April 1941 das Land und machten weder 1941 noch später erkennbare Anstrengungen, eine Widerstandsbewegung zu organisieren. Sie planten, den Krieg einfach auszusitzen und danach mit den britischen Siegern zurückzukehren. Aufgrund der Identifikation des Königs mit der Metaxas-Diktatur wäre ein anderer

Kurs vielleicht gar nicht möglich gewesen. Es gibt jedoch keinen Hinweis darauf, daß der König einen anderen Kurs auch nur erwogen hätte. Seine Passivität hatte zur Folge, daß der Widerstand größtenteils von der Kommunistischen Partei Griechenlands organisiert wurde, obwohl sie in der Führung und in der Basis der wichtigsten griechischen Widerstandsorganisation (nach den Anfangsbuchstaben ihres griechischen Namens EAM oder mit dem Akronym ihres militärischen Arms ELAS genannt) immer nur einen kleinen Prozentsatz der Mitglieder stellte. Die kleine separate Widerstandsgruppe unter dem ehemals republikanischen Oberst Napoleon Zervas bekannte sich zur Monarchie als Staatsform, als deutlich wurde, daß die Briten nur einer monarchistischen Bewegung Waffen liefern würden. Beide Gruppen bekämpften die Besatzer, wobei ELAS ungleich effektiver operierte, und sie kämpften auch untereinander, um sich die Herrschaft über das Land nach dem Krieg zu sichern.[185]

Sämtliche Versuche, alle Kräfte des Widerstands zu vereinigen, scheiterten, und das Verhältnis zwischen den griechischen Politikern und der kleinen griechischen Streitmacht in Ägypten blieb von ständigen Auseinandersetzungen geprägt. Als die Deutschen Ende 1944 abzogen, wurde ihr Rückzug von den griechischen Widerstandsgruppen kaum gestört, weil diese sich lieber auf die Zukunft konzentrierten. Im Dezember 1944 wurden die britischen Truppen in Athen in den Kampf um die Beherrschung des Landes verwickelt. Churchill bestand auf einer Wiederherstellung der Monarchie und kam persönlich nach Athen. Den Kampf, der nun ausbrach, gewannen die Royalisten. Sie rehabilitierten fast alle Kollaborateure und begannen, die Mitglieder der Widerstandsbewegung ELAS systematisch zu verfolgen. Die ELAS hatte die erste Runde im Kampf um die Macht verloren, hatte den Griechen mit der Ermordung von zirka 4000 Geiseln ihr wahres Gesicht gezeigt[186] und wartete auf eine neue Runde des Bürgerkriegs.

Während Griechenland durch den internen Konflikt, der sowohl zwischen Teilen des Widerstands als auch zwischen der größten Widerstandsbewegung und der griechischen Exilregierung tobte, in einen Bürgerkrieg gestürzt wurde, der offen oder verdeckt jahrzehntelang tobte, orientierte sich die Politik Großbritanniens und der Sowjetunion eng an der Aufteilung des Balkans in Interessensgebiete. Die jüngste Untersuchung zu diesem Problem zeigt, soweit dies vor Öffnung der sowjetischen Archive möglich ist, daß Moskau 1944 und noch einmal 1945 mäßigend auf die griechischen Kommunisten einwirkte, da es hoffte, durch diese Politik das britische Einverständnis für die Errichtung einer kommunistischen Diktatur in Rumänien zu gewinnen.[187] Der griechischen Bevölkerung, die unter dem Krieg entsetzlich gelitten hatte, brachte der Sieg der Alliierten nicht den Frieden, sondern die Fortsetzung des Krieges.

DAS DEUTSCH BESETZTE EUROPA:
DER OSTEN

Kein Land war vom Zweiten Weltkrieg schlimmer betroffen als Polen. Im Jahr 1939 wurden riesige Teile des Landes von Deutschland annektiert. Die Bevölkerung in den betroffenen Territorien wurde nach »rassischen« Kriterien kategorisiert, was die als polnisch eingestuften Bevölkerungsteile Hab und Gut kostete. In ihrem Eifer, die neuen Gebiete zu germanisieren, verfolgten die nationalsozialistischen Parteiführer einerseits eine brutale Vertreibungspolitik, während sie andererseits so viele polnische Bürger wie möglich als deutsch qualifizierten.*

Im Rest des besetzten Polen zielte die deutsche Politik darauf ab, nach der Ermordung der intellektuellen, politischen und religiösen Führungsschicht die menschlichen und materiellen Ressourcen des Landes so effektiv wie möglich auszubeuten. Langfristig sollten zwei Ziele gekoppelt werden: Für die unmittelbare Zukunft sollten die Polen für Minimallöhne arbeiten und als billiges Arbeitskräftereservoir genutzt werden. Sobald jedoch genügend deutsche Siedler zur Verfügung stünden, sollte die polnische Bevölkerung vertrieben oder ausgerottet werden.[188] In den Konzentrationslagern fanden medizinische Experimente statt, die dazu dienten, Methoden der Massensterilisation zu entwickeln. Diese sollten wohl u. a. auf die überlebenden Polen angewandt werden. Die Juden, die mit etwa zehn Prozent einen beträchtlichen Teil der polnischen Bevölkerung stellten, wären zum geplanten Zeitpunkt der Massensterilisation allerdings längst verschwunden gewesen.

Obwohl die Juden schon in den ersten zwei Jahren der Besatzungszeit von lokalen Massakern und anderen Verfolgungsmaßnahmen betroffen waren, begann die systematische Massenvernichtung erst im Sommer 1941 mit dem Krieg gegen die Sowjetunion. Damals besetzten die Wehrmacht und die in ihrem Gefolge operierenden Tötungskommandos jenen Teil Polens, der nach dem Hitler-Stalin-Pakt von 1939 an die Sowjetunion gefallen war.

Im deutsch besetzten Polen wurden nun Zentren des Todes erbaut, Einrichtungen, die der systematischen Ermordung der polnischen Juden und all der anderen Juden dienten, die aus ganz Europa – und wenn sie den Deutschen in die Hände fielen natürlich auch aus allen von Deutschen kontrollierten Gebieten – nach Osteuropa verschleppt wurden. Über drei Millionen polnische Juden wurden getötet, die meisten in den polnischen Todesfabriken. Einige wenige wurden von ihren polnischen Mitbürgern gerettet, aber fast alle Überlebenden mußten das Land aufgrund der polnischen Nachkriegspogrome verlassen. Die noch erhaltenen Todeslager und die Mahn-

---

* Der Gauleiter des Gebiets Danzig/Westpreußen soll am 1. September 1943 gesagt haben, er registriere so viele Polen wie möglich als Deutsche. Denn da alle Polen dreckig seien, müßten die sauberen Menschen Deutsche sein (Tagebuch Krogmann, 11 k 11, 1. September 1943, Forschungsstelle für die Geschichte des Nationalsozialismus, Hamburg).

male auf ihrem Gelände werden noch Hunderte von Jahren dokumentieren, was die
Nazis damals als ihre kulturelle Mission in Osteuropa betrachteten. Der Widerstand
und die Unbeugsamkeit der Opfer werden durch den verzweifelten Aufstand im
Warschauer Ghetto symbolisiert, der im April 1943 stattfand. Ignoriert von der polnischen Bevölkerung, die daneben wohnte, und von deutschen Truppen brutal niedergeschlagen, wurde der erste urbane Aufstand im deutsch besetzten Europa in der
Nachkriegswelt zu einem festen Bezugspunkt aller Verfolgten.

Als sich dieses grausige Drama abspielte, hatten die Deutschen einen Teil der Ostukraine, die sie ursprünglich der Sowjetunion zugesprochen hatten, dem als »Generalgouvernement« bezeichneten Restpolen hinzugefügt, das typischerweise keinen
polnischen Namen mehr trug. Unter allen besetzten Ländern war Polen das einzige,
in dem keine Kollaborationsregierung entstand. Angesichts der harten und extrem
willkürlichen Herrschaft der Besatzer versuchte die Bevölkerung zu überleben und
Widerstand zu leisten. Hunderttausende starben an Krankheiten und Hunger, und
weitere Hunderttausende wurden als Intellektuelle, als Geiseln, als Opfer von Ver-
geltungsaktionen oder aus einer Unzahl anderer Gründe getötet. Etwa 10 000 Polen
wurden in psychiatrischen Einrichtungen, Krankenhäusern und Altersheimen ermordet, als das deutsche Programm zur Ausrottung »lebensunwerten Lebens« auf die
besetzten Gebiete ausgedehnt wurde.[189]

Trotz dieser und vieler anderer[190] Unterdrückungsmaßnahmen gelang es der Besatzungsmacht nicht ganz, die Friedhofsruhe herzustellen, die sie bezweckte. Die
polnische Untergrundarmee wurde von der Bevölkerung massiv unterstützt. Sie baute
mit Hilfe ihrer Mitglieder und Anhänger ein gewaltiges Geheimdienstnetz auf, das
die Exilregierung in London und über sie die Westalliierten mit wichtigen Informationen über eine Vielzahl von Themen versorgte. So berichtete es über militärische
Schritte der Deutschen, über die Ermordung der Juden und über zentrale Details der
deutschen Geheimwaffen. Agenten lieferten am Ende sogar Teile dieser Waffen.[191]

Die polnische Untergrundarmee hatte den Aufstand ursprünglich erst wagen wollen, wenn sich die Deutschen auf dem Rückzug befanden. In der Planung hierfür
wurden die Führung der polnischen »Armia Krajowa« und die Exilregierung in London jedoch Opfer einer schrecklichen und bis heute unerklärlichen Fehleinschätzung.
Der Aufstand hatte ursprünglich auf dem Land stattfinden sollen, und ein Großteil
der Waffen lag dort versteckt; 1944 wurde die Erhebung jedoch für Warschau befohlen, wo er nur schlecht vorbereitet und die Ausrüstung der Kämpfer mangelhaft
war. Die daraus resultierende Tragödie, in deren Verlauf Moskau den Vormarsch der
Roten Armee stoppte, damit die Deutschen den polnischen Widerstand vernichten
konnten, und gleichzeitig alle westlichen Anstrengungen, den Aufständischen zu helfen, sabotierte, wird in Kapitel 12 behandelt. Nach der Niederschlagung des Aufstands befahl Hitler, Warschau dem Erdboden gleichzumachen, ein Befehl, der mit
brutaler Gründlichkeit ausgeführt wurde.

Im besetzten Polen existierte auch eine kleine kommunistische Untergrundbewegung. Sie wuchs ein wenig an, als die Rote Armee näher rückte, und stellte mit der Berling-Armee polnische Einheiten auf, die auf seiten der Roten Armee kämpften. Das neue Polen, das zerschlagen und schrecklich ausgeblutet aus dem Krieg hervorging, hatte andere Grenzen und ein anderes Regierungssystem als der zerstörte Staat. Die Sowjetunion und ihre wenigen polnischen Anhänger hatten dem Land ein kommunistisches Regime aufgezwungen, und seine Grenzen waren so gezogen, daß der größte Teil des Gebiets, das im Hitler-Stalin-Pakt an die Sowjetunion gefallen war, wieder sowjetisches Territorium wurde. Zum Ausgleich hatte es im Norden den südlichen Teil des ehemaligen Ostpreußen plus Danzig erhalten und im Westen die ehemals deutschen Gebiete östlich der Oder-Neiße-Linie sowie ein wenig Land, das noch jenseits dieser Linie lag. Polen hatte seine ukrainische und weißrussische Bevölkerung im Osten verloren, seine jüdische Bevölkerung war ermordet worden, und die meisten Deutschen aus Vorkriegspolen und den neuerworbenen großen Gebieten des alten Deutschland flohen oder wurden vertrieben.

Nachkriegspolen war kleiner als der Staat, der vor 1939 bestanden hatte. Es hatte einen gewaltigen Bevölkerungsverlust erlitten und war stark verarmt. Das neu erworbene Land war jedoch zumeist wertvoller als die verlorenen Gebiete, und die polnische Bevölkerung war ungleich homogener als je zuvor. Vor allem aber hatte man dem neuen polnischen Staat ein Regime und ein Gesellschaftssystem aufgezwungen, das nur wenige Polen gewollt hatten, und das Land war zumindest vorläufig unter eine Vorherrschaft geraten, die den meisten Polen sehr verhaßt war.

Ein bedeutender Teil Europas, der fast den ganzen Zweiten Weltkrieg unter deutscher Kontrolle blieb, war das sowjetische Gebiet, das in den Jahren 1941/42 erobert wurde und zumindest teilweise bis Ende 1944 von Deutschland besetzt war. Ein winziger Teil im Westen Lettlands wurde sogar bis zum Mai 1945 gehalten. Wie in Kapitel 5 erläutert, sollten dieses Territorium und noch weitere Gebiete Lebensraum des deutschen Volkes werden. Das NS-Regime wollte eine stetig wachsende Zahl expandierender deutscher Siedlungen gründen, während eine dezimierte und immer weiter schrumpfende einheimische Bevölkerung für die neuen Herren arbeiten sollte, bis ihre Überreste schließlich vertrieben oder ausgerottet worden wären.[192] Außer als landwirtschaftliches Siedlungsgebiet sollten die besetzten russischen Gebiete auch wichtige Rohstoffe wie Öl, Eisen, Kohle, Mangan und andere Nichteisen-Metalle für die deutsche Industrie und Kriegsproduktion liefern. Außerdem hofften die Deutschen, neue Vorkommen zu entdecken und die alten weit effektiver auszubeuten als je zuvor. Sie beabsichtigten, in großen Gebieten neue Feldfrüchte einzuführen, um Defizite der deutschen Industrie auszugleichen. So sollten Sojabohnen zur Herstellung von Pflanzenöl angebaut werden und Gummibäume zur Herstellung natürlichen Gummis, der in kleinen Mengen immer noch zur Produktion von synthetischem Gummi gebraucht wurde.

Die jüdische Bevölkerung, die in den zuerst überrannten Gebieten sehr zahlreich war, sollte ermordet werden, und tatsächlich wurden vor allem im ersten Jahr nach dem 22. Juni 1941 über 1,25 Millionen Juden abgeschlachtet. Auch etwa 10000 Geisteskranke und Alte wurden ermordet, als das sogenannte Euthanasieprogramm auf die besetzten Gebiete ausgedehnt wurde.[193] Funktionäre der Kommunistischen Partei und politische Offiziere unter den Kriegsgefangenen wurden ebenfalls getötet.

Bis die Deutschen vertrieben wurden, waren sie immer davon ausgegangen, daß die besetzten sowjetischen Gebiete mindestens bis zur Linie Archangelsk-Astrachan, wenn nicht gar bis zum Ural, deutsches Territorium werden würden. Deshalb standen sie den nationalistischen Bestrebungen der nichtrussischen Völker in der Sowjetunion strikt ablehnend gegenüber. Ironischerweise lebten die Bevölkerungen der baltischen Staaten und der Ukraine, die die deutsche Invasion zunächst am meisten willkommen geheißen hatten, weil sie auf eine nationale Wiedergeburt hofften, in Regionen, die für die deutsche Besiedlung vorgesehen waren; deshalb wurden sie ihrer Illusionen auch schnell beraubt.

Der Plan, der einheimischen Bevölkerung soviel Lebensmittel wie möglich zu entziehen, um damit die deutsche Armee und einen Gutteil der deutschen Bevölkerung zu versorgen, hatte zur Folge, daß das System der kollektiven Landwirtschaft, das der Regierung den ersten Zugriff auf die Feldfrüchte verschaffte und den Bauern nur einen sekundären Anspruch einräumte, beibehalten werden mußte. Diese Quelle der Unzufriedenheit mit dem Sowjetsystem blieb also erhalten, und auch die nominelle »Agrarreform«, die 1942 durchgeführt wurde, brachte keine wirkliche Veränderung des Systems. Die Deutschen waren sogar so begeistert darüber, daß ihnen das System der kollektiven Landwirtschaft den Zugriff auf die Agrarprodukte enorm erleichterte, daß sie auch die letzten Bauern, die in abgelegenen Gebieten Weißrußlands noch eigenständig wirtschafteten, in die Kollektive zwangen. Es ist nicht weiter verwunderlich, daß diese Maßnahmen die Landbevölkerung gegen die Deutschen aufbrachten und daß sie, insbesondere im Winter, Hungersnöte in den Städten auslösten.

Die Deutschen hatten mit einem schnellen Abschluß des Ostfeldzugs gerechnet. Die vorrückenden Armeen sollten in den eroberten Gebieten die vollziehende Gewalt nur kurz ausüben, und danach sollte sie ebenfalls nur kurzfristig an die Befehlshaber der rückwärtigen Gebiete der einzelnen Heeresgruppen übergehen – ein System, das von den Deutschen eigens für ihren Ostfeldzug entwickelt worden war. Auf diese kurzfristige Militärverwaltung sollte eine Zivilverwaltung unter Reichskommissaren folgen. Diese sollten riesige Gebiete verwalten mit Gebietskommissaren als ihren Untergebenen. All diese Beamten waren nominell dem neuen Reichsminister für die besetzten Ostgebiete verantwortlich, ein Posten, der von dem nationalsozialistischen Parteitheoretiker und angeblichen Sowjetexperten Alfred Rosenberg bekleidet wurde. Tatsächlich kamen nur Teile der besetzten UdSSR unter zivile Verwaltung, während etwa die Hälfte des Gebiets für die gesamte Besatzungszeit unter militärischer Verwaltung blieb, da die Wehrmacht von der Roten Armee aufgehalten und schließlich zurückgetrieben wurde.[194]

Die militärische Verwaltung war im allgemeinen etwas stärker von praktischen als von ideologischen Erwägungen geleitet, und deshalb war sie nicht ganz so drückend. Da jedoch sowohl in den militärisch als auch in den zivil verwalteten Gebieten eine Vielzahl konkurrierender wirtschaftlicher und polizeilicher Dienststellen alle mit gleicher Skrupellosigkeit operierten, fiel der Unterschied für die betroffene Bevölkerung nicht allzusehr ins Gewicht. Gewisse Konzessionen, die von der Militärverwaltung in Gebieten gemacht wurden, die in der zweiten Jahreshälfte 1942 kurzfristig besetzt waren, wirkten sich auf die dort ansässige Bevölkerung nur wenig aus. Sie war durch die Rekrutierung von Zwangsarbeitern, die im selben Jahr begann, sehr viel stärker betroffen; Hunderttausende wurden nach Deutschland verschleppt, wo sie unter schrecklichen Bedingungen in den Fabriken arbeiten mußten.

Innerhalb und zwischen den verschiedenen deutschen Dienststellen, die miteinander um eine wichtige Rolle in der besetzten UdSSR konkurrierten, kam es zu lebhaften Auseinandersetzungen. Dabei ging es teilweise darum, ob nicht eine weniger repressive und für die Bevölkerung der besetzten Gebiete attraktivere Politik sinnvoll wäre. All diese Debatten sind zwar durch die produzierten Berge von Papier in den Archiven dokumentiert, brachten jedoch keine wesentliche Änderung einer Politik, die auf rücksichtslose Ausbeutung abzielte.[195] Minimale Konzessionen wurden zeitweise in den baltischen Staaten gemacht. Als jedoch der finnische Marschall Mannerheim sich im Februar 1943 bei Ribbentrop für die Unabhängigkeit Estlands einsetzte, antwortete der deutsche Außenminister, Deutschland kämpfe nicht für die Esten, sondern für seinen eigenen Vorteil.[196] Auf ähnliche Vorschläge, die von Deutschlands japanischem Verbündeten kamen, wurde ebenso reagiert. Konzessionen an einzelne Nationalitäten in den besetzten Gebieten machten für Hitler keinen Sinn, da er alle Völker gleichermaßen unterjochen wollte.[197] Im Frühjahr und Sommer 1943 wurde innerhalb und außerhalb der deutschen Regierung gegenüber den Nationalitäten, bezüglich der damit in Zusammenhang stehenden Behandlung der Ukrainer und der Rekrutierung sowjetischer Bürger, die unter General Wlassow auf deutscher Seite kämpfen sollten, wiederum auf Konzessionen gedrängt. Aber trotz der Niederlage bei Stalingrad, die selbst Hitler hätte deutlich machen müssen, daß gewisse politische Veränderungen ratsam wären, lehnte er all diese Vorschläge entschieden ab.[198]

Schwere Massaker an der Zivilbevölkerung und entsetzliche Vergeltungsmaßnahmen bei realem oder auch nur eingebildetem Widerstand gehörten zum Standardrepertoire der deutschen Partisanenbekämpfung und brachten über die Bevölkerung in den besetzten Gebieten zusätzliches Leid. Bei ihrem Rückzug vor den Offensiven der Roten Armee zerstörten die Deutschen mutwillig, was sie noch zerstören konnten, verschleppten Menschen und requirierten Tiere, wodurch sie die Schäden des Krieges noch vergrößerten.

Als ob all diese Verluste an Leben, Gesundheit und Sachwerten nicht ausgereicht hätten, waren die Leiden der von den Deutschen überrannten Bevölkerung auch nach dem sowjetischen Sieg nicht zu Ende. Sowohl die befreiten Zwangsarbeiter als auch

die befreiten Kriegsgefangenen wurden der Kollaboration mit den Deutschen verdächtigt und nach dem Sieg nur allzuoft ins Arbeitslager geschickt. Auf diese Weise
wurden die Scheußlichkeiten, welche die Deutschen an der Bevölkerung der Sowjetunion begangen hatten, über das Kriegsende hinaus fortgesetzt. Auch wer in den
ehemals besetzten Gebieten noch lebte und bleiben durfte, hatte eine lange und
schwere Zeit des Wiederaufbaus vor sich.

KOLLABORATION UND WIDERSTAND

Im ganzen besetzten Europa und in den Staaten, die nominell oder tatsächlich unabhängig waren, aber unter deutscher Kontrolle standen, stellte sich schon damals
die Frage nach Kollaboration oder Widerstand und prägte Perspektiven und Auseinandersetzungen in der Nachkriegszeit. In den meisten Satellitenstaaten existierten
verschiedene Meinungen zu der Frage, ob man mit der Achse kollaborieren sollte
und welches Ausmaß an Kollaboration eine deutsche Besetzung verhindern und
der Bevölkerung ein schlimmes Schicksal ersparen könnte. In den Gebieten, die
von den Deutschen beherrscht wurden, war das Problem schwieriger. War es besser
für die Deutschen oder besser für die Bevölkerung der besetzten Länder, wenn die
einheimischen Beamten ihre Tätigkeit weiter ausübten? Den Deutschen fehlte unübersehbar das Personal zur Verwaltung der riesigen eroberten Gebiete; aber was
würde passieren, wenn alle Einheimischen ihre Posten verließen? Wie konnte man
es verantworten, daß man bei Widerstandsaktionen nicht nur das eigene Leben,
sondern auch das Leben seiner Familie und anderer Menschen riskierte, die Vergeltungsmaßnahmen zum Opfer fallen konnten? Die Entscheidung dieser extrem
schwierigen Fragen wurde durch den 1940/41 allgemein bestehenden Eindruck,
daß Deutschland den Krieg gewinnen würde, noch mehr erschwert. Und selbst
nach 1941 erschien es noch lange unwahrscheinlich, daß das Dritte Reich eine
totale Niederlage erleiden könnte.

In diesem Kontext entschieden sich einzelne Personen, zu kollaborieren oder
Widerstand zu leisten, häufig beschlossen sie auch, von beidem ein bißchen zu tun.
Als die Brutalität der Deutschen größer und offensichtlicher wurde und die Furcht
vor einem deutschen Sieg langsam der Hoffnung auf eine deutsche Niederlage und
schließlich der Gewißheit eines alliierten Sieges wich, entschieden sich mehr und mehr
Menschen, Widerstand zu leisten. Oppositionelle halfen den Opfern des deutschen
Terrors, sie halfen abgestürzten alliierten Piloten und entflohenen Kriegsgefangenen,
lieferten Informationen und beteiligten sich in immer größerem Ausmaß an Sabotage-
akten und offenen Widerstandsaktionen. All diese Handlungen waren ein Beitrag
zum Sieg der Alliierten und zur Befreiung des eigenen Landes. Und doch war die
wirklich entscheidende Bedeutung ihres Tuns vielleicht eine andere.

Der Widerstand bewies durch seine bloße Existenz, durch Mundpropaganda,
Flugblätter und illegale Zeitungen, daß nicht alle aufgegeben hatten, daß es noch

Hoffnung gab und Alternativen zur Kollaboration existierten. Außerdem verdeutlichte er den Helfern der Besatzungsmacht, daß man sie im Auge behielt und sie sich nach dem Krieg möglicherweise für ihre Handlungen verantworten müßten. Und der Widerstand leistete einen Beitrag, der sogar noch wichtiger war. Die eroberten Staaten in Europa wurden alle primär durch Hilfe von außen befreit, durch die Anstrengungen und Opfer der Briten, Russen, Amerikaner, Kanadier, der Neuseeländer und der Soldaten anderer ferner Länder. Für ihre eigene Selbstachtung nach dem Krieg und für ihre spätere nationale Entwicklung war es von großer Bedeutung, daß auch einige Franzosen und Norweger, Niederländer und Belgier, Polen und Jugoslawen, Griechen und Menschen aus anderen deutsch besetzten Ländern einen Beitrag zum Sieg der Alliierten geleistet hatten, der ihren Ländern nach der finsteren Zeit der Okkupation zu einer gewissen Unabhängigkeit verhalf. »Die Menschen in den besetzten Ländern gewannen durch den Widerstand Selbstachtung zurück, die sie im Moment der Okkupation verloren hatten«, wie es einer der hellsichtigsten Chronisten des Widerstands formulierte.[199]

DIE JAPANISCH BESETZTEN GEBIETE

Für die Völker in den Gebieten Ost- und Südostasiens, die von den Japanern überrannt worden waren, galt das gleiche, jedoch auf andere Weise. Mit Ausnahme Thailands hatten sie vor 1941 alle unter direkter oder indirekter Herrschaft europäischer Staaten gestanden. Thailand geriet unter japanischen Einfluß und mußte den Westalliierten den Krieg erklären, blieb jedoch formal unabhängig. Der Krieg bedeutete für das Land vor allem, daß seine Wirtschaft weiterentwickelt wurde, obwohl es auch gewissen Belastungen ausgesetzt war. Bei den anderen Territorien (mit Ausnahme der Philippinen*), die von Japan erobert wurden, bewirkte der Krieg spontan und auf lange Sicht, daß sie die Achtung vor ihren Kolonialherren verloren. Ihre ehemaligen Herren waren geschlagen worden, die Niederlage war schnell und total gewesen, und der Sieg war von den Japanern errungen worden – von einem asiatischen Volk. Es war jedoch möglich und geschah dann auch, daß die Herrschaft der europäischen Mächte – und im Südpazifik von Menschen europäischer Herkunft aus Neuseeland und Australien – zeitweilig wiederhergestellt wurde. Aber die Aura der Macht, von der die europäischen Mächte umstrahlt gewesen waren, hatte ihren Glanz für immer verloren. Es gibt nur wenige Situationen, auf der das englische Kinderreim besser paßt, daß »alle Reiter und Mannen des Königs« eine zersprungene Schüssel nicht wieder ganz machen können.

---

* Die Philippinen sind deshalb eine wichtige Ausnahme, weil sie als einziges asiatisches Land über eine bedeutende antijapanische Guerillabewegung verfügten, und diese Bewegung, und nicht die von den Japanern organisierten Gruppen, auf den Philippinen einen bestimmenden Einfluß auf die Nachkriegsentwicklung ausgeübt hat.

In der Zwischenzeit hatten die Japaner das von ihnen gewonnene Reich auf eine
Weise regiert, die zwei gegensätzliche Dinge miteinander in Einklang zu bringen suchte. Sie beuteten das besetzte Gebiet und seine Bevölkerung einerseits brutal und rücksichtslos aus und demonstrierten damit der Bevölkerung, daß es weit schlimmere
Kolonialherren geben konnte als die Briten und Amerikaner, deren Herrschaft sie
abgelehnt hatte.[200] Diese Erfahrung und die realen Zerstörungen des Krieges gerieten
jedoch relativ schnell in Vergessenheit, während die nominelle Unabhängigkeit, die
die Japaner verkündet hatten, um die Lokalbevölkerung kooperativer zu stimmen
und den Widerstand zu begrenzen, bei der Bevölkerung einen nachhaltigen Eindruck
hinterließ, auch wenn sie mit ihren neuen Herren keineswegs zufrieden gewesen
war.[201]

Hier liegt der Grund, warum die Bevölkerung der japanisch besetzten Gebiete die
Kollaborateure der Kriegszeit im Gegensatz zu den Menschen im besetzten Europa
eher als Patrioten denn als Verräter betrachtete. Als die Europäer versuchten, das
Kolonialsystem einer vergangenen Ära wiederherzustellen, geriet nur allzuschnell in
Vergessenheit, daß ein japanischer Sieg, der mit Hilfe der Kollaborateure errungen
worden wäre, eine schlimmere Kolonialherrschaft bedeutet hätte als jemals zuvor.[202]
Die Koreaner, die länger unter dem japanischen Kolonialismus gelitten hatten als
irgendein anderes Volk, erhielten ihre Unabhängigkeit nur zurück, um von ihren
Befreiern sofort in zwei rivalisierende Staaten aufgeteilt zu werden. Dagegen war den
anderen Ländern, die unter japanischer Kontrolle gestanden hatten, nach einigen
bitteren, aber kurzen Jahren eine neue und unabhängige Zukunft beschieden – eine
Zukunft, die häufig unter Führern begann, deren Aufstieg (wie etwa die Karriere
Sukarnos in Niederländisch-Indien) begonnen hatte, als sie im Krieg mit den Japanern
kollaborierten.

10

Mittel der Kriegführung –
alt und neu

LANDKRIEG

Die wichtigsten Waffensysteme aus dem Ersten Weltkrieg dominierten, manchmal in weiterentwickelter Form, noch relativ lange auch die Gefechte des Zweiten Weltkriegs. Viele Länder hatten Waffen aus dem Ersten Weltkrieg behalten oder gekauft, insbesondere, wenn diese erst in den letzten Monaten des Konflikts hergestellt worden waren, und setzten sie nun bei den ersten Kämpfen des Zweiten Weltkriegs ein. Die Gewehre aus dem Ersten Weltkrieg wurden nur langsam durch modernere ersetzt; das britische Heer war noch im Sommer 1940 hocherfreut, als es große Lieferungen amerikanischer Gewehre aus dem Ersten Weltkrieg erhielt. Der allgemeine Trend in der Bewaffnung der Infanterie wies allerdings in eine neue Richtung.

Die am Krieg beteiligten Staaten führten zunehmend Gewehre ein, mit denen man dank eines Ladestreifens oder Magazins schneller – aber weniger genau – feuern konnte. Die Feuergeschwindigkeit wurde also auf Kosten der Zielgenauigkeit erhöht, eine Entwicklung, die ironischerweise jener Entwicklung glich, mit der im 17. und 18. Jahrhundert Musketen eingesetzt worden waren. Derselbe Trend konnte auch bei der Einführung relativ einfach konstruierter automatischer Waffen beobachtet werden, die als Maschinenpistolen und Sturmgewehre bezeichnet werden. Sie alle boten die Möglichkeit schnellen automatischen oder halbautomatischen Feuers und zeichneten sich durch relativ geringe Reichweite und geringere Zielgenauigkeit aus. Sie waren für den Einsatz in Gefechten der Infanterie bestimmt, wenn es etwa in Straßenkämpfen, bei Hinterhalten oder in ähnlichen Situationen auf hohe Feuergeschwindigkeit ankam. Sie ersetzten langsam, aber sicher das herkömmliche Gewehr als wichtigste Waffe der Infanterie. Daß sie sehr viel Munition verbrauchten, konnte jedoch leicht zu Nachschubproblemen führen, weshalb der Großteil der Infanterie in den meisten Heeren bis Kriegsende mit normalen Repetiergewehren ausgerüstet blieb.

Maschinengewehre und Mörser wurden im Zweiten Weltkrieg von allen Armeen eingesetzt, und die Veränderungen, die an ihnen vorgenommen wurden, waren nicht besonders groß. Das Gewicht der Maschinengewehre wurde verringert, Kaliber und

Zielgenauigkeit der Mörser wurden geringfügig vergrößert. Jeder Veteran aus dem Ersten Weltkrieg hätte jedoch die schweren Infanteriewaffen von 1945 problemlos wiedererkannt. Flammenwerfer wurden besonders von den Amerikanern bei den Inselkämpfen im Pazifik in großem Umfang eingesetzt und waren zum Teil auf Panzer montiert. Auch auf diesem Gebiet waren die neuen Entwicklungen nicht besonders revolutionär.

Kavallerieeinheiten wurden, sofern sie nicht in gepanzerte Verbände umgewandelt worden waren, in viel geringerem Umfang eingesetzt als in allen früheren europäischen und asiatischen Konflikten. Nur Polen und danach die Sowjetunion brachten noch relativ viel Kavallerie zum Einsatz. Allerdings wurde das Pferd in den meisten Armeen nach wie vor zu Transportzwecken eingesetzt.* Die Offiziere der Infanterie waren in vielen Armeen zumindest in der ersten Phase des Krieges noch beritten, hauptsächlich jedoch wurden Pferde eingesetzt, um Geschütze, unterschiedlichste Troßkarren und die Wagen der Sanitätskompanien zu ziehen.[1] Millionen von Pferden wurden bei den deutschen, sowjetischen, italienischen, japanischen Landstreitkräften und in den Heeren anderer Länder auf diese Weise eingesetzt, und die meisten Heere – einschließlich des amerikanischen – verwendeten außerdem vor allem in Gebirgsregionen Maultiere zum Transport von Lasten.

Auch wenn viele Geschütze noch immer von Pferden gezogen wurden, fanden im Bereich der Artillerie gravierende Veränderungen statt. Wie die Infanterie verwendete auch die Artillerie vieler Heere zu Beginn des Krieges noch Geschütze aus dem Ersten Weltkrieg. In der Zwischenkriegszeit hatte es jedoch einige Veränderungen gegeben, und sie beschleunigten sich während des Krieges. Bei allen europäischen Mächten und bei den Vereinigten Staaten bestand ein Trend zu schwereren Geschützen mit größerer Feuergeschwindigkeit. Sie wurden nun häufig auf das Fahrgestell von Panzern montiert, so daß sie sich aus eigener Kraft bewegen konnten und die Bedienungsmannschaft besser geschützt war. Die wichtigsten Veränderungen bei der Artillerie waren jedoch anderer Art.

Die Deutschen entwickelten eine hochleistungsfähige Luftabwehrkanone, die berühmte »8,8«, wie sie nach ihrem Kaliber von 88 Millimetern genannt wurde. Sie war vor allem für ihre Vielseitigkeit berühmt, wurde auch als Panzerabwehrkanone eingesetzt und war von tödlicher Wirkung; modifizierte Versionen wurden auch auf Panzern montiert. Nicht annähernd so erfolgreich waren die Deutschen mit ihrer Neigung zur Gigantomanie. Die Investitionen in riesige 350-, 430- und 530-Millimeter-Geschütze waren größtenteils verfehlt, weil sich diese Geschütze kaum bewegen ließen und nur selten zum Einsatz kamen. Der Inbegriff dieser Fehlentwicklung war die »Dora«, eine monströse Eisenbahnkanone mit einem Kaliber von 800 Milli-

---

* Die SS verfügte über ein Kavallerieregiment, das im besetzten Rußland vorgeblich zur Partisanenbekämpfung eingesetzt wurde, in Wirklichkeit jedoch vor allem mit der Ermordung von Zivilisten befaßt war.

metern, die für Laden, Feuern, Transport und Sicherung eine Mannschaft von 4400 Mann benötigte. Sie feuerte bei der Belagerung Sewastopols im Juni 1942 nur 48 Granaten ab.[2] Auch bei der Reichweite ihrer Geschütze gerieten die Deutschen, wie bei den Kalibern, in eine konstruktive Sackgasse. Um London vom Kontinent aus beschießen zu können, entwickelten sie ein Geschütz, dessen Lauf über hundert Meter lang war und in dem eine Serie von Explosionen die Granate nicht nur über den Kanal, sondern bis in die Londoner Innenstadt treiben sollte. Diese sogenannte V3, Ausdruck von Hitlers besonderer Liebe zu den Engländern, war jedoch nicht rechtzeitig fertig, um noch auf London schießen zu können, und wurde nur im Winter 1944/45 gegen Luxemburg eingesetzt.[3]

Die wichtigsten Neuerungen im Bereich der Artillerie waren jedoch ganz anderer Art. Die eine Entwicklung war die neue Version einer alten Waffe, und die andere betraf eine revolutionäre Weiterentwicklung der Granate. Die alte Waffe, die zu neuen Ehren gelangte, war die Rakete. Die Sowjetunion führte mit der Katjuscha einen Raketenwerfer ein, der auf einen Lastwagen montiert werden konnte und auf relativ geringe Distanz, aber mit großer Wirkung Salven von Raketen abfeuerte. Die Deutschen stellten später im Krieg eine ähnliche Waffe her, und in Amerika wurden Raketenwerfer entwickelt, die man auf Landungsbooten installierte. Sie verschossen Raketen in gewaltiger Zahl, wenn sich die Boote dem Land näherten. Diese Raketenwerfer erwiesen sich bei Landungsoperationen an befestigten Küsten als sehr nützlich, wobei es ein besonderer Vorteil war, daß eine Rakete im Gegensatz zu herkömmlichen Geschossen keinen Rückstoß verursacht. Aufgrund desselben Vorteils entwickelten Deutsche und Amerikaner kleine tragbare Raketenwerfer, die von der Infanterie gegen Panzer eingesetzt wurden. Die deutschen Panzerfäuste waren wesentlich effektiver als die amerikanischen Bazookas, aber beide Waffen spiegelten einen neuen Trend wider.

Im Bereich der Granaten gab es zwei wichtige Neuerungen. Die eine war die Hohlladung, bei der der Sprengstoff im Kopf der Granate so angeordnet ist, daß die Explosion stark genug ist, um auch die immer dickere Panzerung von Tanks zu durchdringen. Die andere Neuerung war der Abstandszünder, ein Zündmechanismus, der die Granate nicht erst beim Auftreffen auf das Ziel, sondern schon in seiner Nähe zur Explosion bringt – ein offensichtlicher Vorteil, besonders bei Flugabwehrgeschützen. Während der Abstandszünder eine Erfindung der Westalliierten war, wurden Hohlladungsgranaten von beiden Seiten eingesetzt. Dies führte wiederum dazu, daß die Panzerung noch stärker wurde, eine Entwicklung, die auch durch Konkurrenzdruck vorangetrieben wurde.

Der Panzerkraftwagen, der später allgemein Panzer genannt wurde, war im Ersten Weltkrieg eingeführt worden. Die ursprünglich langsamen, mit unzuverlässigen Motoren ausgerüsteten und durch Artilleriebeschuß leicht verwundbaren Fahrzeuge waren in der Zwischenkriegszeit von allen größeren Mächten weiterentwickelt worden. Den Deutschen war dies in den zwanziger Jahren nur mit sowjetischer Hilfe möglich gewesen. In den dreißiger Jahren hatten sie den Entwicklungsprozeß fortgesetzt und sich schließlich zu ihrem späteren Nachteil auf die Produktion der beiden mittelschweren Panzer Mark III und Mark IV konzentriert; beide Panzer erwiesen sich jedoch in den ersten Kriegsjahren als sehr effektiv und blieben in verschiedenen Versionen bis zum Kriegsende im Einsatz. Ergänzt wurden sie durch den T 38, einen sehr guten mittelschweren Panzer, der in der Tschechoslowakei entwickelt worden war und dort während der deutschen Okkupation bis 1945 gebaut wurde.[4] Die Erfahrungen mit den weit überlegenen sowjetischen Panzern T 34 und KV motivierten die Deutschen dazu, den Mark V oder »Panther« zu entwickeln, der den sowjetischen Modellen gewachsen, und den Mark VI oder »Tiger«, der ihnen überlegen sein sollte.[5]

Diese beiden neuen deutschen Modelle gehörten in ihren verschiedenen Versionen zu den besten Panzern, die während des Krieges gebaut wurden. Sie litten jedoch unter Entwicklungsproblemen, wurden nicht ausgereift an die Front geworfen und konnten aufgrund der alliierten Luftangriffe und konkurrierender Rüstungsprojekte nicht in den geplanten und benötigten Stückzahlen gebaut werden. Ihre Produktion stand nicht nur etwa zum U-Boot-Bau in Konkurrenz, sondern wurde auch durch die deutsche Tendenz zur Gigantomanie erschwert, die nicht nur auf die Artillerie beschränkt war. Es gab zahllose Experimente mit Riesentanks einschließlich des 188 Tonnen schweren Panzers »Maus« und einer 1000 Tonnen schweren »Ratte«, die ohne erkennbaren praktischen Nutzen Ressourcen verschlangen.[6]

Die Franzosen hatten sehr gute mittelschwere und schwere Panzer entwickelt und gebaut, aber der schnelle Zusammenbruch Frankreichs im Jahr 1940 – der nicht zuletzt der Tatsache zu verdanken war, daß ihre zahlreichen Tanks unklug über das Heer verteilt waren – setzte der französischen Panzerproduktion ein Ende. Aus Gründen, die bis heute ungeklärt sind, bestanden die Deutschen nicht wie beim tschechoslowakischen Modell darauf, daß die exzellenten französischen Panzer weiter produziert wurden.

Mussolini hatte von einer großen, modernen italienischen Panzerwaffe geträumt, aber wie viele andere seiner militärischen Träume wurde auch dieser nur in sehr bescheidenen Ansätzen verwirklicht.[7]

Die Briten waren in der gepanzerten Kriegführung des Ersten Weltkriegs die großen Neuerer gewesen; britische Militärschriftsteller hatten in der Zwischenkriegszeit die potentiell wichtige Rolle von Panzern betont, und auf Betreiben von Kriegsminister Leslie Hore-Belisha war in den britischen Landstreitkräften als erstem europäischem Heer das gesamte Transportwesen vom Pferd auf motorisierte Fahrzeuge umgestellt worden. Im Bereich der Panzerentwicklung hinkten die Briten jedoch hinterher. Die Serie von Niederlagen, die Großbritannien in Nordafrika gegen die Deutschen erlitt, war wesentlich der Unterlegenheit der britischen Panzerfahrzeuge zu verdanken.[8] Die Modelle, die 1943/44 eingeführt wurden, stellten eine gravierende Verbesserung dar; außerdem wurden die britischen gepanzerten Einheiten in jenen Jahren zunehmend mit amerikanischen Panzerfahrzeugen, insbesondere mit dem Sherman-Panzer, ausgerüstet.[9]

Der Sherman wurde zum Symbol der Auseinandersetzung über die amerikanische Panzerwaffe im Zweiten Weltkrieg.[10] Mit seinem zuverlässigen Motor und seiner relativ starken Panzerung war er den deutschen Panzern Mark III und Mark IV entschieden überlegen, hatte jedoch Schwierigkeiten mit den Typen Mark V und Mark VI. Diese waren mit stärkeren Kanonen ausgerüstet, was die Amerikaner im Gefecht meist durch zahlenmäßige Überlegenheit ihrer Panzer auszugleichen versuchten.[11] Trotz aller Mängel im Detail wurden die amerikanischen Panzer ihrer Aufgabe meist gerecht, besonders wenn sie von der exzellenten amerikanischen Artillerie und den Luftstreitkräften der Alliierten unterstützt wurden.

Es war zweifellos die Sowjetunion, die die besten Panzer des Krieges entwickelte, und sie warf sie in riesiger Zahl ins Feld. Die Panzer T 34, KV und »Stalin« wurden alle während des Krieges verbessert, waren den Bedingungen an der Ostfront auf bewundernswerte Weise angepaßt, den deutschen Panzern der Jahre 1941/42 deutlich überlegen und den neuen deutschen Modellen von 1943/44 mehr als gewachsen.[12]

Für das Schlachtfeld ebenso wichtig war die sowjetische Entwicklung von »Panzerarmeen«, deren große Wirksamkeit sich erstmals deutlich zeigte, als die Truppen der Achse bei Stalingrad eingekesselt wurden. Auch die Deutschen hatten zwar große gepanzerte Verbände eingeführt, die sie schließlich »Panzerarmeen« nannten. In der Praxis verfügten diese Verbände jedoch über immer weniger Panzer, je länger der Krieg dauerte. Bei der Roten Armee dagegen konnte die Zahl der den Panzerarmeen zugeteilten Panzer ständig erhöht werden, und sie wurden zum Hauptinstrument der großen Durchbrüche, die der Roten Armee 1943/44 gelangen.

Auf dem pazifischen Kriegsschauplatz spielten gepanzerte Kräfte eine wesentlich geringere Rolle, hauptsächlich, weil das Terrain in Birma und im Südwestpazifik für den Einsatz großer gepanzerter Verbände generell ungeeignet war. Die Japaner verwendeten kleine, leichtgepanzerte Tanks[13], Amerikaner und Briten brachten ihre Standardmodelle in geringer Anzahl zum Einsatz. Besonders nützlich fanden die Amerikaner den Einsatz von Flammenwerfern, die auf Panzern montiert waren, wenn sie es auf Inseln wie Okinawa mit japanischen Soldaten und Schützen zu tun hatten, die Höhlen und andere natürliche Formen der Deckung nutzten. Der größte Einsatz von Panzerverbänden in Ostasien fand gegen Ende des Krieges statt, als sowjetische Panzerkräfte per Zug quer durch die UdSSR transportiert wurden und im August 1945 die Mandschurei überrollten.

LUFTKRIEG

Sehr viel dramatischer waren die Veränderungen bei den Flugzeugen. Die meisten Luftstreitkräfte hatten bei Kriegsbeginn noch Doppeldecker. Sie wurden jedoch mit Ausnahme der sowjetischen U 2, die während des ganzen Kriegs im Einsatz blieb, um mit Partisanen Verbindung zu halten und sie zu unterstützen, alle mit der Zeit außer Dienst gestellt. Der einmotorige Eindecker wurde das charakteristische Jagdflugzeug aller Luftstreitkräfte, wobei Deutschland und Japan anfänglich über die schnellsten Modelle verfügten, ihren Vorsprung jedoch später durch neuere amerikanische, britische und sowjetische Modelle verloren. Das deutsche Experiment mit zweimotorigen Jagdflugzeugen entpuppte sich als schlimme Fehlentwicklung; dagegen erwiesen sich die zweimotorigen amerikanischen Maschinen dank ihrer größeren Reichweite im Pazifik als sehr nützlich. Die wichtigste Veränderung wird in Kapitel 11 ausführlich behandelt und betraf die Erhöhung der Reichweite. Sie machte es möglich, daß insbesondere die P-51 »Mustang« über große Strecken Bomber eskortieren konnte. Die völlig neue Welt der düsengetriebenen Flugzeuge wird weiter unten in diesem Kapitel diskutiert.

Während die Jäger schneller und besser gepanzert wurden, mit schußsicheren Benzinbehältern ausgerüstet wurden und weiter fliegen konnten, ging die Entwicklung bei den Bombern in eine andere Richtung. Die zweimotorigen Standardbomber aller Luftwaffen wurden in modifizierten Versionen von allen Luftstreitkräften auch weiterhin benutzt. Die wichtigste Neuentwicklung waren die viermotorigen Bomber, die in immer größerer Zahl vor allem in den Vereinigten Staaten und Großbritannien produziert wurden. Vor dem Zweiten Weltkrieg und in der ersten Phase des Krieges entwickelt, hatten diese Flugzeuge eine größere Reichweite und konnten eine weit höhere Bombenlast tragen als die zweimotorigen Modelle.* Sie trugen die Hauptlast der strategischen Bomberoffensive und warfen gewaltige Mengen von Spreng- und Brandbomben über deutschen und japanischen Städten, Fabriken und anderen Einrichtungen ab.

Die modernsten Bomber des Krieges, die amerikanische B-29 und die britische Mosquito, standen für gegensätzliche Entwicklungslinien. Die B-29 war mit ihrer gewaltigen Größe, ihrer enormen Reichweite und ihrer Druckkabine ein Vorläufer der Interkontinentalflugzeuge der Nachkriegszeit.[14] Die Mosquito war mit ihrer leichten Holzbauweise, ihrer großen Geschwindigkeit und ihrer enormen Flughöhe ein Vorläufer der Spionageflugzeuge des Kalten Krieges.

Die Achsenmächte waren bei der Entwicklung viermotoriger Bomber im Rückstand. Im Vertrauen auf den Wert von Sturzkampfbombern, die lange genug im Sturzflug bleiben konnten, um Bomben sehr genau zu plazieren, entwickelten die Deutschen nach der einmotorigen Ju 87 noch den zweimotorigen Sturzkampfbomber Ju 88. Ihren Piloten jedoch war der Sturzflug häufig zu gefährlich, und sie tendierten dazu, ihre Maschinen wie normale zweimotorige Bomber zu fliegen. In der Absicht, einen viermotorigen Sturzkampfbomber zu entwickeln, trieben die Deutschen bei der Heinkel 177 jeden der zwei Propeller mit zwei Motoren an, eine Lösung, die in der

---

* Das Projekt mit dem Codenamen »F.I.D.O.«, bei dem mittels Hitze die Nebelfelder über Rollbahnen in England aufgelöst wurden, bewahrte viele zurückkehrende Bomber vor dem Absturz. Wichtiges Material dazu findet sich in den Papieren von Sir Ronald Banks im Imperial War Museum.

Theorie wesentlich genialer wirkte, als sie in der Praxis war. Das Flugzeug hatte ständig Probleme mit seinen Doppelmotoren. Es neigte dazu, in der Luft oder schon am Boden Feuer zu fangen, und zum Sturzflug war es ohnehin nicht geeignet. Im Gegensatz zur B-29 und zur Mosquito erwies sich das Konzept von Heinkel als Irrweg.*

In allen Luftwaffen wurden die zweimotorigen Bomber auch weiterhin vor allem zur Unterstützung der Bodentruppen eingesetzt. Bei diesen Einsätzen entwickelten die Westalliierten, nach anfänglichen Schwierigkeiten, besonderes Geschick; ihre Flugzeuge attackierten deutsche militärische Ziele mit Bordkanonen, Maschinengewehren und Raketen, die unter den Tragflächen angebracht waren.[15] Im Pazifik setzten die Amerikaner ihre zweimotorigen Bomber nicht nur auf diese Weise ein, sondern auch, indem sie japanische Schiffe mit Bomben, die von der Wasseroberfläche abprallten, attackierten.

Die sowjetische Luftwaffe war zu Beginn des Krieges mit einer großen Menge veralteter Flugzeuge ausgerüstet. Nachdem in den ersten Tagen der Kämpfe eine riesige Zahl von Flugzeugen verlorengegangen war, konzentrierte sich die sowjetische Flugzeugproduktion bald auf modernere Typen und entwickelte Flugzeuge, die den deutschen technisch ebenbürtig waren, obwohl es ihren Besatzungen oft noch an Erfahrung fehlte. Es kam jedoch nicht zu großen technologischen Durchbrüchen. Wie alle kriegführenden Staaten hatte auch die Sowjetunion gewaltige Probleme, die erforderlichen Piloten, Navigatoren und anderen Besatzungsmitglieder auszubilden. Allerdings konnte sie dies auf Basen tun, die außer Reichweite feindlicher Flugzeuge lagen. Die Vereinigten Staaten hatten diese Möglichkeit in der westlichen Hemisphäre, und Großbritannien konnte einen Großteil des Trainings im Rahmen des Commonwealth-Ausbildungsplans nach Kanada verlegen.[16]

Das alte Hilfsmittel der Luftwaffenfanatiker der Vorkriegszeit, der Ballon, kam im Krieg auf zweierlei Weise zum Einsatz. Vor allem die Westalliierten setzten Ballons in großen Mengen ein, um Städte, militärische Einrichtungen und Konvois vor Tieffliegerangriffen zu schützen.[17] Im Rahmen dieser Maßnahme spielten Frauen auch im Westen eine Rolle, die sie fast zu Kombattanten machte, während ihre Geschlechtsgenossinnen beim sowjetischen Militär schon lange mit der Waffe in der Hand kämpften und sogar Kampfflugzeuge flogen. Wie in Kapitel 7 bereits angesprochen, war das zweite Anwendungsgebiet der Ballontechnik der Einsatz heliumgefüllter – nicht brennbarer – unstarrer Luftschiffe beim Aufspüren von Untersee-

---

* Für den Fall, daß sich die B-29 nicht bewähren sollte, entwickelten die Vereinigten Staaten mit der B-32 noch einen weiteren Bomber mit extrem großer Reichweite. Solche Flugzeuge waren der letzte Schritt vor dem ersten echten Interkontinentalbomber – der B-36. Sie wurden mit dem Gedanken in Auftrag gegeben, entwickelt und gebaut, daß Deutschland den Krieg in Europa vielleicht gewinnen würde. Die Vereinigten Staaten hätten dann jenseits des Atlantiks über keine Basen mehr verfügt und Flugzeuge gebraucht, die Deutschland vom amerikanischen Kontinent aus hätten erreichen können.

booten. Sie hatten ihre Besatzung an Bord, während sich die Bedienungsmannschaften der wasserstoffgefüllten Sperrballons am Boden befanden. Die Deutschen versuchten nicht mehr wie im Ersten Weltkrieg, Großbritannien mit lenkbaren Zeppelinen zu bombardieren; die Japaner versuchten jedoch mit Hilfe von Ballons, die Brandsätze trugen, in Westkanada und den Vereinigten Staaten Waldbrände zu verursachen. Die 1944 entstandene Idee, riesige Gebiete feindlichen Landes – Wälder, Städte, Fabriken und Menschen – in gewaltigen Feuerstürmen zu verbrennen, war ein japanischer Beitrag zur Kriegführung. Das japanische Projekt war nicht erfolgreich, es wurde jedoch ein Jahr später in geringerem Umfang, aber mit weit größerer Wirkung von den Amerikanern in die Tat umgesetzt.

SEEKRIEG

Im Seekrieg gab es weniger Neuerungen als im Boden- und Luftkrieg. Die Schiffstypen und Schiffe, die in den Jahren vor dem Krieg entwickelt worden waren, dominierten in der Kriegsmarine aller kriegführenden Staaten.[18] Flugzeugträger gewannen jedoch zunehmend an Bedeutung. Die Amerikaner übernahmen von den Briten nur die Neuerung des Winkeldecks, und es wurden kleine Begleitträger eingeführt. Ansonsten wurden die Flugzeugträger nur in größerer Zahl gebaut, ohne ihre Gestalt wesentlich zu verändern. Die einzig wirklich neuen Schiffstypen waren Landungsschiffe und Landungsfahrzeuge, Typen, die in den Vorkriegsjahren teilweise schon von der amerikanischen Marineinfantrie und im Kriege teilweise vom British Combined Operations Command entwickelt worden waren und vor allem von den Amerikanern gebaut wurden. Sie brachten bei amphibischen Operationen Truppen sowie Panzer und anderes Kriegsgerät an Land. Bis 1945 waren buchstäblich Tausende dieser Wasserfahrzeuge gebaut worden, und sie spielten bei den Landungen in der Normandie und im Mittelmeer sowie bei den zahlreichen Landungsoperationen im Pazifik eine zentrale Rolle.

Die meisten Unterseeboote des Zweiten Weltkriegs waren ebenfalls schon früher entwickelt worden. Sie mußten die meiste Zeit an der Wasseroberfläche fahren, waren zu langsam, um getaucht Schiffe oder Geleitzüge zu überholen, und mußten regelmäßig auftauchen, um die Batterien zu laden, die sie unter Wasser antrieben. Die Japaner verfügten zu Beginn des Krieges über den besten Torpedo; die Torpedos anderer Mächte, insbesondere die deutschen und die amerikanischen, hatten gravierende Mängel und wurden nur langsam verbessert. Wie in Kapitel 7 geschildert, machten die Deutschen massive Anstrengungen, die Mängel ihrer Standardunterseeboote zu beseitigen und neue Typen in Dienst zu stellen, die lange tauchen und sich mit großer Geschwindigkeit bewegen konnten. Ihr Erfolg kam jedoch so spät, daß sie die neuen Typen im Krieg nicht mehr effektiv einsetzen konnten. Aus diesem Grund führten ihre Anstrengungen letztlich nur zur Verschwendung gewaltiger Ressourcen. Außerdem wirkte sich die Erwartung, bald über eine effektivere

U-Boot-Waffe zu verfügen, 1944/45 auf die Strategie der deutschen Operationen im baltischen Raum aus.

Die wichtigsten Veränderungen in der Seekriegführung resultierten aus der Einführung des Radars und anderer elektronischer Mittel. Sie werden weiter unten in diesem Kapitel behandelt. Die Fortschritte, die die Alliierten auf diesen Gebieten erzielten, verschafften ihrer Kriegsmarine ab 1941 einen gewaltigen Vorteil gegenüber den Italienern und ab 1943 auch gegenüber Deutschen und Japanern. Der Einsatz der neuen Technologien trug dazu bei, daß sich das Blatt in der Atlantikschlacht wendete, und führte auf allen Meeren von den Küstengewässern Norwegens bis zum Südwestpazifik zur Zerstörung von Kriegsschiffen der Achse.

Sowohl die Deutschen als auch die Japaner hatten in den dreißiger Jahren, vermutlich unabhängig voneinander, versucht, die Seeherrschaft der Briten und Amerikaner zu brechen, indem sie mit dem Bau von Schlachtschiffen begannen, die größer waren als alles, was je zuvor gebaut oder auch nur geplant worden war. Diese Schiffe sollten mit 450-Millimeter-Kanonen ausgerüstet werden, die ebenfalls größer waren als alle bisherigen Schiffsgeschütze. Die Deutschen hatten die Arbeit an ihren Superschlachtschiffen im September 1939 gestoppt, hatten sie im Sommer 1940 wieder aufgenommen, aber Ende 1940 wieder eingestellt, und im Sommer 1941 noch einmal aufgenommen, nur um sie im Herbst desselben Jahres endgültig aufzugeben. Daß bei der Stornierung der Produktionsverträge versehentlich oder absichtlich einige Schiffsmaschinen vergessen wurden, zeigt, wie ernst man das Projekt in Berlin genommen hatte. Sie waren 1944 fertig und wurden sofort wieder verschrottet.

Den Japanern gelang es, mit der *Yamato* und der *Musashi* zwei monströse Schlachtschiffe von je 70 000 Tonnen fertigzustellen, während sie das dritte Schiff zu dem riesigen Flugzeugträger *Shinano* umbauten. Alle drei Schiffe wurden versenkt, ohne einen wichtigen Einfluß auf den Kriegsverlauf gehabt zu haben; das vierte war schon in relativ unfertigem Zustand verschrottet worden. Was immer die theoretischen Vorteile des Konzepts für den *ursprünglichen* Kriegsplan der Japaner gewesen sein mögen – nachdem sie sich für Pearl Harbor entschieden hatten, waren die Schiffe nur noch von zweifelhaftem Wert. Sowohl Deutschland als auch Japan hätten ihre Seemacht mehr gestärkt, wenn sie die Ressourcen, die sie für die Monsterschiffe einsetzten, zum Bau kleinerer Modelle verwendet hätten.

Die Vereinigten Staaten bauten ebenfalls relativ große Schlachtschiffe der *Iowa*-Klasse, die jedoch direkte Nachfolger der *North-Carolina*-Klasse waren. Der Sieg der Alliierten im Seekrieg wurde eher durch den Bau herkömmlicher Typen in gewaltiger Zahl errungen als durch den Bau wirklich neuer Modelle. Natürlich gab es alle Arten technischer Verbesserungen, aber mit Ausnahme einiger Spezialtypen für amphibische Operationen hätten die Seeleute von 1939 keinerlei Probleme gehabt, ein Kriegsschiff von 1945 zu erkennen.

SPIONAGE UND FUNKAUFKLÄRUNG

Ein anderes Gebiet, auf dem sich mit Ausbruch des Krieges zunächst wenig änderte, war die Tätigkeit von Agenten und Spionen. Deutsche Agenten und Spione erzielten in Frankreich, den Niederlanden und Belgien beträchtliche Wirkung, hatten jedoch in den Vereinigten Staaten und in der Sowjetunion wenig Erfolg.[19] In Großbritannien wurden alle deutschen Spione gefangen, erschossen, ins Gefängnis gesteckt oder umgedreht und als Doppelagenten von einer speziellen Organisation geführt.[20]

Der bekannteste Einbruch, den der deutsche Geheimdienst in die alliierte Diplomatie erzielte, war die Rekrutierung des Kammerdieners des britischen Botschafters in der Türkei im Herbst 1943. Er erhielt aufgrund der Eloquenz der von ihm beschafften Dokumente den Decknamen Cicero. Sein Fall harrt noch immer einer ernsthaften – und nicht sensationslüsternen – Untersuchung. Wie so oft wurde auch in Ciceros Fall den hochbrisanten Informationen, die er den Deutschen lieferte, entweder kein Glaube geschenkt, oder sie waren nicht sonderlich nützlich.[21]

Die britischen Spionage- und Geheimdienstaktivitäten in Deutschland, Italien und Japan unterliegen noch immer der Geheimhaltung, scheinen aber nicht annähernd so extensiv gewesen zu sein, wie die meisten Zeitgenossen – besonders in Deutschland – annahmen. Die erfolgreichste Arbeit scheint es in den von Deutschland und Japan besetzten Gebieten gegeben zu haben, wo man auf lokale Sympathisanten zählen konnte. Geheimdienstliche Operationen nahmen jedoch häufig einen katastrophalen Verlauf. Manchmal infiltrierten die Deutschen die von den Briten aufgebauten Netze und lockten Agenten und Mitglieder des Widerstands in den Tod, während sie gleichzeitig in großen Mengen Material sammelten, das von den Briten abgeworfen wurde; der spektakulärste Fall dieser Art trug sich 1942/43 in den Niederlanden zu.[22] Zu anderer Zeit führten Rivalitäten zwischen den alten Geheimdiensten MI 5 und MI 6 einerseits und dem neuen SOE andererseits zu Katastrophen, die von ersteren benutzt wurden, um letztere zu diskreditieren.[23] Informationen, die teilweise sehr wertvoll waren, erhielten die Briten von einzelnen deutschen Regimegegnern; die berühmteste Information, der Oslo-Bericht, zählte die wichtigsten neuen Waffen auf, die von den Deutschen entwickelt wurden, wurde jedoch lange Zeit für wenig plausibel und deshalb für unglaubwürdig gehalten, ein Schicksal, das er mit anderen hochbrisanten geheimdienstlichen Informationen des Zweiten Weltkriegs teilte.[24]

Die Vereinigten Staaten hatten mit der Infiltration Deutschlands anscheinend ebensowenig Erfolg wie die Briten[25], fuhren jedoch im besetzten West- und Südosteuropa besser, da sie dort Kontakte zum Widerstand hatten. Der OSS erhielt mindestens von März bis Juni 1942 Kopien der Korrespondenz zwischen der Vichy-Regierung und der französischen Botschaft in Washington.[26] In Washington wurden im geheimdienstlichen Bereich massive Forschungsanstrengungen gemacht.[27] Außerdem gewannen die Vereinigten Staaten durch Regimegegner wichtige Erkenntnisse über die innerdeutsche Entwicklung. Einige der am Aufstand des 20. Juli beteiligten Personen lieferten solche Erkenntnisse; wobei die Materialien des deutschen Auswärtigen Amtes, die ab Oktober 1943 von Fritz Kolbe geliefert wurden, besonders wichtig waren.[28]

Der polnische Geheimdienst hatte schon vor dem Krieg den entscheidenden Beitrag zur Dechiffrierung der deutschen Maschinenschlüssel geleistet – ein Thema, das weiter unten in diesem Kapitel behandelt wird – und lieferte an die Vereinigten Staaten und Großbritannien auch während des Krieges wertvolle Informationen, nicht nur aus dem besetzten Polen, sondern auch aus dem restlichen Europa und aus Nordafrika. Er verriet den Briten entscheidende Konstruktionsdetails, besorgte sogar Teile von deutschen Geheimwaffen, und die Amerikaner erhielten Berichte über die deutsche Schlachtordnung und andere wichtige Informationen. »Dies ist ein exzellenter Bericht ...«, kommentierte etwa die Abteilung G 2 (Aufklärung) des amerikanischen Kriegsministeriums eines aus einer langen Serie von Dokumenten, und über ein anderes hieß es: »Diese Art von Information ist extrem wertvoll.«[29]

Außerdem gibt es guten Grund zu der Annahme, daß die Westalliierten von Zeit zu Zeit auch wichtige Nachrichten von freundlich gesonnenen Einzelpersonen im militärischen und diplomatischen Dienst neutraler Staaten, insbesondere Schwedens, erhielten. Auch kam es vor, daß Regierungsbeamte deutscher Satellitenstaaten in neutralen Hauptstädten Vertretern der Alliierten ihr Herz ausschütteten.[30]

Die Geheimdienstnetze der Italiener und Japaner waren in der Vorkriegszeit insgesamt erfolgreicher als während des Krieges.[31] Sehr viel ausgedehnter und auch im Krieg sehr aktiv war das sowjetische Geheimdienstnetz oder, genauer gesagt, die separaten Netze, die von der Geheimpolizei und der Roten Armee geführt wurden. Ein Großteil ihrer Aktivitäten liegt noch im dunkeln, und vieles wurde durch Sensationsdarstellungen verzerrt. Einiges läßt sich trotzdem mit relativer Sicherheit sagen: Es gab extensive Spionageaktivitäten in Deutschland, die größtenteils schon vor dem Krieg begonnen hatten. Außerordentlich wichtige sowjetische Quellen waren indirekt Rudolf von Scheliha und direkt Gerhard Kegel von der deutschen Botschaft in Warschau; Scheliha wurde im Oktober 1942 festgenommen.[32] Ein wichtiges sowjetisches Netz, das allgemein als die »Rote Kapelle« bezeichnet wird, hatte mit Harro Schulze-Boysen eine hochkarätige Quelle in der Aufklärungsabteilung der deutschen Luftwaffe rekrutiert. Nach Boysens Verhaftung im August 1942 schwand das ohnehin geringe Ansehen noch weiter, das die Aufklärungsabteilung der Luftwaffe in Berlin genoß.[33] Über die Rote Kapelle gibt es zahlreiche Veröffentlichungen; sie lassen jedoch vermuten, daß die Sowjetunion von ihrer Arbeit nur wenig profitierte.[34]

Weit wichtiger waren offensichtlich die Informationen, die Richard Sorge an die Sowjetunion lieferte, der in Tokio einen Spionagering leitete; auch in seinem Fall sind Dichtung und Wahrheit nur schwer zu trennen.[35] Gewiß verschaffte er der Moskauer Regierung ein klares Bild der allgemeinen japanischen Politik in den Jahren, bevor Japan 1941 seinen Krieg gegen China auf den Pazifik ausdehnte, und er hatte auch relativ guten Zugang zu Informationen, die aus der deutschen Botschaft in Tokio stammten. Ob er oder seine Helfer durch ihre Aktivitäten deutsche oder japanische Schlüssel enttarnten, ist nicht bekannt. Ein weniger bekannter Spion war Ivar Lissner, ein wichtiger deutscher Agent, der in der Mandschurei Informationen über die Sowjetunion sammelte. Er wurde 1943 von den Japanern beschuldigt, ein sowjetischer Doppelagent zu sein, es ist jedoch durchaus möglich, daß die Anklage falsch war und den Japanern nur dazu diente, einen Deutschen aus der Mandschurei zu verbannen, der in ihren Augen allzuviel wußte.[36]

Die sowjetische Spionagetätigkeit in Großbritannien wurde während des Kriegs ebenfalls fortgesetzt und vermutlich intensiviert. Sie wurde zweifellos dadurch erleichtert, daß die Briten während des Krieges die Arbeit an der Entschlüsselung sowjetischer Codes aufgaben. Sie sollte in den Nachkriegsjahren ebenfalls großen Wirbel verursachen und wurde in zahlreichen Schriften behandelt, die größtenteils ihre Auswirkungen auf den Kalten Krieg untersuchen.[37] Sie beweist, wie brüchig die Allianz gegen Deutschland war und daß in Großbritannien zahlreiche Personen bereit waren, ihr Land an die Sowjetunion zu verraten, als diese noch mit einem Nazi-Deutschland verbündet war, das eine Invasion in Großbritannien vorbereitete. Vor allem jedoch erbrachte diese Spionagetätigkeit wohl zentrale Informationen, über die Moskau im Zweiten Weltkrieg verfügte. Erstens erfuhr die sowjetische Regierung aus dieser Quelle, daß die Briten bei der Entschlüsselung deutscher Codes Erfolge erzielt hatten, so daß ihr die wirkliche Quelle der unten diskutierten Spezialinformationen, die sie von Großbritannien erhielt, bekannt war. Die Briten versuchten vergeblich, ihre Quelle zu tarnen, damit die Deutschen nicht von der Entschlüsselung ihrer Codes erfuhren.[38] Zweitens gewannen die Sowjets, die ebenfalls an der Entwicklung einer Atombombe arbeiteten, durch die ausführlichen Informationen, die Klaus Fuchs und andere über die britisch-amerikanischen Anstrengungen zum Bau der Atombombe lieferten, ein klares Bild von den Fortschritten der Westmächte. Diese Informationen konnten sie zur Realisierung ihres eigenen Projekts nutzen. Ob es den sowjetischen Maulwürfen in der britischen Regierung außerdem gelang, die britischen Codes für die Sowjetunion lesbar zu machen, ist bis heute unbekannt. Diese Fähigkeit wäre *während* des Krieges nur von geringem, *nach* dem Krieg jedoch von unschätzbarem Wert gewesen.

Auch in den Vereinigten Staaten war die sowjetische Spionagetätigkeit sehr intensiv, und auch dort bestand sie primär in einer Fortsetzung der Vorkriegsaktivitäten. Wie die amerikanische Regierung erfuhr, war sie vor allem auf das Atombombenprojekt gerichtet, scheint jedoch trotz gleicher Intensität weniger erfolgreich gewesen zu sein als in Großbritannien. Von dem amerikanischen Erfolg bei der Entschlüsselung der japanischen Codes scheint die Sowjetunion nichts erfahren zu haben. Es ist kaum vorstellbar, daß sich Sowjetführer wie Molotow, wenn sie gewußt hätten, daß die Amerikaner die Berichte der Japaner lesen konnten, japanischen Diplomaten gegenüber so offen geäußert hätten, wie sie es taten.

Angesichts dieser Verhältnisse überrascht es nicht, daß sich die geheimdienstliche

Zusammenarbeit zwischen den Westmächten und der Sowjetunion wie auch die Zusammenarbeit in anderen Bereichen auf ein Minimum beschränkte.[39] Es bestand ein gewisser Informationsaustausch, meistens flossen die Informationen jedoch nur in einer Richtung. Briten und Amerikaner lieferten der Sowjetunion Material über einige ihrer technischen Entwicklungen und gaben erbeutetes deutsches Material an sie weiter, erhielten jedoch kaum eine Gegenleistung.[40] Auf wiederholtes Drängen Churchills wurden Informationen, die man aus entschlüsselten deutschen Meldungen gewonnen hatte, durch Major Edward Crankshaw, einen eigens ernannten Repräsentanten der britischen Botschaft, regelmäßig an die Sowjetunion weitergegeben.[41]

Durch Spione wie Kim Philby, die in Großbritannien für die Sowjetunion arbeiteten, kannte die Sowjetunion die wahre Quelle der von Crankshaw gelieferten Informationen. Trotzdem erfüllte sich die britische Befürchtung nie, daß die Quelle durch die unvorsichtige Verwendung dieser Informationen oder durch einen deutschen Durchbruch bei der Entschlüsselung sowjetischer Codes enttarnt werden könnte. Trotz wiederholter Anfragen war die Sowjetregierung ihrerseits kaum je bereit, im Gegenzug Erkenntnisse weiterzugeben, die sie bei ihrer eigenen extensiven geheimdienstlichen Tätigkeit gegen die Achse gewonnen hatte. Es gibt keinerlei Anzeichen dafür, daß die Erkenntnisse, die die Sowjetunion durch ausführliche Verhöre deutscher Kriegsgefangener, durch erbeutete deutsche Waffen und Dokumente und durch andere Methoden der Informationsbeschaffung an der Ostfront gewann, je in nennenswertem Umfang an die anderen Mächte weitergegeben wurden, die gegen Deutschland kämpften.

Während es zwischen Amerikanern und Briten schon vor dem Kriegseintritt der Vereinigten Staaten sowohl im geheimdienstlichen als auch im technischen Bereich eine sehr intensive Zusammenarbeit gab, war der Austausch zwischen Deutschland und Japan zwar beträchtlich, erreichte jedoch nie einen ähnlichen Umfang.[42] Auf den meisten Gebieten scheinen sich die Deutschen entgegenkommender verhalten zu haben als die Japaner. Übrigens waren beide Staaten zuweilen bemerkenswert sorglos bei der Auswahl ihrer Decknamen, die auch sehr schnell entschlüsselt wurden. So verwendeten die Deutschen den Decknamen »Barbarossa« für den Einmarsch in der Sowjetunion und den Decknamen »Aida« für ihre Offensive auf Suez[43], während die Japaner den Angriff auf die Midway-Inseln Operation »MI« und den auf Port Moresby Operation »MO« nannten.

Was immer für Auswirkungen die Spionage auf den Kriegsverlauf hatte, sie waren relativ unwichtig im Vergleich zu denen der Funkaufklärung. Aufgrund der Notwendigkeit, mit Panzern und Truppenformationen am Boden, mit Flugzeugen in der Luft, mit entfernten Hauptquartieren und mit Schiffen auf hoher See schnell kommunizieren zu können und von ihnen wiederum Berichte zu empfangen, hatten Kommunikationssysteme eine enorme Bedeutung. Wo immer möglich, kommunizierten alle kriegführenden Staaten über Kabel oder Kurier, um zu vermeiden, daß ihre Nachrichten abgefangen wurden, ein Risiko, das bei der Kommunikation über Funk nie auszuschließen ist. Manchmal jedoch war es nicht möglich, Funkkontakte zu vermeiden. Zu aufgestiegenen Flugzeugen und zu Schiffen auf hoher See gibt es keine Drahtverbindung, und es war eine wenig beachtete, aber wichtige Nebenwirkung des strategischen Luftkriegs, die in der letzten Phase des Krieges in Europa und im Pazifik zu bemerken war, daß zunächst in Deutschland und später auch in Japan die Fernmeldeeinrichtungen schwer in Mitleidenschaft gezogen wurden. Die Zerstörungen waren so groß, daß eine hohe Zahl von Meldungen, die normalerweise per Telefon, Post oder Kurier übermittelt worden wären, per Funk abgesetzt werden mußten und von den Alliierten abgehört werden konnten.

Im Zuge ihrer Abhörmaßnahmen bauten alle kriegführenden Staaten gewaltige Netze von Horchstationen auf, wo feindliche Meldungen durch zahlreiche immer besser ausgebildete Abhörspezialisten aufgezeichnet und an Zentralen weitergemeldet wurden. Diese Abhörspezialisten, deren Organisation bei den Westalliierten »Y-Service« hieß, spielten in allen Bereichen der Funkaufklärung eine zentrale Rolle.[44] Die von ihnen aufgefangenen Meldungen konnten von der Funkaufklärung ausgewertet werden, die sich im wesentlichen in drei Bereiche gliederte.[45]

Der erste Bereich war die Standortaufklärung. Es war möglich, einen Sender zu lokalisieren, wenn mindestens zwei Horchstationen einen Funkspruch auffingen und ihn korrekt anpeilten. Dieses Verfahren spielte natürlich im Seekrieg eine zentrale Rolle, wurde jedoch auch zur Lokalisierung feindlicher Hauptquartiere und Agenten eingesetzt und um deren Bewegungen zu verfolgen. Die Entwicklung des seegestützten Lokalisierungssystems HF/DF, das den Spitznamen Huff-Duff trug, war ein Schlüsselfaktor beim alliierten Sieg in der Atlantikschlacht. Denn es versetzte die Begleitschiffe eines Konvois in die Lage, deutsche Unterseeboote zu lokalisieren, wenn diese an der Wasseroberfläche Funksprüche absetzten, und sie anzugreifen oder zum Tauchen zu zwingen.

Der zweite Bereich der Funkaufklärung ist die Analyse des Funkverkehrs. Aus einer sorgfältigen Beobachtung struktureller Merkmale des Funkverkehrs, bei der geübte Abhörspezialisten beispielsweise die »Handschrift« jedes einzelnen abgehörten feindlichen Funkers erkennen können, lassen sich wichtige Informationen über die Aufstellung feindlicher Verbände und ihre Verschiebung oder Reorganisation gewinnen, die häufig auf die Absichten des Feindes schließen lassen.[46] Man beachte, daß weder die Standortaufklärung noch die Funkverkehrsanalyse die Fähigkeit voraussetzen, die Funksprüche des Feindes zu *entziffern*. Sie brauchen nur ein gut ausgebautes Überwachungssystem und extrem gewissenhafte und fähige Abhörspezialisten und Funkanalytiker. Beide Bereiche der Funkaufklärung hatten, wie auch der dritte Bereich – die Entschlüsselung –, schon im Ersten Weltkrieg existiert, machten jedoch im Zweiten Weltkrieg gewaltige Fortschritte.

Der dritte Bereich der Funkaufklärung, die Funkentzifferung, ist trotz zahlreicher Dokumente und Veröffentlichungen zum Thema am schwersten zu analysieren, da viele Details noch immer der Geheimhaltung unterliegen. Ein Großteil des deutschen

Archivmaterials über die deutschen Dechiffrierungsanstrengungen, das von Briten und Amerikanern beschlagnahmt wurde, ist noch immer nicht zugänglich, so daß die Ursachen für die deutschen Erfolge und Mißerfolge bisher weitgehend unbekannt sind. Die Sowjetunion hat fast nichts über das Thema freigegeben, und auch in den zugänglichen amerikanischen und britischen Dokumenten klaffen aufgrund realer oder eingebildeter Sicherheitsprobleme große Lücken. Außerdem wurde in diesem Bereich schon während des Krieges so viel Material absichtlich zerstört, damit es nicht der Gefahr des Verlustes ausgesetzt war, daß die Lücken immer sehr groß bleiben werden.

Der deutsche Entzifferungsdienst war in mehrere Stellen zersplittert. Sie erzielten zwar eine Reihe von Erfolgen, letztlich aber erwies sich die Zersplitterung eher als hinderlich.[47] Es liegen gute Beweise vor, daß die Deutschen einen Großteil des französischen Codes geknackt hatten, was ihnen bei der raschen Eroberung Frankreichs zugute kam. Der Entzifferungsdienst der deutschen Kriegsmarine hatte mehrere Codes der britischen Flotte geknackt, insbesondere den Code der Geleitzüge, und setzte dieses Wissen mit großer Wirkung beim U-Boot-Krieg im Atlantik ein. Obwohl die Codes periodisch variiert wurden, was den Deutschen zeitweilig Schwierigkeiten bereitete[48], konnten sie einen hohen Anteil der mit dem Geleitzug-Code verschlüsselten Funksprüche lesen, bis die Briten schließlich aus den von ihnen entzifferten deutschen Marinefunksprüchen schlossen, was passiert war, und ihre Funksprüche ab Sommer 1943 maschinell verschlüsselten.[49] Vor dieser Maßnahme hatte der Vorsprung in der Dechiffrierung den Deutschen einen gewaltigen Vorteil verschafft; danach gewannen die Alliierten in der wichtigen Schlacht um die Versorgungsrouten im Atlantik immer mehr die Oberhand. Als Amerikaner und Briten im September 1943 in Salerno landeten, konnte der Entzifferungsdienst der deutschen Kriegsmarine nur melden, daß er die bevorstehende Landung nicht einmal erahnt hatte; nur eine Funkstille hatte darauf hingedeutet, daß etwas im Gange war.[50]

Direkt und mit italienischer Hilfe gelang es den Deutschen, auch einige Codes des amerikanischen diplomatischen Diensts zu knacken.[51] Die Maschinenschlüssel der Amerikaner wurden anscheinend nie geknackt. Sowohl dieser Bereich als auch die Erkenntnisse, die Deutschland aus dem in Kapitel 3 behandelten Tyler-Kent-Zwischenfall gewonnen haben könnte, unterliegen jedoch noch immer der Geheimhaltung.

Die Deutschen hatten beträchtlichen Erfolg beim Entschlüsseln sowjetischer Codes niedriger Geheimhaltungsstufen, auf hoher Ebene waren sie jedoch weniger erfolgreich. Die Sowjets schützten ihre wichtigsten Meldungen offensichtlich durch das einzige Codierungssystem, das bei richtiger Anwendung nicht gebrochen werden kann. Dieser sogenannte Einmalcode ist ein System, bei dem jede Meldung mit einem Code verschlüsselt wird, der nur einmal und nur für diese Meldung eingesetzt wird. Auch die Briten setzten dieses System extensiv ein, um ihre wichtigsten Meldungen zu schützen.

Die Deutschen hatten mehrere Codes ihrer italienischen, bulgarischen, ungarischen und rumänischen Satellitenstaaten entschlüsselt und konnten auch einen beträchtlichen Teil des türkischen und jugoslawischen Funkverkehrs entziffern. Sie nutzten dieses Wissen zuweilen, um ihre Verbündeten zu warnen, daß Briten und Amerikaner ihre Meldungen vielleicht auch lesen könnten.[52] In einer späteren Phase des Krieges erfuhren die Deutschen durch abgehörte Funksprüche, daß Rumänien und Ungarn mit den Alliierten verhandelten, um sich aus dem Krieg zurückzuziehen, und trafen entsprechende Vorsichtsmaßnahmen.[53] Bezüglich der deutschen Dechiffrierungsanstrengungen sind noch viele Fragen offen. Es kann jedoch der vorläufige Schluß gezogen werden, daß sie den Deutschen 1940 an der Westfront und 1941/42 an der Ostfront taktische Vorteile verschafften und ihr größter Nutzen darin bestand, daß in der Atlantikschlacht 1942 und in der ersten Hälfte von 1943 Teile des Funkverkehrs der britischen Flotte entschlüsselt wurden. Dieser Nutzen war um so größer, weil auch die Amerikaner ausführlich Gebrauch vom britischen Geleitzug-Schlüssel machten.

Die Italiener verfügten schon lange über einen großen Aufklärungs- und Entzifferungsdienst, und es war ihnen gelungen, die wichtigsten jugoslawischen und türkischen Codes zu entschlüsseln. Erstere waren für die Italiener besonders wichtig. Sie setzten ihr Wissen 1941 bei einem erfolgreichen Täuschungsmanöver ein, das die italienische Armee in Albanien wahrscheinlich vor einer Katastrophe bewahrte.[54] Die größten Erfolge der Italiener basierten ursprünglich eher auf Diebstahl als auf rein kryptographischen Methoden, was für das Ergebnis natürlich keine Rolle spielte. Sie hatten sich schon vor dem Krieg wichtiges Material aus der britischen Botschaft in Rom und auch anderswo beschafft und konnten deshalb gleich zu Anfang des Krieges einen beträchtlichen Teil des Funkverkehrs der britischen Diplomatie und Kriegsmarine entziffern.[55]

Einer der wichtigsten Einbrüche in einen alliierten Schlüssel gelang den Italienern, als sie im August 1941 den Code des amerikanischen Militärattachés in Rom aus dessen Büroräumen stahlen. Dieser nach seinem Einband so genannte Schwarze Code wurde von amerikanischen Offizieren auf dem ganzen Erdball verwendet, und sein Besitz brachte sowohl den Italienern als auch den Deutschen, mit denen die Italiener ihre Beute teilten, große Mengen wertvollster Erkenntnisse. Am ergiebigsten war die Ernte am Mittelmeer und in Nordafrika, wo Oberst Bonner Fellers, der amerikanische Militärattaché in Kairo, fast täglich detaillierte Berichte verfaßte. Rommel und die deutschen und italienischen Marine- und Luftwaffenkommandeure wurden so mit den vollständigsten Informationen versorgt, über die Befehlshaber der Achse im Zweiten Weltkrieg jemals verfügten. Die Informationen wurden sowohl durch Rommel als auch von den Militärführern, die den Kampf um Malta leiteten, sehr wirkungsvoll genutzt. Sie trugen in der ersten Hälfte von 1942 wesentlich zu den Siegen der Achse und den katastrophalen Niederlagen der Alliierten in Nordafrika bei. Erst als die Alliierten im Juli 1942 in Nordafrika deutsche Dokumente erbeuteten, aus denen die Quelle der deutschen Informationen ersichtlich wurde, stopften sie das Loch, indem sie den Code änderten. Es ist sicher kein Zufall, daß sich das Kriegsglück auf dem nordafrikanischen Kriegsschauplatz wenige Tage später wendete.[56]

Die Italiener kannten nicht nur die wichtigsten Codes von Vorkriegsjugoslawien, sondern knackten auch den Schlüssel, der von Titos Partisanen benutzt wurde. Dies versetzte sie in die Lage, die Deutschen mit Beweisen für deren Verhandlungen mit Tito zu konfrontieren[57], und sie waren um eine Antwort nicht verlegen, als die Deutschen ihnen ihre Kontakte mit Mihailović vorwarfen. Die Codeknacker der Westalliierten konnten zwar die Funkberichte über die Verhandlungen zwischen der Achse und Mihailović lesen, erwarben jedoch nie die italienische Fähigkeit, Titos Botschaften zu lesen, weshalb die Westalliierten ihre Entscheidungen aufgrund einer höchst einseitigen Beweislage trafen.

Japan hatte bei der Dechiffrierung feindlicher Codes unter den kriegführenden Großmächten anscheinend den geringsten Erfolg.[58] Vom Beginn des Krieges mit China im Jahr 1937 bis zur Ausweitung des Konflikts im Dezember 1941 gelang es den Japanern nur, einige chinesische Codes zu knacken, und auf diesem Gebiet scheinen sie auch danach noch Erfolge erzielt zu haben.[59] Vor den wichtigsten amerikanischen Codierungssystemen resignierten sie jedoch de facto. Es gelang ihnen nie, einen wichtigen amerikanischen Code zu knacken. Sie konzentrierten sich mit minimalem Erfolg auf die Entschlüsselung von Codes niedriger Geheimhaltungsstufe, und sie verließen sich ansonsten beim amerikanischen Feldzug im Pazifik vor allem auf die Methode der Funkverkehrsanalyse, also der Rückschlüsse aus Ort und Aktivität der Funker. Daß sie einen Teil des Funkverkehrs der philippinischen Guerilla entschlüsselten, war ihnen bei der Aufrechterhaltung ihrer Herrschaft über die Inseln kaum von Nutzen. Auch als ihnen an der nördlichen und zentralen Front in Birma im Mai, Juni und Juli 1944 ein Einbruch in wichtige Schlüssel der Alliierten gelang, was die Amerikaner erst im Oktober durch abgefangene Botschaften entdeckten[60], konnte dies nicht verhindern, daß die Kaiserliche Armee mit ihrer Invasion in Indien scheiterte und eine katastrophale Niederlage erlitt. Das wenige, was die Japaner vom Funkverkehr der amerikanischen Handelsschiffe verstanden, basierte auf einem Codebuch, das von einem deutschen Kaperschiff erbeutet und an die Japaner weitergegeben worden war. Auch dieser Schlüssel war jedoch, selbst wenn er eine rechtzeitige Entzifferung feindlicher Funksprüche erlaubte, in Japans Kampf um das so schnell eroberte Reich nur von geringem Nutzen.[61]

Das Problem der Rechtzeitigkeit war bei allen Entzifferungsaktivitäten im Zweiten Weltkrieg von zentraler Bedeutung. Die Entzifferung des britischen Konvoi-Codes und die Entzifferung der deutschen und japanischen Codes gelang oft nicht so rechtzeitig, daß die gewonnenen Informationen für Deutsche und Alliierte noch verwertbar waren. Aufgezeichnete, aber zunächst nicht entzifferte Funksprüche konnten manchmal nur noch nachträglich gelesen werden, was allerdings oft zu einem Verständnis der allgemeineren Absichten des Feindes beitrug.[62] Für eine operative Nutzung war jedoch die Geschwindigkeit entscheidend – und oft nicht ausreichend. Dieser Faktor darf nicht außer acht gelassen werden, wenn man obige Analyse der Funkaufklärung der Achse und die folgende der alliierten Funkaufklärung richtig verstehen will.

Noch ein weiterer Punkt wird häufig übersehen: Selbst wenn man über den feindlichen Schlüssel verfügt und die feindlichen Funksprüche sofort lesen kann, trifft dies nur auf diejenigen Funksprüche zu, die auch wirklich abgesetzt und abgehört werden. Wenn aus Sicherheitsgründen oder weil die abgehörte Stelle nicht informiert wurde, Funkstille herrscht und über ein bestimmtes Thema einfach keine Funksprüche existieren, gibt es auch nichts zu entziffern. Es war beispielsweise der von den japanischen Schiffen beachteten Funkstille zu verdanken, daß der exzellente Ortungsdienst der amerikanischen Kriegsmarine vor dem Angriff auf Pearl Harbor nicht warnen konnte. Außerdem waren das japanische Außenministerium und die diplomatischen Vertreter Japans in den Vereinigten Staaten über den geplanten Angriff absichtlich nicht informiert worden. Also nutzte es den Amerikanern nichts, daß sie den Code des japanischen diplomatischen Diensts geknackt hatten. Da die Diplomaten von dem Angriff nichts wußten, konnten ihre Funksprüche auch keine Hinweise auf ihn enthalten. Und da die japanische Flotte, als sie den Nordpazifik überquerte und Hawaii ansteuerte, nicht funkte, konnte sie von der Funkaufklärung auch nicht geortet werden.

Die Amerikaner hatten den japanischen diplomatischen Code der höchsten Geheimhaltungsstufe schon 1940 geknackt und konnten ihn bis 1945 entziffern, da ihn die Japaner während des ganzen Pazifikkrieges benutzten. Diese Fähigkeit verschaffte den Alliierten während des ganzen Krieges wichtige Informationen über die japanische Politik. Außerdem erbrachte sie ihnen wichtige Einsichten in alle möglichen anderen Angelegenheiten, da japanische Diplomaten aus der sowjetischen Hauptstadt und aus Europa über Gespräche, Beobachtungen und Entwicklungen berichteten.[63] Die Details, die die Alliierten aus den Berichten der japanischen Diplomaten in Europa über die Entwicklung neuer deutscher Waffen, über die Wirkung ihrer eigenen Luftangriffe und über die politischen Absichten und Einschätzungen der Führer der europäischen Achsenmächte erfuhren, waren von unschätzbarem Wert.*

Die Berichte der Diplomaten wurden durch die der japanischen Marine- und Militärattachés ergänzt, deren Code die Amerikaner ebenfalls geknackt hatten. So wurde der detaillierte Bericht des japanischen Botschafters in Deutschland über die deutschen Verteidigungsmaßnahmen gegen eine alliierte Invasion durch den Bericht eines hohen japanischen Offiziers ergänzt, der ähnlich ausführlich über eine Inspektionsreise berichtete.[64]

---

* Auch für den Historiker sind die Berichte eine wesentliche Quelle, da sie wichtige Gespräche zwischen japanischen Diplomaten und deutschen Regierungsvertretern enthalten, deren Protokolle in den deutschen Archiven nicht mehr vorhanden sind. Dies gilt besonders für den Zeitraum 1944/45.

Obwohl die Amerikaner die Codes der japanischen Diplomaten und Militärattachés weitgehend beherrschten, wurden jedoch längst nicht alle Berichte entziffert. Manche Funksprüche konnten aufgrund atmosphärischer Störungen überhaupt nicht empfangen werden, und andere konnten nicht sofort entziffert oder übersetzt werden.[65] Die Japaner selbst hielten es für absolut unwahrscheinlich oder gar unmöglich, daß die Alliierten ihre Codes geknackt hätten, und sie ignorierten sämtliche Hinweise in dieser Richtung. Da sie selbst nicht in der Lage waren, die maschinell verschlüsselten Funksprüche der Alliierten zu lesen, nahmen sie offensichtlich an, daß dies den minderwertigen Amerikanern und Briten bei ihren eigenen auch nicht gelingen würde.[66]

Daß die Amerikaner einen wichtigen Schlüssel der japanischen Kriegsmarine teilweise entziffern konnten, trug wesentlich zum amerikanischen Sieg bei den Midway-Inseln bei, und daß ihnen nach einer Pause im Juli und August 1942 der Einbruch in die japanischen Marinecodes wieder gelang, verschaffte der amerikanischen Kriegsmarine für die restliche Zeit des Kriegs im Pazifik einen gewaltigen Vorteil. Dies wurde nirgends deutlicher als im U-Boot-Krieg: Amerikanische Unterseeboote konnten in den Weiten des Pazifiks zu japanischen Schiffen geführt werden, da die Funksprüche des japanischen Schiffsverkehrs mit großer Regelmäßigkeit mitgelesen wurden.[67]

Die Funkaufklärung der amerikanischen Kriegsmarine war vor allem deshalb ungewöhnlich effektiv, weil Admiral Chester Nimitz, ihr Kommandeur im Pazifik, schon früh hohe und bleibende Wertschätzung für die exzellenten Aufklärungsoffiziere in seinem Hauptquartier hegte. Von der Schlacht bei den Midway-Inseln über die Landung auf dem Kwajalein-Atoll der Marshall-Inseln[68] bis zum Ende des Krieges setzte er großes Vertrauen in die Ergebnisse seines Entzifferungsdienstes und hatte damit Erfolg. Die Erkenntnisse waren allerdings immer durch plausible Bezüge zu anderen nachrichtendienstlichen Informationen verdeckt. So auch, als Nimitz dem erfolgreichen Versuch zustimmte, Admiral Yamamoto zu töten, dessen Flugroute für eine Inspektionsreise durch die Entzifferung von Funksprüchen bekannt geworden war.*
Leider machte die Navy keinen guten Gebrauch von dem abgehörten und entzifferten Funkspruch des japanischen Unterseeboots, das im Juli 1945 den schweren Kreuzer *Indianapolis* torpedierte; Hunderte von Seeleuten ertranken oder wurden von Haien getötet, obwohl sie vielleicht hätten gerettet werden können.[69]

Im allgemeinen verstand die amerikanische Flotte im Pazifik jedoch die Erkenntnisse der Funkaufklärung geschickt zu nutzen, besonders, nachdem im Frühjahr 1942 die Codes der japanischen Kriegsmarine entschlüsselt worden waren.[70] Die Codes der japanischen Landstreitkräfte wurden erst zwischen Frühjahr 1943 und Anfang 1944

---

* Roosevelt und der Marineminister Frank Knox stimmten Nimitz' Entscheidung zu, obwohl das Risiko bestand, daß der Einbruch in den japanischen Marine-Code entdeckt würde. Kahn, Codebreakers, S. 595–601; Lewin, American Magic, S. 187 ff.

geknackt, nachdem die Australier japanische Codebücher erbeutet hatten. Sie wurden jedoch vom Hauptquartier der amerikanischen Landstreitkräfte unter MacArthur nur schlecht genutzt, was wohl vor allem daran lag, daß MacArthur nicht gewillt war, Funkaufklärungspersonal zu tolerieren, das nicht allein seinem Befehl unterstand. Er verließ sich ausschließlich auf den Chef seiner Aufklärungsabteilung Charles Willoughby, einen General, der ebenso loyal wie unfähig war.[71] Nur die Luftwaffe des Heeres scheint von den Erkenntnissen der Funkaufklärung regelmäßig Gebrauch gemacht zu haben. In den schweren Kämpfen auf der Philippinen-Insel Leyte, die in Kapitel 16 beschrieben werden, war es sicherlich ein schwerer Fehler, daß MacArthurs Hauptquartier die Erkenntnisse der Funkaufklärung ignorierte.[72]

In der letzten Phase des Pazifikkriegs spielten die Informationen, die die Amerikaner aus japanischen Funksprüchen gewannen, eine zentrale Rolle.[73] Zu diesem Zeitpunkt zwangen die schweren Luftangriffe auf ihr Mutterland die Japaner, nicht nur mit den Schiffen auf hoher See per Funk zu kommunizieren, sondern auch alle anderen Arten von Meldungen, die sie normalerweise auf sicheren Wegen übermittelt hätten, per Funk zu senden. Dies war beispielsweise der Grund, warum die Amerikaner vom Auslaufen des Superschlachtschiffs *Yamato* erfuhren. Auf ähnliche Weise wurde ihnen auch der im Kapitel 16 beschriebene japanische »Damokles«-Plan bekannt, der die Luftlandung eines Himmelfahrtskommandos auf den Marianen vorsah. Sie vereitelten den Angriff, indem sie Anfang August 1945 die letzten großen Luftangriffe des Krieges gegen die Stützpunkte flogen, von denen aus Damokles hätte gestartet werden sollen. Auch die Atombomben wurden auf Japan abgeworfen, nachdem die Amerikaner durch japanische Funksprüche erfahren hatten, daß japanische Diplomaten ihre Regierung gedrängt hatten, zu kapitulieren, und diese den Vorschlag zwar erwogen, aber letztlich doch abgelehnt hatte. Die neuen Waffen wurden nicht deshalb aufgespart, um die Invasion im japanischen Mutterland zu unterstützen, sondern eingesetzt, damit sich die Japaner doch noch für die Kapitulation entschieden.

Die Funkaufklärung spielte nicht nur in den alliierten Feldzügen im Pazifik, sondern auch im Krieg gegen Deutschland und Italien eine zentrale Rolle. Auf diesem Kriegsschauplatz waren die Briten in der Funkaufklärung führend, denn sie hatten bereits während des Spanischen Bürgerkriegs mit deutschen und italienischen Maschinenschlüsseln Erfahrungen sammeln können.[74] Die wichtigsten Schritte zum Knacken der deutschen Maschinenschlüssel wurden schon vor dem Krieg vom polnischen Geheimdienst gemacht. Er verfügte über deutsche Schlüsselunterlagen, die an den französischen Geheimdienst verkauft und von diesem den Polen zur Verfügung gestellt worden waren.[75] In Frankreich und danach in Großbritannien wurde das zunächst ziemlich unproduktive Unternehmen erfolgreich fortgesetzt, wobei es von häufigen Fehlern profitierte, die deutschen Funkern insbesondere in der Luftwaffe bei der Verwendung verschiedener Enigma-Schlüssel unterliefen.[76]

Wichtiges Material, das den Briten das Knacken der deutschen Codes erleichterte, wurde auf deutschen Unterseebooten, Wetter- und Versorgungsschiffen erbeutet.

Auch der Einbruch in die italienischen Schlüssel wurde durch Material auf italienischen Unterseebooten erleichtert, die während des nordafrikanischen Wüstenkriegs aufgebracht worden waren.[77] Deutsches diplomatisches Material, das der OSS von den deutschen Oppositionellen Bernd Gisevius und Fritz Kolbe erhielt, diente im Herbst 1943 dazu, weitere Codes zu knacken.[78] Ungefähr zur gleichen Zeit war dem britischen Entzifferungsdienst auch der Einbruch in den deutschen Geheimschreiber gelungen, einem anderen Chiffriersystem als Enigma.[79] Die Auswirkungen dieser Entschlüsselungserfolge sind bis heute nicht völlig erforscht, da in den veröffentlichten Bänden der offiziellen britischen Kriegsgeschichte, wie auch in früheren offiziellen Berichten der Amerikaner, alle Bezüge auf die sogenannte »special intelligence« getilgt werden mußten.[80]

Zweifellos haben die Alliierten von ihrer Fähigkeit, seit 1940 zumindest einige Schlüssel der Achse entziffern zu können, stark profitiert.[81] In diesem Buch wird immer wieder auf die Verwertung von Informationen der Kategorie Ultra Bezug genommen. Zusammenfassend läßt sich sagen, daß die Briten während des Feldzugs im Westen 1940 und während des deutschen Balkanfeldzugs im Frühjahr 1941 ganz einfach nicht in der Lage waren, ihre Erkenntnisse zu nutzen.[82] Dagegen spielte Ultra bei der Luftschlacht um England und bei der Atlantikschlacht eine große Rolle. Auf dem ersten Kriegsschauplatz trug Ultra dazu bei, daß die Royal Air Force sinnvoll eingesetzt werden konnte, und auf dem Atlantik konnten Geleitzüge an den Operationsgebieten deutscher Unterseeboote vorbeigelenkt und gelegentlich auch die Unterseeboote versenkt werden. Wie in Kapitel 7 erläutert, spielte Ultra bis 1945 eine gewaltige Rolle im Seekrieg, wobei es den Alliierten ab Ende 1942 noch größere Vorteile brachte als zuvor.

Im Mittelmeerraum und in Nordafrika hatte die Entzifferung für den Seekrieg erhebliche Bedeutung. So etwa bei der Seeschlacht von Matapan am 28. März 1941[83], als ein großer Teil der italienischen Versorgungsschiffe für Libyen und später für Tunesien versenkt wurde[84], und ab Herbst 1942 in Montgomerys Feldzug gegen Rommel. Bei den Landungen auf Sizilien, in Italien und später in Frankreich wurde der alliierte Entzifferungsdienst zunächst durch die Tatsache behindert, daß die Achse an Land noch sichere Kommunikationsverbindungen benutzen konnte. Sobald jedoch die Schlacht eröffnet war, sah sich die Achse gezwungen, stark über Funk zu kommunizieren, und ihre Meldungen konnten mitgehört und entziffert werden. Einer der spektakulären Erfolge der alliierten Funkaufklärung war beispielsweise, daß sie die im August 1944 von den Deutschen bei Mortain geplante Offensive in Erfahrung brachte. Viele Details der alliierten Operationen in Italien, Frankreich und den späteren Benelux-Staaten müssen noch genauer untersucht werden, bevor ein abschließendes Urteil gefällt werden kann. Es besteht jedoch kein Zweifel, daß Informationen der Kategorie Ultra bei den Erwägungen der alliierten Kommandeure immer wieder eine große Rolle spielten.

Ein weiterer wichtiger Vorteil, den die Westalliierten durch Ultra gewannen, waren die Informationen über die Kämpfe an der Ostfront. Da die Sowjetunion sich sträubte, ihren Verbündeten Details über ihre eigenen Operationen oder die der Deutschen mitzuteilen, war die Entzifferung des deutschen Funkverkehrs die wichtigste einzelne Quelle, über die Briten und Amerikaner zur Ostfront verfügten. Das Thema harrt noch einer detaillierten Untersuchung. Sicher ist jedoch, daß Ultra den Westalliierten zumindest eine Ahnung davon vermittelte, was an jener Front geschah, wo der größte Teil der Kämpfe stattfand.

Von Zeit zu Zeit lieferte Ultra auch Hinweise auf Täuschungsmanöver der Achse. So erfuhren die Briten durch entzifferte Funksprüche, daß die Italiener mit Hospitalschiffen Treibstoff nach Nordafrika transportierten, und daraufhin versenkten sie einige Schiffe.[85] Auch der japanische Versuch von 1945, ein Hospitalschiff für Truppentransporte einzusetzen, wurde von der Funküberwachung entdeckt.[86]

Angesichts der Bedeutung, die die Funkaufklärung für die Westalliierten hatte, ist es nicht weiter verwunderlich, daß Churchill und Roosevelt ihre Arbeit genau verfolgten. Churchill war fasziniert von der Sache und ließ sich immer mit den neuesten Erkenntnissen versorgen[87], und auch Roosevelt scheint der Funkaufklärung große Aufmerksamkeit geschenkt zu haben.[88] Außerdem bestand er eisern darauf, daß sie zivil kontrolliert wurde und auch das Heer und die Kriegsmarine beteiligt wurden.[89]

Doch man sollte nicht vergessen, daß die Funkaufklärung durchaus ihre Grenzen hatte. Der Verzögerungsfaktor ist bereits erwähnt worden. Aber auch die wiederholte Neueinstellung der Codierungsmaschinen, die Notwendigkeit, Ultra-Erkenntnisse durch Deckinformationen zu tarnen, und das Problem, aus einer Vielzahl aufgefangener Funksprüche diejenigen auszuwählen, die es am dringendsten zu entziffern galt, waren Faktoren, die selbst den effektivsten Operationen in Bletcheley Park, dem wichtigsten britischen Dechiffrierzentrum, und in Arlington Hall, dem amerikanischen Äquivalent, enge Grenzen zogen.[90] Andererseits brachte das gesamte Projekt den langfristigen Vorteil, daß dafür eine völlig neue Rechenmaschine entwickelt wurde – der Computer. Es ging ungemein schnell von den polnischen Zygalsky-Blättern und -Zyklometern zu den gewaltigen amerikanischen und britischen Computern der Jahre 1944/45. Sie wurden zwar mit Röhren betrieben, während die Nachkriegsmodelle mit Chips arbeiteten, trotzdem waren die »Colossi« des Zweiten Weltkriegs echte Vorläufer der modernen Personalcomputer.

Weder Deutsche noch Japaner wollten je wahrhaben, daß ihre wundervollen Maschinenschlüssel geknackt werden könnten. Wenn sie auf Hinweise stießen, daß ihr Codierungssystem geknackt war, nahmen sie diese beharrlich nicht zur Kenntnis.* Die deutsche Kriegsmarine, für die die Entzifferung des Funkverkehrs mit den

---

* Im August 1943 erhielten die Deutschen Informationen aus der Schweiz, daß die Alliierten den Enigma-Code der deutschen Kriegsmarine geknackt hatten, schenkten ihnen jedoch keinen Glauben. Chapman, Signals Intelligence in the Pacific, S. 146f.

Unterseebooten eine besondere Katastrophe gewesen wäre, stellte wiederholt Untersuchungen an, kam jedoch immer zu dem Schluß, daß ihre Kommunikation sicher sei. Auf einer internationalen Konferenz über Funkaufklärung, die im Herbst 1978 in der Bundesrepublik stattfand, glaubten einige Teilnehmer, die an den damaligen Ereignissen aktiv beteiligt gewesen waren, noch immer nicht, daß ihre maschinell verschlüsselten Funksprüche zumindest teilweise von den Alliierten mitgelesen worden waren.[91] Leute, die direkt an der Entwicklung von Schlüsseln oder an Verwürflern zur Sicherung von telefonisch übermittelten Nachrichten und ähnlichem beteiligt sind, glauben fast immer zuletzt, daß andere – die natürlich immer weniger genial sind als sie selbst – einen Weg finden könnten, ihre wundervollen Sicherheitssysteme zu knacken.[92]

Ein Verfahren, das schon in vergangenen Kriegen häufig eingesetzt worden war, wurde im Zweiten Weltkrieg eng mit der Funkaufklärung verknüpft, nämlich Täuschungsmanöver, die dem Feind ein falsches Bild der eigenen Absichten vermitteln und Überraschungserfolge ermöglichen sollten. Die erfolgreichste Täuschungsoperation der Westalliierten bestand zweifellos darin, daß sie die Deutschen 1944 glauben machen konnten, die eigentliche Landung werde im Raum Calais stattfinden, während sie in der Normandie bereits begann. Der Erfolg dieses Unternehmens beruhte nicht nur darauf, daß die Deutschen über die wirkliche Stärke der alliierten Kräfte und ihre Absichten getäuscht wurden, sondern auch darauf, daß die deutsche Reaktion auf die Täuschung durch die Entzifferung von Meldungen überprüft werden konnte, die die Deutschen an ihre eigenen Hauptquartiere und ihre Agenten in Großbritannien schickten, die in Wirklichkeit alle von den Briten ausgeschaltet oder umgedreht worden waren.[93] Ob der gleichzeitige Erfolg der Sowjets, der die Deutschen über den Frontabschnitt täuschte, an dem ihre Sommeroffensive von 1944 geplant war, ebenfalls durch die Entzifferung deutscher Funksprüche erleichtert wurde, ist bis heute nicht geklärt.

Täuschungsmanöver wurden in Europa nicht nur im Bodenkrieg eingesetzt, sondern oft auch bei Luftangriffen versucht, normalerweise, um das wirkliche Ziel eines Bombenangriffs oder die Richtung, aus der er kam, geheimzuhalten. Diese Versuche scheiterten häufig, so etwa beim ersten amerikanischen Luftangriff auf die Ölfelder und Raffinerien von Ploesti am 1. August 1943. Manchmal gelang es jedoch auch, die Verteidiger abzulenken, wie bei dem britischen Bombenangriff vom 17. August 1943 auf die wissenschaftlichen Versuchsanstalten für Gleitbomben und Raketenwaffen in Peenemünde.[94] Die vielleicht schlimmsten Fehlschläge alliierter Täuschungsmanöver in Europa waren die beiden Operationen »Starkey« und »Cockade«, zwei völlig gescheiterte Versuche, bei den Deutschen den Eindruck zu erwecken, daß schon 1943 eine Invasion in Westeuropa stattfinden würde, um sie zum Abzug von Truppen an der Ostfront zu bewegen.[95] Zuweilen hatte sogar eine erfolgreiche Täuschungsoperation andernorts negative Auswirkungen. Der völlige

Fehlschlag des britischen Versuchs, im Herbst 1943 Inseln in der Ägäis einzunehmen, war nicht nur eine Folge der Dummheit der Italiener in diesem Gebiet, der Inkompetenz der britischen Kommandeure und der Tatsache, daß sich die Amerikaner aus strategischen Gründen weigerten, die Operation zu unterstützen; er war auch eine Folge der geglückten alliierten Täuschungsoperation »Mincemeat« mit »Dem Mann, der nie existierte«. Die Operation hatte nämlich dazu geführt, daß die Deutschen ihre Truppen nicht auf Sizilien, sondern an anderen Orten verstärkt hatten, und dazu hatten auch die ägäischen Inseln gehört.[96]

Auf dem pazifischen Kriegsschauplatz wurden ebenfalls von beiden Seiten Täuschungsmanöver unternommen. Den Amerikanern gelang es durch ihre Kenntnis des feindlichen Codes, die Japaner vor der Schlacht bei den Midway-Inseln glauben zu machen, daß sich einige amerikanische Flugzeugträger anderswo aufhielten[97], während es den Japanern nicht gelang, die Amerikaner durch Ablenkungsoperationen gegen Alaska und die Aleuten zu täuschen. Ob die amerikanische Täuschungsoperation »Wedlock« Erfolg hatte, die die Japaner veranlassen sollte, Verstärkung auf die Kurilen zu bringen, während das wirkliche amerikanische Angriffsziel die Marianen waren, wird wahrscheinlich stets umstritten bleiben.[98]

CHEMISCHE UND BIOLOGISCHE KRIEGFÜHRUNG

Eine der wichtigsten neuen Waffen, die im Ersten Weltkrieg von den Deutschen eingeführt und von den Alliierten übernommen wurde, war Giftgas. In den Jahren zwischen den Kriegen hatte es einerseits Anstrengungen gegeben, den Einsatz von Giftgas durch ein internationales Abkommen zu verbieten, andererseits wurde die Waffe weiter produziert und erprobt. Die Deutschen hatten, abgesehen von Experimenten, die sie mit Zustimmung der sowjetischen Regierung auf dem Gebiet der Sowjetunion durchführten, in den zwanziger und dreißiger Jahren zunächst lediglich mit den anderen Mächten Schritt gehalten, dann jedoch wichtige Durchbrüche erzielt, die ab 1936 zur Entwicklung der Nervengase führten. Die Nervengase Tabun, Sarin und Somar wurden während des Zweiten Weltkriegs in zunehmendem Umfang produziert[99] und an Kriegsgefangenen und KZ-Häftlingen getestet, kamen jedoch nie an der Front zum Einsatz. Unfälle und Mängel im Produktionsprozeß forderten auch ohne direkten Einsatz einige Todesopfer.

Hitlers Entscheidung, keine Nervengase einzusetzen, fiel ungefähr im Mai 1943 und basierte auf einer ganzen Reihe von Überlegungen, darunter der – wie wir heute wissen – falschen Annahme, daß auch die Alliierten Nervengase besäßen.[100] Außerdem spielte die unbestreitbar große Luftmacht der Alliierten eine Rolle. Sie machte die wiederholte öffentliche Drohung der Alliierten glaubhaft, daß sie ebenfalls Giftgas einsetzen würden, falls die Deutschen an der Ostfront oder andernorts zu dieser Waffe greifen sollten.[101] Wichtig war weiter, daß Deutschland für einen großen Teil seiner Zivilbevölkerung keine Gasmasken besaß.[102]

Die Briten hatten beträchtliche Vorräte von Phosgen und Senfgas angelegt, die beide im Ersten Weltkrieg häufig zum Einsatz gekommen waren. Wie in Kapitel 3 erwähnt, hätten sie das Gas wahrscheinlich eingesetzt, wenn es den Deutschen gelungen wäre, 1940 bei einer Landung in Großbritannien einen starken Brückenkopf zu errichten. Im Jahr 1944 drängte Churchill darauf, zur Vergeltung für die neue Form von Luftangriffen gegen die britische Zivilbevölkerung entweder gegen die Abschußbasen der deutschen V-Waffen oder gegen andere Orte Giftgas einzusetzen. Dies wurde jedoch durch die ablehnende Haltung von Churchills militärischen Stabschefs und durch den Widerspruch der Amerikaner verhindert.[103]

Daß die Sowjetunion von ihren Verbündeten forderte, im Falle von deutschen Gasangriffen an der Ostfront ebenfalls Giftgas einzusetzen, hing vermutlich mit eigenen Befürchtungen zusammen. Die Sowjetunion hatte, wie es scheint, selbst gewisse Vorbereitungen in diesem Bereich getroffen und wollte ihr Giftgas offensichtlich ebenfalls nur zur Vergeltung einsetzen. Die Öffnung der sowjetischen Archive könnte zu diesem Thema neue Informationen bringen, besonders, da die wichtigste deutsche Anlage zur Produktion von Nervengas, die Fabrik der IG-Farben in Dyhernfurth bei Breslau, 1945 unversehrt in sowjetische Hände fiel.

Die Vereinigten Staaten legten einen gewaltigen Vorrat der im Ersten Weltkrieg gebräuchlichen Gase an. Auch sie wollten das Gas jedoch nur einsetzen, falls Deutsche oder Japaner sich dieser Waffe bedient hätten.[104] Die Möglichkeit, Gas auf dem Gefechtsfeld einzusetzen, wurde zwar 1945 bei den Vorbereitungen der Invasionen auf Iwojima und im japanischen Mutterland besprochen, stieß jedoch immer auf das Veto des Präsidenten oder wurde von den Militärs selbst verworfen.[105] Die Verschiffung von Gasgranaten an Kriegsschauplätze, wo sie zur Vergeltung hätten eingesetzt werden sollen, führte zu den schwersten Verlusten, die während des ganzen Krieges durch einen Unfall mit Giftgas verursacht wurden. Bei einem Angriff der deutschen Luftwaffe auf den italienischen Hafen von Bari wurde am 2. Dezember 1943 eines von siebzehn amerikanischen Schiffen zerstört, das insgesamt hundert Tonnen Senfgas geladen hatte; über tausend alliierte Militärpersonen und italienische Zivilisten kamen durch den Unfall ums Leben.[106]

Weit mehr Menschen waren zuvor versehentlich und absichtlich von den Japanern getötet worden, die in den letzten Monaten des Ersten Weltkriegs ein großes Programm zu Produktion von Giftgas gestartet hatten.[107] Sie setzten bei Experimenten und im Krieg gegen China wiederholt Giftgas ein. Trotzdem verzichteten die Westalliierten darauf, Gleiches mit Gleichem zu vergelten, was vielleicht den Grund hatte, daß diese Einsätze fast alle stattgefunden hatten, bevor Japan die Vereinigten Staaten, Großbritannien und die Niederlande angriff. Auch diese Frage bedarf noch der weiteren Erforschung. Daß die Japaner im Sommer 1944 bei ihrem Feldzug in Imphal eine in Deutschland entwickelte Gasgranate einsetzten, wurde als ein isolierter Vorfall gewertet, der von der japanischen Regierung vielleicht nicht autorisiert gewesen war.[108] Durch unzureichende Sicherheitsvorkehrungen im Produktionsprozeß erlitten

Hunderte von Arbeitern der japanischen Giftgasfabrik bei Okunoshima bleibende Gesundheitsschäden.

Ein beträchtlicher Teil der Informationen über Projekte der chemischen Kriegführung ist bis heute unzuverlässig, da manche immer noch als geheim eingestuft sind. Dies gilt in noch stärkerem Maße für die biologische Kriegführung. Selbst die deutschen Versuche, im Ersten Weltkrieg die Rinder- und Pferdekrankheit Milzbrand in den Vereinigten Staaten und Kanada zu verbreiten, liegen bis heute unter einem Schleier der Geheimhaltung verborgen.[109] In der Zwischenkriegszeit wurde in mehreren Ländern an Wirkstoffen der biologischen Kriegführung geforscht, und die Forschung wurde in den Kriegsjahren fortgesetzt.[110]

Im Zweiten Weltkrieg gab es ein Programm zur Entwicklung biologischer Kampfstoffe in Großbritannien. Es war von Neville Chamberlain als Reaktion auf deutsche Drohungen mit Geheimwaffen gestartet worden und wurde von Churchill energisch vorangetrieben. Dank begrenzter materieller Hilfe aus den Vereinigten Staaten konnten 1943 (unter dem Decknamen N) kleine und 1944 große Mengen Milzbrandbazillen produziert werden. Auch dieses Projekt sollte nur der Abschreckung dienen, und der Kampfstoff sollte nur zum Einsatz kommen, falls auch die Deutschen sich biologischer Waffen bedienten. Anscheinend reichten die während des Krieges produzierten Mengen jedoch ohnehin für einen militärischen Einsatz nicht aus.[111] Auch in Amerika wurden beträchtliche Anstrengungen zur Entwicklung biologischer Kampfstoffe unternommen, die nur zur Vergeltung eingesetzt werden sollten. Eventuelle sowjetische Projekte auf diesem Gebiet sind noch nicht erforscht.

Die bei weitem größten Anstrengungen auf dem Gebiet der biologischen Kriegführung scheinen die Japaner gemacht zu haben.[112] Das japanische Forschungs- und Versuchszentrum für biologische Waffen wurde schon 1932 in der Mandschurei gegründet und beschäftigte Tausende von Arbeitern bei einer gewaltigen Installationskampagne, die aufgrund eines offiziellen Befehls des Kaisers von 1936 in den späten dreißiger Jahren stattfand. Riesige Mengen von giftigen Bakterien wurden produziert und seit 1932 bei Versuchen an Menschen ausprobiert. Tausende starben und wurden dabei gefilmt, um die Wirkung der neuen Waffe japanischen Offizieren vorführen zu können. Als die Japaner die biologischen Kampfstoffe im Krieg gegen China einsetzten, erwies es sich als schwierig, sie ins Ziel zu bringen, und es kam vor, daß ihnen auch eigene Truppen zum Opfer fielen. Im Pazifikkrieg wurden die Experimente auch auf amerikanische und britische Kriegsgefangene ausgedehnt. Den alliierten Nachrichtendiensten war das japanische Programm ab 1942 zumindest in Umrissen bekannt, wobei die Briten im Gegensatz zu den Amerikanern den gemeldeten Hinweisen skeptisch gegenüberstanden. Aus naheliegenden Gründen waren die Amerikaner besonders besorgt, die Japaner könnten die Ballons, die sie gegen die Vereinigten Staaten einsetzten, auch als Träger für bakteriologisches Material verwenden. Die biologischen Kampfstoffe wurden jedoch nicht gegen die

Westmächte eingesetzt. Im August 1945 sprengten die Japaner ihre Anlagen, ermordeten die überlebenden Gefangenen und machten große Anstrengungen, das ganze Projekt zu vertuschen.*

RAKETEN UND ANDERE FLUGKÖRPER

Auf dem Gebiet der Raketentechnik und verwandter Technologien, die dazu dienen, einen Flugkörper auf große Entfernungen an den Feind zu bringen, waren die Deutschen führend. Obwohl die theoretischen Fortschritte, die von Ingenieuren und enthusiastischen Amateuren gemacht wurden, zunächst nur schleppend in die Praxis umgesetzt wurden, weil es in den dreißiger Jahren an Investitionen fehlte und sie in den ersten Jahren des Zweiten Weltkriegs niedrige Priorität besaßen, sollten sie schließlich die Basis für die Prototypen der Langstreckenraketen und Marschflugkörper der Nachkriegszeit werden.[113] Die Entwicklung dieser Waffen neuen Typs wurde in der Vorkriegszeit durch die beiden Oberbefehlshaber des Heeres von Fritsch und von Brauchitsch gefördert, geriet im Krieg jedoch zunächst ins Stocken, da sie bei der Verteilung der knappen Ressourcen nur wenig berücksichtigt wurde. Das ursprüngliche Konzept, eine Flüssigtreibstoff-Rakete zu entwickeln, die mit leidlicher Genauigkeit auf ein weit entferntes Ziel abgeschossen werden konnte, produzierte zunächst zwar technologische und konstruktionstechnische Neuerungen, aber keine eindrucksvollen konkreten Erfolge. Die deutsche Erwartung, der Krieg gegen die Westmächte werde zwar hart, aber kurz sein, trug ebenfalls dazu bei, daß zur Entwicklung einer Waffe, deren Fertigstellung in naher Zukunft nicht zu erwarten war, keine großen Anstrengungen gemacht wurden.

Diese Beschränkungen wurden aus zwei Gründen, die eng miteinander zusammenhingen, allmählich aufgehoben. Der eine war die offensichtliche Tatsache, daß der Krieg nicht so schnell zu Ende gehen würde, wie Hitler erwartet hatte, und der andere, daß Großbritannien für die Dauer des Krieges offensichtlich eine Schlüsselrolle spielte. Seine riesige Hauptstadt London aber war ein denkbar gutes Ziel für jede Waffe, die große Entfernungen überwinden konnte. Vor diesem Hintergrund traf Hitler eine Reihe von Entscheidungen, mit denen er entweder bereits in Angriff genommene Projekte bestätigte oder neue anstieß. Sie alle dienten dazu, vier Waffensysteme funktionstüchtig zu machen, die sich durch die gleichen Grundeigenschaften auszeichnen sollten, und dann in möglichst großem Umfang einzusetzen.

Alle vier sollten gegen London gerichtet sein; alle waren zumindest theoretisch in der Lage, die Distanz zwischen dem besetzten Europa und der britischen Hauptstadt

---

* Die Sowjetunion machte einigen Beteiligten, nachdem die Rote Armee die zerstörte japanische Fabrik überrannt hatte, den Prozeß. Die Amerikaner unterließen es, die Japaner, die ihnen in die Hände fielen, vor Gericht zu stellen.

zu überwinden. Alle brauchten angesichts der Größe der britischen Hauptstadt und weil sie die Moral des Gegners unterminieren sollten, nicht besonders zielgenau zu sein, und alle sollten ursprünglich von festen Basen aus abgeschossen werden. Diese Stellungen hätten weitere massive Investitionen erfordert, erwiesen sich jedoch bei einem Teil der Waffen letztlich nicht als notwendig. Der gewaltige Einsatz von knappen Fachkräften, Rohstoffen, Zwangsarbeitern und Wissenschaftlern, mit dem Hitler und andere Mitglieder der deutschen Führung ab 1942 und bis 1945 die Entwicklung und den Einsatz der neuen Waffensysteme unerbittlich vorantrieben, beweist, welche Bedeutung sie ihnen beimaßen. Er ist auch ein Beweis für die wirkliche Haltung, die das NS-Regime gegenüber Großbritannien einnahm, zu einem Zeitpunkt, als Hitler nach Aussage vieler Nachkriegsschriftsteller nur positive Gedanken über die Engländer hegte.

Die vier Systeme lassen sich am besten in der Reihenfolge V1 bis V4 beschreiben, in der sie später benannt und durchnumeriert wurden, obwohl tatsächlich die V2 das System war, an dem zuerst gearbeitet wurde. Die V1 war ein Projekt der Luftwaffe, das in Konkurrenz zu der Rakete A4 des Heeres vorangetrieben wurde, die später als V2 bezeichnet wurde. Der Grundgedanke der V1 war relativ einfach. Da die bemannten Bomber der Luftwaffe in den Luftraum über Großbritannien praktisch nicht mehr eindringen konnten, wurde dafür ein kleiner unbemannter Flugkörper entwickelt. Er wurde per Katapult von einer Rampe aus gestartet, von einem Pulsotriebwerk (Staustrahltriebwerk) angetrieben, per Gyroskop (Kreiselkompaß) auf Kurs gehalten und war mit einem Sprengkopf versehen. Er sollte in London explodieren, wenn der Flugkörper auf die Stadt herabstürzte, weil sein Treibstoff verbraucht war. Dank der massiven Anstrengungen, die die deutsche Luftwaffe zur Verwirklichung dieses Projekts machte, gelang es ihr, sowohl den Vorsprung aufzuholen, den das Heer zunächst mit der V2 hatte, als auch die technischen Probleme zu überwinden, die durch die hastige Entwicklung verursacht wurden. Trotz Rückschlägen durch alliierte Luftangriffe, von denen gleich die Rede sein wird, wurden die ersten V1 in der Nacht vom 12. auf den 13. Juni 1944 gegen London gestartet – eine Woche nach der Invasion in der Normandie und Monate nach dem ursprünglich geplanten Zeitpunkt, aber fast drei Monate vor dem ersten Einsatz der vom Heer entwickelten Rakete.

Die V1 trug eine knappe Tonne Sprengstoff, flog mit einer Geschwindigkeit von 600 Stundenkilometern und verursachte vor allem deshalb große Zerstörungen, weil sie beim Auftreffen eine flachere Flugbahn aufwies und daher näher an der Oberfläche explodierte als eine herkömmliche Bombe, die sich tief in die Erde bohrte. Dieser Vorläufer des Marschflugkörpers konnte auch von einem Flugzeug abgeschossen werden; von insgesamt 22 400 eingesetzten Flugkörpern wurden 1600 auf diese Weise gestartet.[114]

Die wiederholten Rückschläge durch technische Schwierigkeiten und alliierte Luftangriffe hatten den Einsatz der V1 bis nach der Invasion in der Normandie verzögert.

Ab Mitte Juni 1944 wurden die unbemannten Flugkörper in Salven und gelegentlich auch einzeln auf Ziele in England abgeschossen. Ein gutes Drittel der gestarteten V1 funktionierte nicht richtig oder wurde entweder von schnelleren Jagdflugzeugen oder von Flakgeschützen, die Geschosse mit Abstandszündern verwendeten, abgeschossen, wobei beide Methoden mit der Zeit immer erfolgreicher eingesetzt wurden. Als die ursprünglichen Abschußbasen der Flugkörper von den Alliierten überrannt wurden, richteten die Deutschen immer mehr V1 – zum Schluß über die Hälfte – auf Ziele in Belgien; dabei war Antwerpen das häufigste Ziel. Obwohl die V1 Todesopfer forderte, erhebliche Schäden anrichtete und die Moral des nach fünf Kriegsjahren erschöpften Feindes untergrub, war sie nicht die kriegsentscheidende Waffe, die sich die deutsche Luftwaffe erhofft hatte. Dies galt natürlich auch für eine Variante der V1, die über einen kleineren Gefechtskopf und eine größere Reichweite verfügte und 1945 von Deutschland aus auf London abgeschossen wurde.

Die V2 war eine Flüssigtreibstoff-Rakete. Sie basierte auf Erkenntnissen deutscher Erfinder und des Amerikaners Robert H. Goddard, war größtenteils schon in den dreißiger Jahren entwickelt worden und hatte ursprünglich Giftgas tragen sollen. Die erste Rakete der Serie hieß A1, und es war die A4, die schließlich als V2 in Produktion ging. Ihr Gefechtskopf enthielt etwa eine Tonne Sprengstoff, und sie wurde durch ein Gyroskop und einen Heckflügel gesteuert. Außerdem konnte ihre Flugbahn per Funk minimal korrigiert werden. In der Praxis hatte die Rakete jedoch eine sehr hohe Ausfallrate. Viele Exemplare wurden schon vor dem Einsatz aussortiert. Etwa 20 bis 25 Prozent stürzten unmittelbar nach dem Start ab, und über die Hälfte der Raketen, die den Luftraum über ihrem Ziel erreichten, zerbarst beim Abstieg in der Luft. Dem standen die Vorteile gegenüber, daß man eine Rakete, die sich mit einer Geschwindigkeit von 3000 Stundenkilometern bewegte, nicht abschießen konnte und daß der Gefechtskopf, auch wenn er sich kurz vor dem Aufprall von der Rakete löste, trotzdem einschlug und in der Regel explodierte.[115] Als die alliierten Bodentruppen immer weiter vorrückten, wurde die V2 wie auch die V1 zunehmend gegen Ziele in Belgien eingesetzt, so daß Antwerpen mit seinem großen Hafen für die Hälfte der insgesamt 3200 gestarteten V2 zum wichtigsten Ziel wurde. Über 15000 Menschen wurden durch die Rakete getötet und mehr als dreimal so viele verwundet.

Da sowohl die V1 als auch die V2 nur gegen sehr große Städte eingesetzt werden konnten, hätten sie nur durch einen ausgesprochen massiven Einsatz wirklich großen Schaden anrichten können. Ein solcher Einsatz aber hätte die Möglichkeiten der Deutschen bei weitem überschritten. Bei der alten Muskete des 18. Jahrhunderts, die mit ihrem glatten Lauf nur eine geringe Zielgenauigkeit hatte, war der Mangel dadurch kompensiert worden, daß man Linien von Infanteriesoldaten eingesetzt hatte, die abwechselnd luden und feuerten, so daß in steter Folge gewaltige Salven abgefeuert werden konnten. Für ein Land, das nicht über die Kapazitäten verfügte, die Mängel der V1 und V2 auf ähnliche Weise auszugleichen, war der gewaltige

Ressourcenverbrauch für diese Waffen vermutlich eher unklug. Oder, wie es ein deutscher Wissenschaftler korrekt formulierte: Ihr Einsatz kam eher zu früh als zu spät.[116]

Die V3, die unter dem Codenamen »Hochdruckpumpe« entwickelt wurde, war eine neue Form von Artilleriegeschütz. Das Geschoß wurde in einem etwa 150 Meter langen Lauf durch mehrere Explosionen immer stärker beschleunigt. Es sollte dadurch auf eine Geschwindigkeit gebracht werden, daß es von einer Stellung aus, die in der Nähe von Calais errichtet wurde, London erreichen konnte. Die Entwicklung und Erprobung dieser Waffe wurde auf persönliches Betreiben Hitlers favorisiert. Er war offensichtlich durch die Erinnerung motiviert, daß Paris im Ersten Weltkrieg aus großer Entfernung mit Artillerie beschossen worden war. Der Plan, London zu beschießen, scheiterte völlig. Es stellte sich heraus, daß das Geschoß die erforderliche Distanz nicht zurücklegen konnte. Als die Alliierten die Stellung überrannten, war nicht ein einziges der fünfzig Rohre, die auf die britische Hauptstadt gerichtet werden sollten und durch einen alliierten Bombenangriff beschädigt worden waren, repariert oder fertiggestellt.

Zur Unterstützung der deutschen Ardennen-Offensive wurden im Dezember 1944 lediglich zwei Rohre mit einer Länge von nur 50 Metern auf Luxemburg gerichtet. Sie feuerten insgesamt 183 Granaten mit jeweils etwa 10 Kilogramm Sprengstoff ab, eine Leistung, die in keinem Verhältnis zum Aufwand stand.[117]

Die vierte Waffe war eine vierstufige Rakete mit einem pulverförmigen Treibstoff. Sie trug den Codenamen »Rheinbote« und wurde unter Regie des Heeres entwickelt. Die Entwicklung dieser Rakete hatte schon vor der Konzeption der V3 begonnen. Sie sollte einen Gefechtskopf mit etwa 50 Kilogramm Sprengstoff etwa 160 Kilometer weit tragen, ebenfalls gerade weit genug, daß sie London hätte erreichen können. Ihre Entwicklung hinkte den anderen Projekten hinterher und wäre im April 1944 fast aufgegeben worden. Schließlich wurde doch eine kleine Anzahl Raketen fertiggestellt und im Dezember und Januar 1944/45 gegen Antwerpen gestartet. Die Entfernung betrug etwa 160 Kilometer. Es stellte sich jedoch heraus, daß die Rakete etwa 50 Kilometer weiter flog als angenommen, so daß keine der 50 gestarteten Raketen ihr Ziel traf. Die V4 war der Vorläufer der Feststoffraketen späterer Zeiten. Ihre Entwicklung und Produktion im Zweiten Weltkrieg war jedoch nur eine weitere Verschwendung von Ressourcen. Daß sie trotzdem gebaut wurde, beweist lediglich, daß Hitler von der Idee besessen war, die Briten durch Terrorangriffe zur Kapitulation zu zwingen. Bei einem Probestart war die vierstufige Rakete auf einem Bauernhof eingeschlagen, hatte die Gebäude beschädigt, sämtliche Hühner und einen Hund getötet und zwei Kühe verletzt.[118]

Die Begeisterung für Angriffe gegen große Städte war nicht auf Europa beschränkt. Die 1937 begonnene Entwicklung eines New-York-Bombers hatte kein funktionstüchtiges Flugzeug hervorgebracht.[119] Im Jahr 1940 begannen die Deutschen mit der Arbeit an der A9, einer zweistufigen Version der A4, die von Europa aus in 35 Minuten New York erreichen sollte. Eine andere Version sollte von Unterseebooten im Atlantik gestartet werden.[120] Auch an zwei Bombern mit Düsenantrieb wurde gearbeitet; die sechsstrahligen Maschinen Junkers 287 und Junkers 338 sollten von europäischen Stützpunkten aus über den Vereinigten Staaten operieren.[121] Die Entwicklung von Düsenflugzeugen wird weiter unten in diesem Kapitel behandelt. Über die Tatsache, daß die Deutschen auch an düsengetriebenen Interkontinentalflugzeugen arbeiteten, hatten die Alliierten bis 1945 keine zuverlässigen Informationen.

Sie hatten jedoch beträchtliche Erkenntnisse über die V1, die V2 und die V3 gewonnen, bevor diese zum Einsatz kamen. Der Oslo-Bericht hatte einige deutliche Hinweise geliefert und die Alliierten insbesondere auf die deutschen wissenschaftlichen Versuchsanstalten in Peenemünde an der Ostsee aufmerksam gemacht. Die Briten hatten den Bericht und weitere Informationen, die sie im August 1941 aus derselben Quelle erhielten, zunächst nicht ernst genommen.[122] In den folgenden Jahren wurden immer mehr Erkenntnisse aus Verhören von Gefangenen, aus Fotos der Luftaufklärung und aus abgehörten japanischen Berichten gewonnen; die Japaner wurden von den Deutschen über Details der V1 und V2 informiert.[123] Die britischen Anstrengungen, aus den Informationen zu schließen, was sie erwartete und wie sie sich darauf vorbereiten sollten, wurden, wie wir heute wissen, durch die Tatsache erschwert, daß die Deutschen gleichzeitig an vier verschiedenen Systemen arbeiteten. Auch daß Churchills wissenschaftlicher Berater Lord Cherwell hartnäckig die These vertrat, das Ganze sei ein Bluff, erschwerte die Informationsauswertung beträchtlich.[124]

Als sich die Hinweise auf die deutschen Arbeiten immer mehr verdichteten, gelangten die Briten schließlich doch zu der Überzeugung, daß eine reale Bedrohung bestand, und bombardierten die Versuchsanstalten in Peenemünde am 14. und 15. August 1943. Dieser Angriff und die Auswirkungen anderer strategischer Luftangriffe auf die deutsche Flugzeugproduktion warf die Entwicklung der V1 und V2 um Monate zurück und erzwang eine Zersplitterung der Projekte; manche wurden unter die Erde (in Bergwerke) verlegt, was ebenfalls beträchtliche Verzögerungen verursachte.[125]

Aus abgehörten und entzifferten deutschen Berichten über die Testflüge der V1 Ende November 1943 gewannen die Alliierten ein klares Bild von den Eigenschaften der Waffe; es wurde relativ rasch durch Fotos der Luftaufklärung bestätigt und erlaubte den Briten, Gegenmaßnahmen zu planen.[126] Nachdem das unerwartete Auftauchen des hervorragenden deutschen Jagdflugzeugs FW 190 den Briten einen Schock versetzt hatte, sahen sie dem Einsatz neuer deutscher Waffen mit einem gewissen Unbehagen entgegen – ein Unbehagen, das sich noch verschärfte, als im August und September 1943 im Mittelmeerraum funkgeleitete Raketen und Bomben zum Einsatz kamen. Als die ersten V1 und später V2 in England einschlugen, war Churchill darüber so besorgt, daß er zur Vergeltung den Einsatz von Giftgas erwog, sich jedoch durch seine militärischen Berater und den starken Widerstand Roosevelts davon abhalten ließ.[127] Die bereits erwähnten Abwehrmaßnahmen gegen die V1 wurden immer effektiver; V3 und V4 kamen nicht zum Einsatz, und gegen die V2 gab es keine direkte Verteidigungsmöglichkeit.

Um sich gegen die neuen Waffen zu wehren, die London und die britische Moral zerstören sollten, bedienten sich die Alliierten einer direkten und einer im wesentlichen indirekten Methode. Die direkte Methode waren massive Luftangriffe auf die Abschußbasen, die die Deutschen in Frankreich errichtet hatten. Obwohl sie Schaden anrichteten, waren sie letztlich nutzlos, weil die Deutschen andere Startverfahren entwickelten und einsetzten, die die Alliierten nicht wirksam verhindern konnten. Die eher indirekte Methode war die strategische Luftoffensive der Alliierten, die weiter unten in diesem Kapitel geschildert wird. Nicht nur der Angriff auf Peenemünde, auch andere Luftangriffe der Alliierten trafen deutsche Fabrikanlagen, die an der Produktion von V-Waffen beteiligt waren.[128] Noch wichtiger war der amerikanische Sieg im Luftkrieg Anfang 1944. Er schaltete die deutsche Luftwaffe praktisch aus und machte es möglich, die deutschen Produktionsanlagen für synthetisches Öl zu zerstören, was dazu führte, daß die Deutschen ihre Piloten an alten und neuen Flugzeugtypen nur noch sehr mangelhaft ausbilden konnten. Der amerikanische Teilsieg setzte nicht nur den Aktivitäten deutscher Flugzeuge enge Grenzen, die eigentlich einen Großteil der V1 hätten abfeuern sollen[129], sie half den Alliierten auch, den Wettlauf mit der Zeit zu gewinnen. Während die Deutschen nämlich auf weitere Kriegsjahre hofften, um ihre neuen Waffen perfektionieren zu können, strebten die Alliierten ein schnelles und siegreiches Ende des Krieges an.

Auch die Westalliierten entwickelten neue Waffen, konzentrierten jedoch ihre industriellen und technologischen Fähigkeiten auf die Massenproduktion und auf kleine, aber stetige Verbesserungen der bereits vorhandenen oder in der ersten Phase des Krieges entwickelten Waffensysteme. Die Amerikaner arbeiteten an einer Reihe von Flugkörpern, von denen jedoch nur die bedingt lenkbare Bombe Azon, insbesondere bei der Zerstörung von Brücken in Birma, intensiv eingesetzt wurde.[130] Die Briten stellten für ihre strategische Luftoffensive sogar noch größere konventionelle Bomben her. Das Hauptgewicht der britischen und amerikanischen Entwicklungsanstrengungen lag jedoch auf einer anderen neuen Waffe. Im Bereich der Raketentechnik steckten sie die meisten Ressourcen in die taktische Verwendung von Raketen als Starthilfe für Flugzeuge, die schwer beladen waren oder von Flugzeugträgern starteten, in Kurzstreckenraketen, die wie massiertes Artilleriefeuer zur Unterstützung von Landungsoperationen eingesetzt werden konnten, und in Raketen, die unter den Tragflächen von Flugzeugen angebracht waren und gegen Panzer, Lastwagen und andere direkt anzugreifende Ziele eingesetzt wurden.

Die Sowjetunion hatte ebenfalls schon lange mit Raketen experimentiert, setzte sie jedoch wie ihre westlichen Verbündeten im Krieg hauptsächlich taktisch ein. Die

Katjuscha, eine Raketenbatterie, die entweder vom Boden oder von einem Lastwagen aus elektrisch gezündet wurde, spielte an der Ostfront eine wichtige Rolle. Die von den Deutschen Stalinorgel genannte Waffe war eine der wirksamsten Neuentwicklungen des Krieges und kam fast in allen Kämpfen an der Ostfront in großem Umfang zum Einsatz.

DÜSENFLUGZEUGE UND RADAR

Die Entwicklung von Düsenflugzeugen ist im Zusammenhang mit dem Pulsotriebwerk der V1 und mit den deutschen Plänen für ein düsengetriebenes Interkontinentalflugzeug zur Bombardierung der Vereinigten Staaten bereits gestreift worden. In Deutschland war schon vor dem Krieg mit der Heinkel 178 das erste reine Düsenflugzeug gebaut worden; im August 1939 unternahm es seinen Jungfernflug. Es wurden noch andere experimentelle Düsenmaschinen entwickelt, aber nur die Messerschmitt 262 und die Arado 234 wurden militärisch eingesetzt. Die erste war ein zweistrahliger Düsenjäger und flog erstmals im Juni 1943. Aufgrund der Zersplitterung der deutschen Flugzeugindustrie, die in Reaktion auf die strategische Luftoffensive der Alliierten vorgenommen werden mußte, wurde die Me 262 jedoch erst im Spätfrühling 1944 an die Luftwaffe ausgeliefert. Zu diesem Zeitpunkt konnten die ins Gefecht geschickten Düsenjäger dank des amerikanischen Sieges über die deutsche Luftwaffe schon nicht mehr mit den riesigen Mengen alliierter Flugzeuge fertig werden, selbst wenn es ihnen gelang aufzusteigen; oft wurden sie bereits am Boden zerstört. Das gesamte Programm zu Entwicklung der Me 262 erwies sich als weitgehend nutzlos, da die Treibstoffversorgung durch die alliierten Bombardements unterbunden und eine adäquate Ausbildung der Piloten nicht mehr möglich war. Hitlers Entscheidung, die Me 262 auch für Einsätze als Bomber umzurüsten, ist heiß diskutiert worden. Es ist jedoch nicht ersichtlich, daß diese Idee zu einem Zeitpunkt, als die Deutschen die Luftherrschaft unwiderruflich verloren hatten, noch einen großen Unterschied gemacht hat.[131]

Die Arado 234 war ein zweistrahliger leichter Bomber, der auch zur Luftaufklärung eingesetzt wurde. Er wurde 1944 in Dienst gestellt. Die durch alliierte Luftangriffe erzwungene Räumung der Fabrik verhinderte jedoch die Produktion des Bombers in größerer Zahl bis zum Herbst 1944. Daß er aufgrund seiner hohen Geschwindigkeit von 800 Stundenkilometern noch zu Aufklärungsflügen über England eingesetzt wurde, als sich kein anderes deutsches Flugzeug mehr in den britischen Luftraum wagen durfte, bewies bereits, was Düsenflugzeuge eines Tages würden leisten können.[132] Die Produktion der Arado 234 wurde Anfang 1945 eingestellt. Insgesamt waren nur 200 Maschinen ausgeliefert worden. Die Produktion war wegen Bombenangriffen der Westalliierten in eine neue Fabrik im »sicheren Osten« verlegt worden und endete, als die Sowjets die Fabrik überrannten.

Auch die Briten hatten in den ersten Kriegsjahren mit der Entwicklung von Düsenmaschinen begonnen, das Projekt jedoch nicht besonders energisch vorangetrieben. Das erste Modell, der Jäger Meteor, war einige Tage nach den ersten deutschen Düsenmaschinen einsatzfähig, spielte jedoch im Krieg keine wesentliche Rolle mehr. Seine wichtigste Aufgabe bestand darin, die V1-Flugkörper abzuschießen.[133]

Eine wissenschaftliche Entwicklung, die im Zweiten Weltkrieg zweifellos eine wichtige Rolle spielte, war das Radar. Das Konzept, ein Objekt zu lokalisieren, zu verfolgen oder seine Konturen zu bestimmen, indem man Radiowellen davon abprallen läßt, war schon vor dem Krieg entwickelt worden, und sowohl deutsche als auch britische Wissenschaftler hatten bei seiner Umsetzung gewisse Fortschritte gemacht – die deutschen wahrscheinlich größere. Trotzdem waren es die Briten, die aus Furcht vor deutschen Luftangriffen einen speziellen Ausschuß unter Henry Tizard mit der Entwicklung und Installierung eines Radarsystems beauftragten, das aus einer Kette von Stationen bestand. Diese waren mit einem von Robert Watson-Watt entwickelten Gerät ausgerüstet und trugen 1940 wesentlich dazu bei, daß die Jäger der britischen Luftwaffe richtig dirigiert wurden, um die deutschen Angriffe abzuwehren. Dieser Anfangserfolg wurde von allen Fachleuten in seiner Bedeutung erkannt und war ein gewaltiger Ansporn, der zu weiteren Fortschritten führte. In den folgenden Jahren entwickelten die Briten immer bessere Radargeräte zur Lokalisierung von Schiffen und Flugzeugen, was sich bei der Versenkung deutscher Unterseeboote im Atlantik und des Schlachtschiffs *Scharnhorst* vor der norwegischen Küste auszahlte.[134]

Auch für den Einsatz im Luftkrieg entstand eine Reihe elektronischer Geräte, die britischen Bombern die Zielfindung erleichterten und es ihnen ermöglichten, ihre Ziele zu »sehen«, auch wenn sie unter einer Wolkendecke lagen. Keines dieser Geräte erwies sich als perfekt, aber die Bomber der strategischen Luftoffensive konnten immerhin die Städte finden, die sie bombardieren sollten.[135]

Die Deutschen hatten einen Anfangsvorteil, was die offensive Seite der elektronischen Kriegführung betraf. Sie verwendeten über England zwei sich kreuzende Radarstrahlen, um Ziele für ihre Bomberflotte zu erfassen. Nachdem dieses System den Briten bekanntgeworden war und durch ein »Verbiegen« der Strahlen unwirksam gemacht werden konnte, spielte R. V. Jones eine Schlüsselrolle in der elektronischen Kriegführung Großbritanniens, und seither hatte Churchill großen Respekt vor Ultra. Es waren nämlich Informationen aus entzifferten deutschen Funksprüchen gewesen, die die Lösung des Rätsels ermöglicht hatten.[136] In den Jahren 1943 bis 1945 unternahmen die Deutschen immer größere Anstrengungen, Radarsysteme zur Ortung alliierter Bomber, zur Leitung ihrer eigenen Jäger und zur Erfassung feindlicher Radarstrahlen zu entwickeln. Sie machten dabei eine Reihe großer Fortschritte, blieben jedoch insgesamt hinter den Alliierten zurück. Auch die Amerikaner entwickelten zunehmend eigene Radarsysteme, während die Japaner im Pazifikkrieg nicht in der Lage waren, den Vorsprung ihrer Feinde einzuholen.

Das Radar spielte im Krieg zweifellos eine große Rolle, nicht nur in der Luftschlacht um England und im Luftkrieg über Deutschland, sondern auch im Seekrieg. Die

Fortschritte, die die Alliierten im Bereich der Elektronik, insbesondere mit der Einführung des in Kapitel 7 beschriebenen seegestützten Ortungssystems Huff-Duff
machten, spielten bei ihrem Sieg in der Atlantikschlacht eine entscheidende Rolle.
Auch war die Elektronik im Zweiten Weltkrieg einer der Bereiche, deren schneller
wissenschaftlicher Wandel nicht nur die künftige Art der Kriegführung stark beeinflussen, sondern auch wichtige zivile Auswirkungen haben sollte. Zivile Luftfahrt
und Hochseeschiffahrt wären heute ohne die elektronischen Ortungsgeräte praktisch
undenkbar, die ursprünglich für militärische Zwecke entwickelt worden waren.

ATOMWAFFEN

Während Radar und ähnliche elektronische Systeme für den Reiseverkehr der Nachkriegszeit große Vorteile brachten und den Charakter der Kriegführung dramatisch
veränderten, sollte eine andere wissenschaftliche Errungenschaft der Kriegsjahre ein
höchst zwiespältiges und zweifelhaftes Erbe hinterlassen – die Atombombe. In den
ersten Jahrzehnten des Jahrhunderts hatten Physiker und Chemiker das Innere des
Atoms erschlossen. Es hatte einst als stabiler Baustein der Materie des Universums
gegolten, sie aber hatten entdeckt, daß die Atome selbst aus unterschiedlichen Anzahlen von Elektronen, Neutronen und anderen Teilchen bestehen. Im Prozeß des
radioaktiven Zerfalls wurden manche dieser Teilchen abgespalten, und man entdeckte, daß dieser Prozeß künstlich beschleunigt werden konnte, indem man Atome in
den Vorläufern des Beschleunigers und des Zyklotrons mit Teilchen beschoß. Im Jahr
1938 entdeckte der deutsche Chemiker Otto Hahn, daß Uran, wenn es mit Neutronen
beschossen wurde, diese nicht absorbierte, sondern sich in zwei verschiedene Elemente spaltete, von denen jedes etwa das halbe Atomgewicht von Uran aufwies.
Beide Elemente produzierten bei diesem Prozeß Energie und gaben Neutronen ab,
die wiederum andere Uranatome spalten konnten, so daß potentiell eine Kettenreaktion möglich war, bei der in einer Explosion nie gekannten Ausmaßes gewaltige
Energiemengen freigesetzt würden. Wenn der Prozeß unkontrolliert abliefe, würde
er ein unglaubliches Zerstörungspotential haben; könnte er dagegen kontrolliert und
verlangsamt werden, verhieß das die Produktion praktisch unbegrenzter Energiemengen, die in Form von Elektrizität nutzbar sein würden.

Otto Hahn und der deutsche Physiker Werner Heisenberg erforschten den Prozeß
weiter und versuchten herauszufinden, welches Material man verwenden müßte,
um zu einer sich selbst erhaltenden Kettenreaktion zu gelangen, wieviel von diesem
Material zum Bau einer Bombe nötig sein würde und wie der Spaltprozeß bei der
Produktion der Bombe beherrscht werden könnte, damit sie nicht vorzeitig explodierte. Die Antwort auf die erste der drei Fragen war unmittelbar vor Ausbruch
des Zweiten Weltkriegs von dem dänischen Wissenschaftler Niels Bohr gefunden
worden; die richtige Antwort auf die beiden anderen Fragen sollten die Deutschen
nie entdecken. Das Material, das sich am besten für eine Kettenreaktion eignete,

war ein Isotop von Uran 236, das man aufgrund seiner Atomstruktur Uran 235 nannte. Da U 235 in der Natur nur in winzigen Mengen vorkommt, brauchte man ein Verfahren, um es vom restlichen Uran zu trennen. Dieses Problem ließ die Frage, welche Menge dieses extrem seltenen Materials man zusammenbringen müßte, um einen einzigen Sprengkörper zu bauen, um so wichtiger erscheinen.[137] Da man in Deutschland damit rechnete, den Krieg schnell zu gewinnen, war die Idee einer Waffe, deren Bau mehrere Jahre größter Anstrengungen erfordern würde, dort wenig attraktiv.

Die Verkennung des Potentials der Atomwaffe wurde durch zwei weitere Fehleinschätzungen noch gravierender. Die erste betraf das Material, das man benötigen würde, um den Spaltprozeß zu verlangsamen. Die Deutschen hatten richtig erkannt, daß ein Isotop des Wassers, das man üblicherweise als »schweres Wasser« bezeichnete, für diesen Zweck vorzüglich geeignet war, und schätzten sich glücklich, als ihnen bei der Besetzung Norwegens im April 1940 die einzige große Fabrik der Welt in die Hände fiel, die schweres Wasser in beträchtlichen Mengen produzieren konnte. Norsk-Hydro stand von nun an im Zentrum der Aufmerksamkeit nicht nur der deutschen Forscher, sondern auch der britischen und norwegischen Saboteure und Bomberpiloten. Die wichtigste deutsche Quelle für schweres Wasser wurde durch eine Reihe von Kommandounternehmen und Luftangriffen im Februar, Juli und November 1943 zum Versiegen gebracht, während gleichzeitig in Amerika riesige Anlagen errichtet wurden.[138] Die Deutschen waren so sehr auf schweres Wasser fixiert gewesen, daß sie nicht erkannt hatten, daß auch Graphit sich gut zur Verlangsamung des Spaltprozesses einsetzen ließ, und sie hatten die Fähigkeiten der Westalliierten gewaltig unterschätzt.

Als der letzte deutsche Geschäftsträger in den Vereinigten Staaten und sein Militärattaché 1942 nach Deutschland zurückkehrten, wurden sie Ende Mai von Hitler empfangen. Er traktierte sie mit einem langen Monolog über das Fehlen jeder wirklichen Kriegsindustrie und dem chronischen Mangel an Ingenieuren und Waffenexperten in den USA.[139] Solche Ansichten hatte keineswegs nur Hitler; sie wurden von vielen deutschen Wissenschaftlern und Intellektuellen geteilt. Als deutsche Wissenschaftler im August 1945 vom Abwurf der Atombombe erfuhren, wollten sie zunächst nicht glauben, daß Amerikaner und Briten Erfolg gehabt hatten, wo sie selbst gescheitert waren.

Angesichts dieser psychologischen Gegebenheiten, der dringlichen Erfordernisse anderer Projekte und der Annahme, daß die geheimen V-Waffen sehr viel schneller zum Einsatz kommen würden, setzten die Deutschen ihre Arbeit an der Entwicklung der Atombombe nur noch in kleinem Umfang fort. Im Sommer 1942 waren die kritischen Entscheidungen über die Verteilung der Ressourcen gefallen; es würde keine deutsche Atombombe geben.[140] Im Sommer 1943 hatten auch die Briten dies erkannt, und im Sommer 1944 kamen die Amerikaner zum gleichen Schluß. Ihre Einsicht wurde durch das Spezialunternehmen »Alsos« bestätigt, dessen Aufgabe es gewesen war, herauszufinden, welche Fortschritte die Deutschen bei der Entwicklung der Atombombe machten.[141]

Die britischen Sorgen über die Entwicklung von deutschen Atomwaffen hatten sich in den ersten Monaten des Zweiten Weltkriegs zunächst zerstreut, weil Wissenschaftler versicherten, es seien viele Jahre intensivster Forschungsarbeiten notwendig, bis die erste solche Waffe einsatzbereit wäre.[142] Dann jedoch passierte eine jener Geschichten, die man für völlig unglaubhaft halten würde, wenn sie in einem Roman vorkäme. Otto Frisch und Rudolf Peierls, zwei aus Nazi-Deutschland geflüchtete Wissenschaftler, hatten als feindliche Ausländer keine Erlaubnis erhalten, auf sicherheitsrelevanten Gebieten zu arbeiten, und sich auf unwichtige Gebiete wie die Atomphysik beschränken müssen. Sie entwickelten im April 1940 eine Theorie, wie man eine Atombombe herstellen konnte, für die man nur einen kleinen Bruchteil der ursprünglich angenommenen Menge U235 brauchen würde. Die Herstellung einer Atombombe lag damit nicht mehr in ferner Zukunft, sondern war wieder innerhalb von wenigen Jahren möglich geworden. Auf Empfehlung Sir Henry Tizards gründete die britische Regierung nun die sogenannte Maud Commission. Diese drang darauf, im folgenden Jahr ein Programm zu Entwicklung einer britischen Atombombe zu starten.[143] Eine Zeitlang wußten die britischen Wissenschaftler vermutlich mehr über die Entwicklung der Atombombe als alle anderen. Die Weigerung ihrer Regierung, dieses Wissen mit den Vereinigten Staaten zu teilen, als die USA dies 1941 vorschlugen, hatte jedoch zur Folge, daß die Briten schon bald hinter die Amerikaner zurückfielen.

Wie die britische war auch die amerikanische Atomforschung zunächst primär von der Furcht motiviert, daß die Deutschen an einer Atombombe arbeiteten und vielleicht als erste über eine solche verfügen würden, was zweifellos entsetzliche Folgen gehabt hätte. Roosevelt war persönlich auf diese Möglichkeit aufmerksam gemacht worden, und seine Besorgnis war durch den japanischen Angriff und die deutsche und italienische Kriegserklärung noch größer geworden. Vannevar Bush, einer der wissenschaftlichen Berater des Präsidenten, erstattete Roosevelt am 9. März 1942 über die bisher erzielten Fortschritte Bericht. Er vertrat die Ansicht, daß mittels großer industrieller Anstrengungen bis 1944 eine einsatzbereite Waffe produziert werden könne und daß die Entscheidung, ob man diese Anstrengungen machen sollte, bald fallen müsse. Nach weiteren ermutigenden Nachrichten beschloß Roosevelt am 17. Juni 1942, in den Vereinigten Staaten ein großes Atomprogramm zu starten.[144]

Wie Mark Walker, der die wichtigste Untersuchung über das deutsche Atomprojekt veröffentlichte, in seiner Diskussion des ersten offiziellen Berichts über das amerikanische Atombombenprojekt zu Recht feststellt, bestand der grundlegende Unterschied zwischen dem britischen und dem amerikanischen Atomprogramm einerseits und dem deutschen andererseits, wenn man von den gravierenden Fehleinschätzungen der deutschen Wissenschaftler absieht, in einer unterschiedlichen Einschätzung des Kriegsverlaufs. Die Deutschen rechneten mit einem schnellen Sieg und betrachteten die Entwicklung von Atomwaffen als Nachkriegsproblem, während sowohl die Amerikaner als auch die Briten erwarteten, erst in ferner Zukunft zu siegen und die Atombombe deshalb als eine Waffe betrachteten, die in dem Konflikt noch zum Einsatz kommen könnte.[145] Das amerikanische Projekt stand unter Leitung des Heeres und hatte sein Hauptquartier zunächst in Manhattan, was später dem ganzen Geheimprojekt den Namen gab.[146]

Im Zusammenhang mit der Entwicklung der Atombombe nach Roosevelts Entscheidung vom 17. Juni 1942 müssen an dieser Stelle zwei Aspekte kurz diskutiert werden. Der erste betrifft den konkreten Start des Projekts. Bezüglich des zentralen Problems, genügend U 235 für den Bau der Bombe aufzutreiben, entschied sich die Regierung für den Weg, der damals am vernünftigsten erschien, und ließ massiv an allen drei realisierbaren Möglichkeiten gleichzeitig arbeiten. Zusätzlich ließ sie eine vierte Anlage zur Produktion von Plutonium errichten, einer neuen Art von Material, von dem man zutreffend annahm, es könnte in Atombomben verwendet werden. Um die notwendigen riesigen Laboratorien und Einrichtungen zu bauen, wurden gewaltige Ländereien bei Oak Ridge in Tennessee, Los Alamos in New Mexico und Hanford in Washington erworben. Unter Leitung von General Leslie R. Groves wurde das gewaltige Programm im Herbst 1942 gestartet[147]; Bushs Prognose, daß die ersten Atomsprengsätze 1944 fertig sein würden, lag nur um ein halbes Jahr zu früh. Ende 1944 wurde der amerikanischen Regierung oder, besser gesagt, der kleinen Zahl von Regierungsmitgliedern, die in das Geheimprojekt eingeweiht war, versichert, daß im Sommer 1945 genügend spaltbares Material für einige Bomben zur Verfügung stehen würde.

Der zweite Aspekt, der hier erörtert werden muß, sind die Beziehungen, die sich zwischen den Vereinigten Staaten und ihren britischen und sowjetischen Verbündeten bezüglich des Projekts entwickelten. Zufällig war Churchill drei Tage, nachdem der Präsident am 17. Juni 1942 seine folgenschwere Entscheidung getroffen hatte, in den Vereinigten Staaten und hatte in Hyde Park mit Roosevelt eine Unterredung, bei der auch das Thema Atomwaffen zur Sprache kam. In diesem Gespräch, von dem keine präzisen Aufzeichnungen mehr existieren, scheinen sich die beiden Staatsmänner darauf geeinigt zu haben, in atomaren Angelegenheiten zu kooperieren. Die Zusammenarbeit wurde jedoch eingeschränkt, als bei den Amerikanern das Mißtrauen wuchs, was die britischen Sicherheitsmaßnahmen gegenüber Außenstehenden einerseits und die britische Zurückhaltung gegenüber den Amerikanern andererseits betraf. Ende 1942 wurde mit Zustimmung Roosevelts beschlossen, nur noch einen Teil der Geheimnisse mit den Briten zu teilen. Churchill protestierte im Januar 1943 auf der Konferenz von Casablanca gegen diese Entscheidung und bat Harry Hopkins, den Konflikt auszuräumen.[148]

Angesichts des britischen Beitrags zum Gesamtunternehmen lockerten die Amerikaner ihre Restriktionen ein wenig. Auch das neue Abkommen, das Roosevelt und Churchill am 19. August 1943 in Quebec schlossen, konnte jedoch die Differenzen nicht vollständig ausräumen. Ein Koordinationsausschuß in Washington erwies sich immerhin als hilfreich. Die Briten erhielten eine beträchtliche Menge an Informationen, und die Vereinbarung, Atomwaffen nur nach vorheriger Konsultation gefechtsmäßig einzusetzen, wurde strikt eingehalten. Trotzdem wurde der Bruch nie mehr ganz gekittet.[149]

Ein wichtiger Grund für Roosevelts Verschwiegenheit lag in der Absicht begründet, eher die Vereinigten Staaten als andere Nationen von eventuellen Vorteilen profitieren zu lassen, die das Projekt nach dem Krieg abwerfen könnte. Hatten doch die amerikanischen Steuerzahler bis 1945 etwa zwei Milliarden Dollar in das Projekt investiert, eine Summe, die damals unvergleichlich mehr wert war als heute. Mindestens ebenso wichtig waren jedoch die Zweifel, die die Amerikaner bezüglich der Sicherheit hegten. Sie fürchteten nicht, daß ihre Informationen an die Achsenmächte durchsickern könnten, sondern an die Sowjetunion, deren Spione, wie die amerikanische Regierung korrekt annahm, sowohl in den Vereinigten Staaten als auch in Großbritannien operierten.[150]

Roosevelt hatte es von Anfang an konsequent abgelehnt, nukleare Informationen an die Sowjetunion weiterzugeben. Er sah keine Möglichkeit, daß die Sowjetunion dieses Wissen noch während des Krieges nutzen könnte, und war bezüglich der sowjetischen Absichten nach dem Krieg sehr viel mißtrauischer und besorgter, als manche seiner Nachkriegskritiker ahnten. Während diese Gruppe von Historikern ihn aufgrund seiner angeblich prosowjetischen Haltung kritisierte, warf ihm eine zweite Gruppe revisionistischer Historiker antisowjetisches Verhalten vor und beklagte, daß der Präsident nicht willens gewesen war, Ergebnisse der amerikanischen Atomforschung mit der Sowjetunion zu teilen. Die wirklichen Beweggründe seiner Politik sind jedoch nicht schwer zu finden.[151] Die Sowjetunion zeigte nicht die geringste Bereitschaft, wichtige Geheiminformationen über irgendeine Angelegenheit mit den Westalliierten zu teilen, und es bestand keinerlei Aussicht, daß es mit ihr in der Kriegszeit eine Kooperation bei der Entwicklung atomarer oder konventioneller Waffen geben könnte. Statt dessen gab es zahlreiche Anzeichen, daß auch weiterhin sowjetische Spionagenetze in den Vereinigten Staaten und wahrscheinlich auch in Großbritannien operierten, daß sie versuchten, Informationen über die Arbeit im nuklearen Bereich zu sammeln und daß die Sowjetunion die so gewonnenen Erkenntnisse erst nach dem Krieg verwerten würde.

Roosevelt hatte in seiner berühmten Rede vor dem American Youth Congress im Februar 1940 die Sowjetunion wegen der Invasion in Finnland hart angegriffen und sie als ein Land bezeichnet, »das von einer Diktatur regiert wird, die genauso absolut ist wie jede andere Diktatur dieser Welt«.[152] Sein prosowjetisches Publikum hatte ihn ausgebuht, aber nichts spricht dafür, daß Roosevelt seine Haltung in dieser Frage je geändert hätte. Er war sich zwar bewußt, daß die Sowjetunion im Krieg gegen Deutschland einen enormen Beitrag leistete, und er wußte diese Tatsache dank seines großen Wissens um den Krieg mehr zu schätzen als die meisten Amerikaner damals und später. Auch hoffte er bei aller Skepsis, die Zusammenarbeit der Kriegszeit könnte danach fortgesetzt werden. Trotzdem sah er – wie auch Churchill – keinen Grund, die Sowjetunion an der Entwicklung eines Waffensystems zu beteiligen, das nach dem Krieg vermutlich große Bedeutung erlangen würde, insbesondere, da er nach dem Krieg mit der Demobilisierung des größten Teils der konventionellen amerikanischen Streitkräfte rechnete. Das war schon nach dem Ersten Weltkrieg so gewesen und geschah auch nach dem Zweiten Weltkrieg tatsächlich wieder.

Roosevelt erlebte noch, daß die Deutschen aus dem Wettlauf um die Atombombe ausschieden, was ihn jedoch keineswegs veranlaßte, das amerikanische Atomprogramm zu bremsen. Das verfügbare Quellenmaterial läßt den Schluß zu, daß Roosevelt von einem Einsatz der rechtzeitig fertiggestellten Bomben gegen Deutschland ausging und daß er damit rechnete, daß sie, falls zu spät fertiggestellt, auf Japan abgeworfen werden würden. In beiden Fällen sollte dadurch ein langer Krieg schneller beendet werden.

Harry Truman wurde, als er nach Roosevelts Tod dessen Amt übernahm, sowohl über das Projekt zum Bau der Atombombe als auch über die sowjetischen Versuche, es auszuspionieren, informiert. Er behielt den politischen Kurs seines Vorgängers bei und war eher noch weniger bereit, Informationen mit Amerikas Verbündeten zu teilen. Der Zufall wollte es, daß die ersten Atomwaffen unter seiner Präsidentschaft fertiggestellt wurden[153], so daß er die Entscheidung über ihren Einsatz treffen mußte. Dieses Thema wird in Kapitel 16 behandelt. Nichts weist darauf hin, daß Roosevelt, wäre er noch am Leben gewesen, eine andere Entscheidung getroffen hätte als Truman.

Die ersten Stadien des sowjetischen Atomprogramms liegen bis heute unter einem Schleier der Geheimhaltung verborgen, aber dank der neuen politischen Verhältnisse in der ehemaligen Sowjetunion wird vielleicht bald neues Material ans Licht kommen. Die sowjetischen Physiker waren in der Vorkriegszeit nicht schlechter über die Entwicklung auf dem Feld der Kernforschung informiert als andere. Unter dem Druck der deutschen Invasion traten jedoch die unmittelbaren Anforderungen der Verteidigung zunächst in den Vordergrund. Erst 1942 wurde ein großes Atomprogramm gestartet und für den Rest des Krieges fortgesetzt. Das Unternehmen wurde durch sowjetische Spionageaktivitäten in Großbritannien und den Vereinigten Staaten stark gefördert. Eine einigermaßen klare und objektive Untersuchung dieses Themas steht noch aus. Es hat jedoch den Anschein, daß die Informationen aus dem Ausland im wissenschaftlichen Bereich hauptsächlich von britischen Einzelpersonen kamen, während Amerikaner, die als sowjetische Spione arbeiteten, vor allem technische Informationen lieferten.[154] Diese Aktivitäten sind in Großbritannien in der Öffentlichkeit vor allem mit dem Namen Klaus Fuchs und in den Vereinigten Staaten mit Julius und Ethel Rosenberg verknüpft. Wie sie sich konkret auf die Entwicklung der sowjetischen Atomwaffen in der Kriegs- und Nachkriegszeit auswirkten, muß noch geklärt werden.

Auch Japan machte offensichtlich große Anstrengungen, Atomwaffen zu bauen. Während die Physiker im deutsch besetzten Frankreich ihre im wesentlichen theoretische und experimentelle Arbeit während des Krieges fortsetzten und so die Voraussetzung dafür schufen, daß Frankreich nach dem Krieg eigene Atomwaffen bauen konnte, wurden in Japan mehrere voneinander getrennte Versuche gemacht, die Erkenntnisse der dreißiger Jahre zum Bau einsatzfähiger Atomwaffen zu verwenden. Laboratorien des Heeres und der Kriegsmarine waren an diesen Anstrengungen beteiligt. Die japanische Industriekapazität reichte jedoch nicht aus, um für das Projekt die Ressourcen bereitzustellen, die für eine größere Produktionsanlage notwendig gewesen wären.

Die Handvoll Japaner, die am Projekt einer japanischen Uranbombe beteiligt waren, lösten einige der theoretischen und einige wenige labortechnische Probleme. Sie gehörten deshalb zu den wenigen Personen in Japan, denen sofort klar war, was in Hiroshima geschehen war, obwohl sie es keiner ausländischen Macht je zugetraut hätten, in so kurzer Zeit eine Atomwaffe zu entwickeln.[155] Die Japaner hätten sehr gerne Atombomben produziert, aber sie konnten nicht, weil sie nicht über die notwendigen Ressourcen verfügten. Der japanische Militärattaché in Stockholm legte am 9. Dezember 1944 einen ausführlichen Bericht über die Atombombe vor. Der Bericht war verständlicherweise nicht besonders genau, was die Details der deutschen, britischen und amerikanischen Anstrengungen betraf, aber seine Feststellung, die Atombombe sei »der wichtigste technische Fortschritt im gegenwärtigen Krieg«, dürfte kaum in Frage gestellt werden.[156]

STRATEGISCHE BOMBEROFFENSIVE

Die Atombombe als wichtigste technische Errungenschaft des Zweiten Weltkriegs kam schließlich im Rahmen des strategischen Luftkriegs zum Einsatz. Der Begriff bedeutet, Luftangriffe gegen den Feind zu führen, die ihm die Fähigkeit und den Willen zur Fortsetzung des Krieges nehmen sollen. Der Einsatz von Atomwaffen war zunächst zur Unterstützung der am 1. November 1945 geplanten amerikanischen Landung auf Kiuschu in Erwägung gezogen worden. Und wenn Japan nach dem Abwurf der zweiten Atombombe nicht kapituliert hätte, wären die danach verfügbaren Bomben höchstwahrscheinlich auf diese Weise eingesetzt worden. Japan kapitulierte jedoch, und so wurde das Potential von Atomwaffen als Mittel der taktischen Unterstützung nie gefechtsmäßig erprobt. Nach 1945 kamen in keinem Krieg mehr Atomwaffen zum Einsatz.

Der tatsächliche Einsatz der Atombombe stellt die letzte Entscheidung in einem Diskussionsprozeß dar, der schon in den Jahren vor dem Krieg begonnen hatte und während des Krieges immer wieder aufgeflammt war. Er drehte sich um die Frage, ob die Luftwaffen der kriegführenden Staaten nur zur direkten Unterstützung anderer militärischer Operationen eingesetzt werden sollten oder ob sie auch eine unabhängige Rolle spielen könnten. In den Jahren nach dem Ersten Weltkrieg hatten Militärtheoretiker die Ansicht vertreten, der neue Faktor, um den die traditionelle Form der Kriegführung als Boden- und Seekrieg durch die Entstehung von Luftstreitkräften erweitert worden war, werde die Möglichkeit eröffnen, jenseits der klassischen Frontlinien zu operieren und Schläge im Hinterland des Feindes zu führen, eine Perspektive, die nach dem zähen Grabenkrieg von 1914 bis 1918 besonders attraktiv erschien. Luftangriffe, wurde argumentiert, könnten den Feind entweder der *Fähigkeit* zur Fortsetzung des Krieges berauben, indem sie die zur Kriegführung notwendigen Industrieanlagen zerstörten, und/oder sie könnten ihm den *Willen* zur Fortsetzung des Kampfes rauben, indem sie die Moral seiner Bevölkerung zersetzten, die für die Aufrechterhaltung der Kriegsanstrengungen ebenfalls eine Grundbedingung sei.

Die Deutschen hatten bereits im Ersten Weltkrieg versucht, dieses Ziel durch Luftangriffe auf englische Städte zu erreichen, wobei sie sowohl Zeppeline als auch Langstreckenflugzeuge eingesetzt hatten. Das Neue an diesem Ansatz mag manche Nachkriegstheoretiker beeindruckt haben, seine realen Auswirkungen waren jedoch sehr beschränkt. Natürlich richteten die Angriffe Schaden an und forderten insbesondere in London Todesopfer. Ihre Hauptwirkung bestand jedoch darin, daß sich in Großbritannien der Haß auf die Deutschen noch erhöhte, weil diese eine neue Art der Kriegführung gegen frontferne Stadtgebiete eingeführt hatten. Die Luftangriffe hatten die Briten inspiriert, ebenfalls Langstreckenflugzeuge zu bauen, die Berlin hätten erreichen und bombardieren können. Der Krieg war zu Ende, bevor die britischen Flugzeuge einsatzbereit waren. Aber das von den Deutschen entwickelte neue Konzept der Kriegführung blieb.

Der Italiener Giulio Douhet, der Brite Lord Hugh Trenchard und der Amerikaner Billy Mitchell befürworteten eine unabhängige Rolle der Bomberwaffe. Sie vertraten die Ansicht, es werde möglich werden, direkte, massive und unabhängige Luftangriffe gegen den Feind zu fliegen und ihn dadurch wahrscheinlich zum Friedensschluß zu zwingen. Man nahm an, dies mit Langstreckenbombern bewerkstelligen zu können, die weit in den feindlichen Luftraum vordringen und sowohl Industrieanlagen als auch Stadtgebiete bombardieren würden. In der Praxis wurde die Entwicklung der Luftstreitkräfte durch diese Theorien in mehrfacher Hinsicht beeinflußt. Es wurde immer klarer, daß Flugzeuge nicht nur einen, sondern wahrscheinlich vier Motoren benötigen würden, um eine wirksame Bombenlast weit genug tragen zu können, und daß sie in größerer Anzahl benötigt würden als ursprünglich erwartet. Außerdem erzeugte die Diskussion bei der Zivilbevölkerung eine weitverbreitete Angst vor den Bombenangriffen, denen sie in einem künftigen Krieg wahrscheinlich ausgesetzt werden würde.

Eine Reihe von Problemen wurde allerdings von fast allen Befürwortern des neuen Konzepts übersehen. Sie erkannten nicht, daß Bombenflugzeuge in großer Höhe fliegen müssen, um nicht abgeschossen zu werden, daß zielgenaue Bombenabwürfe jedoch ab einer gewissen Höhe nicht mehr möglich sind. Die Entwicklung der Sturzkampfbomber war ein Ansatz zur Lösung dieses Problems. Flugzeuge dieses Typs konnten jedoch nur gegen eine begrenzte Anzahl, wenn auch wichtiger Ziele eingesetzt werden, da sie keine schwere Bombenlast tragen konnten. Andere Schwierigkeiten lagen in der Langstreckennavigation und in der Identifikation von Zielen bei Nacht oder wenn sie unter einer Wolkendecke lagen. Keine der kriegführenden Mächte fand dafür vor der Endphase des Krieges eine befriedigende Lösung. Ein weiteres von den meist unvorhergesehenen Problemen war, daß sich die Bomber gegen Jagdflugzeuge nicht verteidigen konnten. Die Amerikaner entwickelten schließlich die B-17, die »Fliegende Festung«. Diese Bomber waren mit so starken Verteidigungswaffen ausgerüstet, daß eine Gruppe, die in dichter Formation flog, theoretisch in der Lage war, sich gegen Jagdflugzeuge selbst zu verteidigen. In der Praxis funktionierte dieser Ansatz nicht ganz so gut wie erhofft; trotzdem waren diese Bomber durch ihre Bordbewaffnung besser geschützt als die meisten anderen Bomber im Zweiten Weltkrieg.

Im realen Kampfeinsatz wurden die Bomber der Achse außer zur unmittelbaren Unterstützung von Bodentruppen sehr bald nur noch zur einfachen Bombardierung von Städten eingesetzt, wobei sie teilweise auch industrielle Ziele, hauptsächlich jedoch Wohngebiete trafen. Der italienische Luftangriff auf Barcelona oder die Zerstörung Guernicas durch die Deutschen im Spanischen Bürgerkrieg und die japanischen Bombenangriffe auf chinesische Städte entsprachen größtenteils diesem Muster. Auch die deutschen Luftangriffe auf polnische Städte, besonders auf Warschau, zielten in Wirklichkeit auf die Zivilbevölkerung ab, was immer dazu auch behauptet wird. Die Deutschen erzwangen die Kapitulation Warschaus, indem sie der Stadt wirklich zufügten, was sie Prag im März 1939 nur angedroht hatten – ein skrupelloses, wahlloses Bombardement der Zivilbevölkerung.[157] Auch die Zerstörung des Rotterdamer Stadtzentrums durch die deutsche Luftwaffe im Mai 1940 war ein bewußter Versuch, die Kapitulation der Niederlande zu erzwingen. Im Jahr 1941 eröffnete Deutschland seinen Feldzug gegen Jugoslawien mit einem sonntäglichen Bombardement auf das nahezu wehrlose Belgrad. Es gibt keinen Hinweis darauf, daß die deutschen Luftangriffe auf Paris je groß genug waren, um beträchtliche Wirkung zu erzielen. Die französischen Piloten saßen am 3. Juni 1940 beim Mittagessen, aber einige der Angreifer wurden von britischen Jägern abgeschossen.[158] Ihren wichtigsten Beitrag zur französischen Niederlage leistete die deutsche Luftwaffe jedoch durch taktische Unterstützung der deutschen Bodentruppen. Was immer der Charakter der Luftangriffe gewesen sein mag, die im Mai und Juni 1940 in Frankreich und Großbritannien stattfanden, – nach der Invasion in den späteren Beneluxstaaten und den Luftangriffen, die sie begleiteten, hob die britische Regierung jedenfalls die Restriktionen auf, die sie zuvor ihren Bombern auferlegt hatte, ein Punkt, der in Kapitel 3 detailliert behandelt wurde. Die Bombenangriffe auf London, die zunächst bei Tag und dann bei Nacht stattfanden, wurden mit kleineren Angriffen britischer Flugzeuge auf Berlin und andere deutsche Städte beantwortet.

Da die deutsche Luftwaffe die Qualität und die Produktivität der britischen, amerikanischen und sowjetischen Flugzeugindustrie völlig falsch eingeschätzt hatte und da sie an mehreren Fronten zugleich kämpfen mußte, geriet sie, obwohl sie zu Beginn des Krieges die stärkste Luftstreitmacht der Welt gewesen war, gegenüber den Alliierten zunehmend in die Defensive.[159] Die Royal Air Force hatte aus bösen Erfahrungen in Nordafrika gelernt, wie wichtig es war, den alliierten Bodentruppen wirksame taktische Luftunterstützung zu geben. Eine *offensive* Rolle konnte sie jedoch nur spielen, wenn sie Luftangriffe gegen Deutschland und das deutsch besetzte Europa flog.[160] Dies war für Großbritannien nicht nur die einzige Möglichkeit, Deutschland direkt zu treffen, es war auch der einzig effektive Weg, auf dem Großbritannien und lange Zeit auch die Vereinigten Staaten die Sowjetunion direkt unterstützen konnten, nachdem diese im Juni 1941 von Deutschland angegriffen worden war.

Wie in Kapitel 3 und 4 erläutert, versuchten die Briten zunächst, ihre Luftangriffe auf die deutsche Industrie und insbesondere auf die kriegswichtige Ölindustrie zu konzentrieren. Dabei machten sie eine Erfahrung, die sie durch einige realitätsnahe Übungen schon Jahre zuvor hätten machen können. Da die Bomber, um ihre Verwundbarkeit durch Jagdflugzeuge zu reduzieren, bei Nacht und, um ihre Gefährdung durch Flugabwehrgeschütze zu vermindern, in großer Höhe fliegen mußten, konnten sie selbst in klaren Nächten kaum ein Ziel treffen, und in bewölkten Nächten war das nahezu unmöglich. Bis 1942 war es ziemlich deutlich geworden, daß die britische Luftwaffe entweder fast alle Luftangriffe einstellen oder sich auf die deutschen Städte konzentrieren mußte, die groß genug waren, um sie zu treffen. Vor diese Wahl gestellt, entschied sich die Londoner Regierung für letzteres und übertrug dem neu ernannten Chef des Bomberkommandos, Air Chief Marshal Sir Arthur Harris, die Leitung des Unternehmens.

Harris war ein energischer und durchsetzungsfähiger Offizier, der beim Stab der Luftwaffe gedient hatte.[161] Er wußte, daß die Effizienz der Operationen des britischen Bomberkommandos ernsthaft in Frage gestellt wurde, und er war entschlossen, dies zu ändern. Er wußte auch, daß er dabei auf die enthusiastische und rückhaltlose Unterstützung Churchills zählen konnte. Also machte er sich daran, die Fähigkeit des Bomberkommandos zu demonstrieren, Stadtgebiete zu orten und zu zerstören, wobei er mit der Hansestadt Lübeck an der Ostsee begann. Er machte nie ein Geheimnis aus seinem Ziel, die Deutschen »obdachlos« zu machen, die ihre gleichzeitigen Luftangriffe gegen England nach den damals beliebtesten Reiseführern »Baedeker-Angriffe« nannten, weil sie sich speziell gegen britische Tourismuszentren richteten.[162]

Die Angriffe der langsam, aber stetig wachsenden britischen Bomberstreitmacht wurden schließlich durch amerikanische Angriffe ergänzt und verursachten in den deutschen Städten immer größere Schäden. Dies war nicht zuletzt der Tatsache zu verdanken, daß die deutsche Führung das Hauptgewicht ihrer Flugzeugproduktion viel zu spät auf Jäger legte und bis zu den Luftangriffen auf Hamburg im Juli 1943 im Osten wie im Westen eine offensive Strategie im Luftkrieg verfolgte.[163] Der Prioritätenwechsel und die Tatsache, daß zusätzliche Jagdflugzeuge von der Ostfront nach Deutschland verlegt wurden, führten im Oktober 1943 dazu, daß bei Tag eine Zeitlang keine Luftangriffe mehr auf Deutschland geflogen wurden.[164] Zu diesem Zeitpunkt hatten die Bombenangriffe die Deutschen jedoch bereits gezwungen, ihre Flugzeugwerke über das Land zu verteilen, ein Prozeß, der ihre Flugzeugproduktion um Monate zurückwarf und bis zu den Luftangriffen auf Ölversorgung und Transportwesen im Jahr 1944 den schwersten Schlag gegen die deutsche Kriegsindustrie darstellte.

Durch die gewaltigen Bombenangriffe auf Berlin im Winter 1943/44 trat das gesamte Problem in aller Schärfe zutage.[165] Harris war überzeugt, durch die Flächenbombardements den Krieg gewinnen zu können, und wurde dabei von Churchill unterstützt, obwohl in der alliierten Pointblank-Direktive die Werke der Flugzeugindustrie und nicht Stadtgebiete als Hauptziel vorgesehen waren.[166] Die Luftangriffe auf Berlin warfen nicht nur die Frage auf, ob diese Angriffe erfolgreich waren – sie führten ganz offensichtlich nicht zu der deutschen Kapitulation, wie Harris erwartet hatte –, sondern auch, ob das ganze Konzept der Flächenbombardements richtig war.

Einige britische Kirchenführer stellten in der Öffentlichkeit wie einige wenige führende Politiker privat die Frage nach der moralischen Vertretbarkeit derart massiver Angriffe auf die feindliche Zivilbevölkerung. Harris wollte, daß die britische Regierung die Wahrheit sagte und die Angriffe öffentlich bestätigte und begründete; die Regierung jedoch zog es vor, die Wahrheit zu verschleiern.[167] Dieses Verhalten sollte sich später bitter rächen (und nach dem Krieg auch vielen überlebenden Fliegern zu schaffen machen). Es war der Grund, warum dem Bomberkommando nach dem Krieg die Anerkennung verweigert wurde, die ihm während der Feindseligkeiten so großzügig zuteil geworden war.

Die Bombardements wurden fortgesetzt, und mehrere andere Aspekte gewannen zunehmend an Bedeutung. Die Deutschen bauten die Flugabwehrbatterien kontinuierlich aus, die bei ihrer Luftverteidigung eine zentrale Rolle spielten. Auf dem Höhepunkt im August 1944 verfügten sie über 39 000 Batterien, die von über einer Million Mann bedient wurden.[168] Der alliierte Aufwand an Mannschaften, Material und anderen Ressourcen war offenbar ebenfalls gewaltig. Der Versuch der Amerikaner, sich auf industrielle Ziele zu konzentrieren, gelang 1943 nicht immer, funktionierte manchmal jedoch auch sehr gut. So wurden bei einem Luftangriff auf Regensburg am 17. August 1943 die deutschen Produktionsanlagen für das Düsenflugzeug Me 262 schwer beschädigt.[169] Für die Sowjetunion war die Luftoffensive der Westmächte zweifellos eine große Ermutigung; Stalin sagte am 21. Oktober 1943 zum britischen Botschafter in Moskau, er würde sich sehr gerne an der Offensive beteiligen, wenn die Bedingungen an der Front dies erlaubten.[170]

Die massiven Luftangriffe bei Tag, die nach dem Sieg der alliierten Langstreckenjäger über die deutsche Luftwaffe im Februar und März 1944 wiederaufgenommen wurden und tief ins deutsche Hinterland vordrangen, veränderten das Bild radikal.

Von nun an leisteten die strategischen Bomber ihren Beitrag zum Gelingen der Invasion, indem sie zunächst in Frankreich und Belgien und danach auch in Deutschland die Verbindungswege zerstörten. Beide Unternehmen waren sehr erfolgreich. Die zweite hochwirksame Bomberoffensive von 1944 wurde von den Amerikanern gegen die deutsche Ölindustrie geführt. Nun wurde zu einem Problem, daß Harris sich nach wie vor gegen gezielte Angriffe allein auf militärische Ziele sperrte, die er als »Patentrezept« bezeichnete, und sich immer noch weigerte, auf Flächenbombardements zu verzichten, obwohl die technischen Probleme, die ursprünglich zu dieser Strategie geführt hatten, inzwischen weitgehend beseitigt waren.

Anzeichen für das Denken, das in Teilen der Royal Air Force vorherrschte, vermittelt ein Planungsdokument vom 2. August 1944. Es wurde »Operation Thunderclap: The Attack on German Civilian Morale« genannt. Das Stadtzentrum von Berlin sollte durch massive Luftangriffe in Schutt und Asche gelegt werden, ähnlich wie die Deutschen dies 1940 mit dem Stadtzentrum von Rotterdam getan hatten. Die Absicht war, die Moral der Bevölkerung zu brechen, sie zum Frieden zu zwingen und durch die Ruinen und Erinnerungen bei den Deutschen ein Gefühl »für die Konsequenzen des Angriffs auf alle Nachbarn« zu wecken, das das Kriegsende überdauern würde.[171] Auch wenn der Operationsplan im Detail so nicht durchgeführt wurde, steht doch außer Zweifel, daß das ihm zugrundeliegende Konzept insgesamt erfolgreich in die Tat umgesetzt wurde.

Die Wirkung der Bombenangriffe konnte von den Alliierten vor allem durch Funkmeldungen aus Deutschland kontrolliert werden. Zunächst galt dies hauptsächlich für die Berichte, die japanische Diplomaten über die Angriffe selbst und über die Gespräche verfaßten, die sie mit deutschen Regierungsbeamten über die Auswirkungen der Bombenangriffe führten.[172] Informationen aus verschlüsselten deutschen Meldungen gewannen erst spät an Bedeutung, dann aber wuchsen sie zu einer wahren Flut an.[173] Die strategischen Luftangriffe zerstörten das Transport- und Fernmeldewesen zunächst in Deutschland und im letzten Halbjahr des Krieges auch in Japan so nachhaltig, daß Meldungen, die normalerweise per Kabelverbindung, per Post oder per Kurier übermittelt worden wären, nun per Funk übermittelt werden mußten. Dies bedeutete, daß sie abgehört und oft auch entziffert werden konnten. Folglich war es ein Nebenprodukt der strategischen Luftangriffe, daß die Alliierten Informationen über die Effektivität eben dieser Angriffe sowie über viele andere Themen bekamen.

Auf dem pazifischen Kriegsschauplatz fanden in den letzten Kriegsmonaten schwere strategische Luftangriffe auf Japan statt, die hauptsächlich von den Amerikanern ausgeführt wurden. Sie hatten zunächst von China aus kleinere und nach der Eroberung der Marianen im Sommer 1944 von den dortigen Basen aus immer größere Angriffe geflogen. In den letzten Monaten des Krieges beteiligten sich auch seegestützte Flugzeuge der Alliierten an Luftangriffen auf das japanische Mutterland.

Die wichtigsten Stadien dieses Prozesses einschließlich des letzten, in dem die Atombomben abgeworfen wurden, werden in Kapitel 16 behandelt. An dieser Stelle soll nur berichtet werden, daß die Amerikaner nach Monaten strategischer Luftangriffe auf spezifische industrielle Ziele zu dem Schluß kamen, daß aufgrund der extremen Entfernung und des starken Jetstreams über Japan zielgenaue Bombardements nicht möglich waren. Das Wissen über diese Luftströmungen in den oberen Schichten der Erdatmosphäre, die die Japaner im Zusammenhang mit ihren Ballonangriffen auf die Vereinigten Staaten und Kanada sorgfältig analysiert hatten, war bei den Amerikanern noch ziemlich rudimentär. Insbesondere hatten sie den Zusammenhang zwischen der sehr großen Flughöhe der neuen B-29 und dem Jetstream noch nicht verstanden. Unter diesen Umständen trafen die Amerikaner im Februar/März 1945 im Krieg gegen Japan im wesentlichen dieselbe Entscheidung, wie sie die Briten drei Jahre zuvor in Europa getroffen hatten. Sie wollten auf das Bombardement weit entfernter Ziele nicht ganz verzichten, also verlegten sie sich auf Flächenbombardements der japanischen Städte und brannten diese, beginnend mit Tokio, eine nach der anderen nieder.

Wie ist all dies zu bewerten? Einerseits erwiesen sich die extremen Prognosen der Befürworter des strategischen Luftkriegs als falsch. Die ausführlichen Berichte der United States Strategic Bombing Survey und die offizielle britische Geschichte des strategischen Luftkriegs spielen die Auswirkungen der strategischen Luftoffensive eher herunter, als sie zu übertreiben, wobei der amerikanische Bericht ihrer Rolle bei der Schwächung der japanischen Wirtschaft größere Bedeutung beimißt.[174] Die britische Untersuchung über den Einfluß, den die Nachrichtendienste auf den Kriegsverlauf hatten, betont meiner Meinung nach zu Recht, daß die Luftangriffe bei der Verhinderung einer neuen Wende des Krieges nach 1943 eine wichtige Rolle spielten, weil sie Entwicklung und Produktion neuer deutscher Waffen stark verzögerten.[175] Auf die Moral der bombardierten Bevölkerung wirkten sich die Angriffe anders aus als geplant. Die permanenten Bombardements führten letztlich zu Apathie und Resignation und nicht zur Revolte. Sie hinterließen jedoch zweifellos ein Gefühl für Folgen des Krieges, das in Deutschland nach 1918 nicht bestanden hatte. Andererseits sollte man in Betracht ziehen, daß die britischen Bomberschwärme, die das seit 1940 deutsch besetzte Westeuropa auf dem Weg nach Deutschland überflogen, der dortigen Bevölkerung bewiesen, daß der Krieg noch keineswegs zu Ende war. Sie waren ein Zeichen, daß die Befreiung vielleicht zwar in weiter Ferne, aber immerhin noch im Bereich des Möglichen lag.

Die Debatte über die Rolle von Air Chief Marshal Sir Arthur Harris ist vermutlich noch nicht abgeschlossen.[176] Der kritische Punkt scheint mir, daß die Briten 1942 keine andere Wahl hatten, als das Verfahren anzuwenden, das Harris damals und für den Rest des Krieges vehement befürwortete, obwohl es zum Teil als Folge seiner eigenen Bemühungen ab Frühjahr 1944 Alternativen gegeben hätte. Das im folgenden zitierte Ergebnis einer sehr sorgfältigen Analyse des Zusammenbruchs der deutschen Kriegswirtschaft, in der die wirklich entscheidenden Auswirkungen der Bombenangriffe auf das deutsche Transportwesen besonders betont werden, ist zweifellos korrekt:

Rein militärisch gesehen kann der Schluß gezogen werden, daß strategische Luftangriffe im Krieg einen signifikanten Beitrag zum Sieg leisten können. Sie sind jedoch kein Ersatz für eine ausgewogene Strategie, die alle Komponenten der Militärmacht eines Landes berücksichtigen muß, und sie sind in besonderem Maße von zuverlässiger und sorgfältig interpretierter Aufklärung abhängig. Vor allem ist der strategische Luftkrieg kein billiger, leichter oder schneller Weg zum Erfolg. Es bedarf eines gewaltigen Einsatzes an nationalen Ressourcen, um eine Streitmacht aufzubauen, die mächtig genug ist, auch effektiv zu sein. Der strategische Luftkrieg ist nur dann erfolgreich, wenn gleichzeitige und wiederholte Schläge gegen eine kleine Anzahl unverzichtbarer Sektoren der feindlichen Wirtschaft geführt werden, nachdem die Luftherrschaft errungen worden ist.[177]

PSYCHOLOGISCHE KRIEGFÜHRUNG

Der Zweite Weltkrieg wurde nicht nur mit Waffen, sondern auch mit Worten geführt. Negativ gesehen übten alle kriegführenden Staaten eine Form der Zensur aus, um zu verhindern, daß der Feind potentiell nützliche Informationen erhielt, und um die Moral der heimischen Zivilbevölkerung zu festigen. In diesem Prozeß wurde die Kontrolle über sämtliche Kommunikationsmittel in Staaten, die bereits von autoritären Regimen regiert wurden, weiter verstärkt; aber auch die Demokratien gründeten Ministerien oder andere Institutionen zu diesem Zweck. Solche Maßnahmen zielten jedoch nicht nur auf die Konsolidierung der Heimatfront und des militärischen Zusammenhalts mittels Zensur, sondern sie hatten auch einen positiven Aspekt. Durch Wochenschauen, die damals die wichtigste visuelle Informationsquelle waren, sowie durch Spielfilme, Nachrichtensendungen, Plakate, Radioprogramme und andere Massenmedien wurde nämlich der Versuch gemacht, den Krieg zu begründen und Vertrauen in den Sieg zu wecken.[178]

Außerdem waren diese und andere Mittel nicht nur auf die eigene Bevölkerung gerichtet. Sie sollten in neutralen Ländern eine freundliche Haltung gegenüber der eigenen Sache wecken, vor allem jedoch sollten sie dem Feind Angst einjagen, ihn schwächen oder entzweien oder auf andere Art den eigenen Kriegsanstrengungen dienen. Die deutschen Methoden zur Propaganda und psychologischen Kriegführung waren schon vor dem Krieg entwickelt worden. Während des Krieges trat Deutschland mit berühmten Propagandafilmen wie *Sieg im Westen* hervor, die bewußt darauf angelegt waren, die neutralen Länder Europas einzuschüchtern und dem Rest der Welt die Macht des Dritten Reichs zu demonstrieren. Im Jahr 1940 wurde eine massive Kampagne gestartet, um die Wiederwahl Präsident Roosevelts zu verhindern, und selbst 1944 wurde nochmals ein kleinerer Versuch in dieser Richtung gemacht.[179] In der Zwischenzeit hatten die Deutschen mit geringem Erfolg versucht, die Welt dadurch zu beeindrucken, daß Bulgarien, Ungarn, Rumänien und die Marionettenstaaten Kroatien und Slowakei den Vereinigten Staaten den Krieg erklärten.[180]

Von Zeit zu Zeit setzten die Deutschen auch Überläufer ein, um bei ihren Feinden Punkte zu machen. So sprach im Juni 1940 der ehemalige Kommunistenführer Ernst Torgler im französischen Radioprogramm der Deutschen.[181] Und der Überläufer William Joyce war häufig in England zu hören, wo die wichtigste Reaktion seiner skeptischen, aber humorvollen Zuhörer darin bestand, daß sie ihm seines Akzents wegen den Spitznamen »Lord Haw-haw« verpaßten.[182] Auch die deutschen Anstrengungen, die Soldaten der Roten Armee, insbesondere in der aufwendigen Operation »Silberstreif« von 1943, durch Überläufer zu beeindrucken, waren nicht von Erfolg gekrönt. Viele Soldaten der Roten Armee gerieten in Gefangenschaft oder desertierten, aber nichts läßt darauf schließen, daß dabei Propaganda eine signifikante Rolle gespielt hätte. In der zweiten Phase des Krieges konzentrierte sich die deutsche Propaganda auf Themen wie die kommunistische Gefahr und die angebliche Untreue der daheimgebliebenen Frauen und Geliebten der alliierten Soldaten; weder das eine noch das andere Argument wirkte sonderlich überzeugend. Die Deutschen entwickelten eine große Organisation spezieller Propagandaeinheiten, die für die deutschen Wochenschauen das Kriegsgeschehen an der Front filmten, und sie nahmen Tausende von Bildern auf, die als historisches Quellenmaterial bis heute interessant sind.

Die psychologische Kriegführung der Italiener zielte darauf ab, das britische Ansehen im Nahen Osten zu untergraben. Angesichts der kolonialen Vergangenheit und der Kolonialpläne der Italiener waren diese Anstrengungen wenig erfolgreich. Die Kette italienischer Niederlagen, die im Herbst 1940 begann, machte die Diskrepanz zwischen Mussolinis Träumen und dem militärischen Abschneiden seines Landes allzu offensichtlich. Auch Versuche extremer nationalistischer Agitatoren, die wie etwa Subhas Chandra Bose, Raschid Ali oder Mohammed Amin al-Husayni, der Großmufti von Jerusalem, versuchten, Rom gegen Berlin auszuspielen, um von der Achse Garantien staatlicher Autonomie zu erhalten, die sie im Nahen Osten und in Indien propagandistisch hätten nutzen können, waren wenig erfolgreich. Diese Bemühungen sagen mehr über die Kurzsichtigkeit der Nationalisten aus, die ihre Unabhängigkeit von einem Land erwarteten, das Äthiopien gerade erst seiner Unabhängigkeit beraubt hatte, als über die psychologische Kriegführung der Achse.

Die Japaner hatten in China jede Aussicht auf propagandistische Erfolge durch ihr grausames Regiment zunichte gemacht. Im restlichen Asien versuchten sie die Völker mit der antikolonialistischen Parole »Asien den Asiaten« zu gewinnen, die sie in enger Verbindung mit dem Begriff der »großostasiatischen Wohlstandssphäre« gebrauchten. An einigen Orten fand diese Propaganda zunächst eine positive Resonanz. Viele Kolonialvölker in Südostasien waren keineswegs unglücklich, als ihre europäischen Herren geschlagen wurden, und zwar beschämend schnell. Während der Zusammenbruch der britischen, französischen und niederländischen Kolonialherrschaft die Aura von Macht und Stärke für immer zerstörte, die die Europäer einst umgeben hatte, lernten die Völker der nun von den Japanern neu eroberten Gebiete schnell, daß sie tatsächlich erobert und nicht befreit worden waren. Als außerdem immer deutlicher wurde, daß sie zum Wohlstand der Japaner beitrugen, aber nicht umgekehrt die Japaner zu ihrem Wohlstand, konnte keine noch so raffinierte Propaganda sie mehr dazu bringen, ihre Zukunft mit Tokio zu verknüpfen. Die japanische Propaganda gegenüber den Alliierten jedoch hatte nicht den geringsten Erfolg. Australiern und Neuseeländern waren die Eindringlinge auf ihrem Teil der Erde schlicht und einfach verhaßt. Den Amerikanern hatte sich die Parole »Remember Pearl Harbor« tatsächlich ins Gedächtnis eingegraben. Und keine Sendung von »Tokyo Rose«, wie die japanische Propagandistin genannt wurde, konnte bei den amerikanischen Truppen diese Erinnerung auslöschen.

In Großbritannien versuchte man zu Anfang des Krieges direkt an das deutsche Volk zu appellieren, indem man Flugblätter abwarf, die an die Verträge und Versprechen erinnerten, die Deutschland durch den Krieg gebrochen hatte. Die Hoffnung, daß sich die Deutschen gegen ihre eigene Regierung erheben könnten, erwies sich als falsch. Statt dessen feierten sie die Siege ihrer Truppen in Nord-, West- und Südeuropa. Danach wandte sich die britische Aufmerksamkeit im Bereich der psychologischen Kriegführung den eroberten Völkern des Kontinents zu. Allein schon die Tatsache, daß Großbritannien den Krieg fortsetzte, vermittelte ihnen eine gewisse Hoffnung, und diese Hoffnung wurde zunehmend durch den Anblick oder die Nachricht von britischen Flugzeugen verstärkt, die über die unterjochten Völker hinweg zu Luftangriffen nach Deutschland flogen (ein Aspekt der frühen strategischen Luftoffensive, der oft vergessen wird). Von noch größerer Bedeutung war vielleicht die Rolle der British Broadcasting Corporation (BBC). Sie erwarb sich und behielt den Ruf, wahrheitsgemäß zu berichten, und wurde zur einzig halbwegs verläßlichen Informationsquelle für Kriegsnachrichten in einem Kontinent, der im Nebel von Goebbels' Lügen versank. Die Sendungen der BBC brachten einen Funken Hoffnung in viele Haushalte der besetzten Gebiete und wurden auch für Deutsche zu einer wichtigen Informationsquelle, wenn sie das Verbot, ausländische Sender zu hören, mißachteten. Die Wirkung der Nachrichtensendungen wurde durch die Verwendung des Buchstabens V als Symbol für Victory noch wesentlich erhöht. Die Völker, die scheinbar endlose Jahre unter der Nazi-Herrschaft litten, verloren dank der britischen Maßnahmen nicht die Hoffnung auf eine bessere Zukunft.

Die Propagandaspezialisten der Sowjetunion sahen sich anfangs vor eine anscheinend nahezu unlösbare Aufgabe gestellt. Ihre Führung hatte die Westmächte zunächst als Aggressoren verurteilt und sie dann kritisiert, weil sie den Kampf fortsetzten, anstatt mit Hitler den von der Sowjetunion befürworteten Verhandlungsfrieden zu schließen. Diese an sich peinliche Ausgangslage geriet jedoch dank der deutschen Politik schnell in Vergessenheit. Schon sehr bald war unübersehbar geworden, daß Deutschland die Sowjetunion überfallen hatte, um soviel wie möglich zu plündern und zu morden. Während innere Probleme durch patriotisches Getöse überspielt werden konnten, waren die Schwierigkeiten in der psychologischen Kriegführung gegen das Ausland groß. Die sowjetischen Flugblätter für deutsche Soldaten waren in einem marxistischen Jargon geschrieben, der zwar sehr für die Linientreue ihrer Verfasser sprach, auf die Lippen ihrer deutschen Leser jedoch ein verächtliches Lächeln zauberte. Alle Quellen deuten darauf hin, daß die Appelle jener deutschen Offiziere und Soldaten, die Mitglieder des Nationalkomitees Freies Deutschland und des Bunds Deutscher Offiziere wurden, fast immer auf taube Ohren stießen.

Der eigentliche Triumph der psychologischen Kriegführung der Sowjetunion basierte nicht auf Propaganda, sondern auf den hart erkämpften Siegen der Roten Armee. Das Prestige, das der Sowjetunion aus der erfolgreichen Verteidigung ihres Landes erwuchs, war gewaltig. Unbestreitbar zermalmten ihre Truppen die Deutschen und errangen im Gefolge von Stalingrad eine ganze Kette von Siegen. Die Sowjetunion war die Macht, die das scheinbar unbesiegbare deutsche Heer zum Stehen gebracht hatte; und es war ihr Volk, das sich gegen die Invasoren tapfer verteidigte und in den Völkern der besetzten Länder die Hoffnung auf Befreiung weckte. Auch die Öffentlichkeit in Großbritannien und den Vereinigten Staaten war von der Tapferkeit der Roten Armee beeindruckt, ein Faktor, der beim Zusammenhalt der Allianz eine wichtige Rolle spielte. Das Prestige, das die UdSSR weltweit genoß und das den kommunistischen Parteien in vielen Ländern zugute kam, war eher eine Folge der sowjetischen Taten an der Front als der Worte aus Moskau.

Die Vereinigten Staaten trieben intensive Film- und Rundfunkpropaganda. Frank Capras Serie »Why We Fight« dürfte das bekannteste Beispiel für die Filmpropaganda sein. Die Filme wurden auf General Marshalls Initiative mit Filmmaterial gedreht, das hauptsächlich aus Wochenschauen der Achse stammte. Sie sollten die amerikanischen Soldaten informieren und inspirieren, die über die Entwicklung in Europa und Ostasien, die zum amerikanischen Kriegseintritt geführt hatte, oft kaum etwas wußten. Im Pazifikkrieg gab es angesichts der Haltung der japanischen Soldaten und der Verhältnisse an der japanischen Heimatfront praktisch keine Gelegenheit zur psychologischen Kriegführung. Erst in der letzten Phase des Krieges wurden beträchtliche Anstrengungen gemacht, Flugblätter und Radiosendungen einzusetzen, aber der Erfolg war gering.

Auf dem europäischen Kriegsschauplatz gaben sich die Amerikaner besonders ab 1944 weit größere Mühe, die deutschen Soldaten von der Hoffnungslosigkeit ihres Kampfes zu überzeugen und sie zum Aufgeben zu überreden.[183] Der Abwurf eines offiziös wirkenden Passes durch Flugzeuge an alle, die sich ergaben, erwies sich als die wirksamste Methode; es ist jedoch wahrscheinlich, daß die Kapitulation vieler einzelner durch dieses Mittel lediglich erleichtert, nicht jedoch eigentlich verursacht wurde.[184] Es gab »schwarze« Radiosender, »Nachrichten für die Truppe« und zahllose andere Methoden, und doch ist es bis heute eine weitgehend ungeklärte Frage, ob all diese Bemühungen großen Einfluß gehabt haben.

Nach Beginn der Feindseligkeiten konnte die psychologische Kriegführung Hoffnung und Siegesgewißheit wecken; und sie konnte den Zusammenhalt an der Heimatfront aller kriegführenden Staaten stärken. In einem Krieg, der enorme Opfer forderte, war dies zweifellos extrem wichtig. Dies galt genauso für die Amerikaner, die Kriegsanleihen zeichnen sollten, wie für alle anderen. Alle kriegführenden Länder hatten jedoch enorme Schwierigkeiten, den Kampfwillen ihrer Feinde zu schwächen.

DIE ENTWICKLUNG IN DER MEDIZIN

In einem Krieg, in dem zahlreiche neue Arten von Waffen zum Einsatz kamen, von denen viele weit tödlicher waren als die Waffen, die im Ersten Weltkrieg entsetzliches Blutvergießen verursacht hatten, war die Medizin ein Feld, auf dem große Fortschritte erzielt wurden, um Leben zu retten statt zu vernichten. Im Bereich der tropischen Medizin wurden neue Methoden zur Herstellung synthetischen Chinins entwickelt, die halfen, das schreckliche Problem der Malaria zu bekämpfen. Die Entdeckung der Sulfonamide, des Penizillins und anderer Antibiotika ermöglichte es besonders Amerikanern und Briten, Tausenden von verwundeten Soldaten das Leben zu retten, die ohne die neuen Heilmittel an Infektionen gestorben wären. Sie waren eine neue Kategorie von Medikamenten, die in der Nachkriegszeit gewaltige Bedeutung erlangten.

Eine ähnlich lebensrettende Rolle wie die Antibiotika spielte die Entwicklung, Anwendung und zunehmende Verbreitung von Bluttransfusionen bei der chirurgischen Versorgung Verwundeter. Im Zusammenspiel mit den schnelleren Transportmitteln, die die Verwundeten in frontnahe Hospitäler brachten, führten sie zu einer drastischen Erhöhung der Überlebenschancen. Das Schlachtfeld, das sich Hunderte von Kilometern hinter der Front in einer bombardierten Stadt oder aber in einem Schützenloch befinden konnte, hatte nichts von seinem Schrecken verloren, und es waren neue Schrecken hinzugekommen. Die Möglichkeiten, Wunden zu versorgen, hatten sich jedoch stark verbessert.[185]

Eine Errungenschaft des Krieges, die sich als durchaus zwiespältig entpuppte, war die Entdeckung von DDT. Diese pulverförmige Chemikalie zeigte enorme Wirkung bei der Bekämpfung verschiedener Krankheiten, insbesondere von Fleckfieber und Malaria, die ansonsten wie in vergangenen Kriegen Zehntausende getötet oder schwer geschädigt hätten. Es kann überhaupt kein Zweifel bestehen, daß sich der Einsatz von DDT während der Feindseligkeiten und in der verzweifelten Situation, die unmittelbar nach Kriegsende in vielen Ländern herrschte – etwa im Zuge der Befreiung von Kriegsgefangenen, Internierten und KZ-Häftlingen, um nur einige Beispiele zu nennen –, als sehr segensreich erwies. Die hemmungslose Verwendung des neuen »Wundermittels« nach dem Krieg richtete jedoch große Umweltschäden an und machte deutlich, daß DDT nur in extremen Notfällen eingesetzt werden sollte.

Es muß auch darauf hingewiesen werden, daß der Krieg Gelegenheit oder Vorwand für die schlimmsten medizinischen Experimente der Menschheitsgeschichte bot. Sie wurden in deutschen und japanischen Lagern an unfreiwilligen Opfern durchgeführt. Tausende wurden absichtlich verletzt, verstümmelt, infiziert und in aller Regel getötet, entweder durch die oder kurz nach den entsetzlichen Prozeduren, denen sie unterworfen worden waren, die angeblich das medizinische Wissen der Täter erweitern sollten. Obwohl von Deutschen auf medizinischen Kongressen über die Experimente berichtet wurde, gehören sie eher ins Reich der Folter als ins Reich der Medizin. Zumindest einige dieser »Doctors of Infamy« wurden nach dem Krieg vor Gericht gestellt. Der medizinische Wert ihrer Schlächtereien war gleich Null.[186] Es fällt nicht schwer, eine Kosten-Nutzen-Rechnung aufzustellen, was die Zerstörungskraft der Waffen und die potentiellen Vorteile der neuen technologischen und medizinischen Entwicklung betrifft. Die endlosen Listen mit Gefallenen sind ein stummer, aber überzeugender Beweis für die Bedeutung, die diese neuen Entwicklungen in der Summe für die Menschheit hatten. Trotzdem waren Radar und Düsenflugzeuge im Verkehrswesen und die neuen Medikamente, chirurgischen Verfahren und andere Methoden zum Schutz und zur Erhaltung des Lebens ein positives Erbe, das das Leben von Millionen verbessert und verlängert hat. Allerdings nur, solange die ebenfalls neuen Atomwaffen auch weiterhin nicht eingesetzt werden.

Eine weitere wichtige Entwicklung, die schon im Ersten Weltkrieg begonnen hatte, sich jedoch erst im Zweiten Weltkrieg voll entfaltete, war der wachsende und manchmal sogar bestimmende Einfluß der Wissenschaft auf die Politik. Die Positionen von Karl Krauch in Deutschland, Lord Cherwell in Großbritannien und James Conant in den Vereinigten Staaten beruhten auf der gewaltigen Bedeutung wissenschaftlicher Entwicklungen, die bei der Führung eines modernen Krieges zwischen hochindustrialisierten Gesellschaften den Einsatz wissenschaftlicher Experten zwingend notwendig machten. Jede Unterbrechung der Forschung, wie etwa der in Deutschland am 10. Oktober 1941 verhängte Entwicklungsstopp, konnte sich verhängnisvoll auswirken, selbst wenn sie später wieder aufgehoben wurde.[187] Der große Krieg brachte die große Wissenschaft hervor, und sie spielte auch in den Nachkriegsjahren eine entscheidende Rolle.

Ein weiterer Aspekt des Krieges, der bis zum ersten Horn zurückreicht, das je zur Schlacht rief, fand ebenfalls in der Nachkriegszeit seine Fortsetzung. Die Militärmusik hatte von der Antike bis in die Moderne alle Kriege begleitet. Abgesehen davon, daß in großem Maßstab Plattenaufnahmen und Radiosendungen eingesetzt wurden, änderte sich der Charakter der Militärmusik während des Zweiten Weltkriegs nicht wesentlich. Ein Vorfall sei hier trotzdem kurz erwähnt. Mitte Juli 1941 nahm die Rote Armee den Leiter einer deutschen Regimentskapelle gefangen. Nach dem Krieg tauchte er als Kapellmeister der Nationalen Volksarmee (NVA) der inzwischen nicht mehr real existierenden DDR wieder auf und machte die Musik, zu der die DDR-Soldaten im Stechschritt paradierten. In den fünfziger Jahren wurde er ins kommunistische China geschickt, um in der Volksbefreiungsarmee Militärmusik zu lehren.[188] Man kann nur hoffen, daß die daraus resultierende Musik genauso gut klang, wie das »chinesische« Tsingtao-Bier schmeckt, das von den Schülern deutscher Bierbrauer in der ehemaligen deutschen Kolonie in China gebraut wird.

11

Vom Frühjahr 1943 bis zum Sommer 1944

Die deutsche Führung stand am Beginn des Frühjahrs 1943 vor teils guten und teils schlechten Aussichten. Gut war fürs erste, daß sie große Katastrophen hinausgezögert und neue Waffen entwickelt hatte. Nach der großen Niederlage von Stalingrad konnte sie mit einem Gegenschlag, der zumindest die Hoffnung auf eine neue Offensive im Osten erlaubte, zeitweilig das Blatt wenden. In Nordafrika waren im März – dem Monat des deutschen Sieges bei Charkow im Osten – die Aussichten der Achsenmächte alles andere als ermutigend, obwohl sie einen schnellen Sieg der Alliierten verhindert hatten, der wahrscheinlich einer Landung in Westeuropa schon im Sommer oder Herbst 1943 den Weg geebnet hätte. Selbst wenn jetzt auf die erfolgreiche Offensive der Alliierten in Tunesien weitere Operationen im Mittelmeerraum folgen sollten, war immerhin wertvolle Zeit gewonnen.

Darüber hinaus verließen neue Waffen in großer Zahl die Fabriken. Endlich wurden so viele U-Boote produziert, daß rund hundert gleichzeitig auf Feindfahrt sein konnten. Die früheren Probleme mit den schweren Tiger-Panzern konnten gelöst werden, mit der Auslieferung der neuen mittelschweren Panther-Panzer wurde begonnen; man konnte sicher davon ausgehen, daß im Laufe des Jahres die monatliche Produktion dieser und anderer wichtiger Waffen – vor allem Sturmgeschütze – anwachsen würde. Am wichtigsten war vielleicht die Mobilisierung von Arbeitskräften. Gleichzeitige Rationalisierung in der Industrie und Massenbeschäftigung von Kriegsgefangenen und Zwangsarbeitern setzte viele Arbeitskräfte für die Armee frei, so daß diese im Osten im Sommer 1943 fast wieder die Stärke von 1941 erreicht hatte.[1]

Die Bemühungen der Finnen, Ungarn und Rumänen, aus dem Krieg auszutreten, waren von den Deutschen rigoros unterdrückt worden. Der U-Boot-Krieg sollte die westlichen Alliierten 1943 handlungsunfähig machen; weiterhin wurde erwartet, daß im Verlauf des Jahres die Rückgewinnung der Initiative auf dem südlichen Teil der Ostfront, zusammen mit den durch den Rückzug von den Frontbögen bei Demjansk und Rschew freigewordenen Mitteln, einen Großangriff auf mindestens einem Abschnitt der Ostfront ermöglichen würde. Die Kämpfe an diesem Kriegsschauplatz sollten weiterhin Vorrang haben und mit brutaler Härte geführt werden.[2] Die Schläge, die Deutschland seinen Feinden im Westen zur See und im Osten auf dem Land zufügen wollte, sollten ermöglichen, bis zum Zerfall der Allianz von Großbritannien, der Sowjetunion und den Vereinigten Staaten durchzuhalten.[3]

Die Aussichten der Italiener waren in jeder Hinsicht schlecht. Sie waren vollkommen abhängig von Deutschland und konnten nur noch versuchen, ihren mächtigen Verbündeten zu überzeugen, im Osten Frieden zu schließen – was Hitler zurückwies – und mehr Kräfte auf die Kriegsschauplätze im Mittelmeerraum zu konzentrieren. Einiges hiervon wurde später durchgeführt, doch aus den klaren Anzeichen der drohenden Niederlage in Tunesien ging hervor, daß der Sturmangriff der Alliierten auf Italien selbst unmittelbar bevorstand. Die Stimmung im Land war gesunken, vor allem nach dem Verlust Libyens. Im Juni 1940 war die Begeisterung für den Krieg nicht groß gewesen, jetzt war sie vollkommen dahin. In Griechenland, Ostafrika, Nordafrika und der Sowjetunion folgte Niederlage auf Niederlage. Dennoch war der Sturz des Regimes noch lange nicht in Sicht.[4]

Die Italiener befürchteten, daß sie auf dem Balkan in jedem Fall die Verlierer sein würden: Wurden die Achsenmächte besiegt, dann wäre alles zu Ende; aber selbst wenn die Achsenmächte siegten, würden die Deutschen auf dem Balkan die Macht übernehmen.[5] Die Selbstversenkung der französischen Flotte im Hafen von Toulon im November 1942 nahm den Italienern die Angst vor einer französischen Seestreitmacht im Mittelmeer, die größer gewesen wäre als ihre eigene bei Kriegsende[6]. Aber auch die deutsche Rücksichtnahme auf die Wünsche der Italiener in Nordafrika und dem jugoslawisch-griechischen Raum, die Hitler immer betonte, konnte nicht verschleiern, daß Deutschland als künftige Siegermacht alles unter Kontrolle haben wollte.[7] Weiterhin gab es beständig Spannungen zwischen den beiden europäischen Achsenmächten wegen unzureichender Lieferungen von Kohle für die italienische Industrie und Öl für die italienische Marine, die Deutschland versprochen hatte. Gleichzeitig beklagten die Italiener die schlechte Behandlung der vielen Arbeiter, die zur Unterstützung der deutschen Industrie entsandt worden waren.[8]

In dieser Situation wurden die ersten Friedensfühler im Dezember 1942 vom italienischen Königshaus zu den Briten ausgestreckt. Die Versuche wurden mit der Forderung zurückgewiesen, die Italiener selbst müßten zuerst Mussolini absetzen und sich von den Deutschen befreien; Forderungen, von denen die Briten zu Recht glaubten, die Italiener würden sie nicht erfüllen.[9] Auf weitere Anfragen im Januar 1943 wurde ähnlich reagiert.[10] Churchill bemerkte am 13. Februar 1943, daß es vielleicht nach der Landung in Sizilien, damals für den Sommer geplant, möglich wäre, Italien aus dem Krieg herauszulösen.[11]

Mussolini war nicht in der Lage, Hitler von der Notwendigkeit eines Abkommens mit Stalin zu überzeugen. Deshalb konnte er nur um weitere deutsche Hilfe gegen die erwarteten Angriffe der Alliierten vom Mittelmeer aus bitten. Gleichzeitig vollzog er in seiner Regierung einige Änderungen; die wichtigste war die Entlassung des bisherigen Außenministers Ciano, den er zum Botschafter im Vatikan machte. Zudem drängten die Italiener Deutschland zu einer versöhnlicheren Politik gegenüber den besiegten Völkern Europas. Von der Entlassung Cianos, der zunehmend deutschfeindliche Positionen vertrat, waren die deutschen Machthaber begeistert. Doch die Forderung, die Politik der Ausbeutung in den besetzten Gebieten zu mäßigen, konnten sie nicht akzeptieren. Im Gegenteil sollte die wachsende Rekrutierung von Zwangsarbeitern mehr deutsche Männer für die Streitkräfte freisetzen. In der neuen Ordnung war kein Platz für gemäßigte Politik oder gar Versprechungen gegenüber Völkern, die von den Deutschen als minderwertig betrachtet wurden. Außerdem argwöhnten die Italiener völlig zu Recht, daß ihr Verbündeter sie ebenfalls zu dieser Kategorie von Völkern zählte.[12] Wenn Briten und Amerikaner 1943 untereinander und zur Sowjetunion ein gespanntes Verhältnis hatten, so war dies noch harmlos im Vergleich zu den Spannungen zwischen Deutschland und Italien. Zudem gab es auch zwischen den europäischen Achsenmächten und Japan keine Übereinstimmung.

Die japanische Regierung war – nach wie vor – unfähig, eine angemessene Chinapolitik auszuarbeiten. Einerseits hofften die Japaner, Tschiang Kai-schek zu besiegen, aber sie hatten noch keine wirkungsvolle Taktik dafür entwickelt. Gleichzeitig versuchten sie, die Herrschaft von Wang Tsching-wei aufzubauen, doch waren sie nicht bereit, ihm die erforderlichen Zugeständnisse zu machen, durch die aus einer offensichtlichen Marionette eine für Chinesen annehmbare Alternative zu Tschiang geworden wäre. Sie konnten Deutschland und Italien davon überzeugen, die Wang-Regierung anzuerkennen, aber weder diese Maßnahme noch die minimalen Korrekturen zugunsten seines Regimes bezüglich der alten internationalen Konzessionen in China konnten eine wirkliche Änderung bewirken. Auch Wangs Kriegserklärungen gegenüber Großbritannien und den Vereinigten Staaten waren ohne praktische Bedeutung. Eine Schlüsselfigur aus dem Kreis um Wang, Chon Fo-hai, stand mit Tschiang in Kontakt, doch auch das konnte in keiner der beiden wirkungslosen Regierungen Änderungen herbeiführen.[13] Auch die Pläne für organisierte Freiwilligenheere, die an der Seite der Japaner kämpfen und aus den besetzten Gebieten von Südostasien rekrutiert werden sollten, zeigten keinerlei Resultate. Diese Heere spielten in der Nachkriegszeit eine entscheidende Rolle, nicht jedoch während des Krieges.[14]

Im Krieg sahen die Japaner die Situation in Europa realistisch und drängten die Deutschen weiterhin, mit der Sowjetunion Frieden zu schließen und sich auf den Krieg gegen Großbritannien und die Vereinigten Staaten, vor allem im Mittelmeerraum, zu konzentrieren.[15] Tokio verfolgte mit Sorge, daß sein deutscher Verbündeter Anstalten machte, statt dessen mit den westlichen Mächten Frieden zu schließen und Japan im Kampf gegen den starken und unerbittlichen Gegner im Stich zu lassen. Aber in diesem Punkt konnten sie genauso beruhigt sein, wie sie durch das deutsche Bestehen auf einer erneuten Ost-Offensive enttäuscht wurden.[16]

In seinem Hauptkampf mit Großbritannien und den Vereinigten Staaten verfolgte Japan als oberstes Ziel die Begrenzung des Krieges auf diese Staaten. Die Sowjetunion durfte sich auf keinen Fall dem Kreis der japanischen Feinde anschließen, weder durch direkte Kampfhandlungen noch indirekt, indem sie den Amerikanern die Benutzung der Luftstützpunkte im Fernen Osten für Angriffe auf Japan erlaubte. Deshalb mußten die Japaner in den laufenden Verhandlungen über Fischerei-Rechte und andere Konflikte der japanisch-sowjetischen Beziehungen Zugeständnisse machen[17]. Sie durften sich nie in die Verschiffung von Hilfsgütern aus den Vereinigten Staaten in die Sowjetunion über den Pazifik einmischen, wie sehr sich die Deutschen darüber auch beklagten; und sie mußten sich Anfang 1943 rückversichern, daß die Sowjetunion die Vereinigten Staaten bei dem drohenden Feldzug auf den Aleuten, der die dortige japanische Stellung zerstörte, nicht unterstützte. Es sollte ein schwieriges Jahr für die japanisch-sowjetischen Beziehungen werden, denn aus der Sicht Tokios schien die Stellung der Sowjetunion stärker zu werden, aber es gab keine Alternative zu Zugeständnissen gegenüber Moskau: Der Kampf gegen die Vereinigten Staaten und Großbritannien war zu einem langwierigen Konflikt geworden, in dem Japan inzwischen in die Defensive gedrängt worden war.

Die Überprüfung der Grundstrategie nach der Räumung von Guadalcanal im Februar 1943 hatte ein Konzept zur Folge, welches die Balance der Land- und Seestreitkräfte den Rest des Jahres 1943 aufrechtzuerhalten suchte. Dies wurde erst 1944 geändert. Nach diesem Konzept sollte es keine neuen Offensiven gegen China oder von Birma aus gegen Indien geben. In beiden Gebieten sollte die gegenwärtige Stellung gehalten werden (obwohl gerade in dieser Beziehung 1944 Änderungen vollzogen wurden). Im Südpazifik mußte nach den Niederlagen von Buna und Gona die Stellung im zentralen Neuguinea gehalten werden, genauso wie die Niederlage von Guadalcanal zeigte, wie wichtig die Stellung auf den nördlichen Salomon-Inseln war. Die vereinbarte Taktik, in einem neuen Kriegsplan vom 15. März 1943 zusammengefaßt, forderte die Verteidigung aller Stellungen und Fronten im Süden.[18] Die amerikanischen und australischen Streitkräfte sollten für jeden Vorstoß, auch wenn er noch so klein war, teuer bezahlen, bis ein großangelegter Gegenschlag der Marine zum Sieg der Japaner führen oder die etwaige Erschöpfung der Feinde ein neues Abkommen zu den Interessensphären Ostasiens zur Folge haben würde.[19] Am 18. April 1943 wurde das Flugzeug des Admirals Yamamoto Isoroku von amerikanischen Flugzeugen abgeschossen; sein Tod hatte jedoch keine Veränderungen zur Folge. Sein Nachfolger, Admiral Koga Mineichi, hielt an der gleichen Taktik fest. Japan sollte einen Defensivkrieg führen, bis seine Gegner resignieren würden.

DIE PLÄNE DER WESTLICHEN ALLIIERTEN

Briten und Amerikaner hatten auf der Konferenz von Casablanca im Januar das Jahr 1943 geplant. Dabei gaben sie der Zerschlagung der feindlichen U-Boot-Waffe oberste Priorität. Die Luftoffensive gegen Deutschland sollte verstärkt werden und auf den Tunesienfeldzug, dessen Dauer jetzt auf einige Monate geschätzt wurde, die

Operation »Husky«, die Invasion Siziliens, folgen. Ihr Ziel war, das Mittelmeer frei zu machen, deutsche Streitkräfte von der Ostfront abzuziehen und Italien in noch stärkerem Maße zu schwächen. Noch war nicht beschlossen, was auf Husky folgen sollte. Als die britischen und amerikanischen Führer sich im Mai 1943 (Deckname »Trident«) erneut in Washington trafen, waren die Meinungsverschiedenheiten so groß, daß keine endgültige Entscheidung getroffen werden konnte. Die Kommandanten der britischen und amerikanischen Luftwaffe und der Stabschef der US-Armee, General Marshall, waren für die Rücknahme von Operationen im Mittelmeer, um in Großbritannien die Vorbereitungen für die Invasion in der Normandie zu forcieren. Die britischen Kommandanten des Heeres und der Marine wie Admiral King drängten auf weiteren Druck im Mittelmeer, um Italien zum Kriegsaustritt zu zwingen.[20] Es wurde beschlossen, die Empfehlung des Oberbefehlshabers der Alliierten für den Mittelmeerraum abzuwarten. Bis Eisenhowers Empfehlung vorgelegt und bewilligt worden war, hatte die Landung auf Sizilien jedoch schon stattgefunden. Diese Operation und andere Probleme der Beziehungen zwischen Großbritannien und den Vereinigten Staaten müssen dargestellt werden, bevor die weiteren Entscheidungen des Sommers 1943 untersucht werden können.

Nicht nur strategische Gründe führten zu Unstimmigkeiten unter den westlichen Alliierten. Amerikaner und Briten hatten sehr unterschiedliche Standpunkte zur Wirtschafts- und Kolonialpolitik. Während des gesamten Krieges übten die Amerikaner auf die Briten Druck aus, sie sollten von ihren imperialen Handelspräferenzen absehen, die sie in der Weltwirtschaftskrise angelegt hätten. In den Augen der Amerikaner, vor allem von Außenminister Cordell Hull, beeinträchtigte diese britische Handelspolitik den Welthandel im allgemeinen und den amerikanischen Handel im besonderen.[21]

Ein weiteres Problemfeld entstand durch die amerikanische antikolonialistische Tradition. Seit dem Winter 1941/42 schuf die offensichtliche Abneigung der Amerikaner gegen Kolonialismus ernsthafte Probleme für die Allianz. Vor allem an Indien wurde dies deutlich. Außerdem fürchtete Präsident Roosevelt einen negativen Einfluß auf die Unterstützung in der amerikanischen Bevölkerung für den Krieg, wenn die Vereinigten Staaten sich nicht energisch für das Ende des Kolonialismus einsetzten.[22] Andererseits bestanden die Briten, und allen voran Churchill, darauf, nicht in Diskussionen über die Zukunft des britischen Empire, das dem Premierminister teuer war und nicht von den Amerikanern bewertet werden sollte, verwickelt zu werden. Sogar in den schwersten Kriegstagen gab es eine Abneigung, in diesem Bereich Debatten zu riskieren.* Als das Blatt sich wendete, waren die Briten noch viel weniger

---

* Interessant ist die Sorge in London, die Amerikaner könnten die Falkland-Inseln an Argentinien übergeben, wenn sie gebeten würden, diese zu besetzen. Brooke notierte in seinem Tagebuch am 2. Januar 1942: »Während wir diskutieren, landen dort die Japaner.« (Liddell Hart Centre, Alanbrooke Papers)

geneigt, einen Wandel in ihrer Kolonialpolitik in Betracht zu ziehen, sei es nun, um den Nationalisten in den Kolonien oder den Amerikanern einen Gefallen zu tun. Der Verdacht der Amerikaner, britische imperiale Interessen seien die Ursache für das britische und vor allem Churchills Insistieren auf umfangreichen Operationen im Mittelmeerraum, verschärfte die Diskussion über die Taktik entscheidend.

Dieses Argument wurde im Sommer 1942 mit der Entscheidung, in Nordwestafrika einzumarschieren, abgelehnt. In Casablanca war es angesprochen, aber nicht entschieden worden. Nachdem Deutschland im November 1942 den Kampf um Tunesien gewonnen hatte, wurde im Januar 1943 offensichtlich, daß eine Invasion in Nordfrankreich im Sommer 1943 praktisch unmöglich war. Die Amerikaner entwickelten jedoch nie eine große Begeisterung für die Operationen im Mittelmeerraum: Alle Handlungen waren in ihren Augen Ablenkungen von den Hauptzielen.[23] Die Briten wollten andererseits die Möglichkeiten im Mittelmeerraum voll ausschöpfen. Es wurde immer offensichtlicher, daß Churchill – entgegen seiner eigenen Überzeugung von einem Angriff über den Kanal – immer wieder die Wichtigkeit von Einsätzen im Mittelmeerraum hervorheben würde. Der britische Stabschef, Feldmarschall Brooke, propagierte weiterhin Einsätze im Mittelmeerraum, vor allem die Landung in Italien, weil er glaubte, den Deutschen würde dort die Verstärkung ihrer Verbände schwerer fallen als in Frankreich. An dieser Vorstellung hielt er voller Überzeugung fest, auch nachdem die Landungen vom Juli und Oktober 1943 und Januar 1944 das Gegenteil bewiesen hatten. Andererseits hatte Marshall von Anfang an Einwände gegen den Einsatz in Nordwestafrika, weil er wie eine Saugpumpe viele Mittel anziehen würde und so die große Invasion, durch die die Alliierten am meisten Macht erlangen und die Deutschen bezwingen konnten, mehr beeinträchtigen als unterstützen würde. Dieses Argument war während des ganzen Krieges zu hören, und es belebte auch noch die Nachkriegsdebatten. Wie wir noch sehen werden, waren es bei dem einzigen Einsatz im Mittelmeerraum, dem Marshall (und Eisenhower) zustimmten, der Invasion in Südfrankreich, gerade die Briten, die diese Pläne ablehnten. Eine Reihe von Kompromissen und Strategien wurde ausgearbeitet, aber die Auseinandersetzung hinterließ viele boshafte Bemerkungen über Marshall in Brookes Tagebuch.[24]

Das wichtigste Resultat der Verhandlungen zwischen Großbritannien und den Vereinigten Staaten Anfang 1943 war, neben dem Krieg im Atlantik, die bevorstehende Invasion Siziliens.[25] Da die westlichen Alliierten den Druck auf die Sowjetunion während der erwarteten neuen Sommeroffensive der Deutschen durch eine Landung an der Kanalküste nicht mindern konnten, wollten sie diese Operation möglichst früh im Jahr in Angriff nehmen. Noch während die Schlacht um Tunesien im Gange war, wurde über endgültige Termine diskutiert. Churchill und Roosevelt hofften, daß der für August veranschlagte Termin für die Landung vorverlegt werden könnte. Obwohl sie sich für Juni einsetzten, wurde schließlich der Termin Anfang Juli festgelegt, also kaum zwei Monate nach Beendigung des Tunesienfeldzugs.

Der ursprüngliche Invasionsplan sah zwei Armeen vor, eine britische und eine amerikanische, die auf gegenüberliegenden Seiten der Insel landen sollten: die Briten im Südosten und die Amerikaner im Nordwesten. Auf Montgomerys Verlangen, der die britische 8. Armee bei der Invasion befehligen sollte, wurde der Plan geändert. Beide Armeen sollten von Südosten angreifen, die amerikanische 7. Armee unter Patton auf der linken Flanke der Landungstruppen. Diese Veränderung wurde zusammen mit verschiedenen kleineren, aber dennoch bedeutsamen Änderungen nach ausführlichen und teilweise hitzigen Debatten beschlossen. Montgomerys Forderung, er selbst solle den gesamten Einsatz leiten, wurde jedoch nicht akzeptiert. Die Heeresgruppe würde unter der Führung Alexanders stehen, der wiederum Eisenhower als dem alliierten Oberbefehlshaber unterstand. Wenn man bedenkt, daß es Montgomery fast unmöglich war, mit Amerikanern zusammenzuarbeiten, so war dies unzweifelhaft eine notwendige Regelung der Befehlsgewalten, aber es verschlimmerte nur sein negatives Verhältnis gegenüber der amerikanischen Armee und sollte ernsthafte Auswirkungen auf den Feldzug und die Zeit danach haben.[26]

SIZILIEN UND DIE KAPITULATION ITALIENS

Die geplante Landung auf Sizilien war die erste in Europa, seit die Briten 1941 Griechenland und Kreta hatten verlassen müssen, und sie wurde nicht wie in Nordwestafrika gegen die Streitkräfte der Vichy-Regierung geführt, sondern gegen italienische und deutsche Truppen auf italienischem Gebiet. Außerdem hatten die Alliierten nicht so viele Informationen durch Spionage, wie das bei den Einsätzen in Afrika der Fall gewesen war. Dort hatte der Geheimdienst der Alliierten ausgezeichnete Quellen in französischen Gebieten gehabt und konnte einen Großteil der deutschen und italienischen Funksprüche für die Streitkräfte in Nordafrika dechiffrieren. Auf Sizilien und dem italienischen Festland hatten die Alliierten jedoch keine Agenten. Zudem verwendeten die Hauptquartiere der Achsenmächte Kabelübertragung. Diese Telegramme konnten im Gegensatz zu Funksprüchen nicht abgefangen und dechiffriert werden. Nur die deutsche Luftwaffe gebrauchte weiterhin Funkgeräte, wodurch sie die Alliierten unwissentlich mit vielen nützlichen Informationen versorgte.

Um die Achsenmächte zu irritieren und sie zum Auseinanderziehen ihrer Truppen zu bewegen, inszenierte der Geheimdienst der Alliierten eine Reihe von Täuschungsmanövern, die den Eindruck vermitteln sollten, die Landungen seien auf Sardinien (was tatsächlich eine Zeitlang in Betracht gezogen wurde) und in Griechenland geplant. Das berühmteste dieser Projekte, »The Man Who Never Was«[27], stützte sich auf die Sympathie der Achsenmächte für Francos Spanien. Mit einer Leiche, die an der spanischen Küste angetrieben wurde, waren den Deutschen eigens für sie gefälschte Dokumente zugespielt worden.

Die Deutschen wurden durch diese Intrigen wegen der bevorstehenden Landung verwirrt und verlegten einige Truppen an andere Orte. Die erreichten Vorteile wurden jedoch teilweise durch grobe Fehler zunichte gemacht, die aus mangelnder Vorbereitung und Koordination zwischen den Kommandanten der Luftwaffe und der Marine resultierten. Die Luftlandeangriffe sollten britischen und amerikanischen Landungstruppen das schnelle Vorstoßen ins Landesinnere durch die Einnahme von Schlüsselpositionen hinter den Stränden ermöglichen. Die Luftlandetruppen waren jedoch von einer schlecht instruierten Leitstelle falsch dirigiert worden. Deshalb litten sie gleichermaßen unter dem Feuer der Alliierten und dem der Achsenmächte und konnten bei der schnellen Einnahme der Insel nur teilweise nützlich sein.[28]

Die Landung am 10. Juli 1943 war erfolgreich.* Die Verteidiger wurden trotz der enormen Größe der Armada, die die britischen und amerikanischen Stoßtruppen brachte, überrascht.[29] Die britischen Streitkräfte konnten den großen Hafen von Syrakus ohne Zerstörung einnehmen und ebenso einige Flugplätze, die der alliierten Luftwaffe bei der Infanterieunterstützung hätten hilfreich sein können. Doch gerade als die vormarschierenden britischen Streitkräfte an der Ostküste auf gleichwertigen deutschen Widerstand stießen, verlor Montgomery im Überschwang seine sonstige Vorsicht und teilte seine Truppen. Er übernahm die Straße nach Norden, die den Amerikanern ermöglicht hätte, landeinwärts vorzustoßen. Dann leitete er je ein Korps auf die beiden Flanken seines Landungsabschnitts im östlichen Sizilien. Danach ging alles schief. Der Vorstoß der 8. Armee an der Küste – der sich bis nach Messina hätte durchschlagen und somit die Truppen der Achsenmächte in Sizilien hätte abschneiden können – war jetzt zu schwach und blieb bald in der Ebene von Catania stecken. Der Vorstoß der 8. Armee ins Landesinnere, eigentlich die Aufgabe der Amerikaner, bewegte sich langsam vorwärts, zeigte aber keinen großen Effekt. Die Amerikaner hatten eine aggressive Gegenattacke der Deutschen am Strand von Gela erfolgreich abgewehrt, teilweise durch die ausgezeichnete Unterstützung von Schiffsgeschützen; dann wurden sie in Richtung Nordwest umgeleitet, kämpften um Palermo – was eine spektakuläre, aber wenig einträgliche Kriegsbeute darstellte – und mußten ihren Angriff dann in den Osten nach Messina ganz umdrehen.[30]

Ergebnis dieser Pannen war, daß die Alliierten sich zwar den Weg freikämpfen konnten und viele italienische Gefangene machten, aber sie konnten die Deutschen nicht vernichten, sondern schoben sie nur langsam von der Insel. Ein letztes Mißgeschick des Feldzugs war die Tatsache, daß die alliierten Luft- und Seestreitkräfte trotz ihrer überwältigenden Überlegenheit nicht die Evakuierung der deutschen Truppen über die Meerenge von Messina verhindern konnten.[31] Die westlichen Alliierten hatten einen lokalen Sieg errungen; vor allem ihre Landstreitkräfte hatten gut und hart gekämpft: Die britische 8. Armee (jetzt verstärkt durch eine kanadische Division) hatte sich erfolgreich von der Kriegführung in der Wüste auf ein neues Kampfgebiet

---

* Roosevelt kontrollierte persönlich im Kartenraum, dem Kommandozentrum des Weißen Hauses, nach Mitternacht alle 20 Minuten die Nachrichten (Log 10. Juli 1943, FDRL, Map Room Box 195, Log 1a). Am 6. Juni folgte dem Präsidenten sein Scotchterrier Falla in den Kartenraum, dem Roosevelt dann bedeutete, daß ihm der Zutritt nicht erlaubt sei.

eingestellt. Die amerikanischen Soldaten bewiesen, daß sie aus den Lektionen in Tunesien viel gelernt hatten. Aber die hohen Kommandeure der Alliierten konnten sich ihrer Taten nicht gerade rühmen. Eisenhower und Alexander hatten ihre Untergebenen nicht wirksam kontrolliert. Montgomery hatte die Situation falsch eingeschätzt und verpaßte die gute Möglichkeit zu Beginn – wobei er sich auch noch die Amerikaner zu Feinden machte. Patton war selbstverschuldet in Ungnade gefallen, weil er in zwei Feldlazaretten bombenneurotische Soldaten geohrfeigt und als Feiglinge beschimpft hatte, was ihn fast seinen Posten gekostet hätte.[32] Nur General Omar Bradley hatte sich als erfolgreicher Truppenkommandeur erwiesen, was ihm auch höhere Stellungen einbrachte.

Auch wenn die Eroberung von Sizilien nicht in jeder Hinsicht erfolgreich gewesen war, so konnte die Operation Husky doch einiges zum Sieg beitragen. Am wichtigsten war der Einfluß auf die deutsche Kriegführung: Weil die Landung auf Sizilien stattfand, als die Schlacht um Kursk in die entscheidende Phase eintrat, konnte sie, was später diskutiert wird, die Entscheidung der Deutschen beeinflussen, alle offensiven Einsätze an der Ostfront zu beenden. So konnten alle Verstärkungen – Truppen und Flugzeuge – nach Italien und auf den Balkan geschickt werden. Außerdem machte Husky den Deutschen unmißverständlich klar, daß die Italiener weder in der Lage noch willens waren, sich entschlossen gegen Großbritannien und die Vereinigten Staaten zu verteidigen. Die Deutschen würden weitere Truppen nicht nur nach Italien selbst, sondern auch in die Teile des Balkans schicken müssen, in denen italienische Truppen stationiert waren. Es war nun eindeutig, daß die Italiener den alliierten Landungen nichts entgegenzusetzen hatten.

Die Befürchtungen der Deutschen wurden durch die Wirkung des Vormarschs der Alliierten und die Bombardierung von italienischen Städten auf die Heimatfront in Italien verstärkt. Die Nachrichten, die Berlin aus Rom erhielt, waren unklar, doch war offensichtlich, daß die Herrschaft Mussolinis, schon angeschlagen durch den Verlust der afrikanischen Kolonien, durch die Angriffe auf italienischem Boden allmählich ins Wanken geriet. 1917 hatte der Sieg der Mittelmächte über die Italiener bei Caporetto zur Bildung von patriotischem Widerstand aus dem Volk geführt, um das Land gegen die drohende Gefahr eines Sieges der deutschen und österreichischen Truppen zu verteidigen. Die Bilder von Bürgern aus Palermo, die mit weißen Flaggen winkten oder gar den amerikanischen GIs zujubelten, bewiesen, daß die Stimmung im Volk diesmal eine ganz andere war. Noch bevor Mussolini von seinen früheren Freunden und Mitgliedern des Großrates des Faschismus gestürzt wurde, planten die Deutschen, in Italien und den von Italien besetzten Gebieten Frankreichs, Jugoslawiens, Griechenlands und Albaniens die Kontrolle zu übernehmen.[33]

In den Wochen zwischen der Zerschlagung der Achsenmächte in Tunesien und der Landung auf Sizilien hatten die Deutschen begonnen, Truppen von ihren Armeen in Frankreich nach Italien zu verlegen, ob die italienische Regierung das nun wollte oder nicht. Während Mussolini hoffte, zumindest in seinem Land den Anschein der

Unabhängigkeit zu wahren, erkannten die führenden italienischen Militärs, daß die katastrophalen Niederlagen in Nordafrika und an der Ostfront ihre Armeen so abgenutzt hatten, daß – auch wenn man das Land lieber selbst verteidigen wollte – nur noch deutsche Truppen die Verteidigung Italiens übernehmen konnten. Das Auseinanderklaffen der Meinungen erleichterte es den Deutschen natürlich, alle Einheiten nach Italien zu schicken, die sie an anderen Fronten erübrigen konnten. Dennoch fand keine wirksame Absprache bei den Vorbereitungen der Deutschen und Italiener statt, und die deutschen Kommandeure, vor allem Feldmarschall Kesselring, waren übertrieben optimistisch.[34] Kesselring war selbst Luftwaffenkommandant und war nach Italien geschickt worden, um den Luftraum über dem Mittelmeer zu kontrollieren; jetzt leitete er ein Luftwaffenkontingent, das unter den Angriffen der Alliierten immer weiter schrumpfte, anstatt regelmäßig verstärkt zu werden. Die ständigen Forderungen der Italiener nach neuen Flugzeugen und weiterer Flugabwehr konnte er nicht erfüllen.[35] Charakteristisch für die neue Situation im Luftkrieg über dem zentralen Mittelmeer war die Kapitulation der Insel Pantelleria am 11. Juni 1943 nach schwerer Bombardierung aus der Luft und Beschießung von See noch vor der Landung der Alliierten.

Direkt nach dem Zusammenbruch der Achsenmächte in Tunesien hatte Hitler die Schaffung eines speziellen Stabes angeordnet, der Maßnahmen für den Fall, daß Italien nachgeben oder zur anderen Seite wechseln würde, ergreifen sollte.[36] Rommel war, zum Teil auf Drängen der Italiener, aus Nordafrika zurückberufen worden; so lag es nahe, ihn zum Leiter der Vorbereitungen für eine Operation mit dem Decknamen »Alarich« (später »Achse«) zu ernennen. Die italienischen Gebiete in Frankreich und auf dem Balkan mußten übernommen, die Alpenpässe an der französisch-italienischen und deutsch-italienischen Grenze gesichert und in Italien selbst größtmögliche Kontrolle erreicht werden. Ursprünglich war geplant gewesen, daß deutsche Truppen als Reaktion auf eine Landung der Alliierten auf der Iberischen Halbinsel in Spanien und Portugal einmarschieren sollten; diese Truppen wurden jetzt in das neue Projekt integriert, wobei von der falschen Erwartung ausgegangen wurde, drei SS-Divisionen könnten von der Ostfront abgezogen werden. In der Praxis hatten im Frühjahr 1943 die Verzögerungen bei der deutschen Offensive gegen Kursk und die Landung der Alliierten auf Sizilien zu Änderungen in der deutschen Taktik geführt. Rommel wurde kurzfristig am 21. Juli nach Saloniki versetzt, und mit der Planung für einen möglichen Seitenwechsel der Italiener wurde begonnen.[37] Die Italiener dagegen würden sich beim beabsichtigten Austritt aus dem Krieg so dramatisch verkalkulieren, wie es Mussolini beim Eintritt in den Krieg getan hatte.

Schon seit einigen Monaten herrschte in Italien Unzufriedenheit. Der Verlust der Kolonien, die offensichtliche Gefahr einer Invasion und die Unfähigkeit Italiens oder seines deutschen Verbündeten, die italienischen Städte gegen Luftangriffe der Alliierten zu verteidigen, verstärkten die schon bestehende Unbeliebtheit der Allianz mit Deutschland und des Krieges.[38] Außerdem hatte der Duce, der die Herrschaft personifizierte, seinen Zauber und seine politische Intuition verloren, und anscheinend war er auch gesundheitlich angeschlagen. Die »Wachablösung« im Februar 1943, der schon vorher vollzogene Austausch einer Reihe von Personen in leitenden Positionen, mit der Mussolini auf die Krise im Land reagierte, konnte nicht die nötige nationale Begeisterung herbeiführen.

Drei Strömungen von Unzufriedenen verschmolzen miteinander und führten zum Umsturz des faschistischen Systems. Die ersten waren die doktrinären und fanatischen Faschisten, geführt von Roberto Farinacci. Sie hofften auf die Wiederbelebung und Erstarkung eines tatkräftigen faschistischen Regimes, das die Massen für den Kampf an der Seite Deutschlands gegen Briten und Amerikaner mobilisieren würde.[39] Eine zweite Gruppe wurde von Dino Grandi, ebenfalls einem Faschisten, geführt. Er war sich schon nicht mehr so sicher wie Farinacci, ob Mussolini noch der richtige Führer für das Land war, und wollte dessen Macht über die Streitkräfte, die der Duce nicht wirksam zu führen vermochte, verringern. Die dritte und wichtigste Gruppe war König Viktor Emmanuel III. und seine Entourage sowie einige führende Militärs, die Mussolini durch andere Machthaber, die Italien aus dem Krieg führen würden, ersetzen wollten.

Als klar wurde, daß die deutschen und italienischen Streitkräfte die Invasion Italiens nicht verhindern könnten, wurden alle drei Gruppen aktiv: In den Tagen vom 24. bis 26. Juli spitzte sich die Lage zu. Bei einem Treffen des Großrates des Faschismus am 24. und 25. Juli, dem ersten seit Oktober 1939, konnten die Gegner Mussolinis einen Antrag gegen ihn mit 19 zu 8 Stimmen durchbringen. Dies machte es für den König leicht, den schon vorbereiteten Plan einen Tag vorzuziehen. Mussolini wurde abgesetzt und sofort verhaftet. Gleichzeitig wurde Marschall Pietro Badoglio zum neuen Regierungschef ernannt. Im Nu hatte sich die faschistische Partei, die Italien mehr als zwei Jahrzehnte regiert hatte, in nichts aufgelöst, während eine neue Regierung von Bürokraten die Leitung des Landes übernahm.[40]

Mussolini scheint nicht begriffen zu haben, was sich in dieser Zeit um ihn herum abspielte.[41] Es gelang ihm überhaupt nicht, Hitler auf die für Italien entscheidenden Fragen hinzuweisen, als sie sich am 19. Juli in Feltre trafen. Das Treffen fand während der blutigen Kämpfe bei Kursk statt, so daß der Zeitpunkt zur Aushandlung eines Separatfriedens (was Mussolini vorschlug) mit der Sowjetunion sehr ungünstig war.[42] Am 25. Juli erklärte er dem japanischen Botschafter Hidaka Shinrokuro, worin er die einzige Hoffnung für die Achsenmächte sah: Deutschland müsse die Ukraine räumen und zur Grenze von 1939 zurückgehen. Zudem müßten die Schwierigkeiten zwischen der Sowjetunion einerseits und Großbritannien und den Vereinigten Staaten andererseits – symbolisiert durch die Schaffung eines Nationalkomitees Freies Deutschland in der Sowjetunion – ausgenutzt werden, damit alle Kräfte auf den Kampf gegen die westlichen Alliierten konzentriert würden.[43] Welchen theoretischen Sinn dieses Konzept, für das Mussolini Unterstützung bei Japan suchte, auch immer gehabt haben mag, auf die katastrophale Situation innerhalb Italiens konnte es keinen Einfluß haben. Das Volk erinnerte sich an die unzähligen Soldaten, die der Duce in den Tod und die Gefangenschaft an der Ostfront geschickt hatte, einzig und allein im Interesse seines Prestiges und nicht aus einem für die Italiener verständlichen Grund. Seine neu entdeckte eigene Einsicht in die Stärke der Roten Armee wurde natürlich vor der Öffentlichkeit geheimgehalten.

Die neue Regierung Badoglio versprach den Deutschen, den Krieg fortzuführen, obwohl letztere zu Recht überzeugt waren, daß sie den Austritt anstrebte.[44] Im folgenden Wettlauf zwischen Badoglio mit seinen Mitarbeitern und den Deutschen machten die Italiener fast alles so ungeschickt und langsam wie nur möglich. Nicht einmal Mussolini versteckten oder bewachten sie wirksam, so daß er im September von deutschen Fallschirmjägern befreit werden konnte. Die Deutschen setzten ihn in Norditalien als ihre Marionette ein.[45]

Badoglio und seine militärischen und diplomatischen Mitarbeiter wollten weder den Zorn der Deutschen herausfordern noch vor den Alliierten kapitulieren. Deshalb zögerten sie einige Wochen.[46] Schließlich mußte Badoglio kapitulieren, wie es die Alliierten von Anfang an gesagt hatten.[47] Doch in der Zwischenzeit konnten die Deutschen die Italiener einschüchtern und wichtige Positionen in den italienisch besetzten Gebieten, die Pässe über die Alpen von Deutschland und Frankreich aus und Schlüsselpositionen in Nord- und Mittelitalien besetzen.[48] Als die Alliierten die Kapitulation Italiens gleichzeitig mit der Landung bei Salerno verkündeten, ergaben sich viele italienische Soldaten den Deutschen. Da sie sich weigerten, für das eigene Land gegen die Deutschen zu kämpfen, wurden sie nach Deutschland in Arbeitslager gebracht, was viele nicht überlebten. Die Soldaten anderer Länder jedoch kämpften und verwüsteten das Land, das sie hinter sich ließen. Die italienische Armee konnte nicht einmal die Hauptstadt halten, und die geplante Landung der 82. Luftlandedivision der Vereinigten Staaten zur Eroberung Roms wurde im letzten Augenblick abgesagt, weil die Italiener auf dem Einsatz stärkerer Verbände beharrten.[49]

Rommel wurde am 26. Juli von Saloniki abberufen, und die deutschen Truppen marschierten schnell nach Italien, um das Risiko des italienischen Abfalls zu begrenzen. Ende Juli und Anfang August wurden SS-Eliteeinheiten von der Ostfront abgezogen und nach Mittelitalien geschickt. Die erfolgreiche Evakuierung aller deutschen Einheiten von Sizilien ermöglichte die Verteidigung des nördlichen Teiles von Süditalien (um Neapel). Die deutschen Garnisonen auf Korsika und Sardinien wurden erfolgreich auf das italienische Festland verlegt, während die Italiener ängstlich zusahen. Wie in Kapitel 7 dargestellt wurde, konnte ein wesentlicher Teil der italienischen Marine abgezogen werden, aber sogar in den Heimathäfen konnten kleine deutsche Abteilungen Sabotage verhindern, Schlüsselpositionen besetzen und Kriegsschiffe erbeuten. Wenn es irgendwelche Fehler gab, die die neue italienische Regierung nicht gemacht hat, sind sie noch nicht ans Tageslicht gekommen.[50]

Die westlichen Alliierten hatten bei der Konferenz von Washington im Mai nicht die Einzelheiten ihrer Strategie für den Mittelmeerraum geklärt, sondern es General Eisenhower, dem Befehlshaber dieses Kriegsschauplatzes, überlassen, den nächsten Schritt nach Husky zu befürworten. Die Meinungsverschiedenheiten über eine Landung auf dem Festland konnten geschlichtet werden, weil die alliierten Luftwaffenkommandanten schließlich doch zustimmten, die Flughäfen rund um Foggia an der Adria zu erobern. Von dort konnten die wichtigsten Ziele der deutschen und von Deutschland kontrollierten Flugzeugindustrie erreicht werden, weshalb die deutsche Luftabwehr ihre Kräfte zersplittern mußte. Aufgrund der neu hinzugewonnenen Unterstützung übernahm Eisenhower am 18. Juli 1943 Brookes und Churchills Plan für eine Landung auf dem italienischen Festland. Die Combined Chiefs of Staff erteilten ihm die Zustimmung für ein Landungsunternehmen bei Salerno, dem nördlichsten Strand in Reichweite der Kampfflugzeuge von Stützpunkten auf Sizilien (»Avalanche«), und die Überquerung der Straße von Messina zur kalabrischen Spitze von Italien (»Baytown«) zur Flankendeckung.[51]

Der Sturz Mussolinis und die Sondierungen der Regierung Badoglio wegen des Waffenstillstands entsprachen den frühen Planungsphasen für die Landungen bei Salerno und in Kalabrien. Diplomaten und führende Militärs der Alliierten hofften, die Italiener würden sich mit ihnen abstimmen, drängten Badoglio zur Kapitulation und landeten, nachdem Badoglios Gesandter unterzeichnet hatte, am 3. September in Kalabrien. Den Waffenstillstand verkündeten sie einige Stunden vor der Landung in Salerno. Die Landung glückte wie auf Sizilien, aber es sollte noch ernsthafte Probleme geben, weil die Deutschen im Gebiet um Neapel starke Verbände plaziert hatten. Die beiden Landungsarmeen hätten sich gegenseitig unterstützen sollen – was sie nicht taten –, und auch die Italiener erwiesen sich als wenig hilfreich. Vor allem Montgomery mißbilligte den ganzen Operationsplan, und der Amerikaner Mark Clark, der die neue 5. Armee bei der Landung bei Salerno befehligen sollte, war unerfahren. Am 3. September betrat die britische 8. Armee das italienische Festland an der südwestlichen Küste Italiens; dort zeigte sie wenig Kampfgeist und beschäftigte sich mit dem Horten von Proviant und dem Heranschaffen von Verstärkung. Montgomery war zu einem begeisterten und charismatischen Führer geworden. Er hatte ein ausgezeichnetes Verhältnis zu seinen Soldaten. Im Vereinigten Königreich war er zu einem Volkshelden avanciert, denn er hatte nach Jahren der Niederlagen gezeigt, daß er zu Siegen fähig war. Jetzt verpaßte er die Gelegenheit, sein Ansehen auch in den Augen der Amerikaner wiederherzustellen, weil er nach der kampflosen Landung vorsätzlich pausierte, statt nach Norden zu stürmen. Alexander würde und konnte sich nicht in Montgomerys Taktik einmischen. Brooke, der Befürworter der Invasion Italiens und der Pläne Montgomerys, erklärte seinem Protegé weder, wie wichtig der Feldzug war, noch verpaßte er ihm einen Schuß vor den Bug. Gleichzeitig schrieb er in sein Tagebuch, daß die Landung bei Salerno »verloren« sei.[52] Montgomery hatte nie wieder eine solche Chance. Die Zeitungsreporter konnten auf den italienischen Straßen bis nach Neapel fahren, aber die 8. Armee ruhte sich auf ihren Lorbeeren aus, während ihre amerikanischen und britischen Kameraden an den Stränden von Salerno starben*.

Die Landung der 5. amerikanischen Armee bei Salerno begann in den frühen Morgenstunden des 9. September 1943, einige Stunden nach der Verkündung der italienischen Kapitulation. Ein amerikanisches Korps landete rechts in der Bucht von Salerno, ein britisches links. Das gegen Rom geplante Luftlandeunternehmen wurde im letzten Augenblick gestoppt. Die Deutschen hatten eine Landung in diesem Gebiet vorausgesehen und gingen zum Gegenangriff über, nachdem sie alle italienischen Einheiten in der Umgebung entwaffnet hatten. Die 16. deutsche Panzerdivision stand in unmittelbarer Nähe von Salerno, andere Einheiten schlossen sich ihr an, und alle weiter südlich stehenden Streitkräfte wurden zur Unterstützung angefordert. Nach einigen Tagen erbitterter Kämpfe konnten die Deutschen die britischen und amerikanischen Truppen etwas abdrängen, aber ihren Sieg verkündeten sie zu früh. Im Kampf um die Brückenköpfe wurden die alliierten Streitkräfte nicht nur aus der Luft unterstützt, sondern auch durch wirksames Feuer von Schiffsgeschützen; außerdem kamen ihnen die Luftlandetruppen zu Hilfe, die gegen Rom hätten eingesetzt werden sollen. Bis zum 16. September konnten die Deutschen gestoppt und sogar zurückgedrängt werden. Sie machten nun Front quer über das italienische Festland, um die Alliierten im Süden aufzuhalten. Die deutsche 10. Armee wich langsam vor der nahenden amerikanischen 5. Armee und der noch langsameren britischen 8. Armee zurück.

Am 1. Oktober hatten die Amerikaner Neapel erobert, wo die Deutschen aus Wut über ihren früheren Verbündeten sogar die Museen zerstört hatten. Die Briten hatten die Flughäfen von Foggia besetzt, die in der Planung der Alliierten eine so große Rolle spielten. Über die weitere Vorgehensweise wurde damals und wird heute noch diskutiert[53], doch standen die Alliierten zum erstenmal seit 1941 wieder in großer Zahl auf dem europäischen Festland, und einige Divisionen, gegen die sie gekämpft hatten, waren aus den riesigen Schlachten der Ostfront abgezogen worden. Dort fanden auch 1943 wie 1942 wieder die größten Bodenoperationen statt.

DIE OSTFRONT

Die Deutschen hatten ursprünglich geplant, an der Ostfront direkt nach dem Tauwetter im Frühling, voraussichtlich Mitte April, anzugreifen. Dann würde der Boden für die Panzerdivisionen trocken genug sein. Der Angriff sollte so früh wie möglich erfolgen, vor allem bevor die Rote Armee sich von der Niederlage bei Charkow erholt haben würde. Der erste Befehl wurde am 13. März ausgegeben. Von Manstein sollte nach

---

* Nigel Hamilton, Montgomerys loyaler Biograph, schreibt: »Jetzt beschloß er vorsätzlich, Alexander für seine Fehler einen Denkzettel zu verpassen. Er würde im Augenblick keine weiteren Einsätze mehr durchführen, nur noch dasitzen und zuschauen.« (Monty, Bd. 2, S. 401) Ebenso kritisch sieht sein Verhalten Lamb, Montgomery, S. 32–51.

Norden in den Frontbogen von Kursk vorstoßen, während die Heeresgruppe Mitte, verstärkt durch die Evakuierung des Frontbogens von Rschew, nach Süden vorstoßen sollte. Die Heeresgruppe Nord sollte mit einer Offensive gegen Leningrad nachdrängen, was den dortigen Erfolg der Sowjets vom Januar ausgleichen sollte. Die Stadt sollte erobert und dadurch die Kontrolle über das Baltikum und Finnland erhöht, Schweden bedroht und die ganze Nordflanke gesichert werden.[54] Ziel der »Zitadelle« genannten Operation war es, an einem östlichen Frontabschnitt die Initiative zu ergreifen und so die ganze Front zu stabilisieren. Deutschland sollte in die Lage versetzt werden, beträchtliche Reserven zu bilden, so daß feindliche Angriffe im Osten ausgeschlossen und Landungen an anderer Stelle zurückgeschlagen werden könnten.[55]

In den folgenden Wochen wurden andere Angriffspläne in Betracht gezogen, jedoch wieder verworfen. Die deutsche 9. Armee stand durch die Evakuierung des Frontvorsprungs von Rschew zur Verfügung und sollte die Offensive von Norden durchführen. Doch nicht nur Diskussionen verursachten Verzögerungen, auch General (später Feldmarschall) Walter Model, der Kommandeur der 9. Armee, forderte immer wieder Aufschub, um seine Truppen zu ergänzen und um weitere Zuteilungen der neuen Panther- und Tiger-Panzer abzuwarten.[56] Andere Kommandeure, allen voran von Manstein und von Kluge, waren der Ansicht, durch die Verzögerung der Operation Zitadelle würde die Stellung der Russen verbessert. Trotz dieser Einwände schloß Hitler sich den Plänen seines Favoriten Model an.[57] Hitler ignorierte die wachsenden Zweifel seiner militärischen Berater am Nutzen dieser Offensive und beschloß am 19. Juni, den Angriff voranzutreiben. Im Angriffsbefehl vom 15. April hatte er verkündet: »Der Sieg von Kursk muß für die Welt wie ein Fanal wirken.«[58] Mit dieser Prognose behielt er recht, allerdings ganz anders, als er gehofft hatte.

Die deutsche 9. Armee, die von Norden angriff, und die 4. Panzerarmee sowie die Armeeabteilung Kempf, die von Süden kam, waren durch Reserven und neue Waffen verstärkt worden und hatten auch Luftunterstützung. Rund 2700 Panzer und Sturmgeschütze rückten vor, während über ihnen 1400 bis 1800 deutsche Flugzeuge am Himmel auf ihren Einsatz warteten. Die deutschen Kräfte marschierten zu einem Großeinsatz auf, obwohl das Ziel diesmal wesentlich niedriger gesteckt war als 1941 oder 1942: Die Initiative sollte ergriffen und ein taktischer Sieg errungen werden, jedoch kein K.o.-Sieg.[59]

Die sowjetische Führung hatte nach ausführlichen Debatten beschlossen, daß die Rote Armee auf der nördlichen und südlichen Schulterwehr des verwundbaren Frontvorsprungs von Kursk Verteidigungsstellungen aufbauen und einen deutschen Angriff abwarten sollte. Als Großoffensive war jedoch frühzeitig geplant, von Nordosten in den Orelbogen vorzustoßen, von dem aus der nördliche deutsche Zangenangriff erwartet wurde. Eine Offensive in den Süden sollte folgen und die deutsche Sommeroffensive vereiteln. Während die Frontkommandeure der Roten Armee auf den Angriff warteten, konnten ihre Truppen wesentlich verstärkt, Verteidigungsstellungen gebaut und ihre Einheiten auf den deutschen Panzervorstoß vorbereitet werden. Rokossowskijs Mittel-Front im Norden und Watutins Woronesch-Front im Süden hatten ernsthafte Hindernisse für einen deutschen Angriff entwickelt. Beide Seiten hatten ihre Panzereinheiten für die größte Panzerschlacht der Geschichte aufgerüstet.[60]

Am 4. Juli begann die einleitende und am 5. Juli die Hauptoffensive der Deutschen. Die deutsche 9. Armee schlug sich von Norden ihren Weg in die sowjetische Mittel-Front. Im Süden drangen Panzerformationen tief in die Verteidigungslinien der Woronesch-Front ein. Beide Seiten führten Verstärkung heran, die Deutschen für ihre Angriffsspitzen, die Russen zur Unterstützung der Verteidiger, wenn deren Stellungen zerstört oder sie selbst zum Rückzug gezwungen wurden. In den folgenden sechs Tagen fand ein Kampf von nie dagewesener Härte statt. Die Kämpfe zwischen den Panzerdivisionen und der Beschuß durch Infanterie und Artillerie brachte auf beiden Seiten riesige Verluste. Die Deutschen konnten immer noch vorrücken, im Süden schneller als im Norden, aber sie waren angesichts des entschiedenen und wirksamen Widerstands der Sowjets nicht in der Lage, an einer der beiden Angriffsachsen einen wirklichen Durchbruch zu erzielen.[61] Die Verzögerung um einige Monate hatte wahrscheinlich alles in allem der Roten Armee mehr genützt als den Deutschen, denn auch die sehnlich erwarteten Tiger- und Panther-Panzer waren bei Beginn der Offensive noch nicht alle einsatzbereit.

Am 12. Juli war der nördliche Vorstoß schließlich so zum Stillstand gekommen, daß Model zum Zermürbungskrieg gezwungen wurde, einer Form des Kampfes, die unübersehbar die letzten Reserven der deutschen Heeresgruppe Mitte verschliß. Auf genau diese Situation hatten die Russen gewartet. Die Brjansk-Front und die West-Front der Roten Armee starteten eine Großoffensive in den nördlichen Abschnitt des Orelbogens – im wesentlichen in den Rücken von Models Angriffstruppen – und drangen schnell in die ausgedünnten Linien der 2. Panzerarmee ein. Die Deutschen mußten nicht nur Divisionen, die Models Armee hätten unterstützen sollen, im Kampf gegen den drohenden Zusammenbruch des Orelbogens einsetzen, sondern auch von der 9. Armee selbst Kräfte abziehen. Die nördliche Zangenbewegung des deutschen Angriffs wurde komplett gestoppt, und diese Einheiten gerieten bald selbst in Gefahr.

Die südliche Zange rückte weiter gegen erbitterten sowjetischen Widerstand vor. Von Manstein wollte weiter vordringen, doch Hitler beschloß am 13. Juli, die Operation Zitadelle abzubrechen. Der Orelbogen war in Gefahr, und Models Armee war nicht in der Lage, den Angriff fortzuführen. Statt dessen schien ein Rückzug in die Ausgangsposition bevorzustehen. Außerdem drohte ein weiterer sowjetischer Vorstoß ins Donezbecken. Einen Teil der Angriffstruppen der südlichen Zangenbewegung wollte Hitler nach Italien verlegen. Die Landung der westlichen Alliierten auf Sizilien am 10. Juli und der offensichtliche Zusammenbruch des Großteils des dortigen italienischen Widerstandes hatte zur Folge, daß deutsche Divisionen von der Ostfront beim Aufbau einer Armee in Italien helfen und die italienischen Besatzungstruppen auf dem Balkan ersetzen mußten. Deutschland führte in der Tat einen Mehrfrontenkrieg.[62]

Die heftigen Kämpfe an der Ostfront hielten die Deutschen davon ab, sich im Kampf gegen Großbritannien und die Vereinigten Staaten stärker zu engagieren. Umgekehrt mußten die Deutschen große Streitkräfte im Westen und Süden belassen und auch die Industrie gegen Luftangriffe der Alliierten verteidigen. Durch das Zusammenwirken dieser Faktoren nahm der Druck des Deutschen Reiches auf die Sowjetunion ab.[63] Das gleiche galt für die Industrie: der Bau von neuen Panzern, die vor allem für die Ostfront geplant waren, verschlang Kapazitäten von Rohstoffen und Arbeitskräften, die dann nicht für den Bau von U-Booten für den Krieg auf dem Atlantik eingesetzt werden konnten, aber gleichzeitig verhinderte der Bau von Hunderten von U-Booten die Produktion von weiteren Panzern für den Krieg im Osten.

Im nördlichen Abschnitt des deutschen Angriffs auf Kursk führte Model nun mit Zustimmung Hitlers eine elastische Defensive des Orelbogens, hinter dem er eine verkürzte Linie bildete, die sogenannte Hagenstellung, auf die ihn die Rote Armee Mitte August zurückgedrängt hatte. In diesen vier Wochen wurde Orel befreit und die verschlissene 2. Panzerarmee und die 9. Armee zurückgetrieben. Ihre neue Linie war tatsächlich verkürzt, aber die Deutschen hatten in der anfänglichen Angriffsphase und während der Verteidigung gegen Rokossowskijs Offensive hohe Verluste erlitten. Hitler hatte darauf bestanden, daß die Heeresgruppe Mitte Divisionen nach Italien senden und der Heeresgruppe Süd übergeben sollte, die vorher schon Divisionen nach Italien geschickt hatte. Dadurch war der bloße Versuch, den Orelbogen zu halten, vereitelt worden. Im Gegensatz zu den Selbstrechtfertigungen deutscher Memoirenschreiber aus Militärkreisen nach dem Krieg billigte Hitler also durchaus einen Rückzug, wenn ihm dies von Generälen nahegelegt wurde, denen er vertraute, und wenn strategische Gründe dafür sprachen.*

Während dieser sowjetische Vormarsch und der deutsche Rückzug vorangingen, hatte die sowjetische Offensive ins Donezbecken begonnen, die schon vor der Operation Zitadelle geplant und von Hitler vorausgeahnt worden war, als er die Offensive am 13. Juli abbrach. Am 17. Juli griffen die Südwest- und die Süd-Front die deutsche 1. Panzerarmee und die neue 6. Armee im Donezbecken an. Die Operation konnte die Deutschen zwar nicht innerhalb der folgenden zwei Wochen aus dem Donezgebiet vertreiben – wie die Stawka gehofft hatte –, aber sie machte weitere deutsche Angriffe im Süden unmöglich, fügte den Deutschen hohe Verluste zu und zeigte, daß im Sommer wie im Winter die Initiative an die Rote Armee übergegangen war.

Im August würde die Sowjetunion weitere Offensiven starten, auch während der Befreiung Orels durch die Rote Armee, aber zunächst muß die vernichtende Niederlage der deutschen Armee im Juli 1943 betrachtet werden. Die besten Einheiten und

---

* Angemerkt sei, daß Model sich als erster für die Verschiebung der Operation Zitadelle einsetzte und folglich auch für den Rückzug, nachdem die Operation gescheitert war. Klink (Operation »Zitadelle«, S. 271) glaubt, Model habe gehofft, die ganze Offensive werde abgesagt.

modernsten Waffen waren gegen einen exponierten sowjetischen Frontvorsprung eingesetzt worden, und sie wurden unter großen Verlusten zurückgeschlagen. Sicherlich waren die sowjetischen Verluste auch riesig, und ausgebrannte deutsche und sowjetische Panzer sollten noch Jahre nach dem Krieg auf dem Schlachtfeld liegen, doch das Signal, das Hitler von einem Sieg bei Kursk erwartet hatte, verkündete den Triumph der Roten Armee über die Wehrmacht in einem brutalen Kampf von enormen Ausmaßen und großer Grausamkeit.

Als die Deutschen wegen des Sieges der Alliierten über Italien gezwungen waren, Truppen von der Ostfront abzuziehen, um sie in Italien und auf dem Balkan einzusetzen, griff die Rote Armee in den Monaten August und September unablässig weiter an. Die Art und Weise dieser Sommeroffensiven entsprach jedoch nicht den Erwartungen mancher Beobachter, die nur Winteroffensiven der Roten Armee erwartet hatten. Auch nach der Räumung des Orelbogens durch die Rote Armee im August griffen die Woronesch- und die Steppen-Front von Mansteins Truppen an, die noch immer Abschnitte der im Juli erreichten Linie hielten. Mit Hilfe eines großen Artillerieeinsatzes konnten die Sowjets die deutschen Linien durchbrechen, Belgorod befreien und weiter in Richtung Westen und Süden vorrücken. Ende des Monats mußten die Deutschen Charkow aufgeben, was die dortige sowjetische Niederlage vom März wettmachte. Damit war die sowjetische Sommeroffensive jedoch noch lange nicht beendet, die Hauptschläge sollten noch folgen.

Eine Reihe von Offensiven der Roten Armee in der zweiten Hälfte des August und im September auf fast dem ganzen südlichen Abschnitt der Front vertrieb die Deutschen aus dem Donezbecken, räumte große Teile des linken Ufers des Dnjepr und zwang die Deutschen, ihre früheren Verteidigungsstellungen am Mius aufzugeben. Hitler mußte die Evakuierung des Kubanbrückenkopfes am 3. September befehlen. Anfang Oktober waren die Deutschen auf der im ganzen rund 1000 Kilometer langen südlichen Front durchschnittlich um rund 250 Kilometer zurückgeworfen worden, wodurch die Sowjetunion wichtige Industriezentren und Agrargebiete zurückerobern konnte. Damit waren die wertvollsten Teile des von Deutschland besetzten Gebietes wieder in sowjetischer Hand. Die Deutschen konnten zwar einer Einkreisung entgehen, doch sie erlitten schwere Verluste. Als sie die Dnjeprlinie erreichten, konnten deshalb die durch die Räumung des Kubankessels freigewordenen Verstärkungen nicht die Verluste durch die Niederlagen im Sommer und Herbst ausgleichen.[64]

Die Deutschen konnten einige Brückenköpfe östlich des Dnjepr halten, einen in der Nähe von Saporoschje, der die Manganminen bei Nikopol, die Deutschland für die Stahlindustrie brauchte, schützen sollte, und einen weiteren am südlichsten Abschnitt der Linie, wo der Anmarschweg zur Krim lag. Im ganzen betrachtet sah die Lage für die Rote Armee jetzt wesentlich vorteilhafter aus: Die deutschen Streitkräfte waren geschwächt und erschöpft, und die Dnjeprlinie war durchbrochen worden, bevor die Deutschen sie aufbauen und halten konnten. Das sowjetische Oberkommando hatte die Möglichkeit einer Verteidigung entlang des Dnjepr schon in Betracht gezogen, lange bevor die Deutschen sich dorthin zurückzogen. Deshalb hatte es allen Einheiten befohlen, Brücken zu besetzen oder zu bauen, den Fluß schnell zu überqueren und auf dem Westufer festen Fuß zu fassen. Montgomery würde 1945 am Rhein genau das Gegenteil machen, aber die Amerikaner gingen nach dem gleichen Muster wie die Rote Armee vor: schnelle Überquerung eines breiten Flusses, wo immer sich die Möglichkeit bot und der Mut dies zuließ. Der Schachzug der Roten Armee gelang, und als in den ersten Tagen des Oktober die Schlacht an der Dnjepr-Uferlinie begann, hatten die Sowjets den Fluß bereits an zahlreichen Stellen überquert und konnten aus den Brückenköpfen, die einen Monat zuvor beim Rückzug der Deutschen besetzt worden waren, weiter angreifen.

Theoretisch wäre der breite Dnjepr, dessen westliches Ufer größtenteils höher ist als das östliche, eine ideale Verteidigungslinie für die Deutschen gewesen, aber es gab zwei entscheidende Nachteile. Erstens fließt der Dnjepr von Kiew aus zunächst südöstlich und dann nach einem großen Bogen südwestlich zum Schwarzen Meer. Es wäre also ein Frontvorsprung entstanden, der eine Einkreisung wie bei der Niederlage von Stalingrad möglich gemacht hätte. Ansonsten hätten die Deutschen eine im wesentlichen ungeschützte Bodenlinie von der Biegung zum Asowschen Meer halten und dabei den nördlichen Zugang zur Krim decken müssen. Zweitens hatte nicht nur die Rote Armee bei der Septemberoffensive zahlreiche Brückenköpfe einnehmen können, sondern die mehreren hundert Kilometer der Dnjeprlinie waren in den zwei Jahren, die die Deutschen das Gebiet besetzt hielten, auch nicht auf eine Verteidigung vorbereitet worden. Es wurde immer davon ausgegangen, daß die Deutschen weite Gebiete östlich des Dnjepr besetzen und halten würden. Nachdem der Fluß als mögliche Grenze für die Deutschen wichtig wurde, war keine Zeit mehr, die notwendigen Maßnahmen zu ergreifen. Und die Rote Armee war entschlossen, den Deutschen keine weitere Zeit zu lassen. Die sowjetischen Armeen hatten nicht nur zahlreiche Brückenköpfe am Westufer errichtet, das Oberkommando erhöhte auch an einigen Abschnitten die Truppenstärke, um noch im Herbst Angriffe zu ermöglichen.

Die Russen wiederholten nicht den Fehler der Deutschen vom Frühjahr 1943, als mehrfacher Aufschub der Sommeroffensive der Roten Armee Zeit gab, sich vom Rückschlag im Frühjahr zu erholen und neue Verteidigungslinien aufzubauen. Der Heeresgruppe Süd unter von Manstein und der Heeresgruppe A unter von Kleist wurde keine Zeit gelassen, zu Kräften zu kommen oder sich zu verschanzen, bevor die Heeresgruppen der Roten Armee, jetzt siegessicher in Erste, Zweite, Dritte und Vierte Ukrainische Front umbenannt, angriffen.

In den ersten Oktobertagen nahm die 3. Ukrainische Front (früher Südwest-Front) den Saporoschje-Brückenkopf durch Kämpfe ein, die auf beiden Seiten sehr verlustreich waren. Kurze Zeit später griff die 4. Ukrainische Front (früher Süd-Front) die deutsche Linie an, die südlich vom Saporoschje-Brückenkopf zum Asowschen Meer verlief, befreite Melitopol, die südliche Verankerung der deutschen Stellung, und marschierte dann nach Westen weiter. Anfang November hatte dieser Vorstoß die neue

6. Armee zum Dnjepr zurückgedrängt und die deutschen und rumänischen Truppen auf der Krim abgeschnitten. Diesen verbot Hitler trotz Bitten von seiten des 17. Armeekommandeurs und von Marschall Antonescu den Rückzug. Er fürchtete Auswirkungen auf die türkische Politik und Luftangriffe von der Krim aus auf die rumänischen Ölfelder. Gleichzeitig hoffte er, ein Vorstoß deutscher Panzertruppen südlich des Zentrums der Ukraine könnte den Landkontakt mit der 17. Armee wiederherstellen.

Diese Hoffnungen sollten sich als eitel erweisen. Gerade als die Krim abgeschnitten wurde, führte die 2. Ukrainische Front (früher Steppen-Front) einen vernichtenden Angriff über den Dnjepr zwischen Krementschug und Dnjepropetrowsk, wodurch die Front der 1. Panzerarmee aufgerissen und die rückwärtigen Stellungen der 6. Armee gefährdet waren. Die Deutschen konnten die bedrohlichste sowjetische Angriffsspitze, die das Eisenbahn-, Bergbau- und Versorgungszentrum Kriwoj Rog erreichte, noch einmal zurückdrängen. Ende Oktober war die Rote Armee jedoch tief in das Gebiet des Dnjeprbogens vorgedrungen und hatte den Deutschen jede Möglichkeit, die Flußlinie zu halten, genommen.

Weiter im Norden griff in den letzten beiden Oktoberwochen und den ersten Tagen des November die 1. Ukrainische Front (früher Woronesch-Front) an. Anfangs konnten die Deutschen die Stellung halten, wurden dann aber bald zurückgedrängt. Am 5. und 6. November befreite die Rote Armee Kiew, die größte sowjetische Stadt, die von Deutschen besetzt wurde, und stieß weiter vor. In den folgenden Wochen konnten durch umfangreiche deutsche Panzerverstärkungen (einige Divisionen wurden aus dem Westen herangeschafft) sowjetische Angriffsspitzen bei Schitomir abgeschnitten werden; aber auch hier war die Dnjeprlinie unwiderruflich verloren und wichtige Gebiete – samt Bevölkerung und Rohstoffen – standen wieder unter sowjetischer Kontrolle. Ende 1943 waren die deutschen Truppen aus dem Großteil der Ukraine und dem ganzen Nordkaukasus vertrieben und eine starke deutsch-rumänische Garnison auf der Krim war abgeschnitten worden. Wie beide Seiten schon aus Erfahrung wußten, war es die Rote Armee, die im Winter angreift. Die sowjetischen Winteroffensiven in der Ukraine und im Norden gehören zur Vorbereitung der Einsätze des folgenden Jahres und werden deshalb im nächsten Kapitel dargestellt; aber es ist wichtig zu bemerken, daß am mittleren Frontabschnitt mit dem sowjetischen Sieg bei Orel weder die schweren Kämpfe endeten noch die Erfolge der Roten Armee.

An der Zentral-Front folgte auf den sowjetischen Sieg bei Orel ein Großangriff, der die Deutschen zwang, Brjansk, Smolensk und einen Großteil des seit 1941 besetzten Gebietes zu räumen. In der deutschen Heeresgruppe Mitte kämpften, relativ gesehen, immer noch mehr Soldaten als in jenen im Süden und Norden, obwohl im Herbst 1943 einige Divisionen an von Mansteins Heeresgruppe Süd abgegeben werden mußten. Das sowjetische Oberkommando hatte sich hingegen durch eine Reihe von Angriffen gegen den Süden gebunden, so daß die zum schnellen Zurückdrängen der Deutschen an der Zentral-Front notwendigen Reserven nicht zur Verfügung standen. Deshalb zwang die Rote Armee im September langsam die Heeresgruppe Mitte unter Leitung Feldmarschalls von Kluge in die Panther-Stellung zurück, einer Linie, rund 50 Kilometer östlich des oberen Dnjepr, die die Deutschen in den vorangegangenen Wochen eingerichtet hatten und die sie zu halten hofften.

In der Praxis sah dies für die Deutschen nicht so gut aus wie in der Theorie. Im Oktober griff Rokossowskijs Weißrussische Front (die umbenannte Vereinigung der früheren Brjansk- und Zentral-Fronten) die südliche Flanke der Heeresgruppe Mitte an. Die Weißrussische Front konnte zwar keinen entscheidenden Durchbruch erzielen, aber die Deutschen konnten aus Gomel hinaus und über den Dnjepr gedrängt werden. Gleichzeitig überwältigte ein lokaler sowjetischer Angriff an der nördlichen Flanke der Heeresgruppe Mitte, wo sie an die Heeresgruppe Nord anschloß, eine der aus Soldaten der Luftwaffe neu gebildete Luftwaffen-Felddivision*.

In die deutsche Front wurde eine Bresche geschlagen, doch konnte die Rote Armee dies wegen anderer Kämpfe nicht voll ausnützen. Die Deutschen konnten die Lücke jedoch nicht wieder schließen. Im November und Dezember wurde die Bresche bei Nevel so vergrößert, daß Ende des Jahres die nördliche Hauptverankerung der Heeresgruppe Mitte, die Verteidigungsstellungen bei Witebsk, sehr exponiert war, eine Situation, die die Russen 1944 auszunutzen wußten.[65]

Die militärische Härte, mit der die Sowjetunion den Krieg fortsetzte, bewies, daß die Rote Armee im Sommer wie auch im Winter ihre Stellungen halten und sogar ausbauen konnte. Auch der hartnäckige Widerstand der Deutschen und die Gegenoffensiven, die manche sowjetischen Vorstöße bremsen konnten, verdeutlichten, welch bitterer Kampf bevorstand, wenn die Rote Armee alle besetzten Gebiete befreien und bis nach Deutschland vorrücken sollte. Die Tatsache, daß die Streitkräfte der westlichen Alliierten bis September 1943 nicht auf dem europäischen Festland gelandet waren – was zum Teil die Folge der früheren Politik der Sowjetunion war, die Deutschland geholfen hatte, sie aus Nord-, West- und Südeuropa zu vertreiben – machte den Kampf gegen den Hauptteil der deutschen Armee und große Teile ihrer Luftwaffe besonders schwierig. Dies war Stalin beim deutschen Gegenangriff im März 1943, der mit dem Verlust von Charkow endete, deutlich vor Augen geführt worden.

EIN SEPARATFRIEDEN IM OSTEN?

Stalin faßte 1943 die Möglichkeit eines Separatfriedens mit Hitler-Deutschland oder einer anderen deutschen Regierung verstärkt ins Auge. Bis die Öffnung der sowjetischen Archive den Wissenschaftlern erlaubt, in diese finsteren Episoden Klarheit zu bringen, wird der Autor dieser Untersuchung die Überzeugung vertreten, daß die Ursache hierfür im Schock über Deutschlands schnelles militärisches Wiederaufleben

---

* Die Luftwaffe hatte Zehntausende von Männern, die sie nicht brauchte. Diese Männer wurden im Schnellverfahren zu Infanteristen umgeschult. Die Verlustraten waren entsprechend. Siehe S. 459

nach dem großen sowjetischen Sieg bei Stalingrad liegt. Der Weg nach Berlin war offensichtlich sehr steinig; deshalb war die Versuchung groß, Alternativen als denkbar auszuloten: Die Deutschen mußten nun begriffen haben, daß ihre Hoffnungen, die Sowjetunion zu besiegen, eitel waren. Die deutsche Regierung war 1939 klug genug gewesen, ein Abkommen mit der Sowjetunion zu schließen, das für beide Seiten vorteilhaft war; die gleichen Personen waren in Berlin noch im Amt. Im Winter 1940/41 hatten sie sich geweigert, die sowjetischen Vorschläge zur Aufnahme der Sowjetunion in den Dreimächtepakt auch nur zu beantworten. Statt dessen hatten sie das Land angegriffen. Vielleicht hatten sie inzwischen in der harten Schule des Krieges etwas dazugelernt. Die Sowjetunion hatte überzeugend bewiesen, daß sie sich selbst verteidigen konnte, allerdings unter großen Verlusten. Ein neues Abkommen mit Deutschland würde ihr eine Atempause zum Wiederaufbau verschaffen, die deutsche Besatzung ohne weitere Verluste der Roten Armee und wirtschaftlichen Schaden beenden und der Sowjetunion die Herrschaft über ganz Osteuropa bringen, vor allem in Polen, wo eine sowjetische Marionettenregierung die alten Herren ersetzen würde. Vielleicht wußte die sowjetische Regierung, daß einige in der deutschen Regierung und im Militär eine Einigung mit Moskau wünschten; sicherlich wußte sie, daß Japan für einen deutsch-sowjetischen Frieden eintrat.

Ein Frieden an der Ostfront hätte den Kampf gegen Deutschland und Japan den Briten und Amerikanern überlassen. Moskau hätte das sicher nicht bedauert. Vielleicht wäre dieser Kampf ausgeglichener gewesen als der von Stalin früher ermöglichte – zwischen Deutschland und Großbritannien und Frankreich. Wie auch immer ein solcher Konflikt verlaufen wäre, Sieg für die einen oder Patt und Beilegung, die kämpfenden Parteien wären in jedem Fall geschwächt worden und die Sowjetunion in einer sichereren und stärkeren Position als vor 1941 gewesen. Und wenn die Aussicht auf einen Separatfrieden an der Ostfront die britische und amerikanische Regierung für Zugeständnisse gegenüber der Sowjetunion oder einen früheren Einsatz gegen Deutschland im Westen geneigter gemacht hätte, dann wäre auch damit schon viel gewonnen gewesen, selbst wenn der Frieden nicht zustande kommen sollte.

Die Kontakte zwischen deutschen und sowjetischen Vertretern im Jahre 1943, vor allem in Schweden und wie es scheint über Mittelsmänner, bleiben in einem Nebel von Widersprüchen verborgen.[66] Klar ist nur, daß diese Kontakte im Frühjahr und Sommer 1943 am intensivsten waren, aber im Herbst fortgeführt wurden, daß die Sowjetunion ihre Verbündeten erst Monate später über diese Kontakte aufklärte, daß die Alliierten dennoch von ihnen erfahren hatten und daß sie nicht zu einem Separatfrieden geführt haben. Sie blieben jedoch nicht ohne Einfluß auf die westlichen Alliierten. Es ist nicht zu bezweifeln, daß die britische und amerikanische Regierung von Mai bis September 1943 über die Möglichkeit eines Separatfriedens sehr besorgt waren. Dies wurde durch den Abzug der sowjetischen Botschafter aus London und Washington Ende Juni verstärkt, ebenso durch abgehörte japanische Telegramme, die den Druck Tokios bezüglich eines Separatfriedens verdeutlichten.[67]

Wahrscheinlich hatten die Sowjets folgende Haltung zu dieser Frage: Deutschland sollte alle besetzten Gebiete bis zur Grenze von 1941 räumen, später – nach dem sowjetischen Sieg im Juli 1943 – wohl bis zur Grenze von 1914 (wobei Mittelpolen an die Sowjetunion fallen sollte). Der deutsche Außenminister von Ribbentrop scheint an einem solchen Kompromißfrieden kaum interessiert gewesen zu sein. Er sah sich als Architekt des Paktes mit der Sowjetunion von 1939 und hatte dem Krieg gegen Großbritannien immer den Vorrang gegeben. Joseph Goebbels, der Propagandaminister, war für Verhandlungen mit Stalin und beriet Hitler dementsprechend. Goebbels befürwortete einen Separatfrieden sicherlich mehr als von Ribbentrop. Hitler war jedoch zu Verhandlungen mit der Sowjetunion nicht bereit. Einige Quellen machen viel aus seinem Argwohn gegenüber einem der Vermittler in Stockholm, der Jude war. Hitlers Erklärungen gegenüber Goebbels und Oshima treffen jedoch den Kern der Sache: Er wollte Gebiete halten, vor allem die Ukraine, von denen er wußte, daß Stalin sie niemals abtreten würde. In diesem Punkt, und er ist vielleicht der einzige, war seine Einschätzung der Sowjetunion richtig.[68] Während Stalin wohl bereit gewesen wäre, über Gebiete westlich der Grenze von 1941 zu verhandeln, wollte er den Deutschen sicher keine Teile seines Landes als Besatzungsmacht überlassen, am wenigsten die reichen Agrar- und Industriegebiete der Ukraine. Diese Gebiete würden, falls notwendig, im Kampf zurückerobert werden, wie der Herbst 1943 und der folgende Winter zeigen sollten.

Eine dritte Möglichkeit – außer einem Abkommen mit Hitler oder einem Kampf bis zum bitteren Ende – war eine Einigung mit einer neuen deutschen Regierung, die bereit wäre, die deutschen Eroberungspläne in Osteuropa gegen den Austritt der Sowjetunion aus dem Krieg zu tauschen. 1943 konnte man mit aller Sicherheit sagen, daß der nach marxistisch-leninistischer Theorie vorausgesagte Massenaufstand der Arbeiterklasse in Deutschland nicht stattfinden würde. Im Gegenteil wurde an der Front allzu deutlich, daß die Mehrzahl der Arbeiter im Dienste des Dritten Reiches kämpfte. Es bestand aber immer die Möglichkeit, daß das deutsche Militär mit dem Regime hätte brechen und wieder mit der Sowjetunion zusammenarbeiten können, was in den zwanziger Jahren für die Wiederaufrüstung der Reichswehr so vorteilhaft gewesen war. Solche neuen Machthaber, die wahrscheinlich von Teilen der deutschen Bevölkerung unterstützt worden wären, hätten gute Beziehungen zu Moskau entwickeln und als Juniorpartner an der Seite der Sowjetunion Europa beherrschen können.

Die Schaffung des Nationalkomitees Freies Deutschland (NKFD) im Sommer 1943 in der Sowjetunion und etwas später des Bundes Deutscher Offiziere (BDO) weisen in diese Richtung. Die Organisationen setzten sich aus Mitgliedern der Kommunistischen Partei Deutschlands, die im Exil lebten, und deutschen Kriegsgefangenen zusammen. Ihre Gründung wurde laut aufgezogen. Später, als offensichtlich wurde, daß das Militär sich nicht gegen Hitler wenden und die Soldaten, von einigen Ausnahmen abgesehen, sich nicht empören würden, wurden diese Organisationen während des Krieges zu Propagandazwecken und nach dem Krieg zur Rekrutierung von politischen und militärischen Kräften in der sowjetisch besetzten Zone Deutschlands genutzt. Aber für das Jahr 1943 waren sie ein Zeichen dafür, daß Stalin sich immer verschiedene Wege gegenüber Deutschland und seinen Alliierten offenhalten wollte.[69]

INVASIONSPLÄNE DER ALLIIERTEN

Stalins Interesse an einem Separatfrieden mit einem wie auch immer gearteten Deutschland wurde im Sommer 1943 wahrscheinlich durch die Nachricht beeinflußt, daß Großbritannien und die Vereinigten Staaten die großangelegte Invasion Westeuropas nicht vor 1944 durchführen würden. Und wie ihm der sowjetische Geheimdienst möglicherweise mitgeteilt hatte, stand nicht einmal dieses Datum fest, weil die Briten sich mehr für Operationen im Mittelmeerraum einsetzten. Bei der Trident-Konferenz im Mai 1943 erhielten die Amerikaner nach langen Debatten in zwei kritischen Fragen die Zustimmung der Briten: Die Invasion in der Normandie wurde für Mai 1944 geplant, und zudem verpflichteten sich die Alliierten, ab November 1943 sieben kampferprobte Divisionen, vier amerikanische und drei britische, vom Mittelmeerraum nach Großbritannien zur Teilnahme an der Invasion zu verlegen. Im Laufe des Sommers wurde den Amerikanern klar, daß die Briten sich nicht an die Absprache hielten. Sie forderten nun einen Stopp des Truppentransfers, wodurch wiederum ihre Bereitwilligkeit, an der Invasion teilzunehmen, in Frage gestellt wurde.

Wiederholt sprachen sich Churchill und Brooke für Einsätze im mittleren und östlichen Mittelmeerraum aus. Die militärischen Führer der Vereinigten Staaten, Kriegsminister Stimson und Präsident Roosevelt, wurden dadurch nur in ihren Zweifeln an der britischen Zusage zur Operation »Roundhammer«, die später unter dem Namen Overlord bekannt wurde, bestärkt. Stimson begab sich selbst nach London und verteidigte in Gesprächen mit Churchill und anderen die Strategie der US-Armee, vom besten Stützpunkt aus mit größter Kraft an den Ort, wo die Wirkung am stärksten wäre, vorzustoßen, gegen das immer wieder vorgebrachte britische Konzept einer peripheren Strategie*. Nach Ansicht der Amerikaner würde dies den Krieg in Europa in eine Sackgasse führen und die überwältigende Last des Krieges gegen Deutschland der Sowjetunion aufbürden. Diese würde entweder einen Separatfrieden mit Deutschland eingehen oder den Krieg zu Lande in Europa alleine gewinnen und danach das gesamte Festland kontrollieren.[70]

Churchills Äußerungen schwankten zwischen festen Zusagen zur Invasion über den Kanal und der Sorge, die Möglichkeiten im Mittelmeerraum würden nicht ausreichend ausgenutzt. Die schlimme Vorahnung, eine erneute Schlacht im Nordwesten Europas würde schrecklich hohe Verluste mit sich bringen, wenn die Landung mißlingen oder die Truppen in einen langwierigen Feldzug, wie im Ersten Weltkrieg, verwickelt wür-

---

* Gemeint ist: Die Kräfte des Feindes auf viele Schauplätze zersplittern und sukzessive aufreiben.

den, belastete sein Denken immer wieder. Auch Feldmarschall Brooke, der bei anderen Gelegenheiten die spontane Begeisterung des Premierministers für alle möglichen Arten von Expeditionen und Plänen mäßigte, war gänzlich abgeneigt, Einsätze im Mittelmeerraum wegen des zukünftigen Projektes, das er zu diesem Zeitpunkt leiten sollte, einzuschränken. Er hielt wohl die Voraussetzungen dafür noch nicht für erfüllt.

Meiner Meinung nach ist die Behauptung falsch, die Briten seien gegen eine Landung der Alliierten in Nordwesteuropa gewesen, aber sie waren einfach nicht bereit, ihr die Priorität zu geben, die beim Auftauchen der von ihnen selbst vorgebrachten Probleme vonnöten gewesen wäre, damit diese bewältigt werden konnten. Churchill und Brooke hatten *nach* der Quadrant-Konferenz in Quebec im August, auf der all diese Fragen angeblich abschließend geregelt worden waren, Vorbehalte. Dies zeigt, daß sie das Problem anders einschätzten als die Amerikaner. Diese glaubten, daß die Kräfte der westlichen Alliierten auf einen bestimmten Zeitpunkt hin uneingeschränkt verfügbar sein und die Schiffs-, Produktions- und Trainingspläne bis zu diesem Zeitpunkt ineinandergreifen könnten und müßten. Ansonsten würde das Projekt immer in die fernere Zukunft verschoben werden, und dann müßten die Amerikaner es entweder alleine ausführen oder sich in strategischer Hinsicht zunächst um den Pazifikraum kümmern. Brooke warf Marshall privat oft vor, er könne nicht bis zur Nasenspitze sehen. Ironischerweise begriff Brooke jedoch nicht, warum die Amerikaner es für so wichtig hielten, Prioritäten zu setzen, und er teilte auch Montgomery, seinem bevorzugten Kommandeur, nicht mit, wie wichtig der Italienfeldzug im britischen Gesamtkonzept war. Dies ist bedeutsam in Anbetracht von Montgomerys Meinung, daß es besser wäre, den Deutschen die Kontrolle über Italien zu lassen und alle Kräfte auf den großen Schlag im Westen zu konzentrieren.[71]

Die Amerikaner hatten für die grundsätzliche Annahme ihres strategischen Konzeptes in Quebec drei gewichtige Argumente: Erstens zeigten die unschönen Wortwechsel über die Kriegführung zwischen den westlichen Alliierten und Stalin, die Gerüchte über einen deutsch-sowjetischen Separatfrieden und die Schaffung des Nationalkomitees Freies Deutschland, daß es für die Einigkeit unter den Alliierten wichtig war, der Sowjetunion die Ernsthaftigkeit der britischen und amerikanischen Pläne glaubhaft zu machen.[72] Zweitens stieg Präsident Roosevelts Vertrauen zu den Ratschlägen General Marshalls, und die Vereinigten Staaten konnten ihre Truppenstärke vergrößern. Dadurch konnte der Präsident bestimmt auftreten und als Datum für Overlord den 1. Mai 1944 festlegen, jetzt mit einem amerikanischen statt mit einem britischen Oberbefehlshaber.* Drittens war auf Marshalls Drängen unter Ge-

---

* Daß die Briten nach wiederholten Zusagen immer wieder die Operation in Frage stellten, bewog Roosevelt auf der Konferenz von Teheran zu einem anti-britischen Kurs. Als Churchill in Quebec einem amerikanischen Kommandeur für die Invasion zustimmte, ging er davon aus, Marshall würde ernannt werden. Zu diesem Zeitpunkt scheint Roosevelt genauso gedacht zu haben, aber er meinte damals, die Ernennung beinhalte auch den Oberbefehl im Italienfeldzug.

neral Frederick Morgan ein Planungsstab für die Invasion gebildet worden, der zur Zeit der Quadrant-Konferenz schon einen Plan vorbereitet hatte. Er sprach sich für einen Sturmangriff mit weniger Truppen als bisher geplant aus. Der Plan sah eine kleinere Operation vor als die später tatsächlich durchgeführte (nur drei Divisionen und zwei folgende Divisionen samt Luftlandetruppen). Als Angriffsort wurden die Strände bei Caen festgelegt, die logistische Unterstützung sollte hauptsächlich über die Strände gehen. Der Hafen von Cherbourg sollte so früh wie möglich erobert werden. Der Sturmangriff und später die britischen und amerikanischen Truppen benötigten getrennte Abschnitte, mit den amerikanischen auf der rechten und den britischen auf der linken Flanke, um den Nachschub zu vereinfachen. Entscheidend sei, die deutschen Jagdflugzeuge im Westen zu vernichten. Das war das Grundkonzept der geplanten Invasion.[73] Die Vorlage des Invasionsplans in seinem Stadium von Ende Juli auf der Konferenz machte sofort und fast automatisch aus einem theoretischen Projekt eine reale und gezielte Operation.

Die Amerikaner verteidigten nun die Durchführung eines Plans, der von einem alliierten Stab, zu diesem Zeitpunkt unter Führung eines britischen Generals, entwickelt wurde. Er gründete auf den damaligen Kampferfahrungen der Alliierten und setzte verfügbare Mittel voraus. Er wurde vor allem vorangetrieben, als der Sizilienfeldzug seinem Ende nahte, die Kapitulation der Italiener bevorstand und als die Schlacht auf dem Atlantik zwar nicht weniger wild tobte, doch abzusehen war, daß die Alliierten die Oberhand gewinnen würden. In dieser Situation war die Invasion Nordwesteuropas ein realistischer Vorschlag und kein Wunschtraum mehr.

Auf der Quadrant-Konferenz in Quebec diskutierten die amerikanischen und britischen Politiker und Militärs in hitzigen Debatten über ihre Vorstellungen zum weiteren Kriegsverlauf, doch konnten sie sich auf einige wichtige Maßnahmen einigen.[74] Die von den Amerikanern geforderte »oberste Priorität« für Overlord wurde nicht durchgesetzt, doch abschließend wurde Overlord zum »Hauptziel« des Jahres 1944 erklärt. Die Briten bestätigten den Amerikanern widerwillig ihre frühere Zusicherung, sieben Divisionen aus dem Mittelmeerraum nach Großbritannien für Overlord zu verlegen. Dies war eine sehr wichtige Entscheidung, denn die Verlegung reduzierte die Truppenstärke so, daß vom Oberkommandierenden für die Schauplätze am Mittelmeer keine neuen Einsätze mehr erwartet werden konnten, wie vielversprechend sie auch in den Augen der Briten und wie peripher und verzettelnd sie in denen der Amerikaner sein mochten.

Unter diesen Umständen überrascht der Beschluß nicht, keine offensiven Einsätze auf dem Balkan durchzuführen. Partisanenbewegungen würden in diesem Gebiet aus der Luft und von der See unterstützt und kleinere Kommandounternehmen durchgeführt werden. Bomberverbände sollten Ziele in Südosteuropa angreifen. Doch es wurden keine Verpflichtungen zur Entsendung von Bodentruppen eingegangen. Als kurze Zeit später die Briten versuchten, die italienischen Inseln in der Ägäis zu besetzen, und als sich zeigte, daß die italienischen Truppen nicht gegen die Deutschen kämpften, weigerten sich die Amerikaner, Einsätze gegen Rhodos zu unterstützen, die britischen Landungstruppen auf Kos, Leros und Samos helfen sollten. Die Briten erlitten in der Ägäis im Oktober 1943 eine schwere Niederlage, bei der sie Schiffe, Flugzeuge und Menschen verloren. Das Verhältnis zwischen den westlichen Alliierten wurde durch diese Ereignisse sehr gespannt, aber die Amerikaner waren unter keinen Umständen bereit, sich auf die Zuteilung von Mitteln für das östliche Mittelmeer einzulassen. Im Gegenteil wollten sie dort ihre Truppenstärke und ihre Nachschublieferungen *reduzieren*.[75]

Auch in zwei anderen wichtigen Fragen konnte in Quebec Einigung erzielt werden. Für die europäischen Kriegsschauplätze hatte der COSSAC-Stab unter General Morgan einen Plan namens »Rankin« entwickelt. Er sah für den Fall des deutschen Zusammenbruchs den schnellen Einmarsch britischer und amerikanischer Truppen in Europa vor. Diese Möglichkeit war schon früher untersucht worden, doch schien sie jetzt durch die Entwicklung in Italien – die sich in Deutschland hätte wiederholen können – in greifbare Nähe gerückt. Zudem war Roosevelt sehr darauf bedacht, daß seine Truppen von Westen aus Berlin erreichen sollten, sobald die sowjetischen von Osten aus im Anmarsch waren. Dies würde ihn später im Jahr nochmals beschäftigen.[76] Entsprechend der möglichen Entwicklungen wurden verschiedene Pläne genehmigt. Das zweite wichtige Gesprächsthema war der Krieg gegen Japan. Die Grundzüge dieses Themas werden später in diesem Kapitel im Rahmen des pazifischen Kriegsschauplatzes beschrieben, doch im Zusammenhang mit den Reibereien zwischen den Vereinigten Staaten und Großbritannien, die in Quebec beigelegt wurden, muß ich kurz auf die Lösung eines der wichtigsten Konflikte zwischen den beiden Mächten eingehen.

Beide Mächte hielten angesichts der komplizierten Befehlsstrukturen in Südostasien einen Oberbefehlshaber für sinnvoll, der die verschiedenen Truppen der Alliierten führen sollte, vielleicht so wie Eisenhower dies mit wachsendem Erfolg im Mittelmeerraum tat. Die Amerikaner hofften – vielleicht könnte man richtiger sagen, sie hätten ihre Gebetsmühlen gedreht, wenn sie welche gehabt hätten –, eine solche Abmachung könnte die Trägheit, die für die britischen Truppen im Gebiet von Indien und Birma typisch war, endlich wirksam aufheben. Die britische Regierung schlug Sir Sholto Douglas, den Befehlshaber der Luftwaffe im Nahen Osten, vor, den die Amerikaner auf keinen Fall akzeptieren wollten. Zwei Monate lang dauerte die schwierigste Kontroverse dieser Art im Krieg an. Churchill wollte keinen anderen britischen Kommandeur akzeptieren, und Roosevelt, der in dieser Sache Marshall unterstützte, blieb bei seinen Einwänden gegen Douglas.[77]

Auf der Quadrant-Konferenz in Quebec nannte Churchill schließlich den Namen des britischen Chief of Combined Operations, Lord Louis Mountbatten.[78] Der Vorschlag wurde von den Amerikanern sofort begeistert angenommen. Mountbatten sollte nicht nur den britischen Führungsstab wachrütteln (wie die Amerikaner gehofft hatten) und die Soldaten begeistern, wie das Montgomery in Nordafrika getan hatte, sondern er spielte eine Rolle, die ihn zum letzten Vizekönig Indiens prädestinierte, eine Rolle, an die Churchill wohl kaum gedacht hatte. Aber die entzweiende Befehlsfrage war geklärt; egal, welche Schwierigkeiten im SEAC, dem South East Asia Command, auch auftauchten, Mountbatten hatte stets ein rationales Verhältnis zu den sich bekämpfenden britischen, amerikanischen und chinesischen Kommandeuren vor Ort. Marshall war über die Lösung dieses Problems so erleichtert, daß er der Ernennung eines persönlichen Vertreters von Churchill in General MacArthurs Stab zustimmte. Churchill entschied sich glücklicherweise für Generalleutnant Sir Herbert Lumsden, einen früheren Kommandeur eines Panzerkorps in Nordafrika, der ein gutes Verhältnis zu MacArthur entwickelte.[79] Das war das ironische, aber passende Ergebnis eines Streites über die Ernennung von Kommandeuren, der zeitweilig außer Kontrolle zu geraten drohte.

Zu zwei weiteren Fragen gab es in Quebec keine grundsätzlichen Schwierigkeiten, zu einer Einigung zu gelangen. In dem höchst unwahrscheinlichen Fall, daß der Overlord-Einsatz nicht durchgeführt werden konnte, blieb als zweitrangige Alternative der ältere Plan für Jupiter, die von Churchill favorisierte Landung in Norwegen. Bedeutender war, daß die gemeinsamen Bombenangriffe auf Deutschland allmählich ihren Zweck erfüllten und die deutsche Luftwaffe von der Ostfront ablenkten, ihre Produktion reduzierten und ihre Moral zerrütteten und zuletzt den Weg für die große Invasion 1944 bereiteten. Die bevorstehende Kapitulation Italiens bot die schon erwähnte Möglichkeit, Flughäfen zu besetzen, von denen britische und amerikanische Flugzeuge wichtige, bisher außer Reichweite liegende Ziele in Ostdeutschland und in Teilen des von Deutschland kontrollierten Europas angreifen konnten. Außerdem würden sie die deutsche Luftabwehr zur Zerstreuung zwingen.

DER LUFTKRIEG IM JAHRE 1943

Schon vor der Quadrant-Konferenz hatte die britische Luftwaffe mit Hilfe der amerikanischen vom 24. bis 27. Juli eine Reihe von gewaltigen Luftangriffen auf Hamburg geflogen.[80] Großer Schaden und schwere Verluste (rund 40 000 Tote) entstanden durch eine Reihe von Luftangriffen, die allein durch ihre Größenordnung die Verteidigung überwältigten. Hinzu kam eine neue Methode, genannt »Window«, mit der das deutsche Radar gestört wurde: das Abwerfen von Aluminiumstreifen in großen Mengen. Riesige Brände, die zu einem Feuersturm wurden, zerstörten große Teile der zweitgrößten deutschen Stadt. Durch dieses neue Phänomen der modernen Kriegführung entstanden sich selbst anfachende Feuer, die Menschen und Dinge aufsogen, die die Temperatur so in die Höhe schnellen ließen, daß der Asphalt auf den Straßen brannte und mit den üblichen Feuerbekämpfungstechniken nicht mehr eingedämmt oder gar gelöscht werden konnten. Die Verwüstungen hatten ein riesiges Ausmaß, doch konnte man sich die deutschen Wiederaufbauerfolge nur schwer erklären. Jedenfalls wurde der gewaltige Angriff auf Hamburg in einem vergleichbaren Ausmaß nicht wiederholt.

Nach dem Flächenangriff auf Hamburg verlegte die Royal Air Force ihre Angriffe im September und Oktober 1943 auf andere deutsche Städte, vor allem auf Mannheim, Ludwigshafen, Frankfurt am Main und Hannover. Der Angriff auf Kassel am 22. Oktober schuf einen Feuersturm wie jenen in Hamburg.[81] Im Glauben, daß die schweren Bomber alleine den Krieg gewinnen könnten, schickte Harris seine Flugzeuge auf den langen und außerordentlich gefährlichen Weg nach Berlin. Auch hier gab es große Zerstörungen und Verluste, aber die Entfernung zu den britischen Basen, die wirksamere deutsche Flugabwehr und die Schwierigkeit, sich bei einem so großen Gebiet auf Ziele zu konzentrieren, minderten die Wirkung. Die »Luftschlacht um Berlin« soll hier nicht als Erfolg oder Mißerfolg der Royal Air Force gewertet werden. Einiges steht jedoch fest.[82]

Auch wenn die Angriffe auf deutsche Städte vom Hauptziel der Pointblank-Direktive für gemeinsame Bombenangriffe auf die deutsche Flugzeugindustrie ablenkten, wurde das deutsche Militär durch sie unter Druck gesetzt. Der Selbstmord des deutschen Stabschefs der Luftwaffe, General Jeschonnek, am 18. August 1943 war nur das offensichtlichste Zeichen der enormen Anstrengung und Erschöpfung, durch die Angriffe in der Heimat und die gleichzeitigen Kämpfe an der Ostfront.[83] Die allgemeine Zerrüttung der deutschen Wirtschaft und der gezielte Angriff auf das Forschungszentrum in Peenemünde am 17. August 1943 hatten zur Folge, daß die gefährlichste neue deutsche Waffe, die ballistische Rakete V2, die eigentlich schon ab dem 1. November 1943 in Massen auf London und andere Städte hätte abgefeuert werden sollen, erst am 8. September 1944 zum Einsatz kam, ein sehr wichtiger Zeitunterschied.[84]

Zudem führten die schweren Verluste der Luftwaffe, vor allem bei den Jagdflugzeugen, die Industriegebiete und Städte verteidigen sollten, zu einer grundsätzlichen Neuverteilung von Produktionsmitteln zugunsten von Jagdflugzeugen und Flakgeschützen und zugleich zum Abzug von den Fronten im Osten und im Mittelmeerraum zur Verteidigung des deutschen Luftraums. Von einigen Ausnahmen abgesehen wurde die deutsche Luftwaffe seit dem Herbst 1943 an der heimatlichen Front eingesetzt.[85] Die Produktion von Kampfflugzeugen konnte nicht in ausreichendem Maße gesteigert werden, um die Verluste auszugleichen. Und der Abzug von Mitteln für die Herstellung der neuen Waffen war für die Luftwaffe eher ein Hindernis als eine Unterstützung beim Kampf gegen die riesigen Bomberflotten der Alliierten. Überdies führte die steigende Produktion von Flakgeschützen, die enorm viel Munition verbrauchten, zur zusätzlichen Verknappung von Munition bei den Landstreitkräften.[86] Die Situation von 1944, als die Hälfte der Artillerie zur Verteidigung des Himmels über Deutschland eingesetzt wurde, war noch nicht entstanden, aber man konnte sie schon vorausahnen.

Andererseits wurden die britischen Nacht- und die amerikanischen Tagangriffe durch die Erhöhung der deutschen Jagdfliegerproduktion sehr kostspielig. Verluste der viermotorigen Bomber bedeuteten auch den Verlust der erfahrenen Besatzungen,

da die Deutschen jetzt den Vorteil genossen, den die Briten in der Schlacht um Großbritannien hatten: Die Besatzungen der Bomber waren größer als die der Jagdflieger,
und totaler Verlust durch Tod oder Gefangennahme der Besatzung jedes über
Deutschland abgeschossenen Bombers war fast unvermeidlich. Die deutschen Jagd-
fliegerpiloten konnten mit dem Fallschirm abspringen und wieder eingesetzt werden.
In der Schlacht über den deutschen Städten und Industriegebieten im Herbst 1943
schienen sich die Deutschen immer mehr durchzusetzen. Es kam zu ständigen Verlusten des britischen Bomber-Kommandos und zu schweren Verlusten der amerikanischen Luftwaffe, beispielsweise bei dem Angriff auf die Kugellagerfabriken in
Schweinfurt am 17. August. Dies legt nahe, daß das von Speer und Feldmarschall
Erhard Milch vorangetriebene Programm zur vermehrten Jagdfliegerproduktion stärker als die gemeinsame Bomberoffensive der Alliierten war, vor allem, wenn die Jäger
zum Geleitschutz auf Langstrecken fehlten.[87]
Die Deutschen waren vom Gewinnen der Übermacht im deutschkontrollierten
Luftraum Europas so überzeugt, daß sie in ihren Produktionsplänen wieder die
Bomber, nicht mehr die Jagdflugzeuge, bevorzugten, um in Großbritannien stärker
angreifen zu können.[88] Aber noch vor der letzten großen britischen Niederlage und
dem deutschen Luftsieg beim Angriff auf Nürnberg am 30. März 1944 hatten die
Amerikaner die Antwort auf die Herausforderung der deutschen Luftwaffe gefunden.[89] In der Zwischenzeit fochten es die britischen und amerikanischen Bomberbesatzungen in Kämpfen aus, die denen der deutschen U-Boote im Atlantik ähnelten –
Zielstrebigkeit angesichts geringer Überlebenschancen. Am niedrigsten waren sie für
die Amerikaner beim Angriff am 1. August 1943 von Nordafrika aus auf die rumänischen Ölfelder bei Ploesti. Wie häufig zuvor und später wurde zu einem hohen
Preis großer Schaden angerichtet. Doch das Versäumnis, weitere Angriffe anzuord-
nen – manchmal auch die Unmöglichkeit aufgrund zu hoher Verluste –, hatte zur
Folge, daß innerhalb von kurzer Zeit ernsthafte Schäden an Fabriken wieder repariert
werden konnten.[90]
Die britische und amerikanische Luftwaffe mußten ihre Bombenangriffe auf Gebiete verlegen, die sie mit Jagdschutz erreichen konnten, bis der Jagdschutz so entwickelt worden wäre, daß er ebenfalls die Ziele erreichen könnte, die für die Bomber
geplant waren. Zwischenzeitlich leistete die Bomberoffensive einen gewichtigen Beitrag zum Erfolg der Alliierten, weil sie der deutschen Luftwaffe große Verluste zufügte
und ihre Umverteilung von den Fronten im Osten und Süden zur Verteidigung in
der Heimat erzwang. Außerdem mußten die Deutschen ihre Flugzeugindustrie verteilen, um sie zu schützen, und das verringerte ihre Produktion. Industriestandorte
und Städte wurden durch die Bomberoffensive in großem Umfang zerstört. Zudem
regte sie die Deutschen an, Mittel in diverse geniale, aber sehr kostspielige Einfälle
für Vergeltungsmaßnahmen gegen Großbritannien zu investieren.

MOSKAU, KAIRO UND TEHERAN

Die Bomberoffensive war die sichtbarste und am schnellsten in die Tat umgesetzte Entscheidung der Quadrant-Konferenz.[91] Die Invasion Italiens Anfang September zeigte, daß die westlichen Alliierten nach der Eroberung Siziliens nicht untätig bleiben würden. Am wichtigsten war jedoch – nachdem die Alliierten anscheinend in die Offensive gehen konnten – die Koordination der britischen und amerikanischen Anstrengungen mit denen der Sowjetunion auszuarbeiten: Der Krieg mußte gewonnen und die Zeit danach vorbereitet werden. Die Sowjetunion hatte sich geweigert, einen Vertreter nach Casablanca zu schicken, und war auch an der Teilnahme an der Trident-Konferenz in Washington im Mai oder an der Quadrant-Konferenz in Quebec im August nicht interessiert. Stalin hatte im Gegenteil alle britischen und amerikanischen Versuche, ein Treffen der drei Mächte auf höchster Ebene zu organisieren, abgewehrt und darüber hinaus seine Botschafter aus Washington und London abberufen. Im Sommer 1943 war das Verhältnis zwischen Moskau und den beiden westlichen Mächten eisig geworden. Jetzt taute es wieder etwas auf. Bevor sowjetische Aufzeichnungen zu den Gründen hierfür (wenn es sie gibt) zugänglich werden, kann man nur Vermutungen anstellen. Aber die Unwilligkeit der Deutschen, auf die sowjetischen Angebote einzugehen, das Zögern der deutschen Generäle, sich gegen das Hitler-Regime zu erheben, und das wachsende Vertrauen der Sowjetunion in ihre eigenen militärischen Fähigkeiten trugen zu diesem Wechsel wahrscheinlich ebenso bei wie die steigenden Hilfslieferungen der Alliierten, die Kämpfe im Mittelmeerraum und im Luftraum über Europa und das Drängen der amerikanischen Regierung. Stalin stimmte nun einem Treffen der »Großen Drei« später im Jahr zu. Vorher sollte ein Vorbereitungstreffen mit hohen britischen und amerikanischen Beamten stattfinden. Stalins Erklärung vom 8. August, daß ein Treffen der Drei im Laufe des Jahres wünschenswert sei, konnte genauso wie seine vorherige Abmachung, sich mit Roosevelt im Juli oder August 1943 zu treffen, widerrufen werden. Doch Churchills und Roosevelts Zustimmung vom 18. August in Quebec zu einem Vorbereitungstreffen verantwortlicher Vertreter für ein Treffen der drei Führer ebnete den Weg für weitere Schritte.

Vor der Vorbereitungskonferenz wurden Terminvorschläge durch die drei Mächte gemacht, die Sowjetunion über die Entscheidungen zu Overlord informiert[92] und einige Gespräche über den Ort des Treffens geführt. Die Entscheidung zum letzten Punkt gefiel der Sowjetunion sicherlich: Die Vertreter sollten sich in Moskau treffen.[93] Zwölf Tage lang, vom 19. bis 30. Oktober 1943, empfing Molotow den britischen Außenminister Anthony Eden in Begleitung von General Ismay sowie den Außenminister der Vereinigten Staaten Cordell Hull*, zu dessen Delegation auch der neuernannte Leiter der amerikanischen Militärmission in Moskau, General John Deane,

---

* Hull hatte darauf bestanden, nach Moskau zu reisen. Das half Roosevelt bei seiner Entscheidung, Staatssekretär Sumner Welles zu entlassen.

und der neue Botschafter in der Sowjetunion, Averell Harriman, gehörten. Den Vorsitz der Konferenz von Moskau führte Molotow. Konferiert wurde auch mit einigen sowjetischen Militärs und Diplomaten und, bei besonderen Anlässen, sogar mit Stalin. Die Amerikaner setzten sich besonders für eine Viermächtedeklaration über die Zusammenarbeit während des Krieges bis zur Kapitulation ihrer Feinde und über die Schaffung von internationalen Organisationen in der Nachkriegszeit ein. Dieser Vorschlag hatte nicht nur die sowjetische Verständigung auf die Forderung nach der bedingungslosen Kapitulation zur Folge, sondern war ein entscheidender Schritt zur Bildung der Vereinten Nationen und zur Integration Chinas in den Kreis der Weltmächte. Beide Fragen waren Roosevelt und Hull bei ihrer Zukunftsplanung sehr wichtig. Die erste Frage konnte von Großbritannien und der Sowjetunion mit einigem Zögern akzeptiert werden, gegenüber der zweiten bestanden jedoch große Bedenken. Briten und Russen lehnten schlichtweg ab, sich der amerikanischen Sichtweise anzuschließen, daß China künftig als Weltmacht akzeptiert werden müsse. Die Russen waren damals zudem besorgt über die Reaktion Japans auf sowjetische Entscheidungen, die den Anschein erwecken könnten, sie verbündeten sich im Pazifikkrieg mit Großbritannien und den Vereinigten Staaten. Auf dieses Thema werde ich noch mehrfach zu sprechen kommen. Auf dieser Konferenz gaben London und Moskau auf jeden Fall dem amerikanischen Druck nach und akzeptierten den chinesischen Botschafter als Unterzeichner für seine Regierung.

Briten und Russen waren in diesen Fragen nur mit Mühe umgestimmt worden, doch noch widerwilliger stimmten die Amerikaner der bloßen Anerkennung des Französischen Komitees der Nationalen Befreiung zu, wie de Gaulle seine provisorische Regierung nannte. Roosevelt und Hull waren dazu ganz und gar nicht geneigt, während Eden (manchmal ohne die Unterstützung seines Premierministers) darauf bestand. Keine Einigung konnte in der Frage erzielt werden, wie am besten mit den Differenzen umgegangen werden sollte, die sich im Iran aufgrund der Nachschublieferungen durch das Land für die Sowjetunion entwickelt hatten. Die ernsthaften Spannungen zwischen Großbritannien und der Sowjetunion wegen der arktischen Geleitzüge konnten jedoch etwas gelockert werden. Für die Zukunft Deutschlands wurde beschlossen, die Kapitulation voranzutreiben und das Land zu entwaffnen und zu entnazifizieren. Keine Übereinkunft wurde zu den Grenzen, zur Reparationspolitik und zu der Frage getroffen, ob das Land aufgeteilt – »aufgeteilt« war der Ausdruck während des Krieges – oder als kleinere Einheit erhalten werden sollte. Italien sollte sich durch einen wirklichen Beitrag zur Kriegführung auf der Seite der Alliierten rehabilitieren können, wobei ein Gremium, in dem die Sowjetunion vertreten sein würde, den Befehlshaber der Alliierten für italienische Gebiete beraten würde. Die Sowjetunion forderte die Aufteilung der italienischen Kriegs- und Handelsflotte. Amerikaner und Briten versprachen, in diesem Punkt zu einer Abmachung zu gelangen, was später durch die Übergabe von amerikanischen und britischen Schiffen, entsprechend den sowjetischen Forderungen, geschah.

Auf die Anstrengungen der Amerikaner, ernsthafte Verhandlungen über die Formen wirtschaftlicher Beziehungen der Nachkriegszeit zu führen, reagierten die britischen und sowjetischen Vertreter ausweichend. Eine besonders ausgeprägte Form von Kurzsichtigkeit, die beiden Mächten nochmals schaden sollte, als mit dem Ende des Krieges 1945 das Lend-Lease-Gesetz (zur Vergabe amerikanischer Lieferungen an die Feinde Deutschlands) aufgehoben wurde, wie dies von der amerikanischen Gesetzgebung vorgesehen war. Die Behörden in Moskau und London hatten versäumt, diese zeitliche Begrenzung zur Kenntnis zu nehmen.

Generelle Einigung bestand darüber, daß Österreich wieder von Deutschland abgespalten werden sollte. Dies wurde auch öffentlich erklärt. Hierbei ging es mehr darum, den Widerstand gegen das deutsche Regime in Österreich und in aus Österreichern rekrutierten deutschen Truppenverbänden zu stärken und zu zeigen, daß Deutschland auch seine Vorkriegsgewinne nicht würde behalten können, als um die Tatsache, daß viele Österreicher seit dem Anschluß ans Reich gemerkt hatten, daß sie keine Deutschen waren. Weiterhin wurde erklärt, daß Kriegsverbrecher für die Grausamkeiten, die sie begangen hatten, bestraft werden würden. Verbrechen von örtlicher Relevanz würden am Ort des Verbrechens bestraft, Verbrecher, die in mehrfacher Hinsicht schuldig waren, würden von einem gemeinsamen Gericht der Alliierten abgeurteilt. Diese Erklärung sollte zumindest einige Deutsche davon abschrekken, weitere Verbrechen zu begehen, da das Kriegsglück sich von den Achsenmächten abwandte. Die drei Mächte versprachen auch, sich gegenseitig über Sondierungen zu Friedensverhandlungen von seiten der feindlichen Mächte zu informieren, ein entscheidender Entschluß in einer Zeit, in der die Satellitenstaaten Deutschlands versuchten, aus dem Krieg auszutreten, ohne sich dem Zorn der Deutschen auszusetzen. Ein lächerliches Unterfangen, wie die Erfahrung der Italiener den Führern in Helsinki, Budapest, Bukarest und Sofia deutlich vor Augen führte, die aber nicht beachtet wurde.

Auf Vorschlag der Briten, die in dieser Frage immer wieder ihre Meinung geändert hatten, wurde dem von der Sowjetunion vor der Konferenz geäußerten Vorschlag für eine Kommission zur Überwachung Italiens und anderer befreiter oder besetzter Gebiete mit der Gründung der Europäischen Beratenden Kommission (EAC) Rechnung getragen. Die Treffen sollten in London (zur Unterscheidung vom Komitee für Italien, das in Algier ins Leben gerufen wurde) stattfinden, doch entwickelten weder Russen noch Amerikaner großes Engagement für diese Kommission.

Die grundsätzlichen militärischen Meinungsverschiedenheiten zwischen den Alliierten schienen auch geklärt zu sein.[94] Die amerikanischen und britischen Militärs gaben einen Abriß der für das Frühjahr 1944 geplanten Operation Overlord, die Unterordnung der Operationen im Mittelmeerraum unter diese Offensive und – in der Praxis immer der kritischste Punkt – die geplante Verlegung von sieben Divisionen aus dem Mittelmeerraum nach Großbritannien. Einige Aspekte dieser Diskussionen sollen erwähnt werden: Die sowjetischen Vertreter, denen offensichtlich gefiel, was ihnen eröffnet wurde, schlugen vor, die Alliierten sollten die Türkei und Schweden zum Kriegseintritt bewegen. Diese Pläne hätten jedoch eine Ablenkung von Overlord zugunsten des östlichen Mittelmeers und Skandinaviens zur Folge gehabt, was Churchill schon immer bevorzugt hatte und wogegen die Amerikaner sich aussprachen. Nicht nur zu dieser Frage gab es Uneinigkeiten. Die Sowjets waren auch gegenüber drei praktischen Vorschlägen der Amerikaner zur verbesserten Zusammenarbeit im Krieg gegen Deutschland abweisend: sogenannte Shuttle-Bombardierung, bei der Flugzeuge von britischen, italienischen und nordafrikanischen Basen in der Sowjetunion zwischenlanden und somit wesentlich schwerere Bombenladungen transportieren könnten, Austausch von Wetterdaten zur Erleichterung der gemeinsamen Bombenangriffe und verbesserte Lufttransportverbindungen zwischen der Sowjetunion und den Vereinigten Staaten und Großbritannien. Angesichts des sowjetischen Widerwillens wurde aus diesen Vorschlägen wenig, aber der Umgang mit diesen Fragen wirft ein interessantes Licht auf die sowjetische Abneigung gegenüber militärischer Zusammenarbeit.* Verwirrender war in gewisser Hinsicht, daß Stalin, nachdem die Amerikaner endlich erreicht hatten, daß die Briten sich auf den Wechsel von Einsätzen im Mittelmeer zu Overlord festgelegt hatten, in dieser Frage selbst wankend wurde. Als Churchill – zur Bestürzung Edens und zum Schrecken der Amerikaner – Eden beauftragte, Stalin mitzuteilen, Schwierigkeiten beim italienischen Feldzug könnten zu einer verspäteten Verlegung der Divisionen vom Mittelmeer und somit zu einer Verzögerung von Overlord führen, reagierte Stalin nicht verärgert, sondern lobte im Gegenteil den italienischen Feldzug mit Worten, über die Churchill und Brooke sich gefreut hätten.[95]

Der wirkliche Hintergrund für diese grundsätzlichen Veränderungen der sowjetischen Position ist nicht leicht zu erklären. Es wurde vermutet, die Einbeziehung Schwedens in den Krieg sollte die Vereinigten Staaten von der Besetzung ganz Finnlands[96] durch die Sowjetunion ablenken. Auch wurde vermutet, Stalin habe britische und amerikanische Waffenlieferungen an die Türkei verhindern wollen, weil diese Lieferungen nicht erfolgt wären, nachdem die Türkei die Bitte, in den Krieg einzutreten, abgewiesen hätte. Diese Spekulationen scheinen mir jedoch sehr weit hergeholt.[97] Vielleicht zeigen diese Aspekte der Moskauer Diskussionen nur, daß Stalin Ende Oktober 1943 mehr Vertrauen in die Fähigkeit der Roten Armee, nach Mitteleuropa vorzudringen, hatte, egal ob mit oder ohne Bodenoffensive gegen Deutschland aus dem Westen.[98]

---

* Die angebliche Abneigung Großbritanniens und Frankreichs gegenüber enger militärischer Zusammenarbeit war von der Sowjetunion als Rechtfertigung für den Vertrag mit Deutschland von 1939 verwendet worden. Wichtig ist die Tatsache, daß die Briten das Shuttle-Bombardierungskonzept als in der Praxis schwer durchführbar ansahen, weil es erhebliche Zuteilungen von Arbeitskräften und Ersatzteilen für Basen in der Sowjetunion erforderlich gemacht hätte. Siehe Sinclair an Churchill, 24. Oktober 1943, PRO, PREM 3/11/10. (Churchill war derselben Meinung wie Sinclair.)

Das Vertrauen spiegelte sich auch in der Behandlung von Fragen zu Osteuropa wider. Die Sowjetunion beharrte seit dem deutschen Überfall 1941 darauf, daß ihre Grenzen, einschließlich des im Rahmen ihres Abkommens mit Deutschland besetzten Gebietes, anerkannt werden sollten. Die Briten waren 1941 dazu bereit gewesen, wurden jedoch von der amerikanischen Regierung zurückgehalten. Die britische Regierung hatte vor der Konferenz in Moskau Edens Vorschlag, die Curzon-Linie dort anzuerkennen, bestätigt, doch sollte er versuchen, Lwow Polen zuzuschlagen. Die Polen sollten von Deutschland einen Ausgleich erhalten. Die baltischen Staaten wurden als verloren betrachtet; die sowjetisch-rumänische und die sowjetisch-finnische Grenze von 1941 wurden als annehmbar bezeichnet. Sowjetische Forderungen nach Petsamo (Petschenga) wurden als einer anderen Kategorie zugehörig erachtet, weil das Gebiet im Juni 1941 nicht zur Sowjetunion gehört hatte. Die Briten waren jedoch bereit, auch dies zu akzeptieren.[99]

Die Amerikaner waren weiterhin dagegen, sich noch während des Krieges auf Grenzregelungen einzulassen. Hull war nicht bereit, in Gespräche über zukünftige osteuropäische Regierungen verwickelt zu werden, während die britische und die amerikanische Regierung lebhafte Diskussionen über die neue Regierung Italiens führten. Ohne Aussicht auf eine direkte militärische Rolle Großbritanniens oder der Vereinigten Staaten in Osteuropa konnte keiner der beiden Staaten Einfluß auf die dortige Politik der Sowjets ausüben.* Die Briten sahen sich gezwungen, einen Sondervertrag zwischen der tschechoslowakischen Exilregierung und der Sowjetunion (die unter Voraussetzung der sowjetischen Annexion Südostpolens als Nachbarn bezeichnet wurden) zu akzeptieren. Sie konnten keine Wiederaufnahme der Beziehungen zwischen der polnischen Exilregierung und Moskau bewirken. Das Schicksal der Tschechoslowakei – die sowjetischen Gebietsforderungen nachgab und in anderer Weise mit der Sowjetunion zusammenarbeitete – würde dem Schicksal Polens gleichen, dessen Exilregierung territoriale Zusagen zurückwies. Die erbitterten Diskussionen, die später über Polen geführt wurden, führten nicht zu einem grundsätzlichen Unterschied in den Regelungen, aber dies konnte 1943 noch nicht vorausgesagt werden.

In genügend Fragen konnte Einigung erzielt werden, so daß die Konferenz insgesamt als erfolgreich bezeichnet werden konnte. Dies wurde besonders deutlich, als am Ende der Konferenz Stalin gegenüber Hull und Molotow gegenüber Harriman erklärten, die Sowjetunion werde nach dem Sieg über Deutschland in den Krieg gegen Japan eintreten. Alle früheren Pläne für eine amerikanisch-sowjetische Zusammenarbeit im Falle eines japanischen Angriffs auf die Sowjetunion waren an Stalins Widerstand gescheitert.[100] Jetzt hatte Stalin versprochen, sich am Krieg gegen Japan

---

* Die Briten hatten sich für eine Föderation der kleineren Staaten Ost- und Südosteuropas eingesetzt, aber der Vorschlag scheiterte an einem sowjetischen Veto auf der Konferenz von Moskau. Man sollte aber nicht annehmen, daß ohne die sowjetischen Einwände eine solche Föderation geschaffen worden wäre.

zu beteiligen. Die Verhandlungen über die Konditionen würden später folgen. Für die westlichen Alliierten bedeutete dies, daß nicht nur der Krieg in Europa, sondern auch der im Pazifik in absehbarer Zeit beendet werden würde.

Für die Amerikaner hatte ein Viermächteabkommen eine besondere Bedeutung. Es war nicht nur ein weiterer Schritt in ihrem Bestreben, China als Weltmacht anzuerkennen, sondern berechtigte auch zu der Hoffnung, daß nach dem Zweiten Weltkrieg nicht abermals die Fehler gemacht werden würden, die, wie Roosevelt und Hull glaubten, nach dem Ersten Weltkrieg gemacht worden waren. Die Isolierung der Vereinigten Staaten nach 1918 und die Verwerfung der Friedensverträge von 1919 und des Völkerbundes hatten zum Ausbruch des Zweiten Weltkriegs beigetragen. Für die Amerikaner waren das wichtige Aspekte der in der Vergangenheit gemachten Fehler, und sie waren sich der Problematik vollkommen bewußt. Roosevelt und Hull legten viel Wert auf die Verankerung der Vereinigten Staaten und auf die Einbeziehung der öffentlichen Meinung in neue internationale Strukturen, die nach dem Krieg geschaffen werden sollten. Dies sollte ihrer Ansicht nach und in den Augen vieler Amerikaner zur Vermeidung früherer Fehler beitragen.[101]

Während in den folgenden Vorbereitungen für das Treffen der Großen Drei einige Probleme, wenn auch mit Schwierigkeiten, gelöst werden konnten, wurde eine Frage schicksalhaft offengelassen. Nach mehrfachem Meinungsaustausch waren Churchill und ein noch widerstrebender Roosevelt damit einverstanden, eine Konferenz in Teheran abzuhalten. Stalin war nicht bereit, sich weiter von sowjetischem Gebiet zu entfernen. Schwieriger war es, Roosevelts Wunsch zu erfüllen: Er wollte Tschiang Kai-schek treffen. Obwohl der Präsident über Korruption, Unfähigkeit und militärische Inkompetenz der chinesischen Nationalregierung enttäuscht war, wollte er ein Treffen ausnutzen, um den sinkenden Mut der Chinesen zu stärken und den Weg zu einer wichtigeren Rolle der Nation zu ebnen. Tschiangs antiimperialistische Ansichten, die die Kuomintangpolitik in den zwanziger Jahren dominiert hatten, entsprachen den Vorstellungen der Amerikaner. Und wenn Roosevelt klar war, daß sein Verhältnis zu Churchill es nicht erlaubte, erneut über die Notwendigkeit der Autonomie Indiens zu reden, konnte er dasselbe erreichen, indem er ein Staatsoberhaupt öffentlich anerkannte, das regelmäßig Führer der indischen Nationalisten lobte, von denen manche in britischen Gefängnissen saßen. Nach Roosevelts Ansicht ging die imperiale Aufgabe der Briten in Asien ihrem Ende zu, wenn auch nicht so schnell wie die der Japaner. China würde in dem Kontinent eine wichtige Rolle spielen und ein Gegengewicht zum sowjetischen Expansionsbestreben darstellen. Daß diese Ideen in Moskau und London nicht mit Begeisterung aufgenommen wurden, kann nicht verwundern. Deshalb traf Roosevelt Tschiang auf dem Weg nach Teheran in Kairo. Churchill und seine Berater würden dort auch einen Zwischenstopp einlegen und mit den Amerikanern zu einer Vorbesprechung zusammenkommen, jedoch mit ganz anderen Zielen und Ergebnissen.

Nach der besten britischen Darstellung zu den Konferenzen in Moskau, Kairo und

Teheran war das Hauptziel des Treffens in Kairo: Churchill und den britischen Stabschefs die Möglichkeit zu bieten, die Amerikaner davon zu überzeugen, daß der Termin
für Overlord nicht alle anderen Operationen in dem Maße bestimmen durfte, daß
kein Raum mehr für Einsätze im Mittelmeer blieb. Vor allem sollte der Termin nicht
den Zeitplan für die Rückkehr von Truppen und Landungsbooten nach England
diktieren. [102]

Das war die Ursache der Interessenkollision zwischen Briten und Amerikanern.
Die Briten hatten auf der Trident-Konferenz im Mai dem amerikanischen Drängen
auf einen festen Termin für Overlord widerwillig nachgegeben. Dann hatten sie auf
größerer Flexibilität zugunsten der Mittelmeereinsätze bestanden. Später gaben sie
dem amerikanischen Druck wieder nach und nahmen den Termin des 1. Mai auf der
Quadrant-Konferenz im August wieder an. Im Oktober wurde dieser Plan auch den
Russen mitgeteilt. Noch während dieser Konferenz fand im britischen Kriegskabinett
eine lange Debatte statt, deren wichtigstes Ergebnis war, daß der Italienfeldzug gegenüber Overlord Priorität haben sollte und daß es keine bindenden Zusagen für
den Termin im Mai geben sollte, trotz aller früheren Abmachungen mit den Amerikanern. [103] Die Briten wollten die Diskussion also ganz von vorne beginnen.

Die Amerikaner hatten schon Anzeichen für den britischen Sinneswandel bemerkt
und waren entschlossen, ihn nicht zu akzeptieren. Ihrer Ansicht nach mußte die
Strategie der Alliierten zu einem gewissen Zeitpunkt festgelegt und dann beibehalten
werden, um größere Pläne durchführen zu können. Die Amerikaner hatten eher
widerwillig zugestimmt, einige Landungsschiffe länger im Mittelmeerraum zu belassen, aber bei den Truppentransfers ließen sie nicht mit sich handeln. Die erste der
vier amerikanischen Divisionen, die 1. Infanteriedivision, schiffte sich am 23. Oktober
1943 in Sizilien ein und hatte das Mittelmeer während der Konferenz von Kairo
schon verlassen. Die übrigen drei waren noch vor Ende des Jahres unterwegs. [104] In
diesem Fall wurde eine amerikanische Operation bewußt gemäß einer früheren Abmachung durchgeführt, obwohl sie die Briten noch rückgängig machen wollten.

Um die Forderungen der Briten nach sofortigen Operationen im Mittelmeer, gleichgültig welche Konsequenzen dies für Overlord hätte, zu beschränken, schlugen die
Amerikaner vor, General Marshall solle die Einsätze auf beiden Schauplätzen befehligen, wobei ihm zwei Kommandanten für je einen Schauplatz untergeordnet werden
sollten. Er würde sich sicher für die Priorität von Overlord einsetzen und die Einsätze
im Mittelmeer so durchführen, daß sie Overlord unterstützten und nicht zu einer
Verschiebung beitrugen. Angesichts der heftigen Abneigung der Briten gegenüber
dieser Befehlsstruktur, die einen für Overlord engagierten Amerikaner zwischen Churchill und den britischen Stabschef sowie die britischen Befehlshaber im Mittelmeer
stellen würde, waren die Amerikaner bereit, größere Zugeständnisse zu machen. Sie
würden die Position, die ihrem Vorschlag nach Marshall zugestanden hätte, dem
britischen Feldmarschall Sir John Dill zubilligen. Die Amerikaner vertrauten so sehr
auf Dills Bereitschaft, die beschlossene Strategie zu berücksichtigen, daß sie gewillt

waren, den Großteil der amerikanischen Truppen unter seinen Oberbefehl zu stellen. Aber auch das konnte die Briten nicht davon abbringen, die Strategie zu überarbeiten und den Oberbefehl über den Mittelmeerraum zu behalten, der die Schauplätze Nordafrikas und Italiens und den Mittleren Osten unter getrennten Strukturen, die sie direkt beeinflussen konnten, umfaßte.*

Es war also klar, daß die gesamte Strategie zur Niederwerfung Deutschlands in Kairo gründlich erörtert werden mußte. Die Briten waren durch das, was *sie* als Korsett der Mittelmeereinsätze betrachteten, gereizt, und die Amerikaner provozierte das Verhalten der Briten noch mehr, weil sie sich erneut von früheren Versprechen distanzierten und an der Peripherie des Kontinents nur Zeit verschwendeten. Der Streit war so schwierig beizulegen, weil der Verdruß beider Seiten verständlich war. Die Briten hatten vollkommen recht, daß Möglichkeiten in Italien und in Südosteuropa aufgrund des amerikanischen Beharrens auf strategischen Prioritäten geopfert wurden. Dennoch bleibt offen, ob sie am Ende glücklicher gewesen wären, wenn ihre Truppen die Alpen erreicht und die westlichen Mächte Bulgarien besetzt hätten, während die Rote Armee Belgien befreit hätte. Die Amerikaner befürchteten andererseits zu Recht, daß jede weitere Ausdehnung der Einsätze im Mittelmeerraum einen ungewissen Aufschub von Overlord bedeutet hätte. Trotz der Termine im Mai und der bestätigten Priorität von Overlord hatten Kürzungen bei der Verschiffung eine Verschiebung um einen Monat zur Folge. Zwei weitere Monate Verspätung durch Abzweigung von Mitteln für den Mittelmeerraum hätten Overlord sicher ins Jahr 1945 verschoben.**

Folgende Behauptung Brookes aus seinem Tagebuch vom 9. November 1943 sollte beachtet werden: »Wir müssen in Italien erst bis zur Linie Pisa-Rimini vorstoßen. Das wird die Invasion über den Kanal um reichlich zwei Monate verschieben.« (Liddell Hart Centre, Alanbrooke Papers). Sicher wären in dieser Zeit neue Landungsschiffe gebaut worden, aber das Wort »reichlich« ist aufschlußreich. (Siehe auch Stoler, Politics of the Second Front, S. 133.)

Auf der Konferenz von Kairo (»Sextant« genannt) konnten die Amerikaner und Engländer in teilweise heftigen Debatten keine Einigung zur wichtigsten Frage erzielen. Die Briten nutzten Stalins positive Kommentare zum Italienfeldzug und das sowjetische Drängen auf Mittelmeeroperationen gemeinsam mit der Türkei während

---

* Da ein Amerikaner und nicht Brooke die Invasion in der Normandie leiten sollte, hatte man sich darauf geeinigt, daß ein britischer Offizier Eisenhowers Posten für den Mittelmeerraum übernehmen sollte. Zur Frage der Kommandobehörden siehe Sainsbury, Turning Point, S. 159f.; Matloff, Strategic Planning 1943–1944, Kap. 12; britische Dokumente siehe PRO, PREM 3/101.
** Daß dies für die großen britischen Städte, vor allem London, größere Zerstörung durch die neuen deutschen Waffen bedeutet hätte, war im Herbst 1943 genausowenig vorauszusehen wie die Konsequenz der britischen Vorschläge zum Zeitplan, daß die ersten Atombomben auf Deutschland und nicht auf Japan abgeworfen worden wären.

der Konferenz in Moskau und weigerten sich, an den Abmachungen von Quebec festzuhalten. Statt dessen sollte Stalin bei dem bevorstehenden Treffen in Teheran entscheiden. Die Briten hofften – und die Amerikaner fürchteten –, Stalin würde sich bei der Wahl zwischen weiteren Einsätzen im Mittelmeer auf Kosten einer Verschiebung Overlords und dem Festhalten an dem frühen Termin für Overlord verbunden mit reduzierten Einsätzen im Mittelmeerraum für ersteres entscheiden. Die Briten waren über ungenutzte Chancen im östlichen Mittelmeer, wie die Streitigkeiten über einen Angriff auf Rhodos (Operation »Accolade«), so verärgert, daß sie die Diskussion nicht in Kairo zu Ende bringen, sondern in Teheran weiterdiskutieren wollten.[105] Das Ergebnis dieses Vorgehens, das ihnen schon damals hätte klar sein sollen, war, daß ein Großteil der Zeit in Teheran mit Diskussionen vergeudet wurde, die von Briten und Amerikanern schon mehrmals geführt worden waren. Unvermeidliche Konsequenz war, daß für andere Fragen keine Zeit blieb.

Zudem waren die Briten strikt gegen die Einrichtung eines Oberbefehlshabers für ganz Europa, selbst wenn Dill diese Position einnehmen sollte und Montgomery der Befehlshaber für Nordwesteuropa gewesen wäre. Dies machte es wiederum unwahrscheinlicher, daß Marshall Operationen in Europa befehligen würde, während Eisenhower in Washington Amtierender Stabschef geworden wäre. Statt dessen wurden die Voraussetzungen für Eisenhowers Oberbefehl für Overlord geschaffen. Die Amerikaner stimmten einem allgemeinen Oberkommando über das Mittelmeer einschließlich des östlichen Mittelmeeres zu, aber bevorzugten weiterhin die Landung in Südfrankreich zur Unterstützung von Overlord anstatt irgendwelcher Operationen im östlichen Mittelmeer.

Die Amerikaner akzeptierten auch kleinere Verzögerungen bei der Verlegung von Schiffen nach Nordwesteuropa, so daß in der Zwischenzeit in Italien weitere Erfolge erzielt werden konnten. Wie noch gezeigt wird, führte Churchills Erfolg, die Amerikaner von einem Landungsunternehmen in Italien zu überzeugen, nicht zu dem von Churchill erwarteten Sieg, die Eroberung Roms eingeschlossen. Andererseits wurde über den Rankin-Plan weder diskutiert noch eine Einigung erzielt. Roosevelt hatte seinen Beratern auf der Fahrt nach Nordafrika klargemacht, daß die westlichen und östlichen Besatzungszonen in Berlin aneinandergrenzen und die Vereinigten Staaten eher die nordwestliche Zone mit den Nordseehäfen als die südliche Zone mit Zugang über Frankreich haben sollten.[106] Diese Fragen wurden noch lange diskutiert, auch nach dem Krieg.

Wie von den Amerikanern beabsichtigt, wurde ein Großteil der Zeit in Kairo dem Krieg im Pazifik und der künftigen Stellung Chinas gewidmet. Neben Tschiang nahmen auch Mountbatten und Stilwell an dem Treffen teil.[107] Die Amerikaner versprachen – mit britischem Einverständnis –, daß China die seit 1894 von Japan abgenommenen Gebiete zurückerhalten werde. Die Briten waren allerdings nicht bereit, Hongkong zurückzugeben. Es ist jedoch unverkennbar, daß Roosevelt und Tschiang in privaten Gesprächen von der Notwendigkeit ausgingen, die koloniale Herrschaft in Asien zu beenden. Es sollte Schwierigkeiten geben, die sowjetischen Ziele und Chinas Wünsche, alle verlorenen Gebiete zurückzuerhalten, in Einklang zu bringen, aber die vorhandenen Quellen zu dieser Frage sind nicht eindeutig. Die Öffnung eines Landweges nach China sollte durch einen Feldzug ins nördliche Birma (von dem die Briten gar nicht begeistert waren) erleichtert werden. Roosevelt versprach ein kleines Landungsunternehmen gegen die Andamanen im Indischen Ozean (Operation »Buccaneer«), gegen das sich die Briten noch heftiger aussprachen. Die chinesische Regierung und ihre Streitkräfte waren in einer so schlechten Verfassung, daß diese Schritte die weitere Teilnahme Chinas am Krieg unterstützen sollten.[108] Als die westlichen Alliierten Kairo verließen, hatten sie sich noch nicht auf eine Strategie zur Niederwerfung Deutschlands und auf das Vorgehen in Südostasien geeinigt. Churchills Gesundheitszustand war zu dieser Zeit auch nicht gut, so daß die Voraussetzungen auf der Konferenz von Teheran nicht die besten waren.[109]

Churchill kam immer wieder auf seine Forderung nach erweiterten Einsätzen im Mittelmeerraum und auf Verzögerungen bei Overlord zurück, so daß an drei von vier Tagen der Teheran-Konferenz hauptsächlich über die Strategie des Krieges in Europa diskutiert wurde, obwohl Stalin beim ersten Zusammentreffen seine Vorstellungen deutlich geäußert hatte.[110] Aus welchen Gründen auch immer er früher weitere Einsätze im Mittelmeerraum erwogen hatte, jetzt setzte er sich dafür ein, daß alles der Operation Overlord im Mai 1944 untergeordnet werden sollte. Gleichzeitig oder sogar etwas früher sollte eine Landung an der Südküste Frankreichs durchgeführt* und ein sowjetischer Angriff mit der Invasion koordiniert werden. Stalins Hartnäckigkeit führte zur Entscheidung der Frage. Wenn folglich die Sowjetunion bei dieser Gelegenheit einen britisch-amerikanischen Disput entschied, so darf man nicht vergessen, daß man eben Gefahr läuft, auf eine Frage auch eine Antwort zu bekommen. Angesichts ihrer Unfähigkeit, sich zu einigen, hatten die westlichen Alliierten Stalin um seine Meinung gebeten, und sie hatten eine Antwort erhalten.

Die Briten diskutierten mit wenig Erfolg über diese Fragen weiter. Sie erreichten nur, daß die Verhandlungen erschwert wurden und die amerikanische und die sowjetische Delegation eine gemeinsame Front bildeten, weil ihnen die britischen Absichten verdächtig schienen: Die Amerikaner glaubten, die Briten fänden immer einen Grund, Overlord zu verschieben, und die Russen, sie wollten den Einsatz gar nicht durchführen. Obwohl dies bei den Treffen schwerlich angesprochen wurde, scheint ein verborgenes Problem bestanden zu haben. Die Briten fürchteten, die Invasion könnte mißglücken. Für sie wäre damit alles zu Ende gewesen. Sie waren

---

* Wenn Stoler Stalins Äußerungen in Moskau richtig interpretiert, nämlich mit der Hoffnung, Deutschland werde 1943 zusammenbrechen, ist die Annahme sinnvoll, die deutschen Gegenangriffe westlich von Kiew kurz vor der Konferenz von Teheran könnten dem sowjetischen Führer gezeigt haben, daß der Krieg doch nicht so schnell enden würde. Stalins Bestehen bei der Konferenz darauf, daß Deutschland für alle Zukunft zu schwächen sei, war wahrscheinlich auch von dem gerade erlittenen Rückschlag der Roten Armee beeinflußt.

schon dreimal von den Deutschen vom Festland verjagt worden, ein viertes Mal wäre fatal geworden. Die Amerikaner dagegen hofften und gingen davon aus, die Invasion werde glücken. Sollte dies nicht der Fall sein, könnten und würden sie einen erneuten Versuch unternehmen. Die Russen waren überzeugt, daß es – gleich ob Erfolg oder Mißerfolg – Zeit für eine größere Teilnahme der westlichen Mächte an den Kämpfen sei. Stalin beharrte darauf, der Einsatz könne nur begonnen werden, wenn ein Oberbefehlshaber ernannt worden sei. Roosevelt versprach, dies würde innerhalb der folgenden Tage geschehen. Da die Briten sich gegen einen Kommandeur für ganz Europa ausgesprochen hatten, beschloß er direkt nach der Konferenz von Teheran, Marshall in Washington zu belassen, und ernannte Eisenhower.

Die Beharrlichkeit, mit der die Briten diskutierten, hatte geringfügige Änderungen des Zeitplans zur Folge: Overlord sollte im Lauf des Monats Mai stattfinden, nicht zu Beginn. Die Landung in Südfrankreich sollte gleichzeitig mit Overlord oder sogar wenig später von zwei kompletten Divisionen durchgeführt werden. Außerdem sollten Landungsboote bis Mitte Januar für eine Operation in Italien im Mittelmeer bleiben. Die Alliierten einigten sich auch auf einen weiteren Versuch, die Türkei zum Kriegseintritt zu bewegen, was von Amerikanern und Sowjets bestimmt als sinnloses Unterfangen betrachtet wurde. Als solches erwies es sich dann auch.[111]

Bei der ersten Sitzung hatte Roosevelt ausführlich über den Krieg im Pazifik gesprochen. Stalin versprach ihm und Churchill nun offiziell, er werde nach der Niederlage Deutschlands daran teilnehmen. Dieses Versprechen und der Wunsch, den Einsatz in Südfrankreich zu vergrößern, ermöglichten es den Briten, auf dem Verzicht auf die Operation Buccaneer zu bestehen. Dies wurde auf dem Nachtreffen in Kairo beschlossen, und damit wurde dem Kriegsschauplatz von China, Birma und Indien ein großer Teil seiner Bedeutung genommen. China sollte das von Japan besetzte Land zurückerhalten, Korea sollte unabhängig werden, und die Sowjetunion sollte Südsachalin und die Kurilen wiederbekommen. Roosevelt berichtete, er habe mit dem wenig begeisterten Tschiang die Möglichkeit diskutiert, daß die Sowjets den eisfreien Hafen von Dairen benutzen könnten. Stalin bestand darauf, die Chinesen müßten wirklich kämpfend am Krieg teilnehmen, um sich ihren Anteil an den Kriegsgewinnen zu verdienen.

Generell drängte Roosevelt auf die Schaffung einer internationalen Organisation, in der die vier Großmächte eine wichtige Rolle spielen sollten. Dabei skizzierte er die späteren Vereinten Nationen und bekam Stalins Zustimmung. Wenn die Großmächte zusammenarbeiten könnten, würde diese Organisation funktionieren. Wenn nicht, waren die Probleme vorherzusehen. Bei diesem und anderen Anlässen wies Roosevelt auf den frühen Abzug der meisten amerikanischen Truppen aus Europa hin. Er ging davon aus, daß die amerikanische Öffentlichkeit langfristige Truppenstationierungen in Übersee nicht unterstützen würde, zumal die Erinnerung an Bataan noch präsent war. Hier behielt er uneingeschränkt recht – erst der Koreakrieg brachte eine Wende in dieser Haltung.

Weil sehr viel Zeit auf militärische Strategien verwendet wurde, blieb kaum Zeit für politische Fragen. Roosevelt setzte sich für Finnland (mit dem sich die Vereinigten Staaten nicht im Kriegszustand befanden) ein. Stalin erklärte, die Sowjetunion wolle Finnland nicht annektieren und würde auf den Grenzen von 1941 bestehen, aber sie könne Hangö gegen Petsamo eintauschen. Die Finnen sollten die Deutschen aus dem Land vertreiben und nach dem Krieg Reparationen zahlen.[112] Churchill und Roosevelt akzeptierten grundsätzlich die sowjetische Forderung nach der Grenze mit Polen von 1941. Nur an den Stellen, an denen die Curzon-Linie weiter östlich verlief, sollte die Grenze zugunsten der Polen verschoben werden. Hier zahlte sich die zweite Aufteilung des Landes durch die UdSSR und Deutschland im Jahr 1939 für die Russen aus – die westlichen Alliierten konnten eine Grenze, die 1919 von ihren Diplomaten gezogen und nach dem berühmten britischen Außenminister benannt war, nicht ablehnen. Roosevelt machte deutlich, daß er angesichts der Präsidentschaftswahlen 1944, bei denen er, falls der Krieg noch nicht beendet sei, vielleicht kandidieren müsse, diese Vorstellungen nicht öffentlich bekanntgeben könne. Andererseits sollte Polen umfangreiche Gebiete von Deutschland zwischen der Oder und der Vorkriegsgrenze im Westen erhalten, die zwar nicht so groß waren wie die verlorenen, aber dafür landwirtschaftlich und industriell wertvoller. Ob die polnische Regierung diese Westverschiebung annehmen würde und ob die Briten und Amerikaner Stalin überzeugen könnten, mit dieser Regierung diplomatische Beziehungen wiederaufzunehmen, blieb offen, aber es war sehr zweifelhaft.

Das sowjetische Interesse am nördlichen Teil Ostpreußens mit der Hafenstadt Königsberg (der südliche Teil sollte an Polen gehen) war für die Briten und Amerikaner annehmbar. Sie waren durch die andauernde deutsche Propaganda der Zwischenkriegszeit zur Überzeugung gelangt, die Deutschen könnten nicht beiderseits von Polen leben. Deshalb sollte Ostpreußen nie an Deutschland zurückgegeben werden. Das übrige Deutschland sollte nach diesen Amputationen zugunsten Polens und der Sowjetunion in verschiedene Staaten aufgeteilt werden, aber diese Frage wurde nicht konkret geklärt. Wie so viele andere mußte sie wegen Zeitmangels und fehlender Vorbereitung zurückgestellt werden.[113]

Bei einem Nachtreffen der britischen und amerikanischen Führer in Kairo wurde die genaue Ausführung der Entscheidungen der Konferenz von Teheran ausgearbeitet.[114] In dieser Zeit wurden die neuen Befehlsstrukturen festgelegt. Eisenhower wurde für Overlord bestimmt*, und der britische General (später Feldmarschall) Sir

---

* Von Anfang an war klar, daß es keinen Führungsstab zwischen Eisenhower und den Heeresgruppen auf dem Festland geben würde, wie die Briten zeitweilig vorschlugen (wobei sie an Montgomery dachten). Die Situation im Mittelmeer, wo Alexander die einzige Heeresgruppe in Italien befehligte, wurde gänzlich anders bewertet als Operation Overlord mit zwei oder später drei Heeresgruppen. Siehe Stimson an Roosevelt, 20. Dezember 1943, Hyde Park, Map Room Box 167, Naval Aide, A 16. Diese Frage wurde in der britischen Regierung am 15. Dezember diskutiert, siehe CAB 65/40.

Henry Maitland Wilson war für den gemeinsamen Schauplatz im Mittelmeerraum verantwortlich. Ein neues Befehlssystem für den amerikanischen Teil der strategischen Bomberoffensiven, das die Langstreckenbomber in England und im Mittelmeerraum miteinander koordinierte, wurde eingerichtet. Auf das Betreiben der Briten und mit der zögernden Zustimmung seines Stabschefs nahm Roosevelt schließlich sein Versprechen an Tschiang bezüglich der Operation Buccaneer zurück, um mehr Unterstützung für Overlord und Anvil (die Landung in Südfrankreich) zu ermöglichen. Dadurch wurden die Einsätze in Nordbirma verzögert, der Schauplatz von China, Birma und Indien abgewertet, und der Angriff auf Japan vom Pazifik her gewann an Bedeutung. Der Weg für den Sieg über Deutschland war eingeschlagen. Die Strategie gegenüber Japan war noch nicht genau bestimmt, doch Großbritannien und die Sowjetunion sollten an den Feldzügen teilnehmen.[*]

OSTASIEN UND DER PAZIFIK IM JAHRE 1943

Der Krieg im Pazifik hatte Anfang 1943 eine Phase erreicht, in der neue Entscheidungen getroffen werden mußten. Die Feldzüge auf Papua und auf Guadalcanal waren im wesentlichen abgeschlossen, während in China weiterhin ein Patt bestand und die Japaner den Großteil Birmas kontrollierten. Was war nun zu tun? Die Japaner mußten versuchen, ihre früheren Eroberungen zu halten. Obwohl einem Außenstehenden klar war, daß sie seit der zweiten Hälfte des Jahres 1942 auf der Seite der Verlierer standen, wurde das in Tokio nicht erkannt. Dort war man hauptsächlich darauf bedacht, an der Peripherie hart zu kämpfen und den Beitritt der Sowjetunion in den Kreis der Feinde Japans zu vermeiden. Für 1943 bedeutete dies vorwiegend blutige Abwehrschlachten gegen die amerikanischen und britischen Feinde und Versuche, sich gegenüber der Sowjetunion rückzuversichern.

Im Südpazifik versuchten die Japaner unermüdlich, die Stärke ihrer Streitkräfte auf Neuguinea, die durch den australisch-amerikanischen Sieg auf Papua ausgezehrt wurden, wiederherzustellen. Dabei hofften sie, den Nordteil der großen Insel halten zu können, um den Anmarschweg zu ihrer Hauptbasis in Rabaul zu schützen.[115] Diese Anstrengungen wurden durch schnelle Bewegungen der Alliierten vereitelt, die durch eine Luftbrücke von Kenneys 5. Air Force unterstützt wurden. Dieselbe Luftflotte bereitete in der Schlacht in der Bismarck-See Anfang Februar 1943 japanischen Verstärkungseinheiten eine vernichtende Niederlage.[116] Die Japaner erkannten, daß sie nicht mit unterstützenden offensiven Operationen ihrer europäischen Verbündeten

---

[*] Die britische Planung für den Abzug von Truppen und anderen Mitteln für den Krieg gegen Japan nach der Niederlage Deutschlands begann im Dezember 1943, siehe CAB 119/167, 165. »Redeployment Program for the War against Japan« (17. November 1944) bezieht sich auf über eine Million Soldaten. Die Hauptplanung der Royal Air Force hatte im November 1943 begonnen (Dokumente in AIR 20/768).

rechnen konnten, und sahen deshalb ihre einzige Chance darin, den Vormarsch der Amerikaner, Briten und Australier zu stoppen.[117]

Der Irrglaube, in einer dieser Abwehrschlachten sei ein Sieg errungen worden, veranlaßte Admiral Yamamoto, sich in den Süden zu begeben, um seinen siegreichen Piloten zu gratulieren. Dabei wurde sein Flugzeug abgeschossen, und er wurde getötet. Die Amerikaner hatten japanische Codes entschlüsselt.[118] Der Verlust war für die Japaner eher symbolisch als real. Yamamotos Nachfolger, Admiral Koga Mineichi, verfolgte im wesentlichen die gleiche Strategie der Verteidigung. Er und seine Nachfolger führten Seeschlachten, in denen die Streitkräfte höchst komplizierte Pläne realisierten, die Yamamotos Vorgehen in der Schlacht von Midway sehr ähnlich waren.

Die Japaner versuchten vergeblich, ihren südlichen und nördlichen Verteidigungsgürtel zu halten. Ein Versuch, ihre Truppen auf den Aleuten zu verstärken, scheiterte, und ihre Besatzungstruppen stellten sich dem amerikanischen Versuch, die Inseln zurückzuerobern, so gut sie konnten. Man könnte behaupten, Kiska und Attu um einen hohen Preis zurückzuerobern, sei von den Amerikanern genauso unklug gewesen wie der Versuch der Japaner, diese nicht zu verteidigenden Vorposten zu halten, die keiner Seite etwas nützten. Die Amerikaner hatten schließlich die endlosen Streitereien zwischen den Befehlshabern des Heeres und der Marine beendet, und der Marinekommandeur war abgesetzt worden. Am 11. Mai 1943 landeten amerikanische Truppen auf Attu, umgingen dabei Kiska und isolierten diese Insel. In der begleitenden Flotte waren zwei Schlachtschiffe, von denen Yamamoto glaubte, sie seien bei Pearl Harbor gesunken. Sein Tod einen Monat zuvor ersparte ihm peinliche Fragen. In schweren Kämpfen, die bis zum 30. Mai andauerten, wurden die japanischen Streitkräfte mit einer Stärke von 2500 Mann vernichtet. Die Amerikaner verloren über 1000 Mann. Die Japaner zogen daraufhin ihre 5000 Mann starke Division von Kiska ab, was ihnen am 28. Juli unbemerkt von den Amerikanern gelang. Ihre Landungstruppen waren einen Monat später erstaunt und erleichtert, auf Kiska keine Japaner mehr vorzufinden.

Nur in Birma konnten die Japaner ihre Stellungen halten. Die inkompetente britische Führung brachte einen Rückschlag für den Versuch, entlang der Küstenebene nach Akyab vorzudringen. Ohne jegliche Verstärkung konnte die japanische Armee in Birma die britisch-indische 14. Armee unter hohen menschlichen, materiellen und moralischen Verlusten zurückdrängen. Diese Katastrophe bestärkte die britischen Hauptquartiere in Delhi wie in London in ihrem Glauben, im birmesischen Dschungel könnten nur Japaner richtig kämpfen. Eine ungewöhnliche Wende der Bewertung angesichts der früheren Überheblichkeit gegenüber den angeblich minderwertigen Japanern, vor allem in einer Zeit, in der die australischen (und amerikanischen) Soldaten in den Dschungeln Neuguineas bewiesen, wie dumm diese Äußerungen waren. Die Japaner waren ebenfalls erfolgreich beim Kampf gegen die sogenannten Chindits, einer von Orde Wingate organisierten Spezialeinheit, die die japanischen

Nachschublinien nach Birma unterbrechen sollte. Es handelte sich um besonders ausgebildete Soldaten, die aus der Luft versorgt wurden. Die Überbleibsel von Wingates Streitkräften wurden verjagt, aber er hatte zumindest bewiesen, daß britische und indische Soldaten, im Gegensatz zum verbreiteten Vorurteil, durchaus in der Lage waren, in Birma erfolgreich zu kämpfen, und nicht an einer erblichen Unfähigkeit litten.

Damals und noch vor dieser Lektion trieben die Japaner den Bau der Thailand und Birma verbindenden Eisenbahn voran. Sie wurde durch die »Brücke am Kwai« berühmt, aber Zehntausende von Zivilisten und Kriegsgefangenen, die von japanischen Wachmannschaften zur Arbeit unter entsetzlichen Umständen gezwungen wurden, fanden den Tod.[119]

Die Hoffnungen der Japaner, ihr Reich erfolgreich zu verteidigen, hingen verstärkt davon ab, ob der Frieden mit der Sowjetunion erhalten werden konnte. Während der Kämpfe um die Aleuten im Mai 1943 war die Sorge besonders groß, die Sowjets könnten den Amerikanern gestatten, ihre Luftstützpunkte im Fernen Osten zu benutzen. Als die Schlacht um Attu im vollen Gange war, bat Tokio um eine erneute Zusicherung von Moskau, daß der Neutralitätspakt von 1941 weiterhin eingehalten und daß die Sowjetunion amerikanischen Flugzeugen die Benutzung sowjetischer Stützpunkte nicht gestatten würde. Dies wurde zugesagt. Während die Amerikaner sich also bemühten, Lend-Lease-Flugzeuge nach Alaska zu bringen, damit russische Piloten sie in die Sowjetunion fliegen konnten, lasen ihre Führer in abgefangenen japanischen Meldungen den Austausch von Sicherheitsgarantien zwischen Moskau und Tokio.[120]

Das sowjetische Versprechen vom 21. Mai 1943, den Neutralitätspakt einzuhalten, beruhigte Tokio nicht vollständig. Obwohl die japanische Regierung zufrieden war, daß amerikanische Flugzeuge keine sowjetischen Basen benutzen konnten, wurde sie durch die Wende im Krieg in Europa gegen Deutschland und Italien in höchste Alarmbereitschaft versetzt. Hatte doch die Eroberung von Tunesien und Mussolinis Sturz die Schwäche der europäischen Verbündeten allzu deutlich an den Tag gebracht.[121] Verstärkt wurden Anstrengungen unternommen, die Beziehungen zur Sowjetunion zu verbessern. Japan war sogar bereit, ohne seine Verbündeten vorher darüber zu informieren, wesentliche Zugeständnisse in bezug auf seine Rechte im Norden von Sachalin und in anderen Fragen der damaligen japanisch-sowjetischen Beziehungen zu machen, um eine Reihe von neuen Abkommen mit Moskau zu schließen.[122] Diese Verhandlungen zogen sich ergebnislos über Monate hin, wobei die sowjetische Regierung beständig, aber vorsichtig auf praktische Zugeständnisse drängte, ohne sich auf irgendein neues offizielles Abkommen zu den wichtigen politischen Fragen einzulassen.[123] Nicht einmal die Glückwünsche zur Rückeroberung von Charkow durch die Rote Armee – also zur Niederlage der deutschen Verbündeten Japans – konnten die Sowjetunion beeindrucken.[124] Moskau konnte darauf vertrauen, daß die Japaner nichts angesichts der immer umfangreicheren amerikanischen Hilfe, die über den Pazifik gebracht wurde, unternehmen würden – von einer japanischen Invasion in die Provinzen im Fernen Osten ganz zu schweigen.

Die Verhandlungen konnten fortgesetzt werden, da die Japaner zu diesem Zeitpunkt nicht beabsichtigten, die Sowjetunion anzugreifen, und die Sowjetunion, wie Stalin den Vereinigten Staaten und Großbritannien auf der Konferenz in Moskau im Oktober und in Teheran im November erklärt hatte, erst *nach* dem Ende des Krieges in Europa in den Krieg gegen Japan eintreten wollte.[125] Die Position der Russen wurde immer stärker, die der Japaner immer schwächer. Im Fortgang der Gespräche sicherte sich die sowjetische Regierung in einem am 30. März 1944 unterzeichneten Protokoll die Beendigung der japanischen Öl- und Kohlekonzessionen auf Sachalin – die eigentlich für 1970 festgelegt worden war.[126] In diesem Abkommen, das gleichzeitig mit einem neuen Fischereiabkommen[127] unterzeichnet wurde, machten die Japaner weitreichende Zugeständnisse, um das Wohlwollen der Sowjetunion zu bekommen. Wenn ihr deutscher Verbündeter Einspruch erhoben hätte, dann wäre das eben schade gewesen. Nachdem die Japaner die Deutschen mehrmals, aber erfolglos gedrängt hatten, mit der Sowjetunion Frieden zu schließen, suchten sie selbst die friedlichen Beziehungen zu ihrem sowjetischen Nachbarn, auch wenn Berlin sich über den Transfer von sowjetischen Truppen aus dem Fernen Osten an den europäischen Schauplatz und die amerikanischen Hilfslieferungen durch ostasiatische Gewässer beschwerte.[128] Aus der Sicht Tokios erforderten die Kämpfe gegen die Vereinigten Staaten, Großbritannien und China die Konzentration ihrer Kräfte. Im Laufe des Jahres 1944 bewegten die Japaner zwölf Infanteriedivisionen von der Mandschurei an die Fronten im Süden.[129] Diese Truppenverlegungen machten es der Roten Armee wahrscheinlich leichter, die verbleibenden japanischen Einheiten zu überwältigen. Doch in der für Tokio kritischen Situation mußten die Truppen in den Kämpfen im Süden unterstützt werden, auch wenn das Zugeständnisse an Moskau zur Folge hatte.

Die Japaner hofften also, ihre Eroberungen zu halten, und konzentrierten sich auf einen stabilen Verteidigungsgürtel, was durch den Frieden mit der Sowjetunion möglich war. Die Briten hofften, wie schon angedeutet, Indien als Teil ihres Imperiums zu behalten, machten allerdings keine Anstrengungen, ihren birmesischen Besitz zurückzuerobern.[130] Von Zeit zu Zeit mußte sich der britische Stab in London mit Churchills Hang zu undurchführbaren Plänen befassen, in diesem Fall sein wiederholtes Drängen auf eine Landung auf Sumatra (Operation »Culverin«). Im großen und ganzen blieb Londons Strategie jedoch defensiv. Dafür gab es mehrere Gründe: Die vorhandenen Mittel sollten zunächst auf Deutschland konzentriert werden. Jede offensive Operation, die von diesem Hauptziel ablenkte, würde nur den Krieg verlängern. Wenn Deutschland erst besiegt wäre, stünden genug Kräfte für den Angriff auf Japan zur Verfügung. Dann wären die Briten bereit, ihren Part zu übernehmen und ihren Beitrag zu den Bemühungen zu leisten. Aber zunächst sollte der Kriegsschauplatz im Pazifik zurückgestellt werden.

Überdies teilten die Briten nie den Glauben der Amerikaner an die künftige Rolle Chinas als Weltmacht. Sie mißtrauten Tschiang, der seine Sympathie für die indischen Nationalisten lauthals verkündete, und zweifelten stark an dem amerikanischen Plan, durch das nördliche Birma einen Landweg nach China zu öffnen. Der schlechte Zustand der Bahnlinie in der indischen Provinz Assam, über die die alliierten Streitkräfte in Nordbirma und die Luftstützpunkte für die Luftbrücke nach China beliefert wurden, spiegelt nicht nur die Trägheit der lokalen britischen Verwalter und Befehlshaber wider, sondern auch den Unwillen der Führung in London, dort eine echte Initiative zu entwickeln. Um eine richtige Einschätzung von Londons Ansichten zum ganzen Schauplatz* zu bekommen, muß man nur vergleichen, wie Churchill bei Projekten, die ihm wichtig waren, seine Untergebenen antrieb und wie passiv sein Gesichtsausdruck angesichts der ständigen Probleme der Assam-Bahnlinie war. Dieser Haltung wegen ließen die Briten die Amerikaner die Luftbrücke nach China ganz nach ihren Wünschen bauen, und sie selbst machten an diesem Schauplatz so wenig wie möglich. Wie sich noch zeigen wird, gelang das mit dem Ansporn der Amerikaner unter den Angriffen der Japaner und mit dem neuen Führungsteam von Lord Louis Mountbatten als Befehlshaber für Südostasien und dem sehr fähigen General William Slim als Kommandeur der 14. Armee wesentlich besser, als die Briten erwartet hatten.

Die amerikanische Planung für 1943 im Pazifik konzentrierte sich auf Projekte, die ihre Stellung für Operationen in den folgenden Jahren verbessern sollten, wenn mehr Kräfte zur Verfügung stehen würden.[131] Möglichst viele japanische Schiffe sollten von alliierten U-Booten und Flugzeugen versenkt werden, und es sollten näher bei Japan liegende Stützpunkte eingenommen werden, von denen aus das Land selbst sowie die Schiffahrtsstraßen bombardiert werden könnten. Die Frage eines Landungsangriffs auf die japanischen Inseln wurde zu dieser Zeit offengelassen, aber die Operationen, die nötig waren, um in landgestützte Flugzeugreichweite zu gelangen, waren in jedem Fall auch für eine solche Landung nötig. Auf Roosevelts Drängen und mit der vollen Unterstützung von Admiral King und General Marshall bauten die Vereinigten Staaten Kriegsschiffe und vor allem Flugzeugträger zur Sicherung ihrer Vormachtstellung im Pazifik.[132] Im September 1942 fanden die ersten Testflüge für die B-29 statt. Die Langstreckenbomber waren seit 1939 in der Planung, und die ersten von ihnen verließen im Juli 1943 die Fließbänder und wurden zunächst von China und dann von den Marianen aus gegen Japan geschickt. Mit einer Reichweite von knapp 2500 km, also ungefähr das Doppelte bislang gebräuchlicher Langstreckenbomber, boten diese Flugzeuge neue Möglichkeiten der Kriegführung. Ihr Einsatz spielte eine entscheidende Rolle für die Strategie im Pazifikkrieg.[133]

* Eine persönliche Notiz Churchills (D 147/3 vom 31. Juli 1943), in der er feststellt, das Jahr 1948 solle nicht als hypothetischer Termin für das Ende des Krieges mit Japan genannt werden, könnte einen Einblick in Londons Zeitplanung geben (CAB 120/744).

Die ersten amerikanischen strategischen Pläne von 1943 sahen vor, sich auf die Einnahme Rabauls zu konzentrieren. Dies mußte jedoch grundlegend geändert werden, da hierfür die Mittel nicht vorhanden waren.[134] MacArthur war über die Unmöglichkeit – die er als Weigerung ansah –, ihn mit den Streitkräften zu versorgen, um die er bat, so verstimmt, daß er aus der Notwendigkeit eine Tugend machte: Er entwickelte die Strategie, die japanischen Garnisonen und Stützpunkte, Rabaul eingeschlossen, zu umgehen, was zu einem Charakteristikum der amerikanischen Kriegführung im Pazifik wurde. Die Zuteilung von Mitteln für MacArthur kam dann gleichzeitig mit der für das Oberkommando für den zentralen Pazifik unter Nimitz, so daß nun aus zwei Richtungen auf die Philippinen vorgestoßen werden konnte. Was danach geschehen sollte, blieb jedoch offen.[135]

Der Vorstoß in den zentralen Pazifik wurde durch den Two Ocean Navy Act vom Juli 1940 sehr unterstützt. Die damals angeforderten Kriegsschiffe wurden bis 1943 fertiggestellt. In dieser Hinsicht schienen sich die Hoffnungen der Amerikaner und die Befürchtungen der Japaner zu diesem großen Plan als richtig zu erweisen.

Man könnte die Ansicht vertreten, ein gemeinsamer Vorstoß, der zum Teil nur geplant wurde, um die Rivalität von Heer und Marine zwischen MacArthur und Nimitz beizulegen, hätte durch einen einzelnen Angriff mit konzentrierterer Schlagkraft ersetzt werden sollen, gleichgültig welche Probleme mit den beiden Personen verbunden waren. Für ein Vorrücken der amerikanischen Kräfte mit zwei Stoßkeilen sprach jedoch auch einiges: Die Streitkräfte konnten sich gegenseitig unterstützen, und für die Japaner wurde es bei abnehmenden Mitteln immer schwieriger, einen Angriff mit entsprechender Stärke aufzuhalten, ohne an anderer Stelle eine Lücke entstehen zu lassen, die einen Durchbruch ermöglichte. Solange die amerikanischen Führer dieser Operationen entschlossen waren, so schnell wie möglich vorzurücken und nichts unversucht zu lassen, schien der zweifache Vorstoß ein höchst effektiver Weg, die Japaner zurückzudrängen – und das erwies sich als richtig.

Ein Projekt, das zu all diesen Plänen gehörte, war jedoch nicht so einfach durchzuführen: China sollte aus politischen Gründen weiterhin am Krieg teilnehmen und als Stützpunkt für Luftangriffe gegen Japan und dessen Hauptschiffahrtswege dienen.[136] Die Pläne hierfür enthielten immer einen Feldzug in Nordbirma, um Landverbindungen zu öffnen, über die China Nachschub für den Wiederaufbau seiner Armee erhalten sollte und die Stützpunkte für Angriffe gegen Japan geschaffen würden.

Die Japaner hielten weiterhin chinesische Häfen, wichtige Städte und einen Großteil der landwirtschaftlich wichtigen Gebiete besetzt. 1942 bestand sogar die Möglichkeit, die Kuomintang (KMT) werde sich spalten. Kriegsminister Ho Ying-ch'in wandte sich von Tschiang ab und reagierte auf Friedensangebote der Japaner, um sich sofort und nicht erst nach dem Ende des Krieges gegen die chinesischen Kommunisten wenden zu können.[137] Die Japaner konnten sich jedoch niemals entscheiden, Ho oder Tschiang ein attraktives Angebot zu machen, aber die chinesischen

Armeen waren ohnehin nicht in der Lage, wirksame militärische Einsätze durchzuführen.[138] Tschiang hatte kaum direkten Einfluß auf seine eigenen Streitkräfte und arbeitete manchmal eng, häufig offen, immer argwöhnisch und nie effektiv mit den regionalen Armeen zusammen, die eher unter Kontrolle der lokalen »Warlords« als unter seiner standen. So konnte es keine chinesische Kriegsstrategie geben, außer die Stellung zu halten, bis andere – in erster Linie die Amerikaner – Japan besiegt haben würden.

Zwischen Armeen der Nationalisten und den Japanern fanden 1943 wenig Kämpfe statt.[139] Erst Ende des Jahres wurde auf japanische Initiative hin gekämpft, ausgelöst durch Veränderungen in anderen Teilen des Pazifiks. Der Verlust der durch amerikanische U-Boote versenkten Schiffe bewog die Japaner im November 1943, einen Plan für militärische Operationen zu entwickeln, der eine Eisenbahnverbindung vom nördlichen zum südlichen China und zum besetzten Französisch-Indochina ermöglichen sollte. So könnten Nachschub und Truppen den ganzen Weg von Korea nach Hanoi transportiert werden, von wo eine Verbindung zur neuen Thailand-Birma-Eisenbahn bestand. Die ganze Route wäre also nicht von dem verwundbaren Seeweg abhängig gewesen.[140] Die Japaner wollten diesen Nord-Süd-Landweg durch China öffnen, gleichzeitig Tschiangs Truppen schlagen und die Flughäfen, die für Angriffe der amerikanischen Luftwaffe auf die Japaner gebaut worden waren, selbst besetzen. Wie war die amerikanische Luftflotte zu einem ernstzunehmenden Gegner für die Japaner geworden?

Der amerikanische Befehlshaber für den Schauplatz von China, Birma und Indien, General Joseph Stilwell, hatte das vollste Vertrauen von Roosevelt, Stimson und Marshall.[141] Seine strategischen Pläne erwiesen sich als solide, auch wenn ihm sein persönliches Verhalten – er wurde nicht umsonst »Vinegar Joe« genannt – zahlreiche Feinde auf höchster Ebene einbrachte.[142] Er kam mit Tschiang, den er verachtete, und den Briten, die er fast ebensowenig schätzte, einfach nicht aus. Mountbatten war vielleicht die einzige Ausnahme in Stilwells schlechten Beziehungen zu den alliierten Führern, was sicher ebenso an dessen Vernunft und Geduld wie an den wiederholten und ergebenen Anstrengungen von Feldmarschall Dill lag.[143] Stilwell war auch grundsätzlich anderer Meinung als sein wichtigster Untergebener, General Claire Chennault, der Chef der amerikanischen Luftwaffe in China. Anders als Stilwell verstand sich Chennault gut mit Tschiang Kai-schek und dessen Frau, die eine wichtige Rolle bei der Politik Tschungkings, damals Sitz der Zentralregierung, spielte.

Diese persönlichen Aspekte müssen bei der Untersuchung der Strategie für den Schauplatz von China, Birma und Indien aus drei Gründen berücksichtigt werden. Erstens wurden diesem Schauplatz, der für die Alliierten immer am Ende der Prioritätenliste stand, nur knapp bemessene Lieferungen zugeteilt. So schränkten sich die Projekte gegenseitig ein, und eine große Operation machte alle anderen undenkbar, von mehreren ganz zu schweigen. Zweitens wurden hier die Beziehungen zwischen den Alliierten durch die riesigen Entfernungen, das schwierige Gelände und höchst unterschiedliche politische Ansichten erschwert. Schließlich war 1943 offensichtlich geworden, daß nur die unter Stilwells Leitung ausgebildeten und von seiner Führung begeisterten chinesischen Truppen in der Lage sein würden, gegen die Japaner zu kämpfen. Voraussetzung war allerdings, daß Tschiang seine Zustimmung geben oder sie führen würde – wozu er nur unter zahlreichen Einschränkungen bereit war. Es verwundert nicht, daß die Alliierten an diesem Schauplatz nichts erreichen konnten, wenn man die grundsätzliche Abneigung der Politiker in London gegenüber einem Großeinsatz in Birma, das amerikanische und chinesische Beharren darauf, ein solcher Einsatz zur Öffnung des Landweges nach China sei wichtig, und die drei anderen erwähnten Schwierigkeiten in Betracht zieht.

Die strategische Problematik stellte sich wie folgt dar: Die Briten bestanden darauf, die Assam-Eisenbahn solle wie die Nebenstrecke einer Kinderkleinbahn operieren. Aufgrund ihrer geringen Kapazität konnte sie nur wenige Güter über die zerklüfteten Berge nach China bringen und die Luftbrücke nicht wirksam unterstützen. Die begrenzt verfügbare Luftmacht konnte zur Unterstützung von Bodenoperationen in Nordbirma oder zur Ausweitung der Luftbrücke nach China eingesetzt werden. Die nach China eingeflogenen Lieferungen wiederum konnten genutzt werden, um in China eine möglichst große Luftwaffe aufzubauen oder um, unter Beibehaltung einer kleineren Luftwaffe, eine gut ausgebildete und ausgerüstete Gruppe von chinesischen Armeedivisionen aufzubauen.

Stilwell war der Ansicht, die wichtigste Aufgabe sei die Öffnung eines Landweges nach China, über den Transporte mit Lastwagen möglich waren; außerdem sollten Erdölprodukte durch eine Pipeline geliefert werden. In China selbst seien effektive chinesische Landstreitkräfte notwendig zur Verteidigung der Luftstützpunkte, die von den Japanern angegriffen würden, sobald die dort stationierten Flugzeuge eine ernste Gefahr für Japan wurden. Chennault war jedoch der Ansicht, Luftangriffe von den Stützpunkten in China könnten den Japanern wirklich empfindliche Schläge zufügen, ohne daß eine Großoffensive in Nordbirma oder Lieferungen zum Wiederaufbau der chinesischen Armee notwendig wären.[144] Chennault wurde von Tschiang unterstützt, der daran interessiert war, möglichst viel Unterstützung aus der Luft zu erhalten und keine entscheidenden Bodeneinsätze gegen Japan durchführen zu müssen. Er erachtete die zentral kontrollierte Luftwaffe als Gegengewicht zu den »Warlords« in den Provinzen und glaubte nicht, daß die Briten jemals in Birma eine Offensive durchführen würden.

Nachdem die Alliierten auf dem zweiten Treffen in Kairo beschlossen hatten, die Operation Buccaneer nicht durchzuführen, begann im November 1943 eine kleine Bodenoffensive nach Nordbirma. Die von Stilwell ausgebildeten chinesischen Truppen kämpften gut und begannen, Seite an Seite mit kleinen amerikanischen Kräften, die Japaner langsam, aber sicher zurückzudrängen. Der Bau einer Straße zur »Old Burma Road« sollte im Frühjahr 1945 ermöglicht werden.[145] Schon lange zuvor hatte sich Roosevelt Chennaults Meinung über die Verteilung der bisher per Luft über den »Hump«[146] (dt. Buckel; so nannten die Amerikaner die über 7000 m hohen südlichen Ausläufer des Himalaja) gebrachten Lieferungen angeschlossen. Die chinesische Moral sollte aufrechterhalten, der Zusammenbruch von Tschiangs Herrschaft verhindert und, angesichts des britischen Unwillens und der Unfähigkeit zu handeln, ein Zeichen der Unterstützung gesetzt werden. Stilwell konnte mit den beschränkten Mitteln machen, was immer möglich war – und wurde selbst abgelöst –, aber die Masse der amerikanischen Lieferungen sollte eine auf China gestützte Luftoffensive gegen die japanischen Inseln und die Schiffahrtswege ermöglichen.

Wie der amerikanische Geheimdienst befürchtet hatte, führte dies zu einer japanischen Bodenoffensive mit dem Ziel, die Stützpunkte, von denen Chennaults Flugzeuge starteten, zu besetzen.[147] Am 18. April 1944 begannen die Japaner ihre Operation »Ichigo« und setzten sich schnell gegen die schwachen chinesischen Armeen durch. Am 18. Juni begannen sie eine zweite Phase des Kampfes um Tschangscha und Anfang August bei Hengyang.[148] In den späteren Phasen des Kampfes erlitt die japanische Armee hohe Verluste, doch die Verluste der Chinesen waren katastrophal. Die Chinesen verloren 300 000 Mann; besonders wichtig war jedoch, daß der chinesischen Nationalarmee ein Schlag versetzt wurde, von dem sie sich nicht wieder erholte.[149] Tschiang hatte keine Kontrolle über die Armee in den Provinzen, die die Japaner zurückdrängen sollte, und er weigerte sich, die hart kämpfenden Einheiten zu unterstützen.* Militärisch betrachtet hatte die Operation Ichigo den Verlust der wichtigsten amerikanischen Luftstützpunkte in China zur Folge. Nur wenige befanden sich außerhalb japanischer Reichweite. In dieser Hinsicht hatte sich Stilwells Prognose als völlig richtig erwiesen. Politisch verlor die Kuomintang durch die katastrophale Niederlage der Nationalarmee alle Chancen, gute Beziehungen zum chinesischen Volk wiederherzustellen.[150]

Nach dem Zusammenbruch der nationalen Kräfte Chinas im Sommer 1944 sank das Interesse der Amerikaner am chinesischen Kriegsschauplatz. Der Aufmarsch gegen Japan konnte nun nicht mehr von einem Hauptstützpunkt in China abhängen.[151] Andere Wege und Stützpunkte schienen angemessener, und dieser Wandel erklärt die weitere amerikanische Strategie im Pazifikkrieg. Ironischerweise verbesserte sich in Birma die Situation gerade dann, als sie sich in China dramatisch verschlechterte, doch erst nach einer Krise, die durch eine japanische Großoffensive gegen Indien ausgelöst wurde.

---

* In einer Darstellung wird sogar die Ansicht vertreten, Tschiang könnte Unterstützung von den gegen Japan kämpfenden Truppen abgelehnt haben, um einer Vereinbarung zu entsprechen, nach der die japanische Marionettenregierung in China ihn nach dem Abzug der Japaner im Kampf gegen die Kommunisten unterstützen würde (Boyle, China and Japan, S. 317–321). Der gleiche Autor behauptet jedoch auch, im Frühjahr 1944 hätten die Japaner ernsthaft erwogen, mit den chinesischen Kommunisten Frieden zu schließen (S. 312f.). Diese Fragen müssen noch genauer untersucht werden.

Am 3. Januar 1944 hatte Mountbatten an Brooke geschrieben, die wiederholte Verschiebung von Operationen habe schlechte Auswirkungen auf die Moral, nachdem die Hoffnungen der Truppen durch die Aussicht auf Großoffensiven gestiegen waren.[152] Die Japaner zwangen daraufhin die Befehlshaber in Südostasien, ihre internen Streitereien zu beenden und gegen den wahren Feind zu kämpfen.[153] Am 7. Januar erteilte das Kaiserliche Generalhauptquartier General Kawabe Mazakazu, dem Befehlshaber für das Gebiet von Birma, den Befehl zu einer Offensive gegen Indien. Seine Truppen sollten das Gebiet um Imphal und die angrenzenden Gebiete Nordostindiens besetzen.[154] Militärisches Ziel war, die Kontrolle über Birma zu verteidigen und gleichzeitig China zu isolieren; dazu sollte ein Großteil der Provinzen Manipur und Assam besetzt werden. So sollte die Eisenbahn abgeschnitten werden, die für den Hump-Luftweg nach China, Stilwells Nordbirmafeldzug und alle britischen Überlandvorstöße nach Birma selbst wichtig war. Politisches Ziel war, in Indien einen Generalaufstand gegen die britische Herrschaft hervorzurufen. Zu diesem Zweck baute Subhas Chandra Bose, der im Juni 1943 nach Tokio gekommen war und dort die japanischen Führer, Tojo eingeschlossen, beeindruckt hatte, die kollaborierende indische Nationalarmee wieder auf. Nachdem er monatelang auf einen Schlag gegen Indien gedrängt hatte, wurde er der Nachhut von Kawabes Armee zugewiesen, und man erlaubte ihm, seine Soldaten in die bevorstehende Katastrophe hineinzuziehen.[155]

Wie auch immer die politischen Möglichkeiten einer Revolte in Indien 1942 gewesen sein mögen, 1944 existierten sie nicht mehr. Die Alliierten hatten nicht nur ihre militärische Präsenz verstärkt, sondern die früheren kolonialen Untertanen der europäischen Mächte hatten das Antlitz der Japaner als grausame Eroberer, die versklaven und nicht befreien wollten, entdeckt. Die Verstärkung für die Operation war über die »Todeseisenbahn«, deren Trasse mit dem Blut von Tausenden von Sklavenarbeitern getränkt war, herantransportiert worden. Dies war zwar in Indien zu dieser Zeit noch nicht bekannt, doch symbolisiert es den politischen Charakter der letzten Großoffensive der Japaner in Südostasien.

Die politischen Anstrengungen endeten in einem Fiasko. Militärisch wurden die Alliierten zunächst zweimal in eine ernste Lage gebracht, doch dann folgte die totale Niederlage der Japaner. Sie hatten in der Nähe der Küste angegriffen und dort die 7. indische Division der britischen 14. Armee abgeschnitten. Diese konnte im Februar und März jedoch dem Angriff standhalten und wurde von britischen Versorgungsflügen und von Flugzeugen, die zeitweilig mit amerikanischer Zustimmung von den Hump-Flügen abgezweigt wurden, unterstützt. Dieser Bedrohung konnte bis Ende März Einhalt geboten werden – wodurch der Mythos der japanischen Unbesiegbarkeit erschüttert wurde. Die Situation der britischen und indischen Truppen im Norden war wesentlich schwieriger oder sogar höchst gefährlich.

Am 12. März 1944 begann die japanische 15. Armee ihren U-Go-Angriff gegen Imphal und Kohima mit der Absicht, diese Städte als Stützpunkte für einen folgen-

den Angriff auf die Assam-Eisenbahn bei Dimapur, ungefähr 50 Kilometer nordwestlich von Kohima, zu nutzen. Die britischen und indischen Soldaten kämpften
tapfer und scheuten keine Risiken. Sie ließen sich eher abschneiden und einkesseln,
als sich einfach zurückzuziehen, und sie kämpften weiter, anstatt aufzugeben, wenn
sie eingekesselt worden waren. Es wurden weitere Truppen eingeflogen und durch
die Luft unterstützt. Mountbatten und der Kommandeur der 14. Armee, General
Slim, hatten die Haltung ihrer Soldaten geändert; die Luftunterstützung hatte ihre
Chancen, ihre Stellungen zu halten, verbessert. Die komplizierte Befehlsstruktur der
Alliierten war effektiver, als das direkte Eingreifen der britischen Stabschefs in London und des amerikanischen Joint Chief of Staff in Washington erwarten ließ. Die
notwendigen Transportflugzeuge wurden von überall zusammengerufen, um die
14. Armee und die isolierten Garnisonen zu unterstützen, der 14. Armee die Ent-
setzung von Kohima und Imphal zu ermöglichen und den Japanern eine vernichtende Niederlage zu bereiten.[156] Obwohl der Chief of the Imperial General Staff in
London sehr beunruhigt war und am 1. Juni »das Unglück schon vor Augen hatte«[157], konnten die auf diese Weise unterstützten britischen Truppen die einmar-
schierenden Japaner in den folgenden Wochen zurückschlagen. Jetzt erlitten sie nicht
nur im Kampf eine demütigende Niederlage, sondern sie waren auch nicht imstande,
ihre geschlagene und verhungernde Armee über die Gebirgszüge nach Birma zu
evakuieren.

Über 150000 japanische Soldaten hatten an dem Feldzug teilgenommen, nur eine
kleine Zahl von kranken und erschöpften Männern kam nach Birma zurück. Für
Japan war das die bisher kostspieligste Niederlage zu Lande. Auf die Moral der
14. britisch-indischen Armee wirkte sie nach ihrer Feuerprobe wie ein Wunder. Mitte
Juli hatten die Japaner beschlossen, daß sie jetzt nur noch auf Boses Propaganda
hoffen konnten, was kein guter Ersatz für den Verlust der 15. Armee war.[158]

Auch während der japanischen Offensive gegen Indien und ihrer Niederwerfung
hatte Stilwell eine neue Einheit geschaffen: Sie bestand aus chinesischen Divisionen,
die von Amerikanern ausgebildet und ausgerüstet waren, und einer amerikanischen
Spezialeinheit, die nach dem Modell der Chindits arbeitete und nach ihrem Befehlshaber »Merill's Marauders« genannt wurde. Sie führten eine Reihe von lokalen Angriffen durch, die in der Eroberung des wichtigen Flughafens bei Myitkyina Mitte
Mai 1944 gipfelten.[159] Trotz bitterster Kämpfe konnte keine der beiden Seiten die
andere aus ihren Stellungen im Gebiet um Myitkyina vertreiben. Doch zweierlei war
offensichtlich: Die Amerikaner und Chinesen würden Nordbirma freimachen und so
eine neue Straße nach China schaffen, egal, ob die Briten dem zustimmten oder nicht.
Der Zusammenbruch des nationalen chinesischen Widerstands und die gleichzeitige
japanische Ichigo-Offensive zeigten, daß die Straße in ein China führen würde, dessen
Rolle bei der endgültigen Niederwerfung Japans gering wäre.

DIE KÄMPFE IM PAZIFIK, 1943 BIS JULI 1944

1943 stand sicherlich noch nicht fest, wie der endgültige Sieg erlangt werden sollte. Die gleichzeitigen Angriffe der amerikanischen Armee und der Marine unter der Leitung von Nimitz und MacArthur waren entschieden vorangetrieben worden, aber sie konnten noch nicht durch die später verfügbaren Mittel unterstützt werden, und sie mußten in den äußeren Gebieten des Reiches, die früher von den japanischen Kräften erobert worden waren, gegen erbitterten Widerstand kämpfen. Die Angriffe wurden dennoch energisch vorangetrieben, nicht nur weil die dortigen Befehlshaber eindringlich darauf beharrten – was in amerikanischen Darstellungen betont wird – oder weil dies der Lieblingsschauplatz von Admiral King war – wie britische Autoren dies erklären –, sondern weil es gute Gründe dafür gab, die Japaner in der Defensive zu halten. Ansonsten hätten sie die Inseln befestigen und Luftstützpunkte auf ihnen aufbauen können, was einen späteren Sturmangriff extrem verlustreich oder gar unmöglich gemacht hätte. Alles sollte sich tatsächlich als schwierig genug erweisen. Anders als man hätte erwarten können, fand ein größerer Anteil der von den Amerikanern ausgetragenen Kämpfe in den Regionen in der Nähe von Australien und Neuseeland statt. Dies lag nicht nur an dem entsprechenden Umfang der Mittel und Streitkräfte der Alliierten, sondern auch an MacArthurs Unfähigkeit als Befehlshaber der Alliierten und seiner bewußten Entscheidung, große australische und neuseeländische Einheiten an den Schauplätzen im Mittelmeerraum zu belassen, anstatt sie in den Südpazifik zurückzurufen.[160]

Im Südwestpazifik fanden parallele Vorstöße auf Neuguinea und den Salomon-Inseln statt, wobei frühere Siege an beiden Fronten genutzt wurden. Auf Neuguinea überwältigten amerikanische und australische Truppen in einer Reihe von sorgfältig geplanten und koordinierten Bewegungen die japanischen Hauptkräfte im Gebiet von Lae und Salamaua. Die 5. Air Force unterstützte sie durch einen Überraschungsangriff, bei dem sie am 17. August 1943 bei Wewak fast 200 japanische Flugzeuge am Boden zerstörte. So wurde für die amerikanischen Verluste von Clark Field vom Dezember 1941 Vergeltung geübt, und den Japanern wurde angesichts der alliierten Offensive für mehrere Wochen im zentralen Neuguinea die Luftsicherung genommen. Amerikanische und australische Streitkräfte konnten, von der Landung einer Fallschirmtruppe bei der Eroberung eines als Flugplatz tauglichen Gebietes in der Nähe unterstützt, im September 1943 gemeinsam Lae und Salamaua einnehmen. Die überlebenden japanischen Verteidiger wurden in den Dschungel getrieben.

Gerade als die Hauptstützpunkte der Japaner im zentralen Neuguinea eingenommen waren, landete die 9. australische Division in Finschhafen an der Spitze der Huonhalbinsel und eroberte nach zehn Tagen erbitterter Kämpfe die Stadt und den Hafen. Eine Meerenge trennte die große Insel Neuguineas von Neu-Britannien, der langgezogenen Insel mit Rabaul, Japans Bastion im Südwestpazifik, am anderen Ende. Durch die Einnahme Finschhafens war die Präsenz der Alliierten auf der Seite

Neuguineas gefestigt worden. Bei einer weiteren amerikanischen Landung bei Saidor, etwas nördlicher an der Küste, konnten die so umgangenen japanischen Kräfte nicht eingeschlossen werden. Dennoch konnten die Alliierten weitere 200 Kilometer auf ihre westlichen Ziele vorrücken.

Noch ehe Finschhafen am 2. Oktober 1943 gesichert worden war, hatte der zweite Flügel der Operation »Cartwheel« zur Isolierung Rabauls, die Offensive gegen die Salomon-Inseln, auch bereits große Fortschritte gemacht. Die nächste größere Insel nördlich von Guadalcanal ist Neu-Georgien. Die Amerikaner wurden durch die Meldung, die Japaner bauten bei Munda einen Flugplatz, in Alarmbereitschaft versetzt. Dies war ein Anzeichen für die Art der Probleme, mit denen die Alliierten sich auseinandersetzen mußten, wenn sie den Japanern Zeit ließen, den Verteidigungsgürtel ihres neueroberten Reiches zu festigen. Die Amerikaner hatten im Februar die Russell-Inseln zwischen Guadalcanal und Neu-Georgien besetzt, jetzt planten sie einen Angriff auf Neu-Georgien. Auf der Insel Rendova, nur durch eine schmale Meerenge von Munda getrennt, fand am 30. Juni 1943 eine Landung statt. Drei Tage später landeten die Amerikaner auf Neu-Georgien selbst. Die Japaner verteidigten sich erbittert und versuchten wiederholt, Verstärkungen, vor allem von leichten Kreuzern und Zerstörern getragen, heranzuführen. Den ganzen Juli wüteten verbissene Kämpfe in der Luft, zu Wasser und zu Land. Vor allem in der Luft fügten die Amerikaner den Japanern schwere Verluste zu, teilweise, weil den neuen japanischen Piloten die Erfahrung ihrer Vorgänger fehlte. Die Einheiten der japanischen Seeluftwaffe waren bereits erschöpft, während die Amerikaner jetzt wesentlich erfahrener und ihre Ersatzleute besser ausgebildet waren.[161] Zur See agierten die amerikanischen und neuseeländischen Kriegsschiffe viel besser als im Jahr zuvor bei den Kämpfen um Guadalcanal. Eine Reihe von japanischen Zerstörern, die mit Verstärkung beladen waren, konnte unter Verlust eines Zerstörers und eines leichten Kreuzers versenkt werden.*

Der Bodenkampf dauerte länger und war kostspieliger als Admiral Halsey erwartet hatte. Aber nachdem Verstärkung gesandt und der Befehlshaber der amerikanischen Division ausgewechselt worden war, brachte eine Reihe von Vorstößen Anfang August zuerst den Amerikanern die Kontrolle über den Flugplatz von Munda. Den Rest von Neu-Georgien kontrollierten sie Ende des Monats. Von den 9000 japanischen Soldaten entkamen nur wenige auf andere Salomon-Inseln. Der Flugplatz von Munda, von speziellen schweren Pionier-Einheiten ausgebaut, wurde schnell zu einem wichtigen amerikanischen Luftstützpunkt.[162]

Auf der nächsten Salomon-Insel, Kolombangara, waren noch mehr Soldaten stationiert, und sie war besser befestigt als Neu-Georgien. Halsey folgte nun dem Beispiel Admiral Thomas C. Kincaids bei dessen Vorgehen in den Aleuten: Er hatte Kiska umgangen, um auf Attu zu landen. Halsey machte am 15. August eine fast wider-

---

* In den Seegefechten des Neu-Georgien-Feldzugs wurde John F. Kennedys »PT 109« von den Japanern versenkt.

standslose Landung auf Vella Lavella, der großen Insel auf der anderen Seite von Kolombangara. Durch dieses Überspringen saßen die 10 000 Soldaten der japanischen Besatzung auf ihrer Insel fest, während der Krieg an ihnen vorbeizog, nachdem sie die 25. amerikanische Division nicht von Vella Lavella hatten vertreiben können. Die Amerikaner konnten sich nun gemeinsam mit den Seite an Seite kämpfenden australischen und neuseeländischen Kontingenten auf den Angriff der wichtigsten nördlichen Insel der Salomon-Inseln, auf Bougainville, vorbereiten. Dort befanden sie sich bereits östlich von Rabaul, während die Australier und Amerikaner in Finschhafen auf Neuguinea auf der Westseite standen.

Der Angriff auf Bougainville mußte mit größter Vorsicht vorbereitet werden. Das Ziel war offensichtlich durch die Alliierten bedroht und mußte von den Japanern verteidigt werden, wenn Rabaul nicht umfaßt werden sollte. Die Amerikaner konnten die Insel auch nicht überspringen, wenn sie weiter vorrücken wollten. Die Japaner einigten sich im Rahmen einiger Konferenzen in Tokio im September auf eine etwas abgeänderte Verteidigungsstrategie für ihr pazifisches Reich. Sie zogen eine neue Verteidigungslinie, die Bougainville und Teile Neuguineas einschloß. Sie wollten diese Linie so lange wie möglich halten; die Verteidigung sollte durch umfangreiche Verstärkung für den Südpazifikraum unterstützt werden. Die Zusammenarbeit mit Deutschland und verbesserte Beziehungen zur Sowjetunion sollten die Durchführung der Strategie erleichtern. Die durch hartnäckige Verteidigung gewonnene Zeit sollte zum Bau von Flugzeugen und Schiffen sowie einer inneren Linie von Stützpunkten zur Fortführung des Kampfes genutzt werden. Im folgenden Jahr, 1944, erreichte die japanische Flugzeugproduktion während des Zweiten Weltkriegs ihren Höhepunkt mit 28 180 Flugzeugen, ebenso die deutsche mit 39 807. Doch die Vereinigten Staaten allein produzierten 100 752 Flugzeuge, wobei die Unterschiede noch größer sind, als diese Zahl vermuten läßt: Ein hoher Anteil der amerikanischen Produktion waren viermotorige Bomber.[163]

Lange bevor die neuen japanischen Flugzeuge eingesetzt wurden, hatten die Amerikaner den Verteidigungsgürtel an mehreren Stellen durchbrochen, zuerst bei Bougainville. Während die Japaner die Verstärkung ihrer 35 000 Soldaten auf der bedrohten Insel mit weiteren Truppen von Neu-Britannien und Marineluftstaffeln der Vereinigten Flotte vorbereiteten, führten die Alliierten verschiedene Ablenkungsmanöver durch, um die Japaner irrezuführen und sie aus dem Gleichgewicht zu bringen. Eine amerikanische Marineeinheit landete zeitweilig auf Choiseul, was japanische Reserven anzog. Die 8. neuseeländische Division landete auf den Treasury-Inseln, um den Alliierten den Bau eines Feldflugplatzes zu weiteren Angriffen auf Bougainville zu ermöglichen. Der Hauptangriff erfolgte an einer wenig verteidigten Stelle Bougainvilles, der Kaiserin-Augusta-Bucht. Angriffe von Flugzeugen und Kriegsschiffen auf japanische Luftstützpunkte an beiden Enden der Insel führten die Verteidiger in die Irre; sie waren von der Landung der 3. Marinedivision am 1. November 1943 vollkommen überrascht. Japanische Seestreitkräfte, die schon von Rabaul kamen, führten einen Gegenangriff durch, doch sie wurden von der kleineren, aber besser geleiteten Task Force 39 (einer zusammenarbeitenden Gruppe von Kriegsschiffen) unter Admiral Aaron Stanton Merrill geschlagen.

Die Landung war durch weitreichende japanische Marineverstärkung gefährdet. Halsey konnte sie abwenden, indem er einen Angriff seiner Flugzeugträger *Saratoga* und *Independence* auf Rabaul wagte. Zusammen mit den landgestützten Flugzeugen, die General Kenney von Neuguinea schickte, zerstörten diese Luftangriffe die meisten der von der Vereinigten Flotte ausgesandten Trägerflugzeuge und beschädigten sechs im Hafen liegende Kreuzer. Vielleicht noch wichtiger war, daß die japanische Marine Rabaul nach dem Luftangriff nicht mehr benutzte, weil Admiral Koga irregeführt werden konnte. Er wollte einfach nicht glauben, daß Halsey seine Flugzeugträger ohne massiven Geleitschutz durch Kriegsschiffe losgeschickt hatte.

Diese Erfolge der Seeluftstreitkräfte erleichterten den Kampf der Einheiten auf Bougainville selbst, wo die 37. Infanteriedivision schnell zur 3. Marinedivision vorstieß. Als die Japaner begriffen hatten, daß es keine weiteren Landungen mehr geben würde, hatten die Amerikaner schon alle ihre Berechnungen dadurch auf den Kopf gestellt, daß sie in den Sümpfen innerhalb des Verteidigungsgürtels der Kaiserin-Augusta-Bucht einen Flugplatz gebaut hatten. Der japanische Angriff Ende November gegen diesen Gürtel mißlang. Ein weiterer Versuch der japanischen Marine, Verstärkungen zu liefern – der letzte zu den Salomon-Inseln, wie sich zeigen sollte –, wurde von der Marine der Vereinigten Staaten zurückgeschlagen. Die Kämpfe auf Bougainville dauerten noch Monate an. Doch ohne wesentliche Luftunterstützung und Aussicht auf Verstärkung wurden die japanischen Soldaten, die die harten Kämpfe auf der Insel überlebten, unfreiwillig zu bloßen Zuschauern des Krieges.[164] Rabaul war isoliert und größtenteils neutralisiert worden. Dies war auf der Quadrant-Konferenz vom August 1943 in Quebec gefordert worden, entgegen MacArthurs Vorschlag eines direkten Sturmangriffs. Ende 1943 griff MacArthur ebenso zu der List, starke japanische Garnisonen zu umgehen. Er verteidigte dieses Verfahren überzeugt und führte es erfolgreich durch. (Später behauptete er, er habe es eingeführt.)[165] Mit der Landung der 1. Marinedivision und von Einheiten der Armee bei Kap Gloucester am Westzipfel von Neu-Britannien im späten Dezember 1943 wurden die Operationen um Rabaul abgeschlossen. Obwohl dieser Einsatz sorgfältig und effektiv durchgeführt wurde, bezeichneten einige ihn später als unnötig.[166] Ob notwendig oder nicht, er half, japanische Streitkräfte von über 100000 Mann zu blockieren, denn sie blieben bis 1945 auf Neu-Britannien und Neu-Irland.[167] Der japanische Stützpunkt bei Rabaul war eine einsatzbereite Verteidigungsbastion und ein möglicher Ausgangspunkt für neue Offensiven gewesen. Durch die erfolgreiche Operation Cartwheel war er nun für die Japaner zu einer Belastung geworden.

Die außerordentlich großen Garnisonen, die bei Rabaul und auf anderen Inseln isoliert wurden, zeigten die Kehrseite der japanischen Strategie auf, hartnäckig den äußeren Verteidigungsgürtel ihres Reiches zu verteidigen. Nachdem der Gürtel einmal durchstoßen worden war, wurden nach Guadalcanal keine erfahrenen Garnisonen, die hinter den alliierten Vorstößen lagen, in großem Maßstab mehr evakuiert. Die japanische Strategie, die äußere Schale erbittert zu verteidigen, war für sie – wie für die Alliierten – sehr kostspielig.

Die Joint Chiefs of Staff hatten beschlossen, keine Truppen in den Südwestpazifik zu verlegen, die für einen Direktangriff gegen Rabaul notwendig gewesen wären. Einer der Hauptgründe hierfür war die im Sommer 1943 getroffene Entscheidung, die mit den Briten auf der Quadrant-Konferenz offiziell abgesprochen wurde, in den zentralen Pazifik vorzustoßen. Der Stoßkeil verlief quer durch die Marshall-Inseln zu den Marianen. Die Kräfte waren noch begrenzt, deshalb sollte der erste Schritt in Richtung Marshall-Inseln zu den Gilbert-Inseln führen. Diese Operation sollte Erfahrungen bringen, und die Inseln sollten als wichtiger Stützpunkt für das weitere Vorgehen dienen.[168] Bei den bisherigen Operationen im Südwestpazifik waren nach ungehinderten Landungen auf großen Inseln in den meisten Fällen erbitterte, wochen- oder sogar monatelange Kämpfe in tiefen Dschungeln gefolgt. Die Struktur der Operationen im zentralen Pazifik war notwendigerweise eine ganz andere: Die zu erstürmenden Inseln waren in der Regel winzig oder doch sehr klein. Die Luftsicherung mußte von Flugzeugträgern und nicht von den nächsten Landstützpunkten erfolgen, da riesige Distanzen überwunden werden mußten. Die ganze Operation würde von einer schwimmenden Nachschubbasis und nicht von einem Landstützpunkt abhängen. Die einleitenden Landungen würden angesichts der verschanzten Japaner sehr schwierig verlaufen. Die zu erwartenden Kämpfe würden notwendigerweise grausam und kurz sein. Für die Verteidiger gab es keine Rückzugsmöglichkeit: Eine Evakuierung stand nicht in Aussicht; deshalb würden sie bis zum bitteren Ende kämpfen.[169] Der Vorstoß im Zentralpazifik würde dennoch von den zeitgleichen Operationen im Südwestpazifik profitieren. Sie setzten die japanische Flotte in der kritischsten Phase der Operation auf den Gilbert-Inseln bei Truk fest.[170]

Die erste Operation im zentralen Pazifik wurde jedoch durch einen früheren Luftangriff auf die Gilbert-Inseln von Oberst Carlsons Kommandounternehmen im August 1942 noch erschwert. Die Japaner waren auf ihre dortigen Schwächen aufmerksam gemacht worden und hatten die Truppen und Verteidigungsanlagen auf der Insel verstärkt. Außerdem lagen den Amerikanern keine neuen und genauen Seekarten vor.[171] Die 2. Marinedivision, die nach ihrer Feuerprobe von Guadalcanal neu zusammengesetzt worden war, sollte auf Tarawa landen, die 27. Infanteriedivision würde das Makin-Atoll besetzen. Eine riesige Flotte von über 200 Schiffen brachte Unterstützung. Im Mai 1943 waren die deutschen U-Boote geschlagen worden, und die 1940 und 1941 bestellten Kriegsschiffe waren fertiggestellt. So konnte zum erstenmal eine entsprechend ausgestattete amerikanische Flotte von Flugzeugträgern, Schlachtschiffen, Kreuzern, Zerstörern und anderen Schiffen als Basis für ein umfangreiches Landungsunternehmen dienen, das Hunderte von Kilometern vom nächsten Stützpunkt entfernt ablief.[172] Außerdem wurde bei dieser Operation mit dem Codenamen »Galvanic« zum erstenmal in größerem Umfang die neue Waffe Amphtrac verwendet, eine Kombination aus Boot und Kettenfahrzeug, die als gepanzerte Infanterielandungsträger verwendet wurde und über Strände und Korallenriffe fahren und schwimmen konnte.*

Trotz der starken Bombardierung kämpften die Japaner auf Tarawa an den Stränden und im Landesinneren wirksam. An drei Tagen der blutigsten Kämpfe des Pazifikkrieges mußte die Marineinfanterie unter feindlichem Feuer ans Ufer waten, weil durch unsichere Gezeiten ihre Landungsschiffe gestrandet waren oder auf Riffen festsaßen. Dann mußten sie gegen stark verschanzte Verteidiger ohne entsprechende Artillerie kämpfen, die von den havarierten Schiffen nicht herangebracht werden konnte. Aufgrund ihrer Tapferkeit, ihrer zahlenmäßigen Überlegenheit und der Unterstützung durch Schiffsgeschütze besiegten und vernichteten sie eine Streitkraft von 4500 Japanern. Von den Marinesoldaten starben 1300, und über 2000 wurden verwundet.[173] Der einleitende Angriff auf das Tarawa-Korallenatoll hatte auf Betio, der weniger als 120 Hektar großen Hauptinsel mit dem Flughafen, stattgefunden. Die anderen Inseln des Atolls wurden nach der Sicherung Betios schnell eingenommen. Die Infanteriedivision konnte in der Zwischenzeit das wenig verteidigte Makin-Atoll erobern. Der größte Verlust dieses Abschnitts von Galvanic war die Torpedierung des Begleitträgers *Lipscombe Bay,* mit dem über 600 Mann Besatzung versanken.

Obwohl die amerikanischen Befehlshaber und die amerikanische Öffentlichkeit über die hohen Verluste bei der Erstürmung von Tarawa schockiert waren, kann die Notwendigkeit dieser Schlacht nicht in Frage gestellt werden.[174] Die Gilbert-Inseln wurden für die folgenden Angriffe auf die Marshall-Inseln gebraucht. Wichtiger waren jedoch die technischen Lektionen zu Ausrüstung, Taktik und Abgangswinkeln für das Feuer von Schiffsgeschützen. Die Angaben zu Dauer und Art von Beschießungen dieses Typs konnten noch oft wiederverwertet werden. In gewisser Weise war der Schock über die Verluste heilsam: Die aufgedeckten Mängel wurden schnell behoben. Am deutlichsten zeigt das der nächste Schritt beim Vorstoß in den zentralen Pazifik: die Invasion der Marshall-Inseln.

Der Vorstoß der amerikanischen Marine durch den zentralen Pazifik mußte die Marshall-Inseln als ein Zwischenziel auf dem Weg zu den Marianen einschließen. Von dort konnten die Amerikaner die Philippinen, die Bonin- oder die Riukiu-Inseln oder Formosa angreifen. Doch wie immer sie nach der Eroberung der Marianen vorgehen würden, mit ihren neuen Langstreckenbombern, den B-29, konnten sie diese Inseln als Stützpunkte für Luftangriffe auf die japanischen Inseln benutzen. Ob die Karolinen mit ihrem großen japanischen Marinestützpunkt bei Truk umgangen

---

* Als Zeichen des interalliierten Vertrauens kann man sicher werten, daß die Amerikaner den Briten alle Angaben ihrer geplanten Operationen im Pazifik zur Verfügung stellten, einschließlich des Datums für die geplante Landung auf Tarawa. Siehe J.S.M. Washington (Dill) an COS, FM D 41 vom 20. Oktober 1943 in CAB 120/412.

werden konnten oder erstürmt werden mußten, blieb noch offen. Aber die Marshall-Inseln mußten in jedem Fall erobert werden. Nimitz beschloß Mitte Dezember 1943, die östlichen Marshall-Inseln zu umgehen und mit Hilfe von see- und landgestützten Flugzeugen von Makin und Tarawa die Inselgruppe Kwajalein anzugreifen und zu erobern. Kwajalein ist das weltgrößte Korallenatoll in der Mitte der Inselkette und liegt rund 1000 Kilometer nordwestlich von Makin. Danach sollte Eniwetok, am nordwestlichen Ende der Kette gelegen und nochmals 500 Kilometer näher an Tokio, eingenommen werden. Die Erfahrungen von Tarawa wurden ausgewertet: Eine riesige amerikanische Flotte eskortierte zwei Infanteriedivisionen und eine Division der Marineinfanterie zu den Inseln im Kwajalein-Atoll.

Die Japaner hatten die Marshall-Inseln im Ersten Weltkrieg von den Deutschen erobert und waren 1920 als Mandatsinhaber bestätigt worden. Deshalb hatten sie ausreichend Zeit gehabt, sich vorzubereiten und ihre Stellungen zu befestigen, und zwar ohne Rücksicht auf ihre vertraglichen Verpflichtungen. Als die Amerikaner angriffen, planten die Japaner selbst einen Gegenangriff mit ihrer Marine. Doch dieser Plan wurde durch den amerikanischen Vorstoß gestoppt.[175] Die Operation »Flintlock« verlief reibungslos. Bombardierung durch Flugzeuge und Beschuß von Schiffsgeschützen unterstützten die Landung der neuen 4. Marinedivision am 31. Januar 1944 und die Überwältigung der japanischen Garnisonen auf Roi und Namur am nördlichen Zipfel des Atolls. Die 7. Infanterie eroberte die Inseln des Kwajalein-Atolls wesentlich leichter als vorher Attu. Die Verluste waren für die Japaner höher und für die Amerikaner niedriger als bei Tarawa. Man hatte viel gelernt! Dieser Teil der Operation war so gut und schnell verlaufen, daß der Befehlshaber der Streitkräfte, Admiral Spruance, Nimitz' Vorschlag zustimmte, die Landung auf Eniwetok vorzuziehen. In drei Tagen nahmen Teile der 27. Infanterie und ein Marineregiment die Hauptinseln des Eniwetok-Atolls ein. Jetzt konnten die Amerikaner die ganze Inselgruppe kontrollieren.[176]

Doch dies war noch nicht alles. Um die Operationen auf den Marshall-Inseln abzusichern, führte Admiral Mitschers' Task Force am 17. Februar einen Luftangriff gegen den japanischen Stützpunkt Truk durch. Die Kaiserliche Marine hatte Truk, wie sich jetzt zeigte, zugunsten der sichereren Palau-Inseln aufgegeben, aber die Zerstörung von Flugzeugen, Schiffen und Anlagen machte aus dem »Gibraltar des Pazifiks« ein Trümmerfeld. Der erfolgreiche Angriff und die Eroberung der Marshall-Inseln zusammen erlaubten, die Karolinen ganz zu umgehen. Die große Garnison von Truk konnte, genauso wie die von Rabaul, nur noch ihren schwindenden Proviant zählen.

Nach der Niederlage von Truk hatte General Tojo endgültig genug: Er entließ den Marinestabschef, Admiral Nagumo Chuichi, und ersetzte ihn durch Marineminister Shimada. Sich selbst machte er zum Stabschef des japanischen Heeres.[177] Tojo hoffte offensichtlich, er könnte den Widerstand von Heer und Marine gegen die Amerikaner besser koordinieren, wenn er die Operationen im Pazifik persönlich führte. Die Folge hiervon war, militärisch gesehen, unbemerkbar, aber machte seine eigene Position verletzbarer: Die nächste große Niederlage der Japaner würde ihn alle seine Ämter kosten.[178]

Die Grundzüge der amerikanischen Strategie für den Pazifik waren auf der Quadrant-Konferenz in Quebec im August besprochen worden. Damals wurde offiziell beschlossen, der Vorstoß im Zentralpazifik werde auf die Marianen zielen und der im Südwestpazifik auf die niederländische Vogelkop-Halbinsel, den nordwestlichen Zipfel Neuguineas. Von diesen Stellungen aus sollte die Invasion der Philippinen genauso wie andere Möglichkeiten erwogen werden.[179] Die Entscheidung der zweiten Konferenz in Kairo, Buccaneer zugunsten einer verstärkten Operation Anvil, der Invasion Südfrankreichs, zu unterlassen, zeugte von der Abwertung des chinesischen Kriegsschauplatzes. Im Dezember 1943 schien dies vernünftig, denn in der Zwischenzeit waren die militärischen Erfolge der Chinesen gering gewesen, die westlichen Alliierten hatten Zusicherungen erhalten, die Sowjetunion werde nach der Niederwerfung Deutschlands in den Krieg gegen Japan eintreten, und im Pazifik waren erfolgreiche Vorstöße möglich geworden, vor allem auf den zentralen und nördlichen Salomon-Inseln und in Neuguinea. Jetzt schien es plausibel, das siegreiche Kriegsende im Pazifik für den Herbst 1946 anzuberaumen, also nach Ablauf von drei Jahren.[180] Planer des amerikanisch-britischen Combined Staff einigten sich auf vorbereitende Einzelheiten für Operationen im Jahre 1944 und später Anfang Dezember.[181]

Die ursprünglichen Pläne für eine Großoffensive gegen Japan von Stützpunkten in China aus wurden erst mit den logistischen Problemen auf dem Nachschubweg von Birma und dann dem Zusammenbruch des chinesischen Widerstands 1944 immer weniger in Betracht gezogen. Die Tatsache, daß mit den neuen B-29 bei einer Reichweite von 2400 Kilometern von den Marianen aus die japanischen Hauptinseln erreicht werden konnten, machte deren Einnahme noch wichtiger als zuvor. Ein zentrales Ziel des Vorstoßes durch den Pazifik war ihre Eroberung schon immer gewesen – sie waren die wichtigsten Inseln auf dem Weg. Aber weil jetzt nicht mehr das asiatische Festland, sondern die pazifische Seite Japans stärker betont wurde und neue Waffen zur Verfügung standen, mit denen Japan direkt von den Inseln aus angegriffen werden konnte, wurden sie in den Augen der Amerikaner zu einem außerordentlich bedeutsamen Ziel.[182]

Aus der Sicht der Japaner war die zentrale Rolle der Marianen ebenso offensichtlich. Obwohl sie über die B-29 nicht gut informiert waren, erkannten sie, wie wichtig die Inseln für die Kontrolle ihrer Transportwege nach Südostasien, ihre Stellung auf den Philippinen und die Verteidigung ihrer Heimatinseln selbst waren. Entsprechend bauten sie ihre Garnisonen auf den Inseln aus, die außer Guam alle in ihrem Besitz waren, seit sie die Inseln im Ersten Weltkrieg von den Deutschen erobert hatten. Die Machthaber in Tokio bereiteten sich darauf vor, die Marianen mit einer Kombination von neuen Strategien und den Taktiken des Kampfs »bis zum letzten Blutstropfen« der früheren Gefechte zu halten, doch sie führten auch ein offensiveres Verfahren ein.

Seit dem Herbst 1942 wurden Pläne ausgearbeitet, nach denen die Wälder im amerikanischen und kanadischen Westen in Brand gesteckt werden sollten. Brennbares Material tragende Ballons sollten von den herrschenden Winden, vor allem dem Jetstream, über den Pazifik getrieben werden. Sie sollten in der westlichen Hemisphäre niedergehen und dort so viele Brände auslösen, daß sie von den Amerikanern und Kanadiern nicht mehr gelöscht werden könnten. Dies war die japanische Version von Feuersturm, mit der die dicht bewaldeten westlichen Staaten und Provinzen von Kanada und den Vereinigten Staaten zerstört werden sollte. Im März 1944 wurden auf einer Konferenz Details und Produktionspläne ausgearbeitet. Das Projekt war wegen anderer Forderungen der japanischen Kriegswirtschaft verschoben worden. Vom 7. November 1944 bis zum März 1945 wurden rund 9000 Ballons losgeschickt, von denen über 1000 in den Vereinigten Staaten und Kanada landeten oder über dem Boden explodierten.[183] Sie richteten wenig Schaden an und forderten nur einige Opfer. In dieser Hinsicht waren sie nicht wirksamer als der gelegentliche Beschuß der Küste durch japanische U-Boote. Doch sie zeigen, daß die japanische Strategie, den Krieg für die Feinde so kostspielig wie möglich zu machen, bis zuletzt eine offensive und nicht nur eine defensive Komponente hatte.

Der amerikanische Doppelvorstoß in den zentralen und südwestlichen Pazifik konnte natürlich nicht durch das Starten von Ballons aufgehalten werden. Dazu wäre die Zusammenballung des gesamten japanischen Militärs notwendig gewesen, und selbst Tojos neuerliche Machtanhäufung hätte das durchsetzen können. Doch ihm fehlte – wie allen anderen in Tokio – die strategische Voraussicht. Gerade als die Amerikaner im Frühjahr und Sommer 1944 den doppelten Angriff vorantrieben, starteten die Japaner ihre großen Landoffensiven in China und von Birma aus nach Indien, deren Verlauf schon beschrieben wurde. Die Operation in China war erfolgreich gewesen, während die nach Indien mißlang, aber beide zogen Mittel ab, die für die Verteidigung gegen die Amerikaner im Pazifik notwendig gewesen wären. Die Amerikaner profitierten also entschieden von der Zersplitterung japanischer Mittel, die mit Japans falschen Prioritäten zu erklären ist.

Heer und Marine Japans erwarteten, die Alliierten würden ihren Feldzug in Neuguinea fortführen, während die amerikanische Marine von den Marshall-Inseln zu den Palau-Inseln vorstoßen würde. Letzteres führte dazu, daß Verstärkung von den bedrohten Marianen zu den südlicheren Inseln abgezogen wurde, aber der Verteidigungsplan der japanischen Marine erwies sich insgesamt als falsch. Der »A-Go«-Plan hatte zwei Hauptelemente. Eine gestärkte Flotte mit Flugzeugträgern, Schlachtschiffen und kleineren Kriegsschiffen sollte die Amerikaner von einem Stützpunkt zwischen den Philippinen und Niederländisch-Indien angreifen. Der Ort wurde gewählt, weil er direktes Auftanken mit Öl von Borneo ermöglichte, das nicht raffiniert werden mußte (den Maschinen allerdings schadete). Die Träger würden vom größeren Wirkungskreis ihrer Flugzeuge abhängen, der durch die Möglichkeit, vor dem Rückflug auf den Flughäfen der Marianen und Palau-Inseln zu landen und aufzutanken, noch vergrößert wurde.[184] Das zweite Element war die umfangreiche Zuteilung von rund 500 landgestützten Flugzeugen, die gemeinsam mit den Trägerflugzeugen die amerikanische Flotte stören und schwächen sollten. Ursprünglich war geplant worden, die Marineunterstützung von MacArthurs auf Biak schwer kämpfenden Streitkräften anzugreifen, eine Operation, die später in diesem Kapitel dargestellt wird. Doch gerade, als die Operation A-Go mit dem Codenamen »Kon« begonnen werden sollte, erfuhren die Japaner, daß die Amerikaner auf Saipan in den Marianen landeten. Jetzt richtete sich die gesamte Aufmerksamkeit auf diese Insel und die westlich liegende Philippinen-See.

Am 15. Juni 1944 landeten zwei Marinedivisionen auf Saipan. Eine Heeresdivision wurde in Reserve gehalten, um zu landen, falls dies nötig sein sollte. Ansonsten sollte mit der Einnahme Tinians und Guams begonnen werden. Doch die Unterstützung war notwendig. Die massiven Bombardierungen vor der Invasion hatten zwar die Stellungen der Verteidiger zerstört[185], und Luftangriffe auf die Stützpunkte in diesem Gebiet hatten die Luftunterstützung für die Verteidiger fast völlig ausgeschaltet, doch die landenden Marinesoldaten wurden von der tatkräftigen und wirksamen Verteidigung einer 30 000 Mann starken Garnison gebremst. Hier handelte es sich um eine Insel von einiger Größe mit Bergen und dichtem Dschungel und nicht um ein kleines Korallenatoll, deshalb mußten sich die Marinesoldaten mühsam durchkämpfen. Die 27. Infanterie wurde zu ihrer Unterstützung gesandt. Der Befehlshaber des Marinekorps für die Landoperation, General Holland M. Smith, entließ den Kommandeur der 27. Division, General Ralph S. Smith, als dessen Division nicht so handelte, wie er es sich vorgestellt hatte. Die beste Untersuchung des Streites zwischen Smith und Smith legt nahe, Howlin' Mad Smith sei einfach der falsche Mann für eine so schwierige Operation gewesen.[186] Nach drei Wochen blutigster Kämpfe waren die Japaner schließlich zurückgeschlagen worden. Nach einem abschließenden und selbstmörderischen Großangriff, bei dem einige tausend Japaner starben, stürzten sich die verbliebenen Soldaten und Hunderte von Zivilisten, die auf der Insel gelebt und gearbeitet hatten, von einer Klippe in den Tod.

Dieses grausame Spektakel versetzte die Amerikaner, die noch versucht hatten, die selbstmörderischen Japaner zur Kapitulation zu überreden, in helles Entsetzen. Doch inzwischen hatte die amerikanische Marine die Operation A-Go zurückgeschlagen. Angriffe gegen japanische Luftstützpunkte hatten entweder die landgestützten Flugzeuge zerstört oder hielten sie auf Distanz. Aber ihr Befehlshaber hatte gegenüber Admiral Ozawa Jisaburo (der die gesamte Operation leitete) fälschlich behauptet, seine Flugzeuge fügten der amerikanischen Flotte großen Schaden zu. Tatsächlich standen der ungefährdeten 5. Flotte der Vereinigten Staaten sieben große Flugzeugträger und acht Begleitträger, gesichert von einem umfangreichen Geleit von Schlachtschiffen, zur Verfügung. Ozawa besaß nur drei große und sechs kleinere Träger. Die japanischen Trägerpiloten waren neu und unerfahren. Sie wurden im wahrsten Sinne des Wortes zu Hunderten von den erfahreneren und besser dirigierten amerikanischen

Piloten abgeschossen. Diese See-Luftschlacht wurde später »das große Truthahn-schießen bei den Marianen« (The Great Marianas Turkey Shot) genannt. Weitere Flugzeuge wurden durch konzentrierten Flakeinsatz der Schlachtschiffe abgeschossen. Zusätzlich hatten amerikanische U-Boote mehrere Zerstörer versenkt, bevor sie in den Kampf eingreifen konnten. Auch zwei der großen Träger wurden versenkt: *Shokaku* hatte an Pearl Harbor teilgenommen, und der neue *Taisho* ging in die Luft, als in dem von einem Torpedo getroffenen Teil des Schiffes die Dämpfe des flüchtigen Borneo-Öls explodierten.

Am Nachmittag des folgenden Tages erkundete Admiral Spruance, was von Oza-was Flotte übriggeblieben war. Er schickte ihr seine Flugzeuge nach, die einen Träger versenkten und zwei weitere beschädigten. Viele der zurückkehrenden Flugzeuge mußten in der Dunkelheit wegen Benzinmangels notlanden. Dennoch erwies sich die Schlacht der Philippinen-See als einer der größten amerikanischen Siege, bei dem die japanische Marine zahlreiche Schiffe und unzählige Flugzeuge und Piloten, die nicht zu ersetzen waren, verlor. Die Verluste der Vereinigten Staaten waren sehr gering. Die Landung auf Saipan war gesichert, und kurze Zeit später konnten Tinian und Guam eingenommen werden.[187] Nach dieser Niederlage konnten die Japaner nicht mehr gegen MacArthurs Vorstoß auf Neuguinea vorgehen. Obwohl weder er noch die amerikanische Marine gewillt gewesen sein dürften, diese Tatsache zu bestätigen, wurde die Strategie des doppelten Vorstoßes in dramatischer Weise gerechtfertigt: Die Befehlshaber in beiden Gebieten waren geneigter, Chancen zu erkennen und zu nutzen und nicht nur Risiken und Hindernisse aufzulisten, und die Japaner wurden aus dem Gleichgewicht gebracht und konnten sich auf keinen der beiden Vorstöße konzentrieren.

Durch die Ablenkung der japanischen Aufmerksamkeit auf die Marianen wurde die Operation zu der nordwestlich von Neuguinea gelegenen Insel Biak gesichert. MacArthurs Streitkräfte erreichten sie nach einer Reihe von kühnen und dramatischen Gefechten. Die Risikobereitschaft zahlte sich aus, als die Amerikaner am 29. Februar 1944 kurzfristig Aufklärungseinheiten auf den Admiralitätsinseln gelandet hatten und im Beisein MacArthurs das Vorstoßkommando in dem Moment verstärkten, als die Japaner noch nicht bemerkten, was los war. Die Amerikaner umgingen die vielen japanischen Einheiten im zentralen Neuguinea und überraschten sie am 22. April in dem rund 1000 Kilometer entfernten Küstenort Hollandia. Aus der kleinen Gemeinde im niederländischen Teil Neuguineas machten sie einen Hauptstützpunkt. Es stellte sich jedoch heraus, daß sich der Boden in der Umgebung nicht als Flugplatz für die schweren Bomber der 5. Air Force eignete. MacArthur warf deshalb schnell seine Kräfte vorwärts, landete auf der kleinen Insel Wakde, deren Flughäfen er am 18. Mai einnahm, und startete am 27. Mai 1944 die Erstürmung von Biak.

Während auf den Admiralitäts-Inseln, bei Hollandia und auf Wakde die Amerikaner die Japaner überraschen konnten, war dies auf Biak genau umgekehrt. Ziel der Landung waren die Flugplätze. Sie lagen auf einer schmalen Küstenebene, die von höherem, durch Höhlen markiertem Grund überragt wurde. Der japanische Befehlshaber hatte die Landung vorhergesehen und zog seine Truppen vom Strand ab. Sie verschanzten sich in dem zerklüfteten Gebiet, von dem aus sie die Amerikaner beschossen. Obwohl Verstärkung geschickt wurde und der Kommandeur der amerikanischen Division ausgetauscht wurde, kamen die Kämpfe nicht besser voran. Die Japaner versuchten die Landungstruppen mit Hilfe von Verstärkung zu überwältigen und schickten die weltgrößten Schlachtschiffe, die *Yamamoto* und die *Musahi*, zum Kampf gegen die Marineeinheiten. Die Nachricht vom vorbereitenden Bombardement auf Saipan durch die Amerikaner führte zum Abbruch dieses Projektes. Admiral Ozawa sollte für die A-Go-Operation, die zur »Battle of the Philippine Sea« wurde, alle benötigten Schiffe zur Verfügung haben. Unter diesen Umständen konnten die amerikanischen Truppen schließlich am 30. Juni die japanischen Streitkräfte von Biak vernichten und die Flugplätze sichern.[188]

Die Flugplätze von Biak und Wakde sollten eingenommen werden, um von dort Luftunterstützung für die letzte Offensive auf Neuguinea zu leisten. Stützpunkte auf dem Vogelkop – von den Niederländern so genannt, weil es auf der Karte wie ein Vogelkopf aussieht – im Nordwesten sollten erobert werden. Im Juli 1944 landeten die amerikanischen Truppen zunächst auf Noemfor und dann bei Sansapor, wo sie sich schnell einrichten konnten. Die vor kurzem verstärkte Garnison des Gebietes (mit einer Größe von ungefähr zwei Divisionen) zog sich bis zur Kapitulation 1945 lieber in den Dschungel zurück, als daß sie den Kampf austrug. Nur General Adachi Hataaos 18. Armee, die zu den auf Neuguinea umgangenen Truppen gehörte, versuchte einen Gegenangriff gegen Aitape, einen der amerikanischen Stützpunkte an der Küste. Die 18. Armee wurde mit Verlusten von über 10 000 Mann im zentralen wie die japanische 2. Armee im nordwestlichen Neuguinea vom Krieg ausgeschlossen. Sie und die der umgangenen japanischen Garnisonen auf Neu-Britannien und Kavieng wurden von den Australiern blockiert, die 1942 und 1943 den Großteil von MacArthurs Bodentruppen beigesteuert hatten, welche jetzt von den Amerikanern gestellt wurden.

Die Kämpfe im Pazifik hingen mit der internen politischen Situation in den Vereinigten Staaten und in Japan eng zusammen. In den Vereinigten Staaten wurde beständig Werbung für MacArthur betrieben, die von seinem Hauptquartier sorgfältig kontrolliert wurde.* Sowohl konservative Republikaner aus dem Mittleren Westen, die gegen die wahrscheinliche Nominierung von Thomas Dewey oder Wendell Willkie als Präsidentschaftskandidaten waren, als auch rechtsgerichtete Spinner und Fanatiker aller Couleur wurden dadurch angeregt, den General zur Nominierung zu drängen. Sie warteten darauf, daß sich die Situation zwischen den beiden führen-

---

* Die Darstellungen des Hauptquartiers zum Südwestpazifik waren wegen ihrer Ungenauigkeit berüchtigt und, weil die Rolle der Australier auf diesem Schauplatz unnötig heruntergespielt wurde.

den Kontrahenten festfahren würde, um dann MacArthur als vielen Bürgern annehmbare, manche sogar begeisternde Alternative zu propagieren. Der sorgfältigste Biograph des Generals glaubt, MacArthur sei Ende 1943 und Anfang 1944 wirklich daran interessiert gewesen.[189] Die überwältigende Mehrzahl der Republikaner zog dennoch den New Yorker Gouverneur Thomas Dewey vor, dessen Sieg über die gesamte Opposition bei den Vorwahlen am 4. April 1944 in Wisconsin den kleinen Aufschwung beendete. In den vorangegangenen Monaten hatte MacArthur ausführliche und zufriedenstellende Unterredungen mit General Marshall und Admiral Nimitz geführt. In Admiral Kincaid, der von Alaska abberufen wurde, fand er einen Marinemitarbeiter, mit dem er gut zusammenarbeitete. Trotz der weithin bekannten Streitsucht seines Stabschefs General Richard K. Sutherland machte MacArthur selbst seine Arbeit immer erfolgreicher und freute sich auf die bevorstehenden Operationen, die ihn wieder auf die Philippinen führen würden als Befehlshaber einer amerikanischen Invasionsstreitmacht.

Die dramatischste politische Auswirkung der Kämpfe im Pazifik, die in dem amerikanischen Sieg bei den Marianen ihren Höhepunkt fanden, war die folgende Krise in Tokio. Je mehr Macht Tojo in seinen Händen angehäuft hatte, um so stärker wurde er nach den Rückschlägen der japanischen Armee angegriffen. Der Sieg der japanischen Armee über Tschiang Kai-schek nach sieben Jahren konnte die Niederlagen von Indien, Neuguinea und den Marianen, einem Gebiet, das die Japaner schon lange vor dem Krieg besessen hatten, nicht ausgleichen. Der verbissene General tat alles, um an der Macht zu bleiben, aber es gelang ihm nicht. Der Kaiserliche Hof, die meisten der führenden Politiker und einige Militärs arbeiteten zusammen, um ihn von seinen Posten abzusetzen. Am 18. Juli 1944 trat er offiziell zurück.[190] Sein Nachfolger, General Koiso Kuniaki, war Gouverneur von Korea gewesen. Er übernahm jedoch nicht die anderen Geschäftsbereiche (wie den Posten des Kriegsministers, den Tojo innegehabt hatte) und erreichte niemals die beherrschende Stellung seines Vorgängers.[191] Im Juli 1940 hatte er die japanischen Truppen nach Niederländisch-Indien führen wollen[192], doch jetzt, so erklärte er bei seinem Prozeß nach dem Krieg, fürchtete er, der Krieg sei verloren.[193] Der Öffentlichkeit gegenüber behauptete die neue Regierung jedoch immer noch, es gehe darum, für den Sieg zu kämpfen. Und zum erstenmal in diesem Krieg, begannen die japanische Armee und die Marine gemeinsam einen Plan zur Verteidigung der Philippinen auszuarbeiten, wo sie zu Recht das nächste Kriegsziel der Amerikaner vermuteten.[194]

Zur Verteidigung ihres Reiches versuchten die Japaner auch weiterhin, nach der Unterzeichnung der Protokolle und Vereinbarungen vom 30. März 1944 die Beziehungen zur Sowjetunion zu verbessern. Sie hofften, die Dauer des Neutralitätspaktes mit der Sowjetunion werde verlängert werden, und zwar möglichst vor Ablauf der vereinbarten Frist. Sie wollten mit Moskau zu einem Einvernehmen über China gelangen und die Erlaubnis für die Entsendung wichtiger japanischer Persönlichkeiten nach Moskau erhalten. Hinter der Abordnung stand die Hoffnung, einen Separatfrieden zwischen der Sowjetunion und Deutschland herbeiführen zu können.[195] Molotow hörte am 8. April 1944 den Ausführungen des japanischen Botschafters Sato zu einem solchen Projekt aufmerksam zu und diskutierte die Vorschläge ernsthaft. Doch er kam immer wieder auf die Frage zurück, ob hinter Japans geplanter Entsendung bedeutender Persönlichkeiten eine deutsche Initiative stecke.[196] Da dies nicht der Fall war, lehnte die Sowjetunion, die zu dieser Zeit an Friedensverhandlungen mit Deutschland interessiert gewesen sein könnte – warum hätte sie sonst nach Details gefragt? –, den Vorschlag der Entsendung einer Delegation ab. An einem Abkommen mit Japan, das Streitigkeiten über und in China geregelt hätte, zeigte Molotow kein Interesse. Die Sowjetunion war nicht bereit, sich durch neue und weitreichende Absprachen mit Japan festzulegen, und die Japaner mußten sich mit den früheren Abkommen zufriedengeben.[197] Jetzt konnten sie nur weitere Truppen von der Mandschurei in den Südpazifik verlegen, ihre Offensive in China beenden und mußten ansonsten in der Defensive bleiben.[198]

DIE PLÄNE DER ALLIIERTEN UND DER ACHSENMÄCHTE FÜR DEN SIEG

Die britischen Pläne zum Sieg im Pazifikkrieg über ein erbittert kämpfendes Japan hatten wenig Einfluß auf den Krieg selbst. Dennoch hatten sie den hitzigsten Streit der gesamten Kriegszeit zwischen Churchill und seinen drei Stabschefs in den Monaten März, April und Mai 1944 zur Folge.[199] Churchill setzte sich für einen Großangriff in Südostasien ein, seine Stabschefs waren für einen Vorstoß Seite an Seite mit MacArthurs Vordringen von Neuguinea über die Philippinen nach Japan. Die Sachzwänge des Krieges und der Zeitplan würden die Meinungsverschiedenheiten rascher beilegen, als das durch eine Einigung in London möglich gewesen wäre. Die japanische Offensive nach Indien führte zu Plänen für einen größeren Feldzug nach Birma. Die Entwicklung des Krieges in Europa bis 1945, und kurz danach der unerwartet rasche Sieg über Japan, schlossen zunächst weitere britische Großeinsätze auf den Schauplätzen aus, bis sie zuletzt einfach überflüssig waren. Eine umfangreiche britische Flotte sollte die Amerikaner bei den Offensiven im Pazifik 1945 unterstützen, was auf Anordnung von Präsident Roosevelt – trotz der Zweifel Admiral Kings – von den Amerikanern begrüßt wurde.[200]

Der Präsident hatte sich auch direkt in die amerikanische Strategie für den Pazifikkrieg eingeschaltet. Er spielte eine große Rolle, so scheint es, bei der Entscheidung, den Dolittle-Luftangriff auf Tokio und die Guadalcanal-Operation zu starten. Aber dies waren nicht die einzigen strategischen Fragen, die er beeinflußte. Vom Frühjahr 1942 bis zum Herbst 1943 hatte es lange und teilweise hitzige Debatten über den richtigen Weg zur Niederwerfung Japans gegeben.[201] Die grundlegenden Entscheidungen machten den doppelten Vorstoß im Pazifik immer wichtiger. Ein Angriff auf Japan vom Norden und von China aus wurde wegen der Erfahrungen mit den Wetterproblemen am früheren Kriegsschauplatz und der wirkungslosen Aktivitäten des chinesischen Militärs seltener in Erwägung gezogen. Die Erfolge im Pazifik im Herbst 1943 und Anfang 1944, als auch der chinesische Widerstand zusammenbrach, beschleunigten diese Entwicklung. Es wurde immer deutlicher, daß die beiden Vorstöße Ende 1944 in den zentralen Philippinen aufeinandertreffen würden. Die beginnende Bombardierung Japans mit den B-29, zunächst von Stützpunkten in China und dann von den Marianen aus, sollte entweder (zusammen mit einer Blockade Japans) die Invasion des japanischen Mutterlands überflüssig machen oder, falls sie doch notwendig sein sollte, ein solches Landungsunternehmen wirksam vorbereiten.

Zwei weitere Fragenkomplexe waren zu klären. Erstens die mögliche Geschwindigkeit des Vorrückens: Sie hing vom Erfolg der Operationen im Pazifik und dem Zeitpunkt der deutschen Niederlage ab, durch die wiederum Truppen von Europa zum Pazifik abgezogen werden konnten. Zweitens die Frage, welche Zwischenziele gesteckt werden sollten, vor allem, ob von den Amerikanern die Anstrengung gemacht werden sollte, die Hauptinsel Luzon der Philippinen zurückzuerobern oder statt dessen Formosa (wie Taiwan früher genannt wurde) aufs Korn zu nehmen. Bei der Konferenz mit Nimitz und MacArthur am 26. bis 28. Juli 1944 auf Hawaii war Roosevelt eher für Luzon, traf aber noch keine endgültige Entscheidung.[202] Die Frage wurde dadurch geklärt, daß Nimitz im September Admiral King überzeugen konnte, der Angriff auf Luzon sei der richtige Weg. Formosa sollte umgangen werden, und auf die Philippinen sollten die Bonin-Inseln (Iwojima) und die Riukiu-Inseln (Okinawa) folgen.[203]

Bevor einer dieser Pläne ausgeführt werden konnte, mußten die Amerikaner eine Reihe von einleitenden Operationen durchführen, um überhaupt zu den Philippinen vorzudringen. Am 20. Dezember 1944 sollte die Landung auf Leyte in den zentralen Philippinen stattfinden. MacArthurs Streitkräfte aus dem Südwestpazifik sollten auf verschiedenen Inseln zwischen Neuguinea und den Philippinen landen, Nimitz' Kräfte für das Gebiet des Pazifischen Ozeans sollten zwischen den Marshall-Inseln und den Philippinen den Weg freikämpfen. Von den geplanten Landungen wurden einige gestrichen, doch andere wurden weiterhin als notwendig erachtet. MacArthurs Einheiten erstürmten Morotai am 15. September, wobei sie die große japanische Garnison auf Halmahera umgingen.[204] Diese Bewegung brachte wenig Verluste. 25 000 japanische Soldaten saßen tatenlos auf Halmahera, während die Amerikaner auf Morotai Flugplätze bauten, um die Invasion der Philippinen vorzubereiten. Der gleichzeitige Angriff durch Marine und Heer auf Angaur und Peleliu in den Palau-Inseln unter Nimitz' Befehl dagegen erwies sich als sehr schwierig und verlustreich. Die 81. Division benötigte sechs schwere Wochen, um Angaur zu erobern. Die 1. Marinedivision bekämpfte die Japaner bis Ende November auf Peleliu. Der grausame Kampf forderte mit fast 7000 Toten und Verletzten die höchste Verlustrate bei einem amphibischen Angriff im Pazifik.[205] Admiral Halsey zweifelte von Anfang an am Erfolg der Peleliu-Operation, und viele stellten ihr Konzept und ihre Durchführung in Frage. Es ist dennoch zweifelhaft, ob der riesige sichere Flottenhafen bei Ulithi in den Palau-Inseln, der von der 81. Division ohne Widerstand eingenommen werden konnte, ohne die dauernde Präsenz der Amerikaner auf den Inseln als Hauptstützpunkt der amerikanischen Marine hätte genutzt werden können.

Gleichgültig, welchen Wert Operationen auf den Palau-Inseln hatten – während sie und die Landungen auf Morotai durchgeführt wurden, veranlaßten die höchst erfolgreichen amerikanischen Luftangriffe auf die Philippinen Nimitz dazu, den Zeitplan der Operation dort vom 20. Dezember auf den 20. Oktober vorzuverlegen. Die Joint Chiefs of Staff waren mit dieser Änderung einverstanden, ebenso MacArthurs Hauptquartiere. Der Weg war frei für die amerikanische Rückkehr auf die Philippinen. Im Dezember 1941 waren die Japaner dort gelandet und hatten die Vereinigten Staaten angegriffen, um den Zugang zu den reichen Ölvorkommen Niederländisch-Indiens zu sichern. Die amerikanische Rückkehr würde sie sowohl von ihrem südostasiatischen Reich abschneiden als auch den Weg für die Erstürmung des japanischen Mutterlandes bereiten. Dieser Großeinsatz war durch die vorbereitenden Landungen auf Morotai, Angaur und Peleliu ermöglicht worden.

In Europa standen die kriegführenden Mächte vor einem Jahr erbittertster Kämpfe an allen Fronten. Im Osten sollten die sowjetischen Winteroffensiven von 1943/44 die Anstrengungen fortführen, alle von Deutschland und seinen Satellitenstaaten besetzten Gebiete zu befreien. Dies wird in Kapitel 12 untersucht. Die Sowjetunion hatte sich verpflichtet, im Osten eine Offensive zu starten, die mit der Invasion in Westeuropa zusammenfallen sollte. Der genaue Ort dieser Operation konnte jedoch nicht festgelegt werden, bevor die Ergebnisse der Winterkämpfe analysiert worden waren. Im Mittelpunkt der sowjetischen Sommeroffensive von 1944 sollte ein Großangriff zur Zerstörung der deutschen Heeresgruppe Mitte stehen, die so lange durchgehalten hatte und sich noch immer an Gebiete krallte, von denen aus Moskau bombardiert werden konnte. Es ist nicht bekannt, wann die Planungen für die später »Bagration« genannte Operation begannen, aber die vorbereitende Planung scheint Anfang 1944 eingesetzt zu haben. Die groben Züge standen Mitte April fest.[206]

In der Zwischenzeit hatten nicht nur schwere Kämpfe stattgefunden, die sowjetische Regierung arbeitete nach der Konferenz von Teheran auch an drei diplomatischen Fronten. Die erste, die Ausarbeitung einer Reihe von Absprachen mit Japan, die Ende März unterzeichnet wurden, habe ich in diesem Kapitel weiter vorne dargestellt. Die zweite ist aus Mangel an sowjetischen Quellen sehr schwer zu analysieren. Am 17. Januar 1944 wurde in der Prawda und im Moskauer Rundfunk eine frei erfundene Geschichte verbreitet. Angeblich fanden in Spanien zwischen Ribbentrop und zwei führenden britischen Persönlichkeiten Verhandlungen über einen Separatfrieden statt. Die Geschichte wurde von London natürlich dementiert. Dieser Bluff löste einen großen Aufruhr aus, obwohl die Hintergründe kaum zu erklären sind: Sollte der Bluff die sowjetische Ankündigung einer Absprache mit Deutschland verdecken oder entschuldigen? Sollte auf die Briten Druck ausgeübt werden, damit sie wie versprochen an Overlord teilnahmen? Wir werden dies erst erfahren, wenn sowjetische Dokumente zu dieser Episode zugänglich gemacht werden.[207]

Wie auch immer Moskaus Absichten waren und trotz der verärgerten Reaktion Londons – die Briten betrachteten die Sowjetunion nicht nur als einen der wichtigsten Alliierten im Krieg, sondern als eine Macht, mit der sie auch in der Zukunft gute Beziehungen haben wollten. Dem Unterausschuß des Kriegsministeriums für die Planung der Nachkriegszeit wurde am 12. April 1944 mitgeteilt, es solle in der Annahme arbeiten, »die Regierung seiner Majestät habe weiterhin die Absicht, mit der Sowjetunion möglichst freundliche Beziehungen zu pflegen und zu erhalten«.[208] In London wurde als selbstverständlich vorausgesetzt, die Sowjetunion könne ganz Europa und Asien beherrschen, würde dies aber wahrscheinlich nicht tun. Die einzige Sorge war, die Ölvorkommen im Nahen Osten könnten durch die Sowjetunion bedroht werden, während alle zusammenarbeiten mußten, um Deutschland niederzuringen, das den Briten immer noch als die größte Bedrohung erschien. Großbritannien war schlicht unfähig, auf ein sowjetisches Gesuch nach einem Langzeitkredit positiv zu reagieren. Orme Sargent vom Außenministerium protokollierte am 1. Juni 1944: »In der Zukunft müssen wir unsere Diplomatie an die Anforderungen und Leistungsfähigkeit eines Schuldnerlandes anpassen. Tatsächlich stehen uns die Werkzeuge eines Gläubigerlandes, wie Anleihen, Kredite, ausländische Investitionen und Subventionen, nicht mehr zur Verfügung.«[209] Dennoch war in dieser Zeit die Anzahl von britischen und amerikanischen Lend-Lease-Lieferungen nach Rußland hoch, und die Sowjetunion machte die Tatsache dieses eine Mal in der Öffentlichkeit bekannt.[210]

Die Beziehungen zwischen der Sowjetunion und den westlichen Alliierten waren also zeitweilig etwas verbessert. Sogar die Absprachen für die Shuttle-Bombardierung durch amerikanische Flugzeuge, die sowjetische Stützpunkte benutzten, wurden anscheinend eingehalten. Der erste Luftangriff dieser Art wurde am 2. Juni 1944 geflogen. Doch ein erfolgreicher deutscher Luftangriff auf den Stützpunkt bei Poltawa und weitere auf zwei andere Stützpunkte veranlaßten die Amerikaner, das Vorhaben aufzugeben. Es war mit ehrgeizigen Hoffnungen für die Zusammenarbeit der Alliierten begonnen worden, von der sowjetischen Regierung endlos verschoben und später nur als möglicher Vorbote einer zukünftigen Zusammenarbeit im Luftkrieg gegen Japan durchgezogen worden.[211] Militärische Zusammenarbeit zwischen der Sowjetunion und den westlichen Alliierten konnte nur bedingt stattfinden, und auch die politischen Beziehungen waren in den ersten Monaten des Jahres 1944 nicht besonders gut, was in Kapitel 13 dargestellt wird.

Die dritte sowjetische Initiative, die sich direkt auf die Kriegführung bezog, waren Gespräche über einen möglichen Frieden mit Finnland. Gegen Ende des Jahres 1943 ließ die sowjetische Botschafterin in Schweden, Alexandra Kollontaj, Finnland wissen, die Sowjetunion könne sich für einen Austritt Finnlands aus dem Krieg einsetzen, und zwar eher unter bestimmten Voraussetzungen als nach einer bedingungslosen

Kapitulation. Die Anweisungen hierfür erhielt Kollontaj vermutlich von Stalin nach der Diskussion über Finnland bei der Konferenz von Teheran. Die Finnen beschlossen, diese Möglichkeit während der Monate Februar und März 1944 zu untersuchen, wozu die Amerikaner sie auch drängten. Die ihnen vorgeschlagenen Bedingungen sahen die Wiederherstellung der Grenze von 1940 vor, wobei Hangö gegen das Gebiet um Petsamo ausgetauscht werden sollte. Die deutschen Truppen sollten interniert oder vertrieben und Reparationen in Höhe von 600 Millionen Dollar in Waren im Laufe von fünf Jahren gezahlt werden. Die finnische Regierung wurde von den Deutschen massiv unter Druck gesetzt und ließ sich irreführen, weil die Deutschen Estland vorläufig noch halten konnten. Mit den Grenzabsprachen des Winterkrieges 1939/40 gegen die Sowjetunion hatten sich die Finnen immer noch nicht abgefunden, und sie lehnten im April die Bedingungen für einen Separatfrieden ab.[212] Diese Entscheidung war sicherlich sehr unklug. Die Russen machten nun Pläne für einen Großangriff. Sie wollten Finnland vom Krieg dadurch ausschließen, daß sie das Land in der Sommeroffensive 1944 als erstes überrollten.

Die Planung der westlichen Alliierten konzentrierte sich, wie zu erwarten, auf die bevorstehende Invasion in Nordfrankreich, die Operation Overlord. Eisenhower war zum Oberbefehlshaber der Alliierten ernannt worden und hatte den schon bestehenden Vorbereitungsstab von General Morgan übernommen.[213] Montgomery wurde nach Italien geholt, um die Landstreitkräfte beim einleitenden Sturmangriff zu befehligen. Er sorgte für Änderungen des bestehenden Planes und bildete die britischen, amerikanischen und kanadischen Truppen, die an der Landung teilnehmen sollten, abschließend aus. Admiral Sir Bertram Ramsay wurde zum Befehlshaber der alliierten Marinestreitkräfte und Air Chief Marshal Sir Trafford Leigh-Mallory zum Befehlshaber der Luftwaffe ernannt. Mit dem Marschall der Royal Air Force Sir Arthur Tedder als Stellvertreter Eisenhowers war das Oberkommando für Overlord festgelegt.

Die Einzelheiten von Planung und Vorbereitung werden in Kapitel 12 zusammengefaßt, doch in Großbritannien konnte jeder erkennen, daß aufwendige Vorbereitungen im Gange waren für eine Operation von gewaltigen Ausmaßen. Allein die Größe der Vorbereitungen gaben Anlaß zu widersprüchlichen Reaktionen. Einerseits wurde scherzhaft vermutet, nur die Sperrballons würden verhindern, daß die Britischen Inseln nicht unter der Last der Waffen und Vorräte im Ozean versanken. Andererseits rief die allgemeine Diskussion Besorgnis hervor. General Sir Hastings Ismay, Churchills Militärberater, schrieb am 7. März 1944 an Feldmarschall Wavell in Indien, wobei er auf den Ersten Weltkrieg anspielte, der das Denken der Menschen im Zweiten Weltkrieg noch so stark beeinflußte: »Die Gefühle zu Hause sind sehr gemischt. Einige Leute reden so, als ob die Schlacht schon geschlagen sei. Andere, die es besser wissen müßten, halten es für erwiesen, daß Overlord ein Blutbad im Ausmaß von Somme und Passchendaele werden wird. Nie wurde eine Operation so angekündigt. Man kann nicht verhindern, in den Nachtstunden an

Nivelles Offensive zu denken, egal wie sehr man auch versucht, den Gedanken zu verdrängen.«[214]

In der Zwischenzeit gingen auch in Italien die Bodenkämpfe voran, allerdings nur langsam.[215] Deshalb wurde vor allem auf Drängen der Briten der Versuch unternommen, sie durch eine Landung an der italienischen Küste weit hinter der Landfront zu beschleunigen. Die Deutschen hatten die alliierten Armeen vor der Gustav-Linie zeitweilig gestoppt. Britische und amerikanische Sturmangriffe sollten die deutschen Reserven während der Landung binden. Die Briten gelangten so im Osten erfolgreich über den Fluß Garigliano, während die Amerikaner im Westen zurückgedrängt wurden, als sie versuchten, den Fluß Rapido zu überqueren und einen Weg ins Liri-Tal zu öffnen. Die Niederlage der 36. Division – die bei Salerno sehr gut gekämpft hatte und in dem späteren Italienfeldzug noch erfolgreicher sein sollte – löste nach dem Krieg in Texas, woher diese Division der Nationalgarde kam, bittere Gefühle aus. Doch vorläufig konnten die Deutschen die Gustav-Linie, die bei Monte Cassino verankert war, halten.[216]

Die Landung der Alliierten bei Anzio am 22. Januar 1944 war erfolgreich, doch nutzte der unfähige Befehlshaber der 5. Armee, General Mark Clark, nicht die Chancen, die ein Blitzangriff geboten hätte. Die Deutschen riegelten den Landekopf ab und hielten weiterhin die Gustav-Linie. In den folgenden Wochen versuchten sie wiederholt, die Alliierten ins Meer zu treiben, doch sie hatten dabei keinen Erfolg, weil die Alliierten sich tapfer verteidigten und ihnen die deutschen Absichten durch das Entschlüsseln von Funksprüchen bekannt waren. Die Linien um den Brückenkopf und quer durch Italien sollten erst mit einer neuen Offensive durchbrochen werden.[217] Bevor mit dieser Offensive begonnen werden konnte, wurde das große Kloster bei Monte Cassino auf Befehl von General Freyberg, dem Befehlshaber der Neuseeland-Division, den Feldmarschall Alexander nicht zurückhalten wollte, in Schutt und Asche gelegt. Wie der Vatikan herausfand, hatten die Deutschen Munition unter dem Kloster gelagert und Soldaten mit Geschützen rundherum aufgestellt.[218] Die Operation zur Befreiung Mittelitaliens und der Stadt Rom sollte der Invasion Frankreichs vorangehen.

Diese Operation beeinflußte nicht nur den Zeitplan für den Hauptvorstoß in Italien, sondern auch die geplante Invasion Südfrankreichs mit dem Codenamen Anvil. Für sie sollten Truppen von der italienischen Front abgezogen werden. Als Ende Januar alle Hoffnungen, die Türkei werde in den Krieg eintreten, aufgegeben werden mußten[219], wollte Churchill unbedingt auf Anvil verzichten. Die Truppen sollten in Italien weiterkämpfen. Wenn er in dieser Zeit verstärkt Druck ausübte, daß der französische Widerstand und die Partisanen in Südosteuropa unterstützt werden müßten, so kann das teilweise mit dem Versuch, Anvil zu streichen, in Verbindung gebracht werden.[220] Dieser Feldzug wird in Kapitel 12 in Zusammenhang mit Overlord dargestellt, doch eines sollte noch bemerkt werden: Brooke tat in diesen Monaten sein möglichstes, damit Feldmarschall Wilson, Eisenhowers Nachfolger als alliierter Oberbefehlshaber im Mittelmeer, seine Berichte zu seinem Vorteil schrieb: »Lassen Sie Anvil um Himmels willen abschießen, so schnell Sie können«, schrieb er am 6. März 1944.[221] Wilson war in dieser Hinsicht realistischer als Brooke. Er versprach, es zu versuchen, machte Brooke aber wenig Hoffnungen.

Ein weiterer Streitpunkt unter den Alliierten hatte direkten militärischen Einfluß auf den Italienfeldzug: die Diskussion um Polen. Einheiten der polnischen Armee spielten eine entscheidende Rolle beim Vormarsch der Alliierten in Italien. Deshalb wurde immer wieder Besorgnis geäußert, Änderungen im Status der polnischen Exilregierung in London und der neuen, von der Sowjetunion eingerichteten Marionettenregierung könnten sich auf die Moral und die Kampfkraft der polnischen Divisionen auswirken. Sie waren für die Erfolge der 8. Armee von entscheidender Bedeutung.[222] Der von Churchill als Kampf im Weichteil Europas bezeichnete Feldzug hatte seine Tücken.

In einem Bereich zahlte sich der Italienfeldzug jedoch für die Planung und Vorbereitung von Overlord aus. Eines der wichtigsten Ziele der Invasion Italiens waren die Flugplätze in der Nähe von Foggia, denn von ihnen aus hätten die alliierten Flugzeuge der Bomberoffensiven Deutschland erreichen können. Es wurden wiederholt Versuche unternommen, die Deutschen zurückzudrängen und Mittelitalien bis zur Linie Pisa-Rimini zu befreien. Dahinter steckte die Hoffnung, weitere Luftstützpunkte in der Region *nördlich* von Rom zu sichern, um den Wirkungsradius der gemeinsamen Bomberoffensiven auszudehnen. Die Wirkung der Bomberoffensive gegen Deutschland kann darin gesehen werden, daß 1944 die Hälfte der deutschen Industrie für die Luftwaffe arbeitete.[223] Diese besorgte zum einen die taktische Verstärkung an den Fronten, und zum anderen unternahm sie den verzweifelten Versuch, eine Bomberflotte wiederaufzubauen und zugleich das von Deutschland kontrollierte Europa gegen Luftangriffe der Alliierten zu verteidigen. Das neue Projekt einer Bomberflotte wird im Zusammenhang mit den deutschen Plänen für 1944 diskutiert, doch der Kampf um die Verteidigung der Städte und der Industrie gehört an diese Stelle.

Den ganzen Winter 1943/44 über führten die Briten ihre Angriffe gegen deutsche Städte und die Amerikaner die Bombardierung der deutschen Industrie fort. Doch die Verluste waren hoch. Die Amerikaner gaben daraufhin den Bomberstaffeln in Mitteleuropa Jagdbegleitschutz, was entschieden zu ihrem Erfolg beitrug. Sie hatten die Reichweite der P-38 und P-47 zum Schrecken einiger deutscher Militärs ständig vergrößert.[224] Die Verwendung der P-51, der Mustang-Jagdflugzeuge, die mit zusätzlichen, abwerfbaren Benzintanks ausgestattet waren, veränderte die gesamte Situation in der Luft, nachdem es eine Zeitlang für Deutschland besser ausgesehen hatte.

Die Jagdflugzeuge begleiteten jetzt die Bomber. Als die Wirkung der P-51 offensichtlich wurde, wurden die Bomber vorsätzlich zu Zielen geschickt, die die Deutschen verteidigen mußten, um die Luftwaffe zum Kampf zu zwingen.[225] Im Januar/Februar 1944 zerstörten die Amerikaner das von den Deutschen mühevoll aufgebaute

Verteidigungssystem. Allein im Februar verlor die deutsche Luftwaffe 1277 Flugzeuge im Luftkampf und weitere 1328 aufgrund von Unfällen und anderen Ursachen. Diese beiden Arten von Verlusten waren auf die unzulängliche Ausbildung der Besatzungen zurückzuführen, die abgeschossen wurden, bevor sie Erfahrungen sammeln konnten. [226] Die Briten und Amerikaner konnten fast alle Codes der Luftwaffe entschlüsseln, was sehr zu diesem spektakulären Sieg beitrug und ihnen zudem das Ausmaß des Sieges verriet. [227] Unstreitig waren die Verluste der Alliierten hoch, vor allem bei den Bombern, aber durch die Produktion und die Trainingsmöglichkeiten wuchs die Anzahl der alliierten Streitkräfte stetig, während bei der deutschen Luftwaffe Anzahl und Qualität der überlebenden Besatzungen sanken. [228]

Dieser Sieg der Alliierten ermöglichte nicht nur, die Bomberoffensive selbst fortzusetzen, sondern auch die Invasion und zwei besondere Luftoperationen, die ihrer Unterstützung dienen sollten. Der Angriff gegen das Transportsystem, vor allem in Westeuropa, war Thema langer Diskussionen. Das Projekt sollte die Konsolidierung eines Brückenkopfes in einem Gebiet ermöglichen, in dem das dichte Verkehrsnetz den Deutschen erlaubte, mit überlegeneren Streitkräften anzutreten und ihre Reserven schneller heranzuschaffen als die Alliierten. Der Chef des British Bomber Command sprach sich vehement dagegen aus, seine Bomber für diese Art der Unterstützung der Invasion einzusetzen. Viele Mitglieder der Londoner Regierung waren besorgt über die durch solche Bombenangriffe zu erwartenden hohen Verluste unter der französischen Zivilbevölkerung. [229] Dennoch gab Eisenhower im Auftrag der Combined Chiefs of Staff den Befehl für die Angriffe. Sie wurden mit größerem Erfolg (und weniger Opfern) durchgeführt als von Harris und den Briten angenommen. [230]

Die Briten setzten dennoch das Flächenbombardement auf einige deutsche Städte fort. Der Abwurf von Minen über der Nordsee, der Ostsee und der Donau beeinträchtigte jedoch wahrscheinlich die Widerstandskraft Deutschlands stärker [231], und der großangelegte Luftangriff gegen die Raffinerien traf die deutsche Industrie und das Militär besonders hart. Da dies eng mit der Invasion Mitte Mai verbunden ist, wird es in Kapitel 12 dargestellt. Auch auf diesem Gebiet lieferte die Fähigkeit der Alliierten, die deutschen Codes zu entschlüsseln, ihnen Informationen über die Effektivität ihrer Bemühungen. [232]

Gleichgültig, wie groß die Gefahren und die Zweifel waren: Deutschland konnte nur durch einen Frontalangriff von Osten und Süden, von Westen und aus der Luft besiegt werden. Früher hatten die Enthusiasten der Luftwaffe behauptet, sie könnten Deutschland alleine besiegen. Aber es war offensichtlich, daß Harris' Offensive, ob er das zugab oder nicht, dies nicht geschafft hatte und auch nicht schaffen konnte, wie groß der Schaden auch war, den seine Bomber anrichteten. Am 27. Januar 1944 schickte General Arnold, der Stabschef der Luftstreitkräfte der U.S. Army, einen Bericht über Deutschlands Kriegspotential an Präsident Roosevelt. Er war von ausgewählten Historikern erstellt worden, die Zugang zu allen den Amerikanern zur Verfügung stehenden Geheimdokumenten hatten. Arnold erklärte sich als überzeugt von den Erkenntnissen des Gremiums. Die Fachleute stellten fest, daß die deutsche Kapitulation erst kommen würde, wenn am Boden kein Widerstand mehr geleistet werden könnte, weil die Luftverteidigung nicht mehr adäquat wäre.[233] Bombenangriffe könnten dazu beitragen, aber eine frühe Entscheidung sei nicht zu erwarten. Alles hänge vom Erfolg der Invasion ab.

Die Deutschen sahen sich 1944 zum einen dem akuten Problem der alliierten Bomberflotten und zum anderen der bevorstehenden Invasion gegenüber. Die naheliegende Antwort auf die Bomber wären Abfangjäger gewesen, doch sollte statt dessen eine Luftoffensive erfolgen. Anfang Februar wurde General Hans-Jürgen Stumpf schließlich mit der Luftverteidigung gegen die Bombenangriffe der Alliierten beauftragt.[234] Langfristig sollten die wichtigsten Industrien unter die Erde verlegt werden.[235] Kurzfristig sollte die Flugzeugindustrie geographisch besser verteilt werden, um sie weniger verwundbar zu machen.[236] Eine Offensive wurde jedoch immer noch als beste Taktik angesehen. Eine geplante strategische Luftoffensive gegen die Sowjetunion mußte wegen der Lage an der Front abgebrochen werden. Die Deutschen konnten nicht in großen Mengen Bomber abziehen, die Bodenoperationen unterstützten, weil die Sowjetunion ihre Bodentruppen unter schweren Beschuß nahm und sie auch von den Stützpunkten verdrängte, die für Einsätze mit Langstreckenbombern gegen die vorgesehenen Ziele erforderlich gewesen wären.[237] Alle Projekte dieser Art wurden außerdem durch die immer wieder auftretenden Probleme des Langstreckenbombers, der Heinkel 177, behindert. Sie hatte wegen ihrer ursprünglich geplanten Nutzung als Sturzkampfbomber vier Motoren, die zwei Propeller antrieben. In diesen Flugzeugen verbrannten oft die Besatzungen; zum Glück für diese hatten die Deutschen die Produktion nicht in großem Maßstab aufgenommen. Alle zur Verfügung stehenden Flugzeuge dieses Typs und alle möglichen anderen (oft älteren) Modelle wurden dennoch in eine letzte Bomberoffensive gegen *England* geworfen.

Von Januar bis Mai 1944 wurde die später »Baby Blitz« genannte Luftoffensive von über 500 Bombern gegen England geflogen. Obwohl mehr Flugzeuge als bei allen früheren Luftangriffen seit 1941 gegen England eingesetzt wurden, verursachten sie wenig Schaden und Zivilverluste. Dabei verloren die Deutschen über 300 Bomber, die zum Angriff auf die Invasionsbrückenköpfe hätten genutzt werden können. Die V-Waffen standen später als geplant zur Verfügung (größtenteils eine Folge der Bombardierung durch die Alliierten), doch Hitler wollte in jedem Fall Großbritannien angreifen. Deshalb wurden die Bombenangriffe trotz allem mit Bombern aus der Vorkriegszeit und unerfahrenen Besatzungen durchgeführt. Auf diese Weise konnten die Alliierten natürlich nicht aufgehalten werden.[238]

Die Grundstrategie der Deutschen für 1944 sah vor, die Front in Italien möglichst weit südlich zu halten.[239] Auch im Osten sollte verbissener Widerstand geleistet werden, doch im Mittelpunkt sollte die Abwehr der erwarteten Invasion im Westen stehen. Es wurde angenommen, Deutschland habe die besten Aussichten, wenn die

Streitkräfte im Westen so verstärkt würden, daß sie den Invasionsversuch vereiteln könnten, denn sie waren durch ihre starke Position im Westen und durch die enormen Risiken eines großen Landungsunternehmens im Vorteil (ein Unterfangen, das die Deutschen in England nicht einmal auf dem Höhepunkt ihres Sieges von 1940 gewagt hatten). Ein solcher Triumph würde durch die Verluste an Menschen, Material und Moral einen zweiten Versuch der Alliierten im gleichen Jahr, oder für alle Zukunft, unmöglich machen. Das wiederum hätte deutsche Kräfte für eine Großoffensive im Osten freigesetzt. Die erschöpften Russen könnten überwältigt werden, oder sie würden um Frieden bitten. In der Zwischenzeit stünden die neuen U-Boote zur Verfügung, um allen Versuchen der Alliierten, nochmals im Westen zu landen, entgegenzutreten.

In den ersten Monaten des Jahres 1944 stellte Hitler in Gesprächen mit seinen militärischen Führern und mit seinen Verbündeten immer wieder diese Strategie dar. Da seine Handlungen mit der Strategie übereinstimmten, kann für dieses eine Mal davon ausgegangen werden, daß er tatsächlich sagte, was er auch glaubte.[240] Ebenso wie die Japaner drängte neuerdings auch seine französische Marionette Pierre Laval auf einen Separatfrieden mit der Sowjetunion, damit er alle seine Kräfte auf die Niederschlagung der Briten und Amerikaner konzentrieren könnte. Doch Hitler bezog sich unverändert auf die schon skizzierte Strategie.[241] Er war zuversichtlich, daß er Erfolg haben würde. Zu dieser Zeit glaubte er, wie er am 26. Mai einer laut jubelnden Versammlung von Offizieren erklärte, daß der Massenmord an den Juden und allen Regimegegnern alle inneren Probleme gelöst habe.[242] Ein Deutschland, dem kein Dolchstoß in den Rücken drohte wie 1918, war unbesiegbar. Er war tatsächlich so zuversichtlich, daß er Anfang Mai 1944 Herbert Backe, dem Minister für Landwirtschaft, versicherte, Deutschland werde bald die reichsten Gebiete der Ukraine zurückerobern, und mit den Vorbereitungen für ihre Kontrolle und Ausbeutung solle sofort begonnen werden.[234]

Ganz im Gegensatz zu Hitlers Wunschträumen waren die Aussichten für Deutschland ausgesprochen düster. Im Westen hatte er nicht annähernd Kräfte in dem Maß konzentriert, wie es angesichts der Bedrohung erforderlich gewesen wäre.[244] Wie die Aufzeichnung eines Gespräches mit dem japanischen Botschafter Oshima Hiroshi vom 27. Mai 1944 belegt, war er von den großangelegten Täuschungsmanövern der Alliierten in die Irre geführt worden. Im Osten gaukelten die Sowjets den Deutschen vor, die Sommeroffensive würde im Gebiet von Lwow stattfinden, und Hitler war auf die Finte hereingefallen. Im Westen war er ebenfalls übertölpelt worden: Er glaubte, die Alliierten hätten wesentlich größere Armeen, würden Ablenkungsangriffe durchführen und die Hauptinvasion über die Straße von Dover planen.[245] Die Hoffnungen der Deutschen auf den Sieg standen 1944 an allen Fronten auf tönernen Füßen.

12

Angriff auf Deutschland von allen Seiten

VORBEREITUNGEN IM OSTEN

Nach den Rückschlägen, die die Rote Armee im Oktober 1943 westlich von Kiew erlitten hatte, erholte sie sich schnell und startete in den folgenden Monaten eine neue Serie von Offensiven. Im Süden war der Winter 1943/44 ungewöhnlich mild und wechselhaft, aber der Schlamm, der durch das periodische Tauwetter entstand, behinderte die sowjetischen Truppenbewegungen weniger als die deutschen. Die sowjetischen Panzer hatten wesentlich breitere Ketten als die deutschen und waren deshalb beweglicher. Außerdem war die Rote Armee diesmal mit Tausenden amerikanischer Lastwagen ausgerüstet, die viel weniger Pannen hatten als die deutschen. Auch daß sich der Benzinverbrauch stark erhöhte, wenn sich die Fahrzeuge durch den Schlamm quälten, war für die Deutschen, die unter Treibstoffmangel litten, ein größeres Problem als für die Sowjets. Außerdem hatte die Rote Armee viel mehr »*Panje*-Wagen« requiriert, hochrädrige einachsige Karren, die nur von einem Pferd gezogen wurden. Diese Karren kamen auch dann noch vom Fleck – und konnten Kriegsgerät und Nachschub transportieren –, wenn alle anderen Fahrzeuge steckenblieben. Die wichtigsten Faktoren, die es der Roten Armee ermöglichten, den Druck auf die Deutschen aufrechtzuerhalten, waren jedoch die kontinuierliche Steigerung der sowjetischen Rüstungsproduktion, die zunehmende Erfahrung und das gewachsene Selbstvertrauen ihrer militärischen Führungskräfte und die Tatsache, daß ihre Truppen den deutschen zahlenmäßig immer überlegener wurden.

Die Sowjets wurden außerdem durch zwei Aspekte jener Strategie begünstigt, die Hitler als Oberbefehlshaber der deutschen Truppen verfolgte. Die Deutschen rechneten mit einer Invasion im Westen und reagierten darauf mit der in Kapitel 11 beschriebenen prinzipiellen Strategie, eine erfolgreiche Abwehr dieser Invasion anzustreben und *danach* Truppen und Kriegsgerät in den Osten zu verlagern. Wie aus Hitlers Weisung Nr. 51 vom 3. November 1943 hervorging, machte es diese Strategie erforderlich, daß die Ostfront vorläufig sich selbst überlassen blieb, während Deutschland seine frisch mobilisierten Truppen und neu produzierten Waffen in Westeuropa konzentrierte, um den erwarteten Angriff der Alliierten zurückzuschlagen.[1]

Im Frühjahr 1944 machten Krisen an der Ostfront kleinere Abweichungen von dieser Politik notwendig, insgesamt wurde sie jedoch befolgt, denn, wie es in der Weisung hieß: »Im Osten läßt die Größe des Raumes äußersten Falles einen Bodenverlust auch größeren Ausmaßes zu, ohne den deutschen Lebensnerv tödlich zu treffen.« Im Westen aber war dies nicht der Fall.[2]

Diese strategischen Prioritäten für das Jahr 1944 bedeuteten in der Praxis, daß Deutschland seine Truppen im Westen und Süden konzentrierte. Hitler zeigte jedoch keinerlei Bereitschaft, im Osten Raum gegen Zeit zu tauschen, wie man aufgrund seiner Weisung eigentlich hätte vermuten können. Im Gegenteil ließ ihn das wirtschaftliche Gewicht der Ukraine, das sowohl auf ihren mineralischen und industriellen Ressourcen als auch auf ihrem fruchtbaren Ackerland beruhte, auf die Rückzugsforderungen besonders abweisend reagieren, mit denen ihn die Kommandeure der Ostfront, oft unterstützt vom Generalstabschef des Heeres, bedrängten. Daß Hitler ihren Rat mißachtete oder nur zögernd befolgte, beruhte jedoch nicht nur auf der wirtschaftlichen Bedeutung der Region. Frontverkürzungen setzten nicht nur deutsche, sondern auch russische Einheiten frei und führten oft zum Verlust von schwerem Kriegsgerät und von Nachschubdepots, die nicht mehr geräumt werden konnten. Auch trugen sie zur weiteren Verstärkung der Roten Armee bei, da diese in den geräumten Gebieten sofort alle Männer einzog, die von den Deutschen nicht verschleppt worden waren. In ihren Memoiren führten die deutschen Generäle ihre Niederlagen in der Zeit des Rückzugs üblicherweise darauf zurück, daß Hitler befohlen hatte, Gebiete zu halten, die ihrer Ansicht nach schon früher hätten geräumt werden müssen.

Zu einem früheren Zeitpunkt, im Jahr 1943, hatte Hitler der Räumung der Frontvorsprünge bei Demjansk und Rschew zugestimmt, um Reserven für Operationen an anderen Abschnitten der Ostfront zu gewinnen. Diese waren jedoch am entschlossenen und wirkungsvollen Widerstand der Sowjets gescheitert. Auch später, im September und Oktober 1944, mußte Hitler zwei sehr umfangreichen Rückzugsoperationen zustimmen, in Südwestfrankreich und auf dem südlichen Balkan. Obwohl es in einigen Fällen hervorragende Argumente für die früheren Rückzüge gab, die die militärischen Führer vor Ort vorschlugen, scheint es, daß die wirklichen Differenzen zwischen Hitler und vielen seiner Generäle auf einem ganz anderen Gebiet lagen.

Viele deutsche militärische Führer waren Ende 1943 oder Anfang 1944, auch wenn sie es nicht offen sagten und es vielleicht nicht einmal sich selbst eingestanden, zu der Überzeugung gelangt, daß sie den Krieg verlieren würden, und sie wollten ihn mit möglichst geringen Verlusten verlieren. Hitler dagegen hoffte immer noch, wenn schon nicht den ganzen Krieg, so doch einen wichtigen Teil davon zu gewinnen, und hielt es für notwendig, daß Deutschland als Basis für einen Sieg, oder um wenigstens einen vorteilhaften Teilfrieden schließen zu können, soviel wie möglich von den besetzten Gebieten hielt. Wenn er von militärischen Beratern, denen er wie Admiral Dönitz oder General Model vertraute, unangenehme Ratschläge erhielt, war er durchaus bereit, sie zu befolgen. Er hatte – zu Recht – das Gefühl, daß sie ihm nicht nur persönlich ergeben waren, sondern auch seine Vision von einem deutschen Endsieg teilten. Wenn er den Ratschlägen anderer Militärs mißtraute, dann weil er bei ihnen – wie ich glaube, ebenfalls zu Recht – das Gefühl hatte, mit ihnen nicht nur taktische, sondern grundlegende Differenzen zu haben. In der Folge beließ er manche von ihnen auf ihren Posten, enthob andere ihrer Kommandos, folgte gelegentlich ihren Ratschlägen und blieb weiterhin bei der Methode, sie alle massiv und regelmäßig mit Zuwendungen zu bedenken in der Hoffnung, sich damit ihre Loyalität zu erkaufen.

Der Winter 1943/44 war von Diskussionen über die richtige Taktik gegenüber den sowjetischen Offensiven geprägt. Das Ziel der sowjetischen Angreifer war klar. Die Deutschen (und die ausländischen Truppen, die an ihrer Seite kämpften) sollten durch eine Serie von Hammerschlägen aus den großen Gebieten vertrieben werden, die sie im Norden und Süden der Sowjetunion noch immer besetzt hielten. Der größte Teil der besetzten wirtschaftlich wichtigen Gebiete lag im Süden, und dort konzentrierte die Rote Armee die Masse ihrer Offensivkräfte. In der letzten Dezemberwoche und im Verlauf des Januars vertrieb Watutin mit seiner 1. Ukrainischen Front die 4. und die 1. Panzerarmee der Deutschen aus dem Gebiet westlich von Kiew, in dem sie zuvor ihren letzten taktischen Sieg errungen hatten.[3] Im Verlauf der Offensive befreite die Rote Armee so wichtige Städte wie Schitomir, Berditschew und Kirowograd. Außerdem schnitt sie zwei deutsche Korps ab und schloß sie im Kessel von Korsun-Schewtschenkowskij ein, den die Deutschen nach einer in der Nähe gelegenen Stadt, die ebenfalls von der Roten Armee befreit worden war, als den Kessel von Tscherkassy bezeichneten. Anders als bei Stalingrad waren die vorrückenden sowjetischen Einheiten diesmal nicht in der Lage gewesen, die deutsche Front ein größeres Stück von ihrem Belagerungsring wegzutreiben, und anders als bei Stalingrad wagten die belagerten Truppen diesmal einen Ausbruchsversuch, als es den Deutschen gelang, einen Entsatzvorstoß bis in die Nähe des Kessels vorzutreiben. In der Folge schafften es 50 000 bis 70 000 Mann, also etwa ein Drittel der eingeschlossenen Truppen, aus dem Kessel zu entkommen, wobei sie allerdings ihr gesamtes schweres Kriegsgerät zurücklassen mußten. So tapfer die verzweifelten Deutschen auch kämpften, die Erfahrung all dieser Kämpfe machen zwei Dinge überaus deutlich: Die Initiative lag jetzt völlig auf seiten der Roten Armee, und der Schock von Stalingrad hatte Strategie und Verhalten des deutschen Heeres nachhaltig beeinflußt.[4]

Während Mansteins Heeresgruppe Süd in der Nordukraine schwer angeschlagen wurde und zurückweichen mußte, traf es wenige Wochen später auch die Heeresgruppe A unter Feldmarschall Ewald von Kleist weiter im Süden. In diesem Frontabschnitt hielten die Deutschen immer noch die wichtige Industriestadt Kriwoj Rog am Dnjeprbogen sowie die Mangan-Minen von Nikopol und einen starken Brückenkopf auf dem Südufer des Dnjepr. Durch eine Serie massiver Offensiven der 1. und 3. Ukrainischen Fronten wurden die Deutschen im Januar und Februar 1944 unter schweren Verlusten aus beiden Gebieten vertrieben; weder der begabte Kommandeur der Heeresgruppe noch der gnadenlose Fanatismus Ferdinand Schörners, einer von Hitlers Lieblingsgenerälen, konnten den Vormarsch der gut ausgerüsteten und umsichtig geführten Einheiten der Roten Armee aufhalten.[5] Die sowjetischen Streitkräfte rückten an diesem Frontabschnitt auf die gleiche Weise vor, wie sie es schon am Dnjepr praktiziert hatten und in Zukunft immer wieder tun sollten. Sie machten einen schnellen Vorstoß bis zum nächsten Fluß, bei dem es sich in diesem Fall um den Ingulez handelte, überquerten ihn und errichteten Brückenköpfe, *bevor* die Deutschen ihre Front am Westufer stabilisieren konnten.[*]

Mit dem Kollaps der deutschen Militärmacht im Dnjeprbogen und dem Verlust des Brückenkopfs von Nikopol stellte sich erneut die Frage nach dem Schicksal der deutschen und rumänischen Truppen auf der Krim, die im Herbst 1943 abgeschnitten worden und jetzt noch stärker isoliert waren. Marschall Antonescu drängte Hitler, unmittelbar nachdem Nikopol am 8. Februar 1944 gefallen war (und wie er es schon im Oktober 1943 getan hatte), die Truppen der Achsenmächte von der Krim zu evakuieren, da nun keinerlei Hoffnung mehr bestand, den Kontakt zu ihnen wiederherzustellen.[6] Nur die sieben dort stationierten rumänischen Divisionen könnten Rumänien selbst gegen eine sowjetische Invasion verteidigen, die nun offensichtlich unmittelbar bevorstehe. Hitler lehnte mit der Begründung ab, daß er Rückwirkungen auf die Politik der Türkei und Luftangriffe auf die rumänischen Ölfelder fürchte. In Wirklichkeit aber hoffte er vielleicht noch immer, nach einer Stabilisierung der Ostfront und einer Abwehr der Invasion im Westen die Ukraine zurückerobern und so den Kontakt zur Krim wiederherstellen zu können. Außerdem wollte er verhindern, daß die sowjetische Schwarzmeerflotte die große Flottenbasis in Sewastopol wieder nutzen konnte.

Als Antonescu Ende Februar Hitlers Hauptquartier besuchte, waren die Deutschen vor allem daran interessiert, herauszufinden, ob Rumänien den Krieg weiterführen und sich an einer deutschen Besetzung Ungarns beteiligen würde, das einen Austritt aus dem Krieg sehr viel ernsthafter erwog als Rumänien.[7] Hitler beschloß, die Rumänen an der geplanten Aktion gegen Ungarn nicht zu beteiligen, da er hoffte, Ungarn werde auf deutscher Seite weiterkämpfen. Antonescu forderte nämlich eine Rückgabe der rumänischen Gebiete, die die Achsenmächte 1940 Ungarn zugesprochen hatten, und ein solches Versprechen hätte jede Hoffnung auf die weitere Loyalität Ungarns zunichte gemacht. Auch einem Rückzug von der Krim stimmte Hitler nicht zu. Die fünf deutschen und sieben rumänischen Divisionen hatten auf der Halbinsel zu bleiben.

Die Sowjets starteten eine Offensive und stießen von Norden her über die Landenge von Perekop und aus einem Brückenkopf in der Nähe, den sie schon früher gesichert hatten, auf die Krim vor. Gleichzeitig erfolgte ein Angriff von Osten her, wo sie seit

---

[*] Es wäre eine Untersuchung wert, warum die Rote Armee regelmäßig, die amerikanische in aller Regel und die britische fast niemals so vorging.

dem 1. November einen kleinen Brückenkopf jenseits der Straße von Kertsch gehalten hatten. Die beiden Angriffe der Roten Armee trafen die Streitkräfte der Achsenmächte am 8. und 9. April 1944. Bis Mitte Mai wurden die 120 000 Mann, die formell als 17. deutsche Armee organisiert waren, vernichtend geschlagen. Nur ein kleiner Teil wurde evakuiert. Es hatte keine lange Belagerung wie 1941/42 gegeben. Der sowjetische Sieg auf der Krim gehört zu den triumphalsten, wenn auch unbekanntesten Siegen des Krieges.[8]

Einen großen sowjetischen Erfolg, der den deutschen Versuch, die Krim zu halten, geradezu närrisch erscheinen ließ – und es sehr erschwerte, die isolierte Garnison der Halbinsel zunächst zu versorgen und später zu evakuieren –, hatte auch die massive sowjetische Frühjahrsoffensive an der südlichen Front gebracht. Mit dem Ziel, die gesamte deutsche Front von den Pripjat-Sümpfen bis zum Schwarzen Meer zu zermalmen, hatte sie die deutsch-rumänische Besatzung aus den wichtigen Häfen Nikolajew und Odessa vertrieben. Nachdem Watutin verwundet worden war, hatte Schukow das Kommando über die 1. Ukrainische Front übernommen. Er stieß im März 1944 in einer großen Offensive aus dem Gebiet um Rowno nach Süden vor, wobei die gepanzerten Einheiten der 1. Ukrainischen Front ihren eigenen Blitzkrieg führten. Innerhalb von vier Wochen schlugen sie die 4. und die 1. Panzerarmee der Deutschen, drangen bis zu den Karpaten vor und umgingen die verschiedenen möglichen Verteidigungslinien der Deutschen in der Südukraine.

Ein ähnlich effektiver, wenn auch weniger gewagter Frontalangriff von Konjews 2. Ukrainischer Front vernichtete den größten Teil der 8. Armee der Deutschen, während die 3. Ukrainische Front unter Malinowskij die reorganisierte 6. Armee am südlichen Ende der Front zerschlug. Bei dem schnellen sowjetischen Vorstoß fielen zwar wichtige Nachschubzentren der Deutschen, aber die sowjetische Hoffnung, die 1. Panzerarmee einschließen zu können, erfüllte sich nicht. Dies lag nicht zuletzt an der Rückverlegung eines SS-Panzerkorps, das eigentlich zu den Kräften gehört hatte, die die Invasion im Westen hätten abwehren sollen. Die Eroberungen der Roten Armee im März 1944 waren trotzdem dramatisch. Es war offensichtlich, daß ihre Kommandeure gewaltige Truppenverbände auf dem Marsch zu lenken und zu kontrollieren verstanden. Potentielle deutsche Verteidigungslinien an den Flüssen Bug und Dnjestr wurden in schnellen Vorstößen übersprungen, bevor sie befestigt werden konnten, und die nächste Verteidigungslinie am Pruth wurde nördlich umgangen. Deutsche und Rumänen hatten den größten Teil der Ukraine verloren, und die Rote Armee stand an den Grenzen Ungarns und Rumäniens.[9]

Weder Rumänien noch Ungarn befanden sich in einer starken Verteidigungsposition. Die rumänische Armee war bei Stalingrad und auf der Krim völlig ausgeblutet – der Zusammenbruch der rumänischen Streitkräfte auf der Krim war unmittelbar nach der sowjetischen Offensive eingetreten, die durch die Befreiung Nikolajews und Odessas jede realistische Hoffnung auf ihre Rettung zunichte gemacht hatte. Die Rumänen suchten, wie in Kapitel 13 dargestellt, bereits nach einem Weg, aus dem Krieg auszutreten; und die Deutschen taten alles, damit dieser Wunsch immer dringender wurde, während sie seine Erfüllung gleichzeitig nach Kräften verhinderten.

Der erste ernsthafte Versuch der Ungarn, den Krieg zu beenden, führte dazu, daß die Deutschen ihr Land besetzten und eine neue Regierung installierten. Die deutsche Führung hatte Ungarn seit langem mißtraut; sie fand, daß die Ungarn nicht genügend Begeisterung gezeigt hatten, als sie 1942 ihre besten Truppen für den Feldzug im Osten zur Verfügung hatten stellen sollen. Hitler selbst hatte stets Zweifel an der Standhaftigkeit und Loyalität der Ungarn gehegt, seit sich die ungarische Regierung 1938 vor einem Krieg gedrückt hatte, als er sie für einen gemeinsamen Angriff auf die Tschechoslowakei hatte gewinnen wollen. Sie waren in seinen Augen die unzuverlässigsten Verbündeten der Deutschen. Es ist bezeichnend, daß Hitler im Juni 1941, als er auf dem Höhepunkt seiner Begeisterung über den erwarteten Sieg im Osten den Plan diskutiert hatte, alle Juden in Europa zu ermorden, prophezeite, Ungarn werde als letztes Land auf dem Kontinent seine Juden den Deutschen ausliefern.[10] Die Voraussage hatte sich erfüllt.* Trotz unermüdlicher Anstrengungen, einschließlich persönlicher Interventionen Hitlers und von Ribbentrops hatte die Budapester Regierung den Lackmustest der Loyalität auch dann noch nicht bestanden, als die meisten Juden im deutsch kontrollierten Europa bereits ermordet waren. Inzwischen konnte Deutschland zwar keine feindlichen Länder mehr erobern, aber es war immer noch in der Lage, verbündete Länder zu besetzen, damit sie nicht abtrünnig wurden. Auch in Italien hatten die Deutschen zwar spät, aber insgesamt doch wirkungsvoll zugeschlagen, ein Erfolg, der nicht zuletzt der absoluten Inkompetenz der Italiener zu verdanken war. Nun schickten sie sich an, unter dem Codenamen »Margarete« eine weitere Vorstellung dieser Art zu geben.

Eine Zeitlang waren im deutschen Hauptquartier Pläne und Vorbereitungen getroffen worden, bei der Besetzung Ungarns wie in Italien das Land mit Truppen zu durchqueren, um angeblich gegen Deutschlands Feinde, nicht jedoch gegen seine Verbündeten vorzugehen. Als sich die Situation an der Ostfront durch Schukows Offensive im März dramatisch veränderte und die Sowjets der ungarischen Grenze immer näher kamen, wuchs der Handlungsbedarf im gleichen Maße, wie die Mittel für eine solche Operation schwanden. Hitler beschloß, die ungarische Armee an der Seite der Deutschen zu halten, anstatt sie wie die italienische zu einer Quelle für Zwangsarbeiter zu machen. Horthy wurde zu einem Treffen mit Hitler bestellt und so eingeschüchtert, daß er eine deutsche Besatzung akzeptierte und eine neue Regierung ernannte, die Berlin genehm war. Als er nach Budapest zurückkehrte, hatten

---

* Es trifft zwar zu, daß auch Bulgarien und Finnland nicht zuließen, daß ihre jüdischen Bürger abgeschlachtet wurden, der jüdische Bevölkerungsanteil dieser Länder war jedoch so klein, daß die Deutschen keinen Konflikt riskieren wollten, als ihre ersten Auslieferungsgesuche abgelehnt wurden. Auf der Wannsee-Konferenz wurde der jüdische Bevölkerungsanteil Bulgariens auf 48 000, der Finnlands auf 2300, der Ungarns jedoch auf 742 800 geschätzt.

deutsche Truppen bereits den größten Teil des Landes besetzt. Er selbst war ständig von deutschen Soldaten umgeben, und die neue Regierung, die er bilden mußte, wurde von dem bisherigen ungarischen Gesandten in Berlin Döme Sztójay, einem für Hitler akzeptablen Mann, geführt. Ungarische Truppeneinheiten wurden nun herangezogen, um den aus Rumänien fliehenden Überresten der deutschen Divisionen bei der Säuberung der Karpatenpässe zu helfen. Wie der Zufall es wollte, konnten sie sich dabei einbilden, ihr Land nicht nur vor den Russen, sondern auch gegen die Territorialansprüche Rumäniens zu schützen. Der erste ernsthafte Versuch Ungarns, aus dem Krieg auszuscheren, war wirksam verhindert worden. [11]

Der Putsch in Ungarn war nicht der einzige Schritt, den Deutschland angesichts der katastrophalen Niederlage unternahm, die es in den ersten Monaten des Jahres 1944 in der Ukraine erlitten hatte. Ein zweiter Schritt bestand in der Einführung einer neuen Taktik: Relativ willkürlich ausgewählte Orte wurden zu »Festen Plätzen« erklärt. Sie sollten bis zum bitteren Ende von eigens ernannten Kampfkommandanten gehalten werden, die ihre Truppen zum Durchhalten motivieren sollten, bis sie mit ihnen zusammen getötet würden. Der beabsichtigte Zweck dieser Erfindung bestand darin, durch isolierte Verbände so starke Kräfte der Roten Armee zu binden, daß die sowjetischen Panzerspitzen geschwächt, ihres Nachschubs beraubt und schließlich zum Halten gezwungen würden. Die »Festen Plätze« konnten außerdem als Zufluchtsorte für Versprengte aus Einheiten dienen, die durch die sowjetischen Offensiven zerschlagen worden waren. Mit ihrer Hilfe konnten sie den Kampf länger fortsetzen, bis sie schließlich entsetzt wurden – theoretisch durch ein erneutes Vorrücken deutscher Kräfte. In Wirklichkeit jedoch erwarteten sie nur noch Gefangenschaft oder Tod. [12]

Der dritte Schritt Hitlers betraf den Oberbefehl der beiden Heeresgruppen, die durch die sowjetische Offensive geschlagen worden waren. Am 28. März wurden von Manstein und von Kleist zugleich hoch dekoriert und ihrer Posten enthoben. Ihre Nachfolger wurden die beiden ranghöchsten linientreuen Nationalsozialisten unter den Kommandeuren der Ostfront; Model erhielt den Oberbefehl über die Heeresgruppe Süd und Schörner über die Heeresgruppe A. In diesen Heeresgruppen wurden von nun an vermutlich mehr deutsche Soldaten nach Urteilen von Militärgerichten erschossen als zuvor, die neuen Kommandeure waren jedoch ebensowenig wie die alten in der Lage, die Rote Armee aufzuhalten. Auch daß die Heeresgruppe Süd in Heeresgruppe Nordukraine und die Heeresgruppe A in Heeresgruppe Südukraine umgetauft wurden, ließ zwar auf Hitlers Hoffnungen und Pläne schließen, erhöhte jedoch ihre Kampfkraft nicht im geringsten. [13] Ironischerweise war ausgerechnet die Ernennung des vorsichtigen Model ein entscheidender Beitrag zum Gelingen der großen sowjetischen Täuschungsoperation im Zuge der Sommeroffensive 1944. Es war nämlich *seine* Heeresgruppe, die von der vorgetäuschten Offensive betroffen gewesen wäre, weshalb er mit Hitlers uneingeschränkter Zustimmung praktisch alle deutschen Reserven an sich zog.

Gleichzeitig mit dem Wechsel des Oberbefehlshabers im südlichen Abschnitt der Ostfront wurde General Lindemann, der als Kommandeur der Heeresgruppe Nord fungiert hatte, auf seinem Posten bestätigt.[14] Auch auf diesem Frontabschnitt war im Winter ein großer sowjetischer Sieg errungen worden. Die Rote Armee hatte ihre Kräfte im Oranienbaumer Kessel und in anderen Sektoren im Frontabschnitt der Heeresgruppe Nord konzentriert und gehofft, mit einer massiven Offensive Leningrad völlig befreien und die Deutschen aus den noch besetzten nördlichen Gebieten der Sowjetunion vertreiben zu können. Obwohl der enge Belagerungsring um Leningrad schon früher durchbrochen worden war, lag die Stadt noch immer unter permanentem Artilleriefeuer. Außerdem hätte eine drastische Veränderung ihrer Lage für ganz Skandinavien Signalwirkung gehabt. Die Deutschen hatten sich im Norden im Gegensatz zu anderen Teilen der Ostfront einigermaßen gründlich auf verschiedene Eventualitäten vorbereitet und planten, sich auf eine Verteidigungslinie zurückzuziehen, die sich die Narwa und die Seen an der estnisch-sowjetischen Grenze zunutze machte. Obwohl die Verlegung deutscher Divisionen in die gefährdeten Abschnitte im Süden der Front und der Abzug der spanischen Blauen Division die Deutschen dramatisch geschwächt hatten, wurde der Befehl zum Rückzug auf die sogenannte Panther-Stellung nicht gegeben.[15] Dies war teilweise darauf zurückzuführen, daß der Kommandeur der deutschen 18. Armee aufgrund falscher nachrichtendienstlicher Informationen lieber an Ort und Stelle blieb, und teilweise darauf, daß man im Hauptquartier die Auswirkungen fürchtete, die ein Rückzug in diesem Teil der Front wahrscheinlich auf Finnland haben würde. Das Ergebnis war, daß die geschwächte Front – wo auch eine Reihe von Luftwaffenfelddivisionen stationiert war – unter dem Ansturm der sowjetischen Offensive rasch zusammenbrach.

Am 14. Januar begann die Rote Armee aus dem Oranienbaumer Kessel und aus dem Raum südlich von Leningrad einen Großangriff, der wenig später durch einen Angriff in der Nähe von Nowgorod ergänzt wurde. Die Ziele waren diesmal viel höher gesteckt als bei früheren Versuchen, Leningrad zu entsetzen. Es änderte nicht viel, daß von Küchler, der Oberbefehlshaber der Heeresgruppe, zunächst durch Model ersetzt wurde und daß Lindemann übernahm, als Model ein neues Kommando im Süden antrat. Die Deutschen kämpften geschickt und tapfer, und die sowjetische Führung agierte nicht so selbstsicher wie im Süden. Trotzdem mußten sich die Deutschen auf die Panther-Stellung zurückziehen. Die Einheiten, die Ende März dort eintrafen, waren schwer angeschlagen, und die Rote Armee hatte einen weiteren wichtigen Sieg errungen. Leningrad war endlich wirklich befreit. Außerdem hatte die Rote Armee, bevor sie von einem frühen Frühlingstauwetter mindestens ebenso wirksam gestoppt wurde wie von den Deutschen in der Panther-Stellung, bereits die Narwa überquert und hielt einen kleinen, aber wichtigen Brückenkopf auf der anderen Seite des Flusses.[16]

Möglicherweise trug die Tatsache, daß das nördliche Ende der Front bei der Narwa noch eine Zeitlang gehalten wurde, mit dazu bei, daß Finnland im April 1944 die sowjetischen Friedensbedingungen zurückwies. Trotzdem hatte die Rote Armee die Deutschen sowohl auf dem Nord- als auch auf dem Südflügel der Ostfront zurückgedrängt und ihnen schwere Verluste an Menschen und Material beigebracht. An beiden Enden der Ostfront hatte die Rote Armee die sowjetischen Grenzen der Zeit vor 1939 praktisch wieder erreicht. Nur im Zentrum wies die Front noch eine starke Ausbuchtung nach Osten auf. Im Süden stand die Rote Armee vor den Toren Ungarns und Rumäniens; im Norden konnte sie Finnland und das Gebiet der Baltischen Staaten angreifen. Die Initiative lag nun bei der Sowjetunion, und Beobachtern, die sich an der Ostfront aufhielten, war klar, daß es im Sommer 1944 nur noch um die Frage ging, wo die Sowjetunion zuschlagen würde, und nicht mehr darum, was die Deutschen von sich aus tun würden. Sie konnten nur noch reagieren.

Seit März 1944 hatte der sowjetische Generalstab an den Plänen für die Sommeroffensive gearbeitet. Die Finnen sollten einen Separatfrieden schließen, oder sie würden durch einen massiven Angriff aus dem Krieg getrieben werden, der bereits vorbereitet wurde. Die große Frage lautete, wo die Offensive an der Hauptfront stattfinden sollte. Daß es zuvor nicht gelungen war, die Heeresgruppe Mitte aus ihren Stellungen in Weißrußland zu vertreiben, die Rote Armee jedoch im Winter große Siege im Süden und Norden errungen hatte, ermöglichte einen Angriff auf den so entstandenen Frontvorsprung im Zentrum. Dieses Projekt bot außerdem Gelegenheit zu einem Täuschungsmanöver, mit dem man den Deutschen vorspiegelte, die Offensiven würden in Regionen erfolgen, wo man schon früher Erfolge erzielt hatte, insbesondere in der Nordukraine. Nachdem Stalin die Handlungsalternativen persönlich geprüft und sich für den Angriff auf das Zentrum der deutschen Front entschieden hatte, war das Feld für eine der spektakulärsten Schlachten des Zweiten Weltkriegs bereitet.

Die sowjetischen Pläne sahen massive Truppenkonzentrationen im mittleren Frontabschnitt vor, wobei die alte West-Front am 24. April in die 2. und 3. Weißrussische Front aufgeteilt wurde. Dies war kein bloßer Wechsel der Bezeichnung, wie er einen Monat zuvor auf deutscher Seite erfolgt war. Die Umbenennung gehörte vielmehr zu einem sorgfältig geplanten Aufmarsch, wobei zuerst hauptsächlich bereits existierende Einheiten verstärkt wurden und erst in den letzten Wochen vor dem Angriff zusätzliche Einheiten der Reserve und von anderen Sektoren der Front unter ungewöhnlich starker Geheimhaltung in das Aufmarschgebiet verlegt wurden. Gleichzeitig wurde der Eindruck erweckt, es würde eine Großoffensive gegen die Heeresgruppe Nordukraine vorbereitet und auch ein kleiner Vorstoß in die Baltischen Staaten. Das vielleicht wichtigste Merkmal des gesamten Plans war, daß er sich auf ein zentrales, erreichbares Ziel konzentrierte und alle notwendigen Ressourcen dafür bereitstellte.

Der zweite zentrale Aspekt war, daß die Deutschen vollkommen irregeführt wurden. Wie schon oft zuvor und noch oft danach war die deutsche Feindaufklärung über eine Vielzahl kleiner Details korrekt informiert, aus denen sie sich jedoch ein völlig falsches Gesamtbild machte. Es wurde eine Großoffensive gegen die Heeresgruppe Nordukraine erwartet. Die gesamte Verstärkung und eine Menge neues

Kriegsmaterial wurden auf diese Heeresgruppe konzentriert, die nun zu allem Überfluß auch noch unter dem Kommando von Hitlers Lieblingsgeneral Model stand.
Die Heersgruppe Mitte dagegen mußte den größten Teil ihrer Reserveeinheiten an
ihre südlichen Nachbarn abtreten und all ihre Kräfte an vorderster Front konzentrieren, was den Plänen der Roten Armee überaus förderlich war, da sie die deutschen
Verbände beim ersten Angriff zerschlagen und nicht langwierig durch die Wälder
und Sümpfe Weißrußlands verfolgen wollte. Trotz aller gegenteiligen Anzeichen waren sowohl das deutsche Hauptquartier als auch der Kommandeur der Heeresgruppe
Mitte, Feldmarschall Busch, bis zu dem Tag, an dem die Offensive begann, der festen
Überzeugung, daß gegen die Heeresgruppe Mitte keine große Offensive stattfinden
würde. Busch selbst war abwesend, als sie begann, und mußte zu seiner zusammenbrechenden Heeresgruppe zurückfliegen.[17]

Die große Offensive, die die Heeresgruppe Mitte vernichten und den Weg nach
Warschau frei machen sollte, wurde außerdem durch massive Partisanenoperationen
im Rücken der deutschen Front unterstützt. Der Widerstand in dem noch von
Deutschland gehaltenen Gebiet war stark angewachsen, und das weißrussische
Terrain war für Guerilla-Aktionen besonders geeignet. Die Partisanen hatten Ende
1943 die faktische Kontrolle über weite Teile des deutschen Hinterlands. Sie zogen
Männer ein und gaben der Landbevölkerung deutlich zu verstehen, daß der
Sowjetstaat schon bald wieder die volle Herrschaft ausüben würde. Im Frühjahr
1944 brachte die Wehrmacht in einer Serie von Operationen zur Guerillabekämp-
fung den Partisanen beträchtliche Verluste bei. Zu diesem Zeitpunkt war der
Widerstand jedoch bereits so stark, daß seine militärische Effizienz vom sowjetischen Standpunkt aus gesehen dadurch kaum beeinträchtigt wurde. In den Tagen
und Nächten unmittelbar vor Beginn der großen Offensive sollten die Partisanen
die Bahnverbindungen durch Anschläge an Tausenden von Stellen unterbrechen.
Ihre Aktionen trugen mit dazu bei, das deutsche Transportsystem in den entscheidenden ersten Tagen der Offensive zu lähmen, ähnlich wie die alliierten Luftangriffe
auf das Transportsystem in Frankreich die Deutschen gehindert hatten, rasch genug
auf die Invasion in der Normandie zu reagieren.

VORBEREITUNGEN IM WESTEN

Anfang April informierten die Briten und Amerikaner die Sowjetunion, die Invasion
würde um den 31. Mai beginnen, der genaue Zeitpunkt jedoch vom Wetter abhängen.
Es gibt keinen Hinweis darauf, daß die genauen Termine in irgendeiner Weise koor-
diniert waren; sowohl die Sowjetunion als auch die Westalliierten starteten ihre
Offensive zum frühestmöglichen Zeitpunkt, und beide nahmen in letzter Minute
noch einige Änderungen am Zeitplan vor. Was Details in Bereichen wie etwa der
Aufklärung betraf, war die Zusammenarbeit zwischen der Sowjetunion und den
Westalliierten sehr schlecht.[18] Da die Beziehungen zwischen den Alliierten damals

durch vielerlei politische Probleme belastet waren, konnten sie nur die allgemeine Strategie abstimmen, nicht jedoch die Details der Operationen koordinieren.

Die Westalliierten hatten beschlossen, den Feldzug in Italien auf dreierlei Arten als Vorbereitung für die Invasion im Westen zu nutzen. Sie würden erstens deutsche Kräfte auf diesem Kriegsschauplatz binden und sie damit sowohl von der Ostfront als auch vom Invasionsgebiet fernhalten. Zweitens würden sie nach der Befreiung Mittelitaliens über Luftwaffenbasen verfügen, um mit ihren Bombern Gebiete des besetzten Europa anzufliegen, die bisher außerhalb ihrer Reichweite gelegen hatten. Drittens sollten kampferprobte Divisionen vom italienischen Kriegsschauplatz die nötige Verstärkung für die Landung an der Südküste Frankreichs bilden. Diese Landungsoperation sollte die Invasion in Nordfrankreich unterstützen und den Alliierten zusätzliche Häfen öffnen.

Wie in Kapitel 11 beschrieben, erwies sich der Feldzug in Italien als sehr mühsam. Den Deutschen gelang es zwar trotz heftiger Anstrengungen nicht, die bei Anzio gelandeten alliierten Divisionen ins Meer zurückzutreiben[19], aber auch die Alliierten versuchten wiederholt erfolglos, die deutsche Front zu durchbrechen, die sich quer über die Halbinsel erstreckte. Auch ein erneuter Frontalangriff vom 15. Februar bis 23. März 1944, um durch das Liri-Tal nach Norden vorzustoßen, scheiterte.[20] Nachdem die Alliierten Kräfte von der Ostküste in den Westen verlegt hatten, starteten sie am 11. Mai, einem Termin, der sowohl mit Operationen in Italien als auch mit der bevorstehenden Invasion im Westen verbunden war, nach aufwendigen Vorbereitungen abermals eine Offensive. Im Lauf mehrerer Tage bohrten sich die alliierten Streitkräfte tief in die deutsche Front hinein, brachen durch und marschierten, nachdem sie sich mit den Truppen aus dem Landungskopf von Anzio vereinigt hatten, nach Norden.[21] Unklugerweise stießen die von General Mark Clark kommandierten Truppen nach dem Durchbruch so rasch wie möglich auf Rom vor, anstatt die zurückweichenden deutschen Truppen abzuschneiden.[22] Am 4. Juni wurde Rom befreit – und es gibt keinen Hinweis darauf, daß die Alliierten der Bitte des Papstes entsprochen hätten, keine schwarzen Soldaten in die Ewige Stadt zu schicken. In den folgenden Monaten setzten die britischen, amerikanischen, französischen und polnischen Truppen ihre Offensive fort und vertrieben die Deutschen langsam aus Mittelitalien.[23]

Im Verlauf dieser Offensive von Mai bis Anfang November eroberten die Alliierten auch die Flugplätze nördlich von Rom und hatten damit eines ihrer wichtigsten Operationsziele erreicht. Auch die geplante Freigabe französischer und amerikanischer Divisionen für die Invasion in Südfrankreich fand schließlich auf Drängen der Amerikaner und gegen den erbitterten Widerstand der Briten statt. Ob es sich wirklich lohnte, die Deutschen aus Mittelitalien zu vertreiben, ist zumindest umstritten; daß die Alternative zur Operation »Anvil« (der Landung in Südfrankreich) – eine Offensive, die über Norditalien in die Alpen und nach Österreich führen sollte – Erfolg gehabt hätte, ist ganz unwahrscheinlich. Wie Stalin auf der Konferenz von Teheran Churchill zu erklären versuchte, wurde der Weg nach Zentraleuropa durch einige sehr hohe Berge versperrt. Nichts spricht dafür, daß dieselben Armeen, die im zerklüfteten Terrain Italiens, das ideal war für die Bedürfnisse der deutschen Verteidiger, bereits große Schwierigkeiten gehabt hatten, anschließend ohne Probleme die Alpen überwunden hätten. Die Frühjahrsoffensive in Italien hatte jedoch die Deutschen daran gehindert, Einheiten der 10. und 14. Armee aus Italien abzuziehen, um der in Frankreich drohenden Gefahr zu begegnen. Sie hatte die allgemeine Knappheit an militärischen Gütern weiter verschärft, die den Deutschen angesichts der bedrohlichen Lage am Kanal zu schaffen machte.

In Frankreich sahen Führer, Soldaten und Zivilisten beider Seiten der großen Invasion entgegen, die für 1944 erwartet war. Briten und Amerikaner hatten sich ursprünglich für eine Landung entschieden, die im Mai an der Kanalküste erfolgen sollte, begleitet oder gefolgt von einer zweiten Landung an der französischen Mittelmeerküste. Eine Anzahl wichtiger Probleme mußte gelöst werden, bevor diese Hoffnungen und Pläne Realität werden konnten. Der Stab unter General Morgan (COSSAC) hatte seit Monaten detaillierte Informationen gesammelt und Pläne entwickelt; trotz aller späterer Veränderungen bildeten sie die Basis für das gesamte weitere Vorgehen. Eisenhower wurde zum Oberkommandierenden des Angriffs ernannt, Montgomery bekam das operative Kommando über die Bodentruppen[24], Admiral Sir Bertram Ramsay kommandierte die See-, Air Chief Marshal Sir Trafford Leigh-Mallory die Luftstreitkräfte, und der britische Air Chief Marshal Arthur Tedder wurde zu Eisenhowers Stellvertreter ernannt. Obwohl diese Kommandeure schließlich ganz gut zusammenarbeiteten, kam es oft zu Konflikten. Montgomery und Leigh-Mallory waren unbestreitbar schwierige Charaktere, die bei der Kooperation mit hohen Offizieren unabhängig von deren Waffengattung und Nationalität Probleme hatten. Glücklicherweise kam Montgomerys Stabschef General Francis (Freddie) de Guingand mit jedermann hervorragend zurecht, und Air Chief Marshal Charles Portal, der Stabschef der Luftstreitkräfte, schaffte es, Leigh-Mallory im Zaum zu halten. Portal half auch, eines der umstrittensten Probleme zu lösen: Welche Rolle die strategischen Luftstreitkräfte bei der Invasion spielen sollten. In der Hoffnung, den Krieg alleine zu gewinnen, operierten das britische Bomberkommando und die 8. und 15. Luftflotte der Amerikaner am liebsten unabhängig und flogen Ziele an, die sie selbst für strategisch wichtig hielten – das Bomberkommando konzentrierte sich auf Industriestädte und die Amerikaner auf die Luftfahrtindustrie und später auf die deutschen Anlagen zur Herstellung synthetischer Treibstoffe. Nach endlosen Streitigkeiten wurden die strategischen Luftstreitkräfte schließlich zeitweise Eisenhower unterstellt, insbesondere mit der Aufgabe der Bombardierung des feindlichen Versorgungssystems.[25]

Das Transportproblem war eine der Schlüsselfragen bei der Vorbereitung der Invasion. Die Landungsstreitmacht der Alliierten mußte groß und stark genug sein, um gegen den mit Sicherheit zu erwartenden harten Widerstand der Deutschen einen substantiellen Brückenkopf errichten zu können. Aus diesem Grund war die Zahl der

Divisionen, die bei der Landung eingesetzt werden sollten, von drei auf fünf erhöht worden, und sie sollten nun von drei statt von einer oder zwei Luftlandedivisionen unterstützt werden.* Da für einen solchen Angriff zusätzlicher Schiffsraum gebraucht wurde und es bei der Landung von Anzio gravierende Probleme gegeben hatte, wurde die geplante Invasion von Mai auf Juni verschoben, wobei aufgrund der Gezeitenverhältnisse und technischer Überlegungen nur Termine zu Anfang oder in der Mitte des Monats in Frage kamen. Nach der Landung würde die ursprüngliche Invasionsstreitmacht sehr rasch verstärkt werden müssen, um einen Großangriff gegen einen Feind zu führen, der im Westen über fünfzig Divisionen stehen hatte und den Truppen, die in der Anfangsphase der Invasion an Land gebracht werden konnten, auf jeden Fall weit überlegen sein würde. Das Unternehmen konnte nur dann Erfolg haben – und es wird allzu häufig vergessen, daß damals starke Zweifel an seinen Erfolgschancen bestanden –, wenn es gelang, die Geschwindigkeit zu bremsen, mit der die Deutschen Verstärkungen an den Landungsort bringen konnten. Systematische Angriffe auf das französische Transportsystem waren ein gutes Mittel, dieses Ziel zu erreichen. Der Plan zur Bombardierung der Versorgungswege wurde in die Tat umgesetzt; die Aktion war effektiver, als ihre Gegner erwartet hatten, und sie kostete weniger französischen Zivilisten das Leben, als die besorgte britische Regierung befürchtet hatte. Während die Bombardierung des Transportsystems noch im Gang war, begann die amerikanische Luftwaffe mit der systematischen Zerstörung der deutschen Treibstoffversorgung durch massive und wiederholte Angriffe auf die deutschen Anlagen zur Herstellung synthetischer Treibstoffe. Nach und nach wurden durch diese Angriffe die Operationsfähigkeit der deutschen Luftwaffe, die Ausbildung ihrer Piloten und die allgemeine Mobilität der deutschen Truppen stark beeinträchtigt.

Ein zweiter Schlüsselfaktor bei dem Versuch, deutsche Verstärkungen vom Landungsort fernzuhalten, war natürlich die Existenz anderer Fronten, an denen die Deutschen beträchtliche Kräfte zurückhalten mußten, wenn sie nicht bewußt große Risiken eingehen wollten. Einige deutsche Divisionen standen in Italien und einige auf dem Balkan, etwa die Hälfte jedoch befand sich Mitte 1944 an der Ostfront. Die Aufrechterhaltung des sowjetischen Drucks im Osten war eine unabdingbare Voraussetzung jeder Landung im Westen, und tatsächlich wurden die Deutschen durch die sowjetische Sommeroffensive, wie erhofft, daran gehindert, größere Einheiten von der Ostfront nach Westen zu werfen.[26] Was immer einige von Hitlers Generälen dachten und er selbst einst gesagt haben mochte – er war einfach nicht bereit, freiwillig ein größeres Gebiet im Osten zu opfern, um die massive Verstärkung in den Westen schicken zu können, die für eine erfolgreiche Verteidigung notwendig gewesen wäre.[27]

---

* Der Planungsprozeß der Alliierten verlief damit genau umgekehrt, wie 1940 der deutsche Planungsprozeß für die Invasion in England verlaufen war. Die Deutschen hatten ursprünglich einen Angriff mit dreizehn Divisionen geplant, hatten die Invasionsstreitmacht jedoch schließlich auf neun Divisionen und zwei Luftlandedivisionen reduziert.

Der dritte zentrale Faktor, der die Deutschen davon abhalten sollte, überlegene Kräfte gegen die Angreifer zu konzentrieren, war das Täuschungsmanöver, daß an der Kanalküste mehr als eine Landung stattfinden würde. Die Alliierten hatten sich schon sehr früh für die Normandie als den geeigneten Ort zur Landung entschieden. Denn es war relativ schwierig für die Deutschen, ihre Truppen in der Normandie zu konzentrieren; sie lag innerhalb der Reichweite landgestützter Kampfflugzeuge; sie konnte in einer Nacht per Schiff erreicht werden, und sie bot eine Möglichkeit, das Problem der Häfen zu lösen – ein Punkt, in dem die Deutschen ebenfalls getäuscht wurden und auf den weiter unten noch eingegangen wird. Um zu verhindern, daß die Landungstruppen an den Stränden der Normandie von überlegenen deutschen Kräften aufgerieben würden, wollten die Alliierten den Deutschen vortäuschen, daß außer der Landung in der Normandie noch eine zweite am Pas de Calais erfolgen würde, wo der Kanal am schmalsten ist und die Entfernung nach Deutschland am kürzesten war. Eine Landung im Raum Calais wäre nicht nur auf die stärksten deutschen Verteidigungsanlagen gestoßen, sondern hätte auch niemals als Täuschungsmanöver verkauft werden können, das die eigentliche Landungsoperation an einem anderen Ort hätte decken sollen. Die Alliierten verwirklichten ihren Plan, indem sie im Lauf der Zeit eine ganze Reihe imaginärer Divisionen, Korps, Armeen und eine fiktive Heeresgruppe schufen: die 4. britische Armee; sie wurde zum Schein für die Invasion Norwegens eingeteilt, während die fiktive 1. Heeresgruppe der Vereinigten Staaten (FUSAG) für die Landung bei Calais vorgesehen war.*

Das Täuschungsmanöver »Bodyguard« wurde in sehr großem Umfang durchgeführt, wobei die Operation Norwegen den Decknamen »Fortitude North« und die Operation Calais den Decknamen »Fortitude 1 South« erhielt. Das Projekt war sorgfältig geplant, seine Auswirkungen wurden ständig überwacht, und es erwies sich als geradezu überwältigender Erfolg.[28] Kurz skizziert, umfaßte es den allmählichen Aufbau imaginärer Hauptquartiere, in denen wirkliche Kommandeure saßen, deren Funkverkehr die Deutschen abhören und analysieren sollten. Der bekannteste dieser Kommandeure war Generalleutnant Patton von der FUSAG. Als Patton in die Normandie geschickt wurde, um die 3. Armee zu befehligen, trat der kommandierende General der amerikanischen Landstreitkräfte, General Leslie J. McNair, an seine Stelle. Als McNair am 25. Juli von einer falsch plazierten alliierten Bombe getötet wurde – er war der ranghöchste amerikanische Offizier, der im Zweiten Weltkrieg den Tod fand –, wurde er durch General John L. DeWitt ersetzt, der bis dahin Chef des Verteidigungskommandos für den amerikanischen Westen gewesen war.[29]

Das Täuschungsmanöver war nicht zuletzt deshalb so wirkungsvoll, weil sämtliche Spione der Deutschen im Vereinigten Königreich entdeckt und entweder hin-

---

* Einige dieser Einheiten existierten tatsächlich. Sie erhielten einen »neuen Auftrag« und kamen bei der eigentlichen Invasion zum Einsatz, wurden jedoch in vielen Fällen durch imaginäre Einheiten ersetzt, die angeblich über den Atlantik gekommen waren.

gerichtet oder umgedreht worden waren, so daß die Deutschen vor und nach dem Tag der Invasion von einer Flut falscher Informationen überschwemmt wurden. Diese sollten vor allem den Eindruck vermitteln, die Landung in der Normandie sei nur ein Ablenkungsmanöver, während die Hauptinvasion im Raum Calais noch bevorstünde. Auf diese Weise wurde verhindert, daß Einheiten der deutschen 15. Armee der 7. Armee zu Hilfe eilten, die in der Normandie ums Überleben kämpfte. Die Alliierten konnten die Wirksamkeit ihres Täuschungsmanövers überwachen und die Botschaften ihrer Agenten, die die Deutschen für ihre eigenen hielten, zeitlich genau abstimmen, weil sie schon früher die Codierungssysteme der Deutschen entschlüsselt hatten.* Ihre Dechiffriersysteme hatten mit den Fortschritten, die die Deutschen beim Verschlüsseln machten, mehr als Schritt gehalten, und so erfuhren sie zu kritischen Zeitpunkten der Operation Overlord – immer wenn die Deutschen unter besonderen Zeitdruck gerieten und deshalb per Funk kommunizierten –, ob ihr Täuschungsmanöver noch funktionierte.

Während der vorgetäuschte Plan einer Invasion in Norwegen nicht völlig überzeugend wirkte, obwohl die Deutschen lange Zeit keine Divisionen aus dem Land abzogen und eine Flotte von Unterseebooten vor der norwegischen Küste stationierten, funktionierte das Täuschungsmanöver in Frankreich gut, weil die Deutschen bereit waren, es zu glauben. Sie schluckten vorbehaltlos die Existenz und die Koordinaten zusätzlicher Einheiten in Südostengland und waren deshalb überzeugt, daß ein Angriff im Raum Calais bevorstand: Es gab einfach zu viele Divisionen in England und auf dem Weg von den Vereinigten Staaten dorthin, als daß sie eine andere Erklärung hätten finden können. Auch überschätzten sie den Schiffsraum bei weitem, der den Alliierten für eine Invasion zur Verfügung stand, so daß ihnen die Landung von fünf Divisionen in der Normandie nicht als der Hauptangriff erschien. Außerdem hatten beide Kriegsparteien aus der Erfahrung von Dieppe völlig unterschiedliche Schlüsse gezogen. Die Deutschen folgerten, daß sie sich hauptsächlich auf die Verteidigung der Häfen konzentrieren müßten, da die Alliierten diese offensichtlich brauchten, um ihre Invasionstruppen mit Nachschub zu versorgen. Aus diesem Grund hatten die Häfen bei dem gewaltigen Programm der Deutschen zur Befestigung der Küsten von Frankreich und Belgien erste Priorität; die Hafenstädte hatten sie am stärksten befestigt und dort die meiste Artillerie stationiert.[30] Die Deutschen hofften, daß die Alliierten mit dem Versuch, einen wichtigen Hafen einzunehmen, scheitern würden und daß ohne einen Hafen für Nachschub und weitere Truppen jeder Landungskopf zerstört werden könnte.

Die Alliierten hatten aus dem Fiasko von Dieppe einen ganz anderen Schluß ge-

---

* Daß die Amerikaner auch japanische Codes geknackt hatten, erwies sich ebenfalls als sehr nützlich, denn die diplomatischen und militärischen Vertreter der Japaner schickten detaillierte Berichte über die Verteidigungsanlagen im Westen nach Hause, die häufig abgefangen und gelesen wurden.

zogen. Anstatt einen gut verteidigten Hafen anzugreifen, wollten sie an den Stränden landen, ihre eigenen Häfen mit sich führen und erst einen Hafen erobern, *nachdem* sie ihren Brückenkopf konsolidiert hatten. In englischen Häfen stellten sie aus Beton gewaltige Fertigbauteile von Wellenbrechern her, transportierten sie über den Kanal und versenkten sie zusammen mit einer großen Zahl alter Schiffe an geeigneten Stellen. Auf diese Weise wurden vor der französischen Küste zwei sogenannte »Mulberries« errichtet, künstliche Häfen, von denen einer den Briten und Kanadiern und der andere den Amerikanern diente. Schwimmende Kais in den Häfen erleichterten das Entladen von Schiffen. Erst wenn eine größere Stellung gesichert war, sollten die alliierten Streitkräfte vorstoßen und Häfen erobern – zunächst Cherbourg und dann die Häfen in der Bretagne. Längere Zeit jedoch sollten die Anlagen der Mulberries ausreichen. Als den Deutschen diese außerordentliche Entwicklung zu dämmern begann, war es bereits viel zu spät, um ihr Verteidigungskonzept noch zu ändern, selbst wenn ihnen die Wichtigkeit des neuen logistischen Systems voll bewußt geworden wäre. Von der zweiten neuen Versorgungseinrichtung der Alliierten, einer unter dem Meer verlegten Pipeline (»Pluto«), über die Benzin auf den Landungskopf gepumpt wurde, hatten die Deutschen überhaupt keine Ahnung.[32]

Verwirrt und getäuscht rechneten die Deutschen mit mindestens einem oder mit mehreren Ablenkungsangriffen, von denen einer wahrscheinlich die Normandie treffen würde, bevor der Hauptangriff im Raum Calais geführt würde. Auch nach der Landung in der Normandie hielten die Deutschen noch den ganzen Juni und Juli an ihrem Irrglauben fest; erst Ende Juli kamen sie allmählich darauf, daß am Pas de Calais überhaupt keine Landungsoperation geplant war. Zu diesem Zeitpunkt jedoch war es zu spät, um Verstärkung aus dem Raum Calais an die Invasionsfront zu führen, denn an ihrem westlichen Ende hatte der Durchbruch der Amerikaner bereits begonnen.[33]

Beide Seiten hatten noch weitere Probleme. Bei den Alliierten ging es dabei um die Geheimhaltung, um de Gaulle und um das generelle Engagement für das gesamte Projekt. Strengste Geheimhaltungsregeln wurden entwickelt und strikt durchgesetzt, damit die Invasionspläne nicht bekannt wurden. Die Sicherheitsmaßnahmen bedeuteten zwar manche Härte und lösten so manchen Streit aus, erwiesen sich jedoch als sehr effektiv. Selbst nachdem deutsche Schnellboote am 26. April eine uneskortierte Landungsübung in der Lyme Bay vor der englischen Küste angegriffen hatten und dabei Hunderte von alliierten Soldaten getötet worden waren, bekamen die Deutschen keine zuverlässigen Informationen.[34] Die wenigen richtigen Informationen, die trotzdem durchsickerten, gingen in einer Flut von Gerüchten und gezielten Fehlinformationen unter.

Es kam zu beträchtlichen Reibereien mit Charles de Gaulle, denn dieser war im Gegensatz zu Montgomery nicht mit einem Stabschef gesegnet, der mit den verschiedenen britischen und amerikanischen Führern gut kooperieren konnte. Das schiere Ausmaß der Anstrengungen, die andere unternehmen mußten, um de Gaulles Heimat zu befreien, machte den französischen Führer während der Invasionsvorbereitungen ausgesprochen starrsinnig und schwierig. Aber Briten und Amerikaner zeigten angesichts ihres gewaltigen Risikos auch wenig Neigung, de Gaulles Wünschen zu willfahren oder die Geheimhaltung ihrer Pläne zu gefährden. Selbst nachdem de Gaulle seine Stellung in Französisch-Nordafrika erfolgreich konsolidiert hatte, blieben seine Beziehungen zu London und Washington gespannt. Inzwischen hatten sich jedoch die Amerikaner zu der stillschweigenden Anerkennung der Tatsache durchgerungen, daß de Gaulle die effektive Kontrolle über den französischen Widerstand ausübte, der die Invasion wirkungsvoll unterstützen konnte. Eisenhower wurde von Roosevelt ermächtigt, de Gaulles neugegründetes Komitee der Nationalen Befreiung als de facto französische Regierung zu behandeln; und obwohl dies den Umgang mit de Gaulle und dem Komitee keineswegs angenehmer machte, erleichterte es doch die Kooperation in einigen praktischen Fragen und trug stark dazu bei, daß de Gaulle während der Befreiung Frankreichs von den Deutschen die Herrschaft übernehmen konnte.[35]

Daß die Alliierten zur Invasion vorbehaltlos standen, war vielleicht länger fraglich, als viele annahmen. Churchill hatte Alpträume, in denen der Kanal rot von Blut war; er befürchtete ein zweites Dünkirchen, das Ende der britischen Rolle im Krieg, das Ende seiner eigenen Rolle als britischer Premierminister, und lange zweifelte er am Erfolg der ganzen Invasion. Noch im April beschwerte er sich über eine Operation, »die uns von den Russen und den Militärbehörden der Vereinigten Staaten aufgezwungen wird«.[36] Erst als am 15. Mai die letzte Besprechung der Invasionspläne stattfand, in der Montgomery eine wichtige Rolle spielte, sagte er, er habe nun »Vertrauen in das Unternehmen bekommen«.[37] Wie Brooke und Montgomery widersetzte er sich jedoch weiterhin der geplanten Landung in Südfrankreich, und das Unternehmen wurde auf August verschoben, damit genügend Schiffe für die Operation Overlord zur Verfügung standen. Für die Amerikaner war die Landung in Südfrankreich unverzichtbar. Sie wußten, daß man Häfen brauchen würde, um den Nachschub für den Angriff auf Deutschland selbst zu sichern, und sie sahen die Notwendigkeit, die französischen Divisionen, die in Italien und Nordafrika aufgestellt wurden, nach Frankreich zu bringen. Roosevelt und Marshall standen außerdem unter starkem Druck von MacArthur und King, die Operationen im Pazifik auszuweiten, und ein großer Teil der amerikanischen Öffentlichkeit hätte es überdies vorgezogen, wenn Amerika seine Anstrengungen zuerst auf den Pazifik konzentriert hätte. Die amerikanische Regierung mußte in einem Jahr, in dem Präsidentschaftswahlen stattfanden, eine wirklich große Offensive starten, sonst wäre der Druck, ihre Truppen anderswo einzusetzen, zu groß geworden. Es mutet bis heute seltsam an, daß die Briten, die vehement für eine Europa-zuerst-Strategie eintraten, nie begriffen, daß eine solche Strategie für die Amerikaner nur eine große Invasion bedeuten konnte und nicht, daß man irgendwo an der Peripherie scharmützelte. Wenn Churchill außerdem wirklich die bösen Vorahnungen bezüglich der Sowjetunion hatte, die ihm oft zugeschrieben werden, hätte er dann wirklich daran denken können, sich langsam die italienische Halbinsel hinaufzukämpfen oder auf dem Balkan jeden Bergrücken einzeln zu erobern, während die Rote Armee inzwischen die deutschen Truppen aus Mittel- und Westeuropa hinauswarf?

Die Kommandeure der Luftstreitkräfte hatten immer noch ihre Zweifel, was das gesamte Unternehmen betraf, aber ihre größten Bedenken wurden zum Schweigen gebracht. Viele von ihnen waren nicht gut darauf vorbereitet, mit den Bodentruppen zu kooperieren, aber sie wollten es zumindest versuchen. Nur in einem Punkt erhob sich noch starker Widerspruch. Leigh-Mallory fürchtete gewaltige Verluste der amerikanischen Luftlandetruppen, die auf dem rechten Flügel der Invasionsstreitmacht eingesetzt werden sollten, und drang zunächst mündlich und dann schriftlich darauf, diesen Plan aufzugeben. Da der Einsatz jedoch für den westlichen Flügel der Landungstruppen – und daher für den gesamten breit angelegten Angriff – von zentraler Bedeutung war, setzte sich Eisenhower über Leigh-Mallorys Bedenken hinweg und blieb bei dem ursprünglichen Plan. Es ist kein Zufall, daß das berühmte, in der Nacht vor D-Day aufgenommene Bild des alliierten Oberbefehlshabers ihn mit einigen Fallschirmspringern zeigt, die sich gerade zum Flug über den Kanal bereitmachen. [38]

Das grundlegende Engagement für die Operation wurde von Eisenhower selbst, der Roosevelt und schließlich auch Churchill hinter sich wußte, sorgfältig organisiert. Er war für die Landungsoperationen in Nordwestafrika verantwortlich gewesen, und er hatte bei den Invasionen in Sizilien und auf dem italienischen Festland den Oberbefehl über den Kriegsschauplatz gehabt. Nun sollte er an diese erfolgreichen Unternehmen anknüpfen.* Montgomery hatte keinerlei Zweifel und Bedenken mehr, sobald der Invasionsplan so abgeändert worden war, wie er und Eisenhower es wollten. Er setzte sich mit Leib und Seele für das Unternehmen ein, ermahnte, beflügelte und umschmeichelte die Truppen, bestand auf besserer Ausbildung und Versorgung, unterstützte den Einsatz neu entwickelter schwimmender Panzer und anderer Geräte, die von dem genialen General Sir Percy C. S. Hobart in dessen 79. Panzerdivision entwickelt worden waren, und es bereitete ihm außerdem eine gewisse persönliche Befriedigung, daß er erneut seinem alten Feind Rommel gegenüberstand, der nun die deutsche Heeresgruppe B kommandierte und von Montgomerys eigener 21. Heeresgruppe angegriffen werden würde. Montgomery hatte Rommel schon einmal geschlagen und war zuversichtlich, daß es ihm wieder gelingen würde.

Daß Overlord die volle Unterstützung der amerikanischen und der britischen Regierung besaß, wurde durch die gewaltige Masse von Truppen – über eine Million Mann – eindrucksvoll demonstriert, die sie zusammen mit Tausenden von Schiffen

---

* Es gibt Hinweise darauf, daß angesichts der Risiken des Unternehmens die Ernennung Eisenhowers die Möglichkeit offenließ, Marshall mit dem Oberbefehl zu betrauen, falls die Invasion gescheitert wäre und eine neue hätte vorbereitet werden müssen. Siehe David Eisenhower, Eisenhower at War, S. 44.

und Flugzeugen für das Unternehmen bereitstellten. Diese Unterstützung war damals für jeden Beobachter in England klar ersichtlich, und heute sind außerdem Bilder zugänglich, die dem Witz eine gewisse Glaubhaftigkeit verleihen, daß die Britische Insel angesichts des Gewichts der dort gelagerten Waffen und Vorräte nur durch die Sperrballons über Wasser gehalten wurde, die über ihr schwebten. Daß die westlichen Regierungen die Operation rückhaltlos unterstützten, geht rückblickend auch aus damals geheimen Dokumenten und aus einem Vergleich mit den chaotischen Kommandostrukturen der Deutschen hervor. Der Zeitpunkt des Angriffs hing jetzt nur noch vom Wetter ab. Dann würde das Kriegsglück entscheiden. Vor dem Angriff würden sich die Stabschefs beider Mächte versammeln; wenn die Invasion scheiterte, sollten sie die notwendigen Entscheidungen treffen, um so einen Rückschlag wettzumachen. Die Entscheidung über den Beginn der Operation aber würde allein bei Eisenhower liegen; er war zwar verpflichtet, seine Meteorologen und militärischen Untergebenen zu konsultieren, aber er konnte den Angriffsbefehl auch ohne Zustimmung von oben geben.

Daß Eisenhower die volle Befehlsgewalt besaß und sich nicht mit seinen militärischen und politischen Vorgesetzten abstimmen mußte, erwies sich als noch wichtiger als erwartet. Der Wetterbericht für den 5. Juni war miserabel; in der Nacht vor dem 5. waren Stürme und starke Bewölkung zu erwarten, und die Invasion mußte verschoben werden. Die Wetterexperten hatten jedoch ein kurzes Intervall guten Wetters entdeckt, und auf dieser Basis entschied Eisenhower mit Zustimmung der Kommandeure seiner Land-, Luft- und Seestreitkräfte, die Invasion am folgenden Tag zu beginnen, anstatt weitere zwei Wochen zu warten. Die Alliierten hatten die kurzfristige Wetterberuhigung erkennen können, weil sie den Nordatlantik beherrschten. Die Deutschen aber hatten keine Möglichkeit, sich diese meteorologischen Daten zu beschaffen. Ihre Wetterstationen in Grönland und Kanada waren zerstört, ihre Wetterbeobachtungsschiffe waren aus dem Atlanik vertrieben, und sie konnten keine Langstreckenflugzeuge zur Wetterbeobachtung mehr ausschicken. Also sahen sie nur das schlechte Wetter, das den Aufschub der Invasion erzwungen hatte, und zogen daraus den Schluß, daß die Invasion frühestens Mitte Juni oder Anfang Juli stattfinden würde. Ihre Radarstationen an der Küste waren durch alliierte Luftangriffe ausgeschaltet, und die Luft- und Seeaufklärung über und im Kanal wurde eingestellt. Ihre Kommandeure waren entweder im Urlaub oder befanden sich auf Konferenzen, weit von ihren Kommandostellen entfernt. Sie glaubten, noch eine Menge Zeit zu haben, während sich bereits Tausende von Schiffen der französischen Küste näherten. Die deutsche Aufklärung kannte die alliierten Codes, die bei der Alarmierung des französischen Widerstands verwendet wurden. Sie fing entsprechende Funksprüche auf, mochte jedoch nicht glauben, daß die Alliierten wirklich kamen, weil das Wetter dafür eindeutig ungeeignet war. Die Rückendeckung, die es Eisenhower ermöglichte, die Wetterlücke zu nutzen, sollte den Alliierten den gewaltigen Vorteil der Überraschung verschaffen.

Die Deutschen hatten jahrelang an ihren Verteidigungsanlagen gearbeitet und waren sehr zuversichtlich, was die Abwehr eines Invasionsversuchs betraf. Es war ihnen fast gelungen, die alliierten Landungen bei Salerno und Anzio zu vereiteln, und sie rechneten fest damit, an einer Front Erfolg zu haben, wo sie große Truppenverbände, gewaltige Befestigungsanlagen und die Möglichkeit hatten, massive Verstärkung heranzuführen. Trotzdem hatten sie gravierende Probleme. Ihre Kriegsmarine war klein und konnte eine Invasionsflotte nur mit Unterseebooten und Schnellbooten bekämpfen. Und als diese tatsächlich eingesetzt wurden, waren sie so wenig effektiv, daß sie nicht einmal die bescheidenen Erwartungen der Deutschen zufriedenstellen konnten. Die Artillerie an der Küste war zahlenmäßig stark und meist großkalibrig. Sie war jedoch größtenteils am Pas de Calais und in der Umgebung der Häfen stationiert, und die großen Geschütze konnten natürlich nicht aus ihren gewaltigen Stellungen entfernt werden. Die deutsche Luftwaffe hatte gerade erst viele Bomber bei der Operation Baby Blitz und zahlreiche Jäger bei »Big Week« verloren. Deshalb konnte die Luftwaffe nicht einmal die ohnehin geringen Erwartungen erfüllen.

Selbst das Heer, das schon immer Deutschlands stärkste Waffe gewesen war, hatte seine Schwierigkeiten. In dem langen Krieg im Osten waren viele seiner besten Offiziere und Soldaten gefallen. Im Westen stand eine Anzahl kampfstarker Panzer- und Infanteriedivisionen, aber ein großer Teil der 58 Divisionen unter dem Oberbefehlshaber West war zweitklassig.[39] Außerdem hatten die Deutschen, nachdem sich im Osten das Blatt gewendet hatte, Zweifel an der Zuverlässigkeit der »Osttruppen« bekommen, die sie aus sowjetischen Kriegsgefangenen und in den besetzten sowjetischen Gebieten rekrutiert hatten. Sie hatten sie im Herbst 1943 größtenteils nach Westen verlegt, so daß die Mehrheit der deutschen Divisionen in Frankreich nun mindestens ein Bataillon »Osttruppen« in ihren Reihen hatte, deren Begeisterung für den Kampf gegen die Westalliierten sich wahrscheinlich sehr in Grenzen halten würde. Außerdem waren da noch die Soldaten der Indischen Legion, die aus ehemaligen Kriegsgefangenen bestand, die in Nordafrika und Italien rekrutiert worden waren und nominell zu Boses indischer Nationalarmee gehörten. Auch von ihnen war nicht zu erwarten, daß sie sich bei der Abwehr einer alliierten Invasion besser schlagen würden als ihre Landsleute, die der japanischen Armee angegliedert und von Birma aus in Indien einmarschiert waren.[40] Schließlich dürfte auch das Telegramm, mit dem Bose Hitler viel Glück bei der Abwehr der britisch-amerikanischen Invasion wünschte, bei den Deutschen kaum mehr als Heiterkeit ausgelöst haben.[41]

Die Deutschen litten nicht nur unter einem Mangel an Truppen und Kriegsgerät, sondern auch unter einem Überfluß an Kommandeuren, die sich weder darauf einigen konnten, was zu tun war, noch die Macht besaßen, ausreichend schnell zu tun, was sie für richtig hielten. In Erwartung der Invasion waren nicht nur Truppeneinheiten, sondern auch Hauptquartiere im Westen konzentriert worden. Unter dem nominellen Oberbefehl des Oberbefehlshabers West, Feldmarschall von Rundstedt, wurde die

Heeresgruppe B an der Kanalküste mit der 7. und der 15. Armee von Feldmarschall
Rommel kommandiert, und die Heeresgruppe G unter General Johannes Blaskowitz
sollte die Küsten am Golf von Biskaya und am Mittelmeer verteidigen.[42] Dem Oberbefehlshaber West direkt unterstellt war die Panzergruppe West unter General Leo
Geyr von Schweppenburg. Rommel und Geyr waren sich jedoch nicht einig, wie man
der Invasion am besten begegnen sollte. Rommel war der Ansicht, daß die Landungstruppen schnell geschlagen werden müßten, und wollte die Panzerdivisionen möglichst küstennah stationieren. Geyr aber wollte im Hinterland einen massiven Block
aus Panzerkräften bilden, um sie gegen den Landungskopf einsetzen zu können,
sobald bekannt war, wo genau die Hauptlandung stattgefunden hatte. Rundstedt
versuchte einen Kompromiß auszuarbeiten, aber im Endeffekt führten die Streitereien
dazu, daß die Panzerkräfte zersplittert wurden. Beiden Heeresgruppen wurden je drei
Panzerdivisionen zugeordnet, die im Bedarfsfall schnell zur jeweils anderen wechseln
sollten. Vier weitere Panzerdivisionen wurden als mobile Reserve zurückgehalten,
die am kritischen Punkt zum Einsatz kommen sollte. Die Reserve war jedoch als
Panzergruppe West dem Befehl Hitlers und dem Oberkommando der Wehrmacht
(OKW) unterstellt und *nicht* dem Oberbefehlshaber West.[43] Angesichts dieser wenig
effektiven Kommandostrukturen, angesichts des erfolgreichen Täuschungsmanövers
der Alliierten, das die Deutschen noch Wochen nach dem Beginn der Invasion in der
Normandie über den Ort des Hauptlandungsunternehmens im unklaren ließ, und
angesichts des Überraschungseffekts, der aufgrund der Wetterlage erzielt werden
konnte, waren die Chancen der deutschen Verteidiger sehr viel schlechter, als sie
hätten sein können – und die Risiken für die Invasoren waren trotz der gewaltigen
Überlegenheit, die die Deutschen in den Anfangsstadien der Invasion an Truppen,
Geschützen und Panzern besaßen, nicht so groß, wie man ursprünglich geglaubt
hatte.*

DIE INVASION IM WESTEN

Während sich in der Nacht vom 5. zum 6. Juni im Kanal unter dem Schutz von
6 Schlachtschiffen, 23 Kreuzern und 80 Zerstörern die riesigen Geleitzüge für die
Landungsoperation sammelten, flogen die drei Luftlandedivisionen über sie hinweg
zu ihren Absprungzonen. An mehreren Stellen wurden Fallschirmspringerattrappen

---

* Die deutschen Militär- und Verwaltungsstrukturen waren sogar noch komplizierter als hier
dargestellt. Es gab auch noch die Chefs der Militärregierungen von Frankreich, Belgien und
Nordfrankreich sowie in den Niederlanden, verschiedene SS-Hauptquartiere und eine Unzahl
anderer Spezialeinheiten und -kommandos, die sich in den Jahren seit 1940 wild vermehrt
hatten und deren Befugnisse und Aufgaben weder 1944 noch heute irgend jemand verstehen
konnte oder kann. Ose führt in Entscheidung im Westen, S. 60–64, diesen Wildwuchs auf
Hitlers Mißtrauen gegenüber dem Offizierskorps zurück; mit Sicherheit gab es einige dieser
Stäbe nur, um Posten für Männer zu schaffen, die die Annehmlichkeiten der Okkupation im
Westen den harten Kämpfen im Osten vorzogen.

abgeworfen, um die Deutschen zu verwirren, während die britische 6. Luftlandedivision auf dem östlichen Flügel der Invasionsstreitmacht landete, um Brückenköpfe
am Ornekanal und an der Orne zu errichten. Gleichzeitig sollten die amerikanische
82. und die 101. Luftlandedivision auf dem westlichen Flügel dafür sorgen, daß die
Truppen auf dem »Utah Beach«, dem westlichsten der fünf Landungsorte, ins offene
Gelände ausbrechen konnten und nicht an der Küste eingeschlossen würden. Die
Luftlandeoperationen waren insgesamt erfolgreich. Obwohl es beträchtliche Verluste
gab, wurden die wichtigsten Ziele auf beiden Flügeln erreicht, ohne daß es zu der
von Leigh-Mallory befürchteten Katastrophe gekommen wäre. Die Briten bildeten
einen Brückenkopf östlich der Orne und besetzten wichtige Brücken, indem sie mit
ihren Lastenseglern in deren unmittelbarer Nähe landeten. Die amerikanischen Fallschirmspringer wurden nach der Landung ein wenig versprengt, was jedoch die Verwirrung der Deutschen eher noch verstärkte. Die Soldaten, die den Absprung und
die ersten Stunden danach überlebt hatten, brachten für die Truppen, die inzwischen
am »Utah Beach« gelandet waren, relativ schnell einige strategisch wichtige Punkte
im Landesinneren unter Kontrolle.

An den drei Stränden »Gold«, »Juno« und »Sword«, wo die Briten und Kanadier
landeten, und am »Utah Beach«, einem der beiden amerikanischen Landungsstreifen,
lief die Operation wider Erwarten gut. Zwar konnten die Alliierten am ersten Tag
an keinem der vier Punkte so weit ins Landesinnere vordringen wie geplant, aber sie
gewannen doch beträchtlich an Boden, und ihre Verluste waren viel geringer als
erwartet. Die überraschten Deutschen waren von dem vorbereitenden Bomben- und
Geschoßhagel der Luft- und Seestreitkräfte und von der Gewalt des Angriffs überwältigt. Nur am »Omaha Beach«, an den die Deutschen eine zusätzliche erstklassige
Division, die der alliierten Aufklärung entgangen war, verlegt hatten, gerieten die
Amerikaner in ernsthafte Bedrängnis. Da die Verluste stiegen und weitere Einheiten
nicht landen konnten, weil die bereits an Land gegangenen Soldaten zunächst nicht
vom Strand ins Innere dringen konnten, sah es mehrere Stunden lang schlecht aus
für die Amerikaner. Gegen Mittag eroberten jedoch tapfere Soldaten unter starkem
Feuerschutz der Schiffe just in dem Moment das erforderliche Gelände, als die Deutschen dachten, sie hätten den Kampf gewonnen, und keine Verstärkung mehr her-
anführten. Wie bei Gela und Salerno hielten die Soldaten auch jetzt durch und stießen
weiter vor, so daß sich die Alliierten am Ende des 6. Juni an der Küste festgesetzt
hatten und mit großer Geschwindigkeit weitere Truppen, Kriegsgerät und Vorräte
an Land bringen konnten.[44]

Die Schlüsselfrage an diesem und den unmittelbar folgenden Tagen lautete, ob die
Alliierten oder die Deutschen schneller zusätzliche Truppen in den Kampf werfen
und die Deutschen durch einen koordinierten Gegenangriff wenigstens einen der
Landungsköpfe zurückerobern könnten. Die Alliierten hatten ihre für D-Day anvisierten Ziele zwar nicht erreicht und konnten die fünf Landungsköpfe erst am
12. Juni zu einer einzigen kontinuierlichen Front verbinden, doch es gelang ihnen,

die Deutschen langsam, aber sicher zurückzudrängen. Als ein gewaltiger Sturm am 19. Juni einen der beiden Mulberry-Häfen zerstörte, hatten die Deutschen ihre Chance, die Alliierten zurück ins Meer zu treiben, bereits verloren. Sie versuchten nur noch, die Landungstruppen am Ausbrechen zu hindern – ironischerweise gerade dann, als die Amerikaner bereits die Offensive gestartet hatten, die die Hafenstadt Cherbourg auf der Halbinsel Cotentin abschneiden sollte.

Daß die Alliierten Fuß fassen und die deutschen Gegenangriffe zu einem Zeitpunkt abwehren konnten, als die Deutschen an Truppen, Geschützen und Panzern im Westen noch haushoch überlegen waren, lag am Zusammenwirken mehrerer Faktoren. Die Deutschen reagierten auf die Landungsoperation zunächst langsam und zögerlich; sie wollten nicht glauben, daß der entscheidende Augenblick trotz des schlechten Wetters gekommen war. Da die ranghöheren Kommandeure nicht auf ihren Posten waren oder kein Risiko eingehen wollten, da Hitler schlief und nicht geweckt werden durfte und Jodl als Chef des OKW fest entschlossen war, Rundstedt und Rommel die Panzerreserven unter seinem Befehl nicht zur Verfügung zu stellen, ließen die Deutschen kostbare Stunden ungenutzt verstreichen. All dies änderte sich am Nachmittag von D-Day und in der Folge, aber da war es bereits zu spät. Die Verstärkungen, die an die Invasionsfront tröpfelten, reichten nie aus, denn der Anmarsch sämtlicher Truppen wurde sowohl durch die alliierten Luftstreitkräfte als auch durch Sabotageaktionen der französischen Résistance und alliierter Spezialkommandos stark behindert.[45] Die deutschen Panzerdivisionen erreichten nur langsam und eine nach der anderen die Front; in keinem Abschnitt gelang ihnen der Durchbruch, und zuletzt blieben sie im Stellungskrieg stecken, da keine Infanteriedivisionen präsent waren, die an ihre Stelle hätten treten können. Der Druck der Alliierten war so stark, daß die deutschen Verbände immer an der Frontstelle, wo sie zuerst eingesetzt waren, bleiben mußten, besonders da sie immer noch glaubten, die Hauptlandung der Alliierten stünde noch bevor und würde am Pas de Calais stattfinden. Aufgrund des erfolgreichen Täuschungsmanövers war der Großteil der 15. Armee, der größten deutschen Armee im Westen, im Raum Calais damit beschäftigt, eine Invasion abzuwehren, die nie kommen würde, während sich die 7. Armee allein mit der geballten Macht der Alliierten herumschlagen mußte.

Die Alliierten hatten geplant, nachdem sie sich erfolgreich an der Küste festgesetzt hatten, die Halbinsel Cotentin mit Cherbourg abzuschneiden und die Hafenstadt anschließend zu erobern. Diesen Auftrag hatten die Amerikaner übernommen, während die Briten auf dem linken Flügel den Großteil der deutschen Panzerdivisionen und anderer Verstärkungen auf sich zogen, da sich südlich und östlich von ihnen für Panzer geeignetes, offenes Gelände befand. Der im Westen geplante Angriff wurde am 10. Juni vom amerikanischen VII. Korps begonnen, kam ab dem 14. gut voran und hatte am 18. Juni die Küste erreicht, so daß die Halbinsel Cotentin und Cherbourg von möglichen deutschen Verstärkungen abgeschnitten waren. In den ersten Tagen waren die Kämpfe zäh und erbittert gewesen, da die Deutschen jede Hecke

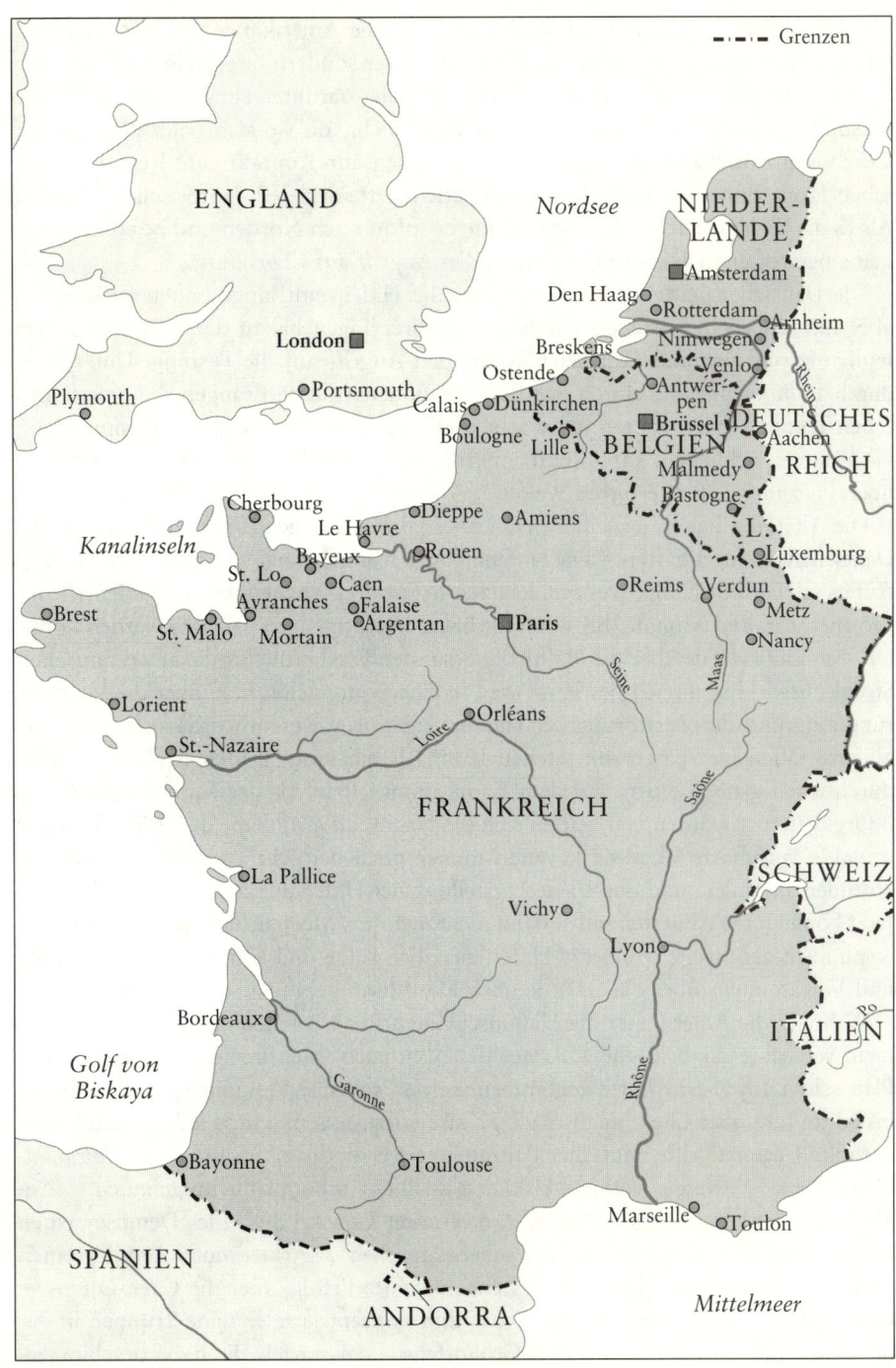

um jedes kleine Feld verteidigt hatten, aber als die Amerikaner weiter vorstießen, wurden nicht nur die Verluste der Deutschen größer, sondern sie erhielten auch keinen Ersatz mehr. Aufgrund widersprüchlicher Befehle, darunter einiger, die von Hitler persönlich stammten, wußten die Verteidiger nicht, ob sie sich nach Norden auf Cherbourg zurückziehen sollten oder nach Süden, um Kontakt zum Rest der deutschen Front zu halten. Diese Verwirrung erleichterte dem VII. Korps seine Aufgabe. Als es die Küste erreicht hatte, schwenkte es sofort nach Norden und begann, durch neu eingetroffene Divisionen verstärkt, den Angriff auf Cherbourg.

Die Deutschen hatten damit gerechnet, die Hafenstadt lange halten zu können, aber die Amerikaner stießen innerhalb von drei Tagen bis zu deren äußerem Verteidigungsring vor und eröffneten sofort den Angriff auf die Festung. Unterstützt durch Luftangriffe und durch Schiffs- und Bodenartillerie drangen die amerikanischen Truppen in der dritten Juniwoche in die Stadt ein. Der deutsche Kommandeur, General von Schlieben, kapitulierte am 26. Juni; einige deutsche Soldaten kämpften noch bis zum 30. Juni erbittert weiter.

Die Alliierten hatten jetzt ihren Hafen – später als sie gehofft, aber früher als die Deutschen erwartet hatten.[46] Die Hafenanlagen waren jedoch von deutschen Sprengtrupps schwer beschädigt worden. Es dauerte fast drei Wochen, bis der Hafen wieder geöffnet war, und Monate, bis wieder größere Frachtmengen gelöscht werden konnten. Am Ende wurde über die Hälfte der gesamten Fracht, die für die amerikanischen Streitkräfte in Frankreich bestimmt war, in Cherbourg gelöscht,[47] aber die Verzögerung aufgrund der Zerstörung der Hafenanlagen trug wesentlich dazu bei, daß die alliierte Offensive später zum Stehen kam. Als einer der beiden Mulberry-Häfen durch einen großen Sturm auf dem Kanal unmittelbar vor der Kapitulation Cherbourgs zerstört worden war, hatten sich die Nachschubprobleme der Alliierten zwar gewaltig verschärft, aber sie konnten immer noch beträchtliche Mengen auf den Stränden anlanden, und die Wiederherstellung der Hafenanlagen war greifbar nahe. Jetzt konnten die Alliierten selbst dann nicht mehr ins Meer zurückgetrieben werden, wenn auch der zweite Mulberry-Hafen ausfallen sollte und keine weiteren Truppen und Vorräte mehr über die Strände nach Frankreich gebracht werden könnten.

Während die Amerikaner die Halbinsel Cotentin abriegelten und Cherbourg nahmen, versuchte die britische 2. Armee den Weg nach Caen freizukämpfen, das laut Plan schon am D-Day hätte genommen werden sollen. Montgomery hatte gehofft, bis Mitte Juni über Caen hinaus nach Falaise vorzustoßen, wurde jedoch durch wiederholte Gegenangriffe deutscher Panzereinheiten (und weil er und seine Kommandeure keine schweren Verluste riskieren wollten) schon früh aufgehalten.[48] Am 18. Juni befahl er der britischen 2. Armee unter General Sir Miles Dempsey einen zweiten Vorstoß auf Caen und der amerikanischen 1. Armee unter Bradley einen erneuten Vorstoß auf Cherbourg.[49] Letzterer hatte Erfolg, aber die Caen-Offensive machte nur minimale Fortschritte. Daraufhin konzentrierte er seine Truppen in der britischen Landungszone, um eine Großoffensive zu starten. Er habe beschlossen, schrieb er Alan Brooke am 14. Juli, »auf dem östlichen Flügel einen wirklichen Show-down zu wagen und auf dem offenen Gelände um die Straße Caen-Falaise ein Korps von drei Panzerdivisionen von der Leine zu lassen«. »Die Möglichkeiten sind gewaltig«, schrieb er an seinen wichtigsten Unterstützer im Alliierten Oberkommando. »Wenn man südöstlich von Caen 700 Panzer losläßt, mit gepanzerten Fahrzeugen ihnen voraus, kann alles passieren.«[50] In Wirklichkeit kam auch der unter dem Code-namen »Goodwood« am 18. und 19. Juli vorgetragene Großangriff trotz der Panzer, und obwohl er durch ein massives Bombardement vorbereitet worden war, wieder zum Stehen, mit gewaltigen Verlusten.[51] Dieses Stoppen des britischen Vorstoßes hätte Montgomery fast seinen Posten gekostet. Die meisten höheren Offiziere im Obersten Hauptquartier der Alliierten Expeditionsstreitkräfte und besonders Eisenhowers britischer Stellvertreter Tedder waren für seine Entlassung, und auch Eisenhower selbst hatte allmählich genug von Montgomerys eigenwilligem Verhalten. Montgomery wurde nur durch die Rückendeckung Churchills und durch den amerikanischen Durchbruch auf dem anderen Flügel gerettet, der den Alliierten neue Perspektiven eröffnete.

Im Zentrum der alliierten Front, das vom rechten Flügel der britischen 2. Armee und der gesamten amerikanischen 1. Armee gebildet wurde, kamen die Alliierten nur sehr langsam voran. Die Amerikaner wollten Richtung St. Lô vorstoßen, um eine gute Basis für eine Offensive im offenen Gelände am westlichen Ende der Front in der Normandie zu haben, aber sie wurden durch zwei Faktoren aufgehalten. Der erste war der *bocage,* das von Hecken durchzogene Terrain, das die Panzer auf schmale Straßen beschränkte und die Infanterie zwang, sich unter dem Feuer der gut gedeckten deutschen Verteidiger Feld für Feld vorwärtszukämpfen. Es spricht einiges dafür, daß es besser gewesen wäre, das langsame Vordringen auf diesem Terrain den Briten zu überlassen, während die Amerikaner besser in das offene Panzergelände am östlichen Ende des Brückenkopfs vorgestoßen wären, aber die Positionen der beiden verbündeten Streitkräfte waren aufgrund transporttechnischer Überlegungen festgelegt worden. Der Mangel an Schiffsraum und die Notwendigkeit, Truppen und Vorräte nach der eigentlichen Landung direkt aus den Vereinigten Staaten heranzuschaffen, hatten zu der Entscheidung geführt, daß die Briten bei der Landung und im folgenden Feldzug den linken und die Amerikaner den rechten Flügel bildeten.* Aus diesem Grund waren es die Amerikaner, die sich im *bocage* vorankämpfen mußten, ein Prozeß, der erst dann schneller vonstatten ging, als sie »Hörner« aus Stahl vorn an ihre Panzer schweißten, so daß diese »Nashörner« geradewegs durch die Hecken fahren konnten.

Der andere Faktor, der die Amerikaner aufhielt, war der geschickte und entschlos-

---

* Es war diese Entscheidung, die letztlich dazu führte, daß erstens die Vereinigten Staaten eine Besatzungszone in Süddeutschland übernahmen und daß, zweitens, später die amerikanischen NATO-Einheiten hauptsächlich im Süden und die britischen Einheiten im Norden der Bundesrepublik stationiert wurden.

sene Widerstand der Deutschen. Die deutschen Truppen, hauptsächlich Infanterie, aber auch einige Panzer, machten sich das Gelände geschickt zunutze und kämpften um jedes Feld. Sie wollten das Vordringen der Amerikaner so stark wie möglich bremsen, während sie ihre schwersten Panzerangriffe gegen die Briten führten. Trotzdem waren die Amerikaner nicht gezwungen, ihren Verbündeten zu helfen, da die Deutschen aufgrund der alliierten Luftangriffe zu keinem Zeitpunkt ihre Panzerdivisionen schnell genug an die britische Front heranführen konnten, um die Briten ernsthaft zu gefährden.[52] Die Amerikaner konnten sich also auf ihre eigene Front konzentrieren. Sie mußten zwar für jeden Meter Bodengewinn mit schweren Verlusten bezahlen. Doch auch die Deutschen verloren viele Soldaten, und sie konnten sie nicht so leicht ersetzen wie die Amerikaner.[53]

Auch der Einsatz einer neuen Waffe auf deutscher Seite konnte die amerikanische Großoffensive nicht aufhalten. Der erste Schwarm der V1, eines unbemannten Flugkörpers, wurde am 12. Juni, wesentlich später als ursprünglich geplant, gegen London gestartet, und drei Tage danach begannen die massiven Angriffe gegen die Stadt. Hitler war begeistert über die neue Waffe und rechnete ernsthaft damit, daß ihr Einsatz zu einer Evakuierung Londons und daher zu einer nachhaltigen Störung der gesamten alliierten Kriegsanstrengungen führen würde. Auf die V1 hätte laut Plan schnell die Rakete V2 folgen sollen, aber diese wurde erstmals am 8. September gestartet. Die V1 verursachte zwar beträchtliche Verluste und Zerstörungen, und das erneute schwere Bombardement im fünften Kriegsjahr hatte ernsthafte Auswirkungen auf die britische Moral, aber viele der unbemannten Flugzeuge wurden abgeschossen, und andere versagten oder stürzten von selber ab. Die neue Waffe verschaffte den Alliierten ein zusätzliches Motiv, aus der Normandie auszubrechen, um so schnell wie möglich die Abschußbasen der V1 zu überrennen. Die neue Waffe hatte aber keinen nennenswerten Einfluß auf die Operationen der Alliierten zur Befreiung Frankreichs. Die Einführung der V1, die ausschließlich gegen eine große Stadt gerichtet war, veranlaßte Churchill, sich energisch und wiederholt dafür auszusprechen, als Vergeltungsmaßnahme Giftgas einzusetzen. Er wurde durch die Bedenken seiner militärischen Berater und durch ein Veto der Amerikaner an der Durchführung dieses Vorhabens gehindert, vertrat seine Ansicht jedoch weiter, auch wenn er sich nicht durchsetzen konnte.[55]

Unabhängig von Erfolg oder Mißerfolg der neuen Waffe reagierten die Deutschen auf einen stabilen Brückenkopf der Alliierten mit erbitterten Abwehrkämpfen, allerdings ohne ein effektives strategisches Konzept. Die Kämpfe verlangsamten das Vordringen der Alliierten, konnten sie jedoch nicht aufhalten. In wiederholten Reden vor seinen Generälen und vor Industrieführern versuchte Hitler angestrengt, aufkommende Besorgnis zu zerstreuen. Er sprach von neuen Waffen und fanatischem Widerstand, der dem Feind zeigen werde, daß ein Sieg über Deutschland unmöglich sei; mit anderen Worten: er hielt inzwischen einen Sieg, der durch hartnäckigen Widerstand erkämpft werden sollte, für Deutschlands große Hoffnung. Was die Situation an der neuen

Westfront betraf, so hatte er sich, als es um den ersten großen Gegenangriff ging, für einen Angriff auf die Briten und nicht auf die Amerikaner entschieden, und er hatte sich gegen allen Rat zu einer mobilen Verteidigung ausgesprochen und befohlen, keinen Meter Boden preiszugeben.[56] Mit dieser Strategie war es kurze Zeit gelungen, die Amerikaner und Briten aufzuhalten. Sie führte jedoch dazu, daß die Truppen der Verteidiger, einschließlich der Panzerdivisionen, die kontinuierlich an der Front bleiben mußten, stark abgenutzt wurden, und sie beschleunigte den Zusammenbruch der deutschen Front, als es schließlich doch zu einem Durchbruch kam.

Die Alliierten hatten ursprünglich geplant, parallel zu der britischen Offensive Goodwood im amerikanischen Sektor die Großoffensive »Cobra« zu starten, hatten sie jedoch immer wieder verschieben müssen, da die Luftstreitkräfte aufgrund schlechten Wetters nicht die nötige Luftunterstützung hatten leisten können. Im Einsatz jedoch hatte die Luftwaffe große Probleme bei der Kooperation mit den Bodentruppen; viele Bomben trafen amerikanische Einheiten und verursachten schwere Verluste. Trotzdem wurden hauptsächlich die Deutschen von dem Bombenhagel getroffen, mit dem Cobra am 25. Juli schließlich eingeleitet wurde.[57] Die amerikanischen Divisionen konnten sich gegen den erbitterten Widerstand der Verteidiger durchsetzen; in den unmittelbar folgenden Tagen begannen sich die deutschen Divisionen am westlichen Ende der Front aufzulösen, und immer neue amerikanische Divisionen schlossen sich den amerikanischen Truppen an, die bereits nach Süden vorstießen. Zur selben Zeit, als die deutsche Front im Westen durchbrochen wurde, trieb Montgomery auf Druck Eisenhowers seine Truppen im Osten voran. Diese in der 1. Kanadischen und in der 2. Britischen Armee neu organisierten Kräfte konnten zwar keinen entscheidenden Geländegewinn erzielen, aber ihr starker Druck hinderte die Deutschen daran, Truppen auf ihren bedrohten linken Flügel zu verlegen. Dieser Flügel brach in den letzten Julitagen zusammen, als die Amerikaner Avranche am Fuß der Halbinsel Cotentin nahmen und im Begriff waren, in das offene Gelände im Süden vorzustoßen.

Daß der amerikanische Durchbruch gelang, war nicht zuletzt der Tatsache zu verdanken, daß die Deutschen den Großteil ihrer Panzerdivisionen an die britische Front geworfen hatten und durch wiederholte Angriffe der britischen und kanadischen Divisionen dort gebunden wurden. Und er war auch durch den Starrsinn begünstigt worden, mit dem Hitler darauf bestanden hatte, neu eingetroffene Reserven in diesem Sektor zu konzentrieren. Auch daß die Deutschen aufgrund des alliierten Täuschungsmanövers noch immer an eine zweite Landung am Pas de Calais glaubten, hatte viel zum Erfolg der amerikanischen Offensive beigetragen. Der Großteil der 15. Armee stand noch immer im Raum Calais und nicht in der Normandie, wo die Kämpfe stattfanden. Als die Deutschen Ende Juli erkannten, daß keine zweite Kanalüberquerung stattfinden würde, war es bereits zu spät, um noch Verstärkungen aus der 15. Armee entweder an den gefährdeten Punkt zu bringen oder die Divisionen, die den Kanadiern und Briten gegenüberstanden, abzulösen, so daß diese im westlichen Abschnitt der Front eingesetzt werden konnten. Als Feldmarschall Günther von Kluge, der Anfang Juli von Rundstedt ersetzt hatte[58], erst Ende des Monats endlich die Erlaubnis erhielt, beträchtliche Kräfte zu verlegen, war der Durchbruch der Amerikaner schon im Gange.

Die Luftherrschaft der Alliierten verlangsamte sämtliche deutschen Truppenbewegungen, und die Effizienz des Transportsystems war durch die früheren systematischen Luftangriffe irreparabel geschädigt. Die Deutschen konnten den Stellungskrieg nicht durchhalten, der für die ersten acht Kampfwochen im Westen charakteristisch gewesen war. Wegen der katastrophalen Niederlagen, die sie inzwischen durch die Rote Armee erlitten hatten, war auch eine massive Verstärkung der Westfront auf Kosten der Ostfront unmöglich geworden, selbst wenn Hitler sich dazu bereitgefunden hätte.

Die amerikanischen Streitkräfte waren nun, wie geplant, in der 12. Heeresgruppe unter General Bradley zusammengefaßt, deren rechter Flügel die 3. Armee unter Patton bildete, während auf dem linken Flügel die 1. Armee unter General Courtney Hodges operierte. Sie schleusten nun eine Division nach der anderen durch das klaffende Loch am westlichen Ende der deutschen Front. Die Divisionen der 3. Armee hatten ursprünglich nach Südwesten in die Bretagne vorstoßen sollen, um Brest und andere Häfen für die Landung zusätzlicher amerikanischer Divisionen und Vorräte zu öffnen, die wie im Ersten Weltkrieg direkt aus den Vereinigten Staaten kommen sollten. Da der deutsche Widerstand im Inneren der Bretagne jedoch minimal war – viele der ursprünglich dort stationierten Einheiten waren in der Normandie in die Schlacht geworfen und aufgerieben worden –, war es offensichtlich nicht nötig, die ganze 3. Armee dort einzusetzen. Neue Entscheidungen mußten getroffen werden, und sie traten in eine schicksalhafte Wechselwirkung mit den neuen Entscheidungen, die die Deutschen jetzt trafen.

Mit Zustimmung Bradleys und Montgomerys schickte Patton nur eines seiner vier Korps in die Bretagne. Dies war mehr als genug, um den Großteil der Provinz zu befreien, reichte aber für eine schnelle Eroberung der Häfen nicht aus, die von ihren deutschen Garnisonen verbissen verteidigt wurden, so daß Brest erst am 19. September fiel. Zwei Korps stießen rasch nach Südosten und Süden vor, das vierte wurde in Reserve gehalten. Der rechte Flügel mit der amerikanischen 1. Armee kam ebenfalls gut voran, und es sah ganz so aus, als könnte die gesamte deutsche Armee in der Normandie eingeschlossen werden.

Da etwa zwei Drittel der deutschen Front noch immer gut standhielten, entschloß sich Hitler zu einem großen Gegenangriff bei Mortain, eine Operation, die von Kluge bereits geplant hatte, der nach Rommels Verwundung auch dessen Kommando übernommen hatte. Die Offensive sollte nach Westen zum Meer durchbrechen und die amerikanischen Truppen abschneiden, die durch die Lücke bei Avranche vorgestoßen waren. Als die Deutschen sich zum Gegenangriff sammelten und vorrückten, erlitten sie eine schwere Niederlage, zu der die taktische Luftunterstützung für die alliierten Bodentruppen, die jetzt endlich gut funktionierte, einen wesentlichen Beitrag leistete.[59] Außerdem profitierten die Amerikaner, wie wir heute wissen, stark von der Tatsache, daß wichtige deutsche Meldungen, die mit dem Angriff in Zusammenhang standen, aufgefangen und entschlüsselt werden konnten. Nachdem die Deutschen für den gescheiterten Gegenangriff den Großteil ihrer Truppen von der britisch-kanadischen Front nach Westen verlagert hatten, schwebten sie mehr denn je in Gefahr, eingeschlossen zu werden.[60]

Die britisch-kanadischen Truppen konnten ohne den Widerstand der verlegten Panzerdivisionen rasch auf Falaise vorstoßen, und es sah kurze Zeit so aus, als würden die gesamte deutsche 7. Armee und die Panzergruppe West (die in 5. Panzerarmee umbenannt worden war) eingekesselt. Die Vorhut der amerikanischen 3. Armee stieß nördlich in Richtung Argentan vor, die Kanadier bewegten sich auf sie zu, und Teile der amerikanischen 1. Armee hatten ebenfalls Positionen südlich der deutschen Front erreicht. Zehn Tage nach der gescheiterten Offensive von Mortain sah es so aus, als würden beide deutschen Armeen auf einem Gebiet eingeschlossen, das später der Kessel von Falaise genannt wurde. Die Alliierten hatten nun die Möglichkeit, den größten Teil der deutschen Heeresgruppe B völlig zu vernichten. Die amerikanischen Truppen stießen auf Argentan vor, während Teile nach Paris vordrängten und die kanadische 1. Armee die Zange von Norden her schließen sollte. In der Zeit vom 8. bis zum 18. August war die deutsche Front schwersten Angriffen ausgesetzt: im Süden wurde sie eingedrückt und im Westen zurückgenommen, aber im Norden wurde sie nicht durchbrochen. Montgomery setzte unerfahrene kanadische Divisionen und die polnische Panzerdivision ein, um die Lücke zu schließen, anstatt erprobte Einheiten in den Kampf zu werfen. In der Folge konnten die Deutschen, wenn auch unter schweren Verlusten an Menschen und Material, einen beträchtlichen Teil ihrer Soldaten und den größten Teil ihrer höheren Stäbe aus dem Kessel herausbringen. Sie wurden in neuen kampffähigen Einheiten organisiert, mit denen die Alliierten später fertig werden mußten. Möglicherweise hätte der Kessel früher und wirksamer geschlossen werden können, wenn Bradley der 3. Armee befohlen hätte, ihren Vorstoß über die geplante Linie hinaus bis Falaise fortzusetzen. Da jedoch keine regelmäßigen Treffen zwischen Montgomery und den amerikanischen Kommandeuren stattfanden, weil Montgomery dies ablehnte, wäre es problematisch gewesen, einen solchen Schritt zu wagen.

Die Alliierten hatten im Westen einen großen Sieg errungen, bei dem ihre kombinierte Luftstreitmacht eine sehr bedeutende Rolle gespielt hatte; die Deutschen hatten über eine Viertelmillion Soldaten verloren, und die große Mehrheit ihrer Divisionen im Westen war angeschlagen oder zerstört. Die Alliierten konnten jetzt rasch nach Osten und Norden stürmen, aber die Deutschen hatten unter der Führung von Feldmarschall Model, der als Nachfolger von Kluges aus dem Osten an die Westfront versetzt worden war, immerhin 50000 Mann der Heeresgruppe B aus dem Kessel von Falaise gerettet, darunter viele erfahrene Offiziere.[61]

Zu diesem Zeitpunkt sah es so aus, als ob die Alliierten in Frankreich in einer hervorragenden Position wären. Die kanadischen und britischen Armeen stürmten nach Norden, wobei sie viele Abschußbasen der V1 und V2 einnahmen. Sie hatten bald schon den Unterlauf der Seine überquert und konnten die Häfen am Kanal vom Land her angreifen und außerdem nach Belgien vorstoßen. Im Zentrum der Front näherten sich amerikanische Truppen Ende August Paris, das die Deutschen hatten verteidigen und Hitler hatte sogar zerstören wollen, aber sie mußten die Stadt aufgrund des schnellen Vorrückens der Alliierten und beginnender Aufstände kampflos preisgeben. Eisenhower verzichtete auf seinen ursprünglichen Plan, an der Stadt vorbeizumarschieren, und überließ einer französischen Panzerdivision die Ehre, die französische Hauptstadt zu befreien. Danach marschierten auch noch zwei amerikanische Divisionen durch die Stadt, damit wirklich jedermann begriff, daß die Deutschen in der Region ausgespielt hatten.[62] De Gaulle zog unter dem Jubel der Einwohner in Paris ein; er hatte so rasch wie möglich in Paris sein wollen, um sich schnell zu etablieren und sich sowohl gegen eine mögliche Herausforderung der Kommunisten als auch gegenüber Großbritannien und den Vereinigten Staaten behaupten zu können.[63]

Im Süden war die Landungsoperation Anvil an der französischen Mittelmeerküste, die inzwischen »Dragoon« hieß, am 15. August erfolgreich durchgeführt worden.[64] Vor der Landung hatten erbitterte Auseinandersetzungen im Lager der Alliierten stattgefunden. Die Briten hatten sich unter starkem persönlichem Engagement Churchills der geplanten Landung bis zuletzt widersetzt, weil sie eine Schwächung der alliierten Streitkräfte in Italien verhindern wollten.[65] In den letzten Tagen der Debatte hatte Churchill sogar den Vorschlag gemacht, die Operation in letzter Minute in die Bretagne zu verlegen. Dieser Vorschlag war so absurd, daß er die Amerikaner, und besonders Roosevelt und Marshall, eher in ihrer Entschlossenheit bestärkte, Eisenhower den Rücken zu stärken und an der Durchführung des ursprünglichen Plans festzuhalten.[66]

Nach der Landung eroberte die 7. Armee der Vereinigten Staaten, die aus einem amerikanischen und einem französischen Korps bestand, rasch die wichtigen Häfen Marseille und Toulon und stieß nach Norden vor. Die Gefahr, daß sich die vorrückenden Verbände der amerikanischen 7. und 3. Armee in Zentralfrankreich vereinigen würden, führte zu dem von Hitler nur widerwillig abgesegneten Beschluß der Deutschen, die Heeresgruppe G größtenteils aus Südwestfrankreich abzuziehen. Spezielle Festungseinheiten wurden zurückgelassen, um möglichst viele Häfen solange wie möglich zu halten – ein Thema, auf das in Kapitel 14 näher eingegangen wird. Die Masse der deutschen 1. und 19. Armee zog sich jedoch nach Nordosten zurück. Obwohl sie vom französischen Widerstand, der alliierten Luftwaffe und den heranrückenden amerikanischen Armeen schwer bedrängt wurde, konnte die Mehrheit der deutschen Soldaten entkommen und beim Aufbau neuer Fronten im deutsch-französischen Grenzgebiet und entlang der Alpenpässe nach Italien eingesetzt werden.

Der größte Teil Frankreichs war jedoch befreit. Marschall Pétain, Laval und diverse französische Kollaborateure – die es 1940 unzumutbar gefunden hatten, sich aus ihrem Mutterland in die nordafrikanische Provinz zu begeben – fanden es nun angebracht oder notwendig, sich dem Rückzug der Deutschen anzuschließen, um schließlich eine »Exilregierung« in Südwestdeutschland zu gründen.[67] Viele von ihnen, die den deutschen Sieg über die Franzosen noch lebhaft in Erinnerung hatten, erwarteten zunächst ernsthaft, daß die deutschen Armeen eine neue Offensive starten und die Alliierten wieder aus Frankreich vertreiben würden. Laval trat wie schon früher für einen Frieden der Deutschen mit der Sowjetunion ein, damit die Rückeroberung Frankreichs leichter bewerkstelligt werden könnte.[68] Die Deutschen aber hatten andere Sorgen und andere Pläne.

NEUE ENTSCHEIDUNGEN IM WESTEN

Den Gegnern des Hitler-Regimes waren die unglaublichen Verbrechen und die Verantwortung der Deutschen für den Ausbruch und die Dimensionen des Krieges bekannt. Eine nicht abreißende Serie von Niederlagen öffnete ihnen schließlich die Augen, daß die Naziregierung unbedingt gestürzt werden müsse. Ein Sturz war jedoch nur möglich, wenn Hitler – die zentrale Figur des Regimes – getötet werden würde. Wie in Kapitel 9 dargestellt, hatte die innere Opposition schon mehrmals versucht, Hitler umzubringen und die Macht zu übernehmen. Das Bombenattentat vom 20. Juli 1944 schlug knapp fehl. Hitler überlebte die Explosion. Bei der Wahl zwischen den entgegengesetzten Befehlen aus Hitlers Hauptquartier in Ostpreußen und denen der Führer des militärischen Widerstands in Berlin ergriff die überwältigende Mehrzahl der Militärs Partei für Hitler. Der Militärbefehlshaber in Paris, Stülpnagel, war auf der Seite der Gegner Hitlers. Weil das Naziregime jedoch an der Macht blieb, wurden er und viele andere verhaftet und hingerichtet.

Der versuchte Staatsstreich vom 20. Juli machte Hitler gegenüber seinen militärischen Führern noch mißtrauischer. Als er in den folgenden Tagen eine neue Strategie für den Westen entwickelte, gewährte er den Frontkommandeuren keinen genauen Einblick in seine Absichten. Er erklärte sie seinem strategischen Berater General Jodl am 31. Juli in einer wichtigen Konferenz, von der durch einen glücklichen Zufall die stenographische Aufzeichnung erhalten blieb.[69] Hitler hoffte, die Ostfront an einer neuen Linie zu halten, wo die sowjetische Sommeroffensive den zentralen Frontabschnitt aufgerissen hatte. In Italien sollte die Front so weit südlich wie möglich gehalten werden. Im Westen sollte eine neue Verteidigungslinie gesucht und befestigt werden. Doch der amerikanische Durchbruch, der während der Konferenz begann, sollte die vorgeschlagene Linie bereits überschreiten, bevor sie überhaupt genau definiert werden konnte. Andere Teile des Planes für den Westen sollten durchgeführt werden und hatten großen Einfluß auf die Strategie der Alliierten und den Verlauf und die Dauer des Krieges.

Hitler war über den schnellen Fall von Cherbourg schockiert. Deshalb befahl er, besondere Vorsorge für Spezialeinheiten zu treffen. Sie sollten die wichtigen Häfen bis zum letzten Schuß und zum letzten Mann halten. Er ging davon aus, daß diese Garnisonen nicht mehr abgelöst werden würden. Ihre Aufgabe war, den Alliierten so lange wie möglich den Zugang zu den Häfen zu verwehren. Die Amerikaner und Briten sollten daran gehindert werden, ihre menschlichen und materiellen Ressourcen auf dem Festland einzusetzen, auszubauen und zu ergänzen. Nur durch diese Drosselung ihres Nachschubs könnten die Deutschen die Möglichkeit zum Aufbau neuer Verteidigungslinien bekommen und die westlichen Alliierten mit einer gewissen Hoffnung auf Erfolg zunächst stoppen und dann zurückdrängen.

In Übereinstimmung mit diesen Plänen wurden zwölf Häfen und die Kanalinseln weiter gehalten, nachdem sie abgeschnitten worden waren. Viele deutsche Truppen wurden für diese Operationen zur Blockade der Alliierten eingesetzt. Einige wurden im Herbst 1944 besiegt, andere hielten bis zur Kapitulation im Mai 1945 durch.[70] Obwohl sie nicht ihrem ursprünglichen Zweck dienten, der deutschen Armee den Aufbau einer festen Front in Frankreich zu ermöglichen, trugen sie wesentlich zum Aufhalten der alliierten Offensivoperationen im Herbst 1944 und zur Verlängerung des Krieges bis 1945 bei.

Was auch immer die langfristigen Folgen der deutschen Versuche, so viele Häfen wie möglich und so lange wie möglich zu halten, gewesen sein mögen, der Sturm der alliierten Armeen durch Frankreich befreite den Großteil des Landes und hatte dabei zwei sofortige und bedeutende Auswirkungen auf den weiteren Verlauf der Kampfhandlungen. Erstens verlor die deutsche Marine die besten Stützpunkte am Atlantik, die 1940 erobert worden waren. Die isolierten Garnisonen konnten den Alliierten den Zugang zu den Häfen verwehren, aber sie konnten nun den U-Boot-Krieg nicht mehr von Häfen des französischen Atlantiks aus unterstützen. Die Deutschen hofften immer noch, die Atlantikschlacht mit neuen U-Booten zu ihren Gunsten entscheiden zu können. Doch selbst wenn diese rechtzeitig einsatzfähig werden sollten, mußten sie nun in den Atlantik den langen Weg von den deutschen und norwegischen Häfen zurücklegen.[71] Zweitens wurde die Landverbindung nach Spanien und über Spanien nach Portugal unterbrochen. Das hatte zur Folge, daß trotz der deutschen Bemühungen wichtige Rohstoffe, vor allem Wolfram und Chrom, nicht mehr aus dem Gebiet importiert oder geschmuggelt werden konnten.[72] Die Staaten der Iberischen Halbinsel waren vom Dritten Reich vollkommen abgeschnitten.

Die alliierten Soldaten marschierten also durch Frankreich nach Belgien, und kleine Abteilungen deutscher Soldaten versuchten, quer durch Frankreich einen Weg zu den wiedererrichteten Hauptlinien zu finden, die der Verteidigung der Grenzen des Dritten Reichs dienen sollten. In dieser Zeit setzten sich die amerikanischen und britischen Regierungen und Militärs mit wichtigen Fragen von Befehlsstrukturen und Strategie auseinander. Die Größe der amerikanischen Streitkräfte stieg an, während die britischen kleiner wurden; deshalb wurden neue Strukturen erforderlich. Die Einführung der 3. Armee neben der 1. Armee führte zur Bildung der 12. Heeresgruppe unter Bradley. Die neben der britischen 2. Armee neu formierte 1. Kanadische Armee wurde mit ihr zu Montgomerys 21. Heeresgruppe. Am 1. September sollte jedoch Montgomery seine allgemeine Befehlsgewalt über alle Landstreitkräfte abgeben, da Eisenhower die Bodenkämpfe selbst befehligen sollte. Dies war aus zweierlei Gründen – politischen und persönlichen – offensichtlich notwendig. Die politischen Gründe waren einfach. Eine dritte amerikanische Armee, die 9., wurde gerade unter General William Simpson an der Grenze zwischen der 21. und 12. Heeresgruppe aufgestellt. Zu dieser Zeit wurden die amerikanischen und französischen Streitkräfte im Süden, organisiert als 6. Heeresgruppe, in Eisenhowers Befehlsbereich integriert.

Gleichzeitig mit diesem mächtigen amerikanischen Aufbau, den diese neuen Hauptquartiere mit sich brachten, schrumpfte die britische Armee zwangsläufig. Am 14. August hatte Montgomery an Brooke geschrieben und um Erlaubnis gebeten, die 59. Division aufzulösen, um andere Divisionen auf voller Mannstärke halten zu können. Es standen einfach nicht genug Ersatzmannschaften zur Verfügung, um die Verluste zu ersetzen. Dem Gesuch wurde entsprochen: Noch vor der Befreiung von Paris verschwand die 59. als erste britische Division aus der Schlachtordnung der Alliierten.[73]

Wenn schon das wachsende Übergewicht der amerikanischen Soldaten in den Armeen der Alliierten einen amerikanischen Befehlshaber – in diesem Fall kam nur General Eisenhower in Frage – zu einer politischen Notwendigkeit machte, so wurde das durch persönliche Aspekte noch verstärkt. Montgomery hatte bei der Zusammenarbeit mit der amerikanischen Militärführung in Sizilien und Italien große Schwierigkeiten gehabt. In den Wochen vor dem formellen Wechsel des Befehls am 1. September hatte er es darauf angelegt, sich Eisenhower zum Gegner zu machen. Anstatt an den regelmäßigen Treffen mit ihm und Bradley teilzunehmen, war er sehr reserviert und bestand manchmal darauf, daß die anderen zu ihm kommen müßten.

Es war theoretisch gerade noch vorstellbar, daß die Amerikaner Feldmarschall Alexander akzeptieren würden; Montgomery jedoch war indiskutabel. Wenn die Möglichkeit jemals bestanden haben sollte, dann hatte er sie durch sein eigenes Verhalten zuverlässig zunichte gemacht. Brooke und der britische Kriegsminister Percy James Grigg waren töricht, ihn in seiner Hoffnung auf eine Rücknahme der Einführung der neuen Befehlsstruktur zu bestärken. Der beliebte General wurde von der britischen Regierung als Anerkennung für seine Dienste um die Invasion zum Feldmarschall befördert. Vielleicht hat ihn das getröstet, doch wäre es klüger gewesen, wenn er sich angestrengt hätte, besser mit den amerikanischen Befehlshabern zusammenzuarbeiten. Aber das war vielleicht zuviel verlangt, denn Montgomery kooperierte nicht einmal vernünftig mit seinen kanadischen und polnischen Untergebenen.[74]

Über die Befehlsstrukturen, die schon vor dem D-Day beschlossen worden waren, hätte es eigentlich keine Diskussion geben sollen. Doch sie wurde von den Briten, vor allem von Montgomery, angefacht und verschärfte den Streit über die Strategie nach dem erfolgreichen Durchbruch. Diese Frage wurde oft mit den Begriffen Vormarsch nach Deutschland mit einem Stoßkeil oder auf breiter Front umschrieben. Sie war in der Planung vor dem D-Day nicht ausgearbeitet worden. Zunächst mußte vor allem die Landung glücken. Erst in zweiter Linie stellte sich die Frage, wie die wichtigen Häfen zu besetzen seien und dann nach Frankreich innerhalb der folgenden 90 Tage vorgestoßen werden sollte. Bis Ende August wurden die groben Ziele für diese Dreimonatsfrist tatsächlich erreicht – in den ersten Wochen verlief der Vormarsch langsamer und in den letzten Wochen schneller als erwartet. Wie sollte nun weiter vorgegangen werden?

Die Frage wurde durch zwei Faktoren erschwert: Probleme beim Nachschub und die gerade erwähnte Diskussion der Befehlsstruktur. Die Deutschen hatten den Hafen von Cherbourg zerstört, hielten viele andere Häfen noch lange Zeit und hatten die Anlagen von Brest so zertrümmert, daß sie nach der Eroberung der Stadt nicht genutzt werden konnten. Das Problem, weitere Operationen wirkungsvoll zu unterstützen, war außerordentlich schwerwiegend. Je weiter die Alliierten vordrangen, um so länger wurden die Nachschubwege ins Landesinnere, und je später es im Jahr wurde, um so größer wurde die Gefahr, wenn der Nachschub über die Strände der Normandie gebracht werden mußte. Einige Lieferungen wurden mit dem Fallschirm abgeworfen, und die Amerikaner organisierten ein besonderes Verfahren von Einbahnverkehr mit Lastkraftwagen, »Red Ball Express« genannt. Doch diese Behelfstransporte waren kein Ersatz für ein effektives Nachschubsystem. Dazu mußte die Instandsetzung des Hafens von Cherbourg, die Eroberung und Öffnung des Hafens von Antwerpen und die Einrichtung von entsprechenden neuen Versorgungswegen im befreiten Frankreich abgewartet werden. Bis zu diesem Zeitpunkt konnten die zur Verfügung stehenden Güter entweder zu einem nördlichen Vorstoß der britischen 21. Heeresgruppe oder zu einem Vorstoß nach Osten zur amerikanischen 12. Heeresgruppe, die von der amerikanisch-französischen 6. Heeresgruppe unterstützt wurde, verwendet werden oder für beide Operationen in kleinerem Umfang.

Montgomery war der Meinung, seine Heeresgruppe solle durch Unterordnung der amerikanischen 12. Heeresgruppe erheblich vergrößert werden. Zudem müsse ihr die gesamte verfügbare Logistik zugeteilt werden. Dann könne er nach Norden über den Rhein in die norddeutsche Ebene marschieren, Berlin besetzen und den Krieg noch 1944 beenden. Wie viele andere aus dem britischen Befehlsbereich glaubte auch Montgomery, der Krieg sei praktisch zu Ende und er sei derjenige, der ihn beenden sollte. Der Plan war aus verschiedenen Gründen nicht durchführbar, nicht zuletzt, weil der größte Fluß – der Rhein – an seiner breitesten Stelle und dort, wo er am meisten Seitenarme hatte, überquert werden sollte. Weiterhin mußten alle anderen Offensivoperationen gestoppt werden, und zwar zu einem Zeitpunkt, als Patton dem

Rhein bereits viel näher war als Montgomery. Außerdem setzte dieses Vorgehen voraus, daß es sicher sei, eine einzelne Angriffsspitze weit vor die alliierte Front zu führen, wo eine deutsche Armee inzwischen ihre Einheiten wieder aufbaute. Der einzige denkbare Vorteil bestand darin, daß Orte, von denen die V1 und vor allem die gefährlichere V2 gegen England abgeschossen werden konnten, früher eingenommen werden würden. Doch dies wog nicht allzu schwer angesichts der früheren Erfahrungen der Amerikaner mit Montgomery als Befehlshaber. Er hatte Schwierigkeiten, die Armeen zweier Nationen harmonisch zu leiten – von dreien (britischen, kanadischen und amerikanischen), die für dieses Projekt benötigt würden, ganz zu schweigen. Eisenhower lehnte den Plan ab und zog es vor, auf einer breiten Front zum Rhein zu marschieren. Doch wurde er von der Notwendigkeit beeinflußt, den großen Hafen von Antwerpen und die Orte, von denen die lästige V2 gestartet wurde, zu besetzen, und er unterstützte Montgomerys Feldzug nach Kräften.[75]

Obwohl die amerikanischen Truppen südlich der Ardennen schnell vorstoßen konnten, ging am Ende buchstäblich das Benzin aus. Die 3. Armee konnte einige Benzinvorräte der Deutschen erbeuten, doch nicht genug, um angesichts des harten Widerstandes weiter vorzugehen. Die deutsche Strategie, die Häfen zu halten, zeigte Wirkung. Einige Historiker vertreten die Ansicht, die Versorgung einer der beiden Heeresgruppen (der 21. oder 12.) mit allen verfügbaren Mitteln hätte den Durchbruch ermöglicht und den Krieg beendet. Dem kann man jedoch sehr wohl entgegenhalten, daß eine solche Strategie für die andere Heeresgruppe einen totalen Stillstand bedeutet hätte. Dies hätte die weit vor die Front vorgeschobene Heeresgruppe der Gefahr einer totalen Niederlage ausgesetzt. Wie dem auch sei, mit den ihm zugeteilten Ressourcen und den zusätzlichen Einheiten einer ihm unterstellten alliierten Luftlandearmee machte Montgomery drei schwere Fehler, die weitere Vorstöße der Alliierten für Monate stoppten.

Die beiden ersten Fehler hängen eng miteinander zusammen. Anfang September besetzten britische Streitkräfte Antwerpen bei der Befreiung Belgiens nahezu kampflos. Vor allem blieb den Deutschen nicht die Zeit, die großen Löschkräne oder andere Teile der ausgedehnten Hafenanlage zu sprengen. Dieser Glücksfall eröffnete zwei große Möglichkeiten: einen schnellen Vorstoß nach Norden, um der deutschen 15. Armee den Rückzug abzuschneiden, und die Räumung der Schelde-Mündung, um Antwerpen den Alliierten für Nachschublieferungen auf das Festland zu öffnen. Montgomery hatte einige Tage zuvor versucht, Eisenhower zu einem Vorstoß mit 40 Divisionen zur schnellen Beendigung des Krieges zu überreden. Jetzt befahl er seinen Streitkräften, sich auszuruhen, und verspielte so beide Möglichkeiten. Die Masse der 15. Armee konnte entkommen – wie schon Teile der 7. Armee einen Monat zuvor –, und die Hafenanlagen blieben bis zum 27. November geschlossen. Erst nach langwierigen und blutigen Kämpfen konnten Minenräumboote endlich die Zugänge zum Hafen öffnen.

Wie wichtig Antwerpen für erfolgreiche Operationen in Westeuropa war, wurde schon in den ersten Plänen für eine Invasion vom 24. Dezember 1941 betont, als das Invasionsprojekt noch »Roundup« genannt wurde. Daß die Anlagen in Cherbourg und Brest – letzteres war immer noch in deutscher Hand, nachdem Antwerpen eingenommen worden war – zerstört waren, erhöhte die Bedeutung der Öffnung dieses Hafens nur noch. Vor allem die Kanadier hatten verschiedene kleinere Häfen am Ärmelkanal befreit. Dadurch wurden die Versorgungsprobleme der 21. Heeresgruppe kurzfristig gemindert, aber ein Vorstoß nach Deutschland in großem Rahmen war erst nach der Öffnung Antwerpens durchführbar. In diesem Fall waren Eisenhowers Bemühungen, Montgomery anzuspornen, unzweifelhaft gerechtfertigt, und Montgomery selbst gestand ausnahmsweise ein, daß er einen Fehler gemacht hatte.[76]

Montgomery erhielt Eisenhowers Zustimmung, die alliierten Luftlandedivisionen einzusetzen. Er entschied sich für eine Operation, bei der zwei amerikanische und eine britische Luftlandedivision eine Reihe von Flußübergängen sichern sollten. Die amerikanische 82. und die 101. sollten die beiden südlichen Brücken und die britische 1. Luftlandedivision, verstärkt durch eine polnische Fallschirmjägerbrigade, die nördlichste Brücke bei Arnheim besetzen. Das britische 30. Korps sollte vorstoßen, die besetzten Brücken überqueren und die Front zwischen den Brücken halten. Die Alliierten sollten sich durch eine gewagte Bewegung quer über den Niederrhein festsetzen. Obwohl Montgomery vom Nachrichtendienst vor einer deutschen Panzereinheit und anderen Einheiten in der Nähe gewarnt wurde, führte er mit Eisenhowers Zustimmung den Plan durch. Eine entsprechende Operation weiter flußaufwärts bei Wesel hätte weniger breite Flußüberquerungen erfordert. Montgomery scheint die Arnheim-Route trotz ihrer größeren Schwierigkeiten ausgewählt zu haben, weil die Flußüberquerung ausschließlich im britischen Sektor stattgefunden hätte. Wenn diese Einschätzung richtig ist, ist seine Fehlplanung, sein dritter großer Fehler, noch schwerwiegender als die beiden anderen: Die britische 1. Luftlandedivision wurde Kilometer von ihrer Brücke entfernt abgesetzt. Dadurch sollten übermäßige Verluste bei der Landung verhindert werden, doch dies hatte den gegensätzlichen Effekt. Eine wagemutige Operation kann nicht sicher geplant werden – wie die Luftlandeoperation in der Normandie trotz Leigh-Mallorys Zweifeln gezeigt hatte.[77]

Teile der Luftlandeoperation (»Market«) und des begleitenden Bodenvorstoßes (»Garden«) wurden am 17. September scheinbar gut eingeleitet. Die 101. Division nahm Eindhoven und die dortige Brücke ein; eine von den Deutschen gesprengte Brücke wurde durch eine von Pionieren erbaute Behelfsbrücke ersetzt. Die 82. Division konnte nach erbitterten Kämpfen und einem mit den britischen Panzerverbänden verbundenen Angriff die Brücke bei Nimwegen besetzen. Die Panzer und Soldaten schoben sich den schmalen Korridor von Nimwegen hoch und kamen am 23. September auf der Südseite des Rheins mit der polnischen Fallschirmjägerbrigade in Kontakt. Doch die 1. britische Luftlandedivision war zu weit weg von der Brücke bei Arnheim abgesetzt worden, auf der anderen Seite der Stadt, und konnte den nördlichen Ausgang von der Hauptbrücke über den Fluß nicht halten. Die Deutschen hatten hastig Widerstand organisiert und warfen zwei SS-Panzerdivisionen, die sich schon in diesem Gebiet befanden, in den Kampf. Sie drängten die britischen Fallschirmspringer vom Fluß zurück. Nach zehn Tagen erbitterter Kämpfe mußte die Spitze des Vorstoßes von Süden stoppen. Dieser schmale Keil stand selbst unter schwerem deutschem Beschuß. Die Situation im Umkreis von Arnheim war hoffnungslos. Die Überlebenden der 1. britischen Luftlandedivision flohen über den Fluß oder ergaben sich. Der Versuch, die Barriere des großen Flusses zu überwinden, war um Haaresbreite durch den wiederaufflackernden deutschen Widerstand verhindert worden. Die Operation war unbestreitbar mißlungen.[78]

Die zeitweilige Konsolidierung der militärischen Macht Deutschlands, die im nächsten Kapitel diskutiert wird, wurde nicht nur bei der Niederlage der Operation Market Garden und den schweren Kämpfen der Kanadier beim Versuch, die Schelde im September und Oktober zu öffnen, deutlich, sondern auch an der Front der Amerikaner im Nordosten Frankreichs. Dort hatte zunächst Model den Oberbefehl; später wurde sein Befehlsbereich auf die Heeresgruppe B eingeschränkt. Von Rundstedt wurde dann wieder zum Oberbefehlshaber West. Die deutschen Verstärkungen strömten westwärts. Den Stäben geschlagener Divisionen, die aus dem Kessel von Falaise und Südwestfrankreich geflohen waren, wurden neu aufgestellte Divisionen und Korps untergeordnet. Die alliierten Nachschublinien wurden immer länger und gespannter, die der Deutschen immer kürzer. In Lothringen geriet Pattons 3. Armee in schwere Kämpfe und kam fast völlig zum Stillstand. Gleichzeitig bahnte sich weiter im Norden die amerikanische 1. Armee ihren Weg nach Deutschland und Luxemburg. Sie mußte feststellen, daß die alte Befestigungsanlage des Westwalls, wie die Deutschen ihn nannten, oder der Siegfried-Linie in der Sprache der Alliierten, bewaffnet und bemannt worden war. Mitte September wurde der Vorstoß der Alliierten zeitweilig gestoppt, aufgrund von Erschöpfung, Versorgungsschwierigkeiten und des neu belebten deutschen Widerstands. Monatelange Feldzüge lagen noch vor den Alliierten.

Eine augenfällige Verbindung zwischen der Ost- und der Westfront entdeckten die Briten und Amerikaner in der Normandie. Ihre Nachrichtendienste hatten sie bereits darüber informiert, daß in der deutschen Armee in Frankreich viele Soldaten kämpften, die aus gefangengenommenen Rotarmisten und Männern aus besetztem sowjetischem Territorium rekrutiert worden waren. Sie wurden in sogenannten Osttruppen organisiert, die dem Befehl deutscher Divisionen untergeordnet wurden. Viele von ihnen wurden von den Alliierten in der Normandie gefangengenommen. Am 17. Juli 1944 fragte Eden an, was mit den rund 1500 dieser Männer, die den Alliierten in die Hände gefallen waren, geschehen sollte. Churchill schlug vor, Stalin über sie zu informieren. Wenn er ihre Rückführung verlangen würde, müßten die westlichen Alliierten seinem Wunsch entsprechen. Bis dahin könnten sie zur Arbeit in der Landwirtschaft eingesetzt werden. Das Kabinett war mit diesem Vorschlag einverstanden.[79] Als das Thema Anfang September erneut aktuell wurde, weil sich noch mehr

Soldaten der Osttruppen ergaben, wurde in Übereinstimmung mit Eden beschlossen, alle, ob freiwillig oder nicht, in die Sowjetunion zu repatriieren.[80] Diese Frage sollte auch in Jalta diskutiert werden und führte nach dem Krieg zu manchen Kontroversen. Doch zu diesem Zeitpunkt sah niemand einen Grund, Männer, die für die Herrschaft der Deutschen über Westeuropa gekämpft hatten, zu schonen. Die westlichen Alliierten sorgten sich mehr um die ihnen versprochene sowjetische Sommeroffensive, die den Deutschen den Transport von großer Verstärkung an die neue Front im Westen unmöglich machen sollte.

OFFENSIVEN IM OSTEN

Als Vorspiel zur geplanten sowjetischen Großoffensive griffen die Leningrader und die Karelische Front am 10. Juni Finnland an. Die Finnen wurde überrascht und überwältigt, als die Rote Armee zuerst am westlichsten Abschnitt der finnischen Front gegenüber Leningrad angriff. Innerhalb weniger Tage drängte die Rote Armee die Finnen auf die karelische Landenge zurück, durchbrach ihre Verteidigungsstellungen und schob sie auf ihre letzte Verteidigungslinie auf sowjetischer Seite der Grenze von 1940 zurück. Die Finnen baten die Deutschen um Hilfe. Diese schickten Nachschub und Waffen, die zurückgehalten worden waren, als sie befürchtet hatten, Finnland würde aus dem Krieg austreten.[81]

Die Unterstützung der Deutschen, die Evakuierung fast des gesamten Gebietes von Ostkarelien, das von der finnischen Armee 1941 besetzt worden war, die Erschöpfung der Offensive der Roten Armee und der Transfer sowjetischer Einheiten von der Leningrader Front in den Süden ermöglichten den Finnen, im Juli durchzuhalten. Ihre Lage war dennoch sehr bedrohlich. Die Verluste konnten nicht ersetzt werden. Sie hatten den Deutschen versprochen, als Ausgleich für die erhaltene Hilfe weiter im Krieg zu bleiben. Doch es bestand keine realistische Aussicht, einem neuen sowjetischen Großangriff Widerstand zu leisten.[82]

Als die großen sowjetischen Offensiven vom Juni und Juli zuerst die Heeresgruppe Mitte zertrümmerten, dann die Heeresgruppe Nord abgeschnitten zu werden drohte und im August Rumänien am südlichen Ende der Front gezwungen wurde, um Frieden zu bitten, wurde der finnischen Regierung klar, daß sie akzeptieren mußte, was immer die Sowjetunion anbot. Der Präsident, der den Deutschen versprochen hatte, weiterzukämpfen, trat zurück. Sein Nachfolger wurde Marschall Mannerheim, der das finnische Parlament überzeugte, die vorgelegten Forderungen zu erfüllen und am 4. September 1944 einen Waffenstillstand zu unterzeichnen. Finnland mußte wieder die Grenzen von 1940 akzeptieren, das Gebiet von Petsamo aufgeben und der Verpachtung eines Marinestützpunktes bei Porkkala anstatt Hangös zustimmen. Zudem mußten hohe Reparationen gezahlt, die Beziehungen zu Deutschland abgebrochen und die noch im Land verbliebenen deutschen Truppen nach einer Frist von zwei Wochen interniert werden.[83]

Die Deutschen, die nicht in der Lage gewesen waren, die versprochene Verstärkung zu schicken, waren sehr aufgebracht, aber schon nicht mehr besonders überrascht. In einer schlecht durchgeführten Operation, zu der Admiral Dönitz gedrängt hatte, versuchten sie, die wichtige Insel Suursaari im Finnischen Meerbusen zu besetzen, um die Einschließung der sowjetischen Marine weiter zu ermöglichen. Doch Finnland war weder Italien noch Ungarn und drängte die Deutschen zurück.[84] Im Norden zog die deutsche 20. Armee sich langsam zurück. Zunächst versuchte sie, die Nickelminen von Petsamo zu halten. Als sich herausstellte, daß der Bedarf an Nickel niedriger war als angenommen, zog sie sich nach Norwegen zurück. Die Rote Armee unterstützte die Finnen beim Zurückdrängen der Deutschen. Im Winter schloß die 20. Armee zu den anderen in Norwegen stationierten Streitkräften auf. Sie blieb, mit Ausnahme einiger an die Hauptfronten des Festlands verlegten Einheiten, dort bis zur Kapitulation 1945. Im Norden Finnlands und der nördlichsten Provinz Norwegens hatten die Deutschen alles zerstört und alle Gebäude in Brand gesteckt, um ihre Verfolger zu behindern. Edward Dietl, der bisherige Befehlshaber, war bei einem Flugzeugabsturz am 23. Juni ums Leben gekommen. Sein Nachfolger, General Lothar Rendulic, erwies sich beim Anzünden von Häusern und Zerstören von Brücken im hohen Norden als sehr tatkräftig. Der österreichische Offizier hatte dies auch schon im besetzten Jugoslawien gezeigt, wo er im Vorjahr italienische Offiziere und Zivilisten erschießen ließ. Die Rote Armee hatte jedoch nicht die Absicht, die Offensive entlang der norwegischen Küste im hohen Norden fortzusetzen. Statt dessen zog sie sich etwas zurück: Der Weg nach Mitteleuropa war weiter im Süden wesentlich kürzer.[85]

Die Offensive gegen Finnland hatte direkt nach dem D-Day begonnen, doch handelte es sich bei ihr offensichtlich *nicht* um die sowjetische Großoffensive dieses Sommers. Sie war als konzentrischer Angriff umfassend vorbereitet worden mit dem Ziel, die deutsche Ostfront zu durchbrechen: Die Heeresgruppe Mitte sollte zertrümmert und das sowjetische Territorium auf der Hauptroute von Warschau nach Moskau befreit werden. Die Operation mit dem Codenamen Bagration wurde mit großer Vorsicht geplant und war von aufwendigen Täuschungsmanövern begleitet. Ebenso wie im Westen konnten die Deutschen erfolgreich getäuscht werden. Der deutsche militärische Nachrichtendienst fiel auf jede sowjetische List herein, und Reinhard Gehlen, der Leiter der Abteilung Fremde Heere Ost im Generalstab des Heeres, stellte Rekorde auf in der Prognose von nicht eintretenden Ereignissen.[86] Feldmarschall Ernst Busch, der Oberbefehlshaber der Heeresgruppe Mitte, die vernichtet werden sollte, war nicht auf seinem Posten. Die meisten Reserven seines Frontabschnitts waren zur südlich angrenzenden Heeresgruppe Feldmarschall Models, der Heeresgruppe Nordukraine, verlegt worden, da dort der Angriff der Roten Armee erwartet wurde. Auch das Verlegen von Tausenden von Minen auf den Eisenbahnschienen und Straßen hinter der Heeresgruppe Mitte in der größten Partisanenoperation des Krieges, die in der Nacht vom 19. auf den 20. Juni begann, versetzte die Heeresgruppe Mitte und höhere deutsche Hauptquartiere nicht in Alarmbereitschaft.

Die sowjetische Sommeroffensive begann mit einigen Tagen Verspätung, da es Probleme bei der Aufstellung und der Versorgung von 1,25 Millionen Soldaten gab. Sie begann im nördlichen Frontabschnitt, wo Marschall Wassilewski mit der 1. Baltischen und der 3. Weißrussischen Front am 22. Juni einen Großangriff durchführte. Die Stellungen der überraschten deutschen 3. Panzerarmee konnten sofort durchbrochen werden. Am folgenden Tag waren in Witebsk fünf ihrer Divisionen eingekesselt.[87] An diesem Tag stießen die 2. und die 1. Weißrussische Front, von Marschall Schukow geführt, nach Orscha, Mogilew und Bobruisk vor und durchbrachen schnell die Linien der 4. und 9. Armee. In einer Reihe von sorgfältig geplanten und ausgezeichnet geführten Vorstößen isolierte die Rote Armee die deutsche 9. Armee und drängte die deutsche 4. Armee über eine einzige völlig überlastete und schwer bombardierte Brücke über die Beresina zurück. Die gesamten Truppen im dahinterliegenden Gebiet der Heeresgruppe Mitte gerieten in Panik.

Hitler übertrug Model neben dem Befehl über die Heeresgruppe Nordukraine auch den über die Heeresgruppe Mitte. Dies konnte zwar den Transfer von Reserven erleichtern, aber nicht den Vormarsch der Roten Armee aufhalten. Am 3. Juli hatten die Russen Minsk befreit. Einige deutsche Kämpfer erreichten die Linien, die Model notdürftig aus den wenigen Reserven zusammenstellen wollte: Überbleibsel der zurückgedrängten Heeresgruppe Mitte und versprengte Frontsoldaten, die erschreckt und gebrochen zurückströmten. Innerhalb von zwölf Tagen waren 25 Divisionen mit mindestens 300000 Mann aus der deutschen Schlachtordnung verschwunden. Die Rote Armee hatte gezeigt, daß die Deutschen kein Monopol auf den Blitzkrieg hatten und daß sie, trotz der enormen Verluste in früheren Kämpfen, über die Mittel und Fähigkeiten verfügte, in eine monatelang gehaltene und befestigte Front der Deutschen einzubrechen.

In der Mitte existierten die neuen Verteidigungslinien hauptsächlich in der Phantasie Models und Hitlers. Die Befehlshaber der Roten Armee, die von diesen theoretischen Linien nichts wissen konnten, stürmten einfach in den offenen Raum vor und folgten den fliehenden Deutschen. Der Versuch, gegen die vorrückenden sowjetischen Kräfte von Norden her vorzustoßen – eine Art Vorläufer zu der Offensive bei Mortain im Westen –, wurde nie begonnen, weil der Heeresgruppe Nord die nötigen Panzerdivisionen fehlten. Also zog die Rote Armee nach Litauen und Ostpolen. Die westlichen Alliierten hatten gehofft, die Kämpfe an der Ostfront würden verhindern, daß die deutschen Truppen aus dem Osten abziehen könnten, um die Invasion ins Meer zurückzuwerfen. Gleichzeitig machte die erfolgreiche Einrichtung eines Brückenkopfes in der Normandie, gekennzeichnet durch die Befreiung von Cherbourg in den ersten Tagen der sowjetischen Sommeroffensive, es den Deutschen unmöglich, Truppen aus dem Westen nach Osten zu verlegen. Dasselbe gilt für den Vorstoß in Mittelitalien nach der Befreiung Roms, der verhinderte, daß die Deutschen

Truppen aus dem Süden abziehen konnten. Bis Mitte Juli war die Rote Armee an der mittleren Front über 300 Kilometer vorgerückt und mußte wegen Nachschubproblemen und Reparaturen am Straßen- und Eisenbahnnetz pausieren. Doch den Deutschen wurde keine Atempause gegönnt.

Bevor die Ausweitung der Offensive nach Norden und Süden dargestellt werden kann, muß auf die Anzeichen von Zersetzung in der deutschen Armee eingegangen werden. Sie traten zuerst im Sommer 1944 auf, nach dem sowjetischen Durchbruch Ende Juni im Osten und dem amerikanischen Durchbruch in der Normandie Ende Juli. Es gab an beiden Fronten klare Anzeichen von Panik in den rückwärtigen Gebieten. Die dort in den Jahren der Besatzung stationierten Soldaten drängten jetzt angesichts der drohenden Gefahr, in Kämpfen überwältigt zu werden, mit aller Kraft zurück. Die Einheiten an der Front kämpften in der Regel zunächst verbissen weiter, einige leisteten sogar noch verzweifelten Widerstand, als ihre Front schon durchbrochen war. Neben den Garnisonen, die bis zum bitteren Ende durchhielten, gab es auch schon Kapitulationen in großem Ausmaß. An beiden Fronten streckten viele deutsche Soldaten die Waffen. Vor allem an der Ostfront war dies ein ungewöhnliches Phänomen. Am 17. Juli organisierte die Rote Armee einen Massenaufmarsch von 57 000 Kriegsgefangenen durch Moskaus Straßen. Der japanische Botschafter berichtete seiner Regierung, daß Hunderttausende von Moskauern beobachteten, wie die Soldaten an ihnen vorbeimarschierten.[88] Im Gegensatz zu den Soldaten der Roten Armee, die drei Jahre zuvor in diesem Gebiet gefangengenommen worden waren und von denen die Mehrzahl bis Ende 1941 entweder getötet oder verhungert war, konnten viele dieser Männer nach Deutschland zurückkehren – wenn auch oft viel später als die in Frankreich in Gefangenschaft geratenen.

Hitler schrieb die Schuld für die Katastrophe der Heeresgruppe Mitte und die Kapitulation von großen Truppenteilen an beiden Fronten dem Verrat unter den Militärs zu, vor allem nach dem Attentat vom 20. Juli. Doch das waren nicht die Gründe der Niederlage. Die Furcht vor einem zweiten Stalingrad schwebte über den deutschen Soldaten im Osten. In den Schlachten der vergangenen Jahre hatten sie hohe Verluste erlitten. Für den gewöhnlichen Soldaten wurden die Aussichten immer finsterer. Die Offiziere mußten sich und ihre Männer opfern, um unbedeutende französische oder russische Städte für wenige Tage zu halten. Dies erschien ihnen immer fragwürdiger, denn solche militärischen Operationen hatten keinen Sinn. Die Oberbefehlshaber von Heeresgruppen und Heeren konnten, solange der Krieg andauerte, immer noch auf Ruhm, Beförderung und ihre monatlichen Zuwendungen oder Geschenke von Hitler hoffen. Die untergeordneten Korps- und Divisionskommandeure konnten in den Kämpfen, wenn sie einmal isoliert waren, immer weniger Sinn erkennen. In der deutschen Militärmaschinerie steckte noch viel Kampfgeist, doch waren schon viele Vorzeichen der Katastrophe zu erkennen, die weder durch Begeisterung und Hoffnung noch durch Angst vor dem Feind oder dem eigenen Terrorsystem der Standgerichte verborgen werden konnten. Nach dem Anschlag vom 20. Juli wurde General Guderian zum Stabschef des Heeres ernannt. Jetzt konnte er seiner Abneigung gegenüber Befehlshabern wie von Kluge, mit denen er sich in früheren Jahren überworfen hatte, freien Lauf lassen, und er konnte alle Offiziere auffordern, Vorlesungen über die nationalsozialistische Ideologie zu lauschen – aber darüber hinaus konnte er so gut wie nichts ändern.

Die Zertrümmerung der Heeresgruppe Mitte und die Befreiung der noch besetzten Gebiete Weißrußlands hatten sofortige Auswirkungen auf den nördlichen Frontabschnitt, da die Rote Armee durch die Lücke zwischen Heeresgruppe Nord und den Resten von Models Streitkräften vordrang. Model hatte Hitler schon am 9. Juli erklärt, daß der taktische Plan, den Kontakt zwischen den Heeresgruppen durch Offensiven von beiden herzustellen, nicht durchführbar sei. Die Heeresgruppe Nord könne durch einen sowjetischen Vorstoß zur Ostsee leicht abgeschnitten werden. Sie sollte hinter die westliche Düna zurückgenommen werden. Hitler verwarf dieses Konzept damals und später. Er verwies auf die kritische Haltung des Admiral Dönitz , der die Kontrolle über die Ostsee benötigte, um dort die Besatzungen von U-Booten auszubilden.[89] Diese Frage wurde 1944 und 1945 immer wieder im Rahmen der deutschen Strategie im Baltikum aufgegriffen. Als das Thema in den folgenden Wochen wieder aktuell wurde, betonte Hitler, Deutschland brauche Stahl aus Schweden, Nickel aus Finnland und Öl aus dem estnischen Ölschiefer. Die Rote Armee ließ sich davon jedoch nicht beeindrucken, drang weiter vor und erreichte die Ostsee westlich von Riga. Die Deutschen öffneten in sehr schwierigen Kämpfen wieder einen Korridor entlang der Küste zur Heeresgruppe Nord. Doch die sowjetische Offensive hatte die Deutschen von ihrer günstigsten Verteidigungslinie, vom Finnischen Meerbusen südwärts unter Einbeziehung des großen Peipus-Sees und des Pleskauer Sees, verdrängt. Am 23. Juli übernahm Schörner von der 20. Gebirgsarmee im hohen Norden das Kommando von General Johannes Friessner. Doch auch der Fanatiker Schörner konnte als neuer Befehlshaber Estland nicht halten. Ende August beruhigte sich die Front im Norden zeitweilig, weil die Rote Armee umgruppiert wurde. Doch die großen Gefahren für die ungeschützte nördliche Flanke waren vorauszusehen. Die Sowjetunion sollte diese Schwachstelle bei ihrer nächsten Offensive nutzen.[90]

Mitte Juli rückte die Rote Armee an der mittleren Front auf Warschau vor. Zur gleichen Zeit stießen Rokossowskijs 1. Weißrussische Front und Konjews 1. Ukrainische Front auf Models Heeresgruppe Nordukraine. Model standen damals nicht mehr so viele Divisionen wie früher zur Verfügung, da einige zur Verstärkung der zusammenbrechenden Front in die Heeresgruppe Mitte eingegliedert worden waren. Die von Hitler genehmigten Rückzüge vor der neuen sowjetischen Offensive brachten nicht viel Entlastung. Die Sturmspitzen der Roten Armee durchbrachen die deutsche Front in einer Reihe von großen, sorgfältig zusammengefaßten Offensiven. Die erste war auf den 13. Juli vorverlegt worden. Model zog sich auf die neue Linie zurück. Die 4. Panzerarmee, die 17. Armee und die 1. Panzerarmee – oder besser, was von ihnen übriggeblieben war – gerieten ins Wanken. In sechs Wochen drängte die

1. Ukrainische Front die Deutschen zu den Karpaten zurück. Ein Teil dieser sowjetischen Heeresgruppe wurde in der Zwischenzeit durch Stabsoffiziere von der Krim, die dort nicht mehr benötigt wurden, zur 4. Ukrainischen Front umstrukturiert. Gleichzeitig stießen die 1. Weißrussische Front und ein Großteil der 1. Ukrainischen Front über zahlreiche Flüsse vor, schlossen an einigen Stellen zur Weichsel auf und überquerten sie, um am westlichen Ufer bei Magnuszew, Pulawy und Baranow Brückenköpfe zu errichten. Galizien stand jetzt unter sowjetischer Kontrolle, so daß die Rote Armee quasi zur gleichen Zeit an der Grenze zu Ungarn[91] und der Slowakei stand, als sie an der nördlichen Flanke der Großoffensive die Grenze Ostpreußens erreicht hatte. Im Rahmen des sowjetischen Sieges über die Heeresgruppe Südukraine konnte ein Korps von 30 000 Soldaten eingekesselt werden, von denen nur 5000 entkamen. Die sowjetische Führung in der Armee und der neu wiedereingeführten Korps-Ebene hatte viel über offensive Kriegskunst im Zeitalter der Panzer gelernt und wandte dies gegenüber den Deutschen erfolgreich an. Zu dieser Zeit kontrollierte die sowjetische Luftwaffe den Großteil des Luftraums über der Front, was dabei sehr hilfreich war. Zugleich konnte die Artillerie durch starken Beschuß die Tatsache kompensieren, daß die Sowjets nach den früheren hohen Verlusten sich mit Sturmangriffen der Infanterie sehr zurückhalten mußten.

Bei ihrem Vorstoß nach Polen erreichte die Rote Armee Ende Juli zwei Orte von besonderer Bedeutung. Sie kam nach Majdanek, dem östlichsten und ersten der größeren Todeslager, welches die Deutschen errichtet hatten. Das Arbeits- und Vernichtungslager war das einzige, das sich in unmittelbarer Nähe einer großen Stadt – Lublin – befand. Es hatte jahrelang als zentraler Ort für Zwangsarbeit und Massenvernichtung von Juden und Gefangenen aus anderen Völkern, vor allem aus Polen und der Sowjetunion, gedient. Über 300 000 Menschen wurden hier ermordet. Die Rote Armee eroberte das Lager, bevor die Deutschen die Krematorien, Gaskammern, Baracken und andere Spuren dessen, was zu den wichtigsten Monumenten des Vordringens deutscher Kultur nach Osteuropa werden sollte, vernichten konnten. Hier wurden die ersten Aufnahmen gemacht. Die Bilder von riesigen Bergen von Schuhen, unglaublichen Mengen von menschlichen Haaren und von Maschinen, die Knochen zu Dünger zerkleinerten, gingen um die ganze Welt.[92]

Die Stadt Lublin, die die Rote Armee am 23. und 24. Juli eingenommen hatte, wurde als Sitz der von der Sowjetunion eingesetzten Regierung Polens bekannt. Die Gruppe wurde in der Regel als Lubliner Komitee bezeichnet, um sie von der Exilregierung in London zu unterscheiden. Diese neue Regierung war am 22. Juli von Moskau ausgerufen worden und erhielt nominelle Befehlsgewalt über die kommunistische Untergrund- und Partisanenbewegung, die unter sowjetischer Schirmherrschaft organisiert wurde. Die neue polnische Armee stand dagegen unter direkter Kontrolle der russischen Fronten (Heeresgruppen) der Roten Armee, denen sie zugeordnet wurde.

Der Einrichtung einer Marionettenregierung der Sowjets waren monatelange interne Vorbereitungen und ein Streit mit den westlichen Alliierten vorausgegangen, der mehr als ein Jahr währte und zum Teil öffentlich, zum Teil hinter den Kulissen ausgetragen wurde. Sie erkannten die polnische Exilregierung an, die seit September 1939 unablässig gegen die Deutschen gekämpft hatte. Seit dem Frühjahr 1943, als die sowjetische Regierung die Beziehungen zur polnischen abgebrochen hatte, wurden verschiedene Anläufe unternommen, vor allem von den Briten, um die Beziehungen wiederherzustellen – doch ohne Erfolg. Der vorgebliche Stein des Anstoßes war der östliche Teil Polens, den die Sowjetunion im Rahmen des Hitler-Stalin-Paktes besetzt hatte. Stalin zeigte Bereitschaft, kleinere Modifikationen der Grenze zugunsten Polens zu akzeptieren, aber er wünschte eine Einigung auf diese Regelung oder auf die Curzon-Linie, die nach dem Ersten Weltkrieg als mögliche Grenze entworfen worden war. Churchill drängte die polnische Regierung, die neue Grenze zu akzeptieren, vor allem weil Polen nach Westen und Norden auf Kosten Deutschlands erweitert werden sollte und weil die Rote Armee bei ihrem Vorstoß nach Westen Polen mit Sicherheit besetzen würde.[*]

Die polnische Exilregierung war zwar intern gespalten, doch es war fast kein einziges Mitglied bereit, die territorialen Forderungen der Sowjetunion anzunehmen. Stalin und Molotow forderten zudem immer lauter personelle Veränderungen im polnischen Kabinett. Der Ministerpräsident der Exilregierung, Stanislaw Mikolajczyk, war dazu jedoch nur bis zu einem gewissen Grad bereit. Diese Fragen wurden 1944 durch zwei weitere Faktoren erschwert. In diesem Jahr fanden in den Vereinigten Staaten Wahlen statt. Präsident Roosevelt zögerte, Schritte zu unternehmen, die ihn die Stimmen der polnischen Wähler in Amerika hätten kosten können, und daher wollte er die Unfähigkeit der Amerikaner, die polnische Regierung angesichts des sowjetischen Vorstoßes nach Polen zu unterstützen, nicht öffentlich gestehen.[**]

Der weit wichtigere Faktor war der Einsatz der polnischen Untergrundarmee, der Armia Krajowa (AK), innerhalb Polens, als die Rote Armee in die von Deutschland besetzten Teile Polens vordrang. Es gab alle möglichen Spannungen und Probleme, doch die Regel war, daß die vorstoßenden sowjetischen Einheiten die Unterstützung der AK nutzten, vor allem ihre Ortskenntnis. Wenn ein Gebiet dann unter der Kontrolle der Roten Armee war, wurden die Mitglieder der AK verhaftet und erschossen oder deportiert.

Diese Probleme spitzten sich Ende Juli 1944 zu: Die Rote Armee erreichte Warschau und überquerte wenig später die Weichsel achtzig Kilometer südlich der Stadt. Die Deutschen versuchten, Tausende von polnischen Männern zur Zwangsarbeit in den Befestigungsanlagen zu zwingen, gerade als Mikolajczyk nach Moskau flog, um

---

[*] Die Briten übten 1943/44 auf die polnische Regierung in einer Weise Druck aus, die dem Druck auf die tschechoslowakische Regierung im Jahre 1938 erstaunlich ähnelt.

[**] Stalin versuchte, die polnische Volksgruppe in den Vereinigten Staaten zu spalten, indem er im Juni 1944 mit zwei ihrer bekannten Mitglieder versöhnliche Gespräche führte: Professor Oskar Lange (der später die neue polnische Regierung in der UN vertrat) und Pater Orlemanski (siehe Dokumente in FDRL, PSF Box 66, File Poland-Orlemanski-Lange, Mai-Juni 1944).

mit Stalin zu verhandeln. In der Erwartung, die polnische Hauptstadt schnell einzunehmen, riefen die Sowjets am 29. Juli über den Rundfunk die Bevölkerung der Stadt auf, sich gegen die Deutschen zu erheben, als sie bereits das Donnern der Artillerie von der nahen Front hören konnten. Die britische Regierung hatte den Polen erklärt, daß sie weder die polnische Fallschirmjägerbrigade nach Warschau einfliegen noch in großer Entfernung von britischen Flugbasen und in unmittelbarer Nähe zur Roten Armee große Luftoperationen durchführen könne. Tadeusz Bór-Komorowski, der polnische Kommandeur der Armia Krajowa in Warschau, sollte alle Vorbereitungen für einen Aufstand treffen und hatte von Mikolajczyk Handlungsbefugnis erhalten. Am 31. Juli befahl er für den nächsten Tag den Angriff. Er und seine Leute konnten entweder abwarten und wären dann als nutzlos und prodeutsch bezeichnet worden – was die sowjetische Regierung ihnen gerne vorwarf –, oder sie konnten die Chance nutzen und entweder zumindest zeitweilig die Kontrolle über die Stadt erringen oder in Ehren untergehen.

Bór-Komorowski hielt es für besser, die Chance zu nutzen, als tatenlos zuzusehen. Die Mehrzahl seiner Gefährten stimmte ihm zu. Unklar ist, warum diese Änderung gegenüber der früheren Strategie der AK so wenig vorbereitet wurde. In früheren Jahren war geplant gewesen, einen Aufstand gegen die abmarschierenden Deutschen in den *ländlichen* Gebieten zu beginnen. Deshalb hatte die AK Waffen von Warschau weg aufs Land gebracht. Da der Aufstand nun in der Hauptstadt durchgeführt werden sollte, herrschte großer Mangel an Waffen. Am 1. August konnten die Aufständischen nicht einmal wichtige Schlüsselpositionen, geschweige denn die ganze Stadt erobern. Die Deutschen sammelten alle ihre Kräfte, und die Armia Krajowa wurde schnell in einzelne Teile der Stadt abgedrängt.[93] Niemand konnte bisher erklären, warum der polnische Untergrund nichts aus dem Aufstand im Warschauer Ghetto gelernt hatte. Für jene, die den Aufstand untersucht haben (und auch für die Zivilisten im Warschau von 1944), hätte dieses Ereignis ebensogut auf einem anderen Planeten stattgefunden haben können.

In den folgenden zwei Monaten konnte man eine Art Neuauflage des Hitler-Stalin-Paktes von 1939 gegen Polen beobachten. Die Rote Armee hatte ihren Vormarsch auf Warschau verlangsamt, und jetzt stoppte sie kurz vor der Weichsel – über den Fluß stieß sie erst vor, nachdem die Aufständischen von den Deutschen auf dem anderen Ufer geschlagen worden waren. Statt dessen verlegten sich die Russen darauf, am Fluß Brückenköpfe südlich von Warschau auszubauen und weitere quer über den Fluß Narew im Norden einzurichten.[94] Wochenlang weigerte sich die Sowjetunion, entweder selbst Hilfe zu schicken oder die Unterstützung durch die britische und amerikanische Luftwaffe zu erleichtern. Letztere lieferte Nachschub aus der Luft von Großbritannien und Italien aus, doch diese Einsätze waren sehr kostspielig, und die Luftwaffenkommandeure lehnten sie entschieden ab. In jedem Fall leisteten sie den Polen mehr moralische als materielle Unterstützung, denn ein Großteil des Materials landete in den Händen der Deutschen.[95]

Diese setzten zunächst Polizei- und SS-Einheiten ein: Sie töteten so viele Polen und zerstörten so viele Gebäude wie möglich. Da sie zunächst Männer einsetzten, die mehr am Töten, Vergewaltigen und Plündern interessiert waren, machten die Deutschen beim Eindämmen des Aufstandes anfangs wenig Fortschritte. Dann setzten sie jedoch reguläre Truppen ein und zerstörten die Stadt Block für Block, trennten die polnisch gehaltenen Stadtteile voneinander, verdrängten die AK vom linken Ufer der Weichsel und vernichteten in einem zähen und mörderischen Kampf die polnischen Verteidiger. An der Front im Osten ließen die Kämpfe nach. Die sowjetischen Flugzeuge warfen am 18. und 19. August keine Waffen ab, sondern Flugblätter, die zur Beendigung des Widerstands aufriefen und die polnische Exilregierung verunglimpften.[96] Als sich der Sieg der Deutschen abzeichnete, beschloß Stalin, die Spannungen zu den Alliierten abzubauen. Er wies darauf hin, daß er nicht gegen deren Hilfe für Polen war – solange ihre Flugzeuge nicht auf sowjetischen Flugplätzen landeten –, und er schickte selbst etwas Hilfe. Doch seine Strategie hatte sich bewährt: Die Deutschen ersparten ihm die Mühe, die AK selbst zu vernichten. Anfang Oktober kapitulierten die Reste der AK. Die Deutschen machten den größten Teil Warschaus dem Erdboden gleich.[97]

Die Behauptung, die Deutschen hätten die Offensive der Roten Armee gebremst und die Sowjetunion hätte deshalb den Polen keine Hilfe leisten können, wird durch die Untersuchung von Offensivoperationen in der Umgebung Warschaus widerlegt. Nachdem die Regierungen Polens und der ehemaligen Sowjetunion die sowjetische Verantwortung für das Massaker von Katyn öffentlich erklärt haben, könnte sich das auch auf die Darstellung der Ereignisse von 1944 auswirken.[98] Es ist möglich, daß Stalin wie bei Finnland im Jahre 1939 auch dieses Mal anfänglich von den Führern der kommunistischen Partei in Polen über die tatsächliche Stärke der lokalen Kräfte falsch informiert worden war. Doch ihre beachtliche Stärke machte ihn nachdenklich: Sollen die Deutschen sie doch niedermetzeln. Das ersparte ihm die Mühe. Der Ratschlag, den polnische Kommunisten in Moskau Mikolajczyk gaben – seine Regierung und die AK aufzulösen –, kam Stalins Bestreben, die Unabhängigkeit Polens zu beenden, sicherlich entgegen. Wenn es für die Rote Armee so schwierig sein sollte, Warschau zu erobern, konnte ein Aufstand in der Stadt die Aufgabe nur erleichtern. Die britische und amerikanische Regierung setzten Stalin wiederholt unter Druck. Doch er entschied sich wie 1939 für eine – wenn auch stillschweigende und kurzfristige – Übereinkunft mit Deutschland, wenn sie ihm helfen konnte, die polnische Unabhängigkeit gänzlich zu zerstören. Welch großer Schaden sein Verhältnis zu seinen beiden westlichen Partnern dadurch nehmen würde, war ihm gleichgültig. Stalin hatte wohl die Prioritäten der sowjetischen Politik deutlich vor Augen.

Wenn das spektakuläre Ereignis dieser Monate die blutige Schlacht um Warschau war, war das unauffällige die Veränderung der britischen und amerikanischen Position. Die Situation erlaubte nicht, die Kriegskoalition gegen Hitler aufzulösen. Sie brauchten die Sowjetunion zur Unterstützung im Kampf gegen Deutschland, da der Krieg noch lange nicht zu Ende war. Doch an der Spitze beider Länder fand ein grundsätzlicher Wandel der Standpunkte statt, und ihr Verhältnis zur Sowjetunion sollte später nie wieder so wie vorher werden. In einem Gebiet, weit weg von ihrem militärischen Einflußbereich und wenige Kilometer von den Linien der Roten Armee entfernt, konnten sie nichts anderes unternehmen, aber da sie der Sowjetunion und Marschall Titos Partisanen Unterstützung geschickt hatten, behielten sie Stalins Haltung gegenüber einem unabhängigen Polen stets im Gedächtnis[99], und das tat auch das polnische Volk.

Als die Aufständischen in Warschau am 2. Oktober kapitulierten, wurde gerade eine weitere Erhebung in Osteuropa von den Deutschen brutal niedergeschlagen. Im Marionettenstaat Slowakei hatten die Vertreter des Widerstands Kontakte und Sympathisanten bei den slowakischen Streitkräften. Sie bereiteten einen Putsch vor, der die Slowakei auf die Seite der Alliierten bringen, der Roten Armee den Weg freimachen und die Rückkehr der Tschechoslowakei zum unabhängigen Status einleiten sollte. In den Wochen, nachdem am 8. April die 1. Ukrainische Front die Grenze der Tschechoslowakei erreicht hatte, wurden in dem Satellitenstaat Vorbereitungen getroffen. Prosowjetische Partisanen führten unter dem Befehl russischer Offiziere eine Reihe von Angriffen gegen die Deutschen durch. Zusammen mit den Gerüchten über einen Putsch der slowakischen Armee, geführt von Verteidigungsminister Ferdinand Catlos, veranlaßte dies die Deutschen, das Land am 29. August übereilt zu besetzen. Dadurch wurde der Aufstand jedoch geradezu provoziert, und die Truppen des Widerstands erlangten schnell die Kontrolle über große Teile der Slowakei.[100] Hier gab es eine Möglichkeit, Verstärkung und Nachschub einzufliegen, da die Aufständischen auch Flughäfen und als Abwurfzonen geeignete Gebiete besetzt hielten. Die westlichen Alliierten erklärten öffentlich ihre Sympathie für die Aufständischen und schickten ein wenig Unterstützung, doch sie wollten keine großangelegten Operationen durchführen. Es schien ihnen zwecklos, einen weiteren Aufstand direkt vor der Front der Roten Armee zu unterstützen.[101] Obwohl es den Russen möglich gewesen war, Offiziere als Führer für Partisanenverbände einzufliegen, schickten sie jetzt nur schleppend geringe Verstärkung. Reguläre Einheiten der Roten Armee und eine tschechoslowakische Armee, die in der Sowjetunion aufgestellt und ausgebildet wurde, bemühten sich, am Dukla-Paß über die Karpaten in die Slowakei vorzudringen. Doch sie schätzten die Lage falsch ein. Fehler bei der Führung des Aufstands in den ersten Tagen, die deutsche Besetzung ganz Ungarns, die ihnen die südliche Flanke öffnete, Konflikte unter den Aufständischen zwischen Anhängern der Exilregierung in London und Befürwortern einer kommunistischen Tschechoslowakei und die gänzlich unzureichende Hilfe der Sowjetunion ermöglichten den Deutschen, den slowakischen Aufstand Ende Oktober niederzuschlagen. Er hatte genausolange gedauert wie der Kampf in Warschau und endete ebenso. Die Deutschen wüteten ungehemmt. Dennoch konnten in den ländlichen Gebieten der Slowakei, anders als zwischen den

Trümmern der Häuser von Warschau, einige Partisanenaktivitäten bis ins folgende Jahr fortgeführt werden.

Der sowjetische Vorstoß im mittleren Abschnitt der Ostfront, der die Aufstände in Warschau und der Slowakei mit ausgelöst hatte, hatte auch die Situation im zentralen Frontabschnitt umgekehrt. Statt eines deutschen Bogens nach Osten war dort jetzt ein sowjetischer Bogen nach Westen entstanden. Die deutschen Stellungen im Süden und Norden wurden dadurch verwundbarer. Und als der sowjetischen Offensive im mittleren Abschnitt die Puste ausging, griff die Rote Armee die Flanken an. Die deutschen Kräfte wurden nach Rumänien zurückgedrängt und hielten die Front, die sie am Ende der sowjetischen Frühjahrsoffensive erreicht hatten. Doch die Linie war nicht stabil. Deutsche Einheiten wechselten mit rumänischen Armeen. Erstere waren im Sommer durch den Transfer von Divisionen an die im Norden bedrohte Front – am Ende mehr als ein Viertel ihrer Einheiten – geschwächt worden. Dem Rest wurde vom deutschen militärischen Nachrichtendienst versichert – was wie üblich nicht stimmte –, daß keine sowjetischen Offensiven mehr stattfinden würden. Die rumänischen Armeen waren durch die verhängnisvollen Niederlagen 1943 und Anfang 1944 stark dezimiert worden. Die besten rumänischen Divisionen waren in der Schlacht von Stalingrad und auf der Krim verlorengegangen. Zudem hatten Regierung und Armee nicht mehr den Willen zu kämpfen. Obwohl Marschall Antonescu die Deutschen seiner Loyalität versicherte, hatte er Friedenssondierungen mit den Alliierten zugelassen, zunächst im Westen und dann mit der Sowjetunion. Der Marschall selbst hatte zwar seine Zweifel, doch die meisten anderen Mitglieder der Regierung waren überzeugt, daß Rumänien so schnell wie möglich aus dem Krieg austreten solle. Nur ihr Wunsch, dies ohne Gefahr zu tun – was lächerlich war –, hatte sie vom Friedensschluß abgehalten. Die Armee selbst war einfach in sich zusammengebrochen. Die Offiziere und Soldaten waren kampfesmüde, und es brauchte nur einen entschlossenen Vorstoß der Sowjets, um zu offenbaren, daß kein Widerstand mehr geleistet werden würde.

Die Pläne für die sowjetische Offensive an der rumänischen Front wurden größtenteils vor Ort entwickelt, nur der Zeitplan war von der Stawka vorgegeben. Sie begann am 20. August mit der 2. Ukrainischen Front unter Malinowskij auf der rechten und General Fedor I. Tolbuchins 3. Ukrainischer Front auf der linken Seite. Beide waren durch einige hunderttausend Männer verstärkt worden, die in der kurz zuvor befreiten Ukraine ausgehoben und in den vorangegangenen Monaten ausgebildet und indoktriniert worden waren. Während die von der 8. und 6. Armee gehaltenen Abschnitte Widerstand leisteten, griffen die rumänische 4. und 3. Armee einfach nicht zu den Waffen. Die Vorhut der Roten Armee drängte schnell vor. Die sowjetischen Panzertruppen konnten ungehindert vorstoßen, wodurch die nach der Niederlage von Stalingrad neu aufgestellte deutsche 6. Armee erneut von der Roten Armee abgeschnitten wurde. Am 23. August wurde sie von einer Zangenoperation fast vollständig umfaßt. Ihre 18 Divisionen wurden von den Russen vernichtet. Die deutsche

8. Armee – oder was von ihr übriggeblieben war – wurde in die Karpaten zurückgedrängt. General Friessner kommandierte jetzt die Heeresgruppe Südukraine. Er und Schörner hatten schon früher die Plätze getauscht. In den Tagen, in denen nun die Heeresgruppe zerschlagen wurde, trat die rumänische Regierung aus dem Krieg aus.

Am 23. August wurde Marschall Antonescu bei einem Staatsstreich seines Amtes enthoben. König Michael und Politiker führten Friedensverhandlungen. Die Versuche der überraschten Deutschen, ihre Position zu retten, und ihr Vorstoß zu den nichtbesetzten Gebieten des Landes, darunter auch ein Luftangriff auf die rumänische Hauptstadt, beschleunigten nur den Wechsel der Machthaber und der Fronten. Die Rumänen lösten sich jetzt nicht nur von den Achsenmächten, sondern erklärten ihnen den Krieg: Gegen die Ungarn taten sie dies mit großer Begeisterung, gegen die Deutschen jedoch nur widerstrebend, aber mit einem gewissen Rachedurst gegenüber einem Verbündeten, der sie zuerst ausgenutzt, sie stets vernachlässigt und sich zuletzt gegen sie gewendet hatte.

In wenigen Tagen durchmaß die Rote Armee Rumänien und überquerte die Donau, wobei rumänische Einheiten sich dem Kampf Richtung Nordwesten anschlossen. Auf den Pässen der Karpaten versuchten die Deutschen und die Ungarn, nach ihrer Flucht vor der Roten Armee eine neue Front aufzubauen. Die Rumänen hofften, die Teile Siebenbürgens wiederzugewinnen, die sie in dem territorialen Abkommen von 1940 an Ungarn verloren hatten. Wie Finnland am nördlichen Ende der Front hatte Rumänien die Seite gewechselt, doch unter dramatischeren Umständen. Die Sowjets brachten der deutschen Armee eine vernichtende Niederlage bei: Sie verlor in ungefähr zwei Wochen über 380000 Mann.[102]

Die Rote Armee besetzte fast ganz Rumänien, den Schwarzmeerhafen Konstanza und die Ölfelder und Raffinerien von Ploesti, die durch vorherige amerikanische Luftangriffe schwer beschädigt waren.[103] In deutschen Konzentrationslagern saßen immer noch Horia Sima und andere Mitglieder der Eisernen Garde, die nach ihrem mißlungenen Staatsstreich im Januar 1941 nach Deutschland geflohen oder dorthin gebracht worden waren. Sie organisierten jetzt eine zivile Exilregierung unter deutschem Schutz, da kein rumänischer Militärführer (wie auch kein finnischer) bereit gewesen wäre, ein prodeutsches Regime wiederaufzubauen. Statt dessen kämpften die rumänischen Militärs hart gegen die Deutschen. Wie die französischen Kollaborateure wußten die Mitglieder der Eisernen Garde nichts Besseres, als untereinander Fehden auszutragen und Propaganda zu treiben.[104] Bald gesellte sich eine weitere Schattenregierung zu ihnen, die von Bulgarien.

Bulgarien war es als klug erschienen, im Krieg auf der Seite der Deutschen zu stehen, zunächst gegen Griechenland und Jugoslawien, dann gegen Großbritannien und die Vereinigten Staaten. 1943 und 1944 hatte die bulgarische Regierung, die es bis dahin sorgsam vermieden hatte, in den Krieg der Achsenmächte gegen die Sowjetunion hineingezogen zu werden, einige Sondierungsgespräche mit den westlichen Alliierten geführt. Doch sie hatte sich geweigert, zu kapitulieren, als dies noch möglich war – ein Ausmaß an Torheit, das kaum zu fassen ist. Andererseits hatten die westlichen Alliierten sie auch nicht sehr massiv gedrängt.[105] In erster Linie hatten nur die Vereinigten Staaten versucht, die Bulgaren davon zu überzeugen, daß ein Krieg gegen Amerika nicht gerade ratsam war. Ihre Bemühungen, jetzt aus dem Krieg auszutreten, kamen zu spät. Am 5. September 1944 erklärte die Sowjetunion Bulgarien den Krieg, am 8. überschritt die 3. Ukrainische Front die Grenze, und am gleichen Tage erklärte Bulgarien Deutschland den Krieg. Innerhalb weniger Tage hatte die Rote Armee das ganze Land besetzt. Die Teile der bulgarischen Armee, die sich nicht auflösten, kämpften nun auf sowjetischer Seite.[106] Eine nationalbulgarische Regierung wurde in Wien unter Professor Alexandar Zankow etabliert.[107] Sie sollte aber auf einen Staat, den die Sowjetunion besetzen, unter eine kommunistische Diktatur stellen und unter Kontrolle halten wollte, keinen Einfluß haben.

Der Zusammenbruch Rumäniens brachte nicht nur für Bulgarien, sondern auch für Ungarn und die deutsche Stellung in Südosteuropa überhaupt, vor allem in der Ägäis, in Griechenland, Albanien und Jugoslawien, dramatische Veränderungen. In Ungarn hatte das Heranrücken der Roten Armee an die Karpaten früher im Jahr zwei Auswirkungen: zum einen wollten die Ungarn aus dem Krieg austreten, zum anderen sollte gleichzeitig die Armee verstärkt werden. Die Ereignisse in Rumänien waren in beiderlei Hinsicht von Bedeutung. Einerseits kämpfte die ungarische Armee jetzt entschlossener und besser als zuvor: Die russische Armee stand vor den Toren, und die rumänische Armee operierte an ihrer Seite. Vor allem an der neu aufgebauten Front in Siebenbürgen kämpfte die ungarische Armee erbittert. Zunächst konnte sie die Angreifer sogar stoppen und zurückdrängen. Der alte territoriale Streit mit den Rumänen wurde für Ungarn und Rumänen zu einem weiteren Ansporn. Andererseits begannen nun Teile von Regierung und Armee, geführt vom Regenten Admiral Horthy, mit der Sowjetunion ernsthafte Friedenssondierungen. Am 24. September, noch während der Kämpfe in Ostungarn, beschloß Horthy, eine Delegation nach Moskau zu schicken. Er schrieb persönlich einen Brief an Stalin, in dem er behauptete, er sei über den Zwischenfall im Jahre 1941 falsch informiert worden, der dazu benutzt worden war, Ungarn zur Teilnahme an dem deutschen Angriff auf die Sowjetunion zu bewegen.[108]

Die ungarische Gruppierung, die aus dem Krieg austreten wollte, hatte geplant, am 15. Oktober 1944 die Allianz der Achsenmächte zu verlassen. Doch sie verpatzte die Operation genauso wie die Italiener im Vorjahr.[109] Die Deutschen verhafteten Horthy und übernahmen die Kontrolle der Hauptstadt. Dort errichteten sie ein neues Regime unter Ferenc Szálasi, dem Führer der ungarischen Pfeilkreuzlerbewegung, einer radikalen, rechtsgerichteten Organisation. Ihr Führer wurde von vielen für vollkommen verrückt gehalten.[110] Ein Großteil, jedoch bei weitem nicht die ganze ungarische Armee sammelte sich wieder unter dem neuen Regime. Die Deutschen kontrollierten nun fast ganz Ungarn, und mit der begeisterten Unterstützung von Szálasi und der Pfeilkreuzlerbewegung setzten sie ins Werk, was sie für ihre wichtigste Aufgabe hielten: die Deportation von über einer halben Million ungarischer Juden zur Ermordung. Die letzte Zuflucht für Juden im deutsch kontrollierten Europa lieferte die letzten großen Kontingente von Opfern, bis der Druck der Alliierten und der Vorstoß der Roten Armee gemeinsam den Stopp der Deportationen zur Folge hatten. In der Zwischenzeit konnte im späten Oktober ein deutscher Gegenangriff die 2. Ukrainische Front zeitweilig zurückdrängen. Die Deutschen wollten Ungarns Agrargebiete und Ölfelder behalten.[111] Ende Oktober hatte die Einheit, die jetzt deutsche Heeresgruppe Süd genannt wurde, eine geordnete Front gebildet, doch der Großteil von Siebenbürgen war von sowjetischen und rumänischen Truppen besetzt. Die Chancen der Achse, diese Front dauerhaft zu halten, waren schlecht. Die 2. Ukrainische Front stand schon in der offenen ungarischen Ebene.

Die dramatischen Entwicklungen in Budapest hatten eine lange und erbitterte Schlacht in Ungarn zur Folge, die von Oktober 1944 bis in die letzten Tage des Zweiten Weltkriegs andauerte. Sie verursachte riesige Zerstörungen und schwere Verluste auf beiden Seiten. Die Auswirkungen des Zusammenbruchs der deutschen Position in Rumänien auf die Situation in Griechenland und angrenzende Teile Süd- und Südosteuropas waren ebenso dramatisch, doch weniger zerstörerisch. Als die ersten Nachrichten vom Sturz Antonescus am 23. August das deutsche Hauptquartier erreichten, war Feldmarschall Maximilian von Weichs, der Oberbefehlshaber für Südosteuropa, in Hitlers Hauptquartier. In der an diesem Tag abgehaltenen Konferenz traf Hitler verschiedene Entscheidungen, die sich auf die deutsche Strategie und die grundsätzliche Entwicklung im Gesamtablauf des Krieges entscheidend auswirkten. Hitler hatte jahrelang darauf bestanden, in Griechenland und auf Kreta sowie den Inseln der Ägäis Streitkräfte zu stationieren und Stellungen zu bauen. Im September 1943 hatten die Deutschen die von Italien besetzten Gebiete Griechenlands und die italienischen Dodekanes-Inseln erobert. Ursprünglich sollten die deutschen Positionen in Südosteuropa als Stützpunkte für mögliche Vorstöße in den Nahen Osten über die Türkei dienen. Jetzt hatten sie eher den Zweck, die Türkei vom Kriegseintritt auf seiten der Alliierten abzuhalten und die Chromlieferungen von dort zu garantieren. Gleichzeitig wurde den Alliierten verwehrt, von türkischen Stützpunkten aus die rumänischen Ölfelder zu bombardieren.

Die Türkei hatte schon am 2. August die diplomatischen Beziehungen zu Deutschland abgebrochen.[112] Nachdem Rumänien verloren und Bulgarien kaum noch zu halten war, hatten sich die früheren Betrachtungen erübrigt. Unter den gegebenen Umständen wollte Hitler die Aufmerksamkeit auf eine nördlichere Verteidigungsstellung verlegen. Südgriechenland sollte im Falle eines Angriffs geräumt werden. Besondere Sorgfalt sollte darauf verwendet werden, daß die Bulgaren nicht die einzige Eisenbahnlinie durch Serbien nach Griechenland besetzten und den Alliierten zur Verfügung stellten. Einige Besatzungstruppen auf den Mittelmeerinseln, vor allem die starken Einheiten auf Kreta, müßten auf ihren Posten bleiben und damit aufgegeben werden, andere jedoch könnten abgezogen werden.[113]

Es ist unverkennbar, daß Hitler hier den Plan für einen großen Rückzug der deutschen Streitkräfte aus Südosteuropa festlegte, kurz nachdem er den Rückzug der deutschen Truppen aus Südwest-Frankreich zugestanden hatte. Er war bereit, eine Verteidigungsstellung zu beziehen und wichtige Gebiete zu räumen, sofern ihm dies angemessen schien. In diesem Fall führte der örtliche Kommandeur den Befehl zur Räumung recht gemächlich aus. Wochenlang wurden deutsche Truppen von den meisten Ägäischen Inseln und im südlichsten Griechenland abgezogen. Erst als die Gefahr eines sowjetischen Durchbruchs westlich von Bulgarien im Oktober zu drohen begann, wodurch die wichtigste Eisenbahnlinie durch Südjugoslawien nach Griechenland abgeschnitten worden wäre, handelte von Weichs im vollen Umfang seiner Vollmachten. In einem langwierigen und sorgfältig inszenierten Rückzug räumten die Deutschen Griechenland, das sie 1941 mit viel Getöse erobert hatten. Sie zogen sich nach Makedonien zurück und richteten im Oktober eine neue Verteidigungsstellung ein. Am 10. Oktober begann der Rückzug, am 13. war Athen geräumt, und Ende des Monats hatten die deutschen Truppen Saloniki verlassen. Die Deutschen hatten praktisch alle Juden des Landes in ihre Tötungsfabriken deportiert. Jetzt verließen sie das Land in einer fast friedlichen Evakuierung, nachdem die Räumung von Belgrad und Nisch die Gefährlichkeit ihrer südlicheren Stellung offensichtlich gemacht hatte. Da die Streitkräfte der westlichen Alliierten an anderer Stelle im vollen Einsatz waren, führten sie nur Luftangriffe auf die Rückzugswege durch. Die britischen Landungstruppen, die Anfang Oktober auf dem Peloponnes landeten, unternahmen nichts, um die abziehenden Deutschen aufzuhalten. Sie sollten bald gegen griechische und nicht mehr gegen deutsche Soldaten kämpfen. Der Besatzung folgte rasch der Bürgerkrieg, aber immerhin hatten die Griechen die erste der beiden schweren Prüfungen überstanden.[114] Die Sowjetunion und Großbritannien hatten schon vereinbart, daß Griechenland in die britische Interessensphäre fallen würde und Rumänien in die sowjetische. Keine der beiden Großmächte wollte an diesen Absprachen rütteln in einer Zeit, als der Krieg gegen Deutschland noch erbittert und mit hohen Verlusten geführt wurde.

Eines der heftigsten und grausamsten Gefechte dieses Krieges fand am anderen Ende der Ostfront genau in den Tagen der grundlegenden Veränderungen im Süden statt. Die Heeresgruppe Nord, zu der wieder Landkontakt hergestellt worden war, hielt Anfang September 1944 den Großteil Estlands, beträchtliche Teile Lettlands und das westliche Viertel Litauens. Ihre Situation an diesem Abschnitt der Front war, ebenso wie am südlichen Ende, durch den sowjetischen Sieg im mittleren Frontabschnitt sehr bedrängt. Die Deutschen hatten westlich von Riga wieder einen Korridor zu ihrer Heeresgruppe Nord geöffnet. Dort stand General Iwan Bagramjans 1. Baltische Front weniger als 30 Kilometer von der Ostsee entfernt. Es gab wiederholt deutsche Pläne für Offensiven, um diesen Korridor zu weiten. Gegen die drei sowjetischen Armeen in dem Frontvorsprung in Richtung Meer westlich von Riga sollten Zangenangriffe vorgenommen werden. Doch diese Operationen wurden nie ausgeführt. Die deutschen Hoffnungen, wieder die Initiative ergreifen zu können, wurden von Offensiven der Roten Armee vereitelt. Am 17. September brach eine Offensive der Leningrad-Front in die rückwärtigen Linien der deutschen Narwa-Armee ein, die das nördlichste Ende der Front hielt. Diese Armee (benannt nach der Stadt und dem Fluß, die sie verteidigen sollte) und die angrenzende 18. Armee mußten sich in Richtung Riga zurückziehen. Die 3. und 2. Baltische Front rückten gegen die sich zurückziehenden Deutschen vor. Sie konnten jedoch keinen Durchbruch erzielen, und die 1. Baltische Front erreichte das Meer nicht. Die sowjetische September-offensive konnte also die Deutschen zurückdrängen und sie zwingen, Estland ganz und den Großteil Lettlands zu räumen. Aber die Deutschen wurden nicht durch einen Durchbruch, wie er in Rumänien stattgefunden hatte, abgeschnitten; doch das sollte sich bald ändern.

Nachdem die deutschen Truppen sich in der direkten Umgebung von Riga gesammelt hatten, dachten sie erneut an die Zangenoperation gegen die 1. Baltische Front. Feldmarschall Schörner, der Befehlshaber der Heeresgruppe Nord, war wahrscheinlich in Hitlers Augen der ideale Führer für eine solche Operation. Doch diesmal verlegte die Rote Armee ihre Truppen schnell und wirksam, ohne daß der deutsche Nachrichtendienst ein klares Bild bekommen hätte, was im Gange war. Bagramjan verlegte sein Gewicht von der rechten zur linken Flanke. Am 5. Oktober startete er sehr zur Überraschung der Deutschen eine Großoffensive westlich von Schiauliai zur Ostsee. Die Russen durchbrachen die Front der 3. Panzerarmee und erreichten am 9. Oktober südlich und nördlich der Hafenstadt Klaipeda (Memel) die Ostsee.[115] Sie isolierten in der Stadt ein deutsches Korps und schnitten zwei deutsche Armeen, die 16. und 18., im westlichen Lettland ab.

Diesmal konnten die Deutschen keinen Korridor zur Heeresgruppe Nord öffnen, weil eine Großoffensive gegen Ostpreußen durch die 3. Weißrussische Front ihre ganze Aufmerksamkeit beanspruchte. Die deutsche Armee erholte sich so, daß diese letzte Großoffensive der Roten Armee im nördlichen und mittleren Abschnitt der Ostfront Mitte Oktober gebunden werden konnte. Doch sie verfügten einfach nicht mehr über die Mittel, vor allem bei den Panzern, um auch nur den Versuch zu unternehmen, nach Norden gegen den sowjetischen Keil zwischen Ostpreußen und den im Gebiet von Kurland abgeschnittenen deutschen Armeen vorzustoßen.

Diese Ereignisse verdienen, genauer untersucht zu werden. Einerseits konnte die Rote Armee nicht mehr weiter Großoffensiven gegen entschiedenen Widerstand durchführen. Die Nachschublinien hinter den in den Sommer- und Herbstoffensiven neu erreichten Frontlinien mußten ausgebaut werden. Zudem mußten die Verluste ersetzt werden, und die Truppen brauchten eine Pause, um die Einheiten neu aufzustellen und Waffen und Munition heranzuschaffen. Zudem kamen die Alliierten in Ost und West langsamer voran, je mehr sie sich der deutschen Grenze näherten, weil die Deutschen verzweifelt Widerstand leisteten, ihre Nachschublinien kürzer wurden und neue Divisionen aufgestellt worden waren. In den Tagen, in denen die Rote

Armee erfolglos versuchte, tief nach Ostpreußen vorzudringen, wurden die letzten Soldaten der britischen 1. Luftlandedivision in Arnheim zusammengetrieben, und die amerikanische 9. Armee eroberte schrittweise Aachen im Häuserkampf. Es war die erste deutsche Großstadt, die von den Alliierten eingenommen wurde, doch war es offensichtlich, daß an allen wichtigen Fronten die Zeit des schnellen Vorrückens der Alliierten vorbei und eine neue Phase des Krieges erreicht worden war.

Damit verbunden war Hitlers Entscheidung, Kurland zu halten und der Heeresgruppe Nord nicht zu befehlen, in den Süden durchzubrechen oder über den Seeweg abzuziehen. Einige Truppen wurden über das Meer abtransportiert, um andere Abschnitte der Ostfront zu verstärken. Doch eine große Streitmacht blieb dort, obwohl der Stabschef des Heeres, Heinz Guderian, dagegen war, und wehrte bis zur allgemeinen Kapitulation im Mai 1945 eine Reihe von Angriffen der Roten Armee ab.[116] Warum war dieser Teil Lettlands für Hitler so wichtig, daß er in einer Zeit gehalten werden sollte, in der Südwestfrankreich, Griechenland, Albanien und das südliche Jugoslawien geräumt wurden? Der Seeweg über die Ostsee machte die Herstellung von Kontakten, Nachschublieferungen oder den Abzug von Truppen aus Kurland leichter als in den anderen im Herbst 1944 geräumten Gebieten. Doch dieser Unterschied erleichterte die verschiedenen Vorgehensweisen eher, als daß er ihr Anlaß gewesen wäre. Um sie zu verstehen, muß die deutsche Strategie dieser Zeit untersucht werden.

Im August und September drängten die Japaner die deutsche Regierung erneut, mit der Sowjetunion Frieden zu schließen. Wie früher hofften die Japaner, ein solcher Friede werde es den Deutschen ermöglichen, sich auf den Kampf gegen die Vereinigten Staaten und Großbritannien zu konzentrieren. Die Aussichten für einen deutsch-sowjetischen Frieden schienen ihnen jetzt günstiger, da beide Länder große Verluste erlitten hatten und sich praktisch wieder dort befanden, wo der Feldzug 1941 begonnen hatte: Fast alle Gebiete, die deutsche Truppen erobert hatten, waren von den Sowjets zurückgewonnen und von den Deutschen wieder verloren worden. Die Chancen schienen Tokio deshalb gut, vor allem weil ihrer Meinung nach – angesichts der ungeschminkten Berichte japanischer Diplomaten aus Europa – Deutschland an den Fronten im Osten und Westen schwere Niederlagen erlitten hatte.[117]

Die Bemühungen der Japaner, die Deutschen von einem solchen Vorgehen zu überzeugen, stießen auf nicht mehr ganz so taube Ohren wie früher. Hitler und seine Gefolgsleute erkannten nun, daß die alliierte Invasion im Westen erfolgreich gewesen war und daß die Möglichkeiten der Roten Armee für Angriffe im Osten weiterhin groß waren. Vielleicht wäre es klug gewesen, die Kämpfe an einer Front zu beenden und sich auf die andere zu konzentrieren. Da es offensichtlich war, daß die westlichen Mächte auf der deutschen Kapitulation beharren würden, blieb die Möglichkeit eines Friedens im Osten bestehen. Es scheint, daß Hitler im Herbst 1944 zum erstenmal ernsthaft über diese Möglichkeit, die er vorher strikt abgelehnt hatte, nachgedacht hat. Die Deutschen waren aus der Ukraine hinausgejagt worden, und es bestand keine Aussicht mehr, sie wieder zu erobern, wovon Hitler Anfang 1944 noch ausgegangen war. Es kann nicht belegt werden, doch es gibt Gründe für die Annahme, daß diese Tatsache zu Hitlers Bereitschaft, die Sache zu überdenken, beigetragen haben könnte. Solange die Deutschen die Ukraine hielten, vertrat er die Ansicht – gegenüber Goebbels zum Beispiel –, daß Stalin ein so wertvolles Gebiet nicht aufgeben könne. Als sie im Herbst 1943 und den ersten Monaten von 1944 verlorenging, war Hitler immer noch zuversichtlich, daß sie mit einer neuen Offensive nach der Zerschlagung der Invasion im Westen zurückerobert werden könnte. Jetzt war die Invasion erfolgt, und die mittleren und südlichen Abschnitte der deutschen Ostfront waren zerschlagen. Es gab keine Aussicht mehr, das wichtigste Ziel im Osten noch einmal zu erobern. Unter diesen Umständen, so scheint es, dachte Hitler kurzzeitig an Absprachen mit der Sowjetunion. [118]

Es ist nicht eindeutig, ob die Sowjetunion 1944 bereit gewesen wäre, mit Deutschland Frieden zu schließen. Es scheint vor dem 20. Juli in Stockholm Kontakte zu Angehörigen der Opposition ebenso wie zu Vertretern des Naziregimes gegeben zu haben. In manchen Fällen ist es heute – und war es wahrscheinlich damals für die Sowjets – unmöglich, zu beurteilen, welche Gruppierung ein einzelner vertrat. Doch dies hatte ohnehin keine Bedeutung, weil Hitler sich für eine ganz andere Strategie entschied. Deutschland hielt weiterhin die Häfen im Westen, um Nachschub und Verstärkung der alliierten Invasionsarmeen zu erschweren. Zudem stellte es neue Divisionen auf, die eine Großoffensive gegen die Westmächte starten sollten. Diese Offensive sollte zweigleisig ablaufen: eine Landoffensive, die von den Deutschen später Ardennen-Offensive und von den Alliierten »Battle of the Bulge« genannt wurde. Gleichzeitig sollte der U-Boot-Krieg mit völlig neuen U-Booten aufgenommen werden, gegen die den Alliierten noch keine geeigneten Waffensysteme zur Verfügung standen. Dadurch sollten die transatlantischen Verbindungen abgeschnitten, die Initiative im Seekrieg zurückerobert und ein überwältigender Sieg über die westlichen Alliierten errungen werden, weil sie ihre ganzen Armeen auf dem Festland weder hätten versorgen noch verstärken noch evakuieren können. Wenn diese kombinierten Land- und Seeoffensiven erfolgreich gewesen wären, hätten Offensiven an der Ostfront von einer deutschen Armee durchgeführt werden können, die sich nun auf diesen einen Schauplatz zu konzentrieren vermocht hätte. Wenn diese Angriffe zur Folge gehabt hätten, daß Stalin Deutschland um ein Abkommen ersuchte, hätte die deutsche Regierung die neue Situation untersucht. In der Zwischenzeit war es jedoch wichtig, daß Japan keine neuen Schritte in Moskau unternahm.

Die Japaner akzeptierten widerstrebend die deutsche Forderung, doch sahen sie Deutschlands Zukunft als höchst ungewiß. In den letzten Septembertagen des Jahres 1944 begannen sie mit Vorbereitungen, die das Schicksal ihrer Diplomaten in Europa für den Fall des deutschen Zusammenbruchs betrafen. [119]

Die neuen Strategien der Deutschen wirkten sich sofort und nachhaltig aus. Für die Landoffensive nach Westen mußten die neuen Formationen organisiert und ausgerüstet werden. Für die Seeoffensiven im Westen mußten die Mannschaften der neuen U-Boote ausgebildet werden – und hierfür war die Sicherheit im Übungsgebiet Ostsee von größter Bedeutung.

Hitlers Entschluß, Kurland zu halten, wurde also von der Notwendigkeit bestimmt, die Rote Armee von der Küste und die sowjetische Marine von der mittleren Ostsee fernzuhalten. In seiner Entscheidung wurde er von Admiral Dönitz unterstützt. Dönitz hoffte, daß die U-Boote demnächst fertig werden würden. Er wußte, daß sie ohne sorgfältige Erprobung und Ausbildung der Mannschaften nicht eingesetzt werden könnten. Die ganze Problematik um Kurland wurde also durch die Strategie gegen den *Westen* ausgelöst. Die Marine tat nicht nur ihr Bestes, um Hitlers Entscheidungen zu beeinflussen, sondern gab beim Halten von Teilen des Baltikums Unterstützung.[120]

Schließlich spielten die Diskussionen über die Räumung oder das Festhalten an Kurland eine wichtige Rolle: zunächst bei Hitlers Bruch mit Guderian als seinem Stabschef und später bei der Ernennung Dönitz' zu seinem eigenen Nachfolger. In der Zwischenzeit kamen die Fronten in Ost und West zum Stillstand, da sich beide Seiten auf die entscheidenden Kämpfe vorbereiteten. Wenn die deutschen Berechnungen und Hoffnungen sich als richtig erweisen sollten, stand noch ein langer Konflikt bevor. Wenn sie sich als falsch erweisen würden und die Alliierten den gesamten Widerstand überwältigten, könnte man von den Divisionen in Kurland – genauso wie von der deutschen Division, die auf den Kanalinseln belassen wurde – sagen, sie hätten mitten im Krieg ihre eigenen Kriegsgefangenenlager eingerichtet.

13

Spannungen in beiden Allianzen

DIE ANGLO-AMERIKANISCHEN BEZIEHUNGEN

Im vorsichtig entwickelten Bündnis zwischen den Vereinigten Staaten und Großbritannien gab es neben den kooperativen Elementen von Anfang an auch Spannungen, und zwar bevor Japan, Deutschland und Italien die Vereinigten Staaten in den
Krieg hineinzogen. Diese Spannungen sind zum einen auf unterschiedliche historische
Erfahrungen und Perspektiven zurückzuführen, zum anderen auf verschiedene Aus-
gangssituationen und Strategien. Die Vereinigten Staaten hatten ihre Unabhängigkeit
in einem langen und blutigen Krieg gegen England errungen. Dieser Krieg hatte das
Land tiefer erschüttert als jeder andere Konflikt mit Ausnahme des Sezessionskriegs.
Die amerikanische Nationalhymne erinnerte die Bürger an eine Begebenheit aus dem
bald folgenden Krieg mit England 1812–1814, und später, noch im 19. Jahrhundert,
kam es zu weiteren ernsten Konflikten um die Grenzen im Nordwesten und Nordosten, um Fischereirechte, um die britische Unterstützung der Konföderierten im
Bürgerkrieg, um Gebiete in Mittel- und Südamerika und über die Projekte irisch-
stämmiger Amerikaner, die Kanada ganz oder teilweise besetzen und das Land als
Geisel für die Befreiung Irlands von der britischen Herrschaft nehmen wollten.

Dieser letzte Konflikt resultierte aus der Rolle der Amerikaner irischer Abstammung, die zum Teil aufgrund der Entwicklungen in Irland Mitte und Ende des
19. Jahrhunderts in großer Zahl in die USA eingewandert waren. Sie gewannen in
der ersten Hälfte des 20. Jahrhunderts wachsenden Einfluß auf die amerikanische
Politik, weil sie sich bevorzugt in einer Reihe großer Städte des Ostens und Mittelwestens niederließen. Dort war ihre Rolle innerhalb der Demokratischen Partei, die
die amerikanische Politik in den dreißiger Jahren beherrschte, sehr wichtig. Obwohl
ihre offene Feindseligkeit gegenüber Großbritannien nun etwas gedämpft war, hatten
sie weiterhin große Bedeutung für die Beziehungen der beiden Nationen.

Außerdem hatten die Amerikaner ihre Abneigung gegen die eigenen ehemaligen
Kolonialherren auf den Kolonialismus generell ausgedehnt. Im allgemeinen hatten
sie wenig Ahnung davon, in welchem Maße Kanada, Australien, Neuseeland und
die damals so genannte Südafrikanische Union tatsächlich ihre inneren Angelegen-

heiten selbst regelten. Sie hegten jedoch keinerlei Zweifel daran, daß dies für Indien und die anderen Kolonialbesitzungen Großbritanniens nicht galt. Die Amerikaner hatten 1936 durch die Verabschiedung eines Gesetzes im Kongreß beschlossen, sich von den Philippinen, deren Annexion eine große Abweichung von ihrer antikolonialistischen Tradition gewesen war, zurückzuziehen, und sie sahen nicht ein, warum die Briten es ihnen nicht gleichtun sollten. Wie auch immer es mit Größe und Eigenart der Kolonialreiche anderer Mächte stand, jeder Blick auf eine Weltkarte – von der Bevölkerungsstatistik ganz zu schweigen – zeigte, daß Großbritannien in der Konkurrenz um das größte Imperium buchstäblich den Löwenanteil gewonnen hatte und damit in den Augen der Amerikaner am schlechtesten wegkam.

Die Amerikaner, die sich mit der Weltwirtschaftskrise der zwanziger Jahre und deren Ursachen und Wirkungen im Welthandel beschäftigten, darunter Außenminister Cordell Hull und viele Vertreter seines Ministeriums, betrachteten das 1931 mit dem Abkommen von Ottawa eingeführte System imperialer Vorzugsregelungen für Großbritannien als verderbliche Handelsbeschränkung, die das Wohlstandswachstum bremste und den Frieden gefährdete. Auch hatte man in Regierungskreisen und in der Öffentlichkeit den Eindruck, die Briten seien gerissene und skrupellose Kaufleute. In jüngster Zeit hatte sich das angeblich gezeigt, weil die Briten ihre aus dem Ersten Weltkrieg stammenden Schulden bei den Vereinigten Staaten nicht beglichen hatten.

Die Briten dagegen waren angesichts der amerikanischen Weigerung, die Pariser Friedensordnung von 1919 zu unterstützen, verärgert und kritisierten das amerikanische Zollsystem, das, wie sie meinten, für viele ihrer Schwierigkeiten (darunter der Zahlungsrückstand bei den Schulden) verantwortlich war. Viele Briten, vor allem in konservativen Kreisen, wiesen die amerikanische Kritik am Britischen Empire im allgemeinen und an der britischen Herrschaft in Indien im besonderen heftig zurück. Der Aufenthalt einer großen Zahl amerikanischer Soldaten in England führte zu vielen Freundschaften und schließlich zu Tausenden von Ehen, schuf jedoch auch beträchtlichen Zwist; die Amerikaner waren, wie eine beliebte Wendung lautete, »over-paid, oversexed, overfed and over here«.

Neben den unterschiedlichen Positionen der öffentlichen Meinung in beiden Ländern gab es auch Differenzen in der strategischen Lagebeurteilung. Die Amerikaner vertraten beharrlich die Auffassung, die Strategie, »Deutschland zuerst« zu schlagen, zwinge dazu, auf dem europäischen Kriegsschauplatz wirklich etwas gegen Deutschland zu unternehmen. Die Lieblingsprojekte Churchills und der britischen Stabschefs, z.B. große Operationen zur Einnahme der italienischen Inseln in der östlichen Ägäis, schienen ihnen zur Erreichung dieses Ziels völlig ungeeignet. Im Gegenteil, die amerikanische Führungsspitze betrachtete derartige Vorhaben als Ablenkung, die imperialen Zielen der Briten diente und durch den Abzug von Ressourcen den Sieg eher verzögern als beschleunigen würde. Die Weigerung der Briten, ihre eigenen Streitkräfte auf dem indischen Kriegsschauplatz in angemessenem Umfang zu unterstützen, erschien Washington und seinen Vertretern vor Ort als Vorwand, die Stärkung eines antikolonialistischen China zu verhindern, bis Großbritannien seine Kolonien nach einem Sieg der Amerikaner über Japan wieder beanspruchen konnte.

Die britische Führungsspitze dagegen erhob ständig Einwände gegen die ihrer Auffassung nach überzogene Stationierung amerikanischer Truppen im pazifischen Raum (wobei sie geflissentlich ignorierte, daß sie dies zuallererst verlangt hatte, um die Sicherheit Australiens und Neuseelands zu gewährleisten, als der größte Teil der Streitkräfte dieser Dominions am britischen Feldzug in Nordafrika teilnahm). Die Briten ärgerte auch, daß die Amerikaner einer Invasion über den Kanal beharrlich Vorrang gaben, daß sie auch bereit waren, Gelegenheiten nicht zu nutzen, die sich aus Sicht der Briten anderswo, besonders in Italien und im östlichen Mittelmeer, ergaben. Schließlich begriffen die Amerikaner nach Auffassung der Briten nicht, daß es wegen anderweitiger Notwendigkeiten bis auf weiteres ausgeschlossen war, Truppen und Ressourcen in ausreichender Stärke für den Kriegsschauplatz in Birma zur Verfügung zu stellen. Dies hätte aus britischer Sicht ohnehin nicht zu der von den Amerikanern erhofften Neubelebung der chinesischen Kriegsanstrengungen geführt.[1]

Diesen Schwierigkeiten stand eine Reihe wesentlich gewichtigerer Faktoren gegenüber, die beide Mächte verband und zusammenhielt. Roosevelt und Churchill hatten ein wirklich außerordentlich gutes Verhältnis zueinander entwickelt, sowohl auf persönlicher Ebene als auch in der Zusammenarbeit. Auch wenn sich bei Differenzen das Schwergewicht immer mehr zur mächtigeren amerikanischen Seite hin verlagerte, empfanden beide Partner hohen Respekt füreinander und waren gleichermaßen entschlossen, das Bündnis wirksam zum Einsatz zu bringen. Diese Einstellung wurde von den Führungsstäben beider Männer in vollem Umfang geteilt, so daß bei allen Differenzen, die sich in politischen und strategischen Fragen ergaben, die Versuche, sie zu überbrücken, immer in der gemeinsamen Überzeugung unternommen wurden, daß die Zusammenarbeit für den Sieg entscheidend sei. Feldmarschall Dill arbeitete bis zu seinem Tod im November 1944 unermüdlich und meist erfolgreich daran, die auftauchenden Schwierigkeiten aus dem Weg zu räumen.[2]

Die kooperative Einstellung an der Spitze fand in beiden Nationen Zustimmung und wurde durch die mit der Umsetzung der Beschlüsse beauftragten Institutionen nach Kräften gefördert. In Amerika wurde die Standhaftigkeit der Briten bei ihrer harten Prüfung bewundert, während diese die Hilfe zu schätzen wußten, die sie von den Amerikanern erhielten. In der Praxis gelang die Zusammenarbeit weitgehend, wodurch die Grundlage für deren Fortsetzung ständig erneuert wurde. Die verschiedenen gemeinsamen Ausschüsse und Komitees unter der Leitung der Combined Chiefs of Staff arbeiteten mit großem Erfolg. Trotz der Schwierigkeiten, die bei der gemeinsamen Planung und Zuteilung knapper Ressourcen, von der Munition bis zum Frachtraum, auftauchten, gelang alles auf die eine oder andere Weise, und mit der Zeit gewöhnten sich viele Offiziere beider Länder und aller Waffengattungen an die Zusammenarbeit.[3] Auch wurden zumindest auf einigen Kriegsschauplätzen gemeinsame Kommandostrukturen aufgebaut, die von ihrer Zusammensetzung, ihrem Wesen und ihrer Funktionsweise her alliierten Charakter hatten.

MacArthur achtete darauf, daß sein Hauptquartier im südwestlichen Pazifik nicht zu der alliierten Befehlszentrale wurde, die es hätte sein können (und wohl auch sollen). Mountbatten setzte sich wirklich für eine derartige Kommandostruktur ein. Ihm waren es einfach nicht genug Amerikaner, die nach Südostasien geschickt wurden, um dort diese alliierte Befehlszentrale zu schaffen.[*] Im Mittelmeerraum und in Nordwesteuropa jedoch entstanden wirklich integrierte Kommandostrukturen. Diese Qualität war im Allied Forces Headquarters in Algier zum großen Teil aufgrund der persönlichen Bemühungen Eisenhowers geschaffen worden. Auch das Supreme Headquarters Allied Expeditionary Force, zunächst in London und dann auf dem Kontinent, stellte eine neue Form der Organisation dar (die Feldmarschall Sir Henry Maitland Wilson fortsetzte, als er Nachfolger Eisenhowers im Mittelmeerraum wurde). Diese Befehlszentralen waren völlig anderer Natur als die früheren Versuche, zusammenzuarbeiten oder eine alliierte Kommandostruktur aufzubauen, wie sie etwa General Foch im Ersten Weltkrieg unternommen hatte. Hier entwickelte sich eine eigentümliche Atmosphäre des Zusammenhalts, es entstanden Freundschaften und neue Formen der Entscheidungsfindung, was nicht nur in beträchtlichem Maße dazu beitrug, die ansonsten besorgniserregenden Probleme der Führung der britisch-amerikanischen Allianz zu verringern, sondern auch die Grundlage schuf für den Erfolg der NATO in den Jahrzehnten nach 1949.

Solche Strukturen wurden im Sommer 1944 und in der Folgezeit besonders dringend benötigt. Die Spannungen, die anläßlich des wirklichen oder vermeintlichen Stillstands in der Normandie entstanden, stellten den Zusammenhalt des alliierten Oberkommandos auf eine harte Probe. Die Konflikte in Eisenhowers Hauptquartier, besonders der britischen Mitglieder, vor allem mit Montgomery, führten fast zu dessen Ablösung. Montgomery hatte zusätzlich große Probleme mit seinen kanadischen Kommandeuren. Darüber hinaus führte das Versagen der von Montgomery befehligten Briten, Kanadier und Polen bei dem Versuch, die Lücke von Falaise zu schließen und die Reste der beiden deutschen Armeen, die in der Normandie gekämpft hatten, einzukesseln, zu weiteren Konflikten.

Fast zur selben Zeit stritten die Briten immer noch heftig mit den Amerikanern darum, die geplante Landung in Südfrankreich zu streichen. Die Schärfe gerade dieses Konflikts über die einzuschlagende Strategie[4] hing mit der Wirkung dieser Operation auf den Krieg in Italien zusammen. Die Briten waren enttäuscht, denn sie wollten die alliierten Truppen dort stärker unterstützen, und der Streit wurde um so heftiger angesichts der Erinnerung an die Niederlage in der Ägäis im vorangegangenen Herbst. Einzig diese Faktoren können erklären, warum die Briten in dieser Sache logistische

---

[*] Das Kommando von Feldmarschall Wavell im Winter 1941/42 bestand nicht lange genug.

Probleme völlig mißachteten: Wie stellten sie sich die Versorgung der riesigen alliierten Armeen ohne die französischen Mittelmeerhäfen vor?

Diese langwierigen Auseinandersetzungen zu militärischen Fragen wurden alle beigelegt oder gedämpft, aber ihre Härte spiegelte auch andere Konflikte im anglo-amerikanischen Bündnis wider, die schon einige Zeit vor sich hin geschwelt hatten und die 1944 aufflackerten. Der tiefste und langwierigste Konflikt entstand aus den fundamental verschiedenen Positionen der beiden Länder zum Problem der Kolonien.[5] Die amerikanische Öffentlichkeit blieb bei ihrer grundsätzlichen Ablehnung des Kolonialismus, eine Einstellung, die von der militärischen Führung weitgehend geteilt wurde, während beträchtliche Teile der Öffentlichkeit und der zivilen und militärischen Führung in Großbritannien die Erwartung hegten, das Britische Empire werde vielleicht in veränderter Form fortbestehen. Die unterschiedlichen Positionen wurden durch niemanden schärfer konturiert als durch die beiden politischen Führer: Churchill und Roosevelt. Churchill war buchstäblich einem Schlaganfall nahe, wenn das Thema Entkolonialisierung auch nur angesprochen wurde; Roosevelt dagegen war vollkommen überzeugt, daß alle Kolonien Großbritanniens und anderer Kolonialmächte auf dem schnellsten Weg unabhängig werden sollten. Er dachte an eine Übergangszeit, für die er eine Art Treuhänderschaft wollte.

Die Tatsache, daß Churchill schon 1942 lieber mit dem Rücktritt gedroht hatte, als der indischen Unabhängigkeitsbewegung, die von Roosevelt unterstützt wurde, nennenswerte Zugeständnisse zu machen, führte dem amerikanischen Präsidenten vor Augen, daß dies ein Gebiet war, auf dem der britische Premier keinesfalls nachgeben würde. In der Folgezeit bemühte sich Roosevelt, in dieser Angelegenheit keine allzu drängenden Forderungen zu stellen, doch hielt er mit seinen Ansichten nicht hinter dem Berg. Die Tatsache, daß sie von seinem Vertreter in Indien, dem langjährigen Freund William Phillips, geteilt wurden, ließ den Graben nur noch deutlicher werden, der London und Washington in dieser Frage trennte.[6]

Die grundsätzlich verschiedenen Positionen in der Kolonialfrage waren in gewisser Weise mit einem weiteren Zwist verknüpft, der damals in Großbritannien und den Vereinigten Staaten viel eher im Brennpunkt der öffentlichen Aufmerksamkeit stand: Die beiden Alliierten stritten über die Frage, welche Regierungen in Italien und Griechenland wiedereingesetzt werden sollten. In beiden Fällen kollidierte die sentimentale Anhänglichkeit Churchills an die Monarchie in Italien und deren Restauration in Griechenland nicht nur mit der Abneigung oder zumindest Gleichgültigkeit der Amerikaner gegenüber der Monarchie, sondern auch mit der Tatsache, daß sich in beiden Ländern die ultrakonservativen und sogar kollaborationsbereiten Teile der Bevölkerung generell mit der Monarchie identifizierten. Die Amerikaner zögerten zumindest anfangs, mit solchen Gruppierungen zusammenzuarbeiten, im Gegensatz zu Churchill, der Abneigungen gegen jeden Italiener oder Griechen hegte, den er antimonarchistischer Tendenzen verdächtigte. Ihm waren nicht nur Kommunisten zuwider (und alle anderen Personen, die bereit waren, mit ihnen zusammenzuarbeiten), sondern auch angesehene liberale Staatsmänner wie der führende italienische Politiker Ivanoe Bonomi.

Die Amerikaner und Briten nahmen gegenüber den inneren Entwicklungen der italienischen Politik grundsätzlich verschiedene Haltungen ein, wobei Churchill sich unerbittlich gegen die von ihm weitgehend richtig eingeschätzte wachsende Rolle der Gegner der Monarchie wandte, auch wenn diese unter König Viktor Emmanuels Sohn, Kronprinz Umberto, als Nachfolger bleiben sollte. Die Amerikaner nahmen die klaren Signale aus der italienischen Politik, die in andere Richtungen zeigten, viel bereitwilliger auf. Das Abkommen zwischen den Alliierten und Badoglio vom April 1944 sah vor, die Allparteienregierung unter Viktor Emmanuel nach der Befreiung Roms durch eine Regierung unter Umberto abzulösen. Als es im Juni realisiert werden sollte, wurde unter dem Druck der italienischen Parteien Badoglio als Premierminister abgesetzt. Ausgerechnet Bonomi wurde Premierminister, was bei Churchill Empörung und bei den Amerikanern stille Befriedigung hervorrief.[7] Danach setzten sich die Streitigkeiten über Italien zwischen den Briten und den Amerikanern fort; Ende des Jahres legte Churchill ein Veto ein gegen die Ernennung des Grafen Carlo Sforza zum Außenminister.[8] Die stetige Tendenz der italienischen Regierung zu gemäßigt liberalen Positionen, die von der britischen Regierung nicht aufgehalten werden konnte, bewog Churchill dazu, gegenüber den Entwicklungen in Griechenland eine um so kompromißlosere Haltung einzunehmen.

Als die Deutschen ihre Truppen aus Griechenland abzogen, landeten dort die Briten. Die wichtigste griechische Widerstandsorganisation, die EAM, wurde von den Kommunisten dominiert, worüber sich freilich viele ihrer Mitglieder und Förderer nicht im klaren waren.[9] In einer zunehmend komplizierten Situation stimmten diese Personen am 26. September 1944 zunächst der als Caserta-Abkommen bezeichneten Einigung mit anderen Gruppierungen aus dem Widerstand und den Briten sowie Vertretern der griechischen Exilregierung zu, änderten dann jedoch ihre Haltung und versuchten, Athen unter ihre Kontrolle zu bekommen. Die britischen Truppen spielten bei der Unterdrückung dieser Aktionen eine wesentliche Rolle; während die Sowjetunion aus Gründen, die weiter unten diskutiert werden, zur Unterdrückung der ihr wohlgesonnenen Kräfte Stillschweigen bewahrte, reagierte die amerikanische Öffentlichkeit ablehnend auf die Entwicklungen in Griechenland. Eine öffentliche Stellungnahme der Amerikaner vom 5. Dezember 1944, mit der ursprünglich das britische Veto gegen Sforza kritisiert werden sollte, enthielt auch eine deutliche Anspielung auf die Ereignisse in Athen und rief in England deutlichen Widerwillen, in der amerikanischen Öffentlichkeit jedoch breite Zustimmung hervor. Es kam zu einem über Wochen anhaltenden öffentlichen Streit, der erst gegen Ende Januar abflaute.[10]

In Griechenland war schlagartig ein bürgerkriegsähnlicher Zustand entstanden, und die britischen Truppen spielten bei der Niederschlagung eines kommunistischen Putschversuchs in Athen eine Schlüsselrolle. Zwar lag auf der Hand, daß die Kommunisten ein Interesse an der vollständigen Eroberung der Macht hatten, doch auf der anderen Seite hatten die Parteigänger der Briten in vielen Fällen die Deutschen nicht bekämpft, sondern mit ihnen kollaboriert. Die ablehnenden Äußerungen im britischen Parlament waren harmlos im Vergleich zu der Empörung in den Vereinigten Staaten; Admiral King ließ amerikanische Schiffe unter britischer Flagge fahren, um den Eindruck zu vermeiden, daß die Amerikaner das Vorgehen der Briten unterstützten, indem sie unter dem Sternenbanner britische Truppen und Nachschub nach Griechenland brachten.[11] Schließlich kam es zu umfangreichen Bemühungen, die Konflikte beizulegen, doch wurde die berechtigte Sorge laut, daß die beiden Alliierten auseinanderdriften würden. Dies war zum Teil dem gewachsenen Interesse der amerikanischen Öffentlichkeit an Ländern wie Italien und Griechenland anstelle von Rumänien und Bulgarien zu verdanken, zum Teil dem Eindruck, daß das Vorgehen Großbritanniens eng mit den imperialen Interessen des Landes verknüpft war, die von den Amerikanern allgemein kritisiert wurden, und schließlich auch den Auswirkungen der deutschen Ardennen-Offensive und der unglücklichen Pressekonferenz Montgomerys, die im nächsten Kapitel erörtert wird.

Zu weiteren Spannungen zwischen den Amerikanern und den Briten kam es aufgrund des problematischen Verhältnisses zu de Gaulle. Beide Seiten fanden den Umgang mit ihm äußerst schwierig, zum Teil weil der Führer des Freien Frankreich wohl glaubte, es sei für seine und die französische Selbstachtung wichtig, den Alliierten, von denen er abhängig war, möglichst viele Schwierigkeiten zu bereiten. Damit hatte er zweifellos Erfolg.[12] Weil die Briten früher als die Amerikaner erkannten, daß de Gaulle vermutlich die Unterstützung des befreiten französischen Volkes genießen würde, bemühten sie sich stärker, den schwierigen französischen General zufriedenzustellen. Einst hatten sie sich bemüht, ihn davon abzuhalten, aus England auszufliegen[13], nun taten sie alles in ihren Kräften Stehende, um mit ihm zusammenzuarbeiten und die Amerikaner davon zu überzeugen, es ihnen gleichzutun.[14] Roosevelt blieb bei seiner zögernden Haltung, weil ihm die Aussicht Sorge bereitete, einen Militärbefehlshaber an die Spitze eines befreiten Frankreich zu stellen. Der letzte General, der Frankreich hatte führen wollen, war General Boulanger gewesen. Außerdem hatten die engsten Berater des Präsidenten in Washington eine noch schlechtere Meinung von de Gaulle als Roosevelt selbst. Das Treffen der beiden im Juli 1944 in Washington verringerte die Spannungen, aber de Gaulle stellte daraufhin seinen neu anerkannten Status demonstrativ zur Schau, was keineswegs hilfreich war. Da die britische Regierung sich trotz der eigenen andauernden Schwierigkeiten mit dem französischen General an ihn gebunden fühlte und Washington ständig aufforderte, die gleiche politische Linie einzuschlagen, führten die Probleme, die Großbritannien wie auch die Vereinigten Staaten mit dem Führer des Freien Frankreich hatten, zu Spannungen im Verhältnis beider Länder.

Mit dem Problem de Gaulle ist der Katalog der Streitigkeiten in den anglo-amerikanischen Beziehungen allerdings noch nicht erschöpft. Auch eine ganze Reihe wirtschaftlicher Schwierigkeiten belastete das Verhältnis der beiden Länder. Die

Briten erkannten, daß sie während des Krieges nicht nur von der amerikanischen Leih- und Pachthilfe abhängig waren, sondern auch für den Zeitraum zwischen dem Sieg über Deutschland und dem über Japan sowie für die Zeit unmittelbar danach Unterstützung brauchen würden. Da man in einem Umfang Energie und Ressourcen in den Kampf gegen Deutschland geworfen hatte, der die Möglichkeiten des Landes weit überstieg, hoffte die britische Führung, von den Vereinigten Staaten weiterhin Hilfe zu bekommen, bis man wieder auf eigenen Füßen stehen konnte. Sie hoffte, daß das ausgedehnte »umgekehrte Leih- und Pachtverfahren«, das man den Vereinigten Staaten vorschlug, und die wichtige Rolle, die Großbritannien im Krieg eingenommen hatte, sich mit dem Eigeninteresse an einem wohlhabenden Nachkriegsengland verknüpfen würden, so daß man den Amerikanern eine Art Hilfsprogramm schmackhaft machen könnte.

Auf der Konferenz von Quebec hatten die Amerikaner eine großzügige Behandlung der britischen Bedürfnisse in der sogenannten Phase II des Leih- und Pachtvertrags versprochen, womit die Zeit nach dem Sieg über Deutschland gemeint war. Die Briten schickten John Maynard Keynes nach Washington, um ein Abkommen in dieser Frage auszuhandeln. Keynes, wie fähig auch immer als Ökonom, war vielleicht nicht die beste Wahl, wenn man bedenkt, was Roosevelt von ihm hielt – was die Briten allerdings nicht unbedingt gewußt haben müssen.* Besonders Finanzminister Henry Morgenthau, der bei den Verhandlungen von Quebec eine Schlüsselrolle eingenommen hatte, versuchte, die Briten zufriedenzustellen. Doch Einwände seitens der amerikanischen Regierung und des Kongresses, die Zweifel in der amerikanischen Öffentlichkeit widerspiegelten, führten dazu, daß das Abkommen – wenn man den erzielten Kompromiß als Abkommen bezeichnen kann – erheblich weniger Nutzen versprach, als sich die Briten erhofft hatten. Und selbst diese Übereinkunft wurde noch aufgrund von Gesetzesänderungen im Kongreß und der frühen Beendigung des Krieges mit Japan gefährdet.[15]

Die schwierigen Diskussionen in den letzten Monaten des Jahres 1944 um weitere Hilfe für Großbritannien wurden durch die Differenzen zwischen Amerikanern und Briten auf der gleichzeitig in Chicago stattfindenden internationalen Konferenz zur Regelung der zivilen Luftfahrt noch komplizierter. Heute, da British Airways die weltgrößte Fluggesellschaft und ihre wichtigste und gewinnträchtigste Route die

---

* In einem Brief vom 9. Juli 1941 hatte Bernard Baruch Roosevelt davor gewarnt, Keynes zu vertrauen. Er wies auf sehr schlechte Erfahrungen während der Pariser Friedenskonferenz von 1919 hin. In seiner Antwort vom 11. Juli schrieb der Präsident, der normalerweise wenig Neigung zeigte, seine Gedanken zu Papier zu bringen: »Ich hatte auf der Pariser Friedenskonferenz nicht diese Erfahrungen mit dem ›Edelmann‹, doch aufgrund sehr viel kürzer zurückliegender Begegnungen bin ich geneigt, Ihnen uneingeschränkt zuzustimmen.« FDRL, Box 117, Bernard Baruch. Zu britischen Zweifeln am amerikanischen Vorhaben, die Verhandlungsprotokolle des Viererrates von Paris zu veröffentlichen, siehe WM (43) War Cabinet 93(43), 5. Juli 1943, PRO CAB 65/35.

zwischen New York und London ist, mag es schwierig sein, für die erhitzten Debatten über die Zivilluftfahrt nach dem Krieg Verständnis aufzubringen. Die Amerikaner verlangten freie Konkurrenz. Die Briten hatten sich im Krieg auf den Bau von Kampfflugzeugen und Bombern konzentriert. Die Amerikaner dagegen hatten Massen von Transportflugzeugen gebaut. Deshalb befürchteten die Briten, in künftigen Friedenszeiten völlig aus dem Passagierluftverkehr gedrängt zu werden. Durch massiven Druck der Amerikaner wurde eine Vereinbarung erzielt, die den britischen Befürchtungen Nahrung gab, doch allein schon der Druck verärgerte die Londoner Führung, während die Vertreter Washingtons über die in ihren Augen unnachgiebige Haltung der Briten in Rage versetzt wurden.[16]

Hinter dem wütenden Streit um die Zukunft der internationalen Zivilluftfahrt und auch hinter den Differenzen um das Leih- und Pachtverfahren stand immer der Zwist über unterschiedliche Vorstellungen zur internationalen Wirtschaftspolitik. Die Regierung Roosevelt, in dieser Frage durch Cordell Hull vertreten, plädierte für den Abbau von Handelsbarrieren und -kontrollen. In dieser Frage kämpfte die Regierung an zwei Fronten: innenpolitisch gegen die Befürworter von Schutzzöllen, die in der Republikanischen Partei besonders einflußreich waren, und außenpolitisch gegen die imperialen Vorzugsregelungen, wie sie in den Abkommen Großbritanniens mit seinen Dominions und Kolonien verkörpert waren. Während die amerikanische Regierung in den Vorkriegsjahren ihre Bemühungen auf die Verabschiedung und Umsetzung des Reciprocal Trade Agreements Act konzentriert und im Kongreß gegen die innenpolitischen Gegner ihrer Niedrigzollpolitik gekämpft hatte, setzte sie während des Krieges alles daran, die Briten mit den Hebeln des Leih- und Pachtvertrags zur Aufgabe ihrer imperialen Sondertarife zu bewegen. Die Briten reagierten nur höchst widerspenstig auf den amerikanischen Druck, da sie eine sehr schwere Zeit vor sich sahen, in der sie sich von den Anstrengungen des Krieges erholen mußten. Das Problem sollte die Beziehungen zwischen den beiden Ländern noch jahrelang belasten.[17]

In der Zeit unmittelbar nach Ende des Krieges in Europa sollte die Lockerung der britischen Restriktionen für die Einwanderung der Juden in das britische Mandatsgebiet in Palästina die anglo-amerikanischen Beziehungen vergiften, doch war dies während des Krieges noch nicht absehbar. Es waren die Zukunft Deutschlands und die Beziehungen der Westmächte zur Sowjetunion, die zu unterschiedlichen Positionen in den beiden Hauptstädten und zu Reibereien Anlaß gaben. In bezug auf Deutschland wurden die Differenzen im Herbst 1944 ausgeräumt. Nachdem Roosevelt lange opponiert hatte, wurde er schließlich zur Annahme des britischen Plans bewegt, Besatzungszonen einzurichten, wobei Berlin tief in den sowjetischen Sektor geriet und den Amerikanern die südliche und nicht die nordwestliche Zone zugeteilt wurde. Die Stimmung des Präsidenten wurde durch Churchills Meinungsänderung in der Sektorenfrage Anfang 1945 nicht verbessert, und sein Nachfolger Harry Truman war ebenfalls nicht bereit, das einmal erreichte Abkommen zu den Besatzungszonen zu brechen. Sowohl Churchill als auch Roosevelt stimmten im September 1944 in Quebec der im Morgenthau-Plan vorgesehenenen Entindustrialisierung Deutschlands zu, und beide gaben dieses Vorhaben kurz danach wieder auf, wenn auch nicht unbedingt aus denselben Gründen (wie in Kapitel 15 erörtert wird). Die politischen Strategien der Westalliierten gegenüber Deutschland wiesen leichte Unterschiede in den Grundprinzipien auf, ähnelten sich jedoch in der Praxis viel stärker, als man hätte erwarten können. Dieser Umstand erleichterte später die Vereinigung der beiden Zonen.

Um einiges schwerwiegender waren die Differenzen in den Beziehungen zur Sowjetunion. Hier gab es zwar gemeinsame anglo-amerikanische Positionen, die zu größeren Spannungen zwischen den beiden Westmächten und der Sowjetunion führten, doch traten in den jeweiligen politischen Ansätzen gegenüber der Sowjetunion auch bedeutende Unterschiede auf.

DIE WESTMÄCHTE UND DIE SOWJETUNION

Die britische und die amerikanische Regierung stimmten in einigen Punkten völlig überein. Beide zogen es vor, das Atombombenprojekt vor den Russen geheimzuhalten. Freilich waren sich auch beide darüber im klaren, daß die Sowjets versuchten, dieses Vorhaben auszuspionieren, wobei die Amerikaner sich dessen stärker bewußt und die Briten viel stärker unterwandert waren. Beide Seiten hatten sich in den Jahren zuvor nach Kräften bemüht, mit den Russen in militärischen Fragen zusammenzuarbeiten und Informationen auszutauschen; beide waren zurückgewiesen worden und waren 1944 in dieser Hinsicht auch gleichermaßen ernüchtert. Doch beide Länder, obwohl nun etwas skeptischer, hofften immer noch, nach dem Krieg mit der Sowjetunion zusammenarbeiten zu können. Unterschiedlicher Auffassung waren sie allerdings in der Frage, wie man mit der Sowjetunion bis dahin umgehen sollte. Hierzu kam es gelegentlich zu heftigen Auseinandersetzungen. Der britische Premierminister und die meisten Mitglieder seiner Regierung waren davon überzeugt, daß es notwendig sei, angesichts der schwindenden Macht Großbritanniens und einer stärker werdenden Sowjetunion frühzeitig Vereinbarungen mit Moskau zu treffen. Selbst wenn solche Abkommen und die dafür notwendigen Zugeständnisse schmerzhaft waren – besonders für jene Osteuropäer, die unter sowjetische Vorherrschaft geraten würden –, war es besser, so früh wie möglich die besten Bedingungen auszuhandeln und zu versuchen, die Sowjets durch solche Vereinbarungen zu binden, als zu warten, bis die Macht Großbritanniens weiter geschrumpft sein würde und die Russen praktisch tun konnten, was sie wollten.[18] Diese Überlegungen erklären den Kurs, den Churchill 1941/42 einzuschlagen versucht hatte. Er wollte die russischen Grenzen, wie sie vor dem Juni 1941 verlaufen waren, im wesentlichen anerkennen; amerikanische Einwände hatten ihn von diesem Vorhaben abgebracht. Als die Rote Armee die deutschen Invasoren zurückschlug und sich auf den Weg nach Mittel- und Südosteuropa machte, wollte Churchill diesen Ansatz wiederaufnehmen.

Roosevelts Auffassungen orientierten sich an einer anderen Realität, und er zog aus ihr völlig andere Schlüsse als Churchill. Der Präsident wandte sich nicht nur aufgrund allgemeiner Überlegungen gegen Vorausverpflichtungen für die Nachkriegszeit – zum Teil, weil er glaubte, daß die während des Ersten Weltkriegs geschlossenen Geheimverträge schlechte Auswirkungen gehabt hatten –, sondern auch aufgrund einer Vorstellung von den Realitäten der Machtverhältnisse, die sich von Churchills Vorstellung grundlegend unterschied, und dies aus guten Gründen. Er wußte nur allzu gut, wie schlecht die Vereinigten Staaten 1939, 1940 und 1941 auf den Krieg vorbereitet gewesen waren und wie lange es dauerte, die amerikanische Militärmacht zu mobilisieren. Er war sich gleichermaßen darüber im klaren, wie schwierig es war, die langsam, aber stetig wachsende Macht der Vereinigten Staaten über die riesigen Ozeane hinweg, die das Land von den europäischen und pazifischen Feinden trennten, zur Geltung zu bringen, besonders in Anbetracht des Kampfes gegen die deutschen U-Boote und andere Ursachen von Schiffsverlusten. Für einen Mann, der fest an die langfristige Fähigkeit des Landes glaubte, daß diese Schwierigkeiten zu überwinden und der Sieg zu erringen sei, lag der Schluß auf der Hand, daß eine stetige Entfaltung der amerikanischen Macht die Position der Vereinigten Staaten in den alliierten Entscheidungsgremien stärken würde. Roosevelt war stets dagegen, Entscheidungen zu fällen, bevor sie absolut notwendig waren. Er glaubte, es gebe allen Grund, Entscheidungen zur Zukunft Europas zu vertagen. Dies galt besonders zu einer Zeit, da die amerikanischen Streitkräfte noch in geringer Zahl auf dem Kontinent operierten, und es galt auch noch einige Zeit danach, in der die Kampfstärke der amerikanischen Truppen in Frankreich langsam wuchs.

Schließlich stießen die amerikanischen Armeen 1945 weit über die von Churchill gezogenen Linien hinaus, obwohl man sie in östlicher Richtung nur zögernd überschritt. Hätten die Deutschen nicht ihre letzte große Offensive im Westen unternommen, wären die Amerikaner sehr wahrscheinlich noch weiter vorgedrungen. Während es gute Gründe für Churchills Überzeugung gab, daß ein Empire, dessen Macht zu schwinden begann, so früh wie möglich Verträge abschließen sollte, war Roosevelts Auffassung ebenso wohlbegründet, daß ein Land, dessen Macht wuchs, durch die Verzögerung von Entscheidungen profitieren könnte, bis sein Einfluß sich voll entfaltet haben würde.

Diese unterschiedlichen Perspektiven behinderten die Abstimmung zwischen den Briten und Amerikanern bei ihren Verhandlungen mit der Sowjetunion, und sie erschwerten es beiden Mächten sehr, gegenüber Moskau eine gemeinsame Linie zu vertreten. Allerdings gab es auch genug Probleme zwischen den Regierungen in London und Washington auf der einen Seite und Moskau auf der anderen, und sie hatte es von Beginn der Allianz an gegeben, die ihnen von Deutschland aufgezwungen worden war, und viele spitzten sich im Sommer und Herbst 1944 zu.

Die wichtigste strittige Frage war zweifellos die nach der Zukunft Polens. Weder die britische noch die amerikanische Regierung schätzten die Warschauer Vorkriegsregierung, und keine Seite war besonders glücklich mit der damaligen polnischen Ostgrenze. Worin beide Regierungen – und auch die öffentliche Meinung in beiden Ländern – übereinstimmten, waren die Hoffnung und der starke Wunsch, daß das einmal befreite Polen unabhängig werden sollte. Hier lag das zentrale und bestimmende Problem: In Anbetracht der geographischen Realitäten würde Polen wahrscheinlich von der Roten Armee befreit werden. Konnte es dann dennoch unabhängig werden?

Im Ersten Weltkrieg war Serbien von den Armeen der Mittelmächte überrannt worden, war jedoch als größeres und unabhängiges Land aus dem Krieg hervorgegangen, weil die Westalliierten die Mittelmächte niedergerungen hatten und Rußland zuvor von Deutschland besiegt worden war. Nun würde eine ganz andere Situation entstehen. Die Sowjetunion war keineswegs von Deutschland geschlagen worden, vielmehr trug sie wesentlich zur Niederlage Deutschlands bei, und die westlichen Alliierten waren sehr interessiert daran, sie dabei zu unterstützen. Wie sollte Polen, eingeklemmt zwischen Deutschland und Rußland, in die Lage versetzt werden, seine Unabhängigkeit zu bewahren, die Deutschland zusammen mit einem Großteil der Bevölkerung hatte auslöschen wollen und die Stalin dem Land offenbar auch nicht zugestehen wollte?

Die britische Regierung, die der seit dem Sommer 1940 in London residierenden polnischen Exilregierung am stärksten verbunden war, vertrat die Auffassung, die Exilregierung müsse im Interesse der polnischen Unabhängigkeit Moskau gegenüber zu nahezu jeder Konzession bereit sein, um ihre Rückkehr nach Polen sicherzustellen, weil das Land bestimmt von der Roten Armee befreit werden würde. Einmal zurückgekehrt, würde das Volk sich gewiß hinter die Exilregierung stellen und nicht hinter ein Marionettenregime, das die Sowjetunion vermutlich aufrichten würde. Bevor und nachdem die Sowjetunion die Beziehungen zur polnischen Exilregierung abgebrochen hatte, war die britische Regierung unter persönlichem Einsatz Churchills bemüht gewesen, den polnischen Regierungsvertretern in London erst territoriale Zugeständnisse und in der Folge auch einige Personalveränderungen abzuringen, um den sowjetischen Forderungen entgegenzukommen.[19]

Die polnischen Führer im Westen waren insgesamt nicht dazu bereit, die weitreichenden territorialen Zugeständnisse zu machen, die von ihnen gefordert wurden, obwohl manche von ihnen zu dieser oder jener Veränderung bereit waren, insbesondere mit Blick auf die erwarteten Gebietsgewinne zu Lasten Deutschlands. Sie waren allerdings nicht geneigt, den Standpunkt zu akzeptieren, daß die Sowjetunion eine multinationale Einheit sein könne, Polen hingegen nicht, und es widerstrebte ihnen besonders, Teile des Vorkriegspolen abzutreten, während der Krieg noch im Gange war und sie im Exil weilten.

Freilich kann nicht geklärt werden, was geschehen wäre, wenn die Exilregierung den sowjetischen Forderungen nachgegeben hätte. Wahrscheinlich ist jedoch, daß dies keinen Unterschied gemacht hätte und daß die Briten sich selbst etwas vormachten. In der Sowjetunion wurden unter strenger sowjetischer Kontrolle schon die Keimzellen einer neuen polnischen Regierung und Armee aufgebaut. Stalins Politik richtete sich eindeutig auf ein völlig neues Regime in Polen; während er bereit war, London und Washington – wie er meinte – Zugeständnisse zu machen, um die Atmosphäre innerhalb des Bündnisses nicht allzusehr zu vergiften, scheint er sich schon sehr früh entschlossen zu haben, daß niemand außer seinen handverlesenen Polen in Warschau an die Macht kommen sollte.[20]

Die amerikanische Politik in der polnischen Frage blieb hinter der englischen zurück, war jedoch mit denselben Grundproblemen konfrontiert.[21] Präsident Roosevelt zögerte, zum Teil aus innenpolitischen Beweggründen, die polnische Exilregierung zu Konzessionen zu drängen. Auch hoffte er, daß man angesichts wachsender amerikanischer Macht mehr für die Polen tun könnte; noch auf der Konferenz von Jalta, als die Rote Armee bereits ganz Polen besetzt hatte, glaubte er, bessere Konditionen für Polen aushandeln zu können.[22] Diese Hoffnung ging nicht in Erfüllung; die geographischen Verhältnisse und die Rote Armee legten die Spielregeln fest. Aber die Frage der polnischen Unabhängigkeit trat im Sommer 1944 auf dramatische Weise in den Vordergrund. Sie erschütterte zwar nicht das Kriegsbündnis zwischen den Westmächten und der Sowjetunion, doch die Hoffnung auf eine fortgesetzte Kooperation in den Nachkriegsjahren erschien nun als sehr zweifelhaft.

Der Aufstand der polnischen Untergrundarmee in Warschau vom 1. August 1944 führte zu einer schweren Krise im Bündnis gegen Hitler. Die Rote Armee stoppte ihren Vormarsch, zog ihre Sturmspitzen aus der Umgebung Warschaus zurück und verlagerte den Schwerpunkt ihrer Anstrengungen auf die Schaffung von Brückenköpfen über die Narew im Norden und über die Weichsel im Süden der polnischen Hauptstadt. Die Russen hatten die Polen aufgerufen, sich gegen die Deutschen zu erheben. Jetzt sahen sie nicht nur tatenlos zu, wie die Deutschen den Aufstand niederschlugen, sie verwehrten auch britischen und amerikanischen Flugzeugen, die Nachschub für die Aufständischen abzuwerfen versuchten, die Landung auf sowjetischen Flugplätzen. Aus politischen Gründen verbot die Sowjetunion sogar britischen Flugzeugen, die von Italien aus starteten, auf ihrem langen und gefährlichen Flug zur polnischen Hauptstadt über das sowjetisch besetzte Ungarn zu fliegen.[23] Das Ergebnis dieser politischen Grundstrategie war, wie zu erwarten, die Niederschlagung des Aufstandes durch die Deutschen, gefolgt von der systematischen Zerstörung der Stadtteile, die noch nicht in Schutt und Asche lagen.

Bemerkenswert ist, daß diese Ereignisse unter den Augen der Öffentlichkeit der alliierten Nationen stattfanden. Im Gegensatz zum einschlägigen Schriftverkehr der Diplomaten und Staatsführungen, der zumeist erst lange nach dem Krieg veröffentlicht wurde, stießen die dramatischen Ereignisse der zweimonatigen Kämpfe in den Straßen Warschaus auf Widerhall in Großbritannien und den Vereinigten Staaten. Nichts hätte so sehr dazu beitragen können, die Bewunderung für die Rote Armee und zugleich die Sympathie für die Sowjetunion zu schmälern als das Schauspiel der sowjetischen Gleichgültigkeit angesichts der Niederlage der Polen. Weder Churchill noch Roosevelt konnten Stalin mit ihren Noten zur Lage in Warschau zum Einlenken bewegen; keiner glaubte, daß die Allianz darüber zerbrechen würde oder sollte; doch kein Aspekt des Bündnisses blieb von diesem Ereignis unberührt.

Nicht allein dieser Streit über die Zukunft Polens, der durch den Warschauer Aufstand ins Rampenlicht geriet, ließ die Differenzen zwischen den Westalliierten und der Sowjetunion zutage treten. Selbst angesichts der Vorzeichen des nahenden Sieges – oder vielleicht gerade deswegen – zeigten sich die Sowjets im Umgang mit den britischen und amerikanischen Militärmissionen weiterhin mißtrauisch und widerwillig, und alle Vorschläge, die militärischen Aktionen wirkungsvoller zu koordinieren, wurden abgelehnt.[24] Diese Schwierigkeiten werfen ein interessantes Licht auf die Vergangenheit: auf die militärischen Gespräche, die im Sommer 1939 in Moskau von den Briten und Franzosen mit den Sowjets geführt wurden. Stalin verlieh der Kooperation in militärischen Fragen sicher keinen Vorrang. Ironischerweise war es gerade diese mangelnde Bereitschaft, in praktischen Fragen zu Regelungen zu kommen, die zum schwersten Zwischenfall führte: Am 7. November 1944 bombardierten amerikanische Flugzeuge eine sowjetische Kolonne, die sie für eine deutsche hielten, und beschossen sie mit Bordwaffen. Dieses tragische Ereignis, bei dem eine Reihe von Offizieren und Soldaten der Roten Armee getötet wurde, führte zu Bemühungen, eine strategische Bombardierungslinie zur Abgrenzung zu entwikkeln; doch selbst dieser Versuch traf nie auf eine kooperative Haltung der Sowjets.[25] Praktische Schwierigkeiten dieser Art setzten sich bis zum Ende des Krieges fort; dazu trat in den letzten Kriegsmonaten das Problem, was mit den befreiten Kriegsgefangenen zu tun sei.

Hinzu kam, daß Polen nicht das einzige befreite Land war, zu dessen Zukunft zwischen den Westmächten und der Sowjetunion Vereinbarungen getroffen werden mußten. Es kam nicht allein zwischen Großbritannien und den Vereinigten Staaten zu Differenzen in der Frage, welche Politik gegenüber Italien verfolgt werden sollte, sondern auch zwischen diesen beiden Ländern und der Sowjetunion. Zwar übernahmen die Westmächte hier die Führung – sofern sie sich einigen konnten –, doch beanspruchten auch die Russen eine Stimme im Rat, die ihnen schließlich zugestanden wurde.[26]

Die Vorherrschaft der Westmächte in Italien wird manchmal als Präzedenzfall für die sowjetische Kontrolle über den Gang der Ereignisse in den Ländern Ost- und Südosteuropas bezeichnet, doch bei dieser oberflächlichen Analogie gerät ein entscheidender Unterschied aus dem Blickfeld. In allen befreiten und besetzten Ländern gab es kommunistische Parteien. In allen Gebieten, die unter westliche Kontrolle kamen, arbeiteten diese Parteien weiter und waren häufig an der Regierung beteiligt. In Italien war nicht nur beides der Fall, die kommunistische Partei blieb auch für Jahrzehnte eine wichtige politische Kraft. Dies galt nicht für die Gebiete, die von der

Roten Armee überrannt worden waren. Eben weil die kommunistischen Parteien in jenen Staaten sehr klein waren, setzten die neuen Herren sie nicht nur an die Spitze der Regierungen, der Armeen und der Polizeikräfte, sondern vertrieben und unterdrückten rasch auch jene Bewegungen, die den Großteil der Bevölkerung vertraten (was 1989 auf dramatische Weise deutlich wurde, als die Völker entdeckten, daß die Rote Armee nicht mehr hinter ihren lokalen Herren stand).*

Als die Rote Armee im Herbst 1944 zunächst Rumänien und dann Bulgarien besetzte und sich anschickte, nach Ungarn und Jugoslawien vorzustoßen, trat die Frage in den Vordergrund, ob die dortigen Bevölkerungen in der Lage sein würden, die Zusammensetzung der neuen Regierungen zu beeinflussen. Die Briten und die Amerikaner diskutierten das Problem im September 1944 in Quebec bei einer Konferenz, die Roosevelt und Churchill zum Teil deshalb veranstalteten, weil Stalin sich geweigert hatte, mit ihnen zusammenzutreffen. Bei dieser zweiten Konferenz von Quebec hatten die Amerikaner erstmals dem Einsatz britischer Truppen in Griechenland zugestimmt und versprochen, ihre Hilfe über die Niederlage Deutschlands hinaus fortzusetzen in der Hoffnung, die Macht Großbritanniens in die Nachkriegsjahre hinüberretten zu können.[27]

Selbst vor den im Juni 1944 eingeleiteten Großoffensiven im Westen und im Osten hatte es Diskussionen über einen möglichen Wechsel der deutschen Satellitenstaaten in Osteuropa zu den Alliierten gegeben. Waren die Westmächte in dieser Frage betroffen, wie im Falle Bulgariens, das nur mit ihnen im Krieg lag, wurden die Sowjets von ihnen informiert.[28] Umgekehrt galt dies allerdings nicht: Als die Sowjetunion Gespräche mit rumänischen Diplomaten aufnahm, teilte sie dies den Westmächten nicht mit.[29] Die Briten hatten sich schon Anfang 1944 aus Besorgnis über die Zukunft der osteuropäischen Länder dazu veranlaßt gesehen, ein Abkommen mit den Russen ins Gespräch zu bringen, das die jeweiligen »Einflußsphären« abgrenzen sollte. Im Mai waren der britische Außenminister Anthony Eden und der sowjetische Botschafter Iwan Majski versuchsweise übereingekommen, Rumänien der sowjetischen und Griechenland der britischen Sphäre zuzuschlagen, wobei man freilich vorgab, das Arrangement werde nur für die Zeit des Krieges gelten.[30]

Angesichts der von Präsident Roosevelt deutlich zum Ausdruck gebrachten amerikanischen Zweifel brachte Churchill ein Abkommen mit der Sowjetunion auf den Weg, das – aus Sicht des Premierministers ein Mittel, um die Russen einzudämmen – dem Westen und der Sowjetunion jeweils prozentuale Einflußanteile zuwies. Im Oktober bot Churchill in Moskau dieses berüchtigte »Prozentabkommen« Stalin an, das in der Folgezeit nur unter zwei Gesichtspunkten Bedeutung erlangte.[31] Es be-

---

* Jugoslawien war die einzige Ausnahme von diesem Schema. Hier gab es 1944 eine große kommunistische Partei, und das Land wurde zum größten Teil nicht von der Roten Armee befreit, sondern durch den Kampf der Jugoslawen selbst. Diese Unterschiede prägten in starkem Maße die spätere Geschichte Jugoslawiens.

stätigte die sowjetische Bereitschaft, sich nicht in Griechenland einzumischen, eine
Politik, die von den griechischen Kommunisten erst nach längerer Zeit erkannt und
hingenommen wurde.[32] Das Abkommen hatte noch eine zweite Auswirkung: Der
sowjetischen Führung wurde deutlich, daß aus dem Westen kaum ernsthafter
Widerstand gegen die Durchsetzung der sowjetischen Vorherrschaft zu erwarten
war – sicher nicht das Signal, das Churchill hatte setzen wollen.

Unter den gegebenen Verhältnissen konnten die Westmächte ohnehin kaum gegen
das sowjetische Vorgehen eingreifen. Die eigentliche Frage war, ob Stalin ihren Pro-
testen Gehör schenken würde, um sich ihren guten Willen zu erhalten. Das Geschehen
um den polnischen Aufstand von 1944 zeigte jedoch, daß er dazu nicht bereit war.
Roosevelt war der Auffassung, daß anhaltende Proteste wenig Erfolg versprachen,
wenn sie kaum Beachtung fanden. Vielleicht würde sich die Lage künftig verbessern,
aber vorerst konnten die Westmächte tatsächlich wenig unternehmen.[33]

Dies galt damals genauso für die Pläne, die hinsichtlich Deutschlands wie für seine
Satelliten entwickelt wurden. Der britische Plan zur Aufteilung Deutschlands in Besatzungszonen und das Vorhaben, deutsche Gebiete Polen und der Sowjetunion zuzuschlagen, werden an anderer Stelle erörtert. Die Westmächte sahen sich 1944
schließlich von ihrer Hauptsorge befreit, daß die Sowjetunion einen Separatfrieden
mit Deutschland schließen könnte. Es blieben Zweifel zu den sowjetischen Plänen
mit dem Nationalkomitee Freies Deutschland und dem Bund Deutscher Offiziere,
die 1943 unter der Ägide Moskaus gegründet worden waren, doch im Westen wurde
kein Versuch unternommen, eine Gegenorganisation zu gründen.[34] Auf alle Fälle
mußte ein Abkommen zur Zukunft Deutschlands in einer Konferenz zwischen den
drei Führern der Alliierten selbst ausgearbeitet werden, und da Stalin sich weigerte,
mit Churchill und Roosevelt zusammenzutreffen, bedeutete dies, daß die Lösung
dieser Frage bis zu ihrer zweiten (und letzten) Konferenz im Februar 1945 aufgeschoben werden mußte.

Die Beziehungen zwischen den Westmächten und der Sowjetunion wurden zusätzlich durch die Spannungen belastet, die durch die sowjetische Spionage im Westen
(siehe Kapitel 10) ausgelöst wurden, auch wenn man damals, besonders in Großbritannien, nicht ahnte, in welchem Ausmaß sie betrieben wurde. Weiterhin kam es
zum Streit um die von den Russen verlangte Auslieferung der sowjetischen Bürger
oder Agenten, die versucht hatten, in den Westen zu desertieren.[35] Auch beschwerte
sich die sowjetische Regierung wiederholt in Sachen Rudolf Heß, der in England in
Haft war und dem ihrer Meinung nach sofort der Prozeß hätte gemacht werden
müssen. Es gibt Hinweise darauf, daß Stalin sich zum einen Sorgen machte, die
Westmächte könnten Heß in eine Regierung einbinden, die Hitler ablösen sollte, wie
er selbst es mit den deutschen Gefangenen in der UdSSR versucht hatte, und danach
Frieden mit Deutschland schließen. Zum andern beunruhigte in die Möglichkeit, daß
man Heß gestatten könnte, in ein neutrales Land zu fliehen, wie Kaiser Wilhelm II.,
der gegen Ende des Ersten Weltkriegs nach Holland geflohen war.[36]

Die Anzeichen für Konflikte zwischen den Alliierten waren für die Öffentlichkeit zuweilen deutlich wahrnehmbar, und die Deutschen taten alles in ihrer Macht Stehende, um die Aufmerksamkeit auf diese Konflikte zu lenken und den Sowjets sowie den Westmächten geeignete Fehlinformationen zukommen zu lassen sowie die internen Probleme der Alliierten auf andere Weise hochzuspielen in der Hoffnung, das Bündnis aufbrechen zu können, das sie gegen sich selbst geschmiedet hatten.[37] Daß die Deutschen ein Interesse daran hatten, die Allianz zu spalten, lag auf der Hand, weil sie, im Gegensatz zu Japan, mit allen drei Alliierten Krieg führten. Diese erkannten selbstverständlich, daß die Deutschen dieses Ziel verfolgten und daß sie deshalb im Interesse ihres Sieges zusammenhalten und ihre Konflikte beilegen mußten. Im Jahr 1944 war es für beide Seiten offensichtlich, daß die einzige Siegeshoffnung, die den Achsenmächten noch verblieb, eine Spaltung der Alliierten war, und gerade die Anstrengungen der Deutschen, eine solche Spaltung zu betreiben, schärfte auf seiten der Alliierten das Bewußtsein, daß die Probleme ausgeräumt werden mußten. Die Tatsache, daß der Sieg 1944 endlich in Sicht war, wirkte sich damit in doppelter und widersprüchlicher Weise auf die Allianz aus. Einerseits waren die Bündnispartner nun, da die tödliche Gefahr vorüber war, weniger geneigt, die jeweils eigenen Ziele dem notwendigen Zusammenhalt unterzuordnen, und deshalb eher bereit, auf die Zerbrechlichkeit von Allianzen weniger Rücksicht zu nehmen. Andererseits legte der bevorstehende Sieg die Einsicht nahe, daß es nicht an der Zeit war, die Koalition der Sieger durch divergierende politische Standpunkte und Strategien zu gefährden und damit alles aufs Spiel zu setzen, was man mit gewaltigen Verlusten an Menschenleben und Ressourcen bisher erreicht hatte.

Durchaus bemerkenswert ist, daß die Notwendigkeit, wenn irgend möglich Differenzen auszuräumen, von den Führungen aller drei Alliierten akzeptiert wurde, wenn auch auf unterschiedliche Weise. Deutlich wurde dies bei den schwierigen Verhandlungen, die zur Bildung der United Nations Organization (UNO) führten, trotz der schwerwiegenden Meinungsverschiedenheiten, die während der Konferenz von Dumbarton Oaks bei Washington vom 21. August bis zum 9. Oktober 1944 zutage traten.[38] Schon auf der Konferenz von Moskau im Oktober 1943 waren die Alliierten übereingekommen, den dahinsiechenden Völkerbund durch eine neue Organisation zu ersetzen, aber es war viel leichter, zu deren Gründung aufzurufen, als darzulegen, wie deren Arbeit im einzelnen aussehen sollte. Hinzu kam, daß die drei Großmächte diese Frage aus sehr unterschiedlichen Erfahrungen und Perspektiven heraus angingen.

Nur die Briten waren von Beginn an Mitglied des Völkerbunds gewesen und waren es 1944 formell immer noch. Sie betrachteten die neue Organisation als wichtiges Mittel, die Amerikaner auch künftig in die Weltpolitik einzubinden, als einen nützlichen Mechanismus, um wenigstens einige Konflikte zu lösen, und, so hoffte man, als eine Möglichkeit, die weitere, sicherlich schwierige Kooperation mit der Sowjetunion reibungsloser zu gestalten. Allerdings hegte man schwerwiegende grundsätzliche Bedenken gegenüber neuen internationalen Organisationen. Einerseits wollten die Briten, daß Frankreich eines Tages, wenn nicht sofort, seine wichtige Rolle wieder übernehmen sollte und daß zusätzlich alle Dominions und Indien in einer solchen Organisation vertreten sein sollten. Andererseits war man entschlossen, und Churchill zeigte sich in diesem Punkt besonders hartnäckig, daß man keine Einmischung in die Angelegenheiten der britischen Kolonialbeziehungen zulassen werde. Dieser Vorbehalt betraf sowohl die möglichen Ansprüche Dritter auf Teile des britischen Reichs, etwa der Chinas auf Hongkong, als auch etwaige Vorschriften, wie die innere Entwicklung von Gebieten auszusehen habe, die dem Empire angehörten.

Die Sowjetunion war 1934 Mitglied im Völkerbund geworden, jedoch wegen ihres Angriffs auf Finnland im Winter 1939/40 ausgeschlossen worden. Die scharfe sowjetische Kritik am Völkerbund, die dem russischen Beitritt vorausgegangen war, erschien in den Augen Moskaus durch den späteren Ausschluß gerechtfertigt. Stalin war zwar klar, daß es im Prinzip besser war, in einer neuen internationalen Organisation mitzuarbeiten als draußen zu bleiben, was die Gefahr einer immer gefürchteten »Verschwörung« anderer Länder gegen die Sowjetunion vergrößert hätte, doch sollte die UdSSR in einer neugebildeten Organisation gewisse Schutzmaßnahmen genießen.

Er scheint besonders an der Rolle interessiert gewesen zu sein, die die Organisation bei der Verhinderung neuerlicher Aggressionen eines wiedererstarkten Deutschland spielen konnte. In dieser Frage scheint er vor allem zwei Hauptziele verfolgt zu haben. Erstens versuchte er (wie Churchill für das Britische Empire), jede Einmischung in die inneren Angelegenheiten seines Reichs zu verhindern. Deshalb wollte er die Kompetenz der neuen Organisation auf politische Fragen beschränken und alle anderen Fragen herunterspielen. Dies ging so weit, daß die Sowjetunion in keine der neuen internationalen Bank- und Währungsinstitutionen eintrat, die auf der Konferenz von Bretton Woods geschaffen wurden.

Stalins zweites, vielleicht noch wichtigeres Ziel betraf die internen Strukturen und Verfahrensweisen der UNO. Offenbar befürchtete er, daß die UdSSR und die ihr freundlich gesinnten Regime, die man in Osteuropa errichten wollte, bei jeder Abstimmung hoffnungslos in der Minderheit sein würden. Daher nahm er zur Mitgliedschaft zunächst eine restriktive Haltung ein und stimmte erst im Februar 1945 in Jalta der Regelung zu, nach der jene Länder, die sich bis zum 1. März 1945 den Alliierten anschlossen, zur Gründungskonferenz eingeladen werden sollten. Dieselbe Sorge um die »Optik der Abstimmung« scheint hinter dem Vorschlag gestanden zu haben, alle sechzehn Sowjetrepubliken sollten Gründungsmitglieder werden, der zum Schrecken der britischen und amerikanischen Delegationen zum erstenmal am 28. August in Dumbarton Oaks auf den Tisch gelegt wurde.[39] Auch dieses Problem, wie das vorgenannte und der weiter unten diskutierte Streit um das Vetorecht, wurde in Jalta gelöst. Es sollte meines Erachtens jedoch aus Stalins Besorgnis heraus verstanden werden, wie künftige Abstimmungsergebnisse in der neuen Organisation wohl aussehen würden, selbst wenn diese nicht allzuviel Gewicht hatten.*

Ein Thema, das für die Sowjetunion von besonderer Bedeutung war und bei dem Stalin bis zum letzten Augenblick offensichtlich nicht bereit war, Kompromisse einzugehen, war die Frage der Einstimmigkeit, ein Problem, das normalerweise unter dem Begriff des Vetorechts erörtert wird. Während Präsident Roosevelt sich bereits bei den ersten ernsthaften Diskussionen über die neue Organisationsform beharrlich für irgendeine Form des Vetorechts ausgesprochen hatte, bestand die sowjetische Regierung immer auf der Einstimmigkeit aller Beschlüsse der Großmächte im Exekutivorgan. Ihr Vorschlag, daß dieses Organ »Sicherheitsrat« genannt werden sollte, wurde von den Vertretern der anderen Länder in Dumbarton Oaks angenommen. Sie waren auch bereit, Frankreich und China ständige Sitze in diesem Gremium zu gewähren. Weiterhin erklärten sie sich mit einem Verfahren einverstanden, das neben einstimmigen Ergebnissen auch Mehrheitsvoten zuließ – solange der Mehrheit *alle* ständigen Mitglieder angehörten. Was die Sowjetunion letztlich forderte, war, daß die anderen Staaten, die von der sogenannten Vollversammlung, in der sämtliche Mitglieder vertreten waren, im Rotationsverfahren in den Sicherheitsrat gewählt wurden, durch die dortige Mehrheit niedergestimmt werden konnten, daß jedoch keine Großmacht, insbesondere nicht die Sowjetunion, auf diese Weise behandelt werden konnte. Schließlich mußte bei allen Angelegenheiten, die die Sowjetunion betrafen, das Prinzip der Einstimmigkeit gelten.

Diese Forderungen, an denen die sowjetische Delegation in Dumbarton Oaks gegen alle Einwände festhielt, waren vermutlich Ausdruck von zwei grundsätzlichen Überlegungen. Bei der einen ging es um eine Prestigefrage, die andere hatte praktische Substanz. Die Prestigefrage, die damals wichtiger gewesen sein mag, als manche glauben, war die endgültige Anerkennung des Status der Sowjetunion als einer Weltmacht. Die UdSSR, in den Vorkriegsjahren noch isoliert, leistete nun offensichtlich einen wichtigen Beitrag und brachte die größten Opfer im Krieg gegen Deutschland, und sie sollte von allen als ein Staat anerkannt werden, dem zu Recht eine wichtige Rolle auf der weltpolitischen Bühne zukam. Deshalb sollte die Weltorganisation auf keinem Feld Schritte ohne Zustimmung der Sowjetunion unternehmen können.

Die praktische Überlegung war, vereinfacht gesagt, daß die Sowjetunion sich in keiner Frage niederstimmen lassen würde, *insbesondere* dann nicht, wenn sie selbst betroffen war. Kein Drängen der Amerikaner oder Briten brachte Moskau in dieser Forderung zum Einlenken. Gromyko, der Vertreter der UdSSR bei den Verhandlungen, stellte klar, daß in diesem Punkt keine Zugeständnisse zu erwarten seien. Die Vertreter Großbritanniens und der Vereinigten Staaten bemühten sich zu zeigen, daß

---

* Hätte Stalin sich durchgesetzt, dann wären den baltischen sowie den kaukasischen und mittelasiatischen Republiken sowie Moldawa eigene Vertretungen in der UNO zugestanden worden – wie heute, nach der Auflösung der UdSSR.

die öffentliche Meinung in ihren Ländern eine Organisation, in der ein Staat Richter in eigener Sache sein konnte, nicht unterstützen würden und daß ein Beitritt ihrer Länder womöglich keine Zustimmung finden würde. Doch diese Argumentation hinterließ bei den sowjetischen Delegierten keinen Eindruck; sie waren bereit, die Konferenz ohne eine Einigung in der Frage des Abstimmungsverfahrens zu vertagen.[40] Der abschließende Bericht zur Konferenz von Dumbarton Oaks stellte nur fest, daß man das Abstimmungsverfahren im Sicherheitsrat »weiterhin beraten« würde.

Die Vereinigten Staaten hatten eine Mitgliedschaft im Völkerbund strikt abgelehnt, und die führenden Vertreter des Landes im Zweiten Weltkrieg betrachteten diese Entscheidung inzwischen als einen der größten Fehler, den Amerika je begangen hatte. Sie sahen sich in dieser Auffassung auch durch die Tatsache bestätigt, daß ihre Partei, die Demokraten, in den Wahlen von 1920 eine vernichtende Niederlage erlitten hatte und über ein Jahrzehnt lang nicht mehr an die Macht gelangen konnte. Roosevelt selbst war sich dieses Stimmungswandels in der amerikanischen Öffentlichkeit besonders klar bewußt. Er war der zweite Mann im Marinedepartement der Regierung Wilson gewesen und der zweite Mann auf der Wahlliste der Demokratischen Partei bei der Präsidentschaftswahl von 1920. Außerdem hatte Roosevelt, als er in den dreißiger Jahren als Präsident einmal versucht hatte, die Zustimmung des Senats zum Beitritt der Vereinigten Staaten zum Weltgerichtshof zu bekommen, eine demütigende Niederlage erlitten. Vor diesem Hintergrund sollte nicht schwer zu verstehen sein, weshalb die Regierung in Washington sich so umsichtig bemühte, sowohl mit den innenpolitischen Kräften als auch mit den Alliierten zu einer Übereinkunft bei einer neuen internationalen Organisation zu gelangen.

Cordell Hull war ebenso wie Roosevelt davon überzeugt, daß eine neue internationale Organisation notwendig sei, um den Frieden durch die Beilegung von Konflikten zu sichern und kollektiven Druck auf jede Macht auszuüben, die zur Aggression bereit war. Er bemühte sich nach Kräften um innenpolitische Unterstützung und versuchte, mit voller Zustimmung des Präsidenten, einen aus beider Sicht schweren Fehler der Regierung Wilson zu vermeiden und führende Vertreter der Republikaner in die Entwicklung und Verteidigung der amerikanischen Position einzubinden. Es ist Mode geworden, die Rolle des damaligen Außenministers im Krieg herunterzuspielen, auf diesem Gebiet allerdings war er sehr engagiert und erfolgreich. Auf der Konferenz von Moskau hatte er die prinzipielle Zustimmung der Sowjets gewonnen, er baute eine Arbeitsbeziehung zu führenden Republikanern im Kongreß auf und überwachte sorgfältig die Arbeit des Außenministeriums am Projekt der Weltorganisation.[41]

Weil die Verhandlungen über das Abstimmungsverfahren auf der Konferenz von Dumbarton Oaks in eine Sackgasse geraten waren, suchten neben Roosevelt und Hull auch die Briten nach einer Lösung. In der britischen Regierung war der Glaube an die absolute Notwendigkeit der UNO so stark, daß das Kabinett durch Churchills Belehrungen zu der Erkenntnis kam, ein Kompromiß sei zwar wünschenswert, die sowjetische Position solle jedoch akzeptiert werden, falls dies der einzige Weg zu einem Abkommen sei. Die amerikanische Haltung wurde zwar nicht ganz so deutlich formuliert, entwickelte sich jedoch auf einer ähnlichen Linie. Dies ist ein interessanter Hinweis darauf, in welchem Maße beide Regierungen darauf setzten, daß eine Kooperation mit der Sowjetunion, trotz gegenwärtiger und bereits absehbarer Spannungen, auch in Zukunft möglich sein würde. Sie waren beide bereit, das von ihnen gewünschte Abstimmungsverfahren aufzugeben, falls es keinen anderen Weg gab, um die Mitgliedschaft der Sowjetunion in den Vereinten Nationen sicherzustellen.

Diese Debatten auf internationaler Ebene fanden zwischen den Konferenzen von Dumbarton Oaks und Jalta statt. Die britische und die amerikanische Regierung versuchten, Kompromißvorschläge zu entwickeln, die dem Hauptanliegen der Sowjets entgegenkommen sollten, ohne die Handlungsfähigkeit der Vereinten Nationen zu lähmen. Auf die eine oder andere Weise verhinderten diese neuen Formeln, daß eine Großmacht, die in einen Konflikt verwickelt war, die Diskussion eines Themas und andere Verfahren beenden konnte, die Forderung der Einstimmigkeit blieb jedoch erhalten, wenn es um einschneidende Maßnahmen der UNO ging. Präsident Roosevelt hoffte, daß die Russen damit zufrieden sein und daher die Forderung fallenlassen würden, alle sechzehn Sowjetrepubliken aufzunehmen. Die Briten begrüßten den Vorschlag Roosevelts, in dem sie ihre eigenen Vorstellungen wiedererkannten, doch ließ Churchill wissen, daß er, falls Stalin nicht umzustimmen sein sollte, bereit sei, die sowjetische Position zu akzeptieren. Als das Außenministerium die Bildung eines westlichen Blocks vorschlug, erklärte der Premierminister am 27. November 1944 vor dem Kriegskabinett, er selbst habe »starke Zweifel an der Klugheit oder praktischen Durchführbarkeit eines westlichen Blocks. Nach seinem Urteil war die einzig wirksame Sicherheitsmaßnahme ein Abkommen zwischen den drei Großmächten im Rahmen der Weltorganisation. Er war der Auffassung, daß Rußland bereit und bestrebt sei, mit uns zusammenzuarbeiten.«[42]

Als der Kompromißvorschlag in Jalta diskutiert wurde, gab Stalin vor, nichts von ihm gehört zu haben, obwohl der Vorschlag Moskau schon zwei Monate zuvor unterbreitet worden war. Im Verlauf der Debatten von Jalta stimmte er ihm schließlich zu und ließ gleichzeitig die Forderung nach Mitgliedschaft für vierzehn der sechzehn Republiken fallen. Auch ihm war klar, daß nach dem Krieg eine Kooperation im Rahmen der UNO den sowjetischen Interessen dienlich sein würde. Deshalb war er bereit, den Verbündeten wenigstens einige Zugeständnisse zu machen.[43]

Zu einem anderen Punkt, der in Zusammenhang mit der Gründung der Vereinten Nationen stand, waren Einwände hauptsächlich von den Briten gekommen. Es ging um das von den Amerikanern vertretene und von der Sowjetunion begrüßte Konzept der Treuhänderschaft. Dieser Vorschlag wurde von den Briten zunächst – und völlig zu Recht – als ein weiterer amerikanischer Versuch der Auflösung kolonialer Strukturen, auch der britischen, betrachtet. Als die Amerikaner das Zugeständnis machten, diese Neuauflage des Mandatssystems aus der Zeit des Völkerbunds nur auf Gebiete

anzuwenden, die den Achsenmächten abgenommen wurden, entfielen die Einwände
der Briten, wenn auch nicht ihre Besorgnis. Fiel es den Amerikanern und Russen in
diesem Punkt leichter übereinzukommen, stimmten die Briten und Amerikaner auf
einem anderen Gebiet trotz mannigfaltiger Schwierigkeiten der Gründung einer Reihe
von neuen Institutionen zu, während die Sowjetunion es ablehnte, sich zu beteiligen.

In den ersten drei Juliwochen des Jahres 1944 trafen sich Vertreter der meisten
Mitgliedsstaaten der Vereinten Nationen in Bretton Woods in New Hampshire, um
ein Weltbank- und Währungsfondssystem für die Nachkriegszeit zu entwickeln. Dahinter stand die Hoffnung, künftig den internationalen Krieg auf wirtschaftlicher
und monetärer Ebene verhindern zu können, der die Jahre vor dem Zweiten Weltkrieg
geprägt und nach Ansicht vieler zur Misere der Weltwirtschaft beigetragen und der
Meinung Vorschub geleistet hatte, diese Konflikte könnten nur durch einen Krieg
geregelt werden. Gewiß ist die Auffassung jenes Wissenschaftlers nicht unbegründet,
der annahm, das Hauptziel habe darin bestanden, »den internationalen Handels-
und Finanzpraktiken des Dr. Schacht einen Riegel vorzuschieben oder dies zu versuchen«.[44] Gemeint ist der deutsche Wirtschaftsführer der dreißiger Jahre, der zahllose Pläne geschmiedet hatte, um ausländische Investoren zum Nutzen des deutschen
Handels und der Wiederaufrüstung zu betrügen.[45]

Auf amerikanische Initiative hin war 1943 zur Linderung des Elends und für den
Wiederaufbau nach Kriegsende die United Nations Relief and Rehabilitation Administration (UNRRA) geschaffen worden, die schon mit der Arbeit begonnen hatte.[46]
Allerdings war man der Auffassung, daß für die langfristige Neuentfaltung der Weltwirtschaft etwas Dauerhafteres als eine solche offensichtlich auf Zeit angelegte Institution vonnöten sei, wie bedeutsam und sogar lebenswichtig diese auch sein mochte. Auf der Konferenz von Bretton Woods wurde beschlossen, zwei Institutionen auf
Dauer einzurichten, einen Internationalen Währungsfonds und eine Internationale
Bank für Wiederaufbau und Entwicklung, die meist als Weltbank bezeichnet wird.
Dem Währungsfonds wurde die Aufgabe zugewiesen, internationale Währungstrans-
fers zu unterstützen und zur Stabilität beizutragen, wobei er Abwertungen aus Kon-
kurrenzgründen und spezielle Währungsmanipulationen, die den Welthandel vor dem
Krieg beeinträchtigt hatten, verhindern sollte. Die Weltbank sollte Kapital für die
Entwicklung und das weitere Wachstum der Volkswirtschaften bereitstellen, die sich
mit Hilfe der UNRRA erholt hatten.

Wenn diese neuen Institutionen, deren Satzungen in den folgenden Jahren von
zahlreichen Staaten ratifiziert wurden, nicht immer so effektiv funktionierten, wie
die Gründer gehofft hatten, lag dies zum großen Teil daran, daß die Weltwirtschaft
durch den Krieg noch schwerer erschüttert worden war, als irgend jemand vorausgesehen hatte. Dennoch trugen diese Institutionen in beträchtlichem Maße zur starken wirtschaftlichen Wachstumsperiode der Nachkriegszeit bei. In den siebziger Jahren wurden der Währungsfonds und mehr noch die Weltbank aufgrund der stark
veränderten Position der Vereinigten Staaten und des Dollars einschneidend refor-

miert, doch bleiben sie auch ein halbes Jahrhundert nach ihrer Gründung wichtige Faktoren in der Weltwirtschaft. Ihre Rolle wird drastisch verdeutlicht durch die Tatsache, daß wohl alle oder die meisten der osteuropäischen Länder, die nach dem Zweiten Weltkrieg von der Sowjetunion am Beitritt gehindert wurden, bis zum Ende des 20. Jahrhunderts Mitglieder sein werden.

Zu welchen Zugeständnissen auch immer die Westmächte gegenüber den sowjetischen Forderungen bereit waren und welche Anpassungen Stalin auch immer vornehmen mochte, um die Westmächte zufriedenzustellen, in dieser Frage kam es zu keiner Übereinkunft. Der amerikanische Finanzminister Henry Morgenthau, der die Konferenz von Bretton Woods geleitet hatte, hoffte eine Zeitlang, daß man die Russen dazu veranlassen könnte, den neuen Finanzinstitutionen beizutreten; schließlich zogen sie, wie sie erwartet hatten, Nutzen aus der UNRRA. Aber die sowjetische Führung konnte sich einfach nicht vorstellen, wie ihre Wirtschaft mit dem Rest der Welt verknüpft werden sollte, und weder die Sowjetunion noch die Regierungen, die in Osteuropa von ihr errichtet wurden, traten dem Währungsfonds oder der Weltbank bei. Auf diesem Gebiet konnte der Graben zwischen den Alliierten nicht überbrückt werden.[47] Diese Divergenz wurde allerdings, solange in der Frage der UNO-Gründung Einigung erzielt werden konnte, nicht als so schwerwiegend betrachtet, daß sie die Allianz stark beeinträchtigt hätte.

Das formelle Gründungstreffen der UNO sollte, darin kam man in Jalta überein, im April 1945 in San Francisco stattfinden. Als diese Konferenz stattfand, war Franklin Roosevelt, der wichtigste Förderer des Gedankens, bereits verstorben. Doch hatte er wesentlich dazu beigetragen, die amerikanische Öffentlichkeit auf die Beteiligung an der Weltpolitik, namentlich der UNO, einzustimmen. Die bloße Tatsache, daß diese Gründungskonferenz stattfand, während der Krieg in Europa sich offensichtlich seinem Ende näherte, zeigt, daß die Allianz der Westmächte mit der Sowjetunion, wie gespannt sie auch immer sein mochte, bis zuletzt gehalten hat.

DIE STAATEN DES DREIMÄCHTEPAKTS

Die Alliierten hatten mit zahlreichen Schwierigkeiten in der Zusammenarbeit zu kämpfen, doch sie waren im Verhältnis zu den Problemen des Dreimächtepakts geringfügig. Es gab keine Institutionen, die mit den britisch-amerikanischen Combined Chiefs of Staff und den anderen gemeinsamen Gremien und Ausschüssen vergleichbar gewesen wären. Die trilateralen Militärkommissionen, die im Winter 1941/42 zwischen Deutschland, Italien und Japan eingerichtet wurden, waren zwar gut für Propagandabilder, doch zu mehr taugten sie nicht.[48] Das Argument, dies sei auf die geographischen Gegebenheiten zurückzuführen, kann angesichts der mangelnden wirklichen Kooperation zwischen Deutschland und Italien in den ersten Kriegsjahren nicht aufrechterhalten werden, da diese Länder – im Gegensatz zu Großbritannien und den Vereinigten Staaten – aneinandergrenzten und eine Zusammenarbeit, hätte es den Wunsch danach gegeben, leicht hätte arrangiert werden können. Es gibt keine Hinweise darauf, daß einer der Achsenpartner Interesse an einer solchen Koordination gehabt hätte, im Gegenteil: Hitler und Mussolini zogen es bei weitem vor, die Kriege ihrer beiden Länder weitgehend unabhängig voneinander zu führen.[49]

Der rasche Verfall der Bedeutung Italiens für die Achse, weil seine Armeen zunächst in Griechenland, dann in Ostafrika und schließlich in Nordafrika besiegt wurden, ist schon erörtert worden. Einerseits konnte Italien den Krieg nicht mehr unabhängig führen, wie Mussolini es sich einst vorgestellt hatte, andererseits waren die Deutschen zu Recht besorgt, daß ein totaler Zusammenbruch Italiens Europa einer alliierten Invasion von Süden her ausliefern würde. Dann würde es notwendig werden, sowohl deutsche Truppen in beträchtlicher Stärke an die neuen Fronten zu werfen, die durch die alliierten Landungen entstehen würden, als auch die italienischen Besatzungstruppen in Frankreich und Südosteuropa durch deutsche Einheiten zu ersetzen. Unter diesen Umständen versuchten die Deutschen erfolglos, die Italiener zu größeren Kriegsanstrengungen zu bewegen, während sie gleichzeitig mit größtem Mißtrauen nach Zeichen für deren Austritt aus der Front der Achsenmächte Ausschau hielten.[50]

Die Beziehungen zwischen den Deutschen und den Italienern waren fast immer gespannt. Im Ersten Weltkrieg hatten sie auf verschiedenen Seiten gekämpft; die Italiener hielten die Deutschen für anmaßende Barbaren, während die Deutschen auf die Italiener als ineffizient und unfähig herabsahen. Die Deutschen waren trotz beträchtlicher Anstrengungen nicht in der Lage, Italien mit der benötigten Kohle zu beliefern. Außerdem verspürten sie wenig Lust, die zahlreichen italienischen Arbeiter in Deutschland anständig zu behandeln. Dieses Problem, ein dauernder Störfaktor in den deutsch-italienischen Beziehungen, verschärfte sich immens durch die bewußt rücksichtslose Behandlung der italienischen Soldaten, die nach der Kapitulation Italiens entwaffnet und zur Zwangsarbeit nach Deutschland deportiert wurden.[51]

Doch damit nicht genug, es kamen auch noch persönliche und ideologische Probleme hinzu. Manche der höchsten deutschen Offiziere, die mit den Italienern kooperieren sollten, konnten diese einfach nicht ausstehen. Dies galt besonders für Feldmarschall Erwin Rommel, eine Tatsache, die rasch allgemein bekannt wurde. Die ideologische Frage, in der es zu grundlegenden Differenzen kam, betraf die richtige Behandlung der Juden. Mussolini hatte 1938 als Zeichen der ideologischen Nähe zum deutschen Diktator eine Reihe antisemitischer Gesetze erlassen. Diese Regelungen wurden der kleinen jüdischen Gemeinde in Italien zwar häufig aufgezwungen, scheinen jedoch ebenso unbeliebt gewesen zu sein wie der deutsche Stechschritt, der zur gleichen Zeit und aus demselben Grund unter der pompösen Bezeichnung »passo Romano« (römischer Schritt) in Italien eingeführt wurde.[52]

Während des Krieges verschärften sich die Gegensätze zwischen den Partnern der Achse unablässig. Der Beginn der systematischen Ermordung der Juden durch die Deutschen wurde ebensowenig mit den Italienern abgesprochen wie alle anderen wichtigen politischen, militärischen oder anderweitigen Initiativen; doch die Deutschen erwarteten die uneingeschränkte Mitwirkung der Italiener an ihren Aktionen. Insgesamt waren jedoch die Italiener, obwohl Mussolini durchaus willens war, dazu einfach nicht bereit. In den italienisch besetzten Gebieten Frankreichs, Jugoslawiens und Griechenlands weigerten sich die örtlichen Kommandeure, die genau wußten, was die Deutschen taten, ihnen die Juden zur Ermordung auszuliefern, und endlose Streitigkeiten in dieser Frage führten zu keiner Übereinkunft. Die Italiener sahen sich in ihrer Grundüberzeugung bestätigt, daß die Deutschen immer noch Barbaren seien, und die Deutschen fühlten sich in ihrer Ansicht bestärkt, die Italiener seien saumselige und inkompetente Verbündete.

Der wichtigste Gegensatz zwischen Deutschland und Italien tat sich allerdings in einer strategischen Frage auf. Als die Bedrohung Italiens durch die Alliierten in den Jahren 1942/43 wuchs, ein Umstand, der mit dem britischen Durchbruch bei El Alamein Anfang November 1942 und der amerikanischen Landung in Nordwestafrika einige Tage später weithin offensichtlich wurde, begannen die Italiener, Deutschland zu drängen, seine Kräfte auf den Krieg gegen Großbritannien und die Vereinigten Staaten zu konzentrieren und einen Friedenskompromiß mit der Sowjetunion auszuhandeln. Diese Vorschläge, die Hitler und anderen deutschen Führern erstmals im Dezember 1942 unterbreitet wurden, stießen immer auf taube Ohren, wie auch die ähnlichen Vorschläge der Japaner, die den Deutschen damals schon seit mehr als einem Jahr bekannt waren. Die Deutschen erkannten die Gefahr im Mittelmeerraum, aber ihre Antwort entsprach nicht Mussolinis Wünschen.

Anfang 1941, als die verschiedensten Möglichkeiten für Vorstöße der Achsenmächte im Mittelmeerraum denkbar schienen, hatten die Deutschen in diesem Teil Europas nur wenig Truppen eingesetzt. Hitler betrachtete den Mittelmeerraum als italienischen Lebensraum und hielt es deshalb der Mühe nicht für wert, dort in größerem Umfang deutsche Ressourcen zu investieren. Als Italien offenbar eine Katastrophe drohte, befürchtete er, daß die Alliierten Italien als Ausgangsbasis für Luftangriffe auf Deutschland von Süden her nutzen und die unter italienischer Kontrolle stehenden Teile Südosteuropas besetzen könnten, wodurch sie den deutschen Zugriff auf die Bodenschätze dieser Gebiete gefährden würden. Unter diesen Umständen war er bereit, einen weit größeren Teil der militärischen Ressourcen für den mediterranen Kriegsschauplatz abzustellen. Am deutlichsten wurde dies durch den Aufbau einer deutsch-italienischen Armee in Tunesien. Dieses Unternehmen sollte allerdings dem Schutz der deutschen Südflanke dienen und nicht der Unterstützung der italienischen Ambitionen. Hitler war jedoch unter keinen Umständen bereit, der grundsätzlichen strategischen Neuorientierung zuzustimmen, zu der Deutschland von der italienischen und der japanischen Regierung gedrängt wurde.

Ein großer Teil der Transportflugzeuge, die Nachschub für die belagerten deutschen Truppen nach Stalingrad hätten fliegen können, wurden statt dessen nach Sizilien beordert, um Luftfracht nach Tunesien zu bringen, doch war Hitler nicht bereit, einen Kompromiß an der Ostfront in Erwägung zu ziehen. Ganz im Gegenteil sollte eine neue deutsche Offensive im Osten stattfinden. Der gleiche Gegensatz, wenn auch in anderem Maßstab, belastete die deutsch-italienischen Beziehungen in dem Chaos, das während des Krieges in Jugoslawien herrschte. Die Italiener wollten Mihailović gegen die Partisanen bewaffnen und ihn später niederwerfen; die Deutschen zogen es vor, beide gleichzeitig zu bekämpfen.[53]

Der Zusammenbruch des italienischen Widerstands auf Sizilien im Juli 1943, dem ein Monat später der des gesamten faschistischen Systems folgte, markierte den endgültigen Bruch zwischen Deutschland und Italien. Die italienische Regierung trat auf außerordentlich ungeschickte Weise aus dem Krieg aus, was es den Deutschen nur noch erleichterte, einen großen Teil Italiens und seiner Ressourcen für den weiteren Krieg zu nutzen, der dem Land verheerende Schäden einbrachte. Der Marionettenstaat, den Mussolini nach seiner Befreiung aus der Haft unter deutscher Aufsicht in Norditalien errichtete, konnte auf Strategie und Politik der Deutschen keinen Einfluß ausüben. Auf drastische Weise wird dies durch die Kapitulationsverhandlungen deutlich, die von den Deutschen 1945 hinter Mussolinis Rücken geführt wurden. Sie hatten unzählige Italiener bei sogenannten Vergeltungsmaßnahmen erschossen; Mussolini überließen sie seinen eigenen Landsleuten zur Exekution.

Auch die Beziehungen zwischen den europäischen Achsenmächten und Japan waren nicht kooperativer oder besser gestaltet als die zwischen Deutschland und Italien. Auf politischem Gebiet herrschte sehr wenig Bereitschaft zur Zusammenarbeit. Der Rat der Japaner an die Deutschen, den unterworfenen Völkern Europas größere Freiheiten einzuräumen, wie sie es ihrer Behauptung nach in der eigenen Herrschaftssphäre taten, stieß auf taube Ohren. Nichts, was auch nur annähernd den Nachkriegsplanungen zwischen den Alliierten glich, fand je zwischen den Mächten des Dreimächtepaktes statt. Im November 1942, nach einer Konferenz der führenden japanischen Diplomaten in Europa, unterbreitete Botschafter Oshima deren Empfehlung, daß die Japaner, die Deutschen und die Italiener ebenso wirksam wie die Alliierten zusammenarbeiten sollten.[54] Es erwies sich regelmäßig als sehr schwierig, kleinere Differenzen auszuräumen[55], und bei den Hauptproblemen zwischen Deutschland und Japan änderte sich gewiß nichts.

Die grundsätzliche strategische Frage blieb in den Jahren 1943 und 1944 ungelöst. Die Deutschen forderten, daß die Japaner wieder in die Offensive gehen sollten, womit ein Angriff auf die Briten, Amerikaner oder Russen gemeint war. Japan war sicher nicht bereit, die Sowjetunion anzugreifen. Die Russen hatten den Japanern in den Kämpfen von 1939 eine schwere Niederlage beigebracht; letztere hatten keinen Bedarf an einer Wiederholung und befürchteten, daß die Sowjetunion den Amerikanern die Nutzung von Flughäfen für Angriffe auf die japanischen Inseln erlauben könnte. Deshalb bemühten sie sich nach Kräften, den Frieden mit der Sowjetunion zu erhalten. Die Japaner waren gewiß nicht bereit, den unablässigen Strom amerikanischen Nachschubs zu unterbrechen, der an Japan vorbei in die Sowjetunion floß und ihr im Krieg gegen Deutschland zugute kam. In jenen Jahren, wie auch früher schon, waren die Japaner der festen Überzeugung, daß die Deutschen Frieden mit Rußland schließen sollten, um sich auf den Kampf gegen Großbritannien und die Vereinigten Staaten zu konzentrieren.[56]

Im Kampf gegen die Briten warteten die Japaner bis 1944 mit einer Großoffensive gegen Indien. So lange blieben sie untätig in Stellungen, die sie bereits Anfang 1942 in Birma besetzt hatten. Aus der Sicht Berlins war dies zu wenig und zu spät. Im Sommer 1942, nach der frühen japanischen Eroberung von Malaya und Birma, hätte eine solche Operation vielleicht einschneidende Wirkung im Krieg erzielt. 1944 jedoch war die japanische Offensive strategisch bedeutungslos.

Die einzige andere wichtige Offensive der Japaner im Jahr 1944 fand in China statt, und diese Operation war nicht Teil eines strategischen Gesamtkonzepts, sondern hatte das Ziel, amerikanische Luftangriffe von China aus zu verhindern und japanische Nachschublinien auf See, die Angriffen amerikanischer U-Boote ausgesetzt waren, durch Landwege zu ersetzen. In der direkten Konfrontation mit den Amerikanern waren die Japaner in den Jahren 1943 und 1944 ohnehin schon ständig in der Defensive.

Als anderes Feld möglicher Zusammenarbeit blieb einzig der Seekrieg. Die Deutschen drängten die Japaner immer wieder, sich stärker auf den Krieg gegen den alliierten Schiffsverkehr zu konzentrieren. Die japanischen U-Boote wurden allerdings weiterhin vor allem zur Unterstützung der Flotte und in zunehmendem Maße zur Versorgung der japanischen Stützpunkte eingesetzt, die durch den Vormarsch der amerikanischen und australischen Truppen abgeschnitten worden waren. Die japanische Marineführung verstand die Strategie der deutschen Marine niemals. Die Deutschen wollten gegen die Alliierten auf immer gleiche Weise vorgehen, nämlich die Nachschubrouten auf See kappen, was ihnen die Alliierten immer erfolgreicher im Kampf gegen Japan vorexerzierten. In der ganzen Frage des U-Boot-Krieges gegen den Schiffsverkehr und in der Verteidigung gegen eine solche Strategie zeigte die japanische Marineführung ein in den Annalen der Seekriegsführung einmaliges, anhaltend hohes Maß an Inkompetenz.

Ribbentrop und Oshima erörterten am 19. Mai 1943 während eines langen Gesprächs die Gesamtkriegslage, zu einem Zeitpunkt, da sich das Blatt im Konflikt offensichtlich wendete. Die europäischen Achsenmächte hatten gerade ihre letzten Stellungen in Afrika verloren, und die Deutschen hatten die Lage an der Ostfront nur mit Mühe noch stabilisieren können. Die Japaner hatten ihre Kräfte aus Guadalcanal und Kiska zurückgezogen. Sie hatten eine Sonderdelegation unter General Okamoto Kiyotomi über die Sowjetunion und die Türkei nach Deutschland geschickt in der vergeblichen Hoffnung, die Zusammenarbeit zwischen den beiden Ländern verbessern zu können; der General war bei dem Treffen zwischen Ribbentrop und Oshima zugegen.[57] Der Verlauf des Gesprächs wirft Licht auf die unterschiedlichen strategischen Positionen Berlins und Tokios und auf den Mangel an gegenseitigem Verständnis bei den beiden Verbündeten. Oshima erläuterte, warum Japan die Sowjetunion nicht angreifen konnte und es vorziehen würde, einen deutsch-sowjetischen Frieden zu vermitteln. Ribbentrop drängte auf eine japanische Offensive, beharrte darauf, daß ein neuer Angriff an der Ostfront notwendig sei, und verurteilte den japanischen Botschafter in der Sowjetunion wegen dessen Interesse an einem Frieden zwischen Deutschland und Rußland. Oshima teilte Ribbentrop unverblümt mit, er bezweifle, daß Deutschland die Sowjetunion besiegen könne, und drängte die Deutschen, die Unabhängigkeit der Baltischen Staaten und der Ukraine zu erklären, wie Japan es mit Birma und den Philippinen getan hatte. Diesen Vorschlag lehnte der deutsche Außenminister ohne Erörterung ab.

Beide Männer kannten sich seit Jahren, sie hatten hinter dem Rücken ihrer Ministerien durch die Aushandlung des Antikomintern-Paktes 1935/36 für die Annäherung ihrer beiden Länder gesorgt und empfanden offenbar hohe persönliche Achtung voreinander. Wie aus ihrem offenen Gedankenaustausch hervorgeht, fehlte jedoch ein wirkliches Verständnis für die Lage des jeweils anderen Landes.[58] Die Deutschen begriffen nicht, wie geschwächt die Japaner nach sechs Jahren Krieg und schweren Niederlagen gegen die Amerikaner waren. Sie hatten sich nie über den Krieg in Ostasien eingehend kundig gemacht. Zwar mögen einzelne aus der zweiten Reihe der deutschen Führungshierarchie über bessere Einblicke verfügt haben, an der Spitze hatte man kein wirkliches Gespür dafür, was im Pazifik vor sich ging. Die Japaner dagegen hatten nicht die Priorität erkannt, die Rassenlehre und Expansionismus für ihren deutschen Verbündeten hatten, und deshalb begriffen sie auch seine Politik niemals. Daß es bei diesem Ausmaß an gegenseitigem Unverständnis noch weniger Zusammenarbeit gab als bei den Alliierten, ist nicht verwunderlich.

Die Vorzeichen der kommenden Niederlage führten nicht zu nennenswerten Veränderungen. Zwar versuchten die Deutschen, ihrem Verbündeten technische Unterstützung zu geben. Sie schickten Japan Pläne zumindest einiger ihrer neuen Waffen, doch die japanische Industrie war nicht in der Lage, aus diesem Wissen in der kurzen Zeit, die ihr noch blieb, Vorteile zu ziehen. Die einzig handfeste Auswirkung dieser Maßnahmen bestand darin, daß die Deutschen unwissentlich die Briten und Amerikaner mit Informationen versorgten, weil diese die japanischen Codes entschlüsselt hatten.[59] Auf wirtschaftlichem wie militärischem Gebiet, in der Strategie wie in der Politik gingen die Staaten des Dreimächtepakts jeder seinen eigenen Weg in Vernichtung und Niederlage.

14

Stillstand an den europäischen Fronten

DIE KRIEGSLAGE IM HERBST 1944

Die deutschen Armeen hatten im Sommer 1944 katastrophale Niederlagen und schwere Verluste erlitten. Genaue Angaben sind nicht möglich, doch von Anfang Juni bis Mitte September betrug die Zahl der gefallenen, in Gefangenschaft geratenen und vermißten Soldaten – von denen die meisten entweder tot oder gefangen waren – sicher über eine Million, vermutlich jedoch über anderthalb Millionen. Diese Niederlagen in den Landkriegen im Osten, Westen und Süden waren mit gewaltigen Materialeinbußen verbunden. Bei den Kämpfen wurden viele Panzer und Geschütze zerstört, und große Mengen von Waffen fielen in die Hände der Gegner oder wurden, um dies zu verhindern, von den Deutschen selbst vernichtet, wenn sie eingekesselt oder abgeschnitten waren.

Nicht allein bei den Landschlachten kam es zu hohen Verlusten. Im Luftkrieg war die deutsche Gegenwehr Anfang 1944 durch den Einsatz von Langstrecken-Kampfflugzeugen auf alliierter Seite niedergerungen worden – nachdem die Luftwaffe ihre Kräfte ohnehin bereits jahrelang verschlissen hatte. Diese Niederlage zwang die einst mächtige deutsche Luftwaffe in eine undankbare Rolle. Sie mußte versuchen, mit einer großen Zahl unerfahrener und unzulänglich ausgebildeter Piloten den Kampf um die Luftherrschaft wieder aufzunehmen. Die amerikanischen und britischen Flugzeuge beherrschten den Himmel über West-, Mittel- und Südeuropa, und im Osten hatte die sowjetische Luftwaffe inzwischen die vollständige Luftüberlegenheit errungen. Da amerikanische Flugzeuge die Anlagen zur Herstellung synthetischen Treibstoffs weitgehend zerstört hatten, war ein Wiedererstarken der deutschen Luftwaffe unwahrscheinlich: Häufig wurden Flugzeuge am Boden zerstört, weil sie wegen Treibstoffmangels nicht starten konnten.

Auf See waren die Hilfskreuzer und größeren Kriegsschiffe schon lange versenkt oder zu Unterstützungsdiensten in die Ostsee zurückgezogen worden. Die deutschen U-Boote hatten sich noch nicht von der 1943 erlittenen Niederlage erholen können. Im Oktober 1944 konnten sie auf den Weltmeeren nur ein Handelsschiff mit etwas über 6000 BRT versenken. Sie waren aus dem Schwarzen Meer und aus dem Mittelmeer verjagt worden und hatten auch ihre Häfen an der französischen Atlantikküste verloren. Gleichzeitig konnten die Alliierten die in den ersten Kriegsjahren in Auftrag gegebenen Kriegsschiffe und Geleitträger in Dienst stellen. Diese konnten, da die Verluste zurückgegangen waren, mit erfahrenen Besatzungen bemannt werden. Dadurch wurde die bei fortgesetzter Produktion und geringeren Verlusten rasch wachsende alliierte Handelsflotte wirksam geschützt. Wenn die Deutschen den von ihnen erhofften neuen U-Boot-Krieg noch hätten eröffnen wollen, hätten sie also von einer Position ausgehen müssen, die für sie ziemlich hoffnungslos und für die Alliierten viel günstiger war als im Herbst 1943. Damals hatte die Schiffsproduktion der Alliierten zum erstenmal deren Gesamtverlustrate überstiegen.

Die allgemeine militärische Lage der Deutschen war hoffnungslos, und für ihre diplomatische Position sah es nicht besser aus. Ihre europäischen Verbündeten waren einer nach dem anderen aus der Kriegsfront herausgebrochen worden. Zuerst war Italien aus dem Krieg ausgetreten, und Mussolinis auf deutschen Bajonetten errichtetes Marionettenregime in Norditalien war kaum nützlicher als die im deutschen Exil eingerichteten Schattenkabinette für Vichy-Frankreich, Rumänien und Bulgarien.[1] Für die finnischen Streitkräfte, die einst an der Seite Deutschlands gekämpft hatten, konnte nicht einmal mehr eine Propagandafassade aufgebaut werden, und die Truppen der Marionettenstaaten Slowakei und Kroatien revoltierten oder waren der Auflösung nahe. Nur noch in Ungarn kämpfte auf dem europäischen Kriegsschauplatz eine Satellitenarmee von beträchtlicher Stärke an der Seite der Deutschen. In Ostasien konnte der Triumph der Japaner in China deren vernichtende Niederlage in Birma und die ununterbrochene Reihe amerikanischer Siege im Pazifik nicht wettmachen. Von ihrem einzigen bedeutenden Alliierten konnten die Deutschen keine Hilfe erwarten in einer Zeit, da Japan sich auf einen zu Recht erwarteten amerikanischen Großangriff auf die Philippinen vorbereitete.

Während die Bündnisse der Deutschen zerfielen, blieb die gegen Deutschland geschmiedete Allianz stabil und gewann noch Kräfte hinzu. Die Westmächte und die Sowjetunion hielten ihr Bündnis trotz großer Spannungen zusammen. Auch als diese Spannungen beim Aufstand der Polen in Warschau den Höhepunkt erreichten, blieb die Allianz intakt und der unmittelbaren militärischen Gefahr, die aus dem internen Konflikt hätte erwachsen können, dem Rückzug der polnischen Divisionen in Italien aus dem Kampf, wurde erfolgreich begegnet. Es gab nun zwei polnische Armeen, die eine stand unter sowjetischer Kontrolle, die andere war bei den britischen und amerikanischen Streitkräften, doch beide kämpften gegen die Deutschen; nur in Polen selbst kämpften sie gegeneinander.

Die Alliierten erhielten nun auch aus anderen Quellen militärische und diplomatische Verstärkung. Die langsam wiederaufgebaute französische Armee stellte am Südabschnitt der Westfront willkommene neue Kräfte bereit, die die Alliierten auch bei den Sicherungsaufgaben hinter der Front entlasteten. Eine kleine brasilianische Expeditionstruppe warf ihr Gewicht an der italienischen Front in die Waagschale, wo die Kämpfe weitergingen[2] und inzwischen auch einige italienische Einheiten auf alliierter Seite standen. Die verbleibenden neutralen Länder schlossen sich entweder nach und nach den Vereinten Nationen an oder schränkten zumindest ihre Hilfe für Deutschland ein. Insbesondere Spanien und Schweden belieferten Deutschland nicht mehr im einstigen Umfang mit Rohstoffen. Die Türkei hatte die Chromlieferungen eingestellt, und die Schweiz sah sich nun, da alliierte Soldaten wenigstens an einer ihrer Grenzen standen, endlich imstande, eine festere Haltung gegenüber Deutschland einzunehmen. Das Gesamtbild des Krieges hatte sich auf dramatische Weise verändert; die Deutschen waren offensichtlich nicht mehr in der Lage, ein neutrales Land, das dem Druck der Alliierten nachgab, wirksam zu bestrafen, und alle Neutralen, die nicht unter direkter Kontrolle der Deutschen oder Japaner standen, hielten es für vorteilhaft, sich so gut wie möglich mit den Mächten zu stellen, die offensichtlich dabei waren, den Krieg zu gewinnen.[3]

Diese Vorahnung des nahenden Sieges, zumindest in Europa und sicher bald auch im Pazifik, wirkte sich auch auf die Heimatfronten der wichtigsten Kriegsparteien aus. In den Vereinigten Staaten war die etwas unrealistische Erwartung entstanden, daß der Krieg in Europa praktisch schon gewonnen sei; in Großbritannien herrschte eine gewisse Kriegsmüdigkeit – die durch Angriffe mit der V1 und V2 verstärkt wurde –, und man hoffte sehr auf ein baldiges Kriegsende. Die britische Öffentlichkeit war sich nicht darüber im klaren, welche Forderungen der Krieg in Ostasien an sie stellen würde, wenn er durchgehalten werden mußte. Sie konnte nicht wissen, daß im Herbst 1944 detaillierte Pläne für die Verlegung der Commonwealth-Streitkräfte auf diesen Kriegsschauplatz ausgearbeitet wurden. Der sowjetischen Bevölkerung wurde die Befreiung der letzten deutsch besetzten Gebiete auf dramatische Weise vor Augen geführt: Im Juli marschierten Zehntausende deutscher Kriegsgefangener durch die Straßen Moskaus. Nun versprach man sich bessere Zeiten. Der Wiederaufbau in den 1943 und Anfang 1944 befreiten Gebieten steckte erst in den Anfängen; noch immer wurde ein hohes Maß an Entbehrungen und Opfern verlangt, doch alle Zeichen deuteten auf Sieg. In den ersten Jahren des Zweiten Weltkriegs hatten die Deutschen ihre Siege mit Fanfarensignal im Radio verkündet; nun feierten die Russen *ihre* Siege regelmäßig mit donnernden Artilleriesalven in Moskau.

Die Veränderungen an den Fronten wirkten sich auch auf Deutschland aus. Der Erfolg der Invasion im Westen und bald darauf die Zerstörung der Heeresgruppe Mitte und der dramatische Vormarsch der Roten Armee im Osten weckten in der Bevölkerung große Befürchtungen. Die Erwartungen, daß man die alliierten Landungskräfte zurückwerfen und mit den neuen Waffen schwere Schäden anrichten könnte, hatten getrogen, wie beim Fall von Cherbourg deutlich geworden war. Noch weiter gedrückt wurde die Stimmung in der Bevölkerung durch die Tatsache, daß nun auch tagsüber Hunderte von alliierten Flugzeugen über dem Reichsgebiet auftauchten.[4]

In die Anfänge dieses deutlichen Stimmungswechsels fiel der Versuch, Hitler zu töten und seine Regierung zu stürzen. Einige der an dem Putsch Beteiligten waren seit Jahren Gegner des Regimes gewesen, in manchen Fällen schon lange vor Beginn des Krieges. Einige hatten sich dem Widerstand angeschlossen, als sie das Grauen sahen, das mit den deutschen Siegen, besonders im Osten, verbunden war, und wieder andere nahmen teil, weil das Regime nicht bereit war, der aus ihrer Sicht unmittelbar bevorstehenden Niederlage ins Auge zu sehen. Die aktiveren Mitglieder des Widerstandes erkannten, daß angesichts der Unterstützung, die das Regime bei den Massen genoß, nur ein Putsch von innen Aussicht auf Erfolg haben könnte. War die Macht einmal ergriffen, konnte man die Masse der Bevölkerung, die von der Propaganda getäuscht und über die kritischen Entwicklungen nicht informiert war, über die Fakten aufklären und sie um eine neue Führung scharen. Während des Krieges war es natürlich die Aufgabe derjenigen Widerständler, die Zugang zu Waffen und Sprengstoff hatten, den Staatsstreich durchzuführen. Bei ihnen setzte sich die Erkenntnis durch, daß es notwendig war, den Diktator zu töten, der mit seinen Befehlen und dem von ihm geschaffenen Netz von Loyalitätsverhältnissen das System zusammenhielt. Schon im März 1943 war eine Bombe in Hitlers Flugzeug versteckt worden, doch der Zünder funktionierte nicht, und den Verschwörern blieb nur die riskante Aufgabe, die Bombe wieder verschwinden zu lassen. In der Folgezeit waren noch mehrere Versuche fehlgeschlagen. Mit der Ernennung des Obersten von Stauffenberg zum Stabschef beim Befehlshaber des Ersatzheeres kam ein neuer Faktor ins Spiel.

Von Stauffenberg, ein energischer Offizier, der im Tunesienfeldzug schwer verwundet worden war, wurde zur treibenden Kraft der Verschwörung. Das große Problem bestand darin, daß es wenige gab, die energisch genug und der Sache ganz hingegeben waren. Daher mußte von Stauffenberg seinen Zugang zu Hitlers Kreis in Ostpreußen für das Attentat nutzen und schnell darauf nach Berlin fliegen, um den Staatsstreich persönlich zu lenken, wodurch jedoch regimetreuen Überlebenden eine kurze Zwischenzeit zum Handeln bleiben würde. Der Umsturz sollte mit Hilfe eines regulär entwickelten Notfallplans durchgeführt werden, der für schwere Unruhen unter den Millionen von Zwangsarbeitern im von Deutschland beherrschten Europa entwickelt worden war und den Wehrkreiskommandos umfangreiche Machtbefugnisse zuwies: ein Verfahren, das den Deutschen noch aus dem Ersten Weltkrieg vertraut war.

Waren die Vorbereitungen von daher vernünftiger, als manche Kritiker behaupten, so gab es doch über die geplante Doppelrolle Stauffenbergs hinaus weitere Probleme. Erstens waren viele Mitglieder des Widerstands, die eine wichtige Rolle hätten spielen können, in den Jahren zuvor entdeckt und entlassen und in manchen Fällen auch verhaftet worden, und es gibt deutliche Hinweise darauf, daß Himmler und seine Geheimpolizei zumindest einige Einzelheiten des geplanten Staatsstreichs kannten. Zweitens war die Zahl der Personen in der Staats- und Militärhierarchie, die einen

Sturz des Regimes tatsächlich oder potentiell gutgeheißen hätten, sehr klein. Einer der bekanntesten deutschen Kommandeure, Feldmarschall von Weichs, damals Oberbefehlshaber für Südosteuropa, notierte am 22. Juli 1944 in sein Tagebuch, daß selbst ein erfolgreiches Attentat das Scheitern des Staatsstreichs nicht verhindert hätte, weil niemand die Befehle der Verschwörer befolgt hätte.[5] Daraus wird ersichtlich, wie gering die Chancen der Widerständler waren. Doch waren sie entschlossen, wenigstens zu zeigen, daß es Deutsche gab, die über die Verbrechen des Regimes so entsetzt waren, daß sie für einen Umsturz ihr Leben riskierten. Hitler überlebte die Explosion, woraufhin die überwältigende Mehrheit der deutschen Militärführer seine Partei und nicht die seiner Gegner ergriff. Als beide Seiten ihre Befehle über die Fernschreiber schickten – die letzte »Wahl« in einem ungeteilten Deutschland bis 1990 –, entschieden sich die meisten Generäle, das Hitler-Regime zu unterstützen und dessen Polizei nicht zu verhaften, sondern zu verstärken.

Der Triumph Hitlers und seiner Gefolgsleute in dieser Krise zog eine Reihe schwerwiegender Konsequenzen nach sich. Zunächst einmal wurden jene Gegner Hitlers, die offen aufgetreten waren, fast ausnahmslos verhaftet und umgebracht, wenn sie nicht den Freitod gewählt hatten, damit sie ihre Kameraden nicht unter der Folter verraten konnten. Eine Welle von Verhaftungen, Scheinprozessen und standrechtlichen Exekutionen erfaßte alle Bereiche der Gesellschaft, wodurch das Land fatalerweise viele jener Persönlichkeiten verlor, die es bald am dringendsten brauchen sollte.[6] Hitler selbst fühlte sich nun in seinem Glauben bestärkt, das Schicksal habe ihn dazu ausersehen, das deutsche Volk zu führen. Davon war die breite Masse der Deutschen offenbar ebenfalls überzeugt. Sie reagierte, wie anhand des historischen Materials gut dokumentiert ist, auf das Scheitern des Staatsstreichs keineswegs enttäuscht, sondern erleichtert.[7]

Die mit dieser Entwicklung verbundene Konsolidierung des Regimes wurde durch eine weitere Machtverlagerung zugunsten der SS noch unterstrichen. Himmler wurde mit der Führung des Ersatzheeres betraut, und auch andere Maßnahmen beschleunigten den von Dietrich Orlow in seiner Geschichte der Nazipartei so genannten Prozeß der »Parteiifizierung«[8]. Der erste große Triumph des nationalsozialistischen Regimes war die Machtergreifung im Januar 1933, sein letzter großer Sieg war der über die Reste des deutschen Widerstands im Juli 1944. Jene, die das Geschick der Nation nun vollständiger als zuvor in Händen hielten, waren entschlossen, alle Kräfte bis zum letzten zu mobilisieren, um das Blatt zu Deutschlands und zu ihren Gunsten zu wenden. Sie waren sich darüber im klaren, daß das Schicksal, das sie ihren Gegnern bereitet hatten, sehr wahrscheinlich auch ihnen drohte. Im Gegensatz zu Oshima, dem japanischen Botschafter in Berlin, der die patriotischen und humanitären Beweggründe des Widerstands überraschend klar erkannte[9], hatten die Naziführer weder Verständnis noch Gnade. Sie waren bereit, an allen Fronten bis zum Sieg oder zur totalen Katastrophe zu kämpfen.

Die westlichen Alliierten verfügten über ein recht genaues Bild der Lage, das sie ihren Geheimdiensten und den abgefangenen japanischen Berichten zu verdanken hatten[10], doch wir wissen nicht, wie die damaligen Ereignisse in der Sowjetunion aufgenommen wurden. Jedenfalls konnten die Alliierten erkennen, daß die Deutschen weiterhin an allen Fronten Gegenwehr leisteten. Auch für sie ging die Mühsal des Krieges weiter.

In Deutschland war schon vor dem versuchten Staatsstreich vom 20. Juli mit einer Kampagne zur totalen Mobilisierung der Ressourcen begonnen worden. Unter Speers energischer Führung wurde die Kriegsproduktion rationalisiert, was zur Folge hatte, daß auch angesichts der alliierten Bombenangriffe die wichtigen Standardwaffen in Masse produziert wurden – auch wenn der Ausstoß ohne die Luftangriffe noch höher gewesen wäre. Speer veranlaßte im Juli neue Maßnahmen zur besseren Nutzung vorhandener Ressourcen, besonders von Arbeitskräften in der Industrie.[11] Gleichzeitig trat Goebbels, der zuvor von der Mobilisierungskampagne für den »totalen Krieg« ausgeschlossen worden war, vehement für neue Mobilisierungsmaßnahmen ein, und er sowie Himmler erhielten kurz nach dem 20. Juli neue Machtbefugnisse.[12] Durch dieses Vorgehen wurden zwar neue Kräfte in den Krieg geworfen, doch murrte die Bevölkerung inzwischen auch, daß die Kriegslasten nicht von allen gleichermaßen getragen würden.

In dieser Hinsicht hatten die Deutschen bald wenig Grund zur Klage. Mehrere hunderttausend Männer, vor allem aus der Industrie, wurden zum Kriegsdienst eingezogen und bildeten die neuen Volksgrenadierdivisionen, die zur Stabilisierung der Front beitragen und dann in die Offensive gehen sollten. Auch wurde unter der Bezeichnung »Volkssturm« eine neue militärische Hilfstruppe gebildet, eine Art Miliz für die Verteidigung der Heimat.[13] Hitler rief den Volkssturm mit dem Erlaß vom 25. September 1944 ins Leben. Dieser Hilfstruppe der Armee, der zahlreiche Vorläufer eingegliedert wurden, sollten alle waffenfähigen Männer im Alter von 16 bis 60 angehören, falls Waffen an sie ausgegeben werden konnten. Da die Alliierten sich Deutschland von Osten und Westen her näherten und schon auf deutsche Gebiete vordrangen, sollten Volkssturm-Einheiten der regulären Armee und den bewaffneten Einheiten der SS örtliche Unterstützung und Verstärkung bringen. Die Hauptsorge vieler Volkssturm-Männer war allerdings nicht der siegreiche Kampf, sondern das Risiko, im Falle der Gefangennahme als Partisanen erschossen zu werden. Die deutsche Bevölkerung wußte nur zu genau, wie die Deutschen in den letzten fünf Jahren jene behandelt hatten, die sie als Partisanen betrachteten.

Die Ausweitung des Militärdienstes beschränkte sich allerdings nicht nur auf die Männer, die in ihrer Freizeit für den Volkssturm übten, obwohl sie noch in Fabriken oder bei der Feldarbeit beschäftigt waren. Trotz Hitlers ursprünglicher Zurückhaltung wurden immer mehr Frauen nicht nur in die Kriegsindustrie geholt, sondern auch zum Militärdienst herangezogen: als Schreibkräfte, Telephonistinnen oder Funkerinnen und in zahlreichen anderen Funktionen.[14] Darüber hinaus hatte man schon 1943 begonnen, heranwachsende Jungen in großer Zahl als »Flakhelfer« einzuziehen.[15] Diese oft verängstigten Jugendlichen bestückten die Flugabwehrkanonen und bedienten die Suchscheinwerfer, die im Umkreis der deutschen Städte aufgestellt waren. Viele wurden getötet. Ihr Einsatz trug wesentlich zum Abschuß alliierter Flugzeuge bei; manchmal fanden sie am Ende des Nachtdienstes ihre Elternhäuser zerstört vor, und ihre Angehörigen waren tot. Im Oktober 1944 kamen auch Mädchen hinzu. Mehrere hunderttausend Frauen dienten schon als militärische Hilfskräfte in Krankenhäusern und Heeresdienststellen; manche von ihnen wurden nun auch an den Fliegerabwehrgeschützen ausgebildet.[16]

Die Deutschen mobilisierten nicht nur ihre letzten eigenen Reserven an Männern und Frauen, sie dachten auch ernsthaft über ihre noch lebenden russischen Kriegsgefangenen nach. Viele von ihnen waren als Hilfskräfte freiwillig oder unfreiwillig in die deutsche Armee aufgenommen oder zu Bataillonen zusammengeschlossen worden, die deutschen Regimentern angegliedert wurden. Hitler bestand gemäß der nationalsozialistischen Ideologie darauf, ihnen keinerlei Versprechungen bezüglich der Zukunft der eroberten Teile Rußlands zu machen – da die slawischen Bewohner Osteuropas durch deutsche Siedler ersetzt werden sollten, wären solche Versprechen zu Lasten der Deutschen gegangen. Aufgrund dieser Haltung wurde es russischen Gefangenen wie General Wlassow, der auf Zusagen für die Zukunft seines Landes bestand, nicht erlaubt, eigenständig zu operieren. Deshalb war auch eine wirksame politische Kriegführung gegen die Rote Armee ausgeschlossen.

Nun, da auch der letzte Fleck sowjetischen Territoriums durch die Rote Armee gesäubert worden war und die Hoffnungen Hitlers, die Alliierten in den Ärmelkanal zurückzutreiben und danach die Ukraine wieder zu erobern, zerstoben waren, kam es zu einer leichten Entspannung in der deutschen Haltung. Vielleicht konnte doch noch etwas gerettet werden. Heinrich Himmler, immer auf der Suche nach neuen Rekruten, schob seine ideologischen Phantasien beiseite und traf sich mit General Wlassow, dem er eine gewisse Unterstützung für seine Ziele zusagte.[17] Das Unternehmen brachte kaum Erfolg, und Hitler äußerte weiterhin große Vorbehalte dagegen[18], doch die Bereitschaft, sich bei den als »Untermenschen« betrachteten russischen Gefangenen um Hilfe zu bemühen, zeigt, wie dringend das Dritte Reich jeden Rekruten brauchte. Die Nazis mußten jetzt jeden nehmen, den sie bekommen konnten.[19] Wenn die Deutschen ihre Jungen und Mädchen zum Kriegsdienst einzogen und ihre Haltung gegenüber jenen Menschen überprüften, die als »Untermenschen« bezeichnet wurden, ist leicht zu verstehen, daß sie die wenigen nichtdeutschen Gebiete, die sie noch besetzt hielten, rücksichtslos ausbeuteten. In jenen Monaten wurde alles requiriert, was an verwertbarem Material in der Tschechoslowakei, in Norwegen und Dänemark und in den deutsch besetzten Gebieten der Niederlande und Jugoslawiens noch vorhanden war. Diese Politik wurde auch auf die nominell verbliebenen Verbündeten ausgedehnt, auf Mussolinis norditalienische »Soziale Republik« und die Überbleibsel Vorkriegsungarns. Im Gespräch mit japanischen Diplomaten brachte Mussolini seine Hoffnungen auf einen Sieg zum Ausdruck. Der sei möglich, wenn es zu einem Bruch des Bündnisses zwischen den Vereinigten Staaten, Großbritannien und der Sowjetunion kommen sollte – oder durch den Einsatz neuer Waffen. Zwischendurch peinigte er seine Gäste mit einer Litanei bitterer Klagen über die fortgesetzten Requirierungen und die Ermordung von Geiseln durch die Deutschen, die jede Chance auf Unterstützung seines Regimes durch die norditalienische Bevölkerung zunichte machten.[20]

Im noch besetzten Ungarn verstärkten die Deutschen, vor allem die SS, ihren Zugriff auf die Wirtschaft. Sie leiteten Maßnahmen zur Deportation und Ermordung der ungarischen Juden ein, der letzten verbliebenen großen jüdischen Gemeinschaft in Mitteleuropa. Damit vermochten sie nicht nur, jüdisches Eigentum zu rauben, sondern konnten auch den Besitzern des größten ungarischen Industriekomplexes, der Firma Manfred Weiss, die Mehrheit der Aktien gegen Schonung ihres Lebens abpressen. Während auf diese Weise eine kleine Zahl von Juden entkommen konnte, geriet die ungarische Wirtschaft in den Würgegriff der Deutschen, die alle ungarischen Proteste gegen einen derart offensichtlichen Eingriff in die Souveränität zurückwiesen und die verbliebene Wirtschafts- und Kampfkraft für ihre Kriegszwecke ausbeuteten.[21]

Neben der Mobilisierung zusätzlicher Truppen und Ressourcen wurde auch beschlossen, die Mittel für die Kriegsproduktion umzulenken. Während man weiterhin versuchte, mit Hilfe neuer Waffen das Blatt zu wenden, wurde der wirtschaftliche Schwerpunkt innerhalb des Flugzeugbaus verlagert. Ende Juni 1944 fiel die Entscheidung, Jagdflugzeuge statt Bomber zu ordern. Diese Wendung in die Defensive verstärkte sich noch durch die Angriffe auf die deutsche Ölindustrie, die es um so wichtiger erscheinen ließen, der alliierten Luftoffensive Kräfte entgegenzusetzen.[22] Ironischerweise verfehlte diese Maßnahme nicht nur ihren Hauptzweck, sie beeinträchtigte auch die Verteidigungsanstrengungen an der Ostfront. Dort hatten die Deutschen ihre Bomberflotte als eine Form der Artillerie eingesetzt. Da die Zahl der verfügbaren Bomber nun ständig abnahm, wurde die Lage an der Ostfront noch schwieriger.

DIE OSTFRONT

Diese Entwicklung an der Ostfront sollte jedoch erst offensichtlich werden, als die Sowjets ihre große Winteroffensive begannen. In der Zwischenzeit konnte die deutsche Front im Osten gefestigt und gehalten werden. In Ungarn bauten die Deutschen und einige ungarische Einheiten eine Front gegen die Offensive der durch zwei rumänische Armeen verstärkten Roten Armee auf. Rumänien hatte die Fronten gewechselt, Bulgarien war von den Sowjets besetzt, und aus Griechenland, Albanien und dem südlichen Jugoslawien hatten sich die Deutschen notgedrungen zurückgezogen. Die Vorstöße der 2. Ukrainischen Front in die ungarische Ebene konnten durch örtliche Erfolge der Deutschen und Ungarn aufgehalten werden. Gleichzeitig waren die Versuche der 4. Ukrainischen Front, in die Slowakei vorzudringen und die Karpatenfront zu durchbrechen, praktisch zum Stillstand gebracht worden. In der Tat war die Offensivkraft der Roten Armee am Südabschnitt der Front erschöpft; die unterschiedlichen Spurbreiten der Bahnlinien in ihrem Vormarschgebiet verschärften die Nachschubprobleme, und die Deutschen hatten auf Hitlers Drängen einen unverhältnismäßig hohen Anteil ihrer gepanzerten Kräfte an diesen Abschnitt der Ostfront geworfen.

Damals und in der Folgezeit war Hitler besonders um den Schutz der verbliebenen Ölfelder in Südungarn besorgt, und er scheint gleichsam auf die ungarische Hauptstadt Budapest fixiert gewesen zu sein. Das Marionettenregime der »Pfeilkreuzler« unter Führung von Ferenc Szálasi versuchte, unter deutschem Schutz zu operieren, und kollaborierte mit größerem Enthusiasmus bei der Ermordung der Juden als bei dem gefährlichen Kampf gegen die Rote Armee. Im Oktober und November stießen russische Truppen bis in die Außenbezirke Budapests vor. Im Dezember kesselten sie die Stadt ein, doch waren die Gegenmaßnahmen der Deutschen unter drei wichtigen Gesichtspunkten erfolgreich. Sie hatten nach ihrem Desaster in Rumänien und Bulgarien eine neue Front aufgebaut, sie hatten verhindert, daß die Ungarn (wie die Finnen im September[23]) im Oktober die Fronten wechselten, und sie hatten den Vormarsch der Roten Armee erfolgreich verlangsamt.

Ungarische Einheiten trugen nur wenig zu dieser Anstrengung bei, wie Szálasi bei einem Treffen mit Hitler am 4. Dezember zugab. Er versprach weiterzukämpfen, drängte jedoch Hitler, keinen Kompromiß mit den Angelsachsen einzugehen und sie niederzuwerfen, doch alles Erdenkliche zu tun, »um zu einer Übereinkunft mit der Sowjetunion zu kommen«[24]. Zwar stimmte ihm Hitler zu, daß ein Kompromiß mit den Westmächten nicht möglich sei, doch zu einem Arrangement mit der Sowjetunion äußerte er sich weniger eindeutig. Er sei bereit, die ganze Frage zu überprüfen und neue Schritte einzuleiten, doch müsse zunächst die Rote Armee zurückgeschlagen werden.* An der Front selbst allerdings blieben die deutschen Bemühungen, Budapest zu entsetzen, genauso erfolglos wie die vorangegangenen Versuche der Roten Armee, die ungarische Hauptstadt am Jahrestag der Oktoberrevolution einzunehmen.

Am Mittelabschnitt der Ostfront konzentrierte sich die Rote Armee zur Vorbereitung der künftigen Offensiven auf den Ausbau ihrer Brückenköpfe über die Weichsel und die Narew. Doch den in Richtung Warschau vorgedrungenen Sturmspitzen war Abwarten befohlen worden, und die Russen beobachteten den Todeskampf der Stadt aus sicherer Entfernung. Während die Stadt auf Hitlers Befehl hin buchstäblich dem Erdboden gleichgemacht wurde, blieb die Rote Armee in diesem Frontabschnitt un-

---

* Hitler bedachte Szálasi auch mit einem längeren historischen Exkurs. Die Briten seien für den Ausbruch des Krieges verantwortlich, da sie 1935/36 die Wehrpflicht eingeführt hätten (sic; tatsächlich taten sie das erst 1939). Außerdem seien die Schwächen und die Treulosigkeit von Deutschlands Verbündeten für die Rückschläge der letzten beiden Jahre verantwortlich.

tätig; ihre Hauptsorge waren die vier Brückenköpfe über die Weichsel, von denen mehrere unter heftigen Kämpfen leicht ausgebaut wurden, nachdem frühere deutsche Versuche, sie zu zerstören, gescheitert waren.[25] Ingesamt jedoch blieb die Ostfront von der Ostsee bis zu den Karpaten im letzten Viertel des Jahres 1944 stabil. Die Sowjets waren damit beschäftigt, das Transportsystem wiederaufzubauen und die polnische Untergrundarmee hinter ihren Linien zu vernichten, während die Deutschen ihrerseits versuchten, ein wirksames Verteidigungssystem aufzubauen. Obwohl eine sowjetische Patrouille am 17. August kurz die Grenze nach Ostpreußen überquert hatte, hielt die deutsche Verteidigung bis Mitte Oktober. Dann drangen die Russen auf deutschem Gebiet bis fast nach Gumbinnen vor, wo sich die Front mehrere Monate lang stabilisierte.[26]

Weiter nördlich wurde die abgeschnittene deutsche Heeresgruppe Nord im westlichen Lettland durch russische Angriffe leicht zurückgedrängt, doch die Deutschen gaben das Gebiet nicht auf, und den Sowjets gelang es mit einer Reihe lokal begrenzter Offensiven nicht, den Kurland-Brückenkopf zu zerstören.[27] Die besondere Rolle dieses deutschen Brückenkopfes, die schon in Kapitel 12 angesprochen wurde, steht in Zusammenhang mit den deutschen Hoffnungen auf eine Wiederaufnahme des U-Boot-Krieges, wie noch genauer erläutert wird. Im hohen Norden wurden die deutschen Truppen auf dem Rückmarsch von der finnischen Front auf die Lyngen-Stellung zurückgezogen, zunächst unter sowjetischem Druck, ab Ende Oktober jedoch ohne Kontakt zum Gegner. Die deutschen und die sowjetischen Streitkräfte wurden durch eine Pufferzone voneinander getrennt, die von den Deutschen verwüstet worden war und kurz darauf symbolisch von einer Polizeitruppe der norwegischen Exilregierung besetzt wurde. Die Rote Armee verfolgte andere Prioritäten; die Deutschen konnten weiterhin den Großteil Norwegens besetzt halten. Sie hofften, die Häfen des Landes für abermalige Angriffe auf alliierte Schiffe nutzen zu können, bei denen die neuen U-Boote eingesetzt werden sollten.

Hintergrund dieser Entwicklung war die Tatsache, daß der Vormarsch der sowjetischen Truppen an Stoßkraft verlor, als die deutschen Truppen sich zurückzogen und neu formierten. In dem riesigen Gebiet, das die Rote Armee seit Juni befreit hatte, mußte sie das Transportsystem wiederaufbauen und für die hohen Verluste an Menschen und Material bei der Sommeroffensive Ersatz beschaffen. Hinzu kam, daß neue Offensiven sorgfältig geplant werden mußten; es mußten Vorratslager, besonders für Artilleriemunition, aufgebaut und die sowjetischen Streitkräfte großräumig umgruppiert werden. Die Umgruppierung wurde durch die geographischen Verhältnisse erzwungen: ein Problem, das auch schon den Deutschen auf ihrem Vormarsch nach Osten zu schaffen gemacht hatte. Angesichts der trichterförmigen Öffnung des europäischen Kontinents beim Marsch von Mitteleuropa aus ostwärts muß bei einer Invasion Rußlands berücksichtigt werden, daß die Front – von Norden nach Süden gemessen – länger wird, je weiter der Angreifer nach Osten vordringt. Bei einem Vormarsch nach Westen gilt folglich das Gegenteil. Die Hauptfront in der nordeuropäischen Ebene zwischen den Karpaten und der Ostsee wird stetig kürzer. Mit Ausnahme der sowjetischen Truppen, die den in Kurland ausharrenden deutschen Kräften gegenüberstanden, mußten die Armeen, die sich am nördlichen Ende der Front von Leningrad bis zu den Baltischen Staaten durchgekämpft hatten, jetzt umgruppiert werden. Für den letzten Angriff auf Deutschland waren neue Kommandostrukturen zu bilden, wobei Stalin die Koordination des zentralen Vorstoßes selbst in die Hand nahm – eine Aufgabe, mit der bis dahin ein besonderer Vertreter der Stawka beauftragt war. Dies deutete auf die sich verkürzende Front hin, wie auch auf Stalins Interesse an einer persönlichen Rolle im Endkampf um Berlin. Doch solange die Planungen und Vorbereitungen für diese Offensive durchgeführt wurden, war die Ostfront ungewöhnlich ruhig.[28]

Zwar liegen in dieser Frage keine eindeutigen Beweise vor, doch der viermonatige Halt der Russen an der Weichsel hatte möglicherweise auch andere Gründe. Die Bahnlinien hinter der weiter vordringenden Roten Armee auf dem Balkan hatten dieselbe Spurbreite wie die hinter der stillstehenden Front in Polen. Von daher war an beiden Fronten der gleiche Aufwand für das Umladen der Güterwagen oder die Spurverbreiterung erforderlich. Vielleicht war die sowjetische Führung der Auffassung, die Westalliierten sollten durchaus einen Teil der schweren Kämpfe übernehmen; die Sowjetunion hatte in dieser Hinsicht gewiß Enormes geleistet. Es war kein Geheimnis, daß Deutschland verzweifelt bemüht war, neue Divisionen auf die Beine zu stellen und sie mit den neuesten Waffen auszurüsten. Sicher würde es den Vorstoß der Roten Armee nach Mitteleuropa erleichtern, wenn diese neuen Verbände, zusammen mit den aufgefrischten Divisionen, die die Deutschen aus den Niederlagen im Sommer hatten retten können, gegen die Armeen im Westen geführt wurden statt nach Osten. Wenn die sowjetischen Quellen im Laufe der nächsten Jahre zugänglich werden, wird vermutlich neues Licht auf die Frage geworfen werden, warum es vier Monate lang »im Osten nichts Neues« gab.

DIE WESTFRONT

Im Westen trafen mehrere Faktoren zusammen, die den alliierten Vormarsch in jenen Wochen aufhielten, in denen die Deutschen ihrerseits eine Offensive planten. Der wichtigste Einzelfaktor, der die Alliierten bremste, war der Mangel an Nachschub. Während die alliierten Armeen im August rasch vorgedrungen waren, hatten sie keine weiteren Häfen einnehmen können. Die Deutschen konnten Brest monatelang halten, und nach dem Fall der Stadt war der Hafen so schwer beschädigt, daß er vorerst nicht geöffnet werden konnte. Auch andere Häfen blieben in den Händen deutscher Truppen, die man mit einem Durchhaltebefehl zurückgelassen hatte, um die Nutzung der Hafenanlagen durch die Alliierten zu verhindern. Der große Hafen von Marseille war von den Deutschen fast ebenso schwer beschädigt worden wie der Hafen von Cherbourg, doch er spielte für den Nachschub bald eine wichtige

Rolle.* Ein anderer wichtiger Hafen, den die Alliierten als Hauptumschlagplatz für den Vorstoß nach Deutschland vorgesehen hatten, war unzerstört in ihre Hände gefallen, konnte jedoch nicht genutzt werden, weil die Zufahrten von den Deutschen kontrolliert wurden: Antwerpen. Montgomery gewährte der kanadischen Armee monatelang nicht die Logistik und weitere Unterstützung, die sie benötigte, um die Deutschen von den Zugangswegen nach Antwerpen zu vertreiben. Und solange die Kanadier – schließlich von anderen alliierten Kräften unterstützt – sich langsam vorankämpften, mußten alle alliierten Armeen weitgehend von Cherbourg und von den Stränden aus versorgt werden, die Hunderte von Kilometern hinter der Front lagen.[29]

Das Nachschubproblem wurde durch Schwierigkeiten bei der Invasion zusätzlich verschärft: durch die nur langsam vorankommende Instandsetzung der Häfen, besonders des Hafens von Antwerpen. Die Schiffsverbindung war einer der schlimmsten Engpässe. Erstens wurden die Schiffe durch die Nutzung von kleinen Häfen an der Kanalküste, von Stränden und der nur teilweise wiederhergestellten Hafenanlagen von Cherbourg und später von Marseille beim Löschen der Ladung zu lange aufgehalten. Zweitens dauerte es aufgrund der enormen Entfernung der amerikanischen Fabriken fast vier Monate, bis ein in Frankreich geordertes Ausrüstungsstück das Schlachtfeld erreichte. Diese lange Nachschublinie band wiederum selbst große Mengen an Material – meist lagen in der »Pipeline« zwischen den Vereinigten Staaten und der Front etwa 2000 Panzer.[30]

Der rasche Vormarsch im August und die notwendigen Reparaturen am französischen Eisenbahnnetz zwangen dazu, den Nachschub über die Straßen zu transportieren, vorwiegend mit Tausenden von schweren Lastwagen. Diese fuhren über eigens ausgewiesene Einbahnstraßen zu den Nachschublagern hinter der Front. Der »Red Ball Express« war die berühmteste und effektivste dieser Routen; als die Fahrten über diese Straße am 16. November eingestellt wurden, am selben Tag, als an den Stränden in der Normandie die Landung von Nachschub eingestellt wurde, waren über 400 000 Tonnen Versorgungsgüter über sie gerollt.[31]

Dieses Straßentransportsystem, das durch die vorhandenen Bahnverbindungen und den Einsatz von Flugzeugen und Flußschiffen ergänzt wurde, ermöglichte es zwar den Alliierten, ihre militärische Schlagkraft aufrechtzuerhalten, doch konnte im August nicht schnell genug Nachschub an die Front gebracht werden, um die damals erreichte Marschgeschwindigkeit zu halten. Die großen Debatten über das Problem Stoßkeil oder breite Offensive im Westen waren weitgehend akademischer Natur – wie der Disput um den deutschen Vormarsch im Osten ab Ende Juli 1941.

---

* In der britischen Nachkriegsliteratur über die »Anvil-Dragoon-Kontroverse« steht die Auseinandersetzung mit der Tatsache noch aus, daß in den südfranzösischen Häfen schon im September 1944 der Großteil des amerikanischen Nachschubs für die Invasionsarmeen umgeschlagen wurde. Siehe die informative Statistik in: Ruppenthal, The European Theater of Operations, Bd. 2, S. 124. Das amerikanische XV. Korps wurde nur deshalb von der 3. zur 7. Armee verlegt, damit es Marseille als Nachschubbasis nutzen konnte (ebenda S. 17).

Bevor nicht wichtige Häfen, vor allem Antwerpen, funktionsfähig waren und das Bahnsystem nicht effizient funktionierte, bestand keine Aussicht, gegen die zunehmend härtere Gegenwehr der Deutschen Terrain zu erobern, ob nun an einer breiten oder einer kurzen Front.[32]

Nachschubprobleme traten nicht nur bei der Ausrüstung, sondern auch bei den Truppen auf. Obwohl die Verluste der Alliierten zu Beginn des Angriffs nicht so hoch waren wie erwartet, führten später zuerst die schweren Kämpfe in der Normandie und dann die Gefechte nach dem schnellen Vormarsch im August zu einem starken Bedarf an Ersatztruppen. In der britischen Armee wurde es notwendig, einige Divisionen aufzuteilen, um Ersatzkräfte für andere bereitzustellen. Dieses Verfahren wurde im August gegen heftige Einwände Churchills angewandt. Er befürchtete, daß sich durch diesen, im Winter fortgeführten Prozeß das Gewicht der Briten in den alliierten Strategiediskussionen verringern würde.[33] Es kam sicher nicht in Frage, Einheiten vom europäischen zum südostasiatischen Kriegsschauplatz abzuziehen, wie der Chef des Empire-Generalstabs es damals wollte; bis zum Sieg über Deutschland mußte Großbritannien seine schrumpfenden Truppen auf Europa konzentrieren.[34]

Auch bei den Amerikanern war die Lage angespannt, allerdings aus ganz anderen Gründen. Die amerikanische Armee hatte vor allem Kampftruppen aufgestellt und diese so schnell wie möglich nach Europa verschifft. Jetzt standen diese Divisionen an der Front, und es war ebenfalls schwierig, ihnen ausreichend Ersatz zuzuführen. Der Grund dafür war jedoch nicht allein die angespannte Lage bei den Schiffsverbindungen, sondern nach Meinung der meisten Beobachter ein mangelhaftes Verfahren beim Einsatz kampffähigen Ersatzes. Verwundete Soldaten wurden nach der Genesung nicht planmäßig wieder ihren Einheiten zugeteilt; Divisionen wurden zu lange an der Front gehalten, statt in regelmäßigen Abständen zur Auffrischung und Erholung abgelöst zu werden. Schließlich waren die Dienststellen in der Etappe überbesetzt, auch wenn sie wegen der enormen Entfernung zum amerikanischen Kontinent groß dimensioniert sein mußten. Die Praxis, ständig im Kampf gehaltene Verbände einfach mit Ersatz aufzufüllen, die keinerlei Fronterfahrung hatten, war besonders kostspielig, weil diese Soldaten in den Gefechten besonders schnell fielen. Das ganze System funktionierte schlecht und führte eher dazu, den Truppenmangel an der Front zu verschärfen, als zu lindern. Mit einer Reihe von Maßnahmen versuchte man, die Situation zu verbessern. So wurden etwa Dienststellen in der Etappe »durchgekämmt« oder weiteres Personal für die Infanterie »umgeschult«. Doch zeigten diese Maßnahmen nur langsam Wirkung. Sicher ist, daß sie im Spätherbst 1944 wirksame Offensivbewegungen verhinderten und daß ein Problem nie ganz gelöst wurde, das hätte vorausgesehen werden müssen.[35]

Die Folge all dieser Faktoren war, daß sich der alliierte Druck zur selben Zeit abschwächte, als die Deutschen mit umfangreichen Verstärkungen eine neue Verteidigungslinie im Westen aufbauten.[36] Wie Hitler schon lange vorher erklärt hatte, bot der Westen nur wenig Raum zur Verteidigung; hier konnten die Alliierten das industrielle Kernland der Deutschen treffen. Daher wurden die meisten neuen Divisionen an die Westfront geworfen. Die amerikanischen und französischen Armeen im Süden konnten ganz Lothringen und, mit Ausnahme eines Bogens um Colmar, das ganze Elsaß säubern, doch der amerikanische Vorstoß im Norden kam im Raum Aachen nur langsam voran, da die Deutschen Staudämme besetzt hielten, durch deren Sprengung sie die Vormarschwege hätten überfluten können. Gleichzeitig gewannen die Briten im Raum Venlo nur wenig an Boden.

Die Deutschen hatten das ihre getan, um die alliierte Offensive aufzuhalten, und neue Divisionen auf die Beine gestellt. Diese wurden in manchen Fällen um Truppenkerne herum aufgebaut, die aus dem Kessel von Falaise entkommen waren, in anderen mit Hilfe einer umfassenden Mobilisierungskampagne völlig neu zusammengestellt und ausgerüstet. Hinzu kam, daß wichtige Atlantikhäfen von den Deutschen gehalten wurden, um den Nachschub der Alliierten zu behindern: eine Art Ersatz für die Versenkung von Frachtschiffen durch U-Boote. Man hoffte, mit den neuen Waffen und Truppenverbänden den Westmächten schwere Schläge zu versetzen und sie wieder vom Kontinent zu vertreiben. Eine rasche Wiederholung der großen alliierten Invasion wäre dann unmöglich, so daß ein deutscher Sieg das Vorspiel für einen Kompromißfrieden oder eine erneute Offensive im Osten hätte sein können.

Zwei der neuen Waffen waren schon im Einsatz: die V1, der unbemannte Flugkörper, und die V2, die ballistische Rakete. Beide wurden nun verstärkt gegen Antwerpen abgefeuert, um die Hafenanlagen zu zerstören, von denen die Alliierten, wie die Deutschen richtig erkannten, stark abhängig waren. Doch waren auch andere Waffen entweder schon im Einsatz oder standen kurz davor. Die Deutschen waren in der Entwicklung und beim Bau von Düsenflugzeugen führend und hofften, daß deren beträchtlich höhere Geschwindigkeit im Vergleich zu allen konventionell angetriebenen Maschinen es der Luftwaffe ermöglichen würde, die alliierten Bomber vom Himmel zu vertreiben und die Luftherrschaft über den Schlachtfeldern zurückzugewinnen. Die Wirklichkeit holte diese Hoffnung bald ein. Die neuen Düsenjäger konnten einige Bomber abschießen, wurden jedoch durch die amerikanischen P-51 Mustang schlichtweg überwältigt, die in großer Zahl operierten und über eine höhere Reichweite verfügten. Bei diesen Kämpfen fiel auch ins Gewicht, daß die deutschen Piloten (aufgrund der Treibstoffknappheit) schlecht ausgebildet waren und die amerikanischen mehr Erfahrung besaßen.[37]

In der Nachkriegsliteratur wird ausgiebig über die verspätete Produktion und Einführung der Düsenjäger auf deutscher Seite diskutiert, eine Tatsache, die auf Hitlers Entscheidung vom 23. Mai 1944 zurückgeht, daß der einzige produktionsreife Düsenjäger, die Me 262, auch zum Transport von Bomben geeignet sein müsse. In dieser Diskussion wird nicht nur die überwältigende Zahl der alliierten Flugzeuge nach der Niederringung der deutschen Luftverteidigung im Februar und März 1944 übersehen, sondern auch der Umstand, daß die Alliierten – zum Teil dank abgehörter japanischer Berichte – über die neuartigen Flugzeuge der Deutschen informiert waren.

Wenn ihnen das militärisch noch sinnvoll erschienen wäre, dann hätten sie durchaus auch den Einsatz von Düsenjägern vorantreiben können.[38]

Die neuen Düsenmaschinen würden vermutlich nicht die von den Deutschen erhofften Erfolge bringen. Die neuen U-Boote jedoch bildeten eine potentiell größere Gefahr, denn sie konnten von den Geleitzügen nicht abgehängt werden, da sie auch unter Wasser hohe Geschwindigkeiten erreichten. Außerdem konnten Flugzeuge und Kriegsschiffe sie nicht an der Wasseroberfläche orten, weil sie erheblich länger tauchen konnten. Selbst beim Übergang zur neuen Baureihe brachten die mit Schnorcheln ausgestatteten alten U-Boote den Alliierten beträchtliche Verluste bei, die zu großen Problemen führten, da die Deutschen nun wieder in Gewässern nahe der britischen Küste operieren konnten. Die gänzlich neu konstruierten U-Boote stellten tatsächlich eine realistische Hoffnung der Deutschen dar, die allerdings enttäuscht wurde, vor allem, wie wir später sehen werden, weil der alliierte Luftkrieg das deutsche Schiffsbauprogramm so stark beeinträchtigte, daß keines dieser U-Boote rechtzeitig fertiggestellt werden konnte. Im Gegensatz zu den Flugzeugfabriken konnten die Werften, in denen die Segmente der neuen U-Boote gebaut und zusammengesetzt wurden, nicht unter die Erde verlagert werden und blieben daher den Luftangriffen ausgesetzt. Allerdings wurde die damalige Strategie an der Ostfront stark von der Notwendigkeit beeinflußt, Teile der Ostsee als Übungs- und Testgebiet für die neuen U-Boote unter Kontrolle zu halten. Die deutschen Soldaten in Kurland erhielten Befehl, bis Mai 1945 durchzuhalten, um Besatzungen, die nie zum Einsatz kamen, die Ausbildung auf den U-Booten zu ermöglichen.

Da weder die neuen Flugzeuge noch die neuen U-Boote im Kriegseinsatz die in den Planungen vorgesehene Rolle spielen konnten, mußte das Heer die Hauptlast der Kämpfe tragen. Allerdings wurde die Bedeutung des Wetters für den Kampf aus der Luft bei den Planungen für eine neue deutsche Offensive sorgfältig berücksichtigt. Als die Deutschen Jahre zuvor die Großoffensive im Westen planten, die nach zahlreichen Verschiebungen am 10. Mai 1940 eingeleitet wurde, war ein wichtiger Faktor bei der Festlegung des Zeitpunktes die Aussicht auf mehrere Tage *guten* Wetters gewesen, damit die deutsche Luftwaffe ihre Stärke bei der Unterstützung der Offensive ausspielen und alliierte Gegenschläge behindern konnte. Nun war es umgekehrt. Den Deutschen war vollkommen klar, daß die Alliierten in der Luft stark überlegen waren, und diesmal legten sie den Angriff so, daß mehrere Tage *schlechten* Wetters zu erwarten waren, um vor alliierten Flugzeugen sicher zu sein. Doch die Hauptverantwortung für den Angriff trugen das deutsche Heer und die Formationen der Waffen-SS.[39]

DIE ARDENNEN-OFFENSIVE

Der deutschen Offensive lag der Gedanke zugrunde, die Alliierten an der alten deutschen Grenze aufzuhalten, deren Befestigungen aus der Vorkriegszeit nun rasch instandgesetzt, bemannt und bestückt wurden.[40] Durch die Kämpfe im Oktober,

November und Anfang Dezember waren die Deutschen gezwungen worden, auf den Westwall zurückzugehen, der mit Ausnahme des amerikanischen Durchbruchs nach Aachen im Norden und des fortdauernden Zugriffs der Deutschen auf das linksrheinische Colmar im Süden nun Anfang Dezember im wesentlichen die Front markierte und den Deutschen die Ausgangsbasis für ihren Angriff bot. Allerdings hatte die amerikanische Offensive im Raum Aachen eine Reihe deutscher Divisionen, die an diesem Angriff teilnehmen sollten, in verlustreiche Kämpfe verwickelt und trug daher zu einer Verschiebung der Ardennen-Offensive von Ende November auf Mitte Dezember bei.

Der Plan zu einer Gegenoffensive war Ende Juli entstanden, als die amerikanischen Kräfte aus der Normandie vorzustoßen begannen. Am 19. August wurde der Angriff vorläufig auf November festgelegt, da das Wetter dann den Einsatz der alliierten Luftwaffe beeinträchtigen würde, und am 16. September fiel die Entscheidung, den Vorstoß im Gebiet der Ardennen zu unternehmen.[41] Hier sollte die alliierte Front durch einen schnellen harten Schlag gegen die Amerikaner aufgespalten werden, der von dreißig neuen und aufgefrischten deutschen Divisionen geführt werden sollte, die nach Ansicht Hitlers an der Ostfront wenig hätten bewegen können. Die Deutschen sollten rasch die Maas überschreiten – schon am zweiten Tag, wie Hitler hoffte –, nach Antwerpen vorstoßen und die 1. kanadische, die 2. britische und die 9. und 1. amerikanische Armee abschneiden und vernichten; ein solcher Schlag hätte die gesamte Kriegslage verändert. Entweder wäre die gegnerische Koalition zerbrochen, oder der Sieg im Westen hätte zumindest umfangreiche Kräfteverlagerungen nach Osten erlaubt. Diese Überlegung sollte nicht nur den Generalstabschef der Wehrmacht, General Guderian, beschwichtigen, der absolut dagegen war, die letzten deutschen Reserven im Westen einzusetzen, sondern sie machte auch Hitlers Ziele deutlich. Er hoffte, die Offensive im Westen abschließen zu können, *bevor* die erwartete sowjetische Winteroffensive beginnen konnte.

Hitlers Meinung, daß die Amerikaner nicht effektiv kämpfen könnten und die amerikanische Heimatfront wahrscheinlich unter einem schweren Schlag zusammenbrechen werde, spiegelte die Einstellung wider, die er seit langem gegenüber den Vereinigten Staaten hatte.[42] Es gibt keine Hinweise darauf, daß Hitler erkannt hätte oder auch nur von einem seiner militärischen Berater darauf hingewiesen worden wäre, daß die Vereinigten Staaten von allen großen Kriegsteilnehmern bis dahin die *geringsten* Verluste erlitten hatten und die bei weitem stärksten Regenerierungskräfte aufbieten konnten, weshalb sogar eine wirklich schwere Niederlage ihr Kriegsengagement kaum ernsthaft beeinflussen würde. Auch kam keiner auf den Gedanken, daß das »zweite Dünkirchen«, das Hitler den Briten bereiten wollte, selbst wenn es gelingen sollte, die Deutschen kaum von dem schweren Druck im Westen befreien würde. Alle Debatten der folgenden Wochen drehten sich um Einzelheiten und nicht um den strategischen Sinn der geplanten Operation.[43]

Die Kommandeure im Westen, die Feldmarschälle Rundstedt und Model, zogen eine Offensive mit begrenzteren Zielen vor, konnten jedoch nie erklären, warum die letzten deutschen Reserven für eine solche Operation verbraucht werden sollten. Sie und ihre Stäbe arbeiteten die von Hitler und Jodl skizzierten Pläne im einzelnen aus. Unterdessen wurden die für den Angriff vorgesehenen Divisionen aufgefrischt oder neu aufgestellt und unter sorgfältiger Geheimhaltung an die Front gebracht. Während die letzten Vorbereitungen getroffen wurden, redete Hitler den Kommandeuren bis hinunter auf Divisionsebene ins Gewissen.[44] Der Hauptstoß sollte von der 6. SS-Panzerarmee im Norden und der 5. Panzerarmee im Süden vorgetragen werden, die 15. Armee sollte die rechte und die 7. Armee die linke Flanke schützen. Als sich gegen Ende der Vorbereitungen Mitte Dezember schlechtes Wetter einstellte, griffen etwa 200000 deutsche Soldaten und 600 Panzer, unterstützt von 1900 Geschützen, die Front an, die von annähernd 80000 amerikanischen Soldaten, 400 Panzern und 400 Geschützen gehalten wurde.

Die Ardennen-Offensive vom 16. Dezember kam für die amerikanische Front weitgehend überraschend. Überzogene Zuversicht hatte sich mit fehlenden eindeutigen Hinweisen der Aufklärung verbunden, wenn auch viele mindestens einen Störangriff erwartet hatten. Als die Deutschen zuschlugen, hielten die amerikanischen Linien im Norden, während sie im Süden nachgaben. Die 6. SS-Panzerarmee stieß am Elsenborn-Kamm und bei St. Vith auf solide Verteidigungsstellungen der Amerikaner, die auf Eisenhowers Befehl hin zügig durch die 82. Luftlandedivision verstärkt wurden. In den folgenden Tagen gelang es den Deutschen unter Führung von SS-Panzerdivisionen in wiederholtem Anstürmen nicht, den Elsenborn-Kamm zu überschreiten; allerdings gewannen sie einiges Gelände und nahmen schließlich St. Vith ein. Dies war jedoch nur die halbe Strecke zur Maas – ganz zu schweigen von Antwerpen, das über 150 Kilometer weiter entfernt war –, was bedeutete, daß der Hauptstoß der deutschen Offensive zum Stillstand gebracht worden war.

Vielleicht, um sich für die nur geringen Geländegewinne zu entschädigen, griff zumindest eine der SS-Einheiten, die 1. Panzerdivision, zu einer bei der SS nur allzu gebräuchlichen Maßnahme. Am 17. Dezember wurde beim »Massaker von Malmédy« eine große Zahl amerikanischer Kriegsgefangener ermordet. Vor und nach diesem Tag fielen auch andere Gefangene und Zivilisten der von der SS geübten Praxis zum Opfer, Unbewaffnete zu ermorden.[45] Die Nachrichten über diese Greueltaten verbreiteten sich schnell unter den amerikanischen Soldaten, wie auch Geschichten über eine deutsche Einheit in amerikanischen Uniformen. Diese Formation gab es tatsächlich, sie war jedoch klein und erwies sich als unwirksam. Vermutlich erzeugte sie durch ihre bloße Existenz mehr Verwirrung und Mißtrauen als durch ihre Aktionen; ihre in amerikanischen Uniformen gefangenen Mitglieder wurden gemäß der in allen Armeen üblichen Praxis erschossen.[46]

Am Südabschnitt der Offensivfront brach die deutsche 5. Panzerarmee verhältnismäßig schnell durch und vernichtete die beiden amerikanischen Divisionen (106. und 28.), die ihr im Weg standen. Die Deutschen stießen bei schlechtem Wetter, das die alliierten Flugzeuge am Boden hielt, rasch in Richtung Houffalize und Bastogne vor. Zwischen den beiden Städten drängten sie nach Westen, nahmen Houffalize, scheiterten jedoch beim Angriff auf Bastogne, da die amerikanischen Truppen sich auf diesen wichtigen Straßenknotenpunkt zurückzogen und im entscheidenden Moment von der amerikanischen 101. Luftlandedivision verstärkt wurden.

Obwohl die Deutschen angesichts des Scheiterns im Norden dem erfolgreicheren Vorstoß im Süden mehr Truppen zuführten, schwächte auch dieser sich allmählich ab. Der deutsche Vormarsch wurde durch Treibstoffmangel gebremst, der nicht wie erwartet durch die Erbeutung alliierter Vorräte ausgeglichen werden konnte. Auch leisteten die Amerikaner verstärkt Widerstand, besonders in Bastogne, und führten Gegenangriffe gegen die schwache 7. Armee der Deutschen an der Südflanke der Ausbuchtung (»The Bulge«), die in die alliierten Linien hineingedrückt worden war. In blutigen Kämpfen versuchten die Deutschen nun gleichzeitig, zur Maas durchzukommen und sie womöglich zu überqueren und den Straßenknoten von Bastogne zu besetzen, um ihre Front und den weiteren Vorstoß nach Westen mit Nachschub versorgen zu können.

Beide Versuche scheiterten. Die Speerspitzen der 5. Panzerarmee, die zur Maas vorstießen, wurden von amerikanischen Panzerkräften östlich des Flusses aufgerieben, während die Amerikaner Bastogne halten konnten, auch noch, nachdem es von deutschen Truppen eingekesselt worden war. Diese Defensivsiege waren vorwiegend der Tatsache zu verdanken, daß die amerikanischen Bodentruppen sich zusammenrafften. Bald darauf kam ihnen das bessere Wetter zu Hilfe, denn nun konnten die alliierten Kampfflugzeuge deutsche Marschkolonnen, Nachschublinien und das rückwärtige Transportsystem angreifen und zerstören. Die deutschen Einheiten in der Frontausbuchtung erschöpften zusehends ihre Kräfte. Verluste an Soldaten, Ausrüstung und Material konnten nicht ersetzt werden, weil die Straßen hinter ihnen verstopft waren. Daß sich der Schwerpunkt der Ardennen-Offensive nun vom schnellen Vormarsch zur Belagerung von Bastogne verschoben hatte, konnte den Amerikanern nur zugute kommen: Die Belagerung wurde nach kurzer Zeit durch eine amerikanische Gegenoffensive von Süden her aufgebrochen.

Trotz der mancherseits geäußerten Skepsis brach General Patton schnell die Offensive ab, die seine 3. Armee südlich der Frontausbuchtung entfaltete, ließ seine Panzerverbände statt ostwärts ins Saargebiet nach Norden abdrehen und stieß auf Bastogne vor. Dazu benötigte er 48 Stunden, wie er es bei einer Konferenz in Verdun am 19. Dezember versprochen hatte. Nach wenigen Tagen durchbrachen Pattons Panzer den Südabschnitt des Rings um Bastogne und schlugen eine Reihe heftiger deutscher Gegenangriffe zurück. Die Hoffnung der Amerikaner, mit diesem von Süden her in die Frontausbuchtung getriebenen Keil die ganze deutsche Panzerspitze in deren Westteil abschnüren zu können, wurde allerdings durch die geschickte Gefechtsführung der Deutschen und die Entwicklungen an der Nordflanke der Ausbuchtung zunichte gemacht.[47]

Dort war eine neue Kommandostruktur entstanden. Da Bradley von der Südseite des Frontbogens häufig den Kontakt mit der 1. und 9. Armee auf der Nordseite verlor, beauftragte Eisenhower vorübergehend Montgomery mit der Führung aller Streitkräfte nördlich der deutschen Panzerspitzen.[48] Dadurch bekam die Nordflanke eine klarere Kommandostruktur, wobei die britischen Divisionen nun als Reserve hinter der Front der amerikanischen 1. Armee zur Verfügung standen. Allerdings handelte man sich damit einen kurzfristigen und einen langfristigen Nachteil ein. Das kurzfristige Problem war, daß Montgomery mit seinem langsamen, methodischen Ansatz einen Gegenschlag führte, der viel zu spät kam, um die Deutschen daran zu hindern, den Großteil ihrer Kräfte zurückzuziehen. Wie er Brooke gegenüber am 22. Dezember erklärte, setzte er kein Vertrauen in den Angriff der amerikanischen 3. Armee und ging davon aus, er werde es »ohne Unterstützung mit der 5. und der 6. Panzerarmee (der Deutschen) zu tun bekommen«[49]. Drei Tage später war Montgomery vollkommen in Panik geraten und forderte weiträumige Kräfterücknahmen im Süden, darunter den vollständigen Rückzug aus dem Elsaß und aus Lothringen, da andernfalls im Frühjahr oder Sommer 1945 im Norden keine Offensive zustande kommen würde.[50] Diese Prognosen, die im Hinblick auf die Amerikaner, den Angriff der 3. Armee und den ganzen Verlauf der Kämpfe vollkommen falsch waren, erklären seine Vorsicht zu einem Zeitpunkt, da vermutlich ein anderes Vorgehen angebracht gewesen wäre.[51]

Diese Ereignisse hatten langfristige Folgen. Sobald sich die Lage besserte, stellten sich alle Prognosen Montgomerys als falsch heraus. Am 7. Januar gab er eine Pressekonferenz, bei der er den Anschein zu erwecken suchte, er persönlich habe mit britischen Truppen – die praktisch überhaupt nicht in die Kämpfe verwickelt waren – eine Katastrophe verhindert, die die Amerikaner eingeleitet hätten.[52] Mit diesen Darstellungen machte er sich jedoch nur lächerlich. Seine höchst unkluge Inszenierung zerstörte alle von ihm und Brooke immer noch gehegten Hoffnungen, seinem Kommando könnten amerikanische Truppen in größerem Umfang zugeteilt werden. Durch den deutschen Angriff hatte sich den Alliierten die Gelegenheit geboten, eine große Offensivstreitmacht einzukesseln. Diese Chance war nun ebenso vertan wie die, unter Eisenhower ein neues alliiertes Kommando der Bodentruppen zu errichten. Die deutschen Truppen wurden aus der Frontausbuchtung hinausgedrängt.

In den letzten Tagen des Jahres 1944 leiteten die Deutschen eine Hilfsoffensive im Elsaß ein, um die Initiative in der Hand zu behalten und die Truppenverschiebungen der Alliierten nach Norden auszunutzen. Doch außer geringen Bodengewinnen und einem wütenden Streit zwischen Eisenhower und de Gaulle über eine mögliche Evakuierung Straßburgs[53] brachte diese Operation nichts ein. Schwerwiegendere Folgen hatte ein massiver deutscher Luftangriff am 1. Januar 1945. Starke Verbände sollten Flugplätze der Alliierten angreifen und deren Luftwaffen einen schweren Schlag versetzen. Das Gegenteil wurde erreicht: Obwohl die 1000 beteiligten deutschen Flugzeuge über 180 alliierte Maschinen zerstörten und fast 100 beschädigten, verloren die Angreifer selbst 277 Flugzeuge; nach diesem Unternehmen war die deutsche Luftwaffe schwächer denn je und nicht mehr in der Lage, einen größeren Angriff zu fliegen.[54]

Welche Wirkung hatte die Ardennen-Offensive insgesamt? Da die alliierte Offensive von Westen her schon vor dem deutschen Angriff zum Stillstand gekommen war, wurde die Gesamtdauer des Krieges nicht verlängert. Anfang Dezember hatte Montgomery einen Vorstoß über den Rhein nördlich von Wesel auf Mitte März 1945 angesetzt – dieser erfolgte tatsächlich kurz danach.[55] Auf beiden Seiten war es zu schweren Verlusten gekommen. Über 80 000 Deutsche und 70 000 Amerikaner waren tot, verwundet oder vermißt; von den vermißten amerikanischen Soldaten war ein großer Teil, etwa 8000, in Gefangenschaft geraten, als zwei Regimenter der 106. Division gezwungen waren zu kapitulieren.* Jede Seite verlor etwa 700 Panzer und Panzerkampfwagen. Diese Bilanz berücksichtigt allerdings nicht, daß die Deutschen ihre letzten Reserven verbraucht hatten, während die alliierten Streitkräfte, wenn auch ihr Umfang nicht mehr wuchs, ihre Verluste ersetzen konnten. Am 15. November hatte der japanische Botschafter Oshima von Ribbentrop daran erinnert, daß Deutschland seiner Meinung nach im Jahr 1918 besser keinen Angriff im Westen unternommen hätte, doch von Ribbentrop versicherte ihm, daß Deutschland tatsächlich wieder in die Offensive gehen werde.[56]

In Deutschland selbst und in der deutschen Armee wirkte sich die zeitweilige Rückkehr zur Offensive sehr günstig auf die Moral aus, doch das Scheitern des gesamten Vorhabens führte schließlich zu einem weiteren Verfall der Moral. Der Vergleich mit 1918, den Oshima schon vor dem Angriff ins Spiel gebracht hatte, lag allzu nahe. Die Hoffnungen, die sich mit diesem letzten Wurf der Würfel verbunden hatten, waren zunichte gemacht, was im Inland und an der Front tiefen Eindruck hinterlassen mußte.

Auf alliierter Seite hatte die Ardennen-Offensive dreierlei zur Folge. In der amerikanischen Armee sah man nun klarer, daß noch einige harte Kämpfe bevorstanden. Nach anfänglicher Verwirrung und Rückschlägen hatten sich die Soldaten und Kommandeure zusammengerissen, und der Erfolg am Elsenborn-Kamm und bei Bastogne zeigte, daß entschlossene und gut geführte amerikanische Soldaten sich deutschen Truppen mit besseren Panzern durchaus stellen und die Front halten konnten. Im Verhältnis von Amerikanern und Briten hatte diese Ereignisse jedoch überwiegend böses Blut erzeugt. Montgomerys Zögern, durch das eine deutsche Armee, die durchaus hätte eingekesselt werden können, zum *drittenmal* entkommen konnte, wurde mit Pattons rascher Offensivbewegung nach Norden verglichen. Montgomerys Pressekonferenz hatte die Amerikaner in Rage gebracht. Andererseits waren die bri-

---

* Ein amerikanischer Soldat, Eddie Slovik, wurde wegen Fahnenflucht hingerichtet. Dies war die erste Exekution für einen Verstoß gegen die Disziplin in der amerikanischen Armee seit 1865 (David Eisenhower, Eisenhower at War, S. 586).

tischen Militärführer, besonders Brooke und Montgomery, mehr denn je von der Inkompetenz der Amerikaner überzeugt.*

Vielleicht noch wichtiger für die Zukunft als auf die amerikanisch-britischen Beziehungen wirkte sich die Ardennen-Offensive auf die relativen Positionen der Westalliierten und der Sowjetunion im Winter 1944/45 aus. Da die Westalliierten ihre Kräfte für den abschließenden Angriff auf Deutschland neu aufbauen mußten, garantierte der Einsatz der letzten deutschen Reserven im Westen der Roten Armee bei ihrer Winteroffensive rasche Bodengewinne. Der Generalstabschef des deutschen Heeres, General Guderian, hatte schon zuvor wiederholt vor diesem Fall gewarnt und die Einstellung der laufenden Ardennen-Offensive gefordert, um Truppen für die Ostfront freizusetzen, allerdings ohne Erfolg.[57] Der sowjetischen Position konnte es in den letzten Phasen des Kriegs nur nützen, daß alle neu aufgestellten Einheiten und fast alle neuen schweren Waffen, die während des Stillstands an der Weichsel in den letzten fünf Monaten des Jahres 1944 bereitgestellt worden waren, der amerikanischen Armee entgegengeworfen wurden, die in der Folge ihre härteste Prüfung im europäischen Krieg durchstehen mußte.

In den ersten Januartagen des Jahres 1945, als offensichtlich war, daß beide deutschen Offensiven im Westen keinerlei strategische Ziele erreicht hatten, waren auch schon die anderen Hoffnungen der Deutschen zerstoben, das Blatt im Krieg noch einmal zu wenden. Die Strategie, die Häfen zu halten und damit die Nachschublieferung der Alliierten zu behindern, war mit der Öffnung von Antwerpen für alliierte Schiffe in der letzten Novemberwoche endgültig zusammengebrochen. Die neuen Waffen V1 und V2 wurden nun statt auf London auf Antwerpen abgefeuert und verursachten einige Verluste und Schäden, beeinträchtigten jedoch kaum den zügigen Güterumschlag in diesem wichtigen Hafen. Schon im Dezember wurde über ein Viertel der amerikanischen Lieferungen in Antwerpen gelöscht, und in den folgenden Monaten wurde hier der Großteil des Nachschubs umgeschlagen.[58] Es mochte immer noch einige Materialengpässe geben, doch die Hoffnung der Deutschen, die Offensivkraft des Westens lähmen zu können, indem man ihnen den Zugang zu Hafenanlagen versperrte, war nicht in Erfüllung gegangen. Im Mittelmeer hatte diese Strategie nie wirklich eine Chance, nachdem die Briten einmal Syrakus genommen und die Amerikaner daraufhin Neapel, die Franzosen und Amerikaner Marseille und Toulon befreit hatten.

---

* Was soll man von der Tatsache halten, daß Brooke in seinem Tagebuch den Namen des Generals William Stimpson, des Kommandeurs der amerikanischen 9. Armee, die er immer unter Montgomerys Führung gestellt sehen wollte, ständig falsch schreibt, obwohl der Name eines seiner engsten Mitarbeiter, des Director of Military Operations, genau gleich geschrieben wurde? Am 3. März 1945 war es »Stinson«, am 25. März »Syrmson« und nach dem Krieg, um 1955, nannte Brooke ihn »Stimson«, wobei er den General womöglich mit dem amerikanischen Kriegsminister verwechselte! (Liddell Hart Centre, Alanbrooke Papers, 3/B/XV, S. 1171)

SEE- UND LUFTKRIEG

Die Deutschen hatten noch auf eine andere Möglichkeit gesetzt, der Gefahr in Westeuropa zu begegnen. Der U-Boot-Krieg sollte wieder aufgenommen werden, mit neuentwickelten Booten, die unter Wasser schnell genug waren, um die Geleitzüge überholen zu können, ohne daß sie auftauchen mußten, um die Batterien aufzuladen oder schnellere Überwasserfahrt zu machen. Diese U-Boote sollten in großer Zahl eingesetzt werden, um die transatlantischen Nachschublinien zu unterbrechen, den alliierten Truppen auf dem Kontinent Verstärkung und Material zu entziehen und sie somit lahmzulegen. Die neuen Baureihen waren bis zur Produktionsreife entwickelt worden; die ersten U-Boote waren einsatzbereit. Zum Teil übertrafen sie noch die Erwartungen der Deutschen und die Befürchtungen der Alliierten: Sie waren schnell und mittels Radar nicht zu orten. Doch hatte das ganze Unternehmen schließlich nur den Erfolg, daß Material und Arbeitskraft unproduktiv aus anderen Bereichen abgezogen wurden.

Obwohl die Deutschen sich durch das Opfer ihrer Armee in Kurland die Kontrolle eines ausreichend großen Teils der Ostsee sicherten, um die neuen U-Boote erproben und die ersten Mannschaften ausbilden zu können, wurde aus dem neuen U-Boot-Krieg nie Wirklichkeit. Boote älterer Bauart wurden mit Schnorcheln ausgerüstet, was den Deutschen ermöglichte, die Kampagne gegen den alliierten Schiffsverkehr in beschränktem Umfang fortzusetzen. Doch welcher Schaden auch immer angerichtet wurde, nie bestand die Aussicht, daß *dieser* Teil der deutschen Seekriegsführung mit dem enormen Zuwachs der alliierten Schiffe würde Schritt halten können, der seit dem im Herbst 1943 erreichten Gleichstand von wachsender Produktions- und sinkender Verlustrate erzielt worden war. [59]

Daher hing alles von den völlig neuen Elektro-Booten der Deutschen ab. Sie wurden 1942 und 1943 entwickelt und ab März 1944 in großer Stückzahl gebaut. [60] Die ersten neuen U-Boote (Typ XXI) wurden im Juni 1944 ausgeliefert; bis zum Februar 1945 waren 104 Boote vom Typ XXI und 49 Boote vom Typ XXIII fertiggestellt worden, womit die deutsche U-Boot-Flotte mit über 400 Booten ihre größte Stärke im Zweiten Weltkrieg erreichte. Doch keines der neuen U-Boote versenkte ein alliiertes Schiff. Das ganze Projekt litt unter schweren Mängeln und Fehlern. Durch die Entscheidung, sofort in die Serienproduktion zu gehen, wurden schwerwiegende Konstruktionsfehler erst entdeckt, nachdem viele U-Boote ausgeliefert worden waren. Sie einsatzbereit zu machen, erforderte wiederum mehrere Monate. Doch vor allem schlossen die direkten und indirekten Auswirkungen der alliierten Luftoffensive eine schlagkräftige Wiederaufnahme des U-Boot-Krieges durch Deutschland aus. [61]

Der Bombenkrieg zeigte unmittelbar dreifache Wirkung. Er führte zur Zerstörung einiger U-Boote oder Bauteile im Hafen oder traf Zulieferfabriken. Durch Angriffe auf die Produktionsanlagen für synthetisches Öl wurde der Treibstoffnachschub der deutschen Streitkräfte drastisch reduziert, und damit auch die Ölversorgung der

Fabriken, die für die Marine produzierten.* Schließlich wurde das gesamte Transportsystem angeschlagen, wodurch sich die Lieferung von Stahl, Kohle und anderen wichtigen Rohstoffen ständig verzögerte. Neben diesen direkten Auswirkungen des Luftkriegs, durch die sich die Zahl der produzierten U-Boote stark verringerte und die Lieferung der fertiggestellten Boote verspätete, war freilich eine noch dramatischere indirekte Wirkung zu verzeichnen.

Die neuen Typen hatten gegenüber ihren Vorläufern den offensichtlichen Vorteil, praktisch unbegrenzt unter Wasser bleiben und damit der alliierten Luft- und Seeverteidigung entkommen zu können, die sich auf die Radar- und Funkortung (Huff-Duff) der *aufgetauchten* U-Boote stützen mußte. Die andere Seite dieser Medaille war jedoch, daß ein untergetauchtes Boot noch stärker von der Luftaufklärung abhängig war, um Geleitzüge lokalisieren zu können. Da die Deutschen inzwischen nicht mehr in der Lage waren, die Geleitzugcodes der Alliierten zu entziffern, konnten nur Fernaufklärer aus der Luft Ziele für die neuen U-Boote ausfindig machen, und diese standen einfach nicht zur Verfügung.

Das Problem war nicht allein, daß Göring zögerte, einen Teil seiner Luftwaffe zur Unterstützung der Marine einzusetzen: Man war angesichts der alliierten Luftoffensive tatsächlich hilflos. Diese Offensive hatte die Deutschen gezwungen, sich verspätet auf den Bau großer Stückzahlen von Jagdflugzeugen zu konzentrieren und nicht auf teure und komplizierte viermotorige Fernaufklärer. Das wichtigste Flugzeug dieses Typs, die Ju 290, wurde 1943 und 1944 in kleinsten Stückzahlen hergestellt.[62] Selbst dieses Minimalprogramm mußte im Sommer 1944 unter dem Druck der alliierten Luftmacht eingestellt werden. Der Verlust der französischen Küstenbasen für die U-Boote im August 1944 bedeutete, daß für eine ernsthafte Wiederaufnahme des U-Boot-Krieges Flugzeuge mit noch größerer Reichweite benötigt worden wären. Und unter den Hammerschlägen der alliierten Bomber hatte das Dritte Reich nicht die geringste Chance, diese Flugzeuge, von den vorhandenen Modellen ausgehend, zu produzieren.

Wären die neuen U-Boote früher verfügbar gewesen, hätten sie den Nordatlantik unter Wasser durchkreuzt, allerdings blind. In hinreichend großer Zahl oder durch einen glücklichen oder unglücklichen Zufall hätten sie hie und da eine Nadel im Heuhaufen entdeckt, doch ohne Luftaufklärung wäre diese gewaltige Anstrengung im U-Boot-Bau wirkungslos geblieben. Die wesentlichen Auswirkungen lagen also in einem ganz anderen Bereich. Das ganze U-Boot-Programm hatte die Konsequenz, daß Arbeitskräfte und Material in großem Umfang von anderen Rüstungsprojekten abgezogen wurden. Damit bekam die Marine, und vor allem ihr Oberbefehlshaber Admiral Dönitz, eine wichtige Rolle in den letzten Monaten des Hitler-Staates. Eine Waffengattung und ihr Kommandeur gaben immer noch vor, daß realistische Aus-

---

* Für die neuen U-Boote wurden Batterien und Treibstoffe verwendet, die sie vom Ölnachschub der Marine unabhängig machten.

sichten bestünden, den Krieg zu gewinnen. Für die wirkungsvolle Präsentation dieses Trugbildes sollte Dönitz seine Belohnung erhalten.

Wie schon erwähnt, brachte die alliierte Luftoffensive gegen die deutsche Ölindustrie und die Transportverbindungen im Jahr 1944 dem gesamten industriellen und militärischen System Deutschlands entscheidende Schäden bei. Im Sommer und Herbst des Jahres gewann die strategische Luftoffensive schließlich die Bedeutung, die ihr einst in Theorien, Hoffnungen und Behauptungen enthusiastischer Befürworter des Luftkriegs zugeschrieben worden war. Zuvor hatte die Bombardierung städtischer und industrieller Ziele verheerende Zerstörungen, schwere Verluste unter der Zivilbevölkerung und Störungen in der Wirtschaft der Achse zur Folge gehabt. Die entscheidende Bedeutung des Luftkriegs hatte jedoch anderswo gelegen. Er war für Großbritannien und die Vereinigten Staaten die einzige Möglichkeit gewesen, ihre militärische Macht gegen das Dritte Reich wirksam zur Geltung zu bringen, nachdem die Sowjetunion Hitler zuvor ermöglicht hatte, die Alliierten vom Kontinent zu vertreiben. Deshalb hatte Rußland den deutschen Landstreitkräften praktisch allein gegenübergestanden. Die Aufgabe des deutschen U-Boot-Krieges war es gewesen, die Herrschaft über West- und Mitteleuropa unter geringstmöglicher Störung durch die Westalliierten aufrechtzuerhalten. Beträchtliche Kräfte der Deutschen waren in diesem Feldzug zur See verbraucht worden, bis die Alliierten im Jahr 1943 das Blatt in der Atlantikschlacht wenden konnten. Weitere Kräfte flossen in den darauffolgenden Versuch, den U-Boot-Krieg wiederaufzunehmen. Deshalb wurden knappe menschliche und materielle Ressourcen in starkem Umfang von der Ostfront abgezogen. Hunderten von alten und neuen U-Booten, die in die Meere ausliefen, standen Tausende von *nicht* produzierten Panzern für den Krieg im Osten gegenüber.

Der andere wesentliche Beitrag der Luftoffensive war, daß die Deutschen gezwungen wurden, für die Verteidigung der Städte und Industrieanlagen – zur Verteidigung des Himmels über dem Land – Ressourcen abzuzweigen. Im Jahr 1944 waren über 1,1 Millionen Menschen im Einsatz, um 12 000 schwere und 19 000 leichtere Flugabwehrgeschütze zu bedienen und zu warten.[63] Fast eine halbe Million davon waren Flakhelfer – vorwiegend Heranwachsende und Frauen –, die an der Front nicht hätten eingesetzt werden können. Doch waren andererseits nicht nur enorme Mengen an Munition und Geschützen für die Verteidigung des Reichs gegen Luftangriffe gebunden, auch die Kräfte der deutschen Luftwaffe mußten weitgehend für diese Verteidigungsaufgabe eingesetzt werden. Die Luftwaffe beanspruchte den Hauptteil der deutschen Rüstungsproduktion, und dies vorwiegend zur Verteidigung gegen britische und amerikanische Bomber.

Diese indirekte Wirkung der Bombardierung auf die deutsche Kriegführung änderte 1944 ihren Charakter. Die vorwiegend amerikanische Offensive gegen die Ölproduktionsanlagen, mit der im Mai 1944 begonnen wurde, sollte sich aus mehreren Gründen ganz anders auswirken als die vorangegangenen Luftangriffe. Erstens war es den Amerikanern zuvor schon gelungen, die deutschen Abfangjäger durch langstreckenfähige Kampfflugzeuge auszuschalten, die ihren Bombern Geleitschutz boten, so daß diese nun in großer Zahl die Anlagen zur synthetischen Ölproduktion tief im Innern Deutschlands erreichen konnten.[64] Hinzu kam, daß der Vormarsch der Alliierten in Italien die Amerikaner nun in die Lage versetzte, Schläge gegen die rumänischen Ölfelder und Raffinerien bei Ploesti zu führen, nicht nur mit gelegentlichen Spezialmissionen von Nordafrika aus, sondern regelmäßig.[65]

Am wichtigsten für den Erfolg der Bomberoffensive gegen die Ölproduktion war allerdings, daß die Amerikaner ihren und den britischen Fehler von einst nicht wiederholten, die Regenerierungskraft der Deutschen zu unterschätzen. Statt eine einzige große Mission zu fliegen, die kaum einmal wiederholt wurde – wie etwa den Angriff auf Hamburg –, griffen die Bomber der 8. Air Force die Ölanlagen systematisch an und wiederholten die Angriffe, sobald die Luft- oder Funkaufklärung darauf schließen ließ, daß Reparaturen durchgeführt worden waren.[66] Die Deutschen versuchten, mit dieser Entwicklung fertig zu werden, indem sie mit allen Kräften die Reparaturen vorantrieben und die Jagdflugzeugproduktion drastisch steigerten. Beides blieb erfolglos: Die Reparaturen konnten mit den Angriffen einfach nicht Schritt halten, und die Jagdflugzeuge, die zwar leichter zu bauen waren als viermotorige Bomber, konnten den Ansturm der alliierten Flugzeuge nicht abwehren. Die neuen Jäger, nie in der von Speer behaupteten Zahl gebaut[67], wurden häufig am Boden zerstört, von den erfahreneren und besser ausgebildeten alliierten Piloten abgeschossen oder blieben ohne Treibstoff am Boden.[68] Es versteht sich von selbst, daß die Angriffe auf die Ölindustrie die gesamte deutsche Kriegführung, und nicht nur die Luftwaffe, beeinträchtigten. Die drastische Verringerung der Treibstoffproduktion, zwischen 40 und 60 Prozent der Kapazität im Herbst und Winter, hatte schwerwiegende Auswirkungen an allen Fronten. Wegen des Treibstoffmangels waren die Deutschen bei der Ardennen-Offensive zum Beispiel davon ausgegangen, daß ihre Truppen beim Vorstoß nach Antwerpen genügend Ölvorräte erbeuten würden, um die Operation erfolgreich abschließen zu können.

Das andere Hauptziel, das die Alliierten nun verstärkt ins Auge faßten, war das deutsche Verkehrsnetz – mit verheerenden Folgen für die Kriegswirtschaft. In begrenztem Maße war dies auch schon ein wichtiges Element der Invasionsvorbereitung gewesen; die Alliierten hatten das deutsche Transportsystem im Westen beschädigt, ähnlich wie die sowjetischen Partisanen vor den sowjetischen Offensiven wiederholt Anschläge auf das Eisenbahnnetz in der besetzten UdSSR verübt hatten. Manche britischen Kommandeure, besonders Air Chief Marshal Arthur Tedder, forderten nun aufgrund dieser Erfahrungen und der Erfolgsbilanzen früherer Luftangriffe auf das italienische Verkehrsnetz und die Güterumschlagplätze eine Offensive gegen das gesamte deutsche Transportnetz, mit Schwerpunkten auf Bahnlinien und Kanälen.[69]

Im September 1944 wurde den strategischen Luftstreitkräften der Alliierten die neue Weisung erteilt, sich vorrangig auf die Ölindustrie und in zweiter Linie auf das Verkehrsnetz zu konzentrieren, wobei die Flächenbombardements, auf die sich das britische Bomber Command hauptsächlich verlegt hatte, kaum erwähnt wurden. In den folgenden Monaten wurden diese Direktiven vom Chef des Bomberkommandos, Luftmarschall Sir Arthur Harris, häufig ignoriert, womit er dem Chief of the Air Staff, seinem Vorgesetzten, erfolgreich den Gehorsam verweigerte.[70] Trotz der daraus folgenden Zerfaserung des alliierten Luftkriegs konnte der Plan, das Transportsystem zu treffen, umgesetzt werden. Die Lieferungen von Kohle und anderen entscheidenden Rohstoffen für die Fabriken wurden drastisch reduziert, während diese wiederum auf ihren Einzelteilen und fertigen Produkten sitzenblieben.

Im Herbst 1944 wurde das deutsche Eisenbahnnetz, die Hauptarterie der gesamten Wirtschaft, in Stücke geschlagen, woraufhin die Industrieproduktion steil absank. Durch einen Zufall versetzte einer dieser Angriffe auf das Bahnnetz auch der äußerst wichtigen Flußschiffahrt den schwersten Schlag. Ein amerikanischer Angriff auf den Güterbahnhof von Köln am 14. Oktober 1944 brachte die Sprengstoffladungen zur Explosion, die von deutschen Ingenieuren in den Pfeilern der großen neuen Hängebrücke über den Rhein deponiert worden waren, um die Brücke bei Bedarf rasch sprengen zu können. Daraufhin fiel die ganze Brücke in den Fluß und blockierte den Rhein, die wichtigste deutsche Wasserstraße, für die Frachtschiffe.[71] Besonders die Royal Air Force traf mit weiteren Angriffen, bei denen die schwersten Bomben des Krieges zum Einsatz kamen, das deutsche Kanalsystem und blockierte es an entscheidenden Stellen.[72] Die Luftoffensive bot den Alliierten somit die handfeste Möglichkeit, die deutsche Kriegsmaschinerie zum Stillstand zu bringen.

Die Deutschen, denen es nicht gelungen war, die alliierten Bomberverbände durch den massierten Einsatz von Jagdflugzeugen abzuwehren, versuchten es mit anderen Mitteln. Schon seit längerem wurden die V1 und die V2 in unterirdischen Anlagen produziert; Anfang März 1944 befahl Hitler, die gesamte Kriegsproduktion in Höhlen, Tunnels und ausgeschachtete Räume unter Tage zu verlagern. Offensichtlich konnte dies nicht von heute auf morgen vonstatten gehen.[73] Hitler war gewiß nicht bereit, Frieden zu schließen, wie der entlassene Stabschef der Luftwaffe, General Werner Kreipe, bei seinem Abschied Anfang November 1944 Göring gegenüber bemerkte.[74]

Im Gegenteil, die Deutschen faßten nun wie die Japaner ernsthaft den Einsatz von Selbstmordkommandos ins Auge, ohne allerdings diese Taktik in gleichem Umfang einzusetzen wie ihre japanischen Verbündeten. Bis heute mangelt es an einer ernsthaften und umfassenden Analyse der einschlägigen Planungen und Maßnahmen auf deutscher Seite.[75] Die Überlegungen scheinen jedoch im Juni 1944 mit einem Projekt unter dem Decknamen »Carl« begonnen zu haben, das die Bombardierung von sowjetischen Wasserkraftwerken an der oberen Wolga und im Ural vorsah, in einer Distanz, aus der die Bomberbesatzungen nicht hätten zurückfliegen können.[76] Die deutschen Luftwaffenplaner entwickelten später die Idee, schwere alliierte Bomber mit einsitzigen Kampfflugzeugen zu rammen. Sie gingen davon aus, daß sich dieses Unternehmen lohne und die Moral der Bomberbesatzungen erschüttern würde. Man tauschte Erfahrungen mit den Japanern aus, die in der Schlacht um die Philippinen im Oktober 1944 erstmals Kamikaze-Geschwader eingesetzt hatten.[77] Obwohl das deutsche Ramm-Geschwader am 7. April 1945 eine Mission flog, spielte das ganze Unternehmen in der deutschen im Gegensatz zur japanischen Verteidigungsplanung nie eine wesentliche Rolle.* Das Dritte Reich hatte nun in der Tat nicht mehr die Möglichkeit, sich ein sicheres Dach zu verschaffen. Wie schon 1943 die Niederlage im Seekrieg konnte auch die Niederlage von Februar bis März 1944 im Luftkrieg nicht mehr abgewendet werden.

DIE LAGE IM JANUAR 1945

Der Einsatz der letzten deutschen Reserven in der gescheiterten Ardennen-Offensive im Dezember und der Zusammenbruch der deutschen Industrie unter den Angriffen der alliierten Bomber brachten Deutschland und seine europäischen Satelliten – Ungarn, die Marionettenstaaten Slowakei und Kroatien sowie Mussolinis »Soziale Republik« in Norditalien – an den Rand ihrer letzten Niederlage. Die Gegenangriffe der Westalliierten, mit denen die Frontausbuchtung im Westen zurückgedrängt wurde, und der langsame, aber stetige Vormarsch der Roten Armee in Ungarn waren Vorboten der neuen Offensiven: der sowjetischen Winteroperation und der Wiederaufnahme der alliierten Angriffe im Westen und in Italien.

Die bloße Tatsache, daß die Alliierten ihre Einkreisungsbewegungen fortsetzten, ließ deutlich werden, daß die Hoffnung der deutschen Führungsspitze, die feindliche Allianz werde zerbrechen, nicht in Erfüllung ging. Die Konflikte zwischen den Vereinigten Staaten und Großbritannien, ursprünglich um die Fragen der Invasion Westeuropas, später um die Strategie im Mittelmeerraum, waren im Winter 1944/45 zu politischen Streitfragen geworden, besonders im Hinblick auf die britische Unterstützung für die monarchistischen Elemente in Italien und Griechenland. Die Bedeutung dieser politischen Meinungsverschiedenheiten und der militärischen Folgen, die sich im einzelnen daraus ergeben mochten, seien einmal dahingestellt[78]; die Führungsspitzen der beiden Länder jedoch wollten überwiegend – und Roosevelt und Churchill

---

* Teilweise vergleichbar war das amerikanische Projekt, schrottreife Flugzeuge mit Sprengstoff zu füllen, sie mit dem nötigsten Bordpersonal, das im letzten Moment über alliiertem Gebiet abspringen sollte, in Richtung Deutschland zu fliegen und die Maschinen irgendwo auf dem Reichsgebiet mit einer großen Explosion zerschellen zu lassen. Später wurde daran gedacht, statt Mindestbesatzungen mechanische Steuerungsvorrichtungen einzusetzen und die Flugzeuge damit in sogenannte Drohnen zu verwandeln. Roosevelt trat für diesen Plan ein, den Truman schließlich angesichts des hartnäckigen Widerstands von Churchill fallenließ. Der britische Premier fürchtete Vergeltungsschläge gegen London. Die Argumente der Amerikaner sind dargelegt in: FDR an Churchill, 29. März 1945; Loewenheim, Roosevelt and Churchill, S. 688 f., Kimball, Churchill and Roosevelt, Bd. 3, S. 591 f. Die brauchbarste britische Akte, beginnend mit dem Eingang des amerikanischen Vorschlags vom 11. November 1944, liegt vor im PRO, AIR 8/838; siehe auch AIR 20/95.

ganz entschieden – einen Bruch vermeiden. Sir John Dill, der wesentlich dazu beigetragen hatte, die beiden Bündnispartner zusammenzuhalten, starb im November 1944, zu einer Zeit, da die Allianz gefestigt war[79] und die Angleichung der politischen Strategien gegenüber de Gaulle zur Linderung der zuvor entstandenen Spannungen führte.

Auch die Schwierigkeiten, die sich zwischen den Briten und dem jugoslawischen Partisanenführer Tito entwickelten, führten nicht zum Bruch zwischen den Bündnispartnern. Churchill war über die zunehmend engen Beziehungen des Partisanenführers zu Moskau entrüstet, doch die Waffenlieferungen an ihn wurden nicht eingestellt. Das seit November erörterte Vorhaben der Briten, gemeinsame Operationen mit den Partisanen im und später aus dem Raum Zara, dem italienischen Hafen an der östlichen Adria, durchzuführen, wurde im Januar 1945 abgeblasen. Es wurde immer offensichtlicher, daß dies aus Titos Sicht nur eine Gelegenheit war, militärische Ausrüstung zu bekommen, doch sicher *kein* Anlaß, mit britischen Einheiten zusammenzuarbeiten. Angesichts des Mangels an britischen Truppen, die in zunehmendem Maße in die Kämpfe in Griechenland verwickelt wurden, ist fraglich, ob die Realisierung dieses Plans mit dem Decknamen »Baffle« einen konkreten Nutzen gehabt hätte.[80]

Die entscheidende Bündnisbeziehung war allerdings die zwischen der Sowjetunion und den Westmächten. Die Deutschen hatten gehofft, daß Differenzen im Hinblick auf militärische Operationen oder, wahrscheinlicher noch, über die politische Zukunft Polens und Südosteuropas, zu einem Bruch des großen Bündnisses führen könnten. Diese Möglichkeit hatte den Briten und Amerikanern tatsächlich größere Sorgen bereitet. Zwar mochte man im Laufe des Krieges einem Bruch gelegentlich nahe gekommen sein, doch inzwischen war diese Gefahr gebannt. Die Sowjetunion hatte ihr eigenes Territorium befreit, hatte Finnland aus dem Krieg gedrängt – unter Bedingungen, die auf die Sorgen ihrer Verbündeten eine gewisse Rücksicht nahmen –, hatte ganz Rumänien und Bulgarien besetzt, kontrollierte beträchtliche Teile Ungarns und Polens und hatte mit dem Vormarsch in die Tschechoslowakei und nach Jugoslawien begonnen. Die Westalliierten hatten inzwischen der Teilung Deutschlands zugestimmt, und eine ansehnliche sowjetische Zone im Osten und die sowjetische Annexion der nördlichen Hälfte Ostpreußens waren vorgesehen. Was hätten die Deutschen Moskau jetzt noch anbieten können, wenn sie zu einem Handel bereit gewesen wären?

Folgt man dem Bericht des ungarischen Faschistenführers Ferenc Szálasi an den japanischen Botschafter, hatte Hitler seinen Rat, eine Übereinkunft mit der Sowjetunion herzustellen, nicht gänzlich verworfen, im Gegensatz zu einem möglichen Kompromiß mit den Westmächten[81], doch inzwischen bestand auf sowjetischer Seite kein Interesse und kein Anreiz mehr. Den politischen und militärischen Führern der Sowjetunion war klar, daß immer noch harte Kämpfe bevorstanden, die möglichen Gewinne in Europa waren freilich beträchtlich. Nach einem Sieg konnten Teile der

Roten Armee in die fernöstlichen Provinzen der UdSSR verlegt werden und dort weitere bedeutende territoriale Gewinne erzielen. Der Kriegsverlauf im Pazifik im Jahr 1944 sprach sicher nicht gegen eine solche Politik. Die Japaner wurden offensichtlich von den Amerikanern geschlagen, während der japanische Sieg in China nicht nur durch die gescheiterte Invasion Indiens wettgemacht wurde, sondern auch Tschiang Kai-scheks Bemühen schwächen würde, den Forderungen Moskaus zu widerstehen.

Die Aussicht auf eine Reihe weiterer blutiger Feldzüge gegen Japan verstärkte das amerikanische Interesse an einer künftigen sowjetischen Intervention im Pazifikkrieg – und daher den Wunsch, den Sowjets in Europa möglichst entgegenzukommen. Der Schock, den die Ardennen-Offensive bei den Amerikanern ausgelöst hatte und der weiterhin nur langsam vorankommende Feldzug in Italien machten der amerikanischen Führung klar, wie wichtig der fortdauernde Druck der Roten Armee für den Sieg der Alliierten in Europa war. Die Entsendung von Luftmarschall Tedder nach Moskau als Eisenhowers Vertreter spiegelte Ende Dezember 1944 das Bemühen der Westmächte wider, die letzten Vorstöße nach Deutschland mit größter Sorgfalt vorzubereiten. Bis zu diesem Zeitpunkt hatte man noch nicht erkannt, wie einschneidend sich nun – nach vielen Enttäuschungen – die strategische Bomberoffensive auf die deutsche Industrie auswirkte.

Die Briten wiederum waren entschlossen, es gerade jetzt trotz aller Differenzen nicht zu einem Bruch mit Moskau kommen zu lassen. Im Hinblick auf Osteuropa mochte es Streitpunkte geben, doch das britische Interesse galt vor allem Westeuropa und Griechenland, und hier schien die Sowjetunion zur Zusammenarbeit bereit. Im Hinblick auf Mittel- und Osteuropa konnten die Briten nur darauf setzen, die Besatzungszone in Nordwestdeutschland zu erhalten, für die sie sich so lange eingesetzt hatten, wenn sie in einem Bündnis mit der Roten Armee blieben. Dies garantierte starke Offensivbewegungen im Osten mit dem Ziel, die im britischen Plan der Sowjetunion zugeschlagene Zone zu besetzen. Was den Rest von Mittel- und Osteuropa anging, sprach nun dieselbe Haltung, mit der einst viele in England, wenn auch grollend, eine deutsche Einflußsphäre in dieser Region hinnahmen, für eine ähnlich duldsame Einstellung der Sowjetunion gegenüber.[82]

Trotz innerer Spannungen war die Allianz gegen Hitler-Deutschland bis auf weiteres stabil. Ihre Führer bereiteten anderthalb Jahre nach der Konferenz von Teheran ein neues Treffen vor, und es stand zu erwarten, daß sie einen gemeinsamen Weg für den weiteren Kampf gegen Deutschland finden würden. Die Fronten schoben sich immer näher an die alten Grenzen Deutschlands heran. Im Osten hatte die Rote Armee zwar erst die Grenze zu Ostpreußen überschritten, doch ihre Brückenköpfe über die Weichsel in Zentralpolen boten den Ausgangspunkt für einen Vorstoß über offenes und panzergängiges Gelände ins Industriezentrum Schlesien und ins politische Zentrum Berlin. Gleichzeitig standen die Westalliierten, die schon einen bedeutenden Teil Deutschlands besetzt hielten, wieder auf der Frontlinie aus der Zeit vor der

Ardennen-Offensive und waren trotz der recht langsamen amerikanisch-französischen Offensive im Elsaß dabei, auf den Rhein vorzugehen und den Fluß zu überqueren. Deutschland kontrollierte immer noch den größten Teil Norwegens, ganz Dänemark, weite Gebiete der Tschechoslowakei und Teile Ungarns, Jugoslawiens und Italiens sowie praktisch das gesamte deutsche Reichsgebiet in den Grenzen vor 1939. Doch das Dach stürzte ein, und die Alliierten hämmerten gegen die Tore – wie lange konnten die Deutschen noch durchhalten?

15

Der Sturm auf das Reich

DIE LAGE DEUTSCHLANDS

Anfang 1945 waren die Alliierten zuversichtlich, Deutschland noch im selben Jahr zu besiegen. Sie erwarteten zwar heftige Gegenwehr der deutschen Armee, weil nun das deutsche Heimatgebiet selbst erobert werden würde, doch sie vertrauten auf den Sieg. Die alliierten Luftstreitkräfte kontrollierten den Luftraum an allen Fronten und waren zahlenmäßig weit überlegen, obwohl die deutsche Luftwaffe zeitweilig immer noch eine beträchtliche Anzahl an Flugzeugen aufbieten konnte. Doch die alliierten Piloten waren erfahrener und besser ausgebildet, eventuelle Verluste konnten leichter als bei den Deutschen ausgeglichen werden. Außerdem war durch die Luftangriffe auf die deutschen Raffinerien zur Produktion synthetischen Treibstoffs und die Besetzung der rumänischen Ölfelder durch die Russen Benzin bei der deutschen Luftwaffe so knapp, daß viele Flugzeuge einfach nicht starten konnten. Ende 1944 hatten die Deutschen noch zwei weitere für die Ölversorgung wichtige Gebiete verloren, die sie zu Kriegsanfang erobert und einige Jahre ausgebeutet hatten: die kleinen Ölfelder in dem polnischen Gebiet Boryslaw-Drogobycz und die estnischen Ölschiefer.

Da die Alliierten den Luftraum kontrollierten, waren auch die Landoffensiven abgesichert. Sie konnten Industrieanlagen, Transporteinrichtungen und andere Ziele in den noch von Deutschen kontrollierten Gebieten angreifen. Die wenigen neuentwickelten Düsenflugzeuge, die die Deutschen produzieren konnten, wurden oft schon am Boden zerstört oder im Luftkampf überwältigt. Die Westalliierten wie die Sowjetunion produzierten in großer Stückzahl propellergetriebene Flugzeuge eines verbesserten Typs, während sich die deutsche Luftwaffe noch zum großen Teil auf modifizierte Versionen von im letzten Kriegsjahr 1945 bereits veralteten Typen aus den ersten Kriegsjahren konzentrierte. Im Luftkrieg hatte sich die Situation gegenüber den Anfangserfolgen der Deutschen also ins Gegenteil verkehrt. Zu Beginn des Krieges hatten die Deutschen erst die Luftüberlegenheit über Polen, dann auch im Westfeldzug 1940 und im Balkanfeldzug im Frühjahr 1941 errungen, und sie dominierten auch in der ersten Phase des Angriffs auf die Sowjetunion. Der frühe und beharrliche Aufbau einer neuen Luftwaffe unter Mißachtung ihrer Vertragsverpflichtungen – in einer Welt ohne große Flotten von Kampfflugzeugen – war nun nicht länger der große »Erfolg«, als der er in den dreißiger Jahren von vielen Deutschen bejubelt wurde und in der Literatur gelegentlich noch bezeichnet wird.

Die deutsche Marine hoffte noch immer darauf, mit neuen und unter Wasser sehr schnellen U-Booten wieder in den Atlantikkrieg einzugreifen. Aber auch wenn diese neuen Typen, die im Winter geliefert und getestet wurden, je zum Kriegseinsatz gekommen wären – ohne Luftaufklärung wären sie blind gewesen, und dazu war die deutsche Luftwaffe nicht mehr in der Lage. Die im Einsatz befindlichen U-Boote waren zwar vom alten Typ, hatten aber einen Schnorchel, so daß die Batterien auch bei Fahrt dicht unter der Wasseroberfläche aufgeladen werden konnten. Sie waren allerdings nur wenig erfolgreich, im Januar versenkten sie Schiffe von insgesamt 80 000 BRT im Atlantik. In den restlichen Kriegsmonaten war die Versenkungsquote minimal, aber es wurden viele U-Boote zerstört, und das häufig beim ersten Einsatz. Die deutsche Marine war zu diesem Zeitpunkt bereits aus dem Mittelmeer und dem Schwarzen Meer vertrieben. Die Alliierten konnten dort sicher agieren und den Nachschub für die Sowjetunion nun über die türkischen Meerengen zu den sowjetischen Schwarzmeerhäfen transportieren. Die ersten Schiffstransporte über diese Route gingen im Januar 1945 ab, bis März und April war es bereits ein gutes Drittel der Tonnage.[1]

Über die Mißerfolge im Mittelmeer und Atlantik hinaus waren auch im Indischen Ozean die Operationen der deutschen U-Boote beeinträchtigt, da sich die Situation des japanischen Verbündeten zusehends verschlechterte. Obwohl die Deutschen keine genaue Kenntnis der hohen Verluste der japanischen Marine hatten, war ihnen klar, daß die japanische Flotte, deren Beitritt zur Achse im Dezember 1941 einen Seesieg verheißen hatte, nun zum größten Teil auf dem Meeresgrund lag.[2] Die Kommunikation zwischen dem japanischen Mutterland und den eroberten südostasiatischen Gebieten war wegen des Verlustes der Philippinen unterbrochen. Deshalb war es für die Japaner schwierig, die in Malaya stationierten deutschen U-Boote wiederaufzutanken. Jedes neu entsandte deutsche U-Boot hätte aus der Sicht der Japaner voll ausgerüstet und betankt sein sollen[3], ein undurchführbarer Ratschlag angesichts der Ölknappheit in Deutschland.

Das unmittelbare operative Interesse der deutschen Marine lag in den letzten Kriegsmonaten jedoch nicht darin, die Atlantik-U-Boote weiter einsetzen zu können oder mit neuen U-Booten den Seekrieg zu beleben. Die Hauptsorge war vielmehr die Bedrohung der Ostsee: das Übungsgebiet der deutschen Marine, aber vor allem der Transportweg für das schwedische Eisenerz, ohne das der Krieg nicht fortgesetzt werden konnte. Schweden schloß sich zwar nicht den Alliierten an, wie die Deutschen mittlerweile fürchteten, für die deutschen Interessen war es jedoch zwingend, daß die sowjetische Marine nicht in die Ostsee vorstieß. Da sich das deutsche Heer – entgegen der Forderung der Marine, Leningrad zu besetzen – immer mehr in Richtung der deutschen Grenze zurückgezogen hatte, bestand Dönitz verzweifelt darauf, daß von der Ostseeküste unbedingt soviel wie möglich gehalten werden müsse. In Verbindung mit der Stellung in der Kurlandregion im westlichen Lettland war dieses Thema schon wiederholt diskutiert worden.[4] Umgekehrt forderte das deutsche Heer natürlich, Marineartillerie solle die Landkämpfe unterstützen und die belagerten Truppen in Kurland und im Memelgebiet versorgen, die von der vorrückenden Roten Armee abgeschnitten worden waren.[5]

Im Winter 1944 versuchte die sowjetische Marine, bis zur Ostsee vorzustoßen, wurde von den Deutschen aber im großen und ganzen abgewehrt. Der Rest der deutschen Marine war überraschend erfolgreich darin, die isolierten Truppen zu versorgen und viele Flüchtlinge, Verwundete oder in andere Kriegsgebiete befehligte Soldaten zu evakuieren. Ironischerweise erfüllte die deutsche Marine also gerade die Aufgaben am besten, welche die Gründer und Führer der kaiserlichen und nationalsozialistischen Marine vernachlässigt hatten, um ihre Ambitionen auf den Weltmeeren zu verfolgen. Die wenigen, die für eine küstennahe, defensiv operierende Marine eingetreten waren, hatten letztlich recht behalten.

Die Schlüsselfrage der letzten Kriegsmonate in Europa war jedoch nicht, was die deutsche Luftwaffe oder Marine noch unternehmen konnten, sondern ob die deutsche Heimatfront geschlossen hinter der im Westen, Osten und Süden kämpfenden Armee stehen würde. Trotz der enormen Verluste im Sommer und Herbst und den zunehmend schweren Bomberoffensiven der Alliierten hielt die Heimatfront. Die ersten Erfolgsmeldungen von der Dezemberoffensive hatten zunächst kurze Zeit dafür gesorgt, daß sich die Stimmung besserte. Außerdem hoffte man auf neue Geheimwaffen, seit die V1 und V2 nicht die erhoffte Wirkung gehabt hatten. Aber noch weitere Faktoren sorgten dafür, daß das System nicht zusammenbrach.

Der Sieg Hitlers und seiner Anhänger über den Widerstand des 20. Juli 1944[6] war sicherlich ein Hauptgrund für den Zusammenhalt Nazideutschlands. Der wachsende Terror in Deutschland und in der Armee sowie die Erfolge der Gestapo beim Aufspüren von Systemgegnern machten auch kritische Menschen zu Mitläufern. Viele Deutsche hatten Angst vor ihrem Regime, andere wiederum fürchteten eher die Rache der Alliierten. Das Ahnen, manchmal sogar das Wissen um die schrecklichsten Verbrechen – oder gar die Teilnahme daran – erfüllte viele Deutschen mit Verzweiflung über mögliche Straf- und Vergeltungsmaßnahmen der Alliierten. Ein makabrer Scherz kursierte: Genießt den Krieg, der Friede wird schrecklich! Entscheidend war auch, daß die Menschen durch die massiven Bombenangriffe mehr denn je auf die sozialen Dienste und die Unterstützung des Regimes angewiesen waren. Die alliierten Bomberoffensiven trugen also eher zur Konsolidierung denn zur Schwächung der allgemeinen Loyalität zum Naziregime bei.[7]

Aber nicht nur diese negativen Ereignisse förderten den Zusammenhalt der Deutschen. Viele Führungspersonen und auch viele Menschen aus der Bevölkerung glaubten noch an das System. Manche genossen einfach die Vorteile ihrer Regierungsstellen und anderer hoher Ränge: Die monatlichen Zuwendungen für die höchsten Generäle und Feldmarschälle (und die entsprechenden Marineränge) wurden bis zum Ende pünktlich bezahlt. Viele Menschen konnten sich einfach keine Alternative vorstellen und kämpften, wie zahllose Soldaten, aus Loyalität gegenüber ihren Kameraden und nicht gegenüber dem Nazistaat. Man sollte auch nicht vergessen, daß die Ausplünderung des von Deutschland besetzten Europa im Zweiten Weltkrieg, anders als im Ersten, der Bevölkerung die höchsten Lebensmittelrationen auf dem Kontinent gesichert hatte, was sich erst in der Endphase des Krieges änderte. Und die Anhänger Hitlers hofften immer noch, daß er entweder die Situation umkehren, einen Kompromiß finden oder daß er aushalten werde, bis die Anti-Hitler-Koalition gespalten wäre.[8]

In der deutschen Regierung gab es allerdings einige Anzeichen für die Einsicht, daß ein Frieden, unter welchen Bedingungen auch immer, einem Kampf bis zum bitteren Ende vorzuziehen sein könnte. Diese Erkenntnis führte anders als in Italien, Rumänien, Finnland, Ungarn und später in Japan jedoch nie zu ernsthaftem Handeln.[9] Der japanische Botschafter Oshima fand Ribbentrop und seinen neuen Staatssekretär von Steengracht bei seinem Besuch Anfang Januar zwar weniger unnachgiebig als früher, wenn es um seine übliche Forderung nach einem deutsch-sowjetischen Frieden ging.[10] Der Außenminister hatte in der Zeit zwischen der gescheiterten Ardennen-Offensive und dem Beginn der sowjetischen Winteroffensive offensichtlich erstmals über diplomatische Initiativen nachgedacht, ohne daß ihm dies von Hitler einfach verboten worden war. Hitler selbst neigte dazu, ein Übereinkommen mit den Sowjets für einen gemeinsamen Krieg gegen Großbritannien zu treffen.[11]

In einer Reihe von Friedensfühlern, die Ribbentrop selbst zum Teil zurücknahm, bedrängte der deutsche Außenminister die Westalliierten, mit Hitler Frieden zu schließen und gemeinsam gegen die Sowjetunion zu kämpfen, bevor Hitler seinerseits mit der Sowjetunion zusammen die Westalliierten bekämpfe – gleichzeitig machte er der Sowjetunion den gegenteiligen Vorschlag oder versuchte es zumindest. Die Einzelheiten dieser Sondierungsgespräche, die in Schweden, der Schweiz und dem Vatikan stattfanden, sind nicht vollständig geklärt. Allerdings ist nicht zu übersehen, daß sie, wie richtig bemerkt wurde, an Ribbentrops früheren Beruf erinnerten, als er noch deutschen Sekt nach Frankreich verkaufen wollte.[12] Die bloße Tatsache, daß Ribbentrop Anfang 1945 erwartete, einer der Feinde Deutschlands gehe auf solche Annäherungsversuche ein, sagt eine Menge über den Realitätssinn des deutschen Außenministers.

Da das Außenministerium seine Hauptanstrengungen nun nicht mehr darauf richten konnte, die Satellitenstaaten der Achse zu zwingen, ihre Juden zur Ermordung auszuliefern, konzentrierte es sich auf Verhandlungen mit den zweifelhaften Exilregierungen Frankreichs, Bulgariens und Rumäniens, die die Deutschen selbst gebildet hatten, und mit alten Verbündeten wie dem Großmufti von Jerusalem und dem irakischen Raschid al-Gaylani. Aber all diese Verhandlungen hatten weder mit den

Realitäten des Krieges etwas zu tun noch mit den voraussichtlichen Gegebenheiten nach dem Krieg.[13] Wichtiger waren hingegen die Befehle, die Nervengasvorräte aus den Gebieten, die demnächst von den Alliierten überrannt werden würden, zu verlegen und damit die Möglichkeit zu erhalten, in der letzten Kriegsphase diese chemischen Kampfstoffe einzusetzen. Die Nervengasfabrik in Dyhernfurth in Schlesien fiel trotzdem unbeschädigt in sowjetische Hände und wurde nach dem Krieg von der Sowjetunion demontiert und bei Stalingrad wieder aufgebaut.[14]

DIE SOWJETISCHEN PLÄNE

Die alliierten Hauptverbündeten waren bis Ende 1944 mit den Plänen für ein besetztes Deutschland und die europäischen Länder, die bislang noch von den Deutschen kontrolliert wurden, bereits weit fortgeschritten. Über einige Themen, wenn auch nicht über alle Angelegenheiten, waren sich die Alliierten bereits einig geworden. Die sowjetische Führung mag vielleicht anfangs an die Thesen der überlebenden deutschen Exilkommunisten in der Sowjetunion geglaubt haben, daß die Masse der Deutschen, irregeführt und terrorisiert von ihren kapitalistischen Ausbeutern, sich gegen die faschistischen Anführer des Monopolkapitalismus auflehnen würden, sobald Deutschland die Sowjetunion angreife. Derlei Vorstellungen waren jedoch seit langem begraben. Die Kriegserfahrungen an der Ostfront hatten allen Sowjets drastisch deutlich gemacht, daß die überwältigende Mehrheit der deutschen Soldaten (und der Offiziere) das Regime des Dritten Reichs voll unterstützte. Sogar in den Kriegsgefangenenlagern fanden die Kommunisten kaum neue Genossen. Die wenigen deutschen Kommunisten, die sie dort antrafen, spielten in den darauffolgenden Jahren wichtige Rollen in der sowjetischen Besatzungszone Deutschlands und später in der Deutschen Demokratischen Republik. Ihre Zahl war und blieb jedoch gering. In den letzten Kriegsmonaten im Osten, besonders im Sommer und Herbst 1944, ergaben sich zwar viele deutsche Soldaten, bevor sie vollständig erschöpft und ohne Munition waren, und viele gefangene Generäle schlossen sich den Gefangenen von Stalingrad an, die ihre Offizierskameraden aufgefordert hatten, einen sinnlosen Krieg zu beenden. Doch sowohl den ergebenen deutschen Kommunisten als auch der sowjetischen Führung war klar, daß die Hauptmasse der deutschen Soldaten bis zum bitteren Ende kämpfen und die Heimatfront geschlossen hinter ihnen stehen würde.

Jeder Versuch der Sowjets, andere Wege zur Beendigung des Krieges zu finden, war fehlgeschlagen: Die deutsche Regierung hatte während der Kämpfe keinerlei Interesse an einem Separatfrieden an der Ostfront gezeigt, als die Sowjetunion noch Vorteile darin vermutet hatte. Es hatte weder einen Aufstand von unten gegeben, noch hatte die militärische Führung substantielle Anstrengungen unternommen, das Naziregime abzulösen und Frieden zu schließen. Die Ereignisse des 20. Juli 1944 verstärkten nur den Eindruck eines marginalen und ineffektiven Widerstands in Deutschland. Unter diesen Umständen gingen die sowjetischen Pläne zur Zukunft

Deutschlands und seiner östlich angrenzenden Länder von grundlegenden Prioritäten und Prinzipien aus.[15]

Gemäß der Auffassung, daß das nationalsozialistische Regime ein Produkt der Klassenkämpfe in der Gesellschaft und kein Ergebnis individueller Überzeugungen und Taten sei, sollte Deutschland in dem Teil, den die Rote Armee besetzen konnte, und wenn möglich darüber hinaus, umstrukturiert werden. Die Enteignung der alten herrschenden Elite und die Verstaatlichung des Bankwesens und der Industrie sollte die Macht der Aggressoren automatisch zerschlagen. Eine Volksfront unter Führung der Deutschen Kommunistischen Partei sollte den Staat nach den Richtlinien der sowjetischen Führung leiten. Da die Partei von Männern geführt wurde, die aus den endlosen parteiinternen Auseinandersetzungen in den Jahren der Weimarer Republik hervorgegangen waren und danach die umfassenden Säuberungsaktionen während der Exiljahre in der Sowjetunion überlebt hatten, gab es nicht die geringste Aussicht darauf, daß diese Männer je unabhängige Vorstellungen und Gedanken entwickeln würden.

Weil die Opposition gegen das mörderische Naziregime zahlenmäßig so schwach war, hielten die Sowjets eine verstärkte Kontrolle für notwendig, die die Kommunistische Partei mit allen verfügbaren Elementen der Gesellschaft durchsetzen sollte, einschließlich jener Ex-Nazis, die sich hatten bekehren lassen. Die Sowjets waren auch bereit, anderen Gruppen gegenüber, wo notwendig, vorübergehend Zugeständnisse zu machen – das schloß nationalistische Appelle und die Verzögerung der Kollektivierung der Landwirtschaft ein –, bis die Kontrolle fest und in vollem Umfang greifen würde. Der Wiederaufbau der sozialen Ordnung in Deutschland sollte schließlich eine selbstbewußte und ideologisch gefestigte Arbeiterklasse hervorbringen, die unter kommunistischer Herrschaft ein Land nach dem Modell und in engster Ausrichtung auf die Sowjetunion führen sollte.

Die Frage war offen, ob ein solches System in ganz Deutschland oder nur in einem Teil errichtet werden konnte. Man würde sehen. Daß ein kommunistisches System in einem von der Roten Armee besetzten Gebiet freudig begrüßt werden und sich sogar darüber hinaus ausbreiten würde, war aber aufgrund zweier weiterer politischer Entscheidungen der sowjetischen Führung wenig wahrscheinlich. Erstens konzentrierte sich nach der Befreiung der vorher besetzten Gebiete die innenpolitische Propaganda in der Sowjetunion zur Motivation der Soldaten auf den Gedanken der Vergeltung, statt wie früher die Verteidigung der Heimat in den Vordergrund zu stellen. Angesichts der Greueltaten, die an der russischen Zivilbevölkerung in den besetzten Gebieten und an den Kriegsgefangenen von den Deutschen verübt worden waren, war diese Propaganda einfach zu machen und fand sofort Gehör. Aber die Mordtaten und Vergewaltigungen, die das Vorrücken der Roten Armee nach Deutschland in der Folge begleiteten, dienten eher dazu, die antisowjetische Haltung der deutschen Bevölkerung zu verstärken.

Viele sowjetische Soldaten beteiligten sich nicht an den Terroraktionen gegen die

Deutschen, und viele Offiziere ergriffen Maßnahmen, um das Wüten ihrer Soldaten zu begrenzen. Insgesamt jedoch machte der Vormarsch der Roten Armee der Deutschen Kommunistischen Partei ihre Aufgabe noch schwerer, als sie ohnehin schon war. Die deutschen Kommunisten konnten nur unter Schirmherrschaft der Roten Armee handeln – und genau das kompromittierte sie in den Augen der deutschen Bevölkerung.

Zweitens forderten die Sowjets massive Reparationsleistungen von dem sowjetisch besetzten Gebiet und, wenn möglich, auch vom restlichen Deutschland. Über die Vorbereitungen hierzu wissen wir allerdings nicht sehr viel. Die Deutschen hatten bei den Kämpfen in der Sowjetunion und auch beim Rückzug gezielt große Zerstörungen angerichtet, so daß die sowjetische Regierung verständlicherweise entschlossen war, sich so viele Waren, Maschinen, Fabriken (und die Arbeitskraft von Kriegsgefangenen) wie möglich anzueignen. Nach dem Willen Moskaus sollte die deutsche Bevölkerung einen möglichst großen Anteil an den enormen Kosten für den Wiederaufbau der sowjetischen Wirtschaft mittragen. Die Aussichten für die deutschen Kommunisten waren wegen dieser Maßnahmen alles andere als günstig. Die neuen Herren, die hinter der vorrückenden Roten Armee nach Deutschland eingeflogen werden sollten, würden eine entmutigende Aufgabe übernehmen: Wie sollten sie aus dem Nichts ein neues Haus, angefangen mit dem Dach, schaffen und eine Bevölkerung für sich gewinnen, deren seit jeher antikommunistische und auch antirussische Ansichten in den kommenden Jahren gerade durch die UdSSR, auf deren Unterstützung das neue Regime angewiesen war, noch verstärkt werden sollten? Diese neuen Herren waren außerdem in den Prozessen der vorangegangenen Jahre sorgfältig überprüft und ausgesiebt worden, so daß garantiert nur ausgewiesene Betonköpfe überleben konnten.

Für das Territorium zwischen der Sowjetunion und Deutschland verfolgte Stalin eine Politik, die traditionelle und radikale Merkmale in sich vereinte. Die Staatsgebiete, die im Molotow-Ribbentrop-Pakt von 1939 der Sowjetunion zugeschlagen worden waren, sollten auf alle Fälle gehalten werden. Stalin war zwar gewillt, geringfügigen Modifikationen der Grenze zu Polen zuzustimmen, die 1940 besetzten Teile Finnlands, die drei baltischen Staaten, Ostpolen und das 1940 einverleibte rumänische Staatsgebiet sollten jedoch wieder in die Sowjetunion integriert werden. Da Stalin schon bei seinen Gesprächen mit Eden im Dezember 1941, als die Deutschen unmittelbar vor Moskau standen, darauf insistiert hatte, so war er nach einer Reihe von Siegen selbstverständlich nicht gewillt, von diesen Positionen abzurücken. Im Gegenteil: Es gab zusätzliche territoriale Gewinne. In einem Abkommen mit Finnland hatte er einen Pachtvertrag auf fünfzig Jahre für den Stützpunkt Hangö gegen den von Porkkala ausgetauscht (den die Sowjets 1955 wieder aufgaben), aber der finnische Hafen und die Nickelminen bei Petsamo, die Finnland nach dem Winterkrieg 1939/40 zurückbekam, erhielt nun die Sowjetunion. Letztere hatte auch die unverbindliche Zustimmung der Alliierten für die Annexion des nördlichen Teils Ostpreußens erhalten (der südliche Teil sollte an Polen gehen) und gleichzeitig die Verpflichtung, auf künftigen Friedenskonferenzen diese Aufteilung zu unterstützen.*

Stalin wollte noch zwei zusätzliche territoriale Änderungen vornehmen, aber nur eine gelang ihm. Mit der Besetzung Bulgariens im September 1944 konnte die Sowjetunion von einer sehr viel stärkeren Position aus Druck auf die Türkei ausüben und führte einen diplomatischen Feldzug, um die Stützpunkte bei den Meerengen und die Abtretung der Provinzen Kars und Ardahan an die Sowjetrepubliken Georgien und Armenien zu sichern.[16] Dieses Vorhaben wurde jedoch durch die Weigerung der Türken, die in den Nachkriegsjahren von Großbritannien und den Vereinigten Staaten unterstützt wurden, vereitelt. Einen Monat nach der Besetzung Bulgariens im Oktober 1944 erreichte die Rote Armee dafür jedoch den östlichsten Teil der Tschechoslowakei. Die sowjetische Militärpräsenz sorgte dort für eine ganz andere Lage.

Die Karpato-Ukraine oder Ruthenien war ein Teil der Tschechoslowakei gewesen und wurde von der tschechoslowakischen Exilregierung auch als solcher betrachtet, obwohl die Region 1938 teilweise und 1939 vollständig von Ungarn annektiert worden war. Nach der Befreiung durch die Rote Armee begünstigten die dortigen Befehlshaber, vermutlich auf Weisung Moskaus, die kommunistischen Bestrebungen nach einer Eingliederung der Region in die Sowjetunion, da nun der von dieser annektierte galizische Teil Ostpolens für eine gemeinsame Grenze mit der Ukrainischen Sowjetrepublik sorgte. Stalin bestand auf der Abtretung dieser Region durch die Tschechoslowakische Regierung, die ohnehin nur nach Eroberung der Roten Armee zur tschechoslowakei hätte zurückkehren können.

Wahrscheinlich kamen bei Stalins Forderung zwei verschiedene Faktoren zusammen, obwohl es keine expliziten Beweise dafür gibt. Das schwelende Nationalitätenproblem in der Sowjetunion, besonders bei den Ukrainern, der größten Nationalitätengruppe nach den Großrussen, veranlaßte ihn wohl erstens dazu, den letzten größeren ukrainischen Bevölkerungsanteil, der nach der Integration der polnischen Ukraine vor dem Krieg noch außerhalb des sowjetischen Staates geblieben war, einzugliedern, um das Aufkommen einer nationalistischen ukrainischen Bewegung *außerhalb* der UdSSR zu vermeiden. Durch die Annexion erhielt die Sowjetunion zweitens eine gemeinsame Grenze mit Ungarn. Das Land konnte damit in der Zukunft von der Roten Armee, die bereits die Berggrenze der Karpaten überschritten hatte, viel leichter eingeschüchtert werden. Was auch immer die Gründe waren: Stalin ließ nicht zu, daß die tschechoslowakische Regierung die Karpato-Ukraine verwaltete. Sie mußte auf ihre Ansprüche verzichten, da die Sowjets die Region ohnehin annektieren und vielleicht außerdem noch die Slowakei zu einer neuen Sowjetrepublik

---

* Das Memelgebiet (litauisch: Klaipeda), das Deutschland 1919 abtreten mußte, aber 1939 zurücknahm, sollte Litauen angeschlossen werden.

erklären würden, deren »Unabhängigkeit« bislang außer von den Achsenmächten nur von der UdSSR anerkannt war.[17]

Die Annexionen belegen die traditionell expansionistische Politik der Sowjets, während in den Verhandlungen über das große Territorium zwischen Deutschland und der sowjetischen Grenze von 1939 noch revolutionäre Ansätze hinzukommen. Stalin beschloß anscheinend schon früh, die formale Unabhängigkeit Finnlands, Polens, Ungarns, Rumäniens, Bulgariens und der Tschechoslowakei *nicht* anzutasten, auch wenn er den Anschluß Rumäniens so wie der baltischen Staaten ans Sowjetimperium zu einem bestimmten Zeitpunkt schon ernsthaft erwogen hatte. Damit verfolgte er eine andere Politik als beispielsweise Otto von Bismarck, der nach dem Krieg 1866 vier – deutsche – Staaten in Preußen integrierte und drei ehemals dänische Herzogtümer annektierte. Bei Stalins Gesprächen mit den Westalliierten, vor allem auf der Konferenz von Teheran, war immer davon ausgegangen worden, daß Finnland unabhängig bleiben würde – ebenso wie klar war, daß Estland, Lettland und Litauen dies *nicht* sein würden. Die Weiterexistenz Polens und separater Staaten in Südosteuropa war ebenso unstrittig, wie auch immer die Grenzverläufe und Regierungsformen im einzelnen festgelegt werden sollten. Churchills und Stalins prozentgenaue Festlegung der Einflußsphären basierte offenkundig auf einer solchen Voraussetzung.

Polen sollte den südlichen Teil Ostpreußens erhalten, das Gebiet der Freien Stadt Danzig und die deutschen Gebiete östlich der Oder und der westlichen Neiße. Im Gegenzug sollte das 1938 besetzte Olsagebiet an die Tschechoslowakei zurückgehen. Außerdem bekam Polen als Ausgleich für das ursprünglich versprochene Königsberg (Kaliningrad) und das nördliche Ostpreußen, das nun die Sowjetunion für sich beanspruchte, die Hafenstadt Stettin (Szczecin) und ein kleines Gebiet *westlich* der Oder zugesprochen.[18] Es gibt keine Belege dafür, daß Stalin an eine Westvergrößerung der Tschechoslowakei dachte, er war jedoch mit der Vertreibung der Sudetendeutschen einverstanden. Die Briten hatten der Vertreibung bereits Anfang Juli 1942 zugestimmt, die Vereinigten Staaten und die Sowjetunion im Mai und Juni 1943.[19] Bei der langen Diskussion über den Grenzverlauf zwischen Ungarn und Rumänien taktierten die Sowjets und boten beiden Seiten an, ihre jeweiligen Ansprüche auf Transsylvanien zu unterstützen. Sie hofften damit, beide Mächte zum Frontwechsel und zum Kampf auf alliierter Seite zu bewegen. Der Erfolg des Staatsstreichs in Rumänien im August 1944, dem die aktive militärische Teilnahme Rumäniens an der Seite der Roten Armee folgte, und das Scheitern der Ungarn bei einem ähnlichen Unternehmen im Oktober desselben Jahres entschied die Grenzfrage: Rumänien bekam die Grenze zu Ungarn von 1919 zurück. Diese Entscheidung wiederum machte es Rumänien leichter, den Verzicht auf den Teil der Dobrudscha zu akzeptieren, den es 1940 an Bulgarien abgetreten hatte.

Weitaus wichtiger als die territorialen Verschiebungen, bei denen, abgesehen von Polen und den baltischen Staaten, im großen ganzen die Regelungen von 1919 wiederhergestellt wurden, waren jedoch die soziopolitischen Veränderungen. Die alten Eliten in den betreffenden Ländern wurden enteignet, wenn nicht sogar umgebracht. Die neuen Regimes mit Kommunisten in den Schlüsselpositionen verstaatlichten die Produktionsmittel und errichteten neue Staatsstrukturen, die zwar noch nicht vollständig wie das sowjetische System gestaltet waren, sich aber über das Zwischenstadium, das »Volksdemokratie« genannt wurde, in diese Richtung entwickeln sollten. Stalin wußte, daß die kommunistische Bewegung in den osteuropäischen Ländern keine große Unterstützung hatte und die Bevölkerung (vielleicht mit Ausnahme Bulgariens) antirussisch eingestellt war. Ein dem sowjetischen Modell verwandtes System konnte er dort nur aufbauen, wenn ein freier, parlamentarischer Willensbildungsprozeß verhindert wurde. Die radikale Umgestaltung dieser Staaten sollte also mit der formalen Erhaltung der staatlichen Unabhängigkeit Hand in Hand gehen. Für die Zukunft sollte aber zumindest die ferne Möglichkeit einer anderen Entwicklung bestehen.

Das Land, das von diesem Prozeß am unmittelbarsten und stärksten betroffen wurde, war Polen. Das Vorrücken der Roten Armee in den östlichen Teil des Vorkriegspolens hatte in jeder Hinsicht die Grenzfrage entschieden. Die sowjetische und polnische Regierung (die Exilregierung oder das von den Russen installierte Lubliner Komitee) konnten die Grenzverschiebungen, wie sie im Deutsch-Sowjetischen Pakt von 1939 getroffen wurden, diskutieren – und dies geschah in der Tat.* Die Besetzung des Gebietes durch die Rote Armee und die Zustimmung der Westalliierten zu einer Ostgrenze Polens, die in etwa der Curzon-Linie entsprach, legte die Ergebnisse allerdings definitiv fest.** Ein von der deutschen Besatzung befreites Polen konnte seinen multinationalen Charakter, den es vor 1772 und 1939 hatte, nicht mit Waffengewalt behaupten. Das moskautreue Lubliner Komitee akzeptierte die neue Ostgrenze im Gegensatz zur polnischen Exilregierung, obwohl auch einige Regierungsmitglieder zu Modifikationen der Vorkriegsgrenze zur Sowjetunion bereit waren. Es ist vermutet worden, wie auch Churchill während des Krieges wohl dachte, daß es für Polen in Fragen der Regierung und der politischen Institutionen ganz anders hätte aussehen können, wenn die Exilregierung der neuen Ostgrenze zugestimmt hätte. Das Schicksal der tschechoslowakischen Regierung, die einen anderen Kurs verfolgte und die Ge-

---

* Das Ergebnis war eine größere Grenzverschiebung im Norden zugunsten Polens: Das Gebiet um Bialystok verblieb zum größten Teil bei Polen. Auch im Süden gab es kleinere Änderungen zugunsten Polens, aber der Fluß Bug blieb in der Mitte die Grenze. Eine nützliche Karte dazu in U. S., Department of State, Postwar Foreign Preparations, bei S. 512. Eine Grobskizze zum Vergleich der Molotow-Ribbentrop-Linie mit der Grenze von 1945 findet sich in Romain Yakemchouk, La ligne Curzon et la IIe Guerre Mondiale, Editions Nauwelaerts, Louvain/Paris 1957, S. 117.
** Die Curzon-Linie, genannt nach dem britischen Außenminister Lord Curzon of Kedleston, war auf der Pariser Friedenskonferenz 1919 auf Grundlage des österreichischen Zensus von 1910 vorgeschlagen worden und sollte die östliche Grenzlinie der vorwiegend polnischen zur weißrussischen und ukrainischen Bevölkerung nachzeichnen.

bietsabtretung zugunsten der Sowjetunion akzeptierte, legt aber eher ganz andere Schlußfolgerungen nahe.

Beide polnischen Regierungen planten auf jeden Fall, nach dem Krieg größere Gebietsrevisionen gegenüber Deutschland vorzunehmen. Beide hofften zwar auf die Abtretung ganz Ostpreußens, waren aber auch gewillt, das Gebiet mit der Sowjetunion zu teilen. Beide Regierungen gingen auch davon aus, daß die Freie Stadt Danzig zu einem befreiten Polen gehören werde, wie sie es vor der Übernahme durch Preußen 1793 jahrhundertelang gewesen war. Bei der Westgrenze hatte Sikorski die Exilregierung darauf gedrängt, eine neue Grenze entlang der Oder und der westlichen (Lausitzer) Neiße zu fordern, da sie die kürzeste und am besten zu verteidigende Linie sei.[20] Die britische Regierung stand einer neuen Westgrenze Polens zunehmend positiv gegenüber. Obwohl London und Washington zunächst der Gedanke widerstrebte, die Westverschiebung der Grenze als einen Ausgleich für die Gebietsverluste Polens an die Sowjetunion zu sehen, und weil sie an das Problem dachten, wie die vielen Deutschen in Polen aufgenommen oder aus den Gebieten evakuiert werden konnten, akzeptierten beide Westmächte allmählich beide Gedanken.[21] Im Anschluß fanden zwar noch eine Menge diplomatische Gespräche und propagandistische Manöver statt, doch die neue deutsch-polnische Grenze stand fest.

Über die Errichtung einer neuen polnischen Regierung gab es zwischen den Alliierten weiterhin große Differenzen. Das Lubliner Komitee, das Schritt für Schritt in den von der Roten Armee befreiten Gebieten aufgebaut wurde, wollte aber von Anfang an die exilregierungstreue polnische Untergrundarmee zerschlagen und eine »Volksdemokratie« errichten, die sich im Nachkriegseuropa an der Sowjetunion ausrichten sollte.[22] Nichts konnte diese Entwicklung aufhalten – obwohl die Masse der Bevölkerung ihren neuen Herrschern unverändert feindlich gegenüberstand.

Die Zukunftspläne der tschechoslowakischen Exilregierung betrafen zwei Hauptziele: Eines war die Anerkennung der Siegermächte, daß die deutsche Mißachtung des Münchner Abkommens von 1938 durch die Besetzung vom März 1939 ein Ende der neuen Grenze bedeutete und daß daher die vorigen Grenzen zu Deutschland, Österreich, Polen und Ungarn wieder die legalen geworden waren. Dieses Ziel war 1944 erreicht worden. Ebenso das zweite: Wie bereits erwähnt wurde, erhielt die tschechoslowakische Regierung die Zustimmung aller drei Alliierten, die deutschstämmige Bevölkerung aus dem Land zu vertreiben. Der östlichste Teil der Tschechoslowakei mußte der Sowjetunion abgetreten werden, aber im restlichen Staatsgebiet, einschließlich der 1938 an Deutschland, Ungarn und Polen abgetretenen Gebiete, sollte die Exilregierung von den Alliierten eingesetzt werden mit der Ermächtigung, dreieinhalb Millionen Deutsche zu vertreiben.

Außer den Sudetendeutschen sollten weit über neun Millionen Deutsche aus den Gebieten östlich der Oder-Neiße-Linie nach einem verkleinerten Deutschland vertrieben werden, zusammen mit Hunderttausenden von Flüchtlingen aus anderen Teilen Ost- und Südosteuropas. Dies würde eine in der europäischen Geschichte noch nie dagewesene Massenumsiedlung darstellen. Die Deutschen hatten die Ziele des Versailler Vertrags von 1919, die Grenzen der Bevölkerung anzupassen, abgelehnt und statt dessen das Prinzip aufgestellt, es sollten neue Grenzlinien gezogen werden und dann die unerwünschten Bevölkerungsgruppen jeweils vertrieben oder umgebracht werden, um sie den neuen Linien anzupassen. Nun wurde dieses Verfahren in großem Maßstab auf sie selbst angewandt, und nur wenige konnten für die Deutschen, die soviel Unheil über die Welt gebracht hatten, deshalb Mitleid empfinden.*

DIE BRITISCHEN UND AMERIKANISCHEN PLÄNE

Auch die Westalliierten hatten ihre Pläne für Deutschland und wollten dort Militärregierungen einrichten.[23] Ein kleines Gebiet um Aachen war bereits in ihrer Gewalt. Die zu verfolgende Politik wurde in Direktiven niedergelegt, die zwei Grundauffassungen der Briten und Amerikaner widerspiegeln: zum einen die Notwendigkeit einer Re-Demokratisierung des deutschen Volkes und zum anderen, daß dieser lange Prozeß nicht nur das Ende des Nazismus und die Entmilitarisierung erfordere sowie die Entfernung von Industrieanlagen, die eine erneute militärische Aggression ermöglichen konnten, sondern auch einen langsamen politischen Neuaufbau von Grund auf.

Während des Krieges hatte es alle möglichen Pläne für eine Aufteilung Deutschlands in kleine Teilstaaten gegeben – man nannte dies »Dismemberment«. Auch die Sowjetunion hatte sich dafür ausgesprochen, aber als es an die Frage der Realisierung ging, erwies sich das Konzept als wenig praktikabel. Alle drei Alliierten gaben die Idee allmählich auf und traten für ein verkleinertes, in Besatzungszonen aufgeteiltes Deutschland ein, das trotz Teilung eine Einheit darstellen sollte. Die Briten und Amerikaner wollten in ihren Zonen, über deren Ausdehnung und Lage sie ausgiebig stritten, zunächst auf lokaler Ebene neue demokratische Institutionen aufbauen, die später ausgeweitet werden sollten. Nach Auffassung beider Westmächte hatten sich die Deutschen dem Nazismus aufgrund furchtbarer Irrtümer und versagender Politiker zugewandt, und nicht als Folge des kapitalistischen Wirtschaftssystems, wie die Sowjets unterstellten. Deshalb beurteilten sie auch die Zukunftsaussichten der Deutschen ganz anders. Welchen Veränderungen auch immer die deutsche Ökonomie unterzogen werden würde – die Amerikaner waren besonders daran interessiert, ihre Ideen des »trust busting« (der Zerschlagung von Konzernen) auf Deutschland anzuwenden –: das neue Deutschland sollte von unten nach oben aufgebaut werden, und nicht von oben nach unten, wie es in der sowjetischen Zone geplant war. Die Briten und Amerikaner sahen deshalb für den Anfang eher das Verbot politischer Aktivitäten

---

* Die Tatsache, daß die Partei (GB/BHE), die im Nachkriegsdeutschland die Flüchtlinge und Vertriebenen vertrat, zeitweise von Waldemar Kraft und Theodor Oberländer geführt wurde, zwei Männern, die früher bei der Vertreibung und Enteignung von Nicht-Deutschen eine herausragende Rolle gespielt hatten, schwächte die Position der Deutschen zusätzlich.

vor als die Unterstützung einer einseitig ausgerichteten politischen Partei. Im Zuge
der Demokratisierung und »Umerziehung« der deutschen Öffentlichkeit sollten zunächst auf lokaler Basis neue Parteien und Strukturen geschaffen werden.

In der Diskussion über ökonomische Fragen innerhalb und zwischen der amerikanischen und britischen Regierung ergaben sich mehrere Schwerpunkte. Zunächst
drängte das Problem, wie die Bevölkerung in den westlichen Besatzungszonen versorgt werden konnte. Ostdeutschland machte den Hauptteil des landwirtschaftlich
genutzten Landes aus, so daß die Sowjets umfangreichen und fortlaufenden Nah-
rungsmittellieferungen zustimmen mußten. Falls sie dies verweigern sollten, was immer wahrscheinlicher wurde und nach dem Krieg auch tatsächlich der Fall war, gab
es drei Möglichkeiten: Die Menschen in den Westzonen mußten entweder hungern
oder wurden von amerikanischen oder britischen Hilfslieferungen versorgt (in der
Praxis bedeutete dies amerikanische Hilfe) – oder man erlaubte ihnen, die deutsche
Wirtschaft selbst aufzubauen und die importierten Lebensmittel aus eigener Kraft zu
verdienen. Jede dieser Möglichkeiten hatte ihre Probleme. Die Menschen hungern
zu lassen war unvereinbar mit den Wertvorstellungen der britischen und amerikanischen Gesellschaft und würde von den Menschen zu Hause wohl kaum längere Zeit
toleriert werden, da bei einem solchen Vorgehen Hungeraufstände und Krankheiten
programmiert gewesen wären. Die zweite Möglichkeit würde dem britischen und
amerikanischen Steuerzahler ungeheure Lasten auferlegen, die kaum längere Zeit zu
rechtfertigen waren. Die dritte riskierte das Wiedererstarken einer deutschen Indu-
striemacht, die zu einem neuen Versuch führen könnte, Europa, wenn nicht sogar
die ganze Welt, zu erobern; sie würde sicher den Wiederaufbau des britischen Welt-
handels gefährden. Und dieser war eine wesentliche Voraussetzung für die Kräftigung
des vom Krieg ausgezehrten Großbritannien.

Der Streit um die erste Alternative wurde ironischerweise zuerst in Großbritannien
beendet, das auf dem Teil Deutschlands als britischer Zone bestand, in dem die
wirtschaftlichen Probleme sicherlich am größten waren.[24] Daß die Lebensmittellie-
ferungen zu einer äußerst schwierigen Angelegenheit wurden und schließlich zur
Unterordnung der britischen gegenüber der amerikanischen Politik im besetzten
Deutschland führten, lag zum einen an der Zonenstruktur als solcher, aber auch an
der Art der Zonenaufteilung, die nach britischen Vorschlägen gestaltet worden war.
Ein Komitee des britischen Kabinetts hatte einen Teilungsplan ausgearbeitet, der zwei
Hauptmerkmale hatte: die Aufteilung zwischen der sowjetischen und den westlichen
Besatzungszonen, die später zur Grenze zwischen West- und Ostdeutschland wurde,
und die Festlegung der britischen und amerikanischen Zonen im westlichen Teil. Der
Plan wurde der Europäischen Beratenden Kommission vorgelegt, die nach der Konferenz von Moskau im Oktober 1943 von den drei Alliierten gegründet wurde, um
die Kooperationspläne auszuarbeiten.[25]

Berlin wurde jedoch nicht Teil der sowjetischen Besatzungszone, sondern erhielt
durch die gemeinsame Besetzung der drei Alliierten einen Sonderstatus tief innerhalb

der sowjetischen Zone. Da die britische Regierung zu diesem Zeitpunkt noch einen möglichen Rückzug der Sowjets von aktiven Operationen an der Hauptfront befürchtete, gab dieser Zonenplan den Sowjets nun ein starkes Motiv für den Kampf in Mitteleuropa. Der britische Entwurf wurde der Europäischen Beratenden Kommission ohne vorherige Abstimmung mit den Amerikanern vorgelegt in der zweifellos richtigen Annahme, daß die Amerikaner ihn ablehnen würden. Die Sowjets stimmten dem britischen Entwurf prompt zu, so daß den Amerikanern nichts anderes übrig blieb, als sich schließlich auch einverstanden zu erklären.[26] Amerikas Einwilligung erklärte sich zum Teil aus der Tatsache, daß die Rote Armee zu jener Zeit im Frühjahr 1944 in großer Stärke auf dem Kontinent vertreten war, die Westalliierten hingegen noch nicht an der französischen Küste gelandet waren. Der andere Grund war, daß Präsident Roosevelt hinsichtlich der Besatzungszonen andere Prioritäten hatte.

Roosevelts eigene Karte für das besetzte Deutschland sah im November 1943 vor, das Land in eine große amerikanische Zone im Nordwesten und kleinere Zonen im Süden für die Briten und im Osten für die Sowjets aufzuteilen. Die amerikanische und die sowjetische Zone sollten in Berlin aufeinanderstoßen.[27] Roosevelt hatte früher wiederholt sein Interesse bekundet, daß amerikanische Truppen als erste Berlin erobern sollten, allerdings hatte er zunächst keine näheren Einzelheiten dazu genannt. In der damaligen Diskussion jedoch bestand er hartnäckig auf einer Nordwestzone mit direktem Zugang zum Atlantik. Eine im Inland eingeschlossene Südzone, die auf Landtransportwege durch Frankreich angewiesen war, wollte er unbedingt vermeiden. Er weigerte sich ein ganzes Jahr lang, eine amerikanische Südzone zu akzeptieren. Roosevelt sorgte sich um die innere Stabilität Frankreichs und fürchtete eventuelle Nachkriegsunruhen. Vielleicht beeinflußte ihn dabei, obwohl es keine Belege dafür gibt, die Erinnerung an das Schicksal der amerikanischen Truppen auf den Philippinen, die von der Versorgung abgeschnitten waren.

In den folgenden Verhandlungen war Roosevelt bei der Einteilung der Nord- und Südzone weit unnachgiebiger als bei der Grenzfestlegung zwischen östlicher und westlicher Besatzung. Die Briten beharrten darauf, die Nordzone zu erhalten, und führten mehrere Argumente dafür an: die Nähe zu Großbritannien, ihr eigenes Interesse an einer Seeverbindung und die Unmöglichkeit von Truppenbewegungen quer durch das Land nach Kriegsende, da die Briten von der Nord- und die Amerikaner von der Südflanke her Deutschland erobern würden (die Erfahrungen in Tunesien und später in Deutschland selbst zeigten aber, daß diese Sorge unbegründet war). Noch ein weiteres Motiv stand hinter der Hartnäckigkeit der Briten. Da die Amerikaner, einschließlich Roosevelt, wiederholt verkündeten, die US-Truppen würden höchstens ein oder zwei Jahre in Europa bleiben, war es nach Ansicht der Briten sinnvoll, sie dann durch französische Truppen im Süden zu ersetzen. Aber angesichts von Roosevelts Besorgnis über das Nachkriegsfrankreich war dies kein Argument, das man ihm gegenüber vertreten konnte.

Die amerikanischen Stabschefs überzeugten Roosevelt schließlich, die Südzone unter der Bedingung zu akzeptieren, daß die Vereinigten Staaten an der Küste bei Bremen eine Enklave in der britischen Zone bekommen würden.[28] Auf diese Weise konnte Frankreich umgangen werden, und die direkte Transportverbindung über die britische Zone und den Atlantik war garantiert. Die meisten Verhandlungen über Zugangs- und Transportwege fanden also zwischen Briten und Amerikanern statt und nicht mit den Sowjets.

In den folgenden Jahren erwiesen sich die erwarteten Schwierigkeiten jedoch als unbegründet: Frankreich stabilisierte sich nach der Befreiung weitaus schneller, als Roosevelt befürchtet hatte, und die Verlegung der Truppen in die Besatzungszonen war leichter zu bewerkstelligen, als man gedacht hatte – das amerikanische XVIII. Korps befand sich nach Ende der Kampfhandlungen an der Ostsee bei Wismar. Die Versorgung der amerikanischen über die britische Zone war so problemlos, daß sich die komplizierte Bremen-Vereinbarung als unnötig erwies. Wie sich herausstellte, waren zwei Angelegenheiten allerdings weitaus komplizierter als gedacht: der Transit nach Berlin und die Ernährung der starken Bevölkerung in der Nordwestzone, die die Briten selbst während des Krieges schwer zerbombt hatten.

Die Alliierten machten sich besonders Gedanken um die wirtschaftliche Zukunft Deutschlands. Die Sowjets wollten nach den schrecklichen Verwüstungen des Krieges von den Deutschen einen möglichst großen Beitrag zum Wiederaufbau ihres eigenen Landes. Die Briten sorgten sich, der deutsche Export könne künftig zu einer Konkurrenz für ihre eigenen Anstrengungen werden, die Wirtschaft nach dem Krieg wieder in Gang zu bringen. Die Vereinigten Staaten wollten vor allem verhindern, vielleicht ein drittes Mal in einen Krieg gegen Deutschland verwickelt zu werden. Die Alliierten waren sich also einig, daß Deutschland nie wieder in der Lage sein sollte, einen Krieg zu entfesseln; umstritten war jedoch, wie dieses Ziel am besten zu erreichen sei.

In den Vereinigten Staaten galt die Besetzung eines Landes traditionell als eine militärische Angelegenheit, obwohl sie im allgemeinen unter loser ziviler Aufsicht stattfand. Auch im Falle Deutschlands war dies so; deshalb wurden die ersten Vorbereitungen im amerikanischen Kriegsministerium getroffen.[29] Als abzusehen war, daß die Auswirkungen für das besetzte Deutschland ziemlich harmlos ausfallen würden, alarmierte dies besonders den Finanzminister Henry Morgenthau. Als langjähriger Freund und Nachbar in Hyde Park im Bundesstaat New York war Morgenthau nach Hopkins wahrscheinlich Roosevelts engster Vertrauter, und wie jener war er dem Präsidenten bedingungslos ergeben. Morgenthau war ein sehr energischer und talentierter Administrator, und trotz seiner sparsamen und konservativen Finanzpolitik hatte er ein Herz für die Benachteiligten. Aufgrund dieser Eigenschaften war er ein idealer Berater des Präsidenten. Er teilte seine Wertvorstellungen, mäßigte Roosevelts Ausflüge ins Reich der Phantasie mit strenger Korrektheit und verband seine Handlungskompetenz mit vollkommener Treue zum Präsidenten.[30]

Morgenthau war besorgt über die generelle Tendenz der Pläne der amerikanischen

Militärregierung. Er entwarf mit Hilfe hoher Beamter des Finanzministeriums, besonders von Harry Dexter White, einen Alternativvorschlag, der unter seinem Namen bekannt wurde.[31] Der Morgenthau-Plan sah die Entindustrialisierung Deutschlands vor; das Ruhrgebiet sollte internationalisiert und das Saargebiet und die Gebiete bis zum Rhein sollten an Frankreich abgetreten werden. Ein Großteil des Agrarlands östlich der Oder-Neiße hingegen sollte bei Deutschland bleiben.* Das übrige Deutschland sollte in einen Nordstaat und einen Südstaat, der mit Österreich (in seinen alten Grenzen) eine Zollunion bilden sollte, geteilt werden. Morgenthaus Finanzfachleute hatten dabei Länder wie Holland oder Dänemark als Vorbild vor Augen, beide fortschrittliche Staaten mit hohem Lebensstandard im Vorkriegseuropa, beide agrarisch geprägt und militärisch unbedeutend.[32]

Morgenthaus Vorschläge paßten zu Roosevelts Ansichten über Deutschlands Zukunft.[33] Ihm sagte es zu, daß Morgenthau für die Zerteilung des Landes war, daß er statt Reparationen, wie nach dem Ersten Weltkrieg, einen Transfer von Maschinen der Industrie vorsah und daß die amerikanischen Truppen relativ rasch wieder hätten abgezogen werden können. Außerdem teilte er Morgenthaus Auffassung, daß die Deutschen hart arbeiten müßten und für den Aufbau demokratischer Institutionen eine lange Zeit benötigen würden.[34] Anfangs stimmte auch Außenminister Cordell Hull den Vorschlägen zu, während Kriegsminister Henry Stimson dagegen war.

Da Stalin im Sommer 1944 nicht an einer Drei-Mächte-Konferenz teilnehmen wollte, trafen sich Roosevelt und Churchill mit ihren Beratern im September in Quebec. Hull blieb dem Treffen fern, worauf Roosevelt Morgenthau einlud.[35] Churchill selbst diktierte den Wortlaut des Deutschland-Programms, das auf dem Morgenthau-Plan basierte und das Roosevelt und er selbst anschließend unterzeichneten: Deutschland werde »vorrangig agrarisch und ländlich geprägt sein«.[36] Beide befürworteten zu diesem Zeitpunkt das Konzept, wenig später änderten sie jedoch ihre Ansichten. Die amerikanische Direktive für die Militärregierung JCS 1067 (Joint Chiefs of Staff), die Eisenhower im April 1945 erhielt, symbolisierte die modifizierte Deutschlandpolitik. Die harte Haltung Roosevelts, Churchills und Morgenthaus blieb in der Weisung zwar unverändert sichtbar, das Hauptgewicht lag allerdings nicht mehr auf der Eliminierung der Schwerindustrie.[37] Die deutsche Industrieproduktion sollte auf einem niedrigen Niveau gehalten werden, viele Fabriken sollten demontiert und an die Opfer

---

* Die Kritiker des Morgenthau-Plans nach dem Krieg vergessen stets, daß nach dem Entwurf ein Großteil des später polnischen Gebietes zu Deutschland gehört hätte. Morgenthau setzte voraus, daß nur Ostpreußen sowie ein Teil Schlesiens abgetreten würden. Vgl. die Karten in Henry Morgenthau, Germany is Our Problem, Harper, New York 1945, gegenüber S. 160. Whites Karte ist veröffentlicht in David Rees, Harry Dexter White. A Study in Paradox, Coward, McCann & Georghegan, New York 1973, S. 444. In dem Gebiet lebten 1939 mindestens fünf Millionen Menschen, die dann doch ihre Heimat verloren. Nach Morgenthaus Schätzung (S. 50) hätte sein Plan die Umstellung von etwas über vier Millionen Arbeitern von Schwerindustrie auf Landwirtschaft erfordert.

des von Deutschland begonnenen Krieges verschickt werden – aber das Land sollte nicht mehr völlig ohne Schwerindustrie sein.

Kommentatoren haben darauf hingewiesen, daß vor allem die politischen Einwände gegen den Morgenthau-Plan für Roosevelts und Churchills Meinungsänderung verantwortlich gewesen seien. Dabei wird jedoch übersehen, daß die Abtretung der vor allem landwirtschaftlich genutzten Ostgebiete an Polen, wie Roosevelt und Churchill wußten, immer wahrscheinlicher wurde. Wie groß auch der Vorteil eines entindustrialisierten und entmilitarisierten Deutschlands für die Verhinderung künftiger Kriege und den britischen Exporthandel sein mochte, so war es doch unmöglich, Millionen Deutsche in der Landwirtschaft zu beschäftigen und ihnen zugleich einen großen Teil des Agrargebietes wegzunehmen und sie von dort zu vertreiben.[38]

Die Briten und Amerikaner arbeiteten ihre Besatzungspolitik und die Gebietspläne aus – im Gebiet um Aachen wurden sie bereits angewandt –, die Franzosen jedoch waren noch von einer unmittelbaren Beteiligung ausgeschlossen. Das hielt sie keineswegs davon ab, ihrerseits Pläne zu machen.[39] Über die Gebietsfrage gab es verschiedene Konzepte, aber bei allen stand der Schutz Frankreichs vor einer erneuten Bedrohung durch Deutschland im Vordergrund. Besonders de Gaulle vertrat leidenschaftlich die Überzeugung, daß Frankreich nur mit einem wiedererlangten Großmachtstatus sicher und angemessen repräsentiert sei. Über diese Frage gab es mit seinen Verbündeten die meisten Auseinandersetzungen, besonders mit den Vereinigten Staaten und der Sowjetunion, die beide davon ausgingen, daß mit der Niederlage von 1940 Frankreichs Großmachtstellung dahin sei. Die Briten teilten diese Einschätzung zwar, hofften jedoch für die Zukunft auf ein wiedererstarktes Frankreich.

Ab Herbst 1944 jedoch waren alle drei Alliierten davon überzeugt, daß Frankreich eine Schlüsselrolle im zukünftigen Europa spielen könne. De Gaulle hatte sich mit Hilfe der Amerikaner, die den Aufbau einer neuen französischen Armee unterstützten[40], erfolgreich als De-facto-Führer des befreiten Frankreichs durchgesetzt. Auch wenn die Alliierten die Großmachtansprüche de Gaulles noch über Jahre hinweg nicht so ernst nahmen, wie dieser es sich wünschte, so deuteten die Zeichen doch zweifellos in eine neue Richtung.

Aus Sicht der französischen Regierung, die ihren Sitz nun wieder in Paris hatte, war die Deutschlandpolitik das unmittelbar wichtigste Anliegen. Zwei gemeinsame oberste Ziele gab es: Zuallererst sollte es keine neue Zentralregierung in Deutschland geben. In den unmittelbaren Nachkriegsjahren nutzten die Franzosen ihre neugewonnene Position, um jegliche zentraladministrativen Strukturen, die die Alliierten gerne aufgebaut hätten, zu verhindern.

Das zweite Anliegen der französischen Regierung betraf die unmittelbaren Gebietsveränderungen. Sie wollten die linksrheinischen Gebiete von Deutschland abtrennen und soviel wie möglich – vor allem das Saargebiet – Frankreich angliedern. In den Friedensverhandlungen 1919 hatten die Franzosen auf Druck der Vereinigten Staaten und Großbritanniens und im Tausch für das Versprechen einer Verteidigungsallianz gegen Deutschland ihre Pläne zur Übernahme der linksrheinischen Gebiete aufgegeben. Nachdem sie diese Konzessionen gemacht hatten, waren sie um das versprochene Bündnis betrogen worden. In eine solche Verhandlungsfalle wollten sie nicht noch einmal geraten. Doch wie sich herausstellte, wollten die Sowjets keine größeren Gebietsansprüche unterstützen, und auch die Amerikaner und Briten stimmten nur der Abtrennung des Saargebietes zu. Zumindest aber änderten die Westalliierten Ende 1944 ihre Meinung hinsichtlich der Besatzungsfrage und befürworteten nun eine französische Besatzungszone, eine Angelegenheit, die auf der nächsten Konferenz der Alliierten in Jalta besprochen werden sollte.

Im ganzen betrachtet waren die Deutschlandpläne der Alliierten sehr unnachgiebig, was jedoch angesichts des deutschen Verhaltens kaum überraschen konnte. Der Krieg hätte wohl nicht zu den Bedingungen der Alliierten beendet werden können, wenn sie, statt die bedingungslose Kapitulation zu fordern, den Deutschen ihre Pläne vorab unterbreitet hätten. Die Deutschen mußten kapitulieren, oder ihr Staat würde zerschlagen werden. Anders als ihre Verbündeten und Satellitenstaaten wählten sie letzteres.

DIE WINTEROFFENSIVEN IM OSTEN

Noch bevor im Januar die neue sowjetische Offensive begann, änderte sich die Lage in Ungarn allmählich zugunsten der Sowjets. Die Hauptstadt Budapest war am 26. Dezember eingeschlossen worden, nachdem Hitler der deutschen Armee die Erlaubnis zum rechtzeitigen Rückzug verweigert hatte. Die ausgedehnte Stadt wurde nun belagert, aber am 28. Dezember kam die Rote Armee angesichts des deutschen und ungarischen Widerstands und der Erschöpfung der eigenen Angriffskräfte zum Stillstand.[41] Die Deutschen planten einen großen Entlastungsangriff, weil zum einen der Belagerungszustand beendet und zum anderen die ungarischen Ölfelder geschützt werden sollten. Nach dem Verlust des rumänischen Öls und den alliierten Luftangriffen auf die Raffinerien zur Produktion synthetischen Treibstoffs in Deutschland waren sie besonders wichtig geworden. Die deutsche Wehrmacht startete dort ihre letzte große Offensive des Krieges. Im Januar führten sie eine Serie von Angriffen gegen die ungarische Hauptstadt, aber wie in Stalingrad zwei Jahre zuvor gelang kein Durchbruch zu den eingeschlossenen Truppen.[42]

Statt Unterstützung in den Mittelabschnitt der Ostfront zu entsenden, wo die Rote Armee angriffsbereit stand, schickte Hitler die 6. SS-Panzer-Armee, nachdem sie von der Ardennen-Offensive zurückgekommen war, ausgerechnet in diese Schlacht. Die neue ungarische Offensive kam ohnehin zu spät und konnte die sich auflösende Besatzung von Budapest nicht retten. Die verbliebenen deutschen und ungarischen Einheiten wurden im Februar überwältigt. Nur ein paar hundert von über 30000 Mann erreichten noch die deutschen Linien.[43]

Der letzte deutsche Hauptangriff am 5. März zum Schutz der Ölgebiete und der Zugangswege nach Wien – dem offenkundig nächsten Ziel der Sowjets – geriet zu einem totalen Fiasko. Obwohl die 2. und 3. Ukrainische Front (nördlich und südlich Budapests) etwas Boden verloren, konnten sie die angreifenden deutschen Truppen schnell vernichten. Bis Monatsende hatten sie die Deutschen größtenteils aus dem übrigen Ungarn, wenn auch noch nicht von den Ölfeldern, verdrängt und waren für den Vorstoß nach Wien bereit. Hitlers hysterische Vorwürfe konnten sogar seine Waffen-SS nicht mehr motivieren. Bei den deutschen Einheiten zeigten sich Zeichen der Demoralisierung, was wohl damit zusammenhängt, daß die deutschen Soldaten die Rote Armee aus Ungarn vertreiben sollten, während die Fronten an beiden Seiten, von Osten und Westen, doch bereits tief nach Deutschland vorrückten.

Während die Deutschen bei den Westoffensiven und danach in Ungarn ihre letzten Reserven verbrauchten, hatten die Sowjets ihre Hauptmacht an der mittleren Ostfront aufgebaut. Eine dritte Offensive der Roten Armee in Kurland hatte die dortige Front nicht aufbrechen können. Bis mehr über die sowjetischen Pläne und Operationen in Westlettland zwischen Oktober 1944 und Mai 1945 bekannt ist, können wir aber nicht genau sagen, ob die Deutschen über die Ostsee getrieben werden sollten oder ob die Sowjets eine Evakuierung verhindern und die Deutschen bis zur Kapitulation dort festnageln wollten. Der Schwerpunkt der sowjetischen Militärplanung für Januar 1945 lag an der Mittelfront. Nach der Vernichtung der deutschen Verbände von Ostpreußen bis zu den Karpaten sollte ein schneller Vorstoß nach Berlin erfolgen, das, wie Stalin geläufig war, in der den Sowjets zugedachten Besatzungszone lag.

Nach dem sowjetischen Plan sollte der Siegeszug bis an die Elbe innerhalb von sechs Wochen abgeschlossen sein. Der Hauptvorstoß der ersten Phase, für die fünfzehn Tage vorgesehen waren, sollte von den Brückenköpfen an der Weichsel südlich von Warschau ausgehen, ein zweiter von den Brückenköpfen am Narew nördlich von Warschau. Die 1. Weißrussische und 1. Ukrainische Front sollten über Südpolen in die Industrieregion Schlesiens vordringen, während die 2. und 3. Weißrussische Front im Norden die deutschen Truppen um Ostpreußen isolieren, sie an die Ostsee abdrängen und den abgeschnittenen Rest vernichten sollten. In beiden Fällen gingen die Sowjets davon aus, mit ihrer Überlegenheit an Truppen, Artillerie, Panzern und ihrer besseren Beweglichkeit die relativ schwache Verteidigungslinie der Deutschen schnell aufzubrechen. Die mobilen Angriffsspitzen der Roten Armee könnten dann tief in den Rücken des geschwächten Gegners greifen. Für die zweite, sich ohne Pause anschließende Phase, in der die südlichen Streitkräfte (die 1. Weißrussische und die 1. Ukrainische Front) bis nach Berlin und zur Elbe vorrücken sollten, waren dreißig Tage vorgesehen. Im Februar oder März sollte der Krieg in Europa beendet sein. Für den Feldzug in der Mandschurei gegen Japan würden dann Truppen zur Verfügung stehen.[44]

Der erste Teil des sowjetischen Planes wurde tatsächlich in fünfundvierzig Tagen erfolgreich abgeschlossen, der zweite jedoch verzögerte sich. Die Offensive, deren Beginn ursprünglich für die Zeit vom 15. bis etwa 20. Januar 1945 geplant war, wurde eine Woche vorverlegt. Nach Monaten der Ruhe am Hauptsektor der Ostfront hatten die Deutschen ihre Kräfte an anderen Abschnitten konzentriert; deshalb forderten die Westalliierten Entlastung. Der frühe Angriff brachte außerdem einen Überraschungsvorteil, denn die deutschen Hauptquartiere hatten vermutet, die Sowjets würden auf besseres Wetter warten. Die deutschen Reserven waren vorwiegend nach Ungarn geschickt worden, und an der Hauptfront stand praktisch alles, was die Deutschen noch hatten, in Reichweite der sowjetischen Artillerie. Bei den großen Angriffen am 12., 13. und 14. Januar von den Weichsel- und Narew-Brückenköpfen aus überrollte die Rote Armee buchstäblich die vor ihnen liegenden deutschen Truppen und schob die restlichen deutschen Frontstellungen und die wenigen Reserven hinter den deutschen Linien beiseite. Am 17. Januar war der Durchbruch erreicht. Abschnitte der deutschen Front wurden von den gepanzerten Einheiten der Roten Armee eingeschlossen, während die Überreste der deutschen Divisionen – allen voran das Personal der Feldküchen und Schreibstuben – desorganisiert ins Reich zurückströmten. Nachdem sich das Wetter gebessert hatte, kontrollierte die sowjetische Luftwaffe auch den Luftraum.

Die Rote Armee hatte einen enormen Sieg errungen und gewann Zuversicht und Kampfmoral. Die Deutschen hingegen wurden über Gebiete gejagt, die bislang vom Krieg fast unberührt geblieben waren und in die sich viele Menschen vor den Bombenangriffen im Westen geflüchtet hatten. Der sowjetische Vormarsch glich zusehends einem unaufhaltsamen Ansturm.[46]

Um die zusammenbrechende Front zu retten, verlegten die Deutschen einige Truppen von der Westfront nach Osten und organisierten weitere Verstärkung. Die Hauptanstrengung war jedoch anderer Art: Hitler setzte Schörner und Rendulic, die durch Gnadenlosigkeit beim disziplinarischen Erschießen deutscher Soldaten ausgewiesen waren, als Oberbefehlshaber der gefährdeten Teile der Front ein, und Himmler übernahm die neue, zum größten Teil fiktive Heeresgruppe »Weichsel«. Aber durch keine dieser Maßnahmen konnte die Rote Armee merklich gebremst werden. Ende Januar hatten die sowjetischen Truppen die Ostsee kurz vor Danzig (Gdansk) erreicht und die Überreste der deutschen 3. Panzerarmee und 4. Armee abgeschnitten. Am Mittelabschnitt der Front hatten sie die Oder überschritten und fast ganz Schlesien östlich der Oder besetzt. Die besetzten polnischen Gebiete waren nun fast alle befreit und unter sowjetischer Kontrolle, ein großer Teil des praktisch intakten schlesischen Industrie- und Steinkohlegebiets war von der 1. Ukrainischen Front unter Marschall Konjew erobert worden. Hunderttausende deutscher Zivilisten waren auf der Flucht. An manchen Stellen gab es zwar noch Inseln des Widerstands – Breslau (Wrocław) hielt bis Mai stand –, die sich aber, wie jeder wußte, nicht lange halten konnten.*

---

* Von den isolierten Küstengebieten wurden ungefähr zwei Millionen Soldaten und Zivilisten evakuiert. Zu Breslau siehe Karol Jonca, »The Destruction of ›Breslau‹. The Final Struggle of the Germans in Wrocław in 1945«, in: *Polish Western Affairs* Bd. 2, Nr. 2 (1961), S. 304–333.

NOR-
WEGEN

Oslo

Nord-
see

SCHWEDEN

Kopenhagen

BORN-
HOLM

Rostock

Hamburg

Magdeburg

Leipzig

Dresden

DEUTSCHES
REICH

Berlin

ITALIEN

FINNLAND

Helsinki

Leningrad

Stockholm

Reval

Narwa

ESTLAND

SOWJETUNION

Ostsee

KURLAND

Riga

LETTLAND

Memel

LITAUEN

Wilna

Witebsk

Orscha

Smolensk

Danzig

Königsberg

OSTPREUSSEN

Grodno

Minsk

Mogilew

Rogatschew

Kolberg

Stargard

Stettin

Küstrin

Posen

Weichsel

POLEN

Warschau

Magnuszew

Łódź

Pulawy

Baranow

Sandomir

Lublin

Korosten

Kiew

Oder

Torgau

Breslau

Krakau

Prag

Donau

SLOWAKEI

UNGARN

Wien

Budapest

SOWJETUNION

Odessa

RUMÄNIEN

Belgrad

Ploiesti

Bukarest

JUGOSLAWIEN

Konstanza

Schwarzes
Meer

BULGARIEN

Dnjepr

Elbe

	Grenzen von 1939
	Frontverlauf 23. Juni 1944
	Frontverlauf 15. Dezember 1944
	Frontverlauf 15. Februar 1945

15. Die Ostfront 1944/45

Die Rote Armee eroberte auch die Gegend um Auschwitz (Oświęcim) mit seinen Außen- und Nebenlagern, seinen großen Fabriken und den Vernichtungslagern. Es fanden sich sieben Tonnen Frauenhaare, die die Deutschen nicht mehr hatten mitnehmen können.

Es spricht manches dafür, daß die Entschlossenheit oder die Verzweiflung, mit der die belagerten deutschen Einheiten an den Nord- und Südflanken der Front kämpften, neben den in letzter Minute bereitgestellten Verstärkungstruppen an der Oder mitverantwortlich war für den Stillstand der sowjetischen Offensive im Februar. Schukows Vorstoß bis an die Oder östlich von Berlin schloß zwar auch einige Brückenköpfe mit ein. Sie waren aber als Basis für die geplante zweite Phase der Offensive nicht weiträumig genug verteilt. Fast den ganzen Februar, je nachdem, wie es das Wetter erlaubte, drängte die Rote Armee an den Flanken der im Januar erreichten Linie nach Ostpreußen, Pommern und Nordschlesien vorwärts.[47] Ein kleiner Gegenangriff der Deutschen bei Stargard am 16. Februar erschütterte wohl das Selbstvertrauen des sowjetischen Oberkommandos, denn für die zweite Phase der Großoffensive beschlossen die Sowjets, umfassende Vorbereitungen zu treffen. Berlin und die festgelegte sowjetische Zone würden nicht leicht und schnell zu besetzen sein, was umgekehrt für die Deutschen bedeutete, daß die Eroberung mit großen Zerstörungen verbunden und sehr blutig sein würde.[48] Zwischen den beiden nun zeitlich getrennten Phasen der sowjetischen Winteroffensive fand, wie bereits festgesetzt, die Konferenz von Jalta auf der Krim statt.

DIE KONFERENZ VON JALTA

Zwischen den alliierten Staatsmännern hatte es im Vorfeld ausführliche Gespräche über ein weiteres Treffen gegeben. Stalin hatte sich jedoch erneut geweigert, dafür eine weite Reise zu unternehmen, was vor allem Roosevelt Schwierigkeiten bereitete, da er im November 1944 eine Wahl zu bestehen hatte und wegen Überarbeitung gesundheitlich angeschlagen war.[49] Die Entscheidung für ein Treffen in Jalta bedeutete sowohl für ihn als auch für Churchill eine lange Reise. Die Stabschefs der Westalliierten trafen sich vorab auf Malta und arbeiteten die Pläne für die Schlußoffensive der westlichen Armeen gegen Deutschland aus. Die Briten glaubten immer noch, im Norden genüge ein einziger Vorstoß unter dem Befehl Montgomerys. Doch es war aussichtslos, dafür die Zustimmung der Amerikaner zu bekommen. Vor und nach dem Treffen wurde auch für die Möglichkeit geworben, Tedder als Stellvertreter Eisenhowers durch Feldmarschall Alexander zu ersetzen, aber als deutlich wurde, daß Alexander nicht den Oberbefehl über die gesamten Bodentruppen bekommen würde, ließen die Briten selbst die Idee wieder fallen.[50] Die grundlegende Strategie, der die Briten unter großen Bedenken zustimmten, sah beginnend im Norden eine Serie von Angriffen vor, die Vernichtung der deutschen Truppen am linken Rheinufer, die Überquerung des Flusses und eine Offensive zur Einkreisung des Ruhrgebiets.

Dem sollten Vorstöße in verschiedene Richtungen folgen: zur Ostsee nach Norden, den Sowjets entgegen im Zentrum und nach Bayern Richtung Süden.

Beträchtliche Diskussion verursachte das Problem der Verteilung der Schiffskapazität, da sowohl für die Entsatztransporte in die befreiten Teile Europas als auch für die geplante Verlegung von Truppen in den Pazifik Schiffe gebraucht wurden. Einige Sorgen bereitete noch die Möglichkeit, daß die Deutschen neue U-Boot-Typen zum Kampfeinsatz bringen könnten, wenn der Krieg gegen Deutschland doch noch länger dauern sollte. Um die Niederlage Deutschlands möglichst schnell herbeizuführen, bestanden die Amerikaner und Kanadier gegen das anfängliche Widerstreben der Briten auf der Verlegung von fünf Divisionen, darunter drei kanadischen, vom Mittelmeer zur Hauptfront im Westen.

Zum Krieg im Pazifik einigte man sich auf Landungsangriffe auf die Inseln Iwojima und Okinawa und auf die eventuelle Invasion der Inseln Japans. Für die Niederschlagung Japans wurden nach Berechnungen weitere anderthalb Jahre veranschlagt, falls der Krieg in Europa erwartungsgemäß zwischen Juli und Jahresende 1945 beendet sein würde. Der Sieg, so informierten die Combined Chiefs of Staff Churchill und Roosevelt, würde hoffentlich 1947 endgültig errungen sein.

In Jalta kamen die alliierten Führer vom 4. bis 11. Februar 1945 in mehreren Sitzungen zusammen, die berühmter – oder berüchtigter – wurden, als sie vielleicht verdienen. Die meisten diplomatischen Entscheidungen wurden schon auf der Konferenz von Teheran getroffen, und die zwischen der Sowjetunion und den Westalliierten umstrittenen politischen Fragen – das Schicksal Polens und Südosteuropas – waren zum Großteil bereits zwischen beiden Konferenzen durch die Besetzung oder Befreiung praktisch aller zur Diskussion stehenden Gebiete durch die Rote Armee entschieden worden. Das Lubliner Komitee – und nicht die Londoner Exilregierung – war inzwischen in Warschau installiert, und die tschechoslowakische Exilregierung hatte es gemäß den Wünschen der Sowjets als rechtmäßig anerkannt.

Die Beratungen in Jalta wurden überschattet durch die Tatsache, daß die Sowjetunion schon fast ganz Ost- und Südosteuropa kontrollierte, umgekehrt aber auch durch die Kontrolle der Briten über Griechenland und die britische und amerikanische Vorherrschaft in Italien, Frankreich und dem Großteil der Niederlande, Belgiens und Luxemburgs. Die Westalliierten merkten in der Konferenz, daß sie in der Frage der polnischen Regierung nicht viele Konzessionen erreichen würden, und die, zu denen die Sowjets tatsächlich bereit waren, wurden bald nach der Konferenz wieder rückgängig gemacht: Die Erweiterung des Lubliner Regimes durch Repräsentanten der Londoner Exilregierung und anderer polnischer Vertreter wurde schnell und effektiv sabotiert, während die freien Wahlen, die Stalin für einen Monat nach der Konferenz versprach, zum erstenmal 1989 stattfanden, also vierundvierzig Jahre später. Weil die Sowjets nicht in die Kämpfe zwischen Briten und griechischen Kommunisten eingegriffen hatten, als letztere die Macht zu ergreifen versucht hatten, mag Stalin sich vielleicht berechtigt gefühlt haben, jede Opposition in den von der Roten Armee kontrollierten Gebieten zu unterdrücken. Dennoch folgte er dem amerikanischen Vorschlag einer Deklaration, die allen befreiten und besetzten Gebieten freigewählte eigene Regierungen zusicherte. Die Sowjetunion wollte »Freunde« als Machthaber in Ost- und Südosteuropa, aber daß Regierungen, die Stalin als freundlich gesinnt einschätzte, aus freien Wahlen hervorgehen würden, war ein Ding der Unmöglichkeit.[51] Andererseits hatten sich die westlichen Mächte mittlerweile darauf festgelegt, daß Frankreich im Nachkriegseuropa eine wichtige Rolle spielen sollte. Mit großem Widerstreben stimmte Stalin einer französischen Besatzungszone in Deutschland zu und erreichte außerdem, daß diese Zone (und der entsprechende Sektor Berlins) nur von den amerikanischen und britischen Zonen (und Sektoren) abgeteilt wurde. Stalin selbst war nicht bereit, einen Teil der sowjetischen Besatzungszone abzugeben, vielleicht weil er Frankreich nur für einen Satellitenstaat der Westmächte hielt. Darüber hinaus stimmte er auch erst diesem Gedanken zu, nachdem Roosevelt seine Ansicht geändert hatte und Frankreich einen Platz im Alliierten Kontrollrat zubilligte.

Daß die Briten auf einer gleichberechtigten Position Frankreichs insistierten und dazu die Einwilligung der Amerikaner und schließlich der Sowjets einforderten, hängt vermutlich mit Roosevelts wiederholter, schon in Teheran geäußerter Ankündigung zusammen, daß die amerikanischen Truppen größtenteils nicht länger als zwei Jahre nach der Niederwerfung Deutschlands in Europa verbleiben würden. Es würden nicht nur viele Truppen für den Krieg gegen Japan benötigt, sondern es sei auch unwahrscheinlich, daß die amerikanische Öffentlichkeit einer langfristigen Stationierung amerikanischer Einheiten in Deutschland zustimme. Im Bewußtsein der enttäuschten Hoffnungen und Pläne Wilsons nach dem Ersten Weltkrieg war Roosevelt beim Eingehen von Verpflichtungen vorsichtig und sorgte dafür, daß die geleisteten Zusagen im eigenen Land Unterstützung fanden. Zumindest nach britischen Erwartungen und vielleicht auch nach seinen eigenen könnten die Franzosen später die amerikanische Zone in Süddeutschland, die er gerade erst akzeptiert hatte, übernehmen, zumal eine eigene französische Zone sicherlich an die amerikanische angrenzen würde.[52]

Der amerikanischen Öffentlichkeit die Kompromisse der Westmächte in der Polenfrage verständlich zu machen, erwies sich als sehr schwierig. Die Briten und die Amerikaner stimmten – wie bereits in Teheran angedeutet – einer Ostgrenze Polens zu, die im wesentlichen der Curzon-Linie entsprach, auch wenn Roosevelt sehr eindringlich, aber vergeblich, versuchte, die überwiegend von Polen bewohnte Stadt Lemberg (Lwow) und die nahegelegenen Ölvorkommen für Polen zu retten.[53]

Der Beschluß über die polnisch-sowjetische Grenze stand in engem Zusammenhang mit den Plänen für die Vereinten Nationen. Roosevelt wollte verständlicherweise die Niederlage der Regierung Wilson nicht wiederholen. In das Scheitern ihrer Politik war er selbst persönlich tief verstrickt gewesen. Diese Niederlage war seiner und vieler anderer Ansicht nach mit für den Ausbruch eines weiteren Weltkriegs verantwortlich. Roosevelt war in Jalta entschlossen, den letzten kritischen Punkt zu klären, der auf der Konferenz von Dumbarton Oaks offengeblieben war: das Beschlußverfahren des Sicherheitsrates. Er hatte seinen neuen Außenminister Edward Stettinius mitgebracht. Der frühere Außenminister Hull hingegen, der vor kurzem wegen Krankheit ausgeschieden war, hatte seinerzeit an der Konferenz von Teheran nicht teilgenommen. Stettinius erläuterte sorgsam den amerikanischen Kompromiß-vorschlag, doch Stalin behauptete, er habe die Papiere noch gar nicht zu Gesicht bekommen. Obwohl der sowjetische Diktator zur großen Erleichterung der ameri-kanischen Delegation dem Vorschlag zustimmte, daß das Vetorecht bei Verfahrens-fragen nicht eingeführt werden sollte, insistierte er in einem anderen Punkt auf Kon-zessionen, die ihm Roosevelt nur sehr widerwillig zubilligte.

Die Sowjets hatten schon früher sechzehn Sitze (und Stimmen) in der Versamm-lung der Vereinten Nationen gefordert, einen für jede Sowjetrepublik der UdSSR. Die Amerikaner hatten dies abgelehnt, während die Briten, die selbst einen Sitz für Indien und jedes selbstverwaltete Dominion wollten, sich unentschlossen zeigten. Nun forderte Stalin zwei Sitze für die Ukrainische und die Weißrussische Sowjet-republik.* Die Briten stimmten der Forderung zu[54], und die Amerikaner mußten widerwillig mitziehen. Roosevelt erinnerte sich sehr gut an den Widerstand der amerikanischen Öffentlichkeit gegen die Mehrfachstimmen der Briten (für die Do-minions) im Völkerbund. Er bestand auf der Geheimhaltung dieser Vereinbarung und auf der Unterstützung der Briten und Sowjets, falls die Vereinigten Staaten zwei weitere Sitze in der Versammlung anstreben sollten. Wenig später sickerte die Abmachung trotzdem an die Öffentlichkeit durch und sorgte kurzzeitig für Aufse-hen. Die Wogen glätteten sich jedoch bald, weil zwei weitere Maßnahmen die Dis-kussion beherrschten.

Zum einen kamen die Großen Drei in Jalta überein, die Länder, die Deutschland bis zum 1. März den Krieg erklärt hatten, auf die Gründungskonferenz der Vereinten Nationen am 25. April einzuladen. Frankreich würde zu den einladenden Mächten gehören, und die Konferenz selbst würde in den Vereinigten Staaten abgehalten wer-den, was den Amerikanern besonders wichtig gewesen war. Denn wenn die amerika-nische Öffentlichkeit von ihren isolationistischen Neigungen abgebracht werden sollte, konnte die Aufmerksamkeit für die neue Weltsicherheitsorganisation auf diese Weise am besten gewonnen werden. Als Tagungsort wurde San Francisco gewählt. Und anders als Wilson wollte Roosevelt auch wichtige Führer der Republikanischen Partei in die amerikanische Delegation aufnehmen. Mit Senator Arthur Vandenberg, dem außenpolitischen Sprecher der Opposition im Senat, band Roosevelt den vermutlich heftigsten Gegner der Vereinbarungen von Jalta wirkungsvoll in die neue Politik ein.[55]

Die Zukunft Deutschlands war selbstverständlich Hauptthema der Gespräche. Die Aufteilung Deutschlands in Besatzungszonen, die bereits von der Europäischen Be-ratenden Kommission ausgearbeitet worden war, wurde, ergänzt um eine französi-sche Besatzungszone, bestätigt. Ein Kontrollrat mit Sitz in Berlin sollte die Politik

---

* Warum Stalin diese Angelegenheit für so wichtig hielt, ist noch ungeklärt.

bestimmen. Allerdings waren sich die Alliierten nur über die negativen Ziele wie Entnazifizierung und Entmilitarisierung einig, über die Bedeutung von »Demokratisierung« hingegen waren die Auffassungen geteilt. Da man sich bereits über die Grenzlinie zwischen der östlichen und den westlichen Zonen verständigt hatte, wurde die Entscheidung über den Umfang der Gebietsabtretungen Polens in Wirklichkeit den Sowjets selbst überlassen. Und trotz der formalen Vorbehalte einer Regelung durch eine Friedenskonferenz und des Zweifels der Briten und Amerikaner war die Oder-Neiße-Linie als neue Ostgrenze Deutschlands praktisch beschlossen. Wenn die Deutschen erst einmal aus den Ostgebieten geflohen oder vertrieben sein würden, war eine Änderung ohnehin unwahrscheinlich.

Mit der Kontrolle über Polen, der Westverschiebung Polens und der weit in den Westen reichenden Besatzungszone konnte sich die Sowjetunion vor jeglicher künftigen Invasion Deutschlands sicher fühlen. Außerdem kam erneut das Thema der »Teilung« Deutschlands auf: Theoretisch waren sich die Alliierten darüber einig. Die Sowjets waren ganz besonders daran interessiert. Aber die deutschen Kommunisten in Moskau arbeiteten bereits an der Machtübernahme in einem ungeteilten deutschen Staat, und die Sowjets selbst drehten sich um hundertachtzig Grad und traten bald nach Jalta für ein geeintes Deutschland ein.[56]

Diese Umkehrung hing vielleicht mit der Frage der Reparationen zusammen, die in Jalta nicht zu Stalins Zufriedenheit geregelt wurde. Später mag er geglaubt haben, daß die Sowjetunion, wenn sie die Annexion großer westdeutscher Industriegebiete durch Frankreich verhindere, vielleicht selbst manche Industrieanlagen von dort bekommen könnte. Auf jeden Fall forderten die Sowjets in Jalta, Reparationen in Höhe von zwanzig Milliarden Dollar sollten zur Hälfte an sie und an die anderen kriegsgeschädigten Länder gehen. Die Amerikaner und Briten wußten aus den Erfahrungen nach dem Ersten Weltkrieg, daß eine fixe Summe keine gute Regelung war: die Briten, weil ihre Besatzungszone nach der Entindustrialisierung für lange Zeit Hilfsleistungen benötigen würde, und die Amerikaner, weil sie glaubten, daß die deutschen Reparationen damals durch amerikanische Anleihen bezahlt worden waren und daß dies wieder so sein würde. Es wurde also keine Übereinkunft erzielt, die Angelegenheit wurde den alliierten Außenministern überlassen. Grundsätzlich war man sich jedoch einig, daß zahlreiche Industrieanlagen in Deutschland demontiert werden müßten und denjenigen, die unter der Aggressionspolitik des Dritten Reiches gelitten hatten, beim Aufbau geholfen werden sollte.[57]

Bevor diese Pläne jedoch durchgesetzt werden konnten, mußten Deutschland und Japan zuerst besiegt werden. Wie Deutschland zu schlagen sei, war ziemlich eindeutig: konzentrierte Angriffe auf das Reich. Es gab deshalb zwar einigen Austausch militärischer Informationen, aber in der Praxis wurden die Operationen der Sowjets und der Westalliierten nicht direkter oder detaillierter koordiniert als zuvor. Kleine Versuche in dieser Richtung – wie die Benutzung ungarischer Flugplätze durch amerikanische Flugzeuge – wurden schnell wieder aufgegeben, weil die Sowjets sich weigerten, die gegebenen Versprechen einzulösen. Wichtiger waren hingegen die Gespräche über die sowjetische Beteiligung am Krieg gegen Japan.

Nachdem Stalin erstmals versprochen hatte, nach der Niederschlagung Deutschlands für eine angemessene Belohnung in den ostasiatischen Krieg einzutreten, waren dort bereits mehrere größere Veränderungen eingetreten. Die Amerikaner und Australier hatten im Südwest- und Zentralpazifik große Vorstöße unternommen, und die Briten hatten die Japaner in Birma besiegt. Der Kampf war jedoch außergewöhnlich hart, so daß die Combined Chiefs of Staff auf der Konferenz von Malta weitere anderthalb Jahre Krieg vorausgesagt hatten. Nationalchina, der wichtigste Landstützpunkt für den Angriff gegen japanische Truppen auf dem Festland und für die Luftangriffe auf die japanischen Heimatinseln, die sich die Amerikaner durch Stalins Versprechen in Teheran erhofft hatten, war unter Japans großer Ichigo-Offensive in der Zwischenzeit militärisch zusammengebrochen. Obwohl die Versorgung Chinas mit Flugzeugen über die Südausläufer des Himalaja, die von den Amerikanern »Hump« (Buckel) genannt wurden, weiter funktionierte und der erste Lastwagenkonvoi über die Ledo-Straße am 28. Januar kurz vor der Konferenz von Jalta die chinesische Grenze erreicht hatte, war es offensichtlich, daß eine Großoffensive gegen Japan nicht von dem kleinen Überbleibsel von Tschiang Kai-scheks China ausgehen konnte.

Durch diese Entwicklungen schien der Schlußangriff auf Japan einerseits zwar einfacher, andererseits aber waren die Amerikaner noch stärker abhängig vom Kriegseintritt der Sowjets. Vor diesem Hintergrund ist es verständlich, daß die Amerikaner und Briten den Sowjets die Rückeroberung der im Russisch-Japanischen Krieg 1904/05 verlorenen Gebiete zubilligten. Stalin hatte allerdings noch weitere Forderungen wie die Überlassung der Kurilen und die Anerkennung der Mongolei als einen sowjetischen Satellitenstaat ohne Teilnahme chinesischer Repräsentanten. Roosevelt hatte Tschiang Kai-schek bereits während der Konferenz von Kairo auf die sowjetischen Forderungen hingewiesen und versprach nun, zu versuchen, seine Zustimmung zu erwirken. Im Austausch dafür erhielt er nicht nur das Versprechen, gegen Japan zwei oder drei Monate nach Kriegsende in Europa mitzukämpfen, sondern auch zwei für die chinesische Regierung sehr wichtige Zusagen. Stalin sagte den chinesischen Nationalisten Hilfe zu, und nach der Befreiung der Mandschurei von den Japanern durch die Rote Armee wollte er die chinesische Souveränität in der Mandschurei anerkennen. Angesichts der damaligen Situation Chinas waren dies tatsächlich weitreichende Konzessionen. Hätten die Nationalisten den chinesischen Bürgerkrieg gewonnen, wären Stalin von den chinesischen Kommunisten zweifellos ebenso vehemente Vorwürfe gemacht worden, wie man sie dem amerikanischen Präsidenten später wegen seiner Zustimmung zu den in Jalta ausgehandelten Bedingungen tatsächlich gemacht hat.[58] Bislang wußte noch niemand, ob die Atombombe funktionieren oder welche Reaktionen auf japanischer Seite sie im Falle eines erfolgreichen Einsatzes auslösen würde. Nicht zuletzt deshalb hatten sich die Westalliierten für den Pazifikkrieg eines Hauptverbündeten versichert: Die Amerikaner brauchten Unterstützung für die Invasion der japanischen Heimatinseln, die Briten für die Ablenkung der japanischen Landstreitkräfte von dem geplanten Feldzug in Malaya, der dem in Birma folgen sollte.

Zwei weitere, untergeordnete Themen wurden auf der Konferenz verhandelt. Die neue kommunistische Regierung Jugoslawiens unter Tito sollte um einige Repräsentanten der jugoslawischen Exilregierung erweitert werden, was allerdings ebenso erfolglos blieb wie der Versuch zur Schaffung einer Koalitionsregierung in Polen. Der andere Verhandlungsgegenstand betraf die Rückkehr der vielen britischen und amerikanischen Kriegsgefangenen aus deutschen Lagern, die von der Roten Armee erobert worden waren. Diese Frage war mit unendlichen Schwierigkeiten belastet.[59] Für die Zusicherung sofortiger Repatriierung ihrer Soldaten verpflichteten sich die Westmächte ihrerseits, alle Sowjetbürger – Kriegsgefangene, Zwangsarbeiter, diejenigen, die in der deutschen Wehrmacht dienten – in die Sowjetunion zurückzubringen. Es gab zwei böse Auswirkungen dieser Regelung. Die Sowjetunion duldete jedoch keine westlichen Repräsentanten in den polnischen Lagern und erschwerte somit die Heimkehr der britischen und amerikanischen Kriegsgefangenen, weil die Zerschlagung der polnischen Opposition möglichst ohne Beobachter vonstatten gehen sollte.[60] Die daraus folgenden Zusammenstöße mit amerikanischen Diplomaten, besonders mit Botschafter Harriman und dem Chef der Militärmission, General Deane, waren mitverantwortlich für deren negative Einschätzung der Sowjetunion und damit für die Entstehung des Kalten Krieges.[61]

Auf der anderen Seite wurden viele Sowjetbürger, die bei der Rückkehr um ihr Leben fürchteten, zwangsweise in ihr Heimatland zurückgebracht. Die Briten hatten schon im August 1944 die Initiative übernommen und mit der Repatriierung begonnen. Sie weiteten ihr Rückführungsprogramm auf diejenigen aus, die bereits vor Kriegsbeginn aus der Sowjetunion emigriert waren, und auf Emigranten, die aus Gebieten stammten, die nach 1939 von der Sowjetunion annektiert worden waren. Die Amerikaner verfolgten eine andere Politik: Sie lieferten keine Emigranten gegen ihren Willen aus und akzeptierten die Weigerung derjenigen, deren Heimat vor dem Krieg noch nicht zur Sowjetunion gehört hatte.[62] Dennoch wurden Zehntausende zwangsweise von beiden Staaten in die Sowjetunion ausgewiesen. Bis lange nach Kriegsende gab es wenig Sympathie für diejenigen, die Deutschland bei der Unterwerfung Europas geholfen hatten, was auch immer deren Beweggründe gewesen waren. Diese Maßnahmen brachten Trauer und Leid über viele Menschen und gereichten niemandem zur Ehre.

Von näherliegendem Interesse für Großbritannien und die Vereinigten Staaten waren die Auswirkungen der Vereinbarungen auf das polnische Korps in Italien und die polnische Division in Montgomerys Truppen an der Westfront. Würden diese Soldaten, die von den Alliierten immer noch dringend gebraucht wurden, weiterhin so tapfer für eine Sache kämpfen, die ihnen doch schon als unwiederbringlich verloren erscheinen mußte? In besorgten Sondierungsgesprächen zwischen beiden Parteien wurde deutlich, daß die polnischen Soldaten tatsächlich bis zum Sieg über Deutschland auf der Seite der Westalliierten kämpfen würden.[63] Die polnischen Partisanen, die in ihrem Land gegen die Deutschen kämpften, erwartete das traurige Schicksal der Männer der polnischen Untergrundbewegung, die Ende März 1945 von den Sowjets festgenommen wurden, als sie auf sowjetische Einladung zu Verhandlungen erschienen – es sei denn, sie schlossen sich noch schnell den Truppen der neuen kommunistischen Regierung an.[64]

In den darauffolgenden Jahren wurde die Konferenz von Jalta oft als Ausverkauf westalliierter Interessen an die Sowjetunion gebrandmarkt. Besonders in den Vereinigten Staaten wurde den amerikanischen Führern während der ersten großen Welle revisionistischer Geschichtsschreibung über die interalliierten Beziehungen vorgeworfen, den Sowjets alles überlassen zu haben. Später behaupteten andere Revisionisten, dieselben Führer hätten sich damals im Gegenteil gegen die Sowjetunion verschworen, und die Diskussion verlagerte sich auf die Konzessionen, welche die Sowjets gemacht hatten. Vielleicht ist es vernünftiger anzunehmen, daß die Großen Drei sich mit einer Übereinkunft verschiedener Ideologien und Interessen schwertaten, und das große Problem dabei war, daß einige tatsächlich erzielte Abkommen später nicht umgesetzt wurden, wodurch auf den erreichten Konsens statt besserer Zusammenarbeit neue Krisen folgten.

Auf der Konferenz selbst und noch einige Zeit danach war die amerikanische öffentliche Meinung der Sowjetunion, trotz früherer Auseinandersetzungen, selbstverständlich sehr wohlgesinnt.[65] Churchill hatte erfolglos versucht, mit den Amerikanern vorab ein Treffen zu vereinbaren, um eine gemeinsame Verhandlungsstrategie festzulegen. Er war am Ende der Konferenz aber geradezu euphorisch und berichtete dem britischen Kabinett in glühenden Worten von den sowjetischen Wünschen zur Zusammenarbeit und Stalins Bereitwilligkeit, dafür auch Konzessionen zu machen.[66] Die große Wende kam wenig später: erstens der Staatsstreich in Bukarest am 27. Februar 1945, organisiert vom sowjetischen Stellvertretenden Außenkommissar Wyschinskij, der in Rumänien ein kommunistisches Regime errichtete; zweitens die sowjetische Weigerung, in Polen freie Wahlen abzuhalten, und darüberhinaus am 27. März die Verhaftung des polnischen Untergrunds unter Vorspiegelung eines Treffens mit Schukow.[67] Damit war die Euphorie in London schnell verflogen. Auch die Amerikaner reagierten wenig später, vor allem wegen Stalins außergewöhnlicher Reaktion auf die Verhandlungen zur Kapitulation deutscher Einheiten in Italien. Der Unmut beider Mächte entzündete sich jedoch grundsätzlich an derselben Sache: dem Grad tatsächlicher Unabhängigkeit der befreiten Völker in Ost- und Südosteuropa.

Nach Jalta entschieden sich aber auch viele neutrale Staaten, in den Krieg gegen Deutschland einzutreten, um in die Vereinten Nationen aufgenommen zu werden. Die Türkei hatte auf Drängen der Amerikaner am 5. Januar die diplomatischen Beziehungen zu Japan abgebrochen und etwa zur gleichen Zeit die Meerengen für alliierte Schiffe geöffnet. Am 25. Februar erklärte sie Deutschland und Japan den

Krieg.[68] Die Länder Lateinamerikas, die in einigen Fällen auf Drängen der USA – und im Falle Argentiniens sehr zum Verdruß der Amerikaner – neutral geblieben waren, beeilten sich, in die Kriegsallianz einzutreten. Schweden kürzte seine Lieferungen an Deutschland, da es sich vor deutschen Vergeltungsschlägen zunehmend sicher fühlte.[69] Und als ob die Achsenmächte damit noch nicht ausreichend isoliert gewesen wären, brach Spanien am 12. April die diplomatischen Beziehungen zu Japan ab, nachdem brutal randalierende japanische Soldaten in Manila das dortige spanische Konsulat niedergebrannt und die Beamten und Flüchtlinge umgebracht hatten.[70] Die Deutschen und Japaner mußten nun allein auf dem Scheiterhaufen stehen, den sie selbst errichtet hatten, während andere Nationen, so schnell sie konnten und durften, zu den Alliierten übergingen.

OFFENSIVEN IM WESTEN

Aber in der Zwischenzeit ging der Krieg weiter. Gerade als die Rote Armee an der Oder zum Stillstand kam und die deutsche Wehrmacht sich auf einen weiteren Gegenangriff in Ungarn vorbereitete, planten auch die Alliierten im Westen einen neuen Angriff. Die deutsche Ardennen-Offensive im Dezember war zurückgeschlagen worden. Eisenhower bestand zur Vorbereitung darauf, daß die französischen und amerikanischen Truppen von General Devers' 6. Heeresgruppe den deutschen Brückenkopf mit dem Zentrum Colmar westlich des Rheins einnahmen. Hier, wie auch anderswo, würden die Deutschen ihre Verteidigungskräfte am linken Rheinufer verbrauchen und anschließend für die Verteidigung der Flußlinie selbst bereits zu geschwächt sein. Nach erbitterten Kämpfen erreichten die Alliierten am 9. Februar den Oberrhein.[71] Mehrere Operationen waren danach geplant, beginnend im Norden mit einem britisch-kanadischen Angriff südwestlich in Richtung Wesel (Deckname »Veritable«). Dieser sollte auf den amerikanischen Angriff in nordöstlicher Richtung (»Grenade«) treffen. Beide Operationen sollten das linke Ufer am Niederrhein erreichen und den Weg für den Hauptangriff bereiten: die Rheinüberquerung von Montgomerys Truppen und den Vorstoß in die deutsche Tiefebene nördlich des Ruhrgebiets. Bradleys Truppen sollten weiter südlich in Richtung Rhein und Mosel vorstoßen (Operation »Lumberjack«) und, wenn alles gutging, südöstlich die Mosel überqueren und die deutschen Truppen am Westwall entlang der alten deutsch-französischen Grenze von Luxemburg zum Rhein im Rücken angreifen (Operation »Undertone«). Die Möglichkeit, den Rhein dabei schon früher zu überqueren, wurde zwar offengelassen, grundsätzlich gingen die Alliierten jedoch davon aus, nebengeordnete Rheinüberquerungen erst später südlich der Ruhr zu unternehmen, um das Ruhrgebiet zu umfassen und in Richtung Frankfurt und darüber hinaus vorzustoßen. Montgomerys 21. Heeresgruppe wurde um drei kanadische und zwei britische Divisionen aus Italien verstärkt, außerdem verlegten die Amerikaner ihre letzte verfügbare Division aus den Vereinigten Staaten an die Front. Über 400 000 britische und kanadische, 1,5 Millionen amerikanische und über 100 000 französische Soldaten waren zum Angriff bereit.

Die kanadische 1. Armee begann am 8. Februar mit der Operation Veritable und kämpfte sich gegen erbitterten deutschen Widerstand langsam vorwärts.[72] Wegen Hochwassers durch die Schneeschmelze, der Sprengung von Dämmen mit Überflutungen großer Gebiete und der entschlossenen Verteidigung der Deutschen kamen der kanadische Angriff und auch die amerikanische 9. Armee mit der Operation Grenade nur langsam voran. Am 3. März jedoch trafen sich die kanadischen und amerikanischen Angriffsspitzen. Die restlichen deutschen Verteidiger zogen sich über den Rhein zurück und sprengten hinter sich die Brücken. Die deutschen Einheiten kämpften zwar hart, waren aber doch zunehmend demoralisiert: Über 50 000 Gefangene fielen den Alliierten in die Hände. Montgomery begann nun mit umfangreichen Vorbereitungen für die Überquerung des Rheins, aber noch während er von dieser gewaltigen Anstrengung in Anspruch genommen wurde, kämpften sich die Amerikaner weiter südlich durch die deutschen Verteidigungen westlich des Rheins und überquerten den Fluß im Sturm.

Am 23. Februar griff General Hodges mit der 1. Armee in südöstlicher Richtung an und stieß schnell bis in die Außenbezirke von Köln vor. Anschließend griffen sie die deutschen Truppen, die noch an der belgisch-deutschen Grenze weiter südlich standen, im Rücken an. Am 7. März entdeckten Vorposten der 9. Panzer-Division von der Höhe bei Remagen aus eine unzerstörte Eisenbahnbrücke. Es gelang ihnen, an das Ostufer des Rheins vorzudringen, während die Deutschen noch verzweifelt versuchten, die Brücke zu sprengen. Ein amerikanischer Luftangriff im Oktober 1944, bei dem die Hängebrücke in den Rhein stürzte, hatte die Deutschen dazu veranlaßt, an anderen Brücken Sprengladungen neu zu plazieren, damit sich dort nicht ähnliche Unfälle ereignen konnten. Ausgerechnet die neu plazierten Ladungen verhinderten nun die rasche Sprengung der Brücke von Remagen beim Herannahen der Amerikaner. Mit Zustimmung von Bradley und Eisenhower baute Hodges mit seinen amerikanischen Truppen trotz heftigen deutschen Widerstands schnell einen Brückenkopf auf und hatte mehrere andere Brücken errichten lassen, bevor deutsche Artillerie und Bomben die Brücke zum Einsturz brachten, die bereits durch den ersten Sprengungsversuch beschädigt war. Das letzte Hindernis von Westen nach Deutschland war beseitigt.*

---

* Das Hauptquartier der 1. Armee erfuhr von der Einnahme der Brücke als erstes aus einer *deutschen* Botschaft, die sie entschlüsselten; Adolph G. Rosengarten, »With Ultra from Omaha Beach to Weimar, Germany – A Personal View«, in: *Military Affairs* 42, Nr. 3 (1978), S. 131. Siehe auch London-Bericht »Sunset 860« vom 8. März 1945, SRS 1869, Teil VI, S. 121, NA, RG 457. Montgomery erfuhr noch am selben Tag von der Eroberung und informierte sofort Brooke (Tac HQ 21st Army Group to War Office M. 1020, 7. März 1945, Liddell Hart Centre, Alanbrooke Papers, 14/7/16), in Brookes Tagebuch findet sich aber kein Hinweis auf dieses Ereignis oder auf Pattons Rheinüberquerung.

Inzwischen hatte Pattons 3. Armee die Deutschen an der rechten Flanke der amerikanischen 1. Armee an die Mosel zurückgedrängt und griff nun, wie sie es bestens verstand, über die Mosel die deutschen Truppen im Rücken an, die bereits mit einem Angriff der amerikanischen 7. Armee der 6. Heeresgruppe konfrontiert waren. Weil der Oberbefehlshaber West, Generalfeldmarschall von Rundstedt, diese Einheiten über den Rhein zurückziehen wollte, ersetzte Hitler ihn durch Generalfeldmarschall Albert Kesselring, der in Italien die Alliierten zeitweilig erfolgreich abgewehrt hatte. Für die amerikanische 3. Armee machte das keinen Unterschied, sie zerschlugen die deutsche Heeresgruppe G, machten viele Gefangene und überschritten am 22. März den Rhein bei Oppenheim. Aber nicht nur die Amerikaner hatten vor dem Großangriff im Norden bereits an zwei Stellen östlich des Rheins ihre Truppen plaziert: Die französische 1. Armee hatte auch eine Barriere überschritten – am 19. März hißte sie die Trikolore auf deutschem Boden.[73]

Die alliierten Operationen waren durch massive taktische Luftunterstützung und durch andauernde schwere Angriffe auf deutsche Öl-, Transport- und Industrieziele erleichtert worden. Auf der Konferenz von Jalta hatten die Sowjets von den Westalliierten massive Luftangriffe auf deutsche Städte hinter der Ostfront gefordert. Die Pläne der Briten, massive Bombenangriffe zur Störung der deutschen Verteidigungslinien im Osten zu führen, stimmten damit überein. Das Ergebnis war, daß im Februar und März 1945 deutsche Städte wie Berlin massiven Zerstörungen und vor allem das wehrlose Dresden, wo sich eine unübersehbare Zahl von Flüchtlingen drängte, einem Feuersturm ausgesetzt waren.[74] Churchill war ein unbedingter Befürworter der Flächenbombardements gewesen; gegen Ende März begann er allerdings an der Richtigkeit dieser Auffassung zu zweifeln.[75] Doch bis dahin hatten die britischen und amerikanischen Bomber mit ihren Eskorten von Jagdflugzeugen schon enorme Zerstörungen angerichtet.

In der Zwischenzeit waren Montgomerys Vorbereitungen für die Rheinüberquerung (Operation »Plunder«) fast beendet, deren Beginn er bereits im Oktober 1944 befohlen hatte, als die Operation zur Eroberung der Brücke von Arnheim, die letzte Brücke in deutscher Hand, gescheitert war.[76] Montgomery hatte General Simpson, dem Befehlshaber der 9. amerikanischen Armee, die zeitweilig seinem Kommando unterstellt war, verboten, Anfang März einen Überraschungsangriff über den Rhein zu versuchen. Nach dem Scheitern des gewagten Versuchs bei Arnheim war er sehr vorsichtig geworden. Montgomery hatte den deutschen Widerstand gegen die Operationen Veritable und Grenade unterschätzt und realisierte anscheinend nicht, daß die Deutschen ihre Verteidigungsreserven im Westen in der Hauptsache schon aufgebraucht hatten, *bevor* die Alliierten den Rhein erreichten. Denn seit Anfang Februar waren beinahe 300 000 Soldaten in Gefangenschaft geraten, und weitere 60 000 waren verwundet oder gefallen.[77] Außerdem waren die wenigen Reserven der Deutschen in den Süden verlegt worden, um die amerikanischen Divisionen abzuwehren, die vor zwei Wochen bei Remagen den Rhein überschritten hatten. Montgomery hielt zwar bei schlechtem Wetter noch eine weitere Verschiebung für möglich, aber die Großoperation ging wie geplant am 23. und 24. März vonstatten, mit massiver Artillerievorbereitung, umfangreicher Marineunterstützung, gewaltigem Luftbombardement und zwei Luftlandedivisionen. Churchill, Brooke und Eisenhower kamen selbst, um das Unternehmen zu beobachten.

Der Angriff war schnell erfolgreich und, abgesehen von schweren Verlusten bei den britischen und amerikanischen Luftlandedivisionen[78], relativ leicht durchzuführen. Es gab nur stellenweise Widerstand, an vielen Punkten kamen die Alliierten ganz ohne Gegenwehr durch. Pontonbrücken waren schnell gebaut. Innerhalb weniger Tage waren die 2. britische und die 9. amerikanische Armee in voller Mannstärke auf der anderen Rheinseite. Der Feind war praktisch geschlagen, wie Montgomery in seinem Befehl vom 28. März für die 21. Heeresgruppe formulierte: »Es gibt keine frischen und kompletten Divisionen im Rücken, und alles, was der Feind noch tun kann, ist, Straßen und Wege zu blockieren mit Einheiten, die aus Kriegsschulen, Badeeinheiten, Taubenschlägen bestehen.«[79] Obwohl die 21. Heeresgruppe sehr zügig nach Nordosten vorstieß, wurde der Vormarsch durch zwei Faktoren beeinträchtigt, die untereinander und mit Montgomerys persönlichen Eigenschaften eng zusammenhingen. Einer betraf den Befehl und die Strategie, der andere den eigentlichen Vormarsch seiner Armeen.

Wenn Eisenhower je daran gedacht hatte, die amerikanische 9. Armee unter Montgomerys Kommando zu lassen, so überzeugte ihn der gelungene Rheinübergang bei Remagen sowie die Diskrepanz zwischen Hodges' und Pattons schnellen Vormärschen und Montgomerys vorsichtiger Planung der Operation Plunder vom Gegenteil. Darüber hinaus standen die Amerikaner dem britischen Feldmarschall seit seiner Pressekonferenz während der Ardennen-Offensive reserviert gegenüber. Also informierte Eisenhower die Briten, daß die 9. Armee zu Bradleys 12. Heeresgruppe zurückkehren werde, sobald sie mit der 1. Armee auf der anderen Seite der Ruhr zusammentreffe und das Industriegebiet und die dort abgeschnittene deutsche Heeresgruppe B eingeschlossen habe. Montgomery und Brooke hielten diese Entscheidung für einen schweren Fehler, obwohl kaum einsichtig ist, warum sie darüber so überrascht waren. Sie beide und Churchill waren sehr aufgebracht und verärgert, als sie erfuhren, daß Eisenhower mit Zustimmung Washingtons den weiteren Hauptvorstoß in Richtung Sachsen führen wollte. Denn jede Gelegenheit, vor den Sowjets Berlin zu erreichen, war damit verspielt.

Da Eisenhower zu diesem Zeitpunkt bereits wußte, daß Berlin nach der vereinbarten Zonenaufteilung mitten in der sowjetischen Zone liegen würde – ein zuerst von den Briten entwickelter Plan –, wollte er aus den raschen Erfolgen der amerikanischen Armeen östlich des Rheins einen Vorteil ziehen. Diesen Armeen schlossen sich nun die amerikanische 7. und die französische 1. Armee an. Er hatte wenig Vertrauen in Montgomerys Absicht, einen schnellen Durchbruch zu schaffen und nach Berlin vorzurücken.[80] Eisenhower wollte sich lieber darauf konzentrieren, die restlichen deutschen Truppen im Westen zu zerschlagen und die Sowjets den blutigen Preis für ihre Besatzungszone selbst bezahlen lassen.[81] Die Briten sollten so schnell wie möglich die norddeutschen Häfen und die Ostsee erreichen, um Dänemark abzuriegeln.

Die britischen Führer waren wütend, konnten Eisenhower aber nicht zum Nachgeben bewegen. Die außergewöhnlichen Verzögerungen bei Montgomerys Vormarsch schienen die Zweifel des Oberbefehlshabers zu bestätigen. Trotz wiederholten Drängens durch Churchill und Eisenhower fand Montgomery immer neue Gründe, einen schnellen Vorstoß zu unterlassen. Schließlich erwog er – ähnlich wie beim Rheinübergang – eine Riesenoperation zur Überquerung der Elbe südlich von Hamburg, außerdem beantragte und erhielt er dafür zusätzliche amerikanische Divisionen, die die Ostsee und die Stadt Wismar kurz vor den Sowjets erreichen sollten.[82] Vielleicht trödelte Montgomery auch nur, weil er – wie im September 1943 in Süditalien – unzufrieden war mit der Aufgabe, die man ihm zugeteilt hatte, und hätte ganz anders gehandelt, wenn er die Befehlsgewalt über die amerikanische 9. Armee behalten hätte. Aber das ist reine Spekulation. Das Ergebnis der Forschung zu seiner Führung der Armee spricht eher für das Gegenteil. Er hatte ihnen nicht erlaubt, über den Rhein zu »hopsen«, und nichts weist darauf hin, daß er die Absicht hatte, die Elbe schnell zu überqueren.

Im Einklang mit früheren Plänen drang die kanadische 1. Armee an der Nordflanke in Nordholland und das angrenzende deutsche Gebiet ein und schnitt die deutschen Truppen in Westholland ab. Sie wurden dort militärisch nicht weiter bekämpft, weil sie damit drohten, Deiche zu sprengen und das ganze Gebiet zu überfluten. Die holländische Bevölkerung hungerte. Es wurden die verschiedensten Anstrengungen unternommen, sie mit Lebensmitteln zu versorgen. Dazu mußten auch Gespräche mit den deutschen Besatzungstruppen, die nicht kapitulieren wollten, geführt werden. Ein Vertreter der Sowjets war daran beteiligt. Die Qualen der Holländer in dem abgeschnittenen Gebiet wurden damit zwar ein wenig gelindert, aber erst die endgültige Niederlage der deutschen Truppen im Mai beendete den entsetzlichen Zustand für die hungernden Holländer.

Südlich und östlich der vorrückenden kanadischen Armee zog die britische 2. Armee in Richtung Bremen und Hamburg. Wie bereits erwähnt, geschah das nicht so schnell, wie Churchill und Eisenhower sich wünschten. Churchill schrieb am 3. April: »Wenn Feuer einstellen! in Deutschland ertönt, so hoffe ich, daß Feldmarschall Montgomery möglichst weit östlich der Elbe den Russen die Hände schütteln wird. Unsere Zone ist abgesteckt, und nach den Begrüßungen, die vielleicht groß angelegt werden, werden wir uns auf unsere Grenzen zurückziehen.«[83] Montgomerys Armee nahm, von übergeordneter Stelle gedrängt und angetrieben, Bremen ein, überschritt die Elbe und stürmte nach Lübeck, während amerikanische Divisionen an der rechten Flanke Richtung Ostsee vormarschierten. Hamburg ergab sich am 3. Mai, doch zu diesem Zeitpunkt war der Krieg schon fast vorbei.

Die amerikanische 9. Armee belagerte nicht nur die nördliche Seite des Ruhrgebiets, sie rückte auch über die Weser Richtung Elbe vor, nun in der 12. statt in der 21. Heeresgruppe. Durch Angriffe der 9. Armee von Norden und der 1. Armee von Süden wurde der Ruhrkessel aufgespalten und erobert. Eine der größten Kesselschlachten in der Geschichte war damit erfolgreich abgeschlossen, über 300 000 deutsche Soldaten wurden im April gefangengenommen. Ihr Befehlshaber, Feldmarschall Model, nahm sich das Leben.[84]

Noch bevor der Belagerungsring um das Ruhrgebiet geschlossen war, hatte Hitler strikte Anweisung gegeben, alle Industrieanlagen, Transport- und sonstige Einrichtungen zu vernichten, bevor sie in die Hände der Alliierten fielen. Solche Befehle hatten alle vorherigen erzwungenen Rückzüge automatisch begleitet, und in den meisten Fällen hatten die deutschen Kommandeure sie rücksichtslos befolgt, ohne daran zu denken, wie die schon genug leidende Bevölkerung künftig überleben sollte. Nur einige wenige Male hinterließen die Deutschen keine Ruinen – Florenz und Paris sind Beispiele –, aber generell war es eher dem überstürzten Rückzug als humanitären Überlegungen zu verdanken, wenn manche Einrichtungen und Versorgungsgüter von den Alliierten unzerstört vorgefunden wurden. Erst als *innerhalb* Deutschlands gekämpft wurde, veränderte sich die Einstellung. Speer begann, die Befehle zur Sabotage selbst zu sabotieren, und auch viele deutsche Kommandeure weigerten sich, alles zu zerstören, was das Leben der Alliierten im besetzten Gebiet erleichtern konnte.

Die schnell vorrückenden alliierten Streitkräfte trafen auch auf Städte oder Dörfer, wo die heimische Bevölkerung das Militär von der Verteidigung abzuhalten versuchte, um Zerstörungen zu verhindern. Kein Soldat möchte sterben, und schon gar nicht als letzter im Krieg. Häufig zog sich deshalb eine amerikanische Einheit, wenn sie auf eine Insel des Widerstands stieß, einfach ein wenig zurück, rief nach Artillerie und Luftwaffe, die den Widerstand brachen, und konnte dann weitermarschieren. Viele Deutsche hatten nun das Vertrauen in einen Sieg oder wenigstens einen Waffenstillstand verloren und wollten ihren Gemeinden das Schicksal, das die Deutschen so vielen anderen Städten gebracht hatten, ersparen. Immer mehr weiße Tücher hingen in den Orten, selbst dort, wo immer wieder heftiger Widerstand aufflammte. Zusätzlich strömten viele deutsche Flüchtlinge aus dem Osten vor den anrückenden Sowjets westwärts, und immer mehr deutsche Soldaten schafften es, sich von ihrer Einheit an der Ostfront abzusetzen, weil sie lieber in amerikanische als in russische Kriegsgefangenschaft fallen wollten.

Dies war nur ein Teil dessen, was der 9. Armee und im Süden der 1. Armee an der Elbe und im Harz begegnete. Von den ersten zwei Brückenköpfen, die Simpsons 9. Armee an der Elbe bei Magdeburg schnell gebildet hatte, wurde einer von den Deutschen wieder zurückgeworfen. Gleichzeitig kämpften amerikanische Divisionen im Harz gegen erbitterten deutschen Widerstand.[85] Unterschiedliche versprengte Einheiten waren auf Hitlers Befehl zu einer neuen 12. Armee unter General Walther Wenck zusammengeführt worden und traten zum Gegenangriff in Richtung Westen an. Sie sollten einen Korridor zu Models Heeresgruppe B öffnen, deren letzte Reste immer noch im Ruhrkessel kämpften. Nach Vorstellung des »Führers« sollte die neugebildete Armee aus fanatischen jungen Soldaten und kampferfahrenen Veteranen durch diesen kühnen Vorstoß die ganze amerikanische Front in der Mitte aufreißen. In Wirklichkeit wurde der Vormarsch dadurch nur um einige Tage verzögert. Allerdings wurden die Amerikaner überzeugt, daß es unsinnig sei, angesichts des Widerstands bis nach Berlin vorzurücken, zumal die Sowjets, die gerade die deutschen Verteidigungslinien an der Oder aufbrachen, viel näher waren. Als Hitler Wencks zurückweichende Armee anwies, sich nach Osten zu wenden und statt der Amerikaner die Sowjets aufzuhalten, war deren Angriffskraft längst erschöpft.

Eisenhower befahl der 1. Armee mit der 3. Armee an der rechten Flanke, weit nach Sachsen vorzudringen, um die deutsche Waffenproduktion dort lahmzulegen und die deutschen Truppen in einen Kampf zu verwickeln, da sie sonst einen großen Angriff nach Süddeutschland hätten starten können. Sachsen war zwar Teil der vereinbarten sowjetischen Besatzungszone, aber Eisenhower hatte die Sowjets über sein Vorhaben informiert, zum großen Verdruß der britischen Regierung und der Stabschefs, aber mit voller Unterstützung Washingtons.

Das Problem auf diesem Frontabschnitt war – nur zu Lande – dasselbe, welches man schon vorher bei der Koordination der Luftstreitkräfte hatte, um mögliche Fehler auszuschließen oder zumindest einzuschränken. Da alle alliierten Truppen jeweils nach Mitteleuropa vorrückten, war die Gefahr von Unfällen und Zusammenstößen sehr groß. Die Westalliierten unternahmen eine Reihe von Anstrengungen, um die Schwierigkeiten zu bewältigen, aber die Sowjets kooperierten nur sehr widerwillig.[86] Die Rote Armee wie die sowjetische Luftwaffe gaben praktisch keine Informationen preis, so daß am Ende die Briten und Amerikaner ihre Vorhaben einfach den Sowjets mitteilten. Wenn die Sowjets keinen Krach schlugen, wurden sie dann durchgeführt. Eisenhower wählte aus geographischen Gründen die Mulde als den geeignetsten Nebenfluß der Elbe, an dem seine Truppen anhalten sollten. Am 25. April trafen Patrouillen an der Elbe bei Torgau die vorrückenden Formationen der Roten Armee, am selben Tag, als Berlin von der Roten Armee vollständig eingeschlossen und die Konferenz der Vereinten Nationen in San Francisco eröffnet wurde.

Südlich der 1. Armee rückte die 3. Armee, die den Rhein bei Oppenheim überquert hatte, zuerst ostwärts und dann nordöstlich nach Thüringen vor, danach weiter südöstlich nach Bayern und in die Tschechoslowakei. Durch den schnellen Vormarsch sollte verhindert werden, daß im Süden neuer Widerstand entstehen konnte. Die Alliierten befürchteten, die Deutschen könnten sich in die Berge Süddeutschlands und die angrenzenden Teile Österreichs, in die sogenannte »Alpenfestung«, zurückziehen. Obwohl die Berichte des Nachrichtendiensts darüber variierten, legte der fanatische Widerstand der Deutschen in Italien und der Versuch neuer Offensiven in Ungarn es nahe, daß die Alliierten in den Bergen möglicherweise unangenehme Überraschungen zu gewärtigen hatten.[87]

Die amerikanische 7. Armee an Pattons rechter Flanke wandte sich nach dem Rheinübergang ebenfalls nach Südosten und nahm am 20. April, Hitlers Geburtstag, gegen letzten Widerstand das alte Nürnberg ein, den Ort der Reichsparteitage der NSDAP. Während Pattons Armee weiter nach Österreich vordrang, um dort auf die Rote Armee zu treffen, wandte sich Patchs 7. Armee nach Süden, um sich mit den alliierten Streitkräften, die von Italien aus nach Norden vorstießen, zu vereinen. Ein gegen die Nazis gerichteter Aufstand in München, einer der wenigen in diesen Monaten, wurde am 28. April niedergeschlagen. Nur zwei Tage später, am 30. April, besetzten die Amerikaner die Stadt. Sie marschierten weiter Richtung Brenner und trafen sich am 4. Mai mit den vorrückenden Einheiten der amerikanischen 5. Armee nahe der österreichisch-italienischen Grenze.

Diese Richtungsänderungen nach Südosten beeinträchtigten in der Schlußphase des Feldzuges abermals die Beziehungen der Alliierten untereinander. An der Ostflanke des Vorstoßes mußte die Haltelinie zwischen westalliierten Truppen und Roter Armee, die von Osten in die Tschechoslowakei vordrang, ausgehandelt werden. In einer Reihe von Gesprächen zwischen Eisenhowers Hauptquartier und dem Generalstab der Roten Armee wurde festgelegt, daß die Sowjets das Landesinnere Böhmens mitsamt der Hauptstadt Prag (wo Aufständische bereits gesiegt hatten) bekommen sollten. Wie vermutet wird, war dies ein stillschweigendes Quidproquo für die sowjetische Zurückhaltung bei der Befreiung Dänemarks durch die Westalliierten.[88] An der rechten Flanke wurde durch die Richtungsänderung der französischen 1. Armee der Weg abgeschnitten, so daß sie Richtung Süden nach Südostdeutschland und in die gebirgigen westlichen Gebiete Österreichs weitervordringen mußte. Diese Entwicklung führte zu Unstimmigkeiten mit de Gaulle, der seine Truppen in Stuttgart halten wollte, bis die Grenzen der französischen Besatzungszone festgelegt waren. Die Beziehungen zu den Amerikanern wurden durch dieses Manöver weiter beeinträchtigt, zumal sie schon kurz zuvor durch de Gaulles Ablehnung, Präsident Roosevelt nach dessen Rückkehr aus Jalta zu treffen, gelitten hatten.

Mit dem Aufeinandertreffen der amerikanischen 7. und 5. Armee am Brenner-Paß wurde der lange Feldzug in Italien auf außergewöhnliche Weise beendet. Ein anhaltender Luftkampf gegen die Transportsysteme über die Alpen hatte die Munition und den Benzinnachschub der Heeresgruppe C so weit reduziert, daß die beiden deutschen Armeen, obwohl sie hart kämpften, um einen alliierten Durchbruch in die Po-Ebene zu verhindern, in einer sehr schwierigen Lage waren. Ein Durchbruch, an welchem Frontabschnitt auch immer, würde zu einem Desaster führen. Aufgrund dieser Gegebenheiten versuchte der SS-Oberstgruppenführer in Italien, Karl Wolff, wie auch einige andere deutsche Führer, günstige Kapitulationsbedingungen auszuhandeln; sie nahmen im März 1945 Kontakt zum alliierten Oberkommando über die Schweiz auf.[89] Während die deutschen Militärs vor allem daran interessiert waren, den Kampf schnell und ohne viel Blutvergießen zu beenden, war Wolff und anderen SS-Offizieren daran gelegen, nicht wegen Kriegsverbrechen belangt zu werden. Weil es Veränderungen im Kommando gab und die Militärs bei »zu früher« Niederlage eine neue Dolchstoßlegende befürchteten[90], verzögerte sich die tatsächliche Kapitulation jedoch bis zum 29. April; sie trat schließlich am 2. Mai in Kraft. Die Hoffnungen der SS-Führer waren eitel. Roosevelt hatte dem Chef des Office of Strategic Services (OSS) Donovan schon im Dezember 1944 die Vollmacht für die Gewährung von Immunität bei einzelnen Deutschen verweigert.[91]

Die Schlußoffensive der Alliierten an der italienischen Front begann am 9. April. Die Po-Ebene war Mitte April erreicht, am 23. April überquerten sie den Fluß. Der deutsche Kommandeur in Italien, General von Vietinghoff-Scheel (der den an die Westfront entsandten großen Hitler-Verehrer Kesselring abgelöst hatte), versuchte daraufhin, die Kapitulationsverhandlungen ein wenig voranzubringen. Zur gleichen Zeit versuchte Mussolini, in die Schweiz zu entkommen. Er wurde gefaßt und am 28. April zusammen mit seiner Geliebten von Partisanen erschossen. Die italienische Kapitulation beschleunigte das Ende der Kämpfe um einige Tage vor der deutschen Kapitulation und erleichterte das Zusammentreffen der alliierten Armeen in Italien mit der 7. Armee am Brenner. Außerdem wurde ermöglicht, daß die britischen Truppen zeitgleich mit Titos Partisanen an die Adria bis Triest vorstießen.[92] Vor allem jedoch wirkten sich die Kapitulationsverhandlungen negativ auf die Beziehungen zu den Sowjets aus.

Die Sowjets reagierten verärgert, als die Westalliierten sie über die Kontakte informierten. Auch wenn sie selbst bei ihren Verhandlungen mit den Deutschen nie westliche Offiziere mit einbezogen hatten, lehnten sie die Geheimverhandlungen, zu denen sie nicht eingeladen wurden, entschieden ab. Stalin sandte Churchill und Roosevelt eine Reihe verärgerter Botschaften und ließ die immer mehr empörten Empfänger wissen, daß Molotow nicht an der Konferenz in San Francisco teilnehmen werde.[93] Vielleicht wollte er den Präsidenten auf diese Weise beeinflussen. Die Vereinbarungen von Jalta drohten zu scheitern, weil Moskau sich geweigert hatte, seine Versprechungen über Polen einzuhalten, und auch wegen des Putschs in Rumänien. Die ziemlich rüde Entscheidung ist später zwar zurückgenommen worden, aber es ist offensichtlich, daß Roosevelt in seinen letzten Lebenstagen über die sowjetischen Aktionen zunehmend verärgert war.

Stalins Verhalten in dieser Situation ist nicht einfach zu verstehen.[94] Vielleicht fürchtete er, eine deutsche Kapitulation an anderen Fronten könnte ihm Nachteile bringen.[95] Die Westalliierten verneinten allerdings regelmäßig alle Angebote der Deutschen, bei einer Kapitulation größere Zugeständnisse zu machen, und bestanden auf einer bedingungslosen Kapitulation gegenüber allen drei Hauptalliierten.[96] Vielleicht hoffte Stalin auch, an seiner Front in letzter Minute noch besondere Vereinbarungen aushandeln zu können, und nahm deshalb an, daß die Briten und Amerikaner es ihm gleichtun könnten. Vielleicht glaubte er auch, für die Eroberung Berlins durch die Rote Armee sei es günstiger, wenn an anderen Stellen noch gekämpft werde und deutsche Truppen von Berlin abgezogen würden. Der Schlußangriff auf die deutsche

Hauptstadt war selbstverständlich kein einfaches Unternehmen, er war schon viel länger hinausgezögert worden, als es die früheren sowjetischen Pläne für die Winteroffensive vorgesehen hatten. Genau diese Verzögerung beunruhigte Eisenhower, hatte aber zugleich Berlin als verlockenden Siegespreis für die amerikanische 9. Armee am Horizont erscheinen lassen.

DIE SCHLACHT UM BERLIN

Die letzte Februarwoche und den gesamten März 1945 konzentrierten sich die sowjetischen Militärs darauf, die Flanken des bevorstehenden Angriffs auf die Hauptstadt freizumachen und Truppen und Material zu plazieren. In außerordentlich heftigen Kämpfen gelang es der Roten Armee nach anfänglichem Scheitern, die meisten deutschen Truppen in Pommern zu vernichten und die Reste der Einheiten über die Oder zurückzudrängen. Die beiden deutschen Armeen, die in Ostpreußen abgeschnitten waren, wurden in verschiedene Teile aufgespalten und, abgesehen von den über See Evakuierten und einer kleinen, sich bis Mai haltenden Enklave, vernichtet. Die Divisionen der 3. Weißrussischen Front verließen sich sehr auf ihre Artillerie. Sie schossen sich den Weg nach Königsberg – heute Kaliningrad – frei und zerschmetterten die Trümmer der nördlichen deutschen Ostfront regelrecht in Kleinteile. Der deutsche General, der die Ruinen Königsbergs schließlich übergab, wurde danach in Abwesenheit zum Tode verurteilt, seine Familie verhaftet. Aber solche Aktionen hielten die Rote Armee genausowenig auf wie öffentliche Hinrichtungen von Soldaten durch die Deutschen, als warnende Beispiele dafür, was Verräter vom Dritten Reich zu erwarten hatten. Die Deutschen an der Ostfront kämpften ohnehin mit verzweifelter Tapferkeit um ihr Leben und für die Zukunft ihrer Familien und ihrer Heimat oder für das, was sie dafür hielten. Fliegende Exekutionskommandos waren da ganz unnötig. Und sobald die Front zusammengebrochen war, konnten auch Massenhinrichtungen die verzweifelte Flucht in Richtung Westen oder die Kapitulation an Ort und Stelle nicht aufhalten. Feldmarschall Montgomery erklärte am 23. April Admiral Friedeburg, als dieser die deutschen Armeen lieber den Westalliierten als den Sowjets übergeben wollte: »Die Deutschen hätten an diese Dinge denken sollen, bevor sie den Krieg anfingen, besonders bevor sie die Russen angriffen.«[97]

Eine isolierte deutsche Einheit nach der anderen ergab sich, nur wenige entkamen oder konnten die Belagerung der Roten Armee durchbrechen. Die Truppen in Kurland und zwei der restlichen ostpreußischen Truppen hielten bis Mai aus. Es ist leicht einzusehen, daß die dort eingeschlossenen Soldaten als Kriegsgefangene der Sowjets nach dem Krieg viel größere Überlebenschancen hatten, als wenn sie evakuiert und anschließend wieder in den Kampf an der Ostfront zurückgeschickt worden wären. Derlei Überlegungen beschäftigten aber weder Hitler, der sie dort hatte ausharren lassen, noch Guderian, der sie evakuieren wollte; beide hatten lediglich verschiedene Ansichten darüber, wie man den Krieg am besten verlängern könnte. Hitler hoffte auf eine Wende oder auf die Spaltung der Allianz gegen ihn selbst, während Guderian hoffte, die Ostfront ließe sich halten. Beide Hoffnungen waren völlig unrealistisch.

Weiter südlich räumte die Rote Armee weitere Teile Schlesiens und umstellte Breslau, das bis Mai standhielt. In Böhmen hatte die 4. Ukrainische Front enorme Probleme, die erheblich verstärkte Heeresgruppe Mitte zurückzuschlagen. Die Deutschen hatten angenommen, die Hauptoffensive der Roten Armee im Frühjahr würde an dieser Stelle stattfinden, und der Kommandeur Generalfeldmarschall Schörner war ein Günstling Hitlers. In Ungarn scheiterte die letzte große deutsche Offensive am Widerstand und Vormarsch der 2. und 3. Ukrainischen Front. Die deutschen Truppen wurden aus Ungarn und der südlichen Slowakei vertrieben.[98] Über Bratislawa (Preßburg) zog die Rote Armee Richtung Wien und besetzte am 2. April die ungarischen Ölfelder am Südende der Front. Gleichzeitig verdrängte Titos Armee die Deutschen aus Jugoslawien, wo sie mit der Möglichkeit konfrontiert waren, von den in Italien vorrückenden Briten im Rücken angegriffen zu werden. Am Tag vor der Einnahme des ungarischen Ölzentrums hatte Stalin das Datum für die Großoffensive auf Berlin festgesetzt.[99]

Am 1. April informierte Stalin Eisenhower, daß Berlin unwichtig sei und die Rote Armee die Stadt erst Ende Mai angreifen werde. Beides war gelogen: Berlin war das Hauptziel der sowjetischen Operationen, und die Offensive sollte laut seinem Befehl spätestens am 16. April gestartet werden. Welche Absicht sich hinter dieser Täuschung verbarg, bleibt unklar. In derselben Botschaft jedoch stimmte Stalin weiteren Vormärschen der westalliierten Truppen in die sowjetische Besatzungszone zu und ebenso Eisenhowers Plänen, die Rote Armee in Österreich zu treffen. Früher hatte für Stalin festgestanden, daß Schukow Berlin erobern sollte, und nun gab er die Schlußbefehle, die Offensive mit drei Heeresgruppen zu führen: der 2. Weißrussischen (Rokossowskij), der 1. Weißrussischen (Schukow) und der 1. Ukrainischen Front (Konjew).

Vorab sollte ein Angriff der 4. Ukrainischen Front weiter südlich und eine Scheinoffensive an der linken Flanke der 1. Ukrainischen Front stattfinden, um den Deutschen vorzutäuschen, daß der nächste große Angriff in diesem Gebiet zu erwarten sei. Dieses Täuschungsmanöver hatte durchschlagenden Erfolg: Genauso wie die Deutschen an der Westfront im März fälschlicherweise glaubten, Pattons 3. Armee würde durch den Brückenkopf bei Remagen ostwärts marschieren – und durch ihre Truppenbewegungen den Weg für den südöstlichen Vormarsch über die Mosel öffneten –, so entsandten Hitler und das deutsche Oberkommando die meisten der wenigen noch verfügbaren Reserven an das Südende der deutschen Front und ließen den Mittelabschnitt fast ungeschützt zurück.

Rokossowskijs 2. Weißrussische Front im Norden hatte vorab die schwierigsten Umstellungen vorzunehmen und kämpfte auf dem schwierigsten Gelände. Ein Angriff über einen Fluß mit vielen Nebenarmen in einer von Kanälen und Dämmen geprägten Bruchlandschaft war verstärkt dem Beschuß der Verteidiger ausgesetzt. Seine

Heeresgruppe sollte deshalb einige Tage nach den beiden anderen starten. Sie griffen am 20. April an, und tatsächlich war nur der nördlichste der drei Angriffsversuche über die Oder erfolgreich. Rokossowskij verlagerte den Kampf schnell in diesen Sektor und stieß nach Mecklenburg vor. Genau östlich von Berlin stand Schukows 1. Weißrussische Front, die schon einige Brückenköpfe westlich der Oder gebildet hatte, sie sollte von dort aus in drei Stoßrichtungen vorrücken: in den Norden von Berlin zur Einschließung der Stadt, direkt in Richtung Berlin und in südwestliche Richtung, um die verteidigende deutsche 9. Armee vom Norden her abzuschneiden.

Konjews 1. Ukrainische Front sollte einen Angriff über die Neiße gegen die deutsche 4. Panzerarmee führen, weiter in nordwestliche Richtung vorrücken, bei der Einkreisung der 9. Armee helfen und danach weiter nach Westen vorstoßen, um auf die Amerikaner zu treffen und Berlin vom Süden her zu belagern. Durch den Vorstoß zu den Amerikanern sollte der gesamte deutsche Militärapparat aufgespalten und die Widerstandszentren im Norden und Süden zerschlagen werden. Die sowjetischen Pläne stimmten in dieser Hinsicht also wesentlich mit den Plänen Eisenhowers überein. Auch Hitler erkannte diese Möglichkeit, die aus seiner Sicht selbstverständlich eine Gefahr bedeutete. Er begann, noch bevor die Sowjets zum Angriff übergingen, mit den Vorbereitungen für diesen Fall und ernannte Admiral Dönitz zum Befehlshaber des Nord- und Generalfeldmarschall Kesselring zum Befehlshaber des Südraums. Beide waren loyale Gefolgsmänner Hitlers, und er schätzte sie zu Recht so ein, daß sie zur Verteidigung der Naziherrschaft das Leben aller Deutschen opfern würden.

Während die 3. Ukrainische Front weit nach Österreich vorstieß – Wien wurde am 3. April eingenommen –, gingen die Vorbereitungen für die Hauptoffensive in der ersten Aprilhälfte weiter voran. Die Tausende von Lastwagen, die die Vereinigten Staaten auf Grundlage des Lend-lease-Vertrags geliefert hatten, waren dabei von größtem Nutzen. Mit etwa zweieinhalb Millionen Soldaten vor Ort wurde am 16. April die Offensive eröffnet. Stalin hatte seinen Kommandeuren mitgeteilt, daß die Operation innerhalb von zwölf bis fünfzehn Tagen abgeschlossen sein sollte. Unter hohen Verlusten führten sie seinen Befehl aus.

Obwohl Schukows 1. Weißrussische Front von Brückenköpfen an der Oder ausging, drängten die ersten nächtlichen Angriffe, die zur Blendung des Gegners mit Suchlichtern unternommen wurden, die Deutschen an der Front kaum zurück. Drei Tage lang stauten sich die Angriffsformationen vor den Verteidigungslinien. Auf Druck Stalins trieb Schukow seine Truppen nach vorn. Schließlich zermürbte die Artillerie die Verteidiger, so daß die sowjetischen Einheiten die Front der Heeresgruppe Weichsel in Richtung Berlin und weiter nördlich durchbrechen konnten. Auf beiden Seiten gab es schwere Verluste, viele sowjetische Panzer wurden durch Panzerfäuste zerstört, die von Hitlerjungen abgefeuert wurden. Aber die Offensive war letztlich nicht zu stoppen.

Weiter südlich überquerten Konjews Truppen hinter einem gewaltigen Sperrfeuer der Artillerie erfolgreich die Neiße. Kurz nacheinander verschwanden verschiedene Divisionen der 4. Panzerarmee einfach aus dem Kampfgeschehen, und bevor die Deutschen recht begreifen konnten, was geschehen war, erschienen Konjews Sturmspitzen hinter der 9. Armee. Nach fünf Tagen war klar, daß die Ostfront aufgerissen war. Die einzige Frage war noch, ob die Deutschen weiterkämpfen oder kapitulieren würden.

General Marshall hatte in einer Art Bestandsaufnahme und Zukunftsprognose am 2. April Roosevelt davon unterrichtet, daß der Krieg zu Ende sei, wenn die Widerstandsnester nacheinander zerschlagen würden. Die Hauptfrage sei, wo Hitler sich befinde. Die Deutschen würden bis dahin zwar hart kämpfen, aber danach sei kein nennenswerter Guerillakrieg zu erwarten. Eine südliche Festung würde nur dann ein Widerstandszentrum bilden, wenn Hitler selbst dort Zuflucht suchte. Ein Umsturz des Naziregimes von innen her sei jedoch nicht zu erwarten. Das Elend in Deutschland sei groß, politisch seien die Menschen aber nicht interessiert. In dem von den Westalliierten besetzten Gebiet werde weiterhin großer Hunger herrschen, da von Ostdeutschland keine Nahrungslieferungen zu erwarten seien und immer mehr Flüchtlinge in den Westen strömten.[100]

Obwohl sich Anfang April die Naziführer immer noch zuversichtlich gaben[101], erwiesen sich Marshalls Prognosen als richtig. Die Sorgen der deutschen Führung in dieser letzten Phase hatten kaum etwas mit den tatsächlichen Schwierigkeiten zu tun: Sie sorgten sich um die Evakuierung ihrer Giftgasvorräte, damit die Alliierten die Kampfstoffe nicht als Grund für den Einsatz ihrer Gifte verwenden konnten. Sie zerbrachen sich den Kopf über japanische Bitten, den deutschen Marinestreitkräften im Fernen Osten Befehle zu geben, um auch nach einem Verlust der europäischen Stützpunkte mit den Japanern weitere Operationen unternehmen zu können. Sie freuten sich über den Tod Präsident Roosevelts, weil sie ihn als Zeichen für die Wende zugunsten Deutschlands auffaßten.[102] Es gibt keinen Hinweis darauf, daß jemand in Berlin an dem neuen amerikanischen Präsidenten auch nur das geringste Interesse hatte. Statt dessen schoben die verantwortlichen Nazis immer mehr nichtexistierende Truppen hin und her und ergingen sich in den abstrusesten historischen Vergleichen.[103]

Zur gleichen Zeit stießen die Westalliierten an die Ostsee und nach Österreich vor, die Rote Armee griff die Vororte Berlins an und schloß den Belagerungsring um die Stadt. Auf deutscher Seite ging schließlich ein Riß durch die Führung: Hitler und eine Anzahl wichtiger politischer und militärischer Berater waren – in der grotesken Hoffnung, eine neue Front zu stabilisieren – entschlossen, den Kampf fortzuführen. Hitlers Befehle, Wencks Armee solle sich nun vom Westen weg nach Osten wenden, und auch seine wahnwitzige Hoffnung, ein »Heer« unter SS-General Felix Steiner, das zum größten Teil aus imaginären Einheiten bestand, würde südlich von Mecklenburg aus vorstoßen und Schukows vorrückende Angriffsspitzen abschneiden, müssen unter diesem Blickwinkel gesehen werden. Ebenso aberwitzig war die Unterstützung, die auf politischer Seite Goebbels und Bormann und auf militärischer Seite Keitel und Jodl derartigen Projekten gaben.

Eine wachsende Zahl deutscher Militärbefehlshaber beurteilte zu diesem Zeitpunkt die Lage bereits ganz anders. Sie erkannten, daß der Krieg verloren und es aussichtslos war, die Front wieder zu stabilisieren. Russische Granaten schlugen in der Hauptstadt ein, die Rote Armee und die amerikanischen Truppen würden sich demnächst in der Mitte Deutschlands treffen, und andere amerikanische Einheiten von Norden und Süden würden sich bald am Brenner die Hände geben können. Den einzigen Grund, weiterzukämpfen, sahen sie darin, Zeit für die Flüchtlinge aus dem Osten zu gewinnen und es noch vielen Soldaten zu ermöglichen, der Gefangennahme durch die Rote Armee zu entkommen.* Anders als Feldmarschall Schörner, der seine Männer im Stich ließ, um als Zivilist vielleicht der Gefangennahme zu entgehen – ein Schritt, den er bei anderen stets mit dem Tod durch Erschießen oder Erhängen bestraft hatte –, blieben die meisten Offiziere bei ihren Truppen und teilten ihre Hoffnungen.

Diese Hoffnungen waren Mitte April 1945 allerdings schon so gering, daß einige Naziführer versuchten, den Krieg entweder für sich selbst oder für ihr Land zu beenden. Viele flohen einfach oder versuchten unterzutauchen. Wer der deutschen Staats- oder Militärpolizei in die Hände fiel, wurde erschossen. Einige versuchten, Kapitulationsangebote zu machen, und zwar nicht nur für einen Frontabschnitt wie Wolff in Italien. Ausgerechnet Heinrich Himmler, Reichsführer der SS, sah sich selbst in einer solchen Rolle und nahm Kontakt zum schwedischen Grafen Folke Bernadotte auf, während Göring ebenfalls erwog, das Kriegsende herbeizuführen. Allen diesen Sondierungsgesprächen begegneten die Alliierten mit der Forderung nach bedingungsloser Kapitulation. Die durchsickernden Gerüchte über diese Sondierungen führten zu nichts, außer daß sie Hitler in Rage versetzten.

Die vorrückenden Sowjets brachen aus drei Richtungen nach Berlin ein. Die Angriffsspitzen von Schukows und Konjews Heeresgruppen trafen sich am 25. April westlich der Stadt, am selben Tag, da Konjews Truppen und die Amerikaner sich begegneten. Damit war die Stadt vollständig eingeschlossen, und auch die Hauptverteidigungstruppen der Deutschen, die 9. Armee, waren in einer separaten Operation von der Roten Armee eingekreist worden. Hitlers letzte Anstrengungen, die Hauptstadt zu befreien, waren fehlgeschlagen. Von allen Seiten kämpfte sich die Rote Armee innerhalb Berlins vorwärts, obwohl sie hohe Verluste hinnehmen mußte. Hitler war in der Stadt geblieben und wollte Selbstmord begehen, falls die Befreiungspläne nicht gelingen sollten.

Jeder Wehrmachtssoldat, der aus Berlin fliehen konnte, versuchte vernünftigerweise,

---

* Mir scheint, daß General Gotthard Heinrici, Oberbefehlshaber der Heeresgruppe Weichsel, dieser Kategorie angehörte. Daß er durch Feldmarschall Keitel aus dieser Position entfernt wurde, spiegelt ziemlich genau die hier vorgeschlagene Unterscheidung zwischen den beiden Führertypen wider. Siehe Ziemke, Stalingrad to Berlin, S. 484–487. Beachte dazu auch Gellermann, Armee Wenck, Kap. 5.

diesem Schreckensszenario zu entkommen. Hitler und sein Gefolge waren im Bunker eingeschlossen und schwankten zwischen Verzweiflung und Hoffnung auf Rettung in letzter Minute. General Helmuth Weidling wurde, nachdem er noch kurz zuvor wegen angeblich befehlswidrigen Verhaltens erschossen werden sollte, zum letzten Kommandanten der belagerten Stadt ernannt. Er teilte Hitler mit, daß die Munitionsvorräte am 30. April aufgebraucht sein würden. Da die Befehle für die weitere Kriegführung im Süd- und Nordraum des verbliebenen Territoriums bereits erteilt waren, hatte Hitler sich nun nur noch um seine persönliche Lage zu kümmern. Er hatte bereits viele von denen weggeschickt, die bis zuletzt im Hauptquartier gewesen waren.

Die Belagerung Berlins hatte nur wenige Tage länger gedauert, als Stalin ursprünglich vorausgesehen hatte. Oder wie es ein amerikanischer Experte der Kämpfe an der Ostfront ausdrückte: »Der Kampf in Berlin dauerte so lange, weil eine große Metropole, so ausgebombt und schlecht befestigt sie auch sein mag, sogar gegen schwache Verteidigung nicht schnell eingenommen werden kann, vor allem nicht von Truppen, die wissen, daß der Krieg zu Ende ist, und die ihre Heimat wiedersehen wollen.«[104]

Als sich die Kämpfe am 29. April unmittelbar dem Bunker in Hitlers Hauptquartier näherten, heiratete der »Führer« seine Geliebte Eva Braun und diktierte sein politisches und privates Testament. Er verteidigte darin seine Politik, fügte abstoßende Bemerkungen über seine Generäle an, die er für die Niederlage verantwortlich machte*, und rief alle überlebenden Deutschen dazu auf, seine Rassenpolitik des Massenmordes an den Juden fortzuführen. Dönitz ernannte er zu seinem Nachfolger.[105] Am Tag darauf nahmen er und seine Frau sich das Leben. Ihre Leichen wurden bald danach von den Sowjets gefunden – für deren vollständige Beseitigung, wie Hitler es eigentlich verfügt hatte, war nicht genügend Benzin dagewesen. Dennoch nährte die sowjetische Regierung weitere Jahre das Gerücht, Hitler sei vielleicht noch am Leben.[106] Der Rest der Welt war sich über die Tatsachen allerdings bald sicher.[107] Nur der Regierungschef des irischen Freistaates, Eamon de Valera, hielt es für angebracht, der deutschen Vertretung in Dublin einen Kondolenzbesuch abzustatten, eine Geste, die er bei Roosevelts Tod nicht für nötig gehalten hatte.[108] Nur wenige teilten seine Trauer.[109]

Die belagerten Truppen in Berlin – oder was von ihnen übrig war – ergaben sich der Roten Armee, bald nachdem die Versuche des letzten stellvertretenden Stabschefs der deutschen Armee, General Hans Krebs, Waffenstillstandsverhandlungen einzuleiten, gescheitert waren.[110] Der Kampf um Berlin war vorüber, nach vorsichtigen Schätzungen kostete er einer halben Million Menschen das Leben oder ihre Gesundheit.[111] Sogar als schon die letzten Verteidiger in die Gefangenschaft abgeführt wur-

---

* Die zahlreichen überlebenden deutschen Generäle rächten sich an Hitler, indem sie *ihm* in ihren Memoiren die Schuld an allen von ihnen verlorenen Schlachten zuschoben und sich selbst das Verdienst für alle Siege, die ihre Truppen errungen hatten, anrechneten.

den, suchten sowjetische Patrouillen noch nach flüchtigen Nazigrößen. Inzwischen wurde bereits eine Gruppe deutscher Kommunisten unter Führung von Walter Ulbricht aus dem sowjetischen Exil eingeflogen, um im besetzten Deutschland die Bildung einer neuen Regierung vorzubereiten.

Im Norden und Süden Berlins gingen die Kämpfe noch einige Tage weiter. Die Bekanntgabe von Hitlers Tod überzeugte schließlich auch die Kommandeure in Italien, sich mit ihren Einheiten zu ergeben. In Böhmen vertrieb eine letzte sowjetische Offensive den Rest der dortigen Heeresgruppe, er ergab sich im Zuge der Kapitulation aller deutschen Streitkräfte. Die Truppeneinheiten des ehemaligen Generals der Roten Armee Wlassow, die sich aus sowjetischen Kriegsgefangenen rekrutierten und auf seiten der Deutschen gegen das sowjetische Regime kämpften, waren noch in die letzten Gefechte um Prag verwickelt. Sie fielen den Sowjets direkt in die Hände oder wurden von den Amerikanern ausgeliefert. Wer nicht Selbstmord beging, wurde erschossen oder in Arbeitslager verbannt.[112] Die tschechoslowakische Exilregierung Beneš kehrte nach Prag zurück, aber unter Umständen, die kaum eine strahlende Zukunft versprachen.

DAS KRIEGSENDE IN EUROPA

Im Norden hatte Admiral Dönitz die Regierungsgewalt und die Kontrolle über die restlichen deutschen Streitkräfte übernommen. Deutsche Truppen kontrollierten immer noch Westholland, ganz Norwegen und Dänemark, einen großen Teil Norddeutschlands, kleine Teile Süddeutschlands sowie Teile Österreichs, Jugoslawiens und der Tschechoslowakei. In Italien stand die Kapitulation kurz bevor. Der Admiral war ein erklärter Anhänger Hitlers und glaubte fast bis zur letzten Minute, das Blatt könne sich zugunsten Deutschlands wenden. Seine Hingabe an das nationalsozialistische Gedankengut und seine Identifikation mit Hitlers Kriegsstrategie, auch in der letzten Phase[113], prädestinierten Dönitz zu dessen Nachfolger. Daß Hitler ihn auf eigentümliche Weise richtig eingeschätzt hatte, bewies Dönitz noch als inhaftierter Kriegsverbrecher. Noch im Januar 1953 behauptete er hartnäckig, er sei das legitime Staatsoberhaupt Deutschlands. Nur ein System, in dem alle Parteien, einschließlich der Nationalsozialisten, zugelassen seien, könnte nach seiner Auffassung auf rechtmäßige Weise einen Nachfolger wählen![114]

Als Dönitz Anfang Mai das Erbe Hitlers antrat, wußte er jedoch, daß der Krieg verloren war.[115] Er hoffte nur, den Krieg auf eine Weise zu beenden, durch die noch möglichst viele Soldaten von der Ostfront der sowjetischen Kriegsgefangenschaft entkommen und möglichst viele Zivilisten in den Westen gelangen könnten. So wie die Sowjets das lokal begrenzte Kapitulationsangebot von General Krebs abgelehnt hatten, weigerten sich auch die Westalliierten, von Dönitz eine Kapitulation, die die Sowjets ausschloß, anzunehmen. Sie bestanden darauf, daß sich die deutschen Streitkräfte allen drei Alliierten ergeben müßten.[116] Die Heeresgruppe in Italien und danach die in Nordwestdeutschland und die Truppen in Holland konnten jeweils militärischen Waffenstillstand vereinbaren, ähnlich wie bereits früher an der Ostfront. Am Nordende der Ostfront ergaben sich die deutsche 3. Panzer-Armee und 21. Armee den Amerikanern, als sie zwischen die vorrückende 2. Weißrussische Front und die 21. Heeresgruppe gerieten. Auch im Mittelabschnitt der Front gelang es einigen deutschen Soldaten, in amerikanische Kriegsgefangenschaft zu kommen. Doch die große Mehrheit der an der Ostfront kämpfenden Soldaten, über eineinviertel Millionen, wurden mit der Gesamtkapitulation sowjetische Kriegsgefangene.[117]

Die Kapitulation wurde in zwei verschiedenen Hauptquartieren unterzeichnet: am 7. Mai in Reims und am 9. Mai in Berlin.[118] Dieses komplizierte Verfahren zeigt sehr deutlich, daß die Westalliierten und die Sowjets gemeinsame Ziele, aber unterschiedliche Sichtweisen vertraten. Alle waren sich darin einig, daß die deutschen Militärführer dieses Mal einer bedingungslosen Kapitulation zustimmen mußten. Eine Legendenbildung wie nach dem Ersten Weltkrieg, daß die Armee nicht wirklich besiegt gewesen und die deutsche Zivilbevölkerung an der Niederlage schuld sei, sollte es nicht wieder geben. Außerdem kam man überein, sich die Regierung Dönitz zunutze zu machen, um eine geordnete und schnelle Kapitulation zu gewährleisten. Alle waren daran interessiert, die isolierten deutschen Truppen von den französischen Atlantikhäfen bis zur Ostsee und die deutschen U-Boote auf See so schnell wie möglich zur Kapitulation zu zwingen.[119] Sobald dies geschafft war, wurden alle Mitglieder der Regierung Dönitz am 23. Mai verhaftet, sofern sie nicht bereits in Haft waren. Das Verfahren hatte Eisenhower zuvor mit London, Washington und Moskau abgeklärt. Dönitz selbst und das restliche Oberkommando wurden von der britischen Armee in Flensburg festgenommen, wo sich das Hauptquartier befunden hatte.[120] Wie Montgomery am 6. Mai in einem Brief an Brooke geschrieben hatte, wurden ein paar Deutsche dazu benutzt, um das Gros der feindlichen Macht in Kriegsgefangenenlager zu bringen, und am Ende wurden eben diese Deutschen selbst ins Lager gesteckt.[121]

In Österreich hatte die Sowjetunion bereits damit begonnen, den Beschluß der Konferenz von Moskau umzusetzen und die Unabhängigkeit des Landes wiederherzustellen. Unter Führung des alten Sozialisten Karl Renner wurde eine provisorische Regierung gebildet in der Annahme, Österreich werde ebenfalls vorübergehend in vier Besatzungszonen aufgeteilt und die Hauptstadt Wien wie Berlin den vier Mächten unterstellt werden. Die sowjetische Unterstützung der Gruppe Ulbricht schloß eine ähnliche zentrale Regierung in Deutschland aus. Innerhalb von zehn Jahren sollten die Österreicher ihre Einheit und Unabhängigkeit wiedererlangen. Die Deutschen hingegen hatten keine eigenen zentralen Institutionen mehr, nachdem die Mitglieder der Regierung Dönitz verhaftet worden waren. Am 5. Juni erklärten die vier alliierten Oberbefehlshaber in Berlin die Auflösung der bisherigen Regierung in Deutschland und übernahmen durch den Alliierten Kontrollrat die oberste Regierungsgewalt. Das Dritte Reich war zu Ende und mit ihm das Deutsche Reich, das Otto von Bismarck weniger als ein dreiviertel Jahrhundert zuvor gegründet hatte. Da Deutschland den

Krieg mit dem Angriff auf Polen begonnen hatte, das es oft als »einen Staat für eine Saison« bezeichnet hatte, war es vielleicht angemessen, daß sein eigener Staat, der weniger als ein Zehntel der Zeit überdauert hatte wie Polen – immerhin währte das Königreich von 1025 bis zur Teilung 1795 –, für Jahrzehnte von der Landkarte Europas als Einheitsstaat verschwinden würde.

Einer der Großen Drei sollte das Kriegsende in Europa nicht mehr erleben. Präsident Roosevelt war 1944 zum viertenmal wiedergewählt worden, aber die enormen Belastungen durch den Wahlkampf und den Krieg – mit der Ardennen-Offensive im Dezember – hatten seine Gesundheit angegriffen. Er hatte keine richtige Gelegenheit gehabt, sich zu erholen, und auch die lange Reise nach Jalta war beschwerlich gewesen.[122] Bei seinem Bericht über Jalta vor dem Kongreß hatte er denn auch das erste und einzige Mal öffentlich auf sein körperliches Handicap hingewiesen und erklärt, warum er seine Rede nicht im Stehen halten konnte. Dem folgten die Auseinandersetzungen der Alliierten über die Zukunft Polens und Stalins beleidigende Äußerungen über die Kapitulationsverhandlungen in Italien und die hohen Verluste bei den Kämpfen auf Iwojima. So war es nicht verwunderlich, daß Oliver Lyttelton, der als Mitglied der britischen Delegation für die Konferenz von San Francisco am 29. März mit Roosevelt zusammentraf, an Churchill telegrafierte, er sei »sehr schockiert über sein schlechtes Aussehen«[123].

Anfang April beschäftigten Roosevelt nicht nur die aktuellen Auseinandersetzungen mit Stalin, sondern auch noch der alte Streit um das Abkommen mit Darlan. Da Roosevelt, wie wir wissen, über die Hoffnung eines dicken Dienstmädchens, als Kanarienvogel wiedergeboren zu werden, immer noch schallend lachen konnte[124], mag er vielleicht auch darüber geschmunzelt haben, zuerst wegen der Kooperation mit einem Faschisten und nun wegen der Zusammenarbeit mit Stalin angegriffen zu werden. Auf jeden Fall gewährte er am 6. April William Langer noch Zugang zu den Unterlagen des Weißen Hauses für eine Studie über die amerikanische Politik gegenüber dem Vichy-Regime.[125] Stets auf eine bessere Welt hoffend, wollte Roosevelt sein Land in eine friedliche Zukunft führen, in der es eine konstruktivere Rolle als nach dem Ersten Weltkrieg spielen sollte. Er hoffte, die Vereinigten Staaten würden in einer internationalen Organisation mitwirken, der die ehemaligen Kolonien des imperialistischen Zeitalters nach und nach als unabhängige Staaten beitreten würden. Die Philippinen sollten nach seinem großen Wunsch einer der ersten dieser Staaten sein.[126] Am 12. April, während eines Aufenthaltes in Warm Springs, starb Roosevelt.

Präsident Roosevelt hatte die Vereinigten Staaten durch die harten Jahre der großen Depression geführt und seinem Volk in schwierigen Zeiten Hoffnung gegeben. Er hatte, wenn auch erfolglos, versucht, das Land aus dem Krieg herauszuhalten und den anderen Ländern bei der Niederwerfung Deutschlands und Japans beizustehen. Durch die Staaten des Dreimächtepakts in den Krieg getrieben, hatte er die grundlegenden Prioritäten und Ziele des Konflikts festgelegt: an oberster Stelle der Sieg über Deutschland und das Eingreifen amerikanischer Truppen gegen die Deutschen

1942, der doppelte Vorstoß gegen Japan im Pazifik, der direkte Angriff gegen Deutschland über den Ärmelkanal und die Entwicklung von Atomwaffen. Er hatte die Schlüsselgestalten der Kriegführung im militärischen und zivilen Bereich ausgewählt und die Kapitulation des Feindes zum Ziel seines Landes erklärt. Während des Krieges hatte er in mühevoller Arbeit die amerikanische Öffentlichkeit auf ihre neue Stellung in der Weltordnung nach dem Krieg vorbereitet – eine neue Welt, in der, wie er hoffte, die Vereinten Nationen den Rahmen für die fortgesetzte Zusammenarbeit zwischen den nach seiner Ansicht vier großen Mächten bilden würden. Und welche Reibungen und Schwierigkeiten es zwischen den Alliierten auch gegeben hatte, so hatte er sich stets um deren gemeinsame Arbeit und den gemeinsamen Kampf während der Kriegsjahre bemüht. Nun wurden andere an die Führungsspitze berufen, aber der Sieg war schließlich zum Greifen nahe.

Der neue amerikanische Präsident Harry S. Truman war selbst ein Veteran der Frontkämpfe des Ersten Weltkriegs und hatte bereits durch seinen Vorsitz in dem Senatskomitee, das Verschwendung und Betrügereien in Rüstungsfabriken untersucht hatte, öffentliche Aufmerksamkeit errungen. Daß er sofort größere Änderungen an der Kriegspolitik seines Vorgängers einleiten würde, war unwahrscheinlich, auch wenn er vor seiner plötzlichen Übernahme der Präsidentschaft von Roosevelt nicht systematisch instruiert worden war. Doch er lernte schnell, arbeitete sehr gewissenhaft und hatte jene Selbstsicherheit, die man braucht, um Entscheidungen zu treffen.[127]

Eine der wichtigsten Entscheidungen, die Truman gleich zu Beginn seiner Amtszeit fällen mußte, betraf ironischerweise eine Angelegenheit, der Roosevelt auf britischen Vorschlag hin nur sehr widerwillig zugestimmt hatte und über die Premierminister Churchill nun ein halbes Jahr später seine Ansicht geändert hatte: die deutschen Besatzungszonen. Roosevelt wollte anfangs überhaupt keine Grenzlinien festlegen, solange die Alliierten Deutschland noch nicht besetzt hatten. Er wußte, daß die amerikanische Truppenstärke immer größer wurde und ein besseres Abkommen möglich sein würde, wenn die Truppen nicht mehr in den Ausbildungslagern im amerikanischen Süden sein würden, sondern in Europa. Zur Zonenaufteilung gedrängt, hatte er eine Karte gezeichnet, auf der die amerikanische Zone in Nordwestdeutschland bis nach Berlin reichte. Doch dann stellte sich heraus, daß nach britischen Vorstellungen die amerikanische Zone im Südwesten und Berlin inmitten der sowjetischen Zone liegen sollte und daß sie bereits die schnelle Zustimmung der Sowjets erhalten hatten. Deshalb mußte auch Roosevelt den Vorschlag widerstrebend annehmen, erreichte jedoch besondere Zugangsrechte und eine amerikanische Enklave (Bremen und Bremerhaven) in der britischen Zone. In den Kämpfen im Frühjahr 1945 waren die amerikanischen Truppen in der Mitte Deutschlands weit über die festgelegten Zonengrenzen hinaus vorgerückt und auch ein Stück weiter im Norden als Teil der alliierten 21. Heeresgruppe vorgestoßen. Churchill beabsichtigte nun, die Armeen der Westalliierten in den besetzten Gebieten zu halten – so wie es Roosevelt ursprünglich vorhatte –, bis die Sowjets zu Konzessionen bei verschiedenen umstrittenen Punkten bereit sein würden.[128]

Damit brach Churchill nicht nur mit seinen eigenen und Feldmarschall Brookes Ansichten[129], sondern geriet auch in schärfste Opposition zu den Amerikanern. Die Verpflichtungen gegenüber der Sowjetunion waren eindeutig und schriftlich niedergelegt und an den Einzug der westlichen Truppen in Berlin, Wien und Teile des sowjetisch besetzten Österreichs gebunden.[130] Einen Krieg mit der Sowjetunion zu riskieren, war für die britischen Stabschefs »undenkbar«[131], einen Erfolg hielten sie für »völlig unmöglich«[132]. Nichts weist darauf hin, daß die amerikanischen Stabschefs anders dachten. Truman entschied gegen Churchills Tendenz, bei der ursprünglichen Abmachung zu bleiben. Die amerikanischen Streitkräfte zogen aus der sowjetischen Zone, die sie zu zwei Fünfteln besetzt hatten, wieder ab, jedoch nicht ohne deutsche Wissenschaftler, Akten und anderes Material mit sich zu nehmen. Die Räumung sowie der Einmarsch der Briten und Amerikaner in die Westsektoren Berlins wurden am 29. Juni für die Zeit vom 1. bis 4. Juli 1945 vereinbart. Ähnliche Zonen- und Sektorenaufteilung galt für Österreich und Wien.

Der Einzug der westalliierten Truppen in ihre Berliner Sektoren ebnete den Weg für die Schlußkonferenz der siegreichen Alliierten in Potsdam. Während des Treffens wurde das Ergebnis der britischen Unterhauswahlen bekannt: Churchill wurde als Premierminister abgewählt, an seine Stelle als Regierungschef und Vorsitzender der britischen Delegation trat Clement Attlee, Führer der Labour Party und bisheriger Stellvertretender Premierminister. Das Koalitionskabinett, das seit Mai 1940 in Großbritannien regiert hatte, wurde am 23. Mai aufgelöst, am Tag der Verhaftung von Dönitz und seinen Gefolgsleuten.[133] Churchill hatte danach bis zu den Wahlen am 5. Juli die Regierungsgeschäfte mit der Konservativen Partei übergangsweise weitergeführt. Das Wahlergebnis wurde jedoch erst am 26. Juli bekanntgegeben, so daß auch die eingesandten Stimmzettel der Soldaten mitgezählt werden konnten. Die Labour Party errang einen deutlichen Sieg, die Mehrheit des Volkes wollte für die Nachkriegszeit eine neue Regierung. Zehn Jahre waren seit den letzten Wahlen im Vereinigten Königreich vergangen, und die Menschen hatten schlechte Erinnerungen an die konservativen Regierungen der Jahre nach dem Ersten Weltkrieg. Ein von Attlee geführtes Kabinett sollte den Krieg im Pazifik, der nach den Erwartungen noch mindestens ein Jahr dauern würde, für Großbritannien beenden.

Churchill hatte sein Land durch schlimme Gefahren hindurch in Europa zum Sieg geführt. Vor Montgomerys 21. Heeresgruppe fand am 4. Mai die allergrößte deutsche militärische Kapitulation statt. In seinen letzten Amtsmonaten als Premierminister und Verteidigungsminister war Churchill zunehmend beunruhigt über Stalins Machtanspruch auf Polen und dessen Auswirkungen auf Osteuropa. Die Beziehungen innerhalb der großen Allianz, die in Jalta zunächst wiederhergestellt zu sein schienen, hatten sich merklich verschlechtert. Churchill hatte geglaubt, die sowjetische Expansion mit frühen Konzessionen wirksam begrenzen zu können, und war – auch unter dem Eindruck schwindender britischer Macht – zu Konzessionen bereit gewesen, die er im letzten Moment rückgängig zu machen versuchte. Doch er mußte feststellen, daß es dazu zu spät war. Auf alle Fälle war es aufgrund der geographischen und militärischen Gegebenheiten sicher, daß die Westalliierten von Westen und die Rote Armee von Osten vormarschieren würden. Dennoch hoffte Churchill immer noch, einige Änderungen der Situation bewirken zu können. Er wollte Großbritannien auch sehr gerne als Mitsiegermacht über Japan aufführen. Nach einem erfolgreichen Atombombentest in der Zeit zwischen der Wahl und der Bekanntgabe der Ergebnisse schien dies nahe bevorzustehen.

Welche innenpolitischen Differenzen Churchill mit der Labour Party auch hatte, ob Verstaatlichung von Industrie oder soziale Sicherung – über ein Thema, das ihm am Herzen lag, stimmte er mit ihnen in keiner Weise überein: das Empire. Während des ganzen Krieges hatte er sich gegen den Druck oder auch nur die Andeutungen der Amerikaner gewehrt, Indien doch die Unabhängigkeit zu gewähren und bei den anderen Kolonien entsprechende Schritte einzuleiten. Als die Amerikaner zum letztenmal auf der Konferenz von Jalta das Thema ansprachen, war er förmlich explodiert und hatte Stettinius beschimpft. Die Amerikaner hielten sich daraufhin etwas zurück, auch wenn Roosevelt es gelegentlich nicht lassen konnte, den Premierminister mit dem Thema aufzuziehen.

Nach dem Ende des Pazifikkrieges sollte, so Churchills feste Überzeugung, in Birma, Malaya und den britischen Teilen von Borneo und Hongkong die Herrschaft Londons wiederhergestellt werden. Er befürwortete auch entschieden die Rückkehr der ehemaligen französischen und niederländischen Besitztümer in Südostasien zu den ehemaligen Kolonialherrschern, ganz im Gegensatz zu den Amerikanern, die die betreffenden Länder in die Unabhängigkeit entlassen wollten. In Syrien und im Libanon wählte Großbritannien im Frühjahr 1945 angesichts vehementer französischer Opposition eine andere Politik, aber in diesen Fällen hatten die Briten auf Drängen der Bevölkerung die Unabhängigkeit garantiert, da die Franzosen sie bereits früher fest zugesagt hatten. Nachdem die Franzosen nur einen geringen Beitrag zu den Kämpfen in Europa geleistet hatten, lag Churchill nichts daran, ihnen bei einem großen Feldzug zur Unterdrückung der Menschen in Syrien und Libanon zu helfen.[134]

Abgesehen von einem Gebiet, dem bereits die Unabhängigkeit versprochen worden war, sollte die alte Ordnung wiederhergestellt werden. Der Premierminister hielt zwar mit den neuesten Radar- und Dechiffriertechniken Schritt, bezüglich der Kolonialfrage lebte er jedoch immer noch im späten 19. Jahrhundert. Und er wußte nur zu gut, daß die Labour Party in dieser Angelegenheit ganz andere Ansichten vertrat: Attlee selbst war in der Simon-Kommission über den Aufbau einer Selbstverwaltung in Indien gewesen, wegen der Churchill mit der Konservativen Partei gebrochen hatte und für ein Jahrzehnt aus der Politik hinausgedrückt wurde. Daß Attlee nun Premierminister werden sollte, war ein doppelter Schlag für Churchill, aber da er fest an eine freie parlamentarische Praxis glaubte, trat er sofort zurück und empfahl König George VI., Attlee eine neue Regierung bilden zu lassen. Churchill hatte Attlee schon nach Potsdam mitgenommen, und nach einer kurzen Unterbrechung der Konferenz repräsentierte dann der neue Premierminister Großbritannien.

Vor Beginn der Konferenz, der Churchill den Decknamen »Terminal« gegeben hatte, mußten noch einige Angelegenheiten, die seit dem Ende der Feindseligkeiten wichtig geworden waren, geregelt werden. Am meisten Sorgen bereitete die durch geheime Untersuchungen gemachte Entdeckung, daß die Deutschen verschiedene neue Kampfstoffe – die Giftgase Tabun, Sarin und Soman – entwickelt hatten, von denen die Alliierten nicht die geringste Ahnung gehabt hatten und gegen die sie kein Gegenmittel kannten. Sie fanden bald heraus, daß die Deutschen diese Waffe nicht an die Japaner weitergegeben hatten, und beschlossen, die Information geheimzuhalten, damit die Kampfstoffe eventuell als Vergeltung gegen einen japanischen Giftgaseinsatz verwendet werden könnten.[135] Es war recht lange her, daß die britische Regierung beschlossen hatte, Giftgas einzusetzen, falls die Deutschen einen Landekopf an der britischen Küste errichten würden.

In der Öffentlichkeit gab es einen größeren Streit der Alliierten um das Leih- und Pachtsystem. Da die Versorgung der Alliierten mit amerikanischen Gütern gemäß dem Lend-lease-Act von 1941 und die Aufwendungen hierfür nur für die Dauer des Krieges gelten sollten, hatten die Briten und Amerikaner im Oktober 1944 auf der Konferenz von Quebec einen neuen Vertrag für die Zeit nach dem Kriegsende in Europa ausgearbeitet, der als »Second Stage Aid« bezeichnet wurde. Aber im Frühjahr 1945, als die Beziehungen der Regierung zum Kongreß so schlecht waren wie seit 1933 nicht mehr, war überdeutlich geworden, daß nach Kriegsende kein Geld mehr zur Verfügung stehen würde. Nach Ende der Kämpfe gab es ein endloses Gezänk um die Auslieferung bestellter und bereitgestellter, aber noch nicht gelieferter Waren.

Der Kongreß wollte eindeutig vermeiden, daß Hilfsprogramme nach dem Krieg auf der Grundlage des Lend-lease-Systems abgewickelt wurden, alle Wiederaufbauprogramme sollten ein spezielles und gesondertes Gesetzgebungsverfahren durchlaufen.[136] Der Chef der Foreign Economic Administration, Leo T. Crowley, befürwortete eine strenge Auslegung des Gesetzes gegenüber allen amerikanischen Verbündeten. Präsident Truman selbst hatte am 10. April noch als Vizepräsident die entscheidende Stimme gegen eine noch restriktivere Anwendung abgegeben. Bei der Unterzeichnung des Gesetzes zur Verlängerung des Lend-lease-Systems am 17. April, dem ersten Gesetz seiner Regierung, war er sich sehr wohl bewußt, daß das gesamte Lend-lease-Programm auf schwachen Füßen stand. Deshalb hätte es keinen amerikanischen Verbündeten überraschen dürfen, daß dem Sieg in Europa die drastische Reduktion der Hilfslieferungen folgte. Doch sowohl die Briten als auch die Sowjets ignorierten die amerikanische Gesetzeslage und zeigten sich überrascht oder gar schockiert. Obwohl der Lieferungsstopp von Versorgungsgütern, die für den Krieg gegen Japan

nicht wichtig waren, die Sowjetunion besonders hart traf, erreichten die amerikani-
schen Lieferungen an die Sowjets im Mai 1945 ihren höchsten Stand.[137] Der stete
Versorgungsstrom stand jedoch in merkwürdigem Gegensatz zu den verschlechterten
Beziehungen beider Länder. Das sowjetische Vorgehen in Polen veranlaßte auch die
Amerikaner, den neuen Präsidenten darauf zu drängen, einen härteren Kurs einzu-
schlagen, so die Forderungen des amerikanischen Botschafters in Moskau, Averell
Harriman, und des Chefs der dortigen amerikanischen Militärmission, General John
R. Deane.

Amerikaner und Briten glaubten beide, daß sie die Sowjetunion mit den Hilfszu-
sagen sehr großzügig behandelten, während die Sowjets meinten, ein Anrecht auf
die bisher erhaltene Unterstützung und noch weitere Hilfen zu haben, weil sie die
Hauptlast der Kämpfe getragen hatten.[138] Wie so oft waren es nur der gemeinsame
Gegner und die gemeinsame Gefahr gewesen, die eine Allianz zusammengehalten
und den Grund für die Beilegung bestehender Differenzen gegeben hatten. Mit der
Niederlage des Gegners war auch das Motiv für die Zusammenarbeit verschwunden.

Die Auflösung der Allianz zeigte sich auf ebenso drastische Weise, wenn auch in
kleinerem Maßstab, am Konflikt an der italienisch-jugoslawischen Grenze. Das Wettrennen um Triest war nur das spektakulärste Ereignis in diesem Konflikt. Die britischen Truppen befanden sich in einer sehr gefährlichen Lage, als sie (unterstützt von
den Amerikanern)[139] auf Titos Armee trafen, die sie selbst vorher gut bewaffnet
hatten. Nach mehreren spannungsreichen Auseinandersetzungen konnte die Gefahr
neuer Feindseligkeiten gerade noch abgewendet werden. Die Morgan-Linie, genannt
nach dem britischen Befehlshaber vor Ort, teilte die britischen und jugoslawischen
Einheiten bis zur endgültigen Grenzziehung durch einen Friedensvertrag mit Italien.
Jugoslawien erhielt dabei einen großen Anteil, wenn auch nicht das gesamte von Tito
beanspruchte Territorium. Die Stadt Triest blieb weiterhin der Zankapfel zwischen
beiden Ländern. Das Hinterland war vorwiegend von Slowenen bevölkert, in der
Stadt selbst lebten mehrheitlich Italiener. Die Teilung des Gebietes, bei der schließlich
Jugoslawien das Hinterland und Italien Triest zugesprochen wurde, ist vielleicht noch
die gerechteste Lösung gewesen, welche wirtschaftlichen Konsequenzen dies auch
gehabt haben mag.

So groß die Differenzen zwischen den Alliierten auch waren, in einem Punkt waren
sie sich zunehmend einig. Noch während der Kämpfe hatten die Alliierten nach
Berichten über die Verbrechen der Nazis angekündigt, die Verantwortlichen zur
Rechenschaft zu ziehen. Immer neue grauenvolle Nachrichten über Greueltaten hatten das Interesse der Alliierten an der Aufklärung der Verbrechen im Dritten Reich
wachgehalten. Aber bei der Ankunft ihrer Truppen in den Konzentrations- und Arbeitslagern 1945 erfaßte die Westalliierten blankes Entsetzen. Die Rote Armee hatte
bereits einige der großen Todesfabriken gestürmt. In den Vereinigten Staaten und
Großbritannien waren zwar Fotos davon abgedruckt worden, aber irgendwie schienen diese Orte weit entfernt zu sein, sogar wenn die Zahl der Ermordeten bei weitem

höher war als in den Lagern in West- und Mitteldeutschland. Die Sowjets mußte ohnehin niemand von der Abscheulichkeit des Naziregimes überzeugen, und nun erhielten auch das amerikanische und britische Volk ihre Lektion über die Realitäten des Dritten Reiches, gegen das sie gekämpft hatten, ohne zu ahnen, daß die Verbrechen schlimmer waren als die schlimmsten Berichte, die sie gehört oder gelesen hatten.

Am 12. April 1945 fuhren Eisenhower, Bradley und Patton durch Ohrdruf bei Gotha in Thüringen. Sie sahen die Galgen, die Toten und die Sterbenden. Die Fotografen der Fernmeldetruppe machten Aufnahmen, die die amerikanische Öffentlichkeit schockierten.[140] Deutsche Zivilisten und auch GIs wurden aufgefordert, sich dieses oder ein anderes Lager, von denen es Hunderte gab, anzusehen. In den darauffolgenden Tagen befreiten amerikanische und britische Truppen weitere noch größere und bekanntere Lager: Buchenwald, Dachau, Bergen-Belsen, Nordhausen, Mauthausen und und und. Die Wirkung war gewaltig. In einem Zeitalter, in dem vor allem Wochenschauen und Magazine wie *Life* die visuellen Eindrücke von Ereignissen vermittelten, brachten die Bilder von den Lagern der Heimatfront auf eine Weise die Wirklichkeit nahe, wie es kein anderes Medium zuvor vermocht hatte. Einige wußten zu dieser Zeit schon, daß diese Lager tatsächlich nur die Spitze eines Eisbergs waren und andernorts vielleicht täglich so viele Menschen umgebracht worden waren wie im Lager von Ohrdruf in der ganzen Zeit seines Bestehens. Doch die Eindrücke an sich waren wichtig. Hier war etwas ganz anderes geschehen als bei anderen Massenmorden – wie an den amerikanischen Kriegsgefangenen bei Malmédy oder an britischen Kommandotrupps nach der Gefangennahme. Hier fand man die handfesten Beweise für eine Form des allgemein verbreiteten Schreckens, die der normale Mensch kaum begreifen konnte.

Mit diesen Entwicklungen wurde eine breite Basis öffentlicher Unterstützung für das Vorhaben der amerikanischen Politik geschaffen, nach Kriegsende die Kriegsverbrecher vor Gericht zu stellen. Die Erfahrungen mit den Kriegsprozessen nach dem Ersten Weltkrieg, die die Deutschen selbst geführt hatten, waren absolut negativ gewesen[141], und nun gab es keine deutsche Regierung. Die Angelegenheit neutralen Staaten wie Spanien oder Argentinien – genauer gesagt den Ländern, die dem Krieg gegen Deutschland nicht beigetreten waren – zu überlassen, war keine Lösung, zumal nichts darauf hinwies, daß auch nur ein Staat daran interessiert gewesen wäre.[142] Die Alliierten würden die Prozesse also selbst führen müssen. Die Amerikaner ergriffen die Initiative und forderten, gemäß der 1943 in Moskau verabschiedeten »Deklaration über deutsche Greueltaten im besetzten Europa«, daß die Deutschen in jenen Ländern abgeurteilt werden sollten, wo sie ihre Taten begangen hatten, und daß für übergreifende Straftaten ein internationaler Gerichtshof eingerichtet werden sollte. Roosevelt hatte eine grundlegende Zusammenfassung der Position der Vereinigten Staaten mit nach Jalta genommen, und Truman ernannte Robert H. Jackson, Richter am amerikanischen Obersten Gerichtshof, zum Vertreter der Vereinigten

Staaten bei der Vorbereitung dieser internationalen Gerichtsverfahren. Jackson fuhr zunächst nach Europa, diskutierte anschließend die Pläne auf der Konferenz von San Francisco und vertrat sein Land schließlich auf einer gesonderten Konferenz in London vom 26. Juni bis zum 8. August 1945.[143]

Die Sowjetunion stand, was dieses Thema anging, der amerikanischen Position generell näher als die britische Regierung.[144] Die Briten hätten es mindestens ab 1943 und noch 1945 vorgezogen, die hochrangigen Nazis als jenseits aller Gesetze stehende Verbrecher zu ächten und zu erschießen. Sie waren gegen einen alliierten Gerichtshof, eine Position, die das Kabinett noch bis 12. April 1945 unterstützte.[145] Die Amerikaner jedoch waren in dieser Hinsicht unnachgiebig und erhoben grundsätzliche Einwände gegen die im historischen englischen Recht vorgesehene Bill of attainder (die Anklage gegen politische Verbrechen durch Beschluß ohne gerichtliches Verfahren). Ihre Bedenken gegen ein solches Vorgehen sind auf die Erfahrungen der Amerikaner im 18. Jahrhundert zurückzuführen und sind auch in der Verfassung der Vereinigten Staaten (Artikel I, Abschnitt 9,2 und Abschnitt 10,1) verankert. Anfang Mai 1945 lenkten die Briten schließlich ein.[146] Auf der Londoner Konferenz wurde Einigung erzielt über die Errichtung eines internationalen Gerichtshofs und die folgenden Strafverfahren. Das Vier-Mächte-Abkommen legte die Grundlage für die Nürnberger Prozesse. Das Gefängnis für die Abgeurteilten war dann, zusammen mit dem Luftüberwachungssystem für Berlin, das letzte, was von der Zusammenarbeit der vier Mächte im Zweiten Weltkrieg übrigblieb.

Die Lage in Europa war jedoch vor allem durch das allgemeine Elend gekennzeichnet. Überall war Zerstörung und herrschte Hunger. Millionen Menschen hatten ihre Heimat verloren, viele konnten nicht wieder zurück oder glaubten es zumindest. Der neue Begriff »Displaced Persons« oder abgekürzt »DP« entstand. Die Ausweisung und Vertreibung der Deutschen aus den nun polnisch, sowjetisch oder tschechoslowakisch verwalteten Gebieten kam noch hinzu. Antisemitische Krawalle in Polen machten den überlebenden Juden, die eigentlich in ihre Heimat zurückkehren wollten, schnell deutlich, daß dies nicht möglich war, so daß auch sie in die DP-Lager in den westlichen Besatzungszonen strömten.[147] Auf Roosevelts Initiative war die United Nations Relief and Rehabilitation Administration (UNRRA) unter Leitung von Herbert Lehman gegründet worden. Die Hilforganisation mußte enorme Aufgaben bewältigen, aber das Elend war so groß, daß selbst ein Mann wie der ehemalige Gouverneur von New York, der sich ganz der humanitären Aufgabe widmete, verzagen wollte.

Zu den Nachwirkungen des Krieges kam noch erschwerend der Nahrungsmangel hinzu, der zum Teil durch die fehlenden Möglichkeiten für Schiffstransporte verursacht wurde. Das Kriegsende bedeutete, daß viele Schiffe für den Heimtransport der Truppen benötigt wurden – viele Soldaten kehrten allerdings nicht heim, sondern wurden in andere Kampfgebiete gebracht. Der bedrückende Mangel an Schiffen ist nur ein Beispiel dafür, wie der Pazifikkrieg 1945 die Ereignisse in Europa noch überschattete. Ob es sich nun um Schiffe drehte, um die Verlegung von Truppen oder die diplomatischen Gespräche der Alliierten, der Krieg in Ostasien war bei allem ein bestimmender Faktor.

Die letzte Phase des Krieges in Ostasien wurde, wie im folgenden Kapitel dargestellt wird, sogar noch schwieriger, als der Krieg in Europa allmählich zu Ende ging. Die wechselhafte Entwicklung an den beiden Kriegsschauplätzen im ersten Halbjahr 1945 unterstreicht dies: Im Januar brachen die Sowjets von Zentralpolen aus nach Deutschland ein; im Februar fand die erbitterte Schlacht um Iwojima statt; März war der Monat, in dem die Brücke bei Remagen eingenommen und auch andernorts der Rhein überschritten wurde; im April, Mai und Juni fanden auf der Insel Okinawa die blutigsten Kämpfe des Pazifikkriegs statt. Die Amerikaner wollten den Hauptanteil ihrer Truppen schnell aus Europa abziehen, einige sollten verabschiedet werden, viele Truppen wurden jedoch im Pazifik gebraucht. »Redeployment« (Verlegung) war das Schlüsselwort. Schon am 1. Mai, noch vor dem Ende der Feindseligkeiten in Europa, wurden die Hauptquartiere der amerikanischen 1. Armee zur Verlegung zurückgezogen und am 1. August in Manila reaktiviert, um sich an der Landung in der Bucht von Tokio 1946 zu beteiligen. Eisenhowers, Roosevelts und Trumans Sorge über die Schwierigkeiten mit der Sowjetunion im Frühjahr 1945 ist nur zu verständlich, wenn man berücksichtigt, welch schrecklichen Preis der Krieg gegen Japan forderte und, wie man erwartete, um wieviel schlimmer es werden würde, wenn die amerikanischen Truppen erst später im Jahr auf den japanischen Heimatinseln landeten.

Die Japaner waren nicht gewillt aufzugeben. Die japanischen Telegramme, die die Alliierten abfingen, zeigten dies so deutlich wie der schreckliche Kampf auf und um Okinawa. Der japanische Gesandte in der Schweiz, Kase Shunichi, übermittelte den Japanern den Rat von deutschen Beamten, dem Beispiel Deutschlands *nicht* zu folgen, sondern den Krieg schnell zu beenden.[148] Doch Tokio machte überdeutlich, daß es den Krieg fortzuführen beabsichtigte. Die Japaner würden versuchen, die deutschen Kriegsschiffe in Ostasien zu übernehmen; sie würden nicht zulassen, daß sich eine deutsche Exilregierung etablierte, aber sie würden ohne Deutschland weiterkämpfen und Anschuldigungen wegen der Verletzung der Vertragsbestimmung vom Dezember 1941, keinen Separatfrieden zu schließen, unterlassen.[149] Als die alliierten Führer sich auf den Weg nach Potsdam begaben, erwartete sie also nicht nur die Schwierigkeit, für Europa eine befriedigende Regelung zu finden, sondern sie mußten auch an den fortdauernden Krieg in Ostasien denken.

Die Konferenz von Potsdam vom 17. Juli bis zum 2. August 1945 war die längste der alliierten Kriegskonferenzen.[150] Die Franzosen nahmen nicht teil, weil sowohl die sowjetische als auch die amerikanische Regierung keinen Grund sahen, sie einzuladen. Die Schwäche Frankreichs war ein Schlüsselfaktor: Aus sowjetischer Sicht war das Land ein unbedeutender Satellitenstaat der Westmächte, dessen Anwesenheit auf der Konferenz im Gegenzug auch die Teilnahme eines sowjetischen Satellitenstaats, vielleicht Polens, erfordert hätte, was wiederum für Großbritannien und die Vereinigten Staaten problematisch gewesen wäre. Die Amerikaner standen den Franzosen ebenso reserviert gegenüber. Viel Aufmerksamkeit hatte Trumans schroffe Behandlung des sowjetischen Außenministers Molotow bei dessen Besuch in Washington am 23. April 1945 erregt, ungeachtet der Persönlichkeit Trumans oder seiner Behandlung anderer. Der neue Präsident war ein Mann, der kein Blatt vor den Mund nahm, wenn jemand, ob Amerikaner oder Ausländer, nach seiner Einschätzung ein Versprechen gebrochen hatte. Am 18. und 21. Mai las er dem französischen Außenminister Georges Bidault die Leviten, weil die französischen Truppen in Deutschland sich weigerten, Befehlen zu gehorchen – ein Hinweis auf die Schwierigkeiten wegen der Besetzung Stuttgarts und kurz zuvor in Norditalien.[151]

Da Frankreich von der Konferenz von Potsdam ausgeschlossen blieb, scheiterten viele dort getroffene Vereinbarungen zur deutschen Frage später am Widerstand der Franzosen. Die französische Regierung fühlte sich nicht an die Entscheidungen gebunden. Ihr Veto im Kontrollrat verhinderte sehr rasch die Durchsetzung der Teile des Potsdamer Abkommens, in denen die verwaltungstechnische und wirtschaftliche Einheit Deutschlands gefordert wurde. Die Deutschlandfrage war jedoch nur eines der wichtigen Themen auf der Konferenz: Das andere Thema war der Krieg in Ostasien.

Präsident Truman war, auch nach dem Rat seiner Militärführer, entschlossen, in Potsdam die Zusage der Sowjets zu einem schnellen Kriegseintritt gegen Japan zu erwirken. Er hatte im Juni der Invasion von Kyushu, die für den 1. November vorgesehen war, zugestimmt und war sich über die zu erwartenden hohen Verluste im klaren. Stalin hatte zwar schon früher seinen Beistand versprochen, aber für Truman, wie auch schon für Roosevelt, ging es um den richtigen Zeitpunkt. Die verschiedensten Länder hatten Deutschland den Krieg erklärt, nachdem die Gefahr einer aktiven Teilnahme an den Kämpfen bereits vorüber war. Das gleiche befürchteten nun die Amerikaner bei den Sowjets in Ostasien; deshalb wollten sie und auch die Briten, daß die Sowjets rechtzeitig eingriffen und die japanischen Streitkräfte in der Mandschurei und Nordchina zurückschlugen. Die hohen Zahlen auf der Verlustliste von Okinawa waren in Washington allen schmerzlich im Gedächtnis; deshalb war der Kriegseintritt der Sowjets Trumans Hauptanliegen.

Vor diesem Hintergrund wird verständlich, wie sehr Truman sich freute, als er auf dem ersten Zusammentreffen mit Stalin am 17. Juli erfuhr, daß die UdSSR am 15. August in den Pazifikkrieg eintreten wollte.[152] Am Tag darauf schrieb er an seine Frau: »Ich habe bekommen, wofür ich hier bin – Stalin zieht am 15. August in den Krieg ... Jetzt werden wir den Krieg ein Jahr früher beenden können, und denke an die Jungs, die nicht getötet werden! Das ist das Wichtige.«[153] Danach beherrschte zwar vor allem die Frage der Behandlung Deutschlands die Gespräche, die Politiker wußten jedoch, daß sie nach der Konferenz in den Pazifikkrieg zurückkehren würden.

Das Schicksal Deutschlands war selbstverständlich Gegenstand ausgiebiger Diskussionen in Potsdam. Präsident Roosevelt hatte die grundlegenden Probleme bereits mit beachtlicher Genauigkeit erkannt: Er hatte seine Abneigung gegen »detaillierte Pläne für ein Land, das wir noch nicht besetzt haben«[154], geäußert und dies wiederholt damit begründet, daß sich nicht voraussagen lasse, »was wir und die Alliierten vorfinden werden, wenn wir nach Deutschland kommen«.[155] Wie sich herausstellte, fanden die Alliierten ein Deutschland ohne Regierung oder Verwaltung vor, dafür mit weitgehenden Zerstörungen, Elend und Chaos. Auch zu den Möglichkeiten, gegen diese Verhältnisse einzuschreiten, erwies sich eine weitere Prognose Roosevelts als richtig: »Bezüglich der sowjetischen Regierung ... dürfen wir nicht vergessen, daß sie in ihrem besetzten Gebiet mehr oder weniger tun wird, was sie will. Wir können es uns nicht leisten, in eine Position zu geraten, in der wir unsererseits bloß Proteste registrieren, wenn nicht wenigstens die Chance besteht, daß einige Proteste auch gehört werden.«[156]

Drei praktische Fragen zu Deutschland mußten in Potsdam geklärt werden: erstens der Aufbau eines Verwaltungsapparats, zweitens die Grenzfrage und drittens die Reparationsansprüche. Die Alliierten vereinbarten die Einrichtung eines Alliierten Kontrollrates als oberstem Regierungsorgan, wobei allerdings alle vier Oberbefehlshaber in ihren Besatzungszonen selbständig Entscheidungen treffen konnten, falls keine gemeinsame Übereinkunft erzielt wurde. Da die Franzosen ihr Veto gegen die Einrichtung eines gemeinsamen, zentral verwalteten Apparats einlegten und die Oberbefehlshaber sich in ihrer Politik selten einig waren, bedeutete dies in der Praxis, daß jede Zonenverwaltung ihren eigenen Weg verfolgte.

Eine Zerteilung war theoretisch abgelehnt, aber praktisch eingeführt worden. Die von der Sowjetunion in ihrer Zone etablierte neue Regierung konnte selbstverständlich den anderen Zonen nicht akzeptiert werden, und die sowjetische Verordnung vom 10. Juni über die Zulassung von politischen Parteien beschleunigte nur die Bewegung der Zonen in verschiedene Richtungen. Die Grenz- und die Reparationsfrage hingen teilweise miteinander zusammen. Die Sowjets bestanden darauf, die deutschpolnische Grenze an die westliche und nicht die östliche Neiße zu verlegen und den abgetrennten Teil Ostdeutschlands (abgesehen vom nördlichen Ostpreußen) unter polnische Verwaltung zu stellen. Diese Forderungen wirkten sich doppelt auf die Reparationsabmachungen aus, denn die neue Grenze würde bedeuten, daß Deutschland wesentlich weniger Agrarland hätte und gleichzeitig noch mehr deutsche Flüchtlinge aus den abgetretenen Ostgebieten aufnehmen müßte, deren Versorgung schwierig werden würde. Die Briten und Amerikaner zögerten immer noch ein wenig, so gewaltigen Gebiets- und Bevölkerungsverschiebungen zuzustimmen. Sie wandten dagegen ein, eine solche Regelung sei mit Reparationen aus den überlasteten Westzonen nicht vereinbar.

Die Sowjetunion wollte beides: die Westverschiebung Polens und umfangreiche Reparationen. Stalin wiederholte in Potsdam seine Forderung nach der Hälfte der insgesamt zwanzig Milliarden Dollar, wie er es bereits in Jalta getan hatte. Die Briten hingegen hatten die Zone mit der größten Nahrungsmittelknappheit und bestanden auf Nahrungslieferungen aus der Ostzone zur Versorgung der deutschen Arbeiter. Die Amerikaner waren aufgrund ihrer Erfahrungen nach dem Ersten Weltkrieg bereits davon überzeugt, daß sie letztlich die Reparationen selbst bezahlen und die Deutschen in allen drei Westzonen vor dem Hunger bewahren müßten.

Die Sowjets gingen in ihren Forderungen dennoch nicht zurück und vertraten die einleuchtende Ansicht, daß die furchtbaren Zerstörungen, die die Deutschen in ihrem Land angerichtet hatten, so weit wie möglich durch deutsche Arbeit, deutsche Maschinen und deutsche Waren ausgeglichen werden müßten. Die Vereinigten Staaten auf der anderen Seite wollten keine Zwangsarbeit zulassen und sahen als einen Widerspruch an, daß eine zerstörte Wirtschaft und ein hungerndes Volk Reparationsgüter produzieren sollten. Schließlich einigte man sich auf einen Kompromiß, den der neue amerikanische Außenminister James Byrnes vorschlug. Die Westmächte stimmten zu, die Gebiete östlich der Oder und der westlichen Neiße unter Verwaltung des polnischen Staates zu stellen, eine endgültige Festlegung der Westgrenze Polens sollte jedoch bis zu einer Friedenskonferenz zurückgestellt werden. Da sie auch der Ausweisung der Deutschen – unter angeblich humanitären Bedingungen – aus den Ostgebieten zustimmten, hatten sie die neue Grenze de facto, wenn auch nicht de jure, anerkannt. Daß die Grenzfrage noch einmal völlig neu verhandelt werden würde, wenn die deutsche Bevölkerung erst einmal durch neue polnische Ansiedlungen ersetzt sein würde, war höchst unwahrscheinlich.

Im Gegenzug dafür sollte die Sowjetunion ihre Reparationsansprüche vor allem durch Entnahme aus der eigenen Besatzungszone befriedigen und aus den Westzonen einen Anteil der Industrieanlagen, soweit sie nicht für die deutsche Friedenswirtschaft gebraucht würden, erhalten. Einen Teil dieser Reparationen sollten die Sowjets ohne Gegenleistung erhalten – um die sowjetische Forderung nach der Hälfte der Reparationsleistungen zu erfüllen –, der andere Teil sollte gegen Nahrung und Kohle aus der sowjetischen Zone getauscht werden, damit die Westmächte nicht allein den Nahrungsmittelbedarf in ihren Zonen decken mußten.* In der Praxis führten die

---

* William H. MacNeill (America, Britain and Russia, S. 625, Anm. 1) hat darauf hingewiesen, daß das Drängen der Sowjets auf Lieferungen aus den Westzonen dazu beitrug, daß die Amerikaner die Internationalisierung des Ruhrgebiets nicht weiter unterstützten. Man sollte beachten, daß Truman eher den Rücktritt Morgenthaus akzeptierte, als daß er ihn mit nach Potsdam genommen hätte. Die Ergebnisse von Potsdam bedeuteten die Aufgabe der Konzepte Morgenthaus, sowohl was das Ruhrgebiet als auch was den Verbleib der Ostgebiete beim künftigen Deutschland betraf. Alan Dobson (Wartime Aid to Britain, St. Martin's, New York 1986, S. 222) bringt den Rücktritt Morgenthaus in Verbindung mit der Entscheidung des darauffolgenden Tages, Großbritannien nur für den Kampf gegen Japan Lend-lease-Lieferungen zu gewähren, womit die Vereinbarungen der 2. Konferenz von Quebec verletzt wurden. Ein hilfreicher Überblick über die Funktionsweise der Reparationsvereinbarungen, einschließlich der ursprünglichen Bedingungen und der Erfahrungen in den ersten Nachkriegsjahren, in Inter-Allied Reparation Agency, Report of the Secretary General for the Year 1949, Inter-Allied Reparation Agency, Brüssel 1950.

Reparationsvereinbarungen bald zu weiteren Auseinandersetzungen und schließlich zum Bruch – die Sowjetunion hatte jedoch erreicht, was sie wollte: die Anerkennung der polnischen Grenze und die Zustimmung der Westmächte zu Demontagen aus der sowjetischen Besatzungszone und zusätzlichen Gütern aus den Westzonen. Die Westmächte hatten dafür eine Grenzverschiebung akzeptiert, die sie ohnehin nicht verhindern konnten, und theoretisch wirtschaftliche Zugeständnisse gemacht, deren praktische Auswirkungen sie selbst kontrollieren konnten.

Noch verschiedene andere Abmachungen wurden in Potsdam zumindest teilweise erarbeitet. Ein Außenministerrat wurde gegründet, der die Friedensverträge vorbereiten sollte. Die erste Sitzung war für den September in London vorgesehen. Über den Friedensvertrag mit Italien, nach Deutschland der wichtigste, wurde in Potsdam keine vorläufige Übereinkunft erzielt. Die Sowjetunion stimmte aber zu, den Vertrag mit Italien ganz nach oben auf die Liste der Aufgaben zu setzen und Italiens Beitritt zu den Vereinten Nationen zu unterstützen, obwohl die Briten und Amerikaner sehr deutlich gemacht hatten, daß sie dem sowjetischen Interessenanspruch auf Übernahme einer italienischen Kolonie nicht nachgeben würden. Stalin hatte außerdem noch auf sowjetische Beteiligung an der internationalen Kontrolle über Tanger gedrängt, wobei aber nicht klar ist, ob dies ein ernsthaftes Anliegen war oder nur ein Verhandlungstrick zu vermeintlichem Interessenausgleich.[157]

In der Polenfrage kamen die Alliierten zumindest einen kleinen Schritt voran. Truman hatte schon vorher von Stalin das kleine Zugeständnis erhalten, Mikolajczyk und andere Vertreter der Exilregierung in die neue polnische Regierung aufzunehmen. Dieser Sinneswandel war anscheinend das Ergebnis von Harry Hopkins' Mission in Moskau vom 26. Mai bis zum 6. Juni, die er auf Trumans Wunsch unternommen hatte. Stalin zeigte damit wohl seine Bereitschaft, zumindest nach außen hin Veränderungen vorzunehmen, allerdings zu einem Zeitpunkt, als die Rote Armee das Land voll unter Kontrolle hatte und das Lubliner Komitee in Warschau fest etabliert war.[158] Zur Zeit der Potsdamer Konferenz bewegten sich die britische und die amerikanische Regierung widerstrebend in Richtung auf eine Anerkennung der neuen polnischen Regierung und akzeptierten, daß sie das polnische Auslandsvermögen übernahm. Sie verweigerten jedoch die zwangsweise Repatriierung der polnischen Soldaten, die auf alliierter Seite gegen die Deutschen gekämpft hatten. Soldaten in ihre Heimat zu transportieren, die auf deutscher Seite gekämpft hatten, war eine Sache, die eigenen Waffenkameraden den Sowjets auszuliefern, eine andere. Erneut wurden für die nächste Zukunft freie Wahlen in Polen versprochen – und dann nicht durchgeführt. Die Aufteilung der restlichen deutschen Kriegs- und Handelsflotte wurde ausgehandelt. Der erste internationale Prozeß gegen deutsche Kriegsverbrecher wurde anberaumt. Eine Anzahl weiterer Themen wurde mit Verweis auf den neuen Außenministerrat vertagt oder blieb einfach ungelöst. Über eine letzte große Frage einigten sich die Alliierten jedoch: das Ultimatum an Japan.

Auf dem Weg nach Potsdam erfuhr Truman von dem erfolgreichen Atombomben-

Test in New Mexico. Er kam mit Churchill überein, Stalin davon zu unterrichten.[159] Wir wissen heute, auch wenn die zeitgenössischen Unterlagen nichts dazu beitragen, daß nicht nur Stalin durch sein Spionagenetz bereits von der britischen und amerikanischen Arbeit an einer Atombombe erfahren hatte – und die Sowjetunion selbst an der Entwicklung arbeitete –, sondern daß auch Truman über die sowjetische Atomspionage informiert wurde, als er selbst bei der Übernahme des Präsidentenamtes vom Bau der Atombombe unterrichtet wurde. Er wußte also, daß nur die Nachricht vom Erfolg des Tests für Stalin wirklich neu war.

Truman hoffte, daß mit der Atombombe der Krieg gegen Japan schnell beendet werden könnte.[160] Obwohl er nicht glaubte, die Japaner würden auf einen letzten Aufruf zur sofortigen Kapitulation reagieren, wollte er durch eine »warnende Erklärung und Aufforderung an die Japaner, aufzugeben und Menschenleben zu retten«[161], dazu beitragen. Er wußte, welche Zerstörungen die neue Waffe anrichten und wie viele Opfer sie kosten würde. Die Alliierten gaben deshalb die »Potsdamer Deklaration« heraus, in der sie Japan zur Aufgabe aufforderten – ein Ultimatum, dem die Japaner nicht nachkamen, wie im folgenden Kapitel gezeigt wird. Die Konferenz von Potsdam bot aber auch die Gelegenheit, die Strategien für den Schlußangriff auf Japan zu koordinieren, falls dieser dennoch notwendig sein sollte. An der Landung auf der Hauptinsel Honshu 1946 sollten britische Truppen beteiligt sein, während die Sowjets die japanische Armee in der Mandschurei angreifen sollten. So oder so – nach Deutschland sollte nun Japan niedergeworfen werden!

Nach Ende der Konferenz konnten die Alliierten auf einen schrecklichen Kampf zurückblicken, der schließlich mit dem vollständigen Sieg über Hitler-Deutschland und seine europäischen Verbündeten zu Ende gegangen war. Doch gerade weil der Sieg total war, hatten die Alliierten nun die volle Gewalt über ein zerstörtes Europa und standen sich in seiner Mitte gegenüber. Sie konnten zufrieden auf die Bewältigung einer großen Aufgabe zurückblicken – wie mit Auszeichnungen und Paraden symbolisch verdeutlicht wurde –, aber sie sahen sich auch den großen Schwierigkeiten des Wiederaufbaus und der Herausforderung gegenüber, Formen friedlichen Zusammenlebens zu entwickeln. Beide Aufgaben sollten sie viele Jahre beschäftigen.

Der Krieg im Pazifik:
Von der Schlacht um Leyte bis zur Kapitulation Japans

LEYTE

Die Alliierten entwickelten die Pläne für die Niederwerfung Japans im Sommer und Herbst 1944. Der Erfolg bei den Marianen und dem nördlichen Neuguinea eröffnete die Möglichkeit für neue Angriffe auf das japanische Kaiserreich. Die amerikanischen Planer hatten sich noch nicht festgelegt, welche Strategie vorzuziehen sei: eine Landung auf Luzon, der größten und wichtigsten Insel der Nordphilippinen, oder auf Formosa (Taiwan) als Basis für einen direkten Angriff auf Japan. Sie waren sich jedoch einig, daß die Invasion der Insel Leyte in den Zentralphilippinen unabdingbare Voraussetzung für beide weiteren Angriffsmöglichkeiten sein mußte. Bei Leyte gab es gute Ankermöglichkeiten, es konnte dort vielleicht ein Luftstützpunkt errichtet werden, so daß der Weg bis nach Luzon oder Formosa für die nachfolgenden Angriffe bewältigt werden konnte.

Das Formosa-Projekt, das vor allem Admiral King befürwortete, fiel jedoch drei Entwicklungen im Herbst 1944 zum Opfer. Durch den Zusammenbruch National-Chinas war der Plan einer Basis an der chinesischen Küste für die Koordination der Operationen für den Großangriff auf Japan unrealistisch geworden. Die Fortdauer des Krieges in Europa 1945 schloß eine frühzeitige Verlegung von Truppen und Schiffen, die für die Formosa-Operation benötigt wurden, nach Ostasien aus. Und drittens reichten, logistisch betrachtet, für eine Landung auf Formosa die zu erwartenden Mittel im Zentralpazifik nicht aus, insbesondere, solange die Japaner Luzon kontrollierten. Aus diesen Gründen favorisierte Admiral Nimitz die Luzon-Operation als Folgeunternehmen zur Eroberung von Leyte. Noch während die Leyte-Pläne ausgearbeitet wurden, bekamen diese zunehmend den Charakter eines Vorspiels für die Landung auf Luzon und für den Angriff weiter nördlich – in Richtung Japan – und mit immer weniger direkter Verbindung zum Krieg auf dem chinesischen Festland.

Diese strategische Änderung wirkte sich in dreifacher Weise aus. Erstens waren die Alliierten in den Hauptquartieren zunehmend besorgt, ob der Krieg gegen die starken japanischen Streitkräfte in China vielleicht auch noch nach einer Niederlage Japans auf seinen Heimatinseln weitergehen werde. Die japanischen Truppen hielten ein ausgedehntes Gebiet in China und kontrollierten dort auch die Industrie, so daß ein verlängerter Krieg gegen diese Einheiten durchaus möglich schien.[1] In den Überlegungen der Alliierten rückte immer mehr die Frage in den Vordergrund, ob möglichst die gleichzeitige Kapitulation *aller* japanischen Streitkräfte erreicht werden sollte, auf dem asiatischen Festland wie auf den abgeschnittenen Inseln im Südwestpazifik. Die Alliierten hatten bereits erfahren, welchen eisernen Durchhaltewillen die Japaner hatten, und sorgten sich ernsthaft, daß der Kampf auf den verschiedensten Kriegsschauplätzen noch Jahre weitergehen könnte. Fraglich war dabei auch, ob die amerikanische Öffentlichkeit, geschweige denn die britische, weitere Jahre solche blutigen »Räumungsoperationen« unterstützen würden.

Zweitens bestätigte die ständige Verschlechterung der Situation in China noch die Verachtung der Briten gegenüber den chinesischen Nationalisten und der Rolle Chinas als Großmacht. Jede britische Operation in Südostasien geriet dadurch eher zu einer losgelösten Anstrengung, mit der das britische Kolonialreich zurückerobert werden sollte, und war weniger Teil eines gemeinsamen Feldzuges gegen Japan.

Drittens garantierte die für den Schlußangriff auf Japan günstige Lage der Philippinen nach Ansicht General MacArthurs die feste Unterstützung Washingtons für praktisch alles, was er für den Kampf auf den Philippinen plante. MacArthur hatte die zentrale Lage der Philippinen für die Niederwerfung Japans immer als höchste Anforderung an sich selbst und an die Kriegsanstrengungen seines Landes gesehen – und er konnte zwischen beidem niemals unterscheiden.

Der Feldzug sollte nach Beschluß sogar noch vor dem 20. Dezember 1944, dem ursprünglich festgesetzten Termin, beginnen. Bei einem massiven Angriff auf die Philippinen am 11. September zerstörten die amerikanischen Marineflieger eine große Zahl von Flugzeugen und Schiffen und hatten vorderhand nur noch mit geringem Widerstand zu rechnen. Admiral Halsey forderte deshalb Nimitz auf, die Operation gegen die Palau-Inseln fallenzulassen und Leyte direkt anzugreifen. Nimitz und sein Stab hielten es bereits für zu spät, den Angriff auf Peleliu abzublasen, sie waren aber einverstanden, früher als geplant nach Leyte vorzustoßen. Sie boten an, das XXIV. Korps, das für eine nun aufgegebene Operation bereitstand, MacArthurs Streitkräften einzugliedern, falls dieser ebenfalls früher loszuschlagen bereit war. Die Joint Chiefs of Staff, die zu dem Zeitpunkt auf der Octagon-Konferenz in Quebec waren, erhielten die Zustimmung MacArthurs* und verlegten den Termin für die Invasion von Leyte auf den 20. Oktober. Wenn der Krieg gegen Japan beschleunigt werden konnte, war das nur wünschenswert.

---

* Tatsächlich war MacArthur gar nicht in seinem Hauptquartier, sondern auf einem Kriegsschiff, und hielt Funkstille, um die Landung auf Morotai (im Südwestpazifik, parallel zur Palau-Operation) zu decken, so daß sein Stabschef für ihn antwortete. Es war zu spät, um die Landungen auf Morotai, Peleliu und Angaur abzublasen, und als Ergebnis der Eroberung der beiden letzteren Inseln konnte die Marine den hervorragenden Hafen von Ulithi auf den östlichen Karolinen intensiv nutzen.

In Quebec billigten Churchill und Roosevelt auch die Pläne zur Entsendung einer britischen Flotte, sobald der Krieg in Europa es erlaubte. King hatte zwar seine Zweifel, aber der Präsident entschied zugunsten der Teilnahme der Briten.[2] Auch in anderer Hinsicht planten die Briten ihre Teilnahme an den Hauptangriffen gegen Japan ein. Ein Projekt für britische Langstrecken-Bomber datierte noch von Ende 1943. Sie sollten auf ihrem Weg nach Japan bei den zu erobernden oder neu gebauten Stützpunkten auf Luzon und Okinawa aufgetankt werden. Das Projekt erhielt den Decknamen »Tiger Force« und entstand unter Mitarbeit von General Arnold.[3] Churchill wollte ursprünglich nicht, daß britische Truppen unter General MacArthur dienten, sondern zog es vor, sich auf die Rückeroberung der britischen Besitzungen in Südostasien, vor allem auf Singapur, zu konzentrieren.[4] Dennoch sollten Streitkräfte des Commonwealth nach dem Sieg in Europa nach Asien verlegt werden: Die Pläne für die Teilnahme britischer, kanadischer, australischer, neuseeländischer und südafrikanischer Einheiten am Schlußangriff gegen Japan wurden im Sommer und Herbst 1944 entwickelt.[5] Vor der bedingungslosen Kapitulation Japans wollte in London selbstverständlich niemand den Krieg in Ostasien beenden.[6]

Die Amerikaner kamen nun mit ihren Plänen für die Landung auf Leyte voran. Die 6. Armee unter General Walter Krueger, MacArthurs wichtigste Landstreitmacht, sollte an der Ostküste der Insel landen, ins Landesinnere vorstoßen und den Aufbau neuer und den Ausbau alter Flugplätze ermöglichen. Auf diese Weise sollte für die Invasion von Luzon, die nun auf den Dezember vorverlegt wurde, eine landgestützte Luftunterstützung geschaffen werden. Dies sollte das erste Mal sein, daß eine ganze amerikanische Armee mit zwei Korps gleichzeitig im Pazifik in den Kampf ging.* Die bisherigen Pflichten der 6. Armee in Neuguinea übernahm die neu benannte 8. Armee unter General Robert Eichelberger. Die Luftunterstützung für die Landung sollte vor allem von trägergestützten Flugzeugen geleistet werden: Admiral Kincaids 7. Flotte, die schon lange MacArthurs Kommando unterstellt war, und Admiral Halseys 3. Flotte, die von Nimitz' zentralpazifischem Kriegsschauplatz kam, würden die große Invasion, bei der schließlich eine Viertelmillion Soldaten landeten, abschirmen.[7] Danach würde die Invasion von Luzon möglich sein, und von da aus konnten dann wiederum amphibische Landungsangriffe gegen die Bonin- und Riukiu-Inseln und schließlich die japanischen Inseln selbst unternommen werden.

Die Japaner wollten die Amerikaner selbstverständlich nicht ohne heftige Gegenwehr auf die Philippinen zurückkehren lassen. Genauso wie Tokio die Eroberung der Inseln als Grundvoraussetzung für die Besetzung Südostasiens und die effektive

---

* Die Australier wurden zur Teilnahme aufgefordert, wollten aber keine Division entsenden. Sie wollten nur als ein ganzes Korps unter einem australischen Korps-Befehlshaber mitkämpfen und glaubten, dies könne vielleicht woanders auf den Philippinen möglich sein (siehe das Gespräch zwischen Lumsden und Blamey von 9. August 1944, Bericht des ersteren gegenüber Ismay in PRO, CAB 127/33).

Herrschaft über das ganze Gebiet betrachtet hatte, waren sämtliche Verbindungswege zwischen den japanischen Heimatinseln und den im Winter 1941/42 eroberten Öl-, Zinn- und Kautschukgebieten abhängig von der Aufrechterhaltung der japanischen Herrschaft auf den Philippinen. Welche Formen von Unabhängigkeit Tokio auch den Kollaborateuren in beiden Gebieten vielleicht zeitweilig versprochen haben mochte, es bestand kein Zweifel daran, daß Japan die uneingeschränkte Kontrolle über die militärischen Angelegenheiten und die wichtigsten wirtschaftlichen Ressourcen behalten wollte.

Die japanische Heeres- und Marineführung waren sich bei den Planungsvorbereitungen für die Defensive zum erstenmal im Krieg einig. Sie versuchten angestrengt, zusätzliche Kriegsmittel zu mobilisieren, auf eine Weise, die den letzten Anstrengungen der Deutschen im selben Jahr nicht unähnlich war. Tatsächlich hofften die Japaner, aus den technologischen Fortschritten der Deutschen für sich selbst Nutzen ziehen zu können, und versuchten 1944 und auch noch 1945 die letzten Weiterentwicklungen von Waffensystemen zu bekommen. Die Deutschen waren führend in der Konstruktion, Erprobung und Produktion von Düsenjägern, gaben die genauen Informationen jedoch nur schleppend weiter, und die mangelhafte Handhabung dessen, was sie schickten, machte die Anstrengungen wieder zunichte. Das einzige, aber ungewollte Ergebnis dieses Austausches war, daß die Alliierten mit einer Menge geheimdienstlichem Material über die deutschen und japanischen Entwicklungen versorgt wurden. Denn die Berichte wurden in Codesystemen übermittelt, die die Amerikaner entschlüsseln konnten.[8]

Die Japaner waren nicht nur in jeder Hinsicht außerstande, von den neuesten waffentechnischen Entwicklungen in Deutschland zu profitieren – der Informationsaustausch über Kamikaze-Flugzeuge fiel kaum ins Gewicht –, sie mußten 1944 auch schon damit rechnen, daß ihr deutscher Verbündeter nach Italien ebenfalls bald besiegt sein würde, ob mit oder ohne Kapitulationserklärung. Japanische Diplomaten in Europa warnten die Regierung in Tokio davor, noch auf einen langen Widerstand der Deutschen oder die Spaltung der alliierten Koalition zu spekulieren.[9] Die Niederlage der Achsenmächte in Europa würde den Japanern zwar vielleicht einen minimalen Vorteil bescheren: Der Rückzug Finnlands aus dem Krieg könnte eine neue Route von Japan auf neutralem Boden nach Schweden über die UdSSR eröffnen[10], und der Großmufti von Jerusalem, der unter den Moslems in Südosteuropa gerade Soldaten für die Deutschen rekrutiert hatte, wollte nun das gleiche für die Japaner in Südostasien und Indien tun[11] und vor einem deutschen Zusammenbruch vielleicht Bose nach Ostasien folgen – doch alle diese Kinkerlitzchen konnten die Hauptgefahr nicht vergessen machen.

Den Japanern drohte nach einer Niederlage Deutschlands die Verlegung der amerikanischen und britischen Streitkräfte von Europa nach Ostasien. Außerdem war es durchaus möglich, daß die Sowjetunion sich an einem konzentrierten Angriff gegen Japan beteiligen würde, der dem Angriff auf das von Deutschland beherrschte Europa im Sommer 1944 grundsätzlich, wenn auch nicht im einzelnen, ähneln würde. Tokio hoffte deshalb am meisten darauf, die Sowjetunion neutral halten zu können. Ab August 1944 unternahm die japanische Regierung diplomatische Schritte, die Sowjetunion zum Festhalten an dem Neutralitätspakt von 1941 zu bewegen. Der japanische Außenminister Shigemitsu Mamoru dachte anscheinend an die Möglichkeit eines neuen japanisch-sowjetischen Abkommens, das zu einem gemeinsam entwickelten Programm zur Beendigung des ganzen Krieges führen könnte. Die Voraussetzung dafür wäre gewesen, daß Moskau aus dem Bündnis mit England und den Vereinigten Staaten ausgetreten wäre, Deutschland an der Ostfront entlastet und damit die Westalliierten gezwungen hätte, mit einem erneuerten Dreimächtepakt – mit der Sowjetunion anstelle Italiens – Frieden zu schließen.[12] Einige Jahre zuvor, im Winter 1940/41, wäre Stalin an einer solchen Vereinbarung durchaus interessiert gewesen, doch nun gab es nicht die geringste Chance auf Realisierung, wie der japanische Botschafter in Moskau, Sato Naotake, seiner Regierung wiederholt deutlich machte. Warum sollte die Sowjetunion ein siegreiches Bündnis verlassen und die großen Vorteile des Sieges wegen der minimalen Offerten der Japaner aufgeben?[13] Tokio versuchte es einige Monate, kam jedoch mit seinem Plan nicht voran. Ob größere Zugeständnisse der Japaner an die Sowjets die Dinge damals stärker hätten beeinflussen können, ist eine müßige Frage, denn die Japaner waren 1944 noch nicht geneigt, die Angebote zu machen, die sie ein Jahr später, 1945, vortrugen, als Stalin irgendein mögliches Interesse längst verloren hatte.[14]

Sogar ihren militärischen Sieg in China konnten die Japaner in dieser Kriegsphase nicht in einen politischen Vorteil verwandeln. Sie entwarfen einen unausgegorenen Plan für einen Friedensschluß mit Tschiang Kai-schek, der vom Obersten Kriegsrat am 5. September 1944 gebilligt wurde, auf den sie jedoch nie eine Antwort erhielten. Wie gewohnt dachten die Japaner nicht an einen Truppenrückzug aus China, wollten auch nicht auf die Mandschurei verzichten, sondern versprachen nur die Übergabe von Hongkong und vielleicht Französisch-Indochina.[15] Die Marionettenregierung Wang Tsching-wei, die im besetzten China unter japanischer Herrschaft errichtet worden war, hatte zu diesem Zeitpunkt ihre Bedeutung bereits eingebüßt. Der Tod Wangs am 10. November 1944, nach Monaten der Krankheit in einem japanischen Krankenhaus, bedeutete das Ende für ein Projekt, das schon immer zweifelhaft gewesen war.[16] Als ob dies noch nicht genug gewesen wäre, die Japaner mußten sich auch noch um den möglichen Streit mit Portugal wegen der Besetzung von Portugiesisch-Timor sorgen. Nach einem Bruch mit Portugal wäre eines der wenigen Länder, von denen aus die europäischen Entwicklungen beobachtet werden konnten, den Japanern versperrt gewesen. Tokio war deshalb zu geringfügigen Zugeständnissen gegenüber Lissabon bereit, über das entscheidende Thema ließen sie jedoch nicht mit sich reden: die Evakuierung japanischer Truppen aus Portugiesisch-Timor. So blieben die Spannungen bestehen.[17]

Keines dieser Probleme veränderte die grundlegende Strategie der Japaner. Die

Streitkräfte sollten weiterhin um jede Insel und jedes besetzte Gebiet kämpfen, um den Gegnern so hohe Verluste zuzufügen, daß sie allmählich einem Waffenstillstand zuneigten. Wenn die Amerikaner und Briten im Verlauf der Kämpfe größere Niederlagen hinnehmen müßten – wie die Japaner zuerst 1944 bei der Invasion Indiens und dann bei der A-Go-Operation auf den Marianen oder Neuguinea gehofft hatten –, so wäre dies selbstverständlich nur wünschenswert. Doch niemand in Tokio erwartete, daß die Westalliierten durch ein einzelnes Gefecht von weiteren Operationen abgehalten werden könnten. Erst durch die Masse vieler Gefechte, ob sie nun gewonnen oder verloren wurden, glaubten sie, den Gegner zermürben zu können. Und die Gefechte würden noch viel härter werden, wenn sich die Alliierten dem Zentrum japanischer Stärke näherten: den Heimatinseln. Die Kämpfe auf Saipan, Biak und um Kohima und auch die schreckliche Schlacht um Peleliu hatten bestätigt, daß die japanischen Soldaten und Matrosen in Treue zum Kaiser und Gehorsam gegenüber den Offizieren, die ebenso opferbereit waren, bis zum Tod kämpfen würden, gleichgültig, wie mangelhaft die eigene Marine- und Heeresführung oder wie überlegen die Alliierten aufgrund ihrer Mittel auch sein mochten. Sie sollten einen furchtbaren Preis für ihre Angriffe bezahlen.

In Reaktion auf die erlittenen Niederlagen begann die japanische Führung im Sommer 1944 in großem Umfang mit der Organisation von Selbstmordverbänden.[18] Die japanischen Piloten waren weniger erfahren als die amerikanischen, sie waren schlechter ausgebildet, und auch die japanischen Flugzeuge waren mittlerweile unterlegen. Wenn noch dazu von den in großer Zahl zusammengezogenen alliierten Kriegsschiffen massive Flugabwehr kam, dann wurde es immer wahrscheinlicher, daß die japanischen Flugzeuge abgeschossen wurden. Es war sogar höchst wahrscheinlich, daß sie heruntergeholt wurden, ohne zuvor ein amerikanisches Flugzeug abgeschossen oder ein alliiertes Kriegsschiff beschädigt zu haben.

Bislang gibt es zwar noch keine in einer westlichen Sprache verfaßte Untersuchung über die japanischen Heeres- und Marineflieger, die so umfassend über Stellungen, Stärke und Verluste an den Frontlinien informiert wie Williamson Murrays Arbeit über die deutsche Luftwaffe, die groben Umrisse sind jedoch klar.[19] Die Japaner bauten 1943 20000 Flugzeuge, im Jahr darauf zusätzlich 26000, aber die Verluste bei Training, Transport, Unfällen und Kampfeinsätzen waren so hoch, daß die Stärke an der Frontlinie zahlenmäßig kaum anstieg. Die japanischen Heeres- und Marineluftstreitkräfte – die immer relativ getrennt operierten – wurden nun nicht mehr wie noch 1941 von den weltbesten und erfahrensten Piloten geflogen, sondern waren zu Streitkräften von aufopferungsbereiten Männern ohne gründliche Ausbildung geworden, die in vielen Fällen schon beim ersten Einsatz abgeschossen wurden.

Unter diesen Umständen erschien es vielen Führern der japanischen Luftwaffe sinnvoll, mit voller Absicht und zweckgerichtet zu tun, was bisher ungewollt und ohne viel Wirkung getan wurde: Die Flugzeuge wurden nur noch für den Hinflug aufgetankt und sollten die alliierten Schiffe rammen. Durch die Explosion einer

Sprengladung an Bord des Flugzeugs sollten die Schiffe versenkt oder zumindest beschädigt werden. Auf diese Weise würden nicht viel mehr Flugzeuge verlorengehen als sonst, und es würde wenigstens ein vorzeigbares Resultat für das Opfer geben. Diese Taktik hatte zusätzliche Vorteile. Auch die weniger modernen Flugzeuge konnten verwendet werden, die Piloten mußten nicht besonders ausgebildet werden, und die Moral der alliierten Flotte würde durch die massiven Angriffe vermutlich Schaden leiden. Die erste Staffel von Todesfliegern, die Kamikaze oder »Göttlicher Wind« genannt wurden – nach dem Wind, der im 14. Jahrhundert eine Invasionsflotte vernichtet hatte –, wurde im Kampf um die Philippinen im Oktober 1944 eingesetzt. Später wurden es noch weitaus mehr, über 5000 wurden für die mögliche Invasion der Heimatinseln zurückgehalten.

Bis zum Ende des Okinawa-Feldzugs hatte es 2550 Kamikaze-Einsätze gegeben, von denen 475 sichere Treffer waren oder nur knapp daneben gingen, aber trotzdem Schaden verursachten.[20] Was auch immer man darüber denken mag: Unter den gegebenen Umständen und angesichts der Ziele Japans waren die Kamikaze-Flieger kein übertriebenes oder absurdes Mittel. Die einzige Fehlkalkulation auf seiten der Verantwortlichen bestand darin, daß die ganz praktische Seite des Kamikaze-Unternehmens, das sich immer mehr ausweitete, anscheinend nicht genug durchdacht war. Statt die größtmögliche Explosivladung an Bord zu nehmen – eine 1000-Pfund-Bombe oder mehr –, wurden die japanischen Todesflieger generell nur mit einer 500-Pfund-Bombe beladen, so daß diejenigen, die tatsächlich ein amerikanisches oder britisches Schiff trafen, dem Gegner nur einen relativ geringeren Schaden zufügten als den, den sie auch ohne größeren Einsatz an Flugzeugen und Piloten hätten erreichen können.

Bei der Planung der Verteidigung der Philippinen schätzten die Japaner den Zeitpunkt des amerikanischen Angriffs falsch ein. Die Hauptquartiere der Marine gingen zwar richtig davon aus, daß die Amerikaner noch 1944 oder 1945 angreifen würden, glaubten wegen möglicher nachteiliger Auswirkungen auf Roosevelts Wahlchancen jedoch nicht an eine Invasion noch vor den amerikanischen Präsidentschaftswahlen im November.[21] In Wirklichkeit war der ursprüngliche Termin nach den Wahlen aus Gründen vorverlegt worden, die mit Wahlkampftaktik nichts zu tun hatten – was ein interessantes Licht auf die fortgesetzte Fehleinschätzung des amerikanischen Volkes durch die Japaner wirft.

Das japanische Verteidigungskonzept wurde Sho-go (Siegesplan) genannt und enthielt vier Varianten, je nachdem, welches Gebiet die Amerikaner angriffen: die Philippinen, Formosa, die Kurilen oder die Heimatinseln. Der Angriff auf die Philippinen, für den der Plan Sho 1 galt, war am wahrscheinlichsten. Die Landverteidigung der Inselgarnison von einer Viertelmillion Mann wurde von Feldmarschall Terauchi Hisaichi koordiniert. Auf die Inseln wurde Verstärkung entsandt, und die landgestützten Flugzeuge, die bei früheren amerikanischen Angriffen verlorengegangen waren, wurden ersetzt. General Yamashita Tomoyuki, der nach der Eroberung von Singapur als möglicher Konkurrent Tojos kaltgestellt worden war, übernahm jetzt die

14. Armee, die Hauptlandstreitmacht. Nach ihren Erfahrungen mit amerikanischen Landungsangriffen war den Japanern klar, daß sie die Landung selbst nicht verhindern konnten. Statt direkt an der Küste zu kämpfen, wollten sie ihre Hauptstreitkräfte ein wenig weiter im Landesinneren stationieren und dort ihre Stellungen halten. Die Marine sowie die Marine- und Heeresluftwaffe hingegen sollten die amerikanische Flotte, die die Landung deckte, anlocken und zerstören. Die gelandeten amerikanischen Truppen, die dann ohne Versorgung und Verstärkung zurückblieben, sollten schließlich ins Meer getrieben werden. Mit dieser Strategie riskierten die Japaner fast alle ihre einsatzfähigen Kriegsschiffe – und beinahe hätten sie Erfolg gehabt.

Der amerikanische Plan sah für die Anfangsphase der Operation den Wechsel von land- zu seegestützter Unterstützung durch die Luftwaffe vor. MacArthur schickte seine Soldaten zum erstenmal in ein Gebiet, wo sie über die erste Landung hinaus von der Marine abhängig waren. Weil die Amerikaner über das Terrain der Insel nur miserabel informiert waren, was um so unverzeihlicher war, als die Amerikaner Leyte jahrzehntelang beherrscht hatten und mit den Guerillas auf der Insel noch fast regelmäßigen Kontakt pflegten, ging MacArthurs Hauptquartier für den Südwestpazifik irrtümlicherweise davon aus, auf der zentralen Ebene in Leyte könnten problemlos große Flugplätze gebaut werden. Die 6. Armee sollte nach ihren Plänen sofort die Ebene besetzen und danach von General Kenneys landgestützten Flugzeugen unterstützt werden, bis die Insel geräumt war. Danach, und dies war der nächste Irrtum, sollten die neuen großen Flugplätze auf Leyte die Landungsangriffe auf Luzon unterstützen. Hätten MacArthur und sein Stab eine genaue Vorstellung von der tatsächlichen Beschaffenheit der Insel gehabt, hätten sie für die Hauptlandung vermutlich ein anderes Ziel auf den Zentralphilippinen ausgesucht.

Die vorbereitenden Luftangriffe auf Formosa, die Halseys 3. Flotte unternahm, verleiteten die Japaner ihrerseits zu zwei großen Fehlern. Erstens glaubten sie kurzzeitig, die Amerikaner wollten den Hauptangriff gegen Formosa und nicht gegen die Philippinen führen und reagierten darauf, indem sie einen großen Teil ihrer Marineflugzeuge Halseys Schiffen entgegenwarfen. In einer Serie von Luftkämpfen vom 11. bis 14. Oktober verloren die Japaner über fünfhundert Flugzeuge, die Amerikaner hingegen nicht einmal hundert. Diese Aktion verminderte selbstverständlich die Stärke der japanischen Luftwaffe bei der Abwehr der nächsten amerikanischen Operation zur unmittelbaren Unterstützung der Landung auf Leyte. Neben dieser Fehlverteilung ohnehin knapper Kampfmittel machten die Japaner sich ein völlig falsches Bild von den Geschehnissen. Unwillig oder unfähig zu verstehen, daß die japanischen Marineflieger eine der schwersten Niederlagen des Krieges erlitten hatten, teilte der Kommandeur dem Kaiserlichen Hauptquartier mit, elf amerikanische Flugzeugträger, zwei Schlachtschiffe und ein Kreuzer seien versenkt und acht Träger, zwei Schlachtschiffe, ein Kreuzer und dreizehn andere Schiffe seien beschädigt worden – während in Wirklichkeit nur ein Träger und ein Kreuzer beschädigt worden waren. In Tokio wurde gefeiert, und der Kaiser verkündete einen besonderen Festtag zu Ehren dieses großen Sieges. [22]

Halseys Flotte hatte in Wirklichkeit mit annähernd tausend Flugzeugen auf Trägern einen großen Teil der japanischen Marineluftstreitkräfte, die für die Verteidigung der Philippinen benötigt worden wären, vernichtet. Als sich die intakte amerikanische 3. Flotte von Formosa wieder auf den Weg machte, um der Landung auf Leyte sorgfältige Deckung zu geben, war die ganze japanische Verteidigung bereits sehr geschwächt. Ob das japanische Oberkommando der Marine praktisch seine gesamte Seestreitmacht riskiert hätte, wenn das volle Ausmaß der japanischen Niederlage in Tokio verstanden worden wäre, wird man nie erfahren. Vielleicht hätte es seine Strategie trotz allem nicht geändert. Als die japanischen Marinekommandeure vor Ort bemerkten, daß die Flugzeuge, mit denen sie gerechnet hatten, eine Woche zuvor abgeschossen worden waren, die amerikanische Flotte und ihre Marineflieger hingegen vollkommen einsatzbereit waren, blieb für eine Änderung der Pläne keine Zeit mehr. Am 17. Oktober erfuhren die Japaner, daß sich eine amerikanische Landungsstreitmacht offenkundig auf Leyte, und nicht auf Formosa, zubewegte. So trat als einzige Möglichkeit der Sho-1-Plan in Kraft.

Nach dem japanischen Marineplan sollte eine Einheit von vier Flugzeugträgern und zwei Trägerschlachtschiffen plus Geleitschiffen unter Admiral Ozawa Jisaburo mit nur 108 Flugzeugen als Köder für Halseys Flotte von den Heimatgewässern aus in südliche Richtung fahren. Die Japaner hofften, die amerikanische 3. Flotte von ihrer eigentlichen Aufgabe, dem Schutz der Landungstruppen auf Leyte, abzulenken. Sobald die Truppen an Land waren, sollte die japanische Schlachtflotte erst die kleineren Kriegsschiffe, die zur Bewachung vor Ort lagen, versenken, und dann die ungeschützten amerikanischen Transport- und Versorgungsschiffe vor den Stränden angreifen. Die japanische Hauptflotte war jedoch kein einheitlicher Verband. Wie beim Midway-Plan hatte die Marineführung die Aufstellung so kompliziert wie möglich organisiert. Außer dem Lockverband sollten nicht weniger als vier Einheiten in zwei Angriffsverbänden agieren, von denen einer noch von einer fünften Einheit aus Singapur ergänzt werden sollte.[23] Während die Japaner noch ihre Teileinheiten für die große Operation zusammenholten und Einsatzbefehle erteilten, landeten die Amerikaner bereits auf Leyte. Viele Transporte waren bereits weg, als die Japaner kamen. Fast ohne Luftunterstützung schickten sie sieben Schlachtschiffe, vier Träger, zwei Trägerschlachtschiffe und zwanzig Kreuzer gegen die amerikanische 3. und 7. Flotte mit zwölf Schlachtschiffen, zweiunddreißig Trägern und dreiundzwanzig Kreuzern, die zusammen über mehr als 1200 Flugzeuge verfügten. Die Amerikaner hatten zusätzlich noch eine U-Boot-Flotte, die Aufklärung leistete, aber auch zum Angriff eingesetzt werden sollte. Obwohl gerade die japanische Marine seit Jahrzehnten die Wichtigkeit von U-Booten zur Reduzierung der gegnerischen Flotte vor der Schlacht auf See betonte, übernahmen die amerikanischen U-Boote diese Aufgabe in der größten Seeschlacht des Zweiten Weltkriegs.

Während die japanischen Streitkräfte sich zur Schlacht versammelten, näherte sich die amerikanische 6. Armee, gedeckt von Kriegsschiffen, Leyte auf mehreren hundert

Transportern. Ein Verband alter Schlachtschiffe unter Admiral Oldendorf bombardierte die Verteidigungsstellungen am Strand, und Pioniere räumten Hindernisse beiseite. Am Morgen des 20. Oktober 1944 gingen die ersten Angriffseinheiten aus vier Divisionen auf einer sechzehn Kilometer langen Front an Land. Den amerikanischen Soldaten wurde am Landekopf nur wenig Widerstand entgegengesetzt, so daß sie rasch etwa drei Kilometer ins Landesinnere vorstießen.[24] Die Landungsoperation war so groß wie die Invasion der Normandie vom Juni. Es waren zwar kleinere Streitkräfte beteiligt, die aber von viel weiter her kamen und auf viel geringeren *anfänglichen* Widerstand stießen. Zwei Ereignisse, ein politisches und ein militärisches, waren am ersten Tag von großer Bedeutung: General MacArthur hatte die Invasionsstreitkraft persönlich begleitet, ging – wie eine berühmte Fotoaufnahme zeigt – an Land und sprach vom Landekopf aus über Radio an das philippinische Volk, er sei zurückgekehrt und fordere sie auf, sich um ihn zu scharen. Während seiner Rede wehten neben der Flagge des philippinischen Commonwealth die Stars and Stripes. Am 23. Oktober wurde die Zivilregierung der Philippinen in Tacloban, der Hauptstadt der Insel, wiedereingesetzt. Sergio Osmeña, der Manuel Quezon nach dessen Tod ersetzt hatte, wurde Präsident. Was auch immer man gegen MacArthurs Effekthascherei und die Probleme der Zivilregierung sagen kann, MacArthur wollte zweifellos den Philippinen auf ihrem Weg in die Unabhängigkeit weiterhelfen und war sich in dieser kritischen Frage der vollen Unterstützung des gleichgesinnten Präsidenten Roosevelt gewiß.

Das militärische Ereignis, das noch größere Bedeutung als unmittelbar erwartet erlangen sollte, war die schnelle Eroberung des Flugplatzes von Tacloban durch einen Angriffsschwenk nördlich der Strände, wo die Invasion stattgefunden hatte. Unter persönlicher Aufsicht General Kenneys wurde dieses eher primitive und kleine Flugfeld so schnell ausgebaut, daß die landgestützten Flugzeuge die Flugzeuge von den Geleitträgern ersetzen konnten, als Admiral Kincaid die Träger zur Neuausrüstung und zum Auftanken zurückschicken mußte. Da sich die Schlacht um Leyte zu einem langen und zähen Kampf entwickelte, verschaffte der Tacloban-Flugplatz trotz seiner Enge – er befand sich auf einer schmalen, sandigen Landzunge – den Amerikanern entscheidende Vorteile.[25] Doch als die japanische Marine mit der Durchführung ihrer Operationen gegen die Amerikaner begann, hing das Schicksal der gesamten Invasion für einen Augenblick an einem seidenen Faden.

Die japanischen Kriegsschiffgruppen unter Admiral Kurita Takeo und Admiral Nishimura Shogi verließen den Ankerplatz Brunei in Nordwestborneo am 22. Oktober. Kurita sollte seine Schiffe durch die Straße von San Bernadino nördlich der Insel Samar (nördlich von Leyte) führen, während Nishimuras Schiffe vor einer weiteren Marinestreitkraft südlich von Leyte durch die Straße von Surigao fahren sollten. Im Golf von Leyte an der Ostküste der Insel, wo die Amerikaner gelandet waren, sollten alle japanischen Schiffe zusammentreffen und den Gegner vernichten. Doch Kuritas Verband wurde von amerikanischen U-Booten gesichtet, die ihre Information über Funk weitergaben, unverzüglich zwei schwere Kreuzer versenkten und einen dritten beschädigten. Ein U-Boot ging bei dem Angriff verloren. Einer der versenkten Kreuzer war Kuritas Flaggschiff gewesen, er selbst ging über Bord ins Wasser und mußte auf das Superschlachtschiff *Yamato* wechseln, was jedoch seiner Haltung in der gerade eskalierenden Schlacht nicht förderlich sein konnte.

Kuritas Verband wurde nun Ziel einer Serie von Angriffen der Trägerflugzeuge der Task Force 38, der wichtigsten Einheit von Trägern und schnellen Schlachtschiffen von Halseys Flotte unter Admiral Marc Mitschers. Sie griffen am 24. Oktober an, nachdem sie am Tag zuvor den Flugzeugträger *Princeton* durch einen Kamikaze-Angriff verloren hatten. Eine lange Serie von Torpedo- und Bombenschlägen machten die *Musashi*, das weltgrößte Schlachtschiff, zunächst aktionsunfähig; es sank wenig später. Auch die Schlachtschiffe *Yamato* und *Nagato* wurden neben weiteren Schiffen beschädigt. Da Kurita weder von land- noch von trägergestützten Flugzeugen Hilfe erhielt, wollte er sich aus der Sibuyen-See in Richtung Westen zurückziehen, bevor alle seine Schiffe noch vor Erreichen der Straße von San Bernadino versenkt wurden. Aber noch während die japanischen Kriegsschiffe abdrehten, ließen die amerikanischen Angriffe nach. Dieses Nachlassen war die Folge eines Ablenkungsmanövers, Halsey war getäuscht worden und seine Hauptstreitmacht war abgerückt. Kurita ließ seine verbliebenen Schiffe noch einmal wenden und wieder in Richtung San-Bernadino-Straße und Leyte-Golf Kurs nehmen. Obwohl er nun von den Amerikanern nicht mehr beobachtet und behindert wurde, war das Zusammentreffen mit Nishimuras Schiffen, die von Süden her über die Straße von Surigao kamen, nicht länger zu erwarten. Der südliche Teil der japanischen Zangenbewegung wurde noch in derselben Nacht vernichtet.

Nishimuras Verband war kurz nach Kuritas gesichtet worden und wurde, als er in Richtung Surigao-Straße fuhr, einige Male aus der Luft angegriffen. Admiral Kincaid befahl Admiral Oldendorf, mit seinen Schlachtschiffen die Wasserstraße zu blockieren. Oldendorf bugsierte sechs alte Schlachtschiffe quer vor den Ausgang der Meerenge, plazierte davor seine acht Kreuzer und hielt die Zerstörer und Patrouillen-Schnellboote in Bereitschaft, die als Vorhut der größeren Schiffe die nahenden Japaner angreifen sollten.

Die letzte große direkte Seeschlacht der Geschichte endete mit einer völligen Niederlage der japanischen Angreifer. Die amerikanischen Patrouillen-Torpedoboote verwirrten die Japaner zwar nur, die Zerstörer jedoch konnten mehrere Kriegsschiffe schwer beschädigen. Oldendorf war das Traummanöver der Marine gelungen, das »Crossing the T«[*]. Die Amerikaner konnten Breitseite auf Breitseite abfeuern, als die japanischen Schlachtschiffe und Kreuzer sich ihnen näherten, ohne daß die

---

[*] »Crossing the T« bedeutet, daß eine Flotte, in Linie fahrend, auf die andere Flotte, die ebenfalls in Linie fährt, im 90°-Winkel trifft, so daß die Schiffe der ersten Flotte mit dem Bug (wenig Feuerkraft) in die Breitseiten der zweiten Flotte hineinfahren wie der Aufstrich in den Querstrich des »T«.

Japaner ihre Feuerkraft hätten zur Geltung bringen können. Das Schlachtschiff *Fuso* war, von Torpedos amerikanischer Zerstörer getroffen, bereits in zwei Teile zerbrochen, das Schlachtschiff *Yamashiro* und der Kreuzer *Mogami* sanken, letzterer, nachdem er mit dem schweren Kreuzer *Nachi,* dem Flaggschiff des nachfolgenden Marinegeschwaders unter Admiral Shima Kiyohide, kollidiert war. Shima hatte genug Einsehen und drehte ab, doch Nishimura war tot und sein Verband zum größten Teil schwer beschädigt oder versenkt. Von Oldendorfs sechs Schlachtschiffen waren beim Angriff auf Pearl Harbor zwei »versenkt« und drei schwer beschädigt worden.[*]

Inzwischen hatten Halseys Aufklärungsflugzeuge Admiral Ozawas Verband von Trägern entdeckt, der ihnen als Köder vor die Nase geführt wurde. Weil Halsey annahm, dies sei der wichtigste Teil der japanischen Flotte und Kuritas Hauptgeschwader habe sich nach den schweren Verlusten bereits zurückgezogen, jagte er nun Richtung Norden, wie die Japaner gehofft hatten. Die Trägerflugzeuge griffen Ozawas Verband am 24. Oktober an und erzielten bald Treffer gegen die vier japanischen Träger, die einer nach dem anderen sanken. Ozawas Signale, daß die amerikanische Hauptmarinestreitkraft ihn attackiere, der Landungsangriff auf Leyte folglich ungeschützt sei, erreichten Kurita jedoch nicht, oder die Signale waren nicht eindeutig genug. Das Scheitern dieser Funkverbindung war eine der folgenschwersten Pannen in diesem Krieg. Die Opferung des großen Trägers *Zuikaku,* des letzten Trägers der Angriffsflotte auf Pearl Harbor, und der kleinen Träger *Chiyoda, Zuiho* und *Chitose* erwies sich als sinnlos. Die zwei Trägerschlachtschiffe und die meisten anderen Geleitschiffe von Ozawas Verband wurden jedoch vor der Zerstörung bewahrt, weil Halsey seine schnellen Schlachtschiffe zum Golf von Leyte beordern mußte, wo Kuritas Flotte nun die amerikanischen Landungstruppen bedrohte, die nur noch von den leichten Kreuzern und Geleitschiffen von Kincaids 7. Flotte verteidigt wurden, da Oldendorfs schwere Schiffe nicht mehr genug Treibstoff und Munition hatten.

Die Hilferufe von Leyte hatten Admiral Nimitz dazu veranlaßt, in die taktischen Entscheidungen einzugreifen, was er sonst selten tat. Was Halsey auch immer denken oder sagen – und dabei fluchen – mochte, Nimitz wußte, daß der Schutz der Landung auf Leyte durch die Marine oberste Priorität haben mußte. Bei Guadalcanal im August 1942 waren die Landungstruppen bereits einmal im Stich gelassen worden, und dieses Ereignis sollte sich nicht wiederholen. Wie Halsey vorausgesehen hatte, kam Admiral Willis Lee mit seinem Verband schneller Schlachtschiffe zu spät, um an der Leyte-Schlacht teilzunehmen. Doch wenn Kurita seine Schiffe entschlossen geführt hätte, hätten Lees Schlachtschiffe noch genug zu tun gehabt.

In der Zwischenzeit hatte Kurita beschlossen, nach der Neuaufstellung seiner Flotte nochmals die Straße von San Bernadino anzufahren, und damit die qualvollen Fragen

---

[*] Die *West Virginia* und *California* waren auf Grund gesetzt, die *Tennessee, Maryland* und *Pennsylvania* waren getroffen worden. Nur die *Mississippi* war beim Angriff auf Pearl Harbor nicht beschädigt worden, da sie im Sommer 1941 von Hawaii in den Atlantik verlegt worden

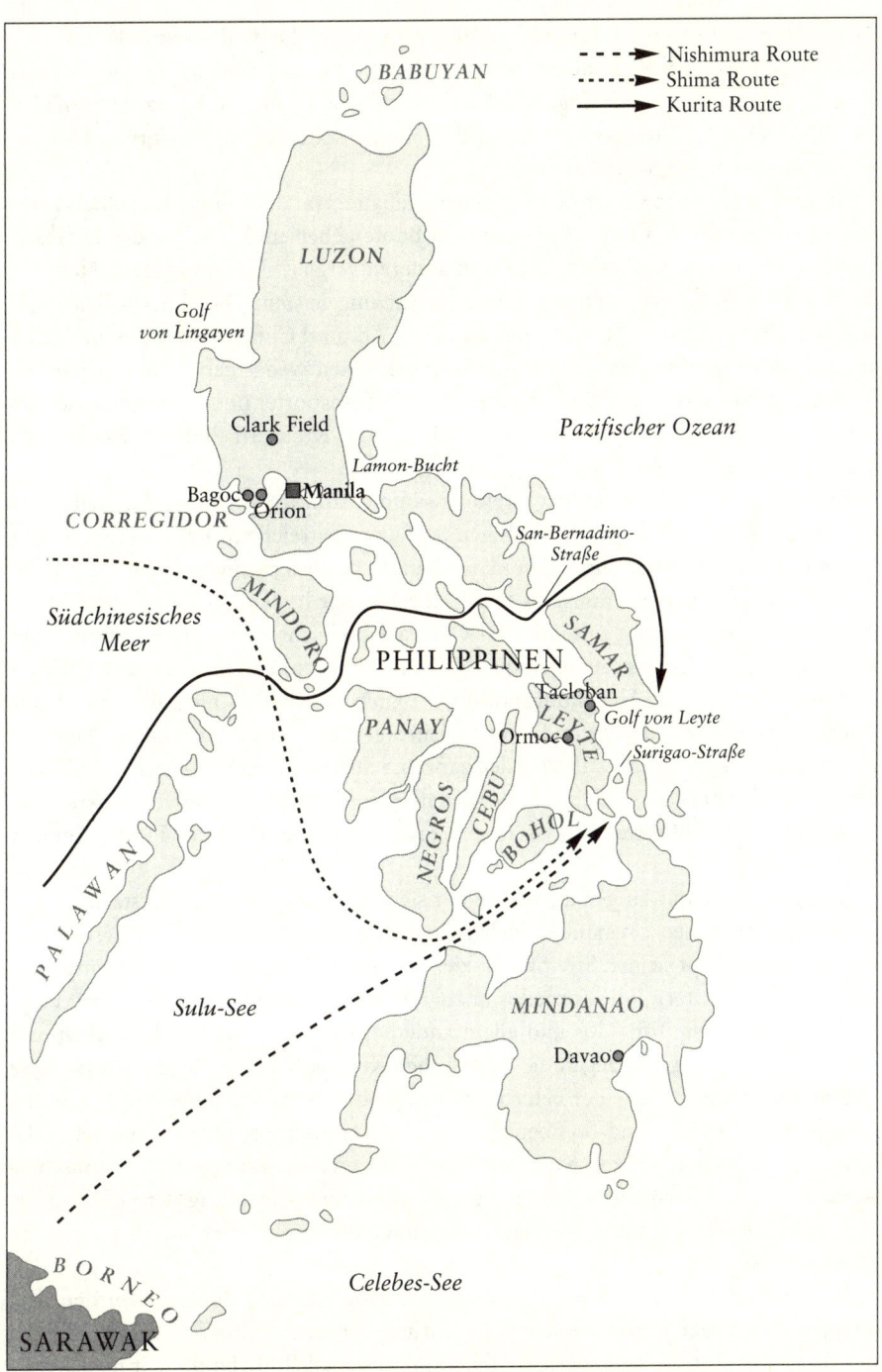

16. Die Schlacht um die Philippinen 1944/45

nach dem Standort von Halseys Hauptflotte ausgelöst. Deshalb konnte Kurita sich unbeobachtet seinem Ziel nähern, während Halsey mit der Verfolgung von Ozawas Ablenkungsmanöver beschäftigt war. Kuritas Schlachtschiffe und Kreuzer trafen also auf die kleinen Geleitträger von Kincaids 7. Flotte statt auf Halseys große Flottenträger und schnellen Schlachtschiffe.

Die amerikanischen Geleitträger waren umgebaute Handelsschiffe. Sie sollten Flugzeuge transportieren, Geleitschutz gegen U-Boote geben und, wie bei der Landung in Nordafrika vom November 1942 und anderen vergleichbaren Gelegenheiten, bei den Landeoperationen zeitweilig Luftunterstützung leisten. Die sechs Geleitträger und sechs Zerstörer unter dem Kommando von Admiral Clifton A. F. Sprague waren am 25. Oktober, obwohl sie für Hauptflottenaktionen weder gebaut und gepanzert noch bewaffnet waren, der einzige Schutz für die Transporter und Versorgungsschiffe der 6. Armee, gegenüber vier Schlachtschiffen, acht Kreuzern und Geleitzerstörern unter Kuritas Führung.[26]

Kurita und Sprague trafen bei ihrem Zusammenstoß jeweils Entscheidungen, die das Ergebnis der nun folgenden heftigen Schlacht weitreichend bestimmten. Kurita war und blieb getäuscht durch den mangelhaften Nachrichtendienst, die Identifizierung der Schiffe war hoffnungslos falsch, die Japaner hatten keine Luftaufklärung, und die Funkverbindung mit Admiral Ozawa kam nicht zustande. Kurita glaubte sich den Flottenträgern gegenüber, die jedoch in Wirklichkeit Hunderte von Kilometern entfernt Ozawas Ablenkungsflotte verfolgten. Er merkte niemals, daß er nur einen kleinen Verband verwundbarer Geleitträger, unterstützt von einer Handvoll Zerstörer, vor sich hatte. Während der ganzen Schlacht handelte Kurita auf Grundlage dieses Irrtums und erkannte nicht, daß das Ablenkungsmanöver funktioniert hatte. Seine Schiffe führte er so, als ob er gegen eine große feindliche Flotte kämpfen müßte.

Sprague wußte nur zu genau, was er vor sich hatte, und forderte Verstärkung an. Unter den gegebenen Umständen hielt er jedoch Angriff für die beste Verteidigung. Er stürzte sich mit seiner Streitmacht der nahenden japanischen Flotte entgegen, befahl den Zerstörern, mit Torpedos anzugreifen, und den Geleitträgern, ihre Flugzeuge mit Bomben, Torpedos und allem anderen, was sie hatten, zu bestücken und immer neue Luftangriffe gegen die japanischen Kriegsschiffe zu fliegen. Durch diese Taktik wurde Kurita in seiner Fehleinschätzung noch bestärkt. Seine Schiffe mußten ständig den Torpedos und Bomben ausweichen, Kurita selbst überdachte weder die Situation, noch hatte er die Kontrolle über seine eigenen Kriegsschiffe. Ironischerweise half den Amerikanern zum Teil gerade die dünne Panzerung der Geleitträger: Die schweren Granaten durchschlugen manchmal die Rümpfe der Schiffe glatt, ohne zu explodieren.

In dem heillosen Durcheinander, das etwa zwei Stunden dauerte, wurden drei japanische Kreuzer schwer beschädigt. Kuritas Flaggschiff *Yamato* drehte ab, um den Torpedos zu entgehen, weshalb der Admiral seine Schiffe bald nicht mehr wirksam unter Kontrolle hatte. Der amerikanische Geleitträger *Gambier Bay* wurde versenkt wie auch mehrere Zerstörer, die die größeren und zahlenmäßig überlegenen japanischen Kriegsschiffe sehr tapfer angegriffen hatten. Die abgeworfenen Bomben hatten zwei weitere japanische Kreuzer so schwer beschädigt, daß sie von ihren Besatzungen versenkt werden mußten. Verwirrt durch das Bombardement und die waghalsigen Torpedoangriffe beschloß Kurita, ein zweites Mal abzudrehen und seine Streitkräfte zu reorganisieren.

Währenddessen waren Spragues Schiffe Ziel des ersten großen und koordinierten Kamikaze-Angriffs. Der Geleitträger *St. Lo* wurde versenkt, zwei weitere wurden beschädigt. Doch Kurita war nach seiner Rückkehr in die Schlacht nicht in der Lage, daraus einen Vorteil zu ziehen. Verwirrt durch Berichte über einen weiteren sich nähernden Trägerverband und durch neue Luftangriffe verließ er Leyte endgültig und zog sich über die San-Bernadino-Straße zurück. Einige Flugzeuge von Halseys zurückkehrenden Trägern verfolgten ihn, landeten aber keine Treffer. Die größte Seeschlacht der Geschichte war vorüber, die Landungstruppen waren abgesichert.

Nach den ersten Niederlagen waren der japanischen Marine noch große Kampfreserven geblieben, von dem Verlust dreier Schlachtschiffe, von vier Trägern und sechs Kreuzern konnte sie sich jedoch nicht mehr erholen. Wenn man auch noch die schwer beschädigten Schiffe mit einbezieht, so blieb der japanischen Marine nur noch ein schlecht zusammenpassendes Sortiment von Schiffen übrig. Hunderte von Marinepiloten waren in der Schlacht umgekommen. Doch nicht nur deren Ersatz und die Ausbildung neuer Piloten waren ein großes Problem, sondern es waren auch nur noch drei Flugzeugträger und ein im Umbau stehendes Schiff verfügbar, so daß die trägergestützte Marineluftwaffe praktisch handlungsunfähig war. Der japanischen Flotte war jegliche Möglichkeit, den Vormarsch der Amerikaner aufzuhalten, genommen. Die Selbstmordverbände waren der letzte Ausweg. Die Verteidigung der Philippinen oblag inzwischen vorrangig dem japanischen Heer und den Kamikaze-Kämpfern, was, wie die Amerikaner auf Leyte bald feststellten, noch ein großes Hindernis auf dem Weg nach Tokio darstellte.

Ende Oktober befahl Feldmarschall Terauchi, gegen Yamashitas Rat, massive Verstärkung für die belagerten Truppen auf Leyte. Diese Entscheidung war folgenreich, denn bislang war bei Inselfeldzügen die Truppenstärke stets verringert statt vergrößert worden. Der Kampf war deshalb einerseits viel härter, als die Amerikaner jemals erwartet hätten, andererseits jedoch bedeutete es, daß die Japaner viel mehr Truppen als vorgesehen verloren. Die Verteidigung der restlichen Philippinen-Inseln war damit weniger effektiv, als sie es wahrscheinlich sonst gewesen wäre.

Die zunehmende Stärke der Japaner fiel zusammen mit vermehrten Schwierigkeiten auf amerikanischer Seite. Der japanische Widerstand auf der Insel wuchs, und die Lage im Luftraum verschlechterte sich drastisch. Die amerikanischen Geleitträger mußten nach den erlittenen Schlägen repariert werden, und was den Aufbau von Landstützpunkten für die Flugzeuge betraf, so stellte sich heraus, daß der Nachrichtendienst einem furchtbaren Irrtum erlegen war. Das Gebiet im Zentrum Leytes, mit dessen Räumung die 6. Armee beim Vorstoß ins Inselinnere begonnen hatte, erwies sich als völlig unbrauchbar für den Bau von Flugplätzen. Die Stahlplatten versanken in dem schwammigen Grund. Die amerikanische Luftunterstützung war also unzureichend, während das japanische 4. Luftheer mit 2500 Flugzeugen ständig neue Angriffe flog und meist den Luftraum über Leyte beherrschte. Der Bau von Flugplätzen und auch alle anderen amerikanischen Operationen wurden durch die japanischen Luftangriffe erschwert. Die Luftunterstützung von den Flottenträgern aus erwies sich als unabdingbar für die Amerikaner. Doch der Kampf war sehr zäh, und die Amerikaner gewannen auch damit nur langsam an Boden und erlitten hohe Verluste.

Die Schlacht um Leyte entwickelte sich im November 1944 zu einem blutigen Stellungskrieg, ähnlich den Grabenkämpfen im Ersten Weltkrieg an der Westfront und den frühen Kämpfen in der Normandie. Auch die amerikanischen Einheiten wurden verstärkt und fortwährend von Marinefliegern und zunehmend von landgestützten Flugzeugen unterstützt. Letztere wurden Angriffsziel eines spektakulären Einsatzes, bei dem die japanischen Flugzeuge auf den Startbahnen bei Tacloban landeten und in der Nähe Fallschirmjäger absetzten. Zugleich führten die japanischen Bodentruppen einen Gegenangriff durch. Sie wollten die Startbahnen unbedingt erobern.[27] In einem erbitterten Kampf, der vom 27. November bis zum 12. Dezember dauerte, konnten die Amerikaner diesen Hauptangriff abwehren. In der Zwischenzeit hatte eine weitere Landung der Amerikaner bei Ormoc an der Westküste Leytes am 7. Dezember die Lage der Japaner auf der Insel verschlechtert.

Das amerikanische X. Korps war durch das Leyte-Tal nördlich um die Berge ins Zentrum von Leyte vorgedrungen und hatte das Ormoc-Tal bedroht, gerade als die neugelandeten Truppen von Süden her vorstießen. Ormoc selbst wurde am 10. Dezember befreit. Jetzt fehlte den Japanern ein Hafen, den sie für die Landung der Verstärkungen verwenden konnten. Am 21. Dezember trafen sich die amerikanischen Angriffsspitzen von Norden und Süden in der Mitte des Ormoc-Tals. Die verbliebenen japanischen Truppen wurden in getrennte Gruppen aufgesplittert. Sie kämpften jedoch bis April 1945 gegen Einheiten der amerikanischen 8. Armee, die bis dahin die 6. Armee abgelöst hatte, weil diese für die Landung auf Luzon vorgesehen war.

Die Gefechte auf Leyte waren schwerer und langwieriger gewesen, als die Amerikaner vorausgesehen hatten. MacArthurs Ankündigung Ende Dezember, die Kämpfe seien beendet, war wie gewöhnlich um Monate verfrüht. Die Verluste auf amerikanischer Seite waren hoch, über 15000 Soldaten waren tot oder verwundet. Die Japaner hatten jedoch noch mehr Opfer zu verzeichnen, darunter mehr als 50000 Tote.[28] Während MacArthur die Operation für beendet erklärte, informierte Yamashita den japanischen Kommandeur der 35. Armee auf Leyte, General Susuki Sosaka, daß keine weitere Verstärkung mehr entsandt werden könnte. Susuki und seine Truppen waren auf sich selbst gestellt. Sie hatten den geplanten Angriff auf Luzon zwar

um einen Monat verzögert, waren jedoch nicht in der Lage gewesen, die Schlüsselpositionen auf Leyte zu halten.* Die Eroberung von Leyte, oder des größten Teils
der Insel, brachte die amerikanischen Streitkräfte in eine Stellung, von der aus sie
die Verbindungswege der Japaner zu ihrem südlichen Herrschaftsbereich, den die
amerikanischen U-Boote bereits durchschnitten hatten, wirkungsvoll blockieren
konnten.

Ein Hauptziel der Leyte-Operation hatte sich allerdings als unerreichbar erwiesen.
Die Insel war, entgegen den Hoffnungen der Planer, ungeeignet für einen großen
Flugplatz. Die Hauptlandeplätze für die Luftunterstützung der Invasion auf Luzon
mußten anderswo gebaut werden. Als idealer Standort dafür und auch für andere
Zwecke erwies sich die Philippinen-Insel Mindoro, etwa 400 Kilometer nordwestlich
von Leyte und nahe bei Luzon selbst. Die Landung auf Mindoro war ursprünglich
für den 5. Dezember 1944 vorgesehen, wurde aber wegen der Schlacht um Leyte um
zehn Tage verschoben. Am 15. Dezember landeten dort die amerikanischen Truppen,
sie erkämpften schnell die Herrschaft über die Flugplätze und erweiterten sie bald.
Kamikaze-Flieger töteten Hunderte von amerikanischen Soldaten auf den Geleitschiffen, konnten die Invasion aber nicht aufhalten. Noch während des Ausbaus der
Flugplätze zeigte sich, wie wichtig ein Landstützpunkt für die Invasion Luzons war:
Ein gewaltiger Taifun machte am 18. Dezember der 3. Flotte schwer zu schaffen. Drei
Zerstörer kenterten und sanken, Hunderte von Flugzeugen wurden beschädigt oder
zerstört.[29] Doch weder der Sturm noch der marinegestützte Angriff der Japaner gegen
die Schiffe in San José, Mindoros Haupthafen, störten die Amerikaner wesentlich
bei der Durchführung ihres Hauptprojektes auf der Insel: dem Bau von Flugplätzen,
von denen aus Luzon angegriffen und anschließend die Hauptlandung gedeckt und
unterstützt werden konnte.[30]

Wegen der schweren Kämpfe um Leyte war der ganze Zeitplan für den Pazifikkrieg
durcheinandergeraten. Die Landungen auf Mindoro, Luzon, Iwojima und Okinawa
mußten verschoben werden – sogar noch während diese Operationen anliefen, ging
die Schlacht auf Leyte weiter. Andererseits bedeutete die Entscheidung der Japaner,
die Hauptflotte, einen Großteil der Luftwaffe und einen wichtigen Teil der Bodentruppen auf Leyte zu riskieren, daß sie zwar jeden weiteren Angriff des Gegners in
Richtung Tokio bekämpfen konnten, doch nicht mehr mit einer koordinierten Land-
Luft-See-Strategie. Während General Yamashita die Verluste bedachte, die seine Truppen erlitten hatten, und mit den restlichen die Verteidigung gegen die amerikanische
Landung auf Luzon vorbereitete, wurden die amerikanischen Pläne für die Landung
vervollständigt. Der neue Angriffstermin vom 30. Dezember wurde noch einmal auf
den 9. Januar 1945 verschoben.[31] Das neue Jahr sollte für das japanische Kaiserreich
nicht gerade vielversprechend beginnen.

---

* Susuki konnte einen Teil der belagerten Truppen auf andere Inseln evakuieren, wo sie den
Kampf weiterführten.

CHINA UND BIRMA

Während die Amerikaner und Japaner weiter um Leyte kämpften, ging der Krieg in Südostasien in immer schnellerem Tempo weiter. Die Serie japanischer Siege in China wirkte sich nur unwesentlich auf diesen Feldzug aus. Die sich verschlechternde Situation in China führte zum endgültigen Bruch zwischen Tschiang Kai-schek und Stilwell, letzterer wurde wegen dieser Konflikte zurückberufen. Sein Nachfolger General Albert Wedemeyer pflegte, zumindest eine Weile, bessere Beziehungen zu Tschiang, was sich auf die Hauptoperationen jedoch nur geringfügig auswirkte. Der Beginn der Bombardierungen auf große Distanz durch die B-29-Bomber von chinesischen Stützpunkten aus (Operation »Matterhorn«) war vom Standpunkt einer Kosten-Nutzen-Rechnung ineffizient: Jeder Liter Benzin und jede Bombe mußten über die Ausläufer des Himalaja nach China eingeflogen werden, und die Angriffsflüge von dort aus waren von ihren Zielorten immer weiter entfernt. Wedemeyer selbst empfahl, die 20. Bombardment Force mit ihren B-29 auf die Marianen zu verlegen. Die amerikanischen Joint Chiefs of Staff, die diese Einheit direkt befehligten, folgten schließlich seinem Rat.[32]

Die Pläne Wedemeyers, eine wirklich effektive nationalchinesische Armee solle zur Küste vorstoßen, blieben allerdings nur Pläne. Die ursprünglichen Hoffnungen, einen Hauptteil des Angriffs gegen das japanische Mutterland vom chinesischen Festland aus führen zu können, schwanden nach Ansicht der amerikanischen Planer und Präsident Roosevelts immer mehr dahin.[33] In Washington sorgte man sich inzwischen hauptsächlich um das politische Schicksal Chinas und versuchte, die chinesischen Nationalisten und Kommunisten in einer Art Koalition zusammenzubringen, ein Projekt, das sich als ebenso unmöglich erwies wie die Errichtung des Festlandstützpunkts für die Schlußoffensive gegen Japan.[34]

Das militärische Hauptinteresse bestand Ende 1944 und Anfang 1945 ausgerechnet darin, Tschiang die Herrschaft über Tschungking, seine Hauptstadt, und Kunming, den chinesischen Stützpunkt für die Luftbrücke, zu erhalten. Die Japaner wollten diese wichtigen Städte allem Anschein nach in eigenen Landoffensiven erobern. Tschiang zog, um dieser Bedrohung zu entgehen, aus Birma die einzigen chinesischen Heeresdivisionen ab, die ausgebildet und ausgerüstet waren. Vor allem waren sie auch kampfwillig und wollten nicht nur plündern und beim ersten Feindkontakt davonlaufen – Stilwell hatte diese neuen chinesischen Divisionen geschliffen und in die Schlacht geführt. Diese Ablenkung verzögerte die alliierte, d. h. vor allem britische Offensive in Birma und hatte zugleich auf die Operationen in China kaum Auswirkungen, da die Japaner dort selbst beschlossen hatten, weder Tschungking noch Kunming anzugreifen. Die Unfähigkeit der japanischen Führung, eine schlüssige Strategie gegen China auszuarbeiten und sie dann auch konsequent anzuwenden, blieb kennzeichnend für diesen Krieg von 1937 bis 1945.

In den Frühlings- und Sommermonaten 1944 hatten die Alliierten die Japaner aus den Schlüsselpositionen im nördlichen Birma verdrängt. Nach sehr schweren und verlustreichen Kämpfen hatten sie vor allem Myitkyina, Zentrum der Luft-, Straßen- und Eisenbahnverbindungen, erobert. Die dortige Operation und auch der folgende Vorstoß nach Zentral- und Südbirma wurden durch endlose Zwistigkeiten im britischen Kommando und zwischen den Briten und Amerikanern nicht gerade erleichtert. Entscheidend war jedoch, daß die britische Armee nach dem Feldzug von Imphal-Kohima wie ausgewechselt war. Unter zunehmend aggressiver Führung von Mountbatten, Slim und, aus Italien neu hinzugekommen, General Sir Oliver Leese, glaubten sie nun an einen Sieg, statt wie bisher eher von der Niederlage überzeugt zu sein.[35]

Die britisch-indische 14. Armee rückte Richtung Süden vor, um möglichst ganz Birma von den Japanern zu befreien. Im Februar 1945 beschlossen sie, eine Flankenbewegung zu unternehmen und unter großem Risiko den Irrawaddy-Fluß unterhalb von Mandalay zu überqueren, um die Teile der japanischen 15. Armee, die die Stadt und Zentralbirma hielten, abzuschneiden. Trotz einigen Durcheinanders und starken japanischen Widerstands waren sie erfolgreich; eine der außergewöhnlichsten Offensiven des Zweiten Weltkriegs mit einer Flußüberquerung gelang im Februar 1945.[36] Die Erfolgsaussichten für den Birma-Feldzug waren jedoch nicht nur durch die veränderte Haltung der britischen Armee gestiegen, sondern auch durch die Eroberung des Hafen Akyab an der Arakan-Küste, die beim dritten Versuch im Januar 1945 in einer amphibischen Operation endlich gelungen war. Damit hatten die Briten eine Basis, von der aus Rangun angegriffen werden konnte, sobald mit der Offensive vom Norden die japanischen Hauptstreitkräfte in Zentralbirma vernichtet waren.

Slim eroberte Mandalay durch eine Zangenbewegung: Die Truppen, die den Irrawaddy südlich der Stadt überquert hatten, stießen zu den Truppen vor, die bereits einen Monat zuvor den großen Fluß weiter nördlich der Hauptstadt überquert hatten. Weiter südlich wurden die Japaner bereits von britischen und indischen Einheiten verfolgt, so daß Mandalay selbst am 20. März zurückerobert werden konnte. Die japanische 15. und die 33. Armee waren noch zu wesentlichen Teilen intakt, doch die Briten waren entschlossen, bis zum Beginn des Monsunregens Ende April, Anfang Mai weiterzustürmen. Sie mußten über 500 Kilometer marschieren, erhielten jedoch zunehmend Luftunterstützung, was zumindest ein Hoffnungsschimmer war.

Tatsächlich rückten die britischen Divisionen bei nachlassendem japanischem Widerstand sprungweise von Mandalay in südliche Richtung nach Rangun vor und demonstrierten auf spektakuläre Weise, was eine kühn und kraftvoll angreifende Armee leisten konnte, wenn sie aus der Luft massiv unterstützt wurde. Trotz des Beginns der Regenzeit waren die Briten nicht aufzuhalten. Rangun wurde am 3. Mai befreit.[37]

Die dramatischen letzten Kriegstage in Europa überschatteten zwar den Sieg der Alliierten in Birma, doch deswegen war der Erfolg nicht geringer. Die Flagge, die einst über der Stadt geweht hatte, war von den japanischen Besatzern damals als

Souvenir erbeutet und auf die Aleuten-Inseln gebracht worden. Dort hatten die Amerikaner die Flagge zurückerobert, Marshall hatte sie auf der 1. Konferenz von Quebec 1943 Brooke übergeben. Nun wurde sie wieder über Rangun gehißt.[38] Mountbatten, alliierter Oberbefehlshaber Südostasien, war bereits mit den Plänen für neue Operationen in Richtung Singapur beschäftigt.

LUZON, DIE SÜDPHILIPPINEN UND BORNEO

Der Kampf um Zentralbirma fand zeitgleich mit der amerikanischen Invasion Luzons statt. Der neue Machtbereich, den die Japaner im Winter 1941/42 erobert hatten, wurde von beiden Seiten zugleich angegriffen, und sowenig wie die Alliierten damals ihre weit voneinander entfernten Operationen hatten koordinieren können, gelang dies nun den Japanern. Feldmarschall Terauchi konnte keiner der kampfbereiten, belagerten Truppen genügend Verstärkung schicken, so wie vor drei Jahren das Alliierte Kommando unter Feldmarschall Wavell. Neben Ähnlichkeiten zwischen der damaligen und jetzigen Situation gab es jedoch auch große Unterschiede. Die Streitkräfte beider Seiten in den Kämpfen um Birma und Luzon waren wesentlich größer als in den früheren Schlachten.[39] Kleine geschlagene Gruppen der japanischen Armee blieben 1944/45 in Birma zurück, während sich die Briten 1942 vollständig zurückgezogen hatten, um später zurückzukehren. Andererseits beging die japanische Armee in Luzon nicht MacArthurs großen Fehler, eine offensichtlich verlorene Stellung zu halten, um dann, ohne gezielt darauf vorbereitet zu sein, in einen Belagerungszustand zu geraten. Yamashita hingegen verfolgte eine viel listigere Strategie, so daß einige japanische Truppen bis zur Kapitulation im September 1945 auf Luzon kämpften.

Der Invasionsplan, so wie ihn MacArthur schließlich billigte, sah die Hauptlandung am südlichen Ende des Golfs von Lingayen vor. Weitere Landungen sollten später nördlich von Bataan und südwestlich von Manila erfolgen. Allerdings bot der Angriff – und die Verteidigung – des Golfs von Lingayen selbst eine geschützte Bucht für das große Geschwader von Schiffen, mehrere sehr gute Strände für die Landung und eine offene Ebene in Richtung Manila, gut 200 Kilometer weiter südlich, für den Einsatz von Panzern auf der Hauptachse des Vorstoßes. Die Invasionstruppen, über eine Viertelmillion Soldaten, die von Stützpunkten an der Nordküste Neuguineas, auf den Salomon-Inseln und auf Leyte starteten, wurden von starken Marine-Streitkräften unterstützt. Admiral Kincaid befehligte wie schon bei der Landung auf Leyte die amphibischen Operationen, während Admiral Halseys 3. Flotte und General Whiteheads 5. Luftwaffe die nötige Unterstützung für General Kruegers 6. Armee leisteten.* Beide Korps der 6. Armee landeten erfolgreich am 8. Januar 1945.

---

* Whitehead war der Nachfolger Kenneys, nachdem dieser im Juni 1944 zum Befehlshaber der Far Eastern Air Force, zu der auch die 13. Luftwaffe gehörte, befördert worden war.

Die Kamikaze-Flieger hatten den Geleitschiffen sehr hohen Schaden zugefügt, ein Geleitträger war gesunken und viele weitere Schiffe waren beschädigt. Unter den Hunderten von Toten befand sich General Lumsden, der britische Verbindungsoffizier, der MacArthurs Hauptquartier zugeteilt war. Seinen Platz übernahm General St. Clair Gairdner.[40] Das schlimme Schicksal der Kriegsschiffe bedeutete jedoch auch die Zerstörung der meisten japanischen Flugzeuge, die für die Verteidigung Luzons eingesetzt wurden. Auch ehrgeizige Flottenoperationen wie gegen die Invasion auf Leyte waren nicht mehr möglich, da ein großer Teil der japanischen Marine dort versenkt oder gefechtsuntauglich gemacht worden war. Yamashita mußte sich also auf seine Landstreitkräfte verlassen, die aber ebenfalls geschwächt waren, weil zur Verstärkung der Armee auf Leyte bereits Truppenverlegungen stattgefunden hatten. Über 280 000 Heeressoldaten und Marineinfanteristen waren allerdings noch einsatzbereit.* Yamashita glaubte, damit eine wirkliche Chance zu haben, die Landungsangriffe abzuwehren oder zumindest sehr lange Zeit die Nutzung der Luft- und Seestützpunkte auf Luzon durch die Amerikaner verhindern zu können. Auf jeden Fall wollte er die Amerikaner in monatelange blutige Gefechte verwickeln.

Yamashita teilte seine Streitkräfte in drei Kampfgruppen auf: die größte, die Shobu-Gruppe, wurde dem Norden Luzons zugewiesen und sollte den anderen bei der Zurückschlagung der Invasion helfen oder, alternativ dazu, sich in den Nordteil der Insel zurückziehen und dort aushalten. Die Kembu-Gruppe sollte die Route über die Ebene vom Lingayen-Golf bis nach Manila blockieren, während die dritte Gruppe, Shimbu genannt, die Hauptstadt selbst und das südliche Luzon zu verteidigen hatte.

Die 6. Armee drängte von dem Landekopf, den sie am ersten Tag erobert hatte, in südliche und östliche Richtung vor. Der Vorstoß ins Landesinnere kam zu schnell, als daß Yamashita einen wirkungsvollen Gegenangriff hätte starten können. Im Gegensatz zu den Deutschen bei der Invasion in der Normandie konnten die Japaner die angreifenden Amerikaner von Anfang an nicht mehr in Schach halten. Als noch mehr amerikanische Truppen landeten, drängten sie auch die Shobu-Gruppe beiseite und rückten in Richtung Süden vor. Auf beiden Seiten waren die Verluste sehr hoch, doch MacArthur war entschlossen, weiter vorwärtszustürmen, und trieb die Kommandeure der Bodentruppen an. Durch einen harten Vorstoß in die Berge an der linken Flanke des Vormarsches wurden die Japaner zurückgedrängt, und ihre 2. Panzerdivision, die Hauptpanzerstreitmacht auf Luzon, wurde vernichtet. Der gefährlichste Gegenangriff der Japaner war dadurch unmöglich geworden. Die Shobu-Gruppe wurde Mitte Februar in die nördlichen Berge vertrieben, aber die Japaner hatten dort erhebliche Vorräte, die für einen langen Kampf ausreichten.[41]

Krueger schickte nun, auf Drängen MacArthurs, das XIV. Korps in den Süden, um dort die entscheidenden Flugplätze, die zusammen »Clark Field« genannt wur-

---

* General Willoughby, MacArthurs Geheimdienstchef, hatte die gegnerische Stärke auf 152 000 Mann geschätzt.

den, zu besetzen. Nach harten Kämpfen gegen die Kembu-Gruppe, die eine Woche dauerten, wurden die Flugplätze eingenommen. Mit ihren befestigten Start- und Landebahnen boten sie eine hervorragende Basis für die amerikanische Luftwaffe. Mehrere Divisionen Kruegers stürmten nun nach Manila. Die 1. Kavallerie-Division brach am 3. Februar in die Randbezirke der Stadt ein. Inzwischen war auch die 11. Luftlandedivision der amerikanischen 8. Armee über See und mit Fallschirmen südwestlich von Manila gelandet und rückte ebenfalls auf die Hauptstadt vor.

Der Einmarsch in die Hauptstadt war jedoch alles andere als die Siegesparade, die MacArthur sich vorgestellt hatte. Manila von den Japanern zu befreien, erwies sich als weitaus schwieriger und verlustreicher, als der spektakuläre Vorstoß im Norden hatte hoffen lassen. Yamashitas ursprünglicher Plan, alle Truppen aus der Stadt abzuziehen, wurde auf dramatische Weise vereitelt. Bei der gezielten Zerstörung der Hafenanlagen, die er angeordnet hatte, brach ein Großbrand aus, der große Teile von Nord- und Westmanila vernichtete. Die amerikanischen Truppen mußten nun außer den Japanern unversehens auch die Brände bekämpfen. Die verteidigenden Truppen unter Admiral Iwabachi Sanji wollten den südlichen Teil der Stadt unterhalb des Pasig-Flusses (der in die Bucht von Manila fließt und die Stadt in zwei Hälften teilt) halten. Weder Yamashita noch Iwabachi konnten oder wollten die japanischen Marine- und Armeesoldaten unter Kontrolle bekommen, die abseits der Kämpfe philippinische Einheimische und alle, die sie in ihre Hände bekamen, ausraubten und niedermetzelten. Wenn auch in kleinerem Maßstab, so erinnerte das Geschehen doch an das berüchtigte Massaker von Nanking.

Einen Monat lang leisteten die annähernd 20 000 Japaner den angreifenden Amerikanern Widerstand. Sie mußten sich Block um Block und Haus um Haus vorankämpfen. Sowohl die modernen, erdbebensicheren Häuser als auch die alten, festen Steinmauern der Kernstadt Intramuros gaben den Verteidigern hervorragenden Schutz. MacArthur gab keine Luftunterstützung, so daß sich die Amerikaner auf ihre Artillerie verlassen mußten. Ob dies jedoch vielen Zivilisten das Leben rettete, wie MacArthur beabsichtigte, kann bezweifelt werden. Am Ende waren über 12 000 amerikanische und über 16 000 japanische Soldaten in den Straßenkämpfen umgekommen. Die japanischen Massaker und die Schlacht kosteten über 100 000 Zivilisten das Leben. Nach Warschau war Manila die am stärksten zerstörte Hauptstadt der Alliierten.

Als die Kämpfe in den Straßen von Manila abflauten, hatten die Amerikaner auch Bataan und die meisten Küstenabschnitte in der Bucht von Manila befreit. Die Insel Corregidor war seit dem 22. Januar bombardiert und beschossen worden, am 16. Februar wurde ein mit Fallschirmjägern kombinierter, amphibischer Angriff unternommen. Obwohl die japanischen Truppen auf der Insel fünfmal so stark waren wie angenommen und den Angreifern vom Meer und aus der Luft daher zahlenmäßig weit überlegen waren, wurden sie dennoch überrascht. Nachdem die Amerikaner eine sichere Ausgangsposition auf der Insel erreicht hatten, schlugen sie eine Serie unkoordinierter Banzai-Angriffe* unter schweren Verlusten zurück. In der Nacht vom 21. zum 22. Februar wurden durch eine furchtbare Explosion von Munition und anderen Sprengstoffen in den unterirdischen Festungsanlagen – entweder ein Unfall oder Massenselbstmord – über 2000 Japaner getötet. Noch zwei weitere unterirdische Explosionen in den folgenden Tagen kosteten die meisten verbliebenen Japaner das Leben. Am 1. März waren die Kämpfe vorbei. Einen Tag darauf – und einen Tag vor Ende der Kämpfe in Manila – sah MacArthur wieder die amerikanische Flagge am alten Fahnenmast von Corregidor wehen.

Nachdem die Hauptstadt und deren unmittelbare Umgebung nun befreit waren, kehrte die Regierung in die Stadt zurück, die Amerikaner und Einheimische notdürftig wiederaufbauten. In jenen Tagen begann MacArthur mit der Durchsetzung zweier Entscheidungen, die er wohl schon früher getroffen hatte und die wichtige langfristige Auswirkungen auf die inneren Angelegenheiten der Philippinen und die weitere Führung der militärischen Operationen im Krieg hatten.

MacArthur war ein langjähriger Freund von Manuel Roxas, der wiederum einer der wenigen war, die von der großen Geldsumme wußten, die MacArthur Anfang 1942 von Quezon bekommen hatte. Roxas war auf den Philippinen geblieben und zu einer führenden Figur der Kollaborationsregierung von José P. Laurel geworden. Während Laurel von den Japanern aus Luzon ausgeflogen wurde, blieben Roxas und andere. MacArthur behauptete nun, sein alter Freund sei in Wirklichkeit ein Informant des amerikanischen Geheimdiensts gewesen und habe dem Widerstand gegen die japanische Besatzung geholfen. Beweise dafür sind allerdings noch nicht aufgetaucht. MacArthur sprach sich nach der Befreiung Manilas offen für Roxas und viele seiner Verbündeten aus. Dadurch garantierte er nicht nur die Wahl Roxas' zum Präsidenten des Landes, sondern verhinderte auch jede ernsthafte Auseinandersetzung mit der Frage der Kollaboration. Die Philippinen erlangten ihre Unabhängigkeit, ohne wirklich einen neuen Anfang zu machen wie die befreiten Länder in Westeuropa, die zwar ebenfalls genug Probleme mit Kollaborateuren hatten, doch ohne daß einer der prominentesten Vertreter Oberhaupt der Regierung geworden wäre.[42] MacArthurs zweite Entscheidung betraf die nächste Etappe bei der Befreiung der Philippinen. In ihren Diskussionen waren die Joint Chiefs of Staff davon ausgegangen, daß die Landung auf Leyte und danach auf Mindoro vorbereitende Operationen für die Landung auf Luzon waren, welche die letzte größere Operation auf den Inseln sein sollte. Um die Flughäfen, Städte und Häfen von Luzon für den nachfolgenden Angriff gegen die japanischen Heimatinseln zu sichern, mußten ganz Luzon, oder zumindest die Haupthäfen, befreit werden. Operationen gegen die Zentral- oder Südphilippinen waren hingegen nicht geplant – die weiteren Angriffe sollten vielmehr in die Gegenrichtung zielen. General MacArthur hatte jedoch andere Vor-

---

* Die Soldaten riefen »Banzai« und liefen mit Bajonetten hinter säbeltragenden Offizieren gegen die amerikanischen Truppen.

stellungen und beauftragte statt dessen General Eichelberger mit der 8. Armee, die
an der Luzon-Operation nur am Rande beteiligt war, mit mehreren amphibischen
Angriffen gegen die Inseln südlich von Luzon.

Die 8. Armee führte über fünfzig Landungsoperationen durch und befreite schließlich die meisten Inseln der Zentral- und Südphilippinen. Obwohl die Angriffe rückwirkend von Washington genehmigt wurden, waren sie doch im wesentlichen auf
MacArthurs Entscheidungen hin erfolgt. Die beteiligten Einheiten, die auch an der
Invasion der japanischen Heimatinseln teilnehmen sollten, gewannen wertvolle Erfahrungen mit amphibischen Operationen, sie befreiten Millionen Filipinos von der
japanischen Herrschaft, und die amerikanischen Divisionen, die aus Europa erwartet
wurden, erhielten viele zusätzliche Häfen und Stützpunkte. Der Feldzug war erfolgreich, und anscheinend hat niemand in Washington Widerspruch eingelegt. Allerdings
hatte das Unternehmen ernsthafte Folgen für die 6. Armee, die die Operationen auf
Luzon unter erschwerten Bedingungen beenden mußte.[*]

Da einige Divisionen und die meisten Reserven für die Operationen weiter südlich
zur 8. Armee verlegt wurden, sah sich die 6. Armee den starken Streitkräften General
Yamashitas gegenüber, die auf Luzon verblieben waren. Die Insel wurde zwar in
einem langen, schwierigen und verlustreichen Feldzug befreit, doch die amerikanischen Divisionen trafen immer wieder auf japanische Truppen in gut verschanzten
Stellungen, die ihnen zahlenmäßig ebenbürtig oder sogar überlegen waren. Mit massiver Hilfe philippinischer Guerillas wurde Yamashitas Armee nach und nach zerschlagen. Zum Zeitpunkt der Kapitulation im August hatte Yamashita noch 50000
Mann, und einige Divisionen der 6. Armee, die in die harten Kämpfe verwickelt
gewesen waren, brauchten viel Material und viele Soldaten, um wieder auf Kampfstärke gebracht zu werden.[43]

Auch wenn der Zweifel an der Notwendigkeit und dem Sinn des Feldzugs auf den
Zentral- und Südphilippinen wahrscheinlich berechtigt war, so müssen die nachfolgenden Landungsoperationen MacArthurs, dieses Mal mit vorheriger Zustimmung
der Joint Chiefs, doch in einem anderen Kontext gesehen werden. Die Landungen
auf Niederländisch-Indien, vor allem auf Borneo, waren auf Diskussionen zwischen
den Amerikanern und Australiern zurückzuführen und, obwohl dies schwer zu beweisen ist, auf die Sorge, die japanischen Truppen könnten auf den ostindischen
Inseln, gestützt auf ihre Kampfmittel, noch lange nach der Besetzung des Mutterlandes den Krieg aktiv weiterführen.

Die australische Armee hatte die amerikanischen Divisionen ersetzt, die die umgangenen japanischen Truppen im Südwestpazifik in Schach hielten. Die japanische
18. Armee auf Neuguinea, die 17. auf Bougainville und die 8. Gebietsarmee auf

---

[*] James, The Years of MacArthur, S. 738, nimmt an, daß MacArthur in seinem Trotz gegenüber
Washington während des Korea-Krieges von den vor Ort initiierten Operationen auf den Philippinen beeinflußt wurde.

Neubritannien, die noch immer ihr Hauptquartier auf Rabaul hatte, stellten keine größere Gefahr dar. Doch es blieb die Frage, was mit den 160 000 bis 200 000 verbliebenen Soldaten geschehen sollte. Obwohl deren Vorräte zur Neige gingen, vor allem Munition und Medikamente, waren es immer noch überwältigend starke Truppen, so daß General Thomas Blamey, die Schlüsselfigur des australischen Militärs, Angriffe gegen die 17. und 18. Armee befahl. Nur auf Neubritannien, wo die japanische 8. Gebietsarmee weitaus größer war als die australische 5. Division, verfolgten sie eher eine Politik der Eindämmung. Die Frage, ob die Operationen und die erlittenen Opfer sinnvoll waren, wird wohl weiterhin Anlaß für Auseinandersetzungen bleiben.[44]

Noch mehr Anlaß für Streit boten MacArthurs Pläne für Invasionen auf den niederländisch-indischen Inseln Borneo und Java sowie auf Britisch-Borneo (Deckname »Oboe I–VI«). Die Landung in Balikpapan an der Ostküste Borneos war ursprünglich Gegenstand einer ernsthaften Kontroverse zwischen MacArthur und der australischen Regierung, auch wenn Washington und Canberra schließlich widerwillig zustimmten.* Von MacArthur teilweise persönlich beobachtet, gingen die ersten Oboe-Operationen im Juni und Juli 1945 erfolgreich vonstatten. Die Landung zweier australischer Divisionen auf Java – angesichts der großen Überlegenheit der japanischen Truppen ein höchst zweifelhaftes Projekt – wurde durch die Kapitulation Japans glücklicherweise überflüssig.[45]

BOMBARDIERUNG DER HEIMATINSELN UND IWOJIMAS

Die Bombardierung der japanischen Heimatinseln von den Marianen aus – ein Hauptgrund für die Landung der Amerikaner dort im Juni 1944 – hatte im Herbst begonnen.[46] Die B-29-Langstreckenbomber waren speziell für die Angriffe gegen Japan entwickelt worden, und auf Saipan, Guam und Tinian wurden Stützpunkte errichtet, um Platz zu haben für die großen Flugzeuge, die entweder aus den Fabriken kamen oder Anfang 1945 von den chinesischen Flughäfen, an die sie ursprünglich geschickt waren. Doch die ersten Flüge der B-29-Verbände klappten nicht so reibungslos wie gehofft. Das Flugzeug wich von früheren Modellen sehr stark ab – es war nicht nur der erste Bomber, der eine Druckkabine hatte, sondern es enthielt noch in vielerlei anderer Hinsicht technische Neuerungen. Daß alle möglichen Anfangsschwierigkeiten auftauchten, deren Bewältigung Zeit brauchte, war deshalb nicht verwunderlich. Die

---

* Der Streit betraf den Einsatz der australischen 7. Division, der – so wurde befürchtet – mit erheblichen Verlusten verbunden wäre. MacArthur wurde gestattet, weiter vorzurücken, und er forderte eine massive sechzehntägige Bombardierung vor der Invasion; die Operation war ein taktischer Erfolg. Der entscheidende Notenwechsel ist in James, The Years of MacArthur, S. 752–754, zusammengefaßt.

enorme Flugdistanz, da zusätzlich die Konfrontation mit japanischen Jagdflugzeugen von den Bonin-Inseln vermieden werden mußte, erhöhte die Wahrscheinlichkeit von Navigationsfehlern. Die ungeheure Stärke des Jetstreams und noch andere Faktoren verursachten Turbulenzen, so daß es in großer Höhe über Japan fast unlösbare Probleme hinsichtlich der Zielgenauigkeit des Bombenabwurfs gab.[47]

Die ersten Luftangriffe von den Marianen aus – am 24. November 1944 wurde der erste Angriff auf Tokio geflogen – demonstrierten dem japanischen Volk noch viel dramatischer als die vorangegangenen kleinen Angriffe von China aus, daß die amerikanische Luftwaffe nun die Heimatinseln erreichen konnte. Doch die Wind- und Wetterverhältnisse erschwerten die Bombardierung aus der großen Flughöhe der B-29. Sie waren zwar außerhalb der Reichweite der japanischen Flugabwehr, und die meisten Jagdflugzeuge konnten nicht so hoch fliegen, doch das Wetter und die Entfernung forderten ihren Tribut: Die meisten Bomben, die aus einer Höhe von über 9000 Metern abgeworfen wurden, verfehlten die Flugzeugfabriken und andere Ziele.[48] Es wurde zwar beträchtlicher Schaden angerichtet, doch dieser war, wie dem Kaiser auf einer Konferenz mit hohen Staatsmännern am 26. Februar 1945 mitgeteilt wurde, noch lange nicht so schlimm wie das, was Deutschland zu erdulden hatte.[49]

Die Situation änderte sich jedoch schlagartig, nachdem die Amerikaner zwei weitere Schritte unternommen hatten. Am 19. Februar landeten sie auf Iwojima, eroberten die Insel und bauten die dortigen japanischen Flughäfen aus. Damit verkürzte sich die Flugentfernung von den Marianen aus, weil die Bomber nicht mehr wegen der bislang auf Iwojima stationierten japanischen Jagdflugzeuge von der direkten Route abweichen mußten. Die Insel bot eine Basis, auf der die B-29 zwischenlanden konnten, und war ein Stützpunkt für Jagdflugzeuge, die die Bomber nach Japan eskortierten.[50] Die Jagdflugzeuge wurden wichtig, als die Amerikaner im März eine weitere taktische Änderung vornahmen: Sie flogen nicht mehr hoch, um Sprengbomben auf Fabriken abzuwerfen, sondern flogen ihre Einsätze in niedriger Höhe, um mit Massen von Brandbomben die japanische Industrie zu zerstören, und waren damit Angriffen gegnerischer Jagdflugzeuge ausgesetzt. Beide Operationen waren sehr dramatisch.

Die Amerikaner hatten schon längere Zeit eine Landung auf Iwojima ins Auge gefaßt, weil es die geeignetste der Bonin-Inseln für eine Zwischenbasis zum See-, Luft- und Landangriff gegen Japan war. Die Japaner konnten sich dies leicht ausrechnen[51] und hatten die Zivilbevölkerung dort evakuiert und komplizierte Verteidigungsanlagen, die meisten unterirdisch, gebaut, um einen amerikanischen Landungsangriff abzuwehren. Der japanische Befehlshaber General Kuribayashi Tadamichi ging davon aus, daß die Amerikaner zwar landen könnten, durch die japanische Abwehr dann jedoch hohe Verluste erleiden mußten und die Kamikaze inzwischen die Geleit- und Versorgungsflotte bekämpfen würden. Wenn die Japaner die Invasoren nicht niederschlagen könnten, würden sie eben selbst sterben, aber erst nachdem sie dem Feind aus den unterirdischen Verteidigungsstellungen heraus größtmögliche Verluste zugefügt hätten. Die Kampfmethode anderer japanischer belagerter Truppen, die in vergeblichen Banzai-Einsätzen die Amerikaner zwar verwirrten, aber dabei rasch viele Soldaten verloren, wollte Kuribayashi nicht anwenden.

Die Amerikaner wußten, daß die Japaner die Insel entschlossen verteidigen wollten; genaue Einzelheiten konnten sie allerdings nicht wissen. Die Aussicht, bei der Eroberung extrem viele Menschenleben opfern zu müssen, war jedoch entmutigend genug, so daß Präsident Roosevelt empfohlen wurde, Giftgas einzusetzen: Auf der Insel gab es keine Zivilisten, und die Vereinigten Staaten waren rechtlich an keinen Vertrag, der den Einsatz von chemischen Kampfstoffen verbot, gebunden. Roosevelt war jedoch strikt dagegen, es sei denn als Vergeltungsmaßnahme, und wies den Vorschlag zurück.*

Die Alternative zum Einsatz von Kampfstoffen war eine schwere Bombardierung der Insel. Dabei zeigte sich, daß die Amerikaner bei der Koordinierung der Pazifik-Operationen ein ernsthaftes Defizit hatten: Der fortlaufende Einsatz vieler Schlachtschiffe bei den Philippinen und eine große Angriffsserie der Trägerflugzeuge gegen die japanischen Heimatinseln reduzierte das Marine-Bombardement weit unter das Maß, das General Holland Smith für seine drei Marine-Divisionen (die 3., 4. und 5.) angefordert hatte.[52] Da die Landung wegen der schweren Kämpfe auf den Philippinen bereits um einen Monat verschoben worden war und die Operationen dort immer noch Unterstützung durch Marineflieger benötigten, wollte man die weitere Aktion nicht noch länger hinauszögern. Weder das Wochen dauernde Bombardement aus der Luft noch das drei Tage während Geschützfeuer der Kriegsschiffe (statt der geforderten zehn Tage) erwiesen sich als ausreichend. Die Bomben richteten meist wenig Schaden an, und die wenigen Schiffsgeschütze mit zu geringer Reichweite konnten die Vielzahl der Angriffsziele nicht wirksam bekämpfen. Da die Insel sehr klein war – etwa acht auf vier Kilometer –, konnten die Schiffsgeschütze die Soldaten, wenn sie erst einmal gelandet waren, kaum unterstützen, wie dies in der Normandie der Fall gewesen war.[53] Die Lage der Amerikaner wäre noch schlechter gewesen, hätten die japanischen Artilleristen nicht am 17. Februar, dem zweiten Tag des amerikanischen Marinebombardements, verfrüht auf die Schiffe mit den Vortrupps zur Beseitigung von Hindernissen reagiert und damit die Standorte ihrer bis dahin getarnten Verteidigungsstellungen verraten.

Die Marinesoldaten landeten am 19. Februar und trafen sofort auf heftigsten

---

* Einen Bericht darüber gibt es in Harris/Paxman, A Higher Form of Killing, S. 135. Es ist nicht klar, ob Roosevelts oberste Militärberater tatsächlich Giftgas verwenden wollten, oder ob sie, wissend, daß Roosevelt strikt gegen einen Gaskrieg war, den Vorschlag nur machten, um ihn darauf aufmerksam zu machen, welch hohe Verluste bei der Iwojima-Operation zu erwarten seien. Siehe dazu auch die etwas abweichende Darstellung in John Ellis van Courtland Moon, »Chemical Warfare. A Forgotten Lesson«, in: *Bulletin of the Atomic Scientists* 45, Nr. 6 (Juli–August 1989), S. 40–43.

Widerstand. Einige Einheiten wurden an den Stränden förmlich festgenagelt, während sich andere langsam ihren Weg ins Landesinnere bahnten. Der lockere Aschenboden der Insel, die erst ein halbes Jahrhundert zuvor durch vulkanische Aktivität aus dem Meer aufgetaucht war, erschwerte das Vorankommen und machte die Verteidigung relativ einfach. Am ersten Tag wurde ein schmaler Landekopf erobert, in den Tagen danach kämpften sich die Marineinfanteristen unter hohen Verlusten langsam weiter. Am 24. Februar hatten sie den Gipfel des Suribachi-Vulkans erreicht und richteten eine Flagge auf, die die Soldaten ermutigte, weiter um die Flugplätze zu kämpfen. Ein berühmt gewordenes Foto dieses Moments wurde Vorbild für das Iwojima-Memorial beim Arlington-Nationalfriedhof in Washington.

Mit der Eroberung des Suribachi gewannen die Amerikaner die Herrschaft über das südliche Ende der Insel. Auch die restlichen Teile der Insel konnten sie von da aus gut überblicken, doch der Kampf ging weiter. Schritt um Schritt kämpften sich die Marinesoldaten vorwärts. Sie konnten schließlich die Verteidiger aufsplittern und die restlichen Widerstandsnester vernichten. Von den etwas über 20000 Japanern überlebten nur 200. General Kuribayashi war am 24. März einer der letzten, die getötet wurden. Auf amerikanischer Seite fielen 6000 Marinesoldaten, und 25000 wurden verwundet. Dies war das erste und einzige Mal in der Pazifik-Offensive, daß die Zahl der amerikanischen Verluste an Toten und Verwundeten zusammen die der japanischen Toten überstieg.

Der schreckliche Preis des Sieges ließ erahnen, daß die Amerikaner beim Angriff auf das japanische Mutterland noch höhere Verluste in Kauf würden nehmen müssen. Durch die weite Entfernung von Tokio waren Kamikaze-Angriffe auf die Geleitschiffe eher selten gewesen, die sonst in den Wochen, in denen sie gebraucht wurden, sehr verwundbar gewesen wären – ein Sachverhalt, den die Japaner in ihre Überlegungen für den Okinawa-Feldzug einbezogen, was die U. S. Marine bei ihren Iwojima-Plänen am besten auch getan hätte: Ein längeres vorbereitendes Bombardement hätte die Dauer, in der die Marine den Angriffen japanischer U-Boote und Flugzeuge ausgesetzt war, verkürzt und nicht verlängert. Doch die Insel war erobert, und noch bevor der letzte Japaner in den unterirdischen Bunkern getötet war, benutzten die ersten amerikanischen Bomber die Flugplätze, die von den »Seabees«, den Pionieren der Marine, repariert und ausgebaut worden waren.[54] Außerdem mußten die amerikanischen Flugzeuge, die von den Marianen starteten, nicht länger die Bonin-Inseln umgehen oder gegnerische Jagdflugzeuge von dort fürchten.

Der Inselstützpunkt war nicht nur als Notlandebahn für die B-29-Bomber nützlich – bis Kriegsende waren 2400 Bomber dort notgelandet –, sondern auch für die Organisation des ausgeklügelten Luft- und Seerettungssystems, mit dem die Besatzungen von notgelandeten oder abgestürzten Bombern auf der langen Route zu den Angriffszielen in Japan und zurück gerettet werden sollten.[55] Dieses Unternehmen war besonders wichtig, da so viele gut ausgebildete Besatzungsmitglieder wie möglich überleben sollten und die Japaner schon früher angekündigt hatten, amerikanische

Flugzeugbesatzungen, die über Japan abgesprungen waren, zu töten. Außerdem lautete nun der Befehl, die japanische Politik fordere, daß auch die über dem Meer abgestürzten Besatzungsmitglieder der B-29 zu töten seien. Die Amerikaner hatten diesen Befehl abgefangen und dechiffriert.[56]

Die Wirkung der Flüge der B-29-Bomber von den Marianen aus war ursprünglich ein wenig enttäuschend gewesen. Eine Angriffsserie von Oktober 1944 bis Anfang 1945 hatte zwar einige Wirkungen erzielt, besonders auf die japanische Flugzeugindustrie, gegen die sie vor allem gerichtet war, doch nicht annähernd mit dem erhofften Ergebnis und mit beträchtlichen Verlusten durch Jagdflugzeuge, Feuer von Flugabwehr-Geschützen und – vor allem – widrige Wetterverhältnisse, Unfälle und Einsatzschwierigkeiten. General Arnold, Verantwortlicher der Heeresluftwaffe, ersetzte General Haywood S. Hansell als Befehlshaber des 21. Bomber Command durch General Curtis LeMay, der bislang dem 20. Bomber Command in China vorgestanden hatte. In den Hauptquartieren der amerikanischen Luftwaffe hatte es vorher schon Diskussionen gegeben, ob die B-29 nicht für nächtliche Brandbombenangriffe statt für gezielte Bombenabwürfe bei Tag aus großer Flughöhe eingesetzt werden sollten. Die Überlegung war, daß die japanischen Städte mit ihren Leichtbauten aus Holz und Papier, die sich dicht an die dezentralen Industrieanlagen anschlossen, durch massive Bombardierung leicht in Brand gesteckt werden konnten.[57] Einige wenige Brandbombenangriffe waren bereits versuchsweise unternommen worden, vor allem gegen Hankow vom 20. Bomber Command und gegen Tokio vom 21.

Mit Arnolds Unterstützung änderte LeMay nun seine Taktik im Feld. Die Zielgebiete in Japan waren tagsüber fast immer von Wolken verdeckt und mußten über Radar bombardiert werden. Mit der damaligen Technologie, dem starken Jetstream und dem Wind waren auf diese Weise Fehlabwürfe geradezu vorprogrammiert. Nachts war die Wolkendecke dünner, und die japanische Flugabwehr war nirgends auch nur annähernd so stark und zielgenau wie die über Deutschland. Die Japaner besaßen nur sehr wenige für den Nachtflug geeignete Kampfflugzeuge, und mit niedrigfliegenden Maschinen konnten die Amerikaner viel größere Ladungen Brandbomben transportieren.* Zusätzlich ging LeMay das Risiko ein und entfernte die Munition für die Bordwaffen, um noch mehr Bomben laden zu können. Mit den taktischen Änderungen sollte eine neue vorbereitende Bomberoffensive eingeleitet werden, denn bis zur Invasion Okinawas, der nächsten großen Landungsoperation, waren es nur noch drei Wochen.

In der Nacht des 9. auf den 10. März 1945 flogen auf Befehl LeMays 334 B-29 einen Angriff auf Tokio. In niedriger Flughöhe und in lockerer Formation, da keine

---

* Bei allen Diskussionen über die Flugzeuge des Zweiten Weltkriegs muß immer daran erinnert werden, daß die konventionellen Motoren zum Antrieb von Propellern weniger effizient sind, also um so mehr Brennstoff verbrauchen und schneller verschleißen, je höher das Flugzeug fliegt. Bei düsengetriebenen Flugzeugen ist es genau umgekehrt.

Angriffe von Jägern zu erwarten waren, warfen die Bomber eine große Menge von Brandbomben über Tokios Stadtbezirk Shitamachi ab. Die Japaner wurden völlig überrascht, und ihre Vorbereitungen, damit fertig zu werden, waren hoffnungslos unzureichend. Über drei Stunden lang dröhnten die Bomber-Verbände über Tokio und verwandelten das Viertel aus Wohnhäusern und Industrieanlagen in ein brennendes Inferno. 80000 bis 100000 Menschen starben in den Flammen, etwa 26 Quadratkilometer bebaute Fläche wurde dem Erdboden gleichgemacht, Dutzende großer Fabriken und Hunderte von Zulieferwerkstätten wurden zerstört. Dieser Bomberangriff verursachte wahrscheinlich die größte Zahl von Opfern im Zweiten Weltkrieg. Der Krieg gegen Japan war in eine neue Phase getreten.

Eine gute Woche nach dem Angriff, am 18. März, kam Kaiser Hirohito selbst, um den furchtbaren Schaden zu besichtigen.[58] Das 21. Bomber Command hatte in der Zwischenzeit mit ganz ähnlicher Technik Nagoya, Osaka und Kobe angegriffen. Während die Häuser in Tokio wie Zunder brannten, hielten die modernen Stein- und Betongebäude in den anderen Städten dem Feuer besser stand; dennoch wurden große Bereiche verwüstet, Industrie- und Hafenanlagen sowie große Wohnbezirke zerstört. Der gut informierte deutsche Marineattaché berichtete seiner Regierung (und ohne sein Wissen dem amerikanischen Nachrichtendienst), die Angriffe seien »erstaunlich effektiv«[59] gewesen. Die späteren, zusätzlichen Luftangriffe hätten mehr Schaden angerichtet als erwartet und legten die japanische Industrie lahm.[60]

Ohne große Debatten griff die amerikanische Luftwaffe in der letzten Phase des Pazifikkriegs genau das Angriffskonzept auf, dem sie sich in Europa so lange widersetzt und das die Royal Air Force bereits seit Jahren praktiziert hatte. Angesichts immer blutigerer Schlachten an der Front gab es kaum Bedenken gegen die todbringenden Bombenangriffe auf Japans Städte. Die Japaner erfuhren nun am eigenen Leib, was es bedeutet hatte, als China von der japanischen Luftwaffe heimgesucht worden war, und was die japanische Ballon-Operation in noch viel größerem Maßstab in Kanada und den Vereinigten Staaten hatte bewirken sollen. Mit einem weiteren großen Angriff auf Nagoya hatten die B-29 ihren Beitrag geleistet, um die Landung auf Okinawa vorzubereiten.[61]

PLÄNE ZUR NIEDERWERFUNG – UND VERTEIDIGUNG – JAPANS

Die Landung auf Okinawa war die letzte einer Serie von Operationen vor dem eigentlichen Hauptangriff auf die japanischen Heimatinseln. Die Planungen dafür waren Anfang 1945 bereits weit fortgeschritten; Okinawa sollte als zentraler Stützpunkt dienen. Die Invasion der Heimatinseln sollte nach den amerikanischen Plänen in zwei Etappen erfolgen: zuerst die Landung auf der südlichen Insel Kyushu (Operation »Olympic«) am 1. September 1945 und anschließend die größere Landung auf der Hauptinsel Honshu (Operation »Coronet«) am 1. Dezember. Beide angestrebten Termine mußten jedoch wegen des heftigen japanischen Widerstands verschoben werden. Der erste Landungsangriff sollte nun am 1. November, der zweite am 1. März 1946 erfolgen. In Washington gab es einige Auseinandersetzungen, ob die Landungsoperationen nicht überhaupt vermieden werden könnten, da die voraussichtlichen Verluste sehr hoch sein würden und Japan statt dessen durch Blockaden, Belagerung und Bombardements aus der Luft und vom Meer her zum Aufgeben gezwungen werden könnte. Doch die Stabschefs befürworteten mehrheitlich die erste Lösung. Übereinstimmend wurde festgestellt, daß britische Marinestreitkräfte an den Operationen teilnehmen sollten. Da unter diesen Umständen mehr Kriegsschiffe verfügbar sein würden, waren Admiral King und James Forrestal, der nach dem Tod von Knox Marineminister geworden war, gegen den Bau vieler zusätzlicher Kriegsschiffe, die die zu erwartenden hohen Verluste in dieser Pazifik-Version des Unternehmens Overlord hätten ausgleichen sollen.[62]

Die Operation Olympic sollte von der amerikanischen 6. Armee ausgeführt werden, ausgehend vorrangig von den Philippinen und Okinawa, unter der Beteiligung von Heeres- und Marinedivisionen. Zwei sehr kleine Inseln bei der Westküste von Kyushu sollten einige Tage zuvor als Notstützpunkt erobert werden. Zwei Korps der Heeres- und eines der Marinedivisionen sollten an der Südküste von Kyushu, vor allem um die Bucht von Kagoshima herum, landen. Die Absicht dabei war, die Insel nur so weit zu besetzen, daß logistische Stützpunkte und Marinebasen errichtet werden konnten, die eine landgestützte Luftunterstützung für die nachfolgende Operation ermöglichten. Coronet selbst sollte der Höhepunkt der pazifischen Operationen werden.

Anders als Olympic konnte Coronet nicht mit den im Pazifik bereits vorhandenen Streitkräften bewältigt werden. Die mehr als fünfundzwanzig benötigten Divisionen waren einfach nicht verfügbar. Aus dem Pazifik sollten die amerikanische 8. Armee und die für die Okinawa-Operation neu organisierte 10. Armee kommen. Vor der großen Landung südlich und östlich von Tokio sollten sie rechtzeitig reorganisiert und mit Ersatz wieder aufgefüllt werden.[63] Die dritte benötigte Armee kämpfte jedoch noch in Europa, als diese Pläne entwickelt wurden: Es war die amerikanische 1. Armee, die am D-Day in der Normandie gelandet war. Am 1. Mai 1945, in der Schlußphase des Kampfes gegen Deutschland, wurde sie von der Front abgezogen, das Hauptquartier wurde am 1. August in Manila reaktiviert.

Beiden Operationen sollten sehr lange Luft- und Marinebombardements vorausgehen. An Coronet sollten auch noch ein Korps von drei bis fünf Divisionen aus dem britischen Commonwealth sowie ein französisches Korps beteiligt sein. Außerdem wurde davon ausgegangen, daß noch mehr Schiffe der Royal Navy, als bis dahin der amerikanischen Pazifikflotte zugeordnet waren, teilnehmen würden und die britischen Langstreckenbomber, die auf den Philippinen stationiert waren, vor und während der wohl großen Schlacht an Land ebenfalls die japanischen Heimatinseln bombardieren würden.[64]

Die Gespräche zur amerikanisch-britischen Kooperation im Schlußangriff auf Japan verliefen nicht immer reibungslos – so wenig wie bei der Planung der Invasion der Normandie. Trotzdem war die Abstimmung eng und vertrauensvoll. Der grobe Plan für die Operation Olympic, mit dem angestrebten Landungstermin für den 1. November, wurde den Briten beispielsweise schon am 12. Juni 1945 übermittelt, einige Tage *bevor* Präsident Truman der Operation formell zustimmte.[65] Es würde wahrscheinlich immense Schwierigkeiten bereiten, eineinhalb Millionen amerikanische und fast eine halbe Million britische Soldaten und Luftwaffenpersonal von Europa nach Ost- und Südostasien zu verlegen; dennoch könnten und würden diese Schwierigkeiten mit Sicherheit gemeistert werden.[66] Die Aussage in einem Bericht des schwedischen Gesandten in Tokio vom Anfang April zur Weigerung der Japaner, einer bedingungslosen Kapitulation zuzustimmen, die dem britischen Gesandten weitergereicht wurde, entlockte dem Außenministerium am 9. Mai folgenden Kommentar: »Die Japaner werden noch viel härtere Schläge einstecken müssen als bisher.«[67] Die Briten waren nicht weniger entschlossen als die Amerikaner, dazu ihren Teil beizutragen.[68]

Bei den geplanten Invasionen Japans konnten die Alliierten nicht auf substantielle Hilfe seitens der Truppen chinesischer Nationalisten rechnen und erwogen deshalb, einen großen Teil japanischer Truppen durch einen Angriff der Roten Armee in der Mandschurei zu binden. Auf ähnliche Weise war der Invasion in der Normandie die Bindung großer Teile der deutschen Armee durch die Sowjets an der Ostfront vorausgegangen. In den amerikanischen Stäben und zwischen Sowjets und Amerikanern hatten schon früher Gespräche über diese Frage stattgefunden. Nun wies der Oberbefehlshaber über die alliierte Invasion, General MacArthur, wiederholt auf die Dringlichkeit einer großen Operation der Roten Armee in der Mandschurei hin.[69]

Weil die Invasion Japans aller Voraussicht nach sehr verlustreich werden würde und weil die Sowjets nach Kriegsende in Europa wohl in jedem Fall nach Ostasien vorrücken würden, um ihre Ziele dort zu erreichen, war es nur sinnvoll, daß sie in den Krieg eintraten, solange die schwierigen Kämpfe noch andauerten. Außerdem wurde befürchtet, die japanische Armee werde sogar nach der Besetzung der Heimatinseln noch lange auf dem asiatischen Festland weiterkämpfen. Die Zeitpläne, die in Jalta und Potsdam ausgearbeitet wurden, und die amerikanischen Lieferungen von Nachschub an die Rote Armee für den Feldzug gegen Japan sollten bewirken, daß die Sowjets einige Zeit *vor* der Olympic-Landung in den Krieg eintraten. Den Japanern sollte es unmöglich gemacht werden, aus der Mandschurei, von Nordchina und Korea Verstärkung für die Kämpfe auf den Heimatinseln abzuziehen.

Die Sowjetunion hatte die feste Absicht, in der Mandschurei anzugreifen. Detaillierte Planungen begannen im März 1945. In jenem Monat wurden einige Hauptquartiere in den Osten der Sowjetunion verlegt, die große Verlegung fand jedoch mit Ende der Kämpfe in Europa im Mai, Juni und Juli statt. Zwei Fronthauptquartiere (Heeresgruppen) und vier Armeehauptquartiere fuhren mit der Transsibirischen

Eisenbahn Richtung Osten. Es wurde besonders darauf geachtet, erfahrene Befehlshaber und Truppeneinheiten zu entsenden. Die Rote Armee im Fernen Osten wuchs damit von vierzig auf achtzig Divisionen an.[70]

Der sowjetische Plan für die Hauptoffensive sah eine große Zangenbewegung von der östlichen und westlichen Grenze der Mandschurei aus vor, die zu einem noch festzulegenden Zeitpunkt nach dem 25. Juli 1945 beginnen sollte.[71] Mit Sorge beobachteten die Japaner, deren Berichte von den Westalliierten wohl mit Erleichterung entziffert wurden, und die Vertreter neutraler Mächte im Land schon lange vor diesem Termin die endlos langen sowjetischen Zugtransporte in den Osten.[72] Die sowjetische Regierung rechnete eindeutig damit, daß die Hauptoperationen am Boden stattfinden würden, bereitete sich aber auch auf japanische Luftangriffe bei Beginn der Kämpfe vor. Sie kooperierten sogar ein wenig, wenn auch weniger als ursprünglich versprochen, mit den Amerikanern.[73] Da die japanische Sonne nun unterzugehen drohte, versuchte der indische Nationalistenführer Bose, der seine Hoffnungen einst auf einen deutsch-japanischen Sieg gesetzt hatte, sich an die Erfolge der Sowjets, des aufgehenden sowjetischen Sterns, anzuhängen, doch er verunglückte bei einem Flugzeugabsturz auf dem Weg nach Moskau.[74] Einst hatte er die deutsche und japanische Kolonialpolitik der britischen vorgezogen, doch die Vorzüge des sowjetischen Imperialismus hatte er zu spät erkannt.

Die Japaner waren auf einen Invasionsversuch der Alliierten eingestellt und unternahmen dagegen, was sie konnten. Die wichtigste politische Maßnahme war der Versuch, die Abmachungen, die die Vereinigten Staaten und Großbritannien mit den Sowjets für den Eintritt in den Pazifikkrieg getroffen hatten, in ihr Gegenteil zu verkehren. In einem langen und aufgeregten diplomatischen Austausch wollte sich die Regierung in Tokio der weiteren Neutralität der Sowjetunion versichern. Die Regierung hoffte auf erfolgreiche Verhandlungen, trotz der Zweifel des japanischen Botschafters in Moskau, Sato Naotake, und der eigenen mangelnden Bereitschaft im Winter 1944/45, den Sowjets wirklich wesentliche Konzessionen anzubieten, die Stalin vielleicht zum Umdenken veranlaßt hätten. Als im April der letzte Termin für die Kündigung des Neutralitätsvertrags von 1941 nahte, war das Außenministerium in Tokio noch hoffnungsvoll, aber in einer formellen sowjetischen Note vom 5. April 1945 wurde erklärt, daß der Vertrag nicht verlängert werden würde.[75] In den Monaten nach der Kündigung des Neutralitätsvertrags versuchte die japanische Regierung, Verhandlungen für einen neuen Vertrag in Gang zu bringen. Doch ihr eigener Botschafter zweifelte am Gelingen dieser Bemühungen, und auch die sowjetische Regierung trug nichts dazu bei. Die Sowjets halfen zwar bei der Repatriierung japanischer Diplomaten aus den europäischen Ländern, die im Frühjahr 1945 von den Alliierten besetzt worden waren – doch dabei mögen sie eher an das Schicksal ihrer eigenen Diplomaten nach einem Angriff auf die japanisch beherrschten Gebiete gedacht haben. Für Andeutungen auf weitreichende Zugeständnisse der Japaner, um Moskau umzustimmen, war es nun längst zu spät.[76] Was immer die Zivilbehörden

in Tokio glaubten oder hofften, der japanische Generalstab der Armee war Ende
Januar 1945 bereits ziemlich sicher, daß die Sowjetunion in den Krieg gegen Japan
eintreten würde, aber er unternahm nur wenig, um dieser Möglichkeit, die ihn bereits
seit einem Jahrzehnt beschäftigte, rechtzeitig zu begegnen.[77]

Zusätzlich sorgten sich die Japaner wegen der portugiesischen Besitzungen in Ostasien, Portugiesisch-Timor und Macao an der Südküste Chinas, auch wenn dies weniger wichtig war als die Beziehungen zur Sowjetunion. Besonders nach dem Bruch
mit Spanien aufgrund der japanischen Greueltaten in Manila und dem Abbruch der
Beziehungen der Türkei zu Japan auf Druck der Alliierten wollte Tokio wenigstens
einen seiner Horchposten in Europa behalten.[78] Die Japaner hofften, von ihrem kleiner gewordenen diplomatischen Korps in Europa Informationen über die Pläne der
Alliierten, wie Verlegungen von Truppen und andere politische und militärische Einzelheiten, zu erhalten. Es mochten zwar nur schlechte Nachrichten sein, doch die
japanischen Militärführer wollten sie selbstverständlich trotzdem wissen.[79]

Das einzige Feld politischer Aktivität, auf dem die Japaner 1945 einen Fortschritt
verzeichnen konnten, betraf, wie im Fall Deutschlands ein Jahr zuvor, ihr Verhältnis
zu einer der Satellitenregierungen. So wie Deutschland an der Treue Ungarns zu
zweifeln begonnen und das Land im März 1944 besetzt hatte, sorgten sich die Japaner
um die Situation in Französisch-Indochina und gingen daran, das ganze Land im
März 1945 zu besetzen. Beunruhigt darüber, daß die dortigen französischen Kolo-
nialbehörden nach der Befreiung Frankreichs der Treue zum Vichy-Regime abschwö-
ren und zur neuen Regierung de Gaulle in Paris überwechseln könnten, brachen die
Japaner die Abmachungen, die sie 1940 und 1941 mit Vichy getroffen hatten, und
inszenierten am 9. März 1945 einen Putsch.[80] In einem schnellen Angriff dehnten sie
ihre Herrschaft auf das ganze Gebiet aus, und wie bei ihren früheren Schritten in
der französischen Kolonie wurde ihnen nicht standgehalten.

Die Ablösung der französischen Kolonialverwaltung durch die japanische Militärregierung und der versuchsweise Beginn einer lokalen Selbstverwaltung sollte den
Weg bereiten für weitere dramatische Veränderungen. Nach der Niederlage Japans
im August war der Weg frei für Ho Chi Minh und die Vietminh-Bewegung. Als die
Franzosen die Herrschaft wieder übernehmen wollten, standen sie nicht den Japanern
gegenüber, sondern einem lokalen Bündnis von Kommunisten und Nationalisten.

Die japanische Militärführung hatte ein sehr realistisches Bild von dem, was auf
sie zukam. Nicht zuletzt deshalb hatte sie beschlossen, die direkte Herrschaft über
Französisch-Indochina zu übernehmen. Ende Januar 1945 ging sie davon aus, daß
die Amerikaner Mitte des Jahres nach heftigem Bombardement auf den Heimatinseln und die Briten in Malaya landen würden. Sie erwartete fortgesetzten Widerstand von den chinesischen Nationalisten und den Kommunisten und bezeichnete
die Völker der besetzten »Großostasiatischen Wohlstandssphäre« als allesamt un-
kooperativ. Der Generalstab der japanischen Armee rechnete damit, daß die
Sowjetunion in der zweiten Jahreshälfte, nach der Niederwerfung Deutschlands, in

den Krieg gegen sie eintreten werde. Trotz dieser Entwicklungen wollte Japan weiterkämpfen.[81]

Ein Ergänzungsschreiben, das wie das vorhergehende allen japanischen Militärattachés in Europa am 8. März geschickt wurde, setzte sich mit den Plänen auseinander, wie der zu erwartenden Invasion der Heimatinseln nach dem ernsten Schlag der Niederlagen auf Luzon und Iwojima zu begegnen sei. Die japanischen Kriegsanstrengungen müßten nun neu ausgerichtet werden, wobei der Verlust des direkten Zugangs zu den bei Kriegsbeginn gewonnenen Gebieten in Südostasien zu berücksichtigen sei. Die Schiffsverluste wurden als Japans »ernstestes Problem« bezeichnet, und die größten Luftangriffe würden, so wurde ganz richtig vermutet, erst noch kommen. Die Japaner wollten ihr Bestes tun, um die erwartete Invasion abzuwehren.[82]

Wie bereiteten sich die Japaner auf den Kampf vor, und welche Absichten verfolgten sie? In Südostasien zogen sie ihre Truppen von den abgelegenen Regionen und Inseln ab und konzentrierten sie an bestimmten Schlüsselpositionen. Sie benutzten verschiedenste Mittel, einschließlich Lazarettschiffe, um diese Truppenbewegungen zu ermöglichen.[83] Die Japaner hofften vor allem, Singapur halten zu können, und proklamierten die Unabhängigkeit von Niederländisch-Indien, obwohl sie in Wirklichkeit die Kontrolle über das Land behielten. Auf den Heimatinseln wurde Anfang April eine neue Kommandostruktur aufgebaut: Die 1. Armee und ein beigeordnetes Luftkommando, geführt vom Hauptquartier unter Feldmarschall Sugiyama Hajime in Tokio, sollten die Verteidigung des Nordens von Honshu und von Hokkaido übernehmen. Die 2. Armee unter Feldmarschall Hata Shunroku sollte das westliche Honshu und die Inseln Kyushu und Shikoku von Hauptquartieren in Hiroshima aus verteidigen.[84]

Einige japanische Militärpläne hatten offensiven Charakter. Die Ballons, die vom Wind über den Pazifik getragen wurden, um mit Ladungen von Brandbomben die amerikanischen und kanadischen Wälder zu vernichten, sind bereits erwähnt worden. Als die ersten Ballons in den Vereinigten Staaten landeten und die Amerikaner zumindest einige Details über die japanischen Experimente mit biologischen Kampfmitteln erfuhren, war die amerikanische Regierung anfangs sehr besorgt.[85] Die Befürchtungen erwiesen sich jedoch bald als unbegründet, weil die Ballons keine großen Feuer verursachten und sich herausstellte, daß sie keine Krankheitskeime transportierten.

Gefährlicher hingegen war eine japanische Spezialeinheit, mit deren Ausbildung im Dezember 1944 begonnen wurde: Die Yamaoka-Fallschirm-Brigade mit über 300 Mann sollte an der kalifornischen Küste bei Santa Barbara landen, sich den Weg zu den Douglas- und Lockheed-Flugzeugfabriken in der Gegend von Los Angeles freischießen und diese, bevor sie selbst getötet werden würden, zerstören.[86] Im Mai 1945 wurde diese auf U-Boote gestützte Landungsoperation zugunsten eines von Flugzeugen getragenen Angriffs auf die Marianen aufgegeben. Ein massiver Angriff von etwa 2000 Mann mit mehreren hundert Flugzeugen sollte die Stützpunkte der B-29 mitsamt den Bombern auf den Inseln zerstören. Die Operation mit dem Decknamen

»Damocles« sollte ähnlich wie diejenige auf Leyte beim Flugplatz Tacloban ablaufen, allerdings in erheblich größerem Maßstab. Weil die japanischen Landverbindungen von Bomben zerstört waren und sie ihre Botschaften per Funk senden mußten, der leicht abgehört werden konnte, erfuhr der amerikanische Nachrichtendienst von dem Projekt.* Am 4. August 1945, kurz bevor die Operation beginnen sollte, wurde Admiral Halsey mit seiner 3. Flotte für einen Spezialangriff nach Norden beordert, wo nahezu 400 japanische Flugzeuge zerstört oder beschädigt wurden.[87] Die Amerikaner wollten nicht riskieren, daß ein japanisches Selbstmord-Kommando die Atombomben, die auf Tinian zusammengebaut wurden, in Besitz nehmen könnte.

Für die Angriffe auf die Flugzeugfabriken bei Los Angeles und danach auf die amerikanischen Luftstützpunkte auf den Marianen war ein Selbstmord-Kommando vorgesehen. Dabei war dies nur eines der zahlreichen Unternehmen dieser Art, die das japanische Militär ab Herbst 1944 bis zum Kriegsende entwickelte. Die spezielle Taktik der Kamikaze-Einheiten ist bereits erwähnt worden. Bei der Verteidigung von Iwojima spielten sie noch keine wesentliche Rolle, im Kampf um Okinawa sollte das anders sein. Die größte Anzahl von Flugzeugen – über 5000 – wurde allerdings noch zurückgehalten und hielt sich für die amerikanische Invasion der Heimatinseln bereit.[88] Zusätzlich wurden zwei weitere Selbstmordwaffen speziell für die letzten Grabenkämpfe zur Verteidigung Japans entwickelt und gebaut: die gesteuerte Ohka-Bombe und der Kaiten-Torpedo.[89]

Bereits im Februar 1944 vom Marinestab gebilligt, war der Kaiten-Torpedo eine Modifikation des sehr starken japanischen Marinetorpedos, der allgemein als »longlance« bezeichnet wurde. Der Torpedo war in ausgezogenem Zustand mit einem winzig kleinen Kommandoturm ausgestattet, in dem sich ein Mann befand, der den Torpedo ins Ziel steuerte. Ursprünglich wurde der Kaiten-Torpedo von U-Booten eingesetzt, die speziell dafür ausgerüstet waren, zwei bis sechs wurden außerhalb des Schiffsrumpfs angehängt befördert; später sollte er vom Land aus gegen die Invasoren eingesetzt werden. In der ersten Einsatzform waren die Torpedos nie sehr effektiv gewesen, doch gegen Schiffe, die in der Nähe eines Strandes Landungsboote absetzten, hätte er sich tatsächlich als höchst gefährliche Waffe erweisen können.

Die Ohka-Bombe war ein gelenktes Mini-Flugzeug, das von einem zweimotorigen Bomber in die Nähe des Angriffsziels gebracht, in der Luft ausgeklinkt und von einem Piloten ins Ziel gelenkt wurde. Der Pilot aktivierte dabei Raketenmotoren, die die Ohka-Bombe in der letzten Flugphase so stark beschleunigten, daß sie praktisch nicht abgeschossen werden konnte. Das Problem bei dieser Waffe war allerdings – nachdem die ersten fünfzig zusammen mit dem Flugzeugträger *Shinano* untergegangen waren –, daß die Mutterflugzeuge, die die Ohka-Bombe transportierten, selbst

---

* Das Projekt der Landung an der kalifornischen Küste wurde erst nach dem Zweiten Weltkrieg bekannt. Während der Planungen waren die japanischen Kommunikationswege noch nicht so weit zerstört, und alle sie betreffenden Befehle waren sicher über Landkanäle gegangen.

so langsam waren und sehr nahe an die alliierten Schiffe herankommen mußten, daß die meisten schon auf dem Weg zu ihrem Ziel von den erfahrenen amerikanischen und britischen Piloten abgeschossen wurden.

Hauptsächlich verließen sich die Japaner jedoch auf die Kamikaze-Flugzeuge. Bei jedem Nachdenken über die Selbstmord-Piloten – auch über die der Ohka-Bomben und des Kaiten-Torpedos – darf nicht vergessen werden, daß sie keine schnellen Beschlüsse fassen mußten, die sofort ausgeführt wurden. In den meisten Fällen vergingen Wochen oder sogar Monate zwischen der freiwilligen oder erzwungenen Entscheidung, an einer solchen Operation teilzunehmen, und vor der tatsächlichen Aktion wurden häufig Einsätze wegen ungünstiger Wetterbedingungen oder Befehlsänderungen abgebrochen. Die Männer, die sich opfern sollten, mußten mehr als einmal allen Mut zusammennehmen. Doch weder in der Armee noch in der Marine, aus denen jeweils die Hälfte der Todeskandidaten stammten, gab es Anzeichen moralischen Zusammenbruchs, und an der Spitze entstand noch immer nicht die Bereitschaft zur Kapitulation.

Warum und mit welchem Ziel kämpften die Japaner weiter? Die Serie von Niederlagen im Februar und März, gefolgt von der Landung der Amerikaner auf Okinawa und der Kündigung des Neutralitätsvertrags durch die Sowjets, führten zum Sturz des japanischen Ministerpräsidenten Koiso Kuniaki. Sein Nachfolger Admiral Suzuki Kantaro war ein Mann, dessen heldenhafte Rolle im russisch-japanischen Krieg von 1904/05 ihn immun machte gegen jeglichen Vorwurf der Feigheit, falls er das Land in den Frieden führen sollte. Dies mag wohl ein Grund für seine Wahl gewesen sein. Doch Japan war nicht bereit, den Krieg zu beenden. Suzuki erwartete, daß der Krieg noch einige Jahre dauern würde.[90]

Japanische Diplomaten in Europa drängten die Regierung in Tokio, den Krieg wie auch immer schnellstmöglich zu beenden. Das Beispiel Deutschlands im April und Mai 1945 war in den Augen einiger Japaner kaum ein nachahmenswertes Vorbild.[91] Die Antwort Tokios war jedoch negativ. Die deutsch-japanischen Verträge, die Deutschland mit der Kapitulation gebrochen hatte, waren null und nichtig, doch Japan wollte nach der deutschen Niederlage weiterkämpfen.[92] Gerüchte über Friedensverhandlungen via Stockholm und der Schweiz, letztere mit Beteiligung Dulles', Chef des OSS (des amerikanischen Nachrichtendiensts in Europa), wies die japanische Regierung zurück.[93] Gleichgültig, welches Interesse die Japaner an einem Friedensschluß hatten: Eine Kapitulation erschien immer noch unannehmbar.[94] Selbst ein so starker Befürworter der Beendigung des Krieges wie Marquis Kido, der Geheimsiegelbewahrer, entwarf am 8. Juni Bedingungen für einen Friedensschluß, zu einem Zeitpunkt, als er den schnellen Zusammenbruch des letzten japanischen Widerstands auf Okinawa erwartete – in denen er davon ausging, daß Japan nicht besetzt werden würde, und die auf dem Konzept eines genauen Verhandlungsverfahrens beruhten und nicht auf der Kapitulation.[95]

Da auf geheimer Ebene kein Wille zur Kapitulation vorhanden war, ging in der

Öffentlichkeit die Mobilisierung für die Verteidigung gegen die Invasion schnell weiter. Die Kamikaze-Kämpfer waren die Helden der Stunde, und am 12. Juni passierte ein Gesetz die Abgeordnetenversammlung, das alle Männer zwischen 15 und 60 und alle Frauen zwischen 17 und 40 Jahren zum Eintritt in das Freiwilligen-Korps des Volkes verpflichtete. Gleichzeitig wurde ein entsprechendes Kriegsrecht verhängt, da sich die Nation auf die Abwehr des erwarteten Angriffs vorbereitete.[96] Bis Mitte Juni hatten sowohl die Japaner als auch die Amerikaner zu einem hohen Preis einen kleinen Vorgeschmack davon erhalten, wie alles aussehen würde: durch den blutigsten Feldzug im Pazifikkrieg, den Kampf um Okinawa.[97]

OKINAWA

Die Japaner erwarteten den amerikanischen Angriff auf Okinawa, weil die Insel mit ihren großen Flugplätzen in geringer Entfernung zu den Heimatinseln und ihrem hervorragenden Hafen ein geeignetes Ziel vor dem Angriff auf das japanische Mutterland darstellte. Die 32. Armee unter General Ushijima Mitsuru sollte mit über 100 000 Mann die Insel verteidigen. Sein strategisches Konzept, das er mit den Hauptquartieren der Armee und der Marine abstimmte, war einfach: Die Strände der langen, schmalen Insel oder ihre relativ flachen Teile im Norden und in der Mitte sollten nicht verteidigt werden. Statt dessen waren drei Verteidigungslinien im gebirgigen Südteil der Insel, die bereits seit 1895 unter japanischer Herrschaft war, aufgebaut worden. Wenn die Amerikaner erst einmal vor diesen Stellungen zum Stehen gebracht worden wären, wo den Japanern gegnerisches Marine-Geschützfeuer praktisch nichts anhaben konnte, dann würden sie wegen des Versorgungs- und Munitionsaufwands für jeden Angriff völlig abhängig sein von ihrem großen schiffsgestützten Versorgungssystem, das die Japaner mit massiven Angriffen von mehreren hundert Kaiten-Torpedos und noch mehr Kamikaze-Flugzeugen aus Kyushu dezimieren wollten. Geschwächt durch die Verluste beim Nachschub und ohne volle Luftunterstützung wegen der zerstörten Flugzeugträger, sollte die amerikanische Landungsstreitmacht bei einem Gegenangriff der japanischen Truppen unterliegen, die mit ihren Kräften im Süden der Insel sehr sparsam umgehen wollten.

Die Amerikaner stellten sich zwar auf harte Kämpfe ein, doch ein weiteres Mal unterschätzte der Nachrichtendienst die Stärke der gegnerischen japanischen Armee.* Eine neue Armee, die 10., unter General Simon B. Buckner, dem ehemaligen Befehlshaber in Alaska, wurde zur Kontrolle der für die Operation vorgesehenen Heeres- und Marinedivisionen aufgestellt. Weitreichende, vorbereitende Luftoperationen ge-

---

* Eine Studie über die Unterschätzung der gegnerischen Truppenstärken im Pazifik trotz Dechiffrierung der japanischen Codes und umfangreicher Luftaufklärung würde vielleicht ein interessantes Licht auf die amerikanische Einschätzung des Krieges und MacArthurs Führungsstil werfen. Dreas Arbeit, MacArthur's Ultra, ist nur der Anfang.

gen Stützpunkte in Kyushu waren vorgesehen, ebenso eine Landung vorab auf den Kerama-Inseln südwestlich von Okinawa, um eine Marinebasis für beschädigte Schiffe und Unterstützung durch Artillerie mit großer Reichweite für die Kämpfe auf der Insel selbst aufzubauen. Am 26. und 27. März wurde die Operation erfolgreich durchgeführt. Sie erwies sich im nachhinein als noch wichtiger, als die Amerikaner gedacht hatten. Auf Kerama Retto entdeckten und eroberten sie über 300 japanische Kaiten-Torpedos, die zusammen mit den Kamikaze-Flugzeugen aus der Luft gegen die Landungsboote eingesetzt werden sollten – ein willkommener und leichter Sieg, der allerdings die vor ihnen liegenden Gefahren erahnen ließ.[98]

Ein starkes Marine-Bombardement sollte der Landung von vier Divisionen an den westlichen Stränden von Zentral-Okinawa vorausgehen, die ausgewählt wurden, weil sie generell gut geeignet waren und in der Nähe der beiden Flugplätze auf der Insel lagen. Unterstützt von starken Marineverbänden und abgesichert durch weitere Armee- und Marinedivisionen in der Reserve, sollten die Landungstruppen die Flugplätze erobern und die Insel in zwei Teile zerlegen. Die Marinedivisionen sollten Richtung Norden, die Armeedivisionen Richtung Süden vorrücken. Nach einer harten Schlacht beim Landekopf sollte die 150000 Mann starke Angriffsstreitmacht die japanischen Truppen, deren Stärke auf weniger als die Hälfte geschätzt wurde, hoffentlich nach kurzer Zeit besiegen können.

Eine große Armada von amerikanischen und britischen Kriegsschiffen ging der Invasion voraus und unternahm Ende März 1945 weit ausholende Angriffe über dem südlichen Japan. Zahlreiche japanische Flugzeuge wurden dabei zerstört, doch andere waren sorgfältig verteilt und versteckt worden, so daß sie unbeschädigt blieben. Bei den japanischen Angriffen auf die alliierten Sondereinheiten wurden auch viele Kamikaze-Flieger eingesetzt, die drei amerikanische Träger außer Gefecht setzten, sowie Ohka-Bomben, die sich aber als wertlos erwiesen, da ihre Trägerflugzeuge abgeschossen wurden. Die Kamikaze-Flieger waren vor allem gegen die amerikanischen Träger mit ihren dünnen Decks wirkungsvoll. Die britischen Träger hingegen hatten dickere Stahldecks, trugen zwar weniger Flugzeuge, wurden aber von herabstürzenden japanischen Flugzeugen nicht so stark beschädigt. Die B-29 des 21. Bomber Command von den Marianen flogen unterstützende Einsätze anstelle von Luftangriffen gegen Städte. Tage vor der Landung selbst wurde das Landungsgebiet in einer Art und Weise bombardiert, die auf Iwojima sehr wirkungsvoll gewesen wäre. Am 1. April 1945 schließlich, dem L-Day, begann die Operation »Iceberg«. Eine Flotte von über tausend Schiffen lag vor den Stränden, an denen die Invasion stattfinden sollte.

Die anfänglichen Landungen waren leichter und einfacher als gedacht. Es gab praktisch keinen Widerstand, und die zwei großen Flugplätze in der Mitte der Insel wurden noch am L-Day eingenommen. Die Insel wurde schnell zweigeteilt, die Marineinfanterie rückte planmäßig nach Norden, die Armeedivisionen nach Süden vor. Bis zum 13. April hatte die Marineinfantrie das ganze nördliche Okinawa bei geringer

Gegenwehr befreit, nur gegen wenige japanische Einheiten mußte gekämpft werden. Doch die nach Süden vormarschierenden Soldaten bekamen bald Schwierigkeiten.

Das XXIV. Korps kam von den zu Beginn von ihm besetzten Teilen Zentral-Okinawas aus schnell bis zur Machinato-Linie, Ushijimas erster Verteidigungsstellung, die bei der Stadt Machinato an der Westküste begann und sich die zerklüftete Hügelkette zunutze machte, die sich quer über die Insel bis zu Ostküste zieht. In drei Wochen verlustreicher Operationen kämpften sich die Armeedivisionen, die bald von einer zusätzlichen Division verstärkt wurden, vorwärts. Am 25. April beschloß Ushijima, die Machinato-Linie aufzugeben und sich auf die am härtesten verteidigte Position, die Shuri-Linie, zurückzuziehen, die entlang einem Bergkamm quer über die Insel verlief und die Hauptstadt Naha an der Westküste und die alten Festungsanlagen Shuri in der Mitte deckte.[99]

Ende April bis Anfang Mai kämpfte sich die 10. Armee ihren Weg in die äußeren Abschnitte der Shuri-Linie hinein. Ushijima glaubte vielleicht, die Amerikaner seien bereits geschwächter, als dies tatsächlich der Fall war, und startete am 4. Mai eine große Gegenoffensive, die jedoch unter schweren Verlusten zurückgeschlagen wurde und ihn Reserven kostete. Er war bei dieser Operation auch gezwungen, den Standort vieler bis dahin getarnter Artilleriestellungen offenzulegen. In den folgenden Wochen gingen die Amerikaner wieder in die Offensive. Sie kämpften gegen einen entschlossenen Feind und waren, um die gegnerischen Stellungen etappenweise zerstören zu können, auf ihre überlegene Feuerkraft und den intensiven Einsatz von Flammenwerfern angewiesen.

Während diese Schlacht tobte, fanden noch weitere Kämpfe in den Gewässern um Okinawa und in der Luft statt. Hunderte japanischer Flugzeuge attackierten – mit konventionellen Mitteln, aber noch häufiger mit Kamikaze-Fliegern – in regelmäßigen Wellen die Schiffe der alliierten Marine. Fast zweitausend Flugzeuge stürzten sich direkt auf die Angriffsobjekte. Die amerikanische Marine erlitt die schwersten Verluste des Krieges, und zahlreiche Schiffe wurden versenkt. Auch die moralische Wirkung der Angriffe war beträchtlich, doch auf japanischer Seite wurden entscheidende Fehler gemacht. Die Flugzeuge konzentrierten sich vorwiegend auf die Zerstörer und Geleitzerstörer, die auf Vorposten waren, um vor den herannahenden Flugzeugen zu warnen. Die Kamikaze-Flieger setzten den Angriff auf diese Schiffe fort, auch wenn sie offensichtlich bereits beschädigt waren, statt die größeren Einheiten anzugreifen, als deren Schutz die Vorposten fungierten. Die Amerikaner taten ihr möglichstes, um mit den Kamikaze-Flugzeugen, die nach Ansicht vieler amerikanischer Marineführer Japans wirksamste Waffe des Krieges waren, fertig zu werden. Gegen die Landstützpunkte, von denen aus die Kamikaze starteten, wurden Luftangriffe von Landflugplätzen und Trägerschiffen aus unternommen, ein kompliziertes System von Vorposten aus Kriegsschiffen und U-Booten wurde aufgestellt, und Ausweichtaktiken für angegriffene Schiffe wurden entwickelt. Doch als die wichtigste und beste Verteidigung erwies sich immer dasselbe: Flugzeuge von Trägern versuchten, so viele angreifende Kamikaze wie möglich abzuschießen. Die Schiffsbesatzungen standen an ihren Geschützen und feuerten, was die Rohre hergaben. Besonders die Trupps zur Schadenskontrolle taten ihr Bestes, um die enormen Schäden, welche die explodierenden Flugzeuge auf und in den Schiffen anrichteten, zumindest notdürftig zu reparieren.

Die Alliierten schafften es nicht nur, wenn auch unter großen Verlusten, die Kamikaze wirksam zu bekämpfen, sie schlugen auch die japanischen Schiffe, die die Landung auf Okinawa zu behindern versuchten, erfolgreich und praktisch ohne eigene Verluste zurück. Das japanische Superschlachtschiff *Yamato*, das in der Schlacht um Leyte im Oktober beschädigt, jetzt aber wieder instand gesetzt war, wurde am 8. April, begleitet von einem leichten Kreuzer und mehreren Zerstörern, in Marsch gesetzt. Am Tag darauf wurde das Schiff entdeckt und von Wellen trägergestützter Flugzeuge mit Torpedos und Bomben angegriffen. Die *Yamato*, der Geleitkreuzer und drei Zerstörer wurden mit über 3000 Mann versenkt. Es ist umstritten, ob die japanischen Schiffe gezielt als Selbstmord-Unternehmen ausgesandt worden waren. Doch ohne Luftunterstützung war der Ausgang des Unternehmens von vornherein gewiß und hatte, anders als die Kamikaze, keinerlei Wirkung.[100]

Auf Okinawa selbst folgte der Niederschlagung der japanischen Gegenoffensive ein erneuter amerikanischer Angriff. In strömendem Regen stürmten die Amerikaner an der Ostflanke der Shuri-Linie nach vorne. Am 21. Mai beschloß Ushijima, die letzte Stellung dort, die seine Truppen noch hielten, zu verlassen, und zog sich in die gebirgige Südwestecke der Insel zurück. In erbitterten Gefechten, die die folgenden vier Wochen andauerten, wurden die Reste der japanischen 32. Armee vernichtet. Unter den amerikanischen Opfern befand sich General Buckner, der am 18. Juni fiel. Ushijima beging vier Tage später Selbstmord. Über 100 000 japanische Soldaten und Zehntausende von Zivilisten hatten auf Okinawa den Tod gefunden. Die amerikanischen Verluste betrugen 75 000 Mann, ein Hinweis darauf, was noch vor ihnen lag. Nach der vorübergehenden Ernennung eines Generals des Marine-Korps wurde General Stilwell zum Nachfolger Buckners als Kommandeur der 10. Armee bestimmt. Doch man ging davon aus, daß der Wiederaufbau der Divisionen, die die Insel erobert hatten, viel Zeit beanspruchen werde. Die Japaner hatten hier wie auch auf Iwojima deutlich gezeigt, daß die Kämpfe immer härter wurden, je näher die Alliierten dem japanischen Mutterland kamen. Die Reaktionen in Washington und Tokio auf den alliierten Sieg auf Okinawa waren überraschend ähnlich: Sie zeigten grimmige Entschlossenheit.

DAS KRIEGSENDE

Im Juni 1945, während der letzten Tage der dreimonatigen Schlacht um Okinawa, mußte grundlegend entschieden werden, ob mit der Operation Olympic, der Invasion von Kyushu, wie geplant fortgefahren oder ob zunächst einige andere vorbereitende Operationen vor der Landung in der Bucht von Tokio unternommen werden sollten.

Eine dritte Möglichkeit war, die Japaner auszuhungern und überhaupt keine weitere Invasion vorzunehmen. General MacArthur, der von Marshall zu Rate gezogen wurde, vertrat einen eindeutigen Standpunkt: Die Landung auf Kyushu sei die beste Lösung, alle anderen Operationen würden sicherlich hohe Verluste und wenig Vorteil bringen. Je länger der Angriff verschoben werde, desto schwerer und verlustreicher würden die Kämpfe werden. In jedem Fall sei Olympic der einzig vernünftige nächste Schritt, der außerdem durch die sowjetische Invasion der Mandschurei unterstützt werden würde.[101] Die Marineführung mit Nimitz und King war zum selben Entschluß gekommen, und auch die Kommandeure der Luftwaffe teilten MacArthurs Meinung.

Präsident Truman war selbstverständlich beunruhigt wegen der hohen Verluste auf Okinawa und wollte erst eine sorgfältige Prüfung der Alternativen vornehmen, bevor er für die voraussichtlich noch verlustreicheren Operationen Olympic und Coronet grünes Licht gab. Am 18. Juni fand im Weißen Haus eine Konferenz mit den Joint Chiefs of Staff (General Eaker vertrat General Arnold) und den Kriegs- und Marineministern statt.[102] Die Berater des Präsidenten waren trotz der voraussichtlichen Verluste einhellig für die Operation Olympic, auch wenn die Möglichkeit angesprochen wurde, daß mit einem Atombombenabwurf der Krieg vielleicht noch vor der Invasion beendet werden könnte. Alle stimmten darin überein, daß Olympic der nächste Schritt sein müsse, gleichgültig, ob danach die Operation Coronet folgen würde oder nicht. Falls die Japaner nach einer ersten Niederlage auf den Heimatinseln kapitulierten, wäre das erfreulich gewesen. Falls nicht, würde die Eroberung des Südteils von Kyushu die notwendige Basis schaffen, um je nach Entscheidung *entweder* die Hauptinsel Honshu abzuschneiden *oder* dort zu landen. Olympic sollte also konkret in Angriff genommen und die Vorbereitung für Coronet sollte fortgeführt werden. Der Präsident sollte versuchen, von den Sowjets jede mögliche Hilfe für den Krieg zu erhalten, doch die Amerikaner würden auf jeden Fall die eingeschlagene Richtung weiterverfolgen. »Er hatte gehofft, daß es eine Möglichkeit gab, ein Okinawa von einem Ende Japans bis zum anderen zu vermeiden. Er war sich über die Situation nun im klaren und war sich ganz sicher, daß die Joint Chiefs of Staff mit der Kyushu-Operation fortfahren sollten.«*

Am 10. Juli begann Admiral Halsey mit den vorbereitenden Operationen für Olympic.[103] Auf den Philippinen und auch anderswo bereiteten sich die amerikanischen Streitkräfte umfassend auf die Landungsoperation vor, während die Japaner, die den Angriff im wesentlichen an den Stellen erwarteten, die die Amerikaner tatsächlich ausgesucht hatten, nun dort ihre eigenen, detaillierten Vorbereitungen trafen. Eine

---

* FRUS, Potsdam, Bd. 1, S. 909. Nach seinem Treffen mit General Clayton Bissell, dem Chef des Nachrichtendiensts der U. S. Army, am 21. Juni schrieb Feldmarschall Brooke in sein Tagebuch: »Er ist sehr an Japan interessiert und offenkundig der Ansicht, daß die gewünschten Ergebnisse nur durch eine Invasion erreicht werden können und daß eine Einkreisung uns wahrscheinlich nicht ans Ziel bringt.« (Liddell Hart Centre, Alanbrooke Papers)

höchst interessante Analyse der geplanten Invasion durch ein britisches Team nach dem Krieg, das Dokumente untersuchte und Offiziere beider Seiten interviewte, weist nach, daß eine gewaltige Schlacht bevorstand, vor allem aufgrund des Großeinsatzes japanischer Selbstmord-Flugzeuge und -Torpedos. [104]

Gleichzeitig mit den Vorbereitungen für Olympic planten die Alliierten eine weitere Großoffensive in Südostasien. Nachdem der Feldzug in Birma mit dem größten alliierten Sieg über die japanische Armee im Zweiten Weltkrieg geendet hatte, wollten die Briten Singapur zurückerobern. Eine britische Armee, die 12., wurde neu aufgestellt, um Birma vollständig zu befreien, während die 14. Armee, angespornt durch ihren Erfolg in Birma, die Hauptlandungsstreitmacht für die Operation »Zipper« sein sollte, mit der Singapur wieder eingenommen und die Straße von Malakka für alliierte Schiffe geöffnet werden sollte. [105]

Die Vorbereitungen für Zipper wurden durch zwei Faktoren beeinflußt. Zum einen wurden die Größe und der mögliche Erfolg der Operation stark beeinträchtigt durch die Entscheidung der Londoner Regierung nach dem Sieg in Europa, die Soldaten zu entlassen, die bereits lange in Übersee gedient hatten (drei Jahre und vier Monate). Damit waren Mountbattens Truppen beträchtlich geschrumpft, was zu einer der wenigen harten Auseinandersetzungen zwischen militärischer und ziviler Führung in Großbritannien führte, die noch den Ersten Weltkrieg so entscheidend geprägt hatten. [106] Das Problem wurde zwar gelöst, doch ein bitterer Nachgeschmack blieb zurück. Niemand zweifelte daran, daß die Operation Zipper entschlossen vorangetrieben werden mußte. [107]

Zum anderen konnte Mountbatten nicht genügend Unterstützung durch trägergestützte Flugzeuge bekommen, weil die Träger im Pazifik gebraucht wurden. Außerdem konnte man nicht davon ausgehen, daß Mountbatten alle Kampfmittel behalten könnte, weil Zipper praktisch zeitgleich mit Olympic ablaufen sollte und den Briten anschließend in der Operation Coronet eine wichtige Rolle zugedacht war. Alle anderen Operationen, seien es Folgeaktionen in Südostasien oder an anderen Kriegsschauplätzen, würden sich dem enormen Aufwand, der mit der Operation Coronet verbunden war, unterzuordnen haben.

Doch während noch die Planungen und Vorbereitungen für Olympic, Zipper und Coronet liefen, zeichneten sich andere Entwicklungen ab. Der Krieg wurde beendet, ohne daß auch nur eine dieser Landungsoperationen stattgefunden hätte. Drei Ereignisse und Entscheidungen, die sich zeitlich überschnitten, bestimmten das weitere Geschehen: die Pläne für den Abwurf von Atombomben auf Japan, die internen Debatten in der japanischen Regierung über die Beendigung des Krieges sowie der sowjetische Kriegseintritt. Die amerikanische Entscheidung über den Atombombenabwurf wurde stark beeinflußt von den Diskussionen innerhalb der japanischen Regierung, über die die Amerikaner aus der dechiffrierten diplomatischen Korrespondenz unterrichtet waren.

Die Atombombe war ursprünglich konstruiert worden, weil die Amerikaner sich

im Wettrennen mit Deutschland um die stärkste Waffe glaubten. Sie gingen davon
aus, daß die Deutschen, wenn ihnen die Produktion gelingen sollte, eine solche Waffe
unverzüglich einsetzen würden. Die Amerikaner und Briten fürchteten daher, die
findigen deutschen Wissenschaftler und Ingenieure würden ihr Ziel vielleicht vor
ihnen erreichen, und forcierten ihre Anstrengungen mit allen Mitteln. Daß solche
Bomben gegen Deutschland verwendet werden würden, war dabei eingeplant. Und
noch zwei weitere Entscheidungen wurden im Verlauf des gemeinsamen amerikanisch-britischen Projekts getroffen: Die Waffe sollte erstens nur nach Abstimmung
zwischen beiden Mächten im Krieg eingesetzt werden. Zweitens sollte die Entwicklung, obwohl wegen des zur Produktion benötigten Rohmaterials Kanada und
Belgisch-Kongo daran beteiligt waren, ohne Kenntnis anderer Mächte, besonders der
Sowjetunion, ablaufen.

In beiden Entscheidungen spiegelt sich das Bewußtsein beider Mächte wider, daß
die neue Waffe die internationale Lage nach dem Krieg stark beeinflussen oder zumindest die große Reduzierung der Streitkräfte ausgleichen könnte, die Washington
und London nach dem Ende des Zweiten Weltkriegs beabsichtigten, wie sie es auch
nach dem Ersten Weltkrieg getan hatten.[108] Die amerikanischen und britischen Verantwortlichen mögen auch davon beeinflußt gewesen sein, daß sie von den sowjetischen Spionageaktivitäten gegen die Atomanlagen wußten. Die Sowjets waren zwar
nur bruchstückhaft informiert, aber dennoch hatten sie bereits wesentliche Informationen. Darüber hinaus war den Regierungen in London und Washington ganz sicher
bekannt, daß die Sowjetunion sich standhaft weigerte, ihren Verbündeten Informationen über eigene Projekte der Rüstungsforschung weiterzugeben, und sogar beim
Austausch von routinemäßigen nachrichtendienstlichen Meldungen sehr zurückhaltend war. Daß die Sowjets spätestens seit 1942 ein eigenes Atombomben-Projekt
laufen hatten, schien ihnen allerdings nicht bewußt zu sein.

Die Briten waren 1943 zu dem Schluß gekommen, daß die Deutschen aus dem
Wettrennen um die Atombombe ausgeschieden seien. Als die Amerikaner sich Ende
1944 ebenfalls sicher waren, war es auch abzusehen, daß die ersten beiden Typen
von Kernwaffen – eine mit Uran, die andere mit Plutonium – Ende des Frühjahrs
oder im Sommer 1945 einsatzbereit sein würden. Bis dahin würden die riesigen
Anlagen zur Herstellung und Aufbereitung des spaltbaren Materials eine ausreichende Menge für einige Bomben produziert haben.[109] Obwohl sie zu Recht annahmen, daß der Krieg in Europa bald beendet und keine Atombombe auf Deutschland mehr abgeworfen werden würde, erschien die Aussicht, den Krieg gegen Japan
(der nach Schätzungen weitere anderthalb Jahre dauern würde) abzukürzen, doch
sehr verlockend. Denn die Verlustmeldungen aus dem Pazifikkrieg wurden ständig
höher.

Roosevelt hatte sich stets dem Einsatz von Giftgas und der biologischen Kriegführung widersetzt und diese Kampfstoffe nur für einen Vergeltungsschlag in Betracht
gezogen. Andererseits ging er offensichtlich davon aus, die Atomwaffen würden,

wenn verfügbar, im Prinzip wie sehr große Sprengbomben eingesetzt. [110] Truman wurde diese Auffassung, als er über das Atombomben-Projekt informiert wurde, ebenfalls vermittelt. Obwohl aus seinen Aufzeichnungen zu entnehmen ist, daß er dies manchmal in Frage stellte, so zeigen diese doch zugleich, daß er letztlich immer wieder auf seine ursprüngliche Ansicht zurückkam. [111] Wenn die neuen Sprengkörper funktionieren sollten, und die meisten, wenn auch nicht alle, Informierten glaubten daran, und wenn sie auch nur im entferntesten so zerstörerisch waren wie vermutet (auch darüber gingen die Einschätzungen auseinander), so würde ihr Einsatz nach Trumans Ansicht die Japaner so sehr schockieren, daß sie kapitulieren würden. Der Besitz von Atomwaffen sollte die generelle diplomatische Position der Vereinigten Staaten verbessern, und das Wissen um das Zerstörungspotential sollte jede Nation davon abhalten, jemals wieder einen Krieg vom Zaun zu brechen.

Die Japaner zur Kapitulation zu zwingen, war zum damaligen Zeitpunkt das wichtigste Anliegen. Und dies nicht nur, weil es die Erfahrungen auf Okinawa und die voraussichtlich schweren Schlachten auf dem japanischen Mutterland nahelegten, sondern weil verschiedene Aspekte zeitlich zusammenkamen: Die Schlacht von Okinawa war vorüber, aber die Operation Olympic hatte noch nicht begonnen, die Atombombe war jetzt einsatzfähig, und die Amerikaner wußten, daß in Japan selbst über die Kapitulation nachgedacht wurde. In Washington wurde sicherlich zu Recht davon ausgegangen, daß die Japaner den Kampf nicht aufgeben würden, wenn Olympic erst einmal begonnen hätte, und wenigstens die Insel Kyushu entschlossen und wirkungsvoll verteidigen würden. Nach Schätzungen des amerikanischen Nachrichtendienstes, mit denen er ausnahmsweise einmal richtig lag, besaß Japan etwa zehntausend Flugzeuge – die Hälfte davon Kamikaze – und zwei Millionen Soldaten auf den Heimatinseln. [112] Doch sogar noch während die amerikanischen Landungsvorbereitungen in vollem Gang waren, überdachten die Japaner ihre Möglichkeiten – und die Amerikaner wußten dies. [113] In der japanischen Regierung dachten mehrere Verantwortliche ernsthaft über Möglichkeiten nach, den Krieg zu beenden. [114] Die meisten wollten oder konnten allerdings, wie bereits erwähnt, keine Kapitulation in Betracht ziehen. Doch einige hofften, die sowjetische Regierung zur Zusammenarbeit zu bewegen und Bedingungen für einen Friedensschluß aushandeln zu können, der keine Kapitulation erforderlich machte und nach dem keine fremden Truppen das japanische Mutterland betreten würden. Es ist nicht klar, warum die Friedensanwälte in Tokio sich ausgerechnet die Sowjetunion als Partner aussuchten. Immerhin hatten die Russen den Neutralitätsvertrag mit Japan gekündigt, waren im russisch-japanischen Krieg 1904/05 von den Japanern besiegt worden, sie hofften den Frieden des damaligen Krieges zu revidieren und hatten die japanischen Grenzübergriffe 1938 und 1939 erfolgreich abgewehrt. Die Sowjets hätten kein Interesse daran haben können, Japan dabei behilflich zu sein, Teile seiner Macht in Ostasien aufrechtzuerhalten, und in der Stunde des Sieges in Europa mit dem amerikanischen und britischen Verbündeten zu brechen. Trotzdem gibt es eine Menge Hinweise darauf, daß die

Japaner nach diesem Konzept im Juni und Juli 1945 versuchten, die sowjetische Regierung für sich zu gewinnen.[115]

Die Führung in Moskau hatte kein Interesse an derartigen Angeboten und leitete einige Informationen dazu an ihre Verbündeten weiter. Dadurch wurden jedoch die Briten und Amerikaner auf die internen Beratungen in Japan aufmerksam. Sie hörten die Funksprüche der Regierung in Tokio an die japanische Botschaft in Moskau und die entsprechenden Antworten des Botschafters Sato ab, der nicht nur von den negativen Reaktionen der sowjetischen Regierung berichtete, sondern auch seine eigenen Ansichten an Tokio weitergab. Er nannte die japanischen Annäherungsversuche an Moskau lächerlich und sinnlos und empfahl Japan statt dessen, die Aufforderung der Alliierten zu bedingungsloser Kapitulation anzunehmen.[116] Dieser Vorschlag wurde der Regierung in Tokio noch von weiteren japanischen Diplomaten in Europa unabhängig voneinander gemacht.[117]

Auch die Antworten aus Tokio auf diese Forderung dechiffrierten die Amerikaner. Die wiederholten Erklärungen, daß dieser unerbetene Rat zurückgewiesen werde und die japanische Regierung keiner bedingungslosen Kapitulation zustimmen werde, auch wenn dabei das Kaisertum unangetastet bleibe[118], lehrte die Amerikaner zwei sehr wichtige Dinge.

Erstens zeigte sich, daß die Kapitulation in Tokio tatsächlich ein Diskussionsthema war, ein völlig neuer Aspekt nach der bisherigen Situation. Zweitens wurde deutlich, daß die Befürworter einer Fortsetzung des Krieges bislang noch die Oberhand hatten, was vielleicht aber nicht so bleiben würde. Die Zündung von Atombomben und der sowjetische Kriegseintritt würden die Gewichte vielleicht zugunsten der Gruppe, die zur Kapitulation drängte, verschieben.

Daß Sato sich wiederholt für eine neue Zusammenkunft des japanischen Obersten Rates in Anwesenheit des Kaisers aussprach und damit auf Tokios einmütige Ablehnung einschließlich der Hirohitos reagierte, kann dies nur unterstreichen. Außerdem weist Satos Forderung noch auf etwas anderes hin: die Rolle Hirohitos bei der Kapitulation.[119] Das persönliche Eingreifen des Kaisers würde nötig sein, um die Kriegsanhänger in Tokio unter Kontrolle zu halten und zu garantieren, daß die starken japanischen Streitkräfte, die noch auf und auch fern von dem asiatischen Festland sowie auf den Heimatinseln waren, allen Befehlen zur Einstellung des Kampfes Gehorsam leisten würden.[120]

Unter diesen Voraussetzungen gab es in den Vereinigten Staaten auf höchster Regierungsebene heftige Diskussionen: Sollte die Forderung nach bedingungsloser Kapitulation begleitet sein von einer Art Garantieerklärung für die Beibehaltung des japanischen Kaisertums? Sollte zweitens der öffentliche Aufruf an Japan, unverzüglich die Kapitulation auszusprechen, statt sich auf massivste Zerstörung und eine totale Niederlage einzurichten, vielleicht einen Hinweis auf die neue Waffe enthalten? Über die Frage des Kaisertums wurde keine Einigung erreicht, obwohl sich zunehmend die Ansicht durchsetzte, daß auch ein neues Japan eine konstitutionelle

Monarchie bleiben könnte, falls das Volk es wünschen sollte. Bis dahin könnte Hirohito unter alliierter Aufsicht für die Einstellung der Feindseligkeiten auf den Heimatinseln und den noch japanisch beherrschten Gebieten sorgen. Präsident Truman hatte am 8. Mai einen Aufruf zur Kapitulation zusammen mit einigen Rückversicherungen ergehen lassen, doch keine Antwort darauf erhalten.[121] Er wollte eine weitere öffentliche Erklärung abgeben, allerdings erst nach einem erfolgreichen Atombomben-Test Mitte Juli, und verschob sie, bis die Alliierten gemeinsam von Potsdam aus Japan zur Kapitulation auffordern konnten. In Potsdam, dem alten Zentrum preußischer Macht, konferierten die Mächte, die über Deutschland triumphiert hatten. Vielleicht würden die Japaner aus dem Schicksal Deutschlands die richtigen Schlußfolgerungen ziehen.[122]

Während Truman und andere amerikanische politische und militärische Führer sich auf den Weg zur Konferenz von Potsdam begaben, wurde das Material für zwei Atombomben auf die Marianen-Insel Tinian gebracht und der Testort in New Mexico vorbereitet. Die Amerikaner gingen davon aus, daß die Atomwaffen eingesetzt werden würden, um die Japaner vielleicht zur Kapitulation zu zwingen, doch der endgültige Befehl war auf Entscheidung des Präsidenten verschoben worden.[123] Noch vor der amerikanischen Entscheidung hatte die britische Regierung ihre formelle Zustimmung zum Gebrauch der neuen Waffe gegeben.[124] Zwei Wochen später, am 15. Juli, zeigte der erste Atombomben-Test in der Wüste von New Mexico, daß die Waffe noch viel verheerender wirkte als vermutet.[125] Nach Meinung des Präsidenten war nun der Zeitpunkt gekommen, Stalin von dem erfolgreichen Test zu unterrichten und den Japanern ein warnendes Ultimatum zu stellen. Ersteres war nicht schwierig: Truman wußte, daß die Sowjets Atomspionage betrieben, und nahm an, daß sie selbst an einer Bombe arbeiteten. Die Mitteilung würde nur die Tatsache bestätigen, daß die Kernwaffen nun produziert werden konnten. Stalin äußerte lediglich die Hoffnung, daß die Waffe bald gegen Japan eingesetzt werden würde. Die Warnung an die Japaner erfolgte in dem Bewußtsein, daß die neue Waffe eingesetzt werden konnte und auch tatsächlich eingesetzt werden würde, falls die Japaner der Aufforderung nicht Folge leisteten.

Während die Militärplaner in Potsdam sich also über zukünftige Operationen gegen Japan verständigten und Stalin sogar der Errichtung amerikanischer Wetterstationen in den fernöstlichen Gebieten der Sowjetunion zustimmte[126], wußten oder erfuhren die anwesenden Oberbefehlshaber nun, daß Japan möglicherweise kapitulieren würde, bevor die Operationen Olympic und Zipper, vorgesehen für November und Dezember desselben Jahres, anlaufen sollten.[127]

Die Potsdamer Deklaration verband den Aufruf zur bedingungslosen Kapitulation mit umfangreichen Zusicherungen hinsichtlich Japans Zukunft. Das Dokument sollte direkt an die Friedenspartei in der japanischen Regierung appellieren. Es basierte auf Vorentwürfen, die bereits in Washington diskutiert worden waren, und sicherte einem zukünftigen friedlichen Japan zu, seine Regierungsform selbst zu wählen. Das Kaisertum wurde nicht ausdrücklich erwähnt, doch die Möglichkeit der Erhaltung war deutlich darin enthalten – und so wurde das Dokument in Tokio auch verstanden.

Doch der japanische Ministerpräsident gehörte noch nicht zu den Befürwortern einer Kapitulation, so daß die Potsdamer Deklaration in der offiziellen Erklärung zurückgewiesen wurde. Die chinesischen Nationalisten hatten der Deklaration zugestimmt, sie verhandelten gerade mit den Sowjets über die Konzessionen, die diese für den Kriegseintritt im Fernen Osten und für die Unterstützung Tschiang Kai-scheks forderten.[128] Die Japaner wußten deshalb, daß ihnen die Vereinigten Staaten, Großbritannien und die chinesische Regierung mit der Sowjetunion als vereinte Mächte mit gemeinsamen Ansichten zur Zeit der Konferenz von Potsdam gegenüberstanden. Auch die japanischen Kontaktleute zum amerikanischen Office of Strategic Services, dem Auslandsnachrichtendienst, in der Schweiz drängten die Regierung in Tokio, die Bedingungen des Potsdamer Ultimatums zu akzeptieren, jedoch vergeblich.[129]

Die Amerikaner warteten noch einige Tage ab, ob die Japaner bei weiterem Nachdenken doch zu einem anderen Ergebnis kommen würden.[130] Dann gab der Präsident die Befehle, den Abwurf weiterer Atombomben durchzuführen. Die beiden Bomben, die bis dahin verfügbar waren, sollten im Abstand von einigen Tagen plaziert werden, nach einem Plan, der von den Wetterverhältnissen bestimmt wurde und mit dem den Japanern vorgetäuscht werden sollte, daß die Vereinigten Staaten eine unbestimmte Menge von Bomben zur Verfügung hätten, die sie auf die Heimatinseln abwerfen könnten. Die Realität sah ganz anders aus: Nur eine einzige weitere Bombe würde bald fertig werden, andere würden nur sehr langsam folgen.[131] Die Amerikaner hofften jedoch, der Schock über die Wirkung einer einzigen Bombe, die damals den Einsatz von Hunderten von Flugzeugen mit Tausenden von Bomben (wie bei den Angriffen auf Deutschland seit 1943 und auf Japan seit März 1945) erfordert hätte, würde die Friedensgegner in der japanischen Regierung zum Einlenken bewegen.[132]

Die erste Atombombe fiel am 6. August auf Hiroshima. Das Zentrum der Stadt wurde vollständig zerstört, 50000 bis 80000 Menschen starben, noch einmal so viele wurden verletzt. Eine offizielle Erklärung aus Washington klärte über die Neuartigkeit der Waffe auf. Nun wurde erwartet, daß die Japaner verstehen würden, was mit der angedrohten völligen Zerstörung, falls sie nicht kapitulierten, gemeint war.[133] Die internen Auseinandersetzungen in der japanischen Regierung gingen jedoch weiter. Hirohito hatte am 26. Juni die Regierung aufgefordert, einen Weg zu suchen, den Krieg zu beenden. Doch die Armeeführung erzwang eine Verzögerung, bis die Sowjets auf die Vermittlungsangebote geantwortet hätten, und hielt an ihrer ursprünglichen Position fest. Wenn die Strategie, die amerikanische Invasion abzuwarten, sich als richtig erweisen sollte und den Invasoren sehr schwere Verluste zugefügt werden konnten, und dies dann wiederum die Hoffnung auf einen Verhandlungsfrieden eröffnete, dann machte es allerdings wenig Unterschied, ob Zehntausende durch »kon-

17. *Der Kampf um die Mandschurei und die Invasion Japans 1945*

ventionelle« Luftangriffe umkommen würden oder durch die neue Waffe. Der Kriegsminister und die Stabschefs von Armee und Marine wollten den Kampf fortsetzen.

Am 8. August erhielten die Japaner die Antwort der Sowjetunion: Es war eine Kriegserklärung, der sofort der Angriff mit großer Streitmacht auf die japanische Armee in der Mandschurei folgte.[134] Für Japan war dies ein doppelter Schlag. Ihr militärischer Nachrichtendienst hatte sie über den möglichen Zeitpunkt eines sowjetischen Angriffs irregeführt. Die Japaner hatten geglaubt, noch viel mehr Zeit zu haben, um sich auf eine Invasion vorzubereiten.[135] Politisch und diplomatisch gesehen, war die Kriegserklärung in gewisser Hinsicht jedoch noch ernster zu nehmen. Trotz aller gegenteiliger Anzeichen hatte in Tokio immer noch die Hoffnung bestanden, die Sowjetunion werde neutral bleiben und entweder als Vermittler bei Friedensverhandlungen mit den Westmächten fungieren oder sich sogar auf die Seite Japans schlagen, wenn man zu ausreichenden Konzessionen bereit sein würde. Ungeachtet aller Warnungen des Botschafters in Moskau wurden noch im Sommer 1945 in japanischen Regierungskreisen solche Illusionen genährt. Die sowjetische Kriegserklärung war deshalb ein überaus wirkungsvoller psychologischer Tiefschlag. Noch bevor genaue Nachrichten über den Vormarsch der Roten Armee in der Mandschurei die Hauptstadt Tokio erreichen konnten, kam die Meldung über den zweiten Atombombenabwurf auf Nagasaki.

Die Bombe von Nagasaki war ursprünglich für ein anderes Angriffsziel vorgesehen gewesen. Sie hatte noch stärkere Sprengkraft als die erste, aber hauptsächlich dank der geographischen Lage der Stadt verursachte sie geringere Zerstörungen und forderte weniger Opfer als in Hiroshima. Es ist jedoch zu bezweifeln, ob solche Einzelheiten damals in Tokio bekannt waren oder ob sie wichtige Auswirkungen auf die Überlegungen gehabt hätten. Entscheidend war, daß Atombomben fielen und daß ein Flugzeug mit einer einzigen Bombe die gleiche verheerende Wirkung erzielen konnte wie zuvor Hunderte von Flugzeugen mit Tausenden von Bomben. Und die Japaner wußten, daß die Amerikaner eine gewaltige Anzahl von Flugzeugen besaßen. In einer Kaiserlichen Konferenz in der Nacht zum 10. August gab die Stimme des Kaisers Hirohito schließlich den Ausschlag, weil mit drei Befürwortern und drei Gegnern einer Kapitulation ein Patt entstanden war. Zum erstenmal seit 1895, als der frühere Kaiser in die Politik eingegriffen hatte (um die Einwilligung der japanischen Regierung zu einem Ultimatum europäischer Mächte zu erhalten, in dem die Änderung der Friedensbedingungen des siegreichen Japan über China gefordert wurde), bezog der Kaiser in der Pattsituation persönlich Stellung, statt wie sonst bereits beschlossene Maßnahmen zu sanktionieren. Er befahl seiner Regierung, die Deklaration von Potsdam anzunehmen.[136]

Das folgende japanische Kapitulationsangebot enthielt einen Vorbehalt zugunsten des Kaisertums. Zwei entscheidende Dinge mußten also noch geklärt werden, wenn der Krieg schnell zu Ende gehen sollte: Erstens mußte die japanische Regierung an der Macht bleiben, da sich im japanischen Militär viele gegen die Kapitulation wehrten. Zweitens mußten die Alliierten und besonders die Amerikaner entscheiden, wie sie in der Frage der kaiserlichen Institutionen verfahren wollten.

Rätselhaft war es, ob die Opfer der japanischen Aggression der Aufrechterhaltung des Kaisertums zustimmen würden.[137] In der amerikanischen Regierung war über dieses Thema ausführlich debattiert worden. Kriegsminister Stimson und der Staatssekretär im Außenministerium Joseph Grew, der Botschafter in Japan gewesen war, drängten auf Zugeständnisse in dieser Frage. Der neue Außenminister James Byrnes und der stellvertretende Minister Dean Acheson sowie die meisten liberalen Regierungsmitglieder waren dagegen. Die öffentliche Meinung in den Vereinigten Staaten war generell ebenso für die Absetzung des Kaisers wie auch die einzelnen Organisationen der amerikanischen Linken, die sich vielleicht an die Abmachung mit Darlan im November 1942 erinnerten und der alten Ordnung in Japan keine Zugeständnisse machen wollten. Sie plädierten im Gegenteil für den Abwurf weiterer Atombomben. Das kaiserliche System hatte den Krieg angefangen und könnte dies vielleicht wieder tun.

Präsident Truman neigte vermutlich dazu, ein Festhalten der Japaner am Kaisertum zu tolerieren, und stimmte in der Antwort der Alliierten einem Kompromiß zu, der die Monarchie implizit akzeptierte, indem auf die Autorität des Kaisers verwiesen wurde, die dem »Obersten Alliierten Befehlshaber unterstehen«[138] werde. Gleichzeitig wurde dem japanischen Volk versprochen, seine eigene Regierungsform bestimmen zu dürfen. Truman befahl, vorerst keine weiteren Atombomben abzuwerfen, billigte jedoch die Fortsetzung konventioneller Bombardements, um Japan unter Druck zu halten.

Die Sowjetunion und China gaben ihre Zustimmung zu dieser Antwort nur widerstrebend, stimmten indes dem sehr vernünftigen britischen Vorschlag zu, der Kaiser solle *andere* anweisen, die Kapitulationsurkunde zu unterzeichnen, statt dies selbst zu tun. Nun war nur noch die Frage, ob die Regierung in Tokio diese Formulierung annehmen konnte und ob sie selbst an der Macht bleiben würde.

Die Gegner der Kapitulation behaupteten, der Vorbehalt zugunsten des Volkswillens sei unvereinbar mit den Grundlagen des japanischen Systems. Ein weiteres Mal mußte Hirohito persönlich eingreifen, da der Kriegsrat gespalten war, und er bestand auf der Annahme der alliierten Antwort. Über den Rundfunk wollte der Kaiser seinem Volk erklären, daß es notwendig sei, den Krieg zu beenden.

In Japan bemühten sich die Gegner dieses vom Kaiser befohlenen Kurses angestrengt, die Entscheidung noch abzuwenden. Offiziere mit Schlüsselpositionen in der Hauptstadt versuchten, ihre Gegner zu ermorden, sich vor der Ausstrahlung im Radio der Aufzeichnung mit der Rede des Kaisers zu bemächtigen, und wollten nach der Machtübernahme den Krieg weiterführen. Leider ist keine vollständige wissenschaftliche Untersuchung über diesen Militärputsch, den letzten einer langen Reihe von Putschen im modernen Japan, in einer westlichen Sprache verfügbar, doch was bekannt ist, deutet darauf hin, daß das Scheitern des Putsches vor allem dem Kriegsminister Anami Korechika zu verdanken ist, weil er sich weigerte, die Verschwörer zu unterstützen.[139] Obwohl er selbst die Fortsetzung des Krieges befürwortete, war er dennoch nicht bereit, sich den Anordnungen des Kaisers zu widersetzen, die dieser wiederholt und persönlich in seiner Anwesenheit ausgesprochen hatte. Dieser innere Widerspruch veranlaßte ihn zum Selbstmord, und die Verschwörer scheiterten bei ihrem Putschversuch. Es war eine knappe Entscheidung, die in gewisser Weise auch zeigt, daß die Befürchtungen der Friedensbefürworter in der Regierung, jede offene Maßnahme zur Beendigung des Krieges könnte zu einem Putsch führen, der den Konflikt eher noch verlängert hätte, gerechtfertigt waren. Doch der Kaiser, der sich des Rückhalts der kaiserlichen Familie versichert hatte, konnte seinen Willen gegen diejenigen durchsetzen, die noch immer nicht zur Kapitulation bereit waren.

Zwei Angelegenheiten mußten nun noch geregelt werden: die formelle Bestätigung der Kapitulation als Auftakt zur Besetzung des japanischen Mutterlandes durch die Alliierten und die Kapitulation der vielen japanischen Streitkräfte auf dem asiatischen Festland und den im Südpazifik und an der Küste Südostasiens verstreuten Inseln. Trotz spannungsreicher Momente ging die Kapitulation ohne größere Probleme vonstatten. Innerhalb eines Monats war beides geregelt. Die kaiserlichen Prinzen wurden aus Tokio zu den verschiedenen Garnisonen gesandt, um die japanischen Befehlshaber zur Niederlegung der Waffen zu bewegen. Die 5,4 Millionen Soldaten der japanischen Armee und die 1,8 Millionen Soldaten der Marine kamen nach einer Reihe lokaler Waffenstillstände in Kriegsgefangenschaft.[140] Überall waren alliierte Soldaten froh darüber, nun nicht mehr gegen diese Soldaten kämpfen zu müssen und dabei selbst große Verluste zu erleiden, was lange Zeit nur zu wahrscheinlich erschienen war.[141] Die Kapitulation verhinderte darüber hinaus, daß die alliierten Kriegsgefangenen in den Lagern wie zunächst geplant durch die japanischen Wachmannschaften umgebracht wurden. Mit Näherrücken der Kämpfe waren dafür bereits umfassende Vorbereitungen getroffen worden, zum Schrecken der Gefangenen, die bereits furchtbare Qualen hinter sich hatten.[142]

Die berühmte Zeremonie zur offiziellen Unterzeichnung der Kapitulationsurkunde am 2. September auf dem Schlachtschiff *Missouri* fand zeitgleich mit mehreren dramatischen Ereignissen statt. Obwohl der 15. August der offizielle Siegestag der Alliierten gewesen war, gingen die Kämpfe in der Mandschurei bis zum 21. August weiter, und die Entwaffnung der letzten japanischen Armee-Einheiten im Pazifik war erst am 24. Oktober abgeschlossen.[143] Bis dahin hatten die amerikanischen Truppen, die am 21. August mit der Landung in Japan selbst begonnen hatten, das ganze Land besetzt.* Trotz gegenteiliger Befürchtungen verlief die Besetzung friedlich. Ministerpräsident Suzuki wurde durch einen kaiserlichen Prinz abgelöst. Ein weiteres Mal war es die kaiserliche Autorität, die für einen schnellen und wirksamen Übergang

---

* Der Westteil der Insel Honshu und die Insel Shikoku wurden anschließend der britischen Besatzungsstreitmacht, British Commonwealth Occupation Force (BCOF), unterstellt.

von einer Politik des Kampfes bis zum letzten Blutstropfen zu einer friedlichen Anpassung an das neue System sorgte.[144] Japan war mit Bomben belegt worden und
auch durch U-Boote und Minen, die die meisten Schiffe zerstörten, von den Resten
des Imperiums isoliert worden. Doch Japan war nicht Zentimeter für Zentimeter
erobert worden, und deshalb hatte die große Mehrheit der Soldaten und Matrosen
überlebt. Sie konnten heimkehren und am Aufbau des schwer getroffenen, aber nicht
völlig zerstörten Landes mitwirken.

Das bestehende Regierungssystem wurde gleichzeitig beibehalten und erneuert, die
Personen teils ausgetauscht, teils im Amt belassen. Die Amerikaner waren nicht gekommen, um zu erobern, sondern um zu reformieren. Sie hatten vor, die japanische
Gesellschaft umzugestalten, und in vieler Hinsicht gelang ihnen das so gut, daß die
Japaner viele Änderungen auch beibehielten, nachdem die amerikanische Besatzung
schon lange beendet war.[145] Welche Tabus später auch zur Rolle Japans und seiner
Schuld am Pazifikkrieg bestanden, in Japan konnte nach dem Zweiten Weltkrieg,
anders als in Deutschland nach dem Ersten, niemand daran zweifeln, daß das Land
tatsächlich niedergerungen worden war – ohne daß stattgefunden hätte, was Truman
»ein Okinawa von einem Ende Japans bis zum anderen«[146] genannt hatte.

Schlußfolgerungen:
Kosten und Wirkungen des Krieges

In Europa war der Krieg vier Monate vor der japanischen Kapitulation zu Ende gegangen. In beiden Regionen wurde der Friedensschluß von einem großen Chaos begleitet. In Ostasien war die Kapitulation der japanischen Armee ein längerer und komplizierter Prozeß und erfolgte schrittweise in weitverstreuten Gebieten, von Birma bis Neuguinea, von Luzon bis Java. Diesem Prozeß folgten bald neue Schwierigkeiten zwischen lokalen nationalistischen Gruppen und den jetzt zurückkehrenden Kolonialmächten. Während China im Begriff schien, sich in erneutem – oder fortgesetztem – Bürgerkrieg aufzulösen, herrschte ironischerweise nur in Japan selbst wirklich Frieden. Überall jedoch verspürten die Menschen zumindest die Hoffnung, daß sich die Dinge nach dem Ende der Kämpfe irgendwie verbessern würden.

Die Welt blickte auf jahrelange Kämpfe zurück, die enorme Opfer gefordert und unermeßliche Zerstörungen verursacht hatten. Die Sowjetunion hatte die größten Verluste an Menschenleben erlitten. Frühere Schätzungen, die sich auf 20 Millionen beliefen, wurden als zu hoch verspottet; jetzt stellt sich heraus, daß sie zu niedrig angesetzt worden waren. In neueren Forschungen, die in der offeneren Atmosphäre der letzten Jahre möglich wurden, nähern sich die Zahlen der Größenordnung von 25 Millionen oder noch mehr Toten. Von diesen starb höchstens ein Drittel bei militärischen Operationen. Hier zeigt sich ein Merkmal, das für den gesamten Krieg charakteristisch ist: Die Verluste in der Zivilbevölkerung überstiegen die der Personen beim Militär. Bei China lassen sich die Verluste viel schwerer abschätzen als bei der Sowjetunion, doch müssen wir hier von rund 15 Millionen Toten ausgehen. In Polen verloren nahezu sechs Millionen Menschen das Leben, in den Vereinigten Staaten ungefähr 300 000. Deutschland verlor im Krieg über vier Millionen Menschen und Japan über zwei Millionen.[1] Weltweit dürfte sich die Zahl der Toten in diesem Krieg wahrscheinlich 60 Millionen nähern, darunter sechs Millionen Menschen, die wegen ihrer jüdischen Abstammung ermordet worden waren.

Mit dem Kriegsende kam die Völkerwanderung nicht zum Stillstand, die durch die großen Umwälzungen ausgelöst worden war. Millionen waren als Flüchtlinge vertrieben oder deportiert worden, und vielen von ihnen fiel es schwer oder sie hielten es für unmöglich, in ihre Heimat zurückzukehren.[2] In manchen Fällen hatten sich die politischen Bedingungen in der ehemaligen Heimat so verändert, daß eine Rückkehr nicht ratsam erschien. In anderen Fällen begegnete man den Heimkehrern so ablehnend, daß sie erneut fliehen mußten. Ein dramatisches Beispiel hierfür war das Schicksal der überlebenden polnischen Juden, die bei dem Versuch, in ihre Heimat zurückzukehren, wieder aus dem Land gejagt wurden, wobei es mitunter zu Pogromen kam. Die Hoffnung des britischen Außenministers Anthony Eden, daß die Juden in ihrer Heimat bleiben oder dorthin zurückkehren könnten, erwies sich als illusorisch.[3] Diese Tatsache wiederum erhöhte zusätzlich die Schwierigkeiten für eine Lösung im Nahen Osten.

Eine weitere Migrationsbewegung hatte schon in den letzten Phasen des Krieges eingesetzt und nahm nach dem Ende der Kampfhandlungen weiter zu. Viele Deutsche waren geflohen, als sich an der Ostfront immer deutlicher eine Niederlage abzeichnete, vor allem im Winter 1944/45. Die deutsche Führung bestand darauf – im Gegensatz zu allen ihren Verbündeten –, bis zum letzten Augenblick zu kämpfen. Dies und die unverantwortlichen und inkompetenten Evakuierungsmaßnahmen der Nazi-Partei führten dazu, daß Zehntausende den Tod fanden.[4] Millionen Menschen verloren ihre Heimat, weil die Alliierten der Vertreibung der Sudetendeutschen aus der Tschechoslowakei zugestimmt hatten und auch einer ähnlichen Vertreibung der Deutschen aus Ostpreußen, Danzig und den früheren deutschen Ostgebieten zustimmten, die an Polen abgetreten worden waren. Es ist unmöglich, einigermaßen zuverlässig die Zahl der bis Mai 1945 geflohenen Menschen von der Zahl der nach Kriegsende vertriebenen zu trennen; die Gesamtzahl lag jedoch weit über zehn Millionen – der größte eindeutig abgrenzbare Migrationsprozeß innerhalb eines so kurzen Zeitraumes, den wir kennen.

Diese Entwurzelung war begleitet von großem Leiden, dem recht geringe Aufmerksamkeit zuteil wurde. Ein Grund lag darin, daß der gesamte Prozeß, Menschen so zu verpflanzen, daß die nationalen mit den Gebietsgrenzen übereinstimmten, von den Deutschen selbst ausgelöst worden war. 1919 hatte man sich, wie erwähnt, noch bemüht, die Grenzen den Völkern anzupassen. Ein weiterer Grund ist darin zu sehen, daß im Nachkriegsdeutschland die Vertriebenen und Flüchtlinge jene Menschen zu ihren Repräsentanten wählten, die selbst an der Vertreibung anderer Menschen aus *deren* Heimat mitwirkten oder nachdrücklich dafür eintraten.

Der Prozeß der Verpflanzung großer Menschenmassen in den letzten Tagen des Krieges und in der unmittelbar folgenden Periode war jedoch nicht nur auf die Deutschen begrenzt. Millionen Polen mußten aus den östlichen Gebieten, die bis 1939 zu Polen gehört hatten, aber an die Sowjetunion abgetreten worden waren, in die Gebiete ziehen, die Deutschland abgenommen worden waren. Auch in anderen Gebieten Europas gab es solche Migrationsbewegungen, wenn auch in geringerem Umfang. Es ist eine Ironie der Geschichte, daß die deutschsprachige Minderheit in Südtirol zum größten Teil diesem Schicksal entgehen konnte.[5] Diese Minderheit war im Januar 1937 als erste von den Deutschen für diese Form der Behandlung ausgewählt worden. Nach dem Krieg durften diese Menschen jedoch in Italien bleiben, und ein gewisser Schutz ihrer Rechte wurde durch ein Abkommen zwischen den Regierungen Italiens und Österreichs gewährleistet. Die Verlagerungen von Menschenmassen beschränkten sich jedoch nicht nur auf Europa. Ungefähr sieben Millionen Japaner kehrten aus dem früheren japanischen Imperium wieder in ihre Heimat zurück, und Zehntausende von Koreanern, von denen viele Zwangsarbeiter gewesen waren, wurden nach Korea zurückgebracht. Weitere Umwälzungen erfolgten auf dem asiatischen Festland.

Bei der Rückführung der Kriegsgefangenen kam es zu einer umgekehrten Massenbewegung. Die amerikanischen und britischen Kriegsgefangenen, die von den Deutschen und Japanern gefangengenommen worden waren, wurden sofort in die Heimat zurückgebracht, mit Ausnahme einiger Gefangener, die von den Russen befreit worden waren und bei deren Rückführung die Russen zunächst Schwierigkeiten bereiteten. Die sehr große Zahl französischer Gefangener wie auch die entwaffneten früheren italienischen Soldaten, die in der deutschen Wirtschaft als Zwangsarbeiter beschäftigt worden waren, kehrten ebenfalls nach Hause zurück. Mit der Behandlung der sowjetischen Soldaten, die sich freiwillig oder unter Druck der deutschen Wehrmacht angeschlossen hatten, gab es ernsthafte Probleme. Zumindest eine Zeitlang wurden die von den alliierten Streitkräften gefangenen Soldaten zwangsweise in die Sowjetunion gebracht; dies galt auch für jene Soldaten, die bei der deutschen Kapitulation versucht hatten, in Kriegsgefangenenlager der westlichen Alliierten zu gelangen. Sie wurden bei ihrer Rückkehr noch härter bestraft als die Soldaten der Roten Armee, die die deutschen Kriegsgefangenenlager überlebt hatten.

Den Alliierten fielen deutsche Soldaten in sehr großer Zahl in die Hände, vor allem in den letzten Kriegswochen und aufgrund der Kapitulation im Mai 1945. Sie wurden im Laufe der folgenden zehn Jahre aus der Gefangenschaft entlassen. Die Amerikaner entließen ihre eigenen Kriegsgefangenen recht schnell, überstellten jedoch zahlreiche Gefangene den Franzosen und den Briten, die viele von ihnen für Zwangsarbeit einsetzten. Hunderttausende wurden jahrelang von der Sowjetunion zurückgehalten, um beim Wiederaufbau der sowjetischen Wirtschaft mitzuwirken. Die Westmächte entließen recht zügig die wenigen japanischen Soldaten, die sie während der Kämpfe gefangengenommen hatten, wie auch die große Zahl von Kriegsgefangenen, die sich nach dem Waffenstillstand ergeben hatten. Die Sowjets jedoch entließen die zahlreichen japanischen Soldaten viel langsamer, die ihr bei dem Feldzug in der Mandschurei im August 1945 in die Hände gefallen waren.[6]

Es wurde versucht – wenn auch nicht immer erfolgreich –, Gefangene der Achsenmächte in Gefangenschaft zu behalten, wenn sie als Kriegsverbrecher verdächtigt wurden, um sie später zusammen mit verdächtigen Zivilpersonen vor Gericht stellen zu können. Zwar begann man erst in jüngster Zeit, sich ernsthaft mit diesem Thema zu befassen, doch steht fest, daß sich in den militärischen Traditionen sowohl Deutschlands als auch Japans ein Bruch ereignet hatte. Armeen, die sich zuvor in der Regel ehrenhaft verhalten hatten – zum Beispiel die Deutschen im Ersten Weltkrieg, die Japaner im Ersten Weltkrieg und im Russisch-Japanischen Krieg von 1904/05 –, führten sich im Zweiten Weltkrieg völlig anders auf. Die japanische Armee ermordete Kriegsgefangene in Malaya und anderswo systematisch mit Bajonetten; in früheren Kriegen hatte sich diese Armee kein vergleichbares Verhalten zuschulden kommen lassen. Die deutsche Wehrmacht, nicht nur die SS, hatte sich im Zweiten Weltkrieg an Massakern an der Zivilbevölkerung beteiligt. Auch hierfür hatte es im Ersten Weltkrieg zwar Vorzeichen, aber keine vergleichbaren Beispiele gegeben.[7]

Die Erfahrungen, die die Alliierten nach dem Ersten Weltkrieg bei der Verfolgung von Kriegsverbrechen gesammelt hatten, waren – um es zurückhaltend auszudrükken – nicht ermutigend gewesen. Eines der vielen Zugeständnisse, die man den Deutschen in Abänderung des Friedensvertrages von 1919 eingeräumt hatte, war die Erlaubnis, die Prozesse vor ihren eigenen Gerichten zu führen. Das Ergebnis war ein Fiasko. Dieses Mal wollten die Alliierten zumindest zu Beginn die Prozesse selbst führen. Jahre vergingen, bis die Deutschen selbst mit der Strafverfolgung der Massenmörder und anderer Verbrecher begannen.[8] Die Alliierten führten auch einige Verfahren gegen Japaner durch, die als Kriegsverbrecher beschuldigt wurden. Im Unterschied zu den Deutschen zog es die japanische Regierung nach dem Ende der Besatzungszeit vor, keine Prozesse gegen Kriegsverbrecher zu führen und generell so zu tun, als habe es keine solchen Verbrechen gegeben.[9] Manche Personen entzogen sich der Strafverfolgung durch Selbstmord; andere wurden vom einen oder anderen Sieger aus politischen, geheimdienstlichen oder sonstigen Gründen in Schutz genommen, und einige konnten untertauchen. Manche Personen konnten in neutrale Länder fliehen, die sich vielfach weigerten, sie auszuliefern, wobei Personen Unterstützung boten, die mit dem Vatikan in Verbindung standen. Beim Vatikan fanden solche Flüchtlinge vor der Gerechtigkeit manchmal mehr Mitgefühl als jene Menschen, die vor den Mördern des Nazi-Regimes hatten fliehen müssen.[10]

Die durch den Krieg verursachten Zerstörungen waren gewaltig. Die schlimmsten Folgen waren in Ost- und Südosteuropa festzustellen; ferner waren zahlreiche Städte in Westeuropa, Deutschland und Japan von Bombardierungen betroffen. In China war es zu weitreichenden Verwüstungen gekommen, vor allem in den frühen Kriegsjahren. Auch auf den Philippinen wurde viel zerstört, vor allem im Kampf um die Stadt Manila. Unzählige andere Städte, Ortschaften und Dörfer der Kriegsschauplätze in Europa und im Pazifikraum waren bei den Kämpfen direkt und auf dramatische Weise beschädigt worden. Millionen Bruttoregistertonnen an Schiffsraum waren versenkt, Fabriken zerstört oder beschädigt, Brücken und Deiche von der einen oder anderen Seite gesprengt worden.

Alle Kriegsparteien hatten gewaltige finanzielle Mittel für den Konflikt aufwenden müssen. Die NS-Führung hatte zur Deckung eines großen Teils der Kriegskosten besetzte Gebiete geplündert oder sonstige direkte Forderungen erhoben. Außerdem hatten die Deutschen von ihren Satellitenstaaten für erfolgte Warenlieferungen Kredite erpreßt.[11] Sowohl Italien als auch Japan hatten ihre finanziellen Ressourcen völlig verbraucht. Die Wirtschaft der Sowjetunion war durch die großen Kriegsanstrengungen des Landes ausgelaugt worden. Großbritannien hatte einen Krieg geführt, der seine Möglichkeiten weit überstieg. Nach Kriegsende war das Land in hohem Maße bei den Mitgliedern des Commonwealth und bei Indien verschuldet. Die Vereinigten Staaten hatten sehr hohe Summen für die eigenen wie auch für die Kriegsanstrengungen der Verbündeten aufgewandt, doch ging ihre Wirtschaft eher gestärkt aus dem Konflikt hervor. Das amerikanische Volk stand nach dem Krieg vor der großen Frage, ob es die Herausforderung annehmen sollte, andere Länder beim Wiederaufbau ihrer Volkswirtschaften zu unterstützen. Die neuen Institutionen, die dies ermöglichen würden, waren bereits etabliert worden oder sollten bald gegründet werden. Ungeklärt waren jetzt nur noch die Fragen, ob und wie sie funktionieren würden.

Die Verluste an Menschenleben, das Leiden, die Zerstörung und die wirtschaftliche Entwurzelung erreichten noch nie dagewesene Größenordnungen. Wird jedoch die Frage gestellt, ob der Sieg solch gewaltige Anstrengungen und den Preis des Erfolges wert war, so muß man sich die Konsequenzen vor Augen führen, die ein Sieg der Achsenmächte gehabt hätte. Mochten die imperialen Ziele der Italiener noch begrenzt gewesen sein, so wollten die Japaner in Ost-, Südost- und Südasien ein Imperium aufbauen, das auf eine gewaltige Ausbeutung gerichtet war und sich, wie das koreanische Beispiel zeigte, auf das Leben und Wohlergehen der Unterdrückten katastrophal ausgewirkt hätte.

In einem weltweiten Rahmen verfolgte Deutschland das bei weitem umfassendste Ziel. Die Nazis wollten zunächst eine vollständige Neuordnung der eurasischen Landmasse herbeiführen, in deren Verlauf viele Millionen Menschen ermordet oder sterilisiert oder bewußt dem Hungertod preisgegeben werden sollten. Dieses neue dunkle Zeitalter sollte auch die Ausbeutung riesiger Teile des afrikanischen Kontinents, des Mittleren Ostens und der westlichen Hemisphäre umfassen. Manche radikalen Nationalisten in den Kolonialreichen der Europäer vertraten die Ansicht, daß ein Sieg Deutschlands, Italiens und Japans über Großbritannien, die Sowjetunion und die Vereinigten Staaten es später erleichtern würde, die Unabhängigkeit von den neuen Herren der Welt zu erreichen. Diese Sichtweise ist zu einfältig, um einer ernsthaften Erörterung wert zu sein. Jene Mächte hatten bereits gezeigt, wie sie *ihre* Herrschaft über besetzte Territorien ausübten, und keine einzige Kolonie hätte die Freiheit erlangen können, wenn die Alliierten nicht gesiegt hätten.

Zu Beginn des Jahrhunderts hatte der deutsche Kaiser Wilhelm II. seinem Volk die Hunnen als nachahmenswertes Beispiel vorgehalten.[12] Der deutsche Generalgouverneur im besetzten Polen während des Zweiten Weltkrieges verkündete stolz die Absicht, seine Provinz nach den Vandalen umzubenennen. Ein neues dunkles Zeitalter sollte sich über die Erde senken. Die Wesenszüge der bestehenden Zivilisation sollten so ausgemerzt werden, wie einst die barbarischen Invasoren die in der antiken Welt des Mittelmeerraumes erzielten Fortschritte ausgelöscht hatten. Nur sollte die Zerstörung dieses Mal gründlicher erfolgen. Und bei der fortgesetzten Unterdrückung hätte man auf höher entwickelte Instrumente zurückgreifen können. Die Kosten des Sieges mögen gewaltig gewesen sein; die Kosten eines andersartigen Ergebnisses wären jedoch noch viel entsetzlicher gewesen und hätten nicht nur die Verlierer des Kriegs betroffen. Wie der große Theologe Dietrich Bonhoeffer und einige andere deutsche Gegner Hitlers schon seinerzeit erkannten, war selbst für die Völker der Achse eine Niederlage noch immer besser als eine vom Bösen beherrschte Welt.

Die grundlegende Herausforderung, die sich durch die Kriegsereignisse für alle Menschen – in Deutschland und anderswo – stellte, war eine bislang beispiellose Manifestation dieses Bösen: die planmäßig unternommenen Versuche, ganze Völker physisch zu eliminieren. Diese Menschen sollten nicht aufgrund ihres Alters, Geschlechts oder Verhaltens, sondern allein als Strafe dafür getötet werden, daß sie geboren worden waren. Für diese Vorgehensweise, von der die Juden und ein großer Teil der Zigeuner Europas betroffen waren, gibt es fast kein Beispiel in der Geschichte. Lediglich die Massaker an den Armeniern im Ersten Weltkrieg können als Vorläufer gelten. Für das Dritte Reich bedeutete dies im Grunde, daß die beiden Religionen, die sich während der römischen Herrschaft ausgebreitet hatten, das Judentum und das Christentum, durch die Deutschen selbst gleichzeitig beseitigt werden sollten. An ihre Stelle trat zunächst die Verehrung des Molochs, also eines Götzen des Blutes, und später die Verehrung des Mammons, eines Götzen des Goldes. In der deutschen Nachkriegsgeschichte war es sicherlich eine der entscheidenden Fragen, ob das einstige Kulturengagement der Deutschen wieder auf eine ethische Grundlage gestellt werden könne. Diese Frage war in vielfacher Hinsicht wichtiger als das Problem des Wiederaufbaus der zerbombten Städte.

Für den Rest der Welt, der diese Prozesse mit einer Mischung aus Entsetzen und Gleichgültigkeit verfolgt hatte, stellten sich andersartige Herausforderungen der etablierten Werte und Überzeugungen, die aber in gewisser Weise nicht minder bedrohlich waren. Diese Bedrohung richtete sich auf die Grundvorstellung dessen, wozu Menschen fähig waren. Es überrascht nicht, daß viele Menschen in der Behauptung Schutz suchten, sich dem Furchtbaren deshalb erst gar nicht stellen zu müssen, weil es sich angeblich gar nicht ereignet hatte. Berge von Dokumenten und Bildern stehen solchen eskapistischen Einstellungen entgegen, auch wenn durch diese Haltung kein einziges Opfer wieder zum Leben erweckt werden kann. Und dieser Eskapismus bietet auch den verwirrten Beobachtern keine Hilfe bei der schwierigen Frage, wie sich die gefährlichen Fähigkeiten menschlicher Wesen begreifen lassen, die zwar über ein Höchstmaß an Bildung und Ausbildung verfügen, denen jedoch jegliches moralische Empfinden fehlt.

Man erwartete, daß die rein ökonomischen Verluste der Sieger durch die Reparationszahlungen der Besiegten zumindest teilweise ausgeglichen würden. Obwohl nach dem Zweiten Weltkrieg über diese Frage viel weniger diskutiert wurde als nach dem Ersten Weltkrieg, zahlte Deutschland in Wirklichkeit viel mehr als damals. Die Russen preßten gewaltige Reparationsleistungen aus dem von ihnen besetzten Teil Deutschlands heraus und erhielten darüber hinaus auch Reparationslieferungen aus den westlichen Besatzungszonen. Die Bundesrepublik Deutschland, die 1949 aus den drei westlichen Besatzungszonen gebildet wurde, war im Vergleich zu dem Deutschland von 1919 viel kleiner und sehr viel stärker zerstört. Sie zahlte jedoch weit höhere Reparationen als das Deutsche Reich in der Zwischenkriegszeit. Der wichtigste Unterschied zwischen der Bundesrepublik und dem Deutschland der Zwischenkriegszeit bestand in der Regierung, die den politischen Willen hatte, eine neue Politik zu verfolgen, und dieser Wille wurde durch Bundeskanzler Konrad Adenauer verkörpert.[13] Nach dem Ersten Weltkrieg hatte Deutschland zuerst eine galoppierende Inflation, dann eine horrende Deflation in Kauf genommen, um dadurch den Beweis zu erbringen, daß es keine Reparationen zahlen konnte. Dieses Mal jedoch kehrte das Land als konstruktives Mitglied in die Weltwirtschaft zurück und wurde wohlhabender als je zuvor.

Diese dramatischen Veränderungen in Deutschland waren möglicherweise nicht nur seiner neuen Führung, sondern auch einem weiteren wichtigen Unterschied zwischen den Wirkungen der beiden großen Kriege auf das Land zuzuschreiben. Der Erste Weltkrieg hatte fast ausschließlich außerhalb Deutschlands stattgefunden. Obwohl der Krieg für Deutschland selbst hart gewesen war, hatten die Feinde weit größere Zerstörungen erlitten als Deutschland. Dieses Mal war der Krieg in sein Ursprungsland zurückgekehrt: zuerst in Form der Bombardierungen, die Deutschland törichterweise durch den Bruch des Friedensvertrages selbst provoziert hatte, und dann durch die Invasionsarmeen, was es sich ebenfalls selbst zuschreiben mußte. Die Erfahrungen des Zweiten Weltkriegs waren nicht nur für die anderen furchtbar, sondern dieser Konflikt hinterließ auch in Deutschland deutliche Zeichen. Die Entscheidung mehrerer deutscher Städte, mindestens ein großes zerstörtes Gebäude als ständiges Mahnmal der furchtbaren Wirkung von Kriegen zu erhalten, hat mehr als nur symbolische Bedeutung.

Die ausgesprochen ungeschickte Weise, in der Italien zuerst in den Krieg ein- und dann wieder austrat, hatte zu einem zerstörerischen Feldzug geführt, der fast die ganze italienische Halbinsel erfaßte und zum Verlust des gesamten Kolonialreiches führte. Italien mußte große Gebiete an Jugoslawien abtreten und verlor Hunderttausende von Einwohnern. Das Land versuchte bereits in den letzten Kriegsjahren, einen neuen Status und – mit auswärtiger Hilfe – eine neue Rolle in Europa zu finden. Italien hatte niemals die Ressourcen besessen, um die Rolle einer Großmacht spielen zu können, auch wenn seine Regierungen dies jahrzehntelang versucht hatten. Erst nach der Katastrophe des Zweiten Weltkriegs – im Unterschied zum Sieg im Ersten Weltkrieg – begann sich die italienische Volkswirtschaft zu modernisieren, und unter der neuen Führung entwickelte sich das Land zu einer wichtigen Mittelmacht. Die Erinnerung an den antifaschistischen Widerstand, vor allem gegen Mussolinis »Italienische Sozialrepublik« im Norden, bot eine Art Mythos, der das Land einigte. Doch dieser Mythos stand immer weniger in einem realen Verhältnis zu den tatsächlichen Wirkungen, die dieser Widerstand hervorgebracht hatte. Weit schwieriger erwies sich die Etablierung funktionsfähiger demokratischer Institutionen. Hier wirkte sich der Verlust des Kolonialreiches eher förderlich aus, weil es die geringen Ressourcen des Landes stets sehr stark beansprucht hatte.

Frankreich war 1940 besiegt, aber von seinen Verbündeten wieder befreit worden. Charles de Gaulles Bemühungen waren erfolgreich, nach der Befreiung seine Autorität in Frankreich zu sichern. Er bestand jedoch darauf, daß Frankreich den Großmachtstatus behalten solle, der dem Land seiner festen Überzeugung nach gebührte. Seine Nachfolger schlitterten dadurch in eine Serie katastrophaler Kolonialkriege, und de Gaulle mußte erneut das Land aus diesen Zwangslagen befreien. Vor allem auf Drängen der britischen Regierung wurde Frankreich eine Hauptrolle bei der Bildung der Vereinten Nationen und bei der Kontrolle der besetzten Länder Deutschland und Österreich zugestanden. Die Franzosen bewiesen ihre Dankbarkeit dadurch, daß sie ihr Veto gegen den Beitritt Großbritanniens zur Europäischen Wirtschaftsgemeinschaft einlegten.

Wie viele andere westeuropäische Länder quälte auch Frankreich jahrzehntelang das Problem, daß viele Franzosen mit den Besatzern kollaboriert hatten. In den Jahren nach der Befreiung erfolgten strenge und manchmal willkürliche Säuberungsprozesse.[14] Dann folgten Jahre, in denen alles vergessen und vergeben schien, und schließlich lebten die Fragen und Vorwürfe wieder auf. Pierre Laval, Vidkun Quisling und viele andere waren zwar hingerichtet worden, aber die Fragen zum Verhalten einer großen Zahl anderer Kollaborateure blieben ungeklärt.

Besonders stark wirkte sich der Krieg auf Großbritannien aus, obwohl diese Tatsache für viele Zeitgenossen nicht erkennbar war. Die Machtstellung des Landes war schon in den Vorkriegsjahren immer weiter verfallen, und während des langen Krieges war es teilweise von der Unterstützung der Vereinigten Staaten abhängig gewesen. Außerdem hatten auch die Mitgliedsstaaten des Commonwealth dem Mutterland große Hilfe geleistet und Kredite gewährt, die viele von ihnen neben ihrem eigenen direkten militärischen Kriegsbeitrag erbrachten. Die Bande des Empire hatten sich weiter gelockert. Churchill war zwar der Auffassung, daß die imperiale Rolle Großbritanniens erhalten bleiben müsse, vor allem in Indien. Gerade die Tatsache jedoch, daß er das Land erfolgreich durch die große Qual geführt hatte, zehrte an den Kräften des Landes. Churchill hatte diesen Prozeß begriffen. Er trat teilweise aus diesem Grunde für eine Politik umfassender Zugeständnisse an die Sowjetunion ein, um wenigstens dem sowjetischen Expansionsdrang bestimmte Grenzen setzen zu können, bevor England noch schwächer wurde. Wie schwer ihm diese Erkenntnis fallen mußte, zeigt sich in seinen Erinnerungen, die zugleich eine Geschichte des Krieges sind, und in denen er sich als Befürworter einer Politik erweist, die das Gegenteil der von ihm in Wirklichkeit verfolgten Politik ist. Unter einer neuen Regierung wurde das Vereinigte Königreich zu einer gerechteren Gesellschaft, während es im auswärtigen Bereich viele seiner imperialen Fesseln abwarf. Als sehr viel schwieriger und mühsamer erwies sich jedoch die Aufgabe, die neue Stellung des Landes in einer veränderten Welt zu bestimmen.

In den Niederlanden verursachte der furchtbare Winter 1944/45 zusätzliche Erbitterung über die Deutschen, doch hier wie auch in Luxemburg kam es nach der Rückkehr der Exilregierungen zu einem langsamen und schwierigen, aber wirkungsvollen Erholungsprozeß. Dieser Prozeß wurde von den Vereinigten Staaten unterstützt. Dies galt auch für Belgien, ein Land, das von der Frage zerrissen wurde, was mit dem Monarchen geschehen sollte, der im Land geblieben war und der jetzt zum Rücktritt veranlaßt wurde. Außerdem herrschten Spannungen zwischen den flämischen und den wallonischen Bevölkerungsteilen Belgiens. Dänemark und Norwegen hatten im Krieg verhältnismäßig geringe physische Schäden erlitten, weil beide Länder zum Zeitpunkt der deutschen Kapitulation noch von den Deutschen besetzt gewesen waren. Eine Ausnahme bildete der nordöstlichste Teil Norwegens, der von der sich zurückziehenden deutschen Armee verwüstet wurde. Die Rote Armee hatte den befreiten nordöstlichen Teil sofort der norwegischen Exilregierung zurückgegeben. Die Insel Bornholm hingegen übergaben die Sowjets den Dänen erst im Jahre 1946. Beide skandinavischen Länder waren von den Deutschen rücksichtslos ausgebeutet worden; ihre stabilen demokratischen Systeme jedoch unterstützten die Rückkehr zur Normalität.

Finnland hatte im September 1944 versucht, sich aus dem Krieg zurückzuziehen, fand sich aber bald in einen Kampf gegen den früheren Verbündeten Deutschland verwickelt. Nachdem sich die deutschen Streitkräfte aus dem nördlichen Landesteil zurückgezogen hatten – nicht ohne ihn zu verwüsten –, stand Finnland vor dem Problem des Wiederaufbaus. Gleichzeitig sollte das Land Reparationszahlungen an die Sowjetunion leisten, obwohl es durch die Kriegsanstrengungen geschwächt war. Finnland hatte vor allem im Norden territoriale Verluste erlitten, die über die Verluste vom März 1940 hinausgingen, und wurde von seinem großen und siegreichen Nachbarn weiterhin mißtrauisch beobachtet. Anstelle der in dem Vertrag vom März 1940 vorgesehenen Verpachtung Hangös wurde das Porkkala-Gebiet an die Sowjetunion verpachtet, die 1955 freiwillig darauf verzichtete, das Pachtverhältnis fortzusetzen. Finnland konnte jedoch seine Unabhängigkeit behalten.

Die sowjetischen Archive werden vielleicht bald geöffnet werden, so daß die Frage geklärt werden könnte, warum Stalin den Finnen erlaubte, ihre politischen Institutionen zu behalten, solange sie keine Außenpolitik verfolgten, die sich gegen die

Sowjetunion richtete. Stalins Entscheidung gründete möglicherweise auf einer zweifachen Besorgnis, zum einen hinsichtlich der Allianz mit den Westmächten, zum anderen mit Blick auf die grimmige Entschlossenheit der Finnen, ihre Unabhängigkeit zu verteidigen. Besonders dieser letztgenannte Aspekt schien Stalin zu der Haltung bewogen zu haben, daß ein neutrales und mindestens in der Außenpolitik freundliches Finnland einer unruhigen Provinz vorzuziehen sei. Auch die sowjetischen Beziehungen zum Westen hätten beeinträchtigt werden können, wenn die Sowjets Finnland als Provinz hätten behalten wollen.

Polen veränderte sich in der Folge des Krieges dramatischer als jedes andere Land mit Ausnahme der besiegten Staaten. Die Armeen Deutschlands und der Sowjetunion waren mehrmals durch Polen marschiert und hatten dabei gewaltige Zerstörungen hinterlassen. Die Deutschen hatten ferner Warschau systematisch zerstört und sich besonders bemüht, die polnische Wirtschaft zu ruinieren. Die Verluste an Menschenleben umfaßten die große Mehrheit der jüdischen Bevölkerung Polens; Hunderttausende von Zivilpersonen kamen bei den Kämpfen ums Leben, Auftakt der systematischen Vernichtung der Polen, die für die Zeit nach einem deutschen Sieg geplant gewesen war. Weitere Millionen Menschen waren sowohl von den Deutschen als auch von den Sowjets deportiert worden. Die Grenzen des Landes verliefen nach 1945 völlig anders als 1939, woraus sich weitere Bevölkerungsverschiebungen ergaben, die zunächst schwierig waren, obwohl sie nach ihrem Abschluß zu einer einheitlicheren Bevölkerung auf einem etwas reicheren Territorium führten. Und als ob diese umfassenden Veränderungen nicht genügten, wurde dem Staat nach dem Ende des Krieges auch noch eine Diktatur nach dem Vorbild der Sowjetunion aufgezwungen.

Polen war schon vor der deutschen Invasion von 1939 alles andere als eine Demokratie gewesen. Das System jedoch, das dem Land 1945 und in den unmittelbar folgenden Jahren aufgenötigt wurde, hatte in Polen keinerlei Wurzeln. Das neue System verfestigte sich, indem es stalinistischen Terror mit einem internen Krieg gegen die Überreste der Untergrundarmee, der Armee im Lande (Armia Krajowa), verband. Es umfaßte eine vollständige Neuordnung der polnischen Gesellschaft nach einem Modell, das praktisch von keinem Segment der Bevölkerung gebilligt wurde. Erst über 40 Jahre später wurden die in Jalta zugesicherten freien Wahlen durchgeführt. Mit diesen Wahlen wurde das gesamte Gebäude – oder was davon übrig war – hinweggefegt. Das polnische Volk mußte dort neu beginnen, wo es 1939 gestanden hatte. Der Krieg hatte viel verändert; jetzt kamen auch die Lasten hinzu, die durch jahrzehntelange Unterdrückung und Mißwirtschaft verursacht worden waren.

Die baltischen Staaten Estland, Lettland und Litauen hatten im Verlauf und als Ergebnis des Krieges ihre Unabhängigkeit verloren und konnten sie im Unterschied zu den kleineren Ländern Westeuropas auch nach dem Krieg nicht zurückgewinnen. Die Vereinigten Staaten weigerten sich, die Annexion der drei Staaten durch die Sowjetunion anzuerkennen, während sich die Briten formal der Position Roosevelts in dieser Frage zögernd anschlossen. Die Alltagswirklichkeit in den drei Ländern jedoch war völlig anders. Sie gingen als Sozialistische Sowjetrepubliken in der UdSSR auf. Die Sowjetunion versuchte beharrlich, wenn auch nicht in allen Punkten mit Erfolg, die drei Länder nach dem System umzugestalten, das in den übrigen Sowjetrepubliken etabliert worden war. Als Teil der früheren territorialen Neuordnung, die von Hitler und Stalin eingeleitet worden war, trat Polen das seit langem umstrittene Wilna-Gebiet an Litauen ab, und in den folgenden Jahrzehnten erhielt die Stadt Wilna und das umliegende Gebiet erstmals eine überwiegend litauische Bevölkerung. Andererseits entstanden durch die bewußte Ansiedlung von Russen in den baltischen Ländern neue Nationalitätenprobleme. 1990 gewannen die drei Länder endlich ihre wirkliche und nicht nur nominelle Unabhängigkeit zurück. Auch sie mußten dort neu beginnen, wo sie sich ein halbes Jahrhundert zuvor befunden hatten. Litauen trennt nunmehr die nördliche Hälfte des ehemaligen deutschen Ostpreußen, das seit 1945 Bestandteil der Russischen Souveränen Föderativen Sowjetrepublik war, vom russischen Territorium. Für Litauen ergab sich daraus zwangsläufig ein weiteres Problem in seinen Beziehungen zum russischen Staat, der aus der zerbrechenden Sowjetunion hervorgegangen war.

Rußland selbst, das bei weitem größte Land Europas und der Welt, wurde durch die Kriegserfahrungen verändert. Das Land hatte unter allen kriegführenden Parteien die größten Verluste an Menschenleben zu beklagen; die physischen Zerstörungen seiner Städte, Industrieanlagen und seines Verkehrssystems waren gewaltig. Zu den Verwüstungen in den direkt von den Kämpfen betroffenen Gebieten kamen die starken wirtschaftlichen Schäden hinzu, die auch in den von der Invasion nicht betroffenen Gebieten durch die Überbeanspruchung der Industrien und durch eine notleidende Bevölkerung entstanden waren. Die Sowjetunion hatte von ihren Verbündeten weitreichende Unterstützung empfangen, was insbesondere für das Überleben der Zivilbevölkerung wichtig gewesen war, doch war der Lebensstandard am Ende des Krieges in der Tat entsetzlich niedrig. Ein Wiederaufbau mußte der Wirtschaft sehr viel abverlangen. Stalins Außenpolitik bewirkte, daß jede auswärtige Hilfe verhindert wurde, die über das ursprüngliche Hilfsprogramm der United Nations Relief and Rehabilitation Administration (UNRRA) hinausging. Vor diesem Hintergrund bemühte sich, wie zu erwarten war, die sowjetische Regierung nach Kräften, aus seiner Vorherrschaft in Osteuropa und der Kontrolle der Besatzungszone in Deutschland größtmöglichen ökonomischen Nutzen zu ziehen. Dennoch blieb der Wiederaufbau eine langdauernde und schwierige Aufgabe.

Mit dem kommunistischen Marionettenregime Polens wurde nach dem Krieg ein neues Grenzabkommen ausgearbeitet – oder vielmehr den Polen aufgezwungen. Durch dieses Abkommen veränderte sich das sowjetische Territorium auf Kosten des Vorkriegsgebietes Polens. Der Ostteil Polens wurde annektiert, ebenso die nördliche Hälfte des früheren Ostpreußen und der äußerste östliche Teil der Tschechoslowakei. Im Norden gliederte sich die Sowjetunion zusätzlich zu den im Friedensvertrag vom

März 1940 annektierten Gebieten weitere Teile Finnlands ein. Das wichtigste Territorium war dabei das Petsamo-Gebiet. Finnland verlor den Zugang zum Nordpolarmeer, während die UdSSR die Nickelbergwerke und eine gemeinsame Grenze mit Norwegen erhielt. Rumänien wurden – über die Gebiete hinaus, die die Sowjetunion bereits im Sommer 1940 besetzt hatte – keine weiteren Gebiete abgenommen, möglicherweise, weil die Rumänen im August 1944 auf die Seite der Alliierten übergegangen waren.

Der neue Status der Sowjetunion gründete sich jedoch keineswegs primär auf diese territorialen Zuwächse und die Vorherrschaft über die Länder Ost- und Südosteuropas. Vielmehr wirkte sich der Krieg sowohl auf die interne als auch auf die internationale Situation der Sowjetunion aus. In der UdSSR stellte der Krieg, der als Großer Vaterländischer Krieg bezeichnet wurde, den Hauptfaktor der Konsolidierung des Systems dar. Jahrzehnte später sollte zwar die gesamte Struktur des Systems zerfallen, aber in der unmittelbar auf den Krieg folgenden Periode vermittelten die traumatischen Kriegserfahrungen und der errungene Sieg sowohl Nationalstolz als auch ein Gefühl der Zusammengehörigkeit, die seit 1917 nicht mehr vorhanden gewesen waren und die nur sehr langsam wieder erodierten. Der Stolz war der Hauptrolle zuzuschreiben, die die Sowjetunion bei der Niederwerfung Deutschlands gespielt hatte. Die sowjetische Propaganda vergrößerte die Rolle der Sowjetunion so sehr, daß alle anderen Beteiligten praktisch ausgeschlossen wurden. Das Regime wurde so vom Anschein einer Legitimität umgeben, die es zuvor niemals besessen hatte und später nicht mehr erhalten konnte.

In der internationalen Politik wurde die Sowjetunion im Ergebnis des Krieges zu einer vorherrschenden Weltmacht und wurde auch als solche anerkannt – jenes Land, das die Deutschen mitsamt der Mehrheit seiner Bewohner von der Weltkarte hatten radieren wollen, hatte sein Staatsgebiet vergrößern, seinen Einfluß ausweiten und seinen Status befestigen können. Statt zerstört zu werden, hatte die Sowjetunion eine Hauptrolle bei der Zerstörung Deutschlands gespielt, war nach Mittel- und Südosteuropa vorgedrungen und wurde Gründungsmitglied der neuen Organisation der Vereinten Nationen mit dem Statussymbol einer Großmacht: einem Sitz im Sicherheitsrat. Die Sowjetunion rief keinen Spott hervor, sondern Achtung und sogar Furcht. Eine stärkere Veränderung ihrer Situation gegenüber den Jahren 1917 oder 1939 war nicht vorstellbar. Stalin war neben Tschiang Kai-schek der einzige Führer eines wichtigen Landes, der 1939 bereits und 1945 noch immer an der Macht war. Zwar würden sich eines Tages viele fragen, ob Stalins Leistung angesichts der Millionen Toten in der Sowjetunion wirklich so großartig gewesen war, aber zum damaligen Zeitpunkt erschien er als der größte Gewinner des Krieges.

Die Tschechoslowakei war im Krieg nicht so stark verwüstet worden wie die meisten anderen Gebiete in Ost- und Südosteuropa, obwohl in ihrem slowakischen Teil heftige Kämpfe stattgefunden hatten. Das Land war ohne Kampf von den Deutschen besetzt worden, die Deportation oder Vernichtung der tschechischen Bevölkerung auf die Zeit nach dem Sieg verschoben hatten. Infolgedessen hatte der westliche Landesteil lediglich die normale ökonomische Ausbeutung ertragen müssen. Wie in den anderen Gebieten, die sich unter deutscher Kontrolle befunden hatten, war auch in der Tschechoslowakei die jüdische Bevölkerung größtenteils ermordet worden. Die grundlegende Wirtschaftsstruktur des Landes wurde jedoch nicht beeinträchtigt. Der nach den Grenzen vor dem Münchener Abkommen im äußersten Osten gelegene Landesteil war nun von der Sowjetunion annektiert worden. Der Marionettenstaat Slowakei war verschwunden; seine führenden Politiker wurden vor Gericht gestellt, und viele von ihnen wurden nach Kriegsende hingerichtet. Das nach dem Münchener Abkommen an Deutschland abgetretene Gebiet wurde wieder der Tschechoslowakei eingegliedert und die deutschstämmigen Bewohner wurden vertrieben, wobei alle ihren Besitz und viele ihr Leben verloren. Für kurze Zeit schien es, als könne das Land die von vielen in seiner Führung erwünschte Rolle einer Brücke zwischen Ost und West übernehmen, aber Anfang 1948 wurden diese Hoffnungen durch den kommunistischen Staatsstreich zerstört. Vor dem Land lagen vierzig dunkle Jahre.

Ungarn, Rumänien und Bulgarien befanden sich bei Kriegsende unter der Kontrolle der Roten Armee. Obwohl das Ausmaß der Zerstörungen und die Verluste an Menschenleben in diesen drei Ländern unterschiedlich waren, erlitten sie unmittelbar das gleiche Schicksal: Sie wurden zu sowjetischen Satellitenstaaten und durchliefen einen Prozeß der vollständigen sozialen und politischen Umorientierung. Ungarn verlor alle Gebiete, die es als Bündnispartner Deutschlands erworben hatte; außerdem mußte es einen kleinen Landstrich (den Brückenkopf südlich der Donau bei Preßburg) an die Tschechoslowakei abgeben. Rumänien bekam die Gebiete wieder, die es 1940 an Ungarn hatte abtreten müssen, nicht jedoch die Gebiete, die es an die Sowjetunion und Bulgarien verloren hatte. Bulgarien war das einzige Land, das im Krieg zu den Verlierern gehört hatte, aber dennoch sein Staatsgebiet vergrößern konnte: Es durfte die südliche Dobrudscha behalten, die 1940 von Rumänien abgetreten worden war (ein Gebiet, das Bulgarien nach dem Ersten Weltkrieg verloren hatte). Alle drei Staaten mußten Reparationen zahlen, die jedoch in Gütern geleistet werden durften.[15]

Jugoslawien hatte nicht nur Besetzungen und einen langen Kampf mit den verschiedenen Besatzungstruppen, sondern auch einen Bürgerkrieg durchlitten. Das Land war furchtbar verwüstet und ausgebeutet worden; die erlittenen Qualen konnten auch durch die substantiellen Gebietsgewinne auf Kosten Italiens kaum ausgeglichen werden. Die Befreiung des Landes war jedoch in hohem Maße den Truppen des jugoslawischen Widerstandes zu verdanken, so daß die Sowjetunion nicht in der Lage war, diesen Staat – im Gegensatz zu seinen nördlichen und östlichen Nachbarn – unter ihre Kontrolle zu bringen. Tito errichtete zwar eine kommunistische Herrschaft, brach aber bald mit Moskau. Die kommunistischen Aufständischen gewannen die Kontrolle über Albanien, während die nationalistischen Aufständischen zu lange warteten, um gegen die Besatzungsmacht der Achse Widerstand zu leisten. Die Kommunisten in Albanien befürchteten eine jugoslawische Vorherrschaft oder gar die

Annexion des Landes durch Jugoslawien. Sie suchten deshalb Schutz bei der Sowjetunion, um sich gegen Jugoslawien zu verteidigen. In einer der jugoslawischen Provinzen lebte eine Mehrheit, die in Wirklichkeit albanischer Abstammung war und nicht dem Volk der Serben angehörte, das die Provinz aber beherrschte. Jahrzehntelang versuchte die neue Diktatur, Albanien eine neue Gestalt zu verleihen, während das Land in den internationalen Beziehungen gleichzeitig auf seinem Status als unabhängiges Land bestand.

Griechenland waren zwar die Verwüstungen der Kämpfe von 1944 erspart geblieben, doch war das Land durch die jahrelange Besatzungszeit erschöpft. Von Italien erhielt es den Dodekanes, eine Inselgruppe in der Ägäis, sicherlich ein willkommener Territorialgewinn, aber der Friedensschluß mit Italien brachte dem Land keinen inneren Frieden. Der Bürgerkrieg, der schon unter der Besatzungszeit der Achsenmächte begonnen hatte, wurde in verschiedenen Formen weitergeführt. Die Qual der Griechen sollte noch jahrelang anhalten.

Der afrikanische Kontinent war vom Krieg auf dramatische Weise betroffen, obwohl die Kämpfe nur in verhältnismäßig kleinen Gebieten stattgefunden hatten. Das Ende des italienischen Kolonialreiches wies den Weg zu neuen Entwicklungen. Äthiopien erhielt wieder seine Unabhängigkeit und gewann die ehemalige italienische Kolonie Eritrea hinzu, ein Gebietsgewinn, der sich später nicht nur als vorteilhaft erweisen sollte. Das italienische Somalia wurde bald durch Britisch-Somalia erweitert und in die Unabhängigkeit entlassen. Auch Libyen wurde unabhängig.[16] Diese Veränderungen weisen auf eine höchst bedeutsame Wirkung des Krieges hin. Als Ergebnis des Ersten Weltkriegs hatten sich die kolonialen Beziehungen gelockert, durch die der größte Teil Afrikas an europäische Staaten gebunden gewesen war. Der Zweite Weltkrieg zerriß diese Bande. Die Niederlage Frankreichs im Jahre 1940 hatte sein Prestige zerstört. Die Realität der frühen französischen Niederlage ließ sich nicht auslöschen, was auch immer de Gaulle im damaligen Französisch-Äquatorialafrika oder bald darauf in Algerien unternehmen mochte. Amerikaner und Briten hatten die Hauptrolle bei der Befreiung Französisch-Nordwestafrikas vom Einfluß der Achsenmächte übernommen, hatten jedoch kein Interesse daran, diese Länder selbst zu übernehmen. Die wichtigste Frage war die Wiederherstellung der französischen Herrschaft. Kurzfristig schien dies möglich; langfristig jedoch erwies es sich als gänzlich unmöglich. Der unmittelbar auf das Kriegsende folgende Aufstand in Madagaskar wurde niedergeschlagen, doch der Krieg, der bald darauf in Algerien ausbrach, zerstörte die Vierte Republik der Franzosen, ohne die französische Vorherrschaft wiederherzustellen. Neue Formen der Verbindung zu Frankreich mochten entwickelt werden; das französische Kolonialreich in Afrika jedoch war von der Landkarte verschwunden.

Die Dynamik des Dekolonialisierungsprozesses in Britisch-Afrika unterschied sich von der Situation in Französisch-Afrika, war aber deutlich spürbar. Die Ägypter waren verärgert darüber, daß britische Truppen auch weiterhin in ihrem Land stationiert waren. Nachdem die Achsenmächte besiegt waren, fragte man sich in Ägypten, gegen wen die Briten den Suez-Kanal verteidigen wollten. Die Mehrheit der Weißen, die die Südafrikanische Union beherrschten, stimmten 1948 für jene Kräfte, die sich gegen eine Kriegsbeteiligung ausgesprochen hatten. Sie zogen es vor, eine Art inneren Krieg gegen die schwarze und farbige Bevölkerungsmehrheit zu führen. Auf jeden Fall waren sie an einer Führungsrolle Londons nicht interessiert. In den unmittelbaren Nachkriegsjahren strebten die verschiedenen von den Briten kontrollierten Gebiete des Kontinents zwischen Kairo und dem Kap der Guten Hoffnung in die Unabhängigkeit. Die Goldküste, die Ghana genannt wurde, war das erste Land, das 1957 die volle Unabhängigkeit erhielt. Die großen Siedlungen der Europäer in Kenia und in Südrhodesien erschwerten zwar diesen Prozeß, konnten ihn jedoch nicht aufhalten. Auf jeden Fall wurde die Entwicklung dadurch erleichtert, daß sich die Haltung zum imperialen Gedanken innerhalb der größten Kolonialmacht veränderte.

In Asien wurde die Dekolonialisierung durch den Krieg zum einen verzögert, zum anderen aber auch beschleunigt. In Syrien und im Libanon war eine Rückkehr der französischen Herrschaft ausgeschlossen, denn sowohl die Briten als auch das Freie Frankreich hatten diesen Gebieten beim Beginn der Kämpfe in der Region im Juni 1941 die Unabhängigkeit zugesichert. Auch wenn de Gaulle andere Vorstellungen hatte, so war doch angesichts der starken nationalistischen Bewegungen, vor allem in Syrien, eine Rückkehr zum Mandatssystem nicht mehr möglich. Im Irak hatte sich die Regierung al-Gaylani an den Achsenmächten ausgerichtet und in der Folge eine zeitweilige erneute Bestätigung des britischen Einflusses hervorgerufen, doch nach dem Ende des Krieges kehrte das Land auf seinen mühsamen Weg in die Unabhängigkeit zurück. Die Situation im Iran war ähnlich, auch wenn sie sich im Detail anders gestaltete. Ab 1945 ließ sich die Besetzung des Landes durch die Briten und die Sowjets nicht mehr wie 1941 begründen, so wie auch die Rolle der Briten im Irak nicht mehr zu rechtfertigen gewesen war. In der Tat zogen sich die Briten aus dem Iran zurück. Die Sowjetunion jedoch war zunächst wenig geneigt, ihr Versprechen für einen Truppenabzug einzulösen. Massiver internationaler Druck, vor allem von seiten der Vereinigten Staaten, wurde erforderlich, um einen Rückzug der sowjetischen Militärmacht aus dem Nordteil des Landes herbeizuführen. Möglicherweise läßt sich diese Frage nach der Öffnung der Archive in Moskau besser beurteilen. Auf jeden Fall hatte sich während der Kriegsjahre das iranische Verkehrssystem in hohem Maße verbessert, da Nachschubverbindungen der Alliierten zur Unterstützung der Sowjetunion gebaut worden waren. Ein weiteres Ergebnis des Krieges waren die neuen Beziehungen zu den Vereinigten Staaten, die sich später als schwierig erweisen sollten.

Die jüdische Immigration in Palästina war von der britischen Regierung sehr stark eingeschränkt worden. Die Briten hatten gehofft, auf diese Weise die Feindschaft der Araber in Grenzen zu halten. Dies geschah kurz vor dem Zeitpunkt, zu dem in

Deutschland die Massenmordkampagne eingeleitet wurde, so daß das britische Mandatsgebiet fast der einzige mögliche Zufluchtsort der potentiellen Opfer war. Zuvor hatten die Briten ihr palästinensisches Mandatsgebiet am Jordan in zwei verschiedene Einheiten aufgeteilt und Juden in etwa drei Vierteln des Gebiets den Zugang verwehrt. Jetzt sollte auch das letzte Viertel für weitere Einwanderer geschlossen werden, wenn sie jüdischer Abstammung waren (die Einwanderung von Arabern war zu jedem Zeitpunkt erlaubt). Der Krieg hat eine ganze Reihe komplizierter und interagierender Wirkungen auf diese Situation mit sich gebracht.

Die arabische nationalistische Bewegung war während des Krieges überall stärker geworden, ein Prozeß, der durch die offenkundige Schwächung der Briten und Franzosen befördert wurde. Der Führer der arabischen Nationalisten in Palästina hatte sich jedoch den Achsenmächten angeschlossen und sich dadurch diskreditiert, so daß der örtlichen arabischen Bevölkerung ein glaubwürdiger Interessenvertreter fehlte. Andererseits wurde bei Kriegsende das Ausmaß des Mordes an den europäischen Juden bekannt. Zumindest ein Teil der Weltöffentlichkeit hatte Verständnis für die Notlage der Überlebenden des Holocaust – zu einem Zeitpunkt, zu dem die Überlebenden zunehmend verzweifelt in Palästina nach einer neuen Heimat suchten.

Die britische Regierung entschied, daß die Präsenz Großbritanniens in Indien nicht mehr aufrechterhalten werden solle. Mit dieser Entscheidung wurde auch die Begründung hinfällig, daß die Briten die nördliche Flanke des Suez-Kanals, einer lebenswichtigen Versorgungsverbindung zu Indien, verteidigen müßten. Dies wiederum war ein zentraler Faktor für das Interesse Londons an dem Mandat für Palästina gewesen. Unter diesen Umständen bedeutete der Konflikt im Mandatsgebiet für die Briten mehr Probleme, als ihnen das Mandat wert war. Deshalb zogen sie sich zurück, und die Vereinten Nationen beschlossen, die Region in zwei Staaten zu teilen, einen arabischen und einen jüdischen Staat. Jerusalem sollte internationalen Status erhalten.

Die Repräsentanten der jüdischen Bevölkerung waren gewillt, diese Entscheidung der Vereinten Nationen zu akzeptieren. Die Araber jedoch waren dazu nicht bereit und griffen in Erwartung einer schnellen Eroberung sowohl den neugegründeten Staat Israel als auch das internationale Gebiet von Jerusalem an. Der Versuch schlug fehl; die Juden verteidigten sich erfolgreich und hielten die ihrem neuen Staat zugeteilten Gebiete, Teile des Territoriums, das ursprünglich für den arabischen Staat vorgesehen gewesen war, und einen kleinen Teil des Gebiets von Jerusalem, während die Stadt zum größten Teil unter arabischer Kontrolle blieb. Die Kampfhandlungen wurden durch eine Reihe von Waffenstillstandsabkommen für gewisse Zeit eingestellt, doch führte dies nicht zum Frieden. Daß diese Entwicklungen im Zusammenhang mit dem Zweiten Weltkrieg erwähnt werden, ist damit zu begründen, daß der neue jüdische Staat, der Israel genannt wurde, von gewissen Aspekten des Krieges ebenso stark betroffen war wie die umliegenden, gerade erst unabhängig gewordenen arabischen Staaten.

Die Entscheidung vieler extremer arabischer Nationalisten, sich im Krieg auf die Seite Deutschlands zu schlagen, beeinflußte mit Sicherheit die Vereinten Nationen bei der Billigung eines jüdischen Staates – der viel größer war als das winzige Staatsgebilde, das sich die Königlich Britische Kommission, die Peel Commission, vor dem Krieg vorgestellt hatte. Es war offenkundig, daß ein Staat dieser Art entstehen würde, sobald die Krise vorbei war, die zum Aufschub seiner Gründung geführt hatte. In diesem Sinne mochte der zeitliche Aufschub der Staatsgründung Israels Ähnlichkeit zu den Verzögerungen bei der Unabhängigkeit des Iraks, Ägyptens und des Irans aufweisen; der damals geplante Staat unterschied sich jedoch grundlegend von dem Staat, der sich tatsächlich entwickelte.

Die unübersehbare Verzweiflung der jüdischen Überlebenden des Holocaust und die Pogrome in Polen, die eine Rückkehr der von dort stammenden Juden unmöglich machten, ließen eine neue Lösung unvermeidlich erscheinen. Die Unabhängigkeit erleichterte einer großen Zahl jüdischer Immigranten die Einreise in den neuen Staat. Eines der Ziele Israels war es, zu einem sicheren Hafen für jeden einwanderungswilligen Juden zu werden. Auf längere Sicht bedeutete jedoch das entsetzliche Ausmaß der Ermordung von Juden in Osteuropa, daß das größte Reservoir, aus dem die jüdische Immigration bislang gekommen war, auf einen Bruchteil seiner früheren Größe geschrumpft war. Schon bald würden deshalb die jüdischen Flüchtlinge aus den gerade unabhängig gewordenen arabischen Ländern in Nordafrika und im Nahen Osten die Zahl der jüdischen Einwanderer aus Europa übertreffen. Diese Frage und die damit zusammenhängenden Probleme sollten der Region noch jahrelang Schwierigkeiten bereiten.

Auch in Indien hatte der Krieg sowohl eine verzögernde als auch eine beschleunigende Wirkung auf die Dekolonialisierung. Ohne den Krieg wäre Churchill sicherlich nicht Premierminister des Vereinigten Königreichs geworden. Seine standfeste Ablehnung einer stärkeren Selbstbestimmung Indiens in den dreißiger Jahren hatte ihn von allen anderen Parteien in England isoliert. Hingegen lag nahe, daß Sir Samuel Hoare der nächste Vizekönig von Indien werden würde, nachdem er den Government of India Act von 1935 gegen Churchills verzweifelten Widerstand durch das Parlament gebracht hatte. Hoare hätte dann vermutlich Anfang oder Mitte der vierziger Jahre die Rolle übernommen, die Lord Louis Mountbatten ein paar Jahre später spielen sollte.

Daß der Krieg gleichzeitig eine verzögernde und beschleunigende Wirkung auf den Prozeß der Unabhängigkeit Indiens hatte, wird deutlich, wenn Churchills imperiale Vision dem Zusammenbruch der Macht und des Prestiges Großbritanniens gegenübergestellt wird, die sich aufgrund der Kriegsanstrengungen und der Niederlage gegen die Japaner im frühen Stadium der Kämpfe in Südostasien ergaben. Mountbatten wurde in Beziehung gebracht zur Wiederherstellung des britischen militärischen Prestiges in dieser Region. Während seiner Tätigkeit als Oberbefehlshaber der alliierten Streitkräfte in Südostasien wurde die japanische Invasion Indiens abgewehrt und Birma zurückerobert. Aufgrund dieser Position Mountbattens lag es nahe, daß die Londoner Labour-Regierung der Nachkriegszeit ihn damit beauftragen würde, die Unabhängigkeit Indiens herzustellen. [17] Der neue Premierminister, Clement Attlee, war Vertreter der Labour Party in der British Statutory Commission, deren Empfehlungen seinerzeit Churchills Zorn provoziert hatten. Es gab kein Zurück in die Zeit um die Jahrhundertwende, der Churchills Denken noch immer verhaftet war.

Der Krieg hatte zwar in Bengalen zu einer furchtbaren Hungersnot beigetragen, doch insgesamt die ökonomische Entwicklung Indiens gefördert. Sehr viele Inder hatten in der britisch-indischen Armee gedient, viele hatten in neuen Fabriken lernen können, und die Hafenanlagen waren sehr stark ausgebaut und modernisiert worden. Unglücklicherweise waren auch Spannungen zwischen den unterschiedlichen religiösen Gemeinschaften auf dem Subkontinent weiter angefacht worden, wodurch die Entstehung eines einheitlichen Staates verhindert wurde. Jene Gegner Gandhis, wie Subhas Chandra Bose, die seit langem Gewalt für ein angemessenes Mittel hielten, wenn sie von redlichen Menschen mit den richtigen Zielen eingesetzt wurde, trugen lediglich zu einem tödlichen Sturm der Gewalt in den religiösen Gemeinschaften bei. Diese Gewalt begleitete die Teilung Indiens und befleckte die Geschichte der Region auch später immer wieder. Dies galt für alle vier und später fünf Staaten, die aus dem Britischen Empire in Südasien hervorgingen: Indien, Pakistan, Birma, Ceylon (Sri Lanka) und schließlich Bangladesch.

Ähnliche Entwicklungen gab es auch in Südostasien. Die Philippinen waren das deutlichste Beispiel dafür, daß sich als Folge des Krieges eine Mischung von verzögernden und beschleunigenden Faktoren im Dekolonialisierungsprozeß ergab. Schon vor dem Krieg hatten die Vereinigten Staaten beschlossen, sich von den Philippinen zurückzuziehen. Die Unabhängigkeit war für das Jahr 1944 vorgesehen gewesen: Die letzten amerikanischen Stützpunkte sollten 1946 geräumt werden. Durch die japanische Invasion verzögerte sich der Termin der Unabhängigkeit, und infolge der Besorgnis über die sowjetische Macht im Pazifik wurde auch die Räumung der Stützpunkte aufgeschoben. Zu keinem Zeitpunkt gab es jedoch Zweifel daran, daß die Inselgruppe unabhängig werden würde. Die Kriegszerstörungen, die zahlreichen philippinischen Bürger, die an der Seite der Amerikaner gekämpft hatten, und die neuen Defensivabkommen bedeuteten nun, daß die Unabhängigkeit des neuen Staates von den Amerikanern mit sehr viel größeren Finanzhilfen unterstützt werden würde, als bisher erwartet worden war.

In den britischen und niederländischen Besitzungen in Südostasien hatte der Krieg die Wellen des Nationalismus hochschlagen lassen, während das Prestige der Kolonialmächte Großbritannien und der Niederlande immer weiter verfiel. Die verschiedenen Gebiete auf dem Festland und auf den Inseln benötigten mehrere Jahre, um ihre Unabhängigkeit zu erringen, doch der Prozeß war nicht mehr aufzuhalten und wurde im Falle des ehemaligen Niederländisch-Indien von den Vereinigten Staaten aktiv vorangetrieben. Die Vereinigten Staaten hatten sich ursprünglich – auf Drängen

Präsident Roosevelts – dagegen ausgesprochen, daß Frankreich wieder die Kontrolle über Französisch-Indochina erhalten solle. Der auf dem dortigen Schauplatz operierende amerikanische Geheimdienst OSS hatte mit den vietnamesischen Nationalisten unter Ho Chi Minh zusammengearbeitet und sie in ihrem Kampf gegen die Japaner unterstützt. Die letzte Operation des Pazifik-Krieges, die Invasion der japanischen Hauptinsel Honshu im Frühjahr 1946, war folglich ganz bewußt so geplant worden, daß jene zwei französischen Divisionen daran beteiligt werden konnten, die de Gaulles Regierung ursprünglich nach Indochina hatte entsenden wollen. Nachdem die Vereinigten Staaten jedoch die Lage im Nachkriegseuropa neu eingeschätzt hatten, änderten sie ihre Politik. Sie unterstützten nunmehr die Franzosen bei dem Versuch, ihren Status als Kolonialmacht wiederherzustellen – eine Richtungsänderung, die weitreichende Konsequenzen haben sollte.

Der umfassendste Dekolonialisierungsprozeß fand in dem Kolonialreich statt, das Japan erobert hatte. Der 1931 eingeleitete Versuch war fehlgeschlagen, dieses Reich durch weitere Eroberungen auszudehnen. Die noch in den dreißiger und vierziger Jahren erworbenen Besitzungen (darunter Thailand) wurden von der japanischen Herrschaft befreit. Japan verlor außerdem auch früher erworbene Territorien, wie die Alliierten bei der Konferenz von Kairo festgelegt hatten. Formosa sollte an China zurückgegeben werden, und Korea sollte – nach einer Übergangszeit unter amerikanischer und sowjetischer Militärverwaltung – seine Unabhängigkeit wiedererlangen. Als diese Militärbesatzung aufgehoben wurde, entstanden zwar zwei Staaten, doch sollte keiner von beiden jemals wieder von Tokio aus beherrscht werden. Japan verlor auch die Pazifikinseln, die es nach dem Ersten Weltkrieg Deutschland abgenommen hatte. Diese Inseln kamen zunächst unter amerikanische Verwaltung und wurden dann in die Unabhängigkeit entlassen oder als Mitglieder in eine Art amerikanischer Commonwealth aufgenommen. Außerdem mußte Japan die Südhälfte der Insel Sachalin und die Kurilen an die Sowjetunion zurückgeben, die Rußland nach dem Russisch-Japanischen Krieg abgenommen worden waren. Bei der Besetzung der Kurilen eigneten sich die Sowjets auch einige kleine Inseln vor der Küste von Hokkaido an, die seit Jahrhunderten japanisch gewesen waren. Dieser Schritt mochte gewisse militärische Vorteile gehabt haben, doch belasteten die politischen Nachwirkungen die russisch-japanischen Beziehungen über Jahrzehnte hinweg.

Entsprechend den Bestimmungen einer Vorvereinbarung, die in Jalta getroffen worden war, und eines nachfolgenden Vertrages zwischen der nationalistischen Regierung Chinas und der Sowjetunion erhielt die Sowjetunion und nicht China die besonderen Einrichtungen zugesprochen, die Japan in und bei Port Arthur in der Mandschurei besessen hatte. Einige Jahre später wurden sie jedoch China übergeben. Die Chinesen erhielten die Kontrolle über die Mandschurei, ein Gebiet, das seit dem Ende des 19. Jahrhunderts im Mittelpunkt internationaler Konflikte in Ostasien gestanden hatte und das von nun an bei China bleiben würde. Ironischerweise hatte die eineinhalb Jahrzehnte dauernde japanische Besatzung in diesem riesigen Gebiet eine demographische Revolution verursacht: Durch den starken Zustrom chinesischer Arbeiter in die Fabriken und in die Landwirtschaft umfaßte die Bevölkerung der Region erstmals mehr Chinesen als Mandschus. Die Industrieanlagen in der Mandschurei wurden von den Sowjets mit der Begründung demontiert und abtransportiert, die Anlagen hätten den Japanern gehört. Die Bevölkerung jedoch blieb, mit Ausnahme der japanischen Einwanderer.[18]

Die Kapitulation der Japaner erfolgte zu einem Zeitpunkt, zu dem ihre Truppen noch immer große Gebiete Chinas besetzt hielten, darunter viele der wichtigsten Städte. In der Folge entwickelte sich ein Wettlauf zwischen den chinesischen Nationalisten und den Kommunisten um die Gebiete und um die Waffen, die die Japaner abgeliefert hatten. Die Nationalisten wurden dabei von den Vereinigten Staaten unterstützt, verspielten aber ihren Vorteil sehr schnell. Sie konfiszierten die ökonomisch relevanten Vermögenswerte in den befreiten Gebieten und führten einen Wechselkurs zwischen der Besatzungs- und ihrer eigenen Währung ein, der die Ersparnisse der Bevölkerung mit einem Schlag vernichtete. Auf diese Weise brachten die Nationalisten die Wirtschaft gegen sich auf.[19] Die nationalistischen Armeen waren in den letzten Kriegsjahren nicht mehr in ernstzunehmende Kämpfe mit den Japanern verwickelt gewesen und waren demoralisiert, als man jetzt – nachdem der Krieg angeblich zu Ende war – von ihnen verlangte, erneut zu kämpfen. Innerhalb kurzer Zeit geriet Festlandchina unter den Einfluß der Kommunisten, die es danach jahrzehntelang beherrschten, zuerst in einem schwierigen Bündnis mit den Sowjets, später in ebenso schwieriger Feindschaft zur Sowjetunion. Tschiang blieb nur noch Formosa (Taiwan), eine Insel, die den Chinesen 50 Jahre nach ihrer Abtretung an die Japaner wieder zurückgegeben worden war. Eine der unverschämtesten Ausreden, mit denen die Vertreter der japanischen Expansion ihre Handlungsweise begründeten, lautete, daß die Japaner die Gefahr des Kommunismus aus Ostasien verbannen wollten. Statt dessen hatten sie eine Hauptrolle nicht nur bei der Zerschlagung der chinesischen Nationalisten gespielt, sondern hatten auch das bevölkerungsreichste Land der Welt dem Kommunismus ausgeliefert.

Japan selbst befand sich in einer verzweifelten Lage. Es hatte sein Kolonialreich verloren, und seine großen Städte waren weitgehend zerstört. Das gesamte Land war von alliierten Truppen besetzt, überwiegend von amerikanischen Soldaten. Der Westteil von Honshu und die Insel Shikoku wurde von der British Commonwealth Occupation Force besetzt. Diese Lage wurde durch gewisse Umstände gemildert, die zur wirtschaftlichen Erholung beitrugen. Anders als in Deutschland und Italien war auf den japanischen Hauptinseln nicht um jeden Quadratkilometer gekämpft worden. Die Kapitulation wurde durch die Atombomben und den Kriegseintritt der Sowjetunion ausgelöst. Der Zerstörungsprozeß war also nicht durch Bodenkämpfe mit der entsprechenden Vernichtung kleiner Städte und Einrichtungen, ganz zu schweigen von Menschenopfern, ausgelöst worden. Auch erfolgte die Kapitulation zu einem Zeitpunkt, zu dem noch mehr als sieben Millionen Soldaten unter Waffen standen. Dies bedeutete, daß fast alle Soldaten nach Hause zurückkehrten, statt bis zum Tod weiterzukämpfen – entweder in den weit abgelegenen Territorien, in denen die Japaner auszuharren begonnen hatten, oder auf den japanischen Hauptinseln, wie sie es in den Jahren zuvor geübt hatten. Das Land, in das diese Soldaten wieder eingebürgert wurden, befand sich in einer sehr schwierigen Lage, und viele der Soldaten waren froh, untergeordnete Beschäftigungen bei den Besatzungstruppen zu finden, um ihren Lebensunterhalt zu sichern. Ich erinnere mich, meine Mahlzeiten mit solchen Männern geteilt zu haben. Sie hatten jedoch auch ihre Energie und ihre Fertigkeiten in ihr Land zurückgebracht.

Von großer Bedeutung war ferner die Tatsache, daß Japan nicht wie Deutschland in Besatzungszonen aufgeteilt wurde, die voneinander isoliert waren. Die Zentralverwaltung arbeitete angeblich unter alliierter, in Wirklichkeit jedoch unter amerikanischer Aufsicht. Die gesamte Gesellschaft wurde durch eine umfassende Landreform umstrukturiert; freie Gewerkschaften wurden gegründet, die politischen Bürgerrechte wurden auf Frauen ausgeweitet, und es wurde eine parlamentarische Demokratie etabliert, die auf sehr viel breiterem Fundament ruhte als der Demokratie-Versuch der Japaner in den zwanziger Jahren. All diese Faktoren bildeten die Basis für einen relativ schnellen und umfassenden ökonomischen Erholungsprozeß. Zweifellos wirkte auch der Koreakrieg von 1950 bis 1953 stimulierend auf diese Gesundung ein, doch hatte sie zum Zeitpunkt des Kriegsausbruchs längst eingesetzt. Japan befand sich auf dem politischen und ökonomischen Weg zur Erholung. Hinderlich wirkte sich für das Land lediglich die fehlende Bereitschaft der Japaner aus, sich mit den dunkleren Perioden der eigenen Vergangenheit aufrichtig auseinanderzusetzen.

Die Vereinigten Staaten wurden in den Krieg hineingetrieben – von Ländern, die sich dem Kampf gegen diese Macht verschrieben hatten. Die USA hatten nichts unversucht gelassen, sich selbst aus den internationalen Machtgeplänkeln herauszukatapultieren. Während des Krieges veränderte sich jedoch die Haltung der Vereinigten Staaten gegenüber der Welt in zweifacher Hinsicht. Das dramatische Ereignis, durch das die USA in den Krieg gezogen wurden, war der Angriff auf Pearl Harbor. Dieser Angriff zeigte dem amerikanischen Volk so klar wie kein anderes Ereignis, daß ihre Wunschvorstellung, man könne die Welt jederzeit anhalten und von ihr abspringen, kein realistisches politisches Verhalten darstellte. Der Satz: »Schieße erst, wenn du das Weiße in den Augen des Feindes sehen kannst«, mochte in Zeiten geringer Industriekapazitäten, begrenzter Ressourcen und unpräziser Waffen als kluger Ratschlag gegolten haben, machte aber im Zeitalter der Langstreckenbomber keinen Sinn mehr. Im Nachkriegs-Amerika wurde das verteidigungspolitische Denken ebenso von der Angst vor einem neuen Überraschungsangriff beherrscht, wie die Sowjets eine neue überraschende Invasion fürchteten. Möglicherweise von noch größerer Bedeutung war, daß ein großer Teil der Bevölkerung erkannte, in welchem Maße eine Beteiligung an den internationalen Angelegenheiten einen wesentlichen

Bestandteil einer vernünftigen Politik darstellte. Den möglichen Gefahren war durch eine Politik zu begegnen, die schon aus der Ferne zu ihrer Bewältigung entwickelt wurde und vorzugsweise sogar verhindern sollte, daß solche Entwicklungen überhaupt bedrohlich werden konnten.

Die US-Administration bemühte sich bewußt, diese umfassenden Veränderungsprozesse in der öffentlichen Meinung zu unterstützen und die Fehler zu vermeiden, die man 1918 bis 1920 gemacht zu haben glaubte. Die neue internationale Politik des Landes sollte deshalb in beiden politischen Parteien und in der Gesamtbevölkerung fest verankert werden. Nicht zufällig beharrte die Regierung Roosevelt darauf, daß die Vorbereitende Konferenz für die Gründung der Vereinten Nationen und die Organisationsbesprechung in den Vereinigten Staaten stattfinden und auch das Hauptquartier dort etabliert werden sollten. Präsident Roosevelt erlebte nur noch den ersten dieser drei Schritte, doch seine Absicht war unverkennbar: Er wollte dem amerikanischen Volk die Vereinten Nationen als eine Institution darstellen, die nicht nur für die anderen, sondern auch für die Vereinigten Staaten selbst wichtig war. Auf diese Weise wollte er die Amerikaner mit ihrer neuen Rolle in der Welt vertraut machen. Die Ausformungen dieser neuen Rolle mußten von seinen Nachfolgern definiert werden, die dabei feststellen konnten, daß das amerikanische Volk neuen Konzepten sogar bereitwilliger folgte, als Roosevelt angenommen hatte.

Die auffälligste Wirkung des Krieges auf die Vereinigten Staaten bestand also in ihrer neuen Stellung im Rahmen der internationalen Beziehungen. Der Krieg brachte jedoch auch Veränderungen im Innern mit sich. Der ursprünglich langsame ökonomische Erholungsprozeß nach der großen Depression wurde durch die Aufrüstung und später durch die Kriegsprogramme des Landes sehr stark beschleunigt. Der Aufbau zahlreicher Ausbildungseinrichtungen und neuer Fabriken im Süden und im Westen des Landes spielte bei der Neugestaltung der inneren ökonomischen und demographischen Strukturen eine wichtige Rolle. Die Bedeutung Alaskas und Hawaiis während des Krieges trug dazu bei, daß diese Gebiete später als Staaten in die Union aufgenommen wurden. Für Frauen und für Schwarze wurden neue Möglichkeiten geschaffen, die wiederum zur Entwicklung der späteren Bewegungen für gleiche Rechte und Chancen in der amerikanischen Gesellschaft beitrugen. Bei den Wahlen von 1946 erhielten die Republikaner erstmals seit vielen Jahren die Mehrheit im Kongreß. Sicherlich ist es bezeichnend, daß der republikanische Präsidentschaftskandidat bei den Wahlen im Kriegsjahr 1944 versprochen hatte, die Arbeitsministerin durch einen Mann zu ersetzen. Ebenso bezeichnend ist, daß der nächste republikanische Präsident die frühere Leiterin des Women's Army Corps (WAC) als erste Frau in ein republikanisches Kabinett berief.[20] Wie immer mußten sich die Schwarzen ganz hinten anstellen, aber auch für sie wiesen die ersten Ansätze zur Einführung rechtlicher Regelungen für gerechte Behandlung bei der Vergabe von Arbeitsplätzen während und unmittelbar nach dem Krieg in neue Richtungen.

Die wenigen während des Konflikts neutral gebliebenen Länder waren auch von den damaligen Veränderungen betroffen. Nirgends wurde dies deutlicher sichtbar als beim Prozeß der Dekolonialisierung. Spanien und Portugal konnten noch jahrelang ihre kolonialen Besitzungen halten. Die Auflösung der Kolonialreiche Italiens, Japans, Großbritanniens, Frankreichs, der Niederlande, Belgiens und der Vereinigten Staaten blieb jedoch nicht ohne Auswirkungen auf die Kolonien der beiden Staaten auf der Iberischen Halbinsel. Portugiesisch-Timor war während des Krieges von den Japanern besetzt worden; jetzt wurde die Insel von Indonesien vereinnahmt, das selbst aus dem niederländischen Kolonialreich hervorgegangen war. In ähnlicher Weise wurde auch die portugiesische Kolonie Goa von dem erst kürzlich unabhängig gewordenen Indien besetzt. In beiden Fällen war die einheimische Bevölkerung über die neuen Herren keineswegs erfreut. In den viel größeren afrikanischen Kolonialreichen Spaniens und Portugals konnten die Forderungen nach Unabhängigkeit nicht einfach an den Grenzen zurückgewiesen werden, die die Europäer auf dem Kontinent willkürlich gezogen hatten.

Die Volkswirtschaften all dieser neutralen Staaten waren vom Krieg ebenfalls sehr stark betroffen. Durch diesen Umstand wie auch durch ihre Mitwirkung in den Vereinten Nationen wurden sie Teil der Weltordnung, aus der fernzuhalten sie sich früher so sehr bemüht hatten.

Die militärischen Entwicklungen des Krieges hinterließen ein eigenes, ganz besonderes Erbe. Jahrzehntelang wurden Menschen von den riesigen Mengen an Blindgänger-Bomben und Minen verstümmelt oder getötet wie auch von den Bomben und Minen, die noch aus dem Ersten Weltkrieg stammten. Manche Gebiete mußten aufgrund der großen Gefahr, die diese explosiven Objekte darstellten, gesperrt werden. Zu dieser Gefahr kam nun auch die Wirkung der Strahlung hinzu, die von zwei Atombomben sowie von verschiedenen Atomtests und bestimmten Prozessen ausging, die mit der anfänglichen Entwicklung dieser Bomben wie auch mit ihrer Weiterentwicklung in Zusammenhang standen. Dieser neue Waffentypus stellte eine enorme Herausforderung dar. Obwohl die Vereinigten Staaten jahrelang nur sehr kleine Stückzahlen an Atombomben herstellten und andere noch gar nicht damit begonnen hatten, war offenkundig, daß es sich hier um eine revolutionäre Entwicklung der Kriegführung handelte.[21]

Die Entwicklungen in Wissenschaft und Technologie in diesem Bereich führte schließlich zu Waffensystemen, deren Destruktivität sich von den Atombomben von 1945 so sehr unterschied wie diese von den größten der damals einsetzbaren konventionellen Bomben. Dennoch wurde die Bombe, die über Hiroshima abgeworfen worden war, für die Mehrheit der Menschen zum Symbol und zum Maßstab einer neuen Ära potentiell totaler Zerstörung. Der Rüstungswettlauf der Nachkriegsjahre wurde nicht nur von dieser Innovation des Krieges beherrscht, sondern auch von ihrer Verbindung mit der ballistischen Rakete, der anderen radikalsten Abkehr von den Waffensystemen früherer Kriege. Diese Waffe wurden von den Deutschen in der Form der A 4 oder V 2 eingeführt und wies den Weg zur Langstrecken- und schließlich zur Interkontinentalrakete mit nuklearen Gefechtsköpfen. Die Möglichkeit, daß solche Waffen eingesetzt werden könnten, verstärkte das Gefühl einer Gefahr für alle Menschen. Gleichzeitig erkannten die Großmächte die Notwendigkeit zu äußerster Vorsicht.

Andere technologische Entwicklungen des Krieges hatten gleichermaßen bedeutsame, wenn auch nicht ganz so dramatische Auswirkungen auf die Welt der Nachkriegszeit. Der Fortschritt der Radar-Technologie fand neben den militärischen auch friedliche Anwendungen. Ohne diese Technologie wäre das Anwachsen des internationalen Massentransports durch Linienflugzeuge kaum vorstellbar. Das Düsenflugzeug, das ohnehin gebaut worden wäre, wenn auch sicherlich erst viel später, veränderte nicht nur die Art eines zukünftigen Luftkrieges, sondern auch das zivile Luftfahrtsystem, das aus dem Radar Nutzen zog. Die ersten Computer wurden gebaut, um die Bemühungen der Alliierten bei der Entschlüsselung der Funkcodes zu unterstützen. Die Nachfolger dieser Computer wurden immer kleiner und gleichzeitig immer leistungsfähiger; sie wurden zunehmend für eine endlose Reihe ziviler Aufgaben genutzt. Neue Medikamente und medizinische Verfahren wurden von der militärischen Nutzung auf die Verwendung in Friedenszeiten übertragen.

Wie in Kapitel 10 erläutert, hatten zahlreiche weitere Fortschritte in der Waffentechnologie dazu beigetragen, daß dies der tödlichste Krieg wurde, der jemals stattgefunden hatte. Durch die Weiterentwicklung zumindest mancher dieser Waffen wird ihre potentielle Wirkung in jedem späteren Konflikt noch verstärkt. Hinzu kamen neue Grundsätze zu den militärischen Operationen, die das Wesen des Krieges veränderten. Der Vorstoß gepanzerter Verbände, den die Deutschen erstmals im Mai 1940 im Westfeldzug erfolgreich durchführten, wurde zu einem Charakteristikum der Roten Armee und später auch der Streitkräfte der westlichen Alliierten. Auch die Lehrmeinung über die Seekriegsoperationen veränderten sich. Die amerikanische Marine sah sich gezwungen – teilweise aufgrund des Angriffs auf Pearl Harbor –, sich sehr viel mehr als ursprünglich geplant auf Flugzeugträger zu stützen. Dies erwies sich später entgegen allen Erwartungen doch noch als Segen. Die amerikanische Marine wurde führend im großangelegten und wirksamen Einsatz von Flugzeugträgern, die mitunter in sehr großer Zahl eingesetzt wurden. Die traditionell wichtigste Stütze jeder Kriegsmarine, das Linienschiff oder zum damaligen Zeitpunkt das Schlachtschiff, bekam praktisch eine untergeordnete Rolle. Gegen Ende des Krieges wurde diese Entwicklung ergänzt durch das Auftreten der ersten echten Unterseeboote, also von Schiffen, die nicht nur kurz tauchen, sondern tatsächlich unter Wasser bleiben konnten. Damit hatten sich die grundlegenden Rahmenbedingungen der Seekriegführung völlig gewandelt.

Trotz aller Veränderungen in der Beschaffenheit der Waffen hatte sich durch den Krieg doch eine fundamentale Tatsache nicht verändert: Menschen waren es, die Krieg führten – die Soldaten und ihre Führer. Den Briten und Amerikanern war es besonders schwergefallen, ihre jungen Männer in brauchbare Soldaten zu verwandeln. Die Ächtung des Krieges als Maßnahme war in beiden Ländern weit verbreitet, so daß es schwer war, Zivilisten in Krieger zu verwandeln, die sich den Härten eines modernen Krieges stellen und gegen Länder kämpfen konnten, die seit Jahrzehnten den Beruf des Kriegers verherrlichten, statt ihn verächtlich zu machen.

Die beiden Demokratien hatten bei diesem Unternehmen zwei zusätzliche Hindernisse zu überwinden. Erstens mußten beide Länder große Bürgerheere schaffen, wobei auch die Offiziere größtenteils eher Bürger als Berufssoldaten waren. Diese Armeen mußten gegen Heere kämpfen, die bereits Erfahrungen auf dem Schlachtfeld hatten sammeln können. Zweitens mußten beide Länder einen weit größeren Anteil ihrer verfügbaren Männer für Facharbeiter-Tätigkeiten in der Marine, in den großen Luftwaffen und in der logistischen Struktur einsetzen, die erforderlich wurde, weil in großer Entfernung vom Heimatland gekämpft wurde. Durch diese Personalverteilung wurde es viel schwieriger, eine kriegstaugliche Infanterie aufzubauen, als dies in Deutschland oder Japan der Fall war. Trotz dieser Hemmnisse waren die westlichen Alliierten erfolgreich, wobei sie ihre Feuerkraft massiv zur Unterstützung ihrer Infanterie einsetzten. Nach einem schwierigen Anfang bewiesen die Kämpfe in Nordafrika und Italien, in Birma und Nordeuropa, daß die britische und die britisch-indische Armee effektiv zu kämpfen verstanden. Und auch die Amerikaner bewiesen ihre Kampfstärke von Guadalcanal bis Sizilien, von Bastnach bis Okinawa. Wie die Deutschen in den ersten Tagen des Ostfeldzuges feststellen mußten, war auch der russische Soldat dazu in der Lage. Wenn die Chinesen in den letzten Stadien des Krieges ineffektiv kämpften, so war dies primär ihrer schlechten Führung zuzuschreiben. Bei vielen früheren Gelegenheiten hatten auch die Chinesen bewiesen, daß sie sehr tüchtige Kämpfer sein konnten.

Der Faktor Mensch war nicht nur bei den gemeinen Soldaten, sondern auch in den Führungspositionen von entscheidender Bedeutung. Die Art der Kriegführung im Zweiten Weltkrieg verlangte eine militärische Leitung, die durch die Kombination von zwei Faktoren gekennzeichnet war: Erforderlich waren zum einen traditionelle militärische Tugenden wie Entschlußkraft, Mut, Blick für das Terrain, Sinn für die Fähigkeiten der eigenen und der feindlichen Truppen und ein gehöriges Quantum Glück; zum anderen mußten neue Qualitäten vorhanden sein, die schwerer zu erwerben waren. Die Befehlshaber mußten die entscheidende Fähigkeit entwickeln, die bestmögliche Kombination verschiedener Waffentypen abzuschätzen und zu begreifen: Infanterie und Panzereinheiten, Artillerie und Luftwaffe. Einige der deutschen Generäle waren in dieser Hinsicht recht gut, und eine beträchtliche Anzahl von Offizieren der Roten Armee war sogar hervorragend, vor allem bei der Kombination qualitativ ausgezeichneter Panzereinheiten und massierter Artillerie mit einer Infanterie, die wegen der frühen, großen Verluste nicht auf einem hohen Standard gehalten werden konnte.

Die Japaner glichen mit ihrer Entschlossenheit die mangelnden Fähigkeiten ihrer Führung aus. Erst in den letzten Stadien des Krieges erkannten sie allmählich, daß

selbstmörderische Angriffe von Offizieren mit gezückten Schwertern und von Soldaten mit aufgepflanzten Bajonetten keinesfalls so wirksam sein konnten wie eine sorgfältig aus der Deckung heraus durchgeführte Operation. Von wenigen Ausnahmen
abgesehen, konnten die japanischen Offiziere bei der Durchführung von Operationen
mit kombinierten Waffensystemen den Standard anderer Armeen nicht erreichen.
Die Befehlshaber der japanischen Marine, so technisch geschickt und mutig sie auch
gewesen sein mochten, unterwarfen sich allzu häufig Yamamotos Neigung zu extrem
komplizierten Planungen, die dann manchmal voreilig abgebrochen wurden. Wahrscheinlich wurden die Japaner mehr als die anderen Kriegsparteien dadurch behindert, daß die Koordination zwischen Heer und Marine beinahe vollständig fehlte.
Alle Streitkräfte hatten mit Rivalitäten zwischen den einzelnen Teilen zu kämpfen,
aber die Japaner trieben diese Praktiken auf die Spitze. Ein weiteres Hindernis war
vermutlich, daß die oberen Befehlszentralen durch regelmäßige, bewußt irreführende
Siegesmeldungen getäuscht wurden. So ist beispielsweise kein Parallelfall bekannt zu
dem Vorgang, daß sich die Japaner einbildeten, die Marinestreitkräfte Admiral Halseys in der Luftschlacht über Formosa im Jahre 1944 vernichtet zu haben, und daß
sich aufgrund dieser Fehlannahme auch die gesamten japanischen Befehlszentralen
in die Irre führen ließen.[22]

Obwohl zu Recht behauptet werden kann, daß der Lernprozeß der britischen
Militärführer außerordentlich langsam verlief, läßt sich die Tatsache nicht leugnen,
daß sie dazulernten. In den späteren Phasen des Krieges wurden die britischen Streitkräfte in zunehmendem Maße von hochgradig fähigen und tatkräftigen Männern
geführt. Dies galt auch für die Amerikaner, die glücklicherweise sehr viel schneller
im Lernen waren. Wie in allen Streitkräften mußten auch die Amerikaner gelegentlich
Generäle und Admiräle ablösen, was gewöhnlich beträchtliche Vorwürfe nach sich
zog, aber in einer Kriegssituation war dies kaum ungewöhnlich. Neu war jedoch,
daß der Krieg in den obersten Führungsebenen nach ganz andersartigen Qualifikationen verlangte, Qualifikationen, die sehr selten waren.

In einem weltweiten Krieg von hoher Komplexität waren persönliche Beziehungen
innerhalb der Führung von noch größerer Bedeutung als gewöhnlich. Außerdem
mußten einige der obersten Befehlshaber erst noch die Fähigkeit erwerben, mit Verbündeten zusammenzuarbeiten und globale Beziehungen zu begreifen.

In allen Streitkräften entwickelten fähige Befehlshaber die Fertigkeit, andere zu
inspirieren und mit ihnen zusammenzuarbeiten.[23] Manche waren besonders barsch,
so beispielsweise der deutsche Feldmarschall von Kesselring; einige waren im Grunde
Egomanen, wie Feldmarschall Montgomery, General Patton und General MacArthur.
Wieder andere verfügten über angenehme Qualitäten, die sie, verbunden mit Wil-
lenskraft, zu besonders guten Führungspersönlichkeiten werden ließen, so Admiral
Nimitz und die Generäle Eisenhower, Bradley, Krueger und Eichelberger. Manche
verschafften sich Respekt durch ihre persönliche Überzeugungskraft und ihren Intel-
lekt, wie Feldmarschall Brooke und General Slim, um nur zwei Beispiele zu nennen.

Ganz offenkundig mangelte es sowohl den deutschen als auch den japanischen
Befehlshabern an zwei weiteren Qualitäten, nach denen der Krieg verlangte: die
Fähigkeit, mit Verbündeten zusammenzuarbeiten, und eine umfassende, globale Per-
spektive.

Mit ganz wenigen Ausnahmen waren die deutschen Generäle einfach nicht in der
Lage, mit der Führung der mit Deutschland verbündeten Länder zusammenzuarbeiten. Sie waren sich ihrer eigenen Überlegenheit und der Unterlegenheit aller
anderen absolut gewiß und machten aus dieser Überzeugung kein Geheimnis, so daß
eine echte Kooperation praktisch nicht möglich war. Die japanischen Militärführer
waren sogar noch hochnäsiger bei der Behandlung der Militäreinheiten, die sie in
den besetzten Gebieten in Süd- und Südostasien rekrutierten. Ferner hatten mit
wenigen Ausnahmen weder die deutschen noch die japanischen Befehlshaber im Heer
oder in der Marine ein Gespür für die globalen Vernetzungen in einem globalen
Konflikt. Die Admiräle waren insgesamt weniger borniert als die Generäle, aber in
keiner der Führungen der beiden Länder war ein Mann mit umfassender Sichtweise
zu finden. Über welche Fähigkeiten die Oberkommandierenden der Roten Armee
oder der sowjetischen Marine mit Blick auf die vorgenannten Qualitäten verfügen
mochten, ließ sich nicht feststellen. Solche Qualitäten wurden jedoch von Stalin im
ganzen Land behindert; außerdem mußte die Sowjetunion als einzige der großen
kriegführenden Parteien zu jedem Zeitpunkt nur an einer Front kämpfen. Wenn wir
feststellen wollen, in welchem Umfang die genannten Qualitäten vorhanden waren,
müssen wir uns also mit den britischen und amerikanischen Offizieren befassen.

Manche der oberen Befehlshaber der westlichen Alliierten waren völlig unfähig,
effektiv mit anderen führenden Militärs und Offiziersstäben zusammenzuarbeiten.
Montgomery auf britischer und MacArthur auf amerikanischer Seite sind die besten
Beispiele dafür. Es gab aber auch viele, die in dieser Hinsicht sehr beträchtliche
Fähigkeiten entwickelten, wenn sie diese nicht schon zuvor besessen hatten. Bei den
Briten verfügten offensichtlich Feldmarschall Alexander, General Ismay, Air Chief
Marshal Tedder und die Admiräle Ramsay und Mountbatten über diese Fähigkeit;
bei den Amerikanern waren es die Generäle Eisenhower, Bedell Smith, Arnold und
Devers. Dabei handelte es sich immer um persönliche Wesenszüge, obwohl zeitweise
– vor allem nach dem Krieg – behauptet wurde, sie hätten mit nationalen Rivalitäten
zu tun. Aber Montgomery war nicht britischer als Tedder, und Patton war nicht
amerikanischer als Smith. Persönliche Qualitäten und Charakterzüge spielten auch
im mechanisiertesten aller bisherigen Kriege eine Rolle.

Roosevelt und Churchill empfanden den Krieg als globalen Konflikt. Die Strategie
»Europa zuerst«, die sie anwandten und durchhielten, war sehr sinnvoll. Und
Roosevelt war, wie Eric Larrabee feststellt, besonders umsichtig und erfolgreich bei
der Auswahl der richtigen Männer für die Spitzenpositionen.[24] Aber auch einige der
oberen Militärführer gelangten zu einer wahrhaft globalen Betrachtungsweise des
Krieges. Auf Feldmarschall Brooke traf dies in hohem Maße zu, und trotz seiner

endlosen Kritik an Eisenhower vertraute er seinem Tagebuch schließlich auch einige günstige Bemerkungen über Eisenhower an.[25] In noch höherem Maße als Eisenhower erkannten Marshall und Arnold die globale Dimension des Krieges. Festzuhalten ist dabei, daß Arnold seinen Memoiren den Titel *Global Mission*[26] gab und daß der Plan für den ökonomischen Wiederaufbau Europas mit Marshalls Namen bezeichnet wurde.

Dies führt uns zu den wichtigsten, wenn auch am wenigsten diskutierten Wirkungen des Krieges. Konstruktiv denkende Menschen mit dem nötigen Einblick und entsprechender Tatkraft waren trotz aller Zerstörungen und Gefahren, aller neuen Herausforderungen und Probleme in der Lage, diese Aufgaben zu bewältigen. Es schien zunächst, als überstiegen die enormen Schäden, die der jahrelange Konflikt verursacht hatte, die Möglichkeiten der Menschen, ihre Länder wiederaufzubauen. In den Jahren nach 1945 jedoch begann für den europäischen Kontinent, der am stärksten von den Schäden betroffen war, die Phase des größten Wohlstands in seiner Geschichte. Mit den neuen Waffen schien es möglich, das Leben auf dem Planeten auszulöschen, doch die Jahrzehnte seit dem Krieg wurden zur längsten Friedensperiode in Europa seit der Einführung des modernen Staatssystems in den Kleinstaaten Norditaliens ein halbes Jahrtausend zuvor. Die elenden Flüchtlinge, »Vertriebene« wie sie offiziell genannt wurden, in riesigen Wanderströmen umgesiedelt, unterstützten mit ihren Energien und Talenten den Aufbauprozeß jener Staaten, die ihnen Zuflucht gewährt hatten. Wie schon so oft in der Geschichte – wenn auch nicht in solch gewaltigem Umfang – stellte sich auch jetzt wieder heraus, daß die Menschen ihren kostbarsten Besitz zwischen den Ohren trugen und daß ihnen dieser Besitz nicht genommen werden konnte, solange sie lebten.

Die Jahre der schier endlosen Kriegführung hatten nur zu deutlich gezeigt, daß die Menschen über beträchtliche Fähigkeiten verfügten, einander zu verletzen, neue Zerstörungsmethoden zu entwickeln und die Macht der Gesellschaft wie der Natur für militärische Zwecke einzuspannen. Menschen können jedoch auch aus früheren Fehlern lernen und ihre Talente für den Wiederaufbau und für die Schaffung internationaler Mechanismen zur Friedenssicherung einsetzen. Die kooperativen Vereinbarungen zum Wiederaufbau des zerstörten Europa waren auf den westlichen Teil des Kontinents beschränkt, weil sich im Osten ein neues, sowjetisches Imperium etablierte – während gleichzeitig die alten Imperien der westeuropäischen Staaten auseinanderbrachen. Es gab keine Garantie dafür, daß das neue sowjetische und das alte russische Imperium nicht letztlich doch dasselbe Ende nehmen würden, wenn auch auf einem anderen Weg.

Schon in den antideutschen Widerstandsbewegungen während der Besatzungsjahre hatte eine beachtliche informelle Diskussion über die Möglichkeiten stattgefunden, in der Zukunft zu neuen Gestaltungsformen zu gelangen, in denen die Bedeutung des Nationalstaates reduziert und in einem Teil oder in ganz Europa eine Art von Struktur entstehen könnte, die alle Nationalstaaten umfassen und die Konflikte zwi-

schen ihnen eliminieren oder doch wenigstens abschwächen könnte. In den Jahren
nach 1945 setzte sich der Impuls zur europäischen Einigung fort, wenn auch mit
periodischen Unterbrechungen. Im ökonomischen und dann auch im militärischen
Bereich wurden größere Erfolge erzielt, während die politische Einheit zurückblieb;
der Impuls selbst jedoch blieb bestehen.

Die gewaltigen Dimensionen des Zweiten Weltkrieges zeigten sicherlich sehr deutlich die Fähigkeiten des Menschen, andere und sich selbst zu zerstören. Auf gewisse
Weise werden darin jedoch auch die enormen Potentiale für die Durchführung kon-
struktiver Programme und einer Politik sichtbar, für die sich die menschliche Energie
nutzen läßt. Die neuen Massenvernichtungswaffen brachten nicht nur die Gefahr
einer totalen Katastrophe mit sich, sondern erzeugten auch extreme Vorsicht. Die
Möglichkeit einer Fehlkalkulation war zwar nicht auszuschließen, doch stellten die
Waffen eine wesentliche Antriebskraft dar, die Katastrophe zu vermeiden. Jetzt war
allzu deutlich geworden, daß ein weiterer Weltkrieg der letzte sein würde. Durch
eine Kombination von Vorsicht und Glück, Ideenreichtum und Einsicht könnte die
Menschheit in der Lage sein, ihre Fähigkeiten für konstruktive Zwecke einzusetzen.
Die große Feuersbrunst war eine Warnung für alle.

Anhang

Bibliographischer Essay

An dieser Stelle soll nicht versucht werden, alle im Text zitierten Werke aufzulisten oder eine ausführliche Bibliographie zum Zweiten Weltkrieg zusammenzustellen. Zu allen Büchern und Artikeln, auf die in den Anmerkungen verwiesen wurde, habe ich bei ihrer ersten Erwähnung alle Angaben genannt. Dieser Essay soll dem interessierten Leser eine knappe Auswahl von Büchern vorstellen, darunter auch einige, die verwendet, aber in diesem Buch nicht zitiert wurden und mir erwähnenswert scheinen. Daß diese Auswahl subjektiv ist, läßt sich nicht vermeiden. Es gibt eine solche Vielzahl an Büchern sehr unterschiedlicher Qualität, daß es sinnvoller erscheint, Lektüreempfehlungen und Bewertungen anzubieten, die auf langer Vertrautheit mit dem Thema beruhen, als Vollständigkeit anzustreben – was der Ausdruck eines EDV-Katalogs weitaus besser könnte.

Der Essay beginnt mit einem Abschnitt zu Bibliographien – im Interesse derer, die mit einer breiteren Auswahl von Titeln beginnen wollen –, und er beinhaltet viele Werke, die selbst über (zum Teil sehr ausführliche) Bibliographien verfügen. Obwohl hier auf englische Bücher und Artikel besonderer Wert gelegt wird, finden sich auch Arbeiten in Deutsch, Französisch und Italienisch, weil zu einigen Themen die wichtigsten Publikationen in diesen Sprachen abgefaßt wurden.

Dem Leser wäre meiner Ansicht nach mit einer Auflistung von verwendeten Archivmappen ebensowenig geholfen, wie mit einer vollständigen Liste der bei der Vorbereitung dieses Buches verwendeten Werke. Wann immer ein Dokument aus einem Archiv zitiert wurde, habe ich die entsprechende Angabe bewußt so präzise gefaßt, daß jeder, der meine Interpretation überprüfen oder weitere Untersuchungen anstellen möchte, das Original finden kann. Am Ende dieses Essays befindet sich deshalb eine kurze Besprechung der größten Archive, die sich als hilfreich erwiesen haben. Zudem wird eine kurze Reihe von Arbeiten, die Archive beschreiben und Informationen über ihren Status und ihre Organisation bieten, aufgeführt. Dies erschien auch der passende Ort für Kommentare zu Archivmaterial, das noch unter Verschluß ist oder erst kürzlich zugänglich gemacht wurde und neue Ansichten über den Krieg bieten könnte.

Einen guten ersten Überblick über die Literatur bietet Janet Ziegler, *World War II: Works in English, 1945–65*, Hoover Institution Press, Stanford, Calif. 1971. Arthur L. Funk hat Folgebände zu dieser Bibliographie erstellt. Der erste deckt die Jahre 1965 bis 1975 ab und wurde von World War II Studies Association (früher American Committee on the History of the Second World War) herausgegeben. Der zweite, mit dem Titel *The Second World War: A Select Bibliography of Books in English Since 1975*, wurde 1985 von Regina Books of Claremont, Kalifornien, veröffentlicht. Aktuelle bibliographische Angaben findet man im »Newsletter«

der World War II Studies Association. Als ausführliche Verzeichnisse, die nicht nur englischsprachige Werke enthalten, sind die *Jahresbibliographie* der Bibliothek für Zeitgeschichte in
Stuttgart und die *Bibliographie* der *Vierteljahrshefte für Zeitgeschichte* äußerst hilfreich. Die
wichtigste französische Zeitschrift auf diesem Gebiet, *Revue d'histoire de la deuxième guerre
mondiale,* hat nicht nur ihren Titel, sondern auch Umfang und Schwerpunkt geändert.

Es gibt einige spezielle Bibliographien zu Aspekten des Krieges oder zu einzelnen Schauplät-
zen. Myron J. Smith hat eine beachtliche Anzahl sehr guter Bibliographien erstellt. Auch die
Zusammenstellung von John J. Sbrega, *The War against Japan: A Bibliography,* Garland, New
York 1989, ist gelungen. Zum Holocaust siehe Jacob Robinson und Philip Friedman, *Guide
to Jewish History under Nazi Impact,* YIVO, New York 1960 und Jacob Robinson und Frau
Philip Friedman, *The Holocaust and After: Sources and Literature in English,* Israel Universities
Press, Jerusalem 1973. Zu den Kriegsverbrechen und Prozessen ist Norman E. Tutorow, *War
Crimes, War Criminals, and War Crimes Trials: An Annotated Bibliography and Source Book,*
Greenwood Press, New York 1986, am umfassendsten. Zu den diplomatischen Ursprüngen
des Kalten Krieges beginnt man am besten mit Joseph L. Black, *Origins, Evolution, and Nature
of the Cold War: An Annotated Bibliographic Guide,* ABC-Clio, Santa Barbara, Calif. 1986.
Weitere spezielle Bibliographien sind bei Ziegler und Funk aufgeführt.

Einbändige Gesamtdarstellungen des Krieges bieten Martha Byrd, *A World in Flames: A
History of the World War II,* Atheneum, New York 1970 (Nachdruck der Alabama Press) zur
militärischen, und zur diplomatischen Problematik John L. Snell, *Illusion and Necessity: The
Diplomacy of Global War 1939–1945,* Houghton Mifflin, Boston 1963. Eine gute deutsche
Monographie ist Lothar Gruchmann, *Der Zweite Weltkrieg: Kriegführung und Politik,* Deutscher Taschenbuch Verlag, München 1967. Die beste Kartensammlung bleibt jene aus Band 2
von Vincent J. Esposito, Hg., *The West Point Atlas of American Wars,* Praeger, New York
1959. Esposito berücksichtigt trotz der vermeintlichen Einschränkung im Titel alle Fronten
und Seiten des Zweiten Weltkriegs. Eine ausgezeichnete allgemeine Untersuchung des Kriegsgeschehens in Europa ist Gordon Wright, *The Ordeal of Total War, 1939–1945,* Harper &
Row, New York 1968. Für Ostasien fehlt eine entsprechende Darstellung. F.C. Jones, *Japan's
New Order in East Asia: Its Rise and Fall, 1937–1945,* Oxford Univ. Press, London 1954,
und Ienaga Saburo, *The Pacific War, 1931–1945,* Pantheon Books, New York 1978, sind
hilfreich. John Costello, *The Pacific War,* Quill, New York 1982, und Ronald H. Spector, *Eagle
against the Sun: The American War with Japan,* Free Press, New York 1985, befassen sich mit
dem Konflikt im Pazifik; Christopher Thorne, *Allies of a Kind: The United States, Britain, and
the War against Japan, 1941–1945,* Oxford Univ. Press, New York 1978, betont die diplomatische und politische Seite auf Kosten militärischer Operationen und hebt die Spannungen
zwischen den beiden westlichen Mächten hervor.

Alan S. Milward, *War, Economy and Society, 1939–1945,* Univ. of Calif. Press, Berkeley,
Calif. 1977, gibt einen Überblick über die sozialen und wirtschaftlichen Aspekte des Krieges
im ganzen. Mark Harrison, »Resource Mobilization for World War II: The U.S.A., U.K.,
U.S.S.R., and Germany, 1938–1945«, in: *Economic History Review,* 2. Reihe, 41 (1988),
S. 171–192 ist eine ausgezeichnete Einführung in dieses Thema. John F. Kreis, *Air Warfare
and Air Base Defense, 1914–1973,* GPO, Washington 1988, ist wesentlich umfassender als
sein Titel vermuten läßt. Von den Büchern mit Bildern und Dokumenten bleibt Hans-Adolf
Jacobsen und Hans Dollinger, *Der Zweite Weltkrieg in Bildern und Dokumenten,* 3 Bde.,
Löwit, Wiesbaden 1963 maßgeblich.

Es gibt zahlreiche mehrbändige Sammlungen veröffentlichter Kriegsdokumente. Die offizielle
amerikanische Reihe, *Foreign Relations of the United States,* ist für alle Kriegsjahre erschienen.
Die Bände zu den Konferenzen während des Krieges sind besonders wichtig. Eisenhowers
Korrespondenz wurde in einer sehr gut zusammengestellten Fassung herausgegeben von Alfred

D. Chandler, Jr., Hg., *The Papers of Dwight David Eisenhower: The War Years,* 5 Bde., John Hopkins Press, Baltimore 1970. Die von General Marshall werden zur Zeit noch veröffentlicht von Larry I. Bland, Hg., *The Papers of George Catlett Marshall,* John Hopkins Press, Baltimore. *Pearl Harbor Attack: Hearings before the Joint Committee on the Investigation of the Pearl Harbor Attack* erschien ursprünglich 1946 in 39 Teilen als Publikation des amerikanischen Kongresses. Ebenso wie die Sammlung zu den Nürnberger Prozessen wurde sie mit einer Einleitung von mir bei AMS Press nachgedruckt.

Die britische Reihe mit diplomatischen Dokumenten endet 1939 und beginnt erst wieder 1945. Zu den Kriegsjahren wurden vom Public Record Office (Staatsarchiv in London) *Telegrams and Memoranda of the War Cabinet* herausgegeben und von Kraus International die *Weekly Political Intelligence Summaries* des Außenministeriums veröffentlicht. Weitere Dokumente findet man im Anhang von Churchills Memoiren: Winston S. Churchill, *The Second World War,* 6 Bde., Houghton Mifflin, Boston 1948–1953.

Zahlreiche Dokumente aus deutschen und japanischen Archiven finden sich in den Sammlungen zu den großen internationalen Nachkriegsprozessen: *Der Prozeß gegen die Hauptkriegsverbrecher vor dem Internationalen Militärgerichtshof* (Nürnberg) und *Proceedings of the International Military Tribunal for the Far East* (Tokio). Insbesondere für die ersten Kriegsjahre wird die deutsche Diplomatie umfassend abgedeckt durch die zunächst von den Alliierten, dann gemeinsam und schließlich von den Deutschen veröffentlichten Dokumente, die vor allem aus den Archiven des deutschen Auswärtigen Amtes stammen. Die Ausgabe in englischer Sprache, *Documents on German Foreign Policy, 1918–1945,* geht nur bis 1941. Die deutsche Ausgabe, *Akten zur deutschen auswärtigen Politik 1918–1945,* deckt den ganzen Zeitraum des Krieges ab. Aus dieser Fassung habe ich in diesem Buch zitiert.

Auf deutscher Seite stehen auch veröffentlichte Tagebücher zur Verfügung von Franz Halder, dem Generalstabschef des Heeres von 1938 bis 1942, herausgegeben von Hans-Adolf Jacobsen, *Generaloberst Halder, Kriegstagebuch,* 3 Bde., Kohlhammer, Stuttgart 1962–1964, und vom Oberkommando der Wehrmacht das *Kriegstagebuch des Oberkommandos der Wehrmacht, 1940–1945,* 4 Bde. in 7 Teilen und mit 2 Supplementen, Bernard & Graefe, Frankfurt/Main 1961–1965, sowie die erhaltenen Teile von Hitlers Lagebesprechungen, herausgegeben von Helmut Heiber, *Hitlers Lagebesprechungen: Die Protokollfragmente seiner militärischen Konferenzen 1942–1945,* Deutsche Verlags-Anstalt, Stuttgart 1962. Das Kriegstagebuch des Oberkommandos der deutschen Marine, *Kriegstagebuch der Seekriegsleitung 1939–1945,* Teil A, wird zur Zeit veröffentlicht. Bereits erschienen sind die Bände 1 bis 52. Mittler, Berlin, Bonn, Herford 1988–1994. In diesem Buch wurden die Bände aus dem Original zitiert. Eine nützliche Sammlung von Hitlers Reden bietet Max Domarus, Hg., *Hitler. Reden und Proklamationen, 1932–1945,* 2 Bde., Verlagsdruckerei Schmidt, Neustadt a. d. Aisch 1962.

Eine Sammlung aufgefangener japanischer Meldungen aus dem Jahre 1941 wurde 1977 vom amerikanischen Verteidigungsministerium in Übersetzung herausgegeben: *The »Magic« Background of Pearl Harbor,* 5 Bde. in 8 Teilen. Für die Zeit vom Dezember 1941 bis zum Ende des Krieges gibt es keine solche Ausgabe (siehe die Diskussion zu den U.S. National Archives weiter unten). Die italienische Regierung hat eine große Sammlung ihrer diplomatischen Dokumente vom September 1939 bis Juli 1943 veröffentlicht, und die portugiesische Sammlung deckt auch die Kriegsjahre ab. Obwohl sie sehr interessant sind, werden wenige sie zu Rate ziehen. Die wichtigste Veröffentlichung französischer Dokumente bezieht sich auf die Friedensverhandlungen mit den Deutschen: *La Délégation française auprès de la Commission allemande d'armistice: Recueil de Documents.* In der ausführlichen und ausgezeichneten Ausgabe ungarischer Dokumente zu den Kriegsjahren ist glücklicherweise jedem Dokument eine Zusammenfassung in deutscher Sprache beigefügt: *Diplomáciai iratok külpolitikájához 1939–1945.* Die beiden wichtigsten Reihen mit Dokumenten, die den Vatikan betreffen, werden sehr gut beschrieben in Victor Conzemius, »La Saint-Siège et la deuxième guerre mondiale: deux éditions de sources«, in: *Revue d'histoire de la deuxième guerre mondiale*, Nr. 128 (1982), S. 71–94.

Eine der besten, doch leider wenig verwendeten Formen der Berichterstattung über den Krieg sind die zahlreichen offiziellen Geschichten. In den meisten Fällen wurden sie von gut ausgebildeten Wissenschaftlern verfaßt, die früh fast uneingeschränkten Zugang zu den Archiven hatten. In der Regel sind sie von außerordentlich hoher Qualität. Daß ihre Autoren Personen zu Rate zogen, die damals Schlüsselpositionen innehatten, führte sicher zu einer gewissen Beschönigung in der Kritik, doch dies half auch, offene Fragen und Ereignisse zu klären. Vor allem für die britischen und amerikanischen Reihen trifft dies zu.

Die britische offizielle Geschichte ist in verschiedene Reihen gegliedert: *Grand Strategy, The Mediterranean and Middle East, The War Against Japan, Victory in the West, The War at Sea, The Strategic Air Offensive, Civil Affairs and Military Government*. Einzelbände gibt es zu den Feldzügen in Norwegen, den Operationen im Westen im Jahre 1940 und zur Verteidigung Großbritanniens. Eine Reihe befaßt sich mit der zivilen Seite des Krieges, unter anderem mit wichtigen Themen wie der Blockade, Lieferungen aus Nordamerika, Ernährung, Arbeitskräften und der finanziellen Situation. Eine Reihe zu medizinischen Aspekten gibt es ebenfalls. Von besonderem Interesse ist das fünfbändige Werk über *British Foreign Policy in the Second World War* von Sir Llewllyn Woodward. Außerordentlich nützlich, trotz einiger Einschränkungen, ist die vor kurzem fertiggestellte Reihe von Francis H. Hinsley, *British Intelligence in the Second World War,* 5 Bde. in 6 Teilen, Cambridge Univ. Press, New York 1979–1990. In den frühen Bänden der britischen offiziellen Geschichte wurden die Dokumente nicht mit Fußnoten versehen – wenn Bibliotheken und Wissenschaftler jemals betrogen wurden, dann in diesem Fall, weil sie nunmehr die Nachdruckbände erstehen müssen, die die Anmerkungen enthalten!

Die amerikanischen Reihen sind nach Truppengattungen getrennt. Der hervorragende Historiker Samuel Eliot Morison schrieb einen großen Teil der 15bändigen *History of United States Naval Operations in World War II,* Little, Brown, Boston 1947–1962, selbst und achtete auf die Ausgewogenheit der übrigen Beiträge. Dieses wichtige – und äußerst lesenswerte – Werk befaßt sich ausgiebig mit den Operationen der Marineinfanterie. Sie werden auch in einer einführenden Reihe, von der einige Bände in diesem Buch zitiert wurden, dargestellt. Ausführlicher ist die *History of U.S. Marine Corps Operations in World War II*. Die beste Einführung bietet jedoch weiterhin Jeter A. Iseley und Philip A. Crowl, *The U.S. Marines and Amphibious War: Its Theory and Practice in the Pacific,* Princeton Univ. Press, Princeton, N.J. 1951. Zur amerikanischen Luftwaffe gibt es die siebenbändige offizielle Geschichte, herausgegeben unter der Leitung von Wesley F. Craven und James L. Gate, *The Army Air Forces in World War II,* Univ. of Chicago Press, Chicago 1948–1958 (1983 durch die Office of Air Force History nachgedruckt). Die zahlreichen Berichte des United States Strategic Bombing Survey bieten viele Informationen zu den Schauplätzen in Europa und dem Pazifik, einige von ihnen wurden im Text zitiert. Die Berichte erweisen sich auch als Fundgrube für statistisches und beschreibendes Material zur deutschen und japanischen Wirtschaft.

Die Schriftenreihe des amerikanischen Heeres *U.S. Army in World War II* besteht aus verschiedenen Serien. *The War Department* beinhaltet wichtige Beiträge zu Planung, Logistik und über die Beziehungen zu den amerikanischen Verbündeten. Es gibt Serien zu jedem der Schauplätze und zu jeder Truppengattung. Zusätzlich gibt es Spezialstudien zu Themen wie Frauen und Schwarze in der Armee oder Wiederbewaffnung der Franzosen. Die Bände wurden von sehr fähigen Historikern sorgfältig geschrieben und stützen sich nicht nur auf amerikanische Archive, sondern auch auf systematische Arbeit an deutschen und japanischen Dokumenten, teils sogar mit Anleitungen für weitere Studien. Im Anhang finden sich Hinweise und bibliographische Essays, die jedem, der sich mit einem Spezialgebiet näher auseinandersetzen will, eine große Hilfe sind. Viele Titel werden in den Anmerkungen zitiert.

Die Sowjetunion hat zwei Ausgaben von offiziellen Geschichten herausgegeben, ihre Nachfolger in Moskau veröffentlichen gerade eine dritte. Die Probleme bei der Verwendung dieses Materials werden am besten in den weiter unten aufgeführten Werken von Erickson und Ziemke beschrieben. Von den beiden ersten gibt es deutsche Übersetzungen. Die Ausgaben der Regierungen von Kanada, Australien, Neuseeland und Südafrika sind für bestimmte Feldzüge hilfreich. Jene von Italien, China, Holland, Norwegen und einigen anderen Staaten sind schwer erhältlich, aber teilweise sehr interessant. Es gibt eine sehr hilfreiche Einführung zu dem Thema, mit genauen Angaben zu jedem Programm, in dem von Robin Higham herausgegebenen Band *Official Histories: Essays and Bibliographies from around the World*, Kansas State Univ. Library, Manhattan, Kans. 1970.

Den größten Fortschritt auf diesem Gebiet markierte in letzter Zeit das Erscheinen der ersten Bände der Reihe *Das Deutsche Reich und der Zweite Weltkrieg*, herausgegeben vom Militärgeschichtlichen Forschungsamt. Sechs Bände sind bisher erschienen, der Rest wird in den nächsten Jahren folgen. Die umfangreiche Darstellung wurde mit größter Sorgfalt verfaßt, wobei nicht nur zugängliche deutsche Quellen verwendet wurden, sondern auch ein beachtlicher Anteil der Literatur der letzten fünfzig Jahre.

Das weitaus beste Werk in englischer Sprache zur Rolle Deutschlands im Krieg ist Norman Rich, *Hitler's War Aims*, 2 Bde., Norton, New York 1973–1974. Eine besonders sorgfältige Analyse bietet Andreas Hillgruber, *Hitlers Strategie. Politik und Kriegführung, 1940–1941*, Bernard & Graefe, Frankfurt/Main 1965 und weitere Auflagen. Knapper und übersichtlicher ist das Buch von Jochen Thies über Hitlers Ziele, *Architekt der Weltherrschaft. Die »Endziele« Hitlers*, Droste, Düsseldorf 1976. Wichtige Quellen finden sich in den Goebbels-Tagebüchern, herausgegeben von Elke Fröhlich, *Die Tagebücher von Joseph Goebbels. Sämtliche Fragmente*, von denen die Jahre 1924 bis 1941 bisher in vier Bänden mit einem Register veröffentlicht wurden (Saur, München 1987), der Rest wird bald erscheinen. Hitlers Konferenzen mit Rüstungsminister Speer wurden herausgegeben von Willi A. Boelcke, *Deutschlands Rüstung im Zweiten Weltkrieg. Hitlers Konferenzen mit Albert Speer 1942–1945*, Athenaion, Frankfurt/Main 1969, und von Boelcke stammt auch *Kriegspropaganda 1939–1941. Ministerkonferenzen im Reichspropagandaministerium*, Deutsche Verlags-Anstalt, Stuttgart 1966. Hitlers Konferenzen mit seinem Oberbefehlshaber der Marine wurden von Gerhard Wagner zusammengestellt: *Lagevorträge des Oberbefehlshabers der Kriegsmarine vor Hitler 1939–1945*, Lehmanns, München 1972. Für das Verständnis der deutschen Marine weiterhin außerordentlich wichtig sind die drei Bände von Michael Salewski, *Die deutsche Seekriegsleitung, 1935–1945*, Bernard & Graefe, Frankfurt/Main 1970–1975; sowie Eberhard Rössler, *The U-Boat: The Evolution and Technical History of German Submarines*, übers. von Harold Erenberg, Naval Institute Press, Annapolis, Md. 1981 und Günter Hessler, *The U-Boat War in the Atlantic, 1939–1945*, 3 Bde., HMSO, London 1989 (doch gleich nach dem Krieg verfaßt).

Die besten Bücher zur deutschen Luftwaffe sind von William Murray, *Luftwaffe*, Nautical & Aviation Publishing Co. of America, Baltimore 1985, und Horst Boog, *Die deutsche Luftwaffenführung 1935–1945. Führungsprobleme, Spitzengliederung, Generalstabsausbildung*, Deutsche Verlags-Anstalt, Stuttgart 1982. Auf das deutsche Heer gehe ich in diesem Essay im Rahmen der einzelnen Feldzüge ein. Die neueste umfassende Arbeit zu den bewaffneten Einheiten der Waffen-SS ist von Bernd Wegner, *Hitlers politische Soldaten. Die Waffen-SS 1933–1945*, Schöningh, Paderborn 1990. Mehr Einsicht in das deutsche Militär als die endlosen und in der Regel unzuverlässigen Memoiren deutscher Generäle, die für jede gewonnene Schlacht Anerkennung fordern, Hitler die Schuld für alle verlorenen geben und eine erstaunliche Unkenntnis – echte oder vorgeschobene – dessen, was sie getan haben, an den Tag legen, bietet die enthüllende Studie über den Nazi-Terror innerhalb des Militärs von Manfred Messerschmidt und Fritz Wüllner, *Die Wehrmachtjustiz im Dritten Reich. Zerstörung einer Legende,* Nomos, Baden-Baden 1987. Sehr wichtig für die deutschen Vorbereitungen des Gaskriegs ist Rolf-Dieter Müller, »Die deutschen Gaskriegsvorbereitungen 1919–1945. Mit Giftgas zur Weltmacht?«, in: *MGM* 21 (1980), Nr. 1, S. 25–54. Zur deutschen Propaganda und der Lage an der Heimatfront sind ausgezeichnet Robert E. Herzstein, *The War that Hitler Won: Goebbels and the Nazi Media Campaign,* Paragon House, New York 1987, und Marlis Steinert, *Hitler's War and the Germans,* herausgegeben und übersetzt von Thomas E.J. de Witt, Ohio Univ. Press, Athens, Ohio 1977. (Deutsche Ausgabe unter dem Titel *Hitlers Krieg und die Deutschen. Stimmung und Haltung der deutschen Bevölkerung im Zweiten Weltkrieg,* Econ, Düsseldorf, Wien 1970.)

Die ideologische Seite der deutschen Kriegführung wird, abgesehen vom Holocaust und von besonderen Aspekten der Ostfront (siehe weiter unten), sehr gut dargestellt von Helmut Krausnick und Hans-Heinrich Wilhelm, *Die Truppe des Weltanschauungskrieges. Die Einsatzgruppen der Sicherheitspolizei und des SD, 1938–1942,* Deutsche Verlags-Anstalt, Stuttgart 1981 und Ernst Klee, *»Euthanasie« im NS-Staat. Die »Vernichtung unwerten Lebens«,* S. Fischer, Frankfurt/Main 1983. Eine außerordentlich gedankenreiche Diskussion über die Rolle des deutschen Außenministeriums hat Hans-Jürgen Döscher verfaßt: *Das Auswärtige Amt im Dritten Reich. Diplomatie im Schatten der »Endlösung«,* Siedler, Berlin 1987. Die Gegenseite wird angemessen dargelegt von David H. Kitterman, »Those Who Said ›No!‹: Germans Who Refused to Execute Civilians during World War II«, in: *German Studies Review* 11 (1988), S. 241–254. Die umfassendste Darstellung zu diesem Thema stammt von Peter Hoffmann, *The History of the German Resistance 1933–1945,* Macdonald & Jane's, London 1977, sowie ders., *Claus Schenk Graf von Stauffenberg und seine Brüder,* Deutsche Verlags-Anstalt, Stuttgart 1992.

Hilfreich für das Verständnis der deutschen Wirtschaft während des Krieges sind Edward L. Homze, *Foreign Labor in Nazi Germany,* Princeton Univ. Press, Princeton, N.J. 1967; Ulrich Herbert, Fremdarbeiter: Politik und Praxis des »Ausländer-Einsatzes« in der Kriegswirtschaft des Dritten Reiches, Dietz, Berlin 1985; Ludolf Herbst, *Der Totale Krieg und die Ordnung der Wirtschaft,* Deutsche Verlags-Anstalt, Stuttgart 1982 und Alfred C. Mierzejewskis hervorragende Studie *The Collapse of the German War Economy, 1944–1945: Allied Air Power and the German National Railway,* Univ. of North Carolina Press, Chapel Hill, N.C. 1988.

Die beste Einführung in die Literatur und Problematik des Holocaust bietet Michael R. Marrus, *The Holocaust in History,* Univ. Press of New England, Hanover, N.H. 1987. Ausgezeichnete Untersuchungen zu den wichtigsten Gesichtspunkten und Kontroversen können in den veröffentlichten Vorträgen dreier Ausgaben zu Konferenzen gefunden werden: Henry Friedlander und Sybil Milton, Hg., *The Holocaust: Ideology, Bureaucracy, and Genocide,* Kraus, Millwood, N.J. 1980; Peter Hayes, Hg., *Lessons and Legacies: The Meaning of the Holocaust in a Changing World,* Northwestern Univ. Press, Evanston, Ill. 1991, und Jürgen Rohwer und Eberhard Jäckel, Hg., *Der Mord an den Juden im Zweiten Weltkrieg. Entschlußbildung und Verwirklichung,* Deutsche Verlags-Anstalt, Stuttgart 1985. Die interessante Arbeit von Raul Hilberg, *The Destruction of the European Jews,* Quadrangle, Chicago 1961, wurde neu aufgelegt. Eine der Neuauflagen ist eine gekürzte Studienausgabe, die andere wurde auf drei Bände erweitert. Wichtige Erkenntnisse liefern Richard Breitman, *The Architect of Genocide: Himmler and the Final Solution,* Knopf, New York 1991, und die Bücher und Artikel von Christopher Browning, die im Text zitiert wurden. Ein aufreibendes, aber bedeutsames Buch ist Ernst Klee u. a., Hg., *»Schöne Zeiten«. Judenmord aus der Sicht der Täter und Gaffer,* Fischer, Frankfurt/Main 1988.

Viele Bücher zum von Deutschland besetzten Europa werden in den beiden oben erwähnten Bänden von Norman Rich aufgeführt. Zu Polen müssen zwei wichtige Arbeiten hinzugefügt werden: Gerhard Eisenblätter, »Grundlinien der Politik des Reiches gegenüber dem Generalgouvernement 1939–1945«, Diss., Frankfurt/Main 1969, und Czeslaw Madaizyk, *Die Okkupationspolitik des deutschen Imperialismus in Polen 1939–1945*, Akademie-Verlag, Berlin/Ost 1987 (überarb. Neuauflage des Buches von 1970 mit zahlreichem Material aus polnischen und deutschen Quellen).

Zu Großbritannien während des Krieges wurden schon die zu Recht berühmten Memoiren von Winston Churchill erwähnt, doch muß daran erinnert werden, daß sie nicht nur von seinem Wunsch, sich zu rechtfertigen, sondern auch von parteipolitischen Erwägungen im Blick auf eine mögliche weitere Amtszeit geprägt sind. Die autorisierte Biographie von Martin Gilbert, Bde. 6–8, enthält reichlich weiteres Material, Heinemann, London und Houghton Mifflin, Boston 1983–1988. Churchills gesamte Reden der Kriegszeit, auch die der geheimen Sitzungen im Parlament, finden sich in Robert Rhodes James, Hg., *Winston S. Churchill: His Complete Speeches, 1897–1963*, Bowker, New York 1974, Bde. 6–7. Tuvia Ben-Moshes Aufsatz »Winston Churchill and the ›Second Front‹: A Reappraisal«, in: *JMH* 62 (1990), S. 503–538 bietet eine zutreffende Diskussion der Hauptkontroverse. Die von David Dilks veröffentlichten *The Diaries of Sir Alexander Cadogan, O.M., 1938–1945*, Putnam's, New York 1972, sind von großer Bedeutung, denn sie zeigen den Blickwinkel eines Insiders, des Staatssekretärs des britischen Außenministeriums. Die Tagebücher von Feldmarschall Lord Alanbrooke, dem Chef des Empire-Generalstabs während der meisten Zeit des Krieges, wurden mit ausführlichen Kommentaren herausgegeben von Sir Arthur Bryant unter dem Titel *The Turn of the Tide, and Triumph in the West*, Doubleday, Garden City, N.Y. 1957–1959. Da der Text jedoch in wesentlichen Punkten verfälscht wurde, muß man, bis eine zuverlässige Fassung zur Verfügung steht, das Original im Liddell Hart Centre in London verwenden (siehe weiter unten). Ich bin fest überzeugt, daß einem der hervorragendsten Soldaten dieses Jahrhunderts und einem der Baumeister des Sieges der Alliierten durch unbesonnenes »Beschönigen« der Aufzeichnungen von seiten eines bewundernden Herausgebers ein schlechter Dienst erwiesen wurde. Langfristig wird die Aufmerksamkeit auf die hierbei versteckten Fehler und Fehlurteile gelenkt. David Frasers solide Biographie *Alanbrooke*, Atheneum, New York 1982, folgt leider zu sehr Bryants Eingriffen, um dies wieder gutzumachen.

Die drei Bände von Nigel Hamiltons autorisierter Biographie *Monty* enthalten zahlreiche Auszüge aus dem Nachlaß von Großbritanniens berühmtestem General. General Lord Ismays *The Memoirs of General Lord Ismay*, Viking, New York 1960, kann als Beispiel für die große Zahl vergleichbarer Arbeiten herangezogen werden, hier aus dem Zentrum der Kriegführung. Die Kontroverse über die britischen strategischen Bombenoffensiven zeigen Max Hastings, *Bomber Command*, Pan Books, London 1981; Norman Longmore, *The Bombers: The RAF Offensive against Germany 1939–1945*, Hutchinson, London 1983; John Terraine, *A Time for Courage: The Royal Air Force in World War II*, Macmillan, New York 1985; die energische Verteidigung in der autorisierten Biographie von Dudley Saward, *»Bomber« Harris: The Story of Marshal of the Royal Air Force Sir Arthur Harris*, Doubleday, Garden City, N.Y. 1985; und die vierbändige offizielle britische Geschichte. Einblick in die Arbeit der britischen Regierung und ihre Art, den Krieg zu führen, gewährt Brian L. Villa, *Unauthorized Action: Mountbatten and the Dieppe Raid*, Oxford Univ. Press, Toronto 1989. Die Beziehungen Londons zu den unterschiedlichen Widerstandskräften untersucht David Stafford, *Britain and European Resistance: A Survey of the Special Operations Executive*, Univ. of Toronto Press, Toronto 1980.

Mit Frankreich und dem deutschen Sieg im Westen beschäftigen sich Brian Bond in *France and Belgium, 1939–1940*, Davis-Poynter, London 1975, und die bedeutenden Arbeiten von Hans-Adolf Jacobsen, *Fall Gelb. Der Kampf um den deutschen Operationsplan zur Westoffensive 1940*, Steiner, Wiesbaden 1956; *Dokumente zur Vorgeschichte des Westfeldzuges 1939–1940* und *Dokumente zum Westfeldzug 1940*, Musterschmidt, Göttingen 1956. Jeffrey

A. Gunsberg, *Divided and Conquered: The French High Command and Defeat of the West, 1940,* Greenwood Press, Westport, Conn. 1979, versucht die französische Strategie zu verteidigen; Don W. Alexander, »Repercussions of the Breda Variant«, in: *French Historical Studies* 8 (1974), S. 459–488, macht sie recht eindrucksvoll zunichte. Bertram M. Gordon, *Collaborationism in France during the Second World War,* Cornell Univ. Press, Ithaca, N.Y. 1980; Robert O. Paxton, *Vichy France: Old Guard and New Order, 1940–1944,* Columbia Univ. Press, New York 1972, 1982, und Eberhard Jäckel, *Frankreich in Hitlers Europa,* Deutsche Verlags-Anstalt, Stuttgart 1966, scheinen mir die besten Einführungen in das immer noch heikle Thema von Besatzung und Kollaboration. Eleanor M. Gates, *End of the Affair: The Collapse of the Anglo-French Alliance, 1939–1940,* Univ. of California Press, Berkeley, Calif. 1981, bietet eine durchdachte Verteidigung der französischen Politik im Jahre 1940. R.T. Thomas bietet eine Einführung zu einem komplizierten Thema: *Britain and Vichy: The Dilemma of Anglo-French Relations 1940–1942,* St. Martin's, New York 1979.

Es gibt jetzt eine außerordentlich hilfreiche, biographische Reihe über französische Führer: Marc Ferro, *Pétain,* Fayard, Paris 1987; Hervé Couteau-Bégarie und Claude Huan, *Darlan,* Fayard, Paris 1989, und Bernard Pujo, *Juin: Maréchal de France,* Albin Michel, Paris 1988. Zu Charles de Gaulle scheinen mir seine Memoiren in ihren verschiedenen Fassungen die beste Einführung zu bieten.

Die militärischen Operationen in Skandinavien werden von Earl F. Ziemke gut dargestellt in *The German Northern Theater of Operations, 1940–1945,* GPO, Washington 1960. Die politische Ebene beschreibt Hans-Dietrich Loock, *Quisling, Rosenberg und Terboven. Zur Vorgeschichte und Geschichte der nationalsozialistischen Revolution in Norwegen,* Deutsche Verlags-Anstalt, Stuttgart 1970. Eine wichtige Arbeit zu den deutsch-finnischen Beziehungen ist Gerd R. Ueberschär, *Hitler und Finnland 1939–1941. Die deutsch-finnischen Beziehungen während des Hitler-Stalin-Paktes,* Steiner, Wiesbaden 1978.

Zur Rolle Italiens während des Krieges und seinen Beziehungen zu den anderen Achsenmächten überaus hilfreich ist das Buch von MacGregor Knox, *Mussolini Unleashed 1939–1941: Politics and Strategy in Fascist Italy's Last War,* Cambridge Univ. Press, Cambridge 1982. Die Unterlagen von Mussolinis Außenminister in Hugh Gibson, Hg., *The Ciano Diaries 1939–1943,* Doubleday, Garden City, N.Y. 1946, und Malcolm Muggeridge, Hg., *Ciano's Diplomatic Papers,* Odhams, London 1948, sind beide von größter Bedeutung und faszinierend zu lesen. Die Zweifel an der Authentizität und Gleichzeitigkeit des Tagebuchs wurden weitgehend widerlegt. Einige Bedeutung kommt A. Repagi, »Le Procés Graziani«, in: *Revue d'histoire de la deuxième guerre mondiale* Nr. 9 (Jan. 1953), S. 30–37, aufgrund der Diskussion wichtiger Quellen zu. Zwei sehr interessante Artikel von James J. Sadkovich weisen eine eher positive Haltung gegenüber den italienischen militärischen Leistungen auf und versuchen, Verzerrungen zu korrigieren, die durch übermäßige Bezugnahme auf Material von deutscher Seite entstanden sind: »Understanding Defeat: Reappraising Italy's Role in World War II«, in: *JCH* 24 (1989), S. 27–61, und »Of Myths and Men: Rommel and the Italians in North Africa, 1940–1942«, in: *International History Review* 13 (1991), S. 284–313.

Frederick W. Deakin, *The Brutal Friendship: Mussolini, Hitler, and the Fall of Italian Fascism,* Harper & Row, New York 1962; Conrad F. Latour, *Südtirol und die Achse Berlin-Rom 1938–1945,* Deutsche Verlags-Anstalt, Stuttgart 1962, und zwei wichtige Untersuchungen von Gerhard Schreiber, *Revisionismus und Weltmachtstreben. Marineführung und deutsch-italienische Beziehungen 1919–1945,* Deutsche Verlags-Anstalt, Stuttgart 1978 und *Die italienischen Militärinternierten im deutschen Machtbereich 1943–1945,* Oldenbourg, München 1990, sind die wichtigsten Arbeiten über Italiens Beziehungen zu Deutschland. Die Auseinandersetzung des Landes mit den Deutschen über deren Eifer beim Holocaust wird beleuchtet von Jonathan Steinberg, *All or Nothing: The Axis and the Holocaust 1941–1943,* Routledge, London 1990.

Der Kriegsaustritt wird erörtert in Josef Schröder, *Italiens Kriegsaustritt 1943*, Musterschmidt, Göttingen 1969.

Die Kämpfe auf der Apenninen-Halbinsel werden weiterhin in den britischen und amerikanischen offiziellen Geschichtswerken am besten dargestellt. Eine äußerst hilfreiche Untersuchung ist Dominick Graham und Shelford Bidwell, *Tug of War: The Battle for Italy, 1943 – 1945*, St. Martin's, New York 1986. Eine ausgezeichnete Beschreibung der Kämpfe aus der Sicht der neuseeländischen Division ist Geoffrey Cox, *The Race for Trieste*, Kimber, London 1977. Eine gute Einführung in die Rolle des Vatikans bietet Owen Chadwick, *Britain and the Vatican during the Second World War*, Cambridge Univ. Press, Cambridge 1986.

Zu Spaniens Rolle im Krieg sind besonders aufschlußreich: Charles B. Burdick, *Germany's Military Strategy and Spain in World War II*, Univ. of Syracuse Press, Syracuse 1968; Donald S. Detwiler, *Hitler, Franco und Gibraltar. Die Frage des spanischen Eintritts in den Zweiten Weltkrieg*, Steiner, Wiesbaden 1962; Denis Smyth, *Diplomacy and Strategy of Survival: British Policy and Franco's Spain, 1940–1941*, Cambridge Univ. Press, Cambridge 1986, und David W. Pike, »Franco and the Axis Stigma«, in: *JCH* 17 (1982), S. 369–407. Javier Tusell, *Franco y Mussolini: La política española durante la segunda guerre mundiale*, Planeta, Barcelona 1985, kommt wegen der Hinzuziehung spanischer und italienischer Originaldokumente große Bedeutung zu. Neue und unterschiedliche Sichtweisen nach deutschen und spanischen Dokumenten finden sich in der Dissertation von Norman J. W. Goda, »Germany and Northwest Africa in the Second World War: Politics and Strategy of Global Hegemony« (North Carolina 1991).

Die Kämpfe im Mittelmeerraum werden in britischen und amerikanischen offiziellen Geschichtswerken ausgezeichnet dargestellt. Eine weitere wichtige Arbeit ist von Michael Howard, *The Mediterranean Strategy in the Second World War*, Weidenfeld & Nicolson, London 1968. Zur entscheidenden Rolle Maltas ist Mariano Gabriele, *Operazione C 3: Malta*, Ufficio Storico Marina Militare, Rom 1965 in der italienischen offiziellen Geschichte unerläßlich. Um die Bedeutung der Funkaufklärung einschätzen zu können, ist Alberto Santoni, *Ultra siegt im Mittelmeer*, Bernard & Graefe, Koblenz 1985, aufschlußreich. Arthur L. Funk, *The Politics of Torch: The Allied Landings and the Algiers Putch 1942*, Univ. Press of Kansas, Lawrence, Kans. 1974, bleibt nützlich. David Killingray und Richard Rathbone, Hg., *Africa and the Second World War*, St. Martin's, New York 1986, ist eine gute Einführung in die Veränderungen auf diesem Kontinent während des Krieges. Douglas A. Farnie, *East and West of Suez: The Suez Canal in History, 1854–1956*, Clarendon Press, Oxford 1969, ist das wichtigste Buch zu einem in der Regel unbeachteten Thema. A.B. Gaunson, *The Anglo-French Collision in Lebanon and Syria, 1940–45*, Macmillan, London 1986, ergänzt die offiziellen Darstellungen zu den Kämpfen in Syrien und beschäftigt sich mit den daraus folgenden politischen Problemen.

Erstaunlicherweise wurde den Kämpfen in Polen nicht die Beachtung geschenkt, die zu erwarten wäre. Der zweite Band der vom MGFA herausgegebenen Reihe befaßt sich damit, und es gibt sehr viel Literatur in polnischer Sprache. Die besten Darstellungen in englischer Sprache sind weiterhin Robert M. Kennedys Studie für die amerikanische Armee *The German Campaign in Poland (1939)*, GPO, Washington 1956 und Nicholas Bethell, *The War Hitler Won: The Fall of Poland, September 1939*, Holt, Rinehart & Winston, New York 1972.

Südosteuropa war das Thema zahlreicher Untersuchungen. Übergreifend beschäftigen sich Martin van Creveld, *Hitler's Strategy 1940–1941: The Balkan Clue*, Cambridge Univ. Press, London 1973; Phyllis Auty und Richard Clogg, Hg., *British Policy towards Wartime Resistance in Yugoslavia and Greece*, Macmillan, London 1975; Elizabeth Barker, *British Policy in South-East Europe in the Second World War*, Macmillan, London 1976; George Ránki, »Hitlers Verhandlungen mit osteuropäischen Staatsmännern, 1939–1944«, in: Klaus Hildebrand und Reiner Pommerin, Hg., *Deutsche Frage und europäisches Gleichgewicht. Festschrift für An-*

dreas Hillgruber, Böhlau, Köln 1985, S. 195–228, und Jürgen Förster, *Stalingrad. Risse im Bündnis 1942/43,* Rombach, Freiburg 1975, mit diesem Schauplatz.

Was die Haltung der einzelnen Länder betrifft, bietet das zweibändige Werk von Carlile A. Macartney, *October Fifteenth: A History of Modern Hungary 1929–1945,* Univ. Press, Edinburgh 1956, die beste Einführung in die ungarische Situation. Weitere wichtige Arbeiten findet man in dem von Nandor F. Dreisziger herausgegebenen Sonderband *Hungary and the Second World War* der *Hungarian Studies Review* 10, Nr. 1–2 (1983), und Margit Szöllösi-Janze, *Die Pfeilkreuzlerbewegung in Ungarn. Historischer Kontext, Entwicklung und Herrschaft,* Oldenbourg, München 1989. Zu Rumänien bleibt Andreas Hillgruber, *Hitler, König Carol und Marschall Antonescu. Die deutsch-rumänischen Beziehungen 1938–1944,* Steiner, Wiesbaden 1954, trotz einiger Mängel wichtig. Philip Marguerat, *Le IIIe Reich et le pétrole roumain, 1938–1940,* A.W. Sijthoff, Genf 1977, Jürgen Förster, »Rumäniens Weg in die deutsche Abhängigkeit. Zur Rolle der deutschen Militärmission 1940/41«, in: *MGM* 25 (1979), S. 44–77, und Armin Heinen, *Die Legion »Erzengel Michael« in Rumänien. Soziale Bewegung und politische Organisation,* Oldenbourg, München 1986, sind neuere Untersuchungen. Die hilfreichsten Arbeiten zu Bulgarien sind Marshall Lee Miller, *Bulgaria during the Second World War,* Stanford Univ. Press, Stanford, Calif. 1975, und Hans-Joachim Hoppe, *Bulgarien – Hitlers eigenwilliger Verbündeter,* Deutsche Verlags-Anstalt, Stuttgart 1979. Zu Griechenland findet man eine chronologische Darstellung der Kämpfe bei Robin Higham, *Diary of a Disaster: British Aid to Greece 1940–1941,* Univ. Press of Kentucky, Lexington, Ky. 1986. Eine allgemeine Untersuchung ist John L. Hondros, *Occupation and Resistance: The Greek Agony, 1941–44,* Pella, New York 1983. Eine ideenreiche Einführung in ein schwieriges Thema bietet Peter J. Stavrakis, *Moscow and Greek Communism, 1944–1949,* Cornell Univ. Press, Ithaca, N.Y. 1989. Das bei weitem beste Buch über die Türkei stammt von Zehra Önder, *Die türkische Außenpolitik im Zweiten Weltkrieg,* Oldenbourg, München 1976.

Von den vielen Büchern über Jugoslawien sind besonders hilfreich: Walter A. Roberts, *Tito, Mihailovic, and the Allies, 1941–1945,* Rutgers Univ. Press, New Brunswick, N.J. 1973; Ladislaus Hory und Martin Broszat, *Der kroatische Ustascha-Staat 1941–1945,* Deutsche Verlags-Anstalt, Stuttgart 1964, und Hans Knoll, *Jugoslawien in Strategie und Politik der Alliierten 1940–1943,* Oldenbourg, München 1986. Die umfassendste Darstellung der diplomatischen Fragen zu Beginn des Krieges findet man in Alfredo Breccia, *Jugoslavia 1939–1941: Diplomazia della Neutralità,* Giuffrè, Mailand 1978. Milovan Djilas, *Wartime,* Harcourt Brace Jovanovich, New York 1977, ist aufschlußreich für die Bedeutung der Kämpfe und das Anwachsen von Titos Partisanenbewegung. Sehr wichtig ist die Veröffentlichung der Memoiren und des Nachlasses des deutschen militärischen Vertreters im Marionettenstaat Kroatien von Peter Broucek, Hg., *Ein General im Zwielicht. Die Erinnerungen Edmund Glaise von Horstenaus,* Bd. 3: *Deutscher Bevollmächtigter General in Kroatien und Zeuge des Untergangs des »Tausendjährigen Reiches«,* Böhlau, Köln und Wien 1979–1988. Zu Albanien siehe Reginald Hibbert, *Albania's National Liberation Struggle: The Bitter Victory,* Pinter, London 1991.

An der Ostfront fanden die meisten Kämpfe statt, doch die Zahl der Veröffentlichungen, zumindest in westlichen Sprachen, bleibt erstaunlich gering. Zu den Ursprüngen sind Andreas Hillgrubers kurze Zusammenfassung »Noch einmal: Hitlers Wendung gegen die Sowjetunion 1940«, in: *Geschichte in Wissenschaft und Unterricht* 33 (1982), S. 214–226; Robert Cecil, *Hitler's Decision to Invade Russia 1941,* Davis-Poynter, London 1975, und Gerhard L. Weinberg, *Germany and the Soviet Union, 1939–1941,* Brill, Leyden 1954, 1972, hilfreich. Die besten allgemeinen Untersuchungen der Kämpfe sind die beiden Arbeiten von Earl F. Ziemke, *Moscow to Stalingrad: Decision in the East,* GPO, Washington 1987, und *Stalingrad to Berlin: The German Defeat in the East,* GPO, Washington 1968, und die beiden von John Erickson, *The Road to Stalingrad,* Harper & Row, New York 1975, und *The Road to Berlin,* Westview

Press, Boulder, Colo. 1983. Peter Gosztony, *Hitlers Fremde Heere. Das Schicksal der nicht-deutschen Armeen im Ostfeldzug*, Econ, Düsseldorf 1976, untersucht das Schicksal der Armeen der deutschen Satellitenstaaten während des Feldzuges.

Wichtige Darstellungen zu bestimmten Bereichen der Kämpfe sind Jacob W. Kipp, *Barbarossa, Soviet Covering Forces and Initial Period of the War: Military History and the Airland Battle*, Soviet Army Studies Office, Fort Leavenworth, Kans. 1987; Klaus Reinhardt, *Die Wende vor Moskau. Das Scheitern der Strategie Hitlers im Winter 1941/42*, Deutsche Verlags-Anstalt, Stuttgart 1972; Manfred Kehrig, *Stalingrad. Analyse und Dokumentation einer Schlacht*, Deutsche Verlags-Anstalt, Stuttgart 1974; Geoffrey Jukes, *Hitler's Stalingrad Decisions*, Univ. of California Press, Berkeley, Calif. 1985; Ernst Klink, *Das Gesetz des Handelns. Die Operation »Zitadelle« 1943*, Deutsche Verlags-Anstalt, Stuttgart 1966; Christopher Duffy, *Red Storm on the Reich: The Soviet March on Germany, 1945*, Atheneum, New York 1991, und Tony Le Tissier, *The Battle for Berlin 1945*, St. Martin's, New York 1988. Die deutsche Strategie der letzten Kriegsjahre erscheint in einem neuen Licht in der Dissertation von Howard Davis Grier, »Hitler's Baltic Strategy«, North Carolina 1991.

Eine ausgezeichnete Auswahl von Ausschnitten aus sowjetischen Memoiren in Übersetzung bietet Seweryn Bialer, Hg., *Stalin and His Generals*, Souvenir Press, London 1970. Die entscheidende Rolle der Logistik, die 1941 all die brillanten deutschen Strategien für die Folgezeit verhindert hatte, wird beleuchtet in dem bemerkenswerten Buch von Klaus A. F. Schüler, *Logistik im Rußlandfeldzug. Die Rolle der Eisenbahn bei Planung, Vorbereitung und Durchführung des deutschen Angriffs auf die Sowjetunion bis zur Krise vor Moskau im Winter 1941/42*, Lang, Frankfurt/Main 1987. Zur Rolle der Partisanen und deren Bekämpfung bleibt die wichtigste Arbeit John A. Armstrong, Hg., *Soviet Partisans in World War II*, Univ. of Wisconsin Press, Madison 1964. Die beste Darstellung zur Wlassow-Bewegung ist von Catherine Andreyev, *Vlassov and the Russian Liberation Movement: Soviet Reality and Emigré Theories*, Cambridge Univ. Press, Cambridge 1987. Zur sowjetischen Heimatfront finden sich nützliche Informationen bei Mark Harrison, *Soviet Planning in Peace and War, 1938–1945*, Cambridge Univ. Press, Cambridge 1985, und John Barber und Mark Harrison, *The Soviet Home Front, 1941–1945: A Social and Economic History of the U.S.S.R. in World War II*, Longman, New York 1991.

Die Rolle Stalins bei der Leitung der Operationen und der Kontrolle der sowjetischen Kriegsleistungen im eigenen Land ist weiterhin ein überaus heikles Thema für eine wissenschaftliche Untersuchung. Es war politisch vorbelastet, weil Stalin nach der Parteilinie eine Funktion zugesprochen wurde, die wenig mit der historischen Realität in den Kriegsjahren gemein hatte. Die Biographie von Dmitrij Volkogonov, *Stalin: Triumph and Tragedy*, herausgegeben und übersetzt von Harold Shukman, Grove & Weidenfeld, New York 1991 (deutsche Ausgabe unter dem Titel *Stalin. Triumph und Tragödie*. Brandenburgisches Verlagshaus, Berlin 1990) ist ein erster Versuch, den Schleier der Geheimnisse zu lüften. Ohne Zweifel werden weitere folgen.

Die sowjetische Außenpolitik der Kriegszeit muß vermutlich auf der Grundlage der neuen Dokumente, die jetzt schrittweise zugänglich gemacht werden, in wesentlichen Punkten umgeschrieben werden. Von der bisherigen Literatur sind besonders erwähnenswert: Alexander Fischer, *Sowjetische Deutschlandpolitik im Zweiten Weltkrieg 1941–1945*, Deutsche Verlags-Anstalt, Stuttgart 1975; Jan T. Gross, *Revolution from Abroad: The Soviet Conquest of Poland's Western Ukraine and Western Belorussia*, Princeton Univ. Press, Princeton, N.J. 1988; Vojtech Mastny, *Russia's Road to the Cold War: Diplomacy, Warfare, and the Politics of Communism, 1941–1945*, Columbia Univ. Press, New York 1979, und Anna M. Cienciala, »The Activities of Polish Communists as a Source for Stalin's Policy Towards Poland in the Second World War«, in: *International History Review* 7 (1985), S. 129–145.

Zur deutschen Besatzung, Mißhandlung von Kriegsgefangenen und der Umstrukturierung der deutschen Armee, die ihre Teilnahme an den grausamsten Verbrechen in großem Maßstab ermöglichte, siehe Alexander Dallin, *German Rule in Russia 1941–1945: A Study in Occupation Policies*, Macmillan, London 1957, Theo Schulte, *The German Army and Nazi Policies in Occupied Russia*, Berg, Oxford 1989; Christian Streit, *Keine Kameraden. Die Wehrmacht und die sowjetischen Kriegsgefangenen 1941–1945*, Deutsche Verlags-Anstalt, Stuttgart 1978, und die beiden Bücher von Omar Bartov, *The Eastern Front, 1941–1945: German Troops and the Barbarization of Warfare*, St. Martin's, New York 1985, und *Hitler's Army: Soldiers, Nazis and War in the Third Reich*, Oxford Univ. Press, New York 1991. Letzteres überzeichnet meiner Ansicht nach, doch gebührt ihm gleichwohl Beachtung.

Die zentrale Figur der amerikanischen Kriegsleistungen und der Heimatfront war unzweifelhaft Franklin D. Roosevelt. Eine ausgezeichnete Einführung in seine Rolle bietet William R. Emerson, »F.D.R. (1941–1945)«, in: Ernest R. May, Hg., *The Ultimate Decision: The President as Commander in Chief*, George Braziller, New York 1960, S. 135–177. Eine hervorragende Biographie ist von James M. Burns, *Roosevelt: The Soldier of Freedom 1940–1945*, Harcourt Brace Jovanovich, New York 1970. Wichtige Dokumente aus seinen Akten findet man in Eliott Roosevelt, Hg., *F.D.R.: His Personal Letters, 1928–1945*, 2 Bde., Duell, Sloan & Pearce, New York 1950. Der Briefwechsel zwischen Roosevelt und Churchill wurde in zwei Ausgaben veröffentlicht: Francis L. Loewenheim u. a., Hg., *Roosevelt and Churchill: Their Secret Wartime Correspondance*, E.P. Dutton, New York 1975, und Warren F. Kimball, *Churchill and Roosevelt: The Complete Correspondence*, 3 Bde., Princeton Univ. Press, Princeton, N.J. 1984. Robert E. Sherwood, *Roosevelt and Hopkins: An Intimate History*, Harper, New York 1948, bleibt für jegliches Verständnis der Kriegsjahre wichtig.

Die amerikanische Strategie im allgemeinen sowie die Außenpolitik während des Krieges wurden von zwei Schulen revisionistischer Historiker kritisiert: Die erste wollte zeigen, daß die Führung der Vereinigten Staaten sich gegenüber der Sowjetunion in einer Mischung aus Dummheit und Kurzsichtigkeit verräterisch »milde« verhalten habe. Die zweite Schule behauptet genau das Gegenteil: Die Führer hätten die Konfrontation gesucht, die Sowjetunion zu schwächen beabsichtigt und ihr in anderer Weise schaden wollen. Dadurch hätten sie den Kalten Krieg verursacht. Die meisten dieser Arbeiten erhellen die zu der Zeit, als sie geschrieben wurden, herrschenden Strömungen und nicht die Ereignisse, die sie beschreiben wollen. Beim Verfassen dieses Buches erschienen mir sehr wenige von ihnen als nützlich.

Von diesen Problemen kaum beeinträchtigt sind Waldo Heinrichs, *Threshold of War: Franklin D. Roosevelt and American Entry into World War II*, Oxford Univ. Press, New York 1988; Kent Robert Greenfield, *American Strategy in World War II: A Reconsideration*, John Hopkins Univ. Press, Baltimore 1963; Robert Dallek, *Franklin D. Roosevelt and American Foreign Policy, 1932–1945*, Oxford Univ. Press, New York 1979; Gaddis Smith, *American Diplomacy during the Second World War 1941–1945*, John Wiley, New York 1965; John L. Gaddis, *The United States and the Origins of the Cold War, 1941–1947*, Columbia Univ. Press, New York 1972; Richard W. Steele, *The First Offensive, 1942: Roosevelt, Marshall, and the Making of American Strategy*, Indiana Univ. Press, Bloomington, Ind. 1973; Mark Stoler, *The Politics of the Second Front: American Military Planning and Diplomacy in Coalition Warfare, 1941–1943*, Greenwood Press, Westport, Conn. 1977 und Warren F. Kimball, *Swords or Plowshares? The Morgenthau Plan for Defeated Germany, 1942–1946*, Lippincott, Philadelphia 1976.

Die zahlreichen Fragen zur Kriegführung der Vereinigten Staaten werden wohl am deutlichsten in dem zweiten und dritten Band von Forrest C. Pogues außergewöhnlicher Biographie *George C. Marshall, Ordeal and Hope, 1939–1942* und *Organizer of Victory, 1943–1945*, Viking Press, New York 1965, 1973, aufgezeigt. Eine besonders gute Arbeit zur Heimatfront ist John M. Blum, *V Was for Victory: Politics and American Culture during World War II*, Harcourt Brace Jovanovich, New York 1976. Die zahlreiche Literatur zur Internierung von in

Amerika lebenden Japanern wird nun ergänzt durch Stephen Fox, *The Unknown Internment: An Oral History of the Relocation of Italian-Americans during World War II,* Twayne, Boston 1990. Unter den unzähligen Büchern, die sich mit den Operationen der amerikanischen Streitkräfte in allen Teilen der Welt beschäftigen, bleiben die offiziellen Geschichtswerke ausgesprochen hilfreich. Lediglich in Fällen, wo Material der Codebrecher bei der Veröffentlichung der Werke zurückgehalten werden mußte, aber jetzt in die Berichte integriert werden kann, liefert die neuere Literatur wichtige Ergänzungen. Ein gutes Beispiel hierfür ist William T. Y'Blood, *Hunter-Killer: U.S. Escort Carriers in the Battle of the Atlantic,* Naval Institute Press, Annapolis, Md. 1983. Zur bisher genannten Literatur und den offiziellen Publikationen müssen noch folgende Arbeiten zu den Kämpfen im Westen vom D-Day bis zum Ende des Krieges hinzugefügt werden: Hermann Jung, *Die Ardennen-Offensive 1944/45. Ein Beispiel für die Kriegführung Hitlers,* Musterschmidt, Göttingen 1971; John Keegan, *Six Armies in Normandy,* Viking, New York 1982; Richard Lamb, *Montgomery in Europe, 1943–1945: Success or Failure?* Buchan & Enright, London 1983; Dieter Ose, *Entscheidung im Westen, 1944. Der Oberbefehlshaber West und die Abwehr der alliierten Invasion,* Deutsche Verlags-Anstalt, Stuttgart 1982, und Russell F. Weigley, *Eisenhower's Lieutenants: The Campaign of France and Germany, 1944–1945,* Indiana Univ. Press, Bloomington, Ind. 1981.

Die Beziehung der Vereinigten Staaten zu ihrem britischen Verbündeten wird in zahlreichen Werken gut erörtert. Besonders aufschlußreich sind Alex Danchev, *Very Special Relationship: Field Marshal Sir John Dill and the Anglo-American Alliance 1941–44,* Brassey's, London 1986; David Reynolds, *Lord Lothian and Anglo-American Relations, 1939–1940,* in: *Transactions of the American Philosophical Society* 73, Teil 2 (1983); Axel Gietz, *Die neue Alte Welt: Roosevelt, Churchill und die europäische Nachkriegsordnung,* Fink, München 1986; Robert M. Hathaway, *Ambiguous Partnership: Britain and America, 1944–1947,* Columbia Univ. Press, New York 1981, und Lothar Kettenacker, »›Unconditional Surrender‹ als Grundlage der angelsächsischen Nachkriegsplanung«, in: Wolfgang Michalka, Hg., *Der Zweite Weltkrieg. Analysen, Grundzüge, Forschungsbilanz,* Piper, München 1989, S. 174–188.

Die amerikanischen Beziehungen zu Frankreich behandelt das im vorangegangenen Absatz aufgeführte Buch von Gietz ausführlich. Eine nützliche neuere Arbeit ist von Raoul Aglion, *Roosevelt and De Gaulle: Allies in Conflict, A Personal Memoir,* Free Press, New York 1988.

Das Bündnis der Westmächte mit der Sowjetunion wird von einer umfangreichen Literatur erörtert. Die bahnbrechende Untersuchung von William H. MacNeill, *America, Britain, and Russia: Their Co-operation and Conflict, 1941–1946,* 1953, und nachgedruckt von Johnson Reprint, New York 1970, bleibt außerordentlich nützlich. Die hilfreichsten Memoiren sind weiterhin James R. Deane, *The Strange Alliance: The Story of our Efforts at Wartime Co-operation with Russia,* Viking, New York 1946. Wichtige wissenschaftliche Arbeiten sind Mark Elliott, *Pawns of Yalta: Soviet Refugees and America's Role in Their Repatriation,* Univ. of Illinois Press, Urbana, Ill. 1982; George C. Herring, Jr., *Aid to Russia 1941–1946: Strategy, Diplomacy, and the Origins of the Cold War,* Columbia Univ. Press, New York 1973; Richard C. Lukas, *Eagles East: The American Air Force and the Soviet Union, 1941–1945,* Florida State Univ. Press, Tallahassee, Fla. 1970; John D. Langer, »The Harriman-Beaverbrook Mission and the Debate over Unconditional Aid for the Soviet Union, 1941«, in: Walter Laqueur, Hg., *The Second World War,* Sage, London 1982, S. 300–319; Joan Beaumont, *Comrades in Arms: British Aid to Russia, 1941–1945,* Davis-Poynter, London 1980, und ihr Artikel »A Question of Diplomacy: British Military Mission in the U.S.S.R. 1941–1945«, in: *Journal of the Royal United Services Institute for Defence Studies* 118 (1973), S. 74–81; Steven M. Miner, *Between Churchill and Stalin: The Soviet Union, Great Britain, and the Origins of the Grand Alliance,* Univ. of North Carolina Press, Chapel Hill, N.C. 1988; Lothar Kettenacker, »The Anglo-Soviet Alliance and the Problem of Germany, 1919–1945«, in: *JCH* 17 (1982), S. 435–458; Jan

Karski, *The Great Powers and Poland, 1919–1945,* University Press of America, Lanham, Md. 1985 und Sarah M. Terry, *Poland's Place in Europe: General Sikorski and the Origin of the Oder-Neisse Line, 1939–1943,* Princeton Univ. Press, Princeton, N.J. 1983.

Die Rolle der Mitglieder des britischen Commonwealth wird in Büchern über den Zweiten Weltkrieg in der Regel vernachlässigt. Ihre Beiträge und Streitkräfte laufen oft unter dem Namen »britisch«, gleich welchen geographischen Ursprungs sie sind. Es wird zu oft übersehen, daß in der letzten und entscheidenden Schlacht von El Alamein die meisten der »britischen« Truppen nicht aus Großbritannien kamen. Die Mitglieder des Commonwealth – Kanada, Australien, Neuseeland, Südafrika und Indien – haben alle ihre eigenen offiziellen Geschichtswerke herausgegeben, und diese sind von großer Bedeutung. Die Schlüsselfigur im kanadischen Programm war Charles P. Stacey, der auch eine Art Zusammenfassung geschrieben hat: *Six Years of War: The Army in Canada, Britain and the Pacific,* Queen's Printer, Ottawa 1955; außerdem zwei sehr interessante Bücher, die die offizielle Geschichte ergänzen: *Arms, Men and Governments: The War Policies of Canada 1939–1945,* Queen's Printer, Ottawa 1970 und *Canada and the Age of Conflict,* Bd. 2: *1921–1948, The Mackenzie King Era,* Univ. of Toronto Press, Toronto 1981. Zusammenfassungen der australischen Rolle bieten die ausgezeichneten Arbeiten von Gavin Long, *The Six Years' War: A Concise History of Australia in the 1939–1945 War,* Australian War Memorial and Australian Government Publishing Service, Canberra 1973, und John Robertson, *Australia at War,* William Heinemann, Melbourne 1981. Die offizielle Geschichte wird ergänzt durch John Robertson und John McCarthy, Hg., *Australian War Strategy, 1939–1945: A Documentary History,* Univ. of Queensland Press, St. Lucia 1985, und David M. Murray, *High Command: Australia and Allied Strategy, 1939–1945,* Australian War Memorial, Canberra und Allen & Unwin, Boston 1982.

Die innere Entwicklung und die Außenpolitik Japans, die zur Entscheidung führten, den Krieg gegen China in einen Krieg gegen Großbritannien, die Niederlande und die Vereinigten Staaten auszuweiten, wurden zum Thema einer Reihe von ausgezeichneten Büchern. Die zentralen Figuren der japanischen Führung werden in wichtigen Biographien beschrieben. Zu dem Mann, der Japan in den Krieg gegen China und an den Rand des Krieges mit den Westmächten führte, siehe Yoshitake Oka, *Konoe Fumimaro: A Political Biography,* übersetzt von Shumpei Okamoto und Patricia Murray, Univ. of Tokyo Press, Tokio 1983. Den General, der Japan vom Herbst 1941 bis zum Sommer 1944 führte, beschreiben Robert J.C. Butow, *Tojo and the Coming of the War,* Stanford Univ. Press, Stanford, Calif. 1961, und Alvin D. Coox, *Tojo,* Ballantine, New York 1975. Eine Studie, die seine Rolle bei Japans Strategie und Kriegsleistungen genauer untersucht, wäre sehr aufschlußreich.

Hilfreich für das Verständnis der internen Entwicklung wie für die immer aggressivere Politik sind Michael A. Barnhart, *Japan Prepares for Total War: The Search for Economic Security, 1919–1941,* Cornell Univ. Press, Ithaca, N.Y. 1987; Gordon M. Berger, *Parties out of Power in Japan, 1931–1941,* Princeton Univ. Press, Princeton, N.J. 1977; Richard Storry, *The Double Patriots: A Study of Japanese Nationalism,* Houghton Mifflin, Boston 1957; Stephen E. Pelz, *Race to Pearl Harbor,* Harvard Univ. Press, Cambridge, Mass. 1974; Gerhard Krebs, *Japans Deutschlandpolitik 1935–1941,* 2 Bde., Ges. f. Natur- und Völkerkunde Ostasiens, Hamburg 1984, und zwei Sammlungen von wichtigen Beiträgen, herausgegeben von James W. Morley, *The China Quagmire: Japan's Expansion on the Asian Continent 1933–1941* und *The Fateful Choice: Japan's Advance into Southeast Asia 1939–1941,* Columbia Univ. Press, New York 1983 und 1980.

Die Ereignisse, die dem Angriff auf Pearl Harbor vorausgehen, werden dargestellt von Nobutaka Ike, Hg., *Japan's Decision for War: Records of the 1941 Policy Conferences,* Stanford Univ. Press, Stanford, Calif. 1967; Robert J. C. Butow, *The John Doe Associates: Backdoor Diplomacy for Peace, 1941,* Stanford Univ. Press, Stanford, Calif. 1974; Dorothy Borg und

Shumpei Okamoto, *Pearl Harbor as History: Japanese-American Relations, 1931–1941,* Columbia Univ. Press, New York 1973, sowie in zwei Büchern von Gordon Prange, *At Dawn We Slept: The Untold Story of Pearl Harbor* und *Pearl Harbor: The Verdict of History,* McGraw-Hill, New York 1981 und 1986. Herbert Feis, *The Road to Pearl Harbor,* Princeton Univ. Press, Princeton, N.J. 1950, bleibt trotz der verstrichenen Zeit eines der besten Bücher zu diesem Thema.

Zu den japanischen Streitkräften im Krieg gibt es Hayashi Saburo, *KOGUN: The Japanese Army in the Pacific War,* Marine Corps Association, Quantico, Va. 1959; Paul S. Dull, *A Battle History of the Imperial Japanese Navy (1941–1945),* Naval Institute Press, Annapolis, Md. 1978, und Alvin D. Coox, »The Rise and Fall of the Imperial Japanese Air Forces«, in: *Aerospace Historian* 27, Nr. 2 (Juni 1980), S. 74–86. Mit der japanischen Heimatfront beschäftigen sich Thomas R. H. Havens, *Valley of Darkness: The Japanese People and World War II,* Norton, New York 1978, und Ben-Ami Shillony, *Politics and Culture in Wartime Japan,* Clarendon Press, Oxford 1981. Die beste Darstellung des Kriegsendes bleibt Robert J.C. Butow, *Japan's Decision to Surrender,* Stanford Univ. Press, Stanford, Calif. 1954, auch wenn eine neue Auflage, in der die jetzt zur Veröffentlichung freigegebenen amerikanischen und japanischen Dokumente verwendet werden, zu begrüßen wäre.

Eine sehr wichtige Quelle für Japans Beziehungen zu Deutschland, die auch viel über Japan selbst aussagt, ist John W. M. Chapman, Hg., *The Price of Admiralty: The War Diary of the German Naval Attaché in Japan, 1939–1943,* 3 Bde. (bis jetzt), Univ. of Sussex Printing Unit, Lewes, Sussex 1982–1984. Nützlich sind auch Bernd Martin, *Deutschland und Japan im Zweiten Weltkrieg,* Musterschmidt, Göttingen 1969, und Johanna M. Meskill, *Hitler and Japan: The Hollow Alliance,* Atherton, New York 1966. Zu anderen Aspekten der japanischen Außenpolitik während des Krieges sind interessant: George A. Lensen, *The Strange Neutrality: Soviet-Japanese Relations During the Second World War 1941–1945,* Diplomatic Press, Tallahassee, Fla. 1972, und Joyce C. Lebra, *Japanese-Trained Armies in Southeast Asia: Independence and Volunteer Forces in World War II,* Columbia Univ. Press, New York 1977.

Der lange Krieg zwischen Japan und China wartet noch auf ein größeres Werk. Dick Wilson, *When Tigers Fight: The Story of the Sino-Japanese War, 1937–1945,* Penguin, New York 1983; F.F. Liu, *A Military History of Modern China, 1924–1949,* Princeton Univ. Press, Princeton, N.J. 1956, und Hsi-sheng Ch'i, *Nationalist China at War: Military Defeats and Political Collapse, 1937–45,* Univ. of Michigan Press, Ann Arbor, Mich. 1982, sind die derzeit besten verfügbaren Überblickswerke. John H. Boyle, *China and Japan at War 1937–1945: The Politics of Collaboration,* Stanford Univ. Press, Stanford, Calif. 1972, Gerald R. Bunker, *The Peace Conspiracy: Wang Ching-wei and the China War 1937–1941,* Harvard Univ. Press, Cambridge, Mass. 1972, und John W. Garver, *Chinese-Soviet Relations, 1937–1945: The Diplomacy of Chinese Nationalism,* Oxford Univ. Press, New York 1988, diskutieren ausgezeichnet wichtige Themen. Von großem Interesse ist das *Symposium on the History of the Republic of China,* Bd. 4: *War and Resistance against Japan,* China Cultural Service, Taipeh 1981.

Die bei weitem beste Einführung in den Pazifikkrieg ist Louis Mortons Band *The War in the Pacific, Strategy and Command: The First Two Years,* GPO, Washington 1962, in der offiziellen Geschichte der US-Armee. Ein wichtiges Hilfsmittel ist das jetzt veröffentlichte Manuskript von Grace P. Hayes, *The History of the Joint Chiefs of Staff in World War II: The War against Japan,* Naval Institute Press, Annapolis, Md. 1982. Zwei sehr gute Bände zu den ersten sieben Monaten des Pazifikkrieges sind H.P. Willmott, *Empires in the Balance: Japanese and Allied Strategies to April 1942* und *The Barrier and the Javelin: Japanese and Allied Pacific Strategies, February to June 1942,* Naval Institute Press, Annapolis, Md. 1982 und 1983. Eine andere Sichtweise bietet John Dower, *War Without Mercy: Race and Power in the Pacific War,* Pantheon, New York 1986.

Zur Führung der japanischen Marine liefert das Tagebuch einer Schlüsselfigur in der Kaiserlichen Japanischen Marine, das zum großen Teil übersetzt wurde, interessante Details: Ugaki Matome, *Fading Victory: The Diary of Admiral Matome Ugaki,* Univ. of Pittsburgh Press, Pittsburgh 1991. Die besten Arbeiten über Douglas MacArthur sind D. Clayton James, *The Years of MacArthur,* Bd. 2: 1941–1945, Houghton Mifflin, Boston 1975, und Carol M. Petillo, *Douglas MacArthur: The Philippine Years,* Indiana Univ. Press, Bloomington, Ind. 1981. Nützliche taktische Details findet man, trotz des politischen Unsinns, bei Ohmae Toshikazu, »Die strategischen Konzeptionen der japanischen Marine im Zweiten Weltkrieg«, in: *Marine-Rundschau* 53 (1956), S. 179–203. Die besten Einführungen zu U-Booten sind Carl Boyd, »The Japanese Submarine Force and the Legacy of Strategic and Operational Doctrine Developed between the World Wars«, in: Larry Addington u. a., Hg., *Selected Papers from the Citadel Conference on War and Diplomacy 1978,* The Citadel Development Foundation, Charleston, S.C. 1979, und Wilfred J. Holmes, *Undersea Victory: The Influence of Submarine Operations on the War in the Pacific,* Doubleday, Garden City, N.Y. 1966.

Zu besonderen Einsätzen im Pazifik sollte man immer noch zunächst die offiziellen Geschichtswerke zu Rate ziehen. Zudem bietet Brian Garfield, *The Thousand-Mile War: World War II in Alaska and the Aleutians,* Doubleday, Garden City, N.Y. 1969, eine ausgezeichnete Untersuchung zu diesem Feldzug. John J. Stephan, *Hawaii under the Rising Sun: Japan's Plan for Conquest after Pearl Harbor,* Univ. of Hawaii Press, Honolulu 1984, ist für die erste Phase des Pazifikkrieges wesentlich. Bert Webber, *Silent Siege: Japanese Attacks against North America in World War II,* Ye Galleon Press, Fairfield, Wash. 1983, befaßt sich am umfassendsten mit den japanischen Bemühungen, den Westen der Vereinigten Staaten und Kanadas in Brand zu stecken. Drei der entscheidenden Schlachten werden ausgezeichnet dargestellt in den Büchern von Harry A. Gailey: *Bougainville, 1943–1945: The Forgotten Campaign,* Univ. Press of Kentucky, Lexington, Ky. 1991; *Howlin' Mad versus the Army: Conflict in Command, Saipan 1944,* Presidio Press, Novato, Calif. 1986, und *Peleliu, 1944,* Nautical and Aviation Publishing Co. of America, Annapolis, Md. 1983.

Auch zum Krieg in Süd- und Südostasien sind die offiziellen Publikationen sehr nützlich. Zu Indien während des Krieges gibt es zudem Milan Hauner, *India in Axis Strategy: Germany, Japan and Indian Nationalists in World War II,* Klett-Cotta, Stuttgart 1981, und Johannes H. Voigt, *Indien im Zweiten Weltkrieg,* Deutsche Verlags-Anstalt, Stuttgart 1978. Unter der zahlreichen Literatur über den Feldzug in Malaya und die Eroberung Singapurs erscheint mir Louis Allen, *Singapore 1941–1942,* Davis-Poynter, London 1977, am hilfreichsten. Sein Buch *Burma: The Longest War 1941–1945,* Dent, London 1984, ist die verständlichste und anregendste Darstellung dieses Feldzugs. Dieser Schauplatz findet auch in den offiziellen Geschichtsbüchern der US-Armee von Charles Romanus und Riley Sutherland Beachtung. Auf die zentrale amerikanische Figur konzentriert sich das gut lesbare Buch von Barbara Tuchman, *Stilwell and the American Experience in China 1911–1945,* Bantam, New York 1972 und weitere Auflagen. Die abschließende Landkampagne in Asien wird sehr kompetent behandelt von David M. Glantz, *August Storm: The Soviet 1945 Strategic Offensive in Manchuria,* Combat Studies Institute, Fort Leavenworth, Kansas 1983.

In den letzten Jahren wurden Aufzeichnungen zu nachrichtendienstlichen Operationen und Waffen zur Veröffentlichung freigegeben, so daß langsam – leider noch zu langsam – ernstzunehmende Arbeiten die phantastischen Erfindungen früherer Veröffentlichungen ersetzen. Zur Arbeit der Nachrichtendienste siehe Christopher Andrew und David Dilks, Hg., *The Missing Dimension: Governments and Intelligence Communities in the Twentieth Century,* Macmillan, London 1984; Horst Boog, »German Air Intelligence in the Second World War«, in: *Intelligence and National Security* 5 (1990), S. 350–424; John W.M. Chapman, »German Signals Intelligence and the Pacific War«, in: *Proceedings of the British Association for Japanese Studies*

(History and International Relations) 4 (1979), S. 131–149; Aileen Clayton, *The Enemy is Listening*, Hutchinson, London 1980 (die erstaunlichen Erinnerungen einer Y-Service-Offizierin); Michael L. Handel, Hg., *Strategic and Operational Deception in the Second World War*, Frank Cass, London 1987; Walter T. Hitchcock, Hg., *The Intelligence Revolution: A Historical Perspective*, GPO, Washington 1991; Wilfred J. Holmes, *Double-Edged Secrets: U.S. Naval Intelligence Operations in the Pacific during World War II*, Naval Institute Press, Annapolis, Md. 1979; Reginald V. Jones, *Most Secret War: British Scientific Intelligence, 1939–1945*, Hamish Hamilton, London 1978; drei Bücher von David Kahn: *The Codebreakers: The Story of Secret Writing*, Macmillan, New York 1967, *Hitler's Spies: German Military Intelligence in World War II*, Macmillan, New York 1978, und *Seizing the Enigma: The Race to Break the German U-Boat Codes, 1939–1943*, Houghton Mifflin, Boston 1991; zwei Bücher von Ronald Lewin, *Ultra Goes to War*, McGraw-Hill, New York 1978, und *The American Magic: Codes, Cyphers and the Defeat of Japan*, Farrar Straus Giroux, New York 1982; Wladyslaw Kozaczuk, *Enigma: How the German Machine Cypher Was Broken, and How it Was Read by the Allies in World War II*, herausgegeben und übersetzt von Christopher Kasparek, University Publications of America, Frederick, Md. 1984; Richard Langhorne, Hg., *Diplomacy and Intelligence during the Second World War*, Cambridge Univ. Press, Cambridge 1985; Jürgen Rohwer und Eberhard Jäckel, Hg., *Die Funkaufklärung und ihre Rolle im 2. Weltkrieg*, Motorbuch, Stuttgart 1979, und Nigel West (Pseud. von Rupert Allason?), *The SIGINT Secrets: The Signals Intelligence War 1900 to Today: Including the Persecution of Gordon Welchman*, Morrow, New York 1988.

Zu Sabotage und ähnlichem ist die beste Einführung: Michael R.D. Foot, *SOE: An Outline of the Special Operations Executive, 1940–1946*, BBC Publications, London 1984. Zu Waffensystemen sind Fritz Hahn, *Waffen und Geheimwaffen des deutschen Heeres 1933–1945*, 2 Bde., Bernard & Graefe, Koblenz 1986–1987, Dieter Hölsken, »Die V-Waffen. Entwicklung und Einsatzgrundsätze«, in: *MGM* 38 (1985), Nr. 2, S. 95–122 und Alfred Price, *Instruments of Darkness: The History of Electronic Warfare*, Macdonald & Jane's, London 1977, besonders hilfreich. Mit verschiedenen Gesichtspunkten des Luftkriegs befassen sich Experten in Horst Boog, Hg., *The Conduct of the Air War in the Second World War: An International Comparison*, Berg, New York 1992. (Deutsche Ausgabe unter dem Titel *Luftkriegführung im Zweiten Weltkrieg. Ein internationaler Vergleich*. Mittler, Berlin, Bonn, Herford 1993.)

Die besten Arbeiten zu Atomwaffen sind weiterhin zwei offizielle Geschichten: Richard G. Hewlett und Oscar E. Anderson, *A History of the United States Atomic Energy Commission*, Bd. 1: *The New World 1939–1946*, Univ. of Pennsylvania Press, Philadelphia 1962, und Vincent C. Jones, *Manhattan: The Army and the Atomic Bomb*, GPO, Washington 1985. Außer politischer Polemik findet man viele wissenschaftliche Informationen in Richard Rhodes, *The Making of the Atomic Bomb*, Simon & Schuster, New York 1986. Die britische Seite wird in einem ursprünglich geheimen Buch von John Ehrman zusammengefaßt: *The Atomic Bomb: An Account of British Policy in the Second World War*, Cabinet Office, London Juli 1953.

Die Aufzählungen und Empfehlungen sind notwendigerweise unvollständig. Nicht nur die meisten Memoiren wurden weggelassen, auch ganze Reihen von Veröffentlichungen wie zum Beispiel Truppengeschichten. Zahlreiche Themen wurden überhaupt nicht angesprochen. Die Anmerkungen im Anhang des Buches bieten zusätzliche Angaben zu den im Text besprochenen Themen. Die bibliographischen Hilfsmittel, die zu Beginn dieses Essays erwähnt wurden, werden beim Auffinden weiterer Arbeiten hilfreich sein.

Die Zahl der erhaltenen Dokumente zum Zweiten Weltkrieg ist unglaublich groß. Eine allgemeine Einführung in das Thema bietet James O'Neill und Robert W. Krauskopf, Hg., *World War II: An Account of Its Documents*, Howard Univ. Press, Washington 1976. Die Beschäftigung mit den verschiedenen Kategorien der erbeuteten Aufzeichnungen beginnt man am besten mit Robert Wolfe, Hg., *Captured German and Related Records,* Ohio Univ. Press, Athens, Ohio 1974. Zum wichtigsten Aufbewahrungsort britischer Aufzeichnungen siehe *The Second World War: A Guide to Documents in the Public Record Office,* HMSO, London 1972.

Zu den deutschen Aufzeichnungen, die sich noch in den Vereinigten Staaten befinden, siehe Gerhard L. Weinberg, *Guide to Captured German Documents,* Montgomery, Ala. 1952, und »Supplement to the Guide to Captured German Documents«, National Archives, Washington 1959. Die an Deutschland zurückgegebenen Dokumente werden in den *Findbüchern* des Bundesarchivs in Koblenz aufgeführt. Die vor der Rückgabe erstellten Mikrofilme werden beschrieben in Howard M. Ehrmann, *A Catalogue of the Files and Microfilms of the German Foreign Ministry Archives 1867–1920,* American Historical Association, Washington 1959; George O. Kent, *A Catalog of the Files and Microfilms of the German Foreign Ministry 1920–1945,* 4 Bde., Hoover Institution Press, Stanford, Calif. 1969–1972, und in der Reihe »Guides to German Records Microfilmed at Alexandria, Va.«, herausgegeben von den U.S. National Archives seit 1958. Eine hilfreiche Einführung in das Schicksal italienischer Dokumente während des Krieges bietet Howard M. Smyth, *Secrets of the Fascist Era,* Southern Illinois Univ. Press, Carbondale, Ill. 1975. Auch zu den erbeuteten italienischen Dokumenten, von denen in den Vereinigten Staaten Mikrofilme angefertigt wurden, gibt es eine von den National Archives herausgegebene dreibändige Reihe »Guides«.

Die wichtigste Sammlung japanischer Dokumente zum Zweiten Weltkrieg für Interessenten ohne Japanisch-Kenntnisse liegt in den National Archives in Washington. Es gibt zahlreiche Reihen von abgefangenen japanischen und deutschen diplomatischen, Militärattaché-, Marine-attaché-, Heeres- und Marinemeldungen – einige von ihnen enthalten Zehn-, ja, Hunderttausende von Funksprüchen. Sie sind unter der »Record Group 457« der National Security Agency, der die amerikanischen entschlüsselten Aufzeichnungen übergeben wurden, zusammengefaßt. Diese Materialien sind von größter Bedeutung, denn sie spiegeln nicht nur die internen Angelegenheiten des japanischen diplomatischen und militärischen Dienstes wider, sondern sie geben auch Auskunft über die Länder, in die japanische Diplomaten entsandt wurden. Hinzu kommt, daß viele japanische und deutsche Dokumente im Krieg vernichtet wurden, so daß die übersetzten abgefangenen Meldungen die *einzigen* existierenden Kopien von Dokumenten sind, von denen es keine deutschen oder japanischen Originale gibt.

Andere wichtige Sammlungen der U.S. National Archives, die für dieses Buch untersucht wurden, sind die Aufzeichnungen der Aufklärungsabteilung G-2 des Kriegsministeriums und das reichhaltige Material, das für die Prozesse der Nachkriegszeit gegen die Kriegsverbrecher gesammelt wurde. Bei der schweren Entscheidung, welches der riesigen Archive ich persönlich durcharbeiten sollte, beschloß ich, den Schwerpunkt auf die Franklin D. Roosevelt Presidential Library in Hyde Park zu legen. Dort findet sich zahlreiches Material zu allen Aspekten des Krieges, das bei genauem Studium erkennen läßt, wie der Präsident die amerikanischen Kriegsanstrengungen leitete. Die Suche wird durch Hilfsmittel erleichtert, und in der Bibliothek befinden sich auch die Nachlässe von Henry Morgenthau und anderen hohen Beamten aus Roosevelts Regierung. Dokumente aus Hyde Park gehören zum Aktensegment von Roosevelt, wenn nicht anders angeben. Die Angaben entsprechen dem System der Bibliothek.

Der wichtigste Aufbewahrungsort in England ist das Public Record Office (PRO) in Kew. Der interessierte Leser wird dort die größten Sammlungen von Dokumenten der Regierung, des Premierministers, des Außenministeriums und der Kriegs-, Admiralitäts- und Luftwaffenministerien, zudem einige wichtige persönliche Nachlässe und weiteres finden. Alles ist über Klassenlisten (class lists) erschlossen. Die benötigten Dokumente kann man mit Hilfe eines Computers abrufen. Der Großteil der britischen Dokumente zur Kriegszeit steht zur Verfügung, doch gibt es einige ärgerliche Ausnahmen, auf die ich am Ende des Essays noch eingehen werde.

Die Angaben zu in diesem Buch verwendeten Dokumenten entsprechen der im PRO verwendeten Kennzeichnung. Klassen- und Aktennummer verweisen auf die Akte, in der das Original aufbewahrt wird. Bei Dokumenten des Außenministeriums wurde die Archivbezeichnung des Foreign Office übernommen.

Weitere für dieses Buch genutzte Archive sind das Liddell Hart Centre for Military Archives am King's College der Universität London und die Bibliothek des Imperial War Museum. Ersteres ist eine Institution, die die Nachlässe bedeutender Einzelpersonen im Zweiten Weltkrieg sammelte. Zu den wichtigsten Beständen zählen die von Lord Alanbrooke, dem Chef des Empire-Generalstabs während des Großteils des Krieges, und von General Lord Ismay, Churchills einflußreichstem militärischen Berater während des Krieges und seiner größten Stütze beim Schreiben der sechsbändigen Memoiren danach. Beide Sammlungen sind sehr gut gegliedert und werden von hilfsbereitem Personal zur Verfügung gestellt. Die Angaben entsprechen den Kennzeichnungen des Zentrums. Die Bibliothek des Imperial War Museums besitzt große Sammlungen privater Nachlässe, von denen zahlreiche verwendet und zitiert wurden. Am Churchill College der Cambridge University befindet sich ein noch größeres Archiv mit Unterlagen von Persönlichkeiten des Zweiten Weltkriegs.

Die amerikanischen und britischen Dokumente sind zumindest zu einem gewissen Grad in einem nationalen Archiv zentral gesammelt worden. Die deutschen Dokumente wurden ursprünglich zwischen beiden Staaten aufgeteilt und werden jetzt in einem wohl langwierigen und komplizierten Prozeß zusammengeführt. Zudem hat die Bundesrepublik Deutschland, als Ausdruck ihres ursprünglichen Selbstverständnisses eines provisorischen Staates mit einer vorläufigen Hauptstadt, bewußt kein neues Nationalarchiv in Bonn geschaffen. Statt dessen wurden die Dokumente aufgeteilt, das Hauptarchiv nach Koblenz verlegt. Jahrzehntelang war das Bundesarchiv in Mieträumen untergebracht; schließlich wurde ein eigenes Gebäude errichtet – einige Jahre vor der deutschen Wiedervereinigung. Das Bundesarchiv gibt Findbücher zu den Beständen heraus, ist im ganzen sehr gut organisiert und hat – für Europa eine unerhörte Neuerung – sogar abends geöffnet. Auf die zitierten Dokumente, vor allem aus der Reichskanzlei, dem Finanzministerium und Sammlungen von Anweisungen und Berichten an Nachrichtenagenturen, wird nach dem im Archiv verwendeten System verwiesen.

Das Bundesarchiv in Koblenz verwahrt jedoch nicht alle zurückgegebenen Dokumente. Die Akten aus dem deutschen Auswärtigen Amt wurden dem intern kontrollierten Archiv der Behörde zugewiesen. Diese Dokumente befinden sich folglich in Bonn, und sie waren leider trotz der deutschen Vertragsverpflichtungen nicht immer vollständig für Wissenschaftler zugänglich. Der vorhergehenden Tendenz, internationale Absprachen nur als »Papierfetzen« zu erachten, wird in den letzten Jahren ein kooperativeres Verhalten entgegengesetzt. Dokumente des deutschen Außenministeriums werden hier unter der Rubrik AA zitiert, gefolgt von der üblichen Abkürzung der Sammlung, dem Titel der Aktenreihe und der Bandnummer (sofern vorhanden). Wenn das Dokument auf Mikrofilm vorliegt, folgt, falls vorhanden, die auf den Rand des Dokuments gestempelte Nummer. Das Archiv in Bonn bewahrt auch Dokumente der früheren deutschen Vertretungen im Ausland auf. Bei Zitaten aus diesen Dokumenten wird die Botschaft oder Gesandtschaft angegeben. Das gleiche gilt für Sammlungen privater Nachlässe.

Die deutschen militärischen Dokumente werden in einer Abteilung des Bundesarchivs in Freiburg verwahrt (die vielleicht nach Potsdam verlegt werden soll). Das Archiv ist außerordentlich gut organisiert und ausgestattet. Dort befinden sich die wichtigste Sammlung von Dokumenten der deutschen Marine, eine größere zum Heer und Fragmente zur Luftwaffe – was deutlich macht, in welchem Ausmaß die Dokumente der drei verschiedenen Waffengattungen erhalten blieben. Einführende Hilfsmittel und hilfsbereites Personal erleichtern die Suche. Das Archiv in Freiburg hat sich bemüht, Nachlässe deutscher Militärs zu sammeln, und auf viele von ihnen wird in den Anmerkungen hingewiesen. Alle Anmerkungen werden mit

BA-MA (Bundesarchiv-Militärarchiv) eingeleitet, dann folgen Name der Sammlung, der Akte und die Blattnummer, falls paginiert wurde. Manchmal erscheint es seltsam, daß auf Aufzeichnungen der Marine hingewiesen wird, obwohl der Sachverhalt nichts mit der deutschen Marine gemein hat. Dabei muß, wie oben erwähnt, beachtet werden, welche Dokumente am besten erhalten sind.

Im Institut für Zeitgeschichte in München und der Forschungsstelle für die Geschichte des Nationalsozialismus in Hamburg findet man sowohl wichtige Bibliotheksbestände als auch Sammlungen von Dokumenten. In München gibt es nicht nur die aufbewahrten Akten, sondern auch große Sammlungen und Briefwechsel aus der Nachkriegszeit über den Zweiten Weltkrieg. Die Anmerkungen entsprechen den Zitiersystemen der beiden Einrichtungen. Das Auskunftspersonal erweist sich für Wissenschaftler als äußerst hilfreich. In München, ebenso wie in Bonn, Koblenz und Freiburg, werden die Archivare Forscher unterstützen, die eine Erlaubnis brauchen, persönliche Dokumente zu verwenden, die besonderen Einschränkungen unterliegen. Sie können die Erlaubnis natürlich nicht garantieren, doch wird sie in der Regel erteilt.

Obwohl es für mich, wie für alle, die sich mit dem Zweiten Weltkrieg beschäftigen, unmöglich war, alle zur Verfügung stehenden Dokumente zu verwenden – ansonsten würde kein Buch über den Krieg je vollendet –, scheinen mir einige Kommentare über noch nicht zugängliche Dokumente angebracht. Zwei Punkte stehen bei dieser Frage im Mittelpunkt. Erstens wird es immer lächerlicher zu behaupten, daß Dokumente, die ein halbes Jahrhundert alt sind, etwas mit der heutigen Sicherheit eines Landes zu tun haben. Selbstverständlich kann man sich vorstellen, daß einige technische Details von Waffensystemen noch geheim bleiben sollten – aber dafür interessieren sich Historiker in der Regel sowieso nicht. Zweifellos beziehen sich einige Dokumente auf private Angelegenheiten, wie zum Beispiel medizinische oder kriegsgerichtliche Aufzeichnungen, die für den Schutz der Privatsphäre unzugänglich bleiben müssen. (In manchen Fällen könnte man sie wohl doch verwenden, sofern die Anonymität gewahrt bliebe.) Für die übrigen Dokumente erscheint »nationale Sicherheit« jedoch recht nichtssagend.

Zweitens ist die materielle Qualität des Papiers von Bedeutung. Die Kriegsdokumente werden sich buchstäblich auflösen, sofern sie nicht verfilmt wurden, da das Papier schnell verfällt. In allen Ländern wurde die Qualität des Papiers bewußt verschlechtert, um die anderswo benötigten Mittel in der angespannten Wirtschaftslage der Kriegszeit einzusparen. Wenn keine Mikrofilme erstellt werden, wird es im wahrsten Sinne des Wortes verschwinden. Das Material sollte deshalb rasch Wissenschaftlern zur Verfügung gestellt werden. Länder, die solches Material verschlossen halten, klammern sich selbst von einem wichtigen Teil ihrer Vergangenheit aus.[*]

Beispiele für Dokumente, die jetzt unter Verschluß sind und verfügbar gemacht werden sollten, gibt es viele. Die große Sammlung der von Alliierten abgefangenen Meldungen des deutschen diplomatischen Verkehrs, als »Floradora« bezeichnet, hätte schon seit langem freigegeben werden sollen. Wie im Fall der Meldungen der Kategorie »Ultra« oder »Magic«, deren Geheimhaltungsstufe aufgehoben wurde, scheinen viele der Dokumente die einzigen existierenden Kopien von Originaldokumenten zu sein. Sie sind also schon aus diesem Grund wichtig. Außerdem können sie viel über die Kenntnis der Alliierten über deutsche Aktivitäten aussagen. Ebenso lächerlich ist, daß Dokumente aus der Hyde-Park-Bibliothek von den Behörden, an die sie zur Deklassierung weitergeleitet wurden, mit der Antwort, sie könnten noch nicht zugänglich gemacht werden, zurückgeschickt wurden.

---

[*] Zu einer umfangreicheren Diskussion zu diesem Thema siehe Gerhard L. Weinberg, »The End of Ranke's History?«, in: Syracuse Scholar 9, Nr. 1 (1988), S. 51–59.

Vor einigen Jahren konnte ich als Vorsitzender eines Komitees der Conference Group for Central European History of the American Historical Association durchsetzen, daß das Inter-Agency Classification Review Committee die National Security Agency anwies, eine große Zahl deutscher Dokumente, die das Entschlüsseln von Codes vor und während des Zweiten Weltkriegs betrafen, freizugeben. Diese Dokumente trugen zu neuen Erkenntnissen über die Schlacht um den Atlantik bei, um nur ein Beispiel zu nennen. Der Großteil der deutschen Dokumente zu Geheimschriften bleibt jedoch unter gemeinsamer britisch-amerikanischer Kontrolle verschlossen. Da diese Dokumente definitionsgemäß mindestens ein halbes Jahrhundert alt sind, bringt ihre weitere Klassifizierung nur das gesamte Konzept der »nationalen Sicherheit« in Mißkredit.

Das gleiche gilt für die meisten zurückgehaltenen britischen Dokumente. Jetzt, wo der Herzog und die Herzogin von Windsor verstorben sind, erscheinen sie durch die fortwährende Geheimhaltung ganzer Akten und persönlicher Informationen an anderer Stelle, die sie schützen soll, nur törichter und gefährlicher, als sie wirklich waren. Das trifft auch auf eine Vielzahl der Aufzeichnungen der Nachrichtendienste zu, die für die dreißiger Jahre und die Zeit des Krieges noch nicht zugänglich sind. Vor dem prüfenden Blick einer lange besiegten Achse oder der aufgelösten Sowjetunion muß man die Ereignisse sicherlich nicht mehr schützen. Vor wem oder was werden die Geheimnisse des Zweiten Weltkriegs also geschützt?

In Deutschland und Italien besteht die Tendenz, immer mehr Dokumente freizugeben, in Japan werden immer mehr unter Verschluß gestellt. Während das eine ermutigt, entmutigt das andere und kann nur, oder sollte, Sorge bereiten. Die wichtigsten Fragen im Bereich der zugänglich werdenden Archive betreffen jene in der ehemaligen DDR, der Staaten des früheren Ostblocks und der ehemaligen Sowjetunion. Die ostdeutschen Archive unterliegen jetzt der Kontrolle des deutschen Bundesarchivs. Obwohl in der Übergangsphase zweifellos eine gewisse Unordnung herrschen wird, ist zu erwarten, daß am Ende die liberalen und vernünftigen Praktiken der deutschen Archivare der Nachkriegszeit die Oberhand gewinnen werden. Einer der vielen Gründe dafür, daß es ein Vorteil – und kein Nachteil – war, daß der ostdeutsche Staat so schnell zusammengebrochen ist, besteht darin, daß eine längere Übergangszeit unzweifelhaft zum »Verschwinden« von Dokumenten in größerem Ausmaß geführt hätte, was dennoch in beträchtlichem Umfang geschah. In den früheren sowjetischen Satellitenstaaten, von denen einige schon vor dem Zusammenbruch des alten Regimes liberalere Zugangsmöglichkeiten einführten, liegt das Hauptproblem offenbar eher im Mangel an Mitteln als an Willen. In der Sowjetunion, wie auch in den anderen Staaten, ist der sofortige Zugang zu den Akten wegen des sich auflösenden Papiers und der Notwendigkeit, Mikrofilme anzufertigen, dringend erforderlich: Wenn nicht bald Schritte unternommen werden, kann es schlicht zu spät sein. In den Archiven der früheren Satelliten und der ehemaligen Sowjetunion befinden sich nicht nur zahlreiche eigene Dokumente, die in der Vergangenheit für Wissenschaftler nicht zugänglich waren, sondern auch weitreichende Sammlungen von Dokumenten, die während und am Ende des Zweiten Weltkriegs erobert wurden. Auch hier ist der Zeitfaktor entscheidend.

Schon das Ausmaß an Dokumenten zum Zweiten Weltkrieg, den zur Verfügung stehenden wie den noch nicht zugänglichen oder bis vor kurzem unter Verschluß befindlichen, gewährleistet, daß ständig neue Standpunkte und Interpretationen auftauchen. Es wird immer Fragen zu untersuchen und frühere Sichtweisen zu überdenken geben. Der Zweite Weltkrieg wird zu Recht weiterhin das Interesse der Historiker und der Öffentlichkeit wecken.

Abkürzungen

AA Auswärtiges Amt.
Bezeichnet Akten aus dem Archiv des Bonner Auswärtigen Amtes. Beim Zitieren folgt auf die
Abkürzung die Abteilung des Archivs, Titel und Nummer des Bandes und, soweit vorhanden,
eine Seitennummer, die auf das Dokument gestempelt ist.

ADAP Akten zur deutschen auswärtigen Politik 1818–1945.
Deutschsprachige Edition von Dokumenten, die hauptsächlich aus den Akten des deutschen
Auswärtigen Amtes stammen. Zitiert mit Serienbuchstabe, Bandnummer und Dokumenten-
nummer.

BA Bundesarchiv, Koblenz.
Bei der Quellenangabe folgt auf die Abkürzung die Bezeichnung der Sammlung und die Bezeichnung der Akte.

BA-MA Bundesarchiv-Militärarchiv.
Militärarchiv des Bundesarchivs in Freiburg/Br. Auf die Abkürzung folgt die Bezeichnung der
Sammlung und die Bezeichnung der Akte. Alle mit »N« gekennzeichneten Angaben beziehen
sich auf private Papiere, die im Archiv hinterlegt wurden.

Bl. Blatt.
Wird in Archiven für die Ordnung von Dokumenten verwendet. Oft hilfreich, wenn eine Gruppe
von Dokumenten zusammengebunden und vom Archivar mit Blattnummern versehen wurde.

CEH Central European History.

DRuZW Das Deutsche Reich und der Zweite Weltkrieg.
Die Geschichte des Zweiten Weltkriegs in zehn Bänden, herausgegeben vom Militärgeschichtlichen Forschungsamt.

FDRL Franklin D. Roosevelt Library, Hyde Park (New York).

Forschungsstelle Hamburg
Forschungsstelle für die Geschichte des Nationalsozialismus. Forschungsinstitut mit Archivbe-
ständen, die nach dem dort eingeführten System zitiert werden.

FRUS Foreign Relations of the United States.
Wichtigste Serie der vom amerikanischen State Department publizierten Dokumente; die Bände werden mit der Jahreszahl und der Bandnummer des betreffenden Jahres oder mit dem speziellen Titel zitiert.

GPO Government Printing Office.
Verwendet, wenn das amerikanische Government Printing Office als Herausgeber oder Verteiler eines Buches fungiert. Darunter fallen auch Bücher, die ursprünglich von den historischen Abteilungen der U.S.-Army oder der Air Force herausgegeben wurden.

HMSO His/Her Majesty's Stationery Office.
Offizieller Verlag der britischen Regierung.

Imperial War Museum Museum mit wissenschaftlicher Bibliothek in London.

IMT Internationales Militärtribunal.
Gerichtshof der Alliierten in Nürnberg zum Prozeß gegen NS-Kriegsverbrecher. (In DRuZW bezeichnet als: Der Prozeß gegen die Hauptkriegsverbrecher vor dem Internationalen Militärgerichtshof, 42 Bde., Nürnberg 1947–1949.)

IMTFE Internationales Militärtribunal Ferner Osten.

IfZ Institut für Zeitgeschichte, München.

JCH Journal of Contemporary History.

JMH Journal of Modern History.

KTB Halder Hans Adolf Jacobsen, Hg., Generaloberst Halder, Kriegstagebuch.

KTB OKW Kriegstagebuch des Oberkommandos der Wehrmacht.

KTB Skl Kriegstagebuch der Seekriegsleitung.
Zitierweise: Bezeichnung des Teils (fast immer A), Bandnummer und Datum. Es wird aus den Originaldokumenten in Freiburg zitiert. Sie werden gegenwärtig publiziert. Die von mir zitierten Stellen lassen sich jedoch auch in der Publikation auffinden.

MF Mikrofilm.
Nummer, die direkt auf den Mikrofilm oder vor der Erfassung auf das Dokument gedruckt wurde.

MGM Militärgeschichtliche Mitteilungen.
Diese wichtige Zeitschrift wird vom Militärgeschichtlichen Forschungsamt herausgegeben.

MR Map Room.
Ein Teil der Sammlung in der Roosevelt Library.

NA National Archives.
Wichtigstes Archiv der amerikanischen Regierung. Die zitierten Dokumente befinden sich im Hauptgebäude des Archivs im Geschäftsviertel von Washington und im National Records Center in Suitland (Maryland); viele werden jedoch in Kürze in das Archivgebäude II in College Park (Maryland) verlegt werden. Um den Leser nicht zu verwirren, wird in den Quellenangaben zwischen den beiden bestehenden Gebäuden nicht unterschieden.

OF Official File.
Aktensegment in der Roosevelt Library.

PRO Public Record Office.
Wichtigstes britisches Archiv. Alle zitierten Dokumente befinden sich im neuen Gebäude in Kew. Die Buchstaben und die erste Nummer, die auf PRO folgen, bezeichnen die »Klasse« der Akte; hinter dem Schrägstrich steht die Aktennummer.

PSF President's Secretary's File.
Aktensegment in der Roosevelt Library.

RG Record Group.
Bezeichnung wichtiger Teilbestände des amerikanischen Nationalarchivs.

St. S. Staatssekretär.
Bezeichnet Akten aus dem Büro des Staatssekretärs im Archiv des Bonner Auswärtigen Amtes.

Ung. Dok. Ungarische Dokumente.
Von der ungarischen Regierung publizierte Serie von Dokumenten in ungarischer Sprache; am Ende der Bände ist für jedes Dokument eine Zusammenfassung in deutscher Sprache beigefügt.

USSBS United States Strategic Bombing Survey.
Steht anstelle des Autors bei Publikationen dieser Dienststelle.

U. St. S. Unterstaatssekretär.
Titel des Chefs der politischen Abteilung im deutschen Auswärtigen Amt. Bezeichnung für einen Teil der Akten des AA.

VfZ Vierteljahrshefte für Zeitgeschichte.
Wichtige, vom Institut für Zeitgeschichte in München herausgegebene Zeitschrift.

ZS Zeugenschrifttum.
Eine Sammlung im Institut für Zeitgeschichte.

ZSg. Zeitgeschichtssammlung.
Bezeichnung für mehrere Sammlungen von Papieren im Bundesarchiv.

Anmerkungen

I
Von einem Krieg zum andern

1 Siehe Gerhard L. Weinberg, »The Defeat of Germany in 1918 and the European Balance of Power«, in: *Central European History* 2 (1969), S. 250 f.

2 Eine hilfreiche Übersicht bietet Fritz Fischer, *Germany's Aims in the First World War*, Norton, New York 1967.

3 Kurze Inhaltsangaben der wesentlichen Verträge und eine Diskussion der Rolle Japans finden sich in: *FRUS, The Paris Peace Conference 1919*, Bd. 13, GPO, Washington 1947, S. 237–241; zur praktischen Politik Japans siehe die Beispiele in: Gerhard L. Weinberg, *The Foreign Policy of Hitler's Germany. Diplomatic Revolution in Europe, 1933–36*, Univ. of Chicago Press, Chicago 1970 (im folgenden zit. als *Foreign Policy 1933–36*), S. 85, Anm. 138.

4 Denis Mack Smith, *Mussolini's Roman Empire*, Viking, New York 1976; MacGregor Knox, *Mussolini Unleashed 1939–1941. Politics and Strategy in Fascist Italy's Last War*, Cambridge Univ. Press, Cambridge 1982, Kap. 1.

5 Neuere Literatur zum Thema: beispielsweise Robert J. Young, *In Command of France. French Foreign Policy and Military Planning 1933–1940*, Harvard Univ. Press, Cambridge, Mass. 1978; Jeffrey A. Gunsburg, *Divided and Conquered. The French High Command and the Defeat of the West, 1940*, Greenwood Press, Westport, Conn. 1979, zeichnet ein gnädigeres Bild von der französischen Führung. Das ange-

führte Beweismaterial ist interessant, hat mich jedoch nicht überzeugt.

6 Siehe Stephen A. Schuker, *The End of French Predominance in Europe. The Financial Crisis of 1924 and the Adoption of the Dawes Plan*, Univ. of North Carolina Press, Chapel Hill, N. C. 1976.

7 Weinberg, *Foreign Policy 1933–36*, Kap. 1, bietet einen kurzen Abriß dieser Ideologie mit Material aus der Zeit vor 1933.

8 Rudolf Heß an Walter Hewel, 30. März 1927, publiziert in: Gerhard L. Weinberg, Hg., »National Socialist Organisation and Foreign Policy Aims in 1927«, in: *JMH* 36 (1964), S. 428–433.

9 Werner Jochmann, Hg., *Im Kampf um die Macht. Hitlers Rede vor dem Hamburger Nationalklub von 1919*, Europäische Verlagsanstalt, Frankfurt/M. 1960, S. 103.

10 Die klassische Untersuchung zum Thema ist bis heute Karl D. Bracher, Wolfgang Sauer und Gerhard Schulz, *Die Nationalsozialistische Machtergreifung*, Westdeutscher Verlag, Köln 1952. Neuere Erkenntnisse wurden zusammengefaßt in der Vorlesungsreihe, die von der Historischen Kommission zu Berlin finanziert wurde: Wolfgang Treue und Jürgen Schmädeke, Hg., *Deutschland 1933. Machtzerfall der Demokratie und Nationalsozialistische »Machtergreifung«*, Colloquium, Berlin 1984.

11 Die von mir in *Foreign Policy 1933–36* vertretene Ansicht, der österreichische Coup vom Juli 1934 sei von Berlin autorisiert worden, wird inzwischen überzeugend durch den Nachweis belegt, daß Hitler das Datum des Putsches und die Pläne der Verschwörer vorher kannte; siehe

die Auszüge aus den Memoiren von General Wilhelm Adam, publiziert in: Wolfgang Benz, Hg., *Miscellanea. Festschrift für Helmut Krausnick,* Deutsche Verlags-Anstalt, Stuttgart 1980, S. 47f.

12 Christopher Thorne, *The Limits of Foreign Policy. The West, the League and the Far Eastern Crisis of 1931–1933,* G. P. Putnam's Sons, New York 1973, ist das beste Buch zum Thema.

13 Siehe John McVickar Haight, Jr., *American Aid to France, 1938–1940,* Atheneum, New York 1970.

14 Gerhard L. Weinberg, *The Foreign Policy of Hitler's Germany. Starting World War II 1937–1939,* Univ. of Chicago Press, Chicago 1980 (im folgenden zit. als *Foreign Policy 1937–39),* S. 578, Anm. 178 und S. 608.

15 Siehe Dokument Nr. 333 vom 19. Juni 1939 in: Ministerium für Auswärtige Angelegenheiten der UdSSR, *Soviet Peace Efforts on the Eve of World War II (September 1938 – August 1939). Documents and Records,* 2 Bde., Novosti, Moskau 1973; vgl. Weinberg *Foreign Policy 1937–39,* S. 604f.

16 Sidney Aster, *1939: The Making of the Second World War,* Deutsch, London 1973, S. 317; siehe auch Jacob B. Hoptner, *Yugoslavia in Crisis, 1934–1941,* Columbia Univ. Press, New York 1962, S. 125, Anm. 41; Gordon Brook-Shepherd, *The Storm Petrels. The Flight of the First Soviet Defectors,* Ballantine, New York 1982, S. 155–161.

17 Zu Stalins früheren Versuchen, ein Abkommen mit Deutschland zu erreichen, siehe Weinberg, *Foreign Policy 1933–36,* S. 82, 220–223, 310ff. und *Foreign Policy 1937–39,* S. 214f.

18 Cripps an Halifax, 16. Juli 1940, PRO, FO 371/24846, Bl. 10, N 6526/30/38. Intern drückte sich die sowjetische Regierung deutlicher aus. So heißt es in einer Instruktion des Volkskommissariats für Auswärtige Angelegenheiten an den sowjetischen Botschafter in London: »Der Abschluß unseres Abkommens mit Deutschland war diktiert von der Notwendigkeit eines Krieges in Europa.« Ganzer Text in: James W. Morley, Hg., *The Fateful Choice. Japan's Advance into Southeast Asia,* Columbia Univ. Press, New York 1980, S. 311f.

19 Der Text des Geheimprotokolls ist wiederholt veröffentlicht worden; siehe *ADAP,* D, Bd. 7, Nr. 229. Die sowjetische Regierung hat kürzlich die Echtheit des Textes bestätigt, nachdem sie sie jahrelang bestritten hatte.

20 Weinberg, *Foreign Policy 1937–39,* S. 456.

21 Ebenda, Kap. 3 und 4. Eine zusammenfassende Würdigung des Quellenmaterials findet sich in: Gerhard L. Weinberg, »Hitler and England, 1933–1945. Pretence and Reality«, in: *German Studies Review* 8 (1985), S. 299–309.

22 Quellennachweis in: Weinberg, *Foreign Policy 1937–39,* S. 462f.

23 Ebenda, Kap. 12.

24 Quellennachweise und kurze Diskussion der Rede, die Hitler zu diesem Thema am 10. November 1938 vor mehreren hundert deutschen Journalisten hielt, in: ebenda, S. 515f.

25 Die frühe Geschichte der Ju 88 ist am besten dargestellt in: Edward L. Homze, *Arming the Luftwaffe. The Reich Air Ministry and the German Aircraft Industry, 1919–1939,* Univ. of Nebraska Press, Lincoln, Neb. 1976. Inzwischen ist bekannt, daß der Geheimdienst der Luftwaffe in seinem Kräftevergleich der deutschen und der britischen Luftwaffe viel zu optimistisch war und daß die berühmte Vorführung neuer Modelle, die die Luftwaffe im Juli 1939 in Rechlin für Hitler veranstaltete, bewußt irreführend war. Sie sollte die Priorität der Kriegsmarine in der deutschen Rüstung zugunsten der Luftwaffe verändern. Siehe Horst Boog, *Die deutsche Luftwaffenführung 1935–1945. Führungsprobleme – Spitzengliederung – Generalstabsausbildung,* Deutsche Verlags-Anstalt, Stuttgart 1982, S. 91f.

26 Ein Teil der reichlich vorhandenen Quellen wird zitiert in: Weinberg, *Foreign Policy 1937–39,* S. 432, Anm. 231 und S. 663, Anm. 10.

27 Ebenda, S. 306f. und 389f.

28 Ebenda, S. 484ff. Aus den 1988 publizierten Erinnerungen des letzten litauischen Außenministers der Vorkriegszeit, Juozas Urbsys, geht hervor, daß die litauische und die sowjetische Regierung die informelle Vereinbarung getroffen hatten, einander über ihre außenpolitischen Schachzüge zu informieren; siehe Klaus Hildebrand und andere, Hg., *1939. An der Schwelle zum Weltkrieg,* de Gruyter, Berlin 1990, S. 337.

29 Weinberg, *Foreign Policy 1937–39,* S. 494–497.

30 Gerhard L. Weinberg, Hg., »Die geheimen Abkommen zum Antikominternpakt«, in: *VfZ* 2 (1954), S. 193–201.

31 Dazu der Autor in: »National Style in

Diplomacy: Germany«, in: Erich Angermann und Marie-Luise Frings, Hg., *Oceans Apart? Comparing Germany and the United States,* Klett-Cotta, Stuttgart 1981, S. 150.

32 Weinberg, *Foreign Policy 1937–39,* S. 558–562.

33 Eine Zusammenfassung des Gesprächs mit Quellennachweisen ebenda, S. 610ff. Aus dem Kontext läßt sich schließen, daß Hitler mit *Schweinehund* Chamberlain meinte. Erst in jüngerer Zeit wurde bekannt, daß ein Bericht über dieses Gespräch offensichtlich in Armeekreisen zirkulierte; der deutsche General, der zur Marionettenregierung von Kroatien abkommandiert war, erwähnte in einer Tagebucheintragung vom August 1942, daß er den Text gelesen habe. Siehe Peter Broucek, Hg., *Ein General im Zwielicht,* 3 Bde., Böhlau, Wien 1988, Bd. 3, S. 135.

34 Weinberg, *Foreign Policy 1937–39,* S. 610ff. und 643, Anm. 80.

35 Ebenda, Kap. 14.

36 Ebenda, S. 428f., insbesondere Anm. 219.

37 Zu diesem Punkt siehe: Norman H. Gibbs, *Grand Strategy,* HMSO, London 1976, Bd. 1, Kap. 13.

38 Weinberg, *Foreign Policy 1937–39,* S. 643, Anm. 78. Hitler hatte nicht die geringste Ahnung von der wichtigen Rolle, die Kanada in einem neuen Krieg spielen konnte und würde, und er schenkte der Warnung keine Beachtung.

39 Aster, *1939,* S. 314–319. Die amerikanischen Dokumente, die sich auf die undichte Stelle beziehen, wurden veröffentlicht in: *FRUS, 1939,* Bd. 1, GPO, Washington 1956. Die beiden Sichtweisen der Geschichte kommen in den Memoiren der Beteiligten zum Ausdruck: Charles E. Bohlen, *Witness to History, 1929–1969,* Norton, New York 1973, Kap. 5; und Hans von Herwarth, *Zwischen Hitler und Stalin. Erlebte Zeitgeschichte, 1931–1945,* Propyläen, Frankfurt/M. 1982, S. 175ff.

40 Siehe Weinberg, *Foreign Policy 1937–39,* S. 638.

41 Franz Halder, *Kriegstagebuch,* hg. von Hans-Adolf Jacobsen, Kohlhammer, Stuttgart 1962, Bd. 1, 30. August 1939.

42 Weinberg, *Foreign Policy 1937–39,* S. 644f.

43 Die Tagebucheintragung des deutschen Staatssekretärs Ernst von Weizsäcker endet an jenem Tag wie folgt: »Damit stehen wir von Neuem vor dem Krieg. R.[ibbentrop] geht strah-

lend nach Hause.« Leonidas Hill, Hg., *Die Weizsäcker-Papiere, 1933–1950,* Propyläen, Frankfurt/M. 1974, S. 162.

44 Der Text von Hitlers Rede findet sich in: Max Domarus, Hg., *Hitler. Reden und Proklamationen, 1932–1945,* Verlagsdruckerei Schmidt, Neustadt a. d. Aisch 1962, Bd. 2, S. 1311–1318.

45 Siehe Andrzej Brozak, »Hitlers Osterlaß vom 1. Februar 1939«, in: Joachim Hütter und andere, Hg., *Tradition und Neubeginn. Internationale Fragen zur Deutschen Geschichte im 20. Jahrhundert,* Heymann, Köln 1975, S. 367–376.

46 *ADAP,* D, Bd. 7, Nr. 433.

47 Sven Hedin, *Ohne Auftrag in Berlin,* Internationaler Universitäts-Verlag, Tübingen 1950, S. 51–56. Der zeitgenössische deutsche Bericht über das Gespräch geht in dieselbe Richtung. Hier lautet der entsprechende Satz: »Die Tschechoslowakei dürfe nicht diskutiert werden.« *ADAP,* D, Bd. 8, Nr. 263.

48 Birger Dahlerus, *Der letzte Versuch,* Nymphenburger Verlagsgesellschaft, München 1948, S. 125f. Äußerungen des britischen Außenministeriums zur geplanten und realisierten Publikation des Buches siehe PRO, C 13 562/11 874/9, FO 371/39 178; C 1640/45/18, FO 371/46 784; C 6002/45/18, FO 371/46 787.

49 *Documents on British Foreign Policy 1919–1939,* series 3, Vol. 7, No. 604.

2

Von den Invasionen in Polen bis zum Angriff im Westen

1 Zum Feldzug in Polen siehe *DRuZW,* Bd. 2, S. 79ff.; Nicholas Bethell, *The War Hitler Won: The Fall of Poland, September 1939,* Holt, Rinehart & Winston, New York 1972.

2 Bertil Stjernfelt und Klaus-Richard Böhme, *Westerplatte 1939,* Rombach, Freiburg 1979; Herbert Schindler, *Mosty und Dirschau 1939,* 2. Auflage, Rombach, Freiburg 1979. Die Brücke wurde erst Ende August 1940 repariert; siehe Forster an Hitler, 30. August 1940, BA, NS 10/18, Bl. 40.

3 Es wurde oft übersehen, daß einige Mitglieder der polnischen Regierung hofften, den Krieg überhaupt vermeiden zu können, und ihre Politik diplomatisch und militärisch auf diese Hoffnung aufbauten. Die verzweifelte militärische Situa-

tion konnte eine solche Tendenz nur verstärken. Die Deutschen konnten dagegen durch die Verschiebung der Invasion vom 26. August auf den 1. September zusätzliche Divisionen einsatzbereit machen. *DRuZW*, Bd. 2, S. 87f.

4 Daß der Staatssekretär im deutschen Außenministerium Ernst von Weizsäcker im August 1939 gegenüber Polen eine Taktik befürwortete, die Hitler im Jahr zuvor gegen die Tschechoslowakei angewandt hatte, ist ein schlagendes Beispiel für dieses Verhalten. Weizsäcker trat dafür ein, die Forderungen immer weiter hochzuschrauben, so daß es nie zu einer Einigung kommen konnte. *ADAP*, D, Bd. 7, Nr. 119.

5 Francis H. Hinsley, *British Intelligence in the Second World War*, 5 Bde., Cambridge Univ. Press, New York 1979–1990, Bd. 1, S. 488–493, bedarf der Ergänzung durch: Wladyslaw Kosaczuk, *Enigma*, UPA, Frederick, Md. 1984, S. 58ff., 292–318, und David Kahn, *Seizing the Enigma*, S. 78–81. Der Deutsche, der die entscheidenden Dokumente an die Franzosen verkauft hatte, wurde im Juli 1943 erschossen (Kahn, S. 115).

6 Siehe Anm. 1 oben. Die Polen waren psychologisch nicht auf einen Krieg vorbereitet und schon gar nicht auf die deutsche Politik in den besetzten Gebieten. Siehe Karl Dietrich Bracher und andere, Hg., *Deutschland zwischen Krieg und Frieden*, Droste, Düsseldorf 1990, S. 54–62. Zum Luftkrieg in Polen siehe John F. Kreis, *Air Warfare and Air Base Defense, 1914–1973*, GPO, Washington 1988, S. 54–62.

7 Siehe Karte in *DRuZW*, Bd. 2, S. 116.

8 Weinberg, *Foreign Policy 1937–39*, S. 536, Anm. 4. Es ist bemerkenswert, daß Hitler die Rolle der Slowakei in einem Gespräch mit dem slowakischen Gesandten in Deutschland am 21. Oktober 1939 mit der Ungarns und eines »anderen Staates« (wahrscheinlich Litauens) verglich. *ADAP*, D, Bd. 8, Nr. 286.

9 Weinberg, *Foreign Policy 1937–39*, S. 477, 497.

10 Zur Politik Ungarns siehe *Ung. Dok.*, Bd. 4, Nr. 329, 331f., 334, 341, 353f., 372, 377, 379, 381, 388, 392; *ADAP*, D, Bd. 8, Nr. 9, 45, 48, 51, 67, 95; Gyula Juhász, *Hungarian Foreign Policy, 1919–1945*, Akademiai Kiado, Budapest 1979, S. 163f.; Hildebrand und andere, 1939, S. 163f. Die Ungarn wurden in ihrer reservierten

Haltung von Italien bestärkt. (*Ung. Dok.*, Bd. 4, Nr. 338, 363, 377ff., 385.)

11 Weinberg, *Foreign Policy, 1937–39*, S. 486; *ADAP*, D, Bd. 8, Nr. 36, 41, 57f., 65, 76, 84, 121, 164; von Nostiz, »Pol I M 4552g.II«, 8. September 1939, AA, St. S., »Litauen«, Bd. 11, MF 193119. Die Deutschen hatten schon seit dem 29. August versucht, Litauen in den Krieg hineinzuziehen; siehe Weizsäcker an Kovno citissime (höchst geheim) vom 29. August 1939, AA, Büro RAM, »Litauen«, MF 117606.

12 Dazu Jörg K. Hoenschs Beitrag in: Gottfried Niedhart, Hg., *Der Westen und die Sowjetunion*, Schöningh, Paderborn 1983, S. 135–152.

13 Das Thema wird diskutiert in beiden Bänden von Weinberg, *Foreign Policy*, und in: Jiri Hochmann, *The Soviet Union and the Failure of Collective Security, 1934–1938*, Cornell Univ. Press, Ithaca, N. Y. 1984.

14 *ADAP*, D, Bd. 7, Nr. 567; Bd. 8, Nr. 2, 5, 34f., 37, 39, 46, 59, 70.

15 Robert M. Kennedy, *The German Campaign in Poland (1939)*, GPO, Washington 1956, S. 124.

16 John Erickson, *The Road to Stalingrad*, Harper & Row, New York 1975, S. 14. Eine umfassende Studie zur sowjetischen Invasion in Polen 1939 wäre von größtem Wert.

17 Siehe James W. Morley, Hg., *Deterrent Diplomacy. Japan, Germany and the U.S.S.R. 1935–1940*, Columbia Univ. Press, New York 1976, S. 123, 173. Der ganze Zwischenfall wird detailliert untersucht in: Alvin D. Coox, *Nomonhan: Japan against Russia, 1939*, 2 Bde., Stanford Univ. Press, Stanford, Calif. 1985.

18 Morley, *Deterrent Diplomacy*, S. 123, 169f.

19 Ebenda, S. 174f.

20 Bethell, *War Hitler Won*, S. 306, übersieht, daß sowjetische Botschafter nicht auf eigene Initiative, sondern nur auf Anweisung in die Sowjetunion zurückkehren dürfen.

21 Zu diesem Punkt siehe das intensive Mißtrauen, das die Sowjetunion bezüglich der Einhaltung der am 23. August mit Deutschland vereinbarten Demarkationslinie hegte, erstmals skizziert in: Gerhard L. Weinberg, *Germany and the Soviet Union, 1939–1941*, Brill, Leyden 1954, S. 54ff. Seither durch zusätzliches Quellenmaterial bestätigt, *ADAP*, D, Bd. 8, Nr. 90, 101, 103.

22 *ADAP*, D, Bd. 8, Nr. 78, 80, 94.

23   Jan T. Gross, *Revolution from Abroad. The Soviet Conquest of Poland's Western Ukraine and Western Belorussia*, Princeton Univ. Press, Princeton, N. J. 1988. Eine interessante Sammlung von Aufsätzen dazu: Keith Sword, Hg., *The Soviet Takeover of the Polish Eastern Provinces, 1939–1941*, St. Martin's, New York 1991.

24   Zu den organisatorischen Problemen, die auftraten, als deutsche Truppen in den sowjetischen Bereich und sowjetische Truppen nach Wilna und Umgebung vorstießen, solange das um Wilna und Umgebung vergrößerte Litauen noch der deutschen Interessensphäre zugeordnet war, siehe Weinberg, *Germany and the Soviet Union*, S. 54–58; ADAP, D, Bd. 8, Nr. 114, 123. Zu ähnlichen Problemen im maritimen Bereich siehe Norbert von Baumbach, »Die Angelegenheit des 20. Längengrades Ost, 25.–30. Oktober 1939«, 9. März 1945, BA-MA, M 1676, PG 31 874a; ADAP, D, Bd. 8, Nr. 305, 309, 313.

25   Ein guter Bericht über diese Ereignisse findet sich in: DRuZW, Bd. 2, S. 129–133. Zu den Terrorangriffen, die die deutsche Luftwaffe gegen Warschau und Modlin flog, um die Städte zur Kapitulation zu zwingen, siehe Samuel W. Mitcham, *Men of the Luftwaffe*, Presidio Press, Novato, Calif. 1988, S. 72 f.

26   DRuZW, Bd. 2, S. 133.

27   Die ebenda vertretene Ansicht, diese Verluste hätten in späteren Jahren große Auswirkungen gehabt, kann der Autor nicht teilen. Die Verluste müssen gegen die Erfahrung abgewogen werden, die die überwältigende Mehrheit der deutschen Offiziere und Soldaten, die den Feldzug überlebten, gewann. Sie zogen mit besserer Moral, größerem Zusammenhalt und größerer Kriegserfahrung in die folgenden Schlachten.

28   Weinberg, *Germany and the Soviet Union*, S. 63. Das Zitat stammt aus Stalins Antwort auf von Ribbentrops Gratulation zu dessen 60. Geburtstag. Der gesamte Text erschien am 25. Dezember 1939 in der *Prawda*, zusammen mit den Gratulationsschreiben von so illustren Persönlichkeiten wie Vater Tiso, dem Präsidenten des slowakischen Marionettenstaats, und Otto Kuusinen, dem »Chef der Nationalregierung Finnlands«, die Stalin in Finnland installieren wollte.

29   Diese Vorbereitungen werden unten in Kap. 4 behandelt.

30   Die neuen Grenzen gingen überall weit über die alten hinaus, mit Ausnahme eines 80 Kilometer breiten Landstreifens im Südosten Ostpreußens, wo jedoch Ostpreußen mit dem Distrikt Białystok später ein weiterer Teil Polens hinzugefügt wurde. Karten der polnischen Teilung finden sich in vielen Büchern; eine der wenigen, die zum Vergleich die Grenze von 1914 zeigt, findet sich am Schluß des lesenswerten Buchs von Martin Broszat, *Nationalsozialistische Polenpolitik, 1939–1945*, Deutsche Verlags-Anstalt, Stuttgart 1961.

31   Wie es scheint, wurde der Plan eines Bevölkerungsaustauschs gegenüber den Italienern zuerst von Hermann Göring angesprochen, als er im Januar 1937 Rom besuchte. Weinberg, *Foreign Policy 1937–39*, S. 270 f. Es gibt keine Beweise zur Frage, ob Göring und Hitler die Angelegenheit vorher diskutiert hätten. Der Bevölkerungsaustausch zwischen Griechenland und der Türkei in den zwanziger Jahren ist nach Ansicht des Autors im Kontext der Neuregelung von Nationalitätenproblemen nach dem Ersten Weltkrieg zu sehen.

Es bleibt hinzuzufügen, daß die von Deutschland geplanten Umsiedlungen in den Jahren der deutschen Okkupation nicht abgeschlossen wurden. Bemerkenswert ist jedoch nicht, daß einige der schrecklichen Veränderungen, die die Nazis in den verbleibenden Jahren des Tausendjährigen Reichs geplant hatten, unvollendet blieben, sondern wie weit sie in den ersten fünf Jahren getrieben wurden. Siehe Richard C. Lukas, *Forgotten Holocaust. The Poles under German Occupation 1939–1944*, Univ. Press of Kentucky, Lexington, Ky. 1986.

32   Bernhard Stasiewski, »Die Kirchenpolitik der Nationalsozialisten im Warthegau«, in: *VfZ* 7 (1959), S. 46–74.

33   Alexander Dallin, *German Rule in Russia, 1941–1945*, Macmillan, London 1957, S. 90.

34   Zu Hitlers Äußerung, daß auch die Massaker an den Armeniern inzwischen vergessen seien, siehe Richard Breitman, *The Architect of Genocide. Himmler and the Final Solution*, Knopf, New York 1991, S. 258, Anm. 47.

Einen guten Überblick über die deutsche Politik in Polen bietet Norman Rich, *Hitler's War Aims*, Bd. 2: *The Establishment of the New Order*, Norton, New York 1974, Kap. 4; siehe auch Waclaw Dlugoborskis Beitrag in Karl Dietrich Bracher und andere, Hg., *Nationalsozialistische Diktatur*, Droste, Düsseldorf 1983, S. 572–590; Gerhard Eisenblätter, »Grundlinien der Politik des Reiches gegenüber dem Generalgouvernement 1939–1945«, Phil. Diss., Frankfurt/M. 1969; Czeslaw Madajczyk, *Die Okkupationspolitik des deutschen Imperialismus in Polen 1939 –1945*, Akademie, Berlin Ost 1987. Die Tagebucheintragung des Kommandeurs der deutschen Heeresgruppe Nord, von Bock, vom 22. September 1939, daß Hitler sich der Bevölkerung Warschaus entledigen wolle, nimmt spätere Pläne vorweg, die Hitler bezüglich Moskau und Leningrad hegte. Vgl. Eisenblätter, S. 117, Anm. 6.

Zu den Massenmorden in den ersten Tagen der Okkupation siehe auch Christian Jansen und Arno Weckbecher, *Der »Volksdeutsche Selbstschutz« in Polen 1939–40*, Oldenbourg, München 1992.

35 Zum Text der Rede Franks vom 16. Dezember 1941 siehe Werner Präg und Wolfgang Jacobmeyer, Hg., *Das Diensttagebuch des deutschen Generalgouverneurs in Polen 1939–1945*, Deutsche Verlags-Anstalt, Stuttgart 1975, S. 459 (im folgenden zit. als *Tagebuch Frank*).

36 *ADAP*, D, Bd. 8, Nr. 104.

37 Ebenda, Nr. 131.

38 Das gesamte Problem harrt noch einer detaillierten Untersuchung. Eine vorläufige Analyse findet sich in: Weinberg, *Germany and the Soviet Union*, S. 56 f., 60, 70; siehe auch *ADAP*, D, Bd. 8, Nr. 109, 115.

39 Mir ist keine Studie zu dieser Frage bekannt. Die deutsche Militärplanung traf Vorkehrungen für eine Besetzung Litauens, unabhängig davon, ob das Land Widerstand leisten würde, und im persönlichen Büro des deutschen Außenministers von Ribbentrop wurde der Entwurf eines Vertrages für ein Litauen unter militärischer Kontrolle verfaßt. *ADAP*, D, Bd. 8, Nr. 113. Der litauische Außenminister wurde nach Danzig beordert, um sein Land dem Dritten Reich zu übergeben. Ebenda, Nr. 121, Notiz durch von Sonnleithner, 4. September 1939, AA, St. S., »Der Krieg«, Bd. 3, MF 35641–42. Da Deutschland Litauen an die Sowjetunion abgetreten hatte, mußte er statt dessen nach Moskau fahren.

40 *ADAP*, D, Bd. 8, Nr. 152.

41 Robert Koehl, *RKFDV. German Resettlement and Population Policy 1939–1945*, Harvard Univ. Press, Cambridge, Mass. 1957, ist bis heute die beste englischsprachige Einführung in das Thema.

42 Die Abkommen vom 28. September wurden publiziert in: *ADAP*, D, Bd. 8, Nr. 157 163. Sie he außerdem Ingeborg Fleischhauer, Hg., »Der deutsch-sowjetische Grenz- und Freundschaftsvertrag vom 28. September 1939. Die deutschen Aufzeichnungen über die Verhandlungen zwischen Stalin, Molotow und Ribbentrop in Moskau«, in: *VfZ* 39 (1991), S. 447–470.

43 Es wird oft übersehen, daß die Sowjetregierung zunächst sowohl an nördlichen als auch an südlichen Abschnitten ihrer europäischen Grenzen aktiv wurde. Sie verschob ihre Aktivitäten im Süden erst, als sich die Gespräche mit Finnland als schwierig erwiesen und schließlich abgebrochen wurden.

44 Die Sowjetunion versprach, eine zusätzliche Menge an Öl zu liefern, die der Jahresproduktion der polnischen Ölfelder entsprach, und sie sagte zu, den Transport von rumänischem Öl durch das sowjetisch besetzte Polen zu erleichtern. Letzteres war besonders wichtig für die Deutschen, nicht nur weil die Bahnlinie, um die es ging, eingleisig war, sondern weil die Sowjetunion nach dem Abkommen ihre alte Spurbreite beließ, anstatt sie der breiteren russischen anzupassen, was einen doppelten Umschlag der Güter erfordert hätte. Zu diesem Thema siehe *ADAP*, D, Bd. 8, Nr. 386. Statistiken des deutschen Transportministeriums weisen einen steten Anstieg der Mengen aus, die über diese Route transportiert wurden (BA, R 43 II/332a, Bl. 119).

45 Zu den Wirtschaftsverhandlungen siehe Weinberg, *Germany and the Soviet Union*, S. 65 –75; *ADAP*, D, Bd. 8, passim; *DRuZW*, Bd. 4, S. 103; St. S., Nr. 688 vom 6. September 1939, AA, St. S., »Rußland«, Bd. 1, MF 111578; Notiz für Büro RAM, 10. September 1939, AA, St. S., »Der Krieg 1939«, Bd. 3, MF 35794 f.; Rußland-Ausschuß der deutschen Wirtschaft, Bericht, 3. Oktober 1939, BA, R 43 II/1489a, Bl. 163–166; KTB Skl A, Bd. 4, 7. Dezember 1939, BA-MA, RM 7/7, Bl. 45 f.; KTB Skl A, Bd. 5, 10. Januar 1940, BA-MA, RM 7/8, Bl. 62 f.; Ritter (Moskau), Tel. 9 vom 3. Januar 1940, AA, St. S., »Rußland«, Bd. 2, MF 111933, und Memorandum von Ritter (Berlin) vom 10. Januar 1940, MF 111943 ff. Eine neuere sowjetische Bewertung ist Michail Semijargas Stellungnahme in: Hildebrand und andere, *1939*, S. 298.

46 Zum Transitproblem siehe Weinberg, *Germany and the Soviet Union*, S. 65–75; *ADAP*, D, Bd. 8, Nr. 320. Zum Transport von Gummi

und Zinn aus Ostasien siehe Tel. Berlin an Tokio zu W VII Nr. 74 vom 12. Januar 1940; Tel. Berlin an Tokio zu W 543/40g II vom 7. Februar 1940; Tel. aus Tokio Nr. 108 vom 10. Februar 1940 und Nr. 124 vom 15. Februar 1940, alle in AA, HaPol, Clodius, »Japan«, Bd. 3. Zur frühen Entwicklung des Transits von Sojabohnen (die Deutschland brauchte, um seinen Bedarf an pflanzlichen Fetten für Mensch und Tier zu dekken) siehe Reichskanzlei, »Vermerk betreffend Deutschlands Versorgung mit Sojabohnen«, 13. Februar 1940, BA, R 43 II/1422. Detaillierte Statistiken über den Transithandel und seine Bedeutung für Deutschland siehe BA, R 2/17315. In der deutschen Presse durfte der Transithandel nicht erwähnt werden, siehe Reichspropagandaamt Berlin, »Geheim! Presse-Rundschreiben Nr. II/9/40«, 9. Januar 1940, BA, Nadler, ZSg. 115/19, Bl. 23.

47 Weinberg, *Germany and the Soviet Union*, S. 75–85; *ADAP*, D, Bd. 8, Nr. 195, 248, 257; Tel. Nr. 273 aus Moskau vom 5. September 1939, AA, St. S., »Der Krieg 1939«, Bd. 3, MF 35657; KTB Skl A, Bd. 1, 11. und 25. September 1939, BA-MA, RM 7/4, Bl. 59, S. 162; KTB Skl A, Bd. 2, 7., 11., 17., 23., 25. und 30. Oktober 1939, BA-MA, RM 7/5, Bl. 68, S. 94f., 135ff., 191f., 203, 247f. Die Briten erfuhren spätestens am 8. April 1941, daß die Sowjetunion den Deutschen in Nordrußland einen Flottenstützpunkt zur Verfügung gestellt hatte, und waren darüber sehr besorgt. Siehe N 4087/283/38, PRO, FO 371/24852. Das Kriegstagebuch der deutschen Kriegsmarine für Januar 1940 enthält außerdem reichlich Material darüber, wie mit sowjetischer Hilfe ein deutscher Hilfskreuzer über die nördliche Seeroute in den Pazifik geschickt wurde (BA-MA, RM 7/8, passim).

Offensichtlich war Deutschland dank der Sowjetunion auch fähig, Seestreitkräfte von der Ostsee in den Atlantik zu verlegen, die dort auf alliierte Schiffe Jagd machten – ein Punkt, den die deutsche Kriegsmarine schon bei der Unterzeichnung des Hitler-Stalin-Pakts erkannt hatte (KTB Skl A, Bd. 1, 23. August 1939, BA-MA, RM 7/4, Bl. 8).

Die sowjetische Regierung gab der deutschen Luftwaffe auch meteorologische Informationen. Eine detaillierte Untersuchung dieses Bereichs steht jedoch noch aus.

48 Cripps an Halifax, 18. September 1939, N

4571/57/38, PRO, FO 371/23678. Die britische Regierung wollte Deutschland und die Sowjetunion möglichst weit auseinanderhalten (Salisbury an Halifax, 28. Oktober 1939, Halifax an Salisbury, 31. Oktober 1939, PRO, FO 800/325, Bl. 129–133, 147ff.). Stalin wollte damals jedoch offensichtlich vor allem Berlin zufriedenstellen.

49 Siehe Hochman, *Soviet Union and Collective Security*, Kap. 5.

50 Donald C. Watt, »Stalin's First Bid for Sea Power 1933–1941«, in: *Naval Institute Proceedings*, 90 (Juni 1964), S. 88–96; Malcolm Muir Jr., »American Warship Construction for Stalin's Navy Prior to World War II: A Study in Paralysis of Policy«, in: *Diplomatic History* 5 (1981), S. 337–351; siehe auch Weinberg, *Foreign Policy 1937–39*, S. 416f.

51 Zur Diskussion dieser Frage in der deutschen Seekriegsleitung (Skl), im Oberkommando der Wehrmacht (OKW) und mit Hitler siehe die Dokumente vom 30. und 31. Oktober 1939 in: BA-MA, RM 7/198, Bl. 287–291. Sie zeigen, daß Hitler im Verlauf der Diskussion aufgrund der Bedeutung, die die sowjetische Hilfe für Deutschland hatte, seine Meinung änderte und die Verkäufe befürwortete, nachdem er sie zunächst abgelehnt hatte. Daß das deutsche Schiffbauprogramm von Anfang an in Verletzung des deutsch-britischen Flottenabkommens von 1935 durchgeführt worden war, rächte sich nun, da die Russen die Konstruktionspläne großer Kriegsschiffe haben wollten, die angeblich in Übereinstimmung mit dem Abkommen gebaut oder geplant worden waren.

52 Zur *Lützow* siehe Weinberg, *Germany and the Soviet Union*, S. 76ff. Der britische Geheimdienst hatte am 1. Juni 1940 erfahren, daß das Schiff in die Sowjetunion geschleppt wurde (N 5854/360/98, PRO, FO 371/24853).

53 Weinberg, *Foreign Policy 1937–39*, S. 649–652.

54 Robert Fisk, *In Time of War. Ireland, Ulster and the Price of Neutrality 1939–45*, Deutsch, London 1983, S. 150–153.

55 Ebenda, S. 91, 94ff. Siehe auch *ADAP*, D, Bd. 8, Nr. 216.

56 Gibbs, *Grand Strategy*, Bd. 1, S. 668.

57 War Cabinet 6 (39), PRO, CAB 65/1, Bl. 41.

58 *Documents diplomatiques français, 1932–1939*, 2. Serie, Bd. 1, Nr. 334.

59 Siehe Robert A. Doughty, *The Seeds of Disaster. The Development of French Army Doctrine 1919–1939,* Archon, Hamden, Conn. 1985.

60 Waclaw Jedrzejewicz, Hg., *Diplomat in Paris, 1936–1939: Memoirs of Juliusz Lukasiewicz,* Columbia Univ. Press, New York 1970, S. 217. Es ist typisch für den apologetischen Charakter von Gunsbergs Werk *Divided and Conquered,* daß er diese Zusicherung (S. 80) erwähnt, ohne darauf hinzuweisen, daß nie die Absicht bestand, sie zu erfüllen. Er gibt nur französische Memoiren als Quellen an (ebenda, S. 85, Anm. 58).

61 Ebenda, S. 89.

62 Bethell, *War Hitler Won,* S. 161.

63 Siehe das Protokoll der ersten Sitzung des Obersten Kriegsrats am 12. September 1939 in: François Bédarida, Hg., *La Stratégie secrète de la drôle de guerre,* Editions du CNRS, Paris 1979, S. 93 f.

64 Aus Furcht vor Vergeltungsmaßnahmen hielten die Franzosen die Briten auch davon ab, den Rhein zu verminen. Siehe dazu PRO, FO 800/312, Bl. 28 f. Das Unternehmen gehörte zu den Lieblingsprojekten des Ersten Lords der Admiralität Winston Churchill und wird ausführlich diskutiert in Churchills Buch *The Gathering Storm,* Houghton Mifflin, Boston 1948, S. 508 ff.

65 Max Hastings, *Bomber Command,* Pan Books, London 1981, S. 13–39. Daß sich die Briten auf Bombenangriffe verlegten, bedeutete genausowenig, daß alle ihre Bomben explodiert wären, wie die Konzentration der Deutschen auf den U-Boot-Krieg bedeutete, daß alle ihre Torpedos funktioniert hätten. Als die Briten am 4. September 1939 das Panzerschiff *Admiral Scheer* bombardierten, wurde es von vier Bomben getroffen, aber nur eine explodierte (ebenda, S. 16). Die Deutschen bekamen ihr Problem mit den Torpedos schließlich in den Griff, aber die Briten fanden nie eine wirklich gute Lösung für ihr Bombenproblem. Von den Bomben, die die RAF im letzten Jahr des Krieges auf deutsche Treibstoffwerke abwarf, war fast ein Fünftel Blindgänger (ebenda, S. 403).

66 Zu der Flugblattkampagne siehe Charles Webster und Noble Frankland, *The Strategic Air Offensive against Germany 1939–1945,* 4 Bde., HMSO, London 1961, Bd. 1, S. 105 f., 134 f.

67 KTB Skl A, Bd. 1, 5. und 6. September 1939, BA-MA, RM 7/4, Bl. 41, 43.

68 *ADAP,* D, Bd. 8, Nr. 4.

69 BA-MA, PG 33 626 passim. Ein detaillierter Bericht über das Schicksal der Mannschaft der *Graf Spee* findet sich in: Ronald C. Newton, *The »Nazi Menace« in Argentinia, 1937–1947,* Stanford Univ. Press, Stanford 1992, Kap. 15. Ähnlich halfen auch die Russen den Mannschaften deutscher Schiffe, die im Iran gestrandet waren, über die Sowjetunion nach Hause zurückzukehren (E 506/48/38, PRO, FO 371/24 571). Für in den Vereinigten Staaten gestrandete Mannschaften wurde auch die Route über Japan und die Sowjetunion benutzt. (Japanischer Generalkonsul in New York an Tokio, Nr. 2 vom 4. Januar 1940, NA, RG 457, SRDJ 002 742).

70 *DRuZW,* Bd. 2, S. 170–174; *ADAP,* D, Bd. 8, Nr. 460–463, 467; Longmann (Montevideo) Nr. 177 vom 14. Dezember 1939, Kopie in BA-MA, RM 6/71, Bl. 137.

71 Michael Salewski, *Die deutsche Seekriegsleitung, 1935–1945,* 3 Bde., Bernard & Graefe, Frankfurt/M. 1975, Bd. 1, S. 141 ff.; *DRuZW,* Bd. 2, S. 164 ff. Die Gründe, warum zunächst Admiral Hermann Boehm und später Admiral Wilhelm Marschall ihr Kommando verloren, können hier nicht diskutiert werden. Jedenfalls sind beide Fälle ein deutlicher Hinweis auf die Verwirrung, die an der Spitze der deutschen Kriegsmarine herrschte. Einige interessante Äußerungen dazu finden sich in: Rolf Johannesson, *Offizier in kritischer Zeit,* Mittler, Herford 1989.

72 Zum Torpedoproblem siehe Salewski, *Seekriegsleitung,* Bd. 1, S. 188 ff. Als die Vereinigten Staaten über zwei Jahre später in den Krieg hineingezogen wurden, hatten sie mit ihren Torpedos dasselbe Problem.

73 Jürgen Rohwer und Eberhard Jäckel, Hg., *Die Funkaufklärung und ihre Rolle im 2. Weltkrieg,* Motorbuch, Stuttgart 1979, S. 128; *DRuZW,* Bd. 2, S. 168.

74 KTB Skl A, Bd. 5, 23. Januar 1940, BA-MA, RM 7/8, Bl. 184. Die Deutschen begriffen nicht, daß die Briten auch ihre Funkpeiler wesentlich verbesserten und sie schließlich auf den Begleitschiffen der Geleitzüge installierten, so daß diese während der Geleitzugschlachten Unterseeboote lokalisieren und angreifen konnten. Das Thema wird in Kap. 10 noch einmal aufgegriffen. Dazu

Rohwer und Jäckel, *Funkaufklärung*, S. 126, S. 131 f.; Jürgen Rohwer, *Geleitzugschlachten im März 1943*, Motorbuch, Stuttgart 1975, S. 29–32, 63–66, Bild gegenüber S. 289 und S. 310–314.

75 David Dilks, »The Twilight War and the Fall of France. Chamberlain and Churchill in 1940«, in: *Transactions of the Royal Historical Society*, series 5, 28 (1978), S. 70f. Eine Sammlung mit Dokumenten zu dem Projekt befindet sich unter dem Codenamen »Catherine« in: PRO, ADM 205/4.

76 KTB Skl A, Bd. 1, 5. August 1939, BA-MA, RM 7/4, Bl. 6.

77 Inzwischen ist klar, daß die *Altmark* und ein Teil ihrer Mannschaft bewaffnet waren. Siehe das Material in: BA-MA, PG 33 627, insbesondere Bl. 35, 283 f. Siehe auch Hans-Dietrich Loock, *Quisling, Rosenberg und Terboven. Zur Vorgeschichte und Geschichte der nationalsozialistischen Revolution in Norwegen*, Deutsche Verlags-Anstalt, Stuttgart 1970, S. 245–249; »Bestellungen aus der Pressekonferenz vom 19. Februar 1940«, BA, Brammer, ZSg. 101/15, Bl. 85. Die Deutschen wurden danach etwas vorsichtiger, was den Transport von Kriegsgefangenen durch neutrale Länder betraf; siehe Hans-Jürgen Lutzhöft, *Deutsche Militärpolitik und schwedische Neutralität 1939–1942*, Wachholtz, Neumünster 1981, S. 154f.; ADAP, D, Bd. 13, Nr. 181.

78 Siehe E. F. Gueritz, »Nelson's Blood: Attitudes and Actions of the Royal Navy«, in: *JCH* 16 (1981), S. 487–499.

79 Über die Blockade existiert eine zweibändige offizielle Geschichte: William N. Medlicott, *The Economic Blockade*, HMSO, London 1952–1959, aber das Thema hat seit Öffnung der Archive kein großes wissenschaftliches Interesse auf sich gezogen. Williamson Murray, »The Strategy of the ›Phony War‹: A Re-evaluation«, in: *Military Affairs* 45, Nr. 1 (1981), S. 13f., vertritt die Ansicht, daß die Blockade sich in den ersten Monaten des Krieges stark auf die deutsche Wirtschaft auswirkte, läßt jedoch die Tatsache außer acht, daß sie Deutschland nicht nur ein paar Monate, sondern jahrelang schwächen sollte, während Großbritannien und Frankreich ihre Streitkräfte ausbauten.

80 Zu dieser Frage siehe Alan S. Milward, »Could Sweden have Stopped the Second World War?«, in: *Scandinavian Economic History Review* 15 (1967), S. 127–138; Jörg-Johannes Jäger, »Sweden's Iron Ore Exports to Germany«, ebenda, S. 139–147.

81 Siehe dazu die Protokolle, publiziert in: Bédarida, *Stratégie Secrète;* Llewellyn Woodward, *Britisch Foreign Policy in the Second World War*, 5 Bde., HMSO, London 1970–1976, Bd. 1, Kap. 2–4; Hans-Joachim Lorbeer, *Westmächte gegen die Sowjetunion 1939–1941*, Rombach, Freiburg 1975.

82 Weinberg, *Foreign Policy 1937–39*, S. 563–567.

83 Knox, *Mussolini Unleashed*, S. 44 ff.

84 Zu Cianos Besuch ADAP, D, Bd. 8, Nr. 176; Malcolm Muggeridge, Hg., *Ciano's Diplomatic Papers*, Odhams, London 1948, S. 309–316, und Hugh Gibson, Hg., *The Ciano Diaries 1939–1943*, Doubleday, Garden City, N. Y. 1946, 1. und 2. Oktober 1939. (Diese beiden Publikationen werden im folgenden als Ciano, *Diplomatic Papers*, und Ciano, *Diary*, zitiert.) Eine weitere wichtige Quelle ist der Bericht des sowjetischen Geschäftsträgers Leon Helfand an den US-Botschafter William Phillips über das Gespräch mit Ciano, den Phillips in seinem Tagebuch am 10. Oktober 1939 wiedergibt (Harvard, Houghton Library). Ciano mochte Helfand und half ihm, sich abzusetzen; seine Amtsgeschäfte waren von solchen persönlichen Beziehungen und Vorlieben stark beeinflußt. Zu den italienischen Bestrebungen, einen Frieden mit Polen zu vermitteln, siehe ADAP, D, Bd. 8, Nr. 38.

85 Diese Interpretation wird ebenfalls vertreten in Knox, in *DRuZW*, Bd. 3, und in der älteren Untersuchung von Ferdinand Siebert, *Italiens Weg in den Zweiten Weltkrieg*, Athenäum, Frankfurt/M. 1962.

86 Die Entwicklung trat ein, obwohl sich Großbritannien und Frankreich bemühten, im eigenen Interesse und um die Achsenmächte zu spalten, militärische Güter aus Italien zu beziehen; siehe die Berichte des deutschen Marineattachés in Rom vom 21. und 24. Januar 1940, BA-MA, CASE 17/3, PG 645170; ADAP, D, Bd. 8, Nr. 593, 599. Zur Blockade und Italien siehe Knox, *Mussolini Unleashed*, S. 70–75.

87 Knox, S. 59ff.; Conrad F. Latour, *Südtirol und die Achse Berlin-Rom 1938–1945*, Deutsche Verlags-Anstalt, Stuttgart 1962, Kap. 4. Zur Frage der Publizität siehe Reichspropagandaamt Ber-

lin, »Presse-Rundschreiben Nr. II/13/40«, 11. Januar 1940, BA, Nadler, ZSg. 115/19, Bl. 26.

88 Knox, S. 63 und 66.

89 Siehe die oben in Anm. 85 genannten Bücher.

90 Knox, S. 63 ff.; *ADAP*, D, Bd. 8, Nr. 205.

91 Weinberg, *Germany and the Soviet Union*, S. 91–96.

92 Eine überzeugende Analyse der spanischen Haltung zu dieser Frage findet sich in: Donald S. Detwiler, *Hitler, Franco und Gibraltar*, Steiner, Wiesbaden 1962, S. 13 f.

93 Weinberg, *Foreign Policy 1937–39*, S. 160–163, 503.

94 Siehe *ADAP*, D, Bd. 8, Nr. 173.

95 Detwiler, *Hitler, Franco*, S. 17 f.

96 Elke Fröhlich, Hg., *Die Tagebücher von Joseph Goebbels*, Teil 1, 4 Bde. plus Index, Saur, München 1987, 22. und 27. Januar 1939. (Im folgenden zit. als Fröhlich, *Goebbels' Tagebücher*).

97 KTB Skl, gKdos. »Organisation und Aufgaben der Etappen (Erfahrungen der Spannungszeit, Ölnachschub)«, Januar 1939, BA-MA, RM 6/58.

98 Eine gute Quelle ist das Aktenmaterial der deutschen Botschaft in Madrid, »Seekrieg und seine Auswirkungen auf Spanien«, 2 Bde., im AA. Zu Informationen über einen geheimen Fonds, den die Deutschen in Spanien anzapfen konnten, siehe Weinberg, *Foreign Policy 1937–39*, S. 151 f.

99 Charles B. Burdick, »›Moro‹. The Resupply of German Submarines in Spain, 1939–1942«, in: *CEH* 3 (1970), S. 256–284; *ADAP*, D, Bd. 8, Nr. 284, 604, 616; KTB Skl A, Bd. 3, 4. November 1939, BA-MA, RM 7/5, Bl. 17 f., und 19. Januar 1940, RM 7/8, Bl. 153; AA, Botschaft Madrid, »Seekrieg«, passim.

100 Klaus Wittmann, *Schwedens Wirtschaftsbeziehungen zum Dritten Reich 1933–1945*, Oldenbourg, München 1978, S. 241 ff.

101 Siehe oben, Anm. 80.

102 Die Schweden waren so begeistert von dem Handel mit Deutschland, daß sie mit dem Handelsabkommen vom 22. Dezember 1939 mit dem Dritten Reich ein anderes verletzten, das sie erst am 7. Dezember mit England geschlossen hatten. Siehe Wittmann, *Schwedens Wirtschaftsbeziehungen*, S. 160–172; Lutzhöft, *Deutsche Militärpolitik*, S. 68.

103 Lutzhöft, S. 32 ff.

104 Wittmann, S. 396, betont diese Vorteile zu Recht. Siehe auch KTB Skl A, Bd. 17, 2. Januar 1941, BA-MA, RM 7/20, Bl. 23 f. William M. Carlgren, *Swedish Foreign Policy during the Second World War*, ins Englische übers. v. Arthur Spencer, St. Martin's, New York 1977, ist ein apologetisches Werk über die schwedische Politik, das hauptsächlich auf den Archiven des schwedischen Außenministeriums basiert.

105 Norman Rich, der Hitlers langfristige Ziele im allgemeinen sehr vorsichtig kommentiert, kommt zu dem Schluß, daß der Anschluß Österreichs vermutlich als Modell für Schweden dienen sollte (*Hitler's War Aims*, Bd. 2, S. 401).

106 Vgl. *ADAP*, D, Bd. 8, Nr. 165, 297 f., 304.

107 Schweden lieferte auch Kugellager und einige andere wichtige Güter. Eisenerz war jedoch das wichtigste Produkt.

108 Weinberg, *Foreign Policy 1937–39*, S. 242, 591.

109 Zur damaligen Politik der Türkei siehe Lothar Krecker, *Deutschland und die Türkei im Zweiten Weltkrieg*, Klostermann, Frankfurt/M. 1964; Zehra Önder, *Die türkische Außenpolitik im Zweiten Weltkrieg*, Oldenbourg, München 1976.

110 Hoptner, *Yugoslavia in Crisis*, S. 167–172, ist bis heute der beste Bericht in englischer Sprache, noch besser ist jedoch Kap. 4 in: Alfredo Breccia, *Jugoslavia 1939–1941. Diplomazia della Neutralitá*, Giuffrè, Rom 1978. Außer auf britischen, amerikanischen und deutschen Dokumenten basiert dieses Buch auf ausführlichen Forschungen in italienischen und jugoslawischen Archiven. Siehe auch Elizabeth Barker, *British Policy in South-East Europe in the Second World War*, Macmillan, London 1976, S. 13–19.

111 Als der rumänische Außenminister Grigore Gafencu am 22. September 1939 mit dem japanischen Gesandten das Problem der nach Rumänien geflohenen führenden polnischen Politiker diskutierte, sagte er voraus, daß zwischen Deutschland und der Sowjetunion ein Krieg ausbrechen werde (Oshima an Tokio Nr. 1058 vom 24. September 1939, NA, RG 457, SRDJ 001825–28).

112 Die Darstellung in: Andreas Hillgruber, *Hitler, König Carol und Marschall Antonescu*, Steiner, Wiesbaden 1954, S. 80 ff., muß angesichts des folgenden Werks modifiziert werden:

Philippe Marguerat, *Le IIIe Reich et le pétrol roumain, 1938–1940,* Sijthoff, Leyden 1977, Kap. 5. Siehe auch die Dokumente in PRO, AIR 19/12.

113 Weinberg, *Foreign Policy 1937–39,* S. 174ff.; Gerhard Krebs, *Japans Deutschlandpolitik 1935–1941,* 2 Bde., MOAG, Hamburg 1984, Bd. 1, S. 117–147; John P. Fox, *Germany and the Far Eastern Crisis 1931–1938,* Clarendon Press, Oxford 1982, Kap. 9.

114 Siehe dazu Hsi-sheng Ch'i, *Nationalist China at War 1937–45,* Univ. of Michigan Press, Ann Arbor, Mich. 1982, S. 118–121.

115 Tschiang selbst scheint gelegentlich an eine deutsche Vermittlung im Krieg mit Japan gedacht zu haben. Die Deutschen waren jedoch nicht daran interessiert, noch einen Vermittlungsversuch zu machen, jedenfalls nicht, bis Japan sich nach Süden gewandt und britische Positionen angegriffen hatte. Ein chinesisch-japanisches Abkommen hätte allzuleicht den Weg zu einem Abkommen zwischen Japan und den Westmächten bahnen können. Siehe *ADAP,* D, Bd. 8, Nr. 32, 201, 217.

116 John H. Boyle, *China and Japan at War 1937–1945. The Politics of Collaboration,* Stanford Univ. Press, Stanford, Calif. 1972, behandelt nur Einzelaspekte des Gesamtproblems.

117 Über diese Route und ihre Verwendung ist mir keine Studie neueren Datums bekannt. Beschreibungen der Route in Owen Lattimore, »China's Turkestan-Siberia Supply Road«, in: *Pacific Affairs* 13 (1940), S. 393–412; Aitchen K. Wu, *China and the Soviet Union,* John Day, New York 1950, S. 259f. Einige Informationen sind auch enthalten in: Andrew D. W. Forbes, *Warlords and Muslims in Chinese Central Asia. A Political History of Republican Sinkiang, 1911–1949,* Cambridge Univ. Press, Cambridge 1986, S. 146; John W. Garver, *Chinese-Soviet Relations, 1937–1945. The Diplomacy of Chinese Nationalism,* Oxford Univ. Press, New York 1988, S. 39, 107f.; Allen S. Whiting, Hg., *General Sheng Shih-ts'ai, Sinkiang. Pawn or Patriot?,* Michigan State Univ. Press, E. Lansing, Mich. 1958, S. 49, 61f. In der Dissertation von Arthur C. Hasiotis Jr., »A Study of Soviet Political, Economic and Military Involvement in Sinkiang from 1928 to 1949«, wird der Nachschubweg durch die Sowjetunion trotz ihres Titels nicht diskutiert.

118 James W. Morley, Hg., *The Fateful Choice. Japan's Advance into Southeast Asia, 1939–1941,* Columbia Univ. Press, New York 1980, S. 32–41.

119 Zu Wang Tsching-wei siehe Gerald E. Bunker, *The Peace Conspiracy. Wang Ching-wei and the China War,* Harvard Univ. Press, Cambridge, Mass. 1972. Wang wurde von zwei wichtigen Mitarbeitern verlassen, die Dokumente über seine Verhandlungen mit den Japanern am 21. Januar 1940 veröffentlichten. Er hatte in den Verhandlungen extremen Forderungen der Japaner nachgegeben und war nach der Veröffentlichung nachhaltig diskreditiert. Siehe dazu Boyle, *China and Japan at War,* S. 278ff., 293–337.

120 Der ausführlichste Bericht ist Coox, *Nomonhan.*

121 Morley, *Deterrent Diplomacy,* S. 174ff.

122 *ADAP,* D, Bd. 8, Nr. 93. Der neue japanische Botschafter Kurusu Saburo, der zeitweise den extrem deutschfreundlichen Oshima Hiroshi ersetzte, machte sich in Berlin unbeliebt, als er darauf drängte, Deutschland solle nicht im Westen angreifen, sondern seine Ziele in Westeuropa mit friedlichen Mitteln durchsetzen und anschließend einen Frieden in Ostasien vermitteln. Seine Argumentation basierte auf der Annahme, daß Deutschland aufgrund der amerikanischen Stärke Großbritannien nicht werde besiegen können (ebenda, Nr. 590). Ein so hellsichtiger Kopf hatte im Dritten Reich keine Chance, Gehör zu finden.

123 Zu deutschen Anstrengungen in dieser Richtung siehe Morley, *Fateful Choice,* S. 20ff.; Morley, *Deterrent Diplomacy,* S. 197f.; *ADAP,* D, Bd. 8, Nr. 11, 29, 75, 77, 79, 140, 549.

124 *ADAP,* D, Bd. 8, Nr. 40, 132, 292, 448.

125 Stephen E. Pelz, *Race to Pearl Harbor,* Harvard Univ. Press, Cambridge, Mass. 1974.

126 Dorothy Borg und Shumpei Okamoto, Hg., *Pearl Harbor as History,* Columbia Univ. Press, New York 1973, S. 242f. Ein hervorragender Bericht über das Gesamtprojekt ist: Malcolm Muir Jr., »Rearming in a Vacuum. United States Naval Construction and the Japanese Capital Ship Threat, 1936–1945«, in: *Journal of Military History* 54, Nr. 4 (1990), S. 473–485.

127 Dazu Material in: Morley, *Fateful Choice,* S. 241ff.

128 Krebs, *Japans Deutschlandpolitik,* Bd. 1, S. 337–378.

129 Borg und Okamoto, *Pearl Harbor,* S. 43.

130 Michael Schaller, *The U. S. Crusade in China, 1938–1945,* Columbia Univ. Press, New York 1979, S. 25–29, 32f.

131 Morley, *Deterrent Diplomacy,* S. 192f.; Borg und Okamoto, *Pearl Harbor,* S. 144ff. Eugen Ott, der deutsche Botschafter in Japan, sagte schon am 16. Oktober 1939 voraus, daß die japanischen Verhandlungen mit Großbritannien und den Vereinigten Staaten wahrscheinlich scheitern und die Verhandlungen mit der Sowjetunion Erfolg haben würden (*ADAP,* D, Bd. 8, Nr. 264).

132 Die Dauer des Krieges wurde auf zwei bis vier Jahre geschätzt, in: Berlin an Hsinking Nr. 178 vom 15. September 1939, NA, RG 457, SRDJ 1708.

133 Der japanische Botschafter in Polen aus Bukarest an Tokio Nr. 84 vom 24. September 1939, ebenda, SRDJ 1818ff.

134 Siehe Berlin an Tokio Nr. 220 vom 11. Oktober 1939, ebenda, SRDJ 1957f.; Ott (Tokio) an Berlin Nr. 303 vom 4. April 1940, AA, HaPol, Clodius, »Japan«, Bd. 3. Deutsche Klagen über Japan in: *ADAP,* D, Bd. 8, Nr. 421; Emil Helfferich, *1932–1946 Tatsachen. Ein Beitrag zur Wahrheitsfindung,* C. L. Mettcker, Oldenbourg, Jever 1968, Kap. 7.

135 John W. M. Chapman, Hg., *The Price of Admiralty. The War Diary of the German Naval Attaché in Japan, 1939–1943,* Bd. 1, Univ. of Sussex Printing Unit, Lewes, Sussex 1982, passim; *ADAP,* D, Bd. 8, Nr. 646; Bd. 9, Nr. 50; Ott (Tokio) an Berlin Nr. 204 vom 8. März 1940, AA, St. S., »Japan«, Bd. 2, MF 398404f.; AA, HaPol, Clodius, »Japan«, Bd. 3, passim.

136 Morley, *Fateful Choice,* S. 23f.; Krebs, *Japans Deutschlandpolitik,* Bd. 1, S. 368f.

137 Über die Zeit der Regierung Yonai (Januar bis Juli 1940) siehe Krebs, Bd. 1, S. 379–437.

138 Donald Smythe, *Pershing, General of the Armies,* Indiana Univ. Press, Bloomington, Ind. 1986. Die Kap. 5–26 vermitteln ein gutes Bild von der amerikanischen Rolle.

139 Der Autor hat dieses Thema in einem breiteren Kontext erörtert in: Jürgen Rohwer und Eberhard Jäckel, Hg., *Kriegswende Dezember 1941,* Bernard & Graefe, Koblenz 1984, S. 73f.

140 Dies ist der Kerngedanke von Robert A. Divine, *Second Chance. The Triumph of Internationalism in America during World War II,* Atheneum, New York 1967.

141 Diese Themen werden behandelt in: William L. Langer und S. Everett Gleason, *The World Crisis and American Foreign Policy,* 2 Bde., Harper, New York 1952/53; Robert A. Divine, *The Reluctant Belligerent,* 2. Aufl., Wiley, New York 1979; Wayne S. Cole, *Roosevelt and the Isolationists, 1932–45,* Univ. of Nebraska Press, Lincoln, Neb. 1983; Robert Dallek, *Franklin D. Roosevelt and American Foreign Policy, 1932–1945,* Oxford Univ. Press, New York 1979.

142 Haight, *American Aid to France.*

143 Beatrice Farnsworth, *William C. Bullitt and the Soviet Union,* Indiana Univ. Press, Bloomington, Ind. 1967, ist eine gute Monographie über den Botschafter. Bullitts Korrespondenz wurde von seinem Bruder herausgegeben, Orville H. Bullitt, Hg., *For the President, Personal and Secret,* Houghton Mifflin, Boston 1972 (im folgenden zit. als *Bullitt Papers*). Es existiert keine wissenschaftliche Untersuchung über Strauss, der nach zwanzig Jahren der erste amerikanische Botschafter in Paris war, der französisch sprach. Eine wohlwollende Biographie ist Reginald W. Kauffman, *Jesse Isidor Strauss,* Privatdruck, New York 1973. Weder Bullitt noch Strauss werden behandelt in der interessanten Sammlung von Kenneth P. Jones, *U. S. Diplomats in Europe, 1919–1941,* neu aufgelegt, ABC-Clio, Santa Barbara, Calif. 1983.

144 Langer und Gleason, *World Crisis,* Bd. 1, S. 222; Dallek, *Roosevelt and Foreign Policy,* S. 201.

145 Cole, *Roosevelt and the Isolationists,* ist eine Darstellung dieses Kampfes, die von starken Sympathien für die Isolationisten geprägt ist.

146 Elliot Roosevelt, Hg., *F. D. R.: His Personal Letters 1928–1945,* 2 Bde., Duell, Sloan & Pearce, New York 1950, Bd. 2, S. 934 (im folgenden zit. als *FDR Letters*).

147 Bei der Schlußabstimmung im Senat lautete das Ergebnis 55 zu 24, im Repräsentantenhaus 243 zu 172. In beiden Häusern richtete sich das Abstimmungsverhalten primär nach der Parteizugehörigkeit.

148 *ADAP,* D, Bd. 8, Nr. 22, 54, 56, 85, 88, 129, 220, 301.

149 Gerhard Wagner, Hg., *Lagevorträge des Oberbefehlshabers der Kriegsmarine vor Hitler 1939–1945,* Lehmanns, München 1972, S. 27.

150 Dank seiner Erfahrung als zweiter Mann im Marineministerium war Roosevelt für das Problem der Schiffstransporte sensibilisiert, das eine so entscheidende Rolle spielen sollte. Siehe das Memorandum von D. J. Callahan für Roosevelt vom 11. Dezember 1939; FDRL, PSF Great Britain, Kennedy, Box 53.
151 Gerhard L. Weinberg, *World in the Balance*, Univ. Press of New England, Hanover, N. H. 1981, S. 53–74. Zur Vorkriegsentwicklung der deutsch-amerikanischen Beziehungen siehe Weinberg, *Foreign Policy 1933–36*, Kap. 6, und *1937–39*, S. 249–255.
152 Jochen Thies, *Architekt der Weltherrschaft. Die »Endziele« Hitlers*, Droste, Düsseldorf 1976, Kap. 3.
153 Friedrich von Boetticher, »Soldat am Rande der Politik«, BA-MA, N 323/56, S. 209.
154 Gerhard L. Weinberg, Hg., *Hitlers Zweites Buch*, Deutsche Verlags-Anstalt, Stuttgart 1961, S. 138 ff.
155 Borg und Okamoto, *Pearl Harbor*, S. 176 f.
156 Siehe *FDR Letters*, S. 920.
157 Die letzte *USS North Carolina* hätte eigentlich in den zwanziger Jahren fertig werden sollen, wurde jedoch in Erfüllung des Washingtoner Flottenabkommens verschrottet – eines von vielen Beispielen, das der deutschen Propagandalüge widerspricht, die Siegermächte hätten nach dem Ersten Weltkrieg nicht abgerüstet. Ironischerweise hatte die verschrottete *North Carolina* etwa die Größe des deutschen Schlachtschiffs *Bismarck*. Das später gebaute Schiff war kleiner. Zur Geschichte der Schiffe siehe John R. Corbett, *Ships by the Name of North Carolina*, Corbett, Wilmington, N. C. 1961.
158 Gute, komprimierte Darstellung in: Dallek, *Roosevelt and Foreign Policy*, S. 172 ff.
159 Eine umfassende Studie zur Arbeit der britischen und französischen Einkäufer wäre sehr nützlich.
160 Komprimierte Darstellung in: Dallek, *Roosevelt and Foreign Policy*, S. 205 f.
161 Die persönlichen Fehden in der Führung des amerikanischen Außenministeriums haben manchmal den Blick auf die Gemeinsamkeiten verstellt, die zwischen Hull und Welles – den bekanntesten Rivalen – in vielen politischen Fragen bestanden.
162 Die Vorkriegslage wird kurz skizziert in:

Weinberg, *Foreign Policy 1937–39*, S. 255–260. Der spektakulärste Beweis für das deutsche Engagement in Lateinamerika war das sogenannte Patagonien-Dokument, aus dem hervorging, daß Deutschland in Süd-Argentinien territoriale Interessen verfolgte. Es wurde lange Zeit als Fälschung angesehen, hat sich jedoch inzwischen als echt erwiesen (*ADAP*, C, Bd. 6, Nr. 137). Eine ältere Darstellung des Sachverhalts findet sich in: Alton Frye, *Nazi Germany and the American Hemisphere 1933–1941*, Yale Univ. Press, New Haven, Conn. 1967, S. 122 f. Reiner Pommerin, *Das Dritte Reich und Lateinamerika, 1939–1942*, Droste, Düsseldorf 1977, S. 65 ff., nimmt an, daß das Dokument eine Fälschung sei.
163 Das gesamte Problem ist von Hans-Jürgen Schröder intensiv erforscht und in seiner Bedeutung stark überbewertet worden. Eine Zusammenfassung von Schröders Ansichten siehe Schröders Beitrag in: Manfred Funke, Hg., *Hitler, Deutschland und die Mächte*, Droste, Düsseldorf 1977, S. 339–364.
164 *FRUS*, 1939, Bd. 1, S. 424; *FDR Letters*, Bd. 2, S. 938 f.; *Wiener Library Bulletin* 18 (1964), S. 32.
165 Zu William R. Davis siehe Dallek, *Roosevelt and Foreign Policy*, S. 207; Beatrice Bishop Berle und Travis B. Jacobs, Hg., *Navigating the Rapids 1918–1971. From the Papers of Adolf A. Berle*, Harcourt Brace Jovanovich, New York 1973, S. 265; *ADAP*, D, Bd. 8, Nr. 242, Anm. 13; Moffat an Leland Harrison (Bern), 14. November 1939, Harvard, Houghton Library, Moffat Papers, Bd. 15. Zu diesem Zweck wollte Roosevelt eine Mission zum Vatikan schicken, ein Amt, mit dem er im Dezember 1939 schließlich Myron Taylor betraute (*FDR Letters*, Bd. 2, S. 930 ff.).
166 Siehe C 17 219, 17 220/13 005/18 vom 24. Oktober 1939 in: PRO, FO 371/23 099. Zu James D. Mooney siehe auch C 17 285, C 17 419 in: ebenda; War Cabinet 61 (39) vom 26. Oktober 1939, PRO, CAB 65/3, Bl. 154 f.; Kirk an Moffat, 19. April 1940, Moffat Papers, Bd. 18; Dallek, *Roosevelt and Foreign Policy*, S. 216; *ADAP*, D, Bd. 8, Nr. 656; FDR an Mooney, 25. März 1940, FDRL, PSF Safe File, Cont. 4, Germany; und FDR an Mooney, 2. April 1940, FDRL, PSF Cont. 79, Navy Dept. Januar bis April 1940.
167 Presidential Diary, 3. Oktober 1939,

FDRL, Morgenthau Papers, Diary, Bd. 2, S. 317; vgl. *ADAP*, D, Bd. 8, Nr. 291. Einige britische Aufzeichnungen über Kennedys defätistische und anti-britische Ansichten finden sich in: A 605, 1317, 1384, 1723, 1848 und 1945/605/45, 18. Januar bis 22. August 1940 in: PRO, FO 371/14 251. Eine ausgewogene und ziemlich freundliche Darstellung von Kennedys Amtszeit als Botschafter findet sich in dem von Jane K. Veith verfaßten Kapitel in: Jones, *US Diplomats*, S. 165–182.

168 Zu Welles' Auftrag siehe Stanley E. Hilton, »The Welles Mission to Europe, February – March 1940. Illusion or Realism?«, in: *Journal of American History* 58 (1971), S. 93–120, und Dallek, *Roosevelt and Foreign Policy*, S. 216 ff. Die gesamte Friedensfrage wird hier und anderenorts in diesem Buch detailliert und auf Basis archivarischer Forschungen behandelt, da die wichtigste Monographie zum Thema (Bernd Martin, *Friedensinitiativen und Machtpolitik im Zweiten Weltkrieg*, Droste, Düsseldorf 1974) nicht verläßlich ist. Siehe beispielsweise J. W. Brügel, »Dahlerus als Zwischenträger nach Kriegsausbruch«, in: *Historische Zeitschrift* 228 (1979), S. 70–79; D. Albrecht, »Zur Friedensdiplomatie des Vatikans 1939–41. Eine Auseinandersetzung mit Bernd Martin«, in: *Politik und Konfession. Festschrift für Konrad Repgen*, Duncker & Humblodt, Berlin 1983, S. 447–464. Leider verläßt sich Marion Thielenhaus, *Zwischen Anpassung und Widerstand. Deutsche Diplomaten 1938–1941*, Schöningh, Paderborn 1984, Kap. 6, eine der besten neueren Darstellungen, in vielen Punkten auf Bernd Martins Werk.

169 *ADAP*, D, Bd. 8, S. 177–180.

170 Zu den Aktivitäten von Göring und Dahlerus siehe ebenda, Nr. 138; Brügel, »Dahlerus«, S. 70–97; Helmut Krausnick und Harold C. Deutsch, Hg., *Helmuth Grosscurth. Tagebücher eines Abwehroffiziers 1938–1940*, Deutsche Verlags-Anstalt, Stuttgart 1970, S. 385 (im folgenden zit. als *Tagebuch Grosscurth*). Britische Dokumente in C 13 916/15/18, PRO, FO 371/22 983; C 18 882 f./15/18, FO 371/ 22 986; C 15 620/13 005/18, FO 371/23 097; C 15 875 und 16 448/13 005/18, FO 371/ 23 098; C 16 662, 16 731, 16 840 und 17 015/13 005/18, FO 371/23 099; C 20 525/13 005/18, FO 371/230 100; FO 800/317; Bl. 60 ff., 70, 75, 77 f., 121–124, 141; Sitzungen des Kabinetts vom 2., 6., 10., 12., 15. und 16. Oktober 1939 in: PRO, CAB 65/3, Bl. 88–91, 102 f., 114, 119, 133 f., 138 f. Zu Görings Sondierungen über Max von Hohenlohe siehe *ADAP*, D, Bd. 8, Nr. 645; C 17 016/13 005/18, PRO, FO 371/ 23 099. Zu einer Sondierungsaktion über den schwedischen Baron Borde siehe C 1187/89/18, FO 371/24 405. Über Baldwin Raper siehe C 3537/89/18, FO 371/24 406, C 4917 und 5506/89/18, FO 371/24407.

171 Hans-Adolf Jacobsen, *Fall Gelb. Der Kampf um den deutschen Operationsplan zur Westoffensive 1940*, Steiner, Wiesbaden 1956; Hans-Adolf Jacobsen, Hg., *Dokumente zur Vorgeschichte des Westfeldzuges 1939–1940*, Musterschmidt, Göttingen 1956.

172 Auch von anderen Deutschen wurden Friedensbemühungen unternommen. Selbst Franz von Papen, damals Botschafter in der Türkei, wurde aktiv, brachte jedoch sein Anliegen typischerweise so ungeschickt vor, daß er nicht ernstgenommen wurde; siehe Papen Tel. 367 vom 3. Oktober 1939, AA, St. S., »Friedensbemühungen«, MF 471 603; C 15 221, 15 356, 15 435, 15 442/13 005/18, PRO, FO 371/23 097; C 15 944 f., 15 972/13 005/18, FO 371/23 098; C 16 892/13 005/18, FO 371/23 099; War Cabinet 34 (39) vom 2. Oktober 1939, CAB 55/3, Bl. 77–81, 83 f.; FO 800/317, Bl. 238–241; Mackensen an Weizsäcker, 18. Januar 1940, AA, Nachlaß Mackensen, Bd. 4, MF 64913–22.

173 Provisorischer Bericht in: Weinberg, *Germany and the Soviet Union*, S. 64 f.; siehe auch Johann W. Brügel, Hg., *Stalin und Hitler. Pakt gegen Europa*, Europaverlag, Wien 1973, Nr. 136 ff. Eine wissenschaftliche Darstellung der gesamten Kampagne steht noch aus. Die Deutschen druckten Molotows »Friedens«-Rede vom 3. Oktober und warfen sie über Frankreich ab; siehe Aufzeichnungen Luther vom 9. und 10. November 1939 in: AA, St. S., »Der Krieg 1939«, Bd. 6.

174 Knox, *Mussolini Unleashed*, S. 49–52; Thielenhaus, *Zwischen Anpassung und Widerstand*, S. 196–202; *ADAP*, D, Bd. 8, Nr. 73, 97, 127, 180; Lorraine Nr. 1000, geheim, vom 4. Oktober 1939, C 15 721/15/18, PRO, FO 371/22 984. Die italienischen Bemühungen wurden mit besonderer Energie von Bernardo Attolico, dem italienischen Botschafter in Berlin, vorangetrieben, den die Deutschen wenig später abberufen ließen.

175 *Ung. Dok.*, 4, Nr. 380, 386; Tel. 326 aus Budapest vom 15. September und Ribbentrops Antwort Nr. 364 vom 18. September 1939, AA, St. S., »Der Krieg 1939«, Bd. 4, MF 223 955 f.

176 Thielenhaus, *Zwischen Anpassung und Widerstand*, S. 191–196.

177 Ebenda, S. 185–191; C 20 492/13 669/62, PRO, FO 371/22 947 (Gespräch zwischen Halifax und Berggrav vom 15. Dezember 1939); PRO, FO 800/322, Bl. 214–221 (Gespräch zwischen Halifax und Berggrav vom 27. Januar 1940 mit Chamberlains Kommentar: »Das bringt uns auch nicht weiter.«); *ADAP*, D, Bd. 8, Nr. 550; Frederick A. Sterling (amerikanischer Gesandter in Stockholm) an Moffat, 16. Januar 1940 (mit einem Bericht über Berggravs Englandreise im Dezember), Moffat Papers, Bd. 18, Houghton Library, Harvard; Notiz von Weizsäcker, St. S., Nr. 249, 21. März 1940, AA, St. S., »Aufzeichnungen btr. nicht-Diplomatenbesuche«, Bd. 2, MF 36 560 ff.

178 Siehe *ADAP*, D, Bd. 8, Nr. 25, 87; *Ung. Dok.*, 4, Nr. 386; PRO, FO 800/317, Bl. 179–182.

179 War Cabinet 9 (39) vom 9. September 1939, PRO, CAB 65/1, Bl. 59. Als die Friedensbemühungen offensichtlich ihren Abschluß gefunden hatten, schrieb Neville Chamberlain am 2. Februar 1940 an Lord Brocket, der lange Zeit Konzessionen an Deutschland befürwortet hatte, daß er einen Frieden um jeden Preis nicht akzeptieren werde. »Ich habe diesen Krieg nicht gewollt und mein Bestes getan, mein Land herauszuhalten. Nachdem ich aber zum Kriegseintritt gezwungen wurde, bin ich nicht bereit, ungeschlagen Bedingungen anzunehmen, durch die wir das verlieren würden, für dessen Erhaltung wir kämpfen.« Weiter schrieb er, habe nicht das Bedürfnis, Deutschland zu zerstückeln, es müsse sich jedoch »von diesen Verbrechern befreien«. PRO, PREM 1/443, Bl. 3 ff.

180 Weinberg, *Foreign Policy 1937–39*, S. 618 f.

181 Neben anderen in diesem Abschnitt zitierten Dokumenten siehe besonders das Memorandum Sargent vom 11. September 1939 (C 15 050/13 005/18, PRO, FO 371/23097); Halifax an Earl of Lytton, 11. November 1939 (FO 800/317, Bl. 196–199); und Halifax an Lord Lothian, 21. November 1939 (FO 800/311, Bl. 374–381). Die beiden letztgenannten Dokumente fassen die Lage aus Londoner Sicht besonders effektiv zusammen und bringen außerdem die britische Sorge zum Ausdruck, daß, sollte Frankreich auf einer Zerstückelung Deutschlands bestehen, der deutsche Widerstand verstärkt würde. Vgl. Christopher Hill, *Cabinet Discussions on Foreign Policy. The British Experience, October 1938 – Juni 1941*, Cambridge Univ. Press, Cambridge 1991, Kap. 5. Siehe auch Lothar Kettenacker, *Krieg zur Friedenssicherung. Die Deutschlandplanung der Britischen Regierung während des Zweiten Weltkrieges*, Vandenhoeck & Ruprecht, Göttingen 1989, S. 40–51.

182 Memorandum von Kirkpatrick, 1. Oktober 1939, C 15 649/13 005/18, PRO, FO 371/23 098. In einem am 31. Oktober von Strang vorgelegten Memorandum, das Cadogan besonders beeindruckte, hieß es, Polen habe seine Unabhängigkeit zum letzenmal wiedererlangt, nachdem *sowohl* Deutschland *als auch* Rußland zusammengebrochen seien, nun jedoch werde die Sowjetunion durch eine deutsche Niederlage gestärkt werden. Strang vertrat die Ansicht, diese Entwicklung werde für Westeuropa nicht besonders bedrohlich, für Deutschland jedoch existenzgefährdend sein, und er meinte, die Westmächte würden nach einer Niederlage Deutschlands wahrscheinlich kaum noch Einfluß auf die Geschehnisse in Osteuropa haben (C 17 105/13 669/62, PRO, FO 371/22 946).

183 Siehe insbesondere Bullitt an Roosevelt, 16. September 1939, Bullitt, *For the President*, S. 374 f.

184 Siehe die Dokumente über die Sondierungen von Dahlerus, oben zit. in Anm. 170.

185 Zu diesem Punkt siehe Halifax an Osborne, 17. Februar 1940, PRO, FO 800/318.

186 Siehe dazu die Äußerungen aus dem britischen Außenministerium vom 7. Mai 1939 in: C 6612/7/62, PRO, FO 371/24 362.

187 Notiz von Christie an Vansittart, die mit Halifax' Zustimmung zirkulierte, 15. September 1939, C 14 293/15/18/, PRO, FO 371/22 983; Notiz Halifax vom 4. Dezember 1939, C 19 589/13 005/18, FO 371/23 100.

188 S. Payne Best, *The Venlo Incident*, Hutchinson, London 1950. Thielenhaus, *Zwischen Anpassung und Widerstand*, S. 167, nimmt an, daß die Entführung in Deutschland stattfand. Zum britischen Hintergrund siehe Hinsley, *British Intelligence*, Bd. 1, Anm. S. 56–57; Christo-

pher M. Andrew, *Her Majesty's Secret Service,* Viking, New York 1986, S. 433–439; Chapman Pincher, *Too Secret Too Long,* St. Martin's, New York 1984, Kap. 45; Nigel West, *The SIGINT Secrets,* Morrow, New York 1988, S. 142f.

189 PRO, FO 800/317, Bl. 27.

190 War Cabinet 40 (39) und 42 (39), PRO, CAB 65/1, Bl. 222, 230.

191 Den Entwurf der Rede siehe PRO, PREM 1/395; Churchill nimmt darauf Bezug in: Brief an R. R. Stokes, M. P. vom 23. Juli 1940, PREM 4/100/2.

192 Siehe die offizielle Erklärung der britischen Kriegsziele am 15. Dezember 1939 in: C 20 438/ 13 669/62, PRO, FO 371/22 947. Angesichts dieser Position ist es keine Überraschung, daß die Londoner Regierung Welles' Mission nicht begrüßte. Sie versuchte Roosevelt davon abzuhalten, Welles zu entsenden, und hegte den zutreffenden Verdacht, daß Welles seinen Auftrag Roosevelts Zweifeln an der französischen und britischen Stärke verdankte. Siehe die Dokumente unter C 1839ff./285/18, in: FO 371/24 417f.; J. A. Bayer, »British Policy Towards the Russo-Finnish Winter War 1939–1940«, in: *Canadian Journal of History* 16, Nr. 1 (1981), S. 50. Die britische Regierung stand Welles' Auftrag vor allem deshalb ablehnend gegenüber, weil dieser einen Frieden *mit* der Hitler-Regierung für möglich hielt. Dagegen vertrat die britische Regierung die Position, daß nicht nur Polen und die Tschechoslowakei – und, wenn sie entsprechend abstimmten, auch die Österreicher – befreit werden müßten, sondern auch die deutsche Bevölkerung einsehen müsse, daß ihre Regierung versagt habe. Siehe Cabinet 67 (40) vom 13. März 1940, C 3949/89/18, FO 371/24 046 und das Halifax-Memorandum desselben Tages in: FO 800/326, Bl. 73–78. Um Roosevelt nicht vor den Kopf zu stoßen, schickte ihm Halifax durch Arthur Murray eine Botschaft, in der er betonte, daß er und Chamberlain Welles persönlich sehr schätzten und ihm gegenüber völlig offen gewesen seien (Murray an FDR, 5. April 1940, FDRL, PSF Box 53, Great Britain). Dokumente über die Mission, die nicht veröffentlicht wurden, und Passagen, die bei der Veröffentlichung in *FRUS,* 1940, Bd. 1, ausgespart wurden, finden sich in: FDRL, PSF Safe File, Box 9, Welles Reports 1940.

193 Hitlers Ansichten kommen in seinen Äußerungen vom 26. September (*ADAP,* D, Bd. 8,

Nr. 138), in seinen Äußerungen gegenüber dem deutschfreundlichen Entdeckungsreisenden Sven Hedin vom 16. Oktober (ebenda, Nr. 263 und in: Hedin, *Ohne Auftrag,* S. 51–56) sowie in: Fröhlich, *Goebbels' Tagebücher,* 24. Oktober 1939, deutlich zum Ausdruck.

194 Fröhlich, *Goebbels' Tagebücher,* 14. Oktober 1939. Goebbels verfügte, daß das Wort »Frieden« in der deutschen Presse unter keinen Umständen mehr erscheinen dürfe; Willi A. Boelcke, Hg., *Kriegspropaganda 1939–1941,* Deutsche Verlags-Anstalt, Stuttgart 1966, S. 300. Siehe auch die Eintragungen in Goebbels' Tagebuch vom 24. Oktober, vom 7. und 9. November und vom 12. und 19. Dezember 1939.

195 Harold C. Deutsch, *The Conspiracy against Hitler in the Twilight War,* Univ. of Minnesota Press, Minneapolis 1958.

196 Zu den Kontakten der Militärs siehe neben den Büchern von Thielenhaus und Deutsch außerdem Owen Chadwick, *Britain and the Vatican during the Second World War,* Cambridge Univ. Press, Cambridge 1986, S. 86–99; Peter Hoffmann, »Peace through Coup d'État. The Foreign Contacts of the German Resistance«, in: *CEH* 19 (März 1986), S. 18–21; Kettenacker, *Krieg zur Friedenssicherung,* S. 51–67; Weizsäcker an Mackensen, 14. Juni und 18. Oktober 1940, Mackensen an Weizsäcker, 28. Juli 1940, AA, Nachlaß Mackensen, Handakten, Bd. 4, MF 65 571f., 65 586; Dokumente in: PRO, FO 800/317f., 321; C 19 745/3005/18, FO 371/23 100; C 770, 1137, 2522, 3044/89/18, FO 371/24 405; C 2339/6/18, FO 371/24 387; C 4743/5/18, FO 371/24 380; War Cabinet 12 (39) vom 11. September 1939 und 16 (40) vom 17. Januar 1940, CAB 65/1, Bl. 71f., 65/5, Bl. 67 und 65/11, Bl. 158f.

Carl Goerdeler stand damals ebenfalls mit den Briten in Verbindung; siehe C 15 792, 16 893/15/18, FO 371/22 985; C 2524/89/18, FO 371/24 405; C 3245/89/18, FO 371/24 406; C 1189, 1865/6/18, FO 371/24 387. Damit in Zusammenhang stehende Dokumente und Kommentare in: C 15 720/53/18; FO 371/23 010; C 2577/89/18, FO 371/24 405; C 297/6/18, FO 371/24 386; C 3439/6/18, FO 371/24 389; Zusammenfassung in: C 4216/324/18, FO 371/26 542.

Es ist interessant, daß Sir Robert Vansittart, der mit vielen dieser Kontakte befaßt war oder

Berichte über sie vorgelegt bekam, empört war über die nationalistischen Töne derjenigen, die angeblich im Begriff standen, Hitler zu stürzen. Seine Schlüsse zog er in einem Memorandum vom 14. März 1940: »The Nature of the Beast« (C 4229/6/18, FO 371/24 389).

197 Zu den Kontakten, die von dem Mittelsmann J. Lonsdale Bryans hergestellt wurden, siehe die Dokumente aus den Papieren von Lord Halifax in: PRO, FO 800/326. Eines der Papiere über Bryans ist bis zum Jahr 2016 gesperrt. Es enthält vermutlich Informationen über seinen persönlichen Hintergrund. Am 17. März 1940 schrieb Lord Brocket, Bryans' wichtigster Gönner in England, an Cadogan, Bryans habe um Geld gebeten, um Schulden zu bezahlen und überzogene Konten auszugleichen; Cadogan schrieb »aufschlußreich« an den Rand. Siehe auch Thielenhaus, *Zwischen Anpassung und Widerstand*, S. 181 f. Bryans suchte 1943 nochmals wiederholt Kontakt mit dem britischen Außenministerium, wurde jedoch immer abgewiesen. Siehe C 7963/155/18, FO 371/34 449; C 10 397/155/18, FO 371/34 451; C 11 893/188/18, FO 371/34 451; C 13 306/188/18, FO 371/34 452.

198 Lothar Gruchmann, Hg., *Autobiographie eines Attentäters. Aussage zum Sprengstoffanschlag im Bürgerbräukeller München am 8. November 1939*, Deutsche Verlags-Anstalt, Stuttgart 1970; Anton Hoch, »Das Attentat auf Hitler im Münchner Bürgerbräukeller 1939«, in: *VfZ* 17 (1969), S. 383–413. Eine Photokopie des Befehls, Elser »zu liquidieren«, findet sich in Best, *Venlo*, zwischen S. 208 und 209.

199 Text der Rede in: Domarus, Hg., *Hitler*, Bd. 2, S. 1047–1067. Wann immer Hitler seine Ankündigung des Massenmords an den europäischen Juden später in seinen Reden erwähnte, verlegte er das Datum der Rede vom 30. Januar auf den 1. September, um das Mordprogramm mit dem Krieg in Verbindung zu bringen.

200 Literatur über dieses Thema war viele Jahre lang ziemlich rar – das Thema selbst in Nachkriegsdeutschland nicht populär. In den letzten Jahren ist jedoch eine beträchtliche Menge an Publikationen erschienen; Norbert Frei, Hg., *Medizin und Gesundheitspolitik in der NS-Zeit*, Oldenbourg, München 1991, faßt den aktuellen Forschungsstand zusammen und enthält eine hervorragend ausgewählte Bibliographie. Die be-

sten Monographien aus neuerer Zeit sind: Ernst Klee, »*Euthanasie« im NS-Staat*, S. Fischer, Frankfurt/M. 1983, und Hans-Walter Schmuhl, *Rassenhygiene, Nationalsozialismus, Euthanasie. Von der Verhütung zur Vernichtung »lebensunwerten Lebens« 1890–1945*, Vandenhoeck & Ruprecht, Göttingen 1987.

Seit März 1941 war den Deutschen bekannt, daß man in den Vereinigten Staaten, in Großbritannien und im Vatikan vom Euthanasieprogramm wußte (*ADAP*, D, Bd. 12, Nr. 199). Am 31. Januar 1941 schrieb Goebbels in sein Tagebuch, 80 000 seien bereits getötet, 60 000 blieben noch zu töten, und Philipp Bouhler, der Leiter der Kanzlei des Führers, sei genau der richtige Mann dafür (Fröhlich, *Goebbels' Tagebücher*, Bd. 4, S. 485). Goebbels ließ die britische Propaganda sorgfältig beobachten, ob sie die Nachricht verbreitete, daß die Deutschen ihre eigenen Verwundeten töteten (was sie mit Invaliden aus dem Ersten Weltkrieg bereits taten); Boelcke, *Kriegspropaganda*, S. 710 f.

201 Ein kurzer Überblick über die Reaktionen der Öffentlichkeit findet sich in: Marlis Steinert, *Hitler's War and the Germans*, Ohio Univ. Press, Athens, Ohio 1977, S. 79–83; außerdem: Frei, *Medizin*, S. 235–251.

202 Einige Details in Broszat, *Polenpolitik*, S. 28–31.

203 Fröhlich, *Goebbels' Tagebücher*, 14. Oktober 1939.

204 Hitler war besonders verärgert, daß General Johannes Blaskowitz, der Militärbefehlshaber im besetzten Polen, sich über die exzessiven Grausamkeiten beschwerte, die an der polnischen Bevölkerung verübt wurden. Hans Frank gelang es im Mai 1940, Blaskowitz' Versetzung zu erreichen (Broszat, S. 76).

205 Gute Zusammenfassung in: Rich, *Hitler's War Aims*, Bd. 2, S. 32–42.

206 Vom 1. September 1939 bis zum 10. Mai 1940 stieg die Zahl tschechischer Panzer in den deutschen Panzerdivisionen von 274 auf 391 (*DRuZW*, Bd. 2, S. 268). Von den zwei verwendeten Modellen, Typ 35 und Typ 38, wurde letzteres noch 1945 gebaut und eingesetzt (Friedrich M. von Senger und Etterlin, *German Tanks of World War II*, Galahad Books, New York 1969, S. 29 f.).

207 Rich, Bd. 2, S. 58–61.

208 Seppo Myllyniemi, *Die baltische Krise*

1938–1941, Deutsche Verlags-Anstalt, Stuttgart 1979, S. 57–81.

209 Aus dem Quellenmaterial geht klar hervor, daß die Sowjetunion der litauischen Regierung genau die Grenze mitteilte, die Stalin und Ribbentrop vereinbart hatten; siehe von Weizsäckers Kommentar in *ADAP*, D, Bd. 8, Nr. 200.

210 Es gibt keine befriedigende Arbeit über das ganze Problem. Eine nützliche Einführung ist Boris J. Kaslas, »The Lithuanian Strip in Soviet-German Secret Diplomacy, 1939–1941«, in: *Journal of Baltic Studies* 4, Nr. 3 (1973), S. 211–225. Als der deutsche Außenminister seine Untergebenen informierte, die Baltischen Staaten und Finnland seien dem sowjetischen Einflußbereich zugeschlagen worden, bezog er sich *nicht* auf das Stück von Litauen, das für Deutschland reserviert worden war (*ADAP*, D, Bd. 8, Nr. 213).

211 Siehe Hochman, *Soviet Union and Collective Security*, S. 61–64, eine der wenigen Arbeiten, die feststellt, daß die Sowjetunion dieses Problem anders behandelte als alle anderen territorialen Verluste, die sie nach dem Ersten Weltkrieg erlitten hatte.

212 Hillgruber, *Hitler, König Carol*, S. 59–63.

213 Zu den damaligen sowjetisch-bulgarischen Beziehungen siehe Hans-Joachim Hoppe, *Bulgarien – Hitlers eigenwilliger Verbündeter*, Deutsche Verlags-Anstalt, Stuttgart 1979, S. 70f.; Önder, *Türkische Außenpolitik*, S. 75.

214 Zu diesem Punkt siehe Weinberg, *Germany and the Soviet Union*, S. 46, 101; *ADAP*, D, Bd. 10, Nr. 10. Am 12. Dezember 1939 schrieb der amerikanische Botschafter in Italien, William Phillips, den langen Bericht in sein Tagebuch, den ihm Fred Walcott über ein ausführliches Gespräch gegeben hatte, das er gerade mit Ribbentrop geführt hatte. Laut Ribbentrop hatte Deutschland der Sowjetunion zugestanden, was England ihr verweigert hatte: »Freie Hand in der Ostsee und freie Hand in den Balkan-Staaten.« Harvard, Houghton Library, Phillips Diary, S. 3590.

215 Darstellungen in: Gerd R. Ueberschär, *Hitler und Finnland 1931–1941*, Steiner, Wiesbaden 1978, S. 42–45, 49ff.; E. Schulin, Hg., *Studien zur europäischen Geschichte. Gedenkschrift Martin Göhring*, Steiner, Wiesbaden 1968, S. 338–352.

216 Ausführliche Bibliographie in Ueberschär.

Siehe auch Weinberg, *Germany and the Soviet Union*, S. 85–91.

217 Die Karte in Ueberschär, S. 326, bietet einen guten Überblick über die Verhandlungspositionen bezüglich Süd-Finnlands. Die Karte in H. Peter Krosby, *Finland, Germany and the Soviet Union, 1940–1941. The Petsamo Dispute*, Univ. of Wisconsin Press, Madison 1968, gegenüber von S. 78, zeigt die Grenze nach dem Finnisch-Sowjetischen Krieg, als die gesamte Fischerhalbinsel zur Sowjetunion gehörte. Die Sowjetunion, die bereits den Ostteil der Halbinsel hielt, hatte im Oktober die ganze Insel verlangt; Finnland hatte ihr den nordwestlichen Teil geboten, jedoch den südwestlichen behalten wollen.

218 Siehe Ueberschär, S. 123, Anm. 404; Arvo Tuominen, *The Bells of the Kremlin*, Univ. Press of New England, Hanover, N. H. 1983, S. 315ff.; J. J. Fol, »A propos des conversations finno-soviétiques qui ont précédé la ›guerre d'hiver‹«, in: *Revue d'histoire de la deuxième guerre mondiale*, Nr. 77 (Januar 1977), S. 25–40.

219 Englischer Text in Vyatscheslav M. Molotov, *Report to the Supreme Soviet, 31 October 1939*, Workers Library, New York 1939.

220 Die wichtige Literatur über den Krieg stimmt in diesem Punkt weitgehend überein; tiefere Einsichten zur Rolle, die Kuusinen bei Stalins Irrtum wahrscheinlich gespielt hat (Kuusinen stand Stalin als wichtiger Funktionär in der sowjetischen Regierung und in der Komintern sehr nahe), vermittelt Kuusinens Frau in ihren Memoiren, Aino Kuusinen, *The Rings of Destiny: Inside Soviet Russia from Lenin to Brezhnev*, Morrow, New York 1974, S. 230ff. Nachdem Stalin Kuusinens Marionettenregierung hatte fallenlassen, wurde Kuusinen Chef der Karelo-Finnischen SSR, die den größten Teil des 1940 annektierten finnischen Territoriums umfaßte. Er bekleidete weitere wichtige Posten in der Kommunistischen Partei und im Sowjetstaat, bis er 1964 eines natürlichen Todes starb.

221 Zum Krieg siehe Seweryn Bialer, Hg., *Stalin and His Generals*, Souvenir Press, London 1970, S. 130–137; Ueberschär, *Hitler und Finnland*, S. 130–134; John Erickson, *The Soviet High Command*, Macmillan, London 1962, S. 541–552; D. W. Spring, »The Soviet Decision for War against Finland, 30. November 1939«, in: *Soviet Studies* 38 (April 1986), S. 207–226. Einen

Überblick über die Operationen bietet: Thomas Ries, *Cold Will. The Defence of Finland*, Brassey's, London 1988, Kap. 4.

222 Weinberg, *Germany and the Soviet Union*, S. 87 ff. Die Sowjetunion bat Deutschland um Hilfe bei der Blockade Finnlands, Deutschland sagte zu, aber die Sowjetunion machte dann doch nicht von der Zusage Gebrauch. Zu diesem Vorgang ist heute zusätzliches Material verfügbar. Vielleicht wollte die Sowjetunion lediglich die deutsche Haltung testen und verzichtete auf die deutsche Hilfe, als Berlin den Test bestand. Siehe *ADAP*, D, Bd. 8, Nr. 433, 437; Notiz von Federer und Auswärtigem Amt an Moskau Nr. 1036 vom 10. Dezember 1939, AA, St. S., »Rußland«, Bd. 2, MF 111 858 f.; KTB Skl A, Bd. 4, 12. Dezember 1939, BA-MA, RM 7/7, Bl. 87.

223 Enrica Costa Bora, *Helsinki-Ginevra, Dicembre 1939 – Marzo 1940. La guerra d'inverno e la società delle nazioni*, Giuffrè, Mailand 1987. Es ist bemerkenswert, daß die britische Regierung, obwohl sie schließlich für den Ausschluß stimmte, zunächst versucht hatte, den Völkerbund vom Handeln abzuhalten, damit er sich ganz auf Deutschland konzentriere und um einen Krieg mit der Sowjetunion zu vermeiden (Bayer, »British Policy«, S. 36 f.).

224 Der Bericht der britischen Botschaft in Paris vom 22. November 1939 über die Propaganda der französischen KP gegen den Krieg sowie Exemplare kommunistischer Dokumente und Flugblätter finden sich in: C 19 065/90/17, PRO, FO 371/22914. Andere Beispiele sind zu finden in: Angelo Rossi (Pseudonym für Angelo Tasca), *Les Communistes français pendant la drôle de guerre*, Iles d'or, Paris 1951, und Angelo Rossi, Hg., *Les Cahiers du Bolshevism pendant la campagne 1939–1940*, Dominique Wapler, Paris 1951.

225 Bayer, »British Policy«, S. 34 f. Zum französischen Unbehagen angesichts der Haltung der britischen Regierung, die einen offenen Krieg mit der Sowjetunion vermeiden wollte, siehe C 4723/9/17, PRO, FO 371/24 298.

226 Manche Autoren vertreten, wie etwa Juho K. Passikivi, *Meine Moskauer Mission 1939–1941*, Holsten, Hamburg 1966, S. 163, die These, die Sowjetunion habe die Regierung Kuusinen schon Ende Januar, also *vor* Beginn der großen sowjetischen Offensive im Februar 1940,

fallenlassen und sich bereit erklärt, mit der eigentlichen Regierung in Helsinki zu verhandeln. Sie lassen jedoch außer acht, daß die massiven Truppenbewegungen und die erforderliche Ansammlung von Munition und Kriegsgerät unbestreitbar schon mindestens zwei Wochen vor dem Angriffstermin am 1. Februar hatten angeordnet werden müssen. Der militärische Erfolg der Offensive mag dazu beigetragen haben, daß die Sowjetunion ihre territorialen Forderungen höherschraubte und in den Moskauer Friedensgesprächen auch sonst eine härtere Linie verfolgte; dies steht jedoch auf einem anderen Blatt und ist nur von sekundärer Bedeutung. Die finnisch-sowjetischen Verhandlungen, die ohne Kuusinen und mit schwedischer Vermittlung stattfanden, begannen am 10. Januar (Ueberschär, *Hitler und Finnland*, S. 142–150), und die wichtigen Entscheidungen wurden in Moskau um die Jahreswende oder etwa um dieselbe Zeit getroffen. Die Sowjetunion hatte Deutschland bereits am 8. Januar signalisiert, daß sie die Regierung Kuusinen möglicherweise fallenlassen würde (*ADAP*, D, Bd. 8, Nr. 513, 521).

227 Vgl. Molotows Äußerungen vom 5. März 1940 in: *ADAP*, D, Bd. 8, Nr. 664.

228 Hitler war damals sehr verblüfft, daß die Sowjetunion nicht das ganze Land besetzte, sondern bereit war, ein Abkommen zu schließen, obwohl sie einen deutlichen Sieg errungen hatte. Siehe dazu die Äußerungen gegenüber seinem Luftwaffenadjutanten Nicolaus von Below: »Aufzeichnungen aus dem Winter 1948/1949. Zwischen Aufstieg und Absturz, Hitler und die Luftwaffe«, S. 142, IfZ, Irving-Exzerpte, S. 49.

229 Siehe Travis Beale Jacobs, *America and the Winter War, 1939–1940*, Garland, New York 1982. In diesem Zusammenhang ist besonders interessant, daß Roosevelt an Welles einen Brief schrieb, in dem er ihn bat, den sowjetischen Botschafter auf die Möglichkeit eines Abbruchs der Beziehungen hinzuweisen – ein wichtiger Punkt, da die Beziehungen unter Roosevelt aufgenommen worden waren (FDR an Welles, 22. Dezember 1939, *FDR Letters*, Bd. 2, S. 974).

230 Ueberschärs Erklärung, daß dies aus Rücksicht auf England geschehen sei (*Hitler und Finnland*, S. 157), überzeugt mich überhaupt nicht.

231 Das Rote Kreuz ging bereits am 14. März Gerüchten nach, daß polnische Gefangene aus den Lagern für Offiziere verlegt würden (*ADAP*, D, Bd. 8, Nr. 676).

232 Die beste gegenwärtig verfügbare Darstellung ist: Janusz K. Zawodny, *Death in the Forest. The Story of the Katyn Forest Massacre*, Univ. of Notre Dame Press, Notre Dame, Ind. 1962. Sie dürfte jedoch überholt sein, sobald in der Forschung neuere sowjetische Enthüllungen berücksichtigt worden sind. Eine erste neuere Darstellung von sowjetischer Seite findet sich in: Dmitri Volkogonov, *Stalin: Triumph and Tragedy*, übers. und hg. von Harold Shukman, Grove & Weidenfeld, New York 1991, S. 360. Die offizielle Stellungnahme der russischen Regierung ist abgedruckt in: *New York Times*, 15. Oktober 1992. Laut Zawodny (Kap. 8) wurden 448 Offiziere verschont und ab Sommer 1940 für eine neue prosowjetische polnische Armee ausgebildet; sie bildeten später den Kern der Berling-Armee. Das Massengrab in Katyn wurde 1943 von den Deutschen entdeckt, nur wenige Monate bevor die deutschen Truppen das Gebiet aufgrund der Sommeroffensive der Roten Armee räumen mußten; ein zweites Massengrab ist offenbar 1991 entdeckt worden. Die Offiziere in Katyn wurden mit deutschen Kugeln erschossen, die die Sowjetunion in den zwanziger und dreißiger Jahren erworben hatte; Elke Fröhlich, »Katyn im neuen Licht?«, in: *Geschichte in Wissenschaft und Unterricht* 37 (1986), S. 234f.

233 *ADAP*, D, Bd. 8, Nr. 657, Anm. 2.

234 Weinberg, *Foreign Policy 1937–39*, S. 371, 382.

235 Ebenda, S. 579ff.

236 Siehe »B Wi 9332/gKdos III, Besprechung bei Generalfeldmarschall Göring am 19.5. 1939«, 19. Mai 1939, BA-MA, RM 7/257, Bl. 3–5. Zu den Problemen des Sturzkampfbomberkonzepts, besonders was die relativ niedrige Reichweite und Geschwindigkeit betraf, die die Ju 88 aufgrund ihrer selten gebrauchten Fähigkeit zum Sturzflug aufwies, siehe Boog, *Luftwaffenführung*, S. 183–190.

237 Homze, *Arming the Luftwaffe*, S. 231; Chef des Stabes AHA, »Tagebuch V«, 6. und 7. September 1939, Imperial War Museum, MI 14/981; Reichert an Poensgen, 6. September 1939, BA, R 13/692.

238 Rolf-Dieter Müller, »Die deutschen Gaskriegsvorbereitungen 1919–1945«, in: *MGM* 27, Nr. 1 (1980), S. 40f.

239 Below, »Aufzeichnungen«, S. 128 (Irving-Exzerpte, S. 44).

240 *Kriegstagebuch des OKW*, 4 Bde., Bernard & Graefe, Frankfurt/M. 1961–1965, Bd. 1, S. 951; Hans-Adolf Jacobsen, Hg., *Generaloberst Halder, Kriegstagebuch*, 3 Bde., Kohlhammer, Stuttgart 1962–1964, 27. und 28. September 1939 (im folgenden zit. als *KTB Halder*).

241 Siehe dazu *DRuZW*, Bd. 2, S. 245f. Vgl. Jacobsen, *Vorgeschichte*, S. 29.

242 Siehe auch den detaillierten Brief des Finanzministers Schwerin von Krosigk vom 6. November 1939 an Göring, in dem Krosigk gegen eine Offensive im Westen Stellung nimmt (BA, R 2/24243).

243 *DRuZW*, Bd. 2, S. 241–244; Deutsch, *Conspiracy*.

244 Weinberg, *Foreign Policy 1937–39*, S. 384f.

245 Klaus-Jürgen Müller, *Das Heer und Hitler, 1933–1940*, Deutsche Verlags-Anstalt, Stuttgart 1969, S. 675f.

246 Ebenda, S. 459–467.

247 Siehe *KTB OKW*, Bd. 1, S. 951f.

248 Das Memorandum ist abgedruckt in: *Trial of the Major War Criminals before the International Military Tribunal*, 42 Bde., Nürnberg 1947–1949, Bd. 26, S. 466–486 (im folgenden *IMT* abgekürzt), und in: Jacobsen, *Vorgeschichte*, S. 4–21. Über die Konferenz vom 23. November gibt es eine ganze Serie von Berichten, siehe *ADAP*, D, Bd. 8, Nr. 384; *Tagebuch Grosscurth*, S. 414; Aufzeichnungen von Reichenau, BA-MA, N 372/22 und 372/29; Aufzeichnungen von Waldau, BA-MA, Tagebuch von Waldau. Eine gute Kurzdarstellung findet sich in: *DRuZW*, Bd. 2, S. 249. Hitlers Bemerkung, die deutsche Armee sei aufgebaut worden, um sie im Krieg einzusetzen, hat in der Vorkriegszeit viele Vorläufer; siehe von Rintelens »Vermerk«, wahrscheinlich vom April oder Mai 1959, BA-MA, N 433.

249 Ciano, *Diary*, 26. Dezember 1939 und 2. Januar 1940.

250 Auch die Vereinigten Staaten erhielten solche Warnungen, insbesondere im November (Moffat Diary, 10.-12. November 1939, Moffat Papers, Bd. 43). Sie waren der Anlaß, daß Roosevelt der belgischen und der niederländischen Königsfamilie am 11. November 1939 Asyl anbot (*FDR Letters*, Bd. 2, S. 953; vgl. ebenda, S. 971).

251 Hitler hielt es zu einem bestimmten Zeitpunkt für möglich, daß die Okkupation der Niederlande (wie später in Dänemark und Rumänien) friedlich verlaufen könnte, während er immer annahm, daß Belgien kämpfen würde (Jodl Diary, 1. Februar 1940, *IMT*, Bd. 28, S. 397 f.; Hans-Adolf Jacobsen, »War die deutsche Westoffensive 1940 eine Präventivmaßnahme?«, in: *Wehrwissenschaftliche Rundschau* 7 [1957], S. 288 f., Anm. 62). Die Verwendung niederländischer Uniformen durch deutsche Truppen war spätestens seit November 1939 ein fester Bestandteil der Pläne für den Einmarsch in Holland (siehe »Besprechung beim Führer am 20. November 1939, Abw.II Nr. 32/39 Chefs.« Imperial War Museum, AL 1933).

252 Während des Krieges legte Raeder gegenüber der deutschen Regierung großen Wert darauf, daß er auf den Angriff gegen Norwegen gedrängt hatte. Nach dem Krieg machte er dagegen die Briten für die Invasion verantwortlich. Das Problem wird behandelt von Patrick Salmon in: Richard Langhorne, Hg., *Diplomacy and Intelligence during the Second World War*, Cambridge Univ. Press, Cambridge 1985, S. 258 f. Siehe auch Loock, *Quisling, Rosenberg*, S. 207, Anm. 1, und S. 271, Anm. 1 und 5.

253 Carl-Axel Gemzell, *Raeder, Hitler und Skandinavien*, Gleerup, Lund 1965.

254 Untersuchung der Hintergründe in: *DRuZW*, Bd. 2, S. 190–196.

255 *ADAP*, D, Bd. 8, Nr. 188, KTB Skl A, Bd. 6, 5. Oktober 1939, BA-MA, RM 7/5, Bl. 52–54; Memorandum Dönitz, »Stützpunkte in Norwegen«, 9. Oktober 1939, *IMT*, Bd. 34, S. 159 ff.; Notiz Raeder vom 10. April 1944 zu Boehms Bericht, in dem sich Raeder auf einen Brief von Admiral Carls und auf eine Diskussion bezieht, die vor der Konferenz mit Hitler am 10. Oktober 1939 stattfand, BA-MA, Nachlaß Boehm. Man beachte, daß all diese Quellen einschließlich des Treffens zwischen Hitler und Raeder am 10. Oktober 1939 aus einer Zeit datieren, als man in Deutschland noch keine alliierte Aktion in Norwegen fürchtete.

256 Text in Wagner, *Lagevorträge*, S. 26 ff. Die Edition ist gut, was den Text und die Fachbegriffe betrifft, dagegen ist der Kommentar generell apologetisch und oft nicht verläßlich.

257 *DRuZW*, Bd. 2, S. 197 f.; Loock, *Quisling, Rosenberg*, S. 217–224, 230–234.

258 *DRuZW*, Bd. 2, S. 200; Rich, *Hitler's War Aims*, Bd. 2, S. 140. »Die beiden Länder geben wir nie wieder heraus«, sagte Hitler, als er am 8. April 1940 mit Goebbels über Dänemark und Norwegen sprach (Fröhlich, *Goebbels' Tagebücher*, Bd. 4, S. 102).

259 Diversen neueren Versuchen, Quisling zu rehabilitieren, wird wohl kein Erfolg beschieden sein. Eine gute Darstellung findet sich in: Oddvar K. Hoidal, *Quisling: A Study in Treason*, Norwegian Univ. Press, Oslo 1989, Kap. 9–10. Loocks Buch ist nach wie vor sehr nützlich. Als der Termin der deutschen Landung näherrückte, wollte Quisling sich mit einem deutschen Offizier in Kopenhagen treffen, um ihm detaillierte Informationen über die norwegische Armee zu geben und ihm zu sagen, welche Punkte besetzt werden sollten (Memorandum Bürkner, 29. März 1940, BA-MA, RM 6/72, Bl. 57 f.). Er traf sich am 4. April mit Oberstleutnant Hans Pieckenbrock von der deutschen Abwehr (Hermann Boehm, *Norwegen zwischen England und Deutschland*, Klosterberg, Lippoldsberg 1956, S. 63, behauptet, das Treffen habe auf Betreiben der Deutschen stattgefunden).

260 Earl F. Ziemke, *The German Northern Theater of Operations 1940–1945*, GPO, Washington 1959, S. 46.

261 Zur Nutzung des von der Sowjetunion zur Verfügung gestellten Marinestützpunkts bei Murmansk durch die *Jan Wellem* siehe die Dokumente BA-MA, CASE 20/3, PG 48 804; KTB Skl A, Bd. 8, 2., 5., 9. und 13. April 1940, RM 7/11, Bl. 17, 37 f., 73 ff., 123; RM 7/111, Bl. 117, 123; Walther Hubatsch, *Die deutsche Besetzung von Dänemark und Norwegen 1940*, Musterschmidt, Göttingen 1952, S. 111 (das Buch ist nur brauchbar für operative Details der Invasion).

262 Diese Lügen mußten später aufrechterhalten werden. So warnte Staatssekretär von Weizsäcker vor der Veröffentlichung eines Artikels über die Militäroperationen, da sie die falsche Behauptung, die Invasion habe nur in Reaktion auf die Verminung norwegischer Gewässer durch Großbritannien stattgefunden, widerlegt hätte (von Weizsäcker an Schumburg, 9. Januar 1941, AA, St. S., »Aufzeichnungen über interne Angelegenheiten«, Bd. 2, JPD 1333). Siehe auch Loock, *Quisling, Rosenberg*, S. 259 f. Als deutlich wurde, daß die Briten die norwegischen Ge-

wässer *nicht* verminen würden, hatte Raeder sein Drängen auf die Invasion sogar noch verstärkt (ebenda, S. 256f.).

263 KTB Skl, »Notiz für das Kriegstagebuch 1. 4. 40 über den Vortrag der Befehlshaber, Führer und Kommandeure über das Unternehmen ›Weserübung‹«, BA-MA, M 1689, PG 33955; vgl. KTB Skl A, Bd. 7, 5. März 1940, RM 7/10, Bl. 114.

264 Text in *ADAP*, D, Bd. 8, Nr. 644.

265 Churchill an Halifax, 14. März 1940, PRO, FO 800/328, Bl. 424 ff.; Halifax antwortete, daß die Region für eine britische Machtdemonstration ungeeignet sei (ebenda, Bl. 428f.).

266 Henry Denham, *Inside the Nazi Ring. A Naval Attaché in Sweden 1940–1945,* John Murray, London 1984, S. 4; zum Versagen des britischen Geheimdiensts siehe Kahn, *Seizing Enigma,* S. 121.

267 Ziemke, *Northern Theatre,* S. 39, 60.

268 Ebenda, Karte S. 50.

269 Ebenda, S. 51 f.; siehe auch Loock, S. 281 ff., 287–330.

270 Die hier vertretenen Ansichten werden im allgemeinen von Ziemke, Salewski und Bernd Stegemann, dem Verfasser des entsprechenden Teils der Darstellung des MGFA *(DRuZW),* geteilt.

271 Hans-Adolf Jacobsen und Jürgen Rohwer, »Planungen und Operationen der deutschen Kriegsmarine im Zusammenhang mit dem Fall ›Gelb‹«, in: *Marine-Rundschau* 57, Nr. 2 (1960), S. 75; vgl. *DRuZW,* Bd. 2, S. 221–225. Ein Dokument vom 30. April 1940, das dem Protokoll der Sitzung des britischen Kabinetts beigelegt ist, beweist, daß sich das Kabinett der Schwächung der deutschen Seemacht durch die norwegische Operation voll bewußt war (PRO, CAB 65/6, Bl. 302).

272 *The Times,* 5. April 1940.

273 Einige Details, die jedoch generell unterbewertet werden, damit Schweden in einem möglichst positiven Licht erscheinen, finden sich in: Lutzhöft, *Deutsche Militärpolitik,* S. 81 f.; Wittmann, *Schwedens Wirtschaftsbeziehungen,* S. 182–185, 187–195.

274 Vgl. Goebbels' Tagebuch vom 21. April 1940, wo von Norwegen als einem »Über-Singapur« gegen England die Rede ist (Fröhlich, *Goebbels' Tagebücher,* Bd. 4, 121 ff.; außerdem 9. Juli 1940, Bd. 4, S. 234).

275 Zu Grönland, Island und den Färöer-Inseln siehe *FRUS,* 1940, Bd. 2, S. 343 ff.; *ADAP,* D, Bd. 9, Nr. 235; Donald F. Bittner, *The Lion and the White Falcon. Britain and Iceland in the World War II Era,* Archon, Hamden, Conn. 1983; Stetson Conn und Byron Fairchild, *The Framework of Hemisphere Defense,* GPO, Washington 1960, S. 45–56.

3
Eine verkehrte Welt

1 Jacobsen, *Vorgeschichte.*

2 Vgl. hierzu das Memorandum vom 21. Oktober 1940 über ein Gespräch mit dem früheren niederländischen Legationsrat in Berlin, in: NA, RG 165 (War Dept. G-2), Entry 77, Box 1428, File 6910 - Holland and Belgium; Moffat Diary, 7. Mai 1940, Moffat Papers, Bd. 44.

3 Chamberlain an Churchill, 16. September 1939, zit. in Dilks, »Twilight War«, S. 67.

4 Gunsburg behauptet in *Divided and Conquered,* daß die Franzosen aus dem polnischen Feldzug gelernt hätten. Vgl. hierzu jedoch Patrick Facon und Arnaud Teyssier, »Les leçons de la campagne de Pologne vues par l'état-major aérien français«, in: *Revue historique des armées* 161 (1985), S. 103–108. Die beste Darstellung der französischen Strategie und ihrer Fehler findet sich in Don W. Alexander, »Repercussions of the Breda Variant«, in: *French Historical Studies* 8, Nr. 3 (1974), S. 459–488. Zu den französischen Luftstreitkräften vgl. A. D. Harvey, »The French Armée de l'Air in May-June 1940: A Failure in Conception«, in: *JCH* 25 (1990), S. 447–465.

5 Die Entwicklung dieser Pläne wird von Gunsburg (Kapitel 6 und 7) und Alexander (»Breda Variant«) dargestellt. Zu den Kontakten zwischen den britischen und belgischen sowie den französischen und belgischen Stäben siehe C 46, 1585/460/4, PRO, FO 371/30787.

6 Vgl. hierzu War Cabinet 47(39) vom 14. Oktober 1939, PRO, CAB 65/3, Bl. 123–127, War Cabinet 119(40) vom 10. Mai 1940, CAB 65/7, Bl. 58. Zu den deutschen Flugzeugverlusten während des Einsatzes gegen die Niederländer vgl. Kreis, *AirBase Defense,* S. 66–69. Zum deutschen Bombenterror vgl. das Material in Olaf Groehlers Beitrag in Horst Boog, Hg., *The Conduct of the Air War in the Second World War. An International Comparison,* Berg, New York 1992, S. 282f.

7 Anton Hoch, »Der Luftangriff auf Freiburg am 10. Mai 1940«, in: *VfZ* 4 (1956), S. 115–144. Die Lügen der deutschen Regierung über diesen Luftangriff waren Hauptgegenstand einer Publikation von 1943, die den Nachweis einer »Alleinschuld Englands am Bombenkrieg gegen die Zivilbevölkerung« erbringen sollte. Siehe Auswärtiges Amt, *Weißbuch Nr. 8: Dokumente über die Alleinschuld Englands am Bombenkrieg gegen die Zivilbevölkerung*, Deutscher Verlag, Berlin 1943.

8 Eine nützliche, wenn auch nicht immer zuverlässige Einführung findet sich in den von Hermann Götzel herausgegebenen Erinnerungen des wichtigsten Oberbefehlshabers der Fallschirmjäger: *Generaloberst Kurt Student und seine Fallschirmjäger*, Podzun-Pallas, Friedberg 1980. Zur Bibliothek von Löwen siehe Wolfgang Schivelbuch, *Die Bibliothek von Löwen. Eine Episode aus der Zeit der Weltkriege*, Hanser, München 1988.

9 Vgl. War Cabinet 121(40) vom 14. Mai 1940, PRO, CAB 65/7.

10 Wie im Falle Warschaus bestanden die Deutschen auf bedingungsloser Kapitulation. Vgl. *KTB Halder*, Bd. 1, S. 322; KTB Skl A, Bd. 9, 27. Mai 1940, BA-MA, RM 7/12. Zum Abfangen des Berichts des japanischen Botschafters in Paris durch die Amerikaner vgl. Paris an Washington für Tokio Nr. 434 vom 28. Mai 1940, NA, RG 457, SRDJ 4519. Eine gut durchdachte Darstellung findet sich in Jan Vanwelkenhuyzen, *1940, Quand les chemins se séparent. Aux sources de la question royale*, Duculot, Paris 1988.

11 Der britische Gesandte in Paris, Sir Ronald Campbell, bemerkte in seinem Brief vom 27. Mai an Lord Halifax: »Die Fäulnis begann offensichtlich an der Spitze.« (PRO, FO 800/312, Bl. 72.)

12 Eine ausgewogene Darstellung findet sich in Brian Bond, »Leslie Hore-Belisha at the War Office«, in: Ian F. W. Beckett und John Gooch, Hg., *Politicians and Defense. Studies in the Formulation of British Defense Policy 1846–1970*, Manchester Univ. Press, Manchester 1981, S. 110–131. In dem Beitrag fehlt allerdings der Hinweis, daß Hore-Belisha in der britischen Armee als der einzigen der am Zweiten Weltkrieg beteiligten europäischen Armeen den Einsatz von Pferden als Transportmittel abschaffte. Vgl. auch A. J. Trythall, »The Downfall of Leslie Hore-Belisha«, in: *JCH* 16 (1981), S. 391–412.

13 Phipps an Halifax, 23. März 1940, PRO, FO 800/312, Bl. 21–23.

14 Zur Entlassung von Alexis Leger durch Reynaud unter ihrem Einfluß vgl. Erika Ostroyski, *Under the Sign of Ambiguity. Saint John Perse/Alexis Leger*, New York Univ. Press, New York, S. 144–146. Leger war eine Schlüsselfigur im französischen Außenministerium. Vgl. auch Marc Ferro, *Pétain*, Fayard, Paris 1987, S. 63f.

15 Siehe Martin Gilbert, *Winston S. Churchill*, Bd. 6: *Finest Hour 1939–1941*, Houghton Mifflin, Boston 1983, S. 385.

16 War Cabinet 121(40) vom 14. Mai 1940, PRO, CAB 65/7.

17 Gilbert, *Churchill*, Kap. 21.

18 Hans Meier-Welcker, »Der Entschluß zum Anhalten der deutschen Panzertruppen in Flandern 1940«, in: *VfZ* 2 (1954), S. 274–290. Hitlers Luftwaffenadjutant betonte, wie wichtig es sei, die Franzosen von der Stabilisierung einer neuen Front abzuhalten (Below, »Aufzeichnungen«, S. 152 [Irving-Exzerpte, S. 52]). Vgl. auch Hans-Adolf Jacobsen, *Dünkirchen*, Scharnhorst, Neckargemünd 1958.

19 Der Befehl, die französischen und britischen Streitkräfte in Flandern zu vernichten, wurde auch am 24. Mai erteilt (*ADAP*, D, Bd. 9, Nr. 427).

20 Hierfür sehr nützlich ist das »Tagebuch Gen. von Waldau, Chef Luftwaffenführungsstab«, S. 14, im IfZ München.

21 *ADAP*, D, Bd. 9, Nr. 357.

22 Siehe Williamson Murray, *Luftwaffe*, Nautical and Aviation Publ. Co., Baltimore 1985, S. 42.

23 David Fraser, *Alanbrooke*, Atheneum, New York 1982, S. 160–165; P. M. H. Bell, *A Certain Eventuality. Britain and the Fall of France*, Saxon House, Farnborough 1974, S. 21–29. Dokumente zu einer möglichen Verteidigung eines Teils der Bretagne finden sich in PRO, WO 106/1713.

24 Der deutsche Bericht findet sich in *ADAP*, D, Bd. 9, Nr. 1, der italienische Bericht in Ciano, *Diplomatic Papers*, S. 361–365. Vgl. auch Ciano, *Diary*, 8. Februar 1940; *KTB Halder*, 12. Februar 1940.

25 Vgl. seine Bemerkungen gegenüber Goebbels in dessen Tagebucheintrag vom 20. März.

26 Weinberg, *Germany and the Soviet Union*, S. 91–95 (damit zusammenhängende Dokumen-

te wurden inzwischen veröffentlicht in *ADAP*, D, Bd. 8 und 9).

27 Vgl. *ADAP*, D, Bd. 9, Nr. 40, 92, 138, 164.

28 Mackensen an das Außenministerium, 30. April 1940, AA, Botschaft Rom (Quir.) Geheim 43/2, MF E 086906–8.

29 Außer den zahlreichen Dokumenten über diese Anträge, die in den verschiedenen Dokumentensammlungen veröffentlicht wurden, vgl. auch Loraine an Halifax, 7. Juni 1940, C 7179/5/18, PRO, FO 371/24383. Nachdem die Deutschen 1943 die italienischen Archive beschlagnahmt hatten, suchten sie sorgfältig nach Anzeichen der Untreue bei Mussolini, fanden jedoch keine Hinweise. Vgl. Henckes Bericht für von Ribbentrop, »Pol XI 9677g«, 20. November 1943, AA, St. S., »Italien«, Bd. 18, MF 71169–73.

30 MacGregor Knox, »The Sources of Italy's Defeat in 1940. Bluff or Institutional Incompetence«, in: Carole Fink und andere, Hg., *German Nationalism and the European Response, 1890–1945*, Univ. of Oklahoma Press, Norman, Okl. 1985, S. 247–266.

31 Siehe den Bericht der japanischen Botschaft in Rom Nr. 455 an Tokio vom 29. Mai 1940 über die Rede Mussolinis am 15. Mai, NA, RG 457, SRDJ 4565; *ADAP*, D, Bd. 9, Nr. 350, 356f., 360, 371, 387, 408. Interessant sind auch die Bemerkungen des Repräsentanten der deutschen Marine bei der italienischen Marine, Admiral Weichold, in: BA-MA, N 316/1, Bl. 5, 20, 28f., 39f. Er weist darauf hin, daß die Italiener damit gerechnet hatten, in Libyen gegen die Franzosen und nicht gegen die Engländer kämpfen zu müssen. Er bemerkte, daß Prestigeangriffe durch italienische Flugzeuge, die nach Belgien geschickt wurden, um von dort gegen England zu fliegen, keine Auswirkungen auf die Situation am Mittelmeer hätten. Vgl. auch Weicholds Kommentare in seinem Brief vom 23. Dezember 1953 an Bürkner in Bürkners Papieren, N 565/11.

32 Roosevelts Rede vom 10. Juni 1940 findet sich in Samuel I. Rosenman, Hg., *The Public Papers and Addresses of Franklin D. Roosevelt*, Macmillan, New York 1941, Bd. 3, S. 259–264. Zur Weigerung von König Victor Emanuel III, die Kriegserklärung zu verhindern, vgl. Denis Mack Smith, *Italy and its Monarchy*, Yale Univ. Press, New Haven, Conn. 1989, S. 287–292.

33 *ADAP*, D, Bd. 9, Nr. 129.

34 Vgl. AA, Deutsche Botschaft Madrid, »Seekrieg und seine Auswirkungen auf Spanien«, 2 Bde.; *ADAP*, D, Bd. 9, Nr. 169, 330; Reichsfinanzministerium, »Sparpeseten in Spanien«, BA, R 2/24–26.

35 Léon Papeloux, *L'Admiral Canaris entre Franco et Hitler*, Castermann, Tornai 1977, S. 82–84; *ADAP*, D, Bd. 9, Nr. 380.

36 Detwiler, *Hitler, Franco*, S. 18f.

37 Diese Versprechungen wurden dem spanischen Luftfahrtminister General Juan Vigón Suerodíaz während eines Aufenthalts in Deutschland gegeben; siehe hierzu die Zusammenfassung in: ebenda, S. 22–25. Die Ansicht, daß es Franco mit dem Wunsch absolut ernst meinte, an der Seite Deutschlands in den Krieg einzutreten, wenn seine Bedingungen erfüllt würden, wird auch geteilt von Denis Smyth, *Diplomacy and Strategy for Survival. British Policy and Franco's Spain, 1940–1941*, Cambridge Univ. Press, Cambridge 1986, S. 31–36. Diese Auffassung wird durch neue Belege unterstützt, siehe Norman Goda, »Germany and Northwest Africa in the Second World War. Politics and Strategy of Global Hegemony«, Dissertation, Universität von North Carolina, Chapel Hill 1991.

38 Damals, also im Juni und Juli 1940, befanden sich sämtliche Verteidigungsanlagen Gibraltars (wie auch im Falle Singapurs) auf der Meeresseite; es gab keine zum Inland gelegenen modernen Verteidigungsanlagen. Die Festung wäre innerhalb weniger Tage gefallen. Siehe Imperial War Museum, Mason Macfarlane Papers, MM 30.

39 Siehe Hoares Briefe an Halifax vom 3., 7. und 11. Juni 1940, PRO, FO 800/323, Bl. 89f., 95–97, 101–104.

40 *ADAP*, D, Bd. 9, Nr. 32, 70, 75, 85, 109, 175, 229, 238, 300, 332. Siehe auch *DRuZW*, Bd. 4, S. 110f.; Reichswirtschaftsministerium, »Niederschrift über die Sitzung des Interministeriellen Ausschusses für die deutsch-sowjetischen Wirtschaftsbeziehungen vom 7. Juni 1940«, BA, R 2/17315. Die sowjetische Regierung war gewillt, mit den Deutschen bei einigen abenteuerlichen Vorhaben in Afghanistan zu kooperieren (*ADAP*, D, Bd. 8, Nr. 369, 445, 449, 468, 470), war jedoch noch nicht bereit zu einem Besuch Stalins oder Molotows in Berlin (ebenda, Bd. 9, Nr. 20, 28).

41 Ueberschär, *Hitler und Finnland*, S. 155–

159; KTB Skl A, Bd. 10, 10. Juni 1940, BA-MA, RM 7/13, Bl. 104.

42 *ADAP*, D, Bd. 9, Nr. 73, 94.

43 Ebenda, Nr. 226.

44 Siehe die Zusammenfassung vom 22. Juni 1940 eines Telegramms vom 14. Juni 1940, das vom Volkskommissariat für Auswärtige Angelegenheiten an die sowjetischen Botschafter in Japan und China gerichtet wurde. Die Zusammenfassung stammte vom japanischen Generalkonsulat in Harbin, das dort Zugang zu dem Dokument bekommen hatte; vgl. hierzu Morley, *Fateful Choice*, S. 310f., Anm. 65.

45 Mario Toscano, *Designs in Diplomacy*, John Hopkins Press, Baltimore 1970, S. 124ff.; *ADAP*, D, Bd. 9, Nr. 286, 303, 308, 332, 353, 382, 388, 392, 454.

46 Marguerat, *Pétrole Roumain*, Kap. 5.

47 Siehe Hillgruber, *Hitler, König Carol*, S. 63–69.

48 Vgl. den Bericht vom 14. Dezember 1939, PRO, FO 800/322, Bl. 134; Halifax an Reginald Hoare, 19. Januar 1940, ebenda, Bl. 135–144.

49 *ADAP*, D, Bd. 8, Nr. 514; *KTB Halder*, 3. Juli 1940.

50 Hillgruber, *Hitler, König Carol*, S. 70ff. Bericht Fabricius G 164 vom 14. September 1940 mit beiliegender Kopie des Berichts des rumänischen Botschafters in Moskau an den rumänischen Außenminister vom 9. September 1940, AA, U. St. S., »Südosten«, Bd. 3, MF 177 007–14. Die Deutschen in Bessarabien und in der Bukowina wurden ebenfalls evakuiert.

51 Hoppe, *Bulgarien*, Kap. 9. Zu den zeitgenössischen Problemen in den deutsch-bulgarischen Wirtschaftsbeziehungen siehe »RK 2904B«, 9. Februar 1940, BA, R 43 II/1428b, Bl. 20–22.

52 Hoppe, Kap. 4, 10, 11 ist hilfreich, überbewertet aber die Vorsicht Bulgariens.

53 *ADAP*, D, Bd. 9, Nr. 478. Allzu oft wird übersehen, daß sich Deutschland im Herbst 1940 noch an frühere Ansichten Hitlers über die vorherrschende Rolle Italiens südlich von Österreich hielt. Diese Position änderte sich erst nach der Katastrophe, die die Italiener in Griechenland erlebten. Zu dem Verständnis, das der japanische Botschafter in Berlin zu diesem Aspekt hatte, und zu den Veränderungen nach den italienischen Niederlagen in Griechenland und Afrika siehe Kurusus Telegramm 119 vom 14. Februar 1941, NA, RG 457, SRDJ 98 201.

54 Die Ansichten Molotows, die wahrscheinlich Stalins Vorstellungen reflektierten, werden in den Berichten des italienischen Botschafters Augusto Rosso besonders klar wiedergegeben, übersetzt in Toscano, *Designs in Diplomacy*, S. 151–162. Siehe auch *ADAP*, D, Bd. 10, Nr. 21, 130, 165, 286.

55 Die Deutschen hatten zuerst versucht, die sowjetisch-türkischen Beziehungen zu verschlechtern, indem sie Dokumente veröffentlichten, die in Frankreich beschlagnahmt worden waren. Die Dokumente belegten, daß die Türken von den vorläufigen Planungen eines Angriffs der Alliierten auf sowjetische Ölfelder wußten. Deutschland hatte ferner versucht, den türkischen Außenminister zu kompromittieren. Sie hatten insofern Erfolg, als die Türken sich an ihren Vertrag mit den Alliierten nicht mehr gebunden fühlten und statt dessen ein Wirtschaftsabkommen unterzeichneten, aber weiter kamen sie damals mit Ankara nicht. Siehe hierzu Krecker, *Deutschland und die Türkei*, S. 85–95; Frank G. Weber, *The Evasive Neutral. Germany, Britain and the Quest for a Turkish Alliance in the Second World War*, Univ. of Missouri Press, Columbia, Miss. 1979, S. 50–61; Selim Deringil, *Turkish Foreign Policy during the Second World War*, Cambridge Univ. Press, Cambridge 1989, S. 95; Günter Kahle, »Die Publikation des deutschen Weißbuches Nr. 6: Zur Reaktion in London, Moskau, Ankara und Teheran«, in: *Vom Staat des ancien régime zum modernen Parteienstaat. Festschrift für Theodor Schieder zu seinem 70. Geburtstag*, Oldenbourg, München 1978, S. 451–466.

56 Ueberschär, *Hitler und Finnland*, S. 188–191.

57 Ebenda, S. 188, 197–199; Krosby, *Petsamo Dispute*, Kap. 2.

58 Ueberschär, *Hitler und Finnland*, S. 191f.

59 Eine hilfreiche Zusammenfassung findet sich in Bell, *Britain and the Fall of France*, S. 55–58.

60 Vgl. Hastings, *Bomber Command*, S. 101f., und *ADAP*, D, Bd. 9, Nr. 421.

61 Die Deutschen waren über die Situation in der französischen Regierung völlig zutreffend informiert; relevante Dokumente hierzu in *ADAP*, D, Bd. 9.

62 Sehr hilfreich zum Vichy-Regime sind Ferro, *Pétain*; Eberhard Jäckel, *Frankreich in Hitlers Europa*, Deutsche Verlags-Anstalt, Stuttgart

1966; Robert O. Paxton, *Vichy France,* Columbia Univ. Press, New York 1972, 1982.

63 Siehe Bédarida, *Stratégie Secrète,* S. 42–49; Léon Noël, »Le projet d'union franco-britannique de juin 1940«, in: *Revue d'histoire de la deuxième guerre mondiale,* Nr. 21 (Januar 1956) S. 22–37; Gilbert, Bd. 6, S. 558–561; C 5162, 5614, 5818, 6307/9/17, PRO, FO 371/24 299, C 6566, 6942/9/17, FO 371/24 300.

64 Siehe War Cabinet 169(40) vom 16. Juni 1940, PRO, CAB 65/7; Noël, S. 52.

65 *DRuZW,* Bd. 2, S. 28.

66 Siehe Boelcke, *Kriegspropaganda,* S. 399.

67 Siehe vor allem *ADAP,* D, Bd. 9, Nr. 479, in dem der britische Bedarf an Zerstörern betont wird.

68 Ebenda, Nr. 525.

69 Zum Waffenstillstand vgl. Jäckel, *Frankreich,* Kap. 1; Hermann Böhme, *Der deutschfranzösische Waffenstillstand im Zweiten Weltkrieg,* Deutsche Verlags-Anstalt, Stuttgart 1966; Marineattaché Rom, »Tätigkeitsbericht Nr. 26 der Italienischen Waffenstillstandskommission«, 17. Februar 1942, BA-MA, CASE 580, PG 33 654.

70 F.-A. Babtiste, »Le régime de Vichy à la Martinique (juin 1940 à juin 1943)«, in: *Revue d'histoire de la deuxième guerre mondiale,* Nr. 111 (Juli 1978), S. 1–14; Pierre Pluchon, *Histoire des Antilles et de la Guyane,* Edouard Privat, Toulouse 1982, S. 431–433. Vichy erteilte Admiral Robert den Befehl, gegen die Briten, Amerikaner oder Truppen des Freien Frankreich zu kämpfen, wenn sie eine Invasion versuchten, die dortigen Schiffe nach Westafrika zu senden oder sie zu versenken, die amerikanischen Flugzeuge auf dem Flugzeugträger *Béarn* zu zerstören und auch das Gold herüberzuschicken. Vgl. hierzu den aufgefangenen Vichy-Befehl vom 25. Oktober 1940 in OKM, Skl, 3. Abt. »B-Bericht 43/40«, 1. November 1940, Anlage 10, NA, RG 457, SRS 548/5.

71 Eleanor M. Gates, *End of the Affair. The Collapse of the Anglo-French Alliance, 1939–1940,* Univ. of California Press, Berkeley 1981, S. 567, Anm. 5; Thomas J. Knight, »Belgium Leaves the War, 1940«, in: *JMH,* 41 (1969), S. 62 f.; Boelcke, *Kriegspropaganda,* S. 405 f.; *ADAP,* D, Bd. 10, Nr. 222, Anm. 5; Koecher (Bern) Nr. 516 vom 24. Juni 1940 und von Weizsäckers Notiz darüber vom 25. Juni 1940,

AA, U. St. S., »Krieg Westen«, Bd. 2; Erinnerungen von General von Falkenhausen für den Zeitraum Juni-Juli 1940, BA-MA, N 246/46, Bl. 188; KTB Skl A, Bd. 11, 3. Juli 1940, BA-MA, RM 7/14, Bl. 145. Zur Kenntnis der Briten über geheime belgische Annäherungsversuche siehe War Cabinet 171(40) vom 18. Juni 1940, PRO, CAB 65/7.

72 *ADAP,* D, Bd. 10, Nr. 138; andere relevante Dokumente finden sich in AA, Gesandtschaft Lissabon, »Deutsch-polnischer Krieg«, Bd. 5.

73 Einige Details finden sich in Broszat, *Polenpolitik,* S. 17 f.; Boelcke, *Kriegspropaganda,* S. 283 f.; Fröhlich, *Goebbels' Tagebücher,* 9., 13., 21., 23. Februar 1940; *Tagebuch Frank,* S. 170, 450 f.; Weizsäcker an Major von Harbou, 25. Januar 1940, AA, St. S., »Schriftwechsel von A-K«, Bd. 4, Bl. 470584–92.

74 Relevante Dokumente finden sich in AA, Gesandtschaft Lissabon, »Deutsch-polnischer Krieg«, Bde. 5 und 7. Vgl. auch Sarah M. Terry, *Poland's Place in Europe. General Sikorski and the Origin of the Oder-Neisse Line, 1939–1943,* Princeton Univ. Press, Princeton, N. J. 1983, S. 50, Anm. 9; R 7493/3700/22, PRO, FO 371/38 240.

75 Es ist bemerkenswert, wie weit die Verschwiegenheit über den Herzog von Windsor auch heute noch geht; in Bell, *Britain and the Fall of France,* findet sich keine Bemerkung über ihn. Zu den britischen Bemühungen, deutsche Dokumente mit Bezug auf den Herzog zu unterdrükken, vgl. Paul R. Sweet, »Der Versuch amtlicher Einflußnahme auf die Edition der ›Documents on German Foreign Policy, 1933–1941‹. Ein Fall aus den fünfziger Jahren«, in: *VfZ* 39 (1991), S. 265–303.

76 Der Text von WP(40) Nr. 168 (COS[40] Nr. 130) findet sich in PRO, CAB 65/7. Vgl. auch das Buch von Bell, dessen Titel von diesem Dokument hergeleitet wurde, vor allem Kap. 3; Gilbert, *Churchill,* Bd. 6, S. 357.

77 Eine Tabelle der täglichen Landungen in England ist abgedruckt in Winston S. Churchill, *The Second World War,* 6 Bde., Houghton Mifflin, Boston 1948–1953, Bd. 2, S. 102. Schlüsseldokumente sind der Confidential Annex of WM(40) 139th Conclusion, 28. Mai 1940, Minute 1, in PRO, CAB 65/13; WM(40) 140th Conclusions, 26. Mai 1940, ebenda, Cabinet Paper WP (40) 170 vom 26. Mai 1940, R 6309/58/22,

FO 371/24946; Tagebuch Chamberlains, 26. Mai 1940, zit. in Dilks, S. 82; WM(40) 142 War Cabinet Conclusion Confidential Annex, 27. Mai 1940, CAB 65/13, und 145th Conclusion Confidential Annex, 28. Mai 1940 in ebenda; Halifax an Sergent, 12. Oktober 1942, R 7017/3700/22, FO 371/33 240. Siehe auch Lord Halifax, *Fulness of Days,* Dodd, Mead, New York 1957, S. 226 f.; Hill, *Cabinet Decisions,* Kap. 6. Eine recht verwirrende Besprechung der Kabinettssitzungen findet sich in Jonathan Knight, »Churchill and the Approach to Mussolini and Hitler in May 1940: A Note«, in: *British Journal of International Studies* 3 (1977), S. 92–96. Gilbert, *Churchill,* Bd. 6, S. 418–421, zeigt weitere Details auf, ist jedoch meines Erachtens nicht ganz zuverlässig. Bell, *Britain and the Fall of France,* S. 38–48, faßt die Diskussion zusammen und bringt dies richtig mit der vorgeschlagenen Annäherung an Mussolini in Verbindung. Er widerspricht jedoch auf S. 50 seiner eigenen Folgerung von S. 48. In Kap. 6 faßt Bell die öffentliche Unterstützung für die angewandte Politik zusammen. Siehe auch Kettenacker, *Krieg zur Friedenssicherung,* S. 68–77.

78 Siehe die Akten C 7074/5/18, PRO, FO 371/24383, und C 6828/5/18, FO 371/243 82 zum Zeitabschnitt 16. Mai bis 26. Juni 1940 und Hankeys Notiz vom 18. Juni 1940 über die Aktivitäten seit 27. Mai in FO 800/312. Vgl. auch Bell, S. 48–52.

79 Siehe auch War Cabinet 6(39) vom 6. September 1939, PRO, CAB 61/1, Bl. 40.

80 Ein umfassender Bericht findet sich in Alfred Draper, *Operation Fish. The Race to Save Europe's Wealth 1939–1945,* Cassell, London 1979. Draper war in der Lage, die Materialsammlung von Leland Stowe zu benutzen. Stowes Artikel »The Secret Voyage of Britain's Treasure«, in: *Reader's Digest* 34 (November 1955), S. 17–26, bot einen ersten Bericht über diese Episode. In Drapers Buch wird auch die Evakuierung des jugoslawischen, norwegischen und holländischen Goldes behandelt. Durch die Kooperation des amerikanischen Finanzministers Henry Morgenthau wurde das päpstliche Gold Ende Mai 1940 in die Vereinigten Staaten geschafft (Chadwick, *Britain and the Vatican,* S. 117 f.).

81 Siehe Dilks, »Twilight War«, S. 82–84; Gilbert, *Churchill,* Bd. 6, S. 332, 425 f., 474; Halifax an Samuel Hoare, 11. Juni 1940, PRO, FO 800/323, Bl. 98–100. Im Dezember 1940 lehnte Lloyd George auch das Angebot ab, Botschafter in Washington zu werden (Gilbert, Bd. 6, S. 442 f., 946, 953). Für eine sympathisierende Darstellung der Gedanken Lloyd Georges im Jahre 1940 siehe Paul Addison, »Lloyd George and a Compromise Peace in the Second World War«, in: A. J. P. Taylor, Hg., *Lloyd George – Twelve Essays,* Atheneum, New York 1971, S. 361–384.

82 Siehe beispielsweise *ADAP,* D, Bd. 8, Nr. 580, 621, 648. Beispiele für die Art von Informationen, zu denen der Herzog infolge seiner Inspektionsreisen und seiner Teilnahme an Konferenzen mit französischen Militärführern in der Periode Oktober 1939 bis Februar 1940 Zugang hatte, finden sich in PRO, WO/106.

83 Siehe Samuel Hoare an Halifax, 26. Juni 1940, PRO, FO 800/323, Bl. 115–118. Schon am 19. Juni war im Kabinett die Möglichkeit erwähnt worden, den Herzog – der sich damals noch in Frankreich aufhielt – herauszuholen; siehe WM(40) War Cabinet 172(40), CAB 65/7. Viele der relevanten Dokumente in den Papieren von Lord Halifax (FO 800/326, Bl. 185–215) werden erst im Jahre 2016, also nach 75 Jahren, freigegeben!

84 *ADAP,* D, Bd. 10, Nr. 9.

85 Siehe Franklin Mott Gunthers (US-Gesandter in Rumänien) gegenüber Sumner Welles, 26. Juni 1940, FDRL, PSF Box 90, State, Juni – Dezember 1940. Vgl. auch Boelcke, *Kriegspropaganda,* S. 242; Fröhlich, *Goebbels' Tagebücher,* 17. Juli 1940, Bd. 4, S. 242.

86 Siehe Weinberg, *Foreign Policy 1933–36,* S. 281. Hitler hatte 1936 eine Unterredung mit Lloyd George; beide hatten aufeinander einen günstigen Eindruck gemacht. Vgl. Hitlers Bemerkungen gegenüber Mussolini am 2. Juni 1941 in *ADAP,* D, Bd. 12, Nr. 584, S. 786.

87 Dieser Teil des Sturms im Wasserglas der Windsors läßt sich am besten in folgenden Dokumenten nachlesen: A 3532, 3580, 4271/434/45, PRO, FO 371/24 249, Bl. 146–248. Churchill brachte den Herzog am 4. Juli dazu, die Ernennung anzunehmen, und informierte Roosevelt am 9. Juli. Wie die anderen Dokumente zeigen auch diese den Herzog in recht schäbigem Licht; er sorgte sich vor allem um seine Orden, seinen Diener usw. usw. – um alles, nur nicht um sein Land, das sich in einer verzweifelten Lage befand.

88 Gilbert, *Churchill*, Bd. 6, S. 613 f., 698– 709, 984.

89 Der Bericht in Peter Allan, *The Crown and the Swastika: Hitler, Hess and the Duke of Windsor*, Hale, London 1983, Kap. 11–13, ist zwar hilfreich, enthält aber einige zweifelhafte Details und Behauptungen. Die Dokumente in *ADAP*, D, Bd. 10, ergänzen das Kap. 11 von Walter Schellenberg, *Hitler's Secret Service*, Pyramid Books, New York 1958. Siehe auch Stohrer (Madrid) Tel. vom 28. Juli 1940 mit der Anmerkung »Führer vorgelegt«, in BA, NS 10/18, Bl. 89; John Costello, *Ten Days to Destiny*, William Morrow, New York 1991, Kap. 14.

90 Dies wird besonders deutlich bei der Lektüre der Kabinettssitzungen vom 12. und 16. Juni 1940 in PRO, CAB 65/19. Siehe auch die Dokumente in AIR 20/296.

91 Eine nützliche Zusammenfassung findet sich in Bell, *Britain and the Fall of France*, Kap. 7; zusätzliche Details sind enthalten in Gilbert, *Churchill*, Bd. 6; Ferro, *Pétain*, S. 57–61; Hervé Coutau-Bégarie und Claude Huan, *Darlan*, Fayard, Paris, 1989, Kap. 10. Richard Lamb, *Churchill as War Leader – Right or Wrong?* Bloomsbury, London 1991, Kap. 6, äußert sich sehr kritisch über Churchills Entscheidung. Die Briten mußten damals mit der Möglichkeit einer französischen Kriegserklärung rechnen, aber Vichy beschränkte sich auf einen Luftangriff auf Gibraltar (vgl. PRO, CAB 104/211).

92 Der gesamte Text ist abgedruckt in Robert Rhodes James, Hg., *Winston S. Churchill. His Complete Speeches, 1897–1963,* Bowker, New York 1974, Bd. 6, S. 6247–6250 (das Zitat findet sich auf S. 6250).

93 Siehe Robert Harris und Jeremy Paxman, *A Higher Form of Killing. The Secret Story of Chemical and Biological Warfare,* Hill & Wang, New York 1982, S. 101–115. Eine kurze Darstellung findet sich in Peter Fleming, *Operation Sea Lion,* Simon & Schuster, New York 1957, S. 293 f.; vgl. auch Gilbert, *Churchill*, Bd. 6, S. 434, 617 f., 762. Der Bericht in Günther W. Gellermann, *Der Krieg, der nicht stattfand*, Bernard & Graefe, Koblenz 1986, S. 140–142, ist sehr schlecht; das Buch wurde in einer Rezension von Rudibert Kunz vernichtend beurteilt, siehe *MGM*, Bd. 44, Nr. 2 (1988), S. 201–205. Der Band der offiziellen britischen Geschichte, Basil Collier, *The Defence of the United Kingdom,* HMSO, London 1957, enthält keinen Hinweis auf einen beabsichtigten Einsatz von Gas.

94 Siehe die Bemerkungen von General Hans Reinhardt über seine Rolle bei den Vorbereitungen für die Invasion in BA-MA, N 245/7, Bl. 26. Reinhardts Gedanken und Handeln werden beschrieben in Walter Ansel, *Hitler Confronts England*, Duke Univ. Press, Durham, N. C. 1960, aber auch in diesem Buch findet sich kein Hinweis auf Gas.

95 Zur Absicht, bei dem Angriff Pferde einzusetzen, siehe *KTB Halder*, 26. Juli 1940; Fleming, S. 249 f. (mit einer passenden Karikatur); Karl Klee, *Das Unternehmen »Seelöwe«*, Musterschmidt, Göttingen 1958, S. 87. Pferde wurden auf Lastkähne verladen, um sie auf ihren Einsatz vorzubereiten. Am anderen Pol der Technologie experimentierten die Deutschen mit unterwasserfähigen Panzern, siehe Paul W. Zieb, *Logistische Probleme der Marine*, Scharnhorst, Neckargemünd 1961, S. 96–99.

96 John P. Duggan, *Neutral Ireland and the Third Reich,* Barnes & Noble, Totowa, N. J. 1985, S. 136 f. Dieses Buch ist nicht immer zuverlässig und ist in chronologischer Hinsicht etwas wirr, enthält aber einige interessante Details.

97 Obwohl Fisk (*In Time of War*) solche Haltungen beschreibt, erkennt er nicht, welche Auswirkungen die Possen jener Menschen, die die Deutschen willkommen heißen wollten, verbunden mit den massiven Waffendiebstählen der IRA, auf die damalige britische Regierung hatten (beispielsweise S. 373–377).

98 Zu den Nazi-Sympathien des Generals Hugo MacNeill siehe Duggan, *Neutral Ireland,* Kap. 8. Fisk bietet einen ausgeglicheneren Bericht, aber auch er ist stark zugunsten der irischen und gegen die britische Perspektive eingestellt.

99 Fisk, S. 201–207, 214–216.

100 Die verschiedenen Kontakte der Deutschen zur IRA wie auch zu der offiziellen irischen Regierung werden bei Fisk und Duggan behandelt, ferner bei Carol J. Carter, *The Shamrock and the Swastika. German Espionage in Ireland in World War 2*, Pacific Books, Palo Alto, Calif. 1977; eine endgültige Behandlung des Stoffes steht jedoch noch aus. Besonders wichtig sind die bislang noch ungeklärten Verschwörungen der IRA zusammen mit Edmund Veesenmayer, der als Subversions-Experte für von Ribbentrop fungierte. Die Kontakte hatten zum Ziel, die Regierung de

Valera zu stürzen. Ungeklärt ist auch das Ausmaß der Kenntnis, die de Valera über diese Machenschaften besaß. Ebenfalls ungeklärt sind die Aspekte der britischen Offerten vom Juni 1940 und Dezember 1941, über eine Beendigung der Teilung als Gegenleistung für eine Kriegsbeteiligung Irlands zu verhandeln. Fisk (S. 158 ff.) und Duggan (S. 173 f.) machen einen Anfang. De Valera benutzte die britische Offerte in seinen Verhandlungen mit den Deutschen (*ADAP*, D, Bd. 9, Nr. 506); siehe auch Gilbert, *Churchill*, Bd. 6, S. 433.

101 Wichtiges Beispiel für diese Zugeständnisse war die relativ schnelle Freilassung von Piloten der Alliierten, die im Freistaat gelandet waren. Ferner wurde den alliierten Flugzeugen vom Luftstützpunkt Lough Foyle erlaubt, über irisches Territorium zu ihren Patrouillen im Atlantik zu fliegen (der sogenannte »Donegal Corridor«) und so den Umweg um Malin Head zu vermeiden, durch den sich die eigentliche Patrouillenflugzeit verkürzt hätte.

102 Siehe War Cabinet 170(40) vom 17. Juni 1940, PRO, CAB 65/7.

103 Siehe hierzu Churchills Notiz vom 7. Juli 1940 für Lindemann, in der er wöchentliche Berichte über den Zustand der 30 britischen Divisionen anforderte, und über den Fortschritt bei der Bewaffnung der britischen Bürgerwehr zumindest mit Gewehren in PRO, PREM 3/54/11.

104 David Lampe gibt in *The Last Ditch*, G. P. Putnam's, New York 1968, einen allgemeinen Überblick über die »Hilfseinheiten«. Der Bericht eines Beteiligten findet sich in Fleming, *Sea Lion*, S. 268–273. Für eine Behandlung in breiterem Kontext siehe Gerhard Schulz, Hg., »Zur englischen Planung des Partisanenkrieges am Vorabend des Zweiten Weltkrieges«, in: *VfZ* 30, Nr. 2 (1982), S. 329 f. Die offizielle Geschichte von Basil Collier, *Defence,* geht kurz auf dieses Thema ein (S. 130, 297).

105 Die meisten der Internierten waren selbst vor dem Nazi-Regime geflohen und wurden später freigelassen.

106 *ADAP*, D, Bd. 9, Nr. 394. Vgl. Halifax an Hoare, 19. Juni 1940, und Hoare an Halifax, 26. Juni 1940, PRO, FO 800/323. Samuel Hoare war nach Spanien entsandt worden, um die Spanier zu bearbeiten, sich aus dem Konflikt herauszuhalten (Woodward, *British Foreign Policy,* Bd. 1,

S. 435–437; Smyth, *British Policy and Franco's Spain,* S. 26–29); Churchill, der mit Hoare um den Plan erbittert gekämpft hatte, erste Schritte für den Dominion-Status für Indien einzuleiten, dachte nun gar nicht daran, Hoare zum Vizekönig zu ernennen (obwohl Hoare sicherlich besser geeignet gewesen wäre als Linlithgow).

Zu den vorbeugenden Planungen, die Kapverdischen Inseln und die Azoren zu besetzen, falls Spanien oder Portugal oder beide Länder in den Krieg einträten oder einen solchen Schritt offensichtlich beabsichtigten, siehe Smyth, S. 66 f.; CAB 104/210, WO 106/2947–2948.

107 Der Bericht in Collier, *Defence,* sollte um die Darstellung bei Murray, *Luftwaffe,* S. 43–65, ergänzt werden; *DRuZW*, Bd. 2, S. 375–408.

108 Murrays Behauptung, die Deutschen hätten nicht nur die britischen Jagdflugzeuge, sondern die gesamte RAF als ihren Gegner angesehen (S. 47), scheint mir völlig korrekt zu sein. Der Hinweis trägt auch zur Erklärung des deutschen Schlachtprogramms bei. Zu den sehr ernsten Fehlern des Abwehrdienstes der Luftwaffe in den Schätzungen und Voraussagen siehe Boog, *Luftwaffenführung,* S. 95–100, 105–108.

109 Boog, S. 104; Dr. Kausch, »Streng vertraulicher Informationsbericht«, BA, Brammer ZSg. 101/36, Bl. 219–225. Goebbels glaubte zunächst alle deutschen Erfolgsmeldungen; erst am 4. Oktober scheint in seinem Tagebuch (Bd. 4, S. 350) das Gefühl aufzukommen, daß nicht alles nach Plan lief. Die Deutschen gingen in derselben Weise vor wie in Warschau, Rotterdam, London und anderen englischen Städten, als sie 1941 während der Invasion Jugoslawiens Belgrad angriffen.

110 Der darauf bezogene Artikel von Harvey B. Tess, »Churchill, the First Berlin Raids, and the Blitz. A New Interpretation«, in: *MGM* Nr. 2 (1982), S. 65–78, ist in keiner Weise überzeugend.

111 Siehe Fleming, *Sea Lion,* S. 276–278; *DRuZW* Bd. 2, S. 386 f.

112 Sir Hugh Dowding, der Sieger der Schlacht um England, wurde zur Belohnung sofort pensioniert – eine ungewöhnliche Maßnahme, die Churchill zwar kritisierte, aber nicht widerrief (vgl. hierzu Reginald V. Jones, *Reflections on Intelligence,* Heineman, London 1989, S. 288 f.). Vgl. ferner Weinberg, *World in the Balance,*

S. 17, Anm. 28; Dokumente in PRO, PREM 4/68/9.

113 Murray nennt einen wichtigen Aspekt: Bei den Nachtangriffen im Winter ereigneten sich bei den Deutschen auch sehr viele Unfälle (*Luftwaffe*, S. 59).

114 Gilbert, *Churchill*, Bd. 6, S. 580–584, 609–613, 655, 687f. Die Bezeichnung »Ultra« für die decodierten Botschaften der deutschen Codierungsmaschine wurde erst später gebräuchlich. Das System der Radio-Strahlen nannten die Deutschen »Knickebein«. Die Behauptung, daß Abwehrmaßnahmen gegen den Luftangriff auf Coventry am 14. November 1940 unterblieben, um »Ultra« nicht zu kompromittieren, konnte als völlig falsch widerlegt werden (ebenda, S. 912–916; Hinsley, *British Intelligence*, Bd. 6, Anhang 9).

115 Siehe David Stafford, *Britain and European Resistance: A Survey of the Special Operations Executive, with Documents*, Univ. of Toronto Press, Toronto 1980, sowie seine Aufsätze, vor allem »Britain Looks at Europe 1940. Some Origins of the SOE«, in: *Canadian Journal of History* 10, Nr. 2 (August 1975), S. 231–248, und »The Detonator Concept: British Strategy, SOE and European Resistance after the Fall of France«, in: *JCH* 10 (1975), S. 185–217, über die Erwartungen und Hoffnungen bei der Einrichtung des SOE.

116 Robert H. Keyserlingk, »Die deutsche Komponente in Churchills Strategie der nationalen Erhebungen 1940–1942. Der Fall Otto Straßer«, in: *VfZ* 31 (Oktober 1983), S. 614–645.

117 Siehe Churchill an Mackenzie King, 5. Juni 1940 (eindeutig für Präsident Roosevelt bestimmt), in: David Reynolds, *Lord Lothian and Anglo-American Relations, 1939–1940* (Transactions of the American Philosophical Society, Bd. 73, Teil 2, 1983), S. 20.

118 Über Cripps siehe Gabriel Gorodetsky, *Stafford Cripps' Mission to Moscow, 1940–42*, Cambridge Univ. Press, Cambridge 1984, S. 61; über O'Malley (Budapest) siehe seine Nr. 298 vom 18. Juli 1940, C 7729/5/18, PRO, FO 371/24384.

119 Alle Belege weisen in diese Richtung; siehe C 7324, 7377, 7542, 7578/89/18, PRO, FO 371/24407; C 7825, 7828/5/18, FO 371/24384; C 8015/89/18, FO 371/24408. Zur Annäherung über Malcolm Lovell an Lord Lothian, siehe War

Cabinet 201(40) vom 22. Juli 1940 und 209(40) vom 24. Juli 1940, CAB 65/8; Reynolds, *Lord Lothian*, S. 22f.; Chadwick, *Britain and the Vatican*, S. 137–139; ADAP, D, Bd. 10, Nr. 188; Ansel, *Hitler Confronts England*, S. 153–157; Kelly (Bern) an London Nr. 365 vom 8. Juli 1940, in CAB 65/8. Die angebliche Bemerkung des Unter-Staatssekretärs für Auswärtige Angelegenheiten, R. A. B. Butler, gegenüber dem Schwedischen Gesandten in London, Björn Prytz, über mögliche Friedensbedingungen stellte sich als Falschmeldung heraus; vgl. Thomas Munch-Petersen, »›Common Sense Not Bravado‹. The Butler-Prytz Interview of 17 June 1940«, in: *Scandia* 52, Nr. 1 (1986), S. 73–114; N 6894, 6968, 7788/865/42, FO 371/43 509; *The Times*, 11. September 1965, und *Düsseldorfer Nachrichten*, 10. September 1965. Relevante Dokumente finden sich in FO 800/322, Bl. 272–274, 277–282; C 8837, 8974, 9092, 9598, 13 302/89/18, FO 371/24408. Die Meldung an Roosevelt über den Austausch zwischen Halifax und Lothian vom September 1940 in FDRL, PSF Box 4, Safe, File Great Britain. Costello, *Ten Days*, Anhang 10, ist nicht überzeugend; allgemein einleuchtend ist der Bericht in Kettenacker, *Krieg zur Friedenssicherung*, S. 77–83.

120 Halifax gibt in *Fulness of Days*, S. 229, seine Sicht der Hintergründe dieser Rede wieder.

121 Der Text findet sich in Domarus, *Hitler*, Bd. 2, S. 1540–1559.

122 Am 23. Juli erklärte Churchill einem Parlamentsmitglied, daß die Antwort der britischen Regierung auf Hitlers Anregung nicht ins Detail zu gehen brauche, da die Regierung ihre Politik im Oktober 1939 formuliert und öffentlich verkündet habe (Churchill an R. R. Stokes, PRO, PREM 4/100/2). Am 3. August gab er dem schwedischen König eine ähnliche Auskunft (PREM 4/100/3). Vgl. ferner ADAP, D, Bd. 10, Nr. 65, 220, 236. Bericht über ein Interview mit Dr. Albert Plesman, IfZ, ZS 115; Hewel an Max von Hohenlohe, 30. Juni 1940, AA, Handakten Hewel, »Deutschland E-H«, Bl. 371067–70.

123 WM(40) War Cabinet 181(40) vom 25. Juni 1940, PRO, CAB 65/7. Churchill wies in seiner ersten Botschaft als Premierminister an Roosevelt darauf hin, daß Großbritanniens Zahlungsfähigkeit bald erschöpft sei.

124 ADAP, D, Bd. 8, Nr. 655 u. 659; Hugh Wilson an FDR, 7. März 1940, FDR an Wilson,

15. März 1940, FDRL, PSF Box 90, State, Januar bis März 1940.

125 *ADAP,* D, Bd. 9, Nr. 141 u. 163; Weinberg, *World in the Balance,* S. 53–74.

126 Vgl. *ADAP,* D, Bd. 9, Nr. 127, S. 153, mit: Bureau of Demobilization, Civilian Production Administration, *Industrial Mobilization for War. History of the War Production Board and Predecessor Agencies,* GPO, Washington 1947, Bd. 1, S. 542. Für ähnliche Hinweise vgl. die Reaktion auf Siebel gegenüber Udet vom 7. Oktober 1940, *DRuZW,* Bd. 5, S. 527f., 573f.

127 Siehe Morgenthau Presidential Diary, 24. Januar 1940, FDRL, Morgenthau Papers, Bd. 2, S. 420, 28. Juni 1940, Bd. 3, S. 598f.; vgl. ferner Cole, *Roosevelt and Isolationists,* S. 388f.; Lothian an Halifax, 28. Dezember 1939, A 384/39/45, PRO, FO 371/24 233.

128 *FDR Letters,* Bd. 2, S. 1045–1048; Samuel Rosenman (der das Konzept einer Rede entwarf, mit der Roosevelt die Nominierung ablehnen wollte), FDRL, Oral History Transcript, S. 150f.; Rosenman, *Working with Roosevelt,* Harper, New York 1952.

129 Thomas F. Troy, *Donovan and the CIA. A History of the Establishment of the Central Intelligence Agency,* University Publications of America, Frederick, Md. 1981, S. 29–31; Donald R. McCoy, *Landon of Kansas,* Univ. of Nebraska Press, Lincoln, Neb. 1966, S. 215–219, 431–438; Forrest C. Pogue, *George C. Marshall,* 3 Bde., Viking Press, New York 1963–1973, Bd. 2, S. 39–42. Vgl. auch den japanischen Bericht in Washington an Tokio Nr. 934 vom 22. Juni 1940, NA, RG 457, SRDJ 4876–4879. Der Marineminister, der sein Amt abgeben und für den Posten des Gouverneurs von New Jersey kandidieren wollte, drängte Roosevelt, Konteradmiral Ernest J. King zum Oberkommandierenden der U. S.-Flotte zu ernennen. King sollte die Marine aus ihrer an der Friedenszeit orientierten psychischen Grundhaltung aufrütteln (Edison an Roosevelt, 24. Juni 1940, FDRL, PSF Box 82, Navy, Charles Edison).

130 Zu deutschen Spionen in den Vereinigten Staaten vgl. David Kahn, *Hitler's Spies,* Macmillan, New York 1978.

131 Einige Dokumente über diese Bemühungen wurden veröffentlicht in *ADAP,* D, Bde. 8–11, siehe vor allem Bd. 10, Nr. 112. Vgl. ferner Boelcke, *Kriegspropaganda,* S. 307; Schoenfeld an Moffat, 20. und 24. Januar 1940, Moffat Papers, Bd. 18; »Besondere Bestellung für die Redaktion«, 29. März 1940, BA, Brammer, ZSg. 101/15, Bl. 158; KTB Skl A, Bd. 10, 3. Juni 1940, BA-MA, RM 7/13, Bl. 19–20. Vgl. ferner Muto (San Francisco) an Tokio Nr. 109 vom 28. Juni 1941, NA, RG 457, SRDJ 34172–74.

132 Für eine aufmerksame Analyse der Wirkungen, die die Niederlage Frankreichs in Amerika hervorrief, siehe J. Henriette Louis, »Réactions américaines à la défaite française de 1940«, in: *Revue d'histoire de la deuxième guerre mondiale,* Nr. 119 (Juli 1980), S. 1–16.

133 Eine ausgezeichnete Analyse dieser Erfahrungen findet sich in Michaela Hönicke, »Franklin D. Roosevelt's View of Germany before 1933: Formative Experiences of a Future President«, Magisterarbeit, Universität von North Carolina, Chapel Hill 1989.

134 Zu dieser Sorge vgl. Dallek, *Roosevelt and Foreign Policy,* S. 233–235.

135 *FDR Letters* Bd. 2, S. 1016; Stanley E. Hilton, *Hitler's Secret War in South America, 1939–1945. German Military Espionage and Allied Counterespionage in Brazil,* Louisiana State Univ. Press, Baton Rouge, La. 1981, S. 190; Conn und Fairchild, *Framework,* passim, vor allem S. 32–34 und 47f. Über die Eventualplanung für den Fall einer Kapitulation der britischen Flotte vgl. das Memorandum vom 22. Mai 1940 aus den Akten des Chief of Naval Operations in NA, RG 38, Box 245, Berichte des CNO, Headquarters Cominch 1942-Secret. (Ich bin Prof. Michael Gannon für den Hinweis auf dieses Dokument zu Dank verpflichtet.)

136 Pogue, *Marshall,* Bd. 2, S. 18.

137 Dallek, *Roosevelt and Foreign Policy,* S. 221f.

138 Pogue, *Marshall,* Bd. 2, S. 28–32. Vgl. auch Richard G. Davis, »Carl A. Spaatz and the Development of the Royal Air Force – U. S. Army Air Corps Relationship, 1939–1940«, in: *Journal of Military History* 54 (1990), S. 453–472.

139 Borg und Okamoto, *Pearl Harbor,* S. 218.

140 Ebenda, S. 43; *FDR Letters,* Bd. 2, S. 969; Dallek, S. 236f.; *ADAP,* D, Bd. 8, Nr. 573.

141 Cole, *Roosevelt and the Isolationists,* S. 354; Robert J. C. Butow, *Tojo and the Coming of the War,* Stanford Univ. Press, Stanford, Calif. 1961, S. 191; Herbert Feis, *The Road to Pearl Harbor,* Princeton, N. J. Univ. Press, Princeton,

N.J. 1950, S. 88–94; Michael A. Barnhart, *Japan Prepares for Total War. The Search for Economic Security, 1919–1941,* Cornell Univ. Press, Ithaca, N. Y. 1987, S. 184ff.; Jonathan G. Utley, »Upstairs, Downstairs at Foggy Bottom. Oil Exports and Japan, 1940–41«, in: *Prologue* 8, Nr. 1 (1976), S. 17–28.

142 Siehe die Mitteilung des amerikanischen Flottenkommandeurs in Ostasien an den Chief of Naval Operations über die Beschränkung der Ausgaben in den Philippinen: »Bis 1946 ist es nicht mehr lange.« Hart an Stark, 12. April 1940, FDRL, PSF Box 79, Navy Dept. Jan.-Aug. 1940. Zu Harts Ernennung siehe James Leutze, *A Different Kind of Victory. A Biography of Admiral Thomas C. Hart,* Naval Institute Press, Annapolis, Md. 1981, Kap. 6.

143 War Cabinet 38(39) vom 6. Oktober 1939, PRO, CAB 65/3, Bl. 92ff.; Halifax an Churchill, 19. Januar 1940, A 434/434/45, PRO, FO 371/24 248. Eine große Auswahl der Korrespondenz zwischen Roosevelt und Churchill wurde erstmals veröffentlicht von Francis L. Loewenheim und andere, Hg., *Roosevelt and Churchill. Their Secret Wartime Correspondence,* E. P. Dutton, New York 1975; eine umfassendere Auswahl der Korrespondenz wurde in drei Bänden herausgegeben von Warren F. Kimball, *Churchill and Roosevelt. The Complete Correspondence,* Princeton Univ. Press, Princeton, N. J. 1984.

144 Die Sammlung dieser Berichte findet sich in FDRL, PSF Great Britain, Boxes 50–52, 47, 48. Nach dem 3. März 1942 wurden sie an das Sekretariat der Vereinigten Stabschefs anstatt an das Weiße Haus geleitet. Einige der Berichte vom Juli und Dezember 1941 wurden veröffentlicht in: *Pearl Harbor Attack. Hearings before the Joint Committee on the Investigation of the Pearl Harbor Attack,* 39 Teile, GPO, Washington 1946, Teil 20, 4545–4548.

145 Die Papiere Tyler Kents befinden sich unter der Kennzeichnung HM-120 in der Yale University. Aus der Niederschrift des Gerichtsverfahrens wird deutlich, daß die Deutschen Informationen erhielten, die durch Kent beschafft worden waren. In anderen Unterlagen gibt es allerdings Hinweise darauf, daß es sich um einen italienischen Spionagering gehandelt habe, der von den Sowjets unterwandert worden sei. Zu diesen Fragen siehe E. H. Cookridge (Pseudonym von Edward Spiro), *The Third Man,* G. P. Putnam's, New York 1968, S. 94–98; Reynolds, *Lord Lothian,* S. 17; Gilbert, *Churchill,* Bd. 6, S. 485f.; Kahn, *Hitler's Spies,* S. 96 und Anmerkungen S. 564; David Kahn, *The Codebreakers,* Macmillan, New York 1967, S. 494f.; *Pearl Harbor Attack,* Teil 11, 5523–5530; Warren F. Kimball, *The Most Unsordid Act. Lend-Lease, 1939–1941,* Johns Hopkins Press, Baltimore 1969, S. 40f.; James Leutze, »The Secret of the Churchill-Roosevelt Correspondence. September 1939 – May 1940«, in: *JCH* 10 (1975), S. 465–491; *ADAP,* D, Bd. 9, Nr. 305; Costello, *Ten Days,* Kap. 5–6, Anhang 5; WM(40) 133 War Cabinet Conclusions, Minute 9, Confidential Annex, PRO, CAB 65/13; Wiley an Moore, 9. November 1934, FDRL, Bullitt Papers; Thomsen (Washington) Tel. 4003 vom 17. November 1941, AA, St. S., »U. S. A.«, Bd. 10, MF 44 616–18; Schulenburg-Bericht »A 509/41«, vom 12. Februar 1941 und Notiz von Luther für von Ribbentrop vom 26. Februar 1941, AA, Inland IIg, »Berichte über Amerika«, Bd. 2, MF K 204 628–30. Cole (in *Roosevelt and Isolationists*) erwähnt die Kent-Episode überhaupt nicht und erkennt deshalb auch nicht ihren Einfluß auf Roosevelt (siehe S. 460).

146 Siehe David G. Haglund, »George C. Marshall and the Question of Military Aid to England, May – June 1940«, in: *JCH* 15 (1980), S. 745–760. Haglund betont das Zögern Washingtons zu sehr; sein Beitrag ist jedoch insofern hilfreich, als er frühere Berichte richtigstellt.

147 Pogue, *Marshall,* Bd. 2, S. 50–52; Gilbert, *Churchill,* Bd. 6, S. 427, 462, 513–515, 676.

148 Siehe die Mitteilung Edens, damals Kriegsminister, an Churchill vom 13. Juli 1940, wonach die amerikanischen Gewehre vom Konvoi abgeladen und den Soldaten direkt ausgehändigt wurden (PRO, PREM 3/54/11).

149 Siehe seine handschriftliche Anmerkung zum täglichen geheimen Militärbericht vom 3. Juni 1940: »Wie Sie sehen, geht der Verlust von Zerstörern weiter. Unsere Reparaturwerften sind voll von beschädigten Zerstörern.« FDRL, PSF Great Britain, Box 50.

150 Siehe seine Briefe vom 9. Januar und vom 1. Juni 1940, *FDR Letters,* Bd. 2, S. 986, 1036.

151 Dieser Aspekt wird von Reynolds, *Lord Lothian,* S. 25–29, sehr gut behandelt. Der britische Druck konnte auch gegenteilig wirken: Das Zerstörer-Abkommen wurde durch Warnungen gefährdet, daß eine nachfolgende Regierung in London die britische Flotte den Deutschen übergeben könnte. Hob man die Situation im Atlantik hervor, riskierte man, daß Druck entstand, die amerikanische Flotte vom Pazifik abzuziehen (ebenda, S. 21 f.).

152 Bittner, *Britain and Iceland*, S. 119; Fred E. Pollock, »Roosevelt, the Ogdensburg Agreement, and the British Fleet. All Done with Mirrors«, in: *Diplomatic History* 5 (1981), S. 203–219.

153 Reynolds, *Lord Lothian*, S. 24 f.; Conn und Fairchild, *Framework*, S. 51–61; *FDR Letters*, Bd. 2, S. 1050 f.; Dallek, S. 243–247. Ein populärer Bericht findet sich in Philip Goodhart, *Fifty Ships that Saved the World. The Foundation of the Anglo-American Alliance*, Doubleday, Garden City, N. J. 1965.

154 Siehe das Memorandum von Alexander Kirk vom 17. Juni 1940 in FDRL, PSF Germany, 1940–41.

155 Siehe Deborah W. Ray, »The Takoradi Route. Roosevelt's Prewar Venture beyond the Western Hemisphere«, in: *Journal of American History* 62, Nr. 2 (1975), S. 340–358. Ray konzentriert sich auf 1941, zeigt aber auch die Verbindungen zu früheren Entwicklungen auf. Siehe auch die Dokumente in PRO, WO 106/2878, die die frühe Entwicklung der Route und die Notwendigkeit zeigen, Verteidigungsanlagen gegen einen möglichen Angriff durch Vichy-Frankreich zu errichten, und ferner die Probleme, die mit dem Einsatz von deutschen Ju-52-Transportflugzeugen zusammenhingen, die Belgien vor dem Krieg gekauft hatte.

156 Vincent C. Jones, *Manhattan. The Army and the Atomic Bomb*, GPO, Washington 1985, S. 13–15, 21–25, 65.

157 Vgl. Fritz T. Epstein, »National Socialism and French Colonialism«, in: *Journal of Central European Affairs* 3 (1943), S. 52–64; Bell, *Britain and the Fall of France*, S. 199–201; Charles de Gaulle, *The War Memoirs*, Bd. 1 (in zwei Teilen), Viking, New York 1955, Bd. 1, S. 112, 116–118. Die große Insel Neukaledonien im südöstlichen Pazifik stellte sich im September 1940 hinter de Gaulle, nachdem Großbritannien und Australien Druck ausgeübt hatten. Siehe Gavin Long, *The Six Years War. A Concise History of Australia in the 1939–1945 War*, Australian War Memorial and Australian Government Publishing Service, Canberra 1973, S. 38.

158 Bell, S. 225–227. Das Buch von Arthur Marder, *Operation »Menace«. The Dakar Expedition and the Dudley North Affair*, Oxford Univ. Press, London 1976, enthält den umfassendsten Bericht. Elmar Krautkrämer, *Frankreichs Kriegswende*, Peter Lang, Bern 1989, bietet zwar auf S. 44–47 einen Bericht, ist aber so sehr gegen de Gaulle voreingenommen (der gewöhnlich als »Rebell« bezeichnet wird), daß die Darstellung als irreführend bezeichnet werden muß.

159 Siehe vor allem *ADAP*, D, Bd. 11, Nr. 33. Meines Wissens gibt es keine umfassende Untersuchung der verschiedenen Projekte, die das Ziel verfolgten, das Gebiet für Pétain zurückzugewinnen.

160 Churchills Rundfunkansprache vom 1. Oktober 1939 ist abgedruckt in James, *Churchill Speeches*, Bd. 6, S. 6161. Es ist festzuhalten, daß die Briten Anfang Juli 1940 einer sowjetischen Kontrolle über das Nickelbergwerk von Petsamo den Vorzug vor einer deutschen Kontrolle gaben. Vgl. Günter Kahle, »Die Publikation des deutschen Weißbuches Nr. 6: Zur Reaktion in London, Moskau, Ankara und Teheran«, S. 456, Anm. 17.

161 Der Bericht von Gorodetsky über Cripps' Mission ist unzureichend. Ein hilfreicher Überblick findet sich in H. Hanak, »Sir Stafford Cripps as British Ambassador in Moscow, May 1940 to June 1941«, in: *English Historical Review* 94, Nr. 370 (Januar 1979), S. 48–70. Sehr hilfreich ist auch Steven M. Miner, *Between Churchill and Stalin. The Soviet Union, Great Britain and the Origins of the Grand Alliance*, Univ. of North Carolina Press, Chapel Hill, N. C. 1988. Ich stütze mich auf folgende Quellen: PRO, Cripps Tel. 399–404, 408, 409 vom 1. und 2. Juli 1940 in N 5937/30/38, FO 371/24 844; Kahle, »Die Publikation des deutschen Weißbuches Nr. 6«, S. 453 f.; Cripps' Berichte vom 16. Juli 1940, N 6526/30/38, FO 371/24 845; WP(40) 254, »Comment on the Recent Conversation between His Majesty's Ambassador at Moscow and M. Stalin«, PRO, CAB 66/9; den von den Italienern abgefangenen und an die Deutschen weitergereichten Bericht vom 6. Juli des griechischen Botschafters in Moskau über ein Gespräch mit Cripps, Mackensen (Rom) Tel. 1354 vom 15. Juli 1940, AA, St. S., »Rußland«, Bd. 3, MF 112315–16, sowie den vollständigen

Text des decodierten griechischen Telegramms, das zusammen mit Mackensens Bericht 361 vom 16. Juli weitergeleitet wurde, siehe Botschaft Rom (Quir.) Bd. 43/4, MF 481 432–36.

162 *DRuZW*, Bd. 4, S. 58.

163 *ADAP*, D, Bd. 10, Nr. 164.

164 Zu den Reisen und Aktivitäten der *Komet*, deren Deckname »Schiff 45« lautete, vgl. Weinberg, *Germany and the Soviet Union*, S. 83 f.; »Lagebesprechung beim Chef der Seekriegsleitung«, 26. Juni 1940, KTB Skl A, Bd. 10, BA-MA, RM 7/13, Bl. 271; KTB Skl A, Bd. 12, 1. August und 12. August 1940, RM 7/15, Bl. 7 und 264; Bericht des deutschen Marineattachés in Moskau vom 9. September 1940, RM 7/92, Bl. 588–593; KTB Skl A, Bd. 13, 12. September 1940, RM 7/16, Bl. 160f.; Jürgen Rohwer und Gerhard Hümmelchen, *Chronik des Seekrieges 1939–45*, Stalling, Oldenburg 1968, S. 58, 88, 89, 93, 156, 158, 187, 194.

165 »Vortrag des Marineattachés in Moskau, Kapitän z. S. Baumbach, bei Chef 1/Skl«, 12. September 1940, KTB Skl A, Bd. 13, BA-MA, RM 7/16, Bl. 156; *ADAP*, D, Bd. 10, Nr. 206. Trotz der geringen Ladekapazität, die zur Verfügung stand, zeigte sich die Sowjetunion willig, so wichtige Rohmaterialien wie Zinn, Gummi, Molybdän und Wolfram von Ostasien nach Deutschland zu transportieren. Andere Güter wollte man allerdings nur dann transportieren, wenn sie für die Kriegsindustrie sehr wichtig waren. Siehe hierzu Ian D. MacDonald, »Diplomacy, Trade and War. The British Naval Blockade and the German Search for Raw Materials in the Far East, 1939–1941«, Magisterarbeit, University of North Carolina, Chapel Hill 1987.

166 *ADAP*, D, Bd. 10, Nr. 162; Schulenburg (Moskau) Tel. 1398 vom 13. Juli 1940 und 1502 vom 29. Juli 1940, AA, St. S., »Litauen«, MF 193 334 und 193 351.

167 *ADAP*, D, Bd. 10, Nr. 77, 84, 141, 182, 214, 217, 223, 242.

168 Hierüber findet sich eine hervorragende Darstellung bei Toscano, *Designs in Diplomacy*, Kap. 3. Siehe auch Schulenburg (Moskau) Tel. 1497 vom 29. Juli 1940, AA, St. S., »Rußland«, Bd. 2, MF 112 342, und Tippelskich (Moskau) Tel. 1046 vom 30. April 1941, St. S., »Rußland«, Bd. 4, MF 113 383.

169 Bemerkenswert ist, daß die Beziehungen zwischen der Sowjetunion und den Vereinigten

Staaten zum damaligen Zeitpunkt sehr kühl blieben; den Deutschen war dies bekannt (*ADAP*, D, Bd. 10, Nr. 59).

170 Siehe Volkskommissariat für Auswärtige Angelegenheiten an die sowjetische Botschaft in Tokio vom 1. Juli 1940, abgedruckt in Morley, *Fateful Choice*, S. 311f.

171 Zu den sowjetisch-japanischen Beziehungen siehe das Projekt für eine Aufteilung Chinas zwischen Japan und der Sowjetunion, das der sowjetische Botschafter in Japan am 28. Juli 1940 vortrug (ebenda, S. 311) und das außergewöhnliche Ähnlichkeit mit einem Plan aufweist, den Shiratori Toshio am 19. Juli 1939 vorstellte (vgl. ebenda, S. 41–44).

172 David Dilks, Hg., *The Diaries of Sir Alexander Cadogan, O. M. 1938–1945*, G. P. Putnam's, New York 1972, S. 331.

173 Eine Zusammenfassung mit Dokumenten findet sich in Brügel, *Stalin und Hitler*.

174 Für eine Zusammenfassung siehe Woodward, *British Foreign Policy*, Bd. 1, S. 473f. Der vollständige Text, wie er an Churchill geschickt wurde, findet sich in N 6029/283/38, PRO, FO 371/24 852.

175 Ch'i, *Nationalist China*, S. 56–60, 89–92, 128–130.

176 *ADAP*, D, Bd. 9, Nr. 29, 233, 327, 414, 491; Joachim Peck, Hg., *Kolonialismus ohne Kolonien. Der deutsche Imperialismus und China 1937*, Akademie Verlag, Ost-Berlin 1961, Nr. 134; Gordon M. Berger, *Parties out of Power in Japan, 1931–1941*, Princeton Univ. Press, Princeton, N. J. 1977, S. 241f., 254, 258f.

177 Siehe Ott (Tokio) Tel. 355 vom 17. April 1940 und 367 vom 20. April 1940, AA, St. S., »Japan«, Bd. 2, MF 136 289–90 und 136 291; Dokumente in AA, HaPol, Clodius, »Japan«, Bd. 3; Tagebuch des deutschen Marineattachés in Tokio, hg. von Chapman, *Price of Admiralty*, passim; und die Magisterarbeit von MacDonald, ebenda (siehe oben, Anm. 165).

178 Morley, *Fateful Choice*, S. 157.

179 Ebenda, S. 243.

180 Boyle, *China and Japan at War*, S. 274f.

181 Morley, *Fateful Choice*, S. 243 f.; *ADAP*, D, Bd. 9, Nr. 123.

182 *ADAP*, D, Bd. 9, Nr. 234, 261, 262, 273, 280, 302, 502; Morley, *Fateful Choice*, S. 244; Arita (Tokio) an Washington Nr. 968, an Den Haag Nr. 149 vom 11. Mai 1940, NA, RG 457,

SRDJ 4196; Arita (Tokio) an Washington Nr. 230 vom 15. Mai 1940, SRDJ 4282; Tokio an Batavia Nr. 209, an Berlin Nr. 280 vom 16. Mai 1940, SRDJ 4714. Zu Japans geringfügiger Produktion von Schieferöl und synthetischem Öl vgl. Barnhart, *Japan Prepares*, S. 29, 146 f.

183 Morley, *Fateful Choice*, S. 38–41.

184 Ebenda, S. 245 f.

185 Nach Gordon W. Prange, *At Dawn We Slept. The Untold Story of Pearl Harbor*, McGraw-Hill, New York 1981, S. 14, war dies etwa im März oder April.

186 Morley, *Deterrent Diplomacy*, S. 206 f. Zur Erkennung dieser Neuorientierung durch Deutschland und zum sofort artikulierten Wunsch der deutschen Kriegsmarine, daraus Nutzen für ihre Operationen im Indischen und im Pazifischen Ozean zu ziehen, siehe KTB Skl A, Bd. 10, 1. Juni 1940, BA-MA, RM 7/13, Bl. 2.

187 Die japanische Armee wollte ebenso wie die Marine nach Süden vorstoßen; siehe Barnhart, *Japan Prepares*, S. 158 f. Zum Nachgeben der Franzosen siehe Morley, *Fateful Choice*, S. 58–160, 162–188, 254 f., 301 f. Die Deutschen beobachteten diese Vorgänge sorgfältig: Sie wollten, daß sich die Japaner engagierten, indem sie Französisch-Indochina besetzten. Sie sahen jedoch keinen Anlaß, die unsichere innenpolitische Stellung der Regierung Yonai dadurch zu stärken, daß sie diesbezüglich Druck auf Vichy ausübten; *ADAP*, D, Bd. 9, Nr. 484, 511, 514; *ADAP*, D, Bd. 10, Nr. 6. Der ursprüngliche Vertrag war von dem Gouverneur Georges Catroux unterzeichnet worden, der jedoch von der Vichy-Regierung abgelöst wurde (worauf er sich de Gaulle anschloß). An seine Stelle trat Jean Decoux, der der Besetzung durch Japan zustimmte.

188 Zur britischen Antwort auf die japanischen Forderungen siehe War Cabinet Meetings 172 vom 19. Juni und 173 vom 20. Juni 1940 in PRO, CAB 65/7 und 194 vom 5. Juli und 199 vom 10. Juli 1940 in CAB 65/8; Arita (Tokio) an Washington Nr. 313, an London Nr. 513 vom 29. Juni 1940, NA, RG 457, SRDJ 5007 f.

189 Morley, *Deterrent Diplomacy*, S. 208–214; Morley, *Fateful Choice*, S. 247–249, 249–253; Butow, *Tojo*, S. 139–141; Yamaji (Wien) an Tokio Nr. 121 vom 26. Juni 1940, NA, RG 457, SRDJ 4994–4998 und Nr. 140 vom 24. Juli 1940, SRDJ 5470–5473, Inoue (Budapest) an

Washington und Tokio Nr. 122 vom 6. Juli 1940, SRDJ 5142–5150; *ADAP*, D, Bd. 10, Nr. 147.

190 Festzuhalten ist, daß Yamamoto diesen Zeitplan für Japan voraussah, wie im Tagebuch des deutschen Marineattachés vom 13. September 1940 festgehalten wird, Chapman, *Price of Admiralty*, Bd. 1, S. 264.

191 Morley, *Fateful Choice*, S. 140 f., 254.

192 Kido Koichi, *The Diary of Marquis Kido, 1931–45. Selected Translations into English*, University Publications of America, Frederick, Md. 1984, S. 244 ff. (vor allem der Eintrag vom 11. Juli 1940). (Im folgenden als *Kido Diary* bezeichnet.)

193 Siehe Berger, *Parties out of Power*, S. 268 f.

194 Der beste Bericht auf Englisch ist noch immer James B. Crowley, *Japan's Quest for Autonomy. National Security and Foreign Policy, 1930–1938*, Princeton Univ. Press, Princeton, N. J. 1964, S. 358–375. Vgl. auch den Bericht in Barnhart, *Japan Prepares*, Kap. 4 und 5.

195 Berger, *Parties out of Power*, S. 254–270; *ADAP*, D, Bd. 10, Nr. 241.

196 Zu diesen Debatten und ihrem Ergebnis siehe Krebs, *Japans Deutschlandpolitik*, Bd. 1, S. 438–440; Berger, S. 269 f.; Butow, *Tojo*, S. 140–153; Morley, *Deterrent Diplomacy*, S. 216–221; Morley, *Fateful Choice*, S. 44 f., 264 f.; Boyle, *China and Japan*, S. 300. Zu den inländischen Aspekten der neuen Politik vgl. vor allem Berger, S. 272–292.

197 Borg und Okamoto, *Pearl Harbor*, S. 251; Morley, *Fateful Choice*, S. 266.

198 Das Zitat stammt aus dem Entwurf Matsuokas zu einer Dreimächtepakt-Politik; der vollständige Text findet sich in Morley, *Deterrent Diplomacy*, S. 283–288, eine Analyse in ebd., S. 221, und in Morley, *Fateful Choice*, S. 47–49, 265 f.

199 Borg und Okamoto, S. 99–101; Dokumente in F 3634/677/23, PRO, FO 371/24741.

200 *ADAP*, D, Bd. 10, Nr. 273; Morley, *Deterrent Diplomacy*, S. 223–228.

201 Ian Kershaw, *The ›Hitler Myth‹. Image and Reality in the Third Reich*, Oxford Univ. Press, New York 1987, S. 154–160; dt. *Der Hitler-Mythos*, Deutsche Verlags-Anstalt, Stuttgart 1980.

202 Siehe hierzu *ADAP*, D, Bd. 9, Nr. 397.

203 Siehe die Bemerkungen von Goebbels am 16. Juni 1940, daß Frankreich vollkommen zerschmettert werden müsse und sich nicht wie

Deutschland nach 1918 wieder erholen dürfe. Großbritannien würde in eine Art größeres Holland verwandelt (Boelcke, *Kriegspropaganda,* S. 392).

204 Diese Interpretation findet sich auch in den Büchern von Paxton und Jäckel (siehe Bibliographischer Essay, S. 963).

205 Zu den Invasionsplänen und -vorbereitungen siehe die Arbeiten von Lampe, Ansel, Fleming, Wheatley, Klee und die detaillierten Aufzeichnungen von General Reinhardt in BA-MA, N 245/7. Ein Faksimile-Druck des deutschen Besatzungshandbuches findet sich in *German Occupied Great Britain. The Official Secret Documents, Ordinances of the Military Authorities,* Foord, Scutt 1971. Die von den Deutschen erstellte Liste der zu verhaftenden Personen wurde abgedruckt in *The Black Book (Sonderfahndungsliste G. B.),* Imperial War Museum, London 1989.

206 ADAP, D, Bd. 10, Nr. 73, 129; Douglas A. Farnie, *East and West of Suez. The Suez Canal in History, 1854–1956,* Clarendon Press, Oxford 1969, S. 621.

207 Knox, *Mussolini Unleashed,* S. 146ff.

208 Der beste neuere Bericht findet sich in ebenda, S. 150 ff. Knox betont zu Recht Mussolinis Sorge über einen frühen Frieden zwischen Deutschland und England, bei dem die italienischen Wünsche von den Deutschen nicht berücksichtigt würden, und die Rolle, die diese Sorge bei seinen Bemühungen spielte, seine Generäle und Admirale voranzutreiben. Eine andere Sicht vertritt James J. Sadkovich, »Understanding Defeat. Reappraising Italy's Role in World War II«, in: *JCH* 24, Nr. 1 (Jan. 1989), S. 27–61. Etwas ausgeglichener argumentiert Brian R. Sullivan, »The Italian Armed Forces 1918–1940«, in: Allan R. Millett and Williamson Murray, Hg., *Military Effectiveness,* Bd. 2, *The Interwar Period,* Allen & Unwin, Boston 1988, S. 169–217.

209 Weinberg, *World in the Balance,* S. 96–136; Klaus Hildebrand, *Vom Reich zum Weltreich. Hitler, NSDAP und koloniale Frage 1919–1945,* Wilhelm Fink, München 1969. Zur Perspektive der früheren Deutschen Demokratischen Republik (in der wichtige deutsche Kolonialakten aufbewahrt wurden) vgl. Helmuth Stoecker, Hg., *German Imperialism in Africa,* C. Hurst, London 1986, Kap. 12. Siehe auch Lammers an Schwerin von Krosigk, »RM Nr. 4992/39« vom 20. November 1939, BA, R

2/4509, und die Hinweise auf Hitlers insgesamt neuneinhalbstündige Gespräche mit Ritter von Epp am 7., 8. und 19. Juli 1940 in BA, Nachlaß Epp 20/3.

210 Hitler erläuterte seine Ansichten dem Chef des Oberkommandos der Wehrmacht, Wilhelm Keitel, dem zukünftigen Minister für die Kolonien, Ritter von Epp, und dem OKW-Repräsentanten für Kolonialfragen, Oberst Werner von Geldern-Crispendorf, bei Besprechungen am 13. Juli 1940. Siehe hierzu auch den Bericht von Geldern-Crispendorfs in BA-MA, N 185/4, Bl. 1191–1197; vgl. Weinberg, *World in the Balance,* S. 114, und Hildebrand, S. 666f. Bis zum 19. Juli hatten auch die Italiener erfahren, welche Dimensionen das geplante deutsche Kolonialreich haben sollte, siehe *ADAP,* D, Bd. 10, Nr. 193.

211 Zu den deutschen Verhandlungen mit der nationalistischen Opposition in der Südafrikanischen Union siehe *ADAP,* D, Bd. 8, Nr. 577, 629; *ADAP,* D, Bd. 9, Nr. 25. Sowohl Hertzog als auch Malan forderten damals einen sofortigen Friedensschluß mit Deutschland; siehe Kenneth Ingham, *Jan Christian Smuts, The Conscience of a South African,* St. Martin's, New York 1986, S. 210. In den deutschen Plänen zur Wiedererlangung von Deutsch-Südwestafrika war die Walfischbai nicht enthalten, siehe »Verwaltungsorganisation Deutsch-Südwestafrika«, 18. Januar 1940, BA, R 2/4985a.

212 Die Münzprägungen finden sich in BA, R 2/30737.

213 Interessante Hinweise auf Hitlers Gedanken in dieser Frage finden sich in seinen Bemerkungen vom 3. August 1940 gegenüber Abetz, dem neuen Repräsentanten des Auswärtigen Amtes in Frankreich, *ADAP,* D, Bd. 10, Nr. 345.

214 Jüngere Berichte über den Madagaskar-Plan finden sich in Breitman, *Architect of Genocide,* passim, und Hans-Jürgen Döscher, *Das Auswärtige Amt im Dritten Reich. Diplomatie im Schatten der »Endlösung«,* Siedler, Berlin 1987, S. 215–220. Siehe auch Christopher R. Browning, *The Final Solution and the German Foreign Office. A Study of Amt D III of Abteilung Deutschland 1940–43,* Holmes & Meier, New York 1978, S. 35–43; Boelcke, *Kriegspropaganda,* S. 510f.; Fröhlich, *Goebbels' Tagebücher,* 26. Juli 1940, Bd. 4, S. 253.

215 Zusammenfassung in Eberhard Jäckel, *Hitlers Herrschaft. Vollzug einer Weltanschauung,*

Deutsche Verlags-Anstalt, Stuttgart 1986, S. 89–99.

216 Siehe Hillgrubers Zusammenfassung in Jürgen Rohwer und Eberhard Jäckel, Hg., *Der Mord an den Juden im Zweiten Weltkrieg. Entschlußbildung und Verwirklichung,* Deutsche Verlags-Anstalt, Stuttgart 1985, S. 218–220.

217 Siehe auch Goebbels' Besprechung vom 9. Juli 1940, Boelcke, *Kriegspropaganda,* S. 421.

218 Zu den Vorschlägen, Deutschland solle einen Teil Ungarns annektieren, der den Ungarn im Friedensvertrag von 1919 zugesprochen worden war, siehe das Material zu »Der Anschluß Ödenburgs an das Reich, zu 40/41 geh. Reichssache«, in AA, Pol XII.

219 Der Herausgeber der Papiere von Leebs, Georg Meyer, behauptet, es habe sich lediglich um Stabsroutine gehandelt, aber die Einträge in von Leebs Tagebuch vom 28. Juni, 1. Juli, 10. Juli und 1. Oktober 1940 wie auch andere Hinweise widersprechen der Apologetik Meyers. Siehe Georg Meyer, Hg., *Generalfeldmarschall Ritter von Leeb. Tagebuchaufzeichnungen und Lagebeurteilungen aus zwei Weltkriegen,* Deutsche Verlags-Anstalt, Stuttgart 1976, S. 58 (künftig zitiert als *Leeb KTB*).

220 Im Imperial War Museum, London (MI14/570/2, Box E 356), befindet sich eine wichtige Akte der deutschen Dokumente über die Invasionspläne. Sie stammt aus den Papieren des deutschen Hauptquartiers für die geplante Invasion, von Leebs Heeresgruppe C. Einen hilfreichen Überblick bietet Hans Rudolf Kurz, *Operationsplanung Schweiz. Die Rolle der Schweizer Armee in zwei Weltkriegen,* Otto, Thun 1974, S. 36 ff. Dokumente, die die Deutschen in Frankreich beschlagnahmt hatten, sollten für die Rechtfertigung der Invasion benutzt werden, sobald die Zeit dafür gekommen war. Georg Kreis, *Auf den Spuren von La Charité. Die schweizerische Armeeführung im Spannungsfeld des deutsch-französischen Gegensatzes 1936–1941,* Helbing & Lichtenhahn, Basel 1976, S. 7–10, 207; *ADAP,* D, Bd. 11, Nr. 11, 138, 301. Zur italienischen Rolle in diesem Projekt siehe Knox, *Mussolini Unleashed,* S. 138, 140.

221 Die Schweizer waren über die Invasionen der Deutschen in verschiedenen neutralen Ländern ebenso besorgt wie über den deutschen Sieg in Frankreich, durch den die Schweiz isoliert wurde. Ihr Wille zur Selbstverteidigung (vor al-

lem durch die Sprengung der wichtigsten Eisenbahntunnels) konnte sie jedoch nur so lange schützen, wie Deutschland mit anderen Mächten beschäftigt war. Liechtenstein wäre der Schweiz in die Vergessenheit gefolgt; ein Überblick über das gesamte Thema der deutsch-liechtensteinischen Beziehungen findet sich in Joseph Walk, »Liechtenstein 1933–1945: Nationalsozialismus im Mikrokosmos«, in: Ursula Büttner, Hg., *Das Unrechtsregime,* 2 Bde., Christians, Hamburg 1986, Bd. 2, S. 376–425.

222 Werner Jochmann, Hg., *Adolf Hitler. Monologe im Führerhauptquartier, 1941–1944,* Albrecht Knaus, Hamburg 1980, 26. August 1942, S. 366. Siehe auch Hitlers Mitteilung an Mussolini vom 2. Juni 1941, *ADAP,* D, Bd. 12, Nr. 584, S. 792.

223 Rich, *Hitler's War Aims,* Bd. 2, S. 401 f.; Jürg Fink, *Die Schweiz aus der Sicht des Dritten Reiches 1933–1945,* Schulthess, Zürich 1985, S. 91 f., betont, daß die Schweiz einen Umschlagplatz für Gold darstellte.

224 Schweden erlaubte U-Boot-Besatzungen sowie Hunderten von deutschem »medizinischem« Personal, durch Schweden nach Narvik zu reisen; ferner erlaubte es auch den Matrosen und Offizieren der vor Narvik versenkten deutschen Zerstörer, durch Schweden nach Deutschland zurückzukehren. Es wurde niemand interniert. Siehe *ADAP,* D, Bd. 9, Nr. 108, 153, 154, 171, 179, 183, 259, 268, 348; KTB Skl A, Bd. 8, 26. April 1940, BA-MA, RM 7/11, Bl. 287; KTB Skl A, Bd. 10, 30. Juni 1940, RM 7/13, Bl. 311.

225 *ADAP,* D, Bd. 9, Nr. 306, 351, 386.

226 Lutzhöft, *Deutsche Militärpolitik,* S. 75 ff.

227 Ebenda, S. 81–108. Die Schweden übergaben dem deutschen Militärattaché eine Liste der Transportdienste und damit zusammenhängenden Leistungen, die Schweden zu den deutschen Kriegsanstrengungen in der Periode Juli 1940 bis 1. November 1941 beigetragen hatte. Die Aufstellung ist zusammengefaßt in KTB Skl A, Bd. 28, 14. Dezember 1941, RM 7/31, Bl. 215 f.

228 Wittmann, *Schwedens Wirtschaftsbeziehungen,* S. 204–207, 235–240.

229 Siehe ebenda, S. 221–228; *ADAP,* D, Bd. 9, Nr. 510.

230 Ley an Ribbentrop, 10. Juni 1940, NA, RG 238, PS-1223.

231 *ADAP,* D, Bd. 10, Nr. 200, 243.

232 Ebenda, Nr. 17.

233 Wagner, *Lagevorträge,* S. 108f.; Salewski, *Deutsche Seekriegsleitung,* Bd. 1, S. 237f.; Andreas Hillgruber, »Noch einmal: Hitlers Wendung gegen die Sowjetunion 1940«, in: *Geschichte in Wissenschaft und Unterricht* 33 (1982), S. 218; Weinberg, *World in the Balance,* S. 113, Anm. 47. Informationen über die zukünftige deutsche Kriegsflotte wurden den Japanern am 21. April 1941 durch Raeder zur Verfügung gestellt. Die Informationen finden sich in der »N«-Reihe 12, Nr. 1905 vom 23. April 1941, NA, RG 457, SRNA 38–39.

Vor dem Ersten Weltkrieg hatte es in Deutschland bereits einige detaillierte Pläne für eine Invasion der Vereinigten Staaten durch Deutschland gegeben; sie sind zusammengefaßt in Holger Herwig, *The Politics of Frustration. The United States in German Naval Planning, 1889–1941,* Little, Brown, Boston 1976, S. 42–54, 57–66. Da es vor und während des Zweiten Weltkriegs keine vergleichbaren Planungsaktivitäten gab – dieses Mal gab es keine Diskussion über die Frage, ob die Landung am Cape Cod oder auf Long Island erfolgen solle –, nahmen manche Historiker fälschlicherweise an, daß ein Krieg gegen die Vereinigten Staaten nicht Hitlers Absichten entsprach. Der eigentliche Unterschied lag jedoch im Zustand des deutschen Schiffsbaus, über den Hitler sehr gut informiert war, und nicht im Wollen.

234 *DRuZW,* Bd. 2, S. 345; Sadkovich, »Understanding Defeat«, S. 49; KTB Skl A, Bd. 11, 24. Juli 1940, BA-MA, RM 7/14, Bl. 282f.; Dokumente über die italienisch-deutsche Kooperation im U-Boot-Krieg im Atlantik finden sich in PRO, ADM 223/3.

235 Über das Drontheim-Projekt siehe Thies, *Architekt der Weltherrschaft,* S. 131; Wagner, *Lagevorträge,* S. 108, 263; Salewski, *Deutsche Seekriegsleitung,* Bd. 1, S. 193f.; Alfred Speer, *Erinnerungen,* Propyläen, Berlin 1969, S. 196; Admiral Werner Fuchs, »Geschichtliche Entwicklung des Baues einer Großwerft in Drontheim«, BA-MA, RM 7/98, Bl. 85; Admiral Boehms Adjutant an Raeder, 1. Juli 1940, BA-MA, Nachlaß Boehm, N 172/3. Die Einrichtungen der Marine sahen Wohnungen für 55 000 Familien der Schiffsbesatzungen und der Arbeiter vor. Pro Jahr sollte der Bau eines Schlachtschiffes und die gleichzeitige Reparatur von zwei Schlachtschiffen, sechs Kreuzern und 24 U-Booten ermöglicht

werden. Siehe Raeders Material über das Drontheim-Projekt in RM 6/74, Bl. 238, 239, 243. Hitler erklärte Mussolini einen Teil des Projekts am 4. Oktober 1940 (*ADAP,* D, Bd. 11, Nr. 149).

236 Speer, *Erinnerungen,* S. 196; Winston G. Ramsay, *The War in the Channel Islands,* Battle of Britain Prints, London 1981; Charles Cruikshank, *The German Occupation of the Channel Islands,* Oxford Univ. Press, London 1979; Mitteilung für CIGS, »Operations against the Channel Islands 1940–1945«, Mai 1947, PRO, WO 106/3017.

237 Mitglieder der deutschen Marineführung sprachen sich für zusätzliche Stützpunkte überall auf der Welt aus; es gibt jedoch keine eindeutigen Hinweise, daß diese Projekte jemals Grundlage der offiziellen Politik wurden.

238 Die deutschen Pläne für diese Stützpunkte werden am gründlichsten erläutert in Goda, »Germany and Northwest Africa«.

239 Für Hinweise, daß Franco ernsthaft einen Kriegseintritt beabsichtigte, siehe *ADAP,* D, Bd. 10, Nr. 3, 88. Goda beweist Francos eindeutige Präferenz für einen Kriegseintritt, wenn seine Bedingungen – die er für vernünftig hielt – erfüllt würden. Zur schlechten Wirtschaftslage Spaniens siehe Smyth, *British Policy and Franco's Spain,* S. 77–83.

240 *ADAP,* D, Bd. 9, Nr. 488; Bd. 10, Nr. 16.

241 Für die jüngsten Belege hierfür siehe *DRuZW,* Bd. 2, S. 34.

242 Weinberg, *World in the Balance,* S. 120–123; Goda, »Germany and Northwest Africa«; Smyth, *British Policy and Franco's Spain,* S. 84–93, 98.

243 Thies, *Architekt der Weltherrschaft,* S. 138ff.

244 Nicolaus von Below, *Als Hitlers Adjutant 1937–1945,* Hase & Koehler, Mainz 1980, S. 217.

245 Siehe Hitlers Bemerkungen zu Goebbels in dessen Tagebucheinträgen vom 14. November und 29. Dezember 1939 und 13. Januar 1940. Es ist festzuhalten, daß Hitler in seiner Bemerkung vom 29. Dezember seine Ansicht wiederholte, wie günstig es (für Deutschland) gewesen sei, daß die fähige germanische Elite von den Bolschewiki vertrieben worden war.

246 Eine nützliche Zusammenfassung dieser Belege findet sich in Hillgruber, »Noch einmal«, S. 218f.

247 Siehe Hitlers Bemerkungen zu Raeder am 21. Juli 1941, in Wagner, *Lagevorträge*, S. 120 f.; eine etwas detailliertere Darstellung derselben Konferenz findet sich in BA-MA, RM 7/14, Bl. 236–239. Das Argument von Hartmut Schustereit in *Vabanque. Hitlers Angriff auf die Sowjetunion 1941 als Versuch, durch den Sieg im Osten den Westen zu bezwingen*, Mittler, Herford 1988, ist in dieser Hinsicht nicht überzeugend.

248 31. Juli 1940, aus dem Tagebuch Halders, *ADAP*, D, Bd. 10, Nr. 73.

249 Dies faßt die Position zusammen, in Weinberg, *Germany and the Soviet Union*; Hillgruber, »Noch einmal«; und *DRuZW*, Bd. 4. Zu Hitlers Ansichten über Kämpfe im Winter siehe *ADAP*, D, Bd. 8, Nr. 591. Noch am 28. Juli 1940 nahm das Oberkommando der deutschen Marine an, daß der Angriff für den Herbst 1940 geplant war; siehe »Betrachtungen über Rußland«, 28. Juli 1940, BA-MA, RM 6/66, Bl. 36–42. Jodl erklärte bei einer internen Besprechung im OKW am 29. Juli, daß der Angriff 1941 stattfinden solle.

250 *DRuZW*, Bd. 4, S. 114–116; Andreas Hillgruber, »Das Rußland-Bild der führenden deutschen Militärs vor Beginn des Angriffs auf die Sowjetunion«, in: Alexander Fischer und andere, Hg., *Rußland – Deutschland – Amerika*, Steiner, Wiesbaden 1978, S. 296–310.

251 Dr. med. Erwin Giesing, »Bericht über meine Behandlung bei Hitler«, IfZ, S. 85 f. Siehe auch KTB Skl A, Bd. 10, 18. Juni 1940, BA-MA, RM 7/13, Bl. 186.

252 Die wirtschaftlichen Überlegungen, die in *DRuZW*, Bd. 4, S. 111–113 wiedergegeben wurden, scheinen mir zu einem späteren Zeitpunkt der Vorbereitungen wichtiger gewesen zu sein.

253 Der Stabschef der 18. Armee, General Marcks, arbeitete einen der ersten Pläne für den Angriff auf die Sowjetunion aus; siehe *DRuZW*, Bd. 4, S. 216–219, 226 f.; Ingo Lachnit und Friedhelm Klein, Hg., »Der ›Operationsentwurf Ost‹ des Generalmajors Marcks vom 5. August 1940«, in: *Wehrforschung* Nr. 4 (1972), S. 114–123.

254 Der Entwurf dieser Weisung war im Oberkommando der Wehrmacht am 2. August 1940 besprochen worden, siehe KTB OKW, Bd. 1, S. 5. Das Datum zeigt die enge Verbindung zur internen Diskussion vom 29.–31. Juli.

255 *DRuZW*, Bd. 4, S. 708.

256 Rolf-Dieter Müller, *Die deutschen Gaskriegsvorbereitungen*, S. 42 f.

257 Dieser Aspekt wird zu Recht und wiederholt betont in *DRuZW*, Bd. 4, S. 168–189, wie auch in anderen Werken.

258 OKW, Abt. L, Keitel, »349/40 gKdos. Chefs.« vom 14. Juni 1940 in BA-MA, CASE 422, PG 32019.

259 Hillgruber, *Noch einmal*, S. 219 f.

260 Ueberschär, *Hitler und Finnland*, S. 170–179.

261 Bei früheren Diskussionen, vor allem am 21. Juli, war man davon ausgegangen, daß sich Finnland an der Seite Deutschlands beteiligen würde; es ist jedoch nicht sicher, ob dies auch Hitlers Ansicht war (im Gegensatz zu Halders Auffassung).

262 Weinberg, *Germany and the Soviet Union*, S. 126–128; Ueberschär, *Hitler und Finnland*, S. 202–217 (der aber die Verbindung zur Entscheidung vom 31. Juli nicht erkennt).

263 Siehe *ADAP*, D, Bd. 10, Nr. 171; Mackensen (Rom) Tel. Nr. 1356 vom 15. Juli 1940, AA, St. S., »Der Krieg 1939«, Bd. 8, Bl. 232269–71. Hitler drückte aber eine gegenteilige Meinung aus, als er Goebbels die deutsche Garantie für Rumänien erklärte: Deutschland brauche das Öl unbedingt (Fröhlich, *Goebbels' Tagebücher*, 4. September 1940, Bd. 4, S. 307).

264 *ADAP*, D, Bd. 9, Nr. 545; Bd. 10, Nr. 119. Ungarn und die Sowjetunion hatten im Herbst 1939 wieder diplomatische Beziehungen aufgenommen.

265 Ebenda, Bd. 10, Nr. 73; *I Documenti diplomatici italiani*, 9. Serie, Bd. 5, Nr. 161. Dies bezog sich auf Informationen aus Dokumenten, die die Deutschen in Frankreich beschlagnahmt hatten.

266 *KTB Halder*, 13. Juli 1940.

267 *ADAP*, D, Bd. 10, Nr. 63, 75, 81, 105, 146, 393.

268 Zu den Verhandlungen, die zu dieser Gebietsübertragung führten, siehe Juhász, *Hungarian Foreign Policy*, S. 172–175; Hillgruber, *Hitler, König Carol*, S. 89 ff.; Nandor F. Dreisziger, »The Hungarian General Staff and Diplomacy«, in: *Canadian-American Review of Hungarian Studies* 7, Nr. 1 (1980), S. 11–14.

269 Dabei kam es den Deutschen sehr gelegen, daß der rumänische König Carol bereits zuvor eine deutsche Militärdelegation eingeladen hatte

(*ADAP*, D, Bd. 10, Nr. 80, 161); Hitler jedoch hatte zunächst davon abgesehen (ebenda, Nr. 196).

270 Weinberg, *Germany and the Soviet Union*, S. 134; Gerhard L. Weinberg, »Der Deutsche Entschluß zum Angriff auf die Sowjetunion«, in: *VfZ* 1 (1953), S. 318; 2 (1954), S. 254; *ADAP*, D, Bd. 11, Nr. 236, 376.

271 Knox, *Mussolini Unleashed*, S. 141f.

272 *DRuZW*, Bd. 3, ist eines der wenigen Bücher, in denen die Bedeutung dieses Zeitrahmens für alle Aktionen der Deutschen in der Periode vom September 1940 bis zum Mai 1941 klar erkannt wird.

4
Der Konflikt weitet sich aus

1 Hitler behauptete in seinem Brief vom 5. Dezember 1940 an Mussolini, daß die deutschen Divisionen, die in Spanien eingesetzt werden sollten, spätestens im April wieder zurückkehren müßten, da sie für den Krieg gegen England benötigt würden (*ADAP*, D, Bd. 11, Nr. 452). Diese Mitteilung ist so zu verstehen, daß damit eigentlich der Angriff auf die Sowjetunion gemeint war, über den Hitler seinen italienischen Bundesgenossen noch nicht informiert hatte. Am 21. Juni 1941 teilte Hitler Goebbels mit, daß er seit Juli 1940 mit den Vorbereitungen befaßt gewesen sei (Fröhlich, *Goebbels' Tagebücher*, Bd. 4, S. 710).

2 Ein Überblick über die Planungen findet sich in *DRuZW*, Bd. 4, S. 119–326; die Weisung vom 18. Dezember 1940 ist abgedruckt in *ADAP*, D, Bd. 11, Nr. 532. Siehe hierzu auch Schustereit, *Vabanque*.

3 David Thomas, »Foreign Armies East and German Military Intelligence in Russia 1941–45«, in: *JCH* 22 (1987), S. 261–302.

4 *DRuZW*, Bd. 4, S. 188f.; *KTB OKW*, Bd. 1, S. 72; Boog, *Luftwaffenführung*, S. 85, Anm. 413, S. 109f. Im Frühjahr 1941 begannen sich die Sowjets über die systematischen Luftraumverletzungen zu beschweren (*ADAP*, D, Bd. 12, Nr. 381).

5 Ueberschär, *Hitler und Finnland*, S. 162–165.

6 Domarus, *Hitler*, Bd. 1, S. 642.

7 Dies wurde besonders sorgfältig analysiert in Christian Streit, *Keine Kameraden. Die Wehrmacht und die sowjetischen Kriegsgefangenen*

1941–1945, Deutsche Verlags-Anstalt, Stuttgart 1978. Ein gutes Beispiel dafür, wie sorgfältig der Zweck der kriminellen Befehle bei ihrer Erteilung verheimlicht wurde, findet sich im Eintrag einer Lagebesprechung des Oberkommandos der Kriegsmarine vom 20. März 1941 in KTB Skl A, Bd. 19, BA-MA, RM 7/22, Bl. 280.

8 Besonders wichtig ist der Beitrag von Jürgen Förster in *DRuZW*, Bd. 4, und das Buch von Helmut Krausnick und Hans-Heinrich Wilhelm, *Die Truppe des Weltanschauungskrieges. Die Einsatzgruppen der Sicherheitspolizei und des SD, 1938–1942*, Deutsche Verlags-Anstalt, Stuttgart 1981. Die Absicht, den Krieg im Osten in außergewöhnlich brutaler Weise zu führen, war dem deutschen General in Kroatien seit dem 5. Mai 1941 bekannt; siehe Peter Broucek, Hg., *Ein General im Zwielicht*, Bd. 3, S. 108.

9 Siehe den Eintrag vom 5. Juni 1941 im Tagebuch von Bock, BA-MA, N 22/1, Bl. 21.

10 Ein wichtiger Überblick findet sich in Rohwer und Jäckel, *Der Mord*; eine neuere Analyse in Breitman, *Architect of Genocide*.

11 Krausnick und Wilhelm, *Truppe des Weltanschauungskrieges*, Teil I, Kap. 1 und 2.

12 Ebenda, Kap. 3; siehe auch Streit, *Keine Kameraden*, Kap. 3.

13 Dies wird besonders klar herausgestellt von Andreas Hillgruber in »Die ›Endlösung‹ und das deutsche Ostimperium als Kernstück des rassenideologischen Programms des Nationalsozialismus«, abgedruckt in: ders., *Deutsche Großmacht- und Weltpolitik im 19. und 20. Jahrhundert*, Droste, Düsseldorf 1977, S. 252–275.

14 Ein vorläufiger Überblick findet sich in Weinberg, *Germany and the Soviet Union*, S. 122; weitere Details sind enthalten in Salewski, *Seekriegsleitung*, Bd. 1. Siehe auch KTB Skl A, Bd. 16, 29. Dezember 1940, BA-MA, RM 7/19, Bl. 232–240. In Jodls Memorandum vom 3. Dezember 1940 war der Offensive gegen England höchste Priorität eingeräumt worden; an zweiter Stelle kam die Verteidigung gegen England und an dritter Stelle der Angriff auf die Sowjetunion; in dem Memorandum kommt seine Einschätzung der relativen *Schwierigkeit* dieser Operation zum Ausdruck, nicht ihre *Wünschbarkeit*; siehe *DRuZW*, Bd. 4, S. 177f.

15 *DRuZW*, Bd. 4, S. 283f.

16 Schwerin von Krosigk an Göring, 19. April 1941, BA, R 2/24 243.

17 Siehe vor allem *VfZ* 23 (1975), S. 333–340; siehe auch Oron J. Hale, Verhör Köstrings, 30.–31. August 1945, Akten des U.S. Army Center for Military History.

18 *ADAP*, D, Bd. 12, Nr. 423; Tagebuch Hewel, 28. April 1941, IfZ.

19 *ADAP*, D, Bd. 12, Nr. 419.

20 Siehe das Tagebuch des Bürgermeisters der Stadt Hamburg, Carl Vincent Krogmann, Eintrag vom 26. Mai 1941, Hamburg, Forschungsstelle für die Geschichte des Nationalsozialismus in Hamburg, 11 k 9.

21 Weinberg, *Germany and the Soviet Union*, S. 118 f.; ausführlicher siehe *DRuZW*, Bd. 4, S. 168–189, 259–272, Bd. 5/1, S. 488 ff., 786 ff., 833 ff.

22 Der beste Überblick findet sich in *DRuZW*, Bd. 4, S. 277–286, 299–317; eine gute Analyse und hilfreiche Statistiken in Murray, *Luftwaffe*, S. 59, 83 f.

23 Siehe das Zitat aus Goebbels' Tagebuch in *DRuZW*, Bd. 4, S. 317. Siehe auch Hinsley, *British Intelligence*, Bd. 2, S. 193.

24 *DRuZW*, Bd. 4, S. 98–161.

25 Siehe *ADAP*, D, Bd. 11, Nr. 651, Anm. 6; zahlreiche Dokumente in AA, St. S., »Japan«, Bde. 2 und 3.

26 Ueberschär, *Hitler und Finnland*, S. 210–213; *DRuZW*, Bd. 4, S. 876.

27 Ueberschär, *Hitler und Finnland*, S. 221–225; Weizsäcker an Ribbentrop, »St. S. Nr. 812« vom 2. November 1940. Der Mitteilung lag ein Memorandum von Blücher vom 1. November 1940 bei, AA, St. S., »Aufzeichnungen über interne Angelegenheiten«, Bd. 2, Bl. 235 330–32.

28 *KTB Halder*, 16. Dezember 1940 (siehe auch *ADAP*, D, Bd. 11, Nr. 54); Weinberg, *Germany and the Soviet Union*, S. 149 f.; *ADAP*, D, Bd. 11, S. 1024.

29 Dies wurde in der deutschen Haltung zu den finnisch-sowjetischen Verhandlungen über die Konzessionen für den Nickelerzabbau in Petsamo besonders deutlich, siehe Krosby, *Petsamo Dispute*.

30 *DRuZW*, Bd. 4, Karte 24; Tagebuch Hewel, 15. Mai 1941, IfZ. Die Finnen übergaben den Deutschen eine Liste ihrer Forderungen gegenüber der Sowjetunion für den Fall, daß es zu abschließenden Verhandlungen kommen sollte,

doch teilte man ihnen mit, daß es eine militärische und keine diplomatische Lösung geben würde (*ADAP*, D, Bd. 12, Nr. 592).

31 Lutzhöft, *Deutsche Militärpolitik*, S. 109–121, 160–163; *DRuZW*, Bd. 4, S. 41. Zum schwedischen Bestehen auf einer Form von Neutralität siehe Helsinki Nr. 321 vom 10. Mai 1941, AA, Gesandtschaft Helsinki, »Berichte 251–550«, Bl. H 067 181. Wäre Schweden gewillt gewesen, sich voll zu beteiligen, so wäre Hitler bereit gewesen, die Aland-Inseln den Finnen wegzunehmen und sie Schweden zuzuschlagen (*KTB OKW*, Bd. 1, S. 229; *DRuZW*, Bd. 4, S. 408).

32 Der Konflikt in den inneren Angelegenheiten Rumäniens im Januar 1941, über den noch zu berichten sein wird, führte dazu, daß ursprüngliche Pläne für eine größere Offensive von Rumänien aus in die Ukraine aufgegeben wurden, siehe Jürgen Förster, »Rumäniens Weg in die deutsche Abhängigkeit«, in: *MGM* 25 (1979), S. 67.

33 Beauftragte für den Vierjahresplan, »Ergebnisse der Vierjahresplan-Arbeit, ein Kurzbericht nach dem Stande vom Frühjahr 1942«, BA, R 261/18, Bl. 33.

34 *KTB OKW*, Bd. 1, S. 227; Fröhlich, *Goebbels' Tagebücher*, 26. November 1940, Bd. 4, S. 41; György Ránki, »Hitlers Verhandlungen mit osteuropäischen Staatsmännern, 1939–1944«, in: Klaus Hildebrand und Reiner Pommerin, Hg., *Deutsche Frage und europäisches Gleichgewicht*, Böhlau, Köln 1985, S. 195–228. Siehe auch Weizsäcker an Heydrich, 30. März 1941, AA, St. S., »Politischer Schriftwechsel«, Bd. 6, MF 331 594.

35 Siehe beispielsweise *ADAP*, D, Bd. 11, Nr. 381, 389; Bd. 12, Nr. 614. Antonescu belehrte auch Mussolini (Fabricius Tel. 2131 vom 18. November 1940, AA, U. St. S., »Südosten«, Bd. 4, MF 177 247–48; Ciano, *Diary*, 14. November 1940.

36 *ADAP*, D, Bd. 11, Nr. 17, 19, 21, 652, 691, 696, 699, 700, 705, 706, 709, 715, Bd. 12, Nr. 94; Hillgruber, *Hitler, König Carol*, S. 119 ff.; Welles an FDR mit Anlage, 1. Februar 1941, FDRL, PSF Box 96, State, Welles, Januar–Mai 1941; Förster, »Rumäniens Weg«, S. 63–66; Clodius an Ribbentrop, 18. November 1940, AA, U. St. S., »Südosten«, Bd. 4, MF 177 251–57; Armin Heinen, *Die Legion ›Erzengel Mi-*

chael‹ *und Rumänien,* Oldenbourg, München 1986, S. 242–253; General Hansens Bericht in IfZ, ZS 1130; und Mitteilungen eines deutschen Korrespondenten in Bukarest, in BA, Brammer, ZSg 101/38, Bl. 131–167. König Carol dankte am 5. September 1940 zugunsten seines Sohnes Michael ab.

37 Siehe *ADAP,* D, Bd. 12, Nr. 387, 398. Vor dem Angriff auf die Sowjetunion hatte man sich gegenüber Antonescu nicht festgelegt. Wie im Falle Finnlands jedoch erwartete man, das jüngst an die Sowjetunion abgegebene Gebiet zuzüglich eines Bonus auf der anderen Seite der Grenze zu erhalten.

38 Hilfreiche, überblicksartige Darstellungen der türkischen Politik finden sich in Önder, *Türkische Außenpolitik;* Krecker, Diringil, *Turkish Foreign Policy,* und trotz ernsthafter Schwachpunkte auch in Weber, *Evasive Neutral.* Siehe auch Weizsäckers Memorandum, »St. S., Nr. 109«, 12. Februar 1941, AA, St. S., »Türkei«, Bd. 2, MF 172 600f.

39 Der beste Bericht findet sich noch immer in Toscano, *Designs in Diplomacy,* Kap. 3. Zusätzliche Dokumente in AA, St. S., »Italien«, Bd. 4.

40 Miklós Szinai und László Szücs, Hg., »Horthy's Secret Correspondence with Hitler«, in: *New Hungarian Quarterly* 4 (1963), S. 189f.; *ADAP,* D, Bd. 12, Nr. 431, 631.

41 *ADAP,* D, Bd. 12, Nr. 511; ebenda, S. 769; Oshima an Tokio von Rom, 14. Mai 1941, NA, RG 457, SRDJ 11693–94.

42 Köstring an Tippelskirch, 19. September 1940, BA-MA, N 123; Hermann Teske, *General Ernst Köstring,* Mittler, Frankfurt/M. 1966, S. 272; *ADAP,* D, Bd. 11, Nr. 113.

43 *ADAP,* D, Bd. 11, Nr. 1, 7, 13, 24.

44 Zur Reise der *Komet,* Deckname »Schiff 45«, siehe oben, Kap. 3, Anm. 164. Die Kriegsmarine gab im August 1940 ihren Stützpunkt an der Küste von Murmansk auf, da sich zu diesem Zeitpunkt das gesamte Norwegen unter deutscher Kontrolle befand.

45 Deutscher Marineattaché Moskau KTB, 11. Januar 1941, BA-MA, PG 48 803, MF 38; KTB Skl A, Bd. 21, 21. Mai 1941, RM 7/24; Memorandum von Baumbach, 27. Januar 1941, CASE 20/3, PG 48 807. Das Schiff kehrte im November 1941 nach Deutschland zurück; im Oktober 1942 wurde es mit seiner gesamten Besatzung versenkt.

46 Teske, *Köstring,* S. 271; *ADAP,* D, Bd. 11, Nr. 111, 128, 275; KTB Skl A, Bd. 13, 20. September 1940, BA-MA, RM 7/16, Bl. 269; Moskau Tel. 2613 vom 30. November 1940, AA, St. S., »Rußland«, Bd. 3, MF 112 691.

47 *ADAP,* D, Bd. 11, Nr. 277, 539; Moskau Tel. 2225 vom 20. Oktober 1940, AA, St. S., »Rußland«, Bd. 3, MF 112 607.

48 Ettel (Teheran) an Hewel, 16. November 1940, AA, Handakten Hewel, »Deutschland EH«, MF 371 017–19; Ronald Lewin, *The American Magic. Codes, Ciphers and the Defeat of Japan,* Farrar Straus Giroux, New York 1982, S. 206.

49 Milan Hauner, *India in Axis Strategy,* KlettCotta, Stuttgart 1981, S. 239–244; Weizsäcker an Kabul, Nr. 31 vom 2. Februar 1941, AA, St. S., »England«, Bd. 4, MF 108 640, und Schulenburg Nr. 278 vom 10. Februar, ebenda, MF 108 650.

50 Kaslas, »Lithuanian Strip«; *ADAP,* D, Bd. 8, Nr. 376, Anm. 5; offizielle sowjetische Notiz vom 12. August 1940, in AA, Botschaft Moskau, »Pol. Beziehungen Sowjetunion-Deutschland«, Bd. 3, MF 35 776–78. Anzumerken ist, daß die Deutschen im Herbst 1939 um kleinere Korrekturen der im September festgelegten Grenze in Polen ersucht hatten. Die Sowjets hatten bestimmte Änderungen vorgeschlagen; als jedoch die Deutschen die Vorschläge nicht annahmen oder nicht schnell genug antworteten, zog Moskau das Angebot wieder zurück und bestand mit einer kleinen Ausnahme auf der ursprünglich vereinbarten Grenzziehung. Die Sowjets wollten offensichtlich die Ungewißheiten und Störungen vermeiden, die sich aus wiederholten Grenzkorrekturen ergaben.

51 Memorandum von Rintelen, 19. September 1940, AA, St. S., »Rußland«, Bd. 3, MF 112 524 –25; Schulenburg Tel. 1734 vom 23. August 1940, St. S., »Litauen«, MF 193 360, und St. S. Nr. 717 vom 20. September 1940, ebenda, MF 193 361. Das Gebiet umfaßte etwa 1100 Quadratmeilen mit einer Bevölkerung von 180 000, einschließlich 8000 bis 9000 Deutsche; siehe Botschaft Moskau, »Litauischer Grenzstreifen«, MF 204 147–52. Eine gute Landkarte findet sich in der deutschen Ausgabe von *ADAP,* D, Bd. 11, Anhang V; auf der Landkarte der englischen Ausgabe wird nicht zwischen dem ehemaligen litauischen Territorium und dem ehemaligen pol-

nischen Territorium um Suwalki unterschieden, wodurch ein falscher Eindruck entsteht.

52 *ADAP*, D, Bd. 11, Nr. 109, 176, 211; siehe auch Richthofen Tel. »Pol V 3372«, 30. Oktober 1940, AA, Botschaft Ankara, »Geheime Erlasse«, Bd. 12, MF E 028 345.

53 *ADAP*, D, Bd. 11, Nr. 309, 317–319. Der deutsche Entwurf wurde dem japanischen Botschafter in Berlin zugeleitet, dessen Bericht Nr. 1440 an Tokio vom 11. November 1940 von den USA abgefangen und entziffert wurde, siehe NA, RG 457, SRDJ 7794f.

54 Die Weisung Nr. 18 findet sich in *ADAP*, D, Bd. 11, Nr. 323. Der ursprüngliche Entwurf der Weisung wurde am 7. November erlassen; siehe *KTB Halder*, 7. November 1940; Heinz Holldack, *Was wirklich geschah*, Nymphenburger Verlagsgesellschaft, München 1949, S. 424.

55 Die Briten hatten beabsichtigt, Cripps nur für diese spezielle Mission zu entsenden; Sir Maurice Peterson sollte Botschafter werden (Mitteilung von Halifax, 25. Mai 1940, N 5660/40/38, PRO, FO 371/24 847).

56 Heinrich Bartel, *Frankreich und die Sowjetunion 1938–1940*, Franz Steiner, Wiesbaden 1986, S. 314ff.

57 Siehe das Gespräch zwischen Butler und Halifax am 13. September 1939, C 13856/15/18, PRO, FO 371/22833; War Cabinets 67, 112, 116(39) vom 1. November, 12. Dezember und 15. Dezember 1939, CAB 65/2, Bl. 24, 266, 290; War Cabinet 66 (41) vom 12. März 1940, CAB 65/6, Bl. 62f.

58 Das Gerücht von einem möglichen britisch-sowjetischen Abkommen ohne polnische Beteiligung verursachte der polnischen Exilregierung solche Sorgen, daß ihr Führer, General Sikorski, eine Wiederannäherung an die Sowjetunion versuchte. Die Sowjets zeigten sich desinteressiert; Sikorski wäre beinahe gestürzt worden (Terry, *Poland's Place in Europe*, S. 51–55. C 14/14/62, PRO FO 371/26 419).

59 Cripps' Berichte 591 vom 8. August 1940, N 6105/40/98, PRO, FO 371/24 847 und 715 vom 31. August 1940, N 6458/283/38, FO 371/24852; Cripps an Halifax, 10. Oktober 1940, FO 800/322, Bl. 353–360.

60 Berichte in Woodward, *British Foreign Policy*, Bd. 1, S. 467–496; Medlicott, *Economic Blockade*, Bd. 1, S. 312–317, 633–648; Miner, *Between Churchill and Stalin*, S. 74ff. Siehe auch

Dalton an Halifax, 30. Oktober 1940, PRO, FO 800/322, Bl. 361–363; Kommentare des Foreign Office zu Cripps Nr. 976 vom 10. November 1940, N 7163/283/38, FO 371/24 852; Halifax an Cripps, 27. November 1940, FO 800/322, Bl. 365–370; Cripps Nr. 1077f. vom 8. Dezember 1940, N 7387/40/38. Zu deutschen Informationen über diese Verhandlungen und ihren Fehlschlag siehe Weizsäcker an Schulenburg, »Pol VII 75gRs.«, 13. Februar 1941, AA, St. S., »Türkei«, Bd. 2, MF 172 597.

61 Siehe Cripps Nr. 980, N 7164/283/38, PRO, FO 371/24 852.

62 Weinberg, *Germany and the Soviet Union*, S. 141–144; Köstring an Tippelskirch, 14. November 1940, BA-MA, N 123; Skl Memorandum, 16. November 1940, RM 6/73, f. Die deutschen Propaganda-Weisungen über den Besuch wurden offenbar von den DDR-Behörden oder den Sowjets aus den deutschen Archiven entfernt; siehe Boelcke, *Kriegspropaganda*, S. 194, 565.

63 Die Deutschen drängten die Sowjetunion, den Iran zu besetzen, versicherten aber gleichzeitig dem iranischen Botschafter in Berlin, daß es keinen Anlaß zur Sorge gebe (St. S., Nr. 838 vom 18. November 1940, AA, Büro RAM, »Iran«, MF 45 242).

64 *ADAP*, D, Bd. 11, Nr. 404.

65 Ebenda, Nr. 403. Die Ähnlichkeit zu den Forderungen der Sowjets nach Beistandsabkommen mit den Baltischen Staaten im September bis Oktober 1939 ist auffallend.

66 Ebenda, Nr. 409, 412, 425, 437.

67 *ADAP*, D, Bd. 11, Nr. 568; Memorandum des Finanzministeriums vom 16. Januar 1941, BA, R 2/17 315; Rußland-Ausschuß der Deutschen Wirtschaft, »Orientierung der Firmen über das deutsch-russische Wirtschaftsabkommen vom 10. Januar 1941«, 17. Januar 1941, R 2/17 282; »Wirtschaftliche Pressekonferenz vom 11. Januar 1941«, und »… vom 14. Januar 1941«, ZSg. 115/3.

68 *ADAP*, D, Bd. 11, Nr. 669.

69 Ebenda, Bd. 12, Nr. 140. Dieses Dokument enthält eine sowjetische Instruktion, wonach die Billigung des deutschen Vorstoßes auf dem Balkan als vereinbar mit dem wichtigsten sowjetischen Ziel erklärt wird: der Zerstörung des Britischen Empire.

70 Siehe den Bericht über ein Gespräch mit dem

Assistenten des sowjetischen Militärattachés in Deutschland am 11. April 1941, NA, RG 165, Entry 77, Box 1417, File 6900 Germany, weekly reports.

71 Ueberschär, *Hitler und Finnland*, S. 263–265; Moskau Tel. 1280 vom 1. Juni 1941, AA, St. S., »Rußland«, Bd. 5, MF 113 467.

72 *ADAP*, D, Bd. 12, Nr. 351; KTB, Marineattaché Moskau, März-April 1941, BA-MA, CASE 20/3, PG 48 803.

73 Einzelheiten in Weinberg, *Germany and the Soviet Union*, S. 161f.

74 Ebenda; siehe auch *ADAP*, D, Bd. 12, Nr. 280, 380, 521; KTB Skl A, Bd. 19, 12. April 1941, BA-MA, RM 7/23. Die Sowjets boten auch Italien neue Wirtschaftsverhandlungen an (Moskau Tel. 1046 vom 30. April 1941, AA, St. S., »Rußland«, Bd. 4, MF 113 383).

75 *DRuZW*, Bd. 4, S. 290.

76 *ADAP*, D, Bd. 12, Nr. 333, 468, 505, 628; Schulenburg (Moskau) an Großkopf, 29. Mai 1941, AA, Inland IIg, »Volkstumsfragen gRs«, MF H 297 725–27.

77 Zu dieser berühmten Rede, von der ein zuverlässiger Text möglicherweise bald zugänglich sein wird, siehe *ADAP*, D, Bd. 12, Nr. 593; Hinsley, *British Intelligence*, Bd. 1, S. 466; Erickson, *Road to Stalingrad*, S. 82; Ribbentrop an Mackensen, 19. Dezember 1942, AA, Botschaft Rom (Quir.), Geheim 58/1, »Kriegführung Sowjetrußlands«, Bd. 1, E 260 213–35.

78 Siehe die Bemerkung der sowjetischen Botschafterin in Schweden, die sowjetische Regierung habe bis zum letzten Augenblick erwartet, daß sich eine Gelegenheit für Verhandlungen bieten würde, in Wied (Stockholm) Nr. 731 vom 24. Juni 1941, AA, St. S., »Rußland«, Bd. 5, MF 113 602.

79 *KTB Halder*, 23. Juni 1941, Bd. 3, S. 8f.; *Leeb KTB*, 22. Juni 1941, S. 275–277. Der britische Botschafter Cripps war voller Abscheu über die sowjetische Beschwichtigungspolitik genüber Deutschland nach London zurückgekehrt. Er erklärte dem britischen Kabinett, daß die sowjetische Führung gewillt sei, den Deutschen größere Zugeständnisse zu machen. Er erwartete nicht, daß die Sowjetunion in einem Krieg mehr als drei oder vier Wochen durchhalten könne, glaubte aber, daß die Russen in Sibirien längere Zeit ausharren könnten, wenn es ihnen gelänge, einige ihrer Truppen herauszuholen;

WM(41) War Cabinet 60 vom 16. Juni 1941, Confidential Annex, PRO, CAB 65/22; vgl. auch den Bericht in Gorodetsky, *Stafford Cripps*, S. 170–172.

80 Köstring an Matzky, 21. Mai 1941, BA-MA, N 123. Eine detaillierte Studie zeigt, daß Stalin gegen Projekte sein Veto einlegte, die zum Ziel hatten, den deutschen Truppenaufmarsch im Frühjahr 1941 durch eine Präventivoffensive der Roten Armee zu stören; siehe Timothy P. Mulligan, »›Stalin's Surprise‹ and German Preventive War: Synonymous or Seperate?«, Beitrag zur Konferenz über »Barbarossa« an der Universität Waterloo, Mai 1991.

81 Barton Whaley, *Codeword Barbarossa*, MIT Press, Cambridge, Mass. 1973. Zu den Warnungen der Amerikaner, die auf Informationen von Dr. Erwin Respondek beruhten, siehe Waldo Heinrichs, *Threshold of War. Franklin D. Roosevelt and American Entry into World War II*, Oxford Univ. Press, New York 1988, S. 21–23, Anm. 11 auf S. 224f., S. 88f.; John V. Dippel, *Two against Hitler. Stealing the Nazis' Best-Kept Secrets*, Praeger, New York 1992, Kap. 4–5.

82 Tagebuch Hewel, 12. und 20. Juni 1941, IfZ.

83 KTB Skl A, Bd. 22, 13. Juni 1941, BA-MA, RM 7/25, Bl. 135.

84 *KTB OKW*, 14. Juni 1941, Bd. 1, S. 415; *KTB Halder*, 14. Juni 1941, Bd. 2, S. 455; Tagebuch von Waldau, 14. Juni 1941, IfZ.

85 Hillgruber, *Hitlers Strategie*, S. 504–508.

86 Tagebuch Hewel, 18.–19. Juni 1941, IfZ; *ADAP*, D, Bd. 12, Nr. 654, 655, 662.

87 Siehe *KTB OKW*, 7. Dezember 1940, Bd. 1, S. 227.

88 Siehe das Treffen zwischen Hitler und Hewel am 8. Juni 1941, Tagebuch Hewel, IfZ; Entwurf der Führer-Weisung Nr. 32, *ADAP*, D, Bd. 12, Nr. 617, ferner Walther Hubatsch, Hg., *Hitlers Weisungen für die Kriegsführung 1939–1945*, Bernard & Graefe, Frankfurt/M. 1962, S. 129–135; Karl Klee, »Der Entwurf zur Führer-Weisung Nr. 32 vom 11. Juni 1941«, in: *Wehrwissenschaftliche Rundschau* 3 (1956), S. 127–141 (enthält in der Einleitung einige törichte Behauptungen, jedoch auch einige wichtige technische Details); »Lagebesprechung beim Chef der Seekriegsleitung«, 23. Juni 1941, KTB Skl A, Bd. 22, BA-MA, RM 7/25, Bl. 283f.

89 *DRuZW*, Bd. 4, S. 182.

90 Der beste Bericht hierüber ist noch immer Jäckel, *Frankreich in Hitlers Europa,* Kap. 3–9.

91 Siehe oben, Kap. 3.

92 Halifax an Hoare, 30. Juli 1940, PRO, FO 800/323, Bl. 134–140; Hoares Memorandum vom 23. September 1940, ebenda, Bl. 183–187; Halifax an Hoare, 29. September 1940, ebenda, Bl. 201f.

93 *ADAP,* D, Bd. 10, Nr. 346, 369, 373.

94 Gute Berichte finden sich in Detwiler, *Hitler, Franco,* und Goda, »Germany and Northwest Africa«. Siehe auch Weizsäckers Memorandum Nr. 644 vom 9. August 1940, in AA, Botschaft Rom (Quir.), geheim, Bd. 43/5; Huenes Memorandum vom 1. Oktober 1940, Gesandtschaft Lissabon, »Deutsch-polnischer Krieg«, Bd. 5.

95 Ciano, *Diary,* 1. Oktober 1940, S. 297; Smyth, *British Policy and Franco's Spain,* S. 84–93, 98; Hoare Nr. 816 vom 3. Oktober 1940, C 10 595/113/41, PRO, FO 371/24 517; Mr. Garrans Protokoll von Z 11 696/11 696/41, FO 371/49 663.

96 Hoares Memorandum vom 18. Oktober 1940, PRO, FO 800/323, Bl. 217–219; Hoare Nr. 506 (Saving) vom 22. Oktober 1940, C 11 369/113/41, FO 371/24 517.

97 Siehe David W. Pike, »Franco and the Axis Stigma«, in: *JCH* 17 (1982), S. 377–390; Smyth, *Diplomacy and Strategy of Survival,* S. 93f., 99–105.

98 Charles B. Burdick, *Germany's Military Strategy and Spain in World War II,* Syracuse Univ. Press, Syrakus 1968, Kap. 1–4.

99 Hinsley, *British Intelligence,* Bd. 1, S. 256; Smyth, *British Policy and Franco's Spain,* S. 160–163, 169; Hoare Nr. 816 vom 3. Oktober 1940, C 10 595/113/41, PRO, FO 371/24 517; Hoare Nr. 383 (Saving) vom 15. Oktober 1940, C 11 145/113/41, ebenda. Die Japaner erfuhren ebenfalls von der Weigerung Francos, als Serrano Suñer von seinem Berlin-Besuch zurückkehrte; Takata (Madrid) an Tokio, Nr. 185 vom 3. Oktober 1940, NA, RG 457, SRDJ 7082.

100 *ADAP,* D, Bd. 11, Nr. 268, Bd. 13, Nr. 122, 391, 403. Dokumente über die Unterstützung deutscher Kriegsschiffe und die Rückführung deutscher Schiffsbesatzungen durch Spanien befinden sich in AA, Botschaft Madrid, »Seekrieg«, Bd. 1.

101 Detwiler, *Hitler, Franco,* Kap. 4–7; Hill-gruber, *Hitlers Strategie,* S. 178ff., 316ff.; Papeleux, *L'Admiral Canaris,* S. 150–159.

102 Aus dem Bericht Sir Samuel Hoares vom 22. Oktober 1940 über eine Unterredung mit Franco lassen sich die Ansichten Francos genau erschließen; C 11 492/113/41, PRO, FO 371/24 517.

103 Siehe Hoares Bericht Nr. 1234 vom 13. Dezember 1940 über die jüngsten Besprechungen des Spanischen Armeerates, C 13 404/113/41, ebenda.

104 *ADAP,* D, Bd. 11, Nr. 490, 506, 428, 434; KTB Skl A, Bd. 15, 21. November 1940, BA-MA, RM 7/18, Bl. 376.

105 Burdick, *Germany's Military Strategy and Spain,* Kap. 5; KTB Skl A, Bd. 21, 5. Mai 1941, BA-MA, RM 7/24, Bl. 53.

106 Eine Zusammenfassung der italienischen Vorbereitungen und des deutschen Vetos findet sich in Knox, *Mussolini Unleashed,* S. 165–177. Siehe auch KTB Skl A, Bd. 12, 28. August 1940, BA-MA, RM 7/15, Bl. 328; deutscher Marineattaché Rom an Admiral Bürkner, 24. August 1940, BA-MA, CASE 17/3, PG 45 171, Bl. 82–85.

107 Ciano, *Diary,* 8. Oktober 1940, S. 299. Von Ribbentrop hatte zehn Tage zuvor zumindest darauf hingewiesen, aber die Deutschen hatten dann ihre tatsächliche Vorgehensweise verschwiegen (Knox, *Mussolini Unleashed,* S. 190, 205–207).

108 Mussolini, zit. in Ciano, *Diary,* 12. Oktober 1940, S. 300. Für Mussolini hatte das Konzept des Gleichgewichts in Südosteuropa große Bedeutung; das frühere Ereignis war seine Aktion in Albanien im April 1939, nachdem die Deutschen im März die Rest-Tschechoslowakei besetzt hatten. Die Begründung, mit der die Knox (*Mussolini Unleashed,* S. 346, Anm. 84) die Zweifel Hillgrubers und van Crevelds (siehe Bibliographischer Essay) hinsichtlich dieses Zitats zurückweist, erscheint mir plausibel. Andererseits kann ich der Ansicht von Knox (S. 209) nicht zustimmen, daß der italienische Angriff auf Griechenland früher oder später habe kommen müssen. Nach den Katastrophen, die die Italiener später im Jahre 1940 in Afrika erleben mußten, war dies eher unwahrscheinlich. Eine faszinierende Übersetzung des Protokolls einer Besprechung am 14. Oktober 1940 in Mussolinis Arbeitszimmer findet sich in Anhang A von ZM

3420/1176/82, PRO, FO 371/49933. Darin wird eine allgemeine Begeisterung für die Invasion deutlich.

109 Zusammenfassung der Verhandlungen im September in Knox, *Mussolini Unleashed*, S. 155f.

110 Ebenda, S. 191–193. Knox argumentiert auch (S. 196–198), daß Ciano gegen Griechenland vorgehen wollte, um etwas in der Hand zu haben, falls der Krieg mit einem Kompromißfrieden enden sollte; siehe jedoch auch den Bericht des japanischen Botschafters in Rom über eine Unterredung mit Ciano am 24. September. Amau schlußfolgert darin, daß Ciano einen langen Krieg erwartete (NA, RG 457, SRDJ 6917f.).

111 Knox, S. 209–230. Ciano informierte die Japaner auch über den Angriff am Abend des 27. Oktober (Amau [Rom] an Tokio Nr. 1120 vom 27. Oktober 1940, NA, RG 457, SRDJ 7479).

112 Clemm von Hohenberg, »Kurzer Überblick über den italienisch-griechischen Krieg 1940/1941 und seine Vorgeschichte«, BA-MA, N 449/4, Bl. 2.

113 Ebenda, passim (ein Überblick des früheren deutschen Militärattachés in Athen); weitere Berichte in Knox, S. 231–260; *DRuZW*, Bd. 3, S. 394–414.

114 Die USA hatten Flugzeuge für die Luftaufklärung zur Verfügung gestellt, die von Malta starteten und den Hafen auskundschafteten (Gilbert, *Churchill*, Bd. 6, S. 901). Es gibt Hinweise darauf, daß dieser Angriff dazu beitrug, daß sich der japanische Admiral Yamamoto Isoroku darauf versteifte, ein von Flugzeugträgern aus gestarteter Torpedoangriff sei der richtige Weg, einen Schlag gegen die US-Flotte in Pearl Harbor zu führen. Dies führte auch dazu, daß Admiral Stark, der Chef der Marineoperationen der USA, Hawaii aufforderte, Torpedonetze aufzustellen; der Kommandierende der US-Flotte, Admiral Richardson (der später durch Kimmel ersetzt wurde), lehnte den Gedanken ab (Prange, *At Dawn*, S. 40, 43, 45f.).

115 Die Italiener sorgten sich auch über mögliche Zugeständnisse der Deutschen gegenüber den Franzosen, die es Frankreich erlauben würden, seine militärische Stärke in Tunesien oder an der Westgrenze Libyens wiederaufzubauen (Marineattaché Rom Bericht »3101/40 Gkds.«, 15. September 1940, BA-MA CASE 17/3, PG 45171.

116 I. S. O. Playfair, *The Mediterranean and Middle East*, HMSO, London 1954, Bd. 1, S. 190–204, 241–256.

117 Knox, *Mussolini Unleashed*, S. 253–256; Playfair, Kap. 14, 15, 19; Gavin Long, *Six Years War*, S. 54–58; *DRuZW*, Bd. 3, S. 591–598. Es gibt einen sehr interessanten Ordner von Dokumenten der 10. italienischen Armee für die Periode Mai bis Dezember 1940, der von den Briten in Bardia erbeutet worden war, in PRO, WO 106/2129.

118 Zu der Kampagne siehe Playfair, Kap. 21–23. Die letzten italienischen Einheiten ergaben sich am 16. Mai 1941.

119 Ebenda, S. 326–332.

120 Zu Cianos Rolle siehe das Memorandum der deutschen Botschaft in Rom, 4. Dezember 1940, AA, Botschaft Rom (Quir.) Geheim 44/3, MF 481754–63.

121 Knox, *Mussolini Unleashed*, S. 269f.; *ADAP*, D, Bd. 11, Nr. 731.

122 Der vollständige Text findet sich in James, *Churchill Speeches*, Bd. 6, S. 6322–6325.

123 Knox, *Mussolini Unleashed*, S. 260–272, untersucht die interne Situation in den entscheidenden Wintermonaten. Siehe auch Horikiri (Rom) an Tokio Nr. 1221 vom 14. Dezember 1940, NA, RG 457, SRDJ 8480. Anscheinend gab es in der italienischen Marine seit November auch Überlegungen über eine Desertion, aber die Hinweise darauf sind bruchstückhaft; siehe Denham, *Inside the Nazi Ring*, S. 133–138; Alberto Santoni, *Ultra siegt im Mittelmeer*, Bernard & Graefe, Koblenz 1985, S. 74–77; Dokumente in R 8939/60/22, PRO, FO 371/24952; R 530, 1004, 1314, 2070, 2489, 3017, 7013/218/22, FO 371/29940 und PREM 242/11A, Bl. 463f.

124 Siehe die Bemerkung des japanischen Botschafters in Berlin in seinem Tel. Nr. 119 vom 14. Februar 1941, NA, RG 457, SRDJ 9820.

125 KTB Skl A, Bd. 13, 9. September 1940, BA-MA, RM 7/16, Bl. 255f.

126 Vgl. Tagebuch von Bock, 11. November 1940, BA-MA, N 22/7, Bl. 1; *ADAP*, D, Bd. 11, Nr. 353. Hinsichtlich Griechenlands waren die Deutschen auch deshalb so empfindlich, weil sie sich an den Zusammenbruch Bulgariens im Ersten Weltkrieg erinnerten, als Truppen der Alliierten von der Front bei Saloniki vorstießen.

127 Wagner, *Lagevorträge*, S. 301–304; KTB

Skl A, Bd. 26, 28. Oktober 1941, BA-MA, RM 7/29, Bl. 474–480.

128 Knox, *Mussolini Unleashed*, S. 272.

129 Playfair, *Mediterranean*, Bd. 1, S. 315–328; *DRuZW*, Bd. 3, S. 599, 606f.; Murray, *Luftwaffe*, S. 76. Das Fliegerkorps X hatte mehr Erfahrungen beim Angriff auf Schiffe als die meisten anderen deutschen Luftwaffeneinheiten. Siehe auch Tagebuch von Waldau, 3. Dezember 1940, IfZ.

130 Farnie, *East and West of Suez*, S. 623 ff.

131 Knox, *Mussolini Unleashed*, S. 279–281.

132 Ebenda, S. 279–282; Playfair, Bd. 1, S. 366–368; *DRuZW*, Bd. 3, S. 599–605.

133 *ADAP*, D, Bd. 11, Nr. 320, 324, 334, 417. Die damaligen jugoslawischen Führer begriffen nicht, daß es mit der eigenen Unabhängigkeit vorbei war, wenn das um ihr Land liegende Territorium erst von den Deutschen kontrolliert würde.

134 Ein hervorragender Bericht findet sich in Breccia, *Jugoslavia, 1939–1941*, S. 331–569.

135 Zu der Zurückhaltung Griechenlands, den Briten Maßnahmen zu erlauben, die von Deutschland als Drohung empfunden werden könnten, siehe Robin Higham, *Diary of a Disaster. British Aid to Greece 1940–1941*, Univ. Press of Kentucky, Lexington, Ky., 1986, S. 51; John L. Hondros, *Occupation and Resistance. The Greek Agony, 1941–44*, Pella, New York 1983, S. 48–51. Meine Interpretation der Friedensgesuche und ihrer Ablehnung durch Hitler unterscheidet sich von der Interpretation bei Knox vor allem aufgrund der Materialien in den Papieren Clemm von Hohenbergs, BA-MA, N 449/4, Bl. 16–21. Siehe auch Ehrengard Schramm-von Thadden, *Griechenland und die Großmächte im Zweiten Weltkrieg*, Steiner, Wiesbaden 1955, S. 217–221; *FRUS*, 1940, Bd. 3, S. 572; *ADAP*, D, Bd. 11, Nr. 584, Bd. 12, Nr. 143, 155, 170, 179, 180, 189. Interessant ist auch die Zusammenfassung einer Konferenz im Oberkommando der deutschen Kriegsmarine am 19. März 1941: »Vom Führer ist bestätigt worden, daß auch bei einer friedlichen Lösung der griechischen Frage die Besetzung des ganzen Landes vorgesehen sei.« (KTB Skl A, Bd. 19, BA-MA, RM 7/22, S. 265) Die Deutschen waren in der Lage, einige relevante Telegramme der Griechen abzufangen und wußten, daß ihr offizieller Vorwand, es befänden sich britische Trup-

pen in Griechenland, falsch war (Griechisches Außenministerium an griechische Gesandtschaft Berlin, 14. März 1941, AA, Botschafter Ritter, »Verschiedenes, Aufzeichnungen, Telegramme«, MF E 220961–62).

136 Siehe das Memorandum vom 5. Juni 1940 in R 6476/58/22, PRO, FO 371/24 948.

137 Ein ausgezeichneter Bericht findet sich in Higham, *Diary of a Disaster*, S. 26f., 34.

138 Sir Francis de Guingand, *Operation Victory*, Hodder & Stoughton, London 1947, S. 85 f.

139 Higham, S. 74 f.

140 Ebenda, S. 88f.; Playfair, *Mediterranean*, Bd. 1, Kap. 20; *DRuZW*, Bd. 3, S. 433–435; Sir John Kennedy, *The Business of War*, Hutchinson, London 1957, S. 81–87; David Carlton, *Anthony Eden*, Allen Lane, London 1981, S. 170–179; Aufzeichnungen Ismay in Liddell Hart Centre, Ismay Papers, II/3/57/2.

141 Knox, *Mussolini Unleashed*, S. 283; Hinsley, *British Intelligence*, Bd. 1, S. 404–406; Higham, *Diary of a Disaster*, S. 193; *DRuZW*, Bd. 3, S. 608–611.

142 Hoppe, *Bulgarien*, Kap. 12; Marshall Lee Miller, *Bulgaria during the Second World War*, Stanford Univ. Press, Stanford, Calif., 1975, S. 41–51. Vgl. auch Hans Bauer, *Hitler's Pilot*, Muller, London 1958, S. 119.

143 Thomas F. Troy, *Donovan and the CIA*, University Publications of America, Frederick, Md. 1981, S. 39; *FRUS*, 1941, Bd. 1, S. 282; *ADAP*, D, Bd. 11, Nr. 685, 713; britische Materialien befinden sich in PRO, AIR 8/368.

144 Zu den vergeblichen Anstrengungen der Briten siehe Carlton, *Eden*, S. 179 f.; Woodward, *British Foreign Policy*, Bd. 1, Kap. 16.

145 Zahlreiche Dokumente hierzu befinden sich in AA, St. S., »Türkei«, Bd. 2–3; ferner *ADAP*, D, Bd. 12, Nr. 303; E, Bd. 1, Nr. 250. Auf der Karte in *DRuZW*, Bd. 3, gegenüber der S. 492, ist das griechische Gebiet an der Grenze zur Türkei als unter deutscher Kontrolle befindlich ausgewiesen; ein Hinweis auf die besonderen Konzessionen gegenüber der Türkei fehlt.

146 Mitteilung Roosevelts an Hull, 20. Februar 1941, *FDR Letters*, Bd. 2, S. 1126f.

147 Die Deutschen hatten bis zum 13. Februar erfahren, daß die Sowjetunion die Türkei nicht unterstützen und auch nicht mit Großbritannien zusammenarbeiten, sondern lediglich als Zuschauer die Aktionen der Deutschen auf dem Balkan verfolgen würde (Weizsäcker an die Botschaften in Moskau und Ankara, 13. Februar 1941, AA, St. S., »Türkei«, Bd. 2, MF 172597–99).

148 Hitler lehnte den Vorschlag des deutschen Gesandten in Belgrad ab, die Geheimprotokolle über den Beitritt Jugoslawiens zum Dreimächtepakt den Führern der jugoslawischen Opposition vorzulegen (Verhör Kurt von Kamphoevner durch Oron J. Hale, 14. August 1945, U. S. Army Center for Military History).

149 *DRuZW*, Bd. 3, S. 449–454.

150 Der deutsche Kurswechsel von der Unterstützung der Autonomiebewegung Vladko Matscheks zur Ustascha läßt sich anhand des Berichts von Walter Malletke vom April 1941 nachvollziehen, in BA, R 43 II/1458, Bl. 11–17.

151 *DRuZW*, Bd. 3, S. 454–484 behandelt die Kämpfe sowohl in Jugoslawien als auch in Griechenland.

152 *ADAP*, D, Bd. 12, Nr. 224, 226.

153 Ebenda, Nr. 215.

154 Die Ungarn veröffentlichten einige wichtige Dokumente in *Ung. Dok.*, Bd. 4. Die Ungarn bildeten sich ein, bald einen Zugang zur Adria zu bekommen, mußten sich dann aber vom Gegenteil überzeugen (*ADAP*, D, Bd. 12, Nr. 282). Vor seinem Selbstmord schrieb Teleki einen letzten Brief an Gabor Apor, einen bekannten ungarischen Diplomaten, der damals Botschafter am Heiligen Stuhl war. In diesem Brief schildert Teleki die Krise und seine Ansichten dazu. Eine Kopie des Textes befindet sich in Donovan an Roosevelt, 30. März 1945, FDRL, PSF 171, OSS March 16–31, 1945.

155 *ADAP*, D, Bd. 12, Nr. 216.

156 Siehe hierzu die Zusammenfassung der Ansichten Hitlers, zusammengestellt ca. 2. April 1941, in AA, Handakten Ritter, »Verschiedenes geheim I & II«, MF 280709.

157 *ADAP*, D, Bd. 12, Nr. 465, 478.

158 Ein früher Hinweis darauf findet sich im Bericht vom 7. Mai 1941, Item 8 der Akte Canaris/Lahousen, Imperial War Museum, AL 1933.

159 Highams Buch, *Diary of a Disaster*, gehört zu den wenigen Veröffentlichungen, in denen dieser Aspekt betont wird. Siehe Farnie, *East and West of Suez*, S. 624f.; Playfair, *Mediterranean*, Bd. 1, S. 326–328. Zur fortgesetzten Verminung des Kanals durch die Deutschen in den Monaten

Juli, August und September 1941 vgl. die Berichte in PRO, CAB 106/864.

160 *ADAP*, D, Bd. 12, Nr. 350, 427, 446; Bd. 13, Nr. 49.

161 Siehe Brooke Diary, 23. Oktober 1941, 31. März 1942 (beide Einträge fehlen in der veröffentlichten Version), Liddell Hart Centre. Die Beziehungen zur australischen Regierung, die die wiederholten Niederlagen der britischen Militärführung, zumindest aus *australischer* Sicht, nicht schätzte – und sie mit einer Mehrheit von einer Stimme im Parlament auch nicht hinnehmen konnte –, stellten für die Briten ein weiteres Problem dar; siehe John Robertson, *Australia at War*, Heinemann, Melbourne 1981, S. 47f.

162 Zu dieser Frage siehe Chadwick, *Britain and the Vatican*, Kap. 10.

163 Tagebuch Hewel, 19. Mai 1941, IfZ.

164 Ebenda, 29. Mai 1941.

165 Daniel Silverfarb, *Britain's Informal Empire in the Middle East. A Case Study of Iraq, 1929–1941*, Oxford Univ. Press, New York 1986, S. 123–140; Richard A. Stewart, *Sunrise at Abadan. The British and Soviet Invasion of Iran, 1941*, Praeger, New York 1988, Kap. 3; *DRuZW*, Bd. 3, S. 448–555; ein älterer Bericht findet sich in Lukasz Hirszowicz, *The Third Reich and the Arab East*, Routledge & Kegan Paul, London 1966, Kap. 7–8.

166 Zum deutschen Druck auf die Türkei siehe Önder, *Türkische Außenpolitik*, S. 110–117. Als Köder diente nunmehr bulgarisches Territorium.

167 Burkhart Mueller-Hillebrand und andere, »Germany and Her Allies in World War II«, USAREUR (United States Army, Europe), Historical Division, P-108, S. 260ff. (Kopien befinden sich in National Archives und wurden nachgedruckt in Donald S. Detwiler und andere, Hg., *World War II German Military Studies*, Bd. 20, Garland, New York 1979); Stewart, *Sunrise at Abadan*, S. 40f.; Great Britain, Air Historical Branch, »The Middle East Campaign, Vol. IX: The Campaign in Syria June 1941«, Royal Air Force Narrative (First Draft), S. 7–9; A. B. Gaunson, *The Anglo-French Collision in Lebanon and Syria 1940–45*, Macmillan, London 1986, S. 33f.

168 Jäckel, *Frankreich*, S. 162–164, Elmar Krautkrämer, »General Giraud und Admiral Darlan in der Vorgeschichte der alliierten Landung in Nordafrika«, in: *VfZ* 30 (1982), S. 212f.;

Coutau-Bégarie und Huan, *Darlan*, Kap. 14; Werner-Otto von Hentig, *Mein Leben. Eine Dienstreise*, Vandenhoeck & Ruprecht, Göttingen 1962, S. 342–345; Fridolin von Senger und Etterlin, »Report on his Activity as German Representative at the Italian Armistice Commission«, 1942, BA-MA, N 64/9, Bl. 26–30; Tagebuch Hewel, 18. Mai 1941, IfZ.

169 *ADAP*, D, Bd. 10, Nr. 370; Bd. 12, Nr. 12.

170 Einige der Mitteilungen Raschid Alis an Berlin wurden von der japanischen Botschaft in Bagdad weitergeleitet (Ettel [Teheran] Tel. 357 vom 9. Mai 1941, AA, Botschafter Ritter, »Verschiedenes geheim I & II«, MF 280845–48.

171 *ADAP*, D, Bd. 12, Nr. 590; Bd. 13, Nr. 180, 183 und Dokumente in E, Bd. 1.

172 Verschiedene Ämter der deutschen Regierung, Organisationen der Nationalsozialistischen Partei und der Wehrmacht waren an den Verschwörungen und Kontroversen in und um Afghanistan beteiligt. In der Hauptsache ging es dabei um Aufschub des Einberufungsbefehls für ein paar deutsche Bürokraten, die an diesen endlosen Disputen beteiligt waren, und um Zuschüsse für einige Afghaner im Exil. Siehe *DRuZW*, Bd. 3, S. 145–148; Inge Kircheisen und Johannes Glasneck, *Türkei und Afghanistan – Brennpunkte der Orientpolitik im Zweiten Weltkrieg*, Deutscher Verlag der Wissenschaften, Berlin (Ost) 1968; Pilger (Kabul) an Weizsäcker Nr. 121 vom 7. April 1941, AA, St. S., »Italien«, Bd. 4, MF B 001 686.

173 Walter Ansel, *Hitler and the Middle Sea*, Duke Univ. Press, Durham, N. C. 1972, Kap. 11–13, 15–23; *DRuZW*, Bd. 3, S. 485–511.

174 *DRuZW*, Bd. 3, S. 612.

175 Die Brücke wurde gesprengt, aber die Landung zeigte einmal mehr, was Luftlandetruppen bewirken konnten.

176 Der Verfasser wies auf diesen Aspekt bereits hin in *Germany and the Soviet Union*, S. 163, 180–182.

177 Eine wenig überzeugende Zusammenfassung findet sich in *DRuZW*, Bd. 3, S. 508.

178 R. T. Thomas, *Britain and Vichy*, St. Martin's, New York 1979, S. 106f. Im Mai 1941 entwickelten die Briten Pläne für die Evakuierung Palästinas, falls dies erforderlich werden sollte. Die Truppen und die *nichtjüdischen* britischen Zivilisten sollten evakuiert werden; Juden und Araber sollten den Deutschen überlassen werden

(Ronald W. Zweig, »British Plans for the Evacuation of Palestine in 1941–1942«, *Studies in Zionism* 8 [Herbst 1983], S. 291–296).

179 Zum Feldzug in Syrien siehe *DRuZW*, Bd. 3, S. 561–567; Long, S. 87–97; Hirszowicz, *The Third Reich*, Kap. 9. In dem Bericht über die Kämpfe des 1. Australischen Korps in Syrien heißt es: »Die Vichy-Franzosen zeigten bei diesem Feldzug solche kämpferische Qualitäten bei der Verteidigung, daß schwer zu verstehen ist, warum sie in ihrem eigenen Land so leicht geschlagen werden konnten.« John Robertson und John McCarthy, Hg., *Australian War Strategy, 1939–1945. A Documentary History*, Univ. of Queensland Press, St. Lucia, Dok. 93, S. 120.

180 Vgl. *ADAP*, D, Bd. 12, Nr. 83, 103. Die Türken hatten die Deutschen in den letzten Stadien der Kampfhandlungen um Erlaubnis gebeten, sich den nördlichen Teil Syriens einverleiben zu dürfen (Önder, *Türkische Außenpolitik*, S. 120f.).

181 Joseph Schechtman, *The Mufti and the Führer. The Rise and Fall of Haj Amin el-Husseini*, Thomas Yoseloff, New York 1965; Klaus Gensicke, *Der Mufti von Jerusalem, Amin el-Husseini, und die Nationalsozialisten*, Lang, Frankfurt/M. 1988.

182 Zu diesem Zeitpunkt hielten jedoch die Japaner nicht viel von Bose, siehe Konoe an Berlin an Matsuoka, Nr. 267 vom 27. März 1941, NA, RG 457, SRDJ 10708.

183 Zur Operation »Crusader« siehe *DRuZW*, Bd. 3, S. 658–681; James J. Sadkovich, »Of Myths and Men: Rommel and the Italians in North Africa, 1940–1942«, in: *International History Review* 13 (1991), S. 298–301; John Gordon IV, »Operation Crusader: Preview of the Non-linear Battlefield«, in: *Military Review* 71 (1991), S. 48–61.

184 Es handelte sich dabei um »Stuart«-Panzer. Die Briten erreichten ihre Überlegenheit bei Panzern erst, als im Spätsommer 1942 der Panzer »Sherman« in großen Stückzahlen ausgeliefert wurde.

185 Zur Überlegenheit der deutschen Panzerstreitkräfte und Panzerabwehrkanonen siehe Hinsley, *British Intelligence*, Bd. 2, S. 297–299, 304ff.

186 Ebenda, Anhang 14.

187 Hitlers Weisung 38 vom 2. Dezember 1941 in *ADAP*, D, Bd. 13, Nr. 535, und Hubatsch, *Hit-*

lers Weisungen, S. 169 f. Siehe auch R. J. Overy, *The Air War 1939–1945,* Stein & Day, New York 1981, S. 66; Hinsley, *British Intelligence,* Bd. 2, S. 291, 322–325.

188 Die Behauptung in *DRuZW,* Bd. 3, S. 681, daß diese Verlegung den U-Boot-Krieg im Atlantik praktisch zum Stillstand brachte, ist übertrieben; sie hatte jedoch eine sehr tiefgreifende Wirkung. Siehe Salewski, *Seekriegsleitung,* Bd. 1, S. 472–485; Hinsley, *British Intelligence,* Bd. 2, S. 326–328.

189 Siehe KTB Skl A, Bd. 12, 14. August 1940, BA-MA, RM 7/15, Bl. 163, und A, Bd. 13, 7. September 1940, RM 7/16, Bl. 80. Am 31. Oktober waren die Briten überzeugt, daß es 1940 keine Invasion mehr geben würde (Gilbert, *Churchill,* Bd. 6, S. 879–881).

190 Hastings, *Bomber Command,* S. 110; Webster and Frankland, *Strategic Air Offensive,* Bd. 1, S. 163.

191 Siehe die Notiz Churchills vom 20. Oktober 1940 in Churchill, *Second World War,* Bd. 2, S. 603 f., und Hastings, S. 125, 126, 136 f., 140–142.

192 Webster und Frankland, Bd. 1, S. 155–166; Hastings, S. 116 f.

193 Zur Konzentration der Briten auf die Luftstreitkräfte und die Marine als Instrumente für den Sieg siehe Kennedy, *Business of War,* S. 96 f. Zur Verlagerung der Bombenangriffe auf die Städte, als im Sommer 1941 klar wurde, daß spezifische Ziele zu treffen waren, siehe Dudley Saward, *»Bomber« Harris,* Doubleday, Garden City, N. J. 1985, S. 108–111; Hastings, S. 127–147. Eine gute Diskussion über Harris findet sich in der Rezension »›Bomber‹ Harris in Perspective«, in: *Journal of the United Service for Defence Studies,* 130, Nr. 2 (1985), S. 62–70. Zur Rolle Lord Cherwells siehe vor allem PRO, PREM 3/119/10.

194 Ein guter Überblick findet sich in Salewski, *Seekriegsleitung,* Bd. 1, S. 425–449. Über die Kampfeinsätze der »Condor« siehe Kenneth Poolman, *Focke-Wulf Condor. Scourge of the Atlantic,* Macdonald & Jane's, London 1978.

195 Siehe beispielsweise das erbitterte Gespräch zwischen Göring und Dönitz in »Unterredung B. d. U. mit Reichsmarschall am 7. 2. 41«, BA-MA, RM 6/74, Bl. 43–45.

196 Über die *Bismarck*-Episode gibt es eine Fülle von Literatur. Gute Berichte finden sich in Salewski, *Seekriegsleitung,* Bd. 1, S. 392–398; *DRuZW,* Bd. 6, S. 370–383; Donald F. Steury, »Naval Intelligence, the Atlantic Campaign and the Sinking of the Bismarck: A Study in the Integration of Intelligence and the Conduct of Naval Warfare«, in: *JCH* 22 (1987), S. 209–234. Die *Prinz Eugen* konnte entkommen, mußte jedoch wegen Maschinenschadens in den Hafen zurückkehren.

197 Hinsley, *British Intelligence,* Bd. 2, S. 165.

198 Salewski, Bd. 1, S. 449–470; Hinsley, *British Intelligence,* Bd. 2, S. 179–188; *DRuZW,* Bd. 6, S. 384–388. Um sicherzustellen, daß die Deutschen eine solche Operation nicht wiederholen konnten, führten die Briten am 17. März 1942 einen Sonderangriff auf das Trockendock in St.-Nazaire an der französischen Küste durch, das einzige Dock, das groß genug war, um dort die Reparatur der *Tirpitz,* Deutschlands größtem Schlachtschiff, durchzuführen (Hinsley, Bd. 2, S. 192).

199 Dies bedeutete, daß die Briten den Schiffsverkehr mit Irland einschränkten. Sie zögerten, noch mehr Menschenleben und Schiffe zu riskieren, als nötig war zur Unterstützung des Freistaats, der sich seinerseits weigerte, Großbritannien zu helfen.

200 Churchills regelmäßige Mitteilungen an den First Sea Lord für den Zeitraum 1941 bis 1945, mit denen er den Seekrieg in allen Einzelheiten voranzutreiben suchte, finden sich in PRO, ADM 205/10, 13, 14, 27, 35, 43.

201 Hinsley, *British Intelligence,* Bd. 2, S. 165–167; Jürgen Rohwer, »›Special Intelligence‹ und die Geleitzugsteuerung im Herbst 1941«, in: *Marine-Rundschau* 75, Nr. 11 (Nov. 1978), S. 711–719. Die deutsche Kriegsmarine war bei Nachprüfungen absolut sicher, ihr Codierungssystem sei so ausgezeichnet, daß es nicht entschlüsselt werden könne. Und eine eventuell gelungene Teilentschlüsselung sei bestimmt so geringfügig, daß sie keine Bedeutung hätte. Siehe hierzu das Tagebuch der Seekriegsleitung, 19. März 1941, BA-MA, RM 7/22, Bl. 263; 20. September 1941, RM 7/28, Bl. 323; 21. Oktober 1941, RM 7/29, Bl. 354; 30. Oktober 1941, RM 7/29, Bl. 517; 10. November 1941, RM 7/30, Bl. 191; 18. November 1941, RM 7/30, Bl. 330–331.

202 Medlicott, *Economic Blockade,* Bd. 1, S. 648–659, 669–671; Halifax an FDR, 11. Februar 1941, FDR an Halifax, 19. Februar 1941,

FDRL, PSF Box 52, Great Britain, Halifax; FDR an Hull, 3. März 1941, *FDR Letters,* Bd. 2, S. 1130f.

203 Stafford, *Britain and European Resistance,* S. 59–69. Die Briten waren bis zu einem relativ späten Zeitpunkt davon überzeugt, daß die Truppenkonzentrationen der Deutschen im Osten dazu dienen sollten, Druck auf die Sowjetunion auszuüben, nicht jedoch, dort einzumarschieren (Hinsley, *British Intelligence,* Bd. 1, S. 470f.).

204 Siehe die Dokumente in PRO, PREM 261/1, und Liddell Hart Centre, Alanbrooke Papers, 14/58.

205 Einer der Vermittler der Kontakte im Winter 1939/40 zwischen den Briten und der deutschen Opposition gegen Hitler namens Lonsdale Bryans war, wie sich jetzt herausstellte, den Worten des Unterstaatssekretärs Alexander Cadogan vom 11. Februar 1941 zufolge »ein Idiot – und eine Art Gauner« (C 1143/14/62, PRO, FO 371/26419; siehe auch C 1072/324/18, FO 371/26542).

206 C 610, 1426, 1705/324/18, PRO, FO 371/26542. Siehe auch C 1301/18/18, FO 371/26508; C 2505, 5695, 6735/324/18, FO 371/26542. Die Hinweise auf die Sondierungen vom Dezember 1939 zeigen, welche Wirkungen das Versäumnis der deutschen Opposition hatte, damals zu handeln.

207 Ribbentrop an Stockholm Nr. 84 vom 21. Februar 1941, AA, St. S., »England«, Bd. 4, MF 108 666; Werner Dankwort, »Infernalische Reise«, Bl. 76, Dankwort Papers.

208 Der Text findet sich in C 7642/324/18, PRO, FO 371/26543. Churchill wies das Kabinett auf diese Entscheidung hin und ließ sie am 7. Juli billigen, WM(41) War Cabinet 66(41), CAB 65/19. Vgl. C 7759/324/18, FO 371/26543.

209 C 9472, 10855/324/18, PRO, FO 371/26543.

210 M 8881 in ebenda. Lothar Kettenacker behauptet in »Die alliierte Kontrolle Deutschlands als Exempel britischer Herrschaftsausübung«, in: Ludolf Herbst, Hg., *Westdeutschland 1945–1955. Unterwerfung, Kontrolle, Integration,* Oldenbourg, München 1986, S. 55, Anm. 16, daß Churchill im November 1941 möglicherweise zu Verhandlungen mit einer Regierung bereit gewesen wäre, die sich nach einem Militärputsch und dem Sturz Hitlers etabliert hätte. Der zentrale Punkt jedoch war immer, ob irgend jemand in Deutschland tatsächlich etwas *tun* würde, anstatt nur immer die Befehle Hitlers auszuführen. Seinen Widersachern hatte sich dazu im Winter 1939/40 Gelegenheit geboten. Siehe auch Kettenacker, »The Anglo-Soviet Alliance and the Problem of Germany, 1941–1945«, in: *JCH* 17 (1982), S. 444.

211 Zur Heß-Affäre siehe mein Buch *Germany and the Soviet Union,* S. 122–124, in dem die damals vorhandenen Belege erstmals analysiert wurden. Siehe auch Gilbert, *Churchill,* Bd. 6, S. 1087f.; Bauer, *Hitler's Pilot,* S. 124–126; Fröhlich, *Goebbels' Tagebücher,* Bd. 4, S. 638–647, 653–664; weitere Dokumente in *ADAP,* D, Bde. 11 und 12; PRO, PREM 3/219, S. 1–7; C 12104/18/18, FO 371/26513; PRO, AIR 19/564; Memorandum vom 22. Juni 1941 in FDRL, PSF Box 96, State Welles, Juni-Dezember 1941.

Über die Heß-Mission wird angesichts der teilweise immer noch nicht freigegebenen britischen Akten weiterhin spekuliert. Professor Richard Breitman entdeckte ein Dokument vom Herbst 1941, wonach Heß die bevorstehende Invasion der Sowjetunion erwähnt haben soll; es bleibt abzuwarten, ob dies tatsächlich der Fall gewesen war. Siehe hierzu Costello, *Ten Days,* Kap. 17.

212 Notiz Lothian an Halifax, 29. August 1940, PRO, FO 800/324, Bl. 290.

213 Weizsäcker an Ribbentrop, »St. S. Nr. 250«, 12. April 1941, AA, St. S., »Aufzeichnungen über interne Angelegenheiten«, Bd. 2. Die Auffassung der Kriegsmarine gründete nicht nur auf ihrem Interesse, Schiffe zu versenken, sondern stellte auch in Rechnung, daß die Nachschublieferungen der Amerikaner in beträchtlichem Maße zunehmen würden (KTB Skl A, Bd. 27, 13. August 1941, BA-MA, RM 7/27, Bl. 210).

214 »Was sind schon die USA«, Plesman Statement, IfZ, ZS 115, S. 4. Siehe auch Boog, *Luftwaffenführung,* S. 118–121.

215 *ADAP,* D, Bd. 11, Nr. 633. Ein deutscher Korrespondent, der einer Besprechung am 19. Januar 1941 beiwohnte, in deren Verlauf die amerikanischen Lieferungen an Großbritannien verniedlicht wurden, meinte, dies klinge ganz ähnlich wie die Äußerungen von 1917 und Anfang 1918 (BA, Brammer, ZSg. 101/38, Bl. 91–93).

216 *ADAP,* D, Bd. 11, Nr. 307, 313; Bd. 12, Nr. 608; *KTB OKW,* Bd. 1, S. 253–258;

Salewski, *Seekriegsleitung*, Bd. 1, S. 406–415; Tagebuch Hewel, 22. Mai 1941, IfZ; Tagebuch von Waldau, 9. Januar 1941, IfZ.

217　KTB Skl A, Bd. 19, 22. März 1941, BA-MA, RM 7/22, Bl. 309; jetzt auch zitiert in *DRuZW*, Bd. 6, S. 283, Anm. 34.

218　Skl IIIa »17 233/gKdos«, 31. Juli 1941, BA-MA, RM 6/83, Bl. 49 f.

219　Salewski, *Seekriegsleitung*, Bd. 2, S. 514.

220　*FDR Letters*, Bd. 2, S. 1057.

221　Ebenda, S. 1093–1095 (FDR an F. B. Sayre, 31. Dezember 1940).

222　Robert J. C. Butow, »The FDR Tapes«, in: *American Heritage* 33 (Febr.-März 1982), S. 16 f.

223　*FRUS*, 1942, Bd. 2, S. 833–842; vgl. ebenda, Bd. 1, S. 916.

224　Peter Herde, »Pearl Harbor aus unbekannter revisionistischer Sicht: Neue Materialien über den nachrichtendienstlichen Hintergrund des japanischen Angriffs vom 7. Dezember 1941«, in: *Historisches Jahrbuch der Görres Gesellschaft* 104/1 (1984), S. 83–85; James Bamford, *The Puzzle Palace. A Report on America's Most Secret Agency*, Penguin Books, New York 1983, S. 394–397.

225　William F. Friedman, »SRH 125«, NA, RG 457, S. 35–37; Kahn, *Seizing Enigma*, S. 235 f.

226　Abraham Sinkov und Leo Rosen, »Report of Technical Mission to England«, 11. April 1941, in NA, RG 457, SRH 145, S. 2–4.

227　Jürgen Rohwer, »Die USA und die Schlacht im Atlantik«, in: Rohwer und Jäckel, Hg., *Kriegswende*, S. 97, 99, 101.

228　Diese Interpretation unterscheidet sich von der Sichtweise in ebenda, S. 89–101. Siehe auch Waldo Heinrichs, *Threshold of War. Franklin D. Roosevelt and American Entry into World War II*, Oxford Univ. Press, New York 1988, S. 166–168.

229　Noch am 17. September 1940 versuchte Lindbergh amerikanische Offiziere davon zu überzeugen, daß Großbritannien innerhalb weniger Wochen besiegt sein würde (siehe Thomsen [Washington] Nr. 1987 vom 18. September 1940, AA, St. S., »England«, Bd. 3, MF B 002 749–50).

230　Butow, »FDR Tapes«, S. 12.

231　Reynolds, *Lord Lothian*, S. 39–41; British Cabinet Minutes für den 20. Februar 1941, WM(41) War Cabinet 19(41), PRO, CAB 65/17.

232　Eine gute Zusammenfassung findet sich in

Warren F. Kimball, *The Most Unsordid Act. Lend-Lease, 1939–1941*, Johns Hopkins Univ. Press, Baltimore 1969.

233　Der Vorschlag, der Churchill so verärgerte – nämlich auf dem Kreuzer USS *Louisville* Gold von Südafrika in die Vereinigten Staaten zu transportieren –, stammte ursprünglich vom britischen Vertreter bei den Verhandlungen. Siehe ebenda, S. 149; Alan P. Dobson, *U.S. Wartime Aid to Britain*, St. Martin's, New York 1986, S. 26–28.

234　In den britischen Akten finden sich zahlreiche negative Kommentare über Kennedy. Roosevelt hielt Kennedys politische Unterstützung für nötig, entließ ihn aber nach den Wahlen vom November 1940. Siehe Douglas Fairbanks an FDR, 19. November 1940, FDRL, PSF Box 53, Great Britain, Kennedy. Für Hintergrundinformationen hilfreich sind Michael R. Beschloss, *Kennedy and Roosevelt*, Norton, New York 1980, und Ralph F. de Bedts, *Ambassador Joseph Kennedy 1938–1940*, Peter Lang, New York 1985.

235　Siehe Murray an FDR, 25. Dezember 1940, FDRL, PSF Box 53, Great Britain, Arthur Murray 1940–44; Earl of Birkenhead, *Halifax. The Life of Lord Halifax*, Houghton Mifflin, Boston 1966, S. 467 ff. Eine umfassende Studie liegt noch nicht vor.

236　Gilbert, *Churchill*, Kap. 51, enthält den neuesten Bericht.

237　Theodore A. Wilson, *The First Summit: Roosevelt and Churchill at Placentia Bay 1941*, Houghton Mifflin, Boston 1969; Pogue, *Marshall*, Bd. 2, S. 142–145. Marshall und Dill trafen sich hier zum ersten Mal und wurden sofort Freunde.

238　Kirk an Welles, 15. Dezember 1940, und Phillips an FDR, 21. Januar 1941, FDRL, PSF Box 57, Italy 1941; Welles an FDR, PSF Box 96, Welles State, Jan.–Mai 1941; NA, RG 457, SRH 281, S. 83, 84, 86–130; KTB Skl A, Bd. 20, 4. April 1941, BA-MA, RM 7/23, Bl. 43.

239　Obwohl die deutsche Botschaft in Washington die Behauptungen – manchmal durchaus guten Glaubens – zurückwies, steht fest, daß viele Konsularbeamte für den einen oder anderen der rivalisierenden deutschen Geheimdienste arbeiteten. Siehe Thomsen Tel. 2226 vom 15. Oktober 1940, AA, St. S., »USA«, Bd. 3, MF 22 994–95.

240　*FDR Letters*, Bd. 2, S. 1079 f.; *ADAP*, D, Bd. 11, Nr. 394.

241 Ray, »The Takoradi Route«, S. 342, 347–356.

242 *FRUS,* 1941, Bd. 2, S. 35–72; *ADAP,* D, Bd. 12, Nr. 308, 309, 314, 315, 318, 327, 329; *FDR Letters,* Bd. 2, S. 1142f. Siehe auch die ausgelassene Passage in FDR an Hull, 20. Februar 1941, ebenda, S. 1127, in FDRL, PSF Box 93, Cordell Hull, 1941–42.

243 Ein guter Bericht findet sich in James Leutze, *Bargaining for Supremacy. Anglo-American Naval Relations, 1937–1941,* Univ. of North Carolina Press, Chapel Hill, N. C., 1977. Zur Schlüsselrolle des Chief of Naval Operations, Admiral Harold Stark, in dieser Angelegenheit siehe B. Mitchell Simpson, *Admiral Harold R. Stark. Architect of Victory, 1939–1945,* Univ. of South Carolina Press, Columbia, S. C. 1989, Kap. 3–4.

244 Borg und Okamoto, *Pearl Harbor,* S. 220–222.

245 Siehe das Memorandum von Admiral Ingersoll an Kapitän Callaghan, 21. Februar 1941, in FDRL, PSF Box 82, Navy, Daniel J. Callaghan; *FDR Letters,* Bd. 2, S. 1137. Die Deutschen waren wütend über diese Praktiken, in denen sich aber nur ihre eigene Benutzung der schwedischen Schiffswerften widerspiegelte (Wittmann, *Schwedens Wirtschaftsbeziehungen,* S. 252–257).

246 Prange, *At Dawn,* S. 122–124, 130–134, 139f.; Danckwerts an die Vereinigten Stabchefs in Halifax (Washington) Nr. 1883, 29. April 1941, A 3153/384/45, PRO, FO 371/26220.

247 Pogue, *Marshall,* Bd. 2, S. 130f.

248 Bittner, *Britain and Iceland,* S. 124–134; Heinrichs, *Threshold,* S. 85–88, 110f. Es könnte durchaus sein, daß die im Atlantik kreuzende *Bismarck* und das Schicksal Kretas den Präsidenten beeinflußten. Die Marinebrigade, die nach Island verlegt wurde, war für die Azoren bestimmt, falls Deutschland in Portugal einmarschierte.

249 Mitteilung Stimson an FDR, 8. Juli 1941, FDRL, PSF Box 9, Safe File War Department.

250 Sherman Miles' Memorandum für den Stabschef, »Battle of the Atlantic«, 5. Mai 1941, NA, RG 165, entry 77, Box 1419, A6: British Estimate of German Intentions towards NE Africa and Spain winter 1941-1942.

251 Sherman Miles' Memorandum für den Stabschef, »Estimate of the Russo-German Situation«, 19. Juni 1941, ebenda. Die Sowjets bestanden darauf, daß die Deutschen alle Panzer größer als der Mark-IV-Panzer zeigten. Sie wollten nicht glauben, daß die Deutschen über keinen solchen Panzer verfügten. Die Deutschen wiederum zogen daraus nicht die naheliegende Schlußfolgerung, daß die Rote Armee selbst über Panzer dieser Größe verfügte. Bald darauf bekamen sie im Kampf den T-34- und den KV-Panzer zu sehen. Siehe auch Earl Ziemke, *Moscow to Stalingrad,* GPO, Washington 1987, S. 11.

252 John D. Langer, »The ›Red General‹. Philip R. Faymonville and the Soviet Union, 1917–1952«, in: *Prologue* 8 (1976), S. 214–219; James S. Herndon und Joseph D. Baylen, »Col. Philip R. Faymonville and the Red Army, 1939–43«, in: *Slavic Review* 34 (1975), S. 483–505; Thomas A. Julian, »Philip Ries Faymonville and the Soviet Union«, Beitrag für die SHAFR-Konferenz, 9.–11. Juni 1988. Nachdem Faymonville 1943 wegen Differenzen mit dem amerikanischen Botschaftspersonal zurückgerufen worden war, wurde General Sidney Spalding, der die Ernennung Faymonvilles befürwortet hatte, auf diesen Posten gesetzt (Langer, S. 220).

253 Cole, *Roosevelt and Isolationists,* S. 433; *FDR Letters,* Bd. 2, S. 1204f.; George C. Herring, *Aid to Russia 1941–1946,* Columbia Univ. Press, New York 1973, Kap. 1; Memorandum FDR an Myron C. Taylor, 1. September 1941, FDRL, PSF Italy.

254 Zu diesen Besorgnissen vgl. *FDR Letters,* Bd. 2, S. 1179; zu den fehlenden Kontakten ist festzuhalten, daß Roosevelt den sowjetischen Botschafter am 10. Juli 1941 empfing – zum erstenmal seit dem Sommer 1939 (Dallek, *Roosevelt and Foreign Policy,* S. 279).

255 Joan Beaumont, *Comrades in Arms. British Aid to Russia, 1941–1945,* Davis-Poynter, London 1980, S. 36–42.

256 Morgenthau Presidential Diary, 4. August 1941, Bd. 4, S. 951–953, FDRL; FDR an Wayne Coy, 2. August 1941, PSF Box 68, Russia 1941.

257 Heinrichs, *Threshold,* S. 104f., 136–141. Wie sich jetzt herausstellte, war die berühmte Landkarte mit den deutschen Plänen für die westliche Hemisphäre, die FDR im Oktober 1941 erwähnte, von Nazis in Argentinien angefertigt, von den Briten erworben, von ihnen in Kanada »verfeinert« und schließlich an die Amerikaner weitergegeben worden. Siehe John F. Bratzel und Leslie B. Rout Jr., »FDR and the ›Secret Map‹«, in: *Wilson Quarterly* 9 (1985), S. 167–173; Donovan an Roosevelt, Nr. 350, 26. März 1942, FDRL, PSF Box 165, OSS Donovan Report 8.

258 Hierzu auch Beaumont, *Comrades in Arms*, S. 46–49.

259 Pogue, *Marshall*, Bd. 2, S. 145–154.

260 Ebenda, S. 79.

261 Jones, *Manhattan*, S. 30–32. Bald danach veranlaßte der Präsident die Marine, in Bau befindliche leichte Kreuzer in Flugzeugträger umzuwandeln, ein weiteres Projekt, das sich in der Praxis bewährte (*FDR Letters*, Bd. 2, S. 1226).

262 Dallek, *Roosevelt and Foreign Policy*, S. 270; Schaller, *U.S. Crusade in China*, S. 36–38.

263 Schaller, S. 47–51.

264 *FDR Letters*, Bd. 2, S. 1233f.

265 Borg und Okamoto, *Pearl Harbor*, S. 46.

266 *FDR Letters*, Bd. 2, S. 1077.

267 Borg und Okamoto, *Pearl Harbor*, S. 450f.

268 Ein hervorragender Bericht findet sich in Robert J. C. Butow, *The John Doe Associates. Backdoor Diplomacy for Peace, 1941*, Stanford Univ. Press, Stanford, Calif., 1974. Es scheint, daß Stanley Hornbeck, ein Beamter im Außenministerium, die Handlungsweise Droughts durchschaute (S. 140); das Projekt wurde dennoch fortgeführt. Siehe auch Barnhart, *Japan Prepares*, S. 204–207, 219–224.

269 Borg und Okamoto, *Pearl Harbor*, S. 149–164; Hilary Conroy argumentiert, daß Nomura absichtlich Informationen zurückhielt, um die Verhandlungen voranzubringen; siehe Conroy in Richard D. Burns und Edward M. Bennett, Hg., *Diplomats in Crisis. United States-Chinese-Japanese Relations, 1919–1941*, ABC-Clio, Santa Barbara, Calif. 1974, S. 307–309.

270 Siehe auch Pogue, *Marshall*, Bd. 2, S. 186ff.

271 FDR an Welles, 19. Februar 1941, FDRL, PSF Box 96, Welles State Jan. – Mai 1941. Vgl. *FDR Letters*, Bd. 2, S. 1126; Butow, *John Doe Associates*, S. 391.

272 Butow, *John Doe Associates*, Kap. 4.

273 Washington an Tokio Nr. 98 vom 7. Mai 1941, NA, RG 457, SRA 18 359–60 (übers. im August 1945).

274 Morley, *Fateful Choice*, S. 255–262; Barnhart, *Japan Prepares*, Kap. 1–2.

275 Siehe Horinouchi Nr. 1347 vom 22. August 1940, NA, RG 457, SRDJ 6935. Die Konferenz in Washington kam zu dem Ergebnis, daß ein Bündnis von Deutschland und Italien zum Krieg gegen Großbritannien und die Vereinigten Staaten führen müsse und daß Japan auf diese Weise »in einen sinnlosen Erschöpfungskrieg gezogen würde, was sich letztendlich für uns als nachteilhaft erweisen wird«.

276 Aus den relevanten Dokumenten in F 3782, 3992, 4009, 4071, 4489/43/10 in PRO, FO 371/24668–70 wird deutlich, daß dies eine britische Entscheidung war und daß die Amerikaner sie weder ermutigten noch Versprechungen abgaben, weil die Lage Großbritanniens in Europa jetzt wieder besser aussah und weil die Konzessionen, die Japan gewährt worden waren, eher die extremistischen als die gemäßigten Gruppierungen in Tokio gestärkt hatten. Die Argumentationsweise in Frederick W. Marks III, »The Origins of FDR's Promise to Support Britain Militarily in the Far East – A New Look«, in: *Pacific Historical Review* 53 (1984), S. 447–462, ist nicht haltbar.

277 Nigel J. Brailey, *Thailand and the Fall of Singapore. A Frustrated Asian Revolution*, Westview Press, Boulder 1986, S. 91–94; Morley, *Fateful Choice*, S. 209–234, 283–285. Wie Matsuoka den Deutschen erklärte, wollte Tokio erreichen, »das verlorene Territorium der Thais wiederzubekommen … so daß wir besser an das britische Territorium herankommen können« (Nr. 865 an Berlin, 5. Dezember 1940, NA, RG 457, SRDJ 58 329).

278 Berger, *Parties out of Power*, S. 290–318; Butow, *Tojo*, S. 158f.

279 Siehe Konoes Notiz über die Vorbereitende Sitzung der Verbindungskonferenz zum Dreimächtepakt, 14. September 1940, in Morley, *Deterrent Diplomacy*, S. 238f. Siehe auch Morley, *Fateful Choice*, S. 276; Butow, *Tojo*, S. 161–168.

280 Johanna M. Meskill, *Hitler and Japan. The Hollow Alliance*, Atherton, New York 1966, S. 17–22; ADAP, D, Bd. 11, Nr. 119–121. Zum früheren deutschen Interesse an diesen ehemaligen Kolonialgebieten siehe das Memorandum Weizsäckers »St. S. Nr. 952«, 6. Dezember 1939, und das Memorandum Bielfelds vom 15. Dezember 1939, AA, St. S., »Japan«, Bd. 1; Marinekommandoamt, »2330/39 gKdos.« vom 14. Oktober 1939, BA-MA, CASE 561, PG 33 624.

Die andere Seite dieser sonderbaren Beziehung ist, daß Lammers einen Tag nach der Unterzeichnung des Dreimächtepakts große Schwierigkeiten hatte, Hitlers Erlaubnis für die Heirat eines Deutschen mit einer Frau deutsch-japanischer Herkunft zu bekommen; die Erlaubnis wurde nur erteilt, weil das schon früher erlaubt worden war und eine Änderung Probleme verursacht hätte. Aber es sollte keine Wiederholungen geben. Siehe Lammers' Memorandum »zu Rk.J.Rot 5.10/B«, 21. September 1940, BA, R 43 II/722, Bl. 58f.

281 Morley, *Deterrent Diplomacy,* S. 242, 245–249; Morley, *Fateful Choice,* S. 49f., 276; Butow, *Tojo,* S. 168–177; Borg und Okamoto, *Pearl Harbor,* S. 618, Anm. 38; der Wortlaut der Konferenz findet sich in Nobutaka Ike, Hg., *Japan's Decision for War. Records of the 1941 Policy Conferences,* Stanford Univ. Press, Stanford, Calif. 1967, S. 4–13.

282 Morley, *Fateful Choice,* S. 275f.; Butow, *Tojo,* S. 177–183.

283 Niederländisches Außenministerium an Sir Nevile Bland, 27. September 1940, F 4368/2739/61, PRO, FO 371/24717. Zur Mission des Kobayashi Ichizu siehe Morley, *Fateful Choice,* S. 143–146; Isigawa (Batavia) an Tokio Nr. 1131 vom 11. Dezember 1940, NA, RG 457, SRDJ 8412–8414. Siehe auch Batavia Nr. 68 vom 12. Oktober 1940, SRDJ 7217–7219, Nr. 84 vom 19. Oktober 1940, SRDJ 7308f., und Batavia Nr. 272 vom 7. April 1941, SRDJ 10969–71. Die darauffolgende Mission nach Niederländisch-Indien unter Yoshizawa Kenkichi verlief ebenfalls erfolglos (Morley, *Fateful Choice,* S. 146–153; Ike, *Japan's Decision for War,* S. 36–39, 43–45, 49).

284 Morley, *Fateful Choice,* S. 188–200, 203–208; Butow, *Tojo,* S. 192f.

285 *ADAP,* D, Bd. 11, Nr. 257, 299, 311, 315; Boyle, *China and Japan,* S. 301–304. Relevante diplomatische Botschaften der Japaner, die von den Amerikanern abgefangen wurden, finden sich in NA, RG 457, SRDJ 7738f., 7888f., 7893f., 8054, 8127f., 8198f., 8298–8300 (auch in SRH 018), 8328, 8374, 8566f.

286 Morley, *Fateful Choice,* S. 272f., 285f.

287 Ebenda, S. 45–70; Butow, *Tojo,* S. 205f.; abgefangene japanische Botschaften in NA, RG 457, SRDJ 7693–7396, 8003, 8021, 8132–8136, 8251, 8252, 8260, 8782–8786. Die Japaner beobachteten die Sowjetunion natürlich mißtrauisch. Als sie von der Ermordung des Überläufers Walter Kriwitzkij in Washington er-

fuhren, wollten sie wissen, ob er von derselben Person ermordet worden war, die schon Leo Trotzkij umgebracht hatte (Matsuoka an New York Nr. 17 vom 12. Februar 1941, SRDJ 9878).

288 Morley, *Fateful Choice,* S. 75–81; Dallek, *Roosevelt and Foreign Policy,* S. 273–275; Butow, *Tojo,* S. 207. Matsuoka nahm nicht die gesamte Transkription seiner Unterredung mit Stalin und Molotow nach Tokio, deshalb mußte die japanische Regierung 1945 (!) ihre Botschaft in Moskau um die Aufzeichnung bitten. Siehe Tokio an Moskau Nr. 281 vom 17. Februar 1945, NA, RG 457, SRDJ 91558.

289 Tatekawa Nr. 1530 vom 6. Dezember 1940, NA, RG 457, SRDJ 8345f. Zu diesem Zeitpunkt hatte es Matsuoka nicht sehr eilig, siehe seine Nr. 871 an Berlin vom 11. Dezember 1940, SRDJ 8415f. Die Sowjets sandten gleichzeitig weiteren Nachschub an Tschiang Kaischek in der Hoffnung, daß die Japaner mit China beschäftigt blieben (Garver, *Chinese-Soviet Relations,* S. 107f.).

290 *ADAP,* D, Bd. 12, Nr. 361.

291 Ebenda, Bd. 11, Nr. 341; Bd. 12, Nr. 190; zahlreiche Dokumente in AA, St. S., »Japan«, Bd. 2; Schanghai an Tokio Nr. 512 vom 2. April 1941 und Tokio an Schanghai Nr. 263 vom 5. April 1941, NA, RG 457, SRDJ 10808 und 10956; KTB Skl A, Bd. 21, 23. Mai 1941, BA-MA, RM 7/24, Bl. 339f. Die Japaner hatten die Ausrüstung der deutschen Hilfskreuzer etwas ergänzt, siehe die Akte W 39 in PRO, FO 371/28814.

292 Butow, *Tojo,* S. 205f.; Morley, *Fateful Choice,* S. 72–74; Wagner, *Lagevorträge,* S. 184; *ADAP,* D, Bd. 12, Nr. 78, 81, 100, 218, 222, 230, 233; Deutscher Marineattaché Tokio, »Nr. 174/41«, Japans Beteiligung am europäischen Krieg«, 13. März 1941, und Skl an Ritter, »25 142/41 gKdos«, 19. November 1941, BA-MA, RM 7/253; KTB Skl A, Bd. 19, 17. April 1941, RM 7/23, Bl. 236f.; KTB Skl A, Bd. 21, 13. Mai 1941, RM 7/24, Bl. 170f. und 31. Mai, Bl. 458f.; KTB Skl A, Bd. 22, 25. Oktober 1941, RM 7/29, Bl. 426f.; Oshima an Tokio Nr. 308 vom 26. März 1941, NA, RG 457, SRDJ 10684f.; John W. M. Chapman, »Forty Years On – The Imperial Japanese Navy, The European War and the Tripartite Pact«, in: *Proceedings of the British Association for Japanese Studies 5,* Teil 1 (1980), S. 219, Anm. 46. Interessant ist der Umstand, daß es nur deutsche Aufzeichnungen über Matsuokas Gespräche in Berlin gibt. Matsuoka hatte sich entschlossen, selbst Bericht zu erstatten, und dies offenbar nur mündlich getan; siehe die Mitteilung, zitiert in U. S. Pacific Strategic Intelligence Section, »The Problem of the Prolongation of the Soviet-Japanese Pact«, 12. Februar 1945, NA, RG 457, SRH 069, S. 2. Der einzige Bericht Matsuokas ist sein ein Paragraph langes Telegramm Nr. 369 vom 5. April 1941, SRDJ 10 828.

293 Siehe Chapman, *Price of Admiralty*, Bd. 2, S. 336f., über diese Aktion vom 12. Dezember 1940. Das fragliche Dokument war von einem deutschen Hilfskreuzer auf der *Automedon* erbeutet worden (ebenda, S. 582f.); *DRuZW*, Bd. 6, S. 148f. Zuvor hatte der britische Marineattaché in Tokio in einem privaten Schreiben vom 10. Oktober 1940 an den Direktor des Nachrichtendienstes der Marine vorgeschlagen, daß Großbritannien im Falle des Krieges einen Flugzeugträger entsenden solle, dessen Flugzeuge mit Brandsätzen japanische Städte niederbrennen sollten (F 5308/193/61, PRO, FO 371/24711).

294 KTB Skl A, Bd. 19, 10. April 1941, BA-MA, RM 7/23, Bl. 127f., 22. April 1941, Bl. 317; »Unterredung mit Admiral Nomura am 6. 8. 1941«, RM 7/94, Bl. 407–412; Skl »26 519/41 gKdos«, 20. November 1941, RM 7/206, Bl. 440–447.

295 Krebs, *Japans Deutschlandpolitik*, Bd. 1, S. 284. Ribbentrop sprach am 16. Juni 1939 in Gegenwart von Attolico und Ciano mit Shiratori.

296 Wenneker an Schniewind, 22. November 1940, Chapman, *Price of Admiralty*, S. 511–513; vgl. ebenda, S. 514–521; KTB Skl A, Bd. 19, 3. März 1941, BA-MA, RM 7/22, Bl. 38f.; Deutscher Marineattaché Tokio, »75/41 gKdos. Der Eintritt Japans in den europäischen Krieg, Möglichkeiten und Auswirkungen«, 3. Februar 1941, RM 7/253, Bl. 25–35; Meskill, *Hitler and Japan*, S. 26–29.

297 *ADAP*, D, Bd. 12, Nr. 266.

298 Oshima an Tokio, 14. August 1941, NA, RG 457, SRDJ 14 100. Oshima berichtet, ein Deutscher, der aus Hitlers Feldhauptquartier zurückgekehrt sei, habe Hitler mit den Worten zitiert, wenn es einen Zusammenstoß zwischen Japan und den USA gebe, würde Deutschland »sofort den Krieg gegen die Vereinigten Staaten eröffnen«. Ähnlich auch der Bericht über die Unterredung zwischen Ribbentrop und Oshima am

28. November 1941, *Pearl Harbor Attack,* Bd. 12, S. 202 (eine von den Briten abgefangene Kopie und Übersetzung dieses Dokuments in Teil 35, S. 677). Siehe auch die Kommentare von Friedrich Gauss, Leiter der Rechtsabteilung im Auswärtigen Amt, am 1. Dezember 1941, in denen sich offensichtlich das im Berliner Ministerium vorherrschende Verständnis der deutschen Politik widerspiegelt (U. S. Department of Defense, *The »Magic« Background of Pearl Harbor,* 5 Bde., GPO, Washington 1977, Bd. 4, Nr. 831.

299 Ike, *Japan's Decision for War,* S. 17–19, 20–24, 26, 28–36; Butow, *John Doe Associates,* S. 172f., 178, 182–184; *Kido Diary,* 19. April 1941, S. 272; *ADAP*, D, Bd. 12, Nr. 454–456, 480, 483f., 487–489, 496, 507, 517f., 537; Tagebuch Hewel, 8. und 10. Mai 1941, IfZ; Rintelen an Mackensen Nr. 1058 vom 9. Mai 1941 und Mackensens Antwort Nr. 10 862 vom 10. Mai, AA, Botschaft Rom (Quir.), Geheim 46/2, MF 482 072 und 482 074–77.

300 *KTB OKW,* Bd. 1, S. 328f.; *ADAP*, D, Bd. 12, Nr. 125, 418; KTB Skl A, Bd. 18, 11. und 22. Februar 1941, BA-MA, RM 7/21, Bl. 133f., 295f.; A, Bd. 19, 10. März 1940, RM 7/22, Bl. 138; A, Bd. 20, 17. April 1941, RM 7/23, Bl. 236f.; Deutscher Marineattaché Rom, »Pro-Memoria«, 3. Januar 1941, CASE 19/1, PG 45 197.

301 Morley, *Fateful Choice,* S. 89–94; *Kido Diary,* 18. April 1941, S. 271f., 6. und 20. Juni 1941, S. 279, 283; Hinsley, *British Intelligence,* Bd. 1, S. 478.

302 Zusammenfassung in Hillgruber, »Japan und der Fall Barbarossa«, in: *Deutsche Großmacht- und Weltpolitik,* S. 225–228.

303 Ebenda, S. 230–233 und Dokumente im Anhang; Morley, *Fateful Choice,* S. 98–101; *ADAP*, D, Bd. 13, Nr. 241 und Anhang 2 und 4; KTB Skl A, Bd. 22, 13. Juni 1941, BA-MA, RM 7/25, Bl. 133f.; KTB Skl A, Bd. 26, 28. Oktober 1941, RM 7/29, Bl. 477f.

304 Siehe beispielsweise Sato (Hanoi) an Tokio, 21. und 23. November 1940, NA, RG 457, SRDJ 7998–8001 und 8090f.

305 Butow, *Tojo,* S. 196f. Vgl. auch Butow, *John Doe Associates,* S. 124f.

306 Der Text findet sich in Ike, *Japan's Decision for War,* S. 34–43. Matsuoka hielt ein paar Tage später eine so seltsame öffentliche Rede, daß der Innenminister die Herausgabe des Redetextes

verbot. Siehe Burns und Bennett, *Diplomats in Crisis*, S. 291; Butow, *John Doe Associates*, S. 399 f.; Krebs, *Japans Deutschlandpolitik*, S. 442–451.

307 Ike, *Japan's Decision for War*, S. 51–56; Butow, *Tojo*, S. 210 f.; Morley, *Fateful Choice*, S. 234 f.; Heinrichs, *Threshold*, S. 118–127; vgl. auch *ADAP*, D, Bd. 12, Nr. 611.

308 Morley, *Fateful Choice*, S. 82, 94–104, 236; Butow, *Tojo*, S. 212–221, 228–233; *Kido Diary*, 22.–23. Juni 1941, S. 284–286; Ike, *Japan's Decision for War*, S. 55–90; *ADAP*, D, Bd. 13, Nr. 14, 33, 35 f., 53, 63–65, 72, 88 f., 105, 117.

Diese Entscheidung muß vor dem Hintergrund gesehen werden, daß Japan schließlich und recht zögerlich dem deutschen Druck nachgab und im Herbst 1941 die diplomatischen Beziehungen zur polnischen Exilregierung abbrach. Siehe Weizsäcker an Lammers, »Völkerrechtliche Bedeutung des Zerfalls des Polnischen Staates«, 15. Mai 1940, NA, RG 238, PS-646; Berichte Otts an Berlin vom 6. und 16. August 1941, IMTFE, IPS 4064 und 4053; Besprechung des Privy Council vom 1. Oktober 1941, IPS 1196; Robert Craigie, *Behind the Japanese Mask*, Hutchinson, London 1946, S. 126; Heydrich an Ribbentrop, 7. August 1941, AA, Inland IIg, »Berichte und Meldungen zur Lage in und über Japan 1940–1944«, MF 280088–100.

309 Kurusu (Berlin) an Tokio Nr. 119 vom 14. Februar 1941, NA, RG 457, SRDJ 9817–21.

310 Das Zitat ist entnommen aus Hilary Conroy, »Nomura Kichisaburo. The Diplomacy of Drama and Desperation«, in: Burns und Bennett, *Diplomats in Crisis*, S. 311.

311 Ike, *Japan's Decision for War*, S. 76 f.

312 *Kido Diary*, 7. August 1941; Butow, *Tojo*, S. 236–238.

313 Borg und Okamoto, *Pearl Harbor*, S. 253 f. Der japanische Militärattaché in Washington war ebenfalls vorsichtig; siehe seinen Bericht 159 vom 9. August 1941, NA, RG 457, SRA 17353–55.

314 Ike, *Japan's Decision for War*, S. 93–110; Butow, *John Doe Associates*, S. 224 f.; Morley, *Fateful Choice*, S. 236–238.

315 Tokio an den japanischen Marineattaché in Washington, 15. Juli 1941, NA, RG 457, SRNA 99.

316 Ruth R. Harris, »The ›Magic‹ Leak of 1941 and Japanese-American Relations«, in: *Pacific Historical Review* 50 (1981), S. 90. Siehe auch *FDR Letters*, Bd. 2, S. 1173 f.

317 Butow, *John Doe Associates*, S. 228–238, 249; Prange, *At Dawn*, S. 167–169; *Kido Diary*, 31. Juli 1941, S. 296 f.

318 Siehe Matsuoka an Washington Nr. 495 vom 28. September 1940, NA, RG 457, SRDJ 7043.

319 Utley, »Foggy Bottom«, S. 23–28; Borg und Okamoto, *Pearl Harbor*, S. 48 f.; Heinrichs, *Threshold*, S. 133–136, 141 f., 177 f., 246 f., Anm. 68; Morgenthau Presidential Diary, 18. Juli 1941, FDRL, Bd. 4, Bl. 946–948; Barnhart, *Japan Prepares*, S. 225–242.

320 Roosevelt an Hopkins (in London), 26. Juli 1941, FDRL, PSF Box 152, Hopkins; *FDR Letters*, Bd. 2, S. 1189 f.; Butow, *John Doe Associates*, S. 249–256.

321 Borg und Okamoto, *Pearl Harbor*, S. 165–188; Pogue, *Marshall*, Bd. 2, S. 201–203.

322 Zu diesem Projekt, das aufgegeben wurde, als feststand, daß die Japaner ihren Vorstoß nach Süden nicht aufgeben würden, siehe Butow, *John Doe Associates*, Kap. 19; Butow, *Tojo*, S. 242–246; Ike, *Japan's Decision for War*, S. 124–129; Heinrichs, *Threshold*, S. 185 ff.; *Kido Diary*, 5. August 1941, S. 298 f.

323 Die Sowjets sprengten ein riesiges Treibstoff- und Munitionsdepot bei Tatutzuchuan in der östlichen Mandschurei in die Luft. Siehe John Erickson, »Reflections on Securing the Soviet Far Eastern Frontier: 1932–1945«, in: *Interplay* 3 (1969), S. 57.

324 Morley, *Fateful Choice*, S. 106–113; Ike, *Japan's Decision for War*, S. 112–118; Uchiba Diary, 8. August 1941, zit. in Prange, *At Dawn*, S. 177; Butow, *Tojo*, S. 246; Meskill, *Hitler and Japan*, S. 284 f.

325 KTB Skl A, Bd. 25, 27. September 1941, BA-MA, RM 7/28, Bl. 455 f.; KTB Skl A, Bd. 26, 4. Oktober 1941, RM 7/29, Bl. 66; Admiral Groos, »Unterredung mit Vizeadmiral Nomura am 6. 8. 1941«, RM 7/94, Bl. 407–412; Nomura (Washington) an Tokio Nr. 894 vom 3. Oktober 1941, *Pearl Harbor Attack*, Bd. 12, S. 52, und Tokio an Berlin Nr. 969 vom 21. November 1941, ebenda, S. 165; Ott an Berlin Nr. 1974 vom 4. Oktober 1941, in Meskill, S. 296, sowie S. 301 f., 304; David J. Dallin, *Soviet Russia's Foreign Policy 1939–1942*, Yale Univ. Press, New Haven, Conn. 1942, S. 350 f.

326 Moskau hatte ursprünglich die Zusicherung am 13. August 1941 gegeben, wurde aber von den Japanern zum Zeitpunkt der amerikanischen Landung auf Attu in den Aleuten gebeten, die Zusicherung noch einmal zu bestätigen; siehe Sato (Kujbyschew) an Tokio Nr. 556 vom 17. Mai 1943, NA, RG 457, SRDJ 36 685–86; George A. Lensen, *The Strange Neutrality. Soviet-Japanese Relations During the Second World War 1941–1945,* Diplomatic Press, Tallahassee, Fla. 1972, S. 35–37.

327 Ike, *Japan's Decision for War,* S. 129–163; Butow, *Tojo,* S. 246–259; Prange, *At Dawn,* S. 208–212; *Kido Diary,* 6. September 1941, S. 304. Konoe weigerte sich, den amerikanischen Botschafter Grew zu empfangen, solange er nicht die Entscheidung für den Krieg in den Händen hatte (im Gegensatz zu Roosevelt, der Nomura wiederholt empfing). Nunmehr lud Konoe jedoch Botschafter Grew zu einem Essen ein (Butow, *John Doe Associates,* S. 428, Anm. 268).

328 Ike, *Japan's Decision for War,* S. 179–184; Butow, *Tojo,* S. 262–285.

329 Ike, *Japan's Decision for War,* S. 184–239; Butow, *Tojo,* S. 314–327; *Kido Diary,* 4. November 1941, S. 317. Das Zögern, eine Frage noch einmal aufzuwerfen, die in endlosen Besprechungen in Tokio bereits geklärt worden war – gleich wie die Entscheidung ausgesehen hatte –, wird besonders hervorgehoben in Krebs, *Japans Deutschlandpolitik.*

330 Ike, *Japan's Decision for War,* S. 239–249; Butow, *Tojo,* S. 327–330; Rundschreiben 2319 des japanischen Außenministeriums an Hongkong vom 14. November 1941, NA, RG 457, SRDJ 104 736–37.

331 Butow, *Tojo,* S. 399–401; Butow, *John Doe Associates,* S. 197f.; Barnhart, *Japan Prepares,* S. 260f.; Ike, *Japan's Decision for War,* S. 249–253. Festzuhalten ist, daß die wichtigsten Mitteilungen von der japanischen Botschaft in Washington sowie die ihr erteilten Anweisungen von den Amerikanern abgefangen und entziffert wurden; das Beharren der Japaner auf Krieg war also den Amerikanern bekannt.

332 Ike, S. 253–260; Butow, *John Doe Associates,* S. 301f.; Butow, *Tojo,* S. 334f., 344–348; Deutscher Marineattaché Rom »1884/41, Politische Lage Japan/Vereinigte Staaten«, 3. Dezember 1941, BA-MA, CASE 17/3, PG 45 172; Masao Maruyama, *Thought and Behavior in Modern Japanese Politics,* hg. von Ivan Morris, Oxford Univ. Press, London 1963, S. 88f. Der Kaiser zweifelte bis zum Ende an diesem Kurs, sah sich aber einem einmütigen Kabinett gegenüber (siehe Ike, S. 262–283; Butow, *Tojo,* S. 337–343, 358–363). Die Marine wollte den Krieg ohne Vorwarnung beginnen, aber der Kaiser und andere Politiker bestanden darauf, so daß man sich schließlich auf einen 20minütigen Abstand von der letzten diplomatischen Note – die weder eine Kriegserklärung noch eine Ankündigung des Abbruchs der Beziehungen enthielt – bis zum Angriff einigte. All dies hatte jedoch keinerlei Bedeutung. Die Verzögerung bei der Weiterleitung des letzten Appells von Präsident Roosevelt an Kaiser Hirohito war reine Routine und richtete sich nicht gegen dieses spezifische Dokument (Butow, *Tojo,* S. 371–397).

333 Morley, *Fateful Choice,* S. 277–282.

334 Prange, *At Dawn,* S. 81.

335 Morley, *Fateful Choice,* S. 260.

336 Ebenda, S. 292–295; Butow, *Tojo,* S. 204, Anm. 43; Takushiro Hattori, »Japans Operationsplan für den Beginn des Pazifischen Krieges«, in: *Wehrwissenschaftliche Rundschau* 7 (1957), S. 257.

337 Richard Storry, *The Double Patriots. A Study of Japanese Nationalism,* Houghton Mifflin, Boston 1957, S. 285, Anm. 3. Zu den Kriegsspielen der Armee Anfang Oktober siehe Hattori, S. 261; vgl. auch Japanischer Militärattaché Bangkok an Japanischen Generalstab, Nr. 289 vom 18. Oktober 1941, NA, RG 457, SRA 17 313–14.

338 Morley, *Fateful Choice,* S. 274. Dies bezieht sich auf Oktober 1940. Yamamoto hatte im September 1940 seine Meinung geändert und nahm nun wegen des amerikanischen Flottenbauprogramms eine antiamerikanische Haltung ein (Chapman, *Price of Admiralty,* S. 264).

339 Prange, *At Dawn,* S. 14.

340 Ebenda, S. 15.

341 Ebenda, S. 16f., 21, Kap. 3.

342 Ebenda, S. 285, 296–299, 301f.; Toshikazu Ohmae, »Die strategischen Konzeptionen der japanischen Marine im Zweiten Weltkrieg«, in: *Marine-Rundschau* 53 (1956), S. 188. Die Datumsangabe bezieht sich auf die verschiedenen Zeitzonen: Der 7. Dezember in den Vereinigten Staaten entsprach dem 8. Dezember in Tokio.

343 Prange, S. 261.

344 Ebenda, S. 35.

345 Ebenda, S. 229. Vgl. ebenda, S. 133 f.; Hattori, »Japans Operationsplan«, S. 261.

346 Prange, S. 323.

347 Diese Sichtweise wird von Wissenschaftlern wie Raymond G. O'Connor geteilt, siehe sein *War, Diplomacy and History,* Univ. Press of America, Washington 1979, S. 45, 75. Siehe auch H. P. Willmott, *Empires in the Balance. Japanese and Allied Pacific Strategies to April 1942,* Naval Institute Press, Annapolis, Md. 1982, S. 134–141.

348 John J. Stephan, *Hawaii under the Rising Sun. Japan's Plans for Conquest after Pearl Harbor,* Univ. of Hawaii Press, Honolulu 1984, Kap. 5.

349 Zit. in Borg und Okamoto, *Pearl Harbor,* S. 259. In der veröffentlichten Version des Tagebuches wird dieser Eintrag auf S. 40 f. zusammengefaßt: Chihaya Masataka (Übers.), *Fading Victory. The Diary of Admiral Matome Ugaki 1941–1945,* Univ. of Pittsburgh Press, Pittsburgh 1991.

350 Borg und Okamoto, *Pearl Harbor,* S. 252–258.

351 Cole, *Roosevelt and the Isolationists,* S. 479; *ADAP,* D, Bd. 13, Nr. 541; Reichspropagandaamt Berlin, »Presse-Rundschreiben Nr. II/132/41«, 9. Dezember 1941, BA, Nadler, ZSg. 115/20, Bl. 114; OKW, WFSt., Abt. L (Warlimont), »Überblick über die Bedeutung des Kriegseintritts der U.S.A. und Japan«, 14. Dezember 1941, BA-MA, RM 7/258, Bl. 133–164, auch Bl. 119 f.; James C. Gaston, *Planning the American Air War. Four Men and Nine Days in 1941,* National Defense Univ. Press, Washington 1983, S. 96–100. Ich konnte bislang keine Quellen zur japanischen Reaktion auf diese höchst dramatische Indiskretion aus der amerikanischen Regierung während des Zweiten Weltkriegs finden.

352 Siehe Butow, *Tojo,* S. 336.

353 Pogue, *Marshall,* Bd. 2, S. 221 f.

354 Hull an FDR, 17. Juni 1942, FDRL, PSF Box 13, Confidential File, State Department 1941–42. Die Sammlung wurde 1943 in zwei Bänden veröffentlicht: *FRUS, Japan, 1931–1941.*

355 Hierüber findet sich ein hervorragender Bericht in Gordon Prange, *Pearl Harbor. The Verdict of History,* McGraw Hill, New York 1986. Dieser läßt sich nun ergänzen durch George H. Lobell, »Secretary of the Navy Frank Knox and Chief of Naval Operations Admiral Harold R. Stark«, in: William B. Cogar, Hg., *New Interpretations in Naval History,* Naval Institute Press, Annapolis, Md. 1989, S. 247–262, und David Kahn, »Pearl Harbor and the Inadequacy of Cryptanalysis«, in: *Cryptologia* 25, Nr. 4 (Oktober 1991), S. 273–294 (siehe Anm. 56 über die unsinnige Behauptung, Churchill habe schon vorher Bescheid gewußt).

356 Kommentare über Admiral Dankwerts für die Vereinigten Stabschefs in Halifax an London Nr. 1697 vom 17. April 1941, A 4782/384/45, PRO, FO 371/26220.

357 Zur Hebung der meisten Schiffe, die in Pearl Harbor »versenkt« worden waren, siehe Homer N. Wallin, *Pearl Harbor. Why, How, Fleet Salvage and Final Appraisal,* GPO, Washington 1968.

358 Zum japanischen Interesse an einer Kooperation mit dem italienischen Geheimdienst siehe Rom an Tokio Nr. 419 vom 26. November 1941, NA, RG 457, SRA 3062.

359 Rom an Tokio Nr. 985 vom 3. Dezember 1941, *Pearl Harbor Attack,* Bd. 12, S. 228 f.

360 *ADAP,* D, Bd. 13, Nr. 527, vgl. auch Nr. 543. Eine wichtige Studie, die auf der Grundlage umfangreicher Arbeit in italienischen (und in amerikanischen) Archiven beruht, ist Peter Herde, *Italien, Deutschland und der Weg in den Krieg im Pazifik,* Steiner, Wiesbaden 1983.

361 Eine detaillierte Darstellung findet sich in Weinberg, *World in the Balance,* S. 75–95. Am 8. Mai 1941 erklärte Hitler Goebbels, daß die Vereinigten Staaten nicht so viel Kriegsmaterial produzieren könnten wie Deutschland, da letzteres seine Ressourcen aus ganz Europa beschaffen könne (Fröhlich, *Goebbels' Tagebücher,* Bd. 4, S. 631).

362 KTB Skl A, Bd. 28, 9. Dezember 1941, BA-MA, RM 7/31, Bl. 135 f.; Oshima Nr. 1437 vom 8. Dezember 1941, *Pearl Harbor Attack,* Bd. 12, S. 253. Zu diesen Ländern zählten Uruguay, Panama, Costa Rica, Nicaragua, Honduras, Haiti, San Salvador und die Dominikanische Republik.

363 Rede in Domarus, *Hitler,* Bd. 2, S. 1794–1811.

364 *ADAP,* D, Bd. 13, Nr. 572.

365 Die Idee stammte von den Japanern, siehe Weizsäcker an Ribbentrop, 7. November 1941,

AA, St. S., »USA«, Bd. 9, MF 422 316; Ike, *Japan's Decision for War*, S. 260–262. Schon am 21. November 1941 hatte von Ribbentrop den Japanern versichert, daß Deutschland mit den Vereinigten Staaten keinen Separatfrieden in irgendeinem Krieg abschließen werde, wie er auch begonnen haben mochte (*ADAP*, D, Bd. 13, Nr. 487). Die Verträge wurden nach Pearl Harbor unterzeichnet.

366 *FDR Letters*, Bd. 2, S. 1257, 1282; *FRUS*, 1942, Bd. 2, S. 833–842, vgl. ebenda, Bd. 1, S. 916; Miller, *Bulgaria*, S. 68–70.

5
Die Ostfront und der Wandel des Krieges

1 Von Hardesty, *Red Phoenix. The Rise of Soviet Air Power, 1941–1945*, Smithsonian Institution Press, Washington 1982, S. 11–15; *DRuZW*, Bd. 4, S. 652–656. Horst Boog, der Autor des Artikels in *DRuZW*, weist darauf hin, daß viele Besatzungsmitglieder der sowjetischen Kampfflugzeuge überlebten, da diese massenhaft am Boden zerstört wurden. Auf diese Überlebenden konnte beim Wiederaufbau der sowjetischen Luftwaffe zurückgegriffen werden. Bei der deutschen Luftwaffe erwartete man, der gesamte Feldzug werde nur zwei Monate dauern, und man könne sich danach wieder auf den Kampf gegen Großbritannien konzentrieren. (Tagebuch Goebbels, 29. September 1942, zit. in *DRuZW*, Bd. 4, S. 317). Bryan I. Fugate, *Operation Barbarossa. The Strategy and Tactics on the Eastern Front, 1941*, Presidio Press, Novato, Calif. 1984, macht den Versuch, die Kämpfe zu Beginn des Rußlandfeldzugs neu zu interpretieren. Er ist überzeugend widerlegt worden durch: Barry D. Watts und Williamson Murray, »Inventing History. Soviet Military Genius Revealed«, in: *Air University Review* 36, Nr. 3 (März/April 1985), S. 102–112.

2 *KTB Halder*, Bd. 3, S. 38.

3 Halder an Louise von Benda [Jodl], 3. Juli 1941. Louise Jodl hat den Brief Anton Hoch vom IfZ zur Verfügung gestellt. Professor Harold Deutsch hat mir dankenswerterweise eine Kopie überlassen. Der Brief wird zitiert in Louise Jodls Memoiren, *Jenseits des Endes. Leben und Sterben des Generalobersten Alfred Jodl*, Fritz Moldau, Wien 1976, S. 55.

4 *DRuZW*, Bd. 4, S. 269f.

5 Ebenda, S. 317.

6 Hitler wußte schon sehr früh, daß die Sowjetunion über einen schweren Panzer verfügte, dem die Deutschen nichts Gleichwertiges entgegenzusetzen hatten (siehe seinen Brief an Mussolini vom 30. Juni 1941, *ADAP*, D, Bd. 13, Nr. 50). Trotzdem verbot er am 13. Juli, daß neue Panzer an die Ostfront geschickt würden; sie wurden in Deutschland zurückgehalten, um damit neue Einheiten für den geplanten Folgefeldzug im Nahen Osten auszurüsten (*DRuZW*, Bd. 4, S. 975).

7 Jochmann, *Hitler, Monologe*, 5./6. Juli 1941, S. 39, 27. Juli, S. 48; *DRuZW*, Bd. 4, S. 990f., 994f.; Streit, *Keine Kameraden*, Kap. 6–7.

8 *ADAP*, D, Bd. 13, Nr. 114; *DRuZW*, Bd. 4, S. 856, 1007.

9 Siehe *ADAP*, D, Bd. 13, Nr. 3–6, 18, 37, 39 223; AA, St. S., »Litauen«, MF 1 933 369–94, 96–401.

10 Czeslaw Madajczyk, Hg., »Generalplan Ost«, in: *Polish Western Affairs* 3, Nr. 2 (1962), S. 391–442, enthält viele bibliographische Angaben.

11 *ADAP*, D, Bd. 13, Nr. 149. Nicht nur Deutsche, sondern auch andere, beispielsweise Niederländer, sollten angesiedelt werden.

12 *ADAP*, D, Bd. 13, Anhang III. Eine Seite des Berichts über das Treffen zwischen Hitler und Kvaternik am 22. Juli 1941 fehlt – vermutlich ein Versehen des in der Kriegszeit zuständigen Mikrofilmtechnikers. Die Seite wird vielleicht noch auftauchen, falls noch eine weitere Kopie des Berichts existiert.

13 Der Text wurde erstmals publiziert in: *IMT*, Bd. 26, S. 266f. Eine sorgfältige Analyse der zugrundeliegenden Quelle bietet Ronald Headland, *Messages of Murder. A Study of the Reports of the Einsatzgruppen of the Security Police and the Security Service, 1941–1943*, Fairlegh Dickinson Univ. Press, Rutherford, N. J. 1991.

14 Mathias Beer, »Die Entwicklung der Gaswagen beim Mord an den Juden«, in: *VfZ* 35 (1987), S. 403–417. Die Idee entstand nach einer Inspektion der Massenerschießungen durch Himmler; Technik und Personal des neuen Tötungsinstruments stammten größtenteils aus dem Euthanasieprogramm. Rosenberg informierte am 18. November 1942 einen großen Personenkreis (die Reichsarbeitskammer), daß die Ver-

nichtung der Juden auf ganz Europa ausgedehnt werden sollte (BA, ZSg. Nadler, 115/4, Bl. 99).

15 Wilhelm Deist, Hg., *The German Military in the Age of Total War,* Berg, Dover, N. H. 1985, S. 297; Seekriegsleitung, »1385/41 Gkdos. Chefs. Absichten für die Weiterführung des Krieges nach Beendigung des Ostfeldzuges«, 8. August 1941, BA-MA, RM 7/234, Bl. 106–109; *DRuZW,* Bd. 5/1, S. 567ff.

16 Boog, *Luftwaffenführung,* S. 112ff.

17 KTB Skl A, Bd. 23, 17. Juli 1941, BA-MA, RM 7/26, Bl. 255; Canaris/Lahousen file, 20. Juli 1941, Imperial War Museum, AL 1933, item 11; Skl, »Lagebeurteilung 29. 7. 41«, BA-MA, III M 502/4, Bl. 9–22; *KTB Halder,* 11. August 1941, Bd. 3, S. 170.

18 Warlimonts Memorandum vom 6. August, das am 15. August an die Kriegsmarine abgeschickt wurde, »441 339/41 g. K. Ch. Kurzer strategischer Überblick über die Fortführung des Krieges nach dem Ostfeldzug«, ist ein Schlüsseldokument (BA-MA, RM 7/258, Bl. 4–15); siehe auch OKW L, »441 465/41 g. K. Ch. Die strategische Lage im Spätsommer 1941 als Grundlage für die weiteren politischen und militärischen Absichten«, 27. August 1941 (ebenda, Bl. 19–26). Die Veränderung bedeutete auch, daß die deutsche Kriegsmarine sich das Vorhaben vorerst aus dem Kopf schlagen mußte, auf dem nördlichen Seeweg um Sibirien herum in den Pazifik und nach Japan zu gelangen (KTB Skl A, Bd. 24, 18. August 1941, RM 7/27, Bl. 290).

19 Der Autor hat sich in einer Studie mit der Partisanenbewegung in der Region befaßt. Sie ist größtenteils neu abgedruckt in: John A. Armstrong, Hg., *Soviet Partisans in World War II,* Univ. of Wisconsin Press, Madison 1964, S. 389–457. Eine gute Darstellung der Kämpfe im Raum Jelnja ist enthalten in: Timothy A. Wray, *Standing Fast. German Defensive Doctrine on the Russian Front during World War II, Pre-War to March 1943,* Combat Studies Institute, Fort Leavenworth, Kansas 1986, S. 39–47. Siehe auch die interessanten Beiträge in Andreas Hillgruber, *Die Zerstörung Europas. Beiträge zur Weltkriegsepoche 1914 bis 1945,* Propyläen, Frankfurt/M. 1988, S. 296–312, und Samuel J. Lewis, *Forgotten Legions. German Army Infantry Policy, 1918–1945,* Praeger, New York 1985, S. 136–144. Außerdem sehr wichtig: Klaus A. F. Schülers Untersuchung, S. 351ff., 358–

362 und 380f., deren Titel in der nächsten Anmerkung vorgestellt wird; und Walther Lammers, Hg., *Fahrtberichte aus der Zeit des deutsch-sowjetischen Krieges 1941,* Boldt, Boppard 1988, S. 11f., 24f.

20 Dieser Punkt wird absolut klar in der hervorragenden Studie zur deutschen Logistik von Klaus A. F. Schüler, *Logistik im Rußlandfeldzug. Die Rolle der Eisenbahn bei Planung, Vorbereitung und Durchführung des deutschen Angriffs auf die Sowjetunion bis zur Krise vor Moskau im Winter 1941/42,* Lang, Frankfurt/M. 1987; die Nachschubprobleme machten jede weitere deutsche Offensive im Zentrum der Front unmöglich und verursachten bei den deutschen Heeren vielfältige Verzögerungen und Frustrationen. Siehe auch Martin van Creveld, *Supplying War. Logistics from Wallenstein to Patton,* Cambridge Univ. Press, Cambridge 1977, Kap. 5.

21 Einen nützlichen Überblick bietet Alan F. Wilt, »Hitler's Late Summer Pause in 1941«, in: *Military Affairs* 45 (1981), S. 187–191. Die Dokumente über Hitlers Ansichten sind abgedruckt in: *KTB OKW,* Bd. 1, S. 1061–1081. Siehe auch *DRuZW,* Bd. 4, S. 118; Tagebuch von Bock, 13. Juli 1941, BA-MA, N 22/9, Bl. 23f. In den Papieren des Feldmarschalls von Weichs im BA-MA befinden sich interessante Briefe Sodensterns vom 9. Februar und 15. April 1951, in denen Sodenstern betont, wieviel klüger die Kiewer Operation gewesen sei als der Angriff auf Moskau, das 1941 ohnehin nicht habe erreicht werden können. Er gibt an, von Rundstedt sei derselben Ansicht gewesen (N 19/13, Bl. 131–134). In *DRuZW,* Bd. 4, S. 651, wird diese Ansicht im wesentlichen geteilt. Die in Anmerkung 20 diskutierte Untersuchung Schülers beweist, daß im Zentrum der Front vor Ende September/Anfang Oktober ohnehin keine Operation mehr begonnen werden konnte.

22 *DRuZW,* Bd. 4, S. 710.

23 Der Befehl wurde am 7. Oktober wiederholt, als die Möglichkeit, daß Leningrad oder Moskau tatsächlich fallen könnten, in greifbare Nähe gerückt war (*ADAP,* D, Bd. 13, Nr. 388). Die Absicht, beide Städte vom Erdboden zu vertilgen, war der deutschen Presse schon am 20. August 1941 verkündet worden; siehe Kausch, »Vertrauliche Bestellungen«, 20. August 1941, BA, Brammer, ZSg. 101/21, Bl. 162; vgl. auch ebenda,

Bl. 232. Die früheste Bemerkung Hitlers zu dem Plan scheint die in *KTB Halder*, 8. Juli 1941, erwähnte zu sein.

24 Vgl. dazu *DRuZW*, Bd. 4, S. 1013; Schüler, *Logistik im Rußlandfeldzug*, S. 328–331. Interessante Details in: Sergei Varshasky und Boris Rest, *The Ordeal of the Hermitage. The Siege of Leningrad, 1941–1944;* Aurora Art, St. Petersburg 1985.

25 Siehe *ADAP*, D, Bd. 13, Nr. 248, 262.

26 Zum britischen und amerikanischen Druck auf Finnland auf Drängen der Sowjetunion und zum deutschen Gegendruck siehe persönliche Aufzeichnungen des Premierministers 704/1, 5. Juli 1941, 725/1, 10. Juli, und 731/1, 16. Juli an Eden, PRO, PREM 3/170/4; Eden an Cripps Nr. 227 (N 5096/78/G), 4. September 1941, PREM 3/170/1; Churchill an Mannerheim, 28. November 1941, PREM 3/170/1; *ADAP*, D, Bd. 13, Nr. 85, 160, 264, 301, 331, 353, 436, 461, 477, 533, 540; Notiz Woermann, »U. St. S. Pol. Nr. 741«, 4. August 1941, AA, St. S., »England«, Bd. 4, MF 108867; *DRuZW*, Bd. 4, S. 819f., 850, 854f.; *FDR Letters,* Bd. 2, S. 1207f.; *FRUS*, 1941, Bd. 1, S. 81–108; Heydrich an Ribbentrop, 27. Oktober 1941, gibt abgefangene Informationen über das Gespräch des finnischen Ministerpräsidenten in Washington weiter, AA, Inland IIg, »Berichte über Amerika«, Bd. 4, MF E 024612–17; amerikanischer Militärattaché in Berlin, »Conversation with the Finnish Military Attaché«, 10. September 1941 in: NA, RG 165, Entry 77, Box 1417, File 6900, Report 18,629 vom 15. September 1941, S. 1ff. Hilfreiche Darstellung in: R. Michael Berry, *American Foreign Policy and the Finnish Exception,* Societas Historica Finlandiae, Helsinki 1987, S. 121–146, 192–206.

27 Siehe dazu Helsinki an Tokio Nr. 388 vom 18. Dezember 1941, NA, RG 457, SRDJ 17978.

28 Schüler, *Logistik im Rußlandfeldzug*, S. 410 –413; Boog, *Luftwaffenführung*, S. 116; *ADAP*, D, Bd. 13, Nr. 424, 433; »Bestellungen aus der Pressekonferenz vom 9. Oktober 1941«, BA, Brammer, ZSg. 101/22, Bl. 27; »Vertrauliche Informationen Nr. 264/41–266/41«, 8.–10. Oktober 1941, BA, Oberheitmann, ZSg. 109/26, Bl. 26–37 (realistischere Einschätzungen vom 25. Oktober siehe ZSg. 101/22, Bl. 76, ZSg. 109/26, Bl. 85).

Die Deutschen verteilten in der Annahme, daß Moskau fallen würde, zu diesem Zeitpunkt schon die Posten. Siegfried Kasche, der Gesandte im kroatischen Marionettenstaat, sollte Chef der Region Moskau werden (AA, Gesandtschaft Sofia, »Persönliche Aufzeichnungen des Gesandten Beckerle«, 4. Oktober 1941, Bd. 1, Bl. 69), während der Hamburger Senator von Allwörden sich darauf freute, die wirtschaftliche Verwaltung von der Region Moskau bis zum Ural leiten zu dürfen (Forschungsstelle Hamburg, Tagebuch Krogmann, 1941, 11 k 9, 27. November und 4. Dezember 1941).

29 Erickson, *Road to Stalingrad*, S. 29. Zu den Plänen, die verschiedenen Kommissariate zu evakuieren, siehe John A. Armstrong, »The Relocation of the Soviet Commissariats in World War II«, in: Karl-Heinz Manegold, Hg., *Wissenschaft, Wirtschaft und Technik. Studien zur Geschichte,* Bruckmann, München 1972, S. 92–97. Der Beitrag ist sehr aufschlußreich, was die Selbsteinschätzung der sowjetischen Führung angesichts des möglichen Falls von Moskau betrifft.

30 Siehe *ADAP*, D, Bd. 13, Nr. 265; *DRuZW*, Bd. 4, S. 585.

31 Siehe *DRuZW*, Bd. 4, S. 585–592; Earl F. Ziemke, »Franz Halder at Orsha. The German General Staff Seeks a Consensus«, in: *Military Affaires* 39 (1975), S. 173–176; Schüler, *Logistik im Rußlandfeldzug,* S. 468–475; Heinrich Bücheler, *Hoepner. Ein deutsches Soldatenschicksal des 20. Jahrhunderts,* Mittler, Herford 1980, S. 156f.

32 Zwei Schriften über die Fehler des deutschen militärischen Geheimdiensts belegen dies durch zahlreiche Beispiele: Hans-Heinrich Wilhelm, »Die Prognosen der Abteilung Fremde Heere Ost 1942–1945«, in: *Zwei Legenden aus dem Dritten Reich,* Deutsche Verlags-Anstalt, Stuttgart 1974, S. 7–75; David Thomas, »Foreign Armies East and German Military Intelligence in Russia, 1941–45«, in: *JCH* 22 (1987), S. 261–301.

33 In Schätzungen der Stärke der Roten Armee wie am 1. Dezember 1941 (*KTB OKW*, Bd. 1, S. 1075f.) wurde versichert, daß die Sowjetunion über keine substantiellen Reserveeinheiten mehr verfügte. Am 4. Dezember 1941 vertrat die Abteilung Fremde Heere Ost des Generalstabs des Heeres die Ansicht, die Rote Armee sei gegenwärtig nicht zu einem Großangriff fähig (*DRuZW*, Bd. 4, S. 600).

34 Das gesamte Thema der deutschen Verbündeten an der Ostfront ist noch kaum erforscht. Eine gute Gesamtdarstellung ist: Peter Gosztony, *Hitlers Fremde Heere. Das Schicksal der nichtdeutschen Armeen im Ostfeldzug,* Econ, Düsseldorf 1976. Jürgen Förster, *Risse im Bündnis,* Rombach, Freiburg 1975, konzentriert sich auf die zweite Hälfte des Krieges und geht auf die Rolle Finnlands nicht ein. Beide Bücher enthalten Literaturangaben über die einzelnen Armeen in ihren Bibliographien.

35 Eine besonders nützliche Quelle sind die sehr offenen Äußerungen des früheren deutschen Generals Erik Hansen, »Antworten in erweiterter Berichtform auf eine Anfrage des Instituts für Zeitgeschichte-München«, 21. Januar 1956, IfZ, ZS 1130, Bl. 13–18.

36 Siehe Erickson, *Road to Stalingrad,* S. 210f.

37 Das Gebiet wurde am 19. August 1941 offiziell an Rumänien übergeben. Obwohl die Arbeit von Alexander Dallin, »Odessa 1941–1944: A Case Study of Soviet Territory under Foreign Rule«, Rand Memorandum 1875, U.S. Air Force Project Rand Research Memorandum, Astia Document No. AD 123 552, bereits 1957 erschien, ist sie bis heute die umfassendste Arbeit über das Thema. Es gibt eine Untersuchung über den Holocaust in diesem Gebiet: Julius S. Fisher, *Transnistria. The Forgotten Cemetery,* Thomas Yoseleff, Cranbury, N. J. 1969.

38 Killinger an Ribbentrop, Nr. 2882, 9. September 1941, AA, St. S., »Türkei«, Bd. 4, MF 173 230–32.

39 *ADAP,* D, Bd. 13, Nr. 58.

40 Gosztony, *Hitlers Fremde Heere,* S. 84f.

41 Ebenda, S. 86f.

42 Für ausgewogene Sichtweisen siehe ebenda, S. 116–123; Nandor F. Dreisziger, »The Hungarian General Staff and Diplomacy, 1939–1941«, in: *Canadian-American Review of Hungarian Studies* 7 (1980), S. 16–21; Juhász, *Hungarian Foreign Policy,* S. 188–190; sowie die Artikel von Dreisziger und Thomas Sakmyster in dem Sonderheft »Hungary and the Second World War«, in: *Hungarian Studies Review* 10 (1983).

43 Gosztony, S. 153–162.

44 Canaris/Lahousen file, 2. September 1941, Imperial War Museum, AL 1933, item 15; Juhász, *Hungarian Foreign Policy,* S. 199f.

45 Dreisziger, »Hungarian General Staff«, S. 23, siehe Anm. 42.

46 Weizsäcker-Memorandum »St. S. Nr. 816«, 12. Dezember 1941, AA, St. S., »Aufzeichnungen über nicht-Diplomatenbesuche«, Bd. 2, MF 36 806f.; Juhász, S. 201; *ADAP,* D, Bd. 13, Nr. 381f.; E, Bd. 2, Nr. 291.

47 Gosztony, *Hitlers Fremde Heere,* S. 94f., 127–130, 173–177.

48 Siehe Ciano, *Diary,* 21. und 22. Juni 1941, S. 368f.; *ADAP,* D, Bd. 13, Nr. 62. Einen allgemeinen Überblick bietet J. Calvitt Clarke III, »Italy and Barbarossa, June 22 1941«; der Aufsatz wurde im November 1991 der American Association for the Advancement of Slavic Studies vorgelegt.

49 Die Darstellung in Ciano, *Diary,* 5. Juli 1941, S. 373, sollte ergänzt werden durch: Plessen an AA, »Betr.: Äußerungen des Duce über die Lage«, 11. Juli 1941, AA, Botschaft Rom (Quir.), »Geheim Bd. 45/1a«, MF 481 923f. Auf demselben Treffen gab Mussolini der Hoffnung Ausdruck, daß es nach dem Zusammenbruch der Sowjetunion möglich sein werde, Ägypten über die Türkei und Syrien anzugreifen. Er rechnete mit dem Kriegseintritt der Vereinigten Staaten und erwartete, daß der Krieg lange dauern würde. Warum er trotz dieser Einschätzung so sehr darauf brannte, Truppen an die Ostfront zu schicken, sagte er nicht.

50 Gosztony, *Hitlers Fremde Heere,* S. 124–127, 162–173.

51 Es ist bemerkenswert, daß gleichzeitig mit dem kroatischen Engagement an der Ostfront im Sommer 1941 in Kroatien selbst eine massive Terror- und Vertreibungskampagne begann; Ladislaus Hory und Martin Broszat, *Der kroatische Ustascha-Staat, 1941–1945,* Deutsche Verlags-Anstalt, Stuttgart 1964, S. 99.

52 *ADAP,* D, Bd. 13, Nr. 46; Gosztony, S. 131–135, 177–180.

53 Gosztony, S. 135ff.; vgl. *ADAP,* D, Bd. 13, Nr. 45, 78. Ein Bericht über die kollaborierenden französischen Militärs findet sich in: Bertram M. Gordon, *Collaborationism in France during the Second World War,* Cornell Univ. Press, Ithaca, N. Y. 1980, Kap. 9.

54 Eine gute Darstellung ist Gerald R. Kleinfeld und Lewis A. Tambs, *Hitler's Spanish Legion. The Blue Division in Russia,* Southern Illinois Univ. Press, Carbondale, Ill. 1979. Siehe auch Smyth, *British Policy and Franco's Spain,* S. 229f.; Klaus-Jörg Ruhl, *Spanien im Zweiten*

Weltkrieg. Franco, die Falange und das »Dritte Reich«, Hoffmann & Campe, Hamburg 1975, S. 27–31. Zum Vorfall mit der Nationalhymne siehe *ADAP*, D, Bd. 13, Nr. 70, Anm. 2.

55 Die schweren Verluste der Division und die deutsche Unfähigkeit, sie zu entlasten, waren im Winter 1941/42 eine starke Belastung für die deutsch-spanischen Beziehungen (*ADAP*, E, Bd. 1, Nr. 109, 205, 268; Bd. 2, Nr. 62).

56 Zum deutschen Versuch, die Türkei durch Gebietsofferten auf Kosten Französisch-Syriens zum Kriegseintritt zu bewegen, siehe Önder, *Türkische Außenpolitik*, S. 127 ff. Auch mit griechischen Inseln wurden die Türken gelockt, nie jedoch in genügender Zahl, um die Regierung in Ankara zum Handeln zu motivieren. Mehr als einen Nichtangriffspakt konnte Deutschland nicht erreichen (AA, St. S., »Türkei«, Bd. 3, passim).

57 Waley, *Codeword Barbarossa;* man beachte auch die Kommentare zu dem Umstand, daß Stalin die Warnungen nicht ernstnahm; sie werden zitiert in: Chalmers Johnson, *An Instance of Treason. Ozaki Hotsumi and the Sorge Spy Ring,* erweiterte Auflage, Stanford Univ. Press, Stanford, Calif. 1990, S. 290, Anm. 16.

58 Erickson, *Road to Stalingrad,* Kap. 1 und 2; Jacob W. Kipp, »Barbarossa, Soviet Covering Forces and the Initial Period of War. Military History and Airland Battle«, Soviet Armies Studies Office, Fort Leavenworth, Kans. 1987; Volkogonov, *Stalin,* Kap. 41–43.

59 Erickson, Kap. 3, insbesondere S. 132–135.

60 Ebenda, S. 225.

61 Ansatzweise diskutiert wird die Evakuierung von Menschen (einschließlich der Flüchtlinge etwa 16,5 Millionen) und Industrieanlagen in: Mark Harrison, *Soviet Planning in Peace and War, 1938–1945,* Cambridge Univ. Press, Cambridge 1985, S. 63–79.

62 Gordon A. Prange, *Target Tokyo: The Story of the Sorge Spy Ring,* McGraw Hill, New York 1984; Johnson, *Instance of Treason.*

63 Text in James, *Churchill Speeches,* Bd. 6, S. 6428–6431. Siehe auch John Colville, *The Fringes of Power. 10 Downing Street Diaries 1939–1955,* Norton, New York 1985, 21. und 22. Juni 1941, S. 403–406; Gilbert, *Churchill,* Bd. 6, Kap. 58.

64 Siehe den Bericht über sein Gespräch mit dem sowjetischen Botschafter Maisky in London am 19. Juni 1941, N 3099/3/38, PRO, FO 371/29466.

65 War Cabinet 59(41) vom 12. Juni 1941 und damit in Verbindung stehende Dokumente: N 3500/3014/38, PRO, FO 371/29561; War Cabinet 61(41) vom 19. Juni und 62(41) vom 23. Juni 1941, CAB 65/18. Dokumente der Royal Air Force zur Planung der Einsätze, die am 19. Juni 1941 begannen, finden sich in AIR 8/928 und AIR 20/25.

66 Kettenacker, »Alliance«, in: *JCH* 17 (1982), S. 436 f. Ein sowjetischer Sieg hätte offensichtlich die Rolle Großbritanniens geschmälert; siehe dazu Memorandum Leeper vom 7. Juli 1941, N 3718/78/38, PRO, FO 371/29486.

67 Vgl. den auf 24. Juni datierten Brief an den Volkskommissar für Auswärtige Angelegenheiten, der MacFarlane am 25. Juni 1941 übergeben wurde, PRO, WO 216/124.

68 Ebenda. Siehe auch MacFarlanes Brief vom 1. August 1941, ebenda, sowie Cadogans und Edens Kommentare zur Unterschätzung der Sowjetunion durch das britische Militär in London in N 77/30/38, PRO, FO 371/32904.

69 Brooke an MacFarlane, 27. Oktober 1941, PRO, WO 216/124.

70 Whitney an Donovan Nr. 5392 vom 12. November 1941, FDRL, PSF, COI Donovan File 1–41.

71 Beaumont, *Comrades in Arms,* S. 32 ff.; Gilbert, *Churchill,* Bd. 6, Kap. 61.

72 Siehe die Dokumente in PRO, AIR 8/564, 840, 937, 939; AIR 20/1398; WO 106/5729.

73 Brian Schofield, *The Russian Convoys,* Pan, London 1984, erstmals veröffentlicht 1964, ist bis heute eine exzellente Darstellung. Siehe jetzt auch Simpson, *Admiral Stark,* S. 143 ff.

74 Der beste Bericht über den Nachschubweg ist bis heute T. H. Vail Motter, *The Persian Corridor and Aid to Russia* (U. S. Army in World War II series), GPO, Washington 1952. Beaumont weist in *Comrades in Arms,* S. 82–85, darauf hin, daß dieser Nachschubweg in den ersten Monaten des Krieges im Osten kaum benutzt werden konnte. Ein detaillierter Bericht über die Okkupation des Iran findet sich in: Stewart, *Sunrise at Abadan,* Kap. 4–10.

75 Gilbert, *Churchill,* Bd. 6, Kap. 63–64.

76 Murray, *Luftwaffe,* S. 83; zur Verlegung von Kesselring siehe auch Schüler, *Logistik im Rußlandfeldzug,* S. 475, Anm. 101.

77 Woodward, *British Foreign Policy*, Bd. 2, S. 5–14.

78 Die beste gegenwärtig verfügbare Darstellung ist Terry, *Poland's Place in Europe*, S. 56–65. Siehe auch Detlef Brandes, *Großbritannien und seine osteuropäischen Alliierten 1939–1943*, Oldenbourg, München 1988, S. 155–161.

79 Siehe Terry, *Poland's Place in Europe*, S. 61, Anm. 40, und S. 64, Anm. 47.

80 Ciechanowski an Donovan, 27. September 1941, FDRL, PSF Box 141, Coordinator of Information. Siehe auch Richard C. Lucas, *The Strange Allies. The United States and Poland, 1941–1945*, Univ. of Tennessee Press, Knoxville 1978, S. 7–14.

81 Bis heute grundlegend ist Raymond Dawson, *The Decision to Aid Russia, 1941. Foreign Policy and Domestic Politics*, Univ. of North Carolina Press, Chapel Hill, N. C. 1959. Neuere Darstellungen: John L. Gaddis, *The United States and the Origins of the Cold War, 1941–1947*, Columbia Univ. Press, New York 1972, S. 34–41; Herring, *Aid to Russia*, Kap. 1. Dazu, daß Roosevelt von Anfang an glaubte, die Sowjetunion werde durchhalten, siehe Owen Lattimore und Fujiko Isono, *China Memoirs. Chiang Kai-shek and the War against Japan*, Univ. of Tokyo Press, Tokio 1990, S. 82f.

82 Memorandum von Hopkins, 25. November 1941, FDRL, PSF Safe File, Cont. 7, Russia. Ähnliche Kommentare von Roosevelt finden sich in einem Dokument der U. S. Maritime Commission vom 17. Februar 1942, PSF Safe File, Cont. 1, ABCD Folder; in einem Brief vom 21. Februar 1942 an die Maritime Commission, Lend-Lease PSF Safe File, Cont. 5, Marshall; vergleiche auch Roosevelts Bemerkungen gegenüber Morgenthau vom 11. März 1942 in: Morgenthau Presidential Diary, Bd. 5, S. 1075.

83 *ADAP*, D, Bd. 13, Nr. 225, 239; E, Bd. 1, Nr. 12; japanischer Militärattaché in Washington an den Stellvertretenden Chef des japanischen Generalstabs in Tokio Nr. 179, 4. September 1941, NA, RG 457, SRA 15 810–11.

84 Die Sorge des Präsidenten, daß Japan die Sowjetunion angreifen könnte, ist dokumentiert in: Roosevelt an Admiral Stark und General Marshall, 4. März 1942, FDRL, PSF Safe File, Box 5, Marshall. Dazu, daß es China gelang, Sinkiang zu halten, siehe Garver, *Chinese-Soviet Relations*, Kap. 6; Garver (Kap. 8) vertritt die Ansicht, es

sei der deutsch-sowjetische Krieg gewesen, der Mao Tse-tung in die Lage versetzt habe, die chinesische KP von Moskau zu emanzipieren.

85 Zu Hopkins' Reise siehe George McJimsey, *Harry Hopkins. Ally of the Poor and Defender of Democracy*, Harvard Univ. Press, Cambridge, Mass. 1987, Kap. 12; Erickson, *Road to Stalingrad*, S. 181; John D. Langer, »The Harriman-Beaverbrook Mission and the Debate over Unconditional Aid«, in: Walter Laqueur, Hg., *The Second World War*, Sage, London 1982, S. 300–319.

86 Siehe insbesondere Beaumont, *Comrades in Arms*, S. 45f., 52–66; McJimsey, *Harry Hopkins*, S. 189–192; Herring, *Aid to Russia*, Kap. 2; Hans Knoll, *Jugoslawien in Strategie und Politik der Alliierten 1940–1943*, Oldenbourg, München 1986, S. 477–488. Der in Anm. 85 genannte Artikel von Langer betont außerdem, daß Churchill und Roosevelt auf bessere Beziehungen in der Nachkriegszeit hofften. Er beruht auf solider Forschungsarbeit und ist die beste Zusammenfassung zum Thema.

87 Vgl. dazu *ADAP*, E, Bd. 1, Nr. 4.

88 Siehe beispielsweise Oshimas Berichte 377 und 378 über sein Treffen mit Ribbentrop am 17. März 1942, NA, RG 457, SRDJ 20696–98.

89 Ingeborg Fleischhauer, *Die Chance des Sonderfriedens. Deutsch-sowjetische Geheimgespräche 1941–1945*, Siedler, Berlin 1986. Dieses Buch ist besonders nützlich, weil es schwedische, amerikanische und deutsche Akten auswertet.

90 Beaumont, *Comrades in Arms*, S. 50–52; Woodward, *British Foreign Policy*, Bd. 2, Kap. 20; Gilbert, *Churchill*, Bd. 6, Kap. 62.

91 Hinsley, *British Intelligence*, Bd. 2, S. 58ff.; Gilbert, Bd. 6, S. 1209.

92 Anscheinend wurde ein Teil der Informationen, die der britische Geheimdienst aus entschlüsselten Funksprüchen gewann, über eine spezielle Mission in Moskau an die Sowjets weitergeleitet, während ein anderer Teil an ein Spionagenetz in der Schweiz weitergegeben wurde, das nominell für die Sowjetunion arbeitete.

93 Beaumont, *Comrades in Arms*, S. 69–71; Heinrichs, *Threshold*, S. 105–108; Kettenacker, »Alliance«, S. 439–442; Woodward, Bd. 2, Kap. 20, 26; Erickson, S. 293–296; Axel Gietz, *Die neue Alte Welt. Roosevelt, Churchill und die europäische Nachkriegsordnung*, Fink, Mün-

chen 1986, S. 184–188, Ross, *Foreign Office and Kremlin,* Kap. 3.

94 Woodward, Bd. 2, S. 220 f.

95 Notiz von Halifax für Churchill, 11. Januar 1942; Halifax warnte, daß Großbritannien nicht einfach »Nein« sagen könne, falls Hitler Stalin ein gutes Angebot machen würde. (PRO, PREM 4/29/9). Siehe auch Graham Ross, »Foreign Office Attitudes to the Soviet Union 1941–1954«, in: *JCH* 16 (1981), S. 523. Die Schlüsseldokumente sind Edens Memorandum »Policy toward Russia« vom 8. Februar 1942, WP (42) 69 in PRO, CAB 66/21, und sein Memorandum vom 24. Februar 1942, WP(42) 96, CAB 66/22.

96 Mason-MacFarlane an Brooke, 22. Dezember 1941 und 8. Januar 1942, PRO, WO 216/24; Ross, *Foreign Office and Kremlin,* S. 524; Beaumont, *Comrades in Arms,* S. 100 ff.; Kettenacker, »Alliance«, S. 442–444; N 7471/3/38, PRO, FO 371/29655. Aus einer Arbeit, die Gabriel Gorodetsky 1991 der American Association for the Advancement of Slavic Studies vorlegte, geht hervor, daß die Sowjetunion dem Projekt einer Landungsoperation bei Petsamo große Bedeutung beimaß.

Zu einem bestimmten Zeitpunkt der schwierigen Gespräche erwog Churchill offensichtlich, selbst nach Moskau zu reisen; siehe Brooke Diary, 5. März 1942, Liddell Hart Centre.

Hugh Phillips stellt in »Mission to America. Maksim Litvinov in the United States, 1941–1943«, in: *Diplomatic History* 12 (1988), S. 261–275, auf der Grundlage veröffentlichter sowjetischer Dokumente die Behauptung auf, daß Roosevelt bei einem Treffen am 12. März 1942 die sowjetische Grenze von 1941 anerkannt habe. Dies steht im Widerspruch zu anderem Quellenmaterial und wird durch die folgenden Ereignisse nicht unterstützt.

97 Hinsley, *British Intelligence,* Bd. 2, S. 116 f.

98 In diesem Zusammenhang ist interessant, daß die deutsche Luftwaffe vom 22. Juni bis zum Ende des Jahres drei Viertel ihrer Verluste im Osten erlitt (*DRuZW,* Bd. 4, S. 699 f.). Zu Lande waren die relativen Verluste im Osten sogar noch höher, nur zu Wasser waren die deutschen Verluste im Westen höher als im Osten.

99 Siehe insbesondere Churchills knurrige Botschaft an Cripps vom 28. Oktober 1941 in: Gilbert, *Churchill,* Bd. 6, S. 1227 f. Gilbert zitiert

auch die Abschnitte, die in der Endfassung verändert wurden. Die Endfassung ist abgedruckt in: Woodward, *British Foreign Policy,* Bd. 2, S. 44 f.

100 Louis Morton, *The War in the Pacific, Strategy and Command. The First Two Years,* GPO, Washington 1962, S. 156 f.; Beaumont, *Comrades in Arms,* Kap. 4.

101 Die Einschätzung der Lage am 5. Dezember 1941 durch die Abteilung G-2 im amerikanischen Kriegsministerium ergab zwar, daß die Deutschen im Osten beträchtliche Schwierigkeiten hätten. Sie hielt die Sowjetunion jedoch offensiver Operationen nicht für fähig (Sherman Miles Memorandum for the Chief of Staff, NA, RG 165, Entry 77, Box 1419).

102 Erickson, *Road to Stalingrad,* S. 267 ff.; Klaus Reinhardt, *Die Wende vor Moskau. Das Scheitern der Strategie Hitlers im Winter 1941/42,* Deutsche Verlags-Anstalt, Stuttgart 1972 (eine hervorragende Untersuchung, die zeigt, daß die Deutschen schon vor den Winterschlachten praktisch geschlagen waren); Schüler, *Logistik im Rußlandfeldzug,* S. 401 ff.; Ziemke, *Moscow to Stalingrad,* Kap. 4 f. Zur sowjetischen Perspektive siehe Alexander M. Samsonov, *Pages from the History of the AntiFascist War,* Akademie der Wissenschaften der UdSSR, Moskau 1978, S. 6–55; Michael Parrish, Hg., *Battle for Moscow: The 1942 Soviet General Staff Study,* Pergamon-Brassey, Washington 1987.

103 *DRuZW,* Bd. 4, S. 620 f.; Bücheler, *Hoepner,* S. 167–172; Walter Chales de Beaulieu, *Generaloberst Erich Hoepner. Militärisches Portrait eines Panzerführers,* Vowinckel, Neckargemünd 1969, S. 246–253. Zur entsetzten Reaktion eines anderen Generals auf die Tatsache, daß Züge eingesetzt wurden, um Juden in den Tod zu fahren, anstatt Nachschub und Verstärkung an die Front zu schaffen, siehe Hans Rothfels, Hg., »Ausgewählte Briefe von Generalmajor Helmuth Stieff«, in: *VfZ* 2 (1954), S. 302 f. (Brief vom 19. November 1941); vgl. auch Schüler, *Logistik im Rußlandfeldzug,* S. 472 f.

104 Der Text von Hitlers Rede auf der letzten Sitzung des Reichstags ist abgedruckt in Domarus, *Hitler,* Bd. 2, S. 1865–1877. Die relevanten Dokumente zum Ende jeder Rechtsstaatlichkeit in Deutschland finden sich in: BA, R 43 II/958, Bl. 38–129. Zum größeren Kontext der Affäre

Hoepner siehe Gerhard L. Weinberg, »The Nazi Revolution. A War against Human Rights«, in: Moses Rischin und Raphael Asher, Hg., *The Jewish Legacy and the German Conscience*, Judah L. Magnes Museum, Berkeley, Calif. 1991, S. 287–296. Eine interessante britische Reaktion ist das Kabinettsmemorandum »Hitler's Speech of April 28, 1942«, 30. April 1942, WP(42) 182, PRO, CAB 66/24.

105 Ursprünglich sollten wohl Halder durch Jodl und Jodl durch Manstein ersetzt werden, sobald Manstein die Eroberung der Krim abgeschlossen hätte. Siehe das Tagebuch des Chefs des Stabes AHA, 19. Dezember 1941, Imperial War Museum, M 114/981/2, Bl. 2.

106 »Meldungen aus dem Reich (Nr. 248) vom 5. Januar 1942« in: Heinz Boberach, Hg., *Meldungen aus dem Reich*, Pawlak, Herrsching 1984, Bd. 9, S. 3120ff.

107 Vgl. dazu den Kommentar von Konrad Weygold, »Die Nachfolge des Ob. d. H.«, Februar 1956, BA-MA, Nachlaß Förste, N 328/53. De Beaulieu, *Erich Hoepner*, S. 220–242, vertritt die gegenteilige Ansicht. Alle Pläne, Hitlers Verantwortungsbereich zu reduzieren, da er nun die tägliche Führung des Heeres übernommen hatte, wurden von ihm am 16. Januar 1942 abgelehnt; siehe BA, R 43 II 1958, Bl. 8–31.

108 Erickson, *Road to Stalingrad*, S. 277–292 und Kap. 8; *DRuZW*, Bd. 4, S. 600–650; Ziemke, *Moscow to Stalingrad*, S. 134–142.

109 Vgl. dazu den ausführlichen Bericht vom 25. Februar 1942 des britischen Geschäftsträgers in Kujbyschew über die Rückeroberung der Stadt Moschaisk am 20. Januar 1942 (N 1585/30/38, PRO, FO 371/32906).

110 Eine exzellente Untersuchung zu diesem Thema ist: Catherine Andreyev, *Vlasov and the Russian Liberation Movement. Soviet Reality and Emigré Theories*, Cambridge Univ. Press, Cambridge 1987.

111 Zur Versorgung von Cholm und Demjansk aus der Luft und was sie die Deutschen kostete siehe Murray, *Luftwaffe*, S. 116f.

112 Ziemke, *Moscow to Stalingrad*, S. 143–155, 186–198, 254–260.

113 Ebenda, S. 161–185, 249–252.

114 Ebenda, S. 240–249. Siehe auch meine Studie über den Krieg und die Partisanen in diesem Gebiet: Gerhard L. Weinberg, *The Partisan Movement in the Yelnya-Dorogobuzh Area of Smolensk Oblast*, HRRI, Maxwell AFB, Ala. 1954. Sie ist größtenteils nachgedruckt in: Armstrong, *Partisans*, 385–457.

115 Zur Offensive bei Isjum siehe Ziemke, *Moscow to Stalingrad*, S. 156–161; zur Vernichtung des Kessels siehe S. 269–282.

116 Ebenda, Kap. 6. Das Geschehen zur See wird unten in Kap. 7 behandelt.

117 Eine exzellente Darstellung dieser vielleicht erfolgreichsten deutschen Täuschungsoperation im Zweiten Weltkrieg findet sich in: Earl F. Ziemke, »Operation Kreml. Deception, Strategy, and the Fortunes of War«, in: *Parameters, Journal of the U. S. Army War College* 9, Nr. 1 (1979), S. 72–83. Die 1943 vorbereitete Studie des sowjetischen Generalstabs, *Battle for Stalingrad* (Louis C. Rotundo, Hg., Pergamon-Brassey, Washington 1989, Kap. 2), ging immer noch von der falschen Annahme aus, Moskau sei das eigentliche Ziel gewesen.

118 Erickson, *Road to Stalingrad*, S. 335–342. Die Briten dachten, die Sowjets rechneten wie sie selbst und die Amerikaner ebenfalls mit einem Angriff im Süden (Hinsley, *British Intelligence*, Bd. 2, S. 96–98).

119 Earl F. Ziemke, *The German Northern Theatre of Operations, 1940–1945*, GPO, Washington 1960, S. 223–228; Ziemke, *Moscow to Stalingrad*, S. 226–233.

120 Erickson, *Road to Stalingrad*, S. 344–347; Ziemke, *Moscow to Stalingrad*, S. 269–282.

121 *DRuZW*, Bd. 4, S. 698f.

122 Ebenda, S. 710f. Nützliche Informationen über Udet finden sich in: Armand van Ishoven, *The Fall of an Eagle. The Life of Fighter Ace Ernst Udet*, ins Englische übers. v. Chas Bowjer, Kimber, London 1979.

123 *DRuZW*, Bd. 4, S. 1023, Bd. 5/1, S. 629, 1000.

124 Tagebuch des Generalstabschefs, Befehlshaber des Ersatzheeres, 20. März 1942, Imperial War Museum, MI 14/981/3.

125 Siehe *DRuZW*, Bd. 4, S. 1085. Siehe auch Hitlers Befehl vom 20. August 1941, die Entwicklung der V 2 voranzutreiben, obwohl diese offensichtlich noch einige Zeit nicht einsatzbereit sein würde (Dieter Hölsken, »Die V-Waffen. Entwicklung und Einsatzgrundsätze«, in: *MGM* 38, Nr. 2 (1985), S. 95–122).

126 »Notizen über den Vortrag des Chefs H. Rüst und BdE beim Führer … am 23. 12.

1941«, 28. Dezember 1941, Imperial War Museum, MI 14/981/2.

127 *ADAP*, E, Bd. 1, Nr. 51, 106.

128 Boog, *Luftwaffenführung*, S. 65. Zum britischen Wissen über den Kurswechsel siehe Hinsley, *British Intelligence*, Bd. 2, S. 149 ff.

129 Jochmann, *Hitler, Monologe*, 26./27. Februar 1942, S. 300.

130 *DRuZW*, Bd. 4, S. 702 f. Zur abnehmenden Effektivität der Luftwaffe an der Ostfront siehe Murray, *Luftwaffe*, S. 91–103, 115–117.

131 *ADAP*, E, Bd. 1, Nr. 14, 54, 71, 91 f., 98, 130; *KTB Halder*, Bd. 3, S. 361 (20. Dezember 1941); Rintelen und Mackensen an Ribbentrop Nr. 3140 vom 2. Dezember 1941, AA, St. S., »Italien«, Bd. 7, MF 331 841–42. Einige deutsche Einheiten wurden außerdem aus dem Balkan abgezogen und durch italienische und bulgarische Truppen ersetzt (Gosztony, *Hitlers Fremde Heere*, S. 195–207; Jürgen Förster, *Stalingrad*, Rombach, Freiburg 1975, S. 13–23).

132 *ADAP*, E, Bd. 2, Nr. 7. Zu bewaffneten russischen Einheiten, die schon früher auf deutscher Seite kämpften, siehe Weinberg, *Yelnya-Dorogobuzh*, S. 103–109 (nachgedruckt in: Armstrong, *Partisans*, S. 440–443); Alexander Dallin, »The Kaminsky Brigade, 1941–1944«, Harvard Univ. Project on the Soviet Social System, 1952, S. 1–26. Hitler billigte die Aufstellung einer Einheit von Krim-Tataren (*ADAP*, E, Bd. 2, Nr. 132).

133 Treffen zwischen Hitler und Oshima vom 13. Dezember 1941; deutscher Bericht in: *ADAP*, E, Bd. 1, Nr. 12. Japanischer Bericht in: Oshima Nr. 1471, NA, RG 457, SRDJ 17 775–76; Treffen zwischen Hitler, Ribbentrop und Oshima vom 2. und 3. Januar 1942; deutscher Bericht in: *ADAP*, E, Bd. 1, Nr. 84, 87; Puttkamer, »Niederschrift über Äußerungen des Führers vom 4. 1. 42«, BA-MA, RM 6/75, Bl. 225 f. Japanischer Bericht in: Oshima Nr. 17, SRDJ 18 661–64; Treffen zwischen Oshima und Ribbentrop vom 17. März 1942; deutscher Bericht in: *ADAP*, E, Bd. 2, Nr. 48. Japanischer Bericht in: Oshima Nr. 377 f., SRDJ 20 696–98. Oshimas hellsichtiger Bericht über die Ostfront vom 18. Januar 1942 siehe Oshima Nr. 80, SRDJ 19 000–5.

134 Zur Erkenntnis der Amerikaner, daß die Deutschen auf Stalingrad und in den Kaukasus vorstoßen wollten, siehe FDR an Vereinigte Stabschefs, 24. Februar 1942, FDRL, PSF Box 80, Navy 1942; US-Militärattaché in Moskau, Bericht 2036, »Analysis of the German Failure in 1941 and An Estimate of Future Events«, 10. März 1942, NA, RG 165, Entry 77, Box 1418, 6900-Germany.

135 Die beste Darstellung findet sich in Streit, *Keine Kameraden*, Kap. 6 f. Streit hat diese Darstellung zusammengefaßt und aktualisiert in: Gerd R. Ueberschär und Wolfram Wette, Hg., »*Unternehmen Barbarossa*«. *Der deutsche Überfall auf die Sowjetunion 1941*, Schöningh, Paderborn 1984, S. 197–218. Der deutsche General in Kroatien wußte am 27. August 1941 über die Massenmorde an Kriegsgefangenen und Juden ziemlich gut Bescheid (Broucek, *Ein General im Zwielicht*, Bd. 3, S. 127).

136 Siehe dazu Fröhlich, *Goebbels' Tagebücher*, 20. Juni 1941, Bd. 4, S. 705.

137 Details in Breitman, *Architect of Genocide*, Kap. 7–9.

138 Jochmann, *Hitler, Monologe*, S. 99, auch 25. Oktober 1941, S. 106; Tagebuch Krogmann, 21. Oktober 1941, Forschungsstelle Hamburg, 11 k 9.

139 Das Protokoll dieser berüchtigten Konferenz ist wiederholt veröffentlicht worden; eine heute noch vorhandene von ursprünglich 30 Kopien war für das deutsche Auswärtige Amt bestimmt, *ADAP*, E, Bd. 1, Nr. 150; siehe auch Döscher, *Das Auswärtige Amt im Dritten Reich*, S. 221–237. Wer immer noch glaubt, Hitler habe auf gute Beziehungen zu Großbritannien Wert gelegt, läßt außer acht, was es für das deutsch-britische Verhältnis bedeutete, daß auch die Ermordung der britischen Juden geplant war.

140 Auf einer Pressekonferenz am 15. November 1941 wurde erläutert, daß der Begriff »Sonderbehandlung« erschießen oder liquidieren bedeutete (»Bestellungen aus der Pressekonferenz vom 15. November mittags«, BA, Brammer, ZSg. 101/22, Bl. 141). Wer auch das nicht begriff, dem hat Rosenberg es persönlich erklärt. Er sagte auf einer Pressekonferenz am 19. November, daß sechs Millionen Juden in Rußland und ganz Europa getötet werden sollten (Dr. Kausch, »Streng vertraulicher Informationsbericht«, ZSg. 101/41, Bl. 347–351).

141 Döscher, *Das Auswärtige Amt im Dritten Reich*, S. 246–248.

142 Ebenda, S. 238 ff. Zu zeitgenössischen Re-

aktionen siehe Ernst Klee und andere, Hg., »*Schöne Zeiten«. Judenmord aus der Sicht der Täter und Gaffer,* Fischer, Frankfurt/M. 1988.

143 *ADAP,* E, Bd. 1, Nr. 227, Nr. 104, Anm. 4.

144 Ebenda, D, Bd. 13, Nr. 516.

145 Siehe Christopher R. Browning, »Wehrmacht Reprisal Policy and the Mass Murder of Jews in Serbia«, in: *MGM* 1/83 (1983), S. 31–47. Der Aufsatz ist nachgedruckt in: Browning, *Fateful Months. Essays on the Emergence of the Final Solution,* neu bearbeitete Auflage, Holmes & Meier, New York 1991, Kap. 2.

146 Zitate aus den Direktiven Reichenaus, Mansteins und Hoths finden sich in: Streit, *Keine Kameraden,* S. 115–117. Das Zitat im Text stammt von Reichenau. Siehe auch Krausnick und Wilhelm, *Truppe des Weltanschauungskrieges,* S. 258–261; Jehuda W. Wallach, »Feldmarschall Erich von Manstein und die Judenausrottung in Rußland«, in: *Jahrbuch des Instituts für deutsche Geschichte* (Tel Aviv), 4 (1975), S. 457–472; Omer Bartov, *Hitler's Army. Soldiers, Nazis and War in the Third Reich,* Oxford Univ. Press, New York 1991, Kap. 3.

147 Die wichtigsten Werke zum Thema sind: Walter Laqueur, *The Terrible Secret,* Penguin Books, New York 1981; und Walter Laqueur und Richard Breitman, *Breaking the Silence,* Simon & Schuster, New York 1986.

148 Hinsley, *British Intelligence,* Bd. 2, S. 671, 673. Da keine Aktenbezeichnungen für diese Äußerungen vorliegen, sollen die Dokumente selbst für immer geheimgehalten werden (ebenda, S. x).

149 Zur damaligen Position des Vatikans zu den Judenmorden siehe Chadwick, *Britain and the Vatican,* Kap. 9.

150 Donald Hendrick und Grattan Puxon, *The Destiny of Europe's Gypsies,* Basic Books, New York 1972, Kap. 7; Joachim S. Hohmann, *Zigeuner und Zigeunerwissenschaft. Ein Beitrag zur Grundlagenforschung und Dokumentation des Völkermordes im »Dritten Reich«,* Guttardin & Hoppe, Marburg/Lahn 1980.

151 Eine Analyse der systematischen Ermordung der Insassen von psychiatrischen Kliniken und Altersheimen in den besetzten Ostgebieten steht noch aus. Das Thema wird angeschnitten in: Krausnick und Wilhelm, *Truppe des Weltanschauungskrieges.* Eine gute Einführung bietet Angelika Ebbinghaus und Gerd Preissler, Hg.,

»Die Ermordung psychisch kranker Menschen in der Sowjetunion, Dokumentation«, in: Götz Aly und andere, *Aussonderung und Tod. Die klinische Hinrichtung der Unbrauchbaren,* Rotbuch Verlag, Berlin 1987.

152 Der diesbezügliche Abschnitt der brillanten Studie von Alexander Dallin, *German Rule in Russia,* S. 310–319, trägt den zutreffenden Titel »The Geopolitics of Starvation«.

153 Zu diesem Problembereich siehe Michael Kater, *Doctors under Hitler,* Univ. of North Carolina Press, Chapel Hill, N. C. 1990. Die Experimente mit den neuen Methoden wurden beschrieben in dem bahnbrechenden Werk von Alexander Mitscherlich und Fred Mielke, *Das Diktat der Menschenverachtung,* Lambert Schneider, Heidelberg 1947, S. 149–162.

154 Dies steht nicht im Widerspruch zu der Tatsache, daß manche dafür eintraten, alle Juden zu sterilisieren statt zu ermorden; siehe die Eintragung vom 8. Juli 1941 in *KTB Leeb,* S. 288.

155 Detaillierte Darstellung in: Dallin, *German Rule in Russia,* Kap. 14.

156 Relevante Dokumente in: BA, Reichskommissar für die Festigung des deutschen Volkstums, und in: Reichskanzlei, R 43 II, 985, 985a-c, 986, 1092, 1092a-b, 1087a, 1565, 1620–1622. Einige der Generäle verwandten das Geld, um Land innerhalb Vorkriegsdeutschlands zu kaufen. Auf die Veröffentlichung meiner Schrift, »Zur Dotation Hitlers an Generalfeldmarschall Ritter von Leeb«, in: *MGM* NR. 2 (1979), S. 97ff., reagierte die Illustrierte *Stern,* indem sie unter dem Titel »Vorschuß auf den Endsieg« eine Zusammenfassung des Bestechungsprogramms von Peter Meroth brachte (12. Juni 1980, S. 86–92). Kurz erwähnt wird das Programm in Helmut Heiber, Hg., *Hitlers Lagebesprechungen. Protokollfragmente seiner militärischen Konferenzen 1942–1945,* Deutsche Verlags-Anstalt, Stuttgart 1962, S. 618, Anm. 4.

157 Maurice Matloff und Edwin M. Snell, *Strategic Planning for Coalition Warfare 1941–1942,* GPO, Washington 1953, S. 98–111; J. M. A. Gwyer, *Grand Strategy,* Bd. 3, Teil. 1, HMSO, London 1964, Kap. 14f.; Gilbert, *Churchill,* Bd. 7, Kap. 1–2; Mark A. Stoler, *The Politics of the Second Front,* Greenwood Press, Westport, Conn. 1977, S. 22–26; Knoll, *Jugoslawien in Strategie und Politik der Alliierten,* S. 245–250; Krautkrämer, »Vorgeschichte«,

S. 225; Dallek, *Roosevelt and Foreign Policy,* S. 321 f.; Pogue, *Marshall,* Bd. 2, Kap. 12.

158 Exzellente Darstellung in: Alexander Danchev, *Very Special Relationship. Field Marshal Sir John Dill and the Anglo-American Alliance 1941 – 1944,* Brassey's, London 1986, S. 10 – 25.

159 Forrest C. Pogue, *George C. Marshall,* Bd. 3: *Organizer of Victory, 1943 – 1945,* Viking Press, New York 1973, S. 481 – 483.

160 Siehe JIC (42) 377 (o) Final, War Cabinet, Joint Intelligence Sub-Committee, »Communications between the Far East and German Europe«, 3. Oktober 1942, S. 5, PRO, PREM 3/74/3.

161 Berlin an Tokio Nr. 1765 vom 9. Oktober 1941, AA, St. S., »Japan«, Bd. 5, MF 60685 – 86; BA-MA, PG 48808.

162 *ADAP,* D, Bd. 13, Nr. 216; Theo Michaux, »Rohstoffe aus Ostasien. Die Fahrten der Blockadebrecher«, in: *Wehrwissenschaftliche Rundschau* 5 (1955), S. 487 – 494; »Blockade Running between Europe and the Far East by Submarine«, SRH 019, NA, RG 457; U. S. War Dept., G-2, »›Magic‹-Far East Summary No. 256«, 1. Dezember 1944, SRS 256, NA, RG 457.

163 *ADAP,* E, Bd. 1, Nr. 251, 270; KTB Skl A, Bd. 30, 17. und 22. Februar 1942; BA-MA, RM 7/33, Bl. 443, 511; Skl Chefs., 21. März 1942, RM 7/253, Bl. 226 – 229; Oshimas Berichte 377 und 378, 17. März 1942, NA, RG 457, SRDJ 20696 – 98; Salewski, *Deutsche Seekriegsleitung,* Bd. 2, S. 72 ff.

164 Oshima Nr. 1508 vom 23. Dezember 1941, NA, RG 457, SRDJ 18113.

165 Jochmann, *Hitler, Monologe,* 17./18. September 1941, S. 64. Hitler machte am 27. November 1941 gegenüber dem dänischen Außenminister Eric Scavenius die Bemerkung, wenn das deutsche Volk jemals nicht mehr stark genug sein sollte, das eigene Blut für seine Existenz zu vergießen, hätte es verdient, zermalmt zu werden und unterzugehen. Die Bemerkung wird manchmal als erste Vorahnung der kommenden Niederlage gedeutet, ist jedoch nichts dergleichen. Sie stand im Kontext der Kämpfe anderer Nationen an der Ostfront; Hitler hatte zuvor die Tschechen erwähnt. Die Deutschen, so Hitlers Argumentation, müßten und würden ihren Kampf selber kämpfen (*ADAP,* D, Bd. 13, Nr. 510).

166 Ribbentrop an Papen Nr. 1429 vom 26. September 1941, AA, St. S., »Türkei«, Bd. 4, MF 173278 – 80; vgl. Ribbentrop an Schwerin-Kro-sigk, 30. August 1941, BA, R 2/24243. Praktische Konsequenzen wurden aus der Perspektive, daß der Krieg viele Jahre dauern würde, jedoch nicht gezogen (vgl. *DRuZW,* Bd. 4, S. 710).

6
Die Wende im Pazifik und in Nordafrika

1 Auch nach über vierzig Jahren bleibt Louis Morton, *The Fall of the Philippines,* GPO, Washington 1953, in der Reihe über die U.S. Army im Zweiten Weltkrieg die beste Darstellung. Ich hatte Gelegenheit, die Probleme bei der Entstehung jenes Buches, da viel wichtiges Beweismaterial fehlte, mit dem mittlerweile verstorbenen Autor zu diskutieren. Siehe auch Paul S. Dull, *A Battle History of the Imperial Japanese Navy (1941 – 1945),* Naval Institute Press, Annapolis, Md., 1978, Kap. 2.

2 Eine gute Darstellung findet sich in James Leutze, *A Different Kind of Victory. A Biography of Admiral Thomas C. Hart,* Naval Institute Press, Annapolis, Md. 1981, Kap. 9.

3 Carol M. Petillo, »Douglas MacArthur and Manuel Quezon. A Note on an Imperial Bond«, in: *Pacific Historical Review* 48 (1979), S. 107 – 117.

4 Die beste Darstellung dieser schrecklichen Episode ist Stanley L. Falk, *Bataan. The March of Death,* Jove Books, New York 1983, Erstveröffentlichung 1977. Vgl. auch Willmott, *Empires,* Kap. 13.

5 Siehe Woodburn Kirby, *The War against Japan,* Bd. 1, HMSO, London 1971 (1953), Kap. 8 – 9.

6 Dull, *Imperial Japanese Navy,* Kap. 3; Willmott, *Empires,* S. 161 – 172; Kreis, *Air Base Defense,* S. 94 – 111, 133 – 135; Louis Allen, *Singapore 1941 – 1942,* Davis-Poynter, London 1977.

7 Arthur J. Marder, *Old Friends, New Enemies. The Royal Navy and the Imperial Japanese Navy,* Clarendon, Oxford 1981, S. 213 – 231, über die Ursprünge der »Force Z«; über deren Schicksal siehe Bd. 3.

8 Willmott, *Empires,* S. 178 ff.; Long, *Six Years' War,* S. 124 ff.

9 Vgl. Willmott, *Empires,* S. 186 – 190.

10 Ebenda, Kap. 8, 11.

11 Es sollte festgehalten werden, daß in den ersten zwei Tagen nur japanische Infanterie auf der

Insel Singapur landete; die so sehr gefürchteten Panzer kamen später. Siehe die britische Studie im März 1945, »The Japanese Attack on Singapore Island – February 1942«, S. 3 f., PRO, WO 106/2623.

12 Für einen Bericht, der der Behauptung, vor allem die indischen Truppen hätten jeden im Stich gelassen, entgegensteht, siehe PRO, WO 106/2590. Über die Flucht von Einzelnen aus der Katastrophe siehe Joseph Kennedy, When Singapore Fell. Evacuation and Escapes, 1941–42, St. Martin's, New York 1989.

13 Wavell an Brooke, 17. Februar 1942, PRO, WO 106/2609A; dieser Brief wird zitiert in Kirby, War Against Japan, S. 468. Siehe auch Wavell an Brooke, 8. April 1942, Nr. 1200, Liddell Hart Centre, Alanbrooke Papers, 14/60.

14 Siehe PRO, WO 106/2609A, 2812.

15 Wichtige Dokumente in PRO, WO 106/3317.

16 Siehe z. Bsp. ADAP, E, Bd. 1, Nr. 225; Tokio Nr. 124 an Berlin, 15. Februar 1942, NA, RG 457, SRDJ 19854; Oshima Nr. 241 vom 18. Februar 1942, SRDJ 19876; KTB Skl A, Bd. 28, 21. Dezember 1941, BA-MA, RM 7/31, Bl. 322. Siehe auch Woodward, British Foreign Policy, Bd. 4, S. 42–45. Man sollte festhalten, daß nur auf Timor alliierte (australische) Kräfte noch ein Jahr Guerillakrieg führten, bevor sie sich ergaben.

17 Vgl. Roosevelts Besorgnis in FDR Letters, Bd. 2, S. 1281.

18 Leutze, Different Kind of Victory, Kap. 10; Dull, Imperial Japanese Navy, Kap. 4; John Costello, The Pacific War, Quill, New York 1982, S. 204–210; Marder und andere, Old Friends, New Enemies, Bd. 2: The Pacific War 1942–1945, Clarendon, Oxford 1990, Kap. 2–3.

19 Willmott, Empires, Kap. 12.

20 Gute Darstellung in ebenda, Kap. 4.

21 Siehe Peggy Warner, The Coffin Boats. Japanese Midget Submarine Operations in the Second World War, Leo Cooper, London 1986, Kap. 9.

22 Charles F. Romanus und Riley Sunderland, Stilwell's Mission to China, GPO, Washington 1953, S. 63–74. Siehe auch Barbara Tuchman, Stilwell and the American Experience in China, 1911–1945, Bantam, New York 1972, S. 308–314; Pogue, Marshall, Bd. 2, S. 355–361.

23 Zu Java siehe Joyce C. Lebra, Japanese-Trained Armies in Southeast Asia. Independence

and Volunteer Forces in World War II, Columbia Univ. Press, New York 1977, S. 78–83. Zu Sumatra siehe ebenda, S. 126f., 156f.; vgl. Willmott, Empires, S. 363–365.

24 Siehe Nigel J. Brailey, Thailand and the Fall of Singapore. A Frustrated Asian Revolution, Westview Press, Boulder, Col. 1986.

25 Siehe Japans Generalkonsul in New York an Tokio Nr. 507 vom 22. November 1941, NA, RG 457, SRDJ 23540; U Saws Botschaft vom 31. Dezember 1941 in Oshima an Tokio Nr. 32 vom 7. Januar 1942, SRDJ 18768–73; siehe auch Oshima Nr. 31 vom 8. Januar 1942, SRDJ 19511f., 19523–34; Oshima Nr. 33 vom 8. Januar 1942, SRDJ 19533f.; Tokio an Oshima Nr. 30 vom 19. Januar 1942, SRDJ 19016f.; und die unter F 1740/662/61 abgelegten Dokumente in PRO, FO 371/31776. Über die von den Japanern formierte und später aufgelöste Birmesische Unabhängigkeitsarmee siehe Lebra, Japanese-Trained Armies, S. 64f.

26 Eine hervorragende Darstellung ist immer noch Yale Candee Maxon, Control of Japanese Foreign Policy. A Study of Civil-Military Relations 1930–1945, Univ. of California Press, Berkeley 1957.

27 Dokumente über die britischen Pläne für eine Politik der verbrannten Erde auf Fidschi siehe PRO, WO 106/2605.

28 Siehe Willmott, Empires, Kap. 15; H. P. Willmott, The Barrier and the Javelin. Japanese and Allied Pacific Strategies, February to June 1942, Naval Institute Press, Annapolis, Md. 1983, Kap. 1–2; Stephan, Hawaii under the Rising Sun, Kap. 6–7.

29 Zu diesem Thema siehe Johannes H. Voigt, Indien im Zweiten Weltkrieg, Deutsche Verlags-Anstalt, Stuttgart 1978, und Milan Hauner, India in Axis Strategy, Klett-Cotta, Stuttgart 1981.

30 Siehe den Artikel über die Jahre 1936–1940 in C. H. Philips und Mary D. Wainright, Hg., The Partition of India. Policies and Perspectives 1935–1947, Allen & Unwin, London 1970, S. 79–94. Interessant trotz fehlender Anmerkungen ist das Buch über Lord Linlithgow, nach dessen Aufzeichnungen verfaßt von seinem Sohn, John Glendevon, The Viceroy at Bay, Collins, London 1970. Sehr hilfreich ist Robin J. Moore, Churchill, Cripps, and India, 1939–1945, Oxford Univ. Press, Oxford 1979. Kenton J. Clymer, »Franklin D. Roosevelt, Louis Johnson, India and

Anticolonialism. Another Look«, in: *Pacific Historical Review* 57 (1988), S. 261–284, zeigt, daß die amerikanische Regierung vom Drängen auf Konzessionen an die Indische Nationalbewegung erst absah, als Churchill mit Rücktritt drohte.

31 Bemerkenswert sind die Ansichten des allgemein eher pro-japanisch eingestellten Sir Robert Craigie, »India and the ›Co-Prosperity‹ Sphere«, 14. Oktober 1942, F 7103/845/23, PRO, FO 371/31 833. Siehe auch Lebra, *Japanese-Trained Armies,* S. 23–25; Tokio an Rom, Nr. 349 vom 31. Dezember 1941, NA, RG 457, SRDJ 18 418–19.

32 Zusätzlich zu Voigt und Hauner (vgl. Anm. 29) siehe Leonard A. Gordon, *Brothers against the Raj. A Biography of Indian Nationalists Sarat and Subhas Chandra Bose,* Columbia Univ. Press, London 1990, S. 456–460, 486, 524; Oshima Nr. 243 vom 19. Februar 1942, NA, RG 457, SRDJ 19 915–16; Oshima Nr. 17 vom 4. Januar 1942, SRDJ 18 661–64; Rom an Tokio Nr. 813 und Nr. 814 vom 16. Dezember 1941, SRDJ 17 796–98; Rom Nr. 833 vom 20. Dezember 1941, SRDJ 17 989–90, Rom Nr. 840 vom 26. Dezember 1941, SRDJ 18 227; Berlin an Tokio Nr. 1492 vom 19. Dezember 1941, SRDJ 18 306, Tokio an Berlin Nr. 158 vom 27. Februar 1942, SRDJ 20 171; Japans Militärattaché Berlin Nr. 3469 vom 29. Januar 1942, SRA 17 360–62; Japans Militärattaché Rom Nr. 585 vom 12. Februar 1942, SRA 16 216; U. S. National Archives, *Guides to Microfilmed Records of the German Navy,* Nr. 2, S. 60.

Über Bose Anfang 1942 siehe deutsche Weisungen an die Presse vom 28. Februar, 11. und 27. März 1942, BA, Brammer ZSg. 101/23, Bl. 88, 107, 134; Oshima Nr. 574 vom 3. Mai 1942, SRDJ 22 299–300; Japans Militärattaché Rom Nr. 453 vom 4. Mai 1942, SRA 16 982; Rom Nr. 352 vom 21. Mai 1942, SRDJ 22 866; Oshima Nr. 715 vom 4. Juni 1942, SRDJ 23 353; Oshima Nr. 845 vom 4. Juli 1942, SRDJ 24 456–59; *ADAP,* E, Bd. 3, Nr. 198.

Als Bose im Oktober 1942 von Ribbentrop traf, äußerte er den Wunsch nach deutscher Hilfe bei der Ausbildung der indischen Polizei. Dies war offensichtlich ein Bereich, bei dem er dachte, die Deutschen könnten seinen Leuten etwas beibringen (*ADAP,* E, Bd. 4, Nr. 50). Bose verließ Deutschland am 9. Februar 1943 mit der U-180 und erreichte Tokio am 21. Mai; Martin Brice,

Axis Blockade Runners of World War II, Naval Institute Press, Annapolis, Md. 1981, S. 130; »Vertrauliche Informationen Nr. 148 (1. Ergänzung)«, 18. Juni 1943, BA, Oberheitmann ZSg. 109/43, Bl. 30–32. Die Alliierten verfolgten seine Reisen durch Entziffern der wichtigen japanischen Telegramme, diese sind zu finden in NA, RG 457, SRDJ 30 414, 30 444, 31 314, 35 584, 35 682, 36 621.

33 Francis G. Hutchins, *India's Revolution. Gandhi and the Quit India Movement,* Harvard Univ. Press, Cambridge, Mass. 1973, betont die langfristige politische und psychologische Wirkung des Aufstandes.

34 Siehe auch Auchinleck an Brooke, 3. Mai 1942, mit dem Hinweis, daß sechs der vierzehn Divisionen im Nahen Osten aus Indien seien (Liddell Hart Centre, Alanbrooke Papers, 6/D/4 [e], Item M).

35 Über den Einsatz im Indischen Ozean siehe Willmott, *Empires,* S. 441–446; Dull, *Imperial Japanese Navy,* Kap. 7; Marder, *Old Friends, New Enemies,* Bd. 2, Kap. 4–6; »Notes on the Military Situation in Ceylon«, 17. März 1942, Pownall Diary, März 1942 bis September 1943, Liddell Hart Centre.

36 Oshima Nr. 377, 378 vom 17. März 1942, NA; RG 457, SRDJ 20 696–98; KTB Skl A, Bd. 28, 22. Dezember 1941, BA-MA, RM/31, Bl. 242; Wenneker und Ott Nr. 487 vom 19. Februar 1942, Ott Nr. 500 vom 20. Februar 1942 und Antwort Berlin Nr. 579 vom 27. Februar 1942, AA, St.S., »Japan«, Bd. 6, MF 39 694–96, 39 726–28; *ADAP,* E, Bd. 2, Nr. 48 (der japanische Bericht darüber wurde von den USA an Großbritannien weitergeleitet mit Roosevelts Bitte, ihn Churchill zu zeigen; Hinsley, *British Intelligence,* Bd. 2, S. 85 Fußnote), Nr. 178, 195.

37 Siehe Brooke Diary, 10. Dezember 1941, Liddell Hart Centre; de Gaulle an Churchill, 16. Dezember 1941, PRO, PREM 3/265/1 und andere Dokumente in dieser Akte.

38 Brooke Diary, 18. Dezember 1941, Liddell Hart Centre; Churchills Notiz über Eden an Churchill, PM 42/46 vom 5. März 1942, und Persönliche Notiz D.68/2, 30. März 1942, PRO, PREM 3/265/1. Schließlich wurde das Gebiet de Gaulle übergeben; siehe die Dokumente in FO 371/31 898, 31 900.

39 Churchill an Smuts, 18. Februar 1942, Z 1480/23/17, PRO, FO 371/31 897; Churchill an

Smuts Nr. 488 vom 24. März 1942, PRO, PREM 3/265/2; Balfour an Sinclair, 24. und 28. Februar 1942, PRO, AIR 20/2828. Über die innenpolitische Situation in Südafrika siehe die Dokumente in PRO, WO 106/4932. Über den Druck der USA vorzugehen siehe Dill an COS, JSM 66 vom 24. Februar 1942, PRO, PREM 3/265/2; Samuel E. Morison, *History of United States Naval Operations in World War II,* 15 Bde., Little Brown, Boston 1947–1962, Bd. 1, S. 167f.

40 Brooke Diary, 12., 13., 18. März 1942, Liddell Hart Centre; Admiralty to Foreign Office Nr. 1641 vom 19. März 1942, PRO, PREM 3/265/2; Thomas, *Britain and Vichy,* S. 184f.; Simpson, *Admiral Stark,* S. 150; Stephen W. Roskill, *The War at Sea, 1939–1945,* 3 Bde. in 4 Teilen, HMSO, London 1954–1961, Bd. 2, S. 185–192; Marder, *Old Friends, New Enemies,* Bd. 2, S. 155–161; Dokumente in PRO, AIR 20/4498, WO 174/1–2. Vgl. ADAP, E, Bd. 4, Nr. 113.

41 Robert O. Paxton, *Vichy France. Old Guard and New Order, 1940–1944,* Columbia Univ. Press, New York 1982, S. 313, Anm. 43; siehe auch COS to all British C-in-C's in Africa, OZ 138 vom 4. Mai 1942, Alanbrooke Papers, 6/D/4 (e), Item K, Liddell Hart Centre.

42 Peggy Warner, *Coffin Boats,* S. 146–149; Wilfred J. Holmes, *Undersea Victory,* Doubleday, Garden City, N.Y. 1966, S. 131.

43 Stephan, *Hawaii under the Rising Sun,* S. 92–94.

44 Der volle Wortlaut des Memorandums vom Dezember 1941 ist abgedruckt in Storry, *Double Patriots,* S. 317–319.

45 Stephan, S. 103ff.

46 Holmes, *Undersea Victory,* S. 96. Im Juni beschossen weitere U-Boote die Küste von Oregon und Vancouver Island.

47 Über die japanischen Überlegungen siehe Stephan, *Hawaii under the Rising Sun,* S. 106–113; Toshikazu Ohmae, »Die strategischen Konzeptionen der japanischen Marine im Zweiten Weltkrieg«, in: *Marine-Rundschau* 53 (1956), S. 194; Willmott, *Empires,* Kap. 15; Willmott, *Barrier,* Kap. 1–2. Der Text zur offiziellen Strategie, die auf der Verbindungskonferenz am 13. März 1942 festgelegt wurde, findet sich in Morton, *Strategy,* S. 611–613.

48 Ebenda, S. 143.

49 Alfred D. Chandler und andere, Hg., *The*

Papers of Dwight D. Eisenhower. The War Years, 5 Bde., Johns Hopkins Press, Baltimore 1970, Bd. 1, Nr. 1.

50 Matloff und Snell, *Strategic Planning, 1941–1945,* S. 148–150; Morton, *Strategy,* S. 208–210.

51 ADAP, E, Bd. 2, Nr. 72. Eine Untersuchung über die Begeisterung des Vichy-Regimes für die Japaner steht noch aus.

52 Morton, *Strategy,* S. 203.

53 Eine nützliche Übersicht in Mark Clayton, »The North Australian Air War, 1942–1944«, in: *Journal of the Australian War Memorial* 8 (1986), S. 33–45.

54 Roosevelt an Admiral Land und Anlage, 21. Februar 1942, FDRL, PSF Box 5, Marshall.

55 Dallek, *Roosevelt and Foreign Policy,* S. 336f.

56 Willmott, *Barrier,* S. 56–63.

57 Siehe auch Hopkins an Roosevelt, 14. März 1942, FDRL, PSF Box 152, Hopkins.

58 Über die Internierung in der Sowjetunion und das japanische Interesse an dieser Angelegenheit siehe Tokio an Kujbyschew Nr. 267 vom 1. Mai 1942, NA, RG 457, SRDJ 26975; Tokio Rundschreiben Nr. 775 an Harbin und Hsinking, 2. Mai 1942, SRDJ 22644–46.

59 Zum Doolittle-Luftangriff und seinen Auswirkungen siehe Willmott, *Empires,* S. 447–450; Butow, *Tojo,* S. 516f.; Stephan, *Hawaii under the Rising Sun,* S. 113–117; Morton, *Strategy,* S. 217; Toshikazu Ohmae, »Strategische Konzeptionen«, S. 195; Alvin D. Coox, »The Rise and Fall of the Imperial Japanese Air Forces«, in: *Aerospace Historian* (Juni 1980), S. 83; Donald M. Goldstein und Katherine V. Dillon, Hg., *Fading Victory. The Diary of Admiral Matome Ugaki, 1941–1945,* übers. von Masataka Chihaya, Univ. of Pittsburgh Press, Pittsburgh 1991, 18.–21. April 1942, S. 111–115 (im folgenden zitiert als Ugaki Diary). Siehe auch die Einschätzung des scharfsichtigen deutschen Beobachters Dr. Hans Kolb im Deutschen Auswärtigen Amt, »Aufzeichnung über japanische Kriegsausweitung«, 28. April 1942, AA, St. S., »Diplomatische Aufzeichnungen Betr. Japan, Apr. 42 – Apr. 43«, MF J 000146–48.

60 Für einen sehr nützlichen Bericht siehe NA, RG 457, SRH-230. Auch die Japaner glaubten zu unerschütterlich an die Sicherheit ihrer Codes: Der April-Angriff auf Ceylon wurde »Operation

C« genannt, auf Port Moresby »Operation MO«, auf die Aleuten »Operation AL«, auf Midway »Operation MI«. Das amerikanische Office of the Chief of Naval Operations, »Secret Supplement Summary of Japanese Naval Activities«, bemerkte am 27. Mai 1942, daß der 14. japanische Luftverband nicht nur eine Basis auf Midway plane, sondern außerdem noch seine Post dorthin vorausgeschickt bekommen wollte! (NA, RG 457, SRNS-44)

61 Siehe besonders Costello, *Pacific War*, Kap. 14. Der Vorschlag der deutschen Marine, den Japanern mit deutschen Verschlüsselungsmaschinen bei der langfristigen Sicherung der Codierung behilflich zu sein, entbehrt nicht einer gewissen Komik, OKM, Skl B, Chef MND, »1557/42gKdos., Deutsch-japanische Schlüsselmittel«, 2. April 1942, BA-MA, RM 7/253, Bl. 265 ff.

62 Der Gegenstand wird erörtert in Kahn, *Codebreakers*, Kap. 17; Lewin, *American Magic*, Kap. 4.

63 Merrill Bartlett und Robert M. Love, »Anglo-American Naval Diplomacy and the British Pacific Fleet, 1942–1945«, in: *American Neptune* 42 (1982), S. 205 ff.; Willmott, *Barrier*, S. 331–335; Costello, *Pacific War*, S. 373 f.; Marshall hoffte im Juni immer noch auf einen oder zwei britische Träger, siehe Pogue, *Marshall*, Bd. 2, S. 379.

64 Zur Schlacht im Korallenmeer siehe Willmott, *Barrier*, Kap. 6–8, mit klaren Erläuterungen und Karten. Vgl. *Ugaki Diary*, 7.–9. Mai 1942, S. 121–125.

65 KTB Skl A, Bd. 33, 9., 12., 27. Mai 1942, BA-MA, RM 7/36, Bl. 181 f., 242 f., 521; *ADAP*, E, Bd. 2, Nr. 195, 212. Die Deutschen glaubten natürlich auch, der vermeintliche Sieg der Japaner mache es letzteren möglich, die Briten von Madagaskar, wo sie kurz zuvor gelandet waren, zu verdrängen. Aber bis zum 11. Juni wußten die Deutschen, was tatsächlich geschehen war (KTB Skl A, Bd. 34, RM 7/37, Bl. 218).

66 Der Flugzeugträger wurde Juni 1944 von einem amerikanischen U-Boot versenkt.

67 Die ausführlichste Darstellung darüber in Willmott, *Barrier*, Kap. 3.

68 Zum Kampf um Alaska und die Aleuten siehe Brian Garfield, *The Thousand-Mile War. World War II in Alaska and the Aleutians*, Doubleday, Garden City, N.Y. 1969. Auf keinem Kriegsschauplatz war schlechteres Wetter oder gab es heftigere Zusammenstöße zwischen den amerikanischen Streitkräften. Beachte Roosevelts Sorgen über die Verteidigungsvorbereitungen dort in seinem Memorandum für Captain McRae vom 20. Januar 1942, FDRL, PSF Safe File, Cont. 1, Alaska.

69 Eine ausgezeichnete Darstellung dazu in Willmott, *Barrier*, Kap. 6–16. Siehe auch Costello, *Pacific War*, Kap. 15–16; Dull, *Imperial Japanese Navy*, Kap. 9–11; *Ugaki Diary*, 18. Mai – 15. Juni 1942, S. 127–164; Toshikazu Ohmae, »Strategische Konzeptionen«, S. 195 f.; Carl Boyd, »American Naval Intelligence of Japanese Submarine Operations Early in the Pacific War«, in: *Journal of Military History* 53 (1989), S. 169 –189. Ugaki schrieb in seinem Tagebuch (5. Juni, S. 152): »Lasse in diesem Krieg nie wieder einen solchen Tag über uns kommen!«

70 Die Tabelle in Willmott, *Barrier*, S. 522, beinhaltet nicht die Inbetriebnahme amerikanischer Schiffe im Jahr 1945. Die U.S.-Marine operierte natürlich auch im Atlantik, aber dann übergab sie den Briten weitere 37 Träger (siehe Ernest J. King, *U. S. Navy at War 1941–1945. Official Reports to the Secretary of the Navy*, GPO, Washington 1946, S. 253–257).

71 Beachte *Kido Diary*, 8. Juni 1942, S. 335 f. In Midway war dies der 7. Juni.

72 Siehe Skl KTB A, Bd. 34, 29. Juni 1942, BA-MA, RM 7/37, Bl. 548 f.; Wenneker Nr. 110 vom 10. Juni 1942, NA, RG 457, SRGL 101; Skl an Tokio Nr. 32 vom 15. Juni 1942, SRGL 19; Kretschmer und Ott Nr. 1768 vom 11. Juni 1942, AA, St. S. »Japan«, Bd. 7, MF E 362179; Salewski, *Seekriegsleitung*, Bd. 2, S. 104. Die Deutschen weigerten sich zu verkaufen. Leider haben wir keinen Hinweis darauf, was der amerikanische Nachrichtendienst über die Idee dachte, einen im Bau befindlichen deutschen Träger von Europa in den Pazifik zu schleppen.

73 Morton, *Strategy*, S. 284 f.

74 Stephan, *Hawaii under the Rising Sun*, S. 120.

75 Am 10. Mai 1942 nahmen die Deutschen ein australisches Schiff ein, auf dem sich ein Dokument befand, das die Entschlüsselung einiger japanischer Marinebotschaften zeigte. Diese Information wurde den Japanern Ende August 1942 weitergeleitet; John W. M. Chapman, »German Signals Intelligence and the Pacific War«,

in: *Proceedings of the British Association for Japanese Studies (History and International Relations)* 4 (1979), S. 140 f. Siehe auch ebenda, S. 144; KTB Skl A, Bd. 36, 17., 31. August 1942, BA-MA, RM 7/39, Bl. 326 f., 622; A, Bd. 37, 3. September 1942, RM 7/40, Bl. 40.

76 Das betreffende Kapitel in Lewin, *American Magic,* ist betitelt: »The Stab in the Back«.

77 Die einzigen Kriegsschiffe, die von den landgestützten Bombern getroffen wurden, waren zwei Schwere Kreuzer, die kollidiert waren.

78 Willmott, *Barrier,* S. 521.

79 Morton, *Strategy,* S. 289–294.

80 Pogue, *Marshall,* Bd. 2, S. 325 f.

81 Morton, *Strategy,* S. 284 f.

82 Ebenda, S. 316 f.

83 Ausgezeichnete Darstellungen in der offiziellen Geschichte der amerikanischen Armee, Samuel Milner, *Victory in Papua,* GPO, Washington 1957, und der australischen offiziellen Geschichte, Dudley McCarthy, *Southwest Pacific Area – First Year. Kokoda to Wau,* Australian War Memorial, Canberra 1957. Siehe auch D. Clayton James, *The Years of MacArthur,* Bd. 2: *1941–1945,* Houghton Mifflin, Boston 1975, Kap. 4–6; Long, *Six Years' War,* S. 197 ff. Für Einzelheiten des Feldzuges und besonders der Rolle des von MacArthur entlassenen amerikanischen Generals und der beteiligten Division siehe insbesondere Leslie Anders, *Gentle Knight. The Life and Times of Major General Edwin Forrest Harding,* Kent State Univ. Press, Kent, Ohio 1985. Über die Öffentlichkeitswirkung dieser und anderer Feldzüge im Südwestpazifik siehe Michael Schaller, *Douglas MacArthur. The Far Eastern General,* Oxford Univ. Press, New York 1989, S. 71–73.

84 Morton, *Strategy,* S. 336 f., 340.

85 McCarthy, *Southwest Pacific Area,* S. 121 f., 155–188; Long, *Six Years' War,* S. 210–214; Edward J. Drea, *MacArthur's Ultra. Codebreaking and the War against Japan, 1942–1945,* Univ. Press of Kansas, Lawrence, Kans. 1992, S. 44–48.

86 Morton, *Strategy,* S. 306 f.

87 John Miller Jr., *Guadalcanal. The First Offensive,* GPO, Washington 1949, und Morison, *US Naval Operations,* Bd. 5: *The Struggle for Guadalcanal,* sind weiterhin die hilfreichsten Arbeiten. Siehe auch Dull, *Imperial Japanese Navy,* S. 180–260; Kreis, *Air Base Defense,* S. 220–

234; Toshikazu Ohmae, »Strategische Konzeptionen«, S. 196–198; *Ugaki Diary,* 7. August – 31. Dezember 1942, S. 177–319 passim. Eric Larrabee, *Commander in Chief. Franklin Delano Roosevelt, His Lieutenants, and Their War,* Harper & Row, New York 1987, S. 256 ff., betont das persönliche Engagement Roosevelts bei der Vorbereitung der Operation und ihrer Unterstützung.

88 Morton, *Strategy,* S. 352–356.

89 Ebenda, S. 340.

90 Ebenda, S. 364–367.

91 Siehe *FDR Lettres,* Bd. 2, S. 1355, 1356, 1371, 1372; Dill an Brooke, 19. Oktober 1942, Liddell Hart Centre, Alanbrooke Papers, 14/38; Dill Nr. 442 vom 27. Oktober 1942, PRO, AIR 20/7472.

92 Einige Zeit täuschten die Japaner sich selbst und ihren deutschen Verbündeten über den Ausgang der Schlacht; schließlich entdeckten die Deutschen zumindest einen Teil der Wahrheit. Siehe KTB Skl A, Bd. 36, 15. August 1942, BA-MA, RM 7/39, Bl. 299 f.; A, Bd. 37, 2. und 6. September 1942, RM 7/40, Bl. 47, 128; A, Bd. 38, 11. und 17. Oktober 1942, RM 7/41, Bl. 212, 356; A, Bd. 39, 13., 22., 25. November 1942, RM 7/42, Bl. 353, 601, 675; vgl. OKM, Skl, 3. Abt., 7. Dezember 1942, RM 7/253, Bl. 481–495.

93 Die japanische Entscheidung zur Evakuierung wurde am 4. Januar 1943 formell festgehalten, Text in Morton, *Strategy,* S. 624–626.

94 *ADAP,* E, Bd. 1, Nr. 276; Bd. 2, Nr. 168; Bd. 4, Nr. 76, 121; Tokio Nr. 622 und 624 vom 3. März 1942, BA, R 9/573; Kolb, »Aufzeichnungen über die Behandlung der deutschen Vermögens durch Japan«, 28. April 1942, AA, St. S., »Diplomatische Aufzeichnungen betr. Japan Apr. 42 – Apr. 43«, MF J 000149–54; Tokio an Shanghai Nr. 520 vom 15. April 1942, NA, RG 457, SRDJ 21811; Bangkok an Tokio Nr. 1096 vom 4. Juni 1942, SRDJ 23452–54; Tokio an Berlin Nr. 471 vom 13. Juni 1942, SRDJ 23817; Madrid an Tokio Nr. 1025 vom 23. September 1942, SRDJ 26649–51; Jochmann, *Hitler, Monologe,* S. 269 f.

95 *ADAP,* E, Bd. 3, Nr. 251, 254, 316; Togo an Oshima Nr. 351 vom 1. Mai 1942, NA, RG 457, SRDJ 22637; Berlin an Tokio Nr. 1130 vom 23. September 1942 und Nr. 1133 vom 24. September 1942, SRDJ 26976–77, 26647–48; Tokio

an Berlin Nr. 769 vom 15. Oktober 1942, SRDJ 27 198; Meskill, *Hitler and Japan,* Kap. 4; Bernd Martin, *Deutschland und Japan im Zweiten Weltkrieg,* Musterschmidt, Göttingen 1969, Kap. 6.

96 Sie diskutierten auch ausführlich, wie sie den Mufti für Propaganda gegenüber den Moslems im Nahen Osten und in Indien benutzen könnten (Berlin Nr. 1491 vom 19. Dezember 1941, NA, RG 457, SRDJ 17994; Tokio an Rom Nr. 344 vom 27. Dezember 1941, SRDJ 18273; *ADAP,* E, Bd. 2, Nr. 87).

97 Zu diesen Verhandlungen kann hier nur eine kleine Auswahl an Dokumenten aufgelistet werden. Die Hauptleistung dieses Projekts für die Kriegsanstrengungen der Achsenmächte schien darin bestanden zu haben, den mit der Entschlüsselungsarbeit beschäftigten alliierten Nachrichtendienst viel Zeit gekostet zu haben. Siehe *ADAP,* E, Bd. 3, Nr. 68, 92, 113, 208; Bd. 4, Nr. 50; NA, RG 457, SRDJ 22020–23, 23901–02, 24232, 26915–16, 27037–38, 27377–78, 27778–79, 29025; Ribbentrop an Göring, 1. September 1942, AA, Handakten Ritter, »Japan«, Bd. 4–5, MF 310188–89; Meskill, *Hitler and Japan,* S. 412f.

98 Zum italienischen Flugzeug siehe Tokio an Rom Nr. 179 vom 3. Juni 1942, NA, RG 457, SRDJ 23 552; Tokio an den japanischen Militärattaché Rom Nr. 308 vom 2. August 1942, SRA 02375–77. Eine Mitteilung über den Flug von einem beteiligten italienischen Luftwaffenoffizier befindet sich in U. S. Navy, CNO, Intelligence Division, Intelligence Report 210–44 vom 21. März 1944, NA, RG 165, Box 2413, File 9900-JAPAN.

99 Vergleiche Hitlers Haltung im April 1942 *(ADAP,* E, Bd. 2, Nr. 182) mit der im Juli (ebenda, Bd. 3, Nr. 76). Zur japanischen Besorgnis über sowjetische Reaktionen bei einem Überfliegen der Sowjetunion siehe ebenda, Nr. 35; Tokio an Berlin Nr. 441 vom 3. Juni 1942, Nr. 974 vom 3. Juni 1942, Nr. 472 vom 15. Juni 1942, NA, RG 457, SRDJ 23 414–15, 26 463–64, 23931–32; Berlin an Tokio Nr. 734 vom 8. Juni 1942, SRDJ 23486–87. Das formelle japanische »Nein« zu dem Vorschlag eines Angriffs ist zu lesen in Tokio an Berlin Nr. 588 vom 27. Juli 1942, SRDJ 25 150–59; siehe auch SRDJ 21 937–40, 21956–58, 21975–79, 24223–25, 27052; SRGL 368–370; SRA 16218–19.

100 Beachte Donovans Berichte an Roosevelt Nr. 153 vom 15. Januar 1942 und Nr. 164 vom 16. Januar 1942; FDRL, PSF Box 164, OSS Donovan Reports, Folder 4.

101 Siehe KTB Skl A, Bd. 33, 10. Mai 1942, BA-MA, RM 7/36, Bl. 184f.

102 Seekriegsleitung, »Besprechung mit Admiral Nomura am 4.2.1943«, 5. Februar 1943, BA-MA, RM 7/254, Bl. 35–39; »... am 18.2. 1943«, 22. Februar 1943, ebenda, Bl. 45–53; »... am 27.3.42«, RM 7/253. Bl. 230f.; »... am 8.4.1942«, ebenda, Bl. 279–282; » ... am 13.5.42«, ebenda, Bl. 312–320; KTB Skl A, Bd. 36, 16. August 1942, RM 7/39, Bl. 304f.; Oshima an Tokio Nr. 309 vom 28. Februar 1942, NA, RG 457, SRDJ 20178f., Tokio an Berlin Nr. 655 vom 26. August 1942, SRDJ 32 229–30; *ADAP,* E, Bd. 3, Nr. 142, 295; Meskill, *Hitler and Japan,* S. 64–67. Der deutsche Stabschef des Heeres General Halder war vorsichtiger und erwartete keine deutsche Operation südlich des Kaukasus bis 1943 (Salewski, *Deutsche Seekriegsleitung,* Bd. 2, S. 94f.).

103 Oshima an Tokio Nr. 820 vom 26. Juni 1942, NA, RG 457, SRDJ 24192; *ADAP,* E, Bd. 3, Nr. 39; KTB Skl A, Bd. 34, 27. Juni 1942, BA-MA, RM 7/37, Bl. 497; A, Bd. 38, 5. Juli 1942, RM 7/38, Bl. 94f.; Seekriegsleitung, »Niederschrift über Besprechung mit jap. Verb. Stab am 22.6.1942 beim Chef der Seekriegsleitung«, 27. Juni 1942, RM 6/76, Bl. 164–170; » ... am 7.9.1942«, RM 7/253, Bl. 399–410.

104 KTB Skl A, Bd. 37, 4. September 1942, BA-MA, RM 7/37, Bl. 552; Skl, »Vermerk«, 25. Oktober 1942, RM 7/253, Bl. 433–435; *ADAP,* E, Bd. 3, Nr. 76.

105 Holmes, *Undersea Victory,* S. 162; KTB Skl A, Bd. 37, 4. September 1942, BA-MA, RM 7/40, Bl. 79; A, Bd. 39, 6. November 1942, RM 7/42, Bl. 102; A, Bd. 40, 4. Dezember 1942, RM 7/43, Bl. 94f.; OKW, Gruppe Ausland, »Niederschrift über die Besprechung am 16.10.42 im Führerhauptquartier«, 17. Oktober 1942, RM 7/253, Bl. 424–429; Seekriegsleitung, »Niederschrift über die Besprechung mit Vizeadmiral Nomura bei C/Skl am 5.11.1942«, 9. November 1942, ebenda, Bl. 438–442; Seekriegsleitung, »Vermerk«, 24. November 1942, ebenda, Bl. 470; Nomuras Brief vom 3. Dezember 1942, ebenda, Bl. 471f.; OKW, Gruppe Ausland, »Niederschrift über die Besprechung am 4.12.1942

Führerhauptquartier mit Japanern«, 7. Dezember 1942, ebenda, Bl. 499–503; Dokumente zu einem Treffen mit Nomura am 18. Dezember 1942, ebenda, Bl. 528–533; Oshima an Tokio Nr. 1433(?) vom 12. Dezember 1942, NA, RG, 457, SRDJ 28 960–61; Jürgen Förster, »Strategische Überlegungen des Wehrmachtführungsstabes für das Jahr 1943«, in: MGM (1973), S. 100, Anm. 21, S. 107, Anm. 60. Siehe auch OKM, 1 Skl IOp, »2625/42 gKdos. Chefs. Einsatz der japanischen Ubootswaffe«, 6. Dezember 1942, RM 7/253, Bl. 475–479.

106 Motter, Persian Corridor, S. 482f.

107 Oshima an Tokio Nr. 1121 vom 22. September 1942, Nr. 1128 vom 23. September 1942, NA, RG 457, SRDJ 26634–35, 26661–62, 26818–19.

Der deutsche Marineattaché in Tokio, Admiral Wenneker, sah dies deutlich und berichtete es im Dezember 1942. Er wurde wegen seines Pessimismus getadelt, von einigen in der Marine aber auch verteidigt, weil er die Fakten exakt berichtet und die neue Situation, wie sie von den Japanern selbst gesehen wurde, widergegeben hatte: Der Pazifikkrieg hatte sich mit der Schlacht bei Midway und auf den Salomon-Inseln verändert, und es gab keine Aussicht darauf, daß die Japaner in den Indischen Ozean vorstoßen würden. Siehe KTB Skl, A, Bd. 40, 18. Dezember 1942, BA-MA, RM 7/43, Bl. 354–356 und 28. Dezember 1942, ebenda, Bl. 521; Ob.d.M., »Verschl. Tel. aus Tokio: Lagebeurteilung zu Jahresende«, 17. Dezember 1942, RM 7/253, Bl. 512f.; Chef OWK WFSt Op Nr. 552243/42 gKdos. Chefs., 24. Dezember 1942, ebenda, Bl. 514; siehe auch Amt Ausl/ABW, Ag Ausland Nr. 00 478/42 gKdos vom 22. Dezember 1942, ebenda, Bl. 528; ADAP, E, Bd. 4, Nr. 20.

108 Deutscher Militärattaché Rom, »Zur seestrategischen Lage der italienischen Flotte«, 31. Dezember 1942, BA-MA, PG 45 172, CASE 17/3; KTB Skl A, Bd. 32, 8. April 1942, RM 7/35, Bl. 123–125; Gerhard Schreiber, Revisionismus und Weltmachtstreben. Marineführung und deutsch-italienische Beziehungen 1919–1944, Deutsche Verlags-Anstalt, Stuttgart 1978, S. 331–335.

109 Beachte Hitlers ernstes Interesse daran, die Versorgung Nordafrikas auf U-Boote umzustellen (ADAP, E, Bd. 1, Nr. 181).

110 Siehe die Zusammenfassung in KTB OKW,

1942, Bd. 1, S. 1001–1103; Salewski, Deutsche Seekriegsleitung, Bd. 2, S. 60–72. Zu Hitlers Vorschlag angesichts von Cavalleros Einwänden, Malta nach Niederschlagung der Briten in Nordafrika zu nehmen, siehe Schmundts Memorandum in: MGM (1972), Nr. 1, S. 120.

111 Eine neuere Darstellung in John W. Gordon, The Other Desert War. British Special Forces in North Africa 1940–1943, Greenwood Press, New York, 1987, S. 100–103. Hier wird auch erklärt, wie die Briten an diese Quelle gelangten und sie umdrehten.

112 Hinsley, British Intelligence, Bd. 2, S. 356–363, Anhänge 14, 16; DRuZW, Bd. 6, S. 570–647; Sadkovich, »Rommel and the Italians«, S. 302–305.

113 Eine Sicht des britischen Nachrichtendienstes in Hinsley, Bd. 2, S. 368ff. Auchinleck wollte Tobruk und die ägyptische Grenze bis 16. Juni halten (CS 1270 an Churchill, PRO, WO 106/2238A). Eine Untersuchung über das Desaster wurde von General Wilson geführt, siehe WO 106/2234–36, 2238A. Von den gefangengenommenen Soldaten waren 49 Prozent aus Großbritannien, 42 Prozent aus Südafrika und 9 Prozent aus Indien. Zu Churchills Besorgnis siehe PRO, PREM 3/54/10. Es hatte auch schon Diskussionen über die Wiedereinführung der Todesstrafe für Desertion oder Feigheit vor dem Feind (abgeschafft 1930) gegeben, was jedoch nicht verwirklicht wurde; siehe z. B. Grigg an Churchill, 5. Juni 1942, PRO, WO 259/75.

114 KTB OKW 1942, Bd. 1, S. 104–107; Mariano Gabriele, Operazione C3. Malta, Ufficio Storico Marina Militare, Rom 1965, S. 268–286.

115 ADAP, E, Bd. 3, Nr. 42, 43, 49, 56, 59, 60, 66, 129, 299, Bd. 4, Nr. 101; Dokumente der deutschen Botschaft Rom von Juli/August 1942 in AA, Botschaft Rom (Quir.) »Geheim, 59/5« MF E 261 726f.f. Zum britischen Abfangen der betreffenden deutsch-italienischen Dokumente vom 28. August 1942 siehe Britischer Staatsminister Nr. 63 vom 24. November 1942, J 4867/1145/16, PRO, FO 371/31 586. Die Italiener waren sehr mißtrauisch gegenüber den deutschen Absichten, doch Hitler wollte sie in der Verantwortung lassen. Es ist erstaunlich, daß die Zusicherungen der Achsenmächte immer noch für bare Münze genommen werden in DRuZW, Bd. 6, S. 652.

116 KTB Skl A, Bd. 35, 1. Juli 1942, BA-MA, RM 7/38, Bl. 3 f.

117 *Rommel Papers,* S. 243–256, 520; Hinsley, *British Intelligence,* Bd. 2, S. 392–407; Donald G. Brownlow, *Checkmate at Ruweisat. Auchinleck's Finest Hour,* Christopher Pub. House, North Quincy, Mass. 1977; McNarney an Roosevelt, FDRL, PSF Safe File, Marshall, Cont. 5; Farnie, *East and West of Suez,* S. 628; Brooke an Auchinleck, 17. Juli 1942, Liddell Hart Centre, Auchinleck Papers, 6/D/4 (f) item D.

118 Eine Darstellung in Nigel Hamilton, *Monty. The Making of a General 1887–1942,* Fleet Books, Toronto 1982, Teil 4, Kap. 17, Teil 5, Kap. 1–3. Aus der veröffentlichten Version des Brooke Diary ist folgender Satz vom 17. August ausgelassen: »Je länger ich auf unsere Entscheidung, Auchinleck loszuwerden, zurückblicke, desto überzeugter bin ich, daß wir recht hatten.« (Liddell Hart Centre, Alanbrooke Papers) Zahlreiche weitere hochrangige Offiziere aus dem Generalhauptquartier Kairo und dem Hauptquartier der 8. Armee und der Korps wurden ebenso abgelöst.

119 Zweig, »British Plans for the Evacuation of Palestine«, S. 296–299; Daniel Silverfarb, »Britain, the United States, and the Security of the Saudi Arabian Oilfields in 1942«, in: *Historical Journal 26 (1983),* S. 721 – 725; Santoni, *Ultra,* S. 264, Anm. 89; WM (42) War Cabinet 85 (42) vom 3. Juli 1942, PRO, CAB 65/27. Die restlichen britischen Kriegsschiffe in Alexandria wurden abgezogen. Es gab Sorgen um die bewegungsunfähigen französischen Kriegsschiffe dort, die besonders die Japaner interessierten; beachte Mitani (Vichy) an Tokio Nr. 309 vom 16. Juli 1942, NA, RG 457, SRDJ 24 839.

120 Trotz ihres insgesamt sehr lobenden Tons ist die autorisierte Biographie von Nigel Hamilton zu diesem Thema sehr gut. Siehe auch Grigg an Churchill, 11. September 1942, PRO, PREM 3/54/11.

121 Hinsley, *British Intelligence,* Bd. 2, S. 418–420; Dill Korrespondenz, Akte 52 in PRO, CAB 106/323.

122 Hamilton, *Monty,* S. 637–711. Siehe auch *ADAP,* E, Bd. 3, Nr. 153; Hinsley, Bd. 2, S. 408–416.

123 Stoler, *Politics of the Second Front,* Kap. 2; Fraser, *Alanbrooke,* Kap. 11; Richard W. Steele, *The First Offensive 1942,* Indiana Univ. Press, Bloomington, Ind. 1973, Kap. 1–3; Butler, *Grand Strategy,* Bd. 3, Teil 2, Kap. 24, 27.

124 Siehe Kapitel 7, unten.

125 JP (41) 1028 des War Cabinet Joint Planning Staff, »Operation ›Roundup‹«, 24. Dezember 1941, PRO, WO 106/4126, und die folgenden Dokumente in dieser Akte und in WO 106/4127, 4191.

126 Siehe Pogue, *Marshall,* Bd. 2, S. 305 f., zu Roosevelts Billigung vom 25. März 1942.

127 Beachte Roosevelt an Marshall, 17. März 1942, *Bullitt Papers,* S. 548–550; Kirk an Welles Nr. 608 vom 17. April 1942, FDRL, PSF Box 96, State, Welles 1942, und weitere Dokumente in dieser Akte, insbesondere Nr. 1366 vom 2. August 1942.

128 Siehe Stimson an Roosevelt, 20. Juli 1942, FDRL, Map Room 167, Naval Aide, A 16–3 Middle East.

129 Beachte die Bemerkungen von Sir Michael Howard zu »Scholarship on World War II. Present and Future«, in: *Journal of Military History* 55 (1991), S. 378–380.

130 Pogue, *Marshall,* Bd. 2, S. 336; Marshall-Memorandum für Roosevelt, »American Forces in the Middle East«, 23. Juni 1942, FDRL, Map Room 167, Naval Aide, A 16–3 Middle East; Maxwell an War Department, 10. Juli 1942, ebenda.

131 Beachte Brooke Diary, 6., 10., 28. März 1942, Liddell Hart Centre; Eden an Churchill, PM 42/52 vom 23. März 1942, PRO, CAB 120/410 und PREM 3/135/1; drittes Treffen der Combined Commanders, 23. Mai 1942, P 129/314, CAB 106/1027. Die aufkommende britische Auseinandersetzung betraf nicht die Landung, sondern ihren Ort. Brooke war für die Gegend um Calais oder Boulogne, weil sie durch landgestützte Flugzeuge gedeckt werden konnte, während Admiral Mountbatten, Chief of Combined Operations, für die Gegend um Cherbourg eintrat. Siehe insbesondere Brooke Diary, 28. März 1942. Der Herausgeber des Tagebuchs, Sir Arthur Bryant, wies Brooke bewußt als ständigen Gegner dessen aus, was beide Männer nach dem Krieg als törichte Fürsprache der Amerikaner für die Landung 1942 beurteilten. Er strich in der gedruckten Version des Tagebuchs alle Stellen, die auf Brookes ganz andere Ansichten im März 1942 hinweisen.

132 Zum Besuch von Marshall und Hopkins in

England im April 1942 siehe *FDR Letters,* Bd. 2, S. 1303–1305; Pogue, *Marshall,* Bd. 2, S. 308 –320; McJimsey, *Harry Hopkins,* S. 242–249; Steele, *The First Offensive,* Kap. 4, 6; Stoler, *Politics of the Second Front,* Kap. 3; Dill an Brooke, 23.(?) April 1942, Liddell Hart Centre, Alanbrooke Papers, 14/38. Beachte auch Sikorskis Memorandum vom 13. April 1942, weitergeleitet an Roosevelt, in FDRL, PSF Safe File, Cont. 5. Marshall.

133 *FRUS,* 1942, Bd. 3, S. 587.

134 Zu Molotows Besuch siehe Stoler, Kap. 3, obwohl ich der Interpretation nicht ganz zustimme.

135 Ebenda, Kap. 4; Pogue, *Marshall,* Bd. 2, S. 332f.

136 Marshall-Memorandum für Roosevelt, »Prospective Movement of Planes to the Middle East«, 26. Juni 1942 (korrigiert zu 25. Juni), FDRL, Map Room 167, Naval Aide, A 16–3 Middle East; Lewis L. Brereton, *Diaries. The War in the Pacific, Middle East and Europe,* Morrow, New York 1946, S. 130f., 145–149 (im folgenden als *Brereton Diary* zitiert).

137 Pogue, *Marshall,* Bd. 2, S. 365.

138 Siehe Clark Kerr (Moskau) Nr. 51 vom 30. Juni 1942, C 6553/19/55, PRO, FO 371/31084. Terry *(Poland's Place in Europe,* S. 225–244) legt überzeugend dar, wie die Briten die polnischen Streitkräfte stets im Nahen Osten hätten einsetzen wollen und General Wladyslaw Anders, der polnische Oberbefehlshaber in Rußland, entgegen Sikorskis Präferenzen und Befehlen in dieselbe Richtung gearbeitet hätte.

139 Matloff und Snell, *Strategic Planning 1941–1942,* S. 217–290; Pogue, *Marshall,* Bd. 2, S. 327–329; *FDR Letters,* Bd. 2, S. 1329f.; Robert E. Sherwood, *Roosevelt and Hopkins,* Harper, New York 1948, S. 602–604; Briefwechsel zwischen Roosevelt und Marshall vom 1.–6. Mai 1942 und 19. Juni–15. Juli 1942, FDRL, PSF Safe File, Box 5, Marshall; Winant an Roosevelt, 3. Juni 1942, PSF Box 9, Winant.

140 Beachte Mountbatten an Roosevelt, 15. Juni 1942, FDRL, Map Room 164, Naval Aide's File. Diese Meldung bestärkte die amerikanische Meinung offensichtlich darin, daß es möglich sei, in der Normandie Fuß zu fassen.

141 Überzeugende Belege dafür, daß Furcht vor einer weiteren Massenkapitulation ein Schlüsselfaktor der britischen Politik war, in Joseph L. Strange, »The British Rejection of Sledgehammer. An Alternative Motive«, in: *Military Affairs* 46, Nr. 1 (Februar 1982), S. 6–14.

142 Ein guter Geschichtsabriß zu »Sledgehammer« in PRO, WO 106/4289; eine weitere Zusammenfassung in WO 106/4175. Siehe auch Hinsley, *British Intelligence,* Bd. 2, S. 464; Strange; Churchill Memorandum WP (42) 311 vom 21. Juli 1942, CAB 66/26.

143 Siehe Brookes Bemerkungen in seinem Tagebuch vom 27. Mai 1942 in Liddell Hart Centre, Alanbrooke Papers, 3/A/IV, S. 403; Brooke Diary vom 5. Juni 1942, 25. September 1942; PRO, AIR 8/938; Memorandum des britischen Vereinten Planungsstabes vom 17. Juli 1942, CAB 119/56; Butler, *Grand Strategy,* Bd. 3, Teil 2, S. 646–650.

144 Puttkamer, »Niederschrift über Äußerungen des Führers vom 4.1.42«, BA-MA, RM 6/75, Bl. 225–227; Salewski, *Deutsche Seekriegsleitung,* Bd. 2, S. 3–31, 39f.; Wolfgang Wilhelmus, »Vorbereitungen der faschistischen Wehrmacht zur Besetzung Schwedens«, in: *Zeitschrift für Geschichtswissenschaft* 23 (1975), S. 1034f.; Raeder an Boehm, 19. Februar 1942, und Boehm an Raeder, 5. Oktober 1942, Boehm Nachlaß, BA-MA, N 172/4; Ziemke, *Northern Theater,* S. 216–219; Beesly, *Very Special Intelligence,* S. 122–128; *ADAP,* E, Bd. 1, Nr. 181. Der Bericht über die britische Untersuchungskommission in dieser Episode in PRO, AIR 20/3356.

145 Carlgren, *Swedish Foreign Policy,* S. 127; Ziemke, *Northern Theater,* S. 215; Wilhelmus, S. 1036f.; Förster, »Strategische Überlegungen«, S. 104 und Anm. 42; Woermann an Helsinki Nr. 297 vom 26. Februar 1942, AA, Gesandtschaft Helsinki, »Drahtberichte«, MF H 069326; Berg an Lammers, 14. März 1942, BA, R 43 II/1494, Bl. 74f.

146 Pogue, *Marshall,* Bd. 2, S. 342–348; Steele, *The First Offensive,* Kap. 7–8; WM (42) 94th Conclusions, Confidential Annex, 22. Juli 1942, PRO, CAB 120/82; Alex Danchev, »A Special Relationship. Field Marshal Sir John Dill and General George C. Marshall«, in: *Journal, Royal United Service for Defense Studies* 130, Nr. 2 (1985), S. 59.

147 Sherwood, *Roosevelt and Hopkins,* S. 610f.; Roosevelt an Hopkins, Marshall und King, London [23. Juli 1942?], FDRL, PSF Box 4, Hopkins; Roosevelt-Memorandum vom

29. Juli 1942, ebenda, Box 5, Marshall; Roosevelt-Memorandum vom 6. Mai 1942, ebenda, Box 106, War Department, Marshall. Dies scheint das erste Mal im Krieg gewesen zu sein, daß Roosevelt im Map Room nachsah, ob eine Botschaft aus London eingetroffen war, 24. Juli 1942, Map Room Box 195, Chart Room Logs and Standing Orders, 1, S. 92.

148 Morton, *Strategy,* S. 308–311.

149 Marshall an Roosevelt, 30. Juli 1942, FDRL, PSF Safe File, Cont. 1, Marshall.

150 Siehe die Dokumente in PRO, CAB 119/56; vgl. aber auch Roosevelt an King, 24. August 1942, FDRL, PSF Cont. 5, King, das nahelegt, daß Roosevelt glaubte, nach seiner Entscheidung für »Torch« sei »Roundup« im Herbst 1943 möglich. Offensichtlich, siehe Kapitel 8, dachte Churchill ebenso.

151 Morton, *Strategy,* S. 333–335; Matloff und Snell, *Strategic Planning, 1941–1942,* Kap. 14; Richard M. Leighton und Robert W. Coakley, *Global Logistics and Strategy, 1940–1943,* GPO, Washington 1955, Kap. 17.

152 Churchill an Auchinleck OZ 829 vom 27. Juli 1942, Liddell Hart Centre, Alanbrooke Papers, 6/D/4 (f) item F.

153 Stoler, *Politics of the Second Front,* S. 60–62; Gilbert, *Churchill,* Bd. 7, Kap. 11.

154 *ADAP,* E, Bd. 3, Nr. 205, 217. Hitlers Äußerungen vom 26. August 1942 finden sich in: Jochmann, *Hitler, Monologe,* S. 368.

155 Butler, *Grand Strategy,* Bd. 3, Teil 2, S. 638–642; Hinsley, *British Intelligence,* Bd. 2, Anhang 13; Roskill, *War at Sea,* Bd. 2, S. 239–242; John Keegan, *Six Armies in Normandy,* Viking, New York 1982, S. 120–125; Daniel J. Webb, »The Dieppe Raid – An Act of Diplomacy«, in: *Military Review* 60, Nr. 5 (1980), S. 30–37; Hamilton, *Monty,* S. 548–557; Ronald Atkin, *Dieppe 1942. The Jubilee Disaster,* Macmillan, London 1980. Das Material über die Landung bei Dieppe, das Ismay nach dem Krieg sammelte, um Churchill bei seinen Memoiren zu helfen, zeigt, wie sehr Churchill das Projekt vorantrieb und daß die Deutschen vorher nichts wußten (Liddell Hart Centre, Ismay Papers, II/3/260). Eine sehr genaue Analyse findet sich in Brian Loring Villa, *Unauthorized Action. Mountbatten and the Dieppe Raid,* Oxford Univ. Press, Toronto 1989. Eine Zusammenfassung davon liefert sein Artikel, »Mountbatten, the British Chiefs of Staff, and Approval of the Dieppe Raid«, in: *Journal of Military History* 54 (1990), S. 201–226, mit einem Kommentar von Philip Ziegler und einer Erwiderung von Villa.

156 Grigg an Churchill, 19. Oktober 1942, PRO, WO 259/75.

157 Hamilton, *Monty,* Teil 5, Kap. 12–20; Hinsley, *British Intelligence,* Bd. 2, S. 425–435; *DRuZW,* Bd. 6, S. 725 ff. (wo gezeigt wird, daß es gleichermaßen auf Briten und Deutsche regnete). Neurath an Weizsäcker, 5. Oktober 1942, AA, St. S., »Schriftwechsel mit Beamten«, Bd. 7, MF 70443–45.

158 Siehe Löwisch, »Kurze Inhaltsangabe des Vortrages Marineattaché Rom beim Herrn Ob.d.M. am 13. Oktober 1942«, BA-MA, RM 7/233, Bl. 431 f.

159 Zu Problemen in den deutsch-italienisch-arabischen Beziehungen im Herbst 1942 siehe *ADAP,* E, Bd. 3, Nr. 250; items 34 und 35 in the Canaris/Lahousen file, Imperial War Museum, AL 1933.

160 Genau diese Hoffnungen hatten früher die Politik der Vereinigten Staaten gegenüber dem Freien Frankreich beeinflußt; beachte *FDR Letters,* Bd. 2, S. 1268 f., 1315 f.; Arthur L. Funk, *The Politics of Torch,* Univ. Press of Kansas, Lawrence, Kans. 1974, Kap. 1–8; Krautkrämer, »Vorgeschichte«, S. 244 f.

161 David A. Walker, »OSS and Operation Torch«, in: *JCH* 22 (1987), S. 667–679.

162 Krautkrämer, »Vorgeschichte«, S. 250 f.

163 Ebenda, S. 247.

164 Ebenda, S. 230 f.

165 Hinsley, *British Intelligence,* Bd. 2, S. 476–482. Die Deutschen erfuhren erst aus einer Sendung von Radio Algier, daß die Landung im Gang war; siehe OKM, Skl, Chef MND III, »X.B. Bericht Nr. 45/42«, 12. November 1942, in NA, RG 457, SRS 548, Bd. 13. Zu den deutschen Schwierigkeiten, mit einer alliierten Landung zurechtzukommen, siehe Kontrollinspektion Afrika, »Studie über die französischen Abwehr-Möglichkeiten und -Aussichten bei einem Anglo-Amerikanischen Angriff auf Franz.-Marokko«, 28. Mai 1942, BA-MA, PG 33651, CASE 579, Bl. 191 ff. Die Deutschen versicherten den beunruhigten Japanern am 7. September und 5. November 1942, daß eine Landung unwahrscheinlich sei, siehe RM 7/253, Bl. 399–410, 438–443.

7
Der Seekrieg und die Blockade

1 Förster, »Strategische Überlegungen«.

2 Eine gute Darstellung findet sich in Salewski, *Seekriegsleitung*, Bd. 1, S. 354 ff., Bd. 2, S. 21 ff.

3 Ebenda, Bd. 2, S. 33–35; Roskill, *War at Sea*, Bd. 2, S. 168–173.

4 Zu diesem Thema David Woodward, *The Tirpitz*, Kimber, London 1953 und weitere Auflagen; Ludovic Kennedy und Henry Coverlay, *Menace. The Life and Death of the Tirpitz*, Sidgwick & Jackson, London 1979. Siehe auch Villa, *Unauthorised Action*, S. 111–113.

5 Hinsley, *British Intelligence*, Bd. 3/1, S. 258–262.

6 Ebenda, S. 271–278, Anhang 13. Zur sowjetischen Kooperation bei einem dieser Angriffe siehe N 5858/5858/38, PRO, FO 371/34442.

7 Salewski, *Seekriegsleitung*, Bd. 2, S. 196–201; Roskill, *War at Sea*, Bd. 2, S. 291–299; wichtige Korrekturen früherer Darstellungen in *DRuZW*, Bd. 6, S. 418–424; siehe auch Dudley Pope, »73 *North*«. *The Battle of the Barents Sea*, Naval Institute Press, Annapolis, Md. 1989.

8 Diese Krise wird erörtert in: Michael Salewski, »Von Raeder zu Dönitz. Der Wechsel im Oberbefehl der Kriegsmarine 1943«, in: *MGM* 14 (1973), S. 101–146; siehe auch Salewski, *Seekriegsleitung*, Bd. 2, S. 202–238. Hitlers heftige Reaktion auf die Ereignisse vor der norwegischen Küste ging sicher zum Teil auf seine Hoffnung zurück, daß das Signal eines deutschen Sieges vor Norwegen die düstere Stimmung aufhellen könnte, die durch die gleichzeitige Niederlage von Stalingrad ausgelöst worden war. Raeder, der immer im Recht erscheinen wollte, ließ das Kriegstagebuch der Marine ändern, um seine Interpretation der Ereignisse zu stützen (Salewski, »Von Raeder zu Dönitz«, S. 116). Die Japaner waren interessiert daran, daß die Deutschen ihre großen Schiffe *nicht* außer Dienst stellten; siehe hierzu ONI London, »X 4646« vom 19. November 1943, NA, RG 38, Chief of Naval Operations, ONI Attaché Reports 1940–46, u-1-i 7510-E.

9 Salewski, *Seekriegsleitung*, Bd. 2, S. 333–345; Hinsley, *British Intelligence*, Bd. 3/1, S. 269–271 u. Anhang 14; OKM, Skl, Chef MND III, »XB-Bericht Nr. 52/43«, 30. Dezember 1943, NA, RG 457, SRS 548, Bd. 16, S. 6–8, 12, Anlage 4.

10 Salewski, Bd. 2, S. 351; Hinsley, Bd. 2, S. 538–540; Roskill, *War at Sea*, Bd. 2, S. 177–182, 257, 265–269, 405, 411 f. Patrick Beesly, *Very Special Intelligence*, Ballantine, New York 1977, S. 228–231; *DRuZW*, Bd. 6, S. 388–394. Zu den Schwierigkeiten zwischen Deutschen und Japanern wegen des deutschen Hilfskreuzers im Indischen Ozean siehe Skl, »Stichwortartige Zusammenstellung der Verhandlungen mit der japanischen Admiralität über das Operationsgebiet für den deutschen HSK im Indischen Ozean und im südlichen Pazifik«, 25. Oktober 1942, BA-MA, RM 7/253, Bl. 433–35.

11 Siehe Hinsley, *British Intelligence*, Bd. 3/1, S. 123–125; Bd. 3/2, S. 56. Für einen guten, knappen Überblick siehe Paul Beaver, *E-Boats and Coastal Craft. A Selection of Pictures from the Bundesarchiv Koblenz*, Stevens, Cambridge 1980. Das Desaster von Slapton Sands wird im Zusammenhang mit der Invasion der Normandie in Kap. 12 erörtert; eine Darstellung findet sich in Edwin P. Hoyt, *The Invasion before Normandy. The Secret Battle of Slapton Sands*, Stein & Day, New York 1985.

12 Salewski, *Seekriegsleitung*, Bd. 2, S. 123–125; Donovan an Roosevelt, 3. Oktober 1941, FDRL, PSF Safe File, Germany, Box 4; British Admiralty to Opnav, Personal for CNO, 1645A/16, NCR 148, 17. Januar 1943, NA, RG 457, SRMN 35, S. 12; »Besprechungsnotiz 109/42«, Göring conference of 29 June 1942, Imperial War Museum, Milch Papers, Bd. 62, S. 5234.

13 Morison, *US Naval Operations*, Bd. 1, S. 411 f.; Bd. 10, S. 184–188, 374.

14 Ebenda, Bd. 1, S. 226–228; Rohwer, *Geleitzugschlachten*, S. 29–32, 64–66, 310–314.

15 Morison, Bd. 1, S. 212–219.

16 Die schriftliche Bestätigung des mündlichen Befehls vom 8. Dezember findet sich im Tagebuch der Seekriegsleitung für den 9. Dezember 1941, BA-MA, RM 7/31, Bl. 135–36. Hitler war besonders wütend auf Uruguay wegen dessen Rolle beim Verlust der *Graf Spee*. Die zentralamerikanischen Länder waren Costa Rica, die Dominikanische Republik, El Salvador, Haiti, Honduras, Nicaragua und Panama; letzteres war besonders wichtig, weil sehr viele Schiffe unter der Flagge Panamas fuhren.

17 Siehe *ADAP*, D, Bd. 8, Nr. 365, 412, 519; Buenos Aires an Tokio, Nr. 561 vom 25. Juni 1942, NA, RG 457, SRDJ 24182–83.

18 Frank D. McCann Jr., *The Brazilian-American Alliance, 1937–1945*, Princeton Univ. Press, Princeton 1973, S. 275–290; Roskill, *War at Sea*, Bd. 2, S. 203; Morison, *US Naval Operations*, Bd. 1, Kap. 15. Völlig falsch in dieser Frage: *DRuZW*, Bd. 6, S. 350.

19 Siehe etwa die Fotografie in Rohwer, *Geleitzugschlachten*, gegenüber S. 289. Eine gute Darstellung bietet Hinsley, Bd. 2, Anhang 15. Siehe auch Dokument 377-PS, NA, RG 238.

20 Salewski, *Seekriegsleitung*, Bd. 2, S. 350.

21 Einer Gesamtdarstellung der spanischen Unterstützung für die deutschen Marineoperationen im Zweiten Weltkrieg steht nun, da die spanischen Archive zugänglich werden, nichts mehr im Weg; das Thema ist bisher von deutschen Historikern, die es vorziehen, sich über die angeblichen Verletzungen der Neutralität durch die Gegner und nicht durch die Helfer der deutschen U-Boote auszulassen, ignoriert worden. Die gegenwärtig beste Darstellung ist Charles B. Burdick, »›Moro‹: The Resupply of German Submarines in Spain, 1939–1942«, in: *Central European History 3* (1970), S. 256–284. In dem Film »Das Boot« erscheint der Aufenthalt in Spanien weniger geheim, als er tatsächlich war. Siehe auch KTB Skl A, Bd. 34, 12. Juni 1942, BA-MA, RM 7/37, Bl. 222. Die Deutschen unterhielten weiterhin eine Funküberwachungsanlage in Sevilla und wurden von den Spaniern frühzeitig gewarnt, als diese angegriffen wurde (KTB Skl A, Bd. 53, 15. Januar 1944, RM 7/56, Bl. 60). Siehe auch Robert Cecil, »C's War«, in: *Intelligence and National Security* 1 (1986), S. 181; Hinsley, *British Intelligence*, Bd. 2, S. 172, 719ff.; Skl, »Abwehr feindlicher Angriffe in spanischen Hoheitsgewässern«, 21. Juni 1944, BA-MA, PG 33751, CASE 643.

22 Fisk, *In Time of War*, S. 278–284; Brooke Diary, 8. Dezember 1941, Liddell Hart Centre, Alanbrooke Papers; *ADAP*, E, Bd. 1, Nr. 24. Obwohl sehr stark für de Valera eingenommen, finden sich zusätzliche Details in: T. Ryle Dwyer, *Strained Relations. Ireland at Peace and the U. S. A. at War, 1941–1945*, Barnes & Noble, Totowa, N. J. 1988 und Ronan Fanning, »The Politics of Irish Neutrality During World War II«, in: *Les Etats neutres européens et la seconde guerre mondiale, Colloque international*, Editions de la Baconnière, Neuchâtel 1985, S. 125–133.

23 Siehe die Karte in: Roskill, *War at Sea*, Bd. 2, gegenüber S. 205.

24 Aufgrund der Krise in der Atlantikschlacht vom Frühjahr 1943 einerseits und des alliierten Sieges in Nordafrika andererseits war der Zeitpunkt günstig, um diese Frage Lissabon gegenüber aufzuwerfen; siehe Woodward, *British Foreign Policy*, Bd. 4, S. 48–57. Churchill hatte schon früher handeln und Zwang anwenden wollen, aber das Kabinett verweigerte ihm die Gefolgschaft. Siehe auch: »Vertraulicher Informationsbericht von Herrn Seligo, Lissabon, vom 15. 10. 1943«, 23. Oktober 1943, BA, ZSg 115/7, Bl. 109–11; *FDR Letters*, Bd. 2, S. 1466f. Zur japanischen Besorgnis, daß dies zum Präzedenzfall werden und die Sowjetunion den Vereinigten Staaten die Nutzung von Stützpunkten erlauben könnte, siehe die Gespräche zwischen der japanischen Botschaft in Berlin und Tokio vom 13. und 14. Oktober 1943, in: NA, RG 457, SRDJ 44270, 44332–34, 44380, 44385–86, 44390, 44395–98, 44400.

25 Siehe de Gaulles Bemerkung, die Schiffe würden ungenutzt altern, in Harold Nicolson, *The War Years 1939–1945*, Atheneum, New York 1967, Bd. 2, S. 139.

26 Krautkrämer, »Vorgeschichte«, S. 220f.

27 Ebenda, S. 219f., 222f.; Paxton, *Vichy*, S. 387–390; *ADAP*, E, Bd. 1, Nr. 182; Dokumente zu Darlans Verhandlungen mit der deutschen Marine im Dezember 1941 und Januar 1942 in BA-MA, RM 6/75, Bl. 250–63 und M 1697/ 71 826 a-f.

28 Jochmann, *Hitler, Monologe*, 31. Januar 1942, S. 245.

29 *ADAP*, E, Bd. 2, Nr. 196, 200 und verwandte Dokumente in AA, St.S., »USA«, Bd. 11.

30 Rudolf Rahn, Memorandum vom 19. August 1943, AA, Nachlaß Renthe-Fink, Paket 5, Bd. 1, MF D 514473. Siehe auch Tagebuch Koller, 21. November 1942, IfZ.

31 Rohwer und Jäckel, *Funkaufklärung*, S. 160f.

32 Roskill, *War at Sea*, Bd. 2, S. 211; Morison, *US Naval Operations*, Bd. 1, S. 329. Beim einzigen deutschen U-Boot-Angriff im April 1944 verfehlten drei Torpedos die *Queen Mary*, die 12 000 zumeist amerikanische Soldaten transportierte (Hinsley, Bd. 3/1, S. 238 und Anm.).

33 Karten in Rohwer und Jäckel, *Funkaufklärung*, S. 163; Roskill, Bd. 2, Karte 40.

34 Roskill, Bd. 2, Kap 3.

35 Siehe Stephen W. Roskill, *Hankey. Man of Secrets,* 3 Bde., St. Martin's, New York 1970–74, Bd. 3, S. 546f., 559–561. Siehe auch WP (42) 302 und COS(42) 204(0) Final, »Provision of Aircraft for the War at Sea«, 18. Juli 1942, PRO, PREM 3/119/7; Roosevelt an Marshall und King, 18. März 1943, FDRL, Map Room Box 164, Naval Aide's File.

36 Morison, *US Naval Operations,* Bd. 1, S. 250f. und Bd. 10, S. 187, 190, 194, 223f., äußert sich sehr skeptisch über die Brauchbarkeit der »Blimps«. Siehe auch Alfred Price, *Aircraft versus Submarines. The Evolution of the Anti-Submarine Aircraft 1912–1972,* Kimber, London 1973, S. 146f. Zu amerikanischen »Blimps«, die den Briten übergeben wurden, siehe die Dokumente in PRO, AIR 20/1311. Zu den Handelsschiffsbesatzungen ist Tony Lane, *The Merchant Seamen's War,* Manchester Univ. Press, Manchester 1990, recht brauchbar, der Autor überbetont jedoch seine »Entdeckung«, daß diese Besatzungen auch nur Menschen waren.

37 Eine gute Einführung ist John A. Swettenham, *Canada's Atlantic War,* Samuel Stevens, Toronto und Sarasota, Fla. 1979.

38 Dieser Punkt ist gut herausgearbeitet in: Rohwer, *Geleitzugschlachten,* S. 64. Natürlich brachte die Ausweichroute einen Konvoi gelegentlich in den Sichtbereich einer anderen Gruppe von U-Booten.

39 Siehe Beesly, *Very Special Intelligence,* S. 115.

40 Ebenda, S. 166f.; Hinsley, *British Intelligence,* Bd. 2, S. 554, 637; Kahn, *Seizing Enigma,* S. 211ff., 262ff. Ich verwende den Ausdruck »offenbar«, weil ein Großteil des Materials zur deutschen Dechiffriertätigkeit im Zweiten Weltkrieg der Forschung verschlossen bleibt.

41 Siehe dazu Rohwer und Jäckel, *Funkaufklärung,* S. 171–173; Jürgen Rohwer, »›Special Intelligence‹ und die Geleitzugsteuerung im Herbst 1941«, in: *Marine-Rundschau* 75 (1978), S. 711–719; Rohwer und Jäckel, *Kriegswende,* S. 97–99; Kahn, *Seizing Enigma,* Kap. 13.

42 Siehe zu dieser Episode Morison, *US Naval Operations,* Bd. 1, Kap. 6; Hinsley, *British Intelligence,* Bd. 2, S. 228f.; Roskill, *War at Sea,* Bd. 2, S. 93–106; Rohwer und Jäckel, *Funkaufklärung,* S. 158. Eine wichtige Untersuchung des gesamten Desasters bei Michael Gannon, *Operation Drumbeat. The Dramatic True Story of Germany's First U-Boat Attack along the American Coast in World War II,* Harper & Row, New York 1990. Eine wesentliche Folge der schweren Niederlage der amerikanischen Marine war der Bau von Pipelines zum Transport von Petroleumprodukten von den Feldern und Häfen des amerikanischen Südwestens und Südens zum Nordosten; die wichtigste davon, »Big Inch«, wurde in kaum einem Jahr gebaut, von August 1942 bis Juli 1943; siehe James A. Clark und Michael T. Halbouty, *The Last Boom,* Random House, New York 1972, S. 266–271. Auch in der Karibik beschossen deutsche U-Boote die Raffinerien und Öllager in Niederländisch-Westindien (Morison, Bd. 1, S. 145; Combined Intelligence Committee, »Scale of Attack on Bermuda, The West Indies and the Guianas«, 22. Juni 1942, NA, RG 165, Entry 77, Box 1417, File 6900, Germany-General). Im Zusammenhang mit dieser deutschen U-Boot-Operation siehe auch W. A. B. Douglas, *Creation of a National Air Force. The Official History of the Royal Canadian Air Force,* Bd. 2, Univ. of Toronto Press, Toronto 1986, S. 486–492.

43 Die Statistiken, die nicht als vollkommen präzis zu betrachten sind, beruhen auf der Tabelle in Morison, Bd. 1, S. 413f.

44 Siehe Hinsley, *British Intelligence,* Bd. 2, S. 179, 229f., 233, 548f., 551; Kahn, *Seizing Enigma,* S. 210, Kap. 17f.

45 Kahn, *Codebreakers,* S. 23.

46 Siehe zu diesem Thema Hinsley, Bd. 2, Anhang 19, bes. S. 748.

47 Ebenda, S. 749–751.

48 Ebenda, S. 229, 683; Morison, *Naval Operations,* Bd. 1, S. 129, 312f.; Kahn, *Seizing Enigma,* Kap. 22. Die deutsche Marine hatte das Auftanken auf See zum erstenmal während Operationen im Zusammenhang mit dem Spanischen Bürgerkrieg durchgeführt. Siehe Paul Zieb, *Logistische Probleme der Kriegsmarine,* Vowinckel, Neckargmünd 1961, S. 83–85.

49 Roskill, *War at Sea,* Bd. 2, S. 107.

50 Hinsley, Bd. 2, S. 232.

51 Hitlers Bemerkungen am 1. Juni 1942 gegenüber Feldmarschall von Bock, dem Oberkommandeur der Armeen, die daran teilnehmen sollten, finden sich im Tagebuch von Bocks, BA-MA, N 22/13, Bl. 88f. Hitler glaubte zu diesem Zeitpunkt, daß die U-Boote im Mai 900000

BRT versenkt hätten; die richtige Zahl lag unter 600 000, während weitere 100 000 BRT aus anderen Gründen verlorengingen (Hinsley, Bd. 2, S. 485). Siehe auch KTB Skl A, Bd. 29, 18. Januar 1942, RM 7/32, Bl. 300ff.

52 Zu der Katastrophe von PQ 17 und deren Auswirkungen auf die Beziehungen zwischen den Westalliierten und der Sowjetunion siehe Hinsley, Bd. 2, S. 213–223; Salewski, *Seekriegsleitung*, Bd. 2, S. 48ff.; Roskill, *War at Sea*, Bd. 2, S. 134 –145; Beesly, *Very Special Intelligence*, S. 129– 146; Ziemke, *Moscow to Stalingrad*, S. 428ff.; Morison, *US Naval Operations*, Bd. 1, S. 179– 192; Beaumont, *Comrades in Arms*, S. 108–110, 128–131; Villa, *Unauthorized Action*, S. 114– 117; *DRuZW*, Bd. 6, S. 413–417. Deutsches Aufklärungsmaterial zum Verlauf der Schlacht findet sich in OKM, Skl Chef MND III, »Bericht Nr. 27/42«, 9. Juli 1942, NA, RG 457, SRS 548, Bd. 11.

53 Hinsley, Bd. 2, S. 227.

54 Schofield, *Russian Convoys*, Kap. 8; Morison, Bd. 1, S. 360–365.

55 Die beste Darstellung findet sich in Michael Howard, *Grand Strategy*, Bd. 4, Kap. 13.

56 Der Text ist ebenda S. 21f. abgedruckt. Siehe auch Saward, »*Bomber*« *Harris*, S. 168f.

57 Der vollständige Text der »Pointblank«-Direktive ist wiedergegeben in Howard, *Grand Strategy*, S. 623f. Siehe auch Wesley F. Craven und James L. Cate, *The Army Air Forces in World War II*, Univ. of Chicago Press, Chicago 1948–58, Bd. 2, S. 305f.

58 Roskill, *War at Sea*, Bd. 2, S. 351–353; Hinsley, *British Intelligence*, Bd. 2, S. 563, 753– 756.

59 Howard, S. 625.

60 Der Verlauf des U-Boot-Krieges vom 1. September 1942 bis 1. Mai 1945 aus der Perspektive der amerikanischen Marine kann verfolgt werden in dem Periodikum COMINCH »Biweekly U-Boat Trends«, Berichte Nr. 1–65, NA, RG 457, SRMN 030.

61 Siehe zu diesem Thema JIC(43) Final, War Cabinet Joint Intelligence Sub-Committee, »Axis Strength 1943«, 11. Februar 1943, S. 6, PRO, CAB 119/55, das inzwischen durch das vorhandene Material durchweg bestätigt ist.

62 Zur Atlantikschlacht im Frühjahr 1943 und deren Wende im Mai siehe Rohwer, *Geleitzugschlachten*; Beesly, *Very Special Intelligence*,

Kap. 11; Hinsley, *British Intelligence*, Bd. 2, S. 547–572; Morison, *US Naval Operations*, Bd. 1, Kap. 14; Rohwer und Jäckel, *Funkaufklärung*, S. 164–166, 177–190; Salewski, *Seekriegsleitung*, Bd. 2, S. 293–308. Die National Archives veröffentlichten einen hervorragenden »Guide to the Microfilmed Records of the German Navy, 1850–1945«, Nr. 2: »Resources Relating to U-Boot Warfare, 1939–1945«, NARA, Washington 1985. Bemerkenswert ist die Tatsache, daß Roosevelt sich auf dem Höhepunkt der Schlacht im »Map Room« über die Lage informiert hat: FDRL, Map Room Box 195, Log 1a, 10. und 13. Mai 1943. Am letztgenannten Tag waren auch Churchill, Leahy und Hopkins anwesend.

63 Siehe Churchills persönliche Mitteilung (Personal Minute 363/3) an den Kriegsminister: »Da nun alle militärischen Operationen von der Schiffahrt abhängen, sollte es eine Frage der Loyalität gegenüber der Nation sein, auf jede erdenkliche Art und Weise Mittel einzusparen.« PRO, WO 259/77.

64 Hinsley, Bd. 2, S. 554f.; Rohwer und Jäckel, *Funkaufklärung*, S. 191f.

65 Rohwer und Jäckel, S. 128–130; Kahn, *Seizing Enigma* S. 202f., 205–207, 213, 260–262; *DRuZW*, Bd. 6, S. 356–358. Bemerkenswert die vorausgegangene Selbstgratulation der Deutschen in KTB Skl A, Bd. 34, 18. Januar 1942, BA-MA, RM 7/37, Bl. 332. Für eine Kritik an Dönitz' Abneigung, sich den von seinem eigenen Geheimdienst zusammengetragenen Fakten zu stellen, siehe Weichold an Rohwer, 10. Juni 1959, Nachlaß Weichold, BA-MA, N 316/101. Salewski (Bd. 2, S. 301) vermerkt, daß Dönitz zur damaligen Zeit vorwiegend mit Tunesien beschäftigt war.

66 Siehe die Aufstellung in: Rohwer und Jäckel, *Funkaufklärung*, S. 165.

67 Morison, *US Naval Operations*, Bd. 1, S. 290–296; Kanadas Rolle in: Douglas, *Creation of a National Air Force*, Kap. 16.

68 U. S. War Production Board, *Industrial Mobilization for War; History of the War Production Board and Predecessor Agencies, 1940– 1945*, GPO, Washington 1947, S. 962.

69 Bemerkenswert: Rom an Tokio Nr. 132 und 143 vom 28. Februar 1943, NA, RG 457, SRDJ 32 092–93, 32 542–44; *ADAP*, E, 5, Nr. 148, 158.

70 Siehe Hans-Adolf Jacobsen und Hans Dol-

linger, Hg., *Der Zweite Weltkrieg in Bildern und Dokumenten,* 3 Bde., Löwit, Wiesbaden 1963, Bd. 2, S. 192; Sadkovich, »Understanding Defeat«, S. 49.

71 Salewski, *Seekriegsleitung,* Bd. 2, S. 376–380; Santoni, *Ultra siegt im Mittelmeer,* S. 234–240; Josef Schröder, *Italiens Kriegsaustritt 1943,* Musterschmidt, Göttingen 1969, S. 274–280, 302–313. Zu den japanischen Interessen siehe *Kido Diary,* 9. September 1943, S. 366; Tokio an Oshima, Nr. 690, 698 und 773 vom 9. September und 1. Oktober 1943, NA, RG 457, SRDJ 42 854, 43 225, 43 735; Oshimas Berichte Nr. 1054, 1070, 1111 vom 9., 11. und 18. September 1943, SRDJ 42 858, 42 935, 43 290; Japanischer Marineattaché Stockholm Nr. 296 vom 10. September 1943, SRA 2988; Tokio an Vatikan für Hidaka Nr. 159 vom 1. Dezember 1943, SRDJ 51 140–41.

72 Gut herausgearbeitet und dokumentiert in: Carl Boyd, »The Japanese Submarine Force and the Legacy of Strategic and Operational Doctrine Developed between the World Wars«, in: Larry Addingten und andere, Hg., *Selected Papers from the Citadel Conference on War and Diplomacy 1978,* The Citadel Development Foundation, Charleston, S. C. 1979, S. 27–40; auch die folgende Darstellung stützt sich weitgehend auf diesen Artikel.

73 Siehe Oshima Nr. 104 und 107 vom 24. Januar 1943, NA, RG 457, SRDJ 31 266–67, 31 342–43 (eine deutsche Aufzeichnung dieses Gesprächs Hitler-Oshima ist nicht gefunden worden); *ADAP,* E, Bd. 5, Nr. 150, Bd. 6, Nr. 53; Seekriegsleitung an OKW/WFSt, »556/43 g.K.Chefs.«, 22. Februar 1943, BA-MA, RM 7/254, Bl. 45–47; Skl, »Indopazifischer Raum (Vortrag vor Ob. d. M. am 2. März 1943)«, ebenda, Bl. 62–70; KTB Skl A, Bd. 42, 8. Februar 1943, RM 7/45, Bl. 126; Theo Michaux, »Rohstoffe aus Ostasien. Die Fahrten der Blockadebrecher«, in: *Wehrwissenschaftliche Rundschau* 5 (1955), S. 497 f.; ST.S., Nr. 82 vom 5. Februar 1943, AA, St.S, »Japan«, Bd. 11, MF 17 135–36. Zur Versenkung eines der beiden an die Japaner übergebenen U-Boote (RO 501, ehem. U-1224) am 13. Mai 1944 während der Fahrt nach Japan siehe William T. Y'Blood, *Hunter-Killer. U. S. Escort Carriers in the Battle of the Atlantic,* Naval Institute Press, Annapolis, Md. 1983, S. 215 f.

74 U. S. War Dept., G-2, »Magic« Far Eastern Summary, Naval Section, Nr. 304, 1. Januar 1945, NA, RG 457, SRS 287.

75 Siehe Boyd, »Japanese Submarine Force«, S. 31 f.; USSBS, *The War against Japanese Transportation, 1941–1945,* GPO, Washington 1947, S. 63.

76 KTB Skl A, Bd. 45, 23. Mai 1943, BA-MA, RM 7/48, Bl. 399; Skl, »Niederschrift über die Besprechung mit Vizeadmiral Abe beim Chef des Stabes der Seekriegsleitung am 25. Mai 17.00 Uhr«, 31. Mai 1943, RM 7/254, Bl. 127–131; Tokio an Berlin Nr. 476 vom 5. Juli 1943, NA, RG 457, SRDJ 39 872; Oshima an Tokio Nr. 731 vom 6. Juli 1943, SRDJ 39 930–33.

77 Oshimas Bericht Nr. 1138 vom 24. September über ein Gespräch mit Dönitz am 22. September, NA, RG 457, SRDJ 43 444–46; Hinsley, *British Intelligence,* Bd. 3/1, S. 220–222.

78 Michaux, »Rohstoffe aus Ostasien«, S. 503–506; NA, RG 457, RG 232; Tokio an Berlin Skl Nr. 67 vom 1. Juni 1943, SRGL 720; Hinsley, Bd. 3/1, S. 218; Beesly, *Very Special Intelligence,* S. 197–199; Morison, *US Naval Operations,* Bd. 10, S. 303 f.; Marder, *Old Friends, New Enemies,* Bd. 2, S. 206–215, 250 ff. Ein einleitender Überblick in: Allison W. Saville, »German Submarines in the Far East«, in: *US Naval Institute Proceedings* 87, Nr. 8 (August 1961), S. 80–92. Hans Joachim Brenneckes Buch *Haie im Paradies. Der deutsche U-Boot-Krieg in Asiens Gewässern,* 2. Aufl., Koehler, Herford 1967, ist der Form nach zwar fiktional, doch die darin abgedruckten Dokumente enthalten einige interessante Einzelheiten.

79 Hinsley, Bd. 3/1, S. 229–231.

80 Pacific Strategic Intelligence Section, »Japanese Reaction to German Defeat«, 21. Mai 1945, NA, RG 457, SRH-075, S. 5–7; U. S. War Dept., G-2, »Magic Far Eastern Summary«, Nr. 432, Naval Section, 9. Mai 1945, SRS 412.

81 Siehe NA, RG 457, SRGL 1188 f.; Chief of Naval Operations, ONI Attaché Reports 1940–46, F-6-e 24309-H, NA, RG 38; National Archives, »Records Relating to U-Boat Warfare 1939–45«, S. 62. Zur Wiederbelebung der französischen Marine für die Teilnahme an der Atlantikschlacht und anderen Operationen siehe Marcel Vigneras, *Rearming the French,* GPO, Washington 1957, Kap. 22.

82 Zu dieser Frage siehe die abgehörten ein-

schlägigen japanischen Meldungen vom 7. September bis 21. Dezember 1944, in: NA, RG 457, SRNA 2350f., 2602–2604, 3553f., 3597f.; »Magic« Far Eastern Summaries Nr. 195 vom 1. Oktober 1944 und Nr. 279 vom 24. Dezember 1944.

83 Diese Episode kann anhand der abgefangenen japanischen und deutschen Telegramme vom 15. Februar bis 16. Mai 1945 verfolgt werden: NA, RG 457, SRNA 4135–4137, 4216f., 4653–4656, 4737–4742, 4751f., 4755–4757, 4760–4162, 4778, 4796f., 4807f., 4840, 4907; SRDJ 98 570; SRGL 2843, 2847.

84 Wagner, *Lagevorträge*, S. 420–425; Heinrich Waas, »Eine Besprechung über den U-Boot-Krieg bei Hitler in der Reichskanzlei im Herbst 1942 und ihre Bedeutung für den Kriegsverlauf«, in: *Geschichte in Wissenschaft und Unterricht* 38 (1987), S. 684–695.

85 Zur Konferenz vom 5. Juni siehe Wagner, S. 507–511. Dönitz hatte Hitler am 14. Mai auf die schlechten Nachrichten vorbereitet, als er für die Invasion in Spanien plädierte (die Hitler als nicht mehr möglich ablehnte), um sowohl im U-Boot-Krieg als auch in den nordafrikanischen Feldzügen die Initiative zurückzugewinnen (ebenda, S. 504f.).

86 Salewski, *Seekriegsleitung* Bd. 3, S. 357–363. Die geringen Anstrengungen der Luftwaffe werden erörtert in: Ebenda, Bd. 2, S. 498–500. Obwohl Dönitz dies nicht erwähnte, hat sicher auch der Verlust von Wetterschiffen und -stationen der deutschen Marine eine wichtige Rolle gespielt (Kahn, *Seizing Enigma*, Kap. 12 u. 14).

87 Zur Kriegsführung im Golf von Biskaya siehe Morison, *US Naval Operations*, Bd. 10, S. 89–92; Hinsley, *British Intelligence*, Bd. 3/1, S. 214–217.

88 Zum akustischen Torpedo siehe Hinsley, Bd. 3/1, S. 222f. In der Frage, ob das Konstruktionsgeheimnis mit den Japanern geteilt werden sollte, gab es längere Auseinandersetzungen, bis man sich schließlich dazu entschloß; einschlägige Dokumente in NA, RG 457, SRGL 1032, 1098, SRA 11 190; War Dept. G-2, »Magic« Far Eastern Summary Nr. 183 vom 19. September 1944, Nr. 337, Naval Section, Nr. 347 vom 2. März 1945; vom 3. Februar 1945; KTB Skl A, Bd. 53, 15. Januar 1944, BA-MA, RM 7/56, Bl. 261. Ein weiterer Bestandteil der deutschen Herbstoffensive von 1943 war die Errichtung einer kleinen

automatischen Wetter-Funkstation in Kanada, siehe Alec Douglas, »The Nazi Weather Station in Labrador«, in: *Canadian Geographia* 101 (Dezember 1981/Januar 1982), S. 42–47.

89 Zur Gleitbombe FX 1400 und zur Rakete HS 293 siehe Wagner, *Lagevorträge*, S. 511; Hinsley, Bd. 3/1, S. 47, 337–342.

90 »Ansprache an Oberbefehlshaber 8. 6. 43«, BA-MA, RM 7/97, Bl. 518–521.

91 Waas, »Eine Besprechung über den U-Boot-Krieg«; Hinsley, Bd. 3/1, S. 239, 244f., Anhang 11; Salewski, *Seekriegsleitung*, Bd. 2, S. 503–528. Zu beachten ist, daß das COMINCH am 1. Mai 1945 die Warnung ausgab, die neuen U-Boote vom Typ XXI könnten im Mai im Nordatlantik erscheinen; siehe NA, RG 457, SRMN 30, S. 118. Siehe auch Douglas, *Creation of a National Air Force*, S. 600ff.

92 Waas, S. 692, schätzt, daß der Stahlbedarf für ein U-Boot dem von 30 Panzern entsprach. Nach dieser Rechnung »kosteten« die 170 U-Boote des Typs XXI die Deutschen 5100 Panzer.

93 Hinsley, Bd. 3/1, S. 239f.

94 Ebenda, S. 46–51, Anhang 11; Op-20-G, »Technical Intelligence from Allied C[ommunications] I[ntelligence]«, Bd. 4 von »Battle of the Atlantic«, NA, RG 457, SRH-025, S. 1467ff.; Japanischer Marineattaché Berlin Nr. N Serial 233 vom 26. Mai und N Serial 235 vom 28. Mai 1944, SRNA 1450–54. Die alliierte Aufklärung zog besonderen Nutzen aus einem Bericht über die Inspektion eines U-Boots vom Typ XXI am 29. August 1944 in Danzig; Japanischer Marineattaché Berlin Nr. 420 vom 12. September und 423 vom 13. September 1944, SRNA 2414–2417, 2420–2422; siehe Beesly, *Very Special Intelligence*, S. 254.

95 Hinsley, Bd. 3/1, S. 312ff.

96 Siehe Beesly, S. 246f.; Morison, *US Naval Operations*, Bd. 10, S. 317–319, 327. Im Sommer 1944 gab Hitler auch sein Vorhaben von 1942 auf, Flugzeuge durch U-Boote auftanken zu lassen, um New York bombardieren zu können; vgl. KTB Skl A, Bd. 35, 16. Juli 1942, BA-MA, RM 7/38, Bl. 310f.; »Persönliches Kriegstagebuch des Generals der Flieger [Werner] Kreipe als Chef des Generalstabes der Luftwaffe für die Zeit vom 22.7.-2.11.1944«, Eintrag vom 21. August 1944, Center for Military History, P-069.

97 Jacobsen und Dollinger, *Zweite Weltkrieg,* Bd. 3, S. 154; Salewski, *Seekriegsleitung,* Bd. 2, S. 501–503, 506; Morison, Bd. 10, Kapitel 9–12.

98 Siehe den interessanten Bericht zur Moral der Truppe im Dezember 1943, der von einem in diesem Monat gefangengenommenen U-Boot-Kommandeur verfaßt wurde; CNO, Op-16-z, Spot Item Nr. 286, in FDLR, Map Room, Box 167, Naval Aide, Germany; sowie die Bemerkungen in Gottfried Hoch, »Zur Problematik der Menschenführung im Kriege. Eine Untersuchung zur Einsatzbereitschaft der deutschen U-Boot-Besatzungen ab 1943«, in: Vito Houselle und andere, Hg., *Die Deutsche Marine,* Mittler, Herford 1983, S. 199.

99 Morison, Bd. 1, S. 290f., macht sich über diese Projekte lustig. Dramatischer und erfolgreicher war die Erbeutung von U-505 am 31. Mai 1944 mit Codebüchern und Verschlüsselungsmaschinen (Kahn, *Codebreakers,* S. 504–506); es ist inzwischen im Chicago Museum of Science and Industry ausgestellt.

100 Zu diesem Projekt siehe die Zusammenfassung in Bernard Fergusson, *The Watery Maze: The Story of Combined Operations,* Holt, Rinehart & Winston, New York 1961, S. 145f., 287, 289, 298f.; Dokumente in PRO, CAB 120/840, AIR 20/4546, PREM 3/216/2–6; FDRL, Map Room Box 162, Naval Aide, Habbakuk [entspricht der damaligen, falschen Schreibweise]; Arthur Bryant, *The Turn of the Tide,* Doubleday, Garden City, N. Y. 1957, S. 569f., 583f.

101 Sehr nützlich ist hier Y'Blood, *Hunter-Killer.*

102 John J. McDonald, *Howard Hughes and the Spruce Goose,* Tab Books, Blue Ridge Summit, Penn. 1981; Charles Barton, *Howard Hughes and his Flying Boat,* Aero Publishers, Fallbrook, Calif. 1982.

103 Charles P. Stacey, *Canada and the Age of Conflict, Vol. 2: 1921–1948, The Mackenzie King Era,* Univ. of Toronto Press, Toronto 1981, S. 230f., 325.

104 Morison, *US Naval Operations,* Bd. 1, S. 198.

105 Roosevelt an Secretary of the Navy, 9. Februar 1942 und 22. Februar 1943, FDRL, PSF Box 11, CF Navy 1940–42 und CF Navy 1943. Einige schwarze Seeleute wurden im März 1944 Offiziere; ein Überblick findet sich im Nachruf auf einen dieser Männer in der *New York Times* vom 11. Januar 1992.

106 Morison, Bd. 1, Kap. 8; Roskill, *War at Sea,* Bd. 2, S. 61f., 75.

107 Charles A. Jellison, *Besieged. The World War II Ordeal of Malta, 1940–42,* Univ. of New England Press, Hanover, N. H. 1984; Kreis, *Air Base Defense,* S. 113–135. Als die Londoner Regierung im April 1942 Anzeichen erkannte oder zu erkennen glaubte, daß der Gouverneur der Insel, Lt. Gen. Sir William Dobbie, zu kapitulieren beabsichtigen oder jedenfalls unter dem Druck zusammenbrechen könnte, wurde er durch Feldmarschall Gort ersetzt. Mag Gort als Kommandeur der BEF (britische Expeditionsarmee) 1940 seine Mängel gehabt haben, so hatte doch nie jemand Zweifel an seiner Standfestigkeit als Festungskommandant, und in Gibraltar wurde er eindeutig nicht mehr benötigt (Jellison, S. 212–214; Bryant, *Turn of the Tide,* S. 305f.).

108 Santoni, *Ultra siegt im Mittelmeer,* passim.

109 Hinsley, *British Intelligence,* Bd. 3/1, S. 87; *ADAP,* E, Bd. 4, Nr. 80, 85; »Stand der Heizöllage der deutschen und italienischen Kriegsmarine Anfang April 1942«, BA-MA, RM 6/76, Bl. 78–81; Deutscher Marineattaché Rom, »Italienische Urteile zu Admiralstabsbesprechungen in Garmisch«, 23. Januar 1942, BA-MA, PG 45923, CASE 19/3.

110 Dies wird besonders deutlich anhand der Karte in: Chi'i, *Nationalist China,* S. 75.

111 Siehe JP(44) 54 (Final), War Cabinet Joint Planning Staff, »Appreciation on Move of Japanese Fleet«, 24. Februar 1944, PRO, AIR 8/1277.

112 USSBS, *Transportation,* S. 1.

113 Ebenda, S. 2.

114 Ebenda, S. 54.

115 Die brauchbarste Tabelle findet sich ebenda, S. 47. Zu vermerken ist, daß einige Schiffe von britischen und holländischen U-Booten und australischen, britischen und russischen Flugzeugen versenkt wurden und natürlich auch durch Unglücke verlorengingen.

116 Joint Army-Navy Assessment Committee, *Japanese Naval and Merchant Shipping Losses during World War II by All Causes,* GPO, Washington 1947, S. vii-viii.

117 Zur Versenkung der *Shinano* am 29. November 1944 siehe Captain Joseph F. Enright mit James F. Ryan, *Shinano! The Sinking of Japan's*

Supership, St. Martin's, New York 1987; zur Versenkung der *Ashigara* am 8. Juni 1945 siehe Alistair Mars, *British Submarines at War, 1939–1945,* Naval Institute Press, Annapolis, Md. 1971, S. 227 ff.

118   Siehe Boyd, »Japanese Submarine Force«, S. 33.

119   Kahn, *Codebreakers,* S. 579–585 zu den Japanern und S. 586–594 zu den Amerikanern. Wie Drea in *MacArthur's Ultra* wiederholt zeigt, war die Entschlüsselung des für Frachtschiffe geltenden Codes für die Alliierten von beträchtlichem Nutzen.

120   Es gibt bisher keine Geschichte der amerikanischen Blockademaßnahmen, daher bietet der 2. Band der offiziellen britischen Geschichte, William N. Medlicott, *The Economic Blockade,* die einzige allgemeine Darstellung für beide Länder.

121   Ebenda, S. 165–169, 435–445.

122   Ebenda, S. 433–435, 669–672.

123   Wittmann, *Schwedens Wirtschaftsbeziehungen,* S. 263–273, 278 f.

124   Siehe die Dokumente der deutschen Marine aus dem Jahr 1943, in denen sich detaillierte Überlegungen zu den Nachteilen eines Krieges mit Schweden finden: BA-MA, RM 7/162, Bl. 120–132.

125   Eine halboffizielle Apologie ist Wilhelm M. Carlgren, *Swedish Foreign Policy during the Second World War,* St. Martin's, New York 1977. Die Untersuchung von Klaus Wittmann über die wirtschaftlichen Beziehungen Schwedens zu Deutschland ist von einer stark pro-schwedischen und anti-alliierten Einstellung geprägt, doch das darin vorgelegte Material stützt meine Interpretation in vollem Umfang.

126   Wittmann, S. 361–369; Oshimas Bericht Nr. 940 vom 16. August 1943, NA, RG 457, SRDJ 42045 f.

127   Wittmann, S. 354–360.

128   Ebenda, S. 372 f. Wittmann selbst teilt diese Ansicht allerdings nicht.

129   Ebenda, S. 380 f.

130   Ebenda, S. 377.

131   Ebenda, S. 348–390.

132   Statistiken zu den schwedischen Exporten nach Deutschland in: ebenda, S. 243, 248, 359; Medlicott, *Economic Blockade,* Bd. 2, S. 665 f.

133   *ADAP,* E, Bd. 2, Nr. 245, 278; Bd. 3, Nr. 11; Klaus-Jörg Ruhl, *Spanien im Zweiten Weltkrieg. Franco, die Falange und das »Dritte Reich«,* Hoffmann & Campe, Hamburg 1975, S. 157–165; Memorandum von Weizsäcker, »St. S. Nr. 199«, 26. März 1943, AA, St. S., »Aufzeichnungen über Diplomatenbesuche«, Bd. 13, MF 290549–51.

134   Obwohl in mancher Hinsicht veraltet, bleibt weiterhin wichtig Herbert Feis, *The Spanish Story: Franco and the Nations at War,* Knopf, New York 1948; siehe besonders Kap. 24–26.

135   Ruhl, *Spanien,* S. 233–242; Oshimas Bericht Nr. 427 vom 7. Mai 1944, NA, RG 457, SRDJ 57894–95; Donovan an Roosevelt, 24. Juli 1944, FDRL, PSF Box 168, OSS Reports 15.–29. Juli 1944.

136   Einige Statistiken finden sich in Medlicott, *Economic Blockade,* Bd. 2, S. 667. In Kap. 10 und 19 werden die Verhandlungen und Aktivitäten im einzelnen dargestellt. Auch der Schmuggel aus Südamerika wurde offenbar weitgehend über spanische Schiffe abgewickelt.

137   Ebenda, Kap. 11 und 20. Die Statistiken auf S. 668 beziehen sich auch auf den Schiffstransit von Sisal (zur Herstellung von Seilen) aus dem portugiesischen Kolonialreich. Die Besorgnis der Deutschen um die Wolframimporte ist in ihren diplomatischen Dokumenten ausführlich belegt; weiterhin findet sich ausgiebiges Material zur Befürchtung der Deutschen, daß die Besetzung von Portugiesisch-Timor durch die Japaner und deren Weigerung, die dortige Verwaltung ungehindert arbeiten zu lassen, die Regierung in Lissabon dazu veranlassen könnte, die Wolframlieferungen einzustellen. Beispiele für abgefangene japanische Dokumente in NA, RG 457, SRDJ 26652–54, 47636 f., 47762 f., 47917 f. Siehe auch OKM, »Niederschrift über die Besprechung zwischen dem kaiserlichen japanischen Vizeadmiral Abe und dem Chef des Stabes der Seekriegsleitung Vizeadmiral Meisel am 21.12. 1943«, 24. Dezember 1943, BA-MA, RM 7/254, Bl. 208 f.; KTB Skl A, Bd. 53, 19. Januar 1944, RM 7/56, Bl. 332 f.

138   Diese Problematik kann näher verfolgt werden in Medlicott, *Economic Blockade,* Bd. 2, Kap. 7 und 17. Was die anderen Neutralen betrifft, sind zahlreiche Dokumente in den einschlägigen *ADAP-* und *FRUS*-Bänden veröffentlicht.

139   Siehe Önder, *Türkische Außenpolitik,* S. 190 f., zur ablehnenden britischen Reaktion

auf die Bemühungen der Türkei, Aleppo aus dem französischen Mandatsgebiet in Syrien zu annektieren. Deringil (*Turkish Foreign Policy*) schweigt sich in der Frage türkischer Gebietsansprüche diskret aus.

140 Zum Erzlieferungsabkommen mit der Türkei am 9. Oktober 1941 siehe Önder, S. 130 f., 154 f.

141 Die britischen Verhandlungsprotokolle sind ebenda, S. 274–296, veröffentlicht; eine Gesamtdarstellung von Churchills Besuch bietet Gilbert, *Churchill*, Bd. 7, S. 316–325.

142 Hinsley, *British Intelligence*, Bd. 3/2, Anm. 43 vertritt hier eine sehr gnädige Sichtweise. Kahn, *Codebreakers*, S. 451 f., weist zu Recht darauf hin, daß für die meisten wichtigen britischen Depeschen Einmalschlüssel verwendet wurden, so daß der Vergleich eines entschlüsselten Textes mit einem codierten Text keine Hinweise für andere verschlüsselte Mitteilungen liefern konnte – der große Vorteil des Einmalschlüssels. Ungelöst bleibt allerdings die Frage, ob andere Codes entwertet wurden. Die »Cicero«-Affäre wird in Kap. 10 dargestellt.

143 Für eine Gesamtdarstellung siehe Medlicott, *Economic Blockade*, Bd. 2, Kap. 8 und 18; Statistiken auf S. 666. Siehe auch Önder, *Türkische Außenpolitik*, S. 212, 227 f., 232–237.

144 Michaux, »Rohstoffe aus Ostasien«, S. 486.

145 Salewski, *Seekriegsleitung*, Bd. 2, S. 349; Hinsley, *British Intelligence*, Bd. 2, S. 190 f.; Beesly, *Very Special Intelligence*, S. 231; Medlicott, Bd. 2, S. 170–172; NA, RG 457, SRDJ 114 015–180, passim; Earl of Selborne (Minister für ökonomische Kriegsführung) an First Lord of the Admiralty, 18. März 1942 ff., PRO, AIR 19/343.

146 Salewski, Bd. 2, S. 350–355; Roskill, *War at Sea*, Bd. 2, S. 182–184; Medlicott, Bd. 2, S. 446–448; Dokumente in PRO, AIR 8/1746 und PREM 3/74/3; Admiralität an COMINCH, 25. Juni 1942, NA, RG 457, SRMN 35, S. 1 f.; Oshima an Tokio, Nr. 822 vom 27. Juni 1942, SRDJ 2444 f., Tokio an Berlin Nr. 717 vom 26. September und Nr. 744 vom 9. Oktober 1942, SRDJ 26 694, 27 012–15.

147 Salewski, Bd. 2, S. 352–354; Hinsley, Bd. 2, S. 540–547; *ADAP*, E, Bd. 5, Nr. 258; Michaux, S. 494–497; Beesly, S. 231 f.; Roskill, *War at Sea*, Bd. 2, S. 273–276; Oshima an Tokio

Nr. 103, 105 und 106 vom 23. Januar 1943, NA, RG 457, SRDJ 30741–43 und Nr. 194 vom 13. Februar 1943, SRDJ 31 543 f.; japanischer Militärattaché Berlin an Tokio, Nr. 439 vom 29. Juli 1943, SRA 03 655 f.

148 Salewski, Bd. 2, S. 355–357; Beesly, S. 232 f.; Medlicott, *Economic Blockade*, Bd. 2, S. 448–452; Morison, *US Naval Operations*, Bd. 10, S. 226–228; Lewin, *American Magic*, Kap. 9; Hinsley, Bd. 3/1, S. 247–252; Roskill, Bd. 2, S. 408–411; Wagner, *Lagevorträge*, S. 570; Michaux, S. 499–503; abgefangene japanische Dokumente in NA, RG 457, SRDJ 43 045, 43 765, 45 497–99, 45 622; SRA 01 238, 01278; SRNA 603–606.

149 Salewski, Bd. 2, S. 357–359; KTB Skl A, Bd. 53, 6. Januar 1944, BA-MA, RM 7/56, Bl. 87 f. Dies heißt natürlich nicht, daß keine großen Mengen verlorengingen; siehe den Hinweis auf den 100 Kilo schweren Packen vulkanisierten Kautschuks, der in der Nähe der amerikanischen HF/DF-Station auf Jan Mayen Island, die deutsche Wetterstationen auf Grönland lokalisieren sollte, angeschwemmt wurde: »U. S. Naval Supplementary Radio Station on Jan Mayen Island, November 1943 – Dezember 1945«, NA, RG 457, SRH 299, S. 12.

150 Salewski, Bd. 2, S. 353 ff.; Michaux, S. 498; Martin Brice, *Axis Blockade Runners of World War II*, Naval Institute Press, Annapolis, Md. 1981, S. 129–134; Berlin an Tokio, Nr. 38 vom 15. April 1943 und Nr. 152 vom 25. Mai 1943, NA, RG 457, SRDJ 39 059, 37 063; OKW, HKW (Groß) Bericht an Keitel, 5. Juni 1943, BA-MA, RM 7/224.

151 Salewski, Bd. 2, S. 359.

152 Abgefangene japanische Dokumente hierzu in NA, RG 457, SRDJ 50 472–74A, 56 497 f., 68 946 f., 83 729–30, 93 871; »Magic« Far East Summaries 152, 156, 224, 273, SRA 12 782. Deutscher Marineattaché Tokio an Berlin Nr. E 2470 vom 5. Oktober 1944 mit detaillierter Verladeliste zeigt sehr gut, welche Frachten verschifft wurden: SRGL 1598 (siehe auch SRGL 1571). Weitere Informationen in SRNA 603–606, SMMN 33, S. 4290–4292.

153 *Kido Diary*, S. 364, 375; U. S. Army Center for Military History, Shuster file, Befragung von Bohle durch Oron J. Hale, 26.–27. Juli 1945.

154 Japanischer Marineattaché Berlin an Tokio Nr. 848 vom 30. Dezember 1944 und Nr. 131

vom 4. April 1945, NA, RG 457, SRNA 3697f., 4593f.; »Magic« Far East Summary Nr. 156, 23. August 1943, NA, RG 457, SRS 156.

155 Chefinspekteur in Deutschland an Tokio Nr. 165 und 176 vom 15. April 1945, NA, RG 457, SRNA 4707–4710, 4692–4796; »Magic« Far East Summaries Nr. 347, 354, 403.

156 Dönitz' sehr interessantes Vorhaben, zu dem eine ernstzunehmende Studie noch aussteht, kann verfolgt werden anhand der von den Amerikanern abgehörten deutschen und japanischen Mitteilungen vom 25. November 1944 bis zum 19. März 1945. Die deutschen Mitteilungen befinden sich in NA, RG 457, SRGL 1794–1796, 1982, 1996, 2194, 2221–2223, 2288f., 2472, 2494; die japanischen Mitteilungen ebenda, SRNA 3520–3523, 3742–3744, 3799f., 4423f. Die Deutschen wollten auch Pläne und genaue Informationen über Geschütze und Munition der japanischen Überwasserschiffe, darunter die 40-cm-Geschütze (siehe die Mitteilung des japanischen Marineattachés vom 29. Januar 1945, zitiert in: »Magic« Far East Summary Nr. 337, 3. Februar 1945, S. 3).

157 Der abgelöste deutsche Luftwaffenattaché Leutnant Wolfgang von Gronau kehrte daraufhin mit dem U-Boot nach Deutschland zurück. Als Kessler im Mai gefangengenommen wurde, nahmen sich die beiden japanischen Offiziere auf dem U-Boot das Leben. Von den Amerikanern abgefangene japanische Dokumente darüber finden sich in: NA, RG 457, SRNA 3607f., 4871f., 4875, 4908–4910, SRDJ 88665. Eine deutsche Mitteilung vom 14. April 1945 befindet sich in: SRH 075, S. 3. Siehe auch COMINCH an CINCPAC und Kommandeur der 7. Flotte, Nr. 162034 vom 16. Mai 1945 in SRMN 33, S. 4450; Morison, US Naval Operations, Bd. 10, S. 360.

158 Von den Amerikanern abgefangene japanische Dokumente für die Zeit von Januar 1943 bis April 1945 finden sich in: NA, RG 457, SRDJ 31342–44, 32785, 33942, 34350, 36954, 37957, 38946–49, 40323f., 66833, 85409–11, 87373f.; SRNA 2086f., 2458f., 2812f., 3792–95, 3796, 4667–4671; SRA 00235f., 15627, »Magic« Summary Japanese Army Supplement, Nr. 77 (SRS 77), »Magic« Far East Summary Nr. 201 (SRS 201). Deutsche Dokumente in: ADAP, E, Bd. 5, Nr. 180 und in AA, St. S., »Japan«, Bd. 11. Es gibt Hinweise darauf,

daß ein japanisches Flugzeug im Mai 1943 von Singapur nach Europa startete und während des Fluges verschwand (Tokio an Berlin Nr. 272 vom 16. Mai 1943, SRDJ 38950f.; japanischer Militärattaché Berlin an Madrid, Nr. 351 vom 9. Juli 1943, SRA 01169).

159 Zu britischen und amerikanischen Befürchtungen in dieser Frage siehe W 1137, 3033/1137/804, PRO, FO 371/42507; War Dept., G-2 Estimate of the Enemy Situation, Japanese empire and Manchuria, 12. April 1944, NA, RG 165, Entry 77, Box 2364, File 6000-Japan. Die Westmächte waren vor allem besorgt über den möglichen Versand von Plänen; die Sowjets weigerten sich zu kooperieren, solange keine klaren Beweise für den Mißbrauch der Diplomatentaschen vorgelegt werden konnten – die natürlich in den Taschen waren.

160 Siehe Salewski, Seekriegsleitung, Bd. 2, S. 359; Roskill, War at Sea, Bd. 2, S. 482–484.

161 Einige Informationen dazu in Nikolaj Alexejewitsch Piterskij, Hg., Die Sowjet-Flotte im Zweiten Weltkrieg, übers. von Erich F. Pruck, hg. von Jürgen Rohwer, Stalling, München 1966, bes. Kap. 3. Siehe auch Friedrich Ruge, The Soviets as Naval Opponents, 1941–1945, Naval Institute Press, Annapolis, Md. 1979; Jürg Meister, Soviet Warships of the Second World War, Arco, New York 1977.

162 Siehe Beaumont, Comrades in Arms, S. 116–125, 131–137, 140–142, 161–163.

163 Ebenda, S. 164f.

164 Morison, US Naval Operations, Bd. 1, S. 159.

165 Herring, Aid to Russia, S. 72f., 97, 115f.; detaillierte Statistiken in: Motter, Persian Corridor, S. 481ff.

166 ADAP, E, Bd. 5, Nr. 104 und Anm. 3, 356; Bd. 6, Nr. 68; Tokio an Berlin, Nr. 1744 vom 4. Juni und Nr. 1873 vom 17. Juni 1944, AA, St. S., »Japan«, Bd. 12; »Magic« Far East Summary Nr. 267, 12. Dezember 1944, NA, RGS, SRS 267; Deutscher Marineattaché Tokio an Berlin Nr. 178 vom 21. November 1944, SRGL 1905; sowie abgefangene japanische Dokumente in SRDJ 34675f., 37898–900, 39622f., 39801, 65346–51.

167 Sato, Molotow zitierend in seinem Telegramm Nr. 57 vom 10. Juli 1943, NA, RG 457, SRDJ 40394. Als ein sowjetisches Schiff im Sommer 1944 durch ein U-Boot versenkt wurde, be-

harrten die Japaner gegenüber den Russen darauf, daß es sich (ihrer »Funkaufklärung« zufolge) um ein amerikanisches U-Boot gehandelt habe. Die Angelegenheit wurde rasch unter den Teppich gekehrt, während die Amerikaner eine Untersuchung in die Wege leiteten, um sicherzustellen, daß die Japaner ihr Wissen durch Ortungsgeräte und nicht durch Code-Entschlüsselung gewonnen hatten (Tokio an Moskau Nr. 868 vom 11. Juli 1944, SRDJ 64401 f.; Moskau an Tokio, Nr. 1480 vom 21. Juli 1944, SRDJ 65425–29).

168 Die Amerikaner verfolgten diese Auseinandersetzung, indem sie die Depeschen zwischen Tokio und der japanischen Botschaft in Kujbyschew (später in Moskau) lasen. Diese Dokumente aus der Zeit vom 26. Mai bis zum 13. August 1943 (und ein letztes vom 24. Juli 1944) befinden sich in: NA, RG 457, SRDJ 38480, 36987, 37115 f., 37136, 37726–32, 37733 f., 37739 f., 38060, 38095–113, 38170 f., 38182–84, 38455–57, 38364–68, 38458, 38526, 38572, 38610–12, 38630 f., 38756–63, 40265 f., 40325–27, 41274 f., 41276–80, 42081 f., 65643–46.

169 Sally van Wegener Keil, *Those Wonderful Women in their Flying Machines*, Rawson, Wade, New York 1979.

170 Memorandum für Roosevelt, Anfang Mai 1942, FDRL, PSF Box 68, Russia 1942–43.

171 *FRUS*, 1942, Bd. 2, S. 702.

172 Lukas, *Eagles East*, S. 166 f.; Herring, *Aid to Russia*, S. 70, 72; C. P. Stacey, *Arms, Men and Governments. The War Policies of Canada, 1939 –1945*, Queen's Printer, Ottawa 1970, S. 379–382. Die Papiere von General Follet Bradley, der amerikanischen Schlüsselfigur in dieser Sache, befinden sich in der U. S. Air Force Academy Library unter M. S. 1.

173 Zum Alaska-Highway und seiner Rolle siehe Stacey, *Canada and the Age of Conflict*, S. 155, 361 f.; Stacey, *Arms, Men and Governments*, S. 348, 382 f.; Joseph Bykofsky und Harold Larson, *The Transportation Corps. Operating Overseas*, GPO, Washington 1957, S. 57–64; Phillys Lee Brebner, *The Alaska Highway. A Personal and Historical Account of the Building of the Alaska Highway*, Boston Mills Press, Erin, Ont. 1985. Es gibt eine zweibändige offizielle Darstellung durch die U. S. Army Service Force, *The Alaska Highway*, Washington 1945, auf Mi-

krofilm übertragen von der Library of Congress (Nr. 51360).

174 Ziemke, *Moscow to Stalingrad*, Kap. 6; Erickson, *Road to Stalingrad*, S. 289–291, 329 f.

8
Der Krieg in Europa und Nordafrika: Stalingrad und Tunis

1 Ziemke, *Moscow to Stalingrad*, S. 283–286, 327 f.

2 Ebenda, S. 301, 303; *KTB Halder*, Bd. 3, S. 436, Eintrag vom 5. Mai 1942. Nach dem Krieg gab Halder vor, er habe sich gegen die Offensive von 1942 gewandt; tatsächlich kam weder von ihm noch von anderer Seite in der deutschen Militärführung Widerstand (*DRuZW*, Bd. 6, S. 774).

3 Ziemke, *Moscow to Stalingrad*, Kap. 14; *DRuZW*, Bd. 6, S. 788 ff.

4 Zu den relevanten Abschnitten der Lagebeurteilung siehe Ziemke, *Moscow to Stalingrad*, S. 302 f.

5 Ebenda, S. 307 f., 328–330.

6 Ebenda, S. 269–282; Erickson, *Road to Stalingrad*, S. 344–347; *DRuZW*, Bd. 6, S. 852–864.

7 Erickson, *Road to Stalingrad*, S. 347–350; Ziemke, *Moscow to Stalingrad*, S. 261–269; David M. Glantz, *Soviet Military Deception in the Second World War*, Cass, London 1989, S. 182 –188; *DRuZW*, Bd. 6, S. 841–845. Die Deutschen machten über 150000 Gefangene.

8 Eine gute Darstellung der Riesenkanone gibt Charles B. Burdick, »DORA: The Germans' Biggest Gun«, in: *Military Review* 11 (1961), S. 72–75.

9 Ziemke, *Moscow to Stalingrad*, S. 309–321; Erickson, *Road to Stalingrad*, S. 350–352; *DRuZW*, Bd. 6, S. 845–852; Alfred Philippi und Ferdinand Heim, *Der Feldzug gegen Sowjetrußland 1941–1945*, Kohlhammer, Stuttgart 1962, S. 124, beziffern die Zahl der deutschen Verluste auf 24000 Mann. Die offizielle sowjetische Darstellung, *Istoriya Vtoroi Mirovoi Voyny* (12 Bde., Voyennoye Izdateltsvo, Moskau 1973–82), nennt die Zahl von 150000: Bd. 5, S. 137.

10 Philippi und Heim, S. 129; *DRuZW*, Bd. 6, S. 816 ff.

11 Siehe den Bericht von Oberst von Geldern-Crispendorf in seinen Papieren in BA-MA, N

185/1, Bl. 785. Ziemke, S. 351, nennt den 14. Juli, Hillgruber (*KTB OKW*, Bd. 2, Teil 1, S. 58) den 16. Juli als Tag von Hitlers Umzug. Die jüngste Darstellung der Entlassung des Feldmarschalls von Bock findet sich in *DRuZW*, Bd. 6, S. 875 f. Sie zeigt, daß Halder und das gesamte Oberkommando der Wehrmacht mit Hitler übereinstimmten.

12 Der Text der Weisung vom 23. Juli 1942 findet sich in: Hubatsch, *Hitlers Weisungen*, S. 196 –200; die Weisung für die Hauptoperation, Nr. 41 vom 5. April 1942, ebenda S. 183–188. Gute Darstellungen der Kämpfe in: Ziemke, *Moscow to Stalingrad*, S. 321–357; Erickson, *Road to Stalingrad*, S. 353–363; *DRuZW*, Bd. 6, S. 868 ff. (mit besonderer Betonung der hoffnungslos unzulänglichen logistischen Vorbereitung und Versorgung der 6. Armee).

13 Die Befehle im einzelnen sind enthalten in der Weisung Nr. 45, zitiert in: Hubatsch, *Hitlers Weisungen*. (Siehe auch *KTB OKW*, Bd. 2, Teil 1, S. 60 ff.) Hitlers Entscheidung vom 10. Juli, die eroberten Gebiete des Kaukasus dem Reichsministerium für die besetzten Ostgebiete zu unterstellen und nicht der Verwaltung des deutschen Außenministeriums (*ADAP*, E, Bd. 3, Nr. 83), paßt in diesen Zusammenhang. Siehe auch Andreas Hillgruber, »>Nordlicht<-Die deutschen Pläne zur Eroberung Leningrads im Jahre 1942«, in: Andreas Hillgruber, Hg., *Deutsche Großmacht- und Weltpolitik im 19. und 20. Jahrhundert*, Droste, Düsseldorf 1977, S. 295–316.

14 Siehe das warnende Memorandum des amerikanischen Militärgeheimdienstes zu der Gefahr, die der deutsche Vorstoß in den Kaukasus für die Alliierten heraufbeschwor: War Department, Military Intelligence Service, »Military Potentialities in the Caucasus«, 17. September 1942, NA, RG 165, Entry 77, Box 3484, File U. S. S. R. 6910.

15 Ziemke, *Moscow to Stalingrad*, Kap. 18; Erickson, *Road to Stalingrad*, S. 376–381.

16 Önder, *Türkische Außenpolitik*, S. 142– 157; *ADAP*, E, Bd. 2, Nr. 33, Bd. 3, Nr. 284; Ankara an Tarabaya Nr. 92 vom 27. Juli 1941 und Rohde an Papen, 28. Juli 1944, AA, Botschaft Ankara, »Geheime Erlasse, Berichte«, Bd. 17, MF 488605 f.; deutsche Botschaft Türkei, »Die außenpolitische Stellung der Türkei«, 1. September 1942, ebenda, Bd. 18, MF 488676–83; Ziemke, *Moscow to Stalingrad*, S. 370.

17 Zum Projekt Velvet siehe die Dokumente

in PRO, AIR 8/1055–1058, AIR 19/557, AIR 20/2483 f., 3878–3880, CAB 120/291; FDRL, Map Room Box 170, A 16, Air Warfare U. S. S. R. Berichte in: Lukas, *Eagles East*, Kap. 10; Beaumont, *Comrades in Arms*, S. 125 f.

18 Geoffrey Jukes, *Hitler's Stalingrad Decisions*, Univ. of California Press, Berkeley, Calif. 1985, S. 38 ff.

19 Es handelte sich um die Division »Großdeutschland«, die schließlich jedoch an den Mittelabschnitt der Ostfront geschickt wurde (Ziemke, *Stalingrad to Berlin*, S. 357 f., 364 f., 375, 405 –407).

20 Siehe die neueste Darstellung in: Gilbert, *Churchill*, Bd. 7, Kap. 11. An die Japaner gelangten Informationen in dieser Sache in: Kujbyschew an Tokio, Nr. 843 vom 4. September 1942, NA, RG 457, SRDJ 26655.

21 Roger Beaumont, »The Bomber Offensive as a Second Front«, in: *JCH* 22 (1987), S. 10–12.

22 So drängte Churchill z. B. persönlich auf die Einführung des Nebelverbrennungssystems FIDO, das erstmals im Oktober 1941 eingesetzt wurde. Es sollte Flugzeuge schützen und häufigere Angriffe ermöglichen (Dokumente in: PRO, AIR 8/781).

23 Siehe zu diesem Thema Webster und Frankland, *Strategic Air Offensive*, Bd. 1, Kap. 5–6; Hastings, *Bomber Command*, S. 156–164. Zur Rede von Sir Stafford Cripps am 25. Februar 1942, die von manchen als Zeichen für Enttäuschung über die Bomberoffensive gewertet wurde, siehe auch Saward, »*Bomber*« *Harris*, S. 116 f., und die Dokumente in PRO, AIR 8/619.

24 Die Briten gewannen auch mehr Informationen über die deutsche Luftverteidigung; der Kommandoangriff auf St. Brunéval zur Ergreifung eines deutschen Radargeräts vom Typ »Würzburg« fand am 27/28. Februar 1942 statt (siehe Hinsley, *British Intelligence*, Bd. 2, S. 248 f.). Der erfolgreiche Angriff auf die Renault-Werke wurde am 9. März 1942 durchgeführt (Hastings, S. 172 f.).

25 Saward, »*Bomber*« *Harris*, S. 118–126, 132 f.; Hastings, S. 173–177.

26 Boog, *Luftwaffenführung*, S. 133.

27 Hastings, S. 149–154; Saward, S. 149 f.; Roger Beaumont, »Bomber Offensive«, S. 7–9. Eine Lord Cherwell freundlich gesinnte Darstellung liegt vor in der autorisierten Biographie: Earl of Birkenhead, *The Professor and the Prime*

Minister, Houghton Mifflin, Boston 1962, S. 258 –267.

28 Saward, S. 138–146; Hastings, S. 177–180; Webster und Frankland, Bd. 1, Kap. 7.

29 Boog, *Luftwaffenführung,* S. 524. Der erste japanische Bericht über die Bombenangriffe auf Deutschland war hanebüchen wirklichkeitsfern, im Gegensatz zu den späteren, normalerweise recht unverblümten Berichten. (Berlin an Tokio Nr. 710 vom 3. Juni 1942, NA, RG 457, SRDJ 23 755.)

30 Siehe Saward, S. 160–181; Portal an Brooke, 28. September 1942, PRO, AIR 8/878; Brooke Diary, 22. und 23. Oktober 1942, Alanbrooke Papers, Liddell Hart Centre.

31 Herring, *Aid to Russia,* S. 74 f., 84 f.; John D. Langer, »The ›Red General‹. Philip R. Faymonville and the Soviet Union, 1917–52«, in: *Prologue* 8 (1976), S. 219.

32 Ein großer Teil des Textes ist abgedruckt in: Ziemke, *Moscow to Stalingrad,* S. 361 f. Siehe auch Erickson, *Road to Stalingrad,* S. 370 f.; *DRuZW,* Bd. 6, S. 928–930. Welles an Roosevelt, 12. August 1942, berichtet über alarmierende Kommentare von Botschafter Litwinow, die ihm durch den mexikanischen Botschafter in den USA mitgeteilt worden waren (FDRL, PSF Box 68, Russia 1942–43).

33 *ADAP,* E, Bd. 3, Nr. 153, 181.

34 Maximilian von Weichs, »Erinnerungen über die Sommer-Offensive 1942 im Ostfeldzug«, BA-MA, Nachlaß Weichs, N 19/17, Bl. 18; Kurt Zeitzler, Bemerkungen zu einem Papier von Gotthard Heinrici über Stalingrad, »Unternehmen Fischreiher, Hitlers weitfliegende Pläne«, 10. Dezember 1953, BA-MA, Nachlaß Zeitzler, N 63/15, Bl. 11 f.; *KTB OKW,* 1942, Bd. 1, S. 66.

35 Siehe *DRuZW,* Bd. 6, S. 951 ff.; Ziemke, *Moscow to Stalingrad,* S. 276–278, 449 f.; Förster, »Strategische Überlegungen«, S. 96 und Anm. 9, 10; Nachlaß Paulus, BA-MA, N 372/10, Bl. 85; Zeitzler, »2 Jahre Chef des Gen. St. d. H. im 2. Weltkrieg« [ca. 1953], N 63/18, Bl. 43, und seine Stellungnahme vom 19. Mai 1946 in N/63/1, Bl. 39 f.; Heiber, Hg., *Hitlers Lagebesprechungen,* S. 11 f., 14–16. Die Stenographen wurden vom Reichstag gestellt, der im April des Jahres zum letztenmal zusammengetreten war.

36 Ziemke, *Moscow to Stalingrad,* S. 352–354.

37 Ebenda, S. 357 f.

38 Ebenda, S. 382–391; *DRuZW,* Bd. 6, S. 962 ff.

39 Erickson, *Road to Stalingrad,* S. 363–370. Ein detaillierter Bericht in: Louis C. Rotundo, Hg., *Battle for Stalingrad. The 1943 Soviet General Staff Study,* Pergamon-Brassey, Washington 1989.

40 Ziemke, *Moscow to Stalingrad,* S. 391–395; Erickson, *Road to Stalingrad,* S. 383–386.

41 Siehe Zeitzlers Nachkriegskommentare in seinem Nachlaß, BA-MA, N 63/15, Bl. 10 f. Eine derart umfangreiche Kräfteverlagerung war dann die Voraussetzung für die deutsche Gegenoffensive bei Charkow im Februar/März 1943.

42 Eine ernsthafte Untersuchung zu den Luftwaffen-Felddivisionen steht noch aus. Siehe Egon Denzel, *Die Luftwaffenfelddivisionen, 1942–1945, sowie die Sonderverbände der Luftwaffe im Kriege, 1939–1945,* 3. Aufl., Vowinckel, Neckargemünd 1976; Werner Stang, »Zur Geschichte der Luftwaffenfelddivisionen der faschistischen Wehrmacht«, in: *Zeitschrift für Militärgeschichte,* 8 (1969), S. 196–207.

43 Text in: Domarus, *Hitler,* Bd. 2, S. 1916, 1937 f. Einzelheiten über die Kämpfe im Innern Stalingrads in: Erickson, *Road to Stalingrad,* S. 391–393, 402–422, 431–445. Ein wichtiger Beitrag der Darstellung von Bernd Wegner in *DRuZW,* Bd. 6, scheint mir der Nachweis zu sein, daß selbst im Falle einer Einnahme Stalingrads durch die 6. Armee deren Nachschublage so verzweifelt gewesen wäre, daß sie den Winter nicht durchgestanden hätte. In diesem Zusammenhang ist bemerkenswert, daß die meisten Pferde der Armee wegen der lange anhaltenden Straßenkämpfe schon im Oktober abgezogen worden waren, weshalb danach weder hinreichende Nachschublieferungen noch ein schneller Rückzug oder Ausbruch möglich gewesen wären (R. L. Di Nardo, *Mechanized Juggernaut or Military Anachronism. Horses and the German Army of World War II,* Greenwood, New York 1991, S. 60).

44 Glantz, *Soviet Military Deception,* S. 108–119.

45 Ziemke, *Moscow to Stalingrad,* S. 440–445; Erickson, *Road to Stalingrad,* S. 374–376, 388–393, 422–431, 445–453.

46 Zu »Mars« siehe Ziemke, *Moscow to Stalingrad,* S. 445–447; *DRuZW,* Bd. 6, S. 999, Anm. 164. Die neue Offenheit in der ehemaligen

Sowjetunion mag dazu beitragen, diese Frage zu erhellen.

47 Am 4. Juni stattete Hitler Mannerheim zu dessen 75. Geburtstag einen kurzen Besuch in Finnland ab. Bernd Wegner, Hg., »Hitlers Besuch in Finnland. Das geheime Tonprotokoll seiner Unterredung mit Mannerheim am 4. Juni 1942«, in: *VfZ*, 41 (1993), S. 117–137; Michael Berry, *American Foreign Policy and the Finnish Exception. Ideological Preferences and Wartime Relations*, SHS, Helsinki 1987, S. 218f. Dem japanischen Gesandten in Lissabon zufolge teilte ihm der dortige finnische Chargé am 2. September 1942 mit (vermutlich aufgrund eines Berichts des finnischen Außenministeriums), daß Hitler Mannerheim gesagt habe, der Krieg werde noch weitere zwei Jahre dauern. Deutschland und Finnland würden nach dem Fall Leningrads miteinander konferieren (Lissabon [Chiba] an Helsinki, 4. September 1942, Kopie des Telegramms Nr. 686 an Tokio, NA, RG 457, SRDJ 26032). Eine sehr wichtige Untersuchung der Operation »Nordlicht« ist jene von Andreas Hillgruber.

48 Ziemke, *Moscow to Stalingrad*, S. 421f.; *DRuZW*, Bd. 6, S. 902f.

49 Glantz, *Soviet Military Deception*, S. 96–98. Ziemke, *Moscow to Stalingrad*, S. 408–423; *DRuZW*, Bd. 6, S. 903–906.

50 Erickson, *Road to Stalingrad*, S. 383.

51 Ebenda, S. 381f.; Ziemke, *Moscow to Stalingrad*, S. 398–408; Glantz, S. 88–95; *DRuZW*, Bd. 6, S. 906–910.

52 Die brauchbarste englischsprachige Einführung zu diesem Thema bleibt Armstrong, der einen allgemeinen Überblick liefert und Teile der Partisanenkriegsstudien des War Documentation Project abdruckt, die inzwischen zugänglich sind. Eine vorzügliche Zusammenfassung bietet Ziemke, *Moscow to Stalingrad*, Kap. 10.

53 Diese Tatsache bestätigt auch die Arbeiten von John Armstrong und von Alexander Dallin über die ersten Partisanenbanden in der Ukraine und im Nordkaukasus.

54 John A. Armstrong, *Ukrainian Nationalism, 1939–1945*, Columbia Univ. Press, New York 1955.

55 Die berühmteste dieser Partisanenbanden, die Gruppen von Alexej F. Fjodorow, Sidor A. Kowpak, Alexander Saburow und M. I. Naumow, operierten 1942–43 hauptsächlich auf diese Weise und hatten einige Erfolge bei der Organisation lokaler Partisanen in der Nordukraine (Armstrong, *Partisans*, S. 113–116).

56 Siehe die Auszüge aus Gerhard L. Weinberg, »The Partisan Movement in the Yelna-Dorogobuzh Area of Smolensk Oblast«, ebenda, S. 444–457.

57 Am 7. September 1942 war den Briten klar, daß der Hauptstoß der Deutschen gegen Stalingrad geführt wurde (Hinsley, *British Intelligence*, Bd. 2, S. 103–106).

58 George F. Howe, *Northwest Africa. Seizing the Initiative in the West*, GPO, Washington 1957; Richard W. Steele, *The First Offensive*, Indiana Univ. Press, Bloomington, Ind. 1973. Siehe auch Santoni, *Ultra*, S. 182–188.

59 Y'Blood, *Hunter-Killer*, S. 13–26.

60 Siehe den Bericht des japanischen Gesandten in Vichy an Tokio, Nr. 454 vom 12. November 1942, NA, RG 457, SRDJ 28229–31. Die Landung setzte allerdings der von Vichy veranlaßten Störung britischer Flüge von Gibraltar nach Westafrika zur Takoradi-Fluglinie ein Ende (Dokumente in: PRO, AIR 8/691). Zu Churchills Interesse am Aufbau dieses Luftwegs siehe AIR 8/483. Eine vom Air Historical Branch ausgearbeitete Geschichte der Fluglinie liegt vor in: AIR 41/32.

61 Diese Fehleinschätzung ist besonders verblüffend, da die Amerikaner, wie die OSS-Berichte an Präsident Roosevelt zeigen, die diplomatischen Telegramme der Vichy-Botschaft in Washington mitlasen und die Briten den Code für den dortigen Marineattaché Vichy-Frankreichs in die Hände bekommen hatten (H. Montgomery Hyde, *Cynthia*, Dell, New York 1966, Kap. 8).

62 Die umfassendste Darstellung ist Funk, *The Politics of Torch*. Siehe auch Howard, *Grand Strategy*, Bd. 4, Kap. 7–9; Howe, *Northwest Africa*, Kap. 3–4; David A. Walker, »OSS and Operation Torch«, in: *JCH* 22 (1987), S. 667–679. Zu Darlans Rolle und Schicksal siehe Coutau-Bégarie und Huan, *Darlan*, Kap. 19–21.

63 Siehe den äußerst interessanten Bericht über die Kämpfe in Marokko, der offenbar im November oder Dezember 1942 von einem französischen Stabsoffizier im Hauptquartier von General Nogues verfaßt wurde, in: PRO, WO 106/2703. Man hatte dort offensichtlich die Absicht zu kämpfen, war allerdings bereit aufzuge-

ben, falls man von den Amerikanern klar geschlagen wurde. Siehe auch Robert O. Paxton, *Parades and Politics at Vichy. The French Officer Corps under Marshal Pétain,* Princeton Univ. Press, Princeton, N. J. 1966, S. 344–358; Howe, Kap. 5–14.

64 Siehe Roosevelts Bemerkungen zu Morgenthau, 17. November 1942, FDRL, Morgenthau Presidential Diary, Bd. 5, S. 1193f.

65 Paxton, *Parades and Politics,* S. 358–361; Krautkrämer, »Vorgeschichte«, S. 212; Raeders Antwort auf Aßmanns Frage vom 28. August 1944, »Möglichkeiten eines Ausgleichs mit Frankreich«, BA-MA, PG 71826; Aßmann-Memorandum, »Die Rolle des Admirals Darlan« (1944?), BA-MA, III M 502/1; Aßmann an Raeder, 28. November 1944; BA-MA, III M 502/7; Tagebuch Krogmann, 10. Dezember 1942, Hamburg, Forschungsstelle, 11 k 10.

66 Bemerkenswert die japanische Reaktion, Tokio an Vichy, Zirkular Nr. 2054 vom 11. November 1942, NA, RG 457, SRDJ 27877. Zur deutschen Einschätzung von Darlans Frontenwechsel siehe »Die Rolle des Admiral Darlan« o. D., (1944?), BA-MA, III M 502/1.

67 Zur Situation in Tunesien siehe Paxton, *Parades and Politics,* S. 363–371; zum unbesetzten Teil des europäischen Frankreich und der Entschlossenheit, den Deutschen keinen Widerstand zu leisten, siehe ebenda, S. 371–390. Die französische Armee, die sich für ihre Demütigung im Fall Dreyfus gerächt hatte, indem sie alle jüdischen Offiziere und Unteroffiziere aus ihren Reihen entfernt hatte (ebenda, S. 176f.), ergab sich den Deutschen, ohne einen Schuß abzufeuern.

68 Howard, *Grand Strategy,* S. 174–179. Dieser Entrüstungssturm veranlaßte William L. Langer zu seinem Buch *Our Vichy Gamble,* Knopf, New York 1947, mit Unterstützung der amerikanischen Regierung; siehe die einschlägigen Dokumente in: FDRL, PSF Box 82, Navy: Wilson Brown.

69 Hinsley, *British Intelligence,* Bd. 2, S. 464ff.

70 John D. Millett, *The Army Service Forces. The Organization and Role of the Army Service Forces,* GPO, Washington 1945, S. 61, 63.

71 Siehe den Brief von General Kenneth Anderson an Brooke, 16. November 1942, Liddell Hart Centre, Alanbrooke Papers, 14/50.

72 In dieser Frage kann ich Jukes, *Hitler's Stalingrad Decisions,* S. 97, 103, nicht zustimmen.

Da Hitler in jenen Tagen mehrere wichtige Entscheidungen traf, scheint mir der Umstand, daß er solche Entscheidungen hinsichtlich der Lage in Stalingrad nicht traf, eher der Tatsache geschuldet zu sein, daß er dazu nicht bereit war, als seinem damaligen Aufenthaltsort.

73 Hinsley, *British Intelligence,* Bd. 2, S. 486–491. In Salewski, *Seekriegsleitung,* Bd. 2, S. 251, wird Hitlers erste Reaktion auf die Entwicklung in Tunesien unterbewertet.

74 Einzelheiten in: Howe, *Northwest Africa,* Anhang B, S. 683; Santoni, *Ultra,* Kap. 6–7; Kreis, *Air Base Defense,* S. 169–173. Zu britischen Erkenntnissen über den Erfolg der Achsenmächte bei der Versorgung Tunesiens im Januar und Februar 1943 siehe Hinsley, Bd. 2, S. 573–577.

75 *Rommel Papers,* S. 419. Siehe auch die Bemerkungen von Admiral Wagner am 13. Januar 1943, zitiert in: Salewski, Bd. 2, S. 229f.

76 Dieser Punkt geht aus der internen deutschen Debatte über die Frage hervor, ob der Mufti seinem dringenden Wunsch gemäß nach Tunesien geschickt werden sollte; ADAP, E, Bd. 4, Nr. 181, 225, 267, 294, 320; Bd. 5, Nr. 7; Canaris, »Vortragsnotiz«, 9. Dezember 1942, und Lahousen, »Aktenvermerk«, 11. Dezember 1942, Imperial War Museum, AL 1933, Akte Canaris/Lahousen, Nr. 39 und 40; Weizsäcker an Ribbentrop, 12. Dezember 1942, AA, St. S., »Aufzeichnungen über interne Angelegenheiten«, Bd. 2, MF 472313f.; Berlin an Rom, Nr. 76 vom 7. Januar 1943, AA, St. S., »Italien«, Bd. 12, MF 123787.

77 Siehe Jodls Bemerkungen vom 29. November 1942 zur Strategie für das Jahr 1943 in: Förster, »Strategische Überlegungen«, S. 95f. Die Erinnerungen des Generals von Arnim, der am 3. Dezember 1942 überraschend von der Verteidigung Rschews abberufen und zum Oberbefehlshaber der 5. Panzerarmee ernannt wurde, liegen vor im BA-MA, N 61/4, Bl. 1–4.

78 Hinsley, *British Intelligence,* Bd. 2, S. 493–498.

79 Howe, *Northwest Africa,* Kap. 15–17; Hinsley, Bd. 2, S. 504.

80 Siehe Churchills Notiz, COS(42) 421(o) vom 29. November 1942, in der er dafür plädiert, »den Juli 1943 als Datum ins Auge zu fassen« (PRO, AIR 8/878); seine Note als Verteidigungsminister, COS(42) 429(o) vom 3. Dezem-

ber 1942, in der er eine Landung im Juli oder August 1943 fordert (ebenda) und seine Bemerkungen gegenüber dem Kriegskabinett vom 30. November 1942 in WM(42) War Cabinet 162 (CAB 65/28). Der Neuentwurf von Churchills Bericht an Roosevelt über seinen Austausch mit Stalin vom 24. und 27. November zeigt ebenfalls, daß man sich früher aufgrund der Annahme, daß Tunesien Ende Dezember und Libyen Ende Januar 1943 eingenommen werden könnte, Hoffnungen machte, die Landung 1943 unternehmen zu können. Eine Landung in Frankreich wäre dann im August oder September 1943 angesetzt worden (CAB 120/411). Siehe Bryant, *Turn of the Tide*, S. 428–437. Auch der Entwurf der Nachricht von Roosevelt an den australischen Premierminister Curtin über die Rückkehr der australischen 9. Division aus dem Nahen Osten wurde zwischen dem 23. November und dem 2. Dezember abgeändert, wobei ein endgültiger Sieg über Rommel »Anfang des Jahres« anstatt »im ersten Monat des Jahres« angekündigt wurde; FDRL, Map Room Files Box 12, Miscellaneous Presidential Messages 1942. Siehe jedoch die Dokumente in PRO, AIR 20/2471.

81 Formell festgehalten im Dokument JP(42) 1005 (Revise) (Final) vom 10. Januar 1943, PRO, CAB 119/55.

82 PM personal minute, D 228/2, PRO, CAB 120/411. Zu beachten ist, daß Montgomery der Auffassung war, eine Invasion über den Kanal im Jahr 1943 wäre leichter zu bewerkstelligen als eine Invasion im Mittelmeerraum, mit Ausnahme Siziliens (Montgomery an Brooke, 12. Dezember 1942, Liddell Hart Centre, Alanbrooke Papers, 14/61).

83 Siehe Dallek, *Roosevelt and Foreign Policy*, S. 369f. Siehe auch Roosevelt an Leahy, 7. Dezember 1942, FDRL, Map Room Box 167, Naval Aide, Warfare Northwest Africa.

84 Zu diesem Punkt siehe Hinsley, Bd. 2, S. 109f.

85 Dieser Stab wurde unter seinen Initialen, COSSAC, bekannt. Daß der Anstoß zur ernsthaften Planung von *amerikanischer* Seite kam und zur Einrichtung dieses Stabes wie schließlich zur Aufnahme der Arbeit führte, geht aus den wichtigen Akten des britischen DMO (Director of Military Operations) hervor: 22. Januar 1943 –3. Juli 1944, PRO, WO 106/4147f.; siehe auch WO 106/4243. Allerdings muß festgehalten wer-

den, daß es Brooke war, der am 11. März 1943 General Percy C. S. Howard aufforderte, die Verantwortung für die Entwicklung schwimmender Panzer und anderer Vorrichtungen zu übernehmen, die bei der Invasion eine so wichtige Rolle spielen sollten (Brooke Diary, 11. März und 1. April 1943, Kommentar in 3/A/VIII, S. 656, Liddell Hart Centre, Alanbrooke Papers).

86 Zur Konferenz von Casablanca siehe Howard, *Grand Strategy*, Bd. 4, Kap. 13–14; Morton, *Strategy*, S. 376–386, 439–441. Eine Einschätzung seitens des Combined Intelligence Committee zur »German Strategy in 1943« vom 26. Januar 1943 findet sich in: NA, RG 165, Entry 77, Box 1418, File 6900-Germany.

87 Außer den zahlreichen negativen Einschätzungen amerikanischer Generäle in den veröffentlichten Bänden des Tagebuchs von Brooke finden sich noch viele weitere in den unveröffentlichten Tagebüchern und Brookes späteren Aufzeichnungen; siehe die Einträge vom 16. und 19. Januar 1943, Aufzeichnungen 3/A/VIII, S. 601, 609, Liddell Hart Centre, Alanbrooke Papers.

88 Siehe den Brief von Lt. Col. Howkins aus dem Büro des Kriegskabinetts an Major Davidson im britischen Sekretariat der Vereinigten Stabschefs in Washington, 23. Januar 1943, PRO, CAB 119/59.

89 Siehe Lothar Kettenacker, »Die alliierte Kontrolle Deutschlands als Exempel britischer Herrschaftsausübung«, in: Ludolf Herbst, Hg., *Westdeutschland 1945–1955*, Oldenbourg, München 1986, S. 56, und *Krieg zur Friedenssicherung*, S. 186ff.

90 Howard, *Grand Strategy*, Bd. 4, S. 283. Während der Trident-Konferenz im Mai 1943 wurde diese Haltung Italien gegenüber von Roosevelt und Churchill vertreten (ebenda, S. 456f.).

91 Harry R. Rudin, *Armistice 1918*, Yale Univ. Press, New Haven, Conn. 1944, bleibt eine vorzügliche Darstellung. Raymond G. O'Connor, *Diplomacy for Victory: F. D. R. and Unconditional Surrender*, Norton, New York 1971, vertritt die Auffassung, daß Roosevelt 1918, damals amtierender Marineminister, zur Kapitulationsforderung neigte. Die beste Darstellung aus jüngerer Zeit ist Lothar Kettenacker, »›Unconditional Surrender‹ als Grundlage der angelsächsischen Nachkriegsplanung«, in: Wolfgang Michalka, Hg., *Der Zweite Weltkrieg. Analysen, Grund-*

züge, Forschungsbilanz, Piper, München 1989, S. 174–188.

92 Siehe die Niederschrift von Robert Sherrod, datiert vom 17. Mai 1944, die den Hintergrund der Politik der »bedingungslosen Kapitulation« darstellt, in: C 6775/236/62, PRO, FO 371/ 39 024. Wie Denkschriften Churchills in derselben Akte zeigen, hielt er es damals nicht für klug, vom Wortlaut abzuweichen, als die Alliierten planten, Millionen von Deutschen aus großen Gebieten, die Polen zugeschlagen werden sollten, umzusiedeln.

93 Sikorskis Darstellung wird zitiert in: Terry, *Poland's Place in Europe*, S. 302. Eine geringfügig abweichende Übersetzung gibt Wlodzimierz T. Kowalski, »The Western Powers and the Polish-German Frontier during the Second World War (1943–45)«, in: *Polish Western Affairs*, 6, Nr. 1 (1965), S. 91, allerdings falsch auf den 3. Januar 1943 datiert. Die Wortwahl spiegelt jedenfalls die Erfahrungen aus dem Ersten Weltkrieg wider.

94 Siehe O'Connor, *Diplomacy for Victory*, S. 50–53. Eine sorgfältige Untersuchung der nationalsozialistischen Propaganda hat gezeigt, daß die Forderung der »bedingungslosen Kapitulation« trotz gegenteiliger Behauptungen nach dem Krieg damals kaum auf Widerhall stieß; siehe Günter Moltmann, »Nationalklischees und Demagogie: Die deutsche Amerikapropaganda im Zweiten Weltkrieg«, in: Ursula Büttner, Hg., *Das Unrechtsregime. Internationale Forschung über den Nationalsozialismus*, Christians, Hamburg 1986, Bd. 1, S. 223.

95 Im März 1943 hatten die Briten nach einer nochmaligen Prüfung eine Invasion über den Kanal anstelle einer Invasion Siziliens erneut abgelehnt (Hinsley, Bd. 3/1, S. 3 f.).

96 Mark A. Stoler, »The American Perception of British Mediterranean Strategy, 1941–1945«, in: Craig L. Symonds, Hg., *New Aspects of Naval History*, Naval Institute Press, Annapolis, Md. 1981, S. 332 f.; Morton, *Strategy*, S. 454–459; Maurice Matloff, *Strategic Planning for Coalition Warfare, 1943–1944*, GPO, Washington 1959, S. 123 f. (Der gesamte Text in: JCS for the President, »Recommended line of action at coming conference«, 8. Mai 1943, FDRL, Map Room Box 164, Naval Aide File.)

97 Brookes Tagebucheintrag vom 10. Mai 1943 in der Version von *Turn of the Tide*, S. 500, ist im Ton gegenüber dem Originaleintrag im Liddell Hart Centre stark abgemildert.

98 Zur Trident-Konferenz siehe Howard, *Grand Strategy*, Bd. 4, Kap. 22–23; Stoler, *Politics*, Kap. 7.

99 Howe, *Northwest Africa*, Kap. 20–22.

100 Ebenda, S. 366 f.

101 Zur Schlacht am Kasserine-Paß siehe Howe, Kap. 23–24; Martin Blumenson, »Kasserine Pass, 30 January-22 February 1943«, in: Charles E. Heller, Hg., *America's First Battles, 1776–1965*, Univ. of Kansas Press, Lawrence, Kans. 1986, S. 226–245, 394–397. Zur umstrittenen Frage der militärischen Aufklärung vor der Schlacht siehe Hinsley, *British Intelligence*, Bd. 2, S. 577–586; E. E. Mockler-Ferrymans privat gedruckte Memoiren (Imperial War Museum, S. 323) streifen das Thema nur am Rande.

102 Eine Zusammenfassung in: Howe, S. 479–481, 671–673.

103 Siehe Alexanders langen, streng geheimen, privaten und vertraulichen Brief an Brooke vom 3. April 1943, Liddell Hart Centre, Alanbrooke Papers, 14/63. Montgomerys Auffassungen werden zitiert und kommentiert in Hamiltons *Monty, Master of the Battlefield, 1942–44*.

104 Hinsley, Bd. 2, S. 593 ff.; Hamilton, *Monty, Master*, S. 152–170.

105 Hinsley, Bd. 2, S. 600–605.

106 Sir Francis de Guingand, *Operation Victory*, Hodder & Stoughton, London 1947, S. 248 f.; Howe, Kap. 26–28; Hamilton, *Monty, Master*, S. 182–207; Martin Blumenson, *Patton. The Man behind the Legend, 1885–1945*, Berkeley Books, New York 1987, S. 184. Weil Patton mit der Führung der amerikanischen 1. Panzerdivision in dieser Operation nicht zufrieden war, ersetzte er General Orlando Ward durch General Ernst Harmon als Divisionskommandeur.

107 Siehe David R. Mortensen, *A Pattern for Joint Operations: World War II Close Air Support, North Africa*, GPO, Washington 1987. Zum damaligen Zeitpunkt hatten die Alliierten fast völlige Kontrolle über das Meer um Tunis; nur etwa 800 Soldaten der Achsenmächte entkamen über das Mittelmeer (Santoni, *Ultra siegt im Mittelmeer*, S. 229).

108 Boog, *Luftwaffenführung*, S. 25 f.

109 Ziemke, *Moscow to Stalingrad*, S. 437–440.

110 Eine Zusammenfassung ebenda, S. 440 f.;

detaillierter Harrison, *Soviet Planning in Peace and War*, Kap. 3.

111 Jürgen Förster, *Stalingrad. Risse im Bündnis, 1942/43*, Rombach, Freiburg 1975, S. 25–29; *ADAP*, E, Bd. 2, Nr. 231, Bd. 3, Nr. 85.

112 Wilhelm, »Die Prognosen der Abteilung Fremde Heere Ost 1942–1945«, S. 47 f. Der fehlerhafte Bericht der deutschen Heeresaufklärung für die Ostfront (OKH/FHO) vom 12. November 1942 ist abgedruckt in: *KTB OKW 1942*, Bd. 2, S. 1306 f. Eine weitere geradezu idiotische Einschätzung von Reinhard Gehlen, dem Leiter dieser Agentur, siehe ebenda, S. 1283. Siehe Ziemke, *Moscow to Stalingrad*, S. 454–456.

113 Hitlers Überlegungen sind zusammengefaßt in Ziemke, *Moscow to Stalingrad*, S. 456, und werden diskutiert in *DRuZW*, Bd. 6, S. 1014.

114 Ziemke, *Moscow to Stalingrad*, S. 458–468.

115 Erickson, *Road to Stalingrad*, S. 469.

116 Ebenda, S. 453–472; Ziemke, *Moscow to Stalingrad*, S. 468–477.

117 Die vollständigste Untersuchung dieser Fragen bietet Manfred Kehrig, *Stalingrad. Analyse und Dokumentation einer Schlacht*, Deutsche Verlags-Anstalt, Stuttgart 1974, S. 195–234; weitere Einzelheiten in: Johannes Fischer, »Über den Entschluß zur Luftversorgung Stalingrads«, in: *MGM 6* (1969), S. 7–67; neuerdings *DRuZW*, Bd. 6, S. 1024 ff.

118 Boog, *Luftwaffenführung*, S. 22, Anm. 23, S. 24.

119 Siehe Kehrig, *Stalingrad*, S. 286–298.

120 Die besten Statistiken bietet Kehrig, S. 670. Der Tabelle in Hans-Detlef Herhudt von Rohden, *Die Luftwaffe ringt um Stalingrad*, Limes, Wiesbaden 1950, S. 100, zufolge wurde ein Tagesdurchschnitt von 96,16 Tonnen erreicht. Nach Ziemke, *Moscow to Stalingrad*, S. 497, läßt das vorhandene Material darauf schließen, daß die Zahl von 300 Tonnen einmal, am 2. Dezember 1942, erreicht wurde.

121 Einige Beispiele für Mansteins Retuschen werden zitiert in: Kehrig, S. 224, 390 f., 395 f.; siehe auch Ernst Alexander Paulus (Sohn des Feldmarschalls) an General Arthur Schmidt, 11. November 1957, Nachlaß Paulus, BA-MA, N 372/43, Bl. 131. Aufgrund der Animositäten, mit denen das Thema Stalingrad im Nachkriegsdeutschland behandelt wurde, war Manstein eifrig bemüht, die einschlägigen historischen Aufzeichnungen ebenso wie diejenigen über seine tiefe Verstrickung in die Ermordung der Juden zu verfälschen.

122 Siehe Kehrig, *Stalingrad*, S. 279.

123 Hitlers damalige Sicht der Dinge geht hervor aus der überlieferten, allerdings teilweise beschädigten, Aufzeichnung der Lagekonferenz vom 12. Dezember 1942: Heiber, *Hitlers Lagebesprechungen*, S. 71–119.

124 Zur Entsatzoperation siehe Ziemke, *Moscow to Stalingrad*, S. 478–483; Kehrig, S. 307 ff. Zur sowjetischen Abwehr des Entsatzangriffs siehe Glantz, *Soviet Military Deception*, S. 124–129.

125 Ziemke, *Moscow to Stalingrad*, S. 485 f.; Erickson, *Road to Stalingrad*, S. 449 f.; Glantz, S. 120–124.

126 Zu »Kolco« siehe Ziemke, *Moscow to Stalingrad*, S. 492–502.

127 Zur Personalführung siehe Manfred Messerschmidt, *Die Wehrmacht im NS-Staat. Zeit der Indoktrination*, Decker, Hamburg 1969; Dermot Bradley und Richard Schulze-Kossens, Hg., *Tätigkeitsbericht des Chefs des Heerespersonalamtes General der Infanterie Rudolf Schmundt*, Biblio-Verlag, Osnabrück 1984. Das Bestechungssystem spielt in der endlosen Memoirenliteratur der Begünstigten verständlicherweise keine bemerkenswerte Rolle und ist von Wissenschaftlern kaum beachtet worden. Einen einführenden journalistischen Überblick gibt Peter Meroth, »Vorschuß auf den Endsieg«, in: *Stern*, 12. Juni 1980, S. 86–92; für die detaillierte Untersuchung eines einzelnen Falles siehe Gerhard L. Weinberg, »Zur Dotation an Generalfeldmarschall Ritter von Leeb«, in: *MGM 26* (1979), S. 97–99. Die allgemeineren Fragen hinsichtlich Deutschlands und der Sowjetunion werden erörtert in: Ziemke, *Moscow to Stalingrad*, S. 506–510; Erickson, *Road to Stalingrad*, S. 461 f.

128 Zur katastrophalen Niederlage der ungarischen 2. Armee siehe Glantz, S. 131–141; Deutscher Militärattaché Budapest (Pappenheim) an Berlin, »Unterredung mit ungar. Genstb. Chef über Versagen ungar. 2. Armee«, 1. März 1943, AA, Handakten Ritter, »Verschiedenes I, II« MF 280665–70.

129 Siehe Zeitzlers Bemerkungen in seinem Nachlaß, BA-MA, N 63/12, Bl. 69–71.

130 Eine Darstellung der Evakuierung und ihrer Hintergründe gibt Friedrich Forstmeier, *Die Räumung des Kuban-Brückenkopfes im Herbst 1943*, Wehr & Wissen, Darmstadt 1964.

131 Earl F. Ziemke, *Stalingrad to Berlin. The German Defeat in the East*, GPO, Washington 1968, S. 85–94.

132 Ebenda, S. 90–97; John Erickson, *The Road to Berlin*, Westview Press, Boulder, Colo. 1983, S. 48–55; Glantz, *Soviet Military Deception*, S. 141–146. Die Darstellung von Eberhard Schwarz, *Die Stabilisierung der Ostfront nach Stalingrad. Mansteins Gegenschlag zwischen Donez und Dnjepr im Frühjahr 1943*, Musterschmidt, Göttingen 1985, verliert zwar durch ihre Verherrlichung Mansteins, ist jedoch hinsichtlich der militärischen Einzelheiten sehr nützlich, da sie auf Mansteins Unterlagen beruht, die sich jetzt im BA-MA befinden.

133 Ziemke, *Stalingrad to Berlin*, S. 110–117; Erickson, *Road to Berlin*, S. 59–62.

134 Siehe Hugh R. Trevor-Roper, Hg., *The Bormann Letters*, Weidenfeld & Nicolson, London 1954, S. 6; Steinert, *Hitler's War*, S. 184–215.

135 Peter Longerich, Hg., »Joseph Goebbels und der Totale Krieg. Eine unbekannte Denkschrift des Propagandaministers vom 18. Juli 1944«, in: *VfZ* 35 (1987), S. 294 f. und 302, Anm. 44. Longerich vertritt die Auffassung, daß Goebbels' Vorgehen aufgrund des Siegs von Charkow im März beträchtlich an Wirkung verlor (S. 296).

136 Die beste Darstellung bietet Förster, *Stalingrad*, S. 46 ff.

137 Ribbentrop an Killinger Nr. 737 vom 11. März 1843, AA, St. S., »Italien«, Bd. 12, MF 124 028 f.; Mackensen an Ribbentrop, Nr. 1916 vom 23. April 1943, AA, Botschaft Rom (Quir.), Geheim, Bd. 56/2, MF E 258 342–44; *ADAP*, E, Bd. 5, Nr. 332.

138 Förster, *Stalingrad*, S. 54 ff. Zur Informationslage der Deutschen über die ungarischen Friedenssondierungen siehe die Zusammenfassung abgefangener Mitteilungen durch das Forschungsamt vom 30. September 1943 in: AA, St. S., »Ungarn«, Bd. 10, MF 106 683–87; siehe auch Woermann an Budapest Nr. 547 vom 15. März 1943, AA, St. S., »Ungarn«, Bd. 9, MF 106 077 f.

139 Zu den italienischen Bemühungen um einen Separatfrieden der Achse mit der Sowjetunion siehe Förster, *Stalingrad*, S. 54–57; Josef Schröder, *Bestrebungen zur Eliminierung der Ostfront 1941–1943*, Musterschmidt, Göttingen 1985, S. 18–25; Meskill, S. 415 f.; *Ciano Diary*, 28. Dezember 1941, 6. und 16. Dezember 1942; Memorandum der deutschen Botschaft in Rom, »1443/42geh«, 2. September 1942, AA, Botschaft Rom (Quir.), »Italienische Kriegführung«, Bd. 1, MF E 257 436–39; *ADAP*, E, Bd. 4, Nr. 146, 303, Bd. 6, Nr. 95; Rintelen an Warlimont, 26. Februar 1950, Nachlaß Rintelen, BA-MA, N 433; Mackensen an Ribbentrop, Nr. 665 vom 11. Februar 1943, AA, St. S., »Rußland«, Bd. 10, MF 33573–75; Ribbentrop an Mackensen, Nr. 720 vom 15. Mai 1943, AA, St. S. »Türkei«, Bd. 8, MF 41379 f.; Zeitzler an Heinrici, 14. Januar 1954, BA-MA, N 63/15, Bl. 50 f. Von den Amerikanern abgehörte japanische Telegramme zu den erfolglosen italienischen Bemühungen in: NA, RG 457, SRDJ 32 092 f.; 32 542–44; 34 186–88; 34 330–32; 34 383–85; 39 609 und SRA 02613 f.

140 Zur Möglichkeit eines sowjetisch-finnischen Friedens im Winter 1942/43 siehe *ADAP*, E, Bd. 4, Nr. 116, 263; Memorandum von Weizsäcker, 11. November 1942, AA, St. S. »Rußland«, Bd. 9, MF 33 442 f.; St. S. Nr. 713 vom 7. Dezember 1942, MF 33 494; Memorandum von Weizsäcker, St. S. Nr. 155, 10. März 1943, AA, St. S., »Aufzeichnungen über Diplomatenbesuche«, Bd. 13, MF 289 947 f.; St. S. Nr. 204, 1. April 1943, MF 289 957–60 und St. S. Nr. 278, 3. Juni 1943, MF 289 970–78; Tel. Blücher Nr. 422 vom 24. Februar 1943, AA, Gesandtschaft Helsinki, »Drahtberichte 400–960, 1943«, MF H 062 660; Maisky an Churchill, 29. März 1943, PRO, PREM 3/170/2 und andere Dokumente in dieser Akte; Ingeborg Fleischhauer, *Die Chance des Sonderfriedens. Deutsch-sowjetische Geheimgespräche 1941–1945*, Siedler, Berlin 1986, S. 104; Oshima an Tokio, Nr. 434 vom 17. April 1943, NA, RG 457, SRDJ 34 401, Helsinki an Tokio, Nr. 120 vom 7. Juni 1943 und Nr. 200 vom 26. Mai 1943, SRDJ 38 356 und 38 391.

141 Zu diesem früh geäußerten Interesse Japans an einem deutsch-sowjetischen Separatfrieden siehe Meskill, *Hitler and Japan*, S. 409, Anm. 3, 414; *ADAP*, E, Bd. 2, Nr. 4, 19, 48, 72, 78, Bd. 3, Nr. 255, 295; Memorandum von Weizsäcker, St. S. Nr. 671 vom 14. November 1942,

AA, St.S., »Japan«, Bd. 10, MF 17060f.; von den Amerikanern abgefangene japanische Dokumente in: NA, RG 457, SRDJ 21456–61, 21747, 25705f., 28403, 28744. Nachdem die Deutschen im September 1943 die Akten des italienischen Außenministeriums beschlagnahmt hatten, bereiteten sie eine Analyse der italienisch-japanischen Versuche vor, auf einen Kompromißfrieden an der Ostfront zu drängen: »Pol. XI 2221gRs.«, 21. Oktober 1943, AA, St.S., »Italien«, Bd. 18, MF 70822–25.

142 *ADAP*, E, Bd. 4, Nr. 275, Bd. 5, Nr. 145, Anm. 8, 188, 272 Anm. 6, 318, Bd. 6, Nr. 12, 15, 16, 41; Memorandum von Weizsäcker, St.S. Nr. 701 vom 27. November 1942, AA, St.S., »Japan«, Bd. 10, MF 297776f.; Ribbentrop an Stahmer, Nr. 1256 vom 20. Mai 1943, St.S., »Japan«, Bd. 12, MF 398593f. und Nr. 847 vom 25. Mai 1943, MF 17248–52; Schröder, *Bestrebungen*, S. 8–18; Oshimas Telegramme Nr. 10 vom 23. Februar, Nr. 303 vom 16. März, Nr. 305 vom 17. März 1943, NA, RG 457, SRDJ 32015f., 32936, 32940 und Tokio an Berlin Nr. 312 vom 6. Mai 1943, SRDJ 35741–43; eine Reihe von Berichten der Dienststelle Ribbentrop für Hitler, ausgearbeitet von Likus, Dezember 1942 – Juni 1944, unterstreicht das durch Mitglieder von Oshimas Stab geäußerte Interesse (NA, T-120, Serial 146a, Roll 161, fr. 129238–488). Fleischhauer, *Sonderfrieden*, S. 105ff., hält das Interesse Weizsäckers und Ribbentrops für ernsthaft; ich war nicht in der Lage, Belege für diese Interpretation zu finden.

143 Bemerkenswert ist, daß auch die Japaner die Möglichkeiten der Deutschen überschätzten, als sie im April 1943 vorschlugen, daß die Deutschen durch die Einnahme Gibraltars das Blatt im Mittelmeer wenden sollten; siehe Seekriegsleitung an OKW, 17. April 1943, BA-MA, RM 7/254, Bl. 101–5; OKW, »Niederschrift über die Besprechung mit japanischen Offizieren im F.H. Qu. am 18. 4. 1943«, 27. April 1943, RM 7/254, Bl. 108–14. Die deutsche Aufklärung gelangte im Juli 1943 zu der Auffassung, daß ein japanischer Angriff auf die Sowjetunion Deutschland kaum helfen würde (ebenda, Bl. 158ff.; siehe jedoch auch NA, RG 457, SRDJ 41746–48).

144 Oshima Nr. 1433 vom 12. Dezember 1942, NA, RG 457, SRDJ 28955–56 (*ADAP*, E, Bd. 4, Nr. 275). Oshima kam zu dem Schluß, daß aufgrund der sehr schlechten Lage für die Deutschen

an der Ostfront und der mangelnden Aussicht auf einen Kompromißfrieden Japan die Sowjetunion angreifen, sich auf die Versenkung alliierter Schiffe konzentrieren und genaue Pläne mit den Deutschen austauschen sollte (siehe sein Telegramm Nr. 116 vom 26. Juni 1943, SRDJ 30560–62).

145 Madrid Nr. 224 vom 3. März 1943, NA, RG 457, SRDJ 32477. Am 21. Dezember hatte Botschafter Sato in Kujbyschew eine sehr klare Analyse der Lage an der Ostfront nach Hause geschickt, in der er zu dem Schluß kommt, daß Deutschland weder Chancen auf einen Sieg noch auf einen Kompromißfrieden habe. Siehe seine Telegramme Nr. 1211 vom 21. Dezember 1942, SRDJ 29486–88 und Nr. 182 vom 20. Februar 1943, SRDJ 32088–91. Tokio zog daraus den Schluß, daß es eine deutsche Offensive geben werde, »doch eines ist sicher – es [Deutschland] kann Rußland nicht besiegen« (Tokio Zirkular Nr. 24, 10. Januar 1943, SRDJ 30163–66). Dies scheint die Auffassung des japanischen Außenministeriums gewesen zu sein, nicht die des Ministerpräsidenten Tojo, der viel optimistischer war (*Kido Diary*, Bd. 12, 15. Februar 1943, S. 351f.). Zur japanischen Kritik am Plan der Deutschen, 1943 im Osten anzugreifen, siehe Tokio an Berlin, Nr. 291 vom 28. April 1943, SRDJ 34892–98; Oshimas Einschätzung geht hervor aus seinem Telegramm Nr. 518 vom 9. Mai 1943, SRDJ 35084–88.

146 Förster, *Stalingrad*, S. 121–130, bietet eine gute Zusammenfassung.

147 Rolf-Dieter Müller, »Die deutschen Gaskriegsvorbereitungen 1919–1945«, in: *MGM* 27 (1980), S. 44.

148 Ebenda, S. 44f.

149 Der erste gelungene Abschuß einer A 4, die eine Strecke von 200 Kilometern zurücklegte, fand am 3. Oktober 1942 statt (Hinsley, *British Intelligence*, Bd. 3/1, S. 357ff.)

150 Siehe Olaf Groehler, »Die ›Hochdruckpumpe‹ (V-3) – Entwicklung und Misere einer ›Wunderwaffe‹«, in: *Militärgeschichte* 5 (1977), S. 738–744. (Diese Waffe ist das Vorbild für die »Superkanone«, die ein kanadischer Waffentechniker in den achtziger Jahren für den Irak entwickelt hat.)

151 Hinsley, Bd. 3/1, S. 362f.

152 Ebenda, S. 370ff. Was diese Waffen anging, sollten sich die Auffassungen des bevorzugten

wissenschaftlichen Beraters von Churchill, Lord Cherwell, als völlig falsch erweisen (siehe ebenda, S. 373 f., 386, 397 f., 400 f., 410 f.)

153 Brooke Diary, 29. Juni 1943, Liddell Hart Centre, Alanbrooke Papers.

154 Siehe die von der Zensur vorgenommene Auswertung der Briefe an deutsche Kriegsgefangene, die sich im Nahen Osten in britischer Hand befanden: Headquarters, U. S. Army Forces in the Middle East, »Brief Digest of British M. E. F. Military Censorship Fortnightly Summary of Prisoner of War Correspondence Covering Examination Period May 5th – May 18th, 1943«, 27. Mai 1943, NA, RG 165, Entry 77, Box 2209, File 5970-Italy I.

155 Hinsley, Bd. 2, S. 521–523; Boog, *Luftwaffenführung*, S. 141. Dank erbeuteter deutscher Dokumente hatten die Westalliierten eine Zusammenfassung der deutschen Luftwaffenplanung für 1943 mit Stand 6. Juli 1943 (ebenda, Box 1482, File 9910-General Western Front).

156 Siehe den Bericht der britischen Luftaufklärung vom 1. März 1944, »The G. A. F. and the London Raids«, ebenda; Boog, *Luftwaffenführung*, S. 134; Bemerkungen Jeschonneks vom 1. Mai 1943, zitiert in: BA-MA, RM 7/260, Bl. 173–79. Einen Bericht über den »Baby Blitz« von 1944, bei dem die Deutschen starke Flugzeugverluste erlitten, gibt Murray, *Luftwaffe*, S. 237 f., doch die Darstellung stellt diese Operation nicht in ihren strategischen Zusammenhang als Resultat von Entscheidungen, die im März 1943 getroffen wurden.

157 Siehe Förster, »Strategische Überlegungen«, S. 95, Anm. 2, 97.

158 Nachlaß Scheidt, IfZ, B 2, S 266, S. 272, 299 f.; Kempf, »Stellungnahme zu den ›Betrachtungen Zitadelle‹«, 22. April 1958, Nachlaß Zeitzler, BA-MA, N 63/12, Bl. 33–38; Junge an Dönitz, 15. Mai 1943, BA-MA, RM 7/260, Bl. 194–196.

159 Siehe oben, Anm. 126. Wichtige Dokumente in: BA, R 43 II, 985 b, 985 c, 986, 1987 a, 1092 b.

160 Eine erste Untersuchung liefern Manfred Messerschmidt und Fritz Wüllner, *Die Wehrmachtjustiz im Dritten Reich. Zerstörung einer Legende*, Nomos, Baden-Baden 1987. Die Statistik der Todesstrafen wird in Kap. 5 analysiert. Die Zahlen sind angezweifelt worden, allerdings nicht überzeugend.

161 Glantz, *Soviet Military Deception*, S. 148–154; Volkogonov, *Stalin*, Kap. 47. Beachtenswert die Kommentare von Morishima in: *Kido Diary*, 3. März 1943, S. 352 f.

162 Anna M. Cienciala, »The Activities of Polish Communists as a Source for Stalin's Policy Towards Poland in the Second World War«, in: *International History Review* 7 (1985), S. 133 f.

163 Terry, *Poland's Place in Europe*, S. 335 f.; Joanna K. M. Hanson, *The Civilian Population and the Warsaw Uprising of 1944*, Cambridge Univ. Press, Cambridge 1982.

164 Cienciala, S. 136.

165 Terry, S. 337 f. Die britische und die amerikanische Regierung waren über den Hintergrund des Massakers von Katyn umfassend und richtig informiert; siehe O'Malley an Eden Nr. 51 vom 24. Mai 1943, C 6160/258/55, Foreign Office Print, weitergeleitet von Churchill an Roosevelt am 13. August 1943 und von letzterem abgezeichnet: FDRL, PSF Box 53, Great Britain, Churchill 40–43 (veröffentlicht in: Kimball, *Churchill and Roosevelt*, Bd. 2, S. 389–419).

166 Siehe Stafford, *Britain and European Resistance*, S. 133–136.

167 Zum Tod von Sikorski siehe insbes. PRO, AIR 8/779, wo Probleme mit dem Leitwerk als Ursache genannt werden. Meiner Ansicht nach kann Sabotage durch einen sowjetischen Agenten nicht ausgeschlossen werden. Siehe auch das Tagebuch Brookes für den 5. und 15. Juli 1943 und frühere Einträge, die Sikorski sehr freundlich gesinnt sind (Liddell Hart Centre). Bemerkungen des damaligen britischen Kommandeurs von Gibraltar, General Mason Macfarlane, zum Absturz des Flugzeuges finden sich in seinen Aufzeichnungen für den 18. Juli 1945, Imperial War Museum, MM 30.

168 Hinsley, *British Intelligence*, Bd. 2, S. 615; Brooke Diary, 9. Dezember 1942, Bryant, *Turn of the Tide*, S. 531; Dokumente 31. Juli 1942– 28. April 1943 in: War Department, G-2, File, NA, RG 165, Entry 77, Box 3481, File 6900-Peace zu einem möglichen deutsch-sowjetischen Separatfrieden.

169 Kettenacker, »Alliance«, S. 446 f.

170 Ebenda, S. 447–450. Eden vertrat hier genau die Politik, die Chamberlain gegenüber Hitler-Deutschland geführt hatte. Er ließ General Sir P. Le Q. Martel als Chef der britischen Militär-

mission in Moskau abberufen, weil der gegenüber den Russen eine zu harte Haltung eingenommen hatte. Siehe dessen »Notes on Important and Unknown Features in 1943 on the Russian Front«, PRO, CAB 106/323.

171 Siehe Hinsley, Bd. 2, S. 624 und Anhang 22; Bd. 3/1, S. 191. Die Westalliierten erhielten dagegen im allgemeinen sehr wenig Aufklärungsmaterial von den Russen; siehe ebenda, Bd. 2, S. 618ff.

172 Richard C. Lukas, *Eagles East*, Florida State Univ. Press, Tallahassee, Flo. 1970, S. 171f.; Herring, *Aid to Russia*, S. 88–97.

173 Lukas, S. 173f.; Beaumont, *Comrades in Arms*, S. 142–147; Herring, S. 97ff.

174 Siehe die persönliche Niederschrift Churchills D 134/3 vom 19. Juli 1943, PRO, AIR 8/1077.

175 Siehe die sehr nützliche Akte mit wichtigen Dokumenten zum »Rankin«-Plan, 26. April – 15. Dezember 1943, in: PRO, WO 106/4245.

176 Siehe WP (42) 580, »Air Policy: Note by the Prime Minister and Minister of Defence«, Dezember1942, PRO, CAB 120/10.

177 Saward, *»Bomber« Harris*, S. 93–95. Webster und Frankland, *Strategic Air Offensive*, Bd. 2, Kap. 10, Bd. 4, Anhang 1. Churchill bestand darauf, die Gesamtlast der abgeworfenen Bomben nicht zu verringern; siehe seine persönliche Note 387/3 an den Chief of the Air Staff (Portal) vom 16. Juni 1943, in: PRO, CAB 120/292.

178 Zum Luftangriff auf die Talsperren siehe Saward, S. 197–200; Paul Brickhill, *The Dam Busters*, Ballantine, New York 1955. Zum Einsatz von »Window« (Streifen aus Aluminiumfolie) im Zusammenhang mit der Bombardierung Hamburgs siehe Hinsley, Bd. 2, S. 518f.; Brooke Diary, 23. Juni 1943 (Liddell Hart Centre). Zum Luftangriff auf Hamburg allgemein siehe Boog, *Luftwaffenführung*, S. 135f.; Saward, S. 208–211; Hastings, *Bomber Command*, S. 241–246; detaillierter Bericht des japanischen Marineattachés in: NA, RG 457, SRNA 508–511.

179 Siehe die Dokumente in PRO, AIR 8/1146.

180 Saward, S. 207f.

9
Die Heimatfront

1 Eines der zentralen Themen in *DRuZW*, Bd. 5/1. Siehe auch Alan S. Milward, *War, Economy and Society 1939–1945*, Univ. of California Press, Berkeley, Calif. 1977, S. 220f.; Ludolf Herbst, *Der Totale Krieg und die Ordnung der Wirtschaft. Die Kriegswirtschaft im Spannungsfeld von Politik, Ideologie und Propaganda 1939 –1945*, Deutsche Verlags-Anstalt, Stuttgart 1982. Eine sehr hilfreiche vergleichende Untersuchung in: Mark Harrison, »Resource Mobilization for World War II; The U. S. A., U. K., U. S. S. R., and Germany, 1938–1945«, in: *Economic History Review* 2. Reihe, 41 (1988), S. 171–192.

2 Die bis heute beste Darstellung ist: Steinert, *Hitler's War*.

3 Die nach dem Krieg vorgebrachte Entschuldigung, die Mörder hätten ihre Greueltaten verüben müssen, da sie sonst selbst die schlimmsten Strafen erlitten hätten, wurde von Staatsanwälten der Bundesrepublik Deutschland überzeugend widerlegt. Siehe David H. Kitterman, »Those Who Said: ›No!‹: Germans Who Refused to Execute Civilians during World War II«, in: *German Studies Review* 11 (1988), S. 241–254; Jehuda L. Wallach, »Befehlsnotstand. A Matter of Fact or Subterfuge«, in: Haim Shamir, Hg., *France and Germany in an Age of Crisis, 1900– 1960: Studies in Memory of Charles Bloch*, Brill, Leiden 1990, S. 162–168. Ein besonders dramatisches Beispiel ist der Bericht über einen Bataillonskommandeur, der seine Männer aufforderte, beiseite zu treten, wenn sie beim massenhaften Abschlachten von Juden nicht mitmachen wollten, bei Christopher R. Browning, »One Day in Jozefow. Initiation to Mass Murder«, in: Peter Hayes, Hg., *Lessons and Legacies. The Meaning of the Holocaust in a Changing World*, Northwestern Univ. Press, Evanston, Ill. 1991, S. 200f.; weitere Details in: derselbe, *Ordinary Men. Reserve Police Bataillon 101 and the Final Solution in Poland*, Harper Collins, New York 1992.

4 Siehe Ludwig Volk, Hg., »Clemens August Graf von Galen. Schweigen oder bekennen? Zum Gewissensentscheid des Bischofs von Münster im Sommer 1941«, in: *Stimmen der Zeit* 194 (1976), S. 219–224. Vollständige Dokumentation in: Peter Löffler, Hg., *Bischof Clemens August Graf von Galen. Akten, Briefe und Pre*

digten 1933–46, Bd. 2, 1939–1946, Matthias-Grünewald, Mainz 1988.

5 *FDR Letters*, Bd. 2, S. 1220. Der Text von Galens Anprangerung des Gestapo-Terrors findet sich in FDRL, PSF Box 70, Vatican, Myron C. Taylor 1941.

6 Wolfgang Diewerge, Hg., *Feldpostbriefe aus dem Osten. Deutsche Soldaten sehen die Sowjetunion*, Limpert, Berlin 1941, S. 38.

7 Hans-Heinrich Wilhelm, »Wie geheim war die ›Endlösung‹?« in: *Miscellanea. Festschrift für Helmut Krausnick*, hrsg. v. Wolfgang Benz, Deutsche Verlags-Anstalt, Stuttgart 1980, S. 131–148. Sowohl in seinen öffentlichen Reden als auch in den gedruckten Fassungen wurde Hitlers häufig zitierte Prophezeiung vom 30. Januar 1939, daß die europäischen Juden in einem künftigen Krieg ausgerottet würden, auf den 1. September 1939 nachdatiert, vermutlich um den Eindruck zu verstärken, daß sie mit dem Krieg in Zusammenhang stand (mit derselben Absicht wurde der Befehl, mit dem er im Oktober 1939 das Euthanasieprogramm startete, auf den 1. September 1939 zurückdatiert).

8 Michael R. Marrus und Robert O. Paxton, *Vichy France and the Jews*, Basic Books, New York 1981.

9 Inzwischen liegt eine sorgfältige Untersuchung dieses Problems vor: Jonathan Steinberg, *All or Nothing. The Axis and the Holocaust, 1941–1943*, Routledge, London 1990.

10 Owen Chadwick, »Weizsäcker, the Vatican and the Jews of Rome«, in: *Journal of Ecclesiastical History* 28 (1977), S. 179–199. Ursprünglich hatte man die römischen Juden wohl in Norditalien ermorden wollen; siehe Moellhausen (Rom) an Ribbentrop Nr. 192 vom 6. Oktober 1943, AA, St. S., »Italien«, Bd. 17, MF 123 580.

11 Randolph L. Braham, *The Politics of Genocide: The Holocaust in Hungary*, 2 Bde., Columbia Univ. Press, New York 1981. Wallenbergs Aktivitäten wurden von der US-Regierung finanziert (Notiz von Donovan für Roosevelt, 17. Oktober 1944, FDRL, PSF Box 169, OSS Reports Oktober 1944).

12 »Auszug aus einem Bericht von einer dreiwöchigen Fahrt in die Ukraine«, 28. Juni 1943. BA, Nadler, ZSg. 115/6, Bl. 154. Die Zahlen beziehen sich natürlich nicht auf die ganze Ukraine, sondern nur auf die vom Reichskommissariat Ukraine verwalteten Teile.

13 Bericht in: Max Weinreich, *Hitler's Professors*, Yiddish Scientific Institute-YIVO, New York 1946, S. 219–235. Der japanische Botschafter Oshima nahm die Einladung nur widerstrebend an, siehe sein Tel. Nr. 614 nach Tokio vom 22. Juni 1944. NA, RG 457, SRDJ 62 675 f. Er fürchtete, die auf dem Kongreß propagierte Rassenpolitik könnte im Widerspruch zur japanischen stehen. Man hätte gern gewußt, was er von dem speziellen Bordell für die Teilnehmer hielt, in dem polnische und ukrainische Frauen nicht eingesetzt wurden, weil man sie für rassisch ungeeignet hielt.

14 Die systematische Terrorisierung und Ermordung der Zigeuner wird untersucht in: Sybil Milton, »Nazi Policies toward Roma and Sinti, 1939–1945«, in: *Journal of the Gypsy Lore Society*, Februar 1992.

15 Siehe »RK 7723B, Betrifft: Eheschließungen Deutscher mit Polen und Tschechen«, 16. Juni 1940, BA, R 43 II/1502a, Bl. 14.

16 Trevor-Roper, Hg., *Bormann Letters*, S. xx. Siehe auch Oron J. Hale, Hg., »Adolf Hitler and the Postwar German Birthrate«, in: *Journal of Central European Affairs*, 17 (1957), S. 166–173.

17 Bernd Wegner, Hg., »Auf dem Wege zur pangermanischen Armee. Dokumente zur Entstehung des III. (›pangermanischen‹) SS-Panzerkorps«, in: *MGM* 28 (1980), S. 102.

18 Guderian hielt das riesige Gut, das ihm schließlich angeboten wurde, nicht für angemessen. Siehe Weinberg, »Zur Dotation Hitlers an Generalfeldmarschall Ritter von Leeb«, S. 99, Anm. 20.

19 Die beste englischsprachige Untersuchung ist nach wie vor: Edward L. Homze, *Foreign Labor in Nazi Germany*, Princeton Univ. Press, Princeton, N. J. 1967; die umfassendste neuere Untersuchung ist: Ulrich Herbert, *Fremdarbeiter. Politik und Praxis des »Ausländereinsatzes« in der Kriegswirtschaft des Dritten Reiches*, Dietz, Berlin 1985. In der früheren DDR ist eine ganze Reihe von Publikationen zum Thema erschienen. Einige werden in Herberts Einleitung diskutiert. Da Millionen von Deutschen mit dem Zwangsarbeiterprogramm zu tun hatten, war das Thema nach dem Krieg in Deutschland relativ tabu. Einen guten allgemeinen Überblick bietet Milward, *War, Economy and Society*, S. 221–228.

20 Herbert, *Fremdarbeiter*, S. 127 f.

21 Ebenda, S. 336–340.

22 Notiz von Heß für Rosenberg, 30. Januar 1940, NG-1078, zit. in: Paul Seabury, *The Wilhelmstrasse*, Univ. of California Press, Berkeley, Calif. 1954, S. 181, Anm. 40.

23 Walter Petwaidic, *Die autoritäre Anarchie*, Hoffmann & Campe, Hamburg 1946. Siehe dazu auch: Dieter Rebentisch, *Führerstaat und Verwaltung im Zweiten Weltkrieg*, Steiner, Stuttgart 1981.

24 Die beste Einführung bietet: Jost Dülffer, Jochen Thies und Josef Henke, *Hitlers Städte. Baupolitik im Dritten Reich*, Böhlau, Köln 1978.

25 Ebenda, S. 17.

26 Ebenda, S. 20.

27 Sehr wichtig: Bernhard Stasiewski, »Die Kirchenpolitik der Nationalsozialisten im Warthegau 1939–1945«, in: *VfZ* 7 (1959), S. 46–74. Zur praktischen Funktion der Gestapo siehe Robert Gellately, *Gestapo and German Society. Enforcing Racial Policy, 1933–1945*, Clarendon, Oxford 1990.

28 Eine gute Quelle zur internen Diskussion der deutschen Nachkriegspläne ist AA, Nachlaß Renthe-Fink, Paket 5, Bd. 1–3.

29 Zum Drängen der Italiener, Japaner und Rumänen siehe Berlin an Tokio Nr. 80 vom 19. Januar 1943, NA, RG 457, SRDJ 30619–20; Madrid an Tokio Nr. 458 vom 13. Mai 1943, SRDJ 35839–41; Memorandum von Bismarck mit einem Deckblatt von Mackensen, das die Aufschrift »cessat« trägt, AA, Botschaft Rom (Quir.), Geheim, Bd. 51/2, MFE 257 522–24.

30 Die verschiedenen Ausgaben der Tischgespräche Hitlers sind voller Material zu diesem Thema. Siehe auch Stuckart an Weizsäcker, 19. Oktober 1942, AA, St. S., »Politischer Schriftwechsel«, Bd. 9, MF 304013–15.

31 Dazu: Wittmann, *Schwedens Wirtschaftsbeziehungen*, S. 228–235. Es bestanden zwar Rivalitäten zwischen verschiedenen Dienststellen, wer die europäische Wirtschaft leiten sollte, daß sie von Berlin aus geleitet werden sollte, war jedoch nie umstritten.

32 Wichtig zum gesamten Hintergrund: Rainer Zitelmann, *Hitler. Selbstverständnis eines Revolutionärs*, Berg, Hamburg 1987. Zur österreichischen Wirtschaft siehe Norbert Schausberger, »Sieben Jahre deutsche Kriegswirtschaft in Österreich«, in: *Jahrbuch 1986*, Dokumentationsarchiv des Österreichischen Widerstandes,

Österreichischer Bundesverlag, Wien 1986, S. 10–60. Einen exzellenten Überblick über die Literatur zum Thema Österreich bietet: Evan B. Bukey, »Nazi Rule in Austria«, in: *Austrian History Yearbook* 23 (1992), S. 202–233.

33 Noch immer nützlich ist die erste ernsthafte Untersuchung dieser Frage: Enno Georg, *Die wirtschaftlichen Unternehmungen der SS*, Deutsche Verlags-Anstalt, Stuttgart 1965.

34 Eine hervorragende Diskussion der Rolle Albert Speers und der Literatur über ihn findet sich in: Alfred C. Mierzejewski, »When did Albert Speer Give Up?«, in: *Historical Journal* 31 (1988), S. 391–397.

35 Bernd Wegner, *Hitlers politische Soldaten. Die Waffen-SS 1933–1945*, Schöningh, Paderborn 1982.

36 Siehe das Buch von Valdis O. Lumans, *Himmler's Auxiliaries*, Univ. of North Carolina Press, Chapel Hill, N. C. 1995.

37 Dietrich Orlow, *The History of the Nazi Party: 1933–1945*, Univ. of Pittsburgh Press, Pittsburgh 1973, Kap. 7.

38 Zu diesem Thema siehe Steinert, *Hitler's War;* Ian Kershaw, *The ›Hitler Myth‹. Image and Reality in the Third Reich*, Oxford Univ. Press, New York 1989, Kap. 6–8; und die Serie von *Meldungen aus dem Dritten Reich*, hrsg. v. Heinz Boberach. Zu Bayern siehe Martin Broszat und andere, Hg., *Bayern in der NS-Zeit*, Bd. 1, Oldenbourg, München 1977, S. 571 ff. Eine hochinteressante persönliche Perspektive bietet das Buch von Mathilde Wolff-Mönckeberg, *From the Other Side, To my Children. From Germany 1940–1945*, hrsg. und übers. von Ruth Evans, Peter Owen, London 1979. Es enthält Briefe aus dem Hamburg der Kriegszeit.

39 Robert E. Herzstein, *The War that Hitler Won. Goebbels and the Nazi Media Campaign*, Paragon Books, New York 1987, Kap. 11 f.; USSBS, *The Effects of Strategic Bombing on German Morale,* 2 Bde., GPO, Washington 1946/47. Eine exzellente Studie über eine bestimmte Region ist: Gordon J. Horwitz, *In the Shadow of Death. Living Outside Mauthausen*, Free Press, New York 1990. Einen nützlichen Überblick bietet: Christoph Klessmann, Hg., *Nicht nur Hitlers Krieg. Der Zweite Weltkrieg und die Deutschen*, Droste, Düsseldorf 1989, Kap. 2–4.

40 Ein besonders dramatisches Beispiel schil-

dert Wilhelm, »Wie geheim war die ›Endlösung‹?«, S. 134–136.

41 Die beste kurze Einführung in das Thema ist: Peter Hoffmann, *German Resistance to Hitler,* Harvard Univ. Press, Cambridge, Mass. 1988. Neu und wichtig sind: Horst Mühleisen, »Hellmuth Stieff und der deutsche Widerstand«, in: *VfZ* 39 (1991), S. 339–377, und Elizabeth Chowaniec, *Der »Fall Dohnanyi« 1943–1945,* Oldenbourg, München 1991.

42 Der amerikanische OSS teilte diese Einschätzung; siehe OSS Report A-29084, »Resistance Forces within Germany«, 1. Juni 1944, NA, RG 165, Entry 77, Box 1418, File 6900-Germany.

43 Sir Stafford Cripps ließ die Übersetzung eines Flugblatts der »Weißen Rose« in britischen Regierungskreisen zirkulieren; siehe PRO, CAB 118/74.

44 Zu diesem Versuch siehe Heinz W. Doepgen, *Georg von Boeselager,* Mittler, Herford 1986, S. 71f. Ein außerordentlich gut informiertes Mitglied des deutschen Widerstands berichtete im Dezember der amerikanischen Botschaft in Madrid über das gescheiterte Bombenattentat im März; siehe Anlage 2 zu Despatch 1741 vom 14. Dezember 1943, NA, RG 165, Entry 77, Box 1418, File 6700-Germany, Military Operations November 1943. Siehe auch Anlage 1, die einen akkuraten Bericht über die Lage in Deutschland enthält.

45 Material über diese Kontakte findet sich in: FDRL, PSF Safe File, Hohenlohe; PSF Box 6, Safe File OSS; PSF Box 96, Sumner Welles, Juni – Dezember 1940; Welles an Roosevelt, 13. November 1940, PSF Germany; Lochner an Currie, 19. Juni 1942, OF-198a; Welles an Roosevelt, 18. Mai 1942, PSF State; Donovan an Roosevelt, 29. Juli 1944, PSF Box 168, OSS Reports Juli 1944; in PRO, C 10645/5/18, FO 371/24385; N 4956/48/18, C 4799/4799/18, C5428/48/18, FO 309/12; C 4548/155/18, FO 371/34448. Das Thema wird jetzt detailliert behandelt in: Klemens von Klemperer, *German Resistance to Hitler. The Search for Allies Abroad, 1938–1945,* Clarendon Press, Oxford 1992.

46 Jochmann, *Hitler, Monologe,* S. 239.

47 Zu diesem Projekt siehe Santoni, *Ultra,* S. 74–77, und Kap. 4.

48 Einen Überblick bieten: Yehuda Bauer, *A History of the Holocaust,* Franklin Watts, New York 1982, S. 236f.; Manfred Funke, *Starker*

oder *schwacher Diktator?* Droste, Düsseldorf 1989, S. 172–174. Mehr Details in Steinberg, *All or Nothing;* Liliana Picciotto Fargion, Hg., »Italian Cititzens in Nazi-Occupied Europe. Documents from the Files of the German Foreign Office 1941–1943«, in: *Simon Wiesenthal Center Annual* 7 (1990), S. 93–144.

49 Siehe dazu Edward R. Tannenbaum, *The Fascist Experience. Italian Society and Culture, 1922–1945,* Basic Books, New York 1972, S. 308.

50 Etwas zugespitzt ist dies der Tenor der beiden Artikel »Understanding Defeat« und »Rommel and the Italians« von Sadkovich.

51 Siehe dazu Tannenbaum, S. 313. Eine exzellente und umfassende Darstellung des Themas ist: Gerhard Schreiber, *Die italienischen Militärinternierten im deutschen Machtbereich 1943–1945,* Oldenbourg, München 1990.

52 Tannenbaum, S. 316f.; Harry Fornary, *Mussolini's Gadfly: Roberto Farinacci,* Vanderbilt Univ. Press, Nashville 1971, S. 188f.

53 Latour, *Südtirol und die Achse,* Kap. 5–7.

54 Ebenda, Kap. 8; Arnold J. Toynbee, *Hitler's Europe,* Oxford Univ. Press, London 1954, S. 96f. Vgl. das für das Operationsgebiet »Adriatisches Küstenland« für das erste Quartal 1945 eingeplante Budget (BA, R 2/11407).

55 Siehe dazu den Bericht des japanischen Militärattachés in Italien Nr. 103 vom 25. April 1944, NA, RG 457, SRA 9054–9056; siehe auch das Memorandum von Gottfriedsen vom 18. September 1943, AA, St. S., »Japan«, Bd. 13, MF 17375–78.

56 Tannenbaum, *Fascist Experience,* S. 313–316; Alan Cassels, *Fascism,* Crowell, New York 1975, S. 315–318. Interessant ist die vom letzten Botschafter des faschistischen Italien in Berlin, Filippo Anfuso, verfaßte Apologie. Ursprünglich unter dem Titel *Du Palais de Venise au Lac de Garde* auf Französisch erschienen, ist das Buch inzwischen auch in zwei Editionen auf Italienisch zu haben: *Roma-Berlino-Salò* und *Da Palazzo Venezia al lago di Garda;* es existiert auch eine gekürzte deutsche Ausgabe: *Rom-Berlin im diplomatischen Spiegel,* Pohl, Essen 1951.

57 Cassels, S. 318f.; Charles F. Delzell, *Mussolini's Enemies,* Princeton Univ. Press, Princeton, N. J. 1961; Maria de Blasio Wilhelm, *The Other Italy. Italian Resistance in World War II,* Norton,

New York 1988. Massimo de Leonardis, *La Gran Bretagne e la resistenza partiziana in Italia, 1943–1945,* Scientifiche Italiane, Neapel 1988, ist ebenfalls wichtig.

58 Vgl. die Berichte des militärischen Geheimdienstes der Vereinigten Staaten zur »Russian Policy in Italy«, 25. April 1944 und 18. Mai 1944, in: NA, RG 165, Entry 77, Box 2179, File 3850-3900-Italy.

59 Die Militärregierung in Italien stieß nicht auf das gleiche Interesse wie ihr Gegenstück in Deutschland. Siehe David W. Ellwood, *Italy 1943–1945,* Holmes & Meier, New York 1985, und *L'alleato nemico. La politica dell'occupazione anglo-americana in Italia 1943–1946,* Feltrinelli, Mailand 1977; Robert M. Hill, *In the Wake of War. Memoirs of an Alabama Military Government Officer in World War II Italy,* Univ. of Alabama Press, University, Ala. 1982; sowie den folgenden Band der offiziellen britischen Geschichte: Charles R. S. Harris, *Allied Military Administration of Italy 1943–1945,* HMSO, London 1957.

60 Zur Säuberung des Landes von den Faschisten findet sich eine exzellente Zusammenfassung in: Hans Woller, »Die Anfänge der politischen Säuberung in Italien, 1943–1945. Eine Analyse des Office of Strategic Services«, in: *VfZ* 38 (1990), S. 141–190. Zur Etablierung einer italienischen Regierung im von den Alliierten kontrollierten Gebiet siehe Edgar R. Rosen, *Königreich des Südens. Italien 1943/44,* Erich Goltze, Göttingen 1988.

61 Churchill an Wilson, T 00 241 215Z vom 24. Februar 1944, Liddell Hart Centre, Alanbrooke Papers, 14/44. Mason-Macfarlanes eigene Ansichten kommen gut zum Ausdruck in: »Draft Notes on Chapter 18 of Badoglio's ›Italy in the Second World War‹«. Er ist der festen Überzeugung, daß Roosevelt recht hatte, als er nach der Befreiung Roms auf einer neuen Regierung unter Bonomi bestand. Außerdem stützt er die Ansicht, Stalin habe den Briten und Amerikanern in Italien freie Hand gelassen (Imperial War Museum, Mason-Macfarlane Papers, 20).

62 Rom (Quir.) an Tokio Nr. 63 vom 22. Januar 1942, NA, RG 457, SRDJ 19127; Rom (Vat.) an Tokio Nr. 15 vom 27. Mai 1942, SRDJ 23 097 f.; Tokio an Vichy Nr. 157, SRDJ 23 462. Die Amerikaner gingen 1942 mit dem Papst sehr schonend um, u. a. weil die US-Regierung ihre

Beziehungen zu Lateinamerika nicht belasten wollte; siehe Welles an Roosevelt, 8. Juli 1942, FDRL, PSF Welles. Vgl. auch die Passage in Welles Bericht vom 18. März 1940 über Pius XII., die in *FRUS,* 1940, Bd. 1, S. 108 ausgelassen wurde. Der vollständige Bericht findet sich in FDRL, PSF Box 9, Safe File, Welles Reports 1940.

63 Chadwick, *Britain and the Vatican,* S. 290.

64 Unter dem Titel »United Kingdom Civil Series« wurde von W. K. Hancock eine hervorragende Reihe offizieller britischer Geschichtswerke über die Heimatfront herausgegeben, darunter auch der Band *Statistical Digest of the War,* mit Material des Central Statistical Office (Nachdruck von HMSO und Kraus, London und Nendeln 1975). Die Zahlen in meinem Text stammen aus der Tabelle auf S. 8.

65 Ebenda, S. 13 und 37.

66 Ebenda, S. 149. Zu dem Vorgang, daß britische Kinder aufs Land geschickt wurden, siehe Michael Fethney, *The Absurd and the Brave,* Book Guild, Lewes 1990. Zum Thema britische Frauen beim Militär vergleiche D. Collett Wadge, Hg., *Women in Uniform,* Dampson Low, London 1946, das eine Perspektive von oben bietet, mit Mary Lee Settle, *All the Brave Promises. Memories of Aircraft Woman 2nd Class 2 146 391,* Heinemann, London 1966, das aus der Sicht einfacher Soldatinnen geschrieben ist.

67 Paul B. Johnson, *Land Fit for Heroes: The Planning of British Reconstruction 1916–1919,* Univ. of Chicago Press, Chicago 1968.

68 *Social Insurance and Allied Services, Report by Sir William Beveridge,* Macmillan, New York 1942. Siehe auch Milward, *War, Economy, and Society,* S. 340; Gordon Wright, *The Ordeal of Total War, 1939–1945,* Harper & Row, New York 1968, S. 246.

69 Persönliche Notiz des Premierministers, D 95/3, 13. Juni 1943, PRO, CAB, 120/1.

70 Zu den Wahlen von 1945 siehe Garry McCulloch, »Labour, the Left, and the British General Election of 1945«, in: *Journal of British Studies* 24 (1985), S. 465–489; Kenneth O. Morgan, *Labour in Power, 1945–1951,* Oxford Univ. Press, New York 1984; Henry Pelling, *The Labour Governments, 1945–1951,* St. Martin's, New York 1984. Der Hintergrund wird behandelt in Kevin Jeffries, *The Churchill Coalition and War Time Politics, 1940–1945,*

Manchester Univ. Press, Manchester 1991, Kap. 2–8. Churchills Verhalten im Wahlkampf wird im letzten Band von Martin Gilberts Biographie geschildert.

71 Sehr nützlich sind die beiden Bücher von C. P. Stacey, *Arms, Men and Governments,* und *Six Years of War,* Queens Printer, Ottawa 1955. Zum Thema Frauen in der kanadischen Kriegsmarine siehe Rosamond Greer, *The Girls of the King's Navy,* Sono Nis Press, Victoria, B.C., Kanada 1983.

72 David Day, *The Great Betrayal. Britain, Australia and the Onset of the Pacific War, 1939–1942,* Norton, New York 1989. Zu den neuen Beziehungen, die sich in der Situation des Krieges entwickelten, siehe Roger John Bell, *Unequal Allies. Australian-American Relations and the Pacific War,* Melbourne Univ. Press, Carlton, Victoria 1977.

73 Long, *Six Years War,* Kap. 16, faßt die Auswirkungen auf Australien zusammen.

74 Eine sehr nützliche Darstellung ist: Patrick J. Furlong, *Between Crown and Swastika. The Impact of the Radical Right on the Afrikaner Nationalist Movement in the Fascist Era,* Univ. Press of New England, Hanover, N.H. 1991.

75 Halifax an Amery, 15. Juni 1940, PRO, FO 800/318, Bl. 151. Vgl. ebenda, 24. Juli 1940, Bl. 159. Zur Hungersnot in Bengalen siehe Paul R. Greenough, *Prosperity and Misery in Modern Bengal. The Famine of 1943–44,* Oxford Univ. Press, New York 1982; und Milward, *War, Economy and Society,* S. 280f.

76 Diese Themen werden behandelt in: Gerald D. Nash, *The American West Transformed. The Impact of the Second World War;* derselbe, *World War II and the West. Reshaping the Economy,* Univ. of Nebraska Press, Lincoln, Neb. 1990; Roger Lotchin, *Fortress California, 1910–1961,* Oxford Univ. Press, New York 1992. Zu den Veränderungen im Süden siehe die hellsichtige Analyse von Pete Daniel, »Going among Strangers. Southern Reactions to World War II«, in: *Journal of American History* 77 (1990), S. 886–911.

77 Einen Überblick, der das Ausbleiben wesentlicher Veränderungen betont, bietet Harry Sitkoff, »American Blacks in World War II: Rethinking the Militancy-Watershed Hypothesis«, in: James Titus, Hg., *The Homefront and War in the Twentieth Century. The American Experi-* ence in Comparative Perspective (USAFA Tenth Military History Symposium, 1982), GPO, Washington 1984, S. 147–155, interessant sind auch die auf den folgenden Seiten abgedruckten Kommentare und Diskussionsbeiträge. Zu Eleanor Roosevelts Rolle siehe Joan Hoff-Wilson und Marjorie Lightman, Hg., *Without Precedent. The Life and Career of Eleanor Roosevelt,* Indiana Univ. Press, Bloomington, Ind. 1984, S. 88–107. Stephen Fox, *The Unknown Internment. An Oral History of the Relocation of Italian-Americans during World War II,* Twayne, Boston 1990, relativiert die Ansicht, daß nur Amerikaner japanischen Ursprungs Opfer der 1942 aus primär rassistischen Gründen im amerikanischen Westen ausbrach. Das Gesamtproblem der Restriktionen, denen alle »feindlichen Fremden« in Amerika während des Zweiten Weltkriegs unterworfen waren, ist noch nicht genügend erforscht.

78 Eine interessante Einführung aus persönlicher Sicht bieten die Memoiren des schwarzen weiblichen Offiziers Charity Adams Early, *One Woman's Army. A Black Officer Remembers the WAC,* Texas A & M Press, College Station, Tex. 1989. Zu Marshalls Rolle siehe Pogue, *Marshall,* Bd. 3, S. 96–99. Zum Umgang der Luftstreitkräfte des Heeres mit Afro-Amerikanern ist das Vorwort in Craven und Cate, *Army Air Forces,* Bd. 6, S. xxxi, besonders interessant.

79 Gunnar Myrdal, *An American Dilemma,* 2 Bde., Harper, New York 1944.

80 Maureen Honey, *Creating Rosie the Riveter. Class, Gender and Propaganda in World War II,* Univ. of Massachusetts Press, Amherst, Mass. 1985. Allgemeine Untersuchungen zum Thema amerikanische Heimatfront sind: John M. Blum, *V Was for Victory. Politics and American Culture during World War II,* Harcourt Brace Jovanovich, New York 1976, und Richard Polenberg, *War and Society. The United States 1941–1945,* Lippincott, Philadelphia 1972.

81 Zur zentralen Rolle Marshalls siehe Pogue, Bd. 3, S. 103–114. Die beste allgemeine Arbeit zur Rolle der Frau in den amerikanischen Streitkräften ist bis heute: Mattie Tredwell, *The Women's Army Corps,* GPO, Washington 1954. Das Buch erschien im Rahmen der offiziellen amerikanischen Serie über den Zweiten Weltkrieg. Die Geschichte der Luftstreitkräfte des Heeres von Craven und Cate behandelt das

Thema Frauen in Bd. 6, der ausgerechnet *Men and Planes* heißt (Univ. of Chicago Press, Chicago 1955, Nachdruck: GPO, Washington 1983), S. 678–690. Siehe auch Adela R. Scharr, *Sisters in the Sky,* 2 Bde., Patrice, New York 1986/88. Eine wichtige Materialsammlung zum Thema Pilotinnen bei den Luftstreitkräften findet sich bei den Unterlagen von Oberstleutnant Yvononde C. Pateman, U. S. Air Force Academy Library, MS 31.

82 Theodore R. Mosch, *The G. I. Bill. A Breakthrough in Educational and Social Policy in the United States,* Exposition Press, Hicksville, N. Y. 1975; Davis R. B. Ross, *Preparing for Ulysses. Politics and Veterans during World War II,* Columbia Univ. Press, New York 1969.

83 Eine faszinierende Möglichkeit, die Aktivitäten der Regierung kennenzulernen, besteht darin, sie mit den Augen Isaiah Berlins zu sehen, dessen wöchentliche politische Berichte aus der britischen Botschaft in Washington unter dem Titel *Washington Despatches 1941–1945* publiziert wurden (hg. v. Herbert G. Nichols, Univ. of Chicago Press, Chicago 1981).

84 Ben-Ami Shillony, *Politics and Culture in Wartime Japan,* Clarendon Press, Oxford 1981, S. 36.

85 Siehe den Text zum »Landverteilungsplan in der großostasiatischen Wohlstandssphäre« vom Dezember 1941, der Forschungsabteilung des japanischen Kriegsministeriums, IMTFE Exhibit 1334, abgedruckt in: Storry, *Double Patriots,* S. 317–319. Vgl. einen alternativen Plan des japanischen Außenministeriums vom 14. Dezember 1941, IMTFE Exhibit 1333A, diskutiert in: Francis Clifford Jones, *Japan's New Order in East Asia. Its Rise and Fall, 1937–1945,* Oxford Univ. Press, London 1954, S. 332f.

86 Zum fehlgeschlagenen Versuch, die Wirtschaft nach den Rückschlägen von 1942 in Gang zu bringen, siehe Bernd Martin, »Japans Kriegswirtschaft 1941–1945«, in: Friedrich Forstmeyer und Hans-Erich Volkmann, Hg., *Kriegswirtschaft und Rüstung 1939–1945,* Droste, Düsseldorf 1977, S. 266f.

87 Vgl. dazu die Zahlen über politische Gefangene und Hinrichtungen in Japan während des Krieges in: Shillony, *Wartime Japan,* S. 12f., 34f., 79. In den Jahren 1941–1945 wurden in Japan insgesamt 79 Menschen hingerichtet; in Deutschland waren es *jede Woche* ebensoviele. Sogar die

japanischen Wahlen vom April 1942 waren relativ frei; offizielle Kandidaten erhielten zwei Drittel der Stimmen und unabhängige ein Drittel (ebenda, S. 21–27; es gibt eine Untersuchung von Edward J. Drea über diese Wahl). Das Kapitel mit dem Titel »The War at Home: Democracy Destroyed« in: Ienaga Saburo, *The Pacific War, 1931–1945,* Pantheon Books, New York 1978, behandelt hauptsächlich den Zeitraum 1937–1941.

88 Siehe Stahmer (Tokio) an Berlin Nr. 1139 vom 8. April 1943, AA, St. S., »Japan«, Bd. 12, MF 298 548–53; vgl. *ADAP,* E, Bd. 5, Nr. 231. Zur Planung der japanischen Nachkriegsherrschaft in China siehe Tokio-Rundbrief Nr. 755 vom 28. April 1942, NA, RG 457, SRDJ 22 764f.; Tokio an Berlin Nr. 504 vom 15. Mai 1942, SRDJ 24 102–104.

89 Der Kampf um die Gründung des Großostasien-Ministeriums wird zusammengefaßt in: Jones, *Japan's New Order,* S. 334f. Außenminister Togo wurde in seinem Verlauf aus dem Amt gedrängt (*Kido Diary,* 1. September 1942, S. 339f.). Das Außenministerium schlug zurück, indem es sich weigerte, Akten an das neue Ministerium in Tokio zu überstellen, siehe Tokio an Peking Nr. 226 (Zirkular 1688) vom 11. September 1942, NA, RG 457, SRDJ 26 368.

90 Die auf der Konferenz gehaltenen Reden sind veröffentlicht in: *The Japan Yearbook 1943–44,* hg. v. der japanischen Gesellschaft für Auswärtige Angelegenheiten (The Japan Times, Tokio 1943) und nachgedruckt vom amerikanischen Interdepartmental Committee for the Acquisition of Foreign Publications, GPO, Washington 1945, S. 1049–1076 (Bose wird auf S. 1075 zitiert). Zu der Konferenz siehe auch Shillony, *Wartime Japan,* S. 141–151; Lebra, *Japanese-Trained Armies,* S. 12; Jones, S. 368.

91 So Ienaga, *Pacific War,* Kap. 10.

92 Interessante Darstellung in: Thomas R. H. Havers, *Valley of Darkness. The Japanese People and World War II,* Norton, New York 1978.

93 Butow, *Tojo,* S. 443.

94 Ch'i, *Nationalist China,* S. 118.

95 Ebenda, S. 121; Schaller, *U. S. Crusade in China,* S. 42f.

96 Siehe Tokio an Nanking Nr. 303 vom 13. Dezember 1943, NA, RG 457, SRDJ 47 198f.

97 Die Japaner hatten wiederholt erwogen,

schon früher eine große Offensive zu wagen, den Gedanken jedoch immer wieder verworfen. Man wüßte gern, was geschehen wäre, wenn sie das Unternehmen gewagt hätten (Ch'i, S. 69f.).

98 Einen Überblick über die letzten Monate der Kämpfe bietet: Dick Wilson, *When Tigers Fight. The Story of the Sino-Japanese War, 1937–1945*, Penguin, New York 1983, S. 243 ff. Zum gesamten Thema siehe auch James C. Hsiung und Steven I. Levine, Hg., *China's Bitter Victory. The War with Japan 1937–1945*, M. E. Sharpe, New York 1992.

99 Eine vergleichende Untersuchung zur Entwicklung der nationalchinesischen und der kommunistischen Streitkräfte in den letzten Jahren des Krieges findet sich in: Ch'i, S. 122–131.

100 Die offizielle sowjetische Darstellung ist: Nikolai Alekseevich Voznesenskii, *The Economy of the U. S. S. R during World War II*, Public Affairs Press, Washington 1948, übersetzter Originaltext von 1947. Gute neuere Untersuchungen zum Thema: Klaus Segbers, *Die Sowjetunion im Zweiten Weltkrieg. Die Mobilisierung der Verwaltung, Wirtschaft und Gesellschaft im »Großen Vaterländischen Krieg« 1941–1943*, Oldenbourg, München 1987; Arthur Marwick, Hg., *Total War and Social Change*, St. Martin's, New York 1988, Kap 4; John Barber und Mark Harrison, *The Soviet Home Front, 1941–1945. A Social and Economic History of the U. S. S. R in World War II*, Longman, London 1991.

101 Lord Rennell of Rodd, *British Military Administration of Occupied Territories in Africa during the Years 1941–1946*, HMSO, London 1948; Kap. 10 des Buches handelt von Madagaskar.

102 Zu Ägypten siehe John H. Turner, »Caught in the Middle. Egypt's Wartime Relations with Britain and the Axis Powers, 1939–1942«, Magisterarbeit, Univ. of North Carolina 1987; einen Überblick über innere Veränderungen auf dem afrikanischen Kontinent bietet: David Killingray und Richard Rathbone, Hg., *Africa in the Second World War*, St. Martin's, New York 1986.

103 William Roger Louis, *Imperialism at Bay. The United States and the Decolonization of the British Empire, 1941–1945*, Clarendon Press, Oxford 1977, bietet eine sorgfältige Untersuchung der britischen und amerikanischen Pläne und Kontroversen.

104 FDRL, PSF Box 96, Sumner Welles Juni – Dezember 1940. Vgl. auch *FRUS*, 1940, Bd. 5, S. 1157.

105 Stanley E. Hilton, *Hitler's Secret War in South America. German Military Espionage and Allied Counterespionage in Brazil*, Ballantine, New York 1982, konzentriert sich, wie der Untertitel vermuten läßt, besonders auf Brasilien. Die deutsche Unterstützung eines Revolutionsversuchs in Bolivien im August 1944 wurde durch Abhören des deutschen Funkverkehrs entdeckt (NA, RG 457, SRH 062, S. 7). Siehe auch Blasier Cole, »The United States, Germany and the Bolivian Revolution (1941–46)«, in: *Hispanic American Historical Review* 52, Nr. 1, Februar 1972.

106 Nützliche Darstellung in: Frank D. McCann, Jr., *The Brazilian-American Alliance, 1937–1945*, Princeton Univ. Press, Princeton, N. J. 1973, Kap. 12, 14.

107 Ebenda, Kap. 13, beschreibt den schlimmen Zustand der brasilianischen Wirtschaft während des Krieges.

108 Siehe *ADAP*, D, Bd. 9, Nr. 470, und Bd. 10, Nr. 41, 80, 92, 145.

109 Alton R. Frye, *Nazi Germany and the American Hemisphere 1933–1941*, Yale Univ. Press, New Haven, Conn. 1967; Ronald C. Newton, *The »Nazi Menace« in Argentinia, 1931–1947*, Stanford Univ. Press, Stanford, Calif. 1992.

110 Einen guten Überblick bietet: Philip Shukryi (Philip Khoury), *Syria and the French Mandate. The Politics of Arab Nationalism, 1920–1945*, Princeton Univ. Press, Princeton, N. J. 1986, Kap. 23. Siehe auch A. B. Gannon, *The Anglo-French Collision in Lebanon and Syria, 1940–1945*, Macmillan, London 1986; Aviel Roshwald, *Estranged Bedfellows. Britain and France in the Middle East during World War II*, Oxford Univ. Press, New York 1990.

111 Zur Entstehungsgeschichte des amerikanischen Interesses an den Ölquellen im Nahen Osten siehe Aaron D. Miller, *Search for Security. Saudi Arabian Oil and American Foreign Policy, 1939–1949*, Univ. of North Carolina Press, Chapel Hill, N. C. 1980, Kap. 2–5; David S. Painter, *Oil and the American Century. The Political Economy of U. S. Foreign Oil Policy 1941–1954*, Johns Hopkins Univ. Press, Baltimore 1986, Kap. 1–3; Michael B. Stoff, *Oil, War, and Ame-*

rican Security, Yale Univ. Press, New Haven, Conn. 1980.

112 Siehe Bernard Wasserstein, *Britain and the Jews of Europe, 1939–1945,* Oxford Univ. Press, New York 1979. Ein britischer Teilungsplan aus der Kriegszeit, der sich vom früheren leicht unterscheidet, findet sich in WP(43) 563, 20. Dezember 1943, PRO, CAB 66/104, Bl. 102–111. Das britische Kriegsministerium nahm zur Aufstellung einer jüdischen Einheit in der britischen Armee eine besonders negative Haltung ein, obwohl diese von Churchill entschieden befürwortet wurde; siehe PRO, WO 259/52, 79.

113 Die bis heute beste Darstellung ist: Rich, *Hitler's War Aims.*

114 *ADAP,* E, Bd. 3, Nr. 148. Die Dänen verkauften den Deutschen außerdem acht Torpedoboote (KTB Skl A, Bd. 17, 25. Januar 1941, BA-MA, RM 7/20, Bl. 340f.).

115 *ADAP,* E, Bd. 4, Nr. 6, 104, 108.

116 Zu ersehen aus den Papieren von Boehm, BA-MA, N 172/1, 4, 6, 7.

117 Siehe dazu *DRuZW,* Bd. 4, S. 877.

118 Siehe das Gespräch zwischen Boehm und Quisling vom 23. Januar 1942, BA-MA, N 172/4. Beste Darstellung: Høidal, *Quisling,* Kap. 11–16.

119 *ADAP,* E, Bd. 5, Nr. 310.

120 Rich, *Hitler's War Aims,* Bd. 2, S. 162–169; *DRuZW,* Bd. 5/1, S. 58; Willard A. Fletcher, »*Plan und Wirklichkeit.* German Military Government in Luxemburg, 1940«, in: George O. Kent, Hg., *Historians and Archivists,* George Mason Univ. Press, Fairfax, Va. 1991, S. 145–172; Paul Dostert, *Luxemburg zwischen Selbstbehauptung und nationaler Selbstaufgabe. Die deutsche Besatzungspolitik und die Volksdeutsche Bewegung 1940–45,* Imprimerie Saint Paul, Luxemburg 1985. Eine große Studie über Luxemburg in der Kriegszeit wird demnächst von Willard A. Fletcher publiziert.

121 Vgl. Werner Pfeiffers Bericht vom 18. Mai 1943, BA, ZSg. 115/6, Bl. 101–105.

122 Rich, *Hitler's War Aims,* Bd. 2, S. 141–163; Gerhard Hirschfeld, *Nazi Rule and Dutch Collaboration. The Netherlands under German Occupation, 1940–1945,* Berg, Oxford 1988. Es gibt eine mehrbändige offizielle niederländische Geschichte der Besatzungszeit; von ihr liegt eine englische Zusammenfassung vor: Louis de Jong, *The Netherlands and Nazi Germany,* Harvard Univ. Press, Cambridge, Mass. 1990.

123 Konrad Kwiet, »Vorbereitung und Auflösung der deutschen Militärverwaltung in den Niederlanden«, in: *MGM* 5 (1969), S. 129 und 149–151.

124 Rost van Tonningens Papiere sind publiziert in: E. Fraenkel-Verkade, *Correspondentie van Meinoud Marinus van Tonningen,* Nijhoff, 's-Gravenhage 1967. Zu den Plänen, in der deutsch besetzten Sowjetunion Niederländer anzusiedeln, siehe Dallin, *German Rule in Russia,* S. 285 (Rost van Tonningen war eine Schlüsselfigur bei diesen Projekten).

125 Hilberg, *Destruction of the European Jews,* Bd. 2, S. 570–597.

126 Arnold H. Price, »The Belgian-German Frontier during World War II« in: *Maryland Historian* 1 (1970), S. 145–153.

127 Hilberg, Bd. 2, S. 599–608.

128 Aus dem Tagebuch des Hamburger Bürgermeisters geht hervor, daß Hitler erwog, Karl Kaufmann, den Gauleiter dieser Stadt, nach Belgien zu schicken (Tagebuch Krogmann, 6. Juni 1940, Forschungsstelle Hamburg, 11 k 8). Einige österreichische Gauleiter wurden 1942 für den Posten ins Auge gefaßt (Rich,*Hitler's War Aims,* Bd. 2, S. 179).

129 Die Nazis hatten Degrelle ursprünglich beiseite geschoben (siehe Boelcke, *Kriegspropaganda,* S. 597), änderten ihre Haltung jedoch, als sich die militärische Lage verschlechterte. Deutsches Außenministerium an von Bargen, Nr. 184 vom 15. Februar 1943, AA, Inland IIg, »Namen D«, MF D 441614; *ADAP,* E, Bd. 5, Nr. 51, Anm. 5. Einige offene Äußerungen von Degrelle, der einen fast endlosen Krieg und die Vereinigung Deutschlands und Belgiens erwartete, finden sich in *ADAP,* E, Bd. 5, Nr. 51.

130 Gute Zusammenfassung in Rich, Bd. 2, Kap. 7.

131 Wolfgang Schivelbuch, *Die Bibliothek von Löwen. Eine Episode aus der Zeit der Weltkriege,* Hanser, München 1980.

132 Bargen an Weizsäcker, 10. Oktober 1941, AA, St. S., »Briefwechsel mit Beamten«, Bd. 6, MF 122709–19; Weizsäcker an Bargen, 16. Oktober 1941, MF 122708.

133 Einen guten Überblick über die deutsche Politik im besetzten Frankreich bietet: Rich, Bd. 2, Kap. 8; mehr Details in: Jäckel, *Frank-*

reich; eine andere Sichtweise bietet: Marwick, Hg., *Total War,* Kap. 6. Zur Lage im annektierten Elsaß siehe Johnpeter Horst Grill, *The Nazi Movement in Baden, 1920–1945,* Univ. of Carolina Press, Chapel Hill, N. C. 1983, Kap. 12.

134 Schon am 31. Juli 1940 wurden Kohlelieferungen aus diesen Departements als deutsche Kohle betrachtet (*ADAP,* D, Bd. 10, Nr. 267).

135 Vgl. die Äußerungen Hitlers, über die Engel dem Oberbefehlshaber des Heeres am 25. Dezember 1940 berichtete (Imperial War Museum, AL 2828, Box E 284).

136 Vgl. das Gespräch, das Churchill und Halifax am 31. Oktober 1940 über die Beziehungen zu Frankreich führten (C 11 713/9/17, PRO, FO 371/24 303).

137 KTB Skl A, Bd. 22, 19. Juli 1941, BA-MA, RM 7/26, Bl. 284f.; Puttkamer an Raeder, 11. August 1941, RM 6/81, Bl. 60f.; Fridolin von Senger und Etterlin, Bericht, 1942, BA-MA, N 64/9, Bl. 33.

138 Krautkrämer, »Vorgeschichte«, S. 214–217; derselbe, *Frankreichs Kriegswende,* S. 56f.

139 Siehe Mitani (Vichy) an Tokio Nr. 62 vom 12. Februar 1943, NA, RG 457, SRDJ 31 528–30.

140 Eine gute Einführung bietet: Paxton, *Vichy France.*

141 Hitler plante, sogar den Louvre auszuräumen, siehe Boelcke, *Kriegspropaganda,* S. 550.

142 Siehe Marrus und Paxton, *Vichy France and the Jews;* Ferro, *Pétain,* S. 238–247, 414–419. Über Pétains Haltung zum Widerstand siehe Ferro, S. 566f. Thematisch breiter angelegt ist: John F. Sweets, *Choices in Vichy France. The French under Nazi Occupation,* Oxford Univ. Press, New York 1986, eine Untersuchung, die sich auf die Region Clermont-Ferrand konzentriert. Zu den unterschiedlichen Betrachtungsweisen – und wie sie sich geändert haben – siehe Henry Rousso, *The Vichy Syndrome. History and Memory in France since 1944,* ins Englische übers. v. Arthur Goldhammer, Harvard Univ. Press, Cambridge, Mass. 1991.

143 Paxton, *Parades and Politics,* S. 372ff. Eine große Anzahl von Offizieren der französischen Waffenstillstandsarmee entkam in der Folge und kämpfte mit der französischen Armee in Afrika auf seiten der Alliierten (ebenda, S. 398f.).

144 Siehe »Streng vertraulicher Informations-

bericht«, 15. Oktober 1943, BA, ZSg. 115/7, Bl. 99.

145 Siehe dazu *ADAP,* E, Bd. 3, Nr. 275.

146 Stafford, *Britain and European Resistance,* S. 92f.

147 Robert Marshall, *All the King's Men. The Truth behind SOE's Greatest Wartime Disaster,* Collins, London 1988.

148 Brooke Diary, 15. Dezember 1941, Liddell Hart Centre, Alanbrooke Papers.

149 Gute Einführung in: Raoul Aglion, *Roosevelt and De Gaulle: Allies in Conflict. A Personal Memoir,* Free Press, New York 1988. Der Autor betont den Einfluß der gegenüber de Gaulle feindlichen Einstellung prominenter Franzosen in den Vereinigten Staaten, insbesondere Alexis Legers, auf Roosevelts Haltung. Siehe auch Gietz, *Die neue Alte Welt,* S. 141–177.

150 Beauftragte für den Vierjahresplan, »Zur Frage der künftigen Wirtschaftspolitik gegenüber Südosteuropa«, 15. Januar 1941, BA, R 2/10 382.

151 Adolf Heinz Beckerle, »Tagebuch, 2. September 1941«, AA, Deutsche Gesandtschaft Sofia, Persönliche Aufzeichnungen des Gesandten Beckerle, Bd. 1, Bl. 43.

152 Vgl.: Der Reichsminister der Finanzen, »F 7003–891, Garantien für Nachkriegsgeschäfte«, 3. März 1944, BA, R 2/30 936.

153 Rich, *Hitler's War Aims,* Bd. 2, S. 27–55; Detlef Brandes, *Die Tschechen unter deutschem Protektorat,* Oldenbourg, München 1969; Vojtech Mastny, *The Czechs under Nazi Rule. The Failure of National Resistance,* Columbia Univ. Press, New York 1971. Wir können jetzt neue Arbeiten zu diesem wichtigen Thema erwarten.

154 Siehe Hácha an Hitler, 7. oder 8. Juni 1940, BA, Adjutantur des Führers, NS 10/19, Bl. 73–77.

155 Callum MacDonald, *The Killing of SS-Obergruppenführer Reinhard Heydrich,* Free Press, New York 1989.

156 Siehe C 10 778/6/18, PRO, FO 371/24 392 und C 4795/18/18, FO 371/26 510, als Korrektiv zu Jakschs Memoiren, *Europas Weg nach Potsdam,* Deutsche Verlags-Anstalt, Stuttgart 1958.

157 Radomír Luza, *The Transfer of the Sudeten Germans. A Study of Czech-German Relations, 1933–1962,* New York Univ. Press, New York 1964; Detlef Brandes, *Großbritannien und seine* *osteuropäischen Alliierten,* Oldenbourg, München 1988.

158 Rich, *Hitler's War Aims,* Bd. 2, S. 55–67.

159 Memorandum Lammers, »Rk 17 178A«, 16. Juni 1939, BA, R 43 II/1416, Bl. 16f.

160 Siehe Memorandum Woermann, »Zu Pol. IV 1559«, 28. Mai 1942, AA, St. S., »Dipl. Aufzeichnungen, April-Juni 1942«, MF J 000 491f.

161 Zu dem Umstand, daß viele Ungarn die Kriegserklärung an die Vereinigten Staaten bedauerten, siehe den Brief des letzten amerikanischen Gesandten Robert T. Pell vom 10. Februar 1942 an Roosevelt in: FDRL, PSF Box 96, State, Welles 1942. Pell sagte voraus, daß die Deutschen ganz Europa mit in ihren Untergang hineinreißen würden.

162 Zusammenfassung in: Rich, *Hitler's War Aims,* Bd. 2, S. 241–251.

163 *ADAP,* E, Bd. 3, Nr. 183; Schmidt (Presse), »Notiz für Herrn St. S.«, 9. März 1942, AA, St. S., »Ungarn«, Bd. 6, MF 104 672; Weizsäcker an Stuckart, 19. März 1942, AA, St. S., »Politischer Schriftwechsel«, Bd. 8, MF 470 730f.

164 Braham, *Politics of Genocide;* Randolph L. Braham, Hg., *The Destruction of Hungarian Jewry. A Documentary Account,* 2 Bde., Pro Arte, New York 1963.

165 *ADAP,* E, Bd. 8, Nr. 40, 48. Zahlreiche Dokumente, die sich auf den Vorgang beziehen, in: AA, Inland IIg, »Judenfrage in Ungarn, Angelegenheit Manfred Weiss, 1944«.

166 Eine exzellente Untersuchung ist: Margit Szöllösi-Janze, *Die Pfeilkreuzlerbewegung in Ungarn. Historischer Kontext, Entwicklung und Herrschaft,* Oldenbourg, München 1989.

167 Zu Rumänien siehe Rich, *Hitler's War Aims,* Bd. 2, S. 251–258; I. C. Butnaru, *The Silent Holocaust. Romania and its Jews,* Greenwood, Westport, Conn. 1992; Hillgruber, *Hitler, König Carol,* behandelt außerdem die Exilregierung Horia Sima (S. 226–228). Zu letzterer siehe außerdem Heinen, *Die Legion »Erzengel Michael«,* S. 459–463.

168 Die Deutschen unterstützten auch seinen Vater, den ehemaligen König Ferdinand, finanziell, denn er beriet Boris in ihrem Sinne (Weizsäcker an Ribbentrop, 21. Januar 1942, AA, St. S., »Aufzeichnungen über interne Angelegenheiten«, Bd. 2, MF 472 298).

169 Zu Bulgarien im Krieg siehe Rich, Bd. 2, S. 258–263; Hoppe, *Bulgarien,* S. 128ff. Zum Schicksal der bulgarischen Juden siehe Frederick B. Charny, *The Bulgarian Jews and the Final Solution 1940–1944,* Pittsburgh Univ. Press, Pittsburgh 1972, und Marshall Lee Miller, *Bulgarian Jewry during the Second World War,* Stanford Univ. Press, Stanford, Calif. 1975.

170 Der deutsche Gesandte im Marionettenstaat Kroatien wies darauf hin, daß die Vertreibungen selbst die Italiener gut aussehen ließen (Kasche, »Abschließender Bericht über die Umsiedlung«, 20. November 1941, AA, Inland IIg, »Fremde Volksgruppen«, MF H 296639–49).

171 Der Befehl des OKW wird zitiert in: Christopher R. Browning, »Harald Turner und die Militärverwaltung in Serbien 1941–1942«, in: Dieter Rebentisch und Karl Treppe, Hg., *Verwaltung contra Menschenführung im Staat Hitlers,* Vandenhoeck & Ruprecht, Göttingen 1986, S. 366. Siehe auch Christopher R. Browning, *Fateful Months. Essays on the Emergence of the Final Solution,* überarbeitete Aufl., Holmes & Meier, New York 1991, Kap. 2.

172 Vgl. *ADAP,* D, Bd. 13, Nr. 432.

173 Gute Darstellung in: Matteo J. Milazzo, *The Chetnik Movement and the Yugoslav Resistance,* John Hopkins Press, Baltimore 1975. Zusätzliche Details und ausgewogene Urteile in: Lucien Karchmar, *Draja Mihailovic and the Rise of the Chetnik Movement, 1941–1942,* 2 Bde., Garland, New York 1987.

174 Stafford, *Britain and European Resistance,* S. 73f.

175 Der Kurswechsel der britischen Politik wird nachgezeichnet in: Hinsley, *British Intelligence,* Bd. 3/1, Kap. 33.

176 Ebenda, S. 151–156; Hugh DeSantis, »In Search of Yugoslavia: Anglo-American Policy and Policy-Making 1943–45«, in: *JCH* 16 (1981), S. 544–547; Lamb, *Churchill as War Leader,* Kap. 19.

177 Siehe *ADAP,* E, Bd. 1, Nr. 277; vgl. Kasche an Weizsäcker, 12. Oktober 1942, AA, St. S., »Schriftwechsel mit Beamten«, Bd. 7, MF 122 283–85; Broucek, Hg., *Glaise Horstenau,* Bd. 3, S. 292f., 302f., 371f.

178 Zu Titos Kontaktaufnahmen mit Hitler siehe die Einführung von Peter Broucek zu den von ihm herausgegebenen Glaise-Horstenau-Papieren, Bd. 3, S. 33ff., 145, Anm. 1, und 220f. Brouceks gesamte Einführung bietet einen exzellenten Überblick über die Ereignisse in

Kroatien während des Krieges. Siehe auch Milovan Djilas, *Conversations with Stalin,* Harcourt, New York 1962, S. 9 f., 33; derselbe, *Wartime,* Harcourt Brace, New York 1977, S. 198 f., 229–245; *ADAP,* E, Bd. 5, Nr. 262; Bd. 7, Nr. 105; Bd. 8, Nr. 240; und AA, Gesandtschaft Zagreb, »geheime Reichssachen« Akten 1943/44. Wie Dr. Klaus Grimm, ein Mitglied des historischen Stabes in Hitlers Hauptquartier, nach dem Krieg berichtete, reagierte Hitler auf Titos Kontaktversuche mit den Worten »mit Rebellen verhandle ich nicht« (BA-MA, MSg.-1/705, Bl. 123 f.). Tito gelang es anscheinend Ende 1943, einen befristeten Waffenstillstand mit Ungarn auszuhandeln.

179 *ADAP,* E, Bd. 3, Nr. 310; Weizsäcker an Kasche, 9. April 1942, AA, St. S., »Schriftwechsel mit Beamten«, Bd. 7, MF 122 266–67; Makkensen an Berlin Nr. 2451 vom 25. Mai 1943, AA, St. S., »Italien«, Bd. 13, MF 124 411.

180 *ADAP,* E, Bd. 7, Nr. 156. Die deutschen militärischen und diplomatischen Archive quellen buchstäblich über von Berichten zu diesem Thema; eine systematische Analyse und Darstellung steht noch aus.

181 Ein sehr gut durchdachter Bericht des amerikanischen Offiziers Capt. W. R. Mansfield, USMCR, der sich vom 18. August 1943 bis zum 15. Februar 1944 in Mihailovićs Hauptquartier aufhielt, ging am 1. März 1944 an Roosevelt (FDRL, PSF Box 167 OSS). Wichtige, damit zusammenhängende Dokumente in: PSF Box 167 OSS, Donovan, und Box 168, OSS Reports April – Juli 1944.

182 Rich, *Hitler's War Aims,* Bd. 2, S. 299–302; Christoph Stamm, »Zur deutschen Besetzung Albaniens 1943–1944«, in: *MGM* 30 (1981), S. 99–120; Reginald Hibbert, *Albania's National Liberation Struggle. The Bitter Victory,* Pinter, London 1991.

183 Dabei handelte es sich um eine frühe Verletzung der Waffenstillstands- und Kapitulationsbedingungen durch die Deutschen; siehe das griechische Memorandum vom Juni 1941 in den Papieren von Clemm von Hohenberg, BA-MA, N 449/2, Bl. 5–20.

184 Dazu, daß die Lebensmittel von der Blockade ausgenommen wurden, siehe Medlicott, *Economic Blockade,* Bd. 2, 263 ff. Eine kurze Untersuchung der deutschen Politik und ihrer Umsetzung findet sich in Hagen Fleischer, »Das

Beispiel Griechenland«, in: Norbert Frei und Hermann Kling, Hg., *Der nationalsozialistische Krieg,* Campus, Frankfurt/M. 1990, S. 205–219; allgemeiner Überblick in Hondros, *Occupation and Resistance,* S. 61–76. Für die Deutschen waren die Italiener für sämtliche Probleme alleinverantwortlich (*ADAP,* E, Bd. 4, Nr. 64; Ribbentrop an Rom Nr. 1274 vom 10. Oktober 1942, AA, St. S., »Italien«, Bd. 10, MF 125 121–124).

185 Eine gute Darstellung, die ELAS ziemlich schmeichelt, findet sich in: Hondros, Kap. 4–6. Siehe auch Thanasis D. Sfikas, »The People at the Top Can Do Those Things Which Others Can't Do. Winston Churchill and the Greeks, 1940–45«, in: *JCH* 26 (1991), S. 307–332.

186 Siehe Hondros, S. 250.

187 Peter J. Stavrakis, *Moscow and Greek Communism, 1944–1949,* Cornell Univ. Press, Ithaca, N. Y. 1989.

188 Lukas, *Forgotten Holocaust.* Siehe auch Czeslaw Madajczyk, »Besteht ein Synchronismus zwischen dem ›Generalplan Ost‹ und der Endlösung der Judenfrage?« in: Michalka, Hg., *Der Zweite Weltkrieg,* S. 844–857.

189 Schmuhl, *Rassenhygiene, Nationalsozialismus, Euthanasie,* S. 240–247.

190 Ein außerordentlicher Bericht findet sich im Tagebuch des deutschen Generalgouverneurs Hans Frank. In den National Archives vollständig als Mikrofilm T-992 vorhanden. In umfangreichen Auszügen veröffentlicht in: Präg und Jacobmeyer, Hg., *Das Diensttagebuch des deutschen Generalgouverneurs in Polen;* hier zit. als *Tagebuch Frank.*

191 Eine nützliche Zusammenfassung bietet: Michael A. Peszke, »The Polish Government's Aid to and Liaison with its Secret Army in Occupied Poland, 1939–1945«, in: *Military Affairs* 52 (1988), S. 197–202.

192 Die bis heute beste Darstellung ist: Dallin, *German Rule in Russia;* Zusammenfassung und etwas zusätzliches Material in: Rich, *Hitler's War Aims,* Bd. 2, Kap. 11.

193 Schmuhl, S. 240–247.

194 Dieser Punkt wird in einem Großteil der Literatur zur deutschen Okkupation übersehen, als ob die zivil verwalteten Gebiete das gesamte und nicht nur einen Teil des besetzten Gebietes – und zwar, was die Sowjetunion vor 1939 betrifft, den kleineren Teil – ausgemacht hätten. Ein

Beispiel für diesen Irrtum ist: Harvey Fireside, *Icon and Swastika. The Russian Orthodox Church under Nazi and Soviet Control,* Harvard Univ. Press, Cambridge, Mass. 1971. Theo J. Schulte, *The German Army and Nazi Policies in Occupied Russia,* Berg, Oxford 1989, zeichnet sich durch eine weit realistischere Einschätzung der Lage aus.

195 Eine gute Analyse aus jüngerer Zeit ist: Timothy P. Mulligan, *The Politics of Illusion and Empire. German Occupation Policy in the Soviet Union, 1942–1943,* Prager, New York 1988.

196 *ADAP,* E, Bd. 5, Nr. 149.

197 Siehe Tokio an Oshima Nr. 250 vom 16. April 1943 und Oshima an Tokio Nr. 444 vom 19. April 1943, NA, RG, 457, SRDJ 34430–34.

198 Hans-Erich Volkmann, »Das Vlasov-Unternehmen zwischen Ideologie und Pragmatismus«, in: *MGM* 12 (1972), S. 125–129, und die hier zitierten Dokumente.

199 M. R. D. Foot, *Resistance. European Resistance to Nazism, 1940–1945,* McGraw-Hill, New York 1977, S. 319.

200 Sie mißachteten natürlich Francos Bitte, auf die spanische Kultur auf den Philippinen Rücksicht zu nehmen (Suma [Madrid] an Tokio, Nr. 9 vom 4. Januar 1942, NA, RG457, SRDJ 18 649). Eine Analyse in Ienaga, *Pacific War,* Kap. 8, trägt den Titel »The Greater East Asia Co-Prosperity Sphere: Liberation or Exploitation?« Sie zeigt, warum letzteres zutrifft.

201 Ein Beispiel ist die Lage in Birma, wie die Pacific Strategic Intelligence Section in »Japanese-Burmese Relations« am 9. Mai 1945 analysierte (NA, RG 457, SRH-074).

202 Siehe dazu die Analyse in: Peter Herde, »José P. Laurel: Konservativer Katholizismus und japanische Sozialphilosophie als philippinische Variante der ›Neuen Ordnung‹ in der ›Großostasiatischen Wohlstandssphäre‹ (1942–1945)«, in: Sabine Weiss, Hg., *Historische Blickpunkte. Festschrift für Johann Rainer,* Amoe, Innsbruck 1988, S. 269.

10
Mittel der Kriegführung – alt und neu

1 Eines der besten halbdokumentarischen Bücher über den Zweiten Weltkrieg, *Die unsichtbare Flagge* von Peter Bamm (eigtl. Curt Emmrich), berichtet von den Abenteuern einer deutschen Sanitätskompanie an der Ostfront, deren Transportmittel fast ausschließlich von Pferden gezogen wurden. Eine allgemeine Untersuchung ist: Di Nardo, *Mechanized Juggernaut.*

2 Fritz Hahn, *Waffen und Geheimwaffen des deutschen Heeres 1933–1945,* 2 Bde., Bernard & Graefe, Koblenz 1986–87, Bd. 1, S. 191–194. Zu anderen monströsen deutschen Kanonen siehe ebenda, Bd. 2, S. 107–109. Der Einsatz von Dora bei Sewastopol wird in Kap. 8 behandelt.

3 Bericht in: Groehler, »Die ›Hochdruckpumpe‹«, S. 738–744. Die Stellung in Frankreich, von der aus London beschossen werden sollte, wurde am 6. Juli 1944 von alliierten Bombern zerstört.

4 Von Senger und Etterlin, *German Tanks of World War II,* S. 29–31. Solche Panzer wurden von den Deutschen noch im Endkampf um Berlin eingesetzt.

5 Hahn, Bd. 2, S. 45–47.

6 Siehe ebenda, S. 89–91. Die verschiedenen Monsterpanzer hätten, wenn sie gebaut worden wären, nicht per Bahn transportiert werden können und wären für fast alle Brücken, die damals existierten oder von deutschen Pionieren gebaut wurden, zu schwer gewesen.

7 Exzellente Darstellung in: John J. Sweet, *Iron Arm. The Mechanization of Mussolini's Army, 1920–1940,* Greenwood, Westport, Conn. 1980.

8 Dies wird wiederholt betont in Hinsley, *British Intelligence.* Siehe auch die Untersuchung von David Fletcher, *The Great Tank Scandal. British Armor in the Second World War,* von der Teil I erschienen ist (HMSO, London 1989).

9 Siehe den *Statistical Digest of the War,* S. 148, in der offiziellen britischen Reihe.

10 Charles H. Bailey, *Faint Praise. American Tanks and Tank Destroyers during World War II,* Archon, Hamden, Conn. 1983. Ebenfalls nützlich ist: R. P. Hunnicutt, *Sherman. History of the American Medium Tank,* Presidio Press, San Rafael, Calif. 1978.

11 Siehe auch die positiven Bemerkungen in: Keegan, *Six Armies in Normandy,* S. 197f.

12 John Milsom, *Russian Tanks, 1900–1970,* Arms and Armor, London 1970.

13 Siehe Donald B. McKean, *Japanese Tanks, Tactics and Antitank Weapons,* Normount Technical Publications, Wickenburg, Ariz. 1973.

14 Das am ehesten vergleichbare deutsche Flugzeug war die Militärversion eines Zivilflugzeugs, die FW 200 »Condor«. Zu deutschen Projekten zur Entwicklung von Langstreckenbombern siehe Horst Boog, »›Baedeker-Angriffe‹ und Fernstflugzeugprojekte 1942. Die strategische Ohnmacht der Luftwaffe«, in: *Militärgeschichtliches Beiheft zur Wehrwissenschaftlichen Rundschau* 5, Nr. 4 (1990), S. 2–9; Richard J. Overy, »From ›Uralbomber‹ to ›Amerikabomber‹. The Luftwaffe and Strategic Bombing«, in: *Journal of Strategic Studies*, 1 (1978), S. 125–133.

15 Exzellentes Material über die britischen Probleme, eine vernünftige Kooperation zwischen Heer und Luftwaffe zustande zu bringen, findet sich in: PRO, PREM, 3/119/8.

16 Siehe William A. B. Douglas, *Creation of a National Air Force. The Official History of the Royal Canadian Air Force,* Univ. of Toronto Press, Toronto 1986, Bd. 2, S. 293.

17 Siehe Great Britain, Air Ministry, Air Historical Branch, »Balloon Defenses, 1914–1945. The Development and Employment of Balloon Barrages with Particular Reference to the Work of Balloon Command, Royal Air Force«, Royal Air Force Monograph (First Draft) London (1945?), PRO, AIR 41/1.

18 Man könnte die Ansicht vertreten, die mit 460-Millimeter-Geschützen bestückten japanischen Superschlachtschiffe *Yamato* und *Musashi* seien Schiffe neuen Typs gewesen. Wenn statt der von Yamamoto geplanten Aktion von Pearl Harbor der ursprünglich vorgesehene Flotteneinsatz stattgefunden hätte, wäre dies vielleicht – mit katastrophalen Folgen für die Amerikaner – demonstriert worden. Siehe Malcolm Muir, Jr., »Rearming in a Vacuum. United States Naval Intelligence and the Japanese Capital Ship Threat, 1936–1945«, in: *Journal of Military History* 54 (1990), S. 437–485.

19 Nützliche Studie in: Kahn, *Hitler's Spies.* Zum Thema deutscher Agenten in Lateinamerika siehe Hilton, *Hitler's Secret War.* Durch eine systematische Aktion der Deutschen wurden während des Krieges die Akten über Operationen von Agenten in den Vereinigten Staaten und in Teilen Lateinamerikas zerstört; vgl. dazu deutscher Gesandter in Santiago an Berlin Nr. 926 vom 2. August 1942, AA, St. S., »U. S. A.«, Bd. 11, MF 39 204 f.

20 John C. Mastermans Darstellung von 1945, *The Double-Cross System in the War of 1939 to 1945,* Yale Univ. Press, New Haven, Conn. 1972, wurde zur Veröffentlichung vorbereitet, als die Informationen über den alliierten Einbruch in die deutschen Maschinenschlüssel noch nicht freigegeben waren. Man muß deshalb, wenn man sie liest, im Hinterkopf behalten, daß die »geheimen Quellen«, die wiederholt erwähnt werden, entzifferte Funksprüche sind. Sehr gewichtige zusätzliche Details finden sich in: Hinsley, *British Intelligence,* Bd. 4 und 5. Auch viele deutsche Agenten, die in den 1944 befreiten Gebieten zurückgeblieben waren, wurden umgedreht; siehe Nigel West, *The Circus. MI5 Operations 1945–1972,* Stein & Day, New York 1984, S. 24 f.

21 Elyesa Bazna (mit Hans Nogly), *I was Cicero,* Harper & Row, New York 1962. Ein Rätsel, das noch der Lösung harrt, lautet, ob die Briten die undichte Stelle herausfanden oder hätten herausfinden können, indem sie Berichte der deutschen Botschaft in Ankara lasen. Die Berichte unterlagen nicht immer der höchsten Geheimhaltungsstufe, und in manchen wurde auf Cicero Bezug genommen. Dokumente zum Thema finden sich in: AA, St. S., »Türkei«, Bd. 9, darunter auch ein Schriftstück vom 17. November 1943, in dem von Ciceros Dokumenten die Rede ist; es ist nur als »geheim« eingestuft (MF 41768–70). Material aus den Cicero-Dokumenten im Tagebuch Jodl vom September 1944 ist in der Abschrift im Imperial War Museum, AL 930/4–3, Bl. 38, zu finden. Da die »Floradora«-Dokumente, die aus der Entschlüsselung der deutschen diplomatischen Codes resultierten, noch immer der Geheimhaltung unterliegen, ist jede auch nur annähernd genaue Beantwortung von Fragen, wie sie die Cicero-Affäre aufwirft, unmöglich. Hinsley, Bd. 4, S. 213–215, spielt die ganze Angelegenheit herunter.

22 West, *SIGINT,* S. 241 f.; Hinsley, Bd. 4, Appendix 14.

23 Dies wurde in Frankreich am deutlichsten; siehe Robert Marshall, *All the King's Men.* Die Parallelen in der Rivalität zwischen den einzelnen Aufklärungsabteilungen in Deutschland, Großbritannien und den USA schreien förmlich nach einer vergleichenden Analyse.

24 Zum Oslo-Bericht siehe Andrew, *HM Secret Service,* S. 433; Hinsley, *British Intelligence,* Bd. 1, Appendix 5, und zahlreiche andere Erwähnungen in diesem und anderen Bänden. Regi-

nald V. Jones, *Reflections on Intelligence*, Heinemann, London 1989, S. 319–327, identifiziert den Autor als Hans Ferdinand Mayer. Ich bin Richard Breitmann zu Dank verpflichtet, weil er mich auf dieses Werk aufmerksam gemacht hat.

25 Siehe Joseph E. Persico, *Piercing the Reich. The Penetration of Nazi Germany by American Secret Agents During World War II*, Viking, New York 1978.

26 Man beachte die Roosevelt von Donovan vorgelegten Kopien (in französischer Sprache) in: FDRL, PSF Box 165, OSS Donovan Reports 7–13; und Donovan an Roosevelt, Memorandum Nr. 566, 29. Mai 1942, Box 166, OSS Donovan 12.

27 Barry M. Katz, *Foreign Intelligence. Research and Analysis in the Office of Strategic Services, 1942–1945*, Harvard Univ. Press, Cambridge, Mass. 1989.

28 Die Aktivitäten von Kolbe, der unter dem Decknamen George Wood operierte und dessen Material in Dokumenten als »Boston«-Kappa-Material bezeichnet wird, harren noch der wissenschaftlichen Erforschung. Siehe auch Foot, *Resistance*, S. 218f.; Klemens von Klemperer, *German Resistance against Hitler. The Struggle for Allies Abroad, 1938–1945*, Clarendon Press, Oxford 1992, S. 321–323; Donovan an Roosevelt, 15. April 1944, Map Room Box 163, Naval Aide Intelligence, A-8-2.

29 Die riesige Akte findet sich in: NA, RG 165, Entry 77, Box 1431, File: Polish O/B Intelligence. Die jüngsten Veränderungen in Polen könnten vielleicht den Weg zu einer neuerlichen Erforschung der polnischen Geheimdiensttätigkeit bahnen, die Informationen aus dem Ausland und aus Polen selbst kombiniert.

30 Vgl. dazu die Bemerkungen des finnischen Geschäftsträgers in Lissabon, über die der dortige amerikanische Marineattaché am 31. Juli 1943 berichtete, NA, RG 165, Entry 77, Box 1311, File 6000-Germany. Ein Beispiel für die Informationen, die im Februar 1944 vom ungarischen Gesandten an den britischen Gesandten in Stockholm weitergegeben wurden, ist zu finden in: C 2946/1343/12, PRO, FO 371/38 941. Es gab auch minimale deutsch-britische Kontakte auf unterer Ebene; beide Seiten versuchten sie geheimdienstlich zu verwerten; siehe Bern an Berlin Nr. 1164 vom 14. April 1944, AA, St. S., »Ungarn«, Bd. 11, MF 110 140–42.

31 Zur geheimdienstlichen Tätigkeit der Japaner siehe Walter T. Hitchcock, Hg., *The Intelligence Revolution. A Historical Perspective*, GPO, Washington 1991, Teil 3.

32 Ulrich Sahm, *Rudolf von Scheliha 1897–1942. Ein deutscher Diplomat gegen Hitler*, Beck, München 1990.

33 Boog, *Luftwaffenführung*, S. 81.

34 Heinz Höhne, *Codeword: »Direktor«. The Story of the Red Orchestra* (ins Englische übers. v. Richard Barry), Coward McCann & Georghegan, New York 1971, S. 148f., 165–167, 191, 202, und *The Rote Kapelle. The CIA's History of Soviet Intelligence and Espionage Networks in Western Europe, 1936–1945*, University Publications of America, Washington 1979, gehören zu den nützlicheren Werken. Es ist gut möglich, daß die wichtigste Quelle von »Lucy« (Rudolf Roessler) der Schweizer Generalstab war; er setzte Roessler ein, um Informationen an die Sowjetunion weiterzuleiten. Siehe auch Richard Aldrich, »Soviet Intelligence, British Security and the End of the Red Orchestra. The Fate of Alexander Rado«, in: *Intelligence and National Security* 6 (1991), S. 196–217.

35 Die verläßlichsten Bücher zum Thema sind: Prange, *Target Tokyo*, und Johnson, *An Instance of Treason*. In *Kido Diary*, S. 333, wird Sorge als Zolge bezeichnet.

36 Die Lissner-Geschichte harrt noch ernsthafter Untersuchung. Siehe *ADAP*, E, Bd. 2, Nr. 83, 94; Shigemitsu an Berlin Nr. 426 vom 15. Juni 1943, NA, RG 457, SRDJ 38 584; Stahmer an Berlin Nr. 1757 vom 5. Juni 1943, AA, St. S., »Japan«, Bd. 12, MF E 489 973f.; und die Dokumente im Ordner AA, Inland IIg, »Namen Le-Li«, MF 437 798, 437 802, 437 864–67.

37 Nützliche Bücher sind u. a.: Chapman Pincher, *Too Secret Too Long*, St. Martin's, New York 1984; John Costello, *Mask of Treachery*, Morrow, New York 1989; Hitchcock, Hg., *The Intelligence Revolution*, S. 251ff.

38 West, *SIGINT*, S. 232f.

39 Zum Informationsaustausch über deutsche Luftwaffencodes niedriger Geheimhaltungsstufe siehe die Dokumente in PRO, AIR 20/2766. Siehe auch J. Dane Hartgrove, Hg., *The OSS-NKVD Relationship, 1943–1945*, Garland, New York 1989.

40 Siehe die Dokumente in PRO, AIR 20/2075;

Donovan an Roosevelt, 22. Februar 1944, FDRL, Map Room, Naval Aide Intelligence, A-8-2.

41 Crankshaw brach am 19. September 1941 in die Sowjetunion auf (PRO, WO 165/38). Zu Churchills Hartnäckigkeit siehe Rohwer und Jäckel, *Funkaufklärung,* S. 391, 393 f.

42 Hochinteressant ist der Britische ADI (Science) Air Scientific Intelligence Report Nr. 131, »Air Technical Liaison between Germany and Japan« vom 16. Oktober 1944. Eine hervorragende Analyse findet sich in: John W. M. Chapman, »Signals Intelligence Collaboration among the Tripartite Pact States on the Eve of Pearl Harbor«, in: *Japan Forum 3,* Nr. 2 (Oktober 1991), S. 231–256.

43 Salewski, Bd. 2, *Seekriegsleitung,* S. 95 f.

44 Ein besonders guter Bericht über solche Operationen findet sich in den Memoiren einer herausragenden Offizierin des Y-Service: Aileen Clayton, *The Enemy is Listening,* Hutchinson, London 1980. Die Akte des RAF Wireless Intelligence Service »Periodical Summary« mit Berichten vom Oktober 1939 bis zum Mai 1941 in PRO, AIR 20/335, bietet einige Informationen über das Y-System.

45 Die beste Einführung ist bis heute Kahn, *Codebreakers,* zu ergänzen durch die Materialsammlung desselben Autors, *Kahn on Codes. Secrets of the New Cryptology,* Macmillan, New York 1983 und durch sein Buch, *Seizing the Enigma.* Sehr nützlich sind auch die in Rohwer und Jäckel, *Funkaufklärung,* gesammelten Materialien.

46 Eine Reihe von Beispielen für die taktische Funkaufklärung der Alliierten im Pazifikkrieg finden sich in Lewin, *American Magic,* Index, S. 329. Beispiele für die japanischen Anstrengungen in *Ugaki Diary,* S. 322, 324.

47 Eine große Informationsmenge wird zusammengefaßt in Rohwer und Jäckel, *Funkaufklärung.* Die Zersplitterung des deutschen Entzifferungsdienstes behandelt ebenfalls Horst Boog, »German Air Intelligence in the Second World War«, in: *Intelligence and National Security* 5 (1990), S. 350–424. Siehe auch Doran Arazi, »Die deutsche Funkaufklärung im Zweiten Weltkrieg«, in: Michalka, Hg., *Der Zweite Weltkrieg,* S. 501–512, und John W. M. Chapman, »Signals Intelligence in the Pacific«, S. 131–149.

48 Siehe dazu OKM Skl Chef MNDB, »XB-Be-

richt Nr. 2/42«, 16. Januar 1942, Bl. 3, NA, RG 457, SRS 548/12; Nigel West, *SIGINT,* S. 163, 190f.

49 Die Frage wird ausführlich diskutiert in: Beesley, *Very Special Intelligence,* und Rohwer und Jäckel, *Funkaufklärung.* Die Wende ist nachvollziehbar in: OKM Skl Chef MNDIII, »XB-Bericht Nr. 24/43«, 17. Juli 1943, Bl. 5, NA, RG 457, SRS 548/15.

50 OKM Skl Chef MNDIII, »XB-Bericht Nr. 37/43«, 16. September 1943, NA, RG 457, SRS 548/16.

51 Santoni, *Ultra siegt im Mittelmeer,* S. 64f.; Rohwer und Jäckel, *Funkaufklärung,* S. 107; Steengracht, »St. S. Nr. 277«, 3. Juni 1943, AA, St. S., »Aufzeichnungen über nicht-Diplomatenbesuche«, Bd. 2, MF 371875–77.

52 Woermann Memorandum, »U. St. S. Pol. Nr. 600 g Rs«, 28. September 1942, AA, St. S., »Italien«, Bd. 10, MF 125074f.; Woermann Memorandum, »U. St. S. Pol. Nr. 64 g Rs«, 26. Januar 1943, ebenda, Bd. 10, MF 123858f.

53 »Zusammenstellung der F[orschungs]-A[mt]-Meldungen über ungarische Bemühungen um ein Abrücken vom Bündnis mit dem Reich (15.6.–30.9.43)«, 30. September 1943, AA, St. S., »Ungarn«, Bd. 10, MF 106683–87; damit zusammenhängende Dokumente finden sich im selben Bd.: MF 106688–93, und in Bd. 11, MF 109770–82.

54 Kahn, *Codebreakers,* S. 469f.

55 Santoni, *Ultra siegt im Mittelmeer,* S. 60ff.

56 Ebenda, S. 64f.; Hinsley, *British Intelligence,* Bd. 5, S. 65; Kahn, *Codebreakers,* S. 472–477; Gordon Welchman, *The Hut Six Story. Breaking the Enigma Codes,* McGraw-Hill, New York 1982, S. 234f. Beispiele für entzifferte Berichte von Fellers in: Hans-Otto Behrendt, *Rommel's Intelligence in the Desert Campaign, 1941–1943,* William Kimber, London 1985, Appendix II.

57 Mackensen an Berlin, Nr. 2451 vom 25. Mai 1943, AA, St. S., »Italien«, Bd. 13, MF 124411. Siehe auch den Abschnitt zum Thema in Kapitel 9 dieses Buches.

58 Untersuchung in: Kahn, *Codebreakers,* S. 579–585; siehe auch Chapman »Signals Intelligence in the Pacific«.

59 So erfuhren die Amerikaner aus einem abgefangenen japanischen Telegramm vom 9. März 1944, daß die Japaner einen Bericht des chinesischen Botschafters in London über dessen Treffen mit Eden am 3. März gelesen hatten (Tokio-Zirkular 938 vom 9. März 1944, dechiffriert 13. März, NA, RG 457, SRA 07 510).

60 Siehe die extrem »entschärfte« Seite 2 des »Magic« Far Eastern Summary Nr. 224 vom 30. Oktober 1944, NA, RG 457, SRS 224.

61 Kahn, *Codebreakers,* S. 582.

62 Lewin, *American Magic,* S. 245.

63 Zusätzlich zu den zahlreichen spezifischen Dokumenten aus SRDJ, SRA und anderen Reihen, die in den Anmerkungen im ganzen Buch angegeben werden, gibt es zu dem Thema mehrere Artikel von Professor Carl Boyd. Er plant ein Buch über die Erkenntnisse zu veröffentlichen, die die Alliierten durch die Entzifferung von Berichten der Japaner über die europäischen Verhältnisse gewannen.

64 Siehe Oshima an Tokio Nr. 1349 vom 10. November 1943, NA, RG 457, SRDJ 45 465–69, und Oberst Itos Inspektionsbericht, zit. in: U. S., Army Security Agency, »Examples of Intelligence Obtained from Cryptanalysis«, 1. August 1946, SRH-066, Bl. 5f.

65 Siehe beispielsweise die Fußnoten zu SRDJ 33 800 (einem Dokument vom 26. März 1943), SRDJ 33 941 (31. Juli 1942) und SRDJ 34 050 (18. Januar 1943). Zusätzlich waren die entzifferten Dokumente oft interpretationsbedürftig; siehe Leahy an Roosevelt, 23. Januar 1944, FDRL, Map Room Box 163, Naval Aide Intelligence, A-8-2.

66 Siehe dazu: japanischer Militärattaché in Lissabon an den Militärattaché in Rom Nr. 360 vom 1. Juli 1943, NA, RG 457, SRH 01 629; japanischer Militärattaché in Budapest an den Militärattaché in Stockholm 25. Juni 1944, SRA 07 047 f. (entschärft); und das Material über die Entwendung japanischen Schlüsselmaterials durch den OSS aus der japanischen Botschaft in Lissabon, von der in SRH-066, Bl. 7 und in SRH 113 die Rede ist.

67 Sehr nützlich sind zwei Bücher von Holmes: *Undersea Victory* und *Double-Edged Secrets,* Naval Institute Press, Annapolis, Md. 1979; guter Überblick in Lewin, *American Magic,* Kapitel 10.

68 Lewin, *American Magic,* S. 195 f.

69 Kahn, *Codebreakers,* S. 609 f.; Morison, *US Naval Operations,* Bd. 14, S. 319–330. Wer die einwöchige Tortur überlebte, war danach oft

nicht mehr derselbe; mit einem der Überlebenden konnte ich ein Gespräch führen.

70 Zahlreiche Beispiele für Willoughbys Unterschätzung der japanischen Stärke finden sich im vorliegenden Buch. Es gibt keine Hinweise darauf, daß MacArthur ihn je zur Rechenschaft gezogen hätte. Die fairste Beurteilung erfährt er vielleicht in: Lewin, *American Magic,* S. 147–149 und 180 f.

71 Lewin, *American Magic,* 196 f. Siehe auch Alexander S. Cochran, »MacArthur, Ultra et la guerre en pacifique, 1942–1944«, in: *Revue d'histoire de la deuxième guerre mondiale,* Nr. 133 (Januar 1984), S. 17–27. Die australische Entdeckung verlassenen, nicht zerstörten japanischen Schlüsselmaterials wird geschildert in Drea, *Mac Arthur's Ultra,* S. 92 f., 226.

72 Einige Details in Lewin, *American Magic,* S. 268 ff. Eine detaillierte wissenschaftliche Studie der Kämpfe auf Leyte unter Verwendung des inzwischen zugänglichen Materials wäre ein wichtiger Beitrag zur Erforschung des Pazifikkriegs.

73 Durch sie erfuhren die Amerikaner beispielsweise von Projekten wie dem deutsch-japanischen Unternehmen, in der letzten Phase des Krieges Agenten in Indien zu landen (»Magic« Far Eastern Summary Nr. 401, 25. April 1945, und Nr. 407, 1. Mai 1945, NA, RG 457, SRS 401, 407).

74 West, *SIGINT,* S. 127.

75 Jean Stengers, »Enigma, the French, the Poles and the British, 1931–1940«, in: Christopher Andrew und David Dilks, Hg., *The Missing Dimension. Governments and Intelligence Communities in the Twentieth Century,* MacMillan, London 1984, S. 126–137, 267–273; Kozaczuk, *Enigma;* Hinsley, *British Intelligence,* Bd. 3/2, Appendix 30; Kahn, *Seizing Enigma,* Kap. 3–9.

76 Die zur Zeit beste verfügbare Darstellung dieses Prozesses ist Gordon Welchman, *The Hut Six Story.*

77 Zur Erbeutung deutschen Enigma-Materials siehe Beesly, *Very Special Intelligence;* Kahn, *Seizing Enigma;* Hinsley, Bd. 3/2, S. 955. Die Erbeutung italienischen Materials wird behandelt in: Santoni, *Ultra,* S. 66–71, 101 f.

78 Andrew Boyle, *The Climate of Treason. Five Who Spied for Russia,* Hutchins, London 1979, S. 239–244. Beispiele für die Entzifferung der

Berichte deutscher Diplomaten durch die Amerikaner finden sich in: NA, RG 457, SRH-066, Bl. 8 f. Es war die Entschlüsselung eines solchen Codes im Oktober 1943, die zur Verhaftung des deutschen Schlüsselagenten in Argentinien, Osmar Hellmuth, führte (SRH-066, Bl. 8; Hinsley, Bd. 4, S. 203; Newton, *The »Nazi Menace« in Argentinia*, Kap. 16). Siehe auch von Klemperer, *German Resistance*, S. 321–323.

79 West, *SIGINT*, S. 225–228; Lewin, *Ultra Goes to War*, S. 131 f. Im Gegensatz zur Enigma-Maschine, die mit drei oder vier Walzen arbeitete, hatte der Geheimschreiber zehn und sandte seine Botschaft direkt über Funk, ohne einen menschlichen Übermittler. Die Details über die Entschlüsselung dieses Systems durch die Alliierten sind bis heute nicht zugänglich.

80 David A. T. Stafford, »Ultra and the British Official Histories: A Documentary Note«, in: *Military Affairs* 42, Nr. 1 (1978), S. 29–31.

81 Die Darstellungen von Hinsley, Kahn, Rohwer und Jäckel, Lewin und Bennett sind dem früheren Buch von F. W. Winterbotham, *The Ultra Secret,* Harper & Row, New York 1974, überlegen.

82 So etwa auf Kreta (Santoni, *Ultra siegt im Mittelmeer,* S. 246).

83 Ebenda, S. 85–99.

84 Ebenda, S. 255 f.

85 Ebenda, S. 172.

86 NA, RG 457, SRH-066, Bl. 4 f.

87 Vgl. dazu Christopher Andrews Beitrag in Hitchcock, Hg., *The Intelligence Revolution,* S. 113 ff.

88 Ein Ultra-Dokument in Hyde Park ist FDRL, Map Room Box 127, MR 450(4) Enemy Raiders (das Dokument vom 10. Dezember 1942 wurde auf meine Bitte am 7. Oktober 1975 von der Geheimhaltung entbunden). Zur allgemeinen amerikanischen Praxis siehe NA, RG 457, RHH-107. Sehr hilfreich dazu David Kahn, »Roosevelt, MAGIC and ULTRA«, in: Kent, Hg., *Historians and Archivists*, S. 115–144.

89 Vgl. Roosevelt an Knox, Kopien an Stimson, Leahy, FCC Chairman Fly, 7. September 1943, NA, RG 457, SRMN-7.

90 Eine gute Zusammenfassung des Problems findet sich in: Santoni, *Ultra*, S. 252 f.

91 Von dieser Konferenz wird berichtet in: Rohwer und Jäckel, *Funkaufklärung*. Der Autor diskutierte diesen Punkt mit mehreren deutschen

Teilnehmern. Siehe auch Kahn, *Seizing Enigma,* S. 202 f., 205–207, 213, 260–262.

92 Diese Überzeugung wird wiederholt und überzeugend von Welchman vertreten. Es ist bis heute ungeklärt, in welchem Ausmaß die Sowjets im Zweiten Weltkrieg die deutschen Maschinenschlüssel knackten und ob sie beispielsweise einige der Maschinen erbeuteten und zur Entschlüsselung verwerten konnten. Das Thema wird diskutiert in der Auseinandersetzung zwischen Geoff Jukes und Ralph Erskine in: *Intelligence and National Security* 4 (1989), S. 374–384, 503–511.

93 Einen Überblick bietet der Beitrag von Thomas L. Cubbage II. in: Michael L. Handel, Hg., *Strategic and Operational Deception in the Second World War,* Frank Cass, London 1987, S. 327–346. Siehe auch Hinsley, *British Intelligence,* Bd. 5, Kap. 6.

94 Welchman, *The Hut Six Story.,* S. 240 f.

95 Siehe John P. Campbells Beitrag in: Handel, Hg., S. 92–113; Hinsley, Bd. 5, S. 76 ff. Zu den gravierenden Auswirkungen der Katastrophe auf den SOE und die Netze des französischen Widerstands siehe Marshall, *All the King's Men.*

96 Hinsley, Bd. 3/1, S. 119–121; Bd. 5, S. 89–92. Die Ansichten, die Klaus-Jürgen Müller zu diesem Punkt vertritt (Handel, S. 307 ff.), halte ich nicht für überzeugend. Im zentralen Punkt seiner Argumentation (S. 324, Anm. 36) stützt er sich auf den notorisch unzuverlässigen David Irving.

97 Katherine L. Herbig in: Handel, S. 263 f.

98 Ebenda, S. 265–278.

99 Die beste Darstellung bei Rolf-Dieter Müller, »Die deutschen Gaskriegsvorbereitungen 1919–1945: Mit Giftgas zur Weltmacht?« in: *MGM* 27 (1980), S. 25–54. Siehe auch Hahn, *Waffen und Geheimwaffen*, Bd. 1, S. 227–230; Harris und Paxman, *A Higher Form of Killing*, Kap. 3. Die Darstellung in Gellermann, *Der Krieg der nicht stattfand*, ist nicht verläßlich und wurde überzeugend kritisiert in der Rezension von Rudibert Kunz (*MGM* 44 [1988], S. 201–205).

100 Rolf-Dieter Müller, »Gaskriegsvorbereitungen«, S. 44 f.; Harris und Paxman, *A Higher Form of Killing*, S. 64. Zur britischen Unkenntnis über die deutschen Nervengase siehe Hinsley, Bd. 2, S. 119–121.

101 Solche Warnungen waren im Mai 1942 und im April 1943 ausgesprochen worden; siehe

Dokumente in PRO, AIR 8/449. Ein Plan zur Durchführung der angedrohten Vergeltungsmaßnahmen vom 9. Juli 1943 findet sich in: AIR 20/27; weitere Dokumente in: AIR 20/6112. Vgl. dazu den Bericht, laut dem der ungarische Regent Horthy auf den Einsatz von Giftgas an der Ostfront gedrängt hatte (Dörnberg Memorandum vom 20. April 1942, AA, St. S., »Ungarn«, Bd. 6, MF 104 879-94).

102 Hahn, *Waffen und Geheimwaffen*, Bd. 1, S. 235.

103 Die formelle Erörterung des Einsatzes von Giftgas beginnt in: War Cabinet 8(44) vom 18. Juni 1944 (PRO, CAB 65/41). Siehe auch Jones, *Reflections*, S. 251-255.

104 Die Statistiken in Harris und Paxman, S. 155 ff., geben ein übertriebenes Bild von der Größe des amerikanischen Vorrats, da die Autoren nicht berücksichtigen, daß sie auch sämtliche Rauchbomben und -granaten enthalten, die ebenfalls in die Zuständigkeit des Chemical Corps fielen. Siehe Brooks E. Kleber und Dale Birdsall, *The Chemical Warfare Service. Chemicals in Combat*, GPO, Washington 1966.

105 Harris und Paxman S. 117; John Ellis van Courtland Moon, »Chemical Warfare. A Forgotten Lesson«, in: *Bulletin of the Atomic Scientists* 45, Nr. 6 (1989), S. 40-43, und »Project SPHINX. The Question of the Use of Gas in the Planned Invasion of Japan«, in: *Journal of Strategic Studies* 12 (1989), S. 303-323.

106 Glenn B. Infield, *Disaster at Bari*, Macmillan, New York 1971 (Ace Book, New York 1973).

107 Eine vorläufige Darstellung ist Yuki Tanaka, »Poison Gas. The Story Japan Would Like to Forget«, in: *Bulletin of the Atomic Scientists* 44, Nr. 8 (1988), S. 10-19. Siehe auch Ienaga, *Pacific War*, S. 187, 239.

108 Louis Allen, *Burma. The Longest War 1941-1945*, Dent, London 1984, S. 301 f. Vgl. die Erwähnung des Verzichts auf die weitere Verwendung »von Hand geworfener selbst-explodierender Flaschen« in einem abgefangenen japanischen Rundbrief vom 15. Juli 1944, Warren F. Kimball, Hg., *Churchill and Roosevelt*, Bd. 3, S. 256.

109 Professor Reinhard R. Doerries versuchte, diesen Schleier zu durchdringen. Siehe sein Buch *Imperial Challenge. Ambassador Count Bernstorff and German-American Relations, 1908-*

1917, Univ. of North Carolina Press, Chapel Hill, N.C. 1989, S. 189.

110 Siehe Stockholm International Peace Research Institute, *The Problems of Chemical and Biological Warfare*, Bd. 1: *The Rise of CB Weapons*, Humanities Press, New York 1971.

111 Harris und Paxman, *A Higher Form of Killing*, Kap. 4; Jones, *Reflections*, S. 251-255. Barton J. Bernstein, »Churchill's Secret Biological Weapons«, in: *Bulletin of the Atomic Scientists* 43 (1987), S. 46-50, stützt sich auf wichtiges britisches Material, ist jedoch durch seine vehemente Abneigung gegen Churchill beeinträchtigt. Verläßlicher: Julian Lewis, *Changing Direction. British Military Planning for Post-War Strategic Defence, 1942-1947*, Sherwood Press, London 1988, S. 211-214, Appendix 8.

112 Ein bahnbrechendes Werk zum Thema ist: Peter Williams und David Wallace, *Unit 731. Japan's Secret Biological Warfare in World War II*, Free Press, New York 1989. Es enthält allerdings viele spekulative Passagen, die als Tatsachen präsentiert werden.

113 Einen exzellenten Überblick über die Projekte bietet Hoelsken, »Die V-Waffen. Entwicklung und Einsatzgrundsätze«, in: *MGM* 38 (1985), S. 95-122. Siehe auch Hahn, *Waffen und Geheimwaffen*, Bd. 2, S. 162 ff.

114 Hoelsken, S. 116.

115 Zu den britischen Bemühungen, die Deutschen über die Wirkung der V-2-Einsätze zu täuschen, siehe Masterman, *The Double-Cross System*, S. 181.

116 Hoelsken, S. 117; *DRuZW*, Bd. 5/1, S. 597; Murray, *Luftwaffe*, S. 181.

117 Hoelsken, S. 114; Groehler, »Hochdruckpumpe«; Hahn, *Waffen und Geheimwaffen*, Bd. 2, S. 155-162; Hinsley, Bd. 3/1, S. 405 mit Anm., S. 413, 435 f., 439, Karte gegenüber S. 593 und S. 594 f.

118 Der Bericht wird zit. in: Hoelsken, S. 114. Viel zusätzliches Material findet sich in: Heinz D. Hoelsken, *Die V-Waffen. Entstehung, Propaganda, Kriegseinsatz*, Deutsche Verlags-Anstalt, Stuttgart 1984.

119 Vorläufige Darstellung in: Thies, *Architekt der Weltherrschaft*, S. 136-148.

120 Hahn, *Waffen und Geheimwaffen*, Bd. 2, S. 168-172.

121 Hinsley, Bd. 3/1, Anm. S. 51 und S. 335, 347; Bd. 3/2, S. 594 f.

122 Arnold Kramish, *The Griffin,* Houghton Mifflin, Boston 1986, S. 99–102 (die Quellenangabe muß vielleicht geändert werden).

123 Berlin an Tokio (an den Stellvertretenden Kriegsminister) Nr. 146 vom 9. Februar 1944, NA, RG 457, SRA 06766–72; siehe auch Madrid an Tokio Nr. 577 vom 15. Januar 1945, SRA 15571.

124 Rohwer und Jäckel, *Funkaufklärung,* S. 366; Hinsley, *British Intelligence,* Bd. 3/1, Kap. 40–42.

125 Hinsley, Bd. 3/1, S. 382–387. Die Verlegung nach Polen führte zu wichtigen Berichten des polnischen Geheimdienstes an die Briten; siehe ebenda, S. 437f., 441f.

126 Ebenda, S. 402f. Die Briten erwarben die meisten Bestandteile einer V2, die in Schweden gelandet war. Zu einem schwedischen Angebot vom August 1944, vollständige und verläßliche Informationen über die V2 im Austausch gegen die britischen Pläne einer Rückkehr nach Norwegen zu liefern, siehe N 4807/865/42, PRO, FO 371/43509.

127 Vgl. Hinsley, Bd. 3/1, S. 339 mit Anm., 415 mit Anm. und S. 448f.

128 Mehrere Beispiele gibt: Hoelsken, *Die V-Waffen,* S. 101.

129 Ebenda, S. 112. Siehe auch Hinsley, Bd. 3/1, S. 46–50. Das geplante deutsche Datum für den Ersteinsatz der V2 war der 1. November 1943 gewesen. Für die Verzögerung bis zum 8. September 1944 waren in erster Linie Luftangriffe verantwortlich; siehe Collier, *Defense,* S. 339; Hinsley, Bd. 3/1, S. 375.

130 Jacob Neufeld, *The Development of Ballistic Missiles in the United States Air Force, 1945–1960,* GPO, Washington 1990, S. 11. Andere Projekte werden in Kap. 1 und 2 dieses Buches behandelt.

131 Eugene Emme, *Hitler's Blitzbomber,* Air University Documentary Research Study, Maxwell Air Force Base, Alabama, 1951, hält Hitlers Entscheidung für falsch. In der besten Untersuchung des Problems: J. Richard Smith und Eddie J. Creek, *Jet Planes of the Third Reich,* Monogram Aviation Publications, Boylston, Mass. 1982, S. 101, 356, wird die Ansicht vertreten, Hitlers Entscheidung sei richtig gewesen. Zum selben Schluß kommt auch die jüngste Untersuchung: Alfred Price, *The Last Year of the Luftwaffe. May 1944 to May 1945,* Arms and Armor

Press, London 1991. Siehe auch Hinsley, Bd. 3/1, S. 332ff.; Bd. 3/2, S. 595ff.; Werner Girbig, *... mit Kurs auf Leuna. Die Luftoffensive gegen die Treibstoffindustrie und der deutsche Abwehreinsatz 1944–1945,* Motorbuch, Stuttgart 1980, S. 148; Olaf Groehler, *Kampf um die Luftherrschaft,* Militärverlag der DDR, Berlin Ost 1988, S. 156–168.

132 Smith und Creek, *Jet Planes,* Kap. 17; Hinsley, *British Intelligence,* Bd. 3/1, S. 133; Bd. 3/2, S. 598.

133 Smith und Creek, S. 123f.; Hinsley, Bd. 3/1, S. 336, Anm. Die erste Erwähnung von Düsenflugzeugen in Brookes Tagebuch stammt vom 17. Februar 1944: »Wollte eigentlich zur Vorführung des neuen Düsenflugzeugs gehen, aber das Wetter war zu schlecht« (Liddell Hart Centre, Alanbrooke Papers).

134 Eine guten Überblick bietet Alfred Price, *Instruments of Darkness. The History of Electronic Warfare,* Macdonald & Jane's, London 1977.

135 Zu diesen Geräten – »Gee«, »Oboe« und »H2S« – siehe Webster und Frankland, *Strategic Air Offensive,* Bd. 4, Anhang 1. Außerdem existiert ein hochinteressanter Bericht, der im Oktober 1945 von der Abteilung Funkaufklärung im Hauptquartier des Bomberkommandos der Royal Air Force verfaßt wurde: »War in the Ether, Europe 1939–1944, Radio Countermeasures in Bomber Command, Signals Branch. An Historical Note«, PRO, AIR 20/1492.

136 Reginald V. Jones, *Most Secret War. British Scientific Intelligence, 1939–1945,* Hamish Hamilton, London 1978. Sehr nützlich Jones' Beitrag in Rohwer und Jäckel, *Funkaufklärung,* S. 228–254.

137 Die beste Darstellung ist: Mark Walker, *German National Socialism and the Quest for Nuclear Power, 1939–1949,* Harvard Univ. Press, Cambridge, Mass. 1989. Eine gute Zusammenfassung bietet derselbe, »Legenden um die deutsche Atombombe«, in: VfZ 38 (1990), S. 45–74. In dem Artikel wird auch die relevante Literatur diskutiert, insbesondere die Lügen, die nach dem Krieg von den am Projekt beteiligten deutschen Wissenschaftlern erzählt wurden.

138 Zu den Angriffen auf Norsk Hydro siehe Cruikshank, *SOE in Scandinavia,* S. 198–202; Kramish, S. 167–173; M. R. D. Foot, *SOE: An*

Outline History of the Special Operations Executive, 1940–1946, BBC Publications, London 1984, S. 211. Walker, S. 185–188. Laut Kramish, *The Griffin,* S. 83–89, wurde ein Großteil des im April 1940 vorhandenen Vorrats in letzter Minute in Sicherheit gebracht und zunächst nach Frankreich und dann nach Großbritannien gebracht.

139 Memoiren von Boetticher, BA-MA, N 323/56, Bl. 232f., 235f.

140 Kramish, S. 126–132; Tagebuch Chef des Stabes AHA, 12. Januar 1942, Imperial War Museum, MI 14/981/2. Der gesamte Prozeß wird in Walkers Buch detailliert geschildert.

141 Siehe Hinsley, Bd. 3/2, Appendix 29; Samuel Goudsmit, *ALSOS,* Schuman, New York 1947.

142 Siehe die Stellungnahme des Minister for Coordination of Defence auf der Konferenz des Kriegskabinetts vom 7. Oktober 1939 (War Cab. 40[39], PRO, CAB 65/3, Bl. 110f.); und die Stellungnahme von Professor Lindemann (Lord Cherwell) am 9. Oktober 1939 (PRO, ADM 205/4).

143 Hinsley, Bd. 2, S. 122–128. Siehe auch John Ehrman, *The Atomic Bomb. An Account of British Policy in the Second World War,* Cabinet Office, London Juli 1953, ein Geheimdruck, der sich auf inzwischen freigegebene britische Quellen stützt; und Margaret Gowing, *Britain and Atomic Energy, 1939–1945,* St. Martin's, New York 1964.

144 Jones, *Manhattan,* S. 37–44. Zum amerikanischen Programm siehe auch Richard G. Hewlett und Oscar E. Anderson, *A History of the United States Atomic Energy Commission,* Bd. 1: *The New World, 1939–1946,* Univ. of Pennsylvania Press, Philadelphia 1962; und Richard Rhodes, *The Making of the Atomic Bomb,* Simon & Schuster, New York 1986. Das Werk kombiniert umfangreiche wissenschaftliche Informationen mit politischer Polemik.

145 Walker, *Quest for Nuclear Power,* Kap. 20.

146 Jones, S. 43f. Die Briten benutzten den Decknamen »Tube Alloys«.

147 Siehe Jones, S. 74ff.; Leslie R. Groves, *Now It Can Be Told. The Story of the Manhattan Project,* Harper, New York 1962.

148 Jones, S. 228–235.

149 Siehe die Zusammenfassungen in Robert M. Hathaway, *Ambiguous Partnership.*

Britain and America, 1944–1947, Columbia Univ. Press, New York 1981, S. 212–215; und in Dallek, *Roosevelt and Foreign Policy,* S. 416f.

150 Siehe dazu das Material in FDRL, PSF Box 104, War Department 1943. Vgl. Jones, S. 228–232.

151 Die Ansichten der zweiten Gruppe werden am entschiedensten vertreten in Martin J. Sherwin, *A World Destroyed. The Atomic Bomb and the Grand Alliance,* Knopf, New York 1975; und in Barton J. Bernstein, »Roosevelt, Truman and the Atomic Bomb, 1941–1945. A Reinterpretation«, in: *Political Science Quarterly* 90 (1975), S. 23–69.

152 Samuel I. Rosenman, Hg., *The Public Papers and Addresses of Franklin D. Roosevelt,* 13 Bde., Harper, New York 1950, Bd. 9, S. 93. Siehe auch Loewenheim und andere, Hg., *Roosevelt and Churchill,* S. 57f.

153 David A. Rosenberg, »U. S. Nuclear Stockpile, 1945 to 1950«, in: *Bulletin of the Atomic Scientists* 38, (1982), S. 25–30, gibt die genauesten Informationen, die gegenwärtig verfügbar sind.

154 Eines der wenigen seriösen Werke in einem höchst schwierigen Bereich ist: Robert C. Williams, *Klaus Fuchs, Atom Spy,* Harvard Univ. Press, Cambridge, Mass. 1987. Es enthält außerdem eine gute Bibliographie. Siehe auch Professor David Holloways in Vorbereitung befindliches Buch *Stalin and the Bomb.* Das Buch soll bei Yale Univ. Press erscheinen und handelt vom sowjetischen Atomprogramm. Professor Holloway konnte erst kürzlich freigegebene Quellen verwenden; er hat das Buch mit mir diskutiert.

155 Es gibt eine Darstellung des japanischen Projekts in: Pacific Research Society, *The Day Man Lost. Hiroshima, 6 August 1945,* Kodansha International, Tokio, Palo Alto, Calif. 1972, S. 1–64. Das Buch ist schwach, was andere Dinge betrifft, genau wie J. W. Dower, »Science, Society, and the Japanese Atomic-Bomb Project during World War II«, *Bulletin of Concerned Asian Scholars* 10, Nr. 2 (1978), S. 41–54. Siehe dazu die an die Deutschen gerichtete und von den Amerikanern abgehörte japanische Bitte um radioaktives Material (Tokio an Berlin Nr. 057 vom 24. August 1943, NA, RG 457, SRA 02 312). Siehe auch Shillony, *Wartime Japan,* S. 202, Anm. 13.

156 Stockholm an Tokio Nr. 232 vom 9. Dezember 1944, NA, RG 457, SRA 14628–32.

157 Samuel W. Mitcham, *Men of the Luftwaffe*, Presidio Press, Novato, Calif. 1988, S. 72f.

158 Siehe PRO, AIR 20/2759.

159 Siehe dazu den Bericht der Luftwaffe vom 29. Juli. Er wird in *DRuZW*, Bd. 4, S. 706f., als Beispiel für diese Fehleinschätzung zitiert.

160 Eine Schlüsselfigur bei der Entwicklung der taktischen Luftunterstützung in Großbritannien wird geschildert in: Vincent Orange, *Coningham. A Biography of Air Marshal Sir Arthur Coningham*, Methuen, London 1990. Zu dem Druck, etwas zu unternehmen, der Anfang 1942 auf die britische Regierung ausgeübt wurde, siehe Villa, *Unauthorized Action*, Kap. 4.

161 Siehe beispielsweise sein Memorandum vom 13. März über die absolute Notwendigkeit der Luftherrschaft als Bedingung für die Landung von Bodentruppen in: PRO, AIR 20/2759.

162 Siehe dazu Charles Whiting, *The Tree-Star Blitz. The Baedeker Raids and the Start of Total War 1942–1943*, Cooper, London 1987. Die Diskussion dieser Probleme in *DRuZW*, Bd. 6, finde ich nicht überzeugend.

163 Boog, *Luftwaffenführung*, S. 135f.

164 Hinsley, *British Intelligence*, Bd. 2, S. 521ff.

165 Siehe Martin Middlebrook, *The Berlin Raids. RAF Bomber Command Winter 1943/44*, Viking, London 1988.

166 Hastings, *Bomber Command*, S. 306ff.; Saward, *»Bomber« Harris*, S. 158–160.

167 Hastings, S. 201–205.

168 Boog, *Luftwaffenführung*, S. 204–214.

169 Smith and Creek, *Jet Planes*, S. 66.

170 Clark Kerr an London Nr. 53 vom 22. Oktober 1943, PRO, PREM 3/11/10.

171 PRO, AIR 20/3357, S. 4.

172 Siehe die Papiere ab Ende August 1944 in PRO, AIR 19/818; vgl. Alfred C. Mierzejewski, *The Collapse of the German War Economy, 1944–1945. Allied Power and the German National Railway*, Univ. of North Carolina Press, Chapel Hill, N. C. 1988, S. 70f.

173 Mierzejewski, S. 167, beschreibt, wie viele von diesen Informationen ignoriert wurden.

174 Die Berichte der USSBS wurden vom GPO publiziert; die britische Untersuchung wurde nicht veröffentlicht. Statt dessen erschien eine vierbändige Studie von Webster und Frankland im Rahmen der offiziellen britischen Geschichte des Zweiten Weltkriegs. In Band 4, Annex 5 der Studie findet sich eine informative Diskussion beider Untersuchungen.

175 Hinsley, *British Intelligence*, Bd. 3/1, S. 46–51.

176 Dudley Sawards Biographie *»Bomber« Harris* enthält ausgesprochen wichtige Informationen; ihr Erscheinen führte zu einer ungemein interessanten Serie von Rezensionen in: *Journal of the Royal United Service Institute for Defence Studies* 130, Nr. 2 (1985), S. 62–70.

177 Mierzejewski, S. 186.

178 Einen Überblick über alle kriegführenden Staaten und Fronten bietet Anthony Rhodes, *Propaganda, The Art of Persuasion. World War II*, Chelsea House, New York 1976. Weitere Erkenntnisse, insbesondere, was das Thema Rassen betrifft, in John Dower, *War Without Mercy. Race and Power in the Pacific War*, Pantheon, New York 1986.

179 Die intensive deutsche Intervention bei den Wahlen in Amerika von 1940 harrt noch ihrer historischen Untersuchung. Zum Jahr 1944 siehe »Vermerk Gesandter Megerle, Führerhauptquartier: Amerika-Aktion«, 7. Februar 1944, und Megerle an Gesandtschaft Zagreb, Nr. 128 vom 30. Januar 1944, AA, Gesandtschaft Zagreb, »Geheime Reichssachen«, Bd. 1/44 – 50/44.

180 »Vertrauliche Informationen Nr. 328/41« und »Nr. 329/41« vom 14. und 15. Dezember 1941, BA, Oberheitmann, ZSg. 109/28, Bl. 41ff., 45.

181 Boelcke, *Kriegspropaganda*, S. 375–381.

182 Zur deutschen Rundfunkpropaganda siehe Herzstein, *The War that Hitler Won*. Nicht mehr neu, aber immer noch nützlich ist auch Ernst Kris und Hans Speier, *German Radio Propaganda*, Oxford Univ. Press, London 1944.

183 Nützliche Einführung in: Daniel Lerner, *Sykewar. Psychological Warfare against Germany, D-Day to VE-Day*, Stewart, New York 1949.

184 Der Paß ist abgebildet in: Anthony Rhodes, *Propaganda*, S. 47.

185 Im Rahmen der amerikanischen wie der britischen offiziellen Geschichtsschreibung über den Zweiten Weltkrieg ist der medizinische Aspekt ausführlich behandelt worden. Einen kurzen Überblick bietet Sir Arthur S. MacNulty, »British Medical History of the Second World

War«, in: Robin Higham, Hg., *Official Histories. Essays and Bibliographies from around the World,* Kansas State Univ. Library, Manhattan, Kans. 1970, S. 515–517. Zur amerikanischen Kriegsmarine siehe den Beitrag von Quirtin M. Sanger, ebenda, S. 536–542; ein vorläufiger Forschungsbericht über die große Reihe von Berichten des Heeres von John Boyd Coates, ebenda, S. 595–602. Die offizielle kriegsmedizinische Geschichte Kanadas wurde von W. R. Fensby herausgegeben (Queen's Printer, Ottawa 1953–1956); Bishen L. Raina gab die indische heraus (Delhi 1961/62); Thomas D. M. Stout die neuseeländischen Bände (Wellington 1954–1958); Allan S. Walker die australischen (Canberra 1952–1961). Die US-Armee veröffentlichte ebenfalls einen interessanten Band von Everett B. Miller über *The U. S. Army Veterinary Service in World War II,* GPO, Washington 1961.

186 *Doctors of Infamy* ist der Titel eines frühen Buches zum Thema von Alexander Mitscherlich und Fred Mielke (Schumann, New York 1949). Die beste neuere Untersuchung über die deutschen Aktivitäten ist enthalten in: Michael Kater, *The Nazi Doctors,* Univ. of North Carolina Press, Chapel Hill, N. C. 1989. Mir ist keine vergleichbare Untersuchung über die japanischen Experimente bekannt.

187 Siehe *DRuZW,* Bd. 4, S. 708.

188 Lammers, *Fahrtberichte,* S. 88, Anm. 97.

II

Vom Frühjahr 1943 bis zum Sommer 1944

1 Zu den Panzern siehe von Senger und Etterlin, *German Tanks of World War II,* S. 59–74.

2 Am 10. März 1943 beschloß Hitler nach einem Gespräch mit Goebbels, daß Postkarten von deutschen Kriegsgefangenen in der Sowjetunion nicht den Empfängern zugestellt werden sollten. (AA, St. S., »Rußland«, Bd. 10, MF 33 600.)

3 Siehe »Vertraulicher Bericht des Herrn Seligo-Lissabon«, 17. März 1943, BA, ZSg. 115/6, Bl. 45–101; Ankara an Tokio Nr. 94 vom 11. März 1943, NA, RG 457, SRDJ 32 483–85.

4 Siehe Berichte der amerikanischen militärischen Aufklärung zur Lage in Italien in den Jahren 1942 und 1943 in NA, RG 165, Entry 77, Box 2209, File 5970-Italy-I; eine japanische Meldung aus Rom an Madrid Nr. 756 vom 7. Dezember 1942, NA, RG 456, SRDJ 28 932–34 und den Bericht des deutschen Marineattachés vom 19. März 1943 in BA-MA, RM 7/233, Bl. 528–33 mit den Kommentaren des Militärattachés ebenda, Bl. 527 und 534.

5 Siehe die Kommentare von General Roatta, aufgezeichnet im Bericht des amerikanischen Marinenachrichtendienstes vom 7. April 1944, NA, RG 165, Entry 77, Box 1197, File 3850-Germany.

6 Von Senger und Etterlin, »Bericht der deutschen Delegation bei der italienisch-französischen Waffenstillstandskommission Turin«, 22. Juni 1942, BA-MA, N 64/9.

7 Rintelen an Weizsäcker, 13. September 1942, AA, St. S., »Italien«, Bd. 10, MF 125 016 f.; Memorandum Mackensen vom 13. November 1942, AA, Nachlaß Mackensen, Bd. 6, MF 65 367 f.; KTB Skl A, Bd. 39, 15. November 1942, BA-MA, RM 7/42, Bl. 382; Rom an Tokio, ohne Nr., 7. Juni 1943, NA, RG 457, SRDJ 29 861 f.

8 Diese Spannungen müssen noch genauer untersucht werden. Sie werden kurz angesprochen bei Frederick W. Deakin, *The Brutal Friendship. Mussolini, Hitler, and the Fall of Italian Fascism,* Harper & Row, New York 1962 und Schröder, *Italiens Kriegsaustritt.* Zahlreiche Dokumente wurden in italienischen und deutschen Ausgaben von diplomatischen Dokumenten veröffentlicht; in den Archiven ist noch vieles zu finden.

9 William S. Linsenmayer, »Italian Peace Feelers before the Fall of Mussolini«, in: *JCH* 16 (1981), S. 653 f.; Hinsley, *British Intelligence,* Bd. 3/1, S. 70, 102, Anm.; Woodward, *British Foreign Policy,* Bd. 2, S. 461–464.

10 Chadwick, *Britain and the Vatican,* S. 250–252, 257 f.; WP (43) 27, Memorandum Eden »Proposal Received from Certain Anti-Fascist Elements in Italy«, 14. Januar 1943 und Cabinet WM (43), 18. Januar 1943, 9th Confidential Annex, beides in PRO, PREM 3/242/9; Denis Mack Smith, *Italy and Its Monarchy,* Yale Univ. Press, New Haven 1989, S. 298.

11 PM Minute 58/3, in PRO, PREM 3/242/9. Churchill fügte hinzu: »Ich werde nicht die Verantwortung dafür übernehmen, daß der Krieg einen Tag länger geführt wird, als für den klaren Sieg notwendig ist.«

12 Siehe Schröder, *Italiens Kriegsaustritt,* Kap. 2. Die Pläne für eine gemäßigte »Neue Ord-

nung« werden vor allem mit Giuseppe Bastianini in Verbindung gebracht, der als Staatssekretär nach Cianos Entlassung das italienische Außenministerium leitete.

13 Boyle, *China and Japan,* S. 308–310, 323–326; Burns und Bennett, *Diplomats in Crisis,* S. 171–193; Tokio an Tientsin (Tianjin), Zirkular 109, NA, RG 457, SRDJ 28 399–402. Zu den erfolglosen Bemühungen, Finnland zur Anerkennung von Wangs Regierung zu bewegen, siehe Helsinki an Tokio Nr. 64 vom 9. März 1943, SRDJ 33 324. Zu dem fortwährenden deutschen Interesse an möglichen japanisch-chinesischen Verhandlungen siehe Steengracht, »Inland II B 115gR« vom 1. August 1942, AA, Inland IIg, »Berichte zur Lage in und über Ostasien 1941–1944«, MF 267 318.

14 Siehe Lebra, *Japanese-Trained Armies,* S. 10f.

15 Hesse an Ribbentrop, 5. November 1942, AA, St. S., »Politischer Schriftwechsel«, Bd. 9, MF 303944–50; Sakamoto (Bern) an Tokio, *Spezial* Nr. 6, 3. März 1943, NA, RG 457, SRDJ 32 276.

16 Beispiele für die Besorgnis der Japaner in: NA, RG 457, SRA 01 40f., 01 815 f., 02 781–87 (alles Februar bis März 1943).

17 Sato (Kujbyschew) an Tokio Nr. 189 vom 22. Februar 1943, ebenda, SRDJ 31 948f., Nr. 214 vom 26. Februar 1943, SRDJ 32 129–35 und Nr. 283 vom 19. März 1943, SRDJ 32 961–63.

18 Ein Großteil des Textes ist zitiert bei Morton, *Strategy,* S. 636–640.

19 Siehe Bericht des amerikanischen Marinenachrichtendienstes vom 10. März 1943, NA, RG 165, Entry 77, Box 2360, File 5900 National Defense General – Japan; *ADAP,* E, Bd. 5, Nr. 218; Ohmae, »Die strategischen Konzeptionen«, S. 198f.

20 Die Probleme sind zusammengefaßt in Alexander S. Cochran, Jr., »The Avalanche/Baytown Decision. British Ascendancy or Allied Consensus?«, Vortrag auf der Konferenz der Southern Historical Association 1983.

21 Die neueste Untersuchung findet sich in Warren F. Kimball, *The Juggler. Franklin Roosevelt as Wartime Statesman,* Princeton Univ. Press, Princeton, N.J. 1991, Kap. 3.

22 Ebenda, Kap. 7; Louis, *Imperialism at Bay. Dallek, Roosevelt and Foreign Policy,* S. 324ff.

23 Beachte Dill an Nye, 30. März 1943, Liddell Hart Centre, Alanbrooke Papers, 14/38.

24 Beispielsweise der Eintrag in Brookes Tagebuch vom 24. Juli 1943: »Er [Marshall] kann nicht weiter als bis zur Nasenspitze sehen und tötet den letzten Nerv.« Oder der gesamte Text zur relevanten Stelle seines Eintrags vom 12. August 1943 in Zusammenhang mit der Konferenz in Quebec: »Ich wünschte um alles in der Welt, daß ich aufs Land fliehen könnte anstatt eine Konferenz mit unseren amerikanischen Freunden vor mir zu haben. Sie haben keinen strategischen Weitblick, können nicht über ihre Nasenspitze hinaus sehen und glauben, dieser Krieg sei durch eine Reihe von legalen Verträgen, basierend auf falschen Konzepten davon, wie es in sechs Monaten aussehen wird, zu führen. Ich habe genug von den Diskussionen mit ihnen.« Liddell Hart Centre, Alanbrooke Papers. Fraser (*Alanbrooke,* S. 360f.) deutet an, Brookes schlechte Stimmung hänge mit der von Churchill recht gefühllos mitgeteilten Entscheidung zusammen, der Befehl zur Invasion über den Kanal werde einem Amerikaner und nicht Brooke erteilt werden. Ich bin mit dieser Interpretation nicht einverstanden. Brooke war sicherlich enttäuscht, doch gehörte er immer zum Typ des »guten Soldaten« – im besten Sinne des Wortes.

25 Siehe Carlo d'Este, *Bitter Victory. The Battle for Sicily, July – August 1943,* Collins, London 1988.

26 Eine Darstellung dieser Streitigkeiten, die sehr auf der Seite Montgomerys steht, findet man bei Hamilton, *Monty,* Bd. 2, S. 241–268. In den offiziellen Geschichten der amerikanischen Armee und der Marine finden sich hilfreiche Berichte. Gedankenreich und kritisch gegenüber Montgomery ist Richard Lamb, *Montgomery in Europe 1943–1945. Success or Failure?* Buchan & Enright, London 1983, S. 21–31. Siehe auch Blumenson, *Patton,* S. 186–195; Schröder, *Italiens Kriegsaustritt,* S. 158–176, 258–266. Brooke schrieb am 9. April, die Schwierigkeiten bei der Planung von »Husky« seien mit »Montgomerys überheblichen Ansichten« zu begründen; am 28. Mai notierte er, »auch Alexander ist etwas enttäuschend und begreift nur die halbe Situation«. Liddell Hart Centre, Alanbrooke Papers.

27 Ewen Montague, *The Man Who Never Was,* Lippincott, Philadelphia 1954. Zu den Einschät-

zungen und dem Vertrauen der Achsenmächte in die Fälschungen siehe Schröder, *Italiens Kriegsaustritt*, S. 112–114; Papeleux, *L'admiral Canaris*, S. 178–181, 184–187; Hinsley, *British Intelligence*, Bd. 3/1, S. 119–121; KTB Skl A, Bd. 45, 7. Mai 1943, BA-MA, RM 7/48, Bl. 125 ff. Siehe auch die Diskussion zu diesem Täuschungsmanöver in Kapitel 10 dieses Buches.

28 Eine Darstellung, basierend auf Interviews und veröffentlichtem Material bei William B. Breuer, *Drop Zone Sicily. Allied Airborne Strike July 1943*, Presidio Press, Novato, Calif. 1983.

29 Schlechtes Wetter schadete dem Luftlandeeinsatz, aber es ließ die Verteidiger glauben, daß eine Landung zu dieser Zeit unmöglich wäre. Siehe A.A. Nofi, »Sicily. The Race for Messina 10 July – 17 August 1943«, in: *Strategy and Tactics* 89 (1981), S. 9.

30 Blumenson, *Patton*, S. 198–207.

31 Siehe Hinsley, *British Intelligence*, Bd. 3/1, S. 95–99.

32 Blumenson, *Patton*, S. 209–216, gibt eine sehr gute, faire und kurze Zusammenfassung der ganzen Angelegenheit. Die entscheidenden Dokumente finden sich in den veröffentlichten Schriftstücken von Patton und Eisenhower: Martin Blumenson, Hg., *The Patton Papers 1940 – 1945*, Houghton Mifflin, Boston 1974, S. 326–342; Chandler und andere, Hg., *Eisenhower Papers*, Nr. 1190, 1396, 1397, 1401, 1414, 1416, 1418, 1423. (In der Folge zitiert als *Eisenhower Papers*.) Siehe auch David Eisenhower, *Eisenhower at War, 1943 – 1945*, Random House, New York 1986, S. 36–38.

33 Zu den deutschen Truppen, die von August bis September 1943 die Italiener auf dem Balkan ablösten, siehe Hinsley, Bd. 3/1, S. 11 ff., 29.

34 Schröder, *Italiens Kriegsaustritt*, S. 116–131.

35 Ebenda, S. 138–156.

36 Schon am 1. April 1943 hatte Berlin seinem Botschafter in Rom befohlen, ältere heikle Akten zur Sicherheit nach Hause zu schicken (Berlin an Rom Nr. 1354, AA, St. S., »Italien«, Bd. 13, MF 124 146–48). Am 10. Mai 1943 befahl Tokio seinem Botschafter in Rom, das Zerstören von Codes und Chiffriermaschinen vorzubereiten (Tokio an Rom Nr. 394, NA, RG 457, SRDJ 36 812).

37 Die beste Analyse von »Alarich« bietet Schröder, *Italiens Kriegsaustritt*, S. 176–195.

38 Siehe Hidaka (Rom) an Tokio Nr. 309 vom 31. Mai 1943, NA, RG 457, SRDJ 37 492–96.

39 Harry Fornari, *Mussolini's Gadfly. Roberto Farinacci*, Vanderbilt Univ. Press, Nashville 1971. Sehr interessant ist der Bericht vom japanischen Botschafter Hidaka Shirokuro vom 23. August 1943, Nr. 624, NA, RG 457, SRDJ 42310–14.

40 Rom an Tokio Nr. 243 vom 30. Juli 1943, NA, RG 457, SRA 02 409–16. Siehe auch Smith, *Italy and its Monarchy*, S. 300–306.

41 Mussolini hatte am 18. Juli Bastianinis Plan, mit den Alliierten Friedensverhandlungen zu führen, weder bestätigt noch verboten (Linsenmayer, »Italian Peace Feelers«, S. 151 f.).

42 ADAP, E, Bd. 6, Nr. 159; Deakin, *Brutal Friendship*, Bd. 4, Kap. 3; Dino Alfieri, *Deux dictateurs face à face. Rome – Berlin 1939 – 1943*, Les éditions du cheval oilé, Genf 1948, S. 311–328.

43 Hidaka an Tokio Nr. 488 vom 25. Juli 1943, NA, RG 457, SRDJ 40 965–74; siehe auch Hidaka Nr. 602 vom 18. August 1943, SRDJ 41 818. Der japanische Außenminister leitete den Kern der Nachricht Hidakas an den deutschen Botschafter in Tokio weiter. Dieser antwortete anordnungsgemäß, die Deutschen suchten den Sieg und nicht Frieden (ADAP, E, Bd. 6, Nr. 191).

44 Enno von Rintelen, der deutsche Militärattaché in Italien, glaubte, Badoglio hielte den Krieg bei seiner Machtübernahme tatsächlich für verloren und ziehe es vor, mit den Deutschen gemeinsam Frieden zu schließen. Er sei seinen eigenen Weg gegangen, als dies unmöglich war. (Rintelen an Egon Heymann, 13. Mai 1948, Rintelen Papers, BA-MA, N 433.)

45 Schröder, *Italiens Kriegsaustritt*, S. 252–258, 320–25.

46 Eine erstaunliche Darstellung bietet Adrian Carton de Wiart, *Happy Odyssey*, Jonathan Cape, London 1950, Kap. 17.

47 Linsenmayer, »Italian Peace Feelers«, S. 656 f.

48 Die Deutschen entdeckten, daß alle Schächte für Sprengstoff zum Sperren des Brennerpasses leer waren; die Italiener hatten durch ihre Vorbereitungen die Deutschen alarmiert, aber waren nie in der Lage, diese wirksam zu gestalten (siehe Abschrift von Rommels Tagebuch vom 31. Juli 1943 im Institut für Zeitgeschichte, AL 1708/1).

49 Siehe die Darstellung bei Richard Lamb, *The*

Ghosts of Peace 1935–1945, Richard Russell, Wilton/England 1987, Kap. 8.

50 Trotz seiner dummen Kommentare zu den Alliierten bleibt Schröders Darstellung, S. 196 ff., die beste; vgl. Smith, *Italy and its Monarchy,* S. 306–323.

51 Alexander S. Cochrans Darstellung, zitiert in Anm. 20 dieses Kapitels, befaßt sich mit diesem Thema.

52 Brooke Diary, 13. September 1943, Liddell Hart Centre, Alanbrooke Papers. Er fügte auch negative Kommentare zu Eisenhower und Alexander hinzu: »Keiner wird je genug Weitsicht haben, um ein großer Soldat zu sein.«

53 Am 2. Oktober 1943 hatten die Alliierten mit Hilfe von Ultra erfahren, daß die Deutschen südlich von Rom eine Front halten wollten, aber sich wegen des russischen Drucks im Osten nicht in der Lage sahen, die Alliierten vom Festland zu vertreiben (Hinsley, *British Intelligence,* Bd. 3/1, S. 173–175).

54 Der gesamte Text des Befehls findet sich in *KTB OKW,* 1943, Bd. 2, S. 1420–1422; er wird bei Ziemke, *Stalingrad to Berlin,* S. 124–126 diskutiert. Der überarbeitete Befehl vom 15. April ist in *KTB OKW,* 1943, Bd. 2, S. 1425–1428 abgedruckt. Eine gute Darstellung der Operation findet sich bei Ernst Klink, *Das Gesetz des Handelns. Die Operation »Zitadelle« 1943,* Deutsche Verlags-Anstalt, Stuttgart 1966.

55 Siehe Klink, S. 48.

56 Zur neuen Stellung Guderians als Generalinspekteur der Panzertruppen am 28. Februar 1943 siehe ebenda, S. 41–46.

57 Ebenda, S. 110–116 (Guderian war auf der Seite Models, S. 140–143).

58 »Der Sieg von Kursk muß für die Welt wie ein Fanal wirken«, *KTB OKW,* 1943, Bd. 2, S. 1425.

59 Siehe Ziemke, *Stalingrad to Berlin,* S. 128–133; Erickson, *Road to Berlin,* S. 97. Zu Hitlers Rede zu den Heeresgruppen- und Armeekommandanten am 1. Juli 1943 siehe Klink, *Operation »Zitadelle«,* S. 197 f. Sehr hilfreich ist Timothy Mulligan, »Spies, Cyphers and ›Zitadelle‹. Intelligence and the Battle of Kursk«, in: *JCH* 22 (1987), S. 235–260.

60 Die sowjetischen Vorbereitungen werden bei Erickson ausführlich und bei Ziemke komprimierter dargestellt. Siehe auch Glantz, *Soviet Military Deception,* S. 154–163. An der Ostfront

südlich von Leningrad standen drei Millionen Deutsche, 350 000 Ungarn und Rumänen mit 2000 Panzern fast sechs Millionen sowjetischen Soldaten mit über 8000 Panzern gegenüber (zitiert nach Ziemke, S. 144).

61 Eine ausgezeichnete Darstellung bei Charles W. Sydnor, Jr., *Soldiers of Destruction. The SS Death's Head Division, 1933–1945,* Princeton Univ. Press, Princeton, N. J. 1977, S. 281–290.

62 Ebenda, S. 291 ff., werden die nachfolgenden Einsätze der SS-Divisionen, die nach Italien geschickt wurden, wiedergegeben; in diesem Fall blieben zwei von den dreien an der Ostfront und nur eine wurde nach Italien verlegt.

63 Hitlers Kommentare gegenüber dem japanischen Botschafter vom 3. Oktober 1943 stellen die Situation übertrieben dar, sind aber dennoch interessant; siehe Oshima Nr. 1186 vom 4. Oktober 1943, NA, RG 457, SRDJ 43 965–69. (Von dem Gespräch wurde keine deutsche Aufzeichnung gefunden, *ADAP,* E, Bd. 7, Nr. 15, Anm. 5.)

64 Ziemke, *Stalingrad to Berlin,* Kap. 8; Erickson, *Road to Berlin,* S. 121 ff.; Glantz, *Soviet Military Deception,* S. 165–179, 182–186, 216–221.

65 Ziemke, *Stalingrad to Berlin,* Kap. 9–10; Glantz, S. 186–216, 243–249, 258–278.

66 Sehr nützlich ist Ingeborg Fleischhauer, *Die Chance des Sonderfriedens.* Sie hat in deutschen, britischen und amerikanischen Archiven gearbeitet, hatte Zugang zu schwedischen Akten und interviewte einige wichtige Teilnehmer. Bei der Verwendung von abgehörten japanischen Telegrammen hat sie sich jedoch auf die Magic Summaries und nicht auf die komplette Sammlung von aufgefangenen Meldungen gestützt. Ihre Interpretation unterscheidet sich von der hier dargestellten dadurch, daß sie das sowjetische Interesse an den Kontakten herunterspielt. Schröder, *Bestrebungen,* untersucht die Kontakte von 1942/43 (S. 25–32), ist aber sehr kurz gefaßt und verwendet kein japanisches Material. Zur weiteren Information siehe Diether Krywalski, Hg., »Zwei Niederschriften Ribbentrops über die Persönlichkeit Hitlers und die letzten Tage in Berlin«, in: *Geschichte in Wissenschaft und Unterricht* 18 (1967), S. 739; Meskill, *Hitler and Japan,* S. 414, 423; Harold Nicolson, Hg., *The War Years, 1939–1945,* Atheneum, New York 1967, S. 277, 345; Bryant, Hg., *Turn of the Tide,*

S. 531, 535; Stockholm an Tokio Nr. 156 vom 9. Juni 1943, NA, RG 457, SRA 02 022f.; Tokio an Berlin Nr. 757 vom 14. Oktober 1942, SRDJ 27 253, und Nr. 29 vom 12. Januar 1943, SRDJ 30 140; Oshima an Tokio Nr. 549 vom 21. Mai, 858 vom 4. August, 1142 vom 25. September und 1185 vom 4. Oktober 1943, SRDJ 37 447–52, 41 430f., 43 486–91 und 43 769–74; Bukarest an Tokio Nr. 37 vom 20. März 1943, SRDJ 33 451; Bürkner an Wagner, 28. Dezember 1950, und Bürkner an Lutz, 14. Juli 1953, BA-MA, Nachlaß Bürkner, N 565/5 und 9; Karl Werner Dankwort, »Infernalische Reise«, Nachkriegsmemoiren in AA, Nachlaß Dankwort; Scheidt-Dokumente im IfZ, B2, Bl. 267; Ribbentrop an Stahmer Nr. 847 vom 25. Mai 1943, AA, St. S., »Japan«, Bd. 12, MF 17 248–52; Dokumente der Abteilung G-2 im US-Kriegsministerium in NA, RG 165, Entry 77, Box 3481, File 6900-Peace. Einige britische Dokumente in Marineministerium an Außenministerium, 16. August 1943, C 6896/155/18, PRO, FO 371/34 449; War Cabinet 129 (43) vom 20. September 1943, CAB 65/35; Dill an Brooke, 16. und 22. Oktober 1943, Liddell Hart Centre, Alanbrooke Papers, 14/38.

Die Deutschen hatten nach der Okkupation Roms Dokumente konfisziert, die zeigten, daß Italiener und Japaner gemeinsam versuchten, die Deutschen zu überreden, mit der Sowjetunion einen Separatfrieden sowie bessere Bedingungen in den besetzten Gebieten auszuhandeln. Siehe dazu Nachlaß Hencke, »Pl XI 2221gRs«, 21. Okt. 1943, AA, St. S., »Italien«, Bd. 18, MF 70 822X-25X.

67 Siehe Dallek, *Roosevelt and Foreign Policy*, S. 413–417; Memorandum von Colonel Harvey H. Smith, »Possible Developments on the Soviet-German Front«, 20. September 1943, NA, RG 165, Entry 77, Box 1419, File 6900 (Peace). Siehe das Gespräch Kawaharas mit Hencke am 7. September 1943, in dem ersterer argumentiert, Deutschland und Japan sollten die Spaltung unter den Alliierten ausnutzen, so wie Deutschland dies 1939 getan hatte, als die Sowjetunion vor der Wahl stand, für den Westen Opfer zu bringen oder mit Deutschland ein Abkommen zu schließen und sich für das letztere entschieden hatte (*ADAP*, E, Bd. 6, Nr. 288). Früher hatten die Japaner darauf spekuliert, die Russen würden an ihrer einstigen Grenze Halt machen und den Al-

liierten den Rest des Kampfes überlassen (genau das, wovor die Briten am meisten Angst hatten). Siehe Tokio an Berlin Nr. 98 vom 13. Februar 1943, NA, RG 457, SRDJ 31 415f.

68 Siehe Goebbels Tagebuch, Einträge zum 8. Mai, 10. September und 23. September 1943. Oshima an Tokio Nr. 858 vom 4. August 1943, NA, RG 457, SRDJ 41 430–37. Am 17. November 1943 erklärte Hitler Rosenberg, er solle seine besten Verwalter aus den geräumten Gebieten im Osten für einen möglichen Wiedereinsatz in Reserve halten (Memorandum von Albrecht aus Bormanns Stab, BA, R 43 II/684, Bl 4).

69 OSS, »Memorandum for the Planning Group«, 29. Juli 1943, FDRL, Map Room Box 78, File MR 210(3), National Committee for Free Germany; John C. Wiley an Roosevelt, 11. August 1943, FDRL, PSF Box 167, OSS Donovan, 1941, 1943; Sato (Kujbyschew) an Tokio Nr. 906 vom 12. August 1943, NA, RG 457, SRDJ 42 041f.; Rundschreiben von Tokio Nr. 74 vom 12. August 1943, NA, RG 457, SRA 02 707f.; Clark Kerr an London Nr. 53 vom 22. Oktober 1943, PRO, PREM 3/11/10; Fleischhauer, *Sonderfrieden*, S. 172; Bodo Scheurig, *Freies Deutschland. Das Nationalkomitee und der Bund deutscher Offiziere in der Sowjetunion 1943–1945*, Kiepenheuer & Witsch, Köln 1984; James Donald Carnes, *General zwischen Hitler und Stalin. Das Schicksal des Walter v. Seydlitz*, übers. v. Friedrich Forstmeier, Droste, Düsseldorf 1980. Kai P. Schoenhals, *The Free Germany Movement. A Case of Patriotism or Treason?*, Greenwood Press, New York 1989, ist interessant, aber durch die völlig falsche Einschätzung der sowjetischen Kriegsgefangenenlager und der sowjetischen Besatzungszone entstellt.

70 Maurice Matloff, *Strategic Planning for Coalition Warfare, 1943–44*, GPO, Washington 1959, Kap. 5, 6, 8; Stoler, *Politics of the Second Front*, Kap. 6–7. Stimsons Memoranda finden sich in FDRL, Map Room, Box 164, Naval Aide's File. Vor der Konferenz hatte Churchill Roosevelt einen britischen diplomatischen Bericht geschickt, der zeigte, daß die Sowjets mit großer Wahrscheinlichkeit für das Massaker von Katyn verantwortlich waren. Der Text ist veröffentlicht in Kimball, Hg., *Churchill and Roosevelt*, Bd. 2, S. 389–399. Roosevelt datierte und zeichnete den Begleitbrief ab, was für ihn ungewöhnlich war.

71 Hamilton (*Monty*, Bd. 2, S. 71–73, 253, 422 ff.) belegt dies, aber ohne daraus Schlüsse zu ziehen.

72 Siehe Dallek, *Roosevelt and Foreign Policy*, S. 413–417.

73 Eine gute Zusammenfassung findet sich bei Matloff, *Strategic Planning 1943–44*, S. 168–173. Die Kritik an Morgan und seinen Plänen übersieht einen wichtigen Punkt: Wenn man nicht anfängt, einen Plan auszuarbeiten, kann man nie eine Invasion beginnen. Eine Darstellung, die die Schlüsselrolle von COSSAC als Vorantreiber von Overlord darstellt, ist Kent Roberts Greenfield, *American Strategy in World War II. A Reconsideration*, John Hopkins Univ. Press, Baltimore 1963, S. 42.

74 Stoler, *Politics of the Second Front*, Kap. 8.

75 Zur britischen Niederlage und dem deutschen Sieg in der Ägäis 1943 siehe Matloff, *Strategic Planning 1943–44*, S. 253–259; Stoler, S. 124–128, 131; Lamb, *Churchill as War Leader*, Kap. 18. In dieser Situation versuchte Brooke, teilweise aus Sorge über die zu erwartende Reaktion der Amerikaner, Churchill zurückzuhalten. Die ausführlichste Darstellung (Jeffrey Holland, *The Aegean Mission. Allied Operations in the Dodecanese*, Greenwood Press, New York 1988) beschreibt Churchills Rolle sehr kritisch.

76 Matloff, *Strategic Planning 1943–44*, S. 225–227.

77 Danchev, *Very Special Relationship*, S. 108 ff., zitiert die entscheidenden Belege (größtenteils auch in PRO, PREM 3/53/3). Die Einwände scheinen in dem (wahrscheinlich fälschlichen) Glauben, Douglas sei anti-amerikanisch eingestellt, begründet zu sein. In jedem Fall war die endlose Verlängerung der Diskussion durch Churchill unklug; Dill versuchte in dieser Sache zu vermitteln.

78 Brooke, der Douglas gewollt hatte, »betrachtete ihn [Mountbatten] immer noch als zu unausgeglichen für diese Arbeit« (Tagebucheintrag vom 15. August 1943, Liddell Hart Centre, Alanbrooke Papers). Montgomery dagegen hielt die Entscheidung für gut (Montgomery an Brooke, 3. September 1943, ebenda, Akte 14/24).

79 Zur Ernennung Lumsdens siehe Matloff, *Strategic Planning 1943–44*, S. 238. Lumsdens Bericht über sein erstes Treffen mit MacArthur ist zusammen mit einem Brief an Brooke vom 22. November 1943 in PRO, WO 216/96 nach-

zulesen. Er kam bei einem Kamikaze-Angriff auf das Schlachtschiff *New Mexico* am 6. Januar 1943 ums Leben. MacArthur und Lumsden waren gute Freunde geworden (siehe James, *The Years of MacArthur*, S. 619); letzterer wurde durch General St. Clair Gardner ersetzt, der ebenfalls eine ausgezeichnete Beziehung zu MacArthur entwickelte. Gleichzeitig mit Lumsdens Ernennung wurde General Carton de Wiart zum Vertreter Churchills bei Tschiang Kai-schek ernannt (eine interessante Parallele!); siehe seine Memoiren, *Happy Odyssey*, Cape, London 1950, Kap. 18–19.

80 Hastings, *Bomber Command*, S. 241–246; Saward, »*Bomber*« *Harris*, S. 208–211; Murray, *Luftwaffe*, S. 162–164; Gordon Musgrove, *Operation Gomorrah. The Hamburg Firestorm Raids*, Jane's, New York 1981; Martin Middlebrook, *The Battle of Hamburg. Allied Bomber Forces against a German City in 1943*, Scribner, New York 1981; Norman Longmate, *The Bombers. The RAF against Germany, 1939–1945*, Hutchinson, London 1983, Kap. 19; Hans Brunswig, *Feuersturm über Hamburg*, Motorbuch Verlag, Stuttgart 1978.

81 Eine Zusammenfassung bietet Murray, *Luftwaffe*, S. 199. In seinen politischen und historischen Abschnitten schlecht, aber aufgrund der Dokumente nützlich ist Werner Dettman, *Die Zerstörung Kassels im Oktober 1943. Eine Dokumentation*, Hesse, Kassel 1983.

82 Den Standpunkt, die Angriffe auf Berlin seien ein Fehler und Mißerfolg gewesen, vertreten Hastings, *Bomber Command*, S. 306 ff.; Murray, *Luftwaffe*, S. 199–206; Longmate, Kap. 20 (jetzt durch Hinsley, *British Intelligence*, Bd. 3/1, S. 301 ff. bekräftigt). Eine sorgfältig begründete Verteidigung der Angriffe bietet Saward, »*Bomber*« *Harris*, S. 219–225. Siehe auch »Streng vertraulicher Informationsbericht über Berlin. Die Lage nach den drei Großangriffen«, 3. Dezember 1943, BA, ZSg. 115/7; Gordon Musgrove, *Pathfinder Force: A History of 8 Group*, Macdonald and Jane's, London 1976. Eine deutsche Darstellung, teilweise sehr zweifelhaft, bietet Werner Girbig, *Im Anflug auf die Reichshauptstadt*, Motorbuch Verlag, Stuttgart 1970, S. 59–141.

83 Siehe Boog, *Luftwaffenführung*, S. 260; Murray, *Luftwaffe*, S. 174–177.

84 Collier, *Defence*, S. 339; Hinsley, Bd. 3/1,

S. 375; Murray, *Luftwaffe,* S.173; Saward, S. 211 f.

85 Murray, *Luftwaffe,* S. 176 f. Mit unerfahreneren Piloten und weniger Trainingsflügen stieg auch die Zahl der Unfälle. Von 1941 bis 1944 waren 40 bis 45 Prozent der Verluste der deutschen Luftwaffe nicht auf Kampfhandlungen zurückzuführen.

86 Ebenda, S. 178–182, 215–218.

87 Zu Schweinfurt, siehe Thomas M. Coffey, *Decision over Schweinfurt. The U.S. 8th Air Force Battle for Daylight Bombing,* McKay, New York 1977; Friedhelm Golücke, *Schweinfurt und der strategische Luftkrieg 1943. Der Angriff der U.S. Air Force vom 14. Oktober 1943 gegen die Schweinfurter Kugellagerindustrie,* Schöningh, Paderborn 1988; Martin Middlebrook, *The Schweinfurt-Regensburg Mission,* Scribner, New York 1983. Siehe auch Hinsley, *British Intelligence,* Bd. 3/1, S. 293–296, 308–316; Murray, *Luftwaffe,* S. 164–168.

88 Boog, *Luftwaffenführung,* S. 145.

89 Zu Nürnberg, siehe Murray, *Luftwaffe,* S. 206–209; Hastings, *Bomber Command,* S. 318 f.; Hinsley, Bd. 3/1, Anhang 21; Martin Middlebrook, *The Nürnberg Raid, 30–31 March 1944,* A. Lane, London 1980; Geoff Taylor, *The Nürnberg Massacre,* Hutchinson of Australia, Richmond, Victoria 1979.

90 Zu Ploesti, siehe Murray, *Luftwaffe,* S. 169; Leon Wolff, *Low Level Mission,* Arno Press, New York 1972 [1957]. Bei Murray findet sich auf S. 170 ein sehr gutes Schaubild mit den Besatzungen, Flugzeugen und Verlusten der schweren Bomber der U.S. 8th Air Force. Seine Analyse der britischen Bomberverluste findet sich ebenda, S. 210 f.

91 Der Text des abschließend bestätigten Plans zur Niederwerfung der Achsenmächte vom 24. August 1943 findet sich bei Morton, *Strategy,* S. 650–653.

92 Die britischen Aufzeichnungen zur Frage, welche Informationen zu Overlord an Moskau weitergegeben werden sollten, beinhalten auch die Diskussion über die sowjetische Weigerung, selbst Auskünfte über eigene Militärpläne zu geben (PRO, WO 106/4161 f.). Die Aufzeichnungen vom Herbst 1943 spiegeln das weiter andauernde Zögern der Briten, Overlord zuzustimmen, wider.

93 Die beste Darstellung ist zur Zeit Keith Sainsbury, *The Turning Point. Roosevelt, Stalin, Churchill and Chiang Kai-shek, 1943, The Moscow, Cairo and Teheran Conferences,* Oxford Univ. Press, Oxford 1985, Kap. 1–4. Meine Darstellung folgt nicht immer der Interpretation Sainsburys. Siehe auch Stoler, *Politics of the Second Front,* S. 128–132. Die Frage Österreichs wird in der Arbeit von Robert H. Kayserlingk, *Austria in World War II. An Anglo-American Dilemma,* McGill-Queen's Univ. Press, Kingston und Montreal 1988, diskutiert.

94 Siehe Lissabon an Tokio Nr. 568 vom 24. Oktober 1943, NA, RG 457, SRA 08 127 f.

95 Stoler, *Politics of the Second Front,* S. 130 ff.; Matloff, *Strategic Planning 1943–44,* S. 302; Sainsbury, S. 63, 96. Das entscheidende Dokument hierzu ist Churchill an Eden, 20. Oktober 1943, T 1677/3, PRO, CAB 120/412. Das Verhalten Churchills muß im Zusammenhang mit seiner Anordnung vom Vortag gesehen werden, eine Geheimstudie zu den Mittelmeereinsätzen auszuarbeiten, für den Fall, daß die britischen Zusagen an die USA zu Overlord geändert werden könnten (Hinsley, *British Intelligence,* Bd. 3/1, S. 15).

96 Zu Finnland auf der Moskauer Konferenz siehe Bernd Martin, »Deutsch-sowjetische Sondierungen über einen separaten Friedensschluß im Zweiten Weltkrieg«, in: Inge Auerbach und andere (Hg.), *Felder und Vorfelder russischer Geschichte,* Rombach, Freiburg 1985, S. 310–313.

97 Sainsbury, *Turning Point,* S. 33, 66.

98 Stoler (S. 134) vermutet, die großen Erfolge der Roten Armee im Herbst hätten Stalin zur Annahme gebracht, ein Vorstoß im Mittelmeerraum zu dieser Zeit könne 1943 den Zusammenbruch Deutschlands zur Folge haben.

99 Siehe Memorandum Eden, WP(43) 438, »Western Frontier of the U.S.S.R.«, 5. Oktober 1943, PRO CAB 66/41.

100 Morton, *Strategy,* S. 528 f.; U.S.S.R. Ministry of Foreign Affairs, *Correspondence between the Chairman of the Council of Ministers of the U.S.S.R. and the Presidents of the U.S.A. and the Prime Ministers of Great Britain during the Great Patriotic War,* 2 Bde., Foreign Languages Publishing House, Moskau 1957, Bd. 2, Nr. 64 ff.

101 Diese Ansicht und die dazu unternommenen Schritte werden im Titel von Divines sehr gutem Buch beschrieben: *Second Chance. The*

Triumph of Internationalism in America During World War II. Siehe S. 149–155 zu Hulls Rolle in Verbindung mit dieser Frage bei der Konferenz in Moskau und die beispiellose Aufforderung, darüber bei seiner Rückkehr im Senat zu berichten.

102 Sainsbury, *Turning Point,* S. 136, vgl. ebenda, S. 125 f. In einer persönlichen Notiz vom 6. November 1943 äußerte Churchill die Frage, ob die Zahl der britischen Divisionen für Overlord erhöht werden könne, so daß die Briten in der Diskussion ein größeres Gewicht hätten und »wir uns jede notwendige Verzögerung des D-Day zusichern könnten« (PRO, WO 259/77).

103 Siehe WM(43) War Cabinet 147th Conclusions, Confidential Annex, 27. Oktober 1943 und Churchills Tel. Nr. 142 an Eden (in Moskau) vom 26. Oktober 1943, PRO, CAB 65/40.

104 Matloff, *Strategic Planning 1943–44,* S. 268. Die 1. Infanteriedivision wurde offiziell zunächst dem ETO am 1. November zugewiesen und dem VII. Korps der 1. Armee am 6. November. In England kam sie am 8. November an. Siehe Society of the First Division (U.S.Army), *Danger Forward. The Story of the First Division in World War II,* Washington 1947, Nachdruck: Battery Press, Nashville 1980, S. 419, 421.

105 Brookes Tagebucheintrag vom 1. November 1943 (Liddell Hart Centre, Alanbrooke Papers) ist hitziger als der bei Bryant, *Triumph in the West,* Bd. 2, S. 37 f.

»Wir müssen die Pläne für ein weiteres Treffen der Combined Chiefs of Staff vorbereiten, und es ekelt mich immer noch von dem letzten! Mein Gott! Wie ich diese Treffen hasse, und wie ich von ihnen genug habe! Leider kenne ich jetzt die Grenzen von Marshalls Verstand und die Unmöglichkeit, ihm irgendeine strategische Situation oder deren Anforderungen klarzumachen.

Was Strategien angeht, bezweifle ich, daß er weiter als bis zu seiner Nasenspitze sehen kann.

Wenn ich mir das Mittelmeer anschaue, sehe ich nur zu gut, wie schlecht ich meine Aufgabe in den letzten zwei Jahren erfüllt habe! Wenn ich doch nur genügend Charakterstärke hätte, diese amerikanischen Stabschefs wachzurütteln und ihnen die Realität vor Augen zu führen. Wie anders könnte der Krieg sein.

Wir hätten durch die Einnahme von Kreta und Rhodos die Kraft haben müssen, die Dardanellen zu erobern, wir hätten jetzt schon den ganzen Balkan in Brand stecken müssen, dann wäre der Krieg 1943 beendet!!

Statt dessen haben wir, um die Kurzsichtigkeit der Amerikaner zu befriedigen, dem Abzug von Truppen vom Mittelmeer zugunsten einer nebulösen zweiten Front zugestimmt. Und so unsere Angriffstaktik abgeschwächt!! Es ist herzzerreißend.«

In seinen Nachkriegskommentaren erklärt Brooke diese Auswüchse mit einer schlimmen Erkältung. Er habe sich von der Anspannung der Quebec-Konferenz noch nicht erholt und sei kurz vor dem nervlichen Zusammenbruch gestanden. Das mag alles stimmen, doch es liegt nahe, die zeitliche Übereinstimmung des Transfers amerikanischer Truppen mit der Verwendung des Begriffs »nebulös« für Overlord zu beachten, der schon auf einen Termin sechs Monate später festgelegt war.

106 Roosevelts Karte ist reproduziert in Matloff, *Strategic Planning 1943–44,* S. 341; siehe auch Earl F. Ziemke, *The U.S. Army in the Occupation of Germany 1944–1946,* GPO, Washington 1975, S. 120 f.

107 Roosevelts Brief an Mountbatten vom 8. November 1943 (*FDR Letters,* Bd. 2, S. 1468) ist besonders wichtig, da er einen guten Einblick in Roosevelts Bild von China und Südostasien gibt. Er erklärte es jemandem, den er für einen Freund hielt und über dessen Stellung in der SEAC er sich freute.

108 Dallek, *Roosevelt and Foreign Policy,* S. 426–429.

109 Zur ersten Konferenz in Kairo siehe Sainsbury, *Turning Point,* Kap. 7; Stoler, *Politics of the Second Front,* S. 135–143; Matloff, *Strategic Planning 1943–44,* S. 334–356.

110 Die neuesten Darstellungen zum Treffen in Teheran sind in Sainsbury, Kap. 8; Stoler, Kap. 10; Keith Eubank, *Summit at Teheran,* Morrow, New York 1985. Hierzu, wie zu so manchem anderen, findet sich leider wenig in Edens neuer autorisierter Biographie: Robert Rhodes James, *Anthony Eden,* Weidenfels & Nicolson, London 1986, S. 279 f.

111 Am 9. Dezember 1943 erfuhren die Deutschen und Japaner, daß die Türkei sich geweigert hatte, in den Krieg einzutreten und daß die Türken glaubten, Stalin habe Roosevelt versprochen, nach dem Kriegsende in Europa dem Krieg im Pazifik beizutreten; Kurihara (Ankara) an Tokio

Nr. 453 vom 9. Dezember 1943, NA, RG 457, SRDJ 46871f.

112 Martin, »Deutsch-sowjetische Sondierungen«, S. 314–318; Berry, *American Foreign Policy*, S. 360–363.

113 Siehe Edens Bericht an das britische Kabinett vom 13. Dezember 1943, PRO, CAB 65/36, 40.

114 Sainsbury, *Turning Point,* Kap. 9; Matloff, *Strategic Planning 1943–44,* S. 369–387. Siehe auch Hinsley, *British Intelligence,* Bd. 3/1, S. 16f., zu den ursprünglichen Vorstellungen der Briten zu Einsätzen im Mittelmeer.

115 Siehe Seekriegsleitung, »Niederschrift über die Besprechung mit V.Adm. Nomura beim Chef des Stabes der Seekriegsleitung am 18.2.1943«, BA-MA, RM 7/254, Bl. 48–53; KTB Skl A, Bd. 42, 21. Februar 1943, RM 7/45, Bl. 359–360.

116 Costello, *Pacific War,* S. 390f.; Kenney, *General Kenney Reports,* Kap. 7; Drea, *MacArthur's Ultra,* S. 68–72.

117 Beachte die Meldung des japanischen Militärattachés von Rom an Tokio Nr. 095 vom 3. April 1943, NA, RG 457, SRA 01 107f.; deutscher Marineattaché von Tokio an Berlin Nr. 14, Chefsache, vom 14. Mai 1943, BA-MA, RM 7/254, Bl. 124–126. Obwohl Täuschungsmanöver unternommen wurden, um die Japaner glauben zu machen, ein Angriff könne aus dem Norden erfolgen (siehe Kap. 10), wurden solche Pläne nie weiterentwickelt. Eine neue Untersuchung bietet Galen R. Perras, »Eyes on the Northern Route to Japan: Plans for Canadian Participation in an Invasion of the Kurile Island – A Study in Coalition Warfare and Civil-Military Relationships«, in: *War & Society* 8, Nr. 1, (Mai 1990), S. 100–117.

118 Morton, *Strategy,* S. 413–415. Wichtige zusätzliche Einzelheiten in *Ugaki Diary,* 18. bis 25. April 1943, 18. April 1944, S. 330f., 350–360. (Ugaki war Yamamotos Stabschef und überlebte den Abschuß des Flugzeugs.) Die neuesten Einzelheiten von der amerikanischen Seite in Richard H. Kohn, »A Note on the Yamamoto Aerial Victory Credit Controversy«, in: *Air Power History* 39, Nr. 2 (Frühjahr 1992), S. 42–52. Für die Eigentümlichkeiten der deutsch-japanischen Zusammenarbeit ist es bezeichnend, daß die Deutschen nach Details aus Yamamotos Karriere fragen mußten, um dem berühmten Admiral nach seinem Tod eine postume Medaille zu ver-

leihen! Berlin, OKM 1334g an den deutschen Marineattaché in Tokio vom 2. Juni 1943, NA, RG 457, SRGL 670.

119 16000 von 46000 Kriegsgefangenen und 60000 von 150000 asiatischen Zwangsarbeitern starben (Butow, *Tojo,* S. 511). Eine gute neue Darstellung findet sich bei Peter N. Davies, *The Man Behind the Bridge. Colonel Toosey and the River Kwai,* Athlone, London 1991.

120 Tokio (Shigemitsu) an Kujbyschew (Sato) Nr. 420, 446, 421 (sic) vom 16., 22., 25. Mai 1943, NA, RG 457, SRDJ 36162, 36555, 37167f.; Kujbyschew an Tokio Nr. 556, 558, 587, 593 vom 17., 21., 21., 23. Mai 1943, SRDJ 36685–87, 36987–70 (sic), 36971, 36961f.; Tokio-Rundbrief Nr. 418 vom 24. Mai 1943, SRDJ 37 368. Im April 1944 waren die Japaner beunruhigt, weil sie von einem amerikanischen Flieger erfuhren, der im April 1942 am Doolittle-Angriff teilgenommen hatte, dann in Wladiwostok im Fernen Osten der Sowjetunion gelandet war und jetzt von England aus Luftangriffe gegen Deutschland flog. Siehe Shigemitsu an Sato Nr. 418 vom 24. April 1944 und Sato an Shigemitsu Nr. 846 vom 26. April 1944, SRDJ 56581, 56665. Beide Dokumente wurden sofort dechiffriert!

121 Tokio-Rundbrief Nr. 535 vom 26. Juni 1943, NA, RG 457, SRDJ 39661f.; japanischer Militärattaché in Rom an Tokio Nr. 214 vom 13. Juli 1943, SRA 03 191–95; Madrid an Tokio Nr. 775 vom 26. Juli 1943, SRDJ 41026; japanischer Militärattaché in Helsinki an Tokio Nr. 280 vom 28. Juli 1943, SRA 03127–29; Berlin an Tokio Nr. 897 vom 4. August 1943, SRDJ 41346–68; *Kido Diary,* 26. Juli 1943, S. 363.

122 Tokio an Kujbyschew Nr. 460 vom 26. Mai und Nr. 547 vom 28. Juni 1943, NA, RG 457, SRDJ 37387f., 39 597; Tokio an Moskau Nr. 21 vom 1. Juli 1943, SRDJ 40067.

123 Moskau an Tokio Nr. 46 vom 4. Juli 1943, NA, RG 457, SRDJ 40170–73; Tokio an Moskau Nr. 704 vom 12. August 1943, SRDJ 42226.

124 Moskau an Tokio Nr. 961 vom 24. August 1943, NA, RG 457, SRDJ 42339, 47656.

125 Molotow und Sato versicherten sich dessen nach der Konferenz in Moskau erneut, siehe Sato Nr. 1375 vom 11. November 1943, NA, RG 457, SRDJ 46829–32.

126 Die Darstellung von Lensen, *The Strange Neutrality,* Kap. 4 kann jetzt durch die abgefan-

genen japanischen diplomatischen Dokumente vom Januar bis März 1944 ergänzt werden in NA, RG 457, SRDJ 49 897 f., 49 566–90, 49 616 f., 49 726–38, 50 128–35, 49 809–13, 50 693 f., 50 229 f., 52 070 f., 51 808, 51 815 f., 51 851 f., 52 074–77, 54 708 f., 56 403 f. Der Text des Vertrages, in dem die Sonderrechte Japans abgegeben werden, ist bei Lensen, S. 279–281, abgedruckt. Eine amerikanische Analyse bietet Weekly G-2 Estimate vom 3. April 1944, NA, RG 165, Entry 77, Box 2364, File 6000 – Japan, Wkly G-2 Estimates – 1944.

127 Lensen, Kap. 5; Text des Fischereiabkommens ebenda, S. 281–287. Siehe auch Kolb, »Aufzeichnung über das Verhältnis Japan-Sowjetunion«, 9. September 1943, AA, St. S., »Japan«, Bd. 13, MFE 541 912–17; Sato an Tokio Nr. 689 und 696 vom 1. April 1944, NA, RG 457, SRDJ 55 031–34, 56 975 f.

128 *ADAP,* E, Bd. 6, Nr. 15, 36, 41, 68, 364; Bd. 7, Nr. 44, 65, 104; Tokio an Berlin Nr. 841 und 842 vom 21. Oktober 1943, NA, RG 457, SRDJ 44 625 f., 44 623 f. Die Japaner suchten immer nach Anzeichen für einen deutschen Separatfrieden mit dem Westen, siehe Tokio-Rundschreiben Nr. 752 vom 10. November 1943, SRA 05 836. Die deutsche Propaganda rühmte weiterhin alle japanischen Siege, auch die eingebildeten, siehe z. B. »Tagesparolen des Reichspressechefs«, 6. November 1943, BA, Nadler, ZSg. 115/9.

129 Edward J. Drea, »Missing Intentions. Japanese Intelligence and the Soviet Invasion of Manchuria, 1945«, in: *Military Affairs* 48, Nr. 2, (1984), S. 67.

130 Siehe Brookes Tagebuch vom 30. September 1942, Liddell Hart Centre, Alanbrooke Papers.

131 Die Notiz des U.S. Joint Chief of Staff vom 22. Januar 1943 »Conduct of the War in the Pacific Theater in 1943« ist bei Morton, *Strategy,* S. 627–629 abgedruckt.

132 Siehe Roosevelt an King und Marshall, 24. August 1942, FDRL, PSF Box 5, King.

133 Siehe Stanley L. Falk, »General Kenney, the Indirect Approach, and the B-29s«, in: *Aerospace Historian* 28, Nr. 3, (Sept. 1981), S. 147–155. Die Geschichte der B-29 wird zusammengefaßt von Craven und Cate, *Army Air Force,* Bd. 6, S. 208–210. Siehe auch Steve Birdsall, *Saga of the Superfortress. The Dramatic Story of* *the B-29 and the Twentieth Air Force,* Doubleday, Garden City, N.Y. 1980; Curtis LeMay und Bill Yenne, *Superfortress. The Story of the B-29 and American Air Power in World War II,* McGraw-Hill, New York 1988.

134 Eine gute Darstellung der Konferenz zur Strategie im Pazifik findet sich bei Morton, *Strategy,* S. 394–397.

135 Ebenda, S. 447 ff. Der Plan der Joint Chiefs of Staff und der Combined Chiefs of Staff zur Niederschlagung Japans vom 19. Mai 1943, ebenda, S. 644–648.

136 Ebenda, S. 136.

137 Boyle, *China and Japan,* S. 310 f.

138 Eine Zusammenfassung findet sich bei Ch'i, *Nationalist China,* S. 63–67.

139 Ebenda, S. 98–106.

140 Ebenda, S. 72–74.

141 Vergleiche Stimson an Roosevelt, 3. Mai 1943, FDRL, PSF Box 14, CF War Januar 43 – August 43.

142 Feldmarschall Brooke gehörte zu den Kritikern Stilwells, siehe sein Tagebuch vom 14. Mai 1943, Liddell Hart Centre, Alanbrooke Papers. Eine gute allgemeine Darstellung bietet Tuchman, *Stilwell.*

143 Siehe Mountbatten an Brooke, »SC 4/198C«, 3. Februar 1944, Liddell Hart Centre, Alanbrooke Papers, 14/49; Dills Akten mit Korrespondenz »30/15A« zum Radau vom Februar bis März 1944 in PRO, CAB 106/329.

144 Siehe Chennault an Roosevelt, 26. Januar 1944, FDRL, PSF Box 1, Army Air Force. Zu Chennaults Laufbahn und seinen Ansichten siehe Martha Byrd, *Chennault. Giving Wings to the Tiger,* Univ. of Alabama Press, Tuscaloosa, Ala. 1987.

145 Ch'i, *Nationalist China,* S. 80 f.; Tuchman, S. 466 ff.

146 Die beste Darstellung ist weiterhin von William H. Tunner, *Over the Hump,* Duell, Sloan & Pearce, New York 1964 und GPO, Washington 1985. Siehe auch Bliss K. Thorne, *The Hump. The Great Military Airlift of World War II,* Lippincott, Philadelphia 1965.

147 Siehe die Notiz des Chefs der Abteilung für den Fernen Osten im Kriegsministerium G-2 vom 13. Februar 1944, »Japanese Reaction to V[ery]L[ong]R[ange] Operations from Chengtu Area«, in NA, RG 165, Entry 77, Box 2366, File 6010-20 – Japan.

148 Ch'i, *Nationalist China*, S. 74–77.

149 Ebenda, S. 80.

150 Ebenda, S. 238f.; Boyle, *China and Japan*, Kap. 14–16.

151 Ch'i, S. 106–111.

152 Der Brief findet sich in Liddell Hart Centre, Alanbrooke Papers, 14/49.

153 Eine ausgezeichnete Quelle zu diesen Streitereien ist Mountbattens Korrespondenz in PRO, CAB 127/24, 25. Der Befehlshaber der britischen Flotte in diesem Gebiet, Marder (*Old Friends, New Enemies*, Bd. 2, S. 321), kommentierte die Fehde zwischen Mountbatten und Admiral Somerville folgendermaßen: »Sie konnten nicht gegen die Japaner kämpfen, also bekämpften die Admirale sich gegenseitig.«

154 Siehe Lebra, *Japanese-Trained Armies*, S. 23, 31. Eine ausgezeichnete Darstellung zum Hintergrund dieser Offensive findet sich bei Allen, Kap. 3.

155 Lebra, S. 28ff.; Leonard A. Gordon, *Brothers against the Raj*, S. 467ff., 495ff. Kein Autor, der über Boses indische Nationalarmee geschrieben hat, untersuchte bislang, ob die Soldaten, während sie von der japanischen Armee ausgebildet wurden, den »Trost« empfangen durften, den Tausende von entführten koreanischen jungen Frauen spendeten, die als Sexsklavinnen von der Kaiserlichen Japanischen Armee in ihren Lagern gehalten wurden. Dies hätte den Soldaten einen Einblick in das Wesen der japanischen als Gegenpart zur britischen Kolonialherrschaft gegeben. Und es hätte gezeigt, was ihren Schwestern und Töchtern hätte bevorstehen können.

156 Die komplizierten Absprachen über die Transportflugzeuge können bei Ehrman, *Grand Strategy*, Bd. 5, S. 408–415, nachgelesen werden. Der Autor weist jedoch nicht darauf hin, daß die frühere amerikanische Abneigung und die Einwilligung ab 1944, daran teilzunehmen, im Rahmen des berechtigten Argwohns zu verstehen sind, daß die Briten an diesem Schauplatz sowieso keine ernsthaften Kämpfe durchführen würden. Als die Briten ihre Haltung änderten, lenkten auch die Amerikaner ein. Mountbatten und Slim taten 1943/44 für die britisch-indische 14. Armee dasselbe wie Alexander und Mountbatten 1942 für die britische 8. Armee. Die Schlacht bei Imphal und Kohima wird gut beschrieben von Allen, *Burma*, Kap. 4. Siehe auch

Raymond Callahan, *Burma, 1942–1945*, Davis-Poynter, London 1978, Kap. 4; Sir Geoffrey C. Evans und Antony Brett-James, *Imphal. A Battle on Lofty Heights*, Macmillan, London 1964.

157 Brooke Diary, Liddell Hart Centre, Alanbrooke Papers. Der Eintrag wird mit verletzenden Kommentaren zu Mountbatten, General Pownall (seinem Stabschef) und General Giffard, dem Befehlshaber der 11. Heeresgruppe, fortgeführt.

158 Japanischer Armeegeneralstabschef (Tokio) an den Militärattaché (Berlin) Nr. 949 vom 15. Juli 1944, NA, RG 457, SRA 14260f.

159 Zum Myitkyina-Feldzug und »Merrill's Marauders« siehe das noch nützliche Buch von Charles Ogburn, Jr., *The Marauders*, Harper, New York 1956; auch Tuchman, *Stilwell*, S. 564ff.

160 Siehe Roosevelt an den neuseeländischen Premierminister in *FDR Letters*, Bd. 2, S. 1428.

161 Elmer B. Potter, *Bull Halsey*, Naval Institute Press, Annapolis, Md. 1985, S. 221.

162 Kreis, *Air Base Defense*, S. 234–246.

163 Die japanische Diskussion zur Strategie wird wiedergegeben bei Morton, *Strategy*, S. 543–550, 655–660; Louis Morton, »Japanese Policy and Strategy in Mid-War«, in: *U.S. Naval Institute Proceedings* 85, Nr. 2, (Feb. 1959), S. 52–64. Die Statistiken zur Flugzeugproduktion sind von Coox, »The Rise and Fall«, S. 81.

164 Zum Bougainville-Feldzug siehe Costello, *Pacific War*, S. 422–427; James, *The Years of MacArthur*, S. 339–341; eine Gesamtdarstellung von Invasion und Kämpfen in Harry A. Gailey, *Bougainville, 1943–1945. The Forgotten Campaign*, Univ. Press of Kentucky, Lexington, Ky. 1991, Kap. 4–9.

165 Siehe James, S. 332–335.

166 Ebenda, S. 341–346.

167 Costello, *Pacific War*, S. 446f.

168 Morton, *Strategy*, S. 460–472.

169 Nach Meinung des Autors bleibt die beste Einführung zu diesem Thema die frühe Untersuchung von Jeter A. Iseley und Philip A. Crowl, *The U.S. Marines and Amphibious War. Its Theory and its Practice in the Pacific*, Princeton Univ. Press, Princeton, N.J. 1951.

170 Morton, *Strategy*, S. 571, 575.

171 Ebenda, S. 444–447. In der folgenden Operation gegen die Marschall-Inseln erbeuteten

die Amerikaner geheime japanische Seekarten, die sich als sehr hilfreich erwiesen.

172 Der Bericht eines britischen Marinebeobachters auf dem Träger *Essex* während »Galvanic« betont, wie wichtig sich die große Anzahl von Flotten- und Geleitflugzeugträgern (über 20) zeigte (PRO, WO 106/3402).

173 Eine ausgezeichnete Darstellung bei Iseley und Crowl, *The U.S. Marines*, Kap. 6. Captain James R. Stockman, USMC, *The Battle of Tawara*, GPO, Washington 1947 ist weiterhin nützlich. Siehe auch Costello, Kap. 25, und die »offizielle« Darstellung von Henry I. Shaw, Jr. und andere, *History of U.S. Marine Corps Operations in World War II*, GPO, Washington 1966, Bd. 3: Central Pacific Drive, Teil 2. Morison, *US Naval Operations* Bd. 7, Teil 2, schildert die ganze Operation im Detail.

174 Der britische Botschafter in den USA, Lord Halifax, schlug mehrmals vor, die Insel solle den USA als Kriegsdenkmal überlassen werden, aber Einwände von seiten Großbritanniens, Australiens und Neuseelands verhinderten, daß der Vorschlag durchgeführt wurde (File AN 355 in PRO, FO 371/44 623).

175 Morton, *Strategy*, S. 590f.

176 Gute Darstellungen findet man bei Iseley und Crowl, Kap. 7; Costello, S. 448–452; Shaw und andere, *US Marine Corps*, Teil 3; Morison, *US Naval Operations*, Bd. 7, Teil 3.

177 Butow, *Tojo*, S. 427f.

178 Zu beachten ist der Bericht des deutschen Botschafters in Tokio vom März 1944. Die Folgen des Verlustes der Marschall-Inseln (früher eine deutsche Kolonie) und das Versäumnis der Japaner, zu erkennen, in welchem Ausmaß ihre früheren Siege damit zusammenhingen, daß die Deutschen die Alliierten zu Kämpfen anderswo veranlaßten, werden klar erkannt. Der Botschafter erkennt, daß Japan gute Beziehungen zur Sowjetunion braucht, und zeigt Verständnis für die amerikanische Strategie des doppelten Vorstoßes (Hencke an OKW und andere, 31. März 1944, AA, Handakten Etzdorf, »Ferner Osten«, MF 313 280–83).

179 Morton, *Strategy*, S. 517–520.

180 Ebenda, S. 592–601.

181 Ebenda, S. 668–674.

182 Ebenda, S. 602–605; siehe auch Falk, »General Kenney«, S. 153.

183 Yasushi Hidagi, »Attack against the U.S. Heartland«, *Aerospace Historian* 27 (Juni 1981), Nr. 2, S. 87–93; NA, RG 457, SRMA-6; Douglas, *Creation of a National Air Force*, S. 425f.; sehr ausführlich Bert Webber, *Silent Siege. Japanese Attacks against North America in World War II*, Ye Galleon Press, Fairfield, Wash. 1983.

184 Ohmae, »Die strategischen Konzeptionen«, S. 200f.; *Ugaki Diary*, 25. Mai bis 14. Juni 1944, S. 376–399.

185 Unter den Schlachtschiffen waren drei der bei Pearl Harbor »versenkten«. Zufällig war der für Luftangriffe auf Pearl Harbor zuständige Admiral Nagumo Chuichi in der Zwischenzeit zum unwichtigen Marinekommando von Saipan versetzt worden. Nach den Kämpfen von Saipan beging er Selbstmord.

186 Harry A. Gailey, *Howlin' Mad Versus the Army. Conflict in Command, Saipan 1944*, Presidio Press, Novato, Calif. 1986.

187 Zu den Marianen siehe Iseley und Crowl, *The U.S. Marines*, Kap. 8; Morison, *US Naval Operations*, Bd. 8, Teil 3; Costello, *Pacific War*, S. 475–486; Dull, *Imperial Japanese Navy*, S. 302–311; Shaw und andere, *US Marine Corps*, Bd. 3, Teil 4–6; *Ugaki Diary*, 14. Juni – 24. Juni 1944, S. 398–425. Nützliche Untersuchungen zur Frage, inwieweit die wachsende Größe der japanischen Seeluftstreitkräfte und der Heeresluftwaffe mit ihrer sinkenden Effektivität Hand in Hand ging, findet man bei »Magic« Far Eastern Summary, Nr. 112 vom 10. Juli 1944 (NA, RG 457, SRS 112). Zur Kenntnis der deutschen Marine siehe KTB Skl A, Bd. 58, 20. Juni 1944, BA-MA, RM 7/61, Bl. 610f. Zur japanischen Sorge, daß die Alliierten die Saipan-Operation und die Invasion in der Normandie gleichzeitig durchführen könnten, siehe ebenda, A, Bd. 59, 9. Juli 1944, RM 7/62, Bl. 220f.

188 Zur Biak-Operation bleibt Robert Ross Smith, *The Approach to the Philippines*, GPO, Washington 1953, Kap. 12–16 der offiziellen Geschichte der US-Armee eine gute Darstellung. Smith schätzt die amerikanischen Verluste in der Schlacht und durch Krankheiten auf gerade noch unter 10000 (S. 392). Siehe auch Drea, *MacArthur's Ultra*, S. 135–141.

189 James, *The Years of MacArthur*, Kap. 10. Als James schrieb, waren die Informationen über MacArthurs umfangreiche Zuwendungen von Präsident Quézon noch nicht öffentlich gemacht worden. Man kann sich fragen, wie das Bekanntwerden auf seine Kandidatur gewirkt hätte, wenn er nominiert worden wäre. Wer immer noch Vermutungen anstellt über MacArthurs Beziehungen zu Präsident Roosevelt, läßt außer acht, daß Roosevelt und Innenminister Harold L. Ickes von dieser Transaktion wußten (und daß MacArthur daher mit Sicherheit wußte, daß sie um ihre Zustimmung gebeten worden waren).

190 Butow, *Tojo,* S. 432 f.; Shillony, *Wartime Japan,* S. 60–64; *Kido Diary,* 13. Juli 1944 ff., S. 387 ff.; Marder, *Old Friends, New Enemies,* Bd. 2, S. 388–398.

191 Robert J.C. Butow, *Japan's Decision to Surrender,* Stanford Univ. Press, Stanford, Calif. 1954, S. 30–37.

192 Morley, *Fateful Choice,* S. 140 f.

193 Siehe Butow, *Japan's Decision,* S. 37.

194 Ohmae, »Die strategischen Konzeptionen«, S. 201; Shillony, *Wartime Japan,* S. 69 f.

195 Shigemitsu (Tokio) an Sato (Moskau) Nr. 352 vom 2. April 1944, NA, RG 457, SRDJ 54 704 f.

196 Siehe Satos Telegramme Nr. 747 vom 8. April, Nr. 754 vom 10. April und Nr. 773 f. vom 12. April 1944, NA, RG 457, SRDJ 55 688–97, 55 622–29, 55 630 f.

197 Zu weiteren Einzelheiten dieser Verhandlungen siehe die abgefangenen japanischen Telegramme vom 5. April – 4. August 1944, in NA, RG 457, SRDJ 56013 f., 59 589 f., 61 093–103, 62 953 f., 63 331–36, 63 495–503, 64 338 f., 66 199–203, 66 907 und die Analyse in SRH-069. Zur möglicherweise damit verbundenen Fahrt des sowjetischen Botschafters in Tokio nach Moskau siehe Shigemitsu an Sato Nr. 699 vom 17. Juni 1944, SRDJ 62 144–48; Stoller (Schanghai) an Berlin Nr. 524 vom 22. Juni 1944, AA, Handakten Ritter, »Japan«, Bd. 4–5, MF 363 345 f.; Donovan an Roosevelt, 6. Juli 1944, FDRL, PSF Box 168, OSS Reports April–Juli 1944.

198 Zu beachten ist die Analyse dieser japanischen Strategie in der Allied Pacific Order of Battle Conference vom 3.–19. Juli 1944 in NA, RG 457, SRH-097. Die Diensthabenden erkannten nicht, daß den Japanern die Verwendung der Marianen zur Bombardierung Japans zu diesem Zeitpunkt des Krieges nicht ganz klar war. Es ist nicht bewiesen, daß sie in Erwägung zogen, die Verteidigung ihrer Mutterinsel aufzugeben, weil sie als zu angreifbar erachtet wurde, und statt

dessen mit ihrer Armee auf dem chinesischen Festland weiterzukämpfen in der Hoffnung auf einen Kompromißfrieden, wie es in einer Einschätzung der G-2 vom 13. Mai 1944 vorgeschlagen wurde (NA, RG 165, Entry 77, Box 2265, File 6000 Army-General). Die Möglichkeit solch umfangreicher Kämpfe auf dem Festland und durch andere Garnisonen, *nachdem* die Alliierten die Mutterinsel erobert hätten, spielte dennoch eine wichtige Rolle im Denken der Alliierten vor der endgültigen Kapitulation der Japaner.

199 Eine nützliche Zusammenfassung bei Fraser, *Alanbrooke,* S. 410–421; die entscheidenden Dokumente von Feldmarschall Brooke stehen jetzt zur Verfügung in Liddell Hart Centre, Alanbrooke Papers, 14/20–23. Siehe auch Marder, *Old Friends, New Enemies,* Bd. 2, Kap. 12, Teil 1.

200 Ein wesentliches Argument gegen die Teilnahme der britischen Marine waren die unterschiedlichen Vorgehensmuster von britischer und amerikanischer Marine. Die Briten stützten sich immer auf feststehende Basen. Die amerikanische Flotte im Pazifik war in großem Umfang auf schwimmende Verbände von Tankern, Nachschubschiffen, Lazarettschiffen usw. gestützt. In diesem Zusammenhang hätte möglicherweise ein britisches Kontingent nur die Anzahl der amerikanischen Kriegsschiffe, die eingesetzt werden konnten, reduziert.

201 Zusammenfassung bei Morton, *Strategy,* S. 592–605; Einzelheiten bei Grace P. Hayes, *The History of the Joint Chiefs of Staff in World War II. The War against Japan,* Naval Institute Press, Annapolis, Md. 1982, Kap. 21–25.

202 Hayes, S. 610 f.; James, *The Years of MacArthur,* S. 526–536; Costello, *Pacific War,* S. 492 f.; M. Hamlin Cannon, *Leyte. The Return to the Philippines,* GPO, Washington 1954, S. 5 f. Siehe auch die Darstellung des Treffens zwischen Lumsden und MacArthur am 1. August 1944 in Liddell Hart Centre, Alanbrooke Papers, 19/54.

203 Hayes, S. 623; James, S. 533, 536 f.

204 James, S. 486–489.

205 Ebenda, S. 491 f.; Costello, *Pacific War,* S. 493–498. Eine ausgezeichnete Darstellung in Harry A. Gailey, *Peleliu, 1944,* Nautical and Aviation Publishing Co., Annapolis, Md. 1983; die Perspektive des kämpfenden Mannes wird eindrucksvoll dargestellt bei Eugene B. Sledge,

With The Old Breed at Peleliu and Okinawa, Oxford Univ. Press, New York 1990 (1981), Kap. 3–6. Gut durchdacht ist die Ansicht, die 1. Marinedivision sei eine zu kleine Einheit für Peleliu gewesen, die 81. Division hätte die Operation auf Angaur erst beginnen sollen, wenn Peleliu gesichert gewesen wäre, und daß die Marinesoldaten einfach zu eigensinnig und stolz gewesen wären, um die Armee im Notfall um Hilfe zu bitten.

206 Glantz, *Soviet Military Deception,* S. 251.

207 Zu diesem Vorfall siehe Edens Nachlaß, WP (44) 150, »Information from the Soviet Union«, PRO, CAB 66/47; Federal Communications Commission, Foreign Broadcast Intelligence Service, »Special Release: ›Pravda‹ Report on British-German ›Secret‹ Peace Negotiations, Together with Early Radio Reaction«, 18. Januar 1944, NA, RG 165, Entry 77, Box 1417, File 6600-Germany, Military Operations; Fleischhauer, *Sonderfrieden,* S. 225 f.

208 PRO, CAB 119/128.

209 N 2996/302/38, zitiert in Beaumont, *Comrades in Arms,* S. 179. Sargent bezog sich auf die übliche britische Praxis in früheren Kriegen.

210 Ebenda, S. 170, 173 ff.

211 Lukas, *Eagles East,* S. 192–201; Kreis, *Air Base Defensive,* S. 204–212; Stockholm an Tokio Nr. 326 vom 10. Juni 1944, NA, RG 457, SRDJ 61 959 f.

212 Erickson, *Road to Berlin,* S. 205; Ziemke, *Northern Theater,* S. 273–275; Berry, *American Foreign Policy,* S. 386–398. Zu Berichten japanischer Diplomaten in Berlin, Stockholm und Helsinki, die von den Amerikanern abgefangen wurden, siehe Militärattaché Helsinki an Tokio Nr. 40 vom 16. Februar, Nr. 42 vom 18. Februar, Nr. 58 vom 28. Februar, Nr. 60 vom 1. März, Nr. 65 vom 3. März, Nr. 76 vom 13. März 1944, NA, RG 457, SRA 7582 f., 7015–7018, 7335–7337, 7759, 7437, 7633–7636; Militärattaché Stockholm an Tokio Nr. 521 vom 19. Februar, Nr. 526 vom 23. Februar, Nr. 562 vom 21. März 1944, SRA 7321–7327, 7639–7642, 7969–7971; Botschaft Berlin an Tokio Nr. 185 vom 28. Februar, Nr. 414 vom 3. Mai 1944, SRDJ 51 823, 57 740–42; Gesandtschaft Stockholm an Tokio Nr. 153 vom 10. März 1944, SRDJ 53 930; Gesandtschaft Helsinki an Tokio Nr. 46 vom 11. März 1944, SRDJ 53 930. Deutsche Dokumente wurden veröffentlicht in *ADAP,* E, Bd. 7 und 8.

213 Brooke war zu dieser Zeit äußerst negativ von Eisenhower und anderen eingenommen, was von Bryant in der veröffentlichten Version zumeist unterschlagen wurde. Vergleiche z. B. den Eintrag vom 24. Januar 1944 bei Bryant mit dem Originaltagebuch, Liddell Hart Centre, Alanbrooke Papers.

214 Liddell Hart Centre, Ismay Papers IV/Con/2/4. Die Anspielungen Somme und Passchendaele gehen auf schwere Kämpfe von 1916 und 1917 an der Westfront zurück. Nivelles Offensive war eine groß angekündigte französische Operation von 1917, deren Mißerfolg zu zahlreichen Meutereien in der französischen Armee führte.

215 Siehe de Guingand, *Operation Victory,* S. 332–334.

216 Eine gerechte Darstellung in Martin Blumenson, *Bloody River. The Real Tragedy of the Rapido,* Houghton Mifflin, Boston 1970.

217 Zu Anzio siehe die Kommentare von Harold Deutsch in: Rohwer und Jäckel, *Funkaufklärung,* S. 313 f.; Hinsley, *British Intelligence,* Bd. 3/1, S. 184–187, 190 f., 196 f. Eine ausgewogene Darstellung ist William L. Allen, *Anzio. Edge of Disaster,* E.P. Dutton, New York 1978. Eine außerordentlich lebendige Darstellung der Kämpfe findet man bei William Woodruff, *Vessel of Sadness,* Chatto & Windus, London 1970.

218 Chadwick, *Britain and the Vatican,* S. 278–284.

219 Önder, *Türkische Außenpolitik,* S. 223 f.

220 Siehe Arthur L. Funk, »Churchill, Eisenhower, and the French Resistance«, in: *Military Affairs* 45, Nr. 1 (1981), S. 29–33.

221 Brooke an Wilson, Tel. 74 890 vom 6. März 1944, Liddell Hart Centre, Alanbrooke Papers, 14/44. Sich darauf beziehende Dokumente, auch Wilsons Antwort vom 8. März, befinden sich ebenfalls in diesen Akten.

222 Siehe die ausführliche Dokumentation der Zeit vom Mai 1944 bis Juli 1945 in PRO, WO 106/3973.

223 Roger Beaumont, »Bomber Offensive«, S. 15.

224 Murray, *Luftwaffe,* S. 216–222.

225 Zu den P-51 siehe Robert W. Gruenhagen, *Mustang. The Story of the P-51 Fighter,* durchges. Aufl., Arco, New York 1980, v.a. S. 87 ff.; Jeffrey Ethell, *Mustang: A Documentary History of the P-51,* Jane's, London 1981.

226 Siehe Boog, *Luftwaffenführung*, S. 28–31.
227 Hinsley, *British Intelligence*, Bd. 3/1, S. 317–322.
228 Eine Darstellung, die sich auf den deutschen und amerikanischen Aspekt konzentriert und den britischen weitgehend ignoriert, ist Murray, *Luftwaffe*, S. 223–232.
229 Saward, *»Bomber« Harris*, S. 246–248.
230 Ebenda, S. 248–252. Eine ausführliche Diskussion der Entscheidung bei Walt W. Rostow, *Pre-Invasion Bombing Strategy. General Eisenhower's Decision of March 25, 1944*, Univ. Press of Texas, Austin 1981. Zur Debatte in der britischen Regierung siehe WM(44) War Cabinet 61(44) Conclusions, Confidential Annex, 2. Mai 1944, PRO, CAB 65/46.
231 Zu beachten Hinsley, Bd. 3/1, S. 41f.
232 Williamson Murray, »Ultra. Some Thoughts on its Impact on the Second World War«, in: *Air University Review* 35, Nr. 5 (1984), S. 59.
233 Arnold an Roosevelt, 27. Januar 1944, und Anlage, FDRL, Map Room Box 164, Naval Aide's File, Axis War Potential.
234 Boog, *Luftwaffenführung*, S. 130–133.
235 »Punkte aus der Besprechung beim Führer am 5. März 1944« (Milch, Bodenschatz, Below), Imperial War Museum, Milch Papers, Bd. 64, Nr. 6506.
236 Murray, *Luftwaffe*, S. 240f.
237 Ebenda, S. 232f.; Boog, *Luftwaffenführung*, S. 200–202.
238 Zu dieser Operation siehe Murray, *Luftwaffe*, S. 237f.; Hinsley, *British Intelligence*, Bd. 3/1, Kap. 38; Gerald Kirwin, »Waiting for Retaliation – A Study of Nazi Propaganda Behaviour and Civilian Morale«, in: *JCH* 16 (1981), S. 575–577; War Department G-2, »The G.A.F. and the London Raids«, 9. März 1944, NA, RG 165, Entry 77, Box 1482, File 9910-General Western Front. Zur deutschen Konferenz über die Luftwaffe unter Görings Leitung vom 23. bis zum 25. Mai 1944 siehe Imperial War Museum, Milch Papers, Bd. 64, Nr. 6826–6896; Boog, *Luftwaffenführung*, S. 145.
239 Japanischer Militärvertreter im deutschkontrollierten Italien an den Vizechef des Kaiserlichen Generalstabs Nr. 33 vom 18. Dezember 1943, NA, RG 457, SRA 06 577–81.
240 Oshima (Berlin) an Tokio Nr. 81–82 vom 24. Januar 1944, NA, RG 457, SRDJ 49 910–

20, 49 886–93 (deutsche Aufzeichnung in *ADAP*, E, Bd. 7, Nr. 179); F.C. Jones, *Japan's New Order*, S. 419; *Rommel Papers*, S. 465f.; Oshimas Bericht seines Treffens mit Dönitz, Nr. 440 vom 10. Mai 1944, NA, RG 457, SRDJ 58 167–69; Treffen Weichs-Papen vom 9. Mai 1944, BA-MA, Nachlaß Weichs, N 19/3, F 151.
241 Zum japanischen Drängen siehe vorangegangene Anmerkung. Es sollte erwähnt werden, daß der japanische Botschafter in Moskau erwartete, die Landung der Alliierten werde erfolgreich sein. Er sah auch keine Anzeichen für einen deutsch-sowjetischen Frieden. Siehe Sato Nr. 995 vom 20. Mai 1944, NA, RG 457, SRDJ 59 053–55. Zu Laval siehe die Berichte Mitanis, des japanischen Vertreters in Vichy, Nr. 45 vom 16. Februar, Nr. 207 und Nr. 208 vom 19. Juni 1944, SRDJ 51 113–16, 62 400, 62 237. Das solch vermeintlich antikommunistische Kollaborateure der Deutschen wie der Ungar Szálasi und der Franzose Laval einen Frieden mit der Sowjetunion favorisierten, damit Deutschland seine Kräfte auf die Kämpfe gegen die Westmächte konzentrieren könnte, ist ein Aspekt des Zweiten Weltkriegs, der noch untersucht werden muß. Goebbels hatte Hitler schon 1943 zu einem Frieden mit der Sowjetunion gedrängt und wiederholte dies im Frühjahr 1944 (Rudolf Semmler, *Goebbels – The Man Next to Hitler*, Westhouse, London 1947, S. 119ff., 127ff.).
242 Text und Kommentare finden sich in Hans-Heinrich Wilhelm, Hg., »Hitlers Ansprache vor Generälen und Offizieren am 26. Mai 1944«, in: *MGM* 20 (1976), S. 123–170, v.a. S. 134f.
243 Backe an Rosenberg M 2130/44 vom 8. Mai 1944, Library of Congress, Manuscript Division, Container 834. Am 17. November 1943 wurde Rosenberg von Hitler aufgetragen, die besten Beamten der Besatzungsverwaltung nicht einziehen zu lassen, damit sie wieder eingesetzt werden könnten (Memorandum Albrecht, BA, R 43 II/684, Bl. 4).
244 Siehe Heinz Magenheimer, »Das Gesetz des Schwergewichts. Zur strategischen Lage Deutschlands im Frühjahr 1944«, in: *Wehrwissenschaftliche Rundschau* 31 (1981), S. 18–25.
245 Früher war Hitler überzeugt gewesen, die Invasion werde in der Normandie stattfinden, ebenda S. 24. Zu Hitlers Ansichten im Mai siehe die deutschen Aufzeichnungen in *ADAP*, E,

Bd. 7, Nr. 41. Die japanische Aufzeichnung ist in Oshima Nr. 511 vom 28. Mai 1944, NA, RG 457, SRDJ 59971–79.

12
Angriff auf Deutschland von allen Seiten

1 Text in Hubatsch, *Hitlers Weisungen*, S. 233–238.

2 »Im Osten läßt die Größe des Raumes äußersten Falles einen Bodenverlust auch größeren Ausmaßes zu, ohne den deutschen Lebensnerv tödlich zu treffen.«

3 Ein interessantes Bild von der Ostfront bietet der Bericht des amerikanischen Militärattachés in Moskau über den Besuch einer Gruppe amerikanischer Offiziere unter dem kommandierenden General des Persian Gulf Command, die vom 3.–16. Januar 1944 die Front inspizieren durften: »Trip to Kiev Front, 3–16 Jan. 1944«, 24. Januar 1944, NA, RG 165, Entry 77, Box 1431, File 6910-Germany (Russia), Januar 1944. Eine britisch-amerikanische Schätzung der Verluste der Roten Armee im Februar 1944 findet sich in: Annex 1 to the U. S. Army ETO Intelligence Committee Minutes vom 14. März 1944, ebenda, Box 1417, File 6900-Germany-General.

4 Ziemke, *Stalingrad to Berlin*, S. 218–238; Erickson, *Road to Berlin*, S. 163–167, 176–179; Trevor N. Dupuy, *Great Battles on the Eastern Front. The Soviet-German War, 1941–1945*, Bobbs-Merrill, Indianapolis 1982, S. 129–138; Glantz, *Soviet Military Deception*, S. 306–322. In dieser Schlacht machte das Nationalkomitee Freies Deutschland seinen wichtigsten – jedoch erfolglosen – Versuch, die Deutschen zur Kapitulation zu bewegen (siehe Quellenangaben in: Friedrich Freiherr Hiller von Gaertringen, Hg., *Die Hassell-Tagebücher. Ulrich von Hassell, Aufzeichnungen vom Andern Deutschland*, Siedler, Berlin 1988, S. 608, Anm. 13). Über die Stabilisierung des nördlichen Frontabschnitts der Heeresgruppe Süd nach der Befreiung von Rowno durch die Sowjets berichten Ziemke, S. 244–247 und Glantz, S. 322–326.

5 Erickson, *Road to Berlin*, S. 165–167, 179f.

6 Aufzeichnungen von General Hansen im Institut für Zeitgeschichte, Zg. 1130, Bl. 18ff.; Ziemke, *Stalingrad to Berlin*, S. 244.

7 Hillgruber, *Hitler, König Carol*, S.180f.; *ADAP*, E, Bd. 7, Nr. 236–238.

8 Ziemke, *Stalingrad to Berlin*, S. 291–295; Erickson, *Road to Berlin*, S. 193–195; Gosztony, *Hitlers fremde Heere*, S.282–284; Dupuy, *Great Battles*, S. 139–149. Über die Rolle der deutschen Kriegsmarine: Salewski, *Seekriegsleitung*, Bd. 2, S. 383–400. Dönitz wird hier scharf kritisiert, weil er sich dafür aussprach, die Halbinsel zu halten.

9 Ziemke, *Stalingrad to Berlin*, S. 272–285; Erickson, *Road to Berlin*, S. 180–187; Glantz, *Soviet Military Deception*, S. 326–348.

10 Siehe den Bericht über das Gespräch zwischen Hitler und Kvaternik am 22. Juli 1941 in: *ADAP*, D, Bd. 13, Anhang III.

11 Zu dieser Episode siehe Ziemke, *Stalingrad to Berlin*, S. 287f.; Carlile A. Macartney, *October Fifteenth. A History of Modern Hungary 1929–1945*, 2 Bde., Edinburgh Univ. Press, Edinburgh 1956, Bd. 2, S. 221ff.; Mario D. Fenyo, *Hitler, Horthy, and Hungary. German-Hungarian Relations, 1941–1944*, Yale Univ. Press, New Haven, Conn. 1972, Kap. 9; György Ranki, *Unternehmen Margarethe. Die deutsche Besetzung Ungarns*, übers. von E. und M. Pogány, Böhlau, Wien 1984; Gustav Hennyey, *Ungarns Schicksal zwischen Ost und West. Lebenserinnerungen*, Hase & Koehler, Mainz 1976, S. 55–65, 161, 166f.; *KTB OKW*, 1944/45, Bd. 1, S. 179–246; reichhaltiges Material in: BA-MA, Nachlaß Weichs, N19/3; Jodl Diary transcript, 28. März 1944, Imperial War Museum; zahlreiche Dokumente in: *AA*, St. S., »Ungarn,« Bd. 11. Ursprünglich war Béla Imrédy der deutsche Wunschkandidat für den Posten des Regierungschefs gewesen. Es ist erwähnenswert, daß die Deutschen für Rumänien ursprünglich eine ähnliche Aktion mit dem Codenamen »Margarethe II« geplant hatten.

12 Die erste Weisung zu diesem allgemeinen Konzept war der Führerbefehl Nr. 11 vom 8. März 1944, abgedruckt in: Hubatsch, *Hitlers Weisungen*, S. 243–249. Er wird kurz diskutiert in: Ziemke, *Stalingrad to Berlin*, S. 277. Hitlers Konzept des *Wellenbrechers*, bei dem es um das Halten isolierter Stellungen ging, wird in *KTB OKW*, 1944/45, Bd. 1, S. 53f., mit dem Halten von Häfen im Osten verwechselt, das völlig andere Zwecke hatte und in diesem und den folgenden Kapiteln diskutiert wird.

13 Ziemke, *Stalingrad to Berlin,* S. 286.

14 Der Zusammenhang zwischen den Niederlagen an der Front und den neuen Bezeichnungen und Befehlshabern der Heeresgruppen wird deutlich in der Eintragung vom 31. März 1944 in: Dermot Bradley und Richard Schulze-Kossens, Hg., *Tätigkeitsbericht des Chefs des Heerespersonalamtes General der Infanterie Rudolf Schmundt, 1.10.1942 – 29.10.1944,* Biblio, Osnabrück 1984.

15 Zu den Vorbereitungen, die die Sowjets für den Fall eines deutschen Rückzugs trafen, siehe Erickson, *Road to Berlin,* S. 169.

16 Ebenda, S. 167–176; Ziemke, *Stalingrad to Berlin,* S. 248–266; Glantz, *Soviet Military Deception,* S. 297–306, 308 f.

17 Zu Planung und Täuschungsoperationen der Sowjets siehe Glantz, S. 348–379; Erickson, *Road to Berlin,* S. 189–204, 207–215; Ziemke, *Stalingrad to Berlin,* S. 313–319; Magenheimer, »Das Gesetz des Schwergewichts«, S. 22 f.; Charles G. FitzGerald, »Operation Bagration«, in: *Military Review* 44, Nr. 5 (1964), S. 59–72, gibt einen Überblick über die vorhandene Literatur.

18 JIC (44) 81 (O) Final, »No. 30 Mission [to the Soviet Union]: Report by the Joint Intelligence Sub-Committee«, 8. März 1944, PRO, CAB 119/128 und andere Dokumente dieser Akte. Zur sowjetischen Mitwirkung an dem Täuschungsmanöver siehe Hinsley, *British Intelligence,* Bd. 5, S. 111 f.

19 William Allens Buch über das Thema trägt den bezeichnenden Titel *Anzio: Edge of Disaster.*

20 Am 24. März schrieb Wilson an Brooke, er werde Clark als Kommandeur der 5. Armee bald durch Patch ersetzen (Liddell Hart Centre, Alanbrooke Papers, 14/10/1). Zu Patch, dessen Leistungen insgesamt größer scheinen als die Clarks, siehe William K. Wyant, *Sandy Patch. A Biography of Lt. Gen. Alexander M. Patch,* Praeger, New York 1991. Patch bekam das Kommando über die 7. Armee.

21 Interessant der Bericht des japanischen Militärattachés in Rom, Nr. 134 vom 29. Mai 1944, NA, RG 457, SRA 11356–62.

22 Siehe Hinsley, *British Intelligence*, Bd. 3/1, S. 206 f., Fußnote.

23 Viel zu langsam für Brooke; siehe seine Kommentare zur Tagebucheintragung vom 7. Juni 1944, Liddell Hart Centre, Alanbrooke Papers, 3/B/XII, Bl. 957. Die Bitte des Papstes wurde am 26. Januar 1944 in London vorgebracht; sie wird zitiert in: Chadwick, *Britain and the Vatican,* S. 290.

24 Siehe Brookes Kommentar zum Tagebucheintrag vom 21. September 1943, Liddell Hart Centre, Alanbrooke Papers, 3/A/10, Bl. 790.

25 Eisenhowers Geheimdienstchef Sir Kenneth Strong vertritt in seinen Memoiren die Ansicht, daß es die Beinahe-Katastrophe der Landung bei Salerno war, die Eisenhower dazu veranlaßte, die Kontrolle über die schweren Bomber zu übernehmen. *(Intelligence at the Top,* Doubleday, New York 1964, S. 164 f.)

26 Es ist einer der großen Vorzüge von David Eisenhowers Buch *Eisenhower at War,* daß es die Schlüsselrolle der Roten Armee betont.

27 Schörner empfahl beispielsweise am 18. Juni 1944 in einem Brief an seinen Feund Himmler, große Truppenverbände in den Westen zu verlegen und sich über Landungen an anderer Stelle in Frankreich keine Sorgen zu machen. Imperial War Museum, General Edouard Schörner Papers, Box E 117, AL 2831/2; Magenheimer, »Das Gesetz des Schwergewichts«, S. 18–25.

28 Diese Täuschungsoperationen wurden zum Thema zahlreicher Schriften, die oft der regen Phantasie ihrer Autoren entsprungen sind. Verläßlich und seriös sind die Arbeiten von Thomas L. Cubbage in: Michael I. Handel, Hg., *Strategic and Operational Deception in the Second World War,* Franklin Cass, London 1987, S. 114–174 und 327–346. Die Arbeit von Klaus-Jürgen Müller, ebenda, S. 301–326, erklärt u. a., warum »Fortitude North«scheiterte. Die Memoiren von »Garbo«, einer zentralen Figur in »Fortitude South«, Juan Pujol mit Nigel West, *Operation Garbo,* Pocket Books, New York 1985, sind sehr lesenswert. Ronald Lewin vertritt die Ansicht, daß »Fortitude North« *teilweise* erfolgreich war und meint außerdem, daß die fiktive britische 9. und 10. Armee im Nahen Osten dazu beitrugen, deutsche Truppen im Balkan zu binden (Rohwer und Jäckel, *Funkaufklärung,* S. 209, 225 f.). Wichtige zusätzliche Details finden sich in Hinsley, *British Intelligence.* Bd. 4, S. 237–244, 112–117 und andernorts zu »Garbo«, in Kap. 14 wird das Sicherheitsproblem generell behandelt; siehe außerdem: Bd. 5, S. 18 ff., 51 f., 75 ff., Kap. 6, S. 185 ff.

29 Forrest C. Pogue, *The European Theater of*

Operations. *The Supreme Command,* GPO, Washington 1954, S. 199.

30 Das beste Buch zum Thema ist nach wie vor: Alan F. Wilt, *The Atlantic Wall. Hitler's Defenses in the West,* 1941–1944, Iowa State Univ. Press, Ames, Iowa 1975.

31 Laut einem Bericht des japanischen Marineattachés in Berlin (Nr. 02014–44 vom 6. Juni 1944) hatten Fotos der deutschen Luftaufklärung vom 28. April 1944 eine neue Art großer Pontons gezeigt, die geflutet werden konnten. In der deutschen Kriegsmarine vermutete man, daß man sie an Felsen treiben lassen und zeitweilig als Häfen verwenden könnte (NA, RG 457, SRNA 1525). Salewski weist in seiner Untersuchung über die deutsche Seekriegsleitung im Zweiten Weltkrieg nach, daß aus diesen Vermutungen nie ernsthafte Schlüsse gezogen wurden (*Seekriegsleitung,* Bd. 2, S. 431). Zu den Mulberries siehe Alfred B. Stanford, *Force Mulberry. The Planning and Installation of the Artificial Harbor off U. S. Normandy Beaches in World War II,* Morrow, New York 1951. Sowohl das Gesamtkonzept als auch seine energische Umsetzung waren zweifellos zu einem Gutteil Churchills persönlichem Engagement zu verdanken.

32 Ein zusammenfassender Bericht über die drei Systeme, die entwickelt wurden, um bei der Operation »Overlord« die Versorgung mit Benzin und anderen Ölprodukten zu garantieren, findet sich in: Roland G. Ruppenthal, *The European Theater of Operations. Logistical Support of the Armies,* GPO, Washington 1953, Bd. 1, S. 322–325.

33 Siehe Wilt, *The Atlantic Wall,* S. 143, 206, Anm. 13. Wie lange die Deutschen an eine Invasion zwischen Calais und Le Havre glaubten, geht aus den Berichten des japanischen Marineattachés in Berlin hervor, die damals von den Amerikanern gelesen wurden. Siehe Berichte vom 7., 10., 14., 22. und 24. Juli 1944, NA, RG 457, SRNA 1873, 1886, 1965, 2009, 2020f. Erst in Bericht Nr. 308 vom 7. August 1944 (SRNA 2097) wird berichtet, daß die Deutschen eine zweite Landung am Kanal nun für unwahrscheinlich hielten.

34 Eisenhower, *Eisenhower at War,* S. 220. Siehe Ralph C. Greene und Oliver E. Alen, »What Happened off Devon«, in: *American Heritage* 36, Nr. 2 (1985), S. 26–35; Edwin P. Hoyt, *The*

Invasion before Normandy. *The Secret Battle of Slapton Sands,* Stein Day, New York 1985. In den achtziger Jahren wurde viel Aufhebens über die angebliche Geheimhaltung des Vorfalls gemacht; tatsächlich waren die wichtigsten Details schon Jahrzehnte zuvor in offiziellen Geschichtswerken der US-Armee und der US-Marine publiziert worden (Harrison, S. 270; Morison, *US Naval Operations,* Bd. 11, S. 66).

35 Notiz von Roosevelt für Marshall, 2. Juni 1944, FDRL, PSF Box 5 Marshall.

36 Lamb, *Ghosts of Peace,* S. 233; Tuvia Ben-Moshe, »Winston Churchill and the ›Second Front‹. A Reappraisal«, in: *JMH* 62 (1990), S. 503–538.

37 Von den zahlreichen Berichten seien hier genannt: Eisenhower, *Eisenhower at War,* S. 231–234; Morison, *US Naval Operations,* Bd. 11, S. 69f. Zu Montgomerys Verhalten bei der Besprechung: Hamilton, *Monty,* Bd. 2, S. 570–578. Die britischen Zweifel und Hemmungen und ihr allmähliches Schwinden bei Max Hastings, *Overlord. D-Day and the Battle for Normandy,* Simon & Schuster, New York 1984, S. 22–26.

38 Siehe *Eisenhower Papers,* Bd. 3, S. 1894f.; Eisenhower, *Eisenhower at War,* S. 239–242, 252f.; Morison, Bd. 11, S. 82, Anm. 5. John Keegan gibt in Kap. 2 von *Six Armies in Normandy* einen besonders guten Bericht über die Luftlandung der amerikanischen 101. Luftlandedivision.

39 Dieter Ose, *Entscheidung im Westen,* 1944. *Der Oberbefehlshaber West und die Abwehr der alliierten Invasion,* Deutsche Verlags-Anstalt, Stuttgart 1982, S. 72f., nennt folgende Zahlen: Insgesamt 1 873 000 Mann, davon 950 000 beim Heer, in der Waffen-SS und bei den Bodentruppen der Luftwaffe mit etwa 1 370 Panzern.

40 Zur Indischen Legion und den Bemerkungen, die Hitler später über sie machte, siehe Heiber, *Hitlers Lagebesprechungen,* S. 939f.

41 Tokio an Berlin, Nr. 477f. vom 3. Juli 1944, NA, RG 457, SRDJ 66043–45.

42 Details in Wilt, *The Atlantic Wall,* und in Ose, *Entscheidung im Westen.*

43 Gute Karte in Ose, S. 58.

44 Wichtiges Material über D-Day befindet sich in Ismay files, Liddell Hart Centre, II/3/278/1, 2a. Der Bericht der British Army Operational Research Group, »Casualties and Effects of Fire Support on the British Beaches in Normandy«,

vom 21. April 1945 in: PRO, WO 106/4447, schildert die britischen Anstrengungen; siehe WO 106/4468, was den deutschen Gegner betrifft. Die Kanadier hatten am »Juno-Beach« das Glück, daß die Deutschen eine Division abgezogen hatten, um sie in den Osten zu verlegen, und sie durch eine sehr schwache Einheit ersetzt hatten (Keegan, *Six Armies in Normandy*, S. 128–131). Die besten Berichte von D-Day enthalten nach wie vor die offiziellen amerikanischen und britischen Geschichtswerke von Pogue, Harrison, Ellis, Morison und Roskill. Interessantes neues Material findet sich in Hamilton, *Monty*, Bd. 2; Lamb, *Montgomery*; Ose, *Entscheidung im Westen*; Hastings, *Overlord*, und Eisenhower, *Eisenhower at War*. Zu den negativen Folgen des schlechten Wetters für die Luftunterstützung und die Anlandung von Nachschub siehe den historischen Bericht aus Leigh-Mallorys Hauptquartier im: PRO, AIR 37/1057.

45 Bericht über den Weg der wegen des Massakers von Oradour berüchtigten 2. SS-Panzerdivision »Das Reich« von Südfrankreich in die Normandie, 720 Kilometer in über zwei Wochen, siehe Max Hastings, *Das Reich. The March of the 2nd SS Panzer Division Through France*, Jove, New York 1983. Die Gefechtsbeschreibungen des Buches sind verläßlich; die breitere Analyse der SS ist jedoch mangelhaft, da der Autor mit der Struktur und Personalpolitik der SS nicht vertraut ist (siehe S. 13).

46 Das Entsetzen der Deutschen über den aus ihrer Sicht frühen Fall Cherbourgs wird deutlich in »Streng vertraulicher Informationsbericht«, 28. Juni 1944, BA, ZSg. 115/8, Bl. 95; außerdem in Heiber, *Hitlers Lagebesprechungen*, S. 600; Dönitz' Bemerkungen vom 24. und 25. August 1945 in: Salewski, *Seekriegsleitung*, Bd. 2, S. 645.

47 Zusammenfassender Bericht in: Gordon A. Harrison, *Cross-Channel Attack*, GPO, Washington 1951, S. 441 f.

48 Sehr aufschlußreich ist Montgomerys Brief an Brooke, M 501 vom 13. Juni 1944, Liddell Hart Centre, Alanbrooke Papers, 14/26/6. Das Postskript, das Montgomery am Morgen des 14. hinzufügte, zeigt die ersten Anzeichen einer Veränderung, da sich mehr deutsche gepanzerte Divisionen auf die britische Front zubewegten. Aus dem Brief ist deutlich ablesbar, daß Montgomery ursprünglich auf einen Durchbruch hoffte, sich dann jedoch der neuen Situation anpaßte – hinterher tat er dann, als habe er alles von Anfang an so geplant. Gute Karte in Hamilton, *Monty*, Bd. 2, S. 651.

49 Siehe Montgomerys Brief M 502, Liddell Hart Centre, zitiert ebenda, S. 663 f.

50 Montgomery an Brooke, M 511 vom 14. Juli 1944, Liddell Hart Centre, Alanbrooke Papers, 14/28. Die beiliegende Karte zeigt, wie die 7. Panzerdivision Falaise einnimmt.

51 Charles J. Dick, »The Goodwood Concept – Situating the Appreciation«, in: *Journal of the Royal Services Institute for Defence Studies* 127 (März 1982), S. 22–28; Keegan, *Six Armies in Normandy*, Kap. 5; Hastings, *Overlord*, S. 230–243; Hinsley, *British Intelligence*, Bd. 3/2, Anhang 18.

52 Beispielsweise beorderte Hitler am 11. Juni 1944 das II. SS-Panzerkorps von der Ostfront zurück nach Westen, wo es erst am 28. Juni eintraf (Keegan, S. 179).

53 In der Zeit vom 6. Juni–23. Juli erlitten beide Seiten Verluste von etwa 110000 Mann, aber die Deutschen erhielten nur 10000 Mann Ersatz (Pogue, *Supreme Command*, S. 194).

54 Siehe Scheidt-Papiere, IfZ, B 2, Bl. 299 f.; Material Frau Junge (Traudl Humps), IfZ, Bl. 86.

55 Zu Churchills Befürwortung von Giftgaseinsätzen und den Auseinandersetzungen über dieses Thema siehe Bernstein, »Churchill«; Harris und Paxman, *A Higher Form of Killing*, S. 126–135; Gellermann, *Der Krieg*, S. 168–172, 249–251. Am 13. Juli bat Churchill Stalin um Zugang zu dem deutschen Schießplatz bei Blizna, den die Rote Armee überrannt hatte, aber die Russen ließen zwei Monate verstreichen, bevor sie britische Beobachter auf das Gelände ließen (Hinsley, *British Intelligence*, Bd. 3/1, S. 446, Anm.). Interessanterweise erwogen die Deutschen um diese Zeit ebenfalls den Einsatz von Giftgas, um den alliierten Landungskopf anzugreifen, verwarfen den Gedanken jedoch aus Furcht vor einem Gegenschlag. Siehe Müller, »Gaskriegsvorbereitungen«, S. 45 f.; Oshima an Tokio, Nr. 822 vom 12. August 1944, NA, RG 457, SRDJ 67480.

56 Zu Hitlers damaligen Ansichten und Reden siehe Wilhelm, »Hitlers Ansprache«, S. 134, 162, Anm. 24; *Rommel Papers*, S. 475–478; »Streng vertraulicher Informationsbericht«, 28. Juni

1944, BA, ZSg. 115/8, Bl. 93–95. Reichspropagandaamt Berlin, »Sondertagesparole des Reichspressechefs«, 3. Juli 1944, BA, ZSg. 115/18, Bl. 40–42. Ziemlich aufschlußreich, offen und detailliert sind Oshimas Berichte an Tokio Nr. 621 vom 23. Juni und 626 vom 24. Juni 1944, NA, RG 457, SRDJ 62 519f., 62 688–94.

57 John J. Sullivan, »The Botched Air Support of Operation Cobra«, in: *Parameters – U. S. Army War College Quarterly* 18, Nr. 1 (1988), S. 97–110, ist der beste verfügbare Bericht.

58 General Heinrich Eberbach ersetzte Geyr von Schweppenburg als Kommandeur der Panzergruppe West.

59 Eine Schlüsselfigur bei der taktischen Luftunterstützung war der amerikanische Luftwaffengeneral Elwood R. (Pete) Quesada. Eine nützliche Skizze seiner Laufbahn und seiner Rolle findet sich in: John L. Frisbee, Hg., *Makers of the United States Air Force*, GPO, Washington 1987, S. 177–204. Die Deutschen verbrauchten ihren gesamten Nachschub an Jagdflugzeugen bei dem fruchtlosen Versuch, mit der sich rasch verändernden Situation im Westen fertig zu werden. Sie konnten deshalb nie adäquate Reserven aufbauen, um sich gegen die Bomberflotten zu verteidigen, die Deutschland angriffen (Boog, *Luftwaffenführung*, S. 136).

60 Zum deutschen Angriff bei Mortain siehe Pogue, *Supreme Command*, S. 206–209; Ose, *Entscheidung im Westen*, S. 222–232. Zur Rolle von »Ultra« bei der deutschen Niederlage siehe Ronald Lewin, *Ultra Goes to War*, McGraw-Hill, New York 1978, S. 337–340; Adolph G. Rosengarten Jr., »With Ultra from Omaha-Beach to Weimar – A Personal View«, in: *Military Affairs* 42, Nr. 3 (1978), S. 129.

61 Zum Kessel von Falaise siehe Pogue, *Supreme Command*, S. 208–217; Ose, *Entscheidung im Westen*, S. 232–259; Hastings, *Overlord*, S. 293–319; Lamb, *Montgomery*, S. 167–178; Hamilton, Bd. 2, S. 756–784; Russell F. Weigley, *Eisenhower's Lieutenants. The Campaigns of France and Germany, 1944–1945*, Indiana Univ. Press, Bloomington, Ind. 1981, S. 201–209; Eisenhower, *Eisenhower at War*, S. 403–410. Laut Kazimierz Mczarski beging Kluge nicht Selbstmord, sondern wurde von Jürgen Stroop erschossen (*Gespräche mit dem Henker*, Droste, Düsseldorf 1978, S. 353f.)

62 Diese Aktion ist der Hintergrund des berühmten Bildes, das amerikanische Infanterie in Kampfuniformen beim Marsch durch die Stadt zeigt – das Bild, das für eine amerikanische Briefmarke zu Ehren der US-Armee verwendet wurde. Siehe auch Eisenhower, *Eisenhower at War*, S. 414–416, 424–427.

63 Keegan, *Six Armies in Normandy*, S. 283–298.

64 Das beste Buch darüber ist Alan F. Wilt, *The French Riviera Campaign of August 1944*, Southern Illinois Univ. Press, Carbondale, Ill. 1981. Siehe auch Arthur L. Funk, *Hidden Ally. The French Resistance, Special Operations, and the Landings in Southern France, 1944*, Greenwood Press, Westport, Conn. 1992.

65 Damit es in Italien vorwärtsging, war Alexander mit dem Einsatz von Einheiten der Roten Armee einverstanden (Alexander an Brooke, 18. Juni 1944, Liddell Hart Centre, Alanbrooke Papers, 14/10/6).

66 Die Auseinandersetzungen sind dokumentiert in: Kimball, *Churchill and Roosevelt*, Bd. 3. Siehe insbesondere R-577 auf S. 232 (Loewenheim Nr. 401). Siehe Eisenhower, *Eisenhower at War*, S. 387–390, zum Invasionsplan in der Bretagne.

67 Relevante Dokumente in AA, Nachlaß Renthe-Fink, Paket 5; Mitani (Vichy) an Tokio Nr. 249 vom 19. Juli und Nr. 265 vom 6. August 1944, NA, RG 457, SRDJ 65150–52, 66834f.; Rundbrief 5699 aus Tokio vom 21. September 1944, SRDJ 72609–10; japanischer Militärattaché in Berlin an Tokio Nr. 416 vom 17. Oktober 1944, zur Lage in Sigmaringen, SRA 12970–75. Siehe auch Bertram B. Gordon, *Collaborationism in France during the Second World War*, Cornell Univ. Press, Ithaca, N. Y. 1980, Kap. 11. Es versteht sich von selbst, daß die Deutschen auf keinen Widerstand stießen, als sie »Gewalt« anwandten, um die Vichy-Regierung zunächst nach Belfort und später nach Sigmaringen zu verlegen. Zu einem angeblichen Versuch Pétains, die Alliierten zu kontaktieren, siehe Z 6331/6331/17, PRO, FO 371/42 096 (dies ist die Botschaft, auf die sich Thomas in *Britain and Vichy*, S. 177, bezieht).

68 Siehe die Berichte des japanischen Militärattachés in Vichy vom 10. und 17. Juli 1944, NA, RG 457, SRA 10 090f., 12 445f.

69 Der Text ist veröffentlicht in Heiber, *Hitlers*

Lagebesprechungen, S. 584–609. Er ist aus einer anderen Sammlung als der, auf die sich Felix Gilbert, *Hitler Directs His War*, Oxford Univ. Press, New York 1950, stützt und deshalb dort nicht zu finden. Eine Zusammenfassung bei Pogue, *Supreme Command*, S. 201–203.

70 Siehe Ose, *Entscheidung im Westen*, S. 252; Heiber, *Hitlers Lagebesprechungen*, S. 686, Anm. 5. Zu den Kanal-Inseln, die bis Mai 1945 gehalten wurden, siehe Cruikshank, *The German Occupation of the Channel Islands*, Kap. 12.

71 Salewski, *Seekriegsleitung*, Bd. 2, S. 432, 448, 484–489.

72 Hans-Georg von Studnitz, *Als Berlin brannte. Diarium der Jahre 1943–1945*, Kohlhammer, Stuttgart 1963, 28. September 1944.

73 Montgomery an Brooke, M/92 vom 14. August 1944, Liddell Hart Centre, Alanbrooke Papers, 14/30; L.F. Ellis, *Victory in the West*, Bd. 1: *The Battle of Normandy*, HMSO, London 1962, Bd. 1, S. 453.

74 Diese Zusammenfassung des Streites wird unterstützt von Lamb, *Montgomery*, S. 411, aber nicht von Hamilton, *Monty*, Bd. 2. Der Text zur Beförderung aus Brookes Tagebuch vom 30. August 1944 bei Bryant, Bd. 2, S. 197, unterscheidet sich sehr vom Original des Liddell Hart Centre. Zu Montgomerys Anstrengungen, General Henry Crerar, den Befehlshaber der kanadischen 1. Armee, zu entlassen, siehe Lamb, *Montgomery*, S. 252–257. Zu seiner Beziehung zu den Polen siehe z. B. ebenda, S. 73f.

75 Siehe Eisenhower, *Eisenhower at War*, S. 416–423, 430–434, 438–452, 477–479. Zu beachten ist Montgomery an Simpson für CIGS vom 20. September 1944, Liddell Hart Centre, Alanbrooke Papers, 14/32 (was Montgomerys Probleme mit den britischen Offizieren des SHAEF betont). Es ist nicht zu belegen, aber dennoch erscheint es wahrscheinlich, daß Eisenhower und britische Offiziere, die seiner Meinung waren, durch ihre Kenntnis von Montgomerys Hang zu langsamen und beständigen Vorstößen beeinflußt waren. Als er das einzige Mal schnell vorging, in Sizilien, durchkreuzte er die Alliiertenpläne und verfehlte sein Ziel. Zu den Nachschubproblemen siehe auch van Creveld, *Supplying War*, Kap. 7.

76 Lamb, *Montgomery*, S. 200ff., 257–262; Eisenhower, *Eisenhower at War*, S. 445f.

77 Lamb, S. 212–226.

78 Die Darstellung in ebenda, Kap. 8, ist gegenüber Montgomery, Brereton (dem Befehlshaber der 1. Luftlandearmee) und Browning (dem Korpskommandeur) sehr kritisch. Die Darstellung in *Eisenhower at War*, S. 441–445, 455f., 459–477 deutet an, daß weder Montgomery noch Eisenhower am Ende die Operation wirklich fortführen wollten. Murray, »Ultra«, S. 55, betont Montgomerys Mißachtung der Informationen der Kategorie Ultra über die SS-Panzerdivisionen bei Arnheim. Hamilton, *Monty*, Bd. 3, Teil 2, betrachtet die Arnheim-Operation als einen Fehler, den Eisenhower hätte verhindern sollen.

79 WM(44) War Cabinet 91(44) vom 17. Juli 1944, PRO, CAB 65/43.

80 WM(44) War Cabinet 115(44) vom 4. September 1944, ebenda.

81 Zur sowjetischen Juni-Offensive gegen Finnland siehe Ziemke, *Stalingrad to Berlin*, S. 296–303; Erickson, *Road to Berlin*, S. 204f., 328–330; Glantz, *Soviet Military Deception*, S. 351, 358–360.

82 Zur Situation im Juli 1944 siehe vor allem den Aufsatz von Ernst Klink in: Ernst Klink und andere, *Operationsgebiet östliche Ostsee und der finnisch-baltische Raum*, Deutsche Verlags-Anstalt, Stuttgart 1961, S. 43ff. Siehe auch »Pressekonferenz der Reichsregierung«, 2. Juli 1944, BA, ZSg. 115/9, Bl. 27, 32; japanischer Militärattaché Helsinki an Tokio Nr. 273 vom 29. Juli 1944, NA, RG 457, SRA 10859f.

83 Zu Finnlands Austritt aus dem Krieg siehe Ziemke, *Stalingrad to Berlin*, S. 389–391; Berry, *American Foreign Policy and the Finnish Exception*, S. 418–421; deutscher Botschafter Stockholm an Berlin Nr. 1339 vom 18. August und Nr. 1402 vom 30. August 1944, AA, Gesandtschaft Helsinki, »Drahtberichte geheim 1944«, MF H063 444, H063 472; Oshima Nr. 867 vom 22. August 1944, NA, RG 457, SRDJ 68 699–702; japanischer Militärattaché Helsinki an Tokio Nr. 334 vom 1. September 1944, SRA 1307f. Dokumente in BA-MA, PG 39 690; »Pressekonferenz der Reichsregierung«, 12. September 1944, BA, ZSg. 115/10, Bl. 32; Henrick S. Nissen, Hg., *Scandinavia during the Second World War*, Univ. of Minnesota Press, Minneapolis 1983, S. 280–284 mit hilfreichen Karten. Thede Palm, *The Finnish-Soviet Armistice Negotiations of 1944*,

Almqvist & Wiksell, Stockholm 1971 ist wichtig für die Zeit vor der Unterzeichnung des Waffenstillstands; Tuomo Polvinen, »Zur Vorgeschichte des finnisch-sowjetischen Vertrages über Freundschaft, Zusammenarbeit und gegenseitigen Beistand während der Jahre 1944–1945«, in: *Jahrbücher für Geschichte Osteuropas* 30 (1982), Nr. 2, S. 227 ff., ist nützlich für die folgenden Verhandlungen. Die Sowjetunion erklärte sich bereit, der britisch kontrollierten International Nickel Co. für ihre Minen im Gebiet von Petsamo Entschädigung zu zahlen (Aufzeichnung des Außenministeriums vom 30. September 1944, N 5768/132/56, PRO, FO 371/43 175).

84 Zur Operation »Tanne«, der Besetzung von Suursaari (Hogland), siehe Ursula von Gersdorffs Artikel in: *Operationsgebiet östliche Ostsee*, S. 143–182; den Aufsatz von Admiral Otto Schulz vom Oktober 1945 in C 8254/8254/18, PRO, FO 371/47019; und die neuste Analyse in der Dissertation von Davis Grier, »Hitler's Baltic Strategy«, University of North Carolina, 1991.

85 Zur sowjetischen Offensive im Norden und dem deutschen Rückzug siehe Ziemke, *Stalingrad to Berlin*, S. 387–403; Ziemke, *Northern Theater*, Kap. 14; Major James F. Gebhardt, *The Petsamo-Kirkenes Operation. Soviet Breakthrough and Pursuit, October 1944*, Combat Studies Institute, Fort Leavenworth, Kans. 1990. Zu Rendulics Vergangenheit als Nazi vor 1938 siehe die Dokumente in NA, T-120, Cont. 2695, Serial 5705, MF E 414436, 414650; Historische Kommission des Reichsführers SS, *Die Erhebung der österreichischen Nationalsozialisten im Juli 1934*, Europa-Verlag, Wien 1965, S. 227 f. Der deutsche General in Kroatien zitiert Rendulic im Oktober 1943: »Ach, wenn ich 20 Divisionen hätte, dann würde ich in diesem Lande alles morden, so gut es ginge!« (Broucek, *Ein General im Zwielicht*, Bd. 3, S. 291.) Dem Leser wird deutlich, warum Rendulic in Hitlers Armee eine so sagenhafte Karriere machen konnte.

86 Wilhelm, »Die Prognosen der Abteilung Fremde Heere Ost 1942–1945«, S. 59–63, faßt die Anzeichen von deutscher Seite zusammen; Glantz, *Soviet Military Deception*, S. 360–379, stellt die sowjetischen Ablenkungsmanöver und die Offenkundigkeit, mit der die Deutschen auf sie hereingefallen sind, gegenüber.

87 Darstellungen in Ziemke, *Stalingrad to Berlin*, Kap. 15; Erickson, *Road to Berlin*, Kap. 5; immer noch nützlich Hermann Gackenholz, »Der Zusammenbruch der Heeresgruppe Mitte im Sommer 1944«, in: *VfZ* 3(1955), S. 317–333. Neuere Studien findet man in Rolf Hinze, *Der Zusammenbruch der Heeresgruppe Mitte im Osten 1944*, Motorbuch, Stuttgart 1980; Gerd Niepold, *Mittlere Ostfront Juni 1944: Darstellung, Beurteilung, Lehren*, Mittler, Herford 1985.

88 Sato Nr. 1444 vom 17. Juli 1944, NA, RG 457, SRDJ 64921. Ein Foto in Ziemke, *Stalingrad to Berlin*, S. 330; ein weiteres in Jacobsen und Dollinger, *Der Zweite Weltkrieg*, Bd. 3, S. 44 f. Zu den Ursprüngen der Idee siehe Volkogonov, *Stalin*, S. 476 f.

89 Siehe Ziemke, *Stalingrad to Berlin*, S. 327; Abschrift von Jodls Tagebuch, 16. September 1944, Imperial War Museum; eine sehr ausführliche Darstellung bei Grier.

90 Zum nördlichen Frontabschnitt siehe Ziemke, *Stalingrad to Berlin*, S. 327–329, 333–336, 338–343; Erickson, *Road to Berlin*, S. 307–326.

91 Zur Fahrt des deutschen Stabschefs des Heeres Guderian am 31. August 1944 nach Budapest, um über die Verteidigung Ungarns zu verhandeln, siehe Hennyey, *Ungarns Schicksal zwischen Ost und West*, S. 64. Zu den sowjetischen Ablenkungsmanövern vor den Operationen gegen Lemberg (Lwow) und Lublin siehe Glantz, *Military Deception*, S. 379–409.

92 Zwei Bücher zum Majdanek-Prozeß sind nützlich: Heiner Lichtenstein, *Majdanek. Reportage eines Prozesses*, Europäische Verlagsanstalt, Frankfurt/Main 1979; Karl Sauer, *KZ Majdanek. Reportage über das Vernichtungslager und über den Majdanekprozeß*, 3. Auflage, Röderberg-Verlag, Frankfurt/Main 1979. Eine kurze Darstellung in Englisch ist Konnilyn G. Feig, *Hitler's Death Camps. The Sanity of Madness*, Holmes & Meier, New York 1979, S. 313–332.

93 Zum Aufstand siehe den immer noch nützlichen Bericht seines Kommandeurs Tadeusz Bor-Komorowski, *The Secret Army*, Macmillan, New York 1951; ebenso Lukas, *Forgotten Holocaust*, Kap. 7; Joanna K.M. Hanson, *The Civilian Population and the Warsaw Uprising of 1944*, Cambridge Univ. Press, Cambridge 1982; Janusz K. Zawodny, *Nothing but Honor. The Story of*

the Warsaw Uprising, 1944, Macmillan, London 1978. Zu den deutschen Operationen bei der Niederwerfung des Aufstandes siehe Hans von Krannhals, Der Warschauer Aufstand 1944, Bernard & Graefe, Frankfurt/Main 1962.

94 Zu beachten ist, daß Anfang Oktober die Linie der polnischen kommunistischen Partei mit Stalins Zustimmung oder auf sein Drängen geändert wurde: statt der Bildung einer gemeinsamen Front mit der AK der Kampf gegen sie (Jaime Reynolds, »›Lublin‹ versus ›London‹ – The Party and the Underground Movement in Poland, 1944–1945«, in: JCH 16 (1981), S. 628–634.

95 Zu den britischen Bemühungen siehe das Material in PRO, FO 371/39 492, 39 494–96, AIR 8/1156, 1169; Slessor Nr. 581 an RAF HQ 20. September 1944, AIR 8/1170. Zu den amerikanischen Bemühungen siehe Lukas, Eagles East, S. 202–207; Roosevelt an Leahy, 29. September 1944, und Leahy an Roosevelt, 30. September 1944, FDRL, PSF Box 66, Poland Sept.-Dec. 1944; Diane T. Putney, Ultra and the Army Air Forces in World War II. An Interview with Associate Justice of the U.S. Supreme Court Lewis F. Powell Jr., GPO, Washington 1987, S. 44 f.; Neil D. Orpen, Airlift to Warsaw. The Rising of 1944, Univ. of Oklahoma Press, Norman, Okla. 1984.

96 Siehe C 11 440/1077/55, PRO, FO 371/39 494.

97 Siehe Harriman an Roosevelt, Nr. 3021, 3028 vom 17. August 1944 und Hull an Roosevelt vom 19. August 1944, FDRL, PSF Box 66, Poland, Aug. 1944; Michael Burleigh, Germany Turns Eastwards. A Study of »Ostforschung« in the Third Reich, Cambridge Univ. Press, Cambridge 1989, S. 235.

98 1983 bestätigte ein hervorragender sowjetischer Historiker in privatem Rahmen, der Stopp vor Warschau sei nicht militärisch, sondern politisch motiviert gewesen.

99 Siehe die in Anm. 97 zitierten Dokumente und Beaumont, Comrades in Arms, S. 182 f.

100 Ein Artikel von Anna Josko, »The Slovak Resistance Movement«, in: Victor S. Mamatey und Radomir Luza, Hg., A History of the Czechoslovak Republic, 1918–1948, Princeton Univ. Press, Princeton, N.J. 1973, Kap. 13. Immer noch nützlich ist Peter A. Thoma, »Soviet Strategy in the Slovak Uprising of 1944«, in:

Journal of Central European Affairs 19 (1959), S. 290–298. Die engere Koordinierung zwischen dem Aufstand und der Sowjetunion – und die Verfügbarkeit und Nutzung von Flugzeugen der Roten Armee – brachte kein anderes Ergebnis. Siehe Erickson, Road to Berlin, S. 290–307. Ein journalistischer Beitrag, wichtig durch das Material aus Interviews, ist Wolfgang Venohr, Aufstand für die Tschechoslowakei, Christian Wegner, Hamburg 1969.

101 Stafford, Britain and European Resistance, S. 185–187; Dokumente in PRO, FO 371/38941 –44.

102 Ziemke, Stalingrad to Berlin, Kap. 16; Erickson, Road to Berlin, S. 346–369; Glantz, Soviet Military Deception, S. 409–427. Eine Darstellung, die viel rumänisches Material verwendet, ist Ilie Ceausescu, Florin Constantiniu und Michael E. Ionescu, A Turning Point in World War II. 23 August 1944 in Romania, Columbia Univ. Press, New York 1985. Der Leiter der deutschen Militärmission in Rumänien, General Erik Hansen, gibt einige interessante Kommentare ab in: Institut für Zeitgeschichte, ZS 1130. Eine hilfreiche Zusammenfassung findet man bei Peter Gosztony, »Rumänien im August 1944«, in: Österreichische Militärische Zeitschrift 18, Nr. 1 (1980), S. 48–54. Die Darstellung bei Hillgruber, Hitler, König Carol, S. 209 ff. kann immer noch zu Rate gezogen werden.

103 Arnold an Roosevelt, 22. September 1944, FDRL, PSF Box 105, War Dept., Arnold 1942–45.

104 Oshima an Tokio Nr. 946 vom 6. September 1944, NA, RG 457, SRDJ 70 124–28; »Pressekonferenz der Reichsregierung«, 31. August 1944, BA, ZSg. 115/9, Bl. 161.

105 Siehe Wilson an Brooke, 24. September 1944, Liddell Hart Centre, Alanbrooke Papers, 14/45.

106 Zu beachten ist die Bemerkung von Feldmarschall von Weichs vom Oktober 1944(?), daß die Bulgaren unter russischer Leitung besser zu kämpfen schienen, BA-MA, N 19/3, F 311 1944.

107 Hoppe, Bulgarien, S. 183 und Anm. 68; »Pressekonferenz der Reichsregierung«, 10. September 1944, BA, ZSg. 115/10, Bl. 24.

108 Hennyey, Ungarns Schicksal zwischen Ost und West, S. 166 f.; siehe auch Donovan an Roosevelt, 16. Oktober 1944, FDRL, PSF Box 169, OSS Oct. 1944.

109 Eine ausführliche Darstellung in Macartney, *October Fifteenth*, Bd. 2, Kap. 18. Siehe auch seinen Artikel »Ungarns Weg aus dem Zweiten Weltkrieg«, in: *VfZ* 14 (1966), S. 79–103.
110 Siehe Szöllösi-Janze, *Die Pfeilkreuzlerbewegung in Ungarn*.
111 Ziemke, *Stalingrad to Berlin*, S. 364.
112 Siehe Kurihara (Ankara) an Tokio, 7. August 1944, RG 457, SRDJ 67 235 f.
113 Notizen von Weichs zur Abendkonferenz vom 23. August 1944 in Hitlers Hauptquartier, BA-MA, N 19/3, Bl. 207–1944.
114 Ziemke, *Stalingrad to Berlin*, S. 365–378; Hondros, *Occupation and Resistance*, S. 195 ff.
115 Die Deutschen hielten Memel bis zum 22. Januar 1945. Zur erfolgreichen sowjetischen Verschleierung gegenüber den Deutschen vor ihrer Offensive siehe Glantz, *Soviet Military Deception*, S. 433–442.
116 Siehe Grier, »Hitler's Baltic Strategy«, passim.
117 Ein solcher Bericht findet sich in: japanischer Marineattaché Berlin an Tokio Nr. 339 vom 17. August 1944, NA, RG 457, SRNA 2190–2192. Zu beachten ist das Treffen von Abe mit Admiral Meisel am 29. August 1944, BA-MA, RM 7/254, Bl. 247, 258 f.
118 Die Darstellung in Fleischhauer, *Sonderfrieden*, S. 228–264, betont die Kontakte der deutschen Opposition und die Folgen des Attentatsversuches vom 20. Juli. Vgl. dagegen Ziemke, *Stalingrad to Berlin*, S. 404 f. Am wichtigsten sind die japanischen diplomatischen Dokumente: Shigemitsu (Tokio) an Oshima (Berlin) Nr. 594 vom 24. August, Nr. 615 und Nr. 616 vom 29. August, Nr. 662 vom 31. August 1944, NA, RG 457, SRDJ 68 635, 69 162–64, 69 165 f., 62 698; Oshima an Tokio Nr. 881 vom 25. August, Nr. 994 vom 5. September, Nr. 961 vom 7. September 1944, SRDJ 68 848 f., 70 101–13, 70 336; Shigemitsu an Sato (Moskau) Nr. 1160, Nr. 1161 vom 30. August 1944, SRDJ 69 905 f., 69 451 f.; Sato an Shigemitsu Nr. 1788 vom 2. September 1944, SRDJ 69 721–24. Vgl. Stahmer an Ribbentrop Nr. 2323 vom 25. August 1944, AA, Handakten Ritter, Bd. 4 f., MF 363 343 f.; *ADAP*, E, Bd. 8, Nr. 223 (dies ist der Bericht zu Oshimas Gesprächen mit Hitler und Ribbentrop vom 4. September 1944 und die Antwort auf das zuvor aufgeführte Dokument; auf Seite 429 ist ein schwerwiegender Übertragungsfehler, da »unmöglich« als »möglich« gelesen wurde); Shigemitsu an Oshima Nr. 670 vom 14. September 1944, SRDJ 71 205–8; Oshima an Shigemitsu Nr. 1054 vom 26. September 1944, SRDJ 72 699–701; Oshima Nr. 1266 vom 10. November 1944 über ein Gespräch mit Goebbels in der Nacht zuvor, SRDJ 78 178 f.; Shigemitsu an Sato Nr. 1694 vom 24. November 1944, SRDJ 79 853–55; Oshima an Shigemitsu Nr. 1367 vom 2. Dezember 1944, SRDJ 81 008–13. Siehe auch U.S. Pacific Strategic Intelligence Section, »Japanese Estimates of Germany's Ability to Continue the Struggle«, 22. Januar 1945, NA, RG 457, SRH-066, Bl. 7 f. In den Diskussionen waren die Japaner bezüglich der von den Deutschen einzugehenden Zugeständnisse äußerst großzügig.
119 »Magic« Far Eastern Summary, Nr. 199 vom 5. Oktober und Nr. 216 vom 22. Oktober 1944, NA, RG 457, SRS 199, 216.
120 Siehe Salewski, *Seekriegsleitung*, Bd. 2, S. 491 ff.

13
Spannungen in beiden Allianzen

1 Für eine genauere Untersuchung dieser Problematik siehe Hathaway, *Ambiguous Partnerships*, Kap. 1 f. Ein anderes Bild zeichnet Terry H. Anderson, *The United States, Great Britain, and the Cold War*, Univ. of Missouri, Columbia, Mo. 1981.
2 Danchev, *Very Special Relationship*, Kap. 5 f., mit vielen Beispielen. Die Akte zur Nachfolge Dills ist einzusehen in PRO, PREM 478/2.
3 Eine gute Einführung ist William H. McNeill, *America, Britain and Russia. Their Co-operation and Conflict, 1941–1946* (1953), Nachdruck: Johnson Reprint, New York 1970, S. 129 ff.
4 Dieses Thema ist im vorhergehenden Kapitel erörtert. Die einschlägige Korrespondenz zwischen Churchill und Roosevelt ist veröffentlicht in Loewenheim, *Roosevelt and Churchill*, und Kimball, *Churchill and Roosevelt*.
5 Die beste Untersuchung bleibt William Roger Louis, *Imperialism at Bay. The United States and the Decolonization of the British Empire, 1941–1945*, Oxford Univ. Press, New York 1978. Siehe inzwischen auch Kimball, *The Juggler*, Kap. 7.
6 Siehe Stettinius an Hull, 15. August 1944, FDRL, PSF 94, Phillips; Kenton J. Clymer, »The

Education of William Phillips. Self-Determination and American Policy toward India«, in: *Diplomatic History* 8 (1984), S. 13–35.

7 Siehe die Noten in Loewenheim, *Roosevelt and Churchill*, S. 526, 535, Anm. 1; Kimball, *Churchill and Roosevelt*, Bd. 3, S. 176 f., 188 f. Die Frage der Monarchie spielte auch bei Problemen mit dem befreiten Belgien eine gewisse Rolle.

8 Hathaway, *Ambiguous Partnership*, S. 90–96.

9 Die EAM war die politische Führung der ELAS, der stärksten Widerstandsgruppe.

10 Hathaway, S. 93–111.

11 Ebenda, S. 98.

12 Gietz, *Die neue Alte Welt*, S. 141–178, ist zu diesem Thema besonders gut. Von beträchtlichem Interesse ist der Bericht von Welles an Roosevelt vom 13. August 1942 über ein Gespräch mit Alexis Léger, FDRL, PSF Box 96, State Welles, 1942.

13 Siehe die Verweise auf Churchills Forderungen vom 3. September 1941 und vom 24. April 1942 in Desmond Morton an Air Chief Marshal Sir Wilfred R. Freeman, Vice-Chief of the Air Staff, vom 27. April 1942, PRO, AIR 20/2782.

14 Offenbar war General Eisenhower der einzige Vertreter der amerikanischen Führung, der wenigstens vorübergehend von diesem Ansatz überzeugt werden konnte (Arthur L. Funk, »Eisenhower and de Gaulle«, Vortrag bei der Sitzung der American Historical Association am 29. Dezember 1990).

15 Eine Zusammenfassung in: Hathaway, *Ambiguous Partnership*, S. 72–88.

16 Das Problem wird kurz erörtert in: Hathaway, S. 80–84. Zur einschlägigen Korrespondenz zwischen Roosevelt und Churchill siehe Kimball, *Churchill and Roosevelt*, Bd. 3, S. 402–408, 418–421, 423–425, 427 f. Zur neueren Diskussion siehe Philipp Cockrell, »International Civil Aviation and United States Foreign Policy«, in: *Proceedings of the South Carolina Historical Association 1991*, S. 29–46.

17 Eine Einführung zu diesem Thema bietet Hathaway, Kap. 2; zur neueren Diskussion siehe Kimball, *The Juggler*, Kap. 3.

18 Zur Frage der polnisch-sowjetischen Grenze siehe Jan Karski, *The Great Powers and Poland, 1919–1945: From Versailles to Yalta*, Univ. Press of America, Lanham Md. 1985, S. 411.

19 Siehe besonders Karski, Kap. 31.

20 Bis in Warschau neues Material zugänglich wird, bleibt Cienciala, »The Activities of Polish Communists«, S. 129–145, die beste Studie zu diesem Thema. Sie zeigt, daß spätestens Ende 1943 Personal für eine neue polnische Regierung rekrutiert wurde.

21 Karski, *The Great Powers and Poland*, Kap. 32; Richard C. Lucas, *The Strange Allies. The United States and Poland, 1941–1945*, Univ. of Tennessee Press, Knoxville 1978, Kap. 3–5. Siehe den Brief vom 11. März 1944, der von vielen Amerikanern unterzeichnet wurde, die sich vor Pearl Harbor für die Sowjetunion-Hilfe eingesetzt hatten. In ihrem Schreiben ersuchen sie die Sowjetunion dringend, sich nicht die Vereinigten Staaten durch eine rücksichtslose Behandlung Polens zum Gegner zu machen (Kopie von Lord Halifax in: AN 1461/1271/45, PRO, FO 371/38 674A).

22 Klaus Schwabe, »Roosevelt und Jalta«, in: Jürgen Heideking und andere, Hg., *Wege in die Zeitgeschichte*, Walter de Gruyter, Berlin 1989, S. 466.

23 Siehe die Dokumente in PRO, AIR 20/2710–2711. Aus Furcht vor möglicher britischer Unterstützung für den polnischen Widerstand erlaubte es die Sowjetunion auch beschädigten britischen Bombern nicht, auf russischen Flugplätzen zu landen (AIR 8/1110). Zu Problemen in diesem Zusammenhang siehe Karski, Kap. 33. Der militärische Kontext des Warschauer Aufstands ist im vorangehenden Kapitel erläutert, doch hatten die Ereignisse vom August und September 1944 so starke Auswirkungen, daß sie auch im diplomatischen Kontext erörtert werden müssen.

24 Joan Beaumont, »A Question of Diplomacy. British Military Mission in the U. S. S. R. 1941–1945«, in: *Journal of the Royal United Services Institute for Defence Studies* 118 (1973), S. 74–81; James R. Deane, *The Strange Alliance*, Viking, New York 1946, passim; Mason-Macfarlane Papers, Imperial War Museum, MM 31; Dokumente in PRO, AIR 20/2606–2609, 5401. Stalin schlug allerdings ein Militärkomitee vor, siehe 30 Mission (Moskau) Nr. MIL 1519 vom 2. Juli 1944, PRO, CAB 119/128.

25 Craven und Cate, *Army Air Forces*, Bd. 3, S. 476; Deane, S. 132 f.; Lukas, *Eagles East*, S. 182–185; Dokumente in PRO, AIR 20/796.

26 Siehe WM(44) War Cabinet 43(44) Conclu-

sions, Confidential Annex, PRO, CAB 65/46; vgl. R 7380/68/67, FO 371/43 636.

27 Dallek, *Roosevelt and Foreign Policy*, S. 468 ff.

28 Donovan an Roosevelt, 23. und 24. März 1944, FDRL, PSF Box 6, OSS. Siehe auch die Papiere, in denen der Vorschlag, im Juni 1944 eine gefälschte Rundfunkrede Hitlers zu senden, aus Rücksicht auf sowjetische Empfindlichkeiten abgelehnt wird: PSF Box 125, Akte J. F. Carter.

29 F. C. Nano, »The First Soviet Double Cross. A Chapter in the Secret History of World War II«, in: *Journal of Central European Affairs* 12 (Oktober 1952), S. 236–258. Einen umfassenden Überblick zu diesen Themen bietet Paul D. Quinlan, *Clash over Romania. British and American Policies toward Romania, 1938–1947*, American Romanian Academy of Arts and Sciences Nr. 2, The Academy, Oakland, Calif. 1977.

30 Siehe R 4903/68/64, PRO, FO 371/43 636. Eine detailreiche Darstellung bietet Woodward, *British Foreign Policy*, Bd. 3, Kap. 38. Siehe auch Erickson, *Road to Berlin*, S. 331 ff.

31 Albert Resis, »The Churchill-Stalin Secret ›Percentages‹ Agreement on the Balkans, Moscow, October 1944«, in: *American Historical Review* 85 (1981), S. 368–387, und »Spheres of Influence in Soviet Diplomacy«, in: *Journal of Modern History* 53 (1981), S. 417–439; Vojtech Mastny, *Russia's Road to the Cold War. Diplomacy, Warfare, and the Politics of Communism, 1941–45*, Columbia Univ. Press, New York 1979, S. 207–211.

32 Herausgearbeitet ist dieser Punkt in: Peter J. Stavrakis, *Moscow and Greek Communism, 1944–1949*, Cornell Univ. Press, Ithaca, N. Y. 1989. Die von der Sowjetunion 1944–45 verfolgte Politik hielt sie natürlich nicht davon ab, auf Gewinne aus den Nachkriegswirren in Griechenland zu spekulieren.

33 Edward M. Bennett, *Franklin D. Roosevelt and the Search for Victory. American-Soviet Relations 1939–1945*, Scholarly Resources, Washington, Del. 1990, S. 131–138. Siehe auch Edgar Snow an Roosevelt, 28. Dezember 1944, FDRL, PSF Box 68, Russia 1945.

34 Siehe den Eintrag für Mai 1944 im Kriegstagebuch des M. I. 19: PRO, WO 165/41. Eine recht zweifelhafte Darstellung ist Olaf Groehler, »Zur Geschichte eines britischen Antikomitees.

Reaktion der beherrschenden Kreise Großbritanniens und der USA auf die Gründung des Nationalkomitees ›Freies Deutschland‹ 1943«, in: *Zeitschrift für Geschichtswissenschaft* 32 (1984), S. 125–133. Natürlich war das Mißtrauen der Westalliierten gegenüber den sowjetischen Kontakten mit den Deutschen in der Frage eines möglichen Separatfriedens nicht geeignet, die Beziehungen zu verbessern; siehe die Londoner Bedenken im August 1944, festgehalten in: C 11 893, 11 895, 12 686/190/18, FO 371/39 088.

35 So erlaubten die Amerikaner etwa Viktor Krawtschenko, in den USA zu bleiben (Watson an Roosevelt, 18. Mai 1944, FDRL, PSF Box 66, Poland 1944, Jan.–July; Bennett, *American-Soviet Relations*, S. 121), während die Briten das Asylgesuch von Alexander Rado ablehnten (N 11 501/11 501/38, PRO, FO 371/47 991; N 16 622/1622/38, FO 371/48 006). Zu den langfristigen Auswirkungen der sowjetischen Spionage auf die Beziehungen des Landes zum Westen siehe John L. Gaddis, »The Intelligence Revolution's Impact on Postwar Diplomacy«, in: Hitchcock, Hg., *The Intelligence Revolution*, S. 251–274.

36 Siehe Eden an Kerr für Stalin Nr. 331 vom 4. November 1942, und Kerr an Eden Nr. 1444 vom 6. November 1942, C 10 635, 10 418/61/18, PRO, FO 371/30 920; Woodward, *British Foreign Policy*, Bd. 2, S. 277 f., 280.

37 Die Reihe »Geheime Erlasse, Berichte, Telegramme« in den Akten der deutschen Botschaft in der Türkei bietet zahlreiche Beispiele für Bemühungen. Zu Roosevelts Besorgnis in dieser Frage siehe FDRL, PSF Box 146, Earle, George H.

38 Die jüngste Darstellung ist Robert C. Hildebrand, *Dumbarton Oaks: The Origins of the United Nations and the Search for Postwar Security*, Univ. of North Carolina Press, Chapel Hill, N. C. 1990. Eine vorzügliche Einführung bietet McNeill, *America, Britain and Russia*, S. 501 ff. Das britische Material ist zusammengefaßt in Woodward, *British Foreign Policy*, Bd. 5, Kap. 43. Zu den Hoffnungen des britischen Außenministeriums auf eine künftige Zusammenarbeit mit der Sowjetunion siehe Graham Ross, »Foreign Office Attitudes to the Soviet Union 1941–45«, in: *JCH* 16 (1981), S. 528 f., 532.

39 Dallek, *Roosevelt and Foreign Policy*, S. 466 f.

40 Siehe Bennett, *American-Soviet Relations,* S. 127–129.

41 Gaddis, *US and Origins,* S. 26–31.

42 WM(44) War Cabinet 157(44) vom 27. November 1944, Conclusions, Confidential Annex, PRO, CAB 65/47. Mit Ausnahme von Roosevelts Auffassung, daß China als Großmacht zu behandeln sei, kam dies seiner Position sehr nahe.

43 Mastny, *Russia's Road,* S. 218 ff.; siehe auch Stalins Rede vom 6. November 1944 in: *Current History* 8, Nr. 41 (1945), S. 57–64.

44 McNeill, *America, Britain and Russia,* S. 450. Eine kurze Darstellung siehe ebenda, S. 449 ff. Siehe auch Milward, *War, Economy and Society,* S. 362–364; David Rees, *Harry Dexter White. A Study in Paradox,* Coward, McCann & Geoghegan, New York 1973, S. 221 ff.; John M. Blum, Hg., *From the Morgenthau Diaries,* Bd. 3: *Years of War, 1941–1945,* Houghton Mifflin, Boston 1967, S. 426–436; Alfred E. Eckles, *A Search for Solvency. Bretton Woods and the International Monetary System, 1941–1971,* Univ. of Texas Press, Austin 1975, Kap. 1–7.

45 Ein verblüffendes Beispiel für Schachts Machenschaften liefert Weinberg, *Foreign Policy 1933–36,* S. 138 f.

46 Siehe die dreibändige offizielle Geschichte von George Woodbridge, Columbia Univ. Press, New York 1950. Roosevelt ernannte Herbert Lehman (der einen Monat vor Ende seiner Amtszeit als Gouverneur von New York zurücktrat) zum Chef dieser Organisation, deren Arbeit bis heute kaum wissenschaftlich erforscht ist (siehe FDRL, Morgenthau Presidential Diary, 12. November 1942, Bd. 5, S. 1192).

47 Herring, *Aid to Russia,* S. 160–162; Gaddis, *US and Origins,* S. 22 f.

48 Ein köstliches Beispiel liefert Martin, *Deutschland und Japan,* gegenüber S. 176. Ein Beispiel für das andere Extrem ist die deutsche Entscheidung, daß eine Fernheirat in Japan verschoben werden müsse, weil die Nachweise für die deutsche Abstammung der Braut bei einem feindlichen Angriff vernichtet wurden (Berlin an deutschen Marineattaché Tokio HA 1588 vom 29. Dezember 1944, NA, RG 457, SRGL 2028).

49 Eine gedankenreiche Diskussion zum Mangel an Komitees und anderen gemeinsamen Gremien auf seiten der Achse und zu den Folgen der Entwertung von Tugenden wie Kompromiß- und Kooperationsbereitschaft in: *DRuZW,* Bd. 6, S. 95 f.

50 Dieses Thema wird in den Büchern von Schröder und Deakin (siehe den bibliographischen Essay) ausführlich erörtert. Nach der italienischen Kapitulation 1943 beschlagnahmten die Deutschen viele italienische Archive und durchsuchten sie nach Informationen über die Bemühungen Italiens und der südosteuropäischen Satelliten Deutschlands, aus dem Krieg auszutreten.

51 Schreiber, *Italienische Militärinternierte,* ist die beste Untersuchung zu diesem Thema.

52 Weinberg, *Foreign Policy 1937–1939,* S. 281 f., 311. Siehe auch Steinberg, *All or Nothing.*

53 Siehe *ADAP,* E, Bd. 5, Nr. 158, zu Ribbentrops Besuch in Rom im Februar 1943. Bastianini berichtete darüber dem japanischen Botschafter in Rom, dessen Telegramm an Tokio, Nr. 142 vom 6. März 1943, befindet sich in NA, RG 457, SRDJ 32542–44.

54 Oshima an Tokio Nr. 1306 vom 14. November 1942, NA, RG 457, SRDJ 28266 f.; Martin, *Deutschland und Japan,* Dok. 28.

55 *ADAP,* E, Bd. 3, Nr. 278; Deutsche Botschaft Tokio Nr. 683, 684 vom 25. Februar 1943, AA, St. S., »Japan«, Bd. 11, MF 398514–17; Wiehl, »Aufzeichnungen betr. Austausch von Rüstungslieferungen mit Japan«, 10. Juli 1943, ebenda, Bd. 12, MF 17301–4; Tokio an Rom Nr. 610 vom 27. März 1942, NA, RG 457, SRA 03039; japanischer Militärattaché Berlin an Tokio Nr. 673 vom 24. September 1943, SRA 06750–55.

56 *ADAP,* E, Bd. 6, Nr. 41; Rom an Tokio, Nr. 294 vom 23. Mai 1943, NA, RG 457, SRDJ 37442 f.; Tokio an Berlin, Zirkular Nr. 46 vom 29. Januar 1944, SRDJ 49742 f.; Shigemitsu (Tokio) an Oshima (Berlin) Nr. 612 vom 28. August und 618 vom 29. August 1944, SRDJ 69069 f., 69510 f.

57 Zur Mission von Okamoto siehe Martin, S. 204 f. Der deutsche Bericht über das Gespräch vom 19. Mai ist in Ribbentrop an Stahmer Nr. 847 vom 25. Mai 1943, AA, St. S., »Japan«, Bd. 12, MF 17248–52; Oshimas Bericht Nr. 549 vom 21. Mai 1943 findet sich in NA, RG 457, SRDJ 37447–52. Siehe auch Martin, S. 181; *ADAP,* E, Bd. 6, Nr. 41.

58 Zu Oshima siehe Carl Boyd, *The Extraor-*

dinary Envoy. General Hiroshi Oshima and Diplomacy in the Third Reich, 1934–1939, Univ. Press of America, Washington 1980; zum Antikomintern-Pakt siehe Weinberg, Foreign Policy 1933–36, S. 342–348; Krebs, Japans Deutschlandpolitik, S. 15 ff.

59 Darauf verweist der Untertitel des Buchs von Johanna M. Meskill, Hitler and Japan. The Hollow Alliance.

14
Stillstand an den europäischen Fronten

1 Zur Finanzierung dieser und ähnlicher Regime siehe BA, R 2/271.

2 Zum brasilianischen Truppenkontingent siehe McCann, Brazilian-American Alliance, Kap. 12; zum Luftwaffenkontingent David M. Todd, »Flight of the Ostrich–The Brazilian Air Contingent in World War II«, in: Air Power History 37, Nr. 4 (Winter 1990), S. 30–41.

3 Siehe die Studie der deutschen Marine vom 29. Oktober 1944, die zeigt, daß Deutschland inzwischen zu schwach war, um Schweden im Falle eines Kriegseintritts auf der gegnerischen Seite zu besetzen (OKM, Skl, 1. »Studie: Lagebetrachtung für den Fall eines Kriegseintritts Schwedens auf der Seite unserer Gegner«, BA-MA, RM 7/163, Bl. 266–316, 355 ff.).

4 Siehe die Berichte vom 7., 13. und 14. Juli 1944 in: Boberach, Hg., Meldungen aus dem Reich, Bd. 17, S. 6630–6640, 6645–6651.

5 BA-MA, Nachlaß Weichs, N 19/3, Bl. 205–1944. Ein möglicher Unterstützer eines neuen Regimes, Feldmarschall Rommel, war kurz zuvor verwundet worden. Bis zum 20. Juli hatten die Briten angenommen, das deutsche Militär würde Hitler zum richtigen Zeitpunkt fallenlassen, um bessere Friedensbedingungen zu bekommen. Somit wäre eine Zentralregierung vorhanden, über die Deutschland verwaltet werden könnte (Kettenacker, »Die alliierte Kontrolle«, S. 57). Die Briten hatten offensichtlich keine klare Vorstellung von der Treue der führenden deutschen Militärs zum Hitler-Regime.

6 Eine Sammlung von Bildern aus Prozessen gegen die Verschwörer des 20. Juli befindet sich in der Library of Congress, Prints and Photographs Division, Lot. No. 3675.

7 Steinert, Hitler's War, S. 264–273.

8 Orlow, History of the Nazi Party, S. 462 ff.

9 Die Japaner waren selbstverständlich sehr besorgt über den Aufruhr in Deutschland. Oshima berichtet in seinem Telegramm Nr. 722 und einem nicht numerierten vom 20. Juli 1944, NA, RG 457, SRDJ 65 115 f., Nr. 728 vom 21. Juli, 65 222–24., Nr. 738, 741 vom 25. Juli, 65 739–47 und 65 636–42 (ein deutscher Bericht über diese Zusammenkunft Oshimas mit Ribbentrop am 23. Juli in ADAP, E, Bd. 8, Nr. 133), Nr. 779 vom 2. August, 66 941–46. Berichte der japanischen Militärattachés: Berlin Nr. 304 vom 26. Juli, SRA 10078, Madrid Nr. 304 vom 26. Juli, SRA 12 890 ff.; Berichte des japanischen Marineattachés Berlin Nr. 273 vom 24. Juli, SRNA 2017, 293(?) vom 3. August, SRNA 2070–2072, Bericht vom 28. August, SRNA 2254–2258. Eine amerikanische Analyse des japanischen Materials findet sich in CinC U. S. Fleet und CNO, Pacific Strategic Intelligence Section, »Japanese Estimates regarding Germany's Ability to Continue the Struggle (August – December 1944)«, 22. Januar 1945, SRH-068.

10 Siehe Donovans für Roosevelt zur Verschwörung angefertigte Memoranden vom 22. und 29. Juli 1944, FDRL, PSF Box 168, OSS Reports July 1944. Roosevelt, der zu einem Treffen mit den pazifischen Kommandeuren nach Hawaii aufbrach, schrieb am 21. Juli, daß er zurückkehren müsse, falls die »Revolte in Deutschland sich verschärft! Ich fürchte allerdings, daß dies nicht geschehen wird.« (FDR Letters, Bd. 2, S. 1525)

11 Wolfgang Bleyer, Hg., »Pläne der faschistischen Führung zum totalen Krieg«, in: Zeitschrift für Geschichtswissenschaft 27 (1969), S. 1312–1329.

12 Peter Longerich, Hg., »Joseph Goebbels und der Totale Krieg. Eine unbekannte Denkschrift des Propagandaministers vom 18. Juli 1944«, in: VfZ 35 (1987), S. 289–314.

13 Eine umfassende Studie ist David Yeltsin, »The Volkssturm«, Dissertation, Univ. of North Carolina – Chapel Hill, 1989.

14 Für einen einführenden Überblick siehe Ursula von Gersdorff, Frauen im Kriegsdienst 1914–1945, Deutsche Verlags-Anstalt, Stuttgart 1969, S. 60–76, 138 ff. Siehe auch Franz W. Seidler, Blitzmädchen. Die Geschichte der Helferinnen der deutschen Wehrmacht im 2. Weltkrieg, Bernard & Graefe, München 1979.

15 Zu den Flakhelfern siehe Ludwig Schätz,

Schüler-Soldaten. Die Geschichte der Luftwaffenhelfer im Zweiten Weltkrieg, Thesen-Verlag, Darmstadt 1974 – eine stark revisionsbedürftige Einführung –, und Roman Bleistein, »Hitlers jüngste Soldaten«, in: *Stimmen der Zeit* 200, Nr. 1 (1982), S. 61–63, eine Zusammenfassung der vorhandenen Literatur.

16 Steinert, *Hitler's War,* S. 280. Ein interessanter, kurz nach dem Krieg geschriebener, allerdings pronazistischer Bericht über einige dieser Frauen, die in einer Flakeinheit der Waffen-SS bei Prag Dienst taten, findet sich in: Jutta Rüdiger, Hg., *Zur Problematik von Soldatinnen. Der Kampfeinsatz von Flakhelferinnen im Zweiten Weltkrieg, Berichte und Dokumentationen,* Askania, Lindhorst 1987.

17 Hans-Erich Volkmann, »Das Vlasov-Unternehmen zwischen Ideologie und Pragmatismus«, in: *MGM* 12 (1972), S. 130; »Vertrauliche Informationen Nr. 206/44«, 19. September 1944, BA, Oberheitmann, ZSg. 109/51, Bl. 116, Nr. 253/44 vom 14. November, Bl. 80, Nr. 260/44 vom 22. Dezember, Bl. 90; Oshima an Tokio, Nr. 1147 vom 10. Oktober 1944, NA, RG 457, SRDJ 74 486–88.

18 Volkmann, »Das Vlasov-Unternehmen«, S. 149, Anm. 107.

19 Dallin, *German Rule in Russia,* S. 613 ff.; Oshima an Tokio, Nr. 1298 vom 28. November 1944, NA, RG 457, SRDJ 80 493 f.

20 Japanischer Militärattaché in Italien Nr. 145 vom 10. Juni und 241 vom 24. Oktober 1944, NA, RG 457, SRA 11 659–62, 13 089–91; Hidaka (Venedig) an Tokio Nr. 280 vom 1. September 1944, SRDJ 70 053–61.

21 Das Geschehen um die Firma Manfred Weiss ist ausgiebig dokumentiert in: *ADAP,* E, Bd. 8. Die meisten relevanten Dokumente sind als Faksimile veröffentlicht in: Braham, Hg., *Destruction of Hungarian Jewry,* Bd. 2, Kap. 8. Der Vorwand der Deutschen, daß es sich um Kriegsmaßnahmen handele, wurde von den Ungarn rasch durchschaut, als sie sahen, daß die Verträge auf 25 Jahre angesetzt waren. Auf Hitlers Zustimmung zu dieser Vereinbarung wird verwiesen in Braham, Bd. 2, Nr. 428.

22 Boog, *Luftwaffenführung,* S. 147 f.

23 Die wichtigste Einzelarbeit zu diesem Thema, *October Fifteenth* von Macartney, wurde nach dem Datum des gescheiterten Versuchs Horthys benannt, Ungarn aus dem Krieg zu ziehen. Zu Hit-

lers Vorstellungen über einen Staatsstreich von Szálasy Ende September 1944 siehe das Tagebuch Jodls (Abschrift), Eintrag vom 23. September 1944, Imperial War Museum. Zu den Kämpfen siehe Ziemke, *Stalingrad to Berlin,* S. 378–386; Erickson, *Road to Berlin,* S. 384–397; Glantz, *Soviet Military Deception,* S. 440–467.

24 Bericht Szálasys an Oshima vom 4. Dezember, kurz nach einem Treffen mit Hitler; siehe Oshima an Tokio Nr. 1375 vom 5. Dezember 1944, NA, RG 457, SRDJ 81 524. Zu den *deutschen* Berichten über die beiden Zusammenkünfte mit Hitler siehe Andreas Hillgruber, Hg., *Staatsmänner und Diplomaten bei Hitler,* 2 Bde., Bernard & Graefe, Frankfurt 1967–70, Bd. 2, S. 520–536; nur der zweite Bericht ist abgedruckt in *ADAP,* E, Bd. 8, Nr. 313. Bemerkenswert ist, daß die deutschen Berichte mit 7. und 8. Dezember datiert sind, so daß die Diskrepanz zwischen Szálasys Bemerkungen gegenüber Oshima und dem von Schmidt angefertigten deutschen Bericht nicht einfach zugunsten von letzterem aufgelöst werden kann. Im entsprechenden Teil der Memoiren von Schmidt, *Statist auf diplomatischer Bühne,* Athenäum, Bonn 1950, S. 574 f., finden sich keine brauchbaren Einzelheiten. Zu den deutschen Beziehungen zur Regierung Szálasy im allgemeinen siehe Szöllösi-Janze, *Die Pfeilkreuzlerbewegung in Ungarn,* S. 301–323, 413 ff.

25 Ziemke, *Stalingrad to Berlin,* S. 340–342, 344, 416.

26 Ebenda, S. 408 f.; Erickson, *Road to Berlin,* S. 421 f.

27 Grier, »Hitler's Baltic Strategy«; Erickson, *Road to Berlin,* S. 420 f.; siehe Dönitz' Bemerkungen vom 24./25. August 1944 in Salewski, *Seekriegsleitung,* Bd. 2, S. 648.

28 Eine detaillierte Darstellung der Planungen für die große sowjetische Winteroffensive gibt Erickson, *Road to Berlin,* S. 422–430, allerdings weist die beigefügte Karte viele Fehler auf, sowohl hinsichtlich der Grenzen als auch der Frontlinien. Inzwischen ist eine gute Darstellung mit deutlich besseren Karten verfügbar in Christopher Duffy, *Red Storm on the Reich. The Soviet March on Germany, 1945,* Atheneum, New York 1991, Kap. 3. Die wirkungsvollen sowjetischen Täuschungsmanöver beschreibt David Glantz in: Hitchcock, Hg., *The Intelligence Revolution,* S. 132–186.

29 Die nützlichste Studie zum Einfluß der Logistik auf die Strategie im Westen bleibt Ruppenthals zweibändiges Werk *The European Theater of Operations* in der Reihe »U. S. Army in World War II«; siehe auch van Creveld, *Supplying War,* Kap. 7.

30 Ruppenthal, Bd. 2, S. 507.

31 Ebenda, S. 134–139. Hier werden auch die anderen LKW-Nachschubstrecken dargestellt.

32 Sehr hilfreich ist die Diskussion in den Memoiren des für die Aufklärung zuständigen Mitglieds von Eisenhowers Stab, Sir Kenneth Strong, *Intelligence at the Top. The Recollections of an Intelligence Officer,* Doubleday, Garden City, N. Y. 1969, S. 197ff.

33 Siehe Churchills Personal Minute 1159/4 vom 3. Dezember 1944, PRO, WO 259/79.

34 Brooke an Montgomery, Tel. Nr. 1450A/3 vom 3. Oktober 1944, Liddell Hart Centre, Alanbrooke Papers 14/33.

35 Einige Details in Ruppenthal, *European Theater of Operations,* Bd. 2, Kap. 11; eine beißende und ziemlich überzogene Kritik in Martin van Creveld, *Fighting Power. German and U. S. Army Performance, 1939–1945,* Greenwood Press, Westport, Conn. 1982. Das ganze Problem wurde noch durch die Tatsache erschwert, daß der Kommandeur der rückwärtigen Gebiete (Com Z), General J. C. H. Lee, eine recht umstrittene Figur war.

36 Siehe David Eisenhowers Darstellung (*Eisenhower at War,* S. 499), wonach die Deutschen im Oktober mehr Kampftruppen zur Verfügung hatten als die Alliierten. Die Lage der Alliierten wurde nicht besser durch den Umstand, daß Brooke mit seiner Einschätzung von Tedder ebenso falsch lag wie mit der von Eisenhower (dazu den vollständigen Tagebucheintrag vom 12. Dezember 1944).

37 Jeffrey Ethell, *Mustang. A Documentary History of the P-51,* Jane's, London 1981, S. 97–99.

38 Eine kurze Geschichte der Me 262 siehe Eugene M. Emme, *Hitler's Blitzbomber,* Air University Documentary Research Study, Maxwell AFB, Alabama 1951; eine Zusammenfassung in: Hermann Jung, *Die Ardennen-Offensive 1944/45,* Musterschmidt, Göttingen 1971, S. 68–72. Murray, *Luftwaffe,* S. 238f., zieht ähnliche Schlußfolgerungen wie ich. Jedenfalls hatte Hitler im Herbst 1944 kaum noch Vertrauen zur Luftwaffe; vom 17. September bis zum 28. Oktober war es deren Stabschef nicht gestattet, an den Lagebesprechungen im Hauptquartier teilzunehmen!

39 Zur Ardennen-Offensive oder »Battle of the Bulge«, wie die Amerikaner sie nennen, siehe Hugh M. Cole, *The Ardennes. Battle of the Bulge,* GPO, Washington 1965; Jung, *Die Ardennen-Offensive;* Lamb, *Montgomery,* Kap. 12. Äußerst interessant ist die Darstellung von Eisenhower, *Eisenhower at War.*

40 Jung, S. 31–34.

41 Siehe Jung, Kap. 5, für eine gute Darstellung. Ein entscheidendes Dokument ist das Tagebuch von General Kreipe, dem Generalstabschef der deutschen Luftwaffe, Eintrag vom 16. September 1944, veröffentlicht in: Ebenda, S. 218.

42 Weinberg, *World in the Balance,* S. 53–74.

43 Wie ersichtlich, teile ich Jungs Einschätzung nicht, daß Hitler mit der Offensive ein ernsthaftes politisches Ziel verfolgte.

44 Jung, Kap. 6.

45 Eine kurze Zusammenfassung in: Weigley, *Eisenhower's Lieutenants,* S. 475f., 495f. Im einzelnen: James J. Weingartner, *Crossroads of Death. The Story of the Malmedy Massacre and Trial,* Univ. of California Press, Berkeley, Calif. 1973. Jung erwähnt den Vorfall überhaupt nicht.

46 Zu dieser Einheit, der 150. SS-Panzerbrigade, siehe Jung, S. 126ff. In Gerichtsverfahren der amerikanischen Armee wurden sechzehn Deutsche zum Tode verurteilt und hingerichtet und drei freigesprochen. Siehe First U. S. Army, *Report of Operations (August 1944–22 February 1945),* GPO, Washington 1945, Bd. 2, S. 51 und Bd. 4, S. 229. Es gab noch eine kleine deutsche Fallschirmjägereinheit, die den Verlauf der Kämpfe jedoch nicht beeinflussen konnte (Jung, S. 128f., 146f.).

47 Bemerkenswert ist, daß Brooke und Montgomery, die die meisten amerikanischen Generäle verachteten, Patton zur Führung der 9. Armee nördlich der Ardennen abstellen wollten (Brooke an Montgomery, 1. Dezember 1944, Liddell Hart Centre, Alanbrooke Papers, 14/2/15; Simpson an Brooke, 3. Dezember 1944, Alanbrooke Papers 14/3). Siehe auch Paul G. Munch »Patton's Staff and the Battle of the Bulge«, in: *Military Review* 70, Nr. 5 (1990), S. 46–54.

48 Eine gute Darstellung gibt Eisenhower, *Eisenhower at War,* S. 567–573.

49 Montgomery an Brooke, M2 388 vom

22. Dezember 1944, Liddell Hart Centre, Alanbrooke Papers, 14/36.

50 Montgomery an Simpson, 25. Dezember 1944, ebenda, 14/2/36. Die relevanten Abschnitte sind in Bryant, Bd. 2, S. 278 f., ausgelassen worden.

51 Eine ausgewogene Einschätzung, die für Montgomery recht günstig ausfällt, in: Eisenhower, *Eisenhower at War*, S. 575 ff.

52 Jahre später, am 8. Juni 1959, schrieb General Ismay, der engste militärische Mitarbeiter und Vertreter Churchills, in Sachen Montgomery an General (nun Präsident) Eisenhower: »Könnte doch nur jemand hergehen und Monty einen Maulkorb verpassen oder, noch besser, ihn chloroformieren. Dann bliebe mir die ständige Gefahr erspart, daß mein Blutdruck in die Höhe schießt. Ich bin zu dem Schluß gekommen, daß seine Öffentlichkeitsliebe eine Krankheit ist, wie Alkoholismus oder Drogensucht, die ihn genauso verrückt werden läßt.« Liddell Hart Centre, Ismay Papers IV/Eis/131.

53 Wyant, *Sandy Patch*, Kap. 20, ist die beste Darstellung aus jüngerer Zeit.

54 Für eine Zusammenfassung siehe Jung, *Die Ardennen-Offensive*, S. 186 f.; Horst Boog, »1. Januar 1945: Operation ›Bodenplatte‹«, in: *Luftwaffe* 16, Nr. 1 (1975), S. 32 ff., ist detailreicher.

55 Montgomery an Brooke, 7. Dezember 1944, Liddell Hart Centre, Alanbrooke Papers, 14/2/20. Andere Teile dieses langen Briefes sind abgedruckt in Bryant, Bd. 2, S. 264 f.

56 Oshima an Tokio Nr. 1298 vom 16. November 1944, NA, RG 457, SRDJ 78970–84.

57 Die entsprechenden Erklärungen von Guderians Sohn in seinen Briefen an David Irving aus dem Jahr 1974, Institut für Zeitgeschichte, Nachlaß Guderian, werden bestätigt durch das Tagebuch Jodls, Eintrag vom 29. Dezember 1944, Imperial War Museum, AL 930/3–4).

58 Ruppenthal, *The European Theater of Operations*, Bd. 2, S. 124.

59 Zu einem einfachen Gerät, mit dem die mit Schnorcheln versehenen U-Boote aufgespürt werden konnten, siehe COMNAVEA an COMINCH und CNO, NCR 7498 vom 24. Januar 1945, NA, RG 457, SRMN 46, S. 84 f.

60 Eine hilfreiche Übersicht bietet Salewski, *Seekriegsleitung*, Bd. 2, S. 496–528.

61 Diese Tatsache fällt in der Darstellung von

John Ehrmann, *Grand Strategy*, Bd. 6, S. 16–18, völlig unter den Tisch.

62 Die Ju 290 hatte eine Reichweite von 6100 Kilometern; siehe Enzio Angelucci, *Rand McNally Encyclopedia of Military Aircraft, 1914–1980*, Military Press, New York 1983, S. 351, 356.

63 Jung, *Die Ardennen-Offensive*, S. 53 f.

64 Willi A. Boelcke, Hg., *Deutschlands Rüstung im Zweiten Weltkrieg. Hitlers Konferenzen mit Albert Speer 1942–1945*, Athenaion, Frankfurt 1969, S. 368 f. Siehe Wolfgang Birkenfeld, *Der synthetische Treibstoff*, Musterschmidt, Göttingen 1964.

65 Boelcke, *Deutschlands Rüstung*, S. 370.

66 Zur Rolle von »Ultra« im Zusammenhang mit der Luftoffensive gegen die Treibstoffwerke siehe Murray, *Luftwaffe*, S. 258 ff. Die Amerikaner konnten sich der Wirkung ihrer Strategie vergewissern, indem sie die Berichte des japanischen Botschafters Oshima über Speers Erklärungen zum Unterschied zwischen einmaligen und wiederholten Angriffen und deren Bedeutung lasen (Oshima an Tokio Nr. 814 vom 11. August 1944, NA, RG 457, SRDJ 67653–59).

67 Siehe Boelcke, *Deutschlands Rüstung*, S. 416–418. Für eine ausgewogene Einschätzung der Haltung Speers im Herbst und Winter 1944 siehe Alfred C. Mierzejewski, »When Did Albert Speer Give Up?«, in: *Historical Journal* 31 (1988), S. 391–397.

68 Murray, *Luftwaffe*, S. 260 f.

69 Siehe die hervorragende Studie von Mierzejewski, *Collapse of the German War Economy*.

70 Hastings, *Bomber Command*, S. 397–405; Saward, »*Bomber*« *Harris*, Kap. 22. Offenbar erkannte der Chief of the Air Staff, Marschall der RAF Sir Charles Portal, daß Churchill Harris nicht ablösen würde, weshalb er nichts ausrichten konnte: eine außergewöhnliche Situation, für die sich in der britisch-amerikanischen Kriegsführung nichts Vergleichbares finden läßt.

71 Mierzejewski, *Collapse of the German War Economy*, S. 105, 130. Siehe das Bild in Jacobsen und Dollinger, *Der Zweite Weltkrieg*, Bd. 3, S. 145.

72 Mierzejewski, S. 104 f., 128–130. Zu diesem Erfolg des britischen Bomber Command zählte auch die Blockade des wichtigen Rhein-Herne-Kanals durch die Zerstörung von Brücken, die ins Wasser fielen.

73 Boelcke, *Deutschlands Rüstung*, S. 337–339.

74 Tagebuch Kreipe vom 2. November 1944, in: Jung, *Die Ardennen-Offensive*, S. 228 f. Kreipe war seit August 1944 Generalstabschef der Luftwaffe gewesen (über ihn siehe Boog, *Luftwaffenführung*, S. 299–301). Schon am 23. September 1944 hatten die Vertreter der japanischen Marine in Deutschland ihre Einschätzung nach Tokio gemeldet, daß es in Europa zu keinem Verhandlungsfrieden kommen werde; am wahrscheinlichsten sei eine bedingungslose Kapitulation an allen Fronten (japanischer Marineattaché Berlin an Tokio, »N« Serial 255 vom 23. September 1944, NA, RG 457, SRDA 2559–62).

75 Arno Rose, *Radikaler Luftkampf. Die Geschichte deutscher Rammjäger,* Motorbuch, Stuttgart 1977, ist von einigem Interesse, doch weder umfassend noch wissenschaftlich.

76 Der Gedanke an Selbstopfer-Flüge scheint von Speer zu stammen und hat sich offenbar aus früheren Vorhaben entwickelt, die Talsperre von Rybinsk nördlich von Moskau zu bombardieren, als diese gerade noch in Reichweite deutscher Langstreckenbomber lag (Boelcke, *Deutschlands Rüstung*, 6./7. Dezember 1943, S. 319; 22./23. Mai 1944, S. 371; 19.–22. Juni 1944, S. 389 f.).

77 Japanischer Marineattaché Nr. 658 vom 5. November 1944, NA, RG 457, SRNA 3081 f., und die Antwort Tokios, Nr. 021 vom 18. November 1944, SRNA 3154 f.; japanischer Marineattaché Nr. 745 vom 29. November 1944, SRNA 3344–3346.

78 Gegen Ende Dezember hatten die britischen Truppen in Griechenland eine Stärke von 80 000 Mann erreicht. Brooke vermerkte dies mit Abscheu in seinem Tagebuch (Liddell Hart Centre, Alanbrooke Papers, 23.–30. Dezember 1944), verglich jedoch nie die Auswirkungen dieser Kräfteverlagerung mit der Operation Anvil-Dragoon, gegen die er so heftig opponiert hatte. Die Wirklichkeit in Griechenland bestätigte gewiß die früheren Befürchtungen von Marshall über die kräftezehrenden Folgen von Operationen im östlichen Mittelmeerraum.

79 Auf Marshalls Beharren hin wurde Dill auf dem Nationalfriedhof von Arlington beigesetzt, wo ihm Präsident Truman das Reiterstandbild bei seinem Grab widmete (Pogue, *Marshall*, Bd.

3, S. 481 ff.). Dills Nachfolger als Chef der British Joint Services Mission wurde Feldmarschall Sir Henry Maitland Wilson, der nie die informelle, doch wesentliche Rolle Dills in den britisch-amerikanischen Beziehungen einnehmen konnte.

80 Zu Baffle siehe PRO, WO 106/3286, 5693. Auffällig ist die erstaunliche Ähnlichkeit mit dem Projekt aus dem Jahr 1942, das vorsah, den Russen am Südabschnitt der Ostfront durch britisch-amerikanische Flugzeugverbände zu Hilfe zu kommen. Es hatte sich zerschlagen, als klar wurde, daß Stalin nur die Flugzeuge, nicht aber die Besatzungen wollte.

81 Siehe oben, Anm. 24.

82 Siehe Alan Foster, »*The Times* and Appeasement. The Second Phase«, in: *JCH* 16 (1981), S. 441–466.

15
Der Sturm auf das Reich

1 Motter, *Persian Corridor*, S. 483. Je ein weiteres Drittel ging über die Nordroute und den Pazifik.

2 Siehe den Vergleich der COMINCH U.S. Navy, 17. Januar 1945 »Summary of Radio Intelligence« zwischen dem Bericht des deutschen Marineattachés in Tokio über die japanischen Schiffsverluste und den amerikanischen Schätzungen, in NA, RG 457, SRNS 1010.

3 Die Berichte des deutschen Marineattachés in Tokio vom 19. und 23. Januar 1945 befinden sich in War Dept. G-2 »Magic« Far Eastern Summary, Nr. 309 vom 23. Januar, Nr. 310 vom 24. Januar, Nr. 315 vom 29. Januar 1945, NA, RG 457.

4 Salewski, *Seekriegsleitung*, Bd. 2, S. 448–456.

5 Beachte Kaufmann, »Im Bunker der Reichskanzlei März 1945«, Hamburg, Forschungsstelle für Geschichte des Nationalsozialismus, Krogmann-Papiere, 11 k 21.

6 Ein genauer Bericht über den 20. Juli mit beachtlichen Informationen eines Mitglieds der Verschwörung (vielleicht Hans Bernd Gisevius) wurde von dem Geschäftsführenden Direktor des OSS am 1. Februar 1945 Roosevelt gesandt, FDRL, PSF Box 171, OSS Reports, February 1945.

7 Dies ist eines der Hauptergebnisse des USSBS, dokumentiert im Bericht, *The Effects of Strategic*

Bombing on German Morale, 2 Bde., GPO, Washington 1946–47.

8 Siehe Steinert, *Hitler's War,* S. 290–305, für einen Überblick mit der Überschrift: »The Last Winter of War«. Eine sehr gute Analyse des U.S. Office of Naval Intelligence vom 27. Februar 1945 ist in NA, RG 319, ID File, ID Nr. 121653.

9 Beachte die Briefe des deutschen Finanzministers Graf Lutz Schwerin von Krosigk an Goebbels im Februar und März 1945, BA, R 2/24242. Admiral Aßmann behauptete in einem Memorandum vom 3. Februar 1945, der Krieg sei verloren, und trat für das bedingungslose Ende der Feindseligkeiten im Westen ein; ein weiterer Versuch, die Alliierten zu spalten, aber unter der Annahme, daß ganz Deutschland besetzt werde. Der Unterschied wäre, daß die Oder statt der Elbe die Demarkationslinie zwischen den westlichen und den sowjetischen Besatzungszonen gebildet hätte (BA-MA, III M 502/4).

10 Oshimas Berichte an Tokio Nr. 19 vom 7. Januar, Nr. 24 vom 8. Januar, Nr. 36 vom 11. Januar 1945, NA, RG 457, SRDJ 85803–15, 85746–50, 86207f. Aber siehe auch seinen Bericht Nr. 178 vom 15. Februar 1945, SRDJ 90893.

11 Joseph Goebbels, *Tagebücher 1945. Die letzten Aufzeichnungen,* Hoffmann & Campe, Hamburg 1977, 5. und 12. März 1945, S. 112f., 204.

12 Hansjakob Stehle, »Deutsche Friedensfühler bei den Westmächten im Februar/März 1945«, in: *VfZ* 30 (1982), S. 538–555; Joachim von Ribbentrop, *The Ribbentrop Memoirs,* trans. Oliver Watson, Weidenfeld & Nicolson, London 1954, S. 171f.; Gustav Hilger und Alfred G. Meyer, *The Incompatible Allies. A Memoir History of German-Soviet Relations, 1918–1941,* Macmillan, New York 1953, S. 340; Reiner Hansen, »Ribbentrops Friedensfühler im Frühjahr 1945«, in: *Geschichte in Wissenschaft und Unterricht* 18 (1967), S. 716–730; Werner von Schmieden, »Notiz betreffend den deutschen Friedensfühler in der Schweiz Anfang 1945«, 30. Juni 1947, IfZ, Z. S. 604; Werner Dankwort, »Infernalische Reise«, AA, Dankwort-Papiere, Bl. 79–99; Fleischhauer, *Sonderfrieden,* S. 267–275; Goebbels, *Tagebücher 1945,* S. 280, 287, 290f., 339; Britische Dokumente über die Sondierungen von Fritz Hesse in Stockholm befinden sich in C 1000/45/18, PRO, FO 371/46782,

C 1321, 1322/45/18, FO 371/46783. Oshima berichtete über Ribbentrops Bevorzugung eines Friedens mit der UdSSR in Nr. 362–364 vom 31. März 1945, NA, RG 457, SRDJ 95939f., 95941–54, 96104–06, und Nr. 375 vom 6. April 1945, SRDJ 96751–56. Siehe auch Stockholm an Tokio Nr. 181 vom 23. März 1945, SRDJ 95647–50.

13 Zu diesem Thema siehe Dokumente in BA, R 2/11602, 11609; japanischer Militärattaché Berlin an Tokio Nr. 915 vom 19. Januar 1945, NA, RG 457, SRA 15610f.; Volkmann, »Das Vlasov-Unternehmen«, S. 152. Beachte auch das Budget des Jahres 1945 für Sofindus, die deutsche Geheimorganisation zur Durchdringung der spanischen Wirtschaft, BA, R 2/17316c.

14 Müller, »Gaskriegsvorbereitungen«, S. 46; Gellermann, *Der Krieg, der nicht stattfand,* S. 175–177.

15 Mangels Zugang zu sowjetischen Archiven sind diese Dinge nur schwer zu rekonstruieren. Die beiden besten Versuche sind wohl Alexander Fischer, *Sowjetische Deutschlandpolitik im Zweiten Weltkrieg 1941–1945,* Deutsche Verlags-Anstalt, Stuttgart 1975, und das erste Kapitel in Gregory W. Sandford, *From Hitler to Ulbricht. The Communist Reconstruction of East Germany, 1945–1946,* Princeton Univ. Press, Princeton, N. J. 1983. Die ältere Studie von Boris Meissner, *Rußland, die Westmächte und Deutschland. Die sowjetische Deutschlandpolitik 1943–1953,* Nölke, Hamburg 1953, ist immer noch interessant.

16 Eine herausragende Darstellung ist Bruce R. Kuniholm, *The Origins of the Cold War in the Near East. The Great Power Conflict and Diplomacy in Iran, Turkey, and Greece,* Princeton Univ. Press, Princeton, N. J. 1980. Für eine kurze Information über die Provinzen Kars und Ardahan siehe ebenda, S. 258, Anm. 124. Eine Karte zu den territorialen Ansprüchen der Sowjets auf die Türkei befindet sich auf S. 289. Sie zeigt auch den griechischen Ägäis-Hafen Alexandroupolis (türk. Dedeagaç), den Stalin auf der Potsdamer Konferenz als mögliche sowjetische Basis vorschlug. Siehe auch Önder, *Türkische Außenpolitik,* S. 242–245.

17 Eine Zusammenfassung in Paul R. Magocsi, *The Shaping of a National Identity. Subcarpathian Rus', 1848–1948,* Harvard Univ. Press, Cambridge, Mass. 1978, S. 252–255. Eine ausführ-

lichere Darstellung in Frantisek Nemec und Vladimir Moudry, *The Soviet Seizure of Subcarpathian Ruthenia,* William R. Anderson, Toronto 1955. Nach einem Bericht des amerikanischen Botschafters in Moskau vom 6. Januar 1945 war die Ruthenien-Frage zu jenem Zeitpunkt noch offen (Stettinius an Roosevelt und Anlage, 8. Januar 1945, FDRL, PSF Box 68, Russia 1945), aber in Wirklichkeit war sie sofort entschieden worden. Eine etwas andere Darstellung in Mastny, *Russia's Road,* S. 227–229.

18 Sehr hilfreich, wenn auch polemisch, R. C. Raack, »Stalin Fixes the Oder-Neisse Line«, in: *JCH* 25 (1990), S. 467–488.

19 Luza, *Transfer of the Sudeten Germans,* S. 236, 240f. Eine detaillierte Darstellung des Themas in Brandes, *Großbritannien.*

20 Dies ist Hauptthema von Terry, *Poland's Place in Europe.*

21 Die Amerikaner schätzten, daß zur Zeit der Volkszählung 1939 etwa neun Millionen Deutsche in den deutschen Ostgebieten und Danzig lebten. Eine hilfreiche Karte in *FRUS, 1945, Conferences at Malta and Yalta,* gegenüber S. 233. Als das britische Kabinett der Curzon-Linie und der Westverschiebung Polens auf Kosten Deutschlands zustimmte, machte Churchill deutlich, daß die deutsche Bevölkerung in allen abgetretenen Gebieten ausgewiesen werden sollte; WM(45) War Cabinet 7(45) Confidential Annex, 22. Januar 1945, PRO, CAB 65/51.

22 Siehe die Dokumente aus FDRL, zitiert in Anm. 17 oben, und Cienciala, »The Activities of the Polish Communists«.

23 Zu den britischen Plänen siehe S. F. V. Dornison, *Civil Affairs and Military Government,* HMSO, London 1966, und *Civil Affairs and Military Government. North West Europe 1944–1946,* HMSO, London 1961, in der Reihe offizieller Geschichtsveröffentlichungen der britischen Regierung. Über die amerikanische Militärregierung gibt es viel Forschungsliteratur, da man früher Zugang zu den Archiven bekam. Eine hervorragende Einführung ist Earl F. Ziemke, *The U.S. Army in the Occupation of Germany, 1944–1946,* GPO, Washington 1975. Es gibt jetzt auch eine große Sammlung von Dokumenten aus den Archiven beider Länder, veröffentlicht mit Förderung der Bundesrepublik Deutschland: *Dokumente zur Deutschlandpolitik,* 1. Folge: *Vom 3. September 1939 bis 8. Mai 1945,* Metzner, Frankfurt/M. 1984ff. Kurze Abrisse der Sichtweisen vieler Länder sind zu finden in Manfred Messerschmidt und Ekkehart Guth, Hg., *Die Zukunft des Reiches. Gegner, Verbündete und Neutrale (1943–1945),* Mittler, Herford 1990.

24 Die Argumente innerhalb der britischen Regierung werden nachgezeichnet in John E. Farquharson, »Hilfe für den Feind. Die britische Debatte um Nahrungslieferungen an Deutschland«, in: *VfZ* (1989), S. 253–278. Siehe auch Ross, *Foreign Office Attitudes,* S. 527.

25 Die Erinnerungen des britischen Chefrepräsentanten Lord Strang, *Home and Abroad,* Deutsch, London 1956, Kap. 6, sind weiterhin nützlich. Siehe auch Donald J. Nelson, *Wartime Origins of the Berlin Dilemma,* Univ. of Alabama Press, University, Ala. 1978; William M. Franklin, »Zonal Boundaries and Access to Berlin«, in: *World Politics* 16 (1963), S. 1–31; Tony Sharp, *The Wartime Alliance and the Zonal Divisions of Germany,* Oxford Univ. Press, London 1975; Kettenacker, »Alliance«, S. 450–454, und *Krieg zur Friedenssicherung,* S. 270–302. Siehe das Memorandum des War Cabinet Post Hostilities Planning Staff, »Dismemberment of Germany«, 25. August 1944, und entsprechende Dokumente in PRO, CAB 119/134. Zum weiteren Kontext siehe Anne Deighton, *Impossible Peace. The Division of Germany and the Origins of the Cold War,* Clarendon Press, Oxford 1990, Kap. 1–2.

26 Siehe Franklin, »Zonal Boundaries«, S. 17. Ein guter Überblick ist in Ziemke, *The U.S. Army,* S. 115–126.

27 Die Karte, die Roosevelt vor der Kairo-Konferenz zeichnete, ist abgedruckt in Ziemke, *The U.S. Army,* gegenüber S. 116. Sie wurde zuerst abgedruckt in Matloff, *Strategic Planning 1943–44,* gegenüber S. 341, wo auch ihre Herkunft angegeben ist. Siehe auch das Memorandum für Admiral Wilson Brown vom 31. August 1944 in FDRL, Map Room 167, Naval Aide, Germany, und Roosevelts Karte vom 20. September 1944 über die Aufteilung Deutschlands nach Kriegsende in PSF Safe File, Cont. 4, Germany.

28 Über die Entstehung der Enklave Bremen siehe Gretchen Skidmore, »The American Occupation of the Bremen Enclave 1945–47«, Magisterarbeit, Univ. of North Carolina-Chapel Hill 1989; Dokumente in PRO, CAB 119/134–135.

Zu Roosevelts Meinungsänderung hinsichtlich einer Nordwestzone siehe Matloff, *Strategic Planning 1943–44*, S. 511.

29 Ziemke, *The U.S. Army*, Kap. 1, 2, 6, 7.

30 John M. Blum, Hg., *From the Morgenthau Diaries*, 3 Bde., Houghton Mifflin, Boston 1959–67, ist sehr hilfreich. Die Original-Materialien in FDRL sind faszinierend, allerdings manchmal auch etwas langweilig zu lesen.

31 Warren F. Kimball, *Swords or Plowshares? The Morgenthau Plan for Defeated Germany, 1943–1946*, Lippincott, Philadelphia 1976; McJimsey, *Harry Hopkins*, S. 342–347.

32 Das Dokument, das Morgenthau im Herbst 1944 Roosevelt gab, ist auf der Vorderseite von Morgenthaus Buch (*Germany is Our Problem*, Harper, New York 1945) fotografisch reproduziert. Zu seinem Buchvorhaben siehe Morgenthau an Roosevelt, 23. März 1943, und Roosevelt an Morgenthau, 28. März 1943. FDRL, OF 198. Eine sorgfältigere Beurteilung der Umstände von Morgenthaus Vorschlägen macht es auch leichter, seine Schlüsselrolle bei der Einsetzung von General Lucius D. Clay als Militärgouverneur in der amerikanischen Besatzungszone zu verstehen, siehe Jean E. Smith, Hg., *The Papers of General Lucius D. Clay. Germany 1945–1949*, 2 Bde., Indiana Univ. Press, Bloomington, Ind., 1974, Bd.1, S. XXXIIIf.

33 Siehe *FDR Letters*, Bd. 2, S. 1534f.; Morgenthau Diary, 19. August und 2. September 1944, FDRL, Morgenthau Presidential Diary, Bd. 6, S. 1386–1388, 1422–1426.

34 Roosevelts Ansichten über Deutschlands Zukunft sind noch nicht sorgfältig genug untersucht worden. Eine hervorragende erste Untersuchung für die Zeit vor 1933 unternahm Michaela Hönicke, »Franklin D. Roosevelts View of Germany before 1933. Formative Experiences for a Future President«, Magisterarbeit, Univ. of North Carolina-Chapel Hill 1989. Gietz, *Die neue Alte Welt*, Kap. 8, ist zwar hilfreich, aber wie viele andere vergißt er, die dem Morgenthau-Plan beigefügte Karte zu betrachten, und übersieht damit den Hauptgrund, weswegen der Plan fallengelassen wurde.

35 Dallek, *Roosevelt and Foreign Policy*, S. 468; Morgenthau Diary, 9. September 1944, FDRL, Morgenthau Presidential Diary, Bd. 6, S. 1431f.

36 Ebenda, 15. September 1944, Bd. 6, S. 1444f.; Kimball, *Swords or Plowshares?*, S. 39f. Man sollte beachten, daß die britischen Führer von den Vorschlägen kaum überrascht wurden; siehe z.B. das 53seitige Memorandum von John Wheeler-Bennett vom 31. Mai 1943, »On What to Do with Germany«, U 2703/2399/70, PRO, FO 371/35453. Siehe auch Churchills enthusiastischen Bericht an das Kabinett und dessen Zufriedenheit in WM (44) War Cabinet 123, Conclusions Confidential Annex, 18. September 1944, CAB 65/47.

37 Ziemke, *The U.S. Army and the Occupation of Germany*, S. 106ff.

38 Die beigefügten Karten zum Bericht des War Cabinet Chiefs of Staff Committee vom 12. Juli 1944, »Occupation of Germany: Allotment of Zones«, gehen davon aus, daß Deutschland Ostpreußen, Oberschlesien und das östliche Pommern verliert (PRO, CAB 119/134). Im Verlauf des Winters 1944/45 änderte sich die Meinung, siehe C 15747, 16177/62/55, 14. und 24. November 1944, FO 371/39436. Als sich Ende Januar 1945 abzeichnete, daß die Sowjets im befreiten Polen das Lubliner Komitee als Regierung einsetzen würden, erwogen die Briten zumindest theoretisch, auf frühere Karten zurückzugreifen, statt einem Plan zuzustimmen, der nicht fünf bis sechs Millionen, sondern acht bis neun Millionen Deutsche zu Flüchtlingen machte, siehe WM (45) War Cabinet 10 (45) Conclusions, Confidential Annex, 26. Januar 1945, CAB 65/51. Dieser Meinungsumschwung muß bei der Beurteilung der Deutschlandpläne berücksichtigt werden, entgegen einer Forschungsmeinung, die fast unveränderlich davon ausgegangen ist, daß jeder stets über die Grenzen sprach, die letztlich festgelegt wurden.

39 Eine nützliche Einführung bleibt Anton W. DePorte, *De Gaulle's Foreign Policy 1944–1946*, Harvard Univ. Press, Cambridge, Mass. 1968; auf den neuesten Stand gebracht und basierend auf ausführlichen Nachforschungen in französischen Archiven John W. Young, *France, the Cold War, and the Western Alliance, 1944–49. French Foreign Policy and Post-war Europe*, St. Martin's, New York 1990, Kap. 1–2.

40 Das Standardwerk ist immer noch Marcel Vigneras, *Rearming the French*, GPO, Washington 1957. Die Verbindung zwischen der amerikanischen Ausrüstung französischer Truppen und der wiederhergestellten Schlüsselstellung

Frankreichs in Europa ist noch wissenschaftlich zu untersuchen.

41 Ziemke, *Stalingrad to Berlin,* S. 383–386; Erickson, *Road to Berlin,* S. 433–446.

42 Ziemke, *Stalingrad to Berlin,* S. 432–437; Erickson, *Road to Berlin,* S. 508f. Nach Albert Speer, *Spandauer Tagebücher,* Propyläen, Berlin 1975, S. 32f., sollte mit der Offensive der ganze Balkan aufgerollt werden.

43 Ziemke, *Stalingrad to Berlin,* S. 448–454.

44 Zur sowjetischen Januar-Offensive siehe ebenda, Kap. 19; Erickson, *Road to Berlin,* S. 426–429, Kap. 7; Glantz, *Soviet Military Deception,* S. 471–499; Duffy, *Red Storm,* Kap. 5–8.

45 Erickson, *Road to Berlin,* S. 428, 449.

46 Die Berichte japanischer Beobachter sind besonders aufschlußreich; siehe japanischer Militärattaché Italien Nr. 297 vom 25. Januar 1945, NA, RG 457, SRA 15854–64; Oshima an Tokio Nr. 130 vom 4. Februar 1945, SRDJ 89327–31. Ein halbdokumentarischer Bericht, der die Atmosphäre besonders gut einfängt, ist Gerhard Kramer, *Wir werden weiter marschieren,* Blanvalet, Berlin 1952. Das Buch ist meiner Meinung nach eine der besten Verarbeitungen der Kriegserlebnisse auf deutscher Seite: die Besetzung Frankreichs, der Kampf gegen die Partisanen im Osten und die großen Rückzüge der deutschen Wehrmacht.

47 Zum erfolglosen Kampf der beiden deutschen Armeen in Ostpreußen gegen die Sowjets siehe Erickson, *Road to Berlin,* S. 468–470; Glantz, *Soviet Military Deception,* S. 402–412; Duffy, *Red Storm,* Kap. 12–14, 17–18.

48 Ziemke, *Stalingrad to Berlin,* Kap. 20; Erickson, *Road to Berlin,* S. 463, 472–476, 517–526; Duffy, *Red Storm,* Kap. 9–12 (zur Stargard-Offensive siehe S. 181–185). Wiederum sind die Berichte der japanischen Beobachter interessant, siehe Nr. 198 vom 19. Februar und Nr. 207 vom 21. Februar 1945, NA, RG 457, SRDJ 91303–08, 91682–88.

49 Hopkins fuhr vor Roosevelt nach Europa, um einige Entscheidungen vorzubereiten (McJimsey, *Harry Hopkins,* S. 342–347).

50 Lamb, *Montgomery,* Kap. 13.

51 Siehe Gaddis, *US and Origins,* S. 157–165. Eine sehr gute Zusammenfassung der Forschungsliteratur und -kontroversen, besonders zu Roosevelts Rolle, bietet Klaus Schwabe, »Roosevelt und Jalta«, in: Jürgen Heideking und

andere, Hg., *Wege in die Zeitgeschichte,* de Gruyter, Berlin/New York 1989, S. 460–472. Eine ältere, sehr gedankenreiche Darstellung über alle größeren Konferenzen mit den Sowjets bei John Snell, *Illusion and Necessity. The Diplomacy of Global War, 1939–1945,* Houghton Mifflin, Boston 1963, Kap. 4.

52 Hopkins spielte anscheinend eine wichtige Rolle bei Roosevelts Meinungsänderung hinsichtlich Frankreichs Stellung, siehe McJimsey, *Harry Hopkins,* S. 363–370.

53 Beachte Stettinius an Roosevelt, 18.(?) November 1944, FDRL, PSF Box 68, Russia 1944.

54 Churchill informierte das Kabinett, daß dies ein sehr gutes Zugeständnis sei, und das Kabinett stimmte trotz Zweifel zu, War Cabinet 16 (45) Conclusions, Confidential Annex, 8. Februar 1945. Siehe auch Dallek, *Roosevelt and Foreign Policy,* S. 466f.

55 Gaddis, *US and Origins,* S. 165–171; C. David Thompkins, *Senator Arthur H. Vandenberg. The Evolution of a Modern Republican, 1884–1945,* Michigan State Univ. Press, Lansing, Mich., 1970, S. 235–240.

56 Siehe Fischer, *Sowjetische Deutschlandpolitik,* S. 122–134; Ross, *Foreign Office and the Kremlin,* S. 55.

57 Gaddis, S. 126–129.

58 Ebenda, S. 78f.; McNeill, *America, Britain, and Russia,* S. 544–547; Ross, *Foreign Office and the Kremlin,* S. 52.

59 Cathal J. Nolan, »Americans in the Gulag. Detention of U.S. Citizens by Russia and the Onset of the Cold War 1944–49«, in: *JCH* 25 (1990), S. 523–545; Russell D. Buhite, »Soviet-American Relations and the Repatriation of Prisoners of War«, in: *The Historian* 35 (1973), S. 394–397.

60 Die beste Darstellung ist Mark Elliott, *Pawns of Yalta. Soviet Refugees and America's Role in their Repatriation,* Univ. of Illinois Press, Urbana, Ill. 1982. Die Überschrift seines Schlußes lautet: »The West-Inept; The East-Vindictive«.

61 Ebenda, S. 64–69, 72f. Gleichzeitig wurde allen sowjetischen Vertretern gestattet, in Westeuropa Sowjetbürger zu suchen.

62 Ebenda, S. 86, 90, 102–104, 201.

63 Siehe Montgomery an Nye, 14. Februar 1945, Liddell Hart Centre, Alanbrooke Papers, 14/6/14; Brooke Diary, 20. Februar, 26. Februar,

8. März und 20. März 1945, Alanbrooke Papers; Marshall an Roosevelt, 6. und 20. März 1945, FDRL, PSF Box 66, Poland 1945; Keith P. Sword, »Their Prospects Will not be Bright. British Response to the Problem of the Polish ›Recalcitrants‹ 1946–49«, in: *JCH* 21 (1986), S. 267–296. Am 28. März 1945 entschied das britische Kabinett, daß diejenigen, die unter britischem Kommando gekämpft hatten und nicht nach Polen zurückkehren konnten, in England bleiben und eingebürgert werden könnten, mit der Einschränkung, daß dieses Verfahren für manche nicht galt, beispielsweise für Juden, siehe WM (45) War Cabinet 37 (45), 28. März 1945, PRO, CAB 65/49.

64 Jaime Reynolds, »›Lublin‹ versus ›London‹ – The Party and the Underground Movement in Poland, 1944–1945«, in: *JCH* 16 (1981), S. 640.

65 Anderson, *The United States,* S. 28–31.

66 Siehe War Cabinet 22 (45), Confidential Annex, 19. Februar 1945. Beim nächsten Treffen am 21. Februar war der Ton vorsichtiger, alles hing von freien Wahlen in Polen ab.

67 Donald C. Watt, »Die Sowjetunion im Urteil des Foreign Office 1945–1949«, in: Gottfried Niedhart, Hg., *Der Westen und die Sowjetunion,* Schöningh, Paderborn 1983, S. 241; Ross, *Foreign Office and the Kremlin,* S. 535; Pogue, *Marshall,* Bd. 3, S. 577. Die Weigerung der Sowjetunion, sich an die Abmachung über Polen zu halten, war vom britischen Kriegsministerium schon am 6. März auf dem 26. Treffen des Jahres vermerkt worden (PRO, CAB 65/51). Zur Verhaftung der sechzehn polnischen Führer siehe den Bericht über Dr. Stylpukowski im Imperial War Museum, MM 25.

68 Önder, *Türkische Außenpolitik,* S. 240 f. Die Amerikaner wollten den japanischen Beobachterposten in Ankara aufgegeben sehen. Die Türken schickten danach ihre nachrichtendienstliche Hilfe für Japan über Madrid, wie der amerikanische Nachrichtendienst schnell entdeckte; siehe Kurihara (Ankara) an Madrid Nr. 1, 15. Januar 1945, NA, RG 457, SRDJ 86955 f.

69 Wittmann, *Schwedens Wirtschaftsbeziehungen,* S. 339.

70 Siehe japanische Botschaft Madrid Nr. 299 vom 23. März und Nr. 360 vom 12. April 1945, NA, RG 457, SRDJ 95503–05, 98425–27.

71 Zu Eisenhowers Druck auf den Heeresgruppenführer General Devers siehe David Eisenhower, *Eisenhower at War,* S. 662 f.; ein neuerer Bericht aus der Perspektive der 7. amerikanischen Armee bei Wyant, *Sandy Patch,* Kap. 21.

72 Über die Operation Veritable wird in den offiziellen Geschichten berichtet; neuere Diskussion in Eisenhower, *Eisenhower at War,* S. 665 ff.; Lamb, *Montgomery,* S. 352 f. Ein guter Überblick über Veritable und Grenade in Alan F. Wilt, *War from the Top. German and British Military Decision Making during World War II,* Indiana Univ. Press, Bloomington, Ind. 1990, S. 279–283.

73 Pogue, *Supreme Command,* S. 427.

74 Hastings, *Bomber Command,* S. 411 f.; Saward, »*Bomber*« *Harris,* S. 281 ff.; Diane D. Putney, *ULTRA and the Army Air Forces in World War II. An interview with Associate Justice of the U.S. Supreme Court Lewis F. Powell, Jr.,* GPO, Washington 1987, S. 55–58.

75 Saward, S. 290–297.

76 Lamb, *Montgomery,* S. 354 ff.; Pogue, *Supreme Command,* S. 427 ff.

77 Lothar Gruchmann, *Der Zweite Weltkrieg. Kriegführung und Politik,* Deutscher Taschenbuch Verlag, München 1967, S. 424, bezeichnet das als die Verteidigung des »falschen« Ufers.

78 Es gibt eine intensive Debatte darüber, ob die Luftlande-Operation überhaupt sinnvoll und die erlittenen Verluste wert war. Vielleicht liegt hier eine traurige Umkehrung von Arnheim vor: Damals wurden die geheimdienstlichen Hinweise auf die *Ankunft* deutscher Reserveformationen in der Nähe der Abwurfzone ignoriert, dieses Mal wurde der *Abzug* deutscher Truppen zur Front beim Brückenkopf von Remagen nicht in Betracht gezogen. Für einen detaillierten Bericht siehe Hauptquartier der First Allied Airborne Army, »Report of Operation Varsity, 24 March 1945«, gesendet an das Oberste Hauptquartier der Alliierten Expeditionsstreitkräfte (SHAEF) von General Brereton am 19. Mai 1945 (PRO, AIR 20/4314).

79 Montgomery-Befehl M 563, Kopie an CIGS, Liddell Hart Centre, Alanbrooke Papers, 14/7/30. Der Feldmarschall war auf der richtigen Spur. Ich erinnere mich daran, in den Aufzeichnungen über deutsche Truppen an der Ostfront im Frühjahr 1945 einen Brief des »Bevollmächtigten des Reichsführers SS für das gesamte Diensthunde- und Taubenwesen« gesehen zu haben, der einige Kompanien von Hundeführern

ohne Hunde für den nächsten Angriff in einem bewaldeten Gebiet anbot. General Gotthard Heinrici, Oberbefehlshaber über die Heeresgruppe Weichsel, hatte über das Dokument gekritzelt: »Zur Veröffentlichung in einem Witzblatt geeignet.«

80 Lamb, *Montgomery,* Kap. 14.

81 Siehe Stephen E. Ambrose, *Eisenhower and Berlin 1945. The Decision to Halt at the Elbe,* Norton, New York 1967. Es sollte beachtet werden, daß Montgomerys oben zitierter Befehl vom 28. März die Elbe als Ziel der 21. Heeresgruppe bestimmte.

82 Am 2. April schrieb Montgomery an Brooke, daß er die 9. Armee für die folgende Nacht die Überquerung der Weser angeordnet habe und nicht glaube, daß »die Armee viel weiter als bis dahin« komme. Er wollte die 12. Heeresgruppe weiter nach vorne drängen, zweifelte aber, ob das gelingen würde (Liddell Hart Centre, Alanbrooke Papers, 14/11/2). Am 16. April teilte Montgomery dem Direktor für militärische Operationen im Kriegsministerium, Simpson, am Telefon mit, daß seine Truppen erschöpft seien und die Operationen in Richtung Lübeck und Kiel »wahrscheinlich sehr langsam vorwärtskommen«. Er erhielt zwei amerikanische Divisionen zur Hilfe (Simpson an Brooke und Nye, 17. April 1945, Alanbrooke Papers, 14/9/21). Am 21. April informierte Montgomery Brooke über seine Pläne für eine Überquerung der Elbe (Alanbrooke Papers, 14/11/26). Siehe auch Eisenhower, *Eisenhower at War,* S. 756 f.

83 Churchills personal minute D 9515, 3. April 1945, Liddell Hart Centre, Alanbrooke Papers, 14/9/7.

84 Siehe Pogue, *Supreme Command,* Kap. 22; Günther W. Gellermann, *Die Armee Wenck. Hitlers letzte Hoffnung,* Bernhard & Graefe, Koblenz 1984, S. 20–26.

85 Pogue, *Supreme Command,* S. 452; Gruchmann, *Der Zweite Weltkrieg,* S. 430 f.; Ziemke, *Stalingrad to Berlin,* S. 479, Anm. 50; Erickson, *Road to Berlin,* S. 552 f.; Gellermann, *Armee Wenck,* Kap. 4.

86 Pogue, *Supreme Command,* S. 461–469.

87 Rodney G. Minott, *The Fortress that Never Was. The Myth of Hitler's Bavarian Stronghold,* Holt, Rinehart and Winston, New York 1964; Joachim Brückner, *Kriegsende in Bayern 1945,* Rombach, Freiburg 1987.

88 So die Stoßrichtung von Eisenhowers Analyse.

89 Die beste Darstellung dazu ist Bradley F. Smith und Elena Agarossi, *Operation Sunrise. The Secret Surrender,* Basic Books, New York 1979. Der britische Deckname war »Crossword«, noch nicht alle Akten darüber sind zugänglich. Beachte C 1575/45/18, PRO, FO 371/46783 (Bd. 2 im Außenministerium).

90 Smith und Agarossi, *Operation Sunrise,* S. 50 f.

91 Ebenda, S. 203, Anm. 23. Die ganze »Sunrise«-Geschichte wirft ein sehr schlechtes Licht auf Allen Dulles' Urteilsvermögen, der sich – gegen die Befehle der Joint Chiefs of Staff – von der Aussicht auf einen großen Coup hinreißen ließ.

92 Eine sehr gute Darstellung, die auch Teile der Kämpfe in Italien behandelt, ist Geoffrey Cox, *The Race for Trieste,* Kimber, London 1977. Zum Vorstoß von Norden siehe auch Wyant, *Sandy Patch,* Kap. 22, 23.

93 Siehe *FDR Letters,* Bd. 2, S. 1577 f.

94 Smith und Agarossi *(Operation Sunrise)* behaupten, die Sowjetunion habe allen Grund zur Besorgnis gehabt, aber ihre Argumentation ist meines Erachtens nicht überzeugend. Sie mißbilligen Roosevelts Verweis auf die belagerten deutschen Truppen im Baltikum, aber übersehen, daß die größten Verbände, die in Kurland, sich noch später als die Truppen in Italien ergaben. Die Sichtweise des Präsidenten war trotz der damals verwirrten Lage klarer als die der beiden Autoren Jahrzehnte später.

95 Siehe C 1549/45/18, PRO, FO 371/46784.

96 Beachte Smith und Agarossi, S. 55 f., 85 ff., 170.

97 Eisenhower, *Eisenhower at War,* S. 792. Die Operationen der Roten Armee in Ostpreußen werden behandelt in Duffy, *Red Storm,* Kap. 15–16; die verschiedenen Belagerungen in Kap. 19–23.

98 Erickson, *Road to Berlin,* S. 509–517; Glantz, *Soviet Military Deception,* S. 514–520, 522 f.

99 Zur Berlin-Operation siehe Erickson, *Road to Berlin,* S. 528 ff.; Ziemke, *Stalingrad to Berlin,* Kap. 21; Glantz, S. 521, 524–544; Tony Le Tissier, *The Battle for Berlin 1945,* St. Martin's, New York 1988.

100 Marshall an Roosevelt, 2. April 1945,

FDRL, Map Room Box 171, Naval Aide, Probable Developments in the German Reich.

101 Siehe Abe und Kojima, »N« Serial 315, nach Tokio, 10. April 1945, über eine Einladung zum Tee bei Ribbentrop am 4. April, NA, RG 457, SRNA 4624–26.

102 Müller, »Gaskriegsvorbereitungen«, S. 47f.; Pacific Strategic Intelligence Section, »Japanese Reaction to German Defeat«, 21. Mai 1945, NA, RG 457, SRH-075; Rudolf Semmler, *Goebbels – The Man next to Hitler,* mit Einführung von D. McLachlan und Anmerkungen von G. S. Wagner, Westhouse, London 1947, 13. April 1945, S. 190–192. Eine neue Edition des Semmler-Tagebuchs wäre sehr wünschenswert.

103 Der Tod Roosevelts wurde verglichen mit dem Tod der russischen Zarin Elisabeth während des Siebenjährigen Krieges 1756–1763, der zum Bruch der Koalition gegen Friedrich den Großen geführt hatte. Auf die Frage von Kawahara Syunitiro, Berater der japanischen Botschaft in Berlin, ob die Alliierten nicht den Krieg einfach für beendet erklärten, sobald sie Berlin eingenommen hätten, wurde ihm mit dem Hinweis auf die Erfahrung des Königreichs Hannover 1866 (!) geantwortet, daß ein solches Vorgehen nicht rechtmäßig sei (Oshima an Tokio Nr. 427 vom 18. April 1945, NA, RG 457, SRDJ 98 241f.).

104 Ziemke, *Stalingrad to Berlin,* S. 488. Siehe auch sein *The Battle for Berlin. End of the Third Reich,* Ballantine, New York 1968; Igor N. Venkov, »How the Berlin Garrison Surrendered 2 May 1945«, in: *Army History,* PB-20–91–1 (Winter 1990/91), S. 20–25.

105 Die Texte sind wiederholt veröffentlicht worden. *TMWC,* Bd. 41, S. 548–554, enthält das politische und private Testament; Goebbels, *Tagebücher 1945,* S. 550–555, nur das politische Testament. Eine Sammlung der Originale befindet sich im U.S. National Archiv zusammen mit der Heiratsurkunde.

106 Warum die sowjetische Regierung ihr Wissen geheimhielt und zeitweilig vorgab, Hitler sei vielleicht noch am Leben, aber 1968 schließlich doch die Veröffentlichung von Autopsie-Berichten und anderem Material genehmigte, ist nicht geklärt. Eine überarbeitete Fassung von Lev Bezymenskis Buch, *Der Tod des Adolf Hitler. Der sowjetische Beitrag über das Ende des Dritten Reiches und seines Diktators,* Herbig, München

1982, enthält immer noch die später widerlegte Behauptung, an dem Leichnam sei nur ein Hoden sichtbar gewesen. Zu welchem Zweck dieser Teil des Autopsie-Berichts verfälscht wurde, ist schwer zu erklären.

107 Der britische Geheimdienst ließ Hugh R. Trevor-Roper die Sache untersuchen. Sein Bericht, zu einem Buch erweitert, *The Last Days of Hitler,* Macmillan, New York 1947, ist wegen seiner Einblicke in die Materie weiterhin wichtig.

108 Fisk, *In Time of War,* S. 461f. Der Vorfall mag damit zusammenhängen, daß die Iren in der deutschen Gesandtschaft in Dublin erlaubten, die Hakenkreuzflagge zu hissen, während die britische Gesandtschaft den Union Jack nicht hissen durfte (ebenda, S. 135).

109 Der deutsche Militärattaché in Madrid übermittelte am 30. April über Funk folgende Nachricht Nr. 585 nach Berlin: »Hier Nachrichten in der Presse über Himmlers Kapitulation und ernsthafte Erkrankung des Führers. Erwarte Anweisungen« (NA, RG 457, SRIB 2653).

110 Krebs war an die Stelle Guderians getreten. Er war Assistent des Militärattachés in Moskau gewesen und sprach Russisch. Er beging Selbstmord.

111 Erickson, *Road to Berlin,* S. 622. Die Zahlen beziffern die Verluste beider Seiten und auch die zivilen Opfer.

112 Wlassow selbst wurde von den Amerikanern gefangengenommen, den Sowjets ausgeliefert und 1946 erschossen.

113 Dies galt in Verbindung mit der Stellung in Kurland, und wie Salewski *(Seekriegsleitung)* gezeigt hat, auch bei der Stellung in Tunesien und auf der Krim. Das Thema wird entwickelt in Grier, »Hitler's Baltic Strategy«.

114 Speer, *Spandauer Tagebücher,* S. 334f. Dönitz war damals wahrscheinlich die allerletzte Person, die Hitlers Testament für rechtlich verbindlich für Deutschland hielt. Siehe auch Speers Bemerkungen über die Memoiren von Dönitz, ebenda S. 506–508; Bodo Herzog, »Der Kriegsverbrecher Karl Dönitz«, in: *Jahrbuch des Instituts für Deutsche Geschichte* 15 (1986), S. 477–489.

115 Die beste Arbeit über das Dönitz-Regime ist Marlis Steinert, *Die 23 Tage der Regierung Dönitz,* Econ-Verlag, Wien 1967.

116 Siehe Präsident Trumans Darstellung ge-

genüber Mrs. Roosevelt in Robert H. Ferrel, Hg., *Off the Record. The Private Papers of Harry S. Truman,* Harper & Row, Penguin ed., New York 1980, S. 20–22.

117 Ziemke, *Stalingrad to Berlin,* S. 498 f.

118 Beachte Eisenhower, *Eisenhower at War,* S. 793 ff.

119 Die Deutschen in Ostasien, die noch lange nach der offiziellen deutschen Kapitulation mit den Japanern auf einer Seite kämpften, wurden nach Kriegsende von den Amerikanern in Shanghai unter Anklage gestellt. Das betreffende Material befindet sich im National Records Center in Suitland, Maryland, in RG 338, U.S. v. Büro Ehrhardt.

120 Marlis Steinert, »The Allied Decision to Arrest the Dönitz Government«, in: *Historical Journal* 31 (1988), S. 651–663. Das Memorandum des britischen Außenministeriums vom 17. Mai 1945, in dem auf Verhaftung gedrängt wird, befindet sich in C 2316, 2436/2308/18, PRO, FO 361/46914.

121 Montgomery an Brooke, M 578 vom 6. Mai 1945, Liddell Hart Centre, Alanbrooke Papers, 14/11/45.

122 Zu Roosevelts einigermaßen stabiler Gesundheit in Jalta siehe James M. Burns, *Roosevelt. The Soldier of Freedom 1940–1945,* Harcourt Brace Jovanovich, New York 1970, S. 573 f.; Vgl. Kimball, *The Juggler,* S. 205 f., Anm. 24. Churchill hatte angemerkt, sie hätten auch nach zehn Jahren Suche keinen schlimmeren Konferenzort als Jalta finden können (Sherwood, *Roosevelt and Hopkins,* S. 847).

123 Halifax Nr. 2104 an das Außenministerium im Auftrag von Oliver Lyttleton, 30. März 1945, PRO, PREM 4/27/9.

124 Burns, *Roosevelt,* S. 599.

125 Die entsprechenden Papiere befinden sich in FDRL, PSF Box 82, Navy, Akte Wilson Brown. Siehe auch William L. Langer, *Our Vichy Gamble,* Knopf, New York 1947, S. viii.

126 In seiner außenpolitischen Rede im Wahlkampf 1944 hatte Roosevelt diesen Punkt besonders hervorgehoben.

127 Beachte den sehr positiven Bericht des britischen Botschafters Lord Halifax, Nr. 2504 vom 13. April 1945, PRO, PREM 4/27/9. Siehe auch den Bericht in H. G. Nichols, Hg., *Washington Dispatches 1941–1945,* Univ. of Chicago Press, Chicago 1981, S. 539–541.

128 Das Thema wird aus Churchills Sicht dargestellt in Gilbert, *Churchill,* Bd. 7, Kap. 67 und Bd. 8. Die entsprechenden Dokumente wurden veröffentlicht in *FRUS* und der Smith-Ausgabe der Papiere General Clays (s. Anm. 32 oben).

129 Brooke Diary, 23. Mai 1945; Bryant, Bd. 2, S. 357.

130 Siehe Kettenacker, »Alliance«, S. 451 ff.

131 Brooke Diary, 31. Mai 1945, Liddell Hart Centre, Alanbrooke Papers.

132 Ebenda, 24. Mai 1945; Bryant, Bd. 2, S. 357 f.

133 Churchill, *Second World War,* Bd. 6, Kap. 16.

134 A. A. Gunson, *The Anglo-French Collision in Lebanon and Syria, 1940–1945,* Macmillan, London 1986, Kap. 8–9.

135 Sebald (Pacific Strategic Intelligence Section) an Rochefort, 28. Juni 1945, NA, RG 457, SRMN 39, Bl. 126. Weitere Dokumente befinden sich in PRO, WO 106/5176. Siehe auch Hinsley, *British Intelligence,* Bd. 3/2, Anhang 28.

136 Herring, *Aid to Russia,* S. 187–190.

137 Ebenda, S. 193 ff.; Beaumont, *Comrades in Arms,* S. 196–199.

138 Siehe Beaumont, S. 199–201, zum schwierigen Ende der Hilfslieferungen an Großbritannien 1945.

139 Truman Note vom 19. Mai 1945, Ferrell, *Off the Record,* S. 32.

140 Eisenhower, *Eisenhower at War,* S. 761–763, 770. Hilfreich sind Robert H. Abzug, *Inside the Vicious Heart. Americans and the Liberation of Nazi Concentration Camps,* Oxford Univ. Press, New York 1985, und Jon Bridgman, *The End of the Holocaust. The Liberation of the Camps,* Timber Press/Areopagitica Press, Portland, Oreg. 1990. Zu Ohrdruf siehe Feig, *Hitler's Death Camps,* S. 231 f.

141 Zu den Bedingungen in den entsprechenden Abschnitten des Versailler Vertrags und deren weiterem Schicksal siehe *FRUS, The Paris Peace Conference 1919,* Bd. 13, S. 327–380; Johann W. Brügel, »Das Schicksal der Strafbestimmungen des Versailler Vertrags«, in: *VfZ* 6 (1958), S. 263–270.

142 Die Alliierten hatten die neutralen Staaten gewarnt, keinem Kriegsverbrecher Zuflucht zu gewähren, und hatten noch jahrzehntelang große Schwierigkeiten, die Auslieferung von identifizierten Verbrechern, die dorthin übergesiedelt waren, zu erreichen. Argentinien öffnete seine entsprechenden Akten Anfang 1992, Spanien hat dies bis heute noch nicht getan.

143 Robert H. Jackson, *International Conference on Military Trials, London 1945,* GPO, Washington 1949; U.N. War Crimes Commission, *History of the United Nations War Crimes Commission,* HMSO, London 1948.

144 Siehe Sidney J. Alderman, »Negotiating on War Crimes Prosecutions 1945«, in: Raymond Dennett und Joseph E. Johnson, Hg., *Negotiating with the Russians,* World Peace Foundation, Boston 1951, S. 49–98.

145 WM (45) War Cabinet 43(45), 12. April 1945, PRO, CAB 65/50.

146 WM (45) War Cabinet 57(45), 3. Mai 1945, ebenda.

147 Ziemke, *The U.S. Army,* S. 416ff.

148 Kase (Bern) an Tokio Nr. 329 vom 27. März 1945, NA, RG 457, SRDJ 95 469 (eine sehr seltene Bemerkung zu der Übersetzung legt nahe, daß der Gesandte seine eigenen Gedanken einem Deutschen in den Mund gelegt hat, SRDJ 95 472); Kase Nr. 565 vom 11. Mai 1945, SRDJ 113 581f.

149 »Magic« Far East Summary, Nr. 14 vom 4. Mai 1945, NA, RG 457, SRS 381–410; Pacific Strategic Intelligence Center, »Japanese Reaction to German Defeat«, 21. Mai 1945, SRH-075, Bl. 4f., 7–11; Pacific Strategic Intelligence Center, »Japanese-Portuguese Relations and the ›Macao Problem‹«, SRH-076, Bl. 11f.; Tokio Rundschreiben Nr. 456 an Moskau, 2. Mai 1945, SRDJ 99 502f.

150 Die Potsdamer Konferenz ist die einzige Kriegskonferenz, von der die drei Hauptalliierten ihre Dokumente veröffentlicht haben. Die zwei Bände amerikanischer Unterlagen erschienen 1960 in: *FRUS: Conferences at Berlin (Potsdam) 1945.* Vorabveröffentlichungen der sowjetischen Dokumente wurden 1965 und 1967 herausgegeben. Sie sind enthalten in Alexander Fischer, Hg., *Teheran Jalta Potsdam. Die sowjetischen Protokolle von den Kriegskonferenzen der »Großen Drei«,* Verlag Wissenschaft & Politik, Köln 1968, S. 199–410. Eine umfassendere Veröffentlichung der sowjetischen Protokolle erschien 1984 als Band 6 einer Serie über die internationalen Kriegskonferenzen; eine deutsche Ausgabe erschien 1986 unter dem Titel *Die Sowjetunion auf internationalen Konferenzen während des Großen Vaterländischen Krieges 1941 bis 1945,* Bd. 6: *Die Potsdamer (Berliner) Konferenz,* Staatsverlag der DDR, Berlin 1986. Die britischen Dokumente sind abgedruckt in *Documents on British Policy Overseas,* Serie 1, Bd. 1: *The Conference at Potsdam July-August 1945,* HMSO, London 1984. Siehe auch Gilbert, *Churchill,* Bd. 8, Kap. 5.

151 Beachte die Einträge in Trumans Tagebuch vom 19. und 21. Mai 1945, Ferrell, *Off the Record,* S. 29, 34.

152 Truman Diary, 17. Juli 1945, ebenda, S. 53.

153 Harry S. Truman an Bess Truman, 18. Juli 1945, Robert H. Ferrell, Hg., *Dear Bess. The Letters from Harry Truman to Bess Truman 1910–1959,* Norton, New York 1983, S. 519. Siehe auch seinen Brief vom 22. Juli (ebenda, S. 521), in dem er sich auf einige Meinungsverschiedenheiten bezieht und hinzufügt, »aber ich habe schon, weswegen ich gekommen bin«.

154 Roosevelts Memorandum für den Außenminister, 20. Oktober 1944, *FRUS: The Conferences at Malta and Jalta 1945,* S. 158.

155 Ebenda, S. 159; Memorandum of Conversation, 15. November 1944, ebenda, S. 172; Memorandum für Stettinius, 4. Dezember 1944, ebenda, S. 174.

156 Roosevelt an Außenminister, 29. September 1944, ebenda, S. 155.

157 Stalin hatte die Frage der italienischen Kolonien bei seinem ersten Treffen mit Truman am 17. Juli aufgeworfen (Ferrell, *Off the Record,* S. 53; Soviet Potsdam collection, Bd. 6, Nr. 2). Siehe Anm. 150.

158 Zu Hopkins' Reise siehe Anderson, *The United States,* S. 67f.; McJimsey, *Harry Hopkins,* S. 380–388.

159 Truman Diary, 18. Juli 1945, Ferrell, *Off the Record,* S. 53f.

160 Truman Diary, 25. Juli 1945, ebenda, S. 55f.

161 Ebenda, S. 56.

16
Der Krieg im Pazifik

1 Dill an Mountbatten, 12. Oktober 1944, PRO, CAB 106/329, Akte Dill 30/15.

2 Holmes, *Double-Edged Secrets,* S. 204. Zu den britischen Flottenoperationen in den letzten und allerletzten Phasen des Pazifikkrieges siehe

Roskill, *War at Sea,* Bd. 3, S. 330–335, 341–354, 373–375; Merrill Bartless und Robert W. Love, »Anglo-American Naval Diplomacy and the British Pacific Fleet, 1942–1945«, in: *American Neptune* 42 (1982), S. 203–216.

3 Zu diesem Projekt siehe die Dokumente in PRO, AIR 8/814, 1284–85, 1288.

4 Churchills persönliche Notiz D 203/4 an General Ismay, PRO, PREM 3/160/5, und Personal Minute D (c) 7/4, »War against Japan«, 12. September 1944, PREM 3/160/6.

5 Zum Vereinigten Königreich und Kanada siehe WM (44) Nr. 123 vom 18. September 1944, PRO, CAB 65/47; Dokumente in AIR 8/1174 und AIR 20/2981. Zu Australien siehe AIR 8/1175 f.; zu Neuseeland AIR 8/1178; zu Südafrika AIR 8/1177. Es gab auch Diskussionen über französische Streitkräfte, siehe Brooke Diary, 23. November 1944, Liddell Hart Centre, Alanbrooke Papers, und Vigneras, *Rearming the French,* Kap. 24. Eine nützliche und frühe Zusammenfassung in COS (44) 408 (0), Revised Final War Cabinet COS Committee, »British Commonwealth Forces for the Far East«, 10. Mai 1944, PREM 3/160/2.

6 Beachte den Umgang mit dem, was London als Friedensfühler von Japan betrachtete; WM (44) War Cabinet 125, 25. September 1944, PRO, CAB 65/43; Memorandum des Außenministeriums, 25. September 1944, F 4370/208/23, FO 371/41 804. Das letztere Dokument bezieht sich auf Japans Hoffnung auf einen deutsch-sowjetischen Frieden, »für den wir höchst geheime Anhaltspunkte haben«, was zweifellos auf abgefangene Botschaften anspielt.

7 M. Hamlin Cannon, *Leyte. The Return to the Philippines,* GPO, Washington 1954, S. 367, führt die Zahlen von Januar 1945 mit 257 766 Mann an (einschließlich der Heeresluftwaffe).

8 Lewin, *American Magic,* S. 235–237; »Magic« Far East Summary, Nr. 260 vom 5. Dezember 1944, Nr. 315 vom 29. Januar 1945, NA, RG 457, SRS 260, 315.

9 Siehe japanischer Militärattaché Bukarest an Tokio Nr. 257 vom 1. August 1944, NA, RG 457, SRA 10 352 f.; japanischer Militärattaché Madrid an Tokio Nr. 360 vom 6. September 1944, SRA 12 221–29.

10 Japanischer Militärattaché Stockholm an Tokio Nr. 932 vom 15. September 1944, NA, RG 457, SRA 13 124; Tokio an den Attaché in Stockholm, Nr. 983 vom 12. Dezember 1944, SRA 14 612.

11 Oshima an Tokio Nr. 791 vom 5. August 1944, NA, RG 457, SRDJ 66 962 f.

12 Shigemitsu (Tokio) an Sato (Moskau), Nr. 1011 vom 7. August 1944, Nr. 1201 f. vom 5. September 1944, NA, RG 457, SRDJ 66 977 f., 69 901 f.; SATO AN SHIGEMITSU NR. 1610 vom 10. August 1944, SRDJ 67 672–74 (siehe auch SRNS 0859).

13 Sato an Tokio Nr. 1909 vom 16. September 1944, Nr. 1911 f. VOM 17. September 1944, Nr. 1916 vom 18. September 1944, NA, RG 457, SRDJ 71 392–97, 71 328–31, 71 469–72, 71 621–23; japanischer Militärattaché Bern an Tokio Nr. 066 vom 22. September 1944, SRA 12 281 f.

14 Harbin an Tokio G-123 in Shigemitsu an Moskau Nr. 1454 vom 18. Oktober 1944, NA, RG 457, SRDJ 74 873–77; Tokio an Harbin G-108 vom 18. Oktober 1944, SRDJ 75 290–92; Shigemitsu an Sato, Nr. 1522–24 vom 24. Oktober 1944, SRDJ 76 542 f., 76 526, 76 538 f.; Sato an Tokio Nr. 2272 vom 7. November 1944, Nr. 2318 vom 13. November 1944, Nr. 2347, 2354 und 2356 vom 18. November 1944, Nr. 2365 vom 20. November 1944, SRDJ 77 783 f., 78 745–49, 79 112 f., 79 116–19, 79 128–30, 79 298–303.

15 Boyle, *China and Japan,* S. 313 f. Die Amerikaner verfolgten die japanisch-chinesischen Friedensfühler über Magic, siehe NA, RG 457, SRH-062, Bl. 6.

16 Boyle, S. 323.

17 Siehe Morishima (Lissabon) an Tokio Nr. 261 vom 11. August 1944, NA, RG 457, SRDJ 68 329–32; Shigemitsu an Lissabon Nr. 208 vom 26. August 1944, SRDJ 69 387 f.

18 Immer noch wichtig Inoguchi Rikihei und Nakajima Tadashi zusammen mit Roger Pineau, *The Divine Wind. Japan's Kamikaze Force in World War II,* Naval Institute Press, Annapolis, Md. 1958. Siehe auch Edwin P. Hoyt, *The Kamikazes,* Arbor House, New York 1983; Marder, *Old Friends, New Enemies,* Bd. 2, S. 398–403. Im *Ugaki Diary* finden sich unzählige Eintragungen zu den Kamikaze-Fliegern, beginnend auf S. 485.

19 Siehe Overy, *Air War,* S. 92–95; USSBS, *The Effects of Strategic Bombing on Japan's War*

Economy. Appendix ABC, GPO, Washington 1946, S. 24–26.

20 USSBS, *Summary Report Pacific War,* GPO, Washington 1946, S. 70f. Die amerikanische Luftwaffe und Marine und auch die britische Marine waren von den Verlusten und den Schäden durch die Kamikaze-Flieger viel mehr beeindruckt als Overy (S. 99).

21 Wenneker (Tokio) an Berlin Nr. 75 gKdos. vom 1. September 1944, NA, RG 457, SRGL 1454.

22 Anfangs scheint das japanische Hauptquartier an diesen mythischen Sieg geglaubt zu haben. Vgl. den Bericht des deutschen Marineattachés in Tokio vom 21. Oktober 1944, zitiert in »Magic« Far East Summary, Nr. 218 vom 24. Oktober 1944, NA, RG 457, SRS 218, Bl. 3 f. Admiral Dönitz wies den Attaché an, dem japanischen Marineminister zu diesem großen Triumph zu gratulieren. Sehr aufschlußreich sind die Einträge im *Ugaki Diary,* S. 442–500, 523 f.

23 Zusammenfassungen dazu in Dull, *Imperial Japanese Navy,* S. 313–331; Costello, S. 503–519. Nähere Einzelheiten in Morison, *US Naval Operations,* S. 12.

24 Cannon, *Leyte,* Kap. 5; James, *The Years of MacArthur,* S. 542–565; Drea, *MacArthur's Ultra,* Kap. 6.

25 Kenney, *General Kenney Reports,* Kap. 21, ist sehr hilfreich.

26 Eine detaillierte Darstellung aus der Perspektive der Geleitträger in William T. Y'Blood, *The Little Giants. U.S. Escort Carriers against Japan,* Naval Institute Press, Annapolis, Md. 1987, S. 154ff. Die Darstellung in Dull, *Imperial Japanese Navy,* verharmlost die Gefährlichkeit der Situation für die Amerikaner etwas. Marder, *Old Friends, New Enemies,* Bd. 2, S. 380, behauptet, Kurita habe die Schlacht aufgegeben, weil seinen Schiffen der Kraftstoff ausging.

27 Cannon, *Leyte,* Kap. 17; Kenney, Kap. 22; James, *The Years of MacArthur,* Kap. 14; Ronald H. Spector, *Eagle against the Sun. The American War with Japan,* Free Press, New York 1985, S. 511–517.

28 Verlustzahlen aus Cannon, S. 367–369.

29 Darstellungen dazu in Hans C. Adamson und George F. Kosco, *Halsey's Typhoons,* Crown Publishers, New York 1967, Kap. 1–7; C. Raymond Calhoun, *Typhoon. The Other Enemy, The Third Fleet and the Pacific Storm of Decem-*

ber 1944, Naval Institute Press, Annapolis, Md. 1981.

30 Kenney, S. 493–500; James, *The Years of MacArthur,* S. 604–610; Spector, *Eagle against the Sun,* S. 517–520.

31 8. Januar 1945, amerikanisches Datum.

32 Costello, *Pacific War,* S. 526; Craven und Cate, *Army Air Forces,* Bd. 5, S. XIV-XVI, Kap. 1–5; James L. Cate, *History of the Twentieth Air Force. Genesis,* USAAF Historical Study No. 112, Hauptquartier der Heeresluftwaffe der Vereinigten Staaten, Washington 1945.

33 Vgl. Donovans Bericht an Roosevelt vom 17. November 1944 über die Lage in China, FDRL, PSF Box 170, OSS, 16.–30. November 1944. Siehe auch Christopher Thorne, *Allies of a Kind,* Oxford Univ. Press, New York 1978, Kap. 26.

34 Ch'i, *Nationalist China,* S. 111–117.

35 Die Schwierigkeiten unter den britischen Befehlshabern dauerten jedoch weiter an; siehe Brooke Diary, 2. November 1944, Liddell Hart Centre, Alanbrooke Papers. Indem Thorne, *Allies of a Kind,* die Streitigkeiten zwischen Briten und Amerikanern betont, spielt er ungewollt die internen britischen Auseinandersetzungen herunter.

36 Allen, *Burma,* Kap. 6. Charles Cruikshank, *SOE in the Far East,* Oxford Univ. Press, Oxford 1983, vermittelt den Eindruck, die Organisation der birmesischen irregulären Truppe (Force 136) durch den Special Operations Executive (SOE) zur Hilfe bei der Rückeroberung Birmas sei dessen einziger Beitrag zum Krieg gewesen.

37 Allen, *Burma,* Kap. 7–9. Eine gute Informationsquelle zu den Operationen in Birma sind die Briefe, die Brooke und Leese zwischen November 1944 und September 1945 austauschten, in PRO, WO 106/4789.

38 Betreffende Korrespondenz in Liddell Hart Centre, Alanbrooke Papers, 14/49. Bis März 1945 hatten sich die birmesischen Kollaborateure ebenfalls von Japan abgewandt und verhandelten mit den Briten (Lebra, *Japanese-Trained Armies,* S. 163–165).

39 Beachte jedoch die Erwartung der Japaner, durch die deutsche Ardennenoffensive entlastet zu werden; siehe den Bericht des deutschen Marineattachés in Tokio vom 5. Januar 1945, »Magic« Far East Summary, Nr. 296 vom 10. Januar, NA, RG 457, SRS 296, Bl.7.

40 Der Briefwechsel zwischen Lumsden und Brooke zeigt, daß MacArthur Lumsden voll in sein Vertrauen zog (PRO, WO 216/96).

41 Eine sehr nützliche Beschreibung in Robert Ross Smith, *Triumph in the Philippines*, GPO, Washington 1963, in der Reihe offizieller Darstellungen der US-Armee. Siehe jetzt auch Drea, *MacArthur's Ultra*, Kap. 7.

42 James, *The Years of MacArthur*, S. 691–701; Steinberg, *Philippine Collaboration*.

43 James, S. 670–690, bietet eine gute Darstellung der Kämpfe auf Luzon vom April bis August 1945.

44 Eine Zusammenfassung in ebenda, S. 702–710. Weitere Informationen in Peter Charlton, *The Unnecessary War. Island Campaign of the South-West Pacific 1944–1945*, Macmillan of Australia, South Melbourne 1983; Gavin Long, *Six Years War*, S. 404ff.; Horner, *High Command*, S. 399ff.; Gailey, *Bougainville*, Kap. 11. Siehe auch Gairdner an Ismay, 30. Mai 1945, PRO, WO 216/137.

45 Ein Überblick in James, S. 714–717, 751–763; Gavin Long, Kap. 15.

46 Siehe Craven und Cate, *Army Air Forces*, Bd. 5, Kap. 17, zu den Vorbereitungen und der Unterstützung.

47 Richard H. Kohn und Joseph P. Harahan, Hg., *Strategic Air Warfare. An Interview with Generals Curtis LeMay, Leon W. Johnson, David A. Burchinal, and Jack J. Catton*, GPO, Washington 1988, S. 153ff. Die Tabelle in Overy, *Air War*, S. 113, vergleicht die größten amerikanischen, britischen und deutschen Bomber. Die B-29 hatte die doppelte Reichweite der anderen im Krieg verwendeten Bomber.

48 Craven und Cate, *Army Air Forces*, Bd. 5, Kap. 18.

49 Butow, *Tojo*, S. 440–442.

50 Ethell, *Mustang*, S. 114f.

51 Beachte den Bericht des deutschen Marineattachés in Tokio vom 5. Januar 1945, in »Magic« Far East Summary, Nr. 296 vom 10. Januar 1945, NA, RG 457, SRS 296, Bl. 8.

52 General Harry Schmidt kommandierte eigentlich das 5. Amphibische Korps; Smith kam hinzu, um eine parallele Position zu derjenigen Admiral Kelly Turners einzunehmen, der bei dem Angriff die Marine befehligte. Wie im Haupttext deutlich wird, bin ich nicht völlig überzeugt von der Verteidigung der Marine hinsichtlich der Fra-

ge des Bombardements in Morison, *US Naval Operations*, Bd. 14, S. 72–74.

53 Die Darstellung der Landung auf Iwojima in Iseley und Crowl, *The U.S. Marines*, Kap. 10, ist immer noch sehr nützlich. Siehe auch Costello, *Pacific War*, S. 539–547; Craven und Cate, *Army Air Forces*, Bd. 5, Kap. 19; George W. Garrand und Truman R. Stobridge, *History of U.S. Marine Corps Operations in World War II*, GPO, Washington 1971, Bd. 4, S. 443–738. Die Kriegsschiffe konnten wegen des steil abfallenden Ufers nahe herankommen.

54 Edmund L. Castillo, *The Seabees of World War II*, Random House, New York 1963; *Building the Navy's Bases in World War II. History of the Bureau of Yards and Docks and the Civil Engineer Corps, 1940–1946*, 2 Bde., GPO, Washington 1947.

55 Zum Luft-See-Rettungsprogramm siehe Craven und Cate, *Army Air Forces*, Bd. 5, S. 598–607.

56 »Magic« Far East Summary, Nr. 405, 29. April 1945, NA, RG 457, SRS 405.

57 Siehe Craven und Cate, Bd. 5, S. 144, 609ff.

58 Shillony, *Wartime Japan*, S. 75f., und die dort zitierten Quellen.

59 Der Bericht vom 29. März 1945 wird zitiert in »Magic« Far East Summary, Nr. 378, 2. April 1945, NA, RG 457, SRS 378.

60 Der Bericht vom 20. April 1945 wird zitiert in »Magic« Far East Summary, Nr. 402, 26. April 1945, NA, RG 457, SRS 402.

61 Craven und Cate, *Army Air Forces*, Bd. 5, S. 614–627, gibt einen Überblick über die ersten Feuerangriffe und ihre Auswirkungen.

62 Memorandum Forrestal für Roosevelt, 2. Januar 1945, FDRL, Map Room Box 162, Naval Aide, General A2–3. Die Zusammenfassungen des Funknachrichtendienstes im Pazifik wurden kurz danach regelmäßig den Briten geschickt; siehe NA, RG 457, SRNS 1060, Bl. 3.

63 Zu den Planungen der Olympic- und Coronet-Operationen siehe James, *The Years of MacArthur*, S. 765–771; Matloff, *Strategic Planning 1943–1944*, S. 535–537; Thorne, *Allies of a Kind*, Kap. 25; K. Jack Bauer, »Die amerikanischen Pläne für eine Landung in Japan«, in: *Marine-Rundschau* 59 (1962), S. 140–147. Ein Teil des Olympic-Plans ist als Anhang A abgedruckt in Paul Manning, *Hirohito. The War Years*, Dodd Mead, New York 1986. Siehe auch Marc

Gallicchio, »After Nagasaki. General Marshall's Plan for Tactical Nuclear Weapons in Japan«, in: *Prologue* 23 (Winter 1991), S. 396–404. Eine Version von MacArthurs Plan für Coronet verzichtete auf die 10. Armee, nahm jedoch viel stärkere alliierte Beteiligung an, als tatsächlich erwartet werden konnte (James, S. 770f.).

64 Zu den Plänen für die Truppenbeteiligung des Britischen Commonwealth siehe Brooke Diary, 9. April 1945, Liddell Hart Centre, Alanbrooke Papers; Ismay an Gairdner, 29. Juni 1945, PRO, CAB 127/51; Chiefs of Staff (45) 423(0), »British Participation in the War Against Japan«, 30. Juni 1945, F 4056/69/23, FO 371/46 440 und F 4236/69/23, in ebenda; Dokumente in AIR 20/3959; Ehrman, *Grand Strategy*, Bd. 6, S. 257 –271; Roskill, *War at Sea*, Bd. 3/2, S. 330ff. Zu der vorgesehenen Zuteilung eines französischen Korps zu Coronet siehe Vigneras, *Rearming the French*, Kap. 24.

65 BAS Washington an Kriegsministerium, »GO 872«, 12. Juni 1945, PRO, WO 106/3463. Zur Frage der Grenze zwischen den Befehlsbereichen Mountbattens und MacArthurs siehe Mountbatten an Ismay, 19. März 1945, CAB 127/26. Thorne scheint mir die Auseinandersetzung überzubetonen.

66 Siehe Combined Chiefs of Staff, »679/1, Redeployment of United States and British Forces after the Defeat of Germany«, 2. April 1945, PRO, CAB 119/165. Ein späteres und ausführlicheres Programm in Marshall an Wilson, 16. Mai 1945, CAB 106/329.

67 F 2146/630/23, PRO, FO 371/46 453.

68 Zu den internen britischen Debatten über die Strategie in der letzten Phase des Pazifikkrieges siehe Ehrman, *Grand Strategy*, Bd. 6, Kap. 8; eine Zusammenfassung in Bryant, Bd. 2, S. 350–354, mit Auszügen aus dem Brooke Diary, die die Auswirkungen der bevorstehenden Parlamentswahlen auf den Feldzug in Südostasien reflektieren. Dokumente in PRO, PREM 3/160/3–7.

69 James, *The Years of MacArthur*, S. 763–765, faßt das Beweismaterial zusammen. In späteren Jahren sagte MacArthur einfach die Unwahrheit über seine damalige Position. Im Jahr 1955 veröffentlichte das US-Verteidigungsministerium eine Sammlung militärischer Empfehlungen in »The Entry of the Soviet Union into the War Against Japan. Military Plans, 1941–1945«. Siehe auch Forrest C. Pogue, *George C.*

Marshall, Bd. 4: *Statesman 1945–1959*, Penguin, New York 1987, S. 15f.

70 David M. Glantz, *August Storm. The Soviet 1945 Strategic Offensive in Manchuria*, U. S. Army Command and General Staff College, Combat Studies Institute, Fort Leavenworth, Kans. 1983, S. 1ff. Basiert vor allem auf publizierten sowjetischen Quellen und ist zur Zeit die beste Darstellung des Feldzuges in der Mandschurei.

71 Ebenda, S. 73–79.

72 Pacific Strategic Intelligence Section, »Russo-Japanese Relations«, 18. Juni 1945, NA, RG 457, SRH-078, Bl. 3, 2. Juli 1945, SRH-079, Bl. 10f., 21. Juli 1945, SRH-085, Bl. 18; japanischer Militärattaché Bern an Tokio Nr. 131 vom 25. Juni 1945, SRNA 5035. Der britische Gesandte in Stockholm berichtete am 12. Mai, daß der schwedische Gesandte in Tokio, der gerade von Japan zurückgekehrt war, »während seiner Reise durch Sibirien ungeheuer beeindruckt war vom endlosen Strom von Eisenbahnzügen, die Truppen und alle Arten von Kriegsmaterial ostwärts transportierten« (Mallet an London Nr. 862 vom 12. Mai 1945, F 2874/630/23, PRO, FO 371/46 453). Eine Bewertung des US-Marine-Nachrichtendienstes zu den chinesisch-sowjetischen Beziehungen war im Prozeß der Freigabe von Geheimdokumenten so substanzlos, daß man auf den Gedanken kommt, die Amerikaner hätten damals ein vertrauliches Funkverkehr abgehört (Pacific Strategic Intelligence Section, »Sino-Soviet Relations«, 1. Juni 1945, NA, RG 457, SRH-077).

73 Siehe den Bericht des japanischen Konsuls in Wladiwostok Nr. 233 vom 21. Juni 1945, NA, RG 457, SRDJ 103 772. Die Kehrseite davon war, daß die Sowjetunion ihre früheren Versprechen zurückwies, den Vereinigten Staaten für ihre strategische Luftwaffe gegen Japan Stützpunkte zu geben, ein Versprechen, auf das hin bereits die Versorgungslieferungen stattgefunden hatten. Diese Episode wird durch neue Beweise von sowjetischer Seite vielleicht endlich erhellt werden, bis dahin siehe Deanes Berichte N 22050 und 22261 vom 16. Dezember 1944 und 4. Januar 1945, FDRL, Map Room Box 33, MR 310, Japan 1, Russian Participation in the War against.

74 Pacific Strategic Intelligence Section, »Russo-Japanese Relations«, 2. Juli 1945, NA, RG 457, SRH-079, Bl. 10; Tokio an Moskau Nr. 827

vom 24. Juni 1945, SRDJ 103 857; Gordon, *Brothers against the Raj*, S. 517f., 538–541.

75 Die sowjetische Note ist abgedruckt in der *New York Times* vom 6. April 1945. Zu den japanisch-sowjetischen Verhandlungen, die der Kündigung vorausgingen, siehe die von den Amerikanern abgefangenen japanischen Botschaften in NA, RG 457, SRDJ 79 936–45, 82 775f., 80 397–408, 82 389f., 82 442–47, 81 973–76, 84 170f., 85 256–60, 85 277–96, 86 131f., 87 156f., 88 455f., 90 116–21, 90 592–95, 90 516, 90 827, 91 558, 91 813–15, 114 209–18, 91 944–49, 92 124, 92 704f., 94 826–29, 95 665–68, 95 640, 95 691–93, 96 515–21, 96 535; Pacific Strategic Intelligence Section, »Notes on the Crimea (Yalta) Conference«, 23. März 1945, SRH-070, und »Abrogation of the Soviet-Japanese Neutrality Pact«, 23. April 1945, SRH-071.

76 Zu den japanisch-sowjetischen Verhandlungen nach Außerkraftsetzung des Vertrages siehe die von den Amerikanern abgefangenen japanischen Botschaften in NA, RG 457, SRDJ 96 557–61, 97 356–58, 96 662, 96 655–61, 96 767–70, 96 813f., 96 821, 96 824–27, 98 648f., 98 730–33, 112 408, 100 037f., 101 457–67, 101 598–604, 102 417–25, 103 946f., 104 593–600, 105 372f., 105 315, 105 374, 105 386; Pacific Strategic Intelligence Section, »Russo-Japanese Relations«, 18. Juni 1945, SRH-078, 2. Juli 1945, SRH-079, 14. Juli 1945, SRH-084.

77 Tokio, Vizechef, Generalstab-Rundschreiben Nr. 442 vom 27. Januar 1945, NA, RG 457, SRA 15 777–80, an den Militärattaché Berlin Nr. 203 vom 8. März 1945, SRA 18 003, an den Militärattaché Lissabon, 12. März 1945, SRA 17 069f.

78 Siehe Lissabon an Tokio Nr. 25 vom 24. Januar 1945, NA, RG 457, SRDJ 88 708–17; japanischer Militärattaché Lissabon an Tokio Nr. 326 vom 24. Januar 1945, SRA 15 712f.; Tokio an Macao, Nr. 30 vom 27. April 1945, SRDJ 99 087; Pacific Strategic Intelligence Center, »Japanese-Portuguese Relations and the ›Macao Problem‹«, 23. Mai 1945, SRH-076.

79 Siehe die Rundschreiben von Tokio an die Militärattachés in Europa vom 19. Januar und 29. März 1945, NA, RG 457, SRA 15 554–60, SRA 16 930–32. Vgl. japanischer Marineattaché Stockholm an Tokio Nr. 298 vom 5. Juni 1945, SRNA 4943f.; japanischer Marineattaché Bern

an Tokio Nr. 124 vom 13. Juni 1945, SRNA 4989f. Eine Studie über die Arbeit der japanischen Marineattachés in der Schweiz wäre meines Erachtens eine interessante Lektüre.

80 Rundschreiben Tokio Nr. 852 und 870 an Berlin, 6. und 12. Dezember 1944, NA, RG 457, SRDJ 81 500–03, 82 283–86; einen Überblick über den Coup vom März 1945 in Kiyoko Kurusu Nitz, »Japanese Policy towards French Indo-China during the Second World War. The Road to *Meigo Sukusen* (9 March 1945)«, in: *Journal of SE Asian Studies* 14 (1983), S. 328–350; Lebra, *Japanese-Trained Armies*, S. 134–139. Zu den bereits 1944 laufenden japanischen Planungen zu dem Coup siehe SRDJ 61 784–88, 61 777–79. Im größeren Zusammenhang siehe Stein Tonneson, *The Vietnamese Revolution of 1945. Roosevelt, Ho Chi Minh and de Gaulle in a World at War*, Sage, Newbury Park, Ca. 1991.

81 Rundschreiben Nr. 442 des Vizechefs des Generalstabs vom 27. Januar 1945 befindet sich in NA, RG 457, SRA 15777–80.

82 Vizechef des Generalstabs, Rundschreiben Nr. 208 vom 8. März 1945, NA, RG 457, SRA 16 716–20.

83 Siehe NA, RG 457, SRH-089; »Magic« Far East Summary, Nr. 252 vom 15. Juni 1945, Bl. 3; SRH-066, Bl. 4f.

84 Shillony, *Wartime Japan*, S. 81f.

85 Williams und Wallace, *Unit 731*, S. 124–127; Webber, *Silent Siege*. Die Ballonangriffe erzwangen die dreitägige Schließung der Hanford-Plutoniumfabrik im März (Webber, S. 278–280), die B-29 zerstörten jedoch die Fabrik, in der die Ballons produziert wurden. Die Japaner scheinen im April das Projekt gestoppt zu haben, zum Teil, weil sie keine Berichte über die Wirkungen der Angriffe erhalten hatten, was hauptsächlich der Nachrichtensperre in den Vereinigten Staaten und Kanada zu verdanken war.

86 Stephan, *Hawaii under the Rising Sun*, S. 169.

87 Potter, *Bull Halsey*, S. 345f.; Morison, *US Naval Operations*, Bd. 14, S. 332f.

88 Weitere Einzelheiten darüber später in diesem Kapitel. Siehe auch NA, RG 457, SRH-103. Ausgiebiges Material im *Ugaki Diary*. Zu den amerikanischen Gegenmaßnahmen siehe Holmes, *Undersea Victory*, S. 467.

89 Zu den technischen Aspekten dieser Vorha-

ben siehe Richard O'Neill, *Suicide Squads. Axis and Allied Special Attack Weapons of World War II,* Salamander Books, London 1981. Eine zuverlässige Forschungsstudie des ganzen Themas steht noch aus. Es gibt einen interessanten britischen Bericht vom Mai 1945, A.I.2(g) Report Nr. 2389, »Oka (Baka): The Japanese Suicide Aircraft«, PRO, AIR 20/8775. Zu Verweisen auf die Ohka-Bombe im *Ugaki Diary* siehe dort S. 547, 558f., 609, 636f.

90 Zu der Kabinettskrise siehe Shillony, *Wartime Japan,* S. 76–81; Butow, *Japan's Decision,* Kap. 3. Interessant, aber voll polemischer Aussagen ist Leon V. Seagal, *Fighting to a Finish. The Politics of War Termination in the United States and Japan,* Cornell Univ. Press, Ithaca, N.Y. 1988.

91 Siehe Kase (Bern) an Tokio Nr. 450 vom 27. April, Nr. 579 vom 14. Mai 1945, NA, RG 457, SRDJ 99090–92, 100258–71.

92 Rundschreiben Tokio Nr. 490 vom 15. Mai, Nr. 493 vom 17. Mai 1945, NA, RG 457, SRDJ 100076, 100271f.

93 Zu den Gerüchten bezüglich Stockholm siehe den Austausch in NA, RG 457, SRDJ 103550–53, 103821, 105267f., 105405f. Zu Dulles' Bemühungen, über japanische Marinekanäle eine japanische Kapitulation zu arrangieren, siehe die Dokumente in SRNA 4961–4963, 5092–5094, 5131, 5142f., 5145f., 5186, 5208; Butow, *Japan's Decision,* Kap. 5; Martin S. Quigley, *Peace without Hiroshima. Secret Action at the Vatican in the Spring of 1945,* Madison Books, London, Md. 1991. Zur Rolle von Friedrich Wilhelm Hack oder Hauck siehe Butow, S. 104–109; John W. M. Chapman, »A Dance on Eggs. Intelligence and the Anti-Comintern«, in: *JCH* 22 (1987), S. 333–372.

94 Beachte Pacific Strategic Intelligence Section, »Japanese Reaction to German Defeat«, 21. Mai 1945, NA, RG 457, SRH-075, Bl. 14.

95 Siehe *Kido Diary,* 8. Juni 1945, S. 434–436. Präsident Trumans Erklärung, bedingungslose Kapitulation bedeute nicht die Auslöschung des japanischen Volkes, wurde als Propaganda zur Schwächung der japanischen Heimatfront interpretiert; Rundschreiben Tokio Nr. 557 vom 20. Juni 1945, NA, RG 457, SRDJ 103616f.

96 Shillony, *Wartime Japan,* S. 82f. Einen Überblick über die innere Situation Japans während des letzten Kriegsjahres gibt Alvin D. Coox,

Japan. The Final Agony, Ballantine, New York 1970.

97 Zur Schlacht um Okinawa siehe Costello, *Pacific War,* Kap. 33; Morison, *US Naval Operation,* Bd. 14, Teil 2; Roy E. Appleman und andere, *Okinawa. The Last Battle,* GPO, Washington 1948; James und William Belote, *Typhoon of Steel. The Battle for Okinawa,* Harper & Row, New York 1970; Marder, *Old Friends, New Enemies,* Bd. 2, S. 428f., 439ff.; Thomas M. Huber, *Japan's Battle of Okinawa, April-June 1945,* U. S. Army Command and General Staff College, Combat Studies Institute, Fort Leavenworth, Kans., GPO, Washington 1990. Ein hervorragender, aber erschreckender Bericht der Kämpfe aus Sicht eines Marinesoldaten befindet sich in Teil 2 von Sledge, *With the Old Breed.*

98 Robert N. Colwell, »Intelligence and the Okinawa Battle«, in: *Naval War College Review* 38, Nr. 2 (1985), S. 86f.

99 Beachte deutscher Marineattaché Tokio an Berlin, Bericht vom 20. April 1945, zitiert in »Magic« Far East Summary, Nr. 402 vom 26. April 1945, NA, RG 457, SRS 402, Bl. 1f.

100 Zu diesem Thema siehe nun *Ugaki Diary,* 5. April – 7.Mai 1945, S. 572–576, 586; vgl. Marder, *Old Friends, New Enemies,* Bd. 2, S. 429–439.

101 Die betreffenden Dokumente wurden zuerst veröffentlicht vom US-Verteidigungsministerium, U. S. Department of Defense, »The Entry of the Soviet Union into the War against Japan. Military Plans 1941–1945«, S. 54–57, 80.

102 Das Memorandum zu dieser Konferenz ist eine geradezu dramatische Lektüre, abgedruckt in *FRUS, The Conference of Berlin (Potsdam) 1945,* Bd. 1, S. 903–910. Siehe auch Herbert Feis, *Japan Subdued. The Atomic Bomb and the End of the War in the Pacific,* Princeton Univ. Press, Princeton, N.J. 1961, S. 7–14; Bauer, »Amerikanische Pläne«, S. 140f.; Department of Defense, »The Entry of the Soviet Union«, S. 76–85; Pogue, *Marshall,* Bd. 4, S. 9, 18; Charles F. Brower, IV, »Sophisticated Strategist. George A. Lincoln and the Defeat of Japan«, in: *Diplomatic History* 15 (1991), S. 317–337; Brian L. Villa, »The U. S. Army, Unconditional Surrender and the Potsdam Proclamation«, in: *Journal of American History* 63 (1976), S. 66–92; Barton J. Bernstein, »Writing, Righting or Wronging the

Historical Record. President Truman's Letter on His Atomic Bomb Decision«, in: *Diplomatic History* 16 (1992), S. 163–173. Es muß beachtet werden, daß viele amerikanische Militärplaner nicht in das geheime Atombomben-Projekt eingeweiht worden waren (das wird in mancher Forschungsliteratur übersehen), siehe Ray S. Cline, *Washington Command Post. The Operations Division,* GPO, Washington 1951, S. 347 f., Anm. 55.

103 Bauer, »Amerikanische Pläne«, S. 143.

104 British Combined Operations Observers (Pacific), »Report on Operation ›Olympic‹ and Japanese Counter-Measures«, 4. April 1945, PRO, WO 106/3528 f. Zu den amerikanischen Informationen über den geplanten Gebrauch von Selbstmord-Waffen siehe »Magic« Far East Summary, Nr. 506, 8. August 1945, NA, RG 457, SRS-506, Anhang »F-22's Estimate of Japanese Intentions«. Zur Grundlage der exakten japanischen nachrichtendienstlichen Einschätzung des amerikanischen Landungsplans von Olympic siehe Alvin D. Coox in Hitchcock, Hg., *The Intelligence Revolution,* S. 197–201.

105 Eine Zusammenfassung in Ehrman, *Grand Strategy,* Bd. 6, S. 247–257. Der japanische Militärattaché in Lissabon erwartete schon im Juli eine britische Operation gegen Malaya; siehe Lissabon an Tokio, Nr. 586 vom 2. Juli 1945, NA, RG 457, SRA 18033. Siehe auch Marder, *Old Friends, New Enemies,* Bd. 2, S. 454–457.

106 Beachte die Kommentare, die in Bryant, Bd. 2, S. 353 f., zitiert werden.

107 Siehe die Notiz des Chefs des Luftwaffenstabs für den Premierminister vom 4. Juli 1945, in PRO, CAB 120/291; Brooke an Montgomery, CIGS/2 419 846 vom 20. Juli 1945, Liddell Hart Centre, Alanbrooke Papers 14/14/19.

108 Dies ist eine der Hauptannahmen Großbritanniens und der Vereinigten Staaten im Zweiten Weltkrieg, die ignoriert wird in Barton J. Bernstein, »Roosevelt, Truman and the Atomic Bomb«, 1941–1945. A Reinterpretation«, in: *Political Science Quarterly* 90 (1975), S. 23–69.

109 Pogue, *Marshall,* Bd. 3, S. 507.

110 Bernstein, »Roosevelt«, S. 32–34, erwähnt den wenig stichhaltigen Hinweis, Roosevelt habe mit der Idee geliebäugelt, vor dem Kampfeinsatz eine Explosion zu Demonstrationszwecken zu veranlassen, kommt jedoch zu dem Schluß, der Einsatz sei nur gegen feindliche Ziele geplant ge-

wesen. Dies scheint mir die richtige Schlußfolgerung zu sein, vor allem, wenn man sie der absoluten Eindeutigkeit gegenüberstellt, mit der Roosevelt – mit Ausnahme von Vergeltungsschlägen – gegen den Gebrauch von chemischen und biologischen Waffen eintrat.

111 Siehe Trumans Bemerkungen in Ferrell, *Off the Record,* S. 304. Eine neuerer Überblick über die Forschungsliteratur, J. Samuel Walker, »The Decision to Use the Bomb. A Historiographical Update«, in: *Diplomatic History* 14 (1990), S. 97–114, ist interessant, aber sehr mangelhaft, weil die Diskussion über die Kämpfe auf Okinawa sowie die internen japanischen Auseinandersetzungen, soweit sie den Amerikanern durch den Nachrichtendienst bekannt waren, fehlen. Zur Herkunft einiger früherer Literatur siehe Barton J. Bernstein, »Seizing the Contested Terrain of Early Nuclear History. Stimson, Conant and their Allies Explain the Decision to Use the Atomic Bomb«, in: *Diplomatic History* 17 (1993), S. 35–72.

112 Coox, »The Rise and Fall«, S. 79. Ein detaillierter Vergleich der amerikanischen Schätzungen mit der tatsächlichen japanischen Stärke ist zu lesen in Drea, *MacArthur's Ultra,* S. 218–223; die japanischen Truppen waren weit größer, als die Amerikaner dachten.

113 Ein sehr hilfreiches Dokument ist der Bericht darüber an General Marshall, »›Magic‹ Diplomatic Extracts July 1945. Selected Items Prepared by MIS, War Department, for the Attention of General George C. Marshall«, NA, RG 457, SRH-040.

114 Die frühen Studien dazu bleiben die hilfreichsten: Butow, *Japan's Decision;* USSBS, *Japan's Struggle to End the War,* Feis; *Japan Subdued.*

115 Sogar dabei gingen die Japaner nur sehr widerwillig Konzessionen ein, siehe Tokio Nr. 889 vom 10. Juli, Nr. 890, 891 vom 11. Juli 1945, NA, RG 457, SRDJ 105 771 f., 105 662–64. Siehe auch John A. Harrison, »The U.S.S.R., Japan, and the End of the Great Pacific War«, in: *Parameters* 14, Nr. 2 (Sommer 1984), S. 76–87.

116 Siehe die Berichte des japanischen Botschafters Sato aus Moskau: Nr. 1330 vom 5. Juli, NA, RG 457, SRDJ 105 236–38; Nr. 1379 vom 11. Juli, SRDJ 105 707–14; Nr. 1381 vom 12. Juli, SRDJ 105 917–22; Nr. 1382 vom 12. Juli, SRDJ 105 923–27; Nr. 1386 vom

13. Juli, SRDJ 105951–54; Nr. 1392 vom 15. Juli, SRDJ 106079–83; Nr. 1416 vom 18. Juli, SRDJ 106429; Nr. 1418 vom 19. Juli, SRDJ 106473f.; Nr. 1427 vom 20. Juli 1945, SRDJ 106558–77.

117 Siehe Kase (Bern) Nr. 796 vom 20. Juli, Nr. 802 vom 21. Juli, NA, RG 457, SRDJ 106930–33, 106966–73; Okamoto (Stockholm) Nr. 489 vom 21. Juli 1945, SRDJ 106699–704.

118 Tokio Nr. 893 vom 12. Juli, Nr. 913 vom 17. Juli 1945, NA, RG 457, SRDJ 105731–33, 106266–69.

119 Der Austausch zwischen Tokio und Botschafter Sato kann, wie damals von der amerikanischen Führung, auch heute gelesen werden: Sato an Tokio Nr. 1392 vom 15. Juli, Nr. 1427 vom 20. Juli, NA, RG 457, SRDJ 106079–83, 106564, und auf der anderen Seite Tokio an Sato Nr. 913 vom 17. Juli, Nr. 932 vom 21. Juli, Nr. 944 vom 25. Juli, SRDJ 106266–69, 106637–39, 107041–45.

120 Eine amerikanische Beurteilung des japanischen Streits um die Kapitulation vom 27. Juli 1945 befindet sich in: »Magic« Far East Summary, Naval Section, NA, RG 457, SRS 494.

121 Vollständiger Text in *Public Papers of the Presidents of the United States. Harry S. Truman 1945*, GPO, Washington 1961, S. 43–48.

122 Die Darstellung in Feis, *Japan Subdued*, Kap. 3–4, ist immer noch sehr hilfreich. Siehe auch Robert J. Maddox, *From War to Cold War. The Education of Harry S. Truman*, Westview Press, Boulder, Col. 1988, Kap. 4, 7.

123 Ein guter Überblick dazu in Ehrman, *Grand Strategy*, Bd. 6, S. 275–295; siehe auch Pogue, *Marshall*, Bd. 4, S. 9, 17–23.

124 Ehrman, Bd. 6, S. 295–299.

125 Beachte Trumans Tagebucheintrag vom 25. Juli 1945 in Ferrell, *Off the Record*, S. 55f. Der entsprechende Abschnitt aus Brookes Tagebuch vom 25. Juli ist von Bryant ausgelassen worden, er bezieht sich auf mögliche Ziele in der Sowjetunion (Liddell Hart Centre, Alanbrooke Papers).

126 G. Patrick March, »Yanks in Siberia. U. S. Navy Weather Stations in Soviet East Asia, August 1945«, in: *Pacific Historical Review* 57 (1988), S. 327–342, erläutert die große Bedeutung von Wetterberichten für die Invasionspläne, die Auseinandersetzungen über dieses Thema in Jalta und Potsdam und die Errichtung zweier Stationen mit Stalins Zustimmung für einige Monate im August 1945.

127 Mountbatten, der auf der Potsdamer Konferenz zugegen war, wurde informiert; MacArthur war nicht anwesend, erhielt also auch keine Informationen (Ehrman, *Grand Strategy*, Bd. 6, S. 255).

128 Die Japaner beobachteten diese Verhandlungen mit großer Sorge, siehe Tokio an Moskau Nr. 875 vom 5. Juli, NA, RG 457, SRDJ 104922f.; Sato an Tokio Nr. 1331 vom 6. Juli 1945, SRDJ 105239f.

129 Zu den Kontakten in der Schweiz siehe Anm. 93 oben; Bern an Tokio Nr. 797 vom 21. Juli, enthält eine detaillierte Übersicht über die Sondierungsgespräche, NA, RG 457, SRDJ 106748–58; Bern Nr. 798 vom 20. Juli, Nr. 838 vom 30. Juli 1945, SRDJ 106925–29, 111612–14.

130 Zum Ausbleiben einer kritischen Reflexion im Nachhinein siehe das Rundschreiben des japanischen Generalstabs der Armee Nr. 352 vom 4. August 1945, NA, RG 457, SRA 18258–64.

131 Bernstein, »Roosevelt«, S. 52–55.

132 Das USSBS errechnete nach dem Krieg, daß 210 B-29 mit jeweils einer zehn Tonnen Bombenlast denselben Schaden und dieselben Verluste verursacht hätten wie die Atombombe in Hiroshima, 120 B-29 wie in Nagasaki. Dort begrenzten die umliegenden Hügel die Wirksamkeit der Atombombe, sonst wären 270 B-29 benötigt worden, um denselben Effekt zu erzielen (USSBS, *The Effect of Atomic Bombs on Hiroshima and Nagasaki*, GPO, Washington 1946, S. 33).

133 Es gab einige Meinungsverschiedenheiten darüber, welche Informationen freigegeben werden sollten; die Vereinigten Staaten wollten mehr freigeben als Großbritannien. Feldmarschall Wilson erwartete damals, fünf Tage nach der ersten Bombe werde eine zweite abgeworfen (siehe Wilson an Brooke, 6. August 1945, PRO, CAB 127/47). In Brookes Tagebuch findet sich kein Verweis auf die Hiroshima-Bombe.

134 Glantz, *August Storm*. Zur Hilfe des amerikanischen Nachrichtendienstes für die Rote Armee siehe NA, RG 457, SRH-198.

135 Edward Drea, »Misreading Intentions. Japanese Intelligence and the Soviet Invasion of Manchuria, 1945«, in: *Military Affairs* 48, Nr. 2 (April 1984), S. 66–73.

136 Zusätzlich zu den Darstellungen in Butow und Feis gibt es jetzt die Übersetzung des *Kido Diary*, S. 444 ff. Ein neuerer Aufsatz zur Rolle Hirohitos behauptet, er habe beim versuchten Militärputsch 1936 in Tokio in ähnlicher Weise eingegriffen. Doch es gibt einen wesentlichen Unterschied: 1936 antwortete Hirohito auf ihm direkt gestellte Fragen zum Staatsstreich, *ohne* vorher die formelle Zustimmung oder Ablehnung seiner Berater einzuholen. In den anderen Fällen wurde er gefragt, nachdem alle seine offiziellen Berater sich einig geworden waren. 1945 war der Oberste Rat in Anwesenheit des Kaisers in der Frage der Kapitulation zweigeteilt, wodurch das Eingreifen des Kaisers provoziert wurde. Peter Wetzler, »Kaiser Hirohito und der Krieg im Pazifik. Zur politischen Verantwortung des Tenno in der modernen japanischen Geschichte«, in: *VfZ* 37 (1989), S. 611–644.
137 Das Thema wird detailliert erörtert in Barton J. Bernstein, »The Perils and Politics of Surrender. Ending the War with Japan and Avoiding the Third Atomic Bomb«, in: *Pacific Historical Review* 46 (1977), S. 1–27. Allerdings fehlt jeglicher Hinweis auf den vorherigen Aufruhr wegen der Abmachung mit Darlan.
138 *FRUS, 1945*, Bd. 6, S. 631 f.
139 Eine nützliche einleitende Darstellung ist William Craig, *The Fall of Japan*, Dial Press, New York 1967, Kap. 13.
140 Shillony, *Wartime Japan*, S. 88.
141 Eine hervorragende Besprechung dieses Themas, das sich auf den birmesischen Kriegsschauplatz bezieht, kann als Beispiel dienen: Allen, *Burma*, S. 529–552.
142 Peter N. Davies, *The Man Behind the Bridge*, S. 198–200; Marder, *Old Friends, New Enemies*, Bd. 2, S. 575; vgl. ebenda, S. 254–258.
143 Die japanische Marionettenregierung in China verschwand selbstverständlich ebenfalls; beachte Nanking an das Ministerium für Großostasien in Tokio Nr. 525 vom 11. August 194, NA, RG 457, SRDJ 108 401 f.
144 Die Japaner wollten verhindern, daß die Alliierten Zugang zu ihren Geheimcodes bekamen, und zerstörten die Geheimdokumente und die Codes, siehe japanischer Militärattaché Stockholm an Lissabon ohne Nr. vom 10. August 1945, NA, RG 457, SRA 18 298; Tokio an Bern, Rundschreiben Nr. 666 vom 14. August, SRDJ 108 553. Sie wußten nicht, daß diese Anweisungen wie die Codes, die geschützt werden sollten, von den Amerikanern bereits entziffert wurden.
145 Theodore Cohen, *Remaking Japan. The American Occupation as New Deal*, Free Press, New York 1987, Kap. 1–3.
146 Siehe Fußnote im Text, S. 920.

Schlußfolgerungen

1 Eine gute Zusammenfassung der verschiedenen Statistiken über die Verluste der Deutschen – und des problematischen Charakters solcher Statistiken – findet sich in Rüdiger Overmans, »Die Toten des Zweiten Weltkriegs in Deutschland. Bilanz der Forschung unter besonderer Berücksichtigung der Wehrmacht- und Vertreibungsverluste«, in: Wolfgang Michalka, Hg., *Der Zweite Weltkrieg*, S. 858–873. In dem Buch von Martin K. Sorge, *The Other Price of Hitler's War: German Military and Civilian Losses Resulting from World War II*, Greenwood, Westport, Conn. 1986, sind die Statistiken hilfreich, nicht jedoch der Text.
2 Einen kurzen, nützlichen Überblick bietet Ulrich Herbert, *Fremdarbeiter. Politik und Praxis des »Ausländer-Einsatzes« in der Kriegswirtschaft des Dritten Reiches*, Dietz, Bonn 1985, S. 341–345. Die Fragen, die sich für die Planung der Amerikaner und in der amerikanischen Besatzungszone stellten, werden behandelt in Ziemke, *The U.S. Army*.
3 Edens Notiz vom 29. November 1941 lautete: »Ich hatte immer gehofft, wir könnten bei der Friedenskonferenz die feste Haltung vertreten, daß die meisten Juden in Europa dort bleiben sollten, wo sie sich befanden. Wir hoffen, daß es im Nachkriegs-Europa zu keinen neuen Verfolgungen kommt, und in Palästina ist für diese Menschen ohnehin kein Platz mehr, selbst wenn jeder einzelne Araber vertrieben würde.« (FO 371/31380.) Die Notiz wird zitiert in Richard Langhorne, Hg., *Diplomacy and Intelligence during the Second World War*, Cambridge Univ. Press, Cambridge 1985, S. 291, Anm. 57.
4 Hillgrubers Argument, die deutsche Wehrmacht habe den Kampf im letzten Kriegsjahr fortgesetzt, um nicht nur dem Regime zu ermöglichen, die Ermordung der Juden weiterzuführen, sondern auch um die Deutschen in den Ostprovinzen zu schützen, ist eine ungeheuerliche

Verdrehung der Tatsachen (siehe Andreas Hillgruber, *Zweierlei Untergang. Die Zerschlagung
des Deutschen Reiches und das Ende des europäischen Judentums*, Siedler, Berlin 1986). Hätten sich die Deutschen (wie die Finnen) im September 1944 aus dem Krieg zurückgezogen, so
hätte eine sehr große Zahl von Deutschen überlebt, die später ihr Leben verloren. Hätte die
deutsche Wehrmacht noch länger »erfolgreich«
durchgehalten, wären die ersten Atombomben
über deutschen Städten abgeworfen worden. Ein
früheres Ende des Krieges hätte deutsche wie
auch jüdische Leben gerettet (vom Leben der alliierten Soldaten und Zivilisten ganz zu schweigen).

5 Weinberg, *Foreign Policy, 1937–39*, S. 270f.

6 Zu den Problemen mit amerikanischen, britischen und russischen Kriegsgefangenen siehe
Russell D. Buhite, »Soviet-American Relations
and the Repatriation of Prisoners of War,
1945«, in: *The Historian* 35 (1973), S. 384–
397. Zu den deutschen Kriegsgefangenen siehe
Arthur L. Smith, *Heimkehr aus dem Zweiten
Weltkrieg. Die Entlassung der deutschen Kriegs-
gefangenen*, Deutsche Verlags-Anstalt, Stuttgart
1985. Ein wichtiges Buch, das in Smiths Biblio-
graphie fehlt, ist George G. Lewis und John
Mewha, *History of Prisoner of War Utilisation
by the United States Army 1776–1945*, GPO,
Washington 1955. Ein wesentlicher Teil des
Buches ist dem Zweiten Weltkrieg gewidmet.
Über die Beschuldigungen hinsichtlich der Miß-
handlung deutscher Kriegsgefangener durch die
Amerikaner siehe Günther Bischof und Stephen
A. Ambrose, Hg., *Eisenhower and the German
POWs: Facts against Falsehood*, Louisiana State
Univ. Press, Baton Rouge 1992; Arthur L. Smith,
*Die »vermißte Million«. Zum Schicksal deut-
scher Kriegsgefangener nach dem Zweiten
Weltkrieg*, Oldenbourg, München 1992. Zur
Heimkehr japanischer Kriegsgefangener siehe
Morison, Bd. 15, S. 3–6.

7 Zur japanischen Armee sind Louis Allens
Kommentare und Quellenangaben besonders in-
teressant, siehe Louis Allen, *Singapore 1941–
1942*, Davis Poynter, London 1977, Kap. 12,
»Afterthoughts«. Siehe auch Ienaga, *Pacific War*,
S. 190. Über die deutsche Wehrmacht sind die
Arbeiten von Omer Bartov hilfreich, ebenso die
Untersuchungen von Manfred Messerschmidt
und Jürgen Förster, aber bislang hat sich noch

niemand mit den unterschiedlichen Verhaltens-
mustern im Ersten und im Zweiten Weltkrieg befaßt. Ein interessanter Versuch, das Verhalten der
deutschen und der italienischen Militärs gegenüber den Juden zu vergleichen, findet sich in
Steinberg, *All or Nothing*.

8 Über die von den Alliierten durchgeführten
Nürnberger Prozesse gegen deutsche Kriegsverbrecher gibt es reichhaltige Literatur. Eine Aus-
wahlbibliographie findet sich in der Einleitung
des Autors zur AMS-Neuauflage *Trial of the Major War Criminals*. Eine hilfreiche Ergänzung bieten die Angaben in Jacob Robinson und Mrs.
Philip Freedman, *The Holocaust and After: Sources and Literature in English,* Israel Univ. Press,
Jerusalem 1973. Ein umfassender Überblick über
die amerikanischen Anstrengungen ist enthalten
in Frank M. Buscher, *The U.S. War Crimes Trial
Program in Germany, 1946–1955*, Praeger, New
York 1989. Über die britischen, russischen oder
französischen Programme gibt es keine entsprechenden Abhandlungen. Zu den von den Deutschen durchgeführten Prozessen siehe Adalbert
Ruckerl, *The Investigation of Nazi Crimes: A
Documentation,* übers. von Derel Rutter, C. F.
Müller, Heidelberg 1979.

9 Einen nützlichen Überblick bietet Philip R.
Piccigallo, *The Japanese on Trial. Allied War
Crimes Operations in the East, 1945–1951*,
Univ. of Texas Press, Austin 1979.

10 Anzumerken ist, daß sich das Internationale Rote Kreuz ähnlich verhielt: Während des
Krieges schenkte es den gewaltigen Mord-
programmen, die die Deutschen in ganz Europa
durchführten, praktisch keine Aufmerksamkeit;
nach dem Krieg war es ausgesprochen besorgt
über das Schicksal der deutschen Kriegsgefangenen.

11 Eine Zusammenfassung findet sich in Willi
A. Boelcke, *Die Kosten von Hitlers Krieg. Kriegs-
finanzierung und finanzielles Kriegserbe in
Deutschland 1933–1948*, Schöningh, Paderborn 1985. Eine interne Studie des deutschen Finanzministeriums über die fünf Kriegsjahre vom
September 1939 bis zum September 1944 zeigt,
daß nach sehr zurückhaltenden Schätzungen die
Forderungen, die die Deutschen den besetzten
Gebieten abpreßten, die Höhe der gesamten Kosten der Aufrüstung vor dem Krieg erreichten
und insgesamt etwa 20 Prozent der Gesamtein-
nahmen des deutschen Staates ausmachten (Ge-

neralbüro »Nr. 3400–32 GenBg«, 6. Oktober 1944, BA, R 2/24 250).

12 Zur Rede Wilhelms II. vom 27. Juli 1900 siehe Bernd Sösemann, »Die sog. Hunnenrede Wilhelms II. Textkritische und interpretatorische Bemerkungen zur Ansprache des Kaisers vom 27. Juli 1900 in Bremerhaven«, in: *Historische Zeitschrift* 222 (1976), S. 342–358.

13 Die persönliche Rolle Adenauers bei den grundsätzlichen *politischen* Entscheidungen, Zahlungen zur Wiedergutmachung nicht zu vermeiden, sondern sie überhaupt erst zu ermöglichen, wird gut dargestellt in Michael Wolffsohn, »Das deutsch-israelische Wiedergutmachungsabkommen von 1952 im internationalen Zusammenhang«, in: *VfZ* 36 (1988), S. 691–731. Zur Beschlagnahmung deutscher Patente durch die Amerikaner siehe John Gimbel, *Science, Technology, and Reparation. Exploitation and Plunder in Postwar Germany,* Stanford Univ. Press, Stanford, Ca. 1990.

14 Siehe Philippe Bourdrel, *L'Epuration sauvage, 1944–1945,* Perrin, Paris 1988; Herbert R. Lottmann, *The Purge,* Morrow, New York 1986; Henry Rousso, *The Vichy Syndrome. History and Memory in France since 1944,* übers. von Arthur Goldhammer, Harvard Univ. Press, Cambridge, Mass. 1991. Das bei weitem beste Buch über Quisling wurde verfaßt von Oddvar K. Høidal.

15 Eine nützliche kurze Zusammenfassung der Friedensverträge mit Italien, Finnland, Bulgarien, Ungarn und Rumänien findet sich in der Veröffentlichung des U.S. State Department, *Making the Peace Treaties 1941–1947,* GPO, Washington 1947.

16 Zur Einführung siehe Benjamin Rivlin, *The United Nations and the Italian Colonies,* Carnegie Endowment for International Peace, New York 1950.

17 Die Ermordung Mountbattens viele Jahre später läßt sich in diesem Kontext nicht erklären. Was mit diesem Mord für Irland erreicht werden sollte, wird das Geheimnis seiner Mörder bleiben.

18 Zum systematischen Abtransport von Industrieanlagen durch die Sowjets siehe Edwin W. Pauley, *Report on Japanese Assets in Manchuria to the President of the United States, July, 1946,* GPO, Washington 1946.

19 Die Wirkung der Wirtschaftspolitik in dem befreiten Gebiet, zu dem auch ein großer Teil der wichtigsten Industrie- und Handelszentren Chinas gehörte, wird hervorgehoben in Ch'i, *Nationalist China,* S. 222.

20 Die Rede Thomas E. Deweys vom 7. Oktober 1944 in Charleston, W.Va., ist abgedruckt in *Vital Speeches* 11, Nr. 1 (15. Oktober 1944), S. 15; der frühere, von Dwight D. Eisenhower ernannte Leiter des WAC war Oveta C. Hobby.

21 Zu dem sehr geringen amerikanischen Bestand an Atomwaffen nach August 1945 siehe David A. Rosenberg, »U.S. Nuclear Stockpile, 1945 to 1950«, in: *Bulletin of the Atomic Scientists* 38 (Mai 1982), S. 25–30.

22 Ein Bericht über die Schlacht findet sich in Morison, *US Naval Operations,* Bd. 12, S. 88–109. Die gesamte Frage der Selbsttäuschung der japanischen Befehlshaber wurde noch nicht untersucht.

23 Ungewöhnlich interessante Bilder der Persönlichkeiten in den Hauptquartieren bieten die beiden Bände von Paul P. Rogers, *The Good Years, and The Bitter Years: MacArthur and Sutherland,* Praeger, New York 1990–91; Harry C. Butcher, *My Three Years with Eisenhower,* Simon and Schuster, New York 1946; Hastings Ismay, *The Memoirs of General Lord Ismay,* Viking, New York 1960.

24 *Commander in Chief: Franklin Delano Roosevelt, His Lieutenants and Their War,* Harper & Row, New York 1987.

25 Alanbrooke Diary, Eintrag vom 12. Juni 1945, Liddell Hart Centre.

26 Henry H. Arnold, *Global Mission,* Harper, New York 1949.

Kartenverzeichnis

Personenregister

Sachregister